3ª EDIÇÃO

TUDO em UM

COORDENADORES
WANDER GARCIA
ANA PAULA GARCIA
RENAN FLUMIAN

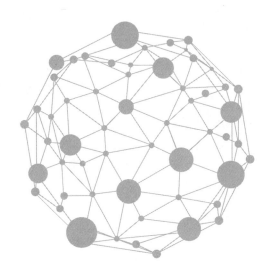

PARA CONCURSOS DE
TRT
ANALISTA E TÉCNICO

2018 © Editora Foco

Coordenadores: Wander Garcia, Ana Paula Dompieri Garcia e Renan Flumian
Autores: Wander Garcia, Ana Paula Garcia, André Nader Justo, Ariane Wady, Arthur Trigueiros, Bruna Vieira, Enildo Garcia, Felippe Monteiro, Flávia Barros, Georgia Dias, Gustavo Nicolau, Helder Satin, Henrique Subi, Hermes Cramacon, Ivo Tomita, Leni Mouzinho Soares, Licínia Rossi, Luiz Dellore, Luiz Fabre, Magaly Dato, Márcio Alexandre Pereira, Robinson Barreirinhas, Teresa Melo e Tony Chalita
Diretor Acadêmico: Leonardo Pereira
Editor: Roberta Densa
Assistente Editorial: Paula Morishita
Revisora Sênior: Georgia Renata Dias
Revisora: Luciana Pimenta
Capa Criação: Leonardo Hermano
Diagramação: Ladislau Lima
Impressão miolo e capa: BMF GRÁFICA E EDITORA LTDA

Dados Internacionais de Catalogação na Publicação (CIP) de acordo com ISBD

G216t

Garcia, Wander

Tudo em um para concursos do TRT: analista e técnico / Wander Garcia...[et al.] ; organizado por Wander Garcia, Ana Paula Garcia, Renan Flumian. - 3. ed. - Indaiatuba, SP : Editora Foco, 2018.

720 p. ; p. : il. : 14 cm x 21cm.

ISBN: 978-85-8242-292-2

1. Metodologia de estudo. 2. Concursos Públicos. 3. Tribunal Regional do Trabalho - TRT. I. Ana Paula, Garcia. II. André Nader, Justo. III. Trigueiros, Arthur. IV. Vieira, Bruna. V. Dompieri, Eduardo. VI. Garcia, Enildo. VII. Sobreira, Fábio Tavares. VIII. Monteiro, Felippe. IX. Barros, Flavia M. X. Satin, Helder. XI. Subi, Henrique. XII. Cramacon, Hermes. XIII. Sampaio, Joelson. XIV. Rossi, Licínia. XV. Fabre, Luiz Carlos. XVI. Dato, Magally. XVII. Milani, Maria do Carmo P. XVIII. De Pieri, Renan Gomes. XIX. Sá, Renato Montans de. XX. Barreirinhas, Robinson Sakiyama. XXI. Melo, Teresa. XXII. Queiroz, Tiago. XXIII. Flumian, Renan. XXIV. Título.

2018-429   CDD 001.4   CDU 001.8

Elaborado por Odilio Hilario Moreira Junior - CRB-8/9949

Índices para Catálogo Sistemático:

1. Metodologia de estudo 001.4   2. Metodologia de estudo 001.8

DIREITOS AUTORAIS: É proibida a reprodução parcial ou total desta publicação, por qualquer forma ou meio, sem a prévia autorização da Editora FOCO, com exceção do teor das questões de concursos públicos que, por serem atos oficiais, não são protegidas como Direitos Autorais, na forma do Artigo 8º, IV, da Lei 9.610/1998. Referida vedação se estende às características gráficas da obra e sua editoração. A punição para a violação dos Direitos Autorais é crime previsto no Artigo 184 do Código Penal e as sanções civis às violações dos Direitos Autorais estão previstas nos Artigos 101 a 110 da Lei 9.610/1998. Os comentários das questões são de responsabilidade dos autores.

NOTAS DA EDITORA:

Atualizações e erratas: A presente obra é vendida como está, atualizada até a data do seu fechamento, informação que consta na página II do livro. Havendo a publicação de legislação de suma relevância, a editora, de forma discricionária, se empenhará em disponibilizar atualização futura.

Bônus ou Capítulo On-line: Excepcionalmente, algumas obras da editora trazem conteúdo no *on-line*, que é parte integrante do livro, cujo acesso será disponibilizado durante a vigência da edição da obra.

Erratas: A Editora se compromete a disponibilizar no site www.editorafoco.com.br, na seção Atualizações, eventuais erratas por razões de erros técnicos ou de conteúdo. Solicitamos, outrossim, que o leitor faça a gentileza de colaborar com a perfeição da obra, comunicando eventual erro encontrado por meio de mensagem para contato@editorafoco.com.br. O acesso será disponibilizado durante a vigência da edição da obra.

Impresso no Brasil (05.2018) – Data de Fechamento (05.2018)

2018
Todos os direitos reservados à
Editora Foco Jurídico Ltda.
Al. Júpiter 542 – American Park Distrito Industrial
CEP 13347-653 – Indaiatuba – SP
E-mail: contato@editorafoco.com.br
www.editorafoco.com.br

Acesse JÁ os conteúdos ON-LINE

SHORT VIDEOS
Vídeos de curta duração com dicas de DISCIPLINAS SELECIONADAS

Acesse o link:
www.editorafoco.com.br/short-videos

ATUALIZAÇÃO em PDF e VÍDEO para complementar seus estudos*

Acesse o link:
www.editorafoco.com.br/atualizacao

 **CAPÍTULOS ON-LINE**

Acesse o link:
www.editorafoco.com.br/atualizacao

* As atualizações em PDF e Vídeo serão disponibilizadas sempre que houver necessidade, em caso de nova lei ou decisão jurisprudencial relevante, durante o ano da edição do livro.

* Acesso disponível durante a vigência desta edição.

Coordenadores e Autores

SOBRE OS COORDENADORES

Wander Garcia – @wander_garcia

Doutor e Mestre em Direito pela PUC/SP. Professor e coordenador do IEDI. Procurador do Município de São Paulo

Ana Paula Garcia

Pós-graduada em Direito. Procuradora do Estado de São Paulo. Autora de diversos livros para Concurso e OAB.

Renan Flumian – @renanflumian

Professor e Coordenador Acadêmico do IEDI. Mestre em Filosofia do Direito pela *Universidad de Alicante*, cursou a *Session Annuelle D'enseignement* do *Institut International des Droits de L'Homme*, a Escola de Governo da USP e a Escola de Formação da Sociedade Brasileira de Direito Público. Autor e coordenador de diversas obras de preparação para Concursos Públicos e o Exame de Ordem. Advogado.(Twitter: @RenanFlumian)

SOBRE OS AUTORES

André Nader Justo

Economista formado pela UNICAMP.

Ariane Wady

Especialista em Direito Processual Civil (PUC-SP). Graduada em Direito pela PUC-SP (2000). Professora de pós-graduação e curso preparatório para concursos – PROORDEM – UNITÁ Educacional e Professora/Tutora de Direito Administrativo e Constitucional – Rede LFG e IOB. Advogada.

Arthur Trigueiros

Pós-graduado em Direito. Procurador do Estado de São Paulo. Professor da Rede LFG e do IEDI. Autor de diversas obras de preparação para Concursos Públicos e Exame de Ordem.

Bruna Vieira

Pós-graduada em Direito. Professora do IEDI, PROORDEM, LEGALE, ROBORTELLA e ÊXITO. Professora de Pós-graduação em Instituições de Ensino Superior. Palestrante. Autora de diversas obras de preparação para Concursos Públicos e Exame de Ordem, por diversas editoras. Advogada.

Enildo Garcia

Especialista em Matemática pura e aplicada (UFSJ). Professor tutor de Pós-graduação em Matemática (UFJS – UAB). Analista de sistemas (PUCRJ).

Felippe Monteiro – (@Felipemaciel)

Pós-graduado em Direito Constitucional pela UFRN. Graduado pela UFRN. Professor Universitário (UFRN e UnP). Professor de Cursos Preparatórios para Exame de Ordem e Concursos Públicos do IEDI. Assessor Jurídico concursado do Município de Natal. Advogado.

Flávia Barros

Procuradora do Município de São Paulo. Doutora em Direito do Estado pela Universidade de São Paulo. Mestre em Direito Administrativo pela PUC-SP. Especialista em Direito Administrativo pela PUC-SP/COGEAE. Especialista em Direitos Difusos e Coletivos pela ESMPSP. Coach de Alta Performance pela FEBRACIS. Practioneer e Master em Programação Neurolinguística - PNL. Analista de Perfil Comportamental - DISC Assessment. Professora de Direito Administrativo

Georgia Dias

Especialista em Direito Penal pela Faculdade de Direito Professor Damásio de Jesus. Autora e organizadora de diversas obras publicadas pela Editora Foco. Advogada.

Gustavo Nicolau – (@gustavo_nicolau)

Doutor e Mestre pela Faculdade de Direito da USP. Professor de Direito Civil da Rede LFG/Praetorium. Advogado.

Helder Satin

Graduado em Ciências da Computação, com MBA em Gestão de TI. Professor do IEDI. Professor de Cursos de Pós-graduação. Desenvolvedor de sistemas Web e gerente de projetos.

Henrique Subi – (@henriquesubi)

Agente da Fiscalização Financeira do Tribunal de Contas do Estado de São Paulo. Mestrando em Direito Político e Econômico pela Universidade Presbiteriana Mackenzie. Especialista em Direito Empresarial pela Fundação Getúlio Vargas e em Direito Tributário pela UNISUL. Professor de cursos preparatórios para concursos desde 2006. Coautor de mais de 20 obras voltadas para concursos, todas pela Editora Foco.

Hermes Cramacon – (@hermescramacon)

Graduado em Direito pela Universidade Cidade de São Paulo (2000). Mestrando em Direito da Saúde pela Universidade Santa Cecília. Docente da Universidade Municipal de São Caetano do Sul e professor da Faculdade TIJUCUSSU. Professor de Direito do Trabalho e Direito Processual do Trabalho do IEDI cursos online e Escolha Certa Cursos nos cursos preparatórios para Exame de Ordem. Tem experiência na área de Direito, com ênfase em Direito do Trabalho, Direito Processual do Trabalho, Direito Processual Civil e Prática Jurídica.

Ivo Tomita

Especialista em Direito Tributário pela PUC/SP – Cogeae. Autor e organizador de obras publicadas pela Editora FOCO. Advogado.

Leni Mouzinho Soares

Assistente Jurídico do Tribunal de Justiça do Estado de São Paulo.

Licínia Rossi – (@liciniarossi)

Mestre em Direito Constitucional pela PUC/SP. Especialista em Direito Constitucional pela Escola Superior de Direito Constitucional. Professora exclusiva de Direito Administrativo e Constitucional na Rede Luiz Flávio Gomes de Ensino. Professora de Direito na UNICAMP. Advogada.

Luiz Dellore

Doutor e Mestre em Direito Processual Civil pela USP. Mestre em Direito Constitucional pela PUC/SP. Professor do Mackenzie, EPD, IEDI, IOB/Marcato e outras instituições. Advogado concursado da Caixa Econômica Federal. Ex-assessor de Ministro do STJ. Membro da Comissão de Processo Civil da OAB/SP, do IBDP (Instituto Brasileiro de Direito Processual), do IPDP (Instituto Panamericano de Derecho Procesal) e diretor do CEAPRO (Centro de Estudos Avançados de Processo). Colunista do portal jota.info. Facebook e LinkedIn: Luiz Dellore

Luiz Fabre

Professor de cursos preparatórios para concursos. Procurador do Trabalho.

Magaly Dato

Professora de Língua Portuguesa. Agente de Fiscalização do Tribunal de Contas do Município de São Paulo.

Márcio Alexandre Pereira

Mestre pelo Mackenzie. Especialista pela Escola Superior do Ministério Público. Professor das disciplinas de Direito Civil e Direito Processual Civil em cursos preparatórios de Exame de Ordem e Concursos Públicos. Professor de cursos de extensão universitária e de pós-graduação da Escola Superior da Advocacia e da Escola Paulista de Direito. Advogado.

Robinson Barreirinhas

Secretário Municipal dos Negócios Jurídicos da Prefeitura de São Paulo. Professor do IEDI. Procurador do Município de São Paulo. Autor e coautor de mais de 20 obras de preparação para concursos e OAB. Ex-Assessor de Ministro do STJ.

Teresa Melo

Procuradora Federal. Assessora de Ministro do STJ. Professora do IEDI.

Tony Chalita

Advogado. Mestrando em Direito. Professor Assistente PUC/SP. Autor da Editora Foco.

Como Usar o Livro

Para que você consiga um ótimo aproveitamento deste livro, atente para as seguintes orientações:

1º Tenha em mãos um *vade mecum* ou **um computador** no qual você possa acessar os textos de lei citados.

Neste ponto, recomendamos o ***Vade Mecum* de Legislação FOCO 2016 – 3ª edição**, que é o *Vade Mecum* com o melhor conteúdo impresso do mercado – confira em www.editorafoco.com.br.

2º Se você estiver estudando a teoria (fazendo um curso preparatório ou lendo resumos, livros ou apostilas), faça as questões correspondentes deste livro na medida em que for avançando no estudo da parte teórica.

3º Se você já avançou bem no estudo da teoria, leia cada capítulo deste livro até o final, e só passe para o novo capítulo quando acabar o anterior; vai mais uma dica: alterne capítulos de acordo com suas preferências; leia um capítulo de uma disciplina que você gosta e, depois, de uma que você não gosta ou não sabe muito, e assim sucessivamente.

4º Iniciada a resolução das questões, tome o cuidado de ler cada uma delas **sem olhar para o gabarito e para os comentários**; se a curiosidade for muito grande e você não conseguir controlar os olhos, tampe os comentários e os gabaritos com uma régua ou um papel; na primeira tentativa, é fundamental que resolva a questão sozinho; só assim você vai identificar suas deficiências e "pegar o jeito" de resolver as questões; marque com um lápis a resposta que entender correta, e só depois olhe o gabarito e os comentários.

5º **Leia com muita atenção o enunciado das questões**. Ele deve ser lido, no mínimo, duas vezes. Da segunda leitura em diante, começam a aparecer os detalhes, os pontos que não percebemos na primeira leitura.

6º **Grife as palavras-chave, as afirmações e a pergunta formulada.** Ao grifar as palavras importantes e as afirmações você fixará mais os pontos-chave e não se perderá no enunciado como um todo. Tenha atenção especial com as palavras "correto", "incorreto", "certo", "errado", "prescindível" e "imprescindível".

7º Leia os comentários e **leia também cada dispositivo legal** neles mencionados; não tenha preguiça; abra o *Vade Mecum* e leia os textos de leis citados, tanto os que explicam as alternativas corretas, como os que explicam o porquê de ser incorreta dada alternativa; você tem que conhecer bem a letra da lei, já que mais de 90% das respostas estão nela; mesmo que você já tenha entendido determinada questão, reforce sua memória e leia o texto legal indicado nos comentários.

8º Leia também os **textos legais que estão em volta** do dispositivo; por exemplo, se aparecer, em Direito Penal, uma questão cujo comentário remeta ao dispositivo que trata da falsidade ideológica, aproveite para ler também os dispositivos que tratam dos outros crimes de falsidade; outro exemplo: se aparecer uma questão, em Direito Constitucional, que trate da composição do Conselho Nacional de Justiça, leia também as outras regras que regulamentam esse conselho.

9º Depois de resolver sozinho a questão e de ler cada comentário, você deve fazer uma **anotação ao lado da questão**, deixando claro o motivo de eventual erro que você tenha cometido; conheça os motivos mais comuns de erros na resolução das questões:

DL – "desconhecimento da lei"; quando a questão puder ser resolvida apenas com o conhecimento do texto de lei;

DD – "desconhecimento da doutrina"; quando a questão só puder ser resolvida com o conhecimento da doutrina;

DJ – "desconhecimento da jurisprudência"; quando a questão só puder ser resolvida com o conhecimento da jurisprudência;

FA – "falta de atenção"; quando você tiver errado a questão por não ter lido com cuidado o enunciado e as alternativas;

NUT – "não uso das técnicas"; quando você tiver se esquecido de usar as técnicas de resolução de questões objetivas, tais como as da **repetição de elementos** ("quanto mais elementos repetidos existirem, maior a chance de a alternativa ser correta"), das **afirmações generalizantes** ("afirmações generalizantes tendem a ser incorretas" – reconhece-se afirmações generalizantes pelas palavras *sempre, nunca, qualquer, absolutamente,* *apenas, só, somente exclusivamente* etc.), dos **conceitos compridos** ("os conceitos de maior extensão tendem a ser corretos"), entre outras.

10º Confie no **bom-senso**. Normalmente, a resposta correta é a que tem mais a ver com o bom-senso e com a ética. Não ache que todas as perguntas contêm uma pegadinha. Se aparecer um instituto que você não conhece, repare bem no seu nome e tente imaginar o seu significado.

11º Faça um levantamento do **percentual de acertos de cada disciplina** e dos **principais motivos que levaram aos erros cometidos**; de posse da primeira informação, verifique quais disciplinas merecem um reforço no estudo; e de posse da segunda informação, fique atento aos erros que você mais comete, para que eles não se repitam.

12º Uma semana antes da prova, faça uma **leitura dinâmica** de todas as anotações que você fez e leia de novo os dispositivos legais (e seu entorno) das questões em que você marcar "DL", ou seja, desconhecimento da lei.

13º Para que você consiga ler o livro inteiro, faça um bom **planejamento**. Por exemplo, se você tiver 90 dias para ler a obra, divida o número de páginas do livro pelo número de dias que você tem, e cumpra, diariamente, o número de páginas necessárias para chegar até o fim. Se tiver sono ou preguiça, levante um pouco, beba água, masque chiclete ou leia em voz alta por algum tempo.

14º Desejo a você, também, muita **energia**, **disposição**, **foco**, **organização**, **disciplina**, **perseverança**, **amor** e **ética**!

Wander Garcia

APRESENTAÇÃO

A experiência diz que aquele que quer ser aprova¬do em concursos de ponta precisa **ENTENDER A TEORIA** e **TREINAR MUITO**.

A presente obra traz solução completa nesse sentido.

Na primeira parte do livro você vai **ENTENDER A TEORIA** a partir de uma **SUPER-REVISÃO** com resumos altamente sistematizados e atualizados com legislação e jurisprudência das disciplinas mais relevantes para os concursos e analista e técnico do **TRT**.

Na segunda parte da obra você vai **TREINAR MUITO**, resolvendo mais de 1.000 questões comentadas, alternativa por alternativa, inclusive com a indicação de dispositivos legais e de decisões judiciais a serem compreendidos sempre que necessários.

O livro traz a revisão e o treinamento das disciplinas mais relevantes cobradas nos concursos do **TRT**. Mesmo sendo uma obra de revisão, num volume apenas, buscou-se a todo tempo apresentar o conteúdo mais adequado possível, com legislação atualizada e altíssima sistematização, tornando o livro um material com excelentes conteúdo e qualidade.

A obra nasceu da experiência prática dos Coordenadores da Coleção, que, por muitos anos como Professor ou Coordenador dos maiores Cursos Preparatórios do País, perceberam que os examinandos, com a aproximação das provas de concursos, precisavam de um material que pudesse condensar as principais informações para o exame, em texto sistematizado e passível de ser lido em sua completude em tempo hábil para uma sólida preparação.

É por isso que podemos dizer que, agora, você tem em suas mãos a **REVISÃO** e o **TREINAMENTO** para fazer Concursos do TRT – Analista e Técnico. Revisão e treinamento esses que certamente serão decisivos para a sua **APROVAÇÃO**!

Wander Garcia, Ana Paula Dompieri Garcia e Renan Flumian

SUMÁRIO

COORDENADORES E AUTORES	V
COMO USAR O LIVRO	VII
APRESENTAÇÃO	IX

DOUTRINA

1. DIREITO CONSTITUCIONAL — 3

1.	INTRODUÇÃO	3
2.	HISTÓRICO DAS CONSTITUIÇÕES BRASILEIRAS	3
3.	CONSIDERAÇÕES PRELIMINARES	5
4.	ELEMENTOS DA CONSTITUIÇÃO	9
5.	CLASSIFICAÇÃO DAS CONSTITUIÇÕES	9
6.	FENÔMENOS QUE OCORREM COM A ENTRADA EM VIGOR DE UMA NOVA CONSTITUIÇÃO	11
7.	EFICÁCIA JURÍDICA DAS NORMAS CONSTITUCIONAIS E HERMENÊUTICA CONSTITUCIONAL	12
8.	PODER CONSTITUINTE	14
9.	DIREITOS E GARANTIAS FUNDAMENTAIS – ASPECTOS GERAIS	16
10.	CONTROLE DE CONSTITUCIONALIDADE	42
11.	ORGANIZAÇÃO DO ESTADO	48
12.	ORGANIZAÇÃO DOS PODERES	54
13.	FUNÇÕES ESSENCIAIS À JUSTIÇA	73
14.	ESTADOS DE EXCEÇÃO	76
15.	ORDEM ECONÔMICA	79
16.	ORDEM SOCIAL	81
17.	SISTEMA TRIBUTÁRIO NACIONAL	84
18.	DISPOSIÇÕES CONSTITUCIONAIS GERAIS	86
19.	REFLEXOS DO NOVO CÓDIGO DE PROCESSO CIVIL	87

2. DIREITO ADMINISTRATIVO — 89

1.	REGIME JURÍDICO-ADMINISTRATIVO	89
2.	PRINCÍPIOS DO DIREITO ADMINISTRATIVO	91
3.	PODERES DA ADMINISTRAÇÃO PÚBLICA	98
4.	ATOS ADMINISTRATIVOS	102
5.	ORGANIZAÇÃO DA ADMINISTRAÇÃO PÚBLICA	115
6.	AGENTES PÚBLICOS	127
7.	IMPROBIDADE ADMINISTRATIVA	148
8.	BENS PÚBLICOS	154
9.	INTERVENÇÃO DO ESTADO NA ORDEM ECONÔMICA E NO DIREITO DE PROPRIEDADE	158
10.	RESPONSABILIDADE CIVIL DO ESTADO	168
11.	LICITAÇÃO PÚBLICA	175

XII TUDO EM UM TRT – 3ª EDIÇÃO

12. CONTRATOS ADMINISTRATIVOS 197

13. SERVIÇO PÚBLICO 202

14. CONCESSÕES DE SERVIÇO PÚBLICO 204

3. DIREITO DO TRABALHO INDIVIDUAL E COLETIVO

PARTE I – DIREITO INDIVIDUAL DO TRABALHO **211**

1. INTRODUÇÃO 211

2. DIREITO INTERNACIONAL DO TRABALHO 216

3. CONTRATO DE TRABALHO 217

4. EFEITOS RELACIONADOS AO CONTRATO DE TRABALHO 225

5. ASSÉDIO MORAL 228

6. SUJEITOS DA RELAÇÃO DE EMPREGO 228

7. REMUNERAÇÃO E SALÁRIO 246

8. DURAÇÃO DO TRABALHO 252

9. ALTERAÇÃO DO CONTRATO DE TRABALHO 263

10. EXTINÇÃO DO CONTRATO DE TRABALHO 267

11. ESTABILIDADE ABSOLUTA E ESTABILIDADE PROVISÓRIA/GARANTIA DE EMPREGO 275

12. NORMAS DE PROTEÇÃO AO TRABALHO 280

13. FUNDO DE GARANTIA DO TEMPO DE SERVIÇO – FGTS 287

PARTE II – DIREITO COLETIVO DO TRABALHO **292**

1. ASPECTOS GERAIS E PRINCÍPIOS 292

2. ORGANIZAÇÃO SINDICAL 293

3. CONFLITOS COLETIVOS DE TRABALHO 297

4. GREVE 303

4. DIREITO PROCESSUAL DO TRABALHO

1. CARACTERÍSTICAS DO PROCESSO DO TRABALHO 309

2. ORGANIZAÇÃO DA JUSTIÇA DO TRABALHO 312

3. ATOS, TERMOS, PRAZOS E NULIDADES PROCESSUAIS 320

4. PARTES E PROCURADORES 324

5. DISSÍDIO INDIVIDUAL 329

6. RECURSOS 343

7. EXECUÇÃO 362

8. AÇÕES ESPECIAIS 371

9. REFLEXOS DO NOVO CÓDIGO DE PROCESSO CIVIL AO PROCESSO DO TRABALHO 376

5. DIREITO PREVIDENCIÁRIO

1. EVOLUÇÃO LEGISLATIVA DO DIREITO PREVIDENCIÁRIO 381

2. A PREVIDÊNCIA SOCIAL NA CONSTITUIÇÃO FEDERAL 382

3. FINANCIAMENTO DA SEGURIDADE SOCIAL 385

4. CONTRIBUIÇÕES PARA A SEGURIDADE SOCIAL 397

5. DECADÊNCIA E PRESCRIÇÃO DAS CONTRIBUIÇÕES SOCIAIS 409

6. OBRIGAÇÕES ACESSÓRIAS 414

7. RECOLHIMENTO FORA DO PRAZO DAS CONTRIBUIÇÕES E OUTRAS INFRAÇÕES À LEGISLAÇÃO PREVIDENCIÁRIA ... 416

8. RECURSOS DAS DECISÕES ADMINISTRATIVAS 419

9. PLANO DE BENEFÍCIOS DO REGIME GERAL DE PREVIDÊNCIA SOCIAL 420

6. LÍNGUA PORTUGUESA 435

PARTE I – INTERPRETAÇÃO DE TEXTOS **435**

1. INTERPRETAÇÃO DE TEXTOS E CONCURSOS PÚBLICOS 435
2. POSTURA INTERPRETATIVA 436
3. TIPOS DE TEXTO 437
4. INSTRUMENTOS DE INTERPRETAÇÃO 442
5. FIGURAS DE LINGUAGEM 446
6. DICAS FINAIS DE INTERPRETAÇÃO DE TEXTOS 451

PARTE II – GRAMÁTICA **452**

1. FONÉTICA 452
2. ORTOGRAFIA 453
3. PONTUAÇÃO 460
4. MORFOLOGIA 464
5. COLOCAÇÃO PRONOMINAL 478
6. CONCORDÂNCIA 479
7. REGÊNCIA 485
8. ANÁLISE SINTÁTICA 487

QUESTÕES COMENTADAS

1. LÍNGUA PORTUGUESA 437

1. INTERPRETAÇÃO DE TEXTOS 437
2. VERBO 451
3. PONTUAÇÃO 457
4. REDAÇÃO, COESÃO E COERÊNCIA. 460
5. CONCORDÂNCIA 467
6. CONJUNÇÃO 470
7. PRONOMES 473
8. CRASE 476
9. SEMÂNTICA 477
10. PREPOSIÇÃO 479
11. VOZES VERBAIS 480
12. REGÊNCIAS VERBAL E NOMINAL 482
13. ADVÉRBIO 483
14. ORAÇÃO SUBORDINADA 484
15. ACENTUAÇÃO GRÁFICA 485
16. TEMAS COMBINADOS E OUTROS TEMAS 489

2. INFORMÁTICA 491

1. *HARDWARE* 491
2. OFFICE 491
3. BR OFFICE 494
4. INTERNET 494
5. WINDOWS 497
6. OUTRAS QUESTÕES DE INFORMÁTICA 498

XIV   TUDO EM UM TRT – 3ª EDIÇÃO

3. MATEMÁTICA E RACIOCÍNIO LÓGICO   499

1. RACIOCÍNIO LÓGICO 499
2. MATEMÁTICA BÁSICA 509
3. MATEMÁTICA FINANCEIRA 517
4. ESTATÍSTICA 518

4. ADMINISTRAÇÃO PÚBLICA   519

1. PRINCÍPIOS E TEORIAS 519
2. ESTRUTURAS ORGANIZACIONAIS 520
3. RECURSOS HUMANOS 520
4. GESTÃO E LIDERANÇA 520
5. FERRAMENTAS E TÉCNICAS DE GESTÃO 522
6. PLANEJAMENTO 523
7. ADMINISTRAÇÃO PÚBLICA FEDERAL 524
8. OUTROS TEMAS E MATÉRIAS COMBINADAS 524

5. ADMINISTRAÇÃO FINANCEIRA E ORÇAMENTÁRIA   527

1. PRINCÍPIOS E NORMAS GERAIS.. 527
2. LOA, LDO E PPA 528
3. RECEITAS E DESPESAS 529
4. CRÉDITOS ADICIONAIS E EXECUÇÃO ORÇAMENTÁRIA 531
5. LEI DE RESPONSABILIDADE FISCAL... 531
6. OUTRAS MATÉRIAS 532

6. ÉTICA   535

7. REGIMENTO INTERNO E LEGISLAÇÃO LOCAL   537

8. LEI 8.112/1990 (REGIME JURÍDICO DOS SERVIDORES PÚBLICOS CIVIS FEDERAIS)   543

1. PROVIMENTO, VACÂNCIA, REMOÇÃO, DISTRIBUIÇÃO E SUBSTITUIÇÃO...................... 543
2. DIREITOS E VANTAGENS 545
3. REGIME DISCIPLINAR 548
4. PROCESSO DISCIPLINAR 551

9. LEI 8.666/1993 (LICITAÇÕES E CONTRATOS ADMINISTRATIVOS)   553

1. LICITAÇÃO.. 553
2. CONTRATOS 557
3. PREGÃO 558
4. QUESTÕES COMBINADAS 558

10. DIREITO ADMINISTRATIVO   561

1. REGIME JURÍDICO ADMINISTRATIVO E PRINCÍPIOS DO DIREITO ADMINISTRATIVO 561
2. PODERES DA ADMINISTRAÇÃO PÚBLICA 562
3. DEVERES DOS AGENTES PÚBLICOS... 564
4. ATO ADMINISTRATIVO 564
5. ORGANIZAÇÃO ADMINISTRATIVA 570
6. AGENTES PÚBLICOS 570
7. IMPROBIDADE ADMINISTRATIVA (LEI 8.429/1992) 573

SUMÁRIO · XV

8. BENS PÚBLICOS..579

9. RESPONSABILIDADE DO ESTADO 579

10. SERVIÇOS PÚBLICOS..579

11. CONTROLE DA ADMINISTRAÇÃO..580

12. PROCESSO ADMINISTRATIVO (LEI 9.784/1999) 581

13. OUTROS TEMAS 584

11. DIREITO CONSTITUCIONAL · 587

1. TEORIA GERAL DA CONSTITUIÇÃO, NORMAS CONSTITUCIONAIS E PODER CONSTITUINTE 587

2. PRINCÍPIOS FUNDAMENTAIS E DIREITOS E GARANTIAS FUNDAMENTAIS..588

3. NACIONALIDADE, DIREITOS POLÍTICOS E PARTIDOS POLÍTICOS...593

4. ORGANIZAÇÃO DO ESTADO 595

5. ORGANIZAÇÃO DOS PODERES 599

6. CONTROLE DE CONSTITUCIONALIDADE 608

7. FUNÇÕES ESSENCIAIS À JUSTIÇA 609

8. TRIBUTAÇÃO E ORÇAMENTO...610

9. ORDEM ECONÔMICA E ORDEM SOCIAL 611

10. QUESTÕES COMBINADAS...611

12. DIREITO CIVIL · 613

1. LEI DE INTRODUÇÃO ÀS NORMAS DO DIREITO BRASILEIRO...613

2. PARTE GERAL 613

3. OBRIGAÇÕES...617

4. CONTRATOS...617

5. RESPONSABILIDADE CIVIL 618

6. COISAS..618

7. FAMÍLIA E SUCESSÕES...619

13. DIREITO PROCESSUAL CIVIL · 621

1. PRINCÍPIOS DO PROCESSO CIVIL 621

2. JURISDIÇÃO E COMPETÊNCIA 621

3. PARTES, PROCURADORES, SUCUMBÊNCIA, MINISTÉRIO PÚBLICO E JUIZ..622

4. PRAZOS PROCESSUAIS E ATOS PROCESSUAIS 622

5. LITISCONSÓRCIO E INTERVENÇÃO DE TERCEIROS 623

6. PRESSUPOSTOS PROCESSUAIS, ELEMENTOS DA AÇÃO E CONDIÇÕES DA AÇÃO 624

7. FORMAÇÃO, SUSPENSÃO E EXTINÇÃO DO PROCESSO. NULIDADES..624

8. TEMAS COMBINADOS DA PARTE GERAL 624

9. PETIÇÃO INICIAL..624

10 CONTESTAÇÃO E REVELIA 625

11. PROVAS...625

12. SENTENÇA, COISA JULGADA E AÇÃO RESCISÓRIA...625

13. PROCESSO DE EXECUÇÃO E EXPROPRIAÇÃO DE BENS 625

14. RECURSOS..626

15. PROCEDIMENTOS ESPECIAIS 627

16. TEMAS COMBINADOS..627

14. DIREITO DO TRABALHO · 629

1. PRINCÍPIOS E FONTES DO DIREITO DO TRABALHO...629

XVI   TUDO EM UM TRT – 3ª EDIÇÃO

2. PRESCRIÇÃO E DECADÊNCIA 630

3. CONTRATO DE TRABALHO 631

4. AVULSOS 636

5. DOMÉSTICOS 636

6. TRABALHO DA MULHER 637

7. TRABALHO INFANTIL E DE JOVENS 637

8. TERCEIRIZAÇÃO E TRABALHO TEMPORÁRIO 637

9. PODER DIRETIVO 638

10. REMUNERAÇÃO, SALÁRIO-FAMÍLIA E RESSARCIMENTOS 639

11. JORNADA DE TRABALHO 642

12. TRABALHO NOTURNO 645

13. REPOUSO SEMANAL REMUNERADO 646

14. FÉRIAS 647

15. ACIDENTE, SUSPENSÃO E INTERRUPÇÃO DO CONTRATO DE TRABALHO 649

16. RESCISÃO DO CONTRATO DE TRABALHO, AVISO-PRÉVIO E FGTS 652

17. ESTABILIDADE E GARANTIA NO EMPREGO 656

18. SAÚDE E SEGURANÇA NO TRABALHO 656

19. LIBERDADE SINDICAL 659

20. CONVENÇÕES E ACORDOS COLETIVOS DE TRABALHO 659

21. COMISSÃO DE CONCILIAÇÃO PRÉVIA 660

22. COMBINADAS 660

15. DIREITO PROCESSUAL DO TRABALHO   663

1. JUSTIÇA DO TRABALHO E MINISTÉRIO PÚBLICO DO TRABALHO 663

2. TEORIA GERAL DO PROCESSO DO TRABALHO 665

3. COMPETÊNCIA 666

4. CUSTAS E EMOLUMENTOS 669

5. PARTES E ADVOGADOS 671

6. NULIDADES 673

7. PROVAS 674

8. PROCEDIMENTOS E ATOS PROCESSUAIS 676

9. LIQUIDAÇÃO E EXECUÇÃO 687

10. RECURSOS 690

11. QUESTÕES COMBINADAS 695

16. DIREITOS DAS PESSOAS COM DEFICIÊNCIA   697

SUMÁRIO ON-LINE

DOUTRINA

1. ADMINISTRAÇÃO PÚBLICA — 3

1. PROCESSO ORGANIZACIONAL 3
2. COMPORTAMENTO ORGANIZACIONAL 10
3. GESTÃO DE PESSOAS 12
4. GESTÃO ESTRATÉGICA E PLANEJAMENTO ESTRATÉGICO 15
5. *BALANCED SCORECARD* ("BSC") 16

2. ADMINISTRAÇÃO FINANCEIRA E ORÇAMENTÁRIA — 19

1. INTRODUÇÃO 19
2. LEIS ORÇAMENTÁRIAS: PPA, LDO, LOA 20
3. RECEITAS 32
4. DESPESAS 37
5. EXECUÇÃO ORÇAMENTÁRIA 47
6. OPERAÇÕES DE CRÉDITO 50
7. DÍVIDA PÚBLICA 51
8. PRECATÓRIOS 53
9. FISCALIZAÇÃO DA GESTÃO FISCAL 55
10. TRANSPARÊNCIA 59
11. ESTRUTURA DA LEI DE RESPONSABILIDADE FISCAL – LRF 61

3. LEI 8.112/1990 – REGIME JURÍDICO DOS SERVIDORES PÚBLICOS CIVIS FEDERAIS — 63

1. DISPOSIÇÕES PRELIMINARES 63
2. PROVIMENTO, VACÂNCIA, REMOÇÃO, REDISTRIBUIÇÃO E SUBSTITUIÇÃO 63
3. DIREITOS E VANTAGENS 71
4. DO REGIME DISCIPLINAR 79
5. PROCESSO ADMINISTRATIVO DISCIPLINAR 84
6. SEGURIDADE SOCIAL DO SERVIDOR 88
7. DISPOSIÇÕES GERAIS 91
8. DISPOSIÇÕES TRANSITÓRIAS E FINAIS 92

4. LEI 8.666/1993 – LICITAÇÕES E CONTRATOS ADMINISTRATIVOS — 93

1. LICITAÇÃO PÚBLICA 93
2. CONTRATOS ADMINISTRATIVOS 113

5. DIREITO PENAL – PARTE ESPECIAL — 119

1. CLASSIFICAÇÃO DOUTRINÁRIA DOS CRIMES. INTRODUÇÃO À PARTE ESPECIAL DO CP 119
2. CRIMES CONTRA A VIDA 120
3. LESÃO CORPORAL 126
4. CRIMES DE PERIGO INDIVIDUAL 130
5. CRIMES CONTRA A HONRA 135
6. CRIMES CONTRA A LIBERDADE PESSOAL 140
7. CRIMES CONTRA O PATRIMÔNIO 144
8. CRIMES CONTRA A DIGNIDADE SEXUAL 156

XVIII   TUDO EM UM TRT – 3ª EDIÇÃO

9. CRIMES CONTRA A ORGANIZAÇÃO DO TRABALHO 158

10. CRIMES CONTRA A FÉ PÚBLICA 160

11. CRIMES CONTRA A ADMINISTRAÇÃO PÚBLICA (ARTS. 312 A 327, DO CP)................................. 162

6. DIREITO CIVIL   173

1. PRINCÍPIOS DO DIREITO CIVIL E LEI DE INTRODUÇÃO ÀS NORMAS DO DIREITO BRASILEIRO – LINDB........... 173

2. PARTE GERAL 181

3. DIREITO DAS OBRIGAÇÕES 212

4. DIREITO DOS CONTRATOS 223

5. RESPONSABILIDADE CIVIL 242

6. DIREITO DAS COISAS 248

7. DIREITO DE FAMÍLIA 264

8. DIREITO DAS SUCESSÕES 288

7. DIREITO PROCESSUAL CIVIL (NOVO CPC)   297

INTRODUÇÃO: SISTEMA PROCESSUAL À LUZ DO NOVO CÓDIGO DE PROCESSO CIVIL (LEI 13.105/2015, JÁ COM ALTERAÇÕES) ... 297

1. TEORIA GERAL DO PROCESSO CIVIL (PARTE GERAL DO NCPC)... 297

2. PROCESSO DE CONHECIMENTO 330

3. PROCEDIMENTOS ESPECIAIS (TÍTULO III DO LIVRO I DA PARTE ESPECIAL DO NCPC) 349

4. PROCESSO DE EXECUÇÃO E CUMPRIMENTO DE SENTENÇA 358

5. RECURSOS E PROCESSOS NOS TRIBUNAIS 373

6. REVOGAÇÕES E VIGÊNCIA 393

7. VISÃO GERAL DO PROCESSO COLETIVO.. 394

8. LÍNGUA PORTUGUESA   397

PARTE I – INTERPRETAÇÃO DE TEXTOS 397

1. INTERPRETAÇÃO DE TEXTOS E CONCURSOS PÚBLICOS 397

2. POSTURA INTERPRETATIVA 398

3. TIPOS DE TEXTO 399

4. INSTRUMENTOS DE INTERPRETAÇÃO 404

5. FIGURAS DE LINGUAGEM 408

6. DICAS FINAIS DE INTERPRETAÇÃO DE TEXTOS.. 413

PARTE II – GRAMÁTICA.. 414

1. FONÉTICA 414

2. ORTOGRAFIA 415

3. PONTUAÇÃO 422

4. MORFOLOGIA 426

5. COLOCAÇÃO PRONOMINAL 440

6. CONCORDÂNCIA 441

7. REGÊNCIA 447

8. ANÁLISE SINTÁTICA... 449

DOUTRINA

1. DIREITO CONSTITUCIONAL

Bruna Vieira

1. INTRODUÇÃO

O estudo do Direito Constitucional é de fundamental importância para a vida do acadêmico, do bacharel e do profissional do Direito, pois, além de ser o alicerce, a estrutura de todo o ordenamento jurídico, cada vez mais o sistema atua em prol da constitucionalização dos demais ramos do Direito. Isso significa que, se não estudarmos a Constituição de forma minuciosa, fatalmente encontraremos dificuldades de compreensão do Direito como um todo.

Sabemos que o Direito é uno e indivisível, mas que há, ainda que didaticamente, subdivisões em ramos para facilitar o estudo e a compreensão dos institutos jurídicos. Todos os ramos do Direito, como Direito Civil, Direito Penal, Direito Processual, Direito Tributário, dentre outros, submetem-se à Constituição Federal, fortalecendo a importância desse estudo.

Dentro dessas subdivisões acadêmicas, o Direito Constitucional pertence ao ramo do Direito Público (é o núcleo do Direito Público interno). Cientes de que a Constituição *é o fundamento de validade de todas as normas jurídicas*, inclusive das suas próprias normas, porque tem o dever de preservar a soberania do Estado que a promulgou, não seria adequado pensar de forma diversa. Incidiríamos em erro ao imaginar que o Direito Constitucional pudesse estar alocado no ramo do Direito Privado, geralmente destinado a cuidar dos interesses particulares, subjetivos.

Vale lembrar que "o Direito Constitucional não é apenas um sistema em si, mas uma forma – na verdade, a forma adequada – de ler e interpretar as normas dos demais ramos do Direito, isto é, todas as normas infraconstitucionais. Além disso, no caso brasileiro, em que vige uma Constituição especialmente analítica, nela se encontram os grandes princípios dos diferentes domínios jurídicos" (Barroso, Luís Roberto, **Curso de Direito Constitucional Contemporâneo**, 3ª edição, p. 74).

É importante ter em mente que o Direito Constitucional está totalmente relacionado com a ideia de poder. Diz o art. 1º, parágrafo único, da Constituição Federal que "todo poder emana do povo, que o exerce por meio de representantes eleitos ou diretamente". Desse modo, embora haja momentos em que o povo transfira o exercício desse poder a alguém, e isso só é possível porque a própria Constituição assim determina, o detentor do poder continua sendo a coletividade. A essa delegação dá-se o nome de democracia indireta.

O Brasil adotou um sistema misto (ou híbrido) de democracia, no qual existe a democracia direta, ou seja, o povo exercendo o poder que lhe é atribuído de forma direta; por exemplo, quando se inicia um projeto de lei a partir de manifestação popular; e a democracia indireta, aquela em que o exercício do poder do povo se dá por meio de representantes eleitos.

Em suma, podemos dizer que o exercício da democracia se externa de duas maneiras: por meio da democracia direta ou participativa, e pela democracia indireta:

a) democracia direta ou participativa: aquela em que o povo exerce diretamente o poder que detém sem a necessidade de intermediários. Para tanto, vale-se de instrumentos previstos constitucionalmente, também chamados de mecanismos de democracia direta ou participativa, quais sejam: o plebiscito, o referendo, a iniciativa popular das leis e a ação popular;

b) democracia indireta: aquela em que o povo exerce seu poder por meio de representantes eleitos. Os governantes são eleitos para que exerçam o poder em nome daquele. É importante ressaltar um detalhe: o voto necessariamente deve ser direto, pois essa forma de votar está contida no inciso II do § 4º do art. 60 da Constituição Federal, ou seja, é uma das cláusulas pétreas. Embora o voto seja direto, seu exercício é um exemplo de instrumento de democracia indireta. Indireta porque o povo, após eleger determinado governante de forma direta, indo efetivamente até a urna para votar, delega seu poder a quem elegeu. Nesse momento, quem concretamente passa a exercer o poder em nome do povo, é o governante eleito.

2. HISTÓRICO DAS CONSTITUIÇÕES BRASILEIRAS

2.1. Primeira Constituição do Brasil – Imperial de 1824

A primeira Constituição do nosso país foi a Constituição do Império (ou Constituição Imperial), outorgada pelo imperador Dom Pedro I. O fato marcante que a antecedeu foi a Declaração de Independência do Brasil, ocorrida em 07.09.1822. Dom Pedro I, após ter dissolvido a Assembleia Constituinte, na qual havia representação de São Paulo, Santos e Taubaté, outorgou (de forma unilateral), essa Constituição. Tal fato ocorreu após um ano e meio da formalização da independência do Brasil, no dia 25.03.1824.

A Constituição de 1824, ou Constituição do Império, foi a que teve maior tempo de vigência. Perdurou até a Proclamação da República, que ocorreu em 1889, ou seja, vigorou por 65 anos.

A primeira Constituição foi a única monárquica e semirrígida. Todas as outras foram republicanas. Também foi a única que tivemos classificada como semirrígida porque o art. 178 dispunha: "é só constitucional o que diz respeito aos limites e atribuições respectivos dos poderes políticos, e os Direitos políticos e individuais do cidadão; tudo o que não é constitucional pode ser alterado, sem as formalidades referidas nos arts. 173 a 177, pelas legislaturas ordinárias". O dispositivo citado deixava claro que a Constituição continha uma parte rígida (difícil de alterar) e outra flexível (processo de modificação mais simplificado).

Em relação à organização dos poderes, havia um quarto poder, chamado de moderador (sistema quadripartite). Portanto, além do executivo, legislativo e judiciário, existia o moderador que, segundo Benjamin Constant, era um "fator de equilíbrio entre os demais poderes". Tinha por finalidade assegurar a independência e harmonia dos outros três. Ocorre que esse poder ficava totalmente nas mãos do chefe supremo da nação que, naquele momento, era o Imperador.

No tocante à organização do Estado, o que existiam eram apenas províncias desprovidas de autonomia. Os presidentes das províncias eram nomeados pelo Imperador, que podia exonerá-los no momento em que quisesse. Ele próprio fazia o juízo de conveniência e oportunidade. O Estado era unitário e o poder ficava centralizado nas mãos do Imperador.

Nessa época, havia no Brasil uma religião oficial, que era a Católica Apostólica Romana. O Brasil era um país que professava uma religião oficial (Estado Confessional). O art. 5º da Constituição do Império é que dava guarida a esse entendimento.

Outra peculiaridade da Constituição Imperial é que ela, em momento algum, instituiu um controle judicial de constitucionalidade, portanto não era possível analisar se uma lei estava ou não de acordo com a Constituição.

Esse período foi marcado pelo sufrágio censitário. Nele exigia-se, para votar, a obtenção de renda mínima anual e, além disso, essa oportunidade só era dada aos homens. Mulheres eram proibidas de votar ou serem eleitas. Para um homem ser eleito, a renda por ele obtida deveria ser maior do que a exigida para ele simplesmente votar. Essa renda variava de acordo com o cargo: quanto mais alto, maior a renda a ser comprovada. É a denominada plutocracia (governo dos ricos).

2.2. Segunda Constituição do Brasil – Constituição de 1891

A força militar passou a ter relevância na política. Os militares rejeitavam a posição de subordinação ao antigo chefe supremo da nação, o Imperador. Foram eles que, no dia 15.11.1889, baniram a família imperial do nosso país e proclamaram a república.

Embora a Constituição de 1891 tenha sido a segunda do Brasil, foi a primeira republicana. Justamente por ter sido mudada a forma de governo, a manutenção de uma Constituição imposta por um Imperador passou a ser insustentável. Assim, foi preciso convocar uma Assembleia Nacional Constituinte para que fosse providenciada a feitura da nova Constituição.

Os representantes se reuniram no Rio de Janeiro e quem presidiu a Assembleia foi o paulista Prudente de Moraes. Votaram-na por meio de um processo de convenção e, sob a inspiração da Constituição norte-americana, foi promulgada a segunda Constituição do Brasil (primeira promulgada, a anterior havia sido outorgada). A influência americana foi tanta que até o nome do Estado copiou-se: passamos a ser denominados "Estados Unidos do Brasil".

Com essa nova Constituição, o Estado, antes unitário, passou a ser um Estado Federal, caracterizado pela autonomia e pela verdadeira descentralização do poder.

Havia rígida separação de competências. Os estados ficavam com parcela da competência e a União com outra parcela. Os governadores dos estados passaram a ter poder. As antigas províncias foram suprimidas em virtude da existência de Estados-membros, que passaram a dispor de leis próprias e até de Constituições estaduais próprias.

O Estado não mais professava uma religião oficial. Ele, antes Estado Confessional, no qual a religião obrigatória e oficial era a Católica Apostólica Romana, transformou-se em um estado leigo ou laico. A palavra que melhor se compatibiliza ao estado leigo é a neutralidade. Havia considerável liberdade de culto. As pessoas podiam livremente escolher suas religiões e cultuá-las da maneira que desejassem.

Também deixou de existir, com a Constituição de 1891, o quarto poder, denominado moderador, consequência lógica e automática advinda do banimento da família imperial. Se não mais existia imperador, e ele era quem detinha, quem dominava esse quarto poder, não havia mais razão para sua existência. Foi neste momento que se instaurou a clássica tripartição de poderes políticos (poderes executivo, legislativo e judiciário), ou melhor, tripartições de funções, pois sabemos que o poder é uno e indivisível.

A Constituição de 1891 foi a que instituiu o Supremo Tribunal Federal e o primeiro sistema judicial de controle de constitucionalidade (controle difuso). Foi ainda a que ampliou os direitos individuais, trazendo, inclusive, pela primeira vez no ordenamento jurídico brasileiro, a previsão do remédio constitucional, hoje muito conhecido, denominado *habeas corpus*.

2.3. Terceira Constituição do Brasil – Constituição de 1934

Getúlio Vargas assume o poder em 1930. Começa a dizer em seus discursos que, em breve, convocará uma Assembleia Constituinte para feitura de uma nova Constituição; o tempo decorre, mas Vargas não concretiza sua promessa. Por conta disso, é realizada, em São Paulo, uma revolução em 1932, conhecida como Revolução Constitucionalista.

Tal revolução, segundo o Prof. Augusto Zimmermann, "ainda que tenha se revelado um completo fracasso do ponto de vista militar (os seus líderes foram presos pelas forças governistas), foi um sucesso absoluto do ponto de vista político, porque Getúlio Vargas se sentiu forçado a consentir na elaboração de uma nova Constituinte, em 1933, que marcaria o retorno à normalidade constitucional" (**Curso de Direito Constitucional**, 4ª edição, p. 205).

Nossa terceira Constituição, elaborada por um processo de convenção (votação), teve grande influência da Constituição Alemã de Weimar, de 1919. Foi a primeira Constituição Social do Brasil. Entre suas características, destacamos as principais: a forma federativa de governo, a não existência de religião oficial, a tripartição dos poderes e as mais marcantes – a admissão do voto pela mulher e a introdução, no texto constitucional, de direitos trabalhistas.

A Constituição que teve menor vigência no nosso país foi esta, de 1934, porque em 1937 ocorreu o golpe militar que rompeu toda a ordem jurídica.

2.4. Quarta Constituição do Brasil – Constituição de 1937

À época de sua criação, havia ditadura em vários países (Alemanha, Itália e outros).

Getúlio Vargas, ainda mantido no poder, solicita a elaboração de uma nova Constituição a Francisco Ramos. Por meio de um golpe de Estado, acaba outorgando a Constituição de 1937.

As principais regras trazidas pela nova Constituição tinham caráter ditatorial, impositivo. Como exemplo, podemos mencionar a concentração das funções legislativas e executivas, a supressão da autonomia dos estados-membros, a destituição dos governadores, com a consequente nomeação de interventores, e a criação de serviços de informações para que o Presidente controlasse o povo, o Poder Judiciário e, principalmente, a imprensa.

O argumento utilizado para a manutenção dessas normas preconizava que a expansão do fascismo e comunismo pelo mundo enfraquecia as instituições nacionais e que, portanto, impunha medidas duras para a manutenção do poder central, ainda que o pacto federativo não pudesse ser totalmente respeitado.

Em decorrência da doutrina e da enorme concentração dos poderes nas mãos do Presidente, da mesma forma que ocorria na Constituição da Polônia na época, a Constituição de 1937 passou a ser chamada, pejorativamente, de "Constituição polaca".

2.5. Quinta Constituição do Brasil – Constituição de 1946

Fruto da redemocratização do Brasil, em 18.09.1946, promulgou-se a quinta Constituição. Seu texto demonstrou claramente uma reação contra a ditadura e os regimes centralizadores. Por conta dos inúmeros acontecimentos mundiais, repudiando os sistemas totalitaristas, o presidente da época, Getúlio Vargas, não podia mais manter a ditadura.

Embora tentasse subterfúgios para se manter no poder, como a nomeação de seu irmão para a chefia da polícia de Guanabara, Vargas acabou sendo destituído por aqueles que temiam sua intenção de permanecer no cargo.

Em decorrência da destituição de Vargas, foi instalada nova Assembleia Constituinte. Nessa época, é eleito Eurico Gaspar Dutra como presidente e, em 1946, é promulgada a nova Constituição.

Em 1950, Vargas retorna como sucessor de Dutra e acaba suicidando-se em 1954. Nesse ano, Café Filho, Vice-Presidente, assume o poder.

2.6. Sexta Constituição do Brasil – Constituição de 1967

Em 31.03.1964, o Presidente da República, João Goulart (conhecido como "Jango"), foi derrubado por um golpe militar, pois fora acusado de estar envolvido com o "comunismo internacional"; era o começo da instalação da ditadura, que acabou em 1985.

A Constituição foi outorgada em 24.01.1967: em que pese alguns doutrinadores entenderem pela legitimidade do golpe e sustentarem a promulgação do texto, não é o posicionamento predominante.

A então nova ordem constitucional preocupava-se especialmente com a Segurança Nacional, e diversos poderes foram concedidos à União e ao Poder Executivo. Foram emitidos Atos Institucionais que suprimiram paulatinamente os direitos e garantias individuais.

2.7. Sétima Constituição do Brasil ou Emenda Constitucional 1/1969

A Emenda Constitucional 1/1969 é considerada por parte da doutrina como uma nova Constituição. Foi outorgada em 17.10.1969, passando a Constituição do Brasil a ser chamada de Constituição da República Federativa do Brasil.

A EC 1/1969 não foi assinada pelo Presidente da República Costa e Silva, que estava impossibilitado de governar por motivos de saúde, e nem por seu Vice, Pedro Aleixo, pois através do Ato Institucional 12 foi consagrado um governo de Juntas Militares que permitia que os Ministros da Marinha de Guerra, do Exército e da Aeronáutica Militar governassem enquanto o Presidente estivesse afastado.

2.8. Oitava Constituição do Brasil – Constituição de 1988

Em 05.10.1988, foi promulgada a Constituição da República Federativa do Brasil, depois do texto ser aprovado em dois turnos de votação, por maioria absoluta dos membros da Assembleia Nacional Constituinte.

É uma Constituição absolutamente voltada para a proteção dos direitos individuais dos cidadãos, sendo fruto de processo de transição do regime militar para o regime democrático.

3. CONSIDERAÇÕES PRELIMINARES

3.1. Elementos fundamentais

O Estado possui três elementos fundamentais, a saber: povo, território e soberania. *Povo* significa o conjunto de indivíduos ligados jurídica e politicamente ao Estado. Daí falar-se que povo é o elemento humano do Estado. *Território* traz um conceito jurídico contemplando a área na qual o Estado exerce efetivamente a supremacia e o poder que detém sobre bens e pessoas. Já a *soberania* pode ser vista sob dois aspectos: interno e externo. Pelo primeiro, o Estado é quem elabora as suas próprias normas, é quem comanda o país, portanto, dotado de autoridade máxima em seu território. O segundo significado diz respeito à igualdade que deve existir entre os países, independentemente de condições, espaço territorial, poder econômico etc. Aos Estados soberanos são dadas garantias como a não intervenção em assuntos internos e a independência nacional.

3.2. Conceito de Constituição

Uma Constituição pode ser conceituada de diferentes modos tendo por base seus diversos significados. Vejamos os conceitos dados por grandes doutrinadores:

3.2.1. Concepção sociológica (Ferdinand Lassalle)

Sustentava esse autor que "os problemas constitucionais não são problemas de Direito, mas do poder; a verdadeira Constituição de um país somente tem por base os fatores reais e efetivos do poder que naquele país vigem e as constituições escritas não têm valor nem são duráveis a não ser que exprimam fielmente os fatores do poder que imperam na realidade social" (**A essência da Constituição**, p. 40).

Portanto, somente terá valia a Constituição se efetivamente expressar a realidade social e o poder que a comanda. Os fatores reais de poder são identificados, no nosso país, por exemplo, nos movimentos dos sem-terra, nas corporações militares e outras forças que delimitam o conteúdo da Constituição.

O autor citado também mencionava que "de nada serve o que se escreve numa folha de papel se não se ajusta à realidade, aos fatores reais de poder".

3.2.2. Concepção política (Carl Schmitt)

Em oposição a Lassalle, Carl Schmitt defendeu o conceito de que a Constituição é a decisão política fundamental de um povo, visando sempre a dois focos estruturais básicos – organização do Estado e efetiva proteção dos direitos fundamentais.

Para esse autor há divisão clara entre Constituição e lei constitucional. Na primeira, encontraríamos as matérias constitucionais, ou seja, organização do Estado e garantia dos direitos fundamentais, sempre com o objetivo de limitar a atuação do poder. Já as leis constitucionais seriam aqueles assuntos tratados na Constituição, mas que materialmente não teriam natureza de norma constitucional. Na verdade, esses assuntos nem deveriam constar da Constituição. Na nossa atual Carta Magna, visualizamos um exemplo no art. 242, § 2º, que determina que o Colégio Pedro II, localizado na cidade do Rio de Janeiro, será mantido na órbita federal. Esse dispositivo é uma norma apenas formalmente constitucional, pois está dentro da Constituição, mas não trata de matéria tipicamente constitucional.

As leis constitucionais, para Schmitt, como a mencionada no exemplo dado acima, formam o que se denomina Constituição formal, ou seja, apenas são consideradas normas constitucionais pelo fato de estarem alocadas na Constituição, por terem forma de Constituição.

A Constituição Federal de 1988, em seu art. 1º, trata da organização do Estado, enquanto o art. 5º dispõe sobre os direitos fundamentais. Se terminasse aqui, já seria suficiente para Schmitt denominá-la como uma verdadeira Constituição.

3.2.3. Concepção jurídica ou formal (Hans Kelsen e Konrad Hesse)

Hans Kelsen pensava de modo diverso, mencionava que o fundamento de validade da Constituição era encontrado na dimensão jurídica e não sociológica ou política.

Esse autor representava o ordenamento jurídico por meio de uma pirâmide, na qual a Constituição se encontrava no ápice e abaixo estavam todos os demais atos normativos. As leis ordinárias, complementares, delegadas e também as medidas provisórias, por terem como fundamento imediato de validade a Constituição, ficavam no segundo degrau da pirâmide. Já os regulamentos, portarias, decretos, entre outros, por se fundamentarem primeiro na lei e depois na Constituição, localizavam-se no terceiro degrau da pirâmide.

Portanto, juridicamente, a Constituição localiza-se no mais elevado degrau da pirâmide e é exatamente em decorrência disso que é fundamentada sua normatividade.

As normas infraconstitucionais (que são todas aquelas que se encontram nos degraus abaixo da Constituição) são submissas às regras determinadas pela Lei Maior e devem ser com ela compatíveis. A isso se deu o nome de relação de compatibilidade vertical.

3.2.4. Concepção culturalista

Segundo a essa corrente, a Constituição engloba todas as regras fundamentais advindas da cultura histórica e também "as emanadas pela vontade existencial da unidade política e regulamentadora da existência, estrutura e fins do Estado e do modo de exercício e limites do poder político" (J. H. Meirelles Teixeira, **Curso de Direito Constitucional**, p. 77 e 78)

3.3. Constitucionalismo e neoconstitucionalismo

Tradicionalmente, a doutrina faz uso da expressão constitucionalismo ou movimentos constitucionais em mais de um sentido. Vejamos os dois mais comuns.

A primeira concepção de **constitucionalismo** é utilizada para definir a ideologia que afirma que o poder político deve necessariamente ser limitado para que efetivamente sejam garantidos e prestigiados os direitos fundamentais. Nesse primeiro sentido, o movimento é considerado uma teoria normativa da política. A doutrina divide-o em constitucionalismo social e liberal, com base na maior ou menor intervenção do Estado nos interesses privados. Quando há grande intervenção do Estado no mundo privado, é conhecido como social e quando a intervenção é pequena, fala-se em constitucionalismo liberal.

A segunda concepção da expressão constitucionalismo teve origem numa reação contra o Estado Absolutista da Idade Moderna, por volta do século XVIII. A Revolução Francesa também é considerada um marco aqui. A ideia era frisar que a Constituição, além de estabelecer regras sobre organização do Estado, do poder, deveria fazer uma necessária modificação política e social, orientando as ações políticas e tendo atuação direta. Foi a partir deste momento que veio à tona o termo *supremacia constitucional*. A partir dessa concepção, passou a ser necessária a criação de constituições escritas, de origem popular, para efetivamente limitar o poder, organizar o Estado e garantir a proteção dos direitos individuais.

O **neoconstitucionalismo** ou novo/atual constitucionalismo toma por base a necessidade de se incorporar o denominado Estado Constitucional de Direito. A Constituição, portanto, deve efetivamente influenciar todo o ordenamento jurídico. Tudo deve ser analisado à luz da CF. Ela é o filtro que valida, ou não, as demais normas. Os valores constitucionais são priorizados, além das regras relacionadas à organização do Estado e do Poder. Princípios, como a dignidade da pessoa humana, passam a ter maior relevância. Há uma aproximação das ideias de direito e justiça. O Poder Judiciário, ao validar princípios e aos valores constitucionais, atribui a eles força normativa.

Segundo Ana Paula de Barcellos: "Do ponto de vista material, ao menos dois elementos caracterizam o neoconstitucionalismo e merecem nota: (i) a incorporação explícita de valores e opções políticas nos textos constitucionais, sobretudo no que diz respeito à promoção da dignidade humana e dos direitos fundamentais; e (ii) a expansão de conflitos específicos e gerais entre as opções normativas e filosóficas existentes dentro do próprio sistema constitucional."

3.4. Estrutura da Constituição Federal de 1988

A CF/1988 é composta das seguintes partes: preâmbulo, corpo das disposições permanentes, ato das disposições constitucionais transitórias e emendas constitucionais (de revisão e propriamente ditas).

3.4.1. Preâmbulo

A Constituição não começa pelo seu art. 1º, mas sim por um preâmbulo que dispõe: "Nós, representantes do povo brasileiro, reunidos em Assembleia Nacional Constituinte para instituir um Estado Democrático, destinado a assegurar o exercício dos direitos sociais e individuais, a liberdade, a segurança, o bem-estar, o desenvolvimento, a igualdade e a justiça como valores supremos de uma sociedade fraterna, pluralista e sem preconceitos, fundada na harmonia social e comprometida, na ordem interna e internacional, com a solução pacífica das controvérsias, promulgamos, sob a proteção de Deus, a seguinte CONSTITUIÇÃO DA REPÚBLICA FEDERATIVA DO BRASIL".

Há diversos princípios no preâmbulo constitucional, como o da igualdade, da liberdade, da solução pacífica das controvérsias etc. Tais comandos servem como diretrizes ideológicas, políticas e filosóficas que devem ser observadas pelo intérprete das normas constitucionais.

Todavia, embora o preâmbulo tenha de ser utilizado como alicerce, segundo o Supremo, ele não tem força normativa, não cria direitos e obrigações e não pode ser utilizado como parâmetro para eventual declaração de inconstitucionalidade. Por exemplo: uma lei que fira tão somente o preâmbulo constitucional não pode ser objeto de ação direta de inconstitucionalidade no STF e nem de outro mecanismo de controle de constitucionalidade.

3.4.2. Disposições permanentes

O corpo das disposições permanentes é composto pelas normas constitucionais que, em regra, possuem maior durabilidade. Essa parte inicia-se no art. 1º e termina no art. 250 e é formada pelos seguintes títulos: Princípios Fundamentais, Direitos e Garantias Fundamentais, Organização do Estado, Organização dos Poderes, Defesa do Estado e das Instituições Democráticas, Tributação e Orçamento, Ordem Econômica e Financeira, Ordem Social e Disposições Constitucionais Gerais.

3.4.3. Disposições transitórias

Denominado Ato das Disposições Constitucionais Transitórias (ADCT), tem por finalidade tratar de assuntos de direito intertemporal. O ADCT é composto de normas criadas para executarem um determinado papel que, sendo cumprido, passam a não ter mais utilidade. É por esse motivo que tais normas são conhecidas como de eficácia esgotada ou exaurida. Cumprido o encargo para o qual foram criadas, não possuem mais utilidade alguma.

As disposições transitórias, embora integrem o texto constitucional, e para serem modificadas também seja necessário o processo das emendas constitucionais, elas ficam ao final da Constituição e possuem numeração própria (arts. 1º ao 100). São assim previstas, pois não seria técnico deixar no corpo das disposições permanentes algo que, mais dia menos dia, não terá mais utilidade alguma.

Um exemplo de regra prevista no ADCT e que já foi modificada por emenda é a prevista no art. 76, alterada pela **EC 93, de 8 de setembro de 2016**. Tal emenda prorrogou a desvinculação de receitas da União e estabeleceu a desvinculação de receitas dos Estados, Distrito Federal e Municípios.

Outra situação vem prevista no art. 42 do ADCT, alterado pela EC 89, de 15 de setembro de 2015. Essa emenda ampliou o prazo em que a União deverá destinar às Regiões Centro-Oeste e Nordeste percentuais mí-nimos dos recursos destinados à irrigação. Por fim, a regra contida no art. 40 do ADCT também é tida como exemplo. Segundo tal norma, a Zona Franca de Manaus é mantida, com suas características de área livre de co-mércio, de exportação e importação, e de incentivos fiscais, pelo prazo de vinte e cinco anos, a partir da promul-gação da Constituição. O parágrafo único do mesmo dispositivo determina que, somente por lei federal, podem ser modificados os critérios que disciplinaram ou venham a disciplinar a aprovação dos projetos na Zona Franca de Manaus. A EC 42/2003 criou o art. 92 do ADCT acrescentando ao prazo citado mais dez anos e, recentemen-te, a **EC 83, de 05.08.2014** criou o art. 92-A para acrescer mais 50 anos ao prazo citado.

Vale lembrar que as normas constantes do ADCT possuem o mesmo grau de eficácia que as demais normas constitucionais.

3.4.4. Emendas constitucionais

As emendas integram a constituição e possuem duas naturezas distintas: emendas de revisão e emendas constitucionais propriamente ditas. As primeiras foram feitas quando da revisão constitucional, em 1994. Em tal ano, seis emendas foram elaboradas (ECR 1 a 6). O art. 3º do ADCT determinava que a revisão, que se daria uma única vez, ocorresse após cinco anos da promulgação da Constituição, pelo voto da maioria absoluta dos membros do Congresso Nacional, em sessão unicameral. Atualmente, para se modificar a Constituição, é necessário que se faça por meio das emendas constitucionais propriamente ditas, que podem ser feitas desde que sejam obedecidas as regras previstas no art. 60 da CF.

3.5. Supremacia constitucional

A noção de supremacia da Constituição talvez seja a mais importante de todo o estudo do Direito Constitucional. Pautado nesse entendimento, é possível verificar os motivos pelos quais os demais ramos, os atos normativos em geral e a atuação dos poderes estão limitados ao texto constitucional.

A Constituição Federal é a lei máxima do ordenamento jurídico brasileiro. É fundamento de validade de todos os demais atos normativos. Está no ápice da pirâmide normativa e determina as regras que devem ser observadas. Todas as normas infraconstitucionais devem guardar relação de compatibilidade com a Constituição.

Ressalta-se que o princípio da supremacia constitucional somente existe nos países que adotam Constituição do tipo *rígida*, ou seja, aquelas que possuem um processo de alteração mais complexo, mais solene, mais dificultoso que o processo de mudança dos demais atos normativos.

3.6. Princípios fundamentais (arts. 1º a 4º da CF)

O art. 1º da CF, após definir o Pacto Federativo, traz os *fundamentos* da República Federativa do Brasil, que são os seguintes:

I. Soberania;

II. Cidadania;

III. Dignidade da pessoa humana;

IV. Valores sociais do trabalho e da livre-iniciativa; e

V. Pluralismo político.

Os fundamentos equivalem-se aos principais valores e diretrizes adotados pelo Estado brasileiro. Com base neles é que a Constituição Federal de 1988 foi produzida.

Sem sombra de dúvida, podemos dizer que um fundamento de grande relevo é o que diz respeito à *dignidade da pessoa humana*. Para que o ser humano possua dignidade, deve a ele ser dado acesso a requisitos mínimos de uma vida digna como, por exemplo, alimentação, moradia, saúde, higiene, educação, lazer etc.

A dignidade da pessoa humana é um fundamento da República Federativa do Brasil, previsto no inc. III do art. 1º da Constituição Federal.

A súmula vinculante 11, que já foi objeto de questionamento na prova da OAB, relaciona-se diretamente com esse princípio. Essa súmula restringe o uso de algemas aos casos de resistência e de fundado receio de fuga ou de perigo à integridade física própria ou alheia, por parte do preso ou de terceiros. Além disso, o uso deve, necessariamente, ser justificado por escrito, sob pena de responsabilidade disciplinar, civil e penal do agente ou da autoridade e de nulidade da prisão ou do ato processual a que se refere, sem prejuízo da responsabilidade civil do Estado.

Desse modo, é possível afirmar que o uso de algemas requer um juízo de ponderação da necessidade e só deve ser utilizado de forma excepcional.

Vale lembrar que o STF, no julgamento do ARE 653.964-AgR, Rel. Min. Luiz Fux, julgamento em 28.02.2012, Primeira Turma, *DJE* de 13.03.2012, decidiu que o enunciado da Súmula Vinculante 11 da Suprema Corte **não** é aplicável, face ao uso de algemas durante a sessão, máxime quando o julgamento pelo Tribunal do Júri se deu em data anterior à sua publicação.

Também tem relação com a dignidade da pessoa humana o princípio da individualização da pena. Assim, a falta de indicação da conduta individualizada dos acusados pela prática de crimes societários fere não só o devido processo legal, a ampla defesa e o contraditório, mas também a dignidade da pessoa humana.

Por fim, o STF, em julgamento realizado pelo plenário, na ADI 3.510, declarou a constitucionalidade do art. 5º da Lei de Biossegurança (Lei 11.105/2005), por entender que as pesquisas com células-tronco embrionárias não violam o direito à vida ou o princípio da dignidade da pessoa humana.

A *soberania* é uma qualidade do Estado independente. Fala-se em soberania externa e interna. A primeira refere-se à representação dos Estados em âmbito internacional. A segunda é determinada pela demarcação da supremacia do Estado em relação aos seus cidadãos.

A *cidadania*, quando analisada como um dos fundamentos da República Federativa do Brasil, deve ser compreendida de forma abrangente, contemplando a possibilidade do exercício dos direitos fundamentais constitucionalmente assegurados, em especial, os relacionados ao trabalho, à educação e à saúde.

Para que o Estado cresça economicamente, identificou-se que os *valores sociais do trabalho e da livre-iniciativa* necessitavam ser compatibilizados. Assim, a Constituição de 1988 contemplou tais valores, focando sempre no desenvolvimento da ordem econômica do Estado.

O *pluralismo político* prestigia a variedade de opinião, ideologia, liberdades, fazendo com que tais valores, ainda que diferentes e até mesmo opostos, convivam de forma harmônica. Esse pluralismo também indica que o processo de inclusão deve ser resguardado.

O art. 2º da CF trata da tripartição dos poderes, dispondo que são Poderes da União, independentes e harmônicos entre si, o Legislativo, o Executivo e o Judiciário.

Já o art. 3º contempla os objetivos fundamentais da República Federativa do Brasil. Percebam que os objetivos fundamentais não se confundem com os fundamentos. Estes vêm previstos no art. 1º, enquanto que aqueles, no art. 3º.

Os *objetivos fundamentais* do nosso país são os seguintes: I – construir uma sociedade livre, justa e solidária; II – garantir o desenvolvimento nacional; III – erradicar a pobreza e a marginalização e reduzir as desigualdades sociais e regionais; IV – promover o bem de todos, sem preconceitos de origem, raça, sexo, cor, idade e quaisquer outras formas de discriminação.

Ainda tratando do capítulo que cuida dos princípios fundamentais, a Constituição, em seu art. 4º, contempla aqueles que regem o país nas suas relações internacionais, dentre os quais se destacam: a independência nacional, a prevalência dos direitos humanos, a igualdade entre os Estados, a defesa da paz e a cooperação entre os povos para o progresso da humanidade.

4. ELEMENTOS DA CONSTITUIÇÃO

Nossa Constituição Federal trata de diversos assuntos. Com a finalidade de sistematizar e de organizar esses assuntos, a Norma Suprema uniu matérias afins e, a partir dessa união, foram contemplados doutrinariamente os elementos constituintes. O Prof. José Afonso da Silva é quem melhor faz a divisão clássica (**Curso de Direito Constitucional Positivo**, 35ª edição, p. 44 e 45). Tendo por base a divisão feita por esse autor, podemos falar que os grupos de elementos são:

4.1. Elementos orgânicos

Contemplam as normas estruturais da Constituição. Englobam as normas de organização do Estado, organização do poder, o orçamento público e a tributação, as forças armadas e a segurança pública. Os temas mencionados se encontram nos capítulos II e III do título V e nos títulos III, IV e V da nossa Constituição Federal.

4.2. Elementos limitativos

Como o próprio nome menciona, são normas que existem para limitar o poder de atuação do Estado. As normas que definem os direitos e garantias fundamentais são as que melhor limitam o poder, pois, ao enunciar determinado direito a alguém, implícita e automaticamente há o comando impondo ao Estado o dever de não invadir aquele direito constitucionalmente previsto. A exceção se dá em relação aos direitos sociais porque eles exigem condutas positivas do Estado, não possuem somente o mero caráter limitador do eventual exercício arbitrário do poder. Os elementos limitativos contemplam as normas que tratam dos direitos individuais e coletivos, direitos políticos e direito à nacionalidade, todas encontradas no título II da Constituição Federal.

4.3. Elementos socioideológicos

O nome desses elementos já nos encaminha para sua conceituação: podemos dizer que eles definem ou demonstram a ideologia adotada pelo texto constitucional. As normas que compõem os elementos socioideológicos são as que tratam dos direitos sociais, as que compõem a ordem econômica e financeira e a ordem social. Encontramos essas normas no capítulo II do título II e nos títulos VII e VIII da Constituição Federal.

4.4. Elementos de estabilização constitucional

As normas que se encontram nessa divisão são as que visam à superação dos conflitos constitucionais, ao resguardo da estabilidade constitucional, à preservação da supremacia da Constituição, à proteção do Estado e das instituições democráticas e à defesa da Carta Política. Citamos como exemplo as normas que tratam da intervenção federal e estadual (arts. 34 a 36 da CF), as normas que tratam dos estados de sítio e de defesa e as demais integrantes do título V da CF (com exceção dos capítulos II e III, porque eles integram os elementos orgânicos), as normas que tratam do controle de constitucionalidade e, ainda, as que cuidam do processo de emendas à Constituição.

4.5. Elementos formais de aplicabilidade

Formais, porque não possuem conteúdo material, e de aplicabilidade, porque servem para auxiliar a efetiva aplicação das normas constitucionais. São normas orientadoras, como, por exemplo, o preâmbulo da Constituição, que não serve como paradigma para controle de constitucionalidade, mas estabelece princípios norteadores de todo ordenamento jurídico brasileiro.

Também se encontram nessa categoria as disposições transitórias, reguladoras do direito intertemporal. Essas normas estão contidas no ADCT (Ato das Disposições Constitucionais Transitórias), que é parte integrante da Constituição Federal, embora fique separado do corpo das normas permanentes e tenha numeração própria apenas por questão de técnica legislativa. Como as normas contidas no ADCT são normas transitórias, passageiras, assim que produzirem todos os efeitos que delas se esperam se esgotarão, não terão mais utilidade alguma. Desse modo, é razoável que fiquem fora do corpo de normas permanentes da Constituição. Para aclarar o exposto, é indicada a leitura dos arts. 3º (trata da revisão constitucional) e 4º (menciona que o mandato do Presidente da época do texto constitucional, encerraria em março de 1990) do ADCT, que já produziram seus efeitos e que atualmente são normas de eficácia exaurida, esgotada, não mais têm utilidade alguma. Outro exemplo: a previsão constitucional da realização de um plebiscito para a escolha da forma de governo (República ou Monarquia) e o sistema de governo (Parlamentarismo ou Presidencialismo), cinco anos após a promulgação da Constituição de 1988 (art. 2º do ADCT).

Ainda sobre as normas do ADCT, é interessante pontuar que elas podem ser alteradas por emenda constitucional. Um exemplo é o trazido pela EC 68, de 21.12.2011, que alterou o art. 76 do Ato das Disposições Constitucionais Transitórias (ADCT), prorrogando, por mais 4 (quatro) anos, a Desvinculação das Receitas da União (DRU), até 31.12.2015.

Por fim, o § 1º do art. 5º da Constituição Federal também é um exemplo de elemento formal de aplicabilidade. Dispõe que "As normas definidoras dos direitos e garantias fundamentais têm aplicação imediata".

5. CLASSIFICAÇÃO DAS CONSTITUIÇÕES

As constituições são classificadas pela doutrina de diversas maneiras. Essas classificações visam à melhor compreensão da Constituição como um todo. Por exemplo, sabendo nós que a Constituição de 1988, quanto à sua extensão, foi classificada como prolixa, é possível imaginar que essa Constituição seja extensa, longa, numerosa; diferente seria, se eventualmente tivesse sido classificada como concisa (básica, breve). Nesse caso, mesmo que nunca tivéssemos visto a Constituição mencionada, já teríamos uma ideia de como ela seria. É justamente para isso que servem as classificações.

No entanto, é preciso lembrar que há muitas classificações feitas pela doutrina e, a partir de agora, abordaremos as mais relevantes.

5.1. Quanto à <u>forma</u>, as Constituições podem ser classificadas em:

a) escritas – aquelas sistematizadas num único texto, criadas por um órgão constituinte. Esse texto único é a única fonte formal do sistema constitucionalista. Exemplo: Constituição Federal de 1988;

b) não escritas – aquelas cujas normas não estão sistematizadas e codificadas num único texto. São baseadas em textos esparsos, jurisprudências, costumes, convenções, atos do parlamento etc. Há várias fontes formais do direito constitucional no país de constituição não escrita. Exemplo: Constituição Inglesa.

5.2. Quanto ao <u>modo de elaboração</u>, as Constituições podem ser classificadas em:

a) dogmáticas – partem da aceitação de dogmas, considerados o núcleo de uma doutrina. A constituição dogmática necessariamente é uma constituição escrita. As constituições escritas pressupõem a aceitação de dogmas ou de opiniões sobre a política do momento. Exemplo: Constituição Federal de 1988;

b) históricas ou costumeiras – diferentemente das constituições dogmáticas que sempre são escritas, as constituições históricas devem ser não escritas. Resultam da formação histórica, dos fatos sociais, da evolução das tradições. Exemplo: Constituição Inglesa.

5.3. Quanto à <u>origem</u>, as Constituições podem ser classificadas em:

a) outorgadas – aquelas elaboradas e impostas por uma pessoa ou por um grupo sem a participação do povo. As constituições outorgadas, na verdade, devem ser denominadas Cartas Constitucionais e não Constituições, pois a primeira denominação é a que corretamente designa a origem outorgada. A segunda nomenclatura diz respeito àquelas Constituições que tiveram como origem a democracia, foram promulgadas. Vale lembrar que muitos doutrinadores tratam essas expressões, Carta e Constituição, como sinônimas, embora não o sejam.

As Constituições outorgadas que tivemos no Brasil foram as seguintes:

✓ Carta do Império de 1824;

✓ Carta de 1937 (Vargas);

✓ Carta de 1967 (ditadura militar).

Há ainda aqueles que sustentam que a Emenda Constitucional 1/1969 deve ser considerada uma verdadeira Constituição outorgada, imposta pelo Comando Militar;

b) promulgadas, populares ou democráticas – são aquelas advindas de uma Assembleia Constituinte composta por representantes do povo. Sua elaboração se dá de maneira consciente e livre, diferentemente das Constituições outorgadas, que são criadas de forma imposta;

c) cesaristas, plebiscitárias, referendárias ou bonapartistas – são aquelas constituições que, embora elaboradas de maneira unilateral, impostas, após sua criação são submetidas a um referendo popular. Essa participação do povo não pode ser considerada democrática, pois apenas tem a finalidade de confirmar a vontade daquele que a impôs. Os nomes dados a essa Constituição têm por fundamento o caminho utilizado por Napoleão Bonaparte nos chamados "plebiscitos napoleônicos".

5.4. Quanto à <u>estabilidade ou processo de mudança</u>, as Constituições podem ser classificadas em:

a) rígidas – aquelas alteráveis somente por um processo mais solene, mais dificultoso que o processo de alteração das demais normas jurídicas. O exemplo que podemos dar é a Constituição Federal de 1988, na qual, em seu art. 60 (processo legislativo das emendas), encontramos o fundamento da rigidez constitucional;

b) flexíveis – aquelas modificáveis livremente pelo legislador, observando-se o mesmo processo de elaboração e modificação das leis;

c) semirrígidas – aquela Constituição que possui uma parte rígida e outra flexível. A parte rígida será alterável por um processo mais dificultoso que o das demais normas jurídicas e a parte flexível, alterável pelo mesmo processo de elaboração e modificação das leis. No Brasil, a única Constituição que tivemos classificada como semirrígida foi a de 1824. O art. 5º desta Constituição fundamentava seu caráter semirrígido;

d) super-rígidas – alguns doutrinadores sustentam que a Constituição de 1988 é classificada como super-rígida pelo fato de conter núcleos essenciais intangíveis (cláusulas pétreas – art. 60, § 4º, da CF).

Obs.: prevalece o entendimento de que a Constituição de 1988 é classificada como rígida.

5.5. Quanto à <u>extensão</u>, as Constituições podem ser classificadas em:

a) concisas – são as constituições sucintas, pequenas. Cuidam apenas de regras gerais, estruturais, do ordenamento jurídico estatal. O melhor exemplo de constituição concisa é a norte-americana, que contém apenas os princípios fundamentais e estruturais do Estado. A característica de uma Constituição concisa é o fato de ela ser mais estável que uma Constituição prolixa. A norte-americana, por exemplo, já conta com mais de 200 anos e foi emendada apenas 27 vezes;

b) prolixas – são as constituições longas, numerosas. Essas constituições não se restringem a tratar somente de normas materialmente constitucionais, normas estruturais, de organização do poder, de funcionamento do Estado. Cuidam de assuntos diversos, que poderiam certamente estar dispostos em legislações infraconstitucionais. São assim por pretenderem proteger institutos considerados importantes. O maior problema de uma constituição prolixa é que, por ser expansiva, torna-se muito mais instável do que a Constituição concisa.

O exemplo de Constituição prolixa é a nossa, Constituição Federal de 1988. Ela possui em seu corpo perma-nente 250 artigos e em pouco mais de 28 anos de vigência já foi alterada quase 100 vezes.

5.6. Quanto ao conteúdo, as Constituições podem ser classificadas em:

a) materiais – relacionam-se ao conteúdo criado para ser tratado especificamente numa constituição. São normas que cuidam de matéria constitucional. A matéria constitucional geralmente gira em torno do poder. Exemplificando, as normas que organizam o poder, que organizam o Estado e as que tratam dos direitos individuais são normas materialmente constitucionais.

Um exemplo de norma que, embora prevista na CF de 1988, **não** tem conteúdo materialmente constitucional, é o art. 242, § 2º, da CF que trata do Colégio Pedro II. Tal dispositivo determina que o Colégio localiza-se na cidade do Rio de Janeiro e é mantido na órbita federal;

b) formais – indicam o conjunto de regras dispostas formalmente na constituição escrita. As normas inseridas na constituição, ainda que não tratem de matéria constitucional, como o exemplo do Colégio Pedro II acima mencionado, são normas formalmente constitucionais. O fato de estarem alocadas na constituição escrita dá a elas a força de norma constitucional. São regidas pelo princípio da supremacia constitucional e só podem ser alteradas pelo processo legislativo das emendas (art. 60 da CF).

É relevante que se diga que a Constituição Federal determina que o grau máximo de eficácia das normas decorre da forma e não da matéria. Isso significa dizer que o que importa realmente é se a norma está ou não inserida no texto da Constituição. Se tiver conteúdo constitucional, mas não estiver contemplada no Texto Maior, certamente terá menor eficácia que as normas lá inseridas.

6. FENÔMENOS QUE OCORREM COM A ENTRADA EM VIGOR DE UMA NOVA CONSTITUIÇÃO

6.1. Recepção

É o fenômeno jurídico pelo qual se resguarda a continuidade do ordenamento jurídico anterior e inferior à nova constituição, desde que se mostre compatível materialmente com seu novo fundamento de validade (justamente a nova constituição).

Para melhor compreensão, acompanhem o exemplo: é sabido que o fundamento de validade de uma lei é a constituição vigente. Dessa forma, imaginemos que tenha sido editada uma lei na época em que vigia a Constituição de 1969. A essa lei fora atribuído o 5.869/1973. Para que a lei mencionada fosse considerada válida, ela, necessariamente, teria que estar em conformidade com a Constituição de 1969, pois este era seu fundamento de validade. Em 1988, foi promulgada uma nova constituição, a Constituição da República Federativa do Brasil de 05.10.1988. Pergunta-se: a Lei 5.869/1973 continuou vigente, mesmo após a promulgação de uma nova Constituição? A resposta é depende. Se essa lei for materialmente compatível com a nova constituição, sim, ela será preservada e passará a ter um novo fundamento de validade (que é a nova constituição). Agora, se a lei editada à época da vigência da antiga constituição se mostrar materialmente incompatível com a nova, ela não será recepcionada.

A lei referida no exemplo acima é o antigo Código de Processo Civil que, embora seja de 1973 e a nossa Constituição de 1988, vigorou até a edição do novo, ou seja, até 17 de março de 2016. Quando foi promulgada a Constituição de 1988, ocorreu o fenômeno da recepção em relação a todos os dispositivos do antigo CPC que, na época, se mostraram materialmente compatíveis com ela.

Outro fator importante a respeito do fenômeno da recepção é que não importa a roupagem originalmente assumida pela lei, o que se verifica é o conteúdo da norma e não a forma pela qual ela foi exteriorizada. O Código Tributário Nacional (CTN) é um exemplo disso. Na época de sua elaboração, foi editado como lei ordinária, mas, como a CF/1988, em seu art. 146, determinou que as normas gerais em matéria de legislação tributária fossem disciplinadas por lei complementar, ele foi por ela recepcionado como se lei complementar fosse. Hoje, para se alterar o CTN, é necessária uma lei complementar.

O Código Penal, quando de sua elaboração, foi criado como um Decreto-Lei (n. 2.848/1940). Entretanto, a Constituição de 1988 determinou que a matéria Direito Penal fosse regulamentada por lei ordinária. Desse modo, os dispositivos do Código que guardavam relação de compatibilidade material com a Constituição foram por ela recepcionados como lei ordinária. Atualmente, para alterar o CP, basta uma lei ordinária.

Outra lembrança relevante no tocante ao fenômeno da recepção, é o fato de após a promulgação da Constituição, serem editadas emendas constitucionais. As leis também devem guardar relação de compatibilidade material com o disposto nas emendas constitucionais? Sim, necessariamente as leis promulgadas antes ou mesmo depois da edição da Constituição devem ser materialmente compatíveis tanto com as normas advindas do poder constituinte ordinário quanto das decorrentes de emendas constitucionais. O fundamento para isto é que as emendas constitucionais, como o próprio nome indica, têm natureza de normas constitucionais. Estão, juntamente com as demais normas da Constituição, no ápice da pirâmide de Kelsen.

O princípio que fundamenta a utilização do fenômeno da recepção é o da continuidade das normas.

6.2. Desconstitucionalização

O fenômeno da desconstitucionalização tem origem francesa. É um instituto pouco usado na prática. No Brasil, não utilizamos esse instituto porque a edição de uma nova Constituição produz o efeito de revogar por inteiro a antiga. A revogação total é denominada *ab-rogação*, já a parcial é conhecida como *derrogação*.

A antiga Constituição seria, valendo-nos do fenômeno da desconstitucionalização, recebida pelo novo ordenamento, ou seja, pela nova Constituição, com *status* de legislação infraconstitucional (seria recebida como se fosse lei). Esse fenômeno não é permitido no Brasil.

6.3. Repristinação

É o fenômeno jurídico pelo qual se restabelece a vigência de uma lei que foi revogada pelo fato de a lei revogadora ter sido posteriormente revogada. Tal instituto interessa não apenas ao Direito Constitucional, mas ao Direito como um todo. Terá ligação com o direito constitucional se estiver associado ao instituto da recepção.

Vamos ao exemplo: imaginemos três constituições. Constituição "A", Constituição "B" e Constituição "C". A primeira é a mais antiga. A Constituição "A" determinou que o assunto X, garantido por ela, fosse disciplinado por lei infraconstitucional. Na época, sobreveio a lei disciplinando o assunto X. Passado um tempo, foi editada nova constituição, a Constituição "B". Ela não mais tratou do assunto X. Portanto, a lei editada na vigência da Constituição "A", que serviria para regulamentar o assunto X, não foi recepcionada (foi revogada) pela Constituição "B". Passado mais um tempo, outra nova Constituição foi editada, a Constituição "C". Essa Constituição voltou a prever o assunto X. Nesse caso, a lei que regulamentava o assunto X, editada na vigência da Constituição "A", seria restabelecida pela nova Constituição simplesmente pelo fato dela prever novamente o assunto X? A resposta é não. No ordenamento jurídico brasileiro não há repristinação automática. Se o legislador, por ventura, quiser restabelecer a vigência de uma lei anteriormente revogada por outra, terá que fazê-lo expressamente, conforme dispõe o § 3º do art. 2º da Lei de Introdução às Normas do Direito Brasileiro (denominação dada pela Lei 12.376/2010 à antiga "LICC" – Lei de Introdução ao Código Civil).

6.3.1. Repristinação e o efeito repristinatório

A repristinação difere do denominado efeito repristinatório. A primeira, como mencionado, faz com que seja restabelecida a vigência de uma lei revogada, por conta da lei que a revogou também ter sido revogada por outra lei. Isso só pode ocorrer na hipótese de expressa previsão legal, conforme determina o art. 2º, § 3º, da Lei de Introdução às Normas do Direito Brasileiro – Lei 4.657/1942. O segundo, efeito repristinatório, decorre do controle abstrato de constitucionalidade das leis. Em regra, quando uma lei é declarada inconstitucional os efeitos dessa decisão retroagem à data da edição da lei (*ex tunc*). Desse modo, a lei que foi revogada por outra, que posteriormente foi declarada inconstitucional, pode voltar a produzir efeitos. Com a declaração de inconstitucionalidade da lei revogadora, todo o seu passado é apagado. É como se essa lei nunca tivesse existido e, portanto, não teria o poder de revogar outra norma. A antiga lei volta a produzir efeitos, pois a revogação advinda de uma norma inconstitucional não tem eficácia.

Vale lembrar que o art. 27 da Lei 9.868/1999 admite a modulação dos efeitos. Assim, ao declarar a inconstitucionalidade de lei ou ato normativo, e tendo em vista razões de segurança jurídica ou de excepcional interesse social, pode o Supremo Tribunal Federal, por maioria de dois terços de seus membros, restringir os efeitos daquela declaração ou decidir que ela só tenha eficácia a partir de seu trânsito em julgado ou de outro momento que venha a ser fixado. Nessa hipótese, como os efeitos retroativos da lei são modificados, não há mais a incidência do efeito repristinatório.

Outra situação em que o efeito repristinatório se manifesta decorre do art. 11, § 2º, da Lei 9.868/1999, o qual dispõe que a concessão da medida cautelar torna aplicável a legislação anterior acaso existente, salvo expressa manifestação em sentido contrário.

6.4. Mutação constitucional

A palavra mutação significa mudança. Tem relação não com o aspecto formal do texto constitucional, mas sim com a interpretação dada à Constituição. Não são necessárias técnicas de revisão ou reforma constitucional para que o fenômeno se opere. A mudança social, que se dá com o passar do tempo, já faz com que a interpretação seja modificada.

6.5. *Vacatio constitucionis*

Pode ser conceituada como o período de transição entre uma Constituição e outra. Em regra, ao ser elaborada, promulgada e publicada, a nova Constituição entra em vigor imediatamente. Pelo fenômeno da *vacatio constitucionis*, que se assemelha ao instituto da *vacatio legis*, haveria um prazo, fixado pelo próprio poder constituinte, ou seja, por aqueles que estão elaborando a nova constituição, para que o texto constitucional entrasse em vigor. No Brasil, as constituições ao serem promulgadas e publicadas, já entram em vigor; não visualizamos aqui o fenômeno da *vacatio constitucionis*.

7. EFICÁCIA JURÍDICA DAS NORMAS CONSTITUCIONAIS E HERMENÊUTICA CONSTITUCIONAL

Eficácia jurídica é a aptidão que as normas têm para produzirem efeitos no mundo jurídico. Essa eficácia, por vezes, será graduada conforme a classificação das normas constitucionais.

Segundo a teoria clássica, as normas constitucionais podem ser classificadas em:

a) Normas constitucionais de eficácia plena;

b) Normas constitucionais de eficácia contida; e

c) Normas constitucionais de eficácia limitada.

7.1. Eficácia plena

As normas de eficácia *plena* são aquelas que, por si só, produzem todos os seus efeitos no mundo jurídico e de forma imediata. Não dependem da interposição do legislador para que possam efetivamente produzir efeitos. Além disso, a norma de eficácia plena não admite que uma norma infraconstitucional limite ou reduza seu conteúdo.

São exemplos dessa espécie de norma os artigos: 1º – que trata dos fundamentos da República Federativa do Brasil; 2º – que trata da independência e harmonia que deve existir entre os poderes Legislativo, Executivo e Judiciário; 13 – que diz que a língua portuguesa é o idioma oficial do Brasil; 18, § 1º, que menciona que Brasília é a capital do Brasil, dentre outros.

7.2. Eficácia contida

Já as normas de eficácia *contida* são aquelas que produzem a integralidade de seus efeitos, mas que dão a possibilidade de outra norma restringi-los. Desse modo, até que outra norma sobrevenha e limite a produção de efeitos, a norma de eficácia contida é semelhante à norma de eficácia plena. O principal exemplo de norma de eficácia contida previsto na Constituição é o art. 5º, XIII, que diz que é livre o exercício de qualquer trabalho, ofício ou profissão, atendidas as qualificações profissionais que a lei estabelecer. Vejam que a Constituição, num primeiro momento, diz que há liberdade para o exercício da profissão, mas, num segundo, deixa aberta a possibilidade de o legislador infraconstitucional estabelecer qualificações. O Estatuto da OAB, Lei 8.906/1994, em seu art. 8º, incisos IV e VII, estabelece a obrigatoriedade do bacharel em Direito de prestar e ser aprovado no exame de ordem e de prestar compromisso perante a OAB para exercer a profissão de advogado. A lei infraconstitucional (Estatuto da OAB) conteve a abrangência da norma constitucional prevista no art. 5º, XIII, da CF, no que tange ao exercício da advocacia.

7.3. Eficácia limitada

As últimas, segundo a classificação de José Afonso da Silva, são as normas de eficácia *limitada*, ou seja, aquelas que, para produzirem seus efeitos, dependem da atuação do legislador infraconstitucional, necessitam de regulamentação. Tais normas possuem aplicabilidade postergada, reduzida, diferida ou mediata. Somente após a edição da norma regulamentadora é que efetivamente produzirão efeitos no mundo jurídico. São exemplos de normas constitucionais de eficácia limitada os art.: 88 – que trata da criação e extinção de Ministérios e órgãos da Administração pública, devendo ser feitas por lei; 7º, XXVII – que trata da proteção do trabalhador em face da automação, para a qual também é necessária lei regulamentando o assunto; 102, § 1º – que cuida da Arguição de Descumprimento de Preceito Fundamental, hoje regulamentada pela Lei 9.882/1999.

Maria Helena Diniz também faz a classificação das normas constitucionais, só que com algumas peculiaridades. Vejamos essa classificação, pois é também bastante conhecida pela doutrina.

Tomando por base a produção de efeitos concretos, a mencionada autora diz que as normas constitucionais podem ser classificadas em:

a) normas supereficazes ou com eficácia absoluta;

b) normas com eficácia plena;

c) normas com eficácia relativa restringível; e

d) normas com eficácia complementável ou dependente de complementação legislativa.

As primeiras são aquelas em que não se pode tocar, nem mesmo por meio de emenda à Constituição. As normas com eficácia absoluta são encontradas no § 4º do art. 60 da CF, as denominadas cláusulas pétreas. Englobam a forma federativa de Estado, o voto secreto, direto, universal e periódico, a separação dos Poderes e os direitos e garantias individuais (que são espécies do gênero direitos fundamentais, como veremos adiante).

Já as normas com eficácia plena são as que contêm, em seu corpo, todos os recursos que as possibilitem produzir a integralidade de seus efeitos no mundo jurídico. Ainda que possam ser modificadas ou suprimidas por emendas constitucionais, estão aptas a produzirem todos os seus efeitos sem a necessidade da interposição do legislador. Essa classificação é muito semelhante à que adota José Afonso da Silva, conforme analisado anteriormente. Alguns exemplos nós podemos visualizar nos arts. 14, § 2º, 17, § 4º, 22, 37, III, 155, todos da Constituição Federal.

Ainda analisando os critérios de Maria Helena Diniz, há as normas com eficácia relativa restringível. Elas equivalem às normas de eficácia contida na classificação de José Afonso da Silva. Desse modo, remeto à releitura do início do capítulo se a memória não lhes trouxer a lembrança desse conceito.

As últimas, segundo Maria Helena Diniz, são as normas com eficácia relativa complementável ou dependente de complementação legislativa. São as que, como o próprio nome indica, dependem necessariamente de lei para que possam efetivamente produzir efeitos positivos no ordenamento jurídico.

Para completar, trazemos a informação de que estas últimas normas que analisamos se subdividem em *programáticas e de princípio institutivo*. Estas são as que fazem a previsão da existência de um órgão ou instituição, mas que só passariam a existir no plano da realidade após a atuação do legislador infraconstitucional, quando da feitura da lei pertinente. Aquelas, programáticas, são as que trazem em seu corpo programas a serem, necessariamente, concretizados pelos governantes. Os exemplos que se seguem são: arts. 25, § 3º, 43, § 1º, 224, entre outros da CF – normas de princípio institutivo; arts. 211, 215, 226, § 2º da CF – normas programáticas.

Segundo Uadi Lammêgo Bulos, podemos falar também em normas de eficácia *exaurida* ou *esgotada*, que seriam as que, após produzir os efeitos que delas se esperam, não servirão mais para nada. Muitas das normas que constam do ADCT – Ato das Disposições Constitucionais Transitórias – possuem eficácia exaurida. Exemplo: o art. 2º, que determinava a realização, em 1993, de um plebiscito para definir a forma de Estado – república ou monarquia constitucional – e o sistema de governo, que poderia ser parlamentarismo ou presidencialismo. O eleitorado manteve, nesse plebiscito, a forma republicana e o sistema presidencialista.

7.4. Hermenêutica constitucional

As normas constitucionais devem ser interpretadas, ou seja, delas devem ser extraídas seus exatos sentidos. Interpretar significa aclarar o sentido de algo, fazendo com que o conteúdo seja devidamente explanado.

A hermenêutica é a técnica de interpretar, composta de mecanismos próprios como, por exemplo, os métodos literal, sistemático, gramatical, histórico etc. Tais institutos são aplicáveis a todos os ramos do direito. Ocorre que a interpretação constitucional exige, pelo grau hierárquico que as normas constitucionais possuem no ordenamento jurídico brasileiro, mecanismos específicos, além dos tradicionalmente estudados.

Desse modo, para interpretar a Constituição é necessário valer-se dos seguintes princípios: unidade da Constituição, efeito integrador, máxima efetividade, harmonização ou concordância prática, força normativa da Constituição e correção funcional.

7.4.1. Unidade da Constituição

A Constituição deve ser analisada de forma integrada. Normas constitucionais formam um conjunto de regras que não devem ser vistas isoladamente. Sempre que possível, os comandos constitucionais não devem ser separados do todo.

É necessário que todos aqueles que interpretam a Constituição o façam de modo a impedir, ou pelo menos evitar, a existência de contradições com outras normas dispostas na própria Constituição.

Decorre também da ideia de unidade da Constituição o fato de não haver hierarquia formal entre as normas constitucionais.

7.4.2. Efeito integrador ou eficácia integradora

Tal princípio está relacionado com o primeiro e nos ensina que a análise dos conflitos jurídico-constitucionais deve se dar à luz dos critérios que beneficiam a integração política e social. A eficácia integradora reforça o princípio da unidade da Constituição.

7.4.3. Máxima efetividade

Técnica de interpretação constitucional também conhecida como eficiência ou interpretação efetiva, ela dispõe que as normas constitucionais devem ser interpretadas privilegiando sua maior eficiência. Por exemplo, quando se estiver diante de duas ou mais interpretações possíveis em relação a algum direito fundamental, deve-se optar por aquela que reflete a maior eficácia do dispositivo.

7.4.4. Harmonização ou concordância prática

Harmonizar significa colocar em harmonia, conciliar. É justamente esse o significado dessa técnica interpretativa. As normas constitucionais devem ser conciliadas para que possam coexistir sem que uma tenha de ser privilegiada em detrimento de outra.

Tal princípio também tem relação com o da unidade da constituição e com o princípio da igualdade, pois o todo é que deve ser analisado e de forma harmônica, evitando-se, ao máximo, a anulação de um direito por conta de outro. Vejam que a análise interpretativa deve ser feita a priori para que seja evitado esse sacrifício de um em detrimento de outro.

A concordância prática reforça a ideia de inexistência de hierarquia entre os princípios constitucionais.

7.4.5. Força normativa da Constituição

Pela força normativa, a interpretação constitucional deve priorizar a atualidade normativa do texto, fortalecendo tanto sua eficácia como sua permanência.

7.4.6. Correção funcional

Esse princípio interpretativo está relacionado com o sistema organizacional da Constituição. Por meio da correção funcional, conformidade funcional ou ainda princípio da justeza, aqueles que interpretam a Constituição devem se atentar fielmente às regras sobre separação dos poderes e repartição constitucional de competências.

7.4.7. Interpretação conforme a Constituição

A interpretação conforme a Constituição, como o próprio nome expressa, indica que as normas devem ser interpretadas de acordo com o que dispõe a Constituição Federal.

É, a um só tempo, mecanismo utilizado no controle de constitucionalidade, conforme veremos adiante, e técnica de interpretação da Constituição.

Tratando da "interpretação conforme" como técnica de interpretação, devemos lembrar que ela é utilizada quando estamos diante de normas que possuem mais de um significado. As conhecidas normas polissêmicas ou plurissignificativas (que possuem mais de uma interpretação).

Desse modo, se determinado dispositivo possui dois significados, o sentido que terá de ser atribuído à norma é o que encontra respaldo constitucional, devendo ser descartado aquele que vai de encontro ao Texto Maior, ou seja, aquele que vai contra a Constituição.

Cabe a observação de que o mecanismo da interpretação conforme a Constituição não dá ao intérprete a possibilidade de atuar como legislador, criando normas gerais e abstratas.

8. PODER CONSTITUINTE

Pode ser conceituado como o poder de estabelecer um novo ordenamento jurídico, por meio da criação de uma nova constituição ou pela modificação das regras existentes.

Toda e qualquer constituição é fruto de um poder maior que os poderes que ela própria instituiu. Por exemplo, citamos os poderes Executivo, Legislativo e Judiciário, todos *constituídos* pela Constituição. Esses, embora denominados desta forma, têm menos força que o poder que os instituiu, que é o *constituinte*. Este último, necessariamente, terá um titular e será composto por aqueles que exercitarão o poder, sempre em nome de seu titular.

Atualmente prevalece o entendimento de que o povo é o verdadeiro titular do poder. Esse posicionamento é respaldado pelo parágrafo único do art. 1º da CF, ao dispor que "todo o poder emana do *povo* que o exerce por meio de representantes eleitos ou direta ou indiretamente, nos termos desta Constituição".

Não podemos confundir titularidade com exercício do poder. O titular, como já mencionado, é sempre o povo. O exercente poderá ser uma Assembleia Constituinte (que é um órgão colegiado) ou um grupo de pessoas que se invistam desse poder. Essa distinção está diretamente relacionada com o processo de positivação da Constituição. No primeiro caso, ela advirá de uma convenção (votação); no segundo, de uma outorga (imposição).

8.1. Poder constituinte originário

O poder constituinte originário, genuíno, ou de primeiro grau, é aquele que cria a primeira constituição de um Estado ou a nova constituição de um Estado. No primeiro caso, é conhecido como poder constituinte *histórico*. Tem a função de instaurar e estruturar, pela primeira vez, o Estado. No segundo, é conhecido como poder constituinte *revolucionário*, porque ele rompe a antiga e existente ordem jurídica de forma integral, instaurando uma nova. Em ambos os casos, o poder constituinte impõe uma nova ordem jurídica para o Estado.

Podemos falar que esse poder é: inicial, autônomo, incondicionado e ilimitado.

É *inicial* porque não se fundamenta em outro poder que o anteceda. Nem mesmo a existência de um ato convocatório (Assembleia Constituinte para deliberar a respeito de uma nova constituição) retira essa característica do poder constituinte originário. Ele rompe integralmente a ordem jurídica precedente.

A *autonomia* do poder constituinte de primeiro grau é marcada pela opção do seu titular em escolher o conteúdo da nova constituição, aquele a quem o exercício do poder incumbe de determinar as regras autonomamente.

É também *incondicionado e ilimitado* porque esse poder não encontra condições, limitações, regras preestabelecidas pelo ordenamento jurídico anterior.

8.2. Poder constituinte derivado

O poder derivado, também denominado de instituído ou de 2º grau, como seu nome indica, decorre de algo. Fundamenta-se e decorre do poder que o criou, que é o constituinte originário.

Diferente do primeiro, o poder constituinte derivado é: secundário, não detém autonomia, é condicionado e limitado.

É secundário porque decorre do primeiro; limitado e condicionado, pois se sujeita às normas preestabelecidas por aquele que o criou.

É dividido em:

✓ poder constituinte derivado reformador;

✓ poder constituinte derivado decorrente; e

✓ poder constituinte derivado revisor (atualmente não aplicável).

Vejamos cada um deles:

8.2.1. *Poder constituinte derivado reformador*

Depende necessariamente da existência do constituinte originário, porque dele deriva e é subordinado. Tem por finalidade a reforma, a alteração do texto constitucional. A CF/1988 é classificada como rígida e possui um processo de modificação específico.

O procedimento mencionado vem previsto no art. 60 da Constituição Federal. Por meio de emendas à Constituição é que o poder constituinte derivado *reformador* será exercido. Nos incisos I, II e III desse artigo, há o rol de legitimados para a propositura de emendas constitucionais, no qual encontramos: o Presidente da República; um terço, no mínimo, dos membros da Câmara dos Deputados ou do Senado Federal; e mais da metade das Assembleias Legislativas das unidades da Federação. Somente eles poderão efetuar proposta de emenda constitucional.

O § 1º do mesmo art. trata do quórum para aprovação da emenda, que tem de ser de três quintos em cada casa, e ainda menciona que a emenda precisa, necessariamente, ser aprovada em dois turnos de votação.

Além disso, o poder constituinte originário traz, no § 4º do art. 60 da Constituição Federal, as chamadas cláusulas pétreas, ou núcleo material intangível, que são matérias que não podem ser suprimidas nem mesmo por meio do procedimento das emendas constitucionais.

Além disso, há previsão expressa na Constituição, trazida pelo poder constituinte originário, proibindo a edição de emendas constitucionais na vigência de intervenção federal ou dos estados de exceção (estado de sítio e estado de defesa).

O principal tema, no que tange ao poder constituinte derivado reformador, é o que cuida das limitações impostas pelo poder originário. Essa preocupação se dá pelo fato da possibilidade de existência de norma constitucional inconstitucional. Somente normas advindas do poder derivado é que poderão, eventualmente, ser declaradas inconstitucionais pelo Supremo Tribunal Federal. Tais limitações que foram citadas no parágrafo anterior serão analisadas detalhadamente no capítulo que trata das emendas constitucionais.

8.2.2. *Poder constituinte derivado decorrente*

É o poder que cada Estado tem de elaborar sua própria constituição, em virtude da sua capacidade de auto-organização. Tem previsão constitucional no art. 11 do ADCT e no art. 25 da Constituição Federal. O primeiro determinava que cada Assembleia Legislativa, com poderes constituintes, deveria elaborar a Constituição do seu Estado no prazo de um ano, contado da promulgação da Constituição Federal, sempre observados os princípios por ela estabelecidos. O segundo, art. 25 da CF, reforça a ideia de simetria constitucional, dispondo que os Estados-membros se organizam pelas leis e constituições que adotarem, sempre respeitando seus princípios.

Assim, os Estados, quando da elaboração de suas Constituições Estaduais, tiveram de ater-se aos preceitos estabelecidos na Constituição Federal, respeitando as limitações por ela impostas.

8.2.3. *Poder constituinte derivado revisor*

Hoje não há mais possibilidade de utilização desse poder. Segundo o art. 3º do ADCT, a revisão constitucional, portanto uma revisão apenas, teve de ser realizada após cinco anos da data da promulgação da Constituição, em sessão unicameral e pelo voto da maioria absoluta dos membros do Congresso Nacional.

Atualmente, para alterar a Constituição, somente pelo processo legislativo das emendas constitucionais previsto no art. 60.

Vejam que, no poder de revisão, não se exigiu o processo solene das emendas constitucionais (aprovação por 3/5 dos membros, nas duas casas e em 2 turnos), foi realizado uma única vez, em sessão unicameral e pelo voto da maioria absoluta dos membros. Seis emendas constitucionais de revisão foram fruto da manifestação desse poder (1 a 6/1994).

9. DIREITOS E GARANTIAS FUNDAMENTAIS – ASPECTOS GERAIS

Os direitos fundamentais são gênero do qual são espécies os direitos individuais, os direitos sociais e os direitos políticos.

O gênero *direitos fundamentais* é tratado pela doutrina com diversas nomenclaturas: direitos públicos subjetivos; liberdades públicas; direitos humanos; direitos do homem. Na doutrina internacionalista, há autores que fazem a seguinte diferença: a) direitos do homem – tem a ver com o direito natural, com a corrente jusnaturalista. São os direitos que estão além da regra positivada; b) direitos fundamentais – relacionam-se tipicamente com o direito constitucional. São os direitos positivados no ordenamento jurídico interno de determinado Estado. No Brasil, em especial, são aqueles direitos previstos no art. 5º da CF; e, por fim, c) direitos humanos – tem a ver com o direito internacional público. São, portanto, aqueles inseridos em normas consuetudinárias (no âmbito da comunidade internacional) e em tratados internacionais.

Vale observar o disposto no § 2º do art. 5º da CF: "os direitos e garantias expressos nesta Constituição não excluem outros decorrentes do regime e dos princípios por ela adotados, ou dos tratados internacionais em que a República Federativa do Brasil seja parte".

Por conta desse comando, o guardião da Constituição, Supremo Tribunal Federal, já afirmou reiteradas vezes que os direitos e garantias fundamentais não se esgotam no art. 5º da Lei Maior, podendo ser encontrados em diversos dispositivos inseridos na Constituição, como por exemplo o sistema tributário constitucional, a partir do art. 145 da CF. Também podem ser encontrados em tratados internacionais, como a proibição da prisão do depositário infiel, prevista no pacto São José da Costa Rica. Atualmente, temos a Súmula Vinculante 25 do STF, que corroborou o texto do tratado mencionando que é ilícita a prisão civil de depositário infiel, qualquer que seja a modalidade do depósito. E a súmula 419 do Superior Tribunal de Justiça – STJ, que trouxe disposição no mesmo sentido: "descabe a prisão civil do depositário judicial infiel".

Outra observação é a de que nenhum direito ou garantia individual pode ser retirado, suprimido do ordenamento jurídico brasileiro, por conta de serem considerados cláusulas pétreas, previstas no §4º do art. 60 da CF. Mas tal vedação se refere apenas à supressão de direito; desse modo, a inclusão de novos direitos individuais é plenamente cabível. O exemplo, trazido pela EC 45/2004, foi a inserção de um novo inciso ao rol do art. 5º, tornando constitucional o princípio da razoável duração do processo (art. 5º, LXXVIII, CF).

Embora os direitos fundamentais não possam ser suprimidos do texto constitucional, há situações em que poderá ocorrer a suspensão ou restrição temporária de tais direitos e garantias. Isso ocorrerá quando o país estiver passando por um dos denominados "estados de exceção", ou seja, na vigência de estado de defesa, de sítio (arts. 136 e 137 da CF) e intervenção federal.

No que se refere aos direitos sociais, além dos direitos trabalhistas previstos nos arts. 7º ao 10º da CF, é necessário mencionar que o Texto Maior trata de direitos relativos à educação, à saúde, à alimentação, à moradia, <u>ao transporte</u>, ao lazer, à segurança, à previdência social, à proteção à maternidade e à infância e à assistência aos desamparados. Tais direitos dependem de prestações positivas do Estado, geram custos, mas isso não significa que os governantes podem deixar de implementá-los. Ainda que seja alegada, por parte do Poder Público, a "reserva do possível", o Judiciário deve, diante do caso concreto, se valer do princípio da razoabilidade e verificar se esse argumento não está sendo utilizado pelos governantes apenas como de forma a se escusar da prestação efetiva desses direitos.

Vale ressaltar que o direito ao transporte foi acrescentado ao rol dos direitos sociais pela **EC 90, de 16 de setembro de 2015**.

Ainda sobre o tema direitos sociais, é importante mencionar que a **EC 72**, de 02.04.2013, estendeu aos trabalhadores domésticos os seguintes direitos dados aos trabalhadores urbanos e rurais: a) proteção contra despedida arbitrária ou sem justa causa; b) seguro-desemprego; c) fundo de garantia do tempo de serviço; d) garantia de salário mínimo, quando a remuneração for variável; e) remuneração do trabalho noturno superior ao diurno; f) proteção do salário, constituindo crime sua retenção dolosa; g) salário-família; h) jornada de trabalho de oito horas diárias e quarenta e quatro semanais; i) adicional de serviço extraordinário; j) redução dos riscos inerentes ao trabalho; k) creches e pré-escolas para filhos e dependentes até seis anos de idade; l) reconhecimento dos acordos e convenções coletivas; m) seguro contra acidentes de trabalho; n) proibição de discriminação de salário, de função e de critério de admissão; o) proibição de discriminação em relação à pessoa com deficiência e p) proibição de trabalho noturno, perigoso ou insalubre a menores de dezesseis anos.

Sendo assim, além dos direitos ao salário mínimo, irredutibilidade de salários, 13º salário, repouso semanal remunerado, preferencialmente aos domingos, um terço a mais de salário nas férias; licenças maternidade e paternidade e aviso-prévio que já estavam assegurados no texto constitucional, a nova regra acrescenta outros.

9.1. Direitos fundamentais e suas gerações

Fala-se, na doutrina, em gerações ou dimensões dos direitos fundamentais. Isso se deve ao fato de o nascimento desses direitos ter se dado ao longo do tempo, de forma gradativa.

As gerações indicam normalmente o momento em que os direitos foram devidamente reconhecidos.

Cada dimensão comporta certos direitos, mas uma não exclui a outra. Esses direitos se somam e convivem de forma harmônica.

Os direitos previstos nas primeiras gerações já estão sedimentados, consolidados no ordenamento. Já os advindos das últimas gerações ainda são objeto de discussão e dúvida por parte da doutrina, justamente pelo fato de inovarem certos aspectos ainda não cristalizados na sociedade.

A classificação das gerações dos direitos fundamentais pode ser resumida da seguinte forma:

1ª Geração: consubstancia-se fundamentalmente nas *liberdades públicas*. A finalidade dessa dimensão foi limitar o poder de atuação do Estado, impondo a ele o dever de não intervenção, de abstenção. Por conta disso, tais direitos também são conhecidos pela doutrina como *direitos negativos*. As revoluções francesa e norte-americana influenciaram, e muito, no surgimento dos direitos individuais. Os direitos políticos também se encontram nessa dimensão;

2ª Geração: a revolução industrial europeia, ocorrida no século XVIII, pode ser tida aqui como um marco. Valores ligados à igualdade eram prestigiados. As lutas trabalhistas, visando a melhores condições, também. Diferentemente dos direitos de primeira geração, os de *segunda exigiram uma conduta positiva do Estado, uma ação propriamente dita e, por conta disso, também são chamados de direitos positivos*. Encontram-se assegurados, aqui, os chamados *direitos sociais*, ou seja, aqueles *relacionados ao trabalho, à educação e à saúde;*

3ª Geração: a partir da concepção de que o indivíduo faz parte de uma coletividade e que necessita, para a própria subsistência, de um ambiente saudável, equilibrado, é exigida a participação dos indivíduos na busca efetiva dos *direitos da coletividade* e não apenas dos direitos individuais. Encontram-se aqui os denominados direitos transindividuais que abarcam, por exemplo, o direito ao *meio ambiente ecologicamente equilibrado e os direitos do consumidor;*

4ª Geração: para aqueles que sustentam a existência de uma quarta dimensão dos direitos fundamentais, são aqui mencionados os direitos relacionados à biogenética;

5ª Geração: para aqueles que sustentam a existência de uma quinta dimensão dos direitos fundamentais, são aqui mencionados os direitos relacionados à internet.

9.2. Diferença entre direitos e garantias

Os *direitos* são *vantagens conferidas às pessoas e que limitam o Estado em caso de atuação desgovernada*. São fundamentais aqueles inerentes ao ser humano. Para que o Estado não adentre em algo inerente à dignidade de cada um é que são estabelecidos os direitos fundamentais.

Já as *garantias* podem ser definidas como *mecanismos asseguratórios dos direitos* citados. Têm por objetivo garantir seu exercício e, ainda, sanar a lesividade quando os direitos não estiverem sendo respeitados. A garantia facilita a defesa do direito fundamental assegurado constitucionalmente. Para cada direito previsto, há uma garantia. Exemplo: a Constituição garante a liberdade de locomoção, que, sendo violada, poderá ser restaurada com o mecanismo asseguratório correspondente, que é o *habeas corpus*. Tal instrumento é um remédio constitucional, considerado espécie do gênero garantia.

9.3. Características dos direitos fundamentais

9.3.1. Universalidade

Significa que os direitos fundamentais são destinados a todas as pessoas indistintamente. Não podem ser estabelecidos ou dirigidos a determinada pessoa, grupo ou categoria. A forma universal é a única admitida quando da aplicação desses direitos.

9.3.2. Historicidade

Significa que a formação dos direitos fundamentais se dá no decorrer da história. A origem desses direitos tem por base movimentos como o constitucionalismo. Sua evolução concreta é demonstrada ao longo do tempo. As conhecidas gerações ou dimensões dos direitos fundamentais se fundamentam especificamente nessa característica.

9.3.3. Limitabilidade ou caráter relativo

Significa que ainda que sejam considerados fundamentais, não são direitos absolutos. Não há direito absoluto. Na crise advinda do confronto entre dois ou mais direitos fundamentais, ambos terão de ceder. Às vezes, será necessário fazer prevalecer um em detrimento do outro naquela situação específica. Um exemplo é o choque entre a liberdade de informação e o direito à vida privada. Até que momento a imprensa, a informação jornalística, deve ser prestigiada em detrimento da vida privada? Esse é um dos grandes questionamentos doutrinários e jurisprudenciais. Somente após análise do caso concreto é possível fazer apontamentos mencionando o que deve prevalecer.

9.3.4. Cumulatividade ou concorrência dos direitos fundamentais

Significa que os direitos fundamentais não se excluem, na verdade se somam. Para o exercício de um, não é necessário que outro seja eliminado. Como o próprio nome da característica indica, esses direitos são cumuláveis, podem ser exercidos de forma simultânea.

9.3.5. Irrenunciabilidade

Significa que ninguém pode recusar, abrir mão de um direito fundamental. O exercício desses direitos pode não ser efetivado por aquele que não o deseja, mas, ainda que não colocados em prática, pertencem ao seu titular. O Estado é o garantidor.

9.3.6. Irrevogabilidade

Significa que nem mesmo pelo processo de alteração da Constituição (emendas constitucionais) é possível revogar um direito fundamental. Essa afirmação é pacífica no tocante aos direitos inseridos no texto constitucional pelo poder constituinte *originário*. Em relação aos trazidos pelo poder constituinte derivado reformador, ou seja, advindos de emendas à Constituição, a doutrina diverge: há quem sustente que podem sim ser revogados, desde que por meio de uma nova emenda. É o caso do princípio da celeridade processual, art. 5º, LXXVIII, que foi introduzido no ordenamento jurídico pela Emenda Constitucional 45.

9.3.7. Imprescritibilidade

Os direitos fundamentais, por serem inerentes à pessoa humana, não prescrevem. Os titulares desses direitos, mesmo que não os exerçam, não os perdem.

9.4. Direitos fundamentais em espécie

Encontram-se previstos no art. 5º da CF e ao longo de todo o texto constitucional, além daqueles derivados do regime e dos princípios adotados pela nossa Carta Maior e, ainda, dos tratados internacionais de que o Brasil seja parte, nos termos do § 2º do art. 5º da CF, conforme já mencionado.

Vale lembrar que não há que se falar em hierarquia entre as normas definidoras dos direitos e garantias fundamentais e os demais comandos previstos na Constituição.

Direito à vida e à integridade: previsto no contexto do art. 5º, "caput", que estabelece que "todos são iguais perante a lei, sem distinção de qualquer natureza, garantindo-se aos brasileiros e aos estrangeiros residentes no país a inviolabilidade do direito *à vida*, à liberdade, à igualdade, à segurança e à propriedade". Excepcionalmente, a CF admite a pena de morte em caso de guerra externa declarada, nos termos do art. 84, XIX (art. 5º, XLVII, "a").

O STF, ao julgar a ADI 3.510, declarou que o art. 5º da Lei de Biossegurança (Lei 11.105/2005) é constitucional, autorizando, portanto, as pesquisas com células-tronco. A discussão era no sentido de que tais procedimentos violariam o direito à vida e princípio da dignidade da pessoa humana.

Outra decisão relevante da Corte Suprema (STF) é a relacionada ao feto anencéfalo. As mães que optam por interromper a gravidez de fetos anencefálicos e os médicos que executam tal ato não praticam crime. Os votos vencedores se pautaram no entendimento de que um feto que possui anencefalia é considerado natimorto e, por isso, a interrupção da gravidez nessa hipótese não é tida como aborto (ato considerado fato típico pelo Código Penal – arts. 124, 126 e 128, incisos I e II). Tal ensinamento é extraído do julgamento da ADPF 54-DF (Inform. STF 704).

Princípio da igualdade ou isonomia (art. 5º, I): todos são iguais perante a lei, sem distinção de qualquer natureza. A realização efetiva da justiça busca o tratamento igual para os iguais, mas para tanto é preciso dar tratamento desigual aos desiguais, na exata medida da desigualdade; isso tem como objetivo a superação da igualdade meramente formal (perante a lei) e o alcance da igualdade material (real).É decorrência do princípio da igualdade o entendimento da Suprema Corte de que o limite de idade para a inscrição em concurso público só se legitima em face do art. 7º, XXX, da Constituição, o qual proíbe diferença de salários, de exercício de função e de critérios de admissão por motivo de sexo, idade, cor ou estado civil, a não ser que esta desigualdade possa ser justificada pela natureza das atribuições do cargo a ser preenchido (Súmula 683, STF).Algumas Súmulas Vinculantes dizem respeito a esse princípio. De acordo com a de 44 (STF), "só por lei se pode sujeitar a exame psicotécnico a habilitação de candidato a cargo público. A de n. 43 determina que "É inconstitucional toda modalidade de provimento que propicie ao servidor investir-se, sem prévia aprovação em concurso público destinado ao seu provimento, em cargo que não integra a carreira na qual anteriormente investido".

Há, ainda, um exemplo de tratamento desigual, admitido pela Constituição, que é o extraído da decisão do Supremo que menciona que a adoção de critérios diferenciados para o licenciamento dos militares temporários, em razão do sexo, não viola o princípio da isonomia (AI 511.131-AgR, de 15/04/2005).

Também não se pode esquecer, quando o assunto é igualdade, do enunciado da súmula vinculante 13. Tal mandamento prestigiou o princípio da isonomia, pondo fim ao nepotismo, que tem a ver a possibilidade de contratação, sem concurso público, de parentes dos ocupantes dos Poderes Legislativo, Executivo e Judiciário.

Ainda em relação ao princípio da isonomia, o Supremo definiu que há violação de tal regra quando, em um concurso público, o mero exercício de função pública é atribuído como título (prova de títulos) (ADI 3.443, Rel. Min. Carlos Velloso, julgamento em 08.9.2005, Plenário, *DJ* de 23.09.2005). No mesmo sentido: ADI 4.178-MC-REF, Rel. Min. Cezar Peluso, julgamento em 04.02.2010, Plenário, *DJE* de 07.05.2010; ADI 3.522, Rel. Min. Marco Aurélio, julgamento em 24.11.2005, Plenário, *DJ* de 12.05.2006. Vide, ainda, AI 830.011-AgR, rel. Min. Luiz Fux, julgamento em 26.06.2012, Primeira Turma, *DJE* de 14.08.2012.

Outra decisão do STF relacionada ao princípio da igualdade é sobre a possibilidade da união estável entre parceiros homoafetivos pode ser tida como um marco e quebra de paradigmas. Vale a leitura da ementa: "Proibição de discriminação das pessoas em razão do sexo, seja no plano da dicotomia homem/mulher (gênero), seja no plano da orientação sexual de cada qual deles. A proibição do preconceito como capítulo do constitucionalismo fraternal. Homenagem ao pluralismo como valor sociopolítico-cultural. Liberdade para dispor da própria sexualidade, inserida na categoria dos direitos fundamentais do indivíduo, expressão que é da autonomia de vontade. Direito à intimidade e à vida privada. Cláusula pétrea. O sexo das pessoas, salvo disposição constitucional expressa ou implícita em sentido contrário, não se presta como fator de desigualação jurídica. Proibição de preconceito, à luz do inciso IV do art. 3º da CF, por colidir frontalmente com o objetivo constitucional de 'promover o bem de todos'. Silêncio normativo da Carta Magna a respeito do concreto uso do sexo dos indivíduos como saque da kelseniana 'norma geral negativa', segundo a qual 'o que não estiver juridicamente proibido, ou obrigado, está juridicamente permitido'. Reconhecimento do direito à preferência sexual como direta emanação do princípio da 'dignidade da pessoa humana': direito a autoestima no mais elevado ponto da consciência do indivíduo. Direito à busca da felicidade. Salto normativo da proibição do preconceito para a proclamação do direito à liberdade sexual. O concreto uso da sexualidade faz parte da autonomia da vontade das pessoas naturais. Empírico uso da sexualidade nos planos da intimidade e da privacidade constitucionalmente tuteladas. Autonomia da vontade. Cláusula pétrea. (...) Ante a possibilidade de interpretação em sentido preconceituoso ou discriminatório do art. 1.723 do CC, não resolúvel à luz dele próprio, faz-se necessária a utilização da técnica de 'interpretação conforme à Constituição'. Isso para excluir do dispositivo em causa qualquer significado que impeça o reconhecimento da união contínua, pública e duradoura entre pessoas do mesmo sexo como família. Reconhecimento que é de ser feito segundo as mesmas regras e com as mesmas consequências da união estável heteroafetiva." (ADI 4.277 e ADPF 132, Rel. Min. Ayres Britto, julgamento em 05.5.2011, Plenário, *DJE* de 14.10.2011). No mesmo sentido: RE 477.554-AgR, Rel. Min. Celso de Mello, julgamento em 16.08.2011,Segunda Turma, *DJE* de 26.08.2011.

Por fim, em relação à violência doméstica, de acordo com o STF, "o art. 1º da Lei 11.340/2006 surge, sob o ângulo do tratamento diferenciado entre os gêneros – mulher e homem –, harmônica com a CF, no que necessária a proteção ante as peculiaridades física e moral da mulher e a cultura brasileira." (ADC 19, rel. min. Marco Aurélio, julgamento em 09.02.2012, Plenário, *DJE* de 29.04.2014).

Princípio da legalidade (art. 5º, II): ninguém será obrigado a fazer ou deixar de fazer alguma coisa senão em virtude de lei; tal regra pressupõe que o Poder Público não pode impor qualquer exigência às pessoas sem previsão legal.

Decorre de tal princípio a edição de três súmulas por parte do Supremo Tribunal Federal. A primeira é a 711 que dispõe que "a lei penal mais grave aplica-se ao crime continuado e ao permanente se a sua vigência é anterior à cessação da continuidade ou da permanência". A segunda, 686, diz respeito à exigência de exame psicotécnico para a habilitação de candidato a cargo público, que só poderá existir se houver lei disciplinando o assunto. E a terceira, 636, menciona que não cabe recurso extraordinário por contrariedade a esse princípio quando sua verificação pressuponha a revisão de interpretação dada a normas infraconstitucionais.

É importante mencionar que o princípio da legalidade não se confunde com o da reserva legal. O primeiro está previsto no art. 5º, inciso II, da CF e tem sentido amplo, abrangendo todas as espécies normativas, previstas no art. 59 da CF. Já o da reserva legal pressupõe somente a lei em sentido estrito, ou seja, lei ordinária ou complementar.

Direito de resposta (art. 5º, V): é assegurado o direito de resposta, proporcional ao agravo, além da indenização por dano material, moral ou à imagem.

Esse direito está totalmente relacionado com o que dispõe o art. 220 da CF, que trata da manifestação de pensamento, de informação e da vedação à censura política, ideológica ou artística.

Ocorre que o mencionado dispositivo deve ser aplicado em consonância com o art. 5º. No julgamento da ADPF 130, o Supremo menciona que o direito de resposta atua *a posteriori*, para inibir excessos, mas que as altas indenizações por danos morais ou materiais restringem a liberdade de imprensa e ferem o princípio da proporcionalidade. (**ADPF 130**, Rel. Min. Ayres Britto, julgamento em 30.04.2009, Plenário, *DJE* de 06.11.2009. **No mesmo sentido:** AI 787.215-AgR, Rel. Min. Carmen Lúcia, julgamento em 24.08.2010, Primeira Turma, *DJE* de 24.09.2010).

Princípio da liberdade religiosa (art. 5º, VI): o nosso país é considerado laico ou leigo (sem religião oficial); a CF garante o respeito à liberdade religiosa, que abrange a liberdade de crença e a liberdade de culto.

A Corte Maior ensina que "O Brasil é uma república laica, surgindo absolutamente neutro quanto às religiões." (ADPF 54, rel. Min. Marco Aurélio, julgamento em 12.04.2012, Plenário, *DJE* de 30.04.2013).

Fortificando essa liberdade, o art. 150, VI, "b", da CF traz imunidades tributárias aos templos de qualquer culto. O STF já decidiu que tais benefícios abrangem também os cemitérios, que são considerados extensões de entidades de cunho religioso (RE 578.562, Rel. Min. Eros Grau, julgamento em 2105.2008, Plenário, *DJE* de 12.09.2008).

Liberdade de expressão (art. 5º, IX): é livre a expressão da atividade intelectual, artística, científica e de comunicação, independentemente de censura ou licença. Essa garantia abrange também o direito de opinião, de informação e de escusa de consciência.

Julgamentos importantes devem ser mencionados aqui. O primeiro é o dado na da ADI 4815/DF, de 10.06.2015, segundo o qual: "É inexigível o consentimento de pessoa biografada relativamente a obras biográficas literárias ou audiovisuais, sendo por igual desnecessária a autorização de pessoas retratadas como coadjuvantes ou de familiares, em caso de pessoas falecidas ou ausentes. Essa a conclusão do Plenário, que julgou procedente pedido formulado em ação direta para dar interpretação conforme à Constituição aos arts. 20 e 21 do CC ("Art. 20. Salvo se autorizadas, ou se necessárias à administração da justiça ou à manutenção da ordem pública, a divulgação de escritos, a transmissão da palavra, ou a publicação, a exposição ou a utilização da imagem de uma pessoa poderão ser proibidas, a seu requerimento e sem prejuízo da indenização que couber, se lhe atingirem a honra, a boa fama ou a respeitabilidade, ou se se destinarem a fins comerciais. Parágrafo único. Em se tratando de morto ou de ausente, são partes legítimas para requerer essa proteção o cônjuge, os ascendentes ou os descendentes. Art. 21. A vida privada da pessoa natural é inviolável, e o juiz, a requerimento do interessado, adotará as providências necessárias para impedir ou fazer cessar ato contrário a esta norma"), sem redução de texto, em consonância com os direitos fundamentais à liberdade de pensamento e de sua expressão, de criação artística, de produção científica, de liberdade de informação e de proibição de censura (CF, arts. 5º, IV, V, IX, X e XIV; e 220). O Colegiado asseverou que, desde as Ordenações Filipinas, haveria normas a proteger a guarda de segredos. A partir do advento do CC/1916, entretanto, o quadro sofrera mudanças. Ademais, atualmente, o nível de exposição pública das pessoas seria exacerbado, de modo a ser inviável reter informações, a não ser que não fossem produzidas. Nesse diapasão, haveria de se compatibilizar a inviolabilidade da vida privada e a liberdade de pensamento e de sua expressão. No caso, não se poderia admitir, nos termos da Constituição, que o direito de outrem de se expressar, de pensar, de criar obras biográficas — que dizem respeito não apenas ao biografado, mas a toda a coletividade, pelo seu valor histórico — fosse tolhido pelo desejo do biografado de não ter a obra publicada. Os preceitos constitucionais em aparente conflito conjugar-se-iam em perfeita harmonia, de modo que o direito de criação de obras biográficas seria compatível com a inviolabilidade da intimidade, privacidade, honra e imagem. Assim, em suma, o Plenário considerou: a) que a Constituição asseguraria como direitos fundamentais a liberdade de pensamento e de sua expressão, a liberdade de atividade intelectual, artística, literária, científica e cultural; b) que a Constituição garantiria o direito de acesso à informação e de pesquisa acadêmica, para o que a biografia seria fonte fecunda; c) que a Constituição proibiria a censura de qualquer natureza, não se podendo concebê-la de forma subliminar pelo Estado ou por particular sobre o direito de outrem; d) que a Constituição garantiria a inviolabilidade da intimidade, da privacidade, da honra e da imagem da pessoa; e e) que a legislação infraconstitucional não poderia amesquinhar ou restringir direitos fundamentais constitucionais, ainda que sob pretexto de estabelecer formas de proteção, impondo condições ao exercício de liberdades de forma diversa da constitucionalmente fixada."

O segundo julgamento importante é dado pelo RE 511.961, que declarou como não recepcionado pela Constituição o art. 4º, V, do Decreto-Lei 972/1969, que exigia diploma de curso superior para o exercício da profissão de jornalista.

O terceiro vem trazido na ADPF 130 ao considerar como não recepcionada toda a Lei de Imprensa (Lei 5.250/1967).

Por fim, a ADPF 187/DF (informativo 621 do STF), guarda relação com a denominada "marcha da maconha". O STF, em decisão unânime, autorizou a realização de manifestações favoráveis à descriminalização da droga. A livre expressão do pensamento e o direito de reunião protegem a realização dessas marchas. Algumas premissas, como a não incitação ao consumo de drogas, a não estimulação à prática de atos ilegais, a ausência de crianças e adolescentes e a proteção do Estado, por meio de cautelas que visam a evitar abusos, foram mencionadas pelos ministros quando decidiram favoravelmente à marcha.

Direito à privacidade e à preservação da imagem (art. 5º, X): são invioláveis a intimidade, a vida privada, a honra e a imagem das pessoas, assegurado o direito à indenização pelo dano material ou moral decorrente de sua violação.

A Súmula vinculante 11 restringe o uso de algemas aos casos de resistência e de fundado receio de fuga ou de perigo à integridade física própria ou alheia por parte do preso ou de terceiros, desde que justificada por escrito, sob pena de responsabilidade. Isso decorre da preservação da imagem.

Princípio da inviolabilidade domiciliar (art. 5º, XI): a casa é asilo inviolável do indivíduo, ninguém nela podendo penetrar sem consentimento do morador, salvo em caso de flagrante delito ou desastre, ou para prestar socorro, ou, durante o dia, por determinação judicial. Segundo a doutrina que adota a predeterminação do horário, entende-se como noite das 18 até as 6 horas; durante este horário somente é permitido ingressar em casa alheia em situações emergenciais e de urgência (desastre, flagrante delito, prestação de socorro).

O Supremo já decidiu que o mandado judicial de busca e apreensão em escritório de advocacia não pode ser expedido de modo genérico, mesmo sendo o advogado o investigado. Afirmou ainda que não se justifica e nem é jurídica a devassa indiscriminada em escritórios para recolher objetos que nada têm a ver com a causa (HC 91.610, Rel. Min. Gilmar Mendes, julgamento em 8-6-2010, Segunda Turma, **Informativo** 590).

Além disso, de acordo com a jurisprudência do Supremo, os quartos de hotel fazem parte do conceito de casa e, portanto, são abrangidos pela garantia da inviolabilidade domiciliar (RHC 90.376, Rel. Min. Celso de Mello). Tal garantia se estende também, por exemplo, ao escritório de contabilidade que funcione no próprio domicílio.

Garantia do sigilo da correspondência (art. 5º, XII): é inviolável o sigilo de correspondência e das comunicações telegráficas, de dados e das comunicações telefônicas. A Lei 9.296/1996 permite, de forma excepcional, a interceptação telefônica para fins de investigação criminal ou instrução processual penal e desde que por ordem judicial (cláusula de reserva jurisdicional).

Antes da Lei 9.296/1996, o entendimento do STF era no sentido da não possibilidade de interceptação telefônica, mesmo que houvesse autorização judicial, em investigação criminal ou instrução processual penal, levando em conta a não recepção do art. 57, II, "e", da Lei 4.117/1962 (Código Brasileiro de Telecomunicações).

Depois, foram estabelecidos nortes e regras para a realização dessa interceptação, sendo, portanto, possível, observados os requisitos constitucionais e legais; tal procedimento não afeta o direito ao silêncio, segundo o STF (HC 103.236, voto do Rel. Min. Gilmar Mendes, julgamento em 14.06.2010, Segunda Turma, *DJE* de 03.09.2010).

Vale lembrar que o Supremo admite que sejam utilizadas as gravações feitas na instrução processual penal como prova emprestada nos processos de natureza civil e administrativa.

Direito de exercer qualquer profissão (art. 5º, XIII): é livre o exercício de qualquer trabalho, ofício ou profissão, atendidas as qualificações profissionais que a lei estabelecer.

A Suprema Corte entende que "O art. 5º, XIII, da CR é norma de aplicação imediata e eficácia contida que pode ser restringida pela legislação infraconstitucional. Inexistindo lei regulamentando o exercício da atividade profissional dos substituídos, é livre o seu exercício." (MI 6.113-AgR, rel. Min. Cármen Lúcia, julgamento em 22.05.2014, Plenário, *DJE* de 13.06.2014).

Sendo assim, como existe lei regulamentadora (EOAB – Lei 8.906/1994), a exigência de **aprovação prévia em exame da Ordem dos Advogados do Brasil (OAB)** para que bacharéis em direito possam exercer a advocacia foi **considerada constitucional pelo** Plenário do STF (RE 603.583). Os ministros, em decisão unânime, negaram provimento ao Recurso Extraordinário mencionado que impugnava a obrigatoriedade do exame. Vale lembrar que tal recurso teve repercussão geral reconhecida, de modo que a decisão será aplicada a todos os demais processos que possuam pedido idêntico.

Por outro lado, a Suprema Corte, ao julgar o RE 511.961/SP (**Informativo** 551) definiu que o exercício da atividade de jornalismo **não depende de prévia obtenção de diploma universitário.**

Também decidiu o STF (RE 414.426/SC), que o **músico**, para exercer a sua atividade profissional, **não necessita de registro** em entidade de classe. O precedente adveio de Santa Catarina. Um músico do respectivo estado ingressou com uma ação alegando na Justiça que só poderia atuar se estivesse vinculado à Ordem de Músicos do Brasil. O Supremo decidiu que não havia tal necessidade. A decisão, por se tratar de controle difuso, tem eficácia para o caso específico, mas os ministros decidiram que, ainda que de forma monocrática, essa será a solução adotada. Assim, se os estados continuarem exigindo, para o exercício da atividade de músico, o registro profissional, este será revertido quando chegar à Corte Suprema.

Acesso à informação (art. 5º, XIV): é assegurado a todos o acesso à informação e resguardado o sigilo da fonte, quando necessário ao exercício profissional. Vale lembrar que o STF, em decisão plenária (ADPF 130), declarou como não recepcionado pela CF/88 todo o conjunto de dispositivos da Lei 5.250/1967 (Lei de Imprensa).

Locomoção em tempo de paz (art. 5º, XV): é livre a locomoção no território nacional em tempo de paz, podendo qualquer pessoa, nos termos da lei, nele entrar, permanecer ou dele sair com seus bens.

Direito de reunião (art. 5º, XVI): todos podem reunir-se pacificamente, sem armas, em locais abertos ao público, independentemente de autorização, desde que não frustrem outra reunião anteriormente convocada para o mesmo local, sendo apenas exigido prévio aviso à autoridade competente.

Segundo o Supremo, a liberdade de reunião e de associação para fins lícitos constitui uma das mais importantes conquistas da civilização. A restrição a esses direitos entraria em confronto com a vontade da Constituição (ADI 1.969, Rel. Min. Ricardo Lewandowski, julgamento em 28.06.2007, Plenário, *DJ* de 31.08.2007).

Direito de associação (art. 5º, XVII a XXI): é plena a liberdade de associação para fins lícitos, vedada a de caráter paramilitar. A criação de associações e, na forma da lei, a de cooperativas independe de autorização, sendo inclusive vedada a interferência estatal em seu funcionamento. As associações só poderão ser compulsoriamente dissolvidas ou ter atividades suspensas por decisão judicial, exigindo-se, no primeiro caso, o trânsito em julgado. Ademais, ninguém poderá ser compelido a associar-se ou a permanecer associado.

De acordo com o STF, "O direito à plena liberdade de associação (art. 5º, XVII, da CF) está intrinsecamente ligado aos preceitos constitucionais de proteção da dignidade da pessoa, de livre-iniciativa, da autonomia da vontade e da liberdade de expressão. Uma associação que deva pedir licença para criticar situações de arbitrariedades terá sua atuação completamente esvaziada." (HC 106.808, rel. Min. Gilmar Mendes, julgamento em 09.04.2013, Segunda Turma, *DJE* de 24.04.2013). Em decisão, o Supremo definiu que a obrigatoriedade do visto de advogado para o registro de atos e contratos constitutivos de pessoas jurídicas (art. 1º, § 2º,

da Lei 8.906/1994) não ofende os princípios constitucionais da isonomia e da liberdade associativa (ADI 1.194, Rel. p/ o ac. Min. Cármen Lúcia, julgamento em 20.05.2009, Plenário, *DJE* de 11.09.2009).

Vale lembrar que a súmula 629 do STF dispensa a autorização dos associados quando a entidade de classe impetrar mandado de segurança coletivo em favor deles próprios.

Direito de propriedade (art. 5º, XXII a XXV): é garantido o direito de propriedade, desde que ela atenda à sua função social (art. 5º, XXIII). Ressalta-se que há limites a esse direito, pois a lei estabelecerá o procedimento para *desapropriação* por necessidade ou utilidade pública, ou por interesse social, mediante justa e prévia indeni-zação em dinheiro, ressalvados os casos previstos na própria CF. De acordo com o art. 184 da CF, compete à União desapropriar por interesse social, para fins de reforma agrária, o imóvel rural que não esteja cumprindo sua função social, mediante prévia e justa indenização em títulos da dívida agrária, com cláusula de preservação do valor real, resgatáveis no prazo de até vinte anos, a partir do segundo ano de sua emissão, e cuja utilização será definida em lei. O § 1º do mesmo dispositivo determina que as benfeitorias úteis e necessárias devem ser pagas indenizadas em dinheiro.

Além disso, no caso de iminente perigo público, a autoridade competente poderá *usar de propriedade particula*r, assegurada ao proprietário indenização ulterior, se houver dano. É o caso da denominada requisição administrativa.É decisão da Suprema Corte que o direito de propriedade não se revela absoluto. Está relativizado pela Carta da República – arts. 5º, XXII, XXIII e XXIV, e 184 (MS 25.284, Rel. Min. Marco Aurélio, julgamento em 17.06.2010, Plenário, DJE de 13.08.2010).

Direito do autor (art. 5º, XXVII e XXIX): aos autores pertence o direito exclusivo de utilização, publicação ou reprodução de suas obras, transmissível aos herdeiros pelo tempo que a lei fixar. Escrito é qualquer texto expressado graficamente, seja em meio impresso, seja em meio eletrônico. Se o escrito for texto de obra literária, artística ou científica, haverá proteção especial na Lei 9.610/1998 (Lei de Direitos Autorais). Ademais, a lei assegurará aos autores de inventos industriais privilégio temporário para sua utilização, bem como proteção às criações industriais, à propriedade das marcas, aos nomes de empresas e a outros signos distintivos, tendo em vista o interesse social e o desenvolvimento tecnológico e econômico do País.

Dispositivo análogo ensejou a edição da súmula 386 do Supremo que dispõe que "pela execução de obra musical por artistas remunerados é devido direito autoral, não exigível quando a orquestra for de amadores".

Direito de herança (art. 5º, XXX e XXXI): é garantido o direito de herança. A sucessão de bens de estrangeiros situados no País será regulada pela lei brasileira em benefício do cônjuge ou dos filhos brasileiros sempre que não lhes seja mais favorável a lei pessoal do *de cujus*.

A capacidade para suceder é verificada no momento da abertura da sucessão (RE 162.350, Rel. Min. Octavio Gallotti, julgamento em 22.08.1995, Primeira Turma, *DJ* de 22.09.1995).

Direito do consumidor (art. 5º, XXXII): dispõe a Constituição que o Estado promoverá, na forma da lei, a defesa do consumidor; o Código de Defesa do Consumidor (Lei 8.078/1990) regulamentou este dispositivo.

O Supremo já decidiu que o CDC se aplica nos casos de indenização por danos morais e materiais por má prestação de serviço em transporte aéreo (RE 575.803-AgR, Rel. Min. Cezar Peluso, julgamento em 01.12.2009, Segunda Turma, *DJE* de 18.12.2009). *Vide também*: RE 351.750, Rel. p/ o ac. Min. Ayres Britto, julgamento em 17.03.2009, Primeira Turma, *DJE* de 25.09.2009.

Direito à informação (art. 5º, XXXIII): a Constituição garante que todos obtenham dos órgãos públicos informações de seu interesse particular, ou de interesse coletivo ou geral, com exceção daquelas cujo sigilo seja indispensável à segurança da sociedade e do Estado.

Vale lembrar que a Lei 12.527/11 regulamentou o **acesso a informações** impondo às entidades públicas e aos órgãos da Administração Pública em geral, além das entidades privadas sem fins lucrativos que recebam, para realização de ações de interesse público, recursos públicos diretamente do orçamento ou mediante subvenções sociais, contrato de gestão, termo de parceria, convênios, acordo, ajustes ou outros instrumentos congêneres (art. 2º), o dever de autorizar ou conceder o **acesso imediato** à informação disponível.

De acordo com o § 1º do art. 11 da Lei 12.527/11, caso não haja possibilidade da concessão do acesso imediato, o órgão ou entidade que receber o pedido deverá, em prazo não superior a 20 (vinte) dias: I – comunicar a data, local e modo para se realizar a consulta, efetuar a reprodução ou obter a certidão; II – indicar as razões de fato ou de direito da recusa, total ou parcial, do acesso pretendido; ou III – comunicar que não possui a informação, indicar, se for do seu conhecimento, o órgão ou a entidade que a detém, ou, ainda, remeter o requerimento a esse órgão ou entidade, cientificando o interessado da remessa de seu pedido de informação.

Tal prazo, conforme o § 2º do mesmo dispositivo, poderá ser prorrogado por mais 10 (dez) dias, mediante justificativa expressa, da qual será cientificado o requerente.

Como demonstrado, a lei tem por objetivo assegurar o direito fundamental de acesso à informação. Desse modo, a execução dos atos deve ser feita em conformidade com os princípios básicos da administração pública e com as seguintes diretrizes (art. 3º):

I. observância da publicidade como preceito geral e do sigilo como exceção;

II. divulgação de informações de interesse público, independentemente de solicitações;

III. utilização de meios de comunicação viabilizados pela tecnologia da informação;

IV. fomento ao desenvolvimento da cultura de transparência na administração pública;

V. desenvolvimento do controle social da administração pública.

A proteção do direito à informação também encontra respaldo nas decisões do STF, por exemplo, a trazida pela Súmula vinculante 14 que assegura o direito do defensor, sempre visando ao interesse do representado, de ter acesso amplo aos elementos de prova que, já documentados em procedimento investigatório realizado por órgão com competência de polícia judiciária, digam respeito ao exercício do direito de defesa.

Outra decisão importante consta do informativo 610 do STF. A Corte Suprema decidiu que a quebra de sigilo bancário, pela Receita Federal, não é possível. Tal mandamento depende de ordem judicial.

Princípio do livre acesso ao Judiciário (art. 5º, XXXV): a lei não excluirá da apreciação do Poder Judiciário lesão ou ameaça a direito. É o denominado princípio da inafastabilidade do controle jurisdicional.

Algumas súmulas editadas pelo Supremo decorrem desse princípio. Dispõe a de n. 667 que a taxa judiciária calculada sem limite sobre o valor da causa viola a garantia constitucional do acesso à justiça. A súmula vinculante 28 trata do depósito prévio como requisito de admissibilidade de ação judicial na qual se pretenda discutir a exigibilidade do crédito tributário, deixando claro que tal exigência é tida como inconstitucional.

Além disso, segundo o Supremo, "a garantia constitucional relativa ao acesso ao Judiciário – inciso XXXV do art. 5º da Carta de 1988 – é conducente a assentar-se, vencedora a parte, o direito aos honorários advocatícios. (...) A exclusão dos honorários advocatícios prevista no art. 29-C da Lei 8.036/1990 surge conflitante com a CF, com o princípio segundo o qual o cidadão compelido a ingressar em juízo, se vencedor, não deve sofrer diminuição patrimonial" (RE 384.866, rel. Min. Marco Aurélio, julgamento em 29.06.2012, Plenário, *DJE* de 23.08.2012).

Princípio da irretroatividade da lei (art. 5º, XXXVI): a lei não prejudicará o direito adquirido, o ato jurídico perfeito e a coisa julgada (segurança das relações jurídicas).

O inciso é curto, mas diversas ações judiciais decorrem da violação a esse princípio. Tanto é assim que posicionamentos diversos foram adotados e, por conta disso, muitas súmulas tiveram que ser editadas na intenção de sedimentar entendimentos jurisprudenciais. Vejamos:

Súmula Vinculante 9: "O disposto no art. 127 da Lei 7.210/1984 (LEP) foi recebido pela ordem constitucional vigente, e não se lhe aplica o limite temporal previsto no *caput* do art. 58."

Súmula Vinculante 1: "Ofende a garantia constitucional do ato jurídico perfeito a decisão que, sem ponderar as circunstâncias do caso concreto, desconsidera a validez e a eficácia de acordo constante de termo de adesão instituído pela LC 110/2001."

Súmula 725 do STF – "É constitucional o § 2º do art. 6º da Lei 8.024/1990, resultante da conversão da Medida Provisória 168/1990, que fixou o BTN fiscal como índice de correção monetária aplicável aos depósitos bloqueados pelo Plano Collor I."

Súmula 678 do STF – "São inconstitucionais os incisos I e III do art. 7º da Lei 8.162/1991, que afastam, para efeito de anuênio e de licença-prêmio, a contagem do tempo de serviço regido pela Consolidação das Leis do Trabalho dos servidores que passaram a submeter-se ao regime jurídico único."

Súmula 654 do STF – "A garantia da irretroatividade da lei, prevista no art. 5º, XXXVI, da Constituição da República, não é invocável pela entidade estatal que a tenha editado."

Súmula 524 do STF -"Arquivado o inquérito policial, por despacho do juiz, a requerimento do promotor de justiça, não pode a ação penal ser iniciada, sem novas provas."

Súmula 343 do STF – "Não cabe ação rescisória por ofensa a literal disposição de lei, quando a decisão rescindenda se tiver baseado em texto legal de interpretação controvertida nos tribunais."

Súmula 239 do STF – "Decisão que declara indevida a cobrança do imposto em determinado exercício não faz coisa julgada em relação aos posteriores."

Importante lembrar que o STF decidiu que "O direito à previdência social constitui direito fundamental e, uma vez implementados os pressupostos de sua aquisição, não deve ser afetado pelo decurso do tempo. Como consequência, inexiste prazo decadencial para a concessão inicial do benefício previdenciário. É legítima, todavia, a instituição de prazo decadencial de dez anos para a revisão de benefício já concedido, com fundamento no princípio da segurança jurídica, no interesse em evitar a eternização dos litígios e na busca de equilíbrio financeiro e atuarial para o sistema previdenciário. O prazo decadencial de dez anos, instituído pela MP 1.523, de 28-6-1997, tem como termo inicial o dia 1º-8-1997, por força de disposição nela expressamente prevista. Tal regra incide, inclusive, sobre benefícios concedidos anteriormente, sem que isso importe em retroatividade vedada pela Constituição. **Inexiste direito adquirido a regime jurídico não sujeito a decadência.**" (RE 626.489, rel. Min. Roberto Barroso, julgamento em 16.10.2013, Plenário, *DJE* de 23.09.2014, com repercussão geral.)

Princípio da reserva legal ou da legalidade penal (art. 5º, XXXIX): não há crime sem lei anterior que o defina, nem pena sem prévia cominação legal; tal princípio foi regulamentado pelo art. 1º do Código Penal, o qual o denomina de anterioridade penal.

O Supremo já decidiu, prestigiando o princípio da legalidade penal, que "a existência de tipo penal pressupõe lei em sentido formal e material. Lavagem de dinheiro – Lei 9.613/1998 – Crime antecedente. A teor do disposto na Lei 9.613/1998, há a necessidade de o valor em pecúnia envolvido na lavagem de dinheiro ter decorrido de uma das práticas delituosas nela referidas de modo exaustivo. Lavagem de dinheiro – Organização criminosa e quadrilha. O crime de quadrilha não se confunde com o de organização criminosa, até hoje sem definição na legislação pátria." (HC 96.007, rel. Min. Marco Aurélio, julgamento em 12.06.2012, Primeira Turma, *DJE* de 08.02.2013). Além disso, a mesma Corte entende que a incidência de duas circunstâncias qualificadoras não determina, necessariamente, a fixação de regime de pena mais gravoso do que o estabelecido na lei nem a vedação da substituição da pena privativa de liberdade por restritiva de direitos. Somente o legislador penal pode estabelecer proibições para a fixação do regime aberto de cumprimento da pena e para a substituição da pena. (RHC 100.810, Rel. Min. Joaquim Barbosa, julgamento em 02.02.2010, Segunda Turma, *DJE* de 12.03.2010).

Princípio da retroatividade benéfica (art. 5º, XL): a lei penal não retroagirá, salvo para beneficiar o réu. Nesse sentido, preconiza o parágrafo único do art. 2º do Código Penal que, se a lei posterior de qualquer modo favorecer o agente, aplica-se aos fatos anteriores, ainda que decididos por sentença condenatória transitada em julgado.

Ocorre que há situações em que o Supremo entende de outra forma, por exemplo, a Súmula 711 determina que a lei penal mais grave seja aplicada ao crime continuado ou ao crime permanente se sua vigência é anterior à cessação da continuidade ou da permanência.

A aplicação da norma mais favorável, após o trânsito em julgado, é da competência do juízo das execuções penais, conforme nos ensina a súmula 611 do STF.

Vale lembrar que a Corte Maior já decidiu que "(...) o princípio da insignificância deve ser aplicado ao delito de descaminho quando o valor sonegado for inferior ao estabelecido no art. 20 da Lei 10.522/2002, atualizados pelas Portarias 75/2012 e 130/2012 do Ministério da Fazenda, que, por se tratar de normas mais benéficas ao réu, devem ser imediatamente aplicadas, consoante o disposto no art. 5º, XL, da Carta Magna". (HC 122.213, rel. Min. Ricardo Lewandowski, julgamento em 27.05.2014, Segunda Turma, *DJE* de 12.06.2014).

Proibição de discriminação atentatória dos direitos e liberdades fundamentais (art. 5º, XLI): a lei punirá qualquer discriminação atentatória dos direitos e liberdades fundamentais.

De acordo com o STF, "no tocante à violência doméstica, há de considerar-se a necessidade da intervenção estatal. (...) No caso presente, não bastasse a situação de notória desigualdade considerada a mulher, aspecto suficiente a legitimar o necessário tratamento normativo desigual, tem--se como base para assim se proceder a dignidade da pessoa humana – art. 1º, III –, o direito fundamental de igualdade – art. 5º, I – e a previsão pedagógica segundo a qual a lei punirá qualquer discriminação atentatória dos direitos e liberdades fundamentais – art. 5º, XLI. A legislação ordinária protetiva está em fina sintonia com a Convenção sobre a Eliminação de Todas as Formas de Violência contra a Mulher, no que revela a exigência de os Estados adotarem medidas especiais destinadas a acelerar o processo de construção de um ambiente onde haja real igualdade entre os gêneros. Há também de se ressaltar a harmonia dos preceitos com a Convenção Interamericana para Prevenir, Punir e Erradicar a Violência contra a Mulher – a Convenção de Belém do Pará –, no que mostra ser a violência contra a mulher uma ofensa aos direitos humanos e a consequência de relações de poder historicamente desiguais entre os sexos. (...) Procede às inteiras o pedido formulado pelo procurador-geral da República, buscando-se o empréstimo de concretude maior à CF. Deve-se dar interpretação conforme à Carta da República aos arts. 12, I, 16 e 41 da Lei 11.340/2006 – Lei Maria da Penha – no sentido de não se aplicar a Lei 9.099/1995 aos crimes glosados pela lei ora discutida, assentando-se que, em se tratando de lesões corporais, mesmo que consideradas de natureza leve, praticadas contra a mulher em âmbito doméstico, atua-se mediante ação penal pública incondicionada. (...) Representa a Lei Maria da Penha elevada expressão da busca das mulheres brasileiras por igual consideração e respeito. Protege a dignidade da mulher, nos múltiplos aspectos, não somente como um atributo inato, mas como fruto da construção realmente livre da própria personalidade. Contribui com passos largos no contínuo caminhar destinado a assegurar condições mínimas para o amplo desenvolvimento da identidade do gênero feminino." (ADI 4.424, voto do rel. Min. Marco Aurélio, julgamento em 09.02.2012, Plenário, *DJE* de 01.08.2014).

Racismo – crime inafiançável e imprescritível (art. 5º, XLII): a prática do racismo constitui crime inafiançável e imprescritível, sujeito à pena de reclusão, nos termos da lei.

Tortura, tráfico e terrorismo (art. 5º, XLIII): a lei considerará crimes inafiançáveis e insuscetíveis de graça ou anistia a prática da tortura, o tráfico ilícito de entorpecentes e drogas afins, o terrorismo e os definidos como crimes hediondos, por eles respondendo os mandantes, os executores e os que, podendo evitá-los, se omitirem.

Vale lembrar que a Lei nº 13.260, de 16 de março de 2016 regulamentou o inciso XLIII do art. 5º da CF, disciplinando o terrorismo, tratando de disposições investigatórias e processuais e reformulando o conceito de organização terrorista, além de alterar as Leis nos 7.960, de 21 de dezembro de 1989, e 12.850, de 2 de agosto de 2013. Conforme determina o art. 2º da Lei nº 13.260/16, o terrorismo consiste na prática por um ou mais indivíduos dos atos previstos neste artigo, por razões de xenofobia, discriminação ou preconceito de raça, cor, etnia e religião, quando cometidos com a finalidade de provocar terror social ou generalizado, expondo a perigo pessoa, patrimônio, a paz pública ou a incolumidade pública. O § 1º do mesmo dispositivo legal menciona que configuram atos de terrorismo: I – usar ou ameaçar usar, transportar, guardar, portar ou trazer consigo explosivos, gases tóxicos, venenos, conteúdos biológicos, químicos, nucleares ou outros meios capazes de causar danos ou promover destruição em massa; II – (VETADO); III – (VETADO); IV – sabotar o funcionamento ou apoderar-se, com violência, grave ameaça a pessoa ou servindo-se de mecanismos cibernéticos, do controle total ou parcial, ainda que de modo temporário, de meio de comunicação ou de transporte, de portos, aeroportos, estações ferroviárias ou rodoviárias, hospitais, casas de saúde, escolas, estádios esportivos, instalações públicas ou locais onde funcionem serviços públicos essenciais, instalações de geração ou transmissão de energia, instalações militares, instalações de exploração, refino e processamento de petróleo e gás e instituições bancárias e sua rede de atendimento; V – atentar contra a vida ou a integridade física de pessoa. A pena prevista é de reclusão, de doze a trinta anos, além das sanções correspondentes à ameaça ou à violência.

De acordo com a súmula vinculante 26 do STF: "para efeito de progressão de regime no cumprimento de pena por crime hediondo, ou equiparado, o juízo da execução observará a inconstitucionalidade do art. 2º da Lei 8.072, de 25.07.1990, sem prejuízo de avaliar se o condenado preenche, ou não, os requisitos objetivos e subjetivos do benefício, podendo determinar, para tal fim, de modo fundamentado, a realização de exame criminológico."

Além disso, o plenário da Corte Maior, no julgamento do HC 104.339, declarou, incidentalmente, a inconstitucionalidade da vedação da liberdade provisória constante do art. 44, *caput,* da Lei 11.343/2006 (Lei de Drogas).

Ação de grupos armados (art. 5º, XLIV): constitui crime inafiançável e imprescritível a ação de grupos armados, civis ou militares, contra a ordem constitucional e o Estado Democrático.

Princípio da responsabilidade pessoal ou da personalidade ou (art. 5º, XLV): nenhuma pena passará da pessoa do condenado, podendo a obrigação de reparar o dano e a decretação do perdimento de bens ser, nos termos da lei, estendidas aos sucessores e contra eles executadas, até o limite do valor do patrimônio transferido.

Princípio da individualização das penas (art. 5º, XLVI): a lei regulará a individualização da pena e adotará, entre outras, as seguintes: a) privação ou restrição da liberdade; b) perda de bens; c) multa; d) prestação social alternativa; e) suspensão ou interdição de direitos

Algumas súmulas e decisões do Supremo sobre a individualização das penas merecem ser lembradas. A primeira é a descrita na Súmula Vinculante 26 a qual determina que "para efeito de progressão de regime no cumprimento de pena por crime hediondo, ou equiparado, o juízo da execução observará a inconstitucionalidade do art. 2º da Lei 8.072, de 25.07.1990, sem prejuízo de avaliar se o condenado preenche, ou não, os requisitos objetivos e subjetivos do benefício, podendo determinar, para tal fim, de modo fundamentado, a realização de exame criminológico."

A segunda vem disposta na Súmula 719, segundo a qual "a imposição do regime de cumprimento mais severo do que a pena aplicada permitir exige motivação idônea."

Por outro lado, conforme a Súmula 716, "admite-se a progressão de regime de cumprimento da pena ou a aplicação imediata de regime menos severo nela determinada, antes do trânsito em julgado da sentença condenatória".

Por fim, "a pena unificada para atender ao limite de trinta anos de cumprimento, determinado pelo art. 75 do Código Penal, não é considerada para a concessão de outros benefícios, como o livramento condicional ou regime mais favorável de execução." É o que determina o teor da Súmula 715 do STF.

Vale lembrar que "o Plenário do STF, no julgamento do HC 97.256, declarou, incidentalmente, a inconstitucionalidade da proibição de substituição da pena privativa de liberdade pela pena restritiva de direitos prevista nos arts. 33, § 4º, e 44, *caput,* da Lei 11.343/2006 (Lei de Drogas). A execução da expressão "vedada a conversão em penas restritivas de direitos" do § 4º do art. 33 da Lei 11.343/2006 foi suspensa pela Resolução 5/2012 do Senado Federal, nos termos do art. 52, X, da Constituição".

Princípio da humanidade (art. 5º, XLVII): o Texto Maior proíbe alguns tipos de pena, por ferirem o princípio da humanidade. Sendo assim, não haverá penas: a) de morte, salvo em caso de guerra declarada, nos termos do art. 84, XIX; b) de caráter perpétuo; c) de trabalhos forçados; d) de banimento; e e) cruéis.

Sobre a pena de morte, o STF entende que "o ordenamento positivo brasileiro, nas hipóteses em que se delineia a possibilidade de imposição do *supplicium extremum*, impede a entrega do extraditando ao Estado requerente, a menos que este, previamente, assuma o compromisso formal de comutar, em pena privativa de liberdade, a pena de morte, ressalvadas, quanto a esta, as situações em que a lei brasileira – fundada na CF (art. 5º, XLVII, a) – permitir a sua aplicação, caso em que se tornará dispensável a exigência de comutação." (Ext 633, Rel. Min. Celso de Mello, julgamento em 28.08.1996, Plenário, *DJ* de 06.04.2001). No mesmo sentido: Ext 1.201, Rel. Min. Celso de Mello, julgamento em 17.02.2011, Plenário, *DJE* de 15.03.2011.

Já em relação à pena de prisão perpétua, a Corte Maior entende que "houve revisão duas vezes da jurisprudência da Corte quanto à obrigatoriedade de o Estado requerente assumir compromisso de comutar pena de prisão perpétua em pena não superior à duração máxima admitida na Lei Penal do Brasil (trinta anos). Inicialmente reputava-se necessário o compromisso, passou a ser desnecessário e voltou a ser exigido a partir do julgamento da Ext 855".

Pena e o seu cumprimento (art. 5º, XLVIII): a pena será cumprida em estabelecimentos distintos, de acordo com a natureza do delito, a idade e o sexo do apenado.

Vale lembrar que a falta de estabelecimento penal adequado não autoriza a manutenção do condenado em regime prisional mais gravoso, devendo-se observar, nessa hipótese, os parâmetros fixados no RE 641.320/RS. É que determina a Súmula Vinculante 56, publicada em 08/08/16.

Integridade física e moral do preso (art. 5º, XLIX): é assegurado aos presos o respeito à integridade física e moral.

A Súmula Vinculante 11 (STF) deve ser mencionada quando se trata de integridade do preso. Desse modo: "Só é lícito o uso de algemas em casos de resistência e de fundado receio de fuga ou de perigo à integridade física própria ou alheia, por parte do preso ou de terceiros, justificada a excepcionalidade por escrito, sob pena de responsabilidade disciplinar, civil e penal do agente ou da autoridade e de nulidade da prisão ou do ato processual a que se refere, sem prejuízo da responsabilidade civil do Estado."

Ressalta-se que "o enunciado da Súmula Vinculante 11 da Suprema Corte não é aplicável, face ao uso de algemas durante a sessão, máxime quando o julgamento pelo Tribunal do Júri se deu em data anterior à sua publicação." (ARE 653.964-AgR, Rel. Min. Luiz Fux, julgamento em 28.02.2012, Primeira Turma, *DJE* de 13.03.2012).

Presidiárias, filhos e amamentação (art. 5º, L): às presidiárias serão asseguradas condições para que possam permanecer com seus filhos durante o período de amamentação.

Princípio do juiz natural (art. 5º, XXXVII e LIII): ninguém será processado nem sentenciado senão pela autoridade competente (a lei deve trazer regras objetivas de competência). É vedada, também, a criação de tribunal de exceção, que seria aquele que não faz parte do Poder Judiciário, constituído após um fato e para julgá-lo; o maior exemplo foi o Tribunal de Nuremberg. Esses dois incisos completam o princípio do juiz natural, garantindo a imparcialidade do Estado-juiz.

Dispõe a Súmula 704 do STF que não viola as garantias do juiz natural, da ampla defesa e do devido processo legal a atração por continência ou conexão do processo do corréu ao foro por prerrogativa de função de um dos denunciados.

Tribunal do Júri (art. 5º, XXXVIII): é reconhecida a instituição do júri, com a organização que lhe der a lei, assegurados: a) a plenitude de defesa; b) o sigilo das votações; c) a soberania dos veredictos e d) a competência para o julgamento dos crimes dolosos contra a vida.

De acordo com a Súmula Vinculante 45 (STF), de 17.04.2015, a competência constitucional do Tribunal do Júri prevalece sobre o foro por prerrogativa de função estabelecido exclusivamente pela constituição estadual. Tal entendimento já vinha previsto na Súmula 721 do STF. Após essa conversão, a regra passou a ter caráter vincu-lante.

Princípio da reserva legal ou da legalidade penal (art. 5º, XXXIX): não há crime sem lei anterior que o defina, nem pena sem prévia cominação legal. Tal princípio foi regulamentado pelo art. 1º do Código Penal, o qual o denomina de anterioridade penal.

Princípio do contraditório e da ampla defesa (art. 5º, LV): aos litigantes, em processo judicial ou administrativo, e aos acusados em geral, são assegurados o contraditório e a ampla defesa, com os meios e recursos a ela inerentes.

Vale lembrar que a súmula vinculante 3 do STF dispõe que "nos processos perante o Tribunal de Contas da União asseguram-se o contraditório e a ampla defesa quando da decisão puder resultar anulação ou revogação de ato administrativo que beneficie o interessado, excetuada a apreciação da legalidade do ato de concessão inicial de aposentadoria, reforma e pensão".

Princípio do devido processo legal (art. 5º, LIV): ninguém será privado da liberdade ou de seus bens sem o devido processo legal. Este princípio abrange as seguintes garantias: direito a um órgão julgador imparcial, direito à ampla defesa, direito de igualdade entre as partes, direito ao contraditório e vedação ao uso de provas ilícitas.

A garantia constitucional mencionada sempre é trazida à tona nos julgamentos realizados pelo guardião da Constituição. Diversas súmulas já foram editadas pela Corte visando a fixar diretrizes na aplicação do devido processo legal.

Dentre os diversos julgamentos, destacam-se os seguintes entendimentos:

Súmula Vinculante 24 – "Não se tipifica crime material contra a ordem tributária, previsto no art. 1º, I a IV, da Lei 8.137/1990, antes do lançamento definitivo do tributo."

Súmula Vinculante 14 – "É direito do defensor, no interesse do representado, ter acesso amplo aos elementos de prova que, já documentados em procedimento investigatório realizado por órgão com competência de polícia judiciária, digam respeito ao exercício do direito de defesa."

"Sindicância. Acesso. Verbete 14 da Súmula Vinculante do Supremo. Inadequação. O Verbete 14 da Súmula Vinculante do Supremo não alcança sindicância administrativa objetivando elucidar fatos sob o ângulo do cometimento de infração administrativa." (Rcl 10.771-AgR, rel. Min. Marco Aurélio, julgamento em 04.02.2014, Primeira Turma, *DJE* de 18.02.2014).

Súmula 704 do STF – "Não viola as garantias do juiz natural, da ampla defesa e do devido processo legal a atração por continência ou conexão do processo do corréu ao foro por prerrogativa de função de um dos denunciados."

Súmula 547 do STF – "Não é lícito à autoridade proibir que o contribuinte em débito adquira estampilhas, despache mercadorias nas alfândegas e exerça suas atividades profissionais."

Súmula 323 do STF – "É inadmissível a apreensão de mercadorias como meio coercitivo para pagamento de tributos."

Súmula 70 do STF – "É inadmissível a interdição de estabelecimento como meio coercitivo para cobrança de tributo."

Princípio da inadmissibilidade das provas ilícitas (art. 5º, LVI): são inadmissíveis, no processo, as provas obtidas por meios ilícitos. Prova ilícita, ou ilicitamente obtida, entende-se como a prova colhida com infração de normas ou princípios de direito material – sobretudo de ordem constitucional e as que delas derivarem (teoria dos frutos da árvore envenenada – adotada pelo STF).

O Supremo já decidiu, reiteradas vezes, que é lícita a gravação de conversa telefônica feita por um dos interlocutores, ou com sua autorização, sem ciência do outro, quando há investida criminosa deste último (HC 75.338, Rel. Min. Nelson Jobim, julgamento em 11.03.1998, Plenário, *DJ* de 25.09.1998). No mesmo sentido: AI 578.858-AgR, Rel. Min. Ellen Gracie, julgamento em 04.08.2009, Segunda Turma, *DJE* de 28.08.2009; HC 74.678, Rel. Min. Moreira Alves, julgamento em 10.06.1997, Primeira Turma, *DJ* de 15.08.1997; RE 212.081, Rel. Min. Octavio Gallotti, julgamento em 05.12.1997, Primeira Turma, *DJ* de 27.03.1998.

Princípio da presunção de inocência (art. 5º, LVII): ninguém será considerado culpado até o trânsito em julgado de sentença penal condenatória.

O STF, no julgamento do HC 126.292, alterou a sua jurisprudência, pois admitiu a execução da pena após a condenação em segunda instância, ainda que não tenha havido o transito em julgado da ação penal. O funda-mento para tanto repousa no fato do sistema processual e recursal brasileiro acabar promovendo a impunidade e contribuindo para a não punição de crimes em tempo razoável. Há críticas quanto a essa decisão.

As observações feitas em relação à súmula vinculante 11, que só admite o uso de algema em casos excepcionais, valem aqui, pois tais diretrizes também encontram abrigo no princípio da presunção de inocência.

Hipóteses de prisão civil (art. 5º, LXVII): não haverá prisão civil por dívida, salvo a do responsável pelo inadimplemento voluntário e inescusável de obrigação alimentícia e a do depositário infiel. O STF decidiu que é ilegal a prisão do depositário infiel, ou seja, a partir de agora, a única prisão por dívida admitida pela Corte é a decorrente de inadimplência de pensão alimentícia (*vide* Súmula Vinculante 25 – STF – e Súmula 419 do STJ).

Direito à assistência jurídica (art. 5º, LXXIV): o Estado prestará assistência jurídica integral e gratuita aos que comprovarem insuficiência de recursos.

Nesse sentido já decidiu o Supremo que "a omissão do Poder Judiciário sobre pedido de concessão do benefício da assistência judiciária não pode prejudicar a parte, especialmente quando não houver qualquer impugnação à concessão desse benefício" (RE 231.705-ED, Rel. Min. Joaquim Barbosa, julgamento em 29.09.2009, Segunda Turma, *DJE* de 29.10.2009).

Direito à celeridade processual (art. 5º, LXXVIII): regra trazida pela EC 45/2004 (reforma do poder judiciário) assegura a todos, no âmbito judicial e administrativo, a razoável duração do processo. Além disso, o dispositivo também menciona que devem ser resguardados meios que facilitem e garantam a celeridade processual.

Observação: segundo o Supremo Tribunal Federal, o duplo grau de jurisdição não está previsto expressamente na Constituição; trata-se de uma garantia implícita, decorrente do próprio sistema.

9.5. Remédios constitucionais

Com a finalidade de promover a garantia dos direitos fundamentais previstos na Constituição, previu-se a existência dos chamados "remédios constitucionais", institutos que têm a função de impedir a violação desses direitos constitucionais. Assim, para cada direito desrespeitado, cabe a utilização de um "remédio".

Os "remédios constitucionais" podem ser classificados em administrativos e judiciais de acordo com a esfera em que forem impetrados.

9.5.1. *Remédios constitucionais administrativos (direito de petição e direito de certidão)*

De acordo com o art. 5º, inciso XXXIV, são a todos assegurados, independentemente do pagamento de taxas:

a) o direito de *petição* aos Poderes Públicos em defesa de direitos ou contra *ilegalidade ou abuso de poder.*

Nesse sentido, editou-se a Súmula Vinculante 21 a qual diz ser inconstitucional exigir depósito ou arrolamento prévios de dinheiro ou bens para admissibilidade de recurso administrativo;

b) a obtenção de *certidões* em repartições públicas para *defesa de direitos e esclarecimento de situações de interesse pessoal.*

O direito à certidão, segundo o STF, "traduz prerrogativa jurídica, de extração constitucional, destinada a viabilizar, em favor do indivíduo ou de uma determinada coletividade (como a dos segurados do sistema de previdência social), a defesa (individual ou coletiva) de direitos ou o esclarecimento de situações. A injusta recusa estatal em fornecer certidões, não obstante presentes os pressupostos legitimadores dessa pretensão, autorizará a utilização de instrumentos processuais adequados, como o mandado de segurança ou a própria ação civil pública. O Ministério Público tem legitimidade ativa para a defesa, em juízo, dos direitos e interesses individuais homogêneos, quando impregnados de relevante natureza social, como sucede com o direito de petição e o direito de obtenção de certidão em repartições públicas." (RE 472.489-AgR, Rel. Min. Celso de Mello, julgamento em 29.04.2008, Segunda Turma, *DJE* de 29.08.2008). No mesmo sentido: RE 167.118-AgR, Rel. Min. Joaquim Barbosa, julgamento em 20.04.2010, Segunda Turma, *DJE* de 28.05.2010.

A Constituição assegurou que a Administração, na execução de suas funções precípuas, deve respeitar os direitos fundamentais do indivíduo, garantindo-lhe o direito a petição em caso de ilegalidade ou abuso de poder, de forma que a violação de um direito possa ser sanada pela própria Administração Pública. Garante também o direito de certidão, possibilitando à pessoa que faz uso desse direito tomar conhecimento de informações a seu respeito.

Segundo o Supremo, "é inconsistente a postulação que, apoiada no direito de petição, formula pedido que constitui, na realidade, verdadeiro sucedâneo, legalmente não autorizado, da ação rescisória, eis que já transitada em julgado a decisão impugnada. (...) A mera invocação do direito de petição, por si só, não tem o condão de permitir que a parte interessada, mediante utilização de meio impróprio, busque desconstituir o acórdão (*judicium rescindens*) e obter o rejulgamento da causa (*judicium rescissorium*), em situação na qual a decisão questionada – embora transitada em julgado – não se reveste da autoridade da coisa julgada em sentido material." (**AI 223.712-AgR-AgR**, Rel. Min. Celso de Mello, julgamento em 08.02.2000, Segunda Turma, *DJE* de 05.03.2010). Os direitos de petição e de obtenção de certidões *são gratuitos* e podem ser exercidos sem a assistência de um advogado, ou seja, *independem de capacidade postulatória*, uma vez que ocorrem em âmbito administrativo.

9.5.2. Remédios constitucionais judiciais

Essa classe de remédios é impetrada em via judicial.

São cinco os remédios constitucionais judiciais: *habeas corpus, habeas data*, mandado de injunção, ação popular e mandado de segurança. Cada um desses institutos tem como objetivo proteger um ou mais direitos fundamentais.

9.5.2.1. Habeas corpus (art. 5º, LXVIII, da CF)

É uma ação de natureza constitucional-penal que tem por finalidade a proteção da **liberdade de locomoção** contra abuso de poder ou ilegalidade. Tem por principal característica a informalidade.

Antigamente era utilizado não só para proteção da liberdade física, mas também contra qualquer ato que, de alguma forma, impedia ou restringia a locomoção em sentido amplo. Rui Barbosa e diversos constitucionalistas conferiam a esse remédio tanta amplitude que mencionavam que ele poderia ser utilizado mesmo quando não houvesse risco à liberdade de locomoção. Atualmente, só a liberdade de ir, vir e permanecer é resguardada pelo *habeas corpus*.

Foi a partir da Constituição de 1891 que esse remédio ganhou *status* constitucional. Hoje, vem previsto no capítulo que trata dos direitos fundamentais (art. 5º, inciso LXVIII) do texto constitucional, que dispõe: "conceder-se-á 'habeas-corpus' sempre que alguém sofrer ou se achar ameaçado de sofrer violência ou coação em sua liberdade de locomoção, por ilegalidade ou abuso de poder".

Dessa forma, o *habeas corpus* visa a proteger o disposto no inciso XV do mesmo art., ou seja, a liberdade de locomoção. A todo indivíduo é assegurado o direito de ir, vir e permanecer. Sempre que este direito sofrer *violação, ou ameaça de violação*, o *habeas corpus* pode ser usado a fim de que seja revista a ofensa à liberdade de locomoção.

Súmulas do STF sobre o *habeas corpus*:

Súmula 723: "Não se admite a suspensão condicional do processo por crime continuado, se a soma da pena mínima da infração mais grave com o aumento mínimo de um sexto for superior a um ano."

Súmula 695: "Não cabe *habeas corpus* quando já extinta a pena privativa de liberdade."

Súmula 694: "Não cabe *habeas corpus* contra a imposição da pena de exclusão de militar ou de perda de patente ou de função pública."

Súmula 693: "Não cabe *habeas corpus* contra decisão condenatória a pena de multa, ou relativo a processo em curso por infração penal a que a pena pecuniária seja a única cominada."

Súmula 692: "Não se conhece de *habeas corpus* contra omissão de relator de extradição, se fundado em fato ou direito estrangeiro cuja prova não constava dos autos, nem foi ele provocado a respeito."

Súmula 431: "É nulo julgamento de recurso criminal, na segunda instância, sem prévia intimação ou publicação da pauta, salvo em *habeas corpus*."

Súmula 395: "Não se conhece de recurso de *habeas corpus* cujo objeto seja resolver sobre o ônus das custas, por não estar mais em causa a liberdade de locomoção."

Quanto ao momento no qual o *habeas corpus* é impetrado, pode ser classificado da seguinte forma:

a) Preventivo ou salvo-conduto: não é necessário que um indivíduo sofra, de fato, a violação em sua liberdade de locomoção para impetrar o *habeas corpus*. Basta que se sinta ameaçado (justificadamente) em seu direito de ir, vir e permanecer para que possa fazer uso desse "remédio", impedindo que seja restringida sua liberdade. Desse modo, o HC preventivo visa a resguardar o indivíduo contra a ameaça a sua liberdade de locomoção;

b) Repressivo ou liberatório: é cabível quando o direito fundamental já foi violado. A partir deste momento, a medida pode ser utilizada para reprimir a ofensa à liberdade de locomoção.

Em síntese, se o *habeas corpus* é concedido em momento anterior à violação, este é preventivo; se concedido em momento posterior, é repressivo.

Vale mencionar que é possível a concessão de *habeas corpus* **de ofício (independe de provocação)** pelo juiz, quando verificadas as hipóteses de restrição ilegal ou ameaça de violação à liberdade de locomoção.

A Constituição, em seu art. 142, § 2º, traz uma hipótese em que não é cabível a utilização do *habeas corpus*, que se dá no caso de **punições disciplinares militares**. Com isso, permite-se a existência de regras especiais de conduta, por vezes mais rígidas no âmbito militar, quando comparadas ao âmbito civil.

É necessário mencionar que o STF admite o *habeas corpus*, na hipótese acima mencionada, se a discussão for sobre a legalidade do procedimento aplicado e ou sobre a competência da autoridade responsável pela expedição da ordem.

Quanto à legitimação, o *habeas corpus* pode ser impetrado por qualquer interessado, independentemente de sua capacidade civil, sendo legítimo até mesmo ao menor de idade. A medida é gratuita e não necessita de assistência de um advogado, ou seja, independe de capacidade postulatória.

Embora o remédio heroico possa ser impetrado por qualquer pessoa, justamente pela relevância do bem jurídico protegido, a nomenclatura correta a ser utilizada é a seguinte:

✓ **Legitimado ativo**: impetrante
✓ **Legitimado passivo**: impetrado ou autoridade coatora
✓ **Beneficiário**: paciente

Ressalta-se que a figura do impetrante pode se confundir com a figura do paciente, pois o beneficiário do remédio pode ser ao mesmo tempo paciente e impetrante. Ex.: alguém ingressando com o HC em nome próprio.

Outra observação deve ser feita com base na decisão dada pela 1ª Turma do STF no HC 88.747 AgR/ES, no sentido de que não há possibilidade de impetração de *habeas corpus* em que o beneficiário seja pessoa jurídica, pois tal remédio protege a liberdade de locomoção.

Cabe HC em varas cíveis?

Sim, se houver risco à liberdade de locomoção em decorrência de eventual decretação de prisão civil.

Competência para análise do habeas corpus

Em regra, a competência para o julgamento de *habeas corpus* é determinada em razão da pessoa que figura no polo passivo (a autoridade coatora) e daquele que figura como paciente.

O art. 102, inciso I, alínea "d", da CF, diz que o *habeas corpus* será da competência originária do Supremo Tribunal Federal quando o paciente for, por exemplo, Presidente da República, Ministro de Estado, comandantes do exército, marinha e aeronáutica, entre outros.

9.5.2.2. *Habeas data (art. 5º, LXXII, da CF)*

Reza o inciso LXXII do art. 5º: "conceder-se-á *habeas data*:

a) para assegurar o conhecimento de informações relativas à pessoa do impetrante, constantes de registros ou bancos de dados de entidades governamentais ou de caráter público;

b) para a retificação de dados, quando não se prefira fazê-lo por processo sigiloso, judicial ou administrativo".

A ação tem como objetivo permitir ao interessado acesso às *informações a seu respeito*, presentes em banco de dados de caráter público. O banco de dados pode pertencer a entidades públicas ou privadas, mas, desde que tenha caráter público, o acesso é garantido. Assim, se entidade privada que visa à proteção ao crédito contiver registros ao qual se deseja ter acesso, cabe *habeas data* a fim de se ver o direito preservado.

Vale lembrar que, atualmente, existe o Cadastro Nacional de Adimplentes. As informações contidas nesse banco de dados também têm caráter público, portanto aplicam-se a elas as mesmas regras relativas ao *habeas data*.

Outra observação importante é a de que a ação de *habeas data*, por ter por objeto informações relativas a pessoa do impetrante, **não** pode ser impetrada em favor de terceiros. Desse modo, embora haja decisão do STJ admitindo a impetração de *habeas data* em favor de terceiro, prevalece o entendimento de que a ação não é cabível nessa hipótese.

Além disso, é entendimento pacífico que a ação de *habeas data* visa à proteção da privacidade do indivíduo contra abuso no registro e/ou revelação de dados pessoais falsos ou equivocados. O *habeas data, por outro lado,* não se revela meio idôneo para se obter vista de processo administrativo (HD 90-AgR, Rel. Min. Ellen Gracie, julgamento em 18.02.2010, Plenário, *DJE* de 19.03.2010). No mesmo sentido: HD 92-AgR, Rel. Min. Gilmar Mendes, julgamento em 18.08.2010, Plenário, *DJE* de 03.09.2010.

A Constituição Federal assegura duas formas de acesso aos registros:

a) Conhecimento: deseja-se apenas estar ciente das informações contidas no banco de dados;

b) Retificação: sabe-se que a informação presente no banco de dados é incorreta e deseja-se que o registro seja corrigido.

Desde 1997, com o advento da Lei 9.507, passou a ser prevista uma nova forma de acesso:

c) Complementação ou anotação: a informação está correta, porém incompleta. Deseja-se adicionar novos fatos relevantes ao registro a fim de que seja apresentado ao público de forma completa. Exemplo: existência de pendência judicial ou administrativa sobre o fato informado que possa modificar a informação ali constante.

Diferentemente do acesso comum ao Poder Judiciário, que pode ser provocado a qualquer momento, independentemente da existência de processo administrativo, o *habeas data* possui uma particularidade: *a ação só pode ser impetrada quando esgotada a via administrativa*. Assim, a medida poderá ser usada somente quando houver recusa por parte da entidade detentora do banco de dados em fornecer acesso às informações ou indeferimento do pedido. É necessário prova de tal recusa ou indeferimento para que se impetre o *habeas data*, sob pena de falta de interesse de agir e consequente indeferimento da petição por carência de ação (STJ, Súmula 2).

Sobre esse assunto, o art. 8º, parágrafo único, da Lei 9.507/1997 (que estabelece o procedimento do *habeas data*) determina que a inicial deva ser instruída com a recusa ao acesso às informações ou do decurso de mais de dez dias sem decisão; a recusa em fazer-se a retificação ou do decurso de mais de quinze dias, sem decisão; ou a recusa em fazer-se a anotação ou do decurso de mais de quinze dias sem decisão.

Já decidiu o STJ, no *habeas data* 149, que a informação incompleta equivale à recusa.

São legitimados para impetrar *Habeas data* pessoas físicas ou jurídicas. A ação é gratuita, ou seja, isenta de custas, mas é necessária assistência de advogado para impetração.

Segundo a Suprema Corte, há hipóteses de não cabimento do "remédio" como, por exemplo, para pedir informações sobre autores de agressões contra o interessado (seria informação de terceiro).

9.5.2.3. Mandado de injunção (art. 5º, LXXI, da CF)

9.5.2.3.1. Lei nº 13.300, de 23 de junho de 2016

9.5.2.3.1.1. Introdução

Entrou em vigor recentemente a lei que disciplina o processo e o julgamento dos mandados de injunção individual e coletivo. Após quase 28 anos de sua previsão constitucional, o remédio finalmente foi regulamentado por norma infraconstitucional específica.

Antes disso, a impetração do mandado de injunção era realizada, de forma analógica, tomando por base as regras de procedimento previstas na lei que disciplina o mandado de segurança, Lei 12.16/2009. O Supremo Tribunal Federal já garantia a possibilidade da impetração da injunção desde 1989 (STF. Plenário. MI 107 QO, Rel. Min. Moreira Alves, julgado em 23.11.1989).

9.5.2.3.1.2. Finalidade

O mandado de injunção tem como objetivo atuar na inércia do legislador, ou seja, visa combater a omissão normativa que inviabiliza o **exercício dos direitos e liberdades constitucionais e das** prerrogativas inerentes à nacionalidade, à soberania e à cidadania. Alguns dos direitos previstos na CF/1988 podem ser exercidos somente após regulamentação em lei. Tratam-se das normas de eficácia limitada. O legislador tem obrigação imposta pela CF/1988 de regulamentar; entretanto, por inércia, não o faz. Com isso, o interessado fica impedido de exercer um direito garantido constitucionalmente.

Um exemplo é o que ocorre no inciso VII do art. 37 que determina que o direito de greve do servidor público deva ser exercido nos termos e nos limites definidos em lei específica.

Embora o direito tenha sido garantido pela CF/1988, até o presente momento nenhuma lei foi editada com o objetivo de regulamentá-lo, o que faz com que, tecnicamente, não seja possível exercê-lo. Em casos como esse, é cabível a impetração de mandado de injunção.

Vale lembrar que o STF, após decisão dada em sede de mandado de injunção, já reconheceu que o direito de greve aos servidores públicos pode ser exercido sem que haja a edição de lei específica. Para tanto, deve ser utilizada a lei de greve da iniciativa privada (Lei 7.783/1989), por analogia.

O remédio, portanto, visa combater a denominada "síndrome da inefetividade" das normas constitucionais que possuem eficácia limitada. O objetivo é a concretizar direitos

fundamentais, com base no comando trazido pelo § 1º do art. 5º da CF que determina a aplicação imediata dos direitos e garantias fundamentais.

9.5.2.3.1.3. Previsão constitucional e legal

Dispõe o inciso LXXI do art. 5º da CF/1988 que: "conceder-se-á mandado de injunção sempre que a falta de norma regulamentadora **torne inviável o exercício dos direitos e liberdades constitucionais e das** prerrogativas inerentes à nacionalidade, à soberania e à cidadania".

A Lei 13.300, de 23 de junho de 2016, norma que disciplinou o processo e o julgamento dos mandados de injunção individual e coletivo, em seu art. 2º, determina que a concessão do mandado de injunção seja feita sempre que a falta **total ou parcial** de norma regulamentadora torne inviável o exercício dos direitos e liberdades constitucionais e das prerrogativas inerentes à nacionalidade, à soberania e à cidadania. O parágrafo único do mesmo dispositivo considera **parcial a regulamentação quando forem insuficientes as normas editadas** pelo órgão legislador competente.

A inovação trazida pela lei tem a ver com a possibilidade da impetração do remédio ainda que exista norma regulamentadora, caso tal regra se mostre insuficiente.

9.5.2.3.1.4. Legitimidade
9.5.2.3.1.4.1. Ativa

O art. 3º da nova lei determina que as pessoas naturais ou jurídicas que se afirmam titulares dos direitos, das liberdades ou das prerrogativas referidos no art. 2º podem impetrar o mandado de injunção. Vale lembrar que existe a possibilidade de substituição processual quando o remédio tiver sendo impetrado na forma coletiva, algo admitido expressamente no art. 12 da nova lei. A legitimidade ativa no mandado de injunção coletivo será analisada em tópico específico.

9.5.2.3.1.4.2. Passiva

No polo passivo do remédio, deve ser colocado o Poder, o órgão ou a autoridade com atribuição para editar a norma regulamentadora, conforme determina o mesmo art. 3º da lei.

9.5.2.3.1.5. Procedimento

O procedimento vem previsto nos arts. 4º a 8º da Lei 13.300/2016, mas, setais regras não forem suficientes, o art. 14 da lei autoriza a aplicação subsidiária das normas do mandado de segurança, (2009) e do novo Código de Processo Civil.

De acordo com o art. 4º da lei, a petição inicial deverá preencher os requisitos estabelecidos pela lei processual, ou seja, aqueles previstos no art. 319 do novo Código de Processo Civil, e indicará, além do órgão impetrado, a pessoa jurídica que ele integra ou aquela a que está vinculado.

O § 2º do art. 4º da lei estudada determina que quando o documento necessário à prova do alegado encontrar-se em repartição ou estabelecimento público, em poder de autoridade ou de terceiro, havendo recusa em fornecê-lo por certidão, no original, ou em cópia autêntica, será ordenada, a pedido do impetrante, a exibição do documento no prazo de 10 (dez) dias, devendo, nesse caso, ser juntada cópia à segunda via da petição.

Por outro lado, se a recusa em fornecer o documento for do impetrado, a ordem será feita no próprio instrumento da notificação, de acordo com o§ 3º do mesmo dispositivo legal.

Após o recebimento da inicial, algumas providências serão ordenadas, conforme determina o art. 5º da lei objeto de estudo: I – a notificação do impetrado sobre o conteúdo da petição inicial, devendo-lhe ser enviada a segunda via apresentada com as cópias dos documentos, a fim de que, no prazo de 10 (dez) dias, preste informações;II – a ciência do ajuizamento da ação ao órgão de representação judicial da pessoa jurídica interessada, devendo-lhe ser enviada cópia da petição inicial, para que, querendo, ingresse no feito.

Após o término do prazo para apresentação das informações, o Ministério Público será ouvido, devendo opinar em 10 (dez) dias, após o que, com ou sem parecer, os autos serão conclusos para decisão, conforme determina o art. 7º da lei.

Fora isso, se a petição inicial for manifestamente incabível ou manifestamente improcedente, determina o art. 6º da lei que ela será desde logo indeferida. O recurso para tanto vem previsto no parágrafo único desse mesmo art. 6º, de modo que contra a tal decisão caberá agravo, em 5 (cinco) dias, para o órgão colegiado competente para o julgamento da impetração.

9.5.2.3.1.6. Providências após o reconhecimento da mora legislativa

De acordo com o art. 8º da lei, três providências podem ser tomadas pelo judiciário, ao reconhecer o estado de mora legislativa. Sendo assim, a injunção será deferida para:

I – determinar **prazo razoável para que o impetrado promova a edição da norma** regulamentadora;

II –**estabelecer as condições em que se dará o exercício dos direitos, das liberdades ou das prerrogativas reclamados ou**, se for o caso, as **condições em que poderá o interessado promover ação própria visando a exercê-los**, caso não seja suprida a mora legislativa no prazo determinado.

O parágrafo único do art. 8º da lei dispensa a determinação de prazo razoável para que o impetrado promova a edição da norma regulamentadora quando ficar comprovado que o impetrado deixou de atender, em mandado de injunção anterior, ao prazo estabelecido para a edição da norma.

9.5.2.3.1.7. Eficácia subjetiva

Determina o art. 9º da nova lei que a decisão terá eficácia subjetiva limitada às partes e produzirá efeitos até o advento da norma regulamentadora. Sendo assim, em regra, somente as partes que participaram do processo serão beneficiadas pela decisão e apenas até que sobrevenha a regulamentação legal.

Excepcionalmente poderá ser conferida eficácia *ultra partes* ou *erga omnes* à decisão, quando isso for inerente ou indispensável ao exercício do direito, da liberdade ou da prerrogativa objeto da impetração. É o que determina o § 1º do art. 9º da nova lei.

O § 2º do mesmo artigo determina que transitada em julgado a decisão, seus efeitos poderão ser estendidos aos casos análogos por decisão monocrática do relator.

Por fim, o indeferimento do pedido por insuficiência de prova não impede a renovação da impetração fundada em outros elementos probatórios, conforme dispõe o § 3º do art. 9º da lei estudada.

9.5.2.3.1.8. Mandado de injunção coletivo

Expressamente previsto na nova lei, o mandado de injunção coletivo, que já podia ser impetrado segundo o STF, possui agora os seguintes legitimados:

I – **o Ministério Público**, quando a tutela requerida for especialmente relevante para a defesa da ordem jurídica, do regime democrático ou dos interesses sociais ou individuais indisponíveis;

II – **o partido político com representação no Congresso Nacional**, para assegurar o exercício de direitos, liberdades e prerrogativas de seus integrantes ou relacionados com a finalidade partidária;

III – **a organização sindical, a entidade de classe ou a associação legalmente constituída e em funcionamento há pelo menos 1 (um) ano**, para assegurar o exercício de direitos, liberdades e prerrogativas em favor da totalidade ou de parte de seus membros ou associados, na forma de seus estatutos e desde que pertinentes a suas finalidades, dispensada, para tanto, autorização especial;

IV – **a Defensoria Pública**, quando a tutela requerida for especialmente relevante para a promoção dos direitos humanos e a defesa dos direitos individuais e coletivos dos necessitados, na forma do inciso LXXIV do art. 5º da CF/1988.

A novidade trazida pela lei nesse tópico diz respeito à possibilidade da impetração do remédio pelo Ministério Público e pela Defensoria Pública. A lei do mandado de segurança, utilizada para suprir a omissão de regulamentação do próprio mandado de injunção, pois não existia uma lei específica tratando desse remédio, não prevê como legitimados o Ministério Público e a Defensoria Pública.

Vale lembrar que os direitos, as liberdades e as prerrogativas protegidos por mandado de injunção coletivo são os pertencentes, indistintamente, a uma coletividade indeterminada de pessoas ou determinada por grupo, classe ou categoria, conforme determina o parágrafo único do art. 12 da Lei 13.300/2016.

A sentença no mandado de injunção coletivo, de acordo com o *caput* do art. 13 da Lei 13.300/2016, fará coisa julgada limitadamente às pessoas integrantes da coletividade, do grupo, da classe ou da categoria substituídos pelo impetrante, sem prejuízo do disposto nos §§ 1º e 2º do art. 9º, ou seja, poderá ser conferida eficácia *ultra partes* ou *erga omnes* à decisão, quando isso for inerente ou indispensável ao exercício do direito, da liberdade ou da prerrogativa objeto da impetração e transitada em julgado a decisão, seus efeitos poderão ser estendidos aos casos análogos por decisão monocrática do relator.

Por fim, para que os impetrantes de mandados de injunção individuais se beneficiem da impetração coletiva, eles deverão desistir da demanda individual no prazo de 30 (trinta) dias a contar da ciência comprovada da impetração coletiva. Tal impetração não induz litispendência em relação aos mandados de injunção individuais, conforme determina o parágrafo único do art. 13 da Lei 13.300/2016.

9.5.2.3.1.9. Revisão

De acordo com o art. 10 da lei, sem prejuízo dos efeitos já produzidos, a decisão poderá ser revista, a pedido de qualquer interessado, quando sobrevierem relevantes modificações das circunstâncias de fato ou de direito. O parágrafo único do mesmo dispositivo determina que a ação de revisão observará, no que couber, o procedimento estabelecido nesta Lei.

9.5.2.3.1.10. Norma regulamentadora superveniente

O que acontecerá se a lei regulamentadora for criada após a decisão? O art. 11 da lei responde esse questionamento, ao determinar que a norma regulamentadora superveniente produzirá efeitos *ex nunc* em relação aos beneficiados por decisão transitada em julgado, salvo se a aplicação da norma editada lhes for mais favorável. O parágrafo único do mesmo art. 11 determina que fica prejudicada a impetração se a norma regulamentadora for editada antes da decisão, caso em que o processo será extinto sem resolução de mérito.

9.5.2.3.1.11. Vigência

De acordo com o último dispositivo da lei, art. 15, a norma já entrou em vigor na data de sua publicação.

9.5.2.4. Ação popular

O inciso LXXIII do art. 5º da CF assegura que qualquer cidadão é parte legítima para propor ação popular que vise a anular ato lesivo ao patrimônio público ou de entidade de que o Estado participe, à moralidade administrativa, ao meio ambiente e ao patrimônio histórico e cultural, *ficando o autor, salvo comprovada má-fé, isento de custas judiciais e do ônus da sucumbência.*

De forma esquemática, conclui-se que a ação popular tem como objetivo proteger 3 elementos fundamentais:

1) o patrimônio público ou de entidade de que o Estado participe;

2) a moralidade administrativa;

3) o meio ambiente e o patrimônio histórico e cultural.

Com isso, o legislador constituinte pretende promover a cidadania, fazendo cada cidadão responsável pela fiscalização dos elementos protegidos pela ação popular.

Vale lembrar que a lei que regulamenta tal ação – Lei 4.717/1965 – traz algumas regras, como, por exemplo, a de que a lesão à moralidade não pressupõe lesividade material, ou seja, não é necessário dano patrimonial para que a ação com fundamento na proteção à moralidade administrativa seja proposta.

Outra observação é a de que a ação popular não tem por objetivo a defesa do interesse individual e, além disso, não tem o condão de substituir a ação direta de inconstitucionalidade. Esta visa a anular ato normativo, que é abstrato, genérico e que encontra fundamento de validade direto na CF/1988.

De acordo com a Súmula 101 do STF, o mandado de segurança não substitui a ação popular.

É parte legítima para propor ação popular o *cidadão*, restringindo a proposição apenas àqueles que têm capacidade eleitoral ativa, ou seja, àqueles que já se alistaram e podem votar.

Ademais, vale ressaltar que, conforme a Súmula 365 do Supremo Tribunal Federal, pessoa jurídica não tem legitimidade para propor ação popular.

É bom lembrar que em caso de desistência ou absolvição de instância (ocorre quando o autor é desidioso, não dá andamento à ação) qualquer cidadão ou o Ministério Público podem prosseguir no polo ativo.

A ação popular é gratuita, salvo comprovação de má-fé, mas a assistência de advogado é necessária; depende, portanto, de capacidade postulatória, como se depreende da decisão abaixo.

"A Constituição da República estabeleceu que o *acesso à justiça* e o *direito de petição* são direitos fundamentais (art. 5.º, XXXIV, 'a', e XXXV), porém estes não garantem a quem não tenha capacidade postulatória litigar em juízo, ou seja, é **vedado o exercício do direito de ação sem a presença de um advogado**, considerado 'indispensável à administração da justiça' (art. 133 da Constituição da República e art. 1.º da Lei 8.906/1994), com as **ressalvas legais**. (...) Incluem -se, ainda, no rol das exceções, as ações protocoladas nos juizados especiais cíveis, nas causas de valor até vinte salários mínimos (art. 9.º da Lei 9.099/1995) e as ações trabalhistas (art. 791 da CLT), **não fazendo parte dessa situação privilegiada a ação popular**" (AO 1.531 -AgR, voto da Min. Cármen Lúcia, j. 03.06.2009, Plenário, *DJE* de 01.07.2009).

Sobre a decisão proferida em sede de ação popular, a Suprema Corte já decidiu: "Ação popular. Demarcação da terra indígena Raposa Serra do Sol. (...) A decisão proferida em ação popular é desprovida de força vinculante, em sentido técnico. Nesses termos, os fundamentos adotados pela Corte não se estendem, de forma automática, a outros processos em que se discuta matéria similar. Sem prejuízo disso, o acórdão embargado ostenta a força moral e persuasiva de uma decisão da mais alta Corte do País, do que decorre um elevado ônus argumentativo nos casos em se cogite da superação de suas razões." (Pet 3.388-ED, rel. Min. Roberto Barroso, julgamento em 23.10.2013, Plenário, *DJE* de 04.02.2014.)

9.5.2.5. Mandado de segurança

A Constituição de 1934 foi a primeira a prever expressamente a possibilidade da impetração de mandado de segurança. Depois disso, as Constituições que se seguiram trataram do tema, com exceção da de 1937 (da época de Getúlio Vargas).

O mandado de segurança pode ser conceituado como uma ação de natureza constitucional que tem por finalidade resguardar direito líquido e certo contra abuso de poder ou ilegalidade, praticado por autoridade pública ou por quem lhe faça as vezes, desde que tal direito não esteja protegido por *habeas corpus* ou *habeas data*.

Importante definição que deve ser trazida nesse momento é a de direito líquido e certo. Conforme ensinamento de Hely Lopes Meireles (**Mandado de Segurança**, 27ª Edição, p.36 e 37), "direito líquido e certo é o que se apresenta manifesto na sua existência, delimitado na sua extensão e apto a ser exercitado no momento da impetração".

Em suma, líquido e certo é aquele direito em que há prova pré-constituída, que de plano é possível comprovar, não havendo necessidade de dilação probatória.

Para a proteção de tal direito cabe a impetração do mandado de segurança. Ele possui caráter residual e vem previsto no inciso LXIX e LXX do art. 5º da Constituição.

Desse modo, o mandado de segurança atua complementando a proteção dos direitos e garantias constitucionais quando nenhum outro remédio é cabível. Diz o inciso LXIX: "conceder-se-á mandado de segurança para proteger direito líquido e certo, não amparado por 'habeas-corpus' ou 'habeas--data', quando o responsável pela ilegalidade ou abuso de poder for autoridade pública ou agente de pessoa jurídica no exercício de atribuições do Poder Público".

Assim, não será cabível mandado de segurança para proteger o direito à liberdade de locomoção, pois esta proteção é feita pelo *habeas corpus*. Do mesmo modo, não cabe mandado de segurança para anular ato lesivo ao patrimônio público, pois esta requisição deve ser feita em via de ação popular.

Um exemplo de possibilidade de impetração desse remédio ocorre quando alguém, que não pretende efetuar o pagamento de determinado imposto, por considerar que a lei que criou o mencionado tributo é inconstitucional, ajuíza mandado de segurança.

Importante saber que não cabe condenação em honorários de advogado na ação de mandado de segurança, conforme Súmula 512 do Supremo Tribunal Federal.

Ainda, não é possível a impetração de mandado de segurança contra ato judicial passível de recurso ou correição (Súmula 267 do STF).

Além das mencionadas, outras súmulas, editadas pela Suprema Corte, têm relevância quando se trata de mandado de segurança, quais sejam:

Súmula 632: "É constitucional lei que fixa prazo de decadência para impetração de mandado de segurança."

Súmula 510: "Praticado o ato por autoridade, no exercício de competência delegada, contra ela cabe o mandado de segurança ou a medida judicial."

Súmula 271: "Concessão de mandado de segurança não produz efeitos patrimoniais em relação a período pretérito, os quais devem ser reclamados administrativamente ou pela via judicial própria."

Súmula 270: "Não cabe mandado de segurança para impugnar enquadramento da Lei 3.780, de 12-7-1960, que envolva exame de prova ou de situação funcional complexa."

Súmula 269: "O mandado de segurança não é substitutivo de ação de cobrança."

Súmula 268: "Não cabe mandado de segurança contra decisão judicial com trânsito em julgado."

Súmula 101: "O mandado de segurança não substitui a ação popular."

São legitimadas para impetrar mandado de segurança pessoas físicas ou jurídicas. A ação não está isenta de custas perante o Poder Judiciário e a assistência de advogado é necessária.

Vale lembrar que, corroborando algo que já existia, a nova lei do mandado de segurança (Lei 12.016/2009), em seu art. 23, traz o prazo decadencial de **120 dias** para que o sujeito ingresse com a ação de mandado de segurança, contados da ciência do ato impugnado. A constitucionalidade de tal prazo já foi questionada no Supremo, mas ele entendeu que o prazo é constitucional.

Outro tema já sedimentado é no sentido de que o pedido de reconsideração feito na via administrativa não tem o condão de interromper o prazo para a impetração do mandado de segurança. É o que determina a Súmula 430 do STF.

Com base na súmula 625 do STF, controvérsia sobre matéria de direito não impede a concessão de mandado de segurança.

Vale lembrar que o art. 20 da Lei 12.016/2009 determina que o processos de mandado de segurança e os respectivos recursos tenham a prioridade sobre todos os atos judiciais, salvo *habeas corpus*.

Além disso, de acordo com a Súmula 624 do STF, não cabe ao Pretório Excelso conhecer originariamente mandado de segurança contra atos de outros tribunais. Também, a Súmula 266 do STF determina que não é possível a impetração de mandado de segurança contra lei em tese.

A Constituição admite também a impetração de **mandado segurança coletivo**, conforme se verifica no inciso LXX do art. 5º da CF: "o mandado de segurança coletivo pode ser impetrado por:

a) partido político com representação no Congresso Nacional;

b) organização sindical, entidade de classe ou associação legalmente constituída e em funcionamento há pelo menos um ano, em defesa dos interesses de seus membros ou associados."

Entende o STF que a entidade de classe tem legitimação para o mandado de segurança, ainda quando a pretensão veiculada interesse apenas a uma parte da respectiva categoria (art. 21 da Lei 12.016/2009 e Súmula 630). Também é jurisprudência da Suprema Corte que a impetração de mandado de segurança coletivo por entidade de classe em favor dos associados independe de autorização deles.

De acordo com o Supremo, o mandado de segurança coletivo, quando impetrado pela Ordem dos Advogados do Brasil, deve ser proposto perante a Justiça Federal. Vale a leitura do julgado: "presente a Ordem dos Advogados do Brasil — autarquia federal de regime especial — no polo ativo de mandado de segurança coletivo impetrado em favor de seus membros, a competência para julgá-lo é da Justiça Federal, a despeito de a autora não postular direito próprio" (RE 266.689-AgR, Rel. Min. Ellen Gracie, julgamento em 17.08.2004, *DJ* de 03.09.2004).

De acordo com o art. 22 da lei do mandado de segurança, quando o remédio for impetrado na modalidade coletiva, a sentença fará coisa julgada limitadamente aos membros do grupo ou categoria substituídos pelo impetrante. Desse modo, não produz efeitos *erga omnes*.

O § 1º do mesmo dispositivo determina que o mandado de segurança coletivo não induz litispendência para as ações individuais, mas os efeitos da coisa julgada não beneficiarão o impetrante a título individual se não requerer a desistência de seu mandado de segurança no prazo de 30 (trinta) dias a contar da ciência comprovada da impetração da segurança coletiva.

Outro tópico importante sobre o MS coletivo diz respeito à liminar. De acordo com o § 2º do art. 22 da Lei 12.016/2009, ela só poderá ser concedida após a audiência do representante judicial da pessoa jurídica de direito público, que deverá se pronunciar no prazo de 72 (setenta e duas) horas.

Por fim, ressaltamos que, de acordo com o art. 25 da lei do MS, não cabem, no processo de mandado de segurança, a interposição de embargos infringentes e a condenação ao pagamento dos honorários advocatícios, sem prejuízo da aplicação de sanções no caso de litigância de má-fé.

9.6. Nacionalidade

Nacionalidade pode ser conceituada como o vínculo de natureza jurídica e política que integra o indivíduo a um determinado Estado. Após isso, o sujeito passa a fazer parte do elemento pessoal do Estado e é denominado de nacional.

Os países são responsáveis pela elaboração das normas jurídicas que cuidam das formas de aquisição, perda e das espécies de nacionalidade. É atribuição de cada Estado definir quem são os seus nacionais.

É importante verificar-se os conceitos de povo, população, nação e cidadania:

a) Povo – é o conjunto de pessoas que tem o vínculo da nacionalidade com o Estado. É o conjunto de nacionais;

b) População – o conceito é demográfico. Pode ser conceituada como o conjunto de habitantes de cada território. Aqui se enquadram os nacionais e os estrangeiros. A diferença de população e povo é que no último só se inclui no conceito os nacionais, ou seja, natos ou naturalizados;

c) Nação – é o conjunto de pessoas ligadas por semelhanças, afinidades de etnia, costumes, idioma. Os nacionais se enquadram na definição de nação. Os estrangeiros não, pois cada país tem seus hábitos, costumes, cultura, tradição etc.;

d) Cidadania – a definição é taxativa, dá-se por meio de alistamento eleitoral; só o nacional pode ser detentor de direitos políticos. Portanto, diz-se que a nacionalidade é um requisito importante, mas não suficiente para a cidadania, haja vista a necessidade da obtenção do título de eleitor.

O pacto São José da Costa Rica, tratado internacional sobre direitos humanos, reconhece o direito à nacionalidade como direito fundamental do indivíduo em seu art. 20.

Os nacionais são divididos em natos ou naturalizados. O § 2º do art. 12 da Constituição proíbe que existam diferenças entre brasileiros natos e naturalizados, com exceção dos casos em que ela própria faz distinção. Desse modo, as diferenças só serão admitidas se decorrentes do texto constitucional.

9.6.1. *Nato e naturalizado: distinções*

9.6.1.1. *Cargos privativos (art. 12, § 3º, CF)*

O §3º do art. 12 traz o rol taxativo dos *cargos privativos* de brasileiro nato. São eles:

✓ Presidente e Vice-Presidente da República;

✓ Presidente da Câmara de Deputados;

✓ Presidente do Senado Federal;

✓ Ministro do Supremo Tribunal Federal;

✓ Da carreira diplomática;

✓ De oficial das Forças Armadas; e

✓ De Ministro de Estado da Defesa.

Os cargos de Presidente, Vice, Presidente da Câmara, do Senado e Ministro do Supremo Tribunal Federal devem ser preenchidos por natos por conta da Constituição não admitir que brasileiro naturalizado se torne Presidente da República. Dessa maneira, como esses indivíduos eventualmente ocuparão o cargo de Chefe do Poder Executivo, eles devem possuir nacionalidade brasileira originária, ou seja, devem ser natos.

Vale lembrar que o art. 89, VII, da CF determina que seis cadeiras do Conselho da República, órgão superior de consulta do Presidente da República, sejam preenchidas por cidadãos **brasileiros natos**, com mais de trinta e cinco anos de idade, sendo dois nomeados pelo Presidente da República, dois eleitos pelo Senado Federal e dois eleitos pela Câmara dos Deputados, todos com mandato de três anos, vedada a recondução. Desse modo, tais lugares também são destinados apenas a brasileiros natos.

Passemos então para as outras hipóteses de distinção entre brasileiros natos e naturalizados, admitidas pela Constituição.

9.6.1.2. *Impossibilidade de extradição de brasileiro nato (art. 5º, LI, CF)*

O art. 5º, LI, da CF dispõe que "nenhum brasileiro será extraditado, salvo o naturalizado, em caso de crime comum, praticado antes da naturalização, ou de comprovado envolvimento em tráfico ilícito de entorpecentes e drogas afins, na forma da lei". Dessa maneira, somente o naturalizado poderá ser extraditado e desde que configure uma das hipóteses mencionadas.

Vale lembrar que de acordo com o art. 5º, LII, da CF, o Brasil não pode conceder a extradição de estrangeiro por crime político ou de opinião. Assim, se um sujeito é acusado da prática de crime político, não poderá ser extraditado, independentemente de sua nacionalidade.

9.6.1.3. *Situação que gera perda da nacionalidade apenas ao naturalizado (art. 12, § 4º, I, CF)*

O inciso I do § 4º do art. 12 da CF menciona que aquele que tiver sua naturalização cancelada por sentença judicial, em decorrência da prática de atividade nociva ao interesse nacional, perde sua nacionalidade.

9.6.1.4. Conselho da República: membros

Dentre as cadeiras destinadas às pessoas que fazem parte do Conselho da República, conforme o art. 89, inciso VII, da CF, seis são destinadas a brasileiros natos. Assim, esses lugares não poderão ser ocupadas por naturalizados. O Conselho da República é um órgão de consulta do Presidente da República.

9.6.1.5. Empresa jornalística e de radiodifusão: propriedade

Dispõe o art. 222 da Constituição Federal que brasileiros naturalizados podem ser proprietários dessas empresas, desde que tenham adquirido a nacionalidade brasileira há mais de dez anos.

9.6.2. Formas de aquisição da nacionalidade brasileira: originária ou secundária

9.6.2.1. Nacionalidade originária, primária ou involuntária

É a que o indivíduo detém por meio do nascimento. Existem critérios para a atribuição dessa nacionalidade: o territorial (*ius soli*) e sanguíneo (*ius sanguinis).* A Constituição de 1988 adotou ambos, conhecido como critério misto. Assim, em alguns momentos utiliza-se do local de nascimento para identificar o nato e em outros do critério sanguíneo.

Há quatro situações em que o sujeito é considerado brasileiro nato, vejamos:

9.6.2.1.1. Art. 12, inciso I, alínea "a", da Constituição Federal (critério territorial)

A primeira situação é aquela em que são considerados brasileiros natos *os nascidos* no território da República Federativa do Brasil, ainda que de pais estrangeiros, desde que estes não estejam a serviço de seu país.

Desse modo, nasceu no Brasil é considerado brasileiro nato, com exceção do indivíduo que possua pais estrangeiros que estejam no Brasil a serviço do país de origem. Basta que um dos pais esteja a serviço do país de origem para que o filho nascido no Brasil *não* seja considerado brasileiro nato.

9.6.2.1.2. Art. 12, inciso I, alínea "b", da Constituição Federal (critério sanguíneo)

O dispositivo considera nato aquele nascido no estrangeiro, de pai ou de mãe brasileira, desde que qualquer deles esteja a serviço da República Federativa do Brasil.

A expressão "a serviço de seu país" deve ser interpretada de forma a favorecer o indivíduo, o significado é amplo. Um dos pais ou os dois devem estar em território estrangeiro, a serviço do Brasil (critério funcional).

9.6.2.1.3. Art. 12, inciso I, alínea "c", da Constituição Federal (primeira parte)

O dispositivo mencionado teve sua redação alterada pela Emenda Constitucional 54/2007.

A primeira parte menciona que são considerados brasileiros natos os indivíduos nascidos no estrangeiro, de pai ou

mãe brasileira, desde que registrados na repartição brasileira competente (consular ou diplomática).

Essa hipótese constava do texto original da Constituição Federal de 1988. Só que em 1994, após a revisão constitucional, foi suprimida. A revogação da norma se deu em virtude de problemas gerados pela regra, como a existência de muitos brasileiros natos espalhados pelo mundo que não tinham relação alguma com o Brasil. A tentativa de sanar tais problemas restou infrutífera, gerando outro problema pior, que era a existência de apátridas.

Exemplo: um casal brasileiro faz uma viagem a passeio para a Itália. A mulher, grávida de 8 meses, passa mal e acaba tendo o filho na Itália. Esse indivíduo será considerado brasileiro, italiano, apátrida? Italiano não, pois na Itália o critério adotado para definir quem é considerado italiano é o *ius sanguinis*, somente filhos de pais italianos possuem a nacionalidade italiana. Será o sujeito, então, brasileiro? Não, porque os pais não estavam a serviço do Brasil, e sim numa viagem turística. Essa era uma hipótese em que a criança seria considerada um apátrida.

Por conta disso é que a Emenda Constitucional 54/2007 admite o registro desse indivíduo no consulado ou repartição diplomática competente, pondo fim à situação de apatria; com o registro o sujeito será considerado brasileiro nato.

9.6.2.1.4. Art. 12, inciso I, alínea "c", da Constituição Federal (segunda parte)

Dispõe que são considerados brasileiros natos os indivíduos nascidos no estrangeiro, de pai brasileiro ou mãe brasileira, que venham a residir no Brasil e, uma vez atingida a maioridade, optem pela nacionalidade brasileira (três requisitos: residência no Brasil, maioridade e opção). Após o cumprimento dessas formalidades, o indivíduo detém a nacionalidade originária potestativa, isto é, o Brasil não possui competência para negar esse reconhecimento. Essa hipótese ocorrerá se os pais não tiverem registrado o filho em repartição brasileira competente.

Ressalta-se que a opção pela nacionalidade brasileira é ato personalíssimo, e, por conta disso, a Constituição exige a maioridade para a sua efetivação. Até esse momento é dada ao sujeito uma nacionalidade provisória.

9.6.2.2. Nacionalidade derivada, secundária, voluntária ou adquirida

É a que o indivíduo adquire, após o nascimento, por meio do processo de naturalização, por um ato voluntário. A pessoa manifesta sua intenção em se naturalizar, cumpre os requisitos previstos na Constituição e normas infraconstitucionais e faz o pedido de naturalização.

De forma discricionária, o Brasil concederá a nacionalidade ao estrangeiro que formulou pedido de naturalização. Conforme dispõe o art. 111 da Lei 6.815/1980 (Estatuto do Estrangeiro), a atribuição é do Poder Executivo, por meio do Ministro da Justiça e, segundo a jurisprudência do Supremo, a efetivação será após a entrega de certificado de naturalização, que será feita pelo juiz federal.

A naturalização será feita de maneira ordinária ou extraordinária:

a) Ordinária (art. 12, II, "a", CF)

É aquela obtida após o regular procedimento previsto nos arts. 111 a 121 do Estatuto do Estrangeiro. Vale ressaltar que aos estrangeiros que vierem de países que falam a língua portuguesa, a Constituição exige apenas o cumprimento de dois requisitos: um ano de residência ininterrupta no Brasil e demonstração de idoneidade moral. Para os demais estrangeiros, a Lei 6.815/1980 (Estatuto do Estrangeiro), em seu art. 112, determina o cumprimento de outros requisitos, quais sejam:

✓ capacidade civil, conforme as disposições previstas no Código Civil Brasileiro;

✓ demonstração da capacidade de ler e escrever a língua portuguesa, sempre levando em conta as condições do naturalizando;

✓ residência contínua no território nacional, pelo prazo mínimo de quatro anos, imediatamente anteriores ao pedido de naturalização;

✓ exercício de profissão ou posse de bens suficientes à manutenção própria e de sua família; e

✓ demonstração de bom procedimento.

b) Extraordinária (art. 12, II, "b", CF)

É aquela decorrente de largo lapso temporal de residência no país, o qual autoriza a presunção de que o estrangeiro possui fortes vínculos com o Brasil. Os requisitos constitucionais são: residência no Brasil fixa e ininterrupta há mais de 15 anos e não possuir condenação criminal.

Além disso, de acordo com o Supremo, "não se revela possível, em nosso sistema jurídico-constitucional, a aquisição da nacionalidade brasileira *jure matrimoni*, vale dizer, como efeito direto e imediato resultante do casamento civil. Magistério da doutrina." (Ext 1.121, Rel. Min. Celso de Mello, julgamento em 18.12.2009, Plenário, *DJE* de 25.06.2010).

9.6.3. Competência

A disciplina do tema nacionalidade é dada apenas pela Constituição quando se tratar de nacionalidade originária (natos) e da Constituição Federal e da lei infraconstitucional federal quando a nacionalidade for do tipo derivada (naturalizados). Tem de ser lei federal, pois a atribuição legislativa é da União (art. 22, XIII, da CF).

Vale lembrar que medida provisória não pode dispor sobre nacionalidade, por conta do comando constitucional previsto no art. 62, § 1º, I, *a*.

9.6.4. Perda da nacionalidade brasileira

As situações taxativas de perda da nacionalidade estão previstas no § 4º do art. 12 da Constituição. Existem situações aplicáveis ao nato e ao naturalizado e outras relacionadas apenas ao segundo. São as abaixo tratadas:

9.6.4.1. Cancelamento judicial da naturalização

Pode ocorrer em virtude da prática de atividade nociva ao interesse nacional. Na prática quase não é utilizada. O procedimento vem previsto nos arts. 24 a 34 da Lei 818/1949. A reaquisição da nacionalidade pode se dar por meio de ação rescisória, desde que respeitadas as regras trazidas no Código de Processo Civil.

De acordo com o STF: "Conforme revela o inciso I do § 4º do art. 12 da CF, o ministro de Estado da Justiça não tem competência para rever ato de naturalização." (RMS 27.840, rel. p/ o ac. Min. Marco Aurélio, julgamento em 07.02.2013, Plenário, *DJE* de 27.08.2013).

9.6.4.2. Aquisição voluntária de outra nacionalidade

A perda nessa hipótese é aplicável tanto ao brasileiro nato como ao naturalizado. Deve ocorrer após procedimento administrativo, no qual tenham sido assegurados a ampla defesa e o contraditório, sendo necessário um decreto do Presidente da República declarando a perda.

É importante lembrar que o § 4º, inciso II, alíneas "a" e "b", do art. 12 da Constituição Federal traz duas hipóteses de aquisição de nova nacionalidade, mas que não geram perda da brasileira:

a) quando há reconhecimento da nacionalidade *originária* pela lei estrangeira. Exemplo: a Itália reconhece originariamente como italianos os filhos e netos de italiano. Nesse caso o sujeito pode cumular as nacionalidades;

b) imposição de naturalização pela lei estrangeira como condição de permanência ou para o exercício dos direitos civis. Exemplo: os jogadores de futebol que residem no exterior e, como condição de permanência, o país impõe que se naturalizem.

Nas hipóteses explicitadas, ou seja, nos casos de cumulação de mais de uma nacionalidade, o indivíduo é chamado de polipátrida – muitas pátrias ou mais de uma pátria. Diferente, portanto, do apátrida, que é aquele que não possui nacionalidade. Frisa-se que esta situação está, atualmente, banida pela Declaração Universal dos Direitos do Homem.

9.6.5. Portugueses residentes no Brasil

A Constituição Federal determina que, havendo reciprocidade em favor dos brasileiros que residam em Portugal, sejam atribuídos aos portugueses com residência permanente no Brasil os mesmos direitos inerentes aos brasileiros naturalizados.

Tal hipótese não configura naturalização; o português apenas possui os direitos atribuídos ao naturalizado. Para tanto, são necessários dois requisitos: que o português resida de forma permanente no Brasil; e que haja igual tratamento, ou seja, reciprocidade, aos brasileiros que estejam permanentemente residindo em Portugal.

O Estatuto da Igualdade, tratado internacional de amizade e cooperação entre Brasil e Portugal, regulamenta esse assunto, fixando, dentre outras, as regras sobre a inviolabilidade da nacionalidade originária, as facilidades em relação à expedição de documentos pessoais, a proibição da concessão de extradição de portugueses e brasileiros, exceto se o solicitante for o Governo da nacionalidade do indivíduo.

De acordo com o Supremo, "a norma inscrita no art. 12, § 1º, da Constituição da República – que contempla, em seu texto, hipótese excepcional de quase nacionalidade – não opera de modo imediato, seja quanto ao seu conteúdo eficacial, seja no que se refere a todas as consequências jurídicas que dela derivam, pois, para incidir, além de supor o pronunciamento aquiescente do Estado brasileiro, fundado em sua própria soberania, depende, ainda, de requerimento do súdito português interessado, a quem se impõe, para tal efeito, a obrigação de preencher os requisitos estipulados pela Convenção sobre Igualdade de Direitos e Deveres entre brasileiros e portugueses." (Ext 890, Rel. Min. Celso de Mello, julgamento em 05.08.2004, Primeira Turma, *DJ* de 28.10.2004). No mesmo sentido: HC 100.793, Rel. Min. Marco Aurélio, julgamento em 02.12.2010, Plenário, *DJE* de 01.02.2011.

9.7. Direitos políticos

Os direitos políticos podem ser conceituados como o grupo ou conjunto de normas que disciplinam a atuação da soberania popular. Estão previstos nos arts. 14, 15 e 16 da Constituição Federal. O fundamento dessas normas advém do art. 1º da citada Constituição. Seu *caput* define o pacto federativo, seus incisos trazem os fundamentos da República Federativa do Brasil e seu parágrafo único indica quem é o titular do poder, o povo. Consagra, portanto, a *soberania popular.*

A doutrina divide os direitos políticos em *positivos* e *negativos*. Os primeiros dizem respeito à possibilidade das pessoas de votarem e serem votadas, ou seja, de participar das eleições tanto como eleitoras quanto como candidatas. São também conhecidos como direito de sufrágio ou capacidade eleitoral ativa e passiva. Tal direito é exercido nas eleições e por meio das consultas populares (plebiscito e referendo). É considerado o núcleo dos direitos políticos. Os segundos, direitos políticos negativos, estão relacionados aos impedimentos, aos fatos que impossibilitam a participação no processo eleitoral. Englobam tanto as inelegibilidades como a privação dos direitos políticos, que se dá com a perda ou suspensão desses direitos.

Analisaremos, em primeiro lugar, os direitos políticos positivos.

O exercício da soberania popular se dá de forma direta ou indireta. A forma indireta é aquela exercida por meio da democracia representativa, ou seja, por meio de representantes eleitos periodicamente; ao passo que a forma direta é a exercida mediante plebiscito, referendo e iniciativa popular das leis.

O plebiscito e o referendo são formas de consulta ao povo. As consultas visam à deliberação de matérias de grande relevância. A diferença entre os dois institutos diz respeito ao *momento* em que essa consulta é realizada.

No plebiscito, há a convocação do povo para se manifestar; a consulta à população sobre matéria de grande relevância se dá de forma *prévia*, ou seja, anteriormente à edição do ato normativo que tratará do assunto, podendo, ou não, autorizar o início do processo legislativo sobre o tema. O exemplo que temos é o que ocorreu em 1993, nos termos do art. 2º do ADCT, quando o povo foi convocado para decidir sobre

a forma (república ou monarquia) e o sistema de governo (parlamentarismo ou presidencialismo). Naquele momento, o povo – titular do poder – decidiu que a forma de governo seria a república e o sistema continuaria sendo o presidencialismo. Outro exemplo, aliás, um caso em que é imprescindível a realização da consulta popular prévia diz respeito à formação de novos Estados ou de novos Municípios. Sempre que se falar em incorporação, fusão ou desmembramento de Estados e Municípios, tais atos somente terão validade se esta for a vontade do povo, e isso será verificado após a realização prévia de um plebiscito (art. 18, §§ 3º e 4º, da CF).

Diferentemente ocorre no referendo. Aqui a consulta ao povo é *posterior* ao ato legislativo. O referendo é uma forma de o povo ratificar (confirmar), ou não, o ato legislativo produzido. No ano de 2000, tivemos um exemplo dessa forma de consulta popular quando houve a convocação do povo para decidir sobre a possibilidade, ou não, da comercialização de armas de fogo. Nesse momento, o povo optou por autorizar a comercialização, confirmando a validade do dispositivo legal previsto no Estatuto do Desarmamento.

Ressalta-se que é da competência exclusiva do Congresso Nacional, conforme art. 49, XV, da CF, autorizar referendo e convocar plebiscito.

Em síntese, o plebiscito é uma consulta popular que se dá de forma prévia, ao passo que o referendo se dá posteriormente à edição do ato normativo.

Os direitos políticos mantêm estrita relação com a cidadania. Aliás, ela é atributo para o exercício de tais direitos. Tecnicamente, *cidadão* é aquele que possui título de eleitor, que já efetuou seu alistamento eleitoral por meio de inscrição perante a Justiça Eleitoral e que está no gozo de seus direitos políticos, ou seja, não houve perda ou não está com esses direitos suspensos. Fala-se, portanto, que esse sujeito é dotado de capacidade eleitoral ativa.

O *alistamento eleitoral*, inscrição na Justiça Eleitoral, é *obrigatório* para os brasileiros maiores de 18 anos de idade. Para que não fique sujeito ao pagamento de multa, o brasileiro nato deve se alistar até um ano, contado da data em que completar 18 anos, ou seja, deve se inscrever perante a Justiça Eleitoral até os 19 anos de idade. Os naturalizados, para se livrarem da multa, também têm um ano, a contar da aquisição da nacionalidade brasileira, para efetivar o alistamento eleitoral.

Para os maiores de 16 e menores de 18, os maiores de 70 anos e os analfabetos, o alistamento eleitoral e o voto são *facultativos*, conforme dispõe o inciso II do § 1º do art. 14 da Constituição Federal.

O mesmo art. traz, em seu § 2º, algumas pessoas que são *inalistáveis* e que, portanto, não podem ser eleitores: os estrangeiros e os conscritos. Os últimos são aqueles convocados para prestar o serviço militar obrigatório; durante esse período, não podem se alistar. Contudo, se após o cumprimento do período obrigatório o indivíduo ocupar o serviço militar de natureza permanente, a Constituição determina que seja feito o alistamento eleitoral.

Além do alistamento, ou capacidade eleitoral ativa, existe a capacidade eleitoral passiva, ou *elegibilidade,* que compreende o direito de ser votado. Para que se adquira tal capacidade, é necessário o cumprimento de alguns requisitos. Conforme dispõe o § 3º do art. 14 da Constituição Federal, são condições de elegibilidade:

a) a nacionalidade brasileira;

b) o alistamento eleitoral;

c) o pleno exercício dos direitos políticos;

d) o domicílio eleitoral na circunscrição;

e) a filiação partidária (sobre esse tema, é importante ressaltar o STF, no julgamento das ADI 3.999 e 4.086, confirmou a constitucionalidade da Resolução 22.610/2007 do TSE, que trata do processo de perda de mandato eletivo por infidelidade partidária);

f) a idade mínima de: 18 anos para Vereador; 21 anos para Deputado Federal, Deputado Estadual ou Distrital, Prefeito, Vice-Prefeito e juiz de paz; 30 anos para Governador e Vice-Governador de Estado e do Distrito Federal; e 35 anos para Presidente e Vice-Presidente da República e Senador.

Quanto à *nacionalidade*, conclui-se que tanto o nato quanto o naturalizado são elegíveis, exceto em relação aos cargos de Presidente e Vice-Presidente, pois o § 3º do art. 12 da CF determina que tais cargos devem ser ocupados exclusivamente por brasileiros natos. Outra observação diz respeito àqueles que detêm a condição de portugueses equiparados: como a eles são atribuídos os direitos relativos aos brasileiros naturalizados, também não podem se candidatar aos cargos de Presidente e Vice-Presidente da República.

Fala-se que o sujeito está em *pleno exercício dos seus direitos políticos* quando ele pode não só votar, mas também ser votado. Tal plenitude é conhecida também como direito de sufrágio. Assim, fala-se que aquele que detém capacidade eleitoral ativa e passiva, ou seja, está em pleno exercício dos direitos políticos, possui o denominado direito de sufrágio.

Sabemos que, segundo a CF/1988, o sufrágio é universal, a capacidade eleitoral é dada a todos os nacionais, indiscriminadamente. Aliás, a universalidade é uma característica do voto que consta das cláusulas pétreas (art. 60, § 4º, II, da CF). Opõe-se ao sufrágio universal a forma restrita que seria aquela em que apenas sujeitos que possuíssem condição econômica favorável (voto censitário) ou que detivessem alguma capacidade especial é que poderiam votar. Tal forma é proibida pela Constituição. Nem por emenda constitucional poderá haver discriminações quanto ao exercício do direito de voto.

Partindo da premissa de que para ser elegível o indivíduo precisa deter capacidade eleitoral ativa e passiva, conclui-se que os inalistáveis (estrangeiros e conscritos, durante o serviço militar obrigatório) são também inelegíveis, pois lhes falta o primeiro requisito para a plenitude de seus direitos políticos, que é o direito de votar, isto é, a capacidade eleitoral ativa.

Outra condição de elegibilidade (capacidade eleitoral passiva), conforme já mencionado, é o domicílio eleitoral na circunscrição equivalente ao cargo que pretende. Ressalta-se que o Tribunal Superior Eleitoral considera domicílio eleitoral de forma ampla, mencionando que pode ser o local onde o candidato possui vínculos políticos, sociais,

profissionais, econômicos e até comunitários. Desse modo, domicílio eleitoral difere do domicílio civil, previsto no art. 70 do Código Civil. Este último é considerado o lugar onde a pessoa estabelece sua residência com o ânimo definitivo.

Em relação à fidelidade partidária, algumas observações devem ser feitas, tendo em vista a promulgação da EC 91, de **18 de fevereiro de 2016**. Essa norma alterou a Constituição para estabelecer a **possibilidade, excepcional e em período determinado, de desfiliação partidária, sem prejuízo do mandato**. Determina o art. 1º da mencionada emenda que é facultado ao detentor de mandato eletivo desligar-se do partido pelo qual foi eleito nos trinta dias seguintes à promulgação desta Emenda Constitucional, sem prejuízo do mandato, não sendo essa desfiliação considerada para fins de distribuição dos recursos do Fundo Partidário e de acesso gratuito ao tempo de rádio e televisão.

Para melhor compreensão do assunto, se faz necessária uma análise mais aprofundada do tema. A *filiação partidária* é considerada pelo ordenamento jurídico maior como uma das condições de elegibilidade, de modo que para se candidatar o sujeito precisa demonstrar a sua filiação a um partido político (art. 14, § 3º, V, da CF).

A Lei 13.165, de 29 de setembro de 2015, ao alterar a Lei 9.096/1995 (Partidos Políticos), disciplinou especificamente o assunto **infidelidade partidária**, que, embora anteriormente não tratado expressamente na CF/1988 (antes da EC 91/2016), já tinha direcionamento em resolução do TSE e em decisões do STF e do TSE.

De acordo com o parágrafo único do art. 22-A da Lei 9.096/1995 (incluído pela Lei 13.165/2015), **perderá o mandato o detentor de cargo eletivo que se desfiliar, sem justa causa, do partido pelo qual foi eleito**. Consideram-se justa causa para a desfiliação partidária somente as seguintes hipóteses: I – mudança substancial ou desvio reiterado do programa partidário; II – grave discriminação política pessoal; e III – mudança de partido efetuada durante o período de trinta dias que antecede o prazo de filiação exigido em lei para concorrer à eleição, majoritária ou proporcional, ao término do mandato vigente.

É possível perceber que a terceira situação trazida pela lei (mudança de partido efetuada durante o período de **trinta dias** que antecede o prazo de filiação exigido em lei para concorrer à eleição, majoritária ou proporcional, ao término do mandato vigente) acabou admitindo que o candidato que já detém mandato eletivo e que pretende ser reeleito possa "trocar" de partido sem que isso gere perda do mandato. Para tanto, é necessário que ele apenas faça isso um mês antes do final do prazo estabelecido para a filiação partidária.

Voltando para a EC 91/2016, observa-se que nova possibilidade de "troca" de partido político fora criada, sem que isso gere perda do cargo. O detentor de mandato eletivo agora tem a faculdade de desligar-se do partido pelo qual foi eleito nos trinta dias seguintes à promulgação desta Emenda Constitucional, sem prejuízo do mandato, não sendo essa desfiliação considerada para fins de distribuição dos recursos do Fundo Partidário e de acesso gratuito ao tempo de rádio e televisão. Sendo assim, aqueles que possuem mandato eletivo poderão desligar-se partido político que fazem parte até o dia 19 de março de 2016. É claro que se esses políticos quiserem participar das eleições de 2016, eles terão de se filiar a outro partido político dentro do prazo constitucionalmente estabelecido, qual seja, de até seis meses antes do pleito eleitoral.

É importante ressaltar que embora a EC 91/2016 tenha autorizado a troca de partido político, ela vedou a utilização, pelo novo partido, dos recursos do fundo partidário e do tempo de acesso gratuito ao rádio e a TV. O antigo partido do político mantém o tempo para rádio e TV que lhe fora concedido, por conta do número de deputados que possuía e o tempo de acesso gratuito ao rádio e a TV. Em suma, há algumas diferenças entre as duas possibilidades de troca de partido político. Alegalmente admitida, prevista no inciso III do parágrafo único do art. 22-A da Lei 9.096/1995 (incluído pela Lei 13.165/2015), admite a mudança de partido efetuada durante o período de trinta dias que antecede o prazo de filiação exigido em lei para concorrer à eleição, majoritária ou proporcional, ao término do mandato vigente. A mudança assegurada pela EC 91/2016pode ser realizada apenas entre 19 de fevereiro de 2016 e 19 de março de 2016. Nesse período, o detentor de mandato eletivo poderá sair do partido pelo qual foi eleito sem perder o mandato por infidelidade partidária. Outra diferença é a de que a troca de partido prevista na lei é considerada como uma justa causa e, por ser assim, não geraria perda do mandato. A hipótese trazida pela EC 91/2016 é tratada, não como justa causa, mas como uma autorização **temporária** para sujeito se desligar do partido pelo qual ele foi eleito. Por ser temporária, só tem validade durante o período de 19 de fevereiro de 2016 e 19 de março de 2016. A situação trazida pela lei, ao contrário, tem caráter durável, de modo que também pode ser aplicada nas futuras eleições.

Dispõe o art. 60, § 4º, inciso II, da CF que o voto tem de ser direto, secreto, universal e periódico. Tomando por base as disposições trazidas, podemos dizer que o voto possui as seguintes características:

1) é ato **direto**: o eleitor não vota em alguém para que esse alguém escolha quem o representará, não há intermediários, vota-se diretamente naquele que o representará. O voto direto é cláusula pétrea, ou seja, nem mesmo pelo poder constituinte derivado reformador (por emenda constitucional) isso poderá ser modificado. Vale lembrar que, conforme já mencionado, embora o voto seja direto, seu exercício é um exemplo de democracia indireta, pois o povo delega seu poder para o governante eleito para que ele o represente;

2) é ato **secreto**: o exercício do direito de voto é algo sigiloso, a opção do sujeito sobre qual candidato escolheu ou escolherá não precisa ser externada. O voto secreto é cláusula pétrea, não pode ser suprimido do texto constitucional. De acordo com o Supremo, o sigilo do voto é direito fundamental do cidadão. Assim, decidiu a Suprema Corte que "a exigência legal do voto impresso no processo de votação, contendo número de identificação associado à assinatura digital do eleitor, vulnera o segredo do voto, garantia constitucional expressa. A garantia da inviolabilidade do voto põe a necessidade de se garantir ser impessoal o voto para garantia da liberdade de manifestação, evitando-se qualquer forma de coação sobre o eleitor. A manutenção da urna em aberto põe em risco a segurança do sistema, possibilitando fraudes, impossíveis no atual sistema, o qual se harmoniza com as normas constitucionais de garantia do eleitor. Cautelar deferida para suspender a eficácia do art. 5º da Lei 12.034/2002" (ADI 4.543-MC, Rel. Min. Cármen Lúcia, julgamento em 03.11.2011, Plenário, *DJE* de 02.03.2012).

3) é ato **universal**: conforme já estudado, a capacidade eleitoral é dada a todos os nacionais, indiscriminadamente. A universalidade também consta das cláusulas pétreas;

4) é ato **periódico**: os governantes detêm mandatos por um período determinado. Assim, sempre que houver troca de governante, o povo deve ser chamado às urnas para exercer, de modo periódico, o direito de voto. A periodicidade do voto é uma das cláusulas pétreas;

5) é ato **personalíssimo**: significa que só pode ser exercido pela própria pessoa, não há possibilidade de se passar uma procuração para que outra pessoa vote em seu nome, o voto não pode ser efetivado por mandato;

6) é ato **obrigatório**: embora a obrigatoriedade do voto não seja considerada uma cláusula pétrea, ou seja, por emenda constitucional, tal determinação pode ser modificada, enquanto não houver mudança nessa regra o eleitor tem obrigação de ir até o local determinado e efetivamente votar. É claro que há a possibilidade de votar em branco ou anular seu voto, mas isso não significa que o sujeito possa deixar de comparecer fisicamente ao local, dia e horário determinados;

7) é **ato livre**: o conteúdo do voto é livre, por conta disso que as pessoas, além de poderem escolher em qual candidato votar, podem anular seu voto.

Passemos à análise dos direitos políticos negativos.

Os direitos políticos negativos dizem respeito às circunstâncias que impedem a participação no processo eletivo, são as inelegibilidades e a perda e suspensão dos direitos políticos.

Inelegibilidades: significam impedimentos relativos ou absolutos que atingem o direito de sufrágio, especificamente em relação à elegibilidade, à capacidade eleitoral passiva, ou seja, ao direito de ser votado.

Segundo o art. 14, § 4º, da CF são *absolutamente* inelegíveis os inalistáveis e os analfabetos. Os inalistáveis não podem se alistar, portanto, não votam. Se não podem o menos, que é votar, não poderão o mais, que é serem votados. Desse modo, é possível concluir que a inalistabilidade impede a elegibilidade, já que a primeira é pressuposto para aquisição da segunda.

Ocorre que o dispositivo menciona que também são inelegíveis os analfabetos. Vejam, eles detêm capacidade eleitoral ativa, os analfabetos podem votar, o que a Constituição proíbe é a elegibilidade. Assim, poderão votar, mas não poderão ser eleitos, pois não possuem capacidade eleitoral passiva, não são elegíveis.

Em suma, a inelegibilidade absoluta atinge os inalistáveis (estrangeiros e os conscritos, durante o serviço militar obrigatório) e os analfabetos.

Vale observar a seguinte decisão do Supremo: "as condições de elegibilidade (CF, art. 14, § 3º) e as hipóteses de inelegibilidade (CF, art. 14, § 4º a § 8º), inclusive aquelas decorrentes de legislação complementar (CF, art. 14, § 9º), aplicam-se de pleno direito, independentemente de sua expressa previsão na lei local, à eleição indireta para Governador e Vice-Governador do Estado, realizada pela Assembleia Legislativa em caso de dupla vacância desses cargos executivos no último biênio do período de governo" (**ADI 1.057-MC**, Rel. Min. **Celso de Mello**, julgamento em 20.04.1994, Plenário, *DJ* de 06.04.2001). **No mesmo sentido**: **ADI 4.298-MC**, Rel. Min. **Cezar Peluso**, julgamento em 07.10.2009, Plenário, *DJE* de 27.11.2009.

Passemos ao estudo da inelegibilidade relativa.

As inelegibilidades *relativas* não têm relação específica com a pessoa que quer se candidatar, mas sim com fatores externos, ou ainda, com pessoas ligadas àquela que pretende disputar o pleito eleitoral. Como o próprio nome esclarece, são obstáculos relativos ao direito de ser votado. Em princípio, o sujeito é elegível, mas para determinados cargos ou funções haverá impedimento.

Os motivos que levam à inelegibilidade relativa podem ser:

✓ funcionais (art. 14, §§ 5º e 6º, da CF);

✓ casamento, parentesco ou afinidade (art. 14, §7º, da CF);

✓ legais (art. 14, § 9º, da CF);

✓ militares (art. 14, § 8º, da CF); e

✓ domicílio eleitoral.

Motivo funcional: o § 5º do art. 14 da CF traz a regra da reeleição, dispondo que o Presidente da República, os Governadores de Estado e do Distrito Federal, os Prefeitos e quem os houver sucedido ou substituído no curso dos mandatos, poderão ser reeleitos para um único período subsequente. Se o sujeito for reeleito após o término do primeiro mandato, será considerado inelegível para a próxima eleição. Verifica-se que há a impossibilidade de um terceiro mandato subsequente ao segundo. Tal proibição não impede que o sujeito ocupe o cargo de Chefe do Executivo por mais de duas vezes, apenas veda que essa ocupação se dê de forma sucessiva. Trata-se de hipótese de inexigibilidade por motivo funcional.

Sobre o art. 14, § 5º, da CF, é interessante notar o seguinte julgado do STF: "O instituto da reeleição tem fundamento não somente no postulado da continuidade administrativa, mas também no princípio republicano, que impede a perpetuação de uma mesma pessoa ou grupo no poder. O princípio republicado condiciona a interpretação e a aplicação do próprio comando da norma constitucional, de modo que a reeleição é permitida por apenas uma única vez. Esse princípio impede a terceira eleição não apenas no mesmo município, mas em relação a qualquer outro município da federação. Entendimento contrário tornaria possível a figura do denominado "prefeito itinerante" ou do "prefeito profissional", o que claramente é incompatível com esse princípio, que também traduz um postulado de temporiedade/ alternância do exercício do poder. Portanto, ambos os princípios – continuidade administrativa e republicanismo – condicionam a interpretação e aplicação teleológicas do art. 14, § 5º, da CF. O cidadão que exerce dois mandatos

consecutivos como o prefeito de determinado município fica inelegível para o cargo da mesma natureza em qualquer outro município da federação" (RE 637.485-RJ, de 01.08.2012, rel. Min. Gilmar Mendes).

Outra situação em que se verifica a inelegibilidade por motivo funcional é a constante no § 6º do art. 14 da CF que dispõe que, para concorrerem a outros cargos, o Presidente da República, os Governadores de Estado e do Distrito Federal e os Prefeitos devem renunciar aos respectivos mandatos até seis meses antes do pleito. É a denominada regra da *desincompatibilização*.

Vale lembrar que apenas para outros cargos eletivos, e não para uma futura reeleição, é que é exigida, do Chefe do Executivo, a desincompatibilização, ou seja, o afastamento temporário ou a renúncia nos seis meses que antecedem o pleito eleitoral.

Casamento, parentesco ou afinidade: o § 7º do art. 14 da CF dispõe que são inelegíveis no território de jurisdição do titular o cônjuge e os parentes consanguíneos ou afins até o segundo grau, ou por adoção, do Presidente da República, de Governador de Estado ou Território, do Distrito Federal, de Prefeito ou de quem os haja substituído dentro dos seis meses anteriores ao pleito, salvo se já titular de mandato eletivo e candidato à reeleição. Trata-se da denominada *inelegibilidade reflexa*.

Em suma, pela inelegibilidade reflexa as pessoas relacionadas ao prefeito não poderão ser candidatas a vereador ou prefeito no mesmo município. Aquelas que têm relação com o governador não poderão concorrer aos cargos de vereador, deputado estadual, deputado federal, senador ou governador do respectivo estado. E, por último, os ligados ao Presidente não poderão ser candidatos a qualquer cargo eletivo no país.

Vale lembrar que o Supremo Tribunal Federal editou a súmula vinculante 18, que determina que a dissolução da sociedade ou do vínculo conjugal, no curso do mandato, não afasta a inexigibilidade prevista no § 7º do art. 14 da CF. Desse modo, não adianta os governantes, durante seus mandatos, romperem suas relações matrimoniais para que seus futuros "ex-cônjuges" escapem da inexigibilidade reflexa.

Motivos legais: o § 9º do art. 14 da CF deixa claro que outros casos de inelegibilidade relativa poderão ser criados por meio de lei complementar. Assim, o rol de motivos previstos na CF é meramente exemplificativo.

Motivos militares: embora o § 8º do art. 14 da CF mencione que o militar alistável é também elegível, o art. 142, §3º, V, do Texto Maior proíbe sua filiação a partido político enquanto estiver na ativa. Por conta disso, o Tribunal Superior Eleitoral decidiu que nesse caso é dispensável a filiação partidária, que será sanada pelo registro da candidatura feita pelo partido político.

Além disso, o militar, para ser elegível, deverá obedecer às seguintes regras:

1) se contar com **menos de 10** anos de serviço, deverá **afastar-se** da atividade;

2) se contar com **mais de 10** anos de serviço, será **agregado** pela autoridade superior e, **se eleito**, passará automaticamente, no ato da diplomação, para a **inatividade.**

Vale lembrar que o Supremo já decidiu que "diversamente do que sucede ao militar com mais de dez anos de serviço, deve afastar-se definitivamente da atividade o servidor militar que, contando menos de dez anos de serviço, pretenda candidatar-se a cargo eletivo." (RE 279.469, Rel. p/ o ac. Min. **Cezar Peluso**, julgamento em 16.03.2011, Plenário, *DJE* de 20.06.2011).

"Ficha limpa" – Lei Complementar 135/2010

A Lei da "Ficha Limpa" teve origem por iniciativa popular, com mais de um milhão e meio de assinaturas; foi sancionada como Lei Complementar 135, no dia 04.06.2010. Sua aprovação é fruto da mobilização de milhões de cidadãos e se tornou um marco fundamental para a democracia e a luta contra a corrupção e a impunidade no Brasil.

Em suma, a lei em comento altera a Lei Complementar 64, de 18.05.1990, que estabelece, de acordo com o § 9º do art. 14 da Constituição Federal, casos de inelegibilidade, prazos de cessação e determina outras providências para incluir hipóteses de inelegibilidade que visam a proteger a probidade administrativa e a moralidade no exercício do mandato.

Entre outras restrições, a lei proíbe a candidatura de pessoas com condenação criminal por decisão colegiada da Justiça. Porém, a polêmica questão que girava acerca do tema, acalorando o debate, é se tal lei seria ou não constitucional. O Supremo entendeu que a referida lei é constitucional uma vez que o princípio da presunção de inocência só se aplica ao âmbito penal, enquanto que no direito eleitoral se aplica o princípio da prevenção, conforme entendimento de juristas como Fábio Konder Comparato e Celso Antônio Bandeira de Mello.

Ao analisar recurso de Jader Barbalho (PMDB-PA), segundo colocado na eleição para senador no Estado do Pará, o STF, mantendo a decisão do TSE, definiu que a lei já seria aplicada na eleição do ano de 2010, inclusive em todos os casos de políticos que renunciaram ao mandato para fugir de processo de perda da função.

Posteriormente, ao apreciar o recurso apresentado pelo ex-deputado estadual Leonídio Bouças (PMDB-MG), que havia sido impedido por conta de uma condenação advinda de uma ação de improbidade administrativa, o STF mudou o seu entendimento.

Com fundamento no art. 16 da Constituição Federal, que determina que a lei que alterar o processo eleitoral entra em vigor na data de sua publicação, **não se aplicando à eleição que ocorra até um ano da data de sua vigência** (princípio da anualidade) e em princípios basilares que resguardam o estado democrático de direito, como o da **segurança jurídica**, o STF decidiu que a lei **da ficha limpa valeria a partir de 2012.**

Segundo a Corte Maior, "a elegibilidade é a adequação do indivíduo ao regime jurídico – constitucional e legal complementar – do processo eleitoral, razão pela qual a aplicação da Lei Complementar 135/2010 com a consideração de fatos anteriores não pode ser capitulada na retroatividade vedada pelo art. 5º, XXXV, da Constituição, mercê de incabível a invocação de direito adquirido ou de autoridade da coisa julgada (que opera sob o pálio da cláusula *rebus sic stantibus*) anteriormente ao pleito em oposição ao diploma legal retromencionado (...) **A razoabilidade da expectativa de um indivíduo de concorrer a cargo público eletivo, à luz da exigência constitucional de moralidade para o exercício do mandato (art. 14, § 9º), resta afastada em face da condenação prolatada em segunda instância ou por um colegiado no exercício da competência de foro por prerrogativa de função, da rejeição de contas públicas, da perda de cargo público ou do impedimento do exercício de profissão por violação de dever ético-profissional. A presunção de inocência consagrada no art. 5º, LVII, da Constituição Federal deve ser reconhecida como uma regra e interpretada com o recurso da metodologia análoga a uma redução teleológica, que reaproxime o enunciado normativo da sua própria literalidade, de modo a reconduzi-la aos efeitos próprios da condenação criminal (que podem incluir a perda ou a suspensão de direitos políticos, mas não a inelegibilidade), sob pena de frustrar o propósito moralizante do art. 14, § 9º, da Constituição Federal.** Não é violado pela Lei Complementar 135/10 o princípio constitucional da vedação de retrocesso, posto não vislumbrado o pressuposto de sua aplicabilidade concernente na existência de consenso básico, que tenha inserido na consciência jurídica geral a extensão da presunção de inocência para o âmbito eleitoral. O direito político passivo (*ius honorum*) é possível de ser restringido pela lei, nas hipóteses que, *in casu*, não podem ser consideradas arbitrárias, porquanto se adequam à exigência constitucional da razoabilidade, revelando elevadíssima carga de reprovabilidade social, sob os enfoques da violação à moralidade ou denotativos de improbidade, de abuso de poder econômico ou de poder político. **O princípio da proporcionalidade resta prestigiado pela Lei Complementar 135/2010, na medida em que: (i) atende aos fins moralizadores a que se destina; (ii) estabelece requisitos qualificados de inelegibilidade e (iii) impõe sacrifício à liberdade individual de candidatar-se a cargo público eletivo que não supera os benefícios socialmente desejados em termos de moralidade e probidade para o exercício de referido *munus* público. O exercício do *ius honorum* (direito de concorrer a cargos eletivos), em um juízo de ponderação no caso das inelegibilidades previstas na Lei Complementar 135/10, opõe-se à própria democracia, que pressupõe a fidelidade política da atuação dos representantes populares.** A Lei Complementar 135/2010 também não fere o núcleo essencial dos direitos políticos, na medida em que estabelece restrições temporárias aos direitos políticos passivos, sem prejuízo das situações políticas ativas. O cognominado desacordo moral razoável impõe o prestígio da manifestação legítima do legislador democraticamente eleito acerca do conceito jurídico indeterminado de vida pregressa, constante do art. 14, § 9.º, da Constituição Federal. O abuso de direito à renúncia é gerador de inelegibilidade dos detentores de mandato eletivo que renunciarem aos seus cargos, posto hipótese em perfeita compatibilidade com a repressão, constante do ordenamento jurídico brasileiro (*v.g.*, o art. 53, § 6º, da Constituição Federal e o art. 187 do Código Civil), ao exercício de direito em manifesta transposição dos limites da boa-fé. A inelegibilidade tem as suas causas previstas nos §§ 4º a 9º do art. 14 da Carta Magna de 1988, que se traduzem em condições objetivas cuja verificação impede o indivíduo de concorrer a cargos eletivos ou, acaso eleito, de os exercer, e não se confunde com a suspensão ou perda dos direitos políticos, cujas hipóteses são previstas no art. 15 da Constituição da República, e que importa restrição não apenas ao direito de concorrer a cargos eletivos (*ius honorum*), mas também ao direito de voto (*ius sufragii*). Por essa razão, não há inconstitucionalidade na cumulação entre a inelegibilidade e a suspensão de direitos políticos. A extensão da inelegibilidade por oito anos após o cumprimento da pena, admissível à luz da disciplina legal anterior, viola a proporcionalidade numa sistemática em que a interdição política se põe já antes do trânsito em julgado, cumprindo, mediante interpretação conforme a Constituição, deduzir do prazo posterior ao cumprimento da pena o período de inelegibilidade decorrido entre a condenação e o trânsito em julgado." (ADC 29; ADC 30 e ADI 4.578, Rel. Min. **Luiz Fux**, julgamento em 16.02.2012, Plenário, *DJE* de 29.06.2012).

O STF também já definiu que "(...) a perda da elegibilidade constitui situação impregnada de caráter excepcional, pois inibe o exercício da cidadania passiva, comprometendo a prática da liberdade em sua dimensão política, eis que impede o cidadão de ter efetiva participação na regência e na condução do aparelho governamental." (AC 2.763-MC, Rel. Min. Celso de Mello, decisão monocrática, julgamento em 16.12..2010, *DJE* de 01.02.2011).

Privação ou restrição dos direitos políticos

Há duas formas de restringir os direitos políticos: temporária ou definitivamente. A primeira é denominada suspensão dos direitos políticos e a segunda é conhecida como perda de tais direitos.

Ressalta-se que a Constituição proíbe a cassação dos direitos políticos em seu art. 15 e admite, em algumas hipóteses, a perda e a suspensão, conforme analisaremos adiante.

É da competência do Poder Judiciário, conforme dispõe o inciso XXXV do art. 5º da CF, analisar e decidir as questões relacionadas à perda e suspensão dos direitos políticos.

As hipóteses de *suspensão* são as seguintes: a) incapacidade civil absoluta; b) condenação criminal transitada em julgado, enquanto durarem seus efeitos; e c) prática de atos de improbidade administrativa, conforme art. 37, §4º, da CF.

De outra parte, haverá *perda* dos direitos políticos: a) quando houver cancelamento da naturalização por sentença transitada em julgado; e b) quando houver recusa em cumprir obrigação a todos imposta ou prestação alternativa, segundo art. 5º, VIII, da CF. Nesta última hipótese, há quem entenda que é suspensão e não de perda dos direitos políticos, por conta do art. 4º, § 2º, da Lei 8.239/1991.

Nesse tópico, há decisão do Supremo no sentido de que a inelegibilidade tem as suas causas previstas nos §§ 4º a 9º do artigo 14 da Carta Magna de 1988, que se traduzem em condições objetivas cuja verificação impede o indivíduo de concorrer a cargos eletivos ou, acaso eleito, de os exercer, **e não se confunde com a suspensão ou perda dos direitos**

políticos, cujas hipóteses são previstas no artigo 15 da Constituição da República, e que importa restrição não apenas ao direito de concorrer a cargos eletivos (*ius honorum*), mas também ao direito de voto (*ius sufragii*). Por essa razão, não há inconstitucionalidade na cumulação entre a inelegibilidade e a suspensão de direitos políticos." (ADC 29; ADC 30 e **ADI 4.578**, Rel. Min. Luiz Fux, julgamento em 16.02.2012, Plenário, *DJE* de 29.06.2012).

Princípio da anterioridade ou anualidade eleitoral: dispõe o art. 16 da CF que a lei que alterar o processo eleitoral entrará em vigor na data de sua publicação, não se aplicando à eleição que ocorra até um ano da data de sua vigência.

De acordo com o STF, informativo 707, "A importância fundamental do princípio da segurança jurídica para o regular transcurso dos processos eleitorais está plasmada no princípio da anterioridade eleitoral positivado no art. 16 da CF. O STF fixou a interpretação desse art. 16, entendo-o como uma garantia constitucional (1) do devido processo legal eleitoral, (2) da igualdade de chances e (3) das minorias (RE 633.703). Em razão do caráter especialmente peculiar dos atos judiciais emanados do Tribunal Superior Eleitoral (TSE), os quais regem normativamente todo o processo eleitoral, é razoável concluir que a CF também alberga uma norma, ainda que implícita, que traduz o postulado da segurança jurídica como princípio da anterioridade ou anualidade em relação à alteração da jurisprudência do TSE. Assim, as decisões do TSE que, no curso do pleito eleitoral (ou logo após o seu encerramento), impliquem mudança de jurisprudência (e dessa forma repercutam sobre a segurança jurídica) não têm aplicabilidade imediata ao caso concreto e somente terão eficácia sobre outros casos no pleito eleitoral posterior" (**Informativo** 707 do STF).

Desincompatibilização: os Chefes do Executivo (Presidente da República, Governadores de Estado e do Distrito Federal ou Prefeitos) que pretendam concorrer à próxima eleição, segundo o § 6º do art. 14 da CF, deverão renunciar aos respectivos mandatos até seis meses antes do pleito. Nesses casos, os governantes terão de se afastar dos seus cargos de forma definitiva. Vale lembrar que há casos em que será necessário apenas o licenciamento; por exemplo, nas hipóteses de agentes administrativos e autoridades policiais que pretendam disputar o pleito eleitoral.

Reaquisição dos direitos políticos: no caso de suspensão dos direitos políticos, se os motivos que levaram à suspensão não mais persistirem, haverá reaquisição. Já nas hipóteses de perda, é necessário fazer uma divisão: se a perda se deu em razão de cancelamento da naturalização, em virtude de atividade nociva ao interesse nacional reconhecida em sentença transitada em julgado, a reaquisição somente ocorrerá mediante ação rescisória; se a perda decorreu da recusa em cumprir obrigação a todos imposta, o sujeito poderá readquirir os direitos políticos se cumprir tal obrigação ou, na hipótese de serviço militar obrigatório, o cumprimento da prestação de serviço alternativo.

9.8. Partidos políticos

Os partidos políticos têm por função assegurar a autenticidade do sistema representativo, além de defender o estado democrático, os direitos e garantias fundamentais. Podemos considerá-los como o agrupamento de pessoas que possuem os mesmos ideais e objetivos e que pretendem assumir o poder para fazer valer tais preceitos.

Segundo o art. 17 da CF, é livre a criação, fusão, incorporação e extinção de partidos políticos, resguardados a soberania nacional, o regime democrático, o pluripartidarismo e os direitos fundamentais da pessoa humana. O mesmo dispositivo constitucional menciona que devem ser observados os seguintes preceitos:

I. caráter nacional;

II. proibição de recebimento de recursos financeiros de entidade ou governo estrangeiros ou de subordinação a estes;

III. prestação de contas à Justiça Eleitoral;

IV. funcionamento parlamentar de acordo com a lei.

Desse modo, verifica-se que o princípio da liberdade partidária não é ilimitado e irrestrito: há condições para criação, fusão, incorporação e extinção dos partidos políticos.

O pluripartidarismo ou pluralismo partidário prestigia a democracia moderna, fazendo com que o eleitor tenha acesso à diversidade de candidatos e a vários partidos políticos. Os preceitos eleitorais devem ser definidos de forma clara e objetiva para que todos os partidos, independentemente de serem pequenos ou grandes, tenham os mesmos direitos. É importante frisar que os partidos políticos possuem natureza jurídica de direito privado, pois adquirem personalidade jurídica na forma da lei civil. Após tal aquisição, devem registrar seus estatutos no Tribunal Superior Eleitoral. Cumpridas essas formalidades, os partidos serão sujeitos de direito, podendo atuar em juízo.

A Constituição assegura, ainda, a autonomia dos partidos, mencionando que eles definirão sua estrutura interna, organização e funcionamento e poderão adotar os critérios de escolha e o regime de suas coligações eleitorais.

É importante mencionar que a EC 52/2006 constitucionalizou a *quebra da verticalização*, dispondo que não há mais a obrigatoriedade de vinculação entre as candidaturas em âmbito nacional, estadual, distrital ou municipal, devendo os estatutos dos partidos estabelecerem as normas de disciplina e fidelidade partidária.

O § 3º do art. 17 da CF estabelece que os partidos políticos têm direito a recursos do fundo partidário e acesso gratuito ao rádio e à televisão na forma da lei. Como o dispositivo não faz distinção entre partidos, não se pode concluir que apenas aqueles que tenham representação no Congresso Nacional detêm tais direitos.

Por fim, a Constituição menciona que é proibida a utilização, pelos partidos políticos, de organização paramilitar.

10. CONTROLE DE CONSTITUCIONALIDADE

10.1. Conceito

É o mecanismo de verificação da compatibilidade de um ato normativo em face da Constituição Federal. Todo o ordenamento jurídico brasileiro, ou seja, todas as regras existentes no Brasil devem guardar relação de compatibilidade vertical com o Texto Maior. Não sendo consonantes

com o que preconiza a Constituição, devem ser banidas do ordenamento, por meio do instituto denominado controle de constitucionalidade.

10.2. Fundamento

O controle de constitucionalidade tem por fundamento o princípio da *supremacia constitucional*, o qual dispõe que as normas constitucionais estão no ápice da pirâmide hierárquica de Kelsen. Todas as normas infraconstitucionais encontram seu fundamento de validade na Constituição Federal. Desse modo, os atos normativos em geral, por estarem abaixo da Constituição, devem ser compatíveis com o ordenamento jurídico maior.

10.3. Objeto

Podem ser objeto de controle tanto os atos legislativos quanto os atos normativos. Os primeiros estão previstos no art. 59 da Constituição Federal. São eles: emendas constitucionais, leis complementares, leis ordinárias, medidas provisórias, decretos legislativos e resoluções. Os segundos, atos normativos ou administrativos, são os decretos, portarias etc.

É importante mencionar que o ato passível de controle é aquele que encontra fundamento de validade diretamente na Constituição e não em norma infraconstitucional.

10.4. Formas de inconstitucionalidade: por omissão e por ação

10.4.1. *Por omissão*

Verifica-se a inconstitucionalidade por omissão quando estamos diante de uma norma constitucional de eficácia limitada – aquela que depende de regulamentação por parte do legislador – e não há a edição dessa norma regulamentadora. Aquele que detém competência para elaborá-la não o faz, omite-se. Tal conduta é tida como inconstitucional, pois inviabiliza o exercício de um direito garantido constitucionalmente. Daí falar-se que estamos diante de uma omissão inconstitucional ou uma inconstitucionalidade por omissão.

Ressalta-se que, quando há um direito previsto na Constituição, em uma norma de eficácia limitada, implicitamente há um comando constitucional para que o legislador produza a devida regulamentação. Não é uma faculdade, mas uma ordem que, sendo descumprida, gera inconstitucionalidade. Exemplo: o art. 7º, XXVII, da Constituição prevê que a proteção dos trabalhadores em face da automação deve ser garantida, na forma da lei. É necessária a edição da referida lei para que o direito possa ser exercido; enquanto não sobrevém a norma, fala-se que há inconstitucionalidade por omissão.

Outro exemplo é o direito de greve do servidor público, garantido constitucionalmente pelo inciso VII do art. 37. Dispõe tal comando que o direito de greve será exercido nos termos e nos limites definidos em lei específica. Há uma lei que regulamenta a greve para os empregados, ou seja, para as pessoas sujeitas ao regime celetista. Ocorre que para o servidor público ainda não há lei específica regulamentando a greve. Assim, pergunta-se: pode o servidor público fazer greve? Se sim, por quanto tempo? Quais os limites aplicáveis à greve no serviço público? O Supremo Tribunal Federal, ao analisar dois mandados de injunção impetrados por associações de servidores públicos, deu uma decisão inédita, determinando que enquanto não sobrevier a lei específica que tem por finalidade regulamentar a greve no serviço público, o servidor poderá fazer greve tomando por base as diretrizes estabelecidas pela lei geral de greve, ou seja, a lei que regulamenta a greve para os regidos pela CLT.

Analisaremos, mais adiante, as medidas judiciais cabíveis para sanar o problema gerado pela inconstitucionalidade por omissão que são: o mandado de injunção – meio em que se faz controle difuso de constitucionalidade (art. 5º, LXXI, CF) – e a Ação Direta de Inconstitucionalidade por Omissão – mecanismo de controle abstrato de constitucionalidade (art. 103, §2º, CF).

A inconstitucionalidade por omissão pode se dar de duas formas: parcial ou total. Na primeira hipótese, a norma constitucional de eficácia limitada é regulamentada, mas apenas parcialmente, ou seja, o direito garantido constitucionalmente não foi regulamentado em sua plenitude. Na segunda, nenhuma norma foi produzida a fim de regulamentar o direito. Não existe sequer norma incompleta tratando do assunto, impossibilitando qualquer forma de efetivo exercício do direito.

10.4.2. Por ação

Verifica-se a inconstitucionalidade por ação quando a lei o ou ato normativo está em desacordo com a Constituição. A lei nasceu, mas emanada com vício de inconstitucionalidade. O ato do legislador de produzir uma norma em desacordo com a Carta Magna gera inconstitucionalidade por ação.

A inconstitucionalidade por ação pode ser: material ou formal.

10.4.2.1. Inconstitucionalidade material

Ocorre quando o conteúdo da norma fere as disposições e princípios trazidos pela Constituição. A matéria disciplinada pelo ato normativo está em desacordo com o ordenamento jurídico maior. Tal inconstitucionalidade pode se dar por violação às cláusulas pétreas – aquelas previstas no § 4º do art. 60 da Constituição: I – forma federativa de Estado; II – o voto direto, secreto, universal e periódico; III – a separação dos Poderes; e IV – os direitos e garantias individuais; ou quando viola um direito materialmente garantido pela Constituição. Exemplo: uma lei que estabeleça a pena de morte, pois a Constituição, em seu art. 5º, inciso XLVII, *a*, veda a imposição de tal penalidade (exceto em caso de guerra declarada, nos termos do referido artigo).

10.4.2.2. Inconstitucionalidade formal

Ocorre quando é descumprido algum dos requisitos exigidos quando da elaboração de um ato normativo. As leis, ao serem produzidas, devem seguir um procedimento específico, denominado processo legislativo; se tal procedimento é violado, estamos diante de uma inconstitucionalidade formal. Aliás, o nome do instituto jurídico já nos ajuda a defini-lo, ou seja, a forma, o modo de elaboração é que é

violado nessa modalidade de inconstitucionalidade.

Exemplo: um projeto de lei *complementar* aprovado pelo voto da maioria relativa é considerado formalmente inconstitucional, pois para que a lei complementar seja aprovada o quórum exigido, ao contrário do mencionado, é de maioria absoluta.

Outra hipótese de violação de regra de procedimento ocorre quando determinado projeto de lei, de iniciativa privativa, é instaurado, iniciado, por quem não detém competência para tanto; por exemplo, projeto de lei que disponha sobre a criação de cargos, funções ou empregos públicos na administração direta e autárquica ou aumento de sua remuneração iniciado por um Deputado. A competência para iniciar projeto de lei sobre esse tema é privativa do Presidente da República, conforme preconiza o art. 61, § 1º, II, *a*, da Constituição Federal.

Observação: parte da doutrina também fala em inconstitucionalidade formal "orgânica", que é a que ocorre quando há vício de iniciativa. O problema é de competência, o sujeito ou o órgão que iniciou um projeto de lei não era competente para tanto.

10.5. Classificação do controle de constitucionalidade

10.5.1. Quanto ao momento (preventivo ou repressivo)

Segundo essa classificação, o controle de constitucionalidade pode ser exercido de forma *prévia* ou *preventiva* e *posterior* ou *repressiva* à edição do ato normativo.

Será *prévio ou preventivo* quando o ato normativo impugnado ainda não estiver em vigor. O projeto de lei, e não a lei, é objeto de questionamento, é ele que tem sua constitucionalidade questionada. Exemplo: no trâmite do processo legislativo, há uma fase na qual o projeto é encaminhado ao Presidente da República para que ele o sancione ou o vete, a denominada deliberação executiva. Caso o projeto de lei seja vetado por razões de inconstitucionalidade, estaremos diante do *veto jurídico*, previsto no art. 66, § 1º, da Constituição Federal. Nessa hipótese o Presidente da República realiza controle preventivo de constitucionalidade. Ademais, quando o Chefe do Executivo considerar o projeto de lei contrário ao interesse público, estaremos diante do *veto político*.

Outro exemplo se dá na fase de deliberação legislativa, quando a Comissão de Constituição e Justiça (CCJ) analisa a constitucionalidade de um projeto de lei, expedindo parecer. Tal ato, em regra, tem natureza terminativa e a proposta de lei tida como inconstitucional será rejeitada e arquivada.

Excepcionalmente, o Poder Judiciário pode fazer controle preventivo de constitucionalidade, por exemplo, ao julgar mandado de segurança impetrado por parlamentares contra a continuidade de um processo legislativo em que esteja sendo deliberado assunto tendente a abolir uma das cláusulas pétreas.

Será *posterior ou repressivo (controle superveniente)* quando o ato normativo eivado de vício de inconstitucionalidade já tenha sido editado. A lei, a ser ou não declarada inconstitucional, já produz efeitos no mundo jurídico.

Normalmente quem faz controle repressivo de constitucionalidade é o Poder Judiciário e o faz pelas vias difusa e concentrada, tema que será abordado adiante. Vale destacar que a Constituição admite, de forma excepcional, que o Poder Legislativo também faça esse controle, por exemplo, na hipótese do art. 62, § 5º, da CF, em que ele rejeita medida provisória por considerá-la inconstitucional. Outra situação ocorre quando o Congresso Nacional susta, por meio de decreto legislativo, atos normativos do Poder Executivo que exorbitaram seu poder regulamentar ou excederam os limites da delegação legislativa, conforme disposição prevista nos arts. 49, V, 84, IV, e 68, todos da CF.

10.5.2. Quanto ao órgão competente (político ou judiciário)

O *controle político* é aquele realizado por alguém que não integra o Poder Judiciário. Exemplos: controle prévio realizado pelo Presidente da República ao vetar um projeto de lei inconstitucional; controle realizado pelas Comissões de Constituição e Justiça, no âmbito do Poder Legislativo.

Já o *controle judiciário é* aquele realizado por algum órgão do Poder Judiciário. Pode ser feito de duas maneiras: pela via difusa (via de exceção ou defesa) ou concreta (via de ação).

10.6. Controle difuso (via de exceção ou defesa)

É aquele realizado por qualquer juiz ou tribunal num caso concreto. Os magistrados, quando do julgamento de processos, podem fazer esse controle. É também denominado de controle incidental, pois a declaração de inconstitucionalidade se dá não de forma principal, mas incidentalmente, no processo. O pedido principal não é a declaração de inconstitucionalidade, mas um provimento jurisdicional num caso concreto, que depende da apreciação da constitucionalidade do ato normativo.

Exemplo: alguém não quer pagar um determinado imposto, pois acredita que a lei na qual o Fisco se baseia para cobrar tal tributo é inconstitucional. Desse modo, ingressa com uma ação perante o Judiciário para obter uma declaração de que não deve pagar o tributo. Vejam: o pedido principal é a declaração do não pagamento do tributo. A causa de pedir, ou seja, o fundamento do pedido é a declaração de inconstitucionalidade.

Embora a atribuição de fazer controle difuso seja dada a qualquer juiz ou tribunal, este último, ao fazê-lo, terá de observar o instituto previsto no art. 97 da Constituição Federal, denominado *cláusula de reserva de plenário.* Dispõe tal artigo que, se o controle de constitucionalidade for realizado por um tribunal, somente pela *maioria absoluta* dos seus membros ou dos membros do respectivo órgão especial é que poderá ser declarada a inconstitucionalidade de uma lei.

Vale lembrar o enunciado da Súmula vinculante 10, que prevê a violação da cláusula de reserva de plenário pela decisão de órgão fracionário de tribunal que, embora não declare expressamente a inconstitucionalidade de lei ou ato normativo do poder público, afasta sua incidência, no todo ou em parte.

Isso significa que os órgãos fracionários de um determinado tribunal, por exemplo, as Turmas e as Câmaras, não poderão declarar, sozinhas, a inconstitucionalidade de uma norma. Para que o façam, é necessário o voto da maioria absoluta de seus membros ou de seu órgão especial, quando existir.

Desse modo, para que a questão seja analisada, a Turma ou a Câmara do Tribunal deverá afetar a matéria ao pleno, ou seja, remeter a questão para ser julgada pelo plenário ou órgão especial. Tal ato só não será dessa maneira quando a Turma ou Câmara já tiver se manifestado sobre a questão ou quando o Supremo Tribunal Federal já tiver decidido sobre a matéria. É o que dispõe o parágrafo único do art. 481 do CPC (art. 949, parágrafo único, do NCPC). Ou seja, nessas situações os órgãos fracionários não precisarão remeter ao pleno ou ao órgão especial a arguição de inconstitucionalidade.

Os *efeitos* produzidos, em sede de controle difuso, são, em regra, segundo o art. 468 do CPC (art. 503 do NCPC), *inter partes.* Atingem somente as partes que participaram do processo. Se existirem pessoas em situação idêntica, elas próprias deverão ingressar com suas ações para que obtenham provimento jurisdicional semelhante.

Tais efeitos também são, em regra, *ex tunc,* ou seja, retroagem à data da expedição do ato normativo viciado. Diz-se "em regra", pois há um procedimento hábil para modificar esses efeitos. Dispõe o art. 52, X, da CF que compete privativamente ao Senado Federal *suspender* a execução, no todo ou em parte, de lei declarada inconstitucional por decisão definitiva do Supremo Tribunal Federal. Assim, pode o Supremo, após o trânsito em julgado da decisão, comunicar ao Senado os termos de sua deliberação para que ele, se desejar, edite uma resolução determinando a suspensão da execução da norma declarada inconstitucional a partir desse momento. Fazendo isso, os efeitos, que antes eram *inter partes* e *ex tunc,* passarão a ser *erga omnes,* ou seja, a lei ficará suspensa para todas as pessoas; e *ex nunc,* isto é, terá efeitos a partir do momento da expedição da resolução.

10.7. Controle concentrado (via de ação)

O controle por via de ação é aquele exercido por meio de uma ação própria, em que o pedido principal é a declaração da inconstitucionalidade ou da constitucionalidade de uma lei ou ato normativo. É o controle abstrato da lei através de um processo que será julgado pelo STF. Assim, a Corte somente irá apreciar a lei em tese e não esta diante de um caso concreto.

Diferentemente ocorre no controle por via de exceção, em que o pedido principal não é a declaração de inconstitucionalidade ou de constitucionalidade. Tais argumentos são utilizados apenas com o intuito de defesa, ou seja, o sujeito para ver seu pedido acolhido se defende alegando a inconstitucionalidade da norma.

O controle concentrado pode ser realizado por meio das seguintes ações: Ação Direta de Inconstitucionalidade (ADI) – genérica, por omissão e interventiva, Ação Declaratória de Constitucionalidade (ADC) e Arguição de Descumprimento de Preceito Fundamental (ADPF).

10.7.1. Ação Direita de Inconstitucionalidade – ADI

10.7.1.1. Conceito e objeto

A ADI está prevista no art. 102, I, "a", da CF e também na Lei 9.868/1999. É uma ação constitucional que tem por objetivo verificar se uma lei ou ato normativo *federal* ou *estadual* está em conformidade com o que dispõe a Constituição Federal. Assim, o objeto da ADI pode ser uma lei estadual ou federal, entendida em sentido amplo, abarcando todas as espécies legislativas previstas no art. 59 da CF, quais sejam, emendas constitucionais, leis complementares, leis ordinárias, leis delegadas, medidas provisórias, decretos legislativos e resoluções.

10.7.1.2. Legitimados

O art. 103 da Constituição Federal dispõe que são legitimados para propor a ação direta de inconstitucionalidade e a ação declaratória de constitucionalidade as seguintes pessoas ou órgãos:

I. o Presidente da República;

II. a Mesa do Senado Federal;

III. a Mesa da Câmara dos Deputados;

IV. a Mesa de Assembleia Legislativa ou da Câmara Legislativa do Distrito Federal;

V. o Governador de Estado ou do Distrito Federal;

VI. o Procurador-Geral da República;

VII. o Conselho Federal da Ordem dos Advogados do Brasil;

VIII. partido político com representação no Congresso Nacional; e

IX. confederação sindical ou entidade de classe de âmbito nacional.

Dentre as pessoas e órgãos mencionados há os que possuem legitimidade *universal* ou neutra e os legitimados especiais, *temáticos* ou interessados, que são aqueles que precisam demonstrar *pertinência temática* ao ingressar com essas ações, ou seja, o conteúdo do ato deve ser pertinente aos interesses do legitimado, sob pena de carência da ação (falta de interesse de agir).

Devem vir acompanhadas de tal requisito as ações propostas pelos seguintes legitimados: a Mesa de Assembleia Legislativa ou da Câmara Legislativa do Distrito Federal (inciso IV); o Governador de Estado ou do Distrito Federal (inciso V); e confederação sindical ou entidade de classe de âmbito nacional (inciso IX). O Supremo já definiu que pertinência temática significa que a ação proposta pelo ente tem de estar de acordo com sua finalidade institucional.

10.7.1.3. Regras trazidas pela Lei Federal 9.868/1999

10.7.1.3.1. Possibilidade de cautelar em ADI (art. 10 da Lei 8.868/1999)

A cautelar numa ADI é uma decisão de caráter provisório e que tem por finalidade antecipar os efeitos que serão dados quando do julgamento do mérito. Para que seja concedida, a votação no STF tem que se dar pelo quórum de maioria absoluta. Sendo deferida, a consequência prática é a suspensão da execução da lei objeto de questionamento no Supremo. Nesse caso, havendo legislação anterior à lei questionada, ela passará a ter aplicação até que sobrevenha a decisão de mérito. Essa situação está prevista no § 2º do art. 11 da Lei 9.868/1999 e é denominada pela doutrina de *efeito repristinatório*.

Vale lembrar que o **efeito repristinatório** não se confunde com o instituto da **repristinação**. O primeiro indica que a eficácia de uma lei revogada é restaurada quando a lei que a revogou é declarada inconstitucional, por meio do controle concentrado de constitucionalidade. Esse efeito ocorre, pois a declaração de inconstitucionalidade de uma lei pela via concentrada possui, em regra, efeitos *ex tunc* (retroativos). Desse modo, se a lei é declarada inconstitucional desde o seu nascedouro, todos os efeitos por ela produzidos são considerados nulos. Assim, a lei que havia sido revogada por uma norma tida como inconstitucional voltará a valer. A repristinação, ao contrário, é um fenômeno que não decorre do controle de constitucionalidade, mas da entrada em vigor de novas leis. Para tanto, há necessidade de disposição expressa determinando a restauração da eficácia da lei revogada. De acordo com o art. 2º, § 3º, da LINDB, salvo disposição em contrário, a lei revogada não se restaura por ter a lei revogadora perdido a sua vigência. O efeito repristinatório, como mencionado, também é gerado quando há deferimento de cautelar em sede de ação direta de inconstitucionalidade.

A medida cautelar tem eficácia *erga omnes* e efeito *ex nunc*, ressalvada a hipótese da Corte entender que deve conceder eficácia *ex tunc* (retroativa).

10.7.1.3.2. Possibilidade de participação do *amicus curiae* (art. 7º, § 2º, da Lei 9.868/1999)

Tal expressão significa literalmente amigo da corte. O § 2º do art. 7º da Lei 9.868/1999 traz a possibilidade do relator do processo, considerando a relevância da matéria e a representatividade dos legitimados, admitir a manifestação de outros órgãos ou entidades. Esta participação permitirá que a Corte profira uma decisão fundamentada não só com base técnica jurídica, mas também com subsídios específicos relacionados a outras áreas, como, por exemplo, a medicina, engenharia etc. O Supremo entende que a figura do *amicus curiae* tem por principal finalidade pluralizar o debate constitucional.

O maior exemplo desta figura se deu quando do julgamento da possibilidade de utilização das células-tronco embrionárias para tratamento de doenças e pesquisas medicinais.

10.7.1.3.3. Defesa promovida pelo Advogado-Geral da União

Em razão do princípio da presunção de constitucionalidade das leis, incumbe ao Advogado-Geral da União a defesa da lei ou ato normativo (curador especial). No entanto, caso haja decisão pela inconstitucionalidade proferida em controle na via de exceção pelo Pretório Excelso, este tem admitido que o AGU deixe de defender a lei em questão.

O Procurador-Geral da República será sempre ouvido na ADI, de acordo com o § 1º do art. 103 da Constituição, após o AGU.

10.7.1.3.4. Possibilidade de realização de audiência pública

O art. 9º, § 1º, também da Lei 9.868/1999 autoriza que, em caso de necessidade de esclarecimento de matéria ou circunstância de fato ou de notória insuficiência das informações existentes nos autos, o relator requisite informações adicionais, designe perito ou comissão de peritos para que emita parecer sobre a questão, ou, ainda, realize *audiência pública* para ouvir depoimentos de pessoas com experiência e autoridade na matéria. As primeiras audiências públicas, algo inédito na Suprema Corte, ocorreram recentemente e tiveram origem quando da análise da possibilidade ou não do uso das células-tronco para pesquisas.

10.7.1.3.5. Votação

Os arts. 22 e 23 da Lei 9.868/1999 exigem que a decisão da ação direta de inconstitucionalidade seja efetivada por pelo menos seis ministros (maioria absoluta) e desde que presentes na sessão o mínimo de oito ministros.

10.7.1.3.6. Efeitos

Quando declarada a constitucionalidade, o efeito sempre será *ex tunc*, ou seja, retroage à data da edição do ato normativo. Já se houver declaração da inconstitucionalidade, em regra, também produzirá efeitos *ex tunc*. Todavia, por motivos de *segurança jurídica* ou de excepcional *interesse social*, o STF poderá conceder eficácia *ex nunc* (a partir do trânsito em julgado da decisão ou de outro momento que venha a ser fixado), ou, ainda, restringir os efeitos da decisão, mediante votação por maioria de 2/3 de seus membros. É denominada pela doutrina de *modulação dos efeitos da decisão*.

Ademais, a decisão sempre terá eficácia *erga omnes* e será vinculante aos órgãos do Poder Judiciário e à Administração direta e indireta, nas esferas federal, estadual e municipal.

Frisa-se que a decisão é irrecorrível, não podendo nem ser objeto de ação rescisória; o único recurso possível são os embargos de declaração.

10.7.2. Ação Declaratória de Constitucionalidade – ADC

10.7.2.1. Conceito e objeto

A ADC também está prevista nos arts. 102, I, "a", e 103, I a IX, da CF e na Lei 9.868/1999. É uma ação constitucional que tem por objetivo verificar a constitucionalidade de uma lei ou ato normativo *federal*.

A dúvida que pode surgir é a seguinte: se as leis são presumidamente constitucionais, por que existe uma ação para declarar a constitucionalidade de uma norma? Exatamente por conta de tal presunção, a Lei 9.868/1999 traz em seu art. 14, III, a necessidade da observância de um requisito para a propositura dessa ação, qual seja, é imprescindível que haja *controvérsia judicial relevante* em relação à constitucionalidade da norma objeto de questionamento no Supremo. Sem a prova da existência de importante divergência jurisprudencial sobre a aplicação ou não de determinada norma a ADC não poderá ser conhecida.

Desse modo, ao ser editada uma norma, não há como, nos dias posteriores à edição, ingressar com tal ação, pois sequer houve tempo hábil para a existência de uma controvérsia judicial relevante – requisito indispensável para que a ação seja proposta.

Também se fala que a presunção de constitucionalidade de que todas as normas gozam é uma presunção relativa – *juris tantum,* ou seja, aquela que admite prova em contrário.

10.7.2.2. Legitimados

São os mesmos da ADI – art. 103 da CF. Todas as observações que foram feitas em relação aos legitimados universais e aos temáticos ou especiais servem aqui.

10.7.2.3. Possibilidade de cautelar em ADC

O art. 21 da Lei 9.868/1999 admite a cautelar em ADC, desde que concedida por decisão da maioria absoluta dos membros do Supremo Tribunal Federal. O efeito produzido pela decisão que acolhe a cautelar será o de suspender, por 180 dias, o julgamento de todos os processos que envolvam a aplicação da norma objeto de questionamento.

10.7.2.4. Defesa promovida pelo Advogado-Geral da União

Não há defesa pelo Advogado-Geral da União.

10.7.2.5. Efeitos

Valem aqui todos os comentários feitos sobre os efeitos da ADI, diante da natureza dúplice das ações.

10.7.2.6. Natureza da ADI e ADC

A doutrina menciona que a ADI e a ADC são ações de natureza dúplice, ambivalentes ou de sinais trocados porque a procedência em qualquer delas equivale à improcedência da outra.

O julgamento final de uma ADI, dando-a por procedente, faz com que a norma impugnada seja declarada inconstitucional. Agora, se uma ADI for julgada improcedente significa que a norma impugnada é declarada constitucional. Na ADC é o oposto; se ela for julgada procedente significa que a norma objeto de questionamento no Supremo é tida como constitucional. Já se for julgada improcedente a norma impugnada é declarada inconstitucional.

Por ser assim, a doutrina denomina tais ações de natureza dúplice, ambivalentes ou de sinais trocados. Quando uma for declarada procedente a outra, necessariamente, tem de ser declarada improcedente e vice-versa. Corroborando tal entendimento, o art. 24 da Lei Federal 9.868/1999 menciona que, proclamada a constitucionalidade, julgar-se-á improcedente a ação direta ou procedente eventual ação declaratória; e, proclamada a inconstitucionalidade, julgar-se-á procedente a ação direta ou improcedente eventual ação declaratória.

10.7.3. Arguição de Descumprimento de Preceito Fundamental – ADPF

10.7.3.1. Conceito e objeto

A ADPF está prevista no art. 102, § 1º, da CF e na Lei 9.882/1999. É uma ação constitucional que tem por objetivo verificar se uma lei ou ato normativo viola um preceito fundamental previsto na Constituição. Tal ação surgiu com a finalidade de complementar o sistema de controle já existente.

O objeto da ADPF é o mais abrangente de todas as ações de controle concentrado. Desse modo, cabe tal ação quando uma lei ou ato normativo federal, estadual, municipal e ainda norma pré-constitucional, ou seja, normas editadas antes da vigência da constituição, violem preceitos fundamentais.

10.7.3.2. Legitimados

São os mesmos da ADI e ADC, que estão no art. 103 da CF.

10.7.3.3. Peculiaridades da Lei 9.882/1999

10.7.3.3.1. Caráter subsidiário

Segundo o § 1º do art. 4º da Lei 9.882/1999, a ADPF só será cabível quando não houver outro meio eficaz para sanar a lesividade. Havendo a possibilidade de solucionar o problema da violação da constituição por outro meio, inclusive com o ajuizamento de ADI ou ADC, será este outro meio que deverá ser utilizado.

10.7.3.3.2. Ausência de conceito de preceito fundamental

Não há uma definição legal de preceito fundamental. O Supremo Tribunal Federal que, ao conhecer das ADPFs propostas, determinará o que é e o que não é assim considerado.

10.7.3.3.3. Possibilidade de liminar

O art. 5º da Lei 9.882/1999 prevê a possibilidade de concessão de medida liminar, que será declarada pela maioria absoluta dos membros do STF.

O § 1º do mesmo dispositivo determina que em caso de extrema urgência ou perigo de lesão grave, ou ainda, em período de recesso, poderá o relator conceder a liminar, ad referendum do Tribunal Pleno.

10.7.3.3.4. Defesa do AGU

A Lei 9.882/1999 não exige a defesa do ato impugnado pelo Advogado-Geral da União.

O Procurador-Geral da República, quando não for o autor da ação, será ouvido.

10.7.3.3.5. Efeitos

Julgada a ação, far-se-á comunicação às autoridades ou órgãos responsáveis pela prática dos atos questionados, fixando-se as condições e o modo de interpretação e aplicação do preceito fundamental.

A decisão terá eficácia *erga omnes* e efeito vinculante relativamente aos demais órgãos do Poder Público.

10.7.4. ADI por omissão

10.7.4.1. Conceito e objeto

A ADI por omissão está prevista no art. 103, § 2º, da CF e no Capítulo II-A da Lei 9.868/1999. Tal capítulo foi acrescentado pela Lei Federal 12.063 de 27.10.2009.

É uma ação constitucional que tem por objetivo sanar uma inconstitucionalidade por omissão ou, como também denominada, uma omissão inconstitucional.

Conforme já analisamos, as normas constitucionais podem ter eficácia plena, contida e limitada. A última, ou seja, aquela que depende de regulamentação para que o exercício do direito por ela garantido traz, implicitamente, um comando normativo para que o legislador infraconstitucional produza a norma regulamentadora. Quando ele não o faz, estamos diante de uma inconstitucionalidade por omissão. Fala-se que o legislador, nesta hipótese, encontra-se em mora, em atraso, pois não cumpre o comando constitucional de elaborar a norma para possibilitar o exercício de um direito constitucionalmente assegurado.

A omissão pode ser total ou parcial, conforme já estudado.

10.7.4.2. Legitimados

Segundo o art. 12-A da Lei 9.868/1999, podem propor ADI por omissão os mesmos legitimados à propositura da ação direta de inconstitucionalidade (genérica) e da ação declaratória de constitucionalidade. Desse modo, todas as observações feitas em relação aos legitimados no item da ADI genérica valem aqui.

10.7.4.3. Possibilidade de cautelar em ADI por omissão

Havendo excepcional urgência e relevância da matéria poderá ser concedida medida cautelar em sede de ADI por omissão. O Tribunal, pelo voto da maioria absoluta dos membros e após a audiência dos órgãos ou autoridades responsáveis pela omissão, é competente para conceder a cautelar. Sendo concedida será aberto o prazo de cinco dias para que os responsáveis pela omissão se manifestem. Vale lembrar que essa possibilidade foi trazida pela Lei 12.063 de 27.10.2009 que acrescentou, além de outros dispositivos, o art. 12-F à Lei 9.868/1999.

É importante ressaltar que a medida cautelar, quando estivermos diante de uma omissão parcial, fará com que seja suspensa a aplicação da lei ou do ato normativo impugnado. Tal medida também poderá resultar na suspensão de processos judiciais ou de procedimentos administrativos em andamento, ou ainda, numa outra providência fixada pelo próprio Tribunal.

10.7.4.4. Defesa da AGU

Não há defesa pelo Advogado-Geral da União, devido à ausência de norma.

O Procurador-Geral da República será ouvido apenas se o relator do processo considerar indispensável. Se isso ocorrer, deverá ser feito dentro do prazo de 3 dias, conforme § 2º do art. 12-F da Lei 9.868/1999.

10.7.4.5. Efeitos

Declarada a inconstitucionalidade por omissão, será dada ciência ao Poder competente para a adoção das providências necessárias e, em se tratando de órgão administrativo, para fazê-lo em 30 dias, conforme preceitua §1º do art. 12-H da Lei 9.868/1999

10.8. Mecanismos de interpretação utilizados no controle de constitucionalidade

10.8.1. Interpretação conforme a Constituição ou apenas "interpretação conforme"

É um mecanismo de interpretação utilizado pelo Supremo que tem por finalidade "salvar" a norma, não a declarando inconstitucional e consequentemente banindo-a do ordenamento jurídico brasileiro. Tem por fundamento o princípio da conservação ou da preservação das normas. Aqui, o Supremo fixa uma interpretação que deve ser seguida. Em vez de declarar a norma inconstitucional, determina que a lei é constitucional desde que interpretada de tal maneira. Há apenas uma interpretação possível para aquela norma, que é a fixada por ele quando da análise de sua constitucionalidade.

10.8.2. Declaração de inconstitucionalidade parcial sem redução de texto

Também é considerado um mecanismo de interpretação utilizado pelo Supremo que tem por finalidade "salvar" a norma.

Da mesma maneira que a interpretação conforme, na declaração parcial a Corte não declara a norma inconstitucional e retira-a do ordenamento jurídico, mas apenas declara que determinada interpretação (parte) dada à norma é inconstitucional.

Sabemos que uma lei pode ser interpretada de mais de uma maneira e que, às vezes, uma interpretação dada não está de acordo com o que diz a Constituição. É exatamente nessa hipótese que o STF se vale da declaração parcial sem redução de texto. Em vez de declarar a norma inconstitucional, determina que uma interpretação, dentre as diversas que possam existir, é inconstitucional. Assim, a declaração não é total e sim parcial, haja vista que há mais de uma interpretação para aquela lei.

É, ainda, "sem redução de texto", pois a norma em si é preservada, o que é declarado parcialmente inconstitucional é a interpretação dada a ela. Também tem escopo no princípio da conservação ou preservação das normas.

10.8.3. Parcelaridade

Significa que o Supremo, ao analisar uma norma que esteja sendo impugnada por razões de inconstitucionalidade, pode declarar inconstitucional todo o seu conteúdo ou apenas parte dele. Exemplo: o Supremo, ao analisar a constitucionalidade do art. 7º, § 2º, do Estatuto da Ordem dos Advogados do Brasil, declarou inconstitucional apenas a expressão "desacato". Desse modo, pelo princípio da parcelaridade, o Supremo não fica adstrito ao texto de uma lei inteira ou um artigo, um inciso, um parágrafo ou uma alínea – pode entender que é inconstitucional apenas uma palavra, por exemplo. Diferentemente ocorre quando o Presidente da República veta uma lei. Nesse caso, somente poderá vetar juridicamente uma lei inteira ou um ou mais artigos, incisos, parágrafos ou alíneas. Não pode vetar apenas uma palavra, pois isso poderia fazer com que todo o sentido da lei fosse modificado.

10.8.4. Modulação dos efeitos produzidos pelo controle de constitucionalidade ou apenas "modulação de efeitos"

O nome do instituto já dá ideia do que venha a ser – modular significa mudar, alterar. Em regra, os efeitos produzidos no controle difuso são *inter partes* e *ex tunc*; no controle concentrado são *erga omnes*, vinculantes e *ex tunc*. A modulação serve justamente para que esses efeitos sejam modificados, conforme já estudado.

10.9. Controle de constitucionalidade estadual

O art. 125, §2º, da CF traz a possibilidade dos Estados instituírem a representação de inconstitucionalidade de leis ou atos normativos estaduais ou municipais em face da Constituição Estadual. Trata-se do controle estadual de constitucionalidade das leis, que visa ao exame da compatibilidade formal e material das normas estaduais e municipais em face das Constituições Estaduais.

A ação de inconstitucionalidade deve ser proposta perante Tribunal de Justiça do Estado. Para tanto, deve haver previsão e regulamentação nas próprias Constituições Estaduais, que não poderão atribuir a legitimação para agir a um único órgão, de acordo com a parte final do art. 125, § 2º, da CF.

Caso a norma estadual ou municipal contrarie, simultaneamente, o disposto na Constituição Estadual e na Federal, o Tribunal não poderá se manifestar quanto à constitucionalidade ou não de tal norma em face da Constituição Federal, sob pena de usurpação de função, pois somente o STF pode fazer o controle em comento.

Destaca-se que não é possível a propositura de ADI e ADC de lei municipal em face da Constituição Federal, devendo o controle ser realizado por meio de ADPF ou via controle difuso.

Ademais, nos termos da súmula 642 do STF, não cabe ADI perante o Pretório Excelso de lei do Distrito Federal decorrente de sua competência legislativa municipal.

11. ORGANIZAÇÃO DO ESTADO

11.1. Introdução

O Estado é formado por três elementos, quais sejam, o povo (indivíduos que habitam o mesmo local), o território (local que abriga os indivíduos) e a soberania.

Quanto à forma, fala-se que o Estado pode ser classificado em Unitário ou Federal. Unitário é aquele em que as capacidades legislativa, política e administrativa se concentram nas mãos de um único centro, de um único governo. A doutrina denomina os Estados Unitários, como Cuba e França, de Estados Simples. Já o Federal é aquele em que há repartição de competências e as capacidades mencionadas estão divididas em vários centros. É denominado pela doutrina de Estado Composto. O Brasil, a Alemanha e os Estados Unidos são alguns exemplos de Estado Federal ou Estado Composto.

A forma de governo é justamente a relação existente entre aqueles que governam e os que são governados. Por meio dela é que se verifica como é feita a instituição do poder. Fala-se em República ou Monarquia. Na primeira os governantes são eleitos, direta ou indiretamente, para que exerçam o poder por um período determinado. Já na segunda, monarquia, o poder advém da família, é vitalício e os governantes não precisam prestar contas para os governados.

Os sistemas de governo dizem respeito à maneira pela qual as funções legislativa, executiva e judiciária são relacionadas. No presidencialismo, além da independência entre os poderes, que são harmônicos entre si, o detentor do poder cumula as funções de chefe de Estado e chefe de governo. Normalmente nas repúblicas adota-se o presidencialismo. No parlamentarismo existe apoio e colaboração entre as funções e o poder é dividido. O presidente não cumula as funções de chefe de Estado e de governo, apenas chefia o Estado e delega a atribuição de cuidar do governo ao primeiro-ministro. Este, por sua vez, para comandar o país tem de ter o apoio do parlamento.

O art. 1º da Constituição dispõe que o Brasil constitui-se numa república federativa, ou seja, tal dispositivo constitucional afirma que a forma federativa de Estado é a que foi adotada por nós. Além disso, o mesmo dispositivo nos ensina que somos um Estado republicano e democrático.

As pessoas políticas que integram a federação, segundo o art. 18, *caput*, da Constituição Federal, são: a União, os Estados-membros, o Distrito Federal e os Municípios.

Fortificando o pacto federativo e a autonomia dos entes que o compõem, o Supremo editou a súmula 681, que dispõe que é inconstitucional a vinculação do reajuste de vencimentos de servidores estaduais ou municipais a índices federais de correção monetária.

11.2. União

No âmbito interno, é considerada pessoa jurídica de direito público, dotada de autonomia, pois detém tripla capacidade: a) auto-organização, b) autogoverno; e c) auto-administração. No âmbito internacional, a União tem por finalidade representar a República Federativa do Brasil, ou seja, tem por missão assegurar a soberania do país.

O art. 20 da Constituição Federal traz uma enumeração dos bens pertencentes à União, dentre eles estão, por exemplo, o mar territorial, os terrenos de marinha e seus acrescidos, os potenciais de energia elétrica, os recursos minerais, inclusive os do subsolo e as terras tradicionalmente ocupadas pelos índios. Vale lembrar que, conforme a súmula 650 do STF, os incisos I e XI do art. 20 da CF não alcançam terras de aldeamentos extintos, ainda que ocupadas por indígenas em passado remoto.

O art. 153 do mesmo diploma legal enumera os impostos de competência da União, ou seja, os impostos federais. São os seguintes: imposto de importação (II), imposto de exportação (IE), imposto de renda e proventos de qualquer natureza (IR), imposto sobre produtos industrializados (IPI), imposto sobre operações de crédito, câmbio e seguro, ou relativas a títulos ou valores mobiliários (IOF), imposto sobre a propriedade territorial rural (ITR) e o imposto sobre grandes fortunas (IGF).

O Poder Executivo da União é composto pelo Presidente da República, Vice-Presidente, Ministros, Conselho da República e Conselho de Defesa Nacional, conforme dispõem os arts. 76 a 91 da Constituição Federal.

Já o Poder Judiciário no âmbito Federal é tratado a partir do artigo 101 até o 124 da Constituição. Dentre as matérias de competência dos juízes federais podemos destacar, conforme art. 109 da Constituição, as seguintes: as causas em que a União, entidade autárquica ou empresa pública federal forem interessadas na condição de autoras, rés, assistentes ou oponentes, exceto as de falência, as de acidentes de trabalho e as sujeitas à Justiça Eleitoral e à Justiça do Trabalho; os crimes políticos e as infrações penais praticadas em detrimento de bens, serviços ou interesses da União; as causas fundadas em tratados internacionais; os crimes cometidos a bordo de aeronaves, ressalvada a competência da justiça militar; e a disputa sobre direitos indígenas.

O Poder Legislativo da União é representado pelo Congresso Nacional (Câmara de Deputados e Senado Federal)

11.2.1. Competências da União

As competências da União podem ser de duas naturezas distintas:

11.2.1.1. Competências não legislativas

São também chamadas de competências administrativas ou materiais. Por meio delas é possível identificar o âmbito de atuação de cada ente federativo. Tais competências se dividem em exclusiva e comum.

A primeira, *exclusiva*, está prevista no art. 21 da Constituição Federal, o qual dispõe que compete à União, por exemplo, manter relações com Estados estrangeiros e participar de organizações internacionais; manter o serviço postal e o correio aéreo nacional; conceder anistia; permitir, nos casos previstos em lei complementar, que forças estrangeiras transitem pelo território nacional ou nele permaneçam temporariamente etc. Essas atribuições, dadas pela competência exclusiva, são *indelegáveis*, ou seja, somente a União poderá efetivá-las.

É importante ressaltar que o STF, em sessão plenária, no julgamento da ADPF 46, declarou como recepcionada pela Constituição de 1988 a Lei 6.538/1978, que dispõe sobre o monopólio da Empresa Brasileira de Correios e Telégrafos na exploração dos serviços postais, emprestando interpretação conforme à Constituição ao seu art. 22, V.

Desse modo, a Corte Suprema determina que "a CF confere à União, em caráter exclusivo, a exploração do serviço postal e o correio aéreo nacional (art. 21, X). O serviço postal é prestado pela Empresa Brasileira de Correios e Telégrafos (ECT), empresa pública, entidade da administração indireta da União, criada pelo Decreto-Lei 509, de 10.03.1969." (**ADPF 46**, Rel. p/ o ac. Min. **Eros Grau**, julgamento em 05.08.2009, Plenário, *DJE* de 26.02.2010).

A competência *comum*, também denominada de paralela, concorrente ou cumulativa, tem a ver com as atribuições dadas a todos os entes da federação (União, Estados, Distrito Federal e Municípios). O art. 23 da Constituição Federal traz o rol de assuntos que serão tratados pelas pessoas políticas mencionadas. O parágrafo único do mesmo artigo, com redação dada pela Emenda Constitucional 53/2006, dispõe que leis complementares fixarão normas para a cooperação entre a União, os Estados, o Distrito Federal e os Municípios, tendo em vista o equilíbrio do desenvolvimento e do bem-estar em âmbito nacional. Agora, se mesmo focadas no objetivo mencionado, houver conflito de competência entre elas, tal problema deverá ser sanado com base no princípio da preponderância ou prevalência do interesse.

11.2.1.2. *Competências legislativas*

A constituição atribui, a cada ente político, competência para elaborar leis. A União pode editar normas sobre diversos assuntos. Fala-se que tal competência pode ter três naturezas distintas: privativa, concorrente e residual.

O parágrafo único do art. 22 da Constituição Federal, ao tratar da competência legislativa *privativa*, diz que a União, por meio de lei complementar, poderá autorizar os Estados a legislar sobre questões específicas das matérias relacionadas neste artigo. Desse modo, a competência privativa é delegável.

Segundo a Súmula 722 do STF, são da competência legislativa da União a definição dos crimes de responsabilidade e o estabelecimento das respectivas normas de processo e julgamento.

Já foi decidido, também pela Suprema Corte, que a Lei 10.826/2003 (Estatuto do Desarmamento) não é formalmente inconstitucional, pois não ocorreu invasão da competência residual dos Estados. Cabe à União legislar sobre matérias de predominante interesse geral. (ADI 3.112, Rel. Min. Ricardo Lewandowski, julgamento em 02.05.2007, Plenário, *DJ* de 26.10.2007).

Ainda tratando de competência legislativa da União, de acordo com o STF, a competência para legislar sobre a **gratuidade dos estacionamentos em estabelecimentos privados**, como em instituições de ensino, **shopping**, mercados etc. é da **União**. O assunto se enquadra no art. 22, I, da CF, pois diz respeito ao **direito civil**, especificamente sobre o direito de **propriedade e suas limitações** (ADI 3.710/GO).

Outro tema que já foi objeto de questionamento no Exame de Ordem e que também é extraído do art. 22 da CF, assuntos da competência privativa da União, é a legislação sobre **trânsito** (art. 22, XI, CF). Desse modo, se uma lei estadual regulamentar serviço de **mototáxi**, essa lei será tido como inconstitucional por ter o Estado usurpado da competência legislativa federal.

A competência *concorrente*, como o próprio nome menciona, é aquela em que mais de um ente político pode legislar. Está prevista no art. 24 da CF e são exemplos dessa competência a legislação sobre os seguintes temas: direito tributário, financeiro, penitenciário, econômico, urbanístico, educação, cultura, procedimentos em matéria processual, defesa dos recursos naturais etc. Nessas hipóteses, a União edita normas gerais e os Estados e o Distrito Federal, normas específicas. Diz o § 3º do art. 24 da Constituição Federal que, inexistindo lei federal sobre normas gerais, os Estados terão competência legislativa plena, ou seja, editarão tanto normas gerais quanto normas específicas. É a denominada competência suplementar dos Estados. Já o parágrafo 4º do mesmo dispositivo nos ensina que a superveniência de lei federal sobre normas gerais **suspende** a eficácia da lei estadual no que com ela colidir. É importante ressaltar que a suspensão não se confunde com a revogação.

Desse modo, enquanto a lei geral não for editada, a lei estadual continua valendo, mas, após a edição, pela União, da lei que trata de normas gerais, a lei estadual fica com sua eficácia suspensa naquilo que lhe for contrário. Isso significa que, se a norma geral da União for revogada, a lei estadual volta a valer em sua plenitude, pois não terá mais sua eficácia suspensa. A norma da União, por ter sido revogada, não tem mais força de suspender a eficácia de outra lei. Há de se reiterar, que não é caso de repristinação, pois a lei estadual não foi revogada, mas apenas teve a suspensão de sua eficácia.

A competência *residual* tem natureza tributária e é dada pela Constituição à União, conforme dispõe seu art. 154, I. Esse dispositivo menciona que a União poderá instituir, por meio de lei complementar, impostos não previstos no art. 153 – que define quais são os impostos federais – desde que sejam não cumulativos e não tenham fato gerador ou base de cálculo próprios dos determinados na Constituição Federal.

No campo do direito tributário também encontramos as competências tributárias expressas (art. 153), que são as que cada ente da federação possui para criar seus impostos, e a competência tributária extraordinária, que é dada à União para instituir, na hipótese de iminência ou no caso de guerra externa, impostos extraordinários (art. 154, II, da Constituição Federal).

Ainda em relação ao tema competência legislativa da União, o STF, ao analisar a ADI 4.369 (Informativo 592), mencionou que o Estado de São Paulo, ao editar a Lei 13.854/2009, que proibia a cobrança de assinatura mensal de telefonia fixa, teria usurpado a competência privativa da União para dispor sobre telecomunicações (art. 22, IV, CF).

Desse modo, se somente a União é competente para disciplinar tal assunto, a lei paulista é tida como inconstitucional.

A Suprema Corte, conforme já mencionado, também já definiu pela manutenção do monopólio da União em relação às atividades postais prestadas pela Empresa Brasileira de Correios e Telégrafos (Informativo 554). Assim, os cartões postais, as cartas comerciais, pessoais e os denominados malotes devem ser transportados somente pelos Correios.

Além disso, no julgamento da ADI 3.897/DF (**Informativo** 537), o STF, por verificar violação ao art. 22, XI, da CF (legislação sobre trânsito e transporte), declarou inconstitucional a Lei Distrital 3.918/2006, que tratava de instalação de radares nas vias do Distrito Federal.

11.3. Estados

Os Estados são pessoas políticas dotadas de autonomia. Tal autonomia é marcada pelo fato de a Constituição Federal determinar que os Estados devam elaborar suas próprias Constituições Estaduais. É claro que os princípios e as normas trazidas pela Constituição Federal devem servir de diretrizes para os Estados quando da elaboração de suas Constituições, ou seja, só podem elaborar Constituições que estejam de acordo com a Federal e com base nas suas diretrizes. Deve haver, necessariamente, um paralelismo entre a Constituição Federal e as Constituições Estaduais. Daí falar-se em *princípio da simetria*.

O art. 26 da Constituição traz quais são os bens pertencentes aos Estados. Dentre eles podemos destacar as terras devolutas não compreendidas entre as da União e as ilhas fluviais e lacustres também não pertencentes à União.

O Poder Executivo dos Estados é composto pelo Governador e Vice-Governador. Cada Estado elegerá seu governador e vice. O art. 28 da Constituição Federal nos ensina que o mandato dessas pessoas é de 4 anos, que as eleições ocorrem no primeiro domingo de outubro (1º turno) e no último domingo de outubro (2º turno, se houver), e que a posse se dá em primeiro de janeiro do ano subsequente.

Os §§ 3º e 4º do art. 18 da Constituição trazem regras sobre a criação e a extinção dos Estados. Fala-se em incorporação (ou fusão), subdivisão (ou cisão) e desmembramento. Para todas as hipóteses há alguns requisitos comuns e cumulativos. São os seguintes:

a) realização de um **plebiscito**: significa que a população interessada deve, necessariamente, aprovar, por meio de um plebiscito, a formação de um novo Estado. Somente após essa aprovação é que será possível que o segundo requisito seja verificado. Desse modo, fala-se que a realização do plebiscito é condição essencial à fase posterior;

b) existência de um projeto de **lei complementar**: a Lei 9.709/1998, que regulamentou as formas de execução da democracia direta (plebiscito, referendo e iniciativa popular das leis), determina que, após a aprovação pelo plebiscito, deve ser proposto um projeto de lei complementar que terá início ou na Câmara de Deputados ou no Senado Federal, ou seja, em qualquer das Casas do Congresso Nacional;

c) audiência nas Assembleias Legislativas: dispõe o § 2º do art. 4º da Lei 9.709/1998 que a Casa em que o projeto tenha iniciado deverá realizar a audiência para futura expedição de um parecer. É interessante lembrar que tal parecer é meramente opinativo, portanto não tem caráter vinculativo (art. 48, VI, da Constituição Federal). Assim, o processo pode continuar ainda que o parecer dado pelas Assembleias Legislativas tenha sido desfavorável à formação de um novo Estado. Vejam que isso não ocorre em relação ao resultado do plebiscito. Tal consulta tem sim caráter vinculativo, portanto é condição prévia para as demais fases;

d) aprovação por parte do Congresso Nacional: passadas as fases anteriores, o Congresso Nacional tem de aprovar o projeto de lei complementar. Para tanto, necessita do quórum de maioria absoluta, conforme determina o art. 69 da Constituição Federal. Essa aprovação e a eventual sanção do projeto, pelo Presidente da República, são atos discricionários. Nessa fase, nem a manifestação favorável dada durante a realização do plebiscito obriga o Legislativo a aprovar o projeto e o Executivo a sancioná-lo. O Presidente, ao decidir se sanciona ou veta o projeto, é quem avalia a conveniência e a oportunidade do ato, sempre pautado pelo interesse público.

Passemos à análise de cada uma das modalidades de criação e extinção de Estados:

11.3.1. Fusão

Ocorre quando dois ou mais Estados se incorporam geograficamente, formando um novo, diferente dos demais. Aqueles que se uniram, consequentemente, perderão suas personalidades originárias, desaparecerão. Exemplo: suponham que existam os Estados "x", "y" e "z" e que os três sejam incorporados. Após a união, nasce o Estado "w", fruto da junção dos três.

11.3.2. Cisão

Ocorre quando um Estado existente subdivide-se para formar dois ou mais Estados novos, que terão personalidades distintas. Desse modo, o Estado que foi subdividido não mais deterá personalidade, desaparecerá. Exemplo: suponha que exista o Estado "x" e que ele seja subdividido formando os Estados "w", "y" e "z". Vejam que o estado originário "x" desaparece para que outros três sejam criados.

11.3.3. Desmembramento

Ocorre quando um ou mais Estados destinam parte de seu território com a finalidade de formar um novo Estado ou Território ou ainda para se anexarem a outro.

Na hipótese de desmembramento, em regra, o Estado que destina parte de seu território não deixa de existir. Aliás, como o próprio conceito nos ensina, destina "parte", apenas parte de seu território. Foi exatamente o que ocorreu com o Mato Grosso em relação ao Estado do Mato Grosso do Sul e o Estado de Goiás em relação a Tocantins, conforme o art. 13 do Ato das Disposições Constitucionais Transitórias.

De acordo com o STF (ADI 2.650 – **Informativo** 637), quando tiver de ser realizado o desmembramento de um Estado, é necessário que os dois territórios sejam ouvidos, tanto o da área desmembrada, como o da área remanescente.

11.3.4. Competência dos Estados

As competências dos Estados também podem ser legislativas ou não legislativas.

11.3.4.1. Competências não legislativas

Também chamadas de administrativas ou materiais, dividem-se em comuns e residuais.

A **comum** vem prevista no art. 23 da Constituição Federal e é dada indistintamente a todas as pessoas políticas, União, Estados, Distrito Federal e Municípios, e já fora objeto de estudo quando da análise da competência da União.

A **residual** é dada aos Estados para tratar de assuntos que não sejam da competência da União (art. 21 da CF), do Distrito Federal (art. 23 da CF) e dos Municípios (art. 30 da CF). É também chamada de competência remanescente ou reservada aos Estados e vem prevista no § 1º do art. 25 da Constituição Federal que menciona que "são reservadas aos Estados as competências que não lhe sejam vedadas por esta Constituição". Em suma: o resíduo, aquilo que sobra, que não é de atribuição de outro ente político, pode ser disciplinado pelos Estados.

11.3.4.2. Competências legislativas

Tema já abordado quando analisamos as competências da União, momento em que também fizemos menção às dos Estados.

11.4. Distrito Federal

Constitui ente político autônomo, dotado de capacidade de auto-organização, autogoverno, autoadministração e autolegislação. Diferente do que ocorre com os Estados, que são regidos por Constituições Estaduais, o Distrito Federal é regido por Lei Orgânica. Tal lei deve ser aprovada em dois turnos, com um intervalo mínimo de 10 (dez) dias, pelo voto de 2/3 da Câmara Legislativa do DF, conforme dispõe o art. 32 da Constituição Federal.

A característica do autogoverno é marcada pela eleição de Governador, Vice-Governador e Deputados Distritais, conforme dispõem os §§ 2º e 3º do art. 32 da Constituição.

11.4.1. Competência do Distrito Federal

O Distrito Federal cumula duas competências: pode legislar tanto sobre matérias reservadas aos Estados, como as atribuídas aos Municípios. É o que se depreende do § 1º do art. 32 da Constituição Federal.

11.5. Municípios

Os Municípios são entes políticos dotados de capacidade administrativa, política e de auto-organização. A primeira tem a ver com as competências legislativas e administrativas dadas aos Municípios. A capacidade política é determinada pela eleição direta do Prefeito, Vice-Prefeito e Vereadores. E a capacidade de auto-organização é marcada pelo fato dos Municípios serem regidos por suas próprias Leis Orgânicas Municipais, conforme dispõe o *caput* do art. 29 da Constituição Federal. Tais leis devem ser votadas em dois turnos, com um interstício (intervalo) mínimo de dez dias, e aprovadas pelo voto de 2/3 dos membros da Câmara Municipal.

A autonomia municipal deve ser respeitada sob pena de intervenção federal. Desse modo, se um Estado desrespeitar a autonomia municipal, conforme o art. 34, inciso VII, alínea "c", da Constituição Federal, caberá intervenção naquele Estado.

As regras sobre criação, incorporação, fusão e desmembramento de Municípios são trazidas pelo § 4º do art. 18 da Constituição Federal. É necessário:

a) uma lei complementar federal determinando o período e o procedimento para a criação, incorporação, fusão ou desmembramento do município;

b) divulgação de estudos de viabilidade municipal;

c) realização de consulta prévia às populações diretamente interessadas, por meio de plebiscito (art. 7º da Lei 9.709/1998) – tal consulta somente ocorrerá se os estudos de viabilidade demonstrarem a possibilidade de criação, incorporação, fusão ou desmembramento do município; e

d) existência de lei estadual, dentro do período determinado pela lei complementar federal, desde que os requisitos anteriores tenham sido devidamente cumpridos.

Um ponto importante a ser lembrado é o trazido pela Emenda Constitucional 57/2008. Com essa emenda foi acrescentado o art. 96 ao Ato das Disposições Constitucionais Transitórias, que assim dispõe: "ficam convalidados os atos de criação, fusão, incorporação e desmembramento de Municípios, cuja lei tenha sido publicada até 31.12.2006, atendidos os requisitos estabelecidos na legislação do respectivo Estado à época de sua criação". Esse dispositivo é na verdade um pedido ao Poder Legislativo para que elabore a tal lei complementar, exigida constitucionalmente, pois sem ela não há possibilidade de criação, fusão, incorporação e desmembramento de municípios. Desse modo, como muitos já haviam sido criados, sem a existência da lei complementar, eles foram convalidados para que a própria ordem constitucional não fosse posta em risco.

Vale lembrar que a EC 15/1996 deu nova redação ao § 4º do art. 18 da CF, modificando os requisitos constitucionais para criação, fusão, incorporação e desmembramento de municípios. Houve controle da constitucionalidade da atuação do poder constituinte de reforma, entretanto decidiu-se pela inexistência de afronta à cláusula pétrea da forma federativa do Estado, decorrente da atribuição, à lei complementar federal, para fixação do período dentro do qual poderão ser efetivadas a criação, a incorporação, a fusão e o desmembramento de Municípios. (ADI 2.395, Rel. Min. Gilmar Mendes, julgamento em 09.05.2007, Plenário, *DJE* de 23.05.2008). No mesmo sentido: ADI 2.381-MC, Rel. Min. Sepúlveda Pertence, julgamento em 20.06.2001, Plenário, *DJ* de 14.12.2001.

Por fim, a EC 84, de 02.12.2014 alterou o art. 159 da Constituição Federal para aumentar a entrega de recursos pela União para o Fundo de Participação dos Municípios, de modo que 1% (um por cento) do produto da arrecadação dos impostos sobre renda e proventos de qualquer natureza e sobre produtos industrializados, será destinado ao Fundo de Participação dos Municípios, devendo ser entregue no primeiro decêndio do mês de julho de cada ano.

11.5.1. Competência dos municípios

Podem ser comuns ou enumeradas. As primeiras são as que todos os entes políticos possuem (competência comum), de acordo com o art. 23 da Constituição, conforme já analisado. Já as segundas, as enumeradas, encontram abrigo no art. 30 da Constituição e têm por finalidade, principalmente, tratar de assuntos de interesse local e suplementar à legislação federal e estadual, no que for cabível.

Vale lembrar que os municípios têm competência para fixar o horário de funcionamento de estabelecimento comercial conforme inteligência da **Súmula** Vinculante 38 (STF)

11.6. Territórios federais

Os territórios federais, conforme dispõe o § 2º do art. 18 da CF, pertencem à União. Somente por meio de lei complementar é que poderão ser criados, transformados em Estado ou reintegrados ao Estado de origem. É dessa maneira, porque os territórios não possuem autonomia política, apenas administrativa.

Frisa-se que atualmente *não* existem territórios federais no Brasil; os últimos que existiram foram extintos pelos arts. 14 e 15 do Ato das Disposições Constitucionais Transitórias. Os territórios de Roraima e Amapá foram transformados em Estados (art. 14 do ADCT) e o de Fernando de Noronha teve sua área incorporada ao Estado de Pernambuco (art. 15 do ADCT).

Os territórios, embora pertencentes à União, podem ser divididos em municípios. Se forem criados (os territórios), possuirão governador, nomeado pelo Presidente da República, após aprovação do Senado Federal, conforme dispõe o art. 84, XIV, da CF, e também poderão eleger quatro deputados federais, conforme determinação do § 2º do art. 45 da CF.

11.7. Intervenção federal e intervenção estadual

É possível extrair do texto constitucional que a regra é a autonomia das pessoas políticas. Desse modo, a União, os Estados, o Distrito Federal e os Municípios são independentes e autônomos, não podendo, como regra, um intervir no outro.

Já a intervenção é uma medida de exceção, consistente na supressão temporária das prerrogativas dos Estados e dos Municípios. Quando há intervenção, prevalece a vontade daquele que a concretizou, que poderá ser a União ou os Estados. Por ser medida de caráter excepcional (a regra é a não intervenção), somente poderá ser decretada nos casos taxativamente previstos na Constituição. Tem por principal finalidade assegurar o pacto federativo.

A intervenção federal somente pode se dar nos Estados e no Distrito Federal. Assim, não é correto afirmar que a União interveio num determinado município pertencente a um Estado. Em regra, somente um Estado pode intervir no município – intervenção estadual. O que poderá ocorrer é a União intervir num município que está localizado em um Território, mas isso só acontecerá se forem criados territórios federais, neles houver municípios e ainda se alguma hipótese de intervenção, taxativamente prevista na CF, estiver devidamente configurada.

Há duas formas de intervenção: a espontânea e a provocada. Será *espontânea* nas seguintes hipóteses:

I. para manter a integridade nacional;

II. para repelir invasão estrangeira ou de uma unidade da Federação em outra;

III. para pôr termo a grave comprometimento da ordem pública;

IV. para reorganizar as finanças da unidade da Federação que: a) suspender o pagamento da dívida fundada por mais de dois anos consecutivos, salvo motivo de força maior; b) deixar de entregar aos Municípios receitas tributárias fixadas na Constituição dentro dos prazos estabelecidos em lei.

Nesses casos o Presidente da República age de ofício, sem a necessidade de provocação.

Há também os casos em que a intervenção federal será decretada após provocação. São hipóteses de *intervenção provocada* as seguintes:

I. para garantir o livre exercício de qualquer dos Poderes nas unidades da Federação. Nesse caso se a coação for exercida contra os Poderes Executivos ou Legislativos dos Estados, a intervenção dependerá de solicitação do poder coagido ou impedido. Agora, se for exercida contra o Poder Judiciário, dependerá de requisição do STF;

II. para prover a execução de lei federal, ordem ou decisão judicial. Podemos desmembrar essa hipótese para melhor análise. Se houver desobediência à ordem ou decisão judiciária, a intervenção dependerá de requisição do STF, do STJ ou do TSE. Já para prover a execução de lei federal, a intervenção dependerá de requisição do STF, em caso de provimento de representação do Procurador-Geral da República;

III. para assegurar a observância dos *princípios constitucionais sensíveis*, que são os seguintes:

a) forma republicana, sistema representativo e regime democrático;

b) direitos da pessoa humana;

c) autonomia municipal;

d) prestação de contas da administração pública;

e) aplicação do mínimo exigido da receita resultante de impostos estaduais, compreendida a proveniente de transferências, na manutenção e desenvolvimento do ensino e nas ações e serviços públicos de saúde.

Nas hipóteses de violação a princípios constitucionais sensíveis, a intervenção deve ser antecedida por uma ação – ADI Interventiva ou Representação Interventiva (Lei 12.562/2011). É necessária a requisição do STF, após ter dado provimento à representação do Procurador-Geral da República, que se materializa por meio da ADI Interventiva.

Os casos de intervenção provocada vêm previstos nos incisos IV, VI e VII do art. 34 da CF. Em tais situações, o Chefe do Executivo poderá agir de forma discricionária ou vinculada, conforme as peculiaridades de cada caso.

O decreto do Presidente da República, que concretizará a intervenção, deverá especificar a amplitude, o prazo e as condições de execução. Também deve constar a nomeação de um interventor, quando couber. O Congresso Nacional fará um controle político da intervenção, apreciando o ato em até 24 horas após sua edição. Se estiver em recesso, será feita convocação extraordinária, exceto nas hipóteses dos incisos VI e VII do art. 34 da CF.

Os casos de *intervenção estadual* também estão taxativamente previstos e são os seguintes:

I. quando deixar de ser paga, sem motivo de força maior, por dois anos consecutivos, a dívida fundada;

II. quando não forem prestadas as contas devidas, na forma da lei;

III. quando não tiver sido aplicado o mínimo exigido da receita municipal na manutenção e desenvolvimento do ensino e nas ações e serviços de saúde.

Nessas três situações mencionadas a intervenção estadual será espontânea;

IV. para assegurar a observância de princípios indicados na Constituição Estadual (depende de provimento de representação pelo Tribunal de Justiça);

V. para prover a execução de lei, de ordem ou de decisão judicial (depende de provimento de representação pelo TJ).

12. ORGANIZAÇÃO DOS PODERES

O art. 2º da Carta Magna consagra a regra da separação dos poderes: "são poderes da União, independentes e harmônicos entre si, o Legislativo, o Executivo e o Judiciário".

Para evitar os abusos cometidos pelos detentores do poder, ou seja, a concentração do poder nas mãos de uma única pessoa ou órgão, foi necessário dividir as funções estatais. Isso se consagrou por meio do sistema dos freios e contrapesos (*checks and balances*), que menciona que os três Poderes são autônomos e independentes, porém subordinados ao princípio da harmonia. Tal regra resulta na técnica em que o poder é contido pelo pró-prio poder, sendo, portanto, uma garantia do povo contra o arbítrio e o despotismo.

12.1. Poder Legislativo

Suas funções típicas são a legislativa, ou seja, *legislar*, fazer as leis e *fiscalizar* a Administração Pública. Esta última é efetivada pelo Poder Legislativo com o auxílio dos Tribunais de Contas que, vale lembrar, embora levem o nome de "Tribunal", são órgãos do Poder Legislativo. Há quem entenda que a função fiscalizatória seria atípica.

Na União, o Poder Legislativo é um órgão bicameral, pois é formado por duas casas legislais – a Câmara de Deputados, que representa o povo, e o Senado Federal, que representa os Estados. A junção dessas duas casas formam o denominado Congresso Nacional, conforme dispõe o art. 44 da Constituição Federal.

Nos Estados, diferente do que ocorre na União, o Poder Legislativo é unicameral, pois é formado por apenas uma casa, que é a Assembleia Legislativa, conforme previsão do art. 27 da Constituição Federal.

No Distrito Federal, como nos Estados, o Poder Legislativo também é unicameral. O órgão legislativo do DF é denominado Câmara Legislativa. Nos Municípios o Poder Legislativo também é unicameral e é chamado de Câmara Municipal ou Câmara de Vereadores.

O funcionamento do Poder Legislativo é regido pelos arts. 57 e 44 da Constituição Federal. O art. 57 trata da *sessão legislativa*, que deve ser compreendida como o período de um ano de funcionamento do órgão. Diz o referido art. 57 que a sessão legislativa se inicia no dia 02 de fevereiro e vai até 17 de julho e depois reinicia-se no dia 1º de agosto e vai até o dia 22 de dezembro do mesmo ano.

O conceito de sessão legislativa difere do de *legislatura*, esta corresponde ao período de 4 (quatro) anos de funcionamento do Poder Legislativo, conforme disposto no parágrafo único do art. 44 da Constituição Federal.

Os períodos em que o Legislativo não funciona são denominados *recesso parlamentar.* Ocorrem do dia 18 de julho ao dia 31 do mesmo mês e do dia 23 de dezembro a 1º de fevereiro de cada ano (art. 57 da Constituição Federal, conforme redação dada pela EC 50/2006).

Sessão ordinária: dentro da sessão legislativa ocorrem diversas sessões ordinárias. Cada uma corresponde a um dia de funcionamento do Poder Legislativo. Para que os parlamentares participem da sessão ordinária, existe a *convocação* ordinária, que é o ato formal pelo qual eles são chamados a participar das sessões.

Sessão extraordinária: como o próprio nome menciona, extraordinariamente os parlamentares podem ser convocados; tais sessões ocorrem fora do período comum, ordinário, ocorrem fora do período destinado à sessão legislativa. Têm por finalidade a deliberação de uma matéria específica, conforme determina o § 7º do art. 57 da Constituição Federal.

O § 6º do mesmo art. traz as hipóteses de cabimento de convocação da sessão extraordinária, quais sejam:

a) pelo Presidente do Senado Federal, em caso de decretação de estado de defesa ou de intervenção federal, de pedido de autorização para a decretação de estado de sítio e para o compromisso e a posse do Presidente e do Vice-Presidente da República;

b) pelo Presidente da República, pelos Presidentes da Câmara dos Deputados e do Senado Federal ou a requerimento da maioria dos membros de ambas as Casas, em caso de urgência ou interesse público relevante, em todas as hipóteses com a aprovação da maioria absoluta de cada uma das Casas do Congresso Nacional.

12.1.1. *Composição dos Poderes Legislativos*

No âmbito federal, a Câmara de Deputados, representante do povo, conforme já mencionado, é composta por Deputados Federais em número proporcional à população de cada Estado e do Distrito Federal (art. 45, § 1º, CF). Cada Estado ou o DF terá no *mínimo 8 (oito)* e no *máximo 70* (setenta) deputados federais, com mandato de 4 (quatro) anos.

O deputado federal deve ser brasileiro (nato ou naturalizado), maior de 21 anos e estar no exercício dos direitos políticos.

O art. 51 do Texto Maior estabelece as competências privativas da Câmara dos Deputados; essas competências são exercidas, sem a sanção do Presidente da República, através de Resolução.

Sabemos que atualmente não existem territórios federais, mas como é possível sua criação, se existirem, poderão eleger quatro deputados.

O Senado Federal representa os Estados e o Distrito Federal, segundo o art. 46 da Constituição Federal. Cada Estado e o Distrito Federal elegerão 3 Senadores, que terão mandato de oito anos, e a representação será renovada de quatro em quatro anos, alternadamente, por um e dois terços, conforme nos ensina os parágrafos do art. 46. Outra informação extraída do § 3º é a de que cada Senador será eleito com dois suplentes.

O senador deve ser brasileiro (nato ou naturalizado), maior de 35 anos e estar no exercício dos direitos políticos.

O art. 52 da Carta Magna traz as competências privativas do Senado Federal, que são exercidas sem a sanção do Presidente da República, por meio de Resolução.

Por fim, verificamos que o sistema de eleição dos Deputados Federais e dos Senados são diferentes. Os primeiros seguem o *sistema proporcional*, que pretende consagrar o pluripartidarismo e a constante dialética entre ideais políticos diversos. Os segundos são eleitos pelo *sistema majoritário*, no qual consideram-se eleitos os candidatos com maior número de votos.

12.1.2. *Comissões*

São subconjuntos de parlamentares organizados com o fim de tratar de um assunto específico. Podem ser:

12.1.2.1. *Permanentes*

Quando seu início se dá ao começo de cada legislatura. Analisa projeto de lei quanto a determinadas especificidades. Exemplo: Comissão de Constituição e Justiça (CCJ), que tem por função verificar a constitucionalidade do projeto de lei.

12.1.2.2. *Provisórias ou temporárias*

Quando um grupo de parlamentares se reúne provisoriamente para tratar de um assunto específico. Exemplo: comissão reunida para tratar do novo Código de Processo Civil e a Comissão Parlamentar de Inquérito (CPI).

12.1.2.3. *Representativas*

São aquelas reunidas durante o período de recesso parlamentar para que não sejam interrompidas as atividades do Congresso Nacional. Estão previstas no § 4º do art. 58 da Constituição.

12.1.2.4. *Comissão Parlamentar de Inquérito – CPI*

As CPIs encontram respaldo no § 3º do art. 58 da CF e têm por função apurar um *fato determinado*, por um *prazo certo*. São criadas no âmbito do Poder Legislativo, portanto são órgãos desse Poder e possuem natureza de comissão provisória ou temporária, pois, após ter sido apurado o fato, a comissão é desfeita.

A doutrina menciona que fato determinado é aquele em que é possível verificar seus requisitos essenciais. Por exemplo: não há como investigar de forma abstrata a corrupção no Brasil, tem de ser especificado o fato determinado para que o procedimento se inicie. O prazo certo, ou seja, aquele que tem início e fim, terá de ser fixado pelos regimentos internos das Casas, já que a CPI é uma comissão temporária e não permanente.

Tais comissões são formadas ou instaladas pelo requerimento de 1/3 dos membros. Podem ser criadas separadamente tanto pela Câmara de Deputados, quanto pelo Senado Federal ou, ainda, conjuntamente pelas duas casas. Nesse caso, teremos uma CPI mista, que será instalada após assinatura de 1/3 dos Deputados Federais e Senadores conjuntamente. Suas conclusões, se for o caso, serão encaminhadas ao Ministério Público, para que promova a responsabilidade civil ou criminal dos infratores.

As CPIs têm poderes próprios das autoridades judiciais e não de autoridades policiais. Tomando por base a jurisprudência do STF, é possível concluir que elas podem:

1. convocar testemunhas, investigados e autoridades para prestarem esclarecimentos, mesmo que de forma coercitiva. Aliás, o art. 50 da CF determina que os Ministros de Estado ou quaisquer titulares de órgãos diretamente subordinados à Presidência da República devem comparecer para prestarem informações, quando convocados, sob pena de responderem por crime de responsabilidade, na hipótese de ausência injustificada;

2. determinar a realização de certas perícias, necessárias à instrução da investigação;

3. determinar as buscas que sejam imprescindíveis à instrução da investigação;

4. quebrar sigilo fiscal, bancário, financeiro e telefônico (nessa última hipótese ocorrerá apenas a quebra em relação aos dados telefônicos, ou seja, as contas telefônicas).

De outra parte, é possível verificar que a CPI possui limites, há assuntos que estão resguardados pela denominada cláusula de reserva jurisdicional, ou seja, somente por ordem judicial tais atos podem ser determinados, em especial as medidas restritivas de direito. Desse modo, as CPIs não podem:

1. determinar a quebra do sigilo das comunicações telefônicas, ou seja, a CPI não pode determinar a interceptação telefônica, pois, segundo o art. 5º, XII, da CF, somente para fins de investigação criminal ou instrução processual penal é que poderá haver tal diligência. Ressalta-se que o acesso às contas telefônicas (dados telefônicos) não se confunde com quebra de comunicação telefônica (que é a interceptação ou escuta). A primeira se inclui nos poderes da CPI, já a segunda é acobertada pela cláusula de reserva de jurisdição e, portanto, não cabe à CPI determiná-la.

Outro detalhe: o STF já afirmou que, embora haja a vedação mencionada, se a interceptação foi realizada num processo criminal e a CPI quer emprestar a prova lá produzida, para ajudar nas suas investigações, isso poderá ser feito;

2. determinar e efetivar a busca domiciliar, que também depende de ordem judicial, conforme dispõe o inciso XI do art. 5º da CF;

3. decretar a prisão, ressalvadas as hipóteses de flagrante delito, conforme inciso LXI da art. 5º da CF, pois nesses casos não só a CPI, mas qualquer um do povo pode prender. Dispõe o art. 301 do Código de Processo Penal que qualquer pessoa do povo poderá e as autoridades policiais e seus agentes deverão prender quem quer que seja encontrado em flagrante delito.

De acordo com o STF, em decisão monocrática, "a estratégia inquisitiva relativa às testemunhas que invocarem o direito constitucional ao silêncio – dispensa do depoimento – foi objeto de específica deliberação e subsequente encaminhamento de votação no âmbito daquele órgão investigativo colegiado. Não obstante seja imperativo o respeito, tanto na organização quanto na dinâmica das comissões parlamentares de inquérito, das prerrogativas e direitos inerentes ao mandato parlamentar, titularizados pelos seus membros e individualmente exercíveis e exigíveis, estes **não se confundem com aquelas prerrogativas e poderes que a Carta Política assegura às próprias comissões, na qualidade de órgãos colegiados.** A prerrogativa de solicitar depoimentos de qualquer autoridade ou cidadão (art. 58, § 2°, V) e os poderes de investigação próprios das autoridades judiciais (art. 58, § 3°) são outorgados pelo texto da Lei Maior às comissões parlamentares de inquérito, colegiados, e não aos seus membros individualmente considerados. Nessa medida, desde que preservada a integridade da premissa maior contida no Texto Constitucional, as questões vinculadas aos específicos arranjos normativos conformadores de tais institutos extravasam da dimensão estritamente constitucional e judicialmente tutelável da matéria. (...) a verificação de eventual afronta aos preceitos constitucionais invocados está ligada à prévia aferição da inobservância de normas regimentais do Congresso Nacional, a caracterizar, portanto, assunto *interna corporis* do Poder Legislativo." (MS 31.475, rel. Min. **Rosa Weber**, decisão monocrática, julgamento em 07.08.2012, *DJE* de 10.08.2012).

Conforme a Suprema Corte (HC 100.341-AM), a existência de procedimento penal investigatório, em tramitação no órgão jurisdicional competente, não impede a realização de atividade apuratória por uma Comissão Parlamentar de Inquérito, ainda que seus objetos sejam correlatos, pois cada qual possui amplitude distinta, delimitada constitucional e legalmente, além de finalidades diversas.

No mesmo julgado, o STF definiu que a CPI pode estender o âmbito de sua apuração a fatos ilícitos ou irregulares que, no curso do procedimento investigatório, revelarem-se conexos à causa determinante da comissão.

Além disso, reiteradas vezes, a Suprema Corte tem garantido ao convocado a depor numa CPI o privilégio contra a autoincriminação, o direito ao silêncio e que possa comunicar-se com o seu advogado.

Outra decisão relevante do Supremo sobre as CPIs é a de que elas, no desempenho de seus poderes de investigação, estão sujeitas às mesmas normas e limitações que incidem sobre os magistrados, quando no exercício de igual prerrogativa. Vale dizer: as CPIs somente podem exercer as atribuições investigatórias que lhes são inerentes, desde que o façam nos mesmos termos e segundo as mesmas exigências que a Constituição e as leis da República impõem aos juízes, especialmente no que concerne ao necessário respeito às prerrogativas que o ordenamento positivo do Estado confere aos advogados. (...) A presença do advogado em qualquer procedimento estatal, independentemente do domínio institucional em que esse mesmo procedimento tenha sido instaurado, constitui fator inequívoco de certeza de que os órgãos do Poder Público (Legislativo, Judiciário e Executivo) não transgredirão os limites delineados pelo ordenamento positivo da República, respeitando-se, em

consequência, como se impõe aos membros e aos agentes do aparelho estatal, o regime das liberdades públicas e os direitos subjetivos constitucionalmente assegurados às pessoas em geral, inclusive àquelas eventualmente sujeitas, qualquer que seja o motivo, a investigação parlamentar, ou a inquérito policial, ou, ainda, a processo judicial. (...) não se revela legítimo opor, ao advogado, restrições, que, ao impedirem, injusta e arbitrariamente, o regular exercício de sua atividade profissional, culminem por esvaziar e nulificar a própria razão de ser de sua intervenção perante os órgãos do Estado, inclusive perante as próprias CPIs." (MS 30.906-MC, Rel. Min. **Celso de Mello**, decisão monocrática, julgamento em 05.10.2011, *DJE* de 10.10.2011).

Sobre a utilização de documentos oriundos de inquérito sigiloso numa CPI, o Supremo também já decidiu pela possibilidade. (HC 100.341, Rel. Min. **Joaquim Barbosa**, julgamento em 04.11.2010, Plenário, *DJE* de 02.12.2010).

Vale lembrar que a CPI não promove responsabilidades. Ao final das apurações, ela encaminha seus relatórios conclusivos ao Ministério Público para que este órgão, se entender pertinente, promova a responsabilização civil ou criminal dos investigados.

Por último, cumpre mencionar que são cabíveis os remédios constitucionais, em especial mandado de segurança e *habeas corpus,* sempre que houver abusos no decorrer dos trabalhos realizados pelas comissões. A competência para o julgamento dessas ações dependerá da autoridade que pratica o ato abusivo. Se forem representantes do Congresso Nacional, o foro competente é o STF; se forem membros das Assembleias Legislativas ou da Câmara Legislativa do DF, o órgão destinado ao julgamento é o Tribunal de Justiça do respectivo Estado ou o Distrito Federal; e, se forem representantes de Câmara Municipal, o juiz de direito da Comarca respectiva é quem deverá julgar o remédio.

12.1.3. *Imunidades*

Os parlamentares possuem garantias em razão da função que exercem. Tais prerrogativas têm por finalidade resguardar a liberdade e a independência durante o exercício do mandato eletivo. Bem, se o objetivo é garantir a independência e a liberdade dos parlamentares no período em que exercem seus mandatos, é correto afirmar que elas só se iniciam com a diplomação do sujeito. Esse ato, realizado pelo Tribunal Eleitoral, tem por fim validar o processo eletivo e, após, autorizar a posse do parlamentar. Da mesma maneira, o término do mandato, que pode se dar de diversas maneiras, por exemplo, pelo transcurso do prazo, pela renúncia etc., faz com que as imunidades não sejam mais cabíveis.

De acordo com a súmula 245 do STF a imunidade parlamentar não se estende ao corréu sem essa prerrogativa.

Também é importante ressaltar que o Supremo determina que "a cláusula de inviolabilidade constitucional, que impede a responsabilização penal e/ou civil do membro do Congresso Nacional, por suas palavras, opiniões e votos, também abrange, sob seu manto protetor, as entrevistas jornalísticas, a transmissão, para a imprensa, do conteúdo de pronunciamentos ou de relatórios produzidos nas Casas Legislativas e as declarações feitas aos meios de comunicação social, eis que tais manifestações – desde que vinculadas ao desempenho do mandato – qualificam-se como natural projeção do exercício das atividades parlamentares." (**Inq 2.332-AgR**, Rel. Min. **Celso de Mello**, julgamento em 10.02.2011, Plenário, *DJE* de 01.03.2011).

As imunidades podem ser de duas naturezas: material ou processual.

12.1.3.1. Imunidade material

Segundo o art. 53 da Constituição Federal, a imunidade material é aquela pela qual o parlamentar se torna inviolável civil e penalmente, por quaisquer palavras, opiniões e votos que proferir no curso de seu mandato. Todos os parlamentares gozam de imunidade material.

No entanto, em relação aos Vereadores há uma particularidade, qual seja, a imunidade material é limitada, restringe-se à circunscrição do Município, conforme dispõe o inciso VIII do art. 29 da Constituição Federal. Esse entendimento é, também, o adotado pela Suprema Corte: "a proteção constitucional inscrita no art. 29, VIII, da Carta Política estende-se – observados os limites da circunscrição territorial do Município – aos atos dos Vereadores praticados *ratione officii*, qualquer que tenha sido o local de sua manifestação (dentro ou fora do recinto da Câmara Municipal)" (HC 74.201/MG, Rel. Celso de Melo, RTJ, 169/969).

12.1.3.2. Imunidade processual

Está relacionada a garantias relativas à prisão do parlamentar e ao processo criminal que corra contra ele. Ressalta-se que esta imunidade contempla apenas os crimes praticados *após a diplomação* do parlamentar, conforme § 3º do art. 53.

Outra peculiaridade de extrema importância é a de que os Vereadores não são beneficiados por essa garantia, ou seja, não gozam da imunidade processual, mas somente da material.

Para melhor compreensão é necessário separar a garantia relativa à impossibilidade de *prisão* da relacionada ao *processo criminal*.

Em relação à *prisão,* a Constituição diz que os membros do parlamento não poderão ser presos, desde a diplomação, exceto nos casos de prisão em flagrante por crime inafiançável. Aliás, nesta hipótese, conforme dispõe o § 2º do art. 53 da CF, os autos deverão ser remetidos dentro de 24 horas à Casa respectiva para que, pelo voto da maioria de seus membros, ela resolva sobre a prisão. Assim, o órgão legislativo que o parlamentar integra é quem vai decidir se o manterá preso ou solto.

No tocante ao *processo criminal*, o § 3º do art. 53 da CF determina que, recebida a denúncia contra o Senador ou Deputado, por crime ocorrido **após a diplomação**, o Supremo Tribunal Federal dará ciência à Casa respectiva, que, por iniciativa de partido político nela representado e pelo voto da maioria de seus membros, poderá, até a decisão final, suspender o andamento da ação. Assim, se o crime for praticado por um Deputado, a Câmara de Deputados é que poderá suspender o curso da ação;

se o crime for praticado por um Senador, será o Senado Federal o órgão competente para tanto. Vale ressaltar que a Casa terá de apreciar o pedido dentro do prazo improrrogável de 45 dias, contados do seu recebimento pela Mesa Diretora, conforme § 4º do mesmo dispositivo.

Desse modo, se os parlamentares decidirem pela suspensão dos processos, a prescrição das infrações penais que estavam sendo apuradas também ficarão suspensas. É o que determina o § 5º do art. 53 da CF. Tal suspensão valerá enquanto durar o mandato eletivo.

12.1.4. Limitação ao dever de testemunhar

O art. 53, § 6º, da CF estabelece que os parlamentares não serão obrigados a testemunhar sobre informações recebidas ou prestadas em razão do exercício do mandato nem sobre as pessoas que lhes confiaram ou deles receberam informações.

12.1.5. Prerrogativa de foro

Além das imunidades, os Deputados e Senadores gozam de prerrogativa de foro para julgamento dos processos criminais em que estejam litigando. Isso quer dizer que, desde a expedição do diploma, os membros do Congresso Nacional serão submetidos a julgamento perante o Supremo Tribunal Federal (arts. 53, §1º, e 102, I, "b", ambos da Constituição).

Ao contrário do que ocorre com as imunidades parlamentares, a prerrogativa de foro vigora durante o mandato, ainda que o **processo criminal** tenha sido iniciado **antes da expedição do diploma.** Então, os processos instaurados em desfavor de Deputados ou Senadores iniciados antes da diplomação serão remetidos ao STF e encaminhados, após o término do mandato, à instância comum, caso ainda não tenham sido encerrados.

No âmbito estadual, em razão da isonomia, as Constituições Estaduais e a Lei Orgânica do Distrito Federal poderão atribuir aos Tribunais de Justiça respectivos a competência por prerrogativa de função para julgamento dos processos criminais contra Deputados estaduais e distritais, consoante os arts. 27, § 1º, e 32, § 3º, ambos da CF.

Em contrapartida, em nível municipal, os Vereadores não têm a prerrogativa de foro em razão da função, sendo processados e julgados perante a justiça comum, de primeiro grau, mesmo durante o curso dos seus mandatos.

12.1.6. Vedações

O art. 54 da CF enumera vedações impostas aos Deputados e Senadores, vejamos:

a) desde a *diplomação* não poderão os parlamentares:

✓ firmar ou manter contrato com pessoa jurídica de direito público, autarquia, empresa pública, sociedade de economia mista ou empresa concessionária de serviço público, salvo quando o contrato obedecer a cláusulas uniformes;

✓ aceitar ou exercer cargo, função ou emprego remunerado, inclusive os de que sejam demissíveis *ad nutum*, nas entidades constantes da alínea anterior;

b) desde a *posse* também não poderão os parlamentares:

✓ ser proprietários, controladores ou diretores de empresa que goze de favor decorrente de contrato com pessoa jurídica de direito público, ou nela exercer função remunerada;

✓ ocupar cargo ou função de que sejam demissíveis *ad nutum*, nas entidades referidas no primeiro item da letra "a";

✓ patrocinar causa em que seja interessada qualquer das entidades a que se refere o primeiro item da letra "a";

✓ ser titulares de mais de um cargo ou mandato público eletivo.

12.1.7. Perda do mandato

O art. 55 da CF enumera seis hipóteses de perda do mandato do parlamentar. Dentre essas situações, a doutrina distingue os casos de cassação e extinção do mandato. A cassação diz respeito à perda do mandato em virtude do parlamentar ter cometido falta funcional; já a extinção relaciona-se com a ocorrência de ato ou fato que torne automaticamente inexistente o mandato, como, por exemplo, renúncia, morte, ausência injustificada etc.

Nos casos de cassação (*violação das proibições estabelecidas no art. 54 da CF, falta de decoro parlamentar e condenação criminal transitada em julgado* – **art. 55, I, II e VI), a perda do mandato será decidida pela Câmara dos Deputados ou pelo Senado Federal, por maioria absoluta, mediante provocação da respectiva Mesa ou de partido político representado no Congresso Nacional (art. 55, § 2º, da CF).**

Vale lembrar que a EC 76, de 28.11.2013, alterou o § 2º do art. 55 e o § 4º do art. 66 da Constituição Federal, para abolir a votação secreta nos casos de perda de mandato de Deputado ou Senador e de apreciação de veto.

Nas outras três situações de extinção (*deixar de comparecer injustificadamente a 1/3 das sessões ordinárias em cada sessão legislativa, perder ou tiver suspensos os direitos políticos e por decisão da Justiça Eleitoral* – **art. 55, III, IV e V), a perda do mandato independe de votação da Casa, sendo declarada pela Mesa respectiva de ofício ou por provocação de qualquer de seus membros, ou de partido político representado no Congresso Nacional (art. 55, § 3º, CF).**

Frisa-se que em ambas as hipóteses é assegurada a ampla defesa.

12.1.7.1. Decoro parlamentar

Como visto acima, a quebra do decoro parlamentar, previsto no inciso II do art. 55 da CF, é uma das hipóteses de perda do mandato do parlamentar que depende de votação da Casa Legislativa e é caracterizada pelo abuso das prerrogativas parlamentares ou pela percepção de vantagens indevidas, além dos casos definidos nos respectivos Regimentos Internos de cada Casa Legislativa (art. 55, §1º, CF).

12.1.8. Processo legislativo

Para a criação de atos normativos, o art. 59 da CF determina um processo formal que deverá ser seguido pelos órgãos e pessoas que têm a função de elaborar as normas jurídicas, sob pena de, sendo violado, tornar a lei formalmente inconstitucional. As regras que integram o denominado processo legislativo vêm previstas nos arts. 59 a 69 da CF.

O procedimento de elaboração das normas normalmente obedecerá a três fases distintas: instrutória, constitutiva e complementar.

12.1.8.1. Fase instrutória

É composta da denominada *iniciativa* do projeto – o início do processo de construção de uma lei está condicionado a sua apresentação por alguém competente, possuidor de iniciativa legislativa. O rol dos órgãos e pessoas que podem deflagrar projetos de lei está estabelecido no art. 61 da CF e contempla: quaisquer membros ou Comissões do Congresso Nacional, do Senado Federal ou da Câmara dos Deputados; o Presidente da República; o Supremo Tribunal Federal; os Tribunais Superiores; o Procurador-Geral da República e até os cidadãos comuns.

Nessa última hipótese, quando os cidadãos deflagram o processo legislativo, estamos diante da *iniciativa popular das leis*, prevista no art. 61, § 2º, da CF, que exige que o projeto seja subscrito por, no mínimo, um por cento do eleitorado nacional, distribuído pelo menos por cinco Estados, com não menos de três décimos por cento dos eleitores de cada um deles.

Conforme os arts. 61, § 2º, e 64, da CF, os projetos de lei apresentados pelo Presidente da República, pelo Supremo Tribunal Federal, pelos Tribunais Superiores e pelos cidadãos terão obrigatoriamente início na Câmara dos Deputados (casa iniciadora) e concluído no Senado Federal (casa revisora). Seguirá tramitação idêntica, iniciando-se na Câmara, se o projeto for apresentado pelo Procurador-Geral da República, de acordo com o art. 109, § 1º, VII, do Regimento Interno da Câmara dos Deputados. Essas são os projetos de iniciativa *extraparlamentar* ou iniciativa "fora das casas".

Em relação aos projetos de lei de iniciativa *parlamentar*, a regra é clara: iniciam-se nas casas que abrigam seus propositores. Se proposto por membro ou Comissão da Câmara, iniciam-se na Câmara; se por membro ou Comissão do Senado, no Senado Federal.

Vale observar que, segundo o STF, o **retorno** do projeto de lei à casa iniciadora deve se dar **apenas quando houver alteração no sentido jurídico da norma**. Uma emenda que visa apenas corrigir uma impropriedade técnica ou aprimorar a redação do projeto de lei não precisa voltar à casa iniciadora.

Além disso, o **vício de iniciativa não é convalidado por posterior sanção presidencial**, ainda que o projeto seja de iniciativa do próprio Presidente da República.

12.1.8.2. Fase constitutiva

É composta por deliberações que ocorrerão tanto no âmbito do Poder Legislativo (deliberação parlamentar) quanto no do Poder Executivo (deliberação executiva).

12.1.8.2.1. Deliberação parlamentar ou legislativa

Nessa fase, os projetos passam por algumas comissões, em especial pela comissão temática, de acordo com o conteúdo do projeto, e pela comissão de constituição e justiça, que dará parecer terminativo quanto a sua constituciona-

lidade. Além disso, os projetos são deliberados e votados nesse momento.

Em relação às leis federais, essa deliberação ocorrerá de forma bicameral, ou seja, uma das casas será a iniciadora e a outra revisora. O projeto será debatido e votado em ambas. Primeiro na iniciadora e, se aprovado, terá o mesmo procedimento na casa revisora.

As discussões iniciam-se nas Comissões que abrangem a matéria tratada no projeto de lei, de acordo com o art. 58, § 2º, I, da CF.

Em seguida o projeto é votado em plenário para aprovação da casa iniciadora. Após esse processo, conforme art. 65 da CF, o texto aprovado deve ser remetido à casa revisora, também para discussão e votação. Nessa fase, o projeto poderá ser rejeitado, aprovado ou emendado. Na primeira hipótese será arquivado; na segunda, deverá ser encaminhado ao Executivo para sanção ou veto; na terceira, havendo emendas apostas pela casa revisora, elas deverão ser enviadas à apreciação da casa iniciadora, que poderá concordar ou discordar, mas não criar subemendas nem modificar o novo texto. Vale lembrar que o art. 67 da CF determina que o projeto de lei rejeitado só possa ser reapresentado, na mesma sessão legislativa, por iniciativa da maioria absoluta dos membros de quaisquer das casas, Câmara ou Senado.

Aprovado o projeto, a Casa na qual a votação foi concluída deve encaminhá-lo ao Presidente da República para que ele o sancione ou vete.

12.1.8.2.2. Deliberação executiva

O veto poderá ter por fundamento dois motivos: inconstitucionalidade (é o denominado veto jurídico) ou contrariedade ao interesse público (o chamado veto político), conforme art. 66, § 1º, da CF.

Após o veto, o Presidente da República tem 48 horas para comunicar seus motivos ao Presidente do Senado Federal (art. 66, § 1º, *in fine*), que colocará a matéria para ser apreciada e votada em sessão conjunta, podendo ser mantido ou rejeitado pelo Congresso Nacional, dentro de 30 dias contados de seu recebimento, conforme redação do § 4º do art. 66 da CF.

Ressalta-se que a **EC 76, de 28.11.2013, retirou a expressão "escrutínio secreto" (voto secreto) do art. 66, § 4º, da CF. Desse modo, com a nova redação,** para que o veto do Presidente seja derrubado é obrigatória a apreciação em sessão conjunta e o voto da maioria absoluta dos Deputados e Senadores.

Derrubado o veto, o projeto volta ao Presidente da República para sua promulgação, segundo o § 5º do art. 66 da CF. A situação é peculiar, pois, embora a opinião do Presidente tenha sido no sentido de vetar o projeto, ele terá de promulgá-lo.

Se o veto for mantido, arquiva-se o projeto ou, se houver decisão da maioria absoluta dos membros de quaisquer das Casas (Câmara ou Senado), ele poderá ser submetido à nova votação, na mesma sessão legislativa. De acordo com o art. 67 da CF que a matéria constante de projeto de lei rejeitado somente poderá constituir objeto de novo projeto, na mesma sessão legislativa, mediante proposta da maioria absoluta dos membros de qualquer das Casas do Congresso Nacional. Sancionado o projeto de lei adentra-se à fase complementar. Tal dispositivo também prevê a sanção tácita do projeto caso o Presidente não se manifeste dentro do prazo de 15 dias (art. 66, § 3º, da CF).

12.1.8.3. Fase complementar

Essa fase compreende a *promulgação* e a *publicação* oficial do projeto de lei, ambas de competência do Presidente da República (art. 84, IV, CF). Promulgar significa ratificar o processo legislativo, validando a lei no ordenamento jurídico. É com a promulgação que a lei "cria vida jurídica".

Então a lei é publicada no Diário Oficial, ato que torna obrigatório seu cumprimento e vigora a presunção de conhecimento geral pelas pessoas. Contudo, sua eficácia está condicionada a *vacatio legis*, que é o período entre a publicação e a entrada em vigor da norma. Conforme o art. 1º da Lei de Introdução às Normas do Direito Brasileiro – LINDB, via de regra, em 45 dias a lei passa a vigorar em todo o território nacional e em três meses estabelece-se sua vigência no estrangeiro (art. 1º, § 1º, da LINDB). Esses prazos podem ser alterados (com supressão, redução ou ampliação) se dispostos na norma, conforme determina o art. 8º da Lei Complementar 95/1998.

12.1.8.4. Espécies normativas

As espécies legislativas ou normativas estão enumeradas no art. 59 da Constituição Federal. São elas: *emendas constitucionais, leis complementares, leis ordinárias, leis delegadas, medidas provisórias, decretos legislativos e resoluções.*

12.1.8.4.1. Emendas constitucionais

Conforme já exposto, nossa Constituição é classificada, quanto ao seu processo de alteração, como rígida, ou seja, para ser modificada depende de um procedimento mais solene, mais dificultoso que o processo de alteração das demais normas, ditas infraconstitucionais. Sendo assim, o mecanismo hábil para que se altere uma norma constitucional não é uma lei, mas sim a emenda constitucional.

Existem limitações para o exercício do poder de reforma que são determinadas pelo poder constituinte originário. São elas:

a) Limitações procedimentais ou formais

Como o próprio nome indica, essas limitações têm a ver com a forma, com as regras previstas na Constituição para sua alteração. Esse processo é complexo e compreende quatro partes: iniciativa, quórum, promulgação e rejeição (art. 60 da CF).

Passemos à análise de cada uma delas. Para que se altere a Constituição é necessária que seja proposta uma PEC – proposta de emenda constitucional. Somente algumas pessoas detêm competência para *iniciar* esse projeto. São elas: um terço da Câmara dos Deputados ou do Senado Federal, Presidente da República e mais da metade das Assembleias Legislativas – manifestando-se, cada qual, pelo voto da maioria relativa de seus membros.

Iniciado o projeto, há outra limitação que é relativa ao quórum de votação. É imprescindível que o projeto seja aprovado nas duas Casas do Congresso Nacional (Câmara de Deputados e Senado Federal), em dois turnos, e pelo voto de 3/5 dos membros.

Sendo aprovada a PEC, para que efetivamente se transforme em emenda constitucional, ela precisa ser *promulgada* pelas Mesas da Câmara dos Deputados e do Senado Federal.

Há ainda outra limitação formal ou procedimental que se refere à *rejeição* da PEC. A proposta de emenda rejeitada ou havida por prejudicada não poderá ser objeto de nova proposta na mesma sessão legislativa. Assim, somente na próxima sessão legislativa é que os membros do Legislativo poderão colocar em pauta novamente uma PEC que tenha sido rejeitada.

b) Limitações circunstanciais

Em determinadas circunstâncias, em situações de anormalidade, é proibida a edição de emendas constitucionais. Diz a Constituição que ela não poderá ser emendada na vigência de intervenção federal, de estado de defesa ou de estado de sítio (são os denominados "estados de exceção"). Nesses momentos, diz-se que a Constituição fica imutável.

c) Limitações materiais

Há algumas matérias que não poderão ser abolidas do texto constitucional, aliás, sequer poderão ser objeto de deliberação. O § 4º do art. 60 da Constituição traz as denominadas cláusulas pétreas ou núcleos essenciais intangíveis. O nome sempre nos ajuda a compreender o instituto jurídico. "Pétreas" vêm de pedra, algo tão consistente e rígido que é comparado a uma pedra. A outra nomenclatura utilizada pela doutrina também tem fundamento: núcleos, ou seja, apenas uma parte da constituição, um núcleo, é que é dotado dessa impossibilidade de supressão. Além disso, um núcleo essencial, ou seja, aquele relacionado com matérias tipicamente, essencialmente, constitucionais, ou seja, as que giram em torno do poder. E mais, algo intangível é algo não modificável.

As denominadas cláusulas pétreas são as seguintes: forma federativa de Estado; o voto secreto, direto, universal e periódico; a separação dos Poderes; e os direitos e garantias individuais.

12.1.8.4.2. Leis complementares

As leis complementares se diferenciam das ordinárias por possuírem duas características. A primeira está relacionada ao quórum de aprovação. Para ser aprovada é necessário o voto da maioria absoluta (art. 69 da CF). A segunda diferença se dá quanto ao conteúdo disciplinado. Somente será exigida a aprovação por meio de lei complementar em relação às matérias que a Constituição expressamente exige.

Assim, quando a constituição trata de um assunto e menciona que tal assunto deve ser regulamentado por lei, sem qualificar essa lei como "complementar", diz-se que não é necessário o voto da maioria absoluta, ou seja, presume-se que é lei ordinária.

Por ser a lei complementar dotada das características mencionadas, alguns doutrinadores mencionam que há hierarquia entre ela e a lei ordinária, prevalecendo a complementar em relação à ordinária. Entretanto, prevalece uma segunda corrente que sustenta apenas a existência de âmbito de atuação diferente e quórum diferenciado, não havendo hierarquia entre ambas.

12.1.8.4.3. Leis ordinárias

Espécie normativa responsável pela edição de normas gerais e abstratas. A denominação ordinária vem de algo que é comum. Em âmbito federal será elaborada pelo Congresso Nacional, na esfera estadual pelas Assembleias Legislativas dos Estados e na municipal pelas Câmaras de Vereadores. Tudo que não for disciplinado por lei complementar deve ser tratado por lei ordinária. O quórum para sua aprovação é de maioria simples, ou seja, basta aprovação por maioria dos votos, desde que presente a maioria absoluta dos membros da Casa. O que se leva em conta para apurar a maioria simples é o número de parlamentares presentes na sessão.

12.1.8.4.4. Leis delegadas

São leis elaboradas pelo Presidente da República, quando ele exerce, atipicamente, a função legislativa. Segundo o art. 68 da CF, para que o Presidente elabore essa lei deve solicitar a delegação ao Congresso Nacional. O ato que formaliza a autorização dada pelo Legislativo é uma resolução que deve especificar o conteúdo e os termos de seu exercício.

Ressalta-se que, segundo o § 1º do art. 68 da CF, não podem ser objetos de delegação os atos de competência exclusiva do Congresso Nacional, os de competência privativa da Câmara dos Deputados ou do Senado Federal, a matéria reservada à lei complementar, nem a legislação sobre: I – organização do Poder Judiciário e do Ministério Público, a carreira e a garantia de seus membros; II – nacionalidade, cidadania, direitos individuais, políticos e eleitorais; III – planos plurianuais, diretrizes orçamentárias e orçamentos.

A resolução do Congresso também pode mencionar que o projeto de lei, elaborado pelo Presidente, passe por sua apreciação; nessa hipótese, conforme o § 3º do art. 68 da CF, a verificação se dará em votação única e o Congresso não poderá fazer emendas ao texto.

12.1.8.4.5. Medida provisória

A possibilidade de edição de medidas provisórias pelo Chefe do Executivo vem prevista no art. 62 da CF. Desse modo, havendo *relevância* e *urgência*, o Presidente da República poderá adotar medidas provisórias, com *força de lei*, devendo submetê-las imediatamente ao Congresso Nacional.

A votação da medida provisória, segundo § 8º do art. 62 da CF, terá início na Câmara dos Deputados que deverá, antes de deliberar sobre seu mérito, verificar se os pressupostos constitucionais da medida (relevância e urgência) foram atendidos. O mesmo vale para a votação no Senado Federal. É o que dispõe o § 5º do art. 62.

Além disso, a comissão mista de Deputados e Senadores deverá examinar e emitir parecer acerca das medidas provisórias, antes de serem apreciadas, em sessão separada, pelo plenário de cada uma das Casas do Congresso Nacional, conforme § 9º do art. 62.

Ressalta-se que há matérias, segundo o § 1º, inciso I, do art. 62 da CF, que *não* podem ser objeto de medida provisória. São as seguintes: a) nacionalidade, cidadania, direitos políticos, partidos políticos e direito eleitoral; b) direito penal, processual penal e processual civil; c) organização do Poder Judiciário e do Ministério Público, a carreira e a garantia de seus membros; d) planos plurianuais, diretrizes orçamentárias, orçamento e créditos adicionais e suplementares, ressalvado o previsto no art. 167, § 3º, da CF.

O inciso II do mesmo dispositivo constitucional menciona que também é vedada a edição de medida provisória que vise a detenção ou sequestro de bens, de poupança popular ou qualquer outro ativo financeiro, além das matérias reservadas à lei complementar e as já disciplinadas em projeto de lei aprovado pelo Congresso Nacional e pendente de sanção ou veto do Presidente da República.

De acordo com o § 3º do art. 167 da CF, a abertura de crédito extraordinário somente será admitida para atender a despesas imprevisíveis e urgentes, como as decorrentes de guerra, comoção interna ou calamidade pública, observado o disposto no art. 62. Ou seja, **há possibilidade, ainda que excepcional, de abertura de créditos extraordinários por meio de medida provisória.**

O prazo das medidas provisórias, contado a partir da publicação, é de 60 (sessenta) dias, prorrogável, uma única vez, por igual período (60 + 60). Esse prazo ficará suspenso durante o período de recesso do Congresso. Ressalta-se que a prorrogação ocorrerá se a medida não tiver sua votação encerrada nas duas Casas do Congresso dentro do prazo inicial de 60 dias, conforme § 7º do art. 62.

Não sendo convertidas em lei dentro desse período, conforme dispõe o § 3º do art. 62 da CF, as medidas *perderão sua eficácia*, desde a edição. Nessa hipótese, deve o Congresso Nacional, por meio de decreto legislativo, regulamentar as relações jurídicas formadas durante o período em que a medida vigorou.

Exceções à regra de perda de eficácia da medida provisória:

1ª Se o decreto legislativo, que disciplinaria as relações formadas durante a vigência da medida, não tiver sido editado até (60) sessenta dias após sua rejeição ou perda de eficácia, as relações jurídicas constituídas e decorrentes de atos praticados naquele período continuarão sendo regidas pela medida provisória, conforme dispõe o § 11 do art. 62;

2ª Se o projeto de lei de conversão da medida provisória for aprovado, mas alterando o texto original, ela também permanecerá em vigor até que ele seja sancionado ou vetado, conforme § 12 do art. 62.

12.1.8.4.5.1. Regime de urgência ou trancamento de pauta

A medida provisória, conforme já mencionado, tem prazo de validade de 60 dias. Ocorre que há outro prazo, que é de 45 dias, para que ela seja apreciada sem que cause prejuízos. Assim, se não for apreciada em até quarenta e cinco dias contados de sua publicação, entrará em regime de urgência, subsequentemente, em cada uma das Casas do Congresso Nacional, ficando sobrestadas todas as demais deliberações legislativas da Casa em que estiver tramitando até que seja concluída sua votação. É o que determina o § 6º do art. 62 da CF.

Frisa-se que é expressamente proibida a reedição de medidas provisórias na mesma sessão legislativa em que ela tenha sido rejeitada ou que tenha perdido sua eficácia por decurso de prazo, conforme § 10 do art. 62 da CF.

Por fim, o § 2º do mesmo dispositivo constitucional determina que a medida provisória que implique instituição ou majoração de impostos, exceto os previstos nos arts. 153, I, II, IV, V, e 154, II, só produzirá efeitos no exercício financeiro seguinte se houver sido convertida em lei até o último dia daquele em que foi editada.

12.1.8.4.6. Decreto legislativo

As matérias de *competência exclusiva* do Congresso Nacional, previstas no art. 49 da CF, devem ser normatizadas por meio de decreto legislativo. Exemplo: quando o Congresso Nacional quiser sustar os atos normativos do Poder Executivo que exorbitem o poder regulamentar, poderá fazê-lo por meio de decreto legislativo. Outro exemplo seria o Congresso autorizando a realização de um referendo ou convocando um plebiscito. Tais atos serão formalizados por decreto legislativo.

Exceção: o Congresso Nacional, ao delegar a competência legislativa ao Presidente da República para que ele elabore uma lei delegada, o faz por meio de *resolução* e não por decreto legislativo, pois a Constituição assim determina.

Vale lembrar que o Presidente do Senado Federal é quem promulga um decreto legislativo, não passando por deliberação executiva (sanção ou veto presidencial).

12.1.8.4.7. Resolução

Tem por finalidade normatizar as matérias *de competência privativa da Câmara de Deputados* (art. 51 da CF), do *Senado Federal* (art. 52 da CF) e, ainda, algumas atribuições do *Congresso* Nacional, por exemplo, a delegação ao Presidente da República para que ele edite lei delegada (art. 68, §2º, da CF).

Quem promulga uma resolução é a Mesa da Casa Legislativa responsável por sua edição. Do mesmo modo que ocorre com o decreto legislativo, as resoluções não estão sujeitas a deliberação executiva (sanção ou veto presidencial).

12.1.8.4.7.1. Fiscalização contábil, financeira e orçamentária

Conforme dispõe o art. 70 da CF, a fiscalização contábil, financeira, orçamentária, operacional e patrimonial da União e das entidades da administração direta e indireta, quanto à legalidade, legitimidade, economicidade, aplicação das subvenções e renúncia de receitas, será exercida pelo Congresso Nacional, mediante controle externo, e pelo sistema de controle interno de cada Poder.

Todos os órgãos, pessoas, públicos ou privados, que utilizem, arrecadem, guardem, cuidem ou administrem o patrimônio público, têm o dever de prestar contas.

Para tanto, é necessária a realização de controle, que pode ser interno ou externo. O primeiro, como já mencionado, é aquele realizado pelo próprio poder. Já o controle externo é feito pelo Congresso Nacional com o auxílio do Tribunal de Contas da União, ao qual compete, dentre outras atribuições:

✓ apreciar as contas prestadas anualmente pelo Presidente da República;

✓ julgar as contas dos administradores e demais responsáveis por dinheiros, bens e valores públicos da administração direta e indireta, incluídas as fundações e sociedades instituídas e mantidas pelo Poder Público federal, e as contas daqueles que derem causa a perda, extravio ou outra irregularidade de que resulte prejuízo ao erário;

✓ realizar inspeções e auditorias de natureza contábil, financeira, orçamentária, operacional e patrimonial, nas unidades administrativas dos Poderes Legislativo, Executivo e Judiciário;

✓ fiscalizar a aplicação de quaisquer recursos repassados pela União mediante convênio, acordo, ajuste ou outros instrumentos congêneres, a Estado, ao Distrito Federal ou a Município;

✓ prestar as informações solicitadas pelo Congresso Nacional, por qualquer de suas Casas, ou por qualquer das respectivas Comissões, sobre a fiscalização contábil, financeira, orçamentária, operacional e patrimonial e sobre resultados de auditorias e inspeções realizadas;

✓ aplicar aos responsáveis, em caso de ilegalidade de despesa ou irregularidade de contas, as sanções previstas em lei;

✓ assinar prazo para que o órgão ou entidade adote as providências necessárias ao exato cumprimento da lei, se verificada ilegalidade;

✓ sustar, se não atendida, a execução do ato impugnado, comunicando a decisão à Câmara dos Deputados e ao Senado Federal;

✓ representar ao Poder competente sobre irregularidades ou abusos apurados.

Vale lembrar, conforme dispõe o § 3º do art. 71 da CF, que as decisões do Tribunal de Contas que decorram de imputação de débito ou multa valem como título executivo.

Além do exposto, deve o Tribunal de Contas enviar relatórios de suas atividades, trimestral e anualmente, ao Congresso Nacional.

É da competência originária do STF o processo e julgamento dos membros dos Tribunais de Contas da União e, do STJ, os processos relativos aos membros dos Tribunais de Contas Estaduais e do Distrito Federal (arts. 102, I, "c", e 105, I, "a", ambos da CF).

12.2. Poder Executivo

A função típica do poder executivo é a de administrar. No Brasil, como adotamos o sistema presidencialista de governo, o Chefe do Executivo cumula as atribuições de chefe de estado (representa a República Federativa do Brasil perante a comunidade internacional) e chefe de governo (comanda e administra o país no âmbito interno).

De forma atípica, o Chefe do Executivo realiza funções legislativas ao vetar ou sancionar uma lei, ao iniciar um projeto de lei nas hipóteses de sua competência, e, ainda, ao editar medidas provisórias e leis delegadas.

Em todas as unidades federativas há o exercício do Poder Executivo. No âmbito federal, conforme art. 76 da CF, o Executivo é chefiado pelo Presidente da República, que se vale do auxílio dos Ministros de Estado. Para concorrer ao cargo de Presidente o sujeito precisa ser brasileiro nato e contar com mais de 35 anos (art. 14, § 3º, VI, "a", da CF). Já os Ministros que auxiliam o Chefe do Executivo são escolhidos e nomeados por ele, desde que contenham os seguintes requisitos: sejam brasileiros, maiores de vinte e um anos e estejam no exercício dos direitos políticos (art. 87 da CF).

Dentre os diversos ministros que auxiliam o Presidente da República, apenas um deles a Constituição exige que seja brasileiro *nato*, que é o Ministro de Estado da Defesa (art. 12, § 3º, VII). Os demais cargos de Ministros podem ser ocupados tanto por brasileiros natos quanto por naturalizados, conforme nos ensina os arts. 87 e 12, § 2º, ambos da CF.

No âmbito estadual, o Executivo é chefiado pelo Governador do Estado (art. 28 da CF). Tal cargo deve ser ocupado por um brasileiro que possua mais de 30 anos, segundo o art. 14, § 3º, VI, "b", da CF. Auxiliam o Chefe do Executivo estadual o Vice-Governador e os Secretários Estaduais. No Distrito Federal também é o Governador quem chefia o Executivo, valendo-se, para tanto, do auxílio dos seus Secretários Distritais (art. 32, § 2º, da CF).

No âmbito municipal, o Executivo é comandado pelo Prefeito, conforme art. 29, I, da CF. Para que alguém concorra ao cargo de Prefeito é necessário que seja brasileiro e que possua, pelo menos, 21 anos (art. 14, § 3º, VI, "c", da CF). O Vice-Prefeito e os Secretários Municipais auxiliam diretamente os Prefeitos.

12.2.1. *Mandato*

Os Chefes do Executivo possuem um mandato de quatro anos, admitida uma reeleição para um único período subsequente (art. 14, § 5º, CF). Segundo o art. 77 da CF, a eleição do Presidente e do Vice-Presidente ocorre no primeiro domingo de outubro, em primeiro turno, e, havendo a necessidade de um segundo turno, ou seja, quando nenhum dos candidatos que participaram do primeiro turno obtiverem a maioria absoluta dos votos válidos, tal votação se dará no último domingo de outubro do ano anterior ao término do mandato presidencial vigente.

Além disso, no âmbito dos municípios só haverá segundo turno se o número de eleitores for superior a duzentos mil (art. 29, II, da CF).

Conforme o § 3º do art. 77 da Constituição, se nenhum candidato alcançar maioria absoluta na primeira votação, far-se-á nova eleição em até vinte dias após a proclamação do resultado, concorrendo os dois candidatos mais votados e considerando-se eleito aquele que obtiver a maioria dos votos válidos

Após a votação, considera-se eleito, (pois o sistema de eleição adotado é o *majoritário),* o candidato que obtiver a maioria absoluta dos votos válidos, não sendo computados os votos em branco e os nulos (art. 77, § 2º, da CF). A posse do novo governante ocorrerá no dia primeiro de janeiro do ano seguinte à sua eleição. O parágrafo único do art. 78 dispõe que passados dez dias da data fixada para a posse e o governante, salvo motivo de força maior, não tiver assumido o cargo, este será declarado *vago.*

As regras sobre sucessão e substituição do Presidente da República estão previstas nos arts. 79, 80 e 81 da CF e serão analisadas abaixo.

12.2.2. Sucessão

Nas hipóteses de sucessão presidencial, a ausência do Presidente se dá de forma definitiva, ou seja, ele sai do cargo e não volta mais. Os exemplos mais comuns são: morte do Presidente, afastamento em virtude de um processo de *impeachment*, invalidez permanente etc.

12.2.3. Substituição

Nas hipóteses de substituição presidencial, a ausência do Presidente se dá não de forma definitiva, mas de forma transitória, passageira, ou seja, ele sai e posteriormente retorna ao cargo. Isso ocorre, por exemplo, em virtude de um afastamento médico para eventual tratamento de doença ou se houverem sido suspensas suas funções em decorrência de um processo judicial etc. São as hipóteses em que o Presidente fica impedido de atuar.

Segundo o art. 80 da CF, o Presidente será substituído, em primeiro lugar, pelo Vice-Presidente; se ele também ficar impedido de assumir o cargo, será chamado ao exercício da Presidência da República o Presidente da Câmara, depois o Presidente do Senado e por último o Presidente do Supremo, sucessivamente. Vejam que na ordem de sucessão o Presidente da Câmara antecede o do Senado, pois este representa os Estados e aquele é quem representa o povo.

Apenas o Vice-Presidente poderá ocupar o cargo da Presidência de forma definitiva. Os demais somente substituirão o Presidente de forma temporária, provisória. Determina o art. 81 da CF que, vagando os cargos de Presidente e de Vice, deverá ser realizada nova eleição, depois de aberta a última vaga, dentro de noventa dias. Tal pleito se dará de duas formas:

1º ocorrendo a vacância dos cargos de Presidente e Vice-Presidente da República nos dois primeiros anos do mandato presidencial, novas eleições diretas deverão ser feitas dentro do prazo de 90 dias, depois de aberta a última vaga (art. 81, *caput, CF);*

2º ocorrendo a vacância dos dois cargos (Presidente e Vice) nos últimos dois anos do mandato presidencial, o Congresso Nacional é que escolherá o novo Presidente e Vice-Presidente da República, por meio de uma eleição que se dará dentro do prazo de 30 dias depois de aberta a última vaga (art. 81, § 1º, CF). É importante destacar que é o único caso de *eleição indireta* previsto na Constituição Federal. É indireta e não direta, pois não será o povo quem escolherá o novo gover-

nante, mas sim seus representantes (Deputados Federais e Senadores). Haverá intermediários na escolha do novo Presidente e Vice.

Nas duas hipóteses, os eleitos, segundo o § 2º do art. 81, cumprirão tão somente o período que falta para terminar o mandato de seus antecessores. É a hipótese do chamado mandato-tampão.

Lembramos que os casos de novas eleições, diretas ou indiretas, ocorrerão somente nos casos de vacância, ou seja, nos casos em que o Presidente e o Vice se afastam do cargo de forma definitiva.

Dispõe o art. 83 da CF que o Presidente e o Vice-Presidente não poderão ausentar-se do país por período superior a 15 dias, salvo se tiverem autorização do Congresso Nacional, sob pena de perderem o cargo.

12.2.4. Atribuições do Presidente da República

O art. 84 da CF traz as competências do Chefe do Executivo, cuja enumeração é meramente exemplificativa. Tais atribuições são, em regra, delegáveis. Destacam-se as seguintes:

12.2.4.1. Regulamentar normas

É de competência do Presidente, mediante decreto, sempre focado na fiel execução da lei, a regulamentação de normas.

Vale lembrar que o STF já definiu que "a exigência constitucional de lei formal para fixação do valor do salário mínimo está atendida pela Lei 12.382/2011. A utilização de decreto presidencial, definida pela Lei 12.382/2011 como instrumento de anunciação e divulgação do valor nominal do salário mínimo de 2012 a 2015, não desobedece ao comando constitucional posto no inciso IV do art. 7º da CB. A Lei 12.382/2011 definiu o valor do salário mínimo e sua política de afirmação de novos valores nominais para o período indicado (arts. 1º e 2º). Cabe ao presidente da República, exclusivamente, aplicar os índices definidos legalmente para reajuste e aumento e divulgá-los por meio de decreto, pelo que não há inovação da ordem jurídica nem nova fixação de valor" (ADI 4.568, Rel. Min. **Cármen Lúcia**, julgamento em 03.11.2011, Plenário, *DJE* de 30.03.2012).

12.2.4.2. Relacionar-se com Estados estrangeiros, atuando no âmbito internacional

Cabe ao Presidente manter relações com os Estados estrangeiros; acreditar seus representantes diplomáticos; celebrar tratados, convenções e atos internacionais, sujeitos a referendo do Congresso Nacional; e permitir, nos casos previstos em lei complementar, que forças estrangeiras transitem pelo território nacional ou nele permaneçam temporariamente.

12.2.4.3. Nomear autoridades para ocuparem cargos

Ao Presidente é dada a atribuição de nomear e exonerar os Ministros de Estado (art. 84, I, CF); nomear, após aprovação pelo Senado Federal, os Ministros do Supremo Tribunal Federal e dos Tribunais Superiores, os Governadores de Territórios, o Procurador-Geral da República, o presidente e os diretores do banco central e outros servidores, quando determinado em lei (art. 84, XIV, CF); nomear os Comandantes da Marinha, do Exército e da Aeronáutica, promover seus oficiais-generais e nomeá-los para os cargos que lhes são privativos (art. 84, XIII, CF); nomear, observado o disposto no art. 73, os Ministros do Tribunal de Contas da União (art. 84, XV, CF); nomear os magistrados, nos casos previstos na Constituição, e o Advogado-Geral da União (art. 84, XVI, CF); e nomear membros do Conselho da República, nos termos do art. 89, VII (art. 84, XVII, CF).

De acordo com a Súmula 627 do STF, "no mandado de segurança contra a nomeação de magistrado da competência do presidente da República, este é considerado autoridade coatora, ainda que o fundamento da impetração seja nulidade ocorrida em fase anterior ao procedimento".

Além disso, segundo o Supremo, "estando o presidente da República de posse de lista tríplice destinada ao preenchimento de vaga de magistrado de TRT, podendo nomear, a qualquer momento, aquele que vai ocupar o cargo vago, configura-se a competência desta Corte para o julgamento do mandado de segurança que impugna o processo de escolha dos integrantes da lista, nos termos da jurisprudência do STF, consolidada na Súmula 627 desta Corte." (MS 27.244-QO, Rel. Min. Joaquim Barbosa, julgamento em 13.052009, Plenário, *DJE* de 19.03.2010).

12.2.4.4. Atuações no processo de formação das leis (processo legislativo)

O Presidente da República inicia projetos de lei e de emendas constitucionais, nos casos determinados pela Constituição. Também participa, quando da edição de leis, da fase deliberativa, vetando ou sancionando os respectivos projetos. O veto pode ser motivado por razões de interesse público (veto político) ou por inconstitucionalidade (veto jurídico). Além dessas atuações, ao promulgar e mandar publicar as leis, o Presidente atua no processo legislativo na fase complementar. E, por último, ao *editar medidas provisórias* (art. 84, XXVI, CF) e leis delegadas (art. 68 da CF), o Presidente está exercendo uma função atípica, nesse caso, a legislativa.

12.2.4.5. Atuações nos "estados de exceção"

Ao Chefe do Executivo é dada a atribuição de decretar o estado de defesa e o estado de sítio (art. 84, IX, da CF); decretar e executar a intervenção federal (art. 84, X, da CF); declarar guerra, no caso de agressão estrangeira, autorizado pelo Congresso Nacional ou referendado por ele, quando ocorrida no intervalo das sessões legislativas; e, nas mesmas condições, decretar, total ou parcialmente, a mobilização nacional (art. 84, XIX, da CF).

12.2.4.6. Direção superior da administração federal

Cabe ao Presidente da República exercer tal função, auxiliado pelos Ministros de Estado.

12.2.4.7. Disciplinar por meio de decreto

a) a organização e funcionamento da administração federal quando não implicar aumento de despesa nem criação ou extinção de órgãos públicos; e b) a extinção de funções ou cargos públicos, quando vagos (art. 84, VI "a").

12.2.4.8. Conceder indulto e comutar penas

É da competência do Chefe do Executivo conceder tais benefícios por meio da expedição de decreto.

O indulto é normalmente concedido nos finais de ano, quando da comemoração do natal. Segundo o Supremo, "a concessão do benefício do indulto é uma faculdade atribuída ao Presidente da República. Desse modo, é possível a imposição de condições para tê-lo como aperfeiçoado, desde que em conformidade com a CF" (**AI 701.673-AgR, Rel. Min. Ricardo Lewandowski, julgamento em 05.05.2009, Primeira Turma,** *DJE* de 05.06.2009).

Também, segundo a Corte Suprema, "o art. 5º, XLIII, da Constituição, que proíbe a graça, gênero do qual o indulto é espécie, nos crimes hediondos definidos em lei, não conflita com o art. 84, XII, da Lei Maior. O decreto presidencial que concede o indulto configura ato de governo, caracterizado pela ampla discricionariedade" (**HC 90.364, Rel. Min. Ricardo Lewandowski, julgamento em 31.10.2007, Plenário,** *DJ* de 30.11.2007). No mesmo sentido: **HC 81.810, Rel. Min. Cezar Peluso, julgamento em 16.04.2009, Plenário,** *DJE* de 07.08.2009.

A anistia, em regra, é aplicada aos crimes políticos e depende de lei. De acordo com o STF, "tal instituto configura ato político, com natureza política e, excepcionalmente, estende-se a crimes comuns, certo que, para estes, há o indulto e a graça, institutos distintos da anistia (CF, art. 84, XII)" (**ADI 1.231, Rel. Min. Carlos Velloso, julgamento em 15.12.2005, Plenário,** *DJ* de 28.04.2006).

12.2.4.9. Comandar as forças armadas

O Presidente da República comanda as forças armadas. Elas têm por finalidade a proteção militar do país e a defesa da ordem interna, além de protegerem a lei e atuarem de acordo com o que ela determina. (art. 84, XIII, da CF)

12.2.4.10. Convocar e presidir Conselhos

O Chefe do Executivo é quem convoca e preside o Conselho da República e o Conselho de Defesa Nacional (art. 84, XVIII, da CF).

12.2.4.11. Celebrar a paz

O Congresso Nacional pode autorizar o Presidente a celebrar a paz ou referendar uma determinação já formulada por ele (art. 84, XX).

12.2.4.12. Demais atribuições

Cabe ainda ao Chefe do Executivo enviar ao Congresso Nacional o plano plurianual, o projeto de lei de diretrizes orçamentárias e as propostas de orçamento previstas na Constituição; prestar, anualmente, ao Congresso Nacional, dentro de 60 (sessenta) dias após a abertura da sessão legislativa, as contas referentes ao exercício anterior; prover e extinguir os cargos públicos federais, na forma da lei; além de outras atribuições dispostas na Constituição.

Vale lembrar que o parágrafo único do art. 84 da CF dispõe que o Presidente poderá delegar aos Ministros de Estado, ao Procurador-Geral da República ou ao Advogado--Geral da União as seguintes atribuições:

a) disciplina, por meio de decreto, sobre a organização e funcionamento da administração federal, quando não implicar aumento de despesa nem criação ou extinção de órgãos públicos e sobre a extinção de funções ou cargos públicos, quando vagos;

b) concessão de indulto e comutação de penas; e

c) provimento dos cargos públicos federais, na forma da lei.

Por fim, o STF firmou orientação no sentido da "legitimidade de delegação a ministro de Estado da competência do chefe do Executivo Federal para, nos termos do art. 84, XXV, e parágrafo único, da CF, aplicar pena de demissão a servidores públicos federais. (...) Legitimidade da delegação a secretários estaduais da competência do governador do Estado de Goiás para (...) aplicar penalidade de demissão aos servidores do Executivo, tendo em vista o princípio da simetria" (RE 633.009-AgR, Rel. Min. Ricardo Lewandowski, julgamento em 13.09.2011, Segunda Turma, *DJE* de 27.09.2011).

12.2.5. *Responsabilidade do Presidente da República*

Conforme dispõe o art. 86 da CF, o Chefe do Executivo federal pode ser responsabilizado pela prática de crime comum e por crime de responsabilidade. Pelo primeiro terá de responder perante o Supremo Tribunal Federal, já pelo segundo, crime de responsabilidade, estará sujeito a julgamento perante o Senado Federal.

De acordo com o enunciado da **Súmula vinculante 46** a **definição dos crimes de responsabilidade** e o estabelecimento das respectivas normas de processo e julgamento são da competência legislativa da **União**. Vale lembrar que esse comando já vinha descrito na Súmula 722 do STF. Ocorre que, em 09.04.2015, por unanimidade, a Suprema Corte, mediante a conversão da Súmula 722, aprovou a proposta da edição da **Súmula vinculante 46**. Sendo assim, o entendimento já consolidado na jurisprudência do STF, passou a ter efeito vinculante. Os atos que atentem contra a Constituição Federal, em especial contra a existência da União, contra o livre exercício dos poderes, contra o exercício dos direitos políticos, individuais e sociais, contra a segurança interna do País, contra a probidade na administração, contra a lei orçamentária e contra o cumprimento das leis e das decisões judiciais são considerados *crimes de responsabilidade*. A definição de tais crimes é dada pelo art. 4º da Lei 1.079/50.

O procedimento para apuração e julgamento dos crimes praticados pelo Presidente, tanto dos crimes comuns quanto dos crimes de responsabilidade, obedece a um sistema bifásico no qual, em um primeiro momento, é necessária a autorização da Câmara dos Deputados (juízo de admissibilidade do processo), pelo voto de dois terços dos membros, conforme o *caput* do art. 86 da CF. Somente se a Câmara autorizar o julgamento é que haverá a segunda fase do procedimento bifásico, o julgamento propriamente dito. Fala-se que o Presidente possui imunidade formal no tocante à formação do processo, por conta da necessidade dessa autorização da Câmara. É necessário salientar que a imunidade mencionada não se aplica aos membros do Poder Legislativo.

Ao adentrarmos na segunda fase do procedimento bifásico, é necessário diferenciarmos crime comum de crime de responsabilidade, pois cada um obedece a um trâmite processual diferente.

Se o Presidente praticar um crime de natureza *comum*, ou seja, aqueles crimes previstos na legislação penal, conforme dispõem os arts. 86 e 102, I, "b", da CF, será processado e julgado, conforme já mencionado, perante o Supremo Tribunal Federal. Se a denúncia ou queixa for recebida pelo Supremo, o Presidente ficará suspenso de suas funções pelo prazo de 180 dias. Após esse período, se o processo ainda não tiver chegado ao fim, o Presidente deverá retomar suas funções (art. 86, § 1º, I, e § 2º da CF).

Se o Presidente for condenado, além das sanções previstas na lei penal, poderá perder o cargo se a pena aplicada for privativa de liberdade por tempo igual ou superior a um ano e o crime for praticado com abuso de poder ou violação de dever para com a Administração Pública (art. 92, I, "a", do CP). Nessa hipótese a perda do cargo é um efeito da condenação criminal.

O § 3º do art. 86 nos ensina que, durante a vigência do mandato, se o Presidente praticar um crime comum, enquanto não houver sentença condenatória ele não poderá ser levado à prisão (imunidade formal no tocante às prisões de natureza cautelar). Desse modo, o Presidente não poderá ter restrita sua liberdade por nenhuma das modalidades de prisão cautelar, ou seja, não poderá ser preso em flagrante, preventiva ou provisoriamente, mesmo que presentes os requisitos para a decretação de tais custódias. Essas modalidades de prisão são decretadas de forma cautelar, isto é, sem que haja uma decisão condenatória transitada em julgado.

Vale lembrar que o STF já definiu, "no que concerne ao art. 86, § 3º e § 4º, da Constituição, na ADI 1.028, de referência à imunidade à prisão cautelar como prerrogativa exclusiva do presidente da República, insuscetível de estender-se aos governadores dos Estados, que institucionalmente, não a possuem" (**ADI 1.634-MC**, Rel. Min. **Néri da Silveira**, julgamento em 17.09.1997, Plenário, *DJ* de 08.09.2000).

Também segundo o § 4º do art. 86 da CF, durante a vigência do mandato, o Presidente não poderá ser responsabilizado por atos estranhos ao exercício de suas funções. Dessa maneira, só responderá por crime comum perante o Supremo se o crime tiver ligação com o exercício das atividades presidenciais.

Assim, crimes comuns praticados pelo Presidente que não tenham relação com o exercício de suas funções só serão julgados após o fim do mandato, perante a justiça comum e não perante o Supremo Tribunal Federal.

Salienta-se, ainda, que o Chefe do Executivo federal, diferentemente dos parlamentares, não possui a denominada imunidade material, ou seja, não é inviolável por suas palavras, opiniões e votos durante o curso do mandato.

O Presidente pode ser responsabilizado não apenas pela prática de crime comum, mas também em virtude da prática de crime de responsabilidade. A natureza jurídica de tal delito é controvertida na doutrina, mas a maioria entende que é de infração político-administrativa. Se o *Presidente* praticar *crime de responsabilidade*, ou seja, aqueles descritos no art. 85 da CF e regulamentados pela Lei 1.079/50, terá de se sujeitar ao chamado processo de *impeachment*.

Da mesma maneira que ocorre quando ele pratica um crime comum, é necessário o juízo de admissibilidade da Câmara. Somente após ter sido autorizado o julgamento do Presidente é que passaremos para a segunda fase do procedimento.

Nesse momento, o processo é instaurado no Senado Federal, que terá na presidência da sessão de julgamento o Presidente do Supremo Tribunal Federal (art. 52, parágrafo único, da CF). Ressalta-se que ao Senado não é dado juízo de discricionariedade: sendo o julgamento autorizado pela Câmara, o Senado tem de instaurar o processo.

São assegurados ao Presidente os princípios constitucionais da ampla defesa, contraditório e devido processo legal durante todo o trâmite do processo de *impeachment*.

Segundo o inciso II do § 1º do art. 86, a instauração do processo por crime de responsabilidade pelo Senado Federal faz com que o Presidente fique suspenso de suas funções. Se optarem por absolver o Presidente, o processo de *impeachment* será arquivado. Agora, para que o Chefe do Executivo federal seja condenado, é necessário o voto de dois terços dos membros da casa.

Vejam: o art. 86, § 1º, I e II, da CF determina dois momentos para o início da suspensão das funções do Presidente. Se o crime for comum, após o recebimento da denúncia ou queixa--crime pelo STF; se o crime for de responsabilidade, após a instauração do processo pelo Senado Federal.

As penas impostas, no caso de condenação do Presidente por crime de responsabilidade, são autônomas e aplicadas de forma cumulativa. São as seguintes: 1 – perda do cargo; 2 – inabilitação para o exercício de função pública por oito anos (art. 52, parágrafo único, da CF).

O julgamento dos Chefes do Executivo dos Estados, do Distrito Federal e dos Municípios é semelhante ao do âmbito federal. Vejamos.

Nos Estados e no Distrito Federal, os *Governadores* também podem ser responsabilizados por crimes comuns ou de responsabilidade. Pelos primeiros são julgados pelo Superior Tribunal de Justiça (art. 105, I, "a"). Pelos segundos são julgados pelo Tribunal de Justiça do Estado do qual são governantes. A composição desse Tribunal, especificamente para o julgamento do Governador, é dada pelo § 3º do art. 78 da Lei 1.079/50, que determina que o órgão será presidido pelo Presidente do próprio Tribunal e composto por cinco Deputados Estaduais e cinco Desembargadores.

Nos Municípios, os *Prefeitos* estão também sujeitos à responsabilização por crimes comuns e de responsabilidade. Pela prática de crime comum, conforme inciso X do art. 29 da CF, os Chefes do Executivo municipal são processados e julgados pelo Tribunal de Justiça do Estado de que o Município faz parte. Por crimes de responsabilidade, os prefeitos poderão ser responsabilizados de duas maneiras: se o crime

de responsabilidade for próprio, isto é, tipificado no art. 4º do Decreto-Lei 201/1967, a Câmara de Vereadores é quem fará o julgamento; já se for um crime de responsabilidade impróprio, ou seja, aqueles não de natureza política, mas penal tão somente, é o Tribunal de Justiça do Estado respectivo o órgão competente para julgamento (art. 1º do Decreto-Lei 201/1967).

12.3. Poder Judiciário

Um dos importantes princípios que regem esse poder é o da **imparcialidade.** Significa que o juiz, ao analisar os processos que foram a ele submetidos, deve agir com neutralidade.

Além disso, a jurisdição, em regra, pressupõe a existência de uma lide. Ela é inerte, depende de provocação da parte interessada, e é dotada da característica da definitividade, ou seja, transitada em julgado e passado o prazo para a propositura de ação rescisória, a decisão não poderá mais ser modificada.

De acordo com o art. 93, I, da CF, o ingresso na carreira da magistratura, cujo cargo inicial será o de juiz substituto, se dá mediante aprovação em concurso público de provas e títulos, com a participação da OAB em todas as fases. Além disso, o bacharel em Direito tem de comprovar três anos de atividade jurídica para ingressar na magistratura. É a chamada "**quarentena de entrada**," instituto inserido na CF pela EC 45/2004 (reforma do Poder Judiciário).

Segundo o STF (ADI 3.460/DF), os três anos de atividade jurídica são contados da data de conclusão do curso, pois as atividades que terão de ser demonstradas são aquelas privativas do bacharel em Direito. Desse modo, os tempos de estágio, realizados durante o curso de Direito, não são computados para esse fim.

O assunto mencionado foi objeto de regulamentação pela Resolução 75/2009 do Conselho Nacional de Justiça. O seu art. 59 menciona que pode ser computada como tempo de "atividade jurídica", dentre outras atividades, o efetivo exercício da advocacia, magistério superior, desde que predominantemente requeira a utilização de conhecimento jurídico, função de conciliador, mediador ou árbitro na composição de litígios etc.

12.3.1. *Funções, órgãos e principais institutos*

A Constituição Federal traz em seus arts. 92 ao 126 a organização do Poder Judiciário.

O Poder Judiciário tem como função típica a jurisdicional (solução de interesses por meio do devido processo legal). Realiza, de forma atípica, outras funções, como a de natureza *legislativa* (por exemplo, a elaboração do seu regimento interno) e de natureza *executiva-administrativa*, como a organização de suas secretarias.

I - o Supremo Tribunal Federal;

I-A o Conselho Nacional de Justiça; (Incluído pela EC nº 45, de 2004)

II - o Superior Tribunal de Justiça;

II-A - o Tribunal Superior do Trabalho; (Incluído pela EC nº 92, de 2016)

III - os Tribunais Regionais Federais e Juízes Federais;

IV - os Tribunais e Juízes do Trabalho;

V - os Tribunais e Juízes Eleitorais;

VI - os Tribunais e Juízes Militares;

VII - os Tribunais e Juízes dos Estados e do Distrito Federal e Territórios.

A EC n. 73 de 6 de abril de 2013 criou os Tribunais Regionais Federais da 6ª, 7ª, 8ª e 9ª Regiões. Ocorre que a Associação Nacional dos Procuradores Federais – ANPAF ajuizou ação direta de inconstitucionalidade, com pedido de medida liminar, contra a Emenda Constitucional 73/2013. Em decisão monocrática, a ação teve a medida cautelar deferida, o que acarretou a suspensão dos efeitos da EC 73/2013.

O Supremo Tribunal Federal, os Tribunais Superiores e o Conselho Nacional de Justiça têm sede na Capital Federal (Brasília) e os dois primeiros têm jurisdição em todo território nacional.

De acordo com o Supremo, "a Constituição não arrola as turmas recursais dentre os órgãos do Poder Judiciário, os quais são por ela discriminados, em *numerus clausus*, no art. 92. Apenas lhes outorga, no art. 98, I, a incumbência de julgar os recursos provenientes dos juizados especiais. Vê-se, assim, que a Carta Magna não conferiu às turmas recursais, sabidamente integradas por juízes de primeiro grau, a natureza de órgãos autárquicos do Poder Judiciário, e nem tampouco a qualidade de tribunais, como também não lhes outorgou qualquer autonomia com relação aos TRFs. É por essa razão que, contra suas decisões, não cabe recurso especial ao STJ, a teor da Súmula 203 daquela Corte, mas tão somente recurso extraordinário ao STF, nos termos de sua Súmula 640. Isso ocorre, insisto, porque elas constituem órgãos recursais ordinários de última instância relativamente às decisões dos juizados especiais, mas não tribunais, requisito essencial para que se instaure a competência especial do STJ." (**RE 590.409**, voto do Rel. Min. **Ricardo Lewandowski**, julgamento em 26.08.2009, Plenário, *DJE de* 29.10.2009, com repercussão geral).

De acordo com a Súmula Vinculante 37 (STF), não cabe ao Poder Judiciário, que não tem função legislativa, aumentar os vencimentos de servidores públicos sob o fundamento de isonomia.

Vale lembrar que, em relação ao Poder Judiciário, os temas recorrentes em provas e exames são os atinentes à EC 45/2004 (reforma do Poder Judiciário) dentre os quais se destacam os seguintes:

a) inserção do inciso LXXVIII no art. 5º da CF – princípio da **razoável duração do processo ou celeridade processual** no âmbito judicial e administrativo. Configura uma ampliação do rol de direitos e garantias fundamentais;

b) criação de um novo órgão no poder judiciário: CNJ – **Conselho Nacional de Justiça** (art. 103-B da CF);

c) fortificação do princípio da **imparcialidade**, pela criação de vedações ao membros da magistratura, como a proibição do exercício da advocacia no juízo ou tribunal ao qual se afastou pelo prazo de 3 anos;

d) criação de mais um requisito de admissibilidade ao recurso extraordinário: instituto da **repercussão geral**;

e) alterações nas **regras de competência,** em especial em relação à Justiça do Trabalho;

f) criação do instituto denominado **súmula vinculante** (art. 103-A da CF, regulamentado pela Lei 11.417/2006).

12.3.1.1. *Súmula Vinculante*

Dispõe a CF, em seu art. 103-A, que o Supremo Tribunal Federal, e só ele, poderá, de ofício ou por provocação, aprovar súmula vinculante, mediante decisão de **dois terços** dos seus membros, após **reiteradas decisões** sobre **matéria constitucional**.

De acordo com o art. 3º da Lei 11.417/06, são legitimados a propor a edição, a revisão ou o cancelamento de enunciado de súmula vinculante: I – o Presidente da República; II – a Mesa do Senado Federal; III – a Mesa da Câmara dos Deputados; IV – o Procurador-Geral da República; V – o Conselho Federal da Ordem dos Advogados do Brasil; VI – o Defensor Público-Geral da União; VII – partido político com representação no Congresso Nacional; VIII – confederação sindical ou entidade de classe de âmbito nacional; IX – a Mesa de Assembléia Legislativa ou da Câmara Legislativa do Distrito Federal; X – o Governador de Estado ou do Distrito Federal; XI – os Tribunais Superiores, os Tribunais de Justiça de Estados ou do Distrito Federal e Territórios, os Tribunais Regionais Federais, os Tribunais Regionais do Trabalho, os Tribunais Regionais Eleitorais e os Tribunais Militares.

Além disso, o § 1º do mesmo dispositivo determina que o Município também pode propor, incidentalmente ao curso de processo em que seja parte, a edição, a revisão ou o cancelamento de enunciado de súmula vinculante, o que não autoriza a suspensão do processo.

Tal súmula, a partir da publicação na imprensa oficial, terá **efeito vinculante** em relação aos demais órgãos do Poder Judiciário e à administração pública direta e indireta, nas esferas federal, estadual e municipal. A súmula não vincula a função legislativa, ainda que exercida de forma atípica.

Desse modo, havendo descumprimento do mandamento trazido pela súmula vinculante, ou aplicação indevida, caberá **reclamação ao STF** que, julgando-a procedente, anulará o ato administrativo ou cassará a decisão judicial reclamada, e determinará que outra seja proferida com ou sem a aplicação da súmula, conforme o caso (art. 103-A, §3º, da CF).

De acordo com os ensinamentos do Supremo: "**Não se admite reclamação** contra omissão da administração pública, sob fundamento de ofensa a súmula vinculante, **quando não demonstrado o esgotamento das vias administrativas**, conforme disposto no art. 7º, § 1º, da Lei 11.417/2006" (Rcl 14.343-AgR, rel. Min. Teori Zavascki, julgamento em 27.02.2014, Plenário, *DJE* de 28.03.2014).

Além disso, cabe ao STF não só editar como proceder a **revisão ou cancelamento da súmula,** na forma estabelecida em lei. Como mencionado anteriormente, a lei que regulamentou a súmula vinculante foi a de 11.417/2006.

Vale lembrar que a Corte Maior já decidiu que: "A **arguição de descumprimento de preceito fundamental** não é a via adequada para se obter a interpretação, a revisão ou o cancelamento de súmula vinculante." (ADPF 147-AgR, Rel. Min. Cármen Lúcia, julgamento em 24.03.2011, Plenário, *DJE* de 08.04.2011). Vide: ADPF 80-AgR, Rel. Min. Eros Grau, julgamento em 12.06.2006, Plenário, *DJ* de 10.08.2006.

É importante ressaltar, ainda, que o objetivo da súmula vinculante será a validade, a interpretação e a eficácia de normas determinadas, acerca das quais haja controvérsia atual entre órgãos judiciários ou entre esses e a administração pública que acarrete grave insegurança jurídica e relevante multiplicação de processos sobre questão idêntica (art. 103-A, § 1º, da CF).

Por fim, no procedimento de edição, revisão ou cancelamento de enunciado da súmula vinculante, o relator poderá admitir, por decisão irrecorrível, a **manifestação de terceiros** na questão, nos termos do Regimento Interno do Supremo Tribunal Federal (art. 3º, § 2º, da Lei 11.417/2006).

12.3.2. Estatuto da Magistratura

O art. 93 da Constituição Federal dispõe que cabe à *lei complementar*, de iniciativa do Supremo Tribunal Federal, dispor sobre o Estatuto da Magistratura (atualmente regulamentado pela Lei Complementar 35/1979), devendo observar os princípios constitucionais elencados nos respectivos incisos.

Destaca-se que a Emenda Constitucional 45/2004, chamada de "Reforma do Poder Judiciário", modificou razoavelmente o dispositivo supramencionado, vejamos:

a) Ingresso na carreira (inc. I): o cargo de juiz substituto se dá mediante concurso público de provas e títulos, com a participação da OAB em todas as fases, sendo exigido do bacharel em direito no mínimo *três anos de atividade jurídica*;

b) Residência do juiz titular (inc. VII): o juiz titular deve *residir* na respectiva *comarca*, salvo se houver autorização do tribunal;

c) Remoção, disponibilidade e aposentadoria por interesse público (inc. VIII): o quórum para determinar a remoção, a disponibilidade ou a aposentadoria do magistrado por interesse público é de *maioria absoluta* do respectivo tribunal ou do Conselho Nacional de Justiça, assegurando-se ao juiz a ampla defesa;

d) Publicidade (inc. IX): todos os julgamentos dos órgãos do Poder Judiciário serão públicos, e fundamentadas todas as decisões, sob pena de nulidade, podendo a lei limitar a presença, em determinados atos, às próprias partes e a seus advogados, ou somente a estes, em casos nos quais a preservação do direito à intimidade do interessado no sigilo não prejudique o interesse público à informação;

e) Decisões administrativas dos Tribunais (inc. X): devem ser motivadas e tomadas em sessão pública, devendo as de natureza disciplinar ser tomadas pelo voto da maioria dos seus membros;

f) Composição do órgão especial (inc. XI): os Tribunais com número superior a 25 julgadores poderão constituir órgão especial com no mínimo 11 e no máximo 25 membros para exercício das atribuições administrativas e jurisdicionais, sendo a metade deles provida por antiguidade e a outra metade por eleição pelo tribunal pleno;

g) Férias forenses (inc. XII): a atividade jurisdicional será ininterrupta, sendo vedadas férias coletivas nos juízos e tribunais de segundo grau, nos quais deverão funcionar juízes em plantão permanente nos dias em que não houver expediente forense normal;

h) Número de juízes (inc. XIII): deve ser proporcional à demanda e à população da unidade jurisdicional;

i) Delegação de atos (inc. XIV): os servidores devem receber delegação para a prática de atos de administração e atos de mero expediente sem caráter decisório;

j) Distribuição de processos (inc. XV): deve ser imediata, em todos os graus de jurisdição.

12.3.3. Quinto Constitucional

O quinto constitucional (art. 94, CF) consiste na composição de um quinto (20%) dos Tribunais Regionais Federais e dos Tribunais de Justiça dos Estados por promotores de justiça e advogados de notório saber jurídico e de reputação ilibada, com mais de dez anos de efetiva atividade profissional.

Os órgãos de representação das respectivas classes indicarão uma lista sêxtupla. O Tribunal reduzirá esta para uma lista tríplice, encaminhando-a para o Chefe do Poder Executivo respectivo (Presidente da República, no caso dos Tribunais Regionais Federais, e Governador, na hipótese dos Tribunais de Justiça dos Estados), que terá 20 dias para a escolha e nomeação de um.

Ressalta-se que o magistrado nomeado pelo quinto constitucional faz jus, desde logo, à sua vitaliciedade.

12.3.4. Garantias dadas aos membros do poder judiciário

O art. 95 da Constituição Federal assegura três garantias aos juízes, desembargadores e ministros, quais sejam:

a) Vitaliciedade: garante aos magistrados a manutenção no cargo, cuja perda somente se dá por sentença judicial transitada em julgado. Essa garantia é adquirida após dois anos do estágio probatório, em relação aos que foram aprovados em concurso público, ou no momento da posse, na hipótese daqueles que ingressaram pela regra do quinto constitucional ou foram nomeados para atuar nos Tribunais Superiores;

b) Inamovibilidade: atribui a garantia aos juízes de não serem removidos de um lugar para outro, sem prévio consentimento, exceto por motivo de interesse público, desde que pelo voto da maioria absoluta do tribunal ou Conselho Nacional de Justiça, assegurando-se a ampla defesa, conforme dispõe o art. 93, VIII, da CF;

c) Irredutibilidade de subsídio: esta garantia impede a redução dos subsídios, que é a forma de remuneração dos magistrados (ressalvado o disposto nos arts. 37, X e XI, 39, § 4º, 150, II, 153, III e 153, § 2º, I).

12.3.5. Vedações impostas aos membros do Poder Judiciário

O parágrafo único do art. 95 do Texto Maior traz cinco vedações. Vejamos:

a) vedação de exercício de outro cargo ou função, salvo uma de magistério;

b) proibição quanto ao recebimento, a qualquer título ou pretexto, de custas ou participação em processo;

c) vedação de dedicação à atividade político-partidária;

d) proibição do recebimento, a qualquer título ou pretexto, de auxílios ou contribuições de pessoas físicas, entidades públicas ou privadas, ressalvadas as previstas em lei;

e) proibição de exercício da advocacia antes de decorridos três anos do afastamento por aposentadoria ou exoneração no juízo ou tribunal do qual se afastou – denominada "quarentena de saída", não impede que o magistrado afastado possa advogar, mas tão somente que este não poderá exercê-lo no juízo ou tribunal do qual se afastou ou exonerou antes de decorridos três anos do encerramento de sua função.

12.3.6. Supremo Tribunal Federal

O Supremo Tribunal Federal tem como função principal a guarda da Constituição. O art. 102 da CF traz as suas competências, por exemplo, a de processar e julgar originariamente o litígio entre Estado estrangeiro ou organismo internacional e a União, o Estado, o Distrito Federal ou o Território e a extradição solicitada por Estado estrangeiro. O art. 101 da Carta Maior regula a composição do STF, que é integrado por 11 Ministros, escolhidos pelo Presidente da República dentre brasileiros natos, que tenham entre 35 e 65 anos de idade, notório saber jurídico e reputação ilibada. Segundo o parágrafo único do referido dispositivo, compete ao Senado Federal aprovar a indicação do Presidente da República por maioria absoluta de votos.

Observa-se que, nos casos de impedimento do Presidente da República, integra o Presidente do STF a linha sucessória, consoante ao art. 80 da CF.

Observa-se que, nos casos de impedimento do Presidente da República, integra o Presidente do STF a linha sucessória, consoante ao art. 80 da CF.

12.3.7. Superior Tribunal de Justiça

O Superior Tribunal de Justiça compõe-se de, no mínimo, 33 Ministros, devendo sua composição obedecer aos seguintes percentuais, estabelecidos no art. 104 da CF:

a) um terço será composto por membros dos Tribunais Regionais Federais, indicados em lista tríplice pelo próprio Tribunal;

b) um terço será formado por membros dos Tribunais de Justiça dos Estados, indicados em lista tríplice pelo próprio Tribunal;

c) um terço será composto por advogados e promotores, indicados pela regra do quinto constitucional, estabelecida no art. 94, CF (cabe aos respectivos órgãos de classe elaborar uma lista sêxtupla de representantes, cabendo ao STJ a indicação de uma lista tríplice dentre os apontados, enviando-a ao Presidente da República, que nomeará um dentre os três indicados).

Em qualquer das hipóteses descritas, incumbe ao Senado Federal aprovar por maioria absoluta a indicação do Presidente da República.

Em suma, os requisitos para o cargo de Ministro do STJ são os seguintes: (i) ser brasileiro nato ou naturalizado; (ii) ter entre 35 e 65 anos de idade; (iii) ter notório saber jurídico; (iv) ter reputação ilibada.

12.3.8. Conselho Nacional de Justiça

O art. 103-B, com redação dada pela EC 45/2004 e alterada pela EC 61/2009, instituiu o Conselho Nacional de Justiça (CNJ), que tem por função a fiscalização do Poder Judiciário quanto ao cumprimento dos deveres funcionais dos juízes e à administração financeira desse poder. Ressalta-se que **o CNJ**, contudo, **não tem funções jurisdicionais.** Tal órgão exerce uma espécie de controle interno.

O CNJ compõe-se de 15 membros, com mandato de dois anos (admissível somente uma recondução), sendo:

a) o Presidente do STF;

b) um Ministro do STJ, indicado pelo próprio Tribunal;

c) um Ministro do TST, indicado pelo próprio Tribunal;

d) um desembargador de Tribunal de Justiça, indicado pelo STF;

e) um juiz estadual, indicado pelo STF;

f) um juiz do TRF, indicado pelo STJ;

g) um juiz federal, indicado pelo STJ;

h) um juiz de Tribunal Regional do Trabalho, indicado pelo TST;

i) um juiz do trabalho, indicado pelo TST;

j) um membro do Ministério Público da União, indicado pelo PGR;

k) um membro do Ministério Público estadual, escolhido pelo PGR dentre os nomes indicados pelo órgão competente de cada instituição estadual;

l) dois advogados, indicados pelo Conselho Federal da OAB;

m) dois cidadãos, de notável saber jurídico e reputação ilibada, indicados um pela Câmara dos Deputados e um pelo Senado Federal.

Os membros do CNJ serão nomeados pelo Presidente da República, após a aprovação da escolha pelo Senado Federal, por votação de maioria absoluta (§ 2º do art. 103-B da CF).

Vale lembrar que a EC 61/2009 alterou o § 1º do art. em comento estabelecendo que a presidência do CNJ incumbe ao Presidente do STF e, nas suas ausências e impedimentos, ao Vice-Presidente da citada Corte.

É importante salientar que o CNJ – embora incluído na estrutura constitucional do Poder Judiciário – qualifica-se como órgão de caráter eminentemente administrativo, não dispondo de atribuições institucionais que lhe permitam exercer fiscalização da atividade jurisdicional dos magistrados e Tribunais (MS 27.148, Rel. Min. Celso de Mello, decisão monocrática, julgamento em 20.05.2010, *DJE* de 26.05.2010). No mesmo sentido: MS 28.611-MC, Rel. Min. Celso de Mello, decisão monocrática, julgamento em 08.06.2010, *DJE* de 14.06.2010.

Além disso, sabe-se que o CNJ é absolutamente incompetente, não obstante seja órgão de controle interno do Poder Judiciário, para intervir em processos de natureza jurisdicional.

Já decidiu o Supremo sobre a "impossibilidade constitucional de o CNJ (órgão de caráter eminentemente administrativo) fiscalizar, reexaminar e suspender os efeitos decorrentes de ato de conteúdo jurisdicional, como aquele que concede mandado de segurança. Precedentes do STF. Magistério da doutrina." (MS 28.611-MC, Rel. Min. Celso de Mello, decisão monocrática, julgamento em 08.06.2010, *DJE* de 14.06.2010).

Outra decisão relevante foi dada pelo Supremo no julgamento da ADI 4.638-REF-MC, Rel. Min. **Marco Aurélio**, julgamento em 08.02.2012, Plenário. Nessa oportunidade, "o plenário concluiu julgamento de referendo em medida cautelar em ação direta de inconstitucionalidade ajuizada (...) contra a Resolução 135/2011 do Conselho Nacional de Justiça – CNJ." "Quanto ao art. 2º (...), o STF, por maioria, referendou o indeferimento da liminar. Consignou-se que o CNJ integraria a estrutura do Poder Judiciário, mas não seria órgão jurisdicional e não interviria na atividade judicante. Este Conselho possuiria, à primeira vista, caráter eminentemente administrativo e não disporia de competência para, mediante atuação colegiada ou monocrática, reexaminar atos de conteúdo jurisdicional, formalizados por magistrados ou tribunais do país. Ressaltou-se que a escolha pelo constituinte derivado do termo 'Conselho' para a instituição interna de controle do Poder Judiciário mostrar-se-ia eloquente para evidenciar a natureza administrativa do órgão e para definir, de maneira precisa, os limites de sua atuação. Sublinhou-se que o vocábulo 'Tribunal' contido no art. 2º em tela revelaria tão somente que as normas seriam aplicáveis também ao CNJ e ao CJF." (ADI 4.638-REF-MC, Rel. Min. **Marco Aurélio**, julgamento em 2-2-2012, Plenário, *Informativos* 653 e 654).

Vale lembrar que as atribuições do CNJ estão previstas no § 4º do art. 103-B da CF, além das conferidas pelo Estatuto da Magistratura e, dentre elas, destacam-se as seguintes:

I. zelar pela autonomia do Poder Judiciário e pelo cumprimento do Estatuto da Magistratura, podendo expedir atos regulamentares, no âmbito de sua competência, ou recomendar providências;

II. zelar **pela observância do art. 37 da CF** e apreciar, de ofício ou mediante provocação, a legalidade dos atos administrativos praticados por membros ou órgãos do Poder Judiciário, podendo desconstituí-los, revê-los ou fixar prazo para que se adotem as providências necessárias ao exato cumprimento da lei, sem prejuízo da competência do Tribunal de Contas da União;

III. receber e conhecer das reclamações contra membros ou órgãos do Poder Judiciário, inclusive contra seus serviços auxiliares, serventias e órgãos prestadores de serviços notariais e de registro que atuem por delegação do poder público ou oficializados, sem prejuízo da competência disciplinar e correicional dos tribunais, podendo avocar processos disciplinares em curso e determinar a remoção, a disponibilidade ou a aposentadoria com subsídios ou proventos proporcionais ao tempo de serviço e aplicar outras sanções administrativas, assegurada ampla defesa;

IV. representar ao Ministério Público, no caso de crime contra a administração pública ou de abuso de autoridade;

V. rever, de ofício ou mediante provocação, os *processos disciplinares* de juízes e membros de tribunais julgados há menos de um ano;

VI. elaborar semestralmente *relatório estatístico* sobre processos e sentenças prolatadas, por unidade da Federação, nos diferentes órgãos do Poder Judiciário;

VII. elaborar relatório anual, propondo as providências que julgar necessárias, sobre a situação do Poder Judiciário no País e as atividades do Conselho, o qual deve integrar mensagem do Presidente do Supremo Tribunal Federal a ser remetida ao Congresso Nacional, por ocasião da abertura da sessão legislativa.

Ressalta-se que não é da competência do CNJ julgar magistrados por crime de responsabilidade, até porque tal órgão não tem função jurisdicional.

O STF tem analisado várias questões relacionadas ao CNJ, dentre as quais destacam-se as seguintes:

✓ O CNJ tem legitimidade para apuração administrativa de responsabilidades disciplinares dos membros da magistratura, nos casos de inércia, simulação investigatória, procrastinação indevida e/ ou incapacidade de atuação;

✓ O CNJ não pode, por conta do conteúdo nitidamente jurisdicional, suspender, fiscalizar e reexaminar decisão concessiva de mandado de segurança;

✓ O CNJ integra o Poder Judiciário, mas encontra-se hierarquicamente abaixo do Supremo Tribunal Federal.

12.3.9. *Tribunais Regionais Federais e Juízes Federais*

São órgãos da Justiça Federal: os Tribunais Regionais Federais e os Juízes Federais, que estão regulamentados nos arts. 106 a 110 da Constituição Federal. A competência dos Tribunais Regionais Federais vem prevista no art. 108 e a competência dos juízes federais no art. 109 do texto constitucional. Compete aos juízes federais, por exemplo, o processo e julgamento das causas entre Estado estrangeiro ou organismo internacional e Município ou pessoa domiciliada ou residente no País.

Embora já mencionado, vale lembrar que com a aprovação da **EC 73, de 06.04.2013**, foram criados os Tribunais Regionais Federais da 6ª, 7ª, 8ª e 9ª Regiões. O TRF da 6.ª Região, com sede em Curitiba, tem jurisdição sobre os Estados de Santa Catarina e Mato Grosso do Sul. Além dele, também foram incluídos pela emenda os Tribunais Regionais Federais do Amazonas, Minas Gerais e Bahia.

Ocorre que, por conta do deferimento da cautelar na ADI 5710-DF, os efeitos da EC 73/2013 estão suspensos. Os principais argumentos utilizados para a declaração de inconstitucionalidade da emenda mencionada foram: 1) "a criação dos novos tribunais regionais federais irá afetar profundamente a carreira dos procuradores federais. Devido à competência da Justiça Federal (arts. 108 e 109 da Constituição), a União será obrigada a alocar seus procuradores para atuação nos quatro novos tribunais. Para a requerente, essa necessidade de alocação abrupta irá desorganizar a estruturação da carreira e a expectativa de seus integrantes quanto às remoções; 2) Há vício de iniciativa, na medida em que qualquer modificação da estrutura da Justiça depende de projeto de iniciativa do Supremo Tribunal Federal ou dos Tribunais Superiores (art. 96, II, *a* e *d* da Constituição), requisito que não poderia ser burlado nem sequer com o uso de emenda constitucional; 3) Inexiste prévia dotação orçamentária para criação dos novos tribunais, com custo estimado de R$ 922 milhões ao ano pelo Instituto de Pesquisas Econômicas Aplicadas – IPEA, além dos custos iniciais necessários para estruturação física e funcional desses órgãos jurisdicionais; 4) A obrigatoriedade de aplicação de recursos numa finalidade fixada sem a iniciativa própria viola a autonomia administrativa e orçamentária do Judiciário; 5) A criação de novos tribunais é medida ineficiente e irracional para resolver o problema da celeridade da prestação jurisdicional (os quatro tribunais serão responsáveis apenas por 5,3% do total da carga enfrentada pela Justiça Federal); 6) O descaso com os Juizados Especiais Federais será potencializado com a canalização inadequada de recursos para a segunda instância, de forma a prejudicar ainda mais o jurisdicionado que depende da Justiça para obter a prestação mais básica da União; 7) Há o risco de que a tolerância para com a criação de tribunais pela iniciativa do Legislativo crie precedente para algo mais gravoso à independência da Magistratura, a extinção de órgãos do Judiciário. h) A falta de previsão orçamentária impediria as mudanças necessárias para que os advogados públicos, essenciais à Justiça, pudessem defender os interesses da União perante esses tribunais". Os Tribunais Regionais Federais compõem-se de, no mínimo, 7 juízes, recrutados, quando possível, na respectiva região e nomeados pelo Presidente da República dentre brasileiros com mais de 30 e menos de 65 anos, sendo:

a) um quinto dentre advogados com mais de 10 anos de efetiva atividade profissional e membros do Ministério Público Federal com mais de 10 anos de carreira;

b) os demais, mediante promoção de juízes federais com mais de cinco anos de exercício, por antiguidade e merecimento, alternadamente.

Vale lembrar que o § 3º do art. 109 da CF determina o processo e julgamento na justiça estadual, no foro do domicílio dos segurados ou beneficiários, das causas em que forem parte instituição de previdência social e segurado, sempre que a comarca não seja sede de vara do juízo federal, e, se verificada essa condição, a lei poderá permitir que outras causas sejam também processadas e julgadas pela justiça estadual. Nessa hipótese, havendo recurso, este deve ser encaminhado ao Tribunal Regional Federal da área de jurisdição do juiz de primeiro grau.

Importante alteração trazida pela EC 45/2004 foi a denominada "federalização", que estabelece a possibilidade do deslocamento de competência por violação de direitos humanos. De acordo com o § 5º do art. 109 da CF, nas hipóteses de *grave violação de direitos humanos*, o Procurador-Geral da República, com a finalidade de assegurar o cumprimento de obrigações decorrentes de tratados internacionais de direitos humanos dos quais o Brasil seja parte, poderá suscitar, perante o STJ, em qualquer fase do inquérito ou processo, incidente de deslocamento de competência para a Justiça Federal.

De acordo com o art. 107, § 2º, da CF os Tribunais Regionais Federais instalarão a justiça itinerante, com a realização de audiências e demais funções da atividade jurisdicional, nos limites territoriais da respectiva jurisdição, servindo-se de equipamentos públicos e comunitários.

O § 3º do mesmo dispositivo indica que os TRFs poderão funcionar de forma descentralizada constituindo Câmaras regionais, a fim de assegurar o pleno acesso do jurisdicionado à justiça em todas as fases do processo.

Por fim, de acordo com a Súmula 428 do STJ, compete ao Tribunal Regional Federal decidir os conflitos de competência entre juizado especial federal e juízo federal da mesma seção judiciária.

12.3.10. Tribunais e Juízes do Trabalho

São órgãos da Justiça do Trabalho: o Tribunal Superior do Trabalho, os Tribunais Regionais do Trabalho e os Juízes do Trabalho, que estão regulados nos arts. 111 a 116 da Constituição Federal. O art. 114 estabelece a competência da Justiça do Trabalho.

Sobre o art. 114, é importante o leitor conhecer o teor da Súmula Vinculante 53: "A competência da Justiça do Trabalho prevista no art. 114, VIII, da Constituição Federal alcança a execução de ofício das contribuições previdenciárias relativas ao objeto da condenação constante das sentenças que proferir e acordos por ela homologados."

De acordo com o art. 111-A, com redação dada pela **EC nº 92 de 12 de julho de 2016**, o Tribunal Superior do Trabalho compõe-se de 27 Ministros, escolhidos dentre brasileiros com mais de 35 e menos de 65 anos, **de notável saber jurídico e reputação ilibada**, nomeados pelo Presidente da República após aprovação pela maioria absoluta do Senado Federal, sendo:

a) um quinto dentre advogados com mais de 10 anos de efetiva atividade profissional e membros do Ministério Público do Trabalho com 10 (dez) anos de efetivo exercício, observado o disposto no art. 94;

b) os demais dentre juízes dos Tribunais Regionais do Trabalho, oriundos da magistratura da carreira, indicados pelo próprio Tribunal Superior.

Vale mencionar que a EC nº 92 de 12 de julho de 2016, além explicitar o Tribunal Superior do Trabalho como órgão do Poder Judiciário e alterar os requisitos para o provimento dos cargos de Ministros daquele Tribunal, modificou a sua competência. De acordo com o § 3º do art. 111-A, acrescentado pela mencionada emenda, ao Tribunal Superior do Trabalho foi dada a **competência para processar e julgar, originariamente, a reclamação para a preservação de sua competência e garantia da autoridade de suas decisões**.

Os Tribunais Regionais do Trabalho compõem-se de no mínimo 7 juízes, recrutados, quando possível, na respectiva região, e nomeados pelo Presidente da República dentre brasileiros com mais de 30 e menos de 65 anos, sendo:

a) um quinto dentre advogados com mais de 10 anos de efetiva atividade profissional e membros do Ministério Público do Trabalho com mais de 10 anos de efetivo exercício, observado o disposto no art. 94;

b) os demais, mediante promoção de juízes do trabalho por antiguidade e merecimento, alternadamente.

12.3.11. Tribunais Regionais Eleitorais e Juízes Eleitorais

São órgãos da Justiça Eleitoral: o Tribunal Superior Eleitoral, os Tribunais Regionais Eleitorais, os Juízes Eleitorais e as Juntas Eleitorais, que são regulamentados nos arts. 118 a 121 da Constituição Federal.

Segundo o art. 121 do Texto Maior, lei complementar disporá sobre a organização e competência dos tribunais, dos juízes de direito e das juntas eleitorais.

O Tribunal Superior Eleitoral compor-se-á, no mínimo, de sete membros, escolhidos:

a) mediante eleição, pelo voto secreto:

✓ três juízes dentre os Ministros do STF;

✓ dois juízes dentre os Ministros do STJ;

b) por nomeação do Presidente da República, dois juízes dentre seis advogados de notável saber jurídico e idoneidade moral, indicados pelo STF.

As decisões do Tribunal Superior Eleitoral são irrecorríveis, salvo as que contrariarem a Constituição e as denegatórias de *habeas corpus* ou mandado de segurança, das quais caberá recurso para o STF.

Os Tribunais Regionais Eleitorais são previstos em todos os Estados e no Distrito Federal e funcionarão nas Capitais. Esses tribunais compor-se-ão:

a) mediante eleição, pelo voto secreto:

✓ de dois juízes dentre os desembargadores do Tribunal de Justiça;

✓ de dois juízes, dentre juízes de direito, escolhidos pelo Tribunal de Justiça.

b) de um juiz do Tribunal Regional Federal com sede na Capital do Estado ou no Distrito Federal, ou, não havendo, de juiz federal, escolhido, em qualquer caso, pelo Tribunal Regional Federal respectivo;

e) por nomeação, pelo Presidente da República, de dois juízes dentre seis advogados de notável saber jurídico e idoneidade moral, indicados pelo Tribunal de Justiça.

Os juízes dos tribunais eleitorais, salvo motivo justificado, servirão por dois anos, no mínimo, e nunca por mais de dois biênios consecutivos, sendo os substitutos escolhidos na mesma ocasião e pelo mesmo processo, em número igual para cada categoria.

12.3.12. Tribunais e Juízes Militares

São órgãos da Justiça Militar: o Superior Tribunal Militar e os Tribunais e Juízes Militares instituídos por lei, trazidos nos arts. 122 a 124 da Constituição Federal.

De acordo com o art. 124, compete à Justiça Militar processar e julgar os crimes militares definidos em lei. A lei disporá sobre a organização, o funcionamento e a competência da Justiça Militar.

O Superior Tribunal Militar compor-se-á de 15 Ministros vitalícios, nomeados pelo Presidente da República, depois de aprovada a indicação pelo Senado Federal, sendo:

a) três dentre oficiais-generais da Marinha (da ativa e do posto mais elevado da carreira);

b) quatro dentre oficiais-generais do Exército (da ativa e do posto mais elevado da carreira);

c) três dentre oficiais-generais da Aeronáutica (da ativa e do posto mais elevado da carreira);

d) cinco civis, que serão escolhidos pelo Presidente da República dentre brasileiros maiores de 35 anos, sendo:

✓ três advogados de notório saber jurídico e conduta ilibada, com mais de 10 (dez) anos de efetiva atividade profissional;

✓ dois, por escolha paritária, dentre juízes auditores e membros do Ministério Público da Justiça Militar.

12.3.13. Tribunais e Juízes dos Estados

Os Estados organizarão sua Justiça, observados os princípios estabelecidos nesta Constituição, e a competência dos tribunais será definida na Constituição do Estado, sendo a lei de organização judiciária de iniciativa do Tribunal de Justiça.

Mediante proposta do Tribunal de Justiça do Estado, a lei estadual pode criar a Justiça Militar estadual, constituída, em primeiro grau, pelos juízes de direito e pelos Conselhos de Justiça e, em segundo grau, pelo próprio Tribunal de Justiça, ou por Tribunal de Justiça Militar nos Estados em que o efetivo militar seja superior a vinte mil integrantes.

Compete à Justiça Militar estadual processar e julgar os militares dos Estados, nos crimes militares definidos em lei e as ações judiciais contra atos disciplinares militares, ressalvada a competência do júri quando a vítima for civil, cabendo ao tribunal competente decidir sobre a perda do posto e da patente dos oficiais e da graduação das praças.

Frisa-se que é *residual* a competência da Justiça Estadual, portanto, não sendo matéria de competência das justiças especializadas (Eleitoral, Trabalhista e Militar) nem da Justiça Federal, será da Estadual.

12.3.14. Regime de precatórios (EC 62/2009)

Os valores devidos pelas Fazendas Públicas, em razão do regime de impenhorabilidade dos bens públicos, são pagos por meio da expedição de precatórios judiciais.

O procedimento para o pagamento desses valores vem previsto no art. 100 e seguintes da CF, normas alteradas pela EC 62/2009. Tal emenda também acrescentou o art. 97 ao Ato das Disposições Constitucionais Transitórias, criando um regime especial para o pagamento de precatórios pelos Estados, o Distrito Federal e os Municípios.

As principais regras, conforme os parágrafos do art. 100 da CF, são:

a) os titulares de precatórios de natureza alimentar que possuam **60 anos ou mais** na data em que foi expedido o precatório ou que sejam portadores de doença grave, conforme definido em lei, terão preferência sobre outros débitos, até o total equivalente ao triplo do fixado em lei como precatórios de pequeno valor, admitido o fracionamento para essa finalidade, sendo que o restante será pago na ordem cronológica de apresentação do precatório;

b) independentemente de regulamentação, quando forem expedidos os precatórios deles deverá ser **abatido**, a título de compensação, valor correspondente aos débitos líquidos e certos, inscritos ou não em dívida ativa e constituídos contra o credor original pela Fazenda devedora, incluídas parcelas vincendas de parcelamentos, ressalvados aqueles cuja execução esteja suspensa em virtude de contestação administrativa ou judicial. Para isso, antes da expedição, o Tribunal solicitará à Fazenda Pública devedora, para resposta em até 30 (trinta) dias, sob pena de perda do direito de abatimento, informação sobre os débitos que preencham as condições estabelecidas;

c) de acordo com o estabelecido em lei do ente federativo devedor, fica facultado ao credor a entrega de créditos em precatórios para **compra de imóveis públicos** do respectivo ente federado;

d) a partir da promulgação da EC 62/2009, a **atualização de valores de requisitórios**, após sua expedição, até o efetivo pagamento, independentemente de sua natureza, será feita pelo índice oficial de remuneração básica da caderneta de poupança, e, para fins de compensação da mora, incidirão juros simples no mesmo percentual de juros incidentes sobre a caderneta de poupança, ficando excluída a incidência de juros compensatórios;

e) o credor **poderá ceder seus créditos** em precatórios a terceiros, total ou parcialmente, independentemente da concordância do devedor, não se aplicando ao cessionário a preferência no pagamento e eventual dispensa de precatório;

f) A **União**, a seu critério exclusivo e na forma de lei, poderá **assumir débitos**, oriundos de precatórios, de Estados, Distrito Federal e Municípios, refinanciando-os diretamente.

13. FUNÇÕES ESSENCIAIS À JUSTIÇA

As funções essenciais à justiça vêm previstas a partir do art. 127 da Constituição Federal. Os órgãos que têm por atribuição exercer tais funções não são chamados de poderes, não fazem parte dos três poderes. Atuam ao lado do Executivo, Legislativo e Judiciário, mas não os compõem. Integram tais funções o Ministério Público, as Advocacias Pública e Privada e as Defensorias Públicas.

13.1. Ministério Público

O Ministério Público, segundo o art. 127 da Constituição Federal, constitui uma instituição de caráter permanente, que tem por função a defesa da ordem jurídica, do regime democrático e dos interesses sociais e individuais indisponíveis.

13.1.1. Princípios

Os princípios que regem a instituição do Ministério Público são: a unidade, a indivisibilidade e a independência funcional. Vejamos:

a) Unidade: os membros do Ministério Público integram um só órgão, sob uma mesma chefia do Procurador-Geral da República (área federal) e do Procurador-Geral de Justiça (área estadual);

b) Indivisibilidade: os membros do Ministério Público atuam somente e sempre em nome da toda a instituição;

c) Independência funcional: os membros do Ministério Público devem atuar em consonância com a lei e sua convicção, não estando sujeitos às imposições dos órgãos da administração superior da instituição.

Além de ser regido pelos princípios institucionais mencionados, o Ministério Público detém autonomia funcional e administrativa. Havendo dotação orçamentária e autorização legislativa, cabe a ele propor ao Poder Legislativo a criação e extinção de seus cargos e serviços auxiliares, os quais serão providos por concurso público.

É de atribuição da instituição a elaboração de proposta orçamentária, sempre respeitados os limites estabelecidos na lei de diretrizes orçamentárias.

De acordo com o STF, "o Poder Judiciário tem por característica central a estática ou o não agir por impulso próprio (*ne procedat iudex ex officio*). Age por provocação das partes, do que decorre ser próprio do Direito Positivo este ponto de fragilidade: quem diz o que seja 'de Direito' não o diz senão a partir de impulso externo. Não é isso o que se dá com o Ministério Público. Este age de ofício e assim confere ao Direito um elemento de dinamismo compensador daquele primeiro ponto jurisdicional de fragilidade. Daí os antiquíssimos nomes de 'promotor de justiça' para designar o agente que pugna pela realização da justiça, ao lado da 'procuradoria de justiça', órgão congregador de promotores e procuradores de justiça. Promotoria de justiça, promotor de justiça, ambos a pôr em evidência o caráter comissivo ou a atuação de ofício dos órgãos ministeriais públicos. Duas das competências constitucionais do Ministério Público são particularmente expressivas dessa índole ativa que se está a realçar. A primeira reside no inciso II do art. 129 (...). É dizer: o Ministério Público está autorizado pela Constituição a promover todas as medidas necessárias à efetivação de todos os direitos assegurados pela Constituição. A segunda competência está no inciso VII do mesmo art. 129 e traduz-se no 'controle externo da atividade policial'. Noutros termos: ambas as funções ditas 'institucionais' são as que melhor tipificam o Ministério Público enquanto instituição que bem pode tomar a dianteira das coisas, se assim preferir" (HC 97.969, Rel. Min. **Ayres Britto**, julgamento em 01.02.2011, Segunda Turma, *DJE* de 23.05.2011).

13.1.2. Composição

O art. 128 da CF traz os órgãos que compõem o Ministério Público. Fala-se em Ministério Público da União, o qual engloba o MP Federal, o MP do Trabalho, o MP Militar e o MP do Distrito Federal e Territórios; e em MP Estaduais.

O Chefe do Ministério Público da União é o Procurador-Geral da República. O Presidente da República é quem o nomeia, após aprovação pela maioria absoluta dos membros do Senado Federal. Para tanto, deve o Procurador-Geral da República possuir mais de 35 anos e ser integrante da carreira do Ministério Público.

Após ser nomeado, cumprirá um mandato de dois anos, admitida a recondução. Durante o mandato, poderá ser destituído por iniciativa do Presidente da República, desde que haja autorização da maioria absoluta do Senado Federal.

O Chefe dos Ministérios Públicos dos Estados e do Distrito Federal e Territórios é o Procurador-Geral de Justiça. É atribuição dos membros dos citados Ministérios Públicos elaborarem lista tríplice, indicando os nomes, dentre integrantes da carreira, que possivelmente ocuparão o cargo de Procurador-Geral de Justiça. Feita tal lista, deve ser encaminhada ao chefe do Executivo do respectivo Estado ou do Distrito Federal, pois a ele caberá a escolha e nomeação do novo Procurador. Do mesmo modo que ocorre no âmbito da União, o mandato do Procurador é de dois anos, admitida uma recondução.

A destituição do Procurador-Geral de Justiça dos Estados e do DF e Territórios será realizada na forma da lei complementar regulamentadora após a deliberação da maioria absoluta dos membros do Poder Legislativo respectivo.

13.1.3. Funções institucionais

O art. 129 da CF traz as atribuições do Ministério Público, das quais se destacam as seguintes:

✓ promover, privativamente, a ação penal pública (art. 129, I);

✓ promover o inquérito civil e a ação civil pública para a tutela dos interesses difusos e coletivos (art. 129, III);

✓ promover a ação de inconstitucionalidade ou representação para fins de intervenção da União e dos Estados, nos casos previstos nesta Constituição (art. 129, IV);

✓ defender judicialmente os direitos e interesses das populações indígenas (art. 129, V).

13.1.4. Forma de ingresso na carreira

Em virtude de regra trazida pela Emenda Constitucional 45/2004, além da aprovação em concurso público de provas e títulos, é exigida do bacharel em Direito a comprovação de três anos de atividade jurídica. É a denominada "quarentena de entrada".

13.1.5. Garantias

Os membros do Ministério Público gozam das mesmas garantias atribuídas aos membros do Poder Judiciário. São as seguintes:

a) Vitaliciedade: garante aos membros do Ministério Público a sujeição à perda do cargo somente por sentença judicial transitada em julgado. Esta garantia só é adquirida após dois anos do estágio probatório (art. 128, § 5º, I, "a");

b) Inamovibilidade: atribui a garantia aos membros do Ministério Público de não serem removidos, a não ser por motivo de interesse público, por voto da maioria absoluta do órgão colegiado competente, assegurando-se a ampla defesa (art. 128, § 5º, I, "b");

c) Irredutibilidade de subsídios: esta garantia impede a redução dos subsídios (ressalvado o disposto nos arts. 37, X e XI, 39, § 4º, 150, II, 153, III, e 153, § 2º, I), conforme o disposto na alínea "c" do § 5º do art. 128 da CF.

13.1.6. Vedações

O inciso II do § 5º do art. 128 da Constituição Federal traz as vedações aplicáveis aos membros do Ministério Público, quais sejam:

a) receber, a qualquer título e sob qualquer pretexto, honorários, percentagens ou custas processuais;

b) exercer a advocacia;

c) participar de sociedade comercial, na forma da lei;

d) exercer, ainda que em disponibilidade, qualquer outra função pública, salvo uma de magistério;

e) exercer atividade político-partidária;

f) receber, a qualquer título ou pretexto, auxílios ou contribuições de pessoas físicas, entidades públicas ou privadas, ressalvadas as exceções previstas em lei.

13.1.7. Conselho Nacional do Ministério Público (CNMP)

É o órgão de fiscalização do Ministério Público que atua no controle da atuação administrativa e financeira da instituição e do cumprimento dos deveres funcionais de seus membros, com as atribuições definidas no § 2º do art. 130-A do Texto Maior.

Já foi decidida pelo STF a impossibilidade do exercício de cargo de diretor de planejamento, administração e logística do IBAMA ser ocupado por promotor de justiça. Essa impossibilidade se dá por ser membro do MP, que ingressou após a promulgação da CF/1988, já que não poderia ele exercer cargo ou função pública em órgão diverso da organização do MP. Essa vedação foi trazida pelo art. 128, § 5º, II, d, da Constituição Federal vigente (MS 26595, Rel. Min. Cármen Lúcia, Pleno, julgamento 07.04.2010, DJe 10.06.2010).

Composição: o CNMP é integrado por 14 membros, nomeados pelo Presidente da República, após votação pela maioria absoluta do Senado Federal, para um mandato de dois anos, admitida uma recondução, oriundos do próprio Ministério Público, da Magistratura, da Advocacia e da sociedade (2 cidadãos de notável saber jurídico e reputação ilibada, indicados um pela Câmara dos Deputados e outro pelo Senado Federal).

13.2. Advocacia pública

As instituições representadas por advogados públicos integram o que chamamos de advocacia pública. Tais órgãos visam a defender os interesses do Estado em juízo e extrajudicialmente, bem como prestar consultoria e assessoramento jurídico.

13.2.1. Advocacia-Geral da União

Segundo o art. 131 da Constituição Federal, a União é representada judicial e extrajudicialmente pela Advocacia-Geral da União, cabendo-lhe também as atividades de consultoria e assessoramento jurídico do Poder Executivo.

O ingresso na carreira depende da aprovação em concurso público de provas e títulos, conforme o § 2º do art. 131 do Texto Maior, salvo o cargo de chefia.

A instituição tem por chefe o Advogado-Geral da União, de livre nomeação pelo Presidente da República, dentre cidadãos maiores de 35 anos de notável saber jurídico e reputação ilibada. Salienta-se que o cargo em comento não precisa ser ocupado por integrantes da carreira, já que a nomeação se dá livremente pelo Chefe do Executivo.

13.2.2. Procuradoria-Geral do Estado

Os Procuradores do Estado e do Distrito Federal, além de representarem judicialmente as respectivas unidades federadas, prestam consultoria jurídica e assessoramento.

Igualmente como ocorre no modelo federal, o cargo de chefia é ocupado por pessoa de livre nomeação pelo Governador do Estado. O ingresso na carreira, exceto o do cargo de chefia, conforme mencionado, depende de aprovação em concurso público de provas e títulos, com a participação da Ordem dos Advogados do Brasil em todas as suas fases.

É assegurada a estabilidade aos procuradores, depois de três anos de efetivo exercício, mediante aprovação em avaliação de desempenho perante os órgãos próprios. Isso após relatório circunstanciado das corregedorias (art. 132, parágrafo único, da CF).Conforme a jurisprudência da Suprema Corte, no julgamento definitivo da ADI 175/PR, Rel. Min. Octavio Gallotti, "foi declarada a constitucionalidade do art. 56 e parágrafos do ADCT do Estado do Paraná, de 5-10-1989, que autorizou a permanência, em carreiras especiais criadas por lei, dos que já ocupavam com estabilidade, naquele momento, cargos e empregos públicos de advogados, assessores e assistentes jurídicos, para o exercício do assessoramento jurídico nos Poderes Executivo, Legislativo e Judiciário e da representação judicial das autarquias e fundações públicas. Os diplomas legais ora impugnados, ao reunirem numa única carreira os então ocupantes de empregos e cargos públicos preexistentes que já exerciam as mesmas funções de assessoramento jurídico ao Poder Executivo e de representação judicial das autarquias, nada mais fizeram do que atender ao comando expresso no mencionado art. 56 do ADCT paranaense, tratando-se, por certo, de hipótese de subsistência excepcional e transitória autorizada pelo art. 69 do ADCT da CF. A previsão de concurso público de provas e títulos para ingresso na nova carreira, contida no art. 5º da Lei estadual 9.422/1990, destinou-se, exclusivamente, àqueles que já eram, no momento de edição da norma constitucional transitória, ocupantes estáveis de cargos e empregos públicos de advogados, assessores e assistentes jurídicos e que viriam a preencher, mediante aproveitamento, os 295 cargos criados pelo art. 2º do mesmo diploma. Impossibilidade, na vacância, de provimento dos cargos da carreira especial de advogado do Estado do Paraná por outros servidores e, por conseguinte, de realização de novos concursos públicos para esse fim. Necessidade de obediência ao art. 132 da CF." (ADI 484, Rel. p/ o ac. Min. **Ricardo Lewandowski**, julgamento em 10.11.2011, Plenário, *DJE* de 01.02.2012).

13.2.3. Defensoria Pública

Os defensores públicos têm por função institucional a orientação jurídica e a defesa, em todos os graus, dos necessitados, na forma do art. 5º, LXXIV, da Constituição.

De acordo com o art. 134 da CF, já com a redação dada pela **EC 80, de 04.06.2014,** a Defensoria Pública é instituição permanente, essencial à função jurisdicional do Estado, incumbindo-lhe, como expressão e instrumento do regime democrático, fundamentalmente, a orientação jurídica, a promoção dos direitos humanos e a defesa, em todos os graus, judicial e extrajudicial, dos direitos individuais e coletivos, de forma integral e gratuita, aos necessitados, na forma do inciso LXXIV do art. 5º desta Constituição Federal.

A **EC 80, de 04.06.2014**, além de dar nova redação ao art. 134 da CF e alterar outros dispositivos, acrescentou o § 4º ao art. 134, o qual indicou os **princípios institucionais** da Defensoria Pública, quais sejam: **a unidade, a indivisibilidade e a independência funcional**, aplicando-se também, no que couber, o disposto no art. 93 e no inciso II do art. 96 desta Constituição Federal.

Vale lembrar que a organização da Defensoria Pública da União e do Distrito Federal e dos Territórios se dá por lei complementar a qual prescreverá normas gerais para sua organização nos Estados, conforme dispõe o § 1º do art. 134 da CF.Além disso, às Defensorias Públicas Estaduais são asseguradas autonomia funcional e administrativa e a iniciativa de sua proposta orçamentária dentro dos limites estabelecidos na lei de diretrizes orçamentárias e subordinação ao disposto no art. 99, § 2º, CF (art. 134, § 2º).

O ingresso na carreira depende de aprovação em concurso público de provas e títulos. É assegurada a seus integrantes a garantia da inamovibilidade e vedado o exercício da advocacia fora das atribuições institucionais.

De acordo com o Supremo, "a representação processual pela Defensoria Pública, *in casu*, Defensoria Pública da União, faz-se por defensor público integrante de seu quadro funcional, independentemente de mandato, ressalvados os casos nos quais a lei exija poderes especiais, consoante dispõe o art. 128, inciso XI, da LC 80/1994." (AI 616.896-AgR, voto do Rel. Min. **Gilmar Mendes**, julgamento em 14.06.2011, Segunda Turma, *DJE* de 29.06.2011).

Voltando às alterações das normas constitucionais que tratam do tema defensoria pública, é necessário acrescentar que a **EC 69** de 29.03.2012 alterou a redação dos arts. 21, 22 e 48 da Constituição Federal, para transferir da União para o Distrito Federal as atribuições de organizar e manter a Defensoria Pública do Distrito Federal.

Tal emenda, oriunda da proposta 445/2009, concede competência ao Distrito Federal para organizar e manter a sua Defensoria Pública. Com base na regra antiga, competia à União a organização e manutenção a Defensoria Pública do Distrito Federal. Além disso, também era atribuição da União a competência para legislar sobre essa instituição. Desse modo, o Distrito Federal não possuía autonomia quanto à Defensoria Pública, embora pudesse, com fulcro no art. 24, XIII, primeira parte, da CF, legislar sobre assistência jurídica, o que o fez, por exemplo, instituindo o CEAJUR- Centro de Assistência Jurídica gratuita. Com a aprovação da EC 69/2012, a organização, manutenção da Defensoria Pública do Distrito Federal passou a ser de competência deste ente federativo e não mais da União. Foi excluída da competência da União a atribuição para organizar, manter e legislar sobre a Defensoria do Distrito Federal.

Além disso, a **EC 74**, de 06.08.2013, acrescentou o § 3º ao art. 134, o qual estendeu as mesmas prerrogativas das Defensorias Públicas Estaduais à Defensoria Pública da União (DPU) e à do Distrito Federal. O § 2º do art. 134 da CF, assegura às Defensorias Públicas Estaduais (DPEs) autonomia funcional e administrativa e a iniciativa de sua proposta orçamentária dentro dos limites estabelecidos na Lei de Diretrizes Orçamentárias. O mesmo dispositivo não concedia tal autonomia e nem tal iniciativa à Defensoria Pública da União e do Distrito Federal. Com a alteração, portanto, ficam asseguradas às Defensorias Públicas da União, dos Estados e do Distrito Federal a autonomia funcional e administrativa e a iniciativa de sua proposta orçamentária dentro dos limites estabelecidos na lei de diretrizes orçamentárias.

Por fim, a **EC 80, de 04.06.2014** acrescentou o art. 98 ao ADCT determinando que o número de defensores públicos na unidade jurisdicional seja proporcional à efetiva demanda pelo serviço da Defensoria Pública e à respectiva população.

O § 1º do mencionado dispositivo determina que no prazo de 8 (oito) anos, a União, os Estados e o Distrito Federal contem com defensores públicos em todas as unidades jurisdicionais, observado o disposto no *caput* do art..

E acrescenta, em seu § 2º, que durante o decurso do prazo previsto no § 1º do art. 98, a lotação dos defensores públicos ocorrerá, prioritariamente, atendendo as regiões com maiores índices de exclusão social e adensamento populacional.

13.3. Advocacia privada

Prescreve a Constituição da República em seu art. 133 que "o advogado é indispensável à administração da justiça, sendo inviolável por seus atos e manifestações no exercício da profissão, nos limites da lei".

O advogado é o bacharel em Direito e inscrito na Ordem dos Advogados do Brasil (art. 8º da Lei 8.906/1994 – EOAB).

De acordo com o art. 6º do diploma legal citado, não há hierarquia entre os advogados, magistrados e membros do Ministério Público, devendo haver consideração e respeito entre eles.

Ao advogado é assegurada a inviolabilidade material, tendo em vista que no exercício da atividade profissional não pode ser punido por seus atos ou manifestações, ainda que constituam injúria ou difamação, sem prejuízo das sanções disciplinares perante a OAB pelos eventuais excessos que cometer (art. 7º, § 2º, EOAB).

Em consagração à essencialidade da função do advogado, foi editada a Súmula Vinculante 14, a qual prolata que é direito do defensor, no interesse do representado, ter acesso amplo aos elementos de prova que, já documentados em procedimento investigatório realizado por órgão com competência de polícia judiciária, digam respeito ao exercício do direito de defesa.

Muito importante ainda esclarecer que a OAB, mesmo prestando serviço público federal, não consubstancia uma entidade da administração indireta. Não está, assim, sujeita ao controle da Administração, nem a qualquer das suas partes está vinculada. Essa não vinculação é formal e materialmente necessária. A OAB ocupa-se de atividades atinentes aos advogados, que exercem função constitucionalmente privilegiada, na medida em que são indispensáveis à administração da Justiça, conforme inteligência do art. 133, da Constituição Federal. É entidade cuja finalidade é afeita a atribuições, interesses e seleção de advogados. Não há ordem de relação ou dependência entre a OAB e qualquer órgão público (ADI 3.026, Rel. Min. Eros Grau, julgamento em 08.06.2006, Plenário, *DJ* de 29.09.2006).

14. ESTADOS DE EXCEÇÃO

Os estados de exceção (estado de sítio e de defesa) configuram situações de anormalidade institucional, momentos de crise em que o próprio texto constitucional autoriza que o Estado adote medidas de repressão, limitando algumas garantias fundamentais.

Tanto no estado da defesa como no estado de sítio é necessária a existência de uma comissão que tem por função o acompanhamento e a fiscalização das medidas tomadas durante este período de anormalidade. Tal comissão, designada pela Mesa do Congresso, após a oitiva dos líderes partidários, será composta por 5 (cinco) membros.

14.1. Estado de defesa

O estado de defesa é decretado para preservar ou prontamente restabelecer, em locais restritos e determinados, a ordem pública ou a paz social ameaçadas por grave e iminente instabilidade institucional ou atingidas por calamidades de grandes proporções na natureza.

O Presidente da República, após ouvir o Conselho da República e o Conselho de Defesa, é quem decreta o estado de defesa. Vale lembrar que esse decreto, obrigatoriamente, deve conter o tempo de duração da medida, que não será superior a 30 dias, prorrogável uma vez por igual período, também deve constar as áreas abrangidas e ainda as medidas coercitivas que vigorarão neste período, dentre as seguintes:

a) restrições aos direitos de reunião (ainda que em associações);

b) sigilo de correspondência, de comunicação telegráfica e telefônica;

c) ocupação e uso temporário de bens e serviços públicos (caso de calamidade).

O decreto deve ser encaminhado em 24 horas para o Congresso Nacional, com as respectivas justificativas, que, no prazo de 10 (dez) dias, deverá aprová-lo ou rejeitá-lo por maioria absoluta. Rejeitado o decreto, cessa de imediato o estado de defesa.

Caso o congresso esteja em recesso, será convocado, extraordinariamente, no prazo de 5 (cinco) dias.

Durante a vigência do estado de defesa, qualquer crime cometido contra o Estado deverá ser comunicado imediatamente ao juiz competente pelo executor da medida; o juiz poderá relaxar a prisão caso esta seja ilegal, sendo facultado ao preso requerer exame de corpo de delito.

A comunicação da prisão será acompanhada de declaração, pela autoridade competente, do estado físico e mental do detido no momento de sua prisão, que não poderá ser superior a 10 (dez) dias, salvo quando autorizada pelo juízo competente.

É importante ressaltar que é vedada a incomunicabilidade do preso.

14.2. Estado de sítio

O estado de sítio é decretado nas hipóteses de comoção grave de repercussão nacional, ineficácia do estado de defesa, declaração de estado de guerra ou resposta a agressão estrangeira armada.

Do mesmo modo que o estado de defesa, o de sítio é decretado pelo Presidente da República, desde que sejam ouvidos os Conselhos da República e de Defesa Nacional. Além disso, nesse caso, é necessária a prévia autorização do Congresso Nacional pelo voto da maioria absoluta.

Assim, diferentemente do que ocorre no estado de defesa, no estado de sítio o Presidente deve primeiro solicitar a autorização do Congresso Nacional e, sendo esta deferida, então decretar a medida.

Se o Congresso estiver em recesso e for solicitada essa autorização para decretar o estado de sítio, o Presidente do Senado Federal, de imediato, deve fazer a convocação extraordinária para que se reúnam dentro de 5 (cinco) dias e apreciem o ato, permanecendo em funcionamento até o término das medidas coercitivas.

O prazo de duração é de no máximo 30 (trinta) dias, prorrogáveis, por igual período, indefinidamente, mas sempre com a prévia autorização do Congresso Nacional.

Além do prazo, o decreto presidencial deve conter as normas necessárias a sua execução e as garantias constitucionais que ficarão suspensas tais como:

a) obrigação de permanência em localidade determinada;

b) detenção em edifício não destinado a acusados ou condenados por crimes comuns;

c) restrições relativas à inviolabilidade da correspondência, ao sigilo das comunicações, à prestação de informações e à liberdade de imprensa, radiodifusão e televisão, na forma da lei (obs.: dispõe a Constituição que a difusão de pronunciamentos de parlamentares efetuados em suas Casas Legislativas, desde que liberada pela respectiva Mesa, não se inclui dentre essas restrições);

d) suspensão da liberdade de reunião;

e) busca e apreensão em domicílio;

f) intervenção nas empresas de serviços públicos;

g) requisição de bens.

14.3. Disposições gerais

Ao término dos estados de defesa e sítio, os efeitos por eles produzidos cessarão, mas os ilícitos praticados pelos agentes e executores da medida poderão ser apurados para que sejam determinadas eventuais responsabilizações.

O Presidente da República, assim que cessarem os estados de exceção, deve relatar ao Congresso Nacional as medidas que foram tomadas durante o período de anormalidade especificando e justificando as providências tomadas, indicando as restrições aplicadas.

14.4. Forças Armadas

De acordo com o art. 142 da CF, as Forças Armadas, formadas pela Marinha, pelo Exército e pela Aeronáutica, são instituições nacionais permanentes e regulares, organizadas com base na hierarquia e na disciplina, sob a autoridade suprema do Presidente da República, e destinam-se à defesa da Pátria, à garantia dos poderes constitucionais e, por iniciativa de qualquer destes, da lei e da ordem.

A utilização das Forças Armadas para a garantia da lei e da ordem depende da iniciativa do Supremo Tribunal Federal, da Presidência da República ou do Congresso Nacional, haja vista que tais atribuições são dadas de forma originária às forças da segurança pública.

As normas gerais a serem adotadas na organização, no preparo e no emprego das Forças Armadas são estabelecidas por lei complementar, conforme dispõe o § 1º do art. 142 da CF.

Vale lembrar que o § 2º do mesmo dispositivo determina a não possibilidade da impetração de *habeas corpus* em relação a punições disciplinares militares. Mas, segundo o STF, "a legalidade da imposição de punição constritiva da liberdade, em procedimento administrativo castrense, pode ser discutida por meio de habeas corpus. Precedentes." (RHC 88.543, Rel. Min. Ricardo Lewandowski, julgamento em 03.04.2007, Primeira Turma, *DJ* de 27.04.2007). A Corte Maior em outro julgado determinou que "Não há que se falar em violação ao art. 142, § 2º, da CF, se a concessão de habeas corpus, impetrado contra punição disciplinar militar, volta-se tão somente para os pressupostos de sua legalidade, excluindo a apreciação de questões referentes ao mérito" (RE 338.840, Rel. Min. Ellen Gracie, julgamento em 19.08.2003, Segunda Turma, *DJ* de 12.09.2003).

Conforme dispõe o art. 142, § 3º, da CF, os membros das Forças Armadas são denominados militares e a eles são aplicadas, além das disposições que a lei fixar, as seguintes:

I – as patentes, com prerrogativas, direitos e deveres a elas inerentes, são conferidas pelo Presidente da República e asseguradas em plenitude aos oficiais da ativa, da reserva ou reformados, sendo-lhes privativos os títulos e postos militares e, juntamente com os demais membros, o uso dos uniformes das Forças Armadas;

II – o militar em atividade que tomar posse em cargo ou emprego público civil permanente, ressalvada a hipótese prevista no art. 37, inciso XVI, alínea "c", será transferido para a reserva, nos termos da lei (Redação dada pela Emenda Constitucional 77/2014). Vale lembrar que a jurisprudência consolidada desta Corte já assentou que "a transferência para a reserva remunerada de militar aprovado em concurso público, subordina-se à autorização do presidente da República ou à do respectivo ministro." (AI 453.424-AgR, rel. Min. Ellen Gracie, julgamento em

29.11.2005, Segunda Turma, *DJ* de 10.02.2006). No mesmo sentido: RE 601.148-AgR, rel. Min. Eros Grau, julgamento em 29.09.2009, Segunda Turma, *DJE* de 23.10.2009;

III – o militar da ativa que, de acordo com a lei, tomar posse em cargo, emprego ou função pública civil temporária, não eletiva, ainda que da administração indireta, ressalvada a hipótese prevista no art. 37, inciso XVI, alínea "c", ficará agregado ao respectivo quadro e somente poderá, enquanto permanecer nessa situação, ser promovido por antiguidade, contando-se-lhe o tempo de serviço apenas para aquela promoção e transferência para a reserva, sendo depois de dois anos de afastamento, contínuos ou não, transferido para a reserva, nos termos da lei (Redação dada pela Emenda Constitucional 77/2014);

IV – ao militar são proibidas a sindicalização e a greve. Conforme entendimento do Supremo: "Os servidores públicos são, seguramente, titulares do direito de greve. Essa é a regra. Ocorre, contudo, que entre os serviços públicos há alguns que a coesão social impõe sejam prestados plenamente, em sua totalidade. Atividades das quais dependam a manutenção da ordem pública e a segurança pública, a administração da Justiça – onde as carreiras de Estado, cujos membros exercem atividades indelegáveis, inclusive as de exação tributária – e a saúde pública não estão inseridos no elenco dos servidores alcançados por esse direito. Serviços públicos desenvolvidos por grupos armados: as atividades desenvolvidas pela polícia civil são análogas, para esse efeito, às dos militares, em relação aos quais a Constituição expressamente proíbe a greve (art. 142, § 3º, IV)" (Rcl 6.568, Rel. Min. Eros Grau, julgamento em 21.05.2009, Plenário, *DJE* de 25.09.2009). No mesmo sentido: Rcl 11.246-AgR, rel. Min. Dias Toffoli, julgamento em 27.02.2014, Plenário, *DJE* de 02.04.2014;

V – o militar, enquanto em serviço ativo, não pode estar filiado a partidos políticos;

VI – o oficial só perderá o posto e a patente se for julgado indigno do oficialato ou com ele incompatível, por decisão de tribunal militar de caráter permanente, em tempo de paz, ou de tribunal especial, em tempo de guerra;

VII – o oficial condenado na justiça comum ou militar a pena privativa de liberdade superior a dois anos, por sentença transitada em julgado, será submetido ao julgamento previsto no inciso anterior;

VIII – aplica-se aos militares o disposto no art. 7º, incisos VIII, XII, XVII, XVIII, XIX e XXV, e no art. 37, incisos XI, XIII, XIV e XV, bem como, na forma da lei e com prevalência da atividade militar, no art. 37, inciso XVI, alínea "c" (Redação dada pela Emenda Constitucional 77/2014). A Suprema Corte já definiu que: "A estabilidade provisória advinda de licença-maternidade decorre de proteção constitucional às trabalhadoras em geral. O direito amparado pelo art. 7º, XVIII, da CF, nos termos do art. 142, VIII, da CF/1988, alcança as militares." (RE 523.572-AgR, rel. Min. Ellen Gracie, julgamento em 06.10.2009, Segunda Turma, *DJE* de 29.10.2009). No mesmo sentido: AI 811.376-AgR, rel. Min. Gilmar Mendes, julgamento em 01.03.2011, Segunda Turma, *DJE* de 23.03.2011;

IX – a lei disporá sobre o ingresso nas Forças Armadas, os limites de idade, a estabilidade e outras condições de transferência do militar para a inatividade, os direitos, os deveres, a remuneração, as prerrogativas e outras situações especiais dos militares, consideradas as peculiaridades de suas atividades, inclusive aquelas cumpridas por força de compromissos internacionais e de guerra. O STF entende que o dispositivo mencionado: "é expresso ao atribuir exclusivamente à lei a definição dos requisitos para o ingresso nas Forças Armadas. A Constituição brasileira determina, expressamente, os requisitos para o ingresso nas Forças Armadas, previstos em lei: referência constitucional taxativa ao critério de idade. Descabimento de regulamentação por outra espécie normativa, ainda que por delegação legal. Não foi recepcionada pela Constituição da República de 1988 a expressão 'nos regulamentos da Marinha, do Exército e da Aeronáutica' do art. 10 da Lei 6.880/1980. O princípio da segurança jurídica impõe que, mais de vinte e dois anos de vigência da Constituição, nos quais dezenas de concursos foram realizados se observando aquela regra legal, modulem-se os efeitos da não recepção: manutenção da validade dos limites de idade fixados em editais e regulamentos fundados no art. 10 da Lei 6.880/1980 até 31.12.2011." (RE 600.885, Rel. Min. Cármen Lúcia, julgamento em 09.02.2011, Plenário, *DJE* de 01.07.2011, com repercussão geral.) Vide: RE 600.885-ED, rel. Min. Cármen Lúcia, julgamento em 29.06.2012, Plenário, *DJE* de 12.12.2012, com repercussão geral.

Ainda sobre as Forças Armadas, o art. 143 da CF determina que o serviço militar é obrigatório nos termos da lei. E acrescenta, em seu § 1º, que compete às Forças Armadas, na forma da lei, atribuir serviço alternativo aos que, em tempo de paz, após alistados, alegarem imperativo de consciência, entendendo-se como tal o decorrente de crença religiosa e de convicção filosófica ou política, para se eximirem de atividades de caráter essencialmente militar.

Vale lembrar que a Lei 8.239/1991 regulamenta esse dispositivo constitucional e determina que o serviço militar alternativo, compreendido como o exercício de atividades de caráter administrativo, assistencial, filantrópico ou mesmo produtivo, em substituição às atividades de caráter essencialmente militar, seja prestado em organizações militares da ativa e em órgãos de formação de reservas das Forças Armadas ou em órgãos subordinados aos Ministérios Civis, mediante convênios entre estes e os Ministérios Militares, desde que haja interesse recíproco e, também, sejam atendidas as aptidões do convocado.

Por fim, as mulheres e os eclesiásticos ficam isentos do serviço militar obrigatório em tempo de paz, sujeitos, porém, a outros encargos que a lei lhes atribuir, conforme determina o § 2º do art. 143.

14.5. Segurança Pública

O art. 144 da CF determina que a segurança pública, dever do Estado, direito e responsabilidade de todos, é exercida para a preservação da ordem pública e da incolumidade das pessoas e do patrimônio, através dos seguintes órgãos: I – polícia federal; II – polícia rodoviária federal; III – polícia ferroviária federal; IV – polícias civis; V – polícias militares e corpos de bombeiros militares.

De acordo com o STF, "O direito a segurança é prerrogativa constitucional indisponível, garantido mediante a implementação de políticas públicas, impondo ao Estado a obrigação de criar condições objetivas que possibilitem o efetivo acesso a tal serviço. É possível ao Poder Judiciário determinar a implementação pelo Estado, quando inadimplente, de políticas públicas constitucionalmente previstas, sem que haja ingerência em questão que envolve o poder discricionário do Poder Executivo" (RE 559.646-AgR, Rel. Min. Ellen Gracie, julgamento em 07.06.2011, Segunda Turma, *DJE* de 24.06.2011). No mesmo sentido: ARE 654.823-AgR, rel. Min. Dias Toffoli, julgamento em 12.11.2013, Primeira Turma, *DJE* de 05.12.2013.

Além disso, é preciso lembrar que o rol que enumera os órgãos que integram a segurança pública é taxativo, ou seja, não há possibilidade de ampliação. Conforme determina a Corte Maior, "Os Estados-membros, assim como o Distrito Federal, devem seguir o modelo federal. O art. 144 da Constituição aponta os órgãos incumbidos do exercício da segurança pública. Entre eles não está o Departamento de Trânsito. Resta pois vedada aos Estados-membros a possibilidade de estender o rol, que esta Corte já firmou ser *numerus clausus*, para alcançar o Departamento de Trânsito" (ADI 1.182, voto do Rel. Min. Eros Grau, julgamento em 24.11.2005, Plenário, *DJ* de 10.03.2006). *Vide*: ADI 2.827, Rel. Min. Gilmar Mendes, julgamento em 16.09.2010, Plenário, *DJE* de 06.04.2011.

Vale lembrar que embora o § 8º do art. 144 da CF determine que os Municípios possam constituir guardas municipais destinadas à proteção de seus bens, serviços e instalações, conforme dispuser a lei, esses órgãos não farão parte estrutura denominada segurança pública. Suas atribuições terão caráter de proteção apenas patrimonial.

Voltando aos órgãos que integram a segurança pública, começamos com o primeiro: **polícia federal**. É instituída por lei como órgão permanente, organizado e mantido pela União e estruturado em carreira. Suas atribuições vêm previstas nos incisos do § 1º do art. 144 da CF e são as seguintes: I – apurar infrações penais contra a ordem política e social ou em detrimento de bens, serviços e interesses da União ou de suas entidades autárquicas e empresas públicas, assim como outras infrações cuja prática tenha repercussão interestadual ou internacional e exija repressão uniforme, segundo se dispuser em lei; II – prevenir e reprimir o tráfico ilícito de entorpecentes e drogas afins, o contrabando e o descaminho, sem prejuízo da ação fazendária e de outros órgãos públicos nas respectivas áreas de competência; III – exercer as funções de polícia marítima, aeroportuária e de fronteiras; IV – exercer, com exclusividade, as funções de polícia judiciária da União.

Já a **polícia rodoviária federal**, órgão permanente, organizado e mantido pela União e estruturado em carreira, destina-se, na forma da lei, ao patrulhamento ostensivo das rodovias federais, conforme determina o § 2º do art. 144 da CF

O § 3º também do art. 144 da CF determina que a **polícia ferroviária federal**, órgão permanente, organizado e mantido pela União e estruturado em carreira, destine-se, na forma da lei, ao patrulhamento ostensivo das ferrovias federais.

Em relação às **polícias civis**, dirigidas por delegados de polícia de carreira, o § 4º do art. 144 da CF impõe a incumbência, ressalvada a competência da União, das funções de polícia judiciária e a apuração de infrações penais, exceto as militares.

Às **polícias militares** cabem a polícia ostensiva e a preservação da ordem pública; aos corpos de bombeiros militares, além das atribuições definidas em lei, incumbe a execução de atividades de defesa civil, conforme determina o § 5º do art. 144 da CF.

O § 6º do mesmo dispositivo determina que as polícias militares e os corpos de bombeiros militares, forças auxiliares e reserva do Exército, subordinam-se, juntamente com as polícias civis, aos Governadores dos Estados, do Distrito Federal e dos Territórios.

Vale lembrar que a organização e o funcionamento dos órgãos responsáveis pela segurança pública devem ser disciplinados por lei, de forma a garantir a eficiência de suas atividades, conforme o art. 144, § 7º, da CF.

Por fim, a **EC 82, de 16.06.2014**, incluiu o § 10 ao art. 144 da Constituição Federal, para disciplinar a segurança viária no âmbito dos Estados, do Distrito Federal e dos Municípios.

Desse modo, de acordo com o dispositivo mencionado, a segurança viária, exercida para a preservação da ordem pública e da incolumidade das pessoas e do seu patrimônio nas vias públicas: I – compreende a educação, engenharia e fiscalização de trânsito, além de outras atividades previstas em lei, que assegurem ao cidadão o direito à mobilidade urbana eficiente; e II – compete, no âmbito dos Estados, do Distrito Federal e dos Municípios, aos respectivos órgãos ou entidades executivos e seus agentes de trânsito, estruturados em Carreira, na forma da lei.

15. ORDEM ECONÔMICA

Determina a Constituição que a ordem econômica tem por fundamento a valorização do trabalho humano e a livre-iniciativa, visando a assegurar a todos existência digna, conforme os ditames da justiça social.

Tais determinações estão previstas no final da Constituição, no capítulo da ordem econômica, que vai do art. 170 ao 192, mas decorre do início da Constituição, precisamente do art. 1º, inciso III, que trata da dignidade da pessoa humana.

A República Federativa do Brasil, Estado Democrático de Direito, é composta por diversos fundamentos, mas certamente o mais importante é a dignidade da pessoa humana.

15.1. Princípios

O art. 170 do texto constitucional enumera os princípios que regem a ordem econômica. São os seguintes:

I. soberania nacional;

II. propriedade privada;

III. função social da propriedade;

IV. livre concorrência;

V. defesa do consumidor;

VI. defesa do meio ambiente;

VII. redução das desigualdades regionais e sociais;

VIII. busca do pleno emprego;

IX. tratamento favorecido para as empresas de pequeno porte constituídas sob as leis brasileiras e que tenham sua sede e administração no País.

Analisemos cada um deles.

15.1.1. Soberania nacional

Quando estudamos tal tema, temos de ter como pressuposto a ideia de não imposição, não subordinação entre os países. Cada um dos Estados detém capacidade para tomar decisões sobre seu próprio governo, não se submetendo a qualquer tipo de imposição determinada por outrem.

15.1.2. Propriedade privada

Tem como fundamento o fato de o Brasil ser um país capitalista. Antigamente, essa propriedade tinha caráter absoluto; atualmente não se pode mais pensar assim, pois há muitas limitações. A função social da propriedade é a principal delas. Não basta ser dono, tem de dar utilidade sob pena de uma série de sanções como, por exemplo, IPTU progressivo no tempo, desapropriação etc.

15.1.3. Função social da propriedade

Está prevista nos incisos XXII e XXIII do art. 5º e nos arts. 182, § 2º, e 186, da Constituição. Consubstancia uma limitação imposta ao direito de propriedade, garantido constitucionalmente. Desse modo, o direito à propriedade não é absoluto, para que o sujeito exerça plenamente esse direito, ele deve dar função social ao seu bem.

15.1.4. Livre concorrência

O Estado tem o dever constitucional de participar preventiva e repressivamente no mercado econômico, atuando de forma a banir qualquer tipo de abuso, dominação de empresas etc. A concentração de poder numa mesma empresa ou grupo de empresas não está de acordo com o texto constitucional, pois diminui a livre concorrência, gera menos renda e fere a existência digna e o princípio da igualdade.

Dispõe o art. 173, § 4º, da Constituição que o abuso do poder econômico que vise à dominação de mercados, à eliminação da concorrência e ao aumento arbitrário dos lucros será reprimido, na forma da lei.

O § 5º do mesmo dispositivo determina que a lei estabeleça a responsabilidade das empresas nos atos praticados contra a ordem econômica e financeira e contra a economia popular, sujeitando-a às punições compatíveis com sua natureza e tudo isso sem prejuízo da responsabilidade individual dos dirigentes da pessoa jurídica.

É importante trazer aqui o enunciado da súmula 646 do STF que trata do tema livre concorrência e dispõe que ofende tal princípio lei municipal que impede a instalação de estabelecimentos comerciais do mesmo ramo em determinada área.

15.1.5. Defesa do consumidor

Não só o lucro deve ser protegido, mas também a parte vulnerável que é, segundo o CDC, presumidamente, o consumidor. É princípio da ordem econômica também a promoção da sua defesa.

15.1.6. Defesa do meio ambiente

Vejam, assim como a defesa do consumidor, a proteção ao meio ambiente configura princípio básico da ordem econômica. Tamanha é a importância disso que a Constituição destinou um capítulo para tratar do meio ambiente.

É direito de todos e dever do Estado a existência de um meio ambiente ecologicamente equilibrado, bem como a sadia qualidade de vida. Desse modo, tanto o Poder Público como toda a população e as empresas têm o dever constitucional de preservá-lo para as presentes e futuras gerações.

O mercado não pode apenas fortalecer economicamente o país, tem também o dever de promover um desenvolvimento sustentável. É exemplo disso a regra trazida no inciso VI do art. 170 que dá tratamento diferenciado às empresas, conforme o impacto ambiental dos produtos e serviços que criam.

15.1.7. Redução das desigualdades regionais e sociais

Essa ordem decorre do art. 3º, inciso III, da Constituição que, ao tratar dos objetivos fundamentais do Brasil, dispõe que um deles é erradicar a pobreza e a marginalização, além de reduzir as desigualdades sociais e regionais existentes.

15.1.8. Busca do pleno emprego

As empresas devem atuar e incentivar a busca pelo pleno emprego, satisfazendo as exigências da coletividade.

15.1.9. Tratamento favorecido para as empresas de pequeno porte

Um exemplo de concretização desse princípio é a lei que cuida das micro e pequenas empresas, a Lei Complementar 123/2006.

15.2. Atuação estatal no domínio econômico

A atividade econômica é exercida, em regra, independentemente de autorização, conforme dispõe o parágrafo único do art. 170 da Constituição.

Vale mencionar que, embora a iniciativa privada é quem efetivamente deve atuar no mercado, o Estado também atua na atividade econômica. Isso ocorre de forma residual, subsidiária. Assim, determina o ordenamento que o Estado participa quando há relevante interesse coletivo ou quando exista imperativo de segurança nacional, como, por exemplo, fabricação de material bélico.

O art. 177 do texto constitucional enumera atividades consideradas monopólio da União. Genericamente, são temas relacionados ao gás natural, petróleo e minérios. Segue a lista de atividades que constituem monopólio da União:

I. a pesquisa e a lavra das jazidas de petróleo e gás natural e outros hidrocarbonetos fluidos;

II. a refinação do petróleo nacional ou estrangeiro;

III. a importação e exportação dos produtos e derivados básicos resultantes das atividades previstas nos incisos anteriores;

IV. o transporte marítimo do petróleo bruto de origem nacional ou de derivados básicos de petróleo produzidos no País, bem assim o transporte, por meio de conduto, de petróleo bruto, seus derivados e gás natural de qualquer origem;

V. a pesquisa, a lavra, o enriquecimento, o reprocessamento, a industrialização e o comércio de minérios e minerais nucleares e seus derivados, com exceção dos radioisótopos cuja produção, comercialização e utilização poderão ser autorizadas sob regime de permissão, conforme as alíneas "b" e "c" do inciso XXIII do *caput* do art. 21 desta Constituição Federal.

As disposições trazidas nos incisos I a IV podem ser repassadas, pela União, a empresas estatais ou privadas, desde que sejam respeitadas certas condições, conforme dispõe o § 1º do art. 177 da Constituição Federal.

16. ORDEM SOCIAL

A ordem social é disciplinada a partir do art. 193 da Constituição e aborda diversos assuntos como, por exemplo, a seguridade social, a educação, a cultura, o desporto, o meio ambiente e a proteção à família, à criança, ao adolescente e ao idoso.

Conforme o art. 193 da CF, tal ordem tem como base o primado do trabalho e como objetivo o bem-estar e a justiça sociais.

Analisemos, então, os principais assuntos resguardados nesse capítulo da Constituição. São os seguintes: seguridade social, educação, cultura, desporto, meio ambiente e família.

16.1. Seguridade Social

A primeira observação a ser feita aqui é a de que a denominada seguridade social é composta por três assuntos importantes, quais sejam, a previdência social, a saúde e a assistência social. Hoje o sistema de previdência social é contributivo e não mais retributivo.

São princípios e objetivos que norteiam a seguridade social:

I. universalidade da cobertura e do atendimento;

II. uniformidade e equivalência dos benefícios e serviços às populações urbanas e rurais;

III. seletividade e distributividade na prestação dos benefícios e serviços;

IV. irredutibilidade do valor dos benefícios;

V. equidade na forma de participação no custeio;

VI. diversidade da base de financiamento;

VII. caráter democrático e descentralizado da administração, mediante gestão quadripartite, com participação dos trabalhadores, dos empregadores, dos aposentados e do Governo nos órgãos colegiados.

É possível observar que os recursos destinados à seguridade advirão de diversas fontes, como, por exemplo, da folha de salário dos empregados, da receita ou do faturamento das empresas etc.

16.1.1. Saúde

A Constituição garante a todos o direito à saúde, atribuindo ao Estado o dever de prestá-la, valendo-se, para tanto, de políticas públicas sociais e econômicas. É missão do Estado buscar reduzir o risco de doenças, promovendo campanhas públicas de prevenção, vacinação, dentre outras.

Além disso, o acesso ao sistema único de saúde deve ser universal e igualitário, ou seja, não podem ser feitas imposições e distinções para que se promova o atendimento à saúde.

Vale lembrar que a regulamentação, a fiscalização, o controle e a execução das ações e serviços de saúde cabem ao Poder Público. A última pode ser prestada de forma direta pelo próprio Estado ou indiretamente pelo particular.

A LC 141, de 13.1.2012, ao regulamentar o § 3º do art. 198 da CF, determinou valores mínimos a serem aplicados anualmente pela União, Estados, Distrito Federal e Municípios em ações e serviços públicos de saúde. Além disso, estabeleceu os critérios de rateio dos recursos de transferências para a saúde e as normas de fiscalização, avaliação e controle das despesas com saúde nas 3 (três) esferas de governo.

Por fim, o sistema único de saúde, financiado com recursos advindos do orçamento da seguridade social, da União, dos Estados, do Distrito Federal e dos Municípios e de outras fontes, é balizado pelas seguintes regras:

I. descentralização, com direção única em cada esfera de governo;

II. atendimento integral, com prioridade para as atividades preventivas, sem prejuízo dos serviços assistenciais; e

III. participação da comunidade.

16.1.2. Previdência social

Conforme mencionado, a previdência é estruturada pelo regime contributivo e a filiação a ela é obrigatória. É essa instituição que possui o denominado regime geral de previdência. Dispõe o art. 201 da Constituição que, respeitados os critérios que preservem o equilíbrio financeiro e atuarial, a previdência dará cobertura aos eventos de doença, invalidez, morte, idade avançada, desemprego involuntário, maternidade e prisão.

A concessão de aposentadorias por parte da previdência não pode adotar requisitos e critérios diferenciados, exceto em relação às atividades exercidas sob condições especiais; é o que se pode extrair do § 1º do art. 201 da CF.

Vale lembrar a regra de que os valores dos benefícios concedidos pelo Instituto Nacional de Seguridade Social (INSS), desde que substituam o rendimento do trabalho do segurado, não poderão ser inferiores ao salário mínimo vigente.

16.1.2.1. Aposentadoria – regras constitucionais

a) **Aposentadoria por tempo de contribuição:** homens – 35 (trinta e cinco) anos de contribuição; mulheres – 30 (trinta) anos de contribuição;

b) **Aposentadoria por idade:** regra – homens 65 (sessenta e cinco) anos; mulheres – 60 (sessenta) anos;

c) **Trabalhadores rurais e trabalhadores em regime de economia familiar:** homem – 60 (sessenta) anos de idade; mulher – 55 (cinquenta e cinco) anos de idade;

d) **Professores:** homem – 30 (trinta) anos de contribuição; mulher 25 (vinte e cinco) anos de contribuição, desde que exclusivamente no exercício do magistério na educação infantil, ensino fundamental e médio.

Vale ressaltar que a Constituição assegura também o regime de previdência privada para complementar o regime geral, devendo seguir, dentre outras, as seguintes diretrizes: facultatividade, autonomia, disciplina por meio de lei complementar e independência financeira.

Em relação ao regime de previdência aplicado aos servidores públicos é interessante mencionar que a **EC 70, de 29.03.2012,** alterou a Lei 10.887/2004 e, com isso, determinou que a União, Estados e Municípios, no prazo de cento e oitenta dias, façam uma revisão das aposentadorias por invalidez, concedidas a servidores públicos a partir de 01.01.2004. Os reajustes não serão retroativos, os efeitos financeiros da revisão vão valer a partir da data de promulgação da emenda ("ex nunc").

Desse modo, o servidor aposentado por invalidez terá assegurado o salário que recebia quando em atividade. Pela regra anterior a aposentadoria por invalidez permanente significava proventos proporcionais ao tempo de contribuição.

Tal emenda concede paridade para as modalidades de aposentadorias, quais sejam, proporcional e integral e altera a forma de cálculo que passa a ser com base na remuneração do cargo efetivo que se der a aposentadoria, na forma da lei. A emenda só vale para quem ingressou no serviço público até o fim de 2003.

Ainda sobre novidades relacionadas a aposentadorias, é importante mencionar a LC 142, de 08.05.2013, que regulamentou o § 1º do art. 201 da CF, no tocante à aposentadoria da pessoa com deficiência segurada do Regime Geral de Previdência Social – RGPS.

O § 1º do art. 201 da CRFB/88 determina que é proibida a adoção de requisitos e critérios diferenciados para a concessão de aposentadoria aos beneficiários do regime geral de previdência social, ressalvados os casos de atividades exercidas sob condições especiais que prejudiquem a saúde ou a integridade física e quando se tratar de segurados portadores de deficiência, nos termos definidos em lei complementar".

O trabalhador que tem deficiência física foi enquadrado em três níveis diferentes de comprometimento, quais sejam: deficiência grave, moderada e leve. Para a determinação do tempo reduzido de contribuição foi necessário o cruzamento dos critérios da condição física (graduação da deficiência) com o já determinado critério de gênero.

Por fim, de acordo com o art. 40, § 1º, II, da CF, **alterado pela EC 88, de 08.05.2015,** o limite de idade para a aposentadoria compulsória do servidor público em geral, com proventos proporcionais ao tempo de contribuição, é de 70 (setenta) anos de idade, ou 75 (setenta e cinco) anos de idade, na forma de lei complementar (Lei Complementar 152, de 3 de dezembro de 2015).

Vale lembrar que a mesma emenda acrescentou o art. 100 ao ADCT, mencionando que até que entre em vigor a lei complementar de que trata o inciso II do § 1º do art. 40 da Constituição Federal, os Ministros do Supremo Tribunal Federal, dos Tribunais Superiores e do Tribunal de Contas da União aposentar-se-ão, compulsoriamente, **aos 75 (setenta e cinco)** anos de idade, nas condições do art. 52 da Constituição Federal."

16.1.3. Assistência social

Completando o que chamamos de "seguridade social" (saúde, previdência e assistência), cabe a análise da assistência social.

A primeira observação importante é que ela deve ser prestada a todos aqueles que dela necessitarem, de forma gratuita, independentemente de contribuição. As próprias verbas destinadas ao gênero seguridade social é que mantêm a assistência social.

Conforme o art. 203 da Constituição, são objetivos da assistência social:

I. a proteção à família, à maternidade, à infância, à adolescência e à velhice;

II. o amparo às crianças e adolescentes carentes;

III. a promoção da integração ao mercado de trabalho;

IV. a habilitação e reabilitação das pessoas portadoras de deficiência e a promoção de sua integração à vida comunitária;

V. a garantia de um salário mínimo de benefício mensal à pessoa portadora de deficiência e ao idoso que comprovem não possuir meios de prover a própria manutenção ou de tê-la provida por sua família. A Lei 8.742/1993, conhecida como LOAS – Lei Orgânica da Assistência Social, é quem disciplina esse benefício.

Conforme mencionado, os recursos advindos da seguridade social são destinados também à assistência. Mas, além disso, ela será mantida por outras fontes, organizadas com base na descentralização político-administrativa e na participação popular. A formulação de políticas públicas e fiscalização de tais ações cabem ao Estado e à população.

O parágrafo único do art. 204 da Constituição faculta aos Estados e ao Distrito Federal a vinculação de programa de apoio à inclusão e promoção social até cinco décimos por cento de sua receita tributária líquida, vedada a aplicação desses recursos no pagamento de despesas com pessoal e encargos sociais, serviço da dívida ou qualquer outra despesa corrente não vinculada diretamente aos investimentos ou ações apoiados.

16.2. Educação

Direito de todos e dever do Estado, conforme o art. 206 da Constituição, devem ser promovidos com base nos seguintes princípios:

I. igualdade de condições para o acesso e permanência na escola;

II. liberdade de aprender, ensinar, pesquisar e divulgar o pensamento, a arte e o saber;

III. pluralismo de ideias e de concepções pedagógicas, e coexistência de instituições públicas e privadas de ensino;

IV. gratuidade do ensino público em estabelecimentos oficiais;

V. valorização dos profissionais da educação escolar, garantidos, aos das redes públicas, na forma da lei, planos de carreira, com ingresso exclusivamente por concurso público de provas e títulos;

VI. gestão democrática do ensino público, na forma da lei;

VII. garantia de padrão de qualidade;

VIII. piso salarial profissional nacional para os profissionais da educação escolar pública, nos termos de lei federal. Tal regra é fruto da EC 59/2009.

O inciso IV determina a gratuidade do ensino público em estabelecimentos oficiais. Por conta dessa disposição, foi editada pelo STF a Súmula Vinculante 12, que determina que a cobrança de taxa de matrícula nas universidades públicas viola o disposto no art. 206, IV, da CF.

O art. 209 da CF informa que o ensino é livre à iniciativa privada, desde que sejam atendidas as seguintes condições: I - cumprimento das normas gerais da educação nacional e II - autorização e avaliação de qualidade pelo Poder Público.

Além disso, o § 2º do art. 210 da CF determina que o ensino fundamental regular deve ser ministrado em língua portuguesa, assegurada às comunidades indígenas também a utilização de suas línguas maternas e processos próprios de aprendizagem.

Vale lembrar que, de acordo com o *caput* e § 4º do art. 211 da CF, os entes federados organizarão seus sistemas de ensino em regime de colaboração e definirão formas de colaboração, de **modo a assegurar a universalização do ensino obrigatório**.

Além disso, o Texto Maior divide as atribuições do seguinte modo: a) a **União** organizará o sistema federal de ensino e o dos Territórios, financiará as instituições de ensino públicas federais e exercerá, em matéria educacional, **função redistributiva e supletiva, de forma a garantir equalização de oportunidades educacionais e padrão mínimo de qualidade do ensino** mediante assistência técnica e financeira aos Estados, ao Distrito Federal e aos Municípios (art. 211, § 1º, da CF); b) os **Municípios atuarão prioritariamente no ensino fundamental e na educação infantil** (art. 211, § 2º, da CF); c) **os Estados e o Distrito Federal atuarão prioritariamente no ensino fundamental e médio** (art. 211, § 3º, da CF

O § 5º do mencionado art. 211 determina que a educação básica pública atenderá prioritariamente ao ensino regular

Por fim, o § 1º do art. 208 que o acesso ao ensino obrigatório e gratuito é direito público subjetivo.

16.3. Cultura

É dever do Estado garantir o pleno exercício dos direitos culturais e o acesso às fontes da cultura nacional. Cabe a ele dar suporte e incentivar a valorização e difusão das manifestações culturais.

A promoção e a proteção do patrimônio cultural brasileiro é dever não apenas do Poder Público, mas também de toda a comunidade, conforme os ditames do § 1º do art. 216 da Constituição. São formas de proteção, dentre outras, o tombamento, a vigilância e os registros.

Vale lembrar que a **EC 71**, de 29.11.2012, ao acrescentar o art. 216-A ao texto Constitucional, criou o **Sistema Nacional de Cultura** que tem por finalidade instituir um processo de gestão e promoção conjunta de políticas públicas de cultura, democráticas e permanentes, pactuadas entre os entes da Federação e a sociedade. Essas políticas objetivam promover o desenvolvimento humano, social e econômico com pleno exercício dos direitos culturais, além de prestigiar a transparência na aplicação de recursos para a cultura. Os entes terão maior autonomia, em regime de colaboração, e poderão integrar, articular e organizar a gestão neste setor.

Os princípios que regem o Sistema Nacional de Cultura, de acordo com o art. 216-A, § 1º, são: I – diversidade das expressões culturais; II – universalização do acesso aos bens e serviços culturais; III – fomento à produção, difusão e circulação de conhecimento e bens culturais; IV – cooperação entre os entes federados, os agentes públicos e privados atuantes na área cultural; V – integração e interação na execução das políticas, programas, projetos e ações desenvolvidas; VI – complementaridade nos papéis dos agentes culturais; VII – transversalidade das políticas culturais; VIII – autonomia dos entes federados e das instituições da sociedade civil; IX – transparência e compartilhamento das informações; X – democratização dos processos decisórios com participação e controle social; XI – descentralização articulada e pactuada da gestão, dos recursos e das ações; XII – ampliação progressiva dos recursos contidos nos orçamentos públicos para a cultura.

16.4. Desporto

De acordo com o art. 217 da CF, é dever do Estado apoiar práticas desportivas formais e não-formais, como direito de cada um, observadas as seguintes regras: I – a autonomia das entidades desportivas dirigentes e associações, quanto a sua organização e funcionamento; II – a destinação de recursos públicos para a promoção prioritária do desporto educacional e, em casos específicos, para a do desporto de alto rendimento; III – o tratamento diferenciado para o desporto profissional e o não- profissional; IV – a proteção e o incentivo às manifestações desportivas de criação nacional.

O § 1º do dispositivo citado determina que o Poder Judiciário apenas admita ações relativas à disciplina e às competições desportivas após **esgotarem-se as instâncias da justiça desportiva**, regulada em lei.

Desse modo, o Constituinte reconheceu a existência da justiça desportiva. Por outro lado, os processos por ela analisados possuem natureza administrativa, não transitam em julgado e podem, desde que tenham sido esgotadas suas instâncias, ser apreciados pelo Poder Judiciário.

Por fim, a decisão final a ser dada pela justiça desportiva deve ocorrer em até o prazo máximo de sessenta dias, contados da instauração do processo, conforme determina o § 2º do art. 217 da CF.

16.5. Ciência, tecnologia e inovação (EC 85/2015)

A EC 85, de 26.02.2015 alterou e adicionou dispositivos na Constituição Federal com a finalidade de atualizar o tratamento das atividades de ciência, tecnologia e inovação.

Sendo assim, o caput do art. 218 da CF determina que o Estado promova e incentive o desenvolvimento científico, a pesquisa, a capacitação científica e tecnológica **e a inovação.**

Para concretizar tais objetivos, o Estado deve estimular a articulação entre entes, públicos ou privados, nas diversas esferas de governo. Além disso, deve promover e incentivar a atuação no exterior das instituições públicas de ciência, tecnologia e inovação. É o que determina §§ 6º e 7º do art. 218 da CF.

Além disso, de acordo com o art. 219-B da CF, o Sistema Nacional de Ciência, Tecnologia e Inovação (SNCTI) será organizado em regime de colaboração entre entes, tanto públicos quanto privados, com vistas a promover o desenvolvimento científico e tecnológico e a inovação.

Por fim, a Lei 13.243, de 11 de janeiro de 2016, fortalecendo a EC 85/2015, dispôs sobre estímulos ao desenvolvimento científico, à pesquisa, à capacitação científica e tecnológica e à inovação.

16.6. Meio ambiente

Todas as pessoas têm direito ao meio ambiente ecologicamente equilibrado, sendo obrigação de todos defendê-lo e preservá-lo para as presentes e futuras gerações.

A Constituição trata do tema no art. 225. Há diversas normas infraconstitucionais cuidando do assunto, em especial a Lei 9.605/1998, que dispõe sobre os crimes ambientais, possibilitando a responsabilização penal da pessoa jurídica, tema polêmico doutrinária e jurisprudencialmente.

16.7. Família

Dentre as principais regras constitucionais sobre o tema, é necessário observar as trazidas pelas Emendas Constitucionais 65 e 66, que são as seguintes: extensão ao jovem das proteções existentes às crianças e aos adolescentes e a possibilidade de divórcio direito, sem a necessidade da observância do prazo de dois anos contados da separação.

Sendo assim, a EC 65/2010 alterou a denominação do Capítulo VII do Título VIII da Constituição Federal e modificou o art. 227 da CF, para cuidar dos interesses da juventude e a EC 66/2010, emenda unicelular por conter apenas um art., promoveu a alteração do § 6º do art. 226 da CRFB/1988, suprimindo o requisito de separação judicial prévia, por mais de um ano ou a exigência de separação de fato por mais de dois anos, para a concessão do divórcio. Nos termos da legislação atual, portanto, nada impede que um casal contraia matrimônio em um dia e se divorcie logo após.

17. SISTEMA TRIBUTÁRIO NACIONAL

17.1. Definição de tributo

Conforme o art. 3º do Código Tributário Nacional:

"Art. 3º. Tributo é toda prestação pecuniária compulsória, em moeda ou cujo valor nela se possa exprimir, que não constitua sanção de ato ilícito, instituída em lei e cobrada mediante atividade administrativa plenamente vinculada."

Sendo assim, tributo é prestação pecuniária, é compulsório, é instituído por lei, é cobrado por lançamento e não é multa.

17.2. Espécies de tributos

Vigora em nosso ordenamento a teoria pentapartida (pentapartite ou quinquipartida), a qual diferencia 5 (cinco) espécies de exações: impostos, taxas, contribuição de melhoria, empréstimos compulsórios e contribuições.

O respectivo entendimento nos foi trazido por meio do voto do Ministro do STF Carlos Velloso, em 1º/07/1992, no RE 138.284/CE (Pleno).

Passemos então ao breve estudo das espécies tributárias.

17.2.1. Impostos

São conhecidos como tributos não vinculados a uma prestação estatal. Possuem como fato gerador uma situação independente de qualquer atividade estatal específica, relativa somente à vida, patrimônio e atividades do contribuinte.

Todos os entes políticos, União, Estados, Distrito Federal e Municípios podem ser sujeitos ativos dessa espécie tributária.

17.2.2. Taxas

São tributos vinculados à ação estatal, relacionado à atividade pública e não a qualquer ação do particular. Podem ser cobradas em função do exercício do poder de polícia ou pela utilização, efetiva ou potencial, de serviços públicos específicos e divisíveis prestados ao contribuinte ou postos à sua disposição.

17.2.3. Contribuição de melhoria

Essa contribuição pressupõe uma obra pública (e não um serviço público) e depende da valorização do bem imóvel. Subordina-se ao princípio do custo-benefício, da capacidade contributiva do contribuinte e da equidade.

A cobrança de tal tributo se deve ao fato de que o Estado tem de ser indenizado por ter realizado uma vantagem econômica especial aos imóveis de certas pessoas, ainda que não a tenha querido.

Desse modo, se da obra pública decorre valorização mobiliária, é devida a cobrança da contribuição de melhoria que será cobrada, justamente, daqueles que se beneficiaram dessa valorização.

O fato gerador desse tributo é a valorização imobiliária decorrente de uma obra pública.

17.2.4. Empréstimos compulsórios

O empréstimo compulsório é um tributo federal em que a Constituição apresenta critérios materiais e formais para sua instituição. São pressupostos para sua cobrança: despesas extraordinárias decorrentes de calamidade pública, guerra externa ou sua iminência ou investimento público de caráter urgente e relevante interesse social (art. 148, I e II, CF).

17.2.5. Contribuições

O que caracteriza tal espécie tributária é que as contribuições financiam atividades de interesse público, beneficiando determinado grupo e, direta ou indiretamente, o contribuinte.

É possível visualizar aqui a ideia de parafiscalidade – o que quer dizer "aquele que fica ao lado do Estado", um "quase Estado", já que a contribuição parafiscal é devida a entidades que desempenham atividades especiais, paralelas às da Administração.

Conforme dispõe o art. 149 da CF, as contribuições federais são as seguintes: contribuições de interesse das categorias profissionais ou econômicas; contribuições de intervenção no domínio econômico e contribuições sociais.

17.3. Competência tributária

Nas palavras de Luciano Amaro, "competência tributária é a aptidão para criar tributos. (...) O poder de criar tributo é repartido entre os vários entes políticos, de modo que cada um tem competência para impor prestações tributárias, dentro da esfera que lhe é assinalada pela Constituição" (Amaro, Luciano. **Direito Tributário Brasileiro**, 14ª edição, p. 93).

A competência tributária é política, irrenunciável, indelegável, intransferível e facultativa, uma vez que o ente político pode ou não exercê-la. Tal competência é classificada em: privativa, comum, cumulativa, especial e residual.

17.3.1. Privativa

É o poder que todos os entes políticos têm para instituir os tributos enumerados pela própria Constituição Federal.

17.3.2. Comum

Refere-se aos tributos vinculados, quais sejam as taxas e contribuições de melhoria. A competência é comum uma vez que União, Estados, Municípios e Distrito Federal podem ser sujeitos ativos dos referidos tributos.

17.3.3. Cumulativa

Indica que a União tem competência para instituir impostos estaduais e municipais nos Territórios (art. 147, CF), assim como compete ao Distrito Federal os impostos municipais e estaduais (art. 155, CF).

17.3.4. Especial

Refere-se ao poder de instituir empréstimos compulsórios (art. 148, CF) e contribuições especiais (art. 149, CF).

17.3.5. Residual

É o poder de criar tributos diversos dos existentes, aqueles que podem ser instituídos sobre situações não previstas (arts. 154, I e 195, § 4º, da CF).

17.4. Capacidade tributária ativa

As atribuições das funções de arrecadar ou fiscalizar tributos, ou de executar leis, serviços, atos ou decisões administrativas, em matéria tributária, podem ser delegadas de uma pessoa jurídica de direito público a outra.

Exemplo disso são as autarquias como CREA, CRC, CRECI etc., que recebem a atribuição de exigir um tributo (contribuição profissional) dos profissionais vinculados a estas entidades corporativas.

É, portanto, delegável, diferentemente da competência tributária.

17.5. Dos princípios gerais

A Constituição Federal traz em si os princípios norteadores do ramo tributário.

Os entes políticos poderão instituir impostos, taxas (em razão do exercício do poder de polícia ou pela utilização de serviços públicos específicos e divisíveis) e contribuição de melhoria decorrente de obras públicas.

Somente por meio de lei complementar:

✓ que se pode dispor sobre conflitos de competência em matéria tributária entre a União, os Estados, os Municípios e o Distrito Federal;

✓ regulam-se as limitações constitucionais ao poder de tributar;

✓ estabelecem-se normas gerais de Direito Tributário.

Ademais, para prevenir desequilíbrios da concorrência, lei complementar poderá estabelecer critérios especiais de tributação, sem prejuízo da competência de a União, por lei, estabelecer normas de igual objetivo.

É muito importante lembrar que a União por lei complementar poderá instituir empréstimos compulsórios:

✓ para atender a despesas extraordinárias, decorrentes de calamidade pública, de guerra externa ou sua iminência;

✓ no caso de investimento público urgente e de relevante interesse nacional (desde que não seja no mesmo exercício financeiro em que haja sido publicada a lei que os instituiu).

Compete exclusivamente à União instituir contribuições sociais, de intervenção no domínio econômico e de interesse das categorias profissionais ou econômicas, como instrumento de sua atuação nas respectivas áreas.

Vale ressaltar que os Municípios e o Distrito Federal poderão instituir contribuição para custeio do serviço de iluminação pública, observados princípios da legalidade e anterioridade.

17.6. Das limitações do poder de tributar

O poder do Estado-Administração de tributar é disciplinado pelas normas de direito público, que, em sua atividade financeira, capta recursos materiais para manter sua estrutura e permitir ao cidadão-contribuinte os serviços que lhe compete.

Porém, há certos limites para que em sua função de arrecadar o Estado não se exceda. Nesse passo, determinados princípios devem ser respeitados. Vejamos:

I. Princípio da Legalidade Tributária

No plano do Direito Tributário, em defesa da ideia de segurança jurídica, ressalta-se o art. 150, I, CF/1988, o qual indica o princípio da legalidade tributária. Observe-o:

> "Art. 150. Sem prejuízo de outras garantias asseguradas ao contribuinte, é vedado à União, aos Estados, aos Municípios e ao Distrito Federal:
>
> I – exigir ou aumentar tributo sem lei que o estabeleça. (...)"

Desta forma, para ser instituído ou majorado (ou até reduzido) o tributo depende de lei. Este e tão somente este é o veículo normativo possível.

II. Princípio da Anterioridade Tributária

Este princípio tem duas facetas: a anterioridade anual ou comum (art. 150, III, "b", CF) e a anterioridade nonagesimal ou privilegiada (art. 150, III, "c", CF).

Tem como fundamento o sobreprincípio da segurança das relações jurídicas entre a Administração Pública e seus administrados, evitando que inesperadamente apareçam cobranças tributárias. É garantia individual do contribuinte.

III. Princípio da Isonomia Tributária

Expresso no art. 150, II, da Constituição Federal, este postulado veda o tratamento tributário desigual a contribuintes que se encontrem em situação de equivalência.

Assim como o *caput* do art. 5º da Constituição trata da igualdade de forma genérica, o supracitado art. explora-o de forma específica ao ramo tributário.

IV. Princípio da Irretroatividade Tributária

O art. 150, III, "a", da Constituição Federal, prevê expressamente tal princípio. Para Luciano Amaro, o que a Constituição pretende, obviamente, é vedar a aplicação da lei nova, que criou ou aumentou o tributo, a fato pretérito, que, portanto, continua sendo não gerador de tributo, ou permanece como gerador de menor tributo, segundo a lei da época de sua ocorrência (Amaro, Luciano. **Direito Tributário Brasileiro**, 14ª Edição, p.118).

É isso que dá confiança e certeza na relação Fisco--contribuinte, uma vez que, se retroagissem leis cobrando tributos, insegura seria tal relação.

V. Princípio da Vedação ao Confisco

Tem se entendido que terá efeito confiscatório o tributo que exceder a capacidade contributiva do contribuinte. Entretanto, o art. 150, IV, da Constituição não traz critérios objetivos.

Sendo assim, cabe ao intérprete a tarefa de delimitar o "efeito de confisco", com base no conteúdo e alcance dos elementos descritos em cada caso concreto. Nesse passo, deve-se lembrar que proporcionalidade e razoabilidade são caracteres que devem ser levados em conta.

VI. Princípio da Não Limitação ao Tráfego de Pessoas e Bens

Segundo esse princípio (art. 150, V, da CF), as divisas municipais e estaduais não podem ser fatos geradores de quaisquer tributos (federais, estaduais ou municipais).

O tráfego de pessoas e bens tem proteção constitucional decorrente da unidade política do território brasileiro.

Ademais, já no art. 5º, XV, da Constituição Federal é prescrito que "é livre a locomoção no território nacional em tempo de paz, podendo qualquer pessoa, nos termos da lei, nele entrar, permanecer ou dele sair com seus bens;".

17.7. Da Emenda Constitucional 75, de 15.10.2013

A EC 75/2013 acrescentou a alínea "e" ao inciso VI do art. 150 da Constituição Federal, instituindo **imunidade tributária** sobre os fonogramas e videofonogramas musicais produzidos no Brasil contendo obras musicais ou literomusicais de autores brasileiros e/ou obras em geral interpretadas por **artistas brasileiros** bem como os suportes materiais ou arquivos digitais que os contenham.

Em suma, a regra, que passou a vigorar a partir do dia 16.10.2013 e que teve por finalidade diminuir o valor dos CDs e DVDs, possibilitando ao consumidor final acesso à cultura com um menor custo, faz com que não incida ICMS e ISS sobre os citados produtos.

17.8. Da Emenda Constitucional 87, de 16.04.2015

A EC 87/2015 alterou o § 2º do art. 155 da Constituição Federal e incluiu o art. 99 no Ato das Disposições Constitucionais Transitórias, para tratar da sistemática de cobrança do imposto sobre operações relativas à circulação de mercadorias e sobre prestações de serviços de transporte interestadual e intermunicipal e de comunicação incidente sobre as operações e prestações que destinem bens e serviços a consumidor final, contribuinte ou não do imposto, localizado em outro Estado.

17.9. Da Emenda Constitucional 86, de 17.03.2015

A EC 86/2015 alterou os arts. 165, 166 e 198 da Constituição Federal, tornando obrigatória a execução da programação orçamentária que especifica.

18. DISPOSIÇÕES CONSTITUCIONAIS GERAIS

Informação relevante encontrada nas disposições constitucionais transitórias diz respeito à EC 81, de 05.06.2014, pois tal norma deu nova redação ao art. 243 da CF o qual autorizou a desapropriação de propriedades rurais e urbanas de qualquer região do País onde forem localizadas culturas ilegais de plantas psicotrópicas ou a exploração de trabalho escravo, sem qualquer indenização ao proprietário.

O mencionado dispositivo passa a vigorar com a seguinte redação: "Art. 243. As **propriedades rurais e urbanas** de qualquer região do País **onde forem localizadas culturas ilegais de plantas psicotrópicas ou a exploração de trabalho escravo** na forma da lei **serão expropriadas** e destinadas à reforma agrária e a programas de habitação popular, **sem qualquer indenização** ao proprietário e sem prejuízo de outras sanções previstas em lei, observado, no que couber, o disposto no art. 5º.

O parágrafo único da mesma norma determina que todo e qualquer bem de valor econômico apreendido em decorrência do tráfico ilícito de entorpecentes e drogas afins e da exploração de trabalho escravo será confiscado e reverterá a fundo especial com destinação específica, na forma da lei.

19. REFLEXOS DO NOVO CÓDIGO DE PROCESSO CIVIL

As normas constitucionais são consideradas alicerces do ordenamento jurídico brasileiro. Fundamentam e validam os comandos infraconstitucionais. Por conta disso, tais normas só permanecem válidas quando se apresentam de forma compatível com o texto constitucional.

Partindo dessa premissa, o novo CPC, antes de irradiar reflexos nos preceitos constitucionais, deve se mostrar harmônico com a CF/1988.

Logo no início, na exposição de motivos do novo CPC, fica clara a intenção do legislador de aproximar o código do texto constitucional. Vejamos: "Um sistema processual civil que não proporcione à sociedade o reconhecimento e a realização dos direitos, ameaçados ou violados, que têm cada um dos jurisdicionados, não se harmoniza com as garantias constitucionais de um Estado Democrático de Direito. Sendo ineficiente o sistema processual, todo o ordenamento jurídico passa a carecer de real efetividade. De fato, as normas de direito material transformam em pura ilusão, sem a garantia de sua correlata realização, no mundo empírico, por meio do processo".

Outra importante passagem mencionada na exposição de motivos do novo CPC faz menção ao saudoso Ministro SÁLVIO DE FIGUEIREDO TEIXEIRA que, em texto emblemático sobre a nova ordem trazida pela Constituição Federal de 1988, disse, acertadamente, que, apesar de suas vicissitudes, "nenhum texto constitucional valorizou tanto a 'Justiça', tomada aqui a palavra não no seu conceito clássico de 'vontade constante e perpétua de dar a cada um o que é seu', mas como conjunto de instituições voltadas para a realização da paz social" (O aprimoramento do processo civil como garantia da cidadania. In: FIGUEIREDO TEIXEIRA, Sálvio. As garantias do cidadão na Justiça. São Paulo: Saraiva, 1993. p. 79-92, p. 80).

Ainda na exposição de motivos no novo CPC preceitos constitucionais são fortificados, vejamos: "a coerência substancial há de ser vista como objetivo fundamental, todavia, e mantida em termos absolutos, no que tange à Constituição Federal da República. Afinal, é na lei ordinária e em outras normas de escalão inferior que se explicita a promessa de realização dos valores encampados pelos princípios constitucionais".

Ao adentrarmos especificamente aos artigos do novo CPC, verificamos que os doze primeiros tratam das normas fundamentais do processo civil, consideradas como um centro principiológico, o que ratifica e prioriza a constitucionalização do processo. Tendo em vista o atual Estado Constitucional de Direito, essa constitucionalização do processo passa a ser uma necessidade.

Sendo assim, o código reproduziu regras processuais previstas na CF/1988. Princípios como o devido processo legal, contraditório e ampla defesa, acesso à justiça (inafastabilidade do controle jurisdicional), razoável duração do processo, proibição de prova ilícita, foram positivados no novo código. Isso fortalece o entendimento de que tais mandamentos possuem força normativa e vínculo direto com o novo CPC.

Como mencionado, a constitucionalização do processo foi priorizada no novo código. Alguns dispositivos devem ser mencionados, pois fazem menção direta ao texto constitucional. O novo CPC já começa, em seu art. 1º, determinando que o **processo civil seja ordenado, disciplinado e interpretado conforme os valores e as normas fundamentais estabelecidos na Constituição da República Federativa do Brasil**.

O art. 3º do novo CPC, reforçando mandamento constitucional, determina que não seja excluída da apreciação jurisdicional ameaça ou lesão a direito. Tal princípio, inafastabilidade do controle jurisdicional, como mencionado, já vinha disciplinado no CF/88, em seu art. 5º, XXXV, o qual impõe que a lei não exclua da apreciação do Poder Judiciário lesão ou ameaça a direito. Não há norma correspondente no antigo código.

Seguindo, o art. 4º do novo CPC, aproximando da linguagem constitucional, determina que as partes tenham o direito de obter em prazo razoável a solução integral do mérito, incluída a atividade satisfativa. A velha norma determinava que os juízes, ao dirigirem os processos, deveriam velar pela rápida solução do litígio. Prazo razoável é o que consta do art. 5º, LXXVIII, da CF. Tal inciso garante não apenas no âmbito judicial, mas também no administrativo, a razoável duração do processo e os meios que garantam a celeridade de sua tramitação. Outro dispositivo que reforça esse princípio é o art. 6º do novo CPC, o qual menciona que todos os sujeitos do processo devem cooperar entre si para que se obtenha, em tempo razoável, decisão de mérito justa e efetiva. Além disso, o sistema recursal simplificado previsto no novo ordenamento processual civil contribui para a existência de um processo mais rápido.

Ainda sobre os princípios processuais previstos na CF/88 e que foram disciplinados também no novo CPC devemos lembrar do contraditório e da ampla defesa. Determina o art. 5º, LV, da CF que aos litigantes, em processo judicial ou administrativo, e aos acusados em geral são assegurados o contraditório e ampla defesa, com os meios e recursos a ela inerentes. Três artigos do novo CPC são importantes aqui. O primeiro é o art. 7º que assegurada às partes paridade de tratamento em relação ao exercício de direitos e faculdades processuais, aos meios de defesa, aos ônus, aos deveres e à aplicação de sanções processuais, competindo ao juiz zelar pelo efetivo contraditório. O ordenamento jurídico anterior mencionava apenas igualdade de tratamento entre as partes. O segundo é o art. 9º que dispõe que não seja proferida decisão contra uma das partes sem que ela seja previamente ouvida. Não há artigo correspondente no antigo código. Por fim, o art. 10 do novo código determina que o juiz não pode decidir, em grau algum de jurisdição, com base em fundamento a respeito do qual não se tenha dado às partes oportunidade de se manifestar, ainda que se trate de matéria sobre a qual deva decidir de ofício. As partes devem ser ouvidas sempre. Novamente não há norma correspondente no velho código.

Outras normas relevantes dizem respeito ao controle de constitucionalidade. Os arts. 948 e 949, *caput* e parágrafo único, do novo CPC praticamente reproduziram o disposto nos arts. 480 e 481 do antigo regramento. Dispõe o art. 948 que arguida, **em controle difuso**, a inconstitucionalidade de lei ou de ato normativo do poder público, o relator, após ouvir o Ministério Público **e as partes**, submeterá a questão à turma ou à câmara à qual competir o conhecimento do processo. As partes sublinhadas foram acrescentadas, deixando clara a intenção do legislador de especificar o tipo de controle em que aplica-se a norma (controle difuso) e a necessidade de oitiva das partes antes da arguição de inconstitucionalidade ser submetida à turma ou câmara a qual competir o conhecimento do processo.

Avançando, o art. 949, I e II, do novo CPC determina o que ocorre após a análise prévia dessa arguição. Caso venha a ser rejeitada, à turma ou câmara a qual competir o conhecimento do processo prosseguirá o julgamento. Por outro lado, se a arguição de inconstitucionalidade for acolhida, a questão será submetida ao plenário do tribunal ou ao seu órgão especial, onde houver.

O parágrafo único do mencionado artigo apenas reproduz o descrito do art. 481, parágrafo único, do antigo código informando que os órgãos fracionários dos tribunais não submeterão ao plenário ou ao órgão especial a arguição de inconstitucionalidade quando já houver pronunciamento destes ou do plenário do Supremo Tribunal Federal sobre a questão.

Ainda sobre dispositivos relacionados ao controle de constitucionalidade, o art. 535, § 5º, do novo CPC determina que quando a Fazenda Pública impugnar a execução, arguindo inexequibilidade do título ou inexigibilidade da obrigação, pode ser considerado também inexigível a obrigação reconhecida em título executivo judicial fundado em lei ou ato normativo considerado inconstitucional pelo Supremo Tribunal Federal, ou fundado em aplicação ou interpretação da lei ou do ato normativo tido pelo Supremo Tribunal Federal como incompatível com a Constituição Federal, em controle de constitucionalidade concentrado ou difuso.

Os § 6º, 7º e 8º do mesmo artigo trouxeram regras aplicáveis na hipótese da incidência do § 5º. Vejamos: a) nos efeitos da decisão do Supremo Tribunal Federal poderão ser modulados no tempo, de modo a favorecer a segurança jurídica (§ 6º do art. 535 do novo CPC), b) a decisão do Supremo Tribunal Federal referida no § 5º deve ter sido proferida antes do trânsito em julgado da decisão exequenda (§ 7º do art. 535 do novo CPC) e c) se a decisão referida no § 5º for proferida após o trânsito em julgado da decisão exequenda, caberá ação rescisória, cujo prazo será contado do trânsito em julgado da decisão proferida pelo Supremo Tribunal Federal (§ 8º do art. 535 do novo CPC). Não há normas correspondentes no antigo código.

Por fim, sobre as regras relativas à petição inicial e à contestação no novo CPC, os artigos que devem ser ressaltados são o 319, 321 e 335. O primeiro, ao tratar da inicial, acrescenta requisitos, como a necessidade de indicação da existência de união estável, a profissão, o número de inscrição no Cadastro de Pessoas Físicas ou no Cadastro Nacional da Pessoa Jurídica e o endereço eletrônico, além das tradicionais informações. O segundo, 321, aumento o prazo (de 10 para 15 dias) para que o autor emende ou complete a inicial e informa que o juiz deve indicar, com precisão, o que deve ser corrigido ou completado. O terceiro, art. 335, ao tratar da contestação, fixa e especifica momentos para a contagem do prazo.

2. DIREITO ADMINISTRATIVO

Wander Garcia

1. REGIME JURÍDICO-ADMINISTRATIVO

1.1. CONCEITO DE REGIME JURÍDICO

Regime jurídico pode ser conceituado como *o conjunto harmônico de princípios e normas que incidem sobre determinada categoria ou instituto de direito.*

No sentido mais amplo possível, há dois grandes regimes jurídicos, o de direito público e o de direito privado.

1.2. Direito público e direito privado

Costuma-se dividir o direito objetivo nessas duas grandes espécies. Tal divisão é feita tendo em vista a diferença de **regime jurídico**.

No **regime jurídico de direito público,** vigem dois princípios basilares, quais sejam, o da *supremacia do interesse público sobre o privado* e o da *indisponibilidade do interesse público.*

Pelo princípio da **supremacia do interesse público sobre o privado**, a relação entre o Estado e o particular é *vertical*, ou seja, há uma *hierarquia*. Isso se expressa em institutos como a *desapropriação*, da qual o particular não pode se esquivar, e as *cláusulas exorbitantes*, que permitem ao Poder Público modificar unilateralmente um contrato administrativo, independentemente da concordância do contratado.

Já pelo princípio da **indisponibilidade do interesse público**, o Estado fica obrigado a velar pela proteção incondicional e irrestrita dos bens e interesses do povo. Em virtude desse princípio, o agente público só pode fazer o que a vontade do povo (expressa na lei) permite, obedecendo-se ao *princípio da legalidade*. Além disso, tal princípio vai exigir que em todas as compras estatais se busquem as melhores condições, daí a necessidade de se fazer *licitação*. Os *bens públicos* são, ainda, inalienáveis, impenhoráveis e imprescritíveis.

No **regime jurídico de direito privado**, por sua vez, há dois princípios basilares, quais sejam, o da *igualdade* e o da *autonomia da vontade*.

Pelo **princípio da igualdade**, as pessoas estão numa relação *horizontal*, ou seja, não há uma hierarquia entre elas. Assim, ninguém pode tomar a propriedade do outro à força (*autotutela*). Um contratante não pode mudar unilateralmente um contrato independentemente da vontade da parte contrária.

Não se deve esquecer, todavia, que a igualdade supõe tratar os iguais igualmente e os desiguais desigualmente, de modo que em algumas situações, como no caso dos incapazes, algumas pessoas poderão ter mais direitos do que outras.

Pelo **princípio da autonomia da vontade**, as pessoas podem fazer tudo o que quiserem, salvo o que a lei proíbe. Assim, diferentemente do que ocorre com os agentes públi-cos, se não houver proibição legal, os particulares podem agir à vontade. Podem doar bens, podem comprar onde quiserem e o que quiserem.

E **como se sabe** se uma dada situação de fato será regida pelo direito público ou pelo direito privado?

As relações fáticas em que houver o Estado em **qualquer dos polos** serão regidas pelo direito público, salvo quando o Estado estiver se valendo, com a permissão legal, de um instituto de direito privado, como quando emite um cheque ou quando é locatário de um imóvel. No mais, ou seja, quando estiver celebrando um contrato, desapropriando, aplicando sanções ou atuando em suas demais tarefas, estará sendo regido pelos princípios e regras do direito público.

São ramos do Direito Público Interno os Direitos Constitucional, Administrativo, Tributário, Ambiental, Processual do Trabalho, Processual Civil, Processual Penal, Penal, entre outros. São ramos do Direito Público Externo o Direito Internacional Público, que regula as relações entre Estados e organismos internacionais, e o Direito Internacional Privado, que regula as relações entre pessoas ligadas a diferentes Estados.

As **demais relações**, ou seja, as relações entre particulares, ou aquelas em que o Estado atua em pé de igualdade com o particular, são regidas pelo direito privado.

O Direito Administrativo, que nos interessa na presente obra, tem, assim, **natureza jurídica** (também chamada de **taxinomia**) de Direito Público.

1.3. Conceito de Direito Administrativo

Vários critérios foram utilizados para tentar conceituar o Direito Administrativo.

O primeiro foi o critério do "Poder" (o direito administrativo regula a autoridade estatal), que se seguiu aos critérios do "Serviço Público" (o direito administrativo regula os **serviços públicos** em geral – **serviços públicos** em sentido amplo, portanto), do "Poder Executivo" (o direito administrativo regula a atividade do Poder Executivo), das "Relações Jurídicas" (o direito administrativo regula as relações entre a Administração e os administrados), "Teleológico" (o direito administrativo regula a atividade do Estado para cumprir os seus fins) e ao critério da "Administração Pública".

Nesse último critério, o Direito Administrativo é o conjunto de princípios que regem a Administração Pública. Trata-se do critério mais adotado entre os juristas.

1.4. Atividade administrativa

A Administração Pública tem deveres extremamente importantes para com a sociedade. Tais deveres englobam tarefas de *segurança*, de *fiscalização e controle* de condutas antissociais, de regulação e de oferecimento de *serviços essenciais*, como educação, saúde, energia elétrica, água, transporte, de fomento, dentre outros. Para que tais deveres sejam devidamente cumpridos é necessário que haja um regime jurídico diferenciado, um **regime jurídico de direito público**, que tem, conforme já visto, duas grandes marcas: a) supremacia do interesse público sobre o interesse privado; b) indisponibilidade do interesse público.

Porém, não se pode esquecer que o Poder Público age em **três grandes atividades**, quais sejam: a) *atividade legislativa*, de elaborar leis; b) *atividade administrativa*, de executar direta e concretamente a lei; c) *atividade jurisdicional*, de aplicar a lei, mediante provocação, com o fito de compor conflitos de interesse caracterizados por pretensões resistidas.

A *atividade legislativa* é objeto do Direito Constitucional, destacando-se o tema do "processo legislativo".

A *atividade jurisdicional* é objeto do Direito Processual (penal, civil, do trabalho etc.).

Já a *atividade administrativa* é objeto do Direito Administrativo. Esse ramo do Direito regula o chamado **regime jurídico administrativo**, que também pode ser definido como *o conjunto harmônico de princípios e normas que regem a Administração Pública, em sua função de realizar concreta, direta e imediatamente os fins desejados pelo Estado*.

É importante destacar que o Direito Administrativo rege toda e qualquer atividade da Administração, seja ela do Executivo, do Legislativo ou do Judiciário, já que os dois últimos poderes também exercem (atipicamente) atividades administrativas. Por exemplo, quando exercer o poder disciplinar sobre servidores ou fazer licitação para adquirir bens.

Assim, um membro do Poder Judiciário (magistrado) pratica tanto atos jurisdicionais (ex.: quando exara uma sentença) como atos administrativos (ex.: quando aplica uma advertência ao servidor do fórum).

Enfim, todos os poderes têm sua Administração Pública e, assim, praticam atos administrativos, inclusive o Poder Judiciário e o Poder Legislativo, que apesar de o fazê-lo atipicamente, atua, assim, em atividade administrativa.

1.5. Origem do Direito Administrativo

Só é possível falar-se em regime jurídico administrativo com o aparecimento do Estado de Direito, em que a lei passa a valer tanto para os administrados como para o administrador.

Tal se deu com o declínio dos regimes absolutistas, marcados pela vontade incontrastável dos soberanos, e que foi perdendo espaço, até se extinguir, após a Declaração dos Direitos do Homem e do Cidadão na França (1789) e a Declaração de Independência dos Estados Unidos (1796).

Os Estados de Direito, por sua vez, valeram-se da ideia de separação dos Poderes desenvolvida por Montesquieu (*O Espírito das Leis*, 1748), segundo o qual faz-se necessária a distribuição de tarefas entre órgãos distintos para que não haja a perniciosa concentração de poder numa pessoa só. Por outro lado, para que cada órgão que receba um poder não abuse deste, faz-se também necessário que haja um sistema de controle de um poder pelo outro.

A partir do aparecimento desses dois elementos – a) subordinação do Estado à lei (Estado de Direito) e b) divisão de tarefas entre órgãos estatais com sistema de controle de um pelo outro (Separação de Poderes) – tem-se os pressupostos para existência do Direito Administrativo.

1.6. Fontes do Direito Administrativo

Quando se pergunta "quais são as fontes do Direito", fica sempre a dúvida sobre a qual fonte a indagação se refere. Existem *fontes criadoras* do Direito (legislador, por exemplo). Há *fontes formais* do Direito (a lei, por exemplo). Há *fontes históricas* do Direito (fatos históricos marcantes que deram origem à modificação de uma lei).

As **fontes formais** do Direito podem ser divididas em duas espécies: principais e acessórias.

As **fontes *formais principais*** são: a lei, a analogia, o costume e os princípios gerais do direito. Como adotamos o sistema romano-germânico, de início, só a lei é fonte formal principal. Apenas em caso de lacuna é que se admite que o aplicador se valha da analogia, do costume e dos princípios gerais, nessa ordem, como fonte formal jurídica (art. 4º da LINDB).

Quanto ao costume, que consiste na **prática reiterada de determinado ato, com a convicção de sua obrigatoriedade jurídica**, não se confunde com a praxe administrativa que é a prática burocrática rotineira adotada na Administração, sendo que o primeiro é considerado fonte formal e o segundo não é considerado fonte do Direito Administrativo, apesar de se tratar de meio útil para resolver problemas administrativos, desde que atendido o princípio da legalidade.

Para completo entendimento do assunto, é importante destacar que, por lei, deve-se entender norma constitucional, lei ordinária, lei complementar, lei delegada, resolução legislativa, decreto legislativo e medida provisória.

Já as **fontes *formais secundárias ou acessórias*** são: os decretos, as resoluções administrativas, as instruções normativas, as portarias etc. São acessórias pois guardam obediência a uma fonte principal.

Doutrina e jurisprudência são consideradas, tradicionalmente, como *fontes não formais* ou *fontes indiretas* (mediatas). Isso porque trazem preceitos não vinculantes. São também consideradas *fontes meramente intelectuais* ou *informativas*.

Há de se fazer alguns temperamentos com relação à jurisprudência. Isso porque, apesar de um entendimento reiterado pelos tribunais não ter força de lei, a Emenda Constitucional 45/2004 estabeleceu que o Supremo Tribunal Federal poderá, após reiteradas decisões sobre matéria constitucional, aprovar súmula, que terá efeito vinculante e incidirá sobre a validade, a interpretação e a eficácia de normas determinadas acerca das quais haja controvérsia (art. 103-A da CF).

Tais súmulas, ainda que declarativas em relação ao que é Direito, poderão ser consideradas verdadeiras fontes formais, já que têm eficácia *erga omnes*.

1.7. Conceito de Administração Pública

O Estado tem três Poderes independentes e harmônicos entre si (Legislativo, Executivo e Judiciário). Porém, é por meio da **Administração Pública** que o Estado atua, tratando-se esta do aparelhamento necessário à realização de sua finalidade.

Em sentido *formal*, Administração Pública é o conjunto de órgãos instituídos para consecução dos fins do Governo (que é o comando, a iniciativa).

Em sentido *material*, é o conjunto das funções necessárias aos serviços públicos em geral.

E em sentido *operacional*, é o desempenho sistemático dos serviços estatais.

O fato é que a Administração é o instrumento de que se vale o Estado para pôr em prática as opções políticas do Governo.

Tal atuação se dará por intermédio de *entidades* (pessoas jurídicas), *órgãos* (centros de decisão) e de *agentes* (pessoas investidas em cargos, empregos e funções).

1.8. Sistemas de Controle Jurisdicional da Administração

Acerca do Sistemas de Controle Jurisdicional da Administração há duas espécies: a) o sistema do contencioso administrativo (sistema francês); b) o sistema judiciário (sistema inglês).

O Brasil adotou o segundo, ou seja, o sistema da jurisdição única, de maneira que compete apenas ao Poder Judiciário a jurisdição sobre o controle de atos administrativos postos em disputa.

Na Europa continental, por sua vez, há órgãos independentes e autônomos da própria Administração destinados a efetuar o controle dos atos administrativos. Trata-se da chamada *dualidade de jurisdição* (ou *contencioso administrativo*), em que um órgão exerce a jurisdição sobre os atos administrativos e o Poder Judiciário a exerce sobre os demais atos e fatos jurídicos. Na França, por exemplo, o Conselho de Estado é quem faz esse papel de exercer a jurisdição sobre atos administrativos, ficando o Judiciário responsável pelos demais conflitos de interesse. Quanto ao Conselho de Estado há os chamados tribunais administrativos, que se sujeitam a ele, que funciona como juízo de apelação, de cassação e até de juízo originário e único de determinados litígios administrativos.

Em suma, o Brasil adotou outro sistema, o anglo-americano, em que não existe essa dualidade, cabendo apenas ao Poder Judiciário exercer a jurisdição, de modo que é este que faz todo e qualquer controle jurisdicional sobre atos administrativos.

Como exceção, temos a possibilidade de um ato da Administração vir a ser apreciado por uma corte de arbitragem, mas nos casos taxativamente estabelecidos em lei, que,

em verdade, se limitam a tratar de aspectos comerciais e técnicos não relacionados a determinações administrativas que busquem assegurar o interesse público. Por exemplo, o art. 23-A da Lei 8.987/1995 permite o uso de arbitragem em matéria de concessões de serviço público. Isso significa que, caso a Administração modifique o regulamento do serviço a ser prestado pela concessionária, aumentando os custos desta mas sem um aumento no mesmo patamar na remuneração da concessionária, esta poderá discutir a questão junto a uma corte arbitral, mas limitada à questão da remuneração, não podendo querer que uma corte arbitral discuta se foi de interesse público ou não a modificação no regulamento do serviço, discussão essa que, ressalvado o mérito administrativo, só poderá ser feita no âmbito do Poder Judiciário.

2. PRINCÍPIOS DO DIREITO ADMINISTRATIVO

2.1. Introdução

Princípios *são normas jurídicas de especial relevância e alta carga valorativa que, além de vincular, servem de vetor interpretativo a todos os destinatários do Direito.*

Os princípios gerais do Direito Administrativo decorrem de dois outros basilares, quais sejam, o da supremacia do interesse público sobre o privado e o da indisponibilidade do interesse público.

2.2. Princípios basilares do direito administrativo (supraprincípios ou superprincípios)

O princípio da **supremacia do interesse público sobre o interesse privado**[1] parte da ideia de que o fim do Estado é o bem comum, e não o individual. Assim, deve prevalecer o interesse público, o interesse comum, e não o interesse particular que cada um tem.

Essa supremacia pode ser verificada nas seguintes *prerrogativas* da Administração: a) presunção de legitimidade dos atos administrativos; b) prazos maiores no processo civil; c) prazo prescricional menor contra o Estado; d) imperatividade, exigibilidade, coercibilidade e autoexecutoriedade de boa parte dos atos administrativos, atributos esses que permitem a autotutela da Administração, que não precisa buscar o Poder Judiciário para a imposição de grande parte de seus atos.

A doutrina diferencia a chamada *supremacia estatal geral*, que incide sobre todas as pessoas, da *supremacia estatal especial*, que incide sobre as pessoas com quem o Estado

---

1. Celso Antônio Bandeira de Mello define interesse público como o "interesse resultante do conjunto dos interesses que os indivíduos pessoalmente têm quando considerados em sua qualidade de membros da Sociedade e pelo simples fato de o serem" (*Curso de Direito Administrativo*, p. 59). Aliás, o interesse público pode ser primário (verdadeiro interesse público) ou secundário, interesse que diz respeito apenas à pessoa jurídica estatal (que não é verdadeiro interesse público), como o interesse de arrecadar mais tributos.
   Hely Lopes Meirelles, por sua vez, entende por interesse público as "aspirações ou vantagens licitamente almejadas por toda a comunidade administrada, ou por uma parte expressa de seus membros" (*Direito Administrativo Brasileiro*, p. 81).

tem relação jurídica específica. A submissão de todos nós às leis de trânsito é um exemplo da supremacia estatal geral. Já a submissão das concessionárias de serviço público às imposições do Poder Concedente é exemplo da supremacia estatal especial.

O princípio da **indisponibilidade do interesse público**, por sua vez, decorre da ideia de República (coisa de todos). Ele indica que os interesses públicos não podem ser objeto de disposição, devendo o Poder Público velar por sua proteção e promoção. A ordem jurídica trará o perfil do que é interesse público, cabendo à Administração Pública buscar seu atendimento. Decorrem desse princípio os seguintes: a) princípio da legalidade; b) princípio da isonomia; c) princípio da motivação; d) princípio da publicidade, dentre outros.

Passemos, agora, ao estudo dos demais princípios do Direito Administrativo, que, repita-se, são expressões dos dois acima referidos.

2.3. Princípios do Direito Administrativo em espécie

2.3.1. *Princípio da legalidade*

Esse princípio pode ser **conceituado** como *aquele pelo qual a Administração Pública só pode fazer o que a lei determinar ou permitir*.

O princípio da legalidade está **previsto** expressamente no art. 37, *caput*, da CF.

Trata-se de princípio próprio do Estado de Direito. Aliás, o Direito Administrativo nasce justamente com o aparecimento desse tipo de Estado.

O princípio em questão afirma que a atividade administrativa é sublegal, devendo expedir comandos complementares à lei. É muito famosa a frase de Seabra Fagundes a respeito da legalidade: "administrar é aplicar a lei de ofício".

Na **prática**, isso significa que a Administração Pública não pode fazer coisa alguma sem que haja uma lei prévia dizendo que ela está autorizada ou tem a obrigação de fazê-la.

Recentemente, tomei conhecimento de um **exemplo** interessante: o Prefeito de uma determinada cidade resolveu baixar um ato administrativo determinando que todo o comércio local fechasse aos domingos, sem que houvesse lei alguma na cidade trazendo essa determinação. Tal conduta fere o princípio da legalidade, pois o Prefeito só poderia ter agido se houvesse uma lei municipal nesse sentido.

O Chefe do Poder Executivo tem o poder de regulamentar a lei, e não de fazer a própria lei. Nesse sentido, o art. 84, IV, da CF dispõe que o Presidente da República – e os demais Chefes do Executivo (Prefeito e Governador) – tem competência para expedir decretos e regulamentos para a fiel execução da *lei*. Esses decretos têm por objetivo explicar a lei e dizer como ela deverá ser cumprida.

Ou seja, no Brasil temos *regulamentos de execução de lei*, e não *regulamentos autônomos de lei*.

No exemplo dado, o Prefeito daquela cidade poderia baixar um regulamento para o fim de executar a lei que proíbe o comércio aos domingos, caso a lei existisse (regulamento de

execução de lei). Mas não poderia criar a própria proibição do comércio por meio de um decreto (regulamento autônomo de lei).

O princípio da legalidade é tão forte que no Direito brasileiro há pouquíssimas **exceções**.

A primeira exceção diz respeito aos *regulamentos autônomos de lei*. O art. 84, VI, da CF criou duas exceções, em que o Chefe do Executivo poderá, por decreto, fazer algo que somente a lei poderia fazer: a) dispor sobre a organização e funcionamento da administração federal, quando não implicar aumento de despesa nem criação ou extinção de órgãos públicos; b) dispor sobre a extinção de funções ou cargos públicos, quando vagos.

Um exemplo da situação "a" é um Prefeito, por decreto, transformar uma secretaria municipal em outra secretaria municipal (ex.: transformar a secretaria de administração em secretaria de gestão pública). O que não é possível é extinguir ou criar um órgão público, mas transformar um órgão é plenamente possível.

Um exemplo da situação "b" é um Prefeito, por decreto, extinguir 30 cargos de telefonista da prefeitura, por estarem vagos esses cargos e não haver mais interesse em provê-los, em virtude da tecnologia dos sistemas de telefonia não mais requerer tantos cargos de telefonista numa repartição pública.

A segunda exceção ao princípio da legalidade é a *medida provisória* (art. 62, CF). Com efeito, a medida provisória, apesar de não ser *lei em sentido estrito*, tem *força de lei*.

Assim, é possível que uma medida provisória, mesmo que não haja lei sobre um dado assunto, inove na ordem jurídica e determine algo para a Administração Pública.

Parte da doutrina faz uma diferenciação entre a *legalidade* e a *reserva legal*. Há matérias que podem ser reguladas por lei e por medida provisória, hipótese em que se fala em obediência à legalidade. Há matérias que só podem ser reguladas por lei em sentido formal, hipótese em que se fala em obediência à reserva legal. As matérias mencionadas no parágrafo anterior obedecem ao princípio da reserva legal. Como exemplo, temos o direito penal, matéria que só pode ser regulada por lei, nunca por decreto ou medida provisória (art. 5º, XXXIX, CF).

Vale, também, diferenciar o princípio da legalidade para a Administração, com o **princípio da legalidade para o particular**. O primeiro está previsto no art. 37, *caput*, da CF, ao passo que o segundo, no art. 5º, II, da CF ("ninguém será obrigado a fazer ou deixar de fazer alguma coisa senão em virtude de lei"). O primeiro dispõe que a Administração só pode fazer o que a lei determinar ou permitir, enquanto que o segundo dispõe que o particular pode fazer o que bem entender, a não ser o que a lei proibir. Portanto, a Administração está amarrada, presa. Ela só pode fazer algo se a lei desamarrar e permitir que esse algo seja feito. Já o particular está livre, podendo fazer o que quiser. Ele só ficará impedido de fazer algo quando vier uma lei proibindo que ele o faça.

Por fim, importante darmos uma palavra sobre o **princípio da juridicidade**. Esse princípio pode ser visto como estágio evolutivo atual do princípio da legalidade, pois exige do administrador público atuação em conformidade não só com a lei, em sentido formal, mas com todo o direito; muito mais do que respeitar a *legalidade estrita*, o que se espera hoje é que o administrador atenda ao *Direito* como um todo, ou seja, busque uma decisão de acordo com a *juridicidade* ou *legitimidade*, daí a ideia de que, mais do que o respeito ao princípio da legalidade, o administrador tem que respeitar o princípio da juridicidade.

2.3.2. Princípio da impessoalidade

Esse princípio pode ser **conceituado** como *aquele que impõe tratamento igualitário às pessoas, respeito à finalidade e também a ideia de que os atos dos agentes públicos devem ser imputados diretamente à Administração Pública e nunca à pessoa do agente.*

O princípio da impessoalidade está **previsto** expressamente no art. 37, *caput*, da CF.

Repare que o princípio tem três comandos: a) *impõe igualdade de tratamento*; b) *impõe respeito ao princípio da finalidade*; c) impõe *neutralidade do agente*, que não pode fazer autopromoção.

Um exemplo de violação ao primeiro comando ("a") é o agente público, responsável para julgar a concessão de alvarás para construção, dar prioridade aos pedidos de alvará formulados por amigos seus em detrimento das demais pessoas que tiverem pedido o alvará em data anterior.

Um exemplo de violação ao segundo comando ("b") é o agente público usar um ato que tem uma finalidade legal "X" com o objetivo de atender a uma finalidade "Y", como ocorre quando se utiliza o ato "remoção" – cuja finalidade é organizar melhor as funções de agentes públicos ou transferir um agente público para outro local, a pedido deste – com a finalidade de punição.

Um exemplo de violação ao terceiro comando ("c") é um Prefeito determinar a utilização de um símbolo usado na sua campanha eleitoral em todas as obras da prefeitura. Tal situação é expressamente vedada pelo art. 37, § 1º, da CF, que dispõe que a publicidade oficial deverá ter caráter educativo, informativo ou de orientação social, dela não podendo constar nomes, *símbolos* ou imagens que caracterizem *promoção pessoal*.

O terceiro comando do princípio da impessoalidade também tem outros tipos de reflexo. Um deles é a possibilidade de reconhecer a validade de atos praticados por funcionário público irregularmente investido no cargo ou função sob o fundamento de que tais atos configuram atuação do órgão e não do agente público. Isso ocorre, pois, se todos os atos praticados pela Administração são *imputados* diretamente a esta (o agente público é neutro, ou seja, é um mero órgão da Administração), mesmo os atos praticados por alguém irregularmente investido em função pública poderão ser considerados válidos já que, em última análise, são atos da Administração e podem ser preservados se estiverem de acordo com as demais normas jurídicas.

2.3.3. Princípio da moralidade administrativa

Esse princípio pode ser **conceituado** como *aquele que impõe obediência à ética da Administração, consistente no conjunto de preceitos da moral administrativa, como o dever de honestidade, lealdade, boa-fé e probidade.*

O princípio está **previsto** expressamente no art. 37, *caput*, da CF.

O art. 11 da Lei 8.429/1992 (Lei de Improbidade Administrativa) juridiciza (torna jurídico) preceitos morais a serem seguidos, como a *honestidade* e a *lealdade* às instituições.

Todavia, a Constituição não determina que a moralidade exigida por seu art. 37, *caput*, esteja juridicizada. Aliás, se assim o fosse, bastaria a exigência de respeito ao princípio da legalidade. A Constituição também não está se referindo à moralidade comum, pois o art. 5º, LXXIII, da CF, ao tratar das hipóteses de cabimento de ação popular, é mais específico no tema e usa a expressão completa, qual seja, "moralidade administrativa", que é a moralidade no interior da administração e não no bojo da sociedade como um todo.

Assim, quando a Constituição exige, também, respeito à moralidade está impondo o dever de atendimento a moralidade administrativa (e não à moralidade comum), mas não está se referindo a uma moralidade juridicizada[2], mas a uma moralidade extraída da prática diária da boa administração. Ou seja, está-se exigindo um comportamento com respeito aos padrões éticos de boa-fé, decoro, lealdade, honestidade e probidade. Aliás, nesse sentido é o disposto no art. 2º, parágrafo único, IV da Lei 9.784/1999, no Código de Ética Profissional do Servidor Público Federal (Decreto 1.171/1994) e na Lei 8.112/1990.

São exemplos de atos que ferem o princípio da moralidade administrativa os seguintes: a) Prefeito e Câmara aumentam a remuneração dos agentes públicos em demasia a fim de se fortalecerem e de inviabilizarem economicamente a gestão posterior; b) Prefeito e Câmara geram grande diminuição de impostos para a gestão seguinte, com a mesma finalidade espúria mencionada; c) desapropriação realizada com o fim de prejudicar um inimigo político; d) uso de cartões corporativos do governo para gastos de ordem pessoal.

Não é necessária lesão ao erário para o desrespeito a esse princípio. Um prefeito que desapropria um imóvel com a finalidade de prejudicar um inimigo político estará sujeito à invalidação dessa desapropriação pela violação

---

2. Vale dizer, todavia, que a doutrina *não é pacífica* sobre esse entendimento, ou seja, de que a noção de moralidade administrativa não depende da moralidade juridicizada. Celso Antônio Bandeira de Mello, por exemplo, entende, com base em estudo de Márcio Cammarosano, que "não é qualquer ofensa à moral social que se considerará idônea para dizer-se ofensiva ao princípio jurídico da moralidade administrativa" (*Curso de Direito Administrativo*. 26. Ed., p. 120). Em outro extremo, Maria Sylvia Zanella Di Pietro entende, fundamentada na lição de Manoel de Oliveira Franco Sobrinho, que "mesmo os comportamentos ofensivos da moral comum implicam ofensa ao princípio da moralidade administrativa" (*Direito Administrativo*. 25. ed., p. 79), ou seja, mesmo a imoralidade comum viola o princípio em questão.

ao princípio da moralidade, mesmo que o imóvel fosse necessário mesmo e que não houvesse, então, prejuízo econômico com o ato.

2.3.4. Princípio da publicidade

Esse princípio pode ser **conceituado** como *aquele que impõe ampla divulgação dos atos oficiais, para conhecimento público e início dos efeitos externos.*

O princípio da publicidade está **previsto** expressamente no art. 37, *caput*, da CF.

O conceito apresentado revela que o princípio tem dois grandes **sentidos**: a) garantir que todos tenham conhecimento das coisas que acontecem na Administração Pública; b) garantir que os atos oficiais só tenham efeitos externos após sua publicação.

Com isso, os cidadãos em geral poderão exercer sua cidadania, questionando atos governamentais, solicitando o controle destes e até ingressando com ações contra atos que estejam em desacordo com a ordem jurídica. Da mesma forma, o Ministério Público e as demais pessoas legitimadas também terão elementos para fazer esse tipo de controle.

As pessoas individualmente prejudicadas também recebem a proteção do princípio da publicidade. Um exemplo é aquele que recebe uma multa de trânsito. Tal pessoa só terá de pagar a multa se receber uma notificação oficial no prazo previsto em lei. A notificação é, portanto, requisito de eficácia da multa aplicada. O art. 281, parágrafo único, II, da Lei 9.503/1993, dispõe que o auto de infração será arquivado e seu registro julgado insubsistente se não houver, no prazo máximo de 30 dias, notificação da autuação.

Nesse sentido, é importante reforçar a ideia de que a *publicidade* dos atos oficiais é requisito de *eficácia* dos atos administrativos, e não requisito de *existência* ou de *validade* destes.

Por outro lado, o princípio da publicidade tem **exceções**. Ou seja, há casos em que o interesse público justificará que determinados atos oficiais sejam deixados em sigilo, ainda que temporariamente.

Confira os casos em que se admite o sigilo dos atos oficiais: a) para a defesa da segurança da sociedade e do Estado; b) em investigações policiais; c) para o resguardo da inviolabilidade da intimidade, da vida privada, da honra e da imagem das pessoas.

A Lei 12.527/2011 regula o acesso à informação previsto no inciso XXXIII do art. 5º, da CF ("todos têm direito a receber dos órgãos públicos informações de seu interesse particular, ou de interesse coletivo ou geral, que serão prestadas no prazo da lei, sob pena de responsabilidade, ressalvadas aquelas cujo sigilo seja imprescindível à segurança da sociedade e do Estado").

Essa lei se aplica a todos os entes federativos. Por conta dela, houve um movimento muito amplo no sentido de os entes da Administração Pública passarem a divulgar pela internet a remuneração e o subsídio dos agentes públicos, por se tratar de obrigação que decorre dos termos da lei.

Essa lei trata também dos requisitos do pedido de acesso a informações aos órgãos e entidades estatais (arts. 10 a 14) e também das restrições de acesso à informação (arts. 21 a 31).

Uma regra fundamental da lei dispõe que "não poderá ser negado acesso à informação necessária à tutela judicial ou administrativa de direitos fundamentais" (art. 21).

A lei detalha melhor os casos em que cabe sigilo por motivo de segurança da sociedade e do Estado (art. 23), sigilo esse que varia entre 5, 15 e 25 anos (informações reservada, secreta e ultrassecreta, respectivamente), bem como os casos em que cabe sigilo por motivo de respeito à intimidade, vida privada, honra e imagem das pessoas, que poderão ter seu acesso restrito pelo prazo máximo de 100 anos (art. 31).

Por fim, vale lembrar que a propaganda oficial não pode caracterizar promoção pessoal (*vide* novamente o art. 37, § 1º, CF), devendo ser objetiva e com caráter informativo, educativo ou de orientação social.

2.3.5. Princípio da eficiência

Esse princípio pode ser **conceituado** como *aquele que impõe o dever de a Administração Pública atender satisfatoriamente às necessidades dos administrados, bem como de o administrador público fazer o melhor, como profissional, diante dos meios de que dispõe.*

Para José Afonso da Silva, eficiência significa fazer acontecer com racionalidade, o que implica medir os custos que a satisfação das necessidades públicas importam em relação ao grau de utilidade alcançado (*Curso de Direito Constitucional Positivo*, Ed. Malheiros). O ilustre autor completa a afirmação dizendo que o princípio da eficiência "orienta a atividade administrativa no sentido de conseguir os melhores resultados com os meios escassos de que se dispõe e a menor custo".

O princípio da eficiência está **previsto** no art. 37, *caput*, da CF, por força da EC 19/1998, que o introduziu expressamente na Constituição.

Porém, mesmo antes da EC 19/1998, já se falava na Constituição em controle interno dos Poderes para atender a eficiência (art. 74, II, CF), de modo que o princípio estava no mínimo implícito na redação original da Constituição.

Ocorre que, com a **Reforma do Estado**, ocorrida em 1998, percebeu-se a necessidade de trazer um princípio geral de eficiência. Tal reforma estava preocupada em diminuir o controle de meios (administração burocrática) e focar no controle de fins (administração gerencial), controle este que se volta para os resultados, ou seja, para a eficácia.

Para concretizar o princípio da eficiência, a EC 19/1998 também trouxe para o servidor público mais um requisito para adquirir a estabilidade, qual seja, o de que passe por uma *avaliação especial de desempenho*, sendo que, mesmo depois de adquiri-la, deverá se submeter a *avaliações periódicas de desempenho*, podendo ser exonerado, caso não seja aprovado em qualquer delas (art. 41, § 1º, III, da CF). Para a Administração, a EC em questão trouxe a possibilidade de realização de *contrato de gestão*, aumentando a autonomia dos órgãos e entidades públicos em troca da fixação de metas de desempenho a cumprir (art. 37, § 8º, CF).

2.3.6. Princípio da segurança jurídica

2.3.6.1. Considerações gerais

Esse princípio pode ser **conceituado** como *aquele que impõe a exigência de maior estabilidade nas relações jurídicas de forma a se atender ao interesse público.*

O princípio da segurança jurídica não está **previsto** expressamente na CF. Porém, está implícito no art. 5º, XXXVI, pelo qual a lei não pode prejudicar o direito adquirido, o ato jurídico perfeito e a coisa julgada.

No plano infraconstitucional, o princípio está previsto expressamente no art. 2º, *caput*, da Lei 9.784/1999.

O princípio da segurança jurídica tem as seguintes **consequências**:

a) decorre dele o dever de respeitar o direito adquirido, o ato jurídico perfeito e a coisa julgada (art. 5º, XXXVI, CF); exemplo de aplicação dessa regra foi a decisão do STF que impediu que nova norma do Ministério da Educação aumentasse os requisitos para a concessão de financiamento estudante pelo FIES em relação a estudantes que já vinham se beneficiando do financiamento (ADPF 341, J. 27.05.2015);

b) permite a convalidação de atos anuláveis, ou seja, de atos que podem ser repetidos sem o vício que os inquinava;

c) permite a conversão de atos nulos em atos de outra categoria, na qual serão válidos;

d) permite a manutenção de atos nulos expedidos há muito tempo, desde que haja excepcionalíssimo interesse público (ex.: loteamento popular antigo feito sem autorização administrativa);

e) proíbe a aplicação retroativa de nova interpretação por parte da Administração (inciso XIII do parágrafo único do art. 2º da lei acima referida); tal proibição visa a preservar a boa-fé, a confiança do administrado na Administração;

f) protege expectativas legítimas de promessas firmes. Ex.: permissão de uso de bem público dada pelo Estado com prazo determinado, que acaba sendo revogada antes do final do prazo; com base no princípio da proteção da confiança, é possível que o permissionário requeira em juízo que continue com a permissão ou que receba indenização pela quebra da confiança;

g) não gera direito adquirido a regime funcional ou contratual;

h) "a garantia da irretroatividade da lei, prevista no art. 5º, XXXVI, da Constituição da República, não é invocável pela entidade estatal que a tenha editado" (Súmula 654 do STF);

i) "os valores recebidos de boa-fé pelo servidor público, quando pagos indevidamente pela Administração Pública em função de interpretação equivocada de lei, não devem ser devolvidos" (STJ, AgRg no Ag 1.423.790, DJ 30.11.2012).

2.3.6.2. Coisa julgada, direito adquirido e ato jurídico perfeito

No tema aplicação da lei no tempo é, ainda, importante anotar que a lei nova, apesar de ter efeito imediato e geral, deve respeitar o ato jurídico perfeito, o direito adquirido e a coisa julgada (art. 6º da LINDB). A Constituição, em seu art. 5º, XXXVI, reforça o princípio ao dispor que "a lei não

prejudicará o direito adquirido, o ato jurídico perfeito e a coisa julgada".

Trata-se do **princípio da irretroatividade da lei.**

A **coisa julgada** pode ser conceituada como a *qualidade da sentença de mérito de o seu comando ser imutável. Isso se dá com o trânsito em julgado da decisão.*

O **direito adquirido** é *aquele que já se incorporou ao patrimônio de seu titular, uma vez que preenchidos, sob a vigência da lei anterior, os requisitos para a aquisição do direito.* Para a LINDB, "consideram-se adquiridos assim os direitos que seu titular, ou alguém por ele, possa exercer, como aqueles cujo começo do exercício tenha termo prefixo, ou condição preestabelecida inalterável, a arbítrio de outrem" (art. 6º, § 2º).

O **ato jurídico perfeito** é *aquele já consumado segundo a lei vigente ao tempo em que se efetuou* (art. 6º § 1º, da LINDB).

A lei não pode *prejudicar* tais valores, mas pode *beneficiar*. É por isso que a lei penal que beneficia o acusado retroage (art. 5º, XL, da CF) e que a lei tributária também retroage em alguns casos (art. 106 do CTN).

Não se deve confundir *retroatividade* com *aplicabilidade imediata*. A lei não pode atingir, para prejudicar, fatos passados, mas pode ser aplicada de modo imediato para fatos que ocorrerem depois de sua vigência, ainda que relacionados com fatos anteriores.

Dessa forma, tirando as situações de aplicação imediata da lei, não se pode retroagir lei nova para prejudicar direito adquirido, coisa julgada e ato jurídico perfeito.

De qualquer forma, em se tratando de Direito Administrativo, é sempre possível que, respeitadas as hipóteses legais, haja desapropriação de um direito protegido por esses institutos, pagando-se, sempre, indenização prévia, justa em dinheiro.

2.3.6.3. Princípio da proteção à confiança legítima

O princípio da segurança jurídica pode ser considerado em dois aspectos: a) no aspecto objetivo, está ligado à irretroatividade das leis e das novas interpretações, e a finalidade é proteger o próprio sistema (endossegurança); b) no aspecto subjetivo, está ligado ao princípio da proteção à confiança legítima.

O princípio da proteção à confiança legítima foi criado pela jurisprudência alemã após a 2ª Guerra Mundial, período em que se buscou uma reação a atos que afetaram repentina e bruscamente os administrados.

De acordo com esse princípio, quando (1) o Estado expede um ato conclusivo capaz de gerar confiança no administrado, (2) levando este a praticar determinada conduta no sentido da expectativa criada pelo Estado, (3) este fica adstrito a manter a sua palavra mesmo se o ato for ilegal, (4) salvo má-fé do administrado.

Um exemplo interessante é a situação em que a administração outorga ao particular uma permissão de serviço público pelo prazo de 4 anos, tratando-se de prazo ideal para a amortização de investimentos pelo permissionário e recebimento de retorno compatível pelo seu trabalho, sendo que, dois anos depois, a permissão vem a ser revogada. Nesse caso, mesmo havendo previsão legal de que a permissão de serviço público é precária, podendo, assim, ser revogada a qualquer tempo independentemente de licitação, o fato é que o particular recebeu um ato conclusivo (permissão) que gerou a confiança legítima de que seria mantido até o final do período de 4 anos (por conta do prazo específico no documento, da necessidade de 4 anos para amortizações e lucros e da inexistência de má-fé pelo particular), devendo o estado manter sua promessa, sua palavra, não revogando a permissão antes do tempo. A aplicação do princípio da confiança fará com que o Estado tenha de voltar atrás na revogação do ato ou tenha essa revogação do ato anulada. Em o Estado demonstrando interesse público na anulação do ato, a aplicação do princípio determinará a condenação do Estado a pagar indenização pela perda antecipada da permissão pelo particular.

Uma vez violado princípio da proteção à confiança legítima, a correção dessa medida, pode, assim, dar-se por variados instrumentos. Pode ser o caso de anulação do ato que viola o princípio. Pode ser o caso de condenação do Estado no pagamento de indenização. Pode ser o caso de uma medida específica, como é o caso da determinação de nomeação de uma pessoa aprovada num concurso dentro das vagas previstas no edital, pois o STF, nesse tipo de caso, vem dizendo que o princípio da confiança é violado quando o edital prevê certo número de vagas num concurso público, mas os servidores aprovados dentro desse limite não vêm a ser nomeados.

2.3.7. *Princípio da razoabilidade*

Esse princípio pode ser **conceituado** como *aquele que impõe o dever de agir dentro de um padrão normal, evitando-se negligência e excesso e atuando de forma compatível entre os meios e fins previstos na lei.*

O princípio da razoabilidade não está expresso na Constituição Federal.

Porém, o art. 5º, LXXVIII, da CF, introduzido pela EC 45/2004, introduziu o direito à *razoável* duração do processo judicial e administrativo. A expressão "razoável", apesar de ligada à questão do processo célere, acaba trazendo à tona o valor da razoabilidade.

Assim, o princípio da razoabilidade continua implícito de modo geral na CF, mas pelo menos está expresso para fins de duração do processo no nosso Texto Maior.

Apesar disso, ele pode ser encontrado exposto em alguns textos infralegais, como o da Constituição do Estado de São Paulo (art. 111) e no art. 2º, *caput*, da Lei de Processo Administrativo Federal (Lei 9.784/1999).

Além do mais, o art. 2º, parágrafo único, VI, da Lei 9.784/1999 também acaba por tratar do princípio da razoabilidade ao trazer a seguinte obrigação à Administração em seus atos: "adequação entre meios e fins, vedada a imposição de obrigações, restrições e sanções em medida superior àquelas estritamente necessárias ao atendimento do interesse público".

São **exemplos** de violação ao princípio da razoabilidade os seguintes: a) demissão de um agente público, quando era suficiente uma suspensão; b) cumulação indistinta de todas as sanções por ato de improbidade administrativa, mesmo em casos mais leves, como de violação a princípios da administração; c) requisição administrativa de bens ou serviços em quantidade maior do que a necessária; d) dissolução de passeata pacífica por meio de arma de fogo.

O princípio somente tem **incidência** em relação a atos *discricionários*, não incidindo em relação a atos *vinculados*. Isso porque, quando um ato é vinculado, a Administração só tem uma opção de ato a ser praticado, não havendo que se falar em mais de uma possibilidade e, portanto, que o ato fere a razoabilidade. Porém, quando se tem um ato discricionário, existe mais de uma opção para o administrador, ocasião em que se poderá discutir se a atitude tomada está ou não de acordo com a razoabilidade.

Uma dúvida muito frequente é se o princípio da razoabilidade é sinônimo do **princípio da proporcionalidade**. Essa dúvida ganha ainda mais relevância pelo fato de o art. 2º, *caput*, da Lei 9.784/1999 dispor que a Administração deve respeitar a *razoabilidade* e também a *proporcionalidade*.

Há quem defenda que os dois princípios são sinônimos. Outros defendem que um está contido no outro. No caso, a proporcionalidade é medida da razoabilidade.

Na prática, costuma-se usar a expressão "proporcionalidade" para situações que envolvem quantidade. São situações em que se tem um "meio" (por exemplo, a possibilidade de aplicação de mais de um valor de multa) e "fim" (punir e prevenir que alguém cometa a infração). Por exemplo, se uma multa poderia variar de R$ 100 a R$ 1.000,00 e acaba sendo fixada em R$ 1.000,00, pode-se dizer, a depender da gravidade desta, que houve violação ao princípio da proporcionalidade.

A expressão "razoabilidade" acaba sendo utilizada para outras situações que não envolvem questão matemática, mas sim a busca de uma conduta igualitária da Administração. Por exemplo, se um Prefeito, mesmo diante do caos na área da saúde, resolver fazer uma obra para reformar a praça em frente ao hospital, em detrimento de maiores investimentos no próprio serviço de saúde, diz-se que houve violação ao princípio da razoabilidade. Nesse caso, o investimento na praça (que beneficia pessoas que nela brincam e passeiam) é discriminatório e desigual em relação à falta de investimento na saúde (considerando o caos em que se está e que a questão da saúde envolve o valor mais importante de todos, que é a vida)? Na análise dessa relação de congruência o princípio da razoabilidade orientará para a busca da medida mais igualitária e menos discriminatória.

Outras diferenças apontadas são as seguintes: a) quanto à origem, a razoabilidade se desenvolveu no direito anglo-saxônico (na Inglaterra, sob o prisma do devido processo legal em geral, trazido na Magna Carta; nos EUA, sob o prisma do devido processo legal substantivo), ao passo que a proporcionalidade, no direito germânico; b) quanto ao âmbito de incidência, o princípio da proporcionalidade é aplicado quando se está diante de uma relação em que há "meio" e "fim", ao passo que o da razoabilidade, quando se está diante de uma relação de "critério distintivo" e "medida tomada", em que se deve buscar a igualdade, ou seja, uma relação de congruência entre o "critério distintivo" e a "medida tomada"; b) quanto ao conteúdo valorativo, a razoabilidade de fundamento nas noções de racionalidade e equilíbrio (mais subjetivas) e a proporcionalidade, nas noções de adequação, necessidade e ponderação (mais objetivas).

Quanto ao princípio da proporcionalidade, o STF, no julgamento do RE 466.343-1, especificou que esse princípio, quando aplicado na restrição a direitos fundamentais, deve levar em conta os seguintes critérios:

a) adequação: eficácia do meio escolhido;

b) necessidade: uso do meio menos restritivo ou gravoso para atingir a finalidade, face ao indivíduo paciente;

c) proporcionalidade em sentido estrito: ponderação entre os benefícios alcançados com o ato e os danos por ele causados.

Quanto à ordem correta de aplicação do princípio, é a seguinte: primeiro analisa-se, de fato, se há colisão de direitos fundamentais; depois descreve-se o conflito identificando os pontos relevantes do caso e, por fim, faz-se o exame, sucessivo, da adequação, da necessidade e da proporcionalidade em sentido estrito.

Outro ponto importante, agora quanto ao princípio da razoabilidade, é que este costuma ser **usado contra** a Administração, mas, muitas vezes, o contrário também acontece.

Isso porque, de um lado, o princípio pode ser visto como um *dever-poder*, ou seja, antes de tudo os poderes públicos só se justificam como instrumento dos deveres públicos, daí porque não se deve agir nunca com excesso (sem razoabilidade) para atingir os deveres existentes. De outro lado, o princípio pode ser visto como um *poder-dever*, de modo que se deve respeitar a decisão discricionária de um agente público desde que ela seja aceitável (razoável), ainda que algumas pessoas não concordem com seu conteúdo.

De qualquer forma, e agora tratando dos dois princípios em tela, o fato é que são instrumentos essenciais na limitação dos excessos e abusos do Estado e devem ser invocados, sob qualquer dos nomes citados, para evitar que isso aconteça ou para fazer cessar ou reparar condutas estatais que desrespeitem esses valores.

2.3.8. Princípio da motivação

Esse princípio pode ser **conceituado** como *aquele que impõe ao administrador público o dever de indicar, prévia ou contemporaneamente, os pressupostos de fato e de direito que determinam a decisão ou o ato, de forma explícita, clara e congruente.*

O princípio da motivação **não está previsto** expressamente no art. 37, *caput*, da CF.

Porém, o princípio pode ser encontrado para as decisões do Poder Judiciário e do Ministério Público (art. 93, IX, da CF c/c art. 129, § 4º, da CF), que devem ser devidamente fundamentadas, sob pena de nulidade.

Apesar de não haver previsão genérica do princípio da motivação na Constituição Federal, há na legislação infraconstitucional. O art. 2º, *caput*, da Lei 9.784/1999 faz referência expressa à motivação como princípio a ser obedecido por toda a Administração Direta e Indireta, de todos os poderes.

O princípio da motivação **decorre** do aparecimento do Estado de Direito, em que a única vontade que impera é a da lei e não a pessoal, de modo que a Administração tem de justificar seus atos. Ele é reforçado pelo princípio da moralidade e pela ampliação do acesso ao Judiciário, que também exigirão a motivação como forma de preservar a probidade administrativa e permitir que as pessoas possam impugnar atos da Administração em juízo.

Uma dúvida muito comum é se a obrigatoriedade de motivação é **regra** ou **exceção**. A pergunta tem pertinência, pois o art. 50 da Lei 9.784/1999 traz um rol de casos em que a motivação é necessária. Com isso, para alguns, ela só seria obrigatória quando a lei determinar.

Porém, não se deve esquecer que a motivação é um princípio e, como tal, é uma norma que tem hierarquia material em relação a algumas regras, como a prevista no art. 50 da Lei 9.784/1999. Não bastasse isso, o rol de casos em que a motivação é obrigatória é tão amplo que se pode afirmar: a regra é que os atos administrativos que afetem direitos devem ser motivados.

Assim, só não haverá o dever de motivar quando a lei expressamente o dispensar, como é o caso da nomeação e da exoneração para cargo em comissão, que são livres, ou seja, não dependem de motivação por aquele que comete tais atos.

Nos demais casos, a motivação é requisito de validade do ato administrativo atinente à *forma*.

Vale ressaltar, todavia, que, caso se esteja diante de *ato vinculado* e em situação cuja motivação seja óbvia, e ainda haja respeito aos demais requisitos de validade, este poderá ser mantido se demonstrada a ausência de prejuízo. Nessa hipótese, a motivação não deixa de ser obrigatória, podendo o servidor vir a ser responsabilizado por sua ausência, mas o ato pode ser mantido no mundo jurídico, desde que possa ser demonstrado que antecede à lei quanto aos demais aspectos.

Nos *atos discricionários*, por sua vez, a falta de motivação gera sua invalidação, sob pena de se permitir a invenção de motivos em momento posterior. Todavia, há entendimentos doutrinários e jurisprudenciais no sentido de que, excepcionalmente, é possível que um ato discricionário sem motivação possa ser convalidado, desde que a administração promova motivação posterior que demonstre de modo inquestionável o seguinte: a) que o motivo extemporaneamente alegado preexistia; b) que esse motivo era idôneo para justificar o ato; c) que o motivo foi a razão determinante da prática do ato (STJ, AgRg no RMS 40.427-DF).

A **motivação** *aliunde*, consistente na declaração de concordância com os fundamentos apresentados em outra manifestação anteriormente expedida, é admitida e largamente utilizada na Administração Pública. Ter-se-á por motivação do ato aquela à qual faz referência. Ex.: a autoridade expede um ato adotando como fundamento parecer que o precede.

Vale lembrar que, quando se tratar de decisões de órgãos colegiados ou de decisões orais, a motivação deve constar da respectiva ata ou termo escrito.

2.3.9. Princípio da autotutela

Esse princípio pode ser **conceituado** como *aquele que impõe o dever de a Administração Pública anular seus próprios atos, quando eivados de vício de ilegalidade, e o poder de revogá-los por motivo de conveniência e oportunidade, respeitados os direitos adquiridos.*

O princípio da autotutela não está **previsto** expressamente no art. 37, *caput*, da CF.

Porém o princípio é muito conhecido e está previsto na Súmula 473 do STF e no art. 53 da Lei 9.784/1999.

Perceba-se que, diante de *ilegalidade*, fala-se em dever (ato vinculado) de anular. E que diante de motivo de *conveniência e oportunidade*, fala-se em poder (ato discricionário) de revogar. O nome do princípio remete à ideia de que a Administração agirá sozinha, ou seja, sem ter de levar a questão ao Poder Judiciário.

Um exemplo de aplicação da autotutela consiste em a Administração, tomando ciência da ilegalidade na concessão de uma licença para construir, promover sua anulação de ofício.

Outro exemplo consiste em a Administração, após ter concedido uma autorização para uso de um bem público para que uma comunidade feche uma rua por um dia para realizar uma festa local, revogar a autorização dada por conta da ciência de um fato novo que torna inconveniente a manutenção da autorização outorgada ao particular.

Tanto a anulação como a revogação poderão se dar independentemente de apreciação judicial.

2.3.10. Princípio do controle judicial dos atos administrativos

Esse princípio pode ser **conceituado** como *aquele que impõe que todo ato administrativo seja passível de controle por parte do Poder Judiciário, ainda que se trate de ato discricionário, desde que esse controle se atenha aos aspectos de legalidade, razoabilidade e moralidade.*

Tal controle se justifica tanto pelo fato de estarmos num Estado de Direito como porque existe o **princípio da universalidade da jurisdição**, pelo qual *a lei não excluirá da apreciação do Poder Judiciário lesão ou ameaça de lesão a direito* (art. 5º, XXXV, CF).

2.3.11. Outros princípios

A doutrina também aponta como princípios do Direito Administrativo os seguintes: **finalidade** (impõe à Administração que só pratique atos voltados ao interesse público), **especialidade** (ligado à descentralização administrativa, impõe que as pessoas jurídicas criadas pelo Estado – autarquias, por exemplo – atuem de acordo com a finalidade definida em lei), **controle ou tutela** (ligado ao anterior, impõe que a Administração Direta fiscalize os entes que tiver criado, com o objetivo de garantir a observância de suas finalidades legais), **continuidade** (impõe que os serviços públicos não sejam interrompidos), **responsabilidade do Estado** (impõe responsabilidade objetiva a este) tratando também dos princípios da **hierarquia**, do **interesse público**, da **ampla defesa** e do **contraditório**, entre outros.

3. PODERES DA ADMINISTRAÇÃO PÚBLICA

3.1. Considerações gerais

Os poderes têm *caráter instrumental*, uma vez que são os meios pelos quais a Administração busca atingir seu fim, qual seja, a proteção e promoção do interesse público.

Por conta disso, a doutrina costuma associar a ideia de poder à de dever, daí porque muitos autores dizem que a Administração tem, na verdade, um *poder-dever* ou um *dever-poder*, como prefere Celso Antônio Bandeira de Mello.

Enfim, os poderes conferidos à Administração só existem com o objetivo de atender seus **deveres** – dever de agir, dever de eficiência, dever de probidade e dever de prestar contas.

Considerando a importância dos poderes para atender os objetivos da Administração, esses são irrenunciáveis. Ademais, não se pode manejá-los sem que o agente tenha *competência* (ou teremos excesso de poder) ou, ainda que competente, quando se desvia da finalidade para a qual existe aquele ato (caso de desvio de poder).

3.2. Definições de Hely Lopes Meirelles

Hely Lopes Meirelles traz as seguintes definições dos poderes administrativos (*Direito Administrativo Brasileiro*. 26. ed. São Paulo: Malheiros. p. 109 a 123):

a) poder vinculado – "é aquele que o Direito Positivo – a lei – confere à Administração Pública para a prática de ato de sua competência, determinando os elementos e requisitos necessários à sua formalização";

b) poder discricionário – "é o que o Direito concede à Administração, de modo explícito, para a prática de atos administrativos com liberdade na escolha de sua conveniência, oportunidade e conteúdo";

c) poder hierárquico – "é o de que dispõe o Executivo para distribuir e escalonar as funções de seus órgãos, ordenar e rever a atuação de seus agentes, estabelecendo a relação de subordinação entre os servidores do seu quadro de pessoal";

d) poder disciplinar – "é a faculdade de punir internamente as infrações funcionais dos servidores e demais pessoas sujeitas à disciplina dos órgãos e serviços da Administração";

e) poder regulamentar – "é a faculdade de que dispõem os Chefes de Executivo (Presidente da República, Governadores e Prefeitos) de explicar a lei para sua correta execução, ou de expedir decretos autônomos sobre matéria de sua competência ainda não disciplinada por lei";

f) poder de polícia – "é a faculdade de que dispõe a Administração Pública para condicionar e restringir o uso e gozo de bens, atividades e direitos individuais, em benefício da coletividade ou do próprio Estado".

3.3. Poderes vinculado e discricionário

Repare que a diferença entre o **poder vinculado** e o **poder discricionário** é que, no primeiro, a lei deixa bem *determinados* os elementos e requisitos necessários à prática de um ato, ao passo que, no segundo, a lei confere *margem de escolha* para a Administração quanto à conveniência, a oportunidade e o conteúdo do ato.

No exercício de um ato ou poder vinculado, não será possível ao administrador público fazer apreciações pessoais, subjetivas, uma vez que está muito claro na lei *quando* deve agir e a *forma* desse agir. São atos vinculados os seguintes: concessão de aposentadoria voluntária e multa de trânsito por excesso de velocidade.

No exercício de um ato ou poder discricionário, é dado ao administrador público utilizar critério de conveniência e oportunidade para discernir *quando* deve agir ou a *forma* desse agir. Observe que não existe arbitrariedade ou liberdade total para Administração, mas sim *margem de liberdade* para que essa, no caso concreto, verifique a melhor providência a ser tomada.

Nesse sentido, todo ato discricionário tem uma parte vinculada, em que o agente estará adstrito ao que dispuser a lei. A *competência*, por exemplo, sempre é vinculada, já que a lei sempre determina quem é competente.

No entanto, Hely Lopes Meirelles entende que três requisitos dos atos administrativos são sempre vinculados: *competência, forma* e *finalidade* (interesse público). Ou seja, a competência discricionária é sempre *parcialmente vinculada*, não conferindo, assim, *total liberdade* para o agente público, mas apenas *margem de liberdade* para este.

Dessa forma, o *mérito* de um ato discricionário, ou seja, a margem de liberdade que remanesce ao agente público se situará nos requisitos *motivo* e/ou *objeto*.

O Judiciário não pode se imiscuir no *mérito* administrativo, sob pena de violação ao princípio da independência dos Poderes. Todavia, o Judiciário pode apreciar os seguintes aspectos de um ato discricionário: de *legalidade,* de *razoabilidade* e de *moralidade*.

São exemplos de atos discricionários os seguintes: a autorização de uso de bem público para que o particular realize um evento e a autorização para compra de uma arma (Lei 10.826/2003).

3.4. Poderes hierárquico e disciplinar

Repare que a diferença entre o poder hierárquico e o poder disciplinar é que o primeiro diz respeito ao dia a dia das relações de subordinação (escalonamento de funções, ordens, revisão de atos), ao passo que o segundo só atua quando houver um ilícito disciplinar, possibilitando à Administração a aplicação de sanções disciplinares.

O **poder hierárquico** *é aquele conferido ao agente público para organizar a estrutura da Administração e fiscalizar a atuação de seus subordinados, expressando-se na distribuição e orientação das funções, na expedição de ordens e na revisão dos atos dos demais agentes, numa relação de ampla subordinação.*

Esse poder se dá de *órgão* para *órgão* ou de *cargo* para *cargo*. Dessa forma, a hierarquia não se confunde com o *controle* (*supervisão ministerial* ou *tutela*), pois este se dá de *pessoa jurídica* para *pessoa jurídica*. A hierarquia confere amplos poderes ao órgão superior, ao passo que o controle somente permite que a entidade controladora fiscalize a controlada no que a lei dispuser e quanto a possíveis desvios de finalidade da entidade.

A delegação e a avocação são institutos muito ligados ao poder hierárquico e serão vistos no item 4.4.2.2.1.

O **poder disciplinar** é *aquele conferido ao agente público para aplicação de sanções ou penalidades aos demais agentes, dada a prática de uma infração disciplinar.*

Perceba que, em relação ao poder hierárquico, o poder disciplinar é mais específico, direcionando-se tão somente à atividade de punir ou não um agente por infração funcional, enquanto aquele é mais amplo, dizendo respeito à organização, orientação e revisão de atos.

Por outro lado, é bom salientar que o poder disciplinar não se dirige apenas sobre os servidores públicos. O conceito doutrinário desse poder engloba não só a atividade disciplinar dos agentes públicos, como também a que se dirige a outras pessoas que mantêm relação jurídica com a Administração, já que esse poder é a faculdade de punir internamente as infrações funcionais dos servidores e demais pessoas sujeitas à disciplina dos órgãos e serviços da Administração.

O poder disciplinar pode ser tanto vinculado como discricionário e depende do que dispuser a lei a respeito.

O ato decorrente do poder disciplinar deve ser devidamente motivado. Aliás, dois aspectos são muito importantes nesse poder: a) a necessidade de apuração da falta com contraditório e ampla defesa; b) o dever de motivar.

Mais à frente veremos outros elementos referentes ao processo administrativo disciplinar.

3.5. Poder regulamentar

Conforme já visto, o poder regulamentar pode ser **conceituado** como a *faculdade de que dispõem os Chefes de Executivo de explicar a lei para sua correta execução ou de expedir decretos autônomos sobre matéria de sua competência ainda não disciplinada por lei.*

Na **prática**, o poder regulamentar se dá pela edição de decretos regulamentares, ou seja, de decretos que explicam a lei, propiciando sua fiel execução.

Vamos a um **exemplo**. Imagine uma lei municipal que estabelece a proibição de emissão de ruído acima de determinado limite após as 22 horas. Esse tipo de lei costuma trazer a proibição em si, o limite de decibéis para os diferentes locais de um município (zonas residenciais, zonas comerciais, em frente a hospitais etc.) e a sanção aplicável em caso de descumprimento. Porém, tais leis não entram em detalhes sobre como serão aplicadas no plano concreto. É nessa hora que entra o regulamento. O Prefeito, por meio de um decreto, detalhará como a fiscalização deverá ser feita, que tipo de aparelho poderá aferir o limite de decibéis, além de outras regras necessárias à fiel execução da lei.

O poder regulamentar consiste justamente em o Chefe do Executivo emitir regulamentos com vistas à operacionalização do cumprimento da lei.

É por isso que o exercício desse poder não pode inovar na ordem jurídica, ou seja, criar direitos ou obrigações novos. Esse poder tem por objetivo apenas regulamentar o que a lei estabeleceu, não podendo passar por cima dela.

Conforme já visto quando estudamos o princípio da legalidade, só excepcionalmente são cabíveis *decretos autônomos de lei*, valendo citar os dois casos previstos no art. 84, VI, da Constituição, em que um decreto poderá inovar na ordem jurídica, atentando, claro, aos limites estabelecidos no dispositivo.

No mais, a regra é que os decretos sejam *voltados à execução de lei*.

Passemos agora às **características** do poder regulamentar:

a) é exercido pelo *Chefe do Poder Executivo*;

b) é *indelegável*;

c) o meio utilizado para trazer ao mundo jurídico o regulamento é o *decreto* (ato-forma);

d) objetiva tão somente *propiciar a fiel execução da lei*, não podendo, como regra, ir além do que ela dispõe, ou seja, *não podendo inovar* na ordem jurídica;

e) o Congresso Nacional tem competência para sustar atos normativos do Executivo que exorbitem o poder regulamentar (art. 49, V, CF);

f) há leis que são de eficácia contida, por dizerem ser necessário regulamento para produzirem efeitos (condição suspensiva, portanto).

Não se deve confundir o **poder normativo** com o **poder regulamentar**. Aquele tem conceito mais amplo, que abrange tanto o poder regulamentar, como poder de editar outros atos normativos infralegais. O poder normativo pode ser exercido por outros agentes além do Chefe do Executivo (único que pode praticar o poder regulamentar). Por exemplo, exercem poder normativo um Ministro de Estado (art. 84, parágrafo único, da CF) e uma agência reguladora, tudo nos termos da lei e dos regulamentos.

3.6. Poder de polícia

3.6.1. Conceito de poder de polícia em sentido amplo

Conforme já vimos, o poder de polícia pode ser **conceituado** como *a faculdade de que dispõe a Administração Pública para condicionar e restringir o uso e gozo de bens, atividades e direitos individuais, em benefício da coletividade ou do próprio Estado.*

O conceito em tela **abrange** duas situações: a) as leis, que trazem as limitações administrativas aos direitos, à liberdade e à propriedade das pessoas; b) a polícia administrativa, consistente na atividade de fiscalizar a conformidade do comportamento das pessoas aos limites estabelecidos pela lei.

Portanto, o poder de polícia em sentido amplo abrange tanto a lei como a fiscalização com vistas a verificar se aquela está sendo cumprida.

Vejamos um exemplo. Em matéria de trânsito, o Código de Trânsito Brasileiro é o instrumento que traz a *limitação administrativa*, ao passo que os agentes de trânsito exercem a fiscalização, a *polícia administrativa*.

3.6.2. Conceito de poder de polícia em sentido estrito (polícia administrativa)

A **polícia administrativa** pode ser **conceituada** como *a atividade da Administração Pública, expressa em atos normativos ou concretos, de condicionar a liberdade e a propriedade dos indivíduos aos ditames da lei, mediante ação fiscalizadora, ora preventiva, ora repressiva.*

A polícia administrativa é sempre sublegal, ou seja, atua no sentido de fazer com que a lei seja cumprida.

Para tanto, a polícia administrativa vale-se não só de atos concretos (ex.: multas) como também de atos normativos (ex.: regulamentos).

A tarefa primordial da polícia administrativa é impor um *não fazer* ("non facere"). Para tanto, os agentes administrativos atuarão *preventivamente* (ex.: fazendo vistorias) e *repressivamente* (ex.: aplicando sanções, apreendendo produtos, removendo veículos etc.).

Dessa forma, a polícia administrativa é essencialmente **negativa**, já que impõe um não fazer. Há casos, porém, em que será positiva, como quando o poder de polícia se dá para que o proprietário atue concretamente para atender à função social da propriedade.

3.6.3. Características da polícia administrativa

O poder de polícia em sentido estrito ou polícia administrativa tem as seguintes **características**:

a) provém privativamente de autoridade pública, ou seja, não é permitida sua delegação ao particular. A este somente é possível ser credenciado para **contribuir materialmente** com o poder de polícia, como no caso de empresa que controla radares fotográficos de trânsito, mas a declaração de vontade será, ao final, da autoridade pública, que, com base nesses elementos materiais, poderá aplicar ou não uma multa de trânsito; ou seja, o poder de polícia não pode ser delegado para entidade privada (STF, ADI 1.717/DF, DJ 29.03.2003), mas é possível que o particular receba (por contrato de prestação de serviço ou por credenciamento) a incumbência de colaborar, com atividades materiais, com a administração pública;

b) é imposto coercitivamente pela administração, independente da concordância do particular, sem necessidade de buscar o Poder Judiciário; Hely Lopes Meirelles denomina esse atributo de autoexecutoriedade;

c) abrange de forma genérica as atividades e a propriedade, diferentemente da servidão e da requisição administrativas, que abrangem atividades e pessoas *específicas*.

Por conta da generalidade do poder de polícia, seu exercício *não gera direito de indenização* em favor do particular. Ao contrário, seu exercício é fato que enseja a cobrança de uma *taxa* a ser paga pelo particular.

Parte da doutrina aponta que o poder de polícia é **discricionário**. Porém, isso nem sempre ocorre. Vai depender do texto da lei que cria a limitação administrativa. Se a lei é bem clara e objetiva sobre o que está proibido e sobre qual conduta o agente público deve tomar, como ocorre com boa parte das normas do Código de Trânsito, está-se diante de competência vinculada e não competência discricionária. Já se a lei traz conceito vago sobre a hipótese que enseja uma atuação, bem como possibilita que seja aplicada mais de uma sanção para o agente infrator, aí sim teremos uma competência discricionária.

Em outras palavras, a lei que estabelece o condicionamento à liberdade e à propriedade das pessoas (poder de polícia em sentido amplo) pode tanto trazer conceitos claros e objetivos, ensejando uma competência vinculada (ex.: "o recuo de frente dos imóveis residenciais deve ser de 4 metros"), como trazer conceitos fluidos e vagos e/ou mais de uma opção ao agente público, ensejando competência discricionária (ex.: "em caso de violação da presente lei, será aplicada multa de R$ 1.000,00 a R$ 5.000,00, de acordo com a gravidade da infração").

Por fim, resta saber se o poder de polícia possibilita que a Administração sempre **use a força** para fazer valer seus atos. Hely Lopes Meirelles chama esse atributo de "coercibilidade", ao passo que Celso Antônio Bandeira de Mello chama esse atributo de "autoexecutoriedade". Para Hely, a expressão "autoexecutoriedade" designa a simples possibilidade de a Administração fazer imposições ao particular, sem recorrer ao Judiciário, sendo a coercibilidade um *plus*, que permite o uso da força.

A possibilidade de a Administração impor comandos de não fazer sem buscar o Poder Judiciário é pacífica, decorrendo da imperatividade (na linguagem de Celso Antônio Bandeira de Mello) e da autoexecutoriedade (na linguagem de Hely Lopes Meirelles).

Já a possibilidade de a Administração, após ter imposto um comando, fazer o uso da força para fazer valer o comando (*autoexecutoridade* para Celso Antônio e *coercibilidade* para Hely), não é a regra, mas a exceção em matéria de poder de polícia.

Com efeito, a Administração só pode usar a força para que faça valer suas determinações de polícia em caso de urgência ou quando a lei expressamente determinar. Do contrário, terá de buscar a prestação jurisdicional.

Assim, caso uma lei proíba ruídos acima de um dado limite e uma lanchonete, já autuada, continue gerando ruídos excessivos, a interdição do estabelecimento só será possível se a lei local expressamente prever tal possibilidade. Do contrário, o Município deverá ingressar com ação de interdição de estabelecimento.

Vale dizer que o STJ vem estabelecendo limites ao poder de polícia quando a Administração pretende utilizá-lo para cumprir finalidade arrecadatória. Confira-se a respeito as seguintes súmulas desse Tribunal:

Súmula STJ 510: A liberação de veículo retido apenas por transporte irregular de passageiros não está condicionada ao pagamento de multas e despesas.

Súmula STJ 127: É ilegal condicionar a renovação da licença de veículo ao pagamento de multa, da qual o infrator não foi notificado.

3.6.4. Polícia administrativa x polícia judiciária

Não se pode confundir a *polícia administrativa* (exs.: fiscalizações de vigilância sanitária, de trânsito e de construções), com a *polícia judiciária* (ex.: investigação feita pela polícia civil).

Tais polícias têm as seguintes **diferenças:**

a) a primeira age sobre *ilícitos administrativos*, ao passo que a segunda age sobre *ilícitos penais*;

b) a primeira age sobre *bens* e *pessoas*, ao passo que a segunda age sobre *pessoas*;

c) a primeira atua por *variados órgãos*, ao passo que a segunda atua pela *polícia civil* e pela *polícia federal*;

d) a primeira tem atuação *preventiva, repressiva e punitiva*, ao passo que a segunda costuma atuar *repressivamente*, voltada a investigar ilícitos penais;

e) a primeira é custeada por taxas, ao passo que a segunda, por impostos.

A polícia militar, por sua vez, faz o chamado *policiamento ostensivo*. Esse policiamento pode ser considerado uma espécie à parte de polícia. Porém, vários autores consideram a polícia militar como *polícia administrativa de segurança pública*.

A guarda municipal, de sua parte, tem por função a proteção municipal preventiva. É competência geral das guardas municipais a proteção dos bens, serviços e logradouros públicos municipais e instalações do Município (art. 4º, *caput*, da Lei 13.022/2014). São competências específicas das guardas municipais, dentre outras, respeitadas as competências dos órgãos federais e estaduais, prevenir e inibir, pela presença e vigilância, bem como coibir, infrações penais ou administrativas e atos infracionais que atentem contra os bens, serviços e instalações municipais; colaborar, de forma integrada com os órgãos de segurança pública, em ações conjuntas que contribuam com a paz social; exercer competências de trânsito que lhes forem conferidas; encaminhar ao delegado de polícia, diante de flagrante delito, o autor da infração, preservando o local do crime, quando possível e sempre que necessário (art. 5º da Lei 13.022/2014). Assim, verifica-se que as guardas municipais também exercem polícia administrativa, em geral relacionada à segurança pública.

3.6.5. Princípio da intranscendência das sanções administrativas e das medidas restritivas de direito

O art. 5º, XLV, da CF dispõe que "nenhuma pena passará da pessoa do condenado, podendo a obrigação de reparar o dano e a decretação do perdimento de bens ser, nos termos da lei, estendidas aos sucessores e contra eles executadas, até o limite do valor do patrimônio transferido".

Essa disposição constitucional alcança não só sanções penais, como também sanções administrativas.

3.6.6. Prazo para a ação punitiva (Lei 9.873/1999)

Praticado um ilícito administrativo, a Administração Pública passa a ter um prazo para exercer a **ação punitiva**.

De acordo com o art. 1º da Lei 9.873/1999, a ação punitiva da Administração Pública Federal, direta e indireta, prescreve em **5 (cinco) anos**. No entanto, quando o fato objeto da ação punitiva da Administração também constituir crime, a prescrição reger-se-á pelo prazo previsto na lei penal.

Esse prazo será contado dos seguintes **momentos:**

a) como regra: da prática do ato;

b) nas infrações permanentes ou continuadas: do dia em que tiver cessado.

É possível também que ocorra a **prescrição intercorrente**. Esta se dá quando o procedimento administrativo ficar parado por mais de 3 anos, pendente de julgamento ou despacho. Configurada a prescrição intercorrente, os autos serão arquivados de ofício ou mediante requerimento da parte interessada, sem prejuízo da apuração da responsabilidade funcional decorrente da paralisação, se for o caso.

Interrompe-se a prescrição da **ação punitiva**:

a) pela notificação ou citação do indiciado ou acusado, inclusive por meio de edital;

b) por qualquer ato inequívoco que importe apuração do fato;

c) pela decisão condenatória recorrível;

d) por qualquer ato inequívoco que importe em manifestação expressa de tentativa de solução conciliatória no âmbito interno da administração pública federal.

Suspende-se a prescrição durante a vigência de compromissos de cessação ou de desempenho.

Em matéria de trânsito há regra específica. Por conta de tal regra, o STJ é pacífico no sentido da indispensabilidade de uma primeira notificação quando da autuação da infração de trânsito, oportunizando-se, assim, o exercício do direito ao contraditório e à ampla defesa. A autoridade de trânsito terá o prazo de 30 dias para notificar o infrator para que se defenda. Não o fazendo no prazo legal, deverá o auto de infração ser arquivado e seu registro julgado insubsistente, a teor do art. 281, parágrafo único, inciso II, do CTB (STJ, REsp 951.915/RS).

Uma vez constituída uma sanção pecuniária decorrente da ação punitiva, começa a correr o prazo para a **ação de execução** da administração pública federal.

Esse prazo também é de 5 (cinco) anos, contados da constituição definitiva do crédito não tributário (art. 1º-A da Lei 9.873/1999).

Interrompe-se o prazo prescricional da **ação executória**:

a) pelo despacho do juiz que ordenar a citação em execução fiscal;

b) pelo protesto judicial;

c) por qualquer ato judicial que constitua em mora o devedor;

d) por qualquer ato inequívoco, ainda que extrajudicial, que importe em reconhecimento do débito pelo devedor;

e) por qualquer ato inequívoco que importe em manifestação expressa de tentativa de solução conciliatória no âmbito interno da administração pública federal.

3.6.7. Setores da polícia administrativa e competência

São **setores** comuns da polícia administrativa os seguintes: segurança pública; ordem pública; tranquilidade pública; higiene e saúde pública; defesa do consumidor; defesa do patrimônio estético, artístico, histórico e paisagístico; moralidade pública; economia popular; trânsito; meio ambiente etc.

Quanto à **competência** para o poder de polícia, Hely Lopes Meirelles traz a resposta: *"é competente para dada medida de polícia administrativa quem for competente para legislar sobre a matéria"*, ressalvada a competência dos Municípios para suplementar a legislação federal e a competência concorrente dos Estados.

4. ATOS ADMINISTRATIVOS

4.1. Conceito de ato administrativo

O **ato administrativo** pode ser **conceituado** como *a declaração do Estado, ou de quem lhe faça as vezes, no exercício de prerrogativas públicas, destinada a cumprir direta e concretamente a lei.*

Repare que um ato jurídico só será ato administrativo se contiver os seguintes elementos:

a) presença do *Estado* ou de alguém que lhe faça as vezes, como é o tabelião e o registrador;

b) ato praticado com *prerrogativas públicas*, ou seja, com supremacia estatal em relação à outra parte ou ao destinatário do ato;

c) ato destinado a executar a lei no caso concreto, fazendo-o de ofício.

Assim, nem todo ato da Administração é ato administrativo. Caso não haja prerrogativas ou não se busque a execução da lei no caso concreto, não se terá um ato administrativo.

Confira alguns atos que são "atos da Administração", mas não "atos administrativos":

a) *atos regidos pelo Direito Privado*. Exs.: locação de prédio para uso do Poder Público; escritura de compra e venda; emissão de cheque; tais atos não têm os atributos (as qualidades e forças) do ato administrativo; vale ressaltar que os atos antecedentes dos citados devem obedecer ao Direito Público;

b) *atos materiais*: fatos administrativos. Exs.: cirurgia, ministração de aula, serviço de café, pavimentação; não há declaração, prescrição do Estado;

c) *atos políticos*: são os atos de governo, praticados com grande margem de discrição e diretamente em obediência à Constituição, no exercício de função pública. Exs.: indulto, iniciativa de lei, veto, sanção; são amplamente discricionários.

Por outro lado, há atos administrativos que não são praticados pelo Poder Executivo, como os da vida funcional do Poder Judiciário e do Poder Legislativo (contratação de servidores, licitação para obras e aquisições).

Os dirigentes de entidades da Administração Indireta e os executores de serviços delegados podem praticar atos que se equiparam a atos administrativos típicos, tornando-os passíveis de controle por meio de mandado de segurança e ação popular.

4.2. Perfeição, validade e eficácia

Os atos administrativos, que são espécies de atos jurídicos, também podem ser verificados segundos os planos da existência, da validade e da eficácia.

Para tanto, vale conhecer os seguintes conceitos:

a) perfeição: *situação do ato cujo processo formativo está concluído*; ato perfeito é o que completou o ciclo necessário à sua formação (plano da existência). Ex.: decisão administrativa que acaba de ser redigida e assinada pela autoridade;

b) validade: *adequação do ato às exigências normativas* (plano da validade). Ex.: a decisão administrativa mencionada (já existente, portanto), que esteja, também, de acordo com a lei;

c) eficácia: *situação em que o ato está disponível para produção de efeitos típicos* (plano da eficácia). Ex.: ato existente e válido, cuja condição suspensiva ou o termo que o acometia já se implementou, habilitando-o à produção de efeitos, situação que ocorre quando se autoriza o uso de bem público ao particular apenas 10 dias após a expedição do ato de autorização.

4.3. Silêncio administrativo

De acordo com o princípio da legalidade nem mesmo uma declaração expressa da Administração pode se dar sem que a lei permita ou determine tal declaração. Consequentemente, com o silêncio da Administração não poderia ser diferente.

Assim, apenas quando a lei expressamente atribuir algum efeito jurídico ao silêncio administrativo é que este produzirá algum efeito.

Nesse sentido, caso um particular faça um pedido para a Administração e a lei dispuser expressamente que a inexistência de resposta num certo prazo (silêncio) importa em aprovação do pedido, aí sim o silêncio terá efeito jurídico, no caso o de se considerar aprovada a solicitação feita.

Já se um particular faz um pedido e a lei nada dispuser a respeito do que acontece em caso de silêncio administrativo, o particular não poderá considerar atendido o pedido, por conta do aludido princípio da legalidade.

Nesse caso o particular tem o direito de buscar o Judiciário, para que este se pronuncie a respeito. Se havia prazo para manifestação da Administração sem que esta o tenha cumprido, configura-se hipótese de abuso de poder e o particular pode buscar o Judiciário sem maiores justificativas. Já se não havia prazo para a Administração se manifestar, o particular deve buscar o Judiciário alegando inobservância do princípio da razoável duração do processo (art. 5º, LXXVIII, da CF).

Em qualquer dos casos relatados no parágrafo acima, o particular pode, em se tratando de ato vinculado o que ele busca da Administração, pedir para que o juiz substitua a voz da Administração e ele mesmo já acate o pedido do administrado, tratando-se provimento constitutivo (de uma decisão administrativa) e que pode vir acompanhado de um provimento condenatório ou mandamental para cumprimento de obrigações de fazer por parte da Administração. Por outro lado, em se tratando de ato discricionário o que o particular busca junto à Administração, não poderá o juiz substituir a vontade da Administração, adentrando no mérito administrativo, devendo o juiz impor apenas que a Administração decida, o que se pode fazer mediante um provimento que estipule multa diária ou um provimento mandamental direcionado ao administrador público, que, caso descumpra a decisão, estará sujeito a responder por crime de desobediência à ordem legal de funcionário público (art. 330 do Código Penal)

4.4. Requisitos do ato administrativo

Hely Lopes Meirelles ensina que o ato administrativo tem os seguintes **requisitos:** *competência, forma, motivo, finalidade e objeto.*

Já Celso Antônio Bandeira de Mello prefere separar os **elementos de existência** (conteúdo, forma e pertinência à função administrativa) dos **pressupostos de validade** do ato administrativo (sujeito competente capaz e não impedido; motivo; requisitos procedimentais; finalidade; causa; formalização).

Nesse sentido, vale a pena trazer os dois entendimentos doutrinários.

4.4.1. Requisitos do ato administrativo segundo Hely Lopes Meirelles

Os cinco requisitos do ato administrativo para Hely Lopes Meirelles coincidem com os requisitos mencionados no art. 2º, parágrafo único, da Lei 4.717/1965 (Lei de Ação Popular).

O primeiro deles é a **competência,** que consiste na *medida da atribuição legal de cargos, órgãos ou entidades.*

São vícios de competência os seguintes: a) usurpação de função: alguém se faz passar por agente público sem o ser, ocasião em que o ato será inexistente; a) excesso de poder: alguém que é agente público acaba por exceder os limites de sua competência (ex.: fiscal do sossego que multa um bar que visita por falta de higiene); o excesso de poder torna nulo ato, salvo em caso de incompetência relativa, em que será considerado anulável; a) função de fato: exercida por agente que está irregularmente investido em cargo público, apesar de a situação ter aparência de legalidade; nesse caso, os atos praticados serão considerados válidos se houver boa-fé.

O segundo requisito é o **objeto,** que *é o conteúdo do ato, aquilo que o ato dispõe, decide, enuncia, opina ou modifica na ordem jurídica.*

O objeto deve ser lícito, possível e determinável, sob pena de nulidade. Ex.: o objeto de um alvará para construir é a licença.

O terceiro requisito é a **forma,** que consiste no conjunto de *formalidades necessárias para a seriedade do ato.* A seriedade do ato impõe: a) respeito à forma propriamente dita; b) motivação.

O quarto requisito é o **motivo,** que consiste no *fundamento de fato e de direito que autoriza a expedição do ato.* Ex.: o motivo da interdição de estabelecimento consiste no fato de este não ter licença (motivo de fato) e de a lei proibir o funcionamento sem licença (motivo de direito).

De acordo com a Teoria dos Motivos Determinantes, o motivo invocado para a prática do ato condiciona sua validade. Dessa forma, provando-se que o motivo é inexistente, falso ou mal qualificado, o ato será considerado nulo.

E o quinto requisito é a **finalidade,** que *é o bem jurídico objetivado pelo ato.* Ex.: proteger a paz pública, a salubridade, a ordem pública.

Cada ato administrativo tem uma finalidade.

O **desvio de poder (ou de finalidade)** *ocorre quando um agente exerce uma competência que possuía, mas para alcançar finalidade diversa daquela para a qual foi criada.*

Não se deve confundir o *excesso de poder* (vício de sujeito) com o *desvio de poder* (vício de finalidade), espécies do gênero abuso de autoridade.

4.4.2. Elementos e pressupostos do ato administrativo segundo Celso Antônio Bandeira de Mello

4.4.2.1. Elementos de existência do ato administrativo

4.4.2.1.1. Conteúdo

Consiste no que o ato estabelece, dispõe, decide, enuncia, opina ou modifica na ordem jurídica. Trata-se do *objeto* a que se refere Hely Lopes Meirelles.[3] Ex.: quando alguém recebe um alvará para construir uma casa, o conteúdo desse ato é uma *licença*. Para que estejamos diante de um ato administrativo, o conteúdo deve ter *pertinência em relação à função administrativa*. Do contrário, teremos apenas um *ato jurídico* que não é o do tipo *ato administrativo*.

4.4.2.1.2. Forma

Trata-se do revestimento exterior do ato, do modo pelo qual esse revela sua existência. Basta ter um objeto e uma forma qualquer para que o ato exista. Se o ato vai ser válido ou não quanto a esse último aspecto, isso será visto no pressuposto *formalização*. São exemplos de forma as seguintes: escrita, verbal e gestual.

4.4.2.2. Pressupostos de validade do ato administrativo

4.4.2.2.1. Sujeito

É quem produz o ato. O sujeito deve ser **capaz**, **não impedido** e **competente** para que o ato seja válido.

Quanto à **capacidade**, o ato expedido por agente público que se torna *incapaz*, desde que preencha os demais requisitos legais e seja do tipo vinculado, será considerado válido, já que no Direito Administrativo o que importa é o atendimento do fim previsto em lei. No entanto, se um incapaz pratica um ato discricionário, esse ato será necessariamente inválido, pois não há como dar margem de liberdade a quem não tem capacidade civil.

Quanto aos casos de **impedimento** para atuar em processo administrativo, estes estão previstos no art. 18 da Lei 9.784/1999, valendo citar como exemplo o impedimento de um servidor que tenha interesse direto ou indireto em dada matéria que a ele seria submetida.

Com relação à **competência**, esta *é a medida do poder atribuído a cargo público, órgão público ou entidade da Administração.*

A competência só pode ser instituída pela *lei*, daí a frase de Caio Tácito de que "não é competente quem quer, mas quem pode, segundo a norma de Direito".

A competência é *intransferível* e *improrrogável* pela simples vontade do agente.

Porém, o exercício da competência pode ser delegado e avocado nos limites das normas que regulam a Administração Pública.

Confira os requisitos para a **delegação de competência** (arts. 12 a 14, Lei 9.784/1999):

a) órgão ou titular de cargo podem delegar;

b) desde que não haja impedimento legal;

c) desde que seja apenas parte da competência;

d) deve ser a outro órgão ou titular de cargo, mesmo que não subordinado hierarquicamente;

e) deve ser conveniente em razão de índole técnica, social, econômica, jurídica ou territorial;

f) pode ser de órgão colegiado ao respectivo presidente;

g) não podem ser delegados:

    g1) edição de ato normativo;

    g2) decisão de recurso administrativo;

    g3) matérias de competência exclusiva de órgão ou autoridade;

h) depende de publicação do ato de delegação no D.O.;

i) ato deve especificar matérias e poderes transferidos, a duração e objetivos da delegação e o recurso cabível;

j) é revogável a qualquer tempo;

k) decisões adotadas por delegação devem mencionar expressamente essa qualidade.

Quanto à **avocação** de competência, confira as regras previstas no art. 15 da Lei 9.784/1999:

a) é a passagem da competência de órgão hierarquicamente inferior para superior;

b) é temporária;

c) é excepcional, dependendo de motivos relevantes devidamente justificados.

Os atos expedidos por agente incompetente serão quase sempre nulos. São **vícios de competência** os seguintes:

a) usurpação de função: *consiste na situação em que alguém se faz passar por agente público sem o ser*; o ato será no mínimo nulo, mas, para a maioria dos doutrinadores, trata-se de ato inexistente;

b) excesso de poder: *ocorre na hipótese em que alguém que é agente público acaba por exceder os limites de sua competência.* Ex.: fiscal do sossego público que multa um bar que visita por falta de higiene; o ato será nulo, pois a incompetência é material, já que o fiscal deveria atuar na matéria "sossego público" e não na matéria "vigilância sanitária"; entende-se que, em se tratando de vício de *incompetência relativa* (territorial, por exemplo), o ato será anulável e não nulo;

c) função de fato: *é aquela exercida por agente que está irregularmente investido no cargo público, apesar da situação ter aparência legal.* O ato não será anulado se estiver conforme a lei quanto aos demais pressupostos, prevalecendo o princípio da segurança jurídica, dada a boa-fé e a aparência de

---

3. O objeto é trazido por Hely como requisito de validade do ato administrativo, devendo ser lícito, possível e determinado.

legalidade. O agente, todavia, terá anulada sua nomeação, desligando-se da função que exercia[4].

4.4.2.2.2. Motivo

É o fato que autoriza ou exige a prática do ato. Se o motivo está previsto em lei, o ato é vinculado. Se não estiver previsto, o ato é discricionário. Voltando àqueles requisitos trazidos por Hely Lopes Meirelles, o *motivo*, para ele, consiste não só no fundamento de *fato*, mas também no de *direito*, que autoriza a expedição do ato. Na classificação que ora estudamos, *motivo* é tão somente o *fato* autorizador, enquanto que o fundamento de direito é o pressuposto de validade que veremos a seguir, que está dentro da *formalização*.

A chamada **teoria dos motivos determinantes** dispõe que *o motivo invocado para a prática do ato condiciona sua validade*. Se se provar que o motivo é inexistente, falso ou mal qualificado, o ato será nulo. Exs.: caso uma licitação seja revogada sob o único fundamento de que não há disponibilidade orçamentária, a prova da inexistência de tal situação torna o ato de revogação nulo; caso a exoneração de ocupante de um cargo em comissão tenha sido motivada em fato inexistente, ainda que a motivação não seja obrigatória no caso, o ato é considerado nulo.

Aliás, segundo o STJ, configura-se vício de legalidade a falta de coerência entre as razões expostas no ato e o resultado nele contido (MS 13.948, *DJe* 07.11.2012).

Não se deve confundir o motivo do ato (algo concreto, do mundo dos fatos – o motivo da apreensão de uma lotação, por exemplo, é a inexistência de autorização para circulação) com o motivo legal (fundamento legal, algo abstrato). Em suma, tal teoria dispõe que os atos administrativos, quando forem motivados, ficam vinculados aos motivos expostos, para todos os fins de direito. Os motivos devem, portanto, coincidir com a realidade, sob pena de o ato ser nulo, mesmo se a motivação não era necessária.

Distinção importante é a que se faz entre **motivo** e **móvel**. Motivo é o fato que autoriza o ato, enquanto móvel é a intenção, a vontade do agente. Se o ato é vinculado, não interessa o móvel do agente. Já se o ato é discricionário, o móvel viciado (ex.: por buscar uma perseguição política, como a desapropriação de imóvel de um inimigo político), ainda que atenda ao "fim legal", torna o ato nulo.

Também se faz relevante diferenciarmos **motivo** e **motivação**. O primeiro é o fato, enquanto o segundo integra a *formalização*[5] (pressuposto de validade do ato que se verá em seguida), consistindo a *motivação* na exposição do motivo de fato e da sua relação de pertinência com a fundamentação jurídica e com o ato praticado. Como regra, a motivação é obrigatória, só deixando de existir tal dever se a lei expressamente autorizar.

4.4.2.2.3. Requisitos procedimentais

São os outros atos jurídicos indispensáveis à prática do atual. Ex.: é necessário o concurso para que haja a nomeação; para que se conceda a licença, deve haver solicitação.

4.4.2.2.4. Finalidade

É o bem jurídico objetivado pelo ato. Ex.: proteger a paz pública, a salubridade, a ordem pública. Cada espécie de ato administrativo tem uma finalidade. Para cada fim a ser alcançado há um ato que será o instrumento para sua realização. Se alguém utiliza um ato administrativo para alcançar finalidade diversa daquela para o qual fora criado, este alguém estará cometendo um desvio de poder ou de finalidade.

Assim, o **desvio de poder ou desvio de finalidade** consiste em *o agente se servir de um ato administrativo para satisfazer finalidade alheia à sua natureza*. Esse tipo de conduta gera a nulidade do ato, conforme a Lei de Ação Popular.

Esse desvio pode se manifestar das seguintes formas:

a) quando o agente busca finalidade alheia ao interesse público, ex.: prejudicar inimigo, favorecer amigo;

b) quando o agente busca finalidade pública, mas alheia à categoria do ato que utiliza, ex.: *remove-se* alguém com a finalidade de punição, quando o correto seria aplicar uma *pena disciplinar*, como demissão, suspensão, advertência etc.

Vale destacar que não se deve confundir o *excesso de poder* (vício de sujeito, de competência) com o *desvio de finalidade ou desvio de poder* (vício de finalidade), os quais são espécies do *gênero abuso de autoridade*, que, aliás, é fundamento para que se ingresse com mandado de segurança (art. 5º, LXIX, CF).

4.4.2.2.5. Causa

É o vínculo de pertinência entre o motivo e o conteúdo do ato. Para que um ato administrativo atenda o pressuposto de validade *causa*, é necessário que haja correlação lógica entre o motivo e o conteúdo do ato em função de sua finalidade.

No âmbito da causa se examinam a *razoabilidade* e a *proporcionalidade*, que são vistas olhando o conteúdo do ato, o seu motivo e a intensidade necessária para atingir a finalidade.

Um exemplo de situação que não atende ao pressuposto de validade *causa* é a utilização de arma de fogo para dissolver uma passeata pacífica.

Não se deve confundir o *motivo* com a *causa*. O *motivo* é fundamento de fato e de direito que autoriza a prática do ato, não se confundindo com a *causa*, que é relação de adequação, de proporcionalidade entre o motivo invocado e o ato praticado. Ambos (motivo e causa) são requisitos ou pressupostos de validade do ato administrativo. Há problema no motivo quando o fato ou o direito invocado é falso ou inadequado, respectivamente. Há problema na causa quando o ato praticado é desproporcional aos motivos invocados, em função da finalidade do ato.

---

4. Outro exemplo é o previsto no art. 1.554 do Código Civil: "subsiste o casamento celebrado por aquele que, sem possuir a competência exigida em lei, exercer publicamente as funções de juiz de casamentos e, nessa qualidade, tiver registrado o ato no Registro Civil".

5. A falta de motivação, portanto, é problema na *forma*. Já a situação em que se tem motivação, mas se invoca um motivo falso ou inexistente, é problema no *motivo* (*vide* teoria dos motivos determinantes).

4.4.2.2.6. Formalização

É a específica maneira pela qual o ato deve ser externado, incluindo o dever de motivação.

Assim, além de todo ato administrativo dever ser exteriorizado (o que requer uma forma qualquer), cumpre que seja de dado modo (específica forma). Ex.: o contrato oriundo de uma concorrência pública deve ser *escrito*. Mas não é só, para que o ato atenda ao pressuposto de validade *formalização*, é necessário que ele seja *motivado*, ou seja, que contenha a exposição do motivo de fato, do motivo de direito e do vínculo entre eles e o ato praticado.

Excepcionalmente, alguns aspectos de formalização podem ser irrelevantes à validade do ato. Nesses casos, tornam o ato apenas irregular. Por exemplo, quando há omissão de elemento relativo a simples padronização, como é o caso de uma certidão de objeto e pé expedida em papel não timbrado.

No entanto, como regra, a falta de motivação gera a nulidade do ato.

Por fim, vale lembrar que, enquanto no Direito Privado vige o princípio da liberdade das formas, no Direito Público a solenidade é a regra, de modo que a forma é substancial.

4.5. Atributos do ato administrativo

4.5.1. *Noções gerais*

Em primeiro lugar nunca se deve confundir os *requisitos*, *pressupostos* ou *elementos* do ato com os *atributos* (qualidades, prerrogativas) deste, tema de que cuidaremos agora.

Os atributos dos *atos administrativos* não existem, como regra, nos *atos jurídicos em geral* (do Direito Privado). A ordem jurídica dispensa tratamento diferenciado aos atos administrativos, já que eles, sendo instrumentos de atuação da Administração Pública para realizar a proteção e a promoção do interesse público, devem ter prevalência sobre os outros, como condição de garantia desse interesse público almejado.

Assim, tais poderes não existem em benefício da Administração, mas se justificam como forma de prover o bem comum. Exprimem a supremacia do interesse público.

Vejamos tais *atributos* ou *notas peculiares* dos atos administrativos.

4.5.2. *Atributos em espécie*

4.5.2.1. *Presunção de legitimidade*

É a qualidade que reveste tais atos de se presumirem verdadeiros e conforme ao direito, até prova em contrário.

Perceba que o princípio traz duas presunções: a) de veracidade dos fatos; b) de legalidade do ato praticado.

Trata-se de presunção *juris tantum* (presunção relativa) de legitimidade e não de presunção *juris et de jure* (presunção absoluta). Um exemplo desse atributo é o ato que consta a omissão do particular de promover a limpeza de um terreno de sua propriedade e que determina sua feitura. Tal ato presume-se verdadeiro quanto à constatação da falta de limpeza e legal quanto à determinação dada. O particular fica com o ônus de provar o contrário.

A presunção de legitimidade decorre do princípio da legalidade, pois, como esse princípio informa toda a atuação administrativa, presume-se que a Administração tenha cumprido a lei, valendo lembrar que tal presunção admite prova em contrário.

A existência de tal presunção é interessante administrativamente falando, pois torna mais célere e eficiente a atividade administrativa. Isso porque a presunção de legitimidade dos atos administrativos autoriza a sua imediata execução, mesmo que tenham sido impugnados, salvo se se conseguir sua suspensão ou anulação administrativa ou judicial.

4.5.2.2. *Imperatividade*

É a qualidade pela qual os atos administrativos se impõem a terceiros, independentemente de sua concordância.

Esse atributo é também chamado de *poder extroverso*.

Essa qualidade do ato administrativo permite que a Administração mande no particular, independentemente de sua concordância.

Partindo do exemplo dado no item anterior, imperatividade significa que a Administração pode *determinar* que o particular faça a limpeza de seu terreno, sem que tenha de ter a concordância deste ou que tenha de buscar autorização do Poder Judiciário.

É importante deixar claro que nem todos os atos administrativos são dotados de imperatividade. Os atos enunciativos e negociais não têm esse atributo, já que esta qualidade é desnecessária à sua operatividade.

A lei é que vai dispor quais atos são dotados de imperatividade.

4.5.2.3. *Exigibilidade*

É a qualidade em virtude da qual a Administração pode compelir terceiros a cumprir o determinado, mediante coação indireta.

Aqui já se presume a constituição da obrigação (a imperatividade), com o *plus* de se poder impelir o terceiro à observância do dever, sem necessidade de se recorrer ao Poder Judiciário, por meio da aplicação de certas sanções, como multas e advertências. No Direito Francês é denominada *privilège du préalable*.

Continuando o exemplo dado nos itens anteriores, o atributo significa que, após o particular ter sido notificado para limpar seu terreno (imperatividade), pode a Administração, na inércia deste, aplicar uma *multa* (exigibilidade = coação indireta), a fim de compelir indiretamente o particular a cumprir o que fora determinado.

Repare que aqui há punição, mas não há desconstituição do ato ilegal.

4.5.2.4. *Autoexecutoriedade*

É a qualidade pela qual o Poder Público pode compelir materialmente o administrado, sem busca da via judicial, ao cumprimento da obrigação que impôs e exigiu.

Veja-se que a autoexecutoriedade é ainda mais forte que a exigibilidade, uma vez que a primeira admite que a

Administração use da coação direta (coação material), que significa fazer uso da força.

No Direito Francês é denominada *privilège d`action d`office*.

Partindo do exemplo que vínhamos dando, a autoexecutoriedade significa que, depois de notificar o particular para limpar o terreno (imperatividade) e aplicar a multa (exigibilidade), a Administração pode, por si própria, invadir o terreno do particular, fazer a limpeza e mandar a conta dos custos de seu ato (autoexecutoriedade).

Outros exemplos desse atributo são a requisição de bens e serviços particulares, no caso de iminente perigo público, e dissolução de passeata com o uso da força, a fim de possibilitar a passagem de uma ambulância por uma via pública, a interdição de uma obra, a apreensão de mercadorias falsificadas, a apreensão do veículo por violação de certas normas de trânsito, entre outros.

Repare que aqui há sanção e também desconstituição do ato ilegal.

É bom deixar claro que a autoexecutoriedade não é atributo de todo ato administrativo. Trata-se de atributo excepcional, que existe nos seguintes casos:

a) quando a lei expressamente autorizar;

b) quando a medida for condição indispensável à eficaz garantia do interesse público;

c) quando a medida for urgente e não houver via judiciária de igual eficácia à disposição da Administração, ocasião em que se entende que a medida é permitida implicitamente pela lei.

Vale observar que Hely Lopes Meirelles chama de autoexecutoriedade a possibilidade de a Administração impor seus atos independentemente de pronunciamento do Poder Judiciário, chamando de **coercibilidade** a possibilidade de a Administração usar a força.

Parte da doutrina também denomina de executoriedade o que chamamos neste item de autoexecutoriedade.

Ademais, Hely Lopes Meirelles entende que a coercibilidade é a regra em matéria de atos da administração (e não exceção, como pensa a maior parte da doutrina), só não sendo possível ser utilizada quando a lei expressamente o proibir, como é o caso da cobrança de tributos e multas já impostos e não pagos, em que será necessário promover-se uma execução fiscal junto ao Poder Judiciário.

4.5.2.5. *Tipicidade*

Alguns doutrinadores, com destaque para Maria Sylvia Zanella Di Pietro, entendem que há, ainda, um quinto atributo do ato administrativo.

Trata-se do atributo da **tipicidade**, pela qual *o ato administrativo deve corresponder a figuras definidas previamente pela lei como aptas a produzir determinados resultados.*

Isso significa que os atos administrativos devem respeitar os tipos definidos na lei.

Para nós, todavia, o que se define por tipicidade nada mais é do que *pressuposto de validade* do ato administrativo e não *atributo* deste.

Com efeito, *atributos* são *prerrogativas* dos atos administrativos, e a tipicidade não nos parece uma prerrogativa do ato administrativo, mas o requisito de validade deste.

No entanto, em exames e concursos públicos, a tipicidade é tratada como atributo dos atos administrativos, de modo que fica a notícia de que, aparecendo o instituto, deve-se lembrar que a doutrina o trata como atributo do ato administrativo.

4.6. Formas de extinção dos atos administrativos

4.6.1. *Cumprimentos de seus efeitos*

Os atos administrativos *nascem*, *produzem seus efeitos* e se *extinguem* num determinado momento. O ideal é que os atos administrativos se extingam pelas vias naturais. E a via natural de extinção do ato administrativo é o cumprimento de seus efeitos. Uma vez que um ato administrativo cumpriu seu papel, produzindo os efeitos para os quais foi expedido, entende-se que o ato foi extinto. Como exemplo, temos uma autorização da Prefeitura para que seja feita uma festa na praça da cidade, autorização esta que ficará extinta no momento em que a festa terminar, uma vez que seus efeitos foram cumpridos.

4.6.2. *Desaparecimento do sujeito ou do objeto sobre o qual recai o ato*

Todo ato administrativo recai ou sobre um *sujeito* ou sobre um *objeto*. Por exemplo, a nomeação de um servidor público recai sobre um sujeito, no caso sobre a pessoa nomeada. Já o tombamento de um imóvel recai sobre um objeto, no caso o bem tombado.

Perceba que a razão de existir do ato administrativo nos dois exemplos citados é justamente a presença de uma pessoa, no primeiro caso, e de um objeto, no segundo caso.

Caso a pessoa ou o objeto venha a desaparecer, o ato administrativo correspondente perderá sua razão de ser e, consequentemente, será extinto.

Assim, no primeiro exemplo, morrendo o servidor nomeado, o ato administrativo de nomeação restará extinto, ocorrendo automaticamente a vacância do cargo. Da mesma forma, vindo a desaparecer o bem tombado (por um incêndio de grandes proporções, por exemplo), o ato administrativo de tombamento também ficará extinto.

4.6.3. *Contraposição*

A contraposição pode ser **conceituada** como a *extinção de um ato administrativo pela prática de outro antagônico ao primeiro*.

Um exemplo é o ato de *exoneração* de um servidor público. Tal ato, uma vez praticado, faz com que a *nomeação* do mesmo servidor, feita no passado, fique automaticamente extinta, já que a primeira (exoneração) é totalmente antagônica à segunda (nomeação).

4.6.4. *Cassação*

A cassação pode ser **conceituada** como a *extinção de um ato que beneficia um particular por este não ter cumprido os deveres para dele continuar gozando.*

Portanto, o **motivo** da cassação de um ato administrativo é o fato de seu beneficiário ter descumprido obrigações que foram estipuladas como contrapartida para que o interessado conseguisse se beneficiar desse ato.

Por exemplo, a pessoa que tem a permissão de uso de um bem público e que não vem pagando o preço público correspondente poderá vir a ter cassado o ato de permissão.

Outro exemplo diz respeito à autorização de porte de arma de fogo. Um dos deveres de quem tem o porte é não ser pego em estado de embriaguez ou sob efeito de entorpecentes. Assim sendo, caso o detentor de porte de arma seja pego numa dessas duas situações, terá a autorização correspondente cassada, nos termos do art. 10, § 2º, do Estatuto do Desarmamento – Lei 10.826/2003.

A cassação não se confunde com a revogação. Enquanto a primeira tem por motivo o descumprimento de obrigações pelo beneficiário do ato, a segunda tem por motivo a ocorrência de um fato novo não relacionado ao beneficiário que torna inconveniente ao interesse público a manutenção do ato.

A cassação também não se confunde com a anulação, pois nessa a extinção do ato se dá pela ocorrência de uma ilegalidade por ocasião de sua formação, ao passo que a cassação consiste numa ilegalidade praticada pelo beneficiário ocorrida depois da prática do ato administrativo. Enfim, na cassação, o ato, embora legítimo na sua origem e formação, torna-se ilegal na sua execução.

4.6.5. Caducidade

A caducidade pode ser **conceituada** como a *extinção de um ato porque a lei não mais o permite*. Trata-se de extinção por invalidade superveniente.

Um exemplo é a permissão de serviço público dada a alguém para exercer o transporte coletivo urbano por meio de *vans* ou peruas. Imaginemos que, depois de conferida a permissão, advenha uma lei municipal criando nova modelagem no serviço de transporte coletivo para o fim de abolir o transporte por meio de *vans*, admitindo apenas o transporte por meio de ônibus e micro-ônibus. Nesse caso, todas as permissões conferidas aos chamados perueiros ficarão extintas, pela ocorrência do instituto da caducidade.

Enfim, a caducidade nada mais é do que a extinção de um ato administrativo pela ilegalidade superveniente, ou seja, pelo fato de uma lei editada posteriormente à prática do ato não mais permitir que esse tipo de ato exista.

4.6.6. Revogação

A revogação pode ser **conceituada** como a *extinção de um ato administrativo legal ou de seus efeitos por outro ato administrativo pela ocorrência de fato novo que torna o ato inconveniente ou inoportuno, respeitando-se os efeitos precedentes (ex nunc)*.

Em suma, a revogação é extinção do ato administrativo por motivo de conveniência ou oportunidade.

Um exemplo disso é a revogação de um certame licitatório para a construção de uma praça temática pela ocorrência de fato novo consistente na abrupta diminuição da arrecadação de um município, fazendo com que não seja mais conveniente ao interesse público fazer gastos com a construção de praças, considerando as dificuldades econômicas que o município passou a ter.

Outro exemplo é a revogação da permissão de uso de bem público concedida a uma pessoa jurídica, pelo fato de um Município passar a ter interesse em utilizar o imóvel, para fins de atender, por exemplo, à demanda crescente por creches na cidade.

Repare, nos dois casos, que as situações narradas não contemplam ilegalidade alguma a propiciar a anulação, nem descumprimento de deveres pelo beneficiário do ato, a propiciar cassação, nem lei posterior incompatível com o ato, a propiciar a caducidade.

As situações narradas revelam que, após a expedição de um ato administrativo totalmente de acordo com a lei, aconteceram fatos novos que fizeram com que o interesse público se direcionasse para o fim de extinguir o ato, dando-se a esta extinção o nome de revogação.

O **sujeito ativo da revogação** é a *Administração Pública*, por meio de autoridade administrativa competente para o ato, podendo ser seu superior hierárquico. O Poder Judiciário nunca poderá revogar um ato administrativo, já que se limita a apreciar aspectos de legalidade deste e nunca aspectos de conveniência ou oportunidade. O Judiciário só poderá anular atos administrativos por ele mesmo praticados, como na hipótese em que um provimento do próprio Tribunal é revogado por este.

Quanto ao **objeto da revogação,** tem-se que essa recai sobre *o ato administrativo ou relação jurídica dele decorrente*, salientando-se que o ato administrativo deve ser *válido*, pois, caso seja inválido, estaremos diante de hipótese que enseja anulação. É importante ressaltar que não é possível *revogar* um ato administrativo já extinto, dada a falta de utilidade em tal proceder, diferente do que se dá com a *anulação* de um ato extinto, que, por envolver a retroação de seus efeitos (a invalidação tem efeitos *ex tunc*), é útil e, portanto, possível.

O **fundamento da revogação** é a *mesma regra de competência que habilitou o administrador à prática do ato que está sendo revogado*, devendo-se lembrar que só cabe falar-se em revogação nas hipóteses de ato discricionário.

Já o **motivo da revogação** é a *inconveniência ou inoportunidade* da manutenção do ato ou da relação jurídica gerada por ele. Isto é, o administrador público faz apreciação ulterior e conclui pela necessidade da revogação do ato para atender ao interesse público.

Quanto aos **efeitos da revogação**, essa suprime o ato ou seus efeitos, mas respeita aqueles que já transcorreram. Ou seja, opera-se da data da revogação em diante, não negando os efeitos operados ao tempo de sua vigência. Trata-se de eficácia *ex nunc*, portanto.

Quanto aos **limites ao poder de revogar**, a doutrina aponta que são atos irrevogáveis os seguintes: a) os que a lei assim declarar; b) os atos já exauridos, ou seja, que cumpriram seus efeitos; c) os atos vinculados, já que não se fala em conveniência ou oportunidade, dado que o agente só tem uma opção; d) os meros ou puros atos administrativos (exs.: certidão, voto dentro de uma comissão de servidores); e) os atos de controle; f) os atos complexos (praticados por mais de um órgão em conjunto); g) os atos que geram direitos adquiridos[6].

A doutrina administrativa observa que a jurisprudência reconhece como irrevogáveis os atos que geram *direitos subjetivos* para o destinatário, noção que, a nosso ver, deve estar compreendida na ideia de *direito adquirido*.

Quanto aos *atos gerais* ou *regulamentares*, estes são, por sua natureza, revogáveis em qualquer tempo e em quaisquer circunstâncias, respeitando-se os efeitos produzidos.

Tema relevante é o atinente à relação entre **revogação e indenização**. Por respeitar os efeitos precedentes (a revogação não retroage – *ex nunc*) e por não poder atingir direitos adquiridos, a *revogação legítima* não gera direito à indenização, salvo se envolver uma relação contratual.

Nada obstante, caso o Poder Público tenha a intenção de atingir efeitos passados (*ex tunc*), só lhe resta desapropriar o direito, indenizando por completo o particular, como no caso em que, após expedida uma licença para construir, decida a Administração alterar o traçado de via pública, o que impede a obra na forma aprovada.

No que concerne à **revogação da revogação** (ou revogação de um ato revocatório), no Direito Administrativo, diferente do que ocorre com as leis, entendemos, assim como Celso Antônio Bandeira de Mello, que é admitido o efeito repristinatório. Ou seja, revogado o ATO X pelo ATO Y e, em seguida, o ATO Y pelo ATO Z, fica restaurado o ATO X. Assim, a revogação de um ato revocatório de outro tem natureza constitutiva do primeiro. Porém, essa tese não é admitida por inúmeros doutrinadores, como José dos Santos Carvalho Filho e o saudoso Diógenes Gasparini, de acordo com os quais, também no Direito Administrativo, só é possível a repristinação por expressa disposição normativa.

4.6.7. Anulação (invalidação)

A anulação pode ser **conceituada** como a *extinção do ato administrativo ou de seus efeitos por outro ato administrativo ou por decisão judicial, por motivo de ilegalidade, com efeito retroativo (ex tunc)*.

Em suma, a anulação é extinção do ato administrativo por motivo de ilegalidade.

Um exemplo é a anulação de uma permissão de uso de bem público para a instalação de uma banca de jornais por ter sido conferida sem licitação.

O **sujeito ativo da invalidação** pode ser tanto o *administrador público* como o *juiz*. A Administração Pública poderá invalidar de ofício ou a requerimento. Já o Poder Judiciário só poderá invalidar um ato por provocação ou no bojo da uma lide.

A possibilidade de o Poder Judiciário anular atos administrativos decorre do fato de estarmos num Estado de Direito (art. 1º, CF), em que a lei deve ser obedecida por

todos. Decorre também do princípio da inafastabilidade da jurisdição ("a lei não excluirá da apreciação do Poder Judiciário lesão ou ameaça a direito" – art. 5º, XXXV, da CF) e da previsão constitucional do mandado de segurança, do *habeas data* e da ação popular, que só fazem sentido se se permitir que o Judiciário possa anular atos administrativos.

O **objeto da invalidação** é o ato administrativo inválido ou os efeitos de tal ato (relação jurídica). Por exemplo, quando se anula uma licitação, há de se anular a licitação em si e a relação jurídica dela decorrente, no caso o contrato administrativo.

O **fundamento** da anulação é o dever de obediência ao princípio da legalidade. Não se pode conviver com a ilegalidade. Portanto, o ato nulo deve ser invalidado.

O **motivo da invalidação** é a *ilegalidade* do ato e da eventual relação jurídica por ele gerada. Hely Lopes Meirelles diz que o motivo da anulação é a *ilegalidade* ou a *ilegitimidade* do ato, diferente da revogação, que tem por motivo a *inconveniência ou inoportunidade*. Fala-se em *ilegalidade* ou *ilegitimidade* do ato para ressaltar que a anulação deve ser feita não só quando haja violação frontal ao que dispõe o texto legal (ilegalidade), mas também quando haja abuso, por excesso ou desvio de poder, ou mesmo quando se viole princípios do Direito (ilegitimidade).

Quanto ao **prazo para que se efetive a invalidação**, Hely Lopes Meirelles diz que, em que pese a inclinação da doutrina para a ideia de que não há prazo para anulação do ato administrativo, a jurisprudência vem atenuando tal afirmativa para dizer que se deve manter atos ilegítimos praticados e operantes há longo tempo e que já produziram efeitos perante terceiros de boa-fé, de modo a fazer valer o princípio da segurança jurídica.

Na esfera federal, a Lei 9.784/1999 dispõe em seu art. 54: "o direito da Administração de anular os atos administrativos de que decorram efeitos favoráveis para os destinatários decai em cinco anos, contados da data em que foram praticados, salvo comprovada má-fé".

Nesse sentido, temos duas situações:

a) prazo para anular ato que beneficia alguém de boa-fé: 5 anos;

b) prazo para anular ato que beneficia alguém de má-fé: não há prazo, porém, em virtude do princípio da segurança jurídica há quem entenda que se deva aplicar ao caso o maior prazo previsto no Código Civil, que é de 15 anos (art. 1.238 – usucapião extraordinária). Vale lembrar, ainda, que a boa-fé é presumida, de modo que compete à Administração Pública que pretender anular o ato ou outro autor de ação para o mesmo fim (por exemplo, o autor popular e o Ministério Público) o ônus da prova.

Quanto ao termo *a quo* do prazo de 5 anos previsto para o primeiro caso, temos as seguintes situações:

a) regra: o prazo de 5 anos começa a correr da data em que o ato foi praticado;

b) no caso de atos com efeitos patrimoniais contínuos: o prazo de 5 anos começa a correr da percepção do primeiro pagamento.

O art. 54, § 2º, da Lei 9.784/1999 traz regra interessante, que tem o seguinte teor: "considera-se exercício do direito

---

6. A Lei de Introdução às Normas do Direito Brasileiro, em seu art. 6º, § 2º, dispõe: "consideram-se adquiridos assim os direitos que o seu titular, ou alguém por ele, possa exercer, como aqueles cujo começo do exercício tenha termo prefixo, ou condição preestabelecida inalterável, a arbítrio de outrem".

de anular qualquer medida de autoridade administrativa que importe impugnação à validade do ato".

Essa regra faz com que a decadência não se opere se, no curso dos cinco anos de prazo, a autoridade administrativa tome medida que importe impugnação à validade do ato.

É importante ressaltar que o prazo em questão é um prazo *decadencial* e não *prescricional*. Dessa forma, não incidem as regras de suspensão e interrupção da prescrição previstas no Código Civil.

Outro ponto importante é que a regra ora estudada está prevista na Lei de Processo Administrativo Federal, o que não impede que Municípios e Estados-membros estabeleçam regras sobre o prazo decadencial para anular atos administrativos, como é o caso do Estado de São Paulo, que, em sua Lei de Processo Administrativo, estabelece que o prazo decadencial para anular atos ilegais é de 10 (dez) anos, contados de sua produção (art. 10, I, da Lei Estadual 10.177/1998). Dessa forma, deve-se verificar, no âmbito de cada ente federativo, se existe lei estabelecendo prazo diferenciado para a anulação de atos administrativos ilegais. Caso não haja ato normativo local nesse sentido, aplicar-se-ão, por analogia, as regras previstas na Lei 9.784/1999.

Considerando o posicionamento do STF no MS 31.736/DF (j. em 10.09.2013), há de se tomar cuidado quanto ao início do prazo decadencial no caso de aposentadoria. Considerando que esta é considerada um ato complexo, que só se torna perfeito e acabado quando, após a aposentadoria ser deferida pela Administração, é confirmada pelo Tribunal de Contas respectivo, o prazo decadencial para anular uma ilegalidade numa aposentadoria concedida não se inicia do deferimento desta pela Administração, mas sim da data em que o Tribunal de Contas tiver aprovado ou não o ato. No caso julgado pelo STF a aposentadoria foi deferida pela Administração em 1992 e, apenas em 2012 o Tribunal de Contas analisou e decidiu por ilegalidades em seu cálculo. Porém, a aposentada, que já estava nessa qualidade desde 1992, não conseguiu anular a decisão do Tribunal de Contas, sob o argumento do transcurso do prazo de 5 anos para a anulação de atos que beneficiam terceiros de boa-fé. Isso porque, segundo o STF, esse prazo não chegou correr, já que o ato de aposentadoria só se aperfeiçoou em 2012 (e não em 1992), sendo que os 5 anos para anular alguma ilegalidade no ato como um todo só tem início em 2012. Por outro lado, o plenário do STF também assentou que, nesse tipo de caso, havendo boa-fé do servidor público que recebe valores indevidos a título de aposentadoria, só a partir da data em que for ela julgada ilegítima pelo órgão competente (no exemplo dado acima, em 2012) deverá ser devolvida a quantia recebida a maior após essa data (MS 26085, DJ 09.06.2011). Não se deve, todavia, confundir o reconhecimento de nulidades pelos Tribunais de Contas quanto a aposentadorias (que é um ato completo, ou seja, que só se forma quando o Tribunal de Contas a aprova), como o mesmo reconhecimento quando se tratar de outros tipos de atos não complexos, como uma promoção. Nesse último caso, após deferida a promoção, o Tribunal de Contas tem 5 anos para exercer o controle de legalidade dos atos administrativos (no caso, declarar a sua ilegalidade e determinar a sua anulação a tempo), contados da data em que a Administração deferiu a promoção (*vide*, a respeito: STF, MS 26404/DF, j. em 29.10.2009).

De rigor lembrar que a anulação de atos que geram uma relação jurídica constituída a pessoas não pode se dar simplesmente porque se verificou uma ilegalidade e se está dentro do prazo de 5 anos para que se dê. É necessário que se verifique se não é o caso de convalidação, bem como que se instaure o adequado procedimento e que se respeite às garantias constitucionais do **devido processo legal, da ampla defesa e do contraditório** (STF, AI 587487 AgR/RJ).

Por fim, ainda em relação decadência quinquenal para anular atos prevista na Lei 9.784/1999, o STJ entende que os atos administrativos praticados anteriormente ao advento da Lei 9.784/1999 estão sujeitos ao prazo decadencial de 5 anos, porém, contado da entrada em vigor da lei que estabeleceu esse prazo (9.784/1999), qual seja, 01.02.1999, e não da prática do ato (REsp 1.270.474-RN, j. em 18.10.2012).

No que concerne aos **efeitos da invalidação,** como o ato nulo já nasce com a sanção de nulidade, a declaração se dá retroativamente, ou seja, com efeito *ex tunc*. Invalidam-se as consequências passadas, presentes e futuras do ato, já que, do ato ilegal não nascem direitos. A anulação importa no desfazimento do vínculo e no retorno das partes ao estado anterior. Tal regra é atenuada em face dos terceiros de boa-fé. Assim, a anulação da nomeação de um agente público, por exemplo, surte efeitos em relação a este (que é parte da relação jurídica anulada), mas não em relação aos terceiros destinatários dos atos por este praticado, desde que tal ato respeite a lei quanto aos demais aspectos.

Tema relevante é o atinente aos **tipos de invalidade** ou **tipos de vícios dos atos administrativos** e os respectivos **meios de correção.**

A doutrina majoritária (corrente quaternária) entende que podem ocorrer os seguintes **vícios** nos atos administrativos:

a) atos administrativos **inexistentes**, que, de tão absurdos que são, sequer precisam ter declarada sua inexistência;

b) atos administrativos **nulos**, que devem ser anulados no prazo decadencial;

c) atos administrativos **anuláveis**, que podem ser convalidados, permanecendo na ordem jurídica;

d) atos administrativos **irregulares**, que são aqueles que contêm vício formal de pouca relevância, devendo permanecer na ordem jurídica.

Hely Lopes Meirelles defendia a ideia de que não havia, no Direito Administrativo, atos anuláveis, pois a anulabilidade é instituto do direito privado, em que se pode dispor de certos interesses. Para esse respeitado doutrinador, o ato administrativo ou era nulo ou era válido e só.

Confira, agora com mais detalhes, a definição dos tipos de vícios dos atos administrativos:

a) atos inexistentes: *são os que assistem ao campo do absurdo jurídico, do totalmente intolerável*; tais atos não produzem efeito algum. Exs.: instrução de um agente policial a outro para torturar um bandido; prática de usurpação de função, ou seja, conduta de alguém que se faz passar por agente público, praticando ato da alçada deste;

b) atos irregulares: *são aqueles que padecem de vícios formais irrelevantes, reconhecíveis de plano, em que há descumprimento de norma que tem por único objetivo impor padronização interna dos atos*; tais atos não devem ser invalidados. Ex.: certidão feita pela autoridade competente, mas em papel não timbrado;

c) atos nulos (nulidade absoluta): *são os que a lei assim declare ou aqueles sobre os quais a convalidação seja racionalmente impossível, pois, se o conteúdo fosse repetido, seria repetida a ilegalidade*[7]; a nulidade absoluta é grave, devendo o ato ser anulado, salvo se já tiver operado o prazo decadencial para tanto. Exs.: nomeação para cargo efetivo feita sem concurso público; contrato feito sem licitação, quando não incidia nenhuma hipótese de dispensa ou inexigibilidade desta;

d) atos anuláveis (nulidade relativa): *são os que podem ser repetidos sem o vício originário*; a nulidade relativa é vício de menor gravidade, sendo possível a convalidação do ato. Ex.: ato expedido por autoridade com incompetência territorial; ato praticado com particular relativamente incapaz; ato praticado mediante erro ou dolo.

Vistos os vícios concernentes à questão da validade, passemos ao estudo dos **meios integradores da invalidade** ou **sanatória**.

A **convalidação (ou saneamento)** *é a supressão da invalidade de um ato pela expedição de outro, com efeitos retroativos.* Incide sobre os atos *anuláveis*, tornando-os válidos com efeito retroativo.

A convalidação só poderá ser feita se o ato puder ser repetido sem o vício que o inquinava ou se, apesar de se estar diante de ato com vício insanável, haja excepcional e patente interesse público na sua preservação. No primeiro caso, geralmente incide sobre vícios de sujeito (competência) e de forma (descumprimento de forma que não seja substancial), os quais, sanados, importam em convalidação do ato anterior, cuja maior vantagem é ter efeito retroativo, efeito que não existiria com a simples expedição de um novo ato, sem aproveitamento do anterior viciado.

Vejamos, agora, os **requisitos** que a doutrina aponta como essenciais para que seja possível a convalidação: a) possibilidade de o ato ser expedido novamente, sem o vício originário; b) prejuízo maior se não se mantiver o ato viciado; c) inexistência de prejuízo ao erário e a terceiro; d) boa-fé; e) inexistência de impugnação prévia do ato.

O art. 55 da Lei 9.784/1999 admite expressamente a convalidação, devendo a Administração, sempre que possível, optar por ela. Todavia, há uma hipótese em que a Administração poderá optar entre convalidar e não convalidar um ato anulável. Trata-se do caso em que se têm *atos discricionários praticados por autoridade incompetente*. Nesse caso, a autoridade que for a competente não fica obrigada a convalidar o ato viciado, dada a margem de liberdade que detém para praticá-lo.

A convalidação será chamada de *ratificação* nas hipóteses em que há vício de incompetência, não podendo incidir nos casos em que essa for outorgada com exclusividade ou em razão de matéria.[8]

Quanto ao vício de *forma*, a convalidação só será possível se essa não for essencial à validade do ato. Há de se lembrar que a forma abrange a forma propriamente dita (escritura pública, escritura particular, ato verbal etc.) e a motivação. Quanto à motivação, a sua ausência, caso se esteja diante de *ato vinculado* e em situação cuja motivação seja óbvia e passível de demonstração futura, verificando-se que houve respeito aos demais requisitos de validade do ato, este poderá ser mantido se demonstrada a ausência de prejuízo. Já quanto aos *atos discricionários*, a falta de motivação gera sua invalidação, sob pena de se permitir a invenção de motivos em momento posterior. Todavia, há entendimentos doutrinários e jurisprudenciais no sentido de que, excepcionalmente, é possível que um ato discricionário sem motivação possa ser convalidado, desde que a administração promova motivação posterior que demonstre de modo inquestionável o seguinte: a) que o motivo extemporaneamente alegado preexistia; b) que esse motivo era idôneo para justificar o ato; c) que o motivo foi a razão determinante da prática do ato (STJ, AgRg no RMS 40.427-DF).

Quanto ao *motivo* e à *finalidade*, fica difícil falar-se em convalidação. O mesmo se pode dizer quanto ao *objeto*. Neste caso, poderá caber a *conversão*, que é instituto jurídico que não se confunde com a *convalidação*.

Vejamos, agora, um *exemplo* de convalidação. Imagine a nomeação de um servidor feita por um Ministro de Estado, quando a competência era da alçada do Presidente da República, seguindo-se a delegação por parte deste para a referida nomeação. O ato originário contém vício (falta de competência), que pode ser sanado, pela convalidação, mediante *ratificação* do Presidente da República ou, após a delegação da competência, *confirmação* pelo Ministro de Estado.

A **conversão (ou sanatória)** *consiste no aproveitamento de um ato inválido, tornando-o ato de outra categoria, com efeito retroativo à data do ato original.*

A conversão incide sobre atos nulos, aproveitando-os em outra categoria de atos. A palavra-chave aqui é "aproveitar".

Diferentemente da convalidação, que mantém o ato na categoria de atos em que ele é praticado, na conversão aproveita-se o ato nulo para uma outra situação, para uma outra categoria de atos.

Um exemplo é a *permissão* de uso de bem público concedida sem licitação (permissão nula!), que acaba sendo convertida numa *autorização* de uso de bem público (outra categoria de ato!), que não requer licitação.

---

7. Hely Lopes Meirelles diz que a nulidade pode ser *explícita* ou *virtual*. "É explícita quando a lei a comina expressamente, indicando os vícios que lhe dão origem; é virtual quando a invalidade decorre da infringência de princípios específicos do Direito Público, reconhecidos por interpretação das normas concernentes ao ato. Em qualquer destes casos, porém, o ato é ilegítimo ou ilegal e não produz qualquer efeito válido entre as partes, pela evidente razão de que não se pode adquirir direitos contra a lei." O art. 166, VII, do Código Civil traz as duas espécies de ato nulo referentes a essa classificação.

---

8. Outra expressão pertinente, mas que não se confunde com a convalidação e a *ratificação*, é a *confirmação*, que consiste na renúncia ao poder de anular o ato ilegal, o que é diferente de sanar o vício do ato, corrigindo-o (convalidação).

Outro exemplo é a nomeação de um agente público para um cargo de provimento *efetivo*, sem realização de concurso público, que acaba sendo convertida em nomeação para cargo em *comissão*, que não requer prévia aprovação em concurso público.

O instituto da conversão está previsto no Código Civil. Confira: "art. 170. Se, porém, o negócio nulo contiver os requisitos de outro, subsistirá este quando o fim a que visavam as partes permitir supor que o teriam querido, se houvesse previsto a nulidade".

Por fim, vale ressaltar que a conversão, assim como a convalidação, tem efeito retroativo, ou seja, ficam mantidos todos os atos praticados no período antecedente ao saneamento, salvo, naturalmente, se houver má-fé.

Não sendo possível a conversão ou a convalidação do ato, mas remanescendo clara a necessidade de mitigar consequências graves para o interesse público decorrentes da anulação do ato, a doutrina também discute a possibilidade de efetivar a **modulação dos efeitos anulatórios**, providência que, em matéria de controle de constitucionalidade, é bastante comum quando se declara a inconstitucionalidade de um ato normativo. Um exemplo é o caso de se anular o alvará de construção de um conjunto de quatro prédios construídos como habitação popular, quando as duas primeiras torres já tiverem sido erguidas. Pode ser que a melhor medida seja manter a integridade das duas primeiras torres já construídas, fazendo-se uma compensação em relação às demais torres a serem construídas, desde que o vício que gerou à anulação tenha relação com a medida mitigadora das novas torres, não sendo possível que tal modulação se dê, por exemplo, caso todas as torres (as já construídas e as por construir) estejam situadas em área de manancial, hipótese em que somente a demolição de tudo deve ser admitida.

4.7. Classificação dos atos administrativos

4.7.1. *Quanto à liberdade de atuação do agente*

Ato vinculado *é aquele em que a lei tipifica objetiva e claramente a <u>situação</u> em que o agente deve agir e o único <u>comportamento</u> que poderá tomar.* Tanto a situação em que o agente deve agir como o comportamento que vai tomar são únicos e estão clara e objetivamente definidos na lei, de forma a inexistir qualquer margem de liberdade ou apreciação subjetiva por parte do agente público. Ex.: licença para construir, concessão de aposentadoria.

Ato discricionário *é aquele em que a lei confere margem de liberdade para avaliação da <u>situação</u> em que o agente deve agir ou para escolha do melhor <u>comportamento</u> a ser tomado.*

Seja na situação em que o agente deve agir, seja no comportamento que vai tomar, o agente público terá uma margem de liberdade na escolha do que mais atende ao interesse público. Neste ponto fala-se em *mérito administrativo*, ou seja, na valoração dos motivos e escolha do comportamento a ser tomado pelo agente.

Vale dizer, o agente público fará apreciação subjetiva, agindo segundo o que entender ser mais conveniente e oportuno ao interesse público.

Reconhece-se a discricionariedade nos seguintes casos, dentre outros:

a) quando a regra que traz a competência do agente traz *conceitos fluidos*, como *bem comum, moralidade, ordem pública* etc.;

b) quando a lei *não traz um motivo* que enseja a prática do ato, como, por exemplo, a que permite nomeação para cargo em comissão, de livre provimento e exoneração;

c) quando *há mais de uma opção* para o agente quanto ao momento de atuar, à forma do ato (ex.: verbal, gestual ou escrita), à sua finalidade ou ao conteúdo (ex.: possibilita-se que o agente público, diante de uma infração administrativa, escolha se deve fazer uma advertência, aplicar uma multa ou fazer uma apreensão).

A discricionariedade sofre alguns *temperamentos*, de modo a fazer com que a margem de liberdade seja a mais estreita possível e a preservar o princípio da legalidade. Confira:

a) todo ato discricionário é *parcialmente regrado ou vinculado*; a competência, por exemplo, é sempre vinculada; aliás, Hely Lopes Meirelles entende que a competência, a forma e a finalidade são sempre vinculadas, conforme vimos;

b) só há discricionariedade *nas situações marginais*, nas zonas cinzentas; assim, situações que envolvem certa subjetividade, mas encontram na sociedade quase que um consenso, não ensejam margem de liberdade para o agente público; por exemplo, caso o agente público encontre duas pessoas fazendo sexo no meio da rua, ainda que um ou outro possa achar que isso não é imoral, o fato é que é indubitável no pensamento médio que a conduta é imoral, fazendo com que o agente, em que pese estar diante de um conceito fluído ("moralidade pública"), deva agir reconhecendo a existência de uma situação de imoralidade; em suma, o temperamento em tela lembra a todos que a situação concreta (o colorido do caso concreto) diminui a margem de liberdade conferida ao agente público.

c) não há discricionariedade volitiva para a Administração na chamada "discricionariedade técnica"; esta se dá quando a solução de alguma controvérsia administrativa exija o conhecimento técnico especializado, como de um engenheiro ou de um médico; por exemplo, havendo dúvida sobre se algum imóvel está ou não em perigo de desabamento, na hipótese de um engenheiro chamado pela Administração para fazer a análise em questão concluir pelo risco de desabamento, não caberá à Administração invocar a discricionariedade para dizer que pensa diferente e que não vai determinar a interdição ou a demolição do bem, pois no caso tem-se discricionariedade técnica, em que a Administração fica vinculada à manifestação conclusiva do profissional que exarou seu entendimento técnico sobre a questão.

Questão muito importante quanto aos atos discricionários é saber se o Judiciário poderá apreciá-los.

A resposta a essa pergunta é positiva, ou seja, o Judiciário pode sim apreciar atos discricionários. Porém, só poderá fazê-lo quanto aos seguintes aspectos:

a) legalidade: todo ato discricionário é parcialmente *regrado* ou *vinculado* e, especificamente quanto a esse ponto, o Poder

Judiciário poderá apreciar o ato discricionário; imagine uma competência que diga que "o Governador, em caso de falta grave, poderá suspender ou demitir o servidor público, mediante contraditório e ampla defesa"; trata-se de um ato discricionário, pois a expressão "falta grave" é bastante fluida, sem contar o fato de que o governador tem duas opções, "demitir" ou "suspender" o agente; porém, mesmo se tratando de um ato discricionário, há elementos vinculados nesse ato; um deles é a competência, pois só o Governador pode praticar o ato; outro é fato de que o governador só tem duas opções, de modo que, se tomar uma terceira medida (por exemplo, "demissão a bem do serviço público"), estará saindo dos limites do ato discricionário; além disso, o Governador é obrigado a garantir o contraditório e a ampla defesa; pois bem, se qualquer desses pontos vinculados do ato discricionário for desrespeitado, poderá o Judiciário, fazendo o controle de legalidade, anular o referido ato;

b) moralidade: todo ato discricionário está sujeito a cumprir o princípio da moralidade, que está previsto no art. 37, *caput*, da CF; assim, caso um ato discricionário fira a moralidade (por exemplo, a desapropriação do imóvel de um inimigo político de um Prefeito), poderá ser anulado pelo Poder Judiciário;

c) razoabilidade: todo ato discricionário está sujeito a cumprir o princípio da razoabilidade, que está previsto no art. 2º, *caput*, da Lei 9.784/1999; assim, caso um ato discricionário fira a razoabilidade ou a proporcionalidade (por exemplo, desapropria-se área bem maior do que a necessária para a implantação de um projeto da Administração), poderá ser anulado pelo Poder Judiciário. Em matéria de controle de políticas públicas frequentemente o Judiciário analisa a razoabilidade na eleição de prioridades feita pela Administração, determinando, muitas vezes, a implementação de políticas públicas determinadas pela Constituição e que eventualmente tiverem sido relegadas a segundo plano sem justificativa razoável. Nesses casos, costuma-se exarar sentença determinando que a Administração Pública adote providências administrativas e respectiva previsão orçamentária para implantação ou ampliação da política pública faltosa.

Em suma, o Judiciário pode sim apreciar um ato discricionário, mas apenas quanto aos aspectos de legalidade, razoabilidade e moralidade, não sendo possível a revisão dos critérios adotados pelo administrador (o *mérito administrativo*), se tirados de dentro da margem de liberdade a ele conferida pelo sistema normativo.

4.7.2. Quanto às prerrogativas da administração

Atos de império são os *praticados no gozo de prerrogativas de autoridade*. Ex.: interdição de um estabelecimento.

Atos de gestão são os *praticados sem uso de prerrogativas públicas, em igualdade com o particular, na administração de bens e serviços*. Ex.: contrato de compra e venda ou de locação de um bem imóvel.

Atos de expediente *são os destinados a dar andamento aos processos e papéis que tramitam pelas repartições, preparando-os para decisão de mérito a ser proferida pela autoridade*. Ex.: remessa dos autos a uma autoridade, para que esta tome uma decisão, conduta que tem o nome de "levar os autos à conclusão".

A distinção entre ato de gestão e de império está em desuso, pois era feita para excluir a responsabilidade do Estado pela prática de atos de império, de soberania. Melhor é distingui-los em atos regidos pelo *direito público* e pelo *direito privado*.

4.7.3. Quanto à formação da vontade

Atos simples *decorrem de um órgão, seja ele singular ou colegiado*. Ex.: nomeação feita pelo Prefeito; deliberação de um conselho ou de uma comissão.

Atos complexos *decorrem de dois ou mais órgãos, em que as vontades se fundem para formar um único ato*. Ex.: decreto do Presidente, com referendo de Ministros; para o STF, a aposentadoria de um servidor, como depende de deferimento da Administração e do Tribunal de Contas, também é ato complexo.

Atos compostos *decorrem de dois ou mais órgãos, em que a vontade de um é instrumental em relação à vontade de outro, que edita o ato principal*. Aqui existem dois atos pelo menos: um principal e um acessório. Um exemplo é a nomeação do Procurador-Geral da República, que depende de prévia aprovação pelo Senado. Outro exemplo são os atos que dependem de aprovação ou homologação. Não se deve confundir atos compostos com atos de um procedimento, vez que, enquanto os segundos são o encadeamento de atos tendentes ao ato principal, os primeiros resultam de dois ou mais órgãos e não têm por elemento marcante a sucessão de atos preparatórios de um ato final, diferentemente do procedimento.

4.7.4. Quanto aos efeitos

Ato constitutivo *é aquele em que a Administração cria, modifica ou extingue direito ou situação jurídica do administrado*. Exs.: permissões de serviço público e de uso de bem público, penalidades, revogação de atos, autorizações, dentre outros.

Ato declaratório *é aquele em que a Administração reconhece um direito que já existia*. Exs.: admissão, licença, homologação, isenção, anulação.

Ato enunciativo *é aquele em que a Administração apenas atesta dada situação de fato ou de direito*. Não produz efeitos jurídicos diretos. São juízos de conhecimento ou de opinião. Exs.: certidões, atestados, informações e pareceres.

4.7.5. Quanto à estrutura

Atos concretos *são aqueles que dispõem sobre uma única situação, sobre um caso concreto*. Ex.: exoneração de um agente público.

Atos abstratos *são aqueles que dispõem sobre reiteradas e infinitas situações*. Ex.: regulamento.

4.7.6. Outra classificação

Atos normativos *são aqueles que contêm comando geral da Administração Pública, com o objetivo de executar a lei*. Exs.: regulamentos (da alçada do Chefe do Executivo), instruções normativas (da alçada dos Ministros de Estado), regimentos, resoluções etc.

Atos ordinatórios *são aqueles que disciplinam o funcionamento da Administração e a conduta funcional de seus agentes.* Exs.: instruções (são escritas e gerais, destinadas a determinado *serviço público*), circulares (escritas e de caráter uniforme, direcionadas a determinados *servidores*), avisos, portarias (expedidas por chefes de órgãos – trazem determinações gerais ou especiais aos subordinados, designam alguns servidores, instauram sindicâncias e processos administrativos etc.), ordens de serviço (determinações especiais ao *responsável* pelo ato), ofícios (destinados às *comunicações* escritas entre autoridades) e despacho (contém *decisões* administrativas).

Atos negociais *são declarações de vontade coincidentes com pretensão do particular.* Exs.: licença, autorização e protocolo administrativo.

Atos enunciativos *são aqueles que apenas atestam, enunciam situações existentes.* Não há prescrição de conduta (determinações) por parte da Administração. Exs.: certidões, atestados, apostilas e pareceres.

Atos punitivos *são as sanções aplicadas pela Administração aos servidores públicos e aos particulares.* Exs.: advertência, suspensão e demissão; multa de trânsito.

4.8. Atos administrativos em espécie

4.8.1. *Quanto ao conteúdo*

Autorização *é o ato administrativo unilateral, discricionário e precário pelo qual a Administração faculta ao particular, em proveito deste, o uso privativo de bem público ou o desempenho de uma atividade, os quais, sem esse consentimento, seriam legalmente proibidos.* Exs.: autorização de uso de praça para realização de festa beneficente ou evento cultural; autorização para compra e registro ou para porte de arma. A autorização se baseia no poder de polícia, fazendo-se juízo de conveniência e oportunidade acerca da sua concessão ou não. Trata-se de ato *constitutivo*.

Licença *é o ato administrativo unilateral e vinculado pelo qual a Administração faculta àquele que preencha requisitos legais o exercício de uma atividade.* Exs.: licença para construir; licença para dirigir veículos automotores. A licença também se baseia no poder de polícia, havendo juízo de legalidade somente. Trata-se de ato *declaratório*, daí porque, enquanto na autorização se fala em interesses, na licença se fala em direitos subjetivos, pois cumpridos os requisitos para a licença o interessado tem direito de exigi-la, diferentemente do que acontece quanto à autorização.

Admissão *é o ato unilateral e vinculado pelo qual a Administração reconhece ao particular que preencha requisitos legais o direito à prestação de um serviço público.* Exs.: admissão de aluno em escola ou universidade pública; admissão de paciente em hospital; admissão de pessoa carente em programa de assistência social.

Permissão *é o ato administrativo unilateral, discricionário e precário, pelo qual a Administração faculta ao particular a execução de serviço público ou a utilização privativa de bem público, mediante licitação.* Exs.: permissão para taxista ou perueiro efetuar transporte remunerado de passageiros; permissão para que uma banca de jornal se instale numa calçada ou praça públicas. Vale lembrar que, por ser precária, pode ser revogada a qualquer momento sem que o particular tenha direito à indenização. Ademais, diferentemente da autorização, a permissão depende de licitação.

Concessão *é o ato bilateral (contrato) e não precário pelo qual a Administração faculta a uma pessoa jurídica a execução de serviço público ou a utilização privativa de bem público, mediante licitação na modalidade concorrência.* Exs.: concessão dada a uma empresa de ônibus para que efetue transporte remunerado de passageiros; concessão dada a um restaurante para que utilize espaço público num aeroporto. Por não ser precária, o particular tem direito de ver mantida a concessão. Todavia, caso haja interesse público na sua revogação, este prevalece sobre o do particular, o qual terá direito à indenização pela revogação da concessão, diferentemente do que ocorre na autorização e na permissão, que são atos precários, ou seja, passíveis de revogação sem direito à indenização em favor do interessado. Confira algumas diferenças entre a concessão e a permissão: a) a primeira só pode ser concedida a pessoa jurídica, ao passo que a segunda, a pessoa física ou jurídica; b) a primeira é contratual, ao passo que a segunda é precária, podendo ser revogada sem direito à indenização em favor do permissionário; c) a primeira deve ser concedida após licitação na modalidade concorrência, ao passo que a segunda pode ser concedida por meio de outras modalidades licitatórias; d) a primeira é formalizada mediante *contrato de concessão*, ao passo que a segunda, mediante *contrato de adesão*.

Credenciamento *é o ato ou contrato formal pelo qual a administração pública confere a um particular (pessoa física ou jurídica), normalmente sem prévia licitação, a prerrogativa de exercer certas atividades materiais ou técnicas, em caráter instrumental ou de colaboração com o Poder Público, a título oneroso, remuneradas, na maioria das vezes, diretamente pelos interessados.* Um exemplo de credenciamento é o ato que ocorre com as empresas de autoescola, que recebem credenciamento do Poder Público para a prática de certas atividades em colaboração com este (aulas, exames etc.), sem licitação e com cobrança dos interessados. Inexistindo viabilidade técnica de competição, está-se diante de hipótese de inexigibilidade (art. 25, *caput*, da Lei 8.666/1993). Assim, é inexigível a licitação nas hipóteses em que o credenciamento é aberto para outorga a todos os interessados habilitados, já que inexistente a possibilidade teórica de competição.

Aprovação *é o ato unilateral e discricionário pelo qual se exerce o controle prévio ou posterior do ato administrativo.* A aprovação é um tipo de *controle* que analisa a *conveniência e a oportunidade* do ato controlado. Ex.: aprovação dada pelo Senado à indicação do Presidente para nomeação de Ministro para o Supremo Tribunal Federal. Em tese, o Senado pode rejeitar a indicação, não a aprovando, por considerá-la não conveniente, em vista de não ter o indicado reputação ilibada, por exemplo.

Homologação *é o ato unilateral e vinculado pelo qual se reconhece a legalidade de um ato administrativo.* A homologação é um tipo de *controle* que analisa apenas o *cumprimento* *das formalidades legais*, não entrando no mérito dos atos praticados. Ex.: homologação de uma licitação ou de um concurso público pela autoridade superior à comissão de licitação, autoridade essa que controlará exclusivamente a legalidade dos procedimentos, sem entrar no mérito dos julgamentos feitos.

Parecer *é o ato pelo qual órgãos consultivos da Administração emitem opinião técnica sobre assunto de sua competência*. Podem ser de três tipos: **facultativo** (o parecer é pedido se a autoridade quiser); **obrigatório** (a autoridade é obrigada a solicitar o parecer, em que pese não ser obrigada a acatá-lo) e **vinculante** (a autoridade é obrigada a solicitar o parecer e a acatar o seu conteúdo – ex.: parecer médico). O STF vem decidindo que o parecer jurídico que deve ser dado sobre minuta de editais, de contratos e de convênios é um parecer vinculante (MS 24.584), pois o art. 38, parágrafo único, da Lei 8.666/1993 dispõe que o setor jurídico deve *aprovar* tais minutas, o que revela que o parecer é verdadeira *decisão administrativa* e não mera opinião técnica. Dessa forma, havendo alguma ilegalidade, o parecerista responde como se fosse autor da minuta por ele aprovada, ficando sujeito, por exemplo, a multas pelo Tribunal de Contas e a ações populares, ações civis públicas e ações por improbidade administrativa, valendo lembrar, todavia, que a responsabilidade do agente público não é objetiva: depende de culpa ou dolo, nos casos de ressarcimento do erário, e de dolo em algumas modalidades de improbidade administrativa.

Visto *é o ato administrativo unilateral pelo qual a autoridade atesta a regularidade formal de outro ato administrativo*. Ex.: pedido de férias de um agente, que recebe o visto de seu chefe (o qual observa sua regularidade formal) antes deste encaminhar para o chefe subsequente apreciá-lo.

Protocolo administrativo *é o ato negocial pelo qual o Poder Público acerta com o particular a realização de determinado empreendimento ou atividade ou a abstenção de certa conduta.*

4.8.2. Quanto à forma

Decreto *é a forma de que se revestem os atos individuais ou gerais, emanados do Chefe do Poder Executivo*. Exs.: nomeação e exoneração de agentes públicos (atos individuais); regulamentos (atos gerais que têm por objeto proporcionar a fiel execução da lei – artigo 84, IV, CF). Não existe, como regra, *regulamento autônomo* em nosso direito, uma vez que ele sempre deve estar adstrito ao que dispõe uma lei, nunca podendo existir por si só; ou seja, no Brasil a regra é termos *regulamentos de execução* de lei. Como vimos, a EC 32/2001 modificou o artigo 84, VI, da CF, permitindo que o Presidente, por meio de decreto, disponha de matérias que somente a lei poderia dispor. Trata-se de situação que excepciona a regra no sentido de que não há regulamentos autônomos em nosso direito.

Resolução e portaria *são as formas de que se revestem os atos, gerais ou individuais, emanados de autoridades que não sejam o Chefe do Executivo*. Ex.: no Estado de São Paulo, a resolução é própria dos Secretários de Estado, enquanto as portarias são a forma de que se revestem os atos das autoridades até o Diretor de Serviço. Assim, em cada ente político se instituirá a forma que deve revestir os atos de cada autoridade. Importa lembrar, ainda, que as resoluções e portarias trarão, além de atos *individuais* próprios de tais autoridades, atos *gerais* consistentes em instruções para cumprimento das leis e regulamentos.

Circular *é o instrumento de que se valem as autoridades para transmitir ordens internas a seus subordinados.*

Despacho *é o ato administrativo que contém decisões das autoridades sobre assunto de interesse individual ou coletivo submetido à sua apreciação*. **Despacho normativo** *é aquele que aprova uma decisão sobre assunto de interesse geral, ficando esta obrigatória para toda a administração, além de valer para todos que estiverem na mesma situação.*

Alvará *é a forma pela qual a Administração confere licença ou autorização para a prática de ato ou exercício de atividade sujeita ao poder de polícia do Estado*. Exs.: alvará de construção (instrumento que confere e prova a licença); alvará para porte de arma (instrumento da autorização conferida).

4.9. Procedimento administrativo

Não se deve confundir o ato administrativo com o procedimento administrativo. O segundo *consiste na sucessão encadeada de atos que propiciam a formação do ato final objetivado pela Administração.*

Assim, um procedimento é uma sucessão de atos, não se confundindo com cada ato em si.

Na verdade, ficaria melhor falar-se em *processo administrativo* para designar a definição dada, reservando-se a expressão procedimento administrativo para designar o *rito* a ser seguido.

Porém, em Direito Administrativo a expressão *procedimento administrativo* acaba sendo usada para designar *processo administrativo.*

De qualquer forma, é bom lembrar que há processos administrativos típicos, como o processo disciplinar e o processo de licitação, cuja característica marcante é ter uma regulamentação específica em lei própria. Os processos administrativos que não tiverem regulamentação própria devem seguir o disposto na Lei de Geral de Processo Administrativo (Lei 9.784/1999).

5. ORGANIZAÇÃO DA ADMINISTRAÇÃO PÚBLICA

5.1. Considerações gerais

O Estado tem três Poderes independentes e harmônicos entre si (Legislativo, Executivo e Judiciário). Porém, é por meio da Administração Pública que o Estado atua, tratando-se esta do aparelhamento necessário à realização de sua finalidade.

Em sentido *formal*, Administração Pública é o conjunto de órgãos instituídos para consecução dos fins do Governo (que é o comando, a iniciativa).

Em sentido *material*, é o conjunto das funções necessárias aos serviços públicos em geral.

E em sentido *operacional*, é o desempenho sistemático dos serviços estatais.

Vale trazer também classificação formulada por Diogo de Figueiredo Moreira Neto, que classifica a Administração Pública, sob o critério da *natureza dos interesses*, em administração extroversa e introversa, e, sob o critério *subjetivo*, em direta e indireta (*Curso de Direito Administrativo*. 14. ed. Rio de Janeiro: Forense. p. 115 e ss.). Quanto à primeira classificação, enquanto a administração pública extroversa é finalística, pois ela é atribuída especificamente a cada ente político, cumprindo a divisão constitucional de competências, a administração pública introversa é instrumental, visto que é atribuída genericamente a todos os entes, para que possam atingir aqueles objetivos.

O fato é que, de qualquer forma a Administração, em qualquer caso, é o meio de que se vale o Estado para pôr em prática as opções políticas do Governo.

Tal atuação se dará por intermédio de *entidades* (pessoas jurídicas), *órgãos* (centros de decisão) e de *agentes* (pessoas investidas em cargos, empregos e funções).

5.2. Conceitos básicos sobre a organização da Administração Pública

O objetivo deste tópico é efetuar uma série de distinções e conceitos de grande valia para o estudo sistematizado do tema proposto.

A primeira distinção trata da relação entre a pessoa jurídica e os órgãos estatais.

As **pessoas jurídicas estatais** *são entidades integrantes da estrutura do Estado e dotadas de personalidade jurídica*, ou seja, de aptidão genérica para contrair direitos e obrigações.

Já os **órgãos públicos** *são centros de competência integrantes das pessoas estatais instituídos para o desempenho das funções públicas por meio de agentes públicos*. São, portanto, parte do corpo (pessoa jurídica).

Cada órgão é investido de determinada competência, dividida entre seus cargos.

Apesar de não terem personalidade jurídica, têm prerrogativas funcionais, o que admite até que interponham mandado de segurança, quando violadas (tal capacidade processual, todavia, só têm os órgãos independentes e os autônomos).

Todo ato de um órgão é imputado diretamente à pessoa jurídica da qual é integrante, assim como todo ato de agente público é imputado diretamente ao órgão ao qual pertence (trata-se da chamada "teoria do órgão", que se contrapõe à teoria da representação ou do mandato, conforme se verá no capítulo seguinte). Deve-se ressaltar, todavia, que a representação legal da entidade é atribuição de determinados agentes, como o Chefe do Poder Executivo e os Procuradores.

Tema importante acerca dos órgãos públicos é a sua **classificação**. Passemos, então, ao estudo da classificação dos órgãos, levando em conta os ensinamentos de Hely Lopes Meirelles.

Quanto à **posição**, os órgãos públicos podem ser:

a) órgãos *independentes*: são os originários da Constituição e representativos dos Poderes do Estado (Legislativo, Executivo e Judiciário); aqui estão todas as corporações legislativas, chefias de executivo e tribunais e juízo singulares;

b) órgãos *autônomos*: são os que estão na cúpula da Administração, logo abaixo dos órgãos independentes, tendo autonomia administrativa, financeira e técnica, segundo as diretrizes dos órgãos a eles superiores; aqui estão os Ministérios, as Secretarias Estaduais e Municipais, a AGU, dentre outros;

c) órgãos *superiores*: são os que detêm poder de direção quanto aos assuntos de sua competência, mas sem autonomia administrativa e financeira, tais como os gabinetes, as procuradorias judiciais, os departamentos, as divisões, dentre outros;

d) órgãos *subalternos*: são os que se acham na base da hierarquia entre órgãos, tendo reduzido poder decisório, com atribuições de mera execução, tais como as portarias e as seções de expediente.

Quanto à **estrutura**, os órgãos podem ser:

a) *simples* ou *unitários*: constituídos por um só centro de competência;

b) *compostos*: constituídos pelo conjunto de outros órgãos menores, com atividades-fim idênticas ou auxiliares. Ex.: Ministério da Saúde.

Quanto à **atuação funcional**, os órgãos podem ser:

a) *singulares* ou *unipessoais*: são os que atuam por um único agente. Ex.: Presidência da República;

b) *colegiados* ou *pluripessoais*: são os que atuam por manifestação conjunta da vontade de seus membros. Exs.: corporações legislativas, tribunais e comissões.

Outra distinção relevante para o estudo da estrutura da Administração Pública é a que se faz entre **desconcentração e descentralização**.

A **desconcentração** *é a distribuição interna de atividades administrativas, de competências*. Ocorre de *órgão* para *órgão* da entidade. Ex.: competência no âmbito da Prefeitura, que poderia estar totalmente concentrada no órgão Prefeito Municipal, mas que é distribuída internamente aos Secretários de Saúde, Educação etc.

Já a **descentralização** *é a distribuição externa de atividades administrativas, que passam a ser exercidas por pessoa ou pessoas distintas do Estado*. Dá-se de *pessoa jurídica* para *pessoa jurídica* como técnica de especialização. Ex.: criação de autarquia para titularizar e executar um dado serviço público, antes de titularidade do ente político que a criou. A descentralização pode ser de duas espécies:

a) na descentralização **por serviço**, a lei atribui ou autoriza que outra pessoa detenha a *titularidade* e a execução do serviço; repare que é necessária lei; aqui, fala-se em *outorga* do serviço;

b) na descentralização **por colaboração**, o contrato ou ato unilateral atribui à outra pessoa a *execução* do serviço; repare que a delegação aqui se dá por contrato, não sendo necessária lei; o particular colabora, recebendo a execução do serviço e não a titularidade deste; aqui, fala-se também em *delegação* do serviço e o caráter é transitório.

Há também outra distinção importante, relacionada à Administração Direta e Indireta.

A **Administração Direta** *compreende os órgãos integrados no âmbito direto das pessoas políticas (União, Estados, Distrito Federal e Municípios)*. Repare que todos os órgãos dos entes políticos fazem parte da Administração Direta, de modo que a prefeitura, a câmara de vereadores, os tribunais judiciais, os tribunais de contas, o ministério público, dentre outros, são parte integrante da administração, já que são órgãos, e não pessoas jurídicas criadas pelos entes políticos.

Já a **Administração Indireta** *compreende as pessoas jurídicas criadas pelo Estado para titularizar e exercer atividades públicas (autarquias, fundações públicas, agências reguladoras e associações públicas) e para agir na atividade econômica ou em atividades não típicas de Estado (empresas públicas, sociedades de economia mista, fundação privadas criadas pelo Estado e consórcios públicos de direito privado)*. Repare que a Administração Indireta é composta de pessoas jurídicas (e não de órgãos!) criadas pelos entes políticos.

Outra classificação relevante para o estudo do tema em questão é a que segue.

As **pessoas jurídicas de direito público** *são os entes políticos e mais as autarquias e fundações públicas, uma vez que todas essas pessoas são criadas para exercer típica atividade administrativa, o que impõe que tenham, de um lado, prerrogativas de direito público, e, de outro, restrições de direito público, próprias de quem gere coisa pública*[9]. São espécies de pessoas jurídicas de direito público as seguintes: autarquias, fundações públicas, agências reguladoras e associações públicas (consórcios públicos de direito público).

As **pessoas jurídicas de direito privado estatais** *são as empresas púbicas e as sociedades de economia mista, visto que são criadas para exercer atividade econômica, devendo ter os mesmos direitos e restrições das demais pessoas jurídicas privadas, em que pese tenham algumas restrições adicionais, pelo fato de terem sido criadas pelo Estado*. São espécies de pessoas jurídicas de direito privado estatais as seguintes: empresas públicas, sociedades de economia mista, fundações privadas criadas pelo Estado e consórcios públicos de direito privado.

Para fecharmos essa introdução, é necessário conhecermos também a distinção seguinte.

A **hierarquia** *consiste no poder que um órgão superior tem sobre outro inferior, que lhe confere, dentre outras prerrogativas, uma ampla possibilidade de fiscalização dos atos do órgão subordinado*.

O **controle** (**tutela** ou **supervisão ministerial**) *consiste no poder de fiscalização que a pessoa jurídica política tem sobre a pessoa jurídica que criou, que lhe confere tão somente a possibilidade de submeter a segunda ao cumprimento de seus objetivos globais, nos termos do que dispuser a lei.* Ex.: a União <u>não</u> pode anular um ato administrativo de concessão de aposentadoria por parte do INSS (autarquia por ela criada), por não haver hierarquia, mas pode impedir que o INSS

passe a comercializar títulos de capitalização, por exemplo, por haver nítido desvio dos objetivos globais para os quais fora criada a autarquia. Aqui não se fala em *subordinação*, mas em *vinculação administrativa*.

Esses poderes todos se dão sobre as entidades da Administração Indireta em geral, ressalvada a condição das agências reguladoras, que têm maior autonomia, como se verá no item respectivo adiante.

5.3. Administração indireta

5.3.1. *Autarquias*

As autarquias podem ser **conceituadas** como as *pessoas jurídicas de direito público, criadas por lei específica, para titularizar atividade administrativa*. Realizam atividades próprias (típicas) da Administração Direta, as quais são passadas para as autarquias para agilizar, facilitar e principalmente especializar a prestação dos serviços públicos. O Dec.-lei 200/1967 define autarquia como "o serviço autônomo, criado por lei, com personalidade jurídica, patrimônio e receita próprios, para executar atividades típicas da Administração Pública, que requeiram, para seu melhor funcionamento, gestão administrativa e financeira descentralizada" (art. 5º, I).

São um prolongamento, um *longa manus* do Estado. Qualquer ente político (União, Estados-membros, Distrito Federal e Municípios) pode criar uma autarquia, desde que por lei específica e para realizar atividades típicas da Administração.

A autarquia deve ser criada por lei específica, lei essa que tem o poder de conferir personalidade jurídica a ela, não sendo necessário levar atos constitutivos ao Registro Público. Porém, a organização da autarquia se estabelece por decreto, que aprovará o regulamento ou o estatuto da entidade. A lei criadora da entidade tratará também do patrimônio inicial, já transferindo ou autorizando sua transferência, da entidade criadora para a entidade criada.

A expressão autarquia vem dos termos *autós* (= próprio) e *arquia* (=governo), o que nos ajuda a lembrar que a autarquia tem autonomia administrativa e financeira.

São exemplos de autarquia os seguintes entes: INSS, CADE, Banco Central, INCRA e USP.

Quando a autarquia tiver algumas diferenças em relação às autarquias tradicionais, diz-se que se está diante de autarquia de regime especial.

Vejamos as **características** das autarquias.

São dotadas de **capacidade administrativa**, ou seja, podem ser *titulares* de serviço público, mas o mesmo não acontece com as sociedades de economia mista e empresas públicas, por exemplo, que, no máximo, podem *executar* um serviço público. Ou seja, as autarquias podem receber *outorga do serviço* mais do que a mera delegação deste.

Isso significa que as autarquias poderão *regulamentar, fiscalizar* e *executar* o serviço público de que são titulares, podendo repassar o último (execução do serviço) ao particular, mediante concessão de serviço público.

Em outras palavras, as autarquias desempenham **atribuições típicas de Estado**. O Decreto-Lei 200/1967,

---

9. *Vide* art. 41 do Código Civil. O parágrafo único deste artigo faz referência às *pessoas de direito público com estrutura de direito privado*, que serão regidas, no que couber, pelas normas do CC. A referência é quanto às fundações públicas, às quais aplicam-se as normas do CC apenas quando não contrariarem os preceitos de direito público.

em seu art. 5º, I, deixa claro que a autarquia só pode ser criada para exercer atividade típica da Administração, o que exclui sua criação para exercer atividade meramente econômica, por exemplo.

As autarquias possuem **autonomia (capacidade de autoadministração)**. Por serem *pessoas jurídicas* (e não *órgãos* da Administração Direta), são sujeitos de direitos e obrigações, e têm gestão administrativa e financeira própria. Não se trata, portanto, de autonomia em sentido político, já que estão sujeitas a controle das entidades maiores a que se vinculam, mas autonomia administrativa.

Por serem pessoas de direito público, as autarquias têm **responsabilidade objetiva** (art. 37, § 6º, da CF). Justifica-se esse tipo de responsabilização pelo fato de agirem em atividades típicas da Administração Direta. Aliás, as autarquias respondem diretamente por seus atos, não podendo a entidade criadora ser chamada a responder solidariamente. A entidade matriz só responderá *subsidiariamente*, ou seja, na falta de patrimônio suficiente da autarquia.

As autarquias têm um regime jurídico muito próximo ao dos entes políticos, dada a natureza de suas atividades. Trata-se do chamado **regime jurídico de direito público**, cujas regras são apresentadas a seguir.

Na relação com a Administração Direta, as autarquias estão sujeitas ao **controle** (*supervisão ministerial* ou *tutela*). A entidade criadora da autarquia tem o poder de influir sobre esta apenas para exigir o cumprimento dos objetivos públicos para os quais foi criada, e para que harmonize sua conduta à atuação administrativa global do Estado.

Perceba-se, portanto, que o controle não permite que a Administração Direta demita um servidor público de uma autarquia, por exemplo, ou invalide um contrato administrativo que esta tenha celebrado. O controle só poderá ser feito de forma global sobre os rumos que a autarquia tem tomado. A lei que cria a autarquia é que dará os contornos e a forma de exercício do controle.

Entre a entidade criadora e a autarquia há mera vinculação, ou seja, mero poder de correção finalística do serviço autárquico.

Esse controle pode se dar nas seguintes frentes: a) controle político (ex.: nomeação de seus dirigentes pelo Executivo); b) controle administrativo (ex.: supervisão ministerial quanto à correção finalística da autarquia); c) controle financeiro (pelo Tribunal de Contas e outros meios trazidos na lei).

No que concerne à relação com terceiros, as **prerrogativas administrativas** (não as políticas) do Estado são transmitidas às autarquias. Assim, as autarquias têm as seguintes prerrogativas ou sujeições:

a) expedem verdadeiros **atos administrativos**, com todos os *atributos* do ato administrativo, quais sejam, presunção de legitimidade, imperatividade, exigibilidade e autoexecutoriedade;

b) celebram contratos administrativos, regidos pela Lei 8.666/1993;

c) devem **licitar** para celebrar contratos, concessões e permissões;

d) devem promover **concurso público** para admissão de pessoal;

e) devem contratar pessoal pelo **regime estatuário**, como regra; dada a natureza das atividades de uma autarquia (atividade administrativa, e não meramente econômica), o vínculo com seus agentes deve ser o de *cargo público*, criado por *lei* e regido pelo *estatuto* dos funcionários públicos, e não pela CLT, salvo para atribuições subalternas;

f) possuem **bens públicos**, portanto, bens inalienáveis, imprescritíveis e impenhoráveis; dessa forma, a execução de valores em face de uma autarquia deverá ultimar-se mediante a expedição de precatório;

g) possuem **imunidade de impostos sobre o patrimônio, renda e serviços** (art. 150, VI, "a", CF), quanto a atividades vinculadas às finalidades essenciais da pessoa e desde que não haja contraprestação ou pagamento de preços ou tarifas para o exercício;

h) possuem **prerrogativas processuais próprias** da Fazenda Pública, como recurso de ofício quando cabível (art. 10 da Lei 9.469/1997), prazo em dobro para manifestações processuais (art. 183, *caput*, do NCPC), juízo privativo da entidade estatal a que pertencem, ampliação do prazo para desocupação em caso de despejo; prescrição quinquenal de suas dívidas passivas, execução fiscal de seus créditos inscritos, dentre outras.

Nas relações internas, por serem pessoas jurídicas de direito público (sujeitas ao regime jurídico de direito público), devem respeitar as normas de direito financeiro (normas orçamentárias) e o regime de pessoal é o mesmo da Administração Direta, em que a regra é o regime estatutário.

5.3.2. *Fundações públicas de direito público*

As fundações públicas de direito público podem ser conceituadas como *autarquias que tomam como substrato um patrimônio personalizado*.

Enfim, tais fundações são autarquias, cujo elemento patrimonial é o mais relevante. Trata-se da personalização de um patrimônio, cujo objetivo é a titularização de uma atividade administrativa.

São exemplos dessas fundações a FUNAI, o IPEA, a FUNDAP e a FAPESP.

Tais autarquias tomam o nome de fundação, pois, aqui, o elemento patrimônio prepondera em detrimento do elemento humano, ocorrendo o inverso com a autarquia típica.

Quanto ao **regime jurídico**, é idêntico ao das autarquias, para o qual se remete o leitor.

Existem, todavia, algumas diferenças entre as autarquias e as fundações públicas.

A primeira delas já foi apontada: as fundações têm como elemento preponderante o patrimonial.

A segunda diz respeito à criação de tais entes. Parte da doutrina entende que tais entidades são *criadas por lei específica*, por se tratarem de verdadeiras autarquias (ex.: Maria Sylvia Zanella Di Pietro). Por outro lado, outra parte da doutrina entende que a fundação deve ter sua criação *autorizada por lei específica*. Isso significa que, autorizada por lei a criação de uma fundação, deve esta ser efetivamente criada com o registro de seus atos constitutivos no Cartório do Registro Civil das Pessoas Jurídicas. A razão dessa discórdia diz respeito ao texto do art. 37, XIX, da CF, que não esclarece se está fazendo referência às fundações públicas, às fundações privadas ou a ambas.

A última diferença reside no fato de que, no que concerne às fundações, a Constituição dispõe que lei complementar definirá as áreas de sua atuação (art. 37, XIX, CF), também havendo dissenso doutrinário sobre se o dispositivo está fazendo referência às fundações públicas de direito público, às fundações privadas criadas ou a ambas.

Não se pode confundir as fundações públicas com as fundações privadas criadas pelo Estado. Isso porque nada impede que o Estado crie fundações com personalidade de direito privado, sendo apenas necessário que haja autorização legal. Muitas vezes deseja-se criar uma pessoa jurídica, cujo elemento patrimonial terá caráter preponderante, para um fim de interesse público, mas que não trate de típica atividade administrativa.

Em tal hipótese, cria-se uma fundação privada, com regime jurídico de direito privado. Nesse caso haverá fiscalização por parte do Ministério Público, na forma da lei civil.

Portanto, o critério que diferencia uma *fundação pública de direito público* de uma *fundação privada criada pelo Estado* é a natureza da atividade da pessoa jurídica criada. Se se tratar de típica atividade administrativa, será uma fundação pública. Se não, uma fundação privada.

Uma fundação estatal criada para fiscalizar o meio ambiente certamente será uma fundação pública de direito público, recebendo o regime jurídico de uma autarquia, com as diferenças acima apontadas. Já uma fundação estatal criada para ser uma mera biblioteca pública, por não atuar em atividade típica de Estado, é uma fundação privada criada pelo Estado, recebendo o regime de direito privado, que será visto mais à frente.

5.3.3. Agências reguladoras

As agências reguladoras podem ser **conceituadas** como *autarquias sob regime especial, encarregadas do exercício do poder normativo e fiscalizador das concessões e permissões de serviço público, bem como do poder de polícia sobre certas atividades.*

A atual política de passar ao setor privado a execução dos serviços públicos, reservando ao Estado a regulamentação e fiscalização dos vários setores relativos a tais serviços, trouxe a necessidade de criar entes, com natureza de pessoa jurídica de direito público, para desempenhar tal papel de regulação e fiscalização, a fim de preservar o interesse dos usuários e da coletividade em geral.

Assim, foram criadas autarquias especiais, com o nome de agências reguladoras, servindo de exemplo as seguintes: ANEEL (regula e fiscaliza o setor de geração, transmissão e distribuição de energia elétrica), ANATEL (regula e fiscaliza o setor de telecomunicações), ANP (regula e fiscaliza as atividades econômicas exercidas pela Petrobras e outros concessionários do setor), ANVISA (regula e fiscaliza a produção e a comercialização, sob o aspecto da vigilância sanitária, de medicamentos, alimentos, cosméticos etc.), ANS (regula e fiscaliza o setor de saúde complementar), ANA (regula e fiscaliza as atividades decorrentes do aproveitamento dos recursos hídricos, bem como o direito de uso de água em rios da União – águas), ADENE (desenvolvimento do Nordeste), ANTT (transportes), ANCINE (cinema), dentre outras.

O **regime jurídico** das agências reguladoras é igual ao das autarquias, com algumas peculiaridades, daí porque se diz que tais agências são *autarquias sob regime especial*, uma vez que, diferente das autarquias tradicionais, as leis que criaram as agências reguladoras trouxeram algumas diferenças em seu regime jurídico. Vejamos:

a) os dirigentes das agências reguladoras são nomeados pelo Presidente da República, com prévia *aprovação pelo Senado*;

b) os dirigentes das agências reguladoras têm *mandato fixo*, só podendo ser destituídos pelo cometimento de crime, improbidade administrativa ou descumprimento injustificado das políticas estabelecidas para o setor ou pelo contrato de gestão, situação que, em tese, confere maior isenção a tais agentes;

c) os ex-dirigentes das agências estão sujeitos à chamada "quarentena", ou seja, no período de tempo em que continuam vinculados à autarquia após o exercício do cargo, ficam impedidos de prestar serviços às empresas que estavam sob sua regulamentação ou fiscalização;

d) têm *poder normativo* reconhecido pela Constituição Federal (art. 21, XI), já que são *órgãos reguladores*; tal poder deve, todavia, ficar adstrito ao que dispuser as leis de criação dessas agências.

Vale lembrar que a autonomia financeira de tais agências se dá não só com o aporte de verbas orçamentárias, como também em relação à cobrança de taxas pelo exercício do poder de polícia, além de multa por descumprimento de preceitos legais ou contratuais.

5.3.4. Agências executivas

A expressão "agências executivas" designa um *qualificativo atribuível a autarquias e fundações integrantes da Administração Federal, por iniciativa do Ministério Supervisor e com anuência do Ministério da Administração, à entidade que haja celebrado contrato de gestão com aquele e possua um plano estratégico de reestruturação e desenvolvimento institucional.*

Tal possibilidade de qualificação veio a partir da introdução do princípio da eficiência pela EC 19/1998.

De um lado, são dadas maiores autonomia e prerrogativas às autarquias e fundações que tiverem interesse em receber tal qualificativo e, de outro, são atribuídas metas de desempenho e eficiência a serem atingidas.

A existência do contrato de gestão e o cumprimento dos demais requisitos permitirão a qualificação em questão, habilitando a entidade a receber as vantagens previstas na lei.

Tal figura jurídica é trazida na Lei 9.649/1998 (vide o art. 51 e também o Decreto 2.487/1998).

A lei dispõe que a qualificação de agência executiva é feita pelo Presidente da República, após a iniciativa e a anuência previstas acima. Para que seja implementada é necessário ainda a celebração do chamado contrato de gestão, que fixará o plano estratégico de reestruturação e melhoria do desempenho da pessoa, contrato esse que tem prazo mínimo de um ano.

Uma das maiores vantagens conferidas às autarquias e fundações que receberem essa qualificação consiste na ampliação dos limites de isenção ao dever de licitar para as agências executivas (art. 24, XXIV, da Lei de Licitações): aumenta-se o valor para dispensa de licitação em seu âmbito para o montante de 20% do limite previsto para a utilização da modalidade convite.

5.3.5. Consórcios públicos

Com a edição da Lei 11.107/2005, duas novas pessoas jurídicas estatais foram criadas. Ambas têm o nome de *consórcio público*, mas uma é de direito público (associação pública) e outra é de direito privado (consórcio público de direito privado).

Tais consórcios consistem na *reunião de entes políticos* (União, Estados, DF e Municípios) para formação de *pessoas jurídicas* com vistas à *gestão associada de serviços públicos*.

Como antecedentes do assunto, podemos citar a Lei 8.080/1990, que assim dispunha: "art. 10. Os municípios poderão constituir consórcios para desenvolver em conjunto as ações e os serviços de saúde que lhes correspondam. § 1º Aplica-se aos consórcios administrativos intermunicipais o princípio da direção única, e os respectivos atos constitutivos disporão sobre sua observância" (...).

Na prática, os municípios acabavam montando associações civis, regidas pelo Código Civil.

Até que veio o disposto na nova redação do art. 241 da Constituição e, depois, a Lei 11.107/2005, possibilitando o aparecimento de consórcios públicos com regimes mais claros e definidos.

Os consórcios públicos têm por **finalidade mediata** a realização de objetivos de *interesse comum* dos entes políticos. Nesse sentido, os consórcios públicos diferem dos contratos, já que estes têm em mira a satisfação de interesses contrapostos das partes e não de *interesses comuns*. Ademais, os consórcios públicos são pessoas jurídicas, ao passo que os contratos não são pessoas jurídicas.

As **finalidades imediatas** dos consórcios podem ser das seguintes naturezas:

a) regulação e fiscalização de serviços públicos (art. 2º, § 3º, da Lei 11.107/2005), como a criação de uma agência reguladora de saneamento básico por parte de Estado e alguns Municípios;

b) mera prestação de serviço público (art. 1º, § 3º, da lei citada), como a criação de um hospital público por parte de vários Municípios (consórcio intermunicipal de saúde).

É importante ressaltar que o consórcio público não pode ter fins econômicos (art. 4º, IV), ou seja, não pode visar ao lucro. Dessa forma, os consórcios públicos de direito privado não poderão ser criados se for necessário investimento privado.

Vejamos com mais detalhe, agora, as duas **espécies** de consórcios públicos.

As **associações públicas** são criadas para exercer atividade típica de Estado. Assim, são pessoas de direito público, de natureza autárquica (art. 41, IV, do CC). Tais entidades integram a Administração Indireta de todos os entes consorciados (art. 6º, § 1º, da Lei 11.107/2005). Um exemplo de consórcio público dessa natureza (consórcio público de direito público) é a criação de uma pessoa jurídica por entes políticos em associação para a *fiscalização* do meio ambiente numa dada região.

Já os **consórcios públicos de direito privado** são criados para o exercício de atividades que não são exclusivas do Estado. Nesse sentido, são pessoas de direito privado estatais. Um exemplo de consórcio público dessa natureza é um hospital público criado por entes políticos em associação.

O **regime jurídico** das associações públicas segue o regime geral das pessoas de direito público, aplicando-se o regime especial da lei 11.107/2005 e, subsidiariamente, a legislação das associações civis (art. 15). A aplicação do regime geral das pessoas de direito público fará com que tais consórcios pratiquem atos administrativos, tenham bens públicos, contratem agentes públicos, como regra, pelo regime estatutário, dentre outras características do regime autárquico, já vistas no presente texto.

Já o regime dos consórcios públicos de direito privado segue o regime geral das pessoas privadas estatais, aplicando o regime especial da Lei 11.107/2005 e, subsidiariamente, a legislação das associações civis (art. 15). A aplicação do regime geral das pessoas de direito privado estatais fará com que tais consórcios pratiquem atos regidos pelo direito privado, tenham bens privados (portanto penhoráveis), contratem agentes públicos, como regra, pelo regime celetista, dentre outras características do regime de direito privado, a serem vistas no próximo item.

A **criação** dos consórcios públicos segue o seguinte trâmite:

1) Subscrição de Protocolo de Intenções entre os entes políticos, com os seguintes pontos:

a) denominação, finalidade, espécie, prazo e sede;

b) identificação dos consorciados e da área;

c) critérios de representação do consórcio;

d) regulamentação da assembleia geral; número de votos de cada consorciado (ao menos 1);

e) eleição e mandato do representante (Chefe do Executivo);

f) autorização e limites para a gestão associada de serviços públicos;

2) Publicação do Protocolo na imprensa oficial;

3) Ratificação do Protocolo por lei de cada ente;

4) Celebração do **Contrato de Consórcio Público** (art. 5º), que pode se dar por apenas parcela dos celebrantes do protocolo.

O início da personalidade dos consórcios públicos se dá da seguinte forma:

a) nas associações públicas, com a vigência das leis de ratificação do protocolo de intenções;

b) nos consórcios de direito privado, segundo a lei civil, ou seja, após o arquivamento do estatuto social no registro público competente.

Os entes consorciados devem fazer, ano a ano, um **Contrato de Rateio**, que terá por objetivo tratar dos recursos econômicos necessários para a manutenção do consórcio.

Por fim, vale ressaltar que a Lei 11.107/2005 introduziu a possibilidade de qualquer dos entes consorciados contratar entidade ou órgão pertencente a outro ente consorciado para a prestação de serviços públicos, tudo isso sem licitação, configurando uma nova espécie de dispensa (art. 24 da Lei 8.666/1993). Esse contrato, que se assemelha a um Contrato de Concessão de Serviço Público, tem o nome de **Contrato de Programa**.

5.3.6. *Empresas estatais ou governamentais*

As empresas estatais podem ser **conceituadas** como *pessoas jurídicas de direito privado especial, cuja criação se dá pelo Estado, autorizado por lei específica, com a finalidade de executar serviço público ou explorar atividade econômica não ligada a esse tipo de serviço, em caráter suplementar, desde que necessário aos imperativos da segurança nacional ou a relevante interesse coletivo.*

O § 1º do art. 173 da Constituição dispõe que "a lei estabelecerá o estatuto jurídico da empresa pública, da sociedade de economia mista e de suas subsidiárias que explorem atividade econômica de produção ou comercialização de bens ou de prestação de serviços"[10]. Essa lei somente veio ao nosso ordenamento jurídico no ano de 2016 (Lei 13.303/2016, publicada em 1º de julho de 2016), sendo que a empresa pública e a sociedade de economia mista constituídas anteriormente à sua vigência deverão, no prazo de 24 (vinte e quatro) meses, promover as adaptações necessárias à adequação ao disposto na lei (art. 91), permanecendo regidos pela legislação anterior procedimentos licitatórios e contratos iniciados ou celebrados até o final desse prazo.

Partindo do texto constitucional mencionado, repare que tais entidades são criadas, então, para agir na atividade econômica, seja na área de produção ou comercialização de produtos (ex.: Petrobras), seja na prestação de serviços (ex.: Correios).

Deve ficar registrado, dessa forma, que tais empresas realizam típica atividade econômica e por isso têm regime jurídico de direito privado, de modo que não podem ser chamadas a titularizar serviço público, mas apenas para serem suas delegatárias, ou seja, apenas para a mera execução desse tipo de serviço.

Passemos à análise das características das empresas estatais:

a) possuem um **regime jurídico de direito privado**, ou seja, aquele próprio das empresas privadas, como determina a CF, inclusive no que tange aos direitos e obrigações do direito civil e comercial (**igualdade em contratos**, por exemplo), do direito do trabalho (regime de contratação será o da **CLT** e as controvérsias julgadas pela Justiça do Trabalho), do direito tributário (**não há imunidade tributária**) e do direito processual civil (**não têm prerrogativas** quanto aos prazos, custas e reexame necessário);

b) estão sujeitas à **responsabilidade civil subjetiva**, salvo quando prestarem serviço público, hipótese em que a responsabilidade será objetiva (art. 37, § 6º, da CF), ou quando incidir outro tipo de responsabilidade objetiva prevista em lei (ex.: matéria ambiental, relação de consumo, danos causados pela circulação de produtos e danos decorrentes do desenvolvimento de atividade de risco, conforme arts. 927, parágrafo único, e 931, ambos do Código Civil);

c) possuem **bens privados**, (art. 98, CC) bens esses que poderão ser utilizados, onerados, penhorados ou alienados na forma estatutária e independentemente de autorização legislativa especial, porque tal autorização está implícita na lei que autorizou a criação da empresa e lhe outorgou os poderes necessários para realizar suas atividades, como nos ensina Hely Lopes Meirelles; vale ressaltar que, no caso de a empresa estatal executar serviço público, os bens que estiverem afetados ao serviço não poderão ser penhorados, como decorrência do princípio da continuidade do serviço público;

d) devem observar regras de **governança corporativa**, de **transparência** e de estruturas, práticas de gestão de riscos e de controle interno, composição da administração e, havendo acionistas, mecanismos para sua proteção, na forma da Lei 13.303/2016, editada após a divulgação de novos escândalos de corrupção em empresas estatais, especialmente na Petrobras. Exemplos de instrumentos criados por essa lei com vistas a evitar problemas éticos são o dever de a estatal elaborar Código de Conduta e Integridade (art. 9º, § 1º) e a previsão de requisitos técnicos para a nomeação de membros da diretoria e o do Conselho de Administração, aí incluídas indicações de ordem estritamente política (art. 17).

Apesar das características apontadas acima, não se deve esquecer que as pessoas de direito privado estatais foram criadas pelo Estado, fazendo parte da Administração Indireta estatal. Dessa forma, o **regime jurídico de direito privado** delas é *especial*, sofrendo tais entidades sujeições que as empresas puramente privadas não têm:

a) devem promover concurso público para admissão de pessoal;

b) devem promover licitação para a celebração de contratos; trata-se agora de um tipo de licitação especial prevista na Lei 13.303/2016 (art. 28 e seguintes), e não mais da licitação prevista na Lei 8.666/93; a Lei 13.303/2016 traz regulamentação extensa e detalhada de tudo que envolve a licitação e os contratos das empresas estatais, de modo que a Lei 8.666/1993 não deve ser mais aplicada, salvo nas exceções trazidas na novel lei, como no caso de aplicação das normas penais previstas na Lei 8.666/1993 (art. 41);

---

10.   Tal estatuto trazido na lei deve dispor sobre: "I – sua função social e formas de fiscalização pelo Estado e pela sociedade; II – a sujeição ao regime jurídico próprio das empresas privadas, inclusive quanto aos direitos e obrigações civis, comerciais, trabalhistas e tributários; III – licitação e contratação de obras, serviços, compras e alienações, observados os princípios da administração pública; IV – a constituição e o funcionamento dos conselhos de administração e fiscal, com a participação de acionistas minoritários; V – os mandatos, a avaliação de desempenho e a responsabilidade dos administradores".

c) são fiscalizadas pelo Tribunal de Contas;

d) obedecem aos princípios da Administração Pública e seus agentes são equiparados a funcionários públicos para efeitos penais e de improbidade administrativa;

e) os dirigentes de empresas estatais estão sujeitos ao mandado de segurança quando exerçam funções delegadas do Poder Público;

f) apesar de terem autonomia administrativa e financeira, sofrem o controle ou supervisão da entidade criadora, bem como condicionantes legais e constitucionais (*vide* artigo 169, § 1º, da CF);

g) seus agentes estão sujeitos ao teto salarial previsto no art. 37, XI, da CF, nos casos estabelecidos no § 9º do art. 37, não havendo tal submissão quando a empresa estatal não for dependente economicamente da entidade que a tiver criado;

h) seus agentes estão sujeitos à proibição de acumulação remunerada de cargos, empregos ou funções na Administração (art. 37, XVII, CF);

i) não estão sujeitas à falência (art. 2º, I, da Lei 11.101/2005).

Quanto à questão da imunidade tributária, a imunidade recíproca, que alcança as entidades autárquicas, não alcança, como se viu, as empresas estatais. Porém, há duas exceções, que uma empresa estatal tem o direito à imunidade recíproca. São elas:

a) quando a empresa estatal tem monopólio sobre certo serviço público, como os Correios e a Infraero; *vide* STF, RE 601.392;

b) quando a empresa estatal tem capital totalmente público ou praticamente todo público, tem função absolutamente pública e não concorre no mercado, por exemplo, porque não cobra por seus serviços; um exemplo foi um caso julgado pelo STF em que se reconheceu essa imunidade a um hospital federal, revestido da forma sociedade de economia mista, em que o capital era 99,9% federal e que atendia exclusivamente pelo Sistema Único de Saúde, ou seja, sem atuar no mercado (RE 580264, j. 16.12.2010); outro exemplo foi o reconhecimento dessa imunidade, também pelo STF, a uma sociedade de economia mista (Codesp) que presta o serviço de Administração Portuária, com controle acionário quase total da União (99,97%), sendo que a entidade, apesar de cobrar por seus serviços, não o faz com o intuito de lucro e não concorre com outras empresas privadas (RE 253.472/SP).

Quanto à criação, as empresas estatais dependem de **autorização de lei específica.**

Observe-se que, diferente da autarquia, que é *criada* por lei específica, as empresas estatais têm sua criação *autorizada* por lei específica, de maneira que tal criação só se efetiva com o arquivamento dos atos constitutivos da sociedade na Junta Comercial.

Qualquer um dos entes políticos pode criar uma empresa estatal. Vale salientar que também depende de autorização legislativa, em cada caso, a criação de subsidiárias de empresas estatais, assim como a participação de qualquer delas em empresa privada (art. 37, XX, CF). Assim, a Constituição exige que a autorização legislativa seja específica e se dê a cada vez que uma nova subsidiária é criada, usando no inciso a expressão "em cada caso".

No que concerne ao **objeto** das empresas estatais, a Constituição atual deixa claro que a sua criação só se justifica quando, excepcionalmente, o Estado tenha de agir na *atividade econômica*. Tais empresas poderão, por exemplo, ser concessionárias de serviço público (executam o serviço público, mas não são titulares deste, sob pena de terem de obedecer ao regime jurídico próprio das autarquias e fundações públicas). E também podem simplesmente agir em atividades econômicas que não importem em prestação de serviço público.

Sua atuação se dá em **atividade econômica suplementar,** não sendo possível que o Estado crie à vontade empresas estatais. Isso ocorre porque, como se sabe, a ordem econômica é fundada na livre-iniciativa, na propriedade privada e na livre concorrência, daí porque apenas excepcionalmente pode o Estado nela agir.

Nesse sentido, o art. 173 da CF determina que o Estado só poderá agir na atividade econômica em duas hipóteses:

a) quando houver *relevante interesse público*, como na fabricação de remédio caro para combater a AIDS;

b) quando houver *imperativo de segurança nacional*, como na fabricação de material bélico em caso de guerra.

Essas são as características das empresas estatais, valendo, portanto, tanto para as empresas públicas como para as sociedades de economia mista. Vejamos agora as diferenças entre esses dois tipos de ente.

As **empresas públicas** são empresas estatais com as seguintes peculiaridades:

a) constituídas por qualquer modalidade societária admitida (S/A, Ltda. etc.);

b) com capital social formado integralmente por recursos da União, dos Estados, do Distrito Federal e dos Municípios; sendo que "desde que a maioria do capital votante permaneça em propriedade da União, do Estado, do Distrito Federal ou do Município, será admitida, no capital da empresa pública, a participação de outras pessoas jurídicas de direito público interno, bem como de entidades da administração indireta da União, dos Estados, do Distrito Federal e dos Municípios" (art. 3º, parágrafo único, da Lei 13.303/2016); caso a União faça parte de uma empresa pública, a maioria do capital votante deve ser de sua propriedade da União (art. 5º do Dec.-lei 900/1969); no mais,

c) caso sejam da União, têm foro na Justiça Federal (art. 109, I e IV, da CF) na área cível e criminal, salvo quanto às contravenções penais, cujo julgamento é da competência da Justiça Comum;

d) são exemplos desse tipo de empresa a Caixa Econômica Federal, os Correios e o SERPRO.

As **sociedades de economia mista** são empresas estatais com as seguintes peculiaridades:

a) constituídas somente pela forma de sociedade anônima (S/A);

b) possuem necessariamente capital privado e público, sendo que a maioria das ações com direito a voto devem pertencer à União, aos Estados, ao Distrito Federal, aos Municípios ou a entidade da administração indireta;

c) a Justiça Comum é o foro próprio de tais sociedades mesmo sendo federais;

d) são exemplos desse tipo de empresa o Banco do Brasil, a Petrobras e a Sabesp.

5.4. Entes de cooperação (paraestatais)

5.4.1. Noções gerais

Tradicionalmente, a expressão "entidade paraestatal" era utilizada para designar não só aquelas entidades criadas pelo particular para fins de interesse público, como também as empresas estatais (sociedades de economia e empresa pública).

Porém, como as empresas estatais fazem parte da Administração Indireta, ou seja, não seguem paralelas ao Estado, mas são parte integrante deste, hoje a expressão "paraestatal", no âmbito doutrinário, designa tão somente aquelas entidades do terceiro setor, ou seja, os entes de cooperação do Estado.

De qualquer forma, é necessário tomar certos cuidados, pois ainda há muitas leis, que, por serem antigas, utilizam a expressão entidade paraestatal para se referirem também às empresas estatais.

A partir de tal observação, podemos **conceituar** as entidades paraestatais como *aquelas pessoas jurídicas de direito privado dispostas paralelamente ao Estado, executando atividade de interesse público.*

Vejamos, agora, quatro tipos de ente de cooperação (serviços sociais autônomos, organizações sociais, OSCIPs e simples organizações da sociedade civil).

5.4.2. Serviços Sociais Autônomos

Os **serviços sociais autônomos** *são pessoas jurídicas de direito privado, sem fins lucrativos, vinculadas a categorias profissionais e destinadas ao fomento de assistência social, educacional ou de saúde, podendo receber recursos públicos e contribuições parafiscais.* São entidades desse tipo o SESC, o SENAI, o SENAC e o SESI.

São **características** dessas entidades, que prestam serviços de interesse público, as que seguem:

a) são pessoas jurídicas de direito privado não criadas pelo Estado (são tão somente oficializadas, qualificadas como tal pelo Estado);

b) o regime de seus empregados é celetista;

c) não têm prerrogativas públicas, ou seja, não gozam de privilégios administrativos, fiscais e processuais;

d) nem estão diretamente submetidas à obrigatoriedade de realização de concurso público e licitação (STF, RE 789.874/DF, j. 17.09.2014), o que não exclui o dever de agirem de forma proba, devendo criar processos seletivos e de contratações que estejam em acordo com os princípios da impessoalidade, da moralidade e da eficiência, já que tais entidades manejam recursos públicos;

e) seus funcionários são equiparados a agentes públicos, sujeitos à prática de crimes funcionais e de ato de improbidade administrativa, já que gerem recursos públicos;

f) as ações movidas contra essas entidades devem ser julgadas, salvo interesse direto da União, na Justiça Comum e não na Justiça Federal (STF, RE 414375/SC);

g) seus dirigentes estão sujeitos a mandado de segurança, bem como cabe ação popular em caso de lesão ao patrimônio da entidade;

h) são obrigados a prestar contas junto ao Tribunal de Contas (art. 5.º, V, da Lei 8.443/1992);

i) os dirigentes dessas entidades são obrigados a juntar, à documentação correspondente à prestação de contas junto ao Tribunal de Contas, cópia da declaração de rendimentos e de bens, relativa ao período-base da gestão, de conformidade com a legislação do Imposto sobre a Renda (art. 4º da Lei 8.730/1993 e STJ, REsp 1.356.484-DF, j. 05.02.2013);

j) possuem estrutura de sociedades civis, associações e fundações privadas;

k) atribuída a qualificação de serviço social autônomo, a entidade passa a recolher contribuições parafiscais de associados e a ser destinatária de dotações orçamentárias;

l) por receberem auxílio público ficam sujeitas a controle finalístico e à prestação de contas para o Poder Público.

5.4.3. Organizações Sociais – OS (Lei 9.637/1998)

Já as **organizações sociais** são *entidades privadas, sem fins lucrativos, cujas atividades se dirigem ao ensino, pesquisa científica, desenvolvimento tecnológico, proteção e conservação do meio ambiente, cultura, saúde, qualificadas como tal por decisão do Ministro respectivo da atividade e do Ministro da Administração Federal e Reforma do Estado.*

A qualificação de uma entidade como organização social é um instrumento que permite a transferência de certas atividades de interesse público ao setor privado, sem necessidade de concessão ou permissão, tratando-se de nova forma de parceria com valorização do terceiro setor, possibilitando, de outra parte, maior controle sobre as entidades que recebem recursos públicos para fins coletivos.

O instituto das organizações sociais está regulamentado, no âmbito federal, na Lei 9.637/1998.

São exemplos de organizações sociais algumas Santas Casas de Misericórdia (hospitais privados filantrópicos), que receberam tal qualificação, celebraram contrato de gestão com a Administração Pública e vêm recebendo equipamentos, pessoal e dinheiro estatais para a prestação do serviço público de saúde para a população.

São **requisitos** para que seja atribuída a qualificação de organização social a uma entidade os seguintes:

a) não ter fins lucrativos, devendo os excedentes ser aplicados em suas atividades;

b) ter fim social de interesse coletivo;

c) ter conselho de administração como órgão superior, com presença de mais de 50% de representantes do governo e de entidades civis;

d) decisão dos Ministros indicados no conceito, qualificando a entidade.

Uma vez recebida a qualificação de organização social, a entidade poderá firmar contrato de gestão com o Poder Público, contrato este que fixará os termos da parceria, como as atividades a serem desempenhadas pela entidade e a colaboração a ser oferecida pelo Estado, que poderá consistir em aporte de bens públicos em permissão de uso, recursos do orçamento e até servidores públicos.

Os serviços contratados pelo Poder Público junto à organização social, a partir do contrato de gestão, não dependem de licitação, tratando-se de caso de dispensa de licitação previsto no art. 24 da Lei 8.666/1993.

A partir desse momento, a organização social deverá promover a publicidade de seus atos, estará sujeita ao controle do Tribunal de Contas e à verificação periódica do atendimento das metas a que tiver se submetido.

Assim como os serviços sociais autônomos, as organizações sociais não são obrigadas a promover concurso público para a admissão de seu pessoal, nem a promover licitação para a realização de contratos com terceiros, devendo, todavia, efetuar tais despesas mediante obediência aos princípios da impessoalidade, da moralidade e da eficiência.

Caso ocorra descumprimento, pela entidade, do contrato de gestão, apurado em processo administrativo com ampla defesa, será feita sua desqualificação, que importará em reversão (devolução) dos bens públicos que estavam sendo utilizados pela entidade privada.

O STF, em Ação Direta de Inconstitucionalidade, decidiu algumas questões em relação às organizações sociais, acolhendo em parte o pedido, para conferir interpretação conforme a Constituição à Lei 9.637/1998 e ao inciso XXIV do art. 24 da Lei 8.666/1993, para explicitar que: " a) o procedimento de qualificação das organizações sociais deveria ser conduzido de forma pública, objetiva e impessoal, com observância dos princípios do "caput" do art. 37 da CF, e de acordo com parâmetros fixados em abstrato segundo o disposto no art. 20 da Lei 9.637/1998; b) a celebração do contrato de gestão fosse conduzida de forma pública, objetiva e impessoal, com observância dos princípios do "caput" do art. 37 da CF; c) as hipóteses de dispensa de licitação para contratações (Lei 8.666/1993, art. 24, XXIV) e outorga de permissão de uso de bem público (Lei 9.637/1998, art. 12, § 3º) deveriam ser conduzidas de forma pública, objetiva e impessoal, com observância dos princípios do "caput" do art. 37 da CF; d) a seleção de pessoal pelas organizações sociais seria conduzida de forma pública, objetiva e impessoal, com observância dos princípios do "caput" do art. 37 da CF, e nos termos do regulamento próprio a ser editado por cada entidade; e e) qualquer interpretação que restringisse o controle, pelo Ministério Público e pelo Tribunal de Contas da União, da aplicação de verbas públicas deveria ser afastada" (ADI 1923, J. 16.04.2015).

As Organizações Sociais (OSs) não se confundem com as **Organizações da Sociedade Civil de Interesse Público (OSCIPs)**, regulamentadas pela Lei 9.790/1999.

a) As primeiras atuam em atividades em que o Estado deveria atuar (ex.: saúde, educação etc.), apesar de não se tratarem de atividades exclusivas do Estado, ao passo que as segundas atuam em atividades de utilidade pública, em relação às quais o Estado tem interesse de fomento, tais como promoção da segurança alimentar, da ética e da paz;

b) As OSCIPs, na verdade, são entidades que recebem o **fomento** do Estado, por exemplo, para defender os consumidores, os idosos, os homossexuais etc.;

c) As OSs são qualificadas mediante aprovação do Ministro supervisor e do Ministro da Administração Federal e Reforma do Estado, ao passo que as OSCIPs são qualificadas pelo Ministro da Justiça;

d) As OSs celebram com a Administração *contrato de gestão*, ao passo que as OSCIPs celebram *termo de parceria*.

5.4.4. Organizações da Sociedade Civil de Interesse Público – OSCIPs (Lei 9.790/1999)

Podem receber a qualificação de OSCIP pessoas jurídicas de direito privado, sem fins lucrativos, que atuem observando o princípio da universalização dos serviços, e cujos objetivos sociais tenham ao menos uma das seguintes finalidades (art. 3º da lei): "I – promoção da assistência social; II – promoção da cultura, defesa e conservação do patrimônio histórico e artístico; III – promoção gratuita da educação, observando-se a forma complementar de participação das organizações de que trata esta Lei; IV – promoção gratuita da saúde, observando-se a forma complementar de participação das organizações de que trata esta Lei; V – promoção da segurança alimentar e nutricional; VI – defesa, preservação e conservação do meio ambiente e promoção do desenvolvimento sustentável; VII – promoção do voluntariado; VIII – promoção do desenvolvimento econômico e social e combate à pobreza; IX – experimentação, não lucrativa, de novos modelos socioprodutivos e de sistemas alternativos de produção, comércio, emprego e crédito; X – promoção de direitos estabelecidos, construção de novos direitos e assessoria jurídica gratuita de interesse suplementar; XI – promoção da ética, da paz, da cidadania, dos direitos humanos, da democracia e de outros valores universais; XII – estudos e pesquisas, desenvolvimento de tecnologias alternativas, produção e divulgação de informações e conhecimentos técnicos e científicos que digam respeito às atividades mencionadas neste artigo; XIII – estudos e pesquisas para o desenvolvimento, a disponibilização e a implementação de tecnologias voltadas à mobilidade de pessoas, por qualquer meio de transporte".

A Lei 9.790/1999 estabelece, ainda, que a dedicação dessas entidades nessas finalidades pode ser tanto na execução direta de programas, como na prestação de serviços intermediários de apoio a outras organizações sem fins lucrativos e a órgãos que atue em áreas afins (art. 3º, parágrafo único).

As pessoas jurídicas interessadas na qualificação como OSCIP, além de não ter fins lucrativos e de atuar nas finalidades estabelecidas no art. 3º da referida lei, devem ainda atender aos requisitos estabelecidos no art. 4º da lei, relacionados aos componentes de resguardo da legalidade, da impessoalidade, da moralidade, da publicidade, da economicidade e da eficiência na atuação da entidade, bem como não se tratar de entidade não passível de qualificação, que são as seguintes (art. 2º da lei): "I – as sociedades comerciais; II – os sindicatos, as associações de classe ou de representação de categoria profissional; III – as instituições religiosas ou voltadas para a disseminação de credos, cultos, práticas e visões devocionais e confessionais; IV – as organizações partidárias e assemelhadas, inclusive suas fundações; V – as entidades de benefício mútuo destinadas a proporcionar bens ou serviços a um círculo restrito de associados ou sócios; VI – as entidades e empresas que comercializam planos de saúde e assemelhados; VII – as instituições hospitalares privadas não gratuitas e suas mantenedoras; VIII – as escolas privadas dedicadas ao ensino formal não gratuito e suas mantenedoras; IX – as organizações sociais; X – as cooperativas; XI – as fundações públicas; XII – as fundações, sociedades civis ou associações de direito privado criadas por órgão público ou por fundações públicas; XIII – as organizações creditícias que tenham quaisquer tipo de vinculação com o sistema financeiro nacional a que se refere o art. 192 da Constituição Federal".

Preenchidos os requisitos e apresentados os documentos de que trata o art. 5º da lei federal, compete ao Ministro da Justiça decidir sobre a possibilidade ou não da qualificação.

Uma vez qualificada como OSCIP, a entidade fica habilitada para a celebração, com o Poder Público, de Termo de Parceria (art. 9º), destinado à formação do vínculo de cooperação entre as partes, para o fomento e a execução das atividades de interesse público previstas no já referido art. 3º da lei.

O Poder Público não é obrigado a fazer parceria com a entidade que for qualificada como OSCIP.

A celebração de Termo de Parceria será precedida de consulta aos Conselhos de Políticas Públicas das áreas correspondentes de atuação existentes, nos respectivos níveis de governo. Assim, no âmbito da Secretaria de Educação ou da Secretaria de Assistência Social de dado Estado ou Município, por exemplo, deverá ser constituído o conselho respectivo, para o fim acima indicado.

O Termo de Parceria tratará, entre outras questões essenciais, do objeto, das metas e resultados, e da avaliação de desempenho das entidades respectivas (art. 10, § 2º).

É importante lembrar que as OSCIPs têm o dever legal de atender ao princípio da universalização dos serviços (art. 3º), atendendo, assim, a todos que procurarem a entidade, ressalvados os casos em que houver limitação máxima de pessoas pelo tipo de atendimento, ocasião em que se deve atender a todos dentro do limite de vagas existentes e segundo as metas acertadas com o Poder Público e com critérios de admissão que respeitem a impessoalidade e a moralidade.

Em função do princípio da legalidade, é necessário que os Estados, Distrito Federal e Municípios tenham lei local operacionalizando a realização de termo de parceria com as OSCIPs. Além de autorização que o Poder Público local qualifique e celebre termo de parceria com OSCIPs, a lei local pode estabelecer requisitos como tempo de existência da OSCIP, experiência na área de atuação, qualificações especiais para celebrar termo de parceria em determinadas atividades, entre outros requisitos.

Apesar de a lei federal não exigir licitação para a celebração de Termo de Parceria com OSCIPs, em respeito aos princípios da isonomia e da indisponibilidade do interesse público, faz necessário que cada ente regulamente procedimento com vistas a assegurar tais valores. Isso implica na previsão de chamamentos públicos, que tragam critérios os mais objetivos possíveis, para a escolha, dentre as entidades interessadas, da que melhor atende ao interesse público.

Vale lembrar que a Constituição Federal, regra matriz sobre o dever de licitar, não impõe licitação pública para "o fomento e a execução das atividades de interesse público" previstas na Lei 9.790/1999, mas apenas para a contratação de obras, prestação de serviços, alienações e compras da Administração Pública (art. 37, XXI).

Dessa forma, para atender à isonomia e à indisponibilidade do interesse cabe fazer seleção nos termos do regulamento local, que poderá instituir, por exemplo, procedimento de Chamamento Público ou de Concurso de Projetos para a hipótese, procedimento que agora está regulamento em lei geral sobre parcerias.

Um exemplo de OSCIP já implementada no setor é a Escola de Pais do Brasil – Seccional de Florianópolis, entidade sem fins econômicos, declarada de utilidade pública e credenciada pelo Ministério da Justiça como Organização da Sociedade Civil de Interesse Público – OSCIP, que organiza seminários, ministra cursos e ciclos de debates nas redes particular e pública de ensino, em empresas e centros comunitários e onde quer que se solicite sua atividade. Atua na prevenção e na busca por soluções de problemas ligados à família e à cidadania.

5.4.5. *Organizações da Sociedade Civil – OSC (Lei 13.019/2014)*

A Lei 13.019/2014, o chamado Marco Regulatório das Organizações da Sociedade Civil (MROSC), institui normas gerais para as parcerias entre a administração pública e organizações da sociedade civil, em regime de mútua cooperação, para a consecução de finalidades de interesse público e recíproco, mediante a execução de atividades ou de projetos previamente estabelecidos em planos de trabalho inseridos em termos de colaboração, em termos de fomento ou em acordos de cooperação. (art. 1º).

Essa lei veio em resposta à "CPI das ONGs", que constatou que havia um grande número de ONGs no país que trabalhavam de forma irregular, servindo, muitas vezes, de laranjas para o desvio de recursos públicos. A CPI constatou também que, mesmo em entidades que não eram de fachada, havia vários vícios na celebração e execução dos convênios (esse era o nome do instrumento utilizado para o acerto dessas parcerias com a Administração Pública, nome esse que agora não mais poderá ser utilizado para designar esse tipo de parceria), como a ausência de processo seletivo para a celebração do convênio, a ferir, muitas vezes, o princípio da impessoalidade, a ausência de instrumento adequado de prestação de contas e também a ausência de metas e de controle de resultados. Naturalmente que há muitas entidades seríssimas nesse setor, que, vale lembrar, é essencial para a consecução de atividades de interesse público em nosso País, mas já estava mais do que na hora de vir uma lei que pudesse sanear os vícios mencionados, além de tratar de outras questões de suma importância para esse tipo de parceria.

Antes de tratarmos com mais detalhe desse tipo de parceria, de rigor pontuar que essa lei se aplica às parcerias que envolvam ou não transferências de recursos financeiros, mas não se aplica às hipóteses previstas no art. 3º da lei, como, por exemplo, às transferências de recursos homologadas pelo Congresso Nacional ou autorizadas pelo Senado Federal naquilo em que as disposições dos tratados, acordos e convenções internacionais específicas conflitarem com a Lei.

Na prática, esse tipo de parceria acontece muito nas seguintes áreas: a) assistência social; b) educação; c) saúde; d) esporte; e) cultura; f) direitos humanos.

São exemplos as parcerias celebradas com entidades sem fins lucrativos (organizações da sociedade civil) para acolhimento de crianças sem família, para acolhimento de pessoas sem habitação, para realização de atividades com crianças e adolescentes em situação de risco no contraturno das aulas, atendimento a moradores de rua, acolhimento de idosos, apoio a famílias e indivíduos que vivenciam violação de direitos, dentre eles a violência física, psicológica, sexual, cumprimento de medidas socioeducativas em meio aberto, dentre outros.

Para que uma entidade possa realizar esse tipo de parceria há de atender aos seguintes requisitos:

a) enquadrar-se no conceito de organização da sociedade civil, que é a *entidade privada sem fins lucrativos que não distribua entre os seus sócios ou associados, conselheiros, diretores, empregados, doadores ou terceiros eventuais resultados, sobras, excedentes operacionais, brutos ou líquidos, dividendos, isenções de qualquer natureza, participações ou parcelas do seu patrimônio, auferidos mediante o exercício de suas atividades, e que os aplique integralmente na consecução do respectivo objeto social, de forma imediata ou por meio da constituição de fundo patrimonial ou fundo de reserva, bem como as demais entidades mencionadas nas alíneas "b" e "c" do inciso I do art. 2º da Lei 13.019/2014;*

b) ser regida por normas de organização interna que estabeleça o seguinte: i) objetivos voltados à promoção de atividades e finalidades de relevância pública e social; ii) que, em caso de dissolução da entidade, o respectivo patrimônio líquido seja transferido a outra pessoa jurídica de igual natureza que preencha os requisitos desta Lei e cujo objeto social seja, preferencialmente, o mesmo da entidade extinta; iii) escrituração de acordo com os princípios fundamentais de contabilidade e das Normas Brasileiras de Contabilidade; importante salientar que celebração de meros acordos de cooperação (aqueles acordos que não envolvam transferência de recursos), só será exigido o requisito "i" e que, quanto às entidades religiosas, estão dispensados os requisitos "i" e "ii".

c) possuir: no mínimo, um, dois ou três anos de existência, com cadastro ativo, comprovados por meio de documentação emitida pela Secretaria da Receita Federal do Brasil, com base no Cadastro Nacional da Pessoa Jurídica – CNPJ, conforme, respectivamente, a parceria seja celebrada no âmbito dos Municípios, do Distrito Federal ou dos Estados e da União, admitida a redução desses prazos por ato específico de cada ente na hipótese de nenhuma organização atingi-los; experiência prévia na realização, com efetividade, do objeto da parceria ou de natureza semelhante; instalações, condições materiais e capacidade técnica e operacional para o desenvolvimento das atividades ou projetos previstos na parceria e o cumprimento das metas estabelecidas.

A Administração Pública, por sua vez, deverá criar, caso não já tenha, Conselho de Política Pública ("para atuar como instância consultiva, na respectiva área de atuação, na formulação, implementação, acompanhamento, monitoramento e avaliação de políticas públicas"), Comissão de Seleção (órgão colegiado responsável pelo Chamamento Público, espécie de certame licitatório para a escolha da entidade) e a Comissão de Monitoramento e Avaliação (órgão colegiado destinado a avaliar as parcerias), conforme incisos IX, X e XI do art. 2º da Lei 13.019/2014.

Dentre os princípios e diretrizes a serem respeitados nesse tipo de parceria, destacam-se os da transparência, do controle social das ações públicas e da priorização do controle de resultados, tendências cada vez mais fortes no direito administrativo.

Conforme já comentado, os instrumentos a serem firmados com as organizações da sociedade civil não mais poderão ser chamados de convênio, que passam a ser apenas os acordos de mútua cooperação entre entes políticos. Agora os instrumentos firmados por essas entidades com o Poder Público passam a se chamar termo de colaboração e termo de fomento, usando-se sempre o nome "termo de colaboração", ficando reservado a nomenclatura "termo de fomento" para as parcerias decorrentes de planos de trabalho que foram propostos pelas organizações da sociedade civil (arts. 16 e 17 da Lei 13.019/2014). Importante consignar que a lei prevê também um instrumento com o nome de "acordo de colaboração", que é aquele que não envolve transferência de recursos financeiros.

Mas a celebração desses termos de colaboração e de fomento dependem de um processo seletivo, que tem o nome de chamamento público. Mas antes desse procedimento, é necessário que a Administração crie um Plano de Trabalho (art. 22 da Lei 13.019/2014), que será executado pela entidade vencedora do certame. A partir desse plano, faz-se um edital de chamamento, que, sempre que possível, deve estabelecer critérios e indicadores a serem seguidos (especialmente objetos, metas, custos e indicadores, quantitativos ou qualitativos, de avaliação de resultados (art. 23, parágrafo único, da Lei 13.019/2014), sendo que o grau de adequação da proposta aos objetivos específicos do programa ou ação em que se insere o objeto da parceria e, quando for o caso, ao valor da referência constante do chamamento público é critério obrigatório de julgamento (art. 27, *caput*, da Lei 13.019/2014). A lei prevê, ainda, a inversão de fases nesse procedimento, de modo que primeiro se faz a etapa competitiva e se ordena as propostas.

Uma vez finalizado o chamamento público e celebrado o termo de colaboração ou o termo de fomento, passa-se à execução desses termos, cujo grande destaque é a prestação de contas a ser feita pelo parceiro junto ao Poder Público. Nesse ponto, vale lembrar que, num termo de colaboração ou de fomento, não há relação de crédito e débito (não há obrigações recíprocas, mas sim repasse de recursos pelo Poder Público, para que sejam alocadas pelas entidades nos objetivos comuns acertados. Por isso é que a entidade parceira tem o dever de prestar contas, que se dará mediante a apresentação de dois relatórios (art. 66 da Lei 13.019/2014): a) Relatório de Execução do Objeto, voltado para as atividades desenvolvidas com vistas à execução do objetivo (ex: como se deu o atendimento às crianças, idosos etc.); b) Relatório de Execução Financeira, voltado à descrição das despesas e receitas efetivamente realizadas.

Com relação à prestação de contas financeira, importante ressaltar que a entidade não está obrigada a fazer licitação para a aquisição de produtos e serviços no mercado com o dinheiro recebido pelo Poder Público. Porém, é obrigado a gastar esses recursos com respeito aos princípios da legalidade, da moralidade, da boa-fé, da probidade, da impessoalidade, da economicidade, da eficiência, da isonomia, da publicidade, da razoabilidade e do julgamento objetivo e a busca permanente de qualidade e durabilidade.

Quanto ao prazo da parceria, a lei não traz limite, mas dispõe que deverá constar do termo de colaboração ou de fomento a vigência e as hipóteses de prorrogação (art. 42, VI). De qualquer forma, por analogia, entendemos que, em se tratando de serviços públicos contínuos, há de se admitir o limite máximo previsto na Lei 8.666/1993, que é total de 60 meses, já contidas as prorrogações ordinárias, sem prejuízo da prorrogação extraordinária prevista no art. 57, § 4º, da Lei 8.666/1993.

A lei prevê, ainda, sanções graves às seguintes pessoas: a) às entidades que executarem a parceria em desacordo com o plano de trabalho e com as normas da lei e legislação específica (art. 73); b) e aos agentes públicos e particulares beneficiários ou que concorrem pelo ato, pela prática de atos de improbidade administrativa, sendo que a lei cria diversos tipos novos de improbidade (art. 77).

Em termos de disposições transitórias, a lei só entrará em vigor para os Municípios em 1º de janeiro de 2017, salvo se ato administrativo local determinar a sua aplicação imediata.

Vale salientar que a Lei 13.019/2014 sofreu drásticas mudanças com a edição da Lei 13.204/2015 que alterou em diversos pontos, retirando, de um lado, boa parte das regras moralizadoras e importantes previstas na redação originária da lei, o que é lastimável, mas também tornando viável, de outro lado, a aplicação da lei em pontos que estavam confusos ou exagerados na redação originária, o que é salutar.

5.5. Ordem dos Advogados do Brasil – OAB

A natureza jurídica da OAB foi exaustivamente debatida pelo Supremo Tribunal Federal na ADI 3.026-4/DF.

A decisão proferida pelo STF na ADI mencionada anota que a OAB não é uma autarquia especial e não integra a Administração Indireta como outro tipo de pessoa jurídica, de modo que não se sujeita ao controle estatal.

Por outro lado, o STF reconhece que a OAB presta, sim, um *serviço público*.

Na prática isso significa que a OAB, de um lado, não é obrigada a fazer concursos públicos, licitações e a se submeter à fiscalização do TCU e ao regime estatutário dos agentes públicos, podendo contratar pelo regime celetista.

De outro lado, por ser um *serviço público*, a OAB pode fiscalizar os advogados e também tem direito a vantagens tributárias.

Na ementa do acórdão, o STF deixa claro que a OAB não é integrante da Administração Indireta, tratando-se de uma figura ímpar no País, no caso, um *Serviço Público Independente*.

O acórdão também conclui que a OAB não pode ser comparada às demais entidades de fiscalização profissional, pois não está voltada exclusivamente a finalidades corporativas, possuindo finalidade institucional.

6. AGENTES PÚBLICOS

6.1. CONCEITO DE AGENTES PÚBLICOS

Os agentes públicos podem ser **conceituados** como *os sujeitos que servem ao Poder Público como instrumentos de sua vontade, mesmo que o façam apenas ocasionalmente.*

Saber quem é agente público é importante para diversos fins, tais como verificação de cabimento de mandado de segurança em face de ato de dada autoridade, submissão a certas restrições de direito público, sujeição à aplicação especial da lei penal, sujeição à Lei de Improbidade Administrativa, sujeição à Lei de Abuso de Autoridade, dentre outras situações.

No entanto, as leis trazem diferentes conceitos de agente público para efeito de determinar quem está e quem não está a ela sujeito. Por exemplo, o conceito de agente público na Lei de Improbidade Administrativa é muito mais amplo que o conceito previsto no Código Penal.

Tal situação é plenamente possível, pois cada lei deverá definir quem está a ela sujeito.

De qualquer forma, o conceito trazido por nós é um conceito geral que pode ser aplicado independentemente das especificidades de cada lei.

6.2. Natureza da atuação dos agentes públicos

Neste item comumente são estudadas as teorias do *mandato*, da *representação* e da *presentação*.

A terceira teoria, qual seja, a de que a natureza da atuação do agente público perante o Poder Público é de *presentação*, é a mais adotada, dispensando a análise aprofundada das demais, pelos seguintes motivos:

a) a natureza transitória e revogável do mandato (teoria do mandato) não se coaduna com a estabilidade dos agentes públicos;

b) a representação (teoria da representação) é forma de integração da vontade dos incapazes, e o Estado não é incapaz;

c) na presentação, o Estado se faz presente por um de seus órgãos, um agente público, de modo que todos os atos são imputados diretamente a ele (Estado), teoria que se coaduna com a realidade.

A **teoria da presentação** fez com que se desenvolvesse a *teoria do órgão*, de acordo com a qual todo ato expedido por um agente público é imputado diretamente à Administração Pública.

De fato, quando um agente público pratica um ato, esse agente está se fazendo presente (presentando) como Estado. No fundo, quem pratica o ato é o próprio Estado, e não o agente público, que é um mero presentante deste.

Essa conclusão tem várias consequências, dentre as quais a de que, causado um dano a terceiro por conduta de agente estatal, o Estado responderá objetivamente, não sendo sequer possível que a vítima ingresse com ação diretamente em face do agente público, devendo acionar o Estado, que, regressivamente, poderá se voltar em face do agente público que tiver agido com culpa ou dolo (art. 37, § 6º, da CF).

6.3. Classificação dos agentes públicos

Segundo Celso Antônio Bandeira de Mello, os agentes públicos podem ser classificados da forma como vemos nos enunciados adiante.

Agentes políticos *são os titulares de cargos estruturais à organização política do país.* Seu vínculo com o Estado não é de natureza profissional, mas política. A relação jurídica com o Estado é estatutária (não contratual), descendendo da própria Constituição.

São exemplos de agentes políticos o Presidente da República, Governadores, Prefeitos, Senadores, Deputados, Vereadores, Secretários de Governo, Ministros de Estado.

Há controvérsia sobre a inclusão dos juízes e promotores na aludida espécie. Se se encarar como discrímen da classificação o fato de serem titulares de cargos estruturais no âmbito da organização política do País (e não no sentido de fazerem política, no sentido pejorativo da palavra), há de se chegar à conclusão de que tais agentes são, efetivamente, agentes políticos.

Servidores estatais *são todos aqueles que mantêm com as entidades da Administração Direta e Indireta, públicas ou privadas, relação de trabalho de natureza profissional em caráter não eventual, sob vínculo de dependência.* Subdividem-se em dois grupos:

a) servidores públicos: são aqueles servidores estatais que atuam junto ao ente político e respectivas pessoas de direito público (autarquias e fundações públicas); podem ser titulares de *cargo público* (regime estatutário), sendo esta a regra (exs.: escreventes, delegados e fiscais), ou de *emprego público* (regime celetista); no primeiro caso, terão o nome de *servidores titulares de cargo público;* no segundo, de *servidores empregados,* que são os admitidos para funções materiais subalternas, contratados por necessidades temporárias de excepcional interesse público ou remanescentes do regime anterior à CF/1988;

b) servidores de pessoas governamentais de direito privado: são os que atuam como empregados, sob regime trabalhista, nas empresas públicas e sociedades de economia mista.

Já os **particulares em colaboração com a Administração**, por sua vez, *são os que, sem perder a qualidade de particulares, exercem função pública, ainda que em caráter episódico.* Subdividem-se nos seguintes grupos:

a) requisitados para prestação de atividade pública. Exs.: jurados e mesários;

b) gestores de negócios públicos que atuam em situações de necessidade pública premente;

c) contratados por locação civil de serviços. Ex.: advogado contratado para sustentação oral;

d) concessionários e permissionários de serviços públicos, bem como delegados de função ou ofício público. Ex.: notários e tabeliães.

Outra classificação importante dos agentes públicos é a que os divide nas seguintes espécies:

Agentes políticos: *vide* correspondente acima.

Agentes administrativos: *vide* servidores estatais.

Agentes honoríficos: *cidadãos convocados para prestar, transitoriamente, serviço ao Estado, em razão de sua honorabilidade.* Não há remuneração. Ex.: mesários eleitorais, jurados do Tribunal do Júri.

Agentes delegados: *particulares que recebem delegação para executar atividade, obra ou serviço público, agindo em nome próprio e por sua conta e risco, mediante remuneração advinda do Estado ou dos usuários dos serviços.* Ex.: tabeliães, oficiais de registro, concessionários de serviço público.

Agentes credenciados: *particulares que recebem uma incumbência específica para representar a Administração.* São remunerados. Aqui a transitoriedade é maior que na espécie anterior. Ex.: advogado renomado contratado por Prefeitura para fazer sustentação oral num julgamento perante o Tribunal; advogado que tem convênio com o Estado para representar necessitados em juízo em nome destes.

Outra classificação possível, feita diante do texto constitucional, é a que divide os servidores públicos em: a) agentes políticos, b) servidores públicos em sentido estrito ou estatutários; c) empregados públicos; d) contratados por tempo determinado.

Por fim, vale dar uma palavra sobre os militares. Esses têm estatuto próprio, podendo ser considerados servidores estatutários também.

Porém, para alguns autores, como Maria Sylvia Zanella Di Pietro, os *militares* devem ser considerados uma espécie à parte de agentes públicos, dadas as peculiaridades de seu regime jurídico.

Assim, para quem tem esse entendimento, haveria quatro grandes grupos de agentes públicos: a) agentes políticos; b) servidores públicos; c) militares; d) particulares em colaboração com a Administração.

6.4. Espécies de vínculos: cargos, empregos e funções

6.4.1. Cargos públicos

Os cargos públicos podem ser **conceituados** como as *mais simples unidades de competência a serem exercidas por agente público, devendo ser criados por lei.*

Os cargos públicos são próprios das pessoas jurídicas de direito público. Além de serem criados por lei, qualquer alteração nas atribuições do cargo somente pode ocorrer por meio de lei formal (STF, MS 26.740-DF).

Os cargos públicos podem ser efetivos ou em comissão (esse será visto no próximo item). Os titulares de **cargos**

efetivos (também chamados de servidores públicos) devem passar por concurso público, podem adquirir estabilidade e se submetem ao regime estatutário, daí porque tais cargos são reservados a agentes públicos em que o dever de isenção e a responsabilidade são grandes, o que não ocorre, por exemplo, na contratação de servidores temporários, que serão chamados para empregos públicos, como se verá.

É importante consignar, desde já, que a EC 19/1998 suprimiu a obrigatoriedade do regime jurídico único, supressão essa que está suspensa no momento por decisão do STF em ADI que questiona a ausência de votação no Congresso quanto a essa modificação.

De qualquer forma, a exigência de regime jurídico único, que consta da redação original do art. 39, *caput*, da CF, quer dizer apenas que não é possível haver mais de um estatuto de funcionário público para reger os servidores com **cargo público** na Administração Direta e Indireta. Há de existir um "único" estatuto de funcionário público no âmbito das pessoas jurídicas de direito público da administração direta e indireta de um dado ente federativo. Por exemplo, na esfera federal, não é possível que haja dois estatutos de servidores públicos (a Lei 8.112/1990 e uma outra lei), de modo a um estatuto servir para uma parte dos servidores e outro, para outra parte. A única exceção se dá quanto aos militares, que têm estatuto próprio. Outra possibilidade diz respeito à concorrência de um regime jurídico geral (no caso federal, a Lei 8.112/1990), com leis específicas tratando de alguma particularidade de uma carreira. Ademais, nada impede que as pessoas contratadas para um mero núcleo de encargo de trabalho (emprego) sejam regidas pela CLT.

Outro ponto importante acerca do regime jurídico dos servidores estatutários é que não é possível que estes celebrem acordos ou convenções coletivas e trabalho, pois a Administração Pública está sujeita ao princípio da legalidade, não se autorizando que se conceda por convenção ou acordo coletivo vantagens a servidores públicos, já que essas concessões dependem de lei de iniciativa do Executivo (art. 61, § 1º, II, "a" e "c", da CF) e de prévia dotação orçamentária (art. 169, § 1º, I e II, da CF). Vide a respeito a decisão proferida pelo STF na ADI 554/MT. A celebração de convenções e acordos coletivos de trabalho é direito exclusivo dos trabalhadores da iniciativa privada, sujeitos ao regime celetista (art. 7º, XXVI, da CF).

6.4.2. Funções públicas

Em sentido amplo, as funções públicas abrangem as funções em confiança, os estágios, as contratações temporárias (art. 37, IX, da CF) e a contratação de agentes de saúde e de combate a endemias (art. 198, § 4º, da CF).

De um lado, temos essas funções públicas em sentido amplo e, de outro, temos os *cargos públicos* e os *empregos públicos*.

Em sentido estrito, as funções públicas dizem respeito às *funções em confiança*, que podem ser conceituadas como *o conjunto de atribuições, criadas por lei, correspondente a encargos de direção, chefia e assessoramento, a serem exercidas exclusivamente por titular de cargo efetivo, da confiança da autoridade que as preenche.*

A função em confiança está prevista no art. 37, V, CF (não confundir com cargo em comissão, também previsto neste inciso, que pode ser preenchido por pessoas que não fizeram concurso público, que não são da carreira).

Assim, só quem já tem um cargo efetivo na Administração pode ser chamado para uma função de confiança (para ser chefe de uma seção, por exemplo).

A qualquer momento o servidor pode perder uma função em confiança, ocasião em que voltará a ocupar o cargo efetivo que antes detinha.

Enfim, quando uma determinada lei criar uma função de direção, chefia ou assessoramento e dispuser que só quem tem cargo efetivo poderá assumir essa função, estaremos diante de uma *função em confiança* e não diante de um *cargo em comissão*.

6.4.3. Empregos públicos

Os empregos públicos podem ser **conceituados** como *núcleos de encargos de trabalho, a serem preenchidos por contratados pelo regime jurídico celetista, contratual.*

O regime celetista tem por característica **maior rigidez** do que o regime estatutário. Isso porque um contrato faz lei entre as partes (*pacta sunt servanda*), ao passo que o Estatuto de Funcionário Público, que rege os detentores de cargo, é uma lei que pode ser modificada a qualquer momento sem que o agente público tenha direito adquirido ao regime funcional que tinha antes.

Outra diferença entre o regime celetista e o regime estatutário é a de que o primeiro **não admite a aquisição de estabilidade** como regra, ao passo que esse instituto é próprio aos regidos pelo regime estatutário que detenham cargo efetivo, o mesmo não acontecendo em relação aos estatutários que detêm cargo em comissão.

Apesar de o empregado público ter regime funcional celetista e submeter-se obrigatoriamente ao Regime Geral da Previdência Social, a admissão de pessoas para um emprego público depende de **concurso público**.

Outro ponto importante diz respeito aos **casos em que é possível utilizar o regime celetista**, ou seja, em que se permite a contratação de agentes públicos para um emprego público. Os casos são os seguintes:

a) pessoas jurídicas de direito privado estatais: todos os agentes serão contratados para emprego público, ou seja, pelo regime celetista;

b) pessoas jurídicas de direito público: serão contratados para emprego público, pelo regime celetista, aqueles que tiverem atribuições subalternas (ex.: telefonista, jardineiro etc.).

No último caso, os empregados públicos, apesar de serem celetistas, têm direito à estabilidade própria dos que têm cargos públicos, conforme vem decidindo a jurisprudência (Súmula 390 do TST).

Assim, um empregado público da União tem direito à estabilidade, ao passo que um empregado público do Banco do Brasil não tem esse direito.

Ainda nesse tema, existe grande discussão se a dispensa de empregado público em pessoa jurídica de direito privado estatal (por exemplo, no Banco do Brasil) precisa ser motivada.

Respondendo a essa pergunta o Tribunal Superior do Trabalho entende que a motivação é dispensável (TST, OJ-I 247). Todavia, a motivação faz-se necessária nos Correios, que, apesar de ser uma pessoa jurídica de direito privado estatal, por ter o monopólio de sua atividade, está submetido a várias sujeições das pessoas jurídicas de direito público, dentre elas àquela de motivar seus atos.

Não bastasse, o STF, além do que já se decidia em relação aos Correios, passou a decidir que, em se tratando de empresa pública ou sociedade de economia mista *prestadoras de serviço público*, a dispensa depende de motivação em qualquer caso, pois tais empresas estatais não são como as estatais meramente exploradoras de atividade econômica, tendo, assim, um regime jurídico privado, mas com mais condicionantes públicos, como é o caso do dever de motivação em caso de dispensa de agentes públicos; confira: "em atenção, no entanto, aos princípios da impessoalidade e isonomia, que regem a admissão por concurso público, a dispensa do empregado de empresas públicas e sociedades de economia mista que prestam serviços públicos deve ser motivada, assegurando-se, assim, que tais princípios, observados no momento daquela admissão, sejam também respeitados por ocasião da dispensa; a motivação do ato de dispensa, assim, visa a resguardar o empregado de uma possível quebra do postulado da impessoalidade por parte do agente estatal investido do poder de demitir" (STF, RE 589.998, *DJ* 12.09.2013). Repare que essa regra não se aplica às empresas estatais meramente *exploradoras de atividade econômica*.

6.5. Cargo público

6.5.1. Classificação quanto à posição

Isolados são os cargos que não estão subdivididos em classes. Então, não há promoção.

De carreira são os cargos subdivididos em classes. Cada classe indica uma promoção.

Quadro é o conjunto de todos os cargos, isolados e de carreira. A **carreira** é composta de **classes** (crescentes), que é o conjunto de cargos da mesma natureza de trabalho. Por fim temos os **cargos,** que são as menores unidades de competência. **Lotação** é o número de servidores que devem ter exercício em cada repartição.

No âmbito federal, por exemplo, há um quadro para cada unidade básica de organização, ou seja, tem-se um quadro para cada Ministério.

6.5.2. Classificação quanto à vocação de retenção dos ocupantes

Podem ser de **provimento em comissão** (de ocupantes provisórios – demissíveis *ad nutum*), de **provimento efetivo** (de ocupantes permanentes) e de **provimento vitalício** (permanentes com maiores garantias).

Cargos em comissão *são unidades de competência a serem preenchidas por servidores de carreira nos casos, condições e percentuais mínimos previstos em lei.*

Repare que é possível que tais cargos sejam preenchidos sem que o ocupante faça concurso público.

Outras características do cargo em comissão são as seguintes:

a) seu caráter é provisório, sendo ocupado por pessoas de confiança, que podem ser nomeadas e exoneradas livremente (*ad nutum*);

b) o regime funcional dos cargos em comissão é estatutário e não celetista; dessa forma, é o Estatuto de Funcionários Públicos que rege os servidores com cargo em comissão, estatuto esse que não se aplicará na parte que trata do direito à estabilidade, pois esse direito não existe em favor daqueles que detêm cargo em comissão;

c) o regime previdenciário dos ocupantes de cargo em comissão é o Regime Geral da Previdência Social e não o Regime Próprio de Previdência dos funcionários públicos, regime aplicável apenas aos servidores que detêm cargo efetivo;

d) só podem ser criados cargos em comissão para atribuições em que o elemento confiança é indispensável (para chefia, direção e assessoramento); o STF declara com frequência a inconstitucionalidade de leis que criam cargos em comissão para atribuições eminentemente técnicas, como as de cargos para médico, auditor, jornalista, psicólogo, enfermeiro, motorista etc. (v., p. ex., ADI 3602), deixando claro que esses cargos devem ser efetivos, providos, assim, por concurso público.

Vale ressaltar que, em que pese o art. 37, V, CF dispor que a nomeação para cargo em comissão é livre, podendo ser chamado quem nunca fez concurso público algum, a lei que criar cargos em comissão deverá trazer percentuais mínimos deles que devem ser providos por servidores de carreira.

Cargos de provimento efetivo são a regra em matéria de cargos públicos, dependendo de concurso público de provas ou de provas e títulos seu provimento.

Enquanto os cargos em comissão têm como marca a transitoriedade, os cargos efetivos têm por nota a permanência, daí a possibilidade de o servidor, preenchidos certos requisitos, auferir a estabilidade, que é o direito de não ser demitido, salvo se incidir em falta grave, apurada em processo administrativo, ou em consequência da avaliação periódica, assegurada a ampla defesa, dentre outras situações que veremos a seguir.

Cargos de provimento vitalício são aqueles cujo elemento permanência é ainda mais intenso, uma vez que seus ocupantes só podem perdê-lo por meio de sentença transitada em julgado. É atributo dos magistrados (art. 95, I, CF), membros do Ministério Público (art. 128, § 5º, I, "a", CF) e membros dos Tribunais de Contas (art. 73, § 3º, CF). Seu provimento pode ou não depender de concurso público. E a vitaliciedade ocorre após dois anos de exercício, se o ingresso foi por concurso (juízes e promotores), ou logo após a posse, se por indicação (Ministros dos Tribunais Superiores, por exemplo).

6.5.3. Provimento em cargo público

Consiste no ato de designação de alguém para titularizar cargo público. É da alçada do chefe do Poder, ou do Presidente ou Procurador-Geral, quanto ao Tribunal de Contas e ao

Ministério Público, respectivamente. Pode haver delegação dessa competência.

Os provimentos podem ser de vários tipos, de acordo com a natureza da designação.

Nomeação *é o provimento autônomo de servidor em cargo público.* Por ela, determinada pessoa é designada para titularizar cargo público independentemente de ter tido algum vínculo com o cargo. Caso não compareça, a nomeação será declarada sem efeito.

Não se deve confundir a **nomeação** (designação) com a **posse**, que é ato seguinte, consistente na aceitação do cargo, em que ocorre o fenômeno da **investidura**. Com esta (a investidura) forma-se a relação jurídica funcional, marcando o início dos direitos e deveres funcionais, bem como as restrições, impedimentos e incompatibilidades. Na Lei 8.112/1990, o prazo para tomar posse é de 30 dias. Por fim, ocorrerá outra situação que é a **entrada em exercício**, que no âmbito federal deve-se dar até 15 dias após a posse. Como a posse já estabelece a relação jurídica, caso o agente não entre em exercício, não se pode tão somente nomear outra pessoa, devendo, antes, exonerar-se o agente faltoso. Mas se houver nomeação sem que o nomeado tome posse, basta que seja chamada a pessoa seguinte na classificação, pois a primeira nomeação será declarada sem efeito.

A Lei 8.112/1990 admite posse por **procuração específica** (art. 13, § 3º, da Lei 8.112/1990).

O art. 13 da Lei de Improbidade Administrativa (Lei 8.429/1992) dispõe que "a posse e o exercício de agente público ficam condicionados à apresentação de declaração dos bens e valores que compõem o seu patrimônio privado, a fim de ser arquivada no serviço de pessoal competente". Tal declaração deve abranger qualquer espécie de bem e valor patrimonial e, quando for o caso, abrangerá também os do cônjuge ou companheiro, dos filhos e de outros que sejam dependentes. Deve ser anualmente atualizada e também na data em que o agente deixar o serviço público. Prescreve a lei, ainda, que será punido com demissão a bem do serviço público, sem prejuízo de outras sanções cabíveis, o agente que se recusar a prestar declarações de bens, dentro do prazo determinado, ou que as prestar falsamente.

Promoção (ou acesso) *é o ato de designação para titularizar cargo superior da própria carreira.* Consiste em ato de provimento derivado vertical. É feita pelo Chefe do Poder. No caso do Poder Executivo, seu Chefe (que age por decreto) pode delegá-la para o Ministro ou Secretário, que agirão por resolução ou portaria. É importante consignar a respeito da promoção que: "a União, os Estados e o Distrito Federal manterão escolas de governo para a formação e o aperfeiçoamento dos servidores públicos, constituindo-se a participação nos cursos um dos requisitos para a promoção na carreira, facultada, para isso, a celebração de convênios ou contratos entre os entes federados" (art. 39, § 2º, CF).

Readaptação *é o ato de designação para titularizar cargo compatível com a limitação física ou mental que advier ao agente público.* É uma espécie de transferência para um cargo compatível e com funções, escolaridade e vencimentos equivalentes. Caso o agente revele incapacidade permanente para o trabalho, conceder-lhe-á a aposentadoria por invalidez, não se falando em readaptação.

Reversão *é o ato de designação para que o aposentado volte a titularizar cargo, por não mais persistir o motivo da aposentadoria.* Pode ser de ofício ou a pedido. Não se deve confundir com a reversão ocorrida no campo das concessões de serviço público, pela qual os bens que o concessionário utilizava na prestação do serviço público passam ao Poder Público com a extinção da avença. A reversão a pedido depende de previsão legal.

No âmbito da Lei 8.112/1990 a reversão cabe em dois casos (art. 25): a) por invalidez, cessados os motivos da aposentadoria; b) no interesse da Administração, a pedido e em até 5 anos.

Aproveitamento *é o ato de designação do servidor que estava em disponibilidade para que volte a titularizar cargo público.* Trata-se do reingresso de servidor estável que se encontra em disponibilidade. Esta (a disponibilidade) é o ato pelo qual o Poder Público transfere para a inatividade remunerada servidor estável cujo cargo venha a ser extinto ou ocupado por outrem em decorrência de reintegração, com proventos proporcionais.

Reintegração *é ato de reinvestidura do servidor estável, quando invalidada sua demissão por decisão administrativa ou judicial.* Geralmente, a reintegração decorre de decisão judicial que declara nula a demissão do agente público. Reintegrado o servidor, terá direito ao ressarcimento de todas as vantagens perdidas no período em que esteve demitido.

Tema correlato com a reintegração é o que diz respeito à comunicabilidade da instância criminal e da esfera administrativa.

Como regra, as instâncias civil, administrativa e criminal são independentes. Porém a instância criminal produzirá efeitos nas demais quando importar em absolvição por inexistência do fato ou por negativa de autoria (art. 126 da Lei 8.112/1990). A mera absolvição criminal por falta de provas não é suficiente para que o agente público demitido na esfera administrativa leve essa sentença à Administração para pedir sua reintegração. Essa só vai acontecer se a absolvição do agente demitido for por inexistência material do fato ou negativa de autoria.

Recondução *é o retorno do servidor estável ao cargo que antes titularizava, por ter sido inabilitado no estágio probatório de outro cargo ou por ter sido desalojado pela reintegração daquele cuja vaga ocupou.* A recondução, na primeira hipótese, depende de previsão expressa no estatuto local.

6.5.4. *Investidura*

A investidura *consiste na posse do cargo.*

Com a investidura, a relação jurídica fica efetivamente formada.

A partir de tal evento já há titularidade de cargo, ficando o agente sujeito a ser exonerado. Além disso, inicia-se uma série de deveres, tais como de: honestidade, imparcialidade, legalidade, lealdade, obediência (não estando o servidor obrigado a cumprir as ordens manifestamente ilegais), conduta ética, dentre outros.

Impedimentos e incompatibilidades também passam a existir, como o impedimento de contratar com a Administração ou a incompatibilidade com o exercício de certas atividades particulares, dentre outros.

Direitos também se iniciam, como o de exercício do cargo, dentre outros que serão vistos quando se tratar do sistema remuneratório.

6.5.5. Entrada em exercício

Consiste no efetivo exercício da atividade ligada ao cargo. Trata-se do início do desempenho das atribuições, com os consequentes efeitos remuneratórios e previdenciários.

6.5.6. Desinvestidura (vacância)

Consiste no desligamento do agente público correspondente à sua destituição do cargo, do emprego ou da função. Passemos à análise das hipóteses que geram a vacância.

Falecimento: a morte do agente torna vago o cargo, o emprego ou a função.

Aposentadoria: *a transferência para a inatividade remunerada*, seja ela voluntária, compulsória ou por invalidez, gera o desligamento do agente, a vacância, não podendo o servidor permanecer trabalhando no cargo que detinha. O agente público somente poderá cumular a aposentadoria com outra remuneração se for nomeado para um cargo em comissão ou se detiver mandato eletivo, respeitando, na somatória do que receber, o teto remuneratório respectivo.

Perda do cargo, emprego ou função: *é o desligamento em virtude de sentença judicial em ação penal ou de improbidade administrativa.* O art. 92, I, do Código Penal diz ser efeito da condenação a perda do cargo, emprego ou função se aquela consistir em prisão de 1 (um) ano ou mais em crime contra administração, ou se consistir em prisão por tempo superior a 4 (quatro) anos nos demais crimes. Tal efeito da condenação penal deve estar motivadamente declarado na sentença para incidir. Quanto à ação civil por ato de improbidade administrativa, a perda do cargo é sanção típica do reconhecimento da prática de ato ímprobo. Quantos aos militares oficiais, há as seguintes particularidades previstas no art. 142, § 3º, da CF: "VI – o oficial só perderá o posto e a patente se for julgado indigno do oficialato ou com ele incompatível, por decisão de tribunal militar de caráter permanente, em tempo de paz, ou de tribunal especial, em tempo de guerra".

Dispensa: *é o desligamento daquele admitido pelo regime da CLT sem que haja justa causa.* Conforme já mencionado, tal ato só deve ser motivado se se tratar de empregado público de pessoa jurídica de direito público e de empregados de empresa pública e sociedade de economia mista *prestadoras de serviço público.* Todavia, tais dispensas devem respeitar critérios gerais e igualitários, a fim de que se respeite a legalidade, a moralidade, a razoabilidade e a eficiência.

Demissão: *é o desligamento por justa causa quando há infração disciplinar.* Tem natureza punitiva, sancionatória, o que a difere da exoneração, própria para os desligamentos que não têm tal natureza. A demissão por infração disciplinar depende de processo administrativo em que se assegure

ampla defesa, seja para servidores estáveis, seja para servidores que ainda estão em estágio probatório.

Exoneração: *é o desligamento a pedido ou de ofício, sempre com caráter não punitivo.* De ofício, pode ser *imotivada* (no caso dos titulares de cargo em comissão) ou *motivada*, nas hipóteses de não satisfação do estágio probatório (Súmula 21 do STF: "funcionário em estágio probatório não pode ser exonerado nem demitido sem inquérito ou sem as formalidades legais de apuração de sua capacidade"[11]) ou quando o agente não entrar em exercício.

A EC 19/1998 prevê mais duas hipóteses de exoneração motivada.

A primeira se dá em caso de **avaliação insatisfatória de desempenho.** Isso porque, a partir de tal emenda, é requisito para adquirir a estabilidade a aprovação em **avaliação *especial* de desempenho** (feita por comissão instituída para essa finalidade após os 3 anos de estágio probatório – art. 41, § 4º, CF) e, mesmo após adquirir-se a estabilidade, o servidor estará sujeito a **avaliações *periódicas* de desempenho** (procedimento que será regulamentado na forma de lei complementar, assegurada ampla defesa – art. 41, § 1º, III, CF), sendo que, não aprovado em qualquer dos dois tipos de avaliação, será exonerado.

Trata-se de exoneração e não de demissão porque não se trata de punição por infração, mas de desligamento por simples falta de aptidão. Quanto à avaliação periódica de desempenho, há outro dispositivo constitucional incidente que dispõe que a lei complementar estabelecerá *critérios e garantias especiais para a perda do cargo pelo servidor público estável que, em decorrência das atribuições de seu cargo efetivo, desenvolva atividades exclusivas de Estado. Na hipótese de insuficiência de desempenho, a perda do cargo somente ocorrerá mediante processo administrativo em que lhe sejam assegurados o contraditório e a ampla defesa* (art. 247, CF). Perceba-se que, para tal situação, a previsão é de processo administrativo e não apenas ampla defesa.

A segunda nova espécie de exoneração se dá **para atender limite de despesas com pessoal ativo e inativo** (art. 169, § 4º). A Lei de Responsabilidade Fiscal traz limites máximos de despesas com pessoal ativo e inativo, consistentes nos seguintes percentuais da receita corrente líquida: 50% (União) e 60% (Estados e Municípios). Em caso de superação desse limite, deve-se exonerar pessoal, consoante os critérios trazidos na Lei 9.801/1999, que estabelece a necessidade de se começar a tentativa de readequação dos gastos reduzindo

---

11. A respeito do direito de defesa do servido em estágio probatório, confira as seguintes decisões: "O servidor público ocupante de cargo efetivo, ainda que em estágio probatório, não pode ser exonerado *ad nutum, com* base em decreto que declara a desnecessidade do cargo, sob pena de ofensa à garantia do devido processo legal, do contraditório e da ampla defesa. Incidência da Súmula 21 do STF." (STF, RE 378041/MG); "Firmou-se neste Superior Tribunal de Justiça a tese segundo a qual é desnecessária a instauração de processo administrativo disciplinar para exoneração de servidor em estágio probatório, sendo suficiente a abertura de sindicância em que observados o contraditório e a ampla defesa. Precedentes. 2. Afasta-se a alegação de cerceamento de defesa se assegurado, no processo administrativo que resultou na exoneração do servidor, o direito à ampla defesa e ao contraditório." (STJ, RMS 21.012/MT, DJe 23.11.2009)

em pelo menos 20% os cargos em comissão e as funções de confiança, passando à exoneração dos não estáveis, para só após exonerar servidores estáveis e, mesmo assim, desde que ato normativo motivado de cada um dos Poderes especifique a atividade funcional, o órgão ou unidade objeto da redução e traga os seguintes critérios combinados: menor tempo de serviço, maior remuneração e menor idade.

O servidor que perde cargo por esse motivo fará jus a indenização correspondente a um mês de remuneração por um ano de serviço. O cargo será extinto, vedada a criação de outro semelhante por pelo menos 4 anos.

Sobre o tema vacância de cargo, havia grande discussão quanto à existência de direito ao FGTS quando esta se desse por contratação de servidor público sem concurso público. O STF acabou por dirimir a questão, sob o fundamento de que se trata, na espécie, de efeitos residuais de fato jurídico que existira, não obstante reconhecida sua nulidade, considerando-se, assim, constitucional a disposição nesse sentido contida no art. 19-A da Lei 8.036/1990. Porém, o STF entende que, afora o direito aos salários e ao FGTS depositado, a inconstitucionalidade do ato não permite o pagamento, no caso, das verbas rescisórias relativas ao aviso-prévio, à gratificação natalina, às férias e respectivo terço, à indenização referente ao seguro-desemprego e à multa prevista na CLT (RE 705.140/RS, j. 28.08.2014).

6.6. Vedação ao nepotismo (Súm. Vinculante 13)

A Súmula Vinculante 13 do STF proíbe a contratação de parentes no âmbito dos três Poderes. Confira o teor da súmula, dividida em diversos pedaços, para que possa ser melhor compreendida:

a) "A nomeação de cônjuge, companheiro ou parente em linha reta, colateral ou por afinidade, até o 3º grau, inclusive, (...)

b) (...) da autoridade nomeante ou de servidor da mesma pessoa jurídica investido em cargo de direção, chefia ou assessoramento (...)

c) (...) para o exercício de cargo em comissão ou de confiança ou, ainda, de função gratificada (...)

d) (...) na administração pública direta e indireta em qualquer dos Poderes da União, dos Estados, do DF e dos Municípios, (...)

e) (...) compreendido o ajuste mediante designações recíprocas, (...)

f) (...) viola a Constituição Federal."

Repare que a proibição abrange tanto parentes consanguíneos como parentes por afinidade ("a"), até 3º grau, incluindo, ainda, o cônjuge e o companheiro.

Repare também que o parente que não pode ser nomeado ("b") é o parente de duas pessoas: da autoridade que faz a nomeação e de alguém que esteja investido em cargo em comissão naquele ente. Assim, parentes de quem assina as nomeações e parentes de alguém que já tenha um cargo em comissão num ente estatal estão impossibilitados de serem nomeados. Todavia, com relação a este último caso o STF parece ter relativizado a proibição, estabelecendo que a

presunção relativa de nepotismo pode ser desfeita a partir da análise do caso concreto. Confira:

"Nomeação de servidor e nepotismo – Em conclusão de julgamento, a Segunda Turma, por maioria, reputou improcedente pedido formulado em reclamação na qual se discutia a prática de nepotismo em face de nomeação de servidor público. No caso, servidor público teria sido nomeado para ocupar o cargo de assessor de controle externo de tribunal de contas de Município. Nesse mesmo órgão, seu tio, parente em linha colateral de 3º grau, já exerceria o cargo de assessor-chefe de gabinete de determinado conselheiro — v. Informativo 796. A Turma observou que não haveria nos autos elementos objetivos a configurar o nepotismo, uma vez que a incompatibilidade dessa prática com o art. 37, "caput", da CF não decorreria diretamente da existência de relação de parentesco entre pessoa designada e agente político ou servidor público, mas da presunção de que a escolha para ocupar cargo de direção, chefia ou assessoramento fosse direcionada a pessoa com relação de parentesco com alguém com potencial de interferir no processo de seleção. Assim, em alguma medida, violaria o princípio da impessoalidade — princípio que se pretendera conferir efetividade com a edição do Enunciado 13 da Súmula Vinculante — vedar o acesso de qualquer cidadão a cargo público somente em razão da existência de relação de parentesco com servidor que não tivesse competência para selecioná-lo ou nomeá-lo para o cargo de chefia, direção ou assessoramento pleiteado, ou que não exercesse ascendência hierárquica sobre aquele que possuísse essa competência. Ressaltou que, na espécie, não haveria qualquer alegação de designações recíprocas mediante ajuste. Além disso, seria incontroversa a ausência de relação de parentesco entre a autoridade nomeante — conselheiro do tribunal de contas — e a pessoa designada. Ademais, ao se analisar a estrutura administrativa da Corte de Contas não se verificara a existência de hierarquia entre os cargos de chefe de gabinete da presidência e de assessor de controle externo. Vencido o Ministro Gilmar Mendes (relator)" (Rcl 18564/SP, j. 23.2.2016).

Outro ponto que merece ser ressaltado é que o impedimento de nomeação de terceiro é para o exercício de cargo em comissão ou de função de confiança no ente ("c"), nada impedindo que alguém preste um concurso público para cargo efetivo numa entidade em que um parente seu seja autoridade nomeante ou já tenha um cargo em comissão, sendo que, aprovado no concurso, o terceiro terá direito à nomeação para o cargo respectivo.

A proibição em tela não se dirige só à Administração Direta, atinge também toda a Administração Pública Indireta ("d").

A súmula também veda o nepotismo cruzado ("e"). Tal prática consiste em autoridades de entes diversos combinarem de um nomear o parente do outro. Esse tipo de ajuste recíproco tem claro objetivo de fraudar a proibição do nepotismo e é considerado prática vedada pela súmula vinculante.

Ao final, a súmula conclui dizendo que esse tipo de prática viola a Constituição, sendo certo que o STF fundou sua decisão no princípio da moralidade, previsto no art. 37, *caput*, da CF.

Apesar de o texto da súmula não indicar, o STF entende que a vedação ao nepotismo tem uma exceção, qual seja, a súmula não incide sobre a nomeação de servidores para cargo de natureza política. Confira decisão a respeito:

"Impossibilidade de submissão do reclamante, Secretário Estadual de Transporte, agente político, às hipóteses expressamente elencadas na Súmula Vinculante 13, por se tratar de cargo de natureza política. 2. Existência de precedente do Plenário do Tribunal: RE 579.951/RN, rel. Min. Ricardo Lewandowski, DJE 12.09.2008." (STF, Rcl 6.650 MC-AgR, DJ 21.11.2008)

Por fim, a regra que veda o nepotismo não impede que parentes sirvam sob a direção imediata de outro parente quando se está diante de servidores admitidos mediante prévia aprovação em concurso público para cargo efetivo (STF, ADI 524/ES, J. 20.05.2015).

6.7. Acessibilidade a cargos e empregos na Constituição

6.7.1. Oportunidade a brasileiros e estrangeiros

Segundo o art. 37, I, da CF, *"os cargos, empregos e funções públicas são acessíveis aos brasileiros que preencham os requisitos estabelecidos em lei, assim como aos estrangeiros, na forma da lei".*

Essa regra garante a possibilidade de que todos possam vir a ser agentes públicos (preenchidos certos requisitos, claro).

Repare que, enquanto a norma relativa aos brasileiros é de eficácia contida ou restringível (o que a faz produzir imediatamente efeitos, em que pese a lei poder restringi-los), a norma relativa aos estrangeiros é diferente, dando a ideia de ter eficácia limitada (o que a faz depender de uma lei para produzir efeitos).

Quanto aos brasileiros, a regra não faz distinção entre os natos e os naturalizados. Nada obstante, o § 3º do art. 12 da CF dispõe: "são privativos de brasileiro nato os cargos: I – de Presidente e Vice-Presidente da República; II – de Presidente da Câmara dos Deputados; III – de Presidente do Senado Federal; IV – de Ministro do Supremo Tribunal Federal; V – da carreira diplomática; VI – de oficial das Forças Armadas; VII – de Ministro de Estado da Defesa".

6.7.2. Requisitos de ingresso no serviço público

O texto constitucional, tal como configurado hoje, permite que sejam estabelecidos requisitos para o ingresso no serviço público.

Porém, para que tais requisitos estejam em acordo com a Lei Maior, é necessário que atendam ao seguinte:

a) estejam **previstos em lei** (art. 37, I, da CF); decretos, resoluções e outros instrumentos não são suficientes para inserir no edital a previsão de exame psicotécnico; deve ser lei em sentido formal (STF, AI 529.219 Agr, DJ 26.03.2010);

b) sejam **objetivos**, **científicos** e **pertinentes**, sob pena de violação ao princípio da isonomia (art. 5º, *caput*, da CF);

c) sejam passíveis de **recurso** e **impugnação**, sob pena de violação aos princípios do contraditório e da ampla defesa; *vide*, por exemplo, o REsp 1.046.586 (STJ).

Assim, requisitos ligados ao sexo, à idade, ao exame psicotécnico, dentre outros, são compatíveis com a Constituição, desde que atendam aos itens mencionados.

Nesse sentido, confira três súmulas do STF:

a) Súmula 683: "o limite de idade para a inscrição em concurso público só se legitima em face do art. 7º, XXX, da Constituição, quando possa ser justificado pela natureza das atribuições do cargo a ser preenchido"; segundo o STF, O limite de idade, quando regularmente fixado em lei e no edital de determinado concurso público, há de ser comprovado no momento da inscrição no certame, e não no momento da posse (ARE 840.592/CF, J. 23.06.2015);

b) Súmula 684: é inconstitucional o veto não motivado à participação de candidato a concurso público";

c) Súmula 686: só por lei se pode sujeitar a exame psicotécnico a habilitação de candidato a cargo público". Nesse sentido é também a Súmula Vinculante STF n. 44: "Só por lei se pode sujeitar a exame psicotécnico a habilitação de candidato a cargo público".

O STF e o STJ consideram não pertinentes, entre outros, os seguintes requisitos para o ingresso no serviço público:

a) exigência de prova física desproporcional à cabível habilitação aos cargos de escrivão, papiloscopista, perito criminal e perito médico-legista de Polícia Civil (STF, Ag. Reg. no RE 505.654-DF);

b) exigência de sexo masculino para concurso de ingresso em curso de formação de oficiais de polícia militar estadual, requisito que fere a isonomia, traduzindo-se em indevido discrímen de gênero (STF, RE 528.684/MS, j. 03.09.2013);

c) exigência que não haja inquérito penal ou ação penal não transitada em julgada contra o candidato, requisito que fere o princípio da presunção de inocência (STF, Ag. Reg. no ARE 713.138-CE); ou seja, "na fase de investigação social em concurso público, o fato de haver instauração de inquérito policial ou propositura de ação penal contra candidato, por si só, não pode implicar a sua eliminação" (STJ, AgRg no RMS 39.580-PE, j. 11.02.2014);

d) a exigência de que o candidato não tenha tatuagem, ressalvadas situações que violem valores constitucionais; confira: "Editais de concurso público não podem estabelecer restrição a pessoas com tatuagem, salvo situações excepcionais em razão de conteúdo que viole valores constitucionais (...). Entretanto, tatuagens que representassem obscenidades, ideologias terroristas, discriminatórias, que pregassem a violência e a criminalidade, discriminação de raça, credo, sexo ou origem, temas inegavelmente contrários às instituições democráticas, poderiam obstaculizar o acesso a função pública. Eventual restrição nesse sentido não se afiguraria desarrazoada ou desproporcional. Essa hipótese, porém, não seria a do recorrente que teria uma tatuagem tribal, medindo 14 por 13 cm." (STF, RE 898450/SP, j. 17.08.2016).

O STF também entendeu não recepcionado pela Constituição de 1988 o disposto no art. 10 da Lei 6.880/1980 que permitia que regulamentos da Marinha, do Exército e da Aeronáutica estipulassem requisitos de ingresso nas forças armadas. Com isso, o STF, ciente de que inúmeros concursos até o reconhecimento da não recepção estipularam limites de idade para o ingresso nas carreiras das Forças Armadas, acabou por modular os efeitos da decisão proferida no recurso extraordinário com reconhecimento de repercussão geral, para o fim de manter a validade dos editais e regulamentos dos concursos publicados até 31.12.2012 (RE 600.885-RS).

Há decisões do STJ no sentido de que "o candidato a cargo público federal pode ser eliminado em exame médico admissional, ainda que a lei que discipline a carreira não confira caráter eliminatório ao referido exame. Isso porque a inspeção de saúde é exigência geral direcionada a todos os cargos públicos federais (arts. 5º, VI, e 14 da Lei 8.112/1990), daí a desnecessidade de constar expressamente na lei que disciplina a carreira da qual se pretende o ingresso. Ademais, a referida inspeção clínica não se confunde com o teste físico ou psicológico, os quais são exigências específicas para o desempenho de determinados cargos e, portanto, devem possuir previsão legal em lei específica. Precedente citado: REsp 944.160-DF, Quinta Turma, DJe 06.12.2010." (STJ, AgRg no REsp 1.414.990-DF, j. 03.04.2014).

No mais, há interessante súmula do STJ, que trata do **momento** em que se pode exigir comprovação de requisito relacionado ao exercício do cargo: *"o diploma ou habilitação legal para o exercício do cargo deve ser exigido na posse e não na inscrição para o concurso público"* (Súmula 266).

6.7.3. A jurisprudência e o exame psicotécnico

O STF e o STJ firmaram jurisprudência no sentido de que é possível exigir exame psicotécnico nos concursos públicos, com caráter eliminatório, desde que se atenda a três requisitos: a) previsão expressa do exame em lei formal; b) existência de critérios objetivos, científicos e pertinentes; c) recorribilidade. *Vide*, por exemplo, decisão do STJ no RMS 43.416-AC, j. 18.02.2014.

A **previsão expressa em lei formal** traz vários desdobramentos.

Em primeiro lugar, decretos, resoluções e outros instrumentos normativos não são suficientes para que se insira no edital a previsão de exame psicotécnico, devendo-se tratar de lei em sentido formal (STF, AI 529.219 Agr, DJ 26.03.2010). Isso porque o art. 37, I, da CF dispõe que somente a lei pode estabelecer requisitos para a acessibilidade a cargos, empregos e funções. Essa disposição deu ensejo à edição da Súmula 686 do STF ("só por lei se pode sujeitar a exame psicotécnico a habilitação de candidato a concurso público").

Em segundo lugar, a lei deve ser objetiva e específica quanto à exigência do citado exame, não sendo suficiente que faça referência a expressões como "submissão a exame de aptidão física e mental". Nesse sentido, o STF entende que a previsão contida na CLT (art. 168) não é suficiente para se exigir exame psicotécnico quanto a empregos públicos na Administração Pública (RE 559.069, DJ 12.06.2009). Da mesma forma, exames psicotécnicos em concursos da Magistratura vêm sendo corretamente impugnados, pelo fato de o art. 78 da Lei Orgânica da Magistratura não ser objetivo quanto à previsão de exame psicotécnico.

Os **critérios objetivos, científicos e pertinentes** também trazem vários desdobramentos.

Os tribunais superiores não entendem pertinente o chamado teste "profissiográfico", pelo qual se tenta verificar se o candidato tem perfil psicológico compatível com a profissão. De fato, esse tipo de teste tem caráter bastante subjetivo e ofende os princípios da igualdade e da impessoalidade. Uma coisa é verificar se alguém tem alguma patologia incompatível com a profissão desejada. Outra é verificar se alguém atende ao modelo ou perfil psicológico esperado para a profissão. Essa última tentativa é inconstitucional.

Outro desdobramento diz respeito à necessidade de o edital trazer os critérios do exame de modo claro e objetivo. Nesse sentido, as seguintes condutas são vedadas: a) simples previsão genérica de exame psicotécnico; b) previsão de exame psicotécnico, mas com mera informação de que este será feito segundo critérios científicos; c) previsão de exame psicotécnico, mas com critérios vagos e subjetivos, ainda que com descrições longas.

E quanto à **recorribilidade**, o edital deve prever, e a Administração deve respeitar, o seguinte: a) a necessidade do laudo trazer motivação adequada, especificando de modo claro, congruente, transparente e objetivo os fundamentos de sua conclusão; b) a necessidade do laudo ser entregue ao candidato logo em seguida à sua elaboração; c) a necessidade de prazo para a interposição de recurso, com oportunidade de apresentação de laudo divergente por outro profissional, contratado pelo candidato; d) a necessidade de julgamento do recurso, com apreciação específica e motivada sobre os pontos levantados pelo candidato. Sobre a recorribilidade, vale ler o AI 539.408 AgR, relatado pelo Min. Celso de Melo, do STF.

Vale ressaltar que os tribunais superiores vêm também entendendo que, quando houver violação ao primeiro requisito (previsão expressa em lei formal), o candidato estará dispensado de fazer o exame. Já quando houver violação ao requisito que determina a observância de critérios objetivos e de motivação, é necessário fazer novo exame (STJ, AgRg no Ag 1.291.819, DJ 21.06.2010), não ficando o candidato dispensado de fazê-lo, nem podendo este substituir o exame feito por outro exame realizado em concurso público diverso. Quanto aos demais requisitos, relacionados à previsão editalícia clara, científica e pertinente, entendemos que sua ausência macula a regra do edital correspondente, ficando o candidato dispensado do exame psicotécnico em atenção aos princípios da proteção da confiança e da segurança jurídica.

Por fim, caso o candidato prejudicado queira ingressar com o mandado de segurança, deverá promovê-lo no prazo de 120 dias contados da publicação do edital, se desejar impugnar as formalidades nele previstas (STJ, RMS 29.776, DJ 19.10.2009), ou no prazo de 120 dias do resultado do exame psicotécnico, se desejar impugnar aspectos relativos ao exame em si (STJ, AgRg no REsp 1.052.083, DJ 01.06.2009). De qualquer maneira, desejando ingressar com ação pelas vias comuns, o prazo para tanto é de 5 anos, contados do ato impugnado (STJ, REsp 984.946, DJ 29.11.2007).

6.7.4. Obrigatoriedade do concurso

O artigo 37, II, da CF tem o seguinte teor: *"a investidura em cargo ou emprego público depende de aprovação prévia em concurso público de provas ou de provas e títulos, de acordo* com a natureza e a complexidade do cargo ou emprego, na forma prevista em lei, ressalvadas as nomeações para cargo em comissão declarado em lei de livre nomeação e exoneração".

Esse dispositivo cria uma regra que determina a realização de concurso para a admissão de pessoal na Administração.

Todavia, como toda regra, essa também tem exceção. Não será necessário concurso público nas nomeações para cargo em comissão.

Da mesma forma, não há necessidade de promover concurso público nas contratações temporárias de excepcional interesse público, sendo suficiente que se faça mero processo seletivo.

6.7.5. Validade do concurso público

Segundo o art. 37, III, da CF, "*o prazo de validade do concurso público será de até dois anos, prorrogável uma vez, por igual período*".

Detalhe: a lei dispõe que a validade é de *até* 2 anos e não *de* dois anos. Ex.: se for fixado no edital como de um ano o prazo de validade do concurso, tal prazo poderá ser prorrogado, mas terá que ser *somente uma vez* e pelo *mesmo* período de um ano, de modo que, caso prorrogado, o prazo total do exemplo será de 2 anos de validade do concurso.

Os candidatos de um concurso não têm direito subjetivo à determinação de prorrogação do prazo de validade de um concurso. Trata-se de decisão discricionária da Administração. Porém, já se decidiu que, apesar de a Administração não estar obrigada a prorrogar o prazo de validade dos concursos, se novos cargos vierem a ser criados, durante esse prazo de validade, mostra-se de todo recomendável que se proceda a essa prorrogação (STF, RE 581.113-C).

6.7.6. Direitos do aprovado em concurso público

No passado, o aprovado em concurso público tinha apenas o direito de não ser *preterido* na ordem de classificação (art. 37, IV, da CF), lembrando que não há preterição na ordem de classificação quando a Administração nomeia candidatos menos bem colocados por força de ordem judicial (STF, Ag. Reg. no AI 698.618-SP). Dessa forma, a aprovação no concurso gerava ao candidato mera *expectativa de direito*, cabendo à administração a análise *discricionária* da conveniência ou não em nomear os candidatos aprovados.

Diante de alguns abusos, os tribunais começaram a reconhecer o direito à nomeação em situações em que a Administração Pública, no prazo de validade do concurso, *externava* de alguma maneira que tinha interesse em nomear novos servidores. Um exemplo eram as situações em que se abria *novo concurso* no prazo de validade do anterior ou em que se nomeava outro servidor (inclusive agentes terceirizados temporários: STF, Ag. Reg. no RE 739.426-MA; STJ, AgRg no RMS 33.893, DJ 30.11.2012) para exercer as *mesmas funções* do cargo para o qual o candidato fora aprovado.

Em seguida, o STF e o STJ passaram a entender também que o candidato aprovado em concurso tem *direito* de ser nomeado *no limite das vagas previstas no respectivo edital*,

uma vez que a Administração, ao estabelecer o número de vagas, *vincula-se* a essa escolha e cria expectativa nos candidatos, impondo-se as nomeações respectivas, em respeito aos princípios da *boa-fé*, *razoabilidade*, *isonomia* e *segurança jurídica*. *Vide*, por exemplo, a didática decisão proferida pelo STF no RE 598.099.

É bom consignar que o STF até admite que a Administração deixe de nomear os aprovados no limite das vagas do edital se houver ato *motivado* demonstrando a existência de fato novo que torne inviável a nomeação. Tal ato, todavia, poderá ser controlado pelo Judiciário (RE 227.480, DJ 21.08.2009). De qualquer forma, na prática, será muito difícil que a Administração consiga justificar a existência de motivo que inviabiliza as nomeações, pois somente razões *pertinentes*, *novas*, *imprevisíveis* e *justificadas antes da impugnação de candidatos* à ausência de sua nomeação atendem ao princípio da *adequada motivação*. O STF, em outra decisão, resumiu assim os requisitos que devem estar previstos em conjunto para caracterizar essa situação excepcional: "a) superveniência, ou seja, vinculadas a fatos posteriores à publicação do edital; b) imprevisibilidade, isto é, determinadas por circunstâncias extraordinárias; c) gravidade, de modo a implicar onerosidade excessiva, dificuldade ou mesmo impossibilidade de cumprimento efetivo das regras editalícias; d) necessidade, traduzida na ausência de outros meios, menos gravosos, de se lidar com as circunstâncias" (RE 598.099, j. 10.08.2011).

A Administração também não será obrigada a nomear o servidor nessas condições caso o concurso tenha sido feito por conta da instalação de um novo órgão e esse órgão não vem a ser criado no período de validade do concurso (STF, RE 748.105 AgR/DF, j. 17.09.2013).

Feitas essas ressalvas, vale anotar outras características desse direito.

A primeira delas diz respeito ao efeito das *desistências* de outros candidatos nomeados no concurso. Por exemplo, alguém aprovado na 919ª posição, num concurso com 770 vagas previstas no edital, 633 nomeados e 150 desistências têm direito de ser nomeado? Segundo o STJ, a resposta é positiva. Isso porque as desistências devem ser *somadas* ao total de vagas previsto no edital. No caso (aliás, esse é um caso real – STJ, RMS 21.323, DJ 21.06.2010), somando-se as 770 vagas do edital com as 150 desistências dos nomeados, a administração pública fica obrigada a nomear até o classificado na 920ª posição.

A segunda característica diz respeito ao efeito da *criação de novas vagas* durante o prazo de validade do concurso. Nesse ponto, o STJ *não* vem reconhecendo o direito à nomeação daqueles que, com as novas vagas, estariam classificados no limite da somatória destas com as vagas do edital (AgRg no RMS 26.947, DJ 02.02.2009).

A terceira observação diz respeito a *efeito econômico* da não nomeação de um aprovado no limite das vagas do edital. Nessa seara, o STJ também não vem reconhecendo o direito à indenização pelo período pretérito à efetiva nomeação, pois entende não ser correto receber-se retribuição sem o efetivo exercício do cargo (AgRg no REsp 615.459/SC, DJe 07.12.2009). Todavia, quando há preterição na ordem de classificação, ou seja, quando alguém deixa de ser nomeado em favor de outro que está em pior classificação, o STJ entende devida a indenização, com pagamento de vencimentos retroativos à data da impetração judicial (MS 10.764/DF, DJ 01.10.2009).

A quarta observação diz respeito ao *momento adequado* para o ingresso com ação judicial visando à nomeação no limite das vagas do edital. Nesse ponto, ainda não há posição específica de nossos tribunais superiores. Mas há algumas pistas. O STJ entende que há interesse processual em se promover a ação ainda durante o prazo de validade do concurso (RMS 21.323, DJ 21.06.2010), o que permitiria, em nossa opinião, o ingresso da ação logo após a homologação do certame. E o mesmo STJ entende que também há interesse processual em promover a ação após o prazo de validade do concurso. Tratando-se de mandado de segurança, o STJ entende que o prazo decadencial de 120 se inicia da data que expirar a validade do concurso (AgRg no RMS 21.165/MG, DJ 08.09.2008).

De qualquer forma, o STF já decidiu que a posse dada a parte dos aprovados gera direito imediato de posse aos demais aprovados no limite das vagas do edital, seja nas vagas existentes, seja nas que vierem a vagar no prazo de validade do concurso (Ag. Reg. no AI 728.699-RS). Por exemplo, caso o edital preveja 40 vagas e, logo após a homologação do concurso, 25 aprovados sejam nomeados, os aprovados entre a 26a e a 40a colocações tem direito também de serem nomeados imediatamente.

Em suma, o fato é que o candidato a concursos públicos vem cada vez mais recebendo o apoio da jurisprudência dos tribunais superiores. E essa informação é útil não só para resolver questões que pedem o conhecimento dessas novidades, como também para que o candidato corra atrás dos seus direitos caso esses sejam violados.

6.7.7. *Acesso a novas carreiras sem concurso público*

Infelizmente, é muito comum a tentativa de burlar o instituto do concurso público, "promovendo" um servidor de uma carreira, para outra carreira, sem concurso público. Colocamos "promovendo" entre parêntesis, pois uma promoção só pode se dar dentro de uma carreira. Quando um servidor vai de uma carreira para outra carreira sem concurso, tem-se o que muitos chamam de acesso. O servidor passou num concurso para uma carreira "X" (carreira essa onde se esperar que terá promoções, mas dentro da própria carreira) e acaba sendo designado para uma carreira "Y", carreira totalmente diferente da primeira, sem concurso público. Por exemplo, o servidor entra numa carreira de "Técnico" e, sem concurso, consegue mudar para uma carreira de "Analista". Esse tipo de acesso a uma nova carreira é uma fraude, uma burla ao princípio do concurso público, pois o servidor prestou concurso para uma carreira (com grau de dificuldade e conteúdos diversos) e passa a outra carreira sem concursos e preterindo muitas pessoas que gostariam de prestar o concurso para essa segunda carreira, mas não têm essa oportunidade, por conta de servidores de outra carreira passarem para essa carreira diversa e que certamente teria muitos interessados se um concurso pra ela fosse aberto.

A Constituição de 1988 é clara: a investidura em cargo público efetivo depende de concurso (art. 37, II). Portanto,

quando a Administração, mesmo diante de uma lei autorizativa, nomeia um servidor que estava num cargo "X" para um cargo "Y" sem concurso, está cometendo uma grande inconstitucionalidade, ferindo o princípio da acessibilidade aos cargos públicos, conforme julgou o STF, por exemplo, na ADI 917/MG (j. 06.11.2013), na qual se "julgou procedente pedido formulado em ação direta para declarar a inconstitucionalidade do §§ 1º ao 5º do artigo 27 da Lei 10.961/1992, do Estado de Minas Gerais, que dispõem sobre o acesso como forma de provimento dos cargos públicos naquela unidade federativa. Apontou-se que a norma impugnada permitiria que o procedimento de acesso viabilizasse a investidura em cargo de carreira diversa por meio de provimento derivado. Asseverou-se não haver base constitucional para manter na norma estadual o instituto do acesso a novas carreiras por seleções internas. Ponderou-se que essa forma de provimento privilegiaria indevidamente uma categoria de pretendentes que já possuía vínculo com a Administração estadual, em detrimento do público externo. Destacou-se que a norma estaria em antagonismo com o postulado da universalidade que, por imposição constitucional, deveria reger os procedimentos seletivos destinados à investidura em cargos, funções ou empregos públicos".

Vale observar que o STF, em outro caso no qual reconheceu a inconstitucionalidade da ascensão funcional, decidiu que não é possível que um servidor que tenha se beneficiado com essa ascensão, mas ainda não tenha uma situação sedimentada no novo cargo, invoque os princípios da segurança jurídica e da boa-fé para ficar no cargo novo, pois entendeu que é inviável invocar esses princípios no caso em que se pretende *o reconhecimento de uma nova posição jurídica incompatível com a Constituição e não a preservação de uma situação concreta sedimentada* (Ag. Reg. no RE 602.264-DF).

Ainda nesse sentido, o STF editou a Súmula Vinculante n. 43, que assim dispõe: "É inconstitucional toda modalidade de provimento que propicie ao servidor investir-se, sem prévia aprovação em concurso público destinado ao seu provimento, em cargo que não integra a carreira na qual anteriormente investido".

6.7.8. *Direito à segunda chamada em teste de aptidão física*

Esse tema que sofreu modificação na jurisprudência do STF, que agora entende que "os candidatos em concurso público não têm direito à prova de segunda chamada nos testes de aptidão física em razão de circunstâncias pessoais, ainda que de caráter fisiológico ou de força maior, salvo contrária disposição editalícia". Entendeu-se que não há ofensa ao princípio da isonomia e que o direito à segunda chamada poderia tornar o concurso infindável, além de gerar alto custo para a Administração. Por conta da mudança de posicionamento, e para que ficasse respeitado o princípio da segurança jurídica, atribuiu-se à decisão os efeitos da repercussão geral para o fim de assegurar a validade das provas de segunda chamada ocorridas até a data da conclusão do julgamento em questão (RE 630.733, j. 15.05.2013).

6.7.9. Direito à anulação de questões de concursos

Tema recorrente na jurisprudência é o direito do candidato de requerer a anulação de certas questões de concursos públicos. Geralmente, esse pedido é feito nas seguintes situações: a) quando a questão é formulada fora do conteúdo programático previsto no edital; b) quando a questão foi mal elaborada e apresenta problema no seu mérito.

A princípio, a jurisprudência do STF é no sentido de que o Judiciário é incompetente para substituir-se à banca examinadora de concurso público no reexame de critérios de correção das provas e de conteúdo das questões formuladas. Assim, quanto às alegações de que a questão está fora do conteúdo programático, por exemplo, basta que um tema esteja previsto de forma genérica no edital, para que, desde que haja um mínimo de conexão desse tema com o perguntado na questão que se deseja anular, para que Judiciário afaste a possibilidade de proceder à anulação da questão, mormente em mandado de segurança, que não permite dilação probatória (STF, MS 30.860/DF, j. 28.08.2012). E havendo dúvida sobre se uma questão foi corretamente elaborada ou não, o Judiciário deve evitar se substituir à banca examinadora.

Porém, o mesmo STF entende que, havendo erro grosseiro, o Judiciário pode ser reconhecer a ilegalidade. Um exemplo foi o caso em que questões de Direito Civil do concurso para Procurador da República foram anuladas pelo STF por restar patente sua ofensa ao que dispõe o Código Civil (MS 30.859/DF, 28.08.2012). Por outro lado, o STF também já decidiu que os critérios adotados por banca examinadora de concurso público não podem ser revistos pelo Judiciário (RE 632.853, J. 23.04.2015).

6.7.10. Cláusula de barreira

Outro tema recorrente é o da constitucionalidade ou não da chamada cláusula de barreira (ou afunilamento). Essa cláusula é aquela utilizada quando um concurso tem mais de uma fase e se estipula no edital que só serão corrigidas as provas da outra fase referente a um número determinado de candidatos aprovados. Por exemplo, o edital do concurso pode prever uma nota de corte e dizer que, dentre os que atingiram a nota de corte, apenas 200 candidatos passarão para a próxima fase do concurso.

O STF entende que esse tipo de condição de passagem para outra fase é norma de avaliação e de classificação a critério do organizador do exame, tratando-se, ainda, de cláusula que atinge a todos indistintamente, daí porque não se pode considerá-la discriminatória (MS 30195 AgR-DF, j. 26.06.2012). Vide, também, o RE 635.739/AL, j. 19.02.2014, pelo STF. Vide, também, o RE 635.739/AL, j. 19.02.2014, pelo STF.

6.7.11. Legitimação do Ministério Público para questionar itens de editais de concursos

Sobre esse tema, o STF entende que o Ministério Público tem legitimidade, pois lhe é conferido atuar, mesmo quando se está diante de interesse individual homogêneo, quando presente o interesse social (RE 216.443/MG, j. 28.08.2012). No caso mencionado, o Ministério Público estadual ajuizara ação civil pública em torno de concurso para diversas categorias profissionais de uma prefeitura, tendo questionado que a pontuação adotada privilegiaria candidatos os quais já integrariam o quadro da Administração Pública Municipal, circunstância que revela que a matéria cuidada na ação tinha a relevância exigida a justificar a legitimidade do Ministério Público estadual.

6.7.12. Direitos da pessoa com deficiência

Segundo o art. 37, VIII, da CF, *"a lei reservará percentual dos cargos e empregos públicos para as pessoas portadoras de deficiência e definirá os critérios para a sua admissão"*.

A respeito dessa regra, confira as seguintes decisões do STF:

"Recurso ordinário em mandado de segurança interposto de acórdão do Superior Tribunal de Justiça que entendeu ser plausível o cálculo da quantidade de vagas destinadas à específica concorrência de acordo com o número de turmas do curso de formação. Os limites máximo e mínimo de reserva de vagas para específica concorrência tomam por base de cálculo a quantidade total de vagas oferecidas aos candidatos, para cada cargo público, definido em função da especialidade. Especificidades da estrutura do concurso, que não versem sobre o total de vagas oferecidas para cada área de atuação, especialidade ou cargo público, não influem no cálculo da reserva. Concurso público. Provimento de 54 vagas para o cargo de Fiscal Federal Agropecuário. Etapa do concurso dividida em duas turmas para frequência ao curso de formação. Convocação, respectivamente, de 11 e 43 candidatos em épocas distintas. Reserva de quatro vagas para candidatos portadores de deficiência. Erro de critério. Disponíveis 54 vagas e, destas, reservadas 5% para específica concorrência, três eram as vagas que deveriam ter sido destinadas à específica concorrência. A convocação de quarto candidato, ao invés do impetrante, violou direito líquido e certo à concorrência no certame" (RMS 25.666, Rel. Min. Joaquim Barbosa, julgamento em 29.09.2009, Segunda Turma, DJE de 04.12.2009).

"A exigência constitucional de reserva de vagas para portadores de deficiência em concurso público se impõe ainda que o percentual legalmente previsto seja inferior a um, hipótese em que a fração deve ser arredondada. Entendimento que garante a eficácia do art. 37, VIII, da CF, que, caso contrário, restaria violado" (RE 227.299, Rel. Min. Ilmar Galvão, julgamento em 14.06.2000, Plenário, DJ de 06.10.2000). No mesmo sentido: RE 606.728-AgR, Rel. Min. Cármén Lúcia, julgamento em 02.12.2010, Primeira Turma, DJE de 01.02.2011.

Repare que o STF firmou as seguintes posições:

a) na reserva de vagas para deficientes (concorrência específica), esses só concorrem entre si;

b) para o cálculo do número de vagas reservadas, deve-se fazer o arredondamento "para cima" da fração.

Vale, por fim, trazer a seguinte decisão do STJ sobre a não caracterização de pessoa com deficiência para fins de aplicação das regras de acessibilidade a essa pessoa, quando se tratar de alguém com surdez unilateral: "Candidato em concurso público com surdez unilateral não tem direito a participar do certame na qualidade de deficiente auditivo. Isso porque o Decreto 5.296/2004 alterou a redação do art. 4º, II, do Decreto 3.298/1999 – que dispõe sobre a Política Nacional para Integração de Pessoa Portadora de Deficiência e excluiu da qualificação "deficiência auditiva" os portadores de surdez unilateral. Vale ressaltar que a jurisprudência do STF confirmou a validade da referida alteração normativa. Precedente citado do STF: MS 29.910 AgR, Segunda Turma, DJe 01.08.2011." (MS 18.966-DF, j. 02.10.2013). O STJ editou a Súmula 552 a respeito do tema: "O portador de surdez unilateral não se qualifica como pessoa com deficiência para o fim de disputar as vagas reservadas em concursos públicos.".

6.7.13. Vagas reservadas aos negros ("Cotas")

A Lei 12.990/2014 reservou aos negros 20% das vagas oferecidas nos concursos públicos para provimento de **cargos efetivos** e **empregos públicos** no âmbito da administração pública federal, das autarquias, das fundações públicas, das empresas públicas e das sociedades de economia mista controladas pela União (art. 1º).

Essa **reserva de vagas** obedece às seguintes regras (arts. 2º a 4º):

a) será aplicada sempre que o número de vagas oferecidas no concurso público for igual ou superior a 3 (três), sendo que, na hipótese de quantitativo fracionado para o número de vagas reservadas a candidatos negros, esse será aumentado para o primeiro número inteiro subsequente, em caso de fração igual ou maior que 0,5 (cinco décimos), ou diminuído para número inteiro imediatamente inferior, em caso de fração menor que 0,5 (cinco décimos);

b) constará expressamente dos editais dos concursos públicos, que deverão especificar o total de vagas correspondentes à reserva para cada cargo ou emprego público oferecido;

c) poderão concorrer a essas vagas candidatos negros, considerados como aqueles que se autodeclararem pretos ou pardos no ato da inscrição no concurso público, conforme o quesito cor ou raça utilizado pelo IBGE, sendo que, na hipótese de constatação de declaração falsa, o candidato será eliminado do concurso e, se houver sido nomeado, ficará sujeito à anulação da sua admissão ao serviço ou emprego público, após procedimento administrativo em que lhe sejam assegurados o contraditório e a ampla defesa, sem prejuízo de outras sanções cabíveis;

d) os candidatos negros concorrerão concomitantemente às vagas reservadas e às vagas destinadas à ampla concorrência, de acordo com a sua classificação no concurso, sendo que os candidatos negros aprovados dentro do número de vagas oferecido para ampla concorrência não serão computados para efeito do preenchimento das vagas reservadas; já no caso de desistência de candidato negro aprovado em vaga reservada, a vaga será preenchida pelo candidato negro posteriormente classificado;

e) na hipótese de não haver número de candidatos negros aprovados suficiente para ocupar as vagas reservadas, as vagas remanescentes serão revertidas para a ampla concorrência e serão preenchidas pelos demais candidatos aprovados, observada a ordem de classificação.

f) quanto à nomeação dos candidatos aprovados, esta respeitará os critérios de alternância e proporcionalidade, que consideram a relação entre o número de vagas total e o número de vagas reservadas a candidatos com deficiência e a candidatos negros;

A lei entrou em vigor na data de sua publicação e terá vigência pelo prazo de 10 (dez) anos (lei temporária), não se aplicando aos concursos cujos editais já tivessem sido publicados antes de sua entrada em vigor (art. 6º).

6.7.14. Contratação temporária

O art. 37, IX, da CF, traz a seguinte disposição: "*a lei estabelecerá os casos de contratação por tempo determinado para atender a necessidade temporária de excepcional interesse público*".

Cada ente político poderá legislar para o fim de regulamentar o dispositivo acima transcrito.

A Lei 8.745/1993 traz, para a esfera federal, os casos em que cabe esse tipo de contratação, servindo de exemplo aquela em situação de calamidade pública, combate a surtos endêmicos ou para recenseamento. A lei em questão traz um *regime jurídico administrativo* próprio, que não se confunde com o *regime trabalhista* (celetista), a afastar a competência da Justiça Trabalhista.

Geralmente o prazo máximo de contratação é de 12 meses, findo o qual o contrato se extingue.

Permite-se, em algumas situações, prorrogação do contrato.

É importante relatar que não é possível prever a contratação temporária para a admissão de servidores para funções burocráticas ordinárias e permanentes. Assim, o STF entendeu inconstitucional lei do Estado do Rio Grande do Norte que criou contratação temporária para Defensor Público (ADI 3.700). Confira outra decisão do STF a respeito do tema: "Servidor público: contratação temporária excepcional (CF, art. 37, IX): inconstitucionalidade de sua aplicação para a admissão de servidores para funções burocráticas ordinárias e permanentes" (ADI 2.987).

O STF consolidou entendimento no sentido de que é necessária a conjugação de quatro requisitos para que se possa efetivar uma contratação temporária (ADI 3430/ES): **a)** os casos excepcionais devem estar previstos em lei de modo específico (com o texto legal especificando a contingência fática que, presente, justificaria a contratação) e não de modo genérico (dando ao Chefe do Executivo poderes amplos para definir os casos desse tipo de contratação); **b)** o prazo de contratação seja predeterminado; **c)** a necessidade seja temporária; e **d)** o interesse público seja excepcional.

A contratação temporária não exige concurso público, mas é necessário fazer um processo seletivo simplificado para garantir um mínimo de moralidade, devendo esse ser dispensado em situações justificadas, procedendo-se à análise de *curriculum*. Nesse sentido, confira a seguinte decisão do STF:

"A regra é a admissão de servidor público mediante concurso público: CF, art. 37, II. As duas exceções à regra são para os cargos em comissão referidos no inciso II do art. 37, e a contratação de pessoal por tempo determinado para atender a necessidade temporária de excepcional interesse público. CF, art. 37, IX. Nessa hipótese, deverão ser atendidas as seguintes condições: a) previsão em lei dos cargos; b) tempo determinado; c) necessidade temporária de interesse público; d) interesse público excepcional" (ADI 2.229).

Conforme mencionado, os contratados são regidos pelo regime *sui generis* estabelecido na lei citada, não sendo correto dizer que são contratados pelo regime celetista, já que eles têm um estatuto próprio.

Assim sendo, compete à Justiça Comum e não à Justiça do Trabalho julgar as controvérsias decorrentes dessa relação, conforme vem decidindo pacificamente o STF (ADI 3.395-MC-DF).

6.8. Direito de greve e de sindicalização

A Constituição de 1988, em sua redação original, contemplava o direito de greve no serviço público, mas o condicionava à edição de uma *lei complementar*.

Essa lei acabou não sendo editada e o STF, chamado a se pronunciar, decidiu, num mandado de injunção julgado nos anos 90, que o direito de greve do servidor era norma de eficácia limitada, não sendo ser exercido enquanto não fosse regulamentado.

Na ocasião, o STF se limitou a declarar a mora legislativa, adotando a teoria não concretista, pela qual o mandado de injunção não se presta a suprir lacunas legislativas, mas apenas a constatar a mora, quando esta existir.

Sobreveio a EC 19/1998, pela qual o direito de greve do servidor ficava mantido, sendo ser exercido nos termos e limites definidos em *lei específica* (art. 37, VII).

Outra década se passou sem a edição da tal lei específica. Até que, em 2007, o STF, rompendo com sua tradição em mandado de injunção, adotou a teoria concretista geral, julgando procedente novos mandados de injunção sobre o assunto (MIs 670/ES, 708/DF e 712/PA), para declarar *mora legislativa abusiva* e **conceder ao servidor o direito de exercer greve**, observados os preceitos da Lei 7.783/1989, que trata da greve na iniciativa privada.

A decisão resolveu preencher uma lacuna legislativa, com efeitos *erga omnes*, utilizando-se da analogia para determinar a utilização da lei referida até que adviesse a lei específica preconizada na Constituição.

A partir dessa decisão, começaram a surgir várias discussões sobre os contornos do direito de greve.

Sobre os **serviços que não podem ser objeto de greve**, além das proibições constitucionais relativas aos *militares das forças armadas* e aos *policiais militares* (art. 142, § 3º, IV, c/c art. 42, § 1º da CF), há entendimento do Min. Eros Grau no sentido de que *policiais civis* também não podem entrar em greve. Aliás, para esse Ministro, o direito de greve não é absoluto. Há serviços públicos em que a coesão social impõe que sejam prestados plenamente, em sua totalidade.

Nesse sentido, Eros Grau entende ser proibida a greve nos serviços de *segurança pública*, de *administração da Justiça*, de *arrecadação tributária* e de *saúde pública* (Recl 6.568, DJ 25.09.2009), posição que ainda não está pacificada no STF.

No STJ, por sua vez, vem se admitindo a greve nos mais variados setores, salvo os proibidos pela Constituição. No entanto, levando em conta os princípios da supremacia do interesse público e da continuidade do serviço público, esse tribunal vem, caso a caso, estipulando um **percentual mínimo** de pessoal a continuar trabalhando a fim de que não haja paralisação total dos serviços.

A título de exemplo, o STJ, considerando o período eleitoral, definiu em 80% o mínimo de servidores necessários na Justiça Eleitoral (Pet 7.933, DJ 08.06.2010). Para a Justiça Federal, fixou-se em 60% o mínimo de servidores em serviço (Pet 7.961, DJ 18.06.2010). E para os médicos peritos do INSS, determinou-se que 50% mantivessem o trabalho (Pet 7.985, DJ 25.06.2010).

Para fazer valer suas decisões o STJ vem fixando o pagamento de **multa** à entidade representante dos trabalhadores no caso de descumprimento de decisão relativa à greve. Trata-se de multa diária, que vem sendo fixada entre R$ 50 mil e R$ 100 mil para sindicatos de grande porte.

Outro ponto interessante diz respeito à possibilidade de **corte nos vencimentos** dos grevistas. No STJ, ainda há controvérsia a respeito. O posicionamento tradicional admite o corte (STJ, MS 15.272-DF). Mas há decisão no sentido de que, por se tratar de direito Constitucional do servidor e envolver verba alimentar, o corte prévio é proibido, devendo-se buscar a compensação dos dias paralisados sob pena de reposição ao erário dos vencimentos pagos (MC 16.744, DJ 10.05.2010). É bom lembrar que a Lei 8.112/1990 dispõe que só por lei e por mandado judicial é possível o desconto de vencimentos (art. 45). Ademais, ainda não foi instituído um Fundo de Greve, com contribuições para o exercício desse direito Constitucional. Nada impede, todavia, que se determine que o servidor grevista reponha, posteriormente, as horas não trabalhadas.

Por fim, vale lembrar que não é possível **exonerar ou demitir** servidor por ter participado de movimento grevista. Há várias leis no país dispondo que o servidor em estágio probatório que participar de greve deve ser exonerado. Tais leis ferem o direito constitucional de greve e o princípio da isonomia, segundo o STF (ADI 3.235, DJ 12.03.2010).

É importante ressaltar, ainda, que a Constituição veda a greve dos militares das Forças Armadas (art. 142, § 3º, IV, CF) e, por extensão, dos militares dos Estados-membros, do Distrito Federal e dos Territórios (art. 42, § 1º, CF).

Quanto ao direito de sindicalização, o art. 37, VI, da CF estabelece que *"é garantido ao servidor público civil o direito à livre associação sindical"*. Aqui também incide vedação aos militares (art. 142, § 3º, IV, CF).

6.9. Proibição de acumulação remunerada

A Constituição traz regra proibindo a acumulação remunerada de cargos públicos (art. 37, XVI).

Nada obstante, desde que haja compatibilidade de horários, admite-se a acumulação remunerada nos seguintes casos: a) de dois cargos de professor; b) um cargo de professor com outro, técnico ou científico; c) a de dois cargos ou empregos privativos de profissionais da saúde com profissões regulamentadas (alteração feita por força da EC 34/2001).

Quanto à **extensão da regra**, deve-se ressaltar que a proibição vale também para empregos e funções e abrange autarquias, fundações, empresas públicas, sociedades de economia mista, suas subsidiárias e sociedades controladas, direta ou indiretamente, pelo Poder Público.

Outros casos trazidos na Constituição de permissão de acumulação remunerada são os seguintes: a) magistrados e membros do Ministério Público: permite-se acumulação com um cargo ou função de professor (art. 95, parágrafo único, I, e art. 128, § 5º, II, "d", ambos da CF, respectivamente); b) vereador: pode acumular, mas desde que haja compatibilidade de horários (art. 38, III, CF); caso não haja tal compatibilidade, o eleito deve se afastar do cargo, emprego ou função que tinha, tendo a faculdade de escolher qual remuneração deseja receber como vereador, se a que detinha antes ou a prevista para o cargo eletivo; c) prefeito: não pode acumular, devendo afastar-se do cargo, emprego ou função que detinha, podendo optar pela remuneração (art. 38, II, CF); d) mandato eletivo federal, estadual e distrital: ficará afastado do cargo, emprego ou função anterior (art. 38, I, CF), sem poder optar pela remuneração.

Nos casos de afastamento, o tempo de serviço do mandato será contado para todos os fins do cargo, emprego ou função originais (previdenciários, para concessão de quinquênios etc.), exceto promoção por merecimento.

A **finalidade** de tal regra é evitar que o exercício de várias funções possa comprometer a boa qualidade do serviço, atendendo também a critérios de moralidade (quanto aos cargos em comissão), bem como à necessidade de se permitir que outras pessoas possam ter oportunidade de acesso a cargos, empregos ou funções públicas. As exceções, por sua vez, visam a melhor aproveitar pessoas que tenham capacidade técnica e científica para dadas atribuições.

Vale salientar que, mesmo nos casos em que há permissão de acumulação remunerada de cargos públicos (casos que tem rol taxativo na Constituição), tem-se que cumprir ainda o requisito da **compatibilidade de horários**, dos dois cargos que se pretende acumular. Por conta disso o TCU decidiu no Acórdão 2.133/05 que o limite máximo de horas de trabalho nos dois cargos em que se pretende a acumulação é de 60 horas semanais, decisão fundamentada na presunção de que, mais do que isso, haveria comprometimento da qualidade do serviço. Todavia, o STJ tem decidido que esse limite não tem força normativa, nem há lei estabelecendo carga horária máxima, seja diária, seja semanal. Dessa forma, a compatibilidade de horários deve ser vista caso a caso, não se fazendo fazer presunção de que 60 horas é o máximo permitido por semana (AgRg no AREsp 291.919-RJ, j. em 18.04.2013).

Há de se ressaltar também que em qualquer dos casos de acumulação comentados neste item faz-se mister respeitar o disposto no inciso XI do art. 37 da Constituição quanto aos **tetos remuneratórios**. Assim sendo, a somatória dos valores recebidos em acumulação não pode ultrapassar o teto respectivo, sofrendo o agente um corte na folha de pagamento se tal ocorrer.

Diante das regras sobre proibição de acumulação remunerada de cargo, emprego ou função, confira-se a casuística do STF e do STJ a respeito do tema:

a) é vedada a acumulação dos cargos e remuneração de vereador e secretário municipal, sendo esta interpretação sistemática dos arts. 36, 54 e 56 da CF, bem como o princípio da separação dos Poderes (STF, RE 497.554/PR);

b) é vedada a acumulação dos cargos de médico com cargo de perito criminal da polícia civil na modalidade médico veterinário (STF, RE, 248.248);

c) é vedada a acumulação dos cargos de inspetor escolar com o de supervisor pedagógico, pois não diz respeito à exceção, que deve ser interpretada estritamente, em que se permite a acumulação de dois cargos de professor ou um técnico com um de professor (STF, RE 382.389);

d) é vedada a acumulação de dois cargos de jornalista (STF, RE 463.028);

e) é permitida a acumulação de cargo de médico militar com o de professor de instituição pública de ensino; primeiro porque o médico militar não desempenha função típica de militar, circunstância, que, se existisse, impediria a acumulação; segundo porque a Constituição admite a acumulação de cargo de *professor* com cargo *técnico ou científico*, sendo que o cargo de médico é considerado técnico ou científico, pois sua ocupação pressupõe formação em área especializado do conhecimento, dotada de método próprio (STJ, RMS 39.157);

Tema correlato é o da **acumulação de remuneração com aposentadoria.** Também, como regra, é proibida. Como exceção pode existir tal acumulação se os cargos da ativa e da inatividade forem cumuláveis entre si. Outra exceção importante é a que permite a acumulação da aposentadoria com a remuneração de um cargo em comissão ou de um mandato eletivo (art. 37, § 10, CF). Perceba que a regra que veda a percepção simultânea de proventos de aposentadoria com remuneração de cargo, emprego ou função diz respeito tão somente às aposentadorias especiais, ou seja, a dos ocupantes de cargos efetivos (art. 40, CF), a dos militares estaduais (art. 42, CF) e a dos militares das Forças Armadas (art. 142, CF). Essa acumulação não é vedada quando se trata de acumulação de proventos de aposentadoria com remuneração proveniente de contratação temporária (STJ, REsp 1.298.503, DJ 13.04.2015).

Porém, não se admite acúmulo tríplice de provimentos e vencimentos de professor, mesmo que decorrentes de aprovações em concursos públicos posteriores à vigência da EC 20/98 (STF: AI 545.424 AgRg, DJ de 25.03.2013; AI 529.499 AgR, DJ 17.11.2010).

6.10. Estabilidade e estágio probatório

O instituto da *estabilidade* está previsto no art. 41 da CF. A partir do texto constitucional, a doutrina aponta três requisitos para sua aquisição: a) nomeação para "cargo efetivo", em virtude de concurso público; b) "três anos de efetivo exercício" no cargo; c) aprovação em "avaliação especial de desempenho por comissão instituída para essa finalidade".

O primeiro requisito ("cargo efetivo") foi introduzido pela EC 19/1998. A redação anterior exigia apenas que o "servidor" fosse nomeado em virtude de concurso, não havendo referência ao cargo ser efetivo ou não, o que permitia que servidores celetistas em geral pudessem pleitear a estabilidade.

A atual redação, porém, parece ter deixado claro que somente servidores titulares de verdadeiros cargos efetivos teriam direito à estabilidade.

Porém, o TST, chamado a se manifestar sobre o tema, concluiu que os "servidores celetistas" das pessoas jurídicas de direito público (União, Estados, DF, Municípios, autarquias, fundações públicas, agências reguladoras e associações públicas) também têm direito à estabilidade, direito esse que só não existe para os celetistas das pessoas jurídicas de direito privado estatal, como a empresa pública e a sociedade de economia mista (Súmula 390 do TST).

Quanto ao segundo requisito ("três anos de efetivo exercício"), esse também foi alterado pela EC 19/1998. Na redação original exigiam-se dois anos de efetivo exercício. Essa redação fazia com que a Administração Pública estipulasse como estágio probatório o período de dois anos, porque esse estágio sempre foi considerado o tempo de efetivo exercício em que se verificaria se o servidor empossado tinha ou não aptidão para auferir a definitiva titularidade do cargo.

Ocorre que a Constituição foi alterada, aumentando o tempo de exercício para três anos, e os estatutos de funcionário público não acompanharam essa modificação. Exemplo disso é o próprio estatuto federal (Lei 8.112/1990). Isso fez com que os tribunais, num primeiro momento, decidissem que o prazo para estágio probatório é um e o prazo de efetivo exercício para adquirir a estabilidade é outro. Esse posicionamento tinha repercussão prática, pois há direitos que só existem após o fim do estágio probatório (ex.: direito de promoção) e, sendo esse mais curto, pessoas que ainda não tinham estabilidade poderiam gozar desses direitos após os dois anos de estágio.

O STF (STA 269 AgR, DJ 26.02.2010) e o STJ (MS 12.523/DF, DJ 18.08.2009) se posicionaram no sentido de que o período de estágio probatório deve coincidir com o período de efetivo exercício para a aquisição da estabilidade, no caso, ambos os períodos são de 3 anos e correm conjuntamente, pouco importando a redação do estatuto local.

Vale ressaltar que esses tribunais vêm entendendo que os períodos de estágio probatório e efetivo exercício ficam suspensos quando o servidor é afastado ou cedido para outro órgão (STJ, RMS 23.689, DJ 07.06.2010).

Ademais, para o STF (MS 22.744, DJ 26.11.2004) e para o STJ (RMS 23.689, DJ 07.06.2010), não pode o servidor em estágio probatório aposentar-se voluntariamente, uma vez que o estágio probatório constitui etapa final do processo seletivo para a aquisição da titularidade do cargo público.

Passando ao terceiro requisito para a estabilidade ("avaliação especial de desempenho por comissão instituída para essa finalidade"), o primeiro ponto exigido pelo STF (AI 623.854, DJ 23.10.2009) e pelo STJ (RMS 20.934, DJ 01.02.2010) é que seja um procedimento que não é de natureza disciplinar (não sendo necessário cumprir os requisitos do processo disciplinar), mas que assegure o devido processo legal, o que impõe observância do contraditório e da ampla defesa. Assim, exige-se que o servidor possa apresentar defesa, instruir o procedimento com provas e ter contra si exarada decisão devidamente motivada.

Outro direito do servidor é que a avaliação de desempenho ocorra no limite dos três anos de efetivo exercício. Isso significa que, após o transcurso desse prazo, sem a realização da avaliação, o servidor pode ser considerado estável, pois a desídia da Administração não pode ser a ele imputada, presumindo-se que o servidor teve reconhecida sua aptidão.

Após o transcurso dos três anos de efetivo exercício, o servidor pode até ser exonerado por inaptidão para o cargo, mas desde que a avaliação de desempenho tenha se dado durante o período de estágio probatório e a exoneração tenha sido motivada nas suas conclusões (STJ, RMS 23.504, DJ 02.08.2010).

Outro posicionamento diz respeito a quem deve proceder à avaliação de desempenho. Nesse sentido, o STJ entende que não há violação ao art. 41 da CF quando a chefia imediata promove a avaliação de desempenho do servidor, funcionando a Comissão de Avaliação como órgão revisor e como órgão emissor do parecer final do estágio probatório (RMS 23.504, DJ 02.08.2010).

Também já restou pacificado que o servidor que sai de um cargo numa dada administração (por exemplo, de policial militar) e vai para outro cargo na mesma administração (por exemplo, de policial civil) não pode aproveitar o estágio probatório anteriormente cumprido (STJ, RMS 20.934, DJ 01.02.2010).

Vale igualmente lembrar que os servidores em estágio probatório não podem sofrer restrições que não decorram explícita ou implicitamente da lei. Nesse sentido, o STF proíbe a discriminação dos não estáveis, caso lei ou ato normativo estabeleça que estes, se participarem de greve durante o estágio probatório, estão sujeitos à exoneração (ADI 3.235, DJ 12.03.2010). Servidor em estágio probatório tem, portanto, direito de greve.

Ficam, então, noticiadas as principais decisões sobre a estabilidade e o estágio probatório, devendo o candidato ficar atento a outras decisões, uma vez que o tema é corrente na jurisprudência.

6.11. Disponibilidade

É a colocação do servidor estável em inatividade remunerada, até seu adequado aproveitamento em outro cargo, com proventos proporcionais ao seu tempo de serviço.

Trata-se de direito do servidor, desde que estável, que ocorre nas seguintes situações: a) quando o cargo é extinto; b) quando o cargo é declarado desnecessário; c) quando um servidor é reintegrado e volta para o cargo para onde foi chamado um novo servidor, ficando este desalojado por não ter um cargo de origem, podendo, se já estável, ser colocado em disponibilidade.

É importante ressaltar que só tem esse direito quem já é estável (*vide* § 3º do art. 41 da CF). Nesse sentido, dispõe a Súmula 22 do STF que: "o estágio probatório não protege o funcionário contra a extinção do cargo".

Nunca se deve esquecer de que a CF é taxativa no sentido de que na disponibilidade a remuneração será proporcional ao tempo de serviço do agente. Antes da EC 19/1998, o STF entendia que era integral, portanto é bom saber que agora é proporcional.

A disponibilidade a que estão sujeitos os juízes e promotores não implica remuneração proporcional, sob pena de ofensa à vitaliciedade a que têm direito, de maneira que será integral a remuneração para essas situações.

6.12. Sistema remuneratório

Para que se possa entender o sistema remuneratório dos servidores públicos, de rigor verificar os seguintes conceito:

a) remuneração (estipêndio/vencimentos): devida à grande massa de servidores, corresponde ao padrão fixado em lei (vencimento), mais vantagens pessoais;

b) salário: devido aos empregados públicos da Administração Direta e Indireta, vale dizer, àqueles regidos pela CLT;

c) subsídio: modalidade de remuneração fixada em parcela única e devida aos agentes políticos (art. 39, § 4º, CF: fala-se em membro de Poder, detentor de mandato eletivo, Ministros de Estado e Secretários Estaduais e Municipais), membros do Ministério Público, aos Policiais (art. 144, § 9º, CF), Procuradores de Estado, Defensores Públicos, Procuradores da Fazenda Nacional e integrantes da Advocacia Geral da União (art. 135), bem como Ministros dos Tribunais de Contas. O § 8º do art. 39 da CF abre possibilidade de a remuneração dos servidores organizados em carreira ser também por subsídio, nos termos de lei. Vale ressaltar que no subsídio não se fala em vantagens pessoais, já que se trata de parcela única, vedado o acréscimo de qualquer gratificação, adicional, abono, prêmio, verba de representação ou outra espécie remuneratória, obedecido ao teto remuneratório constitucional. Entretanto, os direitos gerais dos servidores previstos no § 3º do art. 39 da CF permanecem.

d) adicionais: devidos por tempo de serviço ou função especial, que exige conhecimentos especializados ou um regime próprio de trabalho. O adicional se relaciona com o tempo (adicional de tempo) ou com a função (adicional de função – ex.: por dedicação integral, por nível universitário);

e) gratificações: devidas por condições personalíssimas ou por anormalidades no desempenho da função, com característica de precariedade. As gratificações se relacionam com o servidor (pessoal: por ter filho – salário família etc.) ou com o serviço (segurança, insalubridade ou onerosidade);

f) indenizações: mero ressarcimento de despesas efetuadas pelo agente no desempenho de atividade pública, não se incorporando na remuneração. Ex.: ajuda de custo (mudança), diárias (despesas para viagem a trabalho) e auxílio-transporte (condução para o trabalho).

A par dos conceitos acima, tem-se como fundamental também verificar os seguintes princípios ou regras desse sistema:

a) proibição de efeito cascata: vantagens e gratificações não podem incidir umas sobre as outras. Nesse sentido, *vide* o inciso XIV do artigo 37 da CF: *"os acréscimos pecuniários percebidos por servidor público não serão computados nem acumulados para fins de concessão de acréscimos ulteriores".*

b) fixação por lei e revisão geral anual: *a remuneração e o subsídio somente poderão ser fixados ou alterados por lei específica, observada a iniciativa privativa em cada caso. Fica assegurada revisão geral anual, sempre na mesma data e sem distinção de índices.* O STF é pacífico no sentido de que não é possível que iniciativa ou emenda parlamentar disponha sobre o aumento de remuneração dos servidores, de iniciativa privativa do Executivo (arts. 61, § 1º, II, "a", e 63, I, ambos da CF), sendo que a fixação ou alteração de remuneração depende de lei específica (art. 37, X, da CF), ficando vedada a ainda que a lei estabeleça vinculação ou equiparação remuneratórias para efeito de remuneração de pessoal (art. 37, XIII, da CF), conforme se pode conferir na ADI 64/RO. No que diz respeito aos membros da polícia no Distrito Federal, o STF editou a Súmula Vinculante 39: "Compete privativamente à União legislar sobre vencimentos dos membros das polícias civil e militar e do corpo de bombeiros militar do Distrito Federal".

c) teto remuneratório: a EC 41/2003 modificou o inciso XI do art. 37 da CF, que antes trazia como teto único o subsídio dos Ministros do STF, estabelecendo um teto nacional existente também no subsídio mensal, em espécie, dos Ministros do STF, bem como subtetos. Na esfera da união vale o teto nacional para todos os Poderes. Nos Estados e DF tem-se como subtetos no âmbito do Executivo o subsídio do Governador, no âmbito do Legislativo o subsídio dos Deputados estaduais/distritais e no âmbito do Judiciário o subsídio dos Desembargadores do TJ, limitado este a 90,25% do subsídio dos Ministros do STF. A EC 47/2005 permite aos Estados e ao DF, por meio de emenda às respectivas constituições e Lei Orgânica, adotar como limite único o subsídio dos Desembargadores do TJ, não se aplicando a regra aos subsídios dos deputados estaduais e distritais e dos vereadores. Nos Municípios, o subteto é o subsídio do Prefeito. Estabeleceu-se, ainda, como subteto para os membros do MP, Procuradores e Defensores Públicos, o subsídio dos Desembargadores do TJ. Vale salientar que o valor do que deve estar sentido no teto abrange a remuneração e o subsídio, os proventos, pensões ou outra espécie remuneratória, percebidos cumulativamente ou não, incluídas as vantagens pessoais ou de qualquer outra natureza. Além disso, a regra do teto atinge os ocupantes de cargos, funções e empregos públicos da administração, direta, autárquica e fundacional, membros dos Poderes da União, dos Estados, do DF e dos Municípios, detentores de mandato eletivo e demais agentes políticos. Aplica-se também às empresas públicas e sociedades de economia mista e suas subsidiárias que receberem recursos da União, dos Estados, do Distrito Federal ou dos Municípios para pagamento de despesas de pessoal ou custeio em geral (art. 37, § 9º, CF).

Vale ressaltar que o STF vinha entendendo que "as vantagens pessoais percebidas antes da entrada em vigor da EC 41/2003 não se computam para fins de cálculo do teto constitucional" (MS 27565, j. 18.10.2011). Nesse caso, reconheceu-se a procurador da república aposentado o direito de, a partir da data da impetração, continuar a receber, sem redução, o montante bruto que percebia anteriormente à EC 41/2003, até a sua total absorção pelas novas formas de composição de seus proventos. Porém, o mesmo STF reconheceu a eficácia imediata do abate-teto sobre salários e proventos de servidores públicos ativos e inativos e a inclusão de vantagens pessoais no teto remuneratório , em decisão que entendeu por bem "fixar a tese de que o teto de remuneração estabelecido pela Emenda Constitucional 41/2003 é de eficácia imediata, submetendo às referências de valor máximo nela fixadas todas as verbas remuneratórias percebidas pelos servidores de União, estados e municípios, ainda que adquiridas sob o regime legal anterior" (RE 609.381, j. 02.10.2014).

d) proibição de vinculação ou equiparação: *é vedada a vinculação ou equiparação de quaisquer espécies remuneratórias para efeito de remuneração dos servidores*; o STF entende violada essa regra quando se vincula o reajuste de vencimentos ao incremento da arrecadação de ICMS (RE 218.874/SC) ou que vincula o reajuste do subsídio do governador ao reajuste concedido aos servidores (ADI 3491); o mesmo tribunal editou a Súmula Vinculante 37, tratando, ainda, da proibição de aumento de vencimento dos servidores com fundamento na isonomia ("Não cabe ao Poder Judiciário, que não tem função legislativa, aumentar vencimentos de servidores públicos sob o fundamento de isonomia"); vide, a respeito, a decisão proferida pelo STF no RE 592.317/RJ, j. 28.08.2014;

e) irredutibilidade: *os subsídios e os vencimentos são irredutíveis* (art. 37, XV, CF); o STF entende que fere esse princípio o aumento na carga de trabalho do servidor sem o consequente aumento na remuneração (RE 255792/MG); entende também que o princípio é violado quando se desconta a remuneração de servidor afastado de suas funções por responder por processo penal em face da acusação de cometimento de crime funcional (RE 482.006); entende ainda que a aplicação do teto remuneratório previsto na EC 41/2003 não fere direito adquirido nem o princípio da irredutibilidade, eis que que os excessos eventualmente percebidos fora dessas condições, ainda que com o beneplácito de disciplinas normativas anteriores, não estariam amparados pela regra da irredutibilidade, ressaltando, ademais, que o pagamento de remunerações superiores aos tetos de retribuição, além de se contrapor a noções primárias de moralidade, de transparência e de austeridade na administração dos gastos com custeio, representaria gravíssima quebra da coerência hierárquica essencial à organização do serviço público (RE 609.381, j. 02.10.2004);

f) proibição de indexação: o STF editou a Súmula Vinculante n. 42, com o seguinte teor: "É inconstitucional a vinculação do reajuste de vencimentos de servidores estaduais ou municipais a índices federais de correção monetária";

g) publicação obrigatória: "os Poderes Executivo, Legislativo e Judiciário publicarão anualmente os valores do subsídio e da remuneração dos cargos e empregos públicos" (art. 39, § 6º, CF).

h) direitos dos ocupantes de cargos públicos: o § 3º do artigo 39 da Constituição dispõe que se aplica aos servidores ocupantes de cargo público o disposto no art. 7º, IV, VII, VIII, IX, XII, XIII, XV, XVI, XVII, XVIII, XIX, XX, XXII e XXX.

Confira o disposto no incisos citados do art. 7º da CF: IV e VII (salário mínimo), VIII (décimo terceiro salário), IX (remuneração de trabalho noturno superior à do diurno), XII (salário-família ao trabalhador de baixa renda), XIII

(jornada diária não superior a 8 horas e semanal não superior a 44 horas, facultadas compensações), XV (repouso semanal remunerado), XVI (hora extra superior em pelo menos 50% da hora normal), XVII (férias anuais, com 1/3 a mais de remuneração), XVIII (licença à gestante de 120 dias), XIX (licença-paternidade), XX (proteção do mercado de trabalho da mulher), XXII (redução dos riscos do trabalho) e XXX (proibição de diferença de salário, função ou admissão por discriminação).

6.13. Aposentadoria

Consiste na transferência para a inatividade remunerada, cumpridos certos requisitos. Vejamos os tipos de aposentadoria:

Por invalidez: deve ser invalidez permanente, sendo os proventos proporcionais ao tempo de contribuição, exceto se decorrente de acidente em serviço, moléstia profissional ou doença grave contagiosa ou incurável, na forma da lei.

Compulsória: aos 75 anos de idade, com proventos proporcionais ao tempo de contribuição. Antes a aposentadoria em questão se dava aos 70 anos. Porém, a EC 88/2015 estabeleceu que essa aposentadoria passava a se dar aos 75 anos para ministros do STF, dos Tribunais Superiores e do TCU, podendo o legislativo estender para as demais carreiras públicas essa regra, o que acabou sendo feito pelo Congresso Nacional, de modo que agora a aposentadoria compulsória se dá aos 75 anos para todos os cargos públicos.

Voluntária: a pedido do interessado.

a) com remuneração proporcional ao tempo de serviço: aos 65 anos/homem e 60 anos/mulher;

a) com remuneração integral: aos 60 anos/homem (mínimo de 35 anos de contribuição) e 55 anos/mulher (mínimo de 30 anos de contribuição).

As aposentadorias mencionadas ficam condicionadas a que o agente tenha tempo mínimo de 10 anos de efetivo exercício no serviço público e 5 anos no cargo efetivo em que se dará a aposentadoria.

No caso de professor que comprove exclusivo e efetivo magistério na educação infantil/ensino fundamental/ensino médio reduz-se em 5 anos a idade e o tempo de contribuição para a concessão de aposentadoria voluntária integral. Nesse tema o STF entende que, "salientando que a atividade docente não se limita à sala de aula, e que a carreira de magistério compreende a ascensão aos cargos de direção da escola, o Tribunal, por maioria, julgou parcialmente procedente o pedido formulado para conferir interpretação conforme, no sentido de assentar que as **atividades mencionadas de exercício de direção de entidade escolar e as de coordenação e assessoramento pedagógico também gozam do benefício, desde que exercidas por professores**" (ADI 3.772/DF – g.n.).

Vale consignar que a Constituição abre espaço para o fim da aposentadoria com limite na remuneração integral. Confira-se a redação trazida pela EC 20/1998 ao § 14 do art. 40: *"a União, os Estados, o Distrito Federal e os Municípios, desde que instituam regime de previdência complementar para os seus respectivos servidores titulares de cargo efetivo, poderão fixar, para o valor das aposentadorias e pensões a serem concedidas pelo regime de que trata este artigo, o limite máximo estabelecido para os benefícios do regime geral de previdência social de que trata o art. 201".* O § 15 do mesmo artigo diz que a lei complementar disporá sobre as normas gerais para instituição do regime de previdência complementar em questão.

A possibilidade citada não saiu do papel, daí porque o constituinte derivado editou a EC 41/2003 limitando o valor dos benefícios previdenciários dos agentes públicos e determinando a instituição de previdência complementar fechada, de natureza pública e na modalidade de contribuição definida.

Assim, dispôs o texto constitucional que os proventos serão calculados considerando as remunerações utilizadas como base para as contribuições do servidor aos regimes de que tratam os arts. 40 e 201 da CF, na forma da lei (art. 40, § 3º), estabelecendo como limite máximo para o valor dos benefícios do regime geral do art. 201 a quantia de R$ 2.400,00, reajustada a partir da publicação da EC 41/2003 pelos índices aplicados aos benefícios do regime geral (art. 5º, EC/1941).

Quanto à previdência complementar dos servidores públicos, foi criada na esfera federal pela Lei 12.618/2012, sobre a qual vale fazer os seguintes apontamentos:

a) essa lei entrou totalmente em vigor, quanto ao Poder Executivo, com a edição do Decreto 7.808, publicado em 21 de setembro de 2012 (*vide* art. 33 da Lei 12.618/2012), decreto esse que criou a Fundação de Previdência Complementar do Servidor Público Federal do Poder Executivo (Funpresp--Exe); quanto ao Poder Judiciário, com a edição da Resolução STF 496/2012, publicada em 29.10.2012; e quanto à Câmara dos Deputados, ao Senado Federal e ao Tribunal de Contas da União, estes três órgãos celebraram, em 31.01.2013, Convênio de adesão à Funpresp-Exe, como patrocinadores do plano sob administração desta; com isso agentes públicos federais que ingressaram no serviço público após as datas mencionadas passaram a ter como limite máximo de aposentadoria o previsto para o Regime Geral de Previdência (art. 3º, I, da Lei 12.618/2012), mas com a possibilidade de complementar esse valor com o regime de previdência complementar; porém, servidores que tenham ingressado no serviço público até data anterior ao início da vigência de previdência complementar poderão, mediante prévia e expressa opção, aderir ao regime de previdência complementar (art. 1º, § 1º, da Lei 12.618/2012), mas aplicando-se a ele o limite máximo estabelecido para os benefícios do regime geral de previdência, o que, mesmo havendo um benefício especial em favor desses servidores mais antigos que aderirem (art. 3º, §§ 1º e 2º, da Lei 12.618/2012), fará com que dificilmente um servidor que tenha ingressado no serviço público antes da vigência do regime em questão tenha interesse em aderir a ele;

b) o regime de previdência complementar é aplicável não só aos servidores públicos do Executivo em geral, como também do Judiciário, do Legislativo, Ministério Público da União (MPU) e Tribunal de Contas da União (TCU), como também aos membros do Judiciário, do MPU e do TCU, ou seja, atingindo juízes federais e do trabalho, desembarga-

dores, ministros dos tribunais superiores, procuradores da república e do trabalho e ministros dos tribunais de contas;

c) a lei define como **patrocinadores** a União, suas autarquias e fundações, como **participante**, o servidor titular de cargo e o membro de poder, que aderirem aos planos de benefícios administrados pelas entidades; e como **assistidos**, o participante ou o seu beneficiário em gozo de benefício de prestação continuada (art. 2º da Lei 12.618/2012);

d) os planos de benefício da Lei 12.618/2012 são estruturados na modalidade de **contribuição definida**, sendo que a alíquota que incidirá sobre o valor que superar o benefício do regime geral da previdência (art. 16 e ss.) e será definida pelo servidor anualmente, com o servidor e o patrocinador pagando a mesma alíquota, até o limite de 8.5% no caso da alíquota a ser paga pelo patrocinador; assim, imaginemos que o teto do regime geral de previdência fosse de R$ 2.400,00 (esse é o valor original quando da reforma da previdência, mas é reajustado constantemente desde lá); imagine agora que um servidor federal que adira ao regime de previdência complementar ganhe R$ 8.000,00 por mês; nesse caso, sobre R$ 2.400,00 serão devidas as contribuições correntes da União e do servidor; e sobre a diferença entre o que ganha o servidor e o teto da previdência geral (diferença que, no caso, é de R$ 5.600,00), incidirá alíquota para fazer frente à previdência complementar, sendo que o servidor é quem define, todo ano, quanto quer pagar de alíquota (por exemplo, 7% sobre esses R$ 5.600,00) e a União fica obrigada a contribuir com a mesma alíquota (no caso, 7% também), não devendo a União contribuir com mais de 8,5%; já servidores que não ganham mais do que R$ 2.400,00, também podem contribuir para a previdência complementar, mas não haverá contribuição da União, de modo que o benefício complementar desse tipo de servidor tende a ser proporcionalmente menor do que o benefício de um servidor que ganha mais de R$ 2.400,00.

Além disso, a reforma constitucional estabeleceu a obrigatoriedade de os Estados, DF e Municípios instituírem contribuição previdenciária de seus servidores, para o custeio, em benefício destes, do regime previdenciário do art. 40, cuja alíquota não será inferior à da União (11%).

Estipulou ainda a contribuição dos inativos e pensionistas, que incidirá em percentual igual ao estabelecido para os servidores ativos, mas incidente apenas sobre os valores que superem o limite máximo para os benefícios do regime geral (art. 40, § 18º, CF).

No que concerne à pensão por morte, estabeleceu-se que a lei disporá sobre o assunto e o benefício será igual, caso aposentado o falecido, aos proventos deste até o limite do art. 201 mais 70% da parcela excedente ao limite, e, caso na ativa o falecido, à remuneração deste até o limite do art. 201 mais 70% da parcela excedente a este limite (art. 40, § 7º, CF). Tal disposição, todavia, não se aplica aos militares das Forças Armadas (art. 10, EC 41/2003) e quanto aos pensionistas dos militares dos Estados, DF e Territórios aplica-se o que for fixado em lei específica do respectivo ente estatal.

Quanto à revisão dos benefícios previdenciários, determinou-se o fim da paridade com a remuneração dos servidores ativos, assegurando-se apenas o reajuste dos benefícios para preservar seu valor real, conforme critérios estabelecidos em lei (art. 40, § 8º, CF). Tal regra também não é aplicável aos militares das Forças Armadas (art. 10, EC 41/2003).

Ademais, é sempre bom lembrar que o STF é pacífico no sentido de que, não havendo redução dos proventos percebidos pelo inativo, não há inconstitucionalidade na lei que estabelece, para a carreira, o sistema de vencimento único, com absorção de outras vantagens remuneratórias (Ag. Reg. no RE 634.732/PR). Ou seja, alteração no regime da carreira na gera direitos aos servidores inativos, desde que não haja irredutibilidade. Por exemplo, "desde que mantida a irredutibilidade, o servidor inativo, embora aposentado no último patamar da carreira anterior, não tem direito adquirido de perceber proventos correspondentes aos da última classe da nova carreira reestruturada por lei superveniente" (RE 606.199, j. 09.10.2013). Porém, "as vantagens remuneratórias de caráter geral conferidas a servidores públicos, por serem genéricas, são extensíveis a inativos e pensionistas" (STF, RE 596.962/MT, j. 21.08.2014).

A lei não pode estabelecer contagem de tempo de contribuição fictício, como, por exemplo, dizer que férias não gozadas pelo servidor equivale a 3 meses de tempo de contribuição para efeito de aposentadoria.

O tempo de contribuição federal, estadual ou municipal será contado para efeito de aposentadoria e o tempo de serviço correspondente para efeito de disponibilidade. Também se contará o tempo de contribuição para o regime geral, a chamada contagem recíproca (art. 201, § 9º, CF).

Aliás, vale ressaltar que, hoje, o requisito não é mais *tempo de serviço*, mas *tempo de contribuição*.

O art. 8º da EC 20/1998 trazia a regra de transição para os servidores que já o eram quando de sua edição. Agora, tal regra foi modificada pelo art. 2º da EC 41/2003, a qual também estabeleceu regra de transição para aqueles que ingressaram no serviço público até a data de sua publicação (art. 6º, EC 41/2003).

Quanto à aposentadoria especial de que trata o art. 40, § 4º, da CF (p. ex., por trabalhar em atividades insalubres), o STF, diante da mora legislativa em regulamentar a questão, reconheceu que "enquanto não editada a lei reguladora do direito assegurado constitucionalmente, o critério a ser levado em conta é o da Lei 8.213/1991, mais precisamente o definido no artigo 57, adotando-se os parâmetros previstos para os trabalhadores em geral (Ag. Reg. no ARE 727.541-MS). Nesse sentido é a Súmula Vinculante STF 33.

Quanto ao ocupante exclusivamente de cargo em comissão (ou seja, aquele não seja servidor já com cargo efetivo), aplica-se as regras previdenciárias do regime geral de previdência (art. 40, § 13, da CF), e não as regras acima sobre o regime próprio de previdência do servidor público. Nesse sentido, não se aplica, por exemplo, a regra da aposentadoria compulsória a quem tenha cargo em comissão, de modo que uma pessoa com 80 ou 90 anos (e há casos disso) pode trabalhar no poder público num cargo em comissão.

Por fim, importante consignar que o STF editou a Súmula Vinculante 55, com o seguinte teor: "O direito ao auxílio-alimentação não se estende aos servidores inativos".

6.14. Processo administrativo disciplinar

É aquele destinado à apuração de faltas disciplinares, violação de deveres funcionais e imposição de sanções a servidores públicos.

6.14.1. Garantias e princípios

a) contraditório e ampla defesa: *"aos litigantes, em processo judicial ou administrativo, e aos acusados em geral são assegurados o contraditório e ampla defesa, com os meios e recursos a ela inerentes"* (art. 5º, LV, CF). *Vide* também a Lei 9.784/1999, aplicável subsidiariamente às leis federal e locais que tratam do processo disciplinar; vale salientar, que, apesar das inúmeras garantias contidas nesse princípio, o STF, na Súmula Vinculante 5, não entende que a falta de defesa técnica por advogado no processo disciplinar, por si só, ofenda o contraditório e a ampla defesa; ou seja, a falta de advogado não gera a presunção de desrespeito a esse princípio, se forem preservados os três elementos dessa garantia, que são os seguintes: "a) *o direito de manifestação* (que obriga o órgão julgador a informar à parte contrária dos atos praticados no processo e sobre os elementos dele constantes); b) *o direito de informação sobre o objeto do processo* (que assegura ao defendente a possibilidade de se manifestar oralmente ou por escrito sobre os elementos fáticos e jurídicos contidos no processo); e c) o direito de ver os seus argumentos contemplados pelo órgão incumbido de julgar (que exige do julgador capacidade de apreensão e isenção de ânimo para contemplar as razões apresentadas)" (STF, RE 434.059/DF);

b) juiz natural: *"ninguém será processado nem sentenciado senão pela autoridade competente"* (art. 5º, LIII, CF);

c) vedação da prova ilícita: *"são inadmissíveis, no processo, as provas obtidas por meios ilícitos"* (art. 5º, LVI, CF). Ex.: não é possível requerer a interceptação telefônica em processo administrativo disciplinar (Lei 9.296/1996); porém, o STJ admite a utilização dessa prova, em processo disciplinar, na qualidade de "prova emprestada", caso tenha sido produzida em ação penal, e desde que devidamente autorizada pelo juízo criminal e com a observância das diretrizes da Lei 9.296/1996 (MS 16.146, j. 22.05.2013); de acordo com a Súmula 591 do STJ, " É permitida a prova emprestada no processo administrativo disciplinar, desde que devidamente autorizada pelo juízo competente e respeitados o contraditório e a ampla defesa", não se considera ilícita a prova quando feita pela própria vítima (interlocutor) de fiscal que exigia propina, bem como não se considera flagrante preparado (mas flagrante esperado) no caso em que a solicitação de dinheiro pelo fiscal se dera dias antes de sua prisão (quando não mais se dependia do flagrante para a configuração do delito) e a equipe policial apenas permaneceu alerta, sem instigar a atuação do fiscal (STJ, RMS 19.785); também não se consideram provas ilícitas "As informações obtidas por monitoramento de e-mail corporativo de servidor público não configuram prova ilícita quando atinentes a aspectos não pessoais e de interesse da Administração Pública e da própria coletividade, sobretudo quando exista, nas disposições normativas acerca do seu uso, expressa menção da sua destinação somente para assuntos e matérias afetas ao serviço, bem como advertência sobre monitoramento e acesso ao conteúdo das comunicações dos usuários para cumprir disposições legais ou instruir procedimento administrativo" (RMS 48.665-SP, DJe 5/2/2016).

d) direito ao silêncio, *in dubio pro reo*, presunção de inocência e ônus da prova da Administração; por conta do princípio da presunção de inocência, não é possível cortar remuneração preventivamente, mas é cabível o afastamento cautelar do agente; por conta do ônus da prova da Administração não é possível que esta simplesmente coloque o ônus da prova sobre o servidor e atue de modo tendencioso e direcionado a culpabilizá-lo (STJ, MS 10.906);

e) gratuidade: não se pode cobrar custas do agente público;

f) oficialidade: instaurado e desenvolvido de ofício pela Administração;

g) formalismo moderado: deve-se ter em mente a instrumentalidade das formas, respeitando sempre a ampla defesa e o contraditório; por conta disso, o STJ entende, por exemplo, que a prorrogação *motivada* do prazo para a conclusão dos trabalhos da comissão em processo administrativo disciplinar não acarreta, por si só, a nulidade do procedimento (MS 16.031, j. 26.06.2013); por conta disso, "o excesso de prazo para a conclusão do processo administrativo disciplinar não gera, por si só, qualquer nulidade no feito, desde que não seja prejuízo para o acusado. Isso porque não se configura nulidade sem prejuízo (*pas de nulité sans grief*)" (RMS 33.628-PE, j. 02.04.2013). Nesse sentido é a Súmula 592 do STJ.

h) motivação: a motivação já um imperativo decorrente do regime republicano, do princípio da inafastabilidade da jurisdição (sem a motivação, como se vai exercer esse direito, demonstrando ao Judiciário uma ilegalidade ou abuso de poder) e do princípio da moralidade administrativa, mas esse princípio (da motivação) é ainda mais importante quando se pratica atos que restringem ou interferem nos direitos de terceiro; em matéria disciplinar, então, é ainda mais importante que a Administração motive adequadamente seus atos, explicitando e explicando as razões de seu convencimento; porém, isso não quer dizer que a Administração tem o dever de fazer o exame detalhado de cada argumento trazido pelas partes (STF, Ag. Reg. no ARE 637.958-MG);

i) respeito aos demais princípios administrativos: o STJ determinou a anulação de demissão certa ocasião, por ofensa aos princípios da impessoalidade (art. 37, *caput*, da CF) e da imparcialidade (art. 18 da Lei 9.784/1999), pelo fato de o processo administrativo ter sido instaurado por um dos investigados e também pelo fato de uma das testemunhas também se tratar de investigado, tendo prestado depoimento sem o compromisso de dizer a verdade (MS 14.233, DF).

Já no **plano substancial**, além do respeito aos princípios e regras administrativos em geral, destaque-se a relevância de decidir consoante os princípios da **legalidade**, da **moralidade** e, mais do que nunca, da **razoabilidade** e da **proporcionalidade**. Quanto aos dois últimos princípios, o Judiciário tem, inclusive, anulado a aplicação de penas de demissão (determinando que a Administração aplique nova pena, mas agora proporcional), quando há violação à razo-

abilidade ou proporcionalidade (STJ, RMS 29.290-MG). O Judiciário também tem anulado penas disciplinares quando se demonstra que a autoridade apenadora comete desvio de finalidade, apenando o servidor por perseguição ou interesse de natureza diversa, mas não prevista em lei, por violação aos princípios da impessoalidade (e imparcialidade), moralidade e razoabilidade (STJ, MS 14.959-DF).

6.14.2. Incidência

O processo administrativo é obrigatório para as hipóteses em que são cabíveis sanções mais graves, tais como:

a) demissão;

b) perda do cargo;

c) suspensão por mais de 30 dias;

d) cassação da aposentadoria;

e) destituição de cargo em comissão como punição (diferente da livre exoneração).

6.14.3. Fases do processo administrativo

a) Instauração: por portaria, auto de infração, representação ou despacho da autoridade;

b) Instrução: produção de provas com participação do acusado;

c) Defesa: deve ser ampla e efetiva;

d) Relatório: elaborado pelo presidente da comissão (que deve ser formada por pessoas estáveis de cargo idêntico ou superior ao processado); trata-se de mera peça opinativa, não vinculando autoridade julgadora;

(As quatro fases anteriores também são chamadas de **inquérito**)

e) Julgamento: decisão final, que deve ser motivada e fundamentada pela autoridade competente, por exemplo, pelo Prefeito, Secretário dos Negócios Jurídicos. Vale salientar que o STJ entende que não é obrigatória a intimação do interessado para apresentar alegações finais após o relatório final do processo administrativo disciplinar, não havendo previsão legal nesse sentido (MS 18.090-DF, j. 08.05.2013).

Cabe recurso administrativo e ao Judiciário, que não adentra ao mérito do julgamento, mas ao respeito às formalidades, aos aspectos de legalidade. Em caso de anulação judicial da demissão, haverá reintegração do agente, com direito a indenização.

6.14.4. Meios sumários

Sindicância: meio sumário de investigação, destinado à apuração preliminar de fatos com dois objetivos, que devem ser vistos no prazo de 30 dias:

a) Aplicação de sanções menos severas: multa, repreensão e suspensão de até 30 dias;

b) Processo preparatório: meio de convencimento para instauração de processo administrativo ou arquivamento da peça de instauração.

Verdade sabida: aquela testemunhada ou conhecida inequivocamente pelo superior hierárquico e que enseja sanção leve. Alguns estatutos admitem que a partir dela se imponha sanção, desde que se garanta ampla defesa ou contraditório. Porém, trata-se de instituto inconstitucional, pois há de sempre de se garantir contraditório e ampla defesa.

Termo de Declarações: servidor, confessando a falta, aceita a sanção aplicável, desde que não se exija processo disciplinar. Também é inconstitucional, pois sempre há de se garantir contraditório e ampla defesa.

O STF entende inconstitucional esses dois meios, sob o argumento de que não é "admissível que o Estado, em tema de restrição à esfera jurídica de qualquer cidadão e de seus servidores, exerça a sua autoridade de maneira abusiva ou arbitrária, de modo a desprezar, no exercício de sua atividade, o postulado da plenitude de defesa, visto que o reconhecimento da legitimidade ético-jurídica de qualquer medida imposta pelo Poder Público de que resultem, como no caso, consequências gravosas no plano dos direitos e garantias individuais exige a observância da garantia do devido processo" (ADI 2120/AM).

6.14.5. Sanções disciplinares

Normalmente, os estatutos dos funcionários públicos estabelecem as seguintes sanções disciplinares:

a) demissão;

b) demissão a bem do serviço público;

c) suspensão;

d) advertência, repreensão;

e) multa.

Porém, o estatuto local tem liberdade para estabelecer outros tipos de sanções disciplinares.

6.14.6. Comunicabilidade de instâncias

A regra é a da independência das instâncias cível, administrativa e criminal. A absolvição ocorrida no juízo criminal somente se comunicará à instância administrativa se se tratar de "absolvição por negativa de autoria" ou de "absolvição por inexistência do fato", e nunca se for "absolvição por falta de provas".

De qualquer forma, o exercício do poder disciplinar pelo Estado não está sujeito ao encerramento da perseguição criminal, nem se deixar influenciar, como se viu, por eventual sentença absolutória nessa instância, salvo nos casos mencionados (STF, MS 23.190/RJ, j. 01.08.2013; STJ, MS 18.090-DF, j. 08.05.2013).

Deve-se acrescentar que, de acordo com a Súmula 18 do STF, *"pela falta residual, não compreendida na absolvição pelo juízo criminal, é admissível a punição administrativa do servidor público".*

7. IMPROBIDADE ADMINISTRATIVA

7.1. Conceito de improbidade administrativa

É o ato de imoralidade qualificada pela lei que importa em enriquecimento ilícito do agente, prejuízo ao erário ou violação dos princípios da administração pública e que enseja, em processo judicial promovido pela pessoa jurídica lesada ou pelo Ministério Público, a aplicação das seguintes sanções: suspensão dos direitos políticos, perda da função pública, indisponibilidade dos bens, ressarcimento ao erário, perda de bens e valores acrescidos ilicitamente, multa civil e proibição de contratar com a administração pública ou dela receber benefícios. Tudo sem prejuízo das sanções penais, civis e administrativas.

Atualmente, o regime jurídico da improbidade está previsto na CF (art. 37, § 4º) e na Lei 8.429/1992 (Lei de Improbidade Administrativa).

7.2. Modalidades de improbidade administrativa

A Lei 8.429/1992 estabelece quatro modalidades de ato de improbidade administrativa.

A primeira modalidade é a de **enriquecimento ilícito (art. 9º)**. Essa modalidade consiste em o agente auferir vantagem patrimonial indevida em razão do exercício da atividade pública. São exemplos de improbidade nessa modalidade os seguintes: receber comissão, propina; utilizar bem ou funcionário públicos em proveito próprio; adquirir bens desproporcionais à renda, dentre outros.

O STJ é pacífico no sentido de que é necessário dolo para a configuração dessa modalidade.

A segunda modalidade é a de atos que causam **prejuízo ao erário (art. 10)**. Essa modalidade consiste em o agente, por ato doloso ou culposo, ensejar perda patrimonial, desvio, malbaratamento ou dilapidação dos bens das entidades. São exemplos de improbidade nessa modalidade os seguintes: permitir ou facilitar que bem público seja desviado para particular, ou que seja alienado por preço inferior ao de mercado; realizar operações financeiras sem observância das normas legais; conceder benefício fiscal sem observância da lei; frustrar licitação; ordenar ou permitir realização de despesas não autorizadas; dentre outros.

O STJ é pacífico no sentido de que essa modalidade pode se configurar tanto mediante conduta dolosa como mediante conduta culposa em sentido estrito (EREsp 875.163/RS, DJ 30.06.2010).

A terceira modalidade é que importa em **violação a princípios da Administração Pública (art. 11)**. Essa modalidade consiste em o agente violar dolosamente deveres de honestidade, imparcialidade, legalidade e lealdade às instituições. São exemplos de improbidade nessa modalidade os seguintes: praticar ato visando a fim proibido em lei ou diverso daquele previsto na regra de competência (desvio de finalidade), retardar ou deixar de praticar ato de ofício, revelar fato que deva permanecer em segredo, negar publicidade aos atos oficiais, deixar de prestar contas.

O STJ é pacífico no sentido de que é necessário dolo para a configuração dessa modalidade.

A jurisprudência do STJ afastou todas as teses de responsabilidade objetiva em qualquer das modalidades citadas.

E, nos casos em que se exige dolo, a jurisprudência desse tribunal esclareceu que se trata do *dolo genérico*, consistente na "vontade de realizar fato descrito na norma incriminadora" (REsp 765.212/AC, j. em 02.03.2010).

A quarta modalidade de ato de improbidade é a que importa em **concessão ou aplicação indevida de benefício financeiro ou tributário (art. 10-A)**.

Segue relação dos tipos de improbidade previstos na Lei 8.429/1992, com grifos e comentários nossos:

Dos Atos de Improbidade Administrativa que Importam **Enriquecimento Ilícito**

Art. 9º Constitui ato de improbidade administrativa importando enriquecimento ilícito **auferir qualquer tipo de vantagem patrimonial indevida em razão** do exercício de cargo, mandato, função, emprego ou atividade nas entidades mencionadas no art. 1º desta lei, **e notadamente:** *(a expressão "e notadamente revela que o rol abaixo é exemplificativo, de modo que o* caput *já traz um tipo genérico dessa modalidade; ademais, aqui se exige dolo e não é necessário que haja lesão ao erário).*

I – **receber**, para si ou para outrem, **dinheiro, bem móvel ou imóvel**, ou **qualquer outra vantagem econômica**, direta ou indireta, a título de comissão, percentagem, gratificação ou presente de quem tenha interesse, direto ou indireto, **que possa ser atingido ou amparado por ação ou omissão decorrente das atribuições do agente público;**

II – **perceber vantagem econômica**, direta ou indireta, **para facilitar** a aquisição, permuta ou locação de bem móvel ou imóvel, ou a contratação de serviços pelas entidades referidas no art. 1º por preço superior ao valor de mercado;

III – **perceber vantagem econômica**, direta ou indireta, **para facilitar** a alienação, permuta ou locação de bem público ou o fornecimento de serviço por ente estatal por preço inferior ao valor de mercado;

IV – **utilizar**, em obra ou serviço **particular**, veículos, máquinas, equipamentos ou material de qualquer natureza, de propriedade ou à disposição de qualquer das entidades mencionadas no art. 1º desta lei, bem como o trabalho de servidores públicos, empregados ou terceiros contratados por essas entidades; o STJ reconheceu que incide o dispositivo na utilização, por Prefeita, de procuradores municipais para defendê-la na Justiça Eleitoral em casos envolvendo uso indevido de dinheiro público e abuso de autoridade e do poder econômico quando candidata à reeleição (REsp 908.790-RN, j. em 20.10.2009); também foi reconhecida a aplicação do dispositivo num caso em que um Prefeito usou vinte funcionários públicos em horário de expediente na construção de casa para a sua moradia (STJ, REsp 867.146-SC);

V – **receber vantagem econômica de qualquer natureza**, direta ou indireta, **para tolerar** a exploração ou a prática de jogos de azar, de lenocínio, de narcotráfico, de contrabando, de usura ou de qualquer outra atividade ilícita, ou **aceitar promessa** de tal vantagem;

VI – **receber vantagem econômica de qualquer natureza**, direta ou indireta, **para fazer declaração falsa** sobre medição ou avaliação em obras públicas ou qualquer outro serviço, ou sobre quantidade, peso, medida, qualidade ou característica de mercadorias ou bens fornecidos a qualquer das entidades mencionadas no art. 1º desta lei;

VII – **adquirir**, para **si** ou para **outrem**, no exercício de mandato, cargo, emprego ou função pública, **bens de qualquer natureza cujo valor seja desproporcional à evolução do patrimônio ou à renda do agente público;**

VIII – **aceitar emprego, comissão ou exercer atividade de consultoria ou assessoramento** para pessoa física ou jurídica **que tenha interesse suscetível** de ser atingido ou amparado por ação ou omissão decorrente das atribuições do agente público, durante a atividade;

IX – **perceber vantagem econômica** para **intermediar** a liberação ou aplicação de verba pública de qualquer natureza;

X – **receber vantagem econômica de qualquer natureza**, direta ou indiretamente, **para omitir** ato de ofício, providência ou declaração a que esteja obrigado;

XI – **incorporar**, por qualquer forma, **ao seu patrimônio** bens, rendas, verbas ou valores integrantes do acervo patrimonial das entidades mencionadas no art. 1º desta lei;

XII – **usar, em proveito próprio**, bens, rendas, verbas ou valores integrantes do acervo patrimonial das entidades mencionadas no art. 1º da lei.

Vale ressaltar que o STJ entende que não há necessidade de lesão ao patrimônio público para a configuração de ato de improbidade que importante enriquecimento ilícito (REsp 1.412.214-PR, DJe 28.03.2016).

Dos Atos de Improbidade Administrativa que Causam **Prejuízo ao Erário**

Art. 10. Constitui ato de improbidade administrativa que causa lesão ao erário **qualquer ação ou omissão, dolosa ou culposa, que enseje** perda patrimonial, desvio, apropriação, malbaratamento ou dilapidação dos bens ou haveres das entidades referidas no art. 1º desta lei, e notadamente: *(repare que a modalidade se configura mediante conduta culposa ou dolosa)*

I – **facilitar ou concorrer** por qualquer forma **para a incorporação** ao patrimônio particular, de pessoa física ou jurídica, de bens, rendas, verbas ou valores integrantes do acervo patrimonial das entidades mencionadas no art. 1º desta lei;

II – **permitir ou concorrer** para que pessoa física ou jurídica privada **utilize** bens, rendas, verbas ou valores integrantes do acervo patrimonial das entidades mencionadas no art. 1º desta lei, **sem a observância das formalidades legais ou regulamentares aplicáveis à espécie;**

III – **doar** à pessoa física ou jurídica bem como ao ente despersonalizado, ainda que de fins educativos ou assistências, bens, rendas, verbas ou valores **do patrimônio de qualquer das entidades** mencionadas no art. 1º desta lei, **sem observância** das formalidades legais e regulamentares aplicáveis à espécie;

IV – **permitir ou facilitar** a alienação, permuta ou locação de bem integrante do patrimônio de qualquer das entidades referidas no art. 1º desta lei, ou ainda a prestação de serviço por parte delas, **por preço inferior ao de mercado;**

V – **permitir ou facilitar** a aquisição, permuta ou locação de bem ou serviço **por preço superior ao de mercado;**

VI – **realizar operação financeira** sem observância das normas legais e regulamentares ou aceitar garantia insuficiente ou inidônea;

VII – **conceder benefício administrativo ou fiscal** sem a observância das formalidades legais ou regulamentares aplicáveis à espécie;

VIII – **frustrar a licitude de processo licitatório ou de processo seletivo para celebração de parcerias com entidades sem fins lucrativos, ou dispensá-los indevidamente;** o STJ afastou decisão que condenara agentes por improbidade neste tipo, ao fundamento de que o elemento subjetivo (culpa ou dolo) não foram comprovados, e dano ao erário, essencial para a configuração da modalidade, não aconteceu, em virtude de pagamento da quantia de R$ 50 mil pela Administração correspondeu efetivamente a uma prestação de serviço (REsp 1.038.777-SP, j. 03.02.2011);

IX – **ordenar ou permitir** a realização de despesas não autorizadas em lei ou regulamento;

X – **agir negligentemente na arrecadação de tributo ou renda**, bem como no que diz respeito à **conservação do patrimônio público;**

XI – **liberar verba pública** sem a estrita observância das normas pertinentes **ou influir** de qualquer forma para a sua aplicação irregular;

XII – **permitir, facilitar ou concorrer** para que **terceiro se enriqueça ilicitamente**; o STJ entende que a configuração do art. 10, XII, da Lei 8.429/1992 só é pertinente em caso de comprovada demonstração, nos autos, do nexo de causalidade entre o enriquecimento de terceiro e o prejuízo da Administração (REsp 842.428-ES);

XIII – **permitir que se utilize**, em obra ou serviço particular, veículos, máquinas, equipamentos ou material de qualquer natureza, de propriedade ou à disposição de qualquer das entidades mencionadas no art. 1º desta lei, bem como o trabalho de servidor público, empregados ou terceiros contratados por essas entidades.

XIV – **celebrar contrato ou outro instrumento** que tenha por objeto a prestação de serviços públicos por meio da gestão associada sem observar as formalidades previstas na lei;

XV – **celebrar contrato** de rateio de consórcio público sem suficiente e prévia dotação orçamentária, ou sem observar as formalidades previstas na lei.

XVI – **facilitar ou concorrer, por qualquer forma, para a incorporação, ao patrimônio particular de pessoa física ou jurídica, de bens, rendas, verbas ou valores públicos transferidos pela administração pública a entidades privadas** mediante celebração de parcerias, sem a observância das formalidades legais ou regulamentares aplicáveis à espécie;

XVII – **permitir ou concorrer para que pessoa física ou jurídica privada utilize bens, rendas, verbas ou valores públicos transferidos pela administração pública a entidade privada mediante celebração de parcerias**, sem a observância das formalidades legais ou regulamentares aplicáveis à espécie;

XVIII – **celebrar parcerias da administração pública com entidades privadas sem a observância das formalidades legais ou regulamentares aplicáveis à espécie;**

XIX – **agir negligentemente na celebração, fiscalização e análise das prestações de contas de parcerias firmadas pela administração pública com entidades privadas;**

XX – **liberar recursos de parcerias firmadas pela administração pública com entidades privadas sem a**

estrita observância das normas pertinentes ou influir de qualquer forma para a sua aplicação irregular.

Dos Atos de Improbidade Administrativa Decorrentes de **Concessão ou Aplicação Indevida de Benefício Financeiro ou Tributário.**

Art. 10-A. Constitui ato de improbidade administrativa qualquer **ação ou omissão para conceder, aplicar ou manter benefício financeiro ou tributário contrário** ao que dispõem o *caput* e o § 1º do art. 8º-A da Lei Complementar n. 116, de 31 de julho de 2003. (Incluído pela Lei Complementar n.º 157, de 2016)

A Lei 13.019/2014, que trata do Marco Regulatório para Celebração de Parcerias com Organizações da Sociedade Civil, criou os incisos XVI a XXI e deu nova redação ao inciso VIII do art. 10 da Lei 8.429/1992, além criar o inciso VIII do art. 11 da mesma lei.

Dos Atos de Improbidade Administrativa que Atentam Contra os **Princípios da Administração Pública**

Art. 11. Constitui ato de improbidade administrativa que atenta contra os princípios da administração pública qualquer **ação ou omissão que viole os deveres** de honestidade, imparcialidade, legalidade, e lealdade às instituições, e notadamente: *(aqui se exige dolo e não se exige lesão ao erário)*

I – **praticar ato visando fim proibido em lei ou regulamento** ou diverso daquele previsto, na regra de competência; O STJ entendeu configurado o dispositivo em caso no qual um prefeito repassara a um hospital vultosa verba consignada no orçamento municipal em razão do incêndio sofrido pelo hospital; porém omitiu o caráter público de tal quantia e divulgou na imprensa que tratava-se de sua doação particular, daí porque foi condenado pela prática de improbidade à suspensão de seus direitos políticos por três anos e ao pagamento das custas processuais (REsp 884.083-PR); o STJ entendeu configurado o dispositivo e também o *caput* do art. 11 (neste caso, por violação aos princípios da moralidade, finalidade, legalidade e interesse público), em caso no qual vereadores de um município exigiram de seus assessores comissionados a entrega de percentual dos seus vencimentos para o pagamento de outros servidores não oficiais (assessores informais), bem como para o custeio de campanhas eleitorais e despesas do próprio gabinete (REsp 1.135.767-SP); O STJ enquadrou a tortura de preso custodiado em delegacia praticada por policial como ato que se enquadra nesta hipótese (REsp 1.177.910-SE, DJe 17.02.2016);

II – **retardar ou deixar de praticar, indevidamente, ato de ofício**; o STJ afastou a aplicação desse dispositivo a um caso em que agente público agiu com desídia e negligência, mas sem demonstração de que teria agido com dolo, ainda que eventual (REsp 875.163-RS, j. 19.05.2009);

III – **revelar fato ou circunstância** de que tem ciência em razão das atribuições e que deva permanecer em segredo;

IV – **negar publicidade aos atos ofici**ais;

V – **frustrar a licitude de concurso público**; o STJ entendeu não configurar o ilícito a contratação temporária de servidores e sua prorrogação sem concurso, quando amparadas em legislação local, a afastar o dolo genérico, essencial para a configuração dessa modalidade de improbidade (EDcl no AgRg no AgRg no AREsp 166.766-SE, j. em

23.10.2012); por outro lado, o STJ reconheceu a aplicação do dispositivo em caso no qual a contratação sem concurso se deu e ainda o agente público contratante postergou por 8 anos a eficácia do ato ímprobo (REsp 915.322-MG); da mesma forma, o STJ aplicou o dispositivo a agente que determinou a contratação de servidores para trabalhar em banco estatal, sem concurso, mediante manutenção de vários contratos de fornecimento de mão de obra, via terceirização de serviços; não se aplicou os arts. 9º e 10 da Lei 8.429/1992, por ausência de prova quanto a enriquecimento ilícito e a prejuízo ao erário, respectivamente, mas se aplicou o art. 11, por violação do dispositivo e também dos princípios da moralidade e da impessoalidade (REsp 772.241-MG); o STJ também aplicou o dispositivo e o *caput* do art. 11 em caso no qual um Prefeito, acompanhado de várias pessoas, foi a um clube local para participar de baile de carnaval de natureza privada; todavia, o porteiro advertiu-lhe que apenas ele e seus familiares poderiam adentrar o recinto; indignado, o Prefeito desferiu a ele e a outros uma série de impropérios e deixou o local, mesmo após a autorização dada pelo diretor social para o ingresso de todos e, não satisfeito, no seguinte dia, entendeu cassar a licença conferida ao clube e impedir suas festividades no último dia do carnaval, até mediante o expediente de cavar valetas nas ruas de acesso ao local; ao final, foi condenado a ressarcir o gasto com a abertura da valeta (sanção essa – de ressarcimento – rara de se aplicar quando se tem a modalidade do art. 11 da Lei 8.429/1992), a pagar multa de 10 vezes a sua remuneração e a ficar proibido de contratar com o Poder Público (REsp 897.499-SP);

VI – **deixar de prestar contas** quando esteja obrigado a fazê-lo;

VII – **revelar ou permitir que chegue ao conhecimento de terceiro**, antes da respectiva divulgação oficial, teor de medida política ou econômica capaz de afetar o preço de mercadoria, bem ou serviço;

VIII – descumprir as normas relativas à celebração, fiscalização e aprovação de contas de parcerias firmadas pela administração pública com entidades privadas;

IX – deixar de cumprir a exigência de requisitos de acessibilidade previstos na legislação.

O STJ reconheceu que configura a modalidade do art. 11 as seguintes condutas:

a) de professor da rede pública de ensino, que, aproveitando--se dessa situação assedia sexualmente seus alunos (REsp 1.255.120-SC, j. 21.05.2003);

b) de médico que emite laudo médico de sua competência em seu próprio benefício (AgRg no AREsp 73.968-SP, j. em 02.10.2012).

O STJ também afasta o reconhecimento de improbidade quando o agente público, mesmo cometendo uma ilegalidade, não tenha atuado, num sentido amplo, com imoralidade, desídia, desvio ético ou desonestidade. Afinal, a expressão improbidade significa desonestidade e, não havendo ofensa a esse bem jurídico, não há falar-se em responsabilidade por ato de improbidade administrativa. Um exemplo foi o de um Prefeito que permitiu o uso de um imóvel público a título precário, sem que houvesse lei

autorizando (contrariando assim a lei orgânica local), para abrigar, sob a orientação de servidores em trabalho voluntário, crianças sujeitas a abusos e maus-tratos, durante a noite e finais de semana, pois à época não havia nem conselho tutelar no local (REsp 1.129.277-RS, j. em 04.05.2010). Reconheceu-se que o ato foi praticado com o intuito de assegurar direitos fundamentais a crianças e adolescentes e que a eventual ilegalidade na formalização não é suficiente para caracterizar ato de improbidade, sem prejuízo de que a questão seja corrigida.

7.3. Sanções ou penas pela prática de improbidade administrativa

A Lei 8.429/1992 estabelece as seguintes sanções para aquele que pratica o ato de improbidade (art. 12):

a) suspensão dos direitos políticos: de 8 a 10, de 5 a 8 e de 3 a 5 anos, para os arts. 9º, 10 e 11, respectivamente;

b) perda da função pública;

c) indisponibilidade dos bens (§ 4º do art. 37 da CF);

d) ressarcimento ao erário;

e) perda de bens e valores acrescidos ilicitamente;

f) multa civil: no valor de até 3 (três) vezes o valor do *acréscimo patrimonial* do agente, no caso do art. 9º; no valor de até 2 (duas) vezes o valor do *dano*, no caso do art. 10; e no valor de até 100 vezes a *remuneração percebida* pelo agente, no caso do art. 11;

g) proibição de contratar com a Administração Pública ou dela receber benefícios ou incentivos fiscais ou creditícios, direta ou indiretamente, ainda que por intermédio de pessoa jurídica da qual seja sócio majoritário, por 10, 5 e 3 anos, para os artigos 9º a 11, respectivamente.

Na hipótese prevista no art. 10-A (nova modalidade de improbidade) as sanções são: perda da função pública, suspensão dos direitos políticos de 5 (cinco) a 8 (oito) anos e multa civil de até 3 (três) vezes o valor do benefício financeiro ou tributário concedido (Incluído pela Lei Complementar n.º 157/2016).

As quatro primeiras sanções foram criadas expressamente pela CF, enquanto as demais foram criadas pela Lei 8.429/1992.

Na fixação das penas previstas nesta Lei o juiz levará em conta a extensão do dano causado, assim como o proveito patrimonial obtido pelo agente.

A aplicação das sanções independe de dano ao erário (art. 21, I) e da aprovação ou rejeição de contas pelo órgão de controle interno ou Tribunal de Contas (art. 21, II).

Porém, **em casos em que não se demonstrar lesão ao erário**, como na contratação de servidores sem concurso ou de empresas sem licitação, mas que acabarem trabalhando ou prestando serviço, não cabe a aplicação da sanção de ressarcimento ao erário, não havendo dano, para que não haja enriquecimento sem causa da Administração, sem prejuízo da aplicação de outras sanções previstas no art. 12 da Lei 8.429/1992 (STJ, REsp 1.238.466-SP).

Quanto **à aprovação de contas pelo Tribunal de Contas**, a jurisprudência do STJ vem aplicando o dispositivo citado

(REsp 593.522-SP), asseverando que a sua aprovação não inibe a atuação do Poder Judiciário para exame de sua legalidade e constitucionalidade, pois as cortes de contas municipais não exercem jurisdição e não têm atribuição para anular atos lesivos ao patrimônio público, visto que exercem função auxiliar ao Legislativo (art. 5º, XXXV, c/c o art. 71, X, §§ 1º e 2º da CF/1988).

No tocante à **cumulação das sanções previstas no art. 12 da Lei 8.429/1992**, o STJ entendeu que estas não podem ser cumuladas de modo indistinto, em obediência ao princípio da proporcionalidade (REsp 626.204/RS, DJ 06.09.2007).

Na prática, somente em casos gravíssimos, como de enriquecimento ilícito do agente (art. 9º), justifica-se a cumulação de todas as sanções previstas no art. 12.

Casos que envolvam violação a princípios (art. 11) e prejuízo ao erário (art. 10), desde que não dolosos, dão ensejo, normalmente, apenas a multa civil e ressarcimento do dano (AgRg no AgRg no Ag 1.261.659/TO, DJ 07.06.2010).

Por outro lado, reconheceu-se ser hipótese de aplicar a grave sanção de suspensão dos direitos políticos, mesmo em caso em que não havia enriquecimento ilícito do agente, num caso de contratação, por vereadores, de funcionários fantasmas (STJ, REsp 1.025.300).

Aliás, em matéria de aplicação das sanções, vale trazer à colação outro entendimento do STJ, esse no sentido de que a aplicação da sanção de demissão/perda do cargo, em caso de prática de ato de improbidade, não é de competência exclusiva da autoridade judiciária, podendo ser feita pela autoridade administrativa, dada a independência das instâncias (AgRg no MS 15.054/DF, DJ 18.05.2010).

Ou seja, a aplicação das sanções por improbidade administrativa independe da aplicação de sanções nas esferas administrativa e penal, dada a independência das instâncias, claramente determinada no art. 12, *caput*, da Lei 8.429/1992. Assim, o fato de um agente público estar sofrendo um processo disciplinar que pode levá-lo à demissão não interfere na continuidade da ação de improbidade, que pode também levá-lo à perda do cargo.

7.4. Sujeitos do ato de improbidade administrativa

São **sujeitos passivos**, ou seja, podem ser vítimas do ato de improbidade as seguintes pessoas (art. 1º, *caput* e parágrafo único, da Lei 8.429/1992):

a) pessoas jurídicas de direito público e de direito privado integrantes da Administração Direta e Indireta;

b) empresa incorporada ao patrimônio público;

c) entidade para cuja criação ou custeio o Estado tenha contribuído ou contribua com mais de 50% do patrimônio ou da receita anual;

d) entidade para cuja criação ou custeio o erário haja concorrido ou concorra com menos de 50% do patrimônio ou da receita anual; nesse caso a sanção patrimonial fica limitada à repercussão do ilícito sobre a contribuição dos cofres públicos;

e) entidades que recebam subvenção, benefício ou incentivo, fiscal ou creditício, de órgãos ou empresas públicas (ressar-

cimento só da contribuição pública); nesse caso a *sanção patrimonial* também fica limitada à repercussão do ilícito sobre a contribuição dos cofres públicos.

São **sujeitos ativos**, ou seja, praticam atos de improbidade as seguintes pessoas (arts. 2º e 3º da Lei 8.429/1992):

a) *agentes públicos*, ou seja, todo aquele que exerce, ainda que transitoriamente ou sem remuneração, por eleição, nomeação, designação, contratação ou qualquer outra forma de investidura ou vínculo, mandato, cargo, emprego ou função nas entidades mencionadas acima como sujeitos passivos; aqui temos os chamados *agentes próprios* de improbidade;

b) aquele que *induziu* ou *concorreu* para a prática do ato (art. 3º);

c) particular *beneficiado*, direta ou indiretamente, pelo ato (art. 3º). Vale informar que o STJ tem entendimento de que "não é possível o ajuizamento de ação de improbidade administrativa exclusivamente em face de particular, sem a concomitante presença de agente público no polo passivo da demanda" (REsp 1.171.017-PA, j. 25.02.2014).

No tocante aos *sujeitos ativos* do ato de improbidade, o STF fixou entendimento de que os **agentes políticos** que respondam por crime de responsabilidade (exs.: Presidente, Ministros de Estado, desembargadores, entre outros) não estão sujeitos à incidência da Lei 8.429/1992 (RE 579.799, DJ 19.12.2008), dada a similitude das sanções nas duas esferas. No entanto, findo o mandato do agente político sujeito à aplicação da Lei de Crime de Responsabilidade (Lei 1.079/1950), é possível que este seja acionado com fundamento na Lei 8.429/1992, seja porque não haverá mais dupla sujeição a regimes que ensejam responsabilidade política, seja para que o agente público não fique impune. Esse foi o entendimento exarado pelo STF na AC 3585 AgR/RS.

Todavia, o STF não incluiu os Prefeitos nesse rol, apesar destes responderem por crime de responsabilidade (Rcl 6034, DJ 29.08.2008), sob o argumento de que apenas as autoridades com foro de prerrogativa de função para o processo e o julgamento por crime de responsabilidade, elencadas na Constituição Federal (arts. 52, I e II; 96, III; 102, I, "c"; 105, I, *a*, e 108, I, *a*, todos da CF/1988), não estão sujeitas a julgamento também na Justiça cível comum pela prática da improbidade administrativa (vide também o REsp 1.034.511-CE, j. 01.09.2009, do STJ), o que não é o caso do Prefeito.

Porém, há que não concorde com isso, por entender que não faz sentido que o Prefeito responda nas duas esferas (por crime de responsabilidade e por improbidade administrativa), com o mesmo tipo de consequência, já que essas duas esferas são bem semelhantes quanto às sanções cabíveis. E o caso foi considerado de repercussão geral, estando o STF para reapreciar em breve a questão.

Quanto aos sujeitos ativos impróprios de improbidade (art. 3º), o STJ já admitiu que uma ação de improbidade fosse mantida após a exclusão de agentes públicos do polo passivo da demanda, mesmo restando como réus, além da sociedade de economia mista na qual se deram os fatos, apenas particulares (REsp 1.138.523, j. 23.02.2010).

Quanto ao sucessor daquele que causar lesão ao patrimônio público ou se enriquecer ilicitamente, o art. 8º da

Lei 8.429/1992, respeitando o princípio constitucional da intranscendência das sanções e restrições de direito (art. 5º, XLV, da CF), dispõe que aquele está sujeito às cominações desta lei, mas até o limite do valor da herança. No caso, o sucessor terá de suportar a perda de bens ou valores acrescidos ilicitamente ao patrimônio do falecido, o ressarcimento ao erário pelo ato cometido pelo falecido e a multa civil imposta ao falecido que tenha praticado o ato de improbidade, enfim, todas as sanções econômicas aplicadas a este, serão suportadas pelos sucessores do *de cujus*, nos limites das forças da herança, ou seja, os sucessores arcarão com esses valores até o valor da herança, não tendo obrigação de suportar com seu patrimônio pessoal anterior ao falecimento do sucedido, as dívidas deixadas por este.

7.5. Processo

São **legitimados ativos** o Ministério Público e a pessoa jurídica interessada (art. 17). Qualquer pessoa poderá representar à autoridade administrativa competente (ou ao MP) para instaurar investigação a fim de apurar a prática do ato (art. 14). Comissão processante dará ciência ao MP e ao Tribunal de Contas da existência de procedimento (art. 15). A Fazenda Pública, se for o caso, promoverá ações para complementação do ressarcimento do patrimônio público (art. 17, § 2º).

Caso a ação tenha sido promovida pelo MP, aplica-se o disposto no § 3º do art. 6º da Lei 4.717/1965, chamando-se a pessoa jurídica lesada para contestar, abster-se de contestar o pedido ou atuar ao lado do autor, de acordo com o interesse público (§ 3º do art. 17).

O Ministério Público, se não for parte, será obrigatoriamente fiscal da lei, sob pena de nulidade.

As **cautelares** previstas pela Lei 8.429/1992 são as seguintes:

a) **Sequestro (art. 16)**: havendo fundados indícios de responsabilidade. O pedido pode incluir investigação, exame e bloqueio de bens, contas bancárias e aplicações financeiras no exterior;

b) **Indisponibilidade de bens (art. 7º)**: recairá sobre bens que assegurem ressarcimento (arresto) e sobre o acréscimo patrimonial (pode ser sequestro);

c) **Afastamento do agente público (art. 20, parágrafo único)**: quando a medida for necessária à instrução processual, sem prejuízo da remuneração, podendo ser determinada pela autoridade judicial ou administrativa competente; o STJ é claro no sentido de que o afastamento cautelar do agente de seu cargo é excepcional e configura-se tão somente com a demonstração de um comportamento do agente público que, no exercício de suas funções ou em razão delas, importe efetiva ameaça à instrução processual (REsp 895.415-BA).

Apesar de não prevista na Lei de Improbidade, é cabível também a cautelar de exibição de documentos para fins de quebra do sigilo bancário ou fiscal do agente.

Quanto à medida cautelar de **indisponibilidade de bens**, tutela de urgência que visa garantir eventual condenação pecuniária resultante de improbidade administrativa, o STJ entende que tal medida pode alcançar bens adquiridos anteriormente à prática do ato de improbidade (REsp 839936/PR, DJ 01.08.2007), mesmo que se tratem de bem de família (REsp 806.301/PR, DJ 03.03.2008). Porém, o mesmo STJ já decidiu que "os valores investidos em aplicações financeiras cuja origem remonte a verbas trabalhistas não podem ser objeto de medida de indisponibilidade em sede de ação de improbidade administrativa", ressalva a penhora dos rendimentos dessa aplicação (REsp. 1.164.037-RS, j. 20.02.2014).

O STJ também entende que a decretação da medida prescinde da individualização de bens na petição inicial e requer apenas o *fumus boni juris*, estando o *periculum in mora* implícito na lei (REsp 1.177.290/MT, DJ 01.07.2010), sendo possível, inclusive, que seja determinada antes do recebimento da petição inicial da ação de improbidade (AgRg no REsp 1.317.653-SP, j. em 07.03.2013), em medida cautelar preparatória ou incidental, *inaudita altera pars*, ou seja, sem a oitiva da parte contrária (REsp 1.078.640-ES).

Por fim, o STJ determina que a medida só incide sobre as bases patrimoniais da futura sentença condenatória, incluído o valor de eventual multa civil (AgRg nos EDcl no REsp 637413/RS, DJ 21.08.2009), não podendo atingir todo o patrimônio do acusado de ato ímprobo, se não for necessário (AgRg no REsp 1.191.497-RS, j. 20.11.2012).

O **procedimento** previsto pela lei é o comum (art. 17), com notificação do requerido, antes do recebimento da inicial, para oferecer resposta por escrito no prazo de 15 dias (defesa preliminar), podendo o juiz rejeitar a ação se convencido da inexistência do ato, da improcedência da demanda ou da inadequação da via eleita (§ 8º).

O STJ ainda não se pacificou sobre a ausência de oportunidade para os réus apresentarem **defesa preliminar** antes do recebimento da inicial (art. 17, § 7º, da Lei 8.429/1992) constituir cerceamento de defesa que gera nulidade absoluta do processo desde sua origem. Há acórdãos nesse sentido (REsp 883.795/SP, DJ 26.03.2008), mas também há decisões no sentido de que a nulidade só existirá se houver demonstração do efetivo prejuízo (REsp 1.174.721/SP, DJ 29.06.2010).

Por fim, é importante ressaltar que a lei **veda** expressamente qualquer tipo de transação, acordo ou conciliação na ação por improbidade administrativa (art. 17, § 1º, da Lei 8.429/1992). Essa disposição foi objeto da Medida Provisória 703, de 18 de dezembro de 2015, que, no ponto, revoga completamente essa proibição de transação, acordo ou conciliação. Todavia, esta MP teve vigência encerrada e a regra que veda a transação, acordo ou conciliação em ações de improbidade restou mantida em nosso ordenamento jurídico.

Quanto à **competência** para o ajuizamento da ação de improbidade, não havendo disposição na lei a esse respeito, é de rigor valer-se do contido nas regras gerais sobre ações civis públicas, devendo prevalecer o disposto no artigo 2º da Lei 7.347/1985, que diz competente, de forma funcional (*rectius*: absoluta), o foro do local onde ocorrer o dano, com a peculiaridade de que nas causas em que a União, entidade autárquica ou empresa pública federal forem autoras, rés, assistentes ou oponentes, a competência será da Justiça Federal, junto ao juízo da seção judiciária que abranger a área em que se configurou o dano, dada a posição exarada pelo Supremo Tribunal Federal a respeito, a qual deu origem ao cancelamento da Súmula 183 do Superior Tribunal de Justiça.

No que pertine à existência de **foro por prerrogativa de função** na ação por improbidade, a questão acabou se esvaziando com a não submissão da maior parte dos agentes políticos à Lei 8.429/1992. No entanto, no caso do Prefeito, como a lei continua se aplicando a este, a questão é relevante. Nesse ponto, o STF declarou inconstitucional a alteração feita no art. 84, § 2º, do Código de Processo Penal, que estendia o foro privilegiado da esfera penal às ações de improbidade, que são consideradas ações cíveis (ADI 2.797, DJ 19.12.2006). Assim, as ações de improbidade contra os Prefeitos devem ser promovidas em primeira instância.

A **sentença** aplicará as sanções e determinará o pagamento ou a reversão dos bens, conforme o caso, em favor da pessoa jurídica (art. 18).

Vale ressaltar que a perda da função pública e a suspensão dos direitos políticos só produzirão efeitos com o trânsito em julgado da sentença condenatória (art. 20, *caput*).

7.6. Prescrição (art. 23)

No que diz respeito ao **prazo prescricional** para o exercício da pretensão de aplicar as sanções de improbidade administrativa, o STF entende que a pretensão é imprescritível quanto à sanção de ressarcimento do erário. Aliás, o STF foi além ao interpretar o art. 37, § 5º, da CF e consagrou entendimento de que são imprescritíveis as pretensões de ressarcimento ao erário toda vez que este é causado por ato ilícito do ofensor, seja um ato de improbidade ou não, seja um ato praticado por agente público ou não (MS 26.210, DJ 10.10.2008).

Quanto à aplicação das **demais sanções**, têm-se os seguintes prazos (art. 23): a) 5 anos: após o término do exercício do mandato, de cargo em comissão ou de função de confiança; b) no prazo da lei específica quanto à prescrição para faltas punidas com demissão a bem do serviço público, para os casos de cargo efetivo e emprego público (normalmente 5 anos contados da data do fato); c) até 5 anos da data da apresentação à administração pública da prestação de contas final pelas entidades referidas no parágrafo único do art. 1º da Lei 8.429/1992.

Resta saber qual regra deve ser aplicada quanto aos servidores detentores de cargo efetivo, mas que praticaram o ato em momento que estavam em cargos em comissão ou função de confiança. O STJ apreciou a questão e entendeu que se deveria aplicar a regra pertinente ao servidor efetivo (REsp 1.060.529/MG, DJe 18.09.2009), regra essa normalmente mais favorável ao agente público, uma vez que o termo *a quo* do prazo prescricional tem início logo após a prática do ato.

Nos casos de mais de um réu, entendeu-se que o prazo prescricional corre individualmente, de acordo com as condições de cada um (STJ, REsp 1.185.461/PR, DJ 17.06.2010).

E no caso de reeleição de Prefeito, entendeu-se que o prazo começa a fluir do término do segundo mandato (REsp 1.153.079/BA, DJ 29.04.2010).

Segundo o STJ, "Nas ações civis por ato de improbidade administrativa, interrompe-se a prescrição da pretensão condenatória com o mero ajuizamento da ação dentro do prazo de cinco anos contado a partir do término do exercício de mandato, de cargo em comissão ou de função de confiança, ainda que a citação do réu seja efetivada após esse prazo" (REsp 1.391.212-PE, j. 02.09.2014).

7.7. Disposições penais

A Lei 8.429/1992 tipifica, no âmbito penal, a seguinte conduta:

"Art. 19. Constitui crime a representação por ato de improbidade contra agente público ou terceiro beneficiário, quando o autor da denúncia o sabe inocente.

Pena: detenção de seis a dez meses e multa.

Parágrafo único. Além da sanção penal, o denunciante está sujeito a indenizar o denunciado pelos danos materiais, morais ou à imagem que houver provocado."

Para configurar o tipo, é necessário que alguém represente um terceiro acusando-o de ter cometido ato de improbidade que, na verdade, não fora cometido. É necessário que aquele que faz a representação (o autor da denúncia) saiba que o terceiro é inocente. Sem elemento o crime não se configura. E é até bom que assim o seja, para que as pessoas não tenham medo de representar contra terceiros por ato de improbidade. Somente aquele que está de má-fé (por saber que o terceiro é inocente) é que deve temer fazer uma representação nessas condições.

Interessante disposição é a prevista no parágrafo único do art. 19, que assevera que o autor da denúncia indevida está sujeito, ainda, a indenizar o denunciado pelos danos materiais, morais ou à imagem que houver provocado. Apesar de o dever de indenizar já ser uma consequência legal em desfavor de quem é condenado por cometer um crime que causa danos à esfera civil de alguém (o art. 91, I, do CP estabelece que é efeito da condenação "tornar certa a obrigação de indenizar o dano causado pelo crime"), a menção à indenização por danos morais e à imagem acaba por evidenciar à necessidade de indenizar todos os danos causados à vítima da representação.

Vale lembrar que, para apurar qualquer ilícito previsto nesta lei, inclusive o penal, o Ministério Público, de ofício, a requerimento de autoridade administrativa ou mediante representação formulada de acordo com o disposto no art. 14 da Lei 8.429/1992, poderá requisitar a instauração de inquérito policial, ou, no caso de ilícito não penal, a instauração de procedimento administrativo.

8. BENS PÚBLICOS

8.1. Conceito de bens públicos

Bens públicos são aqueles pertencentes às pessoas jurídicas de direito público interno (art. 98 do CC), podendo ser móveis ou imóveis, corpóreos ou incorpóreos. Todos os outros bens são particulares, seja qual for a pessoa a que pertencerem (segunda parte do art. 98 em questão). Assim, bens pertencentes à União, Estados, DF, Municípios, autarquias, agências reguladoras, fundações públicas de direito público e consórcios públicos de direito público são sempre bens públicos. Mas os bens pertencentes às empresas públicas, sociedades de economia mista, fundações governamentais de direito privado e consórcios públicos de direito privado são bens privados, portanto, passíveis de penhora, usucapião e alienação. Com maior motivo ainda, os bens das pessoas naturais e das jurídicas não privadas são todos bens privados também.

Porém, há certos bens adquiridos por pessoas privadas que podem ser públicos. Isso ocorre quanto aos bens adquiridos pelos concessionários de serviço público que tiverem duas características: a) forem afetados ao serviço público; b) forem reversíveis ao final da concessão (art. 35, § 1º, da Lei 8.987/1995). *Vide* o caso, por exemplo, de uma torre de energia elétrica adquirido por uma concessionária da área. Finda a concessão, esses bens são revertidos ao patrimônio público, de modo que pode se dizer que o Poder Concedente (sempre pessoa de direito público) é proprietário com termo suspensivo de tais bens (*v.* art. 131 do CC e 18 da Lei 8.987/1995). O STJ entende que "O imóvel da Caixa Econômica Federal vinculado ao Sistema Financeiro de Habitação deve ser tratado como bem público, sendo, pois, imprescritível" (REsp 1.448.026-PE, DJe 21/11/2016).

Não se deve confundir o conceito de *bem público* com a noção de *domínio público* em sentido amplo, que abrange tanto os bens pertencentes ao Estado (bens públicos), como aqueles em relação aos quais sua utilização subordina-se às normas estabelecidas por este (bens particulares de interesse público) e ainda as coisas inapropriáveis individualmente, mas de fruição geral da coletividade (*res nullius*). Assim, tal ideia abrange tanto o domínio patrimonial (sobre os bens públicos) como o domínio eminente (sobre todas as coisas de interesse público), entendido esse como o poder político pelo qual o Estado submete à sua vontade todas as coisas de seu território, no ensinamento de Hely Lopes Meirelles. Em nome do domínio eminente é que são estabelecidas as limitações administrativas, as servidões etc.

8.2. Classificação dos bens públicos

Segundo sua destinação, os bens públicos podem ser classificados da seguinte forma (art. 99 do Código Civil):

a) bens de uso comum do povo (ou do domínio público): *são os destinados a uso público, podendo ser utilizados indiscriminadamente por qualquer do povo.* Ex.: mares, rios, estradas, ruas e praças. Não há direito de uso exclusivo ou privilégios na utilização de tais bens. Apesar de destinados ao uso indistinto de todos, podem assumir caráter gratuito ou oneroso, na forma da lei (art. 103 do CC: *"o uso comum dos bens públicos pode ser gratuito ou retribuído, conforme for estabelecido legalmente pela entidade a cuja administração pertencer"*). Ex.: zona azul, pedágio, ancoragem em portos;

b) bens de uso especial (ou do patrimônio administrativo indisponível): *são aqueles destinados à execução dos serviços públicos ou a servirem de estabelecimento para os entes públicos.* Ex.: edifícios onde estão as repartições públicas, equipamentos e veículos públicos; teatros, museus, universidades, bibliotecas, escolas públicas e hospitais; cemitérios e mercados públicos. Também são chamados de bens de uso especial aqueles que têm destinação específica, como museus, universidades, ou ainda aqueles utilizados pelos concessionários e permissionários do Poder Público;

c) bens dominicais[12] **(ou do patrimônio disponível)**: *são aqueles que não têm destinação específica, nem se encontram sujeitos ao uso comum do povo.* São bens que simplesmente integram o patrimônio do Estado e que, eventualmente, podem ser alienados. Ex.: terrenos de marinha, terras devolutas, prédios em renda etc. O CC não os trata como inalienáveis, dispondo que "podem ser alienados, observadas as exigências da lei" (art. 101), o que não quer dizer que podem ser objeto de penhora, visto que a execução contra as pessoas de direito público se faz, de acordo com o art. 100 da CF, mediante a expedição de precatório.

8.3. Afetação e desafetação

Em regra, todos os bens públicos ingressam no patrimônio público afetados por destinação específica.

Afetação *significa vinculação de um bem a uma destinação específica.* Decorre de um fato natural, da lei ou de ato administrativo. Uma avenida é afetada (destinada) à circulação de veículos e pessoas. O local onde fica uma repartição pública é afetado ao uso do Poder Público para consecução de seus fins.

Desafetação *consiste na retirada da destinação dada ao bem público, com o consequente ingresso do bem na categoria dos bens dominicais.* A desafetação só pode ocorrer em virtude de lei ou de ato administrativo decorrente de autorização legislativa.

8.4. Regime jurídico dos bens públicos

Os bens públicos são gravados de uma série de condicionantes decorrentes do fato de pertencerem ao povo e de terem destinações voltadas à coletividade, direta ou indiretamente. Confira as regras decorrentes desse regime jurídico especial.

a) São **inalienáveis**, o que significa que não podem ser vendidos ou doados, salvo se passarem para a categoria de bens dominicais. São **requisitos para alienação**[13] **de bens imóveis:** (1) presença de interesse público devidamente justificado, (2) desafetação, (3) avaliação, (4) autorização legislativa e (5) licitação na modalidade concorrência. Em sendo bens móveis não serão necessárias a desafetação e a autorização legislativa. Há *dispensa de autorização legislativa* também na alienação de bens por pessoas de direito privado estatais. Há *dispensa de licitação*, se imóveis, em caso de dação em pagamento, doação ou venda para outro órgão ou ente público; permuta; investidura (aquisição de área pública isoladamente inaproveitável; a Lei 9.648/1998, que trouxe redação ao § 3º do art. 17 da Lei 8.666/1993, também considera investidura a "alienação aos legítimos possuidores diretos ou, na falta destes, ao Poder Público, de imóveis para fins residenciais construídos em núcleos urbanos anexos a usinas hidrelétricas, desde que considerados dispensáveis na fase de operação dessas unida-

---

12. José Cretella Júnior e José Cretella Neto diferenciam "bem dominical" de "bem dominial". Ensinam que "dominial é gênero, que abrange os três tipos de bens públicos, incluindo-se, entre estes tipos, o bem dominical, ou bem do patrimônio privado do Estado. Logo, dominial é gênero de que dominical é espécie".

13. *Vide* art. 17 da Lei 8.666/1993 (Lei de Licitações e Contratos).

des e não integrem a categoria de bens reversíveis ao final da concessão"); disposições em geral para programas habitacionais. No caso de bens móveis, a dispensa de licitação ocorre na doação social, na permuta, venda de ações, títulos e bens produzidos pelos entes e venda de materiais e equipamentos para órgãos e entes públicos.

Instituto próximo da questão ora tratada é a *legitimação de posse*, que consiste na transferência do domínio de terra devoluta ou área pública sem utilização para particular ocupante. O Estatuto da Terra traz a regulamentação da questão na esfera federal. Trata-se de transferência de domínio voluntária, ou seja, distinta da usucapião (não voluntária), que é vedada quanto aos bens públicos;

b) São **imprescritíveis**, o que significa que não são passíveis de usucapião (prescrição aquisitiva). O art. 183, § 3º, da CF dispõe que os imóveis públicos não serão adquiridos por usucapião. O art. 191, parágrafo único, da CF repete tal regra. O art. 102 do Código Civil também dispõe dessa forma, sem que traga a restrição de que se trate de bem imóvel, já que dispõe que "os *bens públicos* não estão sujeitos a usucapião" (g.n.)[14];

c) Também são **impenhoráveis**, o que inclui a vedação de serem objeto de garantia. Isso decorre do fato de que os bens públicos devem estar disponíveis para que o Estado desenvolva suas atividades, o que não se coaduna com a entrega em garantia ou para penhora. A regra em questão não vale para os bens das pessoas jurídicas de direito privado estatais (sociedade de economia mista e empresas públicas), salvo se forem concessionárias de serviço público, hipótese em que apenas os bens afetados ao serviço serão impenhoráveis. A impossibilidade de oneração dos bens públicos encontra exceção nas operações de crédito por antecipação de receita (art. 167, IV, CF) e nos débitos com a União (art. 167, § 4º, CF).

A **execução contra o Estado** é feita por meio de precatório (art. 100 da CF). Os pagamentos das Fazendas serão feitos na **ordem cronológica de apresentação desses** (requisição do Presidente do Tribunal) e à conta do crédito respectivo, sem indicação dos casos ou pessoas. É **obrigatória a inclusão no orçamento** das entidades de direito público de verba para pagamento de débitos oriundos de sentença transitada em julgado, constante de precatório **apresentado até 1º de julho**, fazendo-se o **pagamento até o final do exercício seguinte**, em valor atualizado. **Exceções:** débitos alimentares e débitos de pequeno valor (valores distintos conforme capacidade do ente político), que seguem regra própria. Vale lembrar que o pagamento de precatório fora da ordem cronológica pode gerar sequestro (art. 100, § 6º, CF). O não pagamento, por sua vez, pode gerar pedido de intervenção no ente (art. 34, V, "a", e 35, I, CF).

Vale ressaltar que todos os bens públicos são impenhoráveis, inclusive os bens dominicais.

No entanto, há situações excepcionais em que os bens públicos podem ser objeto de constrição judicial.

O STJ vem admitindo a penhora de dinheiro público quando a Fazenda Pública não cumpre decisões judiciais que determinam o fornecimento de medicamentos e tratamentos na área da saúde.

A jurisprudência é calcada no postulado da proporcionalidade, fazendo com que, na ponderação entre a regra constitucional do precatório com os princípios constitucionais da dignidade da pessoa humana e da proteção integral da saúde, preponderem os dois últimos valores.

8.5. Formas de aquisição e uso dos bens públicos

8.5.1. *Aquisição*

Pode se dar por desapropriação ou por compra, a qual dependerá de prévia licitação, salvo os casos de dispensa e inexigibilidade. Adquire-se também por dação em pagamento, permuta, penhora e sucessão.

8.5.2. *Uso dos bens públicos*

a) uso livre: ocorre quanto aos bens de uso comum do povo, respeitando-se as leis e sem que haja exclusividade, ainda que momentânea;

b) autorização de uso: ato unilateral, discricionário e precário, em que se faculta uso em caráter episódico, no interesse do particular. Ex.: fechar rua para festa; circo; carga pesada;

c) permissão de uso: ato unilateral, discricionário e precário, no interesse coletivo, que faculta uso com maior permanência do bem público, mediante licitação. Ex.: banca de jornal, barracas, feiras, box em mercado municipal;

d) concessão de uso: contrato que transfere o uso por prazo certo para finalidade específica, mediante licitação. Não há precariedade, vale dizer, a revogação antes do prazo contratual gera direito à indenização. Ex.: restaurante ou lanchonete em aeroporto ou rodoviária;

e) concessão de direito real de uso: contrato pelo qual se transfere, como direito real, o uso remunerado ou gratuito de imóvel não edificado, mediante licitação. Serve para urbanização, industrialização e cultivo de terra (Dec.-lei 271/1967). O direito real confere mais estabilidade à concessão feita, que fica oponível até ao Poder Público, ressalvada a possibilidade de desapropriação;

f) concessão de uso especial (MP 2.220/2001; art. 183, § 1º, da CF): como não se admite usucapião de bem público, nas hipóteses em que forem preenchidos os requisitos legais para o usucapião especial urbano até 30.06.2001 há direito do ocupante à concessão de uso especial, que se constitui administrativa ou judicialmente;

g) cessão de uso: consiste na atribuição gratuita da posse de um bem público de entidade ou órgão para outro, possibilitando ao cessionário a utilização nas condições estabelecidas no termo, por prazo certo ou indeterminado. Trata-se de ato de colaboração entre os entes públicos. Caso se trate de cessão externa, é necessária autorização legal.

Quando uma pessoa ocupa um bem público fora das situações mencionadas acima, está-se diante de uma ilegalidade. Um exemplo é um particular que invade um bem público e nele resolve construir um imóvel. Se o bem fosse privado, teríamos configurado o instituto da posse, mesmo se tratando de uma posse injusta. A posse, mesmo que injusta, pode gerar efeitos fortíssimos, como a usucapião

---

14. *Vide* também a Súmula 340 do STF.

e o direito à proteção possessória. Porém, em se tratando de bem público isso não ocorre. Não há que se falar em **posse** sobre bem público e, consequentemente, em *proteção possessória, retenção por benfeitorias* ou *usucapião*. Assim, o particular que ocupa nessas condições um bem público tem, segundo a doutrina e a jurisprudência, mera **detenção**. A detenção não gera efeito possessório algum e, assim, o Poder Público pode ingressar com ação de reintegração de posse e, mesmo se se tratar de ocupação antiga, o particular não poderá impedir que a Administração consiga uma liminar, sob alegação (do particular) de que tem uma posse antiga. Não havendo, posse, mas mera detenção, o particular não tem como defender a sua permanência no imóvel. Porém, caso o particular esteja exercendo atos típicos de posse em bem público do tipo *dominical*, o STJ entende que tem direito a proteção possessória em face de terceiro, também *particular*, com quem estiver em litígio (REsp 1.296.964-DF, DJe 7/12/2016).

8.6. Espécies de bens na CF (da União)

8.6.1. Os que atualmente lhe pertencem e os que lhe vierem a ser atribuídos

8.6.2. Terras devolutas indispensáveis à defesa

São da União as terras devolutas indispensáveis à defesa:

a) das fronteiras, fortificações e construções militares;

b) das vias federais de comunicação;

c) da preservação ambiental, definidas em lei.

Terras devolutas são as terras vazias, sem proprietário ou não afetadas a nada, representando bem disponível estatal (art. 5º do Decreto-lei 9.760/1946). As da União são as voltadas à preservação ambiental e defesa de fronteiras, fortificações e vias federais de comunicação, definidas em lei (art. 20, II, da CF). São do Estado as que não forem da União e dos Municípios as atribuídas por aqueles às edilidades. A Lei 6.383/1976 trata da discriminação das terras devolutas da União, sob responsabilidade do INCRA, podendo ser administrativa ou judicial. O art. 29 da referida lei diz que o ocupante de terras públicas, quando as tenha tornado produtivas com o seu trabalho e o de sua família, fará jus à legitimação da posse de área contínua de até 100 hectares, preenchidos os requisitos legais.

Vale citar, ainda, a Lei 601/1850, que tem o seguinte teor: "Art. 3º São terras devolutas: § 1º As que não se acharem aplicadas a algum uso público nacional, provincial ou municipal. § 2º As que não se acharem no domínio particular por qualquer título legítimo, nem forem havidas por sesmarias e outras concessões do Governo Geral ou Provincial, não incursas em comisso por falta do cumprimento das condições de medição, confirmação e cultura. § 3º As que não se acharem dadas por sesmarias, ou outras concessões do Governo, que, apesar de incursas em comisso, forem revalidadas por esta Lei. § 4º As que não se acharem ocupadas por posses, que, apesar de não se fundarem em título legal, forem legitimadas por esta Lei".

8.6.3. Terras tradicionalmente ocupadas pelos índios

São da União as terras tradicionalmente ocupadas pelos índios.

Os índios têm posse permanente e usufruto exclusivo das riquezas do solo, dos rios e dos lagos nelas existentes.

O aproveitamento dos demais recursos só se dará com autorização do Congresso Nacional, garantida a participação nos resultados.

8.6.4. Lagos e rios

São da União os lagos e rios:

a) de terrenos de seu domínio;

b) que banhem mais de um Estado;

c) que sirvam de limite com outros países;

d) que se estendam a território estrangeiro ou dele provenham, inclusive os terrenos marginais.

8.6.5. Terrenos de marinha

São da União os terrenos de marinha.

São aqueles formados pela porção de terras banhadas pelas águas dos rios navegáveis ou pelas águas do mar (art. 20, VII, da CF). O art. 2º do Decreto-lei 9.760/1946 os define como a faixa de 33 metros da linha do preamar médio de 1831 para a parte da terra. O particular que ocupar parte de terreno de marinha, mediante a devida outorga (enfiteuse ou aforamento, ou mesmo mero regime de ocupação), pagará à União taxa de Administração (art. 127 do Dec.-lei 9.760/1946). E caso o ocupante venha a transferir a terceiros, mediante alienação a título oneroso, esse direito sobre o bem (chamado "domínio útil"), deverá pagar o chamado laudêmio (art. 5º do Dec.-lei 2.398/1987). Aliás, o pagamento de laudêmio à União é devido não só quando há transferência do domínio ou de ocupação, seja para terceiros, seja para integralizar cotas de empresa, como também quando há transferência do direito a benfeitorias no bem (AgRg no AREsp 429.801/PE, DJe 25.02.2014). Aliás, no caso de irregularidade da ocupação, a União, independentemente de fazer a cobrança devida pela ocupação do bem, pode buscar a anulação dos registros da ocupação, podendo fazê-lo administrativamente (sem necessidade de ação judicial), "em razão do atributo da presunção de legitimidade e executoriedade do ato administrativo, justificando-se, inclusive, a inversão do ônus da prova a cargo dos" ocupantes (Resp 409.303-RS, DJ 14.10.2012).

8.6.6. Mar territorial

É da União o mar territorial, consistente na faixa de 12 milhas, contadas do litoral continental, sobre a qual o Estado exerce poderes de soberania (art. 20, VI, da CF e Lei 8.617/1993).

8.6.7. Recursos da zona econômica exclusiva

São da União os recursos da zona econômica exclusiva, que consiste na faixa de 12 a 200 milhas, sobre a qual o Estado exerce poderes de exploração dos recursos naturais do mar (art. 20, V, da CF e Lei 8.617/1993).

8.6.8. Recursos naturais da plataforma continental

São da União os recursos naturais da plataforma continental, que consiste no prolongamento natural das terras da superfície sob a água do mar, porção de terras submersas que apresentam a mesma estrutura geológica das terras do continente (art. 20, V, da CF e Lei 8.617/1993).

8.6.9. Ilhas

São da União as ilhas:

a) fluviais (de rios) e lacustres (de lagos) nas zonas limítrofes com outros países; as demais são dos Estados;

b) oceânicas (no oceano);

c) costeiras (próximas à costa), excluídas as de terceiros.

8.6.10. Recursos minerais, inclusive dos subsolos

São da União os recursos minerais, inclusive dos subsolos.

É assegurada a participação (ou compensação financeira) no resultado da exploração de petróleo, gás natural, potencial hídrico e outros recursos minerais, no respectivo território, plataforma continental, mar territorial e zona econômica exclusiva, em favor dos Estados, DF, Municípios e União, nos termos da lei (art. 20, § 1º, da CF).

9. INTERVENÇÃO DO ESTADO NA ORDEM ECONÔMICA E NO DIREITO DE PROPRIEDADE

9.1. Intervenção do Estado na propriedade privada

9.1.1. Introdução

A propriedade há de atender duas funções: a função individual, mais ligada aos interesses do proprietário; e à função social, ligada ao interesse da sociedade.

Para garantir que a propriedade atenda à sua função social, o Estado nela intervém com vista a preservar os seguintes valores:

a) uso seguro da propriedade: por exemplo, criando leis (Código de Obras) e fiscalizando seu cumprimento;

b) uso organizado da propriedade: por exemplo, criando leis de zoneamento e fiscalizando seu cumprimento;

c) uso legítimo da propriedade: por exemplo, criando leis que impõem o silêncio após dado horário e fiscalizando seu cumprimento;

d) uso social da propriedade: por exemplo, valendo-se dos institutos da desapropriação, servidão, requisição, ocupação temporária;

e) preservação do meio ambiente; por exemplo: valendo-se do instituto do tombamento.

O foco do estudo da intervenção na propriedade recairá sobre as limitações administrativas, exemplificadas nos itens "a" a "c", e também sobre os demais institutos mencionados como exemplos nos itens "d" e "e".

9.1.2. Limitação administrativa

É a imposição unilateral, geral e gratuita, que traz os limites dos direitos e atividades particulares de forma a condicioná-los às exigências da coletividade. Ex.: proibição de construir sem respeitar recuos mínimos; proibição de instalar indústria ou comércio em determinadas zonas da cidade; leis de trânsito, de obras e de vigilância sanitária; lei do silêncio.

A limitação administrativa pode ser de três tipos: *positiva* (ex.: imposição de construção de muro ou de limpar o imóvel),

negativa (ex.: limitação da altura de uma obra) ou *permissiva* (ex.: permitir vistoria de imóvel pelo Poder Público).

Perceba-se a identidade entre a limitação administrativa e o poder de polícia. Enquanto o poder de polícia é a atividade condicionadora dos direitos aos seus limites, a limitação é o próprio limite que o particular deve observar e que o Poder Público deve levar em conta na sua atividade de poder de polícia.

Nem a limitação administrativa, nem a atividade de condicionamento dos direitos feita pelo Poder Público (poder de polícia), ensejarão indenização ao particular, visto que são imposições que atingem a todos igualmente, não prejudicando ninguém especificamente, mas apenas traçando os limites do direito que cada um de nós temos.

São diferenças entre limitação administrativa e servidão: a primeira não é ônus real, ao passo que a segunda é ônus real; aquela é gratuita (atingindo a todos), enquanto esta é onerosa (pois atinge um bem em particular); a limitação importa e traça deveres de não fazer (*non facere*), já a segunda em deveres de suportar (*pati*) – suportar é mais amplo que *não fazer*).

9.1.3. Requisição de bens ou serviços

É o ato pelo qual o Estado determina e efetiva a utilização de bens ou serviços particulares, mediante indenização ulterior, para atender necessidades públicas urgentes e transitórias, ou seja, em caso de iminente perigo público.

O **requisito** para requisição de *bens* está previsto na CF, em seu artigo 5º, XXV: *no caso de iminente perigo público, a autoridade competente poderá usar de propriedade particular, assegurada ao proprietário indenização ulterior, se houver dano.*

São situações de iminente perigo público uma inundação, um incêndio, a falta de alimento etc. Em caso de inundação, por exemplo, pode o Poder Público, para dar guarida àqueles que poderão ter sua casa invadida pela água, requisitar o ginásio de um clube particular para abrigo de tais pessoas. Após isso, o particular será indenizado.

O fundamento do instituto consiste no estado de necessidade pública. O artigo 22, inciso III, da CF, diz caber privativamente à União legislar sobre "requisições civis ou militares, em caso de iminente perigo público e em tempo de guerra". A requisição administrativa de bens e serviços é tratada pela Lei Delegada 4/1962 e pelo Decreto-lei 2/1966, enquanto que as requisições civis e militares em tempo de guerra estão reguladas pelo Decreto-lei 4.812/1942.

São **diferenças entre desapropriação e requisição** as seguintes: a desapropriação só se refere a *bens*, enquanto a requisição pode ser de *bens* ou *serviços;* a primeira é direcionada a *aquisição* do bem, ao passo que a segunda busca apenas seu *uso*, de forma que a desapropriação visa atender a necessidades *permanentes* e a requisição, a necessidades *transitórias;* a primeira depende de *acordo ou processo* para se efetivar, a segunda é *autoexecutável;* a desapropriação depende de *indenização prévia,* a requisição dá ensejo a *indenização posterior* desde que haja dano.

9.1.4. Ocupação temporária (ou provisória)

Consiste no direito de uso do Poder Público sobre um bem particular não edificado, de forma transitória, remunerada ou gratuita, com o objetivo de executar obras, serviços ou atividades públicas.

O artigo 36 do Decreto-lei 3.365/1941 (Lei de Desapropriação) prevê tal ocupação: *é permitida a ocupação temporária, que será indenizada, a final, por ação própria, de terrenos não edificados, vizinhos às obras e necessários à sua realização. O expropriante prestará caução, quando exigida.*

Quanto às diferenças entre a ocupação e a requisição, a primeira incide sobre bens, enquanto a segunda sobre *bens* e *serviços*; a requisição é típica de situações de urgência, enquanto a ocupação não tem essa característica necessariamente; o exemplo de ocupação mais comum (o trazido acima) prevê que ela só se dá sobre terrenos não edificados e mediante caução (se exigida), enquanto a requisição incide sobre qualquer bem e sem caução.

Em leis esparsas existem outros tipos de ocupação, como aquela destinada a fazer pesquisas acerca da existência de minérios em bens particulares, medida que evita uma desapropriação do bem com posterior ciência de que a suspeita de que havia minério no local era infundada.

9.1.5. Servidões administrativas

É o ônus real de uso imposto pela Administração a um bem particular, com objetivo de assegurar a realização de obras e serviços públicos, assegurada indenização ao particular, salvo se não houver prejuízo.

São exemplos de servidão os seguintes: instalação de linhas e torres de transmissão de energia elétrica em bem particular; servidão de aqueduto; e servidão para instalação de placas indicativas de ruas em imóveis particulares (nesse caso geralmente não haverá dano ao particular, não se podendo falar em indenização).

Institui-se tal ônus real tal qual a desapropriação para aquisição da propriedade de um bem. Há necessidade de ato declaratório da utilidade pública da servidão (art. 40 do Dec.-lei. 3.365/1941: *o expropriante poderá constituir servidões, mediante indenização **na forma desta lei***), com consequente tentativa de acordo para indenização, que, infrutífera, ensejará processo judicial para sua instituição. Assim, os *títulos* para instituição da servidão podem ser tanto o **acordo administrativo** como a **sentença judicial**. Após isso, um dos dois será **registrado** no Cartório Imobiliário, *constituindo*, finalmente, o direito real em tela.

A indenização segue a sorte daquela prevista para a desapropriação. A Súmula 56 do STJ tem o seguinte teor: *na desapropriação para instituir servidão administrativa são devidos juros compensatórios pela limitação do uso da propriedade.* O único cuidado que se deve ter ao ler a presente súmula é não confundir servidão com limitação administrativa.

São diferenças gerais entre a servidão administrativa e a servidão civil: a primeira é ônus real do Poder Público sobre a propriedade, enquanto a segunda é ônus real de um prédio (dominante) em face de outro prédio (serviente); aquela tem serventia pública (utilidade pública) e esta tem serventia privada (utilidade privada e bem certo).

9.1.6. Tombamento

O tombamento pode ser **conceituado** como o *ato do Poder Público que declara de valor histórico, artístico, paisagístico, turístico, cultural ou científico, bens ou locais para fins de preservação.*

O instituto está regulamentado no Dec.-lei 25/1937.

Quanto ao **objeto**, o tombamento pode alcançar tanto bens imóveis individualmente considerados (um prédio histórico), um conjunto arquitetônico (o Pelourinho, em Salvador), um bairro (o Centro do Rio de Janeiro), uma cidade (Ouro Preto) e até um sítio natural. Pode também alcançar bens móveis, como a mobília da casa de um personagem histórico, como Santos Dumont.

Admite-se o chamado *tombamento cumulativo*, que é o tombamento de um mesmo bem por mais de um ente político.

A **instituição** do tombamento pode ser *voluntária* (por requerimento do próprio dono da coisa) ou *contenciosa*. A última impõe a notificação do proprietário para, no prazo de 15 dias, impugnar, se quiser, a intenção do Poder Público de tombar a coisa. Uma vez concluído pelo tombamento, este será feito mediante inscrição do ato num dos quatro Livros do Tombo (Paisagístico, Histórico, Belas Artes e Artes Aplicadas). Em se tratando de imóvel, o ato também deve ser registrado no Registro de Imóveis.

É importante ressaltar que, com a notificação do proprietário, ocorre o *tombamento provisório*, que já limita o uso da coisa por seu dono.

Além de poder ser instituído por *ato administrativo*, o tombamento também pode advir de *ato legislativo* (por exemplo, o art. 216, § 5º, da CF, pelo qual "ficam tombados os documentos e sítios detentores de reminiscências históricas dos antigos quilombos") ou *ato judicial*. No terceiro caso, o juiz, diante de uma ação coletiva (ex.: ação popular ou ação civil pública), determina a inscrição do tombamento no Livro do Tombo.

Quanto aos **efeitos** do tombamento, temos, entre outros, os seguintes: a) o proprietário deverá conservar a coisa (se não tiver recursos, deve levar ao conhecimento do Poder Público, que fica autorizado legalmente a executar a obra); b) o proprietário não pode reparar, pintar ou restaurar a coisa, sem prévia autorização especial do Poder Público; c) os vizinhos não podem reduzir a visibilidade da coisa tombada, nem colocar anúncios sem prévia autorização especial; d) o bem tombado, se for um bem público, ou seja, pertencente a uma pessoa jurídica de direito público, é inalienável; e) o bem tombado não pode sair do País, salvo se por prazo curto, sem alienação, para fim de intercâmbio cultural e mediante autorização do Poder Público; g) o proprietário do bem tombado tem direito de ser indenizado, caso sofra restrição especial que o prejudique economicamente.

A Constituição traz uma norma especial sobre o tombamento do patrimônio cultural ao dispor que "ficam tombados todos os documentos e os sítios detentores de reminiscências históricas dos antigos quilombos" (art. 216, § 5º).

O Dec.-lei 25/1937 é de leitura obrigatória para se conhecer mais sobre o instituto do tombamento.

9.1.7. Expropriação (art. 243 da CF)

A expropriação pode ser **conceituada** como a retirada da propriedade de alguém sem o pagamento de indenização alguma.

O instituto é cabível nas seguintes **hipóteses** (art. 243 da CF, com nova redação dada pela EC 81/2014):

a) sobre propriedades rurais e urbanas de qualquer região do País onde forem localizadas culturas ilegais de plantas psicotrópicas ou a exploração de trabalho escravo na forma da lei;

b) sobre bem apreendido em decorrência de tráfico ilícito de entorpecentes e drogas afins e da exploração de trabalho escravo.

Os bens expropriados terão a seguinte **destinação**:

a) propriedades serão expropriadas e destinadas à reforma agrária e a programas de habitação popular, sem qualquer indenização ao proprietário e sem prejuízo de outras sanções previstas em lei;

b) o bem será confiscado e reverterá a fundo especial com destinação específica, na forma da lei.

Resta estudar agora a desapropriação, que consiste na retirada da propriedade de terceiro, mas mediante o devido pagamento.

9.1.8. Desapropriação

9.1.8.1. Fundamentação legal

O instituto da desapropriação está regulamentado nos seguintes diplomas: Constituição Federal – arts. 5º, XXIV, 182, § 3º, 184, 185 e 243; Decreto-lei 3.365/1941 (utilidade e necessidade pública), Lei 4.132/1962 (interesse social), Decreto-Lei 1.075/1970 (imissão provisória na posse em imóveis residenciais urbanos), Lei 8.257/1991 (glebas com culturas ilegais de plantas psicotrópicas), Lei 8.629/1993 (reforma agrária), Lei Complementar 76/1993 (rito sumário de contraditório especial para reforma agrária) e Lei 10.257/2001 (desapropriação por interesse social como instrumento de política urbana).

9.1.8.2. Direito material

Pode-se **conceituar** a desapropriação como o *procedimento pelo qual o Poder Público, fundado em necessidade pública, utilidade pública ou interesse social, compulsoriamente adquire para si um bem certo, em caráter originário, mediante indenização prévia, justa e pagável em dinheiro, salvo no caso de imóveis em desacordo com a função social da propriedade, hipóteses em que a indenização far-se-á em títulos da dívida pública.*

A desapropriação é expressão do princípio da supremacia do interesse público sobre o particular. É muito comum que entrem em choque dois interesses. De um lado, o Poder Público, interessado muitas vezes em utilizar um dado imóvel particular para, por exemplo, construir uma escola, um hospital ou uma repartição pública. De outro, o particular interessado em não alienar nem ceder um imóvel do qual é titular do direito de propriedade. Entre o interesse do Poder Público e o interesse do particular, prevalecerá o primeiro, ou

seja, o Poder Público poderá exigir que o particular entregue o bem de sua propriedade, e, em troca, o particular terá direito de ser indenizado, indenização que será, em regra, prévia, justa e pagável em dinheiro.

A desapropriação é **forma originária de aquisição da propriedade**, não se vinculando, portanto, ao título anterior. Isso significa, por exemplo, que as dívidas do imóvel ficam sub-rogadas no preço pago pela desapropriação e não mais neste (art. 31 do Decreto-lei 3.365/1941). Ademais, mesmo que se tenha desapropriado imóvel de pessoa que não era seu dono, não haverá invalidade (ou seja, não há direito de reivindicação por terceiro – art. 35 do Decreto-lei 3.365/1941), ressalvado o direito de o verdadeiro dono se insurgir contra o que se supunha dono do imóvel.

A **competência para legislar** sobre desapropriação é privativa da União (art. 22, II, CF).

São **fases** da desapropriação a **declaratória,** em que o ente declara de utilidade pública determinada área a ser desapropriada, e a **executória**, em que são tomadas providências concretas para efetivar a manifestação de vontade anterior. Tenta-se, em primeiro lugar, fazer um acordo com o proprietário (desapropriação extrajudicial). Não sendo frutífera tal tentativa, ingressa-se com ação de desapropriação.

A **competência para a primeira fase** (competência para declarar bem de utilidade pública ou interesse social) é dos entes políticos (União, Estados, DF e Municípios), do DNIT (Lei 10.233/2001) e da ANEEL (art. 10 da Lei 9.074/1995).

A **competência para a segunda fase** (competência para executar a desapropriação) é dos entes políticos, autarquias e fundações públicas; concessionárias de serviço público ou entes delegados pelo Poder Público, desde que autorizados expressamente pela lei ou pelo contrato (art. 3º do Decreto-lei 3.365/1941).

O **objeto** da desapropriação é qualquer bem (móvel ou imóvel, material ou imaterial, inclusive o espaço aéreo e o subsolo), exceto moeda corrente nacional (salvo moedas raras), pessoas e direitos personalíssimos. O objeto deve também ser existente, preciso, certo e possível. É cabível a desapropriação do espaço aéreo e do subsolo quando de sua utilização pelo Poder Público resultar prejuízo patrimonial ao proprietário do solo.

Bem público pode ser desapropriado. A União pode desapropriar de todos os entes, além dos particulares. Estados desapropriam dos Municípios e dos particulares. Municípios, só dos particulares. Quando a desapropriação se dá sobre bem público, além de se respeitar os limites acima, deve ser precedida de autorização legislativa.

Por fim, vale destacar que não é possível a autodesapropriação, ou seja, a desapropriação de bem da própria pessoa.

A **declaração de utilidade pública** consiste no ato pelo qual o Poder Público manifesta intenção de adquirir compulsoriamente determinado bem submetendo-o à sua força expropriatória. Deve-se identificar o *bem*, seu *destino* e o *dispositivo legal* que autoriza o ato. Faz-se por decreto, normalmente. O Poder Legislativo pode tomar a iniciativa, cabendo ao Executivo efetivá-la. Ao Poder Judiciário é vedado decidir se se verificam ou não os casos de utilidade pública (art. 9º do Dec.-lei 3.365/1941).

São **efeitos da declaração:** a) submete o bem à força expropriatória do Estado; **b) fixa o estado** dos bens, o que não significa que não possa ser vendido ou alterado (importante, pois o Estado deverá indenizar as benfeitorias necessárias efetuadas posteriormente; as benfeitorias úteis, por sua vez, só serão indenizadas pelo Estado se este autorizar sua realização; as voluptuárias nunca serão indenizadas); **c) confere ao Poder Público o direito de penetrar** no bem, com auxílio de força policial se o caso (art. 7º do Dec.-lei 3.365/1941 – tal efeito demonstra a autoexecutoriedade do Decreto); **d) dá início ao prazo de caducidade** da declaração.

A **caducidade da declaração** consiste na perda de sua validade pelo decurso do tempo sem que o Poder Público promova os atos concretos de expropriação, ficando inviabilizada a desapropriação. Nas hipóteses de desapropriação por **utilidade pública, o prazo de caducidade é de 5 anos** (art. 10 Decreto-lei 3.365/1941). No caso de desapropriação por **interesse social, a caducidade se dá após 2 anos** (art. 3º da Lei 4.132/1962). A desapropriação por interesse social se dá quando não se cumpre a função social da propriedade, sendo as demais por utilidade ou necessidade pública. Caso haja a caducidade, somente **decorrido 1 ano** poderá haver nova declaração sobre aquele bem.

Imissão provisória de posse é a transferência da posse do bem objeto de desapropriação para o expropriante, já no início da lide, concedida pelo Juiz, se o Poder Público declarar urgência e depositar, em Juízo, a favor do proprietário, importância fixada segundo critério legal.

A **indenização** será sempre **justa, prévia** e, como regra, em **dinheiro**. Mas quando não se atender à função social, seja em área urbana, seja em área rural, a desapropriação decorrente de tal situação implicará pagamento por títulos públicos, resgatáveis anual e sucessivamente. Vale dizer, em que pese o pagamento seja prévio, não será em dinheiro, mas em títulos resgatáveis anualmente. Vejamos as hipóteses de pagamento com títulos públicos:

Imóvel rural: a União é competente para desapropriá-lo quando o fundamento é o não atendimento à função social; o pagamento é feito em títulos da dívida agrária, com cláusula de preservação do valor real, resgatáveis em até 20 anos, a partir do segundo ano de emissão do título. Cuidado, pois as benfeitorias úteis e necessárias são indenizadas em dinheiro (art. 184, § 1º, da CF).

Imóvel urbano: o Município é o competente para desapropriá-lo quando o fundamento é o não atendimento à função social da propriedade (imóvel não edificado, subutilizado ou não utilizado). Depende de lei específica, para a área incluída no Plano Diretor, a exigência, nos termos de lei federal, de que o proprietário promova o adequado aproveitamento do imóvel, sob pena de, sucessivamente, determinar-se o parcelamento ou edificação compulsórios, instituir-se IPTU progressivo no tempo, para só depois, mantida a situação, efetivar-se a desapropriação. Nesse caso o pagamento será feito em títulos da dívida pública (de emissão previamente aprovada pelo Senado), resgatáveis em até 10 anos, em parcelas anuais, iguais e sucessivas, assegurados o valor real da indenização e os juros legais. Não há previsão de pagamento em dinheiro das benfeitorias, talvez porque geralmente não haverá benfeitoria alguma (art. 182 da CF).

Não há indenização (confisco): na expropriação de propriedades rurais e urbanas de qualquer região, onde forem localizadas culturas ilegais de plantas psicotrópicas ou a exploração de trabalho escravo, o mesmo ocorrendo com bens de valor econômico apreendidos em decorrência de tráfico ilícito de entorpecentes e drogas afins e da exploração de trabalho escravo. Há, portanto, o confisco de tais bens, que serão utilizados em projetos sociais (assentamentos, cultivos, instituições, recuperação, fiscalização etc.).

A **justa indenização** compreende o valor de mercado do imóvel, abrangendo os danos emergentes e os lucros cessantes do proprietário. Inclui juros moratórios, compensatórios, correção monetária e honorários advocatícios. Os juros moratórios, segundo a MP 2.183-56/2001, correm a partir de 1º de janeiro do exercício seguinte ao que o pagamento deveria ser feito. Os juros compensatórios são contados desde o momento da imissão antecipada na posse, pois, a partir daí, o proprietário não mais terá a disponibilidade do bem, devendo ser compensado por isso. A correção monetária é contada desde a realização do laudo pericial que fixa o valor do bem expropriado. Os honorários são fixados tendo por base de cálculo a diferença entre o oferecido pelo Poder Público e o fixado pelo Poder Judiciário.

Consuma-se a desapropriação com o pagamento da indenização, pois a Constituição diz que a desapropriação requer prévia (e justa) indenização. É importante saber qual o momento em que se consuma a desapropriação, a fim de concluir-se até quando o Poder Público pode dela desistir. Destarte, pode-se desistir da desapropriação até o último momento anterior ao do pagamento da indenização. Deve-se ressaltar que eventuais danos causados ao particular devem ser ressarcidos.

Desapropriação por zona *é aquela de área maior do que a necessária à realização de obra ou serviço, para abranger zona contígua a ela, tendo em vista* reservá-la *para o futuro ou* revendê-la, *se extraordinária valorização for decorrência da desapropriação a ser efetuada.* Ou seja, consiste em desapropriar área maior do que a necessária naquele momento, com a finalidade de garantir espaço para realização de obras no futuro ou com o objetivo de revender a área maior desapropriada, quando houver valorização muito grande do local, a fim de não causar enriquecimento sem causa ao antigo proprietário. A declaração de utilidade deve compreendê-las, mencionando qual é para revenda e qual será para o desenvolvimento da obra (art. 4º do Decreto-lei 3.365/1941). Parte da doutrina defende que o Poder Público deveria, no caso de valorização, cobrar o tributo contribuição de melhoria, já que se trata de alternativa menos gravosa ao proprietário, entendimento não compartilhado pela jurisprudência do STF.

Direito de extensão *consiste na faculdade do expropriado de exigir que na desapropriação se inclua a parte restante do bem que se tornou inútil ou de difícil utilização.* Deve ser exercido quando da realização do acordo administrativo ou no bojo da ação de desapropriação, sob pena de se considerar que houve renúncia.

Segundo o art. 20 do Dec.-lei 3.365/1941, a contestação somente poderá versar sobre dois pontos: a) vício do processo judicial; b) impugnação do preço. Qualquer outra questão deverá ser decidida por ação autônoma.

Quanto ao vício do processo judicial pode-se alegar, em preliminar, tanto defeitos processuais (ausência de pressupostos processuais) como aqueles relativos à ação (ausência de condição de ação).

Quanto à impugnação ao preço, o que se permite é discutir o *quantum* ofertado pelo Poder Público na sua petição inicial.

Por outro lado, pode o particular exercer o direito de extensão, ou seja, o direito *de exigir que na desapropriação se inclua a parte restante do bem que se tornou inútil ou de difícil utilização*, na própria contestação, apresentando outra avaliação do bem, abrangendo a integralidade do imóvel, e não apenas a parte incluída no plano de desapropriação, conforme entendimento do Superior Tribunal de Justiça.

O fundamento jurídico desse direito também é a norma constitucional que determina a fixação da justa indenização (art. 5º, XXIV). Isso porque, caso o expediente da desapropriação parcial com esvaziamento econômico da área remanescente não fosse impedido, a justa indenização, por vias transversas, estaria sendo prejudicada.

Não bastasse isso, há diversas outras normas repelindo esse tipo de conduta e conferindo ao prejudicado o direito de extensão. Por exemplo, há a Lei Complementar 76/1993, que dispõe sobre o procedimento sumário de desapropriação para fins de reforma agrária, e que contempla expressamente, em seu art. 4º, o direito de extensão.

Retrocessão *importa no direito do ex-proprietário de reaver o bem expropriado que não foi utilizado em finalidade pública*. O requisito aqui é o desvio de finalidade, a chamada tredestinação, utilizando-se o bem expropriado em fim não público. Não configura o instituto a utilização do bem em destinação distinta da prevista no decreto expropriatório, quando a nova finalidade for de interesse público.

9.1.8.3. Direito processual na desapropriação direta

9.1.8.3.1. Competência

O foro competente para o julgamento de ação de desapropriação é o da situação da área desapropriada. No caso da Justiça Federal, a regra permanece, ou seja, é competente o juízo federal onde se situa o imóvel objeto da demanda.

9.1.8.3.2. Legitimidade

a) Ativa: podem propor a ação de desapropriação as pessoas competentes para a fase de execução da desapropriação (vistas acima), ou seja, os entes políticos, as autarquias e as fundações públicas, as concessionárias de serviço público e os entes delegados pelo Poder Público também poderão, desde que autorizados expressamente por lei ou por contrato (art. 3º do Dec.-lei 3.365/1941);

b) Passiva: sofre a ação de desapropriação o proprietário do bem.

9.1.8.3.3. Petição inicial

A petição inicial conterá:

a) preenchimento dos requisitos previstos na legislação processual civil;

b) oferta do preço;

c) exemplar do contrato, ou do jornal oficial, em que foi publicado o decreto (serve cópia autenticada);

d) planta ou descrição do bem e suas confrontações.

9.1.8.3.4. Imissão provisória na posse

Muitas vezes, o Poder Público não tem como esperar o final da ação de desapropriação para adentrar no bem. As demandas sociais costumam ser urgentes. Nesses casos, o Poder Público pode pedir para ingressar imediatamente no imóvel. São necessários dois requisitos para a imissão provisória na posse (art. 15, *caput*, do Dec.-lei 3.365/1941), analisados abaixo.

Alegação de urgência: aqui, há três observações a serem feitas. A primeira, no sentido de que basta a mera alegação de urgência para que o requisito seja preenchido, ou seja, não é necessária a demonstração da urgência em juízo, por se tratar de questão de conveniência e oportunidade da administração pública; a segunda, no sentido de que essa alegação pode acontecer tanto no decreto expropriatório, como em momento posterior; e a terceira, no sentido de que a alegação de urgência não poderá ser renovada e obrigará o expropriante a requerer a imissão provisória dentro do prazo improrrogável de 120 dias.

Depósito imediato de quantia arbitrada pelo juiz, na forma da lei: aqui, há duas observações importantes a serem feitas. A primeira, no sentido de que não se busca, nessa fase, a fixação do real valor de mercado do imóvel que está sendo desapropriado; o que temos aqui são critérios estabelecidos pela lei para que o magistrado, num juízo preliminar, chegue a um valor razoável para determinar a imissão provisória na posse; a segunda observação é a de que existem duas regulamentações sobre a imissão provisória na posse:

a) regra (art. 15, § 1º, do Dec.-lei 3.365/1941): a imissão será autorizada mediante depósito que observe um dos seguintes critérios: a1) valor equivalente a, pelo menos, vinte vezes o valor locativo do imóvel; a2) valor venal do imóvel, desde que atualizado no ano fiscal anterior; a3) no caso de inexistência de atualização do venal do imóvel, o juiz fixará o valor do depósito observando a data da fixação do valor venal e a valorização ou desvalorização ocorridas posteriormente. Na prática, acaba sendo utilizado o valor venal atualizado. O STF emitiu a Súmula 652, dispondo ser constitucional a utilização dos critérios citados. O expropriado poderá levantar até 80% do valor depositado, após as providências do art. 34 do Dec.-lei 3.365/1941;

b) regra para desapropriação de prédios residenciais urbanos (arts. 1º a 4º do Dec.-lei 1.075/1970): a imissão será autorizada com o simples depósito do preço oferecido na petição inicial de desapropriação, todavia, caso o expropriado, em 5 dias da intimação da oferta, impugne o preço oferecido, o juiz, servindo-se de perito avaliador (caso necessário), fixará, em 48 horas, o valor provisório do imóvel; se o valor arbitrado for maior do que o oferecido na inicial pelo Poder Público, o juiz só admitirá a imissão provisória se este complementar o depósito para que esta atinja a metade do valor arbitrado. O expropriado poderá levantar a totalidade do valor depositado (ou seja, 50% do *preço depositado e complementado*) ou, quando o valor arbitrado for igual ou menor ao dobro do preço oferecido, é lícito ao expropriado optar por levantar 80% do *preço oferecido*.

9.1.8.3.5. Contestação

Segundo o art. 20 do Dec.-lei 3.365/1941, a contestação somente poderá versar sobre dois pontos: a) vício do processo judicial; b) impugnação do preço. Qualquer outra questão deverá ser decidida por ação autônoma.

Quanto ao vício do processo judicial pode-se alegar, em preliminar, tanto defeitos processuais (ausência de pressupostos processuais) como aqueles relativos à ação (ausência de condição de ação).

Quanto à impugnação ao preço, o que se permite é discutir o *quantum* ofertado pelo Poder Público na sua petição inicial.

É importante ressaltar que, caso o particular queira exercer o direito de extensão, ou seja, o direito *de exigir que na desapropriação se inclua a parte restante do bem que se tornou inútil ou de difícil utilização*, poderá fazê-lo na contestação, apresentando outra avaliação do bem, abrangendo a integralidade do imóvel, e não apenas a parte incluída no plano de desapropriação. Segundo o STJ, "o pedido e extensão formulado na contestação em nada ofende o art. 20 do Decreto-lei 3.365/1941" (Resp. 882.135/SC, DJ 17.05.2007, e Resp. 816.535/SP, DJ 16.02.2007).

O fundamento jurídico desse direito também é a norma constitucional que determina a fixação da justa indenização (art. 5º, XXIV). Isso porque, caso o expediente da desapropriação parcial com esvaziamento econômico da área remanescente não fosse impedido, a justa indenização, por vias transversas, estaria sendo prejudicada.

Além disso, há diversas outras normas repelindo esse tipo de conduta e conferindo ao prejudicado o direito de extensão. Por exemplo, há a Lei Complementar 76/1993, que dispõe sobre o procedimento sumário de desapropriação para fins de reforma agrária, e que contempla expressamente, em seu art. 4º, o direito de extensão. Para Carvalho Filho, "essas leis mais novas demonstram, à evidência, que o legislador nunca quis banir o direito de extensão do ordenamento jurídico. Ao contrário, restabeleceu-o expressamente em outras leis como que para indicar que em todos os casos de desapropriação, e presentes os mesmos pressupostos, é assegurado ao proprietário usar de seu direito de extensão". (*Manual de Direito Administrativo*, 18ª edição, Rio de Janeiro: Lumen Juris, p. 770, 2007).

Para Celso Antônio Bandeira de Mello pode-se discutir, ainda, no bojo da ação expropriatória, vícios na declaração de utilidade pública, inclusive desvio de finalidade: "se o proprietário puder objetivamente e indisputavelmente demonstrar que a declaração de utilidade pública não é um instrumento para a realização dos fins a que se preordena,

mas um recurso ardiloso para atingir outro resultado, o juiz deverá reconhecer-lhe o vício e, pois, sua invalidade; cumpre que tal apreciação possa ser feita até mesmo na ação expropriatória, que, se assim não fora, de nada valeria ao particular demonstrar-lhe o vício posteriormente, pois, uma vez integrado o bem, ainda que indevidamente, ao patrimônio público – *ex vi* do art. 35 do Decreto-lei 3.365/1941 –, a questão resolver-se-ia por perdas e danos, donde ser ineficiente tal meio para garantir ao proprietário despojado a proteção estabelecida no art. 5º, XXIV, da Carta Magna" (*Curso de Direito Administrativo*, 24ª edição, São Paulo: Malheiros, pp. 866-7, 2007).

Cuidado, pois é excepcional a possibilidade de discutir a questão referida no parágrafo anterior, na ação de desapropriação. Como regra, esse tipo de questão deve ser objeto de ação própria.

9.1.8.3.6. Procedimento

Na fase judicial a desapropriação se desenvolve segundo o seguinte procedimento:

a) petição inicial, com os requisitos já mencionados, e eventual requerimento de imissão provisória na posse;

b) havendo requerimento de imissão provisória na posse, o juiz deve tomar as providências mencionadas (fixar valor para depósito e proceder à imissão na posse);

c) ao despachar a inicial o juiz deverá tomar duas providências: c1) determinar a citação do réu; c2) designar um perito de sua livre escolha para proceder à avaliação dos bens;

d) feita a citação, a ação seguirá o rito comum

9.1.8.3.7. Sentença

A sentença deverá tratar dos seguintes assuntos:

a) das impugnações processuais alegadas em preliminares;

b) do *quantum* indenizatório, que deverá ser fixado levando em conta o valor de mercado do bem (a Constituição fala em "justa indenização"), os danos emergentes e os lucros cessantes, a partir do livre convencimento do juiz em face das avaliações do perito e das argumentações das partes e de seus assistentes técnicos;

c) dos consectários legais, tais como juros compensatórios, juros moratórios, correção monetária, custas e despesas processuais e honorários advocatícios.

Sobre os valores principais e os consectários legais, no caso de desapropriação se efetivar, temos o seguinte:

a) valor de mercado do bem: o juiz deverá arbitrar quantia que corresponda ao valor do mercado do bem, com todas as benfeitorias que já existiam no imóvel antes do ato expropriatório; quanto às benfeitorias feitas posteriormente, serão pagas as necessárias e as úteis, estas quando realizadas com autorização do expropriante. Se houver desapropriação de parte de um imóvel, tornando a parte remanescente economicamente inviável, pode-se pedir indenização pelo valor total do bem, exercendo o chamado direito de extensão;

b) danos emergentes e lucros cessantes: aqui entram os valores que o juiz pode arbitrar para desmonte e transporte de equipamentos instalados e em funcionamento (art. 25, parágrafo único, do Dec.-lei 3.365/1941), os valores devidos ao proprietário da coisa que tiver fundo de comércio próprio no local (ponto comercial), os valores relativos à valorização ou depreciação de eventual área remanescente, pertencente ao réu (art. 27, *caput*, do Dec.-lei 3.365/1941), dentre outros; quanto aos lucros cessantes, deve-se tomar cuidado para que não haja cumulação indevida deles com juros compensatórios (STJ, Resp. 509.854/RS, DJ 17.04.2007);

c) juros compensatórios: esses juros são devidos quando o Poder Público promove a imissão provisória na posse do imóvel. Nessa circunstância, o expropriado poderá levantar parte do valor depositado em juízo, mas só receberá o valor total (de mercado) do seu bem após a sentença definitiva; é sobre a diferença entre o valor total do bem e o valor ofertado por ocasião da imissão provisória na posse da coisa que incidirão os juros compensatórios. São juros justos, pois o proprietário da coisa, ao se ver desprovido dela, deixa de poder auferir renda com o bem, sendo correto que receba juros compensatórios quanto a essa diferença. Assim, os juros compensatórios são **contados** da imissão na posse (art. 15-A do Dec.-lei 3.365/1941, acrescentado pela MP 2.183/2001). A medida provisória referida estabeleceu, também, que os juros compensatórios seriam "de até 6% (seis por cento) ao ano"; todavia, o STF, na ADI 2.332-2, deferiu liminar para suspender a eficácia da expressão "de até 6% ao ano" e também para determinar "que a base de cálculo dos juros compensatórios será a diferença eventualmente apurada entre 80% do preço ofertado em juízo e o valor do bem fixado na sentença". A ideia de substituir a expressão "preço ofertado em juízo" pela expressão "80% do preço ofertado em juízo" tem razão no fato de que, normalmente, o expropriado só levanta 80% do preço depositado em juízo; com relação ao montante dos juros, com a retirada da expressão, remanesce a regra estabelecida na Súmula 618 do STF, pela qual a taxa de juros compensatórios é de 12% ao ano. Por fim, vale a pena dizer que os juros compensatórios são devidos mesmo que o imóvel não produza renda, pois o STF suspendeu a eficácia dos §§ 1º e 2º do art. 15-A do Dec.-lei 3.365/1941;

d) juros moratórios: esses juros são devidos quando há atraso, pelo Poder Público, do pagamento que deverá efetuar pela desapropriação. Como o pagamento, de regra, é feito por precatório, esse atraso só passa a existir "a partir de 1º de janeiro do exercício seguinte àquele em que o pagamento deveria ser feito, nos termos do art. 100 da Constituição" (art. 15-B do Dec.-lei 3.365/1941); o mesmo dispositivo estabelece que esses juros serão de 6% ao ano. Esse dispositivo não foi alterado pelo STF;

e) correção monetária: é contada desde a realização do laudo pericial que fixa o valor do bem expropriado;

f) custas e despesas processuais: são de responsabilidade do Poder Público os honorários periciais, no caso de o valor por ele oferecido ser majorado pelo magistrado;

g) honorários advocatícios: os honorários serão fixados entre 0,5 e 5% da diferença entre o valor oferecido pelo Poder Público e o valor fixado pelo Poder Judiciário (art. 27, § 1º, do Dec.-lei 3.365/1941, com a redação dada pela MP 2.183-56/2001), diferença que deve ser atualizada. No mesmo parágrafo do art. 27, havia previsão de que os honorários não poderiam ultrapassar os R$ 151 mil; toda-

via, na ADI 2.332-2 o STF também suspendeu a eficácia da expressão. É importante ressaltar que na base de cálculo dos honorários advocatícios devem ser incluídas as parcelas devidas a título de juros moratórios e compensatórios, também devidamente atualizados, nos termos da Súmula 131 do STJ.

9.1.8.3.8. Recursos

Na desapropriação, cabem os recursos à moda do que ocorre nas ações de rito comum. Assim, a título de exemplo, da decisão interlocutória cabe agravo, ao passo que da sentença terminativa ou de mérito cabe apelação. Das decisões proferidas pelos Tribunais Estaduais ou Federais, cabem, por exemplo, recurso especial ou recurso extraordinário.

No que concerne aos efeitos do recurso de apelação, temos as seguintes regras (art. 28 do Dec.-lei 3.365/1941):

a) se interposta pelo expropriado: terá efeito apenas devolutivo;

b) se interposta pelo Poder Público: terá efeito devolutivo e suspensivo.

Por fim, é fundamental lembrar que, no caso de a sentença condenar a Fazenda Pública em quantia superior ao dobro da oferecida na petição inicial, ficará sujeita ao duplo grau de jurisdição.

9.1.8.3.9. Desistência da desapropriação

Conforme já escrito, pode-se desistir da desapropriação até o último momento anterior ao do pagamento da indenização. Deve-se ressaltar que os danos causados ao particular devem ser ressarcidos. Assim, a desistência só se efetivará se o Poder Público: a) fizer o pedido antes de ultimada a desapropriação; b) ressarcir o expropriado de todos os danos que tiver; c) pagar as despesas processuais; d) devolver o bem.

Todavia, o STJ vem entendendo que há um quinto requisito que deve ser atendido, qual seja, o de que não tenha havido substanciais alterações no imóvel por parte do Poder Público, tornando impossível a restituição no estado em que se encontrava antes da imissão provisória (STJ, REsp 132.398/SP – Min. Hélio Mosimann, DJ 19.10.1998). Porém, "é ônus do expropriado provar a existência de fato impeditivo do direito de desistência da desapropriação." (REsp 1.368.773-MS,, DJe 2/2/2017.).

9.1.8.3.10. Intercorrências no pagamento da indenização fixada na sentença

A quantia fixada na sentença será paga por meio da expedição de precatório, ressalvadas as quantias definidas pela lei como de pequeno valor. Do valor fixado na sentença somente será abatido o montante que já tiver sido depositado por eventual imissão provisória na posse que tiver sido executada.

O pagamento por meio de precatório segue a sorte do art. 100, § 5º, da Constituição Federal: "é obrigatória a inclusão, no orçamento das entidades de direito público, de verba necessária ao pagamento de seus débitos oriundos de sentenças transitadas em julgado, constantes de precatórios judiciários, apresentados até 1º de julho, fazendo o pagamento até o final do exercício seguinte, quando terão seus valores atualizados monetariamente". Cabe ao Presidente do Tribunal que proferir a decisão exequenda determinar o pagamento integral (art. 100, § 6º, da CF).

Nos trâmites relativos ao pagamento dos precatórios podem ocorrer as seguintes intercorrências:

a) preterição da ordem cronológica: é o caso de um credor ter depositada a quantia a que tem direito antes de outro com ordem cronológica mais antiga; nesse caso, o credor mais antigo poderá ingressar com "pedido de sequestro da quantia necessária à satisfação do seu débito", que deve ser feito para o Presidente do Tribunal que tiver determinado a expedição do precatório;

b) não efetivação do depósito no prazo previsto no § 1º do art. 100 da CF: nesse caso, incidem as hipóteses dos arts. 34, V, "a", e 35, I, da CF, que permitem a intervenção da União nos Estados e dos Estados nos Municípios, quando deixar de ser paga, sem motivo de força maior, por dois anos consecutivos, a dívida fundada.

9.1.8.3.11 Pagamento integral

Efetuado o pagamento integral do valor da indenização, será expedido mandado de imissão na posse, valendo a sentença como título para registro no Registro de Imóveis.

9.1.8.4. *Retrocessão*

Infelizmente, é muito comum o Poder Público desapropriar um imóvel e não utilizá-lo posteriormente numa atividade de interesse público. Em algumas vezes, o Poder Público simplesmente não utiliza o imóvel. Em outras, utiliza, mas em atividades que não são de interesse público.

O Superior Tribunal de Justiça vem, em matéria de desapropriação, fazendo a distinção entre tredestinação lícita e tredestinação ilícita.

A tredestinação consiste na mudança de destinação de um imóvel desapropriado.

Como se sabe, quando se expede o decreto expropriatório, é necessário indicar a finalidade daquela desapropriação que se deseja fazer. Assim, indica-se no decreto se a finalidade é construir uma escola, construir um hospital, construir casas populares, alargar uma via pública etc. A tredestinação ocorre quando a Administração Pública, de posse do imóvel desapropriado, acaba utilizando-o em finalidade distinta da prevista inicialmente.

Ocorre que essa mudança de finalidade pode se dar para atender outra demanda de interesse público. Um exemplo dessa situação é a desapropriação de uma área para construir uma escola e depois acabar construindo um hospital. Nesse caso, tem-se a tredestinação lícita, não sendo possível questionar a desapropriação realizada e os atos subsequentes.

Outra possibilidade é a de a Administração mudar a finalidade da desapropriação realizada para o fim de atender uma demanda que não é de interesse público. Um exemplo é desapropriar uma área para construir uma escola e depois ceder essa área para um comerciante local montar uma loja

de venda de automóveis. Nesse caso, tem-se a tredestinação ilícita, que autoriza a nulidade do ato consequente e a retomada da coisa pelo anterior proprietário, que tem o direito de retrocessão.

Nesses casos, fica a dúvida: o antigo proprietário poderá reivindicar o imóvel de volta, devolvendo os valores que tiver recebido, terá direito a uma mera indenização ou não terá direito algum?

Para responder a essa pergunta, temos que tratar do instituto da retrocessão.

Pelo conceito tradicional, **retrocessão** *importa no direito do ex-proprietário de reaver o bem expropriado que não foi utilizado em finalidade pública.* O requisito, como se viu, é o desvio de finalidade, a chamada tredestinação, utilizando-se o bem expropriado em finalidade não pública. Não configura o instituto a utilização do bem em finalidade distinta da prevista no decreto expropriatório, quando a nova finalidade for de interesse público.

A primeira regra sobre o assunto foi o art. 1.150 do CC/1916, cujo texto era imperativo: o Poder Público oferecerá o imóvel ao ex-proprietário, caso não tenha o destino que deu origem à desapropriação, pelo preço que o foi. Apesar da imperatividade do texto, dando a entender tratar-se de direito real do antigo proprietário, por estar o dispositivo no capítulo do direito pessoal de preferência, foi muito forte a corrente no sentido de que o direito do ex-proprietário era meramente pessoal.

Sobreveio o art. 35 do Decreto-lei 3.365/1941, cuja redação não permite a reivindicação do bem, após desapropriado. Com a entrada em vigor desse decreto-lei, ganhou força a tese de que a retrocessão tratava-se de mero direito pessoal do antigo proprietário.

Todavia, alguns acórdãos do STF também reconheceram o caráter de direito real do ex-proprietário.

O STJ, por sua vez, já há alguns anos entende tratar-se de direito real o direito do ex-proprietário, conforme se vê do seguinte acórdão: Edcl. no REsp 623.511/RJ, DJ 26.09.2005.

Há três temas bastante polêmicos que devem, ainda, ser aclarados.

O primeiro é concernente ao seguinte ponto: quando o imóvel não é utilizado em finalidade alguma pelo Poder Público, qual é o prazo para se considerar o bem não utilizado para fins de exercício do direito de retrocessão?

A resposta a essa pergunta depende da modalidade de desapropriação envolvida:

a) na desapropriação por interesse social, prevalece a tese de que o prazo é de 2 anos, visto que, segundo o art. 3º da Lei 4.132/1962, é o prazo para que o Poder Público adote "as providências de aproveitamento do bem expropriado";

b) na desapropriação para reforma agrária, o art. 16 da Lei 8.629/1993 estabelece o prazo de três anos, contados da data de registro do título translativo de domínio, para que o órgão expropriante destine a respectiva área aos beneficiários da reforma agrária;

c) na desapropriação por descumprimento da função social em imóvel urbano, o art. 8º da Lei 10.257/2001 dispõe que o Município tem o prazo de cinco anos para proceder ao adequado aproveitamento do imóvel, contado de sua incorporação ao patrimônio público;

d) na desapropriação por utilidade ou necessidade públicas, não há, na lei, prazo máximo para a ocupação do bem pelo Poder Público, prevalecendo a tese de que o prazo, então, será de 5 anos, mantendo-se a harmonia com o prazo de caducidade do decreto expropriatório, à moda do que acontece para esses dois prazos na desapropriação por interesse social.

O segundo ponto é relativo ao prazo para ingressar com a ação de retrocessão. Prevalece o entendimento de que se deve utilizar o prazo prescricional previsto para os direitos reais. Como o art. 205 do CC não faz distinção entre ações reais e pessoais, deve-se utilizar o prazo geral previsto no dispositivo, que é de 10 anos. Se o entendimento prevalecente fosse de que a retrocessão é direito pessoal, o prazo seria o previsto para ações indenizatórias contra o Poder Público.

O último ponto diz respeito à autonomia da ação que deverá ser aforada. Nesse sentido, é pacífico que se deve ingressar com ação própria, não sendo possível aproveitar a ação de desapropriação originária.

Por fim, é importante ressaltar que "ao imóvel desapropriado para implantação de parcelamento popular, destinado às classes de menor renda, não se dará outra utilização nem haverá retrocessão" (art. 5º, § 3º, do Dec.-lei 3.365/1941).

Confira acórdão do STJ reconhecendo o caráter real do direito de retrocessão, e, consequentemente, que o prazo prescricional respectivo é o das ações de natureza real:

> "1. A jurisprudência desta Corte e do STF adotou corrente no sentido de que a ação de retrocessão é de natureza real e, portanto, aplica-se o art. 177 do CC/1916 e não o prazo quinquenal de que trata o Decreto 20.910/1932. 2. Recurso especial provido." (STJ, REsp 2006.01546994, DJ 14.03.2007).

9.1.8.5. Situação jurídica de terceiros

Há quatro tipos de terceiros que podem ter seus direitos afetados por uma desapropriação. Confira:

a) verdadeiro proprietário da coisa, que não consta como réu na ação de desapropriação: quanto a essa pessoa, incide o art. 35 do Dec.-lei 3.365/1941, que dispõe que "os bens expropriados, uma vez incorporados à Fazenda Pública, não podem ser objeto de reivindicação, ainda que fundada em nulidade do processo de desapropriação"; assim, o verdadeiro proprietário deve acionar aquele que recebeu a indenização e buscar a satisfação dos seus interesses por meio de perdas e danos, ou seja, o Poder Público, por adquirir de forma originária o bem objeto de expropriação, não sofre os efeitos da evicção;

b) credor do expropriado: quanto ao credor com garantia real, incide o art. 31 do Dec.-lei 3.365/1941, pelo qual "ficam sub-rogados no preço quaisquer ônus ou direitos que recaiam sobre o bem expropriado", ou seja, o credor com direito real sobre a coisa passará a ter direito real sobre a quantia depositada em juízo, operando-se, inclusive, o vencimento antecipado da dívida; já o credor sem garantia especial poderá pedir a penhora dos valores depositados em juízo;

c) locatário do expropriado: aquele que é locatário de um imóvel que está sendo desapropriado não tem direito de manter a locação. Esse contrato fica extinto e o locatário poderá pedir indenização do Poder Público pelos danos que tiver, por exemplo, pela perda do fundo de comércio (ponto comercial). O fundamento desse pedido é a responsabilidade objetiva do Estado pelos danos causados às pessoas e o deve ser deduzido em ação própria de indenização (art. 20 do Dec.-lei 3.365/1941);

d) vizinho do expropriado: segundo o art. 37 do Dec.-lei 3.365/1941, "aquele cujo bem for prejudicado extraordinariamente em sua destinação econômica pela desapropriação de área contígua terá direito a reclamar perdas e danos do expropriante".

9.1.8.6. Desapropriação indireta

Infelizmente, é comum que o Poder Público se aproprie de bem particular sem observância dos requisitos da declaração e da indenização prévia. O nome dessa situação é **desapropriação indireta**, que também pode ser conceituada como *a abusiva e irregular apropriação do imóvel particular pelo Poder Público, com sua consequente integração no patrimônio público, sem obediência às formalidades e cautelas do processo de expropriação e que abre ao lesado o recurso à via judicial para ser indenizado.*

Perceba que para configurar o instituto da desapropriação indireta não basta o mero apossamento administrativo, ou seja, não basta uma invasão do Poder Público, por seus agentes, em um imóvel particular. É necessário que haja uma invasão somada a uma utilização do bem numa situação de interesse público.

Um exemplo bem comum da desapropriação indireta é a utilização de uma área particular para construção de um trecho de uma estrada.

Apesar da abusividade do procedimento, o Poder Público tem direito de ser mantido no bem, preenchido o requisito de sua utilização em atividade de interesse público. O fundamento desse direito é o próprio art. 35 do Dec.-lei 3.365/1941, que assegura que "os bens expropriados, uma vez incorporados à Fazenda Pública, não podem ser objeto de reivindicação, ainda que fundada em nulidade do processo de desapropriação. Qualquer ação, julgada procedente, resolver-se-á em perdas e danos". Trata-se do princípio do fato consumado.

Também fundamentam o instituto o art. 5º, XXIV, da CF, e o art. 15, § 3º, do Decreto-lei 3.365/1941. O primeiro porque determina o pagamento de indenização justa quando ocorre desapropriação, o que deve ocorrer tanto para aquela que respeita as regras jurídicas e, principalmente, para aquelas feitas de modo abusivo e irregular. E o segundo dispositivo porque estabelece valer para a desapropriação indireta a disciplina dos juros compensatórios, em matéria de desapropriação, quando houver imissão provisória na posse.

O particular prejudicado tem direito de ingressar com ação de indenização por desapropriação indireta.

A legitimidade ativa para a demanda é do proprietário do imóvel. Por envolver a perda da propriedade, há decisões que entendem ter a ação natureza real, de modo que o cônjuge do proprietário deve participar da demanda (STJ, REsp 64.177, DJ 25.09.1995).

A legitimidade passiva da ação é da pessoa jurídica de direito público responsável pela incorporação do bem ao seu patrimônio.

Sob o argumento de que a ação se funda em direito real sobre o imóvel, há decisões do STF no sentido de que a competência é do foro do local onde ele se encontra (STF, RE 111.988). O STJ vem julgando nesse sentido (STJ, CC 46.771-RJ, DJ 19.09.2005).

O prazo prescricional para ingressar com a ação de indenização por desapropriação indireta, nos termos da Súmula 119 do STJ, é de 20 anos. O fundamento da súmula é que esse é o prazo para a usucapião extraordinária de bens imóveis, sob a égide do antigo Código Civil (arts. 550 e 551). Todavia, no atual CC, o prazo da usucapião extraordinária é de 15 anos, como regra, e de 10 anos, quando o possuidor houver estabelecido no imóvel sua moradia habitual, ou nele realizado obras ou serviços de caráter produtivo, conforme o art. 1.238 do CC.

A **indenização** deve abarcar os seguintes pontos:

a) valor de mercado do bem: observar o mesmo item da desapropriação direta; se houver desapropriação indireta de parte de um imóvel, tornando a parte remanescente economicamente inviável, pode-se pedir indenização pelo valor total do bem, exercendo o chamado direito de extensão;

b) danos emergentes e lucros cessantes: observar o mesmo item da desapropriação direta;

c) juros compensatórios: aqui, os juros compensatórios são devidos desde a ocupação do imóvel pelo Poder Público. Os juros incidirão sobre o total de indenização, uma vez que, diferente da desapropriação direta, não há diferença entre o valor fixado na sentença e o valor ofertado, pois aqui não se fala em valor ofertado; os juros, aqui, terão o mesmo percentual dos juros compensatórios na desapropriação direta, uma vez que foi suspensa pelo STF a disposição que estabelecia juros de até 6% ao ano (*vide* art. 15-A, § 3º, do Dec.-lei 3.365/1941). Assim, remanesce a regra estabelecida na Súmula 618 do STF, pela qual a taxa de juros compensatórios é de 12% ao ano;

d) juros moratórios: esses juros são devidos quando há atraso, pelo Poder Público, do pagamento que deverá efetuar pela desapropriação. Como o pagamento, de regra, é feito por precatório, esse atraso só passa a existir "a partir de 1º de janeiro do exercício seguinte àquele em que o pagamento deveria ser feito, nos termos do art. 100 da Constituição" (art. 15-B do Dec.-lei 3.365/1941); o mesmo dispositivo estabelece que esses juros serão de 6% ao ano, mas ele não foi alterado pelo STF;

e) correção monetária: é contada desde a realização do laudo pericial que fixa o valor do bem expropriado;

f) custas e despesas processuais: são de responsabilidade do Poder Público os honorários periciais, inclusive quanto ao adiantamento das quantias para fazer frente a essas despesas (STJ, REsp 788.817, j. 19.06.2007);

g) honorários advocatícios: o Dec.-lei 3.365/1941 dispõe que, à moda do que ocorre na desapropriação direta, os honorários serão fixados entre 0,5 e 5% da diferença entre o valor oferecido pelo Poder Público e o valor fixado pelo Poder Judiciário (art. 27, §§ 1º e 3º, do Dec.-lei 3.365/1941, com a redação dada pela MP 2.183-56/2001); todavia, como não há diferença entre valor fixado pelo juiz e valor ofertado pelo Poder Público, já que este se apoderou do bem sem seguir os trâmites legais, devem incidir os honorários sobre o valor total da condenação, prevalecendo os parâmetros previstos na legislação processual civil, conforme lição de José Fernandes Carvalho Filho (*Manual de Direito Administrativo*, 18ª edição, Rio de Janeiro: Lumen Juris, 2007, p. 767). É importante ressaltar que na base de cálculo dos honorários advocatícios devem ser incluídas as parcelas devidas a título de juros moratórios e compensatórios, também devidamente atualizados, nos termos da Súmula 131 do STJ.

9.1.8.7. Desapropriação por não atendimento à função social da propriedade

Em área rural, a desapropriação-sanção deve atender às seguintes regras (art. 184 da CF):

a) União é quem tem competência para a desapropriação para reforma agrária pelo não cumprimento da função social da propriedade;

b) o pagamento será feito com títulos da dívida agrária, resgatáveis em até 20 anos, a partir do 2º ano de sua emissão;

c) as benfeitorias úteis e necessárias serão indenizadas em dinheiro;

d) não cabe desapropriação para reforma agrária: i) em caso de pequena e média propriedade rural se o proprietário não tiver outra; ii) em caso de propriedade produtiva.

Em área urbana, a desapropriação-sanção deve atender às seguintes regras (art. 182 da CF):

a) o Município desapropria o imóvel urbano que não estiver cumprindo a função social da propriedade;

b) o pagamento será feito com títulos da dívida pública, de emissão aprovada pelo Senado, resgatáveis em até 10 anos, em parcelas anuais, iguais e sucessivas;

c) o Estatuto da Cidade estabelece que o valor a ser apurado é o *valor venal* e não haverá *lucros cessantes*;

d) são requisitos para a aplicação do instituto os seguintes: i) lei federal, plano diretor municipal, lei municipal específica indicando áreas que devem ser utilizadas; ii) notificação para parcelamento, edificação ou utilização compulsória (1 ano para projeto e 2 anos para iniciar as obras); iii) IPTU progressivo por 5 anos, com alíquota de até 15%, no máximo dobrando a cada ano.

Cumpridos os requisitos mencionados, e permanecendo a propriedade sem cumprir a sua função social, o Município pode ingressar com ação de desapropriação-sanção.

10. RESPONSABILIDADE CIVIL DO ESTADO

10.1. Evolução histórica e teorias sobre a responsabilidade estatal

A responsabilidade patrimonial do Estado passou pelas seguintes fases:

a) fase da irresponsabilidade: nessa fase, o Estado não respondia por danos causados aos particulares, sob o argumento de que o poder soberano dos reis era divino, de modo que não era correto dizer que o rei errava ("the king can do no wrong");

b) fase civilista: nessa fase, o Estado passou a responder, mas apenas se o dano tivesse sido causado por *culpa ou dolo de um funcionário estatal*; assim, caso o motorista de uma Prefeitura, por exemplo, atropelasse alguém por conta de uma manobra imprudente, o Estado responderia civilmente pela respectiva indenização;

c) fase publicista: nessa fase, o Estado passou a responder civilmente mediante a aplicação de institutos jurídicos mais adequados às características estatais, ou seja, segundo princípios próprios do direito público, daí o nome de fase *publicista*; pertencem a essa fase a responsabilização estatal segundo dois fundamentos:

c1) **culpa administrativa:** aqui, o Estado responde se o dano tiver origem num *serviço defeituoso*; por exemplo, caso alguém sofra um acidente automotivo pelo fato de haver uma enorme cratera numa rua já há alguns meses, caracteriza-se o serviço estatal defeituoso e, consequentemente, a culpa administrativa a ensejar a responsabilidade civil do Estado. Repare que, aqui, o foco não é a culpa do *funcionário*, mas a culpa do *serviço*, também chamada de culpa anônima do serviço, pois não se analisa a conduta de alguém em especial, mas o desempenho do serviço público;

c2) **risco administrativo:** aqui, o Estado responde objetivamente pelos danos que causar, ou seja, basta que uma conduta estatal cause um dano indenizável a alguém para que o Estado tenha de responder civilmente, pouco importando se há culpa do funcionário ou se há culpa administrativa. Um exemplo é um policial atirar para se defender e a bala acabar atingindo um terceiro (a chamada "bala perdida"); nesse caso, pouco importa se o policial agiu com culpa ou não, respondendo o Estado objetivamente. O princípio maior que rege a Teoria do Risco Administrativo é o da igualdade, não sendo justo que a vítima sofra sozinha por conduta estatal que, em tese, beneficia a todos; a teoria em questão objetiva que haja igualdade nos ônus e encargos sociais.

A responsabilidade fundada no **risco administrativo** é a regra hoje no direito brasileiro, que, assim, impõe que o Estado responda objetivamente pelos danos que seus agentes causarem a terceiros (art. 37, § 6º, da CF).

A responsabilidade objetiva estatal tem como marco histórico o famoso Caso Blanco, em que uma menina fora atropelada por veículo público e ficou decidido que o Poder Judiciário (que analisava casos cíveis, com princípios próprios) não era o competente para conhecer da questão, mas sim o Conselho de Estado (que analisava casos afetos ao Poder Público), que deveria aplicar princípios próprios do direito público, como o da igualdade e da legalidade, que impõem a indenização ao particular que é lesado em detrimento de uma atividade de proveito à coletividade.

Por fim, é bom ressaltar que a responsabilidade objetiva no Brasil admite excludentes de responsabilidade do Estado, de modo que não adotamos a **Teoria do Risco Integral**, que não admite excludentes, mas a **Teoria do Risco Administrativo**, conforme mencionado, teoria essa que admite excludentes de responsabilidade.

A Teoria do Risco Integral vem sendo aplicada, sem controvérsia alguma, na responsabilidade por *dano nuclear*, seja o responsável pelo dano o Estado ou o particular. Além dos casos previstos na CF, o STF entende que lei infraconstitucional também pode estabelecer novos casos de responsabilidade estatal com risco integral (ADI-4976, J. 07.05.2014).

10.2. Modalidades de responsabilidade

Conforme vimos no item anterior, a responsabilidade do Estado, como regra, é objetiva, fundada no *risco administrativo*.

Porém, a jurisprudência vem reconhecendo que, em alguns casos, a responsabilidade estatal é subjetiva, fundada na *culpa administrativa*.

Assim sendo, pode-se dizer, hoje, que há duas modalidades de responsabilidade civil estatal.

A primeira modalidade é a **responsabilidade objetiva**. Trata-se da regra em matéria de responsabilidade do Estado, nos termos do art. 37, § 6º, da CF. A responsabilidade é objetiva em duas situações:

a) por conduta comissiva do Estado: nesse caso pode-se dizer que o Estado causou materialmente um dano, já que atuou positivamente (comissivamente), o que faz incidir o texto do art. 37, § 6º, da CF, que não reclama conduta culposa ou dolosa para que o Estado responda civilmente por danos causados a terceiros; são exemplos de *condutas comissivas* a bala perdida de um policial, a agressão feita por agente público com arma da corporação, a transfusão de sangue contaminado com HIV em hospital público, a interdição indevida de um estabelecimento comercial, um acidente com um carro oficial dirigido de modo imprudente, dentre outros. O art. 37, § 6º, da CF estabelece que essa responsabilidade objetiva alcança as pessoas jurídicas de direito público (entes políticos, mais entidades com natureza autárquica) e as pessoas jurídicas de direito privado prestadoras de serviços públicos;

b) por atividade de risco estatal: nesse caso, temos situações em que não se sabe muito bem se o Estado age numa conduta comissiva ou omissiva; por exemplo, imagine um depósito de explosivos das Forças Armadas, que acaba por pegar fogo, gerando inúmeros danos na vizinhança. Perceba que pouco importa se a conduta estatal é comissiva ou omissiva, pois como a atividade de armazenar explosivos é uma atividade de risco, aplica-se o disposto no art. 927, parágrafo único, do Código Civil, para efeito de responsabilizar o Estado objetivamente; vale ressaltar que qualquer pessoa, de direito público ou de direito privado, responde objetivamente por danos causados por atividades de risco que pratiquem.

A segunda modalidade é a **responsabilidade subjetiva**. Trata-se de exceção em matéria de responsabilidade do Estado. A responsabilidade será subjetiva em três situações:

a) por conduta omissiva do Estado: nesse caso não se pode dizer que o Estado causou materialmente um dano, pois uma omissão não é capaz de "causar" coisa alguma, situação que impede a aplicação da responsabilidade objetiva prevista no art. 37, § 6º, da CF, que se aplica quando o Estado, por seus agentes, "causa" um dano a terceiro; por outro lado, não é possível simplesmente aplicar o Código Civil nesse tipo de situação (omissiva), pois esse Código é fundado em princípios de Direito Privado, e a responsabilidade estatal deve ser fundada em princípios de Direito Público; assim sendo, em caso de conduta omissiva do Estado, esse responderá **subjetivamente**, mas com fundamento na **culpa administrativa** e não na culpa do funcionário público. A culpa administrativa ocorre quando se demonstra que o serviço é **defeituoso** (a chamada "falta do serviço"), ou seja, quando se demonstra que o serviço: i) não funcionou, ii) funcionou atrasado ou iii) funciona mal; tal apreciação é feita levando-se em conta o que legitimamente se espera do serviço estatal. São exemplos de condutas omissivas estatais que costumam gerar responsabilidade por envolver serviço defeituoso o não recapeamento de ruas pelo Poder Público, propiciando acidentes automobilísticos; a falta de limpeza de bueiros e córregos, propiciando alagamentos e deslizamentos de imóveis; a morte de detento ocasionada por outro detento, salvo casos em que seja impossível a tomada de providências do Estado para evitar a morte de um detento, hipótese em que fica rompido o nexo causal da sua omissão com o resultado danoso (STF, RE 841526/RS, j. 30.03.2016); a ausência de fiscalização ambiental pelo Estado, propiciando danos ambientais; a existência de animal em estrada, causando acidente; a falha no semáforo, causando acidente; o acidente em sala de aula de escola pública, machucando aluno; dentre outros. Todavia, a jurisprudência não costuma responsabilizar o Estado por atos causados por um fugitivo da prisão, que, tempos depois da fuga, comete crimes, causando danos a terceiros; por enquanto, o STF e o STJ vêm entendendo que a responsabilidade do Estado por omissão é subjetiva; vale ressaltar que o STF tem decisão no sentido de que a responsabilidade estatal por atos omissivos *específicos* é objetiva; um exemplo de caso de omissão específica do Estado é a agressão física a aluno por colega, em escola estadual, hipótese em que a responsabilidade estatal será objetiva, com base na Teoria do Risco Administrativo (STF, ARE 697.326 AgR/RS, DJ 26.04.2013); não se pode confundir uma *conduta omissiva genérica* (ex: o Estado não conseguir evitar todos os furtos de carros), com uma *conduta omissiva específica* (ex: o Estado ter o dever de vigilância sobre alguém e não evitar o dano); no primeiro caso, o Estado responde *subjetivamente*, só cabendo indenização se ficar provado que o serviço foi defeituoso (ex: um policial presencia um furto e nada faz); no segundo caso, o Estado responde *objetivamente*, não sendo necessário perquirir sobre se o serviço estatal foi ou não defeituoso;

b) por condutas omissivas ou comissivas de pessoas jurídicas de direito privado estatais exploradoras de atividade econômica: essas pessoas não são alcançadas pela responsabilidade objetiva prevista no art. 37, § 6º, da CF; dessa forma, a regulamentação de sua responsabilidade cabe ao direito privado e este, como regra, estabelece a responsabilidade civil subjetiva, em que a pessoa jurídica só responderá se um agente seu agir mediante conduta culposa ou dolosa (art. 186 do Código Civil). Todavia, o caso concreto pode envolver situação que gere responsabilidade objetiva, não pela Constituição Federal, mas pela legislação infraconstitucional; por exemplo, se a pessoa jurídica em tela causar dano em virtude de atividade de risco, responderá objetivamente (art. 927, parágrafo único, do CC); o mesmo acontecerá se se tratar de uma relação de consumo (por exemplo, a relação entre o Banco do Brasil e seus clientes);

c) quanto à responsabilidade civil do agente público: nesse caso, o próprio art. 37, § 6º, da CF estabelece que o agente público só responderá por danos causados a terceiros se agir com culpa ou dolo e, mesmo assim, apenas em ação regressiva movida pelo Poder Público, não sendo possível que a vítima ingresse com ação indenizatória diretamente contra o agente público que lhe causar dano.

10.3. Fundamentos da responsabilidade objetiva e motivos que a ensejam

São fundamentos da responsabilidade objetiva do Estado os princípios da **igualdade** e da **legalidade**.

De acordo com o princípio da *igualdade*, não é isonômico que uma pessoa sofra danos por obra do Estado, que age em favor de todas as outras pessoas, e não seja indenizada por isso.

O princípio da *legalidade*, por sua vez, não permite que o Estado haja de forma a causar danos às pessoas, pois isso é ilegal. Agindo assim, o Estado, fica, então, com a obrigação de reparar o dano.

Há quem complemente os fundamentos expostos neste estudo para dizer que a responsabilidade objetiva do Estado fundamenta-se, também, no princípio da **solidariedade social**, previsto no art. 3º da CF.

Quanto aos motivos que ensejam a responsabilidade objetiva estatal, a doutrina destaca que as funções estatais (ex.: atuação policial, realização de grandes obras etc.) ensejam danos mais intensos do que o normal, o que faz com que o Estado mereça um tratamento diferenciado, no sentido de responder efetivamente quando causá-los a terceiros.

O fato é que os deveres públicos colocam o Estado permanentemente obrigado a agir no mundo dos fatos. Não bastasse isso, o Estado possui o direito de usar a força, o que dá ensejo a maior causação de danos.

O administrado, por sua vez, não tem como se evadir dos perigos gerados pelo Estado, já que esse dita os termos de sua atividade.

Tudo isso faz com que somente a responsabilidade objetiva do Estado seja apta a garantir o efetivo ressarcimento a todas as pessoas sujeitas aos perigos causados pelo Poder Público.

10.4. Pressupostos ou requisitos da responsabilidade objetiva

Considerando os elementos vistos no item 10.2, é possível, agora, sistematizar os requisitos para que o Estado responda objetivamente.

Grosso modo, os requisitos são três: a) conduta comissiva (não é necessário que haja culpa ou dolo); b) dano indenizável; c) nexo de causalidade entre a conduta e o dano.

Adensando melhor essas ideias, temos como primeiro requisito da responsabilidade objetiva o seguinte: **fato ou ato de agente das pessoas jurídicas de direito público ou das pessoas privadas prestadoras de serviço público.**

Dois pontos devem ser ressaltados.

O primeiro, quanto ao fato de que as pessoas jurídicas de direito público, como também as pessoas jurídicas de direito privado prestadoras de serviço público (ex.: Correios), respondem objetivamente.

O segundo, quanto ao fato de que tais pessoas respondem pelos atos lesivos praticados por seus agentes contra terceiros, desde que esses agentes tenham agido "na qualidade de agentes públicos".

Assim, se um servidor público, no final de semana, vai a um bar e acaba se desentendendo com alguém, espancando esse alguém e gerando uma série de sequelas nele, o Estado não irá responder por esse ato, pois o agente público não atuou, no caso, na qualidade de agente público.

De qualquer forma, é bom ressaltar que, se um agente público usa a arma da corporação para causar um dano a alguém, mesmo que isso ocorra em período de folga, o Estado responderá objetivamente.

O segundo requisito – **dano indenizável** – requer que o dano causado a terceiro tenha os seguintes requisitos:

a) lesão a *direito* da vítima, vale dizer, à esfera juridicamente protegida do indivíduo;

b) dano *certo* (dano necessário, não apenas eventual), ***especial*** (dano que atinge pessoas em particular e não coletividade em geral) e ***anormal*** (dano que ultrapassa os problemas e dificuldades comuns da vida em sociedade; ex.: uma pequena fila numa repartição pública ou o pó de uma obra pública não configuram o dano anormal, não gerando indenização).

O terceiro requisito – **nexo de causalidade entre a conduta estatal e o dano** – impõe que haja um nexo entre o ato estatal e o dano causado a terceiro. O STF entende que não há nexo de causalidade quando um detento foge da prisão e, tempos depois, comete crimes ou com a ajuda de comparsas (STF, AR 1.376). Todavia, houve um caso em que um presidiário, que já havia fugido sete vezes da prisão, acabou por estuprar um menor de 12 anos, caso esse que levou o STF a entender que havia nexo de causalidade, uma vez que, se a lei de execução penal tivesse sido corretamente aplicada, o preso estaria em regime fechado e não teria conseguido fugir pela oitava vez e cometido o crime (STF, RE 409.203).

Por fim, vale dizer que o STF entende que também é objetiva a responsabilidade do Estado quando este causa danos aos seus próprios agentes públicos (RE 435.444-RS).

10.5. Excludentes da responsabilidade do Estado

Conforme visto no item 10.1, o Brasil adota a Teoria do Risco Administrativo em matéria de responsabilidade do Estado e não a Teoria do Risco Integral.

Assim sendo, a responsabilidade do Estado admite excludentes.

Confira os casos em que se reconhece que a responsabilidade estatal ficará excluída: a) força maior (ex.: um tornado causa estragos em diversos imóveis de uma cidade); b) culpa exclusiva de terceiro; c) culpa exclusiva da vítima.

A culpa concorrente da vítima e do Estado não exclui a responsabilidade estatal, gerando apenas atenuação do *quantum* indenizatório.

10.6. Responsabilidade do agente público. Denunciação da lide do agente público que causou o dano e direito de regresso

O agente público, segundo o art. 37, § 6º, da CF, responde pelos danos que causar a terceiros, perante a pessoa com quem trabalha, se agir com culpa ou dolo.

Ou seja, os agentes públicos têm dupla proteção: a) a primeira é de só responder se agirem com culpa ou dolo; b) a segunda, de não poderem ser acionados diretamente pelo terceiro lesado.

Quanto a esse segundo aspecto, fica, então, a notícia de que o terceiro lesado só poderá ingressar com ação diretamente contra o Poder Público. Em seguida, em ação de regresso, o agente público que tiver atuado com culpa ou dolo pode ser acionado pelo Poder Público para que este se ressarça dos prejuízos que teve de arcar por conta do agente público responsável pelo dano.

Assim, não cabe a responsabilidade "per saltum" da pessoa natural do agente público (STF, RE 327.904, rel. Min. Carlos Brito, j. em 15.08.2006 – Informativo 436), devendo o juiz julgar extinta, por ilegitimidade de parte, eventual ação promovida pelo terceiro lesado em face do agente público.

Resta saber se o Estado poderá, logo que acionado pelo terceiro lesado, denunciar da lide o agente público, criando demanda paralela a ser julgada em sentença única.

O Superior Tribunal de Justiça vem aceitando a denunciação da lide nesses casos. Porém, vem crescendo o entendimento de que a denunciação da lide somente é possível quando a causa de pedir trazida na ação de responsabilidade seja a narração de uma conduta culposa ou dolosa do agente público. Nesse caso, como a ação já é fundada na culpa, não há problema em se denunciar da lide o agente público, eis que a sua culpa já estará sendo discutida na demanda principal.

Porém, quando a petição inicial se funda, fática e juridicamente, na responsabilidade objetiva do Estado, parece-nos temerário que o juiz admita eventual denunciação da lide do Poder Público. Isso porque ela não se coaduna com a ideia de responsabilidade objetiva, que visa a uma indenização pronta e rápida que não aconteceria se pudesse ser chamado o agente público para responder, instaurando-se uma lide paralela, em que se tivesse que discutir sua culpa ou seu dolo.

Aliás, o STJ é pacífico no sentido de que a ação de denunciação da lide não importa na perda do direito do Estado de ingressar com ação de regresso contra o servidor, já que o Estado tem garantido o direito de se ressarcir na própria Constituição Federal (art. 37, § 6º, da CF).

Vale lembrar que, uma vez que o Estado arque com indenização em favor de terceiro e o agente público responsável pelo ato danoso tenha agido com culpa ou dolo, o Estado nem sempre terá de ingressar com ação de regresso, sendo possível, desde que haja concordância do agente público, desconto da indenização em folha de pagamento, na forma da lei, e desde que seja parceladamente, de modo a não comprometer a subsistência do agente e de sua família.

10.7. Responsabilidade das pessoas jurídicas prestadoras de serviço público

Conforme já visto, a responsabilidade dessas pessoas, nos termos do art. 37, § 6º, da CF, também é objetiva. Assim, as concessionárias de serviço público, por exemplo, nas áreas de água e esgoto, energia elétrica, telefonia, transporte público, dentre outras, respondem pelos danos que seus agentes causarem, independentemente de culpa.

É importante ressaltar que o STF vinha entendendo que a responsabilidade objetiva dos concessionários (prevista no art. 37, § 6º, da CF) só existiria em relação ao usuário do serviço e não em relação a terceiro não usuário, que sofre dano no contexto da prestação de um serviço público. O terceiro deveria buscar responsabilização da concessionária com fundamento em outras regras jurídicas.

No entanto, houve **mudança** na orientação jurisprudencial, para admitir a responsabilidade objetiva também em favor do não usuário do serviço público. Confira: "A responsabilidade civil das pessoas jurídicas de direito privado prestadoras de serviço público é objetiva relativamente a terceiros usuários e não usuários do serviço, segundo decorre do art. 37, § 6º, da Constituição Federal. II – A inequívoca presença do nexo de causalidade entre o ato administrativo e o dano causado ao terceiro não usuário do serviço público, é condição suficiente para estabelecer a responsabilidade objetiva da pessoa jurídica de direito privado" (STF, RE 591874).

O STF passou a entender que a expressão "terceiros", contida no dispositivo constitucional citado, inclui os terceiros não usuários do serviço público. Primeiro porque não há restrição redacional nesse sentido, não se podendo fazer interpretação restritiva do dispositivo constitucional. Segundo porque a Constituição, interpretada à luz do princípio da isonomia, não permite que se faça qualquer distinção entre os chamados "terceiros", usuários e não usuários do serviço público, uma vez que todos podem sofrer dano em razão da ação administrativa estatal. Terceiro porque os serviços públicos devem ser prestados de forma adequada e em caráter geral, estendendo-se, indistintamente, a todos os cidadãos, beneficiários diretos ou indiretos da ação estatal.

10.8. Responsabilidade das pessoas de direito privado estatais exploradoras de atividade econômica

O § 6º do art. 37 da Constituição Federal estabelece ser objetiva a responsabilidade das pessoas jurídicas de *direito público* e das pessoas jurídicas de *direito privado prestadoras de serviço público*.

Nesse sentido, pessoa jurídica de direito privado *exploradora de atividade econômica* não se enquadra na regra matriz da responsabilidade objetiva do Estado.

Ao contrário, tais entidades estão submetidas, como regra, ao regime jurídico próprio das empresas privadas, inclusive quanto às obrigações civis, o que inclui a responsabilidade civil (art. 173, § 1º, II, da CF), que, no Direito Privado, como regra, ainda é de natureza subjetiva.

Todavia, é bom ressaltar que o regime jurídico de direito privado, no que tange à responsabilidade civil, sofreu muitas transformações, deixando de ser calcado sempre na responsabilidade subjetiva e passando a trazer regras bastante abrangentes de responsabilidade objetiva.

Dessa forma, dependendo do tipo de relação jurídica existente entre as partes e dos contornos fáticos que envolveram a atuação da empresa estatal, pode-se caracterizar situação que enseja responsabilidade objetiva também. E isso não por conta do art. 37, § 6º, da Constituição, que não se aplica ao caso, mas por conta das próprias regras de Direito Privado.

Por exemplo, caso se configure, no caso concreto, relação de consumo ou hipótese de vítima equiparada a consumidor, a responsabilidade da empresa será objetiva. Outra possibilidade é de, apesar de a relação jurídica entre vítima e empresa ser regulada pelo Código Civil, configurar-se dano causado por atividade de risco (art. 927, parágrafo único, do CC) ou por circulação de produtos (art. 931 do CC), situações essas para as quais o atual Código Civil estabelece responsabilidade objetiva.

10.9. Responsabilidade por obra pública

Quando é o próprio Estado que executa uma obra por agentes públicos pertencentes aos quadros da própria Administração, não há dúvida alguma de que o Estado responde objetivamente por danos causados a terceiros.

A dúvida sobre se o Estado responde ou não existe quando a obra pública causadora de dano foi encomendada pelo Estado a uma empreiteira, ou seja, a um particular que tenha celebrado contrato administrativo com a Administração Pública.

A Lei 8.666/1993, que regula as licitações e os contratos administrativos, é clara ao dispor que o contratado é responsável pelos danos causados a terceiros, decorrentes de sua culpa ou dolo na execução do contrato (art. 70). O dispositivo também esclarece que tal responsabilidade não fica excluída ou reduzida pela fiscalização ou acompanhamento pelo órgão interessado.

Assim sendo, não há responsabilidade primária e solidária do Estado pelos danos causados por obras realizadas por empreiteira contratada deste.

Mas há duas situações em que o Estado poderá responder por conta de uma obra pública que tiver encomendado a um empreiteiro.

O primeiro caso diz respeito às situações em que os danos causados a terceiros são produzidos por motivo inerente à obra encomendada pelo Estado. São aquelas situações em que o contratado não age com culpa ou dolo, mas, em virtude de características próprias da obra, danos serão inevitáveis. Por exemplo, em caso de nivelamento de ruas, é praticamente inexorável a causação de danos, vez que casas à margem da via ficarão em nível mais baixo ou mais elevado que esta.

O segundo caso diz respeito à hipótese em que o contratado pela Administração, culpado pelos danos decorrentes da obra, não tem recursos para arcar com os ônus decorrentes da responsabilidade civil que carrega. Nesse caso, o Estado, por ser o patrocinador da obra e por agir em favor de toda a coletividade, deve indenizar os danos causados, socializando a sua reparação em favor daquele que sofreria sozinho caso não fosse indenizado. Tem-se, no caso, responsabilidade subsidiária do Estado.

10.10. Responsabilidade do tabelião e do registrador

Tanto o tabelião como o registrador respondem objetivamente perante terceiros, nos termos do que determina o art. 37, § 6º, da CF.

Além disso, o Estado, que confere uma delegação a essas pessoas, também responde objetivamente e diretamente pelos danos por eles causados. Confira a casuística: "RESPONSABILIDADE OBJETIVA – ESTADO – RECONHECIMENTO DE FIRMA – CARTÓRIO OFICIALIZADO. Responde o Estado pelos danos causados em razão de reconhecimento de firma considerada assinatura falsa. Em se tratando de atividade cartorária exercida à luz do artigo 236 da Constituição Federal, a responsabilidade objetiva é do notário, no que assume posição semelhante à das pessoas jurídicas de direito privado prestadoras de serviços públicos – § 6º do artigo 37 também da Carta da República." (STF, 2ª T., RE 201.595/SP, relator Min. MARCO AURÉLIO, DJ 20.04.2001); e "RESPONSABILIDADE CIVIL. NOTÁRIO. LEGITIMIDADE PASSIVA *AD CAUSAM*. RESPONSABILIDADE OBJETIVA DO ESTADO DE PERNAMBUCO PELOS DANOS CAUSADOS PELO TITULAR DE SERVENTIA EXTRAJUDICIAL NÃO OFICIALIZADA. PRECEDENTES. A responsabilidade civil por dano causado a particular por ato de oficial do Registro de Imóveis é pessoal, não podendo o seu sucessor, atual titular da serventia, responder pelo ato ilícito praticado pelo sucedido, antigo titular. Precedentes. Recurso especial provido." (STJ, 3ª T., REsp 696.989/PE, Rel. Ministro CASTRO FILHO, julgado em 23.05.2006, DJ 27.11.2006 p. 278)

O Ofício de Notas não é uma pessoa jurídica, mas sim uma estrutura organizada para a prestação de serviços notariais. Tal estrutura é organizada técnica e administrativamente pelo notário, que é uma pessoa física a quem é delegado o exercício da atividade notarial, mediante concurso público.

O notário exerce, então, função pública, sendo tratado pela doutrina como um particular em colaboração com o Poder Público. Trata-se, na verdade, de um agente público delegado, ou seja, de um agente público que recebe a delegação de um serviço público, que será prestado em nome próprio e por conta e risco do notário.

Assim sendo, a pessoa física titular da serventia extrajudicial é quem responde, com seu patrimônio pessoal, por eventuais danos causados a terceiros por atos praticados por si ou por seus prepostos. Nesse sentido é o disposto no art. 22 da Lei 8.935/1994. O notário, responsabilizado, poderá exercer o direito de regresso no caso de culpa ou dolo de seus prepostos.

Porém, não se pode olvidar de que a atividade prestada pelo notário é uma atividade administrativa e, portanto, de interesse estatal. Por isso, o Estado também responde pelos atos praticados pelos notários e seus prepostos.

Como tais serviços são organizados pelos Estados-membros, estes serão os responsáveis civilmente pelos prejuízos causados a terceiros, nos termos do art. 37, § 6º, da CF.

Segundo o STF, a responsabilidade civil do notário e a do Estado são objetivas, no caso.

Assim, o terceiro lesado poderá propor ação contra o notário, contra o Estado ou contra ambos, sendo que é objetiva tanto a responsabilidade da pessoa física do notário como a responsabilidade da pessoa jurídica do Estado-membro respectivo.

Vale ressaltar que há decisão do STJ com entendimento um pouco diferente. No caso, entende este Tribunal que se deve ingressar com ação em face do notário e, caso este não possa suportar a indenização, aí sim caberá acionar o Estado subsidiariamente (STJ, REsp 1.163.652/PE, DJ 01.07.2010).

Porém, uma novidade promete gerar muita discussão nesse terreno. O artigo 22 da Lei 8.935/1994 teve sua redação alterada pela Lei 13.286/2016, constando agora que notários, registradores e seus substitutos e escreventes designados somente respondem se agirem mediante conduta culposa ou dolosa, o que se contrapõe ao entendimento jurisprudencial, calcado no texto constitucional, de que respondem de forma objetiva, ou seja, independentemente de culpa ou dolo. Há de se aguardar, portanto, se haverá ou não novo entendimento jurisprudencial a respeito.

10.11. Responsabilidade por atos legislativos e jurisdicionais

O Estado não responde, como regra, pela edição de leis que prejudiquem alguém.

Tal regra só cede nas seguintes situações: a) se uma lei declarada inconstitucional causa danos ao particular; b) em caso de lei de efeito concreto causar dano a uma pessoa em particular (ex: criação de Parque Florestal em área privada).

O Estado também não responde, como regra, pela expedição de decisões que prejudiquem alguém. Como exceção temos: a) o caso de erro judiciário, que é aquele reconhecido em revisão criminal ou o decorrente de prisão de alguém além do tempo permitido; reconhecido o erro judiciário, a responsabilidade do Estado é objetiva, não sendo necessário demonstração de culpa ou dolo do magistrado responsável pelo caso (STF, RE 505393/PE); b) os casos em que o juiz responde pessoalmente por dolo, fraude, recusa, omissão ou retardamento injustificado de providências de seu ofício, nos termos do legislação processual civil; c) os casos de erro grave (ex: prisão de alguém sem qualquer envolvimento com o fato criminoso – *vide* o caso do "Bar Bodega" no Informativo 570 do STF – RE 385943/SP).

10.12. Responsabilidade por atos do Ministério Público

O Ministério Público não é pessoa jurídica, mas órgão da Administração Direta da União (Ministério Público da União – art. 128 da CF) e dos Estados-membros.

Assim, não tendo o Ministério Público personalidade jurídica, não há como responsabilizá-lo civilmente por seus atos.

Por outro lado, a responsabilidade do Estado é, como regra, objetiva, de modo que quando um órgão estatal causa um dano a terceiro, a pessoa jurídica estatal correspondente tem de responder, ressalvada a ação de regresso em face do agente público que tiver agido com culpa ou dolo, no caso, o membro do Ministério Público.

Esse é o posicionamento do STF (AI 552.366 AgR, DJ 28.10.2009).

10.13. Responsabilidade subsidiária

O Estado responde subsidiariamente pelos danos causados pelas seguintes pessoas que estiverem atuando em atividades que ele mesmo deveria prestar: a) pessoas jurídicas de direito público da Administração Indireta (autarquias, fundações públicas, agências reguladoras e associações públicas); b) pessoas jurídicas de direito privado prestadoras de serviço público; c) pessoas jurídicas de direito privado executoras de obra pública, por danos decorrentes dessa obra.

Há de se ressaltar que a responsabilidade subsidiária, para acontecer, depende da impotência econômica ou financeira da entidade estatal.

10.14. Prescrição

Até pouco tempo atrás não havia controvérsia alguma sobre qual era o prazo prescricional para o exercício da pretensão indenizatória em face do Estado.

Doutrina e jurisprudência eram uníssonas no sentido de que esse prazo era de 5 anos, nos termos do art. 1º do Decreto 20.910/1932, que regula a prescrição contra a Fazenda Pública.

Porém, com a entrada em vigor do atual Código Civil, que estabelece que o prazo prescricional para ações indenizatórias é de 3 anos (art. 206, § 3º, V), uma forte corrente passou a considerar que esse prazo também deveria ser aplicado às ações indenizatórias em face da Fazenda Pública. Isso porque o art. 10 do Decreto 20.910/1932 prevê que o prazo de 5 anos nele previsto "não altera as prescrições de menor prazo, constantes das leis e regulamentos, as quais ficam subordinadas às mesmas regras". Dessa forma, como o prazo previsto no Código Civil é, atualmente, um prazo "menor" do que o de 5 anos previsto no Decreto mencionado,

dever-se-ia aplicar o prazo previsto no Código, fazendo com que a prescrição de ações de reparação civil em geral tivesse prazo de 3 anos contra a Fazenda Pública.

A questão hoje é bastante controversa.

Porém, o STJ, que estava bastante dividido, tem-se encaminhado no sentido de que o prazo continua de 5 anos (AgRg no Ag 1.364.269, DJ 24.09.2012). O argumento da primeira turma é no sentido de que o prazo de 5 anos é um prazo histórico, previsto em norma especial e igual a uma série de outros prazos de prescrição previstos para o exercício de pretensão indenizatória de outras naturezas em face do Estado (EResp 1.081.885/RR, rel. Hamilton Carvalhido, DJ 01.02.2011). Ao contrário, o prazo previsto no Código Civil é prazo destinado a regular as relações de Direito Privado.

Para resolver de vez a questão, em recurso repetitivo restou estabelecido pelo STJ que as ações patrimoniais passivas ou ativas de que seja parte a Fazenda Pública regem-se pelo prazo prescricional previsto no Decreto 20.910/1932. Vale a pena replicar ementa a respeito do tema: "ADMINISTRATIVO. PROCESSUAL CIVIL. RESPONSABILIDADE CIVIL DO ESTADO. AÇÃO DE INDENIZAÇÃO CONTRA A FAZENDA PÚBLICA. PRAZO PRESCRICIONAL. DECRETO 20.910/1932. QUINQUENAL. TEMA OBJETO DE RECURSO REPETITIVO. SÚMULA 168/STJ. INCIDÊNCIA. 1. A jurisprudência desta Corte firmou-se no sentido de que a prescrição contra a Fazenda Pública é quinquenal, mesmo em ações indenizatórias, uma vez que é regida pelo Decreto 20.910/1932. (AgRg nos EAREsp 53471 / RS, relator Ministro Humberto Martins, 1ª Seção, j. 27.02.2013).

Há de se aguardar, agora, como se posicionará a jurisprudência em relação à responsabilização civil de *pessoas jurídicas* que causarem danos à Administração por condutas definidas na Lei 12.846, de 1º de agosto de 2013. Parece-nos que, de acordo com essa lei, a prescrição da pretensão do Poder Público de buscar a reparação civil no caso mencionado (de pessoa jurídica cuja conduta incida no art. 5º da lei), voltará a ser de 5 anos, nos termos de seu art. 25, *caput*. Apesar de a lei ter usado uma terminologia totalmente inadequada ("prescrição da infração"), parece-nos que dispositivo citado **não fez** distinção entre a aplicação de sanções civis (como a de reparação civil, que, inclusive, envolve verdadeiro prazo *prescricional*) e administrativas (que, em verdade, envolve prazo decadencial, apesar de ser comum a lei usar a palavra "prescrição" para abranger prazos decadenciais também), de modo que o prazo prescricional de 5 anos se aplicaria tanto às sanções civis, como às sanções administrativas para as pessoas jurídicas que praticarem condutas definidas no art. 5º da Lei 12.846/2013.

Ainda em relação à questão da prescrição, há dois casos específicos em que o prazo prescricional para a ação indenizatória estão definidos por existir regra especial estabelecendo tais prazos, sem que haja exceção quanto à sua aplicação. O primeiro é prazo para ingresso de ação indenizatória por desapropriação indireta (prazo prescricional de 10 anos) e o segundo é para ingresso de ação indenizatória por restrições decorrentes de atos do Poder Público (prazo prescricional de 5 anos – art. 10 do Dec.-lei 3.365/1941).

Por fim, de rigor lembrar que há três casos de imprescritibilidade da pretensão de reparação civil, quais sejam: a) ressarcimento do erário; b) ressarcimento de dano ambiental; c) ressarcimento de danos por perseguição política, prisão e tortura durante a ditadura militar. Quanto a esse último caso, *vide*, por exemplo, o AgRg no Ag 1.428.635, julgado pelo STJ em 02.08.2012.

Vale, também, uma palavra sobre o termo *a quo* da contagem do prazo prescricional.

No caso, esse prazo é contado da data do fato ou do ato lesivo. Todavia, caso o dano tenha sido causado por conduta considerada crime na esfera penal, o prazo prescricional começará a fluir a partir do trânsito em julgado da ação penal (STJ, AgRg no Ag 1383364/SC, DJ 25.05.2011).

10.15. Responsabilidade civil e administrativa de pessoas jurídicas (Lei 12.846/2013)

A Lei 12.846, de 1º de agosto de 2013, dispõe sobre a responsabilização **objetiva**, nas esferas administrativa e civil, de **pessoas jurídicas**, pela prática, por estas, de atos contrários à Administração Pública, **inclusive** atos contrários à Administração Pública estrangeira, ainda que cometidos no exterior (arts. 1º e 28).

Essa responsabilidade objetiva, todavia, somente se aplica quanto aos atos lesivos **definidos no art. 5º da Lei** (por exemplo: fraude à licitação), e desde que a pessoa que tenha cometido tais atos seja uma pessoa jurídica. As demais pessoas (pessoas físicas ou naturais) e os demais casos (ilícitos não previstos no art. 5º da Lei 12.846/2013), continuam regulamentados pelas leis existentes ao tempo da Lei 12.846/2013, podendo se tratar tanto de responsabilidade subjetiva (quando se aplicar o artigo 186 do Código Civil, por exemplo), como de responsabilidade objetiva (quando se aplicar os artigos 927, parágrafo único e 931 do Código Civil, também por exemplo).

Outro requisito para que haja a responsabilidade administrativa e civil da pessoa jurídica perante a Administração é que os atos lesivos respectivos tenham sido praticados em seu **interesse ou benefício**, ainda que não exclusivamente em seu interesse ou benefício (art. 2º).

As sanções administrativas podem ser aplicadas **sem intervenção do Judiciário** no caso de aplicação de *multa* e de *publicação extraordinária de decisão condenatória* (art. 6º). A multa variará de 0,1% a 20% do faturamento bruto da pessoa jurídica no último exercício anterior ao da instauração do processo administrativo, em valor nunca inferior à vantagem auferida. Quanto à publicação extraordinária de decisão condenatória, consiste em se determinar a publicação, às expensas da pessoa jurídica infratora, de extrato da decisão condenatória em meio de comunicação de grande circulação, em edital afixado pelo prazo mínimo de 30 dias no próprio estabelecimento ou no local da atividade, e no sítio eletrônico da pessoa jurídica.

Quanto às demais sanções administrativas previstas no art. 19 da Lei (que incluem o perdimento de bens, a suspensão ou interdição parcial de atividades, a dissolução compulsória da pessoa jurídica e a proibição de contratar com a Adminis-

tração), bem como quanto à reparação civil, cabe ao Poder Público ingressar com **ação judicial**, para que o Judiciário promova a devida responsabilização. A ação em questão seguirá o rito da Lei de Ação Civil Pública (art. 21, *caput*), e pode ser ajuizada não só por meio das procuradorias dos entes públicos, como também pelo Ministério Público (art. 19, *caput*), sendo, que na omissão das autoridades administrativas, este poderá também pedir em juízo a aplicação das sanções previstas no art. 6º da Lei.

É importante ressaltar que a aplicação das sanções previstas na lei ora comentada **não afeta** os processos de responsabilização e aplicação de penalidades decorrentes dos atos de improbidade nos termos da Lei 8.429/1992 e de ilícitos alcançados pela Lei 8.666/1993 ou outras normas de licitação e contratos (art. 30).

Quanto à **decadência** ou **prescrição** para aplicar as sanções previstas na Lei, o prazo é de 5 anos, contados da data da ciência da infração ou, no caso de infração permanente ou continuada, do dia em que tiver cessado (art. 25). Na esfera administrativa ou judicial, a prescrição será interrompida com a instauração de processo que tenha por objeto a apuração da infração.

Outro ponto importante da lei, que deverá provocar mais efetividade na apuração dessas infrações, é a regulamentação do chamado **acordo de leniência** (art. 16). De acordo com o texto legal, "A autoridade máxima de cada órgão ou entidade pública poderá celebrar acordo de leniência com as pessoas jurídicas responsáveis pela prática dos atos previstos nesta Lei que colaborem efetivamente com as investigações e o processo administrativo, sendo que dessa colaboração resulte:

I – a identificação dos demais envolvidos na infração, quando couber;

II – a obtenção de informações e documentos que comprovem o ilícito sob apuração."

Vale ressaltar que o acordo de leniência somente poderá ser celebrado se preenchidos, cumulativamente, os seguintes requisitos:

"I – a pessoa jurídica seja a primeira a se manifestar sobre seu interesse em cooperar para a apuração do ato ilícito;

II – a pessoa jurídica cesse completamente seu envolvimento na infração investigada a partir da data de propositura do acordo;

III – a pessoa jurídica admita sua participação no ilícito e coopere plena e permanentemente com as investigações e o processo administrativo, comparecendo, sob suas expensas, sempre que solicitada, a todos os atos processuais, até seu encerramento."

Outro ponto importante é que o acordo de leniência celebrado pela autoridade administrativa terá os seguintes efeitos (art. 16, § 2º):

"A celebração do acordo de leniência isentará a pessoa jurídica das sanções previstas no inciso II do art. 6º e no inciso IV do art. 19 e reduzirá em até 2/3 (dois terços) o valor da multa aplicável."

É importante dizer que o acordo de leniência **não exime** a pessoa jurídica da obrigação de reparar integralmente o dano causado e **deve estipular** as condições necessárias para assegurar a efetividade da colaboração e o resultado útil do processo administrativo e quando estipular a obrigatoriedade de reparação do dano poderá conter cláusulas sobre a forma de amortização, que considerem a capacidade econômica da pessoa jurídica.

Por fim, seguem outras características desse acordo, previstas nos arts. 16 e 17:

a) "Os efeitos do acordo de leniência serão estendidos às pessoas jurídicas que integram o mesmo grupo econômico, de fato e de direito, desde que firmem o acordo em conjunto, respeitadas as condições nele estabelecidas" (§ 5º);

b) "A proposta de acordo de leniência somente se tornará pública após a efetivação do respectivo acordo, salvo no interesse das investigações e do processo administrativo" (§ 6º);

c) "Não importará em reconhecimento da prática do ato ilícito investigado a proposta de acordo de leniência rejeitada" (§ 7º);

d) "Em caso de descumprimento do acordo de leniência, a pessoa jurídica ficará impedida de celebrar novo acordo pelo prazo de 3 (três) anos contados do conhecimento pela administração pública do referido descumprimento" (§ 8º);

e) "A celebração do acordo de leniência interrompe o prazo prescricional dos atos ilícitos previstos nesta Lei." (§ 9º);

f) "A Controladoria-Geral da União – CGU é o órgão competente para celebrar os acordos de leniência no âmbito do Poder Executivo federal, bem como no caso de atos lesivos praticados contra a administração pública estrangeira" (§ 10);

g) "A administração pública poderá também celebrar acordo de leniência com a pessoa jurídica responsável pela prática de ilícitos previstos na Lei 8.666, de 21 de junho de 1993, com vistas à isenção ou atenuação das sanções administrativas estabelecidas em seus arts. 86 a 88" (art. 17).

Por fim, importante destacar que "os órgãos ou entidades dos Poderes Executivo, Legislativo e Judiciário de todas as esferas de governo deverão informar e manter atualizados, para fins de publicidade, no **Cadastro Nacional de Empresas Inidôneas e Suspensas – CEIS**, de caráter público, instituído no âmbito do Poder Executivo federal, os dados relativos às sanções por eles aplicadas, nos termos do disposto nos arts. 87 e 88 da Lei 8.666, de 21 de junho de 1993" (art. 23 – g.n.).

11. LICITAÇÃO PÚBLICA

11.1. Finalidades ou objetivos

A Administração Pública, para cumprir suas tarefas, **precisa realizar muitos contratos**. A maior parte deles envolve **aquisição** de bens, serviços e obras. Mas há também situações em que a Administração **aliena** bens ou faz **permissões e concessões**.

No entanto, é fundamental que a Administração Pública, previamente à contratação, siga um procedimento destinado a preservar certos princípios. Esse procedimento tem o nome de **licitação**.

A Lei 8.666/1993, em sua redação original, dispunha que a licitação tinha por finalidade atender aos seguintes objetivos (art. 3º, *caput*): a) garantir a observância do princípio da

isonomia; b) garantir a seleção da proposta **mais vantajosa** para a administração.

A simples existência de um processo de licitação já evita que interessados em contratar com a Administração Pública sejam excluídos dessa possibilidade, o que preserva o princípio da igualdade. Além disso, a existência de concorrência entre interessados, por si só, já é capaz de obrigá-los a formular a mais vantajosa proposta possível, o que atende ao princípio da indisponibilidade do interesse público.

Mas como tais finalidades da licitação devem ser buscadas da maneira mais efetiva possível, não basta que a licitação seja procedimento obrigatório para contratações da Administração Pública. É necessário, também, que todas as regras do procedimento sejam direcionadas ao máximo atendimento desses objetivos.

Um exemplo de regra que visa a garantir o princípio da isonomia é a que veda a criação de requisitos de habilitação que não estejam dispostos no art. 27 e seguintes da Lei 8.666/1993.

Um exemplo de regra que visa a garantir a proposta mais vantajosa para a Administração é a que estabelece, na modalidade pregão, que os licitantes, depois de apresentadas suas propostas, terão oportunidade de fazer lances verbais com vistas a se chegar a melhor proposta possível (art. 4º, VIII, da Lei 10.520/2002).

A Lei 12.349/2010 alterou o art. 3º, *caput*, da Lei 8.666/1993, criando uma terceira finalidade para a licitação, qual seja: promover o **desenvolvimento nacional sustentável**.

Exemplo de regra que visa a promover o desenvolvimento nacional sustentável é a que estabelece que, em caso de empate, terão preferência as propostas relativas a bens e serviços produzidos no País (art. 3º, § 2º, II, da Lei 8.666/1993).

Em resumo, a licitação tem três finalidades: a) garantir a isonomia; b) garantir a proposta mais vantajosa para a administração; c) promover o desenvolvimento nacional sustentável.

11.2. Legislação

A **regra-matriz** da licitação encontra-se no art. 37, XXI, da Constituição Federal, *in verbis*: "ressalvados os casos especificados na legislação, as obras, serviços, compras e alienações serão contratados mediante processo de licitação pública que assegure igualdade de condições a todos os concorrentes, com cláusulas que estabeleçam obrigações de pagamento, mantidas as condições efetivas da proposta, nos termos da lei, o qual somente permitirá as exigências de qualificação técnica e econômica indispensáveis à garantia do cumprimento das obrigações".

Repare que a regra-matriz traz, pelo menos, os seguintes princípios licitatórios:

a) princípio da obrigatoriedade da licitação, pelo qual qualquer contrato deve ser por ela precedido, ressalvados os casos especificados na lei;

b) princípio da isonomia, pelo qual se deve assegurar "igualdade de condições a todos os concorrentes", bem como só se permitirá exigências de qualificação "indispensáveis à garantia do cumprimento das obrigações", de modo a garantir que interessados na licitação não sejam excluídos sem justa causa;

c) princípio da indisponibilidade, pelo qual só se permitirá exigências de qualificação "indispensáveis à garantia do cumprimento das obrigações", o que garante o maior número possível de licitantes, medida que tende a fazer com que haja maior concorrência e, consequentemente, melhores propostas;

d) princípio da proporcionalidade, também decorrente da ideia de que só se permitirá exigências de qualificação "indispensáveis à garantia do cumprimento das obrigações", o que faz com a Administração não faça exigências que não sejam estritamente necessárias para cumprir as finalidades do processo de licitação;

e) princípio do devido procedimento administrativo, pelo qual as contratações da Administração devem ser feitas mediante *processo* de licitação pública, o que faz com que fique reduzida a discricionariedade da Administração, que deve seguir ritos e regras previstos em lei.

Uma vez estabelecida a regra-matriz da licitação, a Constituição Federal tratou de dispor sobre quem tem **competência para legislar** nessa matéria. Nesse sentido, o art. 22, XXVII, da CF estabelece que compete privativamente à União legislar sobre "normas gerais de licitação e contratação, em todas as modalidades, para as administrações públicas diretas, autárquicas e fundacionais da União, Estados, Distrito Federal e Municípios, obedecido o disposto no art. 37, XXI, e para as empresas públicas e sociedades de economia mista, nos termos do art. 173, § 1º, III".

Assim, a CF elegeu a **União** como responsável, privativamente, pela edição de **normas gerais** sobre licitação.

Normas gerais sobre licitação *são aquelas que tratam de questões que reclamam tratamento homogêneo em todo o País.* Já as **normas especiais** sobre licitação *são aquelas que tratam de questões que requerem tratamento peculiar no âmbito do ente local ou aquelas que envolvam a operacionalização da aplicação da lei geral no ente local.*

Argumentando ofensa à competência da União, o STF entendeu inconstitucional uma lei do Distrito Federal que criava, no âmbito da licitação, restrições a empresas que discriminarem na contratação de mão de obra (ADI 3.670, DJ 18.05.2007). O Pretório Excelso também entendeu inconstitucional lei do estado do Rio Grande do Sul que criava, também no âmbito da licitação, preferência a licitantes que usassem *softwares* livres ou sem restrições proprietárias (ADI 3.059, DJ 20.08.2004).

Por outro lado, na ADI 927, o STF entendeu que as disposições da Lei 8.666/1993 que tratam da doação de bem imóvel e da permuta de bem móvel têm aplicação apenas à União, já que as questões relativas ao destino de bens públicos estão ligadas ao autogoverno dos demais entes políticos quanto ao seu patrimônio público, envolvendo questão de interesse local a justificar certas normas especiais por parte destes.

Outra decisão do STF a favor de lei local considerada constitucional em face da competência da União para editar normas gerais sobre licitação foi a que aprovou legislação municipal que proibia agentes políticos e seus parentes de contratar com o município. Asseverou-se que, diante das leis gerais da União, estados e municípios podem legislar para complementar tais normas e adaptá-las às suas realidades. O STF também assentou que a referida norma municipal foi editada com base no art. 30, II, da CF, e em homenagem aos princípios da impessoalidade e moralidade administrativa, bem como com prevenção a eventuais ao interesse público e ao patrimônio do município, sem restringir a competição entre os licitantes (RE 423560/M, j. 29.05.2012).

Outro ponto importante sobre o disposto no art. 22, XXVII, da CF é o fato de ter sido feita uma ressalva para as empresas públicas e sociedades de economia mista, que devem obedecer ao art. 173, § 1º, III, da CF, introduzida pela EC 19/1998.

Esse dispositivo tem o seguinte teor: "§ 1º A lei estabelecerá o estatuto jurídico da empresa pública, da sociedade de economia mista e de suas subsidiárias que explorem atividade econômica de produção ou comercialização de bens ou de prestação de serviços, dispondo sobre: (...) III – licitação e contratação de obras, serviços, compras e alienações, observados os princípios da administração pública."

Essa lei somente sobreveio no ano de 2016 (Lei 13.303/2016, que trata da licitação e dos contratos das empresas estatais nos arts. 28 e seguintes). Assim, durante mais de 20 anos as estatais tiveram que obedecer às normas da Lei 8.666/1993, sendo que agora devem obediência à Lei 13.303/2016, que traz regulamentação extensa e detalhada de tudo que envolve a licitação e os contratos das empresas estatais, de modo que a Lei 8.666/1993 não deve ser mais aplicada, salvo quanto à sua regra de transição (prazo de 24 meses para adaptação de regras e aplicação da lei anterior a licitações e contratos iniciados ou celebrados até o final desse prazo) e nas exceções trazidas na novel lei, como no caso de aplicação das normas penais previstas na Lei 8.666/93 (art. 41).

O art. 175 da CF também trata do instituto da licitação quando dispõe que a concessão e a permissão de serviços públicos devem se dar "sempre através de licitação".

Resta, agora, tecer umas palavras sobre a licitação na legislação infraconstitucional.

Nesse sentido, confira as principais leis que fazem referência ao instituto:

a) Lei 8.666/1993, a mais importante delas, traz normas gerais sobre licitações e contratos da Administração Pública;

b) Lei 10.520/2002, que trata da licitação na modalidade pregão; o Decreto 3.555/2000 regulamenta o procedimento do pregão na esfera federal; o Decreto 5.450/2005 define o procedimento a ser adotado no pregão eletrônico;

c) Lei Complementar 123/2006, que, em seus arts. 42 a 49-A, contém normas sobre licitação, favorecendo as microempresas e empresa de pequeno porte;

d) Lei 12.462/2011, que institui o Regime Diferenciado de Contratações Públicas – RDC;

e) Lei 11.488/2007, que, em seu art. 34, determina a aplicação da Lei Complementar 123/2006 às sociedades cooperativas;

f) Lei 8.987/1995, que trata da permissão e concessão de serviço público, inclusive quanto à licitação cabível à espécie;

g) Lei 11.079/2004, que trata das parcerias público-privadas, inclusive quanto à licitação cabível à espécie;

h) Lei 12.232/2010, que trata da licitação quanto aos contratos de serviços de publicidade;

i) Lei 9.472/1997, que estabelece novas modalidades licitatórias para a ANATEL, o pregão e a consulta (art. 54);

j) Lei 9.648/1998, que dispensa a licitação para a celebração de contratos de prestação de serviços com as organizações sociais;

k) Lei 11.107/2005 que, regulamentando os consórcios públicos, dobra o limite de valor para a contratação direta por essas entidades;

l) Lei 13.019/2014, com as alterações feitas promovidas pela Lei 13.204/2015, que, ao regulamentar a celebração de parcerias com organizações da sociedade civil, regulamenta o processo seletivo denominado "chamamento público", que tem por finalidade escolher a entidade que celebrará o respectivo termo de colaboração ou termo de fomento;

m) Lei 13.303/2016, que dispõe sobre o estatuto jurídico da empresa pública, da sociedade de economia mista e de suas subsidiárias, no âmbito da União, dos Estados, do Distrito Federal e dos Municípios.

11.3. Princípios da licitação

O art. 3º da Lei 8.666/1993 estabelece os seguintes princípios da licitação: a) legalidade; b) impessoalidade; c) moralidade; d) igualdade; e) publicidade; f) probidade administrativa; g) vinculação ao instrumento convocatório; h) do julgamento objetivo; e e) os princípios correlatos.

Para guardar, lembre-se de que há quatro princípios da Administração (legalidade, impessoalidade, moralidade e publicidade) mais os seguintes: igualdade (que já está no conceito de impessoalidade), probidade (que já está no conceito de moralidade), vinculação ao instrumento convocatório e julgamento objetivo. O princípio da eficiência não está expresso no art. 3º da Lei 8.666/1993, mas, naturalmente, aplica-se à licitação, já que está expresso na Constituição Federal (art. 37, *caput*).

O princípio da **legalidade** impõe que a Administração só faça, numa licitação, o que a lei determina ou autoriza. Assim, não pode a Administração desconsiderar o disposto na Lei 8.666/1993, criando, por exemplo, novas regras sobre dispensa de licitação, modalidades de licitação novas, tipos de licitação novos, dentre outras.

O princípio da **impessoalidade** impõe que a Administração trate os licitantes de modo igualitário, não promovendo perseguições ou favorecimentos indevidos. Esse princípio também impõe que seja respeitado o princípio da finalidade, o que faz com que a licitação não possa ser utilizada para outras finalidades que não as três que o instituto tem, quais sejam, garantir a isonomia, garantir a proposta mais vantajosa para a Administração e promover o desenvolvimento nacional sustentável.

O princípio da **igualdade**, contido no princípio da impessoalidade, tem efeito relevante no que diz respeito às restrições que a Administração faz a que certas pessoas contratem com ela. Ademais, o princípio também incide quando a Administração quer ter direitos adicionais aos que já estão estipulados como cláusulas exorbitantes. Por conta disso, a Administração não pode inventar novas cláusulas exorbitantes que não estejam expressamente permitidas em lei, sob pena de ferir não só o princípio da legalidade como também o da igualdade. Há casos, todavia, em que é possível restringir a participação de certas pessoas em procedimentos licitatórios, das cooperativas na licitação para a contratação de prestação de serviços com locação de mão de obra, quando o trabalho, por sua natureza, demandar necessidade de subordinação, ante os prejuízos que podem advir para a Administração Pública caso o ente cooperativo se consagre vencedor no certame e não cumpra suas obrigações (REsp 1.204.186, DJ 29.10.2012).

Os princípios da **moralidade** e da **probidade** impõem que a Administração Pública aja sempre de forma honesta, proba, leal e de boa-fé. O princípio impede, por exemplo, que haja favorecimento indevido a algum licitante, o que também é vedado pela aplicação do princípio da impessoalidade. Impede, também, que a Administração se valha de sua condição privilegiada para fazer exigências indevidas do licitante ou contratante. Certa vez tomei conhecimento de uma situação em que um órgão público, que deixou em aberto vários pagamentos a uma empresa fornecedora, condicionou a emissão de um atestado de cumprimento da obrigação por parte desta para apresentar declaração dando por quitados todos os débitos dos órgãos públicos. No caso, a fornecedora acabou aceitando essa situação surreal, pois precisava desse atestado para participar de outro certame licitatório. A conduta da Administração Pública, no caso, foi lastimável e merece total reprovação, pois viola o princípio da boa-fé objetiva, corolário do princípio da moralidade.

O princípio da **publicidade** impõe uma série de providências em matéria de licitação. Uma delas é a exigência de que seja publicado em diário oficial e em jornal de grande circulação aviso contendo o resumo dos editais, inclusive com indicação de onde os interessados poderão ler seu texto integral (art. 21 da Lei 8.666/1993). Outra exigência é a de que todas as compras feitas pela Administração sejam objeto de publicidade em órgãos de divulgação ou em quadro de avisos de amplo acesso público (art. 16 da Lei 8.666/1993). As contratações sem licitação (licitação dispensada, dispensabilidade e inexigibilidade) também serão objeto de publicação na imprensa oficial, no prazo de 5 dias, como condição de eficácia dos atos (art. 26 da Lei 8.666/1993). Será obrigatória audiência pública nas licitações cujo valor estimado for superior a R$ 150 milhões (art. 39 da Lei 8.666/1993). Além disso, a publicação resumida do instrumento de contrato ou de seus aditamentos na imprensa oficial, que é condição indispensável para sua eficácia, será providenciada pela Administração até o quinto dia útil do mês seguinte ao de sua assinatura, para ocorrer no prazo de vinte dias daquela data, qualquer que seja seu valor, ainda que sem ônus (art. 61, parágrafo único, da Lei 8.666/1993). Atos que afetem direitos dos licitantes serão publicados na imprensa oficial, caso os prepostos destes não estiverem presentes nos atos respectivos (art. 109, § 1º, da Lei 8.666/1993). Os Tribunais de Contas e os órgãos integrantes do sistema de controle interno poderão solicitar para exame, até o dia imediatamente anterior à data do recebimento das propostas, cópia do edital de licitação já publicado (art. 113, § 2º, da Lei 8.666/1993). Os órgãos da Administração poderão expedir normas relativas aos procedimentos operacionais a serem observados na execução das licitações, no âmbito de sua competência, observadas as disposições da Lei 8.666/1993, sendo que tais normas, após aprovação da autoridade competente, deverão ser publicadas na imprensa oficial (art. 115 da Lei 8.666/1993). As sociedades de economia mista, empresas e fundações públicas e demais entidades controladas direta ou indiretamente pela União editarão regulamentos próprios devidamente publicados, ficando sujeitas às disposições da Lei 8.666/1993. Os regulamentos mencionados, no âmbito da Administração Pública, após aprovados pela autoridade de nível superior à que estiverem vinculados os respectivos órgãos, sociedades e entidades, deverão ser publicados na imprensa oficial (art. 119 da Lei 8.666/1993).

Em que pese todo esse dever de publicidade, na modalidade de licitação convite não será necessária a publicação de aviso do edital na imprensa e em jornal de grande circulação. Aliás, nessa modalidade de licitação sequer há edital. O que existe é a elaboração de uma carta-convite, que será enviada a pelo menos três fornecedores, convidando-os a participar de licitação e oferecer proposta para a Administração. A publicidade à qual se reduz esse convite é a publicação desse instrumento convocatório em local apropriado da Administração (art. 22, § 3º, da Lei 8.666/1993).

O princípio da **vinculação ao instrumento convocatório** determina que, além das disposições legais, a Administração deve seguir, rigorosamente, os termos do edital ou do convite. Assim, todas as disposições do instrumento convocatório têm de ser seguidas, sejam as que tratam dos requisitos de habilitação e dos critérios de julgamento da licitação, sejam as que tratam dos termos em que serão celebrados o futuro contrato administrativo. No mesmo sentido do princípio da vinculação ao instrumento convocatório estão também as regras da "vinculação ao termo que dispensou ou declarou inexigível a licitação" e da "vinculação à proposta do licitante vencedor", nos termos do art. 55, XI, da Lei 8.666/1993 ("a vinculação ao edital de licitação ou ao termo que a dispensou ou a inexigiu, ao convite e à proposta do licitante vencedor"). Um exemplo de aplicação desse princípio foi a decisão do STJ que manteve decisão administrativa de excluir licitante de certame licitatório em virtude de atraso de dez minutos após o horário previsto no edital para o início da sessão (REsp 421.946-DF).

O princípio do **julgamento objetivo** se dirige a dois momentos da licitação. Primeiro quanto à estipulação dos critérios de julgamento. Nesse sentido, o art. 40, VII, da Lei 8.666/1993 impõe que o edital indique, obrigatoriamente, critério de julgamento, com disposições claras e parâmetros objetivos. Segundo, quanto ao julgamento em

si, que será feito em momento posterior. Nesse sentido, "no julgamento das propostas, a Comissão levará em consideração os critérios objetivos definidos no edital ou convite", sendo "vedada a utilização de qualquer elemento, critério ou fator sigiloso, subjetivo ou reservado que possa ainda que indiretamente elidir o princípio da igualdade entre os licitantes" (art. 44, § 1º, da Lei 8.666/1993). Ademais, "o julgamento das propostas será objetivo, devendo a Comissão de licitação ou o responsável pelo convite realizá-lo em conformidade com os tipos de licitação, os critérios previamente estabelecidos no ato convocatório e de acordo com os fatores exclusivamente nele referidos, de maneira a possibilitar sua aferição pelos licitantes e pelos órgãos de controle" (art. 45 da Lei 8.666/1993). A lei está tão preocupada com o dever de julgamento objetivo que há vários outros dispositivos reforçando a sua necessidade: arts. 30, § 8º, 31, §§ 2º e 5º, 42, § 5º, 46, § 1º, I, § 2º, I, e § 3º, todos da Lei 8.666/1993.

11.4. Quem deve licitar?

O art. 1º, parágrafo único, da Lei 8.666/1993 responde à pergunta formulada neste item. Confira: "subordinam-se ao regime desta Lei, além dos órgãos da administração direta, os fundos especiais, as autarquias, as fundações públicas, as empresas públicas, as sociedades de economia mista e demais entidades controladas direta ou indiretamente pela União, Estados, Distrito Federal e Municípios".

Em resumo, pode-se dizer que estão sujeitos à Lei 8.666/1993 os seguintes entes:

a) os entes políticos (União, Estados, Distrito Federal e Municípios);

b) as pessoas jurídicas de direito público (autarquias, fundações públicas, agências reguladoras e associações públicas);

c) as pessoas jurídicas de direito privado estatais (empresas públicas, sociedades de economia mista, fundações privadas criadas pelo Estado e consórcios públicos de direito privado), devendo-se lembrar que, especificamente com relação às empresas públicas, sociedades de economia mista e suas subsidiárias, a licitação e os contratos são regidas agora pela Lei 13.303/2016;

d) as entidades controladas direta ou indiretamente pelos entes políticos;

e) os fundos especiais.

Repare que as entidades paraestatais, ou seja, entidades não criadas pelos Estados, mas que atuam em atividades de utilidade pública, não têm o dever de licitar.

Assim, não são obrigadas a licitar as entidades do Sistema "S", as Organizações Sociais (OS) e as Organizações da Sociedade Civil de Interesse Público (OSCIPs). Nesse sentido, confira a seguinte decisão do Tribunal de Contas da União (TCU): "é assente que as entidades do Sistema 'S' não estão obrigadas a seguir rigorosamente os ditames da Lei 8.666/1993, todavia têm que observar os princípios constitucionais gerais da Administração Pública" (TCU, Acórdão 88/08, DOU 01.02.2008).

Apesar de tais entidades não precisarem fazer a licitação segundo a Lei 8.666/1993, elas devem fazer seus gastos observando, dentre outros, os princípios da impessoalidade, da moralidade e da eficiência.

A OAB também não tem o dever de licitar. Na ADI 3.026-4, o STF decidiu que a OAB não é uma autarquia especial e não integra a Administração Indireta como outro tipo de pessoa jurídica, de modo que não se sujeita ao controle estatal. Por outro lado, o STF reconhece que a OAB presta, sim, um serviço público. Na prática isso significa que a OAB, de um lado, não é obrigada a fazer concursos públicos, **licitações** e a se submeter à fiscalização do TCU e ao regime estatutário dos agentes públicos, podendo contratar pelo regime celetista. De outro, por ser um serviço público, a OAB pode fiscalizar os advogados e também tem direito a vantagens tributárias. Na ementa do acórdão, o STF deixa claro que a OAB não é integrante da Administração Indireta, tratando-se de uma figura ímpar no País, no caso, um Serviço Público Independente. O acórdão também conclui que a OAB não pode ser comparada às demais entidades de fiscalização profissional, pois não está voltada exclusivamente a finalidades corporativas, possuindo finalidade institucional.

11.5. Contratação direta

11.5.1. Pressupostos da licitação

A Constituição Federal estabelece que a Administração deve, como regra, contratar apenas mediante licitação (art. 37, XXI, da CF). Todavia, o próprio dispositivo citado admite que a lei preveja situações em que a contratação poderá ser direta, ou seja, sem licitação.

Nesse sentido, a doutrina aponta os pressupostos para que a licitação se dê. Confira:

a) pressuposto lógico: para que seja possível a realização da licitação, deve existir pluralidade de objetos e de ofertantes; caso o objeto seja singular ou o fornecedor seja exclusivo, estará inviabilizada a licitação;

b) pressuposto jurídico: também será necessário que a realização da licitação seja conveniente ao interesse público. Ex.: não é de interesse público que o Estado que tenha uma empresa de Imprensa Oficial faça licitação para que seja escolhida outra empresa para publicar seu Diário Oficial, devendo contratar diretamente com aquela;

c) pressuposto fático: não fará sentido fazer-se a licitação acaso não compareça nenhum interessado.

11.5.2. Grupos de contratação direta

Há três grupos de contratação direta. Confira:

a) licitação dispensada (art. 17): relativa à alienação de bens públicos; a lei traz um rol taxativo desses casos; <u>não há</u> discricionariedade para a Administração, que, nos casos indicados, não deve fazer licitação;

b) dispensa de licitação (art. 24): o art. 24 traz os casos em que daria para fazer a licitação, mas a lei autoriza sua não realização; trata-se de rol taxativo de casos de dispensa; <u>há</u> discricionariedade para a Administração decidir se vai ou não realizar a licitação no caso concreto; a lei faculta a dispensa, sem obrigar que a Administração não realize a licitação;

c) inexigibilidade de licitação (art. 25): o art. 25 estabelece que, quando a licitação é inviável ("não tem como ser feita"), é hipótese de sua inexigibilidade; tal dispositivo traz um rol de casos de inviabilidade, mas se trata de um rol exemplificativo; aqui <u>não há</u> discricionariedade para a Administração, que, nos casos de inviabilidade, não deve fazer licitação.

11.5.3. Licitação dispensada

O art. 17 da Lei 8.666/1993 prevê diversos casos de licitação dispensada, tema visto na matéria "bens públicos". De qualquer forma, vale fazer a lembrança de alguns casos.

Quanto aos **imóveis**, a alienação depende de interesse público, *autorização legislativa*, avaliação e licitação, dispensada esta na:

a) dação em pagamento;

b) doação para Administração ou para programas sociais;

c) investidura (alienação a proprietário lindeiro de área remanescente ou resultante de obra pública inaproveitável isoladamente).

Quanto aos **móveis**, a alienação depende de interesse público, avaliação e licitação, dispensada esta na doação social, na permuta entre órgãos da Administração e outros casos.

11.5.4. Dispensa de licitação

O art. 24 estabelece trinta e quatro hipóteses de dispensa de licitação. Para facilitar a compreensão, classificaremos essas hipóteses em cinco grupos.

11.5.4.1. Em razão do valor (I e II)

a) contratos de até 10% do valor limite para o convite, ou seja:

R$ 15 mil para obras e serviços de engenharia;

R$ 8 mil para compras e serviços;

b) contratos de até 20% do valor limite para o convite, se feitos por consórcios públicos e agências executivas (§ 1º do art. 24), lembrando que quanto às empresas estatais tudo o que diz respeito a licitação, contratação direta e contrato agora está regulamentado em outra lei, no caso da Lei 13.303/2016.

Obs.: não é possível o **fracionamento** de contratações que possam ser feitas de uma só vez, para que não haja violação reflexa da lei.

11.5.4.2. Em razão de situações excepcionais

a) em caso de **guerra** ou **grave perturbação da ordem** (III) – ex.: greve;

b) em caso de **calamidade pública** ou **emergência** (IV):

ex.: desmoronamento de uma ponte;

somente para os bens/serviços relacionados à urgência;

por, no máximo, 180 dias, vedada prorrogação do contrato;

c) em caso de **licitação deserta** (V):

caso não haja interessados à licitação e esta não possa ser repetida sem prejuízo, mantidas as condições do edital.

Obs.: não se deve confundir **licitação deserta** com **licitação fracassada**; na última, aparecem interessados, mas esses ou são inabilitados ou são desclassificados, não cabendo dispensa, mas concessão de prazo para os licitantes apresentarem nova documentação;

d) quando a União tiver que intervir no **domínio econômico** para regular preços ou normalizar o abastecimento (VI);

e) em caso de **rescisão contratual**, para conclusão do remanescente de obra; contrata-se o 2º melhor classificado nas condições oferecidas pelo vencedor do certame (XI).

11.5.4.3. Em razão do objeto

a) Para *compra* ou *locação* de **imóvel** pela Administração (X):

ex.: aluguel de imóvel para instalar uma creche municipal;

imóvel destinado a finalidade precípua da Administração;

imóvel com instalação/localização ideais para Administração;

imóvel com valor compatível com o de mercado;

b) Para *aquisição* ou *restauração* de **obras de arte** e **objetos históricos** (XV):

desde que de autenticidade certificada;

desde que compatível com finalidade do órgão.

11.5.4.4. Em razão da pessoa

a) na contratação de **instituição brasileira** de pesquisa, ensino, desenvolvimento institucional ou recuperação de preso, **com** inquestionável reputação ético-profissional e **sem** fins lucrativos (XIII):

ex: contratação da FGV para uma consultoria;

b) na contratação de serviços de **organizações sociais** para atividades contempladas no contrato de gestão (XXIV).

11.5.4.5. Outros casos

VII. quando as propostas apresentadas consignarem preços manifestamente superiores aos praticados no mercado nacional, ou forem incompatíveis com os fixados pelos órgãos oficiais competentes, casos em que, observado o parágrafo único [§ 3º] do art. 48 da Lei 8.666/1993 e, persistindo a situação, será admitida a adjudicação direta dos bens ou serviços por valor não superior ao constante do registro de preços, ou dos serviços;

VIII. para a aquisição, por pessoa jurídica de direito público interno, de bens produzidos ou serviços prestados por órgão ou entidade que integre a Administração Pública e que tenha sido criado para esse fim específico em data anterior à vigência da Lei 8.666/1993, desde que o preço contratado seja compatível com o praticado no mercado;

IX. quando houver possibilidade de comprometimento da segurança nacional, nos casos estabelecidos em decreto do Presidente da República, ouvido o Conselho de Defesa Nacional;

XII. nas compras de hortifrutigranjeiros, pão e outros gêneros perecíveis, no tempo necessário para a realização dos processos licitatórios correspondentes, realizadas diretamente com base no preço do dia;

XVI. para a impressão dos diários oficiais, de formulários padronizados de uso da administração, e de edições técnicas oficiais, bem como para prestação de serviços de informática a pessoa jurídica de direito público interno, por órgãos ou entidades que integrem a Administração Pública, criados para esse fim específico;

XIV. para a aquisição de bens ou serviços nos termos de acordo internacional específico aprovado pelo Congresso Nacional, quando as condições ofertadas forem manifestamente vantajosas para o Poder Público;

XVII. para a aquisição de componentes ou peças de origem nacional ou estrangeira, necessários à manutenção de equipamentos durante o período de garantia técnica, junto ao fornecedor original desses equipamentos, quando tal condição de exclusividade for indispensável para a vigência da garantia;

XVIII. nas compras ou contratações de serviços para o abastecimento de navios, embarcações, unidades aéreas ou tropas e seus meios de deslocamento quando em estada eventual de curta duração em portos, aeroportos ou localidades diferentes de suas sedes, por motivo de movimentação operacional ou de adestramento, quando a exiguidade dos prazos legais puder comprometer a normalidade e os propósitos das operações e desde que seu valor não exceda ao limite previsto na alínea "a" do inciso II do art. 23 da Lei 8.666/1993;

XIX. para as compras de material de uso pelas Forças Armadas, com exceção de materiais de uso pessoal e administrativo, quando houver necessidade de manter a padronização requerida pela estrutura de apoio logístico dos meios navais, aéreos e terrestres, mediante parecer de comissão instituída por decreto;

XX. na contratação de associação de portadores de deficiência física, sem fins lucrativos e de comprovada idoneidade, por órgãos ou entidades da Administração Pública, para a prestação de serviços ou fornecimento de mão de obra, desde que o preço contratado seja compatível com o praticado no mercado;

XXI. para a aquisição ou contratação de produto para pesquisa e desenvolvimento, limitada, no caso de obras e serviços de engenharia, a 20% (vinte por cento) do valor de que trata a alínea "b" do inciso I do *caput* do art. 23;[15]

XXII. na contratação de fornecimento ou suprimento de energia elétrica e gás natural com concessionário, permissionário ou autorizado, segundo as normas da legislação específica;

XXIII. na contratação realizada por empresa pública ou sociedade de economia mista com suas subsidiárias e controladas, para a aquisição ou alienação de bens, prestação ou obtenção de serviços, desde que o preço contratado seja compatível com o praticado no mercado;

XXV. na contratação realizada por Instituição Cientí-

---

15. § 3º A hipótese de dispensa prevista no inciso XXI do *caput*, quando aplicada a obras e serviços de engenharia, seguirá procedimentos especiais instituídos em regulamentação específica. § 4º Não se aplica a vedação prevista no inciso I do *caput* do art. 9º à hipótese prevista no inciso XXI do *caput*.

fica e Tecnológica – ICT ou por agência de fomento para a transferência de tecnologia e para o licenciamento de direito de uso ou de exploração de criação protegida;

XXVI. na celebração de contrato de programa com ente da Federação ou com entidade de sua administração indireta para a prestação de serviços públicos de forma associada nos termos do autorizado em contrato de consórcio público ou em convênio de cooperação;

XXVII. na contratação da coleta, processamento e comercialização de resíduos sólidos urbanos recicláveis ou reutilizáveis, em áreas com sistema de coleta seletiva de lixo, efetuados por associações ou cooperativas formadas exclusivamente por pessoas físicas de baixa renda reconhecidas pelo poder público como catadores de materiais recicláveis, com o uso de equipamentos compatíveis com as normas técnicas, ambientais e de saúde pública;

XXVIII. para o fornecimento de bens e serviços, produzidos ou prestados no País, que envolvam, cumulativamente, alta complexidade tecnológica e defesa nacional, mediante parecer de comissão especialmente designada pela autoridade máxima do órgão;

XXIX. na aquisição de bens e contratação de serviços para atender aos contingentes militares das Forças Singulares brasileiras empregadas em operações de paz no exterior, necessariamente justificadas quanto ao preço e à escolha do fornecedor ou executante e ratificadas pelo Comandante da Força;

XXX. na contratação de instituição ou organização, pública ou privada, com ou sem fins lucrativos, para a prestação de serviços de assistência técnica e extensão rural no âmbito do Programa Nacional de Assistência Técnica e Extensão Rural na Agricultura Familiar e na Reforma Agrária, instituído por lei federal;

XXXI. nas contratações visando ao cumprimento do disposto nos arts. 3º, 4º, 5º e 20 da Lei 10.973, de 2 de dezembro de 2004, observados os princípios gerais de contratação dela constantes;

XXXII. na contratação em que houver transferência de tecnologia de produtos estratégicos para o Sistema Único de Saúde – SUS, no âmbito da Lei 8.080, de 19 de setembro de 1990, conforme elencados em ato da direção nacional do SUS, inclusive por ocasião da aquisição destes produtos durante as etapas de absorção tecnológica;

XXXIII. na contratação de entidades privadas sem fins lucrativos, para a implementação de cisternas ou outras tecnologias sociais de acesso à água para consumo humano e produção de alimentos, para beneficiar as famílias rurais de baixa renda atingidas pela seca ou falta regular de água;

XXXIV. para a aquisição por pessoa jurídica de direito público interno de insumos estratégicos para a saúde produzidos ou distribuídos por fundação que, regimental ou estatutariamente, tenha por finalidade apoiar órgão da administração pública direta, sua autarquia ou fundação em projetos de ensino, pesquisa, extensão, desenvolvimento institucional, científico e tecnológico e estímulo à inovação, inclusive na gestão administrativa e financeira necessária à execução desses projetos, ou em parcerias que envolvam transferência de tecnologia de produtos estratégicos para o Sistema Único de Saúde – SUS, nos termos do inciso XXXII deste artigo, e que tenha sido criada para esse fim específico em data anterior à vigência desta Lei, desde que o preço contratado seja compatível com o praticado no mercado;

XXXV. para a construção, a ampliação, a reforma e o aprimoramento de estabelecimentos penais, desde que configurada situação de grave e iminente risco à segurança pública. (Incluído pela Lei n.º 13.500, de 2017).

11.5.5. Inexigibilidade de licitação

O art. 25 da Lei 8.666/1993 dispõe que a licitação é inexigível quando houver **inviabilidade de competição.** O mesmo dispositivo apresenta um rol exemplificativo (três hipóteses) de casos em que existe tal **situação.**

11.5.5.1. Em caso de fornecedor exclusivo (I)

Por exemplo, quando há um único fornecedor de um medicamento. Outro exemplo é a contratação de serviço postal, que só pode ser feito pelos Correios, que tem o monopólio desse serviço.

A lei traz a seguinte disposição sobre esse caso de inexigibilidade: "para aquisição de materiais, equipamentos ou gêneros que só possam ser fornecidos por produtor, empresa ou representante comercial exclusivo, vedada a preferência de marca, devendo a comprovação de exclusividade ser feita através de atestado fornecido pelo órgão de registro do comércio do local em que se realizaria a licitação ou a obra ou serviço, pelo Sindicato, Federação ou Confederação Patronal, ou, ainda, pelas entidades equivalentes".

Trata-se de situação em que seria inútil licitar, dada a impossibilidade de competição.

Não se deve, todavia, confundir a exclusividade de produtor-vendedor com a exclusividade comercial. A primeira sempre gera a inexigibilidade. Já a segunda depende de se aferir a exclusividade do vendedor na praça de comércio em que se esteja realizando a licitação. Em caso positivo, estar-se-á em caso de inexigibilidade; se negativo, não.

No convite, considera-se como praça de comércio a localidade. Na tomada de preços, observando-se o registro cadastral. E na concorrência, o País.

Não se deve confundir, outrossim, fornecedor exclusivo com *preferência de marca*. Essa não é permitida pela Lei de Licitações, que só abre exceção quando se trata da dispensa de certame para aquisição de certos equipamentos pelas Forças Armadas, preenchidos os requisitos legais, a fim de manter a *padronização*.

11.5.5.2. Caso seja necessário contratar serviço singular (II)

Serviço singular é aquele serviço técnico *diferenciado*, não podendo se tratar de um serviço *comum*. Um exemplo é a necessidade de contratar uma consultoria para a modelagem de uma parceria público-privada, serviço que, efetivamente, é singular. Já a contratação de um escritório de advocacia para o ingresso com uma ação simples, como uma ação de revisão contratual, não envolve serviço singular, mas serviço comum, corrente.

Uma vez havendo necessidade de contratar um serviço singular, deve-se contratar *profissional com notória especialização*.

A lei traz a seguinte disposição sobre esse caso de inexigibilidade: "*para a contratação de serviços técnicos enumerados no art. 13 desta Lei, de natureza singular, com profissionais ou empresas de notória especialização, vedada a inexigibilidade para serviços de publicidade e divulgação*".

Repare que a lei dispõe que não há possibilidade de contratar por inexigibilidade serviços de publicidade ou divulgação.

11.5.5.3. Na contratação de artista (III)

A lei traz a seguinte disposição sobre esse caso de inexigibilidade: "para contratação de profissional de qualquer setor artístico, diretamente ou através de empresário exclusivo, desde que consagrado pela crítica especializada ou pela opinião pública".

11.5.6. Formalidades para a contratação direta

As dispensas, as inexigibilidades e o retardamento previsto no art. 8º, parágrafo único, da Lei 8.666/1993 deverão ser feitos mediante os seguintes requisitos, conforme o caso (art. 26 da Lei 8.666/1993):

a) existência de um processo administrativo;

b) justificativa da não realização da licitação;

c) justificativa de preço – pesquisa de preço;

d) razão da escolha do fornecedor;

e) comunicação, em 3 dias úteis, à autoridade superior, para ratificação;

f) publicação da contratação, em 5 dias, para eficácia do ato.

11.5.7. Responsabilidade em caso de superfaturamento

O art. 25, § 2º, da Lei 8.666/1993 estabelece nos casos de inexigibilidade e em qualquer dos casos de dispensa, se comprovado superfaturamento, que respondem *solidariamente* pelo dano causado à Fazenda Pública o *fornecedor ou o prestador de serviços* e o *agente público* responsável, sem prejuízo de outras sanções legais cabíveis.

11.6. Fases da licitação

11.6.1. Fase interna

O procedimento licitatório importa numa sucessão de atos com vistas à escolha do vencedor do certame.

Essa sucessão de atos pode ser dividida, num primeiro momento, em duas grandes etapas, quais sejam: a fase interna e a fase externa da licitação.

A fase interna consiste no conjunto de preparativos feitos no interior da Administração, prévios à publicação do edital ou ao envio da carta-convite.

Dentre os principais atos da fase interna, destacam-se os seguintes:

a) *abertura de processo administrativo, devidamente autuado, protocolado e numerado;*

b) *solicitação de contratação com indicação sucinta do objeto*, ou seja, o órgão interessado indicará a necessidade de se fazer a compra, da contratação de serviço, da contratação de obra etc.;

c) *verificação acerca da existência de dotação orçamentária para a despesa*, ou seja, verifica-se se há previsão orçamentária para a contratação solicitada pelo órgão interessado;

d) *verificação do impacto orçamentário-financeiro*, ou seja, verifica-se se, no momento, há recursos financeiros disponíveis;

e) *autorização para abertura de licitação e designação de comissão especial de licitação, de leiloeiro ou de responsável pelo convite, de acordo com o caso*;

f) *realização de audiência pública, quando for o caso*; essa audiência é necessária quando o valor estimado para uma licitação ou conjunto de licitações com objetos similares (simultâneas ou sucessivas) for superior a R$ 150 milhões (são simultâneas aquelas que têm objetos similares e com realização prevista em intervalo de até 30 dias; são sucessivas aquelas com objetos similares, cujo edital da mais recente tenha data anterior a 120 dias do término do contrato resultante da licitação antecedente);

g) *elaboração ou finalização do texto da minuta do edital*;

h) *exame e aprovação da minuta do edital pela assessoria jurídica da Administração*; vale lembrar que o STF entende que o parecer da assessoria jurídica tem natureza jurídica de decisão (*parecer vinculante*), o que faz com que o assessor jurídico responda por qualquer irregularidade no edital que tiver aprovado;

i) *aprovação do edital*; ou seja, autoridade competente deverá apreciar a minuta e aprovar o edital.

Antes de passarmos para a fase externa da licitação, vale tratar um pouco sobre as pessoas que dirigirão os trabalhos numa licitação.

Nesse sentido, o art. 51 da Lei 8.666/1993 estabelece que a licitação será processada e julgada por comissão permanente ou especial de, *no mínimo, 3 (três) membros*, sendo pelo menos *2 (dois) deles* servidores qualificados pertencentes aos quadros *permanentes* dos órgãos da Administração responsáveis pela licitação. Ou seja, só um membro pode ser daqueles que têm cargo em comissão.

No caso de convite, a Comissão de licitação, excepcionalmente, nas pequenas unidades administrativas e em face da exiguidade de pessoal disponível, poderá ser substituída por servidor formalmente designado pela autoridade competente.

A Comissão para julgamento dos pedidos de inscrição em registro cadastral, sua alteração ou cancelamento será integrada por profissionais legalmente habilitados no caso de obras, serviços ou aquisição de equipamentos.

Os membros das Comissões de licitação responderão *solidariamente* por todos os atos praticados pela Comissão, salvo se posição individual divergente estiver devidamente fundamentada e registrada em *ata lavrada* na reunião em que tiver sido tomada a decisão.

A investidura dos membros das Comissões permanentes *não excederá a 1 (um) ano*, vedada a recondução da totalidade de seus membros para a mesma comissão no período subsequente.

No caso da modalidade *concurso*, o julgamento será feito por uma comissão especial integrada por pessoas de reputação ilibada e reconhecido conhecimento da matéria em exame, servidores públicos ou não.

11.6.2. Fase externa

Uma vez que a minuta do edital estiver aprovada, passa-se à fase externa da licitação, fase essa que tem os seguintes momentos:

11.6.2.1. Publicação do instrumento convocatório

Nessa etapa, temos duas possibilidades.

Se se tratar de licitação na modalidade **convite**, não há edital. O instrumento convocatório é a **carta-convite**, que deverá ser remetida a pelo menos 3 interessados, cadastrados ou não na Administração.

Repare que devem ser feitos, no mínimo, 3 convites. O ideal é fazer o maior número possível. Ademais, há de se convidar tanto pessoas cadastradas como pessoas não cadastradas na Administração.

Por fim, faz-se necessário afixar cópia da carta-convite em quadro de aviso da Administração.

Nas demais modalidades de licitação, o instrumento convocatório tem o nome de **edital**.

O edital é o *ato pelo qual são convocados os interessados e estabelecidas as condições que regerão o certame*, devendo **tratar**, obrigatoriamente, do seguinte (art. 40 da Lei 8.666/1993):

a) regras procedimentais: *modalidade* de licitação (*caput*); *objeto* do certame (I); onde estão as *informações* relevantes (IV, V e VIII); quais são as *datas* para recebimento dos envelopes com a documentação e a proposta e para início da abertura dos envelopes (*caput*); *forma de apresentação* das propostas (VI);

b) condições de participação: qualificação para participação na licitação (VI), em conformidade com os artigos 27 a 31; disciplina sobre a participação de consórcios no certame;

c) critérios de julgamento: *tipo* de licitação, tais como menor preço, melhor técnica etc. (*caput*); *critérios de avaliação* das propostas (VII); *padrão mínimo de qualidade*;

d) futuro contrato: *direitos* e *obrigações* de cada parte (pagamento, entrega e prazos); *prerrogativas extraordinárias* da Administração Pública; modos de *recomposição* da equação econômico-financeira (reajustes e revisões); hipóteses de *rescisão contratual*; *sanções* cabíveis e sua quantificação;

e) anexo: o edital deve trazer em anexo as especificações complementares e a minuta do futuro contrato a ser celebrado.

Qualquer modificação no edital exige divulgação pela mesma forma que se deu no texto original, reabrindo-se o prazo inicialmente estabelecido, exceto quando, inquestionavelmente, a alteração não afetar a formulação das propostas (art. 21, § 4º, da Lei 8.666/1993).

Os prazos estabelecidos para a apresentação da proposta pelo licitante serão contados a partir da última publicação do edital resumido ou da expedição do convite, ou ainda da efetiva disponibilidade do edital ou do convite e respectivos anexos, prevalecendo a data que ocorrer mais tarde (art. 21, § 3º, da Lei 8.666/1993).

O edital poderá ser impugnado. Essa **impugnação** obedece às seguintes regras (art. 41):

a) pode ser feita por um *interessado* e também por qualquer *cidadão*;

b) o prazo para o *cidadão* impugnar é até de *5 dias úteis* da data da abertura dos envelopes de habilitação, devendo a Administração julgar e responder à impugnação em até *3 dias úteis*;

c) o prazo para o *licitante* impugnar é até o 2º dia útil da data da abertura dos envelopes de habilitação ou da data da sessão de leilão.

A impugnação feita tempestivamente pelo licitante não o impedirá de participar do processo licitatório até o trânsito em julgado da decisão a ela pertinente.

A inabilitação do licitante importa preclusão do seu direito de participar das fases subsequentes.

Independentemente dos prazos para impugnação, nada impede que qualquer licitante, contratado ou pessoa jurídica ou física, represente para o Ministério Público, para o órgão de controle interno da Administração ou para o Tribunal de Contas acerca de irregularidades que encontrar (art. 113, § 1º).

A Administração Pública poderá, nos editais de licitação para a contratação de serviços, exigir da contratada que um percentual mínimo de sua mão de obra seja oriundo ou egresso do sistema prisional, com a finalidade de ressocialização do reeducando, na forma estabelecida em regulamento (art. 40, § 5º, incluído pela Lei 13.500/2017).

11.6.2.2. Habilitação

11.6.2.2.1. Conceito

A expressão "habilitação" ora é utilizada para designar um *procedimento* (uma série de atos, portanto), ora é utilizada para designar um *ato administrativo* só.

Na sua **acepção procedimental**, a habilitação *é o conjunto de atos destinados a apurar a idoneidade e a capacitação de um sujeito para contratar com a Administração Pública*.

Já na **acepção de ato administrativo**, a habilitação *é o ato pelo qual a Administração Pública decide se um sujeito é dotado da idoneidade necessária para a participação na licitação*.

Em termos práticos, essa fase licitatória tem por fim verificar se o interessado tem *idoneidade* e *capacitação* para vir a contratar com a Administração Pública. O foco aqui não é verificar qual interessado tem a melhor proposta comercial (isso é visto na fase de julgamento e classificação), mas se o interessado tem aptidão para vir a ser contratado pela Administração Pública.

A Constituição Federal, em seu art. 37, XXI, acaba por trazer duas disposições sobre a habilitação, que são as seguintes: a) "processo de licitação pública que assegure igualdade de condições a todos os concorrentes"; e b) processo de licitação em que só se permite "exigências de qualificação técnica e econômica indispensáveis à garantia do cumprimento das obrigações".

O princípio da igualdade admite certas restrições à participação de interessados na licitação. Um exemplo é uma licitação para fornecimento de combustível para uma Prefeitura, em que o edital estabelece que só poderão participar do certame postos de gasolina que estejam situados até 15 km do pátio de carros da Prefeitura. Trata-se de limitação lícita, pois, se um posto de gasolina muito distante ganhar o certame, a Prefeitura gastará muita gasolina para ir ao posto abastecer os carros.

No caso relatado, a restrição à participação tem pertinência. Porém, há várias situações em administrações públicas no País que criam restrições impertinentes e, portanto, violadoras do princípio da igualdade. Confira, a respeito, a seguinte decisão do STF: "LICITAÇÃO PÚBLICA. Concorrência. Aquisição de bens. Veículos para uso oficial. **Exigência de que sejam produzidos no Estado-membro**. Condição compulsória de acesso. Art. 1º da Lei 12.204/1998, do Estado do Paraná, com a redação da Lei 13.571/2002. Discriminação arbitrária. Violação ao princípio da isonomia ou da igualdade. Ofensa ao art. 19, II, da vigente Constituição da República. Inconstitucionalidade declarada. Ação direta julgada, em parte, procedente. Precedentes do Supremo. É inconstitucional a lei estadual que estabeleça como condição de acesso a licitação pública, para aquisição de bens ou serviços, que a empresa licitante tenha a fábrica ou sede no Estado-membro" (STF, ADI 3583, DJ 13.03.2008).

As exigências, além de atender à isonomia, devem estar previstas em lei (princípio da legalidade) e ser indispensáveis à garantia do cumprimento das obrigações pelo interessado. Confira decisão do Tribunal de Contas da União (TCU), que se deparou com exigência em edital não prevista em lei:

"Além disso, para a habilitação de interessado em participar de licitação só pode ser exigida a documentação exaustivamente enumerada nos arts. 27 a 31 da Lei de Licitações e Contratos, onde não há menção à necessidade de comprovação de que a empresa não tenha entre seus sócios participante de outra entidade que esteja em situação de inadimplência em contratação anterior com a Administração Pública." (TCU, Acórdão 991/06, DOU 26.06.2006).

11.6.2.2.2. Momento

Após a publicação do edital, segue-se um prazo para os interessados na licitação apresentarem dois envelopes para a Administração. O primeiro envelope é composto dos documentos que comprovam a *idoneidade* e a *capacitação* do licitante (documentos de habilitação) e o segundo traz documento com a proposta comercial do licitante (documentos de proposta).

A fase de habilitação consiste justamente em abrir o envelope contendo os documentos de habilitação e em verificar se o interessado atende às qualificações necessárias à participação no certame.

Resta saber em que momento isso deve ser feito, ou seja, quando é que ocorre a fase de habilitação.

Como **regra**, a habilitação ocorre logo após o recebimento dos dois envelopes mencionados e antes da abertura dos envelopes com a proposta (art. 43 da Lei 8.666/1993). Em outras palavras, a habilitação normalmente ocorre após a publicação do edital e antes da fase de julgamento e classificação.

O procedimento de habilitação envolve os seguintes atos:
a) os documentos poderão ser apresentados em *original*, por qualquer processo de *cópia autenticada* por cartório competente ou por *servidor da administração ou publicação em órgão da imprensa oficial* (art. 32);
b) os envelopes serão abertos e os documentos apreciados (art. 43, I);
c) os licitantes presentes e a comissão rubricarão todos os documentos (art. 43, § 2º);
d) os licitantes que demonstrarem os requisitos de qualificação serão habilitados;
e) os licitantes que não demonstrarem os requisitos de qualificação serão inabilitados;
f) caso não haja recurso por parte dos inabilitados, serão devolvidos a estes os envelopes fechados contendo as respectivas propostas; havendo recurso, os envelopes fechados só serão devolvidos quando e se o recurso for denegado (art. 43, II);
g) a inabilitação posterior de um licitante só poderá acontecer se houver fatos supervenientes ou se fatos que já ensejavam a inabilitação só forem conhecidos após o julgamento;
h) após a fase de habilitação, não cabe desistência de proposta, salvo por motivo justo decorrente de fato superveniente e aceito pela comissão (art. 43, § 6º);
i) se todos os licitantes forem inabilitados, a Administração poderá fixar aos licitantes o prazo de 8 dias úteis para a apresentação de nova documentação escoimada das causas referidas que levaram à inabilitação, facultada, no caso de convite, a redução deste prazo para três dias úteis (art. 48, § 3º).

Na **tomada de preços**, o momento da habilitação é um pouco diferente. Isso porque, nessa modalidade, só poderá participar da licitação aquele que já esteja previamente cadastrado ou que apresente os documentos para o devido cadastro até o 3º dia anterior à data do recebimento das propostas.

Assim, na tomada de preços temos a chamada *habilitação prévia* e não a *habilitação preliminar*, que é aquela que ocorre após o edital (e que é a regra, como vimos).

Num primeiro momento, só pode participar da tomada de preços quem já esteja previamente *cadastrado*, ou seja, que já tenha a documentação de habilitação já apresentada à Administração.

Os arts. 34 a 37 da Lei 8.666/1993 tratam dos registros cadastrais, que são muito comuns nos órgãos e entidades da Administração Pública que realizam frequentemente licitações. O registro cadastral deve estar permanentemente aberto aos interessados, devendo a unidade responsável proceder, no mínimo anualmente, ao chamamento público para a atualização dos registros existentes e ingresso de novos interessados, sendo autorizado que unidades administrativas utilizem registros cadastrais de outros órgãos ou entidades da Administração Pública.

O interessado que já tem registro cadastral receberá um documento cujo nome é "certificado de registro cadastral" (art. 32, § 2º, da Lei 8.666/1993), o qual será apresentado quando for participar de uma tomada de preços.

Já o interessado em participar de uma tomada de preços que não estiver previamente cadastrado tem a possibilidade de participar da licitação desde que atenda às condições exigidas para cadastramento até o 3º dia anterior à data do recebimento das propostas. Ou seja, publicado o edital de uma tomada de preços, o interessado deverá correr para conseguir seu cadastramento, nos termos dos arts. 34 a 37 da Lei 8.666/1993 e das demais regras locais, até o momento acima referido.

Caso a *comissão do certame* ou a *comissão de cadastramento*, no momento do recebimento dos envelopes com a proposta, não tenha tido tempo ainda de analisar se os documentos apresentados para cadastro são suficientes, deverá a comissão de licitação receber a proposta sob condição, vale dizer, condicionada à regularidade do cadastro solicitado, que será verificada em seguida. Nesse caso, procede-se de modo semelhante à concorrência, pois a comissão vai ter que parar e verificar a qualificação antes de abrir os envelopes das propostas, podendo marcar outra data para tanto, se for o caso.

Já quanto ao **convite**, ao **concurso**, ao **leilão** e ao **fornecimento de bens para pronta entrega**, pode-se dispensar, no todo ou em parte, a documentação dos arts. 28 a 31. Ou seja, na prática, seguem o critério de habilitação preliminar, mas, em alguns casos, pode a Administração dispensar todas ou algumas das exigências de qualificação. No entanto, a regularidade do interessado com a Seguridade Social é exigência de qualificação que não pode ser dispensada em hipótese alguma, nos termos do art. 195, § 3º, da CF.

Por fim, no **pregão** temos uma inversão de fases. Primeiro é aberto o envelope com as propostas comerciais, passando à existência de lances verbais e a uma negociação com o melhor classificado e depois é aberto o envelope com os documentos de habilitação do melhor classificado no certame (art. 4º, XII, da Lei 10.520/2002). Ou seja, primeiro vem a fase de julgamento e classificação e depois a de habilitação. Aqui, fala-se em **habilitação posterior**.

Em resumo, o momento da habilitação, em regra, é logo após a publicação do edital (*habilitação preliminar*), mas se dará antes do edital na tomada de preços (*habilitação prévia*) e após o julgamento e classificação no pregão (*habilitação posterior*).

11.6.2.2.3. Documentação a ser apresentada (qualificação)

O art. 27 da Lei 8.666/1993 dispõe que, nas licitações, exigir-se-á dos interessados, exclusivamente, documentação relativa a:

a) habilitação jurídica;

b) qualificação técnica;

c) qualificação econômico-financeira;

d) regularidades fiscal e trabalhista;

e) regularidade quanto ao trabalho de menores.

A **habilitação jurídica** consiste na *comprovação da existência de capacidade de fato e da titularidade de condições para contratar com a Administração Pública*. São exigidos, conforme o caso, os seguintes documentos (art. 28 da Lei 8.666/1993):

a) cédula de identidade;

b) registro comercial, no caso de empresa individual;

c) ato constitutivo, estatuto ou contrato social em vigor, devidamente registrado, em se tratando de sociedades comerciais, e, no caso de sociedades por ações, acompanhado de documentos de eleição de seus administradores;

d) inscrição do ato constitutivo, no caso de sociedades civis, acompanhada de prova de diretoria em exercício;

e) decreto de autorização, em se tratando de empresa ou sociedade estrangeira em funcionamento no País, e ato de registro ou autorização para funcionamento expedido pelo órgão competente, quando a atividade assim o exigir.

A **regularidade fiscal** *consiste na existência de inscrição nos cadastros públicos de contribuinte e na inexistência de débitos fiscais exigíveis*. São exigidos, conforme o caso, os seguintes documentos (art. 29 da Lei 8.666/1993):

a) prova de inscrição no Cadastro de Pessoas Físicas (CPF) ou no Cadastro Geral de Contribuintes (CGC);

b) prova de inscrição no cadastro de contribuintes estadual ou municipal, se houver, relativo ao domicílio ou sede do licitante, pertinente ao seu ramo de atividade e compatível com o objeto contratual;

c) prova de regularidade para com a Fazenda Federal, Estadual e Municipal do domicílio ou sede do licitante, ou outra equivalente, na forma da lei;

d) prova de regularidade relativa à Seguridade Social e ao Fundo de Garantia por Tempo de Serviço (FGTS), demonstrando situação regular no cumprimento dos encargos sociais instituídos por lei.

Há de se ressaltar que só se pode exigir do licitante a apresentação de inscrições e certidões pertinentes. Assim, uma empresa prestadora de serviço não é obrigada a apresentar demonstração de inscrição no Fisco estadual, nem certidão negativa de tributo estadual.

Da mesma forma, não se pode exigir certidões com requisitos formais que podem não ser uniformes nas mais variadas esferas administrativas brasileiras. Nesse sentido, confira a seguinte decisão do STJ: "A despeito da vinculação ao edital a que se sujeita a Administração Pública (art. 41 da Lei 8.666/1993), afigura-se ilegítima a exigência da apresentação de certidões comprobatórias de regularidade fiscal quando não são fornecidas, do modo como requerido pelo edital, pelo município de domicílio do licitante" (STJ, REsp 974854/MA, DJ 16.05.2008).

A **qualificação técnica** *consiste na idoneidade técnica para a execução do objeto licitado, mediante a demonstração de experiência anterior na execução de contrato similar e da disponibilidade de pessoal e de equipamentos indispensáveis*. Podem ser exigidos, conforme o caso, os seguintes documentos (art. 30 da Lei 8.666/1993):

a) registro ou inscrição na entidade profissional competente (capacidade genérica);

b) comprovação de aptidão para desempenho de atividade pertinente e compatível em características, quantidades e prazos com o objeto da licitação (capacidade específica);

c) indicação das instalações e do aparelhamento e do pessoal técnico adequados e disponíveis para a realização do objeto da licitação, bem como da qualificação de cada um dos membros da equipe técnica que se responsabilizará pelos trabalhos (capacidade operacional);

d) comprovação, fornecida pelo órgão licitante, de que recebeu os documentos e, quando exigido, de que tomou conhecimento de todas as informações e das condições locais para o cumprimento das obrigações objeto da licitação;

e) prova de atendimento de requisitos previstos em lei especial, quando for o caso.

As qualificações previstas nos itens "b" e "c" serão feitas por **atestados** fornecidos por pessoas jurídicas de direito público ou privado. Caso se trate de serviços ou obras, será necessário que os atestados sejam registrados nas entidades profissionais competentes.

A respeito da exigência de atestados, um exemplo é uma licitação para construir uma rodovia. Certamente, o edital exigirá, como qualificação técnica, dentre outros requisitos, que os licitantes apresentem atestado de que já fizeram obra semelhante, requisito indispensável para se aferir sua aptidão para executar a obra caso venha a ganhar a licitação. Por se tratar de obra, tal atestado deverá ser registrado na entidade profissional competente.

Quanto à capacitação técnico-profissional (pessoal técnico especializado), a exigência deve se limitar à comprovação do licitante de possuir em seu quadro permanente, na data prevista para entrega da proposta, profissional detentor de atestado de responsabilidade técnica por execução de obra ou serviço de características semelhantes, limitadas estas exclusivamente às parcelas de maior relevância e valor significativo do objeto da licitação, vedadas as exigências de quantidades mínimas ou prazos máximos. Tais profissionais deverão participar da obra ou serviço objeto da licitação, admitindo-se a substituição por profissionais de experiência equivalente ou superior, desde que aprovada pela administração.

Será sempre admitida a comprovação de aptidão por meio de certidões ou atestados de obras ou serviços similares de complexidade tecnológica e operacional equivalente ou superior.

É vedada a exigência de comprovação de atividade ou de aptidão com limitações de tempo ou de época ou ainda em locais específicos, ou quaisquer outras não previstas na Lei 8.666/1993 que inibam a participação na licitação.

As exigências mínimas relativas a instalações de canteiros, máquinas, equipamentos e pessoal técnico especializado, considerados essenciais para o cumprimento do objeto da licitação, serão atendidas mediante a apresentação de relação explícita e da declaração formal da sua disponibilidade, sob as penas cabíveis, vedadas as exigências de propriedade e de localização prévia.

Admite-se a exigência de experiência anterior: "é lícita cláusula em edital de licitação exigindo que o licitante, além de contar, em seu acervo técnico, com um profissional que tenha conduzido serviço de engenharia similar àquele em licitação, já tenha atuado em serviço similar. Esse entendimento está em consonância com a doutrina especializada que distingue a qualidade técnica profissional da qualidade técnica operacional e com a jurisprudência do STJ, cuja Segunda Turma firmou o entendimento de que 'não fere a igualdade entre os licitantes, tampouco a ampla competitividade entre eles, o condicionamento editalício referente à experiência prévia dos concorrentes no âmbito do objeto licitado, a pretexto de demonstração de qualificação técnica, nos termos do art. 30, II, da Lei 8.666/1993' (REsp 1.257.886-PE, j. 03.11.2011). Além disso, outros dispositivos do mesmo art. 30 permitem essa inferência. Dessa forma, o § 3º do art. 30 da Lei 8.666/1993 estatui que existe a possibilidade de que a comprovação de qualificação técnica se dê por meio de serviços similares, com complexidade técnica e operacional idêntica ou superior. Ainda, o § 10 do art. 30 da mesma lei frisa ser a indicação dos profissionais técnicos responsáveis pelos serviços de engenharia uma garantia da administração" (STJ, RMS 39.883-MT, Rel. Min. Humberto Martins, j. 17.12.2013).

Segundo o art. 30, § 8º, da Lei 8.666/1993, no caso de obras, serviços e compras de grande vulto, de alta complexidade técnica, poderá a Administração exigir dos licitantes a metodologia de execução, cuja avaliação, para efeito de sua aceitação ou não, antecederá sempre à análise dos preços e será efetuada exclusivamente por critérios objetivos.

Entende-se por licitação de alta complexidade técnica aquela que envolva alta especialização como fator de extrema relevância para garantir a execução do objeto a ser contratado, ou que possa comprometer a continuidade da prestação de serviços públicos essenciais.

O Tribunal de Contas da União (TCU), chamado a interpretar várias das disposições acima em caso concreto, exarou interessante decisão, que determinou à Administração Pública que:

"9.3.4. Abstenha-se de exigir comprovação de vínculo empregatício do responsável técnico de nível superior com a empresa licitante, uma vez que extrapola as exigências de qualificação técnico-profissional, definidas no art. 30, II e § 1º, da Lei 8.666/1993.

9.3.5. Abstenha-se de exigir, para a comprovação de qualificação técnico-operacional dos licitantes, os requisitos de propriedade e de localização prévia dos equipamentos a serem utilizados na obra, conforme o disposto no § 6º do art. 30 da Lei 8.666/1993.

9.3.6. Não exija, como requisito para habilitação dos licitantes, a apresentação de certificados de qualidade e outros documentos que não integrem o rol da documentação exigida por lei, para comprovação de capacidade técnica, nos termos do inciso II c/c o § 1º, ambos do art. 30 da Lei 8.666/1993, abstendo-se especialmente de exigir certificado do Programa Brasileiro de Qualidade e Produtividade de Habitat (PBQPH) – Nível A, aceitando-o, se for o caso, apenas como critério de pontuação técnica.

9.3.7. Abstenha-se de efetuar exigência de quantitativos mínimos de serviços nos atestados técnico-profissionais, para fins de qualificação técnico-profissional, ante a expressa vedação do art. 30, § 1º, I, da Lei 8.666/1993" (TCU Acórdão 608/08, Plenário, DOU 14.05.2008).

A **qualificação econômico-financeira** *consiste em o licitante ter recursos financeiros e situação econômica adequados à satisfatória execução do objeto da contratação.* Podem ser exigidos, conforme o caso, os seguintes documentos (art. 31 da Lei 8.666/1993):

a) balanço patrimonial e demonstrações contábeis do último exercício social, já exigíveis e apresentados na forma da lei, que comprovem a boa situação financeira da empresa, vedada a sua substituição por balancetes ou balanços provisórios, podendo ser atualizados por índices oficiais quando encerrado há mais de 3 (três) meses da data de apresentação da proposta;

b) certidão negativa de falência, concordata ou recuperação judicial expedida pelo distribuidor da sede da pessoa jurídica, ou de execução patrimonial, expedida no domicílio da pessoa física;

c) garantia, nas mesmas modalidades e critérios previstos no "caput" e § 1º do art. 56 da Lei 8.666/1993, limitada a 1% (um por cento) do valor estimado do objeto da contratação.

A exigência de *índices* limitar-se-á à demonstração da capacidade financeira do licitante para assumir compromissos caso seja contratado, vedada a exigência de valores mínimos de faturamento anterior, índices de rentabilidade ou lucratividade.

A Administração, nas *compras para entrega futura* e na *execução de obras e serviços,* poderá exigir capital mínimo ou patrimônio líquido mínimo, ou ainda as garantias previstas no § 1º do art. 56 da Lei 8.666/1993, como dado objetivo de comprovação da qualificação econômico-financeira dos licitantes e para efeito de garantia ao adimplemento do contrato a ser ulteriormente celebrado.

O capital mínimo ou o valor do patrimônio líquido a que nos referimos não poderá exceder a 10% (dez por cento) do valor estimado da contratação, devendo a comprovação ser feita relativamente à data da apresentação da proposta, na forma da lei, admitida a atualização para esta data por meio de índices oficiais.

Poderá ser exigida, ainda, a relação dos compromissos assumidos pelo licitante que importem diminuição da capacidade operativa ou absorção de disponibilidade financeira (dívidas do licitante!), calculada esta em função do patrimônio líquido atualizado e sua capacidade de rotação.

A comprovação de boa situação financeira da empresa será feita de forma objetiva, pelo cálculo de índices contábeis previstos no edital e devidamente justificados no processo administrativo da licitação que tenha dado início ao certame, vedada a exigência de índices e valores não usualmente adotados para correta avaliação de situação financeira suficiente ao cumprimento das obrigações decorrentes da licitação.

O Tribunal de Contas da União (TCU), chamado a interpretar questão atinente à qualificação econômico-financeira em caso concreto, exarou interessante decisão: "Os índices e seus valores devem ser fixados de modo a avaliar a capacidade financeira da empresa em cumprir com suas obrigações contratuais. Não é fazendo comparações com a capacidade econômico-financeira das maiores empresas do ramo (índices de liquidez geral e de liquidez corrente iguais ou superiores a 3,00) que se aferirá a capacidade econômico-financeira para a execução de determinado contrato. A obra em questão, devido a seu porte, não necessita da capacidade técnica, operacional e econômico-financeira de grandes construtoras, de grandes empresas de capital aberto, mas, antes, se destina a empresas locais e regionais de médio porte (TCU, Acórdão 1.899/06, Plenário, DOU 16.10.2006).

A **regularidade quanto ao trabalho de menores** *consiste em o licitante cumprir o disposto no inciso XXXIII do art. 7º da CF, que proíbe o trabalho noturno, perigoso e insalubre a menor de 18 anos, bem como qualquer trabalho a menores de 16 anos, salvo na condição de aprendiz, a partir de 14 anos.*

O licitante deve demonstrar essa qualificação por meio da apresentação de uma declaração de regularidade.

O descumprimento dessa regra, caso descoberto no futuro, ensejará a rescisão do contrato administrativo (art. 78, parágrafo único, XVIII, da Lei 8.666/1993).

Resta saber como fica o atendimento aos requisitos de habilitação quando um **consórcio** de empresas participa como licitante.

Em primeiro lugar, é importante dizer que o edital deve prever se é possível ou não a participação de um consórcio de empresas.

Caso o edital preveja essa possibilidade, há de determinar o seguinte aos consorciados:

a) que comprovem o *compromisso* público ou particular, subscrito pelos consorciados, de constituir formalmente o consórcio, caso venham a ser contratados; a constituição e o registro do consórcio serão feitos antes da celebração do contrato;

b) que indiquem a *empresa líder* do consórcio, que será responsável por este e deverá atender às condições de liderança previstas no edital, valendo salientar que somente empresa brasileira pode ser líder de consórcio;

c) que fica *proibida a participação* de empresa consorciada, na mesma licitação, por meio de mais de um consórcio ou isoladamente;

d) que ficam responsáveis *solidariamente* pelos atos praticados em consórcio, tanto na fase de licitação, quanto na de execução do contrato.

Resta saber, agora, quais regras regerão o cumprimento dos requisitos para a habilitação quando se tem um consórcio de empresas disputando a licitação. Confira:

a) cada consorciado deve apresentar os documentos de habilitação (arts. 28 a 31 da Lei 8.666/1993);

b) para efeito de qualificação técnica, admite-se o somatório dos quantitativos de cada consorciado, na proporção de sua respectiva participação;

c) para efeito de qualificação econômico-financeira, admite-se o somatório dos valores de cada consorciado, na proporção de sua respectiva participação;

d) pode a administração estabelecer, para o consórcio, um acréscimo de até 30% dos valores exigidos para licitante individual, inexigível este acréscimo para os consórcios compostos, em sua totalidade, por micro e pequenas empresas assim definidas em lei.

A **regularidade trabalhista** *consiste na inexistência de débitos inadimplidos perante a Justiça do Trabalho (Lei 12.440/2011).*

A prova dessa regularidade se dá pela CNDT (Certidão Negativa de Débitos Trabalhistas), expedida eletrônica e gratuitamente.

O interessado não obterá CNDT se em seu nome constar inadimplemento de obrigações estabelecidas em sentença transitada em julgado, acordos judiciais e acordos firmados perante o Ministério Público do Trabalho ou Comissão de Conciliação Prévia

Todavia, verificada a existência de débitos garantidos por penhora suficiente ou com exigibilidade suspensa, será expedida Certidão Positiva de Débitos Trabalhistas em nome do interessado com os mesmos efeitos da CNDT.

A CNDT certificará a empresa em relação a todos os seus estabelecimentos, agências e filiais e o seu prazo de validade é de 180 dias contados de sua emissão.

11.6.2.3. Julgamento e classificação

Essa fase consiste na *verificação objetiva da conformidade das propostas com os critérios previamente estabelecidos, bem como na ordenação da melhor para a pior para a Administração.*

Nessa fase, deve a Administração abrir os envelopes que contêm as *propostas comerciais* dos licitantes.

Vale lembrar que, aqui, as propostas também devem ser rubricadas pelos licitantes presentes e pela comissão (art. 43, § 2º, da Lei 8.666/1993).

As propostas devem ser analisadas, em primeiro lugar, quanto à sua aptidão. Havendo vícios na proposta, o licitante será desclassificado.

Confira os vícios que ensejam desclassificação:

a) vício formal: *consiste no descompasso da proposta com as regras e padrões estipulados no edital ou na lei.* Dentre os vícios formais está a existência de proposta que faz referência à proposta de outro (ex.: "a proposta da empresa é R$ 0,01 centavo mais barata que a proposta mais barata dos demais licitantes");

b) vício material: *consiste no descompasso da proposta com o objeto licitado.* Um exemplo é uma licitação para adquirir papel A4, mas que recebe uma proposta para papel A3;

c) vício quanto à exequibilidade: *consiste na existência de proposta de valor insuficiente para cobrir os custos do fornecedor.* Imagine uma licitação para comprar combustível, em que o fornecedor vencedor oferece o preço de R$ 1,39 para fornecer gasolina, tendo a Administração feito pesquisa de preço e encontrado como valor de mercado a quantia de R$ 2,90; ora, com um preço desses, ou a gasolina é roubada ou é "batizada"; esse preço é manifestamente inexequível. A lei exige que a proposta seja *manifestamente inexequível* para que seja desclassificada,

devendo-se levar em conta os parâmetros estabelecidos no § 1º do art. 41 da Lei 8.666/1993;

d) outros vícios: não se admitirá proposta que apresente preços global ou unitários simbólicos, irrisórios ou de valor zero, incompatíveis com os preços dos insumos e salários de mercado, acrescidos dos respectivos encargos, ainda que o ato convocatório da licitação não tenha estabelecido limites mínimos, exceto quando se referirem a materiais e instalações de propriedade do próprio licitante, para os quais ele renuncie a parcela ou à totalidade da remuneração (art. 44, § 3º, da Lei 8.666/1993).

Quando todos os licitantes são inabilitados, quando todas as propostas forem desclassificadas, a Administração poderá fixar aos licitantes o prazo de 8 dias úteis para a apresentação de outras propostas escoimadas de vícios, facultada, no caso de convite, a redução deste prazo para 3 dias úteis.

Em seguida à verificação de vícios nas propostas, deve a Administração julgar aquelas consideradas aptas, procedendo-se, depois, à classificação das que forem aceitas.

Não se considerará qualquer oferta de vantagem não prevista no edital ou no convite, inclusive financiamentos subsidiados ou a fundo perdido, nem preço ou vantagem baseada nas ofertas dos demais licitantes.

O julgamento e a classificação variarão de acordo com o tipo de licitação (menor preço, maior lance, melhor técnica etc.), tema que será visto em item adiante.

11.6.2.4. Homologação

A homologação *é o ato pelo qual se examina a regularidade do procedimento licitatório.*

A autoridade competente (por exemplo, o Secretário Municipal de Administração) deve verificar a regularidade do procedimento e, estando este em ordem, deve homologar o certame licitatório.

11.6.2.5. Adjudicação

A adjudicação *é o ato pelo qual se atribui o objeto do certame ao vencedor da licitação.*

Como regra, a adjudicação é feita após a homologação (art. 43, VI, da Lei 8.666/1993).

Porém, na modalidade de licitação pregão, primeiro é feita a adjudicação e, depois, a homologação (art. 4º, XXI e XXII, da Lei 10.520/2002).

São efeitos da adjudicação os seguintes:

a) o direito de o adjudicatório não ser preterido, caso a Administração faça a contratação;

b) a vinculação do adjudicatário à proposta por ele feita;

c) a liberação dos demais licitantes para retirar documentos e levantar garantias.

Apesar da vinculação do adjudicatário, decorridos 60 (sessenta) dias da data da entrega das propostas, sem a convocação para a contratação, esse ficará liberado dos compromissos assumidos (art. 64, § 3º, da Lei 8.666/1993).

A recusa injustificada do adjudicatário em assinar o contrato, aceitar ou retirar o instrumento equivalente, dentro do prazo estabelecido pela Administração, caracteriza o descumprimento total da obrigação assumida, sujeitando-o às penalidades legalmente estabelecidas (art. 81 da Lei 8.666/1993).

11.7. Modalidades de licitação

11.7.1. Concorrência

A expressão "modalidades" significa "procedimento", "rito". Não se deve confundir *modalidade* de licitação (concorrência, tomada de preços, convite etc.) com *tipo* de licitação (menor preço, melhor técnica etc.). A primeira, como se viu, diz respeito ao *procedimento* a ser seguido pela Administração. O segundo diz respeito ao *critério de julgamento* a ser seguido pela Administração.

A concorrência pode ser **conceituada** como *a modalidade destinada a transações de grande vulto e a casos especiais elencados na lei, que permite a participação de qualquer interessado que, na fase inicial de habilitação, comprove possuir os requisitos mínimos de qualificação exigidos no edital.*

Essa modalidade tem **destinação obrigatória** para os contratos de:

a) grande vulto, ou seja, para *obras e serviços de engenharia* de valor superior a R$ 1,5 milhão, e, quanto às *compras e demais serviços*, de valor superior a R$ 650 mil;

b) compra de imóveis, de qualquer valor;

c) alienações de imóveis, de qualquer valor; vale salientar que também se admite o leilão para alienação de imóveis adquiridos em processos judiciais e por dação em pagamento (art. 19 da Lei 8.666/1993);

d) alienação de móveis, quando estes forem avaliados em valor superior a R$ 650 mil; se o valor for inferior a essa quantia, pode-se usar a modalidade tomada de preços ou leilão (art. 17, § 6°, da Lei 8.666/1993);

e) concessões de direito real de uso (art. 23, § 3°, da Lei 8.666/1993);

f) concessões de serviço público (art. 2°, II, da Lei 8.987/1995);

g) licitações internacionais, de qualquer valor; vale salientar que, nas licitações internacionais, é cabível também a tomada de preços, quando o órgão ou entidade dispuser de cadastro internacional de fornecedores, bem como convite, se não houver fornecedor do bem ou serviço no País (art. 23, § 3°, da Lei 8.666/1993);

h) aquisição de bens por sistema de registro de preços (art. 15, § 3°, I, da Lei 8.666/1993): vale salientar que o registro de preços também pode ser feito por meio da modalidade pregão (art. 11 da Lei 10.520/2002); o Sistema de Registro de Preços é um procedimento que a Administração pode adotar perante compras rotineiras de bens padronizados (ex.: material de escritório, medicamentos): presumindo que adquirirá tais bens múltiplas vezes, a Administração abre licitação, e aquele que oferecer a cotação mais baixa terá seus preços registrados para quando a Administração precisar; não se trata de modalidade de licitação, já que inclusive é precedida de uma (concorrência ou pregão), mas de procedimento a ser feito para situações de fornecimento contínuo.[16]

Essa modalidade tem **destinação facultativa** para os casos em que couber modalidade licitatória de menor expressão, tais como tomada de preços e convite (art. 23, § 4°, da Lei 8.666/1993).

A concorrência tem como **principais características** as seguintes:

a) prazos maiores: o prazo mínimo entre a publicação do aviso do edital e o recebimento das propostas é de 30 dias, como regra, e de 45 dias se o contrato a ser celebrado contemplar o regime de empreitada integral ou quando a licitação for do tipo "melhor técnica" ou "técnica e preço" (art. 21, § 2°, I, "b", e II, "a", da Lei 8.666/1993); há de se lembrar que o prazo é contado da última publicação do aviso do edital; além disso, na contagem do prazo, deve-se excluir o dia do início e incluir o dia do vencimento (art. 110 da Lei 8.666/1993);

b) universalidade: a concorrência admite a participação de qualquer interessado que atenda, na fase inicial de habilitação preliminar, os requisitos de qualificação previstos no edital (art. 22, § 1°, da Lei 8.666/1993), ou seja, não é necessário que o interessado esteja previamente cadastrado para participar da concorrência, daí porque se fala em acesso universal ao certame; todavia, na fase de habilitação, aquele licitante que não cumprir os requisitos de qualificação será inabilitado;

c) habilitação preliminar: conforme já mencionado, a habilitação, na concorrência, é feita logo após a publicação do edital e antes do julgamento das propostas, daí porque se fala em *habilitação preliminar*, diferente da tomada de preços (*habilitação prévia*) e do pregão (*habilitação posterior*).

11.7.2. Tomada de preços

A tomada de preços pode ser **conceituada** como *a modalidade destinada a transações de médio vulto, que só permite a participação de interessados devidamente cadastrados ou que atendam às condições do cadastro até o 3° dia anterior à data do recebimento das propostas, observada a necessária qualificação* (art. 22, § 2°, da Lei 8.666/1993).

Essa modalidade tem **destinação prevista** para os contratos de:

a) médio vulto, ou seja, para *obras e serviços de engenharia* de valor até R$ 1,5 milhões, e, quanto às *compras e demais serviços*, de valor até R$ 650 mil;

b) licitações internacionais, quando o órgão ou a entidade dispuser de cadastro internacional de fornecedores, bem como convite, se não houver fornecedor do bem ou serviço no País (art. 23, § 3°, da Lei 8.666/1993).

Essa modalidade tem **destinação facultativa** para os casos em que couber o convite, modalidade licitatória de menor expressão (art. 23, § 4°, da Lei 8.666/1993).

---

16. Cada registro valerá por um ano. O § 3° do art. 15 da Lei dispõe que o sistema de registro de preços será regulamentado por decreto,

atendidas as peculiaridades regionais, observado o seguinte: I – seleção feita mediante concorrência; II – estipulação prévia do sistema de controle e atualização dos preços registrados; III – validade do registro não superior a 1 ano. O § 4°, por sua vez, assevera que a existência de preços registrados não obriga a Administração a firmar as contratações que deles poderão advir, ficando-lhe facultada a utilização de outros meios, respeitada a legislação relativa às licitações, sendo assegurado ao beneficiário do registro preferência em igualdade de condições.

Existe uma **proibição** muito séria, que tem em mira evitar fraudes na utilização das modalidades licitatórias.

É vedada a utilização da modalidade "tomada de preços" para parcelas de uma mesma obra ou serviço, ou ainda para obras e serviços da mesma natureza e no mesmo local que possam ser realizadas conjunta e concomitantemente, sempre que o somatório de seus valores caracterizar o caso de concorrência, exceto para as parcelas de natureza específica que possam ser executadas por pessoas ou empresas de especialidade diversa daquela do executor da obra ou serviço (art. 23, § 5º, da Lei 8.666/1993).

A ideia da lei é evitar fracionamentos de contratos para que se utilize tomada de preços quando caberia concorrência.

A tomada de preços tem como **principais características** as seguintes:

a) prazos intermediários: o prazo mínimo entre a publicação do aviso edital e o recebimento das propostas é de 15 dias, como regra, e de 30 dias quando a licitação for do tipo "melhor técnica" ou "técnica e preço" (art. 21, § 2º, II, "b", e III, da Lei 8.666/1993); há de se lembrar que o prazo é contado da última publicação do aviso do edital; além disso, na contagem do prazo, deve-se excluir o dia do início e incluir o dia do vencimento;

b) prévio cadastro: o interessado em participar da licitação deve já ter um registro cadastral, ou seja, deve ter um documento cujo nome é *certificado de registro cadastral* (art. 32, § 2º, da Lei 8.666/1993), documento esse que será apresentado por ele quando for participar da tomada de preços; caso o interessado não tenha cadastro prévio, poderá participar da licitação desde que atenda às condições exigidas para cadastramento até o 3º dia anterior à data do recebimento das propostas; ou seja, publicado o edital, o interessado deverá correr para conseguir seu cadastramento, nos termos dos arts. 34 a 37 da Lei 8.666/1993 e das demais regras locais, até o momento acima referido.

11.7.3. Convite

O convite pode ser **conceituado** como *a modalidade destinada a transações de menor vulto, na qual se deve convidar ao menos três interessados, cadastrados ou não, permitida a participação de outros interessados cadastrados que manifestarem interesse com antecedência de até 24 horas da data da apresentação das propostas* (art. 22, § 3º, da Lei 8.666/1993).

Essa modalidade tem **destinação** para os contratos de **menor vulto**, ou seja, para *obras e serviços de engenharia* de valor até R$ 150 mil, e, quanto às *compras e demais serviços*, de valor até R$ 80 mil.

Aqui também existe aquela séria **proibição**, que tem em mira evitar fraudes na utilização das modalidades licitatórias.

É vedada a utilização da modalidade "convite" para parcelas de uma mesma obra ou serviço, ou ainda para obras e serviços da mesma natureza e no mesmo local que possam ser realizadas conjunta e concomitantemente sempre que o somatório de seus valores caracterizar o caso de tomada de preços ou concorrência, exceto para as parcelas de natureza específica que possam ser executadas por pessoas ou empre-

sas de especialidade diversa daquela do executor da obra ou serviço (art. 23, § 5º, da Lei 8.666/1993).

A ideia da lei é evitar fracionamentos de contratos para que se utilize convite, quando caberia tomada de preços ou concorrência.

O convite tem como **principais características** as seguintes:

a) prazo menor: o prazo mínimo entre a publicação do aviso edital e o recebimento das propostas é de 5 dias *úteis*, contados da expedição do convite (art. 21, § 2º, IV, e § 3º, da Lei 8.666/1993); há de se lembrar que o prazo é contado da última publicação do aviso do edital; além disso, na contagem do prazo, deve-se excluir o dia do início e incluir o dia do vencimento;

b) publicidade reduzida: no convite, a publicidade se reduz à expedição de carta-convite a pelo menos três interessados e à afixação de cópia do convite no quadro de avisos da Administração Pública;

c) participação restrita a convidados ou cadastrados: confira as regras (art. 22, §§ 3º, 6º e 7º, da Lei 8.666/1993):

c1) devem ser convidados pelo menos três interessados, cadastrados ou não;

c2) se existir na praça mais de três interessados, a cada novo convite, deve-se chamar, no mínimo, um cadastrado que não tenha sido ainda convidado, até que todos os cadastrados sejam convidados;

c3) quando, por limitações do mercado ou manifesto desinteresse dos convidados, for impossível a obtenção do número mínimo de licitantes, pode-se convidar número menor, desde que haja a devida motivação, sob pena de repetição do convite;

c4) interessados em participar da licitação podem fazê-lo mesmo que não tenham sido convidados, desde que sejam cadastrados na repartição e que manifestem interesse até 24 horas da data da apresentação das propostas; é necessário, então, que o interessado faça um requerimento nesse prazo; a doutrina entende que só se pode exigir prévio cadastro desse interessado não convidado se a Administração tiver exigido habilitação no convite feito no caso concreto;

d) habilitação facultativa: a fase de habilitação não é obrigatória no convite, podendo ser dispensada no todo ou em parte (art. 32, § 1º, da Lei 8.666/1993); porém, a regularidade com a Seguridade Social deve sempre ser exigida, por força de determinação prevista na Constituição Federal (art. 195, § 3º, da CF);

e) direção dos trabalhos: a regra é que a licitação pelo convite seja dirigida por uma comissão de licitação, como nas modalidades concorrência e tomada de preços; porém, em pequenas unidades, pode substituí-la por servidor formalmente designado (art. 51, § 1º, da Lei 8.666/1993).

11.7.4. Concursos

O concurso pode ser **conceituado** como *a modalidade destinada à escolha de trabalho técnico, científico ou artístico, mediante prêmios ou remuneração ao vencedor* (art. 22, § 4º, da Lei 8.666/9193).

Essa modalidade tem **destinação** para a *premiação de trabalhos* técnicos (ex.: concurso para a escolha do melhor projeto arquitetônico), científicos (ex.: concurso para a escolha da melhor monografia jurídica) e artísticos (exs.: concursos para escolha de melhores hino, brasão da cidade, fotografia, poema etc.).

O concurso tem como **principais características** as seguintes:

a) prazo: o prazo mínimo entre a publicação do aviso do edital e o recebimento do trabalho pronto é de 45 dias; há de se lembrar que o prazo é contado da última publicação do aviso do edital; além disso, na contagem do prazo, deve-se excluir o dia do início e incluir o dia do vencimento; o prazo é grande, pois o interessado não vai entregar uma mera proposta, mas já entregará o trabalho pronto;

b) regulamento: o edital deve, no mínimo, fazer referência ao local onde está o regulamento do concurso; deve também indicar a qualificação exigida dos participantes (ex.: dizer que o concurso é só para os estagiários de uma Prefeitura); deve, ainda, traçar as diretrizes e a forma de apresentação do trabalho, bem como as condições de realização e os prêmios a serem dados ao(s) vencedor(es); se o objeto do concurso for um projeto (ex.: projeto arquitetônico), o vencedor deverá autorizar sua execução a qualquer tempo, segundo a conveniência da Administração;

c) habilitação facultativa: a fase de habilitação não é obrigatória no concurso, podendo ser dispensada no todo ou em parte (art. 32, § 1º, da Lei 8.666/1993);

d) julgamento: o julgamento será feito por uma comissão especial integrada por pessoas de reputação ilibada e reconhecido conhecimento da matéria em exame, servidores públicos ou não (art. 51, § 5º, da Lei 8.666/1993).

11.7.5. Leilão

O leilão pode ser **conceituado** como *a modalidade destinada à venda de bens móveis inservíveis, de produtos apreendidos ou penhorados, de imóveis adquiridos em processo judicial ou por dação em pagamento e de ativos, ações e outros direitos relacionados ao Programa Nacional de Desestatização.*

Essa modalidade tem **destinação** indicada no conceito, valendo salientar, quanto à desestatização, que essa é regulamentada na Lei 9.491/1997.

O leilão tem como **principais características** as seguintes:

a) prazo: o prazo mínimo entre a publicação do aviso do edital e a sessão de leilão é de 45 dias; há de se lembrar que o prazo é contado da última publicação do aviso do edital; além disso, na contagem do prazo, deve-se excluir o dia do início e incluir o dia do vencimento;

b) tipo de licitação: como o leilão visa à alienação de bens, o tipo licitatório cabível (critério de julgamento) é o de maior lance; esse deve ser igual ou superior ao valor da avaliação; os lances são verbais ou mediante procedimentos tecnológicos;

c) habilitação facultativa: a fase de habilitação não é obrigatória no leilão, podendo ser dispensada no todo ou em parte (art. 32, § 1º, da Lei 8.666/1993);

d) direção dos trabalhos: pode ser cometida a leiloeiro oficial ou a servidor designado pela Administração (art. 53 da Lei 8.666/1993).

11.7.6. Pregão

Essa modalidade de licitação não está prevista na Lei 8.666/1993, mas na Lei 10.520/2002. Trata-se de modalidade aplicável à Administração Pública Direta e Indireta de todos os entes políticos (União, Estados, DF e Municípios).

O pregão pode ser **conceituado** como *a modalidade destinada à aquisição de bens e serviços comuns, caracterizada pela inversão de fases, aumento dos momentos de competição, celeridade, oralidade e redução de exigências para a participação.*

Essa modalidade é **destinada** à aquisição de *bens e serviços comuns.*

Bens e serviços comuns são "aqueles cujos padrões de desempenho e qualidade possam ser objetivamente definidos no edital, por meio de especificações usuais no mercado" (art. 1º, parágrafo único, da Lei 10.520/2002).

Enfim, bens e serviços comuns são aqueles que têm especificações usuais no mercado.

São exemplos de *bens comuns* os seguintes: água mineral, combustível, material hospitalar, medicamentos, material de limpeza, móveis, veículos, computadores, dentre outros.

São exemplos de *serviços comuns* os seguintes: de digitação, de manutenção, de assinatura (de TV, revista e telefonia móvel), de copa, de garçom, de ascensorista, de lavanderia, de limpeza, de reprografia, de vigilância, dentre outros.

O fato é que, nos dias de hoje, quase tudo tem especificação usual no mercado e, portanto, quase tudo pode ser adquirido pela Administração mediante a modalidade pregão.

Aliás, é bom ressaltar que não há limitação de valor para aquisição mediante o pregão. Assim, até mesmo uma compra de milhões de reais, que ensejaria concorrência, pode ser feita pelo pregão.

A única exigência é que se trate de bens e serviços comuns.

Nada obstante, há situações que não ensejam o uso de pregão. Um exemplo é a contratação de uma obra. A *obra* não está no conceito nem de *serviço*, nem de *compra de bens*, para fins de licitação (art. 6º, I, II e III, da Lei 8.666/1993). Como regra, também não é possível a utilização de pregão para alienação de bens e para as locações imobiliárias.

Serviços de engenharia, ao contrário, desde que sejam serviços com especificações usuais no mercado, como o serviço de terraplenagem, podem ser contratados mediante pregão.

O pregão tem como **principais características** as seguintes (Lei 10.520/2002):

a) prazo: o prazo mínimo entre a publicação do aviso do edital e a data para a apresentação das propostas (data da sessão de pregão) é de *8 dias úteis* (art. 4º, V);

b) tipo de licitação: menor preço (art. 4º, X);

c) direção dos trabalhos: haverá um pregoeiro e a respectiva equipe de apoio, sendo que esta será integrada em sua maioria por servidores ocupantes de cargo efetivo ou emprego na Administração Pública (art. 3º, IV);

d) inversão de fases: primeiro vem a fase de *julgamento* e depois a de *habilitação*; primeiro vem a *adjudicação* e depois a *homologação* (art. 4º, VII, XII, XXI e XXII);

e) lances verbais: faz-se uma classificação provisória e depois selecionam-se as melhores propostas (1ª classificada mais propostas até 10% superiores, garantidas três propostas diferentes) para uma fase de lances verbais, com vistas a alcançar a proposta mais vantajosa para a Administração (art. 4º, VIII);

f) negociação do preço: o licitante que chegar à melhor proposta estará sujeito, ainda, a uma negociação de preço que o pregoeiro fará caso o proposto não atinja um valor aceitável (art. 4º, XI, XVI e XVII);

g) exigências vedadas: é vedada a exigência de *garantia da proposta*, de *aquisição de edital* por interessado e de pagamento de *taxas* (salvo de reprografia) (art. 5º);

h) redução das exigências de habilitação (art. 4º, XIII);

i) concentração dos atos do certame na sessão de pregão: faz-se tudo na sessão, inclusive a adjudicação do objeto do certame, se não houver recurso;

j) recurso único e oral (art. 4º, XVIII).

Quanto ao **procedimento** da fase externa do pregão, confira o passo a passo:

a) publicação do edital;

b) antes de iniciar a sessão pública, faz-se o credenciamento do licitante ou de seus representantes, que devem identificar-se e, conforme o caso, comprovar a existência de poderes para a formulação de propostas e para a prática de todos os demais atos inerentes ao certame;

c) aberta a sessão, os interessados apresentarão uma *declaração de habilitação* (declaração dando ciência de que cumprem os requisitos de habilitação) e entregarão os *envelopes contendo a proposta comercial*;

d) *abertura dos envelopes com a proposta comercial*;

e) *desclassificação* de eventuais propostas com vícios;

f) elaboração de *classificação provisória*;

g) *seleção das propostas* que passarão aos lances verbais; deve-se selecionar o 1º classificado (autor da oferta de valor mais baixo) e os autores das ofertas com preços até 10% superiores àquela; há de se garantir, no mínimo, três propostas diferentes; repare que não são três licitantes diferentes, mas três propostas de valor diferente, o que faz com que, muitas vezes, haja bem mais do que três licitantes nessa fase, bastando que haja licitantes com propostas de valor igual;

h) *início de nova disputa*, com *lances verbais* e sucessivos, até se chegar ao melhor lance possível;

i) *classificação definitiva*, levando em conta também os que não foram selecionados para os lances verbais, mas excluindo os que já foram desclassificados;

j) *negociação* com o autor da oferta de menor valor;

k) *exame da aceitabilidade* da proposta de menor valor;

l) *declaração da aceitabilidade da proposta* ou nova negociação com outro classificado;

m) *abertura do envelope de habilitação* da oferta com preço aceitável;

n) *saneamento de eventuais falhas* nos documentos de habilitação;

o) *declaração de habilitação* do licitante que tem preço aceitável ou exame sucessivo das ofertas subsequentes até apuração de uma aceitável e que atenda aos requisitos de habilitação;

p) *declaração do licitante vencedor*;

q) consulta aos licitantes sobre o interesse em apresentar *recurso*;

r) *adjudicação do objeto do certame ao vencedor na própria sessão de pregão*, caso não haja recurso; o recurso deve ser interposto na própria sessão de pregão (por meio do pregoeiro), apresentando-se o motivo; em seguida, a sessão ficará suspensa e o recorrente terá 3 dias para apresentar suas razões, seguindo-se o prazo de 3 dias para os demais licitantes se manifestarem;

s) *elaboração e subscrição da ata da sessão*;

t) *homologação do certame pela autoridade competente* (não é o pregoeiro, mas a autoridade superior) e publicação da decisão homologatória;

u) *empenho de despesa*;

v) *convocação do vencedor* para celebração do contrato; vale salientar que o prazo de validade das propostas é de 60 dias, se outro não estiver fixado no edital;

x) havendo recusa do adjudicatário, negociação com os próximos classificados, até que haja preço aceitável com condições de habilitação;

z) *celebração do contrato*.

Vale salientar que a Lei 10.520/2002 admite o pregão por meio eletrônico, cuja regulamentação se encontra no Decreto 5.450/2005 para o âmbito da União.

Esse decreto dispõe que o pregão eletrônico deve ser utilizado preferencialmente em relação ao pregão presencial.

Uma diferença básica do pregão eletrônico para o pregão presencial é o fato de que, no primeiro, o interessado deve estar previamente credenciado no SICAF – Sistema de Cadastramento Unificado de Fornecedores.

11.7.7. Vedação

Por fim, vale citar que é **vedada** a criação de outras modalidades de licitação ou a combinação das previstas em lei (art. 22, § 8º, da Lei 8.666/1993).

Assim, não é possível que qualquer dos entes da Administração Pública venha a criar uma nova modalidade de licitação, ou mesmo combinar modalidades para o fim de criar uma inédita modalidade licitatória.

Somente por meio de lei – e deve se tratar de uma lei federal, pois somente a União poderá legislar sobre normas gerais em matéria de licitação – é que é possível criar uma nova modalidade licitatória.

Um exemplo é o **pregão**, que foi criado pela Lei 10.520/2002.

Outro exemplo é a modalidade de licitação denominada **consulta**, que é exclusiva da Agência Nacional de Telecomunicações – ANATEL. O art. 54 da Lei 9.472/1997 estabelece que essa agência pode utilizar o procedimento da consulta mediante procedimentos próprios determinados por atos normativos expedidos pela agência, desde que não seja para a contratação de obras e serviços de engenharia.

11.8. Tipos de licitação

Não se deve confundir as *modalidades* de licitação (ou procedimentos licitatórios – concorrência, convite etc.) com *tipos* de licitação (ou critérios de julgamento – menor preço, melhor técnica etc.).

Feita tal observação, vejamos os tipos de licitação.

11.8.1. Menor preço

Esse tipo é o mais comum em matéria de licitação. Isso porque a Administração adquire muitos bens, e esse tipo é o adequado para as compras e aquisições estatais.

Esse tipo de licitação é compatível com as modalidades concorrência, tomada de preços, convite e pregão.

Devem ser desclassificadas as propostas com preço simbólico, irrisório, de valor zero ou impraticável, tanto para mais como para menos.

A lei diz que serão desclassificadas as propostas com preços manifestamente inexequíveis ou que não venham a ter demonstrada sua viabilidade por meio de documentação da coerência com os custos dos insumos e a produtividade.

Em caso de empate, têm preferência, sucessivamente, os bens e serviços:

a) produzidos no País;

b) produzidos ou prestados por empresas brasileiras;

c) produzidos ou prestados por empresas que invistam em pesquisa e desenvolvimento de tecnologia no País;

d) produzidos ou prestados por empresas que comprovem cumprimento de reserva de cargos prevista em lei para pessoa com deficiência ou para reabilitado da Previdência Social e que atendam às regras de acessibilidade previstas na legislação.

Permanecendo o empate, far-se-á um sorteio, em ato público, para o qual todos os licitantes serão convocados, vedado qualquer outro processo.

11.8.2. Maior lance ou oferta

Esse tipo de licitação é próprio para a alienação de bens móveis e imóveis e concessão de direito real de uso de bens públicos.

Esse tipo de licitação é compatível com as modalidades concorrência e leilão.

11.8.3. Melhor técnica e técnica e preço

Esses tipos de licitação são utilizados exclusivamente para *serviços de natureza predominantemente intelectual*, em especial na elaboração de projetos, cálculos, fiscalização, supervisão e gerenciamento, de engenharia consultiva em geral e, em particular, para elaboração de estudos técnicos preliminares e projetos básicos e executivos, bem como para contratação de bens e serviços de informática.

Quanto aos bens e serviços de informática cabe também o pregão (e não a concorrência, própria dos casos em que se usa o tipo melhor técnica), ressalvadas as aquisições em que a técnica é realmente importante e que os produtos não possam ser definidos por especificações usuais de mercado. Nesse sentido, o TCU tem o seguinte entendimento: "alerta ao DNIT no sentido de que as contratações para aquisição de bens e serviços de informática não precisam ser realizadas, necessariamente, sob a forma de licitação do tipo 'técnica e preço', podendo também ocorrer sob a forma de pregão, conforme já tratado pelo TCU em diversos julgados precedentes, a exemplo dos Acórdãos de 237/2009-P, 144/2008-P, 2.658/2007-P, 1.782/2007-P, 1.114/2006-P, 2.138/2005-P, 2.094/2004-P, 1.182/2004-P, 740/2004-P (com redação alterada pelo Acórdão 1.299/2006- P) e 313/2004-P (item 1.6.2, TC-019.930/2008-9, Acórdão 819/2009-Plenário)".

Excepcionalmente, utilizar-se-á esse tipo de licitação para fornecimento de bens, execução de obras ou prestação de serviços de grande vulto, quando dependentes de tecnologia sofisticada, desde que haja autorização expressa da autoridade de maior nível hierárquico da Administração promotora da licitação.

No tipo "melhor técnica", o ato convocatório fixará preço máximo a ser pago. Há três tipos de documentos: com a qualificação, com a proposta técnica e com a proposta de preço. Deve-se seguir o seguinte procedimento:

a) abertura de *envelope com a documentação de habilitação*;

b) quanto aos habilitados, abertura do *envelope com a proposta técnica*; tal proposta seguirá os termos do edital e poderá tratar da capacitação e experiência; da metodologia e organização; da tecnologia e dos recursos materiais; da qualificação das equipes técnicas;

c) *avaliação e classificação das propostas técnicas*;

d) *valorização mínima* das propostas técnicas;

e) abertura dos envelopes com as *propostas de preço* daqueles que têm a valorização mínima;

f) negociação entre os licitantes, considerando a melhor proposta técnica e o menor preço com valorização mínima, até se chegar ao vencedor.

No tipo "melhor técnica e preço" far-se-á a classificação das propostas segundo critério de média nas notas respectivas. Deve-se seguir o seguinte procedimento:

a) abertura de *envelope com a documentação de habilitação*;

b) quanto aos habilitados, abertura do *envelope com a proposta técnica*; tal proposta seguirá os termos do edital e poderá tratar da capacitação e experiência; da metodologia e organização; da tecnologia e dos recursos materiais; da qualificação das equipes técnicas;

c) avaliação e classificação das *propostas técnicas*;

d) será feita a avaliação e a valorização das *propostas de preços*, de acordo com critérios objetivos preestabelecidos no instrumento convocatório;

e) a classificação dos proponentes far-se-á de acordo com a *média ponderada das valorizações das propostas técnicas e de preço*, de acordo com os pesos preestabelecidos no instrumento convocatório.

11.9. Licitação com participação de Microempresa (ME) e Empresa de Pequeno Porte (EPP)

Em primeiro lugar, vale trazer a definição dessas empresas (art. 3º da Lei Complementar 123/2006):

a) microempresa: empresário ou pessoa jurídica que aufira, em cada ano-calendário, receita bruta igual ou inferior a R$ 360 mil;

b) empresa de pequeno porte: empresário ou pessoa jurídica que aufira, em cada ano-calendário, receita bruta superior a R$ 360 mil e igual ou inferior a R$ 3,6 milhões.

Considera-se receita bruta o produto da venda de bens e serviços nas operações de conta própria, o preço dos serviços prestados e o resultado nas operações em conta alheia, não incluídas as vendas canceladas e os descontos incondicionais concedidos.

Não poderá se beneficiar do tratamento jurídico diferenciado previsto na Lei Complementar 123/2006 a pessoa jurídica:

a) de cujo capital participe outra pessoa jurídica;

b) que seja filial, sucursal, agência ou representação, no País, de pessoa jurídica com sede no exterior;

c) de cujo capital participe pessoa física que seja inscrita como empresário ou seja sócia de outra empresa que receba tratamento jurídico diferenciado nos termos da Lei Complementar, desde que a receita bruta global ultrapasse o limite de R$ 3,6 milhões;

d) cujo titular ou sócio participe com mais de 10% (dez por cento) do capital de outra empresa não beneficiada pela Lei Complementar, desde que a receita bruta global ultrapasse o limite de R$ 3,6 milhões;

e) cujo sócio ou titular seja administrador ou equiparado de outra pessoa jurídica com fins lucrativos, desde que a receita bruta global ultrapasse o limite de R$ 3,6 milhões;

f) constituída sob a forma de cooperativas, salvo as de consumo;

g) que participe do capital de outra pessoa jurídica;

h) que exerça atividade de banco comercial, de investimentos e de desenvolvimento, de caixa econômica, de sociedade de crédito, financiamento e investimento ou de crédito imobiliário, de corretora ou de distribuidora de títulos, valores mobiliários e câmbio, de empresa de arrendamento mercantil, de seguros privados e de capitalização ou de previdência complementar;

i) resultante ou remanescente de cisão ou qualquer outra forma de desmembramento de pessoa jurídica que tenha ocorrido em um dos 5 (cinco) anos-calendário anteriores;

j) constituída sob a forma de sociedade por ações.

k) cujos titulares ou sócios guardem, cumulativamente, com o contratante do serviço, relação de pessoalidade, subordinação e habitualidade.

Para fins dos benefícios tributários previstos na lei complementar há outras pessoas jurídicas excluídas (art. 17). Mas para fins das vantagens decorrentes do acesso aos mercados, basta verificar os requisitos de faturamento já citados, bem como as pessoas jurídicas que estão excluídas do benefício.

Confira agora os direitos conferidos a uma ME ou EPP na licitação:

a) comprovação diferida da regularidade fiscal: nas licitações públicas, a comprovação de regularidade fiscal das MEs e EPPs somente será exigida para efeito de assinatura do contrato (art. 42 da LC 123/2006); as MEs e EPPs, por ocasião da participação em certames licitatórios, deverão apresentar toda a documentação exigida para efeito de comprovação de regularidade fiscal, mesmo que esta apresente alguma restrição, hipótese em que será assegurado o prazo de 5 (cinco) dias úteis, cujo termo inicial corresponderá ao momento em que o proponente for declarado o vencedor do certame, prorrogáveis por igual período, a critério da Administração Pública, para a regularização da documentação, pagamento ou parcelamento do débito e emissão de eventuais certidões negativas ou positivas com efeito de certidão negativa; a não regularização da documentação nesse prazo implicará decadência do direito à contratação, sem prejuízo das sanções previstas no art. 81 da Lei 8.666/1993, sendo facultado à Administração convocar os licitantes remanescentes, na ordem de classificação, para a assinatura do contrato, ou revogar a licitação (art. 43 da LC 123/2006);

b) empate ficto: nas licitações será assegurada, como critério de desempate, preferência de contratação para as MEs e EPPs; entende-se por empate aquelas situações em que as propostas apresentadas pelas microempresas e empresas de pequeno porte sejam iguais ou até 10% (dez por cento) superiores à proposta melhor classificada (na modalidade de pregão, o intervalo percentual será de até 5% (cinco por cento) superior ao melhor preço). Ocorrendo o empate, a ME ou EPP melhor classificada poderá apresentar proposta de preço inferior àquela considerada vencedora do certame, situação em que será adjudicado em seu favor o objeto licitado; não ocorrendo a contratação da ME ou EPP, serão convocadas as remanescentes que porventura se enquadrem nessa condição, na ordem classificatória, para o exercício do mesmo direito; no caso de equivalência dos valores apresentados pelas MEs e EPPs que se encontrem nos intervalos estabelecidos, será realizado sorteio entre elas para que se identifique aquela que primeiro poderá apresentar melhor oferta. Na hipótese da não contratação de uma ME ou EPP, o objeto licitado será adjudicado em favor da proposta originalmente vencedora do certame; o empate ficto somente se aplicará quando a melhor oferta inicial não tiver sido apresentada por microempresa ou empresa de pequeno porte; no caso de pregão, a ME ou EPP melhor classificada será convocada para apresentar nova proposta no prazo máximo de 5 (cinco) minutos após o encerramento dos lances, sob pena de preclusão (arts. 44 e 45 da LC 123/2006);

c) cédula de crédito microempresarial: a ME e a EPP titulares de direitos creditórios decorrentes de empenhos liquidados por órgãos e entidades da União, Estados, Distrito Federal e Município não pagos em até 30 (trinta) dias contados da data de liquidação poderão emitir cédula de crédito microempresarial;

d) tratamento diferenciado: nas contratações públicas da administração direta e indireta, autárquica e fundacional, federal, estadual e municipal, deverá ser concedido tratamento diferenciado e simplificado para as microempresas e empresas de pequeno porte objetivando a promoção do desenvolvimento econômico e social no âmbito municipal e regional, a ampliação da eficiência das políticas públicas e o incentivo à inovação tecnológica, sendo que, no que diz respeito às compras públicas, enquanto não sobrevier legislação estadual, municipal ou regulamento específico de cada órgão mais favorável à microempresa e empresa de pequeno porte, aplica-se a legislação federal (art. 47 da LC 123/2006, com redação dada pela LC 147/2014);

e) licitação exclusiva para ME e EPP: a administração pública **deverá** realizar processo licitatório destinado exclusivamente à participação de microempresas e empresas de pequeno porte nos itens de contratações cujo valor seja de até R$ 80.000,00 (oitenta mil reais); repare que a lei se refere aos itens de contratações e não à somatória dos itens reunidos num mesmo procedimento licitatório;

f) subcontratação obrigatória para ME e EPP: a administração pública **poderá** realizar processo licitatório em que seja exigida dos licitantes a subcontratação de microempresa ou de empresa de pequeno porte especificamente no que tange às licitações voltadas à aquisição de obras e serviços; ressalta-se que essa regra só vale para obras e serviços (e não para compras) e é faculdade da Administração, e não obrigação, como na regra anterior;

g) cota obrigatória para ME e EPP: a administração pública **deverá** realizar processo licitatório em que se estabeleça cota de até 25% (vinte e cinco por cento) do objeto para a contratação de microempresas e empresas de pequeno porte, em certames para a aquisição de bens de natureza divisível; apesar de a lei não fixar esse cota em 25% sempre (ou seja, no caso concreto, pode variar de qualquer número acima do número zero até os 25%), a lei obriga que essa cota seja estabelecida nos certames licitatórios, desde que se trate de certame cujo objeto seja a aquisição de bens de natureza divisível.

Na hipótese da subcontratação obrigatória (item "f"), os empenhos e pagamentos do órgão ou entidade da administração pública poderão ser destinados diretamente às microempresas e empresas de pequeno porte subcontratadas.

Não se aplicam os três últimos itens nos seguintes casos:

a) não houver um mínimo de 3 (três) fornecedores competitivos enquadrados como microempresas ou empresas de pequeno porte sediados local ou regionalmente e capazes de cumprir as exigências estabelecidas no instrumento convocatório;

b) o tratamento diferenciado e simplificado para as microempresas e empresas de pequeno porte não for vantajoso para a administração pública ou representar prejuízo ao conjunto ou complexo do objeto a ser contratado;

c) a licitação for dispensável ou inexigível, nos termos dos arts. 24 e 25 da Lei 8.666, de 21 de junho de 1993, excetuando-se as dispensas tratadas pelos incisos I e II do art. 24 da mesma Lei, nas quais a compra deverá ser feita preferen-

cialmente de microempresas e empresas de pequeno porte, aplicando-se o disposto no inciso I do art. 48.

11.10. Licitação e promoção do desenvolvimento nacional

A Lei 12.349/2010 alterou o art. 3º da Lei 8.666/1993 para o fim de estabelecer um novo objetivo para a licitação, qual seja, a *promoção do desenvolvimento nacional sustentável*.

Para tanto, essa lei trouxe as seguintes ferramentas, previstas nos §§ 5º (alterado pela Lei 13.146/2015) a 13 do art. 3º da Lei 8.666/1993:

a) margem de preferência ordinária: nos processos de licitação, poderá ser estabelecida margem de preferência para: a) *bens e serviços produzidos ou prestados por empresas que comprovem cumprimento de reserva de cargos prevista em lei para pessoa com deficiência ou para reabilitado da Previdência Social e que atendam às regras de acessibilidade previstas na legislação*; b) *produtos manufaturados e para serviços nacionais que atendam a normas técnicas brasileiras*; essa margem de preferência será estabelecida com base em estudos revistos periodicamente, em prazo não superior a 5 (cinco) anos, que levem em consideração: geração de emprego e renda; efeito na arrecadação de tributos federais, estaduais e municipais; desenvolvimento e inovação tecnológica realizados no País; custo adicional dos produtos e serviços; e em suas revisões, análise retrospectiva de resultados;

b) margem de preferência adicional: para *os produtos manufaturados e serviços nacionais resultantes de desenvolvimento e inovação tecnológica realizados no País*, poderá ser estabelecida margem de preferência adicional àquela prevista no item anterior.

As margens de preferência por produto, serviço, grupo de produtos ou grupo de serviços referidas acima serão definidas pelo Poder Executivo federal, não podendo a soma delas ultrapassar o montante de 25% (vinte e cinco por cento) sobre o preço dos produtos manufaturados e serviços estrangeiros.

As margens de preferências mencionadas não se aplicam aos bens e aos serviços cuja capacidade de produção ou prestação no País seja inferior:

a) à quantidade a ser adquirida ou contratada;

b) ao quantitativo fixado com fundamento no § 7º do art. 23 da Lei 8.666/1993, quando for o caso.

A margem de preferência ordinária poderá ser estendida, total ou parcialmente, aos bens e serviços originários dos Estados Partes do Mercado Comum do Sul – Mercosul.

A título de exemplo do item ora estudado, o Decreto 7.709/2012 dá margem de preferência de 25% e 15% para aquisições de motoniveladora e pás mecânicas, escavadores, carregadoras e retroescavadeiras nacionais.

Os editais de licitação para a contratação de bens, serviços e obras poderão, mediante prévia justificativa da autoridade competente, exigir que o contratado promova, em favor de órgão ou entidade integrante da administração pública ou daqueles por ela indicados a partir de processo isonômico, medidas de compensação comercial, industrial, tecnológica ou acesso a condições vantajosas de financiamento, cumulativamente ou não, na forma estabelecida pelo Poder Executivo federal.

Nas contratações destinadas à implantação, manutenção e ao aperfeiçoamento dos sistemas de tecnologia de informação e comunicação, considerados estratégicos em ato do Poder Executivo federal, a licitação poderá ser restrita a bens e serviços com tecnologia desenvolvida no País e produzidos de acordo com o processo produtivo básico de que trata a Lei 10.176, de 11 de janeiro de 2001.

Será divulgada na internet, a cada exercício financeiro, a relação de empresas favorecidas em decorrência das margens de preferência, com indicação do volume de recursos destinados a cada uma delas.

É importante registrar que as preferências em questão e nas demais normas de licitação e contratos devem privilegiar o tratamento diferenciado e favorecido às microempresas e empresas de pequeno porte na forma da lei (art. 3º, § 14, e 5º-A da Lei 8.666/1993). Por outro lado, as preferências dispostas no art. 3º da Lei 8.666/1993 prevalecem sobre as demais preferências previstas na legislação quando estas forem aplicadas sobre produtos ou serviços estrangeiros (art. 3º, § 15, da Lei 8.666/1993).

11.11. RDC – Regime Diferenciado de Contratações Públicas

A Lei 12.462/2011 estabelece o RDC – Regime Diferenciado de Contratações Públicas, aplicável **exclusivamente** às contratações necessárias à realização (art. 1º):

a) das Olimpíadas/2016 e Paraolimpíadas/2016;

b) da Copa das Confederações/2013 e Copa do Mundo/2014;

c) das obras de infraestruturas e serviços para os aeroportos das capitais do Estados distantes até 350 km das cidades sedes dos mundiais referidos acima;

d) das ações do Programa de Aceleração do Crescimento – PAC;

e) das obras e serviços de engenharia no âmbito do Sistema Único de Saúde – SUS;

f) das obras e serviços de engenharia para construção, ampliação e reforma e administração de estabelecimentos penais e unidades de atendimento socioeducativo;

g) das ações no âmbito da segurança pública;

h) das obras e serviços de engenharia, relacionadas a melhorias na mobilidade urbana ou ampliação de infraestrutura logística; e

i) dos contratos a que se refere o art. 47-A;

j) das ações em órgãos e entidades dedicados à ciência, à tecnologia e à inovação.

A opção pelo RDC **afasta** a aplicação da Lei 8.666/1993 (art. 1º, § 2º).

A Lei de RDC acrescenta os **princípios** da "economicidade" e da "eficiência", que não estavam expressos na Lei 8.666/1993 (art. 3º).

Essa lei também admite a chamada **contratação integrada**, ou seja, contratar uma empresa para fazer tudo, do projeto básico e executivo, à execução, testes e pré-operação (art. 9º).

Prevê ainda a chamada locação "built to suit", pela qual "A administração pública poderá firmar contratos de locação de bens móveis e imóveis, nos quais o locador realiza prévia aquisição, construção ou reforma substancial, com ou sem aparelhamento de bens, por si mesmo ou por terceiros, do bem especificado pela administração" (art. 47-A).

Também inovou ao admitir **remuneração variável** do contratado, vinculada ao desempenho, com base em metas, qualidade, sustentabilidade e prazos (art. 10).

A licitação se desenrola nas seguintes **fases**, nesta ordem: preparatória, publicação do instrumento convocatório (com prazos menores[17]), apresentação de propostas ou lances, julgamento, habilitação, recursal e encerramento (adjudicar e homologar – art. 12).

Quanto aos **tipos de licitação**, a lei prevê os seguintes: menor preço ou maior desconto, técnica e preço, melhor técnica e conteúdo artístico, maior oferta de preço ou maior retorno econômico (art. 18).

Outra inovação interessante é a vedação do **nepotismo** nas contratações diretas, ou seja, nas contratações sem licitação (art. 37).

11.12. Licitação e Sistemas de Defesa

A Lei 12.598/2012 estabelece normas especiais para compras, contratações e desenvolvimento de produtos e sistemas de defesa.

Exemplo de norma especial e a promoção de **licitação exclusiva** para as chamadas EED – Empresas Estratégicas de Defesa, pessoa jurídica credenciada pelo Ministério da Defesa, com sede, operação, pesquisa e desenvolvimento de tecnologia no Brasil.

11.13. Revogação da licitação

A revogação da licitação é possível, desde que fundada em situação ulterior aferida pela autoridade competente que a justifique, ou seja, que torne conveniente ou oportuna a extinção do certame, sempre respeitando a ampla defesa e o contraditório e mediante motivação.

---

17. Art. 15. Será dada ampla publicidade aos procedimentos licitatórios e de pré-qualificação disciplinados por esta Lei, ressalvadas as hipóteses de informações cujo sigilo seja imprescindível à segurança da sociedade e do Estado, devendo ser adotados os seguintes prazos mínimos para apresentação de propostas, contados a partir da data de publicação do instrumento convocatório:
I – para aquisição de bens:
a) 5 (cinco) dias úteis, quando adotados os critérios de julgamento pelo menor preço ou pelo maior desconto; e
b) 10 (dez) dias úteis, nas hipóteses não abrangidas pela alínea a deste inciso;
II – para a contratação de serviços e obras:
a) 15 (quinze) dias úteis, quando adotados os critérios de julgamento pelo menor preço ou pelo maior desconto; e
b) 30 (trinta) dias úteis, nas hipóteses não abrangidas pela alínea a deste inciso;
III – para licitações em que se adote o critério de julgamento pela maior oferta: 10 (dez) dias úteis; e
IV – para licitações em que se adote o critério de julgamento pela melhor combinação de técnica e preço, pela melhor técnica ou em razão do conteúdo artístico: 30 (trinta) dias úteis.

A revogação da licitação tem efeitos *ex nunc*, já que, até a sua ocorrência, não havia nenhuma ilegalidade, daí porque, se já há vencedor e a licitação for revogada licitamente, deve-se indenizá-lo das eventuais despesas que já teve.

Caso a licitação seja revogada ilicitamente, indeniza-se o prejudicado completamente.

11.14. Anulação da licitação

A anulação da licitação deve ser de ofício ou provocada, assegurada a ampla defesa e o contraditório, e tem por motivo ilegalidade ocorrida no certame (art. 59 da Lei 8.666/1993).

Anulada a licitação, o contrato também fica anulado automaticamente, se já celebrado.

A anulação tem efeitos *ex tunc*, não gerando indenização, ressalvado o que o contratado já realizou e desde que ele não tenha sido o culpado pela anulação.

Ou seja, indenizar-se-á só o que está de boa-fé e apenas quanto ao que já foi executado, valendo lembrar que a boa-fé é presumida.

A revogação só poderá ser feita pela autoridade competente e não pelo órgão julgador do certame, diferente do que ocorre na anulação, que pode ser feita pela comissão ou pelas demais autoridades competentes, bem como pelo Poder Judiciário.

12. CONTRATOS ADMINISTRATIVOS

12.1. Conceito de contrato administrativo

O contrato administrativo pode ser conceituado *como o acordo de vontades entre a Administração e terceiros pertinente a obras, serviços, compras, alienações ou locações, em que existem cláusulas exorbitantes em favor da primeira, preservado o equilíbrio econômico-financeiro entre as partes.*

Repare que um contrato só será do tipo "contrato administrativo" se o acordo de vontades cumprir os seguintes requisitos: a) presença da *Administração Pública*; b) existência de cláusulas que coloquem a Administração em *posição de supremacia* em relação à outra parte contratante; c) *reciprocidade nas obrigações*, que devem ser pertinentes a obras, serviços, compras, alienações ou locações.

Quanto ao terceiro requisito, vale destacar que o contrato administrativo não se confunde com o convênio administrativo, pois, no primeiro, há obrigações recíprocas (um quer uma coisa ou serviço e o outro quer uma remuneração em dinheiro), ao passo que no segundo há interesses comuns (os convenentes querem desenvolver um projeto comum, dividindo tarefas), estabelecendo-se uma parceria para unir esforços no cumprimento desse interesse comum.

Preenchidos tais requisitos, estar-se-á diante de um contrato administrativo, cujo regime jurídico, naturalmente, é diferenciado em relação ao dos contratos privados.

Vale lembrar que a regulamentação dos contratos administrativos está prevista na Lei 8.666/1993, sendo que, agora, em se tratando de contrato de empresas públicas, sociedades de economia mista e suas subsidiárias a regulamentação é integralmente dada pela Lei 13.303/2016, ressalvada a regra de transição nela prevista (art. 91).

12.2. Características principais do contrato administrativo

O contrato administrativo tem duas características marcantes. A primeira delas é a existência de **cláusulas exorbitantes** em favor do Poder Público, que tem mais direitos que o particular em relação às *cláusulas regulamentares* do contrato. A segunda é o direito ao **equilíbrio econômico-financeiro**, o que faz com que ambas as partes tenham direito a que as *cláusulas econômicas* do contrato mantenham o equilíbrio que detinham quando de sua celebração.

Vamos a um exemplo. A Administração, em virtude de ter cláusulas exorbitantes em seu favor, pode, unilateralmente, modificar uma cláusula contratual para o fim de determinar que o contratado forneça mais produtos do que o previsto no contrato. Esse direito da Administração existe justamente porque há **cláusulas exorbitantes** em seu favor, cláusulas essas que existem apenas quanto às *cláusulas regulamentares* do contrato (ex.: prazos, quantidade, especificações etc.). O contratado será obrigado a cumprir essa ordem da Administração, mas terá, de outra parte, direito a que seja mantido o **equilíbrio econômico-financeiro**, ou seja, a que seja mantido o equilíbrio das *cláusulas econômicas* do contrato. Isso se dará mediante o aumento da quantia a ser paga para o contratado, que, tendo de trazer mais produtos, deverá receber mais por isso.

As **cláusulas exorbitantes** se justificam, pois, a Administração, diferentemente do particular, age em nome de toda a coletividade, de forma que tais poderes são indispensáveis à preservação do interesse público buscado na contratação.

O art. 58 da Lei 8.666/1993 exemplifica esse tipo de cláusula ao dispor que a Administração tem a prerrogativa de interferir nos contratos para:

a) modificá-los, unilateralmente, para melhor adequação às finalidades de interesse público, respeitados os direitos do contratado;

b) rescindi-los, unilateralmente, nos casos especificados no inc. I do art. 79 da Lei 8666/1993;

c) fiscalizar-lhes a execução;

d) aplicar-lhes sanções motivadas pela inexecução total ou parcial do ajuste;

e) nos casos de serviços essenciais, ocupar, provisoriamente, bens móveis, imóveis, pessoal e serviços vinculados ao objeto do contrato, na hipótese de necessidade de acautelar apuração administrativa de faltas contratuais pelo contratado, bem como na hipótese de rescisão do contrato administrativo (essa cláusula era muito utilizada nas concessões de serviço público; porém, com a edição da Lei 8.987/1995, passou-se a aplicar as regras específicas desta lei).

Quanto à característica da **manutenção do equilíbrio econômico-financeiro**, vale salientar que essa ela tem raiz constitucional, estando prevista no art. 37, XXI, do Texto Maior, no ponto em que o dispositivo assevera que o processo de licitação pública deve assegurar *"igualdade de condições a todos os concorrentes, com cláusulas que estabeleçam obrigações de pagamento, mantidas as condições efetivas da proposta* (...)". Além disso, também está prevista na Lei 8.666/1993, que estabelece que as cláusulas econômicas de contrato

WANDER GARCIA

administrativo não podem ser alteradas sem a concordância do contratado, devendo ser revistas se houver alteração contratual que desequilibre a equação econômico-financeira original (art. 58, § 1º, da Lei 8.666/1993).

12.3. Regime jurídico do contrato administrativo

Como se sabe, os contratos administrativos têm seu regime jurídico delineado na Lei 8.666/1993. Porém, além dessa lei, a Constituição e outros diplomas legislativos também participam da formação do precitado regime jurídico.

Sobre o tema, confira o art. 54 da Lei 8.666/1993: "os contratos administrativos de que trata esta Lei regulam-se pelas suas cláusulas e pelos preceitos de direito público, aplicando-se-lhes, supletivamente, os princípios da teoria geral dos contratos e as disposições de direito privado".

Assim, pode-se sistematizar a questão, concluindo-se que se aplicam aos contratos administrativos as seguintes normas jurídicas, sucessivamente:

1º) CF: ex.: princípio da eficiência;

2º) Lei 8.666/1993 e Preceitos de Direito Público: ex.: casos de rescisão;

3º) Cláusulas editalícias e contratuais;

4º) Princípios da Teoria Geral dos Contratos: ex.: princípio da função social dos contratos;

5º) Disposições de Direito Privado: ex.: regras sobre vícios redibitórios (Código Civil e CDC), desconsideração da personalidade jurídica (art. 50 do Código Civil), cláusula penal máxima (art. 412 do Código Civil), juiz pode reduzir valor de multa, se excessiva, como no caso de uma multa de 88% reduzida para 10% (*vide* REsp 330.677).

12.4. Formalização do contrato administrativo

Para um contrato administrativo ser celebrado são necessários os seguintes requisitos:

a) ato administrativo motivado especificando a necessidade de contratação;

b) solicitação com indicação do objeto a ser contratado e de sua quantidade;

c) constatação da existência de recurso próprio para a despesa;

d) verificação do impacto orçamentário-financeiro; não basta haver previsão orçamentária. No curso de cada exercício financeiro há de se verificar se existem recursos em caixa, respeitando-se as cotas trimestrais de despesas fixadas (art. 47 da Lei 4.320/1964) e há de se obedecer também a outros requisitos legais (ex.: art. 42 da Lei de Responsabilidade Fiscal – LC 101/2000);

e) autorização para abertura de licitação;

f) elaboração e aprovação de edital;

g) reserva de recursos;

h) *licitação*, salvo dispensa ou inexigibilidade desta;

i) *convocação do adjudicatário*: estipula-se prazo para o adjudicatário (vencedor da licitação) comparecer para assinar o contrato (art. 64, *caput*, da Lei 8.666/1993), o qual pode ser prorrogado uma vez, com justificativa do contratado (art. 64, § 1º, da Lei 8.666/1993). Decorridos 60 dias da data de entrega das propostas, sem convocação, o adjudicatário fica liberado do dever de assinar o contrato, ou seja, fica liberado dos compromissos assumidos (art. 64, § 3º, da Lei 8.666/1993). Se o convocado não assinar contrato, a Administração tem duas opções (art. 64, § 2º, da Lei 8.666/1993): i) convocar o licitante remanescente, nas mesmas condições do vencedor; ou ii) revogar o certame;

j) os contratos devem conter determinadas cláusulas *escritas* acerca do *regime de execução, reajustes, condições de pagamento e atualização, prazos de início, execução, conclusão, multas e rescisão; garantias (caução, seguro, fiança);*

k) *devem ser escritos*, sendo nulo o contrato verbal com a Administração, salvo o de pequenas compras de pronto pagamento, assim entendidas aquelas de valor não superior a 5% do limite para aquisições por convite. A lei admite em alguns casos o regime de adiantamento (art. 68 da Lei 4.320/1964), em que se entrega numerário ao servidor para gasto futuro. Isso deve acontecer apenas nos casos definitivos em lei, como, por exemplo, no pagamento de diárias;

l) o *instrumento* do contrato é obrigatório nos casos de concorrência e de tomada de preços, bem como nas dispensas e inexigibilidades compreendidas naquelas modalidades, e facultativo nas compras de entrega imediata e sem obrigações futuras, bem como nos demais casos escritos não compreendidos nas duas modalidades acima, nos quais pode ser substituído por carta-contrato, nota de empenho de despesa, autorização de compra ou ordem de execução de serviço. A minuta do futuro contrato integrará sempre o edital;

m) o *contrato* tem como condição de *eficácia* a publicação de seu resumo na Imprensa Oficial, a qual deve se dar até o 5º dia útil do mês seguinte à sua assinatura e até 20 dias após esta, seja de que valor for;

n) faculta-se à Administração a exigência de *garantias* a fim de assegurar a execução do contrato, devendo estar prevista no edital. O particular deve escolher entre caução, em dinheiro ou títulos da dívida pública, seguro-garantia ou fiança bancária. A garantia não pode exceder a 5% do valor do contrato, salvo quanto a obras, serviços e fornecimentos de grande vulto envolvendo alta complexidade técnica e riscos financeiros consideráveis, quando o limite poderá ser elevado até a 10% do valor do contrato. A garantia será liberada ou restituída após a execução, e, quando em dinheiro, será atualizada monetariamente.

12.5. Alterações dos contratos (art. 65 DA LEI 8.666/1993)

12.5.1. Unilaterais

São as alterações feitas por imposição da Administração. As modificações aqui permitidas, que serão a seguir expostas, são feitas unilateralmente pela Administração, mas não podem implicar alteração do objeto contratual, sob pena de se caracterizar burla ou fraude à licitação feita. Permitem-se apenas alterações no projeto ou meramente quantitativas. Vejamos as alterações permitidas (art. 65, I):

a) qualitativa: *quando houver modificação do projeto ou das especificações para melhor adequação técnica aos seus objetivos;*

b) quantitativa: *quando necessária a modificação do valor contratual em decorrência de acréscimo ou diminuição quantitativa de seu objeto, nos limites permitidos na lei.*

No caso de alteração do projeto ou especificações (alteração qualitativa), temos duas situações típicas:

a) situações novas: por exemplo, decisão judicial impondo que dada obra atenda a preceitos técnicos em matéria de acústica;

b) situações existentes, mas desconhecidas: o solo se revela diferente do imaginado (ex.: tem muita pedra; tem falha geológica), impondo fundação diferenciada.

Um bom projeto básico evita isso, o que faz com que os tribunais de contas tenham cada vez mais recomendado a feitura de bons projetos antes que um edital de licitação seja elaborado.

A alteração qualitativa não admite que seja alterado o próprio objeto contratual. Assim, não é possível alterar o objeto contratual de cimento para tijolo, por exemplo.

Já quando é necessária a modificação do valor contratual em decorrência de acréscimo ou diminuição nas obras, serviços e compras, temos os seguintes limites:

a) acréscimo: até 25% do valor inicial; tratando-se de reforma, é possível acréscimo de até 50% do valor inicial;

b) diminuição: até 25% do valor inicial.

Não são computados nos limites os *reajustes* e *revisões*.

As alterações de valor devem levar em conta os ganhos e as perdas de escala.

12.5.2. Bilaterais

São as autorizadas pela lei, sendo feitas de comum acordo entre as partes, ou por processo judicial promovido pelo interessado, para restabelecer o equilíbrio inicial quando houver prejuízo significativo causado por um dos seguintes fatos:

a) força maior ou caso fortuito: alteração que requer i) desequilíbrio contratual, ii) evento lesivo consistente em força maior ou caso fortuito e iii) configuração de álea econômica extraordinária e extracontratual (prejuízo significativo). Ex.: uma grande chuva destrói uma obra pública em andamento, executada por uma construtora contratada pela Administração;

b) sujeições ou interferências imprevistas: *descoberta de um óbice natural ao cumprimento do contrato na forma prevista.* Ex.: descoberta de que o terreno em que o particular deverá construir a obra contratada é rochoso, aumentando em demasia os custos para a realização da fundação. Preenchidos os requisitos de desequilíbrio e configuração de álea extraordinária, também se enseja a alteração bilateral;

c) fato da administração: *toda ação ou omissão da Administração que se dirige e incide direta e especificamente sobre o contrato, retardando ou impedindo sua execução.* Ex.: atraso do Poder Público na entrega do imóvel para feitura de uma obra contratada com o particular. Esta alteração unilateral também gera, por óbvio, direito ao reequilíbrio econômico-financeiro[18]. Para alteração do contrato motivada pelo fato da administração é necessário: i) desequilíbrio contratual, ii) fato da administração e iii) configuração de álea econômica extraordinária e extracontratual (prejuízo significativo);

d) fato do príncipe: *fato geral do Poder Público que afeta substancialmente o contrato, apesar de não se dirigir especificamente a ele.* Ex.: mudança de política cambial por parte do Banco Central (STJ, ROMS 15.154);

e) modificação tributária: *criação, alteração ou extinção de tributo ou encargo legal que interfira diretamente nos preços (custos) para mais ou para menos* (art. 65, § 5º). Assim, aumentos significativos em tributos como ISS, ICMS, IPI, dentre outros, geram o direito à revisão contratual. Note que o aumento no imposto sobre a renda não interfere nos custos de uma empresa, mas apenas na renda desta, não ensejando a revisão contratual; da mesma forma, a criação da CPMF não enseja a revisão, por não gerar um prejuízo significativo, segundo o Tribunal de Contas da União (TCU);

f) aplicação da Teoria da Imprevisão: caso não se configure nenhuma das hipóteses acima, é possível invocar-se cláusula genérica para alteração contratual, que requer *desequilíbrio contratual causado pela sobrevinda de fatos imprevisíveis ou previsíveis, porém de consequências incalculáveis, retardadores ou impeditivos da execução do contrato.* Vale dizer, são necessários: i) desequilíbrio contratual ulterior, ii) imprevisibilidade ou previsibilidade de consequência incalculável e iii) retardamento ou impedimento da execução do ajustado (prejuízo significativo). Ex.: advento de guerra causando aumento demasiado no preço do petróleo, atingindo contratos em curso; crise mundial aumentando muito o dólar.

Não caberá revisão contratual nos seguintes casos: a) de culpa do contratado; b) de evento existente antes das propostas; c) de ausência de prejuízo significativo.

A jurisprudência entende que não dá ensejo à revisão contratual dois fatos: a) dissídio coletivo, por se tratar de algo previsível (STJ, REsp 668.376), ressalvadas situações excepcionais; b) inflação, por também se tratar de fato previsível e que é compensado pelo instituto do *reajuste* e não da *revisão*.

O reajuste *é a atualização monetária em contratos de trato sucessivo, feita a cada 12 meses*. Ele difere da revisão, pois esta decorre de evento *extraordinário*, ao passo que o reajuste decorre de evento *ordinário*.

O reajuste tem como termo inicial a data prevista para a apresentação da proposta do licitante (art. 40, XI, da Lei 8.666/1993 e art. 3º, § 1º, da Lei 10.192/2001), nos termos do que decide o STJ (REsp 846.367/RS).

Em caso de atraso no pagamento, incide correção monetária mensal (Lei do Plano Real).

Por fim, e voltando à questão da *revisão* contratual, caso qualquer das situações ocorridas anteriormente leve a uma consequência tal que a revisão contratual não consiga trazer novamente o equilíbrio originário, o contrato deverá ser extinto.

---

18. Art. 65: (...) "§ 6º Em havendo alteração unilateral do contrato que aumente os encargos do contratado, a Administração deverá restabelecer, por aditamento, o equilíbrio econômico-financeiro inicial."

12.6. Execução do contrato

Dispõe o artigo 66 da Lei 8.666/1993 que o contrato deverá ser executado fielmente: *Art. 66. O contrato deverá ser executado fielmente pelas partes, de acordo com as cláusulas avençadas e as normas desta lei, respondendo cada uma delas pelas consequências de sua inexecução total ou parcial.*

O contrato administrativo, portanto, faz lei entre as partes, que devem cumpri-lo integralmente.

Nada obstante, como se viu, tal regra sofre as seguintes exceções:

a) a Administração pode modificar unilateralmente condições contratuais;

b) nestes casos, e naqueles outros em que se configurarem hipóteses de desequilíbrio econômico-financeiro, deve-se promover sua modificação.

Outra questão importante nesta matéria é o fato de que a Administração deverá manter um representante para fiscalizar a execução dos contratos, enquanto o contratado deve indicar um preposto, aceito pela primeira, para acompanhar a execução do ajuste.

Deve-se destacar, ainda, que o contratado, na execução do ajuste, não pode deixar de cumprir suas obrigações por suspensão do contrato de até 120 dias, bem como por atraso no seu pagamento por até 90 dias. Vale dizer: a exceção de contrato não cumprido não pode ser alegada pelo particular em tais condições, em que pese poder ser alegada pelo Poder Público, se a culpa é do particular.

O contratado tem como prestação principal adimplir o objeto contratual, devendo também: observar as normas técnicas adequadas, empregar o material apropriado, sujeitar-se aos acréscimos e supressões legais, executar pessoalmente o objeto do contrato (a execução é pessoal, mas não personalíssima, daí a possibilidade de contratar terceiros para colaborar ou até para executar partes, desde que nos limites admitidos pela Administração na execução do contrato – *vide* art. 72, por exemplo, que trata da subcontratação), atender aos encargos trabalhistas, previdenciários, fiscais e comerciais decorrentes da execução, bem como manter o preposto acima indicado.

Vale ressaltar que, na execução do contrato, o particular é responsável pelas obrigações que contrair, as quais não poderão ser imputadas ao Poder Público: "*Art. 71. O contratado é responsável pelos encargos trabalhistas, previdenciários, fiscais e comerciais resultantes da execução do contrato.*"

Assim sendo, a Administração não poderá ser acionada por terceiros, em virtude de atos do contratado.

A Lei 9.032/1995, todavia, dispõe que a Administração Pública responde solidariamente com o contratado pelos *encargos previdenciários* resultantes da inexecução do contrato, nos termos do art. 31 da Lei 8.212/1991.

O TST também admite que a Administração responda por encargos trabalhistas no caso de terceirização de serviços, como nos contratos em que a Administração faz com empresas de vigilância, limpeza, dentre outros. Porém, a responsabilidade da Administração é subsidiária e depende de que esta tenha agido de forma culposa na aplicação da Lei 8.666/1993 (conforme Súmula 331 do TST, após as decisões do STF proferidas na Rcl 8150 e na ADC 16). O STF estabeleceu que "a imputação da culpa *in vigilando* ou *in elegendo* à Administração Pública, por suposta deficiência na fiscalização da fiel observância das normas trabalhistas pela empresa contratada, somente pode acontecer nos casos em que se tenha a efetiva comprovação da ausência de fiscalização. Nesse ponto, asseverou que a alegada ausência de comprovação em juízo da efetiva fiscalização do contrato não substitui a necessidade de prova taxativa do nexo de causalidade entre a conduta da Administração e o dano sofrido" (RE 760931/DF, j. 30.3.2017).

Executado o contrato, esse será recebido provisoriamente pela Administração, em até 15 dias da comunicação escrita do contratado, pelo responsável pelo acompanhamento e definitivamente por servidor ou comissão designada pela autoridade, após decurso do prazo de observação ou vistoria que ateste a adequação do objeto ao contrato, tudo sem prejuízo da responsabilidade civil pela solidez e segurança da obra ou do serviço (art. 73).

A **inexecução total ou parcial** do contrato enseja sua rescisão, com as consequências contratuais e as previstas em lei ou regulamento (art. 77). O art. 78 da Lei 8.666/1993 enumera os motivos para rescisão do contrato, dentre eles os seguintes:

a) o não cumprimento ou o cumprimento irregular de cláusulas contratuais;

b) a lentidão no seu cumprimento, o atraso injustificado no início, a paralisação sem justa causa e sem prévia comunicação;

c) a subcontratação não admitida no contrato;

d) o desatendimento das determinações regulares da autoridade designada para acompanhamento de sua execução;

e) razões de interesse público (revogação do contrato);

f) *suspensão* da execução por mais de 120 dias ou *atraso* por mais de 90 dias; em ambos os casos a extinção será opção do contratado, não cabendo rescisão, todavia, se houver calamidade pública, grave perturbação da ordem interna ou guerra;

g) caso fortuito ou força maior impeditivos da execução.

Os casos de rescisão serão formalmente motivados nos autos do processo administrativo, assegurados o contraditório e a ampla defesa. Quando a rescisão não se der por culpa do contratado (incisos XII a XVII do art. 78), esse será ressarcido dos prejuízos que houver sofrido, tendo ainda direito à devolução da garantia, pagamento pela execução até a rescisão e pagamento do custo da desmobilização. A rescisão pelo não cumprimento das cláusulas contratuais acarretará, sem prejuízo das sanções legais, na assunção imediata do objeto pela Administração, com a ocupação e utilização do local, instalações, equipamentos, material e pessoal empregados na execução do contrato necessários à sua continuidade e retenção dos créditos decorrentes do contrato até o limite dos prejuízos causados à Administração.

Os artigos 86 e seguintes tratam das sanções administrativas cabíveis em caso de inexecução parcial ou total do contrato, garantida prévia defesa, servindo como exemplo: advertência, multa, suspensão temporária de participação em licitação e impedimento de contratar por prazo não superior a 2 anos, declaração de inidoneidade para licitar ou contratar com a Administração enquanto durarem os motivos da punição ou até que seja promovida a reabilitação perante a autoridade, que depende de cumprimento de sanções e ressarcimento ao erário, podendo-se aplicar as duas últimas sanções também aos profissionais que tiverem dado causa ao ilícito.

Quanto a sanção de inidoneidade para licitar ou contratar com a Administração, ela se irradia para todas as esferas de governo. Assim, na esteira de um exemplo tirado da jurisprudência do STJ, uma empresa que tenha recebido essa sanção de um município, por ter fornecido medicamento adulterado a este, ficará impedida de contratar com todos os outros municípios, Estados, DF e União (Resp 520.553). Porém, essa sanção tem efeitos futuros, ou seja, não alcança os contratos em curso quando de sua aplicação, sem prejuízo de que, dentro de cada contrato em curso possa haver sua rescisão por específicas inexecuções em cada contrato (STJ, MS 13.964/DF).

Quanto à possibilidade do TCU declarar a inidoneidade de empresa privada para participar de licitações, o STF entende que esse tribunal tem competência, na esteira do disposto no art. 46 da Lei 8.443/1992 – Lei Orgânica do TCU (MS 30.788/MG, J. 21.05.2015).

12.7. Extinção do contrato

O contrato administrativo se extingue pelas seguintes causas:

a) conclusão do objeto ou decurso do tempo: quanto à questão da duração do contrato, é importante que fique claro que todo contrato administrativo deve ter prazo determinado e respeitar os créditos orçamentários; quanto aos serviços contínuos (ex.: limpeza, vigilância merenda etc.), cabem sucessivas prorrogações, limitando-se a contratação total a até 60 meses, sendo que, em casos excepcionais, devidamente justificados e mediante autorização da autoridade superior, cabe outra prorrogação, por mais 12 meses, totalizando 72 meses; já quanto a serviços relativos à segurança nacional, o prazo máximo do contrato é de 120 meses;

b) acordo entre as partes (rescisão amigável ou bilateral): ocorre por acordo entre as partes, desde que haja interesse público. A extinção bilateral também é chamada de distrato;

c) culpa da Administração (rescisão judicial): a chamada *rescisão judicial* ocorre por ação judicial promovida pelo particular, que não pode promover a extinção do ajuste unilateralmente. O particular deverá trazer como fundamento o descumprimento, por parte do Poder Público, de obrigações contratuais. Conforme já escrito, o particular não pode alegar a exceção de contrato não cumprido até 120 dias de suspensão do contrato e 90 dias de atraso no pagamento; a suspensão do contrato consiste em a Administração dizer para o contratado que é para ele suspender o cumprimento de suas obrigações, período em que também não receberá quantia alguma; o atraso no pagamento é pior, pois o particular deve continuar cumprindo com suas obrigações, mas nada poderá fazer para rescindir o contrato se o atraso não superar 90 dias. Naturalmente, o contratado prejudicado pela suspensão ou atraso no contrato poderá, posteriormente, requerer compensação financeira pelos danos que suportar com essas condutas da Administração;

d) por vontade da Administração (rescisão unilateral ou administrativa): essa forma de extinção é promovida pela Administração, respeitando o contraditório e a ampla defesa, nos seguintes casos:

d1) anulação: por motivo de *ilegalidade* na licitação ou no contrato;

d2) revogação: por inconveniência ou inoportunidade; nesse caso, o STJ entende o seguinte: "esta Corte Superior já se pronunciou no sentido de que a rescisão do contrato administrativo por ato unilateral da Administração Pública, sob justificativa de interesse público, impõe ao contratante a obrigação de indenizar o contratado pelos prejuízos daí decorrentes, como tais considerados não apenas os danos emergentes, mas também os lucros cessantes. Precedentes. É que, sob a perspectiva do Direito Administrativo Consensual, os particulares que travam contratos com a Administração Pública devem ser vistos como parceiros, devendo o princípio da boa-fé objetiva (e seus corolários relativos à tutela da legítima expectativa) reger as relações entre os contratantes público e privado" (REsp 1240057/AC, *DJe* 21.09.2011);

d3) inexecução do contrato pelo contratado.

12.8. Outras questões referentes a contratos administrativos

Uma questão que aparece com certa frequência é saber se é possível a aplicação do instituto da **arbitragem** para regular contratos administrativos.

A jurisprudência vem entendendo que essa possibilidade existe, caso se trate de empresas estatais, dada a natureza dos interesses de que cuidam tais empresas.

Não há norma na Lei 8.666/1993 estabelecendo a possibilidade de aplicação da mediação e da arbitragem quanto às pessoas jurídicas de direito público.

Porém, em matéria de concessão de serviço público e de parceria público-privada, a lei admite que o edital preveja a utilização de arbitragem para a resolução de disputas decorrentes ou relacionadas ao contrato (art. 23-A da Lei 8.987/1995 e art. 11, III, da Lei 11.079/2004).

Naturalmente, a arbitragem não poderá discutir cláusulas regulamentares desses contratos, podendo incidir apenas sobre questões de outra natureza.

Outra questão bastante polêmica é quanto à possibilidade de **retenção de pagamento da contratada pela não manutenção da regularidade fiscal**. O STJ entende que não é possível *retenção* por esse motivo, já que não há previsão legal nesse sentido, lembrando que o objetivo da retenção é cobrir prejuízos causados pelo contratado e multas aplicadas pela Administração (arts. 80, IV, e 87, § 2º). Porém, é possível *rescindir* o contrato no caso por descumprimento de cláusula essencial desse.

12.9. Contratos administrativos versus Convênios

No Direito Administrativo há diversas espécies de negócios bilaterais. São exemplos desses negócios o contrato administrativo, o contrato regido pelo direito privado, a concessão de serviço público, a concessão de uso de bem público, o convênio, o consórcio, o contrato de gestão e o termo de parceria.

Mas há duas categorias que podem ser tomadas como gênero. A primeira delas é o **contrato em sentido** amplo, que abrange o contrato administrativo, o contrato regido pelo direito privado e as concessões. E a segunda delas são os **convênios em sentido amplo**, que abrange os convênios em sentido estrito, o consórcio, o contrato de gestão e o termo de parceria.

Contratos e convênios têm em comum o fato de serem negócios jurídicos bilaterais. E têm como diferenças as seguintes: a) no primeiro há interesses contrapostos, ao passo que no segundo há interesses e objetivos comuns; b) no primeiro existe relação de crédito e débito, podendo o contratado aplicar o dinheiro que receber como remuneração como bem lhe convier, ao passo que no segundo os recursos recebidos por um dos convenentes devem ser aplicados para alcançar os objetivos comuns de ambas as partes; c) no primeiro, os contratantes são considerados "partes" e não têm o dever de prestar contas sobre o uso dos recursos relativos à remuneração de cada qual, ao passo que no segundo os convenentes são considerados "partícipes" e têm o dever de prestar contas sobre a aplicação dos recursos recebidos.

Um convênio deverá observar os preceitos do art. 116 da Lei 8.666/1993, bem como, nos celebrados com a União, às disposições da Instrução Normativa 1/1997, da Secretaria do Tesouro Nacional.

Vale ressaltar que há na legislação, hoje, previsão de outras formas de vínculo para a gestão associadas de certos serviços públicos, por meio da celebração de convênios de cooperação e até pela criação conjunta, pelos entes políticos, de pessoas jurídicas, denominadas consórcios públicos (vide, a respeito, o art. 241 da CF e a Lei 11.107/2005).

Segundo jurisprudência do Supremo Tribunal Federal (STF), é inconstitucional a exigência de autorização legislativa para a celebração de convênio ou consórcio: "A jurisprudência do Supremo Tribunal Federal é firme no sentido de que a regra que subordina a celebração de acordos ou convênios firmados por órgãos do Poder Executivo à autorização prévia ou ratificação da Assembleia Legislativa, fere o princípio da independência e harmonia dos poderes (art. 2º da CF)" (ADI 342/PR, DJ 11.04.2003).

Por outro lado, sempre que possível, deve-se promover certame concorrencial com vistas a se preservar os princípios da impessoalidade, da moralidade e da eficiência.

Isso porque não há lei geral federal determinado que, previamente à celebração de convênios, há de se fazer licitação pública, porém, em homenagem aos princípios citados, de rigor, sempre que possível, entabular o acordo após disputa entre interessados que leve em conta critérios isonômicos e protetores do interesse público. Por meio de edital de chamamento, por exemplo, pode-se buscar uma boa disputa entre interessados, quando a Administração quiser celebrar convênio com alguma entidade privada.

Já quanto ao consórcio público, a sua constituição, que se dá entre entes políticos, por óbvio não requer licitação. Porém, quando o consórcio público estiver constituído enquanto pessoa jurídica, a sua contratação pelos entes políticos consorciados não requer licitação, mas as contratações feitas pelo próprio consórcio (ex: compras de materiais e equipamentos), aí sim requerem este certame.

Por fim, vale citar mencionar que, de acordo com a Lei 13.019/2014, são regidos pelo art. 116 da Lei 8.666/1993: a) convênios entre entes federados ou pessoas jurídicas a eles vinculadas; b) convênios e contratos celebrados com entidades filantrópicas e sem fins lucrativos nos termos do § 1º do art. 199 da Constituição Federal.

13. SERVIÇO PÚBLICO

13.1. Conceito de serviço público

O serviço público pode ser conceituado como *toda atividade oferecida aos administrados, prestada pelo Estado ou por concessionário, sob regime de Direito Público.*

São exemplos de serviço público os serviços de fornecimento de energia, água, telefone, transporte coletivo, coleta de lixo, dentre outros.

13.2. Instituição de serviços públicos

A Constituição Federal e as leis federais, estaduais ou municipais são os instrumentos aptos a instituir os serviços públicos.

Assim, não é possível que o Chefe do Executivo, por exemplo, por meio de decreto determine que um dado serviço, antes privado, passe a ser público. Ou seja, caso determinado Município queira estabelecer que o serviço funerário é um serviço público, será necessário que uma lei local traga essa disposição.

São exemplos de serviços públicos criados pela Constituição Federal os seguintes: serviço postal, telecomunicações, radiodifusão sonora e de sons e imagens, energia elétrica, navegação aérea, aeroespacial, infraestrutura aeroportuária, transporte ferroviário, portos, transporte rodoviário, transporte coletivo urbano, seguridade social, saúde, educação, dentre outros.

13.3. Características dos serviços públicos

Quando a CF ou a lei elegem um dado serviço como público, o Poder Público passa a ser o *titular* de serviço, ou seja, passa a ter o direito e o dever de **regulamentar**, **fiscalizar** e **executar** o serviço.

Com relação à **execução**, ou seja, à sua mera prestação aos usuários, o Poder Público pode passar seu exercício ao particular, por meio de concessão ou permissão de serviço público, precedidas de licitação.

O Estado continuará a ser titular, dono do serviço, ditando as regras e fiscalizando sua prestação, e o particular ficará com seu exercício, em troca do qual receberá uma remuneração.

Há serviços, todavia, inerentes à própria ideia de Estado (como o de polícia judiciária, polícia administrativa, jurisdição, dentre outros), que não podem ser concedidos, eis que são *serviços próprios do Estado*, ou seja, *de execução privativa deste*.

Há, de outra parte, serviços, como educação e saúde, em que o particular não precisa receber concessão ou permissão do Poder Público para prestá-lo, ficando, todavia, sujeito à fiscalização estatal (arts. 199 e 209 da CF, respectivamente).

A Lei 8.987/1995 dispõe sobre o regime de concessão e permissão da prestação de serviços previsto no art. 175 da Constituição Federal.

A Lei 13.460/2017 dispõe sobre participação, proteção e defesa dos direitos do usuário dos serviços públicos da administração pública. Essa lei equivale a um Código de Defesa do Usuário do Serviço Público e não afasta as disposições específicas sobre serviços sujeitos à regulação ou supervisão nem a aplicação do Código do Consumidor quando caracterizada relação de consumo. A lei se aplica a todos os entes da Federação, segundo a *vacatio legis* de seu art. 25. Destacam-se na lei os capítulos sobre: direitos e deveres básicos dos usuários, manifestações dos usuários (denúncias, sugestões etc.), instituição de Ouvidorias e de Conselhos de Usuários, e avaliação continuada dos serviços públicos. Acerca da Ouvidoria, a lei estabelece que esta encaminhará a decisão administrativa final ao usuário, observado o prazo de 30 dias, prorrogável de forma justificada uma única vez, por igual período, podendo a ouvidoria solicitar informações e esclarecimentos diretamente a agentes públicos do órgão ou entidade a que se vincula, e as solicitações devem ser respondidas no prazo de 20 dias, prorrogável de forma justificada uma única vez, por igual período (art. 16).

13.4. Serviço adequado

O art. 6º da Lei 8.987/1995 impõe a que o serviço público seja adequado, estabelecendo que **serviço adequado** é o que satisfaz as seguintes condições:

a) generalidade: *todos devem ter acesso ao serviço, garantido o tratamento equânime aos usuários que estiverem na mesma situação;*

b) eficiência: os serviços públicos devem ser atuais e atender satisfatoriamente aos interesses dos usuários;

c) segurança: os serviços devem ser seguros, não causando danos ao particular;

d) cortesia: os usuários devem ser tratados com urbanidade, respeito, educação e atenção;

e) atualidade: compreende a modernidade das técnicas, do equipamento e das instalações e a sua conservação, bem como a melhoria e a expansão do serviço;

f) modicidade das tarifas: ou seja, as tarifas devem ter preços acessíveis. A modicidade impõe uma tarifa acessível, o que não significa que o poder concedente tenha que subsidiar o serviço. Se uma tarifa, para ser módica, leva o serviço a se tornar deficitário, há de ser bem prudente em termos de responsabilidade fiscal, podendo ser que o modelo escolhido tenha sido inadequado (já que se deve usar a parceria público-privada quando as tarifas são insuficientes) ou que a concessionária esteja gerindo mal o serviço. Problemas de déficit devem ser resolvidos, num primeiro momento, pelo aumento de tarifa (sem que esta deixa de ser acessível), bem como verificar se o edital da concessão permite que se institua outras fontes de renda, como a publicidade. O uso de dinheiro do orçamento para cobrir tarifas deficitárias deve ser avaliado com calma.

Há casos em que isso pode se revelar injusto socialmente, pois pessoas que não usam dado serviço podem estar tendo que contribuir com ele (pois o dinheiro do orçamento público é de todos nós) e pessoas com renda considerável podem estar tendo a ajuda do dinheiro do povo para cobrir serviços públicos não usadas pelas camadas mais pobres. Um exemplo seria um aporte de dinheiro público para marinas públicas usadas por iates privados. Se acontecesse haveria uma grande injustiça social. Nesse caso, a tarifa cobrada dos donos dos iates têm que cobrir o custo e lucro da respectiva concessão.

g) regularidade e continuidade: *impõe que o serviço esteja sempre à disposição para utilização coletiva.* O serviço público não pode ser interrompido, mesmo em caso de greve, quando será mantido para garantir o mínimo à população, salvo em situação de emergência ou após aviso prévio por: a) razões de ordem técnica ou segurança; b) inadimplemento do usuário, considerado o interesse da coletividade. O STJ admite o corte do serviço por inadimplemento, desde que haja comunicação prévia (REsp 783.575/RS), corte esse que pode atingir tanto os particulares, como a Administração. Não cabe o corte, porém, em quatro casos:

i) em relação a *serviços essenciais*, como de um hospital ou uma creche (STJ, AgRg no Edcl na Susp. de Liminar 606/CE);

ii) em relação a *débitos antigos* (STJ AgRg no Ag 88.502); apenas o débito presente enseja o corte; débitos antigos devem ser cobrados pelas vias ordinárias;

iii) em caso de *cobrança por aferição unilateral por fraude no medidor* (STJ, REsp 975.314); nesse caso, como é a concessionária que estipula o valor a ser pago, não seria correto que ela pudesse cortar o serviço;

iv) em caso de *cobrança feita junto ao atual usuário do serviço por débito pretérito de usuário anterior*; aliás, o atual usuário sequer pode ser cobrado pela dívida do usuário anterior (STJ, AgRg no REsp 1.327.162, DJ 28.09.2012).

13.5. Classificação dos serviços públicos

13.5.1. Quanto à obrigatoriedade

a) compulsórios: *são os de utilização obrigatória;* por conta disso, são remunerados por taxa (regime tributário), como o serviço de coleta de lixo;

b) facultativos: *são os de utilização não obrigatória*; portanto, são remunerados por tarifa ou preço público (regime não tributário), como o de transporte coletivo.

13.5.2. Quanto à essencialidade

a) serviços públicos: *são os que a Administração presta diretamente à comunidade por serem essenciais à sobrevivência do grupo social* (exs.: defesa, polícia); tais serviços também são chamados de *pró-comunidade* ou *próprios do Estado*;

b) serviços de utilidade pública: *são os prestados pela Administração ou concessionários, por ser conveniente que haja regulamentação e controle* (exs.: luz, gás, telefone); tais serviços são chamados de *pró-cidadão* ou *impróprios do Estado*.

13.5.3. Quanto aos destinatários

a) *uti singuli*: *são os que têm usuários determinados* (ex.: água, luz);

b) uti universi: *são os que têm usuários indeterminados* (ex.: segurança).

13.5.4. Quanto à finalidade

a) administrativos: *são os executados para atender às necessidades da Administração ou preparar outros serviços que serão prestados ao público;*

b) industriais/comerciais: *são os que produzem renda para quem os presta, por meio de tarifa ou preço público* (ex.: correios); os **serviços públicos econômicos**, por sua possibilidade de lucro, representam atividades de caráter mais industrial e comercial, tais como o de energia elétrica, e normalmente são prestados pelos particulares;

c) sociais: *são os definidos pela Constituição como serviços sociais,* como o de educação, saúde etc.; os **serviços públicos sociais** são aqueles destinados a atender às necessidades básicas da população, tais como assistência médica e educacional. São serviços normalmente deficitários, que podem ser prestados pelo Estado ou **por particulares**.

14. CONCESSÕES DE SERVIÇO PÚBLICO

14.1. Conceito de concessão de serviço público

A concessão de serviço público pode ser conceituada como a *atribuição pelo Estado, mediante licitação, do exercício de um serviço público de que é titular, a alguém que aceita prestá-lo em nome próprio, por sua conta e risco, nas condições fixadas e alteráveis unilateralmente pelo Poder Público, ressalvada a manutenção do equilíbrio econômico-financeiro do contrato*[19].

A matéria vem regulamentada na Lei 8.987/1995, nos termos das diretrizes apontadas no art. 175 da Constituição Federal[20].

14.2. Noções gerais acerca da concessão de serviço público

O concessionário de serviço público recebe o **exercício (e não a titularidade)** dos serviços públicos. Assim, só se concede o exercício do serviço público e não sua titularidade, que continua com o Estado, o qual, por ser dele titular, ditará as regras e fiscalizará o exercício concedido ao particular. A saúde e a educação, apesar de serem serviços públicos, não dependem de concessão para que os particulares as prestem, bastando autorizações, em alguns casos. O objetivo da concessão é o de obter o melhor serviço possível.

Quanto à **remuneração** do concessionário, esta se dará por tarifa, subsídio e outros meios alternativos, como a publicidade, a qual é muito comum e pode ser verificada nos anúncios publicitários afixados nos ônibus de transporte coletivo.

A natureza da concessão não é simplesmente contratual, mas complexa. Trata-se de relação jurídica com três partes:

a) ato regulamentar: ato unilateral do Poder Público que fixa as condições de funcionamento, organização e modo da prestação dos serviços, podendo ser alterado unilateralmente também, de acordo com as necessidades públicas;

b) ato condição: concordância do concessionário, que aceita submissão ao ato regulamentar e às demais condições;

c) contrato: instrumento no qual estará prevista a questão financeira, garantindo-se, para o presente e para o futuro, o equilíbrio econômico-financeiro dos contratantes; caso haja alteração regulamentar ou outra alteração extracontratual que cause desequilíbrio, deve o Poder Público reequilibrar o contrato, mantendo a proporção, a igualdade inicial.

O Estado muda, unilateralmente, a regulamentação (as cláusulas regulamentares, que trazem as especificações de como e em que condições os serviços devem ser prestados), só respeitando a natureza do objeto do contrato e a equação econômico-financeira (cláusulas regulamentares que trazem as especificações sobre a parte econômica do contrato).

14.3. Formalidades para a realização da concessão

Uma vez que um serviço é considerado público e se trate de um daqueles que o Estado pode fazer concessão, esta dependerá dos seguintes requisitos para que aconteça:

a) lei: esta deverá autorizar a concessão ou permissão do serviço público;

b) licitação na modalidade concorrência: além de ser necessária a realização de licitação, ela deve se dar, em matéria de concessão de serviço público, naquela modalidade mais abrangente, qual seja, a concorrência.

Quanto à licitação para a outorga de concessão, o julgamento será feito segundo um dos seguintes critérios: a) menor valor da tarifa; b) maior oferta pela concessão; c) melhor proposta técnica com preço fixado no edital; d) combinação de proposta técnica com valor da tarifa; e) combinação de proposta técnica com o preço da concessão; f) melhor preço da concessão, após aprovação da proposta técnica; g) menor tarifa, após aprovação da proposta técnica.

A Lei 9.491/1997, que regula o Programa Nacional de Desestatização, traz a modalidade leilão como adequada à respectiva licitação.

14.4. Poderes do concedente

A Lei 8.987/1995 estabelece que o titular do serviço público (concedente) tem os seguintes poderes numa concessão de serviço públicos:

a) de inspeção e fiscalização: vê-se desempenho, cumprimento de deveres e de metas;

b) de alteração unilateral das cláusulas regulamentares: respeitados o equilíbrio financeiro e os limites legais (p. ex., não pode alterar a natureza do objeto da concessão);

---

19. *Vide* a obra de Celso Antônio Bandeira de Mello.

20. "Art. 175. Incumbe ao Poder Público, na forma da lei, diretamente ou sob regime de concessão ou permissão, sempre através de licitação, a prestação de serviços públicos.
Parágrafo único. A lei disporá sobre:
I – o regime das empresas concessionárias e permissionárias de serviços públicos, o caráter especial de seu contrato e de sua prorrogação, bem como as condições de caducidade, fiscalização e rescisão da concessão ou permissão;
II – os direitos dos usuários;
III – a política tarifária;
IV – a obrigação de manter serviço adequado."

c) de intervenção: em casos de comprometimento do serviço público, a Administração pode intervir na concessionária para regularizar a situação; ex.: intervenção em empresa de ônibus que não está desempenhando corretamente seu papel, mesmo após notificações e aplicação de multa;

d) extinção da concessão antes do prazo: a extinção pode se dar, dentre outros motivos, por conveniência e oportunidade do concedente para melhorar o serviço público (encampação ou resgate), ou por falta cometida pelo concessionário (caducidade);

e) aplicação de sanções ao concessionário inadimplente: multas, por exemplo.

14.5. PRAZO

A Lei 8.987/1995 não estabelece prazo máximo ou mínimo para a concessão de serviço público.

Portanto, faz-se necessário que o edital de concorrência pública para a outorga da concessão estabeleça qual será o prazo do contrato celebrado com o vencedor do certame.

Admite-se prorrogação da concessão, desde que haja previsão editalícia.

14.6. Transferência da concessão e do controle acionário da concessionária

A lei autoriza a transferência da concessão se a Administração previamente anuir, o que parece burlar a ideia de licitação, a nosso ver.

Por maior razão, a lei também autoriza a transferência do controle acionário da pessoa jurídica vencedora da licitação, também desde que haja anuência do Poder Concedente.

O art. 27 da Lei 8.987/1995 dispõe ser causa de caducidade da concessão (extinção por culpa do particular) a transferência da concessão ou do controle acionário sem tal anuência do Poder Concedente.

14.7. Direitos do concessionário

O concessionário tem dois direitos básicos:

a) manutenção do equilíbrio econômico-financeiro do contrato no decorrer de sua execução;

b) não sofrer exigência de prestação **estranha ao objeto da concessão.**

Uma vez garantidos esses direitos, o concessionário é obrigado a cumprir as determinações regulamentares do Poder Concedente, que, de acordo com as exigências do interesse público, modificará as cláusulas regulamentares do serviço, estabelecendo os detalhes de como este deverá ser prestado.

14.8. Formas de extinção

a) Advento do termo contratual: forma usual, em que termina o prazo da concessão e ela fica extinta. Os bens aplicados no exercício do serviço são revertidos para o Poder Concedente, nos termos previstos no edital. Hely Lopes Meirelles denomina tal forma de extinção como reversão, porque há retorno do serviço ao Poder Concedente. Preferimos não tratar da hipótese por este nome, uma vez que o instituto da reversão, que será visto a seguir, é a *consequência* da extinção da concessão e não uma *forma* de sua extinção.

b) Rescisão judicial: forma de extinção feita a pedido de qualquer um dos "contratantes". Como o Poder Público pode extinguir de ofício a concessão, geralmente a rescisão judicial será pedida pelo concessionário, por culpa do Poder Concedente. Na ação pode-se pleitear indenização por não ter havido, ainda, amortização do investimento feito pelo concessionário. Os serviços prestados pela concessionária não poderão ser interrompidos ou paralisados até a decisão judicial transitar em julgado. Extinta a concessão, os bens também são revertidos para o poder público, para garantia da continuidade do serviço público, na forma prevista no edital.

c) Rescisão consensual: mútuo acordo, com reversão dos bens da mesma forma.

d) Rescisão por ato unilateral do Poder Concedente:

d1) encampação ou resgate: é o encerramento da concessão por ato do Poder Concedente, durante o transcurso do prazo inicialmente fixado, *por motivo de conveniência e oportunidade administrativa* (espécie de revogação) sem que o concessionário haja dado causa ao ato extintivo. Depende de lei específica que o autorize, como forma de proteção ao concessionário e também porque geralmente enseja grandes custos. É necessária prévia indenização, que compense o investimento ainda não amortizado, bem como que faça frente aos lucros cessantes pela extinção prematura do contrato de concessão, já que não há culpa do concessionário. Bens revertem ao Poder Concedente. Ex.: fim dos bondes.

d2) caducidade ou decadência: encerramento da concessão antes do prazo, *por inadimplência do concessionário*[21]. Depende de prévio processo administrativo, com direito a ampla defesa, para apuração da falta grave do concessionário, processo que só poderá ser acionado após comunicação detalhada à concessionária dos descumprimentos contratuais referidos no § 1º do art. 38 da Lei, dando-lhe prazo para regu-

---

21. "Art. 38. A inexecução total ou parcial do contrato acarretará, a critério do poder concedente, a declaração de caducidade da concessão ou a aplicação das sanções contratuais, respeitadas as disposições deste artigo, do art. 27, e as normas convencionadas entre as partes.

§ 1º A **caducidade da concessão poderá ser declarada pelo poder concedente quando:**

I – o serviço estiver sendo prestado de forma inadequada ou deficiente, tendo por base normas, critérios, indicadores e parâmetros definidores de qualidade do serviço;

II – a concessionária descumprir cláusulas contratuais ou disposições legais ou regulamentares concernentes à concessão;

III – a concessionária paralisar o serviço ou concorrer para tanto, ressalvadas as hipóteses decorrentes de caso fortuito ou força maior;

IV – a concessionária perder as condições econômicas, técnicas ou operacionais para manter a adequada prestação do serviço concedido;

V – a concessionária não cumprir as penalidades impostas por infrações, nos devidos prazos;

VI – a concessionária não atender a intimação do poder concedente no sentido de regularizar a prestação do serviço;

VII – a concessionária não atender a intimação do poder concedente para, em 180 (cento e oitenta) dias, apresentar a documentação relativa a regularidade fiscal, no curso da concessão, na forma do art. 29 da Lei 8.666, de 21 de junho de 1993."

larização. Além das hipóteses previstas em tal dispositivo, é também causa da caducidade a transferência da concessão ou do controle acionário sem prévia anuência do Poder Concedente (art. 27). A declaração de caducidade será feita por decreto do Poder Concedente. Só se indeniza a parcela não amortizada, uma vez que houve culpa daquele que exercia o serviço público. Da eventual indenização devida serão descontados os valores relativos a multas contratuais e danos causados pela concessionária.

d3) anulação da concessão: é o encerramento da concessão quando esta for outorgada com vício jurídico. Se não houve má-fé por parte do concessionário, este terá direito à indenização pelas despesas que teve e para a amortização do investimento.

d4) falência da concessionária: faz com que se extinga a concessão feita.

d5) extinção da empresa ou morte do concessionário: também faz extinguir a concessão.

14.9. Reversão dos bens

Consiste na *passagem ao Poder Concedente dos bens do concessionário aplicados no serviço público como consequência da extinção da concessão, cuja finalidade é manter a continuidade do serviço público.*

A reversão se dará nos limites definidos no edital de convocação para a licitação, assegurando-se ao concessionário a amortização do investimento que fez. Ex.: frota de ônibus de empresa que teve sua concessão extinta passa para o Poder Público.

14.10. Responsabilidade do concessionário

Cabe lembrar aqui que o § 6º do artigo 37 da CF, que prevê a responsabilidade objetiva do Estado, dispõe que *as pessoas jurídicas de direito privado prestadoras de serviço público* respondem pelos danos que seus agentes, nessa qualidade, causarem a terceiros.

Daí se conclui não somente que a responsabilidade dos concessionários é objetiva, como também que o Estado não responderá pelos danos causados por tais pessoas jurídicas a terceiros, mas sim o próprio concessionário.

O Poder Público responderá apenas subsidiariamente (ou seja, após o esgotamento do patrimônio da concessionária), desde que o dano tenha sido causado na prestação do serviço público.

14.11. Permissões de serviço público

O **conceito tradicional** de permissão de serviço público é o seguinte: *ato unilateral e precário, "intuito personae", por meio do qual o Poder Público transfere a alguém o exercício de um serviço público, mediante licitação.*

Apesar da confusão na doutrina e na jurisprudência, principalmente após a Constituição de 1988 (que parece dar natureza contratual à permissão) e a Lei 8.987/1995 (que também utiliza a palavra "contrato de adesão" para designá-la), deve-se encarar a permissão como *ato unilateral, precário e sem direito à indenização por extinção unilateral,*

adotando-se seu conceito tradicional, já que o art. 2º, IV, da Lei 8.987/1995 é claro ao dispor que a permissão é precária, característica essa incompatível com a ideia de contrato, que é vínculo firme, que faz lei entre as partes, e não vínculo precário.

Assim, a Administração deve ser muito responsável quando analisa se um caso concreto é hipótese de concessão ou de permissão de serviço público. Se este requisitar grandes investimentos (ex.: serviço de transporte coletivo de massa), a Administração deverá outorgar concessão. Senão, poderá ser outorgada permissão (ex.: serviço de transporte individual por táxi).

Isso não foi respeitado no passado, principalmente na concessão do serviço de transporte coletivo, em que se outorgava permissão, quando deveria ser concessão.

Dessa forma, tendo em vista o princípio da boa-fé, da presunção de legitimidade dos atos da Administração e da relevância desses fatos, em casos em que caberia concessão e fora dada permissão, caso haja revogação dessa antes do tempo, deve-se usar o regime jurídico da concessão para reger as consequências decorrentes de tal intenção do Poder Público.

Nesse sentido, Maria Sylvia Zanella Di Pietro traz a diferenciação entre a permissão tradicional e a **permissão condicionada ou qualificada**, ensinando o seguinte: "A rigor, a autorização de uso e a permissão de uso são precárias, enquanto a concessão é estável. Na prática administrativa, tem-se admitido autorização e permissão com prazo (sendo chamadas de condicionadas ou qualificadas), o que confere ao beneficiário a mesma estabilidade que decorre da concessão e, portanto, o mesmo direito à indenização, em caso de revogação do ato antes do prazo estabelecido. Confundem-se, nessas hipóteses, os institutos da autorização e permissão, de um lado, e a concessão, de outro."

Com o fim de fecharmos o raciocínio, podemos conferir as disposições da Lei 8.987/1995 acerca da concessão e da permissão de serviço público:

a) concessão de serviço público: *a delegação de sua prestação, feita pelo Poder Concedente, mediante licitação, na modalidade concorrência, à pessoa jurídica ou consórcio de empresas que demonstre capacidade para o seu desempenho, por sua conta e risco e por prazo determinado* (art. 2º, II);

b) permissão de serviço público: *a delegação, a título precário, mediante licitação, da prestação de serviços públicos, feita pelo Poder Concedente à pessoa física ou jurídica que demonstre capacidade para o seu desempenho, por sua conta e risco* (art. 2º, IV).

Por outro lado, o art. 40 da Lei 8.987/1995 estabelece que "a permissão de serviço público será formalizada mediante **contrato de adesão** que observará os termos desta lei, das demais normas pertinentes e do edital de licitação, inclusive quanto à precariedade e à revogabilidade unilateral do contrato pelo poder concedente. Parágrafo único. Aplica-se às permissões o disposto nesta lei." (g.n.)

Diante de todo o exposto, confiram-se as principais diferenças entre os institutos da concessão e da permissão:

a) enquanto a concessão tem efetiva natureza contratual, a permissão é precária, não dando ensejo a indenização pela sua extinção (a lei diz que se formalizará a permissão mediante um *contrato* de adesão, mas deixa claro, mais de uma vez, sua precariedade), salvo em caso de permissão condicionada ou qualificada;

b) a concessão só pode ser atribuída a pessoa jurídica ou consórcios de empresas, enquanto que a permissão pode ser atribuída tanto a pessoa jurídica quanto física;

c) a concessão requer licitação na modalidade concorrência, ao passo que permissão apenas requer licitação, não havendo necessidade de que se utilize a modalidade em questão.

14.12. Concessão de serviço público precedida da execução de obra pública

O art. 2°, inciso III, da Lei 8.987/1995 define tal concessão como "a construção total ou parcial, conservação, reforma, ampliação ou melhoramento de quaisquer obras de interesse público, delegada pelo poder concedente, mediante licitação, na modalidade concorrência, à pessoa jurídica ou consórcio de empresas que demonstre capacidade para a sua realização, por sua conta e risco, de forma que o investimento da concessionária seja remunerado e amortizado mediante a exploração do serviço ou da obra por prazo determinado."

14.13. Parcerias Público-Privadas

14.13.1. Introdução

A tão esperada Lei da Parceria Público-Privada é mais uma etapa da chamada Reforma do Estado, que se iniciou em meados da década de 1990, e que tinha e tem por finalidade reduzir a participação do Estado na execução de tarefas econômicas, próprias do particular.

São **marcos** dessa reforma: a) o Programa de Privatização do Governo Federal, caracterizado pela venda de ações e de outros ativos de empresas estatais; b) a criação das agências reguladoras, com consequente incremento das concessões de serviços públicos aos particulares; c) e as parcerias público-privadas.

Tais parcerias foram criadas sob os seguintes **argumentos**: a) necessidade de investimentos na área da infraestrutura; b) carência de recursos públicos atuais para esses investimentos; c) desinteresse do setor privado na sua realização, principalmente em setores incapazes de gerar remuneração direta compatível com o custo do empreendimento.

A ideia central da parceria, portanto, é unir duas forças, a pública e a privada, com garantias especiais e reforçadas de que o parceiro privado será efetiva e adequadamente remunerado.

Mesmo antes da lei federal que hoje regula a matéria, diversos Estados-membros já haviam legislado sobre o tema, como Minas Gerais (Lei 14.868/2003), Goiás (Lei 14.910/2004), Santa Catarina (Lei 12.930/2004) e São Paulo (Lei 11.688/2004).

Diante desse quadro, qual lei deverá prevalecer, a local ou a federal? A lei federal é expressa ao dispor que se aplica à administração direta e indireta da União, dos Estados, do Distrito Federal e dos Municípios. Assim, e considerando que compete à lei federal traçar normas gerais de licitação e contratação (art. 22, XXVII, da CF), as leis locais serão aplicadas no que não contrariar as normas gerais previstas na Lei 11.079/2004.

14.13.2. Conceito de PPP

A partir das disposições da lei, elaboramos um conceito de parceria público-privada: *é o contrato de prestação de serviços ou de concessão de serviços públicos e de obras públicas, de grande vulto e de período não inferior a 5 anos, caracterizado pela busca da eficiência na realização de seu escopo e pela existência de garantias especiais e reforçadas para o cumprimento da necessária contraprestação pecuniária do parceiro público ao parceiro privado, financiado pelo mercado financeiro.*

Confira o conceito, agora, esquematizado:

✓ contrato de prestação de serviços ou de concessão de serviços públicos ou de obras públicas:

✓ de grande vulto (igual ou superior a R$ 10 milhões, conforme estabeleceu a Lei 13.529/2017);

✓ de período não inferior a 5 anos;

✓ caracterizado pela busca da eficiência na realização de seu escopo;

✓ e pela existência de garantias especiais e reforçadas;

✓ para o cumprimento da necessária contraprestação pecuniária do parceiro público ao parceiro privado;

✓ financiado pelo mercado financeiro.

14.13.3. Espécies

A lei usa a expressão "modalidades" de parceria para fazer referência ao tema. Por ser uma expressão que indica o "procedimento licitatório" (concorrência, tomada de preços etc.), preferimos reservar a palavra "modalidade" para tratar do *procedimento* do certame para a contratação da parceria, e a palavra "espécie" para tratar das duas *formas* de parceira.

A **concessão patrocinada** *é a concessão de serviços públicos ou de obras públicas em que, além das tarifas cobradas dos usuários, faz-se necessária uma contraprestação pecuniária do parceiro público ao parceiro privado* (art. 2°, § 1°, da Lei 11.079/2004).

São exemplos de concessão patrocinada as relativas a concessões para o saneamento básico, para construção e reforma de rodovias e para a consecução de outros serviços públicos delegáveis em que as tarifas a serem cobradas não sejam suficientes para cobrir os custos do concessionário.

A *concessão patrocinada* é muito parecida com a *concessão de serviço público* prevista na Lei 8.987/1995. A diferença é que, na primeira, as tarifas cobradas dos usuários do serviço (por exemplo, o pedágio de uma rodovia) não são suficientes para cobrir os custos do serviço e a remuneração da concessionária, o que faz com que seja necessário um "patrocínio" por parte do parceiro público (o Poder Público), que pagará uma contraprestação ao parceiro privado (ao concessionário do serviço).

Já a **concessão administrativa** *é contrato de prestação de serviços (qualificados) de que a Administração seja usuária direta ou indireta* (art. 2º, § 2º, da Lei 11.079/2004).

Quando a Administração contrata a prestação de um serviço do particular, essa contratação é regulada pela Lei 8.666/1993, tratando-se de um *contrato administrativo* simples.

Porém, quando a Administração contrata serviços de que seja usuária direta ou indireta, serviços esses que não têm como objetivo único o fornecimento de mão de obra, o fornecimento e instalação de equipamentos ou a execução de obra pública, aí sim teremos o instituto da concessão administrativa, uma das duas espécies de parceria público-privada.

São exemplos de concessão administrativa a construção de centros administrativos para as instalações do Poder Público, de hospitais, de escolas, de presídios etc. Perceba-se que, em qualquer dos casos, não há tarifa a ser paga pelos usuários, mas só contraprestação a ser paga pelo Poder Público.

Assim, na concessão administrativa temos as seguintes características:

a) não há cobrança de tarifa de usuários;

b) não cabe se tiver como objeto único o fornecimento de mão de obra, o fornecimento e instalação de equipamentos ou a execução de obra pública;

c) são exemplos a construção de escolas, hospitais e presídios, desde que o concessionário não se limite a fazer as construções, tendo também como tarefa a administração desses equipamentos públicos.

A criação das duas concessões especiais mencionadas fez com que a lei se referisse às demais concessões, regidas pela Lei 8.987/1995, como **concessões comuns** (art. 2º, § 3º, da Lei 11.079/2004). Estas continuarão a ser utilizadas para os casos em que as tarifas dos usuários forem suficientes para cobrir os custos do contratado, o prazo contratual for inferior a 5 anos ou o valor do contrato, inferior a R$ 20 milhões.

14.13.4. Diretrizes

O art. 4º da Lei 11.079/2004 elenca as diretrizes que deverão ser observadas na contratação de parceria público-privada. Vejamos:

a) Busca da eficiência no cumprimento das missões estatais e no emprego dos recursos públicos. Decorrem desta diretriz as regras que estabelecem:

a1) o dever de criação de critérios objetivos de avaliação de desempenho do parceiro privado (art. 5º, VII);

a2) a realização de vistoria dos bens reversíveis (art. 5º, X);

a3) a necessidade de compartilhamento com a Administração de ganhos efetivos do parceiro decorrentes da redução do risco de crédito dos financiamentos utilizados pelo parceiro privado (art. 5º, IX);

b) Responsabilidade fiscal na celebração e na execução das parcerias. Decorrem desta diretriz as regras que estabelecem:

b1) a elaboração de estimativa de impacto-financeiro nos exercícios em que deva vigorar a parceria (art. 10, II);

b2) a necessidade de compatibilidade entre o contrato e as leis de diretrizes orçamentárias e do plano plurianual (art. 10, III e V);

b3) a necessidade de autorização legislativa específica para as concessões patrocinadas em que mais de 70% da remuneração do parceiro for paga pela Administração (art. 10, § 3º);

c) Respeito ao interesse dos destinatários dos serviços. Decorrem desta diretriz as regras que estabelecem a necessidade de que haja previsão contratual de mecanismos para:

c1) a preservação da atualidade da prestação dos serviços;

c2) a avaliação do desempenho do parceiro privado, segundo critérios objetivos (art. 5º, V e VII);

d) Transparência dos procedimentos e das decisões. Decorrem desta diretriz as regras que estabelecem:

d1) a submissão da minuta de edital a consulta pública, com prazo mínimo de 30 dias para o oferecimento de sugestões (art. 10, VI);

d2) a necessidade de fixação no contrato das penalidades aplicáveis à Administração e aos parceiros privados (art. 5º, II), providência rara nos contratos administrativos;

e) Repartição objetiva dos riscos entre as partes. Decorre desta diretriz a regra que estabelece a repartição de riscos, inclusive os referentes a caso fortuito, força maior, fato do príncipe e álea econômica extraordinária (art. 5º, III);

f) Respeito aos interesses do parceiro privado. Decorrem desta diretriz as regras que estabelecem:

f1) a vigência do contrato compatível com a amortização dos investimentos, não inferior a 5, nem superior a 35 anos, incluindo eventual prorrogação (art. 5º, I);

f2) a aplicação automática das cláusulas de atualização monetária (art. 5º, § 1º);

f3) a possibilidade de as obrigações pecuniárias da Administração terem garantias especiais, tais como vinculação de receitas, instituição de fundos especiais, contratação de seguro-garantia, oferecimento de garantias prestadas por instituições financeiras, organismos internacionais, e fundo garantidor e empresa estatal criados para esta finalidade (art. 8º);

g) Diferimento dos valores a serem pagos pelo Poder Público. Decorre dessa diretriz a regra que estabelece que a contraprestação da Administração será obrigatoriamente *precedida* da entrega do serviço (art. 7º). Ou seja, primeiro o parceiro privado faz sua parte e apenas após a Administração faz o pagamento. Não mais se fará pagamentos mensais mediante medições dos serviços prestados. O pagamento se dará apenas após a conclusão da obra. A lei permite que a Administração, nos termos do contrato, efetue pagamento da contraprestação relativa a parcela fruível de serviço objeto do contrato de parceria.

14.13.5. Características marcantes

Das sete diretrizes apontadas, as três primeiras ("a", "b" e "c") já estavam adequadamente definidas em lei (*vide* as Leis 8.987/1995 e 8.666/1993, e a Lei de Responsabilidade Fiscal). A quarta e a quinta ("d" e "e") geravam uma série de dúvidas. E a sexta e a sétima ("f" e "g") são bem inovadoras.

A sétima diretriz é bem interessante, pois cria um modelo novo. Para fazer frente à escassez de recursos para o presente, a Administração se reserva o direito de **só pagar** sua contraprestação ao parceiro privado **quando** este disponibilizar o serviço objeto do contrato. Assim, somente após a construção da escola, do hospital, do presídio, da rodovia, é que a Administração pagará sua contraprestação. Além de não gastar agora, a Administração se livra de uma série de transtornos decorrentes das medições mensais para pagamento, das revisões contratuais e dos problemas na condução e na fiscalização do contratado. Este, por sua vez, ganha em eficiência, pois se compromete a entregar um projeto pronto.

E como o modelo resolve o problema do financiamento do particular? Afinal de contas, como o parceiro privado conseguirá fazer tão grandes investimentos sem o aporte de recursos pela Administração mês a mês? A solução encontrada pela lei é o financiamento no mercado financeiro.

A lei dispõe que, antes da celebração do contrato, deverá ser criada uma Sociedade de Propósito Específico (SPE), cuja incumbência é implantar e gerir o objeto da parceria. Tal sociedade poderá assumir a forma de companhia aberta, com valores mobiliários admitidos a negociação no mercado. Deve obedecer a padrões de governança corporativa e adotar contabilidade e demonstrações financeiras padronizadas. A Administração não poderá ser titular da maioria de seu capital votante (art. 9º).

Trata-se de uma sociedade criada pelo *próprio* parceiro privado, ou seja, pelo vencedor do certame licitatório para a consecução de suas atividades. Há pelo menos três vantagens na criação da SPE: a) evita a figura do consórcio na execução do contrato, focando a cobrança da execução do serviço numa pessoa apenas; b) permite que valores mobiliários dessas empresas sejam vendidos, atraindo investimento; c) possibilita que a empresa consiga empréstimos em bancos de fomento, também para atrair investimentos.

Eis o novo modelo. O parceiro privado tomará empréstimos no mercado financeiro para realizar investimentos para o parceiro público, que somente começará a pagar sua contraprestação após a disponibilização do serviço.

E como o modelo resolve o problema do risco em se emprestar dinheiro para parceiros da Administração? Afinal de contas, no Brasil o Poder Público é useiro e vezeiro em não pagar os particulares. A solução encontrada pela lei foi dar garantias especiais e reforçadas de que o parceiro irá receber sua contraprestação e, consequentemente, terá como pagar o mercado financeiro pelos investimentos feitos.

A questão está colocada na sexta diretriz do item anterior, que estabelece dois princípios: a) o da *garantia da amortização do investimento*; e b) o da *garantia da satisfação efetiva e imediata do crédito*. O primeiro se revela com a fixação de prazos mínimos de vigência da parceria. Já o segundo, com a criação de garantias especiais e reforçadas em favor do parceiro privado.

As garantias passam por fianças bancárias e seguros e preveem até a instituição de um "fundo garantidor ou uma empresa estatal criada para essa finalidade" (art. 8º, V).

Para o âmbito da União, a lei autorizou que as pessoas de direito público correspondentes (União, autarquias, fundações públicas), seus fundos especiais e suas empresas públicas dependentes (as duas últimas só apareceram com a Lei 12.409/2011) participem, no limite global de R$ 6 bilhões do que chamou de Fundo Garantidor de Parcerias Público-Privadas (FGP), de natureza privada e patrimônio próprio separado do patrimônio pessoal de seus participantes. Tal fundo está sendo formado por aporte de bens (dinheiro, imóveis dominicais, móveis) e direitos (ações excedentes ao necessário para o controle de sociedades de economia mista, e títulos da dívida pública) dos participantes, também chamados de cotistas. Empresa especializada será incumbida de avaliar os bens e direitos transferidos (art. 16).

O FGP será criado, administrado, gerido e representado, judicial e extrajudicialmente, por instituição financeira controlada, direta ou indiretamente, pela União, que zelará pela manutenção de sua rentabilidade e liquidez (art. 17).

O estatuto e o regulamento do FGP devem deliberar sobre a política de concessão de garantias, inclusive no que se refere à relação entre ativos e passivos do Fundo (art. 18, *caput*). A garantia será prestada nas seguintes modalidades: fiança, sem benefício de ordem para o fiador; penhor de bens móveis e hipoteca de bens imóveis, ambos do Fundo; alienação fiduciária; garantia, real ou pessoal, vinculada ao patrimônio de afetação do Fundo (art. 18, § 1º).

A garantia poderá ser acionada a partir do 15º dia do vencimento de título exigível aceito pelo parceiro público. No caso de emissão de fatura não aceita, mas também não rejeitada expressa e motivadamente, a garantia poderá ser acionada transcorridos 45 dias de seu vencimento (art. 18, §§ 4º e 5º). A quitação do débito pelo Fundo importará sua sub-rogação nos direitos do parceiro privado.

Se necessário, os bens e direitos do fundo poderão ser objeto de constrição judicial e alienação para satisfazer as obrigações garantidas (art. 18, § 7º).

O FGP poderá usar parcela da cota da União para prestar garantia aos seus fundos especiais, às suas autarquias, às suas fundações públicas e às suas empresas estatais dependentes (art. 18, § 8º, incluído pela Lei 12.409/2011).

Toda essa sistemática de garantias especiais tem uma razão: conforme visto, o Poder Público não costuma pagar em dia seus fornecedores, gerando grande insegurança por parte destes, principalmente quanto à realização de grandes investimentos. O não pagamento pela Administração ensejava a propositura de ação judicial, com recebimento do crédito, ao final, após a expedição de precatórios.

Se de um lado, resolve o problema, de outro, a solução sofre críticas de alguns, no sentido de que é inconstitucional, porque trata de modo diferente os credores do Poder Público. Não satisfeitos seus créditos, uma parte dos credores (aqueles que têm outros contratos com a Administração) deve recorrer ao Judiciário, e só receberá após a expedição de um precatório. A outra parte (a dos que têm uma parceria público-privada) receberá sem ter que esperar por um precatório judicial.

Críticas à parte, é bom destacar que os demais entes da federação também poderão criar, por meio de lei, fundo com características semelhantes ou mesmo uma empresa estatal (como foi o caso de São Paulo, que criou a Companhia Paulista de Parcerias), uma vez que essa garantia é prevista de modo genérico (para todos os entes políticos) no art. 8º, V, da Lei 11.079/2004.

Por fim, vale destacar um ponto bastante polêmico, que é o da possibilidade de o edital (e o respectivo contrato) prever que se possa usar a arbitragem para a solução dos conflitos entre os parceiros. Dispõe o inciso III do art. 11 da Lei 11.079/2004 que tais instrumentos poderão prever "o emprego dos mecanismos privados de resolução de disputas, inclusive a arbitragem, a ser realizada no Brasil e em língua portuguesa, nos termos da Lei 9.037, de 23 de setembro de 1996, para dirimir conflitos decorrentes ou relacionados ao contrato". De nossa parte, entendemos que esse mecanismo de solução de conflitos só poderá incidir quanto a questões de ordem estritamente técnica não jurídica, tais como questões econômicas, contábeis e de engenharia. O princípio da indisponibilidade do interesse público impede que decisões de ordem administrativa sejam revistas por órgão que não seja a própria Administração ou o Poder Judiciário.

14.13.6. Procedimento e tipo licitatório

O *procedimento* ou *modalidade* de licitação para contratação da parceria é o da concorrência. O rito, todavia, sofre duas alterações marcantes. De um lado, traz a previsão de regras semelhantes às do pregão. De outro, permite o saneamento de falhas cometidas pelos licitantes. Quanto ao tipo licitatório, também temos novidade.

Vejamos as novidades:

a) Inversão de fases. O art. 13 dispõe que o edital *poderá* prever a inversão das fases de habilitação e julgamento. Quanto a este, há previsão de que possa ser precedido de uma etapa chamada de "qualificação de propostas técnicas", desclassificando-se os licitantes que não alcançarem a pontuação mínima (art. 12, I). Repare que não se trata de "qualificação habilitatória", mas de valoração de propostas técnicas;

b) Lances verbais. Com relação às propostas econômicas, o edital definirá se haverá apenas "propostas escritas em envelopes lacrados" ou se haverá "propostas escritas, seguidas de lance em viva voz" (art. 12, III);

c) Tipo de "menor valor da contraprestação a ser paga pela Administração". Na verdade, trata-se do famoso tipo "menor preço" adaptado às características das parcerias. A lei também admite o tipo "melhor proposta em razão da combinação do menor valor da contraprestação a ser paga pela Administração com o critério de melhor técnica, de acordo com os pesos estabelecidos no edital" (*vide* art. 12, II);

d) Saneamento de falhas. O edital poderá prever a possibilidade de saneamento de falhas, de complementação de insuficiências ou ainda de correções de caráter formal no curso do procedimento, desde que o licitante possa satisfazer as exigências dentro do prazo fixado no instrumento convocatório (art. 12, IV).

3. DIREITO DO TRABALHO INDIVIDUAL E COLETIVO

Hermes Cramacon

Parte I
Direito Individual do Trabalho

1. INTRODUÇÃO

1.1. Evolução histórica

Para compreendermos corretamente o direito do trabalho, é importante saber a origem da palavra "trabalho".

A expressão se origina do termo latim *tripalium*, instrumento de tortura utilizado na antiga Roma, sendo formado por três estacas (paus) cravadas no chão na forma de uma pirâmide, no qual eram torturados os escravos.

Traduzindo para nosso vernáculo, "trabalhar", do latim *tripaliare,* possuía naquela época conotação de tortura e, consequentemente, de escravidão, sentido diverso do que a expressão sugere nos dias de hoje.

Na maioria das sociedades da Idade Antiga predominava a escravidão, quando o trabalhador (escravo) não era considerado sujeito de direito. Nessa fase histórica, o escravo era tido como uma coisa, um objeto, e nessa condição ele era negociado. Seu trabalho era exaustivo e não remunerado e todo o lucro desse labor pertencia ao seu proprietário.

Após a decadência do Império Romano, predominou na Europa, durante a Idade Média, o feudalismo. Esse modo de organização era caracterizado pelo poder centralizado nas mãos dos senhores feudais, cuja economia era baseada na agricultura e pecuária, com utilização do trabalho dos servos, camponeses que cuidavam da agropecuária dos feudos e, em troca, recebiam o direito a um pedaço de terra para morar e estariam protegidos dos bárbaros.

A servidão consistia em um labor em que o trabalhador (servo) não detinha a condição de escravo, mas na realidade não dispunha de sua liberdade.

Ainda na Idade Média, a partir do século XII, surgiram as corporações de ofício, constituídas por mestres, jornaleiros e aprendizes, como eram chamados.

Com o surgimento e desenvolvimento das primeiras cidades, aumentou a demanda por produtos agrícolas, o que elevou os preços das mercadorias e permitiu aos servos a compra de suas próprias terras e o consequente desligamento das ordens dos senhores feudais.

Já no século XVIII, com a descoberta da máquina a vapor como fonte de energia, substituindo a força do homem, deu-se início à Revolução Industrial.

A máquina a vapor, multiplicando a força de trabalho, substituía a força humana, em média, em 20 homens, o que implicou redução de mão de obra.

Nesse período, os trabalhadores viviam em condições terríveis. Muitos deles tinham um cortiço como moradia e eram submetidos a jornadas de trabalho que chegavam até a 80 horas por semana. As crianças e as mulheres também eram submetidas a esse trabalho exaustivo e, absurdamente, recebiam valores inferiores àqueles pagos aos homens.

Nessa linha, os trabalhadores se uniram, surgindo, assim, os primeiros sindicatos, que reivindicavam melhorias nas condições de trabalho e salariais.

1.1.1. Evolução histórica no Brasil

Com a Revolução de 1930, que culminou no golpe de Estado chamado de "golpe de 1930", pondo fim à República Velha, iniciou-se a Era Vargas. Getúlio Vargas instituiu políticas de modernização do País, criando, inclusive, o Ministério do Trabalho. Foi Vargas, também, quem instituiu a Lei da Sindicalização.

Vargas pretendia, com isso, ganhar o apoio popular, por isso houve durante seu primeiro governo (1930-1945) grandes avanços na legislação trabalhista dos quais o maior foi o estabelecimento da CLT – Consolidação das Leis do Trabalho e, ainda, a criação do salário mínimo.

Em 2017 foi publicada a Lei 13.467/2017, chamada de Reforma Trabalhista, com o intuito de "modernizar" a lei laboral. Segundo o governo Federal, essa modernização contém 3 objetivos principais:

1) Garantir os direitos dos trabalhadores: a modernização não retira nenhum direito. Pelo contrário, cria novas oportunidades para os que estão empregados e para os que ainda não conseguiram uma oportunidade com carteira assinada.

2) A segurança jurídica e o estímulo ao investimento: os empregados precisam ter garantidos os seus direitos e, por isso, a nova legislação é dura com o mal empregador. As multas para infrações foram aumentadas. O bom empresário, em contraponto, precisa de segurança para investir e a lei traz isso para ele. Hoje, o grau de judicialização no País é elevado. Isso faz com que o empresário nunca saiba realmente quanto vai custar um trabalhador ao final do contrato. O empresário temeroso não contrata e não gera emprego como forma de limitar suas possíveis perdas. É preciso construir um sistema no qual os empresários sejam encorajados a contratar e no qual os direitos dos trabalhadores sejam integralmente respeitados.

3) Novas formas de contratação e combate à informalidade: os trabalhadores informais não têm assegurados os direitos mais básicos, como FGTS, férias remuneradas, seguro-desemprego, auxílio-doença, aposentadoria por invalidez. São pessoas que contam apenas com a própria sorte e

essa situação precisa mudar. É por isso que a modernização trabalhista cria novas formas de contratação, como o trabalho intermitente, e aprimora os formatos existentes, como a jornada parcial e o teletrabalho (*home office*).

1.2. Natureza jurídica

A divisão tradicional do direito supõe: um ramo voltado à organização do Estado, chamado de Direito Público, e o Direito Privado, que se refere à regulação dos interesses dos particulares.

Embora possamos observar no Direito do Trabalho diversas normas de caráter cogente, não podemos afirmar que esse ramo do direito seja considerado parte do Direito Público, na medida em que não regula os interesses do Estado. O que existe é uma intervenção do Estado.

Pensamos que o Direito do Trabalho é um ramo do Direito Privado, pois regula a relação dos particulares envolvidos, tendo como foco central o contrato de trabalho.

1.3. Autonomia

Para saber se uma área de estudo é uma ciência, é necessária a presença de alguns requisitos como: extensão de matéria, doutrinas, princípios específicos e método próprio.

É nítida a autonomia do Direito do Trabalho, na medida em que é bastante amplo, originando institutos e princípios próprios.

Diversos são os princípios específicos do Direito do Trabalho. Ademais, há institutos capazes de demonstrar a autonomia dessa área em relação a outros ramos do direito, os quais representam fontes especiais do Direito do Trabalho. Destacam-se entre eles a convenção coletiva de trabalho e a sentença normativa, institutos que não poderiam ser incluídos em qualquer outro ramo do Direito, tampouco explicados por outra doutrina que não a trabalhista.

1.4. Fontes do Direito do Trabalho

As fontes do direito podem ser classificadas como: fontes materiais e fontes formais.

1.4.1. Fontes materiais

É o momento pré-jurídico da norma, ou seja, a norma ainda não positivada. Representa a pressão exercida pelos trabalhadores contra o Estado buscando melhores condições de trabalho. As fontes materiais referem-se aos fatores sociais, econômicos, históricos, políticos e, ainda, filosóficos, que originam o direito, influenciando na criação da norma jurídica.

1.4.2. Fontes formais

Correspondem à norma jurídica já constituída, já positivada. Em outras palavras, representam a exteriorização dessas normas, ou seja, é a norma materializada.

As fontes formais, por sua vez, subdividem-se em:

1.4.2.1. Fontes formais heterônomas

Decorrem da atividade normativa do Estado. Caracterizam-se pela participação de um agente externo (Estado) na elaboração da norma jurídica. São exemplos: a Constituição Federal, a CLT, leis, sentença normativa, tratados internacionais ratificados pelo Brasil.

1.4.2.1.1. Sentença normativa

Não sendo os conflitos coletivos solucionados por meio da negociação coletiva e recusada a arbitragem, serão eles submetidos à Justiça do Trabalho por meio dos dissídios coletivos.

A sentença normativa consiste na decisão proferida nos dissídios coletivos, estabelecendo normas e condições de trabalho aplicáveis aos envolvidos na lide por meio do poder normativo da Justiça do Trabalho.

Com relação à vigência da sentença normativa, imperiosa a leitura do Precedente Normativo 120 da SDC do TST:

> PRECEDENTE NORMATIVO 120 DA SDC DO TST – SENTENÇA NORMATIVA. DURAÇÃO. POSSIBILIDADE E LIMITES
> A sentença normativa vigora desde seu termo inicial até que sentença normativa, convenção coletiva de trabalho ou acordo coletivo de trabalho superveniente produza sua revogação, expressa ou tácita, respeitado, porém, o prazo máximo legal de quatro anos de vigência.

1.4.2.1.2. Sentença arbitral

Os conflitos coletivos poderão ser resolvidos por meio da arbitragem, nos termos do art. 114, §§ 1º e 2º, da CF/1988.

Nas lições de Gustavo Felipe Barbosa Garcia (em *Curso de Direito do Trabalho*, 6ª ed., Rio de Janeiro, Forense, 2012, p. 64): "a arbitragem é forma de solução de conflitos, no caso, heterônoma, pois um terceiro (árbitro) é quem decidirá o litígio, por meio da sentença arbitral. É estabelecida por meio da convenção de arbitragem que engloba a cláusula compromissória e o compromisso arbitral (art. 3º da Lei 9.307/1996)."

Como se sabe, o Direito Individual do Trabalho é pautado pelo princípio da irrenunciabilidade. Assim, vigora na doutrina e jurisprudência entendimento de que a arbitragem está restrita ao Direito Coletivo do Trabalho, sendo incompatível com o Direito Individual, tendo em vista que, nos termos do art. 1º da Lei 9.307/1996, o instituto está restrito a direitos patrimoniais disponíveis.

Todavia, com a reforma trabalhista (Lei 13.467/2017) é admitido, nos termos do art. 507-A da CLT nos contratos individuais de trabalho cuja remuneração seja superior a duas vezes o limite máximo estabelecido para os benefícios do Regime Geral de Previdência Social, a possibilidade de pactuação de cláusula compromissória de arbitragem, desde que por iniciativa do empregado ou mediante a sua concordância expressa, nos termos previstos na Lei n. 9.307, de 23 de setembro de 1996.

1.4.2.1.3. Leis

Deverão ser consideradas fontes formais heterônomas do Direito do Trabalho as leis em sentido amplo.

Assim, são consideradas fontes: a Consolidação das Leis do Trabalho – CLT (Decreto-lei 5.452/1943); leis esparsas, como a Lei 605/1949, que cuida do Repouso Semanal Remunerado; a Lei 5.889/1973, que cuida do trabalho rural, entre outras.

1.4.2.1.4. Atos do Poder Executivo

A legislação trabalhista possui disposições provenientes de atos do Poder Executivo. Nesse sentido, importante fazer referência aos decretos que regulamentam leis relacionadas ao Direito do Trabalho. Como exemplo, podemos citar o Decreto 27.048/1949, que regulamenta a Lei 605/1949.

Além disso, o Ministério do Trabalho e Emprego também poderá regulamentar questões trabalhistas, como faz, por exemplo, na Instrução Normativa 15, de 14 de julho de 2010, que estabelece procedimentos para assistência do empregado na rescisão do contrato, no âmbito do Ministério do Trabalho e Emprego.

1.4.2.2. Fontes formais autônomas

Ao contrário das fontes heterônomas, essas se caracterizam por serem formadas com a participação imediata dos próprios destinatários da norma jurídica. Aqui, eles participam diretamente no processo de sua elaboração sem a interferência do agente externo (Estado). São exemplos: a convenção coletiva e o acordo coletivo de trabalho.

1.4.2.2.1. Convenção coletiva

É o acordo de caráter normativo entre um ou mais sindicatos de empregados e de empregadores, de modo a definir as condições de trabalho que serão observadas em relação a todos os trabalhadores dessas categorias.

1.4.2.2.2. Acordo coletivo

É o pacto entre uma ou mais empresas com o sindicato da categoria profissional, em que são estabelecidas condições de trabalho aplicáveis às empresas envolvidas.

A convenção e o acordo coletivo serão estudados na Parte II, item 3.4.2, ao qual remetemos o leitor.

1.4.3. Fontes supletivas

É certo que a legislação não consegue observar todas as situações sociais, o que leva à existência de lacunas na ordem jurídica.

De outro lado, nos termos do art. 140 do CPC/2015 não pode o juiz se eximir de sentenciar ou despachar alegando lacuna ou obscuridade da lei. Nessa linha, continua o citado dispositivo ensinando que não havendo normais legais deverá o juiz recorrer à analogia, aos costumes e aos princípios gerais do direito. A Lei de Introdução às Normas do Direito Brasileiro, no art. 4º, traz ensinamento no mesmo sentido, devendo o juiz atender aos fins sociais a que a lei se dirige e às exigências do bem comum, em conformidade com o art. 5º do mesmo diploma legal.

A legislação trabalhista traz a integração das normas no art. 8º da CLT que dispõe que, na falta de disposição legal ou contratual, o operador do direito deverá se socorrer da jurisprudência, da analogia, da equidade, dos princípios, dos usos e costumes e do direito comparado.

Assim, determina o § 1º do art. 8º da CLT que o direito comum será fonte subsidiária do direito do trabalho.

1.4.3.1. Analogia

É a aplicação de uma lei existente para exata hipótese a um caso semelhante. Consiste, em outras palavras, em aplicar a um caso não previsto de modo direto por uma norma jurídica uma norma prevista para uma hipótese semelhante àquela.

Assim, não havendo lei específica para um caso concreto, a primeira medida a ser tomada é verificar a existência de outra lei prevista para um caso semelhante.

1.4.3.2. Jurisprudência

Muito se discute acerca da classificação da jurisprudência como fonte de direito.

A expressão "jurisprudência" se origina do termo latim *iurisprudentia*, direito dos escritos dos *iuris* prudentes, conhecedores do direito. Na época clássica romana, as respostas dadas por estes conhecedores do direito eram consideradas como leis.

Jurisprudência consiste no conjunto de reiteradas decisões dos tribunais sobre certa matéria.

Não pode ser considerada como fonte do direito, pois, em regra, não é tida como de observância obrigatória, pois apenas demonstra o caminho predominante em que os tribunais entendem aplicar a lei, suprindo, inclusive, eventuais lacunas.

Podemos lembrar algumas exceções: a primeira delas vem disposta no § 2º do art. 102 da CF quando menciona que "as decisões definitivas de mérito, proferidas pelo Supremo Tribunal Federal, nas ações diretas de inconstitucionalidade e nas ações declaratórias de constitucionalidade produzirão eficácia contra todos e efeito vinculante, relativamente aos demais órgãos do Poder Judiciário e à administração pública direta e indireta, nas esferas federal, estadual e municipal".

Outra exceção traz o art. 103-A da CF que ensina que "o Supremo Tribunal Federal poderá, de ofício ou por provocação, mediante decisão de dois terços de seus membros, após reiteradas decisões sobre matéria constitucional, aprovar Súmula que, a partir de sua publicação na imprensa oficial, terá efeito vinculante em relação aos demais órgãos do Poder Judiciário e à administração pública direta e indireta, nas esferas federal, estadual e municipal, bem como proceder à sua revisão ou cancelamento, na forma estabelecida em lei".

Já a Lei 9.868/1999, que dispõe sobre o processo e julgamento da ADI e ADC, estabelece no parágrafo único do art. 28 que "a declaração de constitucionalidade ou de inconstitucionalidade, inclusive interpretação conforme a Constituição e a declaração parcial de inconstitucionalidade sem redução de texto, têm eficácia contra todos e efeito vinculante em relação aos órgãos do Poder Judiciário e à Administração Pública federal, estadual e municipal".

O Tribunal Superior do Trabalho manifesta seu entendimento por meio das Súmulas e orientações jurisprudenciais

(OJs), que orientam os operadores do Direito do Trabalho, embora não possuam força vinculante.

A Lei 13.467/2017 inseriu ao art. 8º da CLT o § 2º, que determina que as Súmulas e outros enunciados de jurisprudência editados pelo Tribunal Superior do Trabalho e pelos Tribunais Regionais do Trabalho não poderão restringir direitos legalmente previstos nem criar obrigações que não estejam previstas em lei.

1.4.3.3. Princípios gerais de direito

Nas lições de Miguel Reale (em *Lições preliminares de Direito*, 27ª ed. São Paulo, Saraiva, 1996, p. 300): "são enunciações normativas de valor genérico, que condicionam e orientam a compreensão do ordenamento jurídico em sua aplicação e integração ou mesmo para a elaboração de novas normas".

São, portanto, verdadeiros alicerces de um ordenamento jurídico.

1.4.3.4. Equidade

Forma de integração da norma jurídica a um caso específico em que são observados os critérios de justiça e igualdade.

Pela equidade, a regra é interpretada para um caso específico, deixando a norma mais justa àquele determinado caso.

1.4.3.5. Costumes

Os costumes são regras sociais que resultam da prática reiterada, generalizada e prolongada de um certo comportamento, que resulta em uma convicção de obrigatoriedade, de acordo com a cultura específica de cada sociedade.

São comportamentos reiterados por um longo espaço de tempo, por toda uma sociedade, transformando esse comportamento em norma jurídica.

1.4.3.6. Direito comparado

Objetiva o conhecimento dos ordenamentos jurídicos de outros países com base em estudos comparados de seus sistemas.

Como o próprio nome diz, é feito um estudo comparado entre os diversos sistemas jurídicos para a interpretação de determinada norma.

1.5. Princípios trabalhistas

Na definição de Mauricio Godinho Delgado (em *Curso de Direito do Trabalho*, 8ª ed., São Paulo, LTr, 2009, p. 171): "*são proposições fundamentais que se formam na consciência das pessoas e grupos sociais, a partir de certa realidade, e que, após formadas, direcionam-se à compreensão, reprodução ou recriação dessa realidade*".

São 5 os princípios norteadores do Direito do Trabalho:

1.5.1. Princípio protetor

Tem por escopo atribuir uma proteção maior ao empregado, parte hipossuficiente da relação jurídica laboral. Em outras palavras, visa a atenuar a desigualdade existente entre as partes do contrato de trabalho.

O princípio protetor incorpora outros 3 subprincípios:

1.5.1.1. In dubio pro operario

Por meio desse princípio, uma norma jurídica que admita diversas interpretações deverá ser interpretada da maneira que mais favorecer o empregado, ou seja, havendo dúvida quanto à interpretação da norma, deverá ser interpretada de maneira mais vantajosa para o trabalhador.

Impende destacar que não é admitida a aplicação de tal princípio no campo processual. Tal princípio não possui incidência no campo probatório, devendo ser aplicadas nesse caso as regras atinentes ao ônus da prova, em conformidade com o art. 373 do CPC/2015 e art. 818 da CLT.

1.5.1.2. Aplicação da norma mais favorável

Havendo diversas normas válidas incidentes sobre a mesma relação jurídica de emprego, deve ser aplicada aquela mais benéfica ao trabalhador, independentemente da sua posição na hierarquia das leis.

Existem critérios para, de fato, verificar-se qual é a norma mais favorável.

A primeira delas é a teoria da *acumulação*, em que as diversas disposições contidas em diferentes instrumentos normativos devem ser comparadas individualmente, escolhendo, sempre, as mais favoráveis, aplicando, assim, diferentes disposições de diversas normas, como se fosse formada uma terceira norma, apenas com as disposições benéficas.

A segunda é a teoria do *conglobamento*, que estabelece que os instrumentos normativos devem ser comparados em seu todo, aplicando-se aquele que, no conjunto, for mais benéfico ao empregado.

A última delas é a teoria do *conglobamento mitigado*, que busca a norma mais benéfica através da comparação das diversas regras sobre cada instituto ou matéria, aplicando aquela em que o instituto for mais benéfico ao empregado.

Assim, nosso ordenamento jurídico acolheu a teoria do conglobamento mitigado, como se vê no art. 3º, II, da Lei 7.064/1982, que dispõe sobre a situação de trabalhadores brasileiros contratados ou transferidos para prestar serviços no exterior:

Art. 3º. A empresa responsável pelo contrato de trabalho do empregado transferido assegurar-lhe-á, independentemente da observância da legislação do local da execução dos serviços:

I – (...)

II – a aplicação da legislação brasileira de proteção ao trabalho, naquilo que não for incompatível com o disposto nesta lei, quando mais favorável do que a legislação territorial, no conjunto de normas em relação a cada matéria.

Convém destacar que, em conformidade com o art. 620 da CLT as condições estabelecidas em acordo coletivo de trabalho sempre prevalecerão sobre as estipuladas em convenção coletiva de trabalho.

1.5.1.3. Condição mais benéfica

Consagra a aplicação da teoria do direito adquirido. Tal princípio informa ao operador do direito que as vantagens adquiridas não podem ser retiradas, tampouco modificadas para pior.

A CLT traz o princípio da condição mais benéfica em seu art. 468, que assim dispõe: "Nos contratos individuais de trabalho só é lícita a alteração das respectivas condições por mútuo consentimento, e ainda assim desde que não resultem, direta ou indiretamente, prejuízos ao empregado, sob pena de nulidade da cláusula infringente desta garantia."

Assim, as condições mais vantajosas estabelecidas no contrato de trabalho irão prevalecer na hipótese de edição de norma superveniente menos favorável ao empregado.

O TST por meio da Súmula 51, item I, trouxe em seu bojo a aplicação do citado princípio, no qual entendeu que "as cláusulas regulamentares que revoguem ou alterem vantagens deferidas anteriormente, só atingirão os trabalhadores admitidos após a revogação ou alteração do regulamento".

1.5.2. Princípio da irrenunciabilidade

Os direitos trabalhistas são irrenunciáveis. As normas trabalhistas, em geral, possuem caráter imperioso ou cogente, na medida em que são normas de ordem pública e, por sua vez, não podem ser modificadas pelo empregador.

Esse princípio informa ao operador do direito que não se admite, em tese, que o empregado renuncie, abrindo mão dos direitos assegurados por lei.

Porém, como todo princípio, esse também não é absoluto, na medida em que pode haver renúncia desses direitos em determinados casos.

O primeiro critério utilizado é quanto à origem do direito. Por meio desse critério, se o direito estiver previsto na lei, ele será indisponível. No entanto, se estiver previsto em trato consensual, ele será renunciável, desde que não haja proibição legal, prejuízo para o trabalhador, em conformidade com o art. 468 da CLT, e vício de consentimento (arts. 138 a 165 do Código Civil).

O segundo critério é o temporal, ou seja, o momento em que será realizada a renúncia. Desta forma, durante a celebração do contrato de trabalho, não se admite qualquer tipo de renúncia; na vigência do contrato de trabalho será admitida renúncia se houver previsão legal para tanto; já após a cessação do contrato de trabalho é admitida com menor restrição.

1.5.3. Princípio da continuidade da relação de emprego

Tem por objetivo preservar o contrato de trabalho, presumindo a contratação por prazo indeterminado, sendo a exceção o contrato com prazo determinado.

Nessa linha, nos termos do art. 448 da CLT, qualquer mudança na propriedade ou na estrutura jurídica da empresa não afetará os contratos de trabalho dos respectivos empregados. Da mesma forma, qualquer alteração na estrutura jurídica da empresa não afetará os direitos adquiridos por seus empregados (art. 10 da CLT).

O TST faz menção ao princípio em comento na Súmula 212 que ensina: "O ônus de provar o término do contrato de trabalho, quando negados a prestação de serviço e o despedimento, é do empregador, pois o princípio da continuidade da relação de emprego constitui presunção favorável ao empregado."

1.5.4. Princípio da primazia da realidade sobre a forma

Por meio desse princípio, deve prevalecer a efetiva realidade dos fatos e não eventual forma construída em desacordo com a verdade. Havendo desacordo entre o que na verdade acontece com o que consta dos documentos, deverá prevalecer a realidade dos fatos. Isso porque vigora no Direito do Trabalho o chamado "contrato-realidade", no qual se ignora a disposição contratual para se examinar o que ocorre efetivamente.

1.5.5. Princípio da intangibilidade salarial

O princípio da intangibilidade salarial vem estampado no art. 462 da CLT, que determina a proibição ao empregador de efetuar descontos no salário do empregado, o qual deve receber seu salário de forma integral. Apenas será permitido o desconto se resultar de adiantamento, de dispositivos de lei (Lei 10.820/2003) ou de contrato coletivo.

Para mais considerações sobre esse princípio, remetemos o leitor ao item 7.8.4. em que é estudado o tema salário e remuneração.

1.6. Programa Seguro-Emprego – PSE

Introduzido em nosso sistema jurídico por meio da Medida Provisória 680/2015, convertida na Lei 13.189/2015 e posteriormente modificada pela Medida Provisória 761/2016 e convertida na Lei 13.456/2017, o Programa Seguro-Emprego (PSE) foi criado com o fim de desestimular demissões em empresas que se encontram, temporariamente, em dificuldades financeiras. Objetiva, também, favorecer a recuperação econômico-financeira das empresas, sustentar a demanda durante momentos de crise, facilitando a recuperação da economia e, ainda, estimular a produtividade do trabalho.

Nos termos do parágrafo único, do art. 1º da Lei 13.189/2015 o PSE consiste em ação para auxiliar os trabalhadores na preservação de seu emprego e ter por objetivo:

I – possibilitar a preservação dos empregos em momentos de retração da atividade econômica;

II – favorecer a recuperação econômico – financeira das empresas;

III – sustentar a demanda agregada durante momentos de adversidade, para facilitar a recuperação da economia;

IV – estimular a produtividade do trabalho por meio do aumento da duração do vínculo empregatício; e

V – fomentar a negociação coletiva e aperfeiçoar as relações de emprego

Poderão aderir ao PSE as empresas de todos os setores em situação de dificuldade econômico-financeira que celebrarem acordo coletivo de trabalho específico de redução de jornada e de salário.

De acordo com o § 1º do art. 2º da citada lei, a adesão ao PSE pode ser feita até 31 de dezembro de 2017, e o prazo máximo de permanência no programa é de 24 (vinte e quatro) meses, respeitada a data de extinção do programa, o que deverá ocorrer em 31 de dezembro de 2018, art. 11 da Lei 13.189/2015.

As empresas que demonstrarem a observância à cota de pessoas portadoras de necessidades especiais, bem como as microempresas e empresas de pequeno porte e a empresa que possua em seus quadros programa de reinserção profissional de egressos do sistema penitenciário, terão prioridade na adesão do programa.

Em conformidade com o art. 3º da Lei 13.189/2015 para aderir ao programa a empresa deverá observar os seguintes requisitos:

a) celebrar e apresentar acordo coletivo de trabalho específico, nos termos do art. 5º;

b) apresentar, ao Ministério do Trabalho, solicitação de adesão ao PSE;

c) apresentar a relação dos empregados abrangidos, especificando o salário individual;

d) ter registro no Cadastro Nacional da Pessoa Jurídica – CNPJ há, no mínimo, dois anos;

e) comprovar a regularidade fiscal, previdenciária e relativa ao Fundo de Garantia do Tempo de Serviço – FGTS; e

f) comprovar a situação de dificuldade econômico-financeira, fundamentada no Indicador Líquido de Empregos – ILE, considerando-se nesta situação a empresa cujo ILE seja igual ou inferior ao percentual a ser definido em ato do Poder Executivo federal, apurado com base nas informações disponíveis no Cadastro Geral de Empregados e Desempregados – CAGED, consistindo o ILE no percentual representado pela diferença entre admissões e demissões acumulada nos doze meses anteriores ao da solicitação de adesão ao PSE dividida pelo número de empregados no mês anterior ao início desse período.

Uma vez aderindo ao programa a empresa poderá reduzir, temporariamente, em até 30%, a jornada de trabalho de seus empregados, com redução proporcional do salário, art. 5º, da Lei 13.189/2015, com a redação dada pela Lei 13.456/2017. De outro lado, o Governo Federal, usando recursos do FAT, garantirá aos empregados que tiverem seu salário reduzido compensação pecuniária equivalente a 50% do valor da redução salarial, limitado a 65% do valor da parcela máxima do seguro-desemprego, art. 4º da Lei 13.189/2015, com a redação dada pela Lei 13.456/2017.

Durante o período de adesão, é proibida a realização de horas extraordinárias pelos empregados abrangidos pelo PSE.

A empresa que aderir ao PSE fica proibida de dispensar arbitrariamente ou sem justa causa os empregados que tiverem sua jornada de trabalho temporariamente reduzida enquanto vigorar a adesão ao PSE.

Após o seu término, durante o prazo equivalente a 1/3 (um terço) do período de adesão, o empregado terá garantia no emprego, ou seja, não poderá ser demitido, salvo por justa causa, art. 6º, I, da Lei 13.189/2015, com a redação dada pela Lei 13.456/2017. Em outras palavras, o empregado que aderiu ao PSE por um período de 6 meses, após o término de vigência da PSE terá garantia do emprego (estabilidade provisória) por 2 meses.

A empresa ainda ficará proibida de contratar empregado para executar, total ou parcialmente, as mesmas atividades exercidas por empregado abrangido pelo programa, salvo em se tratando de:

a) reposição;

b) aproveitamento de concluinte de curso de aprendizagem na empresa, nos termos do art. 429 da CLT.

c) efetivação de estagiário;

d) contratação de pessoas com deficiência ou idosa; e

e) contratação de egresso dos sistemas prisional e de medidas socioeducativas.

Nessas hipóteses em que se admite a contratação o empregado contratado deverá ser abrangido pelo acordo coletivo de trabalho específico de adesão ao PSE.

2. DIREITO INTERNACIONAL DO TRABALHO

O Direito Internacional do Trabalho é um ramo do Direito Internacional Público.

No que se refere à relação entre o Direito Internacional e o Direito interno de cada Estado, duas teorias se destacam: a teoria monista e a teoria dualista.

No Brasil prevalece a teoria monista, onde "o Direito Internacional e Direito Interno integram uma mesma unidade de ordem jurídica" (Gustavo Felipe Barbosa Garcia, em *Curso de Direito do Trabalho*, 6ª ed., Rio de Janeiro, Forense, 2012, p. 122).

Para que as normas jurídicas internacionais integrem nosso sistema jurídico, é necessário que passem por um processo de aprovação.

Nessa linha dispõe o art. 84, VIII, da CF:

Art. 84. Compete privativamente ao Presidente da República:

(...)

VIII – celebrar tratados, convenções e atos internacionais, sujeitos a referendo do Congresso Nacional;

A celebração é composta de 3 fases:

a) fase de negociação: nessa fase são discutidas as disposições da norma a ser firmada;

b) fase deliberatória: nessa fase discute-se o conteúdo que irá integrar a norma internacional;

c) fase de assinatura: é nessa fase que se materializa a celebração da norma na esfera internacional.

Porém, é necessário, ainda, a aprovação pelo Congresso Nacional.

Assim, o Congresso Nacional poderá, por meio de Decreto Legislativo, aprovar ou rejeitar a norma internacional celebrada. Uma vez aprovada, deverá ser realizada a ratificação do ato, por meio de seu depósito no órgão internacional.

Após sua celebração, aprovação e ratificação a norma será promulgada pelo Presidente da República, por meio de Decreto presidencial.

3. CONTRATO DE TRABALHO

3.1. Relação de emprego e relação de trabalho

É comum a utilização das expressões "relação de emprego" e "contrato de trabalho" para se referir ao vínculo empregatício existente entre empregado e empregador. Trata-se, pois, do contrato individual de trabalho.

Relação de trabalho possui caráter genérico, referindo-se a toda modalidade de contratação de trabalho humano. Todas as relações jurídicas caracterizadas por terem sua prestação essencial centrada em uma obrigação de fazer consubstanciada em labor humano, em troca de um valor pecuniário ou não pecuniário, consistem em uma relação de trabalho.

Abarca, portanto, a relação de emprego e as demais relações de trabalho como a relação do autônomo, do eventual, do avulso, do temporário, do estagiário etc.

Já a relação de emprego é uma espécie de relação de trabalho, firmada por meio de contrato de trabalho que, por sua vez, é composto pela reunião dos elementos fático-jurídicos dispostos nos arts. 2º e 3º da CLT. O correto seria, então, ser chamado de contrato de emprego e não de contrato de trabalho.

Para diferenciarmos as relações de trabalho das relações de emprego, devemos levar em conta o elemento **subordinação**, ou seja, o vínculo de dependência existente entre os contratantes. Assim, é correto afirmar que a relação de emprego seria uma espécie de relação de trabalho, diferenciada das demais em vista da presença do elemento **subordinação**.

3.2. Conceito

O art. 442 da CLT ensina que contrato de trabalho *é o acordo tácito ou expresso correspondente à relação de emprego.* Em outras palavras, é o negócio jurídico em que o empregado compromete-se a prestar serviços de forma pessoal, subordinada e não eventual ao empregador, mediante o pagamento de uma contraprestação.

3.3. Características

Podemos citar como características do contrato de trabalho:

3.3.1. Contrato de direito privado

Como dissemos, embora possamos observar no Direito do Trabalho diversas normas de caráter cogente, não podemos afirmar que esse ramo do direito possa classificar-se como de Direito Público, na medida em que não regula os interesses do Estado.

O que existe é uma intervenção do Estado, estando as partes livres para estipular as cláusulas, desde que respeitem as normas de proteção existentes na Constituição Federal e na CLT.

3.3.2. Intuitu personae em relação ao empregado

A prestação de serviço deve ser pessoal, sendo vedada a substituição do empregado, salvo concordância do empregador.

3.3.3. Consensual

Surge da vontade das próprias partes, resultante de um acordo de vontades.

3.3.4. Sinalagmático

Gera deveres e obrigações entre cada uma das partes. O empregado tem a obrigação de prestar o serviço para o qual foi contratado; dever de obediência ao poder de direção do empregador e o direito de receber sua remuneração. O empregador tem a obrigação de pagar o salário ajustado e o direito de exigir o serviço prestado.

3.3.5. Sucessivo ou continuado

A relação apresenta continuidade no tempo. O contrato pressupõe a continuidade da prestação de serviço, não se tratando de obrigação instantânea; a obrigação de fazer não se esgota em uma única prestação.

3.3.6. Oneroso

Não se trata de trabalho gratuito. O contrato implica o pagamento de uma remuneração como contraprestação do serviço realizado.

3.4. Requisitos

A partir do conceito explicitado, podemos extrair os requisitos do contrato de trabalho, ou melhor, os requisitos caracterizadores da relação de emprego, quais sejam:

3.4.1. Pessoa física

O empregado é sempre uma pessoa física ou natural.

3.4.2. Pessoalidade

O empregado deve prestar pessoalmente os serviços, não podendo fazer-se substituir por outra pessoa. O trabalho deve ser exercido pelo próprio trabalhador, em razão de suas qualificações profissionais e pessoais, por isso diz-se que o contrato de trabalho é "*intuitu personae*" ou personalíssimo.

3.4.3. Não eventualidade ou habitualidade

O empregado presta serviços de maneira contínua, não eventual. O trabalho deve ser contínuo.

Ao falarmos de habitualidade, devemos ter em mente a expectativa de que ambas as partes possuem na prestação laboral, ou seja, o trabalhador sabe que deve ir todos os dias ao trabalho e, de outro lado, o empregador aguarda todos os dias seu empregado para o desempenho das atividades laborais.

3.4.4. Subordinação

O empregado é um trabalhador cuja atividade é exercida sob dependência de outrem, para quem sua atividade é dirigida: o empregador.

O empregado presta serviço subordinado, pois deve acolher o poder de direção do empregador no modo de realização do labor.

A dependência ou subordinação é decorrente do contrato de trabalho, por isso é chamada de "subordinação jurídica".

O trabalho é, desta forma, dirigido pelo empregador, que exerce o poder diretivo.

3.4.5. Onerosidade

O trabalho é exercido almejando o recebimento de salário. Em outras palavras, podemos dizer que, ao firmar o contrato de trabalho, o empregado objetiva o recebimento dessa contraprestação pelo serviço que presta.

Caso os serviços sejam executados gratuitamente, não restará configurada a relação de emprego. É o que ocorre, por exemplo, com os serviços religiosos, voluntários, comunitários, filantrópicos etc.

3.4.6. Período de experiência na atividade contratada

O art. 442-A, inserido na CLT com o advento da Lei 11.644/2008, impôs ao empregador um limite temporal para contratação de empregados.

Pelo novel dispositivo legal, o empregador não poderá exigir, no ato da contratação, mais de 6 (seis) meses de prática do candidato para a atividade, ou seja, não poderá o empregador exigir dos pretensos empregados período de experiência superior a 6 (seis) meses para aquela determinada função.

Dispõe o art. 442-A da CLT:

> "Para fins de contratação, o empregador não exigirá do candidato a emprego comprovação de experiência prévia por tempo superior a 6 (seis) meses no mesmo tipo de atividade".

É importante ressaltar que a limitação vale para todos os cargos e categorias profissionais, inclusive para cargos de chefia, gerentes, e, ainda, para contratação com a Administração Pública, quando regidos pela CLT.

Por não fazer qualquer tipo de limitação em relação à atividade a ser contratada, a norma não comporta interpretação restritiva. Deve, contudo, ser interpretada ampliativamente, pois representa uma norma de caráter genérico que deve ser aplicada a toda espécie de contratação.

Como dito, essa imposição afetará, também, a contratação com a Administração Pública quando adotar o regime jurídico celetista para contratação (arts. 37, II, e 173, § 1º, II, da CF). Desta forma, ao abrir um concurso público e adotar o regime jurídico celetista para contratação, a Administração Pública deverá obedecer à nova imposição legal, não podendo lançar no edital do concurso exigência superior a 6 meses para a função.

Por último, vale lembrar que essa limitação em nada se confunde com o prazo de 90 dias estabelecido para o contrato de experiência contido no art. 445, parágrafo único, da CLT. A limitação em estudo representa um elemento pré-contratual, ao passo que o contrato de experiência é um contrato de trabalho formalizado e com prazo determinado.

3.4.7. Exclusividade

Apenas para melhor elucidar os requisitos do contrato de trabalho, é importante lembrar que a exclusividade na prestação não é uma exigência legal.

Desta forma, legitimamente, nada impede que alguém possua mais de um emprego, desde que haja compatibilidade de horários.

3.5. Elementos do contrato de trabalho

O contrato de trabalho é o "acordo, tácito ou expresso, correspondente à relação de emprego".

Para ser válido deverá observar os elementos de validade do negócio jurídico, previstos no art. 104 do Código Civil, quais sejam: agente capaz, objeto lícito, vontade sem vícios, forma prescrita ou não proibida por lei.

3.5.1. Forma

A lei trabalhista não prescreve, em regra, forma especial, podendo ser pactuado de forma verbal, inclusive tácita. É correto afirmar, portanto, que, em regra, o contrato de trabalho não é contrato do tipo solene, tendo em vista que a lei trabalhista não exige nenhuma forma especial para sua validade. Apenas em alguns contratos especiais exige-se forma prescrita, como, por exemplo, o contrato de aprendiz, entre outros.

3.5.2. Agente capaz

É importante frisar que a Constituição Federal, em seu art. 7º, XXXIII, proíbe o trabalho noturno, perigoso e insalubre aos menores de 18 anos e de qualquer trabalho aos menores de 16 anos, salvo na condição de aprendiz, a partir dos 14 anos.

Na esfera trabalhista, a capacidade poderia ser dividida da seguinte maneira:

3.5.2.1. Absolutamente incapazes

Seriam os menores de 14 anos, na medida em que é vedado a eles qualquer tipo de atividade.

3.5.2.2. Relativamente incapazes

Aqueles com idades entre 14 e 18 anos. Em conformidade com o art. 7º, XXXIII, da CF, o trabalho é proibido para idades entre 16 e 18 anos no horário noturno e em condições perigosas ou insalubres e, em qualquer atividade, aos menores de 16 anos, salvo como aprendiz a partir dos 14 anos de idade.

3.5.2.3. Capazes

As pessoas com idade igual ou superior a superior a 18 anos de idade.

3.5.2.4 Trabalho do índio

Nos termos do art. 4º, parágrafo único, do Código Civil: "A capacidade dos indígenas será regulada por legislação especial."

A legislação que regula a situação jurídica dos índios é a Lei 6.001/1973 (Estatuto do Índio). O seu art. 8º dispõe:

> **Art. 8º** São nulos os atos praticados entre o índio não integrado e qualquer pessoa estranha à comunidade indígena quando não tenha havido assistência do órgão tutelar competente.

Todavia, dispõe o parágrafo único do mesmo dispositivo que essa regra não se aplica ao índio que revele consciência e conhecimento do ato praticado, desde que não lhe seja prejudicial, e da extensão dos seus efeitos.

Com relação à capacidade, é importante destacar o art. 4º da Lei 6.001/1973:

> **Art. 4º.** Os índios são considerados:
>
> I – Isolados – Quando vivem em grupos desconhecidos ou de que se possuem poucos e vagos informes através de contatos eventuais com elementos da comunhão nacional;
>
> II – Em vias de integração – Quando, em contato intermitente ou permanente com grupos estranhos, conservam menor ou maior parte das condições de sua vida nativa, mas aceitam algumas práticas e modos de existência comuns aos demais setores da comunhão nacional, da qual vão necessitando cada vez mais para o próprio sustento;
>
> III – Integrados – Quando incorporados à comunhão nacional e reconhecidos no pleno exercício dos direitos civis, ainda que conservem usos, costumes e tradições característicos da sua cultura.

Nessa linha, ensina o art. 15 da mesma lei que o contrato de trabalho firmado com o índio considerado isolado é nulo de pleno direito.

Já com o indígena em processo de integração, o trabalho dependerá de prévia aprovação do órgão de proteção do ao índio, a FUNAI (Fundação Nacional do Índio), instituída pela Lei 5.371/1967.

Desta forma, podemos entender a capacidade para o trabalho do índio da seguinte forma:

a) capacidade plena: aos índios integrados à sociedade;

b) capacidade relativa: índios em processo de integração, cujo trabalho dependerá da aprovação da FUNAI;

c) incapacidade: são incapazes os índios isolados.

Importante ressaltar que nos casos de contrato de trabalho celebrado com indígena isolado ou em processo de integração, sem a aprovação do órgão competente, todos os direitos trabalhistas lhe serão assegurados.

3.5.3. *Objeto*

Nos termos do art. 444 da CLT as relações contratuais de trabalho podem ser objeto de livre estipulação das partes interessadas em tudo quanto não contravenha às disposições de proteção ao trabalho, aos contratos coletivos que lhes sejam aplicáveis e às decisões das autoridades competentes.

Essa livre estipulação aplica-se às hipóteses previstas no art. 611-A da CLT, com a mesma eficácia legal e preponderância sobre os instrumentos coletivos, no caso de empregado portador de diploma de nível superior e que perceba

salário mensal igual ou superior a duas vezes o limite máximo dos benefícios do Regime Geral de Previdência Social.

Com relação ao objeto, cumpre distinguir o trabalho ilícito do trabalho proibido.

Trabalho proibido é aquele que, por motivos vários, a lei impede que seja exercido por determinadas pessoas ou em determinadas circunstâncias, como, por exemplo, o trabalho do menor em condições insalubres (art. 405, I, da CLT). Nessa hipótese, o trabalhador poderá reclamar o que lhe é devido pelos serviços prestados, ainda que o contrato seja nulo. Desta forma, caso um menor seja admitido como empregado, desfeito o contrato sem culpa sua, terá todos os direitos que a lei assegura a quem presta trabalho subordinado e em função do tempo de serviço.

Por outro lado, trabalho ilícito é aquele não permitido porque seu objeto consiste na prestação de atividades criminosas e/ou contravencionais. Nele não se cogita vínculo de emprego, pois o respectivo negócio jurídico é destituído de validade, conforme dispõe o art. 104, II, do Código Civil. Se a nulidade decorre da ilicitude do objeto do contratado, o trabalhador já não poderá reclamar o pagamento dos serviços prestados.

Assim, se uma pessoa presta serviços a outrem, mas o objeto da prestação é ilícito, como, por exemplo, o jogo do bicho, não haverá relação de emprego.

A respeito do trabalho ilícito, a SDI 1 do TST editou a Orientação Jurisprudencial 199, que assim dispõe:

> OJ-SDI1-199 – JOGO DO BICHO. CONTRATO DE TRABALHO. NULIDADE. OBJETO ILÍCITO
>
> É nulo o contrato de trabalho celebrado para o desempenho de atividade inerente à prática do jogo do bicho, ante a ilicitude de seu objeto, o que subtrai o requisito de validade para a formação do ato jurídico.

Será considerado nulo o contrato de trabalho nos mesmos casos de nulidade do ato jurídico em geral, ou quando concluído com o objetivo de desvirtuar, impedir ou fraudar as normas de proteção ao trabalho, em conformidade com o art. 9.º da CLT.

3.6. Contratação pela administração pública

Nos termos do art. 37, II, da CF a investidura em cargo ou emprego público depende, em regra, de aprovação prévia em concurso público de provas ou de provas e títulos, de acordo com a natureza e a complexidade do cargo ou emprego.

Desta forma, para que o contrato seja considerado lícito, deverá seguir a obrigatoriedade de concurso público, inclusive as sociedades de economia mista e as empresas públicas.

Nessa linha, entende o TST, através da Súmula 363, que após a Constituição Federal de 1988 a contratação de servidor público, sem prévia aprovação em concurso público, encontra óbice no art. 37, II e § 2º, sendo o contrato considerado nulo. Nesse caso, somente será garantido ao obreiro o direito ao pagamento da contraprestação pactuada, em relação ao número de horas trabalhadas, respeitado o valor da hora do salário mínimo, e dos valores referentes aos depósitos do FGTS.

Importante lembrar o entendimento consubstanciado na Súmula 430 do TST:

SÚMULA 430 – ADMINISTRAÇÃO PÚBLICA INDIRETA. CONTRATAÇÃO. AUSÊNCIA DE CONCURSO PÚBLICO. NULIDADE. ULTERIOR PRIVATIZAÇÃO. CONVALIDAÇÃO. INSUBSISTÊNCIA DO VÍCIO.

Convalidam-se os efeitos do contrato de trabalho que, considerado nulo por ausência de concurso público, quando celebrado originalmente com ente da Administração Pública Indireta, continua a existir após a sua privatização.

3.7. Contrato de trabalho por equipe

O contrato de equipe não pode ser confundido com o contrato coletivo de trabalho, que é regulado pelo Direito Coletivo do Trabalho.

O contrato de equipe é constatado pela reunião de diversos contratos individuais de trabalho, mantidos em conjunto, mas cada um deles considerados autonomamente.

Esses diversos contratos de trabalho estão ligados entre si em decorrência da própria forma de prestação de serviços, existência de objeto comum e identidade de empregador.

Como exemplo, podemos imaginar a contratação de uma banda musical ou orquestras.

3.8. *Teletrabalho*

Nos termos do art. 75-B da CLT considera-se "teletrabalho" a prestação de serviços preponderantemente fora das dependências do empregador, com a utilização de tecnologias de informação e de comunicação que, por sua natureza, não se constituam como trabalho externo.

Assim, se enquadrará no regime do teletrabalho o empregado que exercer, na maior parte do tempo, suas atividades fora dos muros da empresa, mas, via de regra, em um local fixo e específico, sem a necessidade de se locomover para exercer suas atividades, desde que seja feito pelo empregador o uso das tecnologias da informação e telecomunicação, para recebimento e envio das atribuições ao empregado. Como exemplo, podemos citar o empregado que trabalha em residência própria, biblioteca, cafeteria etc.

Importante frisar que o comparecimento do empregado às dependências do empregador para a realização de atividades específicas que exijam sua presença no estabelecimento não descaracterizará o regime de teletrabalho.

De acordo com o texto consolidado, o obreiro que trabalha externamente, ou seja, o vendedor externo, o motorista, dentre outros, que não possuem um local fixo para exercer suas atividades, não são teletrabalhadores. Isso porque são considerados trabalhadores externos e serão enquadrados na disposição do art. 62, inciso I da CLT, ainda que utilizem equipamentos informáticos, como smartphones e rastreadores via GPS para se comunicar com o empregador.

No contrato de trabalho, deverá constar expressamente a modalidade de prestação de serviços "teletrabalho",

devendo especificar as atividades que serão realizadas pelo empregado.

As disposições relativas à responsabilidade pela aquisição, manutenção ou fornecimento dos equipamentos tecnológicos e da infraestrutura necessária e adequada à prestação do trabalho remoto, bem como ao reembolso de despesas arcadas pelo empregado, também ficarão definidas no contrato de trabalho. Vale lembrar que, essas utilidades não integram a remuneração do empregado.

3.8.1 Alteração entre os regimes presencial e teletrabalho

O § 1º do art. 75-C da CLT entende ser possível a alteração entre o regime presencial e de teletrabalho, desde que por mútuo acordo entre as partes, devendo ser registrado em aditivo contratual.

Por outro lado, o § 2º do mesmo dispositivo legal ensina que a alteração do regime de teletrabalho para o presencial poderá ser realizada por determinação do empregador, sendo garantido prazo de transição mínimo de quinze dias, com correspondente registro em aditivo contratual.

3.8.2 Jornada de trabalho

O obreiro em teletrabalho não é protegido pelo regime de duração do trabalho, podendo laborar acima do limite constitucional. Isso porque, o legislador incluiu no art. 62 da CLT o inciso III que ensina que o empregado em regime de teletrabalho não é abrangido pela proteção da duração do trabalho.

3.8.3 Responsabilidades do empregador por doenças e acidentes do trabalho

O empregador será o responsável pela saúde e segurança do obreiro. O empregador, por força do contrato de trabalho, está obrigado a dar ao empregado as condições plenas de trabalho, nos aspectos da segurança, salubridade e condições de higiene e conforto.

O art. 157 da CLT, assim dispõe:

Art. 157. Cabe às empresas:

I – cumprir e fazer cumprir as normas de segurança e medicina do trabalho;

II – instruir os empregados, através de ordens de serviço, quanto às precauções a tomar no sentido de evitar acidentes do trabalho ou doenças ocupacionais;

III – adotar as medidas que lhes sejam determinadas pelo órgão regional competente;

IV – facilitar o exercício da fiscalização pela autoridade competente.

Nessa linha, determina o art. 75-E da CLT que o empregador deverá instruir os empregados, de maneira expressa e ostensiva, quanto às precauções a tomar com o fim de evitar doenças e acidentes de trabalho.

Em contrapartida, o empregado deverá assinar termo de responsabilidade comprometendo-se a seguir as instruções fornecidas pelo empregador.

3.9. Anotações na Carteira de Trabalho e livro de registro de funcionários

O art. 29 da CLT determina que a Carteira de Trabalho e Previdência Social (CTPS) será obrigatoriamente apresentada, contra recibo, pelo trabalhador ao empregador que o admitir, o qual terá o prazo de quarenta e oito horas para nela anotar, especificamente, a data de admissão, a remuneração e as condições especiais, se houver, sendo facultada a adoção de sistema manual, mecânico ou eletrônico, conforme instruções a serem expedidas pelo Ministério do Trabalho.

As anotações concernentes à remuneração devem especificar o salário, qualquer que seja sua forma de pagamento, seja ele em dinheiro ou em utilidades, bem como a estimativa da gorjeta.

Nessa linha, o art. 41 da CLT dispõe que em todas as atividades será obrigatório para o empregador o registro dos respectivos trabalhadores, podendo ser adotados livros, fichas ou sistema eletrônico, conforme instruções a serem expedidas pelo Ministério do Trabalho.

O empregador que mantiver empregado não registrado nesses termos ficará sujeito a multa no valor de R$ 3.000,00 (três mil reais) por empregado não registrado, acrescido de igual valor em cada reincidência. Em se tratando de microempresa ou empresa de pequeno porte, o valor final da multa aplicada será de R$ 800,00 (oitocentos reais) por empregado não registrado, art. 47 e § 1º, da CLT.

O parágrafo único do art. 41 da CLT impõe outra obrigação ao empregador. Por meio do citado dispositivo, além da qualificação civil ou profissional de cada trabalhador, deverão ser anotados todos os dados relativos à sua admissão no emprego, duração e efetividade do trabalho, a férias, acidentes e demais circunstâncias que interessem à proteção do trabalhador. Na hipótese de não serem informados esses dados, o empregador ficará sujeito à multa de R$ 600,00 (seiscentos reais) por empregado prejudicado, nos termos do art. 47-A da CLT.

3.10. Duração dos contratos de trabalho

O contrato individual de trabalho poderá ser acordado tácita ou expressamente, verbalmente ou por escrito, por prazo determinado ou indeterminado, ou para prestação de trabalho intermitente, art. 443 da CLT.

Em função do princípio da continuidade da relação de emprego, os contratos de trabalho são, em regra, por prazo indeterminado. Assim, presume-se (presunção relativa – *juris tantum*) que o contrato de trabalho tenha sido pactuado por prazo indeterminado, regra do sistema trabalhista brasileiro.

Excepcionalmente são admitidos, pela legislação, os contratos a termo ou por prazo determinado. Nesses contratos as partes já sabem previamente qual será a data de seu início e término, ou seja, o contrato é celebrado por certo lapso temporal. Este tipo de contrato somente poderá ser pactuado nos casos permitidos pela legislação em vigor.

Três modalidades de contratos a termo estão dispostos na própria CLT, em seu art. 443 e parágrafos, enquanto os demais estão previstos em legislações esparsas.

3.10.1. *Contratos por prazo determinado da CLT*

Para hipóteses de serviços cuja natureza ou transitoriedade justifique a predeterminação do prazo, para atividades empresarias de caráter transitório e por contrato de experiência, a CLT admite que o contrato de trabalho seja pactuado por prazo certo.

3.10.1.1. *Serviços cuja natureza ou transitoriedade justifiquem a predeterminação do prazo*

A CLT admite em seu art. 443, § 2º, "*a*", a contratação com prazo determinado em se tratando de serviço cuja natureza ou transitoriedade justifiquem a predeterminação do prazo.

Essa hipótese ocorrerá quando o serviço possuir caráter transitório, ou seja, é levada em consideração a natureza ou a periodicidade do serviço prestado, como, por exemplo, a contratação de um empregado para atender a um aumento transitório na produção de ovos de chocolate, no período de Páscoa.

3.10.1.2. *Atividades empresariais de caráter transitório*

Nas atividades empresariais de caráter transitório, diferentemente da hipótese estudada anteriormente, a própria atividade da empresa possui caráter transitório. Podemos citar como exemplo um restaurante que funciona apenas em certas épocas do ano, como no Natal ou Ano Novo.

Em ambas as hipóteses, o contrato não poderá exceder o período de 2 (dois) anos, admitindo-se apenas uma única prorrogação, desde que obedecido esse prazo máximo, ou seja, mesmo prorrogado o contrato não poderá exceder 2 (dois) anos.

3.10.1.3. *Contrato de experiência*

Disciplinado no art. 443, § 2º, "c", da CLT, é uma modalidade do contrato por prazo determinado, no qual as partes irão se testar mutuamente, ou seja, o empregador verificará se o empregado tem aptidão para exercer a função para a qual foi contratado e o empregado irá verificar se o empregador cumpre com suas obrigações em dia, se é tratado com civilidade etc.

O contrato de experiência não poderá exceder 90 dias e, também, só poderá ser prorrogado uma única vez, sempre observado o prazo máximo de sua duração.

É importante ressaltar a regra disposta no art. 452 da CLT que ensina ser necessário, entre uma contratação e outra, a observância de um período mínimo de 6 meses, sob pena de ser considerado contrato por prazo indeterminado.

O próprio art. 452, em sua parte final, traz exceção a essa regra. Assim, o empregador poderá contratar novamente com prazo determinado, mesmo antes do prazo de 6 meses:

a) caso a expiração do primeiro contrato tenha dependido da execução de serviços especializados: são hipóteses em que o profissional contratado exerce um serviço especializado, por exemplo, o profissional que montará um equipamento na empresa; permite-se a celebração de um novo contrato a prazo para a montagem de um novo maquinário;

b) caso a expiração do primeiro contrato ocorra pela realização de certos acontecimentos: ocorre com o trabalhador contratado para trabalhar em períodos de aumento de serviços, como no Natal, carnaval, férias, entre outros. Cessando esses acontecimentos, poderá haver nova contratação mesmo antes do período de 6 meses.

3.10.2. Rescisão nos contratos por prazo determinado

Os contratos com prazo determinado poderão se extinguir pelo seu termo ou, antecipadamente, por vontade de qualquer das partes.

Na primeira hipótese, o contrato se encerrará com o advento do seu termo. Porém, extinto antecipadamente o contrato de trabalho por vontade do empregador, nos termos do art. 479 da CLT, será este obrigado a pagar indenização correspondente à metade da remuneração a que teria direito até o termo do contrato. Caso seja o empregado que, sem justa causa, queira rescindir o contrato antes do prazo ajustado, será obrigado a indenizar o empregador dos prejuízos que desse fato lhe resultarem – art. 480 da CLT. Nesse caso, a indenização paga pelo empregado não poderá ser mais alta do que ele teria direito em iguais condições.

No entanto, é permitido às partes instituírem uma cláusula que cuide da hipótese de rescisão antecipada do contrato por prazo determinado pactuado. Nesses termos, convencionada a *cláusula assecuratória do direito recíproco de rescisão* e exercido tal direito por qualquer das partes, serão aplicados os princípios que regem a rescisão dos contratos por prazo indeterminado, em conformidade com o art. 481 da CLT, inclusive com a incidência de aviso-prévio.

É importante ressaltar que a regra contida no art. 479 da CLT não é aplicável aos contratos com prazo determinado disciplinados pela Lei 9.601/1998 por expressa vedação da art. 1º, § 1º, I, da Lei 9.601/1998.

3.10.3 Contrato de trabalho intermitente

Considera-se como intermitente o contrato de trabalho no qual a prestação de serviços, com subordinação, não é contínua, ocorrendo com alternância de períodos de prestação de serviços e de inatividade, determinados em horas, dias ou meses, independentemente do tipo de atividade do empregado e do empregador, exceto para os aeronautas, que são regidos por legislação própria, art. 443, § 3º, da CLT.

Por esse tipo de contrato de trabalho, o empregador celebrará um contrato com um empregado que ficará a sua disposição até ser "convocado" para o trabalho. Sempre que o empregador necessitar dos préstimos do empregado deverá avisá-lo, por qualquer meio eficaz, com pelo menos três dias de antecedência. O empregado, então, prestará serviços à empresa pelo período pactuado, seja qual for esse período, ou seja, duas horas, duas semanas, dois meses.

Importante ressaltar que os aeronautas, por possuírem legislação própria (Lei 13.475/2017) estão proibidos de celebrar contrato de trabalho intermitente, art. 443, § 3º, da CLT.

O contrato intermitente é um contrato de trabalho diferenciado que flexibiliza os períodos de prestação de serviço tanto para o empregado, quanto para o empregador, mas preserva ao empregado os benefícios da Previdência, FGTS etc.

Nos termos do art. 452-A da CLT o contrato de trabalho intermitente deve ser celebrado por escrito e deve conter especificamente o valor da hora de trabalho, que não pode ser inferior ao valor horário do salário mínimo ou àquele devido aos demais empregados do estabelecimento que exerçam a mesma função em contrato intermitente ou não.

3.10.3.1 Convocação do empregado

O empregador deverá convocar o empregado para prestar serviços por qualquer meio de comunicação eficaz, informando-o qual será a jornada, com, pelo menos, três dias corridos de antecedência, art. 452-A, § 1º, da CLT.

Recebida a convocação, o empregado terá o prazo de um dia útil para responder ao chamado. Caso não responda nesse prazo, ficará presumida a recusa. Importante notar que a recusa da oferta não descaracteriza a subordinação para fins do contrato de trabalho intermitente, art. 452-A, §§ 2º e 3º, da CLT.

Contudo, uma vez aceita a oferta de serviço, a parte (empregado ou empregador) que descumprir sem justo motivo, pagará à outra parte, no prazo de 30 dias, multa de 50% (cinquenta por cento) da remuneração que seria devida, permitida a compensação em igual prazo.

10.3.2 Pagamento

Na forma do art. 452-A, § 6º, da CLT, ao final de cada período de prestação de serviço, o empregado receberá o pagamento imediato das seguintes parcelas:

I – remuneração;

II – férias proporcionais com acréscimo de um terço;

III – décimo terceiro salário proporcional;

IV – repouso semanal remunerado; e

V – adicionais legais.

Importante notar que deverá ser fornecido ao empregado recibo de pagamento que deverá conter a discriminação dos valores pagos relativos a cada uma das parcelas supra mencionadas.

Por último, importante destacar que, a cada 12 meses, o empregado adquire direito a usufruir, nos 12 meses subsequentes, um mês de férias, período no qual não poderá ser convocado para prestar serviços pelo mesmo empregador. Ainda que o texto não traga expressamente a regra, como fazia a MP 808/2017, entendemos que o período de férias poderá ser usufruído em até três períodos, na forma do art. 134, §1º da CLT.

3.10.3.3 Período de inatividade

Período de inatividade é o intervalo temporal distinto daquele para o qual o empregado intermitente haja sido convocado e tenha prestado serviços. Em outras palavras, é o período em que o empregado ainda não foi convocado e, portanto, não está prestando serviços.

No contrato de trabalho intermitente, o período de inatividade não será considerado tempo à disposição do empregador e não será remunerado, hipótese em que restará descaracterizado o contrato de trabalho intermitente caso haja remuneração por tempo à disposição no período de inatividade. Nesse caso, portanto, estaremos diante de um contrato de trabalho contínuo, regra do sistema trabalhista.

Durante o período de inatividade, o empregado poderá prestar serviços de qualquer natureza a outros tomadores de serviço, que exerçam ou não a mesma atividade econômica, utilizando contrato de trabalho intermitente ou outra modalidade de contrato de trabalho.

3.10.3.4 Recolhimento de parcelas previdenciárias

Embora a percepção dos salários por parte dos empregados leve em conta o período efetivamente trabalhado em relação ao valor mensal dos salários, o recolhimento das contribuições previdenciárias próprias e do empregado e o depósito do FGTS, deverão ser recolhidas pelo empregador com base nos valores pagos no período mensal, devendo fornecer ao empregado comprovante do cumprimento dessas obrigações.

3.10.4 Contrato de trabalho temporário

Regulado pela Lei 6.019/1974, com as alterações trazidas pela Lei 13.429/2017 e Lei 13.467/2017 trabalho temporário é aquele prestado por pessoa física contratada por uma empresa de trabalho temporário que a coloca à disposição de uma empresa tomadora de serviços, para atender à necessidade de substituição transitória de pessoal permanente ou à demanda complementar de serviços. Consiste em uma das principais hipóteses de terceirização permitidas em nosso sistema jurídico, nos termos da Súmula 331, I, do TST.

A contratação do trabalho temporário somente será permitida, portanto, em duas hipóteses, quais sejam:

a) para atender à necessidade de substituição transitória de pessoal permanente ou

b) para atender à demanda complementar de serviços, considerando como tal aquela oriunda de fatores imprevisíveis ou, quando decorrente de fatores previsíveis, tenha natureza intermitente, periódica ou sazonal.

Havendo contratação fora dessas hipóteses, formar-se-á o vínculo diretamente com a empresa tomadora de serviços. Nesse caso, há responsabilidade solidária entre a empresa de trabalho temporário e a tomadora de serviços com relação aos créditos trabalhistas.

A contratação de um temporário ocorre por meio da chamada **empresa de trabalho temporário, que nos termos do art. 4º** é a pessoa jurídica, devidamente registrada no Ministério do Trabalho, responsável pela colocação de trabalhadores à disposição de outras empresas temporariamente. Nesse caso, configura-se uma *relação triangular*, na qual o trabalhador mantém relação jurídica com a empresa de trabalho temporário, que o coloca à disposição da empresa tomadora de serviços. O contrato de trabalho celebrado entre empresa de trabalho temporário e cada um dos trabalhadores colocados à disposição de uma empresa tomadora ou cliente será, obrigatoriamente, escrito e dele deverão constar, expressamente, os direitos conferidos aos trabalhadores. Será considerada nula de pleno direito qualquer cláusula de reserva, proibindo a contratação do trabalhador pela empresa tomadora ou cliente ao fim do prazo em que tenha sido colocado à sua disposição pela empresa de trabalho temporário.

O art. 4º da Lei 6.019/1974, com redação da Lei 13.429/2017 determina que empresa de trabalho temporário é a pessoa jurídica, devidamente registrada no Ministério do Trabalho. Portanto, não há possibilidade de ser uma pessoa física, nem mesmo um empresário individual, devendo ser necessariamente pessoa jurídica.

De outro lado, nos termos do art. 5º da Lei 6.019/1974 empresa tomadora de serviços é a pessoa jurídica ou entidade a ela equiparada que celebra contrato de prestação de trabalho temporário com a empresa.

Como vimos, a empresa de trabalho temporário deverá estar registrada no Ministério do Trabalho. São requisitos para funcionamento e registro da empresa de trabalho temporário no Ministério do Trabalho:

> I – prova de inscrição no Cadastro Nacional da Pessoa Jurídica (CNPJ), do Ministério da Fazenda;
>
> II – prova do competente registro na Junta Comercial da localidade em que tenha sede;
>
> III – prova de possuir capital social de, no mínimo, R$ 100.000,00 (cem mil reais).

Nos termos do art. 9º da Lei 6.019/74, redação dada pela Lei 13.429/2017, o contrato celebrado pela empresa de trabalho temporário e a tomadora de serviços será por escrito, ficará à disposição da autoridade fiscalizadora no estabelecimento da tomadora de serviços e conterá:

> I – qualificação das partes;
>
> II – motivo justificador da demanda de trabalho temporário;
>
> III – prazo da prestação de serviços;
>
> IV – valor da prestação de serviços;

O contrato de trabalho temporário poderá versar sobre o desenvolvimento de atividades-meio e atividades-fim a serem executadas na empresa tomadora de serviços.

Vale lembrar que, qualquer que seja o ramo da empresa tomadora de serviços, não existe vínculo de emprego entre ela e os trabalhadores contratados pelas empresas de trabalho temporário. Poderá ser reconhecido o vínculo de emprego caso seja reconhecida a pessoalidade ou subordinação.

3.10.4.1. Prazo

O contrato de trabalho temporário, com relação ao mesmo empregador, não poderá exceder ao prazo de 180 (cento e oitenta) dias, consecutivos ou não. No entanto, poderá ser prorrogado por até 90 (noventa) dias, consecutivos ou não, desde que comprovada a manutenção das condições que o ensejaram.

O trabalhador temporário que cumprir o período de 180 (cento e oitenta) e de 90 (noventa) dias, somente poderá ser colocado à disposição da mesma tomadora de serviços em novo contrato temporário, após 90 (noventa) dias do término do contrato anterior. A contratação anterior a esse período caracterizará vínculo de emprego com a tomadora de serviços.

O art. 4º-A da Lei 6.019/1974 trata da figura terceirização. Por meio dessa pactuação a empresa denominada "contratante" celebra contrato de prestação de serviços determinados e específicos com a empresa denominada "prestadora de serviços".

Não podemos confundir a contratação de trabalho temporário (Lei 6.019/1974 com redação dada pela Lei 13.429/2017) com a terceirização, estudada no item 6.2.5.3, que diz respeito a transferência de determinadas atividades da empresa, que serão exercidas por empresas distintas e especializadas. Trata-se de institutos jurídicos distintos, portanto.

3.10.4.2 Direitos assegurados ao trabalhador temporário

Nos termos do art. 12 da Lei 6.019/1974 são assegurados ao trabalhador temporário os seguintes direitos:

a) remuneração equivalente à percebida pelos empregados de mesma categoria da empresa tomadora ou cliente calculados à base horária, garantida, em qualquer hipótese, a percepção do salário mínimo regional;

b) jornada de oito horas, remuneradas as horas extraordinárias não excedentes de duas;

c) férias proporcionais,

d) repouso semanal remunerado;

e) adicional por trabalho noturno;

f) indenização por dispensa sem justa causa ou término normal do contrato, correspondente a 1/12 (um doze avos) do pagamento recebido;

g) seguro contra acidente do trabalho;

h) proteção previdenciária.

3.11.4. Contrato por prazo determinado da Lei 9.601/1998

Diferentemente da modalidade prevista na CLT, em que a contratação deve ocorrer para serviços cuja natureza ou transitoriedade justifique a predeterminação do prazo ou para atividades empresariais de caráter transitório, a lei em comento admite a contratação do obreiro para quaisquer atividades na empresa.

A lei, no entanto, condiciona a contratação à prévia negociação coletiva, com a respectiva assinatura de acordo ou convenção coletiva.

No respectivo instrumento – acordo coletivo ou convenção coletiva, as partes estabelecerão indenização para as hipóteses de rescisão antecipada do contrato, seja por iniciativa do empregador seja por iniciativa do empregado, tendo em vista que, nos termos do art. 1º, I, da lei, a indenização estipulada nos arts. 479 e 480 da CLT não é aplicável aos obreiros contratados pela Lei 9.601/1998. Desta forma, o acordo coletivo ou a convenção coletiva estabelecerá a indenização por rescisão antecipada do contrato, não se aplicando, portanto, a multa de 40% sobre os depósitos do FGTS, bem como o aviso-prévio.

No instrumento coletivo ficarão estabelecidas, também, as multas pelo descumprimento das cláusulas nele estabelecidas.

Nos termos do art. 1º, § 4º, da Lei 9.601/1998, à gestante, ao dirigente sindical, ainda que suplente, ao empregado eleito para cargo de direção de comissões internas de prevenção de acidentes, ao empregado acidentado, nos termos do art. 118 da Lei 8.213/1991, são garantidas as estabilidades provisórias, durante a vigência do contrato por prazo determinado, que não poderá ser rescindido antes do prazo estipulado pelas partes.

A contratação deverá, ainda, representar um acréscimo no número de empregados da empresa, tudo em conformidade com o art. 1º, *caput*, da Lei 9.601/1998 que dispõe: "As convenções e os acordos coletivos de trabalho poderão instituir contrato de trabalho por prazo determinado, de que trata o art. 443 da Consolidação das Leis do Trabalho – CLT, independentemente das condições estabelecidas em seu § 2º, em qualquer atividade desenvolvida pela empresa ou estabelecimento, para admissões que representem acréscimo no número de empregados."

O prazo máximo de sua duração é de 2 (dois) anos, sendo permitidas inúmeras prorrogações, desde que obedecido o prazo máximo de duração.

É importante saber que a regra contida no art. 451 consolidado, que ensina que o contrato de trabalho por prazo determinado que, tácita ou expressamente, for prorrogado mais de uma vez passará a vigorar sem determinação de prazo, não é aplicável a essa espécie de contratação com base no § 2º do art. 1º da Lei 9.601/1998.

3.11.5. Contrato do trabalhador rural por pequeno prazo

Trata-se de um contrato por prazo determinado que somente poderá ser firmado por pessoa física, não sendo admitida a contratação por pessoa jurídica, em razão da própria redação do art. 14-A da Lei 5.889/1973.

O prazo da contratação é regulado pelo § 1º do art. 14-A, o qual prescreve que a contratação não poderá exceder, dentro do período de 1 (um) ano, 2 (dois) meses e, caso não seja respeitado esse prazo, será automaticamente convertido em contrato por prazo indeterminado.

O dispositivo em estudo nos mostra, também, que é permitida a prorrogação do contrato de trabalho rural por pequeno prazo, por quantas vezes se mostrar necessário, desde que obedeça ao prazo máximo de 2 meses, dentro do período de 1 ano, sob pena de se tornar contrato por prazo indeterminado.

Em razão do princípio da isonomia, são assegurados ao trabalhador contratado por pequeno prazo todos os direitos assegurados ao emprego rural comum.

A inclusão do trabalhador rural contratado nessa modalidade na Guia de Recolhimento do Fundo de Garantia do Tempo de Serviço e Informações à Previdência Social – GFIP é obrigatória por parte do empregador.

3.12. Contrato de empreitada

Disciplinada nos arts. 610 a 626 do CC, a empreitada pode ser definida, conforme as lições de Maria Helena Diniz (em *Código Civil Anotado*, 8ª ed., São Paulo, Saraiva, 2002, p. 397) como o "contrato pelo qual um dos contraentes (empreiteiro) se obriga, sem subordinação ou dependência, a realizar, pessoalmente ou por meio de terceiro, certa obra para o outro (dono da obra ou comitente), com material próprio ou por este fornecido, mediante remuneração determinada ou proporcional ao trabalho executado".

Portanto, a empreitada objetiva a entrega de uma obra mediante o pagamento de um preço.

Nota-se que nos contratos de empreitada não está presente o elemento subordinação, mas sim a autonomia.

O empreiteiro é um profissional que vende seus serviços para outras pessoas, fornecendo a mão de obra e os materiais ou tão somente a mão de obra. Assim, verifica-se que o empreiteiro, para o desenvolvimento de suas atividades, possui uma equipe de trabalhadores, que são seus empregados.

Portanto, entre o empreiteiro e seus empregados, temos diversos contratos de trabalho, ao passo que, no contrato entre o empreiteiro e o dono da obra, temos um contrato de empreitada, nos moldes da lei civil.

3.12.1. Subempreitada

Ocorrerá a subempreitada sempre que o empreiteiro principal efetuar a contratação de outros empreiteiros (subempreiteiros) para o cumprimento de suas obrigações contratuais.

Ao contratar um subempreiteiro, o empreiteiro principal, além dos riscos quanto à realização da obra, assume as obrigações trabalhistas, em conformidade com o art. 455 da CLT:

> **Art. 455.** Nos contratos de subempreitada responderá o subempreiteiro pelas obrigações derivadas do contrato de trabalho que celebrar, cabendo, todavia, aos empregados, o direito de reclamação contra o empreiteiro principal pelo inadimplemento daquelas obrigações por parte do primeiro.

Desta forma, caso não adimplidas as obrigações trabalhistas pelo subempreiteiro, os empregados poderão reclamar do empreiteiro principal o cumprimento delas.

3.12.1.1. Responsabilidade do dono da obra

A responsabilidade pelo pagamento das obrigações trabalhistas não pode recair sobre o dono da obra. Não pode o dono da obra ser responsabilizado pelas obrigações trabalhistas do empreiteiro e subempreiteiro.

Nesse sentido o TST se pronunciou por meio da Orientação Jurisprudencial 191 da SDI 1 do TST:

> ORIENTAÇÃO JURISPRUDENCIAL 191 DA SDI 1 DO TST – CONTRATO DE EMPREITADA. DONO DA OBRA DE CONSTRUÇÃO CIVIL. RESPONSABILIDADE
>
> Diante da inexistência de previsão legal específica, o contrato de empreitada de construção civil entre o dono da obra e o empreiteiro não enseja responsabilidade solidária ou subsidiária nas obrigações trabalhistas contraídas pelo empreiteiro, salvo sendo o dono da obra uma empresa construtora ou incorporadora.

4. EFEITOS RELACIONADOS AO CONTRATO DE TRABALHO

Como vimos o contrato de trabalho é do tipo sinalagmático, ou seja, gera direitos e obrigações para ambas as partes. O contrato de trabalho é, portanto, um negócio jurídico cujos efeitos podem ser classificados como próprios e subsidiários.

4.1. Efeitos próprios do contrato de trabalho

Os efeitos próprios do contrato de trabalho decorrem de sua natureza e objeto. Assim, podemos dizer que o contrato de trabalho deve ser executado de acordo com a **boa-fé**, tanto por parte do empregado como por parte do empregador. Daí decorre o dever de colaboração das partes, em que têm a obrigação de dar à outra todo o suporte necessário para permitir a execução de boa-fé do contrato.

4.1.1. Obrigações do empregado e empregador

A principal obrigação do empregado é a prestação de seus serviços ao empregador com fidelidade, diligência e assiduidade.

Já para o empregador a principal obrigação consiste no pagamento do salário como contraprestação pelos serviços prestados pelo obreiro. Existe, ainda, a obrigação de dar trabalho ao empregado e possibilitar a execução normal dos serviços, proporcionando os meios necessários, inclusive com observância das normas de segurança e medicina do trabalho, por meio de fornecimento de EPIs (Equipamentos de Proteção Individual).

O empregador também possui o dever de anotação do contrato de trabalho na CTPS do obreiro, concessão de férias e intervalos para repouso e alimentação.

Outrossim, traduz como efeito próprio do contrato de trabalho o dever de respeito a dignidade e personalidade moral do empregado, devendo abster-se de praticar atos que causem dano moral que firam a dignidade do obreiro.

4.2. Efeitos subsidiários do contrato de trabalho

Esses efeitos não possuem relação direta com o contrato de trabalho, não decorrem do objeto central de obrigações estipuladas em contrato, mas por serem decorrentes dele, ou seja, por terem surgido em função do contrato de trabalho, se submetem à sua estrutura jurídica.

Nesse contexto, se destacam como efeitos subsidiários do contrato de trabalho os direitos intelectuais devidos ao empregado em razão de invenção ou de realização de obra intelectuais, bem como indenizações por danos morais ou patrimoniais, praticados pelo empregador ou seus prepostos, em decorrência do pacto laboral.

4.2.1. Direitos intelectuais

São proveitos jurídicos que decorrem da criação intelectual do empregado, através de produção literária, artística ou até mesmo científica, ou ainda, por invenção.

Os direitos da propriedade industrial são regulados pelo art. 5º, XXIX, da CF, Lei 9.279/1996 e Decreto 2.553/1998.

Os direitos da propriedade industrial são assegurados em função de uma invenção ou de um modelo de utilidade. A invenção consiste em uma criação originária, a criação de algo que antes não existia. Já o modelo de utilidade, consiste no aperfeiçoamento de algo já existente.

Nessa linha, sempre que a invenção ou modelo de utilidade forem decorrentes do objeto central do contrato de trabalho, ou seja, se resultarem dos serviços para os quais o empregado foi contratado, pertencerão ao empregador, nos termos do art. 88 da Lei 9.279/1996, podendo o empregador conceder ao empregado participação nos ganhos resultantes, mediante negociação, nos termos do art. 89 da citada lei.

No entanto, em conformidade com o art. 90 da Lei 9.279/1996 se a invenção ou o modelo de utilidade forem desenvolvidos pelo empregado, fora do objeto central do pacto laboral, ou seja, desde que desvinculado do contrato de trabalho sem a utilização de recursos, meios, dados, materiais, instalações ou equipamentos do empregador, pertencerão exclusivamente a ele, empregado.

Já a propriedade de invenção ou de modelo de utilidade será comum, em partes iguais, quando resultar da contribuição pessoal do empregado e de recursos, dados, meios, materiais, instalações ou equipamentos do empregador, ressalvada expressa disposição contratual em contrário, é o que dispõe o art. 91 da Lei 9.279/1996.

4.2.2. Dano moral e dano material

Nas lições de Maria Helena Diniz (em *Curso de Direito Civil brasileiro: responsabilidade civil*, 9ª ed., São Paulo, Saraiva, 1995, p. 48), "dano é o prejuízo causado à pessoa, ou seja, lesão a bem ou interesse jurídico, podendo ser de ordem material ou moral".

O dano material implica lesão aos bens materiais da pessoa. Compreende os danos emergentes e os lucros cessantes.

Já o dano moral afeta os direitos da pessoa humana, ou seja, os direitos da personalidade, violando a honra, a fama, a intimidade etc. O dano material, por outro lado, relaciona-se com a lesão aos direitos de ordem patrimonial.

Nos domínios do Direito do Trabalho, o dano moral trabalhista é aquele oriundo da relação de trabalho, ou seja, ocorrido no âmbito laboral.

O direito à indenização por danos morais e materiais decorrentes da relação de trabalho que o ofendido possui encontra amparo constitucional na proteção aos valores sociais do trabalho, art. 1º, IV, da CF, dignidade da pessoa humana, disposta no art. 5º, *caput*, da CF; proibição de qualquer forma de discriminação, art. 3º, IV e art. 7º, XXX, XXXI e XXXII, da CF; direito de resposta proporcional ao agravo, além de indenização por dano material, moral e à imagem, art. 5º, V, da CF, inviolabilidade da intimidade, da vida privada, da honra e da imagem das pessoas, assegurado o direito a indenização pelo dano material e moral decorrente de sua violação, art. 5º, X, da CF; proteção da saúde e da integridade física do trabalhador, assegurado o direito a indenização quando o empregador incorrer em dolo ou culpa, art. 7º XXII e XXVIII, da CF.

No plano infraconstitucional o Código Civil pátrio cuida do cumprimento do texto constitucional nos arts. 186 e 927, que assim dispõem:

> **Art. 186.** Aquele que, por ação ou omissão voluntária, negligência ou imprudência, violar direito e causar dano a outrem, ainda que exclusivamente moral, comete ato ilícito.
>
> **Art. 927.** Aquele que, por ato ilícito (arts. 186 e 187), causar dano a outrem, fica obrigado a repará-lo.
>
> **Parágrafo único.** Haverá obrigação de reparar o dano, independentemente de culpa, nos casos especificados em lei, ou quando a atividade normalmente desenvolvida pelo autor do dano implicar, por sua natureza, risco para os direitos de outrem.

4.2.2.1. Prática de ato discriminatório

A prática de ato discriminatório, qualquer que seja sua natureza, impõe ao empregador o dever de indenizar o empregado.

Como vimos, a discriminação por motivo de sexo, idade cor, estado civil e deficiência física ou mental é expressamente proibida pela Constituição Federal em seu art. 7º, incisos XXX e, XXXI.

Contudo, nos termos do art. 1º da Lei 9.029/1995 "é proibida a adoção de qualquer prática discriminatória e limitativa para efeito de acesso à relação de trabalho, ou de sua manutenção, por motivo de sexo, origem, raça, cor, estado civil, situação familiar, deficiência, reabilitação profissional, idade, entre outros, ressalvadas, nesse caso, as hipóteses de proteção à criança e ao adolescente previstas no inciso XXXIII do art. 7º da Constituição Federal". Havendo a prática de ato discriminatório por parte do empregador ou seus prepostos, além da indenização por dano moral assegurado ao empregado e sanções penais cabíveis, nos termos do art. 2º da lei em debate, o empregador poderá sofrer multa administrativa de dez vezes o valor do maior salário pago pelo empregador, elevado em 50% em caso de reincidência e a proibição de obter empréstimo ou financiamento junto a instituições financeiras oficiais, é o que determina o art. 3º da Lei 9.029/1995.

Havendo o rompimento da relação de trabalho por ato discriminatório, além do direito à reparação pelo dano moral, é facultado ao empregado optar entre:

I – a readmissão com ressarcimento integral de todo o período de afastamento, mediante pagamento das remunerações devidas, corrigidas monetariamente, acrescidas dos juros legais ou;

II – a percepção, em dobro, da remuneração do período de afastamento, corrigida monetariamente e acrescida dos juros legais.

Importante lembrar que a dispensa do empregado portador do vírus HIV ou de outra doença grave que capaz de gerar estigma ou preconceito é presumida discriminatória, assegurando ao empregado o direito à reintegração no emprego. É o que dispõe a súmula 443 do TST:

SÚMULA 443 TST – DISPENSA DISCRIMINATÓRIA. PRESUNÇÃO. EMPREGADO PORTADOR DE DOENÇA GRAVE. ESTIGMA OU PRECONCEITO. DIREITO À REINTEGRAÇÃO

Presume-se discriminatória a despedida de empregado portador do vírus HIV ou de outra doença grave que suscite estigma ou preconceito. Inválido o ato, o empregado tem direito à reintegração no emprego.

4.2.2.2. *Ofensa à intimidade*

A ofensa à dignidade está inserida no âmbito de proteção da dignidade da pessoa humana, art. 5º, *caput*, da CF, devendo ser assegurado, também, no seu ambiente de trabalho. Sua preservação deve ser respeitada antes mesmo da celebração do contrato de trabalho, ou seja, na fase pré-contratual, fase de seleção do empregado, como por exemplo, a exigência de exames médicos, psicotécnicos etc. A exigência fora do razoável, poderá ferir o direito à intimidade do obreiro.

O uso de câmeras de vigilância e escutas está cada vez mais comum no âmbito das relações de trabalho. Todavia, o uso excessivo do poder de fiscalização por parte do empregador pode representar ofensa à intimidade do empregado.

A utilização desses equipamentos é proibida em banheiros e refeitórios, sendo permitido seu uso nas demais áreas da empresa, desde que o empregado tenha conhecimento e não seja realizada de maneira ostensiva.

O monitoramento de correspondências, ainda que eletrônicas (email), encontra proteção no art. 5º, XII, da CF, que assim dispõe:

Art. 5º. (...)

XII – é inviolável o sigilo da correspondência e das comunicações telegráficas, de dados e das comunicações telefônicas, salvo, no último caso, por ordem judicial, nas hipóteses e na forma que a lei estabelecer para fins de investigação criminal ou instrução processual penal;

Esse monitoramento poderá ser realizado desde que o empregado seja avisado que o empregador passará a adotar tal conduta e, ainda, seja realizada no email fornecido pela empresa a ser utilizado para questões de trabalho. Os emails pessoas do empregado não poderão ser monitorados pelo empregador, sob pena de ser violado seu direito à intimidade e sigilo das correspondências.

A revista em pertences do empregado somente será admitida se for realizada na presença dele e desde que não seja realizada de maneira invasiva e violenta. A revista corporal, bem como a revista íntima, não são aceitas, tendo em vista agredirem a dignidade do trabalhador.

4.2.3. *Responsabilidade indenizatória*

Para que se possa atribuir responsabilidade ao empregador, mister se faz a presença de 3 requisitos;

a) Dano: o dano deve ser moral ou material

b) Nexo causal: ligação entre a conduta praticada pelo empregador ou seus prepostos e o dano sofrido e apontado pelo empregado;

c) Culpa: a conduta deve ter sido cometida por ação ou omissão do empregador ou seus prepostos mediante culpa, ou seja, por negligência, imprudência ou imperícia do empregador ou seus prepostos.

Trata-se, portanto, de responsabilidade subjetiva do empregador causada aos seus empregados.

No entanto, no que diz respeito à responsabilidade do empregador por acidente do trabalho, devemos nos utilizar da teoria da objetivação da responsabilidade civil, defendida por Maurício Godinho Delgado em *Curso de Direito do Trabalho, 9ª edição*, "tratando-se de atividade empresarial, ou de dinâmica laborativa (independentemente da atividade da empresa), fixadoras de riscos para os trabalhadores envolvidos, desponta a exceção ressaltada pelo parágrafo único do art. 927 do CCB/2002, tornando objetiva a responsabilidade empresarial por danos acidentários (responsabilidade em face do risco).

Portanto, a responsabilidade objetiva do empregador se mostra exceção à regra, devendo ser aplicada especificamente nos casos de acidente do trabalho, somente se a empresa desenvolver atividade que implique, por sua natureza, riscos para os trabalhadores envolvidos. Nos demais casos, será aplicado a regra geral, ou seja, a responsabilidade subjetiva, que dependerá da comprovação de culpa do empregador ou seus prepostos.

4.3. Dano extrapatrimonial

De acordo com a redação dada pela Lei 13.467/2017 a CLT cuida do tema nos arts. 223-A a 223-G ao dispor sobre o dano extrapatrimonial.

Nessa linha, ensina o art. 223-B da CLT que causa dano de natureza extrapatrimonial a ação ou omissão que ofenda a esfera moral ou existencial da pessoa física ou jurídica, as quais são as titulares exclusivas do direito à reparação.

O dano extrapatrimonial poderá ser sofrido por pessoas físicas (pessoas naturais) e também por pessoas jurídicas.

Nos termos do art. 223-C da CLT são os bens juridicamente tutelados inerentes à pessoa física: a honra, a imagem, a intimidade, a liberdade de ação, a autoestima, a sexualidade, a saúde, o lazer e a integridade física.

Com relação às pessoas jurídicas, são bens juridicamente tutelados: a imagem, a marca, o nome, o segredo empresarial e o sigilo da correspondência inerentes à pessoa jurídica, art. 223-D da CLT.

4.3.1 Responsabilidade por dano extrapatrimonial

Todos aqueles que tenham colaborado para a ofensa ao bem jurídico tutelado serão responsáveis pelo dano extrapatrimonial, na proporção de sua ação ou omissão.

Importante destacar que o pedido de danos extrapatrimoniais poderá ser cumulado com a indenização por danos materiais decorrentes do mesmo ato lesivo, hipótese em que, ao proferir a decisão, o juízo deverá discriminar os valores das indenizações a título de danos patrimoniais e das reparações por danos de natureza extrapatrimonial.

Ao apreciar o pedido, o juízo considerará:

a) a natureza do bem jurídico tutelado;

b) a intensidade do sofrimento ou da humilhação;

c) a possibilidade de superação física ou psicológica;

d) os reflexos pessoais e sociais da ação ou da omissão;

e) a extensão e a duração dos efeitos da ofensa;

f) as condições em que ocorreu a ofensa ou o prejuízo moral;

g) o grau de dolo ou culpa;

h) a ocorrência de retratação espontânea;

i) o esforço efetivo para minimizar a ofensa;

j) o perdão, tácito ou expresso;

l) a situação social e econômica das partes envolvidas;

m) o grau de publicidade da ofensa.

Caso o Juízo julgue procedente o pedido, deverá fixar a reparação a ser paga com base em um dos seguintes parâmetros, sendo vedada a acumulação:

I – ofensa de natureza leve: até 3 vezes o último salário contratual do ofendido;

II – ofensa de natureza média: até 5 vezes o último salário contratual do ofendido;

III – ofensa de natureza grave: até 20 vezes o último salário contratual do ofendido; ou

IV – ofensa de natureza gravíssima: até 50 vezes o último salário contratual do ofendido.

Importante lembrar que se o ofendido for pessoa jurídica, os mesmos critérios serão levados em consideração, porém a indenização será fixada em relação ao salário contratual do ofensor.

Na ocorrência de reincidência, entre partes idênticas, o juízo poderá elevar ao dobro o valor da indenização, art. 223-G, § 3º, da CLT.

5. ASSÉDIO MORAL

O assédio moral se caracteriza por condutas reiteradas de violência psicológica capazes de causar desequilíbrio emocional e doenças de ordem psíquicas ou até mesmo físicas.

No assédio moral, o trabalhador é exposto a situações constrangedoras, repetitivas e prolongadas durante seu labor no exercício de suas funções.

A intolerância contínua, o exagero de ordens e cobranças desproporcionais em relação a um empregado podem configurar o assédio moral.

Mauricio Godinho Delgado (em *Curso de Direito do Trabalho*, 8ª ed., São Paulo, LTr, 2009, p. 1122) ensina: "registre-se que, entre os dispositivos que podem incidir sobre o denominado assédio moral do empregador sobre o empregado (alíneas *a, b, d, e e f* do art. 483 da CLT), este é, certamente, de maneira geral, o mais apropriado".

Contudo, além da hipótese mais comum, que é o assédio moral por parte do empregador, também chamado de assédio moral vertical descendente, poderá ocorrer também o assédio por parte do "colega" de trabalho que ocupa a mesma posição hierárquica, conhecido como assédio moral horizontal ou, ainda, por grupo de empregados em posição hierarquicamente inferior, chamado de assédio moral vertical ascendente.

O assédio moral praticado pelo empregador é capaz de gerar indenização por danos morais.

6. SUJEITOS DA RELAÇÃO DE EMPREGO

6.1. Empregado

O conceito de empregado vem disciplinado no art. 3º da CLT, que ensina: "considera-se empregado toda pessoa física que prestar serviços de natureza não eventual a empregador, sob a dependência deste e mediante salário".

Desta forma, é considerado empregado todo trabalhador que prestar serviços a um empregador.

Os requisitos já foram devidamente estudados quando tratamos do contrato de trabalho e de toda forma serão aqui aplicáveis.

6.1.1. Espécies de empregados

Podemos destacar algumas espécies de empregados, ou modalidades especiais de empregados:

6.1.1.1. Empregados domésticos

A Lei 5.859/1972 que cuidava do empregado doméstico foi revogada expressamente pela Lei Complementar 150/2015, nos termos do seu art. 46.

A Constituição Federal prevê os direitos assegurados ao empregado doméstico no parágrafo único do art. 7º, alterado pela Emenda Constitucional 72, de 02.04.2013.

A redação dada ao parágrafo único do art. 7º da CF pela Emenda Constitucional 72/2013 assim dispõe:

> **"Art. 7º ...**
>
> **Parágrafo único.** São assegurados à categoria dos trabalhadores domésticos os direitos previstos nos incisos IV, VI, VII, VIII, X, XIII, XV, XVI, XVII, XVIII, XIX, XXI, XXII, XXIV, XXVI, XXX, XXXI e XXXIII e, atendidas as condições estabelecidas em lei e observada a simplificação do cumprimento das obrigações tributárias, principais e acessórias, decorrentes da relação de trabalho e suas peculiaridades, os previstos nos incisos I, II, III, IX, XII, XXV e XXVIII, bem como a sua integração à previdência social."

Criada com o intuito de equiparar os direitos dos empregados domésticos, a citada Emenda acrescentou direitos antes garantidos somente aos empregados urbanos e rurais, tais como: indenização em caso de dispensa imotivada; seguro desemprego; FGTS obrigatório; garantia de salário, nunca inferior ao mínimo, para os que percebem remuneração variável; adicional noturno; proteção do salário, sendo crime a retenção dolosa de pagamento; salário-família; jornada de trabalho de 8 horas por dia e 44 por semana; direito a hora extra; observância de norma de higiene, saúde e segurança no trabalho; auxílio creche e pré-escola para os filhos e dependentes até os 5 anos de idade; seguro contra acidente de trabalho; proibição de discriminação em relação à pessoa com deficiência; proibição do trabalho noturno, perigoso ou insalubre aos menores de 16 anos.

No entanto, por expressa determinação do texto constitucional, alguns direitos dependiam de regulamentação e outros seriam de aplicação imediata.

Assim, em 02.06.2015 após mais de dois anos de debates no Congresso Nacional, foi publicada a Lei Complementar 150/2015 que além de regulamentar os direitos assegurados ao empregado doméstico, trouxe uma série de novos direitos, revogando, como dito, a Lei 5.859/1972.

A LC 150/2015 conceitua em seu art. 1º o empregado doméstico como sendo aquele que presta serviços de forma continua, subordinada, onerosa e pessoal e de finalidade não lucrativa à pessoa ou à família, no âmbito residencial destas, por mais de 2 (dois) dias por semana.

A grande novidade trazida no conceito acaba com uma grande discussão jurisprudencial e doutrinária, considerando o que seria o requisito da "não eventualidade" ou "habitualidade" aquele prestado por mais de dois dias na semana. Portanto, para ser considerado empregado doméstico, deverá o empregado trabalhar, no mínimo, 3 dias por semana. Ficam excluídos os trabalhadores eventuais, que vão à residência da pessoa ou família uma ou duas vezes por semana.

A LC 150/2015 determina, também, a proibição da contratação do empregado doméstico menor de 18 anos, seguindo a orientação prevista na Convenção 182 da OIT.

6.1.1.1.2. Contrato de empregado doméstico com prazo determinado

A LC 150/2015 prevê em seu art. 4º a figura do contrato com prazo determinado para o empregado doméstico.

Por meio do citado dispositivo admite-se o contrato por prazo certo do empregado doméstico em 3 hipóteses, a saber:

a) contrato de experiência: será utilizado para que as partes se testem mutuamente antes de firmarem um contrato com prazo indeterminado.

O contrato de experiência não poderá exceder 90 (noventa) dias. Permite-se que seja prorrogado uma única vez, desde que a soma dos dois períodos não ultrapasse 90 (noventa) dias.

Caso o contrato de experiência não seja prorrogado após o decurso de seu prazo previamente estabelecido ou caso ultrapasse o período de 90 (noventa) dias, havendo a continuidade do serviço, o contratato passará a vigorar por prazo indeterminado.

b) para atender necessidades familiares de natureza transitória: será utilizado sempre que por necessidade transitória a pessoa ou família necessitar de um empregado doméstico. Imaginemos a hipótese de que pessoa uma família sofre procedimento cirúrgico e, por consequência, necessitará de repouso por período de 1 ano. Nesse caso, a família poderá fazer uso do contrato com prazo certo.

c) para substituição temporária de empregado doméstico com contrato de trabalho interrompido ou suspenso: caso o contrato do empregado doméstico com a pessoa ou família esteja interrompido, como por exemplo: licença-maternidade, férias etc. ou suspenso, como suspensão disciplinar, licença remunerada etc., o empregador poderá contratar outro empregado doméstico por prazo determinado.

Nessas duas últimas hipóteses, a duração do contrato de trabalho é limitada ao término do evento que motivou a contratação, obedecido o limite máximo de 2 (dois) anos. Embora a lei não seja expressa quanto à possibilidade de prorrogação nessas modalidades de contrato com prazo certo, deve ser aplicada, por força do art. 19 da LC 150/2015, a regra disposta no texto consolidado que permite a esse tipo de contrato uma única prorrogação dentro do limite máximo de 2 anos determinado em lei, arts. 445 e 451 da CLT.

6.1.1.1.3. Rescisão antecipada nos contratos com prazo determinado

Disciplinada no art. 6º da LC 150/2015, a norma ensina que durante a vigência dos contratos com prazo determinado, o empregador que, sem justo motivo, despedir o empregado ficará obrigado a pagar-lhe, a título de indenização, metade da remuneração a que teria direito até o termo do contrato.

No entanto, caso seja o empregado quem queira se desligar antes do término do prazo determinado estipulado, ficará ele obrigado a indenizar seu empregador dos prejuízos que desse fato lhe resultarem. Nessa hipótese a indenização não poderá exceder aquela a que teria direito o empregado em idênticas condições, art. 7º LC 150/2015.

Nos contratos com prazo determinado não poderá ser exigido o aviso-prévio, nos termos do art. 8º da lei.

No entanto, por força do art. 19 da L 150/2015 sustentamos a aplicabilidade da cláusula assecuratória do direito recíproco de rescisão ou cláusula de rescisão antecipada, disposta no art. 481 da CLT. Nesse caso, havendo interesse em qualquer das partes em extinguir o contrato de trabalho antecipadamente, aplicam-se as regras que regem a rescisão dos contratos por prazo indeterminado.

6.1.1.1.4. Jornada de trabalho

A jornada de trabalho do empregado doméstico está regulada no art. 2º e não poderá exceder 8 (oito) horas diárias e 44 (quarenta e quatro) semanais, devendo a hora extraordinária ser remunerada em, no mínimo, 50% (cinquenta por cento) superior ao valor da hora normal, devendo o empregador proceder o registro do horário de trabalho do empregado doméstico por qualquer meio manual, mecânico ou eletrônico, desde que idôneo, independente do número de empregados.

Permite-se o regime de compensação por acordo individual de trabalho escrito entre o empregado e empregador, hipótese em que será dispensado o pagamento de horas extraordinárias, desde que o excesso de horas trabalhadas em um dia for compensado em outro.

Havendo estipulação do acordo será devido o pagamento das 40 horas mensais excedentes ao horário normal de trabalho, como horas extraordinárias, ou seja, com acréscimo de 50%. O saldo das horas que excederem as 40 primeiras horas mensais será compensado em no máximo 1 ano. Como exemplo, imaginemos que um empregado doméstico laborou 60 horas extras no mês; as primeiras 40 horas deverão ser remuneradas como horas extraordinárias e as demais, compensadas no período máximo de 1 ano.

O art. 2º, § 5º, II, da lei permite que das primeiras 40 horas extras mensais sejam deduzidas, sem o pagamento, as horas não trabalhadas em razão da redução da duração normal de trabalho ou de dia útil não trabalhado, durante o mês.

Assim, se um empregado laborou 60 horas extras no mês, das 40 primeiras horas, serão deduzidas, sem o pagamento, as horas que ele deixou de trabalhar, no mês, em razão de redução de sua jornada normal de trabalho ou de dia que deveria trabalhar e não trabalhou, optando por descanso naquele dia.

A lei possibilita, ainda, em seu art. 10 estabelecer jornada de trabalho de 12 (doze) horas seguidas por 36 (trinta e seis) horas ininterruptas de descanso.

É prevista a figura do regime de trabalho de tempo parcial, entendida como aquela cuja duração não exceda 25 (vinte e cinco) horas semanais, regra diferente daquela prevista para os demais trabalhadores prevista no art. 59-A da CLT. Para o empregado que labore nesse regime, a duração normal do trabalho do empregado doméstico nesse mesmo regime poderá ser acrescida de horas suplementares, em número não excedente a 1 (uma) hora diária, mediante acordo escrito entre empregador e empregado, com limite máximo de 6 horas por dia.

A nova lei deixa claro em seu art. 16 que é devido ao empregado doméstico descanso nos dias de feriados, estabelecendo também que o repouso semanal remunerado dos empregados domésticos deve ser, preferencialmente, aos domingos. Se, excepcionalmente, o empregado doméstico trabalhou nos domingos ou feriados, o trabalho deverá ser compensado. Caso não haja compensação, a remuneração do domingo e/ou feriado deverá ser paga em dobro, sem prejuízo da remuneração do repouso semanal, em conformidade com o art. 2º, § 8º, da LC 150/2015.

6.1.1.1.5. Trabalho noturno

Acompanhando a previsão celetista, a LC 150/2015 nos termos do art. 14 considera noturno, o trabalho executado entre as 22 horas de um dia e as 5 horas do dia seguinte, devendo ser aplicada a regra da hora fictamente reduzida de 52 (cinquenta e dois) minutos e 30 (trinta) segundos.

A remuneração do trabalho noturno terá acréscimo de, no mínimo, 20% (vinte por cento) sobre o valor da hora diurna. No entanto, em se tratando de empregado contratado para trabalhar exclusivamente no período noturno, o acréscimo será calculado sobre o salário anotado na Carteira de Trabalho e Previdência Social.

Para o labor executado em horários mistos, entendidos como aqueles que abrangem períodos diurnos e noturnos, as regras do trabalho noturno aplicam-se somente às horas de trabalho noturno.

6.1.1.1.6. Empregado doméstico em viagem

Em seu art. 11 a LC 150/2015 trata da figura do empregado doméstico em viagem. Para esse tipo de atividade a lei impõe a obrigatoriedade de acordo escrito entre as partes prevendo o acompanhamento do empregador pelo empregado em viagens.

Nessa modalidade de labor serão consideradas efetivas, ou seja, tempo à disposição do empregador, somente as horas efetivamente trabalhadas no período de viagens. Horas extraordinárias poderão ser compensadas em outro dia, respeitando as regras do acordo de compensação dispostas nos §§ 4º, 5º e 6º do art. 2º acima estudado.

De acordo com a lei, as horas de trabalho prestado em viagens deverão ser remuneradas em no mínimo, 25% superior ao valor do salário-hora normal. Existindo acordo escrito entre as partes, essa remuneração extraordinária poderá ser convertida em acréscimo no banco de horas, a ser utilizado a critério do empregado.

No caso de acompanhamento de viagem, as despesas com alimentação, além do transporte e hospedagem, ficarão por conta do patrão. Isso porque o art. 18, parte final, determina que o empregador doméstico não poderá efetuar descontos no salário do empregado por despesas com transporte, hospedagem e alimentação.

6.1.1.1.7. Intervalos para descanso

Os intervalos, o tempo de repouso, as horas não trabalhadas, os feriados e os domingos livres em que o empregado que mora no local de trabalho nele permaneça não serão computados como horário de trabalho.

Nos termos do art. 13 da LC 150/2015 é obrigatória a concessão de intervalo para repouso ou alimentação pelo período de, no mínimo, 1 (uma) hora e, no máximo, 2 (duas) horas, admitindo-se, mediante prévio acordo escrito entre empregador e empregado, sua redução a 30 (trinta) minutos.

Note que para que seja considerada lícita a redução do intervalo, basta o acordo escrito entre o empregado e empregador.

Caso o empregado resida na casa o intervalo intrajornada poderá ser desmembrado em 2 períodos, desde que cada um tenha o mínimo de 1 hora, até o limite de 4 horas por dia.

A lei prevê também o período de intervalo interjornada, ou seja, o intervalo para descanso entre um dia e outro de trabalho. Nessa linha estabelece o art. 15 da LC 150/2015 que entre 2 (duas) jornadas de trabalho deve haver período mínimo de 11 (onze) horas consecutivas para descanso.

6.1.1.1.8. Férias

Nos termos do art. 17 da LC 150/2015 após cada período de 12 (doze) meses de trabalho prestado à mesma pessoa ou família, o empregado doméstico terá direito a férias anuais remuneradas de 30 (trinta) dias, com acréscimo de, pelo menos, um terço do salário normal.

A critério do empregador, esse período poderá ser fracionado em dois períodos, sendo que 1 deles deverá ser de, no mínimo, 14 dias corridos.

Desde que requerido até 30 (trinta) dias antes do término do período aquisitivo, é facultado ao empregado doméstico converter um terço do período de férias a que tiver direito em abono pecuniário, no valor da remuneração que lhe seria devida. Trata-se de um direito potestativo do empregado doméstico que se requerido no prazo legal, o empregador não poderá recusar.

Em se tratando de empregado em regime de tempo parcial, nos termos do § 3º do art. 3º da LC 150/2015 o período de férias será da seguinte proporção:

I – 18 (dezoito) dias, para a duração do trabalho semanal superior a 22 (vinte e duas) horas, até 25 (vinte e cinco) horas;

II – 16 (dezesseis) dias, para a duração do trabalho semanal superior a 20 (vinte) horas, até 22 (vinte e duas) horas;

III – 14 (quatorze) dias, para a duração do trabalho semanal superior a 15 (quinze) horas, até 20 (vinte) horas;

IV – 12 (doze) dias, para a duração do trabalho semanal superior a 10 (dez) horas, até 15 (quinze) horas;

V – 10 (dez) dias, para a duração do trabalho semanal superior a 5 (cinco) horas, até 10 (dez) horas;

VI – 8 (oito) dias, para a duração do trabalho semanal igual ou inferior a 5 (cinco) horas.

6.1.1.1.9. Aplicação subsidiária da CLT aos empregados domésticos

Nos termos do art. 7º, *a*, da CLT os preceitos dispostos no texto consolidado não são aplicáveis aos empregados domésticos, que eram regulados pela Lei 5.859/1972, com as alterações trazidas pela Lei 11.324/2006, revogadas pela LC 150/2015.

No entanto, a própria LC 150/2015 determina em seu art. 19 que: "*Observadas as peculiaridades do trabalho doméstico, a ele também se aplicam as Leis 605, de 05.01.1949, 4.090, de 13.07.1962, 4.749, de 12.08.1965, e 7.418, de 16.12.1985, e, subsidiariamente, a Consolidação das Leis do Trabalho (CLT), aprovada pelo Decreto-Lei 5.452, de 01.05.1943.*" (grifou-se).

Portanto, diante da regra disposta no novel dispositivo legal, ao empregado doméstico aplicam-se as regras dispostas na LC 150/2015 e, ainda, nas Leis 605/1949 (lei que regula o repouso semanal remunerado e o pagamento de salário nos dias feriados civis e religiosos) e na Lei 7.418/1985 (Lei do Vale-Transporte). No entanto, havendo omissão nesses diplomas legais a CLT funcionará como fonte subsidiária, mas sempre observando as particularidades do trabalho doméstico.

6.1.1.1.10. Descontos no salário do empregado doméstico

O princípio da intangibilidade salarial ensina que o empregado deve receber seu salário de forma integral, ou seja, não poderá o empregador efetuar descontos no salário desse trabalhador.

Pois bem, esse princípio foi consagrado na atual redação do art. 18 da LC 150/2015, de modo que não é permitido ao empregador doméstico efetuar descontos no salário do empregado por fornecimento de alimentação, vestuário, higiene ou moradia. O dispositivo legal continua vedando, também, o desconto por despesas com transporte, hospedagem e alimentação em caso de acompanhamento em viagem, como acima estudado. Oportuno lembrar que referidas parcelas não possuem natureza salarial, art. 18, § 3º, LC 150/2015.

Desta forma, o empregador não poderá descontar de seu caseiro, por exemplo, valores referentes a sua alimentação ou descontar valores cobrados a título de estadia pelo fato de dormirem na residência, na medida em que os gastos com o negócio são sempre do empregador, e não do empregado.

Porém, se a despesa com moradia se referir à residência diversa àquela em que ele empregado presta serviços e se houver consentimento expresso das partes, o empregador poderá descontar do empregado esses valores, é o que dispõe o § 2º do art. 18 da lei.

Vale dizer que caso o empregador forneça moradia ao empregado doméstico na própria residência ou em morada anexa, de qualquer natureza, não irá gerar para empregado qualquer direito de posse ou de propriedade sobre aquela moradia.

Além da hipótese acima tratada, o § 1º do art. 18 prevê situações em que são permitidos descontos no salário do doméstico.

Ensina a lei que mediante acordo escrito entre às partes é permitido o desconto no salário do empregado doméstico para sua inclusão em planos de assistência médico-hospitalar e odontológica; de seguro e de previdência privada e, ainda, em se tratando de adiantamento de salário, sendo que o total dos descontos não poderá ultrapassar 20% (vinte por cento) do salário.

6.1.1.1.11. Vale-transporte

Como se sabe o vale-transporte é um direito dos empregados, inclusive do empregado doméstico, nos termos do art. 1º, II, do Decreto 95.247/1987.

Assim, a Lei 7.418/1985 que institui o Vale-Transporte, em seu art. 4º impõe ao empregador a obrigação de adquirir os vales-transporte necessários ao deslocamento do empregado. Nesse mesmo sentido, o art. 5º do Decreto 95.247/1987 veda ao empregador substituir o Vale-Transporte por antecipação em dinheiro ou qualquer outra forma de pagamento.

Todavia, tendo em vista a peculiar relação entre o empregado e o empregador doméstico, o parágrafo único do art. 19 da LC 150/2015 é expresso ao permitir que o empregador substitua a seu critério, a obrigação que possui de adquirir os vales-transporte necessários aos deslocamentos do empregado, pela concessão desses valores diretamente ao empregado.

Dispõe o parágrafo único do art. 19:

> "A obrigação prevista no art. 4º da Lei 7.418, de 16.12.1985, poderá ser substituída, a critério do empregador, pela concessão, mediante recibo, dos valores para a aquisição das passagens necessárias ao custeio das despesas decorrentes do deslocamento residência-trabalho e vice-versa."

Em outras palavras, o empregador doméstico poderá pagar o vale-transporte em dinheiro para o empregado. Assim, ao invés de comprar o vale-transporte e entregar para o empregado doméstico, poderá lhe repassar, mediante recibo, esses valores, se desincumbindo da obrigação imposta pelo art. 4º da Lei 7.418/1985.

Assim, ao empregador doméstico não se aplica a regra imposta aos demais tipos de empregadores, esculpida no o art. 5º do Decreto 95.247/1987.

6.1.1.1.12. FGTS para o empregado doméstico

Dispõe o art. 21 da LC 150/2015:

> É devida a inclusão do empregado doméstico no Fundo de Garantia do Tempo de Serviço (FGTS), na forma do regulamento a ser editado pelo Conselho Curador e pelo agente operador do FGTS, no âmbito de suas competências, conforme disposto nos arts. 5º e 7º da Lei 8.036, de 11.05.1990,

inclusive no que tange aos aspectos técnicos de depósitos, saques, devolução de valores e emissão de extratos, entre outros determinados na forma da lei.

Referido dispositivo legal determina que o Conselho Curador do FGTS edite resolução regulamentando a inclusão do empregado doméstico no FGTS.

Desta forma, considerando a necessidade de garantir o direito ao FGTS dos empregados domésticos no âmbito de seus contratos de trabalho, em 25.09.2015 foi publicada a Resolução 780 do Conselho Curador do Fundo de Garantia do Tempo de Serviço.

Por meio da Resolução 780/2015 do Conselho Curador do FGTS o empregado doméstico terá direito ao FGTS, obrigatoriamente, somente a partir de 01.10.2015. Portanto, ainda que o contrato de trabalho do empregado doméstico esteja em vigor na data de publicação da LC 150/2015, a inclusão do empregado doméstico no sistema do FGTS apenas se tornou obrigatória a partir dessa data.

A inclusão do empregado doméstico no FGTS deverá ser solicitada pelo empregador, mediante requerimento com informações dos eventos que envolvem a atividade profissional.

De acordo com a Resolução 780/2015 do Conselho Curador do FGTS, cabe ao Agente Operador do FGTS, que é a Caixa Econômica Federal, regulamentar as disposições complementares, de modo a viabilizar o depósito, os saques, a devolução de valores e a emissão de extratos, inclusive no que tange às relações de trabalho existentes a partir de março de 2000, data que o FGTS passou a ser facultativo, mediante requerimento do empregador, de acordo com o art. 1º do Decreto 3.361/2000. Atualmente, a definição dos procedimentos operacionais é feita pela Caixa Econômica Federal (CEF), agente operador do Fundo, por meio das Circulares 694 de 25 de setembro de 2015 e 696 de 27 de outubro de2015.

Para o FGTS, a alíquota será de 8%, com o recolhimento de um percentual mensal de 3,2% (três inteiros e dois décimos por cento) sobre a remuneração devida, no mês anterior, a cada empregado, destinada ao pagamento da indenização compensatória da perda do emprego, sem justa causa ou por culpa do empregador.

Assim, caso o empregado doméstico seja demitido imotivadamente ou se a rescisão se der por culpa do empregador, os valores serão levantados pelo empregado doméstico como indenização por despedida arbitrária ou sem justa causa.

Contudo, ocorrendo a dispensa por justa causa do empregado doméstico ou se ele pedir demissão no emprego, bem como por término do contrato de trabalho por prazo determinado, aposentadoria e falecimento do empregado doméstico, esses valores depositados serão movimentados pelo empregador.

No entanto, havendo culpa recíproca metade desses valores será movimentada pelo empregado, enquanto a outra metade será movimentada pelo empregador.

Os valores de 3,2% destinados a indenização compensatória da perda do emprego serão depositados na conta vinculada do empregado, em variação distinta daquela em que se encontrarem os valores oriundos dos depósitos mensais de 8% e somente poderão ser movimentados por ocasião da rescisão contratual.

6.1.1.1.13. Aviso-prévio

À relação entre o empregador e empregado doméstico serão aplicadas as regras como para todos os demais empregados em geral, inclusive a regra do aviso-prévio proporcional previsto na Lei 12.506/2011, de acordo com os arts. 23 e 24 da LC 150/2015.

6.1.1.1.14. Estabilidade provisória/garantia de emprego

O art. 25, parágrafo único, da LC 150/2015 assegura garantia no emprego para a empregada doméstica gestante desde a confirmação do estado de gravidez até 5 meses após o parto, direito previsto na alínea "b" do inciso II do art. 10 do Ato das Disposições Constitucionais Transitórias.

A lei é expressa ao assegurar à empregada doméstica gestante a garantia de emprego durante o curso do contrato de trabalho, ainda que durante o prazo do aviso-prévio trabalhado ou indenizado.

Há de se ressaltar que pela própria redação do parágrafo único do art. 25, a garantia de emprego aqui debatida deverá ser assegurada tanto para os contratos com prazo indeterminado como para os contratos com prazo determinado, dispostos no art. 4º da própria lei.

Nesse mesmo sentido sustenta o TST em sua Súmula 244, item III:

III – A empregada gestante tem direito à estabilidade provisória prevista no art. 10, inciso II, alínea "b", do Ato das Disposições Constitucionais Transitórias, mesmo na hipótese de admissão mediante contrato por tempo determinado.

6.1.1.1.15. Rescisão do contrato de trabalho

Regulamentando o direito assegurado ao empregado doméstico esculpido no art. 7º, I, da CF, que disciplina a multa por despedida arbitrária ou sem justa causa, a LC 150/2015 determina que o empregador doméstico deposite a importância de 3,2% sobre a remuneração devida, no mês anterior, ao empregado, que se destinará ao pagamento da indenização compensatória em caso de perda do emprego, sem justa causa ou por culpa do empregador.

Assim, caso o empregado venha a ser demitido sem justa causa ou se o término do contrato se deu por justa causa do empregador (art. 27, parágrafo único, LC 150/2015) o empregado irá levantar essa importância a título de indenização compensatória.

No entanto, se o empregado doméstico for demitido por justa causa, se pedir demissão, término do contrato de trabalho por prazo determinado, de aposentadoria e de falecimento do empregado doméstico, os valores previstos no *caput* serão movimentados pelo empregador.

Havendo término do contrato por culpa recíproca, cada um ficará com uma metade, ou seja, metade de todo valor depositado ficará com o empregado e a outra metade com o empregador.

Por essa razão não se aplica ao empregado doméstico a multa de 40% sobre os depósitos de FGTS, disposta nos §§ 1º a 3º do art. 18 da Lei 8.036/1990.

6.1.1.1.16. Justa causa do empregado doméstico

As hipóteses de justa causa do empregado domésticos estão dispostas no art. 27 da LC 150/2015, que assim dispõe:

> **Art. 27.** Considera-se justa causa para os efeitos desta Lei:
>
> I – submissão a maus tratos de idoso, de enfermo, de pessoa com deficiência ou de criança sob cuidado direto ou indireto do empregado;
>
> II – prática de ato de improbidade;
>
> III – incontinência de conduta ou mau procedimento;
>
> IV – condenação criminal do empregado transitada em julgado, caso não tenha havido suspensão da execução da pena;
>
> V – desídia no desempenho das respectivas funções;
>
> VI – embriaguez habitual ou em serviço;
>
> VII – (Vetado);
>
> VIII – ato de indisciplina ou de insubordinação;
>
> IX – abandono de emprego, assim considerada a ausência injustificada ao serviço por, pelo menos, 30 (trinta) dias corridos;
>
> X – ato lesivo à honra ou à boa fama ou ofensas físicas praticadas em serviço contra qualquer pessoa, salvo em caso de legítima defesa, própria ou de outrem;
>
> XI – ato lesivo à honra ou à boa fama ou ofensas físicas praticadas contra o empregador doméstico ou sua família, salvo em caso de legítima defesa, própria ou de outrem;
>
> XII – prática constante de jogos de azar.

A lei traz um novo rol de situações que ensejam a dispensa por justa causa do empregado doméstico. Trata-se de um rol taxativo, dispensando, portanto, a aplicação do art. 482 da CLT.

6.1.1.1.17. Justa causa do empregador doméstico – Rescisão indireta

O empregado doméstico poderá dar por rescindido o contrato por culpa de seu empregador, nos termos do art. 27, parágrafo único da LC 150/2015, nas seguintes hipóteses:

I – o empregador exigir serviços superiores às forças do empregado doméstico, defesos por lei, contrários aos bons costumes ou alheios ao contrato;

II – o empregado doméstico for tratado pelo empregador ou por sua família com rigor excessivo ou de forma degradante;

III – o empregado doméstico correr perigo manifesto de mal considerável;

IV – o empregador não cumprir as obrigações do contrato;

V – o empregador ou sua família praticar, contra o empregado doméstico ou pessoas de sua família, ato lesivo à honra e à boa fama;

VI – o empregador ou sua família ofender o empregado doméstico ou sua família fisicamente, salvo em caso de legítima defesa, própria ou de outrem;

VII – o empregador praticar qualquer das formas de violência doméstica ou familiar contra mulheres de que trata o art. 5º da Lei 11.340, de 07.08.2006.

Assim como nas hipóteses de justa causa do empregado acima estudadas, a lei traz um novo rol de situações que ensejam o reconhecimento da justa causa do empregador doméstico. Trata-se de um rol taxativo, dispensando, portanto, a aplicação do art. 483 da CLT.

6.1.1.1.18. Seguro desemprego

Nos termos do art. 26 da LC 150/2015 o empregado doméstico que for dispensado sem justa causa fará jus ao benefício do seguro-desemprego no valor de 1 (um) salário mínimo, por período máximo de 3 (três) meses, de forma contínua ou alternada.

Por outro lado, o benefício será cancelado, nos termos do § 2º do art. 26:

I – pela recusa, por parte do trabalhador desempregado, de outro emprego condizente com sua qualificação registrada ou declarada e com sua remuneração anterior;

II – por comprovação de falsidade na prestação das informações necessárias à habilitação;

III – por comprovação de fraude visando à percepção indevida do benefício do seguro-desemprego; ou

IV – por morte do segurado.

6.1.1.1.19. Fiscalização do Trabalho

O cumprimento de todas as normas dispostas na LC 150/2015 serão fiscalizadas pelo Auditor-Fiscal do Trabalho.

Na prática, o empregador doméstico receberá o Auditor-Fiscal do Trabalho em sua residência e o acompanhará para que seja feita a fiscalização.

Assim dispõe o art. 44 da LC 150/2015 que deu nova redação ao art. 11-A da Lei 10.593/2002,

> **Art. 11-A.** A verificação, pelo Auditor-Fiscal do Trabalho, do cumprimento das normas que regem o trabalho do empregado doméstico, no âmbito do domicílio do empregador, dependerá de agendamento e de entendimento prévios entre a fiscalização e o empregador.
>
> § 1º A fiscalização deverá ter natureza prioritariamente orientadora.
>
> § 2º Será observado o critério de dupla visita para lavratura de auto de infração, salvo quando for constatada infração por falta de anotação na Carteira de Trabalho e Previdência Social ou, ainda, na ocorrência de reincidência, fraude, resistência ou embaraço à fiscalização.
>
> § 3º Durante a inspeção do trabalho referida no *caput*, o Auditor-Fiscal do Trabalho far-se-á acompanhar pelo empregador ou por alguém de sua família por este designado.

6.1.1.2. *Empregado rural*

As relações de emprego rural são reguladas pela Lei 5.889/1973 e Decreto 73.626/1974.

Dispõe o art. 2º da Lei 5.889/1973 que empregado rural é toda pessoa física que, em propriedade rural ou prédio rústico, presta serviços de natureza não eventual a empregador rural, sob a dependência deste e mediante salário. É, portanto, aquele que presta serviços nas atividades da agricultura ou da pecuária a um empregador rural, em propriedade rural ou prédio rústico, entendido como sendo aquele prédio situado em zona urbana, mas dedicado à atividade rural.

Nos termos do art. 3º da Lei 5.889/1973 considera-se empregador, rural a pessoa física ou jurídica, proprietário ou não, que explore atividade agroeconômica, em caráter permanente ou temporário, diretamente ou através de prepostos e com auxílio de empregados.

Por sua vez, atividade agroeconômica é a atividade agrícola, pastoril ou pecuária que não se destina, exclusivamente, ao consumo de seus proprietários.

Dispõe o § 1º do mesmo dispositivo legal que inclui-se na atividade econômica, além da exploração industrial em estabelecimento agrário não compreendido na CLT, a exploração do turismo rural suplementar à exploração agroeconômica.

Equipara-se ao empregador rural, a pessoa física ou jurídica que, habitualmente, em caráter profissional, e por conta de terceiros, execute serviços de natureza agrária, mediante utilização do trabalho de outrem.

Desta forma, podemos dizer que é a natureza da atividade econômica desenvolvida no estabelecimento agrário que determinará se a empresa é rural ou urbana. Não é a natureza do trabalho prestado pelo empregado que definirá a sua categoria como rural ou urbano, mas sim a atividade do empregador.

Assim, se um estabelecimento é destinado à exploração agrícola ou pecuária, o trabalhador é considerado rural, mas se as atividades são comerciais ou industriais e não agroeconômica, o trabalhador será considerado urbano. Como exemplo, podemos citar o caso de uma fazenda de cultivo de cana de açúcar que possui uma usina de açúcar. Nesse caso, os trabalhadores que prestam serviços na usina não são rurais, pois a atividade é tipicamente industrial.

Embora como critério geral para a caracterização do empregado como rural seja estabelecido de acordo com a categoria do empregador, como se vê na súmula 196 do STF: *"Ainda que exerça atividade rural, o empregado de empresa industrial ou comercial é classificado de acordo com a categoria do empregador"*, entende o TST que em relação aos empregados que trabalham em empresas de reflorestamento que, tecnicamente sejam consideradas empresas urbanas, os seus empregados serão considerados rurícolas, em conformidade com o entendimento consubstanciado na OJ 38 da SDI 1, que assim dispõe:

OJ 38 SDI 1 do TST – Trabalhador rural. Rurícola. Empresa de reflorestamento. Prescrição do rurícola. Lei 5.889/1973, art. 10. Dec. 73.626/74, art. 2º, § 4º.

O empregado que trabalha em empresa de reflorestamento, cuja atividade está diretamente ligada ao manuseio da terra e de matéria-prima, é rurícola e não industriário, nos termos do Dec. 73.626, de 12/02/74, art. 2º, § 4º, pouco importando que o fruto de seu trabalho seja destinado à indústria. Assim, aplica-se a prescrição própria dos rurícolas aos direitos desses empregados.

Assim, para que se possa caracterizar a relação de emprego rural é necessário: que o trabalho seja desenvolvido para empregador rural; que o trabalho seja desenvolvido em propriedade rural ou prédio rústico.

Por força do art. 7º, *caput*, da CF, seus direitos foram totalmente equiparados aos direitos dos trabalhadores urbanos. Além disso, o Decreto 73.626/74 indica expressamente em seu art. 4º quais os dispositivos legais da CLT e de outras leis extravagante que são aplicáveis ao empregado rural.

Podemos apontar algumas especificidades em relação ao empregado rural:

I-) Trabalho noturno

Devemos diferenciar o trabalho exercido nas atividades de agricultura e o desenvolvido na pecuária.

Na lavoura, o período noturno é aquele desenvolvido entre 21 horas de um dia até às 5 horas do dia seguinte, ao passo que na pecuária será o período compreendido entre as 20 horas de um dia até 4 horas do dia seguinte, nos termos do art. 7º da Lei 5.889/1973.

É importante mencionar que no âmbito rural, seja na agricultura, seja na pecuária, não se aplica a regra da "hora fictamente reduzida".

Outra peculiaridade consiste no adicional devido aos trabalhadores que exercem suas atividades no período noturno. Esse adicional difere, também, para os empregados dos âmbitos urbano e rural.

O trabalho noturno exercido no âmbito urbano é de 20%, ao passo que no âmbito rural, por não terem os obreiros a jornada reduzida, seu adicional será de 25%.

II-) Trabalho extraordinário

Determina o art. 7º do Decreto 73.626/1974 que a duração normal do trabalho poderá ser acrescida de horas suplementares, em número não excedente de 2 (duas), mediante acordo escrito entre o empregador e o empregado ou mediante contrato coletivo de trabalho.

III-) Intervalos para descanso

O art. 5º, *1ª parte*, da Lei 5.889/1973 e o art. 5º do Decreto 73.626/1974 regulam o intervalo intrajornada do empregado rural e determina que em qualquer trabalho contínuo com duração superior a 6 (seis) horas, deverá ser concedido um intervalo para repouso ou alimentação observados os usos e costumes da região. Assim, como para os empregados urbanos o período destinado ao repouso e alimentação não será computando na duração do trabalho

O meso art. 5º, *parte final*, bem como o art. 6º do Decreto 73.626/1974 regulam o intervalo interjornada ao dispor que entre duas jornadas de trabalho haverá um período mínimo de onze horas consecutivas para descanso.

O trabalho intermitente é aquele que, por sua natureza, seja normalmente executado em duas ou mais etapas diárias distintas, desde que haja interrupção do trabalho de, no mínimo, 5 (cinco) horas, entre uma e outra parte da execução da tarefa.

Os intervalos entre uma e outra parte da execução da tarefa diária não serão computados, como de efetivo exercício, devendo essa característica ser expressamente ressalvada na CTPS do empregado.

IV-) Descontos no salário

As hipóteses que permitem descontos no salário do obreiro estão previstas no art. 9º da Lei 5.889/1973 e art. 16 do Decreto 73.626/1974, são elas:

a) até o limite de 20% (vinte por cento) pela ocupação da morada.

Sempre que mais de um empregado residir na mesma morada, o desconto será dividido proporcionalmente ao número de empregados. É vedada, em qualquer hipótese, a moradia coletiva de famílias;

b) até o limite de 25% (vinte por cento) pelo fornecimento de alimentação sadia e farta, atendidos os preços vigentes na região;

c) adiantamentos em dinheiro.

Importante notar que, nos termos da parte final do art. 9º estudado, os percentuais dos descontos efetuados no salário do obreiro deverão ser calculados sobre o salário mínimo. Essas deduções deverão ser previamente autorizadas, sem o que serão nulas de pleno direito, art. 9º, § 1º, da Lei 5.889/1973.

V-) Redução da jornada de trabalho no aviso-prévio

Caso o empregador promova a rescisão do pacto laboral, durante o período de aviso prévio o empregado rural terá direito a um dia por semana, sem prejuízo do salário integral, para que possa buscar um novo lugar no mercado de trabalho, é o que determina o art. 15 da Lei 5.889/1973.

VI-) Fornecimento de escola

Nos termos do art. 16 da Lei 5.889/1973 toda propriedade rural, que mantenha a seu serviço ou trabalhando em seus limites mais de 50 famílias de trabalhadores, é obrigada a possuir e conservar em funcionamento escola primária, inteiramente gratuita, para os filhos destes, com tantas classes quantos sejam os filhos destes, com tantas classes quantos sejam os grupos de 40 crianças em idade escolar.

A matrícula da população em idade escolar será obrigatória, sem qualquer outra exigência, além da certidão de nascimento, para cuja obtenção o empregador proporcionará todas as facilidades aos responsáveis pelas crianças.

VII-) Contrato de safra. O contrato de safra é um tipo de contrato por prazo determinado e pode ser entendido como aquele cuja duração dependa de variações estacionais das atividades agrárias, assim entendidas as tarefas normalmente executadas no período compreendido entre o preparo do solo para o cultivo e a colheita.

Caso o contrato de trabalho seja rescindido normalmente, poderá o safrista levantar os depósitos efetuados na conta do FGTS do empregado. Isso porque, a CF/1988 assegurou igualdade de direitos entre os empregados urbanos e rurais, inclusive os safristas. Desta forma, a multa disciplinada no art. 14 da Lei 5.889/1973 e art. 20 do Decreto 73.626/1974 não foi recepcionada pela atual Constituição Federal.

Todavia, ocorrendo dispensa sem justa causa do safrista, antes do término do prazo contratual, o empregador ficará obrigado a pagar ao empregado, à título de indenização compensatória, multa de 40% sobre o saldo existente na conta de FGTS do empregado, sem prejuízo da multa do art. 479 da CLT. No entanto, caso o empregado, sem justo motivo, queira se desligar antes do término do contrato deverá indenizar o empregador dos prejuízos que desse fato lhe resultarem, nos termos do art. 480 da CLT, caso em que a indenização não poderá exceder àquela a que teria direito o empregado em idênticas condições.

VIII-) Contrato de trabalho rural por pequeno prazo

Remetemos o leitor ao item 3.8.5.

6.1.1.3. *Empregado em domicílio*

Empregado em domicílio é aquele que trabalha na sua própria residência. Nessa linha, o art. 83 da CLT define o trabalho em domicílio como aquele executado na habitação do empregado ou em oficina de família, por conta de empregador que o remunere, sendo garantido o salário mínimo.

Importante frisar que o art. 6º da CLT, com a nova redação dada pela Lei 12.551/2011, leciona que não se distingue entre o trabalho realizado no estabelecimento do empregador, o executado no domicílio do empregado e o realizado a distância, desde que estejam caracterizados os pressupostos da relação de emprego. Os requisitos da relação de emprego já foram estudados, mas apenas para recordar, vale dizer que são eles: subordinação jurídica, onerosidade, pessoa física, pessoalidade, habitualidade e alteridade.

Visando a atender, portanto, o trabalho em domicílio, o parágrafo único do art. 6º consolidado equipara os meios telemáticos e informatizados de comando, controle e supervisão, para fins de subordinação jurídica, aos meios pessoais e diretos de comando, controle e supervisão do trabalho alheio.

Desta forma, o período em que o empregado permanecer em sua residência recebendo ordens emanadas de seus superiores hierárquicos representará, nos termos do art. 4º da CLT, tempo à disposição do empregador, devendo ser computado na jornada de trabalho do empregado.

6.1.1.4. *Empregado aprendiz*

O art. 428 da CLT define o contrato de aprendizagem como sendo um contrato de trabalho especial, ajustado por escrito e por prazo determinado, em que o empregador se compromete a assegurar ao maior de 14 (quatorze) e menor de 24 (vinte e quatro) anos, inscrito em programa de aprendizagem, formação técnico-profissional metódica, compatível com o seu desenvolvimento físico, moral e psicológico, e o aprendiz, a executar com zelo e diligência as tarefas necessárias a essa formação.

Aprendiz é, portanto, o empregado maior de 14 anos e o menor de 24 anos que celebra contrato de aprendizagem.

É importante mencionar que o limite de idade máxima estabelecido de 24 anos não se aplica a aprendizes portadores de deficiência, nos termos do § 5º do art. 428 consolidado.

O contrato de aprendizagem não poderá ser estipulado por prazo superior a 2 (dois) anos, exceto quando se tratar de aprendiz portador de deficiência.

A contratação do aprendiz poderá ser efetivada pela empresa na qual se realizará a aprendizagem ou por entidades sem fins lucrativos que tenham por objetivo a assistência ao adolescente e à educação profissional, registradas no Conselho Municipal dos Direitos da Criança e do Adolescente.

O aprendiz é, portanto, um empregado, pois possui vínculo de emprego com a empresa contratante. No entanto, é importante ressaltar que a contratação efetivada através de entidades sem fins lucrativos que objetivam a assistência ao adolescente e à educação profissional não gera vínculo de emprego entre o aprendiz e a empresa tomadora dos serviços.

A validade do contrato de aprendizagem está condicionada à anotação na carteira de trabalho, matrícula e frequência do aprendiz na escola, caso o aprendiz não tenha concluído o ensino médio, e inscrição em programa de aprendizagem desenvolvido sob orientação de entidade qualificada em formação técnico-profissional metódica.

Para os aprendizes que não tenham concluído o ensino médio, a matrícula e a frequência em escola serão obrigatórias. No entanto, caso não haja na localidade oferta de ensino médio, a contratação do aprendiz poderá ocorrer sem a frequência à escola, mas desde que ele já tenha concluído o ensino fundamental.

A duração do trabalho do aprendiz não poderá exceder 6 (seis) horas diárias, sendo vedadas a prorrogação e a compensação de jornada.

O contrato de aprendizagem será extinto no seu termo ou quando o aprendiz completar 24 anos, ressalvada a proposição quanto ao portador de necessidades especiais.

Porém, poderá cessar de forma antecipada havendo desempenho insuficiente ou inadaptação do aprendiz, falta disciplinar grave, ausência injustificada à escola que provoque perda do ano letivo ou, ainda, a pedido do aprendiz.

Vale dizer que nas hipóteses de cessação antecipada do contrato, não serão aplicadas as indenizações previstas nos arts. 479 e 480 da CLT.

Por último, nos termos do art. 429 da CLT os estabelecimentos de qualquer natureza são obrigados a empregar e matricular nos cursos dos Serviços Nacionais de Aprendizagem número de aprendizes equivalente a 5% (cinco por cento), no mínimo, e 15% (quinze por cento), no máximo, dos trabalhadores existentes em cada estabelecimento, cujas funções demandem formação profissional.

A Lei 12.594/2012 incluiu o § 2º no citado dispositivo, determinando que os estabelecimentos deverão ofertar vagas de aprendizes a adolescentes usuários do Sistema Nacional de Atendimento Socioeducativo (Sinase) nas condições a serem dispostas em instrumentos de cooperação celebrados entre os estabelecimentos e os gestores dos Sistemas de Atendimento Socioeducativo locais.

6.1.1.5. Diretor de sociedade

Considera-se diretor empregado aquele que, participando ou não do risco do empreendimento, seja contratado ou promovido para cargo de direção, mantendo as características inerentes à relação de emprego.

6.1.1.6. Empregado público

Os empregados públicos ocupam empregos públicos, subordinados às normas da CLT, e são contratados por prazo indeterminado para exercício de funções na administração direta, autárquica e fundacional. Trata-se do servidor público regido pela CLT.

É aquele que ocupa emprego público criado por lei, em decorrência de aprovação em concurso público. Possui vínculo de emprego, sendo regido pela CLT, podendo atuar na Administração Direta, autarquias, fundações e associações públicas, empresas públicas e sociedade de economia mista.

Os empregados públicos, assim como os servidores estatutários, em regra, somente poderão ser admitidos ao serviço público por meio de concurso público, de acordo com redação do art. 37, II, da CF. Em algumas situações, como a prevista no art. 198, §§ 4º e 5º, da CF, é permitida a contratação sem concurso, por meio de um processo seletivo público.

6.1.1.7. Mãe social

As instituições sem finalidade lucrativa, ou de utilidade pública de assistência ao menor abandonado, e que funcionem pelo sistema de casas-lares, poderão contratar mães sociais visando a propiciar ao menor as condições familiares ideais ao seu desenvolvimento e reintegração social.

Desta forma, em conformidade com o art. 2º da Lei 7.644/1987, é considerada mãe social aquela que, dedicando-se à assistência ao menor abandonado, exerça o encargo em nível social, dentro do sistema de casas-lares. Casa-lar é a unidade residencial sob responsabilidade de mãe social, que poderá abrigar até 10 (dez) menores.

A mãe social é, portanto, empregada da instituição de assistência ao menor abandonado e tem como atribuições: propiciar o surgimento de condições próprias de uma família, orientando e assistindo os menores colocados sob seus cuidados, devendo, igualmente, administrar o lar, realizando e organizando as tarefas a ele pertinentes e dedicar-se, com exclusividade, aos menores e à casa-lar que lhes forem confiados.

A mãe social deverá, ainda, residir, juntamente com os menores que lhe forem confiados, na casa-lar que lhe for destinada.

À mãe social são assegurados os seguintes direitos: anotação na carteira de trabalho, remuneração não inferior ao salário mínimo, repouso semanal remunerado de 24 horas consecutivas, apoio técnico, administrativo e financeiro no desempenho de suas funções, férias remuneradas de 30 dias, benefícios e serviços previdenciários, inclusive em caso de acidente do trabalho, na qualidade de segurada obrigatória,

13º salário e FGTS ou indenização, nos termos da legislação pertinente.

Uma vez extinto o contrato de trabalho, deverá a mãe social retirar-se da casa-lar que ocupava, cabendo à entidade empregadora providenciar a imediata substituição.

6.1.1.8. Motorista profissional empregado

O motorista profissional empregado está regulado nos arts. 235-A a 235-G da CLT com a redação dada pela Lei 13.103/2015.

Nos termos do art. 235-A da CLT, as disposições trazidas pela Lei 13.103/2015 serão aplicadas somente ao motorista profissional, considerado como o motorista profissional empregado de transporte rodoviário coletivo de passageiros e de transporte rodoviário de cargas, não se estendendo a demais motoristas.

A lei traz algumas particularidades à profissão de motorista profissional ao proporcionar jornada de trabalho especial e regular os tempos de repouso a eles destinados.

Traço marcante da legislação é a jornada de trabalho do motorista empregado que não tem horário fixo de início, de final ou de intervalos, salvo previsão contratual nesse sentido.

No entanto, a jornada de trabalho não poderá ultrapassar 8 (oito) horas por dia, admitindo-se a sua prorrogação por até 2 (duas) horas extraordinárias ou, mediante previsão em convenção ou acordo coletivo, por até 4 (quatro) horas extraordinárias. As horas extras, caso não sejam compensadas, serão pagas com remuneração superior em, no mínimo, 50% ao valor da hora normal.

Mediante convenção ou acordo coletivo poderá ser estabelecida jornada especial de 12 (doze) horas de trabalho por 36 (trinta e seis) horas de descanso para o trabalho do motorista profissional empregado em regime de compensação.

Ao motorista profissional empregado será assegurado um intervalo mínimo de 1 (uma) hora para refeição, podendo esse período coincidir com o tempo de parada obrigatória na condução do veículo estabelecido pelo art. 67-C e seus parágrafos do Código de Trânsito Brasileiro, exceto quando se tratar do motorista profissional enquadrado no § 5º do art. 71 da CLT.

A lei determina ainda que dentro do período de 24 (vinte e quatro) horas, deverão ser asseguradas 11 (onze) horas de descanso, sendo facultados o seu fracionamento e a coincidência com os períodos de parada obrigatória na condução do veículo estabelecido pelo Código de Trânsito Brasileiro, como vimos acima, garantidos o mínimo de 8 (oito) horas ininterruptas no primeiro período e o gozo do remanescente dentro das 16 (dezesseis) horas seguintes ao fim do primeiro período de descanso.

Nas viagens de longa distância, assim consideradas aquelas em que o motorista profissional empregado permanece fora da base da empresa, matriz ou filial e de sua residência por mais de 24 (vinte e quatro) horas, o repouso diário pode ser feito no veículo ou em alojamento do empregador, do contratante do transporte, do embarcador ou do destinatário ou em outro local que ofereça condições adequadas.

Com relação às viagens de longa distância com duração superior a 7 (sete) dias, nos termos do art. 235-D da CLT o repouso semanal será de 24 (vinte e quatro) horas por semana ou fração trabalhada, sem prejuízo do intervalo de repouso diário de 11 (onze) horas, totalizando 35 (trinta e cinco) horas, usufruído no retorno do motorista à base (matriz ou filial) ou ao seu domicílio, salvo se a empresa oferecer condições adequadas para o efetivo gozo do referido repouso. É permitido o fracionamento do repouso semanal em 2 (dois) períodos, sendo um destes de, no mínimo, 30 (trinta) horas ininterruptas, a serem cumpridos na mesma semana e em continuidade a um período de repouso diário, que deverão ser usufruídos no retorno da viagem.

As horas em que o motorista profissional empregado ficar aguardando carga ou descarga do veículo nas dependências do embarcador ou do destinatário bem como o período gasto com a fiscalização da mercadoria transportada em barreiras fiscais ou alfandegárias, são consideradas tempo de espera e não serão computados como jornada de trabalho e nem como horas extraordinárias. No entanto, essas horas serão indenizadas em 30% (trinta por cento) do salário-hora normal e em hipótese alguma poderá prejudicar o direito ao recebimento do salário diário do motorista.

Se esse período de espera for superior a 2 (duas) horas ininterruptas para a hipótese em que o motorista empregado deva permanecer junto ao veículo, caso o local ofereça condições adequadas para o repouso, o tempo será considerado como de repouso para os fins do intervalo de descanso acima estudado.

O motorista empregado, em viagem de longa distância, que ficar com o veículo parado após o cumprimento da jornada normal ou das horas extraordinárias fica dispensado do serviço, exceto se for expressamente autorizada a sua permanência junto ao veículo pelo empregador. Nesse caso, o tempo será considerado como de espera.

Nos casos em que o empregador adotar 2 (dois) motoristas trabalhando no mesmo veículo, o tempo de repouso poderá ser feito com o veículo em movimento, assegurado o repouso mínimo de 6 (seis) horas consecutivas fora do veículo em alojamento externo ou, se na cabine leito, com o veículo estacionado, a cada 72 (setenta e duas) horas.

Em situações excepcionais, devidamente justificadas e anotadas, a jornada de trabalho de 8 horas por dia, acrescida das horas 2 (duas) horas suplementares, poderá ser elevada pelo tempo necessário até o veículo chegar a um local seguro ou ao seu destino, desde que não se comprometa a segurança rodoviária.

Para o transporte de cargas vivas, perecíveis e especiais em longa distância ou em território estrangeiro poderão ser aplicadas regras conforme a especificidade da operação de transporte realizada, cujas condições de trabalho serão fixadas em convenção ou acordo coletivo.

Em se tratando de transporte de passageiros, determina o art. 235-E da CLT:

Art. 235-E. Para o transporte de passageiros, serão observados os seguintes dispositivos:

I – é facultado o fracionamento do intervalo de condução do veículo previsto na Lei 9.503, de 23 .09.1997 – Código de Trânsito Brasileiro, em períodos de no mínimo 5 (cinco) minutos;

II – será assegurado ao motorista intervalo mínimo de 1 (uma) hora para refeição, podendo ser fracionado em 2 (dois) períodos e coincidir com o tempo de parada obrigatória na condução do veículo estabelecido pela Lei 9.503, de 23.09.1997 – Código de Trânsito Brasileiro, exceto quando se tratar do motorista profissional enquadrado no § 5º do art. 71 desta Consolidação;

III – nos casos em que o empregador adotar 2 (dois) motoristas no curso da mesma viagem, o descanso poderá ser feito com o veículo em movimento, respeitando-se os horários de jornada de trabalho, assegurado, após 72 (setenta e duas) horas, o repouso em alojamento externo ou, se em poltrona correspondente ao serviço de leito, com o veículo estacionado.

6.1.2. Modalidades especiais de trabalhadores

Relação de trabalho corresponde a qualquer modalidade de contratação do trabalho humano, ou, em outras palavras, como ensina Renato Saraiva (em *Curso de Direito Processual do Trabalho*, 4ª ed., São Paulo, Método, 2007, p. 68): "relação de trabalho corresponde a qualquer vínculo jurídico por meio da qual uma pessoa natural executa obra ou serviços para outrem, mediante pagamento".

Podemos afirmar, portanto, que toda relação de emprego é uma relação de trabalho, mas nem toda relação de trabalho é uma relação de emprego, pois, como vimos, esta é uma espécie do gênero relação de trabalho.

Vejamos as espécies mais comuns de relação de trabalho:

6.1.2.1. Trabalhador autônomo

Nas lições de Sergio Pinto Martins (em *Direito do Trabalho*, 5ª ed., São Paulo, Malheiros, 1998, p. 127) trabalhador autônomo é aquele que "irá trabalhar por contra própria".

Difere-se do empregado, pois não há subordinação. O trabalhador autônomo desenvolve suas atividades com autonomia, atuando por conta própria, assumindo ele próprio o risco das atividadesDispõe o art. 12, V, *h,* da Lei 8.212/1991, que trabalhador autônomo é a pessoa física que exerce por conta própria atividade econômica de natureza urbana, com fins lucrativos ou não. Essa definição é imprecisa ao mencionar que o autônomo é apenas quem exerce atividade de natureza urbana, pois profissões como a de engenheiro agrônomo, ou veterinário, podem ser exercidas no âmbito rural. Nas lições de Amauri Mascaro do Nascimento (em Direito do Trabalho Contemporâneo, São Paulo: Saraiva, 2011) "aqueles que detêm o poder de direção da própria atividade são autônomos e aqueles que alienam o poder de direção sobre o próprio trabalho para terceiros em troca de remuneração são subordinados".

A Lei 13.467/2017 inseriu no diploma consolidado o art. 442-B, da CLT que dispõe:

Art. 442-B. A contratação do autônomo, cumpridas por este todas as formalidades legais, com ou sem exclusividade, de forma contínua ou não, afasta a qualidade de empregado.

O referido dispositivo legal tem como principal objetivo mitigar a pretensão de trabalhadores autônomos que celebram contrato de autônomo e após o término das prestações de serviços ingressam com reclamação trabalhista pleiteando o reconhecimento de vínculo de emprego.

De acordo com o novo dispositivo legal o reconhecimento do trabalho autônomo e consequentemente o afastamento da qualidade de empregado subordinado fica condicionado ao cumprimento de todas as formalidades legais, como por exemplo, o contrato escrito apontando a prestação do trabalho autônomo e, ainda, não presença dos requisitos caracterizadores da relação de emprego, quais sejam: subordinação, onerosidade, pessoalidade e não eventualidade (habitualidade).

Isso porque, no Direito do Trabalho prevalece o princípio da primazia da realidade, que se norteia pela ideia do contrato realidade, prevalecendo a realidade dos fatos sobre a realidade formal. Assim, uma vez presentes os requisitos caracterizadores da relação de emprego a contratação se mostrará ilícita, sem eficácia, por força do art. 9º da CLT que informa que serão considerados nulos de pleno direito os atos praticados com o objetivo de desvirtuar, impedir ou fraudar a aplicação dos preceitos contidos na CLT.

6.1.2.2. Trabalhador eventual

É o trabalhador admitido numa empresa para determinado evento. Em outras palavras, é o trabalho realizado de maneira eventual, de curta duração, cujos serviços não coincidem com os fins normais da empresa.

O trabalhador eventual carece de um dos elementos necessários para a caracterização da relação de empregado, qual seja, a "não eventualidade", ou seja, o elemento "continuidade" não se encontra presente nesse tipo de contrato.

O trabalhador eventual é vulgarmente chamado de "bico" ou *"freelancer"*, laborando de maneira precária, na medida em que não se encontra presente o elemento habitualidade.

O trabalhador eventual realiza apenas serviços esporádicos, distintos dos fins da empresa, não demonstrando qualquer habitualidade. Como exemplo podemos citar o pintor que faz reparos no muro de uma empresa.

6.1.2.3. Trabalhador avulso – Portuário

Pela redação do art. 12, VI, da Lei 8.212/1991, trabalhador avulso é entendido como quem presta, a diversas empresas, sem vínculo empregatício, serviços de natureza urbana ou rural definidos no regulamento.

O trabalho avulso encontra-se disciplinado na Lei 12.815/2013, mais especificamente nos arts. 32 a 44, sendo 3 os sujeitos envolvidos nessa relação: a) Órgão Gestor de Mão de Obra (OGMO): órgão gestor que concentra a administração do trabalho portuário; b) operador portuário: empresa que explora as atividades portuárias; e, por último, c) trabalhador portuário: são os próprios trabalhadores, aqueles que exercem as atividades de carga e descarga de navios.

Cumpre destacar que não há poder de direção do OGMO sobre o avulso, nem subordinação deste com aquele.

No trabalho avulso não há subordinação, razão pela qual o avulso presta serviços sem vínculo de emprego, nem com o OGMO, muito menos com as empresas para as quais presta serviços.

O OGMO apenas reúne a mão de obra e paga os prestadores de serviço, de acordo com o valor recebido das empresas, que será dividido proporcionalmente entre os trabalhadores.

O OGMO não responde por prejuízos causados pelos trabalhadores portuários avulsos aos tomadores dos seus serviços ou a terceiros.

Porém, responde, solidariamente com os operadores portuários, pela remuneração devida ao trabalhador portuário avulso e pelas indenizações decorrentes de acidente de trabalho.

Não é preciso que o trabalhador avulso seja sindicalizado. O que importa é que haja a intermediação obrigatória do sindicato na colocação do trabalhador na prestação de serviços às empresas, que procuram a agremiação buscando trabalhadores.

Podem ser destacadas as seguintes características do avulso: a) a liberdade na prestação de serviços, pois não tem vínculo com o OGMO, tampouco com as empresas tomadoras de serviço; b) podem prestar serviços a mais de uma empresa; c) o OGMO é quem faz a intermediação da mão de obra, manejando os trabalhadores de acordo com a necessidade dos serviços, cobrando um determinado valor pelos préstimos, incluindo direitos trabalhistas e encargos previdenciários e fiscais, e dividindo proporcionalmente entre as pessoas que participam do labor.

Nos termos do art. 7.º, XXXIV, a Constituição Federal assegurou igualdade de direitos entre o trabalhador avulso e aquele que mantém vínculo de emprego permanente.

6.1.2.4. *Trabalhador avulso – Não portuário*

O trabalho avulso não portuário é regulado pela Lei 12.023/2009 como sendo aquele executado na movimentação de mercadorias em geral, em áreas urbanas ou rurais sem vínculo empregatício, mediante intermediação obrigatória do sindicato da categoria, por meio de Acordo ou Convenção Coletiva de Trabalho.

Nos termos do art. 2º da Lei 12.023/2009 consideram-se atividades da movimentação de mercadorias em geral:

I – cargas e descargas de mercadorias a granel e ensacados, costura, pesagem, embalagem, enlonamento, ensaque, arrasto, posicionamento, acomodação, reordenamento, reparação da carga, amostragem, arrumação, remoção, classificação, empilhamento, transporte com empilhadeiras, paletização, ova e desova de vagões, carga e descarga em feiras livres e abastecimento de lenha em secadores e caldeiras;

II – operações de equipamentos de carga e descarga;

III – pré-limpeza e limpeza em locais necessários à viabilidade das operações ou à sua continuidade.

Como vimos, a intermediação do sindicato de classe será obrigatória, por meio de Acordo ou Convenção Cole-

tiva de Trabalho, nos termos do art. 1º da Lei 12.023/2009. Assim, como ocorre no trabalho avulso portuário, em que existe uma relação triangular, qual seja: Empresa – OGMO – Trabalhador Avulso Portuário, para o avulso não portuário a relação triangular se estabelece: Empresa – Sindicato – Trabalhador Avulso.

Nessa linha, o art. 4º da Lei 12.023/2009 impõe ao sindicato a obrigação de elaborar a escala de trabalho, bem como as folhas de pagamento dos trabalhadores avulsos, que deverá indicar tomador do serviço e os trabalhadores que participaram da operação.

A lei ensina ainda que são deveres do sindicato intermediador.

Art. 5º São deveres do sindicato intermediador:

I – divulgar amplamente as escalas de trabalho dos avulsos, com a observância do rodízio entre os trabalhadores;

II – proporcionar equilíbrio na distribuição das equipes e funções, visando à remuneração em igualdade de condições de trabalho para todos e a efetiva participação dos trabalhadores não sindicalizados;

III – repassar aos respectivos beneficiários, no prazo máximo de 72 (setenta e duas) horas úteis, contadas a partir do seu arrecadamento, os valores devidos e pagos pelos tomadores do serviço, relativos à remuneração do trabalhador avulso;

IV – exibir para os tomadores da mão de obra avulsa e para as fiscalizações competentes os documentos que comprovem o efetivo pagamento das remunerações devidas aos trabalhadores avulsos;

V – zelar pela observância das normas de segurança, higiene e saúde no trabalho;

VI – firmar Acordo ou Convenção Coletiva de Trabalho para normatização das condições de trabalho.

Vale dizer que o não repasse dos valores devidos e pagos a título de remuneração do trabalhador avulso, no prazo de 72 horas, acarretará na responsabilidade pessoal e solidária dos dirigentes da entidade sindical.

Nessa linha dispõe o art. 8º da Lei 12.023/2009:

Art. 8º As empresas tomadoras do trabalho avulso respondem solidariamente pela efetiva remuneração do trabalho contratado e são responsáveis pelo recolhimento dos encargos fiscais e sociais, bem como das contribuições ou de outras importâncias devidas à Seguridade Social, no limite do uso que fizerem do trabalho avulso intermediado pelo sindicato.

A lei impõe ao tomador dos serviços, no prazo de 72 horas úteis, contadas a partir do encerramento do trabalho requisitado, o dever de pagar ao sindicato os valores devidos pelos serviços prestados ou dias trabalhados, acrescidos dos percentuais relativos a repouso remunerado, 13º salário e férias acrescidas de 1/3 (um terço), para viabilizar o pagamento do trabalhador avulso, bem como os percentuais referentes aos adicionais extraordinários e noturnos. Compete, ainda, ao tomador de serviços recolher os valores devidos ao FGTS, acrescido dos percentuais relativos ao 13º salário, férias, encargos fiscais, sociais e previdenciários.

6.1.2.5. Estagiário

Regulado pela Lei 11.788/2008, o estágio é considerado um ato educativo escolar supervisionado, desenvolvido no ambiente de trabalho, que visa à preparação para o trabalho produtivo de educandos que estejam frequentando o ensino regular em instituições de educação superior, de educação profissional, de ensino médio, da educação especial e dos anos finais do ensino fundamental, na modalidade profissional da educação de jovens e adultos.

Uma vez observados certos requisitos impostos pela lei, o estágio não criará vínculo empregatício de qualquer natureza.

A Lei 11.788/2008 exige, em seu art. 3º, que o estagiário seja matriculado e frequente regularmente um curso de educação superior, de educação profissional, de ensino médio, da educação especial e nos anos finais do ensino fundamental, na modalidade profissional da educação de jovens e adultos, atestado pela instituição de ensino; seja celebrado termo de compromisso entre o estagiário, a parte concedente do estágio e a instituição de ensino; e compatibilidade entre as atividades desenvolvidas no estágio e aquelas previstas no termo de compromisso.

O descumprimento de qualquer dos requisitos ou de qualquer outra obrigação contida no termo de compromisso caracteriza vínculo de emprego do educando com a parte concedente do estágio para todos os fins da legislação trabalhista e previdenciária.

O recebimento de bolsa ou de outra forma de contraprestação, bem como do auxílio-transporte, será obrigatório na hipótese de estágio não compulsório. Já para o estágio obrigatório, será uma faculdade das partes, podendo ser acordado o recebimento de bolsa ou outra forma de contraprestação.

A jornada de atividade do estágio deverá ser compatível com as atividades escolares e será definida de comum acordo entre a instituição de ensino, a parte concedente e o estagiário ou seu representante legal e não poderá ultrapassar:

a) 4 (quatro) horas diárias e 20 (vinte) horas semanais, para estudantes de educação especial e dos anos finais do ensino fundamental, na modalidade profissional de educação de jovens e adultos;

b) 6 (seis) horas diárias e 30 (trinta) horas semanais, no caso de estudantes do ensino superior, da educação profissional de nível médio e do ensino médio regular.

No que concerne aos cursos que alternam teoria e prática, nos períodos em que não estão programadas aulas presenciais, a jornada poderá ser de até 40 (quarenta) horas semanais, desde que isso esteja previsto no projeto pedagógico do curso e da instituição de ensino.

O prazo de duração do contrato de estágio vem esculpido no art. 11 da citada lei, que registra que o contrato não poderá exceder 2 (dois) anos, exceto quando se tratar de estagiário portador de deficiência.

Novidade inserida pela Lei 11.788/2008 foi o direito relativo às férias, tratada pela lei como *recesso*. Assim, hoje é assegurado ao estagiário período de recesso de 30 (trinta) dias, a ser gozado preferencialmente durante suas férias escolares, sempre que o estágio tenha duração igual ou superior a 1 (um) ano. Aos contratos de estágio com duração inferior a um ano, os dias de recesso deverão ser concedidos proporcionalmente. Vale dizer que por tal período não ser considerado como férias propriamente ditas, mas sim um período de recesso, o estagiário não fará jus ao recebimento do terço constitucional.

Vale frisar que referido período de recesso deverá ser remunerado quando o estagiário receber bolsa ou outra forma de contraprestação.

Por último, ainda com relação ao estagiário, a Seção de Dissídios Individuais 1 do TST editou a orientação jurisprudencial 366 que entendeu ser impossível o reconhecimento do vínculo empregatício com a Administração Pública direta ou indireta pela ausência de concurso público, ainda que desvirtuada a finalidade do estágio: "Ainda que desvirtuada a finalidade do contrato de estágio celebrado na vigência da Constituição Federal de 1988, é inviável o reconhecimento do vínculo empregatício com ente da Administração Pública direta ou indireta, por força do art. 37, II, da CF/1988, bem como o deferimento de indenização pecuniária, exceto em relação às parcelas previstas na Súmula 363 do TST, se requeridas."

6.1.2.6 Advogado empregado – Lei 8.906/1994

A relação de emprego entre o advogado empregado e o seu empregador se dá da mesma maneira de que para os empregados comuns, ou seja, se atendidos os requisitos presentes nos arts. 2º e 3º da CLT, quais sejam: prestação de serviços de natureza não eventual, sob dependência e mediante o pagamento regular de salário.

Inclui-se nessa relação todas as demais obrigações pertinentes como a apresentação de carteira de trabalho e o lançamento dos dados alusivos à contratação.

A relação de emprego do advogado empregado é diferenciada, pois não é submetido à subordinação como de um empregado comum. Isso porque, nos termos do art. 18 da Lei 8.906/1994 a relação de emprego, na qualidade de advogado, não retira a isenção técnica nem reduz a independência profissional inerentes à advocacia. Nessa mesma linha, o advogado empregado não está obrigado à prestação de serviços profissionais de interesse pessoal dos empregadores, fora da relação de emprego.

6.1.2.6.1. Jornada de trabalho

A jornada de trabalho do advogado empregado, no exercício da profissão, não poderá exceder a duração diária de quatro horas contínuas e a de vinte horas semanais, salvo acordo ou convenção coletiva ou em caso de dedicação exclusiva, art. 20 da Lei 8.906/1994, hipótese em que está sujeito ao limite constitucional

Considera-se como período de trabalho o tempo em que o advogado estiver à disposição do empregador, aguardando ou executando ordens, no seu escritório ou em atividades externas, sendo-lhe reembolsadas as despesas feitas com transporte, hospedagem e alimentação.

Importante lembrar que as horas trabalhadas que excederem a jornada normal, ou seja, as horas extraordinárias, serão remuneradas por um adicional não inferior a 100% sobre o valor da hora normal, mesmo havendo contrato escrito.

Por último, o período noturno para o advogado empregado é aquele prestado período das vinte horas de um dia até as cinco horas do dia seguinte, que deverão ser remuneradas acrescidas do adicional de 25%.

6.1.2.6.2 Honorários sucumbenciais

Nos termos do art. 21 da Lei 8.906/1994, nas causas em que for parte o empregador, ou pessoa por este representada, os honorários de sucumbência são devidos aos advogados empregados.

Os honorários de sucumbência, percebidos por advogado empregado de sociedade de advogados são partilhados entre ele e a empregadora, na forma estabelecida em acordo.

6.2. Empregador

O conceito pode ser extraído da redação do art. 2º da CLT: empregador é a pessoa física ou jurídica "que, assumindo os riscos da atividade econômica, admite, assalaria e dirige a prestação pessoal de serviços". É, portanto, aquele que admite trabalhadores como empregados.

Cabe destacar que, nos termos do § 1º do art. 2º da CLT, são equiparados a empregador os profissionais liberais, as instituições de beneficência, as associações recreativas ou outras instituições sem fins lucrativos que admitirem trabalhadores como empregados.

6.2.1. Grupo de empresas

Considera-se grupo de empresas sempre que uma ou mais empresas, tendo, embora, cada uma delas, personalidade jurídica própria, estiverem sob a direção, controle ou administração de outra, ou ainda quando, mesmo guardando cada uma sua autonomia, integrem grupo econômico, serão responsáveis solidariamente pelas obrigações decorrentes da relação de emprego. É a teoria do empregador único, na qual a empresa principal e cada uma das subordinadas serão solidariamente responsáveis, para os efeitos da relação de emprego, nos exatos termos do art. 2º, § 2º, da CLT.

De acordo com a nova disposição consolidada para a caracterização do grupo econômico, não basta a mera identidade de sócios. A nova regra requer a comunhão de interesses, demonstração de interesse integrado e atuação conjunta das empresas que pertençam ao mesmo grupo econômico.

Dessa forma, para que fique constatado grupo econômico, com a consequente responsabilidade solidária entre as empresas, os empregados deverão comprovar que, de fato, as empresas possuem interesse comum e atuação conjunta.

Isso porque, o § 3º do art. 2º da CLT determina:

Art. 2º...

§ 3º. Não caracteriza grupo econômico a mera identidade de sócios, sendo necessárias, para a configuração do grupo, a demonstração do interesse integrado, a efetiva comunhão de interesses e a atuação conjunta das empresas dele integrantes.

Vale lembrar que a prestação de serviços a mais de uma empresa do mesmo grupo econômico, durante a mesma jornada de trabalho, não caracteriza a coexistência de mais de um contrato de trabalho, salvo ajuste em contrário, em conformidade com a Súmula 129 do TST.

Havendo aquisição de uma empresa pertencente ao mesmo grupo econômico, nos termos da Orientação Jurisprudencial 411 da SDI 1 do TST, o sucessor não responde solidariamente por débitos trabalhistas de empresa não adquirida, integrante do mesmo grupo econômico da empresa sucedida, quando, à época, a empresa devedora direta era solvente ou idônea economicamente, ressalvada a hipótese de má-fé ou fraude na sucessão.

6.2.2. Consórcio de empregadores

Consórcio de empregadores é o conjunto de pessoas físicas ou jurídicas que desejam repartir mão de obra comum por meio de um ajuste contratual entre elas, não configurando sociedade. Nada mais é que um "concurso de empregadores".

José Augusto Rodrigues Pinto (em *Curso de Direito Individual do Trabalho*, 5ª ed., São Paulo, LTr, 2003, p. 603) define o consórcio de empregadores como sendo "um ajuste de vontades de empregadores pessoas físicas ou jurídicas, objetivando a admissão e utilização em comum de empregados para execução de serviços no interesse e sob subordinação individualizados das respectivas empresas individuais ou coletivas".

Entre os exemplos mais comuns podemos mencionar: vigia de rua contratado por vários moradores; vigia de carros de uma determinada rua comercial em que há várias lojas; a doméstica que a cada dia da semana atende a um morador diferente de um condomínio residencial.

6.2.3. Sucessão de empregadores

Sucessão de empregadores ocorre com a transferência da titularidade do negócio pelo titular primário, chamado de sucedido, a um novo titular, chamado sucessor, que se tornará responsável por todos os direitos e dívidas do negócio existentes até então.

A mudança pode ocorrer na propriedade da empresa, como vimos, podendo ocorrer também na alteração de sua estrutura jurídica, que é a modificação em sua forma ou modo de constituir-se.

Assim, na aquisição ocorre uma alteração na propriedade por meio da alienação da empresa para outro empresário. Já a alteração na estrutura jurídica ocorre quando há mudanças na forma de a empresa constituir-se. Como exemplo de alteração na estrutura jurídica da empresa, podemos citar a transformação, que é a operação pela qual uma sociedade passa de uma espécie para outra, como por exemplo: de sociedade limitada para sociedade anônima.

Cabe ressaltar que, de acordo com os arts. 10 e 448 da CLT, qualquer alteração na estrutura jurídica da empresa não afetará os direitos adquiridos por seus empregados e não afetará os contratos de trabalho dos respectivos empregados.

A legislação trabalhista, na defesa dos contratos de trabalho e visando à garantia do empregado, estabelece o princípio da continuidade do vínculo jurídico trabalhista, declarando que a alteração na estrutura jurídica e a sucessão de empresas em nada o afetarão. O atual proprietário responderá pelos créditos dos empregados e ex-empregados, pois estes se vinculam à empresa, não aos seus titulares.

O art. 448-A da CLT informa que caracterizada a sucessão empresarial ou de empregadores prevista nos arts. 10 e 448 da CLT, as obrigações trabalhistas, inclusive as contraídas à época em que os empregados trabalhavam para a empresa sucedida, são de responsabilidade do sucessor.

Importante lembrar, ainda, que havendo sucessão de empregadores que estejam em liquidação extrajudicial, o sucessor responde pela obrigação do sucedido, não podendo se beneficiar de qualquer privilégio a este destinado, sendo devida, também, a incidência de juros de mora em relação aos débitos trabalhistas da empresa que está em liquidação extrajudicial. Nessa linha, cabe transcrever a Orientação Jurisprudencial 408 da SDI 1 do TST.

> OJ-SDI1-408 JUROS DE MORA. EMPRESA EM LIQUIDAÇÃO EXTRAJUDICIAL. SUCESSÃO TRABALHISTA.
>
> É devida a incidência de juros de mora em relação aos débitos trabalhistas de empresa em liquidação extrajudicial sucedida nos moldes dos arts. 10 e 448 da CLT. O sucessor responde pela obrigação do sucedido, não se beneficiando de qualquer privilégio a este destinado.

Por último, tema de grande relevância é a hipótese de sucessão na aquisição de empresas pertencentes ao mesmo grupo econômico. Nessa linha, cabe transcrever a Orientação Jurisprudencial 411 da SDI 1 do TST, publicada em 26.10.2010.

> ORIENTAÇÃO JURISPRUDENCIAL 411 DA SDI 1 DO TST – SUCESSÃO TRABALHISTA. AQUISIÇÃO DE EMPRESA PERTENCENTE A GRUPO ECONÔMICO. RESPONSABILIDADE SOLIDÁRIA DO SUCESSOR POR DÉBITOS TRABALHISTAS DE EMPRESA NÃO ADQUIRIDA. INEXISTÊNCIA.
>
> O sucessor não responde solidariamente por débitos trabalhistas de empresa não adquirida, integrante do mesmo grupo econômico da empresa sucedida, quando, à época, a empresa devedora direta era solvente ou idônea economicamente, ressalvada a hipótese de má-fé ou fraude na sucessão.

6.2.3.1 Responsabilidade do sócio retirante

A mudança na empresa pode ocorrer também com relação aos seus sócios. Nesse sentido, a lei criou mecanismos para dispor sobre a responsabilidade do sócio retirante.

Assim, nos termos do art. 10-A da CLT o sócio retirante responde subsidiariamente pelas obrigações trabalhistas da sociedade relativas ao período em que figurou como sócio, somente em ações ajuizadas até dois anos depois de averbada a modificação do contrato.

A responsabilidade do sócio retirante é subsidiária e para que recaia sobre ele, deverá o credor buscar a satisfação de seu crédito contra a empresa devedora (responsável principal). Caso ela se mostre insolvente o credor deverá buscar a satisfação de seu crédito contra os sócios atuais. Assim, somente se esses também se mostrarem insolventes a responsabilidade recairá sobre os sócios retirantes.

Dispõe o art. 10-A da CLT:

> Art. 10-A. O sócio retirante responde subsidiariamente pelas obrigações trabalhistas da sociedade relativas ao período em que figurou como sócio, somente em ações ajuizadas até dois anos depois de averbada a modificação do contrato, observada a seguinte ordem de preferência:
>
> I – a empresa devedora;
>
> II – os sócios atuais; e
>
> III – os sócios retirantes.

Importante ressaltar que se ficar comprovada fraude na alteração societária decorrente da modificação do contrato, o sócio retirante responderá solidariamente com os demais sócios, nos termos do parágrafo único do art. 10-A da CLT.

6.2.4. Serviços notariais e de registro

A delegação do serviço notarial e de registro depende de prévia aprovação em concurso público, nos termos do art. 236, § 3º, da CF/1988:

> **Art. 236.** Os serviços notariais e de registro são exercidos em caráter privado, por delegação do Poder Público.
>
> (...)
>
> § 3º O ingresso na atividade notarial e de registro depende de concurso público de provas e títulos, não se permitindo que qualquer serventia fique vaga, sem abertura de concurso de provimento ou de remoção, por mais de seis meses.

Com a aprovação em concurso público, a respectiva serventia é transferida ao novo titular que, nos termos do art. 21 da Lei 8.935/1994 (Lei dos Cartórios), será responsável por montar a estrutura necessária à prestação dos serviços.

Nessa linha, ensinam os arts. 20 e 21 da citada lei que, para o desempenho de suas funções, cabe ao tabelião ou oficial de registro contratar escreventes e auxiliares como empregados, com remuneração livremente ajustada e sob o regime da legislação trabalhista.

Importante notar que a relação de trabalho se estabelece diretamente entre o notário ou o registrador e seus respectivos prepostos.

A regra insculpida no art. 236 da CF/1988 ensina que os serviços notariais e de registro são exercidos em caráter privado, por delegação do Poder Público. De acordo com o texto constitucional, o Estado não é o empregador. O empregador é o titular da serventia, que é quem detém a responsabilidade de contratar, assalariar e dirigir a prestação laboral, sendo, portanto, equiparado a empregador (art. 2º, § 2º, da CLT).

Em outras palavras, podemos concluir que a imputação de responsabilidade pelos créditos trabalhistas à serventia e não ao tabelião encontra vedação no próprio art. 236 da CF/1988, na medida em que o tabelião aprovado em concurso é quem possui legitimidade para contratar sob o regime trabalhista.

6.2.4.1. Sucessão trabalhista nos serviços notariais e de registro

Como ensina a doutrina e a jurisprudência, para a caracterização da sucessão trabalhista (arts. 10 e 448 da

CLT) são exigidos dois requisitos, quais sejam: a) transferência da unidade econômico-jurídica; e b) a continuidade na prestação laboral.

Nesse contexto, devemos lembrar que a extinção da delegação implicará a interrupção da concessão do serviço notarial e de registro, dissolvendo-se, assim, o vínculo do ex-titular com a administração. Em um segundo momento, há a criação de novo vínculo com a posse do novo delegado aprovado em concurso público.

Nesse ponto, importante a disposição do art. 39, § 2º, da Lei 8.935/1994:

§ 2º. Extinta a delegação a notário ou a oficial de registro, a autoridade competente declarará vago o respectivo serviço, designará o substituto mais antigo para responder pelo expediente e abrirá concurso.

Essa regra nos ajuda a lembrar que o delegado aprovado em concurso público não recebe a delegação por transmissão do anterior titular, de forma derivada, mas sim diretamente do Estado, de forma originária, afastando a responsabilidade por obrigações pretéritas.

Também não poderia ser diferente. Imputar as obrigações pretéritas ao novo delegado implicaria a inviabilidade dos concursos para delegação de serviços notariais e de registro.

Portanto, podemos concluir que a exigência de concurso público feita pelo art. 236 da CF/1988 aponta que o titular que ingressa na atividade recebe a delegação de forma originária pelo Estado; outrossim, o titular não recebe o patrimônio do antigo empregador, não ocorrendo, destarte, o fenômeno da sucessão trabalhista e, por consequência, nenhum crédito ou débito lhe é transferido.

6.2.5. Poder diretivo do empregador

Poder diretivo ou poder de direção consiste na capacidade que o empregador possui de organizar, controlar e disciplinar a prestação dos serviços por parte do empregado, que assim o faz, de forma subordinada.

O poder diretivo é limitado, devendo ser exercido dentro das balizas previstas em lei, resguardando, sempre, os direitos e garantias dos empregados.

O poder diretivo pode ser estudado sob 3 aspectos:

a) Poder de organização: é o empregador quem deve organizar seu empreendimento, distribuindo os empregados em suas respectivas funções, local de trabalho, horários de entrada e saída etc.;

b) Poder de controle: é o empregador quem deve gerenciar, fiscalizar a atividade laboral de seus empregados, para que sejam cumpridas as regras impostas pelo próprio empregador e pelo sistema jurídico, como, por exemplo, a obediência ao horário de trabalho (art. 74 da CLT) e o uso dos Equipamentos de Proteção Individual – EPIs;

c) Poder disciplinar: tendo em vista que o empregador tem o poder de organizar e controlar o trabalho desenvolvido por seus empregados, caberá a ele a aplicação das penalidades ao empregado que não observar as regras de organização impostas.

Embora a CLT preveja expressamente somente 2 (duas) espécies de punições a serem impostas ao empregado, na verdade 3 (três) são as espécies:

a) advertência: não prevista expressamente na CLT, é um aviso, que poderá ser verbal ou escrito, ao empregado para que ele tome conhecimento de seu comportamento inadequado e das implicações que poderão lhe causar;

b) suspensão: limitada a 30 (trinta) dias consecutivos, nos termos do art. 474 da CLT, tem como objetivo resgatar o comportamento do empregado que cometeu uma falta;

c) dispensa por justa causa: é considerada a punição mais severa, pois acarreta na extinção do contrato de trabalho e ocorrerá nas hipóteses previstas no art. 482 da CLT.

Não se exige que as punições sejam aplicadas de forma gradual, ou seja, em primeiro lugar a advertência; em segundo a suspensão e por último a justa causa. A punição imposta deverá ser proporcional à falta cometida pelo empregado, podendo inclusive ser aplicada, de plano, a dispensa por justa causa.

Importante lembrar que, em regra, não se admite a multa como punição do empregado, na medida em que contraria o princípio da intangibilidade salarial disposto no art. 462 da CLT.

No entanto, a Lei 9.615/1998 autoriza em seu art. 48, inciso III, a punição do atleta profissional com aplicação de multa.

6.2.5.1. Verificação de e-mail do empregado

Com estudamos, muito se discute se a verificação de *e-mail* do empregado estaria contida no poder de controle do empregador.

O *e-mail* particular do empregado está plenamente acobertado pela garantia constitucional de proibição de violação do sigilo das comunicações e de dados (art. 5º, XII, da CF).

Porém, a grande discussão gira em torno do *e-mail* corporativo, aquele disponibilizado pelo empregador ao empregado como ferramenta de trabalho, ou seja, para o desempenho das atividades laborais.

Prevalece na jurisprudência que não excede o poder de controle o empregador que obtém acesso do *e-mail* corporativo de seu empregado, pois possui a prerrogativa de zelar pelo correto uso de todos os meios proporcionados a todos os funcionários. Poderá o empregador monitorar e rastrear a atividade do empregado em seu ambiente de trabalho, ainda que virtual, como ocorre com os *e-mails*, tanto do ponto de vista formal como material, relacionado ao conteúdo da mensagem eletrônica enviada.

Podemos concluir, portanto, que não há violação à intimidade do obreiro prevista no art. 5º, XII, da CF a fiscalização de *e-mail* corporativo, que poderá, inclusive, ser objeto de prova pelo empregador para comprovar a justa causa do obreiro.

Sobre o tema, o TST se pronunciou no julgamento do processo TST-AIRR-1640/2003-051-01-40.0 de 15/10/2008:

AGRAVO DE INSTRUMENTO EM RECURSO DE REVISTA – *E-MAIL* CORPORATIVO – ACESSO PELO EMPREGADOR SEM A

ANUÊNCIA DO EMPREGADO – PROVA ILÍCITA – NÃO CARAC-TERIZADA. Consoante entendimento consolidado neste Tribunal, o *e-mail* corporativo ostenta a natureza jurídica de ferramenta de trabalho, fornecida pelo empregador ao seu empregado, motivo pelo qual deve o obreiro utilizá--lo de maneira adequada, visando à obtenção da maior eficiência nos serviços que desempenha. Dessa forma, não viola os arts. 5º, X e XII, da Carta Magna a utilização, pelo empregador, do conteúdo do mencionado instrumento de trabalho, uma vez que cabe àquele que suporta os riscos da atividade produtiva zelar pelo correto uso dos meios que proporciona aos seus subordinados para o desempenho de suas funções. Não se há de cogitar, pois, em ofensa ao direito de intimidade do reclamante.

6.2.5.2. Revistas íntimas

O art. 373-A, VI, da CLT veda a revista íntima nas empregadas e funcionárias. O texto consolidado traz regra de proteção do trabalho da mulher, que, por força do art. 5º, I, da CF, pode ser aplicado perfeitamente aos empregados do sexo masculino.

A revista íntima que se refere o dispositivo celetista em comento é aquela que viole a intimidade, a vida privada, a honra e a imagem do empregado, em conformidade com o art. 5º, X, da CF.

Desta forma, embora existam posições contrárias em atenção aos direitos da dignidade da pessoa humana, previsto no art. 1º da CF, é vedada toda e qualquer revista pessoal em qualquer circunstância, na medida em que o empregador pode se valer de outros meios para a proteção de seus bens, como, por exemplo, o uso de câmeras em locais comuns.

Sobre o tema, imperioso destacar a seguinte decisão do TST no julgamento do processo RR – 324500-05.2008.5.09.0195:

"...

DANO MORAL. REVISTA ÍNTIMA.

Esta Corte Superior tem se posicionado no sentido de que a revista visual de pertences dos empregados, feita de forma impessoal e indiscriminada, é inerente aos poderes de direção e de fiscalização do empregador e, por isso, não constitui ato ilícito. No presente caso, contudo, o quadro fático delineado no acórdão regional evidencia a existência de abuso de direito no procedimento de revista adotado pela ré. Consequentemente, ficou demonstrado o dano moral que teria atingido a autora, e o consequente sofrimento psíquico advinda do contato físico. Assim, ficou comprovado o ato ilícito praticado pelo reclamado. Por outro lado, o Tribunal Regional, ao fixar o valor da indenização em R$ 15.000,00 a título de danos morais, levou em consideração o dano sofrido, a condição da autora, o fim pedagógico e a capacidade econômica do reclamado. Tem-se, portanto, que foram observados os princípios da proporcionalidade e da razoabilidade insertos no art. 944 do Código Civil, o qual vincula a indenização à extensão do dano. Recurso de revista de que não se conhece." (RR – 324500-05.2008.5.09.0195, Relator Ministro: Pedro Paulo Manus, Data de Julgamento: 14/11/2012, 7ª Turma, Data de Publicação: 19/11/2012)

Em 18 de abril de 2016 foi publicada a Lei 13.271/2016 que dispõe sobre a proibição de revista íntima de funcionárias nos locais de trabalho.

De acordo com o art. 1º da lei as empresas privadas, os órgãos e entidades da administração pública, direta e indireta, ficam proibidos de adotar qualquer prática de revista íntima de suas funcionárias e de clientes do sexo feminino. O não cumprimento a essa determinação sujeitará o infrator ao pagamento de multa de R$ 20.000,00 (vinte mil reais).

Vale ressaltar que essa multa não será devida a funcionária ou a cliente. A multa será revertida aos órgãos de proteção dos direitos da mulher.

Em caso de reincidência, independentemente da indenização por danos morais e materiais e sanções de ordem penal, sujeitará o infrator a multa em dobro do valor estipulado anteriormente.

6.2.5.3. Terceirização

De acordo com a atual legislação terceirização é tratada como prestação de serviços a terceiros, que nos termos do art. 4º-A da Lei 6.019/74 consiste na transferência feita pela contratante da execução de quaisquer de suas atividades, inclusive sua atividade principal, à pessoa jurídica de direito privado prestadora de serviços que possua capacidade econômica compatível com a sua execução.

Assim, uma determinada empresa (empresa contratante) delega parte de suas atividades, que serão exercidas por outra empresa (empresa prestadora de serviços a terceiros) que deverá colocar um trabalhador à disposição da empresa contratante para o exercício da atividade contratada.

Empresa contratante é a pessoa física ou jurídica que celebra contrato com empresa de prestação de serviços relacionados a quaisquer de suas atividades, inclusive sua atividade principal, nos termos do art. 5º-A da Lei 6.019/1974.

Nota-se, dessa forma, que na terceirização existe uma relação trilateral ou triangular, ou seja, empregado, empregador e "cliente". Vejamos: entre a empresa prestadora de serviços (EPS) e o trabalhador existe uma relação de emprego propriamente dita, art. 4º-A, § 1º, da CLT. Entre a EPS e a empresa contratante existe uma relação de natureza civil, que tem como objeto a prestação de serviços. Por último, entre a empresa contratante e o trabalhador não há uma típica relação de trabalho, na medida em que é empregado vinculado à EPS, mas sim uma mera relação jurídica, pois seu labor é executado na empresa tomadora de serviços.

Para que a empresa de prestação de serviços a terceiros possa funcionar, o art. 4º-B da Lei 6.019/1974 impõe alguns requisitos, a saber:

Art. 4º-B. São requisitos para o funcionamento da empresa de prestação de serviços a terceiros:

I – prova de inscrição no Cadastro Nacional da Pessoa Jurídica (CNPJ);

II – registro na Junta Comercial;

III – capital social compatível com o número de empregados, observando-se os seguintes parâmetros:

a) empresas com até dez empregados – capital mínimo de R$ 10.000,00 (dez mil reais);

b) empresas com mais de dez e até vinte empregados – capital mínimo de R$ 25.000,00 (vinte e cinco mil reais);

c) empresas com mais de vinte e até cinquenta empregados – capital mínimo de R$ 45.000,00 (quarenta e cinco mil reais);

d) empresas com mais de cinquenta e até cem empregados – capital mínimo de R$ 100.000,00 (cem mil reais); e

e) empresas com mais de cem empregados – capital mínimo de R$ 250.000,00 (duzentos e cinquenta mil reais).

6.2.5.3.1. Quarteirização

Consiste na transferência dos serviços que seriam prestados pela empresa de prestação de serviços a terceiros para outra empresa prestadora de serviços. Em outras palavras podemos dizer que é a "terceirização da terceirização."

Nessa linha, o art. 4º-A, § 1º, da Lei 6.019/74 permite que a empresa prestadora de serviços a terceiros subcontrate outras empresas para prestação dos serviços que ela prestaria.

Dispõe o art. 4º-A, § 1º da Lei 6.019/74:

"Art. 4º-A...

§ 1º. A empresa prestadora de serviços contrata, remunera e dirige o trabalho realizado por seus trabalhadores, ou subcontrata outras empresas para realização desses serviços."

6.2.5.3.2. Contrato de prestação de serviços a terceiros

Nos termos do art. 5º-B da Lei 6.019/1974 o contrato de prestação de serviços conterá:

a) qualificação das partes;

b) especificação do serviço a ser prestado;

c) prazo para realização do serviço, quando for o caso;

d) valor.

Vale dizer que, não pode figurar como contratada a pessoa jurídica cujos titulares ou sócios tenham, nos últimos dezoito meses, prestado serviços à contratante na qualidade de empregado ou trabalhador sem vínculo empregatício, exceto se os referidos titulares ou sócios forem aposentados.

6.2.5.3.3. Atividades permitidas na terceirização

O art. 4º-A da Lei 6.019/1974 ensina que se considera prestação de serviços a terceiros a transferência feita pela contratante da execução de quaisquer de suas atividades, inclusive sua atividade principal, à pessoa jurídica de direito privado prestadora de serviços que possua capacidade econômica compatível com a sua execução.

De acordo com o citado dispositivo legal, a terceirização pode ser feita para qualquer atividade empresarial, quer seja atividade-meio quer seja atividade-fim da empresa.

Assim, o contrato de prestação de serviços a terceiros poderá versar sobre qualquer atividade. Contudo, é vedada à contratante a utilização dos trabalhadores em atividades distintas daquelas que foram objeto do contrato com a empresa prestadora de serviços.

Ademais, os serviços contratados poderão ser executados nas instalações físicas da empresa contratante ou em outro local, de comum acordo entre as partes.

Ainda que seja contratada nos ditames legais para ser considerada lícita, não podem estar presentes os requisitos da pessoalidade e subordinação.

Como sabemos, a pessoalidade indica que os trabalhos devem ser prestados pelo trabalhador, sem que haja substituições.

Na terceirização lícita, a contratante pouco importa a pessoa que estará prestando o serviço, tendo em vista que a empresa tomadora contrata o serviço e não o trabalhador.

Desta forma, para que a terceirização seja considerada lícita, não poderá a contratante exigir a presença de um determinado trabalhador. Caso haja essa exigência restará ilícita a terceirização, reconhecendo-se o vínculo trabalhista entre o empregado e a tomadora de serviços.

Com relação à subordinação sabemos que a prestação dos serviços é dirigida pelo empregador, que exerce o poder de direção.

Na terceirização lícita não pode haver subordinação pela contratante, sob pena de se reconhecer sua ilicitude. O poder disciplinar deverá ser exercido por seu empregador, ou seja, a empresa prestadora de serviços. É ela, também, quem deverá fiscalizar, controlar e organizar as atividades do empregado e não a tomadora de serviços.

Importante lembrar que esses poderes não podem ser exercidos pela empresa tomadora de serviços, sob pena de se reconhecer o vínculo de emprego entre o trabalhador e a tomadora de serviços, com fundamento no art. 9º da CLT.

6.2.5.3.4. Terceirização ilícita

A terceirização será considerada ilícita caso não obedeça aos regramentos dispostos na legislação em vigor.

Declarada a nulidade da terceirização, será reconhecido o vínculo de emprego diretamente com a empresa contratante

Desta forma, celebrada a terceirização e considerada ilícita ou fraudulenta, deverá o magistrado reconhecer o vínculo de emprego com a tomadora de serviços, sendo-lhe aplicada, nesse caso, a responsabilidade solidária quanto às verbas decorrentes do contrato de trabalho inadimplidas pela empresa prestadora de serviços.

6.2.5.3.5. Responsabilidade

Na terceirização a responsabilidade pelas obrigações trabalhistas pode ser solidária ou subsidiária.

A responsabilidade será **subsidiária** nos casos de terceirização **lícita**. Nesses casos, a responsabilidade surge tão somente com o inadimplemento do devedor principal.

Nesse sentido, determina o art. 5º-A, § 5º da Lei 6.019/74:

Art. 5º-A...

§ 5º A empresa contratante é subsidiariamente responsável pelas obrigações trabalhistas referentes ao período em que ocorrer a prestação de serviços, e o recolhimento das contribuições previdenciárias observará o disposto no art. 31 da Lei n. 8.212, de 24 de julho de 1991.

Por outro lado, em se tratando de terceirização **ilícita** a responsabilidade será **solidária**, tendo em vista que a contratação por meio de empresa interposta é ilegal e não produz qualquer efeito, nos moldes do art. 9º da CLT.

6.2.5.3.6. Terceirização na Administração Pública

É admitida a terceirização de atividade ou serviço pela Administração Pública. Nesse caso, tem-se a figura do contrato administrativo, firmado com a empresa prestadora de serviços que, em regra, é precedido de licitação.

A CF exige do empregado público prévia aprovação em concurso público nos termos do art. 37, II e § 2º, da CF. Por essa razão não é possível o reconhecimento do vínculo empregatício entre as partes.

No entanto, a Súmula 331, item V, do TST impõe à Administração Pública obrigação de indenizar ao atribuí-la a responsabilidade subsidiária. Assim, havendo o inadimplemento das obrigações trabalhistas por parte do empregador, a responsabilidade será da Administração Pública.

No entanto, diferente do que ocorre para a iniciativa privada onde basta o mero inadimplemento das obrigações por parte da empresa prestadora de serviços – devedor principal – em se tratando de Administração Pública, é necessário que se comprove culpa na observância das normas dispostas na Lei 8.666/1993.

Como se sabe, cabe ao ente da Administração o poder de fiscalização. Trata-se de uma prerrogativa do Poder Público de fazer acompanhar a fiel execução do contrato celebrado. Assim, não cumprida essa obrigação surge a obrigação de indenizar.

Desta forma, havendo o inadimplemento por parte da empresa prestadora de serviços e comprovada conduta culposa no cumprimento das obrigações da Lei 8.666/1993, surge a responsabilidade subsidiária da Administração Pública no pagamento das obrigações trabalhistas do empregado.

> SÚMULA 331 TST – CONTRATO DE PRESTAÇÃO DE SERVIÇOS. LEGALIDADE.
>
> (...)
>
> V – Os entes integrantes da Administração Pública direta e indireta respondem subsidiariamente, nas mesmas condições do item IV, caso evidenciada a sua conduta culposa no cumprimento das obrigações da Lei 8.666, de 21.06.1993, especialmente na fiscalização do cumprimento das obrigações contratuais e legais da prestadora de serviço como empregadora. A aludida responsabilidade não decorre de mero inadimplemento das obrigações trabalhistas assumidas pela empresa regularmente contratada.
>
> VI – A responsabilidade subsidiária do tomador de serviços abrange todas as verbas decorrentes da condenação referentes ao período da prestação laboral.

7. REMUNERAÇÃO E SALÁRIO

7.1. Remuneração

Segundo a redação do art. 457 da CLT, remuneração consiste na somatória da contraprestação paga diretamente pelo empregador, seja em pecúnia, seja em utilidades, com a quantia recebida pelo obreiro de terceiros a título de gorjeta.

Assim, compreende-se na remuneração do empregado, para todos os efeitos legais, além do salário devido e pago diretamente pelo empregador, como contraprestação do serviço, as gorjetas que receber. Em outras palavras, remuneração é salário + gorjeta.

Remuneração é, portanto, gênero que engloba as espécies: salário e gorjetas.

7.2. Salário

É contraprestação paga diretamente pelo empregador ao empregado pelos serviços prestados, seja em dinheiro, seja em utilidades, por exemplo: habitação, alimentação e vestuário, nos termos do art. 458, *caput*, e seu § 2º, da CLT.

O salário é formado pela somatória do salário básico (soma do salário em dinheiro com o salário *in natura*) acrescido do sobressalário (complementos do salário básico que irão integrar o salário do trabalhador, como adicional noturno, adicional de insalubridade etc.), de acordo com o art. 457, § 1º, da CLT.

Qualquer que seja a modalidade do trabalho, o pagamento do salário não deve ser estipulado por período superior a 1 (um) mês, salvo no que concerne a comissões, percentagens e gratificações. Quando o pagamento houver sido estipulado por mês, deverá ser efetuado, o mais tardar, até o quinto dia útil do mês subsequente ao vencido.

O atraso no pagamento do salário, chamado mora salarial, implica a rescisão indireta do contrato de trabalho, por descumprimento contratual, nos termos do art. 483, *d*, da CLT.

Sobre mora salarial é importante trazer o posicionamento contido na Súmula 13 do TST: "O só pagamento dos salários atrasados em audiência não ilide a mora capaz de determinar a rescisão do contrato de trabalho."

7.3. Salário *in natura*

O salário *in natura*, também conhecido como salário-utilidade, é conceituado como sendo toda parcela, bem ou vantagem fornecida pelo empregador como gratificação pelo trabalho desenvolvido ou pelo cargo ocupado.

Para ser reconhecido como tal, 3 requisitos devem ser levados em consideração.

a) Habitualidade:

b) A prestação deve representar um ganho para o trabalhador:

c) prestação "pelo o trabalho".

Para determinar se uma prestação será ou não considerada como salário *in natura,* devemos avaliar se a prestação é cedida como um benefício "**pelo**" trabalho ou se cedida "**para**" a prestação do labor. Assim, se a prestação for concedida ao obreiro pelo trabalho exercido, essa parcela deverá ser considerada como salário *in natura*. No entanto, sendo a prestação concedida para a realização do trabalho, ela não integrará o salário do obreiro.

Nesse sentido é a Súmula 367 do TST, que no item I leciona: "a habitação, a energia elétrica e veículo fornecidos pelo empregador ao empregado, quando indispensáveis para a realização do trabalho, não têm natureza salarial, ainda que, no caso de veículo, seja ele utilizado pelo empregado também em atividades particulares."

Desta forma, em conformidade com o § 2º do art. 458 da CLT, não se consideram como salário, desde que compreendidas a todos os empregados, as seguintes utilidades:

a) vestuários, equipamentos e outros acessórios fornecidos aos empregados e utilizados no local de trabalho para a prestação do serviço;

b) educação, em estabelecimento de ensino próprio ou de terceiros, compreendendo os valores relativos a matrícula, mensalidade, anuidade, livros e material didático;

c) transporte destinado ao deslocamento para o trabalho e retorno, em percurso servido ou não por transporte público;

d) assistência médica, hospitalar e odontológica, prestada diretamente ou mediante seguro-saúde;

e) seguros de vida e de acidentes pessoais;

f) previdência privada;

g) o valor correspondente ao vale-cultura.

Importante notar que a habitação e a alimentação fornecidas como salário-utilidade deverão atender aos fins a que se destinam e não poderão exceder, respectivamente, a 25% (vinte e cinco por cento) e 20% (vinte por cento) do salário-contratual.

Tratando-se de habitação coletiva, o valor do salário-utilidade a ela correspondente será obtido mediante a divisão do justo valor da habitação pelo número de coabitantes, vedada, em qualquer hipótese, a utilização da mesma unidade residencial por mais de uma família.

Em nenhum caso será permitido o pagamento com bebidas alcoólicas ou drogas nocivas. O cigarro não se considera salário-utilidade em face de sua nocividade à saúde (Súmula 367, II, do TST).

Também não se incorporam ao salário a alimentação fornecida de acordo com o programa alimentação do trabalhador e o vale-alimentação.

Convém ressaltar que o pagamento de cesta básica, se estiver em norma coletiva, não poderá ser considerado como salário. No entanto, caso seu fornecimento seja espontâneo por parte do empregador, passará a ter natureza salarial.

7.4. Gorjeta

As gorjetas, previstas no art. 457, § 3º, da CLT, de acordo com a redação dada pela Lei 13.419/2017, correspondem não só a importância espontaneamente dada pelo cliente ao empregado, como também o valor cobrado pela empresa, como serviço ou adicional, a qualquer título, e destinado à distribuição aos empregados. Como exemplo podemos citar os 10% sobre a conta de um restaurante, bem como importância dada espontaneamente pelo cliente ao empregado (as "caixinhas"). Pela redação da parte final do § 3º do art. 457 da CLT podemos afirmar que as gorjetas são receitas que pertencem aos empregados. Em outras palavras, podemos dizer que as gorjetas correspondem à parcela da remuneração que não é paga diretamente pelo empregador ao empregado, mas sim por terceiros.

As gorjetas, cobradas pelo empregador na nota de serviço ou oferecidas espontaneamente pelos clientes, nos termos da Súmula 354 do TST, integram a remuneração do empregado, mas não servem de base de cálculo para as parcelas de aviso-prévio, adicional noturno, horas extras e repouso semanal remunerado.

Importante destacar que com o advento da reforma trabalhista (Lei 13.467/2017) que alterou a redação do art. 457 e seus parágrafos, da CLT as disposições acerca das gorjetas trazidas pela Lei 13.419/2017 e que eram tratadas nos parágrafos do referido art. 457 da CLT foram revogados. Isso porque, ao analisarmos a Lei 13.467/2017 que deu nova redação ao art. 457 da CLT é possível notar o uso da sigla "NR" (nova redação) após o texto de seu § 4º, o que indica que a redação do artigo se encerra naquele ponto, ou seja, os parágrafos que existiam após o § 4º foram todos revogados.

7.5. Parcelas salariais

O art. 457, § 1º, da CLT ensina que integram o salário a importância fixa estipulada, as gratificações legais e as comissões pagas pelo empregador..

Essas parcelas salariais correspondem ao que chamamos de "sobressalário", que são complementos do salário básico que integrarão a remuneração do trabalhador.

De outro lado, ensina o § 2º do mesmo art. 457 da CLT que as importâncias, ainda que habituais, pagas a título de ajuda de custo, auxílio-alimentação, vedado seu pagamento em dinheiro, diárias para viagem, prêmios e abonos não integram a remuneração do empregado, não se incorporam ao contrato de trabalho e não constituem base de incidência de qualquer encargo trabalhista e previdenciário.

7.5.1. *Comissões*

Na acepção dos termos, as comissões não podem ser confundidas com as percentagens. A comissão é um valor determinado e fixo, ao passo que percentagem é uma parte da venda repassada ao empregado, não possuindo um valor certo.

Para o estudo no dispositivo legal em questão, devemos entender por "comissões", de forma ampla, como uma participação do empregado no resultado do negócio empresarial.

Desta forma, as comissões podem ser representadas por percentuais sobre um determinado valor ou uma quantia fixa estipulada por operação realizada pelo empregado.

Àquele empregado que recebe salário variável será assegurado o salário mínimo.

Vale lembrar que em conformidade com a Súmula 27 do TST é devida a remuneração do repouso semanal e dos dias feriados ao empregado comissionista, ainda que pracista.

Com relação aos bancários, é necessário lembrar o posicionamento do TST consubstanciado na Súmula 93 que diz integrar a remuneração do bancário a vantagem pecuniária por ele auferida na colocação ou na venda de papéis ou valores mobiliários de empresas pertencentes ao mesmo grupo econômico, se exercida essa atividade no horário e no local de trabalho e com o consentimento, tácito ou expresso, do banco empregador.

No caso de cessar o contrato de trabalho, as comissões devem ser pagas ao empregado, ou seja, a cessação do contrato não retira do empregado o direito ao recebimento das comissões.

O pagamento de comissões só é exigível depois de ultimada a transação a que se referem.

7.5.2. Gratificações legais

Como vimos, nos termos do art. 457, § 1º, da CLT integram o salário a importância fixa estipulada, as gratificações legais e as comissões pagas pelo empregador.

Gratificações legais são aquelas previstas em lei, como por exemplo: o décimo terceiro salário ou gratificação natalina. Essas gratificações passam a integrar o salário do obreiro.

O termo "gratificações legais" engloba também aquelas estipuladas em negociação coletiva (acordo coletivo e convenção coletiva), em regulamento empresarial e, ainda, acordo individual. Isso porque, nos termos do art. 8º da CLT representam fontes formais do Direito do Trabalho.

Assim, integrará o salário do obreiro a gratificação que resulte de lei ou de ajustes entre as partes, individual ou coletivamente, por meio de acordo coletivo ou convenção coletiva de trabalho.

De acordo com o novo texto consolidado, parcelas que tinham natureza salarial passam a não mais integrar a remuneração do empregado.

As diárias para viagem, ainda que excedam de 50% do salário, deixaram de integrar a remuneração para fins trabalhistas e previdenciários. O mesmo ocorre com auxílio-alimentação, ajuda de custo, prêmios e os abonos, ainda que habituais, que passam a não integrar a remuneração, não se incorporam ao contrato de trabalho. Com isso deixam de ser base de incidência para o FGTS e contribuições previdenciárias.

Nesse sentido, informa o § 2º do art. 457 da CLT:

Art. 457 (...)

§ 2º. As importâncias, ainda que habituais, pagas a título de ajuda de custo, auxílio-alimentação, vedado seu pagamento em dinheiro, diárias para viagem, prêmios e abonos não integram a remuneração do empregado, não se incorporam ao contrato de trabalho e não constituem base de incidência de qualquer encargo trabalhista e previdenciário.

Sobre o tema "gratificações" é importante tratar da hipótese do empregado que recebe gratificação de função e é revertido ao cargo anteriormente ocupado.

A súmula 372, item I, do TST sustentava que percebida a gratificação de função por dez ou mais anos pelo empregado, se o empregador, sem justo motivo, o revertesse a seu cargo efetivo, não poderia retirar-lhe a gratificação, tendo em vista o princípio da estabilidade financeira.

Contudo, com a edição da Lei 13.467/2017 esse posicionamento deixou de existir. Isso porque, nos termos do art. 468, §§ 1º e 2º, da CLT a determinação do empregador para que o empregado seja revertido ao cargo efetivo, anteriormente ocupado, deixando o exercício de função de confiança, com ou sem justo motivo, não assegura ao empregado o direito à manutenção do pagamento da grati-

ficação correspondente, que não se incorpora ao salário do empregado, independentemente do tempo de exercício da respectiva função.

É importante ressaltar o posicionamento do STF consubstanciado na Súmula Vinculante 15, de 25.06.2009, que ensina: "o cálculo de gratificações e outras vantagens do servidor público não incide sobre o abono utilizado para se atingir o salário mínimo".

Por último, deve-se frisar que a parcela de participação nos lucros ou resultados, habitualmente paga, nos termos do art. 3º da Lei 10.101/2000, não possui natureza salarial, não integrando a remuneração do empregado.

7.5.3. Prêmios

De acordo com o § 4º do art. 457 da CLT consideram-se prêmios as liberalidades concedidas pelo empregador em forma de bens, serviços ou valor em dinheiro a empregado ou a grupo de empregados, em razão de desempenho superior ao ordinariamente esperado no exercício de suas atividades.

Os prêmios constituem ganhos ligados a fatores pessoais do trabalhador, como sua produtividade, eficiência, perspicácia, assiduidade etc, pagos pelo empregador.

A parcela paga sob a denominação de prêmio, não integrará o salário do obreiro, não repercutindo para efeitos trabalhistas e previdenciários.

7.5.4 Gratificação natalina

Com previsão no art. 7º, VIII, da CF e instituída pela Lei 4.090/1962, a gratificação natalina, mais conhecida como 13º salário, é compulsória e equivale a um mês da remuneração do empregado quando este tenha completado 12 (doze) meses de serviços ou proporcional aos meses de trabalho quando incompletos 12 (doze) meses, com base na remuneração do empregado, no mês de dezembro de cada ano.

O pagamento da primeira parcela ou, em outras palavras, o adiantamento do 13º salário, deverá ser feito entre fevereiro e novembro de cada ano e o valor corresponderá à metade do salário percebido no mês anterior, devendo o empregador efetuá-lo de uma só vez.

Contudo, o empregador não estará obrigado a pagar o adiantamento, no mesmo mês, a todos os seus empregados.

7.5.5. Quebra de caixa

Quebra de caixa é a verba destinada a cobrir os riscos assumidos pelo empregado que lida com manuseio constante de numerário.

É um adicional pago ao trabalhador que exerce controle sobre ativos do empregador, na medida em que, caso haja alguma diferença a menos no caixa, o empregado deverá prestar conta da quantia. Exemplo de trabalhador que recebe este adicional são os caixas de banco.

O TST, através da Súmula 247, entendeu que a parcela paga aos bancários sob a denominação quebra de caixa possui natureza salarial, integrando o salário do prestador dos serviços para todos os efeitos legais.

7.6. Salário complessivo

Salário complessivo é a forma de ajustar um só salário, globalizando todas as outras parcelas variáveis, ou seja, nada mais é do que o salário pago globalmente, sem especificação, no recibo, do que está sendo pago. Esta prática é ilegal, sendo o ato tido como nulo, nos termos do art. 9º da CLT, visto que o obreiro tem direito de saber a quantia que está recebendo e a que título ela está sendo remunerada.

É juridicamente impraticável, conforme entendimento cristalizado na Súmula 91 do TST, que entende ser nula cláusula contratual que fixa determinada importância ou porcentagem para atender englobadamente vários direitos legais ou contratuais do trabalhador.

7.7. Gueltas

As gueltas podem ser conceituadas como gratificações ou prêmios oferecidos por terceiros aos empregados pela promoção do produto ou marca.

As gueltas são incentivos pagos pelo fornecedor, produtor ou distribuidor ao empregado de um terceiro, com o intuito de promover as vendas de seus produtos.

O oferecimento das gueltas ocorre muito em farmácias na venda de medicamentos quando o farmacêutico sugere determinado medicamento em vez de outro, ou ainda em algumas lojas quando ofertam vantagens a um determinado cartão de crédito.

O TST pacificou o entendimento no sentido de que as gueltas assemelham-se às gorjetas, pois englobam valores pagos por terceiros durante o exercício da relação de emprego, na medida em que, enquanto as gorjetas compreendem a retribuição pela prestação de um serviço de boa qualidade, as gueltas são retribuições pagas pela indicação de determinado produto e, portanto, integram a remuneração do empregado, não servindo de base de cálculo para as parcelas de aviso-prévio, adicional noturno, horas extras e repouso semanal remunerado, incidindo reflexos na gratificação natalina, férias, depósitos de FGTS e contribuição previdenciária.

Dessa forma, por possuírem a mesma natureza jurídica, é aplicável por analogia o entendimento consubstanciado na Súmula 354 do TST.

7.8. Normas de proteção do salário

O art. 7º, X, da CF informa que são direitos dos trabalhadores urbanos e rurais, além de outros que visem à melhoria de sua condição social, a proteção do salário na forma da lei, constituindo crime sua retenção dolosa.

Na legislação infraconstitucional, em diversos dispositivos encontramos regras que visam à proteção do salário do obreiro, seja em face do próprio empregador, seja em face dos credores do empregado ou, ainda, em um plano mais profundo, proteção em face dos credores do empregador.

7.8.1. *Proteção contra o empregador*

A proteção do salário em face do empregador encontra-se prevista no art. 464 da CLT, que dispõe que o pagamento do salário deverá ser efetuado contrarrecibo, assinado pelo empregado. Em se tratando de empregado analfabeto, a assinatura se dará mediante sua impressão digital, ou, não sendo esta possível, a seu rogo, ou seja, a seu mando, por alguém que faça por ele, desde que devidamente habilitado.

7.8.2. *Proteção contra credores do empregado*

O art. 833, IV, do CPC/2015, prevê como proteção do salário em face dos credores do empregado a regra da impenhorabilidade.

Dispõe o inciso IV do art. 833 do CPC/2015 que são absolutamente impenhoráveis "os vencimentos, subsídios, soldos, salários, remunerações, proventos de aposentadoria, pensões, pecúlios e montepios; as quantias recebidas por liberalidade de terceiro e destinadas ao sustento do devedor e sua família, os ganhos de trabalhador autônomo e os honorários de profissional liberal".

Nessa linha, é matéria pacífica na doutrina e na jurisprudência a impenhorabilidade dos rendimentos decorrentes do trabalho assalariado, exceto em se tratando de não pagamento de prestação alimentícia.

7.8.3. *Proteção contra credores do empregador*

Como proteção em face dos credores do empregador, podemos destacar as regras contidas na Lei 11.101/2005 e, dentre elas, a regra de que os créditos trabalhistas devidos aos trabalhadores que, mesmo após a decretação da falência da empresa, continuarem a trabalhar nela, serão considerados extraconcursais e deverão ser pagos com precedência de qualquer outro crédito.

7.8.4. *Princípio da irredutibilidade salarial*

Em regra, o salário é irredutível, não sendo permitida sua redução. No entanto, o legislador constituinte permitiu que em determinadas situações o salário possa ser reduzido, mediante negociação coletiva. É o que dispõe o art. 7º, VI, da CF.

Essa ideia é reforçada pelo art. 468 CLT, que proíbe, sob pena de nulidade, qualquer alteração que cause prejuízo ao trabalhador.

Sobre a redução salarial com a diminuição proporcional da jornada de trabalho, remetemos o leitor ao item 1.6 que trata do programa seguro-emprego.

7.8.5. *Intangibilidade salarial*

Disposta no art. 462 da CLT, ensina que não poderá haver desconto no salário do obreiro. O obreiro deve receber seu salário de forma integral, sendo proibido ao empregador efetuar descontos no salário de seu empregado, salvo se resultar de adiantamento, de dispositivos de lei (Lei 10.820/2003) ou de contrato coletivo.

Não obstante, o TST, através da Súmula 342, entendeu ser lícito o desconto no salário do obreiro desde que haja autorização expressa por escrito e espontânea por parte do empregado.

Sendo assim, podemos dizer que, como regra, o salário é intangível, intocável, não podendo haver quaisquer descontos, sendo permitidos apenas aqueles decorrentes de: contribuições previdenciárias; contribuições sindicais; imposto de renda; desconto para prestação alimentícia; desconto para pagamento de pena criminal pecuniária; pagamento de custas judiciais; pagamento de prestações do Sistema Financeiro de Habitação; retenção de saldo salarial por falta de aviso-prévio do empregado; faltas injustificadas; empréstimos, até 30%; desconto de antecipações salariais.

O art. 1º da Lei 10.820/2003, de acordo com a redação dada pela Lei 13.172/2015 os empregados regidos pela CLT, poderão autorizar, de forma irrevogável e irretratável, o desconto em folha de pagamento ou na sua remuneração disponível dos valores referentes ao pagamento de empréstimos, financiamentos, cartões de crédito e operações de arrendamento mercantil concedidos por instituições financeiras e sociedades de arrendamento mercantil, quando previsto nos respectivos contratos.

O § 1º do citado dispositivo legal determina que esse desconto também poderá incidir sobre verbas rescisórias devidas pelo empregador, se assim previsto no respectivo contrato de empréstimo, financiamento, cartão de crédito ou arrendamento mercantil, até o limite de 35% (trinta e cinco por cento), sendo 5% (cinco por cento) destinados exclusivamente para:

I – a amortização de despesas contraídas por meio de cartão de crédito; ou

II – a utilização com a finalidade de saque por meio do cartão de crédito.

Por último, vale dizer que os danos causados pelo empregado, de forma dolosa, poderão ser descontados do salário. No entanto, em caso de culpa, o desconto será permitido desde que haja o consentimento do empregado.

7.8.6. Pagamento em moeda corrente

O salário deverá ser pago em moeda corrente do País, em conformidade com o art. 463, *caput*, da CLT. Uma vez realizado de maneira diversa, será considerado como não feito.

No entanto, admite-se que o empregador realize o pagamento por meio de cheque ou por depósito em conta-corrente aberta para esse fim. Porém, o empregador deverá assegurar ao empregado tempo hábil para desconto imediato do cheque; transporte, caso seja necessária sua utilização para o deslocamento até o estabelecimento bancário, de modo que possa se utilizar da quantia em conformidade com os arts. 145, 459, § 1º, e 465, todos da CLT.

O pagamento do salário deverá ser efetuado contrarrecibo, assinado pelo empregado e, em se tratando de analfabeto, mediante sua impressão digital, ou, não sendo esta possível, a seu rogo.

Para o pagamento realizado por depósito bancário, terá força de recibo o comprovante de depósito em conta bancária, aberta para esse fim em nome do empregado.

7.9. Equiparação salarial

Sendo idêntica a função, a todo trabalho de igual valor, prestado ao mesmo empregador, no mesmo estabelecimento empresarial, corresponderá igual salário, sem distinção de sexo, etnia, nacionalidade ou idade.. Esta é a expressão do art. 461 da CLT, que tem como fundamento o inciso XXX do art. 7º da CF, o qual proíbe a diferença de salários, de exercício de funções e de critério de admissão, por motivo de sexo, idade, cor ou estado civil.

Para se pleitear a equiparação salarial, mister se faz o preenchimento de alguns requisitos, a saber:

7.9.1. Trabalho de igual valor

Nos termos do art. 461, § 1º, da CLT, trabalho de igual valor será o que for feito com igual produtividade e com a mesma perfeição técnica, entre pessoas cuja diferença de tempo de serviço para o mesmo empregador não seja superior a quatro anos e a diferença de tempo na função não seja superior a dois anos.

Portanto, a lei determina que além da diferença de tempo na função não seja superior a dois anos, o empregado paradigma deve possuir diferença de tempo de serviço para o mesmo empregador não superior a quatro anos .

7.9.2. Mesmo empregador

O pedido de equiparação é possível desde que os empregados, paradigma e paragonado, laborem para o mesmo empregador.

Apesar de vozes contrárias, prevalece na jurisprudência ser possível o pedido de equiparação salarial para empregados de empresas pertencentes ao mesmo grupo econômico. Esse entendimento é baseado na tese de empregador único e na Súmula 129 do TST.

7.9.3. Identidade de funções

A equiparação salarial só é possível se o empregado e o paradigma exercerem a mesma função, desempenhando as mesmas tarefas, não importando se os cargos possuem, ou não, a mesma denominação.

Ignora-se a disposição contratual para examinar-se a realidade dos fatos, pouco importando o cargo existente no contrato pactuado, levando-se em consideração as tarefas exercidas pelos obreiros.

Convém ressaltar que nos termos do art. 461, § 5º, da CLT a equiparação salarial só será possível entre empregados contemporâneos no cargo ou na função, ficando vedada a indicação de paradigmas remotos, ainda que o paradigma contemporâneo tenha obtido a vantagem em ação judicial própria.

Importante ressaltar, também que o trabalhador readaptado em nova função por motivo de deficiência física ou mental atestada pelo órgão competente da Previdência Social não servirá de paradigma para fins de equiparação salarial.

7.9.4. Mesmo estabelecimento empresarial,

De acordo com o caput do art. 461 da CLT, a equiparação salarial será possível se empregado e paradigma trabalharem no mesmo estabelecimento empresarial.

Com isso, caiu por terra a determinação de mesma localidade existente na legislação antiga, que era entendida como sendo o mesmo município, ou municípios distintos que, comprovadamente, pertençam à mesma região metropolitana.

7.9.5. Inexistência de quadro de carreira

Outro requisito para a equiparação salarial é a inexistência de quadro de carreira em uma empresa. Isso porque determina o art. 461, § 2º, da CLT que não prevalecerá o pedido de equiparação salarial quando o empregador tiver pessoal organizado em quadro de carreira ou adotar, por meio de norma interna da empresa ou de negociação coletiva, plano de cargos e salários, dispensada qualquer forma de homologação ou registro em órgão público.

Pelo novo dispositivo legal é dispensável, ou seja, não se exige que o quadro de carreira seja homologado ou registrado em órgão público.

Sempre que a empresa possuir quadro de carreira as promoções poderão ser feitas por merecimento e por antiguidade, ou por apenas um destes critérios, dentro de cada categoria profissional.Com isso, deixou de existir o critério de alternância entre antiguidade e merecimento contida no antigo diploma legal.

7.9.6. Ônus da prova

Estabelece o art. 818, I, da CLT que cabe ao empregado cabe provar o exercício da mesma função que o paradigma.

Já ao empregador, com fulcro no art. 373, II, do CPC/2015 e na Súmula 6, item VIII, do TST, cabe o ônus da prova do fato impeditivo, modificativo ou extintivo da equiparação salarial.

Assim, caso queira o empregador impedir o direito à equiparação salarial do empregado, deverá juntar, por exemplo, quadro de carreira nos termos acima expostos.

7.9.7. Equiparação para o trabalho intelectual

É possível a equiparação salarial do trabalho intelectual desde que atendidos os requisitos elencados no art. 461 consolidado.

O TST, porém, firmou entendimento que a avaliação para efeitos da equiparação poderá ser feita com base na perfeição técnica, adotando critérios objetivos.

7.9.8 Equiparação salarial no serviço público

A equiparação salarial no serviço público é vedada, tendo em vista a proibição disposta no art. 37, XIII, da CF.

O STF se pronunciou por meio da Súmula 339 no sentido de que não cabe ao poder judiciário, que não tem função legislativa, aumentar vencimentos de servidores públicos sob fundamento de isonomia.

No entanto, tendo em vista a regra disposta no art. 173, § 1º, II, da CF que obriga as sociedades de economia mista a sujeição ao regime jurídico próprio das empresas privadas, portanto celetistas, vale destacar Súmula 455 do TST, que assim dispõe:

SÚMULA 455 TST. EQUIPARAÇÃO SALARIAL. SOCIEDADE DE ECONOMIA MISTA. ART. 37, XIII, DA CF/1988. POSSIBILIDADE. À sociedade de economia mista não se aplica a vedação à equiparação prevista no art. 37, XIII, da CF/1988, pois, ao admitir empregados sob o regime da CLT, equipara-se a empregador privado, conforme disposto no art. 173, § 1º, II, da CF/1988.

7.9.9 Majoração salarial por decisão judicial

O empregado que teve seu salário majorado por decisão judicial pode ser indicado como paradigma para fins de equiparação, observadas as disposições do TST na Súmula 6 item VI, com a redação dada de acordo com a Resolução 198/2015, que assim ensina:

SÚMULA 6 TST

VI – Presentes os pressupostos do art. 461 da CLT, é irrelevante a circunstância de que o desnível salarial tenha origem em decisão judicial que beneficiou o paradigma, exceto: a) se decorrente de vantagem pessoal ou de tese jurídica superada pela jurisprudência de Corte Superior; b) na hipótese de equiparação salarial em cadeia, suscitada em defesa, se o empregador produzir prova do alegado fato modificativo, impeditivo ou extintivo do direito à equiparação salarial em relação ao paradigma remoto, considerada irrelevante, para esse efeito, a existência de diferença de tempo de serviço na função superior a dois anos entre o reclamante e os empregados paradigmas componentes da cadeia equiparatória, à exceção do paradigma imediato.

7.9.10 Multa por discriminação salarial

O novo § 6º inserido ao art. 461 da CLT cria uma multa de 50% do valor máximo do benefício da Previdência em caso de disparate salarial motivado por diferença a de sexo ou etnia.

Por se tratar de uma penalidade imposta ao empregador, entendemos que as hipóteses previstas no dispositivo legal são taxativas e que as outras modalidades de discriminações que não estejam incluídas expressamente no texto legal não ensejam a imposição de multa.

7.10. Salário-família

Previsto no art. 7º, XII, da CF, o salário-família é pago em razão do dependente do trabalhador de baixa renda. O salário família está previsto na Lei 8.213/1991, arts. 65 a 70 e no Decreto 3.048/1999, nos arts. 81 a 92.

Embora possua denominação de salário, não possui natureza salarial e/ou remuneratória, na medida em que constitui um benefício previdenciário, devido mensalmente ao empregado segurado, ao trabalhador avulso e, de acordo com a atual redação dada ao parágrafo único do art. 7º, da CF, pela EC 72/2013, ao empregado doméstico (arts. 65 e 68 da Lei 8.213/1991, com redação dada pela LC 150/2015) conforme a proporção do número de filhos ou equiparados.

Para a concessão do salário-família, a Previdência Social não exige tempo mínimo de contribuição.

Nos termos do art. 88 do Decreto 3.048/1999 o direito ao salário-família cessa automaticamente:

I – por morte do filho ou equiparado, a contar do mês seguinte ao do óbito;

II – quando o filho ou equiparado completar quatorze anos de idade, salvo se inválido, a contar do mês seguinte ao da data do aniversário;

III – pela recuperação da capacidade do filho ou equiparado inválido, a contar do mês seguinte ao da cessação da incapacidade; ou

IV – pelo desemprego do segurado.

Para a concessão do salário-família, a Previdência Social não exige tempo mínimo de contribuição e será devido, nos termos do art. 82 do Decreto 3.048/1999:

I – ao empregado, pela empresa, com o respectivo salário, e ao trabalhador avulso, pelo sindicato ou órgão gestor de mão de obra, mediante convênio;

II – ao empregado e trabalhador avulso aposentados por invalidez ou em gozo de auxílio-doença, pelo Instituto Nacional do Seguro Social, juntamente com o benefício;

III – ao trabalhador rural aposentado por idade aos sessenta anos, se do sexo masculino, ou cinquenta e cinco anos, se do sexo feminino, pelo Instituto Nacional do Seguro Social, juntamente com a aposentadoria; e

IV – aos demais empregados e trabalhadores avulsos aposentados aos sessenta e cinco anos de idade, se do sexo masculino, ou sessenta anos, se do sexo feminino, pelo Instituto Nacional do Seguro Social, juntamente com a aposentadoria.

Importante lembrar que os desempregados não têm direito ao benefício em debate.

7.11. Salário-educação

A contribuição social do salário-educação está prevista no art. 212, § 5º, da CF e regulamentada pelas Leis 9.424/1996, 9.766/1998 (regulamentada pelo Decreto 6.003/2006) e 11.457/2007.

Nos termos do art. 15 da Lei 9.424/1996: "*O salário-educação previsto no art. 212, § 5º, da CF e devido pelas empresas, na forma em que vier a ser disposto em regulamento, é calculado com base na alíquota de 2,5% (dois e meio por cento) sobre o total de remunerações pagas ou creditadas, a qualquer título, aos segurados empregados, assim definidos no art. 12, inciso I, da Lei 8.212, de 24.07.1991.*"

Vale dizer que o salário-educação não possui caráter remuneratório na relação de emprego e não se vincula, para nenhum efeito, ao salário ou à remuneração percebida pelos empregados das empresas contribuintes.

Estão isentas do recolhimento da contribuição social do Salário-Educação, nos termos do § 1º do art. 1º da Lei 9.766/1998:

I – a União, os Estados, o Distrito Federal e os Municípios, bem como suas respectivas autarquias e fundações;

II – as instituições públicas de ensino de qualquer grau;

III – as escolas comunitárias, confessionais ou filantrópicas, devidamente registradas e reconhecidas pelo competente órgão de educação, e que atendam ao disposto no inc. II do art. 55 da Lei 8.212, de 24.07.1991;

IV – as organizações de fins culturais que, para este fim, vierem a ser definidas em regulamento;

V – as organizações hospitalares e de assistência social, desde que atendam, cumulativamente, aos requisitos estabelecidos nos incs. I a V do art. 55 da Lei 8.212/1991.

7.12. Salário do menor e do aprendiz

Nos termos do art. 7º, XXX, da CF, é proibida a diferença de salários, de exercício de funções e de critério de admissão por motivo de sexo, idade, cor ou estado civil.

Assim, ao trabalho do menor corresponde igual salário ao dos demais trabalhadores.

Ademais, o salário mínimo é garantia constitucional assegurada para todos trabalhadores, nos termos do inc. IV do art. 7º da CF.

Com relação ao aprendiz o art. 428, § 2º, da CLT ensina que, salvo condição mais favorável, será garantido o salário mínimo hora.

Ao menor, nos termos do art. 439 da CLT é lícito firmar recibo pelo pagamento dos salários. Porém, em se tratando de rescisão do contrato de trabalho, é vedado ao menor de 18 (dezoito) anos dar, sem assistência dos seus responsáveis legais, quitação ao empregador pelo recebimento da indenização que lhe for devida.

8. DURAÇÃO DO TRABALHO

8.1. Jornada de Trabalho

A palavra "jornada" provém do termo italiano *giorno*, que traduzido para nosso vernáculo significa "dia", trazendo a ideia de "dia de trabalho".

A jornada de trabalho vem disciplinada no art. 7º, incisos XIII e XIV, da CF, e nos arts. 57 a 75 do diploma consolidado, sendo entendida, nos termos do art. 4.º, *caput*, da CLT, como o lapso temporal em que o empregado está à disposição do empregador, executando ou não o seu labor.

Para o ilustre Ministro Mauricio Godinho Delgado (em *Curso de Direito do Trabalho*, 8ª ed., São Paulo, LTr, 2009, p. 774) jornada de trabalho seria "o lapso temporal diário em que o empregado se coloca à disposição do empregador em virtude do respectivo contrato. É, desse modo, a medida principal do tempo diário de disponibilidade do obreiro em face de seu empregador como resultado do cumprimento do contrato de trabalho que os vincula".

Assim, tempo de serviço efetivo deve ser entendido como o lapso de tempo em que o empregado está à disposição do empregador, aguardando ou cumprindo ordens.

O art. 58, § 1º, da CLT ensina que não serão descontadas nem computadas como jornada extraordinária as variações de horário no registro de ponto não excedentes de cinco minutos, observado o limite máximo de dez minutos diários. Nessa linha, importante ressaltar o período de sobreaviso, que consiste no período computado como tempo à disposição do empregador, em que o empregado, mesmo fora do local de trabalho, fica aguardando ordens.

A respeito do período de sobreaviso o TST editou a Súmula 428 que assim dispõe:

Súmula 428 TST.

I – O uso de instrumentos telemáticos ou informatizados fornecidos pela empresa ao empregado, por si só, não caracteriza o regime de sobreaviso.

II – Considera-se em sobreaviso o empregado que, à distância e submetido a controle patronal por instrumentos telemáticos ou informatizados, permanecer em regime de plantão ou equivalente, aguardando a qualquer momento o chamado para o serviço durante o período de descanso.

Nesse período o empregado fica previamente avisado que a qualquer momento pode ser chamado para algum trabalho, como ocorre, por exemplo, com os eletricistas.

Vale dizer que a Lei 12.551/2011, que deu nova redação ao art. 6º da CLT, não distingue o trabalho realizado no estabelecimento do empregador, o executado no domicílio do empregado e o realizado à distância, desde que estejam caracterizados os pressupostos da relação de emprego.

A referida lei acrescentou o parágrafo único ao art. 6º consolidado, equiparando os meios telemáticos e informatizados de comando, controle e supervisão, para fins de subordinação jurídica, aos meios pessoais e diretos de comando, controle e supervisão do trabalho alheio.

Por esse motivo o TST modificou o entendimento cristalizado na Súmula 428 para instruir que o uso de instrumentos telemáticos ou informatizados fornecidos pela empresa ao empregado, por si só, não caracteriza regime de sobreaviso.

A duração do trabalho não será superior a 8 horas diárias, observado o limite de 44 horas semanais, facultando a compensação de horários e a redução da jornada, mediante acordo ou convenção coletiva, em conformidade com o art. 7º, XIII, da CF.

A CLT traz regra nesse mesmo sentido, em que aponta que a duração normal do trabalho não poderá exceder 8 (oito) horas diárias, desde que não seja fixado expressamente outro limite.

O objetivo dessa limitação é a proteção da saúde do trabalhador, evitando acidentes do trabalho e doenças ocupacionais pelo longo exercício do labor. São normas de ordem pública e, portanto, irrenunciáveis pelas partes.

Como vimos, nos termos do art. 58, § 1º, da CLT, não serão descontadas nem computadas na jornada de trabalho as variações de horário no registro de ponto não excedentes de cinco minutos, observado o limite máximo de dez minutos diários.

Contudo, nos termos do art. 4º, § 2º, da CLT por não se considerar tempo à disposição do empregador, não será computado como período extraordinário o que exceder a jornada normal, ainda que ultrapasse o limite de cinco minutos previsto no § 1º do art. 58 da CLT, quando o empregado, por escolha própria, buscar proteção pessoal, em caso de insegurança nas vias públicas ou más condições climáticas, bem como adentrar ou permanecer nas dependências da empresa para exercer atividades particulares, entre outras:

I – práticas religiosas;

II – descanso;

III – lazer;

IV – estudo;

V – alimentação;

VI – atividades de relacionamento social;

VII – higiene pessoal;

VIII – troca de roupa ou uniforme, quando não houver obrigatoriedade de realizar a troca na empresa.

8.2. Classificações da Jornada de Trabalho

A jornada de trabalho pode ser classificada em:

8.2.1. *Ordinária*

É o limite máximo imposto pela norma constitucional. Em outras palavras, é a jornada comum de trabalho para os obreiros. A Constituição Federal em seu art. 7º, XIII, c/c o art. 58 da CLT, fixou como limite a jornada de oito horas diárias e 44 horas semanais.

É possível ainda fixação mais benéfica ao trabalhador, seja por lei, seja por convenções coletivas, que podemos chamar de limites especiais, como por exemplo: advogados e turnos ininterruptos de revezamento (art. 7º, XIV, da CF).

8.2.2. *Extraordinária*

São as horas laboradas acima do limite legal convencional, ou seja, as horas que extrapolam a jornada ordinária de trabalho.

8.2.3. *Diurna*

Nas atividades urbanas, é considerada jornada diurna aquela desempenhada das 5 horas até às 22 horas.

8.2.4. *Noturna*

No âmbito urbano, compreende-se aquele labor desempenhado entre as 22 horas de um dia e 5 horas do dia seguinte. Para o trabalhador urbano há a chamada "hora fictamente reduzida" em que a hora possui, fictamente, 52 minutos e 30 segundos e não 60 minutos.

É oportuno enfatizar que o direito à hora reduzida de 52 minutos e 30 segundos aplica-se ao vigia noturno, em conformidade com a Súmula 65 do TST.

Nos termos da LC 150/2015 a hora fictamente reduzida também será aplicada ao empregado doméstico, nos termos do art. 14, § 1º.

Vale destacar, ainda, que o trabalho noturno dos empregados nas atividades de exploração, perfuração, produção e refinação do petróleo, industrialização do xisto, indústria petroquímica e transporte de petróleo e seus derivados, por meio de dutos, é regulado pela Lei 5.811/1972, não se aplicando, ainda, a hora reduzida de 52 minutos e 30 segundos prevista no art. 73, § 1º, da CLT, nos termos da Súmula 112 do TST.

Já no âmbito rural, como estudado no item 6.1.1.2devemos diferenciar o trabalho exercido nas atividades de agricultura e o desenvolvido na pecuária.

Na lavoura, o período noturno é aquele desenvolvido entre 21 horas de um dia até às 5 horas do dia seguinte, ao passo que na pecuária será o período compreendido entre as 20 horas de um dia até 4 horas do dia seguinte, nos termos do art. 7º da Lei 5.889/1973.

É importante mencionar que no âmbito rural, seja na agricultura, seja na pecuária, não se aplica a regra da "hora fictamente reduzida".

Outra peculiaridade consiste no adicional devido aos trabalhadores que exercem suas atividades no período noturno. Esse adicional difere, também, para os empregados dos âmbitos urbano e rural.

O trabalho noturno exercido no âmbito urbano é de 20%, ao passo que no âmbito rural, por não terem os obreiros a jornada reduzida, seu adicional será de 25%.

8.3. Jornadas de trabalhos especiais

Ao lado da duração normal de trabalho estabelecida no art. 7º, XIII, da CF de 8 horas ao dia, 44 horas na semana e 220 horas no mês, existem jornadas de trabalho com caráter especial, regidos por parâmetros distintos.

8.3.1. Jornadas superiores

Existem poucas jornadas especiais criadas por lei que extrapolam o modelo padrão de 8 horas diárias criado para as atividades laborais no País.

Certas categorias profissionais, em face das peculiaridades do setor, tendem a se submeter à fixação de lapsos temporais diários, sem detrimento do limite semanal, mais amplos.

Como exemplos de categorias que possuem jornadas eventualmente superiores ao limite constitucional diário de 8 horas por dia temos: os aeronautas, os ferroviários, entre outros.

8.3.2. Jornadas inferiores

Entretanto, para determinadas categorias existem jornadas de trabalho inferiores ao limite constitucional estabelecido no citado art. 7º, XIII, da CF.

Representam, portanto, jornadas mais favoráveis em relação ao padrão estabelecido pelo constituinte originário.

Como exemplos de jornadas inferiores ao modelo constitucional temos: os empregados em minas no subsolo (art. 293 da CLT); telegrafistas e telefonistas, nos termos do art. 227 da CLT; a jornada variável para os operadores cinematográficos, nos termos do art. 234 e suas alíneas; entre outros.

8.3.3. Bancários

Ensina o art. 224 da CLT que a duração normal do trabalho dos empregados em bancos será de seis horas contínuas, com exceção dos sábados, perfazendo um total de 30 horas semanais.

Poderá haver prorrogação da jornada do bancário até oito horas diárias, não podendo exceder 40 horas semanais.

Vale destacar que, nos termos da Súmula 113 do TST, o sábado é considerado dia útil não trabalhado e não dia de repouso remunerado.

Os empregados de estabelecimento de crédito pertencentes a categorias profissionais diferenciadas não são considerados bancários, não podendo se beneficiar do regime legal relativo aos bancários. Nesse sentido importante mencionar a decisão proferida no RR 104/2006-006-05-00, em que o TST firmou orientação no sentido de que os profissionais liberais (engenheiros, arquitetos etc.) equiparam-se aos membros de categoria diferenciada, uma vez que exercem atividades reguladas em estatuto profissional próprio. Assim, não se lhes aplicam as disposições dos arts. 224 e seguintes da CLT.

Também, os empregados de empresas distribuidoras e corretoras de títulos e valores mobiliários não têm direito à jornada especial dos bancários, nos termos da Súmula 119 do TST.

O vigilante, contratado diretamente por banco ou por intermédio de empresas especializadas, não é bancário, é o que ensina a Súmula 257 do TST.

No entanto, é considerado bancário o empregado de empresa de processamento de dados que presta serviço a banco integrante do mesmo grupo econômico, exceto quando a empresa de processamento de dados presta serviços a banco e a empresas não bancárias do mesmo grupo econômico ou a terceiros, em conformidade com a Súmula 239 do TST.Conforme art. 224, § 2º, da CLT, os bancários que exercem funções de direção, gerência, fiscalização, chefia e equivalentes, ou que desempenhem outros cargos de confiança, desde que recebam gratificação não inferior a 1/3 (um terço) do salário do cargo efetivo, não estão abrangidos pela jornada especial de trabalho de 6 horas, fixada no *caput* do citado dispositivo legal.

Nos termos da Súmula 287 do TST a jornada de trabalho do empregado de banco gerente de agência é regida pelo art. 224, § 2º, da CLT, ou seja, possuem jornada de trabalho de 8 horas por dia. Quanto ao gerente-geral de agência bancária, presume-se o exercício de encargo de gestão, aplicando-se-lhe o art. 62, II, da CLT, ou seja, não há controle de jornada de trabalho, podendo laborar mais que 8 horas por dia, desde que receba remuneração pelo menos 40% superior ao do cargo efetivo.

SÚMULA 287 TST – JORNADA DE TRABALHO. GERENTE BANCÁRIO

A jornada de trabalho do empregado de banco gerente de agência é regida pelo art. 224, § 2º, da CLT. Quanto ao gerente-geral de agência bancária, presume-se o exercício de encargo de gestão, aplicando-se-lhe o art. 62 da CLT.

O bancário que exerce a função de confiança a que se refere o § 2º do art. 224 da CLT e que recebe gratificação já tem remuneradas as duas horas extraordinárias excedentes de seis.

No entanto, serão devidas as 7ª e 8ª horas, como extras, no período em que se verificar o pagamento a menor da gratificação de 1/3, no teor da Súmula 102, III, do TST.

O bancário sujeito à regra do art. 224, § 2º, da CLT cumpre jornada de trabalho de 8 (oito) horas, sendo extraordinárias as trabalhadas além da oitava.

Os cargos a que alude o § 2º do art. 224 da CLT são

considerados "cargos de confiança especial" e decorrem da natureza da atividade do trabalhador.

O caixa bancário, ainda que caixa executivo, não exerce cargo de confiança. Se perceber gratificação igual ou superior a um terço do salário do posto efetivo, essa remunera apenas a maior responsabilidade do cargo e não as duas horas extraordinárias além da sexta.

Vale lembrar que o advogado empregado de banco, pelo simples exercício da advocacia, não exerce cargo de confiança, não se enquadrando, portanto, na hipótese do § 2º do art. 224 da CLT.

Os bancários não enquadrados na hipótese mencionada, mesmo que recebam gratificação de função, não poderão ter as horas extras compensadas com o valor daquela vantagem, nos termos da Súmula 109 do TST.

Desta forma, a exceção que traz o art. 224, § 2º, da CLT, que sujeita o bancário a oito horas diárias de trabalho, abrange todos os cargos que pressupõem atividades de coordenação, supervisão ou fiscalização, não exigindo a lei poderes de mando e direção, como aqueles dispostos no art. 62 consolidado.

Por fim, em razão do julgamento do incidente de recurso repetitivo sobre a matéria (Recursos de Revista Repetitivos nº TST-IRR-849-83.2013.5.03.0138), o TST alterou a redação da Súmula 124 que assim dispõe:

SÚMULA 124 TST – BANCÁRIO. SALÁRIO-HORA. DIVISOR (alteração em razão do julgamento do processo TST-IRR-849-83.2013.5.03.0138)

I – o divisor aplicável para o cálculo das horas extras do bancário será:

a)180, para os empregados submetidos à jornada de seis horas prevista no *caput* do art. 224 da CLT;

b) 220, para os empregados submetidos à jornada de oito horas, nos termos do § 2º do art. 224 da CLT.

II – Ressalvam-se da aplicação do item anterior as decisões de mérito sobre o tema, qualquer que seja o seu teor, emanadas de Turma do TST ou da SBDI-I, no período de 27/09/2012 até 21/11/2016, conforme a modulação aprovada no precedente obrigatório firmado no Incidente de Recursos de Revista Repetitivos nº TST-IRR-849-83.2013.5.03.0138, DEJT 19.12.2016.

8.3.4. Digitadores

A CLT é omissa a respeito da atividade de digitador. Entretanto, a jurisprudência tem considerado aplicável, extensivamente, a regra do art. 72 consolidado que determina a observância de intervalos remunerados de 10 minutos a cada 90 minutos laborados em serviços permanentes de mecanografia, o qual não é deduzido da duração normal do trabalho. Nessa linha, o TST concretizou esse entendimento através da Súmula 346.

Com isso, temos que a enumeração do art. 72 da CLT é meramente exemplificativa e não taxativa, permitindo, portanto, o descanso de 10 minutos a cada 90 trabalhados, desde que trabalhe como digitador de forma permanente e não intercalada.

8.3.5. Empresas de telefonia e operadores de telemarketing

Nos termos do art. 227 da CLT, "nas empresas que explorem o serviço de telefonia, telegrafia submarina ou subfluvial, de radiotelegrafia ou de radiotelefonia, fica estabelecida para os respectivos operadores a duração máxima de seis horas contínuas de trabalho por dia ou 36 (trinta e seis) horas semanais."

Portanto, de acordo com o dispositivo legal em debate, a jornada de trabalho especial estabelecida seria aplicada apenas a telefonistas que *operassem mesa de transmissão com ramais, não fazendo uso do telefone comum para atender e fazer as ligações exigidas no exercício de sua função.*

No entanto, operadores de telemarketing, profissionais que laboram com sistema direto de vendas por telefone, ingressavam com reclamações trabalhistas reivindicando a aplicação analógica da jornada de trabalho especial prevista no art. 227 consolidado.

Em setembro de 2002 foi editada a OJ 273 da SDI 1 do TST nos seguintes termos:

OJ-273 da SDI1 do TST – "TELEMARKETING". OPERADORES. ART. 227 DA CLT. INAPLICÁVEL

A jornada reduzida de que trata o art. 227 da CLT não é aplicável, por analogia, ao operador de televendas, que não exerce suas atividades exclusivamente como telefonista, pois, naquela função, não opera mesa de transmissão, fazendo uso apenas dos telefones comuns para atender e fazer as ligações exigidas no exercício da função.

*O entendimento disposto na orientação jurisprudencial em questão vigorou por quase 10 (dez) anos, até que em maio de 2011, por meio da Resolução 175/2011, a OJ 273 SDI 1 TST foi **cancelada**, sendo certo que atualmente é possível a aplicação analógica do art. 227 da CLT aos operadores de telemarketing.*

8.3.6. Advogado empregado

Advogado empregado é aquele profissional que atua com a devida anotação em CTPS e com os demais requisitos caracterizadores da relação de emprego, nos termos dos arts. 2º e 3º da CLT.

Nos termos do art. 20 da Lei 8.906/1994 (Estatuto da Advocacia e a Ordem dos Advogados do Brasil), *a* jornada de trabalho do advogado empregado, no exercício da profissão, não poderá exceder a duração diária de 4 (quatro) horas contínuas e a de 20 (vinte) horas semanais, salvo acordo ou convenção coletiva ou em caso de dedicação exclusiva.

Nota-se, portanto, que o legislador abre 3 exceções com relação à jornada de trabalho do advogado empregado, quais sejam: acordo coletivo, convenção coletiva de trabalho e o caso de dedicação exclusiva.

De acordo com o art. 12 do Regulamento Geral do Estatuto da Advocacia e da OAB, considera-se de dedicação exclusiva o regime de trabalho que for expressamente previsto em contrato individual de trabalho.

Nessa linha, em caso de dedicação exclusiva, em que o advogado não pode atuar em nome de outra pessoa, a jornada de trabalho será de 8 (oito) horas por dia e não de 4 (quatro) horas como previsto no art. 20 do EAOAB.

Dispõe o art. 12 do Regulamento Geral do Estatuto da Advocacia e da OAB:

Art. 12. Para os fins do art. 20 da Lei 8.906/1994, considera-se de dedicação exclusiva o regime de trabalho que for expressamente previsto em contrato individual de trabalho.
Parágrafo único. Em caso de dedicação exclusiva, serão remuneradas como extraordinárias as horas trabalhadas que excederem a jornada normal de oito horas diárias.

Por isso se afirma que a dedicação exclusiva deve ser expressamente prevista no contrato de trabalho do advogado, sob pena de ser considerada a jornada de trabalho especial prevista no EAOAB.

Havendo prestação de serviço extraordinário, as horas trabalhadas excedidas serão remuneradas por um adicional não inferior a 100% sobre o valor da hora normal, mesmo havendo contrato escrito.

Por fim, o trabalho noturno do advogado empregado é aquele realizado no período das 20 horas de um dia até as 5 horas do dia seguinte, devendo ser acrescidas do adicional de 25% (vinte e cinco por cento).

Sobre o tema, importante se faz a leitura da OJ 403 da SDI 1 do TST:

OJ 403 da SDI 1 do TST – ADVOGADO EMPREGADO. CONTRATAÇÃO ANTERIOR A LEI 8.906, DE 04.07.1994. JORNADA DE TRABALHO MANTIDA COM O ADVENTO DA LEI. DEDICAÇÃO EXCLUSIVA. CARACTERIZAÇÃO.
O advogado empregado contratado para jornada de 40 horas semanais, antes da edição da Lei 8.906, de 04.07.1994, está sujeito ao regime de dedicação exclusiva disposto no art. 20 da referida lei, pelo que não tem direito à jornada de 20 horas semanais ou 4 diárias.

8.4. Turnos ininterruptos de revezamento

Previsto no inciso XIV do artigo 7º da Constituição Federal, o regime de revezamento é aquele em que os trabalhadores se sucedem na empresa, pressupõe trabalho e horários com sucessivas modificações, de modo que o empregado labore ora no período noturno, ora no diurno, ora no vespertino. Nesse sentido o TST cristalizou seu entendimento na Orientação Jurisprudencial 360 da SDI 1: "*faz jus à jornada especial prevista no art. 7º, XIV, da CF/1988 o trabalhador que exerce suas atividades em sistema de alternância de turnos, ainda que em dois turnos de trabalho, que compreendam, no todo ou em parte, o horário diurno e o noturno, pois submetido à alternância de horário prejudicial à saúde, sendo irrelevante que a atividade da empresa se desenvolva de forma ininterrupta*".

O turno ininterrupto de revezamento se caracterizará quando os empregados prestarem serviços em horários de trabalho alternados em turnos de revezamento, ou seja, alternando seu horário nos períodos da manhã, tarde e/ou noite, de forma contínua para o empregador.

Para os empregados que laborem em turnos de revezamento, em decorrência da prejudicialidade à saúde do trabalhador, a Constituição Federal fixou no citado art. 7º, XIV, limite diário de 6 horas, salvo negociação coletiva.

No entanto, a jurisprudência tem se posicionado no sentido de, havendo negociação coletiva, poder existir jornada superior a 6 horas, limitada a 8 horas diárias. Nesse caso, os empregados submetidos aos turnos ininterruptos de revezamento não terão direito ao pagamento da 7ª e 8ª horas como extras, em conformidade com a Súmula 423 do TST.

Nº 423 TURNO ININTERRUPTO DE REVEZAMENTO. FIXAÇÃO DE JORNADA DE TRABALHO MEDIANTE NEGOCIAÇÃO COLETIVA. VALIDADE (conversão da Orientação Jurisprudencial nº 169 da SBDI-I) – Res. 139/2006 – DJ 10, 11 e 13.10.2006. Estabelecida jornada superior a seis horas e limitada a oito horas por meio de regular negociação coletiva, os empregados submetidos a turnos ininterruptos de revezamento não têm direito ao pagamento da 7ª e 8ª horas como extras.

É importante lembrar que o Ministério do Trabalho e Emprego (MTE) expediu a Portaria 412, de setembro de 2007, que em seu art. 1º considera ilícita a alteração da jornada e do horário de trabalho dos empregados que trabalhem em regime de turnos ininterruptos de revezamento, salvo mediante convenção ou acordo coletivo de trabalho.

No entanto, há que se ressaltar o entendimento cristalizado na OJ 420 da SDI 1, segundo o qual se mostra inválido o instrumento normativo que, regularizando situações pretéritas, estabelece jornada de oito horas para o trabalho em turnos ininterruptos de revezamento.

No que tange à jornada de trabalho noturna do trabalho em turnos ininterruptos de revezamento, convém destacar a orientação jurisprudencial 395 da SDI 1 do TST.

ORIENTAÇÃO JURISPRUDENCIAL 395 DA SDI 1 DO TST – TURNO ININTERRUPTO DE REVEZAMENTO. HORA NOTURNA REDUZIDA. INCIDÊNCIA.
O trabalho em regime de turnos ininterruptos de revezamento não retira o direito à hora noturna reduzida, não havendo incompatibilidade entre as disposições contidas nos arts. 73, § 1º, da CLT e 7º, XIV, da Constituição Federal.

8.5. Trabalho em regime de tempo parcial

Previsto no art. 58-A da CLT, o regime de tempo parcial é aquele cuja duração não exceda a 30 horas semanais, sem a possibilidade de horas suplementares semanais, ou, ainda, aquele cuja duração não exceda a 26 horas semanais, com a possibilidade de acréscimo de até seis horas suplementares semanais.

A lei cria, portanto, duas espécies de trabalho em regime de tempo parcial. Um primeiro regime cuja duração não exceda 30 horas semanais, sem a possibilidade de prestação de horas extras e um segundo regime em que a duração da jornada semanal não exceda 26 horas, sendo permitida, nesse regime, a prestação de até 6 horas extras por semana, que serão pagas com o acréscimo de 50% (cinquenta por cento) sobre o salário-hora normal, art. 58-A, § 3º, da CLT.

Importante destacar que na hipótese de o contrato de trabalho em regime de tempo parcial ser estabelecido em número inferior a 26 horas semanais, as horas suplementares a este número serão consideradas horas extras para fins do pagamento estipulado, estando também limitadas a seis horas suplementares semanais. Em outras palavras, caso seja pactuada jornada de trabalho inferior a 26 horas semanais, as horas que excederem a jornada estipulada serão consideradas extraordinárias, ficando limitada também a 6 horas semanais.

As horas suplementares da jornada de trabalho normal poderão ser compensadas diretamente até a semana imediatamente posterior à da sua execução, hipótese em que não serão remuneradas com o acréscimo de 50%.

No entanto, caso não sejam compensadas o empregador deverá fazer sua quitação na folha de pagamento do mês subsequente.

Para os trabalhadores contratados nesse regime de trabalho, o salário pago será proporcional àquele pago aos empregados que cumpram, na mesma função, tempo integral, em conformidade com o art. 58-A, § 1º, da CLT.

Nessa linha é a jurisprudência do TST, consubstanciada na Orientação Jurisprudencial 358 da SDI 1, na qual havendo contratação para cumprimento de jornada reduzida, inferior à revisão constitucional de oito horas diárias ou quarenta e quatro semanais, é lícito o pagamento do piso salarial ou do salário mínimo proporcional ao tempo trabalhado.

O item II da mesma OJ ensina que na Administração Pública direta, autárquica e fundacional não é válida remuneração de empregado público inferior ao salário mínimo, ainda que cumpra jornada de trabalho reduzida. Precedentes do Supremo Tribunal Federal.

De acordo com o art. 58-A, § 7º, da CLT o período de férias do empregado contratado em regime de tempo parcial é o mesmo dos empregados em regime de tempo integral, sendo-lhes aplicados os períodos de férias dispostos no art. 130 da CLT.

Os empregados contratados por esse regime poderão converter um terço de suas férias em abono pecuniário, em conformidade com o art. 58-A, § 6º, da CLT

Sobre regime de tempo parcial para o empregado doméstico, remetemos o leitor ao capítulo 6.1.1.1.4 que trata desse tipo de empregado, na medida em que as disposições são diferenciadas

8.6. Horas *in itinere*

É o período de deslocamento gasto pelo empregado de sua residência até o local de trabalho e vice-versa.

Assim dispõe o art. 58, § 2º, da CLT: "O tempo despendido pelo empregado desde a sua residência até a efetiva ocupação do posto de trabalho e para o seu retorno, caminhando ou por qualquer meio de transporte, inclusive o fornecido pelo empregador, não será computado na jornada de trabalho, por não ser tempo à disposição do empregador."

Portanto, esse período de deslocamento gasto pelo empregado não é computado na jornada de trabalho, independentemente do meio de locomoção do empregado.

O tempo gasto pelo empregado como percurso casa--trabalho e trabalho – casa foi desconsiderado como tempo à disposição e, consequentemente

Ademais, o § 2º do art. 58 da CLT excluiu da jornada de trabalho o tempo despendido pelo empregado desde sua residência até a "efetiva ocupação do posto de trabalho". Logo, o tempo gasto pelo trabalhador do portão da empresa até o local de trabalho também não será computado na jornada de trabalho. Com isso, fica prejudicado o entendimento pacificado na Súmula 429 do TST, que considerava como tempo de serviço.

8.7. Prorrogação da jornada do trabalho

A Constituição Federal estabelece o limite da jornada de trabalho. Assim, qualquer trabalho realizado acima desse limite implicará a prorrogação da jornada de trabalho.

Em 4 casos a CLT admite a prorrogação da jornada de trabalho:

8.7.1. Acordo de prorrogação de horas

Nos termos do art. 59 da CLT, a duração normal do trabalho poderá ser acrescida de horas suplementares, em número não excedente de 2 (duas). Contudo, esse ajuste deverá ser formalizado por acordo escrito, compreendendo o acordo individual, acordo coletivo e a convenção coletiva de trabalho. Nesse caso, o limite de horas extraordinárias a serem prestadas é de até 2 horas por dia, ou seja, a jornada de trabalho não poderá ser superior a 10 horas diárias.

Sempre que houver a prestação de serviços extraordinários, será devido um adicional por hora extraordinária de no mínimo 50% sobre a hora normal.

Vale dizer que nos termos do art. 20, § 2º, da Lei 8.906/1994, o adicional de horas extras do advogado é de 100%.

É importante ressaltar que, nos termos do art. 60 da CLT, para as atividades insalubres quaisquer prorrogações só poderão ser acordadas mediante licença prévia do Ministério do Trabalho. Excetuam-se da exigência de licença prévia as jornadas de doze horas de trabalho por trinta e seis horas ininterruptas de descanso, art. 60, parágrafo único, da CLT.

Ademais, o art. 611-A, XIII, da CLT determina a prevalência da convenção ou acordo coletivo de trabalho sobre a lei acima indicada sempre que dispor sobre a prorrogação de jornada em ambientes insalubres, sem licença prévia das autoridades competentes do Ministério do Trabalho

Uma vez fixada em contrato de trabalho uma jornada inferior ao limite máximo legal, essa será lei entre as partes e qualquer trabalho que exceder esse limite será computado como horas extraordinárias.

Para os trabalhadores menores de 18 anos a prorrogação poderá ocorrer, independente de acréscimo salarial, ou seja, sem o pagamento de horas extras, somente por acordo ou convenção coletiva, devendo compensar em outro dia, não podendo ultrapassar as 44 horas semanais impostas pela Constituição Federal, art. 413 da CLT. Além disso, permitir-se-á a prorrogação do dia de trabalho do menor, com acréscimo de 50% da hora normal, em até 12 horas, por motivo de força maior, desde que o trabalho do menor seja imprescindível ao funcionamento do estabelecimento, conforme art. 413, II, da CLT.

8.7.2. Acordo de compensação de jornadas

Previsto no art. 59, § 2º, da CLT, nada mais é que a compensação do excesso de *horas* trabalhadas em um dia, com a correspondente diminuição em outro dia. Em outras palavras, o trabalhador labora mais em alguns dias para descansar em outro.

Dispõe o art. 59, § 2 º, da CLT:

Art. 59. (...)

§ 2º. Poderá ser dispensado o acréscimo de salário se, por força de acordo ou convenção coletiva de trabalho, o excesso de horas em um dia for compensado pela correspondente diminuição em outro dia, de maneira que não exceda, no período máximo de um ano, à soma das jornadas semanais de trabalho previstas, nem seja ultrapassado o limite máximo de dez horas diárias.

Assim, a compensação de jornada consiste no sistema onde as horas extras trabalhadas em um dia poderão ser compensadas com a correspondente diminuição em outro dia. Dessa mesma forma ocorre com o banco de horas.

8.7.2.1 Sistemas de compensação

Podemos dizer que o novo diploma consolidado traz em seu bojo 3 sistemas distintos de banco de horas, ligados ao período máximo de compensação das horas excedentes trabalhadas.

a) Sistema anual de compensação: o excesso de horas trabalhadas em um dia deve ser compensado pela correspondente diminuição em outro dia, de maneira que a compensação não exceda o período máximo de um ano. Nesse caso a pactuação poderá se feita mediante acordo ou convenção coletiva de trabalho, art. 59, § 2º, da CLT.

b) Sistema semestral de compensação: o excesso de horas trabalhadas em um dia deve ser compensado pela correspondente diminuição em outro dia, de maneira que a compensação não exceda o período máximo de seis meses. Nessa hipótese, a pactuação do banco de horas poderá ser ocorrer por acordo individual escrito, art. 59, § 5º, da CLT.

c) Sistema mensal de compensação: caso o excesso de horas trabalhadas em um dia for compensado pela correspondente diminuição em outro dia, de maneira que a compensação ocorra no mesmo mês, o regime de compensação de jornada poderá ser estabelecido por acordo individual, tácito ou escrito, art. 59, § 6º, da CLT.

8.7.2.1.1 Sistema de compensação 12 x 36

Nos termos do art. 59-A da CLT é permitido às partes, por meio de convenção coletiva ou acordo coletivo de trabalho, estabelecer jornada de 12 horas seguidas de trabalho por 36 horas ininterruptas de descanso, devendo ser observados ou indenizados os intervalos para repouso e alimentação.

A remuneração mensal pactuada pela jornada de trabalho de 12 x 36 abrange os pagamentos devidos pelo descanso semanal remunerado e pelo descanso em feriados, e serão considerados compensados os feriados e as prorrogações de trabalho noturno, quando houver.

Dessa forma, qualquer que seja o ramo de atividade, é permitido o acordo escrito entre empregado e empregador para a compensação de jornada de 12 horas de trabalho por 36 horas de descanso.

Importante notar que o texto legal determina a observância dos intervalos para descanso ou então, caso não sejam concedidos, que sejam pagos/indenizados. Portanto, o pagamento dos valores referentes a não concessão do intervalo possui natureza indenizatória e não salarial.

8.7.2.2 Prorrogações de jornada em atividades insalubres

Nos termos do art. 60 da CLT nas atividades insalubres, quaisquer prorrogações só poderão ser acordadas mediante licença prévia das autoridades competentes em matéria de higiene do trabalho, as quais procederão aos necessários exames locais e à verificação dos métodos e processos de trabalho, quer diretamente, quer por intermédio de autoridades sanitárias federais, estaduais e municipais, com quem entrarão em entendimento para tal fim.

Assim, em regra, é necessária a licença prévia do órgão do Ministério do Trabalho (Delegacia Regional do Trabalho) para que seja pactuado o sistema de compensação em atividades insalubres. Contudo, excetuam-se dessa exigência as jornadas de 12 horas de trabalho por 36 horas ininterruptas de descanso.

Apesar de o art. 60 da CLT dispor sobre a necessidade de licença prévia da autoridade competente para prorrogações de jornada em atividades, o art. 611-A, XIII, da CLT ensina que a convenção coletiva ou acordo coletivo de trabalho prevalecerão sobre a lei no que tange a prorrogação de jornada em locais insalubres.

Celebrado o acordo de compensação de jornada e havendo a respectiva prorrogação, não haverá pagamento de horas extraordinárias, pois essas horas serão abatidas em outro dia como descanso para o obreiro.

Cabe destacar que, nos termos do art. 59-B, parágrafo único, da CLT a prestação de horas extras habituais não descaracteriza o acordo de compensação de jornada e o banco de horas.

Assim, o não atendimento das exigências legais para compensação de jornada, inclusive quando estabelecida mediante acordo tácito, não implica a repetição do pagamento das horas excedentes à jornada normal diária se não ultrapassada a duração máxima semanal, sendo devido apenas o respectivo adicional.

Importante destacar, ainda, que, por meio da Orientação Jurisprudencial 323 da SDI 1, o TST admite o sistema de compensação de jornada conhecida como "jornada de trabalho espanhola", na qual o trabalhador alterna sua jornada de trabalho laborando uma semana com 40 horas semanais e outra com 48 horas. A referida orientação jurisprudencial entende, assim, que a jornada espanhola, não viola os arts. 59, § 2º, da CLT e 7º, XIII, da CF/1988, desde que seu ajuste se dê mediante acordo ou convenção coletiva de trabalho.

8.7.3. Prorrogação por necessidade imperiosa

A prorrogação da jornada de trabalho poderá decorrer de necessidade imperiosa. Prevista no art. 61 da CLT, a necessidade imperiosa é gênero do qual são espécies: serviços inadiáveis e motivo de força maior. Nesses casos, como não é possível prever a necessidade de prorrogação da jornada de trabalho, pode ser exigido independentemente de convenção coletiva ou acordo coletivo de trabalho.

8.7.3.1. Serviços inadiáveis

São aqueles que devem ser terminados na mesma jornada de trabalho, pois, se assim não for, o empregador sofrerá grandes prejuízos. Como exemplo podemos citar o trabalho em jornada suplementar na construção civil onde se constrói uma laje, atividade que não pode ser paralisada sob pena de se perder o concreto já feito.

Nesses casos o trabalho não poderá extrapolar 12 horas, ou seja, 8 horas da jornada comum e mais 4 horas de prorrogação.

Para os serviços inadiáveis, não é necessário que seja feito acordo individual escrito, acordo coletivo ou convenção coletiva, justamente por sua natureza, ou seja, não há como prever tal situação.

8.7.3.2. Força maior

Nos termos do art. 501, *caput*, da CLT, entende-se por força maior todo acontecimento inevitável, em relação à vontade do empregador, e para a realização do qual este não concorreu, direta ou indiretamente.

Como exemplo, podemos citar o trabalho em um resgate de acidente aéreo ou desmoronamento de prédios.

Para esses casos, a norma não fixou limite para prestação de horas extraordinárias, portanto, a prorrogação ocorrerá sem limites de horas, ou seja, a jornada será prorrogada pelo número de horas que se mostrar necessário, sempre remunerada com adicional de no mínimo 50%.

8.7.4. Recuperação de tempo por não realização do trabalho

Nesse caso o trabalho é impossibilitado por causas acidentais ou de força maior, permanecendo a empresa paralisada em razão desses incidentes.

Ocorrendo tais acontecimentos, a empresa pode exigir a reposição desse tempo perdido, mediante prévia concordância da Delegacia Regional do Trabalho. Como exemplo, podemos lembrar as catástrofes ocorridas no Estado de Santa Catarina.

Justamente por ser um fato imprevisto, não se exige que seja feita por acordo individual, acordo coletivo e convenção coletiva.

Porém, a prorrogação poderá ocorrer apenas pelo número de dias indispensáveis para a recuperação do trabalho perdido, não podendo exceder em 45 dias por ano e no máximo 2 horas por dia.

8.8. Empregados excluídos do controle de jornada do trabalho

No art. 62 a CLT traz um rol em que determinados empregados são excluídos do capítulo referente à duração do trabalho. Podemos dizer, portanto, que esses empregados não farão jus à proteção existente no capítulo de duração do trabalho constante na CLT e, por consequência, não terão direito ao recebimento de horas extraordinárias.

É importante enfatizar que esses empregados estão excluídos não apenas das horas extraordinárias, mas sim de todo o capítulo da duração do trabalho, inclusive adicional noturno, intervalos para descanso, entre outros.

Desse modo, estão excluídos da proteção referente ao capítulo de duração do trabalho:

a) os empregados que exercem atividade externa incompatível com a fixação de horário de trabalho, desde que essa condição seja anotada na CTPS e no Livro de Registro de Empregados.

b) os gerentes, diretores ou chefes de departamento. Para que se configure o cargo de confiança, o empregado deve possuir subordinados e receber, além de seu salário efetivo, uma gratificação pela função de no mínimo 40%. Deve, ainda, possuir poderes de mando, ou seja, para tomar decisões importantes, poderes de direção da empresa. São os chamados poderes de direção interno, como admitir e demitir empregados, impor penalidades etc.; e os poderes de direção externa, como compras ou vendas em nome do empregador.

c) os empregados em regime de teletrabalho.

8.9. Intervalos para descanso

É o período destinado ao repouso e à alimentação do empregado, não sendo computado na duração do trabalho.

A todo trabalho corresponde um descanso, que visa a garantir a reposição das energias psicofísicas do trabalhador.

Existem intervalos para descanso dentro de um dia de trabalho, os chamados *intervalos intrajornada*; há aquele entre uma jornada e outra, o chamado *intervalo interjornada*; há também o descanso após uma semana, ou seja, o descanso semanal remunerado (DSR); e, por último, o repouso anual, que são as férias.

8.9.1. Intervalo intrajornada

São intervalos intrajornada aqueles que ocorrem dentro da mesma jornada de trabalho e tem como objetivos a alimentação e o descanso do empregado. Importante lembrar que os intervalos de descanso não serão computados na duração do trabalho, consoante disposição do art. 71, § 2º, da CLT.

Nas atividades cuja jornada de trabalho não ultrapassar 4 (quatro) horas, não há previsão legal para o intervalo para refeição e descanso. Já para os trabalhadores cuja duração do trabalho é superior a 4 (quatro) horas e inferior a 6 (seis) horas, o obreiro terá um intervalo para repouso e alimentação de 15 minutos, em conformidade com o art. 71, § 1º, da CLT.

Por último, para os trabalhadores que cumprem jornada de trabalho superior a 6 horas, o descanso será de no mínimo 1 (uma) e no máximo 2 (duas) horas, de acordo com o art. 71 da CLT.

Em conformidade com o art. 71 da CLT, admite-se a fixação do intervalo superior a 2 (duas) horas, desde que precedido de negociação coletiva.

Por outro lado, a duração do intervalo somente poderá ser reduzida por ato do Ministro do Trabalho, após consulta à Secretaria de Segurança e Saúde do Trabalhador, uma vez verificado que o estabelecimento atende às exigências legais concernentes à organização de refeitórios e que seus empregados não estão cumprindo jornada prorrogada.

Contudo, o art. 611-A da CLT ensina em sei inciso III ser possível a redução do intervalo intrajornada, respeitado o limite mínimo de trinta minutos para jornadas superiores a seis horas. Vale lembrar que, havendo acordo ou convenção coletiva nesse sentido, irá ela prevalecer em detrimento da lei.

Vale lembrar que os intervalos concedidos pelo empregador na jornada de trabalho que não estão previstos em lei representam tempo à disposição da empresa. Logo, devem ser remunerados como serviço extraordinário, se acrescidos ao final da jornada, conforme entendimento cristalizado na Súmula 118 do TST.

Com relação ao trabalhador rural, determina o art. 5º da Lei 5.889/1973:

> **Art. 5º** Em qualquer trabalho contínuo de duração superior a seis horas, será obrigatória a concessão de um intervalo para repouso ou alimentação observados os usos e costumes da região, não se computando este intervalo na duração do trabalho. Entre duas jornadas de trabalho haverá um período mínimo de onze horas consecutivas para descanso.

De acordo com o dispositivo em questão, caso existam usos e costumes na região quanto à concessão do intervalo, esses deverão ser observados. No entanto, caso não haja na região usos e costumes, por força do 5º, §§ 1º e 2º, do Decreto 73.626/1974 e do art. 1º da Lei 5.889/1973, deverá ser aplicada a regra disposta no art. 71 do texto consolidado.

8.9.1.1. *Ausência do gozo de intervalo*

Caso o empregador não conceda o período destinado a descanso e alimentação ao empregado, fazendo com que esse não desfrute do intervalo intrajornada, ou seja, caso o trabalhador não pare para descansar, o empregador ficará obrigado a remunerar o período correspondente com um acréscimo de 50% do valor da remuneração, em conformidade com o que dispõe o § 4º do art. 71 da CLT:

> § 4º – A não concessão ou a concessão parcial do intervalo intrajornada mínimo, para repouso e alimentação, a empregados urbanos e rurais, implica o pagamento, de natureza indenizatória, apenas do período suprimido, com acréscimo de 50% (cinquenta por cento) sobre o valor da remuneração da hora normal de trabalho.

De acordo com o citado dispositivo legal, caso o empregador não conceda integralmente o intervalo intrajornada deverá indenizar o empregado por todo período suprimido, nesse caso a totalidade do período, com adicional de 50%. No entanto, caso o empregador tenha concedido parcialmente o período de intervalo, deverá indenizar o empregado apenas o valor correspondente ao período suprimido e não da totalidade do período previsto para gozo de intervalo.

Dessa forma, o intervalo concedido parcialmente dá ao empregado o direito de receber apenas o período não gozado, e não a totalidade do período previsto para gozo de intervalo. O período apenas será indenizado na integralidade nos casos em que o empregador não concedeu o intervalo.

Importante notar que a lei determina a natureza indenizatória do pagamento do intervalo suprimido seja ele total ou parcial. Em outras palavras, esse pagamento não possui natureza salarial, não repercutindo, portanto, para apuração de aviso prévio, 13º salário,descanso semanal remunerado, férias e FGTS.

8.9.2. *Intervalos especiais*

Em regra, os descansos não são computados na jornada de trabalho do obreiro, nos termos do art. 71, § 2º, da CLT. Existem, porém, descansos computáveis na jornada de trabalho e devidos aos empregados que trabalhem em condições especiais, visando a compensar o trabalho mais penoso e prevenir doenças profissionais. São alguns exemplos:

8.9.2.1. *Mecanografia*

Disposto no art. 72 da CLT, trata dos serviços de mecanografia, ou seja, realizados com a ajuda de máquinas de escrever, podendo, ainda, referir-se aos trabalhos de cálculo industrial ou comercial com a ajuda de máquinas contábeis.

Essa orientação foi estendida, também, aos digitadores, a teor da Súmula 346 do TST. Para todos eles, a cada 90 minutos de trabalho o obreiro deve receber um intervalo de 10 minutos de descanso.

8.9.2.2. *Câmeras frigoríficas*

A regra prevista no art. 253 da CLT ensina que o trabalhador submetido a atividades que envolvam o deslocamento em ambientes com variação de temperatura significativa faz jus a um intervalo de vinte minutos a cada uma hora e quarenta minutos de atividade contínua, computado como tempo de trabalho efetivo.

Nesse sentido, dispõe a Súmula 438 do TST:

> SÚMULA 438 TST – INTERVALO PARA RECUPERAÇÃO TÉRMICA DO EMPREGADO. AMBIENTE ARTIFICIALMENTE FRIO. HORAS EXTRAS. ART. 253 DA CLT. APLICAÇÃO ANALÓGICA.
>
> O empregado submetido a trabalho contínuo em ambiente artificialmente frio, nos termos do parágrafo único do art. 253 da CLT, ainda que não labore em câmara frigorífica, tem direito ao intervalo intrajornada previsto no *caput* do art. 253 da CLT.

8.9.2.3. *Minas de subsolo*

O disposto no art. 298 da CLT assinala ser devido ao trabalho exercido em minas de subsolo, a cada 3 horas de trabalho, um intervalo de 15 minutos para descanso, que será computado como de trabalho efetivo.

8.9.2.4. Amamentação do próprio filho

A regra prevista no art. 396 da CLT ensina que para amamentar seu filho, inclusive se advindo de adoção, até que este complete 6 (seis) meses de idade, a mulher terá direito, durante a jornada de trabalho, a 2 (dois) descansos especiais de meia hora cada um. Esse período de 6 meses poderá ser dilatado a critério da autoridade competente, quando o exigir a saúde do filho.

Os horários dos descansos supra indicados deverão ser definidos em acordo individual entre a mulher e o empregador.

8.9.3. Intervalo interjornadas

É o intervalo que ocorre entre uma e outra jornada de trabalho. Desta forma, em conformidade com o art. 66 da CLT, entre o final de um dia de trabalho e o início de outro, o empregado deverá ter um descanso mínimo de 11 (onze) horas.

Vale lembrar que, nos termos do art. 229 da CLT, para os empregados que estão sujeitos a horários variáveis, fica estabelecida a duração máxima de 7 (sete) horas diárias de trabalho e 17 (dezessete) horas de folga, deduzindo-se deste tempo 20 (vinte) minutos para descanso, de cada um dos empregados, sempre que se verificar um esforço contínuo de mais de 3 (três) horas.

No que diz respeito aos operadores cinematográficos e seus ajudantes, naqueles estabelecimentos que funcionam normalmente no horário noturno, será facultado, mediante acordo ou contrato coletivo de trabalho e com um acréscimo de 25% sobre o salário da hora normal, executar o trabalho em sessões diurnas extraordinárias e, cumulativamente, nas noturnas, desde que isso se verifique até 3 (três) vezes por semana e entre as sessões diurnas e as noturnas haja o intervalo de 1 (uma) hora, no mínimo, de descanso. Em seguida a cada período de trabalho haverá um intervalo de repouso no mínimo de 12 (doze) horas.

Existem outros intervalos interjornadas especiais previstos para algumas profissões, como, por exemplo, telefonia e telegrafia, cujo intervalo é de 17 horas para horários variáveis; cabineiro e ferroviário (art. 245 da CLT), cujo intervalo é de 14 horas; jornalistas, que, nos termos do art. 308 da CLT, possuem intervalo de 10 horas.

O desrespeito ao intervalo mínimo interjornadas acarreta, por analogia, os mesmos efeitos previstos no § 4º do art. 71 da CLT e na Súmula 110 do TST, devendo-se pagar a integralidade das horas que foram subtraídas do intervalo, acrescidas do respectivo adicional.

Assim, a não concessão do intervalo interjornadas de 11 horas na sua integralidade, acarretará ao empregador o pagamento de horas extraordinárias com acréscimo de 50%.

8.10. Descanso semanal remunerado

O repouso semanal remunerado é regulado pela Lei 605/1949 e regulamentado pelo Decreto 27.048/1949 e pode ser entendido como uma hipótese de interrupção do contrato de trabalho.

Nesses termos, será assegurado a todo empregado um descanso semanal de 24 (vinte e quatro) horas consecutivas, o qual, salvo motivo de conveniência pública ou necessidade imperiosa do serviço, deverá coincidir com o domingo, no todo ou em parte.

Em regra, o descanso semanal é obrigatório, porém sua remuneração dependerá do cumprimento da jornada semanal integral realizada pelo obreiro.

Desta forma, caso o empregado não cumpra jornada semanal integral, perderá tão somente a respectiva remuneração, mas nunca o direito ao repouso.

Nessa linha, nos termos da Súmula 15 do TST, a justificação da ausência do empregado motivada por doença, para a remuneração do repouso semanal, deverá observar a seguinte ordem preferencial dos atestados médicos: o médico da empresa ou seu convênio e, em seguida, os médicos do sindicato ou de entidades públicas.

Vale destacar que, nos termos do parágrafo único do art. 6º da Lei 10.101/2000, o repouso semanal remunerado nas atividades de comércio em geral deverá coincidir, pelo menos uma vez no período máximo de três semanas, com o domingo, respeitadas as demais normas de proteção ao trabalho e outras a serem estipuladas em negociação coletiva.

O repouso semanal deverá ser concedido ao obreiro dentro da semana de trabalho. A concessão após esse período, ou seja, a concessão no oitavo dia, constitui violação ao repouso semanal, devendo ser pago em dobro. Nesse sentido a SDI 1 do Tribunal Superior do Trabalho editou a Orientação Jurisprudencial 410, *in verbis*:

> ORIENTAÇÃO JURISPRUDENCIAL 410 DA SDI 1 DO TST – REPOUSO SEMANAL REMUNERADO. CONCESSÃO APÓS O SÉTIMO DIA CONSECUTIVO DE TRABALHO. ART. 7º, XV, DA CF. VIOLAÇÃO.
>
> Viola o art. 7º, XV, da CF a concessão de repouso semanal remunerado após o sétimo dia consecutivo de trabalho, importando no seu pagamento em dobro.

8.11. Férias

As férias correspondem a um direito irrenunciável assegurado a todos os trabalhadores urbanos e rurais previsto no art. 7º, XVII, da CF. A legislação infraconstitucional cuida da matéria nos arts. 129 e seguintes da CLT.

Assim, todos os trabalhadores, urbanos e rurais; servidores públicos (art. 39, § 3º, da CF); membros das forças armadas (art. 142, § 3º, VIII, da CF); e empregados domésticos (art. 7º, parágrafo único, da CF e art. 17 da LC 150/2015), têm direito ao gozo de um período de férias anualmente, sem prejuízo de sua remuneração.

Para todos os efeitos, nos termos do art. 130, § 2º, da CLT, o período das férias será computado como tempo de serviço.

Podemos dizer que são características das férias: a *anualidade*, pois as férias são devidas após 1 (um) ano contado da data de contratação; a *remunerabilidade*, pois as férias são remuneradas com acréscimo de um terço (art. 7º, XVII, da CF); a *continuidade*, pois, em regra, devem ser contínuas, sem interrupção; a *irrenunciabilidade*, pois não podem ser renunciadas pelo trabalhador; e, por último, a *proporcionalidade*, pois depende da assiduidade do obreiro, nos termos do art. 130 e incisos da CLT.

As férias correspondem ao descanso anual, porém, para o obreiro fazer jus a elas deve cumprir o que a doutrina chama de "período aquisitivo", ou seja, período de 12 meses de trabalho contado da data de sua contratação.

Em outras palavras, após cada período de 12 meses de vigência do contrato de trabalho, o empregado terá direito a férias.

Vale lembrar a posição consolidada na Súmula 261 do TST, que entende que o empregado que pede demissão antes de completado o primeiro período aquisitivo faz jus a férias proporcionais.

O período de duração das férias está definido no art. 130 consolidado e irá depender do número de faltas injustificadas que cada empregado teve no período aquisitivo.

É importante notar que, essas mesmas regras são aplicadas ao empregado que labore em regime de tempo parcial, art. 58-A, § 7º, da CLT.

Cumprido o período aquisitivo por parte do empregado, inicia-se para o empregador o período concessivo, ou seja, a obrigação de conceder as férias, que corresponderá aos 12 meses subsequentes à data em que o empregado tiver adquirido o direito.

As férias serão concedidas por ato do empregador, devendo, em regra, ser cedidas em um só período, art. 134 da CLT. No entanto, desde que haja concordância do empregado, as férias poderão ser usufruídas em até três períodos, sendo que um deles não poderá ser inferior a quatorze dias corridos e os demais não poderão ser inferiores a cinco dias corridos, cada um, em conformidade com o art. 134, § 1º, da CLT.

Assim, um empregado poderá gozar de 15 + 10 + 5 dias de férias em épocas diferentes, mas sempre dentro do mesmo período concessivo. Vale lembrar que a regra que determinava que aos menores de 18 (dezoito) anos e aos maiores de 50 (cinquenta) anos de idade, as férias seriam sempre concedidas de uma só vez, não podendo haver o fracionamento, foi expressamente revogado pela Lei 13.467/2017.

Imperioso lembrar, ainda, que é vedado o início das férias no período de dois dias que antecede feriado ou dia de repouso semanal remunerado, art. 134, § 3º, da CLT.

O período de concessão das férias será escolhido, exclusivamente, pelo empregador, nos moldes do art. 136 da CLT. A concessão deverá ser feita por escrito e noticiada ao empregado (que dessa notificação dará recibo), com antecedência de, no mínimo, 30 dias (art. 135 da CLT), para que possa esquematizar e preparar suas férias.

Porém, os membros de uma família que trabalharem no mesmo estabelecimento ou empresa terão direito a gozar férias no mesmo período, se assim o desejarem e se disto não resultar prejuízo para o serviço.

Da mesma forma, o empregado estudante, menor de 18 (dezoito) anos, terá direito a fazer coincidir suas férias com as férias escolares.

As férias deverão ser anotadas na Carteira de Trabalho do empregado, conforme art. 133, § 1º, da CLT combinado com o art. 135, §§ 1º e 2º, da CLT.

Reza o art. 133 da CLT que perderá o direito a férias o trabalhador que: deixar o emprego e não for readmitido dentro de 60 dias subsequentes à sua saída; permanecer em gozo de licença, com percepção de salários, por mais de 30 (trinta) dias; deixar de trabalhar, com percepção do salário, por mais de 30 (trinta) dias, em virtude de paralisação parcial ou total dos serviços da empresa; ficar afastado do serviço, durante o período aquisitivo, decorrente da concessão pelo INSS de auxílio-doença, previdenciário ou acidentário, ultrapassando 6 meses, sejam eles contínuos ou descontínuos. Nesses casos, ao retornar ao serviço, inicia-se nova contagem do período aquisitivo.

Por fim, vale dizer que, durante as férias, o empregado não poderá prestar serviços a outro empregador, salvo se estiver obrigado a fazê-lo em virtude de contrato de trabalho regularmente mantido com aquele, nos termos do art. 138 da CLT.

8.11.1. Férias coletivas

O art. 139 da CLT prevê as férias coletivas ao dispor que: "Poderão ser concedidas férias coletivas a todos os empregados de uma empresa ou de determinados estabelecimentos ou setores da empresa".

Desta forma, as férias coletivas podem ser concedidas para toda a empresa ou apenas para uma parte dela.

Os empregados contratados há menos de 12 (doze) meses gozarão, na oportunidade, de férias proporcionais, iniciando-se, então, novo período aquisitivo.

As férias poderão ser gozadas em 2 períodos anuais, desde que nenhum deles seja inferior a 10 dias corridos. Para tanto, o empregador deverá comunicar ao órgão local do Ministério do Trabalho e Emprego, com a antecedência mínima de 15 dias, as datas de início e fim das férias, informando quais os estabelecimentos ou setores participarão das férias coletivas. Nesse mesmo prazo, o empregador deverá encaminhar cópia da comunicação aos Sindicatos representativos da respectiva categoria profissional, providenciando a afixação de aviso nos locais de trabalho.

Em se tratando de férias coletivas, o abono de férias deverá ser objeto de acordo coletivo entre o empregador e o sindicato representativo da respectiva categoria profissional, independentemente do requerimento individual do empregado.

8.11.2. Remuneração e abono de férias

8.11.2.1. Remuneração das férias

O empregado receberá, durante as férias, a remuneração que lhe for devida na data da sua concessão, acrescida do terço constitucional (art. 7º, XVII, da CF).

Para os trabalhadores cujo salário seja pago por hora com jornadas variáveis, apurar-se-á a média do período aquisitivo, aplicando-se o valor do salário na data da concessão das férias. Em se tratando de salário pago por tarefa, tomar-

-se-á por base a média da produção no período aquisitivo do direito a férias, aplicando-se o valor da remuneração da tarefa na data da concessão das férias.

Por último, para o salário pago por percentagem, comissão ou viagem, apurar-se-á a média percebida pelo empregado nos 12 (doze) meses que precederem à concessão das férias.

8.11.2.2. Abono de férias

O art. 143 da CLT permite que o empregado converta 1/3 (um terço) do período de férias a que tiver direito em abono pecuniário, no valor da remuneração que lhe seria devida nos dias correspondentes. Contudo, a conversão total de férias em pagamento em dinheiro é proibida.

Para poder exercer esse direito, o trabalhador deverá requerer tal prerrogativa, nos 15 dias anteriores ao término do período aquisitivo, nos termos do § 1º do art. 143 da CLT.

Vale esclarecer que a percepção do abono é uma opção do empregado, que uma vez requerido independe da concordância do empregador, pois representa um direito potestativo do empregado.

O pagamento da remuneração das férias e, se for o caso, o do abono serão efetuados até 2 (dois) dias antes do início do período de férias.

Sempre que as férias forem concedidas após o período concessivo, o empregador deverá pagar em dobro a respectiva remuneração.

Todo tempo de férias deve ser gozado dentro do período concessivo. Caso o empregado goze parte dás férias após esse período, esses dias deverão ser remunerados em dobro, nos termos da Súmula 81 do TST. Mesmo que o empregador tenha concedido as férias dentro do período concessivo, mas caso não efetue o pagamento da remuneração das férias e seu abono dentro do prazo legal de 2 (dois) dias, deverá pagar em dobro a respectiva remuneração das férias.

Nesse sentido, o Tribunal Superior do Trabalho editou entendimento consubstanciado na Súmula 450 do TST:

SÚMULA 450 TST – FÉRIAS. GOZO NA ÉPOCA PRÓPRIA. PAGAMENTO FORA DO PRAZO. DOBRA DEVIDA. ARTS. 137 E 145 DA CLT.

É devido o pagamento em dobro da remuneração de férias, incluído o terço constitucional, com base no art. 137 da CLT, quando, ainda que gozadas na época própria, o empregador tenha descumprido o prazo previsto no art. 145 do mesmo diploma legal.

Por último, é importante lembrar que nos termos do art. 58-A, § 6º, da CLT é facultado ao empregado contratado sob regime de tempo parcial converter um terço do período de férias a que tiver direito em abono pecuniário.

8.11.2.3. Concessão das férias após período concessivo

Nos termos do art. 134 da CLT, o empregador deverá conceder as férias nos 12 meses subsequentes à aquisição do direito pelo empregado.

Caso o empregador não obedeça ao prazo estipulado pelo legislador, nos termos do art. 137 da CLT, deverá pagar em dobro a respectiva remuneração das férias, inclusive acrescido do 1/3 constitucional (art. 7º, XVII, da CF).

Importante lembrar que ainda que o trabalhador receba a respectiva remuneração, mas não usufrua do período de descanso, as férias deverão ser concedidas e pagas com a dobra em debate, que possui natureza jurídica de verba indenizatória (art. 28, § 9º, alínea "d", da Lei 8.212/1991).

Poderá ocorrer, também, a concessão de parte do período das férias fora do período concessivo. Imagine o seguinte exemplo: período concessivo que se encerra no dia 30 de maio. Sendo o período de 30 dias de férias concedido no dia 20 de maio e encerrado no dia 18 de junho, temos que entre os dias 20 e 30 de maio, ou seja, os 11 primeiros dias, estão dentro do período concessivo. Os demais dias, portanto, deverão ser pagos em dobro, em conformidade com a Súmula 81 do TST, que assim dispõe:

SÚMULA 81 TST – FÉRIAS

Os dias de férias gozados após o período legal de concessão deverão ser remunerados em dobro.

9. ALTERAÇÃO DO CONTRATO DE TRABALHO

9.1. Alteração do contrato de trabalho

O princípio da inalterabilidade contratual prejudicial ao obreiro está consagrado no art. 468 da CLT, que assim dispõe: "só é lícita a alteração das respectivas condições por mútuo consentimento e, ainda assim, desde que não resultem, direta ou indiretamente, prejuízos ao empregado, sob pena de nulidade da cláusula infringente dessa garantia".

É o empregador que dirige a prestação do labor de seus empregados, ou seja, o empregado é subordinado juridicamente ao empregador, podendo ser punido caso cometa falta, ficando sujeito às penas de advertência, de suspensão ou, ainda, de dispensa por justa causa.

No Direito do Trabalho, há a necessidade específica de que a alteração seja benéfica, em razão da hipossuficiência do empregado, pois, como se sabe, as partes no contrato de trabalho não estão em igualdade.

Nessa linha, não pode o empregado hipossuficiente suportar os riscos do negócio, na medida em que é uma característica do contrato de trabalho a alteridade, segundo a qual o empregador adquire a força de trabalho e a utiliza como um dos fatores de produção, não podendo repassar os riscos de sua atividade para o obreiro.

Pois bem. A Constituição Federal determina em seu art. 7º, VI a irredutibilidade de salários, salvo negociação coletiva. Consiste, portanto, na possibilidade de obter a redução dos salários, via tutela sindical (negociação coletiva).

Nesse sentido, dispõe o art. 503 da CLT: "É lícita, em caso de força maior ou prejuízos devidamente comprovados, a redução geral dos salários dos empregados da empresa, proporcionalmente aos salários de cada um, não podendo, entretanto, ser superior a 25%, respeitado, em qualquer caso, o salário mínimo da região".

E continua no parágrafo único: "Cessados os efeitos decorrentes do motivo de força maior, é garantido o restabelecimento dos salários reduzidos".

Convém esclarecer que o mandamento do art. 503 da CLT deve ser interpretado em conjunto com o art. 7º, VI, da CF, autorizando, assim, a redução do salário por motivo de força maior, por negociação coletiva.

9.1.1. *Jus resistente – direito de resistência do empregado*

O direito de resistência do empregado consiste no direito que este possui de não acatar algum tipo de alteração que seja ilícita.

Dessa forma, poderá o empregado se opor a modificações que lhe causem prejuízos ou sejam ilegais, pleiteando inclusive a rescisão indireta do contrato de trabalho, nos moldes do art. 483 da CLT.

9.1.2. *Jus variandi do empregador*

Consiste no direito do empregador variar a prestação de serviços, ou seja, o poder de realizar modificações no contrato de trabalho.

Dessa forma, o empregador tem o poder de manejar a forma como quer a prestação dos serviços.

Esse poder de modificação não é ilimitado, já que encontra limite na própria lei. Assim, as alterações podem ser realizadas livremente em aspectos nos quais a lei não preveja proibição.

Em alguns casos, a lei permite que o empregador realize pequenas modificações no contrato de trabalho que não venham a alterar significativamente o pacto laboral e desde que não importem em prejuízo ao trabalhador. Como exemplo citamos o empregado de confiança que pode retornar, por determinação do empregador, ao exercício do cargo que ocupara anteriormente ao exercício do cargo de confiança. A própria CLT não considera tal alteração unilateral, conforme disposição literal do parágrafo único do art. 468 consolidado.

Sempre que o empregador exorbitar, surge para o empregado o direito de resistência.

9.1.3. *Transferência de empregados*

A transferência do empregado decorre do *jus variandi* do empregador.

O art. 469 da CLT ensina:

Art. 469. Ao empregador é vedado transferir o empregado, sem a sua anuência, para localidade diversa da que resultar do contrato, não se considerando transferência a que não acarretar necessariamente a mudança do seu domicílio.

§ 1º Não estão compreendidos na proibição deste artigo: os empregados que exerçam cargo de confiança e aqueles cujos contratos tenham como condição, implícita ou explícita, a transferência, quando esta decorra de real necessidade de serviço.

§ 2º É lícita a transferência quando ocorrer extinção do estabelecimento em que trabalhar o empregado.

§ 3º Em caso de necessidade de serviço o empregador poderá transferir o empregado para localidade diversa da que resultar do contrato, não obstante as restrições do artigo anterior, mas, nesse caso, ficará obrigado a um pagamento suplementar, nunca inferior a 25% (vinte e cinco por cento) dos salários que o empregado percebia naquela localidade, enquanto durar essa situação.

A mudança proibida pelo citado dispositivo legal é aquela que determina a mudança do domicílio do trabalhador, ou seja, a mudança do local de trabalho deve modificar o local físico da residência do obreiro. Assim, a transferência do empregado de um estabelecimento para outro pode ser feita, desde que não seja necessária a mudança de seu domicílio.

Por outro lado, seja na transferência provisória, seja na definitiva, o empregador deverá pagar as despesas dessa transferência, na medida em que representam gastos por parte do obreiro.

Desta maneira, o trabalhador transferido para local mais distante da empresa, ainda que essa transferência não acarrete mudança de seu domicílio, fará jus ao recebimento das despesas incursas com a transferência.

O Colendo TST, por meio do enunciado da Súmula 29, ensina: "Empregado transferido, por ato unilateral do empregador, para local mais distante de sua residência, tem direito a suplemento salarial correspondente ao acréscimo da despesa de transporte".

Embora o TST tenha se utilizado da expressão "suplemento salarial", essa complementação não possui natureza salarial, mas sim de reembolso de despesas.

Verifica-se, destarte, que nas transferências que importem a mudança de residência do obreiro deverá haver sua anuência, pois naquelas que não importarem na mudança de seu domicílio o empregador fará uso de seu *jus variandi*, não havendo necessidade da anuência do empregado; mas sempre deve pagar as despesas decorrentes da transferência.

A CLT elenca hipóteses em que a transferência pode ocorrer de forma unilateral pelo empregador, ou seja, sem o consentimento do obreiro. São elas:

a) empregados que exerçam cargos de confiança, isto é, aqueles que exerçam amplos poderes de mando, de modo a representarem a empresa nos atos de sua administração;

b) empregados cujos contratos contenham cláusulas expressas prevendo essa possibilidade;

c) nos casos em que a transferência decorra da própria natureza do serviço para o qual o empregado foi contratado, por exemplo: o viajante, inspetor etc.

Nesses casos deverá haver a real necessidade dos serviços prestados por esses trabalhadores, sob pena de ser taxada de abusiva.

Nesse sentido é a Súmula 43 do TST: "Presume-se abusiva a transferência de que trata o § 1º do art. 469 da CLT, sem comprovação da necessidade do serviço".

A transferência é permitida ainda:

d) ocorrendo a extinção do estabelecimento;

e) por necessidade de serviço, desde que a transferência seja provisória, devendo a empresa, nesse caso, pagar ao empregado um adicional, nunca inferior a 25% do salário percebido na localidade da qual foi transferido, enquanto durar essa situação.

No entanto, caso a alteração não seja feita nos ditames dos parágrafos do art. 469 consolidado, caberá ao empregado prejudicado requerer medida liminar, nos termos do art. 659, IX, da CLT, para tornar sem efeito a transferência por ventura realizada.

9.1.4. Transferência definitiva e provisória

A princípio, para mensurar se a transferência é definitiva ou provisória, utilizamos o critério temporal, ou seja, o tempo de duração da transferência.

Porém, esse não pode ser o único parâmetro. Devemos utilizar o critério circunstancial, ou seja, analisar as circunstâncias que envolvem a atitude do empregado com intenção de se enraizar naquela determinada localidade, como, por exemplo, a matrícula dos filhos na escola, sua associação em um clube na cidade, entre outras.

São as lições de ilustre professor Mauricio Godinho Delgado (em *Curso de Direito do Trabalho*, 8ª ed., São Paulo, LTr, 2009, p. 963).

> "O melhor critério – por transparente e objetivo – parece-nos aquele que contrapõe a noção de provisoriedade à de definitividade: *definitiva* é aquela alteração que se estabilizou plenamente no contrato, de modo que sua causa, conteúdo e validade não podem mais ser sequer questionados e aferidos; em contraponto, *provisória* é aquela mudança ainda precária na história do contrato, uma vez que sua causa, conteúdo e validade podem ser questionados e aferidos. Assim, definitiva será a modificação circunstancial que se tenha produzido já no período prescrito do contrato, ao passo que *provisória* será aquela transferência que tenha ocorrido no período contratual não prescrito. Efetivando-se a remoção no período imprescrito, será, desse modo, considerada provisória para fins do art. 469, § 3º, da CLT."

Cabe ressaltar que o adicional de transferência de 25% descrito no § 3º do art. 469 da CLT somente será devido na transferência provisória, visto que o empregado está fora do seu local de trabalho, necessitando, portanto, de uma compensação.

Esse adicional não se incorpora ao salário do empregado e pode ser suprimido com o término da transferência, ou seja, com o retorno ao local da contratação.

Convém ainda destacar que a transferência provisória depende da real necessidade do trabalho daquele determinado obreiro, de modo que o trabalho deste não possa ser realizado por outro trabalhador naquela localidade.

A transferência realizada fora das hipóteses previstas nos parágrafos do art. 469 consolidado será tida como abusiva, possibilitando ao empregado o provimento liminar para não ser transferido, de acordo com o art. 659, IX, da CLT.

9.2. Suspensão e interrupção do contrato de trabalho

A suspensão, também chamada por alguns doutrinadores de suspensão total, e a interrupção, conhecida também como suspensão parcial, representam fatos que determinam que temporariamente o contrato de trabalho pare de produzir seus efeitos.

Na suspensão, o contrato de trabalho para de produzir efeitos de forma bilateral, ou seja, não produz efeitos para o empregado tampouco para o empregador. Desta forma, ambos contratantes têm contraprestações suspensas, ou seja, o trabalhador não necessita trabalhar e o empregador não tem o dever de efetuar o pagamento de salários.

Já na interrupção ocorre a não produção dos efeitos de forma unilateral. Assim, na interrupção somente o trabalhador para de trabalhar, devendo o empregador continuar a pagar os salários do obreiro.

9.2.1. Suspensão do contrato de trabalho

Na suspensão do contrato de trabalho, as obrigações contratuais são suspensas por ambos os contratantes, ou seja, empregado e empregador. Assim, o trabalhador não presta serviços ao empregador que, em contrapartida, não pagará a esse obreiro seu salário.

O ilustre professor Mauricio Godinho Delgado (em *Curso de Direito do Trabalho*, 8ª ed., São Paulo, LTr, 2009, p. 971) ensina a suspensão contratual como sendo "a sustação temporária dos principais efeitos do contrato de trabalho no tocante às partes, em virtude de um fato juridicamente relevante, sem ruptura, contudo, do vínculo contratual formado. É a sustação ampliada e recíproca dos efeitos contratuais, preservado, porém, o vínculo entre as partes".

Deixando de existir o motivo que determinou a suspensão do contrato, é assegurado ao empregado o retorno ao cargo que exercia na empresa anteriormente, sendo que lhe serão garantidas todas as vantagens que, durante sua ausência, tenham sido atribuídas à categoria à qual pertence.

Desta forma, nos termos do art. 471 da CLT, se durante a suspensão do contrato surgirem novas vantagens à categoria do empregado, decorrentes de lei, acordo coletivo ou convenção coletiva, sentença normativa ou até mesmo por espontaneidade do empregador, o empregado será beneficiado, da mesma forma, a partir do dia em que, cessada a causa do afastamento, retornar ao serviço.

Podemos destacar as seguintes hipóteses de suspensão do contrato de trabalho:

a) acidente de trabalho ou doença, a partir do 16º dia, tendo em vista que o trabalhador percebe o benefício do auxílio-doença, que é pago pela Previdência Social (art. 59 da Lei 8.213/1991);

b) período de suspensão disciplinar, que não poderá ser superior a 30 (trinta) dias, sob pena de ficar reconhecida dispensa sem justa causa (art. 474 da CLT);

c) aposentadoria por invalidez, nos termos do art. 475 da CLT;

Sobre a aposentadoria por invalidez o TST entende que, estando o contrato de trabalho suspenso em razão do citado benefício, a empresa não poderá retirar do empregado o plano de saúde ou assistência médica. É o que ensina a Súmula 440 do TST.

SÚMULA 440 TST – AUXÍLIO-DOENÇA ACIDENTÁRIO. APOSENTADORIA POR INVALIDEZ. SUSPENSÃO DO CONTRATO DE TRABALHO. RECONHECIMENTO DO DIREITO À MANUTENÇÃO DE PLANO DE SAÚDE OU DE ASSISTÊNCIA MÉDICA.

Assegura-se o direito à manutenção de plano de saúde ou de assistência médica oferecido pela empresa ao empregado, não obstante suspenso o contrato de trabalho em virtude de auxílio-doença acidentário ou de aposentadoria por invalidez.

d) greve, enquanto direito assegurado a todos os trabalhadores que se encontra previsto no art. 9º da CF, sendo regulado pela Lei 7.783/1989. Dispõe o art. 7º da referida Lei que a greve é hipótese de suspensão de contrato de trabalho.

Poderá, no entanto, ser considerada como interrupção do contrato de trabalho, caso haja negociação coletiva, ou até mesmo sentença normativa, na qual se pactue que os dias de paralisação serão remunerados;

e) ausência para exercício de cargo público (exemplo: para cargo político eletivo), nos termos do art. 472 consolidado;

f) faltas injustificadas, entre outras.

9.2.2. Interrupção do contrato de trabalho

Na interrupção do contrato de trabalho, o empregado suspende a prestação de serviços, mas continua recebendo a remuneração pelo empregador.

Há uma simples interrupção na prestação de serviços pelo empregado, prevalecendo, para o empregador, a obrigatoriedade de pagar os salários, no todo ou em parte.

Assim, embora não trabalhe, ou seja, não preste serviços, o empregado continuará recebendo sua remuneração, contando-se esse período como tempo de serviço.

Podemos destacar as seguintes hipóteses de interrupção do contrato de trabalho:

a) acidente de trabalho ou doença até o 15º dia, tendo em vista que o pagamento dos primeiros 15 (quinze) dias de ausência é de responsabilidade do empregador, em conformidade com o art. 60, § 3º, da Lei 8.213/1991;

b) licença-maternidade, que se encontra prevista no art. 7º, XVIII, da CF, c/c o art. 71 da Lei 8.213/1991, pelo período de 120 dias.

Nos termos da Lei 11.770/2008, esse período poderá ser prorrogado por mais 60 (sessenta dias) caso o empregador, pessoa jurídica, resolva aderir ao programa Empresa Cidadã, desde que a empregada a requeira até o final do primeiro mês após o parto, e a prorrogação seja concedida imediatamente após a fruição da licença-maternidade.

Vale dizer que a prorrogação será garantida, na mesma proporção, também à empregada que adotar ou obtiver guarda judicial para fins de adoção de criança, de acordo com a redação do art. 392-A da CLT.

É importante notar que a mãe que adotasse ou obtivesse a guarda judicial possuía licença-maternidade proporcional à idade da criança, em conformidade com os §§ 1º a 3º do art. 392-A da CLT.

Porém, com a edição da Lei 12.010 de 03.08.2009, foram revogados expressamente os referidos parágrafos.

c) ausências legais, nas hipóteses do art. 473 da CLT, com a redação dada pela Lei 13.257/2016, que assim dispõe:

Art. 473. O empregado poderá deixar de comparecer ao serviço sem prejuízo do salário:

I – até 2 (dois) dias consecutivos, em caso de falecimento do cônjuge, ascendente, descendente, irmão ou pessoa que, declarada em sua carteira de trabalho e previdência social, viva sob sua dependência econômica;

II – até 3 (três) dias consecutivos, em virtude de casamento;

III – por um dia, em caso de nascimento de filho no decorrer da primeira semana;

IV – por um dia, em cada 12 (doze) meses de trabalho, em caso de doação voluntária de sangue devidamente comprovada;

V – até 2 (dois) dias consecutivos ou não, para o fim de se alistar eleitor, nos termos da lei respectiva.

VI – no período de tempo em que tiver de cumprir as exigências do Serviço Militar referidas na letra "c" do art. 65 da Lei 4.375, de 17 de agosto de 1964 (Lei do Serviço Militar).

VII – nos dias em que estiver comprovadamente realizando provas de exame vestibular para ingresso em estabelecimento de ensino superior.

VIII – pelo tempo que se fizer necessário, quando tiver que comparecer a juízo.

IX – pelo tempo que se fizer necessário, quando, na qualidade de representante de entidade sindical, estiver participando de reunião oficial de organismo internacional do qual o Brasil seja membro.

X – até 2 (dois) dias para acompanhar consultas médicas e exames complementares durante o período de gravidez de sua esposa ou companheira;

XI – por 1 (um) dia por ano para acompanhar filho de até 6 (seis) anos em consulta médica.

d) férias, que estão previstas no art. 7º, XVII, da CF e arts. 129 a 153 da CLT;

e) qualquer espécie de licença remunerada;

f) licença-paternidade, prevista no art. 7º, XIX, da CF, c/c o art. 10, II, § 1º do ADCT, pelo período de 5 dias.

Cumpre salientar que de acordo com a redação dada pela Lei 13.257/2016, a Lei 11.770/2008 em seu art. 1º, inciso II, prorroga em 15 dias a duração da licença-paternidade para os empregados das empresas que aderirem ao programa "Empresa Cidadã".

Essa prorrogação será garantida ao empregado, desde que ele a requeira no prazo de 2 (dois) dias úteis após o parto e comprove participação em programa ou atividade de orientação sobre paternidade responsável.

A prorrogação será garantida, na mesma proporção, ao empregado que adotar ou obtiver guarda judicial para fins de adoção de criança.

g) licença remunerada em caso de aborto não criminoso, hipótese em que a empregada terá direito a duas semanas de descanso, em conformidade com o art. 395 da CLT;

h) descanso semanal remunerado, previsto no art. 7º, XV, da CF;

i) feriados, disciplinados no art. 1º da Lei 605/1949;

j) encargos públicos específicos, como por exemplo: testemunha e atuação como mesário em eleições são ausências consideradas como de serviço efetivo, devendo ser pagos os salários correspondentes;

k) *lockout*, que consiste na paralisação das atividades, por iniciativa do empregador, com o objetivo de frustrar negociação ou dificultar o atendimento das reivindicações dos empregados.

Caso isso ocorra, os trabalhadores terão direito à percepção dos salários durante o período da paralisação (art. 17, parágrafo único, da Lei 7.783/1989), caracterizando-se, portanto, como forma de interrupção do contrato de trabalho.

Vale lembrar que em todas as hipóteses de interrupção do contrato de trabalho, como as supramencionadas, serão devidos os respectivos salários, sendo computadas, também, como tempo de serviço efetivo.

9.3. Suspensão e interrupção nos contratos por prazo determinado

É importante lembrar que tanto a suspensão quanto a interrupção não afetam a fluência do contrato com prazo determinado, tendo em vista que as partes já conhecem de antemão a data de término do contrato.

Os contratos a termo não se prorrogam caso ocorra suspensão ou interrupção. Por esse motivo, apenas se as partes acordarem é que esses períodos não serão computados como tempo de afastamento do empregado para a contagem do prazo para o término do ajuste, em conformidade com o § 2º do art. 472 da CLT.

Desta forma, caso não seja acordado entre as partes, os períodos irão ser computados como de efetivo serviço.

9.4. Prazo para o retorno

Em regra, o empregado deve retornar ao emprego imediatamente, ou seja, assim que terminar o motivo deve voltar ao trabalho.

Caso o empregado não retorne ao trabalho, terá faltas injustificadas ao serviço. Desta forma, caso as faltas ultrapassem 30 dias haverá presunção de abandono de emprego, nos termos da Súmula 32 do TST, que dispõe: "Presume-se o abandono de emprego se o trabalhador não retornar ao serviço no prazo de 30 (trinta) dias após a cessação do benefício previdenciário nem justificar o motivo de não o fazer".

Em se tratando de afastamento por serviço militar, nos termos do art. 472, § 1º, da CLT, o empregado é obrigado a notificar que tem intenção de retornar ao trabalho no cargo que exercia, no prazo de 30 dias contados da baixa do serviço militar. Caso o empregado assim não proceda, o contrato restará extinto.

Quanto ao serviço militar temos, ainda, o art. 132 da CLT: "o tempo de trabalho anterior à apresentação do empregado para serviço militar obrigatório será computado no período aquisitivo, desde que ele compareça ao estabelecimento dentro de 90 (noventa) dias da data em que se verificar a respectiva baixa".

Assim, se o empregado retornar ao serviço no prazo de 90 dias, o período anterior é computável para a aquisição do período de férias.

9.5. Dispensa do empregado durante a suspensão e interrupção do contrato de trabalho

Muito se discute acerca da possibilidade ou não da dispensa do empregado durante a suspensão ou mesmo durante a interrupção do contrato de trabalho.

Nota-se que na suspensão do contrato de trabalho os principais efeitos do contrato, contagem do período como tempo de serviço e remuneração são suspensos, não sendo devidos. Na interrupção do contrato há a suspensão da prestação de serviços, porém o empregado continua recebendo a remuneração pelo empregador.

Nessas duas hipóteses, ou seja, estando o contrato de trabalho suspenso ou interrompido, o trabalhador está na condição de "afastado" e, consequentemente, não poderá ser demitido sem justa causa. Ressalta-se que, tendo o empregado cometido justa causa (art. 482 da CLT), será permitida sua demissão.

Tanto a figura da suspensão como a figura da interrupção contratual, ao produzirem efeitos no contrato de trabalho, inviabilizam a extinção do contrato por vontade do empregador. Nota-se que o pedido de demissão do empregado durante a suspensão e interrupção do contrato de trabalho é admitido em razão da liberdade de trabalho insculpida no art. 5º, XIII, da CF.

Fundamentando seu posicionamento no art. 471 da CLT, ensina Gustavo Felipe Barbosa Garcia (em *Curso de Direito do Trabalho*, 2ª ed., São Paulo, Método, 2008, p. 514): "como a lei assegura todas as vantagens que, na ausência do empregado, tenham sido atribuídas à categoria, 'por ocasião de sua volta', é porque esse retorno, após a alta médica, não pode ser obstado pelo empregador, vedando a prática de ato que impeça a aplicação desta norma de ordem pública trabalhista (art. 9º da CLT)".

Assim, caso o empregador efetue a dispensa do empregado durante o período de suspensão ou interrupção contratual, tal dispensa será considerada nula de pleno direito. A decisão que declarar a nulidade do ato de dispensa terá efeitos retroativos, considerando o contrato de trabalho vigente, o que resultará na reintegração do empregado.

10. EXTINÇÃO DO CONTRATO DE TRABALHO

Uma vez estudada a formação e o desenvolvimento do contrato de trabalho, é imprescindível estudar sua extinção.

10.1. Extinção do contrato de trabalho por prazo indeterminado

O diploma consolidado utiliza o termo rescisão do contrato de trabalho para abarcar todas as modalidades de terminação do contrato de trabalho.

10.1.1. Resilição

Ocorrerá resilição do contrato de trabalho sempre que uma ou ambas as partes resolvam, sem justo motivo, romper o pacto laboral.

10.1.1.1. Dispensa sem justa causa

A primeira forma de resilição do contrato é a dispensa sem justa causa do empregado, que ocorre quando o vínculo empregatício é rompido imotivadamente pelo empregador.

Nesse caso, o empregado fará jus aos seguintes direitos: aviso-prévio; saldo de salário; férias proporcionais, simples ou em dobro, mais 1/3 (um terço); 13º salário; multa de 40% e levantamento do FGTS; e seguro-desemprego.

Nos termos do art. 477-A da CLT as dispensas imotivadas individuais, plúrimas ou coletivas equiparam-se para todos os fins, não havendo necessidade de autorização prévia de entidade sindical ou de celebração de convenção coletiva ou acordo coletivo de trabalho para sua efetivação".

10.1.1.2. Pedido de demissão do empregado

Consiste no pedido de rompimento do contrato de trabalho pelo próprio empregado.

Ao fazer o pedido de demissão, surge para o obreiro o dever de prestar o aviso-prévio para seu empregador; a falta de aviso-prévio por parte do empregado dá ao empregador o direito de descontar os salários correspondentes ao prazo respectivo, em conformidade com o art. 487, § 2º, da CLT.

Ao fazer o pedido de demissão o empregado fará jus aos seguintes direitos: saldo de salário; férias proporcionais, simples ou em dobro, acrescido do terço constitucional; e 13º salário. Os demais direitos, quais sejam, aviso-prévio; multa de 40% e levantamento do FGTS; e seguro-desemprego não serão devidos, tendo em vista que o próprio obreiro é quem rompeu o pacto laboral.

10.1.1.3. Programa de Incentivo à Demissão Voluntária

Outra forma de resilição do contrato de trabalho é o distrato que consiste na terminação do contrato empregatício por vontade de ambas as partes, ou seja, por mútuo acordo entre os contratantes.

Ocorre que, em razão dos princípios trabalhistas que visam a proteger o trabalhador, parte hipossuficiente na relação de trabalho, devem ser assegurados aos trabalhadores todos os direitos, como se a terminação do contrato tivesse ocorrido, imotivadamente, por vontade do empregador.

Nesse contexto surge o Programa de Incentivo à Demissão Voluntária – PIDV, modalidade de término do contrato de trabalho convencionado entre as partes, classificada como um tipo de transação extrajudicial, pois não é feito com a presença do Estado-Juiz.

Sobre o instituto em comento, tema de maior relevância reside na eficácia liberatória dos citados programas de incentivo. Isso porque as normas do Direito do Trabalho são normas indisponíveis, que não podem ser modificadas pelo empregador. Ademais, o Direito do Trabalho se norteia pelos princípios da proteção e da irrenunciabilidade dos direitos.

Contudo, nos termos do art. 477-B da CLT o Plano de Demissão Voluntária ou Incentivada, para dispensa individual, plúrima ou coletiva, previsto em convenção coletiva ou acordo coletivo de trabalho, enseja quitação plena e irrevogável dos direitos decorrentes da relação empregatícia, salvo disposição em contrário estipulada entre as partes.

O valor pago como incentivo à demissão possui natureza jurídica de *indenização,* na medida em que é pago como forma de consolar a perda do emprego, nos termos da Orientação Jurisprudencial 207 da SDI 1 do TST.

Vale dizer que, o Plenário do Supremo Tribunal Federal (STF) decidiu na sessão desta quinta-feira (30) que, nos casos de Planos de Dispensa Incentivada – os chamados PDIs –, é válida a cláusula que dá quitação ampla e irrestrita de todas as parcelas decorrentes do contrato de emprego, desde que este item conste de Acordo Coletivo de Trabalho e dos demais instrumentos assinados pelo empregado. A decisão foi tomada no julgamento do Recurso Extraordinário (RE) 590415, que teve repercussão geral reconhecida pelo STF.

Por último, é importante lembrar que não é possível compensar a indenização paga pela adesão ao PIDV com créditos trabalhistas reconhecidos em juízo, na medida em que possuem naturezas distintas. Nesse sentido é a Orientação Jurisprudencial 356 da SDI 1 do TST.

10.1.2. Resolução

Ocorrerá a resolução do contrato de trabalho sempre que uma ou ambas as partes praticarem uma falta.

Assim, a resolução do contrato está relacionada com a inexecução do contrato, ou seja, a um ato faltoso.

Desta forma, podemos ter a resolução do pacto laboral por dispensa por justa causa do empregado, por rescisão indireta ou, ainda, por culpa recíproca.

10.1.2.1. Dispensa por justa causa

A dispensa por justa causa ocorrerá sempre que o empregado cometer falta considerada como grave. Ocorrendo falta considerada grave, poderá o empregador dispensar seu empregado por justa causa, nas hipóteses previstas no art. 482 da CLT.

A falta grave deve ser provada pelo empregador, devendo constar de forma expressa na carta de despedida o motivo pelo qual o contrato de trabalho está sendo extinto.

Configurada a justa causa, o empregado fará jus apenas ao saldo de salário e férias não gozadas com o terço constitucional.

São causas de justa causa do empregado:

a) *Ato de improbidade:* a improbidade revela mau caráter, maldade, desonestidade, má-fé, que cause prejuízo ou até risco à integridade do patrimônio do empregador, como, por exemplo, furto ou roubo de bens da empresa;

b) *Incontinência de conduta:* comportamento desregrado ligado à vida sexual do obreiro, comportamento este que traz perturbações ao ambiente de trabalho, como, por exemplo, visitas a *sites* pornográficos na *internet*;

c) *Mau procedimento:* comportamento incorreto ligado aos demais atos que não podem ser enquadrados em nenhuma das demais alíneas do art. 482 da CLT, configurando-se, portanto, uma atitude irregular do empregado;

d) *Negociação habitual:* tem como pressupostos a ausência de autorização do empregador, a concorrência à empresa ou prejuízo ao serviço e à habitualidade.

e) *Condenação criminal:* somente se caracteriza quando a sentença já tiver transitado em julgado, ou, ainda, quando esta não tenha concedido a suspensão da execução da pena (*sursis*). Se o empregado tem possibilidade de dar continuidade ao emprego, não pode haver a dispensa por falta grave;

f) *Desídia no desempenho das respectivas funções:* hipótese em que o empregado deixa de prestar o serviço com zelo, interesse, empenho, passando a laborar com negligência;

g) *Embriaguez habitual ou em serviço:* decorrente de álcool ou drogas. Desmembra-se em duas situações: o empregado embriaga-se de maneira contumaz fora do serviço, transportando consequências para o local de trabalho; ou mesmo que a embriaguez não seja habitual, quando ela é realizada em serviço, nesses casos restarão configuradas faltas graves;

h) *Violação de segredo da empresa:* trata-se da violação do dever de fidelidade do empregado para com o empregador;

i) *Ato de indisciplina ou de insubordinação:* a indisciplina consiste no descumprimento de ordens gerais de serviço. A insubordinação, por sua vez, consiste no descumprimento de ordens pessoais de serviço;

j) *Abandono de emprego:* configura-se por faltas reiteradas ao serviço sem justo motivo e sem a autorização do empregador. Cabe ressaltar que de acordo com a Súmula 32 do TST: "presume-se o abandono de emprego se o trabalhador não retornar ao serviço no prazo de 30 (trinta) dias após a cessação do benefício previdenciário nem justificar o motivo de não o fazer".

k) *Ato lesivo da honra ou da boa fama, ou ofensas físicas, contra qualquer pessoa:* é o ato em que o empregado atinge ou fere a honra de outros empregados ou de terceiros, salvo quando o fizer em legítima defesa;

l) *Ato lesivo da honra ou da boa fama, ou ofensas físicas, contra empregador e superior hierárquico:* é a mesma hipótese da situação acima, porém, aqui a ofensa é dirigida ao empregador ou seu superior hierárquico;

m) *Prática constante de jogos de azar:* é necessária a prática habitual, não importando se o jogo é a dinheiro ou não. Deve-se destacar que, para se configurar justa causa, a prática de jogos de azar deve interferir no ambiente de trabalho, não a configurando se a prática de jogos for realizada fora do ambiente de trabalho.

n) perda da habilitação ou dos requisitos estabelecidos em lei para o exercício da profissão, em decorrência de conduta dolosa do empregado.

Havendo a demissão por justa causa do empregado, ele fará jus aos seguintes direitos: saldo de salário; férias simples e vencidas + 1/3 constitucional, 13º salário integral e depósitos de FGTS de 8% sobre o salário.

Não há pagamento de férias proporcionais, nos termos da Súmula 171 do TST, tampouco o pagamento de 13º salário proporcional, em conformidade com o art. 3º da Lei 4.090/1962.

10.1.2.2. Rescisão indireta

Encontra-se disciplinada no art. 483 da CLT. É a justa causa do empregador.

São casos de rescisão indireta do contrato de trabalho:

a) Quando forem exigidos esforços superiores às forças do empregado;

b) Quando forem exigidos serviços proibidos pela lei, ou seja, não pode o empregador exigir que o empregado opere de forma ilícita;

c) Atitudes contrárias aos bons costumes, como, por exemplo, exigir que uma recepcionista use roupas com decotes;

d) Serviços alheios ao contrato (em regra, o empregado só faz aquilo para o que foi contratado);

e) Tratamento com rigor excessivo, é o que chamamos de assédio moral, ou seja, uma perseguição ao empregado;

f) Correr perigo de mal considerável, ou seja, o empregador pode colocar o empregado em situações de riscos;

g) Não cumprir o empregador as obrigações do contrato de trabalho. Vale lembrar que, de acordo com a corrente majoritária, a rescisão indireta por atraso no pagamento de salário ou o não pagamento só ocorrerá após 03 meses de atraso;

h) Praticar o empregador ou seus prepostos atos lesivos da honra e boa fama. São atos lesivos do empregador que podem ser não só contra o empregado, mas contra sua família;

i) O empregador ou seus prepostos ofenderem fisicamente o empregado;

j) Empregador que reduzir o trabalho que é remunerado por peça ou tarefa.

Nesses casos serão devidas ao obreiro as verbas que teria direito caso fosse dispensado imotivadamente, ou seja, saldo de salário; férias proporcionais, simples ou em dobro, mais 1/3 (um terço); 13º salário; multa de 40% e levantamento do FGTS; e seguro-desemprego. E, ainda, o aviso-prévio, nos termos do art. 487, § 4º, da CLT.

10.1.2.3. Rescisão específica para o menor

Nos termos do art. 407 da CLT, verificado pela autoridade competente que o trabalho executado pelo menor é prejudicial à sua saúde, ao seu desenvolvimento físico ou à sua moralidade, poderá ela obrigá-lo a abandonar o serviço, devendo a respectiva empresa, quando for o caso, proporcionar ao menor todas as facilidades para mudar de funções.

É importante lembrar, ainda, que se a empresa não tomar as medidas possíveis e recomendadas pela autoridade competente para que o menor mude de função, configurar-se-á a rescisão do contrato de trabalho, na forma do art. 483 da CLT.

Ao menor é lícito firmar recibo pelo pagamento dos salários. Porém, em se tratando de rescisão do contrato de trabalho, é vedado ao menor de 18 (dezoito) anos dar, sem assistência dos seus responsáveis legais, quitação ao empregador pelo recebimento da indenização que lhe for devida.

10.1.2.4. Culpa recíproca

Dispõe o art. 484 consolidado que, havendo culpa recíproca no ato que determinou a rescisão do contrato de trabalho, o Tribunal do Trabalho reduzirá a indenização, que seria devida ao trabalhador em caso de culpa exclusiva do empregador, pela metade.

Por essa modalidade, todas as verbas serão pagas como se fosse uma hipótese de rescisão por culpa do empregador, porém pela metade, com exceção do saldo de salário, que será integral. Nesse sentido é o entendimento consubstanciado na Súmula 14 do TST.

SÚMULA 14 TST – CULPA RECÍPROCA

Reconhecida a culpa recíproca na rescisão do contrato de trabalho (art. 484 da CLT), o empregado tem direito a 50% (cinquenta por cento) do valor do aviso-prévio, do décimo terceiro salário e das férias proporcionais.

Nesse tipo de extinção, algumas parcelas são pagas na integralidade e outras pela metade, ou seja, 50%. Assim, as verbas rescisórias ficariam da seguinte maneira: saldo de salário (integral), aviso-prévio (50%), 13º salário integral, 13º salário proporcional (50%), férias simples ou vencidas + adicional de 1/3(integral), férias proporcionais + adicional de 1/3 (50%), depósitos de FGTS de 8% sobre o salário (integral), multa de 40% sobre os depósitos do FGTS será pela metade, ou seja, 20%, liberação das guias para levantamento do FGTS.

10.1.2.5 Distrato

Previsto no art. 484-A da CLT o distrato é a forma de extinção do contrato de trabalho por comum acordo entre empregado e empregador. Pressupõe, portanto, que uma das partes tomou a iniciativa de propor o rompimento em conjunto e a outra aceitou a proposta de terminação do contrato de trabalho.

Caso as partes resolvam celebrar o distrato serão devidas as seguintes verbas trabalhistas na respectiva proporção:

a) por metade: o aviso-prévio, se indenizado e a indenização sobre o saldo do FGTS;

b) na integralidade: as demais verbas trabalhistas, como por exemplo: 13ª salário, aviso-prévio trabalhado, férias integrais ou proporcionais entre outras.

Importante ressaltar que a extinção do contrato de trabalho por distrato permite a movimentação da conta vinculada do trabalhador no FGTS na forma do inciso I-A do art. 20 da Lei 8.036/1990, limitada até 80% (oitenta por cento) do valor dos depósitos. No entanto, não será autorizado o ingresso do empregado no Programa de Seguro-Desemprego.

10.1.3. Factum principis

Consiste em uma modalidade de extinção do contrato de trabalho por ato da autoridade pública, federal, estadual ou municipal, inclusive de autarquias, que, por via administrativa ou legislativa, impossibilita a continuação da atividade da empresa temporária ou definitivamente. Em outras palavras, é um ato do governo que torna impossível a execução do contrato de trabalho.

O *factum principis* é extraído do art. 486 da CLT.

Art. 486. No caso de paralisação temporária ou definitiva do trabalho, motivada por ato de autoridade municipal, estadual ou federal, ou pela promulgação de lei ou resolução que impossibilite a continuação da atividade, prevalecerá o pagamento da indenização, que ficará a cargo do governo responsável.

10.2. Extinção dos contratos a termo

Os contratos a termo ou com prazo determinado podem se encerrar no seu tempo ajustado ou de forma antecipada.

10.2.1. Extinção do contrato a termo no prazo estipulado

Encerra-se com o advento do termo.

As verbas rescisórias devidas na extinção de um contrato por prazo determinado são: saldo de salários, 13º salário vencido e proporcional, férias vencidas e proporcionais, acrescidas do terço constitucional, saque do FGTS referente ao período contratual, guia do seguro-desemprego.

10.2.2. Extinção antecipada do contrato a termo

Ocorre por um motivo que não o advento do termo. Pode ocorrer por vontade do empregador ou por vontade do próprio empregado.

Sendo antecipada a dispensa do obreiro por vontade do *empregador,* serão devidas as mesmas verbas especificadas acima, ou seja: saldo de salários, 13º salário vencido e proporcional, férias vencidas e proporcionais, acrescidas do terço constitucional, saque do FGTS referente ao período contratual e guia do seguro-desemprego. Nessa hipótese, porém, o empregador deverá pagar a título de indenização o valor correspondente à metade da remuneração que o trabalhador teria direito até o final do contrato, nos termos do art. 479 da CLT, acrescida, ainda, da indenização de 40% do FGTS.

Caso a terminação antecipada seja solicitada pelo *empregado*, ou seja, pedido de demissão do empregado antes do término do contrato, ele fará jus ao recebimento de: saldo de salários, 13º vencido e proporcional, férias vencidas e proporcionais, acrescidas do terço constitucional, conforme entendimento contido da Súmula 171 do TST. Nesse caso, por ter sido o próprio empregado quem colocou fim ao contrato de trabalho, não será possível o levantamento do FGTS.

Porém, como deu causa ao término do contrato, o empregado será obrigado a indenizar seu empregador pelos prejuízos que sofreu, em conformidade com o art. 480 da CLT, que dispõe: "Havendo termo estipulado, o empregado não se poderá desligar do contrato, sem justa causa, sob pena de ser obrigado a indenizar o empregador dos prejuízos que desse fato lhe resultarem".

Nesse caso, a indenização paga pelo empregado não poderá ser superior à que ele teria direito em iguais condições.

Admite-se que as partes instituam uma cláusula que trate da hipótese de rescisão antecipada do contrato por prazo determinado. Nessa linha, convencionada a chamada *cláusula assecuratória do direito recíproco de rescisão* e exercido tal direito por qualquer das partes, serão aplicados os princípios que regem a rescisão dos contratos por prazo indeterminado, em conformidade com o art. 481 da CLT, sendo devido, inclusive, o aviso-prévio.

É importante ressaltar que a regra contida no art. 479 da CLT não é aplicável aos contratos com prazo determinado disciplinados pela Lei 9.601/1998 por expressa vedação de seu art. 1º, § 1º, I.

10.3. Formalidades para a extinção do contrato de trabalho

As formalidades para a extinção do contrato de trabalho estão dispostas nos arts. 477 e seguintes da CLT, de importante leitura, que assim dispõe:

Art. 477. Na extinção do contrato de trabalho, o empregador deverá proceder à anotação na Carteira de Trabalho e Previdência Social, comunicar a dispensa aos órgãos competentes e realizar o pagamento das verbas rescisórias no prazo e na forma estabelecidos neste artigo.

§ 1º (*Revogado*)

§ 2º O instrumento de rescisão ou recibo de quitação, qualquer que seja a causa ou forma de dissolução do contrato, deve ter especificada a natureza de cada parcela paga ao empregado e discriminado o seu valor, sendo válida a quitação, apenas, relativamente às mesmas parcelas.

§ 3º(*Revogado*)

§ 4º O pagamento a que fizer jus o empregado será efetuado:

I – em dinheiro, depósito bancário ou cheque visado, conforme acordem as partes; ou

II – em dinheiro ou depósito bancário quando o empregado for analfabeto.

§ 5º Qualquer compensação no pagamento de que trata o parágrafo anterior não poderá exceder o equivalente a um mês de remuneração do empregado

§ 6º A entrega ao empregado de documentos que comprovem a comunicação da extinção contratual aos órgãos competentes bem como o pagamento dos valores constantes do instrumento de rescisão ou recibo de quitação deverão ser efetuados até dez dias contados a partir do término do contrato.

§ 7º(*Revogado*)

§ 8º A inobservância do disposto no § 6º deste artigo sujeitará o infrator à multa de 160 BTN, por trabalhador, bem assim ao pagamento da multa a favor do empregado, em valor equivalente ao seu salário, devidamente corrigido pelo índice de variação do BTN, salvo quando, comprovadamente, o trabalhador der causa à mora.

§ 9º (*Vetado*)

§ 10. A anotação da extinção do contrato na Carteira de Trabalho e Previdência Social é documento hábil para requerer o benefício do seguro-desemprego e a movimentação da conta vinculada no Fundo de Garantia do Tempo de Serviço, nas hipóteses legais, desde que a comunicação prevista no caput deste artigo tenha sido realizada.

O § 1º do art. 477 que determinava que nos contratos com duração superior há um ano, a homologação com a assistência do sindicato da classe era obrigatória, foi expressamente revogado pela Lei 13.467/2017.

Dessa forma, independente do período que tenha durado o contrato de trabalho, seja inferior ou superior há um ano, não há necessidade de homologação perante o sindicato da classe. No entanto, em conformidade com o art. 500 da CLT, o pedido de demissão do empregado estável só será válido quando feito com a assistência do respectivo Sindicato e, se não houver um, perante autoridade local competente do Ministério do Trabalho e Previdência Social ou da Justiça do Trabalho.

Nesse caso, o pedido de demissão do estável decenal somente será válido com a assistência do sindicato, constituindo, nesse caso, requisito de validade do ato, requisito solene para a extinção do contrato.

Qualquer que seja o tipo de extinção do contrato deve estar especificada a natureza de cada parcela paga e discriminado seu respectivo valor, art. 477, § 2º, da CLT.

O TST, por meio da Súmula 330, entende que a quitação passada pelo empregado, com assistência da entidade sindical de sua categoria, ao empregador, com observância dos requisitos exigidos nos parágrafos do art. 477 da CLT, tem eficácia liberatória apenas em relação às parcelas expressamente consignadas no recibo, salvo se oposta ressalva expressa e especificada ao valor dado à parcela ou parcelas impugnadas.

A quitação não abrange, ainda, parcelas não consignadas no recibo de quitação e, consequentemente, seus reflexos em outras parcelas, ainda que estas constem desse recibo.

Quanto a direitos que deveriam ter sido satisfeitos durante a vigência do contrato de trabalho, a quitação é válida em relação ao período expressamente consignado no recibo de quitação.

Não se aceita, desta forma, o pagamento complessivo. Deve haver discriminação quanto às parcelas e aos valores. A quitação se dá pela parcela e não pelo valor. Assim, por exemplo: aviso-prévio pago, não se discute mais.

De acordo com o § 4º do mesmo art. 477 da CLT o pagamento a que fizer jus o empregado será efetuado em dinheiro, depósito bancário ou cheque visado, conforme acordem as partes; ou quando o empregado for analfabeto, em dinheiro ou depósito bancário. Portanto, ao analfabeto é proibido o pagamento por cheque.

No ato da rescisão contratual poderá ocorrer pedido de compensação desde que as dívidas sejam da mesma natureza, ou seja, natureza trabalhista, até o limite de uma remuneração do empregado.

Outro ponto que merece destaque é o prazo para pagamento das verbas rescisórias, constantes no instrumento de rescisão ou recibo de quitação.

Assim, determina o art. 477, § 6º, da CLT que a entrega ao empregado de documentos que comprovem a comunicação da extinção contratual aos órgãos competentes bem como o pagamento dos valores constantes do instrumento de rescisão ou recibo de quitação deverão ser efetuados até 10 dias contados a partir do término do contrato.

Contudo, se o empregador deixar de observar o prazo acima estipulado, o § 8º do art. 477 da CLT impõe o pagamento de duas multas: a primeira delas é a multa administrativa, imposta pelo auditor fiscal do trabalho que reverte ao governo; a segunda que é revertida ao empregado, salvo quando este der causa à mora, paga no valor do salário base apenas.

Caso seja o empregado que cause a mora, o empregador não poderá ser responsabilizado. Nesse sentido, dispõe a súmula 462 do TST:

SÚMULA 462 TST – MULTA DO ART. 477, § 8º, DA CLT. INCIDÊNCIA. RECONHECIMENTO JUDICIAL DA RELAÇÃO DE EMPREGO

A circunstância de a relação de emprego ter sido reconhecida apenas em juízo não tem o condão de afastar a incidência da multa prevista no art. 477, § 8º, da CLT. A referida multa não será devida apenas quando, comprovadamente, o empregado der causa à mora no pagamento das verbas rescisórias.

Nesse caso, para que o empregador não incorra em mora, poderá ele se utilizar da ação de consignação em pagamento.

Outrossim, vale lembrar que, conforme entendimento consubstanciado na Súmula 388, o TST ensina que a massa falida não se sujeita à penalidade do art. 467 e nem à multa do § 8º do art. 477, ambos da CLT.

É importante trazer o ensinamento consubstanciado na Orientação Jurisprudencial 238 da SDI 1 do TST: "Submete-se à multa do artigo 477 da CLT a pessoa jurídica de direito público que não observa o prazo para pagamento das verbas rescisórias, pois nivela-se a qualquer particular, em direitos e obrigações, despojando-se do *jus imperii* ao celebrar um contrato de emprego".

Por último, a anotação da extinção do contrato na Carteira de Trabalho e Previdência Social é documento hábil para requerer o benefício do seguro-desemprego e a movimentação da conta vinculada no Fundo de Garantia do Tempo de Serviço, nas hipóteses legais, desde que a comunicação prevista no **caput** do art. 477 da CLT tenha sido realizada.

10.4. Indenização por frutos recebidos por posse de má-fé do empregador – art. 1.216 do Código Civil

Nos termos do art. 1.216 do Código Civil aquele que se apossar indevidamente de um bem deverá responder pelos "frutos" colhidos no período. Em poucas palavras essa é a teoria dos frutos recebidos por posse de má-fé.

Dispõe o art. 1.216 do Código Civil:

Art. 1.216. O possuidor de má-fé responde por todos os frutos colhidos e percebidos, bem como pelos que, por culpa sua, deixou de perceber, desde o momento em que se constituiu de má-fé; tem direito às despesas da produção e custeio.

Na Justiça do Trabalho esse pedido é muito comum, principalmente em ações contra instituições bancárias, em que o reclamante pleiteia além das verbas rescisórias, o recebimento de indenização por ter o banco se apossado das verbas trabalhistas não pagas nos prazos estabelecidos em lei e ter auferido lucros ao utilizar o valor do inadimplemento para lucrar com empréstimos e outros produtos disponibilizados aos seus clientes. Em outras palavras, os advogados dos empregados argumentavam que, ao não pagar as verbas trabalhistas, o empregador estaria se beneficiando desse dinheiro, buscando rendimentos.

No entanto, o TST editou a Súmula 445 entendendo que em caso de inadimplemento das verbas trabalhistas é indevida a indenização por frutos recebidos prevista no art.

1.216 do Código Civil, por ser matéria própria aos direitos das coisas (direitos reais) que não se mostra compatível com o Direito do Trabalho, nos termos do art. 8º da CLT, cujo contrato de trabalho possui cunho obrigacional.

SÚMULA 445 TST – INADIMPLEMENTO DE VERBAS TRABALHISTAS. FRUTOS. POSSE DE MÁ-FÉ. ART. 1.216 DO CÓDIGO CIVIL. INAPLICABILIDADE AO DIREITO DO TRABALHO. A indenização por frutos percebidos pela posse de má-fé, prevista no art. 1.216 do Código Civil, por tratar-se de regra afeta a direitos reais, mostra-se incompatível com o Direito do Trabalho, não sendo devida no caso de inadimplemento de verbas trabalhistas.

10.5. Força maior no Direito do Trabalho

Nos termos do art. 501 da CLT "entende-se como força maior todo acontecimento inevitável, em relação à vontade do empregador, e para a realização do qual este não concorreu, direta ou indiretamente".

Força maior é, portanto, o acontecimento inevitável, evento que decorre na própria natureza, como por exemplo, catástrofes naturais tais como: tornados, enchentes, terremotos etc. Devemos entender como fato inevitável todo aquele cujo acontecimento não ocorreu por vontade do empregador, que nos termos do dispositivo legal em debate, não tem participação direta ou indireta.

A participação do empregador não pode ser direta nem indireta, tanto é que nos termos do § 1º do art. 501 da CLT a imprevidência do empregador, ou seja, o descuido, a falta de precaução por parte do empregador, exclui a razão de força maior. Entende-se que deveria o empregador tomar as devidas precauções a fim de evitar o acontecimento.

Nessa linha, importante lembrar que acontecimentos como problemas financeiros da empresa provenientes de políticas econômicas, não são conhecidos como força maior. Tais atos decorrem do risco da atividade do empregador (princípio da alteridade).

Vale lembrar, ainda, a redação do § 2º do art. 501 da CLT:

"§ 2º À ocorrência do motivo de força maior que não afetar substancialmente, nem for suscetível de afetar, em tais condições, a situação econômica e financeira da empresa não se aplicam as restrições desta Lei referentes ao disposto neste Capítulo."

Dispõe o art. 502 da CLT:

"Ocorrendo motivo de força maior que determine a extinção da empresa, ou de um dos estabelecimentos em que trabalhe o empregado, é assegurada a este, quando despedido, uma indenização na forma seguinte:

I – sendo estável, nos termos dos arts. 477 e 478;

II – não tendo direito à estabilidade, metade da que seria devida em caso de rescisão sem justa causa;

III – havendo contrato por prazo determinado, aquela a que se refere o art. 479 desta Lei, reduzida igualmente à metade."

A estabilidade a que se referem os incisos I e II do dispositivo legal em questão é a estabilidade decenal. Assim, esses incisos tratam da indenização por tempo de serviço devida aos empregados não optantes pelo sistema do FGTS antes da promulgação da atual Constituição Federal que tornou obrigatório o sistema de FGTS. Nesse sentido ensina o art. 14 da Lei 8.036/1990:

> **Art. 14.** Fica ressalvado o direito adquirido dos trabalhadores que, à data da promulgação da Constituição Federal de 1988, já tinham o direito à estabilidade no emprego nos termos do Capítulo V do Título IV da CLT.

Assim, nos termos do art. 504 da CLT se comprovada a falsa alegação do motivo de força maior, aos empregados estáveis é garantida a reintegração ao emprego, e aos não estáveis, não optantes pelo sistema do FGTS, o complemento da indenização já percebida, assegurado a ambos o pagamento da remuneração atrasada.

No entanto, para os empregados disciplinados pelo atual sistema do FGTS, na hipótese de cessação do contrato de trabalho por motivo de força maior, o § 2º do art. 18 da Lei 8.036/1990 determina:

> **Art. 18.** Ocorrendo rescisão do contrato de trabalho, por parte do empregador, ficará este obrigado a depositar na conta vinculada do trabalhador no FGTS os valores relativos aos depósitos referentes ao mês da rescisão e ao imediatamente anterior, que ainda não houver sido recolhido, sem prejuízo das cominações legais.
>
> § 1º Na hipótese de despedida pelo empregador sem justa causa, depositará este, na conta vinculada do trabalhador no FGTS, importância igual a quarenta por cento do montante de todos os depósitos realizados na conta vinculada durante a vigência do contrato de trabalho, atualizados monetariamente e acrescidos dos respectivos juros.
>
> *§ 2º Quando ocorrer despedida por culpa recíproca ou força maior, reconhecida pela Justiça do Trabalho, o percentual de que trata o § 1º será de 20 (vinte) por cento.*
>
> § 3º As importâncias de que trata este artigo deverão constar da documentação comprobatória do recolhimento dos valores devidos a título de rescisão do contrato de trabalho, observado o disposto no art. 477 da CLT, eximindo o empregador, exclusivamente, quanto aos valores discriminados.

Por último, vale dizer que o art. 503 da CLT ensina ser lícita, em caso de força maior ou prejuízos devidamente comprovados, a redução geral dos salários dos empregados, respeitado, em qualquer caso, o salário mínimo, não podendo, entretanto, ser superior a 25% (vinte e cinco por cento).

No entanto, a referida norma deverá ser interpretada de acordo com a regra constitucional disposta no art. 7º, VI, da CF que permite a redução dos salários por meio de acordo coletivo ou convenção coletiva. Assim, ocorrendo motivo de força maior, por meio de convenção coletiva ou acordo coletivo, será possível a redução salarial, não superior a 25% (vinte e cinco por cento).

Vale dizer, ainda, que cessados os efeitos decorrentes do motivo de força maior, é garantido o restabelecimento dos salários reduzidos.

10.6. Aviso-prévio

Consiste em uma comunicação que uma parte faz à outra, de que pretende extinguir o pacto laboral. Em outras palavras, é a comunicação de uma parte a outra da intenção de estabelecer um termo final ao contrato de trabalho.

O aviso-prévio é devido por ambas as partes. A simples comunicação não extingue o contrato de trabalho, que não ocorre de imediato, somente após o término do aviso-prévio.

Em regra, é utilizado para os contratos com prazo indeterminado, podendo, porém, ser utilizado nos contratos com prazo determinado, caso tenham as partes ajustado a "cláusula assecuratória do direito recíproco da rescisão", prevista no art. 481 da CLT, hipótese em que serão aplicadas as regras dos contratos com prazo indeterminado, sendo devido, portanto, o aviso-prévio.

O aviso-prévio visa a evitar a surpresa na ruptura do contrato de trabalho, possibilitando ao empregador a reposição de um empregado para o cargo vago e ao empregado sua nova inserção no mercado, ou seja, para que as partes possam se adequar ao término do contrato de trabalho.

A CF estabelece no art. 7º, XXI, como direito dos trabalhadores urbanos e rurais, aviso-prévio proporcional ao tempo de serviço, sendo no mínimo de trinta dias, nos termos da lei.

Sempre que o empregador manifestar o desejo de romper o contrato de trabalho, o empregado terá direito e poderá optar entre a redução de sua jornada de trabalho em duas horas diárias ou pela não prestação de serviços por sete dias corridos, a teor do art. 488 da CLT.

Vale lembrar que são 7 (sete) dias corridos, podendo ser no começo, no meio ou ao final do mês de aviso-prévio.

Em se tratando de empregado rural, caso o empregador conceda o aviso-prévio, nos moldes do art. 15 da Lei 5.889/1973, o empregado terá direito a faltar um dia por semana, sem prejuízo de seu salário.

Importante lembrar o entendimento consubstanciado na Súmula 230 do TST, que considera ilegal substituir o período que se reduz da jornada de trabalho, no aviso-prévio, pelo pagamento das horas correspondentes, tendo em vista que esse lapso tem como objetivo assegurar ao obreiro tempo suficiente para buscar um novo emprego. Havendo a substituição do período por horas extras, considera-se não dado o aviso-prévio, devendo o empregador pagar o período correspondente.

Outro ponto que merece destaque é o fato de que o registro da candidatura do empregado a cargo de dirigente sindical durante o período de aviso-prévio não lhe assegura a estabilidade no emprego, em razão de ser inaplicável a regra contida no § 3º do art. 543 da CLT, a teor da Súmula 369, item V, do TST.

Como visto, a parte que quiser por fim ao contrato de trabalho deverá conceder à outra parte o aviso-prévio. Portanto, o aviso-prévio deverá ser concedido por ambas as partes.

A falta do aviso-prévio por parte do empregado dá ao empregador o direito de descontar os salários correspondentes ao respectivo período nos termos do art. 487, § 2º, da CLT. A compensação é automática, descontada diretamente na fonte.

No entanto, se a falta do aviso-prévio for do empregador, terá o empregado o direito aos salários referentes ao prazo do aviso-prévio, também chamado de "aviso-prévio indenizado". Nesse caso, há a projeção do período de aviso-prévio no contrato de trabalho, sendo esse período computado como tempo de serviço para todos os fins.

Convém ressaltar que havendo a projeção do período de aviso-prévio no contrato de trabalho, a data de saída a ser anotada na CTPS deve corresponder à do término do prazo do aviso-prévio, ainda que indenizado e/ou proporcional, em conformidade com a Orientação Jurisprudencial 82 da SDI do TST.

Ademais, importante lembrar que o valor das horas extraordinárias habituais integra o aviso-prévio indenizado, nos termos do art. 487, § 5º, da CLT.

O direito ao aviso-prévio é irrenunciável por parte do empregado. Nessa linha, cabe trazer à baila o entendimento contido na Súmula 276 do TST, que dispõe: "o direito ao aviso-prévio é irrenunciável pelo empregado. O pedido de dispensa de cumprimento não exime o empregador de pagar o respectivo valor, salvo comprovação de haver o prestador dos serviços obtido novo emprego".

A Súmula em questão ensina ser possível a renúncia do aviso-prévio pelo empregado, e do pagamento do seu respectivo valor, caso o empregador comprove que o empregado obteve novo emprego. Isso se dá pela própria razão de ser do aviso-prévio que, quando concedido ao empregado, consiste exatamente em proporcionar a este, no curso do aviso, a possibilidade de encontrar um novo emprego. Desta forma, caso o empregador comprove a obtenção de novo emprego, o empregado não fará jus ao recebimento do respectivo período.

Em se tratando de aviso-prévio concedido pelo empregado, o empregador poderá renunciar o respectivo período, persistindo, porém, o dever de indenizar.

Importante lembrar que o pagamento relativo ao período de aviso-prévio, trabalhado ou indenizado, está sujeito à contribuição para o FGTS, nos termos da Súmula 305 do TST.

No entanto, para fins de cálculo da multa de 40% sobre os depósitos do FGTS, o valor do aviso-prévio indenizado não poderá ser considerado, em conformidade com o item II da Orientação Jurisprudencial 42 da SDI 1 do TST.

Por fim, como se sabe, o art. 9º da Lei 6.708/1979 criou uma indenização adicional visando a impedir a dispensa do empregado nos 30 (trinta) dias que antecedem a data-base dos trabalhadores.

Nesse caso, o aviso-prévio poderá ser utilizado no cômputo do trintídio. Assim, concedido o aviso-prévio e findando-se nos 30 (trinta) dias que antecedem sua data--base, o empregado fará jus à indenização prevista na lei 6.708/1979.

10.6.1. Reconsideração do aviso-prévio

É possível a reconsideração do aviso-prévio. Isso porque, dado o aviso-prévio, a rescisão torna-se efetiva depois de expirado o respectivo prazo. Isso possibilita à parte notificante reconsiderar o ato, antes de seu termo. Porém, é facultado à outra parte aceitar ou não o pedido de reconsideração, ou seja, deve haver o consentimento da parte notificada do aviso-prévio.

Sendo aceita a reconsideração ou continuando a prestação de serviços depois de expirado o prazo, ou seja, reconsideração tácita, o contrato continuará a vigorar, como se o aviso-prévio não tivesse sido dado.

Importante ressaltar que no curso do aviso pode ocorrer falta grave, seja pelo empregado, seja pelo empregador, passando a ser uma rescisão por justa causa do empregado ou por rescisão indireta, justa causa do empregador.

Por fim, vale lembrar o disposto na Súmula 73 do TST: "A ocorrência de justa causa, salvo a de abandono de emprego, no decurso do prazo do aviso-prévio dado pelo empregador, retira do empregado qualquer direito às verbas rescisórias de natureza indenizatória".

10.6.2. Aviso-prévio proporcional – Lei 12.506/2011

Com o advento da Constituição da República de 1988 foi inserido no rol dos direitos de todos os trabalhadores urbanos e rurais o aviso-prévio proporcional ao tempo de serviço, sendo de no mínimo 30 (trinta) dias.

Temos, portanto, que o inciso I do art. 487 da CLT que institui aviso-prévio de 8 (oito) dias não foi recepcionado pela atual Constituição Federal.

O dispositivo constitucional em apreço traz uma norma de eficácia limitada, na medida em que o constituinte originário estabeleceu o período mínimo de 30 (trinta dias) de aviso-prévio, norma de aplicabilidade imediata e deixou para o constituinte derivado a regulamentação de sua proporcionalidade, ao usar a expressão "nos termos da lei".

Com a publicação da Lei 12.506, de 11.11.2011, que entrou em vigor no dia 13.10.2011, o aviso-prévio proporcional foi devidamente regulado.

A Lei 12.506/2011 ensina que o aviso-prévio será concedido na proporção de 30 dias aos empregados que contem até 1 (um) ano de serviço na mesma empresa.

De acordo com a Nota Técnica 184/2012 do MTE, do dia 07.05.2012, configurada relação de emprego superior a um ano na mesma empresa, sobre esse período serão acrescidos 3 (três) dias por ano de serviço prestado na mesma empresa, até o máximo de 60 dias, perfazendo um total de até 90 dias.

Após diversas conversações, a Secretaria de Relações do Trabalho MTE, modificando entendimento anterior disposto na Circular 10 de 2011, apresentou a seguinte tabela:

TEMPO DE SERVIÇO ANOS COMPLETOS	PERÍODO DE AVISO-PRÉVIO
1 ano incompleto	30 DIAS
1 ANO COMPLETO	33 DIAS
2 ANOS COMPLETOS	36 DIAS
3 ANOS COMPLETOS	39 DIAS

4 ANOS COMPLETOS	42 DIAS
5 ANOS COMPLETOS	45 DIAS
6 ANOS COMPLETOS	48 DIAS
7 ANOS COMPLETOS	51 DIAS
8 ANOS COMPLETOS	54 DIAS
9 ANOS COMPLETOS	57 DIAS
10 ANOS COMPLETOS	60 DIAS
11 ANOS COMPLETOS	63 DIAS
12 ANOS COMPLETOS	66 DIAS
13 ANOS COMPLETOS	69 DIAS
14 ANOS COMPLETOS	72 DIAS
15 ANOS COMPLETOS	75 DIAS
16 ANOS COMPLETOS	78 DIAS
17 ANOS COMPLETOS	81 DIAS
18 ANOS COMPLETOS	84 DIAS
19 ANOS COMPLETOS	87 DIAS
20 ANOS COMPLETOS	90 DIAS

10.6.2.1. Direito intertemporal do aviso-prévio

Após a publicação da Lei 12.506/2011, muitas dúvidas começaram a surgir acerca da aplicação da nova regra aos contratos de trabalho.

Diante da situação e com o intuito de dirimir algumas dessas dúvidas, o Ministério do Trabalho e Emprego (MET) expediu em 07.05.2012 a Nota Técnica 184.

Nessa linha, o MTE entende que a nova regulamentação do aviso-prévio servirá somente para os avisos-prévios concedidos após o dia 13.10.2011, data em que a lei entrou em vigor.

Nesse sentido, em setembro de 2012 o TST editou a Súmula 441, que assim dispõe:

> SÚMULA 441 TST – AVISO-PRÉVIO. PROPORCIONALIDADE.
> O direito ao aviso-prévio proporcional ao tempo de serviço somente é assegurado nas rescisões de contrato de trabalho ocorridas a partir da publicação da Lei 12.506, em 13.10.2011.

Assim, a Lei 12.506/2011 não retroagirá em favor dos contratos extintos antes de sua publicação, na medida em que aqueles contratos foram resolvidos sob a regra do aviso-prévio de 30 dias, estando estas rescisões acobertadas pelo ato jurídico perfeito, nos termos do art. 5º, XXXVI, da CF.

Desta forma, a Lei 12.506/2011 alcança somente as novas relações de emprego e os contratos de trabalho em curso quando da sua entrada em vigor em 13.10.2011. Todavia, aos contratos extintos antes dessa data não serão aplicadas as regras do aviso-prévio proporcional.

10.6.2.2. Abrangência da aplicação do aviso-prévio proporcional

Outro tema que vem despertando diversos debates é a abrangência da aplicação das novas regras do aviso-prévio, ou seja, se a norma em questão deve ser aplicada para os empregadores e todos os empregados.

Note que ainda não existem posições jurisprudenciais acerca dessa abrangência. No entanto, o Ministério do Trabalho e Emprego – MTE, por meio da Nota Técnica 184/2012, sustenta que a nova norma é de aplicação restrita aos empregados.

Nessa linha, não poderá o empregador exigir do seu empregado o cumprimento de aviso-prévio proporcional. Esse entendimento se baseia no art. 7º da CF que assegura o direito de aviso-prévio ali previsto a todos os trabalhadores urbanos, rurais e domésticos.

No entanto, no julgamento do RR-1964-73.2013.5.09.0009 o TST entendeu que o aviso-prévio proporcional ao tempo de serviço, estabelecido pela Lei 12.506/2011, se aplica também a favor do empregador. Entendeu o Superior Tribunal que o aviso-prévio é obrigação recíproca de empregado e de empregador, conforme determina o art. 487, *caput*, da CLT. Para o TST a Lei 12.506/2011 somente mudou a duração do aviso-prévio, tomando em conta o maior ou menor tempo de serviço do empregado.

Para o Ministro Dalazen: "reconhecer, sem justificativa plausível, a duração diferenciada para o aviso-prévio conforme fosse concedido pelo empregador ou pelo empregado afrontaria o princípio constitucional da isonomia."

No entanto, no julgamento de Embargos no TST no mesmo processo acima descrito,

11. ESTABILIDADE ABSOLUTA E ESTABILIDADE PROVISÓRIA/GARANTIA DE EMPREGO

11.1. Estabilidade absoluta e estabilidade provisória

A estabilidade é uma das garantias fundamentais conferidas ao trabalhador, origina-se do princípio trabalhista da "continuidade da relação de emprego" e do "princípio da proteção". A estabilidade impossibilita a dispensa arbitrária ou abusiva.

O termo "estabilidade" é comumente utilizado pela doutrina e jurisprudência para abarcar o que poderíamos chamar de estabilidade absoluta e estabilidade provisória, esta última também denominada de "garantia de emprego".

No Direito do Trabalho, temos como estabilidade absoluta apenas a hipótese da estabilidade decenal. Os demais tipos constituem verdadeiras estabilidades provisórias, ou, em outras palavras, garantias de emprego, que serão estudadas adiante.

Esses tipos de "estabilidades" não podem ser confundidos com aquela estabilidade insculpida no art. 41 da CF/1988, garantida aos servidores públicos nomeados para cargo de provimento efetivo em virtude de concurso público, nos termos do art. 37, II, da CF.

De acordo com o texto constitucional, é requisito para a aquisição da estabilidade no serviço público, além do cumprimento do estágio probatório de 3 (três) anos, ser o funcionário investido em cargo público de provimento efetivo.

Assim, pela nova redação conferida ao art. 41 da CF pela EC 19/1998, os empregados públicos estariam excluídos da regra, ou seja, não seriam detentores da estabilidade ali garantida, na medida em que são investidos em emprego e não em cargo.

Todavia, o TST firmou entendimento cristalizado na Súmula 390 item I garantindo ao servidor público celetista da *administração direta, autárquica ou fundacional* a estabilidade prevista no art. 41 da CF/1988.

Já as *empresas públicas* e *sociedades de economia mista*, embora seus empregados (empregados públicos) necessitem da realização de concurso público para a investidura no emprego, não são detentores da estabilidade prevista no art. 41 da CF/1988. Isso porque, por força do art. 173, § 1º, II, da CF/1988, as empresas públicas e as sociedades de economia mista se submetem ao regime jurídico próprio das empresas privadas, sujeitando-se, portanto, às regras celetistas.

Dessa forma, os empregados de empresas públicas e sociedades de economia mista não são detentores da estabilidade disposta no art. 41 da Carta Magna, podendo, se for o caso, ser detentores das hipóteses de estabilidades provisórias garantidas aos trabalhadores em geral.

Superada essa problemática, surge a questão sobre a necessidade de motivação do ato de demissão dos empregados públicos. A jurisprudência do Tribunal Superior do Trabalho pacificou-se no sentido de que não se estende aos empregados de empresa pública e de sociedade de economia mista a garantia de dispensa necessariamente motivada ou mediante procedimento administrativo, por força da aplicação do art. 173, § 1º, II, da CF/1988.

Contudo, à Empresa Brasileira de Correios e Telégrafos ECT são assegurados os privilégios inerentes à Fazenda Pública, pois, em virtude de seu serviço postal prestado em caráter de exclusividade, entendeu a mais alta Corte Trabalhista que os atos administrativos da ECT deveriam se vincular aos princípios que regem a Administração Pública Direta, inclusive quanto à motivação da despedida de seus empregados. Assim, a Subseção de Dissídios Individuais 1 do TST editou a Orientação Jurisprudencial 247, que dispõe:

> ORIENTAÇÃO JURISPRUDENCIAL 247 DA SDI 1 TST – SERVIDOR PÚBLICO. CELETISTA CONCURSADO. DESPEDIDA IMOTIVADA. EMPRESA PÚBLICA OU SOCIEDADE DE ECONOMIA MISTA. POSSIBILIDADE.
>
> I – A despedida de empregados de empresa pública e de sociedade de economia mista, mesmo admitidos por concurso público, independe de ato motivado para sua validade;
>
> II – A validade do ato de despedida do empregado da Empresa Brasileira de Correios e Telégrafos (ECT) está condicionada à motivação, por gozar a empresa do mesmo tratamento destinado à Fazenda Pública em relação à imunidade tributária e à execução por precatório, além das prerrogativas de foro, prazos e custas processuais

11.1.1. Estabilidade decenal

O art. 492 da CLT dispõe que, após 10 anos na mesma empresa, o empregado não poderá ser despedido senão por motivo de falta grave, devidamente apurada por meio de reclamação trabalhista que se denomina "inquérito judicial para apuração de falta grave", nos termos do art. 853 da CLT, que deverá ser proposta pelo empregador no prazo decadencial de 30 dias contados da suspensão do empregado.

Com o advento da Lei 5.107/1966, foi instituído o regime do Fundo de Garantia do Tempo de Serviço (FGTS), que estabeleceu a opção do empregado entre esse regime jurídico e o da estabilidade prevista no art. 492 consolidado.

Contudo, promulgada a Constituição da República, em 05.10.1988, modificou-se o sistema, eliminando a possibilidade de opção entre a estabilidade e fundo de garantia, consoante ao seu art. 7º, I e II.

Nessa linha, ensina o ilustre professor Arnaldo Süssekind (em *Curso de Direito do Trabalho*, Rio de Janeiro, Renovar, 2002, p. 386): "Revogado está, portanto, o art. 492 da CLT, que previa a aquisição do direito de estabilidade no emprego após 10 anos de serviço na mesma empresa. É evidente, porém, que os empregados que adquiriram a estabilidade preservam esse direito. Neste sentido definiu-se o legislador (art. 12 da Lei 7.839 de 12.10.1989)".

Assim, pode-se afirmar que a estabilidade prevista no art. 492 da CLT foi abolida, ressalvando-se o direito adquirido.

11.2. Estabilidade provisória – Garantia de emprego

Nas lições de Gustavo Felipe Barbosa Garcia (em *Curso de Direito do Trabalho*, 2ª ed., São Paulo, Método, 2008, p. 613), estabilidade pode ser conceituada como "o direito do empregado de permanecer no emprego, restringindo o direito do empregador de dispensá-lo sem justa causa ou de forma arbitrária, só autorizando a cessação contratual em caso de falta grave, força maior, força maior que determine a extinção da empresa, ou cessação das atividades da empresa". Em outras palavras podemos dizer que a estabilidade é o direito do obreiro continuar em seu trabalho, mesmo que contra a vontade de seu empregador.

Passemos a analisar as principais estabilidades:

11.2.1. Dirigente sindical

Nos termos do art. 8º, VIII, da CF/1988 e do § 3º do art. 543 da CLT, é vedada a dispensa do empregado sindicalizado, a partir do registro de sua candidatura a cargo de direção ou representação sindical até um ano após o final de seu mandato, caso seja eleito, salvo se cometer falta grave.

Desta forma, possui garantia de emprego a partir do registro de sua candidatura a cargo de dirigente sindical e, se eleito, ainda como suplente, até 1 (um) ano após o fim do mandato, salvo se cometer falta grave, devidamente apurada por inquérito judicial para apuração de falta grave.

No que se refere ao registro da candidatura, o § 5º do art. 543 da CLT determina que, no prazo de 24 (vinte e quatro) horas, a entidade sindical comunique por escrito a empresa sobre o dia e a hora do registro da candidatura do seu empregado.

Ocorre que, em setembro de 2012, o TST conferiu nova redação ao item I da Súmula 369, assegurando a estabilidade provisória ao empregado dirigente sindical, ainda que a comunicação do registro da candidatura ou da eleição e da posse seja realizada fora do prazo previsto no art. 543, § 5º, da CLT, desde que a ciência ao empregador, por qualquer meio, ocorra na vigência do contrato de trabalho.

Insta ressaltar que o empregado dirigente sindical não poderá ser impedido de prestar suas funções, nem poderá ser transferido para local ou cargo que lhe dificulte ou torne impossível o desempenho de suas atribuições sindicais.

Apenas para melhor elucidação sobre o tema, é importante lembrar que a estabilidade prevista no art. 8º, VIII, da CF/1988 é garantida, exclusivamente, aos dirigentes sindicais que exerçam ou ocupem cargos de direção nos sindicatos, submetidos a processo eletivo, não se estendendo, por via de consequência, ao delegado sindical.

Isso porque o § 4º do art. 543 consolidado prescreve que se considera cargo de direção ou de representação sindical aquele cujo exercício ou indicação decorre de eleição prevista em lei. Por outro lado, o **art. 523** do mesmo diploma legal prevê a figura do delegado sindical, estabelecendo que os delegados sindicais serão designados pela diretoria dentre os associados enraizados no território da correspondente delegacia. Assim, como os delegados sindicais não são eleitos, mas sim indicados pela diretoria da entidade, não fará jus à garantia de emprego estabelecida no art. 8º, VIII, da CF/1988 e do § 3º do art. 543 da CLT. Nesse sentido é a jurisprudência consolidada na Orientação Jurisprudencial 369 da SDI 1 do TST.

Por último, vale lembrar que o membro de conselho fiscal de sindicato não tem direito à estabilidade prevista nos arts. 543, § 3º, da CLT e 8º, VIII, da CF/1988, pois não atua na defesa de direitos da categoria profissional, tendo sua competência limitada à fiscalização da gestão financeira do sindicato, em conformidade com o art. 522, § 2º, da CLT e Orientação Jurisprudencial 365 da SDI 1 do TST.

11.2.2. Representantes dos empregados na CIPA

Estabelece a CF/1988 no art. 10, inciso II, "a", do Ato das Disposições Constitucionais Transitórias que até que seja promulgada Lei Complementar a que se refere o art. 7º, I, da Constituição Federal, fica vedada a dispensa arbitrária ou sem justa causa do empregado eleito para cargo de direção de Comissões Internas de Prevenção de Acidentes, desde o registro da sua candidatura até um ano após o final de seu mandato.

A legislação infraconstitucional, art. 165 da CLT, dispõe que: "os titulares da representação dos empregados nas CIPA(s) não poderão sofrer despedida arbitrária, entendendo-se como tal a que não se fundar em motivo técnico, econômico ou financeiro".

É importante ressaltar que o TST, por meio da Súmula 339, item I, entende que essa estabilidade é estendida ao suplente ao ensinar que: "O suplente da CIPA goza da garantia de emprego prevista no art. 10, II, "a", do ADCT a partir da promulgação da Constituição Federal de 1988".

11.2.3. Empregada gestante

A garantia de emprego da empregada gestante vem disciplinada no art. 10, inciso II, "b", do Ato das Disposições Constitucionais Transitórias. Esse direito é assegurado a toda empregada gestante, inclusive a empregada doméstica, desde a confirmação da gravidez até 5 meses após o parto.

É imperioso observar que o desconhecimento do estado gravídico por parte do empregador não afasta o direito a estabilidade, teoria acolhida pelo TST na Súmula 244, item I.

Tema que sempre envolveu grande discussão na doutrina foi a garantia de emprego em se tratando de contrato de experiência, tendo em vista que nessa modalidade de contrato as partes já sabem de antemão a data de início e término do referido contrato. Assim, o TST havia consolidado entendimento através do item III da Súmula 244 entendendo que não teria direito à estabilidade provisória na hipótese de admissão mediante contrato de experiência, tendo em vista que, nessa situação, a extinção da relação de emprego, em face do término do prazo, não constitui dispensa arbitrária ou sem justa causa.

Todavia, em setembro de 2012, o TST reviu seu entendimento e deu nova redação ao item III da Súmula 244, para assegurar o direito à estabilidade provisória prevista no art. 10, II, "b", do ADCT, mesmo na hipótese de admissão mediante contrato por tempo determinado.

Note que de acordo com o novo entendimento do TST é assegurada a estabilidade em contratação por prazo determinado e não apenas na hipótese de contrato de experiência.

Desta forma, objetivando uma maior segurança para a mãe e para o nascituro, é assegurada a estabilidade provisória para a empregada gestante, desde a confirmação da gravidez até 5 meses após o parto, ainda que contratada mediante qualquer modalidade de contrato por prazo determinado.

Por último, importante a transcrição da OJ 30 da SDC do TST:

> ORIENTAÇÃO JURISPRUDENCIAL – 30 SDC ESTABILIDADE DA GESTANTE. RENÚNCIA OU TRANSAÇÃO DE DIREITOS CONSTITUCIONAIS. IMPOSSIBILIDADE
>
> Nos termos do art. 10, II, "b", do ADCT, a proteção à maternidade foi erigida à hierarquia constitucional, pois retirou do âmbito do direito potestativo do empregador a possibilidade de despedir arbitrariamente a empregada em estado gravídico. Portanto, a teor do artigo 9º da CLT, torna-se nula de pleno direito a cláusula que estabelece a possibilidade de renúncia ou transação, pela gestante, das garantias referentes à manutenção do emprego e salário.

Majorando a garantia de emprego disposta no art. 10, II, *a*, do ADCT, a Lei 12.812/2013, de 16.05.2013 acrescentou o art. 391-A no texto consolidado, assegurando à gestante a manutenção no emprego ainda que a confirmação da gravidez se dê no curso do aviso-prévio, seja ele trabalhado ou indenizado, como se observa pela redação no referido dispositivo legal.

"Art. 391-A. A confirmação do estado de gravidez advindo no curso do contrato de trabalho, ainda que durante o prazo do aviso prévio trabalhado ou indenizado, garante à empregada gestante a estabilidade provisória prevista na alínea *b* do inciso II do art. 10 do Ato das Disposições Constitucionais Transitórias."

No dia 26.06.2014, foi publicada a Lei Complementar 146, que estende a estabilidade provisória prevista na alínea *b* do inciso II do art. 10 do ADCT à trabalhadora gestante, nos casos de morte desta, a quem detiver a guarda de seu filho. Assim dispõe o art. 1º da citada lei complementar:

Art. 1º O direito prescrito na alínea *b* do inciso II do art. 10 do Ato das Disposições Constitucionais Transitórias, nos casos em que ocorrer o falecimento da genitora, será assegurado a quem detiver a guarda do seu filho.

A lei determina que a estabilidade da gestante falecida alcançará quem detiver a guarda de seu filho. Observa-se, portanto, que a principal finalidade da lei é dar maior efetividade ao direito constitucionalmente previsto, garantindo uma maior proteção ao nascituro, principal sujeito a quem a garantia de emprego realmente visa proteger.

11.2.4. Empregado acidentado – acidente de trabalho

A Lei 8.213/1991, em seu art. 118, assegura estabilidade no emprego ao trabalhador que sofrer acidente de trabalho pelo prazo mínimo de doze meses após o afastamento pela Previdência Social. A estabilidade se estende aos casos de acidente ocorrido no trajeto entre a residência e o trabalho e do trabalho à residência do obreiro e, ainda, de doença profissional ou do trabalho.

Desta forma, o segurado que sofreu acidente do trabalho tem garantido, pelo prazo mínimo de 12 meses, a manutenção de seu contrato de trabalho após a cessação do auxílio-doença acidentário, independentemente da percepção de auxílio-acidente.

Para a aquisição da estabilidade decorrente de acidente de trabalho ou doença profissional, a Lei prevê dois requisitos básicos: a ocorrência de acidente de trabalho ou doença laboral e a percepção do auxílio-doença acidentário, entendimento consubstanciado no item II da Súmula 378 do TST.

Em setembro de 2012, o TST inseriu o item III à Súmula 378 do TST firmando posicionamento no sentido de que, ainda que se trate de contrato com prazo determinado, qualquer que seja sua modalidade, será assegurada a garantia de emprego ao empregado acidentado que preencha os requisitos do item II da Súmula em debate. Dispõe o item III da Súmula 378 do TST:

SÚMULA 378 TST

(...)

III – O empregado submetido a contrato de trabalho por tempo determinado goza da garantia provisória de emprego, decorrente de acidente de trabalho, prevista no art. 118 da Lei 8.213/1991.

11.2.5. Comissão de Conciliação Prévia

O art. 625-B, § 1º, da CLT dispõe ser vedada a dispensa dos representantes dos empregados na Comissão de Conciliação Prévia, titulares e suplentes, desde o registro da candidatura e, se eleitos, até um ano após o fim do mandato, salvo se cometerem falta grave.

11.2.6. Empregados membros do conselho curador do FGTS

Aos membros efetivos do Conselho Curador do FGTS e aos seus suplentes, enquanto representantes dos trabalhadores, é assegurada a estabilidade no emprego, desde a nomeação até um ano após o término do mandato, somente podendo ser demitidos por motivos de falta grave, regularmente comprovada, nos termos do art. 3º, § 9º, da Lei 8.036/1990.

11.2.7. Empregados membros do Conselho Nacional de Previdência Social

Preceitua a Lei 8.213/1991, art. 3º, § 7º, que "aos membros do CNPS, enquanto representantes dos trabalhadores em atividade, titulares e suplentes, é assegurada a estabilidade no emprego, da nomeação até um ano após o término do mandato de representação, somente podendo ser demitidos por motivo de falta grave, regularmente comprovada através de processo judicial".

11.2.8. Empregados eleitos diretores de sociedades cooperativas

A Lei 5.764/1971, que trata da política nacional de cooperativismo, estabeleceu no seu art. 55 que os empregados de empresas que sejam eleitos diretores de sociedades cooperativas por eles mesmos criadas gozarão das garantias asseguradas aos dirigentes sindicais.

É importante lembrar que a lei trata apenas dos "diretores de sociedades cooperativas" e não de seus suplentes.

11.2.9. Membros da comissão de representantes dos empregados

O art. 510-A da CLT informa que nas empresas com mais de duzentos empregados, é assegurada a eleição de uma comissão para representá-los, com a finalidade de promover-lhes o entendimento direto com os empregadores.

A comissão será composta na seguinte proporção:

a) empresas com mais de 200 e até 3.000 empregados: 3 membros;

b) empresas com mais de 3.000 e até 5.000 empregados: 5 membros;

c) empresas com mais de 5.000 empregados: 7 membros.

Para as empresas que possuam filial em outros Estados, ou seja, empresas que possuir empregados em vários Estados, será assegurada a eleição de uma comissão de representantes dos empregados por Estado, na mesma forma acima estudada. Assim por exemplo, se uma empresa com 200 empregados possuir filiais nos Estados de São Paulo, Rio Grande do Norte e Santa Catarina, deverá ser feita uma comissão composta por 3 membros em cada um desses Estados.

Nessa linha, o art. 510-D, § 3º, da CLT dispõe que desde o registro da candidatura até um ano após o fim do mandato, o membro da comissão de representantes dos empregados não poderá sofrer despedida arbitrária, entendendo-se como tal a que não se fundar em motivo disciplinar, técnico, econômico ou financeiro.

Para facilitar os estudos, o quadro abaixo aponta as hipóteses que a legislação prevê a estabilidade provisória/ garantia de emprego.

Situações	Norma Jurídica
Dirigente Sindical	Art. 8º, VIII, da CF/1988 e art. 543, § 3º, da CLT.
CIPA e suplente	Art. 10, II, alínea "a" do Ato das Disposições Constitucionais Transitórias (ADCT) da CF/1988 e art. 165 da CLT. e Súmula 339, I, TST.
Gestante	Art. 10, II, alínea "b" do Ato das Disposições Constitucionais Transitórias (ADCT) da CF/1988.
Acidente de trabalho	Art. 118 da Lei 8.213/1991
Comissão de Conciliação Prévia	Art. 625-B, § 1º, da CLT.
Membro do conselho curador do FGTS	Art. 3º, § 9º, da Lei 8.036/1990.
Empregados membros do Conselho Nacional de Previdência Social	Art. 3º, § 7º, da Lei 8.213/1991.
Diretores de sociedade cooperativa	Art. 55 da Lei 5.764/1971.
Membros da comissão de representantes dos empregados	Art. 510-D, § 3º, da CLT

11.3. Garantia de emprego para o empregado portador do vírus HIV ou de outra doença grave

Há muito tempo se discute na jurisprudência a respeito da garantia de emprego no emprego do portador do vírus HIV.

AIDS é a sigla em inglês para definir *Acquired Immunodeficiency Syndrome* (ou Síndrome da Imunodeficiência Adquirida). No Brasil, não há legislação instituindo a estabilidade no emprego para o portador do vírus HIV.

Essa lacuna levou diversos Tribunais a decidirem de diferentes maneiras sobre o tema. Nessa linha, algumas decisões negavam a estabilidade no emprego sob o argumento de que nosso ordenamento jurídico é omisso com relação à estabilidade do portador do HIV.

No entanto, outras decisões assinalavam que, mesmo não havendo preceito legal garantindo a estabilidade ao empregado portador do vírus HIV, ao Estado-Juiz, nos termos do art. 8º da CLT, compete valer-se dos princípios gerais do direito, da analogia e dos costumes para solucionar os conflitos.

Esse segundo posicionamento culminou na edição da Súmula 443 do TST, que reconhece a presunção de dispensa discriminatória do portador do vírus HIV ou de outra doença grave. Dispõe a referida Súmula:

SÚMULA 443 DO TST – DISPENSA DISCRIMINATÓRIA. PRESUNÇÃO. EMPREGADO PORTADOR DE DOENÇA GRAVE. ESTIGMA OU PRECONCEITO. DIREITO À REINTEGRAÇÃO.

Presume-se discriminatória a despedida de empregado portador do vírus HIV ou de outra doença grave que suscite estigma ou preconceito. Inválido o ato, o empregado tem direito à reintegração no emprego.

O entendimento sumulado, portanto, é no sentido de ser discriminatória a demissão imotivada do portador de HIV. Isso porque se presume que a despedida ocorreu pelo fato de o empregado ser portador do vírus ou outra doença grave.

Vale dizer que, de acordo com a corrente majoritária, é irrelevante o conhecimento da doença por parte da empresa. Essa teoria aplica, analogicamente, a regra para a estabilidade da gestante disposta na Súmula 244, item I, do TST.

Desta forma, o empregado portador do vírus HIV ou de outra doença grave somente poderá ser demitido por justa causa, nas hipóteses do art. 482 da CLT.

A CF/1988 tem como base a dignidade da pessoa humana consagrada em seu art. 1º, III. Já no capítulo referente aos direitos sociais, em seu art. 6º, assegura o direito ao trabalho, proibindo em paralelo qualquer tipo de discriminação, nos termos do art. 5º, *caput*, da CF/1988 que assim dispõe:

"**Art. 5º** Todos são iguais perante a lei, sem distinção de qualquer natureza, garantindo-se aos brasileiros e aos estrangeiros residentes no país, a inviolabilidade do direito à vida, à liberdade, à igualdade, à segurança e à propriedade."

Ademais, a Lei 9.029/1995, que coíbe toda forma de discriminação, reza em seu art. 4º ser direito do empregado:

Art. 4º O rompimento da relação de trabalho por ato discriminatório, nos moldes desta Lei, além do direito à reparação pelo dano moral, faculta ao empregado optar entre:

I – a reintegração com ressarcimento integral de todo o período de afastamento, mediante pagamento das remunerações devidas, corrigidas monetariamente, acrescidas dos juros legais;

II – a percepção, em dobro, da remuneração do período de afastamento, corrigida monetariamente e acrescida dos juros legais.

Assim, podemos concluir que é assegurada a garantia no emprego ao portador do vírus HIV ou de outra doença grave, na medida em que se presume discriminatória sua demissão imotivada, podendo ser demitido somente na ocorrência de justa causa, nas hipóteses do art. 482 da CLT.

Ocorrendo a dispensa imotivada além da indenização por danos morais, é assegurada sua reintegração ao emprego com o ressarcimento integral de todo o período que esteve afastado ou a percepção em dobro do respectivo período.

Por fim, vale dizer que a Lei 12.984, de 03.06.2014 define o crime de discriminação dos portadores do vírus da imunodeficiência humana (HIV) e doentes de AIDS.

De acordo com o art. 1º, III, da citada lei, constitui crime punível com reclusão, de 1 (um) a 4 (quatro) anos, e multa, exonerar ou demitir de seu cargo ou emprego o portador do HIV ou o doente de AIDS. Na mesma pena incorre aquele que negar emprego ou trabalho ao portador do HIV e o doente de AIDS, em razão da sua condição de portador ou de doente, art. 1º, II, da Lei 12.984/2014.

11.4. Reintegração ou indenização substitutiva

Como se sabe, os empregados que possuem a garantia de emprego não podem ser demitidos, salvo por falta grave e em algumas situações sua demissão deve ser precedida por inquérito judicial para apuração de falta grave.

Porém, caso o empregador venha a demitir esse empregado sem justo motivo, poderá o empregado pleitear, liminarmente, sua reintegração ao emprego, desde que o período estabilitário não tenha se exaurido.

Ocorre que, muitas vezes o pedido liminar é indeferido e o mérito do pedido de reintegração acaba sendo apreciado depois de exaurido o período de estabilidade do empregado.

Nesse caso, a reintegração se mostra inviável, sendo possível a remuneração desse período como forma de indenização. Nessa hipótese, o empregador arcará, portanto, com o pagamento dos salários e demais verbas rescisórias além da remuneração do período de estabilidade não gozado, ou seja, o período compreendido entre a data de despedida e o final do período de estabilidade.

Essa conversão vem determinada no art. 496 da CLT, que assim dispõe:

> **Art. 496.** Quando a reintegração do empregado estável for desaconselhável, dado o grau de incompatibilidade resultante do dissídio, especialmente quando for o empregador pessoa física, o tribunal do trabalho poderá converter aquela obrigação em indenização devida nos termos do artigo seguinte.

Nesse sentido, o TST editou a Súmula 396:

> SÚMULA 396 TST – ESTABILIDADE PROVISÓRIA. PEDIDO DE REINTEGRAÇÃO. CONCESSÃO DO SALÁRIO RELATIVO AO PERÍODO DE ESTABILIDADE JÁ EXAURIDO. INEXISTÊNCIA DE JULGAMENTO "EXTRA PETITA".
>
> I – Exaurido o período de estabilidade, são devidos ao empregado apenas os salários do período compreendido entre a data da despedida e o final do período de estabilidade, não lhe sendo assegurada a reintegração no emprego.
>
> II – Não há nulidade por julgamento "extra petita" da decisão que deferir salário quando o pedido for de reintegração, dados os termos do art. 496 da CLT.

12. NORMAS DE PROTEÇÃO AO TRABALHO

12.1. Proteção ao trabalho da mulher

A Constituição Federal, em seu art. 7º, XX, confere a proteção ao mercado de trabalho da mulher ao ordená-la, mediante incentivos específicos, nos termos da lei.

A legislação consolidada, no art. 373-A, impõe limitações ao empregador que visam a corrigir o acesso da mulher ao mercado de trabalho. São elas:

a) publicar ou fazer publicar anúncio de emprego no qual haja referência ao sexo, à idade, à cor ou situação familiar, salvo quando a natureza da atividade a ser exercida, pública e notoriamente, assim o exigir;

b) recusar emprego, promoção ou motivar a dispensa do trabalho em razão de sexo, idade, cor, situação familiar ou estado de gravidez, salvo quando a natureza da atividade seja notória e publicamente incompatível;

c) considerar o sexo, a idade, a cor ou situação familiar como variável determinante para fins de remuneração, formação profissional e oportunidades de ascensão profissional;

d) exigir atestado ou exame, de qualquer natureza, para comprovação de esterilidade ou gravidez, na admissão ou permanência no emprego;

e) impedir o acesso ou adotar critérios subjetivos para deferimento de inscrição ou aprovação em concursos, em empresas privadas, em razão de sexo, idade, cor, situação familiar ou estado de gravidez;

f) proceder o empregador ou preposto a revistas íntimas nas empregadas ou funcionárias.

As disposições atinentes ao trabalho noturno seguirão as normas aplicáveis a todo trabalhador, inclusive o adicional de 20% e a hora ficticiamente reduzida.

A CLT traz ainda regras atinentes ao local de trabalho da mulher, determinando que toda empresa é obrigada a:

a) prover os estabelecimentos de medidas concernentes à higienização dos métodos e locais de trabalho, tais como ventilação e iluminação e outros que se fizerem necessários à segurança e ao conforto das mulheres,

b) a instalar bebedouros, lavatórios, aparelhos sanitários; dispor de cadeiras ou bancos, em número suficiente, que permitam às mulheres trabalhar sem grande esgotamento físico;

c) instalar vestiários com armários individuais privativos das mulheres, exceto os estabelecimentos comerciais, escritórios, bancos e atividades afins, em que não seja exigida a troca de roupa e outros, admitindo-se como suficientes as gavetas ou escaninhos, onde possam as empregadas guardar seus pertences.

Os estabelecimentos em que trabalharem pelo menos 30 (trinta) mulheres com mais de 16 (dezesseis) anos de idade deverão possuir local apropriado onde seja permitido às empregadas guardar sob vigilância e assistência os seus filhos no período da amamentação.

Essa exigência poderá ser suprida por meio de creches distritais mantidas, diretamente ou mediante convênios, com outras entidades públicas ou privadas, pelas próprias empresas, em regime comunitário, ou a cargo do SESI, do SESC, da LBA ou de entidades sindicais.

O art. 390 consolidado veda ao empregador utilizar a mulher em serviço que demande o emprego de força muscular superior a 20 (vinte) quilos para o trabalho contínuo, ou 25 (vinte e cinco) quilos para o trabalho ocasional.

12.1.1. Trabalho da mulher gestante em ambiente insalubre

Em 11 de maio de 2016 a Lei 13.287/2016 acrescentou o art. 394-A na CLT, impondo ao empregador o dever de afastar a empregada gestante ou lactante de quaisquer atividades, operações ou locais insalubres, que devia ser transferida para um local salubre, enquanto perdurar a situação.

Contudo, a Lei 13.467/2017 deu nova redação ao art. 394-A da CLT, que assim dispõe:

> Art. 394-A. Sem prejuízo de sua remuneração, nesta incluído o valor do adicional de insalubridade, a empregada deverá ser afastada de:
>
> I - atividades consideradas insalubres em grau máximo, enquanto durar a gestação;
>
> II - atividades consideradas insalubres em grau médio ou mínimo, quando apresentar atestado de saúde, emitido por médico de confiança da mulher, que recomende o afastamento durante a gestação;
>
> III - atividades consideradas insalubres em qualquer grau, quando apresentar atestado de saúde, emitido por médico de confiança da mulher, que recomende o afastamento durante a lactação.

De acordo com o novo dispositivo legal o afastamento da empregada gestante em atividade insalubre dependerá do grau de insalubridade da atividade exercida e, ainda, de atestado de saúde.

Assim, para atividades insalubres em grau máximo, enquanto perdurar a gestação a empregada deverá ser afastada de suas atividades. Já para a atividade insalubre em graus médio ou mínimo o afastamento da gestante está condicionado a apresentação de atestado de saúde, emitido por médico de sua confiança, que na prática será o médico que faz o acompanhamento pré-natal da gestante.

Para as empregadas lactantes, em outras palavras, a empregada que amamenta, o afastamento de atividades em qualquer grau de insalubridade, ou seja, graus máximo, médio e mínimo, será possível quando apresentar atestado de saúde, emitido por médico de sua confiança, que recomende o afastamento durante a lactação.

Por último, importante lembrar que, quando não for possível que a gestante ou a lactante afastada exerça suas atividades em local salubre na empresa, a hipótese será considerada como gravidez de risco e ensejará a percepção de salário-maternidade, nos termos da Lei 8.213/1991, durante todo o período de afastamento.

12.1.2. Períodos de amamentação

A regra prevista no art. 396 da CLT ensina que para amamentar seu filho, inclusive se advindo de adoção, até que este complete 6 (seis) meses de idade, a mulher terá direito, durante a jornada de trabalho, a 2 (dois) descansos especiais de meia hora cada um. Esse período de 6 meses poderá ser dilatado, a critério da autoridade competente, quando o exigir a saúde do filho.

Os horários dos descansos supraindicados deverão ser definidos em acordo individual entre a mulher e o empregador.

12.1.2. Licença-maternidade

Prevista no art. 7º, XVIII, da CF, art. 392 da CLT e art. 71 da Lei 8.213/1991, também chamada de licença gestante a licença maternidade é um benefício de caráter previdenciário que consiste em conceder, à mulher que deu à luz uma licença remunerada de 120 dias, que pode ser prorrogada por mais 60 dias, nos termos do art. 1º da Lei 11.770/2008.

A licença maternidade não se confunde com a estabilidade provisória prevista no art. 10, II, *a*, do ADCT, benefício que impede a dispensa imotivada por parte do empregador. A prorrogação será garantida à empregada da pessoa jurídica que aderir ao programa Empresa Cidadã, desde que a empregada a requeira até o final do primeiro mês após o parto, e concedida imediatamente após a fruição da licença-maternidade.

Em conformidade com o § 2º do art. 1º da Lei 11.770/2008, a prorrogação será garantida na mesma proporção também à empregada e ao empregado que adotar ou obtiver guarda judicial para fins de adoção de criança.

Pois bem: à empregada que adotar ou obtiver guarda judicial para fins de adoção de criança será concedida licença-maternidade nos termos do art. 392-A da CLT, nova redação dada pela Lei 12.873 de 24.10.2013.

A Lei 12.873/2013 acrescentou o § 5º ao art. 392-A da CLT ensinando que a adoção ou guarda judicial conjunta ensejará a concessão de licença-maternidade a apenas um dos adotantes ou guardiães empregado ou empregada.

A lei inseriu ao diploma consolidado o art. 392-B, assegurando ao cônjuge ou companheiro empregado, em caso de morte da genitora, o gozo de licença por todo o período da licença-maternidade ou pelo tempo restante a que teria direito a mãe, exceto no caso de falecimento do filho ou de seu abandono.

Por último, nos termos do art. 392-C da CLT, de acordo com a redação dada pela Lei 12.873/2013, as regras dispostas nos arts. 392-A e 392-B serão aplicadas ao empregado que adotar ou obtiver guarda judicial para fins de adoção.

Ocorre que a Lei 12.010, de 03.08.2009, que entrou em vigor em 01.11.2009, revogou expressamente, em seu art. 8º, períodos de licença-maternidade que levavam em conta a idade da criança adotada. Portanto, após a vigência da lei em comento, a mãe que adotar ou que obtiver a guarda judicial, independente da idade da criança, terá a licença-maternidade de 120 (cento e vinte) dias, prorrogáveis por mais 60 (sessenta dias).

A empregada deverá notificar o seu empregador da data do início do afastamento do emprego, que poderá ocorrer entre o 28º dia antes do parto e ocorrência deste, nos termos do art. 392, § 1º, da CLT.

12.2. Proteção ao trabalho do menor

O art. 402 da CLT considera menor o trabalhador de quatorze até dezoito anos.

O art. 7º, XXXIII, da CF proíbe o trabalho noturno, perigoso ou insalubre a menores de dezoito e de qualquer trabalho a menores de dezesseis anos, salvo na condição de aprendiz, a partir de quatorze anos.

A capacidade, nos domínios do Direito do Trabalho, poderia ser classificada da seguinte maneira:

a) absolutamente incapazes: até 14 anos de idade, pois não podem trabalhar;

b) relativamente incapazes: dos 14 aos 18 incompletos, pois podem laborar nas hipóteses descritas em lei;

c) plenamente capazes: trabalhadores com idade igual ou superior a 18 anos.

O art. 405 da CLT ensina que ao menor não será permitido o trabalho em locais e serviços perigosos ou insalubres e, também, em locais ou serviços prejudiciais à sua moralidade.

Será considerado prejudicial à moralidade do menor o trabalho:

a) prestado de qualquer modo em teatros de revista, cinemas, boates, cassinos, cabarés, *dancings* e estabelecimentos análogos;

b) em empresas circenses, em funções de acrobata, saltimbanco, ginasta e outras semelhantes;

c) de produção, composição, entrega ou venda de escritos, impressos, cartazes, desenhos, gravuras, pinturas, emblemas, imagens e quaisquer outros objetos que possam, a juízo da autoridade competente, prejudicar sua formação moral;

d) consistente na venda, a varejo, de bebidas alcoólicas.

O trabalho em empresas circenses ou aqueles prestados em teatro, cinemas e similares, poderá ser autorizado pelo Juiz da Vara da Infância e Juventude.

Por outro lado, verificado que o trabalho executado pelo menor é prejudicial à sua saúde, ao seu desenvolvimento físico ou a sua moralidade, o Juiz poderá obrigá-lo a abandonar o serviço, devendo a respectiva empresa, quando for o caso, proporcionar ao menor todas as facilidades para mudar de funções. Caso a empresa assim não proceda, o contrato de trabalho estará extinto na forma do art. 483 da CLT.

Ao menor é lícito firmar recibo pelo pagamento dos salários. Tratando-se, porém, de rescisão do contrato de trabalho, é vedado ao menor de 18 (dezoito) anos dar, sem assistência dos seus responsáveis legais, quitação ao empregador pelo recebimento da indenização que lhe for devida.

Embora ao menor de 18 (dezoito) anos seja vedado o trabalho noturno, a duração do trabalho do menor é como a dos trabalhadores em geral, podendo, porém, prorrogar sua jornada de trabalho, nos termos do art. 413 da CLT, apenas em dois casos:

a) por até mais 2 (duas) horas, independentemente de acréscimo salarial, mediante convenção ou acordo coletivo, desde que o excesso de horas em um dia seja compensado pela diminuição em outro, de modo a ser observado o limite máximo de 44 (quarenta e quatro) horas semanais ou outro inferior legalmente fixado;

b) por motivo de força maior, até o máximo de 12 (doze) horas, com acréscimo salarial de, pelo menos, 50% sobre a hora normal e desde que o trabalho do menor seja imprescindível ao funcionamento do estabelecimento.

Aos menores, assim como às mulheres, em caso de prorrogação do horário normal, será obrigatório um descanso de 15 (quinze) minutos no mínimo, antes do início do período extraordinário do trabalho.

Por fim, vale dizer que, nos termos do art. 440 da CLT, contra os menores de 18 (dezoito) anos não corre nenhum prazo de prescrição.

12.2.1. Aprendizes

Contrato de aprendizagem é o contrato de trabalho especial, ajustado por escrito e por prazo determinado, em que o empregador se compromete a assegurar ao maior de 14 (quatorze) e menor de 24 (vinte e quatro) anos inscrito em programa de aprendizagem formação técnico-profissional metódica compatível com o seu desenvolvimento físico, moral e psicológico, e o aprendiz, a executar com zelo e diligência as tarefas necessárias a essa formação.

Importa frisar que a idade máxima prevista não se aplica a aprendizes portadores de deficiência, em conformidade com o art. 428, § 5º, da CLT.

A validade do contrato de aprendizagem pressupõe anotação na Carteira de Trabalho e Previdência Social, matrícula e frequência do aprendiz na escola, caso não haja concluído o ensino médio, e inscrição em programa de aprendizagem desenvolvido sob orientação de entidade qualificada em formação técnico-profissional metódica.

O contrato de aprendizagem não poderá ser estipulado por mais de 2 (dois) anos, exceto quando se tratar de aprendiz portador de necessidades especiais, hipótese em que não se aplica esse limite.

A duração do trabalho do aprendiz não excederá de seis horas diárias, sendo vedadas a prorrogação e a compensação de jornada.

O limite previsto poderá ser de até oito horas diárias para os aprendizes que já tiverem completado o ensino fundamental se nelas forem computadas as horas destinadas à aprendizagem teórica.

Nos termos do art. 433 da CLT, o contrato de aprendizagem extinguir-se-á no seu termo ou quando o aprendiz completar 24 (vinte e quatro) anos, salvo em se tratando de aprendiz portador de necessidades especiais, ou ainda antecipadamente nas seguintes hipóteses:

a) desempenho insuficiente ou inadaptação do aprendiz;

b) falta disciplinar grave;

c) ausência injustificada à escola que implique perda do ano letivo; ou

d) a pedido do aprendiz.

12.3. Segurança e medicina do trabalho

Leciona o art. 7º, XXII, da CF que é um direito dos trabalhadores urbanos e rurais a redução dos riscos inerentes ao trabalho, por meio de normas de saúde, higiene e segurança.

A legislação infraconstitucional determina que nenhum estabelecimento poderá iniciar suas atividades sem prévia inspeção e aprovação das respectivas instalações pela autoridade regional competente em matéria de segurança e medicina do trabalho.

Uma vez constatado por laudo técnico do serviço competente algum tipo de grave e iminente risco para o trabalhador, o delegado regional do trabalho poderá interditar estabelecimento, setor de serviço, máquina ou equipamento, ou, ainda, embargar uma obra que esteja em andamento.

Considera-se grave e iminente risco toda condição ambiental de trabalho que possa causar acidente do trabalho ou doença profissional com lesão grave à integridade física do trabalhador.

A interdição importará na paralisação total ou parcial do estabelecimento, setor de serviço, máquina ou equipamento, ao passo que o embargo importará na paralisação total ou parcial da obra.

O delegado regional deverá, nesse caso, indicar as providências que deverão ser adotadas para prevenção de infortúnios de trabalho. Uma vez cumpridas as exigências, será realizado novo laudo técnico, podendo o delegado regional do trabalho retirar o embargo ou a interdição.

Vale lembrar que durante a paralisação dos serviços, em decorrência da interdição ou embargo, os empregados deverão receber seus salários como se estivessem em efetivo exercício do labor.

12.3.1. Comissão Interna de Prevenção de Acidentes – CIPA

Ao teor do disposto no art. 162 da CLT, as empresas estão obrigadas a manter serviços especializados em segurança e em medicina do trabalho.

Por essa razão será obrigatória a constituição de Comissão Interna de Prevenção de Acidentes (CIPA) nos estabelecimentos ou locais de obra nelas especificadas.

A CIPA é composta de representantes da empresa e dos empregados e tem como fim prevenir acidentes de trabalho dentro da empresa.

O mandato dos membros eleitos da CIPA terá a duração de 1 (um) ano, sendo permitida uma reeleição.

Os titulares da representação dos empregados nas CIPAs não poderão sofrer despedida arbitrária, entendendo-se como tal a que não se fundar em motivo disciplinar, técnico, econômico ou financeiro.

O art. 10, II, "a", do ADCT veda a dispensa arbitrária ou sem justa causa do empregado eleito para cargo de direção de comissões internas de prevenção de acidentes, desde o registro de sua candidatura até um ano após o final de seu mandato.

Entretanto, o TST através da Súmula 339 garante também aos suplentes o direito à estabilidade.

Dispõe a Súmula 339 do TST:

SÚMULA 339 TST – CIPA. SUPLENTE. GARANTIA DE EMPREGO. CF/1988

I – O suplente da CIPA goza da garantia de emprego prevista no art. 10, II, "a", do ADCT a partir da promulgação da Constituição Federal de 1988.

II – A estabilidade provisória do cipeiro não constitui vantagem pessoal, mas garantia para as atividades dos membros da CIPA, que somente tem razão de ser quando em atividade a empresa. Extinto o estabelecimento, não se verifica a despedida arbitrária, sendo impossível a reintegração e indevida a indenização do período estabilitário.

12.3.2. Equipamentos de proteção individual

A empresa é obrigada a fornecer aos empregados, gratuitamente, equipamento de proteção individual adequado ao risco e em perfeito estado de conservação e funcionamento sempre que as medidas de ordem geral não ofereçam completa proteção contra os riscos de acidentes e danos à saúde dos empregados.

Pois bem: considera-se Equipamento de Proteção Individual – EPI todo dispositivo de uso individual destinado a proteger a integridade física do trabalhador.

Desta forma, a empresa é obrigada a fornecer aos empregados, gratuitamente, EPI adequado ao risco e em perfeito estado de conservação e funcionamento nas seguintes circunstâncias:

a) sempre que as medidas de proteção coletiva forem tecnicamente inviáveis ou não oferecerem completa proteção contra os riscos de acidentes do trabalho e/ou de doenças profissionais e do trabalho;

b) enquanto as medidas de proteção coletiva estiverem sendo implantadas;

c) para atender a situações de emergência.

Cumpre destacar que ao empregador são impostas algumas obrigações em relação ao cumprimento das normas de segurança e medicina do trabalho.

Assim, compete ao empregador:

a) cumprir e fazer cumprir as disposições legais e regulamentares sobre segurança e medicina do trabalho;

b) elaborar ordens de serviço sobre segurança e medicina do trabalho, dando ciência aos empregados, com os seguintes objetivos:

I. prevenir atos inseguros no desempenho do trabalho;

II. divulgar as obrigações e proibições que os empregados devam conhecer e cumprir;

III. dar conhecimento aos empregados de que serão passíveis de punição pelo descumprimento das ordens de serviço expedidas;

IV. determinar os procedimentos que deverão ser adotados em caso de acidente do trabalho e doenças profissionais ou do trabalho;

V. adotar medidas determinadas pelo Ministério do Trabalho;

VI. adotar medidas para eliminar ou neutralizar a insalubridade e as condições inseguras de trabalho.

De outro lado, estão as obrigações impostas ao empregado, quais sejam:

a) cumprir as disposições legais e regulamentares sobre segurança e medicina do trabalho, inclusive as ordens de serviço expedidas pelo empregador;

b) usar o EPI fornecido pelo empregador;

c) submeter-se aos exames médicos previstos;

d) colaborar com a empresa na aplicação das Normas Regulamentadoras.

Por último, constitui ato faltoso do empregado a recusa injustificada à observância das instruções expedidas pelo empregador ou ao uso dos equipamentos de proteção individual fornecidos pela empresa.

12.3.3. Atividades insalubres

Pela redação do art. 189 da CLT, são consideradas atividades ou operações insalubres aquelas que, por sua natureza, condições ou métodos de trabalho, exponham os empregados a agentes nocivos à saúde acima dos limites de tolerância fixados em razão da natureza e da intensidade do agente e do tempo de exposição aos seus efeitos.

Importa ressaltar que para fazer jus ao adicional de insalubridade não é necessário que o labor exponha os empregados de forma contínua a agentes nocivos. Isso porque a Súmula 47 do TST estabelece que o caráter intermitente do trabalho executado em condições insalubres não afasta o direito de recebimento do respectivo adicional.

Nas atividades insalubres, quaisquer prorrogações só poderão ser acordadas mediante licença prévia do Ministério do Trabalho, que procederá aos exames do local de trabalho, métodos e dos processos de trabalho.

O quadro das atividades e operações insalubres será aprovado pelo Ministério do Trabalho, que deverá adotar normas sobre os critérios de caracterização da insalubridade, os limites de tolerância aos agentes agressivos, meios de proteção e o tempo máximo de exposição do empregado a esses agentes.

Nesse sentido o TST editou, em maio de 2014, a Súmula 448 que assim dispõe:

SÚMULA 448 TST – ATIVIDADE INSALUBRE. CARACTERIZAÇÃO. PREVISÃO NA NORMA REGULAMENTADORA N. 15 DA PORTARIA DO MINISTÉRIO DO TRABALHO N. 3.214/1978. INSTALAÇÕES SANITÁRIAS.

I – Não basta a constatação da insalubridade por meio de laudo pericial para que o empregado tenha direito ao respectivo adicional, sendo necessária a classificação da atividade insalubre na relação oficial elaborada pelo Ministério do Trabalho.

II – A higienização de instalações sanitárias de uso público ou coletivo de grande circulação, e a respectiva coleta de lixo, por não se equiparar à limpeza em residências e escritórios, enseja o pagamento de adicional de insalubridade em grau máximo, incidindo o disposto no Anexo 14 da NR-15 da Portaria do MTE n. 3.214/1978 quanto à coleta e industrialização de lixo urbano.

Vale dizer que de acordo com o item I da Orientação Jurisprudencial 173 da SDI 1 do TST, nas atividades a céu aberto por sujeição à radiação solar é indevido o adicional de insalubridade ao trabalhador, tendo em vista a ausência de previsão legal.

Todavia, em setembro de 2012, o TST acrescentou o item II à Orientação Jurisprudencial 173 da SDI 1, assegurando direito à percepção ao adicional de insalubridade ao empregado que exercer atividade exposto ao calor acima dos limites de tolerância, inclusive em ambiente externo com carga solar, nas condições previstas no Anexo 3 da NR 15 da Portaria 3.214/1978 do MTE.

Pois bem: determina o art. 192 da CLT que o exercício de trabalho em condições de insalubridade assegura ao trabalhador a percepção de um adicional, incidente sobre o salário mínimo, equivalente a: 40% para insalubridade de grau máximo, 20% para insalubridade de grau médio e 10% para insalubridade de grau mínimo.

No caso de incidência de mais de um fator de insalubridade, será apenas considerado o de grau mais elevado, para efeito de acréscimo salarial, sendo vedada a percepção cumulativa.

A eliminação ou neutralização da insalubridade determinará a cessação do pagamento do adicional respectivo.

A eliminação ou neutralização da insalubridade deverá ocorrer:

a) com a adoção de medidas de ordem geral que conservem o ambiente de trabalho dentro dos limites de tolerância;

b) com a utilização de equipamento de proteção individual que diminuam a intensidade do agente agressivo a limites de tolerância.

Nessa linha, porém, o TST editou a Súmula 289 entendendo que o simples fornecimento do aparelho de proteção pelo empregador não o exime do pagamento do adicional de insalubridade. Cabe-lhe tomar as medidas que conduzam à diminuição ou eliminação da nocividade, entre as quais as relativas ao uso efetivo do equipamento pelo empregado.

Para que referido adicional deixe de ser devido, é necessário que a insalubridade seja eliminada ou reduzida aos níveis de tolerância indicados na Norma Regulamentadora 15 da Portaria 3.214/1978 do Ministério do Trabalho e Emprego.

Desta forma, eliminada a insalubridade do ambiente de trabalho, o pagamento do referido adicional desaparece. Nesse sentido é a Súmula 80 do TST: "A eliminação da insalubridade mediante fornecimento de aparelhos protetores aprovados pelo órgão competente do Poder Executivo exclui a percepção do respectivo adicional".

O referido art. 192 da CLT dispõe que o adicional de insalubridade será calculado com base no salário mínimo.

Porém, a CF/1988, em seu art. 7º, IV, veda a vinculação do salário mínimo para qualquer fim. Assim, não poderia servir de base para o cálculo do adicional de insalubridade.

Desta forma, o STF editou a Súmula vinculante 4, que dispõe: "salvo nos casos previstos na Constituição, o salário mínimo não pode ser usado como indexador de base de cálculo de vantagem de servidor público ou de empregado, nem ser substituído por decisão judicial".

Por esse motivo, o TST modificou a redação da Súmula 228, que passou a dispor: "A partir de 09.05.2008, data da publicação da Súmula Vinculante 4 do Supremo Tribunal Federal, o adicional de insalubridade será calculado sobre o salário básico, salvo critério mais vantajoso fixado em instrumento coletivo".

O adicional passou a ser calculado tendo como base o salário básico sem os acréscimos de outros adicionais, ou seja, aplicação analógica do adicional de periculosidade.

Como não existe lei mandando aplicar o adicional de insalubridade com base no salário básico, a Confederação

Nacional das Indústrias propôs Reclamação ao STF contra a nova redação conferida à Súmula 228 do TST.

O então Presidente do STF, Ministro Gilmar Mendes, em decisão liminar, determinou a suspensão da Súmula 228 do TST na parte em que permite a utilização do salário básico para calcular o adicional de insalubridade, o que motivou em setembro de 2012 que o TST fizesse uma ressalva na Súmula 228, registrando a suspensão provisória de sua eficácia por decisão liminar do Supremo Tribunal Federal.

Nessa linha, o STF entendeu que, enquanto não exista nova lei determinando uma base de cálculo para o adicional de insalubridade, deve ser utilizado como base o salário mínimo, ainda que contrarie a Súmula vinculante 4 na medida em que o empregado não deve ficar sem receber o aludido adicional.

12.3.4. Atividades perigosas

Leciona o art. 193 da CLT, com a nova redação dada pela Lei 12.740/2012, que são consideradas atividades ou operações perigosas, na forma da regulamentação aprovada pelo Ministério do Trabalho e Emprego, aquelas que, por sua natureza ou métodos de trabalho, impliquem risco acentuado em virtude de exposição permanente do trabalhador a:

a) inflamáveis, explosivos ou energia elétrica e

b) roubos ou outras espécies de violência física nas atividades profissionais de segurança pessoal ou patrimonial.

A citada lei ao redefinir os critérios para caracterização das atividades ou operações perigosas e inserir como atividades perigosas aquelas que expõem os trabalhadores a roubos ou outras espécies de violência física, conferiu direito ao adicional de periculosidade para esses profissionais.

A fim de especificar as funções que teriam exposição permanente do trabalhador na atividade de segurança pessoal ou patrimonial o MTE publicou a NR 16 que em seu anexo 3 ensina que são considerados profissionais de segurança pessoal ou patrimonial os trabalhadores que atendam a uma das seguintes condições:

a) empregados das empresas prestadoras de serviço nas atividades de segurança privada ou que integrem serviço orgânico de segurança privada, devidamente registradas e autorizadas pelo Ministério da Justiça, conforme Lei 7.102/1983 e suas alterações posteriores.

b) empregados que exercem a atividade de segurança patrimonial ou pessoal em instalações metroviárias, ferroviárias, portuárias, rodoviárias, aeroportuárias e de bens públicos, contratados diretamente pela administração pública direta ou indireta.

De acordo com a citada NR 16 são consideradas perigosas as seguintes atividades:

ATIVIDADES OU OPERAÇÕES	DESCRIÇÃO
Vigilância patrimonial	Segurança patrimonial e/ou pessoal na preservação do patrimônio em estabelecimentos públicos ou privados e da incolumidade física de pessoas.
Segurança de eventos	Segurança patrimonial e/ou pessoal em espaços públicos ou privados, de uso comum do povo.
Segurança nos transportes coletivos	Segurança patrimonial e/ou pessoal nos transportes coletivos e em suas respectivas instalações.
Segurança ambiental e florestal	Segurança patrimonial e/ou pessoal em áreas de conservação de fauna, flora natural e de reflorestamento.
Transporte de valores	Segurança na execução do serviço de transporte de valores.
Escolta armada	Segurança no acompanhamento de qualquer tipo de carga ou de valores.
Segurança pessoal	Acompanhamento e proteção da integridade física de pessoa ou de grupos.
Supervisão/fiscalização operacional	Supervisão e/ou fiscalização direta dos locais de trabalho para acompanhamento e orientação dos vigilantes.
Telemonitoramento/ telecontrole	Execução de controle e/ou monitoramento de locais, através de sistemas eletrônicos de segurança.

Os bombeiros civis são regidos pelo disposto na Lei 11.901/2009 e também possuem adicional de periculosidade de 30% (trinta por cento) do salário mensal sem os acréscimos resultantes de gratificações, prêmios ou participações nos lucros da empresa, ou seja, sobre o salário-base.

Ademais, importante salientar que o art. 195 exige que a classificação e a caracterização da periculosidade sejam feitas através de perícia a cargo de Médico do Trabalho ou Engenheiro do Trabalho, registrados no Ministério do Trabalho. E, ainda, determina o art. 196 da CLT que os efeitos pecuniários decorrentes do trabalho nessa condição somente serão devidos a contar da data da inclusão da respectiva atividade nos quadros aprovados pelo Ministério do Trabalho.

Por último, vale dizer que de acordo com a Portaria MTE 595, de 07.05.2015, não são consideradas perigosas, para efeito deste anexo, as atividades desenvolvidas em áreas que utilizam equipamentos móveis de Raios X para diagnóstico médico.

12.3.4.1. Trabalho com motocicletas

Em 20.06.2014 foi publicada a Lei 12.997/2014, chamada "lei dos motoboys" que reconhece como atividades perigosas as atividades de trabalhador em motocicleta.

A lei inseriu o § 4º ao art. 193 da CLT para garantir a esses profissionais que utilizam a moto para trabalhar com o transporte de passageiros e mercadorias, como os motoboys, mototaxistas, motofretistas e de serviço comunitário de rua, o direito ao adicional de periculosidade de 30% sobre seus salários, descontados os acréscimos resultantes de gratificações, prêmios ou participações nos lucros da empresa. A lei se mostra necessária na medida em que se trata de uma categoria que enfrenta o trânsito e todos os perigos que daí advêm, ficando constantemente expostos a acidentes de trânsito.

A partir da publicação da lei, assim como para os trabalhos que impliquem contato permanente com inflamáveis ou explosivos em condições de risco acentuado ou roubos ou outras espécies de violência física nas atividades profissionais de segurança pessoal ou patrimonial, os motoboys, mototaxistas, motofrentistas e de serviço comunitário de rua possuem o direito ao adicional de periculosidade.

Portanto, as atividades laborais com utilização de motocicleta ou motoneta no deslocamento de trabalhador em vias públicas são consideradas perigosas.

No entanto, de acordo com o Anexo 5 da NR 16 do MTE algumas atividades NÃO são consideradas perigosas para efeitos da lei. São elas:

a) a utilização de motocicleta ou motoneta exclusivamente no percurso da residência para o local de trabalho ou deste para aquela;

b) as atividades em veículos que não necessitem de emplacamento ou que não exijam carteira nacional de habilitação para conduzi-los;

c) as atividades em motocicleta ou motoneta em locais privados.

d) as atividades com uso de motocicleta ou motoneta de forma eventual, assim considerado o fortuito, ou o que, sendo habitual, dá-se por tempo extremamente reduzido.

12.3.4.2. Adicional de periculosidade

O trabalho em condições de periculosidade garante ao empregado um adicional de 30% sobre o salário sem os acréscimos resultantes de gratificações, prêmios ou participações nos lucros da empresa.

Nesse sentido é a Súmula 191, item I, do TST de acordo com a redação dada pela Resolução 214/2016: "O adicional de periculosidade incide apenas sobre o salário básico e não sobre este acrescido de outros adicionais".

Contudo, os empregados eletricitários possuem uma regra diferenciada. Isso porque o adicional para esses empregados estava previsto na Lei 7.369/1985 que determinava o pagamento do adicional de periculosidade calculado sobre a soma de todas as parcelas salariais. No entanto, no dia 10 de dezembro de 2012 entrou em vigor a Lei 12.740/2012 que em seu art. 3º revoga expressamente a Lei 7.369/1985.

Com isso, em dezembro de 2016, por meio da Resolução 214 o TST conferiu nova redação à súmula 191, regulando nos itens II e III a situação do empregado eletricitário. Dispõe os itens II e III da súmula 191 do TST:

II – O adicional de periculosidade do empregado eletricitário, contratado sob a égide da Lei 7.369/1985, deve ser calculado sobre a totalidade das parcelas de natureza salarial. Não é válida norma coletiva mediante a qual se determina a incidência do referido adicional sobre o salário básico.

III – A alteração da base de cálculo do adicional de periculosidade do eletricitário promovida pela Lei 12.740/2012

atinge somente contrato de trabalho firmado a partir de sua vigência, de modo que, nesse caso, o cálculo será realizado exclusivamente sobre o salário básico, conforme determina o § 1º do art. 193 da CLT.

Desta forma, o adicional devido ao empregado eletricitário contratado antes de 10 de dezembro de 2012, ou seja, contratado com o amparo da Lei 7.369/1985 deve ser calculado sobre a totalidade das parcelas de natureza salarial, sendo inválida norma coletiva que determine a incidência do referido adicional sobre o salário básico. Contudo, para as contratações realizadas após 10 de dezembro de 2012, sob a proteção da Lei 12.740/2012 o cálculo será realizado exclusivamente sobre o salário básico, nos exatos termos do art. 193, § 1º, CLT. A alteração da base de cálculo do adicional de periculosidade do eletricitário promovida pela Lei 12.740/2012 atinge somente contrato de trabalho firmado a partir de sua vigência.

Vale lembrar que os empregados que operam em bomba de gasolina têm direito ao adicional de periculosidade, nos termos da Súmula 39 do TST.

Para o recebimento do adicional de periculosidade não é necessária a exposição do trabalhador de maneira contínua ou permanente, na medida em que aludido adicional é devido pelo risco à vida do trabalhador.

Nesse sentido, consolidando esse entendimento, são as Súmulas 361 e 364, ambas do TST:

SÚMULA 361 TST – ADICIONAL DE PERICULOSIDADE. ELETRICITÁRIOS. EXPOSIÇÃO INTERMITENTE

O trabalho exercido em condições perigosas, embora de forma intermitente, dá direito ao empregado a receber o adicional de periculosidade de forma integral, porque a Lei 7.369, de 20.09.1985, não estabeleceu nenhuma proporcionalidade em relação ao seu pagamento.

SÚMULA 364 TST – ADICIONAL DE PERICULOSIDADE. EXPOSIÇÃO EVENTUAL, PERMANENTE E INTERMITENTE

I – Tem direito ao adicional de periculosidade o empregado exposto permanentemente ou que, de forma intermitente, sujeita-se a condições de risco. Indevido, apenas, quando o contato dá-se de forma eventual, assim considerado o fortuito, ou o que, sendo habitual, dá-se por tempo extremamente reduzido.

Importante ressaltar que o item II da Súmula 364 em debate, antes de 31.05.2011, permitia a fixação do adicional de periculosidade em patamar inferior ao mínimo legal de 30% proporcionalmente ao tempo de exposição ao risco, desde que compactuado por acordo ou convenção coletiva. O item II da Súmula 364 do TST foi revisto e cancelado, não sendo possível, portanto, a fixação de adicional abaixo do mínimo legal estipulado no art. 193 da CLT.

Em junho de 2016, por meio da Resolução 209/2016 o TST conferiu nova redação ao item II da Súmula 364 que assim dispõe:

II – Não é válida a cláusula de acordo ou convenção coletiva de trabalho fixando o adicional de periculosidade em percentual inferior ao estabelecido em lei e proporcional ao tempo de exposição ao risco, pois tal parcela constitui medida de higiene, saúde e segurança do trabalho, garantida por norma de ordem pública (arts. 7º, XXII e XXIII, da CF e 193, § 1º, da CLT).

Por fim, impende destacar que o direito do empregado ao adicional de insalubridade ou de periculosidade cessará com a eliminação do risco à sua saúde ou integridade física (art. 194 da CLT).

Determina o art. 195 da CLT que a caracterização e classificação da insalubridade e periculosidade serão feitas através de perícia. Portanto, em regra, a prova pericial é obrigatória para sua caracterização e classificação. Porém, excepcionalmente, como ocorre com os bombeiros civis, profissionais regulados pela Lei 11.901/2009, a perícia se mostra desnecessária, tendo em vista que o bombeiro civil possui, por lei, direito ao adicional de periculosidade, nos termos do art. 6º, III, Lei 11.901/2009.

Nesse sentido, é importante destacar o posicionamento consubstanciado na Súmula 453 do TST no sentido de que o pagamento de adicional de periculosidade efetuado por mera liberalidade da empresa, ainda que de forma proporcional ao tempo de exposição ao risco ou em percentual inferior ao máximo legalmente previsto, dispensa a realização da prova técnica exigida pelo art. 195 da CLT, pois torna incontroversa a existência do trabalho em condições perigosas.

12.3.5. Cumulação dos adicionais de insalubridade e periculosidade

O art. 193, § 2º, da CLT determina que o empregado poderá optar pelo adicional de insalubridade que porventura lhe seja devido.

De acordo com a citada regra o trabalhador que laborar em condições perigosas e insalubres deverá optar pelo adicional mais benéfico.

Contudo, o art. 7º, XXIII, CF determina ser devido adicional de remuneração para as atividades penosas, insalubres ou perigosas, na forma da lei.

Note que o dispositivo constitucional confere de forma ampla os adicionais, não fazendo qualquer restrição quanto à sua percepção ou quanto à cumulação ou não.

Nessa linha, a jurisprudência do TST entende que a norma consolidada disposta no art. 193, § 2º, da CLT não foi recepcionada pela atual Constituição Federal.

De acordo com a decisão proferida no julgamento do Recurso de Revista 1072-72.2011.5.02.0384 a cumulação dos adicionais não significa seu pagamento em dobro, mas sim a indenização pelo trabalho desenvolvido em atividade perigosa e insalubre simultaneamente. Isso porque a insalubridade diz respeito à proteção da saúde do empregado no ambiente de trabalho, é insidiosa e lenta nos seus resultados. Já a periculosidade traduz a satisfação de perigo iminente capaz de tirar a vida do trabalhador, sendo este o bem que se visa proteger. O risco provocado pela periculosidade é de impacto e instantâneo, quando se consuma. Por esse motivo, a insalubridade é dirigida à saúde do empregado e a periculosidade à sua integridade física ou à própria vida do empregado.

Desta forma, os adicionais são cumuláveis, sob a condição de que o trabalho seja prestado de acordo com os pressupostos de cada um deles.

Ademais, a regra disposta na CLT não pode prevalecer frente às Convenções 148 e 155 da OIT (Organização Internacional do Trabalho), que assim determinam:

Convenção 148 OIT – art. 8º, tópico 3. "Os critérios e limites de exposição deverão ser fixados, completados e revisados a intervalos regulares, de conformidade com os novos conhecimentos e dados nacionais e internacionais, e tendo em conta, na medida do possível, qualquer aumento dos riscos profissionais resultante da exposição simultânea a vários fatores nocivos no local de trabalho".

Convenção 155 OIT – art. 11, b. "...deverão ser levados em consideração os riscos para a saúde decorrentes da exploração simultâneas a diversas substâncias ou agentes.

Essas convenções, uma vez ratificadas pelo Brasil, devem integrar a legislação interna, passando a ter poder vinculante. A orientação devidamente ratificada pelo País, ingressa em nosso ordenamento jurídico com *status* de norma supralegal, ou seja, está abaixo da Constituição Federal e acima das leis ordinárias.

As normas internacionais incorporadas ao nosso sistema passaram a permitir a hipótese de cumulação dos adicionais em face da exposição simultânea a vários fatores nocivos.

Sendo diferentes os fatores de risco à saúde e à vida, cada um dos adicionais de periculosidade e insalubridade objetiva compensar o trabalhador pela exposição individualizada a cada um deles e, caso ocorra simultaneamente, a regra internacional permite que sejam considerados, também de modo cumulativo.

Por esses motivos poderíamos concluir pela não recepção do art. 193, § 2º, da CLT, sendo possível a cumulação dos adicionais de insalubridade e periculosidade, desde que o trabalho seja prestado em ambiente insalubres e perigoso, simultaneamente.

No entanto, em notícia divulgada no próprio site do TST em 18 de outubro de 2016, por 7 votos a 6, a Subseção 1 Especializada em Dissídios Individuais (SDI-1) do TST no julgamento do recurso E-RR-1072-72.2011.5.02.0384 absolveu uma empresa de condenação ao pagamento dos adicionais de periculosidade e insalubridade cumulativamente a um empregado. No julgamento desse recurso, o entendimento majoritário foi o de que o § 2º do art. 193 da CLT veda a acumulação, ainda que os adicionais tenham fatos geradores distintos, afastando o entendimento anteriormente estudado firmado pela 7ª Turma do TST de que a regra da CLT, que faculta ao empregado sujeito a condições de trabalho perigosas optar pelo adicional de insalubridade, se este for mais vantajoso, não teria sido recepcionada pela Constituição Federal de 1988.

13. FUNDO DE GARANTIA DO TEMPO DE SERVIÇO – FGTS

13.1. Conceito

O Fundo de Garantia do Tempo de Serviço – FGTS – é um direito dos empregados urbanos e rurais e, de acordo com a EC 72/2013, também dos empregados domésticos, que tem como finalidade constituir um fundo de depósitos em pecúnia, com valores designados a garantir indenização pelo tempo de serviço prestado ao empregador.

Nas lições de Mauricio Godinho Delgado (*Curso de Direito do Trabalho*, 8ª edição, Ed. LTr, São Paulo, p. 1165) *consiste em recolhimentos pecuniários mensais, em conta bancária vinculada em nome do trabalhador, conforme parâmetro de cálculo estipulado legalmente, podendo ser sacado pelo obreiro em situações tipificadas pela ordem jurídica, sem prejuízo de acréscimo percentual condicionado ao tipo de rescisão de seu contrato laborativo, formando, porém, o conjunto global e indiferenciado de depósitos um fundo social de destinação legalmente especificada.*

De acordo com o art. 2º da Lei 8.036/1990 o FGTS é constituído pelos saldos das contas vinculadas a que se refere à lei e outros recursos a ele incorporados, devendo ser aplicados com atualização monetária e juros, de modo a assegurar a cobertura de suas obrigações.

O FGTS foi criado pela Lei 5.107 de 13.09.1966. Inicialmente era um sistema opcional ao empregado. Com a promulgação da lei, o empregado regido pela CLT poderia optar pelo regime do FGTS ou pela indenização por tempo de serviço prevista nos arts. 477, 478, 496 e 498 da CLT.

Assim, caso o empregado optasse pelo sistema de FGTS faria jus aos depósitos, como garantia por tempo de serviço, não podendo mais adquirir os direitos à indenização e à estabilidade decenal prevista no art. 492 consolidado.

Com a CF/1988, o FGTS passou a ser previsto como direito de todos os trabalhadores urbanos, rurais, conforme art. 7º, III, inclusive aos empregados domésticos, nos termos do parágrafo único do mesmo dispositivo. Atualmente o FGTS é regulado pela Lei 8.036/1990.

13.2. Natureza jurídica

A natureza jurídica do FGTS é tema de grande controvérsia na doutrina. Prevalece, porém, na doutrina e na jurisprudência que a contribuição do FGTS não possui natureza jurídica tributária, mas sim de contribuição social, especial, de natureza trabalhista.

Nesse sentido ensina a Súmula 353 do STJ: "As disposições do Código Tributário Nacional não se aplicam às contribuições para o FGTS".

Inclusive os prazos prescricionais aplicáveis ao FGTS não são aqueles dispostos no Código Tributário Nacional, como se observa pela redação das Súmulas 362 do TST, redação dada pela Resolução 198/2015.

13.3. Obrigação dos depósitos

Nos termos do art. 15 da Lei 8.036/1990 todos os *empregadores* estão obrigados a depositar, até o dia 07 de cada mês, em conta bancária vinculada, a importância correspondente a 8% da remuneração paga ou devida, no mês anterior, a cada *trabalhador*, incluídas na remuneração as gorjetas que receber como também as comissões, percentagens, gratificações ajustadas, diárias para viagens, abonos pagos pelo empregador, além do salário *in natura* e gratificação de natalina (13º

salário) e o valor da compensação pecuniária a ser paga no âmbito do Programa de Proteção ao Emprego – PPE.

Para o contrato de aprendiz as alíquotas serão reduzidas para 2% nos termos do art. 15, § 7º, da Lei 8.036/1990.

Caso o empregador não efetue o depósito no prazo estipulado por lei, nos termos do art. 22 da Lei 8.036/1990, responderá pela incidência da TR (taxa referencial) sobre a importância devida, acrescida de juros de mora de 0,5% ao mês.

Nos termos do art. 15, § 1º da citada lei "*entende-se por empregador a pessoa física ou a pessoa jurídica de direito privado ou de direito público, da administração pública direta, indireta ou fundacional de qualquer dos Poderes, da União, dos Estados, do Distrito Federal e dos Municípios, que admitir trabalhadores a seu serviço, bem assim aquele que, regido por legislação especial, encontrar-se nessa condição ou figurar como fornecedor ou tomador de mão de obra, independente da responsabilidade solidária e/ou subsidiária a que eventualmente venha obrigar-se*".

De outro lado, "*considera-se trabalhador toda pessoa física que prestar serviços a empregador, a locador ou tomador de mão de obra, excluídos os eventuais, os autônomos e os servidores públicos civis e militares sujeitos a regime jurídico próprio*", nos termos do § 2º do art. 15 da Lei 8.036/1990.

Com relação aos empregados domésticos, a EC 72/2013 tornou obrigatórios os depósitos fundiários, em conformidade com a nova redação dada ao parágrafo único do art. 7º da CF.

Atualmente, A Resolução 780 do Conselho Curador do Fundo de Garantia do Tempo de Serviço e as circulares 694 e 696 da Caixa Econômica Federal, regulam o recolhimento do FGTS para o empregado doméstico. Para melhor elucidação sobre o tema, remetemos o leitor ao item 6.1.1.1.12.

Pois bem, o empregador deverá efetuar depósito referente a 8% da remuneração devida no mês anterior, nos termos do art. 15 da Lei 8.036/1990. A Instrução Normativa 99/2012 do MTE em seu art. 8º explica a incidência do FGTS sobre as seguintes verbas de natureza remuneratória:

I – o salário-base, inclusive as prestações in natura;

II – as horas extras;

III – os adicionais de insalubridade, periculosidade e do trabalho noturno;

IV – o adicional por tempo de serviço;

V – o adicional por transferência de localidade de trabalho;

VI – o salário-família, no que exceder o valor legal obrigatório;

VII – o abono ou gratificação de férias, desde que excedente a vinte dias do salário, concedido em virtude de cláusula contratual, de regulamento da empresa, ou de convenção ou acordo coletivo;

VIII – o valor de um terço do abono constitucional das férias;

IX – as comissões;

X – as diárias para viagem, pelo seu valor global, quando excederem a cinquenta por cento da remuneração do empregado, desde que não haja prestação de contas do montante gasto;

XI – as etapas, no caso dos marítimos;

XII – as gorjetas;

XIII – a gratificação de natal, seu valor proporcional e sua parcela incidente sobre o aviso-prévio indenizado, inclusive na extinção de contrato a prazo certo e de safra, e a gratificação periódica contratual, pelo seu duodécimo;

XIV – as gratificações ajustadas, expressa ou tacitamente, tais como de produtividade, de balanço, de função ou por exercício de cargo de confiança;

XV – as retiradas de diretores não empregados, quando haja deliberação da empresa, garantindo-lhes os direitos decorrentes do contrato de trabalho;

XVI – o valor a título de licença-prêmio;

XVII – o valor pelo repouso semanal remunerado;

XVIII – o valor pelos domingos e feriados civis e religiosos trabalhados, bem como o valor relativo à dobra em razão de feriados trabalhados, não compensados;

XIX – o valor a título de aviso-prévio, trabalhado ou indenizado;

XX – o valor a título de quebra de caixa.

(§ 6º revogado pela Lei 13.303/2015)Parágrafo único. As contribuições mencionadas no art. 5º também incidirão sobre:

I – o valor contratual mensal da remuneração do empregado afastado na forma do art. 6º desta IN, inclusive sobre a parte variável, calculada segundo os critérios previstos na CLT e na legislação esparsa, atualizada sempre que ocorrer aumento geral na empresa ou para a categoria;

II – o valor da remuneração paga pela entidade de classe ao empregado licenciado para desempenho de mandato sindical, idêntico ao que perceberia caso não licenciado, inclusive com as variações salariais ocorridas durante o licenciamento, obrigatoriamente informadas pelo empregador à respectiva entidade.

III – o salário contratual e o adicional de transferência devido ao empregado contratado no Brasil transferido para prestar serviço no exterior;

IV – a remuneração percebida pelo empregado ao passar a exercer cargo de diretoria, gerência ou outro cargo de confiança imediata do empregador, salvo se a do cargo efetivo for maior;

V – remuneração paga a empregado estrangeiro, em atividade no Brasil, independentemente do local em que for realizado o pagamento.

Analisadas as hipóteses de incidência para o cálculo do FGTS, cabe destacar as parcelas que não possuem natureza remuneratória.

Nos termos do art. 15, § 6º, da Lei 8.036/1990, não se incluem na remuneração, para os fins desta Lei, as parcelas elencadas no § 9º do art. 28 da Lei 8.212/1991.

A Instrução Normativa 99/2012 do MTE ensina em seu art. 9º que não integram a remuneração as seguintes parcelas:

I – participação do empregado nos lucros ou resultados da empresa, quando paga ou creditada de acordo com a Lei n. 10.101, de 19 de dezembro de 2000;

II – abono correspondente à conversão de um terço das férias em pecúnia e seu respectivo adicional constitucional;

III – abono ou gratificação de férias, concedido em virtude de contrato de trabalho, de regulamento da empresa, de convenção ou acordo coletivo de trabalho, cujo valor não exceda a vinte dias do salário;

IV – o valor correspondente ao pagamento da dobra da remuneração de férias concedidas após o prazo legal;

V – importâncias recebidas a título de férias indenizadas e o respectivo adicional constitucional;

VI – indenização por tempo de serviço anterior a 05.10.1988, de empregado não optante pelo FGTS;

VII – indenização relativa à dispensa de empregado no período de trinta dias que antecede sua data-base, de acordo com o disposto no art. 9º da Lei 7.238, de 29.10.1984;

VIII – indenização por despedida sem justa causa do empregado nos contratos com termo estipulado de que trata o art. 479 da CLT, bem como na indenização prevista na alínea *f* do art. 12 da Lei 6.019, de 03.01.1974;

IX – indenização do tempo de serviço do safrista, quando do término normal do contrato de que trata o art. 14 da Lei 5.889, de 08.06.1973;

X – indenização recebida a título de incentivo à demissão;

XI – indenização de quarenta por cento sobre o montante de todos os depósitos de FGTS realizados na conta vinculada do trabalhador.

XII – indenização relativa à licença-prêmio;

XIII – ajuda de custo, em parcela única, recebida exclusivamente em decorrência de mudança de localidade de trabalho do empregado, na forma do art. 470 da CLT;

XIV – ajuda de custo, em caso de transferência permanente, e o adicional mensal, em caso de transferência provisória, recebidos pelo aeronauta nos termos do art. 55, parágrafo único, da Lei 13.475/2017;

XV – diárias para viagem, desde que não excedam a cinquenta por cento da remuneração mensal percebida pelo empregado;

XVI – valor da bolsa de aprendizagem, garantida ao adolescente até quatorze anos de idade, de acordo com o disposto no art. 64 da Lei 8.069, de 13.07.1990, vigente até 15.12.1998, em face da promulgação da Emenda Constitucional 20;

XVII – valor da bolsa ou outra forma de contraprestação, quando paga ao estagiário nos termos da Lei 11.788, de 25.09.2008;

XVIII – cotas do salário-família e demais benefícios pagos pela Previdência Social, nos termos e limites legais, salvo o salário-maternidade e o auxílio doença decorrente de acidente do trabalho;

XIX – parcela *in natura* recebida de acordo com o Programa de Alimentação do Trabalhador – PAT, instituído pela Lei 6.321, de 14.04.1976;

XX – vale-transporte, nos termos e limites legais, bem como transporte fornecido pelo empregador para deslocamento ao trabalho e retorno, em percurso servido ou não por transporte público;

XXI – valor da multa paga ao trabalhador em decorrência do atraso na quitação das parcelas rescisórias;

XXII – importâncias recebidas a título de ganhos eventuais e abonos expressamente desvinculados do salário por força de lei;

XXIII – abono do Programa de Integração Social – PIS e do Programa de Assistência ao Servidor Público – PASEP;

XXIV – valores correspondentes a transporte, alimentação e habitação fornecidos pelo empregador ao empregado contratado para trabalhar em localidade distante de sua residência, em canteiro de obras ou local que, por força da atividade, exija deslocamento e estada, observadas as normas de proteção estabelecidas pelo MTE;

XXV – importância paga ao empregado a título de complementação ao valor do auxílio-doença, desde que este direito seja extensivo à totalidade dos empregados da empresa;

(art. 36 revogado pela Lei 12.685/2013) XXVII – valor das contribuições efetivamente pagas pelo empregador a título de previdência privada;

XXVIII – valor relativo à assistência médica, hospitalar e odontológica, prestada diretamente pelo empregador ou mediante seguro-saúde;

XXIX – valor correspondente a vestuários, equipamentos e outros acessórios fornecidos ao empregado e utilizados no local de trabalho para prestação dos serviços;

XXX – ressarcimento de despesas pelo uso de veículo do empregado, quando devidamente comprovadas;

XXXI – valor relativo à concessão de educação, em estabelecimento de ensino do empregador ou de terceiros, compreendendo valores relativos a matrícula, mensalidade, anuidade, livros e material didático;

XXXII – valores recebidos em decorrência da cessão de direitos autorais;

XXXIII – auxílio-creche pago em conformidade com a legislação trabalhista, para ressarcimento de despesas devidamente comprovadas com crianças de até 6 (seis) anos de idade;

XXXIV – auxílio-babá, limitado ao salário mínimo, pago em conformidade com a legislação trabalhista e condicionado a comprovação do registro na Carteira de Trabalho e Previdência Social – CTPS, para ressarcimento de despesas de remuneração e contribuição previdenciária de empregado que cuide de crianças de até 6 (seis) anos de idade;

XXXV – valor das contribuições efetivamente pagas pelo empregador a título de prêmio de seguro de vida e de acidentes pessoais; e

XXXVI – o valor do tempo de espera, nos termos do § 9º do art. 235-C da CLT.

13.4. Saque do FGTS

Nos termos do art. 20 da Lei 8.036/1990, permite-se a movimentação da conta do FGTS, nas seguintes hipóteses:

I – despedida sem justa causa, inclusive a indireta, de culpa recíproca e de força maior;

I-A – extinção do contrato de trabalho prevista no art. 484-A da CLT (Distrato)

II – extinção total da empresa, fechamento de quaisquer de seus estabelecimentos, filiais ou agências, supressão de parte de suas atividades, declaração de nulidade do contrato de trabalho nas condições do art. 19-A, ou ainda falecimento do empregador individual sempre que qualquer dessas ocorrências implique rescisão de contrato de trabalho, comprovada por declaração escrita da empresa, suprida, quando for o caso, por decisão judicial transitada em julgado;

Nessas situações entende a doutrina que a retirada a que o obreiro pode efetuar corresponde aos depósitos efetuados no último contrato de trabalho.

III – aposentadoria concedida pela Previdência Social;

IV – falecimento do trabalhador, sendo o saldo pago a seus dependentes, para esse fim habilitados perante a Previdência Social, segundo o critério adotado para a concessão de pensões por morte. Na falta de dependentes, farão jus ao recebimento do saldo da conta vinculada os seus sucessores previstos na lei civil, indicados em alvará judicial, expedido a requerimento do interessado, independente de inventário ou arrolamento;

V – pagamento de parte das prestações decorrentes de financiamento habitacional concedido no âmbito do Sistema Financeiro da Habitação (SFH), desde que:

a) o mutuário conte com o mínimo de 3 (três) anos de trabalho sob o regime do FGTS, na mesma empresa ou em empresas diferentes;

b) o valor bloqueado seja utilizado, no mínimo, durante o prazo de 12 (doze) meses;

c) o valor do abatimento atinja, no máximo, 80 (oitenta) por cento do montante da prestação;

VI – liquidação ou amortização extraordinária do saldo devedor de financiamento imobiliário, observadas as condições estabelecidas pelo Conselho Curador, dentre elas a de que o financiamento seja concedido no âmbito do SFH e haja interstício mínimo de 2 (dois) anos para cada movimentação;

VII – pagamento total ou parcial do preço de aquisição de moradia própria, ou lote urbanizado de interesse social não construído, observadas as seguintes condições:

a) o mutuário deverá contar com o mínimo de 3 (três) anos de trabalho sob o regime do FGTS, na mesma empresa ou empresas diferentes;

b) seja a operação financiável nas condições vigentes para o SFH;

Vale dizer que, nos termos do § 3º do art. 20 da Lei, o direito de adquirir moradia com recursos do FGTS, pelo trabalhador, só poderá ser exercido para um único imóvel.

VIII – quando o trabalhador permanecer três anos ininterruptos, a partir de 01.06.1990, fora do regime do FGTS, podendo o saque, neste caso, ser efetuado a partir do mês de aniversário do titular da conta.

IX – extinção normal do contrato a termo, inclusive o dos trabalhadores temporários regidos pela Lei 6.019, de 03.01.1974;

X – suspensão total do trabalho avulso por período igual ou superior a 90 (noventa) dias, comprovada por declaração do sindicato representativo da categoria profissional.

XI – quando o trabalhador ou qualquer de seus dependentes for acometido de neoplasia maligna.

XII – aplicação em quotas de Fundos Mútuos de Privatização,

regidos pela Lei 6.385, de 07.12.1976, permitida a utilização máxima de 50 % (cinquenta por cento) do saldo existente e disponível em sua conta vinculada do Fundo de Garantia do Tempo de Serviço, na data em que exercer a opção.

XIII – quando o trabalhador ou qualquer de seus dependentes for portador do vírus HIV;

IV – quando o trabalhador ou qualquer de seus dependentes estiver em estágio terminal, em razão de doença grave, nos termos do regulamento;

XV – quando o trabalhador tiver idade igual ou superior a setenta anos.

XVI – necessidade pessoal, cuja urgência e gravidade decorra de desastre natural, conforme disposto em regulamento, observadas as seguintes condições:

a) o trabalhador deverá ser residente em áreas comprovadamente atingidas de Município ou do Distrito Federal em situação de emergência ou em estado de calamidade pública, formalmente reconhecidos pelo Governo Federal;

b) a solicitação de movimentação da conta vinculada será admitida até 90 (noventa) dias após a publicação do ato de reconhecimento, pelo Governo Federal, da situação de emergência ou de estado de calamidade pública;

c) o valor máximo do saque da conta vinculada será definido na forma do regulamento.

XVII – integralização de cotas do FI-FGTS, respeitado o disposto na alínea *i* do inciso XIII do art. 5º desta Lei, permitida a utilização máxima de 30% (trinta por cento) do saldo existente e disponível na data em que exercer a opção; *e*

XVIII – quando o trabalhador com deficiência, por prescrição, necessite adquirir órtese ou prótese para promoção de acessibilidade e de inclusão social.

Importante ressaltar que a mudança do regime celetista para o estatutário não possibilita o levantamento do FGTS, pois não há rescisão do vínculo, tampouco determinação da lei nesse sentido.

SÚMULA 382 TST – MUDANÇA DE REGIME CELETISTA PARA ESTATUTÁRIO. EXTINÇÃO DO CONTRATO. PRESCRIÇÃO BIENAL

A transferência do regime jurídico de celetista para estatutário implica extinção do contrato de trabalho, fluindo o prazo da prescrição bienal a partir da mudança de regime.

Assim, ainda que a mudança do regime celetista para o estatutário implique na extinção do contrato de trabalho, não significa dizer que é permitida a movimentação da conta do FGTS, pois a lei não autoriza a movimentação nessa hipótese.

13.5. Prescrição do FGTS

Muito se discutiu acerca do prazo prescricional do FGTS, tendo em vista sua própria natureza jurídica.

Por muito tempo o STJ, de acordo com sua Súmula 210 e o próprio TST aplicaram a regra de prescrição trintenária.

O fundamento para o prazo diferenciado de prescrição estaria na própria Lei 8.036/1990 que em seu art. 23, § 5º, dispõe:

§ 5º O processo de fiscalização, de autuação e de imposição de multas reger-se-á pelo disposto no Título VII da CLT, respeitado o privilégio do FGTS à prescrição trintenária.

Adotava-se, portanto, a prescrição trintenária. Para se efetivar a cobrança de direitos relacionados ao FGTS, deverá ser observado o prazo de prescrição bienal, contados da extinção do contrato de trabalho. Assim, após a extinção do contrato de trabalho, o obreiro interessado terá o prazo prescricional de 2 (dois) anos para ingressar com a competente reclamação, podendo pleitear os 30 anos anteriores à propositura da ação.

Todavia, o Plenário do Supremo Tribunal Federal atualizou sua jurisprudência para modificar de 30 anos para 5 anos o prazo de prescrição aplicável à cobrança de valores não depositados no FGTS. A decisão majoritária foi tomada no julgamento do Recurso Extraordinário com Agravo (ARE) 709212, com repercussão geral reconhecida. Ao analisar o caso, o Supremo declarou a inconstitucionalidade das normas que previam a prescrição trintenária.

O Ministro Gilmar Mendes, relator do RE, explicou que o artigo 7º, inciso III, da Constituição Federal prevê expressamente o FGTS como um direito dos trabalhadores urbanos e rurais e destacou que o prazo de cinco anos aplicável aos créditos resultantes das relações de trabalho está previsto no inciso XXIX do mesmo dispositivo. Assim, se a Constituição regula a matéria, não poderia a lei ordinária tratar o tema de outra forma.

O relator propôs a modulação dos efeitos da decisão. Assim, para aqueles casos cujo termo inicial da prescrição – ou seja, a ausência de depósito no FGTS – ocorra após a data do julgamento, aplica-se, desde logo, o prazo de cinco anos. Por outro lado, para os casos em que o prazo prescricional já esteja em curso, aplica-se o que ocorrer primeiro: 30 anos, contados do termo inicial, ou cinco anos, a partir deste julgamento.

Seguindo essa orientação, em junho de 2015 o TST conferiu nova redação a Súmula 362, assim determinando:

SÚMULA 362 TST – FGTS. PRESCRIÇÃO.

I – Para os casos em que a ciência da lesão ocorreu a partir de 13.11.2014, é quinquenal a prescrição do direito de reclamar contra o não recolhimento de contribuição para o FGTS, observado o prazo de dois anos após o término do contrato;

II – Para os casos em que o prazo prescricional já estava em curso em 13.11.2014, aplica-se o prazo prescricional que se consumar primeiro: trinta anos, contados do termo inicial, ou cinco anos, a partir de 13.11.2014 (STF-ARE-709212/DF).

Assim, caso a ciência da lesão, ou seja, o não recolhimento do FGTS ocorreu após 13.11.2014, data do julgamento do Recurso Extraordinário com agravo pelo STF, a prescrição é quinquenal. Nesse caso, o empregado deverá obedecer ao prazo de prescrição bienal para ingressar com a ação em até 2 anos após a extinção do contrato de trabalho, podendo pleitear os 5 anos pretéritos ao ajuizamento da ação.

Todavia, se em 13.11.2014 a lesão já havia ocorrido, ou seja, se já tiver se iniciada a contagem do prazo prescricional, deverá ser aplicado o prazo prescricional que se consumar primeiro: trinta anos, contados do termo inicial, ou cinco anos, a partir de 13.11.2014.

Parte II
Direito Coletivo do Trabalho

1. ASPECTOS GERAIS E PRINCÍPIOS

1.1. Conceito

É o ramo do direito do trabalho capaz de regular a organização sindical, a negociação coletiva bem como os instrumentos normativos decorrentes dessa negociação, a representação dos trabalhadores na empresa e, ainda, o direito de greve. Nas lições de Mauricio Godinho Delgado (em *Curso de Direito do Trabalho*, 8ª ed., São Paulo, LTr, 2009, p. 1179-1180) o direito coletivo do trabalho pode ser conceituado como o "complexo de institutos, princípios e regras jurídicas que regulam as relações laborais de empregados e empregadores e outros grupos jurídicos normativamente especificados, considerada sua ação coletiva, realizado autonomamente ou através das respectivas entidades sindicais".

1.2. Natureza jurídica

A autonomia do direito coletivo do trabalho é tema polêmico.

Pequena parte da doutrina sustenta que esse ramo do direito possui autonomia científica. Para essa corrente de pensamento esse ramo do direito possui sujeito, objeto e relação jurídica diversos do direito individual do trabalho.

Para essa doutrina, o sujeito do direito coletivo do trabalho é a categoria, enquanto no direito individual o sujeito é o trabalhador; o objeto do direito coletivo consiste na satisfação do direito do trabalhador, não como pessoa, mas sim como integrante da categoria, ao passo que no direito individual o objeto é a satisfação do trabalhador como pessoa individual; e, por último, a relação jurídica do direito individual cria relação de cunho contratual, no direito coletivo a relação jurídica estabelece condições com mais vantagens do que aquelas incorporadas ao contrato de trabalho.

Contudo, o entendimento que prevalece afirma que o direito coletivo do trabalho não possui autonomia, haja vista a identidade legislativa, na medida em que o corpo normativo do direito coletivo é o mesmo do restante do direito do trabalho; existência de identidade doutrinária; presença de identidade jurisdicional, na medida em que é o judiciário trabalhista que cuida das relações coletivas, não existindo um ramo próprio, entre outros aspectos.

1.3. Evolução histórica

Como visto, no capítulo 1 de direito individual do trabalho, no século XVIII, com a Revolução Industrial na Inglaterra, as máquinas foram ganhando mais espaço nas fábricas, tomando, assim, o lugar de muitos operários.

Nesse momento, surgiram duas classes sociais: o capitalista, que é o proprietário dos meios de produção; e o proletário, proprietário apenas de sua força de trabalho, que recebia salários cada vez mais baixos, trabalhando em uma jornada que chegava até a 16 horas.

A par dessa situação, os proletariados perceberam a necessidade de se associarem para, juntos, buscarem melhores condições de trabalho, surgindo com isso os primeiros sindicatos.

A organização dos operários inicialmente era definida como crime, resultando em penas severas, inclusive a morte. Posteriormente, as reuniões e associações passaram a ser toleradas, sendo, finalmente, um direito garantido por lei.

O sindicalismo nasceu na Inglaterra em 1720, onde os trabalhadores se organizaram em associações para reivindicar melhores salários e condições de trabalho.

Na França, apenas em 1884 foi reconhecida a liberdade de associação. Já na Alemanha somente a partir de 1919 a Constituição daquele país passou a reconhecer a liberdade de organização sindical. Foi a primeira constituição de um país a garantir este direito.

Já em 1948, a Declaração Universal dos Direitos Humanos trouxe em seu conteúdo a garantia da livre participação sindical. No mesmo ano, a Organização Internacional do Trabalho (OIT) estabeleceu, através da Convenção 87, linhas gerais sobre o direito de livre sindicalização. No entanto, é importante destacar que esta Convenção Internacional ainda não foi ratificada pelo Brasil, apesar da participação brasileira em sua elaboração.

Desta forma, o direito coletivo do trabalho está enraizado no próprio direito do trabalho.

1.4. Princípios

1.4.1. *Princípio da liberdade associativa e sindical*

Por meio desse princípio se postula a prerrogativa do obreiro em associar-se e, consequentemente, sindicalizar-se.

A liberdade associativa visa a proteger qualquer reunião estável e pacífica, seja qual for seu segmento social ou temas causadores dessa reunião.

A liberdade sindical, por sua vez, abrange a liberdade de criação dos sindicatos e sua extinção. Abrange, também, a livre vinculação a um sindicato bem como a livre desfiliação de seus quadros.

A Constituição Federal trata sobre o assunto no art. 5º, XX, que ensina: "ninguém poderá ser compelido a associar-se ou a permanecer associado".

A liberdade sindical encontra-se regulada na Convenção 87 da Organização Internacional do Trabalho – OIT de 1948, norma internacional não ratificada pelo Brasil.

1.4.2. *Princípio da autonomia sindical*

Para Mauricio Godinho Delgado (em *Curso de Direito do Trabalho*, 8ª ed., São Paulo, LTr, 2009, p. 1204), o "princípio sustenta a garantia de autogestão às organizações associativas e sindicato dos trabalhadores, sem interferências empresariais ou do Estado. Trata-se ele, portanto, da livre estruturação interna do sindicato, sua livre atuação externa, sua sustentação econômico-financeira e sua desvinculação de controles administrativos estatais ou em face do empregador".

O sindicato possui, então, livre estruturação interna, detém autonomia funcional e não há controles administrativos estatais, tampouco por parte dos empresários.

A CF/1988 eliminou o controle político-administrativo do Estado sobre a estrutura dos sindicatos, seja com relação à sua criação, seja quanto à sua gestão, nos termos do seu art. 8º, I.

A Constituição Federal foi além, aumentando as prerrogativas da atuação dos sindicatos em questões judiciais e administrativas, em conformidade com o art. 8º, III, em que "ao sindicato cabe a defesa dos direitos e interesses coletivos ou individuais da categoria, inclusive em questões judiciais ou administrativas"; nas negociações coletivas (art. 8º, VI) onde "é obrigatória a participação dos sindicatos nas negociações coletivas de trabalho" e art. 7º, XXVI, que estabelece o "reconhecimento das convenções e acordos coletivos de trabalho"; e com relação ao direito de greve, previsto no art. 9º da CF, segundo o qual "é assegurado o direito de greve, competindo aos trabalhadores decidir sobre a oportunidade de exercê-lo e sobre os interesses que devam por meio dele defender".

1.4.3. Princípio da adequação setorial negociada

Refere-se aos limites que as normas decorrentes de negociação coletiva devem observar.

Por esse princípio, as normas autônomas construídas para incidirem sobre certo "grupo profissional" podem prevalecer sobre as normas imperativas estatais existentes. Em outras palavras, os instrumentos coletivos podem estabelecer condições mais benéficas aos trabalhadores em conformidade com o princípio da norma mais favorável contido no art. 7º, *caput*, da CF.

1.4.4. Princípio da criatividade jurídica da negociação coletiva

Traz a ideia de que a negociação coletiva e seus instrumentos (contrato coletivo, acordo coletivo, convenção coletiva) podem criar normas jurídicas, desde que não contrariem a norma estatal.

1.4.5. Princípio da lealdade e transparência na negociação coletiva

Objetiva a lealdade e o livre acesso a informações, ou seja, lisura e transparência na conduta negocial. Em outras palavras, deve ser inferida na simples ideia de lealdade e boa-fé.

2. ORGANIZAÇÃO SINDICAL

2.1. Evolução do sindicalismo no Brasil

Após a abolição da escravatura e a proclamação da República, imigrantes da Europa que possuíam uma experiência de trabalho assalariado, já com direitos trabalhistas, chegaram ao Brasil e encontraram uma sociedade atrasada com relação aos direitos e, ainda, com práticas escravocratas. Esses trabalhadores, então, começaram a se organizar, formando o que viriam a ser os sindicatos.

O movimento sindical mais forte ocorreu em São Paulo, onde os imigrantes que integravam a massa de trabalhadores das fábricas e indústrias desencadearam uma onda de revolta, que foi contida por uma violenta repressão policial. No Rio de Janeiro, porém, o movimento estava calcado em causas mais imediatas como a melhoria de salários e a diminuição do horário de trabalho.

A expressão "sindicato" passou a ser utilizada a partir de 1903, com o Decreto Legislativo 979 e, posteriormente, com o Decreto Legislativo 1637 de 1907, nasceu, no Brasil, a primeira fase do Sindicalismo.

Em 1930, o Governo Federal cria o Ministério do Trabalho e em 1931, por meio de decreto, que regulamentou a sindicalização das classes patronais e operárias, criaram-se, então, as Juntas de Conciliação e Julgamento. Com a promulgação da Constituição de 1988, nascem a liberdade e unicidade sindical.

As organizações sindicais passaram a ter caráter paraestatal, sendo instituído o imposto sindical, e nesse momento histórico a greve ficou proibida. Somente em 1955 o movimento sindical brasileiro voltou a se expandir.

A Constituição Federal de 1988 disciplinou a organização sindical da forma mais democrática nos artigos 8º a 11, desvinculando-a do Estado. Nasceram, assim, a autonomia coletiva privada e a liberdade sindical.

2.2. Sistema sindical

A Constituição Federal brasileira, em seu art. 8º, *caput*, consagra o princípio da liberdade sindical, alicerce da organização sindical no Brasil.

O sistema sindical brasileiro adota o princípio da "unicidade sindical", consagrada no art. 8º, II, da CF, que ensina ser livre a associação profissional ou sindical, sendo, porém, vedada a criação de mais de uma organização sindical, em qualquer grau, representativa de categoria profissional ou econômica, na mesma base territorial, que será definida pelos trabalhadores ou empregadores interessados, não podendo ser inferior à área de um município.

Institui que cabe ao sindicato a defesa dos direitos e interesses coletivos ou individuais da categoria, inclusive em questões judiciais ou administrativas.

A Assembleia Geral fixará a contribuição que, em se tratando de categoria profissional, será descontada em folha para custeio do sistema confederativo da representação sindical respectiva, independentemente da contribuição prevista em lei.

Na legislação infraconstitucional, a organização é disciplinada nos arts. 511 a 610 da CLT.

O art. 511 consolidado ensina ser lícita a associação para fins de estudo, defesa e coordenação dos seus interesses econômicos ou profissionais de todos os que, como empregadores, empregados, agentes ou trabalhadores autônomos ou profissionais liberais exerçam, respectivamente, a mesma atividade ou profissão ou atividades ou profissões similares ou conexas. Essa associação mencionada no referido dispositivo legal é o que chamamos de sindicato, como se vê pela redação do art. 512 da CLT.

2.2.1. Classificação das categorias

O sistema sindical é organizado em categorias e deve ser entendido, nas lições de Gustavo Felipe Barbosa Garcia (em *Curso de Direito do Trabalho*, 2ª ed., São Paulo, Método, 2008, p. 1068), como "o conjunto de pessoas com interesses profissionais ou econômicos em comum, decorrentes de identidade de condições ligadas ao trabalho ou atividade econômica desempenhada".

Categoria econômica consiste na solidariedade de interesses econômicos daqueles que explorem atividades idênticas, similares ou conexas. É, portanto, a categoria dos empregadores. Já categoria profissional é aquela que possui semelhança de condições de vida oriunda da profissão ou trabalho em comum, em situação de emprego na mesma atividade econômica ou em atividades econômicas similares ou conexas; em outras palavras, é a categoria dos empregados.

Existe, também, a chamada categoria profissional diferenciada, que deve ser entendida como aquela formada pelos empregados que exerçam profissões ou funções diferenciadas por força de estatuto profissional especial ou em consequência de condições de vida singulares.

Sobre as categorias profissionais diferenciadas é importante lembrar os ensinamentos contidos na Orientação Jurisprudencial 36 da SDC do TST:

> ORIENTAÇÃO JURISPRUDENCIAL 36 DA SDC DO TST – EMPREGADOS DE EMPRESA DE PROCESSAMENTO DE DADOS. RECONHECIMENTO COMO CATEGORIA DIFERENCIADA. IMPOSSIBILIDADE.
>
> É por lei e não por decisão judicial, que as categorias diferenciadas são reconhecidas como tais. De outra parte, no que tange aos profissionais da informática, o trabalho que desempenham sofre alterações, de acordo com a atividade econômica exercida pelo empregador.

2.3. Entidades Sindicais

São três as entidades sindicais, a saber: sindicatos, federações e confederações.

2.3.1. Sindicatos

São entidades associativas que representam os grupos coletivos, tanto laborais, quanto patronais. Nas lições de Alice Monteiro de Barros (em *Curso de Direito do Trabalho*, 3ª ed., São Paulo, LTr, 2007, p. 1207), sindicato é definido como uma "forma de associação profissional devidamente reconhecida pelo Estado como representante legal da categoria".

Cabe ao sindicato defender os direitos e interesses coletivos ou individuais da categoria, inclusive em questões judiciais ou administrativas. Também são prerrogativas dos sindicatos: celebrar contratos coletivos de trabalho; colaborar com o Estado, como órgãos técnicos e consultivos, no estudo e solução dos problemas que se relacionam com a respectiva categoria ou profissão liberal; e, ainda, impor contribuições a todos aqueles que participam das categorias econômicas ou profissionais ou das profissões liberais representadas.

2.3.1.1. Natureza jurídica

O sindicato é uma pessoa jurídica de direito privado e possui formato de associação.

Este entendimento, inclusive confirmado na III Jornada de Direito Civil realizado pelo Conselho da Justiça Federal, levou à edição do Enunciado 142 ("Os partidos políticos, os sindicatos e as associações religiosas possuem natureza associativa, aplicando-se lhes o Código Civil") e do Enunciado 144 ("A relação das pessoas jurídicas de direito privado, constante do art. 44, incs. I a VI, do Código Civil, não é exaustiva").

Vale ressaltar que no atual sistema sindical não é permitida a interferência do Estado, em função do princípio da liberdade sindical.

2.3.1.2. Personalidade jurídica

O sindicato adquire sua personalidade jurídica com o registro no Ministério do Trabalho e Emprego, em conformidade com a Súmula 677 do STF, que assim dispõe: "Até que lei venha a dispor a respeito, incumbe ao Ministério do Trabalho proceder ao registro das entidades sindicais e zelar pela observância do princípio da unicidade".

Porém, é necessário, também, que o sindicato proceda ao registro no cartório de registro civil das pessoas jurídicas, em conformidade com o Código Civil pátrio.

Desta forma, a partir da vigência da CF/1988, as entidades sindicais tornam-se pessoas jurídicas, desde sua inscrição e registro no Cartório de Registro Civil das Pessoas Jurídicas, não conferindo personalidade jurídica, ou qualquer consequência jurídica, o simples arquivamento de seus atos constitutivos no Ministério do Trabalho e Emprego.

Porém, a comprovação da legitimidade *ad processum* da entidade sindical se faz por seu registro no órgão competente do Ministério do Trabalho, mesmo após a promulgação da Constituição Federal de 1988. É o que dispõe a Orientação Jurisprudencial 15 da SDC do TST.

2.3.1.3. Estrutura dos sindicatos

Os sindicatos são compostos por três órgãos, a saber:

2.3.1.3.1. Assembleia geral

É o órgão competente para eleger, dentre os associados, o representante da categoria.

É a assembleia geral que toma e aprova as contas e julga os atos da diretoria quanto a penalidades impostas aos associados.

À assembleia geral compete, também, deliberar sobre os dissídios do trabalho e eleger os diretores e membros do conselho fiscal.

2.3.1.3.2. Diretoria

Órgão composto de, no mínimo, três e, no máximo, sete membros, dentre os quais será eleito o presidente do sindicato pela assembleia geral.

2.3.1.3.3. Conselho fiscal

O conselho fiscal é o órgão competente para supervisionar a gestão financeira do sindicato, composto por três membros, eleitos pela assembleia geral.

2.3.2. *Federações*

São entidades de grau superior organizadas nos Estados, formadas por número não inferior a cinco sindicatos, representando a maioria absoluta de um grupo de atividades ou profissões idênticas, similares ou conexas, em conformidade com o art. 534 da CLT.

São como órgãos internos das federações:

2.3.2.1. *Diretoria*

A diretoria é formada por, no mínimo, três diretores, não havendo limite máximo de membros.

2.3.2.2. *Conselho de representantes*

Órgão composto pelas delegações dos sindicatos ou federações filiadas, constituída cada uma por dois membros, com mandato de três anos.

2.3.2.3. *Conselho fiscal*

Órgão composto por três membros com competência para fiscalizar a gestão financeira das federações.

2.3.3. *Confederações*

As confederações são entidades sindicais de grau superior de âmbito nacional, formadas, nos termos do art. 535 da CLT, por no mínimo três federações, tendo sua sede em Brasília.

Nos termos do art. 538 da CLT a administração das federações e confederações é realizada pela: a) Diretoria composta por, no mínimo, três membros; b) Conselho de Representantes e c) Conselho Fiscal.

2.3.4. *Estabilidade sindical*

A CF/1988, em seu art. 8º, VIII, bem como o art. 543, § 3º, da CLT, ensinam que é vedada a dispensa sem justa causa do empregado sindicalizado a partir do registro de sua candidatura a cargo de direção ou representação sindical e, se eleito, ainda que suplente, até um ano após o mandato, salvo se cometer falta grave.

A falta grave necessitará ser apurada mediante a instauração de inquérito judicial para apuração de falta grave, nos termos do art. 853 e seguintes da CLT.

Nesse sentido é a Súmula 379 do TST: "O dirigente sindical somente poderá ser dispensado por falta grave mediante a apuração em inquérito judicial, inteligência dos arts. 494 e 543, § 3º, da CLT".

Para que o empregado adquira a estabilidade é indispensável que a entidade sindical comunique o empregador, na forma do § 5º do art. 543 da CLT, por escrito, no prazo de 24 (vinte e quatro) horas, o dia e a hora do registro da candidatura do seu empregado e, em igual prazo, sua eleição e posse.

Vale dizer que o registro da candidatura a cargo de dirigente sindical durante o período de aviso-prévio, ainda que indenizado, não lhe assegura a estabilidade, em conformidade com a Súmula 369, V, do TST.

O art. 522 da CLT estabelece que a administração do sindicato será exercida por uma diretoria constituída no máximo de sete e no mínimo de três membros e de um conselho fiscal composto de três membros, eleitos esses órgãos pela assembleia geral.

Desta forma, os 7 (sete) dirigentes sindicais, bem como seus suplentes, farão jus à estabilidade prevista no citado dispositivo. Nesse sentido o TST firmou entendimento cristalizado na Súmula 369, item II, de acordo com a redação dada pela Resolução 174/2011 do mesmo tribunal.

No entanto, a estabilidade em questão não será assegurada aos membros do conselho fiscal, na medida em que exercem fiscalização financeira do sindicato, não exercendo função de representação da categoria.

Com relação ao empregado de categoria diferenciada, apenas desfrutará da estabilidade caso exerça na empresa atividade pertinente à categoria profissional do sindicato para o qual foi eleito dirigente.

Por último, importa ressaltar que, havendo extinção da atividade empresarial no âmbito da base territorial do sindicato, não há razão para subsistir a estabilidade.

2.3.5. *Centrais sindicais*

Devem ser entendidas como entidades associativas de direito privado compostas por organizações sindicais de trabalhadores. São entidades de representação geral dos trabalhadores, constituídas em âmbito nacional e possuem natureza jurídica de direito privado, sendo associações civis.

Nas lições de Gustavo Felipe Barbosa Garcia (em *Curso de Direito do Trabalho*, 2ª ed., São Paulo, Método, 2008, p. 1104), "são órgãos de cúpula, intercategoriais, de âmbito nacional, coordenando os demais órgãos, sem integrar o sistema sindical confederativo regulado na Constituição Federal".

As centrais sindicais têm como atribuições coordenar a representação dos trabalhadores por meio das organizações sindicais a elas filiadas e também participar de negociações em fóruns, colegiados de órgãos públicos e demais espaços de diálogo social que possuam composição tripartite, nos quais estejam em discussão assuntos de interesse geral dos trabalhadores.

Detalhe importante no que diz respeito às centrais sindicais é que mesmo com a edição da Lei 11.648/2008, que reconheceu formalmente as centrais sindicais, elas não fazem parte do sistema sindical brasileiro.

As centrais sindicais não integram o sistema confederativo previsto na Constituição Federal, tampouco na CLT, que se baseia na unicidade de representação em todos os níveis.

São consideradas associações civis, legalmente constituídas, nos termos do que estabelece o art. 5º, incisos XVII e XXI, da CF.

Na condição de associações civis que são, as centrais sindicais não têm legitimidade jurídica para "decretar greves, celebrar convenções ou acordos coletivos de trabalho, instituir juízo arbitral ou representar categoria de trabalhadores em dissídio coletivo da competência da Justiça do Trabalho", nas lições de Arnaldo Süssekind (em *Direito Constitucional do Trabalho*, 2ª ed. ampliada e atualizada, Rio de Janeiro/São Paulo, Renovar, 2001, p.389).

É importante ressaltar, desta forma, que, não sendo as Centrais Sindicais uma associação de natureza sindical, mas sim de natureza civil, não faz jus seu dirigente à estabilidade sindical prevista no art. 8º, VIII, da CF.

2.4. Modelos sindicais

2.4.1. Unicidade sindical

Modelo baseado em reconhecer um único sindicato como representante de cada grupo profissional.

Consagrado na CF/1988 em seu art. 8º, II, significa dizer que não pode haver criação de mais de uma organização sindical, em qualquer grau, de uma mesma categoria profissional ou econômica na mesma base territorial, que deve ser, no mínimo, igual ao território de um Município.

2.4.2. Unidade sindical

Não se confunde unidade sindical com a já estudada unicidade sindical.

De acordo com essa modalidade, um único sindicato representa a categoria. Essa determinação não decorre de lei, mas sim de decisão tomada pelos próprios interessados.

Por não ser imposta por lei, é plenamente compatível com o princípio da liberdade sindical, sendo compatível, também, com a Convenção 87 da Organização Internacional do Trabalho – OIT.

2.4.3. Pluralismo sindical

Modelo de organização por meio do qual os próprios trabalhadores escolhem a forma de representação de modo flexível e através de uma escolha política.

Nesse modelo, não adotado pelo Brasil, existe mais de um ente sindical representando a mesma categoria, na mesma base territorial.

Está em perfeita harmonia com o princípio da liberdade sindical, na medida em que autoriza os interessados a se unirem e organizarem entes sindicais, independentemente da existência de outro sindicato.

2.5. Sistema de custeio

O custeio dos sindicatos é formado por quatro sistemas, denominados: contribuição legal, contribuição assistencial, contribuição confederativa e contribuição voluntária.

2.5.1. Contribuição sindical

Dispõe o art. 578 da CLT de acordo com a redação dada pela Lei 13.467/2017

Art. 578. As contribuições devidas aos sindicatos pelos participantes das categorias econômicas ou profissionais ou das profissões liberais representadas pelas referidas entidades serão, sob a denominação de contribuição sindical, pagas, recolhidas e aplicadas na forma estabelecida neste Capítulo, desde que prévia e expressamente autorizadas.

O novo texto consolidado retira a compulsoriedade/obrigatoriedade da contribuição sindical anual, antigamente denominada "imposto sindical". De acordo com a nova lei, a contribuição anual que antes era obrigatória agora é facultativa, pois depende de expressa autorização do empregado.

Nessa linha, o art. 611-B da CLT ensina em seu inciso XXVI que não é permitido que a convenção ou o acordo coletivo de trabalho torne obrigatório qualquer tipo de contribuição sindical.

2.5.2. Contribuição confederativa

Objetiva custear o sistema confederativo como um todo, ou seja, tanto a categoria profissional como a categoria econômica e encontra-se prevista no inciso IV do art. 8º da Constituição Federal: "a assembleia geral fixará a contribuição que, em se tratando de categoria profissional, será descontada em folha, para custeio do sistema confederativo da representação sindical respectiva, independentemente da contribuição prevista em lei".

Essa contribuição é devida somente aos associados, posição firmada pelo STF por meio da Súmula 666 que ensina: "a contribuição confederativa de que trata o art. 8º, IV, da Constituição, só é exigível dos filiados ao sindicato respectivo".

Nessa mesma linha, a Seção de Dissídios Coletivos do TST editou a Orientação Jurisprudencial 17, que dispõe:

ORIENTAÇÃO JURISPRUDENCIAL 17 DA SDC – CONTRIBUIÇÕES PARA ENTIDADES SINDICAIS. INCONSTITUCIONALIDADE DE SUA EXTENSÃO A NÃO ASSOCIADOS.

As cláusulas coletivas que estabeleçam contribuição em favor de entidade sindical, a qualquer título, obrigando trabalhadores não sindicalizados, são ofensivas ao direito de livre associação e sindicalização, constitucionalmente assegurado, e, portanto, nulas, sendo passíveis de devolução, por via própria, os respectivos valores eventualmente descontados.

2.5.3. Contribuição assistencial

Prevista no art. 513, alínea *e*, da CLT, consiste em uma contribuição dada em favor do sindicato, em razão dos custos decorrentes da negociação coletiva. Na maioria das vezes essa contribuição é fixada em negociação coletiva.

Como a contribuição é confederativa, ela somente pode ser cobrada dos associados, posição adotada pelo TST no Precedente Normativo 119.

Precedente Normativo 119

"Contribuições Sindicais – Inobservância de preceitos Constitucionais. A Constituição da República, em seus arts. 5º, XX e 8º, V, assegura o direito de livre associação e sindicalização.

É ofensiva a essa modalidade de liberdade cláusula constante de acordo, convenção coletiva ou sentença normativa estabelecendo contribuição em favor de entidade sindical a título de taxa para custeio do sistema confederativo, assistencial, revigoramento ou fortalecimento sindical e outras da mesma espécie, obrigando trabalhadores não sindicalizados. Sendo nulas as estipulações que inobservem tal restrição, tornam-se passíveis de devolução os valores irregularmente descontados."

2.5.4. Contribuição voluntária

A contribuição voluntária também é chamada de "mensalidade sindical". Ela está prevista no estatuto da entidade sindical, sendo devida somente pelos filiados do sindicato.

2.6. Substituição Processual dos Sindicatos

A norma contida no inciso III do art. 8º da CF confere aos sindicatos legitimidade ativa e passiva para representar os trabalhadores integrantes da categoria profissional em processos judiciais e administrativos.

O citado dispositivo constitucional assegura a substituição processual geral e irrestrita aos sindicatos e não mera representação processual.

Tratada no art. 75 do CPC/2015, podemos dizer que na representação o representante age em nome do representado, ou seja, atua em nome alheio, na defesa de um interesse alheio.

Vale dizer que o representante não é parte do processo, a parte no processo é o representado.

Na substituição processual, a lei autoriza que alguém vá a juízo defender em nome próprio interesses alheios. Nesta, o substituto processual age em nome próprio, ou seja, é a parte no processo, porém atua na defesa de interesses dos substituídos.

A substituição pelo sindicato abrange todos os membros da categoria, indistintamente, sejam eles filiados ou não ao respectivo sindicato.

A substituição não é ilimitada, sendo aplicável apenas nas hipóteses em que a lei expressamente autorizar.

Desse modo, e nos termos da legislação em vigor, os sindicatos têm legitimidade para representar seus integrantes, como substituto processual, nas seguintes questões:

a) ação de cumprimento de sentença normativa ou de acordo homologado em processo de dissídio coletivo, nos termos do art. 872, parágrafo único, da CLT;

b) procedimento administrativo para aferição de insalubridade ou periculosidade em estabelecimento ou local de trabalho, conforme art. 195, § 1º, da CLT;

c) ação de cobrança dos adicionais de insalubridade ou periculosidade, nos moldes do art. 195, § 2º, da CLT. Nesse sentido é a Orientação Jurisprudencial 121 da SDI 1 do TST, que dispõe: "O sindicato tem legitimidade para atuar na qualidade de substituto processual para pleitear diferença de adicional de insalubridade".

Ademais, poderá ser substituto processual em:

d) ação objetivando a efetivação dos depósitos relativos ao FGTS (art. 25 da Lei 8.036/1990).

Além dessas prerrogativas processuais, há de se frisar que somente o sindicato possui legitimidade para participar das negociações que objetivam a celebração de acordo ou convenção coletiva de trabalho, afastando, assim, a possibilidade de participação de qualquer outro ente em tais negociações.

No entanto, nos termos da Orientação Jurisprudencial 19 da SDC do TST, para a instauração de instância contra empresas sua legitimidade está condicionada à prévia autorização dos trabalhadores da suscitada diretamente envolvidos no conflito.

Vale lembrar que, para ser reconhecida como tal, a entidade sindical deve proceder ao registro no cartório de registro civil das pessoas jurídicas e, ainda, no Ministério do Trabalho. Nessa linha a Seção de Dissídios Coletivos do TST decidiu:

> ORIENTAÇÃO JURISPRUDENCIAL 15 DA SDC DO TST – SINDICATO. LEGITIMIDADE "AD PROCESSUM". IMPRESCINDIBILIDADE DO REGISTRO NO MINISTÉRIO DO TRABALHO.
>
> A comprovação da legitimidade "ad processum" da entidade sindical se faz por seu registro no órgão competente do Ministério do Trabalho, mesmo após a promulgação da Constituição Federal de 1988.

Por último, importante ressaltar que, ocorrendo substituição processual pelo sindicato, serão devidos honorários do advogado, nos termos da Súmula 219, item III, do TST. O raciocínio utilizado pelo Tribunal Superior segue a linha das causas em que o sindicato presta assistência judiciária gratuita ao empregado, nos termos do art. 14 da Lei 5.584/1970.

Dispõe a Súmula 219, item III, do TST:

> SÚMULA 219 TST – HONORÁRIOS ADVOCATÍCIOS. HIPÓTESE DE CABIMENTO
>
> (...)
>
> III – São devidos os honorários advocatícios nas causas em que o ente sindical figure como substituto processual e nas lides que não derivem da relação de emprego.

3. CONFLITOS COLETIVOS DE TRABALHO

3.1. Conceito

São conflitos nos quais estão em disputa interesses abstratos de uma categoria ou grupo. Em outras palavras, quando o interesse de determinada categoria profissional se opõe à resistência da categoria econômica, surgem os conflitos coletivos de trabalho.

Os dissídios coletivos objetivam atender interesses abstratos de sujeitos indetermináveis que pertençam ou venham a pertencer a alguma categoria.

O traço marcante do dissídio coletivo é a indeterminação de sujeitos que pertencem ou pertencerão a alguma categoria, cujos interesses abstratos estão em conflito.

Os conflitos coletivos de trabalho não podem ser confundidos com os dissídios individuais plúrimos.

Isso porque, nos dissídios plúrimos, os trabalhadores figuram no polo ativo da demanda em litisconsórcio, defendendo interesses concretos de cada um deles.

3.1.1. Competência

Nos dissídios coletivos, a competência é originária dos Tribunais, ou seja, esses conflitos se iniciam em um Tribunal Regional do Trabalho – TRT ou no Tribunal Superior do Trabalho – TST e nunca nas varas do trabalho, como ocorre nos dissídios individuais, inclusive nos plúrimos.

A competência será dos Tribunais Regionais do Trabalho, nos termos do art. 678 da CLT: ao Pleno, quando divididos em Turmas, ou, onde houver, à Seção Especializada em dissídios coletivos, quando a base territorial do sindicato limitar-se a um Estado; ou a competência será do Tribunal Superior do Trabalho, caso a base territorial do sindicato exceda a jurisdição dos Tribunais Regionais do Trabalho, ou seja, caso abranja mais de um Estado, em conformidade com o art. 702, I, alínea "b", da CLT.

3.1.2. Processamento

Havendo convenção, acordo ou sentença normativa em vigor, o dissídio coletivo deverá ser instaurado dentro dos 60 dias anteriores ao respectivo termo final para que o novo instrumento possa ter vigência no dia imediato a esse termo.

Em dissídios coletivos não há contestação nem, tampouco, há que se falar em revelia, tendo em vista não haver pedido, mas sim propostas de criação de novas normas.

Recebida e protocolada a petição do dissídio, o Presidente do Tribunal designará a audiência de conciliação, dentro do prazo de 10 dias, determinando a notificação dos dissidentes.

Na audiência marcada, comparecendo ambas as partes, o Presidente do Tribunal as convidará para se pronunciarem sobre as bases da conciliação. Caso não sejam aceitas as bases propostas, o Presidente submeterá aos interessados a solução que lhe pareça capaz de resolver o dissídio.

Havendo acordo, o Presidente o submeterá à homologação do Tribunal na primeira sessão.

Não havendo acordo, ou não comparecendo ambas as partes ou uma delas, o Presidente submeterá o processo a julgamento, depois de realizadas as diligências que entender necessárias.

3.2. Classificação

Os conflitos coletivos de trabalho podem ser classificados em: conflitos coletivos de natureza econômica e conflitos coletivos de natureza jurídica.

3.2.1. Conflitos coletivos de natureza econômica

Para a instituição de normas e condições de trabalho, como, por exemplo, reajustes salariais, jornadas de trabalho, dentre outras, voltadas à observância nos contratos individuais de trabalho.

3.2.2. Conflitos coletivos de natureza jurídica

Objetivam interpretar disposição normativa específica da categoria. Têm por finalidade tornar possível a aplicação de norma já existente através da interpretação. Portanto, possui natureza declaratória e não constitutiva.

A interpretação não pode se operar sobre fato genérico, mas sim sobre fato concreto, a teor da Orientação Jurisprudencial 7 da SDC do TST que assim dispõe: "Dissídio Coletivo. Natureza jurídica. Interpretação de norma de caráter genérico. Inviabilidade. Não se presta o dissídio coletivo de natureza jurídica à interpretação de normas de caráter genérico, a teor do disposto no art. 313, II, do RITST".

Assim, vale dizer que, nos termos da Orientação Jurisprudencial 9 da SDC do TST, "o dissídio coletivo não é meio próprio para o sindicato vir a obter o reconhecimento de que a categoria que representa é diferenciada, pois esta matéria – enquadramento sindical – envolve a interpretação de norma genérica, notadamente do art. 577 da CLT".

O atual art. 114 da CF, com a redação dada pela Emenda Constitucional 45/2004, estabelece que no dissídio de natureza jurídica a tentativa de negociação coletiva não é condição da ação ou pressuposto processual para a instauração do dissídio.

Podem os dissídios coletivos ainda ser classificados como:

3.2.3. Originário

Será aplicado quando inexistentes ou em vigor normas e condições especiais de trabalho, decretadas em sentença normativa.

3.2.4. De revisão

São dissídios destinados a reavaliar normas e condições coletivas de trabalho preexistentes que se tornaram injustas ou ineficazes pela modificação das circunstâncias que as ditaram.

3.2.5. De declaração

Os dissídios de declaração são realizados em razão da paralisação do trabalho decorrente de greve.

Importa ressaltar que o acordo judicial homologado no processo de dissídio coletivo, abrangendo a totalidade ou parte das pretensões, tem força de decisão irrecorrível para as partes.

3.3. Formas de Solução

Os conflitos coletivos podem se resolver de diversos modos.

3.3.1. Autodefesa

Nessa modalidade, as próprias partes procedem à defesa de seus interesses, como, por exemplo, a greve e o *lockout*.

A greve, que será estudada no item 4, adiante, é um direito de todo trabalhador consagrado no art. 9º da CF e regulado pela Lei 7.783/1989.

Já o *lockout* é proibido no Brasil, nos termos do art. 17 da Lei 7.783/1989, que dispõe: "Fica vedada a paralisação das atividades, por iniciativa do empregador, com o objetivo de frustrar negociação ou dificultar o atendimento de reivindicações dos respectivos empregados (*lockout*)".

3.3.2. Autocomposição

Por essa modalidade a solução do conflito é realizada pelas próprias partes, sem a interferência de qualquer agente externo.

Em outras palavras, é um procedimento em que os próprios interessados resolvem suas controvérsias, como, por exemplo, a convenção coletiva e os acordos coletivos de trabalho.

A autocomposição se subdivide em:

3.3.2.1. Unilateral

Ocorre na hipótese de renúncia de parte da pretensão ou pelo reconhecimento da pretensão da parte adversa.

3.3.2.2. Bilateral

Nesse caso ocorrem concessões recíprocas, com natureza de transação.

3.3.3. Heterocomposição

A solução do conflito se dá pela interferência de um terceiro estranho à lide, geralmente um órgão do Estado, independente de aceitação das partes integrantes da controvérsia.

A heterocomposição pode ocorrer de dois modos, a saber:

3.3.3.1. Arbitragem

Prevista na Constituição Federal no art. 114, §§ 1º e 2º, na Lei 7.783/1989 em seu art. 3º, *caput*, na Lei 10.101/2000 no art. 4º, inciso II, e regulada pela Lei 9.307/1996, consiste em uma forma alternativa de resolver conflitos por meio da qual as partes estabelecem no contrato que, em vez de procurar o Poder Judiciário, irão utilizar o juízo arbitral para a solução da controvérsia.

Nessa linha, o art. 114, § 1º, da CF estabelece que, frustrada a negociação coletiva, poderão as partes eleger árbitro.

A convenção de arbitragem pode ser pactuada por compromisso arbitral ou por cláusula compromissória, sendo que o árbitro é um terceiro escolhido pelas próprias partes, que poderão determinar o procedimento a ser adotado, bem como o prazo para a conclusão da arbitragem.

Uma vez submetido à arbitragem, o processo torna-se sigiloso, característica que apenas pode ser quebrada pelas partes.

A convenção de arbitragem não viola o livre acesso ao Poder Judiciário (art. 5º, XXXV, da CF), na medida em que a escolha fica a cargo das próprias partes.

O procedimento arbitral apenas poderá ser realizado para causas que tratarem sobre direitos patrimoniais disponíveis, razão pela qual não é admitida em dissídios individuais trabalhistas, sendo admitida, somente, em se tratando de dissídio coletivo de trabalho.

3.3.3.2. Jurisdição

Etimologicamente, a palavra "jurisdição" provém do termo latim *iurisdictio*, o qual significa "dizer o direito".

Nessa modalidade, para a solução do conflito, constata-se a interferência de um agente externo, o Estado. O órgão do Estado que faz a intermediação para o conflito de interesses é o Juiz do Trabalho, sendo possível, em se tratando de dissídios coletivos de natureza econômica, a incidência do poder normativo da Justiça do Trabalho, que será estudado em seguida

Nessa linha, estabelece o art. 114, § 2º, da CF:

> **Art. 114.** (...)
>
> § 2º Recusando-se qualquer das partes à negociação coletiva ou à arbitragem, é facultado às mesmas, de comum acordo, ajuizar dissídio coletivo de natureza econômica, podendo a Justiça do Trabalho decidir o conflito, respeitadas as disposições mínimas legais de proteção ao trabalho, bem como as convencionadas anteriormente.

Em primeiro lugar, é importante ressaltar que a exigência do dispositivo em comento se dá apenas para o dissídio coletivo de natureza econômica, não sendo requisito para o ajuizamento do dissídio coletivo de natureza jurídica.

Pois bem. Conforme a redação do art. 114, § 2º, da CF, o dissídio coletivo de natureza econômica somente poderá ser ajuizado uma vez que não for obtida a solução do conflito pela negociação coletiva ou se as partes se recusarem a realizar a arbitragem.

Desse modo, é uma condição da ação específica do dissídio coletivo a recusa à negociação prévia ou à arbitragem, sem as quais não existirá interesse processual para o ajuizamento do dissídio.

O dispositivo em questão traz, ainda, como exigência o "comum acordo". Exige-se, portanto, o consenso entre as partes envolvidas no conflito para a instauração do dissídio.

Por último, importante destacar que nos termos da OJ 22 da SDC do TST, "é necessária a correspondência entre as atividades exercidas pelos setores profissional e econômico, a fim de legitimar os envolvidos no conflito a ser solucionado pela via do dissídio coletivo".

3.3.3.2.1. Poder normativo da Justiça do Trabalho

O poder normativo consiste na competência legal dos Tribunais trabalhistas de criarem novas normas jurídicas nas decisões que proferem em dissídios coletivos. Nas lições de Renato Saraiva (em *Curso de Direito Processual do Trabalho*, 4ª ed., São Paulo, Método, 2007, p. 823), o poder normativo da Justiça do Trabalho consiste na competência constitucionalmente assegurada aos Tribunais laborais de solucionar os conflitos coletivos de trabalho, estabelecendo, por meio da denominada sentença normativa, normas gerais e abstratas de conduta, de observância obrigatória para as categorias profissionais e econômicas abrangidas pela decisão, repercutindo nas relações individuais de trabalho.

No julgamento dos dissídios coletivos, os tribunais resolvem o conflito com regras aplicáveis às relações de trabalho em geral das entidades envolvidas mediante o uso de normas legais já existentes, como ocorre nos dissídios coletivos de revisão, ou da criação de novas normas, como no dissídio coletivo de natureza econômica. Portanto, quando os Tribunais decidem sobre as disputas coletivas de trabalho estão autorizados, por lei, a exercer função tipicamente legislativa. Contudo, esse poder não é ilimitado.

Tem como limite as normas mínimas de proteção do trabalho já existentes, ou seja, o poder normativo encontra limites na própria lei, somente podendo atuar no vazio deixado pela norma, não sendo lícito, entretanto, sobrepor-se ou contrariar a legislação em vigor.

Desta maneira, as normas contidas na legislação trabalhista e aquelas normas já convencionadas e em vigor deverão ser observadas, não podendo o poder normativo afrontar tais disposições de forma a prejudicar os trabalhadores.

3.3.4. *Sentença normativa*

A decisão proferida pelos Tribunais Regionais do Trabalho ou pelo Tribunal Superior do Trabalho no julgamento dos dissídios coletivos leva o nome de sentença normativa.

Tem esse nome porque possui cláusulas normativas que estabelecem benefícios individuais para os trabalhadores, como, por exemplo, reajuste de salário, entre outros.

As sentenças normativas, além de possuírem cláusulas normativas, podem também estabelecer cláusulas obrigacionais estipulando direitos e deveres recíprocos, como, por exemplo, um adicional maior do que aquele estabelecido por lei.

Insta ressaltar que, em se tratando de dissídio coletivo de natureza econômica, a sentença normativa terá natureza constitutiva, ao passo que se o dissídio for de natureza jurídica a sentença possuirá natureza declaratória.

3.3.4.1. *Vigência*

O início da vigência da sentença normativa pode ocorrer em 3 momentos:

a) a partir da data de sua publicação na imprensa oficial, quando ajuizado após o prazo de 60 dias estabelecido no art. 616, § 3º, da CLT;

b) a partir do dia do termo final da vigência do acordo coletivo, convenção coletiva ou sentença normativa, quando ajuizado dentro desse mesmo prazo de 60 dias;

c) a partir da data do ajuizamento, caso não haja acordo coletivo, convenção coletiva ou sentença normativa em vigor.

O prazo máximo para a vigência da sentença normativa é de 4 anos, a teor do art. 868, parágrafo único, da CLT e não pode ser confundido com o prazo máximo de 2 anos para a vigência do acordo ou convenção coletiva.

3.3.5. *Ação de cumprimento*

A sentença normativa, quando não cumprida, não deve ser executada como acontece com as decisões proferidas em dissídio individual, isso porque não possui natureza condenatória, como vimos.

Esta decisão submete-se ao que chamamos de ação de cumprimento, como ensina o art. 872 da CLT:

> **Art. 872.** Celebrado o acordo, ou transitada em julgado a decisão, seguir-se-á o seu cumprimento, sob as penas estabelecidas neste Título.
>
> Parágrafo único. Quando os empregadores deixarem de satisfazer o pagamento de salários, na conformidade da decisão proferida, poderão os empregados ou seus sindicatos, independentes de outorga de poderes de seus associados, juntando certidão de tal decisão, apresentar reclamação à Junta ou Juízo competente, observado o processo previsto no Capítulo II deste Título, sendo vedado, porém, questionar sobre a matéria de fato e de direito já apreciada na decisão.

A ação de cumprimento é uma ação de conhecimento de cunho condenatório, proposta pelo sindicato, como substituto processual, ou pelos próprios trabalhadores perante a vara do trabalho, em conformidade com o art. 651 da CLT, sendo vedado, porém, questionar sobre a matéria de fato e de direito já apreciada na decisão.

É importante lembrar que o prazo prescricional para seu ajuizamento é de 2 anos (art. 7º, XXIX, da CF/1988) e, embora seja dispensável o trânsito em julgado da sentença normativa para a propositura da ação de cumprimento, o prazo prescricional será contado a partir de seu trânsito em julgado, em conformidade com a Súmula 350 do TST: "Prescrição. Termo inicial. Ação de Cumprimento. Sentença Normativa – O prazo de prescrição com relação à ação de cumprimento de decisão normativa flui apenas da data de seu trânsito em julgado".

3.4. Negociação coletiva

Nas lições de Alice Monteiro de Barros (em *Curso de Direito do Trabalho*, 3ª ed., São Paulo, LTr, 2007, p. 1224), a negociação coletiva consiste em "uma modalidade de autocomposição de conflitos advinda do entendimento entre os interlocutores sociais". Em outras palavras, é uma modalidade de autocomposição de conflitos assim como a conciliação.

Nessa linha, para a instituição de convenções e acordos coletivos é exercida a autonomia coletiva dos particulares, através do poder normativo, o que possibilita a solução dos conflitos coletivos pelas próprias partes envolvidas.

A prática de negociação coletiva gera a contratação coletiva de trabalho e os interessados fixam normas que regulam as suas relações jurídicas.

A contratação coletiva de trabalho ou o contrato coletivo de trabalho são formados pelas convenções coletivas de trabalho e acordos coletivos de trabalho, em conformidade com o art. 7º, XXVI, da CF/1988.

Contudo, nos termos do art. 8º, § 3º, da CLT no exame de convenção coletiva ou acordo coletivo de trabalho, a Justiça do Trabalho analisará exclusivamente a conformidade dos elementos essenciais do negócio jurídico, respeitado o disposto no art. 104 da Lei n. 10.406, de 10 de janeiro de 2002 (Código Civil), e balizará sua atuação pelo princípio da intervenção mínima na autonomia da vontade coletiva.

3.4.1. Convenção coletiva

Disciplinada no art. 611, *caput*, da CLT, "é o acordo de caráter normativo, pelo qual dois ou mais Sindicatos representativos de categorias econômicas e profissionais estipulam condições de trabalho, aplicáveis no âmbito das respectivas representações, às relações individuais de trabalho". Em outras palavras, é o acordo de caráter normativo, entre um ou mais sindicatos de empregados e de empregadores, de modo a definir as condições de trabalho que serão observadas em relação a todos os trabalhadores dessas empresas.

3.4.2. Acordo coletivo

Encontra-se previsto no art. 611, § 1º, da CLT, que leciona:

> É facultado aos Sindicatos representativos de categorias profissionais celebrar Acordos Coletivos com uma ou mais empresas da correspondente categoria econômica, que estipulem condições de trabalho, aplicáveis no âmbito da empresa ou das acordantes respectivas relações de trabalho.

É, portanto, o pacto entre uma ou mais empresas com o sindicato da categoria profissional, em que são estabelecidas condições de trabalho aplicáveis às empresas envolvidas.

Desta forma, a principal diferença entre convenção coletiva de trabalho e acordo coletivo de trabalho reside no fato de que na primeira temos a presença de ambos os sindicatos, ou seja, sindicatos dos empregados (categoria profissional) e dos sindicatos dos empregadores (categoria econômica), ao passo que no segundo temos de um lado o sindicato dos trabalhadores e de outro lado a empresa, sem estar representada pelo sindicato.

Assim sendo, é obrigatória a presença dos sindicatos dos trabalhadores nas negociações coletivas para se pactuar acordo coletivo.

Cabe lembrar a regra contida no art. 617, § 1º, da CLT que cuida da hipótese do sindicato da categoria profissional que, no prazo de 8 dias, não avoca a direção dos entendimentos entre os interessados para a concretização do acordo coletivo de trabalho.

Nessa hipótese, poderão os interessados dar conhecimento do fato à Federação a que estiver vinculado o sindicato e, na sua ausência, deverão comunicar à Confederação, para que no mesmo prazo assuma a direção dos entendimentos.

Se, ainda assim, nenhuma entidade assumir o encargo ou se ultrapassado esse prazo, poderão os interessados prosseguir diretamente na negociação coletiva até o final.

3.4.3. Cláusulas

As cláusulas contidas nos acordos e convenções coletivas de trabalho podem ser classificadas como:

3.4.3.1. Cláusulas obrigacionais

São aquelas que estabelecem direitos e obrigações a serem cumpridas pelas partes pactuantes, como, por exemplo, uma cláusula que prevê o pagamento de uma multa pelo descumprimento do acordo ou da convenção coletiva.

3.4.3.2. Cláusulas normativas

São aquelas que estabelecem condições de trabalho capazes de refletir nos contratos individuais da categoria envolvida, como, por exemplo, uma cláusula que confira um aumento salarial para aquela determinada categoria profissional.

3.4.4. Condições de validade e vigência

O art. 613 da CLT traz um rol com as matérias que devem constar obrigatoriamente nas convenções e acordos coletivos, vejamos:

> **Art. 613.** As Convenções e os Acordos deverão conter obrigatoriamente:
>
> I – Designação dos Sindicatos convenentes ou dos Sindicatos e empresas acordantes;
>
> II – Prazo de vigência;
>
> III – Categorias ou classes de trabalhadores abrangidas pelos respectivos dispositivos;
>
> IV – Condições ajustadas para reger as relações individuais de trabalho durante sua vigência;
>
> V – Normas para a conciliação das divergências sugeridas entre os convenentes por motivos da aplicação de seus dispositivos;
>
> VI – Disposições sobre o processo de sua prorrogação e de revisão total ou parcial de seus dispositivos;
>
> VII – Direitos e deveres dos empregados e empresas;
>
> VIII – Penalidades para os Sindicatos convenentes, os empregados e as empresas em caso de violação de seus dispositivos.

É importante destacar que o parágrafo único do mencionado dispositivo legal estabelece que as convenções e os acordos coletivos de trabalho serão celebrados por escrito, sem emendas nem rasuras, em tantas vias quantos forem os Sindicatos convenentes ou as empresas acordantes, além de outra destinada a registro.

Nos termos do art. 614, § 3º, da CLT, a convenção coletiva e o acordo coletivo terão prazo máximo de validade de dois anos e, nos termos do art. 614, § 1º, da CLT, as convenções e os acordos entrarão em vigor 3 (três) dias após a data da entrega destes no órgão referido neste artigo.

Para que seja válida, a norma coletiva terá que ser precedida de Assembleia Geral convocada para esse fim, de acordo com as determinações de seus respectivos Estatutos. Em primeira convocação, deverão comparecer e votar 2/3 (dois terços) dos associados da entidade, em se tratando de convenção. Em se tratando de acordo, 2/3 (dois terços) dos interessados. Na segunda convocação, deverá comparecer 1/3 (um terço) dos membros.

O *quorum* de comparecimento e votação será de 1/8 (um oitavo) dos associados em segunda convocação nas entidades sindicais que tenham mais de 5.000 associados.

3.4.5. *Negociação coletiva na administração pública*

Em regra, o servidor público tem direito a sindicalização, mas não pode negociar por acordo ou convenção coletiva de trabalho, em razão do princípio da legalidade que norteia a Administração Pública direta e indireta de qualquer dos Poderes da União, dos Estados, do Distrito Federal e dos Municípios, em conformidade com o art. 37 da CF.

Contudo, para as empresas públicas e sociedades de economia mista, há a possibilidade da utilização de acordos e convenções coletivas, na medida em que estas entidades seguem o regime das empresas privadas.

No entanto, em se tratando de pessoa jurídica de Direito Público que mantenha em seus quadros empregados, será admitido o ajuizamento de dissídio coletivo unicamente para apreciação de cláusulas de natureza social, cuja repercussão econômica independa de prévia dotação orçamentária. Portanto, não será possível dissídio para análise das cláusulas que contenham reivindicações referentes ao rol de vedações constantes no art. 169 da CF.

Dessa forma, o TST conferiu nova redação à Orientação Jurisprudencial 5 da SDC:

DISSÍDIO COLETIVO. PESSOA JURÍDICA DE DIREITO PÚBLICO. POSSIBILIDADE JURÍDICA. CLÁUSULA DE NATUREZA SOCIAL.

Em face de pessoa jurídica de direito público que mantenha empregados, cabe dissídio coletivo exclusivamente para apreciação de cláusulas de natureza social. Inteligência da Convenção 151 da Organização Internacional do Trabalho, ratificada pelo Decreto Legislativo 206/2010.

3.5. Prevalência do negociado sobre o legislado

O objetivo da negociação coletiva é adequar as relações trabalhistas à realidade enfrentada pelos interessados, que se modifica a cada dia, de acordo com a base territorial, a empresa e a época. Busca a harmonia temporária dos interesses antagônicos da classe econômica e da profissional (Comentários à reforma trabalhista / Vólia Bomfim Cassar, Leonardo Dias Borges. Rio de Janeiro: Forense; São Paulo: Método. 2017).

Por meio da negociação coletiva, leia-se acordo coletivo ou convenção coletiva de trabalho, em regra, é possível criação, supressão ou modificação de direitos previstos em lei.

Assim, é possível a flexibilização de alguns direitos previstos em lei, desde que não contrariem ou violem a Constituição Federal.

A Lei 13.467/2017 trouxe ao nosso ordenamento jurídico a possibilidade de prevalência do negociado em acordo convenção coletiva de trabalho sobre o disposto na lei.

Nessa linha, o art. 611-A da CLT aponta alguns dos direitos que podem ser reduzidos ou alterados pela negociação coletiva. Importante notar que o dispositivo mencionado se utiliza da expressão "entre outros", apontando que desde que não contrariem a norma constitucional e aquelas esculpidas no art. 611-B da CLT, é permitida a flexibilização de outros direitos.

Dispõe o art. 611-A da CLT:

Art. 611-A. A convenção coletiva e o acordo coletivo de trabalho têm prevalência sobre a lei quando, entre outros, dispuserem sobre:

I – pacto quanto à jornada de trabalho, observados os limites constitucionais;

II – banco de horas anual;

III – intervalo intrajornada, respeitado o limite mínimo de trinta minutos para jornadas superiores a seis horas;

IV – adesão ao Programa Seguro-Emprego (PSE),

V – plano de cargos, salários e funções compatíveis com a condição pessoal do empregado, bem como identificação dos cargos que se enquadram como funções de confiança;

VI – regulamento empresarial;

VII – representante dos trabalhadores no local de trabalho;

VIII – teletrabalho, regime de sobreaviso, e trabalho intermitente;

IX – remuneração por produtividade, incluídas as gorjetas percebidas pelo empregado, e remuneração por desempenho individual;

X – modalidade de registro de jornada de trabalho;

XI – troca do dia de feriado;

XII – enquadramento do grau de insalubridade;

XIII – prorrogação de jornada em ambientes insalubres, sem licença prévia das autoridades competentes do Ministério do Trabalho

XIV – prêmios de incentivo em bens ou serviços, eventualmente concedidos em programas de incentivo,

XV – participação nos lucros ou resultados da empresa.

Importante lembrar que, nos termos do § 1º do art. 611-A da CLT no exame de convenção coletiva ou acordo coletivo de trabalho, a Justiça do Trabalho analisará exclusivamente a conformidade dos elementos essenciais do negócio jurídico, respeitado o disposto no art. 104 do Código Civil e balizará sua atuação pelo princípio da intervenção mínima na autonomia da vontade coletiva.

O TST sempre adotou a orientação de que a retirada de vantagem por meio de acordo ou convenção coletiva de trabalho somente teria validade se houvesse uma contrapartida compensatória ao empregado.

Contrariando essa tese do TST a nova legislação determina no § 2º do art. 611-A da CLT que a inexistência de expressa indicação de contrapartidas recíprocas em convenção coletiva ou acordo coletivo de trabalho não ensejará sua nulidade por não caracterizar um vício do negócio jurídico.

Contudo, no § 3º do mesmo dispositivo legal o legislador garante uma contrapartida ao empregado. De acordo com citado dispositivo legal, caso seja pactuada cláusula que reduza o salário ou a jornada, a convenção coletiva ou o acordo coletivo de trabalho deverão prever a proteção dos empregados contra dispensa imotivada durante o prazo de vigência do instrumento coletivo.

Portanto, o art. 611-A da CLT aponta alguns dos direitos que podem ser reduzidos ou alterados pela negociação coletiva. De outro lado, o art. 611-B da CLT, impõe limitações a possibilidade de flexibilização.

Dessa forma, o art. 611-B da CLT, aponta quais direitos não podem ser negociados coletivamente.

Dispõe o art. 611-B da CLT:

Art. 611-B. Constituem objeto ilícito de convenção coletiva ou de acordo coletivo de trabalho, exclusivamente, a supressão ou a redução dos seguintes direitos:

I – normas de identificação profissional, inclusive as anotações na Carteira de Trabalho e Previdência Social;

II – seguro-desemprego, em caso de desemprego involuntário;

III – valor dos depósitos mensais e da indenização rescisória do Fundo de Garantia do Tempo de Serviço (FGTS);

IV – salário-mínimo;

V – valor nominal do décimo terceiro salário;

VI – remuneração do trabalho noturno superior à do diurno;

VII – proteção do salário na forma da lei, constituindo crime sua retenção dolosa;

VIII – salário-família;

IX – repouso semanal remunerado;

X – remuneração do serviço extraordinário superior, no mínimo, em 50% (cinquenta por cento) à do normal;

XI – número de dias de férias devidas ao empregado;

XII – gozo de férias anuais remuneradas com, pelo menos, um terço a mais do que o salário normal;

XIII – licença-maternidade com a duração mínima de cento e vinte dias;

XIV – licença-paternidade nos termos fixados em lei;

XV – proteção do mercado de trabalho da mulher, mediante incentivos específicos, nos termos da lei;

XVI – aviso-prévio proporcional ao tempo de serviço, sendo no mínimo de trinta dias, nos termos da lei;

XVII – normas de saúde, higiene e segurança do trabalho previstas em lei ou em normas regulamentadoras do Ministério do Trabalho;

XVIII – adicional de remuneração para as atividades penosas, insalubres ou perigosas;

XIX – aposentadoria;

XX – seguro contra acidentes de trabalho, a cargo do empregador;

XXI – ação, quanto aos créditos resultantes das relações de trabalho, com prazo prescricional de cinco anos para os trabalhadores urbanos e rurais, até o limite de dois anos após a extinção do contrato de trabalho;

XXII – proibição de qualquer discriminação no tocante a salário e critérios de admissão do trabalhador com deficiência;

XXIII – proibição de trabalho noturno, perigoso ou insalubre a menores de dezoito anos e de qualquer trabalho a menores de dezesseis anos, salvo na condição de aprendiz, a partir de quatorze anos;

XXIV – medidas de proteção legal de crianças e adolescentes;

XXV – igualdade de direitos entre o trabalhador com vínculo empregatício permanente e o trabalhador avulso;

XXVI – liberdade de associação profissional ou sindical do trabalhador, inclusive o direito de não sofrer, sem sua expressa e prévia anuência, qualquer cobrança ou desconto salarial estabelecidos em convenção coletiva ou acordo coletivo de trabalho;

XXVII – direito de greve, competindo aos trabalhadores decidir sobre a oportunidade de exercê-lo e sobre os interesses que devam por meio dele defender;

XXVIII – definição legal sobre os serviços ou atividades essenciais e disposições legais sobre o atendimento das necessidades inadiáveis da comunidade em caso de greve;

XXIX – tributos e outros créditos de terceiros;

XXX – as disposições previstas nos arts. 373-A, 390, 392, 392-A, 394, 394-A, 395, 396 e 400 desta Consolidação.

Parágrafo único. Regras sobre duração do trabalho e intervalos não são consideradas como normas de saúde, higiene e segurança do trabalho para os fins do disposto neste artigo.

4. GREVE

4.1. Conceito

Greve consiste na suspensão coletiva temporária, total ou parcial, da prestação pessoal de serviços a empregador.

A palavra tem origem no termo francês *grève*, utilizado com o mesmo sentido, oriundo da *Place de Grève*, em Paris, na margem do Rio Sena, local utilizado antigamente como palco de reuniões de desempregados e operários insatisfeitos com as condições de trabalho da época.

A greve é um direito fundamental assegurado a todo trabalhador, disciplinado pelo artigo 9º da Constituição Federal, que assim dispõe:

Art. 9º. É assegurado o direito de greve, competindo aos trabalhadores decidir sobre a oportunidade de exercê-lo e sobre os interesses que devam por meio dele defender.

§ 1º A lei definirá os serviços ou atividades essenciais e disporá sobre o atendimento das necessidades inadiáveis da comunidade.

§ 2º Os abusos cometidos sujeitam os responsáveis às penas da lei.

O direito de greve dos trabalhadores do setor privado é regulamentado pela Lei 7.783/1989.

Para ser considerada greve, a suspensão do trabalho deve ser realizada pelo grupo de empregados de forma coletiva e nunca de forma individual. A suspensão deve, ainda, ser temporária e não de forma definitiva, caso em que poderia ser configurado abandono de emprego.

É importante ressaltar, outrossim, que essa paralisação não poderá ser violenta, ou seja, é vedada a violência a pessoas e bens.

4.1.1. Natureza jurídica

Funda-se no princípio da liberdade de trabalho. Possui natureza jurídica de um direito ou uma liberdade; quanto aos seus efeitos sobre o contrato de trabalho, a greve é considerada, como regra, suspensão do contrato de trabalho. Porém, nada obsta que no instrumento de negociação seja considerada como forma de interrupção do contrato de trabalho, mas jamais será uma forma de extinção do contrato.

4.2. As greves no Brasil

Quanto à evolução legislativa do direito de greve, destaca-se o Código Penal de 1890 que proibia a greve.

As Constituições de 1891 e 1934 não dispunham sobre o direito de greve. Já a Constituição de 1937 considerava a greve como recurso antissocial e nocivo ao trabalho.

Em 1946, a Constituição muda a orientação da norma anterior e reconhece o direito de greve; entre 1967 e 1969 é concedido o direito de greve aos trabalhadores, com exceção dos serviços públicos e atividades essenciais.

Por fim, a Constituição Federal de 1988 assegura o direito de greve, devendo os trabalhadores decidir sobre os interesses que irão defender e a oportunidade de fazê-lo.

As greves foram proibidas no Brasil no período militar (1964-1985), chamados Anos de Chumbo. Ainda assim, nesse período, houve paralisações famosas como a ocorrida em Contagem, Estado de Minas Gerais, e em Osasco, região de São Paulo, em 1968, bem como as greves ocorridas na região do ABC de São Paulo, no final da década de 1970.

4.3. Classificação

Pode ser classificada como:

4.3.1. Quanto à licitude

a) lícita: quando atendidas as determinações legais;
b) ilícitas: quando não são atendidas as determinações impostas pela lei.

4.3.2. Quanto aos limites

a) abusiva: quando são cometidos abusos, excedendo as determinações legais. Nos termos do art. 14 da Lei 7.783/1989 (Lei de Greve), "constitui abuso do direito de greve a inobservância das normas contidas na presente Lei, bem como a manutenção da paralisação após a celebração de acordo, convenção ou decisão da Justiça do Trabalho";

b) não abusivas: aquela exercida dentro das previsões legais, sem excessos.

4.3.3. Quanto à extensão

a) global: aquela que alcança todos os empregados da categoria profissional;

b) parcial: envolve apenas algumas empresas da categoria ou setores da empresa.

É importante lembrar que a chamada "greve de zelo", popularmente conhecida como "operação tartaruga", não pode ser considerada greve na acepção jurídica do termo, na medida em que não há paralisação dos serviços.

4.4. Legitimidade

Por se tratar de um direito de natureza coletiva, a legitimação para iniciação da greve é do sindicato dos trabalhadores.

Na ausência do sindicato, a legitimidade será da federação e na ausência desta última a legitimidade será da confederação. Persistindo a ausência, é admitida comissão de negociação pelos próprios trabalhadores. Essa comissão representará os interesses dos trabalhadores nas negociações ou na própria Justiça do Trabalho.

O titular desse direito, porém, é o trabalhador. Recai nele o ônus de decidir sobre a oportunidade de exercer tal direito. Aliás, são os trabalhadores que decidem sobre a conveniência e sobre os interesses a serem defendidos no processo de greve.

4.5. Limitações

O direito à greve não constitui um direito absoluto, podendo sofrer limitações. Essas limitações ao seu exercício devem ser observadas e consistem em disposições constitucionais que visam a garantir a segurança e a ordem pública, bem como a defender interesses da coletividade.

Nessa linha, o direito de greve, como direito constitucional que é, necessita conviver com outros direitos e garantias constitucionais, como o direito à vida, liberdade, segurança e propriedade, assegurados no art. 5º, *caput*, da CF.

É importante lembrar que pela determinação contida no art. 142, § 3º, IV, da CF aos militares são proibidas a sindicalização e a greve.

4.6. Processamento

A primeira fase pode ser tida como preparatória. Para a deflagração da greve é obrigatória prévia tentativa de negociação, tendo em vista que a lei somente autoriza o início da paralisação quando frustrada a autocomposição. Nesse sentido, o TST entendeu na Orientação Jurisprudencial 11 da SDC que "é abusiva a greve levada a efeito sem que as partes hajam tentado, direta e pacificamente, solucionar o conflito que lhe constitui o objeto".

Não havendo êxito na negociação coletiva é facultado às partes solucionar o conflito por meio da arbitragem.

Ultrapassadas essas fases, a Assembleia Geral será convocada a fim de se definir as reivindicações a serem feitas pela categoria.

A última etapa consiste no aviso prévio de greve, não sendo lícita a greve surpresa, na medida em que o empregador tem o direito de saber, de forma antecipada, sobre a futura paralisação.

Nesse sentido, o art. 3º, parágrafo único, da Lei 7.783/1989 estabelece que para a deflagração da greve em serviços ou atividades em geral, ou não essenciais, as entidades sindicais ou os trabalhadores são obrigados a comunicar a decisão à população com antecedência mínima de 48 (quarenta e oito) horas.

Já para a greve em serviços ou atividades essenciais, as entidades sindicais de empregadores ou os empregadores ficam obrigados, conforme o caso, a comunicar à população com antecedência mínima de 72 (setenta e duas) horas a operacionalização dos serviços mínimos.

4.6.1. *Definição de serviços e atividades essenciais*

São considerados serviços e atividades essenciais:

a) tratamento e abastecimento de água, produção e distribuição de energia elétrica, gás e combustíveis;

b) assistência médica e hospitalar;

c) distribuição e comercialização de medicamentos e alimentos;

d) funerários;

e) transporte coletivo;

f) captação e tratamento de esgoto e lixo;

g) telecomunicações;

h) guarda, uso e controle de substâncias radioativas, equipamentos e materiais nucleares;

i) processamento de dados ligados a serviços essenciais;

j) controle de tráfego aéreo;

k) compensação bancária.

É importante ressaltar que, nos serviços ou atividades essenciais, os sindicatos, os empregadores e os trabalhadores ficarão obrigados, de comum acordo, a garantir, durante a greve, a prestação dos serviços indispensáveis ao atendimento das necessidades inadiáveis da comunidade.

Necessidades inadiáveis da comunidade são aquelas que, uma vez não atendidas, colocarão em perigo iminente a sobrevivência, a saúde ou a segurança da população.

Caso não seja observada a citada regra, caberá ao Poder Público assegurar a prestação dos serviços indispensáveis.

Nesse sentido decidiu o Colendo Tribunal Superior do Trabalho através da Orientação Jurisprudencial 38 da SDC: "É abusiva a greve que se realiza em setores que a lei define como sendo essenciais à comunidade, se não é assegurado o atendimento básico das necessidades inadiáveis dos usuários do serviço, na forma prevista na Lei 7.783/1989".

4.7. Efeitos no contrato de trabalho

De acordo com o art. 7º da Lei 7.783/1989, temos que, observadas as condições previstas na lei, a participação em greve suspende o contrato de trabalho, devendo as relações obrigacionais, durante o período, ser regidas pelo acordo, convenção, laudo arbitral ou decisão da Justiça do Trabalho.

Durante a greve é vedada a rescisão de contrato de trabalho, bem como a contratação de trabalhadores para substituição daqueles que aderiram à greve.

No entanto, o empregador poderá, quando não houver acordo e enquanto perdurar a greve, contratar diretamente os serviços necessários para assegurar a realização daqueles cuja paralisação resulte em prejuízo irreparável, pela deterioração irreversível de bens, máquinas e equipamentos, bem como a manutenção daqueles essenciais à retomada das atividades da empresa quando da cessação do movimento grevista, ou ainda, em caso de abuso do direito de greve.

Sobre o tema é importante trazer a disposição da Orientação Jurisprudencial 10 da SDC do TST:

> ORIENTAÇÃO JURISPRUDENCIAL 10 DA SDC DO TST – GREVE ABUSIVA NÃO GERA EFEITOS.
>
> É incompatível com a declaração de abusividade de movimento grevista o estabelecimento de quaisquer vantagens ou garantias a seus partícipes, que assumiram os riscos inerentes à utilização do instrumento de pressão máximo.

4.8. Direitos e deveres dos grevistas

Frustrada a negociação ou verificada a impossibilidade de recursos na via arbitral, é facultada a cessação coletiva do trabalho.

A entidade patronal correspondente ou os empregadores diretamente interessados serão notificados, com antecedência mínima de 48 horas ou 72 horas, a depender do caso, acerca da paralisação.

É direito dos grevistas a utilização de meios pacíficos visando a aliciar os demais trabalhadores a aderirem ao movimento grevista. É permitida, também, a arrecadação de fundos e a livre divulgação do movimento. De outro lado, é dever dos grevistas não proibir o acesso ao trabalho daqueles que assim quiserem, por se tratar de um direito facultativo de cada trabalhador. Também não podem causar ameaça ou dano a propriedade ou pessoa.

4.9. Vedações

É vedado às empresas adotar meios para constranger o empregado ao comparecimento ao trabalho durante o período de greve, bem como aqueles capazes de frustrar a divulgação do movimento.

Em nenhuma hipótese os meios adotados por empregados e empregadores poderão violar ou constranger os direitos e garantias fundamentais de outrem.

4.10. Greve no serviço público

Nos serviços públicos, o direito à greve foi regulado no art. 37, VII, da CF.

Quanto à interpretação deste dispositivo, surgem dois posicionamentos: o primeiro sustenta que o dispositivo mencionado é norma de eficácia limitada, tendo em vista que o exercício do direito de greve pelos servidores públicos depende de lei específica e, enquanto essa lei não for editada, a greve não será permitida no serviço público.

Já o segundo entendimento sustenta que a Constituição Federal autoriza a greve dos servidores públicos na medida em que eliminou a proibição contida na Constituição anterior, sendo este dispositivo de eficácia contida.

A questão foi levada ao Supremo Tribunal Federal (STF) e foi julgada por meio de dois Mandados de Injunção (MIs 670 e 712) impetrados pelo Sindicato dos Servidores Policiais Civis do Espírito Santo (Sindipol) e pelo Sindicato dos Trabalhadores do Poder Judiciário do Estado do Pará (Sinjep), que alegavam omissão do Congresso Nacional por não elaborar, no tempo hábil, lei para regulamentar o direito de greve dos servidores públicos.

Os Ministros decidiram que dispositivos da Lei de Greve (Lei 7.783/1989), que regem o exercício de greve dos trabalhadores da iniciativa privada, também valem para as greves do serviço público.

Em outras palavras, enquanto o Congresso Nacional não regulamentar o dispositivo constitucional que garante o direito de greve do funcionalismo público (art. 37, VII, da CF), será aplicada a Lei 7.783/1989, que regulamenta a greve para o setor privado, guardadas as diferenças entre o serviço público e o privado.

Segundo o voto do Ministro Relator, a Lei 7.783/1989 "não se presta, sem determinados acréscimos, bem assim algumas reduções do seu texto, a regular o exercício do direito de greve pelos servidores públicos". Veja bem, os artigos 10 e 11 da Lei, que definem os serviços e atividades essenciais, não se aplicariam porque todo o serviço público é atividade essencial. Assim, no serviço público, a greve somente será possível se assegurada a prestação dos serviços indispensáveis.

Desta forma, será considerada lícita greve de servidor público desde que não prejudique os serviços prestados ao público em geral.

4.11. Instauração do dissídio de greve

A Justiça do Trabalho, por iniciativa de qualquer das partes ou do Ministério Público do Trabalho, decidirá sobre a procedência, total ou parcial, ou improcedência das reivindicações, cumprindo ao Tribunal publicar, de imediato, o competente acórdão.

A iniciativa é, portanto, de qualquer das partes envolvidas na negociação.

Por outro lado, o art. 114, § 2º, da CF exige o consenso entre as partes para o ajuizamento do dissídio coletivo.

O dissídio de greve contém algumas peculiaridades em relação ao dissídio coletivo de natureza econômica e por isso não pode com ele ser confundido.

No dissídio de greve notam-se aspectos tanto de cunho declaratório, quando decide sobre abusividade ou não de um movimento grevista, como econômico, ao decidir sobre novas condições de trabalho, com incidência do poder normativo.

Além disso, é no dissídio de greve que são reguladas, nos termos do art. 7º da Lei 7.783/1989, as relações obrigacionais do período. O dissídio de greve, portanto, não pode ser confundido com o dissídio de natureza econômica.

Por essa razão, embora não seja pacífico, entende-se que para a instauração do dissídio de greve não se exige o "comum acordo", ou seja, não há necessidade do consenso entre as partes, vigorando a possibilidade de instauração do dissídio coletivo em caso de greve por iniciativa de qualquer das partes ou do Ministério Público do Trabalho.

Outra interpretação não poderia vingar, até porque comumente quando se tem greve os ânimos se encontram à flor da pele o que dificulta, ou torna quase impossível, o consenso entre as partes.

Assim, em se tratando de dissídio de greve, a instauração é feita pelo Ministério Público do Trabalho, não se exigindo o comum acordo das partes, em conformidade com o art. 114, § 3º, da CF.

A legitimidade do Ministério Público do Trabalho, nesse caso, restringe-se aos casos de greve em atividade essencial e com possibilidade de lesão ao interesse público.

Os dissídios coletivos de greve são de competência originária do Tribunal Regional do Trabalho ou do Tribunal Superior do Trabalho, em conformidade com o art. 2º, I, alínea "a", da Lei 7.701/1988.

Cabe ressaltar que a greve pode originar ações não apenas no campo trabalhista, mas também na esfera cível, como, por exemplo, uma ação de responsabilidade civil aforada por um terceiro que sofreu prejuízos por um ato culposo praticado por um grevista. Essa ação será de competência da Justiça do Trabalho, em conformidade com o art. 114, inciso II, da CF. Porém, deverá ser aforada na vara do trabalho e não nos Tribunais Regionais do Trabalho, que possuem competência originária apenas para dissídios coletivos.

4.12. *Lockout*

É a recusa por parte da entidade patronal em ceder aos trabalhadores os instrumentos de trabalho necessários para a sua atividade.

Nas lições de Gustavo Felipe Barbosa Garcia (em *Curso de Direito do Trabalho*, 2ª ed., São Paulo, Método, 2008, p. 1068), *lockout* "significa a paralisação das atividades por iniciativa do empregador, com o objetivo de frustrar a negociação ou dificultar o atendimento de reivindicações dos respectivos empregados".

O *lockout* é pratica expressamente proibida na ordem jurídica brasileira no art. 17 da Lei de Greve (Lei 7.783/1989), que assim dispõe: "Fica vedada a paralisação das atividades, por iniciativa do empregador, com o objetivo de frustrar negociação ou dificultar o atendimento de reivindicações dos respectivos empregados (*lockout*)".

A CLT regulamenta a realização do *lockout* em seu artigo 722, estabelecendo penalidades para os empregadores que, individual ou coletivamente, suspenderem os trabalhos dos seus estabelecimentos, sem prévia autorização do Tribunal competente, ou que violarem, ou se recusarem a cumprir decisão proferida em dissídio coletivo.

4.12.1. Lockin

É o contrário do *lockout*. Em outras palavras, é o impedimento para que os trabalhadores deixem o espaço físico do trabalho, ou seja, impedimento para que os obreiros saiam do seu local de trabalho. Constitui a uma prática criminosa de privação de liberdade, passível de impetração de *habeas corpus* perante a Justiça do Trabalho.

4. Direito Processual do Trabalho

Hermes Cramacon

1. CARACTERÍSTICAS DO PROCESSO DO TRABALHO

1.1. Conflito trabalhista

A vida em sociedade causa inúmeros conflitos, que podem ser tidos como a falta de entendimento entre duas ou mais partes, choque ou enfrentamento. Esses conflitos são de diversas ordens e, para nosso estudo, interessam os conflitos trabalhistas.

Os conflitos trabalhistas podem surgir tanto na esfera individual como na coletiva. Na esfera individual há o conflito entre empregado e empregador ou prestador e tomador de serviços, chamado de dissídio individual. Já na esfera coletiva há o dissídio coletivo, ação em que os sindicatos defendem os interesses dos grupos ou categorias econômicas visando à criação e interpretação de normas que irão incidir no âmbito destas categorias.

Os dissídios coletivos podem ser:

a) jurídico ou de interpretação

Objetivam declarar o alcance de determinado dispositivo legal, convencional ou regulamentar.

b) econômico

Objetivam a criação de novos direitos, exercendo a Justiça do Trabalho o chamado "poder normativo".

Vale lembrar que apenas nos dissídios coletivos de natureza econômica é que a Justiça do Trabalho exerce o poder normativo, não existindo tal espaço nos conflitos coletivos jurídicos ou de interpretação.

Os dissídios coletivos de natureza econômica podem ser:

a) originários: quando não há norma coletiva anterior, seja ela acordo, convenção ou sentença normativa;

b) de revisão: objetivam alterar cláusulas já fixadas pelo Poder Judiciário em sentenças normativas;

c) de declaração sobre paralisação do trabalho: decorrente de greve dos trabalhadores.

1.2. Poder normativo

Pode ser entendido como a competência assegurada pela Constituição aos Tribunais do Trabalho para solução dos conflitos coletivos, estabelecendo, através da denominada sentença normativa, normas gerais e abstratas de observância obrigatória para as categorias envolvidas no dissídio, repercutindo nas relações individuais de trabalho.

É importante lembrar que esse poder não é ilimitado, encontrando limite na própria lei.

1.3. Formas de solução dos conflitos

1.3.1. Autotutela

É o meio de solução em que uma das partes, com utilização de força, impõe sua vontade sobre a vontade da outra parte.

No Direito Civil é admitida no caso de legítima defesa da posse (art. 1.210, § 1º, do Código Civil). No Código Penal temos o estado de necessidade e a legítima defesa, institutos previstos nos arts. 24 e 25, respectivamente.

Na esfera trabalhista, como exemplo de autotutela, temos a greve, regulada pela Lei 7.783/1989 e, ainda, o poder de resistência do empregado em relação às alterações lesivas, em conformidade com os arts. 468 e 483 da CLT.

1.3.2. Autocomposição

Modalidade de solução dos conflitos pelas próprias partes interessadas sem a intervenção de um terceiro. São exemplos: a negociação coletiva ou o acordo coletivo.

1.3.3. Heterocomposição

A solução dos conflitos é realizada pelo ingresso de um agente externo, ou seja, um terceiro, que não possui interesse no litígio. Essa decisão será imposta às partes de forma coercitiva, como, por exemplo, toda decisão judicial.

1.3.4. Mediação e conciliação

A mediação é forma de solução do conflito em que o *mediador* se coloca entre as partes, procurando aproximá-las para que cheguem a uma solução consensual do litígio, sem interferir na decisão das partes envolvidas.

Já a conciliação consiste na forma de solução do conflito, com ingresso do *conciliador* que irá aproximar as partes buscando a solução da lide mediante concessões recíprocas, inclusive sugerindo-lhes possibilidades de acordo.

1.4. Princípios

Nas lições de Celso Antonio Bandeira de Mello (em *Curso de Direito Administrativo*. 8. ed. São Paulo: Malheiros, 1996. p. 545), "princípio é o mandamento nuclear de um sistema, verdadeiro alicerce dele, disposição fundamental que se irradia sobre diferentes normas, compondo-lhes o espírito e servindo de critério para sua exata compreensão e inteligência, exatamente por definir a lógica e a racionalidade do sistema normativo no que lhe confere a tônica e lhe dá sentido harmônico."

Os princípios possuem o que a doutrina costuma chamar de "tríplice função", ou seja, função inspiradora para o legislador; função interpretativa; e por último a função integradora da norma, suprindo as omissões e lacunas do ordenamento jurídico.

1.4.1. Princípios específicos do processo do trabalho

O direito processual do trabalho se sujeita aos princípios constitucionais do processo, como, por exemplo: o princípio do devido processo legal, previsto no art. 5º, LIV, e o princípio do contraditório e ampla defesa, previstos no art. 5º, LV, ambos da CF e, ainda, os princípios do direito processual civil.

Alguns princípios, porém, são específicos do direito processual do trabalho, dentre os quais podemos destacar:

1.4.1.1. Princípio protecionista

Não se trata do princípio da proteção estudado no direito material do trabalho, mas sim a prestação analisada sob o ponto de vista processual, evidenciando normas que objetivam proteger o trabalhador assegurando prerrogativas processuais devido à hipossuficiência que possui.

Como exemplos do princípio da proteção, podemos destacar a gratuidade de justiça e a assistência judiciária, que são destinadas apenas aos trabalhadores, e o impulso oficial nas execuções trabalhistas, em conformidade com o art. 878 da CLT, quando o juiz do trabalho *ex officio* impulsionará o processo de execução.

1.4.1.2. Princípio conciliatório

Previsto no art. 764 da CLT de forma explícita, ensina que tanto os dissídios individuais como os dissídios coletivos estão sujeitos à conciliação.

A CLT determina que, obrigatoriamente, sob pena de nulidade, a conciliação seja tentada pelo juiz do trabalho em dois momentos: na audiência, antes da apresentação da resposta pela reclamada (art. 846 consolidado) e após a eventual apresentação de razões finais, conforme art. 850 da CLT.

É importante lembrar que, ao homologar o acordo, o magistrado deve estar atento à observância das normas de proteção ao trabalhador, sendo permitida sua recusa à homologação quando não observadas tais normas protetivas, em conformidade com a súmula 418 do TST.

Uma vez celebrado o acordo, será lavrado o termo de conciliação, que é considerado título executivo judicial, nos termos do art. 831, parágrafo único, da CLT.

Essa decisão transita em julgado imediatamente para as partes, não ensejando, portanto, a interposição de recurso por estas. Porém, a lei admite a interposição de recurso ordinário pelo INSS apenas com relação às contribuições devidas.

A referida homologação apenas poderá ser impugnada pelas partes mediante o ajuizamento de uma ação rescisória, em conformidade com a súmula 259 do TST.

1.4.1.3. Princípio dispositivo

Previsto no art. 2º do CPC/2015 é conhecido, também, como princípio da inércia da jurisdição, e ensina que o juiz somente prestará a tutela jurisdicional quando a parte ou o interessado a requerer.

O processo se inicia com a iniciativa da parte e se desenvolve por impulso oficial, conforme vedação do art. 2º do CPC/2015, que assim dispõe:

> Art. 2º O processo começa por iniciativa da parte e se desenvolve por impulso oficial, salvo as exceções previstas em lei.

1.4.1.4. Princípio da oralidade

Consiste na realização dos atos processuais pelas partes e pelo juiz na audiência, de forma verbal. Como exemplo, podemos citar o art. 847 da CLT, o qual ensina que após a leitura da petição inicial a parte terá prazo de 20 minutos para contestar.

1.4.1.5. Princípio da identidade física do juiz

Este princípio leciona que o juiz que colhe a prova é o juiz que deverá proferir a sentença. Tal princípio não era aplicado na Justiça do Trabalho, pois a jurisdição em primeiro grau era exercida pelas Juntas de Conciliação e Julgamento, as quais eram formadas por um juiz togado e por dois juízes classistas temporários, ficando, portanto, impossibilitada a aplicação desse princípio.

Com o advento da Emenda Constitucional 24/1999, extinguiram-se os juízes classistas e foram criadas as Varas do Trabalho, passando a jurisdição de primeiro grau a ser exercida por juiz do trabalho, monocraticamente, não existindo razão, portanto, para que o princípio não fosse aplicado.

Desse modo, durante anos vigorou o entendimento cristalizado na Súmula 136 do TST que entendia não ser aplicável tal princípio na seara trabalhista, até que em setembro de 2012 o TST cancelou a mencionada súmula, passando a admitir a aplicação do princípio da identidade física do juiz aos processos trabalhistas.

Vale lembrar, no entanto, a disposição da Súmula 222 do STF:

> SÚMULA 222 – STF – O PRINCÍPIO DA IDENTIDADE FÍSICA DO JUIZ NÃO É APLICÁVEL ÀS JUNTAS DE CONCILIAÇÃO E JULGAMENTO DA JUSTIÇA DO TRABALHO.

Entendemos que não há razão para a manutenção da súmula da Suprema Corte. Isso porque, em decorrência da EC 24/1999 foi extinta a representação da classe por juízes classistas, ou seja, um juiz representando os empregados e o outro, os empregadores. Portanto, não há razão para a não aplicação do princípio da identidade física do juiz aos processos trabalhistas, tendo em vista que atualmente a Vara do Trabalho é composta apenas por um juiz togado, o juiz do trabalho.

1.4.1.6. Princípio da irrecorribilidade imediata das decisões interlocutórias

O conceito de decisão interlocutória encontra disposto no art. 203, § 2º, do CPC/2015 como todo pronunciamento judicial de natureza decisória que não seja sentença, cujo conceito se encontra descrito no § 1º do art. 203 do CPC/2015 como sendo o pronunciamento por meio do qual o juiz, com fundamento nos arts. 485 e 487, põe fim à fase cognitiva do procedimento comum, bem como extingue a execução.

Nos domínios do processo do trabalho, este princípio ensina que, em regra, as decisões interlocutórias não ensejam, de imediato, a interposição de qualquer recurso, permitindo a apreciação do seu merecimento em recurso de decisão definitiva, nos termos do art. 893, § 1º, da CLT.

No entanto, a regra da irrecorribilidade imediata das decisões interlocutórias possui exceções previstas no art. 799, § 2º, da CLT e, também, na Súmula 214 do TST:

> SÚMULA 214 – DECISÃO INTERLOCUTÓRIA. IRRECORRIBILIDADE
>
> Na Justiça do Trabalho, nos termos do art. 893, § 1º, da CLT, as decisões interlocutórias não ensejam recurso imediato, salvo nas hipóteses de decisão:
>
> a) de Tribunal Regional do Trabalho contrária à Súmula ou Orientação Jurisprudencial do Tribunal Superior do Trabalho;
>
> b) suscetível de impugnação mediante recurso para o mesmo Tribunal;
>
> c) que acolhe exceção de incompetência territorial, com a remessa dos autos para Tribunal Regional distinta daquela a que se vincula o juízo excepcionado, consoante ao disposto no art. 799, § 2º, da CLT.

O art. 855-A, § 1º, II, da CLT ensina ainda que a decisão interlocutória que acolher ou rejeitar o incidente de desconsideração da personalidade jurídica, na fase de execução de sentença, é recorrível via agravo de petição. Todavia, a mesma decisão não é recorrível se proferida na fase de conhecimento, art. 855-A, § 1º, I, da CLT.

1.4.1.7. *Princípio do jus postulandi da parte*

Previsto no art. 791 da CLT, estabelece que as partes, empregado e empregador, poderão reclamar e acompanhar pessoalmente, perante a Justiça do Trabalho, sem a presença de advogado, suas reclamações trabalhistas do início ao final do processo.

Como o dispositivo em comento não estabelece qualquer limite ao *jus postulandi,* na medida em que o texto é expresso ("perante a Justiça do Trabalho"), parte significativa da doutrina entende que o limite seria a própria Justiça do Trabalho, ou seja, reclamante e reclamado poderiam fazer uso do *jus postulandi* até o Tribunal Superior do Trabalho, inclusive em grau de recurso de revista.

No entanto, uma segunda corrente, que podemos chamar do *jus postulandi* mitigado, ensina que esse princípio possui como limite a segunda instância trabalhista, ou seja, as partes podem fazer uso somente até os Tribunais Regionais do Trabalho, não se admitindo a interposição de recurso de natureza extraordinária.

Por muito tempo prevaleceu a aplicação da primeira corrente até que, em abril de 2010, o Tribunal Superior do Trabalho editou a súmula 425, pondo fim à problemática e estabelecendo que o *jus postulandi* das partes é limitado às Varas do Trabalho e aos Tribunais Regionais do Trabalho, não alcançando a ação cautelar, ainda que proposta em primeira instância, a ação rescisória, o mandado de segurança, bem como os recursos de competência do Tribunal Superior do Trabalho.

> SÚMULA 425 TST – *JUS POSTULANDI* NA JUSTIÇA DO TRABALHO. ALCANCE.
>
> O *jus postulandi* das partes, estabelecido no art. 791 da CLT, limita-se às Varas do Trabalho e aos Tribunais Regionais do Trabalho, não alcançando a ação rescisória, a ação cautelar, o mandado de segurança e os recursos de competência do Tribunal Superior do Trabalho.

Importante lembrar que o processo de homologação de acordo extrajudicial disposto nos arts. 855-B a 855-E da CLT a presença do advogado também é obrigatória, nos termos do art. 855-B da CLT.

1.5. Direito intertemporal

Com o advento da Lei 13.467/2017 e Medida Provisória 808/2017 uma pergunta que frequentemente é feita é como ficará o ajuizamento de novas ações e o andamento das ações que já haviam sido iniciadas antes da entrada em vigor desses diplomas normativos.

As novas ações deverão obedecer as regras trazidas pela nova legislação.

Com relação às ações já ajuizadas, a questão é respondida com a aplicação da teoria dos atos isolados, prevista no art. 14 do CPC/2015, aplicado ao processo do trabalho por força do art. 769 da CLT e art. 15 do CPC/2015.

Dispõe o art. 14 do CPC/2015:

> "Art. 14. A norma processual não retroagirá e será aplicável imediatamente aos processos em curso, respeitados os atos processuais praticados e as situações jurídicas consolidadas sob a vigência da norma revogada."

Para melhor compreensão, sabemos que os atos processuais são praticados de acordo com o andamento normal do processo. Na medida em que uma nova norma processual entra em vigor, no caso de ações já ajuizadas, ela apenas será aplicada para os atos que ainda serão praticados.

Por meio da teoria dos atos isolados deve ser aplicada a lei vigente na data da prática do ato. Assim, a lei processual não irá retroagir, devendo ser aplicada aos processos em curso, respeitando-se, porém, os atos já praticados sob a égide da lei revogada.

Dessa forma, para essa teoria, as regras para distribuição da reclamação trabalhista devem ser aquelas da data de seu ajuizamento; as regras para interposição de recursos, tais como prazos, custas, depósito recursal entre outras, as regras da data da publicação da sentença e da mesma forma os demais atos processuais.

1.6. Processo para homologação de acordo extrajudicial (jurisdição voluntária)

Diferentemente dos processos de jurisdição contenciosa, em que há conflitos de interesses, nos processos de jurisdição voluntária as questões são submetidas ao Estado-Juiz, porém, não há conflito de interesses.

Podemos dizer que jurisdição voluntária consiste na função exercida pelo Estado, através do juiz, mediante um processo, onde se solucionam causas que lhe são submetidas sem haver conflito de interesses entre duas partes.

Nessa linha, o art. 855-B da CLT dispõe sobre o processo para homologação de acordo extrajudicial. Referido dispositivo ensina que o processo de homologação de acordo extrajudicial terá início por petição conjunta, sendo obrigatória a representação das partes por advogado, sendo certo que as partes não poderão ser representadas por advogado comum, ou seja, devem estar assistidas por advogados diferentes, um representando o empregado e outro o empregador. Note que nesse processo, as partes não poderão fazer uso do *jus postulandi* previsto no art. 791 da CLT. Contudo, é facultado ao trabalhador ser assistido pelo advogado do sindicato de sua categoria.

Uma vez apresentada a petição de homologação de acordo, ficará suspenso o prazo prescricional da ação quanto aos direitos nela especificados. O prazo prescricional voltará a fluir no dia útil seguinte ao do trânsito em julgado da decisão que negar a homologação do acordo.

No prazo de 15 dias a contar da distribuição da petição, o juiz analisará o acordo, podendo homologá-lo ou rejeitá-lo. Caso o Juiz entenda necessário, poderá designar audiência para melhor elucidação da causa submetida. Importante lembrar que a homologação de acordo é faculdade do juiz, não estando obrigado a homologá-lo, nos moldes da súmula 418 do TST.

Contra a decisão que não homologar o acordo ou homologá-lo em parte, poderá ser interposto pela parte interessada recurso ordinário, no prazo de 8 dias, estando sujeito ao preparo. Importante frisar que a recusa por parte do juiz deve ser fundamentada, requisito para a validade de qualquer decisão judicial.

Por último, o art. 855-C da CLT ensina que a apresentação do processo de homologação de acordo não prejudica o prazo estabelecido no § 6º do art. 477 da CLT, que trata do prazo para pagamento das verbas rescisórias, tampouco afasta a aplicação da multa prevista no § 8º do art. 477 da CLT, que cuida da multa por atraso no pagamento das verbas rescisórias.

2. ORGANIZAÇÃO DA JUSTIÇA DO TRABALHO

2.1. Estrutura do Judiciário trabalhista

O Judiciário trabalhista possui 3 graus de jurisdição. De acordo com o art. 111 da CF, são órgãos da Justiça do Trabalho:

a) Tribunal Superior do Trabalho;

b) Tribunais Regionais do Trabalho;

c) Juízes do Trabalho.

2.1.1. *Tribunal Superior do Trabalho*

O Tribunal Superior do Trabalho – TST – é um órgão do Poder Judiciário, nos termos do art. 92, II-A, da CF e órgão máximo da Justiça do Trabalho, possui sede em Brasília e tem jurisdição em todo o território nacional.

O TST é composto por 27 (vinte e sete) ministros escolhidos dentre brasileiros com mais de 35 anos de idade e menos de 65 anos, de notável saber jurídico e reputação ilibada, nomeados pelo Presidente da República, após aprovação por maioria absoluta pelo Senado Federal, art. 111-A da CF, de acordo com a redação dada pela EC 92/2016.

Deverá, ainda, ser observado o quinto constitucional em relação aos membros do Ministério Público do Trabalho e da Ordem dos Advogados do Brasil. Assim, um quinto dos membros do TST deverá ser composto por advogados com mais de 10 anos de efetiva atividade profissional, com notório saber jurídico e reputação ilibada e membros do MPT, com mais de 10 anos de efetivo exercício.

Serão indicados em lista sêxtupla pelos órgãos de representação de suas classes. Recebidas as indicações o Tribunal formará uma lista tríplice, que será enviada ao Poder Executivo.

Os demais membros serão juízes de Tribunais Regionais do Trabalho, oriundos da carreira da magistratura, indicada pelo próprio Tribunal Superior do Trabalho.

O TST pode funcionar em sua plenitude ou dividido em Órgão Especial, Seções e Subseções Especializadas e Turmas.

Assim, de acordo com o art. 59 de seu Regimento Interno (Resolução Administrativa 1.295/2008), são órgãos do Tribunal Superior do Trabalho: o Tribunal Pleno, o Órgão Especial, a Seção Especializada em Dissídios Coletivos, a Seção Especializada em Dissídios Individuais, que é dividida em duas subseções, e as Turmas.

É importante lembrar também que são órgãos que funcionam junto ao Tribunal Superior do Trabalho a Escola Nacional de Formação e Aperfeiçoamento de Magistrados do Trabalho – ENAMAT, que dentre outras funções irá regulamentar os concursos oficiais para ingresso e promoção na carreira, e o Conselho Superior da Justiça do Trabalho – CSJT, que irá exercer a supervisão administrativa, orçamentária, financeira e patrimonial da Justiça do Trabalho de 1º e 2º graus.

2.1.2. *Tribunais Regionais do Trabalho*

Compostos de no mínimo 7 (sete) juízes, que serão recrutados, preferencialmente, na região a que forem vinculados, com idade superior a 30 anos e inferior a 65 anos, sendo nomeados pelo Presidente da República, nos termos do art. 115 CF.

Nos TRTs também deverá ser obedecida a regra do quinto constitucional, ou seja, um quinto dos membros do Tribunal deverá ser formado entre advogados e membros do Ministério Público do Trabalho. Os demais serão juízes do trabalho que serão, de forma alternada, promovidos por antiguidade e merecimento.

Vale lembrar que os Tribunais Regionais do Trabalho instalarão a justiça itinerante, com a realização de audiências e demais funções de atividade jurisdicional, nos limites territoriais da respectiva jurisdição. Além disso, poderão funcionar descentralizadamente, constituindo câmaras regionais a fim de assegurar o pleno acesso do jurisdicionado à justiça em todas as fases do processo.

A competência territorial atribuída aos TRTs é regulada pelo art. 677 da CLT e determinada pela regra indicada no art. 651 e seus parágrafos. No entanto, em se tratando de dissídio coletivo, a competência é determinada pelo local onde o dissídio ocorrer.

Aos Tribunais Regionais, quando divididos em Turmas, compete, como determina o art. 678 consolidado:

"I – ao Tribunal Pleno, especialmente:

a) processar, conciliar e julgar originariamente os dissídios coletivos;

b) processar e julgar originariamente:

1) as revisões de sentenças normativas;

2) a extensão das decisões proferidas em dissídios coletivos;

3) os mandados de segurança;

4) as impugnações à investidura de vogais e seus suplentes nas Juntas de Conciliação e Julgamento;

c) processar e julgar em última instância:

1) os recursos das multas impostas pelas Turmas;

2) as ações rescisórias das decisões das Juntas de Conciliação e Julgamento, dos juízes de direito investidos na jurisdição trabalhista, das Turmas e de seus próprios acórdãos;

3) os conflitos de jurisdição entre as suas Turmas, os juízes de direito investidos na jurisdição trabalhista, as Juntas de Conciliação e Julgamento, ou entre aqueles e estas;

d) julgar em única ou última instâncias:

1) os processos e os recursos de natureza administrativa atinentes aos seus serviços auxiliares e respectivos servidores;

2) as reclamações contra atos administrativos de seu presidente ou de qualquer de seus membros, assim como dos juízes de primeira instância e de seus funcionários.

II – às Turmas:

a) julgar os recursos ordinários previstos no art. 895, alínea I;

b) julgar os agravos de petição e de instrumento, estes de decisões denegatórias de recursos de sua alçada;

c) impor multas e demais penalidades relativas e atos de sua competência jurisdicional, e julgar os recursos interpostos das decisões das Juntas dos juízes de direito que as impuserem.

Parágrafo único. Das decisões das Turmas não caberá recurso para o Tribunal Pleno, exceto no caso do item I, alínea "c", inciso 1, deste artigo."

No entanto, quando não forem divididos em Turmas, incumbirá aos Tribunais Regionais, por seu órgão pleno, o julgamento das matérias retromencionadas, com exceção dos recursos das multas impostas pelas Turmas, nos termos do art. 679 da CLT.

2.1.3. *Juízes do Trabalho*

Em função de extinção das Juntas de Conciliação e Julgamento pela Emenda Constitucional 24/1999, a primeira instância da jurisdição trabalhista passou a ser exercida por um juiz singular, o Juiz do Trabalho, que exerce suas funções nas varas do trabalho.

Nas localidades onde não haja vara do trabalho, a matéria trabalhista será de competência do Juiz de Direito, com o respectivo recurso dirigido ao Tribunal Regional do Trabalho daquela determinada região (art. 112 da CF). Instalada Vara do Trabalho na localidade, a competência do Juiz de Direito cessa, inclusive para as execuções de sentença que proferir, nos termos da súmula 10 do STJ.

2.2. Jurisdição e competência

Para de fato compreendermos o que vem a ser "competência" é necessário que se façam algumas considerações sobre o termo "jurisdição".

O termo "jurisdição" emana do latim *iuris dictio* que traduzido para nosso vernáculo significa: "dizer o direito".

Na sociedade moderna, esse poder de dizer o direito foi atribuído ao Estado, em substituição aos particulares. Desta forma, havendo um conflito, não poderá o particular resolvê-lo por vontade própria, deverá se socorrer ao Estado para que este, através de um órgão oficial, o resolva. O órgão do Estado incumbido dessa tarefa é o Juiz. A jurisdição é, portanto, una e indivisível.

A jurisdição é, antes de tudo, expressão de poder do Estado. É, portanto, a função/poder do Estado de, quando provocado, dar uma solução impositiva e definitiva aos conflitos aplicando a lei ao caso concreto. Assim, uma vez provocado, as partes se submetem à solução imposta pelo Estado-Juiz.

Para que o Estado possa cumprir essa função de "dizer o direito" (função jurisdicional), de maneira plena, satisfatória e razoável aos jurisdicionados, são estabelecidas regras, ou seja, o Estado viabiliza instrumentos para que se alcance a atividade jurisdicional. O instrumento que viabiliza esse direito é o *processo*, instrumento capaz de conferir a garantia de que o Poder Estatal será exercido democraticamente.

Desta forma, a jurisdição objetiva a aplicação do direito material ao caso concreto, que será aplicado por meio do instrumento denominado *processo*.

O processo possui duas facetas. A primeira é de ordem subjetiva, na medida em que o processo estabelece uma relação jurídica entre as partes e o Estado. Estabelece, em outras palavras, uma relação jurídica trilateral, ou seja, uma relação entre as partes e o Estado e outra existente apenas entre as partes.

A segunda é de ordem objetiva, que consiste nos atos a serem praticados no processo. É, portanto, a maneira pela qual os atos processuais irão se desenvolver; é o que chamamos de *procedimento*. O procedimento indicará quais atos serão praticados e de que forma serão praticados, visando a atingir seu objetivo final.

Ao Estado cabe, assim, a função de "dizer o direito". Para que possa cumprir essa função de forma plena, satisfatória e razoável, ele se utiliza de alguns critérios. Dentre eles, estão as regras de competência absoluta e relativa.

Nesse prisma, tendo em mente a relação jurídica existente entre as partes e o Estado, sempre que algum critério utilizado for dirigido ou de interesse do Estado, como as regras de competência material, em razão da pessoa e a competência funcional, iremos dizer que são regras de competência absoluta, ao passo que sempre que esse critério for dirigido ou de interesse das partes, como, por exemplo, a competência territorial, iremos dizer que são critérios de competência relativa.

Por este motivo, as regras de competência absoluta poderão ser reconhecidas *ex officio* pelo Juiz. Já as regras de competência relativa necessitam sempre de manifestação da parte para que o Juiz possa se pronunciar a respeito.

2.3. Competência material da Justiça do Trabalho

Para que a atividade judicial seja prestada de uma maneira mais eficaz e justa, a competência foi dividida por matérias.

A competência material da Justiça do Trabalho vem disciplinada no art. 114 da CF/1988, de acordo com a redação dada pela Emenda Constitucional 45/04, que aumentou de forma considerável a competência material da Justiça do Trabalho.

2.3.1. Controvérsias oriundas e decorrentes da relação de trabalho

Sem dúvida, a maior inovação trazida pela Emenda Constitucional 45/2004 foi a ampliação da competência da Justiça do Trabalho, que passou a apreciar todas as lides oriundas da relação de trabalho e não apenas aquelas decorrentes de relações de emprego. Relação de emprego, como se sabe, configura-se apenas quando presentes os requisitos dos arts. 2º e 3º da CLT.

Já relação de trabalho pressupõe trabalho exercido por conta alheia, na qual o trabalhador coloca sua força de trabalho em proveito de outra pessoa, seja esta física ou jurídica. Em outras palavras, podemos dizer que relação de trabalho é qualquer vínculo jurídico no qual uma pessoa física presta serviços para outra pessoa, física ou jurídica, mediante uma contraprestação.

Assim, é possível asseverar que relação de trabalho é gênero do qual é uma espécie a relação de emprego. Por isso, toda relação de emprego corresponde a uma relação de trabalho, mas nem toda relação de trabalho corresponde a uma relação de emprego.

É importante destacar que, no que diz respeito às ações acidentárias, aquelas decorrentes de acidente do trabalho, que possuem natureza previdenciária, são de competência da justiça comum estadual, que detém competência para processar e julgar ações acidentárias propostas pelo empregado em face do INSS, em conformidade com o art. 109, I, da CF e art. 643, § 2º, da CLT.

Nesse contexto, é importante destacar que se inscreve na competência material da Justiça do Trabalho a lide entre empregado e empregador tendo por objeto indenização pelo não fornecimento das guias do seguro-desemprego, nos termos da súmula 389, I, do TST.

Por último, vale ressaltar que, nos termos da súmula 300 do TST, pertence à competência material da Justiça do Trabalho as ações ajuizadas por empregados em face de empregadores relativas ao cadastramento no Programa de Integração Social (PIS).

2.3.2. Servidores da administração pública

Ao ampliar a competência material da Justiça do Trabalho, foi atribuída, também, a competência para os dissídios envolvendo a administração pública direta e indireta da União, Estados, DF e Municípios.

No entanto, o art. 114, I, da CF foi objeto de uma ADI – Ação Direta de Inconstitucionalidade, processo nº 3395-6, ajuizada pela Associação dos Juízes Federais do Brasil, em que foi concedida liminar, suspendendo "*ad referendum*, toda e qualquer interpretação dada ao inciso I do art. 114 da CF, na redação dada pela EC 45/2004, que inclua, na competência da Justiça do Trabalho, a (...) apreciação (...) de causas que (...) sejam instauradas entre o Poder Público e seus servidores, a ele vinculados por típica relação de ordem estatutária ou de caráter jurídico-administrativo". A medida liminar foi referendada pelo Plenário do STF em 05 de abril de 2006.

Desta forma, a Justiça do Trabalho não é competente para processar e julgar as ações envolvendo servidores da administração pública, sendo competente a justiça comum estadual ou federal, a depender do tipo de servidor. Nessa linha são as súmulas 137 e 218 do STJ.

Convém lembrar que naqueles casos em que a relação não for tipicamente estatutária, ou seja, quando a relação for regida pela CLT, como é o caso dos empregados públicos, a competência será da Justiça do Trabalho.

Vale lembrar ainda que a Orientação Jurisprudencial 205 da SDI 1 do TST, que admitia a competência material da Justiça do Trabalho para dirimir dissídio individual entre trabalhador e ente público se houvesse controvérsia acerca do vínculo empregatício, foi cancelada pela resolução 156/2009 do TST, sendo essa questão atualmente de competência da justiça comum estadual ou federal, conforme o caso, na medida em que esses trabalhadores não estão sob o regime da CLT.

As sociedades de economia mista e as empresas públicas, por serem pessoas jurídicas de direito privado, submetem-se ao regime próprio das empresas privadas, sendo regidas, portanto, pela CLT.

2.3.3. Ações que envolvem o exercício do direito de greve

A greve é um direito constitucional assegurado aos trabalhadores e encontra-se previsto no art. 9º, da CF, e regulado pela Lei 7.783/1989. O exercício abusivo desse direito sujeita os responsáveis às penas impostas pela lei que o regula.

Ao inserir na competência da Justiça do Trabalho as ações que envolvam o direito de greve, o legislador atribuiu à Justiça do Trabalho a competência para todas aquelas ações que se relacionam direta ou indiretamente com o direito de greve.

Assim, as ações inibitórias que visam a assegurar o exercício do direito de greve, as ações possessórias para proteger o patrimônio do empregador, as ações de reparação de danos, quer pelo empregado, quer pelo empregador ou, ainda, contra terceiros são de competência da Justiça do Trabalho.

Dispõe a Súmula 189 do TST:

SÚMULA 189 TST – GREVE. COMPETÊNCIA DA JUSTIÇA DO TRABALHO. ABUSIVIDADE. A Justiça do Trabalho é competente para declarar a abusividade, ou não, da greve.

Com relação às ações possessórias em decorrência do direito de greve, é importante trazer o entendimento da Suprema Corte ao editar a Súmula Vinculante 23, garantindo à Justiça do Trabalho a competência para processar e julgar as ações possessórias ajuizadas em decorrência do exercício do direito de greve pelos trabalhadores da iniciativa privada.

Vale lembrar, ainda, que a greve dos servidores públicos é de competência da Justiça Comum, federal ou estadual, a depender do ente envolvido na demanda.

O Plenário do STF concluiu na sessão do dia 27/10/2016, no julgamento do Recurso Extraordinário (RE) 693456, com repercussão geral reconhecida, em que discute a constitucionalidade do desconto dos dias parados em razão de greve de servidor, por 6 votos a 4, que a administração pública deve fazer o corte do ponto dos grevistas, mas admitiu a possibilidade de compensação dos dias parados mediante acordo. Também foi decidido que o desconto não poderá ser feito caso o movimento grevista tenha sido motivado por conduta ilícita do próprio Poder Público.

2.3.4. Ações sobre representação sindical

O inciso III do art. 114 da CF/1988 confere competência para a Justiça do Trabalho processar e julgar as ações sobre representação sindical, entre sindicatos, entre sindicatos e trabalhadores, e entre sindicatos e empregadores.

O termo "sindicato" contido no dispositivo constitucional citado deve ser interpretado de forma ampla a abranger todas as entidades sindicais de grau superior, como as federações (art. 534 da CLT) e confederações (art. 535 da CLT).

Pelo dispositivo em apreço, as lides entre sindicatos que disputam base territorial serão de competência da Justiça do Trabalho.

Em outras palavras, temos que o inciso III do art. 114 da CF abrange todas as ações que envolvam matéria sindical no âmbito trabalhista.

Desta forma, ensina Mauro Schiavi (em **Curso de Direito Processual do Trabalho**. 2. ed. São Paulo: LTr, 2009. p. 196) que os dissídios que envolvem sindicatos podem ser classificados em:

a) coletivos: que envolvem os dissídios coletivos;

b) intersindicais não coletivos: que envolvem conflitos entre sindicatos;

c) intrassindicais: que envolvem questões internas do sindicato;

d) dissídios sobre contribuições sindicais.

Nesse sentido é o Enunciado 24 da ANAMATRA:

ENUNCIADO 24. Competência da Justiça do Trabalho. Conflitos inter e intrassindicais. Os conflitos inter e intrassindicais, inclusive os que envolvam sindicatos de servidores públicos (estatutários e empregados públicos), são da competência da Justiça do Trabalho.

2.3.5. Mandado de segurança, habeas corpus e habeas data

2.3.5.1. Mandado de segurança

O mandado de segurança está disposto no art. 5º, LXIX, da CF/1988 e regulado pela Lei 12.016/2009 e pode ser classificado como uma ação constitucional de natureza mandamental destinada a proteger direito líquido e certo contra ato de autoridade, praticado com ilegalidade ou abuso de poder.

Será admitido sob a óptica do art. 114, IV, da CF/1988 sempre que o ato impugnado estiver relacionado com a jurisdição trabalhista.

A competência para o mandado de segurança é fixada em razão da matéria, ou seja, o ato taxado de ilegal ou abusivo deve estar submetido à jurisdição trabalhista.

A competência funcional para o mandado de segurança irá depender da autoridade tida como coatora. Assim, será de competência da vara do trabalho o mandado de segurança impetrado contra ato de auditor fiscal; do TRT quando o ato taxado de ilegal ou abusivo for do juiz do trabalho, diretor e demais funcionários, juízes de direito investidos na jurisdição trabalhista (art. 112 da CF/1988), juízes e funcionários do TRT; e, por último, do TST quando o ato for praticado pelo Presidente do TST ou outro Ministro.

2.3.5.2. Habeas corpus

Remédio constitucional de natureza mandamental de rito especial, que objetiva evitar ou cessar violência ou ameaça ao direito de ir e vir, em razão de ilegalidade ou abuso de poder.

Dispõe o art. 5º, LXVIII, da CF: "conceder-se-á *habeas-corpus* sempre que alguém sofrer ou se achar ameaçado de sofrer violência ou coação em sua liberdade de locomoção, por ilegalidade ou abuso de poder."

Com o advento da Emenda Constitucional 45/2004, a Justiça do Trabalho possui competência para apreciar *habeas corpus* com relação àquelas matérias sujeitas a sua apreciação.

Desta forma, sempre que o ato taxado de abusivo e ilegal envolver matéria sujeita à jurisdição trabalhista, a Justiça do Trabalho será competente para apreciar o pedido de *habeas corpus*.

A competência para apreciação do pedido de *habeas corpus* será das varas do trabalho quando for impetrado contra ato de particular, como, por exemplo, no caso em que o empregador impede que seus funcionários saiam da empresa para participar do movimento paredista.

A competência será dos TRTs quando o HC for impetrado contra ato de juiz da vara do trabalho. Será competência do TST quando o *habeas corpus* for impetrado em face dos TRTs.

Por último, quando o *habeas corpus* for impetrado em face de atos dos Ministros do TST, a competência para apreciação será do STF, em conformidade com o art. 102, I, "i", da CF.

Como exemplo de hipótese de cabimento de *habeas corpus* na justiça do trabalho podemos citar, na fase de execução da sentença, a prisão de um depositário infiel determinada por um juiz do trabalho.

No entanto, tendo em vista a edição da súmula vinculante 25, que ensina ser ilícita a prisão do depositário infiel, será difícil sua aplicação do *habeas corpus* na esfera laboral.

Vale trazer à baila o entendimento cristalizado na nova redação dada a Orientação Jurisprudencial 143 da SDI 2 do TST.

> ORIENTAÇÃO JURISPRUDENCIAL 143 SDI 2 TST – *HABEAS CORPUS*. PENHORA SOBRE COISA FUTURA E INCERTA. PRISÃO. DEPOSITÁRIO INFIEL.
>
> Não se caracteriza a condição de depositário infiel quando a penhora recair sobre coisa futura e incerta, circunstância que, por si só, inviabiliza a materialização do depósito no momento da constituição do paciente em depositário, autorizando-se a concessão de "habeas corpus" diante da prisão ou ameaça de prisão que sofra.

Ainda sobre *habeas corpus* e depositário infiel, a SDI 2 se pronunciou:

> ORIENTAÇÃO JURISPRUDENCIAL 89 SDI 2 TST – *HABEAS CORPUS*. DEPOSITÁRIO. TERMO DE DEPÓSITO NÃO ASSINADO PELO PACIENTE. NECESSIDADE DE ACEITAÇÃO DO ENCARGO. IMPOSSIBILIDADE DE PRISÃO CIVIL.
>
> A investidura no encargo de depositário depende da aceitação do nomeado que deve assinar termo de compromisso no auto de penhora, sem o que, é inadmissível a restrição de seu direito de liberdade.

Deve-se ressaltar que por não ter o inciso LXVIII do art. 5º da CF/1988 exigido que o constrangimento seja exercido por agente do poder público, admite-se o uso de *habeas corpus* contra ato particular, como o caso do empregador que não permite que seus empregados saiam da empresa para aderirem ao movimento paredista.

2.3.5.3. *Habeas data*

Dispõe o art. 5º, LXXII, da CF:

> LXXII – conceder-se-á *habeas-data*:
>
> a) para assegurar o conhecimento de informações relativas à pessoa do impetrante, constantes de registros ou bancos de dados de entidades governamentais ou de caráter público;
>
> b) para a retificação de dados, quando não se prefira fazê-lo por processo sigiloso, judicial ou administrativo.

Trata-se de uma ação mandamental que tem como objetivo garantir ao interessado, pessoa física ou jurídica ou ente despersonalizado, o exercício do direito fundamental de livre acesso a dados pessoais constantes em registro ou em banco de dados. Além do livre acesso aos registros ou banco de dados, esse remédio pode objetivar, também, a retificação desses registros ou, ainda, sua complementação.

O procedimento do *habeas data* encontra-se previsto na Lei 9.507/1997 que, em seu art. 2º, traz uma condição especial para seu cabimento, qual seja, a prévia postulação administrativa.

> **Art. 2º** O requerimento será apresentado ao órgão ou entidade depositária do registro ou banco de dados e será deferido ou indeferido no prazo de quarenta e oito horas.

Desta forma, o pedido de *habeas data* só se justifica depois de feito e rejeitado o requerimento na forma do art. 2º supracitado.

A petição inicial deverá preencher os requisitos dos arts. 319 a 334 do CPC/2015e será apresentada em duas vias, devendo os documentos que a instruírem ser reproduzidos por cópia na segunda via.

Importante lembrar que, nos termos do parágrafo único do art. 8º da Lei 9.507/1997, a petição inicial deverá ser instruída com prova:

> Parágrafo único. (...)
>
> I – da recusa ao acesso às informações ou do decurso de mais de dez dias sem decisão;
>
> II – da recusa em fazer-se a retificação ou do decurso de mais de quinze dias, sem decisão; ou
>
> III – da recusa em fazer-se a anotação a que se refere o § 2º do art. 4º ou do decurso de mais de quinze dias sem decisão.

Poderá figurar no polo ativo qualquer pessoa física ou jurídica e, ainda, os entes despersonalizados que possuam capacidade processual como, por exemplo, a massa falida, condomínio, entre outros. Por outro lado, no polo passivo da ação poderão figurar os órgãos da administração pública direta e indireta, bem como as instituições, entidades ou pessoas jurídicas de direito privado que prestem serviços para o público ou de interesse público, desde que sejam depositárias de dados.

Como exemplo de impetração de *habeas data* na Justiça do Trabalho, o ilustre Professor Carlos Henrique Bezerra Leite ensina (em **Curso de Direito Processual do Trabalho**. 7. ed. São Paulo: LTr, 2009. p. 1070) "Outra hipótese reside na possibilidade de impetração de *habeas data* pelo empregador em face do órgão de fiscalização da relação de trabalho que esteja se negando a fornecer informações sobre o processo administrativo em que ele esteja sofrendo penalidade administrativa."

2.3.6. *Conflitos de competência entre órgãos de jurisdição trabalhista*

Ensina o art. 114, V, da CF/1988 que compete à Justiça do Trabalho processar e julgar os conflitos de competência entre órgãos com jurisdição trabalhista, ressalvado o disposto no art. 102, I, "o", que confere ao STF o julgamento dos conflitos de competência entre o Superior Tribunal de Justiça e quaisquer tribunais, entre Tribunais Superiores, ou entre estes e qualquer outro tribunal.

Ocorre o conflito de competência quando dois órgãos judiciais se dizem competentes, denominado conflito positivo de competência; ou quando dois órgãos judiciais se dizem incompetentes, denominado conflito negativo de competência; ou, ainda, quando entre dois juízes surge controvérsia sobre a reunião ou separação de processos, nos termos do art. 804 da CLT e 66 do CPC/2015.

Desta forma, em conformidade com o art. 803 da CLT, os conflitos de jurisdição podem ocorrer entre:

a) Varas do trabalho e juízes de direito investidos na jurisdição trabalhista;

b) Tribunais Regionais do Trabalho;

c) Juízos e tribunais do trabalho e órgãos da justiça ordinária;

d) Câmaras do Tribunal Superior do Trabalho

Serão resolvidos pelo TRT quando for suscitado conflito de competência entre varas do trabalho da mesma região, ou entre varas do trabalho e juiz de direito investido na jurisdição trabalhista na mesma região, os termos do art. 808 da CLT.

Sobre o tema, o STJ editou a súmula 180 que ensina: "na lide trabalhista, compete ao Tribunal Regional do Trabalho dirimir conflito de competência verificado, na respectiva região, entre juiz estadual e junta de conciliação e julgamento."

Serão resolvidos pelo TST sempre que for suscitado o conflito entre TRTs ou entre Varas do Trabalho e Juízes de Direito investidos na jurisdição trabalhista sujeitos à jurisdição de TRTs diferentes.

Sobre o tema, o STJ editou a súmula 236 em que ensina não ser de competência daquele Tribunal os conflitos de competência envolvendo juízes do trabalho vinculados a TRTs diversos.

Os conflitos serão resolvidos pelo STJ quando suscitado entre Vara de Trabalho e Juiz de Direito não investido na jurisdição trabalhista, em conformidade com o art. 105, I, "d", da CF.

Por último serão resolvidos pelo STF os conflitos suscitados entre o TST e órgãos de outro ramo do judiciário, nos termos do art. 102, I, "o", da CF.

É importante lembrar as lições trazidas na súmula 420 do TST, que assim dispõe:

SÚMULA 420 DO TST – COMPETÊNCIA FUNCIONAL. CONFLITO NEGATIVO. TRT E VARA DO TRABALHO DE IDÊNTICA REGIÃO. NÃO CONFIGURAÇÃO.

Não se configura conflito de competência entre Tribunal Regional do Trabalho e Vara do Trabalho a ele vinculada.

2.3.7. Ações de indenização por dano moral ou patrimonial

A Carta Maior confere competência à Justiça do Trabalho para processar e julgar ações de indenização por dano moral ou patrimonial decorrentes da relação de trabalho.

Assim, toda e qualquer ação de dano moral ou patrimonial, quando decorrentes da relação de trabalho, proposta pelo empregado em face do empregador, será de competência da Justiça do Trabalho.

Muito se discutiu acerca da competência para aquelas ações que estavam em andamento quando da promulgação da EC 45/04, até que o Supremo Tribunal Federal editou a súmula vinculante 22, que assim dispõe:

SÚMULA VINCULANTE 22 STF – A Justiça do Trabalho é competente para processar e julgar as ações de indenização por danos morais e patrimoniais decorrentes de acidente de trabalho propostas por empregado contra empregador, inclusive aquelas que ainda não possuíam sentença de mérito em primeiro grau quando da promulgação da emenda constitucional nº 45/04.

Contudo, as ações acidentárias, ou seja, lides previdenciárias derivadas de acidente do trabalho propostas pelo trabalhador em face do INSS, serão de competência da justiça comum estadual e nunca da Justiça do Trabalho, conforme exceção prevista no art. 109, I, da CF.

Vale esclarecer que caso seja o acidente de trabalho causado por negligência do empregador responsável pelo cumprimento das normas de segurança e saúde do trabalho, poderá o INSS ajuizar ação regressiva em face desse empregador, devendo esta ação de regresso ser proposta na justiça federal.

Apenas as ações propostas pelo trabalhador em face do empregador serão de competência da Justiça do Trabalho.

Ainda será de competência da Justiça do Trabalho a ação de reparação de danos morais, ainda que proposta pelos dependentes ou sucessores do obreiro falecido.

É o que a chamamos de danos morais por ricochete ou reflexo, entendido como aquele que além de atingir a própria vítima, atinge também outras pessoas por conta de laços afetivos que possui com o ofendido, como por exemplo o caso do dano moral sofrido pelo filho diante da morte de seus genitores e vice-versa.

Nas lições de Sebastião Geraldo de Oliveira, Desembargador do TRT da 3ª Região, em julgado daquela Corte Trabalhista (TRT 3ºR. 2ª T., RO 1019-2007-042-03-00-3, Rel. Des. Sebastião Geraldo de Oliveira. DJEMG 29.07.2009), *in verbis*:

"Dano moral indireto, reflexo ou, em ricochete, é aquele que, sem decorrer direta e imediatamente de certo fato danoso, com este guarda um vínculo de necessariedade, de modo manter o nexo de causalidade entre a conduta ilícita e o prejuízo. Ainda que sejam distintos os direitos da vítima imediata e da vítima mediata, a causa indireta do prejuízo está intensamente associada à causa direta, tornando perfeitamente viável a pretensão indenizatória."

Desta forma, não apenas a vítima direta ou imediata fará jus à reparação de danos morais, mas também a vítima indireta ou mediata, pessoas que, por via reflexa, sofreram os efeitos do dano.

Nesse sentido, ensina a Súmula 392 do TST:

SÚMULA 392 TST – DANO MORAL E MATERIAL. RELAÇÃO DE TRABALHO. COMPETÊNCIA DA JUSTIÇA DO TRABALHO

Nos termos do art. 114, inc. VI, da Constituição da República, a Justiça do Trabalho é competente para processar e julgar ações de indenização por dano moral e material, decorrentes da relação de trabalho, inclusive as oriundas de acidente de trabalho e doenças a ele equiparadas, ainda que propostas pelos dependentes ou sucessores do trabalhador falecido.

Por último, é importante asseverar que os danos morais dispostos no texto constitucional dizem respeito aos danos pré e pós-contratuais, sendo todas as ações de competência da Justiça do Trabalho.

2.3.8. Ações relativas às penalidades administrativas impostas aos empregadores pelos órgãos de fiscalização das relações de trabalho

Trata-se de ações propostas por empregadores que objetivam anular sanções administrativas impostas pelo Ministério do Trabalho e Emprego.

Trata-se, portanto, de uma inovação trazida pela Emenda Constitucional 45/2004, haja vista que essas ações eram de competência da justiça federal.

2.3.9. Execução das contribuições sociais de ofício

Trata-se das contribuições do empregador, incidentes sobre a folha de salários e demais rendimentos do trabalho pagos ou creditados, a qualquer título, à pessoa física que lhe preste serviço, mesmo sem vínculo empregatício, bem como da contribuição devida pelo trabalhador e pelos demais segurados da previdência social.

Serão executadas tais contribuições em decorrência das sentenças que o juiz proferir.

Sobre o tema, o Supremo Tribunal Federal editou a Súmula Vinculante 53, que assim dispõe:

> Súmula Vinculante 53. A competência da Justiça do Trabalho prevista no art. 114, VIII, da Constituição Federal alcança a execução de ofício das contribuições previdenciárias relativas ao objeto da condenação constante das sentenças que proferir e acordos por ela homologados.

Vale destacar a Súmula 454 do TST, que assim dispõe:

SÚMULA 454 TST – COMPETÊNCIA DA JUSTIÇA DO TRABALHO. EXECUÇÃO DE OFÍCIO. CONTRIBUIÇÃO SOCIAL REFERENTE AO SEGURO DE ACIDENTE DE TRABALHO (SAT). ARTS. 114, VIII, E 195, I, "A", DA CONSTITUIÇÃO DA REPÚBLICA.

Nessa linha, estabelece o art. 876, parágrafo único, da CLT:

Art. 876. (...)

Parágrafo único. A Justiça do Trabalho executará, de ofício, as contribuições sociais previstas na alínea *a* do inciso I e no inciso II do *caput* do art. 195 da Constituição Federal, e seus acréscimos legais, relativas ao objeto da condenação constante das sentenças que proferir e dos acordos que homologar.

Compete à Justiça do Trabalho a execução, de ofício, da contribuição referente ao Seguro de Acidente de Trabalho (SAT), que tem natureza de contribuição para a seguridade social (arts. 114, VIII, e 195, I, "a", da CF), pois se destina ao financiamento de benefícios relativos à incapacidade do empregado decorrente de infortúnio no trabalho (arts. 11 e 22 da Lei 8.212/1991).

2.4. Competência em razão da função

Diz respeito à distribuição das atribuições aos diferentes órgãos do Poder Judiciário. A competência funcional ou hierárquica trabalhista, como também é chamada, regula a competência dos órgãos de 1º, 2º e 3º graus dentro da Justiça do Trabalho.

Desta forma, em conformidade com o art. 111 da CF, é correto dizer que a competência funcional será dividida entre os órgãos que compõem a Justiça do Trabalho, quais sejam: as Varas do Trabalho, Tribunais Regionais do Trabalho – TRTs e o Tribunal Superior do Trabalho – TST.

A competência funcional diz respeito, portanto, às atribuições confiadas a cada órgão do Poder Judiciário, especificamente, para nosso estudo, dentro da Justiça do Trabalho.

A análise da competência em razão da função será realizada após avaliação da competência material. Assim, em primeiro plano, deve ser realizado um exame acerca da competência material e somente após este exame é que teremos de analisar a competência funcional dos órgãos do Poder Judiciário.

Importante ressaltar que a competência em razão da função é absoluta, podendo ser conhecida *ex officio* pelo juiz, ou seja, sem necessidade de provocação da parte.

A competência funcional se divide em:

2.4.1. Competência funcional originária

É aquela que conhece da causa em primeiro plano. Via de regra a competência originária pertence à Vara do Trabalho (1º grau de jurisdição) nos termos do art. 652 da CLT, salvo regra expressa em sentido contrário, como, por exemplo, a ação rescisória, que se inicia no TRT, nos termos do art. 678, I, "c", item 2, da CLT; ou no TST, em conformidade com os arts. 70, I, "d" e 71, III, "a", ambos do regimento interno do TST.

Importante destacar que a Lei 13.467/2017 inseriu a alínea "f" ao art. 652 da CLT determinando que compete à Vara do Trabalho decidir quanto à homologação de acordo extrajudicial em matéria de competência da Justiça do Trabalho.

A competência funcional originária dos TRTs, quando divididos em turmas, vem disposta nos arts. 678 e 680 da CLT. Quando os TRTs não forem divididos em turmas, dispõe o art. 679 da CLT que os Tribunais Regionais apreciarão as matérias contidas no art. 678 da CLT, com exceção dos recursos das multas impostas pelas Turmas bem como os conflitos de jurisdição entre Turmas, na medida em que não as possuem.

Por último, a competência funcional do TST vem disposta na Lei 7.701/1998. O art. 4º estabelece a competência funcional do Tribunal Pleno; a seção especializada em dissídios individuais – SDI tem sua competência estabelecida no art. 3º da Lei 7.701/1998; a seção especializada em dissídios coletivos, nos termos do art. 2º da citada lei; e, por último, a competência funcional das Turmas do TST vem disposta no art. 5º da Lei 7.701/1998.

Com relação à competência funcional do Tribunal Pleno do TST importante destacar sua competência estabelecer ou alterar súmulas e outros enunciados de jurisprudência uniforme.

Esse processo dependerá do voto de pelo menos dois terços de seus membros, caso a mesma matéria já tenha sido decidida de forma idêntica por unanimidade em, no mínimo, dois terços das turmas em pelo menos dez sessões diferentes em cada uma delas, podendo, ainda, por maioria de dois terços de seus membros, restringir os efeitos daquela declaração ou decidir que ela só tenha eficácia a partir de sua publicação no Diário Oficial.

As sessões de julgamento sobre estabelecimento ou alteração de súmulas e outros enunciados de jurisprudência deverão ser públicas, divulgadas com, no mínimo, 30 dias de antecedência, e deverão possibilitar a sustentação oral pelo Procurador-Geral do Trabalho, pelo Conselho Federal da Ordem dos Advogados do Brasil, pelo Advogado-Geral da União e por confederações sindicais ou entidades de classe de âmbito nacional.

Em outras palavras podemos dizer que o estabelecimento ou alteração de súmulas ocorrerá

a) voto de 2/3 dos membros do Tribunal, ou seja, no TST 18 Ministros;

b) matéria já decidida de forma idêntica por unanimidade em, no mínimo, 2/3 das Turmas;

c) em 10 sessões diferentes cada uma delas;

d) modulação dos efeitos, por maioria de 2/3 dos membros.

2.4.2. Competência funcional recursal

É a competência para prática de determinados atos em grau de recurso.

2.4.3. Competência funcional executória

Diz respeito à competência para realização da execução, seja judicial, seja extrajudicial (arts. 877 e 877-A da CLT).

2.5. Competência territorial da Justiça do Trabalho

Competência territorial ou competência do foro (*ratione loci*), como também é chamada, diz respeito ao limite territorial de cada órgão da Justiça do Trabalho.

Na Justiça do Trabalho a competência territorial vem disciplinada no art. 651 da CLT, que dispõe:

> Art. 651. A competência das Juntas de Conciliação e Julgamento é determinada pela localidade onde o empregado, reclamante ou reclamado, prestar serviços ao empregador, ainda que tenha sido contratado noutro local ou no estrangeiro.

Pela determinação do dispositivo supracitado, a competência é determinada pela localidade da última prestação de serviço pelo obreiro, ainda que tenha sido contratado em outro lugar, nas lições de Carlos Henrique Bezerra Leite (Curso de Direito Processual do Trabalho, 7ª edição, LTr).

Todavia, caso o empregado tenha trabalhado em diversas localidades, ou seja, em diversos estabelecimentos do mesmo empregador, em locais diferentes, entendemos tratar-se de competência concorrente de todas as localidades em que o empregado tenha prestado serviços, permitindo ao empre-gado propor sua reclamação trabalhista em qualquer uma das localidades. Isso porque, a intenção do legislador foi de ampliar ao máximo o livre acesso do trabalhador ao Judiciário, em conformidade com o princípio protetor, também aplicável no campo processual.

Vale ressaltar que a regra do domicílio do réu disposta no processo civil não é aplicável ao processo do trabalho.

Portanto, o *caput* do art. 651 traz a regra geral para fixação de competência. Todavia, os parágrafos trazem as exceções à regra.

Estabelece o § 3º do citado dispositivo que é assegurado ao empregado apresentar reclamação trabalhista no foro da celebração do contrato ou no foro da prestação dos serviços, em se tratando de empregador que promova suas atividades fora do local da celebração do contrato de trabalho, como, por exemplo, empresas de atividades teatrais. Assim, se um empregado é contratado em determinado lugar para prestar serviço em outra localidade, eventual reclamação trabalhista poderá ser ajuizada no local da contratação ou da prestação dos serviços.

Outra exceção à regra de competência é a hipótese do viajante comercial. Nos termos do § 1º do dispositivo, o empregado deverá propor a reclamação na vara da localidade onde a empresa possuir agência ou filial e a esta esteja ele subordinado. Não existindo filial ou agência, poderá o empregado optar por onde possuir domicílio ou na localidade mais próxima.

A última exceção contida no art. 651 consolidado vem estabelecida em seu § 2º, que trata das lides de empregados brasileiros em agência ou filial situada no estrangeiro, desde que possuam sede, filial ou representante no Brasil. Nesse caso, a competência será da Justiça do Trabalho brasileira, caso não haja convenção internacional em sentido contrário.

Importante notar que para esses conflitos ocorridos no exterior será aplicada a regra do direito processual brasileiro, na medida em que a demanda tramitará perante a Justiça do Trabalho brasileira. No entanto, com relação ao direito material, por meio da súmula 207, o TST havia firmado posicionamento no sentido da aplicação da lei do local da execução do contrato de trabalho, ou seja, seria aplicada a legislação do país onde o trabalho foi prestado.

No entanto, a súmula 207 do TST foi cancelada, prevalecendo o entendimento que, de acordo com o art. 3º, inciso II, da Lei 7.064/1982, deverá ser aplicada a legislação mais favorável ao trabalhador. O posicionamento atual adotou a teoria do *conglobamento mitigado*.

2.6. Foro de eleição

Previsto no art. 63 do CPC/2015, é aquele em que os contratantes escolhem livremente, de antemão, o foro onde serão dirimidos eventuais conflitos decorrentes do negócio jurídico avençado.

No processo de trabalho, as regras de competência são de ordem pública e, dessa forma, não podem ser derrogadas pelas partes.

Referida incompatibilidade decorre da hipossuficiência econômica do trabalhador, haja vista que a regra do art. 651 e seus parágrafos tem por objetivo facilitar o acesso do trabalhador ao judiciário.

Nesse sentido, ensina o art. 2º, I, da IN 39/2016 do TST que a regra disposta no art. 63 do CPC/2015 não será aplicável ao processo do trabalho, dada sua incompatibilidade com o processo do trabalho.

2.7. Modificação da competência

A competência absoluta (em razão da matéria, em razão da pessoa e em razão da função) não pode ser modificada, nem por circunstâncias processuais, tampouco por vontade das partes.

Já a competência relativa (competência territorial) poderá sofrer modificações, seja por circunstâncias processuais e nas hipóteses em que a lei autoriza, nos termos do art. 54 do CPC/2015.

A modificação de competência poderá ocorrer por:

2.7.1. Prorrogação

Dispõe o art. 65 do CPC/2015:

Art. 65. Prorrogar-se-á a competência relativa se o réu não alegar a incompetência em preliminar de contestação.

A incompetência em razão do território deve ser alegada pela parte no prazo de resposta (defesa), sob pena de prorrogar-se a competência. Em outras palavras, a incompetência territorial se convalidará caso a parte interessada não oponha exceção de incompetência no prazo legal.

Desta forma, ocorrendo a prorrogação da competência de um juiz do trabalho territorialmente incompetente, se tornará ele competente para apreciação daquela demanda.

2.7.2. Conexão

Disciplinada no art. 55 do CPC/2015, a conexão ocorre quando forem comuns a causa de pedir ou o pedido de duas ou mais ações.

São elementos da ação: as partes, a causa de pedir (fundamentos) e o objeto (pedido). Pois bem. Haverá conexão entre as ações quando tiverem o mesmo pedido ou os mesmos fundamentos. Basta um destes elementos e não a cumulação deles. Ressalta-se que não haverá conexão se forem comuns as partes.

Caso as ações conexas estejam transitando perante juízos com mesma competência, será considerada prevento nos domínios do processo de trabalho aquele em que a reclamação tenha sido protocolada em primeiro lugar, não se aplicando a parte final da regra disposta no art. 59 do CPC/2015.

2.7.3. Continência

Ensina o art. 56 do CPC que haverá continência sempre que houver identidade entre as partes e a causa de pedir (fundamento), mas o objeto (pedido) de uma for mais amplo do que o da outra.

Diferentemente da conexão, na qual há necessidade de identidade de um dos elementos da ação (causa de pedir ou pedido), na continência se faz necessário a cumulação de dois elementos: as partes e causa de pedir, devendo, contudo, o pedido de um ser mais abrangente do que o outro.

Como exemplo, podemos citar o pedido de uma ação que vise à anulação de uma cláusula contratual e de outra, com as mesmas partes e causa de pedir, que busque a anulação de todo o contrato.

3. ATOS, TERMOS, PRAZOS E NULIDADES PROCESSUAIS

3.1. Considerações

O processo pode ser conceituado, em poucas palavras, como sendo um conjunto de atos coordenados que objetivam a busca da tutela jurisdicional.

Nos termos do art. 203 do CPC/2015, que os pronunciamentos do Juiz consistirão em: despachos, decisões interlocutórias e sentenças. Nessa linha é importante lembrar que a assinatura dos juízes em todos os graus de jurisdição poderá ser feita eletronicamente.

3.1.1. Despacho

Utilizava-se o termo "despacho de mero expediente", termo muito criticado pela doutrina. Em 2006, com a publicação da Lei 11.276, a expressão "mero expediente" foi retirada do art. 1.001 do CPC/2015, utilizando-se atualmente a expressão "despacho". Os despachos são atos desprovidos de conteúdo decisório, como, por exemplo, a remessa dos autos ao contador.

3.1.2. Decisões interlocutórias

A decisão interlocutória é conceituada como todo pronunciamento judicial de natureza decisória que não seja sentença, que é o pronunciamento por meio do qual o juiz, com fundamento nos arts. 485 e 487 CPC/2015, põe fim à fase cognitiva do procedimento comum, bem como extingue a execução.

As decisões interlocutórias são dotadas de conteúdo decisório, mas não põem fim à fase de conhecimento, nem à execução.

Vale lembrar que, nos termos do art. 893, § 1º, da CLT, na Justiça do Trabalho as decisões interlocutórias são irrecorríveis de imediato. As exceções à regra da irrecorribilidade imediata das decisões interlocutórias encontram-se na súmula 214 do TST:

Na Justiça do Trabalho, nos termos do art. 893, § 1º, da CLT, as decisões interlocutórias não ensejam recurso imediato, salvo nas hipóteses de decisão:

a) de Tribunal Regional do Trabalho contrária à Súmula ou Orientação Jurisprudencial do Tribunal Superior do Trabalho;

b) suscetível de impugnação mediante recurso para o mesmo Tribunal;

c) que acolhe exceção de incompetência territorial, com a remessa dos autos para Tribunal Regional distinto daquele a que se vincula o juízo excepcionado, consoante o disposto no art. 799, § 2º, da CLT.

Outra exceção à regra da irrecorribilidade imediata das decisões interlocutórias se encontra no art. 855-A, § 1º, II, da CLT que ensina ser passível de interposição de agravo de petição a decisão na fase de execução acerca do incidente de desconsideração da personalidade jurídica. Vale dizer que a decisão de incidente de desconsideração da personalidade jurídica na fase de conhecimento não enseja a interposição de recurso imediato, art. 855-A, § 1º, I, da CLT.

3.1.3. Sentença

Nos termos do art. 203, § 1º, do CPC/2015, sentença é o pronunciamento por meio do qual o juiz, com fundamento nos arts. 485e 487do CPC/2015, põe fim à fase cognitiva do procedimento comum, bem como extingue a execução.

As decisões proferidas pelo Juiz do Trabalho, nos termos do art. 832 da CLT, deverão conter o nome das partes, o resumo do pedido e da defesa, a apreciação das provas, os fundamentos da decisão e a conclusão. A sentença que concluir pela procedência do pedido determinará o prazo e as condições para o seu cumprimento.

Os elementos essenciais da sentença estão dispostos no art. 489 CPC/2015.

Com relação à aplicabilidade da norma disposta no art. 489 CPC/2015 ao processo do trabalho, o TST editou a IN 39 que em seu art. 15 assim dispõe:

Art. 15. O atendimento à exigência legal de fundamentação das decisões judiciais (CPC, art. 489, § 1º) no Processo do Trabalho observará o seguinte:

I – por força dos arts. 332 e 927 do CPC, adaptados ao Processo do Trabalho, para efeito dos incisos V e VI do § 1º do art. 489 considera-se "precedente" apenas:

a) acórdão proferido pelo Supremo Tribunal Federal ou pelo Tribunal Superior do Trabalho em julgamento de recursos repetitivos (CLT, art. 896-B; CPC, art. 1.046, § 4º);

b) entendimento firmado em incidente de resolução de demandas repetitivas ou de assunção de competência;

c) decisão do Supremo Tribunal Federal em controle concentrado de constitucionalidade;

e) decisão do plenário, do órgão especial ou de seção especializada competente para uniformizar a jurisprudência do tribunal a que o juiz estiver vinculado ou do Tribunal Superior do Trabalho.

II – para os fins do art. 489, § 1º, incisos V e VI do CPC, considerar-se-ão unicamente os precedentes referidos no item anterior, súmulas do Supremo Tribunal Federal, orientação jurisprudencial e súmula do Tribunal Superior do Trabalho, súmula de Tribunal Regional do Trabalho não conflitante com súmula ou orientação jurisprudencial do TST, que contenham explícita referência aos fundamentos determinantes da decisão (ratio decidendi).

III – não ofende o art. 489, § 1º, inciso IV do CPC a decisão que deixar de apreciar questões cujo exame haja ficado prejudicado em razão da análise anterior de questão subordinante.

IV – o art. 489, § 1º, IV, do CPC não obriga o juiz ou o Tribunal a enfrentar os fundamentos jurídicos invocados pela parte, quando já tenham sido examinados na formação dos precedentes obrigatórios ou nos fundamentos determinantes de enunciado de súmula.

V – decisão que aplica a tese jurídica firmada em precedente, nos termos do item I, não precisa enfrentar os fundamentos já

analisados na decisão paradigma, sendo suficiente, para fins de atendimento das exigências constantes no art. 489, § 1º, do CPC, a correlação fática e jurídica entre o caso concreto e aquele apreciado no incidente de solução concentrada.

VI – é ônus da parte, para os fins do disposto no art. 489, § 1º, V e VI, do CPC, identificar os fundamentos determinantes ou demonstrar a existência de distinção no caso em julgamento ou a superação do entendimento, sempre que invocar precedente ou enunciado de súmula.

3.2. Realização dos atos processuais

De acordo com o art. 770 da CLT, em regra, os atos processuais serão públicos, salvo quando o contrário determinar o interesse social, e deverão ser realizados nos dias úteis das 6 (seis) às 20 (vinte) horas. Vale ressaltar que a penhora poderá ser realizada aos domingos ou feriados mediante autorização expressa do Juiz do Trabalho.

3.2.1. Ato processual via fac-símile

Instituído pela Lei 9.800/1999, os atos processuais que necessitam ser feitos por petição escrita poderão ser realizados via fac-símile.

Reza o art. 2º da citada lei que a utilização de sistema não prejudica o cumprimento dos prazos, devendo os originais ser entregues em juízo, necessariamente, até 5 (cinco) dias da data do término do prazo estipulado para o ato. Já os atos praticados via fac-símile que não possuem prazo deverão ser entregues a via original dentro do prazo de 5 (cinco) dias contados da data recepção do material enviado.

A lei ensina, ainda, que aquele que fizer uso de sistema de transmissão torna-se responsável pela qualidade e fidelidade do material transmitido e por sua entrega ao órgão judiciário.

Sobre o tema, é importante destacar a súmula 387 do TST:

SÚMULA 387 TST. RECURSO. FAC-SÍMILE. LEI Nº 9.800/1999)

I – A Lei 9.800, de 26.05.1999, é aplicável somente a recursos interpostos após o início de sua vigência.

II – A contagem do quinquídio para apresentação dos originais de recurso interposto por intermédio de fac-símile começa a fluir do dia subsequente ao término do prazo recursal, nos termos do art. 2º da Lei 9.800, de 26.05.1999, e não do dia seguinte à interposição do recurso, se esta se deu antes do termo final do prazo.

III – Não se tratando a juntada dos originais de ato que dependa de notificação, pois a parte, ao interpor o recurso, já tem ciência de seu ônus processual, não se aplica a regra do art. 224 do CPC de 2015 (art. 184 do CPC de 1973) quanto ao "dies a quo", podendo coincidir com sábado, domingo ou feriado.

IV – A autorização para utilização do fac-símile, constante do art. 1º da Lei n.º 9.800, de 26.05.1999, somente alcança as hipóteses em que o documento é dirigido diretamente ao órgão jurisdicional, não se aplicando à transmissão ocorrida entre particulares.

3.3. Prazos processuais

Os prazos processuais contam-se a partir da data em que for feita pessoalmente, ou recebida, a notificação. Nos termos da súmula 16 do TST, presume-se recebida a notificação

48 (quarenta e oito) horas depois de sua postagem. O seu não recebimento ou a entrega após o decurso desse prazo constitui ônus de prova do destinatário. Em se tratando de edital, inicia-se na respectiva data.

Porém, é importante ter em mente que os prazos serão contabilizados excluindo o dia do começo e incluindo o dia do vencimento.

Nos termos do art. 775 da CLT os prazos processuais serão contados em dias úteis, com exclusão do dia do começo e inclusão do dia do vencimento, podendo ser prorrogados, pelo tempo estritamente necessário, quando o juízo entender necessário ou em virtude de força maior, devidamente comprovada.

Compete ao juízo a dilatação de prazos processuais, bem como a alteração da ordem de produção dos meios de prova, adequando-os às necessidades do conflito de modo a conferir maior efetividade à tutela do direito.

Quando a intimação tiver lugar na sexta-feira, ou a publicação com efeito de intimação for feita nesse dia, o prazo judicial será contado da segunda-feira imediata, inclusive, salvo se não houver expediente, caso em que fluirá no dia útil que se seguir.

Intimada ou notificada a parte no sábado, o início do prazo se dará no primeiro dia útil imediato, ou seja, segunda-feira, e a contagem, no subsequente, ou seja, terça-feira, é o que determina a Súmula 262, I, do TST.

A mesma súmula adverte, ainda, em seu item II que:

SÚMULA 262 TST.

[...]

II. O recesso forense e as férias coletivas dos Ministros do Tribunal Superior do Trabalho suspendem os prazos recursais.

Por fim, a Lei 13.545/2017 inseriu o art. 775-A ao diploma consolidado para tratar sobre a suspensão dos prazos processuais nos dias compreendidos entre 20 de dezembro e 20 de janeiro.

Durante esse período de suspensão dos prazos não se realizarão audiências nem sessões de julgamento, art. 775-A, § 2º, da CLT. No entanto, os juízes, os membros do Ministério Público, da Defensoria Pública e da Advocacia Pública e os auxiliares da Justiça exercerão suas atribuições, ressalvadas as férias individuais e os feriados instituídos por lei, em conformidade com o art. 775-A, § 1º, da CLT.

3.4. Nulidades processuais

Dispõe o art. 188 do CPC/2015 que os atos e termos processuais não dependem de forma determinada, salvo quando a lei expressamente a exigir, tendo como válidos os atos que, realizados de outro modo, alcancem sua finalidade essencial.

Nos domínios do processo do trabalho, a nulidade somente será declarada quando resultar dos atos que causem manifesto prejuízo às partes litigantes.

A nulidade do ato se dá quando lhe falta algum requisito que a lei ordena como necessário e pode ser classificado como: nulidade absoluta e nulidade relativa.

3.4.1. Nulidade absoluta

A nulidade absoluta ocorre sempre que o ato violar normas de ordem pública, ou seja, normas de interesse público, como, por exemplo, as regras de competência material e funcional. A nulidade absoluta poderá ser decretada *ex officio* pelo magistrado ou a requerimento da parte.

Importante lembrar a regra estabelecida no art. 795, § 1º, da CLT que determina que o magistrado declare *ex officio* a nulidade fundada em incompetência de foro. A incompetência de foro a que o dispositivo legal se refere é a competência material, que é absoluta, e não a competência territorial disposta no art. 651 da CLT, que é relativa.

Nesse caso, havendo a declaração da nulidade absoluta, serão considerados nulos os atos decisórios.

3.4.2. Nulidade relativa

Haverá nulidade relativa sempre que o ato violar normas de interesse privado e somente serão declaradas mediante provocação das partes, as quais deverão argui-las à primeira vez em que tiverem de falar em audiência ou nos autos, nos termos do art. 795 da CLT.

Importante ressaltar que não será pronunciada a nulidade do ato quando for possível repeti-lo ou mesmo suprir sua falta. Da mesma forma, não será declarada a nulidade do ato quando arguida por quem lhe tiver dado causa.

3.5. Audiência trabalhista

Na Justiça do Trabalho, as audiências serão públicas e deverão ser realizadas em dias úteis previamente fixados, entre 8 (oito) e 18 (dezoito) horas, e não poderão ultrapassar 5 (cinco) horas seguidas, salvo quando houver matéria urgente. Caso seja necessário, o magistrado poderá, ainda, realizar audiências extraordinárias.

O reclamante e o reclamado comparecerão à audiência acompanhados das suas testemunhas, apresentando, também, as demais provas.

No horário designado, o Juiz abrirá a audiência, convocando as partes, testemunhas e demais pessoas que devam comparecer. Caso o Juiz não compareça até 15 (quinze) minutos após o horário marcado, os presentes poderão retirar-se, devendo o ocorrido constar do livro de registro das audiências. Importante lembrar que os atrasos na pauta de audiência não autorizam as partes se retirarem.

Importante ressaltar que a regra esculpida no art. 362, III, do CPC/2015 que prevê o adiamento da audiência por atraso injustificado de seu início em tempo superior a 30 (trinta) minutos do horário marcado, não será aplicado ao processo do trabalho em razão da em razão de inexistência de omissão e por incompatibilidade do instituto, em conformidade com o art. 2º, VI, da IN 39 do TST.

Na audiência deverão estar presentes o reclamante e o reclamado, independentemente do comparecimento de seus representantes, salvo nos casos de reclamações plúrimas ou ações de cumprimento, quando os empregados poderão fazer-se representar pelo Sindicato de sua categoria.

O empregador poderá fazer-se substituir pelo gerente ou qualquer outro preposto que tenha conhecimento do fato, cujas declarações obrigarão o proponente.

Nos termos do art. 843, § 3º, da CLT o preposto não precisa ser empregado da parte reclamada. Como dito, na audiência deverão estar presentes ambas as partes. Nessa linha, é importante lembrar que o não comparecimento do reclamante à audiência importa o arquivamento da reclamação, art. 844 da CLT. Porém, se por doença ou qualquer outro motivo poderoso, devidamente comprovado, o reclamante não puder comparecer pessoalmente, poderá fazer-se representar por outro empregado que pertença à mesma profissão ou pelo seu sindicato. A presença de outro empregado ou do sindicato objetiva, exclusivamente, o não arquivamento da reclamação.

Na hipótese de ausência do reclamante, este será condenado ao pagamento das custas calculadas na forma do art. 789 da CLT, ainda que beneficiário da justiça gratuita, salvo se comprovar, no prazo de quinze dias, que a ausência ocorreu por motivo legalmente justificável. Importante frisar que o pagamento das custas é condição para a propositura de nova demanda, art. 844, § 3º, da CLT.

Já o não comparecimento do reclamado, em conformidade com a parte final do art. 844 da CLT, importa revelia, além de confissão quanto à matéria de fato.

Ocorrendo motivo relevante, poderá o juiz suspender o julgamento, designando nova audiência.

Pela redação do citado dispositivo legal poderíamos acreditar que a presença da parte reclamada (o próprio empresário, gerente ou preposto) é necessária/obrigatória, sendo que sua ausência implicaria em revelia e confissão fática. Isso ocorreria independente da presença do advogado, até mesmo porque sua figura é dispensável em razão do *jus postulandi* da parte.

Contudo, o § 5º do art. 844 da CLT ensina que ainda que ausente o reclamado, presente o advogado na audiência, serão aceitos a contestação e os documentos eventualmente apresentados.

A nova disposição legal acompanha o entendimento disposto pelo TRT da 2ª região, São Paulo que em 22 de maio de 2015 publicou sua primeira tese jurídica prevalecente, que assim dispõe:

TESE JURÍDICA PREVALECENTE Nº 01
Ausência da parte reclamada em audiência. Consequência processual. Confissão.

A presença de advogado munido de procuração revela *animus* de defesa que afasta a revelia. A ausência da parte reclamada à audiência na qual deveria apresentar defesa resulta apenas na sua confissão.

3.6. Despesas processuais

Nos dissídios individuais e nos dissídios coletivos do trabalho, nas ações e procedimentos de competência da Justiça do Trabalho, bem como nas demandas propostas perante a Justiça Estadual, no exercício da jurisdição trabalhista, as custas relativas ao processo de conhecimento incidirão à base de 2% (dois por cento), observado o mínimo de R$ 10,64 (dez reais e sessenta e quatro centavos) e o máximo de quatro vezes o limite máximo dos benefícios do Regime Geral de Previdência Social, e serão calculadas da seguinte maneira:

a) Em caso de acordo ou condenação, as custas serão calculadas sobre o respectivo valor. Vale lembrar que, sempre que houver acordo, o pagamento das custas caberá em partes iguais aos litigantes se outra forma não for convencionada;

b) caso o processo seja extinto sem julgamento do mérito ou julgado totalmente improcedente, as custas serão calculadas sobre o valor da causa;

c) Nas ações declaratórias e constitutivas, também serão calculadas sobre o valor da causa;

d) Para as ações que o valor da condenação for indeterminado, deverá o magistrado fixar um valor.

As custas serão pagas pelo vencido após o trânsito em julgado da decisão. No caso de recurso, serão pagas e comprovado o recolhimento dentro do prazo recursal, em conformidade com a súmula 245 do TST.

Nesse ponto cumpre destacar a Súmula 25 do TST, de acordo com a resolução 197/2015:

SÚMULA 25 TST – CUSTAS PROCESSUAIS. INVERSÃO DO ÔNUS DA SUCUMBÊNCIA.

I – A parte vencedora na primeira instância, se vencida na segunda, está obrigada, independentemente de intimação, a pagar as custas fixadas na sentença originária, das quais ficara isenta a parte então vencida;

II – No caso de inversão do ônus da sucumbência em segundo grau, sem acréscimo ou atualização do valor das custas e se estas já foram devidamente recolhidas, descabe um novo pagamento pela parte vencida, ao recorrer. Deverá ao final, se sucumbente, reembolsar a quantia;

III – Não caracteriza deserção a hipótese em que, acrescido o valor da condenação, não houve fixação ou cálculo do valor devido a título de custas e tampouco intimação da parte para o preparo do recurso, devendo ser as custas pagas ao final;

IV – O reembolso das custas à parte vencedora faz-se necessário mesmo na hipótese em que a parte vencida for pessoa isenta do seu pagamento, nos termos do art. 790-A, parágrafo único, da CLT.

No que diz respeito aos dissídios coletivos, o pagamento das custas será no importe de 2% calculados sobre o valor arbitrado pelo Juiz na decisão. Porém, reza o § 4º do art. 789 da CLT que nos dissídios coletivos as partes vencidas responderão solidariamente pelo pagamento das custas.

Sempre que houver acordo, se de outra forma não for convencionado, o pagamento das custas caberá em partes iguais aos litigantes, art. 789, § 3º, da CLT.

Por último, cabe ressaltar que no processo de execução as custas serão sempre de responsabilidade do executado e pagas ao final do processo.

3.6.1. Isenção

Nos termos do art. 790-A da CLT, além dos beneficiários da justiça gratuita – Lei 1.060/1950 – são isentos do pagamento de custas a União, os Estados, o Distrito Federal, os Municípios e respectivas autarquias e fundações públicas federais, estaduais ou municipais que não explorem atividade econômica e o Ministério Público do Trabalho.

É importante destacar que as isenções acima citadas não alcançam as entidades fiscalizadoras do exercício profissional, como, por exemplo, a OAB, CREA, entre outras.

A responsabilidade pelo pagamento dos honorários periciais é da parte sucumbente na pretensão objeto da perícia, salvo se beneficiária de justiça gratuita.

3.6.2. *Empresa de Correios e Telégrafos – Correios*

Nos termos do Decreto 509/1969 o então, Departamento dos Correios e Telégrafos (DCT) foi transformado em empresa pública, vinculada ao Ministério das Comunicações, com a denominação de Empresa Brasileira de Correios e Telégrafos.

O art. 12 do citado diploma normativo ensina que a ECT gozará de isenção de direitos de importação de materiais e equipamentos destinados aos seus serviços, dos privilégios concedidos à Fazenda Pública, quer em relação a imunidade tributária, direta ou indireta, impenhorabilidade de seus bens, rendas e serviços, quer no concernente a foro, prazos e custas processuais.

Portanto, em relação à prerrogativa de foro, prazos e custas processuais os correios são equiparados à Fazenda Pública, gozando, portanto, da regra disposta no art. 183 do CPC/2015 e, ainda, a isenção de despesas processuais prevista no art. 790-A da CLT.

3.7. Responsabilidade pelos honorários periciais

Nos termos do art. 790-B da CLT a responsabilidade pelo pagamento dos honorários periciais é da parte sucumbente na pretensão objeto da perícia, ainda que beneficiária da justiça gratuita.

Inovando e divergindo do entendimento cristalizado na súmula 457 do TST que entendia que a União seria responsável pelo pagamento dos honorários de perito quando a parte sucumbente no objeto da perícia for beneficiária da assistência judiciária gratuita, o atual § 4º do art. 790-B da CLT ensina que somente no caso em que o beneficiário da justiça gratuita não tenha obtido em juízo créditos capazes de suportar a despesa do pagamento dos honorários periciais, ainda que em outro processo, a União responderá pelo encargo.

Cumpre lembrar que citado dispositivo legal é objeto da ADI 5766 proposta perante o STF, que até a data de fechamento dessa edição não havia se pronunciado sobre o pedido de liminar.

O juízo não poderá exigir adiantamento de valores para realização de perícias, sob pena de praticar ato ilegal remediável via mandado de segurança.

Ao fixar o valor dos honorários periciais, o juízo deverá respeitar o limite máximo estabelecido pelo Conselho Superior da Justiça do Trabalho, sendo possível o deferimento dos honorários periciais.

3.8. Responsabilidade por dano processual

A responsabilidade por dano processual está intimamente ligada ao litigante de má-fé. A legislação prevê uma punição por litigância de má-fé à parte que agir dolosamente.

Nos termos do art. 793-A da CLT responde por perdas e danos aquele que litigar de má-fé como reclamante, reclamado ou interveniente. Essa responsabilidade será aplicada a todo aquele que participar do processo, seja como parte ou mesmo, interveniente, como por exemplo: perito ou até mesmo a testemunha que intencionalmente alterar a verdade dos fatos ou omitir fatos essenciais ao julgamento da causa, art. 793-D da CLT.

Em conformidade com o art. 793-B da CLT, considera-se litigante de má-fé aquele que:

I – deduzir pretensão ou defesa contra texto expresso de lei ou fato incontroverso;

II – alterar a verdade dos fatos;

III – usar do processo para conseguir objetivo ilegal;

IV – opuser resistência injustificada ao andamento do processo;

V – proceder de modo temerário em qualquer incidente ou ato do processo;

VI – provocar incidente manifestamente infundado;

VII – interpuser recurso com intuito manifestamente protelatório.

A condenação por dano processual poderá ser requerida pela parte interessada, ou seja, pela parte que se sentir prejudicada ou até mesmo aplicada de ofício pelo juiz. A multa por litigância de má-fé deverá ser superior a 1% (um por cento) e inferior a 10% (dez por cento) do valor corrigido da causa. O litigante de má-fé deverá, ainda, arcar com os honorários advocatícios e com todas as despesas que efetuou.

Sempre que o valor atribuído à causa for irrisório ou inestimável, a multa poderá ser fixada em até duas vezes o limite máximo dos benefícios do Regime Geral de Previdência Social.

Caso sejam dois ou mais os litigantes de má-fé, o juízo condenará cada um na proporção de seu respectivo interesse na causa ou solidariamente aqueles que se coligaram para lesar a parte contrária.

O valor da indenização será fixado pelo juízo ou, caso não seja possível mensurá-lo, liquidado por arbitramento ou pelo procedimento comum, nos próprios autos.

Por fim, cumpre esclarecer que a execução da multa por litigância de má-fé será processada nos mesmos autos.

4. PARTES E PROCURADORES

4.1. Aspectos gerais

São 3 os elementos capazes de identificar uma ação. Assim, podemos dizer que duas ações são idênticas quando possuírem os mesmos elementos. São eles:

a) partes: sujeito ativo e sujeito passivo;

b) causa de pedir: corresponde aos fundamentos de fato – causa de pedir próxima – e aos fundamentos de direito – causa de pedir remota;

c) pedido: que consiste no provimento jurisdicional pretendido.

Podemos dizer que é parte no processo aquele que requer a tutela jurisdicional e, também, aquele contra quem a tutela é impetrada. São, portanto, exequente e executado, no processo de execução; embargante e embargado, em processos de embargos à execução e embargos de terceiro; impetrante e impetrado, em mandados de segurança; reconvinte e reconvindo, em reconvenção; e, nos domínios do processo do trabalho, reclamante e reclamado, nas reclamações trabalhistas.

4.2. Capacidade

Cumpre, primeiramente, salientar que capacidade processual não se confunde com capacidade de ser parte, tampouco com capacidade postulatória.

Capacidade de ser parte nada mais é do que a capacidade de direito, ou seja, é a aptidão para figurar como parte em um dos polos da relação processual e está disciplinada nos arts. 1º e 2º do CC. Desta forma, todas as pessoas físicas e jurídicas e alguns entes despersonalizados possuem capacidade de ser parte.

Já a capacidade processual é a aptidão para agir em juízo. Assim, toda pessoa que se acha no exercício dos seus direitos tem capacidade para estar em juízo, conforme reza o art. 70 do CPC/2015.

Destarte, uma vez verificada a capacidade de ser parte, deve-se analisar se aquele sujeito é capaz de praticar os atos processuais sozinho, sem o acompanhamento de outras pessoas, ou se necessitarão de assistência ou representação, conforme o caso.

Já a capacidade postulatória ou *jus postulandi* consiste na capacidade para prática de atos processuais em juízo que, em regra, pertence ao advogado devidamente inscrito na OAB e aos membros do Ministério Público.

Há, no entanto, casos em que não é exigida a capacidade postulatória para agir em juízo, como, por exemplo, nos juizados especiais cíveis, em que se dispensa a capacidade postulatória para o ajuizamento das ações cujo valor não exceda a 20 salários mínimos (art. 9º da Lei 9.099/1995). Outrossim, também dispensa-se a capacidade postulatória para a impetração de *habeas corpus* e, ainda, para propositura de reclamação trabalhista.

4.2.1. Jus postulandi

O *jus postulandi* encontra-se disciplinado no art. 791 da CLT, que ensina que empregados e os empregadores poderão reclamar pessoalmente perante a Justiça do Trabalho e acompanhar as suas reclamações até o final.

Dessa forma, temos que, no âmbito da Justiça do Trabalho, empregados e empregadores poderão, sem a presença de advogado, reclamar e acompanhar suas ações até o final, ou seja, poderão reclamar em juízo e interpor recurso pessoalmente.

Porém, para a interposição de recurso extraordinário para o STF deverá a parte fazê-lo por intermédio de um advogado, sob pena de não conhecimento do recurso.

A aplicação do *jus postulandi* já foi polêmica. Isso porque parte da doutrina entendia que a presença do advogado era dispensável somente na primeira e segunda instância trabalhista, excluindo a possibilidade de a própria parte apresentar recurso de revista, em face de sua natureza extraordinária.

Entretanto, como já exposto, em abril de 2010, o Tribunal Superior do Trabalho editou a súmula 425, estabelecendo que o *jus postulandi* das partes é limitado às Varas do Trabalho e aos Tribunais Regionais do Trabalho, não alcançando a ação cautelar, ainda que proposta em primeira instância, a ação rescisória e o mandado de segurança, bem como os recursos de competência do Tribunal Superior do Trabalho. Também é obrigatória a presença de advogado no processo de homologação de acordo extrajudicial, nos termos do art. 855-B da CLT.

4.3. Sucessão das partes

Sucessão das partes (ou sucessão processual) nada mais é que a substituição da parte do processo em decorrência da alteração de titularidade do direito material discutido em juízo. Como exemplo, podemos citar o caso de morte de uma das partes, hipótese em que haverá sua substituição pelo espólio ou pelos sucessores, nos termos do art. 110 do CPC/2015, devendo ser observada, igualmente, a regra disposta no art. 313, §§ 1º e 2º, do CPC/2015.

A sucessão processual não pode ser confundida com a substituição processual, também chamada de legitimidade extraordinária, que será estudada no item 4.8, a qual é conceituada como o fenômeno processual pelo qual alguém, autorizado por lei, atua em juízo como parte, em nome próprio, na defesa de interesse alheio.

Nos domínios do processo do trabalho, ocorrendo a morte do empregado, os dependentes poderão assumir o polo ativo.

Nesse sentido, dispõe o art. 1º da Lei 6.858/1980:

Art. 1º. Os valores devidos pelos empregadores aos empregados e os montantes das contas individuais do Fundo de Garantia do Tempo de Serviço e do Fundo de Participação PIS-PASEP, não recebidos em vida pelos respectivos titulares, serão pagos, em quotas iguais, aos dependentes habilitados perante a Previdência Social ou na forma da legislação específica dos servidores civis e militares, e, na sua falta, aos sucessores previstos na lei civil, indicados em alvará judicial, independentemente de inventário ou arrolamento.

§ 1º. As quotas atribuídas a menores ficarão depositadas em caderneta de poupança, rendendo juros e correção monetária, e só serão disponíveis após o menor completar 18 (dezoito) anos, salvo autorização do juiz para aquisição de imóvel destinado à residência do menor e de sua família ou para dispêndio necessário à subsistência e educação do menor.

§ 2º. Inexistindo dependentes ou sucessores, os valores de que trata este artigo reverterão em favor, respectivamente, do Fundo de Previdência e Assistência Social, do Fundo de Garantia do Tempo de Serviço ou do Fundo de Participação PIS-PASEP, conforme se tratar de quantias devidas pelo empregador ou de contas de FGTS e do Fundo PIS PASEP.

4.4. Representação processual

É a possibilidade de atuar no processo em nome de outrem. Consiste, portanto, na possibilidade de uma pessoa demandar em juízo em nome alheio, defendendo interesse alheio.

Logo, o representante age em nome do representado, defendendo interesse do próprio representado, não agindo na qualidade de parte.

A representação pode ser legal, nas hipóteses em que a lei indica o representante, como no art. 75, I, II e III, do CPC/2015, ou pode ser convencional ou voluntária, que é feita por vontade da parte, como nas hipóteses do art. 75, VIII, do CPC/2015.

A CLT, por sua vez, ensina que é facultado ao empregador fazer-se substituir pelo gerente ou qualquer outro preposto que tenha conhecimento do fato. Nos termos do art. 843, § 3º, da CLT o preposto não precisa ser empregado da parte reclamada.

Já o empregado que esteja doente ou não possa comparecer à audiência por qualquer outro motivo poderoso ou relevante poderá ser representado por outro empregado da mesma profissão ou pelo sindicato, que comparecerá à audiência informando o justo motivo para o não comparecimento do reclamante, com o fito de evitar o arquivamento do processo, nos termos do art. 843, § 2º, da CLT.

Com relação ao empregador doméstico, poderá este ser representado por qualquer pessoa da família.

Sobre o tema, importante a transcrição do art. 75 do CPC/2015.

Art. 75. Serão representados em juízo, ativa e passivamente:

I – a União, pela Advocacia-Geral da União, diretamente ou mediante órgão vinculado;

II – o Estado e o Distrito Federal, por seus procuradores;

III – o Município, por seu prefeito ou procurador;

IV – a autarquia e a fundação de direito público, por quem a lei do ente federado designar;

V – a massa falida, pelo administrador judicial;

VI – a herança jacente ou vacante, por seu curador;

VII – o espólio, pelo inventariante;

VIII – a pessoa jurídica, por quem os respectivos atos constitutivos designarem ou, não havendo essa designação, por seus diretores;

IX – a sociedade e a associação irregulares e outros entes organizados sem personalidade jurídica, pela pessoa a quem couber a administração de seus bens;

X – a pessoa jurídica estrangeira, pelo gerente, representante ou administrador de sua filial, agência ou sucursal aberta ou instalada no Brasil;

XI – o condomínio, pelo administrador ou síndico.

4.5. Mandato

Como visto, na Justiça do Trabalho as partes são dotadas de capacidade postulatória e poderão fazer uso do *jus postulandi* nos exatos termos do art. 791 da CLT e da súmula 425 do TST.

Porém, nos dissídios individuais os empregados e empregadores poderão fazer-se representar por intermédio do sindicato, advogado, inscrito na Ordem dos Advogados do Brasil. As partes constituirão procuradores mediante instrumento de mandato, ou seja, a procuração *ad judicia*, por meio da qual a parte lhe outorga os poderes.

Com relação ao mandato outorgado por pessoa jurídica, a Súmula 456 do TST dispõe:

SÚMULA 456 TST – REPRESENTAÇÃO. PESSOA JURÍDICA. PROCURAÇÃO. INVALIDADE. IDENTIFICAÇÃO DO OUTORGANTE E DE SEU REPRESENTANTE.

I – É inválido o instrumento de mandato firmado em nome de pessoa jurídica que não contenha, pelo menos, o nome do outorgante e do signatário da procuração, pois estes dados constituem elementos que os individualizam.

II – Verificada a irregularidade de representação da parte na instância originária, o juiz designará prazo de 5 (cinco) dias para que seja sanado o vício. Descumprida a determinação, extinguirá o processo, sem resolução de mérito, se a providência couber ao reclamante, ou considerará revel o reclamado, se a providência lhe couber (art. 76, § 1º, do CPC de 2015).

III – Caso a irregularidade de representação da parte seja constatada em fase recursal, o relator designará prazo de 5 (cinco) dias para que seja sanado o vício. Descumprida a determinação, o relator não conhecerá do recurso, se a providência couber ao recorrente, ou determinará o desentranhamento das contrarrazões, se a providência couber ao recorrido (art. 76, § 2º, do CPC de2015).

Nos termos do art. 104 e § 1º, do CPC/2015, a representação em juízo é feita por meio do instrumento de mandato.

A súmula 395, I, do TST ensina ser válido o instrumento de mandato com prazo determinado que contém cláusula estabelecendo a prevalência dos poderes para atuar até o final da demanda, art. 105, § 4º, CPC/2015.

Se há previsão, no instrumento de mandato, de prazo para sua juntada, o mandato só tem validade se anexado ao processo o respectivo instrumento no aludido prazo.

O outorgado poderá substabelecer os poderes conferidos pelo outorgante, ou seja, transmitir os poderes para outros advogados. Assim, são válidos os atos praticados pelo substabelecido, ainda que não haja, no mandato, poderes expressos para substabelecer, nos termos da súmula 395, III, do TST.

Nesse sentido, verificada a irregularidade de representação por não ter o mandato sido anexado no prazo estabelecido ou se o substabelecimento é anterior à outorga passada ao substabelecente, deverá o juiz suspender o processo e designar prazo razoável para que seja sanado o vício, ainda que em instância recursal, é o que determina a súmula 395, item V, do TST.

Havendo mais de um advogado representando o empregado, poderão estes advogados requerer que as comunicações sejam feitas em nome de um determinado advogado. Nessa hipótese, o TST por meio da súmula 427, entende ser nula a comunicação em nome de outro profissional constituído nos autos.

Há de se ressaltar que é necessário que haja prejuízo à parte, sob pena de não ser reconhecida a nulidade do ato.

Contudo, a IN 39 do TST dispõe em seu art. 16:

"Para efeito de aplicação do § 5º do art. 272 do CPC, não é causa de nulidade processual a intimação realizada na pessoa de advogado regularmente habilitado nos autos, ainda que conste pedido expresso para que as comunicações dos atos processuais sejam feitas em nome de outro advogado, se o profissional indicado não se encontra previamente cadastrado no Sistema de Processo Judicial Eletrônico, impedindo a serventia judicial de atender ao requerimento de envio da intimação direcionada. A decretação de nulidade não pode ser acolhida em favor da parte que lhe deu causa (CPC, art. 276)."

É importante lembrar é inadmissível recurso firmado por advogado sem procuração juntada aos autos até o momento da sua interposição, salvo mandato tácito. Em caráter excepcional, casos reputados como urgentes, para evitar a prescrição, perempção e preclusão, art. 104 do CPC/2015, admite-se que o advogado, independentemente de intimação, exiba a procuração no prazo de 5 (cinco) dias após a interposição do recurso, prorrogável por igual período mediante despacho do juiz. Caso não a exiba no prazo, considera-se ineficaz o ato praticado e não se conhece do recurso.

Assim, verificada a irregularidade de representação da parte em fase recursal, em procuração ou substabelecimento já constante dos autos, o relator ou o órgão competente para julgamento do recurso designará prazo de 5 (cinco) dias para que seja sanado o vício. Descumprida a determinação, o relator não conhecerá do recurso, se a providência couber ao recorrente, ou determinará o desentranhamento das contrarrazões, se a providência couber ao recorrido.

4.5.1. Mandato tácito

Na Justiça do Trabalho admite-se o mandato tácito ou *apud acta*, ou seja, mandato constituído na própria ata de audiência, a requerimento do advogado com anuência da parte.

Desse modo dispõe o art. 791, § 3º, da CLT:

Art. 791 (...)

§ 3º A constituição de procurador com poderes para o foro em geral poderá ser efetivada, mediante simples registro em ata de audiência, a requerimento verbal do advogado interessado, com anuência da parte representada.

Importante ressaltar, contudo, que nos termos da Orientação Jurisprudencial 200 da SDI 1 do TST, é inválido o substabelecimento de advogado investido de mandato tácito.

Com relação à Fazenda Pública, ensina a Súmula 436 do TST:

SÚMULA 436 DO TST – REPRESENTAÇÃO PROCESSUAL. PROCURADOR DA UNIÃO, ESTADOS, MUNICÍPIOS E DISTRITO FEDERAL, SUAS AUTARQUIAS E FUNDAÇÕES PÚBLICAS. JUNTADA DE INSTRUMENTO DE MANDATO.

I – A União, Estados, Municípios e Distrito Federal, suas autarquias e fundações públicas, quando representadas em juízo, ativa e passivamente, por seus procuradores, estão dispensadas da juntada de instrumento de mandato e de comprovação do ato de nomeação.

II – Para os efeitos do item anterior, é essencial que o signatário ao menos declare-se exercente do cargo de procurador, não bastando a indicação do número de inscrição na Ordem dos Advogados do Brasil.

4.5.2. Honorários advocatícios

Como já estudado, na Justiça do Trabalho admite-se o *jus postulandi* da parte, previsto no art. 791 da CLT, não necessitando que a parte esteja representada por um advogado para que possa ingressar com uma ação na Justiça do Trabalho.

Por esse motivo, se as partes estiverem fazendo uso do *jus postulandi*, não serão devidos honorários advocatícios sucumbenciais.

Todavia, caso o advogado atue em qualquer lide trabalhista, seja ela de relação de emprego ou de relação de trabalho, seja em ação rescisória ou qualquer outra ação, se tiver atuação de advogado, serão devidos os honorários sucumbenciais fixados entre o mínimo de 5% (cinco por cento) e o máximo de 15% (quinze por cento).

Os honorários são devidos também nas ações contra a Fazenda Pública e nas ações em que a parte estiver assistida ou substituída pelo sindicato de sua categoria.

Nessa linha, dispõe o art. 791-A da CLT:

Art. 791-A. Ao advogado, ainda que atue em causa própria, serão devidos honorários de sucumbência, fixados entre o mínimo de 5% (cinco por cento) e o máximo de 15% (quinze por cento) sobre o valor que resultar da liquidação da sentença, do proveito econômico obtido ou, não sendo possível mensurá-lo, sobre o valor atualizado da causa.

Determina o § 2º do art. 791-A da CLT que ao fixar os honorários, o juízo observará:

I – o grau de zelo do profissional;

II – o lugar de prestação do serviço;

III – a natureza e a importância da causa;

IV – o trabalho realizado pelo advogado e o tempo exigido para o seu serviço.

4.5.2.1. Sucumbência recíproca

Na hipótese de procedência parcial, o juízo arbitrará honorários de sucumbência recíproca, vedada a compensação entre os honorários, art. 791-A, § 3º, da CLT.

Para melhor compreensão sobre o tema, imaginemos uma reclamação trabalhista em que o reclamante pleiteie 10 pedidos. Caso seu pedido seja julgado parcialmente procedente, obtendo êxito em 4 desses pedidos, certo é que nos outros 6 pedidos que foram julgados improcedentes, devendo arcar com os honorários sucumbenciais referentes a esses 6 pedidos. Importante frisar que é vedada a compensação dos honorários sucumbenciais.

4.6. Assistência judiciária e justiça gratuita

Não se confunde gratuidade de justiça com assistência judiciária gratuita. Para aqueles que não têm condições de contratar advogado, o Estado confere o "benefício da

Assistência Judiciária". Já para a parte que, possuindo ou não advogado, e não possui condições de arcar com os gastos do processo, será permitido os benefícios da justiça gratuita.

Nos termos do art. 5º, LXXIV, da CF, "o Estado prestará assistência jurídica integral e gratuita aos que comprovarem insuficiência de recursos."

A concessão da assistência judiciária gratuita vem regulada pela Lei 1.060/1950. No entanto, o art. 14 da Lei 5.584/1970 ensina que a assistência judiciária a que se refere a Lei 1.060/1950 será prestada pelo sindicato da classe ao trabalhador, ainda que não seja associado.

Determina o § 1º do citado art. 14 que a "assistência é devida a todo aquele que perceber salário igual ou inferior ao dobro do mínimo legal, ficando assegurado igual benefício ao trabalhador de maior salário, uma vez provado que sua situação econômica não lhe permite demandar, sem prejuízo do sustento próprio ou da família."

A assistência judiciária não se confunde com a justiça gratuita.. Assim, é possível que um empregado não goze da assistência judiciária prestada pelo sindicato da classe, mas preencha os requisitos dispostos no art. 790, § 3º, da CLT e seja beneficiário da justiça gratuita.

Dispõe o art. 790, § 3º, da CLT:

"Art. 790.

§ 3º É facultado aos juízes, órgãos julgadores e presidentes dos tribunais do trabalho de qualquer instância conceder, a requerimento ou de ofício, o benefício da justiça gratuita, inclusive quanto a traslados e instrumentos, àqueles que perceberem salário igual ou inferior a 40% (quarenta por cento) do limite máximo dos benefícios do Regime Geral de Previdência Social."

O benefício da justiça gratuita será concedido à parte que comprovar insuficiência de recursos para o pagamento das custas do processo, nos termos do art. 790, § 4º, da CLT. Por meio do citado dispositivo legal, não prevalece a presunção pela mera declaração de miserabilidade da parte, devendo-se provar a insuficiência de recursos.

Sendo concedida a assistência judiciária, a parte gozará dos benefícios do art. 98, § 1º, CPC/2015, que determina:

"Art. 98.

§ 1º A gratuidade da justiça compreende:

I – as taxas ou as custas judiciais;

II – os selos postais;

III – as despesas com publicação na imprensa oficial, dispensando-se a publicação em outros meios;

IV – a indenização devida à testemunha que, quando empregada, receberá do empregador salário integral, como se em serviço estivesse;

V – as despesas com a realização de exame de código genético – DNA e de outros exames considerados essenciais;

VI – os honorários do advogado e do perito e a remuneração do intérprete ou do tradutor nomeado para apresentação de versão em português de documento redigido em língua estrangeira;

VII – o custo com a elaboração de memória de cálculo, quando exigida para instauração da execução;

VIII – os depósitos previstos em lei para interposição de recurso, para propositura de ação e para a prática de outros atos processuais inerentes ao exercício da ampla defesa e do contraditório;

IX – os emolumentos devidos a notários ou registradores em decorrência da prática de registro, averbação ou qualquer outro ato notarial necessário à efetivação de decisão judicial ou à continuidade de processo judicial no qual o benefício tenha sido concedido.

§ 2º A concessão de gratuidade não afasta a responsabilidade do beneficiário pelas despesas processuais e pelos honorários advocatícios decorrentes de sua sucumbência.

Quanto ao momento para ser feito o pedido da justiça gratuita, segundo o art. 99 CPC/2015 o pedido de gratuidade da justiça pode ser formulado na petição inicial, na contestação, na petição para ingresso de terceiro no processo ou em recurso.

Com relação ao pedido na fase recursal, importante a redação da Orientação Jurisprudencial 269 da SDI 1 do TST:

ORIENTAÇÃO JURISPRUDENCIAL 269 SDI 1 do TST: JUSTIÇA GRATUITA. REQUERIMENTO DE ISENÇÃO DE DESPESAS PROCESSUAIS. MOMENTO OPORTUNO.

I – O benefício da justiça gratuita pode ser requerido em qualquer tempo ou grau de jurisdição, desde que, na fase recursal, seja o requerimento formulado no prazo alusivo ao recurso;

II – Indeferido o requerimento de justiça gratuita formulado na fase recursal, cumpre ao relator fixar prazo para que o recorrente efetue o preparo (art. 99, § 7º, do CPC de 2015).

4.6.1. Assistência judiciária gratuita para pessoa jurídica

Uma vez mais, lembremos que o art. 5º, LXXIV, da CF dispõe que: "o Estado prestará assistência jurídica integral e gratuita aos que comprovarem insuficiência de recursos."

O texto constitucional, ao assegurar a assistência jurídica integral e gratuita, não distinguiu entre pessoas físicas ou jurídicas, conferindo tal garantia a todos aqueles que *"comprovarem insuficiência de recursos". Isso porque, nos termos do art. 5º, caput, da CF, todos são iguais perante a lei.*

O art. 98 do CPC/2015 ensina que toda pessoa natural ou jurídica, brasileira ou estrangeira, com insuficiência de recursos para pagar as custas, as despesas processuais e os honorários advocatícios tem direito à gratuidade da justiça, na forma da lei.

Com isso, o novo CPC põe fim em uma grande discussão doutrinária e positiva a jurisprudência consolidada na súmula 481 do STJ, determinando o direito à gratuidade da justiça às pessoas jurídicas.

Assim, dispõe o art. 98 do CPC/2015

Art. 98. A pessoa natural ou jurídica, brasileira ou estrangeira, com insuficiência de recursos para pagar as custas, as despesas processuais e os honorários advocatícios tem direito à gratuidade da justiça, na forma da que entendia ser devido os benefícios da justiça gratuita às pessoas jurídicas.

A comprovação de miserabilidade jurídica poderá ser feita por meio de documentos, como, por exemplo, balanços contábeis e imposto e renda, que comprovem a efetiva situação precária.

4.6.2. Poderes específicos do advogado para justiça gratuita

A partir de 26.06.2017 os advogados que pleitearem a concessão de assistência judiciária gratuita a seus clientes, sejam eles pessoas físicas ou jurídicas, devem ter procuração com poderes específicos para esse fim.

Essa regra, está de acordo com o CPC/2015 que em seu art. 105 proíbe ao advogado firmar compromisso e assinar declaração de hipossuficiência econômica, que devem constar de cláusula específica.

4.7. Litisconsórcio

Nas lições de Marcus Vinicius Rios Gonçalves (**Novo Curso de Direito Processual Civil**. 6. ed., vol.1. São Paulo: Saraiva, 2009. p. 145), é "um fenômeno que ocorre quando duas ou mais pessoas figuram como autoras ou rés no processo. Se forem autoras, o litisconsórcio será ativo; se rés, passivo; se ambas, bilateral ou misto."

Nos domínios do processo do trabalho, o art. 842 da CLT assim dispõe:

> **Art. 842.** Sendo várias as reclamações e havendo identidade de matéria, poderão ser acumuladas num só processo, se se tratar de empregados da mesma empresa ou estabelecimento.

O dispositivo em apreço trata da reclamação trabalhista plúrima, ou seja, uma hipótese de litisconsórcio ativo.

Com relação ao litisconsórcio passivo, podemos citar como exemplo as demandas em que figuram como rés a empresa fornecedora de mão de obra e a tomadora de serviços. Veja a súmula 331, item IV, do TST.

Nos termos do art. 117 do CPC/2015 que modificou significadamente a disposição legal antiga determina que: "Os litisconsortes serão considerados, em suas relações com a parte adversa, como litigantes distintos, **exceto no litisconsórcio unitário**, caso em que os atos e as omissões de um não prejudicarão os outros, **mas os poderão beneficiar**"

Com isso, o art. 229 do CPC/2015 determina que os litisconsortes que tiverem diferentes procuradores, **de escritórios de advocacia distintos**, terão prazos contados em dobro **para todas as suas manifestações, em qualquer juízo ou tribunal, independentemente de requerimento**.

No entanto, por meio da OJ 310 da SDI 1, o TST se pronunciou para a inaplicabilidade do art. 229 CPC/2015 ao processo do trabalho, por ser com ele incompatível. Dispõe a citada OJ:

> **ORIENTAÇÃO JURISPRUDENCIAL 310 da SDI do TST** – LITISCONSORTES. PROCURADORES DISTINTOS. PRAZO EM DOBRO. ART. 229, *CAPUT* E §§ 1º E 2º, DO CPC DE 2015. ART. 191 DO CPC DE 1973. INAPLICÁVEL AO PROCESSO DO TRABALHO (atualizada em decorrência do CPC de 2015) – Res. 208/2016, DEJT divulgado em 22, 25 e 26.04.2016 Inaplicável ao processo do trabalho a norma contida no art. 229, *caput* e §§ 1º e 2º, do CPC de 2015 (art. 191 do CPC/1973), em razão de incompatibilidade com a celeridade que lhe é inerente.

4.8. Substituição processual

Substituição processual ou legitimidade extraordinária pode ser conceituada como sendo o fenômeno processual pelo qual alguém, autorizado por lei, atua em juízo como parte, em nome próprio, na defesa de interesse alheio.

Nessa linha, dispõe o art. 18 do CPC/2015:

> Art. 18. Ninguém poderá pleitear direito alheio em nome próprio, salvo quando autorizado pelo ordenamento jurídico.
>
> Parágrafo único. Havendo substituição processual, o substituído poderá intervir como assistente litisconsorcial.

Esse ponto é fundamental para distinguir a substituição da representação processual. Isso porque, na representação, o representante não é parte, mas apenas a representa; ao passo que, na substituição processual, o substituto é parte no processo, seja na qualidade de autor, seja na qualidade de réu.

A CF/1988 estabelece, no art. 8º, III, que compete ao sindicato a defesa dos direitos e interesses coletivos ou individuais da categoria, inclusive em questões judiciais ou administrativas.

Essa legitimação extraordinária é irrestrita para que o sindicato atue em nome próprio na tutela de interesses da classe operária que defende.

Vale ressaltar o entendimento cristalizado na OJ 121 da SDI 1 do TST, que ensina: "o sindicato tem legitimidade para atuar na qualidade de substituto processual para pleitear diferença de adicional de insalubridade".

Por último, importante lembrar o entendimento disposto a primeira parte do item III da súmula 219 do TST, que determina o pagamento de honorários advocatícios nas causas em que o ente sindical figure como substituto processual.

5. DISSÍDIO INDIVIDUAL

5.1. Reclamação verbal ou escrita

Nos termos do art. 840 da CLT, a reclamação trabalhista poderá ser verbal ou escrita.

5.1.1. Reclamação verbal

Na reclamação trabalhista verbal (art. 840, § 2º, da CLT), o reclamante procura o próprio Tribunal Regional do Trabalho de sua região (Vara do Trabalho) e expõe seus motivos ao servidor. Uma vez verificada a possibilidade de ingresso na Justiça do Trabalho, a reclamação trabalhista deverá ser distribuída antes mesmo de sua redução a termo, em conformidade com o art. 93, XV, da CF e art. 786 da CLT.

Distribuída a reclamação verbal, o reclamante deverá, salvo motivo de força maior, apresentar-se, no prazo de 5 (cinco) dias, ao cartório ou à secretaria, para reduzi-la a termo, sob a pena de perder, pelo prazo de 6 meses, o direito de reclamar perante a Justiça do Trabalho, o que, nos termos do art. 731 da CLT, a doutrina costuma chamar de perempção provisória.

Reduzida a termo, o escrivão ou secretário, dentro de 48 horas, remeterá a segunda via do termo ao réu, notificando-o ao para comparecer à audiência.

Vale lembrar que, de acordo com o entendimento disposto no art. 841, *caput*, parte final, da CLT, entre a data do recebimento da notificação pela reclamada e a data designada para a audiência deverá ser obedecido o prazo mínimo de 5 (cinco) dias, sob pena de nulidade. Em se tratando de Fazenda Pública, esse prazo deverá ser contado em quádruplo, ou seja, entre a data do recebimento da notificação e a data da audiência deverá ser observado um lapso temporal de 20 (vinte) dias, nos termos do art. 1º, II, do Decreto-Lei 779/1969.

Nessa linha, presume-se recebida a notificação 48 (quarenta e oito) horas depois de sua postagem. O seu não recebimento ou a entrega após o decurso desse prazo constitui ônus de prova do destinatário, em conformidade com a súmula 16 do TST.

5.1.2. Reclamação escrita

A reclamação trabalhista escrita, em atendimento ao disposto no art. 840, § 1º, da CLT, sendo escrita, deverá conter a designação do juízo, a qualificação das partes, a breve exposição dos fatos de que resulte o dissídio, o pedido, que deverá ser certo, determinado e com indicação de seu valor, a data e a assinatura do reclamante ou de seu representante.

Novidade trazida pela reforma trabalhista diz respeito ao pedido que deverá ser certo, determinado e com indicação de seu valor.

Dessa forma, ao distribuir a reclamação trabalhista, tal como ocorria no procedimento sumaríssimo, deverá o autor fazer pedido certo, com a determinação dos respectivos valores.

Os pedidos que não atendam esse comando serão julgados extintos sem resolução do mérito, nos termos do art. 840, § 3º, da CLT.

A reclamação escrita deverá ser formulada em duas vias e desde logo acompanhada dos documentos em que se fundar.

Assim como a reclamação verbal, o escrivão ou secretário, dentro de 48 horas, remeterá a segunda via da petição ao réu, notificando-o para comparecimento à audiência, que deverá ser marcada obedecendo ao prazo mínimo de 5 (cinco) dias, observada a regra do art. 1º, II, do Decreto-Lei 779/1969 para a Fazenda Pública.

5.2. Comissão de Conciliação Prévia

Estabelece o art. 625-D da CLT que qualquer demanda de natureza trabalhista será submetida à Comissão de Conciliação Prévia – CCP – se, na localidade da prestação de serviços, houver sido instituída a Comissão no âmbito da empresa ou do sindicato da categoria.

As Comissões de Conciliação Prévia não integram a estrutura da Justiça do Trabalho, que se encontra esculpida no art. 111 da CF, estudado no capítulo 2.

O dispositivo legal em questão estabelece, portanto, que qualquer reclamação trabalhista deve ser submetida à CCP antes de ser ajuizada, quando, na localidade da prestação de serviços, houver sido instituída tal comissão no âmbito da empresa ou do sindicato da categoria.

Ocorre que o art. 625-D da CLT foi objeto de duas Ações Diretas de Inconstitucionalidade – ADIs. A primeira delas, ADI 2139, ajuizada pelo PCdoB, PSB, PT e PDT; e a segunda, ADI 2160, ajuizada pela Confederação Nacional dos Trabalhadores no Comércio – CNTC.

A Suprema Corte decidiu por maioria de votos que as ações trabalhistas podem ser submetidas ao judiciário trabalhista mesmo antes de se submeter a questão à Comissão de Conciliação Prévia – CCP. Para os ministros da Suprema Corte, a decisão preserva o direito universal dos cidadãos de acesso à Justiça.

Desta forma, de acordo com a interpretação conferida ao dispositivo em questão pela Suprema Corte, a submissão de conflitos à Comissão de Conciliação Prévia não constitui condição da ação para o ajuizamento da reclamação trabalhista, não sendo possível a extinção do processo sem resolução do mérito em caso de ausência de tentativa de conciliação perante a CCP.

Qualquer interessado poderá apresentar seu pedido à Comissão, que uma vez provocada terá prazo de 10 (dez) dias para a realização da sessão de tentativa de conciliação. Não havendo realização da sessão de conciliação no aludido prazo, deverá ser entregue ao empregado declaração de tentativa de conciliação frustrada. Vale lembrar que o não comparecimento da parte na sessão de conciliação não implica revelia.

Submetida a demanda à Comissão de Conciliação Prévia e não prosperando a conciliação, deverá ser fornecida ao empregado e ao empregador declaração da tentativa conciliatória frustrada com a descrição de seu objeto, que deverá ser juntada à eventual reclamação trabalhista.

No entanto, caso seja aceita a conciliação, deverá ser lavrado termo que será assinado pelo empregado, pelo empregador ou seu proposto e pelos membros da Comissão. O termo de conciliação é título executivo extrajudicial e terá eficácia liberatória geral, exceto quanto às parcelas expressamente ressalvadas.

A partir da provocação da Comissão de Conciliação Prévia, independentemente da realização da sessão de conciliação, o prazo prescricional será suspenso e recomeçará a fluir a partir da tentativa frustrada de conciliação ou, se for o caso, do esgotamento do prazo de dez dias, quando lhe será entregue a declaração de conciliação frustrada.

5.3. Petição inicial trabalhista

Como já estudado, nos termos do art. 840, § 1º, da CLT, a reclamação trabalhista escrita deverá conter a designação do juiz da vara do trabalho, ou do juiz de direito, nas hipóteses do art. 112 da CF, a quem for dirigida, a qualificação completa das partes, conforme arts. 319 e 320 CPC/2015, em se tratando do reclamante, acrescido do nome da mãe e número da CTPS do reclamante, além de uma breve exposição dos fatos dos quais resultaram o dissídio, o pedido, que deverá ser certo, determinado e com indicação de seu valor, a data e a assinatura do reclamante ou de seu representante.

Vale destacar que a indicação do valor da causa na reclamação trabalhista é obrigatória para que se defina a qual procedimento a demanda será submetida. Para as causas cujo valor não exceda 40 salários mínimos, será observado o rito sumaríssimo previsto nos art. 852-A a 852-I da CLT; uma vez ultrapassado esse valor, ou seja, para causas cujo valor exceda 40 salários mínimos, deverá ser observado o procedimento ordinário.

Ao distribuir a reclamação trabalhista, tal como ocorria no procedimento sumaríssimo, deverá o autor fazer pedido certo, com a determinação dos respectivos valores.

Os pedidos que não atendam esse comando serão julgados extintos sem resolução do mérito, nos termos do art. 840, § 3º, da CLT.

5.3.1. Aditamento da petição inicial

Aditamento da petição inicial, previsto no art. 329, I, do CPC/2015, consiste na modificação do pedido ou da causa de pedir solicitada pelo reclamante antes da citação, independente de autorização da parte contrária.

A CLT é omissa em relação à possibilidade de aditamento da petição inicial, permitindo-se a aplicação subsidiária do diploma processual civil, em conformidade com o art. 769 da CLT e art. 15 CPC/2015.

Desta forma, nos domínios do direito processual do trabalho, admite-se que o aditamento da petição inicial seja feito até a audiência, antes da apresentação de resposta do réu.

Assim, uma vez realizado o aditamento da petição inicial, o juiz do trabalho designará nova audiência para que o réu possa contestar o novo pedido.

Vale lembrar que, apresentada resposta pelo réu, não será possível o aditamento, salvo com o consentimento daquele, em conformidade com o art. 329, II, do CPC/2015.

5.3.2. Emenda da petição inicial

Consiste na alteração ou correção da petição inicial, exigida pelo juiz quando este verificar que ela não preenche os requisitos exigidos pela lei processual ou que contém defeitos e irregularidades capazes de atrapalhar a apreciação do mérito da causa.

Dispõe o art. 321 do CPC/2015:

Art. 321: "O juiz, ao verificar que a petição inicial não preenche os requisitos dos arts. 319 e 320 ou que apresenta defeitos e irregularidades capazes de dificultar o julgamento de mérito, determinará que o autor, no prazo de 15 (quinze) dias, a emende ou a complete, indicando com precisão o que deve ser corrigido ou completado.

Desta forma, sempre que a petição inicial contiver lacunas, imperfeições ou omissões, e esses problemas puderem ser sanados, o juiz deverá permitir que a parte complete o pedido no prazo de 15 dias. Somente depois disso, se a parte não cumprir a exigência imposta pelo magistrado, é que este indeferirá a petição inicial, de acordo com o parágrafo único do mesmo dispositivo legal.

Nessa linha, o TST cristalizou o entendimento consubstanciado na súmula 263, que ensina que, com exceção das hipóteses previstas no art. 330 do CPC/2015, o indeferimento da petição inicial, por encontrar-se desacompanhada de documento indispensável à propositura da ação ou não preencher outro requisito legal, somente é cabível se, após intimada para suprir a irregularidade em 15 (quinze) dias, mediante indicação precisa do que deve ser corrigido ou completado, a parte não o fizer, em conformidade com o art. 321 do CPC/2015.

Tal regra não está contida na CLT, devendo ser aplicado o CPC de forma subsidiária ao processo do trabalho, em conformidade com o art. 769 da CLT e art. 15 CPC/2015.

Vale lembrar que no procedimento sumaríssimo, em decorrência da disposição contida no art. 852-B, I, da CLT, não é permitida a emenda da petição inicial trabalhista.

5.3.3. Recurso em face do indeferimento liminar da petição inicial

A decisão que indefere a petição inicial possui natureza terminativa, na medida em que extingue o processo sem resolução do mérito. Por essa razão, tal decisão desafia a interposição de recurso ordinário, nos termos do art. 895 da CLT.

Nessa linha, entendemos aplicável a regra disciplinada disposta no art. 331 do CPC/2015, que faculta a retratação do juiz no prazo de 5 dias, no caso de interposição de recurso pela parte. Da mesma sorte, em conformidade com o art. 3º, VIII, da IN 39/2016 do TST, com as adaptações pertinentes, aplica-se ao processo do trabalho a regra disposta no art. 485, § 7º, CPC/2015. Assim, interposto recurso ordinário em qualquer decisão que extinga o processo sem resolução do mérito, o juiz terá 5 (cinco) dias para retratar-se.

Desta forma, uma vez indeferida a petição inicial, poderá o autor interpor recurso ordinário no prazo de 8 dias, facultando a retratação do juiz acerca dessa decisão, deferindo o recebimento da petição inicial dando regular andamento ao processo.

5.4. Tutela provisória

No processo do trabalho, por força do art. 769 da CLT e art. 15 do CPC/2015 e, ainda, conforme art. 3º, VI, da IN 39 do TST poderá o juiz conceder tutela provisória, com fundamento nos arts. 294 a 311 do CPC/2015.

5.4.1. Tutelas de urgência

O CPC/2015 prevê como espécies do gênero tutela provisória: a) tutela de urgência, que pode possuir natureza cautelar ou antecipada, de caráter antecedente ou incidente, calcada como o próprio nome sugere, na urgência e b) tutela de evidência, calcada não na urgência, mas na evidência, ou seja, maior probabilidade do direito do reclamante.

Essas medidas objetivam assegurar e/ou satisfazer, desde logo, a pretensão do autor, em outras palavras, visam adiantar os efeitos da sentença.

As tutelas de urgência dependem de dois requisitos, quais sejam: probabilidade do direito e perigo de dano ou de risco ao resultado útil do processo, nos termos do art. 300 CPC/2015. Trata-se dos requisitos *fumus boni iuris* e *periculum in mora.*

A tutela de urgência pode ser concedida liminarmente ou após justificação prévia, nos termos do art. 300, § 2º, CPC/2015.

Para a concessão da tutela de urgência, poderá o juiz, conforme o caso, exigir caução real ou fidejussória idônea para ressarcir os danos que a outra parte possa vir a sofrer. A caução poderá ser dispensada se a parte economicamente hipossuficiente não puder oferecê-la.

5.4.1.1. Tutela antecipada

Trata-se de uma providência judicial que objetiva, antecipadamente, mediante o preenchimento de certos requisitos previstos em lei, a satisfação de um direito.

Assim, podemos dizer que trata-se de medida satisfativa que visa antecipar ao requerente, total ou parcialmente, os efeitos de sua pretensão final.

A tutela antecipada poderá ser incidental, quando requerida no curso de um processo ou antecedente, requerida antes de ser pedida a tutela final, ou seja, seu pedido final.

A apresentação da tutela antecipada incidental será feita por simples petição nos autos do processo em trâmite, dirigida ao juiz da causa, independentemente do pagamento de custas. Na petição deverá a parte interessada preencher os requisitos previstos no art. 300 CPC/2015 acima estudados.

Em se tratando de tutela antecipada antecedente, deverá ser requerida ao juízo competente para conhecer do pedido principal, nos termos do art. 299 CPC/2015 e seguirá as disposições contidas nos arts. 303 e 304 do CPC/2015.

5.4.1.1.1. Procedimento da tutela antecipada requerida em caráter antecedente

Nos casos em que a urgência for anterior à propositura da ação, a parte interessada elaborará seu pedido limitando-se ao requerimento da tutela antecipada, indicando, ainda, o pedido final de sua tutela, expondo as razões de seu direito que busca realizar, bem como do perigo de dano ou do risco ao resultado útil do processo.

Apresentada a petição e regularmente distribuída, o juiz poderá adotar dois caminhos. Caso entenda que não há elementos para a concessão de tutela antecipada, determinará a emenda da petição inicial em até 5 (cinco) dias, sob pena de ser indeferida, sendo o processo extinto sem resolução de mérito.

No entanto, caso entenda presentes os requisitos e conceda a tutela antecipada, o juiz ordenará ao autor que, no prazo de 15 (quinze) dias ou em outro prazo maior que o juiz fixar, adite a petição inicial, com a complementação de sua argumentação, a juntada de novos documentos e a confirmação do pedido de tutela final, sob pena de o processo ser extinto sem resolução do mérito.

Esse aditamento será feito no mesmo processo, não em autos apartados, não existindo a necessidade de novo pagamento de custas processuais.

Realizado o aditamento, o réu será notificado e intimado para a audiência de conciliação, nos termos do art. 841 da CLT. Não havendo acordo, será concedido prazo para apresentação de contestação.

A concessão da tutela antecipada possui natureza interlocutória e sendo assim, face ao disposto no art. 893, § 1º, da CLT não comportará a interposição de recurso, sendo permitido à parte a impetração de mandado de Segurança. No entanto, se a tutela antecipada for concedida na sentença, caberá a parte interessada interpor recurso ordinário.

Nesse sentido, ensina a Súmula 414 do TST:

SÚMULA 414 TST - MANDADO DE SEGURANÇA. TUTELA PROVISÓRIA CONCEDIDA ANTES OU NA SENTENÇA

I – A tutela provisória concedida na sentença não comporta impugnação pela via do mandado de segurança, por ser impugnável mediante recurso ordinário. É admissível a obtenção de efeito suspensivo ao recurso ordinário mediante requerimento dirigido ao tribunal, ao relator ou ao presidente ou ao vice-presidente do tribunal recorrido, por aplicação subsidiária ao processo do trabalho do artigo 1.029, § 5º, do CPC de 2015.

II – No caso de a tutela provisória haver sido concedida ou indeferida antes da sentença, cabe mandado de segurança, em face da inexistência de recurso próprio.

III – A superveniência da sentença, nos autos originários, faz perder o objeto do mandado de segurança que impugnava a concessão ou o indeferimento da tutela provisória.

Caso assim não proceda, o requerido sofrerá uma severa consequência, qual seja, o processo será extinto e a tutela concedida em caráter provisório tornar-se-á definitiva. Nesse caso, poderá a parte interessada pedir sua revisão no prazo de 2 anos, por meio de uma ação revisional, art. 304, § 5º, CPC/2015. Ultrapassado esse período a tutela não poderá ser revisada, tornando-se soberana.

Contudo, após esse lapso temporal de 2 anos, sustenta a doutrina de Mauro Shiavi (Manual de direito processual do trabalho. 10ª edição de acordo com o Novo CPC. São Paulo: LTr, 2016), embora não faça coisa julgada (art. 304, § 6º, CPC/2015) não se descarta a possibilidade de ação rescisória.

Contudo, Luiz Guilherme Marinoni Sergio Cruz Arenhart e Daniel Mitidiero (Novo Código de Processo Civil Comentado, São Paulo, RT, 2015) sustentam, em outras palavras, que a estabilização da tutela antecipada antecedente não é capaz de fazer coisa julgada, característica dos procedimentos de cognição exauriente. Vencidos os 2 anos da ação revisional, continuará sendo possível o exaurimento da cognição até que os prazos de decadência e prescrição operem sobre a esfera jurídica das partes.

A tutela antecipada conservará seus efeitos enquanto não revista, reformada ou invalidada por decisão de mérito proferida na ação de revisão.

5.4.1.2. Tutela cautelar

A tutela cautelar, denominada como ação cautelar no antigo Código de Processo Civil, é tratada pela nova legislação processual civil como espécie do gênero tutelas provisórias de urgência.

Trata-se de uma providência judicial que visa prevenir, conservar, defender ou assegurar a eficácia de um direito. Não objetiva a satisfação de um direito, como é o caso da tutela antecipada.

A tutela cautelar pressupõe a existência de outro pedido, denominado "pedido principa". Assim, as tutelas cautelares podem ser antecedentes, quando intentadas antes da propositura da ação principal, ou incidentais, quando requeridas depois de ajuizada a ação principal, nos termos do art. 294, parágrafo único, do CPC/2015.

Portanto, o CPC/2015 retirou o processo cautelar autônomo, inserindo a tutela cautelar como espécie de tutela de urgência, que é tratada, especificamente, em seus 300 a 302 e 305 a 310.

Pelo sistema do atual CPC não há necessidade de um processo autônomo. Em se tratando de tutela de urgência incidental, basta que a parte interessada apresente no processo que já está em curso uma petição apontando os requisitos e solicitando uma medida de urgência, art. 301 CPC/2015, sem necessidade de pagamento de custas ou juntada de cópias. Em se tratando de tutela cautelar preparatória ou antecedente, deverá ser requerida ao juízo competente para conhecer do pedido principal, nos termos do art. 299 CPC/2015 e seguirá as disposições contidas nos arts. 305 a 310 do CPC/2015.

5.4.1.2.1. Procedimento da tutela cautelar requerida em caráter antecedente

A ação cautelar por possuir rito especial não seguirá o procedimento previsto na CLT. Deverá seguir o procedimento previsto no Código de Processo Civil, a teor da IN 27/2005, que em seu art. 1º, ensina:

> Art. 1º As ações ajuizadas na Justiça do Trabalho tramitarão pelo rito ordinário ou sumaríssimo, conforme previsto na Consolidação das Leis do Trabalho, excepcionando-se, apenas, as que, por disciplina legal expressa, estejam sujeitas a rito especial, tais como o mandado de segurança, habeas corpus, habeas data, ação rescisória, ação cautelar e ação de consignação em pagamento.

A parte formulará pedido requerendo que se assegure/resguarde o bem da vida objeto do processo. A petição deverá indicar as razões de seu direito com a exposição sumária do direito que se objetiva assegurar, bem como o perigo de dano ou o risco ao resultado útil do processo. O pedido principal pode ser formulado conjuntamente com o pedido de tutela cautelar. Não se trata de obrigatoriedade como no caso de tutela antecipada.

Caso o Juiz entenda que o pedido tem natureza de tutela antecipada e não cautelar, observará o regramento disposto no art. 303 CPC/2015, ou seja, procedimento da tutela antecipada.

Apresentado o pedido de tutela cautelar e sendo ele indeferido, salvo se por motivo de reconhecimento de decadência ou de prescrição, poderá a parte formular o pedido principal.

Concedido o pedido cautelar, o réu será citado para, no prazo de 5 (cinco) dias, contestar o pedido e indicar as provas que pretende produzir. No entanto, caso o requerido não conteste o pedido, os fatos alegados pelo autor serão presumidos aceitos pelo réu como ocorridos, devendo o juiz decidir a questão em 5 (cinco) dias.

Uma vez contestado o pedido, observar-se-á o procedimento comum com apresentação de provas, se o Juiz entender necessário, e consequente prolação de decisão.

Uma vez concedida a tutela cautelar, deverá o autor, caso não tenha formulado o pedido principal na petição inaugural, formulá-lo no prazo de 30 (trinta) dias. O pedido será formulado nos mesmos autos, não estando sujeito ao adiantamento de novas custas processuais.

Apresentado o pedido principal, as partes serão intimadas para a audiência de conciliação, por seus advogados ou pessoalmente, sem necessidade de nova citação do réu.

Não havendo acordo, o juiz abrirá prazo de 15 dias para contestação.

A eficácia da tutela cautelar concedida em caráter antecedente será extinta em 3 situações:

> I. caso o autor não deduza o pedido principal no prazo legal;
>
> II. caso a tutela cautelar não seja efetivada dentro de 30 (trinta) dias; ou
>
> III. se o juiz julgar improcedente o pedido principal formulado pelo autor ou extinguir o processo sem resolução de mérito.

Nesses casos, é vedado à parte renovar o pedido, salvo sob novo fundamento.

5.4.1.2.2. Requisitos específicos

De acordo com o art. 300 do CPC/2015 são requisitos para a concessão da tutela provisória cautelar: a probabilidade do direito e o perigo de dano ou o risco ao resultado útil do processo.

Trata-se da presença de *fumus boni iuris*, que consiste na probabilidade da existência do direito alegado, e do *periculum in mora*, ou seja, que a demora na prestação jurisdicional possa causar ao autor danos irreparáveis ou de difícil reparação.

5.4.1.2.3. Espécies de medidas cautelares

Dispõe o art. 301 CPC/2015:

> Art. 301. A tutela de urgência de natureza cautelar pode ser efetivada mediante arresto, sequestro, arrolamento de bens, registro de protesto contra alienação de bem e qualquer outra medida idônea para asseguração do direito.

O atual CPC não traduz o que vem a ser e quando serão adotadas as espécies de cautelares especificadas no dispositivo estudado. Nessa linha, importante é a análise do CPC/1973 que dispunha sobre a finalidade de tais medidas.

Dessa forma, ensina o ilustre professor Cássio Scarpinella Bueno (Manual de Direito Processual Civil: inteiramente estruturado à luz do novo CPC - Lei 13.105/2015, Saraiva, 2015):

> *"E para o prezado leitor que quer saber o que está por trás dos nomes empregados pelo art. 301, não custa saciar a sua curiosidade, levando em conta o que, nessa perspectiva, sempre foi bem aceito pela doutrina e jurisprudência do CPC/1973,*

quanto às finalidades daquelas medidas: arresto é (era) medida que quererá salvaguardar o resultado útil do cumprimento de sentença ou do processo de execução em se tratando de obrigações de pagar dinheiro; sequestro tem (tinha) finalidade idêntica só que dizendo respeito a obrigações de entrega de coisa; arrolamento de bens é (era) medida destinada à identificação e á conservação de bens e protesto contra alienação de bens, a comunicação formal de uma determinada manifestação de vontade, aqui, a alienação patrimonial."

Em suma, para a completa compreensão do art. 301 CPC/2015 deveremos nos socorrer das técnicas dispostas no CPC/1973.

5.4.1.2.3.1 Arresto

A medida cautelar de arresto consiste na apreensão judicial de bens do devedor, capazes de garantir o pagamento da dívida líquida e certa, devidamente demonstrada.

Nas lições do antigo CPC, será possível o pedido de arresto:

a) quando o devedor sem domicílio certo intenta ausentar-se ou alienar os bens que possui, ou deixa de pagar a obrigação no prazo estipulado;

b) quando o devedor que tem domicílio se ausenta ou tenta ausentar-se furtivamente;

c) quando o devedor que tem domicílio, caindo em insolvência, aliena ou tenta alienar bens que possui; contrai ou tenta contrair dívidas extraordinárias; põe ou tenta pôr os seus bens em nome de terceiros; ou comete outro qualquer artifício fraudulento, a fim de frustrar a execução ou lesar credores;

d) quando o devedor, que possui bens de raiz, intenta aliená-los, hipotecá-los ou dá-los em anticrese, sem ficar com algum ou alguns, livres e desembargados, equivalentes às dívidas.

Nota-se que é essencial para a procedência do pedido de arresto que o credor demonstre a liquidez e certeza do débito.

Nos domínios do processo do trabalho, o Juiz do Trabalho não exigirá caução, em face da hipossuficiência do trabalhador e a consequente incompatibilidade com as normas processuais trabalhistas.

5.4.1.2.3.2 Sequestro

No arresto, estudado acima, como a execução está ligada a uma quantia, ou seja, um valor, não se objetiva a busca de um determinado bem, mas sim de quaisquer bens que garantam a dívida. Diferentemente, o sequestro presta-se à preservação de determinados e específicos bens, sobre os quais incidam o litígio e que estejam em risco.

Nessa linha, determinava o art. 822 do CPC/1973:

> **Art. 822.** *O juiz, a requerimento da parte, pode decretar o sequestro:*
>
> *I – de bens móveis, semoventes ou imóveis, quando lhes for disputada a propriedade ou a posse, havendo fundado receio de rixas ou danificações;*
>
> *II – dos frutos e rendimentos do imóvel reivindicando, se o réu, depois de condenado por sentença ainda sujeita a recurso, os dissipar. (...)*

5.4.2. Tutela da evidência

Disciplinada no art. 311 do CPC/2015, aplicável ao processo do trabalho, em conformidade com o art. 3º da IN 39 TST, a tutela de evidência será deferida pelo juiz independentemente da demonstração de perigo de dano ou de risco ao resultado útil do processo, como na tutela de urgência. Na tutela de evidência o interessado deverá demonstrar a maior probabilidade, ou seja, deverá demonstrar a verossimilhança, plausibilidade do seu direito.

De acordo com o citado dispositivo legal existem 4 hipóteses que a tutela de urgência será concedida, a saber:

I. ficar caracterizado o abuso do direito de defesa ou o manifesto propósito protelatório da parte;

II. sempre que as alegações de fato puderem ser comprovadas apenas documentalmente e houver tese firmada em julgamento de casos repetitivos ou em súmula vinculante;

III. quando se tratar de pedido reipersecutório fundado em prova documental adequada do contrato de depósito, caso em que será decretada a ordem de entrega do objeto custodiado, sob cominação de multa;

IV. a petição inicial for instruída com prova documental suficiente dos fatos constitutivos do direito do autor, a que o réu não oponha prova capaz de gerar dúvida razoável.

Importante, porém, ressaltar que em se tratando das hipóteses trazidas pelos incisos II e III, a tutela de evidência poderá ser deferida liminarmente, ou seja, antes e independentemente da oitiva da parte adversa.

5.4.3. Duração da tutela provisória

Por conta de sua provisoriedade, como o próprio nome sugere, a tutela provisória ora estudada, em qualquer uma de suas modalidades, podem ser revogadas ou modificadas a qualquer tempo.

No entanto, poderá ocorrer a perpetuação ou estabilização da tutela concedida, na hipótese já estudada prevista no art. 304 do CPC/2015.

5.5 Audiência trabalhista

Como no processo do trabalho não há o despacho de recebimento da petição inicial da reclamação trabalhista por parte do juiz do trabalho, uma vez distribuída a petição inicial o Diretor da Vara ou mesmo a distribuição eletrônica, designará a data da audiência, notificando as partes dessa data, bem como das consequências do não comparecimento em audiência e, ainda, sobre o comparecimento das testemunhas.

Sob pena de nulidade, entre a data do recebimento da notificação e a data designada para a audiência deverá ser respeitado um prazo mínimo de 5 dias, para que a reclamada possa preparar sua resposta/defesa e contatar as testemunhas que pretende levar em audiência, nos termos do art. 841 da CLT.

As audiências deverão ocorrer entre as 8 e 18 horas e não poderão ultrapassar 5 horas seguidas, salvo quando houver matéria urgente, em conformidade com o art. 813 da CLT.

À hora marcada, o juiz declarará aberta a audiência, sendo feita pelo secretário ou escrivão a chamada das partes, testemunhas e demais pessoas que devam comparecer.

Se, até 15 (quinze) minutos após a hora marcada, o juiz ou presidente não houver comparecido, os presentes poderão retirar-se, devendo o ocorrido constar do livro de registro das audiências. Importante notar que essa tolerância é dada para os casos em que o juiz deixa de comparecer à audiência, não se aplicando para casos de atrasos na pauta de audiência do juiz.

Na audiência deverão estar presentes o reclamante e o reclamado, independentemente do comparecimento de seus advogados, salvo nos casos de Reclamatórias Plúrimas ou Ações de Cumprimento, quando os empregados poderão fazer-se representar pelo Sindicato de sua categoria.

É facultado ao empregador fazer-se substituir pelo gerente, ou qualquer outro preposto que tenha conhecimento do fato, e cujas declarações obrigarão o proponente. Nos termos do art. 843, § 3º, da CLT o preposto não precisa ser empregado da reclamada.

O não comparecimento do reclamante à audiência importará no arquivamento da reclamação trabalhista, possibilitando o ajuizamento de nova reclamação, devendo arcar com as custas do processo, ainda que beneficiário da justiça gratuita, salvo se comprovar, no prazo de quinze dias, que a ausência ocorreu por motivo legalmente justificável. O pagamento das custas é condição para a propositura de nova demanda, art. 844, §§ 2º e 3º. Vale lembrar que citado dispositivo legal é objeto da ADI 5766 no STF, que até o fechamento dessa edição está pendente de apreciação.

Contudo, caso dê causa a novo arquivamento seguido por não comparecimento em audiência, sofrerá os efeitos da perempção provisória disposta no art. 732 da CLT, no qual perderá por 6 meses o direito de propor nova ação. Ultrapassado esse período e respeitado o prazo de prescrição, poderá ingressar com nova reclamação trabalhista.

Se por doença ou qualquer outro motivo poderoso, devidamente comprovado, não for possível ao empregado comparecer pessoalmente, poderá fazer-se representar por outro empregado que pertença à mesma profissão, ou pelo seu sindicato. Nessa hipótese, o empregado da mesma profissão ou sindicato, terão apenas o papel de evitar o arquivamento da reclamação e não para realizar a audiência em si.

Vale frisar que a ausência do reclamante à audiência apenas terá esse efeito em se tratando da audiência inaugural ou havendo o fracionamento da audiência se a reclamada não tiver apresentado sua contestação.

Nessa linha, ensina a Súmula 9 do TST:

SÚMULA 9 TST – AUSÊNCIA DO RECLAMANTE

A ausência do reclamante, quando adiada a instrução após contestada a ação em audiência, não importa arquivamento do processo.

O não comparecimento da reclamada, inclusive a pessoa jurídica de Direito Público (OJ 152 da SDI 1 do TST) importará na revelia, além de confissão quanto à matéria de fato, nos termos do art. 844 da CLT, parte final.

Vale lembrar que, ainda que ausente o reclamado, presente o advogado na audiência, serão aceitos a contestação e os documentos eventualmente apresentados, nos termos do art. 844, § 5º, da CLT.

Contudo, dispõe o § 4º do art. 844 da CLT:

Art. 844.

§ 4º. A revelia não produz o efeito mencionado no caput deste artigo se:

I – havendo pluralidade de reclamados, algum deles contestar a ação;

II – o litígio versar sobre direitos indisponíveis;

III – a petição inicial não estiver acompanhada de instrumento que a lei considere indispensável à prova do ato;

IV – as alegações de fato formuladas pelo reclamante forem inverossímeis ou estiverem em contradição com prova constante dos autos.

Aberta a audiência, o juiz proporá a conciliação. Trata-se de proposta obrigatória, cuja ausência poderá ocasionar na nulidade do processo, art. 846 da CLT.

Celebrado o acordo, será lavrado o termo de conciliação que possui natureza de título executivo judicial. A decisão que homologa o acordo não poderá ser objeto de recurso pelas partes, tendo em vista que transita em julgado imediatamente. Apenas o INSS poderá apresentar recurso para impugnar as contribuições sociais devidas. No entanto, se for o caso, poderão as partes ingressar com ação rescisória, em conformidade com a Súmula 259 do TST.

Caso não haja acordo o juiz abrirá prazo de 20 minutos para que a reclamada apresente sua resposta.

Em seguida, o reclamante poderá se manifestar em réplica acerca da reposta da reclamada no prazo assinalado pelo juiz.

Posteriormente, serão ouvidas as partes e testemunhas. Terminada a instrução, poderão as partes aduzir razões finais, em prazo não excedente de 10 (dez) minutos para cada uma. Em seguida, o juiz ou presidente renovará a proposta de conciliação, e não se realizando esta, será proferida a decisão.

5.6. Respostas

Nos termos do art. 841 da CLT, após recebida e protocolada a reclamação, uma segunda via da petição será enviada ao réu, que, no mesmo ato, será notificado para comparecer à audiência.

5.6.1. Exceção de incompetência territorial/relativa

Nos termos do art. 651 da CLT a reclamação deverá ser proposta na localidade em que o empregado prestou serviços.

Contudo, caso o reclamante não obedeça a citada disposição legal, poderá a reclamada nos termos do art. 800 da CLT oferecer exceção de incompetência territorial.

A exceção de incompetência territorial deverá ser apresentada no prazo de cinco dias a contar da notificação, antes da audiência e em peça que sinalize a existência desta exceção, devendo instruí-la com as provas necessárias. Ultrapassado o prazo, a matéria estará preclusa, não podendo o reclamado fazê-lo em audiência. Protocolada a petição, o processo ficará suspenso, ficando suspenso também o prazo prescricional.

A audiência inicialmente designada não irá ocorrer até que se decida a exceção de incompetência.

Apresentada a exceção, os autos serão imediatamente conclusos ao juiz, que intimará o reclamante e, se existentes, os litisconsortes, para manifestação no prazo comum de cinco dias. Caso entender necessária a produção de prova oral, o juízo designará audiência, garantindo o direito de o excipiente e de suas testemunhas serem ouvidos, por carta precatória, no juízo que este houver indicado como competente.

Uma vez decidida a exceção de incompetência territorial, o processo retomará seu curso, com a designação de audiência, a apresentação de defesa e a instrução processual perante o juízo competente.

Dessa forma, rejeitada a exceção de incompetência, o processo continuará com seu curso normal no local de ajuizamento da reclamação trabalhista. Por possuir natureza jurídica de decisão interlocutória não poderá ser objeto de impugnação por meio de recurso, tendo em vista a regra disposta no art. 893, § 1º, da CLT.

Todavia, se acolhida, o processo será remetido ao foro competente para prosseguimento do feito no local correto. Caso a decisão de acolhimento da exceção de incompetência remeta os autos para localidade pertencente a TRT distinto daquele em que foi inicialmente a reclamação foi distribuída, será recorrível de imediato, mediante recurso ordinário, na forma da súmula 214, *c*, do TST. No entanto, caso seja acolhida a medida e os autos remetidos à localidade pertencente ao mesmo TRT, não será cabível a interposição de recurso.

5.6.2. *Defesa simplificada da Reclamada*

Aberta a audiência e com a recusa das partes em fazer acordo, o juiz abrirá prazo de 20 minutos para que o réu apresente sua resposta.

O reclamado poderá assim apresentar como respostas: contestação, exceção, que poderá ser de impedimento ou suspeição e, por último, reconvenção.

A forma de defesa simplificada tratada pelo CPC/2015 está intimamente ligada com seu fim que é a simplificação dos atos processuais, o que culminará na efetividade da prestação jurisdicional.

São formas de resposta da reclamada em audiência: contestação, e a reconvenção. As partes (reclamante e reclamado) podem, ainda, apresentar exceção de suspeição e exceção de impedimento. O CPC/1973 determinava que cada uma delas fossem apresentadas em peças separadas. No processo trabalhista, em razão do princípio da informalidade, admitia-se a exceção de incompetência territorial no bojo da contestação.

Pela nova regra processual, as exceções de impedimento e suspeição, nos termos do art. 146 do CPC/2015 deverão ser apresentadas no prazo de 15 (quinze) dias, a contar do conhecimento do fato. A nova regra permite que elas sejam apresentadas em petição específica dirigida ao juiz do processo, devendo a parte indicar o fundamento da recusa, instruindo a peça com documentos e com rol de testemunhas.

De acordo com o CPC/2015 a contestação se tornou a única modalidade de defesa do réu. A contestação será apresentada na forma dos arts. 335 a 342 do CPC/2015. O art. 337 traz o rol de matérias que podem ser apresentadas como preliminar.

O art. 343 do CPC/2015 traz a possibilidade de apresentação da reconvenção na própria contestação. Assim, a reconvenção será proposta no corpo da contestação, sem a necessidade de peça autônoma. Essa regra não modificará sua natureza jurídica, que continua sendo de ação.

De toda forma, o CPC/2015 simplificou a forma de apresentação de defesa do réu, contribuindo para um processo mais célere e consequentemente mais efetivo, razão pela qual deverá ser aplicada ao processo do trabalho, com exceção da regra disposta no art. 335 CPC/2015 que trata do prazo da contestação e do art. 340 CPC/2015 que permite a apresentação da exceção de incompetência no domicílio do réu. Isso porque no processo trabalhista as respostas devem ser apresentadas em audiência.

5.6.2.1 Contestação

Não havendo acordo, o reclamado terá 20 minutos para aduzir sua defesa, após a leitura da reclamação, quando esta não for dispensada por ambas as partes. A parte poderá apresentar defesa escrita pelo sistema de processo judicial eletrônico até a audiência, nos termos do art. 847 da CLT.

É o principal meio de defesa, pelo qual o réu/reclamado exerce seu direito constitucional ao contraditório.

A contestação está prevista no art. 847 da CLT e no art. 335 e seguintes do CPC/2015, aplicados de forma subsidiária ao processo do trabalho por força do art. 769 da CLT e art. 15 CPC/2015.

Na contestação deverá ser alegada toda a matéria de defesa, expondo as razões de fato e de direito com que o direito do autor é impugnado.

O art. 336 CPC/2015 traz em seu bojo os princípios norteadores da contestação, quais sejam: princípio da impugnação especificada e o princípio da eventualidade.

O princípio da impugnação especificada estabelece que o reclamado deve impugnar todos os pedidos formulados pelo reclamante sob pena de serem tidos como incontroversos. Em outras palavras, este princípio impede que seja apresentada impugnação genérica, regra que não é aplicável em se tratando de advogado dativo, curador especial e ao órgão do Ministério Público (341, parágrafo único, do CPC/2015).

Nos domínios do processo do trabalho, aqueles pedidos que não forem impugnados pelo reclamado, ou seja, a parte incontroversa das verbas rescisórias, deverá ser paga na própria audiência, sob pena de ser acrescida uma multa de 50%, nos termos do art. 467 da CLT.

Vale dizer que, em se tratando da União, dos Estados, do Distrito Federal, dos Municípios e autarquias e fundações públicas, essa multa não será devida.

Já o princípio da eventualidade determina que todos os meios de defesa sejam apresentados em uma única oportunidade, possibilitando ao magistrado que, caso não aceite uma delas, reconheça as demais.

Desta forma, podemos dizer que o reclamado deverá, nesse momento, apresentar todas as suas teses de defesa, mesmo que elas sejam contrárias entre si, pois, caso o juiz não acate uma, poderá acatar a outra. Caso o reclamado não atue dessa maneira, sofrerá os efeitos da preclusão.

Na contestação, compete ao réu, antes de discutir o mérito da ação, apresentar defesa processual, ou seja, alegar os vícios processuais, matérias contidas no art. 337 do CPC/2015, que são chamadas de "preliminares ao mérito."

As preliminares ao mérito são defesas processuais, modalidade de defesa indireta, pois atingem questões que não estão intimamente ligadas ao mérito da causa. São vícios processuais que, uma vez constatados, acarretam a extinção do processo sem resolução do mérito (art. 485 do CPC/2015).

Importante ressaltar que, oferecida a contestação, ainda que eletronicamente, o reclamante não poderá, sem o consentimento do reclamado, desistir da ação, nos termos do art. 841, § 3º, da CLT.

Dessa forma, o encaminhamento da contestação pelo PJe, antes da audiência inaugural, "com sigilo", não impede a desistência unilateral do reclamante. Por outro lado, se a contestação foi encaminhada pelo PJe "sem sigilo", a desistência da reclamação somente será possível com o consentimento da reclamada.

5.6.2.1.1. Preliminares

Na contestação, compete ao réu, antes de discutir o mérito da ação, apresentar defesa processual, ou seja, alegar os vícios processuais, matérias contidas no art. 337 do CPC/2015, que são chamadas de "preliminares ao mérito."

Dispõe o art. 337 do CPC:

Art. 337. Incumbe ao réu, antes de discutir o mérito, alegar:

I – inexistência ou nulidade da citação;

II – incompetência absoluta e relativa;

III – incorreção do valor da causa;

IV – inépcia da petição inicial;

V – perempção;

VI – litispendência;

VII – coisa julgada;

VIII – conexão;

IX – incapacidade da parte, defeito de representação ou falta de autorização;

X – convenção de arbitragem;

XI – ausência de legitimidade ou de interesse processual;

XII – falta de caução ou de outra prestação que a lei exige como preliminar;

XIII – indevida concessão do benefício de gratuidade de justiça.

As preliminares ao mérito são defesas processuais, modalidade de defesa indireta, pois atingem questões que não estão intimamente ligadas ao mérito da causa. São vícios processuais que, uma vez constatados, acarretam a extinção do processo sem resolução do mérito (art. 485 do CPC/2015).

Importante lembrar que a incompetência territorial deverá ser apresentada na forma do art. 800 da CLT, conforme estudado no item 5.6.1

5.6.2.1.2. Prejudiciais de mérito (defesas indiretas de mérito)

As preliminares anteriormente estudadas não se confundem com as prejudiciais de mérito, também chamadas de defesas indiretas de mérito. São elas: prescrição, decadência, compensação e retenção.

São matérias que impedem/prejudicam o exame do mérito da causa e, uma vez acatadas pelo juiz, acarretam extinção do processo com resolução do mérito, nos termos do art. 487 do CPC/2015.

5.6.2.1.2.1 Prescrição

A prescrição encontra-se disciplinada no art. 7º, XXIX, da CF:

Art. 7º. (...)

XXIX – ação, quanto aos créditos resultantes das relações de trabalho, com prazo prescricional de cinco anos para os trabalhadores urbanos e rurais, até o limite de dois anos após a extinção do contrato de trabalho.

Na CLT a prescrição vem disposta no art. 11, que assim dispõe:

Art. 11. A pretensão quanto a créditos resultantes das relações de trabalho prescreve em cinco anos para os trabalhadores urbanos e rurais, até o limite de dois anos após a extinção do contrato de trabalho.

O disposto neste artigo não se aplica às ações que tenham por objeto anotações para fins de prova junto à Previdência Social.

Vale dizer que, tratando-se de pretensão que envolva pedido de prestações sucessivas, isto é, as que se prolongam no tempo, ou seja, se repetem mês a mês, decorrente de alteração ou descumprimento do pactuado, a prescrição é total, exceto quando o direito à parcela esteja também assegurado por preceito de lei.

No âmbito trabalhista, duas regras de prescrição devem ser observadas. A *prescrição bienal* refere-se ao direito de o trabalhador postular seus direitos após a extinção do contrato de trabalho. O reclamante deverá obedecer à prescrição bienal, ou seja, deverá ingressar com reclamação trabalhista no prazo de 2 (dois) anos contados do término do contrato de trabalho.

Já a *prescrição quinquenal* se refere às lesões a direitos ocorridas durante a vigência do contrato. Nessa linha, uma vez extinto o contrato de trabalho, o obreiro terá prazo de 2 (dois) anos para pleitear seus direitos na Justiça do Trabalho. Todavia, poderá reclamar os 5 (cinco) anos que antecedem à propositura da reclamação trabalhista.

Com relação à prescrição do FGTS, de acordo com a nova redação dada à Súmula 362 do TST temos as seguintes hipóteses. Caso a ciência da lesão, ou seja, o não recolhimento do FGTS ocorreu após 13 de novembro de 2014, data do julgamento do Recurso Extraordinário com agravo pelo STF (STF-ARE-709212/DF), a prescrição é quinquenal. Nesse caso, o empregado deverá obedecer ao prazo de prescrição bienal para ingressar com a ação em até 2 anos após a extinção do contrato de trabalho, podendo pleitear os 5 anos pretéritos ao ajuizamento da ação.

Todavia, se em 13 de novembro de 2014 a lesão já havia ocorrido, ou seja, se já tiver se iniciada a contagem do prazo prescricional, deverá ser aplicado o prazo prescricional que se consumar primeiro: trinta anos, contados do termo inicial, ou cinco anos, a partir de 13.11.2014.

SÚMULA 362 TST – FGTS. PRESCRIÇÃO

I – Para os casos em que a ciência da lesão ocorreu a partir de 13.11.2014, é quinquenal a prescrição do direito de reclamar contra o não recolhimento de contribuição para o FGTS, observado o prazo de dois anos após o término do contrato;

II – Para os casos em que o prazo prescricional já estava em curso em 13.11.2014, aplica-se o prazo prescricional que se consumar primeiro: trinta anos, contados do termo inicial, ou cinco anos, a partir de 13.11.2014 (STF-ARE-709212/DF).

A interrupção da prescrição somente ocorrerá pelo ajuizamento de reclamação trabalhista, mesmo que em juízo incompetente, ainda que venha a ser extinta sem resolução do mérito, produzindo efeitos apenas em relação aos pedidos idênticos.

5.6.2.1.2.1.1. Prescrição intercorrente

Prescrição intercorrente é entendida como sendo aquela que ocorre no curso do processo.

Sua aplicação nos domínios do processo do trabalho não era pacífica. Isso porque, o TST por meio da Súmula 114 entendia não ser aplicável na Justiça do Trabalho, por conta do princípio protetor..

Contudo, em atenção à segurança jurídica o STF entende aplicável a prescrição intercorrente na Justiça do Trabalho. Vejamos:

SÚMULA 327 STF – O direito trabalhista admite a prescrição intercorrente.

Com o advento da Lei 13.467/2017, que acrescentou o art. 11-A a CLT, a questão tornou-se pacífica. Isso porque, o novel dispositivo legal autoriza definitivamente a aplicação da prescrição intercorrente ao processo do trabalho, que pode ser requerida ou declarada de ofício em qualquer grau de jurisdição.

Ensina o art. 11-A da CLT:

"Art. 11-A. Ocorre a prescrição intercorrente no processo do trabalho no prazo de dois anos."

O prazo da prescrição intercorrente inicia-se quando o exequente deixa de cumprir determinação judicial no curso da execução.

Dessa forma, depois de intimada, caso a parte interessada deixe de cumprir determinação judicial no curso da execução, como por exemplo, indicar novo endereço do executado, os autos serão remetidos ao arquivo, iniciando-se o prazo de 2 anos da prescrição intercorrente.

5.6.2.1.2.2. Decadência

A decadência consiste na perda do próprio direito e não apenas da pretensão ao direito como ocorre na prescrição.

Nos domínios do processo do trabalho em 3 casos a sustentação da decadência se mostrará possível. Nesses casos o interessado perderá o próprio direito que a lei prevê, exaurindo-se a possibilidade de sua manifestação.

A primeira delas se dá no Mandado de Segurança em que nos termos do art. 23 da Lei 12.016/2009: *"O direito de requerer mandado de segurança extinguir-se-á decorridos 120 (cento e vinte) dias, contados da ciência, pelo interessado, do ato impugnado"*

A segunda hipótese se refere ao prazo decadencial de 2 anos para a propositura da ação rescisória, nos termos do art. 975 do CPC/2015 que determina: *"O direito à rescisão se extingue em 2 (dois) anos contados do trânsito em julgado da última decisão proferida no processo"*

Por último, o prazo decadencial de 30 dias para ajuizamento do inquérito judicial para apuração de falta grave, nos termos do art. 853 da CLT.

5.6.2.1.2.3. Compensação e retenção

Nos termos do art. 368 do Código Civil caso duas pessoas sejam ao mesmo tempo credoras e devedoras uma da outra, as obrigações serão extintas até onde se compensarem.

A *compensação* apenas poderá ser alegada como matéria de defesa, ou seja, na contestação, sob pena de preclusão, em conformidade com o art. 767 da CLT e Súmula 48 do TST.

Para os casos de dissolução do contrato de trabalho, no momento dos acertos rescisórios a compensação não poderá exceder o equivalente a um mês de remuneração do empregado, nos termos do art. 477, § 5º, da CLT. Contudo, em casos de litígio judicial entre empregador e empregado a compensação poderá ser feita qualquer que seja o montante, mas sempre até o limite do crédito do reclamante. A parte excedente deverá ser requerida pelo interessado em reconvenção.

Vale dizer que a compensação está restrita a dívidas de natureza trabalhista, entendimento cristalizado na Súmula 18 do TST. Desta forma, não poderá a reclamada compensar direitos que não se relacionem com dívidas trabalhistas, como por exemplo: vícios relativos a contrato de compra e venda de automóveis entre empregador e empregado.

A *retenção* consiste em não se devolver a coisa que se retém legitimamente para compelir seu proprietário a um pagamento que esteja obrigado. Como exemplo podemos citar o caso de um vendedor a quem foi confiado um mostruário da empresa, que poderá se recusar a devolvê-lo até que seu empregador não lhe pague dívidas trabalhistas vencidas.

5.6.2.2 Exceções de impedimento e suspeição

Previstas no art. 799 da CLT constituem espécies de defesa que têm como fim atacar a parcialidade do juiz a ele vinculado para processar e julgar a lide. Desta forma, poderão ser apresentadas pelo reclamado e também pelo reclamante exceção de impedimento e a exceção de suspeição.

As exceções serão processadas nos próprios autos, pois a nova sistemática do CPC/2015 determina que a suspeição e impedimento sejam apresentadas por petição específica, nos moldes do art. 146 CPC/2015.

Inobstante alguns autores[1] sustentem a necessidade de serem apresentadas por meio de petição específica, estamos de acordo com a posição dos TRTs de todo País que em razão dos princípios da informalidade, simplicidade e *jus postulandi* da parte, admite a apresentação de exceções de impedimento e suspeição por parte do reclamado no bojo da contestação, caso na oportunidade de sua apresentação já tenham conhecimento do motivo ensejador ou apresentada por petição específica nos autos, na primeira vez em que a parte tiver de falar nos autos ou em audiência, nos termos do art. 795 da CLT, caso a ciência do motivo ensejador da suspeição ou impedimento, se dê após o prazo de contestação, mas sempre sem a necessidade de um processo em apenso.

Assim, em suma, a incompetência absoluta poderá ser alegada como preliminar de contestação, art. 337, II, CPC/2015. A incompetência territorial deverá ser apresentada na forma do art. 800 da CLT, já estudada no item 5.6.1. Já as exceções de impedimento e suspeição poderão ser tratadas por petição nos próprios autos ou até mesmo no bojo da contestação, quando for o caso.

Por existir previsão parcial na norma consolidada, será aplicável o direito processual civil de forma subsidiária e supletiva, art. 769 da CLT e art. 15 CPC/2015.

Nessa linha, o CPC/2015 retirou a necessidade de arguição das exceções de impedimento e suspeição como procedimento autônomo, permitindo à parte que as invoque por petição específica, conforme dispõe o art. 146 do CPC/2015.

5.6.2.2.1 *Apresentação da exceção de suspeição e impedimento*

As exceções de suspeição e impedimento são medidas processuais que poderão ser apresentadas tanto pelo autor/reclamante como pela reclamada.

Caso o reclamante queira apresentar exceção de suspeição ou impedimento contra o juiz, deverá fazer logo após tomar ciência da causa de suspeição ou impedimento, devendo se pronunciar na primeira oportunidade que tiver de falar nos autos, nos termos do art. 795 da CLT. Já a reclamada poderá apresentá-la no bojo da contestação caso na oportunidade de sua apresentação já tenha ciência da causa ensejadora da suspeição ou impedimento, ou por petição específica, na primeira vez em que a parte tiver de falar nos autos ou em audiência, nos termos do art. 795 da CLT, caso tenha ciência do fundamento ensejador da suspeição ou impedimento após a apresentação da contestação.

As exceções de suspeição e impedimento são meios processuais para atacar a parcialidade do juiz e têm como finalidade assegurar que o processo seja apreciado por um juiz imparcial.

O impedimento diz respeito à perda de imparcialidade do juiz quando o fato gerador da imparcialidade se dá por critérios objetivos, ou seja, critérios que possam ser demonstrados de forma direta, com a apresentação de documento, como, por exemplo, parentesco por consanguinidade.

Já a suspeição do juiz diz respeito à perda de imparcialidade quando sua causa geradora possui natureza subjetiva, ou seja, necessita de um elemento interno para que possa ser aferida; não pode ser aferida objetivamente por meio de documentos, pois necessita ser interpretada e valorada, como, por exemplo, o caso de amizade íntima.

As hipóteses de impedimento e suspeição estão disciplinadas no art. 801 da CLT, que traz um rol exemplificativo, devendo ser aplicadas, outrossim, as hipóteses previstas nos arts. 144 e 145 do CPC/2015, respectivamente.

Vale dizer que os institutos são diferentes e não podem ser confundidos. A suspeição poderá ser conhecida de ofício pelo magistrado ou alegada pelas partes por meio de petição específica, art. 146 CPC/2015, sob pena de preclusão. Já no impedimento, caso o magistrado não se pronuncie de ofício, as partes poderão alegá-las a qualquer momento, não estando a matéria sujeita à preclusão.

Nota-se que nas exceções de impedimento e suspeição o próprio juiz é o polo passivo do incidente processual e não a parte contrária.

Oferecida a exceção, o juiz poderá tomar dois caminhos: pode o magistrado reconhecer a causa de impedimento ou a suspeição, hipótese em que ordenará imediatamente a remessa dos autos ao seu substituto legal ou, não se dando por suspeito ou impedido, no prazo de 15 dias, dará as suas razões, acompanhadas de documentos e de rol de testemunhas, se houver, ordenando a remessa dos autos ao tribunal, art. 146, § 1º, CPC/2015.

5.6.2.3 *Reconvenção*

Modalidade de resposta do réu que equivale a um ataque e não a uma defesa. Trata-se de uma ação, sendo esta sua natureza jurídica, proposta pelo réu, chamado de reconvinte, em face do autor, chamado de reconvindo.

Nessa modalidade de resposta, o réu não busca defender-se, mas sim atacar, ou seja, formular uma pretensão contra o autor da ação principal.

Deve ser apresentada na audiência, na própria contestação, em capítulo destacado, art. 343 CPC/2015 por força do art. 769 da CLT e art. 15 CPC/2015.

Para ser admitida deve preencher os seguintes requisitos:

a) o juízo da causa principal deve ser competente para apreciar, além da ação principal, a própria reconvenção;

b) deve haver compatibilidade entre os procedimentos aplicáveis à ação principal e à reconvenção (art. 327, § 1º, III, do CPC/2015);

c) pendência da ação principal;

d) deve haver conexão entre as ações, ou seja, quando lhes for comum o objeto ou a causa de pedir (art. 55 do CPC/2015).

Apresentada, portanto, em audiência, na própria contestação, o Juiz do Trabalho deverá redesignar nova audiência,

---

1. Shiavi, Mauro. Manual de direito processual do trabalho. 10ª edição de acordo com o Novo CPC. São Paulo: LTr, 2016.

com prazo mínimo de 5 dias (art. 841 CLT), para que o autor/reconvindo apresente resposta à reconvenção. Caso o autor/reconvindo não apresente a resposta à reconvenção serão aplicados os efeitos da confissão ficta.

Tendo em vista que o CPC/2015 não trouxe exigência de ação e reconvenção serem julgadas na mesma sentença, poderão ser apreciadas em momentos distintos. No entanto, mostra-se conveniente que ação e reconvenção sejam apreciadas na mesma sentença.

5.7. Provas

Nos domínios do processo do trabalho, todos os meios de prova serão admitidos, tais como: depoimento pessoal, interrogatório, confissão, prova testemunhal, documentos, perícia e, ainda, a prova emprestada.

Pela regra, em conformidade com o art. 818 da CLT, o ônus de provar incumbe:

Art. 818. O ônus da prova incumbe:

I – ao reclamante, quanto ao fato constitutivo de seu direito;

II – ao reclamado, quanto à existência de fato impeditivo, modificativo ou extintivo do direito do reclamante.

Com relação às provas, é importante destacar a Lei 11.925/2009, que alterou o art. 830 da CLT, determinando que o documento em cópia simples oferecido como prova poderá ser declarado autêntico pelo próprio advogado, sob sua responsabilidade pessoal.

A apresentação de cópia autenticada ou até mesmo o próprio documento original somente deverá ser apresentada se a cópia simples for impugnada pela parte adversa. Alguns entendimentos emitidos pelo Tribunal Superior do Trabalho a respeito do ônus da prova merecem destaque:

Súmula 6, VIII, do TST: É do empregador o ônus da prova do fato impeditivo, modificativo ou extintivo da equiparação salarial.

Súmula 16 do TST: Presume-se recebida a notificação 48 (quarenta e oito) horas depois de sua postagem. O seu não recebimento ou a entrega após o decurso desse prazo constitui ônus de prova do destinatário.

Súmula 212 do TST: O ônus de provar o término do contrato de trabalho, quando negados a prestação de serviço e o despedimento, é do empregador, pois o princípio da continuidade da relação de emprego constitui presunção favorável ao empregado.

Súmula 338 do TST: I – É ônus do empregador que conta com mais de 10 (dez) empregados o registro da jornada de trabalho na forma do art. 74, § 2º, da CLT. A não apresentação injustificada dos controles de frequência gera presunção relativa de veracidade da jornada de trabalho, a qual pode ser elidida por prova em contrário.

II – A presunção de veracidade da jornada de trabalho, ainda que prevista em instrumento normativo, pode ser elidida por prova em contrário.

III – Os cartões de ponto que demonstram horários de entrada e saída uniformes são inválidos como meio de prova, invertendo-se o ônus da prova, relativo às horas

extras, que passa a ser do empregador, prevalecendo a jornada da inicial se dele não se desincumbir.

Importante ressaltar que a Orientação Jurisprudencial 215 da SDI 1 do TST, que entendia pertencer ao empregado o ônus de comprovar que satisfaz os requisitos indispensáveis à obtenção do vale-transporte, **foi cancelada em maio de 2011**. Referido cancelamento faz com que o ônus probatório passe ao empregador. Isso porque o vale-transporte é um benefício e por essa razão se presume que o empregado não o recusa ou renuncia. Desta forma, caberá à reclamada comprovar que o empregado não faz jus ao benefício.

A atual Súmula 460 do TST assim dispõe:

SÚMULA 460 TST – VALE-TRANSPORTE. ÔNUS DA PROVA

É do empregador o ônus de comprovar que o empregado não satisfaz os requisitos indispensáveis para a concessão do vale-transporte ou não pretenda fazer uso do benefício.

Vale, ainda, transcrever:

SÚMULA 461 TST – FGTS. DIFERENÇAS. RECOLHIMENTO. ÔNUS DA PROVA

É do empregador o ônus da prova em relação à regularidade dos depósitos do FGTS, pois o pagamento é fato extintivo do direito do autor (art. 373, II, do CPC de 2015).

5.7.1. Distribuição dinâmica da prova

A distribuição dinâmica do ônus da prova tem seu fundamento no princípio da aptidão da prova e autoriza ao magistrado por meio de decisão fundamentada a inversão do ônus estático.

Dispõe o art. 818, § 1º, da CLT que nos casos previstos em lei ou diante de peculiaridades da causa relacionadas à impossibilidade ou à excessiva dificuldade de cumprir o encargo nos termos deste artigo ou à maior facilidade de obtenção da prova do fato contrário, poderá o juízo atribuir o ônus da prova de modo diverso, desde que o faça por decisão fundamentada, caso em que deverá dar à parte a oportunidade de se desincumbir do ônus que lhe foi atribuído.

A decisão de inversão de ônus da prova não pode gerar o ônus de produzir prova impossível ou excessivamente difícil, art. 818, § 3º, da CLT.

A decisão fundamentada de inversão do ônus da prova deverá ser proferida antes da abertura da instrução. A requerimento da parte interessada, implicará o adiamento da audiência e possibilitará provar os fatos por qualquer meio em direito admitido.

5.7.2. Depoimento das partes e testemunhas

As partes e testemunhas serão inquiridas pelo Juiz, podendo ser reinquiridas, por seu intermédio, a requerimento das partes, seus representantes ou advogados.

Não se aplica ao Processo do Trabalho a norma do art. 459 do CPC/2015 no que permite a inquirição direta das testemunhas pela parte, pois a CLT possui regramento específico em seu art. 820, nos termos do art. 11 da IN 39 do TST.

O depoimento da parte e/ou testemunha surda-muda, ou de mudo que não saiba escrever e, ainda, aqueles que não souberem falar a língua nacional, será feito por meio de intérprete nomeado pelo Juiz. Nesses casos, as despesas correrão por conta da parte à qual interessar o depoimento.

Nos termos da Súmula 74 do TST, importante lembrar que se aplica a "pena" de confissão – confissão ficta – à parte que, expressamente intimada com a cominação, deixa de comparecer à audiência em prosseguimento na qual deveria depor.

No entanto, a prova pré-constituída nos autos pode ser levada em conta para confronto com a confissão ficta, não implicando cerceamento de defesa o indeferimento de provas posteriores. Na reclamação trabalhista submetida ao procedimento ordinário, cada uma das partes não poderá indicar mais de 3 (três) testemunhas, que comparecerão à audiência independentemente de notificação ou intimação. Aquelas que não comparecerem sem motivo justificado serão intimadas de ofício pelo Juiz ou a requerimento da parte, ficando sujeitas a condução coercitiva, além do pagamento de multa. É importante lembrar que em se tratando de litisconsórcio ativo o número de testemunhas será limitado a 3 (três) no total, pois não é permitido que cada litisconsorte indique 3 (três) testemunhas.

Deverá o magistrado adotar providências de modo que o depoimento de uma testemunha não seja ouvido pelas demais que tenham de depor no processo.

Vale frisar que, em conformidade com a Súmula 357 do TST, não é suspeita a testemunha pelo simples fato de estar litigando ou de ter litigado contra o mesmo empregador.

Cabe lembrar, ainda, que, nos termos do art. 829 da CLT, a testemunha que for parente até o terceiro grau civil, amigo íntimo ou inimigo de qualquer das partes, será ouvida como informante, não prestando o compromisso legal de dizer a verdade.

5.7.3. Perícia

Havendo pedidos que necessitem de prova técnica, deverá o Juiz designar perito, fixando prazo para entrega do laudo.

Nesse momento, vale dizer que a exigência de depósito prévio para custeio dos honorários periciais é ilegal, dada a incompatibilidade com os ditames do processo trabalhista.

O art. 790-B, § 3º, da CLT determina que o juízo não poderá exigir adiantamento de valores para realização de perícias. Havendo tal exigência, nos termos da Orientação Jurisprudencial 98 da SDI 2 do TST, admite-se a impetração de mandado de segurança visando à realização da perícia, independentemente do depósito.

É permitido a cada uma das partes a indicação de um assistente, que poderá ser indagado pelo Juiz e que deverá apresentar o laudo no mesmo prazo assinado para o perito, sob pena de ser desentranhado dos autos.

Ainda sobre perícia, importante destacar a Orientação Jurisprudencial 278 da SDI 1 do TST:

OJ-SDI1-278 ADICIONAL DE INSALUBRIDADE. PERÍCIA. LOCAL DE TRABALHO DESATIVADO.

A realização de perícia é obrigatória para a verificação de insalubridade. Quando não for possível sua realização, como em caso de fechamento da empresa, poderá o julgador utilizar-se de outros meios de prova.

5.7.3.1. Responsabilidade pelo pagamento dos honorários periciais

Nos termos do art. 790-B da CLT a responsabilidade pelo pagamento dos honorários periciais é da parte sucumbente na pretensão objeto da perícia, ainda que beneficiária da justiça gratuita.

Somente no caso em que o beneficiário da justiça gratuita não tenha obtido em juízo créditos capazes de suportar a despesa, ainda que em outro processo, a União responderá pelo encargo.

Ao fixar o valor dos honorários periciais, o juízo deverá respeitar o limite máximo estabelecido pelo Conselho Superior da Justiça do Trabalho, sendo permitido, ainda, o parcelamento dos valores.

Cumpre lembrar que citado dispositivo legal é objeto da ADI 5766 proposta perante o STF, que até a data de fechamento dessa edição não havia se pronunciado sobre o pedido de liminar. Na referida ADI há entendimento de que os dispositivos legais impõem restrições inconstitucionais à garantia de gratuidade judiciária aos que comprovem insuficiência de recursos, na Justiça do Trabalho. Segundo a Procuradoria-Geral da República, autora da ação direta de inconstitucionalidade, as normas violam as garantias constitucionais de amplo acesso à jurisdição e a assistência judiciária integral aos necessitados, violando frontalmente o art. 5º, LXXIV, da CF.

5.8. Procedimentos sumário e sumaríssimo

Existem dois tipos de ritos concisos ou sucintos na Justiça do Trabalho. O primeiro deles é rito sumário ou rito de alçada, como também é chamado, que se encontra previsto no art. 2º, §§ 3º e 4º da Lei 5.584/1970. O segundo é denominado de sumaríssimo, previsto nos arts. 852-A a 852-I da CLT, inseridos por força da Lei 9.957/2000.

5.8.1. Rito sumário

Disciplinado no art. 2º, §§ 3º e 4º, da Lei 5.584/1970, objetiva maior celeridade e maior efetividade para as demandas cujo valor da causa não ultrapasse dois salários mínimos.

Essas causas se submeterão ao procedimento ordinário com ampla produção de provas. Contudo, não se submeterão às modalidades de recursos trabalhistas.

Art. 2º. Nos dissídios individuais, proposta a conciliação, e não havendo acordo, o Presidente, da Junta ou o Juiz, antes de passar à instrução da causa, fixar-lhe-á o valor para a determinação da alçada, se este for indeterminado no pedido.

(...)

§ 3º. Quando o valor fixado para a causa, na forma deste artigo, não exceder de 2 (duas) vezes o salário mínimo vigente na sede do Juízo, será dispensável o resumo dos depoimentos, devendo constar da Ata a conclusão da Junta quanto à matéria de fato.

§ 4º. Salvo se versarem sobre matéria constitucional, nenhum recurso caberá das sentenças proferidas nos dissídios da alçada a que se refere o parágrafo anterior, considerado, para esse fim, o valor do salário mínimo à data do ajuizamento da ação.

No procedimento sumário, portanto, não há a possibilidade de interposição de recursos, salvo se tratar de matéria constitucional, hipótese em que será cabível a interposição de recurso extraordinário para o STF, nos termos do art. 102 da CF.

Sintetizando, a reclamação trabalhista que seguir o rito sumário obedecerá aos trâmites do procedimento ordinário, diferenciando-se apenas na fase recursal.

5.8.1.1. Derrogação/revogação do procedimento sumário

Muito se discute na doutrina sobre a revogação do procedimento sumário pelo procedimento sumaríssimo instituído pela Lei 9.957/2000.

Isso porque parte da doutrina, como o Professor Renato Saraiva (**Curso de Direito Processual do Trabalho**. 4. ed. São Paulo: Método, 2007. p. 417), sustenta que a Lei 9.957/2000 teria revogado o procedimento sumário, disposto na Lei 5.584/1970, por se tratar de uma lei mais nova e cuidar de matéria processual trabalhista.

É certo que o procedimento sumário trata de ações cujo valor não exceda 2 (dois) salários mínimos. Já o procedimento sumaríssimo traz em seu bojo ações cujo valor não exceda 40 (quarenta) salários mínimos. É claro que nas causas de até 40 (quarenta) salários mínimos estão compreendidas as ações de até 2 (dois) salários mínimos e por este motivo houve a revogação.

Nesse sentido, o TST editou a Instrução Normativa 27, a qual, em seu art. 1º, ensina que, excetuando aquelas causas de procedimento especial, como ação rescisória e mandado de segurança, as causas na Justiça do Trabalho tramitarão pelo rito ordinário ou sumaríssimo.

Art. 1º As ações ajuizadas na Justiça do Trabalho tramitarão pelo rito ordinário ou sumaríssimo, conforme previsto na Consolidação das Leis do Trabalho, excepcionando-se, apenas, as que, por disciplina legal expressa, estejam sujeitas a rito especial, tais como o mandado de segurança, *habeas corpus, habeas data*, ação rescisória, ação cautelar e ação de consignação em pagamento.

Desta forma, de acordo com a instrução expedida pelo Colendo TST, entendemos estarem derrogados os dispositivos contidos na Lei 5.584/1970 que cuidam do procedimento sumário na Justiça do Trabalho.

5.8.2. Rito sumaríssimo

Instituído pela Lei 9.957/2000, que inseriu os arts. 852-A a 852-I na CLT, o procedimento sumaríssimo é previsto para as demandas cujo valor da causa não exceda a 40 (quarenta) salários mínimos na data da propositura da ação. Objetiva, por meio de um rito processual mais célere e mais simples, conferir maior efetividade na atividade jurisdicional do Estado.

Vale dizer que nas ações plúrimas, entendidas como aquelas em que há diversos reclamantes em litisconsórcio, o valor total da causa, do pedido de todos reclamantes, não poderá exceder a 40 (quarenta) salários mínimos.

Independentemente de sua complexidade, todas as demandas trabalhistas poderão ser submetidas a tal procedimento. Todavia, assim como as ações coletivas, o art. 852-A, *caput,* e seu parágrafo único, da CLT, ensina que não estão abrangidas pelo rito sumaríssimo as demandas em que for parte a administração pública direta, autárquica e fundacional.

Nas reclamações submetidas ao procedimento sumaríssimo, o pedido deverá ser certo e determinado, necessitando, ainda, a indicação do valor correspondente.

O reclamante deverá indicar o nome correto da reclamada, bem como seu correto endereço, na medida em que é vedada a citação por edital. Caso o reclamante não atenda tais exigências, o processo será arquivado, com o consequente pagamento de custas calculadas sobre o valor da causa, não sendo permitida a emenda da petição inicial.

Mesmo indicando o endereço correto da parte adversa, pode ser que esta venha a se ausentar, furtando-se a receber a notificação, hipótese em que é permitido ao juiz do trabalho que converta o rito sumaríssimo para o rito ordinário, em que se admite a citação editalícia.

A audiência da reclamação submetida ao procedimento sumaríssimo deverá ocorrer no prazo máximo de 15 (quinze) dias contados do ajuizamento da ação, em conformidade com o art. 852-B, III, da CLT.

Outra peculiaridade do procedimento sumaríssimo é a que diz respeito ao número de testemunhas que cada parte poderá levar a juízo. Enquanto no procedimento ordinário permite-se que cada parte traga 3 testemunhas, no procedimento sumaríssimo esse número é diminuído para 2 testemunhas para cada parte, que comparecerão independente de intimação (art. 852-H, § 2º, da CLT). Vale lembrar que, em se tratando de litisconsórcio, o número máximo de testemunhas não é para cada litisconsorte, mas sim para cada parte, ou seja, autor e réu.

Nas sentenças proferidas no procedimento sumaríssimo é dispensável o relatório, devendo, entretanto, mencionar os elementos de convicção do juízo, com resumo dos fatos relevantes ocorridos em audiência.

Convém destacar que nas causas sujeitas ao procedimento sumaríssimo é admitida a prova pericial, também chamada de prova técnica, quando o fato o exigir ou for legalmente imposta, como, por exemplo, nas ações em que se discute adicional de insalubridade ou periculosidade. Nesse caso, o Juiz ficará incumbido de fixar o prazo, o objeto da perícia e nomear o perito, nos termos do art. 852-H, § 4º, da CLT. Poderão as partes indicar peritos assistentes, nos termos do art. 826 da CLT e da súmula 341 do TST.

SÚMULA 341 TST – HONORÁRIOS DO ASSISTENTE TÉCNICO. A indicação do perito assistente é faculdade da parte, a qual deve responder pelos respectivos honorários, ainda que vencedora no objeto da perícia.

Por último, reza o § 9º do art. 896 da CLT que nas causas sujeitas ao procedimento sumaríssimo, somente será admitido recurso de revista por contrariedade a súmula de jurisprudência uniforme do Tribunal Superior do Trabalho ou a súmula vinculante do Supremo Tribunal Federal e por violação direta da Constituição Federal.

6. RECURSOS

6.1. Conceito

Para Moacyr Amaral Santos (*Primeiras Linhas de Direito Processual Civil*. 24. ed. São Paulo: Saraiva, 2010. p. 84), recurso é *"o poder de provocar o reexame de uma decisão, pela mesma autoridade judiciária, ou por outra hierarquicamente superior, visando a obter a sua reforma ou modificação"*.

6.2. Peculiaridades dos recursos trabalhistas

6.2.1. Irrecorribilidade imediata das decisões interlocutórias

Disciplinada no art. 893, § 1º, da CLT, a regra ensina que as decisões interlocutórias, não admitem a interposição de recurso imediato, devendo a parte impugná-las somente em recursos da decisão definitiva. Por essa regra, uma questão incidente decidida em audiência não poderá ser atacada, devendo a parte aguardar a prolação da sentença para, no recurso ordinário interposto contra a sentença, impugnar, também, a decisão interlocutória.

Sobre o tema remetemos ao item 1.4.1.6.

6.2.2. Efeito devolutivo

Os recursos no processo do trabalho são dotados unicamente, em regra, do efeito devolutivo. Por meio dessa regra a matéria é submetida a julgamento pelo órgão destinatário do recurso, sendo apreciadas apenas questões debatidas no processo e que constam das razões recursais mediante pedido de nova decisão. É o significado da a expressão *tantum devolutum quantum appellatum*.

Os recursos na Justiça do Trabalho, em regra, não admitem o efeito suspensivo como no processo comum. Porém, é admissível a obtenção de efeito suspensivo ao recurso ordinário mediante requerimento dirigido ao tribunal, ao relator ou ao presidente ou ao vice-presidente do tribunal recorrido, por aplicação subsidiária ao processo do trabalho do artigo 1.029, § 5º, do CPC de 2015, em conformidade com a Súmula 414, I, do TST.

6.2.3. Uniformidade do prazo recursal

Determina o art. 6º da Lei 5.584/1970 que o prazo para interpor e contra-arrazoar qualquer recurso trabalhista é de 8 (oito) dias. Não obstante, alguns recursos possuem prazos diferenciados, como os embargos de declaração, que serão opostos no prazo de 5 (cinco) dias (conforme determina o art. 897-A da CLT); o recurso extraordinário para o STF, cujo prazo legal é de 15 (quinze) dias; e nos dissídios de alçada temos o pedido de revisão, cujo prazo é de 48 horas.

É importante enfatizar que a regra estabelecida no art. 229 do CPC/2015, que estabelece o prazo recursal em dobro nos casos em que os litisconsortes que tiverem diferentes procuradores, **de escritórios de advocacia distintos**, terão prazos contados em dobro **para todas as suas manifestações, em qualquer juízo ou tribunal,** não é aplicável no âmbito processual trabalhista, conforme estabelece a OJ 310 da SDI-I do TST, por sua incompatibilidade com a celeridade buscada no processo do trabalho:

> Orientação Jurisprudencial 310 da SDI 1 do TST – LITISCONSORTES. PROCURADORES DISTINTOS. PRAZO EM DOBRO. ART. 229, *CAPUT* E §§ 1º E 2º, DO CPC DE 2015. ART. 191 DO CPC DE 1973. INAPLICÁVEL AO PROCESSO DO TRABALHO
>
> Inaplicável ao processo do trabalho a norma contida no art. 229, *caput* e §§ 1º e 2º, do CPC de 2015 (art. 191 do CPC de 1973), em razão de incompatibilidade com a celeridade que lhe é inerente.

Com relação aos prazos diferenciados para a Fazenda Pública e o Ministério Público do Trabalho, remetemos o leitor ao item 9.1.2.1.

6.3. Efeitos dos recursos

6.3.1. Efeito devolutivo

Estabelece o art. 899 da CLT que os recursos trabalhistas serão dotados, em regra, de efeito meramente devolutivo, sendo possível a execução provisória até a penhora.

Por meio do efeito devolutivo, a matéria impugnada pelo recorrente será reexaminada pelo órgão superior hierárquico. O efeito devolutivo devolve o exame da questão impugnada ao órgão superior.

Trata-se do brocardo latino *tantum devolutum quantum appellatum*. Em outras palavras, o Tribunal Regional deverá restringir-se ao que foi objeto no recurso interposto. É o próprio recorrente que delimitará a matéria que o órgão superior examinará no recurso.

Consiste, portanto, em devolver ao grau superior de jurisdição a análise do caso concreto.

Não obstante, o art. 9º da Lei 7.701/1988 e a Lei 10.192/2001, em seu art. 14, admitem que o Presidente do TST conceda efeito suspensivo ao recurso ordinário interposto em face de sentença normativa prolatada pelo TRT, pelo prazo improrrogável de 120 dias, contados da publicação, salvo se o recurso for julgado antes do término do prazo.

6.3.2. Efeito devolutivo em profundidade

Como se sabe, com o efeito devolutivo do recurso ordinário o Tribunal Regional deverá restringir-se ao que foi objeto no recurso ordinário.

O efeito devolutivo em profundidade, que se extrai do art. 1.013, § 1º, do CPC/2015, transfere ao Tribunal Regional, além da análise dos pedidos formulados no recurso, a análise de todos os fundamentos relacionados à matéria impugnada.

Sobre o tema é importante destacar a Súmula 393 do Tribunal Superior do Trabalho, com redação dada pela Resolução 208/2016:

SÚMULA 393 – RECURSO ORDINÁRIO. EFEITO DEVOLUTIVO EM PROFUNDIDADE. ART. 1.013, § 1º, do CPC DE 2015. ART. 515, § 1º, DO CPC de 1973

I – O efeito devolutivo em profundidade do recurso ordinário, que se extrai do § 1º do art. 1.013 do CPC de 2015 (art. 515, §1º, do CPC de 1973), transfere ao Tribunal a apreciação dos fundamentos da inicial ou da defesa, não examinados pela sentença, ainda que não renovados em contrarrazões, desde que relativos ao capítulo impugnado.

II – Se o processo estiver em condições, o tribunal, ao julgar o recurso ordinário, deverá decidir desde logo o mérito da causa, nos termos do § 3º do art. 1.013 do CPC de 2015, inclusive quando constatar a omissão da sentença no exame de um dos pedidos.

6.3.3. Efeito suspensivo

O efeito suspensivo impede a produção imediata dos efeitos da decisão. Em outras palavras, podemos dizer que, uma vez interposto o recurso, dotado desse efeito, a execução da sentença ficará suspensa.

Recebido um recurso no efeito suspensivo, a decisão impugnada não poderá ser executada, devendo a parte interessada aguardar o julgamento do recurso pela instância superior.

Nos domínios do processo do trabalho, poderá ser atribuído efeito suspensivo às decisões das Turmas dos Tribunais do Trabalho no julgamento de processos coletivos, em conformidade com o art. 9º da Lei 7.701/1988.

Não obstante, em regra, os recursos trabalhistas possuem unicamente o efeito devolutivo, permitindo a execução provisória até a penhora, ou seja, não se admite o efeito suspensivo.

Caso a parte pretenda a obtenção de efeito suspensivo, deverá elaborar requerimento dirigido ao tribunal, ao relator ou ao presidente ou ao vice-presidente do tribunal recorrido, por aplicação subsidiária ao processo do trabalho do artigo 1.029, § 5º, do CPC de 2015, como ensina a parte final da Súmula 414, I, do TST.

6.3.4. Efeito translativo

Como vimos, o efeito devolutivo impede que o juízo profira julgamento além, aquém, ou fora do pedido formulado nas razões recursais.

No entanto, o sistema autoriza o juízo a decidir questões que não foram suscitadas nas razões recursais. São as matérias de ordem pública, que devem ser conhecidas de ofício pelo juiz.

Assim, o efeito translativo consiste na capacidade que o tribunal possui de avaliar matérias que não tenham sido objeto do recurso, por se tratar de matéria de ordem pública.

6.3.5. Efeito substitutivo

O efeito substitutivo dos recursos consiste na substituição da decisão recorrida pela decisão proferida em sede recursal. O efeito substitutivo faz com que a decisão do juízo *ad quem* substitua a decisão recorrida, nos termos do art. 1.008 do CPC/2015.

Assim, caso o recurso seja, ao menos, conhecido, independentemente de ser dado ou não provimento, opera-se o efeito substitutivo do recurso.

Dessa forma, havendo reforma da decisão de 1º grau, valerá o acórdão; caso não haja reforma, valerá a confirmação da sentença.

6.3.6. Efeito extensivo

O efeito extensivo ou expansivo se dá nos casos em que do julgamento do recurso se enseja decisão mais abrangente do que o reexame da matéria impugnada, que é o mérito do recurso. Terá aplicação na hipótese de litisconsórcio unitário, quando a decisão judicial deve ser uniforme para todos os litisconsortes, em conformidade com o art. 1.005 do CPC/2015.

6.3.7. Efeito regressivo

É aquele que possibilita a retratação ou reconsideração da decisão impugnada pelo mesmo juízo prolator da decisão. Esse efeito possui incidência no agravo de instrumento e no agravo regimental.

Ademais, a regra disposta no atual art. 485, § 7º, do CPC/2015 possibilita a retratação por parte do juiz recorrido prolator de decisão de extinção do processo sem resolução de mérito, norma que se mostra compatível com o sistema recursal trabalhista, devendo ser aplicada ao processo do trabalho, por força do art. 769 da CLT e art. 15 do CPC/2015, nos termos do art. 3º, VIII, da IN 39 TST.

6.4. Juízo de admissibilidade e pressupostos recursais

A admissibilidade da matéria impugnada no recurso está condicionada ao preenchimento de determinados pressupostos, conhecidos como requisitos de admissibilidade. Tais pressupostos dizem respeito tanto ao próprio recurso em si, conhecidos como pressupostos objetivos ou extrínsecos, e àqueles pressupostos ligados ao sujeito recorrente, os pressupostos subjetivos ou intrínsecos.

O não atendimento a esses pressupostos ensejará a inadmissibilidade ou não conhecimento do recurso, prejudicando a análise do seu mérito, ou seja, a análise da matéria impugnada.

Esse exame de admissibilidade será realizado em dois momentos distintos: perante o juízo *a quo*, quando da interposição do recurso e na chegada das contrarrazões recursais, e, num segundo momento, perante o juízo *ad quem*, realizado pelo Desembargador relator, quando o recurso for remetido para instância superior.

Importante lembrar que o relator poderá julgar monocraticamente o recurso, na forma do art. 932 do CPC/2015. É o que determina a Súmula 435 do TST:

SÚMULA 435 TST – DECISÃO MONOCRÁTICA. RELATOR. ART. 932 DO CPC DE 2015. ART. 557 DO CPC DE 1973. APLICAÇÃO SUBSIDIÁRIA AO PROCESSO DO TRABALHO

Aplica-se subsidiariamente ao processo do trabalho o art. 932 do CPC de 2015 (art. 557 do CPC de 1973).

6.4.1. Pressupostos subjetivos ou intrínsecos

Dizem respeito à pessoa recorrente. São eles: legitimidade, capacidade e interesse.

6.4.1.1. Legitimidade

Em conformidade com o estabelecido no art. 996 do CPC/2015, o recurso pode ser apresentado pela parte vencida, qualquer terceiro prejudicado e, ainda, pelo Ministério Público naqueles processos em que figurar como parte ou em que atuar como fiscal da lei (*custos legis*), nos termos do art. 83, VI, da Lei Complementar 75/1993.

6.4.1.2. Capacidade

Não basta a parte ter legitimidade, é necessário que no momento da interposição do recurso ela seja plenamente capaz, isto é, deve encontrar-se no pleno exercício de suas capacidades mentais, observados os arts. 3º, 4º e 5º do Código Civil.

6.4.1.3. Interesse

Para se qualificar o interesse recursal, a parte deve demonstrar que o recurso é útil e necessário, sob pena de não ser conhecido. O interesse não significa mera sucumbência, mas sim o binômio necessidade e utilidade.

Suponha-se que em uma reclamação trabalhista o reclamado conteste o pedido alegando prescrição (matéria que extingue o processo com resolução do mérito e que impede que o reclamante ingresse com nova reclamação trabalhista), o juiz do trabalho extinga o processo por qualquer das hipóteses previstas no art. 485 do CPC/2015, ou seja, sem resolução do mérito (o que permite ao reclamante o ajuizamento de nova reclamação trabalhista). Nesse caso, mesmo não sendo perdedor da reclamação, há interesse recursal objetivando uma decisão de mérito, o que impedirá a propositura de nova ação.

6.4.2. Pressupostos objetivos ou extrínsecos

Os pressupostos objetivos ou extrínsecos dizem respeito a aspectos dos recursos em si. São eles: representação, recorribilidade do ato, adequação, tempestividade e preparo.

6.4.2.1. Representação

Na Justiça do Trabalho admite-se o *jus postulandi*, nos termos do art. 791 da CLT, sendo facultado às partes a contratação de advogados. Nessa linha, estando as partes assistidas por advogados, deverá este estar regularmente representado através de instrumento de mandato (procuração).

Na Justiça do Trabalho admite-se o mandato tácito, constituído por meio da procuração *apud acta,* que é aquela constituída na própria ata da audiência.

Os tribunais não admitem o recurso apócrifo, ou seja, aquele que não possui assinatura. Todavia, constatada a total falta de assinatura no recurso, ou seja, ausência de assinatura na peça de interposição e na peça de razões recursais, deverá o relator conceder prazo de 5 dias para regularização, sob pena de o recurso não ser admitido. Contudo, havendo ao menos assinatura na peça de interposição do recurso ou nas razões recursais, o recurso será considerado válido, em conformidade com a Orientação Jurisprudencial 120 da SDI 1 do TST.

> Orientação Jurisprudencial 120 da SDI 1 do TST – RECURSO. ASSINATURA DA PETIÇÃO OU DAS RAZÕES RECURSAIS. ART. 932, PARÁGRAFO ÚNICO, DO CPC DE 2015.
>
> I – Verificada a total ausência de assinatura no recurso, o juiz ou o relator concederá prazo de 5 (cinco) dias para que seja sanado o vício. Descumprida a determinação, o recurso será reputado inadmissível (art. 932, parágrafo único, do CPC de 2015).
>
> II – É válido o recurso assinado, ao menos, na petição de apresentação ou nas razões recursais.

E, ainda:

> SÚMULA 383 TST – RECURSO. MANDATO. IRREGULARIDADE DE REPRESENTAÇÃO. CPC DE 2015, ARTS. 104 E 76, § 2º
>
> I – É inadmissível recurso firmado por advogado sem procuração juntada aos autos até o momento da sua interposição, salvo mandato tácito. Em caráter excepcional (art. 104 do CPC de 2015), admite-se que o advogado, independentemente de intimação, exiba a procuração no prazo de 5 (cinco) dias após a interposição do recurso, prorrogável por igual período mediante despacho do juiz. Caso não a exiba, considera-se ineficaz o ato praticado e não se conhece do recurso.
>
> II – Verificada a irregularidade de representação da parte em fase recursal, em procuração ou substabelecimento já constante dos autos, o relator ou o órgão competente para julgamento do recurso designará prazo de 5 (cinco) dias para que seja sanado o vício. Descumprida a determinação, o relator não conhecerá do recurso, se a providência couber ao recorrente, ou determinará o desentranhamento das contrarrazões, se a providência couber ao recorrido (art. 76, § 2º, do CPC de 2015).

Em ambas súmulas podemos notar que a orientação do TST é sempre no sentido de tentar preservar ao máximo a tutela jurisdicional, na medida em que antes de não conhecer do recurso ou do próprio ato da parte, o magistrado deverá se ater a sua regularização, concedendo um prazo razoável de 5 dias para isso.

6.4.2.2. Recorribilidade do ato

O ato deve ser recorrível. Os atos do juiz, nos termos dos arts. 203 e 204 do CPC/2015 compreendem: despachos, decisões interlocutórias e sentenças, compreendidos, nessas últimas, os acórdãos.

Os despachos são irrecorríveis dada sua natureza, por não possui caráter decisório. Já as decisões interlocutórias, nos domínios do processo do trabalho, salvo as exceções previstas na Súmula 214 do TST, são irrecorríveis de imediato. Portanto, salvo as exceções que admitem recurso contra decisão interlocutória, os atos recorríveis na Justiça do Trabalho são sentenças e acórdãos.

Dessa forma, não sendo o ato judicial passível de impugnação via recursal, este não será conhecido por ausência desse pressuposto.

6.4.2.3. Adequação

Não basta que o ato seja recorrível, o recurso utilizado deve estar em conformidade com a decisão, ou seja, para cada ato processual há um recurso adequado e próprio para atacá-lo.

No entanto, existe a possibilidade de o órgão julgador conhecer de um recurso inadequadamente interposto por outro previsto em lei. Trata-se do princípio da fungibilidade que será aplicado desde que vislumbrados 3 requisitos: a) inexistência de erro grosseiro; b) dúvida na doutrina ou jurisprudência quanto ao recurso apto a reformar certa decisão judicial; c) o recurso erroneamente interposto deve obedecer ao prazo do recurso adequado.

6.4.2.4. Tempestividade

O recurso deve ser interposto no prazo legal, sob pena de não ser conhecido por intempestividade. Vale lembrar que, em regra, os recursos trabalhistas possuem prazo unificado de 8 (oito) dias, salvo os embargos de declaração cujo prazo é de 5 (cinco), recurso extraordinário para o STF, com prazo de 15 (quinze) dias, e o pedido de revisão do valor da causa, existente nos dissídios de alçada, com prazo de 48 horas.

A Lei 11.419/2006, que dispõe sobre a informatização do processo judicial, no seu art. 3º admite a interposição de recurso por meio eletrônico. Nos termos da lei, será considerado tempestivo o recurso enviado até as 24 horas do último dia do prazo.

O próprio TST por meio da Súmula 434 chegou a sustentar que o recurso interposto antes da publicação do acórdão seria considerado extemporâneo e, portanto, não seria conhecido.

Contudo, por meio da resolução 198/2015 o TST cancelou a Súmula 434 passando a admitir, inclusive sob o fundamento da ampla defesa, a interposição de recurso antes mesmo de aberto o prazo recursal.

Nessa linha o STF já havia proferido decisão em processo criminal em julgamento dos embargos de declaração no *Habeas Corpus* 101.132 – Maranhão, entendeu que o recurso interposto antes da publicação da sentença deve ser considerado tempestivo.

6.4.2.5. Preparo

Para o preenchimento desse pressuposto, exige-se que o recorrente recolha as custas e, em se tratando da reclamada, efetue o depósito recursal, sob pena do recurso ser considerado deserto.

6.4.2.5.1. Custas

As custas correspondem ao pagamento das despesas com porte de remessa e retorno dos autos e as despesas postais e serão pagas pelo vencido após o trânsito em julgado da decisão.

Deverão ser recolhidas nas instituições financeiras integrantes da Rede Arrecadadora de Receitas Federais, bastando, conforme entendimento do TST, que seja utilizada a guia correta (DARF) e o código correto para cada caso.

Nessa linha, ensina o § 1º do art. 789 da CLT que, no caso de recurso, as custas serão pagas e comprovado o recolhimento dentro do prazo recursal.

As custas serão pagas pelo recorrente, seja o empregado, seja o empregador.

Em se tratando de recorrente o *empregador*, caso queira interpor recurso deverá pagar as custas processuais nos casos de sentença de total procedência ou de procedência em parte.

Vale lembrar que os benefícios da justiça gratuita podem ser concedidos às pessoas jurídicas, desde que comprovem a situação de miserabilidade, o que pode ser feito por meio de seus balanços contábeis. Concedidos os benefícios da justiça gratuita pelo Juiz do Trabalho, a empresa estará isenta do pagamento das custas.

Já o *empregado* apenas pagará as custas nos casos de total improcedência da ação ou se o processo for extinto sem resolução do mérito. O empregado estará isento do pagamento das custas caso tenha os benefícios da justiça gratuita, que poderão ser deferidos pelo Juiz do Trabalho, desde que requeridos pelo reclamante.

Além dos beneficiários de justiça gratuita, são isentos do pagamento de custas a União, os Estados, o Distrito Federal, os Municípios, as respectivas autarquias e fundações públicas federais, estaduais ou municipais que não explorem atividade econômica e o Ministério Público do Trabalho e os correios.

Vale ressaltar, todavia, que essa isenção não alcança as entidades fiscalizadoras do exercício profissional (por exemplo, OAB, CREA) e, inclusive, as empresas em liquidação extrajudicial, orientação que consta na parte final da Súmula 86 do TST.

Os privilégios e isenções não abrangem, ainda, as sociedades de economia mista e as empresas públicas, em conformidade com o art. 173, § 2º, da CF e Súmula 170 do TST.

O TST consubstanciou entendimento na Súmula 86 no sentido de que não ocorre deserção de recurso da massa falida por falta de pagamento de custas ou de depósito do valor da condenação.

As custas serão calculadas à base de 2% (dois por cento), observado o mínimo de R$ 10,64 (dez reais e sessenta e quatro centavos) e o máximo de quatro vezes o limite máximo dos benefícios do Regime Geral de Previdência Social, da seguinte forma:

a) em processos em que houver acordo ou condenação, sobre esse valor;

b) para ações extintas sem apreciação do mérito ou de total improcedência, sobre o valor da causa;

c) em sentenças de procedência em ações declaratórias ou constitutivas, sobre o valor da causa;

d) sentenças com valores indeterminados, sobre o valor que o juiz fixar na sentença.

6.4.2.5.2. Depósito recursal

O depósito recursal não possui natureza jurídica de taxa de recurso, mas sim de garantia do juízo recursal, que pressupõe decisão condenatória ou executória de obrigação de pagamento em pecúnia, com valor líquido ou arbitrado.

Consequentemente, o depósito recursal apenas será devido pelo empregador que queira interpor recurso.

Verifica-se, portanto, que dada sua natureza jurídica somente é exigido quando houver condenação em dinheiro, em conformidade com a Súmula 161 do TST. Desta maneira, dada a natureza constitutiva ou declaratória do dissídio coletivo, não se exige o depósito recursal nesse tipo de ação.

O depósito recursal será feito em conta vinculada ao juízo e corrigido com os mesmos índices da poupança, em conformidade com o art. 899, § 4º, da CLT, e comprovado seu recolhimento no prazo alusivo ao recurso, nos termos da Súmula 245 do TST,podendo ser substituído por fiança bancária ou seguro garantia judicial, art. 899, § 11, da CLT.

É importante frisar que uma vez depositado o valor total da condenação, nenhum depósito será exigido nos recursos das decisões posteriores, salvo se o valor da condenação vier a ser ampliado.

Havendo acréscimo ou redução da condenação em grau de recurso, o juízo prolator da decisão arbitrará novo valor à condenação, quer para a exigibilidade de depósito ou complementação do valor já depositado, para o caso de novo recurso, quer para liberação do valor excedente decorrente da nova decisão.

A Instrução Normativa 3 do TST dispõe em seu item V que: "nos termos do § 3º do art. 40 (da Lei 8.177/1991), não é exigido depósito para recurso ordinário interposto, eis que a regra aludida atribui apenas valor ao recurso, com efeitos limitados, portanto, ao das custas processuais" (destaque nosso).

Sobre depósito recursal é imprescindível a leitura da Súmula 128 do TST.

SÚMULA 128 TST – DEPÓSITO RECURSAL.

I – É ônus da parte recorrente efetuar o depósito legal, integralmente, em relação a cada novo recurso interposto, sob pena de deserção. Atingido o valor da condenação, nenhum depósito mais é exigido para qualquer recurso.

II – Garantido o juízo, na fase executória, a exigência de depósito para recorrer de qualquer decisão viola os incisos II e LV do art. 5º da CF/1988. Havendo, porém, elevação do valor do débito, exige-se a complementação da garantia do juízo.

III – Havendo condenação solidária de duas ou mais empresas, o depósito recursal efetuado por uma delas aproveita as demais, quando a empresa que efetuou o depósito não pleiteia sua exclusão da lide.

O valor do depósito recursal será reduzido pela metade para entidades sem fins lucrativos, empregadores domésticos, microempreendedores individuais, microempresas e empresas de pequeno porte.

São isentos do depósito recursal os beneficiários da justiça gratuita, as entidades filantrópicas e as empresas em recuperação judicial.

6.4.2.5.2.1 Insuficiência no valor do preparo do recurso

Nos termos do art. 10 da IN 39/2016 do TST aplicam-se ao Processo do Trabalho as normas do parágrafo único do art. 932 do CPC, §§ 1º a 4º do art. 938 e ainda os §§ 2º e 7º do art. 1007. Em outras palavras, antes de considerar inadmissível o recurso, o relator concederá o prazo de 5 (cinco) dias ao recorrente para que seja sanado vício ou complementada a documentação exigível.

Assim, a insuficiência no valor do preparo, inclusive porte de remessa e de retorno, implicará deserção do recurso caso o recorrente, devidamente intimado, não vier a supri-lo no prazo de 5 (cinco) dias.

Nos domínios do processo do trabalho, seguindo a orientação do TST a norma em apreço se aplica às custas e ao depósito recursal.

Nessa linha, o TST por meio da OJ 140 da SDI 1 firmou entendimento:

OJ 140 SDI 1 TST – DEPÓSITO RECURSAL E CUSTAS PROCESSUAIS. RECOLHIMENTO INSUFICIENTE. DESERÇÃO

Em caso de recolhimento insuficiente das custas processuais ou do depósito recursal, somente haverá deserção do recurso se, concedido o prazo de 5 (cinco) dias previsto no § 2º do art. 1.007 do CPC de 2015, o recorrente não complementar e comprovar o valor devido.

Assim, caso os valores das custas ou do depósito recursal sejam insuficientes, antes de não conhecer do recurso por deserção, deverá intimar a parte para complementação no prazo de 5 dias.

6.5. Recursos em espécie

6.5.1. Embargos de declaração

Previstos no art. 897-A da CLT e nos arts. 1.022 e seguintes do CPC/2015, aplicados subsidiariamente, são cabíveis, no prazo de 5 (cinco) dias, para impugnar quaisquer decisões, leia-se: decisões interlocutórias, sentenças, acórdãos e decisões monocráticas, quando for verificada a ocorrência de omissão, contradição ou obscuridade, ou ainda, para corrigir erro material

Os erros materiais, entendidos como aqueles que podem ser percebidos facilmente, por qualquer pessoa, sem a necessidade de interpretação de qualquer conceito, poderão ser corrigidos de ofício ou a requerimento de qualquer das partes, que o farão por meio de embargos de declaração.

Vale frisar que os embargos de declaração não estão sujeitos ao juízo de admissibilidade recursal, sendo essa uma das razões pelas quais se discute sua natureza jurídica. A doutrina dominante sustenta possuir natureza de recurso.

Além de serem opostos contra decisões omissas, contraditórias e obscuras, hipóteses em que será requerido o esclarecimento ou complementação do julgado, admite-se a oposição de embargos de declaração para a obtenção de efeito modificativo do julgado, em casos de omissão, contradição ou, ainda, manifesto equívoco no exame dos pressupostos de admissibilidade dos recursos.

Admite-se, ainda, a oposição de embargos de declaração para fins de prequestionamento para os recursos de revista, embargos no TST e recurso extraordinário.

6.5.1.1. Efeito interruptivo

A oposição de embargos de declaração interrompe o prazo para a propositura de outros recursos para ambas as partes, em conformidade com o art. 1.026 do CPC/2015.

Vale destacar que apenas quando conhecidos os embargos de declaração interrompem o prazo recursal. Nessa linha, dispõe o art. 1.026, § 2º, do CPC/2015, que, quando manifestamente protelatórios os embargos de declaração, o juiz ou o tribunal, declarando que o são, condenará o embargante a pagar ao embargado multa não excedente de 2% (dois por cento) sobre o valor atualizado da causa. Na reiteração de embargos protelatórios, a multa é elevada até 10% (dez por cento), ficando condicionada a interposição de qualquer outro recurso ao depósito do valor respectivo, art. 1.026, § 3º, CPC/2015.

6.5.1.2. Efeito modificativo

O efeito modificativo ou efeito infringente, como também é chamado, consiste no pedido de procedência dos embargos que acarretará não apenas a complementação ou o aclaramento da decisão, mas também, e principalmente, a reforma do ato judicial embargado.

É importante destacar que, em regra, não há a oposição de "contrarrazões" ou "manifestação" aos embargos de declaração. Porém, determina o art. 897-A, § 2º, da CLT que eventual efeito modificativo dos embargos de declaração somente poderá ocorrer em virtude da correção de vício na decisão embargada e intimação da parte contrária que deverá ser ouvida no prazo de 5 (cinco) dias, sob pena de nulidade. Na mesma linha, determina o art. 1.023, § 2º, do CPC/2015, aplicável de forma supletiva e subsidiária do CPC ao Processo do Trabalho, nos termos do art. 15 CPC/2015 e art. 769 da CLT.

Importante lembrar que até o início de dezembro de 2016 prevalecia no TST o entendimento, não havia necessidade de manifestação da parte contrária quando se tratar de embargos de declaração opostos contra sentença, em razão do efeito devolutivo amplo próprio do recurso ordinário, havendo necessidade de intimação da parte contrária para manifestação, somente quando se tratar de embargos de declaração opostos contra acórdão.

Contudo, para se adequar à aplicação supletiva e subsidiária do CPC ao processo do trabalho e em obediência ao princípio do contraditório que foi valorizado pelo CPC/2015, bem como com a finalidade de evitar decisões surpresas, por meio da Resolução 214/2016 o TST reviu seu entendimento no sentido que o juiz deverá intimar o embargado para, querendo, manifestar-se, no prazo de 5 (cinco) dias, sobre os embargos opostos, caso seu eventual acolhimento implique a modificação da decisão embargada, não apenas quanto ao acórdão, mas sim de qualquer decisão judicial.

Dispõe a OJ 142 da SDI 1 do TST, com a redação dada pela resolução 214/2016:

ORIENTAÇÃO JURISPRUDENCIAL 142 SDI 1 TST – EMBARGOS DE DECLARAÇÃO. EFEITO MODIFICATIVO. VISTA PRÉVIA À PARTE CONTRÁRIA

É passível de nulidade decisão que acolhe embargos de declaração com efeito modificativo sem que seja concedida oportunidade de manifestação prévia à parte contrária.

6.5.1.3. Embargos de declaração com fins de prequestionamento

O prequestionamento é um pressuposto recursal específico dos recursos de natureza extraordinária, ou seja, aqueles recursos que não se prestam para o exame de matérias fáticas, mas apenas para questões de direito, como no caso do recurso de revista, embargos no TST e recurso extraordinário para o STF.

Prequestionamento é a efetiva apreciação de uma matéria pelo órgão julgador. Nos termos da Súmula 297, item I, do TST, diz-se prequestionada a matéria ou questão quando na decisão impugnada haja sido adotada, explicitamente, tese a respeito.

Nessa linha, admite-se a oposição de embargos de declaração para prequestionamento de matéria não apreciada na decisão, objetivando-se futura interposição de recurso de natureza extraordinária.

Sobre o tema, cabe trazer a Súmula 98 do STJ:

SÚMULA 98 STJ – Embargos de declaração manifestados com notório propósito de prequestionamento não tem caráter protelatório.

A respeito do prequestionamento para os recursos de natureza extraordinária, é importante destacar o entendimento consubstanciado na Orientação Jurisprudencial 62 da SDI 1 do TST, que diz ser necessário o prequestionamento como pressuposto de admissibilidade em recurso de natureza extraordinária, ainda que se trate de incompetência absoluta.

Contudo, havendo tese explícita sobre a matéria, na decisão recorrida, é desnecessário que contenha nela referência expressa do dispositivo legal para ter-se como prequestionado. É o que dispõe a Orientação Jurisprudencial 118 da SDI 1 do TST.

6.5.1.4. Embargos de declaração por manifesto equívoco no exame dos pressupostos extrínsecos do recurso

Como se sabe, os recursos passam, em regra, por dois juízos de admissibilidade. O primeiro exercido pelo juiz que proferiu a decisão (juízo *a quo*), e o segundo exercido pelo juízo a quem o recurso é dirigido (juízo *ad quem*).

Não obstante sejam feitos esses dois juízos de admissibilidade para os recursos, pode ocorrer de um recurso ser recebido após os exames de admissibilidade e, ao ser levado a julgamento pela turma, não ser conhecido. Em outras palavras, pode o Tribunal em decisão colegiada não conhecer de um recurso.

Nessa linha, caso o Tribunal profira decisão (acórdão) não conhecendo do recurso por manifesto equívoco no exame de seus pressupostos extrínsecos (recorribilidade do ato, representação, adequação, tempestividade e preparo), ela será impugnável via embargos de declaração.

Imagine a seguinte hipótese: em uma reclamação trabalhista foi indeferido o processamento de um recurso ordinário interposto pelo reclamante, o que motivou a interposição de recurso de agravo de instrumento. Todavia, o último dia do prazo para a interposição do referido agravo de instrumento coincidiu com o dia 25 de janeiro, feriado municipal na cidade de São Paulo, devidamente demonstrado no recurso (veja Súmula 385 do TST), de modo que o agravo de instrumento somente foi apresentado no dia seguinte, ou seja, 26 de janeiro. Depois de ultrapassados os juízos de admissibilidade, a Turma do Tribunal Regional proferiu decisão, não se recordando, por lapso, da existência do feriado municipal no dia 25 de janeiro, que considerou o agravo de instrumento intempestivo e dele não conheceu.

Nesse caso, o recurso cabível é o recurso de embargos de declaração, com pedido de efeito modificativo, nos termos do art. 897-A, da CLT, pelo manifesto equívoco do julgado no exame dos pressupostos extrínsecos do recurso de agravo de instrumento.

6.5.1.5. Embargos de declaração de decisão monocrática

Como vimos, caberão embargos de declaração contra decisão monocrática proferida pelo relator.

Nesse sentido, ensina a Súmula 421 do TST:

SÚMULA 421 TST – EMBARGOS DE DECLARAÇÃO. CABIMENTO. DECISÃO MONOCRÁTICA DO RELATOR CALCADA NO ART. 932 do CPC/2015. ART. 557 DO CPC de 1973.

I – Cabem embargos de declaração da decisão monocrática do relator prevista no art. 932 do CPC de 2015 (art. 557 do CPC de 1973), se a parte pretende tão somente juízo integrativo retificador da decisão e, não, modificação do julgado.

II – Se a parte postular a revisão no mérito da decisão monocrática, cumpre ao relator converter os embargos de declaração em agravo, em face dos princípios da fungibilidade e celeridade processual, submetendo-o ao pronunciamento do Colegiado, após a intimação do recorrente para, no prazo de 5 (cinco) dias, complementar as razões recursais, de modo a ajustá-las às exigências do art. 1.021, § 1º, do CPC de 2015.

6.5.2. Recurso ordinário

Previsto no art. 895 da CLT, o recurso ordinário é cabível não somente de sentenças, sendo possível, também, sua interposição contra acórdãos proferidos pelos TRTs em sua competência originária, tanto nos dissídios individuais, em ação rescisória, por exemplo, como nos dissídios coletivos.

De acordo com a redação do art. 895 consolidado, o recurso ordinário é cabível das decisões definitivas (processos extintos com resolução do mérito) e decisões terminativas (extintos sem a resolução do mérito). Assim, havendo indeferimento da petição inicial pela ausência das condições da ação será possível a interposição de recurso ordinário.

Como se sabe, as decisões interlocutórias são irrecorríveis de imediato, em conformidade com o art. 893, § 1º, da CLT.

Todavia, as decisões interlocutórias terminativas de feito admitem interposição de recurso ordinário. É o que ocorre na decisão do juiz que declara a incompetência absoluta da Justiça do Trabalho e determina a remessa dos autos à Justiça Comum, em conformidade com o art. 799, § 2º, da CLT. Outra hipótese de interposição de recurso ordinário em face de uma decisão interlocutória encontra-se prevista na Súmula 214, item "c", do TST, que se refere à decisão que acolhe exceção de incompetência territorial, com a remessa dos autos para Tribunal Regional distinto daquele a que se vincula o juízo excepcionado.

Com relação ao recurso ordinário interposto nas reclamações que tramitam sob o procedimento sumaríssimo, vale lembrar que uma vez recebido no Tribunal ele deverá ser imediatamente distribuído, devendo o relator liberá-lo no prazo máximo de 10 (dez) dias e a secretaria do Tribunal ou Turma deverá colocá-lo imediatamente na pauta para julgamento, sem revisor.

O membro do Ministério Público do Trabalho presente à sessão de julgamento, se entender necessário, promoverá parecer oral com registro na certidão de julgamento.

Como visto, no âmbito processual trabalhista os recursos não possuem, como regra, o efeito suspensivo, pois são dotados unicamente de efeito devolutivo. No entanto, para a obtenção de efeito suspensivo o TST admite, por meio da Súmula 414, I, parte final, requerimento dirigido ao tribunal, ao relator ou ao presidente ou ao vice-presidente do tribunal recorrido, por aplicação subsidiária ao processo do trabalho do artigo 1.029, § 5º, do CPC de 2015

SÚMULA 414 TST – MANDADO DE SEGURANÇA. ANTECIPAÇÃO DE TUTELA (OU LIMINAR) CONCEDIDA ANTES OU NA SENTENÇA

I – A tutela provisória concedida na sentença não comporta impugnação pela via do mandado de segurança, por ser impugnável mediante recurso ordinário. É admissível a obtenção de efeito suspensivo ao recurso ordinário mediante requerimento dirigido ao tribunal, ao relator ou ao presidente ou ao vice-presidente do tribunal recorrido, por aplicação subsidiária ao processo do trabalho do artigo 1.029, § 5º, do CPC de 2015.

6.5.2.1. Processamento

O recurso será elaborado por meio de duas peças. A primeira delas é a peça de interposição do recurso, que será endereçada ao juízo que proferiu a decisão, ou seja, ao juízo *a quo*, qualificando o recorrente, indicando o endereço do seu procurador, manifestando o interesse em recorrer, requerendo o envio do recurso ao tribunal competente e demonstrando o pagamento das custas e depósito recursal, quando necessários; a segunda peça consiste nas razões recursais, que serão dirigidas ao juízo hierarquicamente superior àquele que proferiu a decisão, o juízo *ad quem*.

Interposto o recurso no juízo *a quo*, promoverá este o 1º juízo de admissibilidade, examinando a presença de todos os pressupostos recursais. Feito o exame e constatada a inobservância de um dos pressupostos recursais, será negado seguimento ao recurso, hipótese em que poderá ser interposto agravo de instrumento. Conhecido o recurso, deverá o juiz conceder prazo para apresentação de contrarrazões ao recurso ordinário. Recebida as contrarrazões, o juízo *a quo* poderá proceder outro exame de admissibilidade do recurso, podendo, inclusive, reconsiderar a decisão que o admitiu e dele não conhecendo.

Mantida a decisão, os autos serão remetidos ao Tribunal superior, o juízo *ad quem*. Lá, após parecer do Ministério Público do Trabalho quando necessário, o recurso será distribuído a um juiz relator que fará o 2º juízo de admissibilidade, podendo conhecer ou não do recurso. Após a vista do juiz relator, o recurso será enviado ao juiz revisor e, em seguida, será colocado em pauta para julgamento.

No julgamento, após a leitura do relatório os advogados do recorrente e do recorrido poderão efetuar sustentação oral. Após a sustentação oral o recurso será submetido a julgamento, votando o relator, o revisor e os demais juízes.

Nas causas sujeitas ao procedimento sumaríssimo, o processo será imediatamente distribuído ao juiz relator, sem revisor, podendo o Ministério Público do Trabalho, caso entenda pertinente, emitir parecer oral na própria audiência de julgamento. Após a leitura do relatório os advogados poderão realizar sustentação oral e em seguida será realizado o julgamento.

6.5.3. Agravo de instrumento

Previsto no art. 897, "b", da CLT, o agravo de instrumento é cabível, no prazo de 8 (oito) dias, para impugnar os despachos proferidos pelo juízo *a quo* no 1º juízo de admissibilidade recursal que negarem seguimento a recursos. Assim, cabe agravo de instrumento em face de decisões que negarem seguimento a recurso ordinário, recurso de revista, recurso adesivo, agravo de petição, recurso extraordinário e, inclusive, ao próprio agravo de instrumento, no 1º juízo de admissibilidade.

No entanto, negado seguimento ao recurso de embargos no TST, não será cabível agravo de instrumento, mas sim agravo regimental.

O agravo de instrumento será processado em autos apartados e deverá ser interposto perante o juízo que não conheceu do recurso, admitindo-se o juízo de retração. Assim, interposto o agravo de instrumento, o juiz poderá reconsiderar a decisão agravada, conhecendo do recurso principal, remetendo-o à instância superior para sua apreciação.

Sendo mantida a decisão, o juiz deverá intimar o agravado para apresentação das contrarrazões ao agravo de instrumento e ao recurso principal, nos termos do art. 897, § 6º, da CLT.

A Lei 12.275, de 29 de junho de 2010, trouxe uma novidade nas regras de interposição do agravo de instrumento na esfera trabalhista.

A Lei em questão incluiu o § 7º no art. 899 da CLT, criando a necessidade de depósito recursal para a interposição de agravo de instrumento, restrito ao Judiciário Trabalhista, o que exclui, por óbvio, o agravo de instrumento em recurso extraordinário, que tem disciplina própria, conforme art. 1.042 do CPC/2015, e arts. 321 a 329 do Regimento Interno do Supremo Tribunal Federal.

Por meio do dispositivo legal, *no ato* de interposição do agravo de instrumento, a parte agravante deverá efetuar o depósito recursal, que corresponderá a 50% (cinquenta por cento) do valor do depósito do recurso ao qual se pretende destrancar. Nota-se que o citado dispositivo legal utiliza-se do termo "no ato", o que obriga a parte recorrente recolher e comprovar o recolhimento do depósito recursal no ato de interposição do recurso, o que afasta a aplicação da Súmula 245 do TST no presente recurso.

No entanto, o § 8º do mesmo dispositivo, de acordo com a redação dada pela Lei 13.015/2014 quando o agravo de instrumento tiver a finalidade de destrancar recurso de revista que se insurge contra decisão que contraria a jurisprudência uniforme do TST, consubstanciada nas suas súmulas ou em orientação jurisprudencial, não haverá obrigatoriedade de se efetuar o depósito suprarreferido.

O agravo de instrumento será julgado pelo Tribunal que seria competente para conhecer do recurso trancado, em conformidade com o art. 897, § 4º, da CLT. Portanto, primeiramente o Tribunal apreciará o agravo de instrumento e, entendendo por seu provimento, passará a julgar o recurso principal.

Em conformidade com o art. 1º da IN 40/2016 do TST admitido apenas parcialmente o recurso de revista, constitui ônus da parte impugnar, mediante agravo de instrumento, o capítulo denegatório da decisão, sob pena de preclusão. Com isso, o TST cancelou sua Súmula 285 que determinava imprópria a interposição de agravo de instrumento nessa hipótese.

6.5.3.1. Processamento

Diferente do processo civil, em que o agravo de instrumento é interposto diretamente no Tribunal, nos domínios do processo do trabalho deverá ser interposto no juízo *a quo*, na medida em que se admite a retratação do juízo.

As partes, agravante e agravado, deverão instruir a petição do agravo de instrumento e suas contrarrazões com as peças necessárias para o julgamento de ambos os recursos.

Nos exatos termos do art. 897, § 5º, da CLT, sob pena de não conhecimento, as partes promoverão a formação do instrumento do agravo de modo a possibilitar, caso provido, o imediato julgamento do recurso denegado, instruindo a petição de interposição obrigatoriamente com cópias da decisão agravada, da certidão da respectiva intimação, das procurações outorgadas aos advogados do agravante e do agravado, da petição inicial, da contestação, da decisão originária, da comprovação do depósito recursal e do recolhimento das custas, e facultativamente, com aquelas peças que entenderem necessárias para o julgamento do apelo.

O agravo de instrumento possui efeito devolutivo, limitando-se a matéria que será analisada pelo juízo *ad quem* à validade ou não da decisão denegatória do recurso. Desta forma, somente se o agravo de instrumento for provido poderá o Tribunal examinar o recurso que foi trancado.

Todavia, por não possuir efeito suspensivo, o meio adequado para obtenção desse efeito é o pedido de tutela provisória cautelar proposta perante o órgão competente para julgar o recurso, desde que demonstrado o *fumus boni iuris* e o *periculum in mora*.

6.5.4. Agravo de petição

Previsto no art. 897, "a", da CLT, o agravo de petição é o recurso cabível, no prazo de 8 (oito) dias, em face das decisões do Juiz do Trabalho proferidas na fase de execução de sentença. Desta forma, não existe agravo de petição na fase de conhecimento.

Embora o texto da lei não especifique qual tipo de decisão poderá ser impugnável, a doutrina dominante sustenta que somente decisões definitivas (art. 487 do CPC/2015) ou terminativas de feito (art. 485 do CPC/2015) podem ser impugnadas via agravo de petição. Essa doutrina se baseia no princípio da irrecorribilidade imediata das decisões interlocutórias, que não admite a imediata interposição de recurso contra essas decisões.

No entanto, admite-se a interposição de agravo de petição contra decisão interlocutória, desde que terminativa de feito. Admitir-se o agravo de petição contra qualquer decisão interlocutória, apenas por ter sido proferida na fase de execução de sentença, afrontaria o princípio da irrecorribilidade imediata das decisões interlocutórias, disciplinada no art. 893, § 1º, da CLT, que tem como finalidade garantir maior celeridade processual. Desta forma, as decisões interlocutórias, que não sejam terminativas de feito, estão sujeitas ao apelo no momento processual adequado por meio dos embargos à execução.

Ademais, o art. 855-A, § 1º, II, da CLT determina que a decisão interlocutória que acolher ou rejeitar o incidente de desconsideração da personalidade jurídica proferida na fase de execução, independentemente de garantia do juízo, será recorrível de imediato via agravo de petição. No entanto, caso a decisão ocorra na fase cognitiva, não ensejará a interposição de recurso imediato, nas linhas do art. 893, § 1º, CLT.

6.5.4.1. Delimitação de matérias e valores

O art. 897, § 1º, da CLT traz em seu bojo um requisito especial de admissibilidade do agravo de petição. Trata-se da delimitação de matérias e valores.

Dispõe o art. 897, § 1º, da CLT:

Art. 897 (...)

§ 1º – O agravo de petição só será recebido quando o agravante delimitar, justificadamente, as matérias e os valores impugnados, permitida a execução imediata da parte remanescente até o final, nos próprios autos ou por carta de sentença.

Desse modo, para que o recurso seja admitido, deverá o agravante delimitar as matérias impugnadas e os valores controversos, a fim de que se proceda a execução definitiva da parte não impugnada.

Nesse sentido, vale trazer à baila o entendimento cristalizado na Súmula 416 do TST:

SÚMULA 416 TST – MANDADO DE SEGURANÇA. EXECUÇÃO. LEI 8.432/1992. ART. 897, § 1º, DA CLT. CABIMENTO

Devendo o agravo de petição delimitar justificadamente a matéria e os valores objeto de discordância, não fere direito líquido e certo o prosseguimento da execução quanto aos tópicos e valores não especificados no agravo.

6.5.4.2. Processamento

Deverá ser interposto no prazo de 8 (oito) dias na vara do trabalho em que estiver tramitando a execução. O recurso consiste na peça de interposição, bem como as razões recursais, não se esquecendo da delimitação de matérias e valores.

Para a interposição não há o requisito do preparo, na medida em que as custas serão pagas apenas ao final do processo, nos termos do art. 789-A, IV, da CLT. Já o depósito recursal somente será exigido caso a execução não esteja devidamente garantida.

Nesse sentido é a súmula 128, II, do TST:

SÚMULA 128 TST (...)

II – Garantido o juízo, na fase executória, a exigência de depósito para recorrer de qualquer decisão viola os incisos II e LV do art. 5º da CF/1988. Havendo, porém, elevação do valor do débito, exige-se a complementação da garantia do juízo.

6.5.5. Agravo regimental

O agravo regimental encontra-se previsto no art. 709, § 1º, da CLT, na Lei 7.701/1988 e, ainda, nos regimentos internos dos Tribunais Regionais e do Tribunal Superior do Trabalho.

O agravo regimental é cabível em face das decisões monocráticas dos juízes relatores dos Tribunais Regionais ou do Tribunal Superior do Trabalho que negarem seguimento a recursos no 2º juízo de admissibilidade. Admite-se, outrossim, nos termos do art. 894, § 4º, da CLT, redação dada pela Lei 13.015/2014, a interposição do agravo regimental em face da decisão denegatória dos embargos. E, por último, como ensina Renato Saraiva (*Curso de Direito Processual do Trabalho*. 4. ed. São Paulo: Método, 2007. p. 492), admite-se o agravo regimental para o "reexame pelo tribunal das decisões monocráticas proferidas por seus próprios juízes (...)"

O prazo para interposição do agravo regimental varia de acordo com o regimento interno de cada Tribunal, que, de modo geral, fixam o prazo de cinco dias para sua interposição. No TST, de acordo com o art. 235 de seu regimento interno, o prazo é de 8 dias para a interposição do agravo regimental para o Tribunal Pleno.

O TST admite, em observância ao princípio da fungibilidade, o recebimento de recurso ordinário como agravo regimental, como ensina a Orientação jurisprudencial 69 da SDI 2 do TST.

ORIENTAÇÃO JURISPRUDENCIAL 69 SDI 2 TST – FUNGIBILIDADE RECURSAL. INDEFERIMENTO LIMINAR DE AÇÃO RESCISÓRIA OU MANDADO DE SEGURANÇA. RECURSO PARA O TST. RECEBIMENTO COMO AGRAVO REGIMENTAL E DEVOLUÇÃO DOS AUTOS AO TRT.

Recurso ordinário interposto contra despacho monocrático indeferitório da petição inicial de ação rescisória ou de mandado de segurança pode, pelo princípio de fungibilidade recursal, ser recebido como agravo regimental. Hipótese de não conhecimento do recurso pelo TST e devolução dos autos ao TRT, para que aprecie o apelo como agravo regimental.

Todavia, o TST entende não ser aplicável o princípio da fungibilidade em se tratando de agravo inominado ou agravo regimental contra decisão proferida por órgão colegiado, em razão do erro grosseiro na interposição do recurso inadequado.

Assim, dispõe a orientação jurisprudencial 412 da SDI 1 do TST:

> ORIENTAÇÃO JURISPRUDENCIAL 412 da SDI 1 do TST AGRAVO INTERNO OU AGRAVO REGIMENTAL. INTERPOSI-ÇÃO EM FACE DE DECISÃO COLEGIADA. NÃO CABIMENTO. ERRO GROSSEIRO. INAPLICABILIDADE DO PRINCÍPIO DA FUNGIBILIDADE RECURSAL.
>
> *É incabível agravo interno (art. 1.021 do CPC de 2015, art. 557, § 1º, do CPC de 1973) ou agravo regimental (art. 235 do RITST) contra decisão proferida por Órgão colegiado. Tais recursos destinam-se, exclusivamente, a impugnar decisão monocrática nas hipóteses previstas. Inaplicável, no caso, o princípio da fungibilidade ante a configuração de erro grosseiro.*

6.5.5.1. Processamento

O agravo regimental deverá ser interposto perante o Desembargador ou Ministro relator que prolatou a decisão, devendo o agravante requerer sua reconsideração ou, sucessivamente, o encaminhamento ao órgão competente para a apreciação do agravo, qual seja, a Turma ou o Pleno do Tribunal, a depender do respectivo regimento interno, não havendo oportunidade para apresentação de contrarrazões, tampouco sustentação oral.

Caso não haja disposição no regimento interno do tribunal sobre a necessidade da formação do instrumento, não há necessidade do agravante trazer cópias dos autos principais para tanto, como ocorre no agravo de instrumento. Nesse sentido a SDI 1 do TST editou a Orientação Jurisprudencial 132, *in verbis*:

> ORIENTAÇÃO JURISPRUDENCIAL 132 SDI 1 TST – AGRAVO REGIMENTAL. PEÇAS ESSENCIAIS NOS AUTOS PRINCIPAIS.
>
> Inexistindo lei que exija a tramitação do agravo regimental em autos apartados, tampouco previsão no Regimento Interno do Regional, não pode o agravante ver-se apenado por não haver colacionado cópia de peças dos autos principais, quando o agravo regimental deveria fazer parte dele.

Vale ressaltar que o agravo regimental não está sujeito ao recolhimento de custas e depósito recursal, não havendo, portanto, o pressuposto extrínseco do preparo.

Em caso de agravo regimental com caráter procrastinatório, casos em que o recurso se mostra manifestamente inadmissível ou infundado, aplica-se a multa entre 1% e 10% do valor corrigido da causa, ficando a interposição de qualquer outro recurso condicionada ao depósito do respectivo valor, conforme art. 1.021, §§ 4º e 5º, do CPC/2015.

6.5.6. Recurso de revista

Previsto no art. 896 da CLT, é um recurso de natureza extraordinária que visa a atacar decisões proferidas pelos TRTs em dissídios individuais em grau de recurso ordinário. Tem como objetivo uniformizar a interpretação jurisprudencial dos Tribunais acerca da legislação constitucional, federal e estadual e, ainda, a aplicabilidade de determinados instrumentos normativos como acordo coletivo, convenção coletiva, sentença normativa e regulamento de empresa.

Deverá ser interposto no prazo de 8 (oito) dias, dirigido ao Presidente do Tribunal recorrido, estando sujeito ao pagamento de custas e depósito recursal.

Por possuir natureza extraordinária, o recurso de revista não admite o reexame de matéria fática e probatória, em conformidade com a Súmula 126 do TST.

> SÚMULA 126 TST – RECURSO. CABIMENTO.
>
> Incabível o recurso de revista ou de embargos (arts. 896 e 894, "b", da CLT) para reexame de fatos e provas.

6.5.6.1. Requisitos especiais

Ao interpor o recurso de revista, além dos pressupostos gerais de admissibilidade dos recursos, exige-se, ainda, que o recorrente demonstre o preenchimento de mais dois pressupostos especiais, quais sejam, a transcendência e o prequestionamento.

Para que a questão esteja devidamente *prequestionada*, exige-se que a matéria já tenha sido objeto de debates no acórdão guerreado. É importante lembrar que, de acordo com a Súmula 98 do STJ, admitem-se os embargos de declaração exclusivamente com fins de prequestionamento.

Nos termos da Súmula 297 do TST, diz-se prequestionada a matéria ou questão quando na decisão impugnada tiver sido adotada, explicitamente, tese a respeito.

Já *transcendência* nos remete a repercussão, ou seja, a questão debatida no recurso deverá ter repercussão nos aspectos econômicos, jurídicos, políticos e social.

Nos termos do art. 896-A, § 1º, da CLT São indicadores de transcendência, entre outros:

> I – econômica: o elevado valor da causa;
>
> II – política: o desrespeito da instância recorrida à jurisprudência sumulada do Tribunal Superior do Trabalho ou do Supremo Tribunal Federal;
>
> III – social: a postulação, por reclamante-recorrente, de direito social constitucionalmente assegurado;
>
> IV – jurídica: a existência de questão nova em torno da interpretação da legislação trabalhista.

Caso o recorrente não demonstre que o recurso de revista possua transcendência, poderá o relator, monocraticamente, denegar seguimento ao recurso, cabendo agravo ao órgão colegiado, contra tal decisão. Poderá o recorrente, ainda, realizar sustentação oral sobre a questão da transcendência, durante cinco minutos em sessão.

Apresentada a sustentação oral e mantido o voto do relator quanto à não transcendência do recurso, será lavrado acórdão com fundamentação sucinta, que constituirá decisão irrecorrível no âmbito do tribunal.

Ao lado dos pressupostos gerais de admissibilidade dos recursos, sem o preenchimento desses dois pressupostos específicos o recurso não será conhecido.

Assim, determina o § 14 do art. 896 da CLT ensina que o relator do recurso de revista poderá denegar-lhe seguimento, em decisão monocrática, nas hipóteses de intempestividade, deserção, irregularidade de representação ou de ausência de qualquer outro pressuposto extrínseco ou intrínseco de admissibilidade.

A Lei 13.015/2014 que trouxe nova sistemática para o processamento de recursos no TST introduziu o art. 896, § 1º-A na CLT que determina ser ônus da parte, sob pena de não conhecimento do recurso:

I – indicar o trecho da decisão recorrida que consubstancia o prequestionamento da controvérsia objeto do recurso de revista;

II – indicar, de forma explícita e fundamentada, contrariedade a dispositivo de lei, súmula ou orientação jurisprudencial do Tribunal Superior do Trabalho que conflite com a decisão regional;

III – expor as razões do pedido de reforma, impugnando todos os fundamentos jurídicos da decisão recorrida, inclusive mediante demonstração analítica de cada dispositivo de lei, da Constituição Federal, de súmula ou orientação jurisprudencial cuja contrariedade aponte.

IV – transcrever na peça recursal, no caso de suscitar preliminar de nulidade de julgado por negativa de prestação jurisdicional, o trecho dos embargos declaratórios em que foi pedido o pronunciamento do tribunal sobre questão veiculada no recurso ordinário e o trecho da decisão regional que rejeitou os embargos quanto ao pedido, para cotejo e verificação, de plano, da ocorrência da omissão.

Nesse ponto é de suma importância a observância da Súmula 337 do TST, que impõe critérios para a comprovação da divergência justificadora do recurso. Desta forma, é necessário que o recorrente:

I) junte certidão ou cópia autenticada do acórdão paradigma ou cite a fonte oficial ou o repositório autorizado em que foi publicado; e

II) transcreva, nas razões recursais, as ementas e/ou trechos dos acórdãos trazidos à configuração do dissídio, demonstrando o conflito de teses que justifique o conhecimento do recurso, ainda que os acórdãos já se encontrem nos autos ou venham a ser juntados com o recurso.

Vale dizer, ainda, que, nos termos da Súmula 337 do TST, a mera indicação da data de publicação, em fonte oficial, de aresto paradigma é inválida para comprovação de divergência jurisprudencial.

Todavia, esclarece o item IV da referida súmula que é válida para a comprovação da divergência jurisprudencial justificadora do recurso a indicação de aresto extraído de repositório oficial na internet, desde que o recorrente: a) transcreva o trecho divergente; b) aponte o sítio de onde foi extraído; e c) decline o número do processo, o órgão prolator do acórdão e a data da respectiva publicação no Diário Eletrônico da Justiça do Trabalho.

6.5.6.2. *Hipóteses de cabimento*

O cabimento do recurso de revista merece ser estudado com maior enfoque. Isso porque as hipóteses de cabimento do recurso em estudo variam de acordo com o procedimento adotado.

6.5.6.2.1. Procedimento ordinário

No procedimento comum/ordinário, o recurso de revista é cabível nas hipóteses trazidas nas alíneas do art. 896 consolidado, que assim dispõem:

Art. 896. Cabe Recurso de Revista para Turma do Tribunal Superior do Trabalho das decisões proferidas em grau de recurso ordinário, em dissídio individual, pelos Tribunais Regionais do Trabalho, quando:

a) derem ao mesmo dispositivo de lei federal interpretação diversa da que lhe houver dado outro Tribunal Regional do Trabalho, no seu Pleno ou Turma, ou a Seção de Dissídios Individuais do Tribunal Superior do Trabalho, ou contrariarem súmula de jurisprudência uniforme dessa Corte ou súmula vinculante do Supremo Tribunal Federal;

b) derem ao mesmo dispositivo de lei estadual, Convenção Coletiva de Trabalho, Acordo Coletivo, sentença normativa ou regulamento empresarial de observância obrigatória em área territorial que exceda a jurisdição do Tribunal Regional prolator da decisão recorrida, interpretação divergente, na forma da alínea a;

c) proferidas com violação literal de disposição de lei federal ou afronta direta e literal à Constituição Federal.

Assim, de acordo com o art. 896 da CLT no procedimento ordinário é cabível o recurso de revista nas seguintes hipóteses:

a) Divergência na interpretação de lei federal ou contrariedade à súmula vinculante do STF, súmula ou OJ do TST

De acordo com a disposição da alínea "a" do citado art. 896 do diploma consolidado podemos extrair duas hipóteses de cabimento, são elas:

I.) Divergência na interpretação de lei federal

A divergência capaz de ensejar o cabimento do recurso de revista deve ser oriunda dos órgãos da Justiça do Trabalho.

Assim, caberá recurso de revista com fulcro na primeira parte da alínea "a" do art. 896 da CLT sempre que o acórdão guerreado interpretar uma lei federal de forma diversa à interpretação dada ao mesmo dispositivo de lei federal por súmula de outro Tribunal Regional do Trabalho ou pela Seção de Dissídios Individuais do TST.

Vale frisar que a interpretação jurisprudencial deve estar relacionada com o mesmo dispositivo de lei federal, o que a doutrina costuma chamar de divergência específica. Nesse sentido é a Súmula 296 do TST:

SÚMULA 296 TST – RECURSO. DIVERGÊNCIA JURISPRUDENCIAL. ESPECIFICIDADE.

I – A divergência jurisprudencial ensejadora da admissibilidade, do prosseguimento e do conhecimento do recurso há de ser específica, revelando a existência de teses diversas na interpretação de um mesmo dispositivo legal, embora idênticos os fatos que as ensejaram.

II – Não ofende o art. 896 da CLT decisão de Turma que, examinando premissas concretas de especificidade da divergência colacionada no apelo revisional, conclui pelo conhecimento ou desconhecimento do recurso.

A divergência que dá ensejo à interposição do recurso de revista deve ser atual, ou seja, aquela que não for ultrapassada por súmula ou superada por iterativa e notória jurisprudência do TST. Nessa linha é a Súmula 333 do TST, que assim dispõe:

SÚMULA 333 TST – RECURSOS DE REVISTA. CONHECIMENTO.

Não ensejam recurso de revista decisões superadas por iterativa, notória e atual jurisprudência do Tribunal Superior do Trabalho.

II.) Contrariedade entre súmula ou Orientação jurisprudencial do TST ou entre súmula vinculante do STF;

A 2ª parte da alínea "a" do art. 896 da CLT prevê ainda a hipótese de recurso de revista por contrariedade entre súmula ou Orientação jurisprudencial do TST ou ainda entre súmula vinculante do STF.

Nessa hipótese, a interposição do recurso de revista se justifica tendo em vista que o acórdão recorrido contraria uma súmula ou orientação jurisprudencial do TST ou, ainda, se o acórdão recorrido contrariar uma súmula vinculante do STF.

Em que pese não constar expressamente do dispositivo legal em comento a possibilidade de cabimento de recurso de revista por contrariedade a orientação jurisprudencial, é possível entender que ele é cabível, pela própria redação do art. 896, § 1º-A, II, da CLT que determina que a parte deverá indicar, de forma explícita e fundamentada, contrariedade a dispositivo de lei, súmula ou orientação jurisprudencial do Tribunal Superior do Trabalho que conflite com a decisão regional, sob pena de não conhecimento do recurso.

b) Divergência na interpretação de lei estadual, convenção coletiva, sentença normativa ou regulamento de empresa

A alínea "b" do art. 896 da CLT prevê a hipótese que a divergência que dá ensejo ao recurso de revista ocorre na interpretação de lei estadual, convenção coletiva, sentença normativa ou regulamento de empresa.

Desta forma, caso o acórdão interprete uma dessas espécies normativas de forma diversa à interpretação dada ao mesmo dispositivo por outro Tribunal Regional do Trabalho, pela SDI, por meio de suas orientações jurisprudenciais ou por súmulas do TST, caberá o recurso de revista com fulcro na alínea "b".

6.5.6.2.1.1. *Divergência jurisprudencial*

Com a entrada em vigor da Lei 13.015/2014, a Justiça do Trabalho passa a ter nova sistemática recursal, cujas alterações mais significativas residem nos critérios de admissibilidade do recurso de revista.

A divergência apta a ensejar o recurso de revista deve ser atual, não se considerando como tal a ultrapassada por súmula do Tribunal Superior do Trabalho ou do Supremo Tribunal Federal, ou superada por iterativa e notória jurisprudência do Tribunal Superior do Trabalho, nos termos do § 7º do art. 896 da CLT.

Nessa mesma linha é a Súmula 333 do TST, que assim dispõe:

SÚMULA 333 TST – RECURSOS DE REVISTA. CONHECIMENTO.

Não ensejam recurso de revista decisões superadas por iterativa, notória e atual jurisprudência do Tribunal Superior do Trabalho.

Para a comprovação da divergência justificadora do recurso, determina o § 8º do art. 896 da CLT que, compete ao recorrente o ônus de produzir prova da divergência jurisprudencial, mediante certidão, cópia ou citação do repositório de jurisprudência, oficial ou credenciado, inclusive em mídia eletrônica, em que houver sido publicada a decisão divergente, ou ainda pela reprodução de julgado disponível na internet, com indicação da respectiva fonte, mencionando, em qualquer caso, as circunstâncias que identifiquem ou assemelhem os casos confrontados.

Nesse mesmo sentido, como já estudamos, é a Súmula 337 do TST que ensina ser necessário que o recorrente:

a) junte certidão ou cópia autenticada do acórdão paradigma ou cite a fonte oficial ou o repositório autorizado em que foi publicado e

b) transcreva, nas razões recursais, as ementas e/ou trechos dos acórdãos trazidos à configuração do dissídio, demonstrando o conflito de teses que justifique o conhecimento do recurso, ainda que os acórdãos já se encontrem nos autos ou venham a ser juntados com o recurso.

A citada súmula ensina, ainda, que a mera indicação da data de publicação, em fonte oficial, de aresto paradigma é inválida para comprovação de divergência jurisprudencial.

Todavia, esclarece o item IV da referida súmula que é válida para a comprovação da divergência jurisprudencial justificadora do recurso a indicação de aresto extraído de repositório oficial na internet, desde que o recorrente transcreva o trecho divergente; aponte o sítio (*site da internet*) de onde foi extraído e decline o número do processo, o órgão prolator do acórdão e a data da respectiva publicação no Diário Eletrônico da Justiça do Trabalho.

C) *Violação de literal dispositivo de lei federal ou da Constituição Federal*

Nessa hipótese, prevista na alínea c do art. 896 da CLT, o acórdão guerreado viola diretamente dispositivo de lei federal ou da CF. Portanto, a decisão recorrida deve tratar da matéria explicitamente, surgindo assim a necessidade do prequestionamento.

Nota-se que nessa hipótese não há divergência jurisprudencial, mas sim afronta direta à lei federal ou à Constituição Federal.

Em se tratando de recurso de revista por violação de lei federal ou da Constituição Federal, a indicação do dispositivo constitucional ou infraconstitucional tido como violado deverá ser indicado expressamente no recurso, sob pena de não ser conhecido, nos termos do art. 896, § 1º-A, da CLT.

Nesse mesmo sentido, dispõe a Súmula 221 do TST:

SÚMULA 221 DO TST – RECURSO DE REVISTA. VIOLAÇÃO DE LEI. INDICAÇÃO DE PRECEITO.

A admissibilidade de recurso de revista por violação tem como pressuposto a indicação expressa do dispositivo de lei ou da Constituição tido como violado.

Nessa linha, vale destacar a disposição da Orientação Jurisprudencial 257 da SDI 1 do TST:

ORIENTAÇÃO JURISPRUDENCIAL 257 SDI 1 do TST – RECURSO DE REVISTA. FUNDAMENTAÇÃO. VIOLAÇÃO DE LEI. VOCÁBULO VIOLAÇÃO. DESNECESSIDADE

A invocação expressa no recurso de revista dos preceitos legais ou constitucionais tidos como violados não significa exigir da parte a utilização das expressões "contrariar", "ferir", "violar" etc.

Por último, ensina a Súmula 459 do TST:

SÚMULA 459 TST – RECURSO DE REVISTA. NULIDADE POR NEGATIVA DE PRESTAÇÃO JURISDICIONAL

O conhecimento do recurso de revista, quanto à preliminar de nulidade, por negativa de prestação jurisdicional, supõe indicação de violação do art. 832 da CLT, do art. 489 do CPC de 2015 (art. 458 do CPC de 1973) ou do art. 93, IX, da CF/1988.

6.5.6.2.2. Procedimento sumaríssimo

De acordo com o § 9º do art. 896 da CLT, nas causas sujeitas ao procedimento sumaríssimo, somente será admitido recurso de revista por contrariedade a súmula de jurisprudência uniforme do Tribunal Superior do Trabalho ou a súmula vinculante do Supremo Tribunal Federal e por violação direta da Constituição Federal.

Nota-se, portanto, que, em se tratando de procedimento sumaríssimo, o recurso de revista é admitido por violação da Constituição Federal, súmula vinculante do STF e por contrariedade à súmula do TST, mas não por contrariedade à Orientação Jurisprudencial, em conformidade com o entendimento consubstanciado na Súmula 442 do TST, que assim dispõe:

SÚMULA 442 TST – PROCEDIMENTO SUMARÍSSIMO. RECURSO DE REVISTA FUNDAMENTADO EM CONTRARIEDADE A ORIENTAÇÃO JURISPRUDENCIAL. INADMISSIBILIDADE. ART. 896, § 6º, DA CLT, ACRESCENTADO PELA LEI 9.957, DE 12.01.2000

Nas causas sujeitas ao procedimento sumaríssimo, a admissibilidade de recurso de revista está limitada à demonstração de violação direta a dispositivo da Constituição Federal ou contrariedade a Súmula do Tribunal Superior do Trabalho, não se admitindo o recurso por contrariedade a Orientação Jurisprudencial deste Tribunal (Livro II, Título II, Capítulo III, do RITST), ante a ausência de previsão no art. 896, § 6º, da CLT.

OBS: as hipóteses de recurso de revista no procedimento sumaríssimo eram previstas no § 6º do art. 896 da CLT, como indicado na súmula em estudo. Após a edição da Lei 13.015/2014 as hipóteses passaram a estar previstas no § 9º do art. 896 consolidado.

6.5.6.2.3. Recurso de revista em execução

A Lei 13.015/2014 que conferiu nova sistemática para os recursos trabalhistas, em especial ao recurso de revista, inovou sobre esse recurso na fase executória.

De acordo com a antiga legislação, nos termos do § 2º do art. 896 da CLT o cabimento do recurso de revista na fase de execução se limitava as hipóteses de ofensa direta e literal de norma da Constituição Federal.

No entanto, a atual legislação inovou estabelecendo no art. 896 da CLT, § 10 a possibilidade também de recurso de revista nas execuções fiscais e nas controvérsias da fase de execução que envolvam a Certidão Negativa de Débitos Trabalhistas (CNDT), sempre que o acórdão recorrido violar lei federal ou por divergência jurisprudencial e ainda por ofensa à Constituição Federal.

Notamos aqui um tratamento diferenciado em relação à Fazenda Pública. Isso porque, quando o autor da ação for a Fazenda Pública, poderá o executado recorrer de revista com fundamento em simples divergência jurisprudencial, violação de lei federal ou à Constituição Federal. No entanto, no mesmo contexto, sempre que o exequente e executado forem empregado e empregador, o recurso de revista terá seu cabimento restringido nos termos do § 2º do art. 896 da CLT, ou seja, por ofensa à Constituição Federal.

Como mencionado, o §10 do art. 896 permite a interposição de recurso de revista nas controvérsias da fase de execução que envolvam a Certidão Negativa de Débitos Trabalhistas (CNDT), criada pela Lei 12.440, de 7 de julho de 2011, tratada no art. 642-A da CLT.

Importante lembrar a CNDT é um documento, obrigatório para participação em licitações públicas. Ela também é uma importante ferramenta nas negociações imobiliárias, pois registra possíveis penhoras de imóveis por dívida trabalhista de pessoas físicas ou jurídicas.

Portanto, a atual legislação não retirou a possibilidade de recurso de revista na fase de execução de sentença em quaisquer processos, sempre que a decisão ofender a CF, mas elasteceu as hipóteses de cabimento, permitindo a interposição do recurso de revista, nas seguintes hipóteses:

a) fase de execução de sentença: caberá recurso de revista das decisões que ofenderem a Constituição Federal, nos termos do § 2º do art. 896 da CLT;

b) execuções fiscais: por violação a lei federal, por divergência jurisprudencial e por ofensa à Constituição Federal;

c) nas controvérsias da fase de execução que envolvam a Certidão Negativa de Débitos Trabalhistas (CNDT): por violação a lei federal, por divergência jurisprudencial e por ofensa à Constituição Federal.

Desta forma, a Súmula 266 do TST continua em pleno vigor:

SÚMULA 266 DO TST – RECURSO DE REVISTA. ADMISSIBILIDADE. EXECUÇÃO DE SENTENÇA.

A admissibilidade do recurso de revista interposto de acórdão proferido em agravo de petição, na liquidação de sentença ou em processo incidente na execução, inclusive os embargos de terceiro, depende de demonstração inequívoca de violência direta à Constituição Federal.

6.5.6.2.4. Recurso repetitivo ou julgamento por amostragem

Previsto nos arts. 896-B e 896-C da CLT, introduzidos pela Lei 13.015/2014, o legislador confere ao TST a possibilidade de julgamento de recursos repetitivos, ou seja, recursos que tratam de matérias idênticas, que se fundam em idêntica questão de direito.

Os parâmetros procedimentais para dar efetividade ao referido instituto estão disciplinados no ato normativo 491 do TST e Instrução Normativa 38 do TST.

Dispõe o art. 896-C da CLT:

"Quando houver multiplicidade de recursos de revista fundados em idêntica questão de direito, a questão poderá ser afetada à Seção Especializada em Dissídios Individuais ou ao Tribunal Pleno, por decisão da maioria simples de seus membros, mediante requerimento de um dos Ministros que compõem a Seção Especializada, considerando a relevância da matéria ou a existência de entendimentos divergentes entre os Ministros dessa Seção ou das Turmas do Tribunal."

Quando houver diversos processos discutindo a mesma questão de direito o TST poderá fazer um julgamento único que irá valer para os demais processos.

Portanto, nos termos do art. 2º da Instrução Normativa 38 para haver julgamento por recursos repetitivos ou por amostragem, como também é comumente conhecido, são necessários dois requisitos;

a) multiplicidade de recursos sobre a matéria;

b) identidade de matéria de direito. Nunca matéria de fato, em razão da natureza jurídica extraordinária do recurso.

6.5.6.2.5. Processamento

Inicialmente, a IN 39/2016 determina a aplicação ao Processo do Trabalho as normas dos arts. 976 a 986 do CPC/2015 que regem o incidente de resolução de demandas repetitivas.

Para melhor compreendermos o processamento do recurso repetitivo é importante lembrarmos dos órgãos que compõem o TST, bem como suas competências.

Pois bem, o TST é composto por 8 turmas que têm competência de julgar recurso de revista, bem como os agravos de instrumentos que visam destrancá-lo, além de outras. Também compõe o TST as Seções de Dissídios individuais 1 com competência para julgar recursos oriundos das varas do trabalho e a Seção de Dissídios individuais 2 competente para julgar os recursos oriundos dos Tribunais em caso de competência originária de dissídios individuais e ainda a Seção de Dissídios Coletivos, competentes para apreciação de recursos em dissídios coletivos. Temos ainda o órgão especial e o órgão pleno. A competência de cada órgão vem disciplinada no Regimento Interno do TST, Resolução administrativa 1.295/2008, arts. 67 a 72.

O recurso de revista repetitivo, por ter uma extensão mais ampla, pois um número muito maior de jurisdicionados serão atingidos pela decisão, é de competência da SDI 1 do TST e não de uma das Turmas, como os recursos de revista em geral. Porém se a SDI entender que o tema é de extrema importância, extrema relevância social, poderá delegar o julgamento ao Órgão Pleno do TST, decisão tomada por maioria simples.

Somente poderão ser afetados recursos representativos da controvérsia que sejam admissíveis e que contenham abrangente argumentação e discussão a respeito da questão a ser decidida.

Nos termos do art. 2º da Instrução Normativa 38 do TST, a proposta de afetação deverá ser feita pelo relator de uma das turmas que poderá considerar determinada matéria repetitiva, comunicando ao Presidente da turma, que encaminhará ao Presidente da SDI-1. Ato seguinte, o Presidente da SDI, após solicitar recursos da mesma matéria às outras turmas do TST, submeterá a proposta de recurso repetitivo ao colegiado no prazo máximo de 30 dias de seu recebimento.

A partir daí, duas situações poderão ocorrer. Acolhida a proposta, por maioria simples, o colegiado também decidirá se a questão será analisada pela própria SDI-1 ou se será decidida pelo Tribunal Pleno, inciso I do § 3º, do art. 2º da Instrução Normativa 38 Nesse caso, o processo será distribuído a um Ministro Relator e a um Revisor do órgão jurisdicional correspondente, ou seja, SDI-1 ou Tribunal Pleno para sua tramitação nos termos do artigo 896-C da CLT.

Porém, sendo rejeitada a proposta, os autos serão devolvidos à Turma respectiva, para que o julgamento do recurso de revista prossiga regularmente, art. 2º, § 3º, IV, da Instrução Normativa 38 TST.

O Presidente da SDI I que afetar processo para julgamento sob o rito dos recursos repetitivos deverá expedir comunicação aos demais Presidentes de Turma, que poderão afetar outros processos sobre a questão para julgamento conjunto, a fim de conferir ao órgão julgador visão global da questão.

Selecionados os recursos, o relator, na Subseção Especializada em Dissídios Individuais ou no Tribunal Pleno, constatada a presença do pressuposto do caput do art. 896-C da CLT, proferirá decisão de afetação, sempre fundamentada, na qual:

I – identificará com precisão a questão a ser submetida a julgamento;

II – poderá determinar a suspensão dos recursos de revista ou de embargos de que trata o § 5º do artigo 896-C da CLT;

III – poderá solicitar aos Tribunais Regionais do Trabalho informações a respeito da controvérsia, a serem prestadas no prazo de 15 (quinze) dias, e requisitar aos Presidentes ou Vice-Presidentes dos Tribunais Regionais do Trabalho a remessa de até dois recursos de revista representativos da controvérsia;

IV – concederá o prazo de 15 (quinze) dias para a manifestação escrita das pessoas, órgãos ou entidades interessados na controvérsia, que poderão ser admitidos como *amici curiae*.[2]

V – informará aos demais Ministros sobre a decisão de afetação;

VI – poderá conceder vista ao Ministério Público e às partes, nos termos e para os efeitos do § 9º do artigo 896-C da CLT.

---

2. *Amici curiae:* expressão plural de *amicus curiae* (Amigo da Corte).

Pois bem, uma vez proferida a decisão de afetação, O Presidente do Tribunal Superior do Trabalho oficiará os Presidentes dos Tribunais Regionais do Trabalho, com cópia da decisão de afetação, para que suspendam os recursos de revista interpostos em casos idênticos aos afetados como recursos repetitivos e ainda não encaminhados a este Tribunal, bem como os recursos ordinários interpostos contra as sentenças proferidas em casos idênticos aos afetados como recursos repetitivos, até o pronunciamento definitivo do Tribunal Superior do Trabalho.

Como vimos, em conformidade com a Instrução Normativa 38, o Presidente do TST deverá comunicar o Presidente de todos TRTs para que suspendam o julgamento dos recursos de revista que ainda não subiram. Todavia, determinará também a suspensão do julgamento de recursos ordinários sobre a matéria afetada e que não foram julgados, e ainda, determinará aos Juízes das Varas do Trabalho que suspendam o julgamento das ações em trâmite, que contenham essa matéria, de acordo com o disposto no art. 6º da IN 38 TST, até o pronunciamento definitivo do Tribunal Superior do Trabalho sobre a matéria.

Assim, admitido o incidente, o relator suspenderá o julgamento dos processos pendentes, individuais ou coletivos, que tramitam na Região, no tocante ao tema objeto de IRDR. A suspensão dos processos não prejudicará a instrução integral das causas e do julgamento dos eventuais pedidos distintos, inclusive, se for o caso, do julgamento antecipado parcial do mérito, regra disposta no art. 356, §§ 1º a 4º, CPC/2015, art. 8º, § 1º, IN 39/2016 do TST.A suspensão dos recursos e ações, acima estudada poderá ocorrer pelo período máximo de 1 (um) ano, art. 11 da IN 38 TST, razão pela qual o recurso repetitivo tem prioridade de julgamento no TST, art. 896-C, § 10, da CLT. Na hipótese de não ocorrer o julgamento no prazo de um ano a contar da publicação da decisão de afetação, cessam automaticamente, em todo o território nacional, a afetação e a suspensão dos processos, que retomarão seu curso normal.

As partes deverão ser intimadas da decisão de suspensão de seu processo, a ser proferida pelo respectivo Relator, art. 9º IN 38 TST.

Uma vez intimada, qualquer das partes poderá requerer o prosseguimento de seu processo caso demonstre distinção entre a questão a ser decidida no seu processo e aquela a ser julgada no recurso afetado, com as exigências dispostas no § 2º do art. 9º da IN 38 TST Obedecendo ao princípio do contraditório, a parte adversa deverá ser ouvida sobre o requerimento, no prazo de 5 (cinco) dias. Reconhecida a distinção dos casos, será dado prosseguimento normal ao processo, em conformidade com o § 4º do mesmo dispositivo legal.

A decisão que for proferida pelo TST no julgamento desses processos valerá para todos os processos com matéria idêntica.

E, assim, determina o § 11 do art. 896-C da CLT:

§ 11. Publicado o acórdão do Tribunal Superior do Trabalho, os recursos de revista sobrestados na origem:

I – terão seguimento denegado na hipótese de o acórdão recorrido coincidir com a orientação a respeito da matéria no Tribunal Superior do Trabalho; ou

II – serão novamente examinados pelo Tribunal de origem na hipótese de o acórdão recorrido divergir da orientação do Tribunal Superior do Trabalho a respeito da matéria.

Portanto, publicado o acórdão paradigma pelo TST, no caso de o acórdão recorrido coincidir com sua orientação, o Presidente ou Vice-Presidente do Tribunal de origem, a depender do regimento interno, negará seguimento aos recursos de revista sobrestados na origem. No entanto, na hipótese de o acórdão recorrido contrariar a orientação do Tribunal Superior, o TRT que proferiu esse acórdão objeto do recurso, na origem, reexaminará a causa de competência originária ou o recurso anteriormente julgado, conforme o caso.

Aqueles processos suspensos em primeiro e segundo graus de jurisdição retomarão o curso para julgamento e aplicação da tese firmada pelo Tribunal Superior.

Em conformidade com o art. 8º, § 2º, IN 39/2016, TST, do julgamento do mérito do incidente caberá recurso de revista para o Tribunal Superior do Trabalho, dotado de efeito meramente devolutivo, nos termos dos arts. 896 e 899 da CLT.

Apreciado o mérito do recurso, a tese jurídica adotada pelo Tribunal Superior do Trabalho será aplicada no território nacional a todos os processos, individuais ou coletivos, que versem sobre idêntica questão de direito, art. 8º, § 3º, IN 39/2016 do TST.

Poderá o Tribunal de origem não acatar o posicionamento firmado pelo TST e manter sua decisão, fundamentando-a.

Para fundamentar a decisão de manutenção do entendimento, o órgão que proferiu o acórdão recorrido demonstrará fundamentadamente a existência de distinção, por se tratar de caso particularizado por hipótese fática distinta ou ainda por questão jurídica não examinada, a impor solução jurídica diversa, em conformidade com o art. 15 da IN 38 TST.

Mantido o acórdão divergente pelo Tribunal de origem, o recurso de revista será remetido ao TST, após novo exame de sua admissibilidade pelo Presidente ou Vice-Presidente do Tribunal Regional.

Por outro lado, caso o TRT realize o juízo de retratação, alterando o acórdão divergente, se for o caso, decidirá as demais questões ainda não decididas, que surgiram em decorrência da alteração do acórdão.

Alterado o acórdão divergente na forma acima estudada e o recurso de revista versar sobre outras questões, caberá ao Presidente do Tribunal Regional, independentemente de ratificação do recurso ou juízo de admissibilidade, determinar a remessa do recurso ao Tribunal Superior do Trabalho para julgamento dessas outras questões.

6.5.7. Embargos no TST

O recurso de embargos no TST é, na verdade, gênero do qual são espécies os embargos infringentes e os embargos de divergência, de acordo com a redação do art. 894 da CLT dada pela Lei 11.496/2007.

O antigo art. 894 da CLT, com redação dada pela Lei 7.701/1988, previa 3 (três) modalidades de embargos no TST: embargos de divergência, embargos infringentes e os embargos de nulidade.

A Lei 11.496/2007, portanto, retirou do sistema recursal os embargos de nulidade utilizados para atacar decisões do TST que violassem preceito de lei federal ou da CF, hipóteses que já haviam sido impugnadas por meio de recurso de revista (art. 896, "c", da CLT), o que não justificava sua permanência no sistema recursal.

Dispõe o art. 894 da CLT:

Art. 894. No Tribunal Superior do Trabalho cabem embargos, no prazo de 8 (oito) dias:

I – de decisão não unânime de julgamento que:

a) conciliar, julgar ou homologar conciliação em dissídios coletivos que excedam a competência territorial dos Tribunais Regionais do Trabalho e estender ou rever as sentenças normativas do Tribunal Superior do Trabalho, nos casos previstos em lei;

II – das decisões das Turmas que divergirem entre si ou das decisões proferidas pela Seção de Dissídios Individuais, ou contrárias a súmula ou orientação jurisprudencial do Tribunal Superior do Trabalho ou súmula vinculante do Supremo Tribunal Federal. (Redação dada pela Lei 13.015/2014)

6.5.7.1. Embargos infringentes

Nos termos do art. 894, I, *a*, da CLT cabem embargos infringentes das decisões não unânimes proferidas pela seção especializada em dissídios coletivos, no prazo de 8 (oito) dias, contados da publicação do acórdão, nos processos de dissídios coletivos de competência originária do Tribunal.

Os *embargos infringentes* possuem natureza ordinária, podendo ser apreciadas matérias fáticas e jurídicas.

Vale destacar que os embargos infringentes não serão cabíveis caso a decisão guerreada estiver em consonância com precedentes jurisprudenciais ou súmula do TST.

Contra o despacho do Presidente do Tribunal que denegar seguimento aos embargos infringentes caberá a interposição de agravo regimental, no prazo de 8 (oito) dias, para o Órgão Especial, Seções Especializadas ou Turmas, observada a competência dos respectivos órgãos, em conformidade com o Regimento Interno do TST.

Em conformidade com o art. 70, II, "c", do Regimento Interno do TST, os embargos infringentes serão julgados pela Seção Especializada em Dissídios Coletivos (SDC) do TST.

6.5.7.2. Embargos de divergência

Previsto no art. 894, II, da CLT, caberá embargos, por divergência jurisprudencial, das decisões entre as Turmas do Tribunal Superior do Trabalho ou forem contrárias a súmula ou orientação jurisprudencial do Tribunal Superior do Trabalho ou súmula vinculante do Supremo Tribunal Federal, em dissídios individuais, no prazo de 8 (oito) dias, contados de sua publicação.

Os *embargos de divergência,* que objetivam a uniformização da jurisprudência interna do TST, que julga os recursos nos dissídios individuais, possuem natureza extraordinária, não se sujeitando, portanto, à apreciação de matéria fática, nas linhas da súmula 126 do TST, necessitando, ainda, que a matéria esteja prequestionada.

Desta forma, serão cabíveis embargos de divergência em 4 situações:

a) das decisões das Turmas do Tribunal Superior do Trabalho que divergirem entre si;

b) se houver divergência entre decisões de uma Turma e a Seção Especializada em Dissídios Individuais;

c) se houver divergência entre uma Turma do Tribunal Superior do Trabalho e súmula ou orientação jurisprudencial do próprio Tribunal Superior do Trabalho;

d) se houver divergência entre uma Turma do Tribunal Superior do Trabalho e súmula vinculante do STF.

Para o conhecimento do recurso, a lei exige que a divergência apta a ensejá-lo deve ser atual, não se considerando tal a ultrapassada por súmula do Tribunal Superior do Trabalho ou do Supremo Tribunal Federal, ou superada por iterativa e notória jurisprudência do Tribunal Superior do Trabalho.

A atual legislação prevê, ainda, em seu art. 894, § 3º, CLT que o Ministro Relator denegará seguimento aos embargos:

a) se a decisão recorrida estiver em consonância com súmula da jurisprudência do Tribunal Superior do Trabalho ou do Supremo Tribunal Federal, ou com iterativa, notória e atual jurisprudência do Tribunal Superior do Trabalho, cumprindo-lhe indicá-la e;

b) nas hipóteses de intempestividade, deserção, irregularidade de representação ou de ausência de qualquer outro pressuposto extrínseco de admissibilidade.

Dessa decisão do Ministro Relator que denegar seguimento aos embargos caberá agravo regimental, no prazo de 8 (oito) dias, é o que determina o § 4º do art. 894 da CLT.

Importante a leitura da nova redação da Súmula 353 do TST dada pela resolução 208/2016:

SÚMULA 353 TST – EMBARGOS. AGRAVO. CABIMENTO – Não cabem embargos para a Seção de Dissídios Individuais de decisão de Turma proferida em agravo, salvo:

a) da decisão que não conhece de agravo de instrumento ou de agravo pela ausência de pressupostos extrínsecos;

b) da decisão que nega provimento a agravo contra decisão monocrática do Relator, em que se proclamou a ausência de pressupostos extrínsecos de agravo de instrumento;

c) para revisão dos pressupostos extrínsecos de admissibilidade do recurso de revista, cuja ausência haja sido declarada originariamente pela Turma no julgamento do agravo;

d) para impugnar o conhecimento de agravo de instrumento;

e) para impugnar a imposição de multas previstas nos arts. 1.021, § 4º, do CPC de 2015 ou 1.026, § 2º, do CPC de 2015 (art. 538, parágrafo único, do CPC de 1973, ou art. 557, § 2º, do CPC de 1973).

f) contra decisão de Turma proferida em agravo em recurso de revista, nos termos do art. 894, II, da CLT.

6.5.7.2.1. Embargos de divergência no procedimento sumaríssimo

Nas causas submetidas ao procedimento sumaríssimo é possível a interposição de embargos no TST na hipótese de divergências entre Turmas do TST fundada em interpretações diversas acerca da aplicação de mesmo dispositivo constitucional ou de matéria sumulada, nos termos da Súmula 458 do TST.

> SÚMULA 458 TST – EMBARGOS. PROCEDIMENTO SUMA-RÍSSIMO. CONHECIMENTO. RECURSO INTERPOSTO APÓS VIGÊNCIA DA LEI Nº 11.496, DE 22.06.2007, QUE CONFERIU NOVA REDAÇÃO AO ART. 894, DA CLT.

Em causas sujeitas ao procedimento sumaríssimo, em que pese a limitação imposta no art. 896, § 6º, da CLT à interposição de recurso de revista, admitem-se os embargos interpostos na vigência da Lei 11.496, de 22.06.2007, que conferiu nova redação ao art. 894 da CLT, quando demonstrada a divergência jurisprudencial entre Turmas do TST, fundada em interpretações diversas acerca da aplicação de mesmo dispositivo constitucional ou de matéria sumulada.

OBS: as hipóteses de recurso de revista no procedimento sumaríssimo eram previstas no § 6º do art. 896 da CLT, como indicado na súmula em estudo. Após a edição da Lei 13.015/2014 as hipóteses passaram a estar previstas no § 9º do art. 896 consolidado.

6.5.7.3. Processamento dos embargos no TST

Em qualquer uma das modalidades, os embargos deverão ser opostos no prazo de 8 (oito) dias.

Em se tratando de embargos infringentes, serão esses dirigidos ao Presidente do Tribunal Superior do Trabalho, devendo requerer o encaminhamento das razões recursais à Seção Especializada em Dissídios Coletivos.

Já os embargos de divergência deverão ser interpostos para o Presidente da Turma do TST que julgou o recurso, em petição acompanhada das razões recursais, que serão encaminhadas à Subseção 1 da Seção Especializada em Dissídios Individuais do Tribunal Superior do Trabalho, em conformidade com o art. 71, II, do Regimento Interno do TST.

É imprescindível que o recorrente demonstre em seus embargos a divergência jurisprudencial existente entre as turmas do TST.

Sobre os embargos apresentados antes da edição da Lei 11.496/2007, vale destacar a OJs Transitórias 78 e 79 da SDI 1 do TST:

> OJ-SDI1T-78 EMBARGOS À SDI CONTRA DECISÃO EM RECURSO DE REVISTA NÃO CONHECIDO QUANTO AOS PRESSUPOSTOS INTRÍNSECOS. RECURSO INTERPOSTO ANTES DA VIGÊNCIA DA LEI 11.496, DE 22.06.2007, QUE CONFERIU NOVA REDAÇÃO AO ART. 894 DA CLT. NECESSÁRIA A INDICAÇÃO EXPRESSA DE OFENSA AO ART. 896 DA CLT.

Para a admissibilidade e conhecimento de embargos, interpostos antes da vigência da Lei 11.496/2007, contra decisão mediante a qual não foi conhecido o recurso de revista pela análise dos pressupostos intrínsecos, necessário que a parte embargante aponte expressamente a violação ao art. 896 da CLT.

> OJ-SDI1T-79 EMBARGOS. RECURSO INTERPOSTO ANTES DA VIGÊN-CIA DA LEI 11.496, DE 22.06.2007, QUE CONFERIU NOVA REDAÇÃO AO ART. 894 DA CLT. REVISTA NÃO CONHE-CIDA POR MÁ APLICAÇÃO DE SÚMULA OU DE ORIENTAÇÃO JURISPRUDENCI-AL. EXAME DO MÉRITO PELA SDI

A SDI, ao conhecer dos embargos, interpostos antes da vigência da Lei 11.496/2007, por violação do art. 896 – por má aplicação de súmula ou de orientação jurisprudencial pela Turma –, julgará desde logo o mérito, caso conclua que a revista merecia conhecimento e que a matéria de fundo se encontra pacificada neste Tribunal.

Por último, cabe destacar que o recurso de embargos no TST está sujeito ao pagamento de custas e depósito recursal.

6.5.7.4. Embargos com repercussão social

Dispõe o art. 20 da Instrução Normativa 38 do TST que quando o julgamento dos embargos à SDI-1 envolver relevante questão de direito, com grande repercussão social, sem repetição em múltiplos processos mas a respeito da qual seja conveniente a prevenção ou a composição de divergência entre as turmas ou os demais órgãos fracionários do Tribunal Superior do Trabalho, poderá a SDI-1, por iniciativa de um de seus membros e após a aprovação da maioria de seus integrantes, afetar o seu julgamento ao Tribunal Pleno.

Para o processamento desse incidente serão aplicadas as normas referentes ao julgamento do recurso de revista repetitivo, acima estudadas.

6.5.8. Recurso extraordinário

O recurso extraordinário está previsto no art. 102, III, da CF, que assim dispõe:

> **Art. 102.** Compete ao Supremo Tribunal Federal, precipuamente, a guarda da Constituição, cabendo-lhe: (...)
>
> III – julgar, mediante recurso extraordinário, as causas decididas em única ou última instância, quando a decisão recorrida:
>
> a) contrariar dispositivo desta Constituição;
>
> b) declarar a inconstitucionalidade de tratado ou lei federal;
>
> c) julgar válida lei ou ato de governo local contestado em face desta Constituição;
>
> d) julgar válida lei local contestada em face de lei federal.

No processo do trabalho, somente se admitirá o recurso extraordinário de decisões do TST em grau de embargos ou de sentenças da vara do trabalho em procedimento sumário (Lei 5.584/1970), desde que as decisões violem literalmente norma da Constituição Federal.

Tem essa determinação por objetivo o interesse público e não os interesses das partes que estão em litígio, pois visa a assegurar o primado da CF e a unidade de interpretação do direito material e processual em todo o território nacional.

O STF já firmou posicionamento no sentido de que somente as decisões que contrariarem a CF são impugnáveis via recurso extraordinário. Nesse sentido é a súmula 505 do Pretório Excelso:

> SÚMULA 505 STF – Salvo quando contrariarem a Constituição, não cabe recurso para o Supremo Tribunal Federal, de quaisquer decisões da Justiça do Trabalho, inclusive dos Presidentes de seus Tribunais.

Por possuir natureza extraordinária, não se admite a interposição de recurso extraordinário para o simples reexame de provas, nos termos da Súmula 279 do STF.

6.5.8.1. Processamento

Deverá ser interposto no prazo de 15 (quinze) dias perante o juízo que proferiu a decisão. Desse modo, o recurso extraordinário interposto em grau de embargos no TST, serão dirigidos ao Presidente do TST com o pedido de remessa ao STF. Já o recurso extraordinário interposto no dissídio de alçada previsto na Lei 5.584/1970deverá ser endereçado para o juiz da vara do trabalho, com o pedido de remessa ao STF. As razões recursais serão dirigidas ao Supremo Tribunal Federal.

Convém destacar que nesse momento processual não se admite o *jus postulandi* da parte (art. 791 da CLT), que se esgota no TRT, nos termos da Súmula 425 do TST.

O recurso extraordinário se submete a dois juízos de admissibilidade. O primeiro será exercido pelo Presidente do Tribunal ou juiz da vara do trabalho (juízo *a quo),* que poderá admitir ou negar seguimento ao recurso. Sendo negado seguimento ao recurso, poderá a parte interessada interpor agravo de instrumento visando seu destrancamento. O segundo juízo de admissibilidade é exercido pelo próprio STF (juízo *ad quem).* Nesse momento processual, caso seja negado seguimento ao recurso, por decisão monocrática proferida pelo relator, o recurso adequado será o agravo regimental.

No exame de admissibilidade, além dos pressupostos genéricos, o recorrente deve observar, ainda, os seguintes pressupostos específicos:

a) existência de uma causa: deve haver uma questão submetida à decisão judicial;

b) decisão de única ou última instância: no sentido de que não é cabível nenhum outro recurso, desde que trate de matéria constitucional.

Decisões de última instância são aquelas proferidas pelo TST por meio de suas seções especializadas ou órgão especial. Já as decisões de única instância são aquelas proferidas pelo TST em casos de sua competência originária que não forem passíveis de embargos. Também são decisões de única instância aquelas proferidas nos dissídios de alçada (Lei 5.584/1970), admitindo, portanto, a interposição de recurso extraordinário.

O recurso extraordinário exige que a matéria esteja prequestionada, que pode ser entendida como sendo aquela matéria que foi amplamente debatida no processo. Dessa forma, deve existir no acórdão impugnado tese explícita acerca da questão debatida, sob pena de não ficar configurado o prequestionamento, possibilitando à parte, nesse caso, a oposição de embargos de declaração para esse fim.

O recorrente deve, por último, demonstrar repercussão geral das questões constitucionais discutidas no processo. Significa dizer que a decisão deve conter em seu bojo relevância geral, ou seja, por meio desse requisito a Suprema Corte passará a analisar decisões que não se limitem aos interesses dos litigantes, transcendendo-os, repercutindo naqueles da coletividade de um modo geral.

Os arts. 1.035 e 1.036 do CPC/2015, regulamentam a questão da repercussão geral no recurso extraordinário.

Por fim, vale dizer que o recurso extraordinário será recebido apenas no efeito devolutivo, permitindo-se a execução provisória da sentença até o julgamento dos embargos à execução.

6.5.8.2. Repercussão geral

Aos recursos extraordinários interpostos perante o Tribunal Superior do Trabalho será aplicado o procedimento previsto no art. 1.036 do CPC/2015, que trata da causa de repercussão geral, cabendo ao Presidente do Tribunal Superior do Trabalho selecionar um ou mais recursos representativos da controvérsia e encaminhá-los ao Supremo Tribunal Federal, sobrestando os demais até o pronunciamento definitivo da Corte, na forma do § 1º do art. 1.036 do CPC/2015.

A repercussão geral deve ser demonstrada preliminarmente no recurso extraordinário e constitui uma condição de admissibilidade. Assim, como no recurso de revista deverá tratar de questões relevantes do ponto de vista jurídico, econômico, social e político, que ultrapassarem os interesses das partes.

O Presidente do Tribunal Superior do Trabalho poderá oficiar os Tribunais Regionais do Trabalho e os Presidentes das Turmas e da Seção Especializada do Tribunal para que suspendam os processos idênticos aos selecionados como recursos representativos da controvérsia e encaminhados ao Supremo Tribunal Federal, até o seu pronunciamento definitivo.

A não aceitação do recurso por falta de repercussão geral depende da decisão de 2/3 dos membros do Supremo Tribunal.

Importante dizer que nos termos do § 16 do art. 896-C da CLT, a decisão firmada em recurso repetitivo não será aplicada aos casos em que se demonstrar que a situação de fato ou de direito é distinta das presentes no processo julgado sob o rito dos recursos repetitivos.

Por último, caberá revisão da decisão firmada em julgamento de recursos repetitivos quando se alterar a situação econômica, social ou jurídica, caso em que será respeitada a segurança jurídica das relações firmadas sob a égide da decisão anterior, podendo o Tribunal Superior do Trabalho modular os efeitos da decisão que a tenha alterado.

6.5.8.3. Recurso repetitivo

Nos termos do art. 19 da Instrução Normativa 38 do TST aos recursos extraordinários interpostos perante o Tribunal Superior do Trabalho será aplicado o procedimento previsto no Código de Processo Civil para o julgamento dos recursos extraordinários repetitivos, cabendo ao Presidente do Tribunal Superior do Trabalho selecionar um ou mais recursos representativos da controvérsia e encaminhá-los ao Supremo Tribunal Federal, sobrestando os demais até o pronunciamento definitivo da Corte.

A IN 39/2016 do TST determina a aplicação dos arts. 976 a 986 do CPC que regem o incidente de resolução de demandas repetitivas – IRDR.

6.5.9. Recurso adesivo

Não há previsão do recurso adesivo na CLT, sendo aplicado subsidiariamente o art. 997 do CPC/2015, por força do art. 769 da CLT e art. 15 CPC/2015.

O recurso adesivo será cabível das decisões de procedência parcial, ou seja, quando houver sucumbência recíproca.

O recurso adesivo deverá ser interposto perante a autoridade competente para admitir o recurso principal, no mesmo prazo das contrarrazões ao recurso, e ficará vinculado ao recebimento daquele.

É importante lembrar que o recurso adesivo não será conhecido se houver desistência do recurso principal, ou se for ele declarado inadmissível ou deserto. Assim, caso o recurso principal não seja aceito, o recurso adesivo também não será.

O TST, por meio da Súmula 283, entendeu que o recurso adesivo é compatível com o processo do trabalho e cabe, no prazo de 8 (oito) dias, nas hipóteses de interposição de recurso ordinário, de agravo de petição, de revista e de embargos, sendo desnecessário que a matéria nele veiculada esteja relacionada com a do recurso interposto pela parte contrária.

Por último, vale dizer que, em conformidade com o art. 997, § 2º, do CPC/2015, o recurso adesivo se sujeita ao recolhimento de custas e depósito recursal, se for o caso.

6.5.10. Reexame necessário

No direito processual do trabalho, o instituto do reexame necessário não segue, em princípio, as regras do CPC, mas sim o Decreto-lei 779/1969, o qual ensina em seu art. 1º, V, ser "privilégio" da União, dos Estados, do Distrito Federal, dos Municípios e das autarquias ou fundações de direito público federais, estaduais ou municipais que não explorem atividade econômica, "o recurso ordinário *ex officio* das decisões que lhe sejam total ou parcialmente contrárias". Note que o dispositivo legal em debate trata, somente, do recurso ordinário *ex officio*, não abrangendo, portanto, o recurso de revista e outros.

Dessa forma, as pessoas jurídicas de direito público interno, em qualquer processo onde seja proferida sentença, ainda que em parte, contrária aos seus interesses, estarão amparadas pelo recurso ordinário *ex officio*,

Importante assinalar que não apenas as *sentenças* desfavoráveis às pessoas indicadas no art. 1º do Decreto-Lei 779/1969, mas também os *acórdãos* proferidos em ações ajuizadas originariamente nos Tribunais, que seriam impug-

nados via recurso ordinário (art. 895, II, da CLT), estarão sujeitos ao reexame necessário.

Muito se discute sobre a natureza recursal do reexame necessário, mas, de qualquer forma, é imperioso lembrar que tal instituto não comporta apresentação de contrarrazões, tampouco de recurso adesivo.

Outro ponto que merece destaque é o entendimento que o TST solidificou na orientação jurisprudencial 334 da SDI 1, consignando que, nos casos em que o ente público não tenha interposto recurso ordinário voluntário, não poderá interpor recurso de revista contra a decisão do Tribunal que manter ou confirmar a sentença.

A exceção seria apenas no caso de a decisão do Tribunal agravar a condenação do ente público, pois nessa hipótese haveria interesse recursal.

Dispõe a Orientação Jurisprudencial 334 da SDI 1 do TST:

ORIENTAÇÃO JURISPRUDENCIAL 334 da SDI 1 do TST – REMESSA "EX OFFICIO". RECURSO DE REVISTA. INEXISTÊNCIA DE RECURSO ORDINÁRIO VOLUNTÁRIO DE ENTE PÚBLICO. INCABÍVEL

Incabível recurso de revista de ente público que não interpôs recurso ordinário voluntário da decisão de primeira instância, ressalvada a hipótese de ter sido agravada, na segunda instância, a condenação imposta.

A respeito do tema, cabe destacar a Súmula 303 do TST:

SÚMULA 303 TST – FAZENDA PÚBLICA. REEXAME NECESSÁRIO

I – Em dissídio individual, está sujeita ao reexame necessário, mesmo na vigência da Constituição Federal de 1988, decisão contrária à Fazenda Pública, salvo quando a condenação não ultrapassar o valor correspondente a: a) 1.000 (mil) salários mínimos para a União e as respectivas autarquias e fundações de direito público; b) 500 (quinhentos) salários mínimos para os Estados, o Distrito Federal, as respectivas autarquias e fundações de direito público e os Municípios que constituam capitais dos Estados; c) 100 (cem) salários mínimos para todos os demais Municípios e respectivas autarquias e fundações de direito público.

II – Também não se sujeita ao duplo grau de jurisdição a decisão fundada em: a) súmula ou orientação jurisprudencial do Tribunal Superior do Trabalho; b) acórdão proferido pelo Supremo Tribunal Federal ou pelo Tribunal Superior do Trabalho em julgamento de recursos repetitivos; c) entendimento firmado em incidente de resolução de demandas repetitivas ou de assunção de competência; d) entendimento coincidente com orientação vinculante firmada no âmbito administrativo do próprio ente público, consolidada em manifestação, parecer ou súmula administrativa.

III – Em ação rescisória, a decisão proferida pelo Tribunal Regional do Trabalho está sujeita ao duplo grau de jurisdição obrigatório quando desfavorável ao ente público, exceto nas hipóteses dos incisos anteriores.

IV – Em mandado de segurança, somente cabe reexame necessário se, na relação processual, figurar pessoa jurídica de direito público como parte prejudicada pela concessão da ordem. Tal situação não ocorre na hipótese de figurar no feito como impetrante e terceiro interessado pessoa de direito privado, ressalvada a hipótese de matéria administrativa

7. EXECUÇÃO

7.1. Introdução

As sentenças na esfera laboral estão sujeitas a fase de execução, diferentemente do processo comum em que se tem a fase de cumprimento da sentença.

Na fase de conhecimento, nas lacunas da norma consolidada, aplicamos o Código de Processo Civil, em conformidade com o art. 769 da CLT. Na fase de execução a aplicação é diversa. Isso porque, em primeiro plano, devemos aplicar a CLT; havendo omissão da norma consolidada aplica-se a Lei 5.584/1970 (Dispõe sobre normas de Direito Processual do Trabalho); persistindo a omissão, aplicaremos a lei de execução fiscal (Lei 6.830/1980); sendo esta também omissa, aplicar-se-á por último o CPC, art. 889 da CLT.

A fase de execução é composta por 3 (três) partes: a fase de quantificação, a fase de constrição e a fase de expropriação.

A fase de quantificação consiste em fixar o montante da obrigação devida pelo devedor ao credor. Em outras palavras, significa tornar líquido o *quantum* a ser executado.

A fase de constrição indica que, tornado líquido o *quantum* devido, o devedor será intimado para satisfazer a obrigação no prazo de 48 (quarenta e oito) horas. Vencido esse prazo, o devedor está sujeito a ter seus bens penhorados. Serão penhorados tantos bens quanto bastarem para a garantia da obrigação.

Por último, temos a fase da expropriação, que visa à alienação dos bens penhorados por meio da praça ou leilão, para a satisfação do crédito do exequente.

7.2. Legitimidade

7.2.1. Legitimidade ativa

A legitimidade ativa vem disposta no art. 878 da CLT, segundo o qual a execução será promovida pelas partes, permitida a execução de ofício pelo juiz ou pelo Presidente do Tribunal apenas nos casos em que as partes não estiverem representadas por advogado.

Dessa forma, a execução se iniciará de ofício pelo juiz somente quando as partes não estiverem representadas por advogado, ou seja, fazendo uso do *jus postulandi*. No entanto, estando as partes representadas por advogado, deverão elas dar início à execução.

7.2.2. Legitimidade passiva

Poderá figurar no polo passivo da execução tanto empregador, o que é mais comum, como empregado, por exemplo, nas hipóteses em que este causou dano ao seu empregador.

Podem figurar como sujeito passivo na execução o espólio, herdeiros e sucessores, fiador, o novo devedor que assumiu a dívida, desde que com consentimento do credor, e o responsável tributário.

7.2.3. Desconsideração da personalidade jurídica

É sabido que o patrimônio dos sócios da pessoa jurídica não se confunde com o patrimônio da empresa. No entanto, aplicando a desconsideração da personalidade jurídica os sócios passam a responder pelas dívidas da empresa.

Ela está prevista em nosso ordenamento jurídico em diversos diplomas legais, como no art. 28 do Código de Defesa do Consumidor e art. 50 do Código Civil. Também temos a previsão legal no art. 34 da Lei 12.529/2011 e art. 4º da Lei 9.605/1998.

Referidos dispositivos legais nos mostram a aplicação de duas teorias:

a) *Teoria subjetiva:* adotada pelo Código Civil, essa teoria ensina que para que os bens dos sócios possam ser atingidos, é necessária a comprovação de fraude, abuso de direito ou confusão patrimonial;

b) *Teoria objetiva:* para essa teoria, adotada pelo Código de Defesa do Consumidor, basta a insolvência da empresa, ou seja, basta a constatação de inexistência de bens da empresa suficientes para o cumprimento de suas obrigações.

No CPC/2015 o incidente de desconsideração da personalidade jurídica está previsto nos arts. 133 e seguintes, aplicados no processo do trabalho, nos termos do art. 855-A, da CLT.

É importante destacar que o CPC/2015 não trouxe as hipóteses em que se admite a desconsideração, ele apenas cuidou de apontar o processamento desse incidente.

Por não tratar das hipóteses em que a desconsideração poderá ser aplicada, o CPC/2015 remete às legislações acima tratadas, em conformidade com o art. 133, § 1º.

No processo do trabalho é aplicada a teoria objetiva da desconsideração da personalidade jurídica, com fulcro no art. 28 do CDC, baseando-se no princípio protetor do trabalhador, atribuindo responsabilidade aos sócios pelas dívidas da pessoa jurídica, na medida em que foram eles os beneficiários dos lucros auferidos pela empresa, fruto do trabalho dos seus empregados.

Considerando que na fase de execução no processo trabalhista, nos termos do art. 889 da CLT temos que na omissão da CLT a lei dos executivos fiscais (Lei 6.830/1980) servirá como fonte subsidiária, podemos dizer que, ainda assim, o incidente do CPC/2015 terá aplicação no processo do trabalho, calcado na própria teoria objetiva. Isso porque, o art. 4º, § 3º, da Lei 6.830/1980 nos ensina que a execução poderá ser dirigida contra o sócio, bastando que os bens do devedor, ou seja, da empresa, não sejam suficientes para satisfação do débito.

Portanto, tendo em vista o princípio protetor do direito do trabalho, que pode inclusive ser aplicado no campo processual, a aplicação da teoria objetiva da desconsideração da personalidade jurídica baseada no art. 28 do CDC e, ainda, a regra esculpida no art. 4º, § 3º, da Lei 6.830/1980, não há motivo para que a desconsideração da personalidade jurídica da empresa necessite de requerimento da parte ou do Ministério Público.

Assim, podemos concluir de acordo com o art. 855-A da CLT, o incidente de desconsideração da personalidade jurídica regulado no CPC/2015 (arts. 133 a 137) será aplicável ao Processo do Trabalho, com as adaptações pertinentes ao processo trabalhista, sendo assegurada a iniciativa também ao juiz do trabalho na fase de execução, na forma do art. 878 da CLT.

A decisão que acolhe ou rejeita o incidente de desconsideração na fase de cognição/conhecimento por possuir natureza jurídica de decisão interlocutória, não será passível de recurso de imediato, nos termos do art. 855-A, § 1º, I, da CLT. Contudo, na fase de execução, caberá agravo de petição, independentemente de garantia do juízo, art. 855-A, § 1º, II, da CLT. Já se o incidente for instaurado originariamente no tribunal, se proferida pelo Relator, caberá agravo interno, art. 855-A, § 1º, III, da CLT.

A teoria da desconsideração da personalidade jurídica, também conhecida como teoria da penetração, é utilizada no processo do trabalho por aplicação subsidiária, permitida em razão da norma esculpida nos arts. 8º e 769 da CLT e, ainda, pelo princípio da alteridade.

A IN 39/2016 do TST determina em seu art. 6º aplicação ao Processo do Trabalho do incidente de desconsideração da personalidade jurídica regulado no Código de Processo Civil (arts. 133 a 137), assegurada também a iniciativa de ofício do juiz do trabalho na fase de execução, na forma do art. 878 da CLT.

O art. 855-A da CLT traz ao processo do trabalho a permissão para aplicação da teoria da desconsideração da personalidade jurídica prevista nos arts. 133 a 137 do CPC/2015 ao processo do trabalho. Nesse sentido, o TST vem aplicando a desconsideração da personalidade jurídica com apoio no art. 28, § 5º, do Código de Defesa do Consumidor, segundo o qual a personalidade jurídica poderá ser desconsiderada sempre que for, de alguma forma, obstáculo ao ressarcimento de prejuízos causados aos consumidores.

Afirma-se que por ser a personalidade jurídica uma criação da lei concedida pelo Estado, que tem como objetivo a realização de um fim, nada mais lógico do que conferir ao Estado, por meio do órgão jurisdicional, a capacidade de verificar se esse direito está sendo utilizado de forma adequada e, não estando, atingir os responsáveis. Assim, a teoria deve ser utilizada para impedir a fraude ou abuso por meio da personalidade jurídica.

Dessa forma, a teoria da desconsideração da personalidade jurídica é aplicada de forma ampla quando for apurada a insuficiência do patrimônio da empresa para honrar as dívidas contraídas, independentemente de fraude ou simulação, ou seja, basta a insolvência da empresa para que o Estado-juiz autorize a execução dos bens dos sócios considerados individualmente de forma solidária e ilimitada até o pagamento integral dos créditos trabalhistas.

7.2.3.1 Processamento do pedido de desconsideração da personalidade jurídica

O incidente de desconsideração da personalidade jurídica será instaurado a pedido da parte ou do Ministério Público, quando lhe couber intervir no processo, sendo cabível em todas as fases do processo de conhecimento, bem como do processo de execução. Será dispensável a instauração do incidente se a desconsideração da personalidade jurídica for requerida na petição inicial, hipótese em que será citado o sócio ou a pessoa jurídica.

Assim, caso a desconsideração jurídica não seja pedida na reclamação trabalhista, deverá, se for o caso, ser instaurado o incidente em petição distinta, hipótese em que o processo ficará suspenso, sem prejuízo de concessão da tutela de urgência de natureza cautelar, art. 855-A, § 2º, da CLT.

Uma vez instaurado o incidente por petição específica, o sócio ou a pessoa jurídica será citado para no prazo de 15 (quinze) dias apresentar manifestação e eventual requerimento de produção de provas,

Terminada a instrução, quando necessária, o incidente será resolvido por decisão interlocutória.

Da decisão interlocutória que acolher ou rejeitar o incidente, na fase de conhecimento, não será cabível recurso de imediato, art. 893, § 1º, da CLT. No entanto, se a decisão for proferida na fase de execução de sentença, será cabível a interposição de agravo de petição, independentemente de garantia do juízo, no prazo de 8 dias. Caso a decisão seja proferida pelo relator em incidente instaurado originariamente no tribunal, caberá a interposição de agravo interno.

7.3. Títulos executivos

O processo do trabalho admite os seguintes títulos executivos:

7.3.1. Títulos executivos judiciais

a) sentenças ou acórdãos condenatórios transitados em julgado ou que tenham sido impugnados com recurso no efeito devolutivo;

b) decisões que homologam acordo entre as partes.

Cabe destacar que nos termos do art. 884, § 5º, da CLT é considerado inexigível o título judicial fundado em Lei ou ato normativo declarados inconstitucionais pelo Supremo Tribunal Federal ou em aplicação ou interpretação tidas por incompatíveis com a Constituição Federal.

7.3.2. Títulos executivos extrajudiciais

Os títulos executivos extrajudiciais são:

a) os termos de compromisso de ajuste de conduta com conteúdo obrigacional firmados perante o MPT;

b) os termos de conciliação celebrados perante a Comissão de Conciliação Prévia;

c) certidões da dívida ativa, decorrentes das multas aplicadas pelo MTE, de acordo com a redação do art. 114, VII, CF

Importante novidade foi trazida pelo art. 13 da IN 39/2016 do TST que por aplicação supletiva do art. 784, I (art. 15 do CPC), reconhece o cheque e a nota promissória emitidos em reconhecimento de dívida inequivocamente de natureza trabalhista como títulos executivos extrajudiciais para efeito de execução perante a Justiça do Trabalho, na forma do art. 876 e segs. da CLT.

7.4. Liquidação de sentença

Sendo a sentença ilíquida, deve ser realizada sua prévia liquidação, que, nos termos do art. 879, poderá ser feita por cálculos, por arbitramento e por artigos.

7.4.1. Liquidação por cálculos

A liquidação por cálculos será utilizada quando a determinação do valor da condenação depender de cálculos meramente aritméticos, ou seja, quando todos os elementos necessários para se chegar no valor devido já estiverem nos autos.

A liquidação por cálculos se iniciará com petição do credor, que a instruirá com a respectiva memória de cálculos devidamente atualizados dos valores que julgar devidos.

Nessa fase calculam-se, também, a correção monetária e os juros, esses últimos devidos a partir do ajuizamento da ação no importe de 1% ao mês, ou 12% ao ano, ainda que omisso o pedido na reclamação trabalhista ou na sentença, nos termos da Súmula 211 do TST.

7.4.2. Liquidação por arbitramento

A liquidação será feita por arbitramento se determinado pela sentença, se convencionado pelas partes ou caso a natureza do objeto exigir, nos termos do art. 509, I, do CPC/2015.

Nessa modalidade de liquidação, as partes ou o próprio juiz designará um árbitro para que mensure os valores dos direitos assegurados ao exequente na sentença judicial.

De acordo com o art. 879, § 6º, da CLT, tratando-se de cálculos de liquidação complexos, o juiz poderá nomear perito para a elaboração e fixará, depois da conclusão do trabalho, o valor dos respectivos honorários com observância dos critérios de razoabilidade e proporcionalidade.

7.4.3. Liquidação pelo procedimento comum

O CPC/1973 denominava a atual liquidação pelo procedimento comum em "liquidação por artigos". Prevista no art. 509, II, do CPC/2015, será realizada a liquidação pelo procedimento comum sempre que houver a necessidade de provar fatos novos que servirão de base para apuração do valor devido ao credor.

Vale ressaltar que nessa modalidade de liquidação não é permitida a iniciativa do juiz *ex officio*.

Um exemplo clássico de liquidação por artigos é o caso da sentença que, embora reconheça o pedido de horas extras, não as quantifica.

Nesse caso, o exequente deverá apresentar uma petição inicial alegando os fatos a serem provados, sendo a parte contrária intimada para responder o pedido e posteriormente proferida uma sentença.

Nota-se que com a liquidação por artigos se inicia um novo processo, que será submetido ao procedimento ordinário, contando, inclusive, com a produção de provas.

7.5. Impugnação à sentença de liquidação

Elaborada a conta e tornada líquida, o juízo deverá abrir às partes prazo comum de oito dias para impugnação fundamentada com a indicação dos itens e valores objeto da discordância, sob pena de preclusão.

Importante lembrar que antes da entrada em vigor da Lei 13.467/2017 (reforma trabalhista) era facultado ao juiz abrir ou não o prazo para impugnação, prazo esse que era de 10 dias.

Assim, como vimos o juiz está obrigado a abrir prazo de 8 dias para impugnação dos cálculos, na medida em que a lei se utiliza da expressão "deverá".

O INSS também deve ser intimado sobre os cálculos, para que no prazo de 10 dias se manifeste, sob pena de preclusão, conforme determina o art. 879, § 3º, da CLT.

Vale dizer que a sentença de liquidação, para a doutrina dominante, possui natureza jurídica de decisão interlocutória, não ensejando a interposição de recursos, em face da previsão legal do art. 893, § 1º, da CLT, e tampouco permite o ajuizamento de ação rescisória.

7.6. Execução contra devedor solvente

A execução contra devedor solvente tem por objetivo expropriar bens do devedor, a fim de satisfazer o direito do credor.

Inicia-se com a expedição do mandado de citação, nos termos do art. 880 da CLT. Na fase de execução de sentença, diferentemente de como ocorre na fase de conhecimento, a citação deve ser pessoal, ou seja, deve ser realizada na pessoa do executado. Não basta a mera notificação (que pode ser entregue a qualquer funcionário da empresa), como ocorre na fase de conhecimento.

O executado será citado para no prazo de 48 (quarenta e oito) horas pagar a quantia devida. Não encontrado por duas vezes, far-se-á a citação por edital.

Nesse ponto, muito se discute sobre a possibilidade de aplicação do art. 523 do CPC/2015 que prevê uma multa de 10% caso o devedor não efetue o pagamento da condenação no prazo legal.

Por muito tempo o TRT da 3ª Região, Minas Gerais, considerou aplicável a referida multa, chegando a editar a súmula 30 entendendo aplicável a multa ao processo do trabalho. Contudo, a referida súmula foi cancelada em 17/07/2015. Já o TRT da 2ª Região por meio da súmula 31 entende ser inaplicável a referida multa ao processo do trabalho.

De forma geral, entendem os Tribunais que o processo do trabalho possui norma específica para a execução de título, não havendo omissão do texto consolidado, tampouco compatibilidade com os princípios trabalhistas.

Todavia, está sub *judice* no Tribunal Superior do Trabalho a possibilidade de imposição de multa pecuniária ao executado bem como a liberação de depósito em favor do exequente, na pendência de recurso, o que impede saber sobre a incidência no Processo do Trabalho das normas dos arts. 520 a 522 e § 1º do art. 523 do CPC de 2015

O executado que não pagar a importância reclamada poderá garantir a execução mediante correspondente, atualizada e acrescida das despesas processuais, apresentação de seguro-garantia judicial ou nomeação de bens à penhora, observada a ordem preferencial estabelecida no art. 835 do CPC/2015.

Dispõe o art. 835 do CPC/2015:

Art. 835. A penhora observará, preferencialmente, a seguinte ordem:

I – dinheiro, em espécie ou em depósito ou aplicação em instituição financeira;

II – títulos da dívida pública da União, dos Estados e do Distrito Federal com cotação em mercado;

III – títulos e valores mobiliários com cotação em mercado;

IV – veículos de via terrestre;

V – bens imóveis;

VI – bens móveis em geral;

VII – semoventes;

VIII – navios e aeronaves;

IX – ações e quotas de sociedades simples e empresárias;

X – percentual do faturamento de empresa devedora;

XI – pedras e metais preciosos;

XII – direitos aquisitivos derivados de promessa de compra e venda e de alienação fiduciária em garantia;

XIII – outros direitos.

Caso o devedor não pague, não nomeie bens ou não deposite o valor executado em juízo, garantindo-o, serão penhorados seus bens tantos quanto bastarem para a garantia da execução.

O devedor poderá ainda, em conformidade com o art. 3º, XXI, da IN 39/2016 do TST optar pelo parcelamento judicial previsto no art. 916 do CPC/2015. Assim, no prazo para embargos, reconhecendo o crédito do exequente e comprovando o depósito de 30% do valor em execução, acrescido de custas e de honorários de advogado, quando cabíveis, o executado poderá requerer que lhe seja permitido pagar o restante em até 6 (seis) parcelas mensais, acrescidas de correção monetária e de juros de 1% ao mês.

7.7. Execução de título executivo extrajudicial

No processo de conhecimento, ao ter reconhecido seu crédito e tornado líquido, deverá o credor promover a execução do julgado, nos termos dos arts. 880 e seguintes da CLT, denominada execução judicial.

Por outro lado, admite-se na seara trabalhista, em algumas hipóteses, que o credor promova a cobrança do seu crédito imediatamente, ou seja, sem a necessidade de um processo de conhecimento. Nesses casos, o credor poderá promover a execução de título executivo extrajudicial, que pressupõe processo autônomo, com citação do devedor para cumprimento da obrigação.

Parte da doutrina sustenta que as hipóteses previstas no art. 876 da CLT são meramente exemplificativas, pois não poderia o legislador excluir da competência da Justiça do Trabalho títulos legitimamente conhecidos pelo legislador no âmbito do Direito Civil, como o cheque, por exemplo. Nessa linha, para aqueles que advogam essa ideia, como a legislação trabalhista autoriza o pagamento de salários e verbas rescisórias através de cheques, que muitas vezes são devolvidos sem fundos, poderia o trabalhador, nesse caso, executar o título na Justiça do Trabalho.

Colocando um ponto final nessa discussão doutrinária e jurisprudencial o TST por meio do art. 13 da IN 39 entende que por aplicação supletiva do art. 784, I (art. 15 do CPC), o cheque e a nota promissória emitidos em reconhecimento de dívida inequivocamente de natureza trabalhista também são títulos extrajudiciais para efeito de execução perante a Justiça do Trabalho, na forma do art. 876 e segs. da CLT.

7.7.1. Processamento

Cabe destacar que, nos termos do art. 889 da CLT, aos trâmites e incidentes do processo da execução são aplicáveis, naquilo em que não violarem os princípios processuais trabalhistas, os preceitos que regem o processo de execução fiscal disposto na Lei 6.830/1980. O Código de Processo Civil será aplicado apenas na omissão da Lei de executivos fiscais.

A competência territorial será determinada de acordo com a regra estabelecida no art. 877-A da CLT, ou seja, pelo juiz que teria competência para o processo de conhecimento relativo à matéria.

Desta forma, nos termos do art. 6º da Lei 6.830/1980, a petição inicial deverá ser instruída com o título executivo extrajudicial, devendo indicar o Juiz a quem é dirigida, o pedido e, por último, o requerimento de citação do devedor, para, no prazo de 5 (cinco) dias, pagar a dívida ou garanti-la, sob pena de penhora.

Feita a citação, o devedor poderá adotar 4 condutas: a) efetuar o pagamento do valor executado; b) depositar em juízo o valor, informando que irá apresentar embargos à execução; c) oferecer bens à penhora para garantia do juízo e apresentar embargos; d) não efetuar o pagamento, nem garantir a dívida, hipótese em que se procederá à penhora.

Importante dizer que nos termos do art. 3º, XXI, da IN 39/2016 do TST a regra do parcelamento judicial prevista no art. 916 do CPC/2015 é perfeitamente aplicável. Assim, no prazo para embargos, reconhecendo o crédito do exequente e comprovando o depósito de 30% do valor em execução, acrescido de custas e de honorários de advogado, quando cabíveis, o executado poderá requerer que lhe seja permitido pagar o restante em até 6 (seis) parcelas mensais, acrescidas de correção monetária e de juros de 1% ao mês.

Nas execuções de título executivo extrajudicial, o executado poderá alegar como matérias de defesa: nulidade da execução, por não ser executivo o título apresentado; penhora incorreta ou avaliação errônea; excesso de execução ou cumulação indevida de execuções; retenção por benfeitorias necessárias ou úteis, nos casos de título para entrega de coisa certa; ou qualquer matéria que lhe seria lícito deduzir como defesa em processo de conhecimento.

7.8. Penhora

A partir da penhora, tanto a execução de título judicial como a execução de título extrajudicial obedecerão às mesmas regras estudadas. A partir daqui os estudos podem ser aplicados tanto para a execução de título judicial como de títulos extrajudiciais.

Por não existirem normas expressas no texto consolidado, serão aplicadas as regras pertinentes ao processo civil.

A penhora deverá obedecer à regra de nomeação imposta no art. 835 do CPC/2015, podendo a parte impugnar aquela que não obedecer a essa ordem, nos exatos termos do art. 848, I, do CPC/2015.

Realizada a penhora, o exequente deverá ser intimado para manifestar sua concordância ou não com relação ao bem oferecido à penhora pelo próprio devedor ou penhorado por determinação judicial. A não aceitação deverá ser fundamentada.

7.8.1. Bens impenhoráveis

Nos termos do art. 833 do CPC/2015, são considerados absolutamente impenhoráveis:

a) os bens inalienáveis e os declarados, por ato voluntário, não sujeitos à execução;

b) os móveis, pertences e utilidades domésticas que guarnecem a residência do executado, salvo os de elevado valor ou que ultrapassem as necessidades comuns correspondentes a um médio padrão de vida;

c) os vestuários, bem como os pertences de uso pessoal do executado, salvo se de elevado valor;

d) os vencimentos, subsídios, soldos, salários, remunerações, proventos de aposentadoria, pensões, pecúlios e montepios; as quantias recebidas por liberalidade de terceiro e destinadas ao sustento do devedor e sua família, os ganhos de trabalhador autônomo e os honorários de profissional liberal;

e) os livros, as máquinas, as ferramentas, os utensílios, os instrumentos ou outros bens móveis necessários ou úteis ao exercício de qualquer profissão;

f) o seguro de vida;

g) os materiais necessários para obras em andamento, salvo se essas forem penhoradas;

h) a pequena propriedade rural, assim definida em lei, desde que trabalhada pela família;

i) os recursos públicos recebidos por instituições privadas para aplicação compulsória em educação, saúde ou assistência social;

j) até o limite de 40 (quarenta) salários mínimos, a quantia depositada em caderneta de poupança;

l) os recursos públicos do fundo partidário recebidos, nos termos da lei, por partido político.

Embora não estejam elencados no rol do art. 833 do CPC/2015, os bens públicos também são considerados absolutamente impenhoráveis.

Também são considerados impenhoráveis os bens de família previstos na Lei 8.009/1990.

No entanto, não serão considerados como bens de família: os veículos de transporte, as obras de arte e os adornos suntuosos. Isso porque esses bens são considerados como bens de ostentação, desnecessários para a sobrevivência da pessoa.

Dispõe o art. 834 do CPC/2015 que, na falta de outros bens, os frutos e rendimentos dos bens inalienáveis.

Importante destacar a Súmula 417 do TST:

> SÚMULA 417 TST – MANDADO DE SEGURANÇA. PENHORA EM DINHEIRO (alterado o item I, atualizado o item II e cancelado o item III, modulando-se os efeitos da presente redação de forma a atingir unicamente as penhoras em dinheiro em execução provisória efetivadas a partir de 18.03.2016, data de vigência do CPC de 2015) – Res. 212/2016, DEJT divulgado em 20, 21 e 22.09.2016
>
> I – Não fere direito líquido e certo do impetrante o ato judicial que determina penhora em dinheiro do executado para garantir crédito exequendo, pois é prioritária e obedece à gradação prevista no art. 835 do CPC de 2015 (art. 655 do CPC de 1973).
>
> II – Havendo discordância do credor, em execução definitiva, não tem o executado direito líquido e certo a que os valores penhorados em dinheiro fiquem depositados no próprio banco, ainda que atenda aos requisitos do art. 840, I, do CPC de 2015 (art. 666, I, do CPC de 1973).

7.8.1.1 Impenhorabilidade de salários/conta salário

Sobre a impenhorabilidade de valores existentes na conta salário do executado, importante ressaltar o entendimento previsto na OJ 153 da SDI 2 do TST, que assim dispõe:

> Orientação Jurisprudencial 153 SDI 2 TST – MANDADO DE SEGURANÇA. EXECUÇÃO. ORDEM DE PENHORA SOBRE VALORES EXISTENTES EM CONTA SALÁRIO. ART. 649, IV, DO CPC (art. 833, IV, CPC/2015). ILEGALIDADE

Ofende direito líquido e certo decisão que determina o bloqueio de numerário existente em conta salário, para satisfação de crédito trabalhista, ainda que seja limitado a determinado percentual dos valores recebidos ou a valor revertido para fundo de aplicação ou poupança, visto que o art. 649, IV, do CPC (art. 833, IV, CPC/2015) contém norma imperativa que não admite interpretação ampliativa, sendo a exceção prevista no art. 649, § 2º, do CPC (art. 833, §2º, CPC/2015)espécie e não gênero de crédito de natureza alimentícia, não englobando o crédito trabalhista.

Para melhor compreensão da referida OJ devemos lembrar que o antigo art. 649, IV, CPC/1973 (atual art. 833, IV, CPC/2015) determinava a impenhorabilidade dos salários. Portanto, consequentemente impenhoráveis também os valores depositados na conta salário, até o limite de 50 salários mínimos.

No entanto, o § 2º do mesmo art. 649 CPC/1973 continha regra determinando não se aplicar a regra da impenhorabilidade para pagamento de prestação alimentícia.

> Art. 649...
>
> § 2º. O disposto no inciso IV do caput deste artigo não se aplica no caso de penhora para pagamento de prestação alimentícia.

Com isso o TST editou a OJ 153 SDI 2 interpretando o dispositivo legal como regra imperativa, que não admitia interpretação ampliativa para o termo "prestação alimentícia" existente no texto da lei, ou seja, a exceção prevista no art. 649, § 2º, do CPC/1973 é espécie e não gênero de crédito de natureza alimentícia, não englobando o crédito trabalhista. Por isso se sustenta a impenhorabilidade dos salários do executado para pagamento de dívidas trabalhistas.

Contudo, o atual art. 833, § 2º, CPC/2015 que "substituiu" o art. 649, § 2º, CPC/1973 traz em sua redação uma novidade que possivelmente poderá alterar a redação da OJ 153 da SDI 2 do TST.

O novel art. 833, § 2º, CPC/2015 determina que a impenhorabilidade dos salários não se aplica à hipótese de penhora para pagamento de prestação alimentícia, independentemente de sua origem.

> Art. 833...
>
> § 2º. O disposto nos incisos IV e X do *caput* não se aplica à hipótese de penhora para pagamento de prestação alimentícia, **independentemente de sua origem**, bem como às importâncias excedentes a 50 (cinquenta) salários mínimos mensais, devendo a constrição observar o disposto no art. 528, § 8ºo, e no art. 529, § 3º. (destaques)

Por isso, entendemos que ao fazer constar no texto do supracitado dispositivo legal a expressão "independente de sua origem" o legislador aponta para a possibilidade de penhora para pagamento de qualquer tipo de prestação alimentícia, independentemente de sua origem, englobando, portanto, o crédito trabalhista. Esse entendimento se coaduna com a regra disposta no art. 100, § 1º, da CF que dispõe:

> Art. 100.
>
> § 1º. Os débitos de natureza alimentícia compreendem aqueles decorrentes de salários, vencimentos, proventos, pensões e suas complementações, benefícios previdenciários e indenizações por morte ou por invalidez, fundadas em responsabilidade civil, em virtude de sentença judicial transitada em julgado, e serão pagos com preferência sobre todos os demais débitos, exceto sobre aqueles referidos no § 2º deste artigo.

Desta forma, de acordo com o atual dispositivo legal é possível a penhora do salário do executado em 2 casos:

a) penhora de importâncias excedentes a 50 salários mínimos mensais;

b) se a verba for de natureza alimentar, independentemente de sua origem, limitado a 50% do montante mensal. Esse limite se justifica a teor do § 3º do art. 529 do CPC/2015, que assim dispõe:

> Art. 529...
>
> § 3º. Sem prejuízo do pagamento dos alimentos vincendos, o débito objeto de execução pode ser descontado dos rendimentos ou rendas do executado, de forma parcelada, nos termos do *caput* deste artigo, contanto que, somado à parcela devida, não ultrapasse cinquenta por cento de seus ganhos líquidos.

7.9. Protesto de decisão judicial

Nos termos do art. 883-A da CLT a decisão judicial transitada em julgado somente poderá ser levada a protesto, gerar inscrição do nome do executado em órgãos de proteção ao crédito ou no Banco Nacional de Devedores Trabalhistas (BNDT), nos termos da lei, depois de transcorrido o prazo de quarenta e cinco dias a contar da citação do executado, se não houver garantia do juízo.

7.10. Execução contra Fazenda Pública

O CPC/2015 regula o cumprimento de sentença contra a Fazenda Pública nos arts. 534 e 535, e também a execução de título extrajudicial em seu art. 910.

A execução contra a Fazenda Pública possui diversas peculiaridades e por isso não é processada da mesma forma que a execução contra as pessoas físicas ou jurídicas de direito privado.

Isso porque os bens da Fazenda Pública são impenhoráveis. Daí decorre que a Fazenda Pública não é intimada para garantir o juízo, mas sim para apresentar embargos à execução.

No termo "Fazenda Pública" devemos lembrar que estão compreendidos: a União, Estados, Distrito Federal, Municípios, autarquias e as fundações públicas. As sociedades de economia mista e as empresas públicas estão excluídas do conceito de Fazenda Pública.

Como vimos, os bens da Fazenda Pública são impenhoráveis. Assim, transitada em julgado a sentença condenatória, não haverá citação para pagamento ou garantia à execução, mas sim para oferecimento de embargos à execução no prazo de 30 dias, nos termos do art. 535 do CPC/2015.

Em se tratando de processo de execução de *título extrajudicial*, a execução se dará nos termos dos art. 910 do CPC/2015, que prevê prazo de 30 dias para que a Fazenda Pública apresente embargos à execução, hipótese em que poderá alegar qualquer matéria que lhe seria lícito deduzir como defesa no processo de conhecimento, em conformidade com o § 2º do art. 910 do CPC/2015. Ademais, determina o § 3º do citado dispositivo que aplica-se à execução contra a Fazenda Pública o disposto nos arts. 534 e 535 do CPC/2015.

Em se tratando de *título judicial*, na Justiça do Trabalho o processo contra a Fazenda Pública se processa pelas disposições contidas na CLT até a fixação do valor devido, aplicando-se o art. 879 da CLT. Uma vez homologado os cálculos, seguirá a execução pelo rito especial, aplicando-se no que couber, os arts. 534 e 535 do CPC/2015.

Portanto, nesse caso nos embargos à execução a Fazenda Pública poderá sustentar as matérias elencadas no art. 535 do CPC/2015, que assim dispõe:

> *Art. 535. A Fazenda Pública será intimada na pessoa de seu representante judicial, por carga, remessa ou meio eletrônico, para, querendo, no prazo de 30 (trinta) dias e nos próprios autos, impugnar a execução, podendo arguir:*
>
> *I – falta ou nulidade da citação se, na fase de conhecimento, o processo correu à revelia;*
>
> *II – ilegitimidade de parte;*
>
> *III – inexequibilidade do título ou inexigibilidade da obrigação;*
>
> *IV – excesso de execução ou cumulação indevida de execuções;*
>
> *V – incompetência absoluta ou relativa do juízo da execução;*
>
> *VI – qualquer causa modificativa ou extintiva da obrigação, como pagamento, novação, compensação, transação ou prescrição, desde que supervenientes ao trânsito em julgado da sentença.*
>
> *§ 1º A alegação de impedimento ou suspeição observará o disposto nos arts. 146 e 148.*

§ 2º Quando se alegar que o exequente, em excesso de execução, pleiteia quantia superior à resultante do título, cumprirá à executada declarar de imediato o valor que entende correto, sob pena de não conhecimento da arguição.

7.10.1. Precatório

Proferida a sentença na fase de conhecimento e exaurido o prazo recursal, duas regras deverão ser observadas, nos termos do art. 910, § 1º, do CPC/2015.

a) o juiz irá requisitar a expedição do precatório para pagamento por intermédio do Presidente do tribunal;
b) o pagamento será realizado na ordem de apresentação do precatório, art. 100 CF.

No entanto, caso o ente público apresente embargos à execução e encerrada a instrução, o juiz proferirá a sentença que, ainda que seja desfavorável, no todo ou em parte, ao ente público, não haverá que se falar em recurso de ofício (reexame necessário), tendo em vista que essa é uma prerrogativa do processo de conhecimento. A sentença que julgar os embargos à execução desafia a interposição de agravo de petição que, por se tratar de Fazenda Pública, terá o prazo em dobro, em razão da norma esculpida no art. 1º do Decreto-Lei 779/1969.

Ultrapassada essa fase, transitada em julgado a decisão, o juiz irá requisitar, por intermédio do Presidente do tribunal, à autoridade competente o pagamento do valor da dívida fixada na sentença.

Essa requisição é feita por meio do precatório, que, nas lições de Renato Saraiva (*Curso de Direito Processual do Trabalho*. 4. ed. São Paulo: Método, 2007. p. 625), "consiste na requisição, feita pelo Poder Judiciário ao Poder Executivo respectivo, de numerário suficiente para arcar com as condenações impostas à Fazenda Pública mediante sentença judicial a qual não caiba mais recurso."

A CF/1988 trata dos precatórios no art. 100 e seus parágrafos:

Art. 100. Os pagamentos devidos pelas Fazendas Públicas Federal, Estaduais, Distrital e Municipais, em virtude de sentença judiciária, far-se-ão exclusivamente na ordem cronológica de apresentação dos precatórios e à conta dos créditos respectivos, proibida a designação de casos ou de pessoas nas dotações orçamentárias e nos créditos adicionais abertos para este fim.

§ 1º Os débitos de natureza alimentícia compreendem aqueles decorrentes de salários, vencimentos, proventos, pensões e suas complementações, benefícios previdenciários e indenizações por morte ou por invalidez, fundadas em responsabilidade civil, em virtude de sentença judicial transitada em julgado, e serão pagos com preferência sobre todos os demais débitos, exceto sobre aqueles referidos no § 2º deste artigo.

§ 2º Os débitos de natureza alimentícia cujos titulares, originários ou por sucessão hereditária, tenham 60 (sessenta) anos de idade, ou sejam portadores de doença grave, ou pessoas com deficiência, assim definidos na forma da lei, serão pagos com preferência sobre todos os demais débitos, até o valor equivalente ao triplo fixado em lei para os fins do disposto no § 3º deste artigo, admitido o fracionamento para essa finalidade, sendo que o restante será pago na ordem cronológica de apresentação do precatório.

§ 3º O disposto no caput deste artigo relativamente à expedição de precatórios não se aplica aos pagamentos de obrigações definidas em leis como de pequeno valor que as Fazendas referidas devam fazer em virtude de sentença judicial transitada em julgado.

§ 4º Para os fins do disposto no § 3º, poderão ser fixados, por leis próprias, valores distintos às entidades de direito público, segundo as diferentes capacidades econômicas, sendo o mínimo igual ao valor do maior benefício do regime geral de previdência social.

§ 5º É obrigatória a inclusão, no orçamento das entidades de direito público, de verba necessária ao pagamento de seus débitos, oriundos de sentenças transitadas em julgado, constantes de precatórios judiciários apresentados até 1º de julho, fazendo-se o pagamento até o final do exercício seguinte, quando terão seus valores atualizados monetariamente.

§ 6º As dotações orçamentárias e os créditos abertos serão consignados diretamente ao Poder Judiciário, cabendo ao Presidente do Tribunal que proferir a decisão exequenda determinar o pagamento integral e autorizar, a requerimento do credor e exclusivamente para os casos de preterimento de seu direito de precedência ou de não alocação orçamentária do valor necessário à satisfação do seu débito, o sequestro da quantia respectiva.

§ 7º O Presidente do Tribunal competente que, por ato comissivo ou omissivo, retardar ou tentar frustrar a liquidação regular de precatórios incorrerá em crime de responsabilidade e responderá, também, perante o Conselho Nacional de Justiça.

§ 8º É vedada a expedição de precatórios complementares ou suplementares de valor pago, bem como o fracionamento, repartição ou quebra do valor da execução para fins de enquadramento de parcela do total ao que dispõe o § 3º deste artigo.

§ 9º No momento da expedição dos precatórios, independentemente de regulamentação, deles deverá ser abatido, a título de compensação, valor correspondente aos débitos líquidos e certos, inscritos ou não em dívida ativa e constituídos contra o credor original pela Fazenda Pública devedora, incluídas parcelas vincendas de parcelamentos, ressalvados aqueles cuja execução esteja suspensa em virtude de contestação administrativa ou judicial.

§ 10. Antes da expedição dos precatórios, o Tribunal solicitará à Fazenda Pública devedora, para resposta em até 30 (trinta) dias, sob pena de perda do direito de abatimento, informação sobre os débitos que preencham as condições estabelecidas no § 9º, para os fins nele previstos.

§ 11. É facultada ao credor, conforme estabelecido em lei da entidade federativa devedora, a entrega de créditos em precatórios para compra de imóveis públicos do respectivo ente federado.

§ 12. A partir da promulgação desta Emenda Constitucional, a atualização de valores de requisitórios, após sua expedição, até o efetivo pagamento, independentemente de sua natureza, será feita pelo índice oficial de remuneração básica da caderneta de poupança, e, para fins de compensação da mora, incidirão juros simples no mesmo percentual de juros incidentes sobre a caderneta de poupança, ficando excluída a incidência de juros compensatórios.

§ 13. O credor poderá ceder, total ou parcialmente, seus créditos em precatórios a terceiros, independentemente da concordância do devedor, não se aplicando ao cessionário o disposto nos §§ 2º e 3º.

§ 14. A cessão de precatórios somente produzirá efeitos após comunicação, por meio de petição protocolizada, ao tribunal de origem e à entidade devedora.

§ 15. Sem prejuízo do disposto neste artigo, lei complementar a esta Constituição Federal poderá estabelecer regime especial para pagamento de crédito de precatórios de Estados, Distrito Federal e Municípios, dispondo sobre vinculações à receita corrente líquida e forma e prazo de liquidação.

§ 16. A seu critério exclusivo e na forma de lei, a União poderá assumir débitos, oriundos de precatórios, de Estados, Distrito Federal e Municípios, refinanciando-os diretamente.

§ 17. A União, os Estados, o Distrito Federal e os Municípios aferirão mensalmente, em base anual, o comprometimento de suas respectivas receitas correntes líquidas com o pagamento de precatórios e obrigações de pequeno valor.

§ 18. Entende-se como receita corrente líquida, para os fins de que trata o § 17, o somatório das receitas tributárias, patrimoniais, industriais, agropecuárias, de contribuições e de serviços, de transferências correntes e outras receitas correntes, incluindo as oriundas do § 1º do art. 20 da Constituição Federal, verificado no período compreendido pelo segundo mês imediatamente anterior ao de referência e os 11 (onze) meses precedentes, excluídas as duplicidades, e deduzidas

I – na União, as parcelas entregues aos Estados, ao Distrito Federal e aos Municípios por determinação constitucional;

II – nos Estados, as parcelas entregues aos Municípios por determinação constitucional;

III – na União, nos Estados, no Distrito Federal e nos Municípios, a contribuição dos servidores para custeio de seu sistema de previdência e assistência social e as receitas provenientes da compensação financeira referida no § 9º do art. 201 da Constituição Federal;

§ 19. Caso o montante total de débitos decorrentes de condenações judiciais em precatórios e obrigações de pequeno valor, em período de 12 (doze) meses, ultrapasse a média do comprometimento percentual da receita corrente líquida nos 5 (cinco) anos imediatamente anteriores, a parcela que exceder esse percentual poderá ser financiada, excetuada dos limites de endividamento de que tratam os incisos VI e VII do art. 52 da Constituição Federal e de quaisquer outros limites de endividamento previstos, não se aplicando a esse financiamento a vedação de vinculação de receita prevista no inciso IV do art. 167 da Constituição Federal;

§ 20. Caso haja precatório com valor superior a 15% (quinze por cento) do montante dos precatórios apresentados nos termos do § 5º deste artigo, 15% (quinze por cento) do valor deste precatório serão pagos até o final do exercício seguinte e o restante em parcelas iguais nos cinco exercícios subsequentes, acrescidas de juros de mora e correção monetária, ou mediante acordos diretos, perante Juízos Auxiliares de Conciliação de Precatórios, com redução máxima de 40% (quarenta por cento) do valor do crédito atualizado, desde que em relação ao crédito não penda recurso ou defesa judicial e que sejam observados os requisitos definidos na regulamentação editada pelo ente federado.

*OBS: no julgamento das ADIs 4357, 4425, 4400 e 4372 o STF declarou a inconstitucionalidade de alguns parágrafos do dispositivo supracitado. Indicamos ao leitor o estudo das decisões das ADIs indicadas no *site* do Supremo Tribunal.

Assim, os pagamentos serão feitos em ordem cronológica de apresentação dos precatórios. Feito o precatório, o

juiz da vara remeterá ao Presidente do Tribunal Regional onde será autuado e receberá um número.

Após o exame das regularidades formais, o Presidente do TRT expedirá o precatório ao ente público para que seja providenciada a inclusão no orçamento de numerário suficientes para pagamento. Importante lembrar que os precatórios apresentados até o dia 1º de julho serão relacionados para pagamento dentro no exercício financeiro seguinte, sendo os valores atualizados monetariamente.

Havendo descumprimento da ordem cronológica, poderá a parte fazer o pedido de sequestro da quantia. Nessa linha, destaca-se a Orientação Jurisprudencial 13 do Tribunal Pleno do TST:

> ORIENTAÇÃO JURISPRUDENCIAL 13 DO TRIBUNAL PLENO – PRECATÓRIO. QUEBRA DA ORDEM DE PRECEDÊNCIA. NÃO DEMONSTRAÇÃO DA POSIÇÃO DO EXEQUENTE NA ORDEM CRONOLÓGICA. SEQUESTRO INDEVIDO
>
> É indevido o sequestro de verbas públicas quando o exequente/requerente não se encontra em primeiro lugar na lista de ordem cronológica para pagamento de precatórios ou quando não demonstrada essa condição.

7.10.2. *Débitos de pequeno valor*

Em se tratando de créditos de pequeno valor, o juiz poderá requisitar o pagamento diretamente à autoridade citada no processo de execução, ou seja, sem a necessidade de expedição de precatório, conforme art. 100, § 3º, da CF.

Nos termos do art. 87 do ADCT, serão considerados créditos de pequeno valor os seguintes:

> **Art. 87.** Para efeito do que dispõem o § 3º do art. 100 da Constituição Federal e o art. 78 deste Ato das Disposições Constitucionais Transitórias serão considerados de pequeno valor, até que se dê a publicação oficial das respectivas leis definidoras pelos entes da Federação, observado o disposto no § 4º do art. 100 da Constituição Federal, os débitos ou obrigações consignados em precatório judiciário, que tenham valor igual ou inferior a:
>
> I – quarenta salários mínimos, perante a Fazenda dos Estados e do Distrito Federal;
>
> II – trinta salários mínimos, perante a Fazenda dos Municípios.

Embora o art. 87 do ADCT não faça referência aos créditos de pequeno valor da União, o art. 17, § 1º, da Lei 10.259/2001 estabelece como de pequeno valor a dívida que não ultrapassar 60 salários mínimos.

Assim, teríamos a seguinte tabela:

a) União: 60 salários mínimos;

b) Estados e Distrito Federal: 40 salários mínimos;

c) Municípios: 30 salários mínimos.

Importante lembrar que as dívidas de pequeno valor, não submetidas ao regime dos precatórios, deverão ser pagas no prazo de 60 dias contados do ato de requisição da autoridade judicial, com fulcro no art. 17 da Lei 10.259/2001, aplicada analogicamente aos débitos dos Estados, Distrito Federal e Municípios. Não sendo atendida a requisição, o juiz deve determinar o sequestro do valor suficiente ao cumprimento da decisão, nos termos do art. 17, § 2º, da Lei 10.259/2001.

Por fim, importante destacar a Orientação Jurisprudencial 9 do Pleno do TST:

ORIENTAÇÃO JURISPRUDENCIAL 9 DO TRIBUNAL PLENO – PRECATÓRIO. PEQUENO VALOR. INDIVIDUALIZAÇÃO DO CRÉDITO APURADO. RECLAMAÇÃO TRABALHISTA PLÚRIMA. EXECUÇÃO DIRETA CONTRA A FAZENDA PÚBLICA. POSSIBILIDADE

Tratando-se de reclamações trabalhistas plúrimas, a aferição do que vem a ser obrigação de pequeno valor, para efeito de dispensa de formação de precatório e aplicação do disposto no § 3º do art. 100 da CF/1988, deve ser realizada considerando-se os créditos de cada reclamante.

7.11. Embargos à execução

Os embargos à execução possuem natureza de ação de cognição incidental em que o executado/ réu requer a extinção total ou parcial da execução, atacando o próprio conteúdo do título.

7.11.1. Matérias arguíveis

As matérias arguíveis por meio dos embargos à execução estão elencadas no art. 884, § 1º, da CLT.

Contudo, esse rol não é exaustivo, aplicando-se subsidiariamente as matérias elencadas no art. 525, § 1º, do CPC/2015 e, ainda, aquelas matérias apontadas no art. 917 do CPC/2015.

Com relação à *prescrição* disposta no art. 884, § 1º, da CLT, importante salientar que o legislador se refere à prescrição *intercorrente*.

A reforma trabalhista (Lei 13.467/2017) cuidou de inserir no texto consolidado o art. 11-A para por fim ao entendimento jurisprudencial existente entre a súmula 114 do TST e a súmula 327 do STF e aplicar na Justiça do Trabalho a prescrição intercorrente.

Nessa linha, a fluência do prazo prescricional intercorrente inicia-se quando o exequente deixa de cumprir determinação judicial no curso da execução.

Ademais, a declaração da prescrição intercorrente pode ser requerida ou declarada de ofício em qualquer grau de jurisdição.

7.11.2. Processamento

Nos termos do art. 884 da CLT, os embargos à execução devem ser opostos no prazo de 5 (cinco) dias, contados da ciência da garantia do juízo. Assim, no processo do trabalho é condição *sine qua non* para a apresentação dos embargos à execução a prévia garantia do juízo, exceção feita à Fazenda Pública e às entidades filantrópicas e aos seus sócios ou diretores, art. 884, § 6º, da CLT. Pela incompatibilidade entre os institutos e por possuir regra específica, pensamos não ser aplicável ao processo do trabalho a disposição contida no *caput* do art. 525 do CPC/2015 que admite, independentemente de penhora, que o executado apresente embargos à execução.

Os embargos à execução serão processados nos mesmos autos da execução, sendo recebidos com efeito suspensivo, nas lições de Renato Saraiva (**Curso de Direito Processual do Trabalho**. 4. ed. São Paulo: Método, 2007. p. 587). Assim, uma vez apresentados, a execução será imediatamente suspensa até o julgamento dos embargos.

No entanto, para o Professor Carlos Henrique Bezerra Leite (**Curso de Direito Processual do Trabalho**. 7. ed. São Paulo: LTr, 2009. p. 831 e 832) ensina: "Em linha de princípio, o recebimento da impugnação por simples despacho não implica a suspensão do processo. Para que o juiz possa emprestar efeito suspensivo à impugnação apresentada pelo devedor é preciso que o magistrado, valendo-se do seu poder geral de cautela, profira decisão interlocutória, fundamentando a existência de *fumus boni iuris* e *periculum in mora*."

Para essa corrente doutrinária, poderá o juiz, a requerimento do embargante, atribuir efeito suspensivo aos embargos quando, sendo relevantes seus fundamentos, o prosseguimento da execução manifestamente possa causar ao executado grave dano de difícil ou incerta reparação, e desde que a execução já esteja garantida por penhora, depósito ou caução suficientes.

Por fim, vale ressaltar que nos termos do art. 918 do CPC/2015, os embargos à execução poderão ser liminarmente indeferidos quando intempestivos, nos casos de indeferimento da petição inicial e de improcedência liminar do pedido, ou, ainda, quando manifestamente protelatórios.

7.12. Exceção de pré-executividade

Embora não esteja prevista em nosso ordenamento jurídico, admite-se na Justiça do Trabalho para questões processuais e para matérias que visem a invalidar o título executivo.

Deverá ser proposta entre a data da citação e antes da penhora, portanto não necessita da garantia do juízo. Sua propositura não suspende, tampouco interrompe, o prazo para oferecimento de bens à penhora pelo executado.

Sendo a execução rejeitada pelo juiz, não caberá recurso algum, por ser uma decisão interlocutória, podendo a matéria ser rediscutida em sede de embargos à execução. No entanto, se for acolhida a exceção, total ou parcialmente, a decisão será terminativa de feito, desafiando a interposição de agravo de petição.

7.13. Embargos de terceiro

Os embargos de terceiro encontram-se previstos nos arts. 674 a 681 do CPC/2015.

Podem ser opostos tanto no processo de conhecimento, antes do trânsito em julgado da sentença ou acórdão, como no processo de execução, até 5 (cinco) dias após a lavratura do termo de penhora com a assinatura do termo de compromisso. Sendo opostos, a execução será suspensa.

Os embargos de terceiros deverão ser distribuídos por dependência ao juízo do processo que originou o ato de constrição e por ele será apreciado.

4. DIREITO PROCESSUAL DO TRABALHO

Com relação aos embargos de terceiros realizados via carta precatória, serão oferecidos no juízo deprecado, salvo se indicado pelo juízo deprecante o bem constrito ou se já devolvida a carta (art. 676, parágrafo único, do CPC de 2015), nos termos da Súmula 419 do TST.

A decisão proferida nos embargos de terceiro poderá ser impugnada via agravo de petição nos termos do art. 897, "a", da CLT.

7.14. Atos de encerramento da execução

Devidamente julgados os embargos à execução, o procedimento executório seguirá para a arrematação dos bens eventualmente penhorados.

Assim, em observância ao princípio da publicidade, há necessidade de publicação do edital de praça e leilão, em jornal da localidade, com antecedência mínima de 20 (vinte) dias, devendo o devedor ser intimado, nos termos do art. 888 da CLT.

A arrematação é a venda do bem penhorado realizada pelo Estado através da praça ou leilão àquele que oferecer maior lance, não se admitindo a venda por preço vil, entendido como aquele de valor desprezível, que não guarda sintonia com o valor constante no edital.

O arrematante deverá garantir seu lance com o sinal de 20% do valor do bem no prazo de 24 horas da arrematação, sob pena de perder esse valor em favor da execução.

Uma vez arrematado os bens penhorados e sendo suficientes para o pagamento da dívida, os valores serão repassados para o credor com o consequente encerramento da execução trabalhista.

8. AÇÕES ESPECIAIS

8.1. Ação rescisória

Disciplinada no art. 836 da CLT, com aplicação subsidiária dos arts. 966 a 975 do CPC/2015, em conformidade com a IN 39 TST em seu art. 3º, XXVI, a ação rescisória é uma ação que objetiva o desfazimento dos efeitos de sentença já transitada em julgado, tendo em vista a existência de vícios. Possui natureza de ação desconstitutiva ou constitutiva negativa.

O art. 836 da CLT, com a redação dada pela Lei 11.495/2007, determina que o autor da ação rescisória realize depósito prévio de 20% (vinte por cento) do valor da causa, salvo prova de sua miserabilidade.

8.1.1. *Requisitos*

Para a propositura da ação rescisória dois requisitos são necessários:

8.1.1.1. *Decisão de mérito*

O CPC/1973 expressamente previa a possibilidade de ajuizamento de ação rescisória somente contra sentenças de mérito transitadas em julgado.

O atual CPC, ao cuidar da ação rescisória, determina em seu art. 966 que a decisão de mérito transitada em julgado poderá ser objeto de rescisão. Assim, de acordo com o

CPC/2015 não apenas as sentenças podem ser objeto de ação rescisória, como também os acórdãos e, ainda, as decisões interlocutórias de mérito.

As decisões terminativas não poderão ser atacadas por essa via, na medida em que não produzem coisa julgada material. Nesse sentido é a Orientação Jurisprudencial 134 da SDI 2 do TST.

No entanto, a disciplina trazida pelo Novo CPC admite excepcionalmente ser rescindível a decisão transitada em julgado, embora não seja de mérito. Trata-se das hipóteses previstas no art. 966, § 2º, CPC/2015, que assim dispõe:

> Art. 966. A decisão de mérito, transitada em julgado, pode ser rescindida quando
>
> § 1º (...)
>
> § 2º. Nas hipóteses previstas nos incisos do *caput*, será rescindível a decisão transitada em julgado que, embora não seja de mérito, impeça:
>
> I – nova propositura da demanda; ou
>
> II – admissibilidade do recurso correspondente.

Não poderão ser objeto de ação rescisória as sentenças normativas, em conformidade com a Súmula 397 do TST.

> SÚMULA 397 TST – AÇÃO RESCISÓRIA. ART. 966, IV, DO CPC DE 2015. ART. 485, IV, DO CPC DE 1973. AÇÃO DE CUMPRIMENTO. OFENSA À COISA JULGADA EMANADA DE SENTENÇA NORMATIVA MODIFICADA EM GRAU DE RECURSO. INVIABILIDADE. CABIMENTO DE MANDADO DE SEGURANÇA
>
> Não procede ação rescisória calcada em ofensa à coisa julgada perpetrada por decisão proferida em ação de cumprimento, em face de a sentença normativa, na qual se louvava, ter sido modificada em grau de recurso, porque em dissídio coletivo somente se consubstancia coisa julgada formal. Assim, os meios processuais aptos a atacarem a execução da cláusula reformada são a exceção de pré-executividade e o mandado de segurança, no caso de descumprimento do art. 514 do CPC de 2015 (art. 572 do CPC de 1973)

8.1.1.2. *Trânsito em julgado da decisão*

A decisão deve ter transitado em julgado, ou seja, não poderá haver a possibilidade do manejo de recursos.

8.1.2. *Hipóteses de cabimento*

As hipóteses de cabimento estão elencadas de maneira exaustiva nos incisos do art. 966 do CPC/2015.

> Art. 966. A decisão de mérito, transitada em julgado, pode ser rescindida quando:
>
> I – se verificar que foi proferida por força de prevaricação, concussão ou corrupção do juiz;
>
> II – for proferida por juiz impedido ou por juízo absolutamente incompetente;
>
> III – resultar de dolo ou coação da parte vencedora em detrimento da parte vencida ou, ainda, de simulação ou colusão entre as partes, a fim de fraudar a lei;
>
> IV – ofender a coisa julgada;
>
> V – violar manifestamente norma jurídica;
>
> VI – for fundada em prova cuja falsidade tenha sido apurada em processo criminal ou venha a ser demonstrada na própria ação rescisória;

VII – obtiver o autor, posteriormente ao trânsito em julgado, prova nova cuja existência ignorava ou de que não pôde fazer uso, capaz, por si só, de lhe assegurar pronunciamento favorável;

VIII – for fundada em erro de fato verificável do exame dos autos.

§ 1º Há erro de fato quando a decisão rescindenda admitir fato inexistente ou quando considerar inexistente fato efetivamente ocorrido, sendo indispensável, em ambos os casos, que o fato não represente ponto controvertido sobre o qual o juiz deveria ter se pronunciado.

Nos domínios do processo do trabalho, o termo de conciliação previsto no parágrafo único do art. 831 da CLT somente poderá ser impugnado por ação rescisória, nos termos da Súmula 259 do TST.

8.1.3. Competência

A competência funcional para o processamento da ação rescisória é do TRT quando a decisão rescindenda for de Juiz do Trabalho ou de acórdão do próprio Tribunal Regional do Trabalho.

A competência, todavia, será do TST para o processamento da ação rescisória quando a decisão rescindenda for do próprio TST.

8.1.4. Prazo

De acordo com o art. 975 do CPC/2015, o direito de propor ação rescisória se extingue em 2 (dois) anos, contados do trânsito em julgado da última decisão proferida no processo, seja essa decisão de mérito ou não. Trata-se de prazo decadencial. Sobre a contagem do prazo para a ação rescisória é importante a leitura da súmula 100 do TST.

Vale dizer que o relator mandará citar o réu, assinando-lhe prazo nunca inferior a 15 (quinze) dias nem superior a 30 (trinta), para responder/contestar aos termos da ação, art. 970 CPC/2015.

Importante lembrar que a ausência de contestação na ação rescisória não induz em revelia. Isso porque não há audiência perante o relator. Ademais, não há a presunção relativa de veracidade dos fatos disposta no art. 344 do CPC/2015.

Nesse sentido, importante a leitura da súmula 398 do TST, que assim dispõe:

SÚMULA 398 TST – AÇÃO RESCISÓRIA. AUSÊNCIA DE DEFESA. INAPLICÁVEIS OS EFEITOS DA REVELIA.

Na ação rescisória, o que se ataca é a decisão, ato oficial do Estado, acobertado pelo manto da coisa julgada. Assim, e considerando que a coisa julgada envolve questão de ordem pública, a revelia não produz confissão na ação rescisória. (ex-OJ n. 126 da SBDI-2 – DJ 09.12.2003)

8.1.5. Recurso

Para as *ações rescisórias julgadas originariamente pelos Tribunais Regionais do Trabalho*, o recurso cabível é o recurso ordinário, com fundamento no art. 895, II, da CLT, no prazo de 8 (oito) dias, que será apreciado pelo Tribunal Superior do Trabalho.

Nesse sentido vale transcrever a Súmula 158 do TST.

SÚMULA 158 TST – AÇÃO RESCISÓRIA
Da decisão de Tribunal Regional do Trabalho, em ação rescisória, é cabível recurso ordinário para o Tribunal Superior do Trabalho, em face da organização judiciária trabalhista.

Convém notar que o depósito recursal para o recurso ordinário somente será devido quando o pedido for julgado procedente e seja imposta condenação em pecúnia.

Nessa linha, em conformidade com a Instrução Normativa 3 do TST, que regulamenta o depósito recursal, julgada procedente a ação rescisória e imposta condenação em pecúnia, será exigido um único depósito recursal, até o limite da condenação, ou o novo valor corrigido, sendo dispensado novo depósito para os recursos subsequentes, salvo o depósito do agravo de instrumento, previsto no art. 899, § 7º, da CLT.

Já nas *ações rescisórias julgadas originariamente pelo Tribunal Superior do Trabalho* poderá haver a interposição de recurso de embargos de divergência, no prazo de 8 (oito) dias, nos termos do art. 894, II, da CLT. Caso não seja possível a interposição de embargos de divergência, poderá, eventualmente, interpor recurso extraordinário, no prazo de 15 (quinze) dias, para o Supremo Tribunal Federal, nos termos do art. 102, III, da CF.

Por último, importante trazer o posicionamento do TST consubstanciado no item II da Súmula 219 do TST, com a redação dada pela resolução 204/2016:

SÚMULA 219. HONORÁRIOS ADVOCATÍCIOS. HIPÓTESE DE CABIMENTO.
I – (...)
II – É cabível a condenação ao pagamento de honorários advocatícios em ação rescisória no processo trabalhista.
(...)
IV – Na ação rescisória e nas lides que não derivem de relação de emprego, a responsabilidade pelo pagamento dos honorários advocatícios da sucumbência submete-se à disciplina do Código de Processo Civil (arts. 85, 86, 87 e 90).

8.2. Mandado de segurança

Disciplinado pela Lei 12.016/2009, trata-se de um remédio constitucional posto à disposição de toda pessoa física ou jurídica, ou mesmo órgão da administração pública com capacidade processual.

Conforme o art. 1º da Lei 12.016/2009, o mandado de segurança será concedido para proteger direito líquido e certo, não amparado por *habeas corpus* ou *habeas data*, sempre que, ilegalmente ou com abuso de poder, qualquer pessoa física ou jurídica sofrer violação ou houver justo receio de sofrê-la por parte de autoridade, seja de que categoria for e sejam quais forem as funções que exerça.

8.2.1. Competência

A competência será a da Justiça do Trabalho (art. 114, IV, da CF) quando o ato taxado de ilegal for proferido por autoridades da Justiça do Trabalho.

Com relação à competência funcional para o processamento do mandado de segurança, ela poderá ser do juiz do trabalho (1ª instância), do TRT (2ª instância) e, ainda, do TST (3ª instância).

Assim, serão da competência do juiz do trabalho os mandados de segurança impetrados contra ato praticado por autoridade fiscalizadora das relações de trabalho.

A competência funcional será do TRT sempre que a autoridade coatora for o Juiz da Vara do Trabalho, diretor da secretaria ou os demais funcionários, juiz de direito, nas hipóteses do art. 112 da CF, e, ainda, contra ato de juízes e funcionários do próprio TRT.

Por último, os mandados de segurança contra atos do Presidente do Tribunal Superior ou por qualquer dos Ministros serão da competência do TST.

8.2.2. Hipóteses de cabimento e não cabimento

8.2.2.1. Hipóteses de cabimento

Para a impetração do mandado de segurança é necessário que a parte demonstre, de plano, o direito líquido e certo violado e a ilegalidade ou abuso de poder praticados pela autoridade pública.

O mandado de segurança não admite a produção de provas, na medida em que os fatos devem ser provados de imediato, mediante prova documental. Isso significa que o direito líquido e certo é condição da ação para a impetração do mandado de segurança.

O ato taxado de ilegal deve ser de autoridade pública, entendida como tal os agentes da administração direta e indireta, assim como os membros e servidores do Poder Legislativo e Judiciário.

Vale lembrar as figuras equiparadas dispostas no § 1º do art. 1º da Lei 12.016/2009

(...)

"§ 1º Equiparam-se às autoridades, para os efeitos desta Lei, os representantes ou órgãos de partidos políticos e os administradores de entidades autárquicas, bem como os dirigentes de pessoas jurídicas ou as pessoas naturais no exercício de atribuições do poder público, somente no que disser respeito a essas atribuições."

Podemos apontar como principais hipóteses de cabimento de mandado de segurança na Justiça do Trabalho as seguintes:

a) deferimento de medida liminar em ação de reintegração e transferência ilegal (art. 659, IX e X, da CLT);

b) deferimento de tutela provisória (arts. 294 a 311 CPC/2015);

c) não admissão de agravo de instrumento no primeiro juízo de admissibilidade.

8.2.2.2. Hipóteses de não cabimento

O mandado de segurança não será concedido caso caiba recurso administrativo com efeito suspensivo, independentemente de caução. A lei exige o esgotamento da esfera administrativa como condição para o mandado de segurança.

Da mesma forma, não caberá mandado de segurança contra decisões judiciais contra as quais caiba recurso com efeito suspensivo.

Vale lembrar o entendimento disposto na Súmula 33 do TST que assim dispõe:

MANDADO DE SEGURANÇA. DECISÃO JUDICIAL TRANSITADA EM JULGADO

Não cabe mandado de segurança de decisão judicial transitada em julgado.

Nos termos da súmula 418 do TST, convém destacar que a homologação de acordo constitue faculdade do juiz, inexistindo direito líquido e certo tutelável pela via do mandado de segurança.

Por último, não será possível a impetração de mandado de segurança de decisão judicial transitada em julgado, por ser impugnável via ação rescisória, em conformidade com a súmula 33 do TST e Súmula 268 do STF.

Sobre o tema, importante se faz a leitura da súmula 414 do TST.

SÚMULA 414 TST – MANDADO DE SEGURANÇA. TUTELA PROVISÓRIA CONCEDIDA ANTES OU NA SENTENÇA

I – A tutela provisória concedida na sentença não comporta impugnação pela via do mandado de segurança, por ser impugnável mediante recurso ordinário. É admissível a obtenção de efeito suspensivo ao recurso ordinário mediante requerimento dirigido ao tribunal, ao relator ou ao presidente ou ao vice-presidente do tribunal recorrido, por aplicação subsidiária ao processo do trabalho do artigo 1.029, § 5º, do CPC de 2015.

II – No caso de a tutela provisória haver sido concedida ou indeferida antes da sentença, cabe mandado de segurança, em face da inexistência de recurso próprio.

III – A superveniência da sentença, nos autos originários, faz perder o objeto do mandado de segurança que impugnava a concessão ou o indeferimento da tutela provisória.

8.2.3. Processamento

O direito de requerer mandado de segurança extinguir-se-á decorridos 120 (cento e vinte) dias, contados da ciência, pelo interessado, do ato impugnado taxado de ilegal ou abusivo (art. 23 da Lei 12.016/2009). Trata-se de prazo decadencial.

A petição inicial, que deverá preencher os requisitos estabelecidos pela lei processual, será apresentada em duas vias, com os documentos que instruírem a primeira reproduzidos na segunda, e indicará, além da autoridade coatora, a pessoa jurídica que esta integra, à qual se acha vinculada ou da qual exerce atribuições.

A inicial, que poderá conter pedido de liminar, será desde logo indeferida quando não for o caso de mandado de segurança (art. 10 da Lei 12.016/2009) ou lhe faltar algum dos requisitos legais ou quando decorrido o prazo legal para a impetração.

Concedida ou não a medida liminar, caberá agravo regimental, caso a impetração tenha ocorrido nos Tribunais.

Por meio da OJ 140 da SDI 2, com redação de maio de 2004, ou seja, pretérita à EC 45 que ocorreu em dezembro de 2004, o TST firmou entendimento de que é incabível mandado de segurança contra decisão que defere ou indefere liminar em outro mandado de segurança.

No entanto, de acordo com a EC 45/2004, o Juiz da vara do trabalho passou a ter competência para processar e julgar mandado de segurança. Nesse caso a decisão que deferir ou indeferir a liminar, por possuir cunho interlocutório, não desafia a interposição de recurso, podendo ser atacada via mandado de segurança. Nesse sentido são as lições de Carlos Henrique Bezerra Leite (**Curso de Direito Processual do Trabalho**. 7. ed. São Paulo: LTr, 2009. p. 1019).

A autoridade coatora será notificada, a fim de que, no prazo de 10 (dez) dias, preste as informações necessárias sobre o ato taxado de ilegal.

Expirado o prazo de 10 (dez) dias para prestação de informações, será ouvido o membro do Ministério Público do Trabalho e, em seguida, será colocado em julgamento.

Da sentença, denegando ou concedendo a segurança, caberá recurso ordinário para a instância superior.

8.3. Ação de consignação em pagamento

A ação de consignação em pagamento é a medida processual na qual o devedor demanda contra o credor objetivando o pagamento e o consequente reconhecimento judicial do adimplemento da obrigação.

Por não possuir previsão legal na CLT, aplica-se o direito processual civil, nos termos dos arts. 539 a 549 do CPC/2015.

8.3.1. Hipóteses de cabimento

A ação de consignação em pagamento será cabível nas hipóteses previstas no art. 335 do Código Civil.

Nos domínios do processo do trabalho, as hipóteses mais comuns de ação de consignação em pagamento são:

a) Dispensa com ou sem justa causa: hipótese em que o empregador encontra resistência do empregado em receber as verbas rescisórias;

b) Morte ou ausência do empregado: hipótese em que o empregador se vê na dúvida de quem são os legítimos herdeiros que deverão receber as verbas rescisórias do seu ex-empregado;

c) Empregado que se recusa a receber ou dar quitação: hipótese em que o empregado se recusa a receber de seu empregador determinados valores.

Poderão propor a ação o devedor, que poderá ser tanto o empregado como o empregador, ou o terceiro interessado no pagamento da dívida.

8.3.2. Consignação judicial e extrajudicial

O art. 539 do CPC/2015 aplicado subsidiariamente por força do art. 769 consolidado e 15 CPC/2015, disciplina duas modalidades de consignação em pagamento. A consignação extrajudicial e a consignação judicial.

8.3.2.1. Consignação em pagamento extrajudicial

Instituída pela Lei 8.951/1994, a consignação extrajudicial encontra-se disciplinada nos parágrafos do art. 539 CPC/2015.

Nas lições de Renato Saraiva (**Curso de Direito Processual do Trabalho**. 4. ed. São Paulo: Método, 2007. p. 781), a consignação extrajudicial "*consiste na realização do depósito da quantia devida, pelo devedor ou terceiro, em estabelecimento bancário oficial, nada obstando que o depósito seja realizado em bancos particulares, quando, na localidade onde deva ser adimplida a obrigação, não existam bancos oficiais (Banco do Brasil, CEF etc.)*".

Em outras palavras, trata-se de uma espécie de depósito bancário que envolve determinado valor em dinheiro para que o devedor se livre do vínculo jurídico existente entre ele e o credor da obrigação.

A utilização da consignação extrajudicial não é obrigatória. Trata-se de um modo alternativo para solução de conflitos, podendo a parte, caso assim queira, ingressar com a ação de consignação judicial, antes mesmo da consignação extrajudicial.

8.3.2.1.1. Processamento da consignação extrajudicial

O credor ou o terceiro deverá se dirigir até um estabelecimento bancário oficial, ou na sua falta em bancos particulares, e solicitar a abertura de uma conta específica para consignação do pagamento em nome do credor. Uma vez efetuado o depósito da importância entendida devida, será o credor cientificado, por meio de carta com aviso de recebimento, do referido depósito com o valor devidamente discriminado e corrigido monetariamente.

Nessa notificação será dado um prazo de 10 (dez) dias para sua manifestação. Nesse momento surgem ao credor 4 alternativas: a) levantar o depósito realizado, o que importará na aceitação do pagamento e a consequente extinção da obrigação; b) deixar transcorrer *in albis* o prazo para resposta, o que implicará a aceitação tácita do pagamento, com a consequente extinção da obrigação; c) responder por escrito recusando o levantamento do valor, hipótese em que o valor depositado ficará à disposição do devedor; ou d) realizar o levantamento do valor depositado e simultaneamente responder por escrito que o pagamento não é integral, mediante documento entregue à instituição depositária.

É importante chamar a atenção, porém, para o fato de que a consignação extrajudicial sofre por parte da doutrina e jurisprudência trabalhista uma enorme resistência em relação à sua aplicação na esfera laboral.

Isso porque os trabalhadores poderiam ter afetados seus direitos, na medida em que a eficácia liberatória concedida pelo § 2º do art. 539 CPC/2015 é incompatível com o processo do trabalho.

Ademais, nos casos de empregados com mais de um ano de trabalho, a homologação da rescisão necessita da intervenção do sindicato, nos termos do art. 477, § 1º, da CLT, o que prejudicaria a via da consignação extrajudicial.

8.3.2.2. Consignação judicial

É a medida processual pela qual o autor/consignante requer que seja conhecido por sentença judicial o adimplemento de uma obrigação existente entre este e o réu/consignado.

8.3.2.2.1. Processamento

A ação de consignação deverá ser proposta observando-se a regra disposta no art. 651 da CLT, ou seja, local da última prestação de serviços, não se aplicando a norma contida no art. 540 do CPC/2015.

Nos termos do art. 542, I, CPC/2015, na petição inicial, o autor/consignante deverá requerer o depósito da quantia ou da coisa e realizá-lo no prazo de 5 (cinco) dias, contados do deferimento da medida. Não realizando o depósito nesse período, o processo será extinto sem resolução do mérito. Recomenda-se que, ao pedir o depósito da quantia, o consignante requeira que esse seja feito na conta vinculada do FGTS do obreiro.

Deverá o consignante especificar, de forma líquida e certa, cada parcela consignada na ação.

Uma vez realizado o depósito, o Juiz do Trabalho designará audiência notificando o consignado para levantar a quantia depositada ou oferecer resposta, nos termos do art. 542, II, do CPC/2015.

Caso o consignado levante a importância depositada, estará reconhecendo a procedência do pedido do consignante, extinguindo-se o processo com resolução do mérito (art. 487, III, a, do CPC/2015).

Não concordando com os valores depositados, o consignado apresentará qualquer modalidade de resposta: reconvenção, exceção ou contestação. Na contestação, sua resposta ficará restrita às matérias descritas no art. 544 do CPC/2015.

8.4. Inquérito judicial para apuração de falta grave

Previsto nos arts. 853 a 855 da CLT, o inquérito judicial para apuração de falta grave é uma ação ajuizada pelo empregador, objetivando a resolução do contrato de trabalho de seu empregado, que não pode ser despedido arbitrariamente por ser detentor de estabilidade, por cometimento de falta grave.

Determina o art. 494 da CLT que o empregado estável que cometer falta grave poderá ser suspenso de suas atividades, mas a dispensa apenas será válida após o processamento do inquérito judicial que apurará a prática daquela pelo empregado.

8.4.1. Hipóteses de cabimento

O inquérito judicial para apuração de falta grave se mostra necessário apenas nos seguintes casos de estabilidade provisória:

a) Dirigente sindical, nos termos do art. 8º, VIII, da CF e art. 543, § 3º, da CLT;

b) Empregados eleitos membros de comissão de conciliação prévia, nos termos do art. 625-B, § 1º, da CLT;

c) Empregados membros do Conselho Nacional de Previdência Social – CNPS, nos termos do art. 3º, § 7º, da Lei 8.213/1991;

d) Empregados eleitos diretores de sociedades cooperativas, nos termos do art. 55 da Lei 5.764/1971.

Cabe lembrar que os casos de falta grave estão elencados no art. 482 da CLT, quais sejam: ato de improbidade; incontinência de conduta ou mau procedimento; desídia no desempenho das respectivas funções; embriaguez habitual ou em serviço; violação de segredo da empresa; ato de indisciplina ou de insubordinação; e abandono de emprego, dentre outras condutas.

Pela própria redação do art. 494 da CLT, a suspensão do empregado acusado de falta grave é faculdade do empregador. Por esta razão, o inquérito deverá ser proposto no prazo decadencial de 30 (trinta) dias, contados da data da suspensão ou do cometimento da falta grave.

Determina o art. 495 da CLT que, se não for reconhecida a existência de falta grave, o empregador será obrigado a reintegrar o empregado no serviço e a pagar-lhe os salários a que teria direito no período da suspensão. Todavia, comprovada a prática da falta grave pelo empregado, o contrato será considerado rompido desde a data da suspensão do empregado.

No entanto, sendo desaconselhável a reintegração do empregado, devido à incompatibilidade entre os litigantes, poderá o juiz converter a reintegração em indenização dobrada em favor do empregado, nos termos dos arts. 496 e 497 da CLT.

O inquérito para apuração de falta grave deverá ser proposto perante a Vara do Trabalho ou Juiz de Direito, nas hipóteses do art. 112 da CF, podendo a parte indicar até 6 (seis) testemunhas.

8.5. Ação de cumprimento

Disposta no art. 872 da CLT, a ação de cumprimento é o meio processual que visa ao cumprimento das normas estabelecidas em sentença normativa, convenção ou acordo coletivo.

Como sabemos, acordo coletivo de trabalho é o pacto entre uma ou mais empresas com o sindicato da categoria profissional, em que são estabelecidas condições de trabalho, aplicáveis às empresas envolvidas. Convenção coletiva de trabalho é o acordo de caráter normativo, entre um ou mais sindicatos de empregados e de empregadores, de modo a definir condições de trabalho que deverão ser observadas em relação a todos os trabalhadores dessas categorias. Ambos possuem prazo máximo de duração de 2 (dois) anos.

Desta forma, não sendo observadas as condições de trabalho estabelecidas no instrumento, surge o interesse na propositura da ação de cumprimento.

Sentença normativa é a decisão proferida em dissídio coletivo que estabelece normas gerais e abstratas de conduta, de observância obrigatória para as categorias profissionais e econômicas abrangidas pela decisão (poder normativo da Justiça do Trabalho). Não possui conteúdo condenatório, uma vez que apenas estabelece direitos a serem concedidos que, caso não cumpridos, serão pleiteados via ação de cumprimento, nos termos do art. 872 da CLT.

A ação de cumprimento poderá ser proposta pelos próprios trabalhadores, hipótese em que é denominada ação individual de cumprimento (simples ou plúrima). Poderá, também, ser proposta pelo sindicato da categoria profissional, como substituto processual, quando é denominada ação coletiva de cumprimento.

Embora o texto consolidado do art. 872 estabeleça que para a propositura da ação de cumprimento é necessário o trânsito em julgado da decisão, a Súmula 246 do TST ensina ser este dispensável para a propositura da ação.

A competência para processar e julgar a ação de cumprimento pertence às Varas do Trabalho, nos termos do art. 872, parágrafo único, da CLT e deverá ser distribuída no local da prestação dos serviços, em conformidade com o art. 651 da CLT.

A petição inicial deverá ser instruída com cópia da sentença normativa ou, em se tratando de ação de cumprimento de cláusulas de convenção ou acordo coletivo, com os respectivos instrumentos, sob pena de indeferimento da petição inicial.

8.6. Ação monitória

Criada pela Lei 9.079/1995, que inseriu os arts. 700 e seguintes do CPC/2015 ao Código de Processo Civil, a ação monitória é admitida no processo do trabalho por força do art. 769 da CLT e art. 15 CPC/2015.

Dispõe o art. 700, *caput* e seus incisos do CPC/2015 A ação monitória compete aquele que afirmar, com base em prova escrita sem eficácia de título executivo, ter direito de exigir do devedor capaz, pagamento de quantia em dinheiro, entrega de coisa fungível ou infungível ou de determinado bem móvel ou imóvel ou, ainda, o adimplemento de obrigação de fazer ou de não fazer.

A competência material da ação monitória da Justiça do Trabalho será fixada caso o documento escrito emitido seja decorrente da relação de trabalho, nos termos do art. 114 da CF. Com relação à competência territorial, deve ser observada a regra do art. 651 da CLT, ou seja, o local da prestação de serviços.

Podemos citar como exemplo de ação monitória na Justiça do Trabalho a hipótese do termo de acordo extrajudicial firmado entre empregado e empregador. O acordo extrajudicial não está inserido no rol dos títulos executivos previstos no art. 876 da CLT e por essa razão não pode ser executado na Justiça do Trabalho. Assim, por não possuir eficácia executiva, o cumprimento do termo de acordo extrajudicial poderá ser exigido via ação monitória.

A ação monitória constitui uma via processual mais célere, que tem como objetivo antecipar a formação do título exequendo e agilizar a prestação jurisdicional, posta à disposição do credor que detém prova escrita, porém sem eficácia de título executivo. Contudo, é uma faculdade do credor que, não obstante preenchidos os requisitos do art. 700 do CPC/2015, poderá optar pelo procedimento comum, propondo uma reclamação trabalhista.

8.6.1. Processamento

A ação monitória deverá ser proposta na Vara do Trabalho ou perante o Juiz de Direito, nas hipóteses do art. 112 da CF.

O autor deverá instruir a petição inicial observando as regras do art. 840, § 1º, da CLT e arts. 319 do CPC/2015, observando também os §§ do art. 700 do CPC/2015, devendo obrigatoriamente juntar o título que não tem ou perdeu a eficácia executiva.

Apresentada a inicial, o Juiz do Trabalho poderá determinar ou não a expedição do mandado monitório. Caso o Juiz indefira de plano a petição inicial, caberá recurso ordinário, com base no art. 895, I, da CLT, no prazo de 8 (oito) dias.

Caso o Juiz opte pela expedição do mandado, registrará um prazo de 15 (quinze) dias para seu cumprimento, ou seja, pagamento do valor reclamado, entrega da coisa fungível ou do determinado bem.

Caso o réu satisfaça a obrigação, nos termos do art. 701, § 1º, do CPC/2015 ficará isento dos pagamentos de custas processuais e honorários advocatícios. Nesse caso, o processo será extinto com resolução do mérito.

Por outro lado, poderá o réu, sem prévia garantia do juízo, apresentar embargos monitórios que suspenderão a eficácia do mandado judicial. Nesse caso, deverá o Juiz do Trabalho designar audiência de conciliação e julgamento, em obediência ao princípio conciliatório.

Sendo rejeitados os embargos monitórios ou se não forem apresentados, o Juiz do Trabalho proferirá sentença, reconhecendo a executoriedade do título.

9. REFLEXOS DO NOVO CÓDIGO DE PROCESSO CIVIL AO PROCESSO DO TRABALHO

Após 5 anos de trâmite, o PL 166/2010, de iniciativa do Senado Federal, foi sancionado em 16/03/2015, sendo publicada a Lei 13.105/2015, instituindo o Novo Código de Processo Civil, com *vacatio legis* de um ano a contar da data de sua publicação, que passou a vigorar a partir do dia 18/03/2016

São 3 os principais objetivos do CPC/2015:

a) efetividade processual;

b) simplificação do processo e

c) melhoria na organicidade e coesão do sistema.

Podemos dizer que no CPC/2015 traz maior sintonia entre ele e o texto constitucional, até mesmo porque nosso Código de Processo Civil datava de 1973 e princípios que foram trazidos pela Constituição Federal de 1988 não eram tratados. Portanto, o CPC/2015 busca maior proximidade com a Constituição Federal, como por exemplo, a duração razoável do processo.

Como sabemos a CLT prevê em seu art. 769 que o processo comum será fonte subsidiária do processo do trabalho, devendo ser aplicado na omissão do texto consolidado, desde que haja compatibilidade com as normas e princípios que informam o processo do trabalho. Ademais, não podemos deixar de lado a Lei 5.584/1970 que dispõe sobre normas de Direito Processual do Trabalho e disciplina a concessão e prestação de assistência judiciária na Justiça do Trabalho.

Assim, se faz importante traçar algumas considerações a respeito dos principais reflexos do CPC/2015 ao processo do trabalho.

Vale ressaltar que em 15/03/2016 o TST editou a Instrução Normativa 39, que, de forma não exaustiva, dispõe sobre as normas do Código de Processo Civil de 2015 aplicáveis e inaplicáveis ao Processo do Trabalho.

Iremos tratar de 5 temas que julgamos relevantes

9.1. Principais temas de relevância para o Processo do Trabalho

9.1.1.Aplicação subsidiária e supletiva do CPC ao Processo do Trabalho

O art. 769 da CLT ensina que nos casos omissos, o direito processual comum será fonte subsidiária do direito processual do trabalho, exceto naquilo em que for incompatível com suas normas e princípios.

Como sabemos, a CLT e a Lei 5.584/1970 possuem regras que regulam o processo trabalhista.

Nessa linha, o art. 15 do CPC/2015 dispõe:

Art. 15. Na ausência de normas que regulem processos eleitorais, trabalhistas ou administrativos, as disposições deste Código lhes serão aplicadas supletiva e subsidiariamente.

Referido dispositivo legal ensina, portanto, que o direito processual civil será fonte supletiva e subsidiária do processo trabalhista, na sua ausência de normas.

Cumpre diferenciar a aplicação supletiva e aplicação subsidiária. A primeira visa complementação da norma quando diante de regras especiais e incompletas. Temos aqui uma omissão parcial da norma. Já a aplicação subsidiária visa preencher uma lacuna, um espaço vazio na norma. Há, portanto uma omissão total da norma sobre determinada regra.

Todavia, para que se possa aplicar a regra supletiva ou subsidiariamente deverá existir compatibilidade entre os institutos, em conformidade com o art. 769 da CLT.

Não podemos dizer que o CPC/2015, que cuida de regras gerais de processo, mais especificadamente seu art. 15, revogou os arts. 769 e 889 da CLT, que são normas especiais de Direito Processual do Trabalho, na medida em que pelo princípio da especialidade das normas, a lei nova de caráter geral não revoga a anterior especial, devendo incidir a norma específica, nos termos do art. 2º, § 2º, da Lei de Introdução às normas do Direito Brasileiro.

Sabemos que a CLT sempre priorizou, entre outros, a celeridade processual, objetivo este que representa um dos principais do CPC/2015, visando efetivar o princípio constitucional da duração razoável do processo.

Portanto, sempre que a regra trazida pelo CPC/2015 para sanar a omissão total ou parcial das normas de direito processual do trabalho for compatível com os princípios e peculiaridades que regulam o processo do trabalho, será aplicável ao processo trabalhista.

Como exemplo, podemos citar a hipótese de pagamento de honorários advocatícios. Como sabemos a CLT não prevê o pagamento de honorários advocatícios e a Lei 5.584/1970 em seu art. 14, § 1º prevê a condenação ao pagamento de honorários advocatícios, nunca superiores a 15% (quinze por cento), devendo a parte, concomitantemente: a) estar assistida por sindicato da categoria profissional; b) comprovar a percepção de salário inferior ao dobro do salário mínimo ou encontrar-se em situação econômica que não lhe permita demandar sem prejuízo do próprio sustento ou da respectiva família. Ademais, as outras hipóteses de cabimento de honorários advocatícios na Justiça do Trabalho estão elencadas na Súmula 219 do TST.

Com a entrada em vigor do CPC/2015 poder-se-ia indagar sobre a possibilidade de aplicação ou não dos arts. 85 e seguintes do CPC/2015 que prevê o pagamento de honorários advocatícios. Certamente não poderíamos aplicar a norma do novo diploma processual, pois embora haja omissão no texto consolidado, a regra do direito comum não é compatível com o princípio do *jus postulandi* da Justiça do Trabalho.

Certamente esse é um dos temas tratados pelo CPC/2015 que trará grande discussão/debates na doutrina e jurisprudência.

Assim, considerando a vigência de novo Código de Processo Civil e a imperativa necessidade de posicionar-se, o TST, de forma não exaustiva, editou a IN 39 dispondo sobre as normas do Código de Processo Civil de 2015 aplicáveis e inaplicáveis ao Processo do Trabalho.

9.1.2. Prazos em dobro para Ministério Público e Fazenda Pública

A regra disposta no art. 180 do CPC/2015 trata do prazo diferenciado para o Ministério Público. Dispõe o art. 180 CPC/2015:

Art. 180. O Ministério Público gozará de prazo em dobro para manifestar-se nos autos, que terá início a partir de sua intimação pessoal, nos termos do art. 183, § 1º.

O CPC/1973 cuidava do prazo diferenciado no art. 188, fixando o prazo em quádruplo para contestar e dobro para recorrer. Já a regra prevista no art. 180 CPC/2015 prevê somente o prazo em dobro, mas o prevê não apenas para contestar ou recorrer, mas também para qualquer manifestação nos autos.

Desta forma, a regra deverá ser aplicada ao processo trabalhista para o Ministério Público que gozará de prazo em dobro para manifestar-se nos autos de modo geral, inclusive para contestar, recorrer e até mesmo contra-arrazoar, que se iniciará com sua intimação pessoal. Caiu, portanto, a regra de prazo em dobro para recorrer e prazo em quádruplo para contestar.

Todavia, com relação à *Fazenda Pública*, nos domínios do processo do trabalho temos que considerar o Decreto Lei 779/1969 que dispõe sobre a aplicação de normas processuais trabalhistas à Fazenda Pública e determina em seu art. 1º, II e III, o prazo em quádruplo para a audiência inaugural em que deverá apresentar resposta/defesa e em dobro para recorrer, respectivamente.

Assim, em se tratando de Fazenda Pública resta claro que na seara trabalhista teremos a aplicabilidade do Decreto Lei 779/69, restando dúvida, porém acerca da aplicabilidade ou não do art. 183 do CPC/2015 no que diz respeito ao prazo em dobro para todas as manifestações nos autos

Dispõe o art. 183 do CPC/2015:

Art. 183. A União, os Estados, o Distrito Federal, os Municípios e suas respectivas autarquias e fundações de direito público gozarão de prazo em dobro para todas as suas manifestações processuais, cuja contagem terá início a partir da intimação pessoal.

Embora a IN 39 do TST não tenha se posicionado a respeito dessa problemática, diante da situação certamente duas correntes de interpretação surgirão. Aquela que defenderá a inaplicabilidade do art. 183 do CPC/2015, na medida em que serão aplicadas as normas do Decreto Lei 779/1969 sem a complementação do CPC/2015; e uma segunda corrente pugnando pela complementação da norma trabalhista pelo CPC/2015, em função da disposição contida no art. 15 do CPC/2015 que determina a aplicação subsidiária e supletiva.

Entendemos que, nesse caso, devemos aplicar primeiramente o Decreto Lei 779/1969 e de forma supletiva e subsidiária o art. 183 do CPC/2015, possuindo a Fazenda Pública prazo em quádruplo para contestar e em dobro para recorrer, bem como para as demais manifestações nos autos.

A lei processual civil prevê, ainda, no art. 186 CPC/2015 que a Defensoria Pública gozará de prazo em dobro para todas as suas manifestações processuais.

9.1.3. Impacto do CPC/2015 nos recursos trabalhistas

9.1.3.1. Juízo único de admissibilidade

Ensina o art. 1.010, § 3º, do CPC/2015 que na apelação, após a apresentação de contrarrazões os autos serão remetidos ao tribunal pelo juiz, independentemente de juízo de admissibilidade. Contudo, ao tratar dos recursos especial e extraordinário o art. 1.030 CPC/2015, de acordo com a redação dada pela Lei 13.256/2016, ensina que não haverá a regra do juízo único de admissibilidade, devendo o Tribunal recorrido efetuar o juízo de admissibilidade antes de remeter os autos ao STJ ou STF.

A regra, portanto, põe fim ao duplo juízo de admissibilidade ao recurso de apelação, fazendo com que o recurso interposto suba ao Tribunal independente de exame de admissibilidade.

A nova regra processual civil não será aplicada ao processo do trabalho, tendo em vista que o sistema recursal trabalhista é diferenciado do processo recursal comum, pois possui regras específicas sobre a interposição, recebimento ou denegação e, ainda, provimento ou não provimento. Por meio do art. 2º, XI, da IN 39 o TST ensina não ser aplicável ao processo do trabalho a regra do juízo único de admissibilidade recursal para qualquer recurso trabalhista, haja vista a inexistência de omissão e incompatibilidade do instituto. Desta forma, no processo do trabalho continuará em pleno vigor a regra do duplo

juízo de admissibilidade recursal, que será exercido pelo juízo *a quo* e pelo juízo *adquem*.

No entanto, importante destacar que a regra disposta no atual art. 485, § 7º, do CPC/2015 que permite a retratação por parte do juiz recorrido prolator de decisão de extinção do processo sem resolução de mérito, se mostra compatível com o sistema recursal trabalhista, devendo ser aplicada ao processo do trabalho, por força do art. 769 da CLT e art. 15 do CPC/2015, nos termos do art. 3º, VIII, da IN 39 TST.

Assim, uma vez interposto recurso ordinário em face de sentença que extinguiu o processo sem resolução de mérito, poderá o juízo recorrido proceder ao juízo de retratação, dando prosseguimento ao feito.

Ainda sobre a admissibilidade dos recursos, determina o parágrafo único do art. 932 do CPC/2015 que antes de considerar inadmissível o recurso, o relator (levando em conta que o único exame de admissibilidade é feito pelo relator, no Tribunal *ad quem*) concederá o prazo de 5 (cinco) dias ao recorrente para que seja sanado vício ou complementada a documentação exigível.

Assim, excetuando a hipótese de intempestividade, antes de não conhecer de um recurso por ausência de algum de seus pressupostos/requisitos, deverá o juiz determinar que a parte interessada sane o vício, no prazo de 5 dias, para dar regular seguimento ao processamento do recurso. Somente se a parte não atender ao comando judicial para "emendar" seu recurso é que o juiz poderá determinar o não conhecimento do recurso.

No entanto importante salientar que a insuficiência no valor do preparo do recurso, no Processo do Trabalho, para os efeitos do § 2º do art. 1.007 do CPC, concerne unicamente às custas processuais e não ao depósito recursal.

Tendo em vista a compatibilidade da norma processual civil com o processo do trabalho, a disciplina estabelecida no parágrafo único do art. 932 do CPC/2015 será aplicável na seara trabalhista, nos termos do art. 10 da IN 39 do TST.

9.1.3.2. Recurso extemporâneo

Embora a matéria não esteja disciplinada na CLT, por muito tempo o TST adotou a tese de que o recurso interposto antes de iniciado o prazo seria considerado extemporâneo e, portanto, não poderia ser admitido, ou seja, teria seu seguimento negado, culminando na edição da Súmula 434 do TST, cancelada em junho de 2015 por meio da Resolução 198/2015.

De qualquer forma, o CPC/2015 disciplina a situação em debate, determinando no art. 218, § 4º que será considerado tempestivo o ato praticado antes do termo inicial do prazo.

Desta forma, face a omissão do texto celetista, a regra disposta no CPC/2015 deverá ter aplicação no processo do trabalho.

9.1.3.3. Preparo

Na Justiça do Trabalho o preparo consiste no recolhimento das custas processuais bem como o recolhimento do depósito recursal. O não recolhimento implicará no não conhecimento do recurso por deserção.

Nos domínios do processo do trabalho, o preparo deverá ser feito dentro do prazo recursal, art. 789, § 1º, da CLT, observando a disposição da Súmula 245 do TST.

O TST por meio da OJ 140 da SDI 1 firmou entendimento:

OJ 140 SDI 1 TST – DEPÓSITO RECURSAL E CUSTAS PROCESSUAIS. RECOLHIMENTO INSUFICIENTE. DESERÇÃO

Em caso de recolhimento insuficiente das custas processuais ou do depósito recursal, somente haverá deserção do recurso se, concedido o prazo de 5 (cinco) dias previsto no § 2º do art. 1.007 do CPC de 2015, o recorrente não complementar e comprovar o valor devido.

De acordo com seu art. 1.007, § 2º, o CPC/2015 determina que a insuficiência no valor do preparo, inclusive porte de remessa e de retorno, implicará deserção se o recorrente, intimado na pessoa de seu advogado, não vier a supri-lo no prazo de 5 (cinco) dias.

Assim, de acordo com citado dispositivo legal e a atual redação da OJ 140 SDI 1 TST, caso a parte não efetue o preparo no prazo legal, deverá o Tribunal, na pessoa do juiz relator, intimar a parte na pessoa de seu advogado para que efetue o recolhimento da diferença restante, no prazo de 5 dias. Somente se a parte descumprir a ordem judicial é que lhe será aplicada a deserção.

O CPC/2015 vai além e no § 4º do mesmo dispositivo legal prevê a hipótese do recorrente que deixa de efetuar o pagamento do preparo. Esta hipótese não pode ser confundida com a prevista no § 2º que pressupõe o recolhimento insuficiente; aqui o recorrente deixa de efetuar o preparo. Nessa hipótese, determina o § 4º do art. 1.007 do CPC/2015 que o recorrente será intimado, na pessoa de seu advogado, para realizar o recolhimento do preparo, porém em dobro, sob pena de deserção. Nesse caso, havendo insuficiência do valor depositado em dobro, não será possível a aplicação da regra disposta no § 2º acima estudado, nos termos do art. 1.007, § 5º, CPC/2015.

9.1.4. Princípio do contraditório – Vedação da "decisão surpresa"

Entende-se por "decisão surpresa" aquela que, no julgamento final do mérito da causa, em qualquer grau de jurisdição, aplicar fundamento jurídico ou embasar-se em fato não submetido à audiência prévia de uma ou de ambas as partes.

De acordo com o CPC/2015 o juiz não pode decidir, em grau algum de jurisdição, com base em fundamento a respeito do qual não se tenha dado às partes oportunidade de se manifestar, ainda que se trate de matéria sobre a qual deva decidir de ofício, é o que reza o art. 10 do CPC/2015.

Com isso o legislador buscou colocar fim nas decisões surpresas, ou seja, sem oitiva da parte adversa, o que acarretava o cerceamento de defesa, por ofensa ao princípio do contraditório. Assim, o juiz não proferirá decisão contra uma das partes sem que ela seja previamente ouvida.

Contudo, não se considera "decisão surpresa" aquela que as partes tinham obrigação de prever, concernente às condições da ação, aos pressupostos de admissibilidade de recurso e aos pressupostos processuais, salvo disposição legal expressa em contrário.

Desta forma, o juiz deve sempre zelar pela observância do contraditório, razão pela qual não poderá deixar de ouvir a parte contrária em nenhum caso, exceto nas hipóteses tratadas no parágrafo único do art. 9º do CPC/2015, que assim dispõe:

Art. 9º *Não se proferirá decisão contra uma das partes sem que ela seja previamente ouvida.*

Parágrafo único. *O disposto no caput não se aplica:*

I – à tutela provisória de urgência;

II – às hipóteses de tutela da evidência previstas no art. 311, incisos II e III;

III – à decisão prevista no art. 701.

A IN 39/TST determina em seu art. 4º ser aplicável ao Processo do Trabalho as normas do CPC que regulam o princípio do contraditório, em especial os artigos 9º e 10, no que vedam a decisão surpresa.

5. DIREITO PREVIDENCIÁRIO

Henrique Subi

1. EVOLUÇÃO LEGISLATIVA DO DIREITO PREVIDENCIÁRIO

1.1. Breve histórico

A preocupação com a previdência, no sentido de amparo da pessoa em casos de necessidades básicas ou impossibilidade de dedicar-se a atividades remuneradas, por muito tempo ficou a cargo de instituições privadas ligadas a apenas certos grupos determinados de pessoas.

Tais entidades denominavam-se **montepios** e, em essência, eram muito parecidos com os atuais fundos de pensões de determinadas categorias de trabalhadores, ou seja, *os integrantes destes grupos poderiam contribuir para obter determinados benefícios no futuro, os quais também eram chamados de montepios*. Como exemplo, podemos citar o Montepio para a Guarda Pessoal de D. João VI, criado em 1808, e o Montepio Geral dos Servidores do Estado, criado em 1835, para fornecer previdência privada aos servidores públicos.

Em 1923, foi publicado o Decreto Legislativo 4.682, também conhecido como **Lei Eloy Chaves**, marco da previdência nacional porque, com o novo diploma, ela passa efetivamente a ser uma previdência **social**, isto é, custeada por diversos setores da sociedade. Com efeito, a Lei Eloy Chaves criou caixas de aposentadoria e pensão para os empregados das empresas ferroviárias, que eram mantidas por contribuição dos empregados, dos empregadores e do próprio Estado.

O termo *previdência social*, porém, somente foi cunhado pela Constituição Federal de 1946, a qual garantiu, pela primeira vez, proteção aos eventos doença, invalidez, velhice e morte de todos aqueles que contribuíssem para o sistema, exceto os trabalhadores rurais e os empregados domésticos.

Essas categorias começaram a ser incluídas no regime de previdência social a partir da década de 1970, com a criação do FUNRURAL, em 1971 (para os trabalhadores rurais), e pela edição da Lei 5.859/1972, para os empregados domésticos (hoje revogada pela Lei Complementar 150/2015). Sua acolhida, porém, só foi completa com a promulgação da Constituição Federal de 1988 (CF/1988), conforme veremos mais adiante.

1.2. Situação atual do Direito Previdenciário

Consagrada e amplamente normatizada pela CF/1988, a previdência social hoje encontra guarida no art. 6º, que a relaciona como um **direito social**, e nos arts. 194 e seguintes, que serão objeto de estudo pormenorizado mais adiante.

Com o fito de regulamentar as disposições constitucionais, foram editadas as Leis 8.212/1991 e 8.213/1991,

responsáveis, respectivamente, pelo Plano de Custeio da Seguridade Social – PCSS e pelo Plano de Benefícios da Previdência Social – PBPS.

Por fim, a dar maior concretude às disposições legais, encontramos o Decreto 3.048/1999, conhecido como Regulamento da Previdência Social – RPS.

1.3. Doutrinas do seguro social

Em sua origem, a seguridade social surge vinculada aos conceitos do contrato de seguro regulado pelo Direito Civil. Em tempos idos, o seguro social *trabalhava com a ideia de dano, que, uma vez ocorrido, fazia nascer para o segurado o direito ao benefício previsto em lei.* Era a **doutrina civilista**.

A evolução da sociedade e do pensamento jurídico, por sua vez, acabou por demonstrar que este conceito não mais servia. A seguridade social, prestada pelo Estado, deveria ir além, protegendo o trabalhador não apenas do **dano**, evento necessariamente nefasto, que lhe causasse alguma desvalia. Ocorrências agradáveis, como a maternidade, igualmente afastavam a possibilidade de a mulher permanecer trabalhando e precisavam ser integradas, portanto, ao regime de previdência.

Avançamos, assim, para a **doutrina social**, que se afasta do conceito de dano e desvincula-se do Direito Civil. *Reconhecidas as naturais semelhanças com o contrato de seguro, a seguridade social estatal é, na verdade, mais abrangente e busca prever todas as **contingências** possíveis que obstam o trabalho regular da pessoa.* Note a diferença: o dano causa prejuízo, a contingência causa uma necessidade. E é essa necessidade que há de ser satisfeita pelo Estado, cumpridos os requisitos legais.

1.4. Regime Geral e regimes próprios de Previdência Social

Mesmo com a pretensão da CF/1988 de uniformizar os tratamentos e incluir na proteção do Direito Previdenciário uma grande gama de pessoas, permanece uma divisão dos sistemas destinados aos servidores públicos ocupantes de cargos efetivos e os demais trabalhadores.

Para os primeiros, cada ente de direito público deve criar um sistema próprio de previdência para seus servidores efetivos. Assim, os servidores da União, de cada Estado, do Distrito Federal e de cada Município têm suas próprias regras aplicáveis a aposentadorias, licença para tratamento de saúde, entre outros benefícios, e seus próprios órgãos de gerenciamento e administração dos valores e pagamentos aos beneficiários. São chamados de **regimes próprios de previdência social (RPPS)** e podem ser encontrados nas leis e estatutos que criam direitos e deveres para os servidores públicos. Exemplo: o RPPS dos servidores efetivos da União encontra-se na Lei 8.112/1990. Estas regras, por sua especificidade, são estudadas pelo Direito Administrativo.

Para as demais pessoas e trabalhadores, a CF/1988 reserva o **regime geral de previdência social (RGPS)**, a cargo do Instituto Nacional do Seguro Social – INSS, autarquia criada em 1990 para administrar a previdência social geral dos trabalhadores estabelecida nas Leis 8.212/1991 e 8.213/1991. É aqui que nosso campo de estudo se concentra.

2. A PREVIDÊNCIA SOCIAL NA CONSTITUIÇÃO FEDERAL

2.1. Estrutura

Com o advento da CF/1988, o Direito Previdenciário passou por uma verdadeira revolução, uma vez que esta buscou integrar o maior número possível de pessoas ao sistema de previdência social por ela criado.

Inicialmente, a CF/1988 consagrou a previdência social como um **direito social** no art. 6º. E mais adiante (art. 194) reuniu-a, para organização conjunta por parte do Estado, com o **direito à saúde e à assistência social**, criando a **seguridade social**.

Portanto, na atual configuração, temos o gênero **seguridade social**, com três pilares de atuação: **saúde, previdência social e assistência social.**

Cada um dos pilares da seguridade social está voltado precipuamente a uma área de atuação e destina-se a grupos diferentes de pessoas, na seguinte conformidade:

a) Saúde: nos termos do art. 196 da CF/1988, é um *direito de todos e um dever do Estado*. Sendo assim, a prestação de serviços públicos de saúde não encontra qualquer restrição quanto às características de seus usuários: simplesmente qualquer pessoa que dele necessite deve ser atendida. Não importa se é nacional ou estrangeiro, se paga regularmente seus tributos ou não, se trabalha ou está desempregado, se contribui para o INSS ou não. Ninguém pode ser excluído do serviço público de saúde, desde a pessoa mais rica do país até os cidadãos economicamente menos favorecidos da sociedade;

b) Assistência social: destina-se, conforme disposto no art. 203 da CF/1988, ao atendimento *a quem dela necessitar, independentemente de contribuição para a seguridade social*, com objetivos voltados à garantia de uma existência digna. Como se vê, a assistência social já estabelece uma restrição ao seu acesso: a necessidade da pessoa. Ela não se destina a qualquer indivíduo, como a saúde, mas somente àqueles que cumpram determinados requisitos para receberem seus benefícios e serviços, normalmente ligados a um limite máximo de renda familiar. Enquanto a saúde deve acolher todos que dela quiserem fazer uso, pouco importando sua situação econômica, a assistência social é reservada somente a quem não tem condições de subsistência;

c) Previdência social: ao contrário das anteriores, a previdência social tem *caráter contributivo* (art. 201 da CF/1988), o que significa dizer que somente aqueles que para ela contribuem financeiramente, através de tributos denominados **contribuições sociais**, participarão de seus benefícios e serviços. Dos três pilares, portanto, é o de acesso mais restrito, uma vez que seus beneficiários devem ostentar um mínimo de **capacidade contributiva**, usualmente qualificada como o exercício de qualquer atividade remunerada.

Saúde e assistência social são temas estudados por ramos autônomos do direito, que fogem da alçada do Direito Previdenciário, o qual, como o nome sugere, cuida das normas relacionadas à previdência social. Serão estas, portanto, o foco de nosso trabalho.

Não obstante, não podemos perder de vista que a previdência social está inserida no contexto maior da seguridade social. Isto implica que certas normas de caráter geral, aplicáveis a toda a **seguridade social**, também merecem nossa atenção, visto que a previdência delas não se dissocia na condição de pilar da seguridade. Outras serão específicas, voltadas somente ao Direito Previdenciário. Por isso, cuidado! Ao utilizarmos o termo *seguridade social*, lembre-se de que estamos estudando normas gerais. Quando estivermos tratando de normas específicas, veremos sempre a expressão *previdência social*.

2.2. Princípios e objetivos constitucionais

A CF/1988 dedica seu art. 194 para determinar que a **seguridade social** *compreende um conjunto integrado de ações de iniciativa dos Poderes Públicos e da sociedade, destinadas a assegurar os direitos relativos à saúde, à previdência e à assistência social*.

Do *caput* do dispositivo, podemos depreender:

a) Princípio da solidariedade: a seguridade social, em seu todo, deve ser prestada não só pelo Estado, como *por toda a sociedade*. Obviamente, compete ao primeiro a estruturação dos serviços e a administração dos benefícios que serão prestados a todos aqueles que fizerem jus a eles. Todavia, o custeio, o financiamento de todo este sistema será feito de forma **solidária**: todos aqueles que puderem contribuir, ainda que não façam uso da saúde, da previdência ou da assistência social, devem contribuir na forma de tributos (**contribuições sociais**) cuja receita é vinculada a programas de governo nestas áreas;

b) Instrumento de bem-estar e justiça social: a seguridade social tem por objetivo último garantir a todos o chamado *piso vital mínimo*, ou seja, o acesso às condições econômicas mínimas para uma existência digna. Neste diapasão, é um *instrumento de bem-estar*, já que busca assegurar melhor qualidade de vida aos cidadãos. Em adição, é também *instrumento de justiça social* na medida em que, ao determinar a contribuição ao sistema de todos aqueles que ostentarem **capacidade contributiva**, acaba por incentivar uma melhor distribuição da renda, dado que, naturalmente, os serviços públicos serão mais bem aproveitados por aqueles em situação financeira menos favorável.

A par destes princípios e objetivos **implícitos**, o art. 194, parágrafo único, da CF/1988 prossegue listando os **objetivos explícitos** da seguridade social em seus incisos, os quais analisaremos individualmente:

2.2.1. Universalidade da cobertura e do atendimento

Dentro do mesmo inciso, a CF/1988 acolheu dois objetivos diferentes: a *universalidade da cobertura* e a *universalidade do atendimento*.

Por **universalidade da cobertura** podemos entender o *dever do Estado de, ao estruturar novos benefícios e serviços da seguridade social, buscar ampliar o quadro de eventos cobertos por esses programas.* Uma nova ação na área da saúde, por exemplo, deve priorizar determinada doença que ainda não foi objeto de atenção mais pormenorizada pelo Serviço Único de Saúde; ou um novo benefício de previdência social, do qual se espera que atinja uma contingência ainda não amparada por benefício já existente.

Universalidade de atendimento, por sua vez, *vincula-se às pessoas que serão atendidas pelos novos benefícios e serviços da seguridade social. Toda ação nesta área deve priorizar o alcance do maior número possível de pessoas.* Com base nisso, a CF/1988 garante que a saúde é um direito de todos e um dever do Estado, razão pela qual o Governo Federal procura ampliar, ano após ano, o número de famílias cadastradas nos programas de assistência social vigentes. No campo da previdência social, a proteção ao pequeno produtor rural e ao segurado facultativo são ótimos exemplos.

Em resumo, enquanto a universalidade de cobertura refere-se a *benefícios e serviços*, a universalidade de atendimento volta-se aos *beneficiários*.

2.2.2. Uniformidade e equivalência dos benefícios e serviços às populações urbanas e rurais

Novamente, dois objetivos reunidos em um só item. Temos que observar a *uniformidade dos benefícios e serviços* e a *equivalência* destes junto às populações urbanas e rurais.

Um dos grandes avanços da CF, em 1988, foi incluir no RGPS os trabalhadores rurais, até então desprotegidos de quaisquer contingências que os impossibilitassem de trabalhar. Para tanto, garantiu-lhes *os mesmos benefícios e serviços previstos para os trabalhadores urbanos* (aposentadoria, auxílio-doença, pensão por morte etc.), o que chamamos de **uniformidade dos benefícios e serviços**. Em paralelo, cuidou de asseverar que esses benefícios passassem a ser calculados através dos mesmos parâmetros, seja o trabalhador urbano ou rural. Tem-se, daí, a **equivalência dos benefícios e serviços**.

Apenas cuidado com a terminologia. Equivalência não significa que os valores são exatamente iguais, pois isso dependerá do valor com o qual o beneficiário contribuiu ao longo do tempo, significa que os valores serão *proporcionalmente iguais*, resultado de aplicação da mesma fórmula para todos.

2.2.3. Seletividade e distributividade na prestação dos benefícios e serviços

De novo, um inciso, dois objetivos: *seletividade dos benefícios e serviços* e *distributividade dos benefícios e serviços*.

A **seletividade** é um critério político, que determina *a escolha, dentre todas as situações, daquelas que serão cobertas pela seguridade social.* Em uma primeira análise, tal objetivo conflitaria com a universalidade de cobertura, pois esta pretende estender a seguridade social a todas as situações nas quais ela se faça necessária.

Trata-se, porém, de conflito apenas aparente, porque a *seletividade nada mais é do que instrumento de construção da universalidade.* Há de se reconhecer que abraçar, em um único sistema de seguridade social, todas as contingências necessárias para garantir aos cidadãos uma existência digna, prestando-lhes todos os benefícios e serviços que necessitem para tanto, não é algo que se faça do dia para a noite. Devem ser traçados planos de atuação que, fatalmente, serão implementados aos poucos.

É aí que entra em cena a seletividade, com o papel fundamental de indicar ao legislador e ao administrador público que, neste caminho rumo à universalidade, deve-se priorizar a proteção daquelas contingências que são mais importantes, deixando as demais para um momento posterior.

Essa escolha foi previamente realizada pelo próprio constituinte originário, ao elencar, no art. 201, que a previdência deverá atender aos eventos *doença, invalidez, morte, idade avançada, proteção à maternidade e à gestante e proteção ao trabalhador em situação de desemprego involuntário*.

Já a **distributividade** encontra total amparo na instrumentalização da **justiça social** e na **universalidade de atendimento**. Se o objetivo precípuo da seguridade social é promover a redução das desigualdades, mediante a distribuição de renda, é natural que os benefícios e serviços a serem implantados primeiro sejam aqueles que *permitam, em menor tempo, proteger o maior número de pessoas que deles necessitem em maior grau.* Deve-se distribuir, primeiro, àqueles que mais necessitem de proteção.

2.2.4. Irredutibilidade do valor dos benefícios

A irredutibilidade, aqui, deve ser entendida em duplo aspecto. De um lado, temos a **irredutibilidade nominal** dos benefícios, *que impede que seja reduzido o valor efetivo destes, o valor expresso em moeda corrente.* Exemplo: se determinado benefício é pago a um beneficiário no valor de R$ 1.000,00, em nenhum momento esse valor poderá ser diminuído para R$ 900,00.

Do outro lado, temos a **irredutibilidade real** do valor, *que determina a preservação de seu valor de compra ao longo do tempo, neutralizando-se os efeitos da inflação.* Exemplo: em 2011, R$ 1.000,00 pode comprar diversas coisas, mas para se comprar as mesmas coisas em 2018 serão necessários, diga-se, R$ 1.300,00. Logo, este deve ser o valor do benefício em 2018.

Resta claro que a verdadeira irredutibilidade, aquela que deve sempre ser respeitada, é a irredutibilidade real. Não há dúvidas de que o valor nominal do benefício não pode ser reduzido e, a bem da verdade, ninguém tentaria fazê-lo. Entretanto, não é raro que os reajustes concedidos pelo Governo a fim de conservar o valor real dos benefícios não acolham, integralmente, a inflação do período.

Insta frisar que a regra vem mais uma vez estabelecida, em outras palavras, no art. 201, § 4º, da CF/1988: *é assegurado o reajustamento dos benefícios para preservar-lhes, em caráter permanente, o valor real, conforme critérios definidos em lei.*

2.2.5. Equidade na forma de participação no custeio

Equidade é uma palavra que está sempre ligada ao sentimento de *justiça social*. Tratar com equidade significa *reconhecer as desigualdades sociais e impor condições que visem a reduzi-las.*

Sendo assim, definir a equidade como elemento norteador da forma de participação do custeio da seguridade social culmina em reconhecer, na esfera das contribuições sociais, a aplicação do **princípio do respeito à capacidade contributiva**, determinando-se a colaboração de todos na manutenção do sistema da seguridade social, cada um na medida de suas possibilidades financeiras.

Esse dispositivo é o fundamento, por exemplo, das alíquotas progressivas da contribuição social dos empregados (8%, 9% ou 11%), dependendo do valor do salário de contribuição calculado.

2.2.6. Diversidade da base de financiamento

Tal princípio teve seu nascedouro na Constituição de 1934, que foi a primeira a estabelecer que o financiamento da seguridade social teria três fontes: governo, empregadores e trabalhadores. Chamou-se, na época, de **tripartição, ou tríplice forma de custeio**.

Com o passar dos anos e com as sucessivas alterações legislativas e constitucionais, o que levou a maior atuação do Estado junto à população mais carente, reparou-se que os custos dos programas sociais e da prestação dos serviços a eles relacionados cresciam vertiginosamente. Em respeito ao princípio da solidariedade, portanto, a CF/1988 ampliou a ideia cunhada em 1934 e, atualmente, impõe, de forma genérica, a **diversidade** da base de custeio.

Naturalmente, o cerne permanece o mesmo. Grande parte do orçamento da seguridade social continua a ser composto do dinheiro repassado pelo governo e pelas contribuições pagas por empregadores e trabalhadores. Mas a alteração permitiu *adicionar ao elenco as contribuições incidentes sobre os concursos de prognósticos e sobre as operações de importação.* Isso sem contar com a autorização prevista no art. 195, § 4º, da CF/1988, para a instituição de *outras fontes* de custeio destinadas a garantir a *manutenção ou expansão* da seguridade social.

2.2.7. Caráter democrático e descentralizado da administração

O próprio inciso VII do art. 194 da CF/1988 explica como se dá a gestão democrática e descentralizada da seguridade social, ao determinar a gestão **quadripartite**, ou

seja, formada por representantes de quatro grupos: governo, empregadores, trabalhadores e aposentados.

A regulamentação desse dispositivo foi incluída na Lei 8.213/1991, que cria o Conselho Nacional de Previdência Social – CNPS, composto por seis representantes do Governo Federal (indicados pelo Presidente da República), três dos aposentados e pensionistas, três dos trabalhadores em atividade e três dos empregadores (todos indicados por centrais sindicais e confederações nacionais de sindicatos), para mandato de 2 anos, sendo possível uma recondução.

2.2.8. Regra da previsão de custeio

Mais uma regra do que um princípio, como classificam alguns autores, a CF/1988 obriga que qualquer criação, majoração ou ampliação de benefício ou serviço seja acompanhada da respectiva fonte de custeio total.

A regra justifica-se pela necessidade da manutenção do equilíbrio financeiro e atuarial do sistema e pretendia, em seu sentido original, que nada a mais fosse gasto sem que o governo arrecadasse mais para fazer frente a essas novas despesas. Entretanto, a fim de evitar o desgaste político da criação ou do aumento de tributos para sustentar os novos benefícios, atualmente as leis que estendem ou majoram as prestações previdenciárias limitam-se a apontar como fonte de custeio "o orçamento da União" ou expressão similar. Reitere-se que não é essa a pretensão da norma, mas tal postura também não vem sendo questionada.

2.3. Princípios específicos

A par dos princípios gerais estudados, previstos na CF/1988 e aplicáveis à seguridade social como um todo, a Lei 8.213/1991, no art. 2º, anota outros, destinados exclusivamente à Previdência Social.

2.3.1. Cálculo dos benefícios considerando os salários de contribuição corrigidos monetariamente

O salário de contribuição, estudado em pormenores mais adiante, pode ser definido como a base de cálculo da contribuição social do trabalhador. Além disso, ele é o ponto de partida do cálculo do valor efetivamente pago ao segurado a título de benefício previdenciário.

A norma estabelece que, no momento da apuração da renda mensal devida ao segurado, os salários de contribuição devem ser atualizados, a fim de que correspondam ao valor real da época da concessão do benefício. Isso é salutar, considerando que para a aposentadoria por tempo de contribuição, por exemplo, teremos de considerar salários de contribuição de até 35 anos antes!

2.3.2. Valor mínimo do benefício que substitua a remuneração do segurado

Grande parte dos benefícios previdenciários destina-se a assegurar a subsistência do segurado nos períodos em que este, atingido pelas contingências previstas em lei, esteja impossibilitado de trabalhar. Logo, não receberá remuneração de seu empregador.

A medida assegura, nesses casos, o valor mínimo de um salário mínimo para o benefício previdenciário, ainda que, pelos cálculos realizados conforme a legislação, o montante devesse ser menor.

Repise-se que isso se aplica somente em casos de substituição da remuneração. Benefícios pagos cumulativamente ao salário do empregado podem ser menores que o salário mínimo (exemplo: auxílio-acidente).

2.3.3. Previdência complementar facultativa, custeada por contribuição adicional

Neste ponto, a Lei 8.213/1991 consagra o disposto igualmente no art. 202 da CF/1988, que autoriza a criação de fundos de previdência privada, de contribuição facultativa dos trabalhadores, nos termos de lei complementar.

3. FINANCIAMENTO DA SEGURIDADE SOCIAL

3.1. Formas de financiamento

A partir desse ponto, deixamos para trás o conceito amplo de seguridade social e passaremos a focar, exclusivamente, na Previdência Social, nas relações estabelecidas entre os particulares e o INSS com vistas aos benefícios e serviços previdenciários.

Não obstante, quando o assunto é custeio, o pagamento de contribuições, é certo que o montante arrecadado é destinado ao financiamento da seguridade social toda, o que inclui, obviamente, a Previdência. É por essa razão que, tecnicamente, a Lei 8.212/1991 é conhecida como Plano de Custeio da Seguridade Social – PCSS.

A receita destinada à manutenção e ampliação do sistema de seguridade social no Brasil provém de várias fontes. Como já estudado no item 2.2.6, a CF/1988 estabelece como diretriz a **diversidade da base de financiamento**, com o seguinte texto:

> Art. 195. A seguridade social será financiada por toda a sociedade, de forma **direta e indireta**, nos termos da lei, mediante recursos provenientes dos orçamentos da União, dos Estados, do Distrito Federal e dos Municípios, e das seguintes contribuições sociais: (...) (grifo nosso)

Dos termos sublinhados, retiramos as duas formas de financiamento da seguridade social: o **financiamento indireto** e o **financiamento direto**.

3.1.1. Financiamento indireto

Chamamos **financiamento indireto da seguridade social** a parcela a ela destinada *oriunda dos orçamentos das pessoas jurídicas de direito público interno: União, Estados, Distrito Federal e Municípios*. É indireto porque, nessa hipótese, o dinheiro arrecadado de todas as formas (impostos, taxas, contribuições de melhoria, contribuições de intervenção no domínio econômico, preços públicos etc.) é dividido e parte dele entregue à seguridade social. Ou seja, o dinheiro pago pelo contribuinte para a seguridade social tem um intermediário em seu caminho: os cofres públicos da União, Estados, Distrito Federal e Municípios. Lembre-se que, nos termos da CF/1988, quem financia a seguridade social é

sempre a **sociedade**, então a passagem dos valores por um terceiro ente torna o financiamento **indireto** (sociedade → ente político → seguridade).

A parcela da União a ser entregue para a gestão da seguridade social advém de recursos adicionais destacados do Orçamento Fiscal, necessariamente apontados na lei orçamentária anual (art. 16 do PCSS). Idêntico procedimento é adotado nos Estados, Distrito Federal e Municípios, que repassam os montantes diretamente à seguridade social, sem integrar o orçamento da União (art. 195, § 1º, da CF/1988).

Caso os valores arrecadados em geral (incluindo aqueles advindos do financiamento direto) não sejam suficientes para arcar com as despesas relativas ao pagamento de benefícios previdenciários devidos em determinado exercício, cabe à União suprir a falta, respeitando, sempre, a lei orçamentária anual (art. 16, parágrafo único, do PCSS).

3.1.2. Financiamento direto

Por **financiamento direto da seguridade social** entende-se *o valor arrecadado pelo pagamento, por parte dos contribuintes elencados em lei, das contribuições sociais*. É direto porque, nessa hipótese, a sociedade entrega o dinheiro para a seguridade social sem intermediários (sociedade → seguridade).

Para possibilitar ações nas áreas da seguridade social, principalmente o pagamento dos benefícios previdenciários, a alocação de recursos originários, exclusivamente, do caixa geral dos entes políticos não se mostra suficiente. A fim de complementar os recursos necessários, criou-se uma série de **contribuições sociais**, cobradas diretamente da sociedade, para que os órgãos gestores tivessem mais essa fonte de renda. Trata-se, as contribuições sociais, de *tributos cujo* **pagamento não está vinculado** *a qualquer contraprestação estatal específica (o que as aproxima dos impostos), mas cuja* **receita é vinculada** *ao atendimento de ações da seguridade social (o que as diferencia dos impostos)*. A natureza tributária autônoma das contribuições sociais está pacificada, há muito tempo, pelo STF (RE 146.733-9/SP, *DJ* 29.06.1992).

O financiamento indireto da seguridade está ligado, muito mais, ao Direito Financeiro, que cuida do trânsito de numerário entre os entes políticos. Nossos olhos devem voltar-se, com especial atenção, ao financiamento direto, através da análise das contribuições sociais, o qual, por sua vez, está inafastavelmente vinculado ao Direito Tributário. Esse estudo se inicia no próximo tópico.

3.2. A relação jurídica de custeio direto da seguridade social

3.2.1. Elementos

A relação jurídica de custeio, como qualquer outra relação jurídica, é composta de *partes (sujeito ativo e passivo), objeto e vínculo* entre as partes.

Sujeito Ativo
Credor

Sujeito Passivo
Devedor

Vínculo

A ← → B

Objetivo

No nosso caso, aplicando os elementos à relação jurídica de custeio da seguridade social, obtemos o seguinte esquema:

a) Sujeito ativo (ou credor): será sempre a União;

b) Sujeito passivo (ou devedor): é o contribuinte ou responsável, conforme dispuser a lei;

c) Objeto: o pagamento da contribuição social ou ação ou omissão imposta no interesse da arrecadação e fiscalização das contribuições (fazer ou não fazer);

d) Vínculo: a lei que institui a contribuição social e prevê a hipótese de incidência do tributo ou da obrigação de fazer ou não fazer.

Vamos analisar, individualmente, cada um destes elementos.

3.2.2. Sujeito ativo

A competência legislativa para instituir contribuições sociais é e sempre foi da **União**. Trata-se, pois, de *tributos federais* (art. 149 da CF/1988).

Até 2007, entretanto, vigorava uma divisão quanto à **capacidade tributária ativa** (o poder de arrecadar e fiscalizar o pagamento) das contribuições sociais. As contribuições **previdenciárias** eram pagas ao INSS, através da Secretaria da Receita Previdenciária, ao passo que as demais contribuições sociais (destinadas à saúde e assistência social) eram arrecadadas pela própria União, através da Secretaria da Receita Federal, órgão vinculado ao Ministério da Fazenda.

Naquele ano, foi editada a Lei 11.457/2007, que unificou a matéria em torno da Secretaria da Receita Federal do Brasil e extinguiu a Secretaria da Receita Previdenciária. A Secretaria da Receita Federal do Brasil é órgão vinculado ao Ministério da Fazenda que, desde sua criação, tem competência para todas as atividades ligadas à tributação, fiscalização, acompanhamento e avaliação das contribuições sociais.

É por isso que, atualmente, podemos afirmar que o *sujeito ativo das contribuições previdenciárias será sempre a União*, que as arrecada através da Secretaria da Receita Federal do Brasil.

3.2.3. Sujeito passivo

Como resultado da aplicação do princípio da solidariedade, a CF/1988 prevê a criação de diversas contribuições sociais, a serem exigidas de várias espécies de contribuintes. Destarte, podem assumir o polo passivo da relação jurídica de custeio:

a) Empresas: nos termos do art. 15, I, do PCSS, é a *firma individual ou sociedade que assume o risco de atividade econômica urbana ou rural, com fins lucrativos ou não, bem como os órgãos e entidades da administração pública direta, indireta e fundacional*. Percebe-se que o conceito previdenciário de empresa é bem mais abrangente do que aquele estabelecido pelo próprio Direito Empresarial. Aqui, é irrelevante a finalidade lucrativa e órgãos públicos também estão incluídos (quando tiverem em seus quadros servidores ocupantes de cargos em comissão ou adotarem a CLT como regime de contratação de pessoal).

Mais além, o PCSS ainda insere nesta classificação pessoas como **equiparados a empresa**: *o contribuinte individual em relação ao segurado que lhe presta serviço* (por exemplo, se um profissional liberal contrata uma secretária, aquele é equiparado a empresa para fins de pagamento de contribuição previdenciária), *a pessoa física na condição de proprietário ou dono de obra de construção civil, a cooperativa, a associação ou entidade de qualquer natureza ou finalidade, a missão diplomática e repartição consular de carreira estrangeiras*. Insere-se neste tópico, outrossim, a pessoa que contrata mão de obra para a construção de sua residência, devendo recolher sua cota patronal e a contribuição social dos pedreiros e outros profissionais a seu serviço.

b) Empregador doméstico: pode ser definido como *a pessoa física que contrata empregado doméstico, que, por sua vez, é o trabalhador que presta serviços de natureza contínua a pessoa ou família, no âmbito residencial desta, em atividade sem fins lucrativos*;

c) Segurados: enquanto a CF/1988 usa o termo **trabalhadores**, o PCSS prefere **segurados**, diante do caráter eminentemente contributivo do RGPS. Em outras palavras, os trabalhadores que contribuem para o financiamento da seguridade social arcando com as contribuições sociais impostas em lei são, automaticamente, segurados da Previdência, fazendo jus aos benefícios estabelecidos quando deles necessitarem.

Dispõe o art. 201 da CF/1988 que o RGPS é de **filiação obrigatória**, o que implica a ausência de opção, para aqueles que se enquadrem no conceito de segurados, em participar ou não dos benefícios do Regime Geral. *Grosso modo, quem exerce atividade remunerada deve filiar-se ao RGPS, ainda que não o deseje – deverá, assim, pagar as contribuições e receber os benefícios quando ocorridas as contingências protegidas*. Tais pessoas constituem a classe dos **segurados obrigatórios da Previdência**, cuja existência se justifica por duas razões: primeira, porque, se exercem atividade remunerada, ostentam capacidade contributiva para colaborar com a manutenção e expansão do sistema previdenciário (**princípio da solidariedade**), o que nos faz lembrar a natureza tributária das contribuições; segunda, porque a Previdência é um **direito social**, obrigação de fazer do Estado, que não pode permitir que um trabalhador não disponha de proteções contra eventos que o impeçam de obter seus ganhos mensais, principalmente quando estas estão disponíveis a todos que cumpram os requisitos da legislação.

Ao seu lado, encontram-se *pessoas que não têm obrigação legal de contribuir com a Previdência, porém, interessadas no recebimento dos benefícios, optam por fazê-lo, sujeitando-se às obrigações legais daí decorrentes*. São os **segurados facultativos**, classe de livre acesso a todos aqueles que não se enquadram como segurados obrigatórios, *exceto os participantes de regime próprio de previdência* (servidores públicos ocupantes de cargo efetivo), cuja participação é expressamente vedada pelo art. 201, § 5º, da CF/1988.

Mais detalhes sobre as categorias de segurados, formas de filiação, manutenção e perda da qualidade de segurado serão estudados no item 3.3, *infra*.

d) Operadores de concursos de prognósticos: são aqueles que *exploram sorteios de números, símbolos ou apostas de qualquer natureza*. É verdade que os concursos de prognósticos mais famosos, e mais rentáveis, são explorados pelo próprio Poder Público (loterias, Mega-Sena, Quina etc.), o qual não pode ser caracterizado tecnicamente como contribuinte. Não nos esqueçamos, em compensação, das *associações que promovem o turfe (corrida de cavalos) e, enquanto foram permitidos, os "bingos"*. Estas pessoas jurídicas de direito privado devem, igualmente, contribuir com a Previdência Social.

e) Importador: *a pessoa física ou jurídica que promova a entrada de bens estrangeiros no território nacional ou contratante de serviços prestados por residente ou domiciliado no exterior*. Por equiparação, inclui-se ainda *o beneficiário do serviço, na hipótese em que o contratante também seja residente ou domiciliado no exterior*.

3.2.4. Objeto

Pode ser definido como *a prestação a que o sujeito passivo se obriga a cumprir, por força de lei ou contrato, em favor do sujeito ativo*.

A relação jurídica de custeio da seguridade social envolve uma **obrigação tributária**, uma vez que as contribuições sociais são tributos. Com isso, devemos tomar emprestados alguns conceitos do Direito Tributário para bem compreender as espécies de objetos relacionados a esta relação jurídica.

Denomina-se **obrigação tributária principal** aquela que envolve *o dever de pagar determinada quantia, a título de tributo ou multa tributária*. A memorização é simples: toda vez que o sujeito passivo tiver de pagar qualquer quantia ao sujeito ativo que se relacione com o tributo, estamos diante de uma obrigação tributária principal.

Diz-se principal porque é o verdadeiro cerne da relação jurídica. O interesse do Estado é receber a quantia determinada, independentemente de outras circunstâncias que possam estar presentes. O pagamento é o próprio objetivo almejado.

Temos, então, o primeiro objeto possível na relação jurídica de custeio: **o pagamento da contribuição**.

Prosseguindo, vamos a um exemplo. Certa empresa é contribuinte e paga regularmente determinada contribuição social. Para calcular corretamente o valor devido, ela promove a escrituração contábil de seus negócios. Além disso, nos prazos determinados, entrega declarações à Secretaria da Receita Federal do Brasil contendo informações sobre suas atividades e seus rendimentos. Tudo isso deve, obrigatoriamente, estar fundamentado em notas fiscais de entrada e saída de produtos ou de prestação de serviços.

Veja que, ao lado do pagamento e a fim de possibilitá--lo, a empresa pratica uma série de atos tendentes a facilitar o cálculo do tributo e a comprovação tanto do pagamento quanto dos fatos tributáveis. Estes atos são *obrigações legais estabelecidas no interesse da arrecadação e da fiscalização de*

tributos e são chamados de **obrigações tributárias acessórias**. Todos os exemplos dados são de obrigações de fazer, ações a serem tomadas pelos contribuintes. Além delas, existem também as obrigações de não fazer, como a de tolerar o trabalho da fiscalização.

Vimos, com isso, outros dois objetos possíveis na relação jurídica de custeio: **obrigações de fazer ou não fazer**.

Voltaremos ao tema das obrigações principais no tópico 4 e das obrigações acessórias no tópico 6.

3.2.5. Vínculo

As relações jurídicas podem ter como fundamento, como vínculo que une as partes e obriga o devedor a cumprir a obrigação em favor do credor, um **contrato**, *ato negocial livre, baseado na autonomia da vontade*; ou a **lei**, *quando não se questiona a vontade das partes vincular-se, existindo apenas o dever de obedecer à norma posta*. Por isso, dizemos que as obrigações são **contratuais** (*ex voluntate*) ou **legais** (*ex lege*).

A relação jurídica de custeio, obrigação tributária que é, será sempre considerada como **obrigação legal**. Não há qualquer opção aberta ao contribuinte quanto a pagar ou não pagar o tributo, quanto a praticar ou não praticar o ato imposto pela legislação no interesse da fiscalização. Deve fazê-lo quando praticar o **fato gerador** previsto na norma, sob pena de receber as punições cominadas em caso de inadimplemento.

3.3. Segurados da Previdência

Destacamos no item 3.2.3, letra "c", que os segurados da Previdência Social são *todas as pessoas que com ela contribuem, fazendo jus, consequentemente, aos benefícios previdenciários previstos em lei*. Chega o momento de conhecermos as regras e classificações que a eles se aplicam.

3.3.1. Premissas

O estudo dos segurados da Previdência Social deve sempre ter em vista as seguintes premissas:

a) o exercício de atividade remunerada implica na filiação obrigatória ao RGPS (art. 9º, § 12, do RPS);

b) aquele que exerce, concomitantemente, mais de uma atividade remunerada sujeita ao RGPS é obrigatoriamente filiado em relação a cada uma dessas atividades (art. 9º, § 13, do RPS), tendo o direito aos benefícios e, igualmente, o dever de pagar contribuição em relação a cada uma delas;

c) o aposentado que volte a exercer atividade remunerada abrangida pelo RGPS é segurado obrigatório em relação a esta atividade (art. 11, § 3º, do PBPS), mesmo sem ter direito a nova aposentadoria, em consagração ao princípio da solidariedade;

d) o dirigente sindical, enquanto estiver no exercício do mandato, mantém o mesmo enquadramento que detinha antes da investidura (art. 11, § 4º, do PBPS). Exemplo: o empregado eleito presidente do sindicato de sua categoria continuará a ser visto pelo INSS como um segurado empregado, mesmo afastado de suas funções por conta do exercício do mandato sindical.

3.3.2. Classificação

Os trabalhadores segurados pelo RGPS estão dividi-dos, inicialmente, em dois grandes grupos: os **segurados obrigatórios** e os **segurados facultativos**. Como o próprio nome indica, *os primeiros serão necessariamente segurados da previdência, ainda que isso não desejem*, por conta do exercício de atividade remunerada. *Os segundos participam do RGPS por opção própria*, por não exercerem qualquer atividade remunerada.

Os **segurados obrigatórios** subdividem-se, ainda, em cinco tipos: empregado, empregado doméstico, contribuinte individual, trabalhador avulso e segurado especial.

a) Segurado obrigatório – Empregado

O termo **empregado** pressupõe, para sua utilização, a existência de *relação de emprego*, entendida esta como a do trabalhador que realiza sua atividade com habitualidade, onerosidade, pessoalidade e subordinação, conforme disposto na legislação trabalhista (art. 3º da CLT). A relação de emprego deve estar formalizada com o registro na Carteira de Trabalho e Previdência Social – CTPS, porém sua ausência não desnatura a qualificação de emprego, por conta do princípio da **primazia da realidade**. Ainda que informal a relação de trabalho, o Poder Judiciário pode reconhecer o vínculo de emprego a qualquer momento uma vez presentes os requisitos, o que implicará na sua aceitação, também, para fins previdenciários.

O PCSS (art. 12), o PBPS (art. 11) e o RPS (art. 9º) enumeram, como segurados empregados, os seguintes:

a1) aquele que presta serviço de natureza urbana ou rural à empresa, em caráter não eventual, sob sua subordinação e mediante remuneração, inclusive como diretor empregado

Trata-se da típica relação de emprego, chamando a atenção à inclusão expressa do **trabalhador rural**, consequência da determinação constitucional de uniformidade do tratamento entre urbanos e rurais. Ressalte-se, apenas, que também os rurícolas, para se enquadrarem nesse dispositivo, devem, em tese, estar registrados como empregados (*vínculo formal de emprego*), ou, ao menos, terem esse vínculo reconhecido judicialmente.

A inclusão expressa do diretor empregado fundamenta-se no fato do diretor, usualmente, exercer função de confiança específica, *com poderes de administração da empresa e, por conseguinte, com superioridade hierárquica sobre outros empregados*. Da praxe empresarial extraímos que este profissional, por vezes, é contratado como um prestador de serviços, sem vínculo empregatício. Quando, porém, houver esse vínculo (por exemplo, quando o diretor alcançar o cargo crescendo profissionalmente dentro da empresa), ele será um empregado da empresa, pois ainda haverá pessoas em posição hierarquicamente superior a ele (como o presidente) e, como tal, será visto como **segurado empregado** pelo INSS.

a2) aquele que, contratado por empresa de trabalho temporário, definida em legislação específica, presta serviço para atender à necessidade transitória de substituição de pessoal regular e permanente ou a acréscimo extraordinário de serviços de outras empresas

O próprio dispositivo analisado já traz a definição do que se entende por trabalho temporário: aquele *destinado à substituição de pessoal regular e permanente ou acréscimo extraordinário de serviço* (art. 2º da Lei 6.019/1974).

Correntemente, a empresa que se vê na necessidade de substituir pessoal permanente ou com acréscimo extraordinário de serviço, usualmente sazonal (por exemplo, vendas de Natal), socorre-se de empresas especializadas em fornecer mão de obra temporária para esses fins. Note que o trabalhador tem vínculo com a empresa de trabalho temporário, mas presta serviços para outrem. Independentemente disso, é visto como segurado empregado enquanto perdurar sua relação de trabalho.

É importante destacar duas outras situações: uma, trabalhador contratado emergencialmente em situação que **não** se enquadre nas duas descritas (substituição de pessoal regular e permanente e acréscimo extraordinário de serviço), não é trabalhador temporário, mas sim **contribuinte individual**; outra, apesar de ambos serem caracterizados como **segurados empregados**, não confundir trabalho temporário com contrato de trabalho com prazo determinado.

a3) o brasileiro ou estrangeiro domiciliado e contratado no Brasil para trabalhar como empregado em sucursal ou agência de empresa nacional no exterior

O inciso visa a manter a proteção previdenciária ao trabalhador, brasileiro ou estrangeiro, que seja aqui domiciliado e contratado, e é enviado ao exterior por interesse do empregador. Ainda que exercendo seu trabalho em território estrangeiro, continuará filiado à Previdência Social brasileira.

Só não se esqueça dos requisitos: além do **domicílio e da contratação no Brasil**, deve haver **vínculo empregatício** com **empresa nacional**, cujo conceito encontramos no art. 1.126 do Código Civil: *empresa organizada de conformidade com a lei brasileira e que tenha no país sua sede e administração*.

a4) aquele que presta serviço no Brasil a missão diplomática ou a repartição consular de carreira estrangeira e a órgãos a elas subordinados, ou a membros dessas missões e repartições, excluídos o não brasileiro sem residência permanente no Brasil e o brasileiro amparado pela legislação previdenciária do país da respectiva missão diplomática ou repartição consular

Missões diplomáticas (embaixadas) e repartições consulares (consulados), apesar de serem escritórios destinados à representação de interesses de outros países, são equiparadas a empresas quando atuarem em território nacional. Destarte, todos os seus funcionários, brasileiros ou estrangeiros, são **empregados**, sendo assim também considerados aqueles que prestam serviço diretamente aos próprios diplomatas em atuação no país.

O RGPS adota o **princípio da unicidade de proteção,** que determina que, a cada trabalhador, deve corresponder, em regra, apenas uma proteção previdenciária. A norma não descuida, neste sentido, do fato de muitos funcionários das embaixadas e consulados serem estrangeiros e aqui atuarem de forma transitória, no estrito interesse de seu país de origem. Diante da subsistência do vínculo com outro

Estado, fica excluído do RGPS o *estrangeiro sem residência permanente no Brasil*, dada a presunção de que está acolhido pela Previdência de seu país. Vale o mesmo raciocínio para excluir do RGPS o brasileiro que trabalha na embaixada ou consulado e que, por expressa determinação da legislação alienígena, por esse fato passa a ser protegido pela Previdência estrangeira.

a5) o brasileiro civil que trabalha para a União, no exterior, em organismos oficiais brasileiros ou internacionais dos quais o Brasil seja membro efetivo, ainda que lá domiciliado e contratado, salvo se segurado na forma da legislação vigente do país de domicílio

O dispositivo abrange apenas o brasileiro **civil**, pois o militar possui regime próprio de previdência. Se ele trabalhar no exterior para a União, ou seja, *em nome e no interesse do Estado brasileiro*, em organismos oficiais brasileiros (*embaixadas e consulados*) ou internacionais (Organização das Nações Unidas – ONU, Organização Mundial do Comércio – OMC, Organização Internacional do Trabalho – OIT), *desde que destas o Brasil seja membro efetivo*, ainda que domiciliado e contratado no exterior, estará filiado ao RGPS na qualidade de empregado. Fica excluído, mais uma vez, o trabalhador que, por força da legislação previdenciária estrangeira, já esteja protegido por regime local de previdência (**princípio da unicidade de proteção**).

Sobre o trabalho nas embaixadas e consulados brasileiros, o RPS inclui ainda como **empregado** (art. 9º, I, *g*) o **auxiliar local**, pessoa contratada para *prestar serviços ou desempenhar atividades de apoio que exijam familiaridade com as condições de vida, os usos e os costumes do país onde esteja sediado o posto.* O auxiliar local pode ser estrangeiro ou brasileiro e, como é contratado sem vínculo empregatício, as relações trabalhistas e previdenciárias, em regra, serão regidas pela lei do país da contratação. Estará incluído no RGPS apenas o auxiliar local **brasileiro** que, **em razão de proibição legal**, não possa filiar-se ao sistema previdenciário estrangeiro.

a6) o brasileiro ou estrangeiro domiciliado e contratado no Brasil para trabalhar como empregado em empresa domiciliada no exterior, cuja maioria do capital votante pertença a empresa brasileira de capital nacional

O tópico, apesar da redação complexa, é análogo ao item "a3", ficando claro que a legislação previdenciária equipara a empresa brasileira, já conceituada, com a empresa estrangeira (uma vez que domiciliada no exterior) cuja maioria do capital votante pertença a empresa brasileira de capital nacional, isto é, *cujo controle efetivo pertença a pessoas físicas domiciliadas e residentes no país ou a pessoas jurídicas de direito público interno.*

a7) o servidor público ocupante de cargo em comissão, sem vínculo efetivo com a União, Autarquias, inclusive em regime especial, e Fundações Públicas Federais

De início, o dispositivo determinava a filiação obrigatória ao RGPS como empregado apenas do servidor público ocupante de cargo em comissão, *aquele declarado em lei como de livre nomeação e exoneração* (exemplo: Ministro de Estado). Contudo, com o advento da Emenda Constitucional 20/1998, foi introduzido o § 13 no art. 40, que ampliou a apli-

cação desta determinação legal ao estabelecer a filiação obrigatória ao RGPS, além do ocupante de cargo em comissão, do ocupante de **cargo temporário** e de **emprego público**.

Portanto, a principal parte da alínea a ser lembrada é: "*sem vínculo efetivo*" com a Administração Direta, autárquica ou fundacional. Qualquer funcionário que **não** tenha cargo efetivo será filiado do RGPS na qualidade de empregado (veja, a respeito, as alíneas *i, l* e *m* do inciso I do art. 9º do RPS).

Paralelamente, cabe destacar que **mesmo servidores ocupantes de cargos efetivos podem ser enquadrados como empregados no RGPS.** Isso ocorrerá sempre que o *respectivo ente político contratante não tenha criado regime próprio de previdência para seus servidores* (art. 9º, I, *j*, do RPS). Apesar da União e de todos os Estados e DF já o terem feito, esta é uma realidade em diversos Municípios do país.

a8) o empregado de organismo oficial internacional ou estrangeiro em funcionamento no Brasil, salvo quando coberto por regime próprio de previdência social

A alínea assegura ao empregado de escritórios representativos de organismos internacionais em funcionamento no Brasil (ONU, OMC, OIT etc.) a proteção previdenciária, exceto se já participantes de regime próprio de previdência de outro país. A menção a "organismo oficial estrangeiro" mostra-se repetitiva, pois tais empregados já estavam acolhidos pela alínea *d* do inciso I do art. 12 do PCSS, estudada no tópico "a4", dado que "organismos oficiais estrangeiros" são apenas as embaixadas e consulados instalados em território nacional.

a9) o exercente de mandato eletivo federal, estadual ou municipal, desde que não vinculado a regime próprio de previdência

Enquanto o cidadão estiver no exercício de mandato eletivo, qualquer que seja ele, contribuirá para a Previdência Social como empregado, a não ser que seja servidor público ocupante de cargo efetivo com regime próprio de previdência. A intenção da norma é não deixar desamparado o exercente de cargo eletivo, considerando, por exemplo, que um membro do Poder Legislativo pode reeleger-se sucessivas vezes, sendo esta sua única atividade remunerada ao longo de muitos anos.

Se o eleito já é servidor público efetivo, será apenas licenciado do cargo, mantendo seu vínculo com o Estado. Por isso continua protegido pelo regime próprio de previdência.

Por conta do julgamento do RE 351.717-PR (*DJ* 08.10.2003) pelo STF, o Senado Federal suspendeu a execução da alínea *h* do inciso I do art. 12 do PCSS, de redação idêntica à esposada acima, adotando a posição do Supremo exposta em controle difuso de constitucionalidade sobre a impossibilidade de cobrança de contribuições sociais dos exercentes de mandato eletivo. Ocorre que tal decisão foi tomada antes da publicação da Emenda Constitucional 20/1998, a qual, ao dar nova redação ao art. 195, II, da CF/1988, sepultou a discussão ao prever a contribuição para o RGPS pelo "trabalhador e demais segurados", o que, sem dúvida, acolhe os agentes políticos. Por essa razão, foi incluída a alínea *j* no dispositivo com a mesma redação, ora estudada, incluindo-os definitivamente no sistema previdenciário.

a10) o bolsista e o estagiário que prestam serviços à empresa, em desacordo com a Lei 11.788, de 25.09.2008

Os programas de bolsa e de estágio são regulamentados pela Lei 11.788/2008, que estabelece uma série de requisitos para que o uso da mão de obra do estudante possa ser assim caracterizado (jornada de trabalho limitada a 04 ou 06 horas diárias, termo de compromisso entre o educando, a parte concedente do estágio e a instituição de ensino, compatibilidade de atividades etc.).

Na falta de qualquer dos requisitos, fica claro que a contratação da pessoa como estagiária provavelmente deu-se com a intenção de fraudar a legislação trabalhista e previdenciária, constituindo verdadeira relação de emprego. Daí porque, estando em desacordo com a lei, o estagiário é segurado empregado.

Voltaremos a este tema mais à frente. Adiantando a curiosidade: o estagiário regular é **segurado facultativo**.

a11) o escrevente e o auxiliar contratados por titular de serviços notariais e de registro a partir de 21.11.1994, bem como aquele que optou pelo Regime Geral de Previdência Social, em conformidade com a Lei 8.935, de 18.11.2004

A mencionada lei alterou o regime de previdência dos trabalhadores contratados por cartórios extrajudiciais. Até então (novembro de 1994), os funcionários dos cartórios participavam do regime estatutário dos servidores públicos estaduais e, portanto, do respectivo regime próprio de previdência. Com a edição da Lei 8.935, os titulares dos serviços notariais e de registro passaram a ser obrigados a contratar novos escreventes e auxiliares conforme a legislação trabalhista (são **empregados** comuns, com carteira assinada). Aqueles que já trabalhavam no cartório puderam optar por manter-se no regime próprio ou migrar para o RGPS. Estes últimos passaram a também ser enquadrados como **empregados**.

a12) o trabalhador rural contratado por produtor rural pessoa física, na forma do art. 14-A da Lei 5.889, de 08.06.1973, para o exercício de atividades de natureza temporária por prazo não superior a dois meses dentro do período de um ano

A inclusão expressa do trabalhador rural contratado por pequeno prazo, criado inicialmente pela Medida Provisória 410/2007 e definitivamente consagrado na Lei 11.718/2008, veio a completar as disposições da Lei 5.889/1973, que, com sua nova redação, é clara ao determinar que este trabalhador tem os mesmos direitos do trabalhador permanente. Ou seja, será tratado como **empregado** do produtor rural pessoa física, ainda que a lei autorize sua contratação sem registro na CTPS (art. 14-A, § 3º, II, da Lei 5.889/1973).

b) Segurado Obrigatório – Empregado doméstico

É definido em lei como *aquele que presta serviço de natureza contínua a pessoa ou família, no âmbito residencial desta, em atividades sem fins lucrativos*.

Para sua caracterização, é fundamental a concorrência de **todos** os requisitos: atividade contínua, prestada no âmbito residencial, sem fins lucrativos.

Por **atividade contínua** devemos entender *aquela dotada de assiduidade, prestada em dias seguidos ou com periodicidade definida*. É o oposto de atividade eventual, sem dias fixos, contratada apenas conforme a demanda. Buscando dar aplicabilidade ao conceito, a Justiça do Trabalho sempre se debruçou sobre a questão das diaristas, pessoas dedicadas a serviços de faxina e similares em dias predeterminados da semana. A jurisprudência indicava que, se o trabalhador prestasse serviços até três vezes por semana, **não** estaria caracterizado o vínculo empregatício e, portanto, para fins previdenciários **não** se tratava de empregado doméstico (TST, RR 44600-13.2009.5.04.0016, *DJ* 31.08.2011), **exceto** se o pagamento fosse realizado **mensalmente** (TST, E-ED-RR 250040-44.2004.5.02.0078, *DJ* 08.09.2011). Neste último caso, em sentido contrário: TST, RR 112900-74.2008.5.01.0071, *DJ* 24.11.2010. De todo modo, com a edição da Lei Complementar 150/2015, pacificou-se legalmente a questão: o vínculo doméstico se estabelece se o empregado prestar serviços na mesma residência **a partir de três vezes por semana**.

Ausente o requisito da continuidade, o trabalhador se enquadra como **contribuinte individual**.

Âmbito residencial, por sua vez, é *o espaço doméstico, o lugar onde a pessoa ou família faz sua morada*. Frise-se que o termo "âmbito" não foi usado à toa: pretende-se com ele indicar que o empregado doméstico pode prestar serviços mesmo fora da casa, mas no interesse e visando à comodidade da pessoa ou família. É o caso do jardineiro, do caseiro, do motorista particular, entre outros. Todos eles são empregados domésticos.

Em derradeiro, a caracterização como empregado doméstico depende da atividade ser prestada **sem finalidade lucrativa**. O trabalho do empregado doméstico deve voltar-se, exclusivamente, ao conforto da pessoa ou família. Passando a colaborar em atividades lucrativas, ainda que realizadas dentro da casa, fica desnaturada sua condição. É o clássico exemplo doutrinário da faxineira que, além de manter a casa em ordem, auxilia sua empregadora no preparo de doces e salgados que esta revende na vizinhança.

Ausentes os requisitos do âmbito residencial e da atividade sem fins lucrativos, o trabalhador se enquadra como **empregado**.

c) Segurado Obrigatório – Contribuinte individual

Grosso modo, trata-se da categoria dos trabalhadores que *não detêm vínculo empregatício, prestando serviços de forma autônoma a diversos tomadores*.

Mais do que isso, na verdade, a categoria dos contribuintes individuais presta relevante função na busca da **universalidade de atendimento** da Previdência Social: a pretensão de que nenhum trabalhador fique desamparado caso atingido por contingências que impeçam o exercício de sua atividade remunerada. Veremos a seguir que, além dos prestadores de serviços autônomos, diversos outros trabalhadores aqui se incluem com o fito de garantir a todos a proteção previdenciária, razão pela qual esta categoria tem **natureza supletiva**: quem exerce atividade remunerada e não se enquadra em nenhuma das outras categorias, será contribuinte individual.

De toda forma, sua principal característica é a **ausência de subordinação** na realização de sua atividade.

O PCSS (art. 12), o PBPS (art. 11) e o RPS (art. 9º) enumeram, como contribuintes individuais, os seguintes:

c1) a pessoa física, proprietária ou não, que explora atividade agropecuária, a qualquer título, em caráter permanente ou temporário, em área superior a 4 (quatro) módulos fiscais; ou, quando em área igual ou inferior a 4 (quatro) módulos fiscais ou atividade pesqueira, com auxílio de empregados ou por intermédio de prepostos; ou ainda nas hipóteses dos §§ 10 e 11 do art. 12 do PCSS.

Refere-se ao *produtor rural pessoa física*, a pessoa que explora atividade rural por conta própria, sem constituir empresa.

A extensa qualificação é salutar para diferenciar este contribuinte individual do segurado especial, figura que será analisada à frente. Com efeito, somente se caracterizará como contribuinte individual o produtor rural atuante em média ou grande propriedade – **maior que quatro módulos fiscais** (o módulo fiscal é uma *unidade de medida agrária, expressa em hectares e variável de acordo com cada município*).

Pode ainda ser considerado contribuinte individual o produtor rural que explore sua atividade em área igual ou inferior a quatro módulos fiscais, **desde que tenha o auxílio permanente de empregados ou prepostos**.

É, outrossim, contribuinte individual o explorador de atividade pesqueira, **não importando a área onde a exerce**, se a fizer com o auxílio de empregados ou prepostos.

Por fim, a menção aos §§ 10 e 11 do art. 12 do PCSS acolhe as pessoas que, pela ausência de qualquer dos requisitos, não podem ser caracterizadas como segurado especial. Vemos aqui a primeira demonstração da **natureza supletiva** da categoria dos contribuintes individuais.

c2) a pessoa física, proprietária ou não, que explora atividade de extração mineral-garimpo, em caráter permanente ou temporário, diretamente ou por intermédio de prepostos, com ou sem o auxílio de empregados, utilizados a qualquer título, ainda que de forma não contínua

O item não traz grandes dificuldades. É importante ressaltar que, diferentemente da atividade agropecuária, aqui **não** influenciam o tamanho da área ou a presença de empregados ou prepostos. O *explorador do garimpo, desde que pessoa física, será sempre contribuinte individual.*

c3) o ministro de confissão religiosa e o membro de instituto de vida consagrada, de congregação ou de ordem religiosa

Ministros de confissão religiosa *são as pessoas que dedicam sua vida a professar determinada fé, conduzindo seus respectivos fiéis nos cultos celebrados*. São os padres, pastores, rabinos, pais de santo etc.

Membros de instituto de vida consagrada *são aqueles que se dedicam integralmente aos dogmas de sua fé, alijando-se das atividades comuns do dia a dia para, unicamente, trabalhar em prol da religião*. São os monges, freiras, frades etc.

Interessante o fato destas pessoas estarem incluídas como contribuintes individuais, e em consequência como **segurados obrigatórios**, porque isto implica no reconhecimento de que exercem atividade remunerada (art. 9º, § 12, do RPS), **mesmo que o valor por eles recebido não seja considerado remuneração para fins de incidência da contribuição social**.

Explicamos.

O ministro de confissão religiosa e o membro de instituto de vida consagrada são **sempre considerados contribuintes individuais**. Ocorre que, se o valor por eles recebido da instituição religiosa *for apenas em virtude de seu mister religioso ou para sua subsistência e independentemente da natureza e da quantidade do trabalho executado*, este montante **não** é remuneração para fins previdenciários, não devendo incidir sobre ele a contribuição social devida (art. 22, § 13, do PCSS), devendo o religioso declarar o valor do salário de contribuição sobre o qual deseja contribuir (art. 55, § 11, da Instrução Normativa 971/2009, da Secretaria da Receita Federal do Brasil).

Em sentido contrário, se o valor percebido pelo ministro de confissão religiosa ou membro de instituto de vida consagrada *exceder o necessário à sua subsistência ou for pago por cada tarefa religiosa cumprida*, tal montante será caracterizado como remuneração e incidirá, então, contribuição social sobre todo ele, respeitado o limite máximo do salário de contribuição.

c4) o brasileiro civil que trabalha no exterior para organismo oficial internacional do qual o Brasil é membro efetivo, ainda que lá domiciliado e contratado, salvo quando coberto por regime próprio de previdência social

Temos a tentação de acreditar que já lemos este texto em outro lugar. Realmente, ele é bastante similar ao item "a5", que define uma das espécies de empregado.

É exatamente por isso que devemos ter especial atenção à única diferença existente: lá, classifica-se como **empregado** o brasileiro civil que trabalha *para a União em organismo internacional no exterior*; aqui, classifica-se como **contribuinte individual** o brasileiro civil que trabalha *para o organismo internacional no exterior*.

Altera-se a parte contratante: é empregado quem trabalha em benefício, defendendo os interesses, da União em repartição de organismo internacional situada no estrangeiro; é contribuinte individual quem trabalha em prol do próprio organismo internacional situado fora do país.

A razão do tratamento diferenciado é o fato do organismo internacional, aqui parte contratante, *estar situado no exterior*, o que impede sua caracterização como empresa. A lei nacional não pode alcançar tais entidades quando sediadas em território estrangeiro. Quando a pessoa, por outro lado, trabalha **para** a União, ainda que fora de nossos limites territoriais, esta será sempre vinculada à legislação brasileira. Da mesma forma, se o escritório do organismo internacional está instalado no Brasil, seu funcionário será também classificado como **empregado**, porque, em nosso território, aplicamos nosso ordenamento jurídico.

Anote, então, o quadro-resumo:

		Contratante	
		União	Organismo Internacional
Localização da repartição	Brasil	Empregado (a7)	Empregado (a8)
	Exterior	Empregado (a5)	Contrib. Individual (c4)

c5) o titular de firma individual urbana ou rural, o diretor não empregado e o membro de conselho de administração de sociedade anônima, o sócio solidário, o sócio de indústria, o sócio-gerente e o sócio-cotista que recebam remuneração decorrente de seu trabalho em empresa urbana ou rural, e o associado eleito para cargo de direção em cooperativa, associação ou entidade de qualquer natureza ou finalidade, bem como o síndico ou administrador eleito para exercer atividade de direção condominial, desde que recebam remuneração

Titular de firma individual urbana ou rural, atualmente, é denominado *empresário individual, que é a pessoa que exerce atividade econômica por conta própria, sem outros sócios*. Mais recentemente, devemos também incluir o titular de empresa individual de responsabilidade limitada – EIRELI.

Diretor e membro do conselho de administração são *administradores das sociedades anônimas, funções definidas na Lei 6.404/1976*. Obviamente, aqui se enquadram desde que não sejam empregados da companhia, pois se o forem são classificados como segurados empregados.

Sócio solidário deve ser entendido como *o sócio com responsabilidade ilimitada*, presente nas sociedades simples (não empresárias), nas sociedades em comum (irregulares), na sociedade em nome coletivo e na sociedade em comandita simples.

Sócio de indústria é termo utilizado pelo revogado Código Comercial para definir *o sócio que contribuía apenas com a prestação de serviços, enquanto outro investia o capital, na então chamada sociedade de capital e indústria*. O art. 9º, V, *g*, do RPS inclui também o sócio capitalista como contribuinte individual. Como este tipo societário foi extinto com o advento do Código Civil em 2002, tais disposições mostram-se inócuas.

Sócio-gerente é *o sócio com poderes de administração da sociedade* e sócio-cotista *é aquele que não possui tais poderes*. Todos eles, **desde que sejam remunerados pela empresa** por conta de trabalhos prestados em seu favor, são segurados obrigatórios na qualidade de contribuintes individuais.

O trabalhador cooperado é considerado, também, como **contribuinte individual** (art. 9º, V, *n*, do RPS). Manterá a mesma qualidade se for eleito para cargo de direção da cooperativa ou outra associação de qualquer natureza.

Por último, o dispositivo acolhe os síndicos ou administradores de condomínios, **desde que remunerados.** Se não o forem, serão **segurados facultativos**. Vale lembrar que a isenção da taxa de manutenção condominial enquanto durar

o mandato é forma de **remuneração indireta** do síndico, o qual, nesses casos, **deve** contribuir para a Previdência.

c6) quem presta serviço de natureza urbana ou rural, em caráter eventual, a uma ou mais empresas, sem relação de emprego

c7) a pessoa física que exerce, por conta própria, atividade econômica de natureza urbana, com fins lucrativos ou não

Os dois dispositivos merecem análise conjunta, pois tratam da mesma figura: *o prestador de serviços autônomo, que trabalha para pessoas físicas ou jurídicas conforme estas necessitem de sua mão de obra, sem qualquer tipo de vínculo empregatício*. Dada a ausência de subordinação e habitualidade na execução de seu trabalho, é classificado como contribuinte individual (antigamente era chamado de *autônomo*, termo ainda usado na prática pelas pessoas que se aposentaram antes do regime do PCSS).

c8) o Microempreendedor Individual – MEI de que tratam os arts. 18-A e 18-C da Lei Complementar 123, de 14.12.2006, que opte pelo recolhimento dos impostos e contribuições abrangidos pelo Simples Nacional em valores fixos mensais

Microempreendedor individual (MEI) é o *empresário individual que aufere receita bruta máxima de R$ 81.000,00 (oitenta e um mil reais) no ano que opte em adimplir suas obrigações tributárias pelo sistema do Simples Nacional* (art. 18-A, § 1º, LC 123/2006).

A redação do item pode dar a entender que o MEI que não opte pela sistemática de contribuição fixa deixa de ser contribuinte individual. Há de se ter cuidado, pois isso não é verdade. Ele continuará classificado como contribuinte individual, pois não deixa de ser **titular de firma individual**, conforme descrito no item "c5".

d) Segurado Obrigatório – Trabalhador avulso

É o trabalhador *que presta serviços a diversas empresas, sem vínculo empregatício, porém com intermediação obrigatória do sindicato ou de órgão gestor de mão de obra (OGMO)*.

Os principais aspectos do trabalhador avulso são **a ausência de vínculo empregatício** (que o transformaria em empregado) e a **intermediação do sindicato ou OGMO** (que, se não existir, faz do trabalhador um contribuinte individual). Na prática, as empresas interessadas na mão de obra em determinadas atividades, que não queiram contratar empregados, podem contatar o sindicato ou o OGMO e solicitar os trabalhadores. Os intermediadores indicarão as pessoas que realizarão o trabalho por meio de uma lista de obreiros cadastrados, operando-se um revezamento.

O trabalho avulso está autorizado nas seguintes atividades (art. 9º, VI, do RPS):

d1) o trabalhador que exerce atividade portuária de capatazia, estiva, conferência e conserto de carga, vigilância de embarcação e bloco;

d2) o trabalhador de estiva de mercadorias de qualquer natureza, inclusive carvão e minério;

d3) o trabalhador em alvarenga (embarcação para carga e descarga de navios);

d4) o amarrador de embarcação;

d5) o ensacador de café, cacau, sal e similares;

d6) o trabalhador na indústria de extração de sal;

d7) o carregador de bagagem em porto;

d8) o prático de barra em porto;

d9) o guindasteiro;

d10) o classificador, o movimentador e o empacotador de mercadorias em portos.

Atenção ao fato de que, não obstante a grande maioria das atividades sejam típicas da zona portuária (arts. 32 e seguintes da Lei 12.815/2013), não é verdade que somente estas autorizam a contratação de trabalhador avulso, como muitos memorizam. Há, ainda, a presença dos ensacadores de grãos, dos trabalhadores da extração de sal e da movimentação de mercadorias (esses últimos previstos na Lei 12.023/2009).

e) Segurado Obrigatório – Segurado especial

Fruto do objetivo constitucional de estender os benefícios do RGPS aos trabalhadores rurais, o segurado especial pode ser sumariamente definido como *o pequeno produtor rural, que trabalha a terra para seu sustento.* Mais pormenorizadamente, seu conceito vem exposto na própria CF/1988 (art. 195, § 8º): *"O produtor, o parceiro, o meeiro e o arrendatário rurais e o pescador artesanal, bem como os respectivos cônjuges, que exerçam suas atividades em regime de economia familiar, sem empregados permanentes (...)".*

Conforme se verá mais adiante, a criação da categoria do segurado especial baseia-se, ainda, no princípio da **equidade na forma de participação no custeio** da seguridade social. Como tais pessoas costumam auferir renda apenas em determinadas épocas do ano (a safra), sua contribuição será ajustada a esta realidade e pagam apenas um percentual daquilo obtido com a comercialização da produção. Obviamente, a fim de se manter o equilíbrio financeiro e atuarial do sistema, seus benefícios previdenciários serão limitados a um salário mínimo.

Reunindo o dispositivo constitucional, o PCSS e o RPS, temos os seguintes requisitos para a caracterização do segurado especial:

e1) Atividade rural em economia familiar: assim considerada aquela *em que o trabalho dos membros da família é indispensável à própria subsistência e ao desenvolvimento socioeconômico do núcleo familiar e é exercido em condições de mútua dependência e colaboração, sem a utilização de empregados permanentes.*

Desta forma, tanto o produtor rural quanto seu cônjuge e filhos maiores de 16 (dezesseis) anos ou equiparados são segurados especiais da Previdência. A proteção, lembre-se, é conferida a todos mediante o pagamento de uma única contribuição calculada sobre o resultado da comercialização da produção;

e2) Área de produção igual ou inferior a 4 (quatro) módulos fiscais: caso a atividade explorada seja agropecuária. Para o extrativista vegetal ou seringueiro, não há limite de área;

e3) Não utilizar embarcação ou tenha esta arqueação bruta igual ou menor que 20 (vinte), conforme o art. 10, § 1º, I, da Lei 11.959/2009: para o pescador artesanal. Arqueação bruta é um valor adimensional (não é acompanhado de qualquer unidade de medida – metros cúbicos, toneladas etc.) relacionado com o volume total interno de um navio;

e4) Não contratar empregados permanentes: sendo autorizada a contratação de empregados ou contribuintes individuais *à razão de 120 pessoas/dia por ano civil, ou por tempo equivalente em horas de trabalho, não sendo computado nesse prazo o período de afastamento em decorrência do recebimento de auxílio-doença,* para fazer frente às necessidades da safra. A razão deve ser entendida da seguinte forma: se o segurado especial contratar um empregado, este poderá trabalhar por até 120 dias, corridos ou intercalados, no mesmo ano civil (de janeiro a dezembro); se contratar dois empregados, poderão ficar por até 60 dias; quatro empregados, 30 dias; e, assim, sucessivamente;

e5) Não possuir outra fonte de rendimento: exceto benefício previdenciário de pensão por morte, auxílio acidente ou auxílio-reclusão, cujo valor não supere o do menor benefício de prestação continuada da Previdência Social (um salário mínimo); benefício de previdência complementar; exercício de atividade remunerada em período não superior a 120 dias, corridos ou intercalados, no ano civil; exercício de mandato eletivo de dirigente sindical de organização da categoria de trabalhadores rurais; exercício de mandato de vereador do município onde desenvolve a atividade rural, ou de dirigente de cooperativa rural constituída exclusivamente por segurados especiais; parceria ou meação; atividade artesanal desenvolvida com matéria-prima produzida pelo respectivo grupo familiar, podendo ser utilizada matéria-prima de outra origem, desde que a renda mensal obtida na atividade não exceda ao menor benefício de prestação continuada da Previdência Social; e atividade artística, desde que em valor mensal inferior ao menor benefício de prestação continuada da Previdência Social (art. 12, § 10, do PCSS). Nestas hipóteses, o trabalhador **deve recolher sua contribuição social conforme as regras da categoria em que se enquadrar** (empregado de uma pessoa jurídica durante a entressafra, por exemplo, terá o desconto na remuneração pela alíquota aplicável a qualquer empregado), **porém continua sendo visto pela Previdência Social como segurado especial.**

Ressaltamos que, nos termos do art. 9º, § 18, do RPS, **não** descaracteriza a condição de segurado especial, dentre outras, a *exploração de atividade turística na propriedade rural, inclusive com hospedagem, por não mais que 120 dias ao ano; a participação em plano de previdência complementar; o fato de algum membro do grupo familiar ser beneficiário de programa de assistência social governamental; a utilização pelo próprio grupo familiar de processo de beneficiamento ou industrialização artesanal na exploração da atividade; e a associação em cooperativa agropecuária ou de crédito rural.*

A Lei 12.873/2013 previu, ainda, uma nova possibilidade para o segurado especial complementar sua renda sem perder sua caracterização. Ao inserir o § 14 no art. 12 do PCSS, mencionado diploma normativo autorizou a constituição de sociedade empresária, sociedade simples, empresa individual de responsabilidade limitada ou o registro como empresário individual do segurado especial cujo objeto seja de âmbito agrícola, agroindustrial ou agroturístico. Para manter a qualidade de segurado especial, porém, deve se tratar de uma **microempresa**, *constituída exclusivamente por segurados especiais do mesmo Município (ou de cidades limítrofes) de sua sede e que continuem a desenvolver suas atividades.*

Frise-se, por fim, que nas hipóteses elencadas, nas quais o segurado pode exercer atividade remunerada sem perder essa classificação, deverá recolher normalmente as contribuições previdenciárias incidentes sobre essa outra profissão (art. 12, § 13, do PCSS).

f) Segurado facultativo

Recuperando o conceito anotado anteriormente, **segurado facultativo** da Previdência Social é *toda pessoa que, não exercendo atividade remunerada, opta, por iniciativa própria, por contribuir para o RGPS, fazendo jus aos benefícios enunciados em lei.*

O RPS traz alguns exemplos: *dona de casa, síndico não remunerado de condomínio, estudante, brasileiro que acompanha cônjuge que presta serviço no exterior, quem deixou de ser segurado obrigatório, membro de Conselho Tutelar, estagiário nos termos da Lei 11.788/2008, bolsista de instituição de pesquisa em regime de dedicação exclusiva, o preso e o brasileiro domiciliado no exterior.*

Repise-se que são exemplos. Qualquer pessoa **maior de 16 anos que não exerça atividade remunerada e não esteja amparada por nenhum outro regime de previdência social** pode se inscrever como segurado facultativo.

A CF/1988 veda, expressamente, a inscrição como facultativo de pessoa participante de regime próprio de previdência (art. 201, § 5º).

3.3.3. *Filiação e inscrição*

Filiação define-se como *o ato jurídico que vincula o trabalhador à Previdência Social.* Com a filiação, a pessoa torna-se um **segurado**.

Considerando que a filiação ao RGPS é **obrigatória** para aqueles que exercem atividade remunerada, *tão logo esta se inicie o trabalhador já está filiado à Previdência.* Ainda que o INSS não saiba da existência deste trabalhador em atividade, sua filiação é uma imposição constitucional. Assim, o fato de alguém estar trabalhando, com ou sem registro de emprego, sem contribuir para a Previdência, coloca esta pessoa em situação de **inadimplemento**, ou seja, ela é devedora de contribuição social e pode, eventualmente, ser cobrada de seu débito com os acréscimos legais (correção monetária, juros e multa).

A despeito de se caracterizar como um vínculo jurídico, a filiação pode ser **múltipla**, ou seja, o *mesmo segurado pode possuir mais de uma filiação.* Isso ocorre quando a pessoa exerce mais de uma atividade remunerada sujeita ao RGPS, sejam elas de mesma natureza ou de natureza distinta. Nesse caso, o segurado será considerado *filiado em cada uma delas individualmente* (art. 12, § 2º, do PCSS), autorizando o recebimento de benefícios que sejam exclusivos

de uma ou de outra. Exemplo: determinado trabalhador está filiado ao RGPS tanto como empregado (por trabalhar com carteira assinada para determinada empresa) quanto como contribuinte individual (por realizar trabalhos autônomos nas horas vagas). Caso venha a sofrer um acidente que deixe sequelas permanentes, reduzindo sua capacidade laborativa, terá direito ao auxílio-acidente porque é segurado empregado. O fato de *também* ser filiado como contribuinte individual (que não faz jus ao auxílio-acidente) não exclui seu direito ao benefício.

Em face do exposto, a filiação pode dar-se de duas formas:

a) Automática: quando o trabalhador não precisa praticar nenhum ato formal para obter sua filiação, decorrendo diretamente do exercício de atividade remunerada. É a forma de filiação dos *segurados obrigatórios*;

b) Mediante inscrição: para os *segurados facultativos*, que não exercem atividade remunerada e, portanto, participam do RGPS se quiserem, sua filiação decorre de um *ato formal, pelo qual o segurado fornece dados necessários para sua identificação no INSS* (art. 18 do RPS).

Em rigor, a **inscrição deve sempre ser realizada**, afinal é com ela que o INSS obtém os dados cadastrais do segurado e todos aqueles relativos à atividade que exerce. A diferença é que, *enquanto os segurados obrigatórios promovem sua inscrição* **depois da filiação** *(pois esta ocorre juntamente com o início da atividade), os facultativos devem realizar sua inscrição* **antes da filiação** *(pois esta decorre da própria inscrição).*

É por isso que não se admite a **filiação retroativa** do segurado facultativo, ou seja, *o pagamento de certa quantia à vista, em determinada data, pretendendo que esta valha como contribuição para uma série de meses anteriores.* Exemplo: um segurado facultativo resolve se inscrever em junho de 2015, pretendendo benefícios da ordem de R$ 800,00. Conforme veremos mais adiante, deverá recolher como contribuição a alíquota de 20%, portanto R$ 160,00. Não se aceita que este novo segurado, ao proceder sua inscrição, recolha R$ 1.600,00 pretendendo "considerar-se filiado" desde 10 meses antes. A inscrição e a filiação do facultativo voltam-se apenas para o futuro.

Não se confunde essa situação com a **quitação de contribuições atrasadas dos segurados obrigatórios**. Suponha que um dentista tenha trabalhado em seu próprio consultório por 10 anos, sem nunca ter promovido sua inscrição no INSS e, por conseguinte, sem nunca ter recolhido qualquer contribuição. Pretendendo fazer contar esse tempo de trabalho para sua aposentadoria, realiza sua inscrição e recolhe, além do mês atual, o equivalente aos 10 anos anteriores **com correção monetária, juros e multa**. Tal recolhimento é **plenamente válido**, porque o contribuinte individual, na verdade, **já era filiado** e estava em débito com a Seguridade Social.

A inscrição do **segurado empregado** e do **trabalhador avulso** deve ser realizada pela empresa ou pelo órgão gestor de mão de obra, respectivamente. Os demais (empregado doméstico, contribuinte individual, segurado especial e segurado facultativo) devem promover, pessoalmente, sua inscrição no INSS.

3.3.4. Manutenção da qualidade de segurado

Considerando que o RGPS é um sistema **contributivo**, é fácil deduzir que *enquanto o segurado estiver contribuindo para a Previdência Social ele manterá essa qualidade*. Como decorrência lógica, quando deixar de fazê-lo, perderá o *status* de segurado, não mais tendo direito aos benefícios previdenciários previstos em lei.

Este raciocínio, bastante correto, encontra algumas exceções. Sim, há períodos na vida laboral da pessoa em que esta *não contribui para o RGPS, mas mantém a qualidade de segurado por um certo período de tempo.* Esse interregno é chamado de **período de graça.**

Isso quer dizer, por exemplo, que se determinado segurado não estiver contribuindo (porque ficou desempregado), porém encontra-se no período de graça, caso venha a ser acometido de determinada doença que imponha repouso absoluto, terá direito de receber auxílio-doença enquanto permanecer nessa situação.

É claro que tal período não pode perdurar indefinidamente, sob pena de fazer ruir o equilíbrio atuarial do sistema previdenciário. Por isso, o PBPS estabelece os prazos aplicáveis ao período de graça:

a) sem limite de prazo, para quem está em gozo de benefício: afinal, os benefícios previdenciários são imunes à incidência de contribuição (com exceção do salário-maternidade). Ao contrário do que parece, este item não desdiz a regra exposta anteriormente, de que o período de graça deve durar por prazo determinado. Na verdade, quem está em gozo de benefício previdenciário está, justamente, fazendo uso daquilo que pagou. Não seria admissível imaginar que o próprio benefício, criado pela lei para amparar a pessoa em situações nas quais ela se vê privada da possibilidade de trabalhar, após certo período de tempo fosse suspenso sob o argumento de que a pessoa deixou de ser segurada da Previdência pela ausência de pagamentos mensais. De que serviria o seguro social, então? É fácil vislumbrar na situação da aposentadoria: após contribuir por 35 anos, a pessoa se aposenta por tempo de contribuição. O benefício irá perdurar até sua morte, sem que ela recolha qualquer centavo a mais para a Previdência.

b) até doze meses após a cessação de benefício por incapacidade ou após a cessação das contribuições, o segurado que deixar de exercer atividade remunerada abrangida pela previdência social ou estiver suspenso ou licenciado sem remuneração: este é o período de graça padrão do segurado obrigatório, sendo a hipótese mais comum na prática. A lei lhe garante a extensão dos benefícios previdenciários pelo prazo de doze meses contados do momento em que deixou de exercer atividade remunerada (e, presume-se, deixou de contribuir), prazo também aplicável para quem estava no gozo de determinado benefício por incapacidade (exemplo: auxílio-doença) e este é suspenso porque a perícia médica oficial assinalou o retorno da aptidão para o trabalho.

O lapso é ampliado para **24 meses** se o segurado já contava com mais de **120 contribuições mensais** quando deixa de contribuir (art. 15, § 1º, do PBPS). E, em se tratando de desemprego (hipótese exclusiva, portanto, do segurado **empregado**), o período ganha mais **12 meses**, desde que o segurado comprove essa situação mediante registro no órgão próprio do Ministério do Trabalho e Emprego – MTE.

A primeira hipótese é um bônus conferido ao trabalhador que já contribuiu por longo período para a Previdência. A segunda hipótese visa a premiar o cidadão que informa o governo de sua situação de desemprego para auxiliar nas estatísticas oficiais e estratégias de atuação do Poder Público no mercado. Há de se anotar, contudo, que existe corrente jurisprudencial que caminha no sentido de permitir a extensão da graça mesmo sem tal registro, bastando a prova do desemprego por qualquer meio admitido em Direito (Súmula 27 da Turma de Uniformização dos Juizados Especiais Federais). Em sentido contrário, reafirmando a necessidade de registro no MTE: STJ, REsp 627.661/RS, *DJ* 02.08.2004.

Em resumo, o período de graça em razão da supressão da atividade remunerada pode ser de 12, 24 ou 36 meses, dependendo da conjugação dos fatores expostos.

c) até doze meses após cessar a segregação, o segurado acometido de doença de segregação compulsória: tais males seriam aqueles que determinam, necessariamente, o afastamento social do doente para tratamento, diante de seu estágio avançado ou possibilidade de contágio. Na falta de regulamentação, parte da doutrina utiliza as doenças previstas no art. 151 do PBPS. Não acreditamos que seja a melhor solução, visto que várias das moléstias listadas permitem, sem qualquer prejuízo ao trabalhador ou à sociedade, o tratamento ambulatorial. Ademais, o dispositivo em estudo tem pouquíssima aplicabilidade prática, pois, se a doença que atinge o trabalhador impõe seu afastamento do trabalho, ele passará a receber auxílio-doença; ao se recuperar e ser suspenso o benefício, ele já estaria incluído no item anterior.

d) até doze meses após o livramento, o segurado detido ou recluso: trata-se do segurado que veio a ser preso. Manterá essa qualidade quando for posto em liberdade, definitiva ou provisoriamente, por doze meses. Devemos interpretar como liberdade a colocação do detento em regime aberto, diante da suspensão determinada pelo PBPS do auxílio-reclusão pago à sua família quando ocorrer essa progressão de regime.

e) até três meses após o licenciamento, o segurado incorporado às Forças Armadas para prestar serviço militar: outro dispositivo de pouco uso concreto, diante do direito trabalhista de suspensão do contrato de trabalho durante o serviço militar (art. 472 da CLT). Isso significa dizer que, ao menos para o segurado empregado, sua fonte de renda ainda estará lá quando for licenciado do serviço militar. A regra tem aplicação, portanto, apenas àqueles que se encontravam em outra categoria de segurados e foram convocados, podendo permanecer até três meses sem contribuir que ainda mantêm a qualidade de segurados.

f) até seis meses após a cessação das contribuições, o segurado facultativo: o facultativo tem regra própria, estando ainda coberto pelos benefícios por seis meses após a última contribuição. Atente para um ponto: isso **não** significa que o facultativo pode pagar apenas uma contribuição a cada seis meses que estará sempre segurado! Para manter essa qualidade, deverá pagar as contribuições em atraso.

Vale ressaltar que, em geral, durante o período de graça o segurado conserva íntegro seu direito a *todos os benefícios previdenciários*, havendo apenas uma exceção aplicável ao **salário-maternidade**. A segurada **não** faz jus a este benefício quando estiver *desempregada em razão de demissão sem justa causa ocorrida durante o período de estabilidade provisória* (desde a confirmação da gravidez até cinco meses após o parto, nos termos do art. 10, II, *b*, do ADCT). Isso porque, nessa hipótese, o salário-maternidade passa a ser considerado como **verba indenizatória**, cujo pagamento é de responsabilidade do empregador, o que libera o INSS da restituição deste benefício à empresa.

3.3.5. Perda da qualidade de segurado

Ultrapassado o prazo estabelecido para o período de graça, **perderá** o segurado esta qualidade, ficando sem o amparo da Previdência caso lhe sobrevenha qualquer das contingências protegidas. Ou seja, a determinação do dia em que o trabalhador deixa de ser considerado como segurado da Previdência é de extrema importância, já que o fato ocorrido antes disso lhe assegura proteção, mas o fato posterior nada lhe garantirá.

Dispõe, sobre o tema, o art. 15, § 4º, do PBPS: *"a perda da qualidade de segurado ocorrerá no **dia seguinte** ao do **término do prazo** fixado no Plano de Custeio da Seguridade Social **para recolhimento da contribuição** referente ao **mês imediatamente posterior ao do final dos prazos fixados neste artigo** e seus parágrafos"* (grifo nosso).

A redação é, sem dúvida, um tanto confusa. Para bem compreendê-la, precisamos conhecer uma regra importante sobre o pagamento das contribuições previdenciárias, o **regime de competência**.

Um exemplo ilustrará bem seu significado: uma pessoa trabalhou em certa empresa ao longo do mês de junho de 2017. Nos primeiros dias de julho de 2017 receberá sua remuneração, *referente ao trabalho prestado em junho*. Dizemos que esta remuneração é da **competência** do mês de junho. Desta remuneração será descontada sua contribuição previdenciária. Logo, a contribuição descontada e paga à União em julho é da **competência** do mês de junho, tal qual a remuneração.

Em outras palavras: *o segurado recolhe, em determinado mês, a contribuição previdenciária referente à remuneração auferida no mês anterior.*

Acompanhe agora o raciocínio com base na seguinte linha do tempo:

Pois bem. O dispositivo legal diz que a perda da qualidade de segurado é operada no *dia seguinte* ao do *término do prazo* para recolhimento da contribuição. Sua leitura deve ser feita em conjunto com o art. 14 do RPS, que unifica a regra para todos os segurados: não importa qual a categoria do segurado em questão, considera-se o prazo de vencimento do **contribuinte individual**, ou seja, dia 15 (art. 30, II, do PCSS).

Fiquemos no mesmo exemplo citado, em que tínhamos um segurado empregado. Suponha, agora, que ele seja demitido, sem justa causa, em agosto de 2017, com apenas duas contribuições mensais recolhidas. Como ele trabalhou em agosto e a contribuição relativa a esta competência será paga, seu período de graça começa a contar em setembro de 2017 e será de 12 meses (considerando, ainda, que ele não se registrou no MTE informando sua situação).

Note que o período de graça findará em agosto de 2018. Mas continua o dispositivo legal dizendo que a perda da qualidade de segurado se opera apenas *no dia seguinte* **(16)** ao do *término do prazo* **(15)** para *recolhimento da contribuição referente ao mês imediatamente posterior* **(setembro)** ao do *final do prazo do período de graça* **(agosto)**. A contribuição do mês de setembro deve ser recolhida até 15 de outubro. Logo, em nosso exemplo, a perda da qualidade de segurado será reconhecida em **16 de outubro de 2018**.

3.3.6. Efeitos da perda da qualidade de segurado

Com a perda da qualidade de segurado, *o trabalhador e seus dependentes deixam de ter, como regra, acesso a qualquer dos benefícios previdenciários*. Esta determinação, todavia, comporta duas exceções:

a) Direito adquirido: em respeito a este, se o segurado, ao perder esta qualidade, já havia cumprido todos os requisitos para a concessão de determinado benefício, *continuará a fazer-lhe jus*. Exemplo: ao perder a qualidade de segurado, o trabalhador já detinha todos os requisitos para se aposentar por tempo de contribuição. Poderá requerer o benefício a qualquer momento, por força do direito adquirido;

b) Aplicação do art. 3º da Lei 10.666/2003: que dispõe que a *perda da qualidade de segurado não será considerada para a concessão das aposentadorias por tempo de contribuição e especial*. Com isso, se o segurado deixar de efetuar suas contribuições por longo período de tempo, perdendo a proteção previdenciária, ao voltar a recolhê-las deve apenas fazê-lo até somar o requisito para aposentadoria. Exemplo: um empregado contribuiu por 33 anos, foi demitido e perdeu a qualidade de segurado. Tempos depois, conseguiu novo emprego. Basta que recolha mais dois anos para ter direito à aposentadoria por tempo de contribuição (que se dá com 35 anos de contribuição para o segurado homem). A perda da qualidade de segurado não lhe atrapalha em nada na concessão deste benefício, desde que, ao longo de sua vida, some o número de contribuições necessárias para se aposentar. Essa regra excepciona também as determinações sobre o período de carência, que serão estudadas mais adiante.

O § 1º do mesmo artigo traz disposição semelhante sobre a aposentadoria por idade, determinando que, neste caso, *desde que o segurado conte com, no mínimo, o tempo de contribuição correspondente ao exigido para efeito de carência na data do requerimento do benefício*, a perda da qualidade de segurado também não será considerada.

Trata da hipótese do segurado que, por exemplo, aos 60 anos de idade, perde a qualidade de segurado. Para se aposentar por idade, o homem precisa contar 65 anos, como regra. Se o segurado de nosso exemplo já tiver realizado 180 contribuições ao longo de sua vida profissional (que é o prazo de carência para este benefício), *basta esperar completar 65 anos de idade* para requerer sua aposentadoria.

4. CONTRIBUIÇÕES PARA A SEGURIDADE SOCIAL

4.1. Disposições gerais

Já dissemos que o recolhimento das contribuições previstas em lei para financiar a seguridade social constitui **obrigações tributárias**, diante da inserção das contribuições sociais como categoria autônoma de tributos. Mais especificamente, são **obrigações tributárias principais**, uma vez que impõem o dever de pagar determinada quantia aos cofres públicos.

Para estudá-las pormenorizadamente, então, precisamos visitar alguns institutos típicos do Direito Tributário, plenamente aplicáveis à relação jurídica de custeio direto da seguridade, estudada no capítulo anterior.

4.1.1. Competência legislativa

A CF/1988 entregou **competência legislativa exclusiva** para a **União** criar as contribuições sociais (art. 149), com exceção das *contribuições cobradas dos servidores públicos estaduais, distritais e municipais para custeio dos respectivos regimes próprios de previdência*. Estas são criadas, também respectivamente, por cada Estado, pelo Distrito Federal e por cada Município (art. 149, § 1º, da CF/1988).

Originariamente, a CF/1988 previu as seguintes contribuições sociais:

Art. 195. A seguridade social será financiada por toda a sociedade, de forma direta e indireta, nos termos da lei, mediante recursos provenientes da União, dos Estados, do Distrito Federal e dos Municípios, e das seguintes contribuições sociais:

I – do empregador, da empresa e da entidade a ela equiparada na forma da lei, incidentes sobre:

a) a folha de salários e demais rendimentos do trabalho pagos ou creditados, a qualquer título, à pessoa física que

lhe preste serviço, mesmo sem vínculo empregatício;

b) a receita ou faturamento;

c) o lucro.

II – do trabalhador e dos demais segurados da previdência social, não incidindo contribuição sobre aposentadoria e pensão concedidas pelo regime geral de previdência social de que trata o art. 201;

III – sobre a receita de concursos de prognósticos;

IV – do importador de bens ou serviços do exterior, ou de quem a lei a ele equiparar.

A competência exclusiva da União abrange igualmente a chamada **competência residual** (art. 195, § 4º, da CF/1988), que é a *aptidão para criar novas contribuições sociais além daquelas expressamente previstas no texto constitucional*. Para tanto, devem ser observados os seguintes requisitos:

a) A criação deve dar-se por lei complementar: o que afasta a possibilidade de edição de qualquer outra espécie legislativa hierarquicamente inferior, principalmente medidas provisórias (art. 62, § 1º, III, da CF/1988). Obviamente, normas superiores estão permitidas, as quais, no caso, limitam-se às emendas constitucionais. Essas foram utilizadas como instrumento, por exemplo, para a criação da antiga Contribuição Provisória sobre Movimentações Financeiras – CPMF.

b) A contribuição nova deve ser não cumulativa: cumulatividade do tributo significa *que este incide integralmente em todas as etapas da cadeia produtiva*. Exemplo: imposto de renda, pois cada pessoa jurídica envolvida na industrialização e comércio de determinado produto deve arcar com o seu imposto de renda calculado sobre todo o lucro que obtiver no período de apuração. Ao contrário, tributo não cumulativo é aquele *que autoriza o uso do valor do tributo incluído no preço da mercadoria como crédito para o recolhimento do mesmo tributo pelo próximo contribuinte da cadeia produtiva*. É o caso, por exemplo, do ICMS, no qual o valor do tributo destacado na nota fiscal de venda da indústria será usado como crédito quando o comerciante adquirente for recolher seu próprio ICMS;

c) A base de cálculo deve ser nova: não se autoriza a criação de contribuições sociais sobre fatos que já constituam base de cálculo de outros tributos. Impossível criar uma contribuição social incidente sobre a propriedade de bens imóveis, pois isto já obriga ao pagamento do IPTU. Porém, as movimentações financeiras, nos idos de 1997, não determinavam o pagamento de nenhum tributo, por isso foram escolhidas, então, como base de cálculo da CPMF.

4.1.2. Vigência da legislação aplicável

Para verificar em que momento a legislação relativa à cobrança de contribuições sociais entra em vigor, devemos primeiro analisar o conteúdo da norma, uma vez que dele dependerá diretamente a regra a ser aplicada.

a) Normas favoráveis ou indiferentes ao contribuinte: por "normas favoráveis" entendemos *aquelas que livram o contribuinte do pagamento do tributo ou diminuem seu valor*, caso das leis que criam isenções, que extinguem contribuições, que diminuem a alíquota etc. "Normas indiferentes" são *aquelas que não interferem no valor do tributo, mas apenas em questões* *paralelas*, como prazo de pagamento, necessidade de entrega de declarações etc.

Essas normas (favoráveis ou indiferentes) seguem a regra de vigência estabelecida na Lei de Introdução às Normas do Direito Brasileiro – Decreto-lei 4.657/1942: entram em vigor na data em que indicarem; na ausência desta, em 45 dias contados da publicação para efeitos internos e em 3 meses para efeitos no exterior.

b) Normas desfavoráveis ao contribuinte: valendo-nos dos mesmos critérios usados anteriormente, "normas desfavoráveis" são *aquelas que determinam o pagamento de tributo novo ou aumentam o valor a pagar*. São exemplos a lei que cria contribuição social nova, a que aumenta a alíquota de contribuição já existente, a que extingue uma isenção etc.

Neste caso, a lei somente entra em vigor **90 dias depois de sua publicação, ainda que tal prazo vença dentro do mesmo exercício, que coincide com o ano civil** (de janeiro a dezembro). Isto porque as normas desfavoráveis ao contribuinte relativas a contribuições sociais *não estão sujeitas à anterioridade anual prevista no art. 150, III, b, da CF/1988, mas apenas à anterioridade nonagesimal, também conhecida como "noventena"* (art. 195, § 6º, da CF/1988).

4.1.3. Imunidades

São hipóteses de não incidência de tributos por expressa determinação constitucional, isto é, são situações nas quais, pela aplicação direta da lei, deveria haver o pagamento da contribuição social. No entanto, a **própria Constituição** veda a cobrança, protegendo o contribuinte.

Difere a imunidade da **isenção** na medida em que esta é *criada por lei*. Na isenção, o contribuinte está liberado do pagamento da contribuição social porque uma **lei ordinária** assim autorizou. Perceba que a proteção é menor na isenção, pois a lei pode ser facilmente revogada a qualquer momento com a edição de nova lei ordinária, ou mesmo de uma medida provisória, regulando diferentemente a matéria. Já as imunidades são **irrevogáveis**, pois tem *status* de **cláusula pétrea** (STF, ADI 939-DF, *DJ* 15.12.1993), ainda que tal classificação conte com alguma resistência por parte da doutrina e da jurisprudência.

Visto isso, leia-se o art. 195, § 7º, da CF/1988: "*são isentas de contribuição para a seguridade social as entidades beneficentes de assistência social que atendam às exigências estabelecidas em lei*".

É facilmente identificável o deslize técnico cometido. Se estamos lendo um artigo da **Constituição** que impede a cobrança do tributo, estamos diante de uma **imunidade**. Equivocou-se o constituinte ao usar a expressão "*são isentas*". Não obstante, em cega consideração à literalidade do texto constitucional, o termo vem sendo utilizado indiscriminadamente na prática.

O artigo estabelece, para o gozo da imunidade, que a entidade de **assistência social** (o que exclui entidades beneficentes dedicadas a outras atividades que não o auxílio às pessoas sem condição de prover a própria subsistência) deve *atender a exigências estabelecidas em lei*. Trata-se, portanto, de uma **imunidade condicionada**, sendo os requisitos encontrados no art. 14 do Código Tributário Nacional – CTN:

a) Não podem distribuir qualquer parcela de seu patrimônio ou de suas rendas, a qualquer título, aos diretores ou administradores;

b) Devem aplicar integralmente no país os seus recursos, para manutenção dos seus objetivos institucionais;

c) Devem manter escrituração de suas receitas e despesas em livros revestidos de formalidades capazes de assegurar sua exatidão.

O último requisito traz uma regra importante: *a imunidade ao pagamento do tributo **não** implica a liberação do cumprimento das obrigações acessórias*. Em outras palavras, não é porque a entidade está livre do dever de pagar as contribuições sociais que pode ignorar as obrigações de manter sua escrituração contábil em ordem, de emitir notas fiscais, de preencher declarações etc.

Com isso, não se pode exigir nenhuma das contribuições sociais a serem estudadas de entidades beneficentes de assistência social que cumpram as disposições do CTN.

Outra imunidade está prevista no art. 195, II, da CF/1988, ao dispor que *não incidirá contribuição sobre aposentadoria e pensão concedidas pelo RGPS*. Nesta hipótese, o texto constitucional usou a melhor técnica, pois realmente a imunidade é uma espécie de não incidência tributária. Expõe, enfim, que sobre os benefícios de aposentadoria por tempo de contribuição, aposentadoria especial, aposentadoria por idade, aposentadoria por invalidez e pensão por morte não incidirá contribuição previdenciária.

Em verdade, sobre benefícios previdenciários, incide contribuição, na prática, apenas sobre o salário-maternidade. Contudo, enquanto as aposentadorias e a pensão por morte estão acobertadas por **imunidade**, os demais benefícios são protegidos por **isenção**.

4.1.4. Remissão e anistia

Ambos são institutos do Direito Tributário com plena aplicação na relação previdenciária de custeio. **Remissão** (cujo verbo é *remitir*, sinônimo de *perdoar*) *é o perdão da dívida fiscal, podendo abranger todo o valor devido (tributo principal, juros e multa) ou só parte dele*. A remissão ocorre **depois** do lançamento do tributo, ou seja, constituído regularmente o crédito tributário e não pago pelo contribuinte, pode este, em tese, ser perdoado através da veiculação de lei específica.

Anistia, por sua vez, é instituto que se destina *a evitar o lançamento tributário da infração fiscal cometida, liberando-se o contribuinte faltoso do pagamento desta*. Praticada determinada infração fiscal, o crédito sobre ela deve também ser constituído pelo lançamento. **Antes** dele, pode o Poder Público, novamente mediante lei específica, anistiar o pagamento, liberando os contribuintes que praticaram aquela ilegalidade **do pagamento da multa**. A anistia atinge apenas a multa; o valor do tributo principal, acrescido de juros e correção monetária **continua devido**.

Vistos os conceitos, resta verificar que, no âmbito do Direito Previdenciário, mais especificamente sobre as **con-**

tribuições sociais incidentes sobre a folha de pagamento das empresas e sobre a remuneração dos trabalhadores, o art. 195, § 11, da CF/1988 *impede a concessão de remissão e anistia para valores superiores ao fixado em lei complementar*. Em outras palavras, a CF/1988 determina a criação de um teto para a concessão desses favores fiscais: abaixo dele, pode o Poder Público remitir ou anistiar a dívida; acima dele, deve promover a cobrança.

Essa disposição se justifica na tentativa de manter sempre o equilíbrio financeiro do sistema previdenciário. As duas contribuições mencionadas destinam-se, exclusivamente, ao pagamento dos benefícios da previdência, de sorte que a dispensa de seu pagamento deve ater-se a critérios mais rigorosos.

Vale dizer que a lei complementar mencionada no § 11 do art. 195 da CF/1988 ainda não foi editada. Tramita projeto na Câmara dos Deputados (PLP 512/2009) com a intenção de consagrar a posição já defendida na jurisprudência, que, por analogia ao limite legal colocado para o ajuizamento das execuções fiscais, usa o patamar de R$ 10.000,00 como limite para a concessão dos benefícios.

4.2. Contribuições sociais das empresas

Passamos agora à análise individual de cada uma das contribuições sociais existentes no ordenamento pátrio. Para facilitar o estudo, todas elas serão apresentadas da mesma forma: indicaremos a **previsão legal** (com todas as normas pertinentes), o **sujeito passivo** (lembrando que o sujeito ativo será sempre a União), a **destinação do valor arrecadado**, o **fato gerador**, a **base de cálculo**, a **alíquota** e outras **observações** que se mostrarem necessárias.

4.2.1. Contribuição sobre a folha de pagamento

a) Previsão legal: art. 195, I, *a*, da CF/1988; art. 22, I, do PCSS; art. 201 do RPS.

b) Sujeito passivo: o empregador, a empresa ou a entidade a ela equiparada.

c) Destinação do valor arrecadado: exclusivamente o pagamento de benefícios do RGPS (art. 167, XI, da CF/1988).

d) Fato gerador: pagar, dever ou creditar remuneração, a qualquer título, a segurados que lhe prestem serviços, com ou sem vínculo empregatício.

Atente para o fato de que a folha de pagamento, para fins previdenciários, abrange os pagamentos feitos a quaisquer pessoas físicas que prestem serviço para a empresa em determinado mês, tendo vínculo empregatício ou sendo apenas um prestador de serviços eventual. Da mesma forma, o fato gerador (que impõe o dever de pagar o tributo) não é somente a entrega efetiva da remuneração ao segurado, mas o simples dever de pagá-lo, ou seja, ainda que a empresa esteja atrasada com o pagamento das remunerações aos seus empregados e prestadores de serviço, já nasceu o débito perante a União da contribuição sobre a folha de pagamento.

Remuneração deve ser entendida conforme o conceito dado pelo Direito do Trabalho, ou seja, *o valor pactuado a título de salário mais as gorjetas recebidas*.

e) Base de cálculo: o total das remunerações pagas, devidas ou creditadas para segurados, a qualquer título, ao longo do mês.

f) Alíquota: 20%, para as remunerações pagas, devidas ou creditadas, para segurados empregados, trabalhadores avulsos ou contribuintes individuais. A alíquota diferenciada de 15% para prestação de serviços por meio de cooperativa de trabalho foi julgada inconstitucional pelo STF no RE 595.838 e posteriormente suspensa por meio da Resolução nº 10/2016 do Senado. Portanto, aplica-se, também nesse caso, a alíquota de 20%.

O Decreto 6.945/2009 reduziu a alíquota geral (20%) para as empresas das áreas de Tecnologia da Informação e Tecnologia da Informação e Comunicação, caracterizadas nos termos do art. 201-D, § 3º, do RPS, *na proporção de 1% para cada 10% da receita média trimestral total da empresa que seja destinada à exportação*, desde que atenda aos requisitos do art. 201-D, § 6º, do RPS. Em outros termos, se a receita média da empresa calculada no trimestre provier 50% dela de transações de exportação de produtos e serviços, a alíquota da contribuição sobre a folha será de 15%.

g) Vencimento: dia 20 do mês seguinte ao da competência.

h) Observações

✓ As instituições financeiras devem um adicional de 2,5% sobre a mesma base de cálculo (art. 22, § 1º, do PCSS);

✓ Empresas que tenham empregados ou trabalhadores avulsos (o que **exclui os contribuintes individuais**) em atividades de risco, que *são aquelas que autorizam o benefício da aposentadoria especial por periculosidade ou insalubridade*, devem um adicional de 1%, 2% ou 3% para o financiamento do Seguro de Acidentes de Trabalho – SAT e do mencionado benefício. A alíquota é determinada pela **atividade preponderante**, *aquela que possui maior número de funcionários trabalhando*, mencionada no Anexo V do RPS. Para o STJ, para apuração da atividade preponderante, deve ser analisado o risco de acidentes de trabalho e o número de segurados em atividade de risco em cada estabelecimento separadamente (Súmula 351 do STJ). É importante perceber que o adicional incidirá sobre **toda** a folha de pagamento.

✓ Empresas que tenham trabalhadores com direito a aposentadoria especial, além do adicional previsto no item anterior, devem ainda **outro adicional**, de 12%, 9% ou 6% sobre a remuneração **apenas dos segurados empregados ou avulsos expostos a agentes nocivos** característicos da periculosidade ou insalubridade, a depender do tempo de contribuição necessário para a aposentadoria especial (15, 20 ou 25 anos, respectivamente). Para o trabalho prestado por cooperado por intermédio de cooperativa profissional, os adicionais são reduzidos para 9%, 7% ou 5% respectivamente. Por exemplo: uma determinada empresa tem, no total, 500 funcionários, sendo que 100 deles estão expostos a agentes nocivos e recebem o correspondente adicional de insalubridade, tendo direito de aposentar-se com 25 anos de contribuição. O risco de acidente de trabalho destes 100 funcionários está classificado no Anexo V do RPS como leve. Nesse caso, a empresa terá de arcar com: **20%** do valor **total** de sua folha de pagamento, como contribuição básica; mais **1%** do valor **total** de sua folha de pagamento a título de adicional ao SAT; mais **6%** do valor **pago apenas aos segurados expostos aos agentes nocivos** para custeio da aposentadoria especial destes empregados.

4.2.2. Contribuição do Microempreendedor Individual – MEI

a) Previsão legal: art. 18-C, § 1º, III, da Lei Complementar 123/2006.

b) Sujeito passivo: MEI que contrata empregado.

c) Destinação do valor arrecadado: exclusivamente o pagamento de benefícios do RGPS (art. 167, XI, da CF/1988).

d) Fato gerador: pagar, dever ou creditar remuneração ao segurado empregado que lhe preste serviço.

e) Base de cálculo: salário de contribuição do empregado. Atenção que a regra para o MEI é diferente, pois sua base de cálculo não é o valor da remuneração paga ao empregado, mas sim o **salário de contribuição** deste, conceito que será estudado mais adiante.

f) Alíquota: 3%

g) Vencimento: dia 20 do mês seguinte ao da competência.

h) Observação: apesar do conceito de MEI descrito no art. 18-A da LC 123/2006 remeter ao de empresário individual nos termos do art. 966 do CC, é fato que são abordagens diferentes. *Enquanto o empresário individual clássico, regido pelo Código Civil, **deve** contratar empregados para sua caracterização, tal contratação é **vedada** para a classificação do MEI.* A contribuição em comento aplica-se à única exceção prevista: o MEI pode contratar apenas **um** empregado que receba não mais que **um salário mínimo** sem perder essa qualidade.

4.2.3. Contribuição da associação desportiva que mantém equipe de futebol profissional

a) Previsão legal: art. 22, § 6º, do PCSS; art. 205 do RPS.

b) Sujeito passivo: associação desportiva (clube) que mantém equipe de futebol profissional. Perceba que a manutenção da equipe de futebol profissional impõe o pagamento desta contribuição, a qual não se aplica a qualquer associação desportiva. Porém, havendo a equipe de futebol, a contribuição será sempre devida, mesmo em relação a outros esportes.

c) Destinação do valor arrecadado: exclusivamente o pagamento de benefícios do RGPS (art. 167, XI, da CF/1988).

d) Fato gerador: auferir receita em razão da realização de evento esportivo em território nacional e por conta de qualquer forma de patrocínio, licenciamento de uso de marcas e símbolos, publicidade, propaganda e de transmissão de espetáculos desportivos.

e) Base de cálculo: receita bruta do espetáculo desportivo ou do patrocínio, licenciamento, publicidade e transmissão.

f) Alíquota: 5%

g) Vencimento: dois dias úteis após o evento esportivo quando a retenção for feita pela entidade promotora do evento; dia 20 do mês seguinte, quando a retenção for feita pelo patrocinador, licenciado para o uso da marca, empresa de publicidade ou geradora da transmissão do evento.

h) Observações

✓ Esta contribuição **substitui** a contribuição sobre a folha de pagamento dos **empregados e avulsos** da associação desportiva. Caso ela contrate contribuintes individuais ou trabalhadores cooperados, deverá arcar com a contribuição de 20% sobre a folha de pagamento relativa a essas remunerações.

✓ Para fazer jus à substituição, a associação desportiva deve estar organizada na forma de um dos seguintes tipos societários: **sociedade em nome coletivo, sociedade em comandita simples** ou **sociedade limitada**.

✓ É permitido que a associação desportiva mantenha outras atividades econômicas paralelas (exemplo: a produção de material esportivo com suas logomarcas). Entretanto, a contribuição sobre a receita bruta do espetáculo somente substitui a contribuição da associação desportiva naquilo que se relacionar com a manutenção e administração da própria equipe de futebol. Quanto a estas atividades secundárias, deverá recolher a contribuição sobre a folha de pagamento normalmente.

4.2.4. Contribuição do produtor rural pessoa jurídica

a) Previsão legal: art. 25 da Lei 8.870/1994; art. 201, §§ 16 e 17, do RPS.

b) Sujeito passivo: a pessoa jurídica que se dedique exclusivamente à atividade rural (agricultura e pecuária), inclusive aquelas listadas no art. 25, § 3º, do PCSS.

c) Destinação do valor arrecadado: exclusivamente o pagamento de benefícios do RGPS (art. 167, XI, da CF/1988).

d) Fato gerador: a comercialização da produção pelo produtor rural pessoa jurídica.

e) Base de cálculo: receita bruta resultante da comercialização da produção.

f) Alíquota: 2,5% mais um adicional de 0,1% para o pagamento de benefícios resultantes de acidentes de trabalho. Portanto, a alíquota total é de 2,6%.

g) Vencimento: dia 20 do mês seguinte ao da operação de venda da produção.

h) Observações:

✓ Esta contribuição **substitui** a contribuição sobre a folha de pagamento dos **empregados e avulsos** do produtor rural pessoa jurídica. Caso ele contrate contribuintes individuais ou trabalhadores cooperados, deverá arcar com a contribuição de 20% sobre a folha de pagamento relativa a essas remunerações.

4.2.5. Contribuição do produtor rural pessoa física

a) Previsão legal: arts. 25 e 25-A do PCSS.

b) Sujeito passivo: a pessoa física que se dedique exclusivamente à atividade rural (agricultura e pecuária), inclusive aquelas listadas no art. 25, § 3º, do PCSS, bem como o consórcio simplificado de produtores rurais.

c) Destinação do valor arrecadado: exclusivamente o pagamento de benefícios do RGPS (art. 167, XI, da CF/1988).

d) Fato gerador: a comercialização da produção pelo produtor rural pessoa física ou consórcio simplificado de produtores rurais.

e) Base de cálculo: receita bruta resultante da comercialização da produção.

f) Alíquota: 1,2% mais um adicional de 0,1% para o pagamento de benefícios resultantes de acidentes de trabalho. Portanto, a alíquota total é de 1,3%.

g) Vencimento: dia 20 do mês seguinte ao da operação de venda da produção.

h) Observações:

✓ Esta contribuição **substitui** a contribuição sobre a folha de pagamento dos **empregados e avulsos** do produtor rural pessoa física, mas é um regime de tributação **facultativo**. Cabe ao produtor rural optar pela tributação sobre a receita bruta proveniente da venda de sua produção ou sobre a folha de pagamento no mês de janeiro de cada ano, bastando pagar o tributo escolhido – a opção será, a partir daí, irretratável para todo o ano. Caso, porém, ele contrate contribuintes individuais ou trabalhadores cooperados, deverá obrigatoriamente arcar com a contribuição de 20% sobre a folha de pagamento relativa a essas remunerações.

✓ Não se pode confundir esta contribuição com aquela devida pelo produtor rural pessoa física em razão de *sua própria filiação ao RGPS*. O produtor rural pessoa física paga duas contribuições: por ser **contribuinte individual** e a ora estudada, que se aplica diante de sua equiparação à empresa por contratar empregados.

4.2.6. Contribuição da agroindústria

a) Previsão legal: art. 22-A do PCSS; arts. 201-A e 201-B do RPS.

b) Sujeito passivo: a agroindústria, assim definida como *o produtor rural pessoa jurídica que se destina à industrialização de produção própria e adquirida de terceiros*. O conceito de industrialização pode envolver o beneficiamento, o processamento, a extração de sumos, o embalamento etc.

c) Destinação do valor arrecadado: exclusivamente o pagamento de benefícios do RGPS (art. 167, XI, da CF/1988).

d) Fato gerador: a comercialização da produção pela agroindústria.

e) Base de cálculo: receita bruta resultante da comercialização da produção.

f) Alíquota: 2,5% mais um adicional de 0,1% para o pagamento de benefícios resultantes de acidentes de trabalho. Portanto, a alíquota total é de 2,6%.

g) Vencimento: dia 20 do mês seguinte ao da operação de venda da produção.

h) Observações:

✓ Esta contribuição **substitui** a contribuição sobre a folha de pagamento dos **empregados e avulsos** da agroindústria. Caso ela contrate contribuintes individuais ou trabalhadores cooperados, deverá arcar com a contribuição de 20% sobre a folha de pagamento relativa a essas remunerações;

✓ Estão excluídas as agroindústrias destinadas à piscicultura, carcinicultura, suinocultura, avicultura, florestamento e reflorestamento como matéria-prima de industrialização própria por expressa determinação legal;

✓ A diferença entre esta contribuição e a prevista para o simples produtor rural pessoa jurídica é que, para a agroindústria, valerá esta alíquota de 2,6% sobre toda a sua receita bruta ainda que ela explore outra atividade econômica em paralelo, ao passo que o produtor rural pessoa jurídica deve dedicar-se **exclusivamente** à produção rural, sob pena de contribuir na regra geral da contribuição sobre a totalidade da folha de pagamento.

4.2.7. Programa de Integração Social/Programa de Formação do Patrimônio do Servidor Público – PIS/PASEP

a) Previsão legal: Lei Complementar 7/1970; Lei Complementar 26/1970; Lei 9.718/1998; Lei 10.637/2002.

b) Sujeito passivo: a empresa e a entidade a ela equiparada.

c) Destinação do valor arrecadado: pagamento do seguro-desemprego e do abono anual (benefícios **trabalhistas**, não previdenciários).

d) Fato gerador: auferir faturamento.

e) Base de cálculo: receita bruta mensal.

f) Alíquota: 0,65% no regime cumulativo; 1,65% no regime não cumulativo.

g) Vencimento: dia 25 do mês subsequente, antecipando-se o vencimento se não houver expediente bancário.

h) Observações:

✓ A contribuição do PIS **não é exclusivamente previdenciária**, servindo para financiamento de benefícios não previdenciários.

✓ As empresas são distribuídas entre os regimes cumulativo e não cumulativo pela legislação: como regra geral, seguem o segundo; o regime cumulativo fica reservado para as atividades listadas no art. 8º da Lei 10.637/2002.

4.2.8. Contribuição para Financiamento da Seguridade Social – COFINS

a) Previsão legal: Lei Complementar 70/1991; Lei 9.718/1998; Lei 10.833/2003.

b) Sujeito passivo: a empresa e a entidade a ela equiparada.

c) Destinação do valor arrecadado: financiamento da seguridade social como um todo (saúde, previdência e assistência social).

d) Fato gerador: auferir faturamento.

e) Base de cálculo: receita bruta mensal.

f) Alíquota: 3% no regime cumulativo; 7,6% no regime não cumulativo.

g) Vencimento: dia 25 do mês subsequente, antecipando-se o vencimento se não houver expediente bancário.

h) Observações:

✓ A COFINS **não é exclusivamente previdenciária**, servindo para financiamento de benefícios e serviços da seguridade social em geral, inclusive previdenciários.

✓ As empresas são distribuídas entre os regimes cumulativo e não cumulativo pela legislação: como regra geral, seguem o segundo; o regime cumulativo fica reservado para as atividades listadas no art. 10 da Lei 10.833/2003.

4.2.9. Contribuição Social sobre o Lucro Líquido – CSLL

a) Previsão legal: Lei 7.689/1988.

b) Sujeito passivo: a empresa e a entidade a ela equiparada.

c) Destinação do valor arrecadado: financiamento da seguridade social como um todo (saúde, previdência e assistência social).

d) Fato gerador: obter lucro contábil no exercício.

e) Base de cálculo: valor do resultado do exercício, antes da provisão para o imposto de renda.

f) Alíquota: 15% para as instituições financeiras; 9% para todas as demais pessoas jurídicas.

g) Vencimento: último dia útil do período de apuração (mensal ou trimestral).

h) Observações:

✓ A CSLL é recolhida na forma de adicional do imposto de renda da pessoa jurídica. Isso significa que são calculados no mesmo momento, por isso o regime de apuração da contribuição segue aquele adotado para o IRPJ.

4.3. Contribuição do empregador doméstico

a) Previsão legal: art. 24 do PCSS; art. 211 do RPS.

b) Sujeito passivo: empregador doméstico.

c) Destinação do valor arrecadado: exclusivamente o pagamento de benefícios do RGPS (art. 167, XI, da CF/1988).

d) Fato gerador: contratar segurado empregado doméstico a seu serviço.

e) Base de cálculo: salário de contribuição dos empregados domésticos a serviço do empregador doméstico.

f) Alíquota: 8%, mais 0,8% a título de adicional ao SAT devido por todos os empregadores domésticos. A alíquota total, portanto, é de 8,8%.

g) Vencimento: dia 7 do mês seguinte ao da competência.

h) Observações:

✓ A contribuição do empregador doméstico tem a mesma natureza da contribuição das empresas sobre a folha de salários, ou seja, destina-se exclusivamente ao custeio da Previdência Social, não trazendo qualquer benefício, nesta seara, ao empregador doméstico.

✓ Além da alíquota (20% para as empresas, 8,8% para o empregador doméstico), há outra diferença entre as duas contribuições: enquanto a contribuição das empresas sobre a folha de pagamento não encontra limite máximo, a do empregador doméstico tem um valor máximo a ser recolhido. **Isso porque sua base de cálculo não é a remuneração, mas sim o salário de contribuição do empregado doméstico,** o qual, como veremos a seguir, é limitado em virtude do equilíbrio financeiro e atuarial do sistema previdenciário. Obviamente, se o mesmo empregador tiver vários empregados domésticos a seu serviço, o valor a pagar incidirá individualmente sobre o salário de contribuição de cada um deles. Assim, é mais correto dizer que a contribuição do empregador doméstico possui um limite máximo a ser pago em relação a cada empregado doméstico contratado.

4.4. Contribuições dos segurados

4.4.1. Salário de contribuição

a) Conceito

Não podemos avançar para o estudo das contribuições previdenciárias devidas pelos segurados sem conhecer o conceito de **salário de contribuição**.

Tantas vezes mencionado nos capítulos anteriores, o salário de contribuição pode ser definido, em poucas palavras, *como a base de cálculo da contribuição do segurado*.

Vamos, com isso, estabelecer aqui um ponto importante: **o salário de contribuição não é o valor devido pelo segurado aos cofres da União a título de contribuição previdenciária!** É apenas sua base de cálculo, o *ponto de partida para encontrar o valor exato a ser recolhido.*

Em linhas mais precisas, temos que o salário de contribuição do **empregado e do trabalhador avulso** é *a remuneração auferida, em uma ou mais empresas, assim entendida a totalidade dos rendimentos pagos, devidos ou creditados a qualquer título, durante o mês, destinados a retribuir o trabalho, qualquer que seja sua forma, inclusive as gorjetas, os ganhos habituais sob a forma de utilidades e os adiantamentos decorrentes de reajuste salarial, quer pelos serviços efetivamente prestados, quer pelo tempo à disposição do empregador ou tomador de serviços nos termos da lei ou do contrato, ou, ainda, de convenção ou acordo coletivo de trabalho ou sentença normativa* (art. 28, I, do PCSS).

Para o **empregado doméstico** é *a remuneração registrada em sua Carteira de Trabalho e Previdência Social*, a não ser que se comprove que esta não corresponde à realidade (art. 28, II, do PCSS).

Para o **contribuinte individual** é *a remuneração auferida em uma ou mais empresas ou pelo exercício de sua atividade por conta própria, durante o mês* (art. 28, III, do PCSS).

Para o **segurado facultativo** é *o valor por ele declarado* (art. 28, IV, do PCSS).

Para o **segurado especial** não há que se falar em salário de contribuição, pois ele contribui apenas com um percentual sobre o resultado da comercialização de sua produção, sendo, portanto, diversa a base de cálculo de sua obrigação previdenciária.

b) Limites

Visando a manter o equilíbrio das contas previdenciárias, sem descuidar, por outro lado, do objetivo último da seguridade social que é a garantia de uma existência digna aos cidadãos, o salário de contribuição encontra limites máximo e mínimo no seu cálculo.

O **limite mínimo**, para o **empregado, o empregado doméstico e o trabalhador avulso**, é *o piso salarial da categoria estabelecido em lei ou negociações coletivas de trabalho*. Inexistindo o piso, bem como **para o contribuinte individual e o segurado facultativo**, o limite mínimo do salário de contribuição será *o salário mínimo*.

O **limite máximo**, por sua vez, é único para todos os segurados do RGPS. Seu valor é fixado pelo PCSS e atualizado periodicamente pelo Ministério da Previdência e Assistência Social na mesma época e pelos mesmos índices de reajustamento dos benefícios da Previdência, atendendo ao disposto no art. 20, § 1º, do PCSS. As portarias que fixam os valores para cada exercício financeiro podem ser consultadas no *site* do Ministério da Previdência (www.previdencia.gov.br).

Isso significa que não importa o valor da remuneração efetivamente recebida pelo segurado. Seu salário de contribuição nunca será superior ao limite fixado pelo Poder Público. Sempre ilustrativo o exemplo do diretor empregado de uma empresa multinacional, com salário registrado na

CTPS de R$ 30.000,00. Mesmo com este salário vultoso, o desconto de sua contribuição para o RGPS em seu contracheque está limitado a 11% (alíquota aplicável) do teto fixado.

c) Parcelas não integrantes

A despeito dos conceitos abrangentes apresentados, é certo que o salário de contribuição não se constitui de todas as verbas recebidas pelos segurados, principalmente os empregados e avulsos. Além do próprio limite apresentado no item anterior a diferenciar a remuneração do empregado do seu salário de contribuição, ainda que o limite não seja atingido há parcelas integrantes da remuneração que **não integram o salário de contribuição**. Isso equivale a dizer que *sobre estas verbas **não** incide a alíquota da contribuição previdenciária devida pelo segurado*.

As parcelas não integrantes estão previstas no art. 28, § 9º, do PCSS e as mais relevantes são as seguintes:

c1) os benefícios da previdência social, nos termos e limites legais, ressalvado o salário-maternidade

Confirmando aquilo que vimos anteriormente quando tratamos do período de graça, o segurado que estiver em gozo de benefício previdenciário não recolhe contribuição, pois o valor recebido não se considera salário de contribuição. A única exceção é o salário-maternidade, uma vez que, por não recair sobre ele o limite máximo dos benefícios, sobre ele deve incidir a cobrança do tributo;

c2) a parcela *in natura* recebida de acordo com os programas de alimentação aprovados pelo Ministério do Trabalho e Emprego

Parcela *in natura* da remuneração do trabalhador é aquela que *não é entregue em dinheiro, mas em utilidades*. No caso, trata-se da alimentação fornecida ao trabalhador, na forma de cestas básicas, refeitórios ou vale-alimentação, desde que integrantes de Programa de Alimentação do Trabalhador – PAT – devidamente aprovados pelo Ministério do Trabalho e Emprego. Há posicionamento do STJ dispensando esse ato formal em casos de oferta de alimentação dentro da própria empresa (REsp 511.359/AM, *DJ* 17.06.2003). Confirmando, de outra banda, a exigência da parcela ser paga *in natura*, determinando a incidência da contribuição caso paga em dinheiro, vide STJ, REsp 662.241/ CE, *DJ* 04.08.2005;

c3) Multa de 40% sobre o valor depositado para o FGTS em caso de demissão sem justa causa

Benefício trabalhista previsto no art. 10 do Ato das Disposições Constitucionais Transitórias;

c4) Valor relativo a férias indenizadas e seu respectivo adicional constitucional

Popularmente conhecido como "venda das férias", esta situação ocorre quando o trabalhador não goza de seu descanso de 30 dias por ano de trabalho, recebendo o valor referente às férias em dinheiro, acrescido do adicional de um terço garantido pela CF/1988. Aliás, vale dizer que, em se tratando de **indenizações**, a regra é que não incida a contribuição, por não se tratar de importância recebida em razão da atividade remunerada, mas sim de compensação financeira pelo desrespeito a determinado direito do trabalhador;

c5) Parcela recebida a título de vale-transporte, na forma da legislação própria

A legislação em questão é a Lei 7.418/1985, que instituiu o vale-transporte como direito do trabalhador que deve utilizar o transporte público no seu itinerário para o trabalho e de volta a sua residência. Pago corretamente, ou seja, mediante o desconto de 6% da remuneração do trabalhador e custeado o restante pela empresa no valor estritamente necessário para o transporte, está excluído da incidência da contribuição. Ao se referir à legislação instituidora do benefício, a lei pretende que este seja também entregue *in natura*, isto é, na forma dos próprios vales emitidos pelas empresas de transporte coletivo, posição adotada pelo STJ (REsp 508.283/PR, *DJ* 16.08.2005). Em julgado mais recente, o STF adotou posição oposta, permitindo o pagamento do vale-transporte em dinheiro sem que isso o integrasse ao salário de contribuição (RE 478.410/SP, *DJ* 10.03.2010);

c6) a ajuda de custo, em parcela única, recebida exclusivamente em decorrência de mudança do local de trabalho do empregado, na forma do art. 470 da CLT

O referido artigo da Consolidação das Leis do Trabalho garante que *as despesas decorrentes da transferência do empregado correrão por conta do empregador*, que pode pagá-las diretamente ou creditar o valor respectivo para o trabalhador fazer frente aos custos da mudança. A esta verba o PCSS dá o nome de **ajuda de custo** e, *desde que paga em parcela única*, não se constituirá salário de contribuição;

c7) as diárias para viagem

Enquanto a ajuda de custo refere-se ao reembolso das despesas efetuadas por conta da mudança **definitiva** do empregado de seu local de trabalho, sendo paga uma única vez, as **diárias** são devidas para *fazer frente aos custos do deslocamento do segurado para outras localidades em benefício do serviço*. Serão pagas dentro do mesmo mês tantas vezes quantas forem as viagens realizadas pelo trabalhador, em valor a ser fixado pela empresa. Dada sua natureza indenizatória, não se integrarão ao salário de contribuição;

c8) a importância recebida a título de bolsa de complementação educacional de estagiário, quando paga nos termos da Lei 11.788/2008

A bolsa recebida pelo estagiário não é considerada remuneração, pois o programa de estágio é visto como uma complementação do estudo. Por essa razão que o estagiário é considerado **segurado facultativo** e não haverá cobrança da contribuição sobre a bolsa recebida. Mais uma vez, o PCSS estampa a necessidade do estágio cumprir os requisitos da Lei 11.788/2008, do contrário será considerado uma relação de emprego disfarçada e, consequentemente, o valor recebido pelo "estagiário" será classificado como remuneração integrante do salário de contribuição, devendo recolher sua contribuição previdenciária;

c9) A participação nos lucros ou resultado da empresa, quando paga ou creditada de acordo com lei específica

A participação nos lucros ou resultados (PLR) está disciplinada na Lei 10.101/2000, que veda o pagamento da PLR *em periodicidade inferior a um trimestre ou mais de duas vezes dentro do mesmo ano*. Participações pagas em periodicidade menor serão consideradas, portanto, como salário de contribuição (STJ, REsp 856.160/PR, *DJ* 04.06.2009);

c10) O abono do PIS/PASEP

O abono do PIS/PASEP *é um direito de natureza trabalhista, que garante a todos os empregados que recebam até dois salários mínimos por mês um crédito de um salário mínimo no ano seguinte,* valor sobre o qual não incidirá a contribuição previdenciária;

c11) Os valores correspondentes a transporte, alimentação e habitação fornecidos pela empresa ao empregado contratado para trabalhar em localidade distante da de sua residência, em canteiro de obras ou local que, por força da atividade, exija deslocamento e estada, observadas as normas de proteção estabelecidas pelo Ministério do Trabalho

Trata-se de outras parcelas *in natura* pagas pela empresa. Em vez de fornecer valores relativos ao transporte, alimentação e habitação, ela entrega as próprias utilidades: faz o transporte para o trabalhador, fornece-lhe alimentação e a morada. O montante correspondente a tais prestações não será considerado remuneração **se presentes os requisitos do dispositivo:** trabalho distante da residência, fornecimento das utilidades *in natura* e observância das normas estabelecidas pelo MTE;

c12) A importância paga ao empregado a título de complementação do auxílio-doença, desde que este direito seja extensivo à totalidade dos empregados da empresa

Este dispositivo merece atenção, diante das diferentes interpretações que lhe são dadas. Para o INSS e grande parte da doutrina, ele se refere à complementação do **valor** do auxílio-doença paga pela empresa ao empregado que esteja em gozo do benefício, ou seja, a diferença entre o salário deste e o valor do benefício recebido, nos termos de convenção ou acordo coletivo. A jurisprudência, no entanto, usa esse item para excluir a cobrança de contribuição previdenciária da complementação do **período** dos primeiros 15 dias de afastamento do empregado, que são pagos pela empresa (o INSS somente começa a pagar o auxílio-doença no 16º dia de afastamento). Para o STJ, como não há prestação de serviço por parte do trabalhador nesse período, o pagamento não tem natureza salarial e, destarte, não deve ser incluído no salário de contribuição (REsp 1.086.141/RS, *DJ* 16.12.2008);

c13) O valor das contribuições efetivamente pago pela pessoa jurídica relativo a programa de previdência complementar, aberto ou fechado, desde que disponível à totalidade de seus empregados e dirigentes, observados, no que couber, os arts. 9º e 468 da CLT

c14) O valor relativo à assistência prestada por serviço médico ou odontológico, próprio da empresa ou por ela conveniado, inclusive o reembolso de despesas com medicamentos, óculos, aparelhos ortopédicos, despesas médico-hospitalares e outras similares

Os dois itens tratam de benefícios cedidos pela empresa a seus funcionários: previdência privada ou assistência à saúde, sendo a forma mais comum o plano de saúde corporativo. Não importa o meio pelo qual tais benefícios sejam prestados, *se disponíveis,* **no primeiro caso (previdência privada),** *para todos os funcionários, em qualquer setor ou escalão,* estão excluídos da contribuição previdenciária. A essas benesses, o STJ ainda inclui, sob os mesmos requisitos, o seguro de vida em grupo (REsp 839.153/SC, *DJ* 19.12.2008);

c15) O ressarcimento de despesas pelo uso de veículo do empregado e o reembolso-creche pago em conformidade com a legislação trabalhista, observado o limite máximo de seis anos de idade, quando devidamente comprovadas as despesas realizadas

O ressarcimento pelo uso do veículo do empregado ocorre quando este, em prol do serviço, vale-se de seu próprio automóvel para deslocar-se entre os pontos necessários. O pagamento inclui o combustível e o desgaste do veículo e é independente do recebimento de diárias, se for o caso. Como se vê, tem clara natureza indenizatória e, por isso, está excluído do salário de contribuição.

O auxílio-creche é um benefício trabalhista, cuja exclusão do salário de contribuição está inclusive contemplada na Súmula 310 do STJ.

c16) A importância recebida a título de bolsa de aprendizagem garantida ao adolescente até quatorze anos de idade, de acordo com o disposto no art. 64 da Lei 8.069/1990

Se a bolsa-estágio é excluída do salário de contribuição, com muito mais razão deve sê-lo a bolsa-aprendizagem, paga ao **menor aprendiz,** *o adolescente que busca aprender uma profissão através de programa técnico-profissional ministrado segundo as diretrizes e bases da educação nacional, garantindo o acesso e frequência ao ensino regular.* A única ressalva é que o Estatuto da Criança e do Adolescente (Lei 8.069/1990) e, sucessivamente, o dispositivo ora estudado foram alterados tacitamente pela Emenda Constitucional 20/1998, o que permitiu o trabalho como aprendiz apenas **a partir** dos 14 anos de idade.

c17) os prêmios e os abonos

Trata-se de vantagens pagas pelo empregador aos empregados conforme o cumprimento de metas de produtividade ou outros critérios similares. Dada sua natureza eventual, não caracterizam salário de contribuição.

d) Parcelas integrantes

Seguindo a regra geral, *todo valor recebido pelo empregado, em dinheiro ou* in natura, *como contraprestação pelo seu trabalho e que não esteja contemplado na lista do item anterior* é considerado salário de contribuição.

Assim, em rol exemplificativo, temos como integrantes da base de cálculo da contribuição do segurado:

d1) Adicionais de insalubridade e periculosidade

d2) Aviso-prévio, trabalhado ou indenizado

d3) Décimo-terceiro salário (exceto para fins de cálculo de benefício)

d4) Férias gozadas dentro do período normal (doze meses após a aquisição) e na vigência do contrato de trabalho, inclusive o terço constitucional

d5) Adicional de horas extras

d6) Adicional de produtividade

d7) Descanso semanal remunerado

d8) Salário-maternidade (como exceção à regra de que benefícios previdenciários não se incluem no salário de contribuição)

d9) Remuneração paga pelo sindicato e/ou pela empresa para o segurado dirigente sindical

e) Proporcionalidade

Estudamos anteriormente uma premissa importante sobre a forma de contribuição dos segurados: *se este exerce mais de uma atividade remunerada, é considerado como segurado em cada uma delas e, por conta disso, deve também contribuir em cada uma delas* (art. 9º, § 13, do RPS).

Por outro lado, não podemos esquecer que a contribuição efetiva do segurado para o RGPS encontra um limite máximo, que é o teto do salário de contribuição. Como conjugar, então, estes dois fatores? Afinal, em se tratando de um segurado cuja contribuição será descontada automaticamente pela fonte pagadora (como acontece, por exemplo, com os empregados e contribuintes individuais que prestam serviços para empresas), existe o risco de cada fonte descontar o valor relativo à remuneração paga sem considerar os demais salários do segurado, impondo-lhe uma contribuição maior do que o limite do RGPS.

A resposta está na **proporcionalidade do salário de contribuição**, determinando o *cálculo da contribuição do segurado proporcionalmente sobre cada remuneração*.

Para bem entender esse sistema, vamos construir o raciocínio em três situações distintas. Também precisamos adiantar a seguinte informação sobre a contribuição do segurado empregado, que estudaremos em detalhes logo mais: *o percentual da alíquota aplicável é aquele que se refere à soma de todos os seus salários de contribuição, nos termos da portaria do Ministério da Previdência Social vigente para cada exercício.*

E, apenas para facilitar, vamos supor que as remunerações do empregado equivalem exatamente ao salário de contribuição.

e1) Situação 1

Determinado contribuinte é segurado empregado em duas empresas diferentes, percebendo em cada uma R$ 1.000,00 de remuneração. Qual será a alíquota de sua contribuição e como a recolherá?

✓ Soma das remunerações: R$ 2.000,00

✓ Salário de contribuição do segurado: R$ 2.000,00

✓ Alíquota aplicável: 9%

✓ Contribuição na primeira empresa: R$ 90,00 (9% de R$ 1.000,00)

✓ Contribuição na segunda empresa: R$ 90,00 (9% de R$ 1.000,00)

✓ Contribuição total: R$ 180,00 (9% de R$ 2.000,00)

Quando os salários de contribuição, somados, não ultrapassam o teto, mas alteram a alíquota que seria individualmente aplicada a cada um deles, deve-se somente aplicar a alíquota total separadamente, sem qualquer alteração nos salários de contribuição. Cabe, todavia, ao segurado alertar seu empregador sobre esse fato, sob pena dele (segurado) ficar em débito com o INSS (caso cada empregador desconte

8% do salário de contribuição, o que seria natural se cada empregador não souber do outro trabalho de seu funcionário). A diferença, não obstante, ainda assim deverá ser recolhida pelos empregadores quando intimados a fazê-lo pelo INSS. Isso porque o art. 33, § 5º, do PCSS estabelece a *presunção absoluta de que os descontos na folha de pagamento do empregado foram feitos conforme a lei perante este*, nada se podendo exigir do trabalhador. O próprio artigo estabelece que a empresa será diretamente responsável pelo recolhimento.

e2) Situação 2

Determinado contribuinte é segurado empregado em duas empresas diferentes, percebendo R$ 2.900,00 e R$ 4.100,00 de remuneração, respectivamente. Qual será a alíquota de sua contribuição e como a recolherá?

✓ Soma das remunerações: R$ 7.000,00

✓ Salário de contribuição do segurado: R$ 5.645,80 (para o exercício de 2018)

✓ Alíquota aplicável: 11%

✓ Contribuição na primeira empresa: R$ 257,29 (11% de R$ 2.338,97 → valor proporcional)

✓ Contribuição na segunda empresa: R$ 363,75 (11% de R$ 3.306,82 → valor proporcional)

✓ Contribuição total: R$ 621,04 (11% de R$ 5.645,80)

Aqui aplicamos a **regra da proporcionalidade**, quando a soma dos salários de contribuição de fontes pagadoras diferentes ultrapassar o limite máximo do RGPS, mas seus valores unitários ficam dentro desse patamar. Note que, se os empregadores nada souberem sobre as atividades paralelas de seu empregado, descontarão, cada um, 11% do respectivo salário de contribuição, fazendo com que a contribuição total do segurado seja R$ 770,00 (11% de R$ 7.000,00). Como o teto do RGPS para 2018 é de R$ 5.645,80, essa contribuição a maior nada valerá para o cálculo dos benefícios, o que não interessa para o segurado.

Logo, ele, novamente, é quem deve informar seus empregadores para que cada um encontre o valor proporcional a ser descontado, através da seguinte fórmula:

$$\frac{Salário \times Teto\ do\ RGPS}{Soma\ das\ remunerações}$$

A função apresentada permite encontrar, em nosso exemplo, qual a proporção que cada remuneração individualmente representa em R$ 7.000,00 e aplicar esta mesma proporção sobre o teto do RGPS. Sobre o valor encontrado, cada empresa aplica a alíquota de 11%. Veja que, ao final, a soma dos salários de contribuição proporcionais é igual ao teto do RGPS e a soma dos valores efetivamente descontados por cada fonte pagadora é exatamente igual a 11% do teto do RGPS.

e3) Situação 3

Determinado contribuinte é segurado empregado em duas empresas diferentes, percebendo R$ 6.000,00 e R$ 1.000,00 de remuneração, respectivamente. Qual será a alíquota de sua contribuição e como a recolherá?

✓ Soma das remunerações: R$ 7.000,00

✓ Salário de contribuição do segurado: R$ 5.645,80 (para o exercício de 2018)

✓ Alíquota aplicável: 11%

✓ Contribuição na primeira empresa: R$ 621,04 (11% de R$ 5.645,80)

✓ Contribuição na segunda empresa: R$ 0,00

✓ Contribuição total: R$ 621,04 (11% de R$ 5.645,80)

Quando o salário de contribuição de uma só empresa, *sozinho, já supera o teto do RGPS*, não é necessário aplicar a regra da proporcionalidade. Basta ao segurado informar seu segundo empregador para que ele **nada recolha**, pois toda a sua contribuição devida já terá sido descontada pela primeira fonte pagadora.

Resta esclarecer que o termo **proporcionalidade do salário de contribuição** é também usado com outro sentido, conforme disposto no art. 214, § 1º, do RPS: *quando a admissão, a dispensa, o afastamento ou a falta do empregado, inclusive o doméstico, ocorrer no curso do mês, o salário de contribuição será proporcional ao número de dias efetivamente trabalhados.* Com isso, por exemplo, se o empregado foi admitido para o trabalho e iniciou suas atividades na empresa no dia 15 de determinado mês, a primeira contribuição a ser descontada dele utilizará como base de cálculo um salário de contribuição **proporcional** ao tempo trabalhado. Isto é consequência natural do fato do segurado também receber, pelo trabalho prestado nesse primeiro período, somente metade da remuneração pactuada; logo, o salário de contribuição, na nossa hipótese, também será metade do usual.

4.4.2. Contribuições em espécie

a) Contribuição do segurado empregado e do trabalhador avulso

a1) Previsão legal: art. 20 do PCSS; art. 198 do RPS.

a2) Sujeito passivo: segurado empregado ou trabalhador avulso.

a3) Destinação do valor arrecadado: exclusivamente o pagamento de benefícios do RGPS (art. 167, XI, da CF/1988).

a4) Fato gerador: auferir remuneração em uma ou mais empresas.

a5) Base de cálculo: salário de contribuição.

a6) Alíquota: 8%, 9% ou 11%, nos termos da portaria do Ministério da Previdência e Assistência Social vigente para o exercício (disponível no *site* www.previdencia.gov.br);

a7) Vencimento: dia 20 do mês seguinte ao da competência.

a8) Observações:

✓ A contribuição do segurado empregado e do trabalhador avulso deve ser descontada de sua remuneração pela fonte pagadora e por esta remetida à União, sendo recolhida no mesmo vencimento da contribuição sobre a folha de pagamento da empresa. Mas não se esqueça de que o **sujeito passivo é o segurado**, pois o valor pago sai de sua remuneração. A empresa é apenas um instrumento de arrecadação.

✓ A tabela apresentada na portaria mencionada no item "a6" apenas **não se aplica ao trabalhador rural por pequeno prazo**, contratado pelo produtor rural pessoa física ou pelo

segurado especial na forma do art. 14-A da Lei 5.889/1973, sendo sua alíquota **sempre** de 8%, não importando o valor efetivo de seu salário de contribuição.

b) Contribuição do segurado empregado doméstico

b1) Previsão legal: art. 20 do PCSS; art. 198 do RPS.

b2) Sujeito passivo: empregado doméstico.

b3) Destinação do valor arrecadado: exclusivamente o pagamento de benefícios do RGPS (art. 167, XI, da CF/1988).

b4) Fato gerador: auferir remuneração em uma ou mais residências como empregado doméstico.

b5) Base de cálculo: salário de contribuição.

b6) Alíquota: 8%, 9% ou 11%, nos termos da tabela aplicável ao segurado empregado e ao trabalhador avulso, mencionada no item "a6".

b7) Vencimento: dia 7 do mês seguinte ao período de competência, podendo ser mensal ou trimestral (a opção é possível apenas aos empregadores domésticos quando o salário de contribuição de seu empregado doméstico for igual a um salário mínimo. Para os demais, será necessariamente mensal).

b8) Observações:

✓ Lembre-se de que a única diferença entre a contribuição do segurado empregado e do empregado doméstico é a **data de vencimento**. Isso ocorre porque, tal qual acontece com as empresas, a obrigação de descontar e recolher a contribuição do empregado doméstico é do empregador doméstico, contudo o vencimento da obrigação previdenciária deste é diferente (dia 7). Para facilitar a arrecadação, mantém-se a data de vencimento da contribuição do segurado na mesma data do vencimento da contribuição da fonte pagadora.

c) Contribuição do segurado contribuinte individual

c1) Previsão legal: art. 21 do PCSS; art. 199 do RPS.

c2) Sujeito passivo: contribuinte individual.

c3) Destinação do valor arrecadado: exclusivamente o pagamento de benefícios do RGPS (art. 167, XI, da CF/1988).

c4) Fato gerador: auferir remuneração por atividade que o enquadre como contribuinte individual, nos termos do art. 12, V, do PCSS.

c5) Base de cálculo: salário de contribuição.

c6) Alíquota: 20%, 11% ou 5% (conforme disposto no item "c8", *infra*).

c7) Vencimento: dia 15 do mês seguinte ao período de competência, podendo a arrecadação ser mensal ou trimestral (a opção é possível apenas aos contribuintes individuais cujo salário de contribuição seja igual a um salário mínimo. Para os demais, será necessariamente mensal).

c8) Observações:

✓ O contribuinte individual pode contribuir de duas formas para o RGPS e sua opção influenciará nos benefícios previdenciários a que terá direito.

O contribuinte individual pode optar pela **exclusão do benefício da aposentadoria por tempo de contribuição**, hipótese em que sua alíquota será de 11%, para os contribuintes individuais em geral, ou 5%, para os **microempreendedores individuais, calculada sobre o valor do salário**

mínimo vigente – ou seja, nesses casos, os benefícios ficam limitados ao valor de um salário mínimo.

Caso mudem de ideia, a qualquer momento podem recolher a parcela faltante de 9% ou 15% (para somar 20%), respectivamente, aplicadas sobre o valor do salário mínimo vigente à época que se pretende complementar acrescida de correção monetária e juros. Veja o exemplo a seguir:

Determinado contribuinte individual, profissional liberal, optou pela exclusão do benefício da aposentadoria por tempo de contribuição. Como percebe, em média (apenas para fins didáticos – na prática o cálculo é feito sobre a exata remuneração de cada mês), R$ 1.000,00 por mês em sua atividade, recolhe 11% disto à União, ou seja, R$ 110,00. Fez isso por 10 anos, de 2007 a 2017. Arrependeu-se, porém, e agora gostaria que esses 10 anos contassem como tempo de contribuição para sua aposentadoria. Para tanto, deve recolher o equivalente a 9% do salário mínimo vigente em cada mês destes 10 anos, corrigidos monetariamente e com aplicação dos juros de mora legalmente previstos. Assim, supondo que o salário mínimo no ano 2007 era de R$ 500,00, para cada mês do ano 2007 nosso contribuinte deverá complementar R$ 45,00 (9% de R$ 500,00), mais correção monetária e juros. Para 2008, se o salário mínimo era de R$ 550,00, por exemplo, deverá complementar R$ 49,50 (9% de R$ 550,00) por mês, mais correção monetária e juros. E, assim, sucessivamente.

Em derradeiro, cumpre destacar que, se o contribuinte individual prestar serviço para empresa ou entidade a ela equiparada, com exceção das entidades beneficentes de assistência social, a fonte pagadora **descontará de sua remuneração a alíquota de 11%.** Caso o contribuinte seja optante do benefício da aposentadoria por tempo de contribuição, deverá complementar os 9% restantes **no mesmo mês da competência.**

Não se esqueça de que o regime de alíquotas diferenciadas (11% para os contribuintes individuais em geral, 5% para os microempreendedores individuais) retira do segurado **somente** o direito à aposentadoria por tempo de contribuição, mantendo-se as demais (aposentadoria por idade e por invalidez).

d) Contribuição do segurado facultativo

d1) Previsão legal: art. 21 do PCSS; art. 199 do RPS.

d2) Sujeito passivo: segurado facultativo.

d3) Destinação do valor arrecadado: exclusivamente o pagamento de benefícios do RGPS (art. 167, XI, da CF/1988).

d4) Fato gerador: inscrever-se como segurado facultativo no INSS.

d5) Base de cálculo: salário de contribuição.

d6) Alíquota: 20%, 11% ou 5% (conforme disposto no item "d8", *infra*).

d7) Vencimento: dia 15 do mês seguinte ao período de competência, podendo a arrecadação ser mensal ou trimestral (a opção é possível apenas aos segurados facultativos cujo salário de contribuição seja igual a um salário mínimo. Para os demais, será necessariamente mensal).

d8) Observações:

✓ Aplica-se ao segurado facultativo a mesma opção prevista para o contribuinte individual sobre a aposentadoria por tempo de contribuição e todas as regras já expostas no item "c8", *supra*. Assim, se optar pela exclusão deste benefício, sua alíquota será de 11%, para todos os segurados facultativos, ou 5%, na específica hipótese do segurado facultativo sem renda própria que se dedique exclusivamente ao trabalho doméstico no âmbito de sua residência ("dona de casa"), desde que pertencente a família de baixa renda, assim considerada aquela inscrita no Cadastro Único para Programas Sociais do Governo Federal e cuja renda familiar não ultrapasse dois salários mínimos. A renda familiar é calculada somando os ganhos de todos os *moradores da mesma residência* que exerçam atividade remunerada. Nos dois casos, a base de cálculo, e consequentemente o valor dos benefícios, é limitada a um salário mínimo.

e) Contribuição do segurado especial

e1) Previsão legal: art. 25 do PCSS.

e2) Sujeito passivo: segurado especial.

e3) Destinação do valor arrecadado: exclusivamente o pagamento de benefícios do RGPS (art. 167, XI, da CF/1988).

e4) Fato gerador: comercialização da produção.

e5) Base de cálculo: receita bruta oriunda da comercialização da produção, inclusive das atividades previstas no art. 25, § 10, do PCSS.

e6) Alíquota: 1,2% mais um adicional de 0,1% para o pagamento de benefícios resultantes de acidentes de trabalho. Portanto, a alíquota total é de 1,3%.

e7) Vencimento: dia 20 do mês seguinte ao da operação de venda.

e8) Observações:

✓ Ao segurado especial, como já dissemos, não se aplica a noção de salário de contribuição, pois sua participação no custeio do RGPS segue a mesma lógica do produtor rural pessoa física, ou seja, aplica-se a alíquota sobre a receita obtida com a comercialização da produção.

✓ Isto implica que sua contribuição não será, necessariamente, periódica, pois haverá épocas do ano em que não haverá produção para comercializar (entressafra). Mesmo assim, manterá sua qualidade de segurado.

✓ Diante desta sistemática própria de contribuição, o segurado especial tem direito a benefícios previdenciários no valor de um salário mínimo. Caso queira obter um valor maior, *poderá inscrever-se como contribuinte individual com salário de contribuição maior que um salário mínimo*. Nesta hipótese, todavia, deverá recolher sua contribuição mensalmente, tal qual o contribuinte individual. Resta destacar que, **mesmo fazendo esta opção** (de contribuir como contribuinte individual), **não se descaracteriza sua condição de segurado especial,** sendo assim considerado para todos os efeitos. A única coisa que vai mudar é o valor de seus benefícios previdenciários.

✓ O segurado especial somente está obrigado a recolher, diretamente, sua contribuição caso venda sua produção a consumidor localizado no exterior ou, diretamente no varejo, a consumidor pessoa física, a outro produtor rural pessoa física ou a outro segurado especial. Caso comercialize sua produção para empresa ou cooperativa, estas são obrigadas a **descontar** o valor da contribuição do pagamento efetuado ao segurado especial e repassá-lo à União no mesmo prazo (dia 20 do mês seguinte ao da operação de venda).

4.5. Contribuição sobre a receita dos concursos de prognósticos

O art. 26, § 1º, do PCSS define **concursos de prognósticos** como sendo *todo e qualquer concurso de sorteios de números, loterias, apostas, inclusive as realizadas em reuniões hípicas, nos âmbitos federal, estadual, do Distrito Federal e municipal.*

Duas considerações são importantes sobre este conceito. Primeira, que é necessário dividir as diferentes espécies de concursos de prognósticos. Há concursos que são organizados pelo próprio Poder Público (as loterias: Loteria Federal, Quina, Timemania, Mega-Sena etc.), e há concursos de prognósticos organizados por instituições particulares (reuniões hípicas e os bingos, enquanto foram autorizados). Em cada uma delas, a forma de arrecadação e alíquota aplicáveis são diferentes.

Segunda, apesar da amplitude do texto legal ao mencionar os concursos de prognósticos em âmbito *estadual, distrital e municipal,* o permissivo esbarra no art. 22, XX, da CF/1988 que entrega competência privativa à **União** para legislar sobre sistemas de consórcios e sorteios. Aplicando o dispositivo, o STF editou a Súmula Vinculante 02, que dispõe: *é inconstitucional a lei ou ato normativo estadual ou distrital que disponha sobre sistemas de consórcios e sorteios, inclusive bingos e loterias.* Em outras palavras, Estados, Distrito Federal e Municípios não podem criar suas próprias loterias nem autorizar, em seus territórios, a exploração de outros concursos de prognósticos, como os bingos.

4.5.1. Concursos de prognósticos oficiais

Parte do valor arrecadado com as apostas realizadas nas loterias oficiais constitui receita da Seguridade Social. Tecnicamente, sequer se trata de uma contribuição, porque se resume a mero repasse do montante determinado em lei da entidade organizadora (a Caixa Econômica Federal) para o INSS, não havendo que se falar, por exemplo, em *sujeito passivo.* Usamos o termo **contribuição** somente em respeito à terminologia constitucional.

A contribuição está regulamentada nos arts. 26 do PCSS e 212 do RPS. O RPS, no inciso I do § 2º do art. 212, estabelece que seu valor corresponde à *renda líquida dos concursos de prognósticos realizados pelos órgãos do Poder Público.* E mais adiante define **renda líquida** como *o total da arrecadação, deduzidos os valores destinados ao pagamento de prêmios, de impostos e despesas com administração.*

A primeira leitura deixa transparecer que o intuito da legislação é entregar à Seguridade Social *todo o dinheiro arrecadado* com as loterias, excluindo-se unicamente o montante necessário para o pagamento do prêmio, despesas operacionais e os impostos eventualmente incidentes. Contudo, não é o que se observa na prática, pois com o passar do tempo sucessivas normas foram editadas distribuindo o valor arrecadado nas loterias entre diversos programas de governo.

O próprio PCSS já menciona o Programa de Crédito Educativo, criado em 1992. A ele seguiram o Instituto Nacional de Desenvolvimento do Desporto – INDESP, em 1998, e o Fundo de Financiamento ao Estudante de Nível Superior – FIES, em 1999. Com isso, o conceito de renda líquida deve ser lido como *o total da arrecadação, deduzidos os valores destinados ao pagamento de prêmios, de impostos, de despesas com administração e os valores destinados por lei a outros programas ou projetos do governo.* O que sobrar, vai para a Seguridade Social.

Vale lembrar que esse rateio é possível porque a contribuição sobre os concursos de prognósticos não tem sua receita exclusivamente vinculada às despesas previdenciárias, por não estar contemplada no art. 167, XI, da CF/1988.

4.5.2. Concursos de prognósticos promovidos por particulares

a) Previsão legal: art. 26 do PCSS; art. 212 do RPS.

b) Sujeito passivo: entidade organizadora do concurso.

c) Destinação do valor arrecadado: financiamento da seguridade social como um todo (saúde, previdência e assistência social).

d) Fato gerador: recebimento de valores a título de apostas em concurso de prognósticos.

e) Base de cálculo: receita bruta auferida com as apostas.

f) Alíquota: 5%

g) Vencimento: dia 20 do mês seguinte ao da competência.

h) Observações

✓ Concursos de prognósticos administrados por particulares são raros, dada a ilegalidade genérica na exploração de jogos de azar (a qual constitui contravenção penal). O RPS prevê a aplicação da alíquota de 5% sobre a **movimentação global das apostas em prado de corridas** e sobre **o movimento global de sorteio de números ou de quaisquer modalidades de símbolos.**

✓ **Prado de corridas** é o turfe, a corrida de cavalos, cujas apostas são administradas pelas associações civis que mantêm os hipódromos (Jóquei Clube e similares). **Sorteio de números ou quaisquer outros símbolos** tinha como endereço certo a exploração do jogo de bingo, enquanto este foi autorizado no país.

✓ Hoje, portanto, esta contribuição incide apenas sobre as apostas das corridas de cavalos. Nada impede, de outro lado, que bingos ou outros jogos de azar passem a ser expressamente autorizados por legislação futura. Se isso acontecer, aplicaremos as disposições acima concernentes à incidência da contribuição sobre a receita obtida com os sorteios.

4.6. Contribuição do importador de produtos ou serviços – PIS/PASEP-Importação e COFINS-Importação

a) Previsão legal: art. 1º da Lei 10.865/2004.

b) Sujeito passivo: o importador (pessoa física ou jurídica que promove a entrada de bens estrangeiros em território nacional), a pessoa física ou jurídica contratante de serviços de residente ou domiciliado no exterior e o beneficiário do serviço, quando o contratante também for residente ou domiciliado no exterior.

c) Destinação do valor arrecadado: financiamento da seguridade social como um todo (saúde, previdência e assistência social).

d) Fato gerador: a entrada de bens estrangeiros no território nacional (desembaraço aduaneiro) ou o pagamento, crédito, entrega, emprego ou remessa de valores a residentes ou domiciliados no exterior como contraprestação por serviço prestado.

e) Base de cálculo: valor aduaneiro do produto ou o total do valor pago a residente ou domiciliado no exterior pela prestação do serviço.

f) Alíquota: 1,65%, para o PIS/PASEP-Importação; 7,6%, para a COFINS-Importação.

g) Vencimento: data do registro da declaração de importação, para mercadorias, ou a data do pagamento, para prestação de serviços.

h) Observações

✓ O cálculo das contribuições é realizado "por dentro", ou seja, o valor delas integra a própria base de cálculo.

✓ Devem ser somados à base de cálculo, outrossim, o valor devido a título de ICMS, para mercadorias ou serviços de transporte ou telecomunicações, ou ISS, para os demais serviços.

✓ Tal qual a regulamentação do Imposto de Importação, as contribuições aqui tratadas possuem uma série de alíquotas diferenciadas, previstas no art. 8º da Lei 10.865/2004, e isenções, previstas no art. 9º do mesmo diploma legal.

5. DECADÊNCIA E PRESCRIÇÃO DAS CONTRIBUIÇÕES SOCIAIS

5.1. Preceitos fundamentais

Navegando uma vez mais pelos mares do Direito Tributário, para bem entender os institutos da decadência e da prescrição precisamos, inicialmente, analisar a sistemática do **nascimento da obrigação tributária principal**, que, para nós, *representa o dever de pagar determinada contribuição*, e do respectivo **crédito tributário**, *ou o direito da União de receber o valor referente à mesma contribuição social.*

5.1.1. Obrigação tributária principal

Chamamos de **hipótese de incidência (HI)** *a descrição genérica e abstrata, prevista em lei, de determinado fato*

que, uma vez verificado, impõe ao sujeito passivo o dever de pagar o tributo; e de **fato gerador (FG)** *o fato concreto que se amolda perfeitamente à hipótese de incidência, fazendo nascer, efetivamente, o dever de pagar.*

Dessa forma, a **obrigação tributária principal (OT)** nasce com a *ocorrência do fato gerador*, conforme mostrado a seguir:

5.1.2. Crédito tributário

Uma das primeiras regras que aprendemos sobre qualquer relação jurídica, aliás bastante intuitiva, é que *a toda obrigação, de um lado, corresponde um crédito de outro*. Se alguém deve fazer ou pagar algo a outrem, logo este último tem o direito de receber a prestação ou o dinheiro.

Sendo assim, percebe-se que crédito e débito (ou obrigação) são verso e anverso da mesma moeda, indissociáveis por sua própria natureza jurídica. Se duas pessoas firmam um contrato de empréstimo, por exemplo, o dever de restituir o valor emprestado (obrigação) nasce no mesmo momento (assinatura do contrato) que o direito da outra parte de receber de volta o montante acrescido de juros e correção monetária (crédito).

Não obstante a simples regra anteriormente enunciada, cuidou o Direito Tributário de complicar sobremaneira a relação do crédito e da obrigação tributária, criando uma situação na qual haverá obrigação de pagar, mas o Fisco ainda não terá direito de receber. É como se a lei tivesse separado a "cara" e a "coroa" da moeda...

Tal sistemática inovadora pode ser atribuída ao art. 142 do CTN, que dispõe que o **crédito tributário** é constituído por um ato administrativo denominado **lançamento,** que, com este objetivo, deve *verificar a ocorrência do fato gerador da obrigação correspondente, determinar a matéria tributável, calcular o montante do tributo devido, identificar o sujeito passivo e, sendo caso, propor a aplicação da penalidade cabível.*

A despeito de severas críticas a esta sistemática, a maioria reconhece que o **crédito tributário (CT) é constituído, ou seja, nasce a partir da ocorrência do lançamento** (STJ, REsp 250.306/DF, *DJ* 06.06.2000). Antes desse ato não havia crédito, mas existia a obrigação tributária oriunda do fato gerador. Veja a linha do tempo:

5.1.3. Modalidades de lançamento

O Direito Tributário, genericamente, elenca três formas para que o lançamento seja realizado: **lançamento de ofício**, **lançamento por declaração** (ou misto) e **lançamento por homologação** (ou autolançamento).

Para o Direito Previdenciário, no campo das contribuições sociais, interessam somente o **lançamento de ofício** e o **lançamento por homologação**.

O **lançamento de ofício** é aquele no qual *todos os atos necessários para a realização do lançamento ("verificar a ocorrência do fato gerador da obrigação correspondente, determinar a matéria tributável, calcular o montante do tributo devido, identificar o sujeito passivo e, sendo caso, propor a aplicação da penalidade cabível") são efetivados pela autoridade fazendária, cabendo ao sujeito passivo apenas realizar o pagamento do valor cobrado quando notificado para tanto*. No campo previdenciário, é utilizado para a **imposição de multas**. Isto quer dizer que, praticada determinada infração à legislação tributária, o sujeito passivo somente será compelido a pagar a multa dela decorrente quando for *notificado do lançamento da multa*.

O **lançamento por homologação**, por sua vez, inverte a sistemática mencionada, *colocando para o próprio sujeito passivo o dever de apurar o valor a pagar (identificando a base de cálculo e aplicando a alíquota cabível) e de recolhê-lo no prazo de vencimento estabelecido na legislação, independentemente de qualquer atuação do Fisco*. Ora, mas se o direito da União de receber o valor nasce apenas com o lançamento, por que deve o contribuinte pagar antes disso?

Na sistemática do lançamento por homologação, o sujeito passivo *antecipa o pagamento*, cuja correção será confirmada depois pela Fazenda, *através da* **homologação** *do pagamento realizado*. Daí o nome dado a esta forma de lançar. O contribuinte paga e a Administração Pública confere se ele pagou corretamente, homologando o pagamento e, com este ato, promovendo o lançamento do tributo. Perceba que, em virtude desse procedimento, o crédito tributário nasce e é extinto no mesmo momento: nasce com o lançamento e é extinto pelo pagamento, que já aconteceu.

O lançamento por homologação pode ser:

a) Expresso: quando a autoridade administrativa competente manifesta sua concordância com o pagamento efetuado através de *ato administrativo escrito e publicado*;

b) Tácito: que *decorre do silêncio da Administração Fazendária*. Na falta de manifestação expressa, considera-se lançado o tributo e homologado o pagamento após **cinco anos** contados da ocorrência do fato gerador (art. 150, § 4º, do CTN).

No Direito Previdenciário, **todas** as contribuições sociais são **lançadas por homologação**.

5.2. Decadência

Tradicionalmente, a **decadência** é conceituada como *a perda de um direito potestativo por parte de seu titular diante do decurso do tempo*. Em outras palavras, caso o titular de um direito não o exerça em determinado prazo, perderá a chance de fazê-lo. Tem como característica marcante o fato de **não sofrer suspensão ou interrupção no transcorrer de seu prazo**.

No campo tributário (e, na órbita previdenciária, sobre o objeto da relação jurídica de custeio – as contribuições sociais), esse titular é a União e esse direito é o de efetuar o lançamento para constituir o crédito tributário. Incluindo esses dados na fórmula apresentada, temos que *a decadência ocorre quando a Fazenda Pública não efetua o lançamento no prazo estipulado na lei, perdendo o direito de fazê-lo a partir de então*.

É fundamental ressaltar que o contribuinte estará eximido do dever de pagar o tributo e/ou de efetivar qualquer obrigação acessória após a decadência e que, dada a inexistência do crédito, **o pagamento de tributo caduco é pagamento indevido** e, como tal, o valor pode ser pedido de volta através de ação judicial própria, denominada **repetição de indébito**.

Para fixação, observe a linha do tempo:

O prazo de decadência é de **cinco anos** e está regulamentado pelo art. 173 do CTN, que dispõe:

> **Art. 173.** O direito de a Fazenda Pública constituir o crédito tributário extingue-se após 5 (cinco) anos, contados:
> I – do primeiro dia do exercício seguinte àquele em que o lançamento poderia ter sido efetuado;
> II – da data em que se tornar definitiva a decisão que houver anulado, por vício formal, o lançamento anteriormente efetuado.
> **Parágrafo único.** O direito a que se refere este artigo extingue-se definitivamente com o decurso do prazo nele previsto, contado da data em que tenha sido iniciada a constituição do crédito tributário pela notificação, ao sujeito passivo, de qualquer medida preparatória indispensável ao lançamento.

Aparentemente simples, esse dispositivo não traz todas as imposições atinentes à decadência. Para a completa compreensão do instituto, devemos expandir os horizontes do estudo.

Primeiramente, anote que o *dies a quo*, a data inicial, do prazo de decadência varia de acordo com o tipo de lançamento próprio de cada tributo.

Para tributos lançados de ofício (caso das **multas devidas por infrações à legislação previdenciária**), aplica-se a regra insculpida no art. 173, I. Ou seja, o prazo de cinco anos será contado a partir do primeiro dia do exercício seguinte àquele em que o lançamento poderia ter sido efetuado.

Para clarear, um exemplo: considere que determinado contribuinte praticou uma infração à legislação previdenciária em julho de 2015. Até quando a União poderá realizar o lançamento da multa devida e notificá-lo ao sujeito passivo?

Vamos lá: se a infração foi praticada em 2015, significa que este é *o exercício em que o lançamento poderia ter sido efetuado*. Aplicando a regra, então, temos que o dia inicial do prazo de decadência do direito da União de lançar a multa é 1º de janeiro de 2016 – o primeiro dia (1º de janeiro) do exercício seguinte (2016) àquele em que o lançamento poderia ter sido efetuado.

Como o prazo de decadência é de cinco anos, cabe à Fazenda, no nosso exemplo, notificar o contribuinte até 31 de dezembro de 2020, pois em 1º de janeiro de 2021 já terá operado a decadência.

Isso para os tributos lançados de ofício, repise-se. E nos tributos lançados por homologação, como as contribuições sociais?

Resposta: o art. 173, I, deve ser aplicado em conjunto com o art. 150, § 4º, ambos do CTN:

Art. 150. (...)

§ 4º Se a lei não fixar prazo a homologação, será ele de cinco anos, a contar da ocorrência do fato gerador; expirado esse prazo sem que a Fazenda Pública se tenha pronunciado, considera-se homologado o lançamento e definitivamente extinto o crédito (...)

Em outras palavras, a solução depende de ter havido ou não ter havido o pagamento antecipado pelo contribuinte.

Se o contribuinte antecipou o pagamento do tributo, temos exatamente a hipótese prevista no art. 150, § 4º, do CTN, a qual será aplicada, determinando a decadência do direito de lançar após cinco anos contados do fato gerador (STJ, REsp 183.603/SP, *DJ* 15.05.2001), pois os prazos são coincidentes: **se o pagamento foi correto** e a autoridade fazendária competente nada disse em cinco anos, considera-se *homologado tacitamente o pagamento e lançado o tributo*; **se o pagamento foi incorreto** (foi pago um valor **menor** que o devido, por exemplo), e a autoridade fazendária competente nada disse em cinco anos, considera-se que *tacitamente ela concordou com o pagamento efetuado, perdendo o direito de lançar (**decadência**) da parte faltante*.

É imperioso reconhecer, todavia, que a aplicação dessa regra depende do contribuinte, que tinha o dever de antecipar o pagamento da contribuição social, *efetivamente ter pagado algum valor*. Afinal, se não houve pagamento antecipado (**nada** foi recolhido no prazo de vencimento indicado pela legislação), **nada** haverá a ser homologado, afastando a possibilidade de aplicar o art. 150, § 4º, do CTN.

Resta, então, fazer incidir sozinho o art. 173, I, do CTN. Ou seja: *nas contribuições sociais, todas lançadas por homologação, se houve pagamento antecipado o prazo de decadência **correrá a partir do fato gerador;** se não houve, correrá **a**

partir do primeiro dia útil do exercício seguinte àquele em que ocorreu o fato gerador.

Resgatando o ponto de partida de nosso estudo, o art. 173 do CTN, lembremos o que diz seu inciso II:

Art. 173. O direito de a Fazenda Pública constituir o crédito tributário extingue-se após 5 (cinco) anos, contados:

(...)

II – da data em que se tornar definitiva a decisão que houver anulado, por vício formal, o lançamento anteriormente efetuado.

A ordem emanada neste dispositivo legal acaba por premiar a Administração Pública incompetente. Trazendo ao chão a já assentada lição doutrinária de que a decadência é inexorável, *não encontrando causas de suspensão ou de interrupção em seu curso*, o artigo impõe um novo prazo de cinco anos para a Fazenda, completo, na hipótese de ser anulado um lançamento no qual tenha constado erro formal na sua realização. Significa dizer: o Fisco faz um lançamento errado e, porque o anulou (provavelmente após a defesa do contribuinte alegar a nulidade do lançamento realizado fora dos ditames legais), ganha um novo prazo inteiro de cinco anos para realizar o novo lançamento, desta vez respeitando a lei.

Diante dessa análise, o STJ repudia a aplicação do CTN nessa hipótese, consagrando a impossibilidade de se interromper a decadência (REsp 332.366/MG, *DJ* 19.02.2002).

No entanto, em se tratando de concursos públicos, recomendamos, como sempre, manter-se o candidato fiel à literalidade do preceptivo (a não ser que a questão cobre, expressamente, o posicionamento jurisprudencial), ressaltando que ele apenas se aplica em caso de **vício formal**, ou seja, *aqueles inerentes ao procedimento do lançamento*, tais como fundamentação, competência do agente e outras formalidades do ato.

Finalmente, devemos avançar sobre o parágrafo único do art. 173, que dispõe:

Art. 173. (...)

Parágrafo único. O direito a que se refere este artigo extingue-se definitivamente com o decurso do prazo nele previsto, contado da data em que tenha sido iniciada a constituição do crédito tributário pela notificação, ao sujeito passivo, de qualquer medida preparatória indispensável ao lançamento.

Trata o parágrafo de uma **antecipação** na contagem do prazo decadencial, que é trazida do primeiro dia do exercício seguinte àquele em que o lançamento poderia ter sido efetuado para a data da notificação, ao sujeito passivo, de qualquer **medida preparatória** indispensável ao lançamento, *que pode ser o termo de início de ação fiscal ou uma apreensão de mercadorias*, por exemplo.

É fulcral ressaltar que essa mudança no *dies a quo* somente se opera se a tal medida preparatória foi notificada ao sujeito passivo **antes** do primeiro dia do exercício seguinte. Na situação contrária, se a medida ocorrer depois do primeiro dia do exercício seguinte, aplicar-se-á o inc. I do art. 173 (STJ, REsp 909.570/SP, *DJ* 24.04.2007). Novamente, a fundamentação dessa interpretação está respaldada na impossibilidade de se suspender ou interromper a decadência.

5.3. Prescrição

Outro instituto voltado à estabilização das relações jurídicas pelo decurso do tempo, a **prescrição** atinge *a pretensão do titular do direito, ou seja, a possibilidade de acionar o Poder Judiciário para satisfação do seu crédito*.

Aceitando esta definição histórica, forçoso seria concluir que a prescrição não operaria a extinção do crédito tributário, como indica o CTN, mas sim a pretensão de havê-lo em juízo através da ação de execução fiscal. A Fazenda continuaria com o crédito, apenas não poderia cobrá-lo de forma coercitiva e, portanto, *seu pagamento espontâneo pelo contribuinte configuraria pagamento válido, insuscetível de devolução*. Para boa parte da doutrina, este seria o principal **traço diferenciador** entre a prescrição e a decadência, *além do fato da prescrição aceitar a interrupção e a suspensão de seu prazo*, hipóteses que conheceremos logo mais.

Todavia, o STJ acolhe opinião oposta, segundo a qual a interpretação a ser dada ao CTN deve ser mais próxima da literal. Se o próprio Código estabelece que a prescrição é uma forma de extinção do crédito tributário, com sua ocorrência este deve desaparecer *e o contribuinte que paga tributo prescrito tem direito à restituição*. Veja, neste sentido, REsp 636.495/RS, *DJ* 26.06.2007 e REsp 1.004.747/RJ, *DJ* 06.05.2008.

Estipula o art. 174 do CTN que a prescrição ocorre no prazo de 5 (cinco) anos, contados da data da constituição definitiva do crédito tributário. Devemos ter atenção à expressão utilizada: constituição definitiva **não é** sinônimo de lançamento.

Afinal, se a lei quisesse que o prazo tivesse início com o lançamento, teria usado essa palavra, como fez diversas vezes (veja, a título de exemplo, o art. 173 do CTN). Se usou expressão diversa, esperava interpretação diversa, afinal *"onde a lei distingue, não cabe ao intérprete deixar de fazê-lo"*.

Por constituição definitiva do crédito, destarte, devemos entender *o momento a partir do qual o lançamento se torna imutável, indiscutível*. Enquanto pendente o prazo de pagamento, a impugnação apresentada pelo sujeito passivo ou qualquer outra causa que impeça a cobrança judicial do crédito, este não estará "definitivamente constituído" e, consequentemente, não teremos ainda o início do lapso prescricional (STJ, REsp 955.950/SC, *DJ* 20.09.2007).

Observe, então, a linha do tempo:

Para garantir a possibilidade de cobrar o contribuinte remisso em juízo, *deve a Fazenda Pública obter o despacho do juiz que ordena a citação dentro do lapso prescricional mencionado*. Esta situação é descrita no art. 174, parágrafo único, I, do CTN, como uma das causas interruptivas da prescrição, denotando que, com sua ocorrência, o Fisco obtém novo prazo íntegro de cinco anos. Mas para quê?

Com o início da ação executiva fiscal dentro do interregno quinquenal, presume-se que a União cumpriu sua obrigação de exigir o pagamento das contribuições eventualmente devidas por determinado sujeito passivo. E a Administração tributária não poderia ser penalizada com a lentidão processual que assola todos os Tribunais do país, *daí porque não ser correto afirmar que, depois da interrupção da prescrição pelo despacho citatório, o processo executivo deve findar em cinco anos*.

Por outro lado, solução diferente deve ser adotada em relação ao *procedimento que estaciona por inércia da própria Fazenda*, por exemplo, caso esta não aponte bens penhoráveis para garantir o Juízo a fim de habilitar o executado a apresentar seus embargos. É o que lei, doutrina e jurisprudência denominam **prescrição intercorrente**, a qual se encontra regulamentada pelo art. 40 da Lei das Execuções Fiscais (Lei 6.830/1980) e que merece ser lido:

Art. 40. O Juiz suspenderá o curso da execução, enquanto não for localizado o devedor ou encontrado bens sobre os quais possa recair a penhora, e, nesses casos, não correrá o prazo de prescrição.

§ 1º Suspenso o curso da execução, será aberta vista dos autos ao representante judicial da Fazenda Pública.

§ 2º Decorrido o prazo máximo de 1 (um) ano, sem que seja localizado o devedor ou encontrado bens penhoráveis, o Juiz ordenará o arquivamento dos autos.

§ 3º Encontrados que sejam, a qualquer tempo, o devedor ou os bens, serão desarquivados os autos para prosseguimento da execução.

§ 4º Se da decisão que ordenar o arquivamento tiver decorrido o prazo prescricional, o juiz, depois de ouvida a Fazenda Pública, poderá, de ofício, reconhecer a prescrição intercorrente e decretá-la de imediato.

§ 5º A manifestação prévia da Fazenda Pública prevista no § 4º deste artigo será dispensada no caso de cobranças judiciais cujo valor seja inferior ao mínimo fixado por ato do Ministro de Estado da Fazenda. (destaque nosso)

Como aplicação deste artigo, veja REsp 1.081.989/PR, *DJ* 15.09.2009, e ainda a Súmula 314 do STJ: *"Em execução fiscal, não localizados bens penhoráveis, suspende-se o pro-

cesso por um ano, findo o qual se inicia o prazo da prescrição quinquenal intercorrente."

Fica consignado, à luz do já visto, que, ao contrário do que dissemos sobre a decadência, a prescrição admite interrupção (reinício da contagem do prazo por inteiro) e suspensão (retoma-se a contagem do prazo de onde ela havia parado). A primeira é encontrada no art. 174, parágrafo único, do CTN:

> **Art. 174. (...)**
>
> **Parágrafo único.** A prescrição se interrompe:
>
> I – pelo despacho do juiz que ordenar a citação em execução fiscal;
>
> II – pelo protesto judicial;
>
> III – por qualquer ato judicial que constitua em mora o devedor;
>
> IV – por qualquer ato inequívoco ainda que extrajudicial, que importe em reconhecimento do débito pelo devedor.

Do primeiro item falamos acima, mas devemos atentar que o marco interruptivo é o **despacho do juiz que ordena a citação**, e não mais ela própria, como estava previsto neste artigo antes da edição da Lei Complementar 118/2005.

Protesto judicial é o procedimento cautelar nominado previsto nos arts. 867 a 873 do CPC (correspondentes aos arts. 726 a 729 do Novo Código de Processo Civil – Lei 13.015/2015). **Protesto** é todo *"ato formal e solene pelo qual se prova a inadimplência e o descumprimento de obrigação originada em títulos e outros documentos de dívida"* (Lei 9.492/1997, art. 1º) e pode ser, em termos gerais, **judicial**, quando requerido perante juiz de direito, ou **extrajudicial**, quando requerido perante o Tabelião de Protestos.

A lei tributária exige, para interrupção da prescrição, o **protesto judicial**, o que acaba por condenar o instituto ao ostracismo, pois, se a Fazenda precisa ir a juízo para requerer o protesto, normalmente aproveita a obrigação para mover, de imediato, a execução fiscal.

Fica reservada a hipótese para casos nos quais a Administração não esteja ainda apta a executar o contribuinte, desejando apenas adquirir novo fôlego para encerrar seus trabalhos sem operar a perda do crédito.

O STJ já asseverou que o protesto judicial deve seguir rigorosamente o procedimento previsto no CPC para irradiar seu efeito interruptivo sobre a prescrição (REsp 1.050.281/RS, *DJ* 05.08.2008).

Em seguida, menciona o CTN que *qualquer ato judicial que constitua o devedor em mora* interromperá a prescrição. Trata-se, a nosso ver, de artigo de aplicação supletiva que tem por escopo reiniciar o prazo prescricional em situação judicial que não se enquadre nos incisos anteriores. Isso porque o ato jurídico consagrado para a constituição do devedor em mora chama-se protesto.

Tal item era invocado pelo STJ na decisão de processos de execução fiscal anteriores à Lei Complementar 118/2005 para justificar a interrupção da prescrição pela citação por edital do devedor não encontrado (*v.* AgRg no REsp 993.586/RS, *DJ* 19.08.2008). Isso porque o texto anterior

do inciso I dizia "citação pessoal do devedor"; como a nova redação não diferencia as modalidades de citação, temos que a citação editalícia enquadra-se hoje neste mesmo preceptivo.

O último dos motivos hábeis a interromper o curso da prescrição é o *ato inequívoco, ainda que extrajudicial, que consubstancie confissão da dívida pelo sujeito passivo.* Neste ponto, encontramos casos práticos que envolvem o pedido de **parcelamento** (REsp 1.074.000/RS, *DJ* 20.11.2008) e a **declaração de tributo sujeito a lançamento por homologação desacompanhada do pagamento** (REsp 850.423/SP, *DJ* 28.11.2007). Já a compensação, para o STJ, **não** se mostra motivo suficiente para interromper a prescrição (REsp 541.243/MG, *DJ* 10/10/2006 e REsp 584.372/MG, *DJ* 17.03.2005).

A suspensão da prescrição, por sua vez, não se encontra expressamente prevista. É necessário extraí-la através da interpretação do art. 155 do CTN, parágrafo único, primeira parte:

> **Art. 155. (...)**
>
> **Parágrafo único. No caso do inciso I deste artigo, o tempo decorrido entre a concessão da moratória e sua revogação não se computa para efeito da prescrição do direito à cobrança do crédito;** no caso do inciso II deste artigo, a revogação só pode ocorrer antes de prescrito o referido direito. (destaque nosso)

Tal artigo trata da revogação da moratória em caráter individual, trazendo soluções diferentes para o caso do contribuinte ter obtido o favor fiscal através de dolo ou simulação ou sem valer-se desses artifícios. Uma das diferenças diz respeito justamente à prescrição: impõe o parágrafo único que, no primeiro caso, o tempo durante o qual perdurou a moratória indevida não será computado no cálculo da prescrição.

Ora, que será isso se não a suspensão da prescrição? Em outras palavras, o que o Diploma Tributário dispõe é que, caso se apure que a concessão da moratória foi baseada em um ato ilícito, susta-se a contagem da prescrição e esta apenas voltará a correr com a revogação do benefício. Durante esse intervalo, a prescrição ficou **suspensa** e continuará seu curso *somente por aquilo que falta para completar cinco anos.*

Aumentando sua importância, devemos consignar que esta mesma regra é aplicada nos casos de **remissão, isenção** e **anistia**.

O STJ, no julgado AgRg no Ag 1.094.144/SP, *DJ* 26.05.2009, entende como outra hipótese de suspensão da prescrição aquela velada no próprio art. 174, quando dispõe que esta começa a ser contada a partir da **constituição definitiva do crédito tributário**. Como vimos, caso o contribuinte impugne administrativamente a cobrança do tributo, somente haverá sua constituição definitiva após a decisão irrecorrível. Daí diz o Sodalício que, enquanto perdurar o procedimento administrativo, não corre a prescrição, ou seja, *esta se encontra suspensa.*

5.3.1. Decadência e prescrição de tributos lançados por homologação na jurisprudência do STJ

Para finalizar, algumas palavras acerca da atual orientação jurisprudencial sobre a prescrição e a decadência nos tributos lançados por homologação, situação que, já sabemos, se aplica a **todas as contribuições sociais**.

Adotando uma linha a nosso ver criticável, por retirar do lançamento por homologação a característica da **oficialidade** (o lançamento é **ato administrativo** e, como tal, deve ser realizado por autoridade com competência para tanto), o STJ entende que a *declaração do contribuinte nesses tributos, caso desacompanhada de pagamento ou pagamento parcial, dispensa qualquer ato formal da autoridade administrativa*, a qual pode inscrever desde logo o débito na dívida ativa, preparando-o para o início da execução fiscal. Em outras palavras, para o Tribunal Superior a **declaração do contribuinte tem força de lançamento**.

Essa posição altera os conceitos relatados *supra*, há muito tempo ensinados e defendidos pela doutrina mais autorizada.

Dessa forma, com a declaração do sujeito passivo (que é uma **obrigação acessória**, como a DCTF, a GFIP, entre outras), *fica consubstanciado o lançamento* e, destarte, **não há mais de falar-se em decadência, mas somente em prescrição**. Isso vem a causar uma forte confusão entre os dois institutos, obrigando o aplicador do Direito a desentranhar a nova sistemática da decadência e da prescrição nos tributos lançados por homologação nos termos sugeridos pelo Colegiado Superior.

Como resultado desse exercício, o qual levou em conta o julgado no REsp 850.423/SP, *DJ* 28.11.2007, podemos construir o quadro a seguir:

Se o contribuinte:			
Deve	**Declara**	**Paga**	**Decadência ou prescrição?**
100	*100*	*100*	*Nenhuma. Ocorre a homologação do pagamento.*
100	*0*	*0*	*Decadência – 100*
100	*100*	*0*	*Prescrição – 100*
100	*70*	*70*	*Decadência – 30*
100	*70*	*0*	*Decadência – 30 + Prescrição – 70*

Note: para o STJ, a **ausência de declaração** do contribuinte implica o reconhecimento da contagem de **decadência** para o Fisco lançar **de ofício**, através de auto de infração, a contribuição não recolhida com as penalidades cabíveis; por outro lado, a **declaração** do contribuinte **conclui o processo de lançamento** e a partir de então cabe à Fazenda inscrever o débito em dívida ativa e mover a execução fiscal antes da ocorrência da **prescrição**.

O mesmo ocorre no caso de declaração apenas parcial do verdadeiro débito: *inscreve-se a parte declarada na dívida ativa*, para a qual estamos contando a **prescrição**, e abre-se o prazo de **decadência** para *lançamento de ofício do restante não declarado*.

5.4. A Súmula Vinculante 8 do STF

O tema prescrição e decadência das contribuições sociais é tema da Súmula Vinculante 8 do STF, com o seguinte teor: *"São inconstitucionais o parágrafo único do art. 5º do Dec.-lei 1.569/1977 e os arts. 45 e 46 da Lei 8.212/1991, que tratam da prescrição e decadência de crédito tributário".*

Os arts. 45 e 46 do PCSS estipulavam, respectivamente, que a decadência e a prescrição da cobrança das contribuições sociais *ocorreriam em 10 anos*, criando, assim, uma regra específica para esta espécie tributária e pretendendo, com isso, afastar a incidência do CTN.

Entretanto, as críticas começaram a surgir e a constitucionalidade destes dispositivos passou a ser questionada nos Tribunais a partir do reconhecimento pelo STF de que as contribuições sociais têm **natureza tributária**. Se é assim, devem seguir as normas gerais sobre Direito Tributário impostas pelo CTN.

Nesse diapasão, o art. 146, III, *b*, da CF/1988 entrega expressamente à lei complementar o poder de estabelecer regras gerais sobre prescrição e decadência tributárias. Como o PCSS é lei ordinária, não poderia dispor sobre matéria reservada à lei complementar e padeciam, portanto, os arts. 45 e 46, de inconstitucionalidade formal.

Tal entendimento vigorou nos Tribunais pátrios por longo tempo, até culminar na edição da Súmula Vinculante 8.

Ocorre que, na parte do texto que se refere ao Direito Previdenciário (arts. 45 e 46 do PCSS), a Súmula perdeu seu objeto. Em resposta à decisão do STF, o Congresso Nacional, através da Lei Complementar 128/2008, houve por bem **revogar** os mencionados preceptivos legais. Desde então, não há que se falar em aplicação da Súmula Vinculante 8, pois os artigos da legislação previdenciária a que ela se refere não estão mais em vigor.

6. OBRIGAÇÕES ACESSÓRIAS

6.1. Objetivos

Relembrando o conceito estudado anteriormente, **obrigação tributária acessória** é aquela que *impõe ao sujeito passivo o dever de cumprir uma prestação de fazer ou não fazer em prol da arrecadação e/ou da fiscalização tributária*. Em outras palavras, qualquer imposição legal relativa às contribuições sociais que não seja o próprio pagamento destas é classificada como obrigação tributária acessória. São exemplos a retenção do valor relativo à contribuição social devida por outrem (como as empresas fazem em relação aos seus empregados), o preenchimento de declarações, a regular contabilização das atividades etc.

Como destacado, as obrigações acessórias são criadas com o escopo de *facilitar o trabalho de arrecadação e de fiscalização por parte da União*, fazendo com que o montante pago nas contribuições sociais chegue aos cofres públicos com o menor custo possível e limitando o trabalho de fiscalização ao menor número possível de contribuintes.

Impende destacar que as obrigações acessórias, apesar do nome dado pela doutrina, **não estão** diretamente vinculadas a uma ou mais obrigações principais (pagamento). Quer dizer, *é possível que existam obrigações acessórias impostas a pessoas físicas ou jurídicas que sequer são contribuintes da Seguridade Social.*

Por essa razão que se estabelece a **regra da dissociação das obrigações tributárias**: *ainda que determinada pessoa ou entidade seja imune ou isenta do pagamento das contribuições sociais, eventuais obrigações acessórias a elas impostas permanecem íntegras, sendo passível de multa seu descumprimento.* Exemplo: uma entidade beneficente de assistência social é imune às contribuições sociais desde que cumpra os requisitos estabelecidos no CTN. Exatamente por isso que **são obrigadas a manter sua escrituração contábil regular**, para que a fiscalização possa verificar, a qualquer momento, se, por exemplo, a entidade não está distribuindo lucros para seus diretores, o que afastaria a imunidade.

As obrigações acessórias relativas às contribuições sociais estão espalhadas pela legislação previdenciária. Nosso objetivo é reunir as principais delas e classificá-las de acordo com o sujeito passivo, nos mesmos moldes em que estudamos as contribuições propriamente ditas.

6.2. Obrigações acessórias das empresas

6.2.1. Obrigações vinculadas à retenção de valores

a) Arrecadar a obrigação do segurado empregado, do trabalhador avulso e do contribuinte individual a seu serviço, descontando-a da respectiva remuneração (art. 216, I, *a*, do RPS)

Os três grandes grupos de segurados obrigatórios recolhem suas contribuições **indiretamente**, ou seja, cabe à fonte pagadora *reter o valor correspondente* e entregar, na forma estabelecida no RPS, à União dentro do prazo de vencimento.

O contribuinte individual que seja remunerado por pessoas físicas, por outro lado, deve recolher pessoalmente sua contribuição, valendo o mesmo para o segurado facultativo.

A mesma obrigação estabelecida neste tópico aplica-se ao **empregador doméstico** em relação à contribuição devida pelo empregado doméstico a seu serviço.

b) A empresa adquirente, consumidora ou consignatária ou a cooperativa são obrigadas a recolher a contribuição de que trata o art. 200 no prazo referido na alínea *b* do inciso I do RPS, no mês subsequente ao da operação de venda ou consignação da produção rural, independentemente de tais operações terem sido realizadas diretamente com o produtor ou com o intermediário pessoa física (art. 216, III, do RPS)

A empresa deve também reter o valor da contribuição do **segurado especial** e do **produtor rural pessoa física**, cabendo a estes recolher diretamente o tributo quando comercializarem sua produção com pessoa domiciliada no exterior ou diretamente no varejo a pessoa física, outro produtor rural pessoa física ou outro segurado especial.

6.2.2. Obrigações sobre emissão de documentos

a) A empresa que remunera contribuinte individual é obrigada a fornecer a este comprovante do pagamento do serviço prestado consignando, além dos valores da remuneração e do desconto feito, o número da inscrição do segurado no Instituto Nacional de Seguridade Social (art. 216, XII, do RPS)

O inciso impõe à empresa o dever de entregar ao contribuinte individual que lhe preste serviço um documento constando, discriminadamente, o valor da remuneração paga e do desconto da contribuição do segurado por retenção na fonte, a fim de que este possa, se assim instado a fazê-lo, comprovar suas contribuições perante o INSS.

b) A empresa ou cooperativa adquirente, consumidora ou consignatária da produção fica obrigada a fornecer ao segurado especial cópia do documento fiscal de entrada da mercadoria em que conste, além do registro da operação realizada, o valor da respectiva contribuição previdenciária (art. 225, § 24, do RPS)

Trata-se de obrigação análoga à explicada acima, dessa vez aplicável ao segurado especial. A diferença reside no fato de que, na hipótese aqui explorada, a empresa não precisa emitir um documento específico, bastando entregar ao segurado *cópia da nota fiscal de entrada da mercadoria*, em que conste o valor retido a título de contribuição previdenciária.

c) Encaminhar ao sindicato representativo da categoria profissional mais numerosa entre seus empregados, até o dia dez de cada mês, cópia da Guia de Previdência Social relativamente à competência anterior (art. 225, V, do RPS)
d) Afixar cópia da Guia da Previdência Social, relativamente à competência anterior, durante o período de um mês, no quadro de que trata o art. 74 da Consolidação das Leis do Trabalho.

A GPS é o documento de arrecadação das contribuições sociais descontadas dos trabalhadores. Após seu pagamento, a empresa deve, concomitantemente, encaminhar uma cópia ao sindicado **da categoria mais numerosa**, *assim entendida aquela em que se enquadra o maior número absoluto (e não percentual) de funcionários,* e afixar outra cópia no quadro de avisos dos funcionários.

6.2.3. Obrigações relativas à fiscalização

a) Preparar folha de pagamento da remuneração paga, devida ou creditada a todos os segurados a seu serviço, devendo manter, em cada estabelecimento, uma via da respectiva folha e recibos de pagamentos (art. 225, I, do RPS)

A folha de pagamento é o documento utilizado para apuração da base de cálculo da contribuição patronal, com alíquota de 20% sobre o total daquela. Sua elaboração, portanto, é essencial à fiscalização quanto à regularidade de seu pagamento e deve ser feita individualmente para cada estabelecimento da empresa, viabilizando que cada um deles mantenha uma cópia arquivada junto com os respectivos contracheques entregues aos segurados.

b) Lançar mensalmente em títulos próprios de sua contabilidade, de forma discriminada, os fatos geradores de todas as contribuições, o montante das quantias descontadas, as

contribuições da empresa e os totais recolhidos (art. 225, II, do RPS)

Podemos resumir este item como a obrigação de manter a escrituração contábil da empresa em ordem e regularmente elaborada, com base nas normas aplicáveis, de forma que os livros empresariais representem fielmente todas as operações econômicas realizadas, principalmente aquelas que se constituem como fatos geradores de contribuições sociais.

c) Prestar ao Instituto Nacional de Seguridade Social e à Secretaria da Receita Federal todas as informações cadastrais, financeiras e contábeis de interesse, na forma por eles estabelecida, bem como os esclarecimentos necessários à fiscalização (art. 225, III, do RPS)

Refere-se a quaisquer informações de interesse dos órgãos públicos, inclusive aquelas ligadas a outras empresas ou segurados com quem o contribuinte tenha vínculo de qualquer espécie, necessárias ao bom andamento do processo de fiscalização.

6.2.4. *Obrigação de emitir e entregar a GFIP*

No campo previdenciário, no que tange à emissão de declarações de interesse da fiscalização, tem notória importância a **Guia de Recolhimento do Fundo de Garantia por Tempo de Serviço e Informações à Previdência Social – GFIP**, que, como o próprio nome sugere, serve *tanto como documento de arrecadação do FGTS dos empregados vinculados à empresa quanto como declaração de informações de interesse do INSS*, seja em relação à própria empresa, seja em relação aos segurados a ela vinculados.

A obrigação vem estabelecida no art. 225, IV, do RPS: *"informar mensalmente ao Instituto Nacional do Seguro Social, por intermédio da Guia de Recolhimento do Fundo de Garantia por Tempo de Serviço e Informações à Previdência Social, na forma por ele estabelecida, dados cadastrais, todos os fatos geradores de contribuição previdenciária e outras informações de interesse daquele instituto".*

Em apertada síntese, a GFIP reúne todas as informações de interesse do INSS sobre a empresa, tais como o número de funcionários (discriminados nominalmente), o valor descontado de cada um deles a título de suas respectivas contribuições previdenciárias, o valor depositado no FGTS, entre outros. Sua relevância decorre do fato das informações *comporem a base de dados para fins de cálculo e concessão de benefícios previdenciários, bem como constituírem-se em confissão de dívida*, caso determinada contribuição nela prevista não tenha sido recolhida.

A base de dados a que se refere o art. 225, § 1º, do RPS, supratranscrito, é o Cadastro Nacional de Informações Sociais – CNIS, criado pela Lei Complementar 128/2008. Neste cadastro consta a vida previdenciária de cada segurado, sendo acessado pelo INSS para verificar informações sobre *os vínculos e as remunerações dos segurados, para fins de cálculo do salário de benefício, comprovação de filiação ao Regime Geral de Previdência Social, tempo de contribuição e relação de emprego* (art. 29-A do PBPS).

Nota-se, portanto, que a GFIP e o CNIS estão intrinsecamente ligados, sendo aquela a fonte de informações que abastece este, o qual é de extrema relevância para o paga-

mento correto dos benefícios previdenciários e eficiência da fiscalização das contribuições sociais.

6.3. Obrigações acessórias dos segurados

Neste momento, já é possível perceber que, como regra geral, a obrigação acessória de recolhimento da contribuição devida pelo segurado é da **fonte pagadora**, pois assim a fiscalização do pagamento pode se concentrar em menos pessoas e entidades do que seria necessário caso cada trabalhador tivesse que, pessoalmente, efetuar o pagamento mensal de sua contribuição previdenciária.

Não obstante, existem exceções a esta lógica. Além daquelas já anotadas, destacamos que *são excluídos da obrigação de arrecadar a contribuição do **contribuinte individual** que lhe preste serviço o produtor rural pessoa física, a missão diplomática, a repartição consular e o contribuinte individual* (art. 216, § 32, do RPS).

Visando a facilitar o recolhimento das contribuições, a legislação previdenciária estabelece ainda algumas obrigações acessórias aos segurados relativas à retenção de valores:

a) O segurado especial é obrigado a arrecadar a contribuição de trabalhadores a seu serviço e a recolhê-la no mesmo prazo estabelecido para as empresas em geral (dia 20 do mês seguinte ao da competência) (art. 30, XIII, do PCSS)

b) Cabe ao próprio contribuinte individual que prestar serviços, no mesmo mês, a mais de uma empresa, cuja soma das remunerações superar o limite mensal do salário de contribuição, comprovar às que sucederem à primeira o valor ou valores sobre os quais já tenha incidido o desconto da contribuição, de forma a se observar o limite máximo do salário de contribuição (art. 216, § 28, do RPS)

6.4. Outras obrigações acessórias

a) A empresa deverá manter à disposição da fiscalização, durante cinco anos, os documentos comprobatórios do cumprimento das obrigações acessórias (art. 225, § 5º, do RPS, adaptado ao teor da Súmula Vinculante 8)

b) O Município, por intermédio do órgão competente, fornecerá ao Instituto Nacional do Seguro Social, para fins de fiscalização, mensalmente, relação de todos os alvarás para construção civil e documentos de "habite-se" concedidos, de acordo com critérios estabelecidos pelo referido Instituto

c) O titular de cartório de registro civil de pessoas naturais fica obrigado a comunicar, até o dia dez de cada mês, na forma estabelecida pelo Instituto Nacional do Seguro Social, o registro dos óbitos ocorridos no mês imediatamente anterior, devendo da comunicação constar o nome, a filiação, a data e o local de nascimento da pessoa falecida, devendo a comunicação ser realizada ainda que nenhum óbito tenha ocorrido no período (art. 228 do RPS)

7. RECOLHIMENTO FORA DO PRAZO DAS CONTRIBUIÇÕES E OUTRAS INFRAÇÕES À LEGISLAÇÃO PREVIDENCIÁRIA

7.1. Responsabilidade pelas infrações

Considera-se **infração à legislação previdenciária** *qualquer ato contrário ao disposto em leis ou outras normas* relativas ao *Regime Geral da Previdência Social*, ou, em outros termos, o inadimplemento de qualquer obrigação, principal ou acessória, pelo contribuinte.

Num primeiro momento, é importante sabermos que, nesta parte do Direito Previdenciário, onde vigoram diversas normas oriundas do Direito Tributário, aplicam-se as disposições deste sobre a **responsabilidade objetiva** pelo inadimplemento das obrigações impostas pela legislação. Com isso, *frente a ausência de cumprimento de qualquer dever legal, de pagar, fazer ou não fazer, serão aplicadas as punições previstas, **independentemente do reconhecimento de dolo ou culpa por parte do agente***.

Dolo é *a intenção deliberada de praticar determinada conduta buscando a ocorrência do resultado igualmente pretendido* (por exemplo, uma determinada empresa, sabendo que dia 20 do mês corresponde ao vencimento da contribuição sobre a folha de pagamento, intencionalmente nada recolhe aos cofres públicos, apropriando-se do dinheiro em seu patrimônio pessoal). **Culpa**, por sua vez, é *a conduta negligente, imprudente ou imperita, que causa determinado resultado não pretendido* (exemplo, o contador da empresa, jovem profissional em seu primeiro emprego, vê passar o dia 20 do mês e se esquece de pagar a contribuição incidente sobre a folha de pagamento). Perceba que nos dois exemplos o resultado é o mesmo: não houve o pagamento da contribuição. Porém, no primeiro o contribuinte agiu com dolo; no segundo, com culpa, pois a conduta foi imperita (ausência de cuidado profissional).

Retomando. Dissemos que no âmbito da relação previdenciária de custeio a responsabilidade pelas infrações é **objetiva**, ou seja, independe de dolo ou culpa. Isso implica duas conclusões: uma, tanto faz se a infração foi praticada com dolo ou culpa, ela será punida na forma prevista na legislação; duas, *ainda que não haja nem dolo, nem culpa, mas ocorra uma infração, ela será punida*. Exemplo: uma empresa preenche os documentos devidos e, no dia 20, entrega o dinheiro para seu mensageiro efetuar o pagamento da contribuição sobre a folha de pagamento no banco. No caminho, o mensageiro é vítima de roubo, sendo levado todo o dinheiro e, com isso, o pagamento não se realiza. É a hipótese de **caso fortuito** (nem dolo, nem culpa), mas a empresa terá de pagar a multa pelo atraso no pagamento do mesmo jeito.

7.2. Recolhimento fora do prazo

Dentre as infrações, sem dúvida a mais comum é o atraso no pagamento das contribuições. Ao analisarmos as contribuições sociais, anotamos, para cada uma delas, a data de vencimento da obrigação, sendo considerado *extemporâneo, ou fora do prazo, qualquer recolhimento realizado posteriormente ao vencimento estipulado*.

O recolhimento fora do prazo gera, em tese, **três** acréscimos no pagamento: **correção monetária, juros de mora e multa.**

7.2.1. Correção monetária

Não se trata de punição, mas *simples manutenção do valor real da moeda*, seu poder de compra. A correção mone-

tária é a atualização do valor devido pelo índice de inflação do período decorrido entre o vencimento da obrigação e a data do efetivo pagamento.

No campo das contribuições previdenciárias, a aplicação da correção monetária foi extinta com a Lei 8.981/1995.

7.2.2. Juros de mora

Também não tem caráter punitivo. Os juros são *o fruto do capital, a remuneração devida por aquele que teve à sua disposição, por determinado período de tempo, capital alheio*. Pense num empréstimo bancário: o banco cobra juros como remuneração do capital, porque o dinheiro está com o cliente e não com o banco.

O pagamento em atraso de uma contribuição previdenciária pode, *grosso modo*, ser visto como um empréstimo: o dinheiro já devia estar com o INSS, porém o contribuinte o retém consigo, deixando-o à sua disposição. Até que "devolva" o dinheiro aos cofres públicos, deverá pagar juros pelo "empréstimo".

Desde a edição da Medida Provisória 449/2008, convertida na Lei 11.941/2009, o art. 35 do PCSS determina que os juros pelo atraso no pagamento das contribuições previdenciárias devem seguir a sistemática do art. 61 da Lei 9.430/1996, que dispõe:

a) Aplicação da taxa SELIC a partir do segundo mês subsequente ao vencimento da obrigação e até o último dia do mês anterior ao efetivo pagamento

b) 1% no mês do efetivo pagamento

A SELIC é a taxa de juros básica da economia nacional, fixada pelo Comitê de Política Monetária – COPOM – a cada 45 dias.

Na prática, a regra fica assim: um certo contribuinte não recolheu, no dia 20 de agosto, a contribuição devida sobre a folha de pagamento da empresa. Caso pague até 30 de setembro, arcará com juros de mora de 1% (índice aplicável ao **mês de pagamento**). Senão, começará a incidir a taxa SELIC a partir de 1º de outubro (**primeiro dia do segundo mês subsequente**). Se ele pagar em 15 de dezembro, aplicaremos a SELIC relativa ao período de 1º de outubro a 30 de novembro (**último dia do mês anterior ao efetivo pagamento**) mais 1% (pelo **mês do pagamento**).

7.2.3. Multa

Dos acréscimos previstos, a **multa** é a única com *caráter punitivo*. Sua intenção é *incentivar o contribuinte a cumprir sua obrigação no prazo assinalado*, evitando, assim, ter de arcar com o aumento no valor a pagar. Tem, portanto, *natureza jurídica de sanção*.

Antes regida pelos art. 239 do RPS, a multa em caso de atraso no pagamento de contribuições sociais também encontra hoje sua regulamentação no art. 61 da Lei 9.430/1996 por força da nova redação do art. 35 do PCSS (restando tacitamente revogado o RPS, norma de hierarquia inferior):

a) Em caso de atraso no pagamento, incidirá multa de 0,33% por dia de atraso, limitado ao máximo de 20%, ou seja, passados 61 dias de atraso, a multa deixa de aumentar (60 x 0,33 = 19,8; sendo proibida a cobrança de mais de 20% de multa, o 61º de atraso adiciona apenas 0,2% no montante total; após, nada mais aumentará);

b) Havendo lançamento de ofício, isto é, o contribuinte não recolheu voluntariamente as contribuições em atraso, a multa será de 75%;

c) Se o contribuinte, notificado pela fiscalização a prestar esclarecimentos sobre o inadimplemento, deixar de fazê-lo, a multa terá um acréscimo de 50%;

d) A multa será duplicada se ficar provada a ocorrência de sonegação, fraude ou conluio

A última agravante (sonegação, fraude ou conluio) deve ser entendida, simplesmente, como *a prova de uma infração dolosa ao dever de pagar as contribuições*. **Sonegar** significa *esconder, mascarar a ocorrência*, como em caso de a empresa registrar faturamento menor que o verdadeiro porque realizou operações mercantis sem a emissão da correspondente nota fiscal. **Fraude** é *qualquer adulteração em documentos ou na contabilidade*, justamente para tentar evitar a descoberta da sonegação. Não é errado dizer que toda sonegação pressupõe uma fraude. Mais estranha ainda é a previsão do **conluio**, que é, na verdade, o *meio de praticar a fraude: há conluio quando duas ou mais pessoas resolvem, juntas, praticar uma infração*. A fraude, ou sonegação, pode ou não ser praticada através de conluio. Agora, o conluio, sozinho, nada significa: ele só existe em prol da sonegação fiscal.

Por essa razão que dissemos que a agravante da duplicação da multa ocorrerá quando a fiscalização tiver provas de que o inadimplemento ocorreu por **dolo**, com a intenção de fraudar o Fisco.

Há, de outra banda, **atenuantes** aplicáveis à multa previdenciária. Ela será reduzida em:

a) 50%, se for efetuado o pagamento no prazo de 30 dias, contados da data em que o contribuinte foi notificado do lançamento;

b) 40%, se for requerido o parcelamento da dívida pelo contribuinte no prazo de 30 dias contados da notificação do lançamento;

c) 30%, se o pagamento ocorrer no prazo de 30 dias depois do sujeito passivo ter sido notificado da decisão administrativa de primeira instância;

d) 20%, se for requerido o parcelamento da dívida pelo sujeito passivo no prazo de 30 dias contados da notificação da decisão administrativa de primeira instância.

As duas primeiras atenuantes servem como incentivo ao pagamento pelo contribuinte, demonstrando que o real interesse da Fazenda é receber o crédito principal (tributo) ao reduzir substancialmente a multa pelo atraso. As duas últimas atenuantes são aplicáveis ao contribuinte que *contestou o lançamento no âmbito da própria administração pública (defesa administrativa), porém não logrou êxito em seu intento*, isto é, o julgamento administrativo em primeira instância entendeu que o lançamento do tributo e da multa estavam corretos. Como o contribuinte, em vez de pagar o débito, preferiu opor-se a ele, seu benefício na redução da multa será menor.

7.3. Outras infrações à legislação tributária

Ao lado do recolhimento fora do prazo, a legislação tributária elenca outras infrações *com multas específicas* em caso de ocorrência. Vejamos cada uma delas:

7.3.1. Regra geral

O art. 283 do RPS traz, em sua redação, a multa geral aplicável *a qualquer infração à legislação previdenciária para a qual não haja previsão específica de multa*. A ideia é simples: se não há multa específica prevista para caso de ofensa a determinado artigo, aplicamos o art. 283 do RPS.

O dispositivo em comento estabelece dois patamares de multa, sendo ambos considerados o *valor mínimo aplicável*, pois podem incidir as agravantes dos art. 290 do RPS. Estabelece, outrossim, o valor máximo que a multa pode atingir depois de consideradas as agravantes. Tais valores são atualizados periodicamente, sendo o documento de atualização mais recente a Portaria MPAS 142/2007, e são os seguintes:

a) Multa mínima de R$ 1.195,13, para os casos previstos no inciso I do art. 283;

b) Multa mínima de R$ 11.951,21, para os casos previstos no inciso II do art. 283;

c) Multa máxima de R$ 119.512,33, em qualquer caso.

7.3.2. Principais regras específicas

a) A falta de inscrição do segurado sujeita o responsável a multa de R$ 1.254,89 por segurado não inscrito (art. 283, § 2º, do RPS);

b) A *falta* de entrega da GFIP sujeita o contribuinte a multa de 2% ao mês incidente sobre o montante das contribuições declaradas na GFIP, ainda que integralmente pagas, limitada a, no máximo, 20% (art. 32-A do PCSS);

c) A entrega da GFIP *com informações falsas ou erradas* sujeita o contribuinte a multa de R$ 20,00 para cada grupo de 10 informações incorretas (art. 32-A do PCSS);

d) A empresa que está em débito perante a Seguridade Social não pode distribuir lucros aos sócios, sob pena de multa de 50% dos valores indevidamente distribuídos (art. 285 do RPS);

e) A empresa que deixar de comunicar acidente de trabalho está sujeita a multa variável entre os limites mínimo e máximo do salário de contribuição por acidente que deixar de comunicar (art. 286 do RPS);

f) A empresa que deixar de encaminhar cópia da GPS ao sindicato de sua categoria mais numerosa ou deixar de afixá-lo no quadro de horário dos empregados está sujeita a multa de R$ 157,24 a R$ 15.724,15 por competência em que houver a irregularidade.

7.3.3. Circunstâncias agravantes e cálculo da multa

Como visto, as infrações à legislação previdenciária são punidas com multas variáveis, cabendo à legislação estabelecer um valor mínimo e o valor máximo para cada uma delas. A multa concreta, especificamente aplicada a determinada empresa, deverá estar entre essas balizas. A autoridade competente para impor a multa, por sua vez, deve atentar para a existência de **circunstâncias agravantes** para determinar se a sanção aplicada *será fixada no mínimo legal ou sofrerá aumentos diante da gravidade da infração.*

Nos termos do art. 290 do RPS, são circunstâncias que sempre agravam a penalidade:

a) a tentativa de suborno do servidor público, que eleva a multa em três vezes;

b) agir com dolo, fraude ou má-fé, que eleva a multa em três vezes;

c) desacatar, no ato da ação fiscal, o agente responsável pela fiscalização, o que eleva a multa em duas vezes;

d) obstar os trabalhos da fiscalização, que eleva a multa em duas vezes;

e) a reincidência, que eleva a multa em três vezes ou em duas vezes, a depender se a reincidência é **específica** (*nova prática da mesma infração*) ou **genérica** (*prática de infração diferente da anterior*), respectivamente.

O parágrafo único do art. 290 do RPS exclui a caracterização da reincidência se entre a prática das infrações tiver decorrido período maior que 5 anos.

A ausência de circunstâncias agravantes impõe a **fixação da multa no mínimo previsto na legislação** (art. 292, I, do RPS).

8. RECURSOS DAS DECISÕES ADMINISTRATIVAS

8.1. Cabimento da defesa administrativa

Diante de uma decisão desfavorável do INSS sobre um pedido de benefício previdenciário, seja o indeferimento ou o pagamento de benefício em valor menor do que o beneficiário entende devido, abrem-se a ele dois caminhos para tentar reverter a situação:

a) Judicial: buscando a declaração de nulidade da decisão administrativa *através do Poder Judiciário*, concretizada através da *sentença de um juiz de direito*;

b) Administrativo: realizado diretamente *junto ao órgão público competente* para avaliar a correção dos atos administrativos praticados, concretizado através de uma *nova decisão administrativa*.

A via judicial é afeta ao Direito Processual. Interessa-nos a via administrativa, cujo cabimento é justificado pelo **direito de petição**, garantia fundamental do cidadão prevista no art. 5º, XXXIV, *a*, da CF/1988, que consagra o direito de *requerer aquilo que for necessário junto aos Poderes Públicos para a defesa de direitos ou contra atos de ilegalidade ou abuso de poder.*

Considerando, por outro lado, que vigora no Brasil o princípio da **inafastabilidade da jurisdição,** segundo o qual *"a lei não excluirá da apreciação do Poder Judiciário lesão ou ameaça a direito"* (art. 5º, XXXV, da CF/1988), apenas este tem o poder de decidir definitivamente qualquer questão que envolva conflito entre duas partes. Daí concluímos que, ainda que o contribuinte opte pela via administrativa, o caminho judicial sempre estará à sua disposição.

O inverso, porém, não se aplica. A fim de evitar trabalho desnecessário, pois a decisão judicial sempre prevalecerá, dispõe o art. 307 do RPS que *"a propositura pelo beneficiário de ação judicial que tenha por objeto idêntico pedido sobre o qual versa o processo administrativo importa renúncia ao direito de recorrer na esfera administrativa e desistência do recurso interposto".*

Salientamos, oportunamente, que a defesa administrativa sobre conflitos envolvendo contribuições previdenciárias escapam ao estudo do Direito Previdenciário. Isso porque, com o advento da "Super-Receita", tratado no tópico 3.2.2, este tema passou a ser de competência da União e não mais do INSS, sendo o procedimento administrativo fiscal federal regulado pelo Decreto 70.235/1972. A sistemática ora estudada, prevista no RPS, ficou desde então restrita às questões sobre benefícios previdenciários.

8.2. Trâmite dos recursos administrativos

O pedido de concessão ou revisão de benefício previdenciário deve ser elaborado *por escrito* e realizado junto a um dos **órgãos regionais do INSS** (seus escritórios e repartições espalhados pelos Municípios do país). Os requisitos e a comprovação destes serão analisados por um **órgão singular,** isto é, composto por apenas um servidor público, que deferirá, ou não, o pedido formulado.

Vencido o beneficiário, ele poderá recorrer para o **Conselho de Recursos da Previdência Social – CRPS,** composto por vinte e nove **Juntas de Recursos,** espalhadas pelos Estados, e quatro **Câmaras de Julgamento**, com sede em Brasília.

Primeiramente, o beneficiário deve endereçar seu recurso a uma das **Juntas de Recursos, órgãos colegiados** compostos por quatro membros (dois representantes do Governo, um das empresas e um dos trabalhadores).

Não conseguindo o reconhecimento de seu direito nas Juntas, o beneficiário poderá ainda recorrer para uma das quatro **Câmaras de Julgamento**, com sede em Brasília, com a mesma composição das Juntas. Este recurso, todavia, somente poderá fundamentar-se em *infração à lei, ao Regulamento da Previdência Social, a enunciado do Conselho Pleno ou a ato normativo ministerial.*

Devemos ressaltar, após esta análise, que a legislação previdenciária **sempre** garante ao beneficiário **duas instâncias de julgamento**: o órgão regional do INSS e a Junta de Recursos, já que o fundamento do acesso a esta pode ser, única e simplesmente, a discordância da decisão do órgão regional. Já o acesso às Câmaras de Julgamento depende da comprovação de um dos requisitos apontados.

Esgotadas as **instâncias ordinárias**, o RPS prevê ainda a possibilidade de **recurso para o Ministro de Estado da Previdência e Assistência Social**. Este instrumento, contudo, está limitado às seguintes hipóteses, devendo todas estarem presentes **cumulativamente:**

a) Controvérsia entre órgãos do Ministério da Previdência e Assistência Social: deve ficar demonstrada a discrepância entre julgados sobre situações iguais em diferentes órgãos regionais ou Juntas de Recursos;

b) A controvérsia deve versar sobre a aplicação da lei, de ato normativo ou sobre questão previdenciária de relevante interesse público ou social: define-se, assim, o *objeto* da análise do Ministro de Estado, que será chamado para dirimir questões ligadas à interpretação da legislação ou aquelas que interessem a um grande número de pessoas;

c) **O pedido de solução será encaminhado pelo órgão competente, através de seu dirigente:** como se vê, *não se trata de um recurso voluntário do beneficiário*, mas sim de instrumento à disposição dos próprios órgãos do CRPS procurando uniformizar sua jurisprudência.

Em resumo, temos o seguinte esquema para visualização do trâmite administrativo dos recursos no INSS:

Havia, ainda, na esfera dos recursos sobre questões previdenciárias, o chamado **recurso de ofício**. Previsto para as hipóteses de o beneficiário ser favorecido com a decisão do INSS, quando ocorria este resultado *o órgão regional ou a Junta de Recursos era obrigado a remeter, diretamente e mesmo sem qualquer intervenção específica, o caso para a instância superior para confirmação da decisão*. Ainda presente em diversos tribunais administrativos, o recurso de ofício **deixou de existir** no quadro previdenciário com a edição do Decreto 6.032/2007, que deu nova redação ao art. 305, § 3º, do RPS.

8.3. Disposições gerais

8.3.1. Prazo

Qualquer recurso, seja para a Junta de Recursos, seja para a Câmara de Julgamento, deve ser interposto no prazo de **30 dias**, contados da ciência da decisão desfavorável.

8.3.2. Efeitos

Os recursos contra as decisões da Junta de Recursos terão efeitos **devolutivo** e **suspensivo**. Recursos contra as decisões do órgão regional são recebidos apenas com efeito devolutivo.

Efeito devolutivo é aquele que caracteriza qualquer recurso, estando **sempre** presente. Significa que *a matéria tratada no caso em julgamento será devolvida ao órgão superior para nova análise*.

Efeito suspensivo, ao contrário, pode ou não estar previsto. Significa, quando presente, que *a decisão inferior fica suspensa até a prolação da decisão do recurso*. Com isso, as partes não são obrigadas a cumprir o que o órgão inferior decidiu até que seja publicada a decisão do órgão superior. Exemplo: se a Junta de Recursos determinar o pagamento de certo benefício ao segurado, havendo recurso dessa decisão **com efeito suspensivo** o INSS não estará obrigado a pagar até que a Câmara de Julgamento resolva a questão.

9. PLANO DE BENEFÍCIOS DO REGIME GERAL DE PREVIDÊNCIA SOCIAL

9.1. A relação jurídica de benefício

Vimos mais atrás, no tópico 3.2.1, os elementos da relação jurídica de custeio direto da Seguridade Social, cujo objeto era o dever de pagar as contribuições sociais impostas por lei. Esse estudo, em rigor, seguiu-nos até o presente momento.

Iniciamos agora a análise da outra relação jurídica que envolve o Direito Previdenciário. Aliás, a **relação jurídica de benefício** é de Direito Previdenciário por excelência, sendo específica deste ramo do Direito, diferente da relação jurídica de custeio que, como amplamente verificado, tem suas origens e regulamentações vinculadas ao Direito Tributário.

Vamos relembrar. Dissemos que qualquer relação jurídica tem a seguinte estrutura:

```
   Sujeito ativo           Sujeito passivo
     Credor                   Devedor
                  Vínculo
        A  ←                      B
                  Objeto
```

No que toca à **relação jurídica de benefício**, podemos apontar que cada um desses elementos toma a seguinte forma:

a) **Sujeito ativo (ou credor):** será o **beneficiário** da Previdência, *a pessoa que possui vínculo de filiação com o INSS* (conhecido como **segurado**) ou *pessoa ligada ao segurado por dependência econômica* (os **dependentes**). Voltaremos a esses conceitos mais adiante;

b) **Sujeito passivo (ou devedor):** será sempre o INSS;

c) **Objeto:** a realização das prestações previdenciárias previstas no PBPS (Lei 8.213/1991), que se dividem em **benefícios** e **serviços**;

d) **Vínculo:** a relação jurídica de benefício decorre da **filiação** do segurado ao RGPS.

```
                       Filiação
  Beneficiário  ←                   INSS
                      Benefício
                         ou
                       Serviço
```

9.2. Beneficiários do RGPS

O PBPS prevê o pagamento de benefícios e a prestação de serviços para duas espécies de beneficiários: **os segurados** e os **dependentes**, que serão, é bom que se ressalte, sempre *pessoas físicas*.

9.2.1. Segurados

A figura do segurado já foi amplamente estudada. Aplicam-se para a relação de benefício *os mesmos conceitos aprendidos sobre a relação de custeio*. Estamos falando, portanto, do **segurado empregado, do empregado doméstico, do trabalhador avulso, do contribuinte individual, do**

segurado especial e do segurado facultativo. Dizemos que estas pessoas possuem *vínculo direto* com o INSS, porque estão *inscritas* e *filiadas* ao RGPS.

9.2.2. Dependentes

A novidade fica por conta do conceito de **dependentes**. São pessoas *com vínculo indireto com o INSS, uma vez que se ligam ao segurado*. O termo *dependente* remete à necessária **dependência econômica** que deve existir entre o dependente e o segurado. Em outras palavras, o dependente é uma pessoa que depende da atividade remunerada do segurado para sua subsistência.

Por isso dissemos que o dependente tem vínculo indireto com o INSS: ele se liga ao segurado, que por sua vez está filiado ao RGPS.

As pessoas que podem se enquadrar como dependentes do segurado são divididas em **classes**, sendo que *a existência de pessoas nas classes mais altas impede o recebimento do benefício por aquelas das classes mais baixas*. Exemplo: se o segurado, ao falecer, deixa mulher e seu pai, apenas aquela receberá o benefício da pensão por morte, por ser dependente de 1ª classe, enquanto o pai é dependente de 2ª classe. Em contrapartida, se houver *mais de uma pessoa na mesma classe*, o benefício deve ser rateado igualmente entre elas.

a) 1ª Classe: além de afastar as duas classes inferiores, a 1ª classe de dependentes tem como característica principal **a presunção absoluta de dependência econômica**. Isso significa que seus integrantes *não precisam provar que dependiam diretamente do segurado para sua subsistência*, sendo esta situação presumida pela lei e não se autorizando prova em sentido contrário. Excetuam-se, apenas, os **equiparados a filho**, quais sejam, *o enteado e o menor tutelado*, que devem provar a dependência econômica para fazer jus aos benefícios.

a1) Cônjuge ou companheiro(a)

O primeiro integrante da 1ª classe de dependentes é o **cônjuge**, bem como o **companheiro(a)**. Cônjuge é a *pessoa casada formalmente*; companheiro(a) é quem vive *em união estável*, definida nos termos do art. 1.723 do Código Civil (CC) como *a convivência pública, contínua e duradoura e estabelecida com o objetivo de constituição de família*.

Para que o cônjuge figure como dependente do segurado, é necessário *que o casamento esteja vigente no momento do requerimento do benefício*. Isso exclui o cônjuge **separado judicialmente** (figura extinta com a Emenda Constitucional 66/2010), **separado de fato** (chamado pelo PBPS de *cônjuge ausente*, aquele que não mais reside com seu consorte, sem, todavia, promover formalmente o divórcio) e, obviamente, o **divorciado**, uma vez que nessa hipótese o casamento já foi extinto. **Excetuam-se** os casos em que o cônjuge, ainda que separado ou mesmo divorciado, *recebia pensão alimentícia*. Em resumo: desfeito o casamento por qualquer das formas apresentadas, o cônjuge não é mais dependente do segurado; **será ainda dependente** se estiver recebendo pensão alimentícia. A razão de ser desta exceção remonta ao fato da pensão alimentícia ser paga somente se o cônjuge comprovar sua *necessidade*, sendo, então, fato suficiente para o Direito Previdenciário reconhecer sua dependência econômica.

Sobre o direito a alimentos, trazemos à baila a Súmula 336 do STJ: *"a mulher que renunciou aos alimentos na separação judicial tem direito à pensão previdenciária por morte do ex-marido, comprovada a necessidade econômica superveniente"*. O verbete consagra a **irrenunciabilidade do direito a alimentos**, podendo o cônjuge apenas dele não fazer uso. Com efeito, ainda que, no momento da separação ou divórcio, os cônjuges tenham optado por não exercer seu direito a alimentos, por não haver necessidade naquela situação, ela (a necessidade) pode surgir depois. Comprovado este fato, por exemplo, no momento do óbito do segurado, o cônjuge sobrevivo deve ser contemplado com o benefício da pensão por morte.

Já quanto à união estável, é preciso lembrar que *há pessoas que são impedidas de constituí-la, por serem impedidas de casar* (com exceção da pessoa separada judicialmente ou de fato, porque, apesar de formalmente ainda estar casada, o art. 1.723, § 1º, do CC autoriza sua união estável). Tais casos estão previstos no art. 1.521 do CC:

> **Art. 1.521.** Não podem casar:
>
> I – os ascendentes com os descendentes, seja o parentesco natural ou civil;
>
> II – os afins em linha reta;
>
> III – o adotante com quem foi cônjuge do adotado e o adotado com quem o foi do adotante;
>
> IV – os irmãos, unilaterais ou bilaterais, e demais colaterais, até o terceiro grau inclusive;
>
> V – o adotado com o filho do adotante;
>
> (...)
>
> VII – o cônjuge sobrevivente com o condenado por homicídio ou tentativa de homicídio contra o seu consorte.

Nessas hipóteses, nos termos do art. 16, § 6º, do RPS, *não se reconhecerá o status de companheiro, e, consequentemente, o de dependente* (STF, RE 590.779/ES, *DJ* 10.02.2009).

Por fim, uma palavra sobre a **união homoafetiva**. O INSS já admitia a caracterização como dependente de companheiro(a) do mesmo sexo, ainda que por determinação judicial, desde 2007. Não obstante, com o reconhecimento da validade, pelo STF, da união homoafetiva (ADI 4.277/DF, *DJ* 05.05.2011), e mesmo a edição da Resolução 175/2013 do Conselho Nacional de Justiça, que determina a realização de casamentos ou conversão de união estável em casamento entre pessoas do mesmo sexo em todos os cartórios de registro civil de pessoa natural do país, a questão fica definitivamente assentada no sentido de reconhecer os direitos de dependente ao companheiro (e até ao cônjuge) homossexual.

a2) Filho menor de 21 anos não emancipado

O filho, seja ele natural ou adotivo, conserva sua condição de dependente *até que complete 21 anos de idade*, desde que até esse momento não se tenha promovido sua **emancipação**, ato jurídico que confere a plena capacidade civil ao menor com 16 anos completos nas seguintes hipóteses: *concessão dos pais, casamento, exercício de cargo público efetivo, constituição de estabelecimento civil ou empresarial em função do qual o menor tenha economia própria ou colação de grau em nível superior*.

A despeito de julgados isolados em sentido contrário, o STJ tem jurisprudência assentada de que o fato do filho estar cursando faculdade **não estende** o benefício da pensão por morte até que ele atinja 24 anos de idade (AgRg no REsp 818.640/SC, *DJ* 17.06.2010, REsp 779.418/CE, *DJ* 25.10.2005).

a3) Filho inválido ou portador de deficiência

Para fins previdenciários, entende-se **invalidez** como *a total incapacidade para o trabalho, seja decorrente de deficiência física ou mental que torne a pessoa absoluta ou relativamente incapaz*. Com a entrada em vigor do Estatuto da Pessoa com Deficiência (Lei 13.146/2015), o filho portador de deficiência intelectual ou mental, ou deficiência grave, é considerado dependente, não mais se exigindo a declaração judicial de incapacidade civil.

O filho inválido conserva sua posição de dependente de 1ª classe **independentemente de sua idade**, perdendo-a somente se cessar a invalidez. Vale ressaltar que esta deve ser **anterior à emancipação ou à data em que a pessoa completa 21 anos**. Se já superior a esta idade ou emancipado por qualquer das razões expostas no item anterior, *salvo a colação de grau em nível superior*, e, só então, vem a tornar-se inválido, este filho **não será** dependente para fins previdenciários (art. 17, III, do RPS).

Cumpre salientar que parte da doutrina repudia essa posição, assentando que os dependentes de primeira classe gozam de presunção absoluta de dependência econômica e, destarte, deverão ser assim classificados ainda que a invalidez ou incapacidade civil seja posterior ao aniversário de 21 anos.

a4) Equiparados a filho

O art. 16, § 2º, do PBPS **equipara** a filho o **enteado** e o **menor tutelado**, garantindo a estes a mesma posição na classe de dependentes.

Enteado é o *filho do outro cônjuge, com o qual o segurado não tem relação de parentesco* (há de se ter cuidado, pois se o padrasto ou a madrasta **adotar** o enteado este se tornará **filho** por conta do processo de adoção); **menor tutelado** é aquele a quem foi dado *um tutor, após processo judicial, para zelar por sua educação após a morte dos pais ou a perda do poder familiar quando houver patrimônio do menor a ser gerenciado*.

As únicas diferenças estabelecidas são: os equiparados a filho, *apesar de constarem da 1ª classe de dependentes*, **devem provar a dependência econômica** para receberem os benefícios e devem ser **previamente inscritos** no INSS pelo próprio segurado (ao passo que os filhos podem apresentar-se a qualquer momento).

Sobre o **menor sob guarda**, *instituto voltado à regularização de uma situação fática, de quem cuida do menor na ausência dos pais*, o STJ consolidou o entendimento de que estes **não se enquadram como dependentes**, ainda que comprovem dependência econômica (REsp 773.944/SP, *DJ* 05.02.2009).

b) 2ª classe: somente se filiarão ao RGPS na qualidade de dependentes na *ausência de qualquer pessoa de primeira classe*. Neste patamar, *é necessário, **sempre**, que comprovem a dependência econômica junto ao segurado*, sob pena de serem excluídos do pagamento dos benefícios.

Apenas os **pais** encontram-se na 2ª classe de dependentes. Merece atenção o fato de o texto legal mencionar **pais** e não **ascendentes**, o que exclui os ancestrais mais antigos, principalmente os avós, ainda que eles sejam economicamente dependentes do segurado. Há julgado do STJ em sentido contrário, porém atestando uma *situação singular* para reconhecer o direito ao benefício pelo avô do segurado falecido: a existência de verdadeira relação filial entre eles, uma vez que o segurado foi criado pelo avô desde a tenra idade pela precoce morte dos pais (REsp 528.987/SP, *DJ* 06.11.2003).

c) 3ª classe: segundo a sistemática já conhecida, *receberão os benefícios somente na inexistência de dependentes nas duas classes anteriores* e, também, *devem sempre provar a dependência econômica*.

Colocam-se aqui os **irmãos, unilaterais** (filhos apenas do mesmo pai ou da mesma mãe) ou **bilaterais** (filhos do mesmo pai e da mesma mãe, também chamados de *irmãos germanos*) **até 21 anos ou inválidos ou portadores de deficiência intelectual ou mental ou de deficiência grave**. Todas as regras estudadas sobre o início e o fim da qualidade de dependente dos filhos são utilizadas para os irmãos.

9.3. Benefícios previdenciários – disposições gerais

Iniciamos agora o estudo das **prestações** devidas pelo INSS aos segurados e dependentes.

Prestação previdenciária *é gênero* que se subdivide em duas espécies: **benefícios**, que são traduzidos na forma de *prestações pecuniárias (em dinheiro) periódicas*; e **serviços**, que se caracterizam por *qualquer outra prestação que não seja traduzida em dinheiro*.

Todas elas estão previstas no art. 18 do PBPS:

Art. 18. O regime geral de previdência social compreende as seguintes prestações, devidas inclusive em razão de eventos decorrentes de acidentes do trabalho, expressas em benefícios e serviços:

I – quanto ao segurado:

a) aposentadoria por invalidez;

b) aposentadoria por idade;

c) aposentadoria por tempo de contribuição;

d) aposentadoria especial;

e) auxílio-doença;

f) salário-família;

g) salário-maternidade;

h) auxílio-acidente.

II – quanto ao dependente:

a) pensão por morte;

b) auxílio-reclusão.

III – quanto ao segurado e dependente:

a) (Revogado)

b) serviço social;

c) reabilitação profissional.

Todos os itens citados representam **benefícios**, *exceto os do inciso III*: serviço social e reabilitação profissional. Essas são as únicas prestações previdenciárias da espécie **serviços**.

Daí podemos concluir que os **benefícios** serão pagos, necessariamente, **ou** ao segurado **ou** ao dependente. Por isso dissemos que, enquanto o segurado estiver presente, a relação do INSS com o dependente não se completa. Perceba que o dependente só ingressa na relação jurídica com a morte ou a prisão do segurado. Já os **serviços** podem ser prestados, concomitantemente, ao segurado e ao dependente.

Nosso estudo será mais focado nos **benefícios**, por sua maior importância teórica e prática. Sem prejuízo, anotamos que o **serviço social** destina-se a *"prestar ao beneficiário orientação e apoio no que concerne à solução dos problemas pessoais e familiares e à melhoria de sua inter-relação com a previdência social, para a solução de questões referentes a benefícios, bem como, quando necessário, à obtenção de outros recursos sociais da comunidade"* (art. 161 do RPS). Já a **reabilitação profissional** *"visa a proporcionar aos beneficiários, incapacitados parcial ou totalmente para o trabalho, em caráter obrigatório, independentemente de carência, e às pessoas portadoras de deficiência, os meios indicados para proporcionar o reingresso no mercado de trabalho e no contexto em que vivem"* (art. 136 do RPS).

9.3.1. Carência

A concessão dos benefícios depende da comprovação do período de **carência**, definido como *o número mínimo de contribuições mensais necessárias para autorizar o recebimento do benefício pelo segurado.* Se a contingência geradora da necessidade ocorrer antes de cumprida a carência exigida, o segurado, mesmo em dia com suas contribuições, não fará jus ao benefício.

A carência se justifica na manutenção do equilíbrio atuarial e financeiro do sistema previdenciário. A ideia é a mesma aplicada aos planos de saúde privados, exigindo-se do segurado um número mínimo de contribuições para que o INSS garanta o recebimento de algum valor antes de ter de gastar com a pessoa.

O prazo exigido por lei é contado a partir da *filiação ao RGPS* para o **segurado empregado, o doméstico e o trabalhador avulso.** Como a filiação ocorre com o início da atividade remunerada, temos que o *recolhimento das contribuições dessas três espécies de segurados é **presumido**.* Em outras palavras: ainda que o empregador não efetue o recolhimento das contribuições, sua carência já estará sendo computada desde o primeiro dia de trabalho.

Para o **contribuinte individual** e o **segurado facultativo**, a carência será contada somente a partir *do primeiro dia do mês da competência a que se refere o pagamento da primeira contribuição **sem atraso**.* Assim, se determinado contribuinte individual deu início às suas atividades em 15 de junho de 2017, ao recolher sua contribuição em 20 de julho de 2017, *terá iniciada a contagem de seu período de carência a partir de 01 de junho de 2017.* Note que o prazo só começa a correr com o pagamento da primeira contribuição sem atraso, porém o termo inicial é o primeiro dia do mês da competência.

Com isso, **não se reconhece** como carência o recolhimento posterior de contribuições pretéritas, mesmo com os devidos acréscimos (juros e multa). Vem daí a imprescindível diferenciação entre **carência** e **tempo de contribuição**. Veja o caso do contribuinte individual que, tendo começado a trabalhar em outubro de 2012, nunca recolheu suas contribuições previdenciárias. Em 20 de novembro de 2017, pretendendo regularizar sua situação no INSS, efetua o pagamento das 36 contribuições de uma vez, com juros e multa. Ao fazê-lo, este segurado terá **36 meses de tempo de contribuição**, porém apenas **01 mês e 20 dias de carência**, pois esta começa a correr unicamente a partir do pagamento da primeira contribuição **sem atraso**. A contribuição paga corretamente em 20 de novembro de 2017 refere-se a outubro de 2017, sendo a primeira sem atraso. Logo, a carência começou em 1º de outubro de 2017.

Para o **segurado especial**, aplica-se regra distinta. Considerando que ele não recolhe mensalmente suas contribuições, mas somente sobre a comercialização da produção quando esta ocorrer, basta que ele comprove *a efetiva atividade rural pelo número de meses exigido como carência, desde que posterior a novembro de 1991,* ainda que neste período ele não tenha efetuado uma contribuição sequer.

Se o segurado perder essa qualidade, ao retornar ao exercício de atividade remunerada *deverá cumprir, no mínimo, metade do período exigido* para **aproveitar** a carência paga anteriormente. Exemplo: a carência do auxílio-doença é, em regra, de 12 contribuições mensais. Suponha que um empregado efetuou 15 contribuições mensais, foi demitido e perdeu a qualidade de segurado (com o término do período de graça). Ao conseguir um novo trabalho, *deverá efetuar o pagamento de 6 contribuições, que é um metade de 12, como carência para ter direito ao auxílio-doença.* Da mesma forma, se tivesse recolhido apenas 4 contribuições, ao pagar as 6 primeiras relativas ao novo emprego, já contaria com **10 meses** de carência.

Falando em prazos, não são todos os benefícios que exigem carência para sua concessão. Para melhor memorização desses períodos, quando existentes, deixamos para relacioná-los junto com as demais regras específicas de cada benefício previdenciário, integrando-os no estudo destes.

9.3.2. Período Básico de Cálculo (PBC)

O cálculo do valor exato do benefício a ser pago ao segurado ou dependente passa por uma série de etapas e considera diversos valores.

O primeiro deles é o chamado **Período Básico de Cálculo (PBC)**, o verdadeiro ponto de partida para encontrarmos o valor da renda mensal a que o beneficiário tem direito.

O art. 29 do PBPS deixa entrever que o PBC é composto de todos os salários de contribuição do segurado ao longo de sua vida laborativa. Esta interpretação é parcialmente verdadeira, porque o conceito do PBC deve ser construído levando-se em conta o disposto no art. 3º da Lei 9.876/1999, que determina que o PBC dos segurados filiados ao RGPS até 25 de novembro de 1999 será considerado apenas desde a competência de julho de 1994, quando entrou em vigor o Plano Real. Dessa forma, podemos concluir que o PBC:

a) Dos segurados filiados até 25 de novembro de 1999 será todo o período contributivo a partir de julho de 1994;

b) Dos segurados filiados a partir de 26 de novembro de 1999 será todo o período contributivo.

Atenção ao fato do PBC tomar por base os **salários de contribuição** mensais, não o valor efetivamente pago a título de contribuição. Nos termos do art. 29-B do PBPS, cada salário de contribuição considerado no PBC será corrigido monetariamente através do Índice Nacional de Preços ao Consumidor – INPC, calculado pelo IBGE.

Em derradeiro, destacamos que **os salários de contribuição referentes ao 13º salário do segurado não integram o PBC**. Nós sabemos que incide contribuição previdenciária sobre o 13º salário, afinal ele é considerado salário de contribuição (vide item 4.4.1, "d", "d4"). Mas esse salário de contribuição **não pode** ser somado ao PBC. Isso implica que, se o segurado contribuiu corretamente por 10 anos, *terá 120 salários de contribuição considerados no PBC*, a despeito de ter pagado 130 contribuições mensais (ao considerarmos as incidentes sobre o 13º salário). É por isso que dizemos que a contribuição social incidente sobre o 13º salário é **tributo puro**, como o imposto de renda ou o IPVA, não trazendo qualquer alteração no valor do benefício do segurado no futuro.

9.3.3. Salário de benefício

Calculado o PBC, podemos dar mais um passo no cálculo do valor do benefício devido ao segurado ou dependente: o **salário de benefício**.

Antes de prosseguirmos, vale a ressalva: da mesma forma que o salário de contribuição **não se confunde** com a contribuição paga pelo segurado, sendo apenas sua base de cálculo, o salário de benefício também **não se confunde** com o valor do benefício recebido, sendo apenas sua base de cálculo.

O conceito de salário de benefício muda de acordo com o benefício a que se refere:

a) Para a aposentadoria por tempo de contribuição: o salário de benefício corresponde *à média aritmética simples dos 80% maiores salários de contribuição integrantes do PBC após a correção monetária, **multiplicado pelo fator previdenciário**;*

b) Para a aposentadoria por idade: corresponde à *média aritmética simples dos 80% maiores salários de contribuição integrantes do PBC após a correção monetária, **multiplicado pelo fator previdenciário apenas se for benéfico ao segurado**;*

c) Para a aposentadoria por invalidez, aposentadoria especial, auxílio-doença e auxílio-acidente: corresponde à *média aritmética simples dos 80% maiores salários de contribuição integrantes do PBC após a correção monetária*, sem aplicação do fator previdenciário;

d) Para o salário-família e o salário-maternidade: estes benefícios trabalham com valores mensais fixos, não utilizando o conceito geral de salário de benefício;

e) Para a pensão por morte: corresponde ao *mesmo valor do salário de benefício calculado para a aposentadoria, seja qual for a espécie, se o segurado já era aposentado na data do óbito*, ou *ao valor do salário de benefício equivalente ao da **aposentadoria por invalidez**, caso ainda não fosse aposentado na data do óbito*;

f) Para o auxílio-reclusão: valor do salário de benefício equivalente ao da aposentadoria por invalidez.

Note que o cerne do cálculo do salário de benefício é sempre o mesmo: *a média aritmética simples dos 80% maiores salários de contribuição após a correção monetária*. Isso significa que, primeiro, devemos considerar o número de salários de contribuição mensais existentes dentro do PBC. Por exemplo, 180 meses (quinze anos). A seguir, aplicamos a correção monetária sobre todos eles e verificamos quais são os 144 maiores (144 equivale a 80% de 180). Por fim, extraímos a média aritmética simples deste grupo de 144 salários de contribuição, somando todos e dividindo por 144 (que é o número de parcelas somadas).

Os conceitos variam sobre a incidência ou não do fator previdenciário, cujo conceito será tratado no tópico seguinte.

O salário de benefício também possui **limites mínimo e máximo**: será no mínimo *um salário mínimo* e no máximo *o valor máximo estabelecido para o salário de contribuição*.

Caso o segurado tenha recebido benefício previdenciário durante o PBC, nos meses em que isso ocorreu *será considerado como salário de contribuição o valor do salário de benefício que serviu de base para o cálculo do benefício recebido*. A regra existe para não prejudicar o segurado que, por exemplo, recebeu auxílio-doença por um ano por ter ficado incapacitado para o trabalho durante esse período. Já sabemos que, enquanto estiver no gozo de benefício previdenciário, o segurado não paga a contribuição social. Como a lei estabelece que, mesmo assim, tal período é considerado como tempo de contribuição, foi necessário estabelecer qual o parâmetro a ser utilizado posteriormente, ou seja, qual o valor que será considerado como salário de contribuição no PBC geral do segurado, incluindo o período em que ficou afastado do trabalho recebendo auxílio-doença. Estabeleceu-se, então, o *valor do salário de benefício encontrado no cálculo do auxílio-doença*.

9.3.4. Fator Previdenciário (FP)

Vimos que o salário de benefício da aposentadoria por tempo de contribuição e da aposentadoria por idade (e, via de consequência, a pensão por morte se o segurado já recebia um desses benefícios na época do óbito) acolhem, em seu cálculo, uma variável denominada **fator previdenciário (FP)**, *criada em 1999 com o escopo de mitigar os efeitos colaterais nefastos do aumento da expectativa de vida dos brasileiros sobre o orçamento da previdência*. A melhora na qualidade de vida faz com que as pessoas vivam mais após se aposentarem, o que desequilibra o sistema.

A criação do fator previdenciário, então, pretende *incentivar as pessoas a se aposentar mais tarde*. Para tanto, o fator é calculado através de uma fórmula que impõe uma diminuição **maior** no salário de benefício conforme seja **menor** a idade e o tempo de contribuição do trabalhador no momento em que este pretende se aposentar.

Eis a fórmula matemática do FP:

$$FP = \frac{Tc \ x \ a}{Es} \ x \ 1 + \frac{(Id + Tc \ x \ a)}{100}$$

Onde:

Tc = Tempo de contribuição (em anos)

Es = Expectativa de sobrevida do segurado (em anos)

Id = Idade do segurado (em anos)

a = 0,31 (alíquota fixa)

A expectativa de sobrevida do segurado é calculada pelo IBGE e publicada na Tábua Completa de Mortalidade, considerando-se a média nacional única para ambos os sexos. Esta tabela é construída anualmente e pode ser acessada em <www.ibge.gov.br>.

Ao **tempo de contribuição** introduzido na fórmula, devemos **somar 5 anos** caso se trate de **mulher** e **outros 5 anos** se estivermos falando de professores. Ou seja:

a) para uma mulher que não seja professora, somamos 5 anos;

b) para uma professora, somamos 10 anos;

c) para um homem que não seja professor, não somamos nada;

d) para um professor, somamos 5 anos.

Isso ocorre porque as mulheres e os professores podem aposentar-se com menos tempo de contribuição do que os homens ou as profissões não ligadas ao magistério. Em consequência, é imperioso fazer o ajuste da fórmula, para que tais categorias não sejam prejudicadas.

Vamos construir um exemplo: certo contribuinte, contando com 57 anos de idade e 35 anos de contribuição sobre um salário de contribuição sempre igual a R$ 2.000,00 (desconsiderando a correção monetária para facilitar a conta), pretende aposentar-se. Sabemos que, para esse benefício, o conceito de salário de benefício é integrado obrigatoriamente pelo FP. Precisamos, então, calculá-lo:

$$FP = \frac{35 \times 0,31}{23,6} \times 1 + \frac{(57 + 35 \times 0,31)}{100} = 0,77$$

A variável da Expectativa de Sobrevida foi colhida diretamente na Tábua de Mortalidade, apenas para viabilizar nosso exemplo.

Como o FP deu um número menor que 1, ao multiplicar o salário de benefício por ele, fatalmente o valor diminuirá. No nosso exemplo, a média aritmética simples dos 80% maiores salários de contribuição dá R$ 2.000,00, multiplicado por 0,77 chegaremos a R$ 1.540,00. E essa ainda não será, necessariamente, a renda mensal do benefício!

Vamos mudar um pouco o exemplo. Nosso novo contribuinte tem 65 anos de idade e contribuiu pelos mesmos 35 anos, sempre com salário de contribuição igual a R$ 2.000,00. Quanto será seu FP?

$$FP = \frac{35 \times 0,31}{17,9} \times 1 + \frac{(65 + 35 \times 0,31)}{100} = 1,065$$

Nesse segundo caso, o FP atingiu um número maior que 1. Logo, aumentará o salário de benefício após a multiplicação: R$ 2.000,00, multiplicado por 1,065, dá R$ 2.131,65.

Perceba que a única coisa que alteramos foi a idade do contribuinte. Com o mesmo tempo de contribuição, o FP pode aumentar ou diminuir o valor do salário de benefício,

sendo, portanto, altamente influenciado pela idade. Por isso afirmamos que o FP visa a desestimular a aposentadoria de quem ainda tem potencial para trabalhar mais.

Lembre-se que o **FP é obrigatório no cálculo da aposentadoria por tempo de contribuição, exceto na hipótese de opção pela regra 95/85 (veja item 9.4.3, letra "i", abaixo) e facultativo na aposentadoria por idade** (o que significa que, neste último caso, ele somente será usado se for maior que 1, porque só assim beneficia o segurado). Não há aplicação do FP para os demais benefícios previdenciários.

9.3.5. Renda Mensal Inicial (RMI)

Finalmente, concluímos nosso caminho matemático. A **Renda Mensal Inicial (RMI)** é *efetivamente o valor que será pago ao segurado ou dependente*. Ela é encontrada aplicando-se um *percentual sobre o salário de benefício*.

O percentual é previsto em lei individualmente para cada benefício. Por esta razão, tal qual fizemos com a carência, preferimos indicá-lo no momento em que estudarmos os benefícios um por um, facilitando a compreensão e a memorização dos valores.

Vale ressaltar que, em regra, *nenhum benefício será menor que o salário mínimo ou maior que o teto estabelecido para o salário de contribuição no RGPS*. São **exceções:**

a) Salário-família e auxílio-acidente: como **não** substituem a renda do trabalhador, sendo um complemento mensal ao salário, *podem ser **inferiores** ao salário mínimo*;

b) Salário-maternidade: reduzir o valor da remuneração mensal da trabalhadora quando ela se torna mãe seria um verdadeiro desestímulo a tão nobre propósito. Por isso, o salário-maternidade *tem exatamente o mesmo valor do salário da segurada*. Assim, *pode ser **superior** ao teto do salário de contribuição estabelecido para o RGPS*.

Chamamos o resultado obtido com a aplicação do percentual de renda mensal **inicial** porque ela (a renda) não será sempre igual. O art. 201, § 4º, da CF/1988 estabelece que a renda mensal do benefício deve ser reajustada anualmente, sendo complementado pelo art. 41-A do PBPS, que dispõe que este reajuste ocorrerá na mesma data daquele do salário mínimo e com aplicação do INPC calculado pelo IBGE.

9.3.6. Decadência e prescrição dos benefícios previdenciários

Diferentemente do que ocorre com as contribuições sociais, que seguem as regras de decadência e prescrição do Direito Tributário, nos conflitos envolvendo benefícios devemos aplicar as regras próprias do Direito Previdenciário.

a) Benefício indeferido (art. 103, *caput*, do PBPS)

Se o segurado ou dependente *requer o benefício no INSS, mas este se recusa a pagá-lo sob o argumento de que o solicitante não faz jus ao recebimento nos termos da lei*, abre-se o prazo de **decadência** de **10 anos** para que o interessado busque reverter essa decisão, contados da data em que tomar ciência da **decisão definitiva** do INSS. Se deixar o prazo escoar sem oposição, o beneficiário *perde o direito ao benefício* (já que estamos falando de **decadência**), nunca mais podendo solicitá-lo.

b) Benefício deferido, porém em valor menor que o correto (art. 103, *caput*, do PBPS)

Caso o INSS *defira o benefício requerido, mas pague um valor menor do que o beneficiário entende correto*, abre-se para este o mesmo prazo de **10 anos** de **decadência** para impugnar o montante deferido, contados do **primeiro dia do mês seguinte ao do recebimento da primeira prestação**. Se deixar o prazo escoar sem oposição, o beneficiário *perde o direito à revisão do benefício*, recebendo-o sempre com o valor menor.

c) Recebimento de valores devidos pelo INSS (art. 103, parágrafo único, do PBPS)

Quando o segurado ou dependente pretender *receber na Justiça valores atrasados devidos pelo INSS, seja porque não os pagou no tempo certo ou pagou menos do que o devido*, terá o prazo de **prescrição** de **5 anos** para fazê-lo, contados **da data em que os benefícios deveriam ter sido pagos**, exceto quando se tratar de questão que envolva **acidente de trabalho**, quando o prazo começa a contar da *data do acidente*, quando dele resultar morte ou incapacidade temporária para o trabalho, ou *da data em que for reconhecida pelo INSS a incapacidade permanente ou agravamento das sequelas deixadas pelo acidente* (art. 104 do PBPS).

Esse item deve ser lido em conjunto com o anterior, dada sua similitude. Se o beneficiário pretende contestar o valor recebido, por entender que ele é menor que o devido, terá prazo de **decadência** de **10 anos** para fazê-lo. Porém, os valores que lhe serão complementados, em caso de deferimento de sua impugnação, ficam limitados aos **5 últimos anos**, por conta da **prescrição**.

Anote-se que a prescrição **não corre** contra absolutamente incapazes e ausentes, nos termos do art. 198 do CC. Ela fica **suspensa** até que cesse a incapacidade ou a ausência.

d) Revisão do benefício pela própria Administração (art. 103-A do PBPS)

A Administração Pública tem o poder de revisar seus próprios atos, a fim de adequá-los às disposições legais. É possível que determinado benefício tenha sido concedido de forma equivocada ou em valor errado nos termos da legislação aplicável.

Quando tais erros prejudicarem o beneficiário, valem os prazos de decadência e prescrição já analisados. De outro lado, quando os equívocos forem favoráveis ao segurado ou dependente (concedendo-se benefício indevido ou em valor maior do que o disposto em lei, por exemplo), o INSS poderá rever esses atos administrativos no prazo **decadencial de 10 anos**, contados da **data em que foram praticados os atos**. Isso significa que, dentro deste interregno, o INSS pode revisar o valor pago a título de benefício, diminuindo-o, e até mesmo a própria concessão deste, deixando de pagá-lo ao beneficiário.

O PBPS ressalva, ainda, os casos de **má-fé**. Comprovado que o equívoco do INSS deu-se por conta de ato doloso do contribuinte, com a intenção de obter um benefício a que não tinha direito ou com valor maior que o correto (por exemplo, apresentando um documento falsificado), **não existirá** a limitação do prazo decadencial. Isto é, o INSS poderá rever o ato administrativo **a qualquer tempo**, mesmo depois de 10 anos.

9.4. Benefícios previdenciários em espécie

Seguindo a mesma sistemática utilizada para o estudo das contribuições sociais, apresentaremos as regras sobre os benefícios previdenciários sempre na mesma ordem: **previsão legal, sujeito ativo, contingência protegida, carência, requisitos, renda mensal inicial, data de início e de término do pagamento, outras observações que se fizerem indispensáveis.**

9.4.1. Aposentadoria por invalidez

a) Previsão legal: arts. 42 a 47 do PBPS; arts. 43 a 50 do RPS.

b) Sujeito ativo: segurado

c) Contingência protegida: incapacidade **total** e **permanente** para o exercício de **qualquer** atividade remunerada.

d) Carência: 12 contribuições mensais, sendo **dispensada** se a incapacidade total e permanente decorrer de *acidente de qualquer natureza (acidente comum ou acidente de trabalho), doença profissional ou do trabalho ou de uma das doenças listadas em Portaria do Ministério da Previdência Social.*

e) Requisitos: comprovação da incapacidade por perícia médica oficial. **Não** é necessário estar em gozo de auxílio-doença previamente.

f) Renda mensal inicial: 100% do salário de benefício, podendo incluir um acréscimo de 25% sobre o **valor do benefício** se o segurado *necessitar de assistência permanente de outra pessoa*, presumida esta nas hipóteses elencadas no Anexo I do RPS.

g) Termo inicial:

g1) Segurado em gozo prévio de auxílio-doença: na data em que a perícia atestar a necessidade de conversão do benefício;

g2) Segurado empregado: a partir do 16º dia do afastamento, se o pedido foi feito em até 30 dias a contar deste; ou a partir da data do requerimento, se ele foi feito passado aquele prazo;

g3) Demais segurados: na data do início da incapacidade para o trabalho, se respeitado o prazo de 30 dias a contar dela; ou a partir do requerimento, se este foi feito depois do prazo;

g4) Se o requerimento foi indeferido pelo INSS: na data do requerimento administrativo se a ação judicial for julgada procedente.

h) Termo final: ciente das dificuldades de retorno ao mercado de trabalho causadas pelo afastamento decorrente da aposentadoria, a legislação previdenciária estabelece regras de extinção progressiva do benefício, da seguinte forma:

h1) Recuperação total dentro de 5 anos contados do início da aposentadoria por invalidez ou do auxílio-doença que eventualmente a antecedeu: na data do retorno à atividade, para o **segurado empregado** *que tiver direito à estabilidade* no emprego por conta da legislação trabalhista; para os **demais segurados**, após tantos **meses** quantos forem os **anos** de duração do auxílio-doença e da aposentadoria por invalidez;

h2) Recuperação parcial ou recuperação total após o prazo previsto no item anterior ou reabilitação para atividade

diferente da que o segurado exerce: cessa após 18 meses do atestado de recuperação, e o valor do benefício diminuirá progressivamente. Por *seis meses* após a cessação da incapacidade, manterá seu valor integral; no período seguinte de *seis meses*, será pago 50% do valor; pelos outros *seis meses* seguintes, será pago 25%. Findo esse último período de seis meses, fica extinto o benefício;

h3) Morte do segurado

i) Observações:

✓ Dentre as aposentadorias, a por invalidez é a única concedida em caráter **precário**, ou seja, *ela pode ser revogada a qualquer tempo*, não gerando direito adquirido ao benefício. Isso porque a condição da incapacidade **permanente** é aferida sob as condições e estágio da medicina no momento da perícia. A probabilidade pode ser maior ou menor, mas nada impede que o segurado, em certa data julgado incapaz de exercer qualquer atividade laborativa, melhore ou mesmo seja curado e possa voltar a trabalhar, revogando-se o benefício.

✓ Por conta dessa possibilidade, o aposentado por invalidez pode ser convocado a qualquer momento para a realização de perícia para atestar a continuidade das condições que ensejaram a concessão do benefício. A recusa a se submeter à perícia acarreta a cassação do benefício.

✓ Ao se aposentar por invalidez, o segurado concorda, tacitamente, em *tentar melhorar sua condição*, devendo submeter-se a todos os tratamentos médicos recomendados pelo perito oficial e a programa de reabilitação profissional, sob pena de cassação do benefício. O segurado somente pode se recusar a ser submetido a **tratamentos cirúrgicos** e **transfusão de sangue.**

✓ Doenças ou lesões **preexistentes** ao início da atividade laborativa **excluem** o direito à aposentadoria por invalidez por conta dessas doenças ou lesões, **exceto** se ficar comprovado pela perícia que o trabalho foi o responsável pelo **agravamento** das enfermidades.

✓ Atualmente, as **doenças** que dispensam a carência são: *tuberculose ativa, hanseníase, alienação mental, neoplasia maligna, cegueira, paralisia reversível e incapacitante, cardiopatia grave, doença de Parkinson, espondiloartrose anquilosante, nefropatia grave, estado avançado da doença de Paget (osteíte deformante), Aids, contaminação por radiação e hepatopatia grave.*

9.4.2. Aposentadoria por idade

a) Previsão legal: arts. 48 a 51 do PBPS; arts. 51 a 54 do RPS.

b) Sujeito passivo: segurado.

c) Contingência protegida: idade avançada.

d) Carência: 180 contribuições mensais.

e) Requisitos: 65 anos de idade, para o homem; 60 anos de idade, para a mulher. As idades são **reduzidas em cinco anos**, para ambos os sexos, quando se tratar de **trabalhadores rurais, garimpeiros ou pescadores artesanais.**

f) Renda mensal inicial: 70% do salário de benefício, acrescido de 1% para cada grupo de 12 contribuições mensais realizadas, até o limite de 30%. Como a carência é de 180 contribuições, temos que a renda mensal inicial sempre será, no mínimo, de 85% do salário de benefício. Veja: um segurado, homem, contribuiu corretamente dos 55 aos 70 anos de idade, computando 180 contribuições mensais. Esse número de contribuições perfaz 15 grupos de 12, portanto seu acréscimo à renda mensal será de 15% e o total dela será 85% do salário de benefício. Se tivesse contribuído por 16 anos (192 contribuições mensais), seria de 86% e assim por diante.

g) Termo inicial:

g1) Segurado empregado e empregado doméstico: a data do desligamento do emprego, se requerido o benefício até 90 dias depois; ou a data do requerimento, se escoado o prazo referido ou se não houver desligamento do emprego;

g2) Demais segurados: a data do requerimento;

g3) Segurado em gozo de auxílio-doença ou aposentado por invalidez: como o gozo de benefício previdenciário é considerado *período de graça*, ou seja, o segurado não perde essa qualidade, se cumprir a carência pode, tão logo atinja a idade legal, requerer a **conversão** do auxílio-doença ou da aposentadoria por invalidez em aposentadoria por idade. O valor mensal desta última pode vir a ser menor, porém libera o aposentado das perícias médias periódicas e autoriza-o a regressar ao mercado de trabalho sem perder o benefício previdenciário.

h) Termo final: morte do segurado.

i) Observações:

✓ Lembre-se de que, na aposentadoria por idade, o FP somente integra o cálculo do salário de benefício se for **favorável** ao segurado;

✓ Conforme exposto no tópico 3.3.6, "b", a perda da qualidade de segurado não obsta a concessão da aposentadoria por idade se o segurado já tiver cumprido a carência, nos termos do art. 3º da Lei 10.666/2003;

✓ Ao contrário do que muitos propalam, existe uma hipótese de **aposentadoria compulsória** no RGPS. A **empresa** pode requerer a aposentadoria por idade do segurado que completar 70 anos, se homem, ou 65 anos, se mulher, *desde que ele já tenha cumprido a carência*, sendo, então, o trabalhador aposentado obrigatoriamente. Ocorre que, nesse caso, a empresa deve arcar com **todas as verbas rescisórias e indenizações** previstas na CLT, *equiparando-se à demissão sem justa causa.*

9.4.3. Aposentadoria por tempo de contribuição

a) Previsão legal: arts. 56 a 63 do RPS.

b) Sujeito ativo: segurado.

c) Contingência protegida: não há. O que se estabelece é o direito do trabalhador à *inatividade remunerada* após contribuir por longo tempo para a Previdência Social.

d) Carência: 180 contribuições mensais.

e) Requisitos: 35 anos de contribuição, se homem; 30 anos de contribuição, se mulher. O tempo de contribuição é reduzido em **5 anos**, para ambos os sexos, se o trabalhador comprovar **dedicação exclusiva**, ao longo do período contributivo, à atividade de magistério (professor) em **nível infantil, fundamental ou médio**. A Lei 11.301/2006 elenca como atividades de magistério aquela exercida pelo *professor, pelo especialista em educação, pelo diretor de unidade escolar e pelos coordenadores e assessores pedagógicos.*

f) Renda mensal inicial: 100% do salário de benefício.

g) Termo inicial: segue as mesmas regras da aposentadoria por idade.

h) Termo final: morte do segurado.

i) Observações:

✓ Os arts. 52 a 56 do PBPS foram tacitamente revogados pela nova redação do art. 201, § 7º, I, da CF/1988, dada pela Emenda Constitucional 20/1998. Como ainda não foi editada lei tratando da matéria, aplicamos somente o RPS, que já foi adaptado às novas determinações constitucionais. O mais engraçado é que o art. 18, I, *c*, do próprio PBPS já traz a nomenclatura correta do benefício (antes chamado de *aposentadoria por tempo de serviço*), mas não corrigiram os artigos que explicitam o tema...

✓ Consideram-se tempo de contribuição todas as situações previstas nos arts. 60 e 61 do RPS. A forma de comprová-lo está disposta no art. 62 do RPS, sendo sempre necessário o **início de prova material (documental), sendo vedada a prova exclusivamente testemunhal**, o que se aceitará unicamente se comprovado **força maior ou caso fortuito**, assim considerados *o incêndio, inundação ou desmoronamento que tenha atingido a empresa onde o segurado alegue ter trabalhado.*

✓ Lembre-se de que, no cálculo do salário de benefício da aposentadoria por tempo de contribuição, a influência do FP é, em regra, **obrigatória. A Lei 13.183/2015, contudo, criou uma hipótese de aposentadoria por tempo de contribuição na qual a aplicação do FP é facultativa, ou seja, é utilizado somente se for benéfico ao contribuinte. Para tanto, é necessário que a soma da idade do segurado com o seu tempo de contribuição (ambos em anos) seja igual ou maior que 95, se homem, ou 85, se mulher (no caso dos professores, deve ser somado mais cinco anos no total, por força de seu direito de se aposentar com cinco anos a menos de contribuição. Exemplo: se a soma do tempo de contribuição de um professor de ensino fundamental com sua idade der 90, será considerado 95 e ele já tem o direito de se aposentar por esta regra). Esses totais aumentarão progressivamente conforme a tabela do art. 29-C, § 2º, do PBPS, até totalizar 100/90.**

✓ É importante não confundir a **carência exigida** com o **requisito** de tempo de contribuição mínimo para a concessão da aposentadoria por tempo de contribuição. Já estudamos que **carência** e **tempo de contribuição** são conceitos distintos. Pegue a hipótese do contribuinte individual que trabalhou, de forma autônoma, por 20 anos sem nunca recolher suas contribuições. Certo dia, resolve regularizar sua situação, quitando esses 20 anos de contribuições em atraso. A partir daí, ele conta com **20 anos de contribuição**, mas apenas **uma contribuição mensal de carência**, pois esta é contada da do primeiro dia do mês da competência relativa ao primeiro pagamento sem atraso.

9.4.4. Aposentadoria especial

a) Previsão legal: arts. 57 e 58 do PBPS; arts. 64 a 70 do RPS.

b) Sujeito ativo: segurado empregado, trabalhador avulso ou contribuinte individual, este somente quando cooperado filiado a cooperativa de trabalho ou de produção.

c) Contingência protegida: o risco à saúde criado pela exposição a agentes nocivos físicos, químicos ou biológicos.

d) Carência: 180 contribuições mensais.

e) Requisitos: 15, 20 ou 25 anos de contribuição em atividades em condições especiais que prejudiquem sua saúde ou integridade física, com comprovação da exposição a agentes nocivos físicos, químicos ou biológicos em **trabalho permanente**, assim considerado o *não ocasional nem intermitente, no qual a exposição do segurado ao agente nocivo seja indissociável da produção do bem ou prestação do serviço.*

f) Renda mensal inicial: 100% do salário de benefício.

g) Termo inicial: segue as mesmas regras da aposentadoria por idade.

h) Termo final:

h1) Morte do segurado;

h2) Retorno a atividade que exponha o segurado a agentes nocivos. Se o aposentado voltar a trabalhar em atividade comum, **continuará** a receber seu benefício.

i) Observações:

✓ A aposentadoria especial não deixa de ser uma espécie de aposentadoria por tempo de contribuição, em que este é reduzido diante dos prejuízos à saúde ou à integridade física do trabalhador. Não obstante, no cálculo de seu salário de benefício **não há** a inclusão do FP.

✓ Atente, ainda, para o fato da aposentadoria especial estar prevista apenas para alguns tipos de segurado (empregado, avulso e contribuinte individual) e não haver tempos diferenciados para homens e mulheres.

✓ A redução do tempo de contribuição para 15, 20 ou 25 anos depende do grau de nocividade dos agentes físicos, químicos ou biológicos a que o segurado esteja exposto, conforme o Anexo IV do RPS.

✓ A prova de exposição aos agentes nocivos é feita através de laudo técnico pericial e do **perfil profissiográfico**, *documento de elaboração obrigatória pela empresa onde constam todas as características ambientais das atividades realizadas pelos trabalhadores.* Ao deixar o trabalho, o segurado tem direito a uma cópia do perfil profissiográfico.

✓ No caso de agentes cancerígenos, que constem de lista elaborada pelo Ministério do Trabalho e Emprego, basta sua presença no ambiente de trabalho com **possibilidade** de exposição para garantir o direito à aposentadoria especial (art. 68, § 4º, do RPS).

✓ Para garantir a aposentadoria especial, o tempo de contribuição reduzido deve ser, **todo ele**, relativo a atividades nocivas. Entretanto, caso o trabalhador mude de emprego e, com isso, mude também o **grau de nocividade** de sua atividade, o tempo de contribuição deve ser ajustado mediante a seguinte tabela:

Tempo a converter	Multiplicadores		
	Para 15 anos	*Para 20 anos*	*Para 25 anos*
De 15 anos	-	*1,33*	*1,67*
De 20 anos	*0,75*	-	*1,25*
De 25 anos	*0,60*	*0,80*	-

Por exemplo: se um trabalhador laborou por 10 anos em uma atividade muito nociva, na qual teria direito à aposentadoria especial em 15 anos, e dela migrou para outra atividade nociva, porém em menor grau, que autoriza a aposentadoria especial em 20 anos, quanto tempo ele deverá trabalhar nesta nova atividade para ter direito à aposentadoria especial?

Conforme determina a legislação, o tempo anteriormente trabalhado em atividade nociva de grau diferente da atual deve ser ajustado. Assim, o fator de ajuste de 15 para 20 anos é de 1,33. Então, multiplicamos 10 anos por 1,33 e obtemos 13,3 (13 anos e um terço de ano é igual a 13 anos e 4 meses) anos de contribuição, número que será considerado na sua aposentadoria especial. Logo, deverá trabalhar por mais 6 anos e 8 meses (diferença entre 20 anos e 13 anos e 4 meses) para obter sua aposentadoria especial na nova atividade.

O mesmo raciocínio é aplicado caso o segurado **passar a trabalhar em atividade comum, não nociva**, após laborar por certo período em atividade sujeita a aposentadoria especial. A conversão, nesse caso, segue a tabela abaixo:

Tempo a converter	Multiplicadores	
	Homem	*Mulher*
De 15 anos	2,00	2,33
De 20 anos	1,50	1,75
De 25 anos	1,20	1,40

Valendo-nos do mesmo exemplo citado, se nosso segurado, em vez de ter mudado para outra atividade nociva, *passasse a trabalhar em atividade comum* após 10 anos de contribuição em atividade muito nociva (que o autorizaria a se aposentar com 15 anos de contribuição), deveria converter esses 10 anos pelo fator 2,00, obtendo 20 anos de contribuição. Portanto, esse segurado deverá contribuir por mais 15 anos para somar 35 anos e se aposentar normalmente por tempo de contribuição.

E na situação inversa? Um trabalhador contribuiu por 10 anos em atividade comum e, depois, passou a trabalhar em atividade nociva que lhe dá o direito à aposentadoria especial com 15 anos de contribuição. Como fica? Nesse caso, devemos lembrar que a aposentadoria especial é garantida caso **todo o tempo de contribuição reduzido** seja dedicado a atividades nocivas. Consequentemente, nosso segurado deverá contribuir por **15 anos** nesse seu novo emprego para fazer jus à aposentadoria especial, nada havendo a converter.

Se o segurado, uma vez recebendo o benefício, retornar à atividade que o coloque em risco, será notificado que o benefício será cessado no prazo de 60 dias.

O art. 201, § 1º, da CF/1988 atribui também aos **portadores de deficiência** o direito a uma aposentadoria especial. Esse benefício foi regulamentado pela **Lei Complementar 142/2013 e Decreto 8.145/2013**, que criou a seguinte tabela de tempo de contribuição conforme o grau de deficiência:

a) Deficiência grave: 25 anos de contribuição, se homem, ou 20 anos, se mulher;

b) Deficiência moderada: 29 anos de contribuição, se homem, ou 24 anos, se mulher;

c) Deficiência leve: 33 anos de contribuição, se homem, ou 28 anos, se mulher;

d) Por idade, independentemente do grau da deficiência: 60 anos de idade, se homem, ou 55 anos, se mulher.

A conversão do tempo em caso de deficiência (ou cura) superveniente seguirá as seguintes tabelas (art. 70-E do RPS):

HOMENS				
Tempo a converter	**Multiplicadores**			
	Para 25 anos	*Para 29 anos*	*Para 33 anos*	*Para 35 anos*
De 25 anos	-	1,16	1,32	1,40
De 29 anos	0,86	-	1,14	1,21
De 33 anos	0,76	0,88	-	1,06
De 35 anos	0,71	0,83	0,94	-

MULHERES				
Tempo a converter	**Multiplicadores**			
	Para 20 anos	*Para 24 anos*	*Para 28 anos*	*Para 30 anos*
De 20 anos	-	1,20	1,40	1,50
De 24 anos	0,83	-	1,17	1,25
De 28 anos	0,71	0,86	-	1,07
De 30 anos	0,67	0,80	0,93	-

9.4.5. Auxílio-doença

a) Previsão legal: arts. 59 a 63 do PBPS; arts. 71 a 80 do RPS.

b) Sujeito ativo: segurado.

c) Contingência protegida: incapacidade **total** e **temporária** para o exercício da atividade laborativa à qual o segurado se dedica.

d) Carência: 12 contribuições mensais, sendo **dispensada** nas mesmas hipóteses da aposentadoria por invalidez.

e) Requisitos: comprovação da incapacidade total e temporária para o trabalho **por mais de 15 dias** por perícia médica oficial.

f) Renda mensal inicial: 91% do salário de benefício, **não** se aplicando o acréscimo de 25% previsto para a aposentadoria por invalidez.

g) Termo inicial: segue as mesmas regras da aposentadoria por invalidez.

h) Termo final:

h1) Morte do segurado;

h2) Data em que a perícia oficial atestar a recuperação da capacidade laborativa;

h3) Data em que a perícia oficial determinar a conversão do benefício para aposentadoria por invalidez ou auxílio--acidente;

h4) Data do retorno a atividade remunerada, mesmo que tal possibilidade não tenha sido atestada pela perícia.

i) Observações:

✓ O auxílio-doença aproveita das principais regras destinadas à aposentadoria por invalidez diante da similaridade dos dois benefícios. Muda apenas que, enquanto no primeiro a incapacidade para o trabalho é **temporária**, no segundo é **permanente**.

✓ Por conta disso, as mesmas obrigações previstas para o beneficiário por invalidez aplicam-se àquele em gozo de auxílio-doença (comparecimento à perícia, submissão ao tratamento indicado, exceto cirurgias e transfusão de sangue etc.).

✓ O auxílio-doença, tal qual a aposentadoria por invalidez, começa a ser pago a partir do **16º dia de afastamento** do trabalho, porque nos primeiros 15 dias deve a empresa pagar normalmente o **salário** do empregado relativo a este período.

✓ O percentual da renda mensal inicial é de 91% do salário de benefício *apenas se de sua aplicação resultar valor do benefício maior que o salário mínimo*. Como o auxílio-doença substitui a remuneração mensal do trabalhador, **seu valor não pode ser inferior ao salário mínimo**. Assim, caso, por exemplo, o segurado tenha contribuído toda a sua vida sobre o salário mínimo, o que implicará no mesmo valor para o salário de benefício, a renda mensal inicial de seu auxílio-doença deve ser 100% do salário de benefício, para garantir-lhe a renda mínima constitucionalmente prevista.

✓ Resultado diferente do exposto ocorrerá em relação ao segurado que exerce *mais de uma atividade laborativa* e fica temporariamente incapacitado para *apenas uma delas*, continuando a exercer e a ser remunerado pelas outras. Exemplo: o segurado tem dois empregos, sendo que, em cada um deles, tem como salário de contribuição o valor de um salário mínimo. Por conta de um acidente, fica temporariamente incapacitado de trabalhar em **apenas uma das atividades**, prosseguindo na outra. Terá direito ao auxílio-doença em relação à primeira delas, porém no valor legalmente estabelecido (91% do salário de benefício), porque continuará a ter renda superior a um salário mínimo mesmo assim (uma vez que devemos considerar seu segundo salário).

✓ Nos termos do art. 60, §§ 8º e 9º, do PBPS, o ato de concessão do auxílio-doença, seja judicial ou administrativo, deve indicar o prazo estimado de sua duração. No silêncio, será concedido o benefício por **120 (cento e vinte) dias, contados da data da concessão ou reativação**, devendo o segurado requerer sua prorrogação junto ao INSS ao final do prazo caso ainda se encontre incapacitado para o trabalho.

9.4.6. Salário-família

a) Previsão legal: arts. 65 a 70 do PBPS; arts. 81 a 92 do RPS.

b) Sujeito ativo: segurado **empregado, empregado doméstico, trabalhador avulso** e **aposentado** por invalidez ou que conte mais de 65 anos de idade, se homem, ou 60 anos, se mulher.

c) Contingência protegida: o nascimento de filhos para o segurado ou aposentado de baixa renda.

d) Carência: não há.

e) Requisitos: a existência de filhos menores de 14 anos de idade ou inválidos de qualquer idade, ou equiparados a filhos nestas condições (o conceito de **equiparado a filho** é o mesmo estudado para a caracterização do dependente); a baixa renda do segurado ou aposentado, assim entendida como o **salário de contribuição** em valor menor do que aquele fixado em Portaria do Ministério da Previdência.

f) Renda mensal inicial:

f1) Salário de contribuição de até R$ 725,02: R$ 37,18 por filho ou equiparado;

f2) Salário de contribuição de até R$ 1.089,72: R$ 26,20 por filho ou equiparado.

g) Termo inicial: a data do requerimento.

h) Termo final:

h1) Morte do segurado;

h2) Morte do filho ou equiparado;

h3) Data em que o filho ou equiparado completar 14 anos de idade;

h4) Data em que cessar a invalidez do filho ou equiparado;

h5) Desemprego do segurado.

i) Observações:

✓ Para fins de concessão do benefício, *considera-se o valor individual do salário de contribuição de cada trabalhador*, e **não** a renda familiar. Isto é, se tanto o pai quanto a mãe do menor de 14 anos receberem remuneração dentro da faixa do salário-família, **ambos** receberão o benefício, ainda que a soma dos salários de contribuição ultrapasse o limite estabelecido.

✓ De outra banda, nas mesmas condições, caso os pais sejam separados ou divorciados, o benefício caberá *somente ao que detiver a guarda do menor*.

✓ O pagamento do benefício é condicionado à apresentação de comprovação das vacinas obrigatórias **anualmente** até a criança completar 6 anos de idade e de comprovação **semestral** de frequência à escola a partir dos 7 anos de idade.

✓ O salário-família é pago ao trabalhador pela empresa, empregador doméstico ou tomador do serviço (no caso do avulso), a qual pode posteriormente compensar esse valor com aquele devido a título de contribuição sobre a folha de pagamento. No caso do aposentado, o benefício é pago diretamente junto com sua aposentadoria.

9.4.7. Salário-maternidade

a) Previsão legal: arts. 71 a 73 do PBPS; arts. 93 a 103 do RPS.

b) Sujeito ativo: a segurada.

c) Contingência protegida: tornar-se mãe a segurada (garantido também o benefício para o pai adotivo, ou seja, se o homem adotar, **sozinho**, uma criança).

d) Carência:

d1) Para a segurada empregada, empregada doméstica e trabalhadora avulsa: não há.

d2) Para a segurada contribuinte individual, segurada especial e segurada facultativa: 10 contribuições mensais, reduzida proporcionalmente em caso de parto antecipado.

e) Requisitos: a comprovação da maternidade, tanto pelas vias naturais quanto por adoção.

f) Renda mensal:

f1) Para a segurada empregada e trabalhadora avulsa: o mesmo valor de sua remuneração mensal.

f2) Para a segurada empregada doméstica: o mesmo valor de seu último salário de contribuição.

f3) Para a segurada especial: um doze avos do valor sobre o qual incidiu sua última contribuição anual (*a soma de todos os salários de contribuição do último período de um ano*).

f4) Para a contribuinte individual e a segurada facultativa: um doze avos da soma dos doze últimos salários de contribuição.

g) Termo inicial:

g1) Maternidade natural: até 28 dias antes do parto, a critério da gestante, podendo ser antecipado em até 2 semanas por determinação médica.

g2) Adoção: na data do deferimento da adoção ou da guarda para fins de adoção.

h) Termo final:

h1) Maternidade natural: 120º dia após o início do gozo do benefício. Este período poderá ser **estendido** em até 2 semanas por determinação médica, para repouso antes ou depois do parto (casos em que o benefício atingirá, portanto, 134 dias);

h2) Adoção: o benefício será de 120 dias em qualquer caso.

i) Observações:

✓ Considera-se **parto** *qualquer evento ocorrido após a 23ª semana de gestação,* inclusive se **natimorto**, hipótese em que a segurada fará jus ao benefício integral.

✓ Já o **aborto não criminoso** (ou seja, quando se tratar de gravidez resultante de estupro ou se for o único meio de salvar a vida da gestante), bem como o **aborto espontâneo,** ocorrido antes da 23ª semana de gestação, garante o benefício por **duas semanas.**

✓ Tal qual o salário-família, o salário-maternidade é pago para a segurada empregada diretamente pela empresa, que posteriormente o compensa com o débito relativo à contribuição sobre a folha de pagamento. O INSS paga diretamente o benefício às demais seguradas e à empregada do microempreendedor individual (art. 72, § 3º, do PBPS).

✓ O salário-maternidade não poderá ser inferior ao salário mínimo, porém não respeita o limite máximo do RGPS. Não obstante, encontra um **teto constitucional:** *o valor do subsídio pago aos Ministros do STF* (art. 248 da CF/1988). Note que o **direito** da segurada não se altera, pois ela continua recebendo **exatamente** o valor de sua remuneração pela empresa, ainda que maior que a remuneração dos Ministros do STF, por força do art. 7º, XVIII, da CF/1988; esta, porém, somente poderá compensar diante do INSS até o limite estabelecido na CF/1988, tendo de arcar com a parcela que o superar.

✓ A Lei 11.770/2008 ampliou a **licença-maternidade** (*o direito de afastar-se do trabalho*), mas **não** o **salário-maternidade** (*benefício previdenciário pago mensalmente*), das seguradas do RGPS para 180 dias e tal extensão ficou *a critério da empresa.* Funciona assim: se a empresa concordar em conceder mais dois meses de licença-maternidade para sua funcionária, deverá, nesse novo período, pagar-lhe **salário**, sem direito de compensação com o INSS posteriormente (o benefício terminou aos 120 dias, sendo este o prazo com o qual a Previdência Social continua arcando). Criou-se, em outra esteira, um **benefício fiscal:** o valor desses dois salários pagos pela empresa em extensão da licença-maternidade *pode ser descontado da base de cálculo do Imposto de Renda Pessoa Jurídica.*

✓ A extensão do benefício a critério médico é limitada a 2 semanas. Se a gravidez gerar riscos para a gestante que determinem seu afastamento do trabalho em período maior, deverá receber **auxílio-doença** (com aplicação das regras que lhe são próprias). A partir do parto, receberá normalmente seu **salário-maternidade.** Se, porventura, findo o período do salário-maternidade, os médicos indicarem a continuidade do seu repouso, voltará a receber **auxílio-doença.**

✓ Com a edição da Lei 12.873/2013, que inseriu o art. 71-B no PBPS, fica garantida a continuidade do pagamento do benefício ao cônjuge ou companheiro da segurada que falecer durante a percepção do salário-maternidade, desde que seja ele também segurado do RGPS e não abandone o filho.

9.4.8. Auxílio-acidente

a) Previsão legal: arts. 18, § 1º, e 86 do PBPS; art. 104 do RPS.

b) Sujeito ativo: segurado **empregado, empregado doméstico, trabalhador avulso** e **segurado especial**.

c) Contingência protegida: incapacidade **parcial** e **permanente** para o exercício de atividade laborativa.

d) Carência: não há.

e) Requisitos: ocorrência de acidente de qualquer natureza (comum ou do trabalho) que deixe sequela **permanente** após o tratamento a qual implique em **redução** da capacidade de trabalho.

f) Renda mensal inicial: 50% do salário de benefício.

g) Termo inicial:

g1) Se o segurado estava em gozo de auxílio-doença: na data de consolidação das lesões e recuperação de parte da capacidade laborativa, momento em que a perícia determina a conversão do benefício;

g2) Se o segurado não estava em gozo de auxílio-doença: na data do requerimento administrativo;

g3) Se a concessão do benefício for garantida apenas judicialmente: na data de apresentação, em juízo, do laudo pericial (STJ, REsp 775.797/SP, *DJ* 11.01.2006).

h) Termo final:

h1) Morte do segurado;

h2) Aposentadoria do segurado.

i) Observações:

✓ O auxílio-acidente, apesar de seu nome, é devido também em razão da consolidação de lesões causadas por doenças. Entretanto, devem **necessariamente** ser caracterizadas como **doenças profissionais,** aquelas que *são produzidas ou desencadeadas pelo exercício do trabalho peculiar a determinada atividade,* ou **doenças do trabalho,** causadas *em* *função de condições especiais em que o trabalho é realizado,* pois estas espécies são **equiparadas a acidentes de trabalho** (art. 20 do PBPS).

✓ Perceba que o auxílio-acidente não é garantido a todos os segurados. O **desemprego** deste, porém, **não** afasta a concessão do auxílio-acidente.

✓ A contingência protegida pelo auxílio-acidente, vale destacar, não impede que o segurado continue trabalhando (por isso fala-se em **redução** da capacidade laborativa). Em razão disso, o valor da renda mensal inicial *pode ser inferior ao salário mínimo.*

9.4.9. Pensão por morte

a) Previsão legal: arts. 74 a 79 do PBPS; arts. 105 a 115 do RPS.

b) Sujeito ativo: dependente.

c) Contingência protegida: o falecimento do segurado responsável economicamente pela subsistência de seus dependentes.

d) Carência: não há.

e) Requisitos: a morte, real ou presumida, do segurado e a comprovação da situação de dependente.

f) Renda mensal inicial:

f1) Se o segurado já era aposentado na data do óbito: 100% do salário de benefício encontrado para o cálculo de sua aposentadoria;

f2) Se o segurado ainda não era aposentado na data do óbito: 100% do salário de benefício a que teria direito na **aposentadoria por invalidez.**

g) Termo inicial:

g1) Se o requerimento foi feito dentro de 90 dias do óbito: data do óbito;

g2) Se o requerimento foi feito mais de 90 dias depois do óbito: data do requerimento;

g3) Em caso de morte presumida: data da decisão judicial.

h) Termo final:

h1) Morte do dependente;

h2) Perda da qualidade de dependente, exceto para o cônjuge ou companheiro, os quais receberão o benefício pelos prazos abaixo, desde que não sejam inválidos:

h2.1) 4 meses, se o segurado pagou menos de 18 contribuições mensais para o RGPS ou o casamento ou união estável tiver se constituído menos de 2 anos antes do óbito do segurado;

h2.2) 3 anos, se: (i) o segurado pagou ao menos 18 contribuições mensais e o casamento ou união estável tiver sido constituído no mínimo 2 anos antes do óbito do segurado; e (ii) o dependente conta menos de 21 anos de idade na data do óbito do segurado;

h2.3) 6 anos, se: (i) o segurado pagou ao menos 18 contribuições mensais e o casamento ou união estável tiver sido constituído no mínimo 2 anos antes do óbito do segurado; e (ii) o dependente conta entre 21 anos e 26 anos de idade na data do óbito do segurado;

h2.4) 10 anos, se: (i) o segurado pagou ao menos 18 contribuições mensais e o casamento ou união estável tiver sido constituído no mínimo 2 anos antes do óbito do segurado;

e (ii) o dependente conta entre 27 anos e 29 anos de idade na data do óbito do segurado;

h2.5) 15 anos, se: (i) o segurado pagou ao menos 18 contribuições mensais e o casamento ou união estável tiver sido constituído no mínimo 2 anos antes do óbito do segurado; e (ii) o dependente conta entre 30 anos e 40 anos de idade na data do óbito do segurado;

h2.6) 20 anos, se: (i) o segurado pagou ao menos 18 contribuições mensais e o casamento ou união estável tiver sido constituído no mínimo 2 anos antes do óbito do segurado; e (ii) o dependente conta entre 41 anos 43 anos de idade na data do óbito do segurado;

h2.7) vitalícia, se: (i) o segurado pagou ao menos 18 contribuições mensais e o casamento ou união estável tiver sido constituído no mínimo 2 anos antes do óbito do segurado; e (ii) o dependente conta 44 anos de idade ou mais na data do óbito do segurado.

i) Observações:

✓ Caso o segurado fosse aposentado por invalidez e recebesse o acréscimo de 25% pela necessidade de acompanhamento contínuo, esse valor **não se incorporaria** à pensão por morte devida ao dependente.

✓ A existência de mais de um dependente da mesma classe determina o **rateio** proporcional da pensão por morte entre eles. Falecendo ou perdendo a qualidade de dependente um deles, os demais incorporarão essa parcela às suas. Quando não houver mais nenhum dependente dessa classe, **o benefício será extinto**, não se transferindo para as classes posteriores.

✓ Dependentes por invalidez (filho e irmão) devem comprovar tal situação **na data do óbito.** Invalidez superveniente não gera direito ao benefício.

✓ O novo casamento do cônjuge sobrevivente **não** exclui seu direito à pensão por morte.

✓ Perde o direito à pensão por morte, após o trânsito em julgado, o condenado pela prática de crime de que tenha dolosamente resultado a morte do segurado ou se comprovada fraude ou simulação no casamento ou união estável, celebrados exclusivamente com o intuito de constituir o benefício previdenciário.

✓ Note que, ainda que não haja carência propriamente dita para o direito à pensão por morte, se o segurado pagou menos de 18 contribuições mensais antes de falecer, o benefício fica reduzido a **quatro meses**, qualquer que seja a idade do dependente. Para o cálculo desse período **será considerado** tempo de contribuição para regime próprio de previdência social de serviço público (art. 77, § 5º, do PBPS).

9.4.10. Auxílio-reclusão

a) Previsão legal: art. 80 do PBPS; arts. 116 a 119 do RPS.

b) Sujeito ativo: dependente.

c) Contingência protegida: a prisão do segurado de baixa renda responsável economicamente pela subsistência de seus dependentes.

d) Carência: não há.

e) Requisitos: a prisão do segurado, em regime fechado ou semiaberto, cujo salário de contribuição não ultrapasse R$ 862,60 e a comprovação da qualidade de dependente.

f) Renda mensal inicial: 100% do salário de benefício que seria devido para a aposentadoria por invalidez.

g) Termo inicial:

g1) Se o requerimento foi feito dentro de 30 dias da prisão: data da prisão;

g2) Se o requerimento foi feito mais de 30 dias depois da prisão: data do requerimento.

h) Termo final:

h1) Morte do segurado;

h2) Morte do dependente;

h3) Perda da qualidade de dependente;

h4) Soltura do segurado por qualquer razão (cumprimento da pena, *habeas corpus*, livramento condicional, *sursis* etc.);

h5) Progressão para o regime aberto.

i) Observações:

✓ O auxílio-reclusão não será pago se o segurado já era aposentado na data da prisão ou estava em gozo de auxílio-doença, pois sua prisão **não** suspende o pagamento desses benefícios.

✓ Caso o segurado trabalhe enquanto preso e, nessa condição, contribua como **segurado facultativo,** mesmo assim seus dependentes **farão jus** ao auxílio-reclusão.

✓ O benefício será devido enquanto o segurado estiver preso em regime fechado ou semiaberto. Para comprovar essa situação, o dependente deve entregar, trimestralmente, certidão nesse sentido expedida pelo diretor da unidade prisional.

✓ No caso de fuga, o benefício será suspenso e o pagamento retomado com a recaptura, **desde que ainda presente a qualidade de segurado.**

✓ Em caso de morte do segurado enquanto estiver preso, o benefício será automaticamente convertido em pensão por morte.

9.5. Cumulação de benefícios

Diante das mais variadas situações que podem ocorrer ao longo da vida laborativa do segurado, é razoável antever a possibilidade desta passar por contingências geradoras de benefícios previdenciários iguais ou diferentes mais de uma vez ao longo de seu tempo de vínculo com o RGPS. Por conta disso, cuidou o PBPS de regulamentar a possibilidade, ou não, de **cumulação de benefícios.**

Inicialmente, é importante destacar que as regras mencionadas referem-se ao pagamento para a mesma pessoa de dois ou mais benefícios *oriundos do RGPS*. Quer dizer, **sempre** será possível a cumulação de benefícios oriundos de regimes diferentes de previdência social. Exemplo: um trabalhador é aposentado pelo RGPS e, nesta condição, toma posse em cargo público efetivo após regular aprovação em concurso, vinculando-se a regime próprio de previdência. Nessa situação, poderá gozar normalmente dos benefícios do regime próprio sem nunca perder seu direito à aposentadoria pelo RGPS.

O PBPS optou pela discriminação das situações nas quais a cumulação de benefícios é **proibida.** Assim, em tese, pode-se cumular benefícios do RGPS, **desde que não constem da relação abaixo,** prevista no art. 124 do PBPS:

a) aposentadoria e auxílio-doença;

b) mais de uma aposentadoria;

c) aposentadoria e abono de permanência em serviço.

O aposentado que continua a exercer atividade remunerada é **segurado obrigatório** do RGPS, conforme estudado no item 3.3.1, "c", e, nesta condição, deve pagar a contribuição social incidente sobre seu salário de contribuição, por força de sua natureza tributária (incidência obrigatória). Todavia, **não fará jus** a todos os benefícios previdenciários, diante da proibição de acumulação. Diga-se, aliás, que somente poderá receber, concomitantemente com a aposentadoria, o **salário-família.** Apesar da lista do art. 124 mencionar expressamente somente o auxílio-doença e outra aposentadoria pelo RGPS, sua leitura deve ser feita em conjunto com o art. 18, § 2º, do PBPS, que limita as prestações devidas ao aposentado que prossegue trabalhando ao salário-família e à reabilitação profissional, quando empregado.

Abono de permanência em serviço era um benefício previdenciário previsto para os segurados que, já tendo cumprido os requisitos para aposentadoria, preferiam não solicitá-la e prosseguiam trabalhando. Ele foi revogado em 1994, sendo um equívoco a permanência do inciso III do art. 124 do PBPS: se o benefício não existe mais, não devemos nos preocupar com sua cumulação com outros.

d) Salário-maternidade e auxílio-doença

Tratamos dessa hipótese quando estudamos o salário-maternidade (vide item 9.4.7, "i").

e) Mais de um auxílio-acidente

Se acidentes diferentes deixarem sequelas diferentes no trabalhador, mesmo que ambas retirem, cada uma, parte de sua capacidade laborativa, ainda assim será devido apenas um auxílio-acidente.

f) Mais de uma pensão deixada por cônjuge ou companheiro, ressalvado o direito de opção pela mais vantajosa

Se o beneficiário de pensão por morte deixada pelo cônjuge ou companheiro casar-se novamente ou constituir nova união estável com segurado do RGPS, caso o novo parceiro venha a falecer, **o cônjuge sobrevivente não terá direito às duas pensões,** devendo escolher a maior. É fundamental observar que a limitação é para pensões deixadas por cônjuges ou companheiros, *sendo perfeitamente possível a cumulação, por exemplo, de uma pensão por morte deixada pelo cônjuge com outra deixada pelo filho.*

QUESTÕES COMENTADAS

1. Língua Portuguesa

Magally Dato e Henrique Subi*

1. INTERPRETAÇÃO DE TEXTOS

(Técnico Judiciário – TRT24 – FCC – 2017) <u>Atenção</u>: Considere o texto abaixo para responder às questões abaixo.

Aspectos Culturais de Mato Grosso do Sul

A cultura de Mato Grosso do Sul é o conjunto de manifestações artístico-culturais desenvolvidas pela população sul-mato-grossense muito influenciada pela cultura paraguaia. Essa cultura estadual retrata, também, uma mistura de várias outras contribuições das muitas migrações ocorridas em seu território.

O artesanato, uma das mais ricas expressões culturais de um povo, no Mato Grosso do Sul, evidencia crenças, hábitos, tradições e demais referências culturais do Estado. É produzido com matérias primas da própria região e manifesta a criatividade e a identidade do povo sul-mato-grossense por meio de trabalhos em madeira, cerâmica, fibras, osso, chifre, sementes, etc.

As peças em geral trazem à tona temas referentes ao Pantanal e às populações indígenas, são feitas nas cores da paisagem regional e, além da fauna e da flora, podem retratar tipos humanos e costumes da região.

(Adaptado de: CANTU, Gilberto. Disponível em: http://profgMbertocantu.blogspot. com.br/2013/08/aspectos-culturais-de-mato-grosso-do- sul.html)

(Técnico Judiciário – TRT24 – FCC – 2017) Depreende-se corretamente do texto que a cultura de Mato Grosso do Sul é

(A) formada principalmente pela influência da cultura de vários povos migrantes e também pela influência secundária da cultura paraguaia.

(B) formada não apenas pela influência da cultura paraguaia, mas também pela influência da cultura dos povos que migraram para essa região.

(C) muito influenciada pela cultura paraguaia, mas também o é pela cultura de povos de outros países sul-americanos.

(D) fortemente influenciada pela cultura de nações sul-americanas, mas o é também pela cultura de povos de outras regiões do Brasil.

(E) reflexo de uma forte influência da cultura paraguaia, e a cultura de outras regiões não a influenciou de forma relevante.

O texto afirma que a cultura sul-matogrossense é formada principalmente a partir da influência da cultura paraguaia e, em paralelo, mas denotando uma influência menor, por diversos outros povos que migraram para a região. É preciso ter cuidado para responder, porque em nenhum momento o texto afirma que essa migração veio de outros países da América do Sul. HS

Gabarito "B".

(Técnico Judiciário – TRT24 – FCC – 2017) <u>Atenção</u>: Considere o texto abaixo para responder às questões que se seguem.

Instituições financeiras reconhecem que é cada vez mais difícil detectar se uma transação é fraudulenta ou verdadeira

Os bancos e as empresas que efetuam pagamentos têm dificuldades de controlar as fraudes financeiras on-line no atual cenário tecnológico conectado e complexo. Mais de um terço (38%) *das organizações reconhece que é cada vez mais difícil detectar se uma transação é fraudulenta ou verdadeira, revela pesquisa realizada por instituições renomadas.*

O estudo revela que o índice de fraudes on-line acompanha o aumento do número de transações on-line, e 50% das organizações de servi-

ços financeiros pesquisadas acreditam que há um crescimento das fraudes financeiras eletrônicas. Esse avanço, juntamente com o crescimento massivo dos pagamentos eletrônicos combinado aos novos avanços tecnológicos e às mudanças nas demandas corporativas, tem forçado, nos últimos anos, muitas delas a melhorar a eficiência de seus processos de negócios.

De acordo com os resultados, cerca de metade das organizações que atuam no campo de pagamentos eletrônicos usa soluções não especializadas que, segundo as estatísticas, não são confiáveis contra fraude e apresentam uma grande porcentagem de falsos positivos. O uso incorreto dos sistemas de segurança também pode acarretar o bloqueio de transações. Também vale notar que o desvio de pagamentos pode causar perda de clientes e, em última instância, uma redução nos lucros.

Conclui-se que a fraude não é o único obstáculo a ser superado: as instituições financeiras precisam também reduzir o número de alarmes falsos em seus sistemas a fim de fornecer o melhor atendimento possível ao cliente.

(Adaptado de: computerworld.com.br. Disponível em: http://computerworld.com. br/quase-40-dos-bancos-nao-sao-capazes-de-diferenciar-um-ataque-de-ativida- des-normais-de-clientes)

(Técnico Judiciário – TRT24 – FCC – 2017) Infere-se corretamente do texto que

(A) está cada vez mais fácil, no atual cenário tecnológico, verificar se uma transação *on-line* é falsa ou verdadeira.

(B) bem mais da metade das organizações atuantes no campo de pagamentos eletrônicos usa soluções não especializadas.

(C) as instituições financeiras precisam acabar não só com as fraudes no sistema *on-line,* mas também com os alarmes falsos.

(D) o único obstáculo a ser superado ainda pelas instituições financeiras, no atual cenário tecnológico, são os alarmes falsos.

(E) o uso de sistemas de segurança especializados pode provocar o bloqueio de transações, mas sem perda da clientela.

A: incorreta. Afirma-se exatamente o oposto no título e no primeiro parágrafo do texto; **B:** incorreta. Lê-se no terceiro parágrafo que a estatística é de "cerca de metade", ou seja, em torno de metade, não "bem mais de"; **C:** correta. Esta é exatamente a ideia exposta no último parágrafo; **D:** incorreta. Além deles, também as transações fraudulentas, que é o tema central do texto; **E:** incorreta. No terceiro parágrafo temos a informação que o uso incorreto desses sistemas pode acarretar o bloqueio de transações, que levam, junto com o desvio de pagamentos, à perda de clientela. HS

Gabarito "C".

(Técnico Judiciário – TRT11 – FCC – 2017) <u>Atenção</u>: Considere o texto abaixo para responder às questões seguintes.

Muito antes das discussões atuais sobre as mudanças climáticas, os cataclismos naturais despertam interesse no homem. Os desastres são um capítulo trágico da história da humanidade desde tempos longínquos. Supostas inundações catastróficas aparecem em relatos de várias culturas ao longo dos tempos, desde os antigos mesopotâmicos e gregos até os maias e os vikings.

Fora da rota dos grandes furacões, sem vulcões ativos e desprovido de zonas habitadas sujeitas a terremotos, o Brasil não figura entre os países mais suscetíveis a desastres naturais. Contudo, a aparência de lugar protegido dos humores do clima e dos solavancos da geologia deve ser relativizada. Aqui, cerca de 85% dos desastres são causados por três tipos de ocorrências: inundações bruscas, deslizamentos de terra e secas prolongadas. Esses fenômenos são relativamente recorrentes em zonas tropicais, e seus efeitos podem ser atenuados por políticas públicas de redução de danos.

Dois estudos feitos por pesquisadores brasileiros indicam que o risco de ocorrência desses três tipos de desastre deverá aumentar até o final do

---

* **Henrique Subi** comentou as questões dos concursos de Escrevente Técnico – TJSP – 2015 – VUNESP, TRT/3ª – 2015 – FCC, TRT/2ª – 2014 – FCC, Analista – TRT/16ª – 2014 – FCC, e dos concursos de 2016 e 2017. **Magally Dato** comentou as demais questões.

século. Eles também sinalizam que novos pontos do território nacional deverão se transformar em áreas de risco significativo para esses mesmos problemas. "Os impactos tendem a ser maiores no futuro, com as mudanças climáticas, o crescimento das cidades e a ocupação de mais áreas de risco", comenta o pesquisador José A. Marengo.

Além da suscetibilidade natural a secas, enchentes, deslizamentos e outros desastres, a ação do homem tem um peso considerável em transformar o que poderia ser um problema de menor monta em uma catástrofe. Os pesquisadores estimam que um terço do impacto dos deslizamentos de terra e metade dos estragos de inundações poderiam ser evitados com alterações de práticas humanas ligadas à ocupação do solo e a melhorias nas condições socioeconômicas da população em áreas de risco.

Moradias precárias em lugares inadequados, perto de encostas ou em pontos de alagamento, cidades superpopulosas e impermeabilizadas, que não escoam a água da chuva; esses fatores da cultura humana podem influenciar o desfecho de uma situação de risco. "Até hábitos cotidianos, como não jogar lixo na rua, e o nível de solidariedade de uma população podem ao menos mitigar os impactos de um desastre", pondera a geógrafa Lucí Hidalgo Nunes.

(Adaptado de PIVETTA, Marcos. Disponível em: http://revistapesquisa.fapesp.br)

(Técnico Judiciário – TRT11 – FCC – 2017) Depreende-se do texto que

(A) atitudes cotidianas simples, como não jogar lixo na rua, são capazes de prevenir desastres naturais, com potencial de ocasionar consequências graves.
(B) o Brasil, dado que está fora do alcance dos grandes furacões, não tem vulcões ativos ou regiões sujeitas a terremotos, não está exposto a catástrofes geológicas e climáticas.
(C) algumas regiões brasileiras tendem a se tornar mais vulneráveis a inundações bruscas, deslizamentos de terra e secas prolongadas nas próximas décadas.
(D) políticas públicas eficazes podem evitar a ocorrência de cataclismos naturais como inundações e longos períodos de secas.
(E) a remoção da população que ocupa áreas de risco, perto de encostas, apesar de considerada controversa, é apontada como uma medida imprescindível para evitar abalos geológicos.

A: incorreta. O último parágrafo do texto não afirma que a mudança de hábitos pode impedir desastres naturais, mas sim mitigá-los; **B:** incorreta. O texto todo expõe as três catástrofes naturais a que o Brasil está sujeito: inundações, deslizamentos de terra e secas prolongadas; **C:** correta, como se depreende do terceiro parágrafo do texto; **D:** incorreta. Novamente, não se afirma que as políticas públicas são capazes de prevenir os desastres, mas de atenuar os seus efeitos; **E:** incorreta. A remoção das pessoas não evitaria abalos geológicos, mas diminuiria os danos causados pelas catástrofes naturais.

Atenção: Considere o texto abaixo para responder às questões abaixo.

Freud uma vez recebeu carta de um conhecido pedindo conselhos diante de uma escolha importante da vida. A resposta é surpreendente: para as decisões pouco importantes, disse ele, vale a pena pensar bem. Quanto às grandes escolhas da vida, você terá menos chance de errar se escolher por impulso.

A sugestão parece imprudente, mas Freud sabia que as razões que mais pesam nas grandes escolhas são inconscientes, e o impulso obedece a essas razões. Claro que Freud não se referia às vontades impulsivas proibidas. Falava das decisões tomadas de "cabeça fria", mas que determinam o rumo de nossas vidas. No caso das escolhas profissionais, as motivações inconscientes são decisivas. Elas determinam não só a escolha mais "acertada", do ponto de vista da compatibilidade com a profissão, como são também responsáveis por aquilo que chamamos de talento. Isso se decide na infância, por mecanismos que chamamos de identificações. Toda criança leva na bagagem alguns traços da personalidade dos pais. Parece um processo de imitação, mas não é: os caminhos das identificações acompanham muito mais os desejos não realizados dos pais do que aqueles que eles seguiram na vida.

Junto com as identificações formam-se os ideais. A escolha profissional tem muito a ver com o campo de ideais que a pessoa valoriza.

Dificilmente alguém consegue se entregar profissionalmente a uma prática que não represente os valores em que ela acredita.

Tudo isso está relacionado, é claro, com a almejada satisfação na vida profissional. Mas não vamos nos iludir. Satisfação no trabalho não significa necessariamente prazer em trabalhar. Grande parte das pessoas não trabalharia se não fosse necessário. O trabalho não é fonte de prazer, é fonte de sentido. Ele nos ajuda a dar sentido à vida. Só que o sentido da vida profissional não vem pronto: ele é o efeito, e não a premissa, dos anos de prática de uma profissão. Na contemporaneidade, em que se acredita em prazeres instantâneos, resultados imediatos e felicidade instantânea, é bom lembrar que a construção de sentido requer tempo e persistência. Por outro lado, quando uma escolha não faz sentido o sujeito percebe rapidamente.

(Adaptado de KEHL, Maria Rita. Disponível em: rae.fgv.br /sites/rae.fgv.br/files/artigos)

(Técnico Judiciário – TRT11 – FCC – 2017) De acordo com o texto, é correto afirmar:

(A) Por motivações inconscientes, que remetem à primeira infância, ou de ordem prática, os indivíduos costumam optar pela mesma área de atuação profissional dos pais.
(B) O talento para exercer um determinado trabalho está intimamente relacionado à capacidade de ponderar cuidadosamente sobre a escolha profissional.
(C) As escolhas profissionais mais apropriadas são aquelas derivadas de motivações latentes no indivíduo desde a infância.
(D) As pessoas bem-sucedidas profissionalmente, em sua maioria, creditam o sucesso obtido ao alto nível de esforço e ao empenho com que se dedicam ao trabalho diário.
(E) No cenário competitivo da contemporaneidade, para concretizar suas ambições profissionais, o indivíduo, muitas vezes, precisa abrir mão dos ideais utópicos formados na infância.

A: incorreta. O segundo parágrafo do texto, em seu último período, afirma que é mais comum os filhos seguirem os desejos não realizados dos pais do que a mesma carreira deles; **B:** incorreta. O texto defende, sob os argumentos de Freud, que decisões importantes geram resultados melhores se tomadas por impulso; **C:** correta, conforme exposto no segundo e terceiro parágrafos do texto; **D:** incorreta. Esta ideia não se encontra em qualquer passagem do texto; **E:** incorreta. Também não se encontra esta conclusão em nenhuma passagem.

(Técnico Judiciário – TRT11 – FCC – 2017) Atente para as afirmações abaixo.

I. Embora aprove o conselho oferecido por Freud, a autora, ao afirmar que *A sugestão parece imprudente*, assinala que a ideia de Freud pareceria desajustada ao senso comum.
II. No texto, estabelece-se o contraste entre as vontades impulsivas proibidas e as razões inconscientes às quais o impulso deve obedecer.
III. No primeiro parágrafo, o sinal de dois-pontos introduz uma síntese do que foi dito antes.

Está correto o que se afirma APENAS em

(A) I e II.
(B) II e III.
(C) I e III.
(D) I.
(E) II.

I: correta. É exatamente essa a ideia que o trecho quer debater; **II:** correta. A ideia é defendida no segundo parágrafo do texto; **III:** incorreta. Os dois-pontos anunciam o aposto, elemento do período que explica o que foi dito antes.

A representação da "realidade" na imprensa

Parece ser um fato assentado, para muitos, que um jornal ou um telejornal expresse a "realidade". Folhear os cadernos de papel de ponta a ponta ou seguir pacientemente todas as imagens do grande noticiário televisivo seriam operações que atualizariam a cada dia nossa "compreensão do mundo". Mas esse pensamento, tão disseminado quanto ingênuo, não leva em conta a questão da perspectiva pela qual se interpretam todas e quaisquer situações focalizadas. Submetermo-nos à visada do jornalista que compôs a notícia, ou

1. LÍNGUA PORTUGUESA

mesmo à do câmera que flagra uma situação (e que, aliás, tem suas tomadas sob o controle de um editor de imagens), é desfazermo-nos da nossa própria capacidade de análise, é renunciarmos à perspectiva de sujeitos da nossa interpretação.

Tanto quanto os propalados e indiscutíveis "fatos", as notícias em si mesmas, com a forma acabada pela qual se veiculam, são parte do mundo: convém averiguar a quem interessa o contorno de uma análise política, o perfil criado de uma personalidade, o sentido de um levante popular ou o alcance de uma medida econômica. O leitor e o espectador atentos ao que leem ou veem não têm o direito de colocar de lado seu senso crítico e tomar a notícia como espelho fiel da "realidade". Antes de julgarmos "real" o "fato" que já está interpretado diante de nossos olhos, convém reconhecermos o ângulo pelo qual o fato se apresenta como indiscutível e como se compõe, por palavras ou imagens, a perspectiva pela qual uma bem particular "realidade" quer se impor para nós, dispensando-nos de discutir o ponto de vista pelo qual se construiu uma informação.

(Tibério Gaspar, inédito)

(Analista Judiciário – TRT/24 – FCC – 2017) Diante das informações que habitualmente nos oferecem os jornais e os noticiários, devemos, segundo o autor do texto,

(A) considerar como fatos efetivos apenas aqueles que ganham igual dimensão em todos os veículos.

(B) imaginar que os interesses existentes na divulgação dos fatos acabam por destituí-los de importância.

(C) interpretar as notícias de modo a excluir delas o que nos pareça mais problemático ou inverossímil.

(D) ponderar que tais informações são construídas a partir de um ponto de vista necessariamente particular.

(E) avaliar os fatos noticiados segundo o ângulo que melhor se afine com os nossos valores pessoais.

O texto chama a atenção do leitor para o fato de que as notícias são veiculadas sempre a partir de um ponto de vista particular, do próprio órgão de imprensa que a publica. Assim, não se trata de "realidade" em sentido estrito, mas da "realidade" que aquele determinado veículo de comunicação quer divulgar. Gabarito "D".

---

1   Há um traço fundamental na história indígena do rio Amazonas, cuja percepção é necessária ao entendimento do passado e do presente da região. É um fenômeno demográfico e cultural de longa duração que acompanha os primeiros duzentos anos da ocupação europeia e que irá resultar, em meados do século XVIII, numa realidade etnográfica substancialmente distinta da que havia sido observada pelos primeiros exploradores quinhentistas.

5   Trata-se do desaparecimento das nações que viviam ao longo do rio Amazonas e da sua substituição por novos contingentes indígenas que foram sendo descidos dos afluentes para a calha amazônica pelos agentes da colonização. Desaparecimento, em sentido étnico, é o termo adequado, e ver-se-á mais adiante de que forma ele se deu. Neste processo de despovoamento maciço e repovoamento parcial, dois aspectos devem ser assinalados: a) *o desaparecimento dos padrões adaptativos (demográficos, organizacionais e ergológicos) da população original, que não chegam a se reconstituir, a não ser parcial-*

10   *mente,* quando do povoamento induzido pelo colonizador; neste segundo momento ocorre b) *a formação de um estrato que* chamaremos neo-indígena, inserido na sociedade colonial e marcado pelo desenraizamento e pela aculturação intertribal e interétnica.

Obs.: ergológico: relativo à ergologia, ramo da etnologia que estuda a cultura material.

(PORRO, Antônio. História indígena do alto e médio Amazonas: séculos XVI a XVIII. In: CUNHA, Manuela C. (org.). História dos índios no Brasil. 2. ed. São Paulo, Companhia das Letras; Secretaria Municipal de Cultura; FAPESP,1998, p. 175)

(Analista Judiciário – TRT/11 – FCC – 2017) Entende-se corretamente do trecho acima transcrito:

(A) Os exploradores quinhentistas e dos duzentos anos de vivência na região amazônica não foram competentes ao pesquisar o passado indígena, o que determinou graves equívocos na ocupação europeia.

(B) A existência de um fenômeno demográfico e cultural que se desenvolveu de especial modo estendido, no tempo e no espaço, provocou mudanças relevantes no processo inicial de ocupação europeia na Amazônia.

(C) A migração de certas nações indígenas que habitavam ao longo do rio Amazonas, em busca de melhores condições de sobrevivência, foi concomitante à migração de outros grupos para esse mesmo espaço.

(D) Em processo determinado pelo decurso da colonização, desapa-

receram nações indígenas que viviam ao longo do rio Amazonas e outros grupos de autóctones foram formados, em ato e efeito de aculturação.

(E) O desaparecimento, em sentido étnico, caracteriza-se por despovoamento em larga escala e sucessivo e imediato repovoamento, este em patente escala bem menor do que se teve no povoamento primeiro.

O texto trata dos efeitos da colonização europeia junto às tribos indígenas que habitavam ao longo do curso do Rio Amazonas. O processo de desaparecimento étnico mudou a sociedade indígena local por implicar o desaparecimento daqueles que ordinariamente se encontravam nas margens do rio para, vagarosa e parcialmente, serem substituídos por outros grupos que convergiram dos afluentes para o rio principal, estes já mais habituados aos modos do colonizador. Gabarito "D".

---

1   Três em cada quatro brasileiros se consideram católicos. Pelas contas do Censo 2000, para uma população total em torno de 170 milhões de habitantes, o Brasil entra no século XXI aproximadamente com 125 milhões de católicos declarados, praticamente três quartos da população residente total.

Quer dizer que no início do terceiro milênio ainda é possível a esse país, o maior e mais populoso da "América cató-

5   lica", continuar ostentando com fundamento em dados estatísticos cientificamente controlados e religiosamente isentos sua histórica posição de nação com hegemonia católica, que um dia lhe valeu o desgastado título que o aclama como "o maior país católico do mundo". Tradicionalmente autoaplicado por seus habitantes em conotações que, a bem da verdade, sofrem polarizações e inflexões de toda espécie e grau, que vão do contentamento envaidecido sem ressalvas ao lamento aborrecido sem reservas, a plausibilidade desse superlativo identitário pode estar com os dias contados.

10   Não obstante a permanência ininterrupta da enorme desigualdade em tamanho e estatura das religiões no Brasil, não é mais possível, nos dias que correm, desconhecer que a sociedade brasileira está passando por um processo de transição religiosa que é notório. Visível é bem nu. Mas não só, uma vez que se trata de um processo que tem sido há décadas acompanhado atentamente, e comprovado a frio reiteradamente, pelas estatísticas censitárias. Esse lento vir a ser, ao mesmo tempo matemático e falastrão, vai pouco a pouco desfigurando nosso velho semblante cultural com a introdução

15   gradual, mas nem por isso menos corrosiva, de estranhamentos e distâncias, descontinuidades e respiros no batido ramerrão do imaginário religioso nacional. Com efeito, hoje se assiste em nosso país a um vigoroso movimento de transição demográfico-religiosa que já assumiu a forma de progressiva migração de contingentes católicos para outras religiões. Ou mesmo para nenhuma.

(Adaptado dE: PIERUCCI, Antonio Flávio. Religiões no Brasil. In: BOTELHO, André e SCHWARCZ, Lilia Moritz (orgs.). Agenda BrasileirA: temas de uma sociedade em mudança. Companhia das Letras, 2011, p. 472-473)

(Analista Judiciário – TRT/11 – FCC – 2017) É legítimo afirmar: no texto,

(A) o argumento a favor da demonstração de que o Brasil deixará de ser em breve hegemonicamente católico é sustentado pelos rigorosos dados do recenseamento de 2000 mencionados pelo autor.

(B) é reconhecível o ponto de vista favorável ao fato de os brasileiros assumirem-se como católicos em levantamento demográfico, assunção de identidade que legitima a preservação do título de maior país católico do mundo atribuído ao Brasil.

(C) o emprego das aspas na expressão *"América católica"* sinaliza que, por meio da ironia, o autor censura o apego dos brasileiros a títulos de supremacia, adesão que ele nota até mesmo quando se trata de religião.

(D) admite-se que à expressão *"o maior país católico do mundo"* empregada pelos brasileiros se têm atribuído sentidos distintos, o que justifica o fato de o uso do título estar em extinção.

(E) avalia-se que, sob o fato manifesto e contínuo de brasileiros virem deixando a religião católica, ao migrar ou não para alguma outra, o superlativo que historicamente individualiza o Brasil do ponto de vista religioso está perdendo a razoabilidade.

A: incorreta. Os dados do censo, ao contrário, confirmam que a população é majoritariamente católica; **B:** incorreta. Não se pode deduzir que a declaração de religião tem por objetivo manter o título em questão; **C:** incorreta. Não se trata de ironia, mas de citação de um termo criado por outra pessoa. As aspas indicam uma citação literal; **D:** incorreta. Não é por isso que o título está se extinguindo, mas sim porque há um movimento de migração entre religiões; **E:** correta, conforme comentário à alternativa anterior.

Gabarito "E".

(Analista Judiciário – TRT/11 – FCC – 2017) No segundo parágrafo,

(A) a expressão *Quer dizer* introduz exposição mais detalhada do que se apresenta no primeiro parágrafo, esclarecimento realizado sob o padrão da neutralidade científica.

(B) os segmentos *cientificamente controlados* e *religiosamente isentos* subordinam-se diretamente à palavra *fundamento*.

(C) o emprego de *um dia* sugere que a ideia de *desgastado,* atribuída à palavra *título,* teve breve duração.

(D) a caracterização de *conotações* evidencia que os brasileiros, ainda que possam manifestar emoções antagônicas ao fazer uso da qualificação *"o maior país católico do mundo",* o fazem com a mesma intensa adesão ao seu particular sentimento.

(E) o emprego da expressão *a bem da verdade* sinaliza a introdução de uma específica correção, retificação que remete diretamente ao segmento *sua histórica posição de nação com hegemonia católica.*

A: incorreta. O autor não foi neutro em suas palavras, porque o parágrafo em questão já direciona os argumentos para a defesa de seu ponto de vista; **B:** incorreta. Os termos em destaque remetem a dados estatísticos; **C:** incorreta. A expressão "um dia" significa que o fato aconteceu em algum momento não especificado no passado; **D:** correta. Esta é a ideia central exposta no segundo parágrafo do texto; **E:** incorreta. A expressão remete a "conotações", esclarecendo as diferentes abordagens sobre o tema.

Gabarito "D".

As questões abaixo referem-se ao texto que segue.

A matéria abaixo, que recebeu adaptações, é do jornalista Alberto Dines, e foi veiculada em 9/05/2015, um dia após as comemorações pelos 70 anos do fim da Segunda Guerra Mundial.

Quando a guerra acabar...

1   *Abre parêntese: há momentos − felizmente raros − em que a história pessoal se impõe às percepções conjunturais e o relato na primeira pessoa, embora singular, parcial, às vezes suspeito, sobrepõe-se à narrativa impessoal, ampla, genérica. Fecha parêntese.*

   O descaso e os indícios de esquecimento que, na sexta-feira (8/5), rodearam os setenta anos do fim da fase europeia da

5   *Segunda Guerra Mundial sobressaltaram. O ano de 1945 pegou-me com 13 anos e a data de 8 de maio incorporou-se ao meu calendário íntimo e o cimentou definitivamente às efemérides históricas que éramos obrigados a decorar no ginásio. Seis anos antes (1939), a invasão da Polônia pela Alemanha hitlerista − e logo depois pela Rússia soviética − empurrou a guerra para dentro da minha casa através dos jornais e do rádio: as vidas da minha avó paterna, tios, tias, primos e primas dos dois lados corriam perigo. Em 1941, quando a Alemanha rompeu o pacto com a URSS e a invadiu com fulminantes*

10   *ataques, inclusive à Ucrânia, instalou-se a certeza: foram todos exterminados.*

   A capitulação da Alemanha tornara-se inevitável, não foi surpresa, sabíamos que seria esmagada pelos Aliados. Nova era a sensação de paz, a certeza que começava uma nova página da história e perceptível mesmo para crianças e adolescentes. A prometida quimera embutida na frase "quando a guerra acabar" tornara-se desnecessária, desatualizada. A guerra acabara para sempre. Enquanto o retorno dos combatentes brasileiros vindos da Itália era saudado

15   *delirantemente, matutinos e vespertinos − mais calejados do que a mídia atual − nos alertavam que a guerra continuava feroz não apenas no Extremo Oriente, mas também na antiquíssima Grécia, onde guerrilheiros de direita e de esquerda, esquecidos do inimigo comum − o nazifascismo − se enfrentavam para ocupar o vácuo de poder deixado pela derrotada barbárie. Sete décadas depois − porção ínfima da história da humanidade −, aquele que foi chamado Dia da Vitória e comemorado loucamente nas ruas do mundo metamorfoseou-se em Dia das Esperanças Perdidas: a guerra não acabou. Os Aliados*

20   *desvincularam-se, tornaram-se adversários. A guerra continua, está aí, espalhada pelo mundo, camuflada por diferentes nomenclaturas, inconfundível, salvo em breves hiatos sem hostilidades, porém com intensos ressentimentos.*

   (Reproduzido da **Gazeta do Povo** (Curitiba, PR) e do **Correio Popular** (Campinas, SP), 9/5/2015; intertítulo do *Observatório da Imprensa*, edição 849)

(TRT/3ª – 2015 – FCC) Nesse texto, o jornalista,

(A) ao organizar minuciosa e cronologicamente os episódios da Segunda Guerra Mundial, ressalta os fatos que foram mal retratados nas comemorações dos 70 anos do fim do conflito.

(B) ao trazer sua visão pessoal sobre os principais acontecimentos da Segunda Guerra Mundial, defende que a imprensa privilegie o ângulo particular com que o profissional observa os fatos.

(C) ao apresentar informações e comentários sobre a Segunda Guerra Mundial, toma-a como legítima justificativa para a publicação de matéria que tem como objeto questões pessoais e íntimas.

(D) ao confessar sobressalto pelo que tinha ocorrido no dia anterior, 8/5, explica-o tanto pela associação de fatos históricos a questões pessoais, quanto pela interpretação de que há um Dia das Esperanças Perdidas.

(E) ao citar a volta dos combatentes brasileiros, critica a euforia das saudações, pois evidenciava que o povo não tinha percebido que o conflito, na mesma configuração de 1939 a 1945, continuava.

A: incorreta. Sua narrativa nos fatos não é minuciosa ou cronológica, mas sim lembranças um tanto desordenadas. Além disso, sua intenção não é ressaltar os fatos que foram mal retratados nas comemorações, mas a total ausência de comentários sobre o tema; **B:** incorreta. Seu comentário sobre a visão pessoal serve para justificar a ausência de objetividade com a qual tratará do tema; **C:** incorreta. O texto trata do atual cenário beligerante em que o mundo se encontra, fazendo uma alegoria com a data considerada final da guerra em 1945; **D:** correta. A alternativa reflete bem as ideias passadas pelo texto; **E:** incorreta. Não houve crítica à euforia das saudações, mas uma evidenciação da desilusão com a notícia de que, ao contrário do que todos imaginavam, a guerra não havia acabado.

Gabarito "D".

(TRT/3ª – 2015 – FCC) O excerto legitima a seguinte compreensão:

(A) Dines considera a imprensa de 1945 menos aperfeiçoada do que a imprensa contemporânea.

(B) O primeiro parágrafo é apresentado como "entre parênteses" porque é tomado como simples anexo, de conteúdo genérico, sobre a análise de conjunturas, sem conter menção ao que virá no texto.

(C) Dada a natureza do texto, expressões como *empurrou a guerra para dentro da minha casa* devem ser desaprovadas, pois, ferindo o rigor lógico, prejudicam a compreensão.

(D) Dines considera a Segunda Guerra Mundial conflito constituído por mais de um estágio.

(E) Em sua análise de ambientes de guerra, Dines trata a Grécia como exemplo de conflito interno, descolado do contexto da Guerra Mundial.

A: incorreta. O termo "calejados" foi utilizado para indicar que a imprensa da época não tinha o "jogo de cintura" para narrar os fatos de forma menos abrupta, menos chocante; **B:** incorreta. Os "parênteses" foram utilizados para justificar as impressões e experiências pessoais que permeariam o texto; **C:** incorreta. Expressões como a selecionada não atingem a lógica do texto. Servem, ao contrário, para deixá-lo mais informal e aproximar o autor do leitor; **D:** correta. Isso se vê pela sua abordagem do conflito atual como uma sucessão do anterior; **E:** incorreta. O conflito interno na Grécia somente começou pelo vácuo de poder deixado pela guerra – logo, não estava dela descolado.
Gabarito "D".

(TRT/3ª – 2015 – FCC) *Sete décadas depois – porção ínfima da história da humanidade –, aquele que foi chamado Dia da Vitória e comemorado loucamente nas ruas do mundo metamorfoseou-se em Dia das Esperanças Perdidas: a guerra não acabou. Os Aliados desvincularam-se, tornaram-se adversários. A guerra continua, está aí, espalhada pelo mundo, camuflada por diferentes nomenclaturas, inconfundível, salvo em breves hiatos sem hostilidades, porém com intensos ressentimentos.*

Comenta-se com propriedade sobre o parágrafo acima, em seu contexto:

(A) Os travessões encerram forte argumento para a defesa das ideias de Dines, pois o segmento alerta para o fato de que, em muito breve intervalo de tempo, a humanidade conheceu significativo revés de sentimentos.

(B) As expressões *Dia da Vitória* e *Dia das Esperanças Perdidas* concentram a crítica que Dines faz aos profissionais do jornalismo brasileiro e internacional, ao cunharem bordões que pouco explicam a natureza dos fatos.

(C) O emprego do adjetivo *camuflada* retoma o que se diz anteriormente por meio da expressão *metamorfoseou-se.*

(D) A expressão *tornaram-se adversários* exprime a consequência inevitável da ação mencionada anteriormente na frase.

(E) Em *salvo em breves hiatos sem hostilidades,* a substituição do segmento destacado por "a exceção de" preserva o sentido e a correção originais.

A: correta. Os travessões foram utilizados para dar destaque ao argumento de que o intervalo de tempo é suficientemente breve para a humanidade viver uma reviravolta tão grande em seus sentimentos; **B:** incorreta. Não se pode extrair essa conclusão do texto, até porque o "dia das esperanças perdidas" é criação do próprio autor; **C:** incorreta. São imagens diferentes do texto, a transformação do significado da data e a guerra sorrateira que hoje está instalada; **D:** incorreta. Ao se desvincularem, os Aliados não precisavam necessariamente ter se tornado adversários – poderiam permanecer neutros uns aos outros. Logo, não é uma "consequência inevitável"; **E:** incorreta. Deveria haver o acento grave indicativo da crase em "à exceção de".
Gabarito "A".

(TRT/3ª – 2015 – FCC) *A capitulação da Alemanha tornara-se inevitável, não foi surpresa, sabíamos que seria esmagada pelos Aliados. Nova era a sensação de paz, a certeza que começava uma nova página da história e perceptível mesmo para crianças e adolescentes. A prometida quimera embutida na frase "quando a guerra acabar" tornara-se desnecessária, desatualizada.*

É correta a seguinte assertiva sobre o que se tem no trecho acima:

(A) A causa de o fato ser *inevitável* está expressa em *não foi surpresa.*

(B) O emprego de *mesmo* confirma que era natural esperar que crianças e adolescentes, como os adultos, tivessem a certeza de que um novo período da história começava.

(C) A palavra *quimera* equivale, quanto ao sentido, a "utopia".

(D) Em *tornara-se desnecessária, desatualizada,* as palavras destacadas estão dispostas em ordem crescente de valor.

(E) O emprego de *Nova* justifica-se somente pelo contexto em que as três linhas acima estão inseridas, pois, nelas, não há nenhuma palavra ou expressão a que a palavra *Nova* possa ser associada.

A: incorreta. A ausência de surpresa é consequência do fato ser inevitável; **B:** incorreta. Ao contrário, o uso da palavra "mesmo" indica a surpresa do autor ao verificar o sentimento em crianças e adolescentes; **C:** correta. "Quimera" é sinônimo de "utopia", "sonho", "devaneio"; **D:** incorreta. Não há gradação nesse caso, nem positiva nem negativa. As palavras têm significados diferentes; **E:** incorreta. A palavra "nova" está associada a "sensação de paz".
Gabarito "C".

Instruções: Para responder às questões seguintes, considere o texto a seguir.

1   *Desde A democracia na América (1835), de Alexis de Tocqueville, tornou-se corrente comparar os Estados Unidos com a América ibérica, constituindo este exercício uma fonte de inspiração da imaginação*
5   *social no continente. Nessa obra, a América do Sul é descrita como lugar em que a pujança da natureza debilitaria o homem, enquanto, na América do Norte, a natureza se revestiria de outro aspecto, onde tudo "era grave, sério, solene; dissera-se que fora criada para se*
10 *tornar província da inteligência, enquanto a outra era a morada dos sentidos".*
    O caso bem-sucedido da América do Norte apontaria para um processo em que o atraso ibérico, sob o impacto das diferentes influências exercidas pelo seu vizinho
15 *anglo-americano, modernizar-se-ia, rompendo com os fundamentos da sua própria história.*
    A reflexão social latino-americana no século XIX, já testemunha dos sucessos econômicos e políticos dos Estados Unidos, tomou-os como um paradigma em sua
20 *luta orientada contra o que seria o seu atraso constitutivo, resultante do caudilhismo e do patrimonialismo vigentes em seus espaços nacionais. Entre tantos outros, os argentinos Sarmiento e Alberdi desenvolveram uma publicística centrada na comparação entre as duas*
25 *Américas e o que nos cumpriria fazer para, livrando-nos dos nossos males históricos, lograrmos sucesso no ingresso ao mundo moderno. [...]*
    No caso do Brasil, a comparação com os Estados Unidos também esteve presente ao longo de nossa história,
30 *influenciando diretamente os embates sobre o processo da modernização brasileira. Nossa herança ibérica, marcada por um Estado forte e pela valorização do público, seria compatível com os valores do mundo moderno então emergente? Ou, de forma alternativa, ela*
35 *teria nos legado uma carga tão excessiva, cuja superação em direção à modernidade exigiria uma ruptura com esse passado? Desde já, é importante ressaltar que, ainda que os conceitos iberismo e americanismo tenham sido formulados a posteriori, não*
40 *estando presentes no vocabulário dos autores consagrados como fundadores da tradição de interpretar o Brasil, eles fornecem uma chave interpretativa para o estudo do processo de nossa formação histórica.*

(VIANNA, Luis Werneck; PERLATTO, Fernando. Iberismo e americanismo.
In: BOTELHO, André; SCHWARCZ, Lilia Moritz (orgs.). **Agenda brasileira:** *temas de uma sociedade em mudança. São Paulo: Companhia das Letras, 2011, p. 248-249)*

442 MAGALLY DATO E HENRIQUE SUBI

(TRT/2ª – 2014 – FCC) Considere o texto e as assertivas que seguem.

I. O cotejo entre o emprego de certas formas verbais, por exemplo, (linha 7) *debilitaria* e (linha 8) *era* evidencia a distinção entre o ponto de vista, respectivamente, de quem comenta uma hipótese lançada por outrem e o ponto de vista de quem propõe essa mesma hipótese.

II. Considerada a lógica e o contexto, merece reparo o que se tem no segmento *O caso bem-sucedido da América do Norte apontaria para um processo em que o atraso ibérico [...] modernizar-se-ia*: em lugar do que está destacado, seria adequado haver, por exemplo, "a América ibérica, atrasada,".

III. No parágrafo 4, a presença de duas indagações no excerto deve-se ao fato de cada uma delas enfatizar uma específica polêmica a respeito de nossa história, correspondendo, então, uma em relação à outra, a um caminho alternativo na definição da prioridade a ser enfrentada no processo de modernização do Brasil.

Está correto o que se afirma em

(A) III, apenas.
(B) I, apenas.
(C) I, II e III.
(D) II e III, apenas.
(E) I e II, apenas.

I: correta. O uso do futuro do pretérito indica que a pessoa que fala não pode assegurar a correção daquilo que foi dito por outra pessoa; diferentemente, o pretérito imperfeito representa um fato efetivamente ocorrido, do qual o falante pode dar certeza; **II:** correta. A expressão "atraso ibérico" torna o texto dúbio, porque pode se referir tanto à América Ibérica (latino-americana) ou à península ibérica na Europa (Portugal e Espanha). Para evitar a confusão, a alteração sugerida seria bem aceita; **III:** incorreta. Não se trata de polêmicas diferentes sobre nossa história. As duas indagações são, na verdade, dois lados da mesma moeda – duas hipóteses sobre qual seria a influência da tradição ibérica sobre o Brasil.

Gabarito "E".

(TRT/2ª – 2014 – FCC) Observada a organização do texto, e especialmente a última frase, cria-se uma expectativa de que as linhas seguintes ao fragmento trarão

(A) considerações sobre o processo de formação do Brasil, iluminadas por matrizes de pensamento que, a partir de certo momento, foram conceituadas como "americanismo" e "iberismo".

(B) retificações dos textos inaugurais da tradição de interpretar o Brasil, determinadas pelo fato de que os autores não contavam, em seu vocabulário, com as palavras "americanismo" e "iberismo".

(C) a categoria "iberismo" como fundamento do primeiro bloco de estudos sobre a formação histórica do Brasil, dando lugar, a seguir, à categoria "americanismo".

(D) os conceitos de "iberismo" e de "americanismo" sempre em oposição, visto que são resultado de momentos históricos antagônicos e bastante afastados no tempo.

(E) crítica a autores equivocadamente consagrados como fundadores da tradição de interpretar o Brasil, equívoco gerado pelo desconhecimento de que eles muito tardiamente se valeram da chave necessária à análise da cultura.

O texto todo está construído sobre os conceitos de "americanismo" e "iberismo", formas de reler a história das Américas e encontrar os passos comuns e antagônicos na evolução de cada uma das regiões. Ao final, ele destaca que tais teorias foram desenvolvidas posteriormente à maioria das reflexões sobre o tema, passando a categorizá-las dentro dessa nova doutrina. Correta, portanto, a alternativa "A".

Gabarito "A".

(TRT/2ª – 2014 – FCC) Considere as informações prestadas pelo verbete abaixo transcrito.

publicística   Datação: c1950

■ substantivo feminino

1 a imprensa jornalística; periodismo

2 Rubrica: termo jurídico, política.
literatura de direito civil, política e/ou temas sociais

3 Rubrica: termo jurídico.
a ciência do direito público

4 Derivação: por metonímia.
o conjunto de autores de textos sobre direito público, política ou assuntos sociais

Etimologia: emprt. it. [palavra emprestada do italiano] publicística 'atividade desenvolvida por jornalistas na publicação de artigos pela imprensa, conjunto das publicações da atualidade'.

(Dicionário eletrônico Houaiss da língua portuguesa)

Sobre o uso dessa palavra "publicística" no texto, é correto afirmar:

(A) O excerto e a rubrica denotam a possibilidade, mais provável do que todas as outras, de ter sido empregada na acepção 3, levando em conta a natureza da obra de onde foi extraído o trecho.

(B) O contexto evidencia que está, de maneira a excluir outra possibilidade, empregada na acepção 4, como o comprova o uso da expressão *Entre tantos outros*, que remete a muitos autores.

(C) Levando em conta a datação, isto é, a época em que ela parece ter surgido na Língua Portuguesa, não poderia ter sido empregada em um texto que se refere a pensadores do século XIX.

(D) Aquilo que se informa acima sobre a origem da palavra e os dados oferecidos no texto comprovam a impossibilidade de ter sido empregada com acepção diferente da indicada em 1.

(E) O contexto e a rubrica sugerem que está empregada na acepção 2, mas a falta de indicações precisas sobre a natureza dos trabalhos dos autores citados impede uma conclusão decisiva sobre o seu sentido no *texto*.

A: incorreta. O texto trata majoritariamente da ciência política e da sociologia, pouco se reportando ao direito; **B:** incorreta. A interpretação do texto permite deduzir que a palavra foi empregada tanto na acepção 4 quanto no acepção 2, de sorte que não podemos excluir diretamente uma ou outra; **C:** incorreta. O texto se refere a pensadores do século XIX, mas foi escrito em 2011 – data em que a palavra já existia há muito tempo; **D:** incorreta. Ao contrário, a acepção 1 pode ser facilmente eliminada, tendo em vista que o texto não trata de artigos jornalísticos, mas de pensamentos sociais e filosóficos; **E:** correta, conforme o comentário à alternativa "B".

Gabarito "E".

Instruções: Para responder a questão seguinte, considere o texto a seguir.

1   A áspera controvérsia sobre a importância da liberdade
    política é bem capaz de ocultar o essencial nessa
    matéria, ou seja, a liberdade existe como um valor ético
    em si mesmo, independentemente dos benefícios concretos que a sua fruição pode trazer aos homens. [...]
5   A liberdade tem sido, em todos os tempos, a causa
    das maiores conquistas do ser humano. E, efetivamente,
    que valor teriam a descoberta da verdade, a criação
    da beleza, a invenção das utilidades ou a realização da
10 justiça, se os homens não tivessem a possibilidade de
    escolher livremente o contrário de tudo isso?
    Heródoto foi um dos primeiros a sublinhar que o estado
    de liberdade torna os povos fortes, na guerra e na
    paz. Ao relatar a estupenda vitória que os atenienses,
15 sob o comando de Cleômenes, conquistaram contra os
    calcídeos e os beócios, ele comenta: "Aliás, verifica-se,
    sempre e em todo lugar, que a igualdade entre os cidadãos
    é uma vantagem preciosa: submetidos aos tiranos,
    os atenienses não tinham mais valor na guerra que
20 seus vizinhos; livres, porém, da tirania, sua superioridade
    foi manifesta. Por aí se vê que na servidão eles se
    recusavam a manifestar seu valor, pois labutavam para
    um senhor; ao passo que, uma vez livres, cada um no
    seu próprio interesse colaborava, por todas as maneiras,
25 para o triunfo do empreendimento coletivo".
    O mesmo fenômeno de súbita libertação de energias
    e de multiplicação surpreendente de forças humanas
    voltou a repetir-se vinte e quatro séculos depois, com a
    Revolução Francesa. Pela primeira vez na história mo-
30 derna, as forças armadas de um país não eram compostas
    de mercenários, nem combatiam por um príncipe,
    sob o comando de nobres, mas eram formadas de
    homens livres e iguais, comandados por generais plebeus,
    sendo todos movidos tão só pelo amor à pátria.

(COMPARATO, Fábio Konder. A liberdade como valor ético. *Ética*: direito, moral e religião no mundo moderno. São Paulo: Companhia das Letras, 2006, p. 546-547)

1. LÍNGUA PORTUGUESA · 443

(TRT/2ª – 2014 – FCC) O texto abona o seguinte comentário: o autor, na defesa de seu ponto de vista,

(A) cita Cleômenes e episódio histórico que deu a esse ateniense experiência para reconhecer não só o valor da liberdade, mas, em próprias palavras do conquistador, que *a igualdade entre os cidadãos é uma vantagem.*

(B) faz uso de uma indagação que é meramente retórica, pois a resposta a ela está implícita na própria pergunta: o valor de descobertas, invenções e demais realizações está em impor a todos os homens o mesmo direito de usufruir delas.

(C) contrapõe distintos momentos históricos para evidenciar que a discussão sobre a importância da liberdade política contém contradições.

(D) opta por fazer um relato de como a liberdade se manifestou em diferentes momentos históricos, o que lhe permitiu concluir, ao final do texto, que a liberdade é um valor ético em si mesmo.

(E) vale-se de um testemunho de prestígio, sem, entretanto, tomá-lo como suficiente, dado que acrescenta comentário que o ratifica.

A: incorreta. As palavras não são de Cleômenes, mas do historiador Heródoto; **B:** incorreta. A retórica consiste em colocar em destaque a liberdade de escolher o oposto das vantagens narradas; **C:** incorreta. O uso do exemplo histórico serve para demonstrar que a necessidade humana de liberdade não é própria de um dado estágio da civilização, mas comum a todos eles; **D:** incorreta. Não se pode concluir isso do último parágrafo do texto. Nessa passagem o autor apenas se vale de mais um exemplo de como a liberdade determina as ações humanas; **E:** correta. Inicialmente ele cita o exemplo grego e, logo após, ratifica-o com a menção à Revolução Francesa, ambos com a mesma intenção: destacar o valor da liberdade como vantagem em uma guerra.
Gabarito "E".

Atenção: Para responder às questões seguintes, considere o texto abaixo.

Distorção negligenciada

1 *Embora poucas vezes mencionadas nos debates sobre desigualdades, as doenças negligenciadas demonstram com perfeição a necessidade de haver mecanismos capazes de corrigir distorções globais.*

Em entrevista a esta Folha, Eric Stobbaerts, diretor – executivo da Iniciativa de Medicamentos para Doenças Negligenciadas (DNDi, na sigla em inglês), lembrou que tais enfermidades ameaçam uma em cada seis pessoas do planeta; não

5 *obstante, entre 2000 e 2011, apenas 4% dos 850 novos medicamentos aprovados no mundo tratavam dessas moléstias.*

As listas de moléstias variam de acordo com a agência que tenta capitanear sua causa. Têm em comum o fato de serem endêmicas em regiões pobres da África, da Ásia e das Américas. Nem sempre fatais, são bastante debilitantes.

Estão nesse grupo, por ordem de prevalência, helmintíase, esquistossomose, filariose, tracoma, oncocercose, leishmaniose, doença de Chagas e hanseníase. As três últimas e a esquistossomose são as mais relevantes para o Brasil.

10 *A maioria desses distúrbios pode ser prevenida e conta com tratamentos efetivos pelo menos para a fase aguda, mas, por razões econômicas e políticas, eles nem sempre chegam a quem precisa.*

Há, além disso, uma dificuldade relativa à ciência. Algumas das terapias disponíveis já têm quatro ou cinco décadas de existência. Investimentos em pesquisa poderiam levar a estratégias de prevenção e cura mais efetivas. Como essas doenças não são rentáveis, porém, os grandes laboratórios raras vezes se interessam por esse nicho.

15 *Organizações como a DNDi e outras procuram preencher as lacunas. A situação tem melhorado, mas os avanços são insuficientes.*

Seria sem dúvida ingenuidade esperar que a indústria farmacêutica se entregasse de corpo e alma à resolução do problema. Seu compromisso primordial é com seus acionistas – e essa é a regra do jogo. Isso não significa, contudo, que não possam fazer parte do esforço.

20 *O desejo de manter boas relações públicas combinado com uma política de estímulos governamentais pode produzir grandes resultados. Também seria desejável envolver com maior intensidade universidades e laboratórios públicos (onde os há, como é o caso do Brasil).*

Mais de 1 bilhão de humanos ainda sofrem, em pleno século 21, com doenças cujo controle é não só possível, mas também relativamente barato – eis um fato que depõe contra o atual estágio de nossa organização global.

(**Folha de S. Paulo. Opinião**. p. A3, 14/03/2014)

(TRT/16ª – 2014 – FCC) No processo argumentativo adotado no edital,

(A) o segmento *Embora poucas vezes mencionadas nos debates sobre desigualdades* exprime ideia em relação tal de antinomia com o restante da frase, que desqualifica a alegação de que as *doenças negligenciadas* falam a favor da correção de distorções globais.

(B) a caracterização destacada em *demonstram* com perfeição evidencia que, numa escala de valores, as doenças negligenciadas ocupam alto nível no que se refere à exposição da *necessidade de haver mecanismos capazes de corrigir distorções globais.*

(C) a oferta da informação *(DNDi, na sigla em inglês)* deve ser atribuída à necessidade do jornalista de angariar credibilidade para a organização, confiabilidade de que depende, sobretudo, o grau de convencimento do leitor deste texto.

(D) o fato de que *tais enfermidades ameaçam uma em cada seis pessoas do planeta* é apontado como causa próxima de que, *entre 2000 e 2011, apenas 4% dos 850 novos medicamentos aprovados no mundo tratavam dessas moléstias.*

(E) o título – ***Distorção negligenciada*** –, tirando proveito da expressão *doenças negligenciadas,* tem a função restrita de qualificar o que se tem na frase inicial do texto: o fato de essas doenças serem poucas vezes mencionadas nos debates sobre desigualdades.

A: incorreta. A conjunção "embora", de valor concessivo, indica que as doenças negligenciadas buscam superar o obstáculo de serem poucas vezes mencionadas nos debates; **B:** correta. A interpretação fornecida pela alternativa está totalmente de acordo com o texto; **C:** incorreta. O autor fornece a sigla unicamente para deixar claro ao leitor seu significado, porque ela aparecerá outras vezes ao longo do texto; **D:** incorreta. O texto critica justamente a contradição entre o fato de tais doenças afetarem tantas pessoas e tão pouco ter se avançado na descoberta de medicamentos para seu tratamento; **E:** incorreta. O título quer chamar a atenção para a negligência dos laboratórios internacionais com essas doenças pelo fato delas não trazerem lucro para seus acionistas.
Gabarito "B".

(TRT/16ª – 2014 – FCC) É fiel ao que se tem no 3º parágrafo a seguinte afirmação:

(A) As moléstias negligenciadas são listadas de modos distintos, visto que as agências regulam, a seu modo, cada uma dessas doenças.

(B) Na dependência da agência que ganha a concorrência, uma ou outra doença é retirada da lista oficial de moléstias negligenciadas e passa a ser tratada.

(C) Um fator aproxima as doenças negligenciadas: ocorrem habitualmente e com incidência significativa em populações pobres da África, da Ásia e das Américas.

(D) Doenças negligenciadas são aquelas moléstias infecciosas comuns e rápidas que se manifestam em surto periódico em populações pobres de regiões como a África, Ásia e Américas.

MAGALLY DATO E HENRIQUE SUBI

(E) Em todos os continentes é comum ocorrerem doenças de caráter transitório, que atacam simultaneamente grande número de indivíduos.

A: incorreta. As agências não regulam as doenças. O texto menciona que, a depender da entidade que busca recursos e conscientização sobre uma determinada doença negligenciada, ela tende a colocar essa moléstia como mais importante do que as outras para chamar mais a atenção para sua causa; **B:** incorreta, nos termos do comentário à alternativa anterior; **C:** correta. Tal fato está expresso diretamente no terceiro parágrafo do texto; **D:** incorreta. As moléstias negligenciadas são endêmicas, termo que identifica moléstias típicas de um determinado grupo ou local, disseminando-se apenas entre os membros desse grupo; **E:** incorreta. Tal informação não pode ser depreendida de nenhuma passagem do texto.
Gabarito "C".

(TRT/16ª – 2014 – FCC) O texto abona o seguinte comentário:

(A) (linha 7) Na frase *Nem sempre fatais, são bastante debilitantes,* em que se apresenta o perfil das doenças negligenciadas, indicam-se dois relevantes traços possíveis de sua constituição.

(B) (linha 10) A frase *A maioria desses distúrbios* [...] *conta com tratamentos efetivos* é passível de ser transposta para a voz passiva.

(C) (linha 9) Infere-se corretamente que o desafio do Brasil é enfrentar tanto a prevenção, quanto a cura de quatro das doenças negligenciadas, visto que não há ocorrências das demais em solo brasileiro.

(D) (linha 10) O comentário *pelo menos para a fase aguda* constitui uma restrição, assim como é restritiva a expressão *A maioria desses distúrbios*, mas, no contexto, esses limites estão associados a avanços, ainda que nem sempre garantidos.

(E) (linha 10) A correlação entre *pode ser prevenida* e *conta com tratamentos efetivos* evidencia, por meio das formas verbais, a incoerência, respectivamente, entre as possibilidades técnicas e as ações levadas a efeito.

A: incorreta. Na passagem destacada, a única característica relevante apresentada sobre as doenças negligenciadas é que são debilitantes. Sobre o índice de fatalidade, ao contrário, indica-se que esse não é um traço típico das doenças; **B:** incorreta. A transposição para a voz passiva depende da oração original ter três elementos: sujeito, verbo transitivo direto e objeto direto, o que não ocorre no trecho selecionado; **C:** incorreta. O texto não nega a ocorrência das demais doenças no Brasil. Ele apenas anota que quatro delas são as mais relevantes para o país, porque mais comuns em nossa população; **D:** correta. O comentário expõe uma interpretação correta e coerente com os fatos trazidos pelo texto; **E:** incorreta. A correlação apresentada no trecho é coerente – tanto os distúrbios podem ser prevenidos que contam com tratamentos efetivos (ainda que não cheguem, muitas vezes, até os necessitados).
Gabarito "D".

Atenção: Para responder às questões abaixo, considere o texto de Barbosa e Rabaça.

Leia com atenção o verbete abaixo, transcrito do Dicionário de comunicação, e as assertivas que o seguem.

Responsabilidade social

• (mk,rp) *Adoção, por parte da empresa ou de qualquer instituição, de políticas e práticas organizacionais socialmente responsáveis, por meio de valores e exemplos que influenciam os diversos segmentos das comunidades impactadas por essas ações. O conceito de responsabilidade social fundamenta-se no compromisso de uma organização dentro de um ecossistema, onde sua participação é muito maior do que gerar empregos, impostos e lucros. Seu objetivo básico é atuar no meio ambiente de forma absolutamente responsável e ética, inter-relacionando-se com o equilíbrio ecológico, com o desenvolvimento econômico e com o equilíbrio social. Do ponto de vista mercadológico, a responsabilidade social procura harmonizar as expectativas dos diferentes segmentos ligados à empresa: consumidores, empregados, fornecedores, redes de venda e distribuição, acionistas e coletividade. Do ponto de vista ético, a organização que exerce sua responsabilidade social procura respeitar e cuidar da comunidade, melhorar a qualidade de vida, modificar atitudes e comportamentos através da educação e da cultura, conservar a vitalidade da terra e a biodiversidade, gerar uma consciência nacional para integrar desenvolvimento e conservação, ou seja, promover o desenvolvimento sustentável, o bem-estar e a qualidade de vida. Diz-se tb.* **responsabilidade social corporativa** *ou* **RSC**. *V.* **ecossistema social**, **ética corporativa**, **empresa cidadã** *e* **marketing social***.*

(BARBOSA, Gustavo e RABAÇA, Carlos Alberto. 2.ed. rev. e atualizada. Rio de Janeiro: Elsevier, 2001 – 10ª reimpressão, p. 639-40)

(TRT/16ª – 2014 – FCC)

I. Para que o leitor leigo tenha acesso adequado a todas as informações que o texto acima disponibiliza, basta que, após a sua leitura, cumpra as remissões indicadas; são remissões indicadas as que estão expressas nos segmentos iniciados por *Diz-se tb.* e *V.*

II. Para o entendimento do verbete deste dicionário especializado, contrariamente ao que ocorre com os verbetes dos dicionários da língua portuguesa, é imprescindível que o leitor se aproprie de todas as convenções utilizadas na obra; neste caso, que saiba que "mk" significa *marketing* e que "rp" significa "relações públicas".

III. O verbete, neste dicionário especializado, é aberto por uma expressão; a sinonímia, igualmente assentada em expressão, é relevante nessa estrutura de vocabulário técnico.

Está correto o que se afirma APENAS em

(A) I.

(B) II.

(C) III.

(D) I e II.

(E) II e III.

I: incorreta. "Diz-se tb." Introduz os sinônimos da expressão definida pelo dicionário. As remissões são unicamente as palavras introduzidas por "V." (abreviatura de *vide*); **II:** incorreta. Não é absolutamente necessário o conhecimento dessas abreviaturas para a compreensão da definição exposta pelo dicionário. Conhecê-las aumenta o alcance da obra, mas não afasta o leitor comum do conhecimento ali disseminado; **III:** correta. A afirmação descreve acertadamente a estrutura utilizada pelo dicionário para definir o verbete em questão.
Gabarito "C".

(TRT/16ª – 2014 – FCC) Infere-se corretamente do verbete:

(A) Políticas e práticas socialmente responsáveis são de competência constitutiva de empresas e de qualquer instituição.

(B) Valores e exemplos que influenciam os diversos segmentos que constituem uma comunidade neutralizam os impactos deletérios de empresas instaladas no entorno dessa comunidade.

(C) É dever de empresas, por determinação legal, a organização de um sistema que, incluindo os seres vivos e o ambiente, garanta inter-relacionamento harmônico entre todos os envolvidos.

(D) É pressuposto que uma empresa participe da geração de empregos, impostos e lucros.

(E) É inerente à atividade empresarial atuar no meio ambiente de forma absolutamente responsável e ética.

A: incorreta. A responsabilidade social, segundo o texto, é uma característica de algumas empresas e instituições que veem sua posição no mercado de forma diferenciada, com o dever de zelar pela qualidade do meio ambiente em paralelo aos seus interesses econômicos; **B:** incorreta. Não se pode concluir isso de nenhuma passagem do texto; **C:** incorreta. Não há qualquer obrigação legal para tanto. A responsabilidade social é uma conduta opcional por parte das empresas e organizações; **D:** correta. "Pressuposto", aqui, foi utilizado no sentido de "fato", "informação inconteste". Não se discute que a empresa deve gerar empregos, impostos e lucros. Isso já está pressuposto. O que elas também podem fazer é agir com responsabilidade social; **E:** incorreta, conforme comentários às alternativas anteriores.
Gabarito "D".

Cada um fala como quer, ou como pode, ou como acha que pode. Ainda ontem me divertiu este trechinho de crônica do escritor mineiro Humberto Werneck, de seu livro Esse inferno vai acabar:

"– Meu cabelo está pendoando – anuncia a prima, apalpando as melenas.

Tenho anos, décadas de Solange, mas confesso que ela, com o seu solangês, às vezes me pega desprevenido.

– Seu cabelo está o quê?

– Pendoando – insiste ela, e, com a paciência de quem explica algo elementar a um total ignorante, traduz:

– Bifurcando nas extremidades.

É assim a Solange, criatura para a qual ninguém morre, mas falece, e, quando sobrevém esse infausto acontecimento, tem seu corpo acondicionado num ataúde, num esquife, num féretro, para ser inumado em alguma necrópole, ou, mais recentemente, incinerado em crematório. Cabelo de gente assim não se torna vulgarmente quebradiço: pendoa"

Isso me fez lembrar uma visita que recebemos em casa, eu ainda menino. Amigas da família, mãe e filha adolescente vieram tomar um lanche conosco. D. Glorinha, a mãe, achava meu pai um homem intelectualizado e caprichava no vocabulário. A certa altura pediu ela a mim, que estava sentado numa extremidade da mesa:

– Querido, pode alcançar-me uma côdea desse pão?

Por falta de preparo linguístico não sabia como atender a seu pedido. Socorreu-me a filha adolescente:

– Ela quer uma casquinha do pão. Ela fala sempre assim na casa dos outros.

A mãe ficou vermelha, isto é, ruborizou, enrubesceu, rubificou, e olhou a filha com reprovação, isto é, dardejou-a com olhos censórios.

Veja-se, para concluir, mais um trechinho do Werneck:

Você pode achar que estou sendo implicante, metido a policiar a linguagem alheia. Brasileiro é assim mesmo, adora embonitar a conversa para impressionar os outros. Sei disso. Eu próprio já andei escrevendo sobre o que chamei de ruibarbosismo: o uso de palavreado rebarbativo como forma de, numa discussão, reduzir ao silêncio o interlocutor ignaro. Uma espécie de gás paralisante verbal."

(Cândido Barbosa Filho, inédito)

(Técnico – TRT/1ª – 2012 – FCC) No contexto, as frases "Meu cabelo está pendoando" e "pode alcançar-me uma côdea desse pão" constituem casos de

(A) usos opostos de linguagem, já que a completa informalidade da primeira contrasta com a formalidade da segunda.

(B) usos similares de linguagem, pois em ambas o intento é valorizar o emprego de vocabulário pouco usual.

(C) intenção didática, já que ambas são utilizadas para exemplificar o que seja uma má construção gramatical.

(D) usos similares de linguagem, pois predomina em ambas o interesse pela exatidão e objetividade da comunicação.

(E) usos opostos de linguagem, pois a perfeita correção gramatical de uma contrasta com os deslizes da outra.

A: incorreta. O uso da linguagem nos dois trechos é idêntico, focado exclusivamente na formalidade; **B:** correta. Nos respectivos contextos, os dois personagens querem demonstrar o domínio do vocabulário; **C:** incorreta. As construções estão gramaticalmente perfeitas; **D:** incorreta. O uso de palavras pouco conhecidas traz prejuízos à objetividade da comunicação, porque aumenta o risco do receptor não compreender a mensagem; **E:** incorreta. Mais uma vez, as construções atendem a todos os preceitos da gramática.

Gabarito "B".

(Técnico – TRT/1ª – 2012 – FCC) A mãe ficou vermelha, isto é, ruborizou, enrubesceu, rubificou, e olhou a filha com reprovação, isto é, dardejou--a com olhos censórios.

A expressão isto é, nos dois empregos realçados na frase acima,

(A) introduz a conclusão de que o significado das falas corriqueiras se esclarece mediante uma elaborada sinonímia.

(B) inicia a tradução adequada de um enunciado anterior cuja significação se mostrara bastante enigmática.

(C) funciona como os dois pontos na frase Cabelo de gente assim não se torna vulgarmente quebradiço: pendoa.

(D) introduz uma enumeração de palavras que seriam evitadas pela prima Solange, levando-se em conta o que diz dela o cronista Werneck.

(E) inicia uma argumentação em favor da simplificação da linguagem, de modo a evitar o uso de palavreado rebarbativo.

A: incorreta, pois a expressão "isto é" foi utilizada para indicar a correção, a retificação pelo autor do uso de uma palavra comum, enumerando os sinônimos rebuscados que as personagens usariam; **B:** incorreta, pois o enunciado anterior é bastante claro. Na verdade, trata-se de uma brincadeira do autor consistente em transformar um texto claro, com palavras usuais, nas construções complexas utilizadas pelas personagens; **C:** correta. Realmente, os dois-pontos têm a mesma função da expressão "isto é", já debatida nos comentários anteriores; **D:** incorreta, pois as palavras enumeradas são aquelas que seriam utilizadas pelas persona-

gens que preferem o palavreado rebuscado; **E:** incorreta. O efeito é justamente o inverso: as palavras enumeradas são mais complexas do que aquelas usadas anteriormente, causando uma complicação da linguagem.

Gabarito "C".

(Técnico – TRT/1ª – 2012 – FCC) Há uma relação de causa e efeito entre estas duas formulações:

(A) Cada um fala como quer e ou como acha que pode. (1º parágrafo)

(B) para ser inumado em alguma necrópole e incinerado em crematório. (7º parágrafo)

(C) visita que recebemos em casa e eu ainda menino. (8º parágrafo)

(D) achava meu pai um homem intelectualizado e caprichava no vocabulário. (8º parágrafo)

(E) olhou a filha com reprovação e dardejou-a com

A: incorreta. A relação é de alternância (uma coisa **ou** outra); **B:** incorreta. A relação é de adição (uma coisa **e** outra); **C:** incorreta. A relação é de temporalidade (a segunda oração indica o **momento** em que a primeira aconteceu); **D:** correta. Realmente, a personagem "caprichava no vocabulário" **porque** achava o outro intelectualizado; **E:** incorreta. A relação é de sinonímia (as palavras têm sentido equivalente).

Gabarito "D".

Economia religiosa

Concordo plenamente com Dom Tarcísio Scaramussa, da CNBB, quando ele afirma que não faz sentido nem obrigar uma pessoa a rezar nem proibi-la de fazê-lo. A declaração do prelado vem como crítica à professora de uma escola pública de Minas Gerais que hostilizou um aluno ateu que se recusara a rezar o pai-nosso em sua aula.

É uma boa ocasião para discutir o ensino religioso na rede pública, do qual a CNBB é entusiasta. Como ateu, não abraço nenhuma religião, mas, como liberal, não pretendo que todos pensem do mesmo modo. Admitamos, para efeitos de argumentação, que seja do interesse do Estado que os jovens sejam desde cedo expostos ao ensino religioso. Deve-se então perguntar se essa é uma tarefa que cabe à escola pública ou se as próprias organizações são capazes de supri-la, com seus programas de catequese, escolas dominicais etc.

A minha impressão é a de que não faltam oportunidades para conhecer as mais diversas mensagens religiosas, onipresentes em rádios, TVs e também nas ruas. Na cidade de São Paulo, por exemplo, existem mais templos (algo em torno de 4.000) *do que escolas públicas (cerca de 1.700). Creio que aqui vale a regra econômica, segundo a qual o Estado deve ficar fora das atividades de que o setor privado já dá conta. Outro ponto importante é o dos custos. Não me parece que faça muito sentido gastar recursos com professores de religião, quando faltam os de matemática, português etc. Ao contrário do que se dá com a religião, é difícil aprender física na esquina.*

Até 1997, a Lei de Diretrizes e Bases da Educação acertadamente estabelecia que o ensino religioso nas escolas oficiais não poderia representar ônus para os cofres públicos. A bancada religiosa emendou a lei para empurrar essa conta para o Estado. Não deixa de ser um caso de esmola com o chapéu alheio.

(Hélio Schwartsman. **Folha de S. Paulo**, 06/04/2012)

(Técnico – TRT/6ª – 2012 – FCC) No que diz respeito ao ensino religioso na escola pública, o autor mantém-se

(A) esquivo, pois arrola tanto argumentos que defendem a obrigatoriedade como o caráter facultativo da implementação desse ensino.

(B) intransigente, uma vez que enumera uma série de razões morais para que se proíba o Estado de legislar sobre quaisquer matérias religiosas.

(C) pragmático, já que na base de sua argumentação contra o ensino religioso na escola pública estão razões de ordem jurídica e econômica.

(D) intolerante, dado que deixa de reconhecer, como ateu declarado, o direito que têm as pessoas de decidir sobre essa matéria.

(E) prudente, pois evita pronunciar-se a favor da obrigatoriedade desse ensino, lembrando que ele já vem sendo ministrado por muitas entidades.

Sobre o tema, o autor prefere manter uma posição pragmática, determinada a partir de sua opção de não usar argumentos pessoais baseados em seu ateísmo. Sua visão é de natureza objetiva e mensurável, valendo-se de argumentos econômicos (custos e administração da receita pública) e jurídicos (direito à liberdade religiosa).

(Técnico – TRT/6ª – 2012 – FCC) Atente para estas afirmações:

I. Ao se declarar um cidadão ao mesmo tempo ateu e liberal, o autor enaltece essa sua dupla condição pessoal valendo-se do exemplo da própria CNBB.

II. A falta de oportunidade para se acessarem mensagens religiosas poderia ser suprida, segundo o autor, pela criação de redes de comunicação voltadas para esse fim.

III. Nos dois últimos parágrafos, o autor mostra não reconhecer nem legitimidade nem prioridade para a implementação do ensino religioso na escola pública.

Em relação ao texto, está correto o que se afirma em

(A) I, II e III.

(B) I e II, apenas.

(C) II e III, apenas.

(D) I e III, apenas.

(E) III, apenas.

I: incorreta. Para tentar não macular sua análise, o autor pretende afastar essas condições, principalmente o ateísmo, de sua argumentação; **II:** incorreta. O autor expõe a profusão de mensagens religiosas que nos bombardeia, não sendo necessária sua expansão; **III:** correta. Trata-se da ideia principal defendida pelo autor: não cabe ao Estado custear o ensino religioso, muito menos diante da situação deficitária de outras áreas, como português e matemática.

Gabarito "E".

(Técnico – TRT/6ª – 2012 – FCC) Pode-se inferir, com base numa afirmação do texto, que

(A) o ensino religioso demanda profissionais altamente qualificados, que o Estado não teria como contratar.

(B) a bancada religiosa, tal como qualificada no último parágrafo, partilha do mesmo radicalismo de Dom Tarcísio Scaramussa.

(C) as instituições públicas de ensino devem complementar o que já fazem os templos, a exemplo do que ocorre na cidade de São Paulo.

(D) o aprendizado de uma religião não requer instrução tão especializada como a que exigem as ciências exatas.

(E) os membros da bancada religiosa, sobretudo os liberais, buscam favorecer o setor privado na implementação do ensino religioso.

A: incorreta. O autor não entra no critério da qualificação dos professores de religião, apenas aponta que sua contratação não pode ser prioridade; **B:** incorreta. Em sua fala, Dom Tarcísio mostrou-se ponderado, reconhecendo o direito ao ateísmo. Não há nada de radical em suas palavras; **C:** incorreta. O autor defende exatamente o oposto: que o ensino religioso fique adstrito aos templos, que já se encontram em maior número do que as escolas públicas na cidade de São Paulo; **D:** correta. É o que se depreende da passagem: "*Ao contrário do que se dá com a religião, é difícil aprender física na esquina*"; **E:** incorreta. Não se pode confundir os religiosos com os liberais e, além disso, segundo o autor, os primeiros conseguiram alterar a legislação para criar a obrigação do Estado custear o ensino religioso.

Gabarito "D".

(Técnico – TRT/6ª – 2012 – FCC) Considerando-se o contexto, traduz-se adequadamente um segmento em:

(A) *A declaração do prelado vem como crítica* (1º parágrafo) = o pronunciamento do dignitário eclesiástico surge como censura

(B) *Admitamos, para efeitos de argumentação* (2º parágrafo) = Consignemos, a fim de especulação

(C) *sejam desde cedo expostos ao ensino religioso* (2º parágrafo) = venham prematuramente a expor-se no ensino clerical

(D) *onipresentes em rádios* (3º parágrafo) = discriminadas por emissoras de rádio

(E) *não poderia representar ônus* (5º parágrafo) = implicaria que se acarretasse prejuízo

A: correta. Todos os sinônimos atribuídos traduzem perfeitamente o trecho original; **B:** incorreta. "Especulação", nesse caso, é sinônimo de "afirmação sem fundamento", o que se contrapõe diretamente a "argumentação"; **C:** incorreta. "Prematuro" não é sinônimo de "cedo", é aquilo que veio antes do tempo programado, antes de estar maduro ("pré + maturidade"); **D:** incorreta. "Onipresente" é aquilo que está em todos os lugares. "Discriminado" é sinônimo de "especi-

ficado"; **E:** incorreta. "Ônus" é sinônimo de "dever", não está necessariamente relacionado a "prejuízo".

Gabarito "A".

Fora com a dignidade

Acho ótimo que a Igreja Católica tenha escolhido a saúde pública como tema de sua campanha da fraternidade deste ano. Todas as burocracias – e o SUS não é uma exceção – têm a tendência de acomodar-se e, se não as sacudirmos de vez em quando, caem na abulia. É bom que a Igreja use seu poder de mobilização para cobrar melhorias.

Tenho dúvidas, porém, de que o foco das ações deva ser o combate ao que dom Odilo Scherer, numa entrevista, chamou de terceirização e comercialização da saúde. É verdade que colocar um preço em procedimentos médicos nem sempre leva ao melhor dos desfechos, mas é igualmente claro que consultas, cirurgias e drogas têm custos que precisam ser gerenciados. Ignorar as leis de mercado, como parece sugerir dom Odilo, provavelmente levaria o sistema ao colapso, prejudicando ainda mais os pobres.

Para o religioso, é "a dignidade do ser humano" que deve servir como critério moral na tomada de decisões relativas a vida e morte. O problema com a "dignidade" é que ela é subjetiva demais. A pluralidade de crenças e preferências do ser humano é tamanha que o termo pode significar qualquer coisa, desde noções banais, como não humilhar desnecessariamente o paciente (forçando-o, por exemplo, a usar aqueles horríveis aventais vazados atrás), *até a adesão profunda a um dogma religioso (há confissões que não admitem transfusões de sangue).*

Numa sociedade democrática não podemos simplesmente apanhar uma dessas concepções e elevá-la a valor universal. E, se é para operar com todas as noções possíveis, então já não estamos falando de dignidade, mas, sim, de respeito à autonomia do paciente, conceito que a substitui sem perdas.

(Hélio Schwartsman. **Folha de S. Paulo**, março/2012)

(Técnico – TRT/6ª – 2012 – FCC) Ao mesmo tempo em que reconhece a importância de a Igreja Católica ter escolhido a saúde como tema da campanha da fraternidade, o autor **NÃO aprova** que o foco das ações deva ser, como propõe dom Odilo Scherer,

(A) o apoio às iniciativas que valorizem sobretudo os serviços terceirizados no campo da saúde.

(B) a franca resistência às iniciativas comerciais que subordinam as questões da saúde às leis do mercado.

(C) a transferência de responsabilidades na área da saúde, de modo a privilegiar as empresas mais habilitadas.

(D) a estatização dos serviços essenciais, a fim de harmonizar o interesse público e as leis do livre mercado.

(E) a clara demarcação entre o que compete ao Estado e o que compete à iniciativa privada, na área da saúde.

O autor condena a posição do clérigo de atacar a "terceirização e comercialização da saúde". Isso significa que, para a Igreja, os serviços de saúde não podem ser transferidos para a iniciativa privada, porque não deveriam se submeter às leis do mercado. Para Dom Odilo Scherer, o princípio norteador da saúde pública deve ser unicamente a dignidade da pessoa, critério combatido pelo articulista.

Gabarito "B".

(Técnico – TRT/6ª – 2012 – FCC) Atente para as seguintes afirmações:

I. O título do texto é inteiramente irônico, pois ao longo dele o autor valoriza, exatamente, o que costuma ser definido como *"a dignidade do ser humano".*

II. A despeito da pluralidade de crenças religiosas, o autor acredita que a base de todas elas está no que se pode definir como *respeito à autonomia do paciente.*

III. O conceito de *dignidade* é questionado pelo autor, que não o acolhe como uma concepção bem determinada e de valor universal.

Em relação ao texto, está correto APENAS o que se afirma em

(A) I

(B) II

1. LÍNGUA PORTUGUESA 447

(C) III

(D) I e II

(E) II e III

I: incorreta. Não há ironia. O autor pretende justamente afastar o conceito vago de "dignidade da pessoa" e reconhecer a autonomia do paciente para tomar as suas decisões; II: incorreta. Muito ao contrário, o autor critica a pluralidade religiosa sob o argumento de que cada uma delas estabelece um conceito de "dignidade" e pretende elevá-lo ao patamar de verdade absoluta. Como remédio, sugere o critério da autonomia do paciente, que não é mencionado por nenhuma crença; III: correta. É precisamente sobre esse ponto que se assenta a argumentação do autor.

Gabarito "C".

(Técnico – TRT/6ª – 2012 – FCC) A frase em que se afirma uma posição inteiramente **contrária** às convicções do autor do texto é:

(A) Em virtude de se apoiar na subjetividade humana, o conceito de dignidade não se determina de modo claro e insofismável.

(B) A variedade das reações e interdições que as crenças impõem a tratamentos de saúde indica a pluralidade dos valores subjetivos.

(C) Os mais pobres seriam os mais prejudicados, caso se levasse a efeito alguma proposta baseada na posição de dom Odilo Scherer.

(D) Ignorar todas as leis de mercado, na área da saúde, redunda na impossibilidade de funcionamento do sistema.

(E) Numa sociedade democrática, o gerenciamento de custos na área da saúde não pode levar em conta as leis do mercado.

Todas as alternativas são paráfrases do texto, expressando ideias que nele são defendidas pelo autor, com exceção da letra "E" (que deve ser assinalada). O autor defende que, dada a impossibilidade de se reconhecer um critério universal sobre a dignidade, cabe ao paciente determinar de forma autônoma como, quando e com quem quer se tratar, impondo-se ao setor da saúde o respeito às leis da oferta e da demanda.

Gabarito "E".

(Técnico – TRT/6ª – 2012 – FCC) Considerando-se o contexto, traduz-se adequadamente o sentido de um segmento em:

(A) *têm a tendência de acomodar-se* (1° parágrafo) = reiteram uma conciliação

(B) *nem sempre leva ao melhor dos desfechos* (2° parágrafo) = amiúde vai ao encontro dos seus objetivos

(C) *têm custos que precisam ser gerenciados* (2° parágrafo) = há os ônus que requerem ratificação

(D) *adesão profunda a um dogma* (3° parágrafo) = plena aceitação de um rígido preceito

(E) *elevá-la a valor universal* (4° parágrafo) = reconhecê-la como plenamente aceitável

A: incorreta. "Reiterar" é sinônimo de "repetir"; **B:** incorreta. "Amiúde" é sinônimo de "frequentemente"; **C:** incorreta. "Ratificação" é sinônimo de "confirmar", "atestar"; **D:** correta. Os sinônimos estão perfeitamente empregados; **E:** incorreta. "Elevar" e "reconhecer" não são propriamente sinônimos. Porém, em sentido conotativo, a substituição proposta manteria o sentido do trecho original a nosso ver. Assim, entendemos que ela também deve ser considerada correta.

Gabarito "D".

(Técnico – TRT/6ª – 2012 – FCC) *É verdade que colocar um preço em procedimentos médicos nem sempre leva ao melhor dos desfechos.*

O sentido essencial e a correção da frase acima mantêm-se na seguinte construção:

(A) Nem sempre é certo que a melhor finalidade se alcança através de procedimentos médicos aos quais incorre um determinado preço.

(B) Nada garante, de fato, que estipular um pagamento por procedimentos médicos implique a melhor solução de um caso.

(C) Uma ótima conclusão não é simplesmente obtida em favor de se haver afixado um preço aos procedimentos médicos.

(D) A despeito de se estipular um preço para procedimentos médicos, não é usual que cheguem a um termo satisfatório.

(E) Pela razão de se taxar procedimentos médicos não redunda automaticamente no melhor dos benefícios.

A: incorreta. Houve alteração de sentido na paráfrase. O trecho original é mais amplo, fala da precificação dos procedimentos médicos de forma geral, enquanto a alternativa é mais restrita, fala do tratamento com uma determinada finalidade; **B:** correta. A paráfrase, além de preservar o sentido original, atende a todos os preceitos gramaticais; **C:** incorreta. A redação está incoerente, ela não faz sentido; **D:** incorreta. Houve alteração de sentido na paráfrase. A locução conjuntiva "a despeito de" tem valor concessivo, ideia que não está presente no trecho original; **E:** incorreta. A redação está incoerente aqui também. Melhor seria dizer: "A taxação de procedimentos médicos não redunda...".

Gabarito "B".

(Técnico – TRT/6ª – 2012 – FCC) No contexto do 4° parágrafo, o segmento *conceito que a substitui sem perdas* deve ser entendido mais explicitamente como:

(A) A dignidade é substituída, sem perdas, pelo conceito de autonomia do paciente.

(B) A dignidade substitui, sem perdas, o conceito de autonomia do paciente.

(C) A autonomia do paciente deve ser substituída, sem perdas, pela dignidade dele.

(D) Substituem-se, sem perdas, tanto o conceito de dignidade como o de autonomia do paciente.

(E) A autonomia do paciente só será substituída sem perdas no caso de haver nele dignidade.

O trecho em destaque indica que, para o autor, a autonomia do paciente traz mais vantagens para esse do que a amplitude da dignidade. Portanto, a segunda deve ser substituída pela primeira.

Gabarito "A".

O mito napoleônico baseia-se menos nos méritos de Napoleão do que nos fatos, então sem paralelo, de sua carreira. Os homens que se tornaram conhecidos por terem abalado o mundo de forma decisiva no passado tinham começado como reis, como Alexandre, ou patrícios, como Júlio César, mas Napoleão foi o "pequeno cabo" que galgou ao comando de um continente pelo seu puro talento pessoal. Todo homem de negócios daí em diante tinha um nome para sua ambição: ser – os próprios clichês o denunciam – um "Napoleão das finanças" ou "da indústria". Todos os homens comuns ficavam excitados pela visão, então sem paralelo, de um homem comum maior do que aqueles que tinham nascido para usar coroas. Em síntese, foi a figura com que todo homem que partisse os laços com a tradição podia se identificar em seus sonhos.

Para os franceses ele foi também algo bem mais simples: o mais bem-sucedido governante de sua longa história. Triunfou gloriosamente no exterior, mas, em termos nacionais, também estabeleceu ou restabeleceu o mecanismo das instituições francesas como existem hoje. Ele trouxe estabilidade e prosperidade a todos, exceto para os 250 mil franceses que não retornaram de suas guerras, embora até mesmo para os parentes deles tivesse trazido a glória. Sem dúvida, os britânicos se viam como lutadores pela causa da liberdade contra a tirania; mas em 1815 a maioria dos ingleses era mais pobre do que o fora em 1800, enquanto a maioria dos franceses era quase certamente mais rica.

Ele destruíra apenas uma coisa: a Revolução de 1789, o sonho de igualdade, liberdade e fraternidade, do povo se erguendo na sua grandiosidade para derrubar a opressão. Este foi um mito mais poderoso do que o dele, pois, após a sua queda, foi isto e não a sua memória que inspirou as revoluções do século XIX, inclusive em seu próprio país.

(Adaptado de Eric. J. Hobsbawm. **A era das revoluções** – **1789-1848.** 7ª ed. Trad. de Maria Tereza Lopes Teixeira e Marcos Penchel. Rio de Janeiro: Paz e Terra, 1989, p.93-4)

(Técnico – TRT9 – 2012 – FCC) Segundo o autor,

(A) a figura de Napoleão passou a exercer forte apelo no campo do imaginário, servindo de modelo de inaudita superação da condição social.

(B) os franceses descartam assumir Napoleão como modelo, buscando valorizar tão somente a sua participação na revolução de 1789.

(C) os parentes dos milhares de franceses mortos nas guerras napoleônicas relevaram a perda dos familiares em função da grande prosperidade trazida por Napoleão.

(D) a Revolução de 1789 foi um mito menos relevante do que o de Napoleão, pois as obras deste permanecem vivas e aquela não teria sido mais que um sonho.

(E) os méritos pessoais de Napoleão nada têm a ver com o mito que se criou em torno de sua figura, surgido apenas de sua trajetória casualmente vitoriosa.

A: correta. A ideia principal do texto é refletir sobre as razões de Napoleão ter se tornado um mito. Segundo o autor, isso se deu por força da origem humilde do líder corso, que superou essa condição para se tornar comandante de todo o continente; **B:** incorreta. Para os franceses, Napoleão foi o mais bem-sucedido governante de sua história; **C:** incorreta. O texto não fala em perdão dos parentes, diz apenas que mesmo para os mortos nas guerras Napoleão trouxe a glória; **D:** incorreta. O último parágrafo do texto diz exatamente o inverso; **E:** incorreta. O autor defende que Napoleão teve méritos em suas conquistas, porém esses não foram a parcela determinante dos resultados.

Gabarito "A".

(Técnico – TRT9 – 2012 – FCC) Considerando-se o contexto, o segmento cujo sentido está adequadamente expresso em outras palavras é:

(A) *partisse os laços com a tradição* = quebrasse o condão sagrado

(B) *galgou ao comando de um continente* = sobrelevou o ordenamento europeu

(C) *pela causa da liberdade contra a tirania* = pelo motivo da insubmissão versus rigorismo

(D) *os próprios clichês o denunciam* = os próprios lugares-comuns o evidenciam

(E) *o mecanismo das instituições francesas* = a articulação dos institutos galeses

A: incorreta. Melhor seria "histórico" no lugar de "sagrado"; **B:** incorreta. "Sobrelevar" é sinônimo de "suplantar", "vencer", ao passo que "galgar" é sinônimo de "subir"; **C:** incorreta. "Tirania" é o governo autoritário de uma só pessoa, o que não se confunde com o rigor, maior ou menor, com o qualquer governo pode tratar seus súditos; **D:** correta. Os sinônimos estão perfeitamente empregados; **E:** incorreta. "Instituição", sinônimo de "entidade", não se confunde com "instituto", sinônimo de "ato", "procedimento".

Gabarito "D".

Em outubro de 1967, quando Gilberto Gil e Caetano Veloso apresentaram as canções Domingo no parque e Alegria, Alegria, no Festival da TV Record, logo houve quem percebesse que as duas canções eram influenciadas pela narrativa cinematográfica: repletas de cortes, justaposições e flashbacks. Tal suposição seria confirmada pelo próprio Caetano quando declarou que fora "mais influenciado por Godard e Glauber do que pelos Beatles ou Dylan". Em 1967, no Brasil, o cinema era o que havia de mais intenso e revolucionário, superando o próprio teatro, cuja inquietação tinha incentivado os cineastas a iniciar o movimento que ficou conhecido como Cinema Novo.

O Cinema Novo nasceu na virada da década de 1950 para a de 1960, sobre as cinzas dos estúdios Vera Cruz (empresa paulista que faliu em 1957 depois de produzir dezoito filmes). *"Nossa geração sabe o que quer", dizia o baiano Glauber Rocha já em 1963. Inspirado por* Rio 40 graus *e por* Vidas secas, *que Nelson Pereira dos Santos lançara em 1954 e 1963, Glauber Rocha transformaria, com* Deus e o diabo na terra do sol, *a história do cinema no Brasil. Dois anos depois, o cineasta lançou* Terra em Transe, *que talvez tenha marcado o auge do* Cinema Novo, *além de ter sido uma das fontes de inspiração do* Tropicalismo.

A ponte entre Cinema Novo e Tropicalismo ficaria mais evidente com o lançamento, em 1969, de Macunaíma, de Joaquim Pedro de Andrade. Ao fazer o filme, Joaquim Pedro esforçou-se por torná-lo um produto afinado com a cultura de massa. "A proposição de consumo de massa no Brasil é algo novo. A grande audiência de TV entre nós é um fenômeno novo. É uma posição avançada para o cineasta tentar ocupar um lugar dentro dessa situação", disse ele.

Incapaz de satisfazer plenamente as exigências do mercado, o Cinema Novo deu os seus últimos suspiros em fins da década de 1970 – período que marcou o auge das potencialidades comerciais do cinema feito no Brasil.

(Adaptado de Eduardo Bueno. **Brasil: uma história**. Ed. Leya, 2010. p. 408)

(Técnico – TRT9 – 2012 – FCC) Depreende-se corretamente do texto:

(A) A estética do *Cinema Novo*, que marcou época no Brasil, contribuiu para que surgisse, na cena musical, o movimento conhecido como Tropicalismo.

(B) Embora o *Cinema Novo* não tenha conseguido atingir suas metas comerciais, a qualidade estética de suas obras era superior à das obras produzidas pelo cinema comercial.

(C) A ampliação da televisão no Brasil, cuja audiência foi sempre maior do que a do cinema, teve papel determinante na derrocada do *Cinema Novo*.

(D) Como seus integrantes estavam comprometidos com os problemas sociais e políticos do país, o *Cinema Novo* suscitou polêmicas que levaram à volta da censura.

(E) O Tropicalismo, movimento liderado por dissidentes do *Cinema Novo*, se desenvolveu concomitantemente à decadência do teatro nacional.

A: correta. Podemos extrair essa conclusão principalmente do trecho "a ponte entre o Cinema Novo e o Tropicalismo", figura que indica a ligação entre os dois movimentos; **B:** incorreta. Essa conclusão não pode ser retirada do texto. O autor nada menciona sobre a qualidade dos filmes comerciais; **C:** incorreta. Como o autor não aborda a televisão em seu texto, essa conclusão não é válida; **D:** incorreta. Nada se diz sobre a censura ou a atividade política dos integrantes do "Cinema Novo"; **E:** incorreta. O Tropicalismo, segundo o autor, não é uma dissidência do "Cinema Novo", mas um movimento musical que dele sofreu influência.

Gabarito "A".

Fotografias

Toda fotografia é um portal aberto para outra dimensão: o passado. A câmara fotográfica é uma verdadeira máquina do tempo, transformando o que é naquilo que já não é mais, porque o que temos diante dos olhos é transmudado imediatamente em passado no momento do clique. Costumamos dizer que a fotografia congela o tempo, preservando um momento passageiro para toda a eternidade, e isso não deixa de ser verdade. Todavia, existe algo que descongela essa imagem: nosso olhar. Em francês, imagem e magia contêm as mesmas cinco letras: image e magie. Toda imagem é magia, e nosso olhar é a varinha de condão que descongela o instante aprisionado nas geleiras eternas do tempo fotográfico.

Toda fotografia é uma espécie de espelho da Alice do País das Maravilhas, e cada pessoa que mergulha nesse espelho de papel sai numa dimensão diferente e vivencia experiências diversas, pois o lado de lá é como o albergue espanhol do ditado: cada um só encontra nele o que trouxe consigo. Além disso, o significado de uma imagem muda com o passar do tempo, até para o mesmo observador.

Variam, também, os níveis de percepção de uma fotografia. Isso ocorre, na verdade, com todas as artes: um músico, por exemplo, é capaz de perceber dimensões sonoras inteiramente insuspeitas para os leigos. Da mesma forma, um fotógrafo profissional lê as imagens fotográficas de modo diferente daqueles que desconhecem a sintaxe da fotografia, a "escrita da luz". Mas é difícil imaginar alguém que seja insensível à magia de uma foto.

(Adaptado de Pedro Vasquez, em **Por trás daquela foto.** São Paulo: Companhia das Letras, 2010)

(Técnico – TRT/11ª – 2012 – FCC) O segmento do texto que ressalta a ação mesma da **percepção** de uma foto é:

(A) *A câmara fotográfica é uma verdadeira máquina do tempo.*

(B) *a fotografia congela o tempo.*

(C) *nosso olhar é a varinha de condão que descongela o instante aprisionado.*

(D) *o significado de uma imagem muda com o passar do tempo.*

(E) *Mas é difícil imaginar alguém que seja insensível à magia de uma foto.*

O autor argumenta que o olhar do observador é a única coisa capaz de "descongelar o tempo" tornado estático pela fotografia. Essa mesma ideia está contida na letra "C", que deve ser assinalada, ressaltando o fio condutor do texto.

Gabarito "C".

(Técnico – TRT/11ª – 2012 – FCC) No contexto do último parágrafo, a referência aos vários *níveis de percepção* de uma fotografia remete

(A) à diversidade das qualidades intrínsecas de uma foto.

(B) às diferenças de qualificação do olhar dos observadores.

(C) aos graus de insensibilidade de alguns diante de uma foto.

(D) às relações que a fotografia mantém com as outras artes.

(E) aos vários tempos que cada fotografia representa em si mesma.

Ao comparar o olhar do fotógrafo com o ouvido do músico, o autor quer destacar que, dependendo do conhecimento técnico do observador, o resultado da inter-

1. LÍNGUA PORTUGUESA

pretação da imagem é diferente porque saber as nuances da imagem que outros não enxergam permite aprofundar-se mais em seu significado.

Gabarito "B".

(Técnico – TRT/11ª – 2012 – FCC) Atente para as seguintes afirmações:

I. Ao dizer, no primeiro parágrafo, que a fotografia *congela o tempo*, o autor defende a ideia de que a realidade apreendida numa foto já não pertence a tempo algum.

II. No segundo parágrafo, a menção ao ditado sobre o albergue espanhol tem por finalidade sugerir que o olhar do observador não interfere no sentido próprio e particular de uma foto.

III. Um fotógrafo profissional, conforme sugere o terceiro parágrafo, vê não apenas uma foto, mas os recursos de uma linguagem específica nela fixados.

Em relação ao texto, está correto o que se afirma SOMENTE em

(A) I e II.

(B) II e III.

(C) I.

(D) II.

(E) **III.**

I: incorreta. Para o autor, o instante captado pela fotografia pertence, imediatamente, ao passado; II: incorreta. A ideia é exatamente inversa: afirmar que as peculiaridades de cada observador são determinantes na interpretação da imagem; III: correta. O conhecimento técnico, segundo o autor, permite uma análise mais profunda da fotografia do que aquela observada somente por leigos.

Gabarito "E".

Discriminar ou discriminar?

Os dicionários não são úteis apenas para esclarecer o sentido de um vocábulo; ajudam, com frequência, a iluminar teses controvertidas e mesmo a incendiar debates. Vamos ao Dicionário Houaiss, ao verbete discriminar, e lá encontramos, entre outras, estas duas acepções: a) *perceber diferenças; distinguir, discernir; b) tratar mal ou de modo injusto, desigual, um indivíduo ou grupo de indivíduos, em razão de alguma característica pessoal, cor da pele, classe social, convicções etc.*

Na primeira acepção, discriminar é dar atenção às diferenças, supõe um preciso discernimento; o termo transpira o sentido positivo de quem reconhece e considera o estatuto do que é diferente. Discriminar o certo do errado é o primeiro passo no caminho da ética. Já na segunda acepção, discriminar é deixar agir o preconceito, é disseminar o juízo preconcebido. Discriminar alguém: fazê-lo objeto de nossa intolerância.

Diz-se que tratar igualmente os desiguais é perpetuar a desigualdade. Nesse caso, deixar de discriminar (no sentido de discernir) *é permitir que uma discriminação continue (no sentido de preconceito). Estamos vivendo uma época em que a bandeira da discriminação se apresenta em seu sentido mais positivo: trata-se de aplicar políticas afirmativas para promover aqueles que vêm sofrendo discriminações históricas. Mas há, por outro lado, quem veja nessas propostas afirmativas a forma mais censurável de discriminação... É o caso das cotas especiais para vagas numa universidade ou numa empresa: é uma discriminação, cujo sentido positivo ou negativo depende da convicção de quem a avalia. As acepções são inconciliáveis, mas estão no mesmo verbete do dicionário e se mostram vivas na mesma sociedade.*

(Aníbal Lucchesi, *inédito*)

(Técnico – TRT/11ª – 2012 – FCC) A afirmação de que os dicionários podem ajudar a *incendiar debates* confirma-se, no texto, pelo fato de que o verbete discriminar

(A) padece de um sentido vago e impreciso, gerando por isso inúmeras controvérsias entre os usuários.

(B) apresenta um sentido secundário, variante de seu sentido principal, que não é reconhecido por todos.

(C) abona tanto o sentido legítimo como o ilegítimo que se costuma atribuir a esse vocábulo.

(D) faz pensar nas dificuldades que existem quando se trata de determinar a origem de um vocábulo.

(E) desdobra-se em acepções contraditórias que correspondem a convicções incompatíveis.

Segundo o autor, a partir do momento em que a mesma palavra possui sentidos completamente opostos, seu uso intensifica as controvérsias sobre o tema, já que, ao menos junto ao dicionário, ambos têm razão.

Gabarito "E".

(Técnico – TRT/11ª – 2012 – FCC) *Diz-se que tratar igualmente os desiguais é perpetuar a desigualdade.*

Da afirmação acima é coerente deduzir esta outra:

Os homens são desiguais porque foram tratados com o mesmo critério de igualdade.

(B) A igualdade só é alcançável se abolida a fixação de um mesmo critério para casos muito diferentes.

(C) Quando todos os desiguais são tratados desigualmente, a desigualdade definitiva torna-se aceitável.

(D) Uma forma de perpetuar a igualdade está em sempre tratar os iguais como se fossem desiguais.

(E) Critérios diferentes implicam desigualdades tais que os injustiçados são sempre os mesmos.

A dedução possível é aquela que percebe a crueldade da aplicação de critérios idênticos para pessoas em situações diferentes. Escorar-se exclusivamente na igualdade formal (tratamento igual para todos, indistintamente) é fugir da justiça, que se baseia na busca pela igualdade real (tratamento diferenciado para corrigir desigualdades anteriores).

Gabarito "B".

(Técnico – TRT/11ª – 2012 – FCC) Considerando-se o contexto, traduz-se adequadamente o sentido de um segmento em:

(A) *iluminar teses controvertidas* (1º parágrafo) = amainar posições dubitativas.

(B) *um preciso discernimento* (2º parágrafo) = uma arraigada dissuasão.

(C) *disseminar o juízo preconcebido* (2º parágrafo) = dissuadir o julgamento predestinado.

(D) *a forma mais censurável* (3º parágrafo) = o modo mais repreensível.

(E) *As acepções são inconciliáveis* (3º parágrafo) = as versões são inatacáveis.

A: incorreta. "Iluminar" foi usado como sinônimo de "clarear", "destacar". "Amainar" é sinônimo de "tornar manso"; B: incorreta. "Preciso" é sinônimo de "exato", "objetivo", e "discernimento" é sinônimo de "compreensão", "raciocínio". Já "arraigada" é sinônimo de "enraizada", "estabelecida", e "dissuasão" significa "convencer alguém a desistir"; C: incorreta. "Disseminar" é sinônimo de "difundir", "espalhar", que não se confunde com "dissuadir", verbo relativo a "dissuasão", vocábulo que já exploramos na alternativa anterior; D: correta. Todos os sinônimos foram usados corretamente; E: incorreta. "Inconciliáveis" são coisas que não podem conviver. "Inatacável" é aquilo que não pode ser atacado, que não pode ser atingido.

Gabarito "D".

Atenção: a questão abaixo se refere ao texto seguinte.

Um dos mitos narrados por Ovídio nas Metamorfoses conta a história de Aglauros. A jovem é irmã de Hersé, cuja beleza extraordinária desperta o desejo do deus Hermes. Apaixonado, o deus pede a Aglauros que interceda junto a Hersé e favoreça os seus amores por ela; Aglauros concorda, mas exige em troca um punhado de moedas de ouro. Isso irritou Palas Atena, que já detestava a jovem porque esta a espionara em outra ocasião. Não admitia que a mortal fosse recompensada por outro deus; decide vingar-se, e a vingança é terrível: Palas Atena vai à morada da Inveja e ordena-lhe que vá infectar a jovem Aglauros.

A descrição da Inveja feita por Ovídio merece ser relembrada, pois serviu de modelo a todos os que falaram desse sentimento: "A Inveja habita o fundo de um vale onde jamais se vê o sol. Nenhum vento o atravessa; ali reinam a tristeza e o frio, jamais se acende o fogo, há sempre trevas espessas. A palidez cobre o seu rosto e o olhar não se fixa em parte alguma. Ela ignora o sorriso, salvo aquele que é excitado pela visão da dor alheia. Assiste com despeito aos sucessos dos homens, e este espetáculo a corrói; ao dilacerar os outros, ela se dilacera a si mesma, e este é seu suplício."

(Adaptado de Renato Mezan. "A inveja". *Os sentidos da paixão*. São Paulo: Funarte e Cia. das Letras, 1987. pp. 124-25)

(Técnico – TRT/6ª – 2012 – FCC) Atente para as afirmações abaixo.

I. O autor sugere que se rememore a descrição da *Inveja* feita por Ovídio com base no fato de que antes dele nenhum autor de tamanha magnitude havia descrito esse sentimento de maneira inteligível.

II. A importância do mito de Aglauros deriva do fato de que, a partir dele, se explica de maneira coerente e lógica a origem de um dos males da personalidade humana.

III. Ao personificar a *Inveja*, Ovídio a descreve como alguém acometido por ressentimentos e condenado à infelicidade, na medida em que não tolera a alegria de outrem.

Está correto o que se afirma APENAS em

(A) I e II.

(B) I e III.

(C) II e III.

(D) I.

(E) III.

I: Incorreta, pois o texto diz que a descrição deve ser relembrada por ter servido de modelo a todos os que falaram da inveja; **II:** Incorreta, pois não se pode inferir que a partir do texto tornou-se possível explicar "um dos males da personalidade humana". **III:** Correta, pois o substantivo abstrato inveja foi personificado. A "Inveja", com letras maiúsculas no texto, como os nomes próprios, habita um local. Essa Inveja tem rosto e olhos ("A palidez cobre o seu rosto e o olhar não se fixa em parte alguma.").

Gabarito "E".

Atenção: Para responder à próxima questão, considere o texto abaixo.

O cenário é o luxuoso resort Four Seasons. Sua decoração sofisticada, com colunas de mármore, lustres monumentais de cristal e detalhes das escadarias em ouro, atiça os olhos do turista. Câmera em punho, o ímpeto de registrar o ambiente logo é interrompido por um dos funcionários. "É proibido fotografar os homens vestindo roupas brancas e as mulheres em trajes pretos", exclamou. Restrições desse tipo dentro de um hotel internacional são, no mínimo, estranhas aos olhos ocidentais. No entanto, quando o resort em questão está localizado em Doha, capital do Catar, ter cuidado com as fotos é apenas uma das milhares de regras e imposições a serem respeitadas na cidade.

Nas ruas, nos museus ou nos shoppings de Doha, sempre existe alguém para impedir os retratos. E se você conseguir tirar uma foto escondido vai perceber as pessoas cuidadosamente tampando o rosto. Isso porque o Catar, país que acaba de ser eleito sede da Copa do Mundo de 2022, vive sob os preceitos da religião muçulmana. Lá, as mulheres não podem exibir seus rostos fora de suas residências e adotam as burcas como traje. As menos tradicionais se escondem apenas com lenços e véus.

(Natália Mestre, "A cidade dos contrastes". **ISTOÉ PLATINUM**, n. 22, Dezembro/Janeiro 2011, p. 72)

(Técnico Judiciário – TRT/4ª – 2011 – FCC) Compreende-se corretamente do texto:

(A) a exposição que o Catar recebeu na mídia depois de ter sido eleito sede da Copa do Mundo de 2022 fez que as normas da religião muçulmana se tornassem mais rigorosas.

(B) tanto as mulheres catarianas mais aferradas à herança cultural, quanto as menos, costumam observar o decoro preconizado pela religião que impera em seu estado.

(C) turistas do mundo ocidental estranham, mas os limites à atuação dos turistas nos hotéis internacionais de Doha são ínfimos, considerados os padrões dos países orientais.

(D) Doha é a única cidade do Catar onde há milhares de regras e imposições a serem respeitadas, entre elas as que definem o ato de fotografar.

(E) à exceção do que ocorre no interior de luxuosos hotéis, em Doha o turista pode tirar fotos, desde que furtivamente e dando aos fotografados tempo de tamparem o rosto.

A: incorreta, pois o texto não diz isso. Infere-se que as normas da religião mulçumana estão igualmente rigorosas; **B:** Assertiva correta, basta reler o trecho: "*Lá, as mulheres não podem exibir seus rostos fora de suas resi-*

dências e adotam as burcas como traje. As menos tradicionais se escondem apenas com lenços e véus.*"; C: incorreta, pelo contrário, os limites não são ínfimos, são extremos; D: incorreta pois o texto não diz isso. De acordo com o texto, Catar vive sob os preceitos da religião mulçumana que impõe algumas restrições; E: Incorreta pois de acordo com o texto, "Nas ruas, nos museus ou nos shoppings de Doha, sempre existe alguém para impedir os retratos. E se você conseguir tirar uma foto escondido vai perceber as pessoas cuidadosamente tampando o rosto."*

Gabarito "B".

Atenção: para responder as duas questões seguintes, considere o texto abaixo.

Nas décadas de 1930 e 40, enquanto eu crescia, o desenhista de quadrinhos ocupava um lugar na hierarquia cultural não muito inferior àquele ocupado pelo ator de cinema e pelo inventor. Walt Disney, Al Capp, Peter Arno – quem, agora, poderia conquistar tanta fama apenas com uma caneta de pena e um tinteiro?

(John Updike. "A mágica dos quadrinhos". **serrote**: uma revista de ensaios, ideias e literatura. n. 2, jul 2009. São Paulo: Instituto Moreira Salles, p. 17)

Obs.: Al Capp e Peter Arno foram cartunistas americanos contemporâneos de Walt Disney.

(Técnico Judiciário – TRT/4ª – 2011 – FCC) No excerto acima, o autor...

(A) manifesta que, embora com poucos recursos, os desenhistas de quadrinhos de sua infância fascinavam o público.

(B) vale-se de uma pergunta retórica para expressar sua crença: atualmente, quem não domina a alta tecnologia não consegue distrair a plateia.

(C) critica o lugar de destaque que, no século passado, era concedido aleatoriamente a atores de cinema e inventores.

(D) favorece as lembranças de sua infância em prejuízo de considerações sobre os quadrinhos.

(E) recorre ao ator de cinema e ao inventor para demonstrar como desenhistas de quadrinhos foram sempre desconsiderados na cultura americana.

Em resumo, o texto fala que na infância do autor (décadas de 1930 e 40), os cartunistas com recursos simples ("apenas com uma caneta de pena e um tinteiro") conseguiam ocupar uma boa posição na hierarquia cultural. **A:** correta, é exatamente o que o autor diz em sua pergunta retórica "quem, agora, poderia conquistar tanta fama apenas com uma caneta de pena e um tinteiro"; **B:** incorreta, pois não se pode inferir que a crença dele seja: "quem não domina a alta tecnologia não consegue distrair a plateia", como a alternativa diz; **C:** incorreta, pois não existe essa crítica, apenas a observação; **D:** incorreta, já que ao contrário do afirmado, nesse excerto o autor favorece as considerações sobre os autores de quadrinhos e não suas lembranças de infância; **E:** incorreta, pois é o aposto do que se afirma nessa alternativa, o autor recorre ao ator de cinema e ao inventor para mostrar a consideração que os cartunistas tinham na cultura americana.

Gabarito "A".

(Técnico Judiciário – TRT/4ª – 2011 – FCC) Sobre o que se tem no excerto, é correto afirmar:

(A) Walt Disney, Al Capp, Peter Arno é sequência que descreve a hierarquia cultural citada, do posto mais elevado para o menos elevado.

(B) *tanta* caracteriza a reputação dos desenhistas citados, tal como percebida pelo autor.

(C) *apenas* denota que o autor deprecia a produção de muitos desenhistas de quadrinhos.

(D) *Nas décadas de 1930 e 40* equivale a "Nas décadas precedentes".

(E) *enquanto eu crescia* marca o início da ação de "ocupar".

A: incorreta, pois não se trata de uma hierarquia, apenas de uma enumeração; **B:** correta, o autor valoriza a reputação dos desenhistas citados e usa o termo *tanta* para intensificar o substantivo "fama"; **C:** incorreta, pois o advérbio apenas não deprecia. Tem as acepções: exclusivamente, somente; **D:** incorreta, pois seria "Nas décadas precedentes" se no texto houvesse menção à década de 50. Não há. Então, a alternativa está incorreta. **E:** incorreta, pois "enquanto eu crescia" indica a circunstância do verbo *ocupar*, que tem como sujeito "o desenhista de quadrinhos".

Gabarito "B".

1. LÍNGUA PORTUGUESA

Atenção: as próximas duas questões referem-se ao texto abaixo.

Pergunta:Por que o senhor acha que "Cem anos de solidão" fez tanto sucesso?

García Marquez: Não tenho a menor ideia, sou um péssimo crítico de meus próprios trabalhos.

Pergunta:Por que acha que a fama é destrutiva para um escritor?

García Marquez: Primeiro, porque ela invade sua vida particular. Acaba com o tempo que você passa com amigos e com o tempo em que você pode trabalhar. Tende a isolar você do mundo real.

Pergunta:O senhor já pensou em fazer filme?

García Marquez: Houve uma ocasião em que desejava ser diretor de cinema. Sentia que o cinema era um meio de comunicação que não tinha limites, no qual tudo era possível. Mas há uma grande limitação no cinema pelo fato de que ele é uma arte industrial. É muito difícil expressar no cinema o que você realmente quer dizer. Entre ter uma companhia cinematográfica e um jornal, eu escolheria um jornal.

[...]

Pergunta: Ouvi falar de uma famosa entrevista com um marinheiro que havia sofrido um naufrágio.

García Marquez: Não foi com perguntas e respostas. O marinheiro apenas contou suas aventuras e eu as reescrevi, tentando usar as palavras dele, na primeira pessoa, como se fosse ele quem estivesse escrevendo. Quando o trabalho foi publicado, na forma de uma série de reportagens em um jornal, uma parte por dia, durante duas semanas, foi assinado pelo marinheiro e não por mim. Só vinte anos depois a reportagem foi publicada em livro e as pessoas descobriram que havia sido escrita por mim. Nenhum editor de texto percebeu que ela era boa, até eu escrever Cem anos de solidão.

(Adaptado de Peter M. Stone. Os escritores, 2: as históricas entrevistas da Paris Review. Trad. Cecília C. Bartalotti. São Paulo: Cia. das Letras, 1989, p. 326 e pp.340-341)

(Técnico Judiciário – TRT/23ª – 2011 – FCC) Nenhum editor de texto percebeu que ela era boa, até eu escrever Cem anos de solidão.

Com a afirmação acima, García Marquez...

(A) lamenta o fato de que as editoras em geral não tenham interesse em publicar as obras da juventude de um autor.

(B) critica, de maneira geral, a tendência de editores de valorizar uma obra de acordo com a notoriedade do autor.

(C) deixa claro o desconforto com as opiniões da crítica a respeito de suas obras, ainda que por vezes sejam favoráveis.

(D) demonstra constrangimento em relação à publicação de uma entrevista escrita em sua juventude.

(E) ironiza o fato de que romances sejam tidos pelo mercado editorial como superiores a bons textos jornalísticos.

Trata-se de uma crítica. Em caso de dúvida, releia o texto observando o desprendimento do entrevistado.
Gabarito "B".

(Técnico Judiciário – TRT/23ª – 2011 – FCC) Só vinte anos depois a reportagem foi publicada em livro e as pessoas descobriram que havia sido escrita por mim.

Considerando-se o contexto, a frase acima está corretamente reescrita, preservando-se em linhas gerais o sentido original, em:

(A) Foi vinte anos após a reportagem ser publicada em livro, quando se descobriu que eu lhe havia escrito.

(B) Passados vinte anos de quando publicaram a reportagem em livro é que descobriram que eu a escrevi.

(C) Há vinte anos, depois de se publicarem a reportagem em livro, foi descoberto pelas pessoas que eu é que escrevera.

(D) Vinte anos mais tarde, publicaram a reportagem em livro e descobriu-se que eu é que a escrevera.

(E) Apenas vinte anos depois publicaram-se a reportagem em livro, decobrindo-se que eu é que a escrevi.

A reportagem foi publicada em livro 20 anos depois da publicação em jornal. Observar que a reportagem foi primeiramente publicada em jornal. Veja: *"Quando o trabalho foi publicado, na forma de uma série de reportagens em um jornal, uma parte por dia, durante duas semanas, foi assinado pelo marinheiro e não por mim. Só vinte anos depois a reportagem foi publicada em livro e as pessoas descobriram que havia sido escrita por mim."*
Gabarito "D".

Atenção: Para responder à próxima questão, considere o texto abaixo.

Aclamado por crítica e público, "Bom Dia, Babilônia" é um belíssimo filme sobre os bastidores do mundo do cinema, com direção dos consagrados irmãos Taviani. Em busca de uma vida melhor, os irmãos Nicola e Andrea imigram para os Estados Unidos e, logo após chegarem, acabam trabalhando em Hollywood na construção dos cenários de D. W. Griffith, o genial criador da linguagem cinematográfica. Quando tudo parece correr tranquilamente, vem o início da Primeira Guerra e, com ela, uma tragédia que marcará para sempre o destino dos irmãos, que lutam em lados opostos. Um filme sensacional, que nos mostra até onde podemos chegar para conquistar nossos objetivos.

(Adaptado do texto de apresentação do filme "Bom Dia, Babilônia" constante do invólucro do DVD.)

(Técnico Judiciário – TRT/8ª – 2010 – FCC) De acordo com o texto, é correto afirmar que

(A) os irmãos Taviani, diretores de "Bom Dia, Babilônia", lutaram em lados opostos na Primeira Grande Guerra, sendo o filme autobiográfico.

(B) os irmãos Nicola e Andrea, no enredo do filme, migram para os Estados Unidos com o objetivo de conseguirem trabalho na construção dos cenários de D. W. Griffith.

(C) D. W. Griffith não apenas ofereceu trabalho aos irmãos Nicola e Andrea, no enredo do filme, como teria sido o responsável pela participação deles na Grande Guerra.

(D) todos os personagens do filme "Bom Dia, Babilônia" são fictícios, a despeito do tratamento de um episódio histórico como a Grande Guerra.

(E) a eclosão da Primeira Guerra, no enredo do filme, veio perturbar a vida dos irmãos Nicola e Andrea nos Estados Unidos, vivida até então em relativa calma.

A: incorreta, pois os irmãos Taviani são os diretores de "Bom Dia, Babilônia". Nesse filme, dois irmãos, Nicola e Andrea, lutaram em lados opostos na Primeira Grande Guerra; **B:** incorreta, pois os irmãos Nicola e Andrea, no enredo do filme, migram para os Estados Unidos com o objetivo de conseguirem uma vida melhor e acabam trabalhando na construção dos cenários de D. W. Griffith; **C:** incorreta, pois em momento algum isso é dito no texto; **D:** incorreta, pois não há informações no texto que nos permita inferir isso; **E:** correta; ver trecho: "Quando tudo parece correr tranquilamente, vem o início da Primeira Guerra e, com ela, uma tragédia que marcará para sempre o destino dos irmãos, que lutam em lados opostos".
Gabarito "E".

2. VERBO

(Técnico Judiciário – TRT24 – FCC – 2017) <u>Atenção</u>: Considere o texto abaixo para responder às questões que se seguem.

Instituições financeiras reconhecem que é cada vez mais difícil detectar se uma transação é fraudulenta ou verdadeira

Os bancos e as empresas que efetuam pagamentos têm dificuldades de controlar as fraudes financeiras on-line no atual cenário tecnológico conectado e complexo. Mais de um terço (38%) *das organizações reconhece que é cada vez mais difícil detectar se uma transação é fraudulenta ou verdadeira, revela pesquisa realizada por instituições renomadas.*

O estudo revela que o índice de fraudes on-line acompanha o aumento do número de transações on-line, e 50% das organizações de serviços financeiros pesquisadas acreditam que há um crescimento das fraudes financeiras eletrônicas. Esse avanço, juntamente com o crescimento massivo dos pagamentos eletrônicos combinado aos novos avanços tecnológicos e às mudanças nas demandas corporativas, tem forçado, nos últimos anos, muitas delas a melhorar a eficiência de seus processos de negócios.

De acordo com os resultados, cerca de metade das organizações que atuam no campo de pagamentos eletrônicos usa soluções não

452 MAGALLY DATO E HENRIQUE SUBI

especializadas que, segundo as estatísticas, não são confiáveis contra fraude e apresentam uma grande porcentagem de falsos positivos. O uso incorreto dos sistemas de segurança também pode acarretar o bloqueio de transações. Também vale notar que o desvio de pagamentos pode causar perda de clientes e, em última instância, uma redução nos lucros.

Conclui-se que a fraude não é o único obstáculo a ser superado: as instituições financeiras precisam também reduzir o número de alarmes falsos em seus sistemas a fim de fornecer o melhor atendimento possível ao cliente.

(Adaptado de: computerworld.com.br. Disponível em: http://computerworld.com. br/quase-40-dos-bancos-nao-sao-capazes-de-diferenciar-um-ataque-de-atividades-normais-de-clientes)

(Técnico Judiciário – TRT24 – FCC – 2017) No texto, as formas verbais flexionadas no presente do indicativo "têm" (1º parágrafo), "acompanha" (2º parágrafo) e "apresentam" (3º parágrafo) indicam eventos que

(A) já aconteceram e certamente não acontecerão mais.

(B) ocorrem em condições hipotéticas.

(C) se repetem com os passar dos dias.

(D) não se repetirão num futuro próximo.

(E) raramente aconteceram ou acontecem.

O tempo presente do modo indicativo transmite a ideia de que os eventos estão acontecendo agora ou que são corriqueiros, acontecem todos os dias.
Gabarito C.

Atenção: Considere o texto abaixo para responder às questões abaixo.

Freud uma vez recebeu carta de um conhecido pedindo conselhos diante de uma escolha importante da vida. A resposta é surpreendente: para as decisões pouco importantes, disse ele, vale a pena pensar bem. Quanto às grandes escolhas da vida, você terá menos chance de errar se escolher por impulso.

A sugestão parece imprudente, mas Freud sabia que as razões que mais pesam nas grandes escolhas são inconscientes, e o impulso obedece a essas razões. Claro que Freud não se referia às vontades impulsivas proibidas. Falava das decisões tomadas de "cabeça fria", mas que determinam o rumo de nossas vidas. No caso das escolhas profissionais, as motivações inconscientes são decisivas. Elas determinam não só a escolha mais "acertada", do ponto de vista da compatibilidade com a profissão, como são também responsáveis por aquilo que chamamos de talento. Isso se decide na infância, por mecanismos que chamamos de identificações. Toda criança leva na bagagem alguns traços da personalidade dos pais. Parece um processo de imitação, mas não é: os caminhos das identificações acompanham muito mais os desejos não realizados dos pais do que aqueles que eles seguiram na vida.

Junto com as identificações formam-se os ideais. A escolha profissional tem muito a ver com o campo de ideais que a pessoa valoriza. Dificilmente alguém consegue se entregar profissionalmente a uma prática que não represente os valores em que ela acredita.

Tudo isso está relacionado, é claro, com a almejada satisfação na vida profissional. Mas não vamos nos iludir. Satisfação no trabalho não significa necessariamente prazer em trabalhar. Grande parte das pessoas não trabalharia se não fosse necessário. O trabalho não é fonte de prazer, é fonte de sentido. Ele nos ajuda a dar sentido à vida. Só que o sentido da vida profissional não vem pronto: ele é o efeito, e não a premissa, dos anos de prática de uma profissão. Na contemporaneidade, em que se acredita em prazeres instantâneos, resultados imediatos e felicidade instantânea, é bom lembrar que a construção de sentido requer tempo e persistência. Por outro lado, quando uma escolha não faz sentido o sujeito percebe rapidamente.

(Adaptado de KEHL, Maria Rita. Disponível em: rae.fgv.br /sites/rae.fgv.br/files/ artigos)

(Técnico Judiciário – TRT11 – FCC – 2017) O verbo que pode ser corretamente flexionado em uma forma do plural, sem que nenhuma outra modificação seja feita na frase, está em:

(A) *... em que se acredita em prazeres instantâneos...* (4º parágrafo)

(B) *Grande parte das pessoas não trabalharia...* (4º parágrafo)

(C) *... o campo de ideais que a pessoa valoriza.* (3º parágrafo)

(D) *... que não represente os valores...* (3º parágrafo)

(E) *... não se referia às vontades impulsivas...* (2º parágrafo)

A única expressão que admite dupla concordância é "grande parte das pessoas". É possível fazer a concordância natural com "parte", colocando o verbo no singular, ou a concordância atrativa com o termo mais próximo – "pessoas" – permanecendo o verbo no plural.
Gabarito "B".

(Técnico – TRT/6ª – 2012 – FCC) Atente para as seguintes frases:

I. Seria ótimo que a Igreja Católica venha a escolher, no próximo ano, um tema tão importante como o que já elegera para a campanha da fraternidade deste ano.

II. Se todas as religiões adotassem exatamente o mesmo sentido para o termo **dignidade**, este alcançaria o valor universal que cada uma delas postula.

III. Quando viermos a nos entender quanto ao que fosse **dignidade**, esse termo poderia ser utilizado sem gerar tantas controvérsias.

Ocorre adequada correlação entre os tempos e os modos verbais no que está em

(A) I, II e III.

(B) I e II, apenas.

(C) II e III, apenas.

(D) I e III, apenas.

(E) II, apenas.

I: incorreta. Deveria constar "viesse" em vez de "venha" e "elegeu" no lugar de "elegera"; **II:** correta. Todos os verbos foram conjugados conforme as normas gramaticais; **III:** incorreta. Deveria constar "seja" no lugar de "fosse" e "poderá" em vez de "poderia".
Gabarito "E".

O mito napoleônico baseia-se menos nos méritos de Napoleão do que nos fatos, então sem paralelo, de sua carreira. Os homens que se tornaram conhecidos por terem abalado o mundo de forma decisiva no passado tinham começado como reis, como Alexandre, ou patrícios, como Júlio César, mas Napoleão foi o "pequeno cabo" que galgou ao comando de um continente pelo seu puro talento pessoal. Todo homem de negócios daí em diante tinha um nome para sua ambição: ser – os próprios clichês o denunciam – um "Napoleão das finanças" ou "da indústria". Todos os homens comuns ficavam excitados pela visão, então sem paralelo, de um homem comum maior do que aqueles que tinham nascido para usar coroas. Em síntese, foi a figura com que todo homem que partisse os laços com a tradição podia se identificar em seus sonhos.

Para os franceses ele foi também algo bem mais simples: o mais bem-sucedido governante de sua longa história. Triunfou gloriosamente no exterior, mas, em termos nacionais, também estabeleceu ou restabeleceu o mecanismo das instituições francesas como existem hoje. Ele trouxe estabilidade e prosperidade a todos, exceto para os 250 mil franceses que não retornaram de suas guerras, embora até mesmo para os parentes deles tivesse trazido a glória. Sem dúvida, os britânicos se viam como lutadores pela causa da liberdade contra a tirania; mas em 1815 a maioria dos ingleses era mais pobre do que o fora em 1800, enquanto a maioria dos franceses era quase certamente mais rica.

Ele destruíra apenas uma coisa: a Revolução de 1789, o sonho de igualdade, liberdade e fraternidade, do povo se erguendo na sua grandiosidade para derrubar a opressão. Este foi um mito mais poderoso do que o dele, pois, após a sua queda, foi isto e não a sua memória que inspirou as revoluções do século XIX, inclusive em seu próprio país.

(Adaptado de Eric. J. Hobsbawm. A era das revoluções – 1789-1848. 7ª ed. Trad. de Maria Tereza Lopes Teixeira e Marcos Penchel. Rio de Janeiro: Paz e Terra, 1989, p.93-4)

(Técnico – TRT9 – 2012 – FCC) Sem dúvida, os britânicos se viam como lutadores pela causa da liberdade contra a tirania ...

O verbo empregado nos mesmos tempo e modo que o verbo grifado acima está em:

(A) Todos os homens comuns ficavam excitados pela visão ...

(B) O mito napoleônico baseia-se menos nos méritos de Napoleão ...

(C) ... exceto para os 250 mil franceses que não retornaram de suas guerras ...

(D) Ele destruíra apenas um coisa ...

(E) ... os próprios clichês o denunciam ...

A: correta. Ambos os verbos estão na terceira pessoa do plural do pretérito imperfeito do indicativo; **B:** incorreta. Na alternativa, o verbo está na terceira pessoa do singular do presente do indicativo; **C:** incorreta. Na alternativa, o verbo está na terceira pessoa do plural do pretérito perfeito do indicativo; **D:** incorreta. Na alternativa, o verbo está na terceira pessoa do singular do pretérito mais--que-perfeito do indicativo; **E:** incorreta. Na alternativa, o verbo está na terceira pessoa do plural do presente do indicativo.

Gabarito "A".

Em outubro de 1967, quando Gilberto Gil e Caetano Veloso apresentaram as canções Domingo no parque e Alegria, Alegria, no Festival da TV Record, logo houve quem percebesse que as duas canções eram influenciadas pela narrativa cinematográfica: repletas de cortes, justaposições e flashbacks. Tal suposição seria confirmada pelo próprio Caetano quando declarou que fora "mais influenciado por Godard e Glauber do que pelos Beatles ou Dylan". Em 1967, no Brasil, o cinema era o que havia de mais intenso e revolucionário, superando o próprio teatro, cuja inquietação tinha incentivado os cineastas a iniciar o movimento que ficou conhecido como Cinema Novo.

O Cinema Novo nasceu na virada da década de 1950 para a de 1960, sobre as cinzas dos estúdios Vera Cruz (empresa paulista que faliu em 1957 depois de produzir dezoito filmes). *"Nossa geração sabe o que quer", dizia o baiano Glauber Rocha já em 1963. Inspirado por* Rio 40 graus *e por* Vidas secas, *que Nelson Pereira dos Santos lançara em 1954 e 1963, Glauber Rocha transformaria, com* Deus e o diabo na terra do sol, *a história do cinema no Brasil. Dois anos depois, o cineasta lançou* Terra em Transe, *que talvez tenha marcado o auge do* Cinema Novo, *além de ter sido uma das fontes de inspiração do* Tropicalismo.

A ponte entre Cinema Novo e Tropicalismo ficaria mais evidente com o lançamento, em 1969, de Macunaíma, de Joaquim Pedro de Andrade. Ao fazer o filme, Joaquim Pedro esforçou-se por torná-lo um produto afinado com a cultura de massa. "A proposição de consumo de massa no Brasil é algo novo. A grande audiência de TV entre nós é um fenômeno novo. É uma posição avançada para o cineasta tentar ocupar um lugar dentro dessa situação", disse ele.

Incapaz de satisfazer plenamente as exigências do mercado, o Cinema Novo deu os seus últimos suspiros em fins da década de 1970 – período que marcou o auge das potencialidades comerciais do cinema feito no Brasil.

(Adaptado de Eduardo Bueno. **Brasil: uma história**. Ed. Leya, 2010. p. 408)

(Técnico – TRT9 – 2012 – FCC) ... *Glauber Rocha* transformaria, com *Deus e o Diabo na terra do sol, a história do cinema no Brasil.*

O verbo que exige o mesmo tipo de complemento que o grifado acima está empregado em:

(A) *A ponte entre* Cinema Novo e Tropicalismo *ficaria mais evidente ...*

(B) *O* Cinema Novo *nasceu na virada da década de 1950 para a de 1960 ...*

(C) *Dois anos depois, o cineasta lançou* Terra em transe ...

(D) *A grande audiência de TV entre nós é um fenômeno novo.*

(E) *... empresa paulista que faliu em 1957 ...*

"Transformar" é verbo transitivo direto, que exige como complemento o objeto direto (quem transforma, transforma alguma coisa). **A:** incorreta. "Ficar", nesse caso, é verbo de ligação e "mais evidente" é predicativo do sujeito; **B:** incorreta. "Nascer" é verbo intransitivo, não exige complemento; **C:** correta. "Lançar" é também verbo transitivo direto; **D:** incorreta. "Ser" é verbo de ligação e "um fenômeno novo", predicativo do sujeito; **E:** incorreta. "Falir" é verbo intransitivo, não exige complemento.

Gabarito "C".

(Técnico – TRT/11ª – 2012 – FCC) O verbo indicado entre parênteses deverá ser flexionado no **plural** para preencher corretamente a lacuna da frase:

(A) Nem todos discriminam, numa foto, os predicados mágicos que a ela se ...... (**atribuir**) nesse texto.

(B) Os tempos que ...... (**documentar**) uma simples foto, aparentemente congelada, são complexos e estimulantes.

(C) A associação entre músicos e fotógrafos profissionais ...... (**remeter**) às especificidades de cada tipo de sintaxe.

(D) A poucos ...... (**costumar**) ocorrer que as fotografias podem enfeixar admiráveis atributos estéticos, como obras de arte que são.

(E) Imaginem-se os sustos que não ...... (**ter**) causado aos nativos de tribos remotas a visão de seus rostos fotografados!

A: correta. Deve-se conjugar "atribuem", na terceira pessoa do plural, para concordar com "predicados mágicos"; **B:** incorreta. Essa é uma "pegadinha" perigosa. O verbo deve ser conjugado como "documenta", no singular, para concordar com "uma simples foto", seu sujeito. "Os tempos" é sujeito do verbo "ser", deslocado para o fim do período; **C:** incorreta. O verbo deve ser conjugado como "remete", no singular, para concordar com "associação"; **D:** incorreta. Outra "pegadinha". "A poucos" é adjunto adverbial, portanto não determina a concordância do verbo. Na verdade, "costuma" deve ser flexionado no singular porque estamos diante de uma oração com sujeito indeterminado; **E:** incorreta. Outra alternativa difícil. O núcleo do sujeito de "ter", que se flexionará "terá", é "a visão", substantivo singular.

Gabarito "A".

(Técnico – TRT/11ª – 2012 – FCC) Estamos *vivendo uma época em que a bandeira da discriminação se* apresenta *em seu sentido mais positivo:* trata-se *de aplicar políticas afirmativas para promover aqueles que* vêm *sofrendo discriminações históricas.*

Mantém-se adequada correlação entre tempos e modos verbais com a substituição das formas sublinhadas no trecho acima, na ordem dada, por:

(A) Estávamos - apresentava - tratava-se - vinham

(B) Estaríamos - apresentara - tratava-se - viessem

(C) Estaremos - apresente - tratar-se-ia - venham

(D) Estávamos - apresentou - tratar-se-á - venham

(E) Estaremos - apresentara - tratava-se - viessem

Como no trecho original os verbos estão todos no presente, precisamos encontrar a alternativa que mantém o tempo verbal em todos os verbos propostos. **A:** correta. Todos os verbos estão conjugados no pretérito imperfeito do indicativo; **B:** incorreta. "Estaríamos" e "apresentara" são formas do pretérito mais-que-perfeito do indicativo, "trata-se" é pretérito imperfeito do indicativo e "viessem" é pretérito imperfeito do subjuntivo; **C:** incorreta. "Estaremos" pertence ao futuro do presente do indicativo, "apresente" e "venham" são conjugações do presente do subjuntivo e "tratar-se-ia" está no futuro do pretérito do indicativo; **D:** incorreta. Na ordem indicada, encontramos pretérito imperfeito do indicativo, pretérito perfeito do indicativo, futuro do presente do indicativo e presente do subjuntivo; **E:** incorreta. Respectivamente, temos futuro do presente do indicativo, pretérito mais-que-perfeito do indicativo, pretérito imperfeito do indicativo e pretérito imperfeito do subjuntivo.

Gabarito "A".

(Técnico – TRT/6ª – 2012 – FCC) ... *e favoreça os seus amores por ela...*

O verbo que exige o mesmo tipo de complemento que o grifado acima está empregado em:

(A) *A jovem é irmã de Hersé...*

(B) *... este espetáculo a corrói...*

(C) *... Palas Atena vai à morada da Inveja...*

(D) *... e ordena-lhe que...*

(E) *Assiste com despeito aos sucessos dos homens...*

O verbo favorecer é transitivo direto. Exige complemento – o objeto direto – sem preposição. **A:** incorreta, pois o verbo ser, nessa oração, é de ligação; **B:** correta, pois o verbo correr é transitivo direto. O objeto direto é o pronome oblíquo a; **C:** incorreta, pois o verbo ir é intransitivo; **D:** incorreta, pois o verbo ordenar é transitivo indireto. Seu complemento é o objeto indireto lhe; **E:** incorreta, pois o verbo assistir, nessa oração, é transitivo indireto. Seu complemento é o objeto indireto ("aos sucessos dos homens").

Gabarito "B".

(Técnico – TRT/6ª – 2012 – FCC) ...*que já* detestava *a jovem...*

O verbo empregado nos mesmos tempo e modo que o grifado acima está em:

(A) *A Inveja habita o fundo de um vale...*

(B) *...todos os que falaram desse sentimento...*

(C) *...porque esta a espionara...*

(D) ...que interceda junto a Hersé...

(E) Não admitia que a mortal...

O verbo detestar está no pretérito imperfeito do indicativo. Esse tempo verbal denota uma ação inacabada no passado. **A:** incorreta, pois o verbo habitar está no presente do indicativo (hoje "A inveja habita"); **B:** incorreta, pois o verbo falar está no pretérito perfeito do indicativo (ontem "todos falaram"); **C:** incorreta, pois o verbo espionar está conjugado no pretérito mais-que-perfeito do indicativo (naquela época "espionara" ou "tinha espionado"); **D:** incorreta, pois o verbo interceder está conjugado no presente do subjuntivo (espero "que [ele] interceda")"; **E:** correta, pois o verbo admitir está no pretérito imperfeito do indicativo (durante um tempo, eu admitia, tu admitias, ele admitia, nós admitíamos, vós admitíeis, eles admitiam).

Gabarito "E".

Atenção: para responder à próxima questão, considere o texto abaixo.

Ainda que existam estudos modernos levantando a hipótese de que a tragédia grega teria tido sua origem em rituais fúnebres, danças mímicas de atores mascarados em homenagem a heróis mortos, a tese geralmente aceita é a de que nasceu dos cultos a Dionísios, deus do vinho e da fertilidade, das fontes da vida e do sexo.

Duas figuras merecem atenção na fase primitiva do teatro grego: um tirano, Pisístrato, e um ator, Téspis. O primeiro oficializou o culto a Dionísios, mandou organizar as festas dionisíacas urbanas e chamou Téspis para promovê-las anualmente. De forma competitiva, passaram a ser realizadas durante seis dias na primavera. Para muitos, Téspis foi o primeiro ator. E também o responsável por transformações decisivas na libertação da dramaturgia das amarras da poesia.

Aristóteles deixou-nos o primeiro documento básico de teoria teatral: Poética, dissecando a estrutura da tragédia e da comédia, caracterizando os gêneros e suas diferenças, explicando suas origens e analisando seus elementos. Estudando a poesia dramática em relação à lírica e à épica, acentua seu significado estético, cívico e moral. Para Aristóteles a arte é imitação da natureza; o drama é a imitação de ações, tendo por objetivo provocar compaixão e terror. A identificação do público com os personagens coloca o primeiro em estado de êxtase e assim poderá atingir a purgação dessas emoções.

(Fragmento adaptado de Fernando Peixoto. *O que é teatro.* 4. ed., S. Paulo: Brasiliense, 1981. pp. 67 e 68)

(Técnico – TRT/11ª – 2012 – FCC) ...acentua *seu significado estético, cívico e moral.*

O verbo conjugado nos mesmos tempo e modo que o grifado na frase acima está em:

(A) *Ainda que existam estudos modernos levantando a hipótese...*

(B) *Duas figuras merecem atenção na fase primitiva do teatro grego...*

(C) *De forma competitiva, passaram a ser realizadas durante seis dias na primavera.*

(D) *Aristóteles deixou-nos o primeiro documento básico de teoria teatral...*

(E) *... de que a tragédia grega teria tido sua origem em rituais fúnebres...*

Observando o contexto, o verbo acentuar está na 3ª pessoa do singular do presente do indicativo. A questão pede a conjugação no mesmo tempo (presente) e modo (indicativo) **A:** incorreta, pois o verbo existir está no presente do subjuntivo (existam); **B:** correta, pois o verbo merecer está conjugado na 3ª pessoa do plural do presente do indicativo (merecem); **C:** incorreta, pois o verbo passar está conjugado na 3ª pessoa do plural do pretérito perfeito do indicativo (passaram); **D:** incorreta, pois o verbo deixar está conjugado na 3ª pessoa do singular do pretérito perfeito do indicativo (deixou); **E:** incorreta, pois a locução verbal "teria tido" está conjugada no futuro do pretérito composto.

Gabarito "B".

(Técnico – TRT/11ª – 2012 – FCC) *Para isso, basta que o Brasil seja capaz de colocar em prática uma ampla e bem-sucedida política socioambiental...* (1º parágrafo)

O emprego da forma verbal grifada na frase acima indica

(A) restrição à afirmativa anterior.

(B) condição da realização de um fato.

(C) finalidade de uma ação futura.

(D) tempo passado em correlação com outro.

(E) hipótese passível de se realizar.

A forma verbal "seja" está conjugada no presente do subjuntivo. O subjuntivo indica um fato duvidoso, eventual. A noção de tempo é imprecisa. O presente do subjuntivo pode indicar presente ou futuro. Isso dependerá do conteúdo semântico do verbo.

Gabarito "E".

(Técnico Judiciário – TRT/14ª – 2011 – FCC) ... uma observação mais atenta das fotos deixou evidente... O verbo flexionado nos mesmos tempo e modo que o grifado na frase acima está em:

(A) ... provavelmente fugiram do território peruano ...

(B) ... certamente são índios com um passado traumático ...

(C) ... que estaria até hoje ...

(D) A exploração da madeira (...) carece de fiscalização ...

(E) ... vivendo de forma primitiva ...

O verbo deixar está conjugado na 3ª pessoa do singular do pretérito perfeito do indicativo. **A:** correta, "fugiram" está conjugado na 3ª pessoa do plural do pretérito perfeito do indicativo. Pede-se o verbo flexionado nos mesmos tempo (pretérito perfeito) e modo (indicativo); **B:** incorreta, pois "são" está conjugado na 1ª pessoa do plural do presente do indicativo; **C:** incorreta, pois "estaria" está conjugado a 3ª pessoa do singular do futuro do pretérito do indicativo; **D:** incorreta, pois "carece" está conjugada na 3ª pessoa do singular do presente do indicativo; **E:** incorreta, pois "vivendo" está no gerúndio.

Gabarito "A".

Atenção: Para responder à próxima questão, considere o texto abaixo.

A internet produziu transformações espetaculares na sociedade na última década, mas a mais profunda só agora começa a ser estudada pela ciência. A facilidade e a rapidez com que se encontram informações na rede, sobre qualquer assunto e a qualquer hora, podem provocar alterações nos processos de cognição do cérebro.

Até a popularização da web, as principais fontes de conhecimento com que todos contavam eram os livros e, evidentemente, a própria memória do que se aprende ao longo da vida. A internet mudou esse panorama: a leitura em profundidade foi substituída pela massa de informações, em sua maioria superficiais, oferecidas pelos sites de buscas, blogs e redes de relacionamento. A memória, por sua vez, perdeu relevância - para que puxar pela cabeça para se lembrar de um fato ou do nome de uma pessoa se essas informações estão disponíveis no Google, a dois toques do mouse? Quanto mais dependemos dos sites de busca para adquirir ou relembrar acontecimentos, mais nosso cérebro se parece com um computador obsoleto que necessita de uma memória mais potente.

Na frase genial do cientista brasileiro Miguel Nicolelis, "o cérebro é uma orquestra sinfônica em que os instrumentos vão se modificando à medida que são tocados". Dificilmente alguém conseguirá explicar essa plasticidade com uma imagem mais exata e intrigante. Imagine-se um violino cerebral que, tocado de forma medíocre por anos a fio, vai transformando aos poucos em um berimbau. Ou um piano martelado por um músico de uma nota só que, ao fim e ao cabo, vira um bumbo.

Pode, com o passar do tempo, a facilidade de estocagem e recuperação de virtualmente qualquer tipo de informação atrofiar os instrumentos da orquestra cerebral humana, especializados na busca e seleção de informações? É uma nova linha de investigação científica, que tem um grande futuro pela frente.

(Alexandre Salvador e Filipe Vilicic. **Veja**, 20 de julho, 2011, pp. 87-88, com adaptações)

(Técnico Judiciário – TRT/20ª – 2011 – FCC) *Quanto mais* dependemos dos sites de busca... (2º parágrafo)

A mesma relação existente entre o verbo e seu complemento, grifados no segmento acima, está em:

(A) A internet produziu transformações espetaculares na sociedade na última década...

(B) É uma nova linha de investigação científica.

(C) ...se essas informações estão disponíveis no Google, a dois toques do mouse?

(D) ...que necessita de uma memória mais potente.

(E) Ou um piano martelado por um músico de uma nota só que, ao fim e ao cabo, vira um bumbo.

1. LÍNGUA PORTUGUESA   455

O verbo *depender* é transitivo indireto e tem como complemento o objeto indireto ("dos sites de busca"). **A:** incorreta, pois o verbo *transformar* é transitivo direto e "transformações espetaculares" seu objeto direto; **B** e **C:** incorreta, pois os verbos *ser* e *estar* são de ligação; **D:** correta, o verbo *necessitar* é transitivo indireto. O complemento "de uma memória mais potente" é o objeto indireto; **E:** incorreta, pois o verbo *virar* é, nesse contexto, transitivo direto. Seu complemento é o objeto direto "um bumbo".

Gabarito "D".

(Técnico Judiciário – TRT/20ª – 2011 – FCC) A expectativa é de que o Brasil tenha de arcar com 40% desse aumento.

O verbo flexionado nos mesmos tempo e modo em que se encontra o grifado acima está também grifado na frase:

(A) Embora domine as técnicas mais modernas, na média, a produtividade da agropecuária brasileira ainda está distante de alcançar seu pleno potencial.

(B) Grosso modo, as pastagens brasileiras possuem uma unidade animal por hectare.

(C) Para isso, terá dois caminhos ...

(D) ... esse investimento muitas vezes não se justifica do ponto de vista estritamente econômico.

(E) "Além disso, o Brasil ainda pode aumentar muito a produtividade de grãos, como o milho, o trigo e o feijão", afirma.

A forma verbal "tenha" está na 3ª pessoa do singular do presente do subjuntivo. **A:** correta, a forma "domine" está na 3ª pessoa do singular do presente do subjuntivo; **B:** incorreta, pois "possuem" está conjugado na 3ª pessoa do plural do presente do indicativo; **C:** incorreta, pois a forma verbal "terá" está conjugada na 3ª pessoa do singular do futuro do presente do indicativo; **D:** incorreta, pois o verbo *justificar* está flexionado nessa alternativa ("justifica") na 3ª pessoa do singular do presente do indicativo; **E:** incorreta, pois "pode" está na 3ª pessoa do singular do presente do indicativo.

Gabarito "A".

(Técnico Judiciário – TRT/23ª – 2011 – FCC) Houve uma ocasião em que desejava ser diretor de cinema.

O verbo flexionado nos mesmos tempo e modo que o grifado na frase acima se encontra em:

(A) ...eu escolheria um jornal.

(B) ...um meio de comunicação que não tinha limites ...

(C) O senhor já pensou em fazer filme?

(D) ...o tempo que você passa com amigos ...

(E) ...a isolar você do mundo real.

O verbo *desejar* está flexionado na 3ª pessoa do singular do pretérito imperfeito do indicativo. **A:** incorreta, pois a forma verbal "escolheria" está conjugada na 3ª pessoa do singular do futuro do pretérito do indicativo; **B:** correta, o verbo *ter* está flexionado na 3ª pessoa do singular do pretérito imperfeito do indicativo; **C:** incorreta, pois "pensou" está flexionado na 3ª pessoa do pretérito perfeito do indicativo; **D:** incorreta, pois o verbo *passar* está na 3ª pessoa do presente do indicativo; **E:** incorreta, pois *isolar* é a forma nominal do verbo, no infinitivo.

Gabarito "B".

(Técnico Judiciário – TRT/23ª – 2011 – FCC) ...e com o tempo em que você pode trabalhar.

O segmento grifado na frase acima preenche corretamente a lacuna da frase:

(A) Muitos escritores afirmam não saber lidar com a fama ...... almejam em determinado momento de suas carreiras.

(B) Alguns escritores menores tentam demonstrar em suas obras uma erudição ..... não possuem de fato.

(C) Não por coincidência, o jornalismo é uma profissão ..... vários escritores recorrem em determinado momento de suas vidas.

(D) O mercado cinematográfico internacional .... muitos roteiristas iniciantes tentam se inserir é por demais competitivo e estressante.

(E) Dizem que o trabalho árduo e diário e uma disciplina tenaz são as principais armas ..... um jovem escritor deve se valer.

Nessa oração, o verbo *trabalhar* é intransitivo. **A** e **B:** incorreta, os verbos *almejar* e *possuir* são transitivos diretos "a fama **que** almejam" e "uma erudição **que** não possuem"; **C:** incorreta, pois o verbo *recorrer* é transitivo indireto "é uma profissão **a que** vários escritores recorrem"; **D:** correta, nessa oração, o verbo inserir é intransitivo "**em que** muitos roteiristas iniciantes tentam se inserir"; **E:** incorreta, pois o verbo *valer-se* é transitivo indireto "**de que** um jovem escritor deve se valer".

Gabarito "D".

Atenção: Para responder à próxima questão, considere o texto abaixo.

Existe uma longa tradição analítica que divide a economia em três setores: primário (atividades agropecuárias), secundário (indústrias extrativas, de transformação, construção civil e utilidades públicas) e terciário (que inclui todos os tipos de serviços públicos e privados). Até aí tudo bem. Entretanto, há também uma tradição em associar as atividades primárias a baixa produtividade, pouca tecnologia e reduzida interconexão com o resto da economia, além de reduzida eficiência organizacional. Ao mesmo tempo, associam-se à indústria qualidades opostas, ou seja, elevada produtividade, maior nível tecnológico e sofisticada organização.

Historicamente isso certamente é correto, pelo menos até há pouco tempo, o que resultou em uma proposição ainda hoje extraordinariamente difundida e aceita de que mais indústria é bom e mais agricultura é ruim do ponto de vista do crescimento. Um corolário imediato é também derivado na área de comércio exterior: mais exportações agrícolas (e minerais) pouco contribuem para o crescimento de longo prazo, pois provocam valorização cambial e pouca expansão do emprego, prejudicando a indústria, a chave do crescimento.

Essa dicotomia apresenta hoje muitos problemas para ser usada sem cautela, por algumas razões. Uma parte crescente das novidades tecnológicas não está na indústria, mas sim nos serviços, onde se destacam a Tecnologia da Informação (TI), as comunicações, os serviços criativos etc. Esse fenômeno é tão poderoso que se reconhece que vivemos uma revolução de software, onde se gera a maior parte do valor, que coloca.

O hardware (máquinas e equipamentos), como caudatários do processo. Por outro lado, a TI permitiu uma ampla modificação no sistema de produção, em que se busca cada vez mais foco e especialização para a cadeia de produção. Como consequência, as atividades produtivas se organizam de maneiras diferentes, formando cadeias muito mais complexas do que no passado e tornando, a meu juízo, envelhecidas as contraposições do tipo agricultura versus indústria.

(Adaptado do artigo de José Roberto Mendonça de Barros. **O Estado de S. Paulo**, *B6/Economia*, 7 de março de 2010)

(Técnico Judiciário – TRT/24ª – 2011 – FCC) ...mais exportações agrícolas (e minerais) pouco contribuem para o crescimento de longo prazo ... (2º parágrafo) A mesma relação entre o verbo e o complemento grifados acima está em:

(A) ...formando cadeias muito mais complexas do que no passado... 3

(B) ...o que resultou em uma proposição...

(C) ...e mais agricultura é ruim do ponto de vista do crescimento.

(D) ...pois provocam valorização cambial e pouca expansão do emprego...

(E) Uma parte crescente das novidades tecnológicas não está na indústria...

O verbo *contribuir* é transitivo indireto e tem como complemento um objeto indireto. **A:** incorreta, pois "formar" é, nessa oração, transitivo direto; **B:** correta, pois o verbo *resultar* é transitivo indireto e tem como objeto indireto os termos "em uma proposição"; **C:** incorreta o verbo *ser* é de ligação; **D:** incorreta, pois o verbo *provocar* é transitivo direto; **E:** incorreta, pois o verbo *estar*, nessa oração, é intransitivo.

Gabarito "B".

Atenção: Para responder à próxima questão, considere o texto abaixo.

Para a filosofia, o conceito de belo liga-se, de maneira indissociável, ao de verdadeiro – e, por extensão, ao de bom e justo. Isso ecoa no cotidiano quando classificamos um bom gesto de "belo" ou recriminamos uma criança que cometeu peraltice, dizendo que ela fez uma "coisa feia". Estamos, aí, ainda que nos aspectos mais comezinhos da vida, no terreno da metafísica, a subdivisão do conhecimento filosófico que se debruça sobre tudo aquilo que ultrapassa a experiência sensível. Há, de fato, na beleza – de uma flor, de uma pessoa, de uma obra de arte – algo que parece transcender o aspecto físico e que se conecta ao que há de idealmente mais perfeito e, até mesmo, ao que é considerado divino.

MAGALLY DATO E HENRIQUE SUBI

Mas, independentemente de estar associada a outros conceitos sublimes, a beleza requer definição concreta – o que nos ajuda, inclusive, se nem sempre a nos tornarmos mais verdadeiros, bons ou justos, pelo menos mais agradáveis ao espelho. Não basta, portanto, intuir que algo é belo. É preciso entender por que desperta em nós essa percepção deleitosa. De acordo com o estudo das proporções e da biologia evolutiva, a beleza não é apenas questão de gosto: é a reunião feliz, e não muito comum, de simetria, harmonia e unidade. Uma forma de inteligência biológica com evidentes vantagens adaptativas. Em outras palavras, a beleza paira acima das apreciações meramente pessoais.

A progressiva compreensão das formas de beleza e as tecnologias dela surgidas produziram uma grande conquistA:hoje, talvez não sejamos intrinsecamente mais belos do que outras gerações – mas podemos ficar mais bonitos do que nunca. Tudo que nos permite explorar nossos pontos fortes e driblar nossas fraquezas genéticas é resultante da combinação entre os avanços nos cuidados com a aparência física e o estilo, a possibilidade de envelhecer com saúde e, não menos essencial, a valorização de atributos sociais como autoestima, simpatia, cultura e expressividade. "É o equilíbrio dessas qualidades que torna um indivíduo mais ou menos atraente", diz o cirurgião plástico Noel Lima, do Rio de Janeiro.

(Adaptado de Anna Paula Buchalla. Veja, 12 de janeiro de 2011, p. 79)

(Técnico Judiciário – TRT/24ª – 2011 – FCC) ...hoje, talvez não sejamos intrinsecamente mais belos do que outras gerações... (4º parágrafo)

O verbo flexionado nos mesmos tempo e modo em que se encontra o grifado acima está também grifado na frase:

(A) Para nos sentirmos bem, é necessário cultivar certas qualidades, como a simpatia.

(B) Na sociedade moderna sempre haverá expectativa de que nos considerem atraentes.

(C) Vestida de modo atraente, ela tentava despertar mais admiração naquele encontro.

(D) Todos imaginavam que estivessem devidamente preparados para a reunião festiva.

(E) O ideal de beleza se altera no decorrer das épocas, fato atestado em muitas obras de arte.

O verbo *ser* está na 1ª pessoa do plural do presente do subjuntivo ("sejamos"). **A:** incorreta, pois "sentirmos" está no infinitivo flexionado; **B:** correta, "considerem" está flexionado na 3ª pessoa do plural do presente do subjuntivo; **C:** incorreta, pois "tentava" está flexionado na 3ª pessoa do singular do pretérito imperfeito; **D:** incorreta, pois "estivessem" está na 3ª pessoa do plural do pretérito imperfeito do subjuntivo; **E:** incorreta, pois "altera" está na 3ª pessoa do singular do presente do indicativo.

Gabarito "B".

Atenção: Para responder a próxima questão, considere o texto abaixo.

Nana para Glaura

Dorme como quem

porque nunca nascida

dormisse no hiato

entre a morte e a vida.

Dorme como quem

nem os olhos abrisse

por saber desde sempre

quanto o mundo é triste.

Dorme como quem

cedo achasse abrigo

que nos meus desabrigos

dormirei contigo.

José Paulo Paes

(Prosas seguidas de Odes mínimas. S. Paulo, Cia. das Letras, 1992, p.37)

(Técnico Judiciário – TRT/8ª – 2010 – FCC) O pronome *contigo*, na última estrofe do poema, está empregado...

(A) de acordo com a norma culta, pois o poeta dirige-se a Glaura na segunda pessoa do singular – *dorme*.

(B) em desacordo com a norma culta, apenas para rimar com a palavra *abrigo*, pois o correto seria "com você".

(C) corretamente, por ser o único momento do texto em que é possível assegurar em que pessoa o poeta se dirige a Glaura.

(D) em desacordo com a norma culta, pois o correto seria "consigo", já que o poeta se dirige a Glaura na terceira pessoa do singular – *dorme*.

(E) corretamente, desde que considerado o uso informal da língua; no uso formal, o mais adequado seria "convosco".

A: correta, pois o eu-lírico do poema dirige-se à Glaura na 2ª pessoal do singular. "Dorme" está na segunda pessoa do imperativo afirmativo, assim, o pronome contigo está corretamente empregado. O imperativo afirmativo do verbo dormir é: dorme (tu), durma (você) durmamos (nós), dormi (vós), durmam (vocês).

Gabarito "A".

Atenção: Para responder a próxima questão, considere o texto abaixo.

Preocupada com a ameaça de repetição da crise alimentar que provocou conflitos em várias partes do mundo em 2008, a Organização das Nações Unidas para Alimentação e Agricultura (FAO) convocou uma reunião de emergência, em Roma. As causas dos problemas atuais são bem diferentes das que, há dois anos, levaram o mundo a enfrentar uma séria crise de alimentos. Neste ano, o mundo deverá colher a terceira maior safra de grãos da história e os estoques mundiais estão em nível bem mais alto do que em 2008. Mesmo assim, as cotações de alguns dos principais produtos, de grande consumo pelas populações mais pobres do planeta, subiram muito nos últimos meses e algumas, como as do trigo, mantêm tendência de alta.

Protestos contra a alta exagerada de alguns produtos, como o pão, e a escassez de outros, já ocorreram em Moçambique,no Egito e na Índia. Na Rússia, a falta de trigo preocupa a população, e a história recente do país mostra que a escassez de produtos essenciais – como salsicha, sal e vodca, além de farinha de trigo – pode resultar em instabilidade política.

Uma combinação de pânico de escassez prolongada e um grande fluxo de investimentos que não encontram atrativos no mercado financeiro para a especulação com estoques e preços de produtos agrícolas está provocando, há alguns meses,uma alta contínua das cotações de alimentos. O índice geral de preços está no seu nível mais alto desde setembro de 2008.

Um conjunto de más notícias assustou os consumidores, que foram às compras, o que está pressionando os preços ainda mais para cima. A Rússia transformou-se na principal fonte de notícias ruins para o mercado mundial de alimentos.

Assolada pela seca, que deu origem a muitos incêndios nas plantações, estima que este ano sua produção de grãos será 38% menor do que a de 2009. As inundações na Ásia destruíram plantações e dificultaram a distribuição de produtos, especialmente para a população mais pobre.

Nesse quadro, alguns produtores preferiram manter o produto estocado a vendê-lo pelos preços oferecidos, o que estimulou a alta. Além disso, com os juros baixos na maioria dos países, como parte das medidas de estímulo para as economias afetadas pela crise mundial, investidores estão buscando outras opções de aplicação, e as encontram no mercado de produtos agrícolas, cujos preços, por isso, sobem mais. São notícias preocupantes, mas as reservas mundiais em grãos, suficientes para cobrir a quebra de produção provocada pelos fenômenos climáticos, deveriam conter seus efeitos. Infelizmente, esse dado não está sendo levado na devida conta.

(Adaptado de O Estado de S. Paulo, Notas e Informações, A3, 12 de setembro de 2010)

(Técnico Judiciário – TRT/22ª – 2010 – FCC) ... que provocou conflitos em várias partes do mundo em 2008... (1º parágrafo). O verbo que exige o mesmo tipo de complemento – grifados ambos acima – está em:

1. LÍNGUA PORTUGUESA

(A) ... e os estoques mundiais estão em nível bem mais alto do que em 2008.

(B) ... que não encontram atrativos no mercado financeiro...

(C) ... as cotações de alguns dos principais produtos (...) subiram muito nos últimos meses ...

(D) ... que foram às compras ...

(E) ... que este ano sua produção de grãos será 38% menor do que a de 2009.

O verbo *provocar* é transitivo direto e tem como complemento um objeto direto. **A:** incorreta, pois nesse contexto, o verbo *estar* é transitivo indireto; **B:** correta, o verbo *encontrar* é transitivo direto. O objeto direto desse verbo é "atrativos"; **C** e **D:** incorretas, pois os verbos *subir* e *ir*, nessas alternativas, são intransitivos; **E:** incorreta, pois o verbo *ser* é de ligação.

Gabarito "B".

Atenção: Para responder a próxima questão, considere o texto abaixo.

O Brasil é dono de um dos mais extensos e diversificados conjuntos de arte rupestre do mundo. Dele, conhece-se apenas uma pequena parte. O Instituto do Patrimônio Histórico e Artístico Nacional (Iphan) registra a existência de 2.000 sítios arqueológicos com pinturas e inscrições pré-históricas, mas estima-se que esse número possa ser dez vezes maior. São sítios muitas vezes em locais de difícil acesso, e pinturas isoladas, que ficam a centenas de quilômetros umas das outras.

Esses registros gravados em rochas datam de até 40.000 anos atrás e constituem um patrimônio precioso e frágil por natureza, exposto que é à ação do tempo e das mudanças climáticas. No Brasil, a essa agressão inevitável soma-se uma praga vergonhosa. Aqui, o grande inimigo da conservação é o vandalismo. Pinturas milenares têm sido depredadas por pichações, fogueiras, gado − e até por cartazes de propaganda eleitoral.

Nos levantamentos do Iphan a depredação atinge 3% do patrimônio nacional.O patrimônio rupestre até agora conhecido no Brasil não tem a mesma beleza dos desenhos de locais célebres como as grutas de Lascaux, na França e de Altamira, na Espanha.Mas os sítios formam uma das maiores concentrações do mundo de pinturas ainda não estudadas. Eles estão espalhados pelo país e guardam desenhos de diferentes períodos.

Alguns são inscrições geométricas, outros sugerem animais, rituais, cenas de luta. São uma ferramenta importante para os estudos sobre o processo de ocupação do continente americano, além de seu valor como registro artístico. Sua destruição é preocupante, porque recai sobre material que ainda não foi sequer cadastrado e examinado.

Hoje, o Parque Nacional da Serra da Capivara, no Piauí, reconhecido como Patrimônio Cultural da Humanidade, só permite visitação com acompanhamento de um guia devidamente treinado, o que pratica-mente acabou com o vandalismo.

(Marcelo Bortoloti. **Veja**, 5 de agosto de 2009, pp. 72-74, com adaptações)

(Técnico Judiciário – TRT/22ª – 2010 – FCC) ...mas estima-se que esse número possa ser dez vezes maior. (1º parágrafo)

O emprego da forma verbal grifada acima introduz no contexto noção de

(A) situação passada, que se repete no presente.

(B) ênfase em um fato concreto e habitual.

(C) condição para que uma situação se realize.

(D) certeza baseada nas estimativas apresentadas.

(E) hipótese provável da ocorrência de um fato.

O subjuntivo enuncia um fato duvidoso, provável e até hipotético. O verbo *poder* está conjugado na 3ª pessoa do singular do presente do subjuntivo ("possa").

Gabarito "E".

3. PONTUAÇÃO

(Técnico Judiciário – TRT24 – FCC – 2017) Atenção: Considere o texto abaixo para responder às questões abaixo.

Aspectos Culturais de Mato Grosso do Sul

A cultura de Mato Grosso do Sul é o conjunto de manifestações artístico-culturais desenvolvidas pela população sul-mato-grossense

muito influenciada pela cultura paraguaia. Essa cultura estadual retrata, também, uma mistura de várias outras contribuições das muitas migrações ocorridas em seu território.

O artesanato, uma das mais ricas expressões culturais de um povo, no Mato Grosso do Sul, evidencia crenças, hábitos, tradições e demais referências culturais do Estado. É produzido com matérias primas da própria região e manifesta a criatividade e a identidade do povo sul-mato-grossense por meio de trabalhos em madeira, cerâmica, fibras, osso, chifre, sementes, etc.

As peças em geral trazem à tona temas referentes ao Pantanal e às populações indígenas, são feitas nas cores da paisagem regional e, além da fauna e da flora, podem retratar tipos humanos e costumes da região.

(Adaptado de: CANTU, Gilberto. Disponível em: http://profgMbertocantu.blogspot. com.br/2013/08/aspectos-culturais-de-mato-grosso-do- sul.html)

(Técnico Judiciário – TRT24 – FCC – 2017) As *peças em geral trazem à tona temas referentes ao Pantanal e às populações indígenas, são feitas em cores da paisagem regional e, **além da fauna e da flora**, podem retratar tipos humanos e costumes da região.* (3º parágrafo)

Após o deslocamento da expressão destacada, sem alterar o sentido da frase original, o uso da vírgula fica correto em:

(A) As peças em geral além da fauna e da flora, trazem à tona temas referentes ao Pantanal e às populações indígenas, são feitas nas cores da paisagem regional e podem retratar tipos humanos e costumes da região.

(B) As peças em geral trazem à tona temas referentes ao Pantanal e às populações indígenas, são feitas nas cores da paisagem regional e podem além da fauna e da flora, retratar tipos humanos e costumes da região.

(C) As peças em geral trazem à tona temas referentes ao Pantanal e às populações indígenas, além da fauna e da flora são feitas nas cores da paisagem regional e podem retratar tipos humanos e costumes da região.

(D) Além da fauna e da flora as peças em geral trazem à tona temas referentes ao Pantanal e às populações indígenas, são feitas nas cores da paisagem regional e, podem retratar tipos humanos e costumes da região.

(E) As peças em geral trazem à tona temas referentes ao Pantanal e às populações indígenas, são feitas nas cores da paisagem regional e podem retratar tipos humanos e costumes da região, além da fauna e da flora.

Quando o adjunto adverbial estiver deslocado da ordem direta do período, ou seja, for colocado em qualquer outro lugar que não ao final do trecho, deverá vir separado por vírgulas. Quando está em seu devido lugar, ao final, em períodos muito longos, o uso da vírgula para separá-lo é facultativo. Por isso está correta a alternativa "E".

Gabarito "E".

(TRT/3ª – 2015 – FCC) A frase pontuada em conformidade com as orientações da gramática normativa é:

(A) Não fica muito claro, como os veteranos estudiosos da área poderiam abrigar o pensamento desse jovem pesquisador, porque o ponto de vista dele é agudo e sobretudo, excêntrico.

(B) Seria um equívoco atribuir ao procurador, daquela pessoa idosa, doente, e fragilizada a responsabilidade pelos malfeitos que foram descobertos, pois ele a tem em alta consideração.

(C) Se é justo valorizar a experiência de nossos antepassados, o saber advindo de nossas próprias vivências, não deve ser tido como menos valoroso; ao contrário pode harmonizar-se com o saber herdado.

(D) O conferencista comprovou que a contextualização é o traço mais forte na área da história das ideias que mais avançou na última década: a história do pensamento político.

(E) Sempre voltou seu olhar para as flores mais sensíveis e, de cultivo mais difícil, porém, ao longo de sua trajetória valeu-se de cautelas mais adequadas ao cultivo de espécies mais resistentes.

A: incorreta. A vírgula depois de "claro" está errada e deveria haver o mesmo sinal antes de "sobretudo"; **B:** incorreta. Não deve ser colocada vírgula depois de "procurador" nem de "doente", que deve ser retirada e colocada após "fragilizada";

C: incorreta. Não há vírgula após "vivências" e deveria haver uma após "contrário"; **D:** correta. O período atende a todas as normas de pontuação da gramática; **E:** incorreta. Não há vírgula antes de "de cultivo" e deveria haver uma após "trajetória".

Atenção: Para responder às questões abaixo, considere o texto de Barbosa e Rabaça.

Leia com atenção o verbete abaixo, transcrito do Dicionário de comunicação, e a assertiva que o seguem.

Responsabilidade social

• (mk,rp) *Adoção, por parte da empresa ou de qualquer instituição, de políticas e práticas organizacionais socialmente responsáveis, por meio de valores e exemplos que influenciam os diversos segmentos das comunidades impactadas por essas ações. O conceito de responsabilidade social fundamenta-se no compromisso de uma organização dentro de um ecossistema, onde sua participação é muito maior do que gerar empregos, impostos e lucros. Seu objetivo básico é atuar no meio ambiente de forma absolutamente responsável e ética, inter-relacionando-se com o equilíbrio ecológico, com o desenvolvimento econômico e com o equilíbrio social. Do ponto de vista mercadológico, a responsabilidade social procura harmonizar as expectativas dos diferentes segmentos ligados à empresa: consumidores, empregados, fornecedores, redes de venda e distribuição, acionistas e coletividade. Do ponto de vista ético, a organização que exerce sua responsabilidade social procura respeitar e cuidar da comunidade, melhorar a qualidade de vida, modificar atitudes e comportamentos através da educação e da cultura, conservar a vitalidade da terra e a biodiversidade, gerar uma consciência nacional para integrar desenvolvimento e conservação, ou seja, promover o desenvolvimento sustentável, o bem-estar e a qualidade de vida. Diz-se tb.* **responsabilidade social corporativa** *ou* **RSC.** *V.* **ecossistema social, ética corporativa, empresa cidadã** *e* **marketing social**.

(BARBOSA, Gustavo e RABAÇA, Carlos Alberto. 2.ed. rev. e atualizada. Rio de Janeiro: Elsevier, 2001 – 10ª reimpressão, p. 639-40)

(TRT/16ª – 2014 – FCC) Segmentos do texto receberam nova pontuação. O que mantém a adequação à norma-padrão é:

(A) *Adoção, por parte da empresa ou de qualquer instituição, de políticas e práticas organizacionais socialmente responsáveis /*Adoção por parte da empresa ou de qualquer instituição, de políticas e práticas organizacionais, socialmente responsáveis.

(B) *Do ponto de vista mercadológico, a responsabilidade social procura harmonizar as expectativas dos diferentes segmentos ligados à empresa* / Do ponto de vista, mercadológico, a responsabilidade social procura harmonizar as expectativas dos diferentes segmentos, ligados à empresa.

(C) *a organização que exerce sua responsabilidade social procura respeitar e cuidar da comunidade, melhorar a qualidade de vida* / a organização – que exerce sua responsabilidade social – procura, respeitar e cuidar, da comunidade, melhorar a qualidade de vida.

(D) *gerar uma consciência nacional para integrar desenvolvimento e conservação* / gerar uma consciência nacional, para integrar, desenvolvimento e conservação.

(E) *para integrar desenvolvimento e conservação, ou seja, promover o desenvolvimento sustentável, o bem-estar e a qualidade de vida* / para integrar desenvolvimento e conservação, ou seja: promover o desenvolvimento sustentável, o bem-estar e a qualidade de vida.

A: incorreta. Deveria haver vírgula após "adoção" e ser retirada a que consta após "organizacionais"; **B:** incorreta. Não há vírgula após "vista" nem após "segmentos"; **C:** incorreta. O uso dos travessões, apesar de correto, altera o sentido original do texto. Além disso, não há vírgula após "procura" e após "cuidar"; **D:** incorreta. Não há vírgula após "integrar"; **E:** correta. O período atende a todas as normas de pontuação.

(Técnico – TRT/1ª – 2012 – FCC) Está plenamente adequada a pontuação do seguinte período:

(A) Acredita-se sobretudo entre os estudiosos da linguagem, que por não haver dois sinônimos perfeitos, há que se empregar com toda a precisão os vocábulos de uma língua, ainda que com isso, se corra o risco de passar por pernóstico.

(B) Acredita-se, sobretudo entre os estudiosos da linguagem que, por não haver dois sinônimos perfeitos há que se empregar, com toda a precisão, os vocábulos de uma língua ainda que com isso, se corra o risco de passar por pernóstico.

(C) Acredita-se sobretudo entre os estudiosos da linguagem que, por não haver dois sinônimos perfeitos, há que se empregar com toda a precisão, os vocábulos de uma língua ainda que, com isso, se corra o risco de passar por pernóstico.

(D) Acredita-se, sobretudo, entre os estudiosos da linguagem, que, por não haver dois sinônimos perfeitos, há que se empregar com toda a precisão, os vocábulos de uma língua, ainda que com isso, se corra o risco de passar por pernóstico.

(E) Acredita-se, sobretudo entre os estudiosos da linguagem, que, por não haver dois sinônimos perfeitos, há que se empregar com toda a precisão os vocábulos de uma língua, ainda que com isso se corra o risco de passar por pernóstico.

As vírgulas devem ser usadas somente para separar as orações "sobretudo entre os estudiosos da linguagem", "por não haver dois sinônimos perfeitos" e "ainda que com isso se corra o risco de passar por pernóstico", por serem orações subordinadas adverbiais deslocadas da ordem direta do período. A colocação da vírgula em qualquer outro lugar desatende as normas gramaticais.

(Técnico – TRT/6ª – 2012 – FCC) A pontuação está plenamente adequada no período:

(A) Muito se debate, nos dias de hoje, acerca do espaço que o ensino religioso deve ou não ocupar dentro ou fora das escolas públicas; há quem não admita interferência do Estado nas questões de fé, como há quem lembre a obrigação que ele tem de orientar as crianças em idade escolar.

(B) Muito se debate nos dias de hoje, acerca do espaço, que o ensino religioso deve ou não ocupar dentro ou fora das escolas públicas: há quem não admita interferência do Estado, nas questões de fé, como há quem lembre, a obrigação que ele tem de orientar as crianças em idade escolar.

(C) Muito se debate nos dias de hoje, acerca do espaço que o ensino religioso, deve ou não ocupar dentro ou fora das escolas públicas, há quem não admita interferência do Estado nas questões de fé, como há quem lembre a obrigação: que ele tem de orientar as crianças em idade escolar.

(D) Muito se debate, nos dias de hoje, acerca do espaço que o ensino religioso deve, ou não, ocupar dentro, ou fora, das escolas públicas; há quem não admita interferência, do Estado, nas questões de fé; como há quem lembre a obrigação, que ele tem de orientar as crianças em idade escolar.

(E) Muito se debate, nos dias de hoje acerca do espaço que o ensino religioso deve, ou não, ocupar dentro ou fora das escolas públicas: há quem não admita interferência do Estado, nas questões de fé, como há quem lembre, a obrigação, que ele tem de orientar as crianças, em idade escolar.

O adjunto adverbial "nos dias de hoje" deve estar entre vírgulas, porque está deslocado da ordem direta da oração. Após "públicas", o sinal de pontuação pode tanto ser o ponto e vírgula, para indicar uma interrupção no raciocínio, quanto os dois-pontos, para anunciar a enumeração dos argumentos. Após "fé", é indiferente o uso de ponto e vírgula ou vírgula, diante da função de separar as orações coordenadas. Quaisquer outras vírgulas adicionadas ou faltantes ofendem as regras de pontuação, porque, principalmente as primeiras, acabam por separar o sujeito do verbo ou esse de seus complementos.

(Técnico – TRT/6ª – 2012 – FCC) A pontuação está plenamente adequada na seguinte frase:

(A) O autor ainda que de modo respeitoso, não deixa de discordar de dom Odilo Scherer, que se pronunciou numa entrevista recente, a respeito da cobrança segundo ele inadmissível por serviços de saúde.

(B) O autor, ainda que de modo respeitoso não deixa de discordar de dom Odilo Scherer, que se pronunciou, numa entrevista recente a respeito da cobrança, segundo ele inadmissível, por serviços de saúde.

(C) O autor, ainda que, de modo respeitoso, não deixa de discordar de dom Odilo Scherer, que se pronunciou numa entrevista recente a

1. LÍNGUA PORTUGUESA   459

respeito da cobrança, segundo ele inadmissível, por serviços de saúde.

(D) O autor, ainda que de modo respeitoso, não deixa de discordar de dom Odilo Scherer, que se pronunciou, numa entrevista recente, a respeito da cobrança, segundo ele inadmissível, por serviços de saúde.

(E) O autor, ainda que de modo respeitoso não deixa de discordar, de dom Odilo Scherer, que se pronunciou, numa entrevista, recente, a respeito da cobrança segundo ele, inadmissível, por serviços de saúde.

Os trechos "ainda que de modo respeitoso", "numa entrevista recente" e "segundo ele inadmissível" devem estar entre vírgulas, porque estão deslocados da ordem direta nas respectivas orações; e há vírgula após "Scherer" para separar a oração subordinada adjetiva explicativa que lhe prossegue. A colocação do sinal de pontuação em qualquer outro ponto do período desatende aos preceitos gramaticais.
Gabarito "D".

O mito napoleônico baseia-se menos nos méritos de Napoleão do que nos fatos, então sem paralelo, de sua carreira. Os homens que se tornaram conhecidos por terem abalado o mundo de forma decisiva no passado tinham começado como reis, como Alexandre, ou patrícios, como Júlio César, mas Napoleão foi o "pequeno cabo" que galgou ao comando de um continente pelo seu puro talento pessoal. Todo homem de negócios daí em diante tinha um nome para sua ambição: ser − os próprios clichês o denunciam − um "Napoleão das finanças" ou "da indústria". Todos os homens comuns ficavam excitados pela visão, então sem paralelo, de um homem comum maior do que aqueles que tinham nascido para usar coroas. Em síntese, foi a figura com que todo homem que partisse os laços com a tradição podia se identificar em seus sonhos.

Para os franceses ele foi também algo bem mais simples: o mais bem-sucedido governante de sua longa história. Triunfou gloriosamente no exterior, mas, em termos nacionais, também estabeleceu ou restabeleceu o mecanismo das instituições francesas como existem hoje. Ele trouxe estabilidade e prosperidade a todos, exceto para os 250 mil franceses que não retornaram de suas guerras, embora até mesmo para os parentes deles tivesse trazido a glória. Sem dúvida, os britânicos se viam como lutadores pela causa da liberdade contra a tirania; mas em 1815 a maioria dos ingleses era mais pobre do que o fora em 1800, enquanto a maioria dos franceses era quase certamente mais rica.

Ele destruíra apenas uma coisa: a Revolução de 1789, o sonho de igualdade, liberdade e fraternidade, do povo se erguendo na sua grandiosidade para derrubar a opressão. Este foi um mito mais poderoso do que o dele, pois, após a sua queda, foi isto e não a sua memória que inspirou as revoluções do século XIX, inclusive em seu próprio país.

(Adaptado de Eric. J. Hobsbawm. **A era das revoluções − 1789-1848.** 7ª ed. Trad. de Maria Tereza Lopes Teixeira e Marcos Penchel. Rio de Janeiro: Paz e Terra, 1989, p.93-4)

(Técnico − TRT9 − 2012 − FCC) Atente para as seguintes afirmações sobre a pontuação empregada no texto.

I. *Os homens* que se tornaram conhecidos por terem abalado o mundo de forma decisiva no passado *tinham começado como reis, como Alexandre, ou patrícios, como Júlio César ...* (1º parágrafo)
O segmento em destaque poderia ser isolado por vírgulas, sem prejuízo para o sentido e a correção.

II. *Para os franceses ele foi também algo bem mais simples: o mais bem-sucedido governante de sua longa história.* (2º parágrafo)
Uma vírgula poderia ser colocada imediatamente depois do termo *franceses*, sem prejuízo para a correção e a lógica.

III. *Ele destruíra apenas uma coisa: a Revolução de 1789, o sonho de igualdade, liberdade e fraternidade, do povo se erguendo na sua grandiosidade para derrubar a opressão.* (3º parágrafo)
Os dois-pontos introduzem no contexto um segmento explicativo.

Está correto o que se afirma em

(A) I e II, apenas.
(B) I, apenas.

(C) I, II e III.
(D) III, apenas.
(E) II e III, apenas.

I: incorreta. A colocação das vírgulas daria ao trecho conotação adjetiva explicativa, alterando seu sentido original que é restritivo (fala-se apenas dos homens que se tornaram conhecidos por terem abalado o mundo, não de todos os homens); II: correta. O adjunto adverbial pode ser facultativamente separado por vírgula quando está deslocado para o início da oração sem qualquer prejuízo para o sentido do texto ou para a correção gramatical; III: correta. Os dois-pontos foram realmente usados para anunciar o aposto.
Gabarito "E".

(Técnico − TRT/11ª − 2012 − FCC) Está plenamente adequada a pontuação da seguinte frase:

(A) As fotografias, por prosaicas que possam ser, representam um corte temporal, brecha no tempo por onde entra nosso olhar, capturado que foi pela magia da imagem e por ela instado a uma viagem imaginária.

(B) As fotografias, por prosaicas que possam ser representam um corte temporal; brecha no tempo, por onde entra nosso olhar capturado, que foi pela magia da imagem, e por ela instado a uma viagem imaginária.

(C) As fotografias por prosaicas, que possam ser, representam um corte temporal: brecha no tempo por onde entra nosso olhar, capturado que foi, pela magia da imagem, e por ela instado a uma viagem imaginária.

(D) As fotografias por prosaicas, que possam ser representam, um corte temporal, brecha no tempo por onde entra nosso olhar capturado, que foi pela magia da imagem e por ela instado a uma viagem imaginária.

(E) As fotografias por prosaicas que possam ser, representam um corte temporal, brecha no tempo por onde entra nosso olhar, capturado, que foi pela magia da imagem e, por ela, instado a uma viagem imaginária.

As orações "por prosaicas que possam ser" e "brecha no tempo por onde entra nosso olhar", por serem orações adverbiais deslocadas da ordem direta do período, devem estar entre vírgulas. Quaisquer variações na pontuação desatenderão aos preceitos gramaticais.
Gabarito "A".

Atenção: Para responder a próxima questão, considere o texto abaixo.

Existe uma longa tradição analítica que divide a economia em três setores: primário (atividades agropecuárias), secundário (indústrias extrativas, de transformação, construção civil e utilidades públicas) e terciário (que inclui todos os tipos de serviços públicos e privados). Até aí tudo bem. Entretanto, há também uma tradição em associar as atividades primárias à baixa produtividade, pouca tecnologia e reduzida interconexão com o resto da economia, além de reduzida eficiência organizacional. Ao mesmo tempo, associam-se à indústria qualidades opostas, ou seja, elevada produtividade, maior nível tecnológico e sofisticada organização.

Historicamente isso certamente é correto, pelo menos até há pouco tempo, o que resultou em uma proposição ainda hoje extraordinariamente difundida e aceita de que mais indústria é bom e mais agricultura é ruim do ponto de vista do crescimento. Um corolário imediato é também derivado na área de comércio exterior: mais exportações agrícolas (e minerais) pouco contribuem para o crescimento de longo prazo, pois provocam valorização cambial e pouca expansão do emprego, prejudicando a indústria, a chave do crescimento.

Essa dicotomia apresenta hoje muitos problemas para ser usada sem cautela, por algumas razões. Uma parte crescente das novidades tecnológicas não está na indústria, mas sim nos serviços, onde se destacam a Tecnologia da Informação (TI), as comunicações, os serviços criativos etc. Esse fenômeno é tão poderoso que se reconhece que vivemos uma revolução de software, onde se gera a maior parte do valor, que coloca

O hardware (máquinas e equipamentos), como caudatários do processo. Por outro lado, a TI permitiu uma ampla modificação no sistema de produção, em que se busca cada vez mais foco e especialização para a cadeia de produção. Como consequência, as atividades produtivas se organizam de maneiras diferentes, formando cadeias muito mais complexas do que no passado e tornando, a meu juízo, envelhecidas as contraposições do tipo agricultura versus indústria.

(Adaptado do artigo de José Roberto Mendonça de Barros. **O Estado de S. Paulo**, *B6/Economia*, 7 de março de 2010)

(Técnico Judiciário – TRT/24ª – 2011 – FCC) A respeito do 1º parágrafo do texto, está INCORRETO o que consta em:

(A) *Entretanto* e *Ao mesmo tempo* têm função adverbial no contexto em que se situam, introduzindo ressalva em relação ao que se afirma antes.

(B) Substituindo-se a expressão *uma longa tradição analítica* por análises tradicionais, os verbos *Existe* e *divide* devem ser colocados **no plural**, em respeito às normas de concordância.

(C) A presença dos dois pontos assinala a introdução de um segmento enumerativo como explicação necessária para a expressão *três setores*.

(D) Os segmentos que aparecem entre parênteses especificam o sentido do termo imediatamente anterior a cada um deles.

(E) A ausência e a presença do sinal de crase nos segmentos *associar as atividades primárias a baixa produtividade, pouca tecnologia e reduzida interconexão com o resto da economia e associam-se à indústria qualidades opostas* denotam **incorreção**, por ter sido empregado o mesmo verbo, **associar**.

A: correta, a conjunção adversativa "entretanto" e a locução adverbial "ao mesmo tempo" exprimem uma ressalva; **B:** correta:se o referente é flexionado para o plural, os verbos acompanham; **C:** correta:o sinal de dois-pontos é utilizado antes de certos apostos, principalmente nas enumerações; D: os parênteses isolam explicações; **E:** o verbo regente *associar* exige a preposição **a**. As preposições estão corretamente empregadas. Antes de "baixa produtividade, pouca tecnologia e reduzida interconexão", há a preposição **a** que se refere aos três elementos que estão sem artigo (produtividade, tecnologia e interconexão). Em "associam-se à indústria", temos a preposição exigida pelo verbo e o artigo feminino **a** antes do substantivo "indústria".

Gabarito: E.

Atenção: Para responder a próxima questão, considere o texto abaixo.

Preocupada com a ameaça de repetição da crise alimentar que provocou conflitos em várias partes do mundo em 2008, a Organização das Nações Unidas para Alimentação e Agricultura (FAO) convocou uma reunião de emergência, em Roma. As causas dos problemas atuais são bem diferentes das que, há dois anos, levaram o mundo a enfrentar uma séria crise de alimentos. Neste ano, o mundo deverá colher a terceira maior safra de grãos da história e os estoques mundiais estão em nível bem mais alto do que em 2008. Mesmo assim, as cotações de alguns dos principais produtos, de grande consumo pelas populações mais pobres do planeta, subiram muito nos últimos meses e algumas, como as do trigo, mantêm tendência de alta.

Protestos contra a alta exagerada de alguns produtos, como o pão, e a escassez de outros, já ocorreram em Moçambique, no Egito e na Índia. Na Rússia, a falta de trigo preocupa a população, e a história recente do país mostra que a escassez de produtos essenciais – como salsicha, sal e vodca, além de farinha de trigo – pode resultar em instabilidade política.

Uma combinação de pânico de escassez prolongada e um grande fluxo de investimentos que não encontram atrativos no mercado financeiro para a especulação com estoques e preços de produtos agrícolas está provocando, há alguns meses, uma alta contínua das cotações de alimentos. O índice geral de preços está no seu nível mais alto desde setembro de 2008.

Um conjunto de más notícias assustou os consumidores, que foram às compras, o que está pressionando os preços ainda mais para cima. A Rússia transformou-se na principal fonte de notícias ruins para o mercado mundial de alimentos.

Assolada pela seca, que deu origem a muitos incêndios nas plantações, estima que este ano sua produção de grãos será 38% menor do que a de 2009. As inundações na Ásia destruíram plantações e dificultaram a distribuição de produtos, especialmente para a população mais pobre.

Nesse quadro, alguns produtores preferiram manter o produto estocado a vendê-lo pelos preços oferecidos, o que estimulou a

alta. Além disso, com os juros baixos na maioria dos países, como parte das medidas de estímulo para as economias afetadas pela crise mundial, investidores estão buscando outras opções de aplicação, e as encontram no mercado de produtos agrícolas, cujos preços, por isso, sobem mais. São notícias preocupantes, mas as reservas mundiais em grãos, suficientes para cobrir a quebra de produção provocada pelos fenômenos climáticos, deveriam conter seus efeitos. Infelizmente,esse dado não está sendo levado na devida conta.

(Adaptado de **O Estado de S. Paulo**, *Notas e Informações*, A3, 12 de setembro de 2010)

(Técnico Judiciário – TRT/22ª – 2010 – FCC) – como salsicha, sal e vodca, além de farinha de trigo – (2º parágrafo). Identifica-se, no segmento isolado pelos travessões,

(A) especificação enumerativa referente à expressão anterior.

(B) repetição enfática de afirmativa já apresentada.

(C) retificação de informação constante do desenvolvimento.

(D) conclusão esperada do que vem sendo discutido no parágrafo.

(E) reprodução exata de citação constante em documento oficial.

Os travessões têm também a função de isolar ou destacar uma sequência enumerativa, como em "a escassez de produtos essenciais – como salsicha, sal e vodca, além de farinha de trigo – pode resultar" A expressão a que a enumeração se refere é "produtos essenciais".

Gabarito: 'A'.

4. REDAÇÃO, COESÃO E COERÊNCIA.

(Técnico Judiciário – TRT11 – FCC – 2017) <u>Atenção</u>: Considere o texto abaixo para responder às questões seguintes.

Muito antes das discussões atuais sobre as mudanças climáticas, os cataclismos naturais despertam interesse no homem. Os desastres são um capítulo trágico da história da humanidade desde tempos longínquos. Supostas inundações catastróficas aparecem em relatos de várias culturas ao longo dos tempos, desde os antigos mesopotâmicos e gregos até os maias e os vikings.

Fora da rota dos grandes furacões, sem vulcões ativos e desprovido de zonas habitadas sujeitas a terremotos, o Brasil não figura entre os países mais suscetíveis a desastres naturais. Contudo, a aparência de lugar protegido dos humores do clima e dos solavancos da geologia deve ser relativizada. Aqui, cerca de 85% dos desastres são causados por três tipos de ocorrências: inundações bruscas, deslizamentos de terra e secas prolongadas. Esses fenômenos são relativamente recorrentes em zonas tropicais, e seus efeitos podem ser atenuados por políticas públicas de redução de danos.

Dois estudos feitos por pesquisadores brasileiros indicam que o risco de ocorrência desses três tipos de desastre deverá aumentar até o final do século. Eles também sinalizam que novos pontos do território nacional deverão se transformar em áreas de risco significativo para esses mesmos problemas. "Os impactos tendem a ser maiores no futuro, com as mudanças climáticas, o crescimento das cidades e a ocupação de mais áreas de risco", comenta o pesquisador José A. Marengo.

Além da suscetibilidade natural a secas, enchentes, deslizamentos e outros desastres, a ação do homem tem um peso considerável em transformar o que poderia ser um problema de menor monta em uma catástrofe. Os pesquisadores estimam que um terço do impacto dos deslizamentos de terra e metade dos estragos de inundações poderiam ser evitados com alterações de práticas humanas ligadas à ocupação do solo e a melhorias nas condições socioeconômicas da população em áreas de risco.

Moradias precárias em lugares inadequados, perto de encostas ou em pontos de alagamento, cidades superpopulosas e impermeabilizadas, que não escoam a água da chuva; esses fatores da cultura humana podem influenciar o desfecho de uma situação de risco. "Até hábitos cotidianos, como não jogar lixo na rua, e o nível de solidariedade de uma população podem ao menos mitigar os impactos de um desastre", pondera a geógrafa Lucí Hidalgo Nunes.

(Adaptado de PIVETTA, Marcos. Disponível em: http://revistapesquisa.fapesp.br)

1. LÍNGUA PORTUGUESA   461

(Técnico Judiciário – TRT11 – FCC – 2017) "Os *impactos tendem a ser maiores no futuro, com as mudanças climáticas, o crescimento das cidades e a ocupação de mais áreas de risco"...* (3º parágrafo)

Sem prejuízo para a correção e a lógica, uma redação alternativa para o segmento acima, em que se preserva, em linhas gerais, o sentido original, está em:

(A) A fim de que os impactos sejam menores no futuro, tem-se as mudanças climáticas e o crescimento das cidades, juntamente com a ocupação de mais áreas de risco.

(B) Devido à mudanças climáticas, ao crescimento das cidades e o aumento das áreas de risco ocupadas, os impactos tendem a ser maiores no futuro.

(C) Conquanto houvessem mudanças climáticas, crescimento das cidades e ocupação de mais áreas de risco, os impactos tendem a ser maiores no futuro.

(D) À medida que ocorrem mudanças climáticas, juntamente com o crescimento das cidades e a ocupação de mais áreas de risco, os impactos tendem a aumentar.

(E) Posto que se vê mudanças climáticas e o crescimento das cidades, além da ocupação de mais áreas de risco, os impactos tendem a aumentar no futuro.

A: incorreta. A redação está confusa e obscura; **B:** incorreta. Não ocorre crase em "a mudanças climáticas", porque a ausência de concordância com o plural que lhe segue demonstra que o "a" é preposição isolada. Além disso, deveria constar "ao aumento"; **C:** incorreta. O verbo "haver", no sentido de "existir", é impessoal e não se flexiona: "houvesse". Além disso, "conquanto" é conjunção concessiva, sinônimo de "embora", "mesmo que" – seu uso deixou o período sem sentido; D: correta. A nova redação respeita o padrão culto e está clara e inteligível; **E:** incorreta. "Posto que" também é conjunção concessiva. Logo, seu uso alterou o sentido do texto. **HS**
Gabarito "D".

(Técnico Judiciário – TRT11 – FCC – 2017) A frase redigida com correção e lógica está em:

(A) Os chamados eventos extremos, que podem se manifestar de diferentes formas, deve se tornar mais frequentes haja visto as mudanças climáticas atuais.

(B) Países desenvolvidos que apresentam risco mais baixo, de serem afetados por cataclismos, por ostentarem maior índice de solidariedade social.

(C) Se alguns desastres naturais já ocorreram em um lugar específico, cedo ou tarde tende a se repetir neste mesmo local.

(D) A maior vulnerabilidade de algumas regiões a deslizamentos deve-se a fatores humanos e problemas de ordem socioeconômica que poderiam ser prevenidos.

(E) Há desastres naturais de tal intensidade que até mesmo uma população extremamente solidária como a brasileira têm dificuldades em enfrentar.

A: incorreta. O verbo "dever" concorda com "eventos extremos", devendo ser conjugado na terceira pessoa do plural do presente do indicativo ("devem"). Além disso, a expressão correta é "haja vista"; **B:** incorreta. Não há vírgula depois de "baixo". Além disso, a redação é obscura e ilógica, porque das causas não decorre uma consequência razoável; **C:** incorreta. O verbo "tender" deve ser conjugado na terceira pessoa do plural para concordar com "desastres" ("tendem"); **D:** correta. A redação atende ao padrão culto da língua e à clareza textual; **E:** incorreta. O verbo "ter" deve ser conjugado na terceira pessoa do singular para concordar com "população" ("tem", sem acento). **HS**
Gabarito "D".

A representação da "realidade" na imprensa

Parece ser um fato assentado, para muitos, que um jornal ou um telejornal expresse a "realidade". Folhear os cadernos de papel de ponta a ponta ou seguir pacientemente todas as imagens do grande noticiário televisivo seriam operações que atualizariam a cada dia nossa "compreensão do mundo". Mas esse pensamento, tão disseminado quanto ingênuo, não leva em conta a questão da perspectiva pela qual se interpretam todas e quaisquer situações focalizadas. Submetermo-nos à visada do jornalista que compôs a notícia, ou mesmo à do câmera que flagra uma situação (e que, aliás, tem suas tomadas sob o controle de um editor de imagens*), é desfazermo-nos da nossa própria capacidade de análise, é renunciarmos à perspectiva de sujeitos da nossa interpretação.*

Tanto quanto os propalados e indiscutíveis "fatos", as notícias em si mesmas, com a forma acabada pela qual se veiculam, são parte do mundo: convém averiguar a quem interessa o contorno de uma análise política, o perfil criado de uma personalidade, o sentido de um levante popular ou o alcance de uma medida econômica. O leitor e o espectador atentos ao que leem ou veem não têm o direito de colocar de lado seu senso crítico e tomar a notícia como espelho fiel da "realidade". Antes de julgarmos "real" o "fato" que já está interpretado diante de nossos olhos, convém reconhecermos o ângulo pelo qual o fato se apresenta como indiscutível e como se compõe, por palavras ou imagens, a perspectiva pela qual uma bem particular "realidade" quer se impor para nós, dispensando-nos de discutir o ponto de vista pelo qual se construiu uma informação.

(Tibério Gaspar, inédito)

(Analista Judiciário – TRT/24 – FCC – 2017) Considere este segmento do texto:

Submetermo-nos à visada do jornalista que compôs a notícia [...] é desfazermo-nos da nossa própria capacidade de análise [...]

Está inteiramente clara, coerente e correta esta nova redação dada ao segmento acima:

(A) Caso não nos desfazermos da nossa capacidade de analisar, nos inclinaremos diante do olhar próprio do jornalista que deu a notícia.

(B) Se aceitarmos inteiramente a perspectiva de quem redigiu a notícia, não nos valeremos de nossa própria faculdade de interpretá-la.

(C) Quem se compraz a ver uma reportagem do ângulo jornalístico, acaba por renunciar à possibilidade de compreendê-lo a partir de si mesmo.

(D) À medida em que nos curvamos pelo poder de quem noticia, deixamo-nos de avaliar por nós mesmos nossa capacidade de análise.

(E) Estaremos divergindo da nossa possibilidade de interpretar, caso nos deixássemos levar pelo ângulo das notícias com que nos submetemos.

A: incorreta. Deveria constar "desfizermos", o pronome "nos" deveria estar enclítico ("inclinaremo-nos") e o uso da preposição "diante" atrapalha a clareza do texto; **B:** correta. A redação respeita todas as normas gramaticais e preserva a clareza e coerência do texto original; **C:** incorreta. A nova redação sofre de prolixidade, ou seja, uso de muitas palavras para dizer algo para o qual poucas seriam suficientes: "quem se compraz a ver uma reportagem, renuncia à possibilidade de compreendê-la por si mesmo". Além disso, há erro de concordância ao final: deveria constar "compreendê-la", para concordar com "reportagem"; **D:** incorreta. A preposição "pelo" diminui a clareza do texto (melhor seria "perante" ou "diante"), além do que a parte final também está totalmente obscura (ao mencionar "avaliar nossa capacidade de análise"); **E:** incorreta. "Estaremos divergindo" é o vício de linguagem conhecido como gerundismo. Além disso, a parte final também carece de clareza ("levar pelo ângulo com que nos submetemos" não faz qualquer sentido).
Gabarito "B".

1 Há um traço fundamental na história indígena do rio Amazonas, cuja percepção é necessária ao entendimento do passado e do presente da região. É um fenômeno demográfico e cultural de longa duração que acompanha os primeiros duzentos anos da ocupação europeia e que irá resultar, em meados do século XVIII, numa realidade etnográfica substancialmente distinta da que havia sido observada pelos primeiros exploradores quinhentistas.

5 Trata-se do desaparecimento das nações que viviam ao longo do rio Amazonas e da sua substituição por novos contingentes indígenas que foram sendo descidos dos afluentes para a calha amazônica pelos agentes da colonização. Desaparecimento, em sentido étnico, é o termo adequado, e ver-se-á mais adiante de que forma ele se deu. Neste processo de despovoamento maciço e repovoamento parcial, dois aspectos devem ser assinalados: a) *o desaparecimento dos padrões adaptativos* (demográficos, organizacionais e ergológicos) *da população original, que não chegam a se reconstituir, a não ser parcial-*

10 *mente, quando do povoamento induzido pelo colonizador; neste segundo momento ocorre* b) *a formação de um estrato que* chamaremos neo-indígena, inserido na sociedade colonial e marcado pelo desenraizamento e pela aculturação intertribal e interétnica.

Obs.: ergológico: relativo à ergologia, ramo da etnologia que estuda a cultura material.

(PORRO, Antônio. História indígena do alto e médio Amazonas: séculos XVI a XVIII. In: CUNHA, Manuela C. (org.). História dos índios no Brasil. 2. ed. São Paulo, Companhia das Letras; Secretaria Municipal de Cultura; FAPESP,1998, p. 175)

(Analista Judiciário – TRT/11 – FCC – 2017) *Visível a olho nu. Mas não só, uma vez que se trata de um processo que tem sido há décadas acompanhado atentamente, e comprovado a frio reiteradamente, pelas estatísticas censitárias.*

Propõe-se reescrever o trecho acima eliminando o ponto final e iniciando a frase por "Trata-se de um processo". Uma formulação aceitável, por não prejudicar o sentido e a correção originais, deve conter o seguinte segmento:

(A) ainda que também seja visível a olho nu.

(B) à medida que é visível a olho nu.

(C) sendo, pois, visível a olho nu.

(D) entretanto será visível a olho nu.

(E) quando visível a olho nu.

A melhor redação possível com as condições postas é: "Trata-se de um processo que, ainda que também seja visível a olho nu, tem sido há décadas acompanhado atentamente, e comprovado a frio reiteradamente, pelas estatísticas censitárias".

Gabarito "A".

(Analista Judiciário – TRT/11 – FCC – 2017) A redação em que as ideias estão expostas de modo claro e correto é:

(A) Era uma casa que ao redor todos conheciam a história dos últimos moradores, que não era nem totalmente verdadeira ou muito fictícia, mas assombrava quem quer que ouvia o relato.

(B) Várias técnicas práticas foram desenvolvidas desde muitos anos a fim de coleta de informações detalhadas sobre a doença, sendo rara na região, por isso pouco conhecida e divulgada.

(C) Diante de uma trajetória tão movimentada e desafiadora, só se pode, na verdade, admirar a constância com que os refugiados souberam preservar sua coesão e os pequenos rituais que os fortaleciam.

(D) Quanto ao futuro do projeto recém-anunciado e delineado por especialistas da área, situado entre os interesses dos donos da terra e dos assalariados, é evidentemente impossível prever.

(E) O conflito se deu, como visto à exaustão, decorrente do peso sempre crescente dos que protestavam e o contrário, que diminuía, dos defensores das novas normas de organização da empresa estatal.

A leitura atenta de todas as alternativas deixa clara a falta de clareza e coerência que aflige todas elas, com exceção da letra "C", que deve ser assinalada. Enquanto as demais proposições nada dizem, ou não se pode compreender o que querem dizer, a alternativa "C" traz uma mensagem clara, objetiva e coerente.

Gabarito "C".

(TRT/3ª – 2015 – FCC) Considerando a norma-padrão da língua e o emprego de forma verbal, é correta a seguinte frase:

(A) Embora não apoiemos, não nos opomos a que gaste tanto tempo com assuntos supérfluos, contanto que não interrompe a faculdade.

(B) Independentemente de onde provierem os recursos, convirjam ou não os pareceres dos técnicos consultados, eles, sempre destemidos, iniciarão a obra.

(C) Eles proveem de uma região em que a destruição de bens naturais ou culturais de importância reconhecida é considerada crime de lesa-pátria.

(D) Os jogadores pleitearam que os juízes não intervissem a cada pequena confusão provocada por um choque de corpos ou por discussão banal.

(E) Enquanto aquela norma vigiu, não houve como solucionar o impasse e retirar o depósito que a justiça reteve em prol dos menores de idade.

A: incorreta. A conjugação do verbo "interromper" na terceira pessoa do singular do presente do subjuntivo é "interrompa"; **B:** correta. O período está redigido e os verbos conjugados conforme a norma padrão; **C:** incorreta. O verbo "provir" é derivado de "vir" e como ele se conjuga – na terceira pessoa do plural do presente do indicativo fica "provêm"; **D:** incorreta. "Intervir" também é derivado de "vir", portanto temos "interviessem" na terceira pessoa do plural do presente do subjuntivo; **E:** incorreta. A terceira pessoa do singular do pretérito perfeito do indicativo do verbo "viger" conjuga-se "vigeu".

Gabarito "B".

(TRT/3ª – 2015 – FCC) Considere o trecho abaixo, extraído da **Nova gramática do português contemporâneo**, de Celso Cunha e Luís F. Lindley Cintra.

...o gerúndio apresenta duas formas: uma simples [...], outra composta [...].

A forma composta é de caráter perfeito e indica uma ação concluída anteriormente à que exprime o verbo da oração principal

[...].

O que está exposto acima justifica o emprego do gerúndio na frase:

(A) Sendo considerada em plena posse de seu juízo no momento de depor, pôde falar a favor da sobrinha.

(B) Combinamos que, no horário das 13 às 15h, estarei atendendo aos fornecedores de laticínios.

(C) Os alunos estão indo para o laboratório porque já vai começar a aula de Biologia.

(D) Tendo já se consumido em lágrimas, despediu-se de todos e partiu.

(E) A professora lia sorrindo a narrativa do aluno espirituoso.

A, C e E: incorretas. O gerúndio foi utilizado para indicar um fato contemporâneo ao narrado; **B:** incorreta. O gerúndio aqui foi utilizado de forma indevida, no grave erro gramatical conhecido como "gerundismo". O verbo "atender" deveria estar conjugado no futuro do presente do indicativo ("atenderei"); **D:** correta. Note que primeiro a pessoa se consumiu em lágrimas e só depois de ter parado de chorar é que se despediu e partiu. Logo, o gerúndio composto indica um fato pretérito e já acabado, como na definição do enunciado.

Gabarito "D".

(TRT/3ª – 2015 – FCC) Dentre as frases abaixo, a que está clara e correta, segundo a norma-padrão, é:

(A) Pelo o que distintas matérias informaram, o artista encerrou de modo brilhante o espetáculo que ele havia cobrado apenas uma libra esterlina de cachê para tocar.

(B) Considerado eleições fraudulentas pelo partido Amarelo vencidas pelo partido Branco, o pleito poderá ser anulado se assim o considerar o tribunal.

(C) No depoimento, acentuava a fragilidade da infância e repetiu várias vezes "Sou filha de pais separados desde os 10 anos de idade".

1. LÍNGUA PORTUGUESA

(D) Dando preferência pelo projeto comunitário, comentou que um dos projetos individuais havia sido excluído por fraude e que o surgimento da denúncia estava ligada a plágio, sempre condenável.

(E) A oficina gráfica é muito mais bem conhecida do que os outros estágios da produção e difusão de livros, por ser um tema de estudos muito valorizado no campo da bibliografia analítica.

A: incorreta. Deve-se retirar o artigo definido "o" em "pelo o que" (ele já está aglutinado na palavra "pelo") e deveria haver a preposição "em" na passagem "no espetáculo em que ele havia..."; **B:** incorreta. O período peca pela falta de clareza. A melhor redação seria: "consideradas fraudulentas pelo Partido Amarelo as eleições vencidas pelo Partido Branco, o pleito poderá ser anulado se assim o considerar o tribunal"; **C:** incorreta. Há dubiedade no fim do período: não está claro se os pais são separados desde os 10 anos de idade dele ou da filha. Além disso, a melhor técnica de redação não autoriza a mistura de tempos verbais: o ideal seria constar "acentuou" e "repetiu" ou "acentuava" e "repetia"; **D:** incorreta. Há repetição desnecessária da palavra "projeto" e erro de concordância em "surgimento da denúncia estava ligado..."; **E:** correta. O período está claro e atende a todas as normas gramaticais.
Gabarito "E".

(TRT/3ª – 2015 – FCC) A redação que está clara, concisa e, segundo a norma-padrão, correta é:

(A) A pesquisa concluiu por um lugar-comum que muitos estudiosos da área também concordam, a saber: que o século XVIII realmente, pensava de modo burguês.

(B) O que tornou-se um lugar-comum entre muitos estudiosos da área – o século XVIII realmente pensava de modo burguês – foi a conclusão da pesquisa, indo ao encontro daquele.

(C) A conclusão da pesquisa vai ao encontro do que se tornou um lugar-comum entre muitos estudiosos da área – a saber, o século XVIII realmente pensava de modo burguês.

(D) O século XVIII, que pensava de modo burguês, é a conclusão da pesquisa e isso tornou-se um lugar-comum entre muitos estudiosos da área, o que veio ao encontro desses últimos.

(E) Um lugar-comum que a pesquisa concluiu, a saber: muitos estudiosos da área vão ao encontro de que o século XVIII realmente pensava de modo burguês, demonstrando concordância com isso.

O único período que está claro, conciso e correto é o da alternativa "C", que deve ser assinalada. Perceba que somente nessa configuração que as ideias estão concatenadas de forma lógica e permitem a perfeita compreensão da mensagem que se quer transmitir.
Gabarito "C".

(TRT/16ª – 2014 – FCC) *Também seria desejável envolver com maior intensidade universidades e laboratórios públicos (onde os há, como é o caso do Brasil).*

A redação alternativa à frase acima, que se apresenta clara, correta e fiel às ideias nela expostas, é:

(A) Igualmente desejável seriam universidades e laboratórios públicos que se envolvessem mais intensamente, pois no caso do Brasil eles têm presença.

(B) Da mesma maneira, seria desejável que fossem envolvidos mais intensamente universidades e laboratórios públicos, em lugares, como o Brasil, em que eles existem.

(C) Em lugares em que estes existem (sendo o Brasil um caso de ter universidades e laboratórios públicos), seria também desejável seu intenso envolvimento.

(D) Inclui-se no raciocínio que é desejável ter-se envolvimento de maior intensidade, de universidades e laboratórios aonde se encontram, como o caso do Brasil.

(E) Equivalentemente, seria envolvimento desejável e intenso o das universidades e laboratórios públicos (em que, como o caso do Brasil, eles existem).

A única alternativa em que a redação proposta está clara e correta é a letra "B", que deve ser assinalada. Somente ali as ideias estão concatenadas de forma lógica e de acordo com as normas gramaticais, de forma a permitir sua perfeita compreensão.
Gabarito "B".

(TRT/2ª – 2014 – FCC) Considerada a norma-padrão escrita, a frase que exige correção é:

(A) O representante dos escritores agraciados pelo ambicionado prêmio fez longo discurso, no qual se apontaram os itens mais candentes do embate entre eles e as editoras, deixando manifesto as ácidas críticas que há muito lhes são dirigidas por não manter os compromissos assumidos.

(B) Fala-se de Sua Excelência, o Ministro do Meio Ambiente, que, com o intuito de dirimir sejam quais forem as dúvidas dos jornalistas, deve conceder-lhes entrevista coletiva daqui a duas semanas, sem discriminação de ordem alguma.

(C) Mal atinando com a razão da impugnação, temendo a consequência de seu ato intempestivo, e julgando estar sozinho para combatê-las, como achar um modo de considerá-las sem sentir desolação?

(D) Aos sapientes e pacientes recomendo o belo trabalho que podem escrever pesquisando o conto do vigário pelos séculos atrás: encontrarão um misto de historinhas banais e pequenas obras-primas que ocupariam lugar eminente nas obras de ficção.

(E) Não se deve entender os movimentos reivindicatórios como balões de ensaio que, ao primeiro golpe de vento, despencam e se destroem; são a argamassa que se molda à pressão da sociedade, e com que se fará uma sólida e legítima construção.

Todas as alternativas respeitam integralmente as normas gramaticais, com exceção da letra "A", que deve ser assinalada. "Manifesto" é adjetivo, sinônimo de "claro", "expresso", portanto deve concordar com "críticas": "deixando manifestas as ácidas críticas". O verbo "manter" deve concordar com "compromissos" e ser conjugado na terceira pessoa do plural do infinitivo pessoal: "por não manterem os compromissos".
Gabarito "A".

(TRT/2ª – 2014 – FCC) A frase que está clara e em conformidade com a norma-padrão escrita é:

(A) Sempre taxado de inseguro, ousou levantar hipóteses que sortiram tal efeito entre seus pares, que passaram não só a lhe considerar um profissional responsável, como também a prognosticar-lhe um futuro bastante promissor.

(B) Em conversas insossas como essas que soem acontecer em situações formais, nada mais admissível que, se antevermos um assunto palpitante, nos agarremos à possibilidade de introduzi-lo e distendê-lo o máximo possível.

(C) Têm havido grandes discussões sobre as principais intervenções do poder público naquela área, mas o que observa-se é que todos buscam mesmo ocupar um discreto lugarzinho na administração.

(D) Continue a evitar comentários espontâneos que podem constituir risco, pois basta, segundo nos consta, a ponderação dos advogados para ver que o melhor jeito de enfrentar a polêmica é abster-se de declarações capciosas.

(E) Quaisquer que possa ser as opiniões dos líderes da comunidade, os últimos acontecimentos mostram que, quanto mais os jovens se aglutinem em prol de uma causa, mais se afastam daqueles.

A: incorreta. A oração exige o verbo "surtir", sinônimo de "causar", e não "sortir", equivalente a "misturar": "que surtiram tal efeito". Além disso, "considerar" é verbo transitivo direto, portanto impõe o pronome oblíquo "o", preferencialmente enclítico – "não só a considera-lo"; **B:** incorreta. O verbo "antever" é derivado de "ver" e como ele se conjuga. Logo, na primeira pessoa do plural do futuro do subjuntivo temos "antevirmos". Após vírgula, recomenda-se a ênclise, seguindo a regra de que não se inicia oração com pronome oblíquo ("agarremo-nos"). Melhor que "distender", que transmite a ideia de exagero, algo que passou do ponto ideal, seria o verbo "estender"; **C:** incorreta. O verbo "haver", no sentido de "existir", é impessoal, mesmo na voz passiva. Portanto, o verbo auxiliar permanece no singular: "tem havido". A grafia correta é "intervenções". Após o pronome relativo "que" deve haver próclise: "o que se observa"; **D:** correta. O período atende a todas as normas do padrão culto da língua; **E:** incorreta. O verbo "poder" deve concordar com "opiniões": "quaisquer que possam ser as opiniões". O verbo "aglutinar" deve ser conjugado na terceira pessoa do plural do presente do indicativo, não do subjuntivo: "se aglutinam".
Gabarito "D".

Cada um fala como quer, ou como pode, ou como acha que pode. Ainda ontem me divertiu este trechinho de crônica do escritor mineiro Humberto Werneck, de seu livro Esse inferno vai acabar:

"- Meu cabelo está pendoando – anuncia a prima, apalpando as melenas.

Tenho anos, décadas de Solange, mas confesso que ela, com o seu solangês, às vezes me pega desprevenido.

464   MAGALLY DATO E HENRIQUE SUBI

- Seu cabelo está o quê?

- Pendoando – insiste ela, e, com a paciência de quem explica algo elementar a um total ignorante, traduz:

- Bifurcando nas extremidades.

É assim a Solange, criatura para a qual ninguém morre, mas falece, e, quando sobrevém esse infausto acontecimento, tem seu corpo acondicionado num ataúde, num esquife, num féretro, para ser inumado em alguma necrópole, ou, mais recentemente, incinerado em crematório. Cabelo de gente assim não se torna vulgarmente quebradiço: pendoa."

Isso me fez lembrar uma visita que recebemos em casa, eu ainda menino. Amigas da família, mãe e filha adolescente vieram tomar um lanche conosco. D. Glorinha, a mãe, achava meu pai um homem intelectualizado e caprichava no vocabulário. A certa altura pediu ela a mim, que estava sentado numa extremidade da mesa:

- Querido, pode alcançar-me uma côdea desse pão?

Por falta de preparo linguístico não sabia como atender a seu pedido. Socorreu-me a filha adolescente:

- Ela quer uma casquinha do pão. Ela fala sempre assim na casa dos outros.

A mãe ficou vermelha, isto é, ruborizou, enrubesceu, rubificou, e olhou a filha com reprovação, isto é, dardejou-a com olhos censórios.

Veja-se, para concluir, mais um trechinho do Werneck:

"Você pode achar que estou sendo implicante, metido a policiar a linguagem alheia. Brasileiro é assim mesmo, adora embonitar a conversa para impressionar os outros. Sei disso. Eu próprio já andei escrevendo sobre o que chamei de ruibarbosismo: o uso de palavreado rebarbativo como forma de, numa discussão, reduzir ao silêncio o interlocutor ignaro. Uma espécie de gás paralisante verbal."

(Cândido Barbosa Filho, inédito)

(Técnico – TRT/1ª – 2012 – FCC) Está clara e correta a redação deste livre comentário sobre um aspecto do texto:

(A) Nem todas as pessoas que utilizam um vocabulário rebuscado alcançam por isso qualquer ganho que se possa atribuir à seu poder de comunicação.

(B) O autor do texto acredita que muita gente se vale de um palavreado rebuscado para intimidar ou mesmo calar os interlocutores menos cultos.

(C) Ficou evidente que D. Glorinha buscava ilustrar as pessoas cujo vocabulário menos reduzido as deixasse impressionadas com tamanho requinte.

(D) O termo "solangês", tratando-se de um neologismo, aplica-se aos casos segundo os quais quem fala de modo rebarbativo parece aludir a tal Solange.

(E) Não é difícil encontrar, aqui e ali, pessoas cujo intento é se apoderar de um alto vocabulário, tendo em vista o propósito de vir a impressionar quem não tem.

A: incorreta. Além da falta de clareza e excesso de palavras para transmitir a ideia, há erro gramatical na colocação do acento grave antes de "seu poder" (não ocorre crase antes de palavra masculina); **B:** correta. A redação está clara, coerente e cumpre todas as regras gramaticais; **C:** incorreta. A redação está obscura e incoerente. Ela não faz sentido algum; **D:** incorreta. O excesso de pronomes torna o texto obscuro e prolixo; **E:** incorreta. O uso de palavras em sentido conotativo, como em "se apoderar de um alto vocabulário", compromete a clareza da redação.

Gabarito "B".

Economia religiosa

Concordo plenamente com Dom Tarcísio Scaramussa, da CNBB, quando ele afirma que não faz sentido nem obrigar uma pessoa a rezar nem proibi-la de fazê-lo. A declaração do prelado vem como crítica à professora de uma escola pública de Minas Gerais que hostilizou um aluno ateu que se recusara a rezar o pai-nosso em sua aula.

É uma boa ocasião para discutir o ensino religioso na rede pública, do qual a CNBB é entusiasta. Como ateu, não abraço nenhuma religião, mas, como liberal, não pretendo que todos pensem do mesmo modo. Admitamos, para efeitos de argumentação, que seja do interesse do Estado que os jovens sejam desde cedo expostos ao ensino religioso. Deve-se então perguntar se essa é uma tarefa que cabe à escola pública ou se as próprias organizações são capazes de supri-la, com seus programas de catequese, escolas dominicais etc.

A minha impressão é a de que não faltam oportunidades para conhecer as mais diversas mensagens religiosas, onipresentes em rádios, TVs e também nas ruas. Na cidade de São Paulo, por exemplo, existem mais templos (algo em torno de 4.000) *do que escolas públicas (cerca de 1.700). Creio que aqui vale a regra econômica, segundo a qual o Estado deve ficar fora das atividades de que o setor privado já dá conta. Outro ponto importante é o dos custos. Não me parece que faça muito sentido gastar recursos com professores de religião, quando faltam os de matemática, português etc. Ao contrário do que se dá com a religião, é difícil aprender física na esquina.*

Até 1997, a Lei de Diretrizes e Bases da Educação acertadamente estabelecia que o ensino religioso nas escolas oficiais não poderia representar ônus para os cofres públicos. A bancada religiosa emendou a lei para empurrar essa conta para o Estado. Não deixa de ser um caso de esmola com o chapéu alheio.

(Hélio Schwartsman. **Folha de S. Paulo**, 06/04/2012)

(Técnico – TRT/6ª – 2012 – FCC) Está clara e correta a redação deste livre comentário sobre o texto: O articulista da **Folha de S. Paulo**

(A) propugna de que tanto o liberalismo quanto o ateísmo podem convergir, para propiciar a questão do ensino público da religião.

(B) defende a tese de que não cabe ao Estado, inclusive por razões econômicas, promover o ensino religioso nas escolas públicas.

(C) propõe que se estenda à bancada religiosa a decisão de aceitar ou rejeitar, segundo seus interesses, o ensino privado da religião.

(D) argumenta que no caso do ensino religioso, acatado pelos liberais, não se trata de ser a favor ou contra, mas arguir a real competência.

(E) insinua que o ensino público da religião já se faz a contento, por que as emissoras de comunicação intentam-no em grande escala.

A: incorreta. O autor cita sua condição de ateu e liberal sem misturá-las: a primeira serve para criticar o ensino religioso em si, a segunda para afastar a obrigação do Estado de ministrá-lo; **B:** correta, nos termos do comentário à alternativa anterior; **C:** incorreta. Não há qualquer proposta nesse sentido no texto. Ademais, o autor critica o papel das bancadas religiosas no Poder Legislativo; **D:** incorreta. O autor não afirma que os liberais concordam com o ensino religioso. Ele mesmo, um liberal, é contra a imposição dele pelo Estado; **E:** incorreta. O autor não insinua, ele afirma. Defende abertamente que os meios de comunicação e os próprios templos já cumprem o papel de expor todos, principalmente as crianças, aos conceitos religiosos.

Gabarito "B".

Fora com a dignidade

Acho ótimo que a Igreja Católica tenha escolhido a saúde pública como tema de sua campanha da fraternidade deste ano. Todas as burocracias – e o SUS não é uma exceção – têm a tendência de acomodar-se e, se não as sacudirmos de vez em quando, caem na abulia. É bom que a Igreja use seu poder de mobilização para cobrar melhorias.

Tenho dúvidas, porém, de que o foco das ações deva ser o combate ao que dom Odilo Scherer, numa entrevista, chamou de terceirização e comercialização da saúde. É verdade que colocar um preço em procedimentos médicos nem sempre leva ao melhor dos desfechos, mas é igualmente claro que consultas, cirurgias e drogas têm custos que precisam ser gerenciados. Ignorar as leis de mercado, como parece sugerir dom Odilo, provavelmente levaria o sistema ao colapso, prejudicando ainda mais os pobres.

Para o religioso, é "a dignidade do ser humano" que deve servir como critério moral na tomada de decisões relativas a vida e morte. O problema com a "dignidade" é que ela é subjetiva demais. A pluralidade de crenças e preferências do ser humano é tamanha que o termo pode significar qualquer coisa, desde noções banais, como não humilhar desnecessariamente o paciente (forçando-o, por exemplo, a usar aqueles horríveis aventais vazados atrás)*, até a adesão profunda a um dogma religioso (há confissões que não admitem transfusões de sangue).*

Numa sociedade democrática não podemos simplesmente apanhar uma dessas concepções e elevá-la a valor universal. E, se é para operar com todas as noções possíveis, então já não estamos falando de dignidade, mas, sim, de respeito à autonomia do paciente, conceito que a substitui sem perdas.

(Hélio Schwartsman. **Folha de S. Paulo**, março/2012)

(Técnico – TRT/6ª – 2012 – FCC) Está clara e correta a **redação** deste livre comentário sobre o texto.

(A) Presume-se que o autor não defenda a ideia de que deva o Estado assumir inteira responsabilidade pela prestação de quaisquer serviços públicos de alto custo.

(B) Não seria possível, para o autor, que os serviços mais onerosos aos cofres públicos compitam ao Estado resolver com seus próprios meios.

(C) Uma vez que se atendam as leis do mercado, até mesmo o Estado poderia precaver as ações na área da saúde, sem desmerecer uma sociedade democrática.

(D) Entre o que se prega nas religiões e o que implica as leis de mercado, as questões de saúde nada têm a haver com a suposta dignidade humana.

(E) Apenas nas crenças que não operam restrições a medidas de saúde, leva-se em conta o valor universal da dignidade humana, para ser bem demonstrado.

A: correta. A redação está clara a atende a todos os preceitos gramaticais; **B:** incorreta. Falta clareza na redação. Melhor seria retirar o trecho: "resolver com seus próprios meios", que é redundante e não acrescenta nada ao argumento; **C:** incorreta. O trecho é incoerente, porque a conclusão não decorre logicamente dos argumentos apresentados. Além disso, os verbos "precaver" e "desmerecer" estão "soltos" no período, não sendo possível compreender seu uso; **D:** incorreta. Mais uma vez, a conclusão apresentada não guarda coerência com as premissas; **E:** incorreta. Não há vírgula após "saúde" e deveria ser suprimida a expressão "para ser bem demonstrado", que está completamente desvinculada do texto.

Gabarito "A"

O mito napoleônico baseia-se menos nos méritos de Napoleão do que nos fatos, então sem paralelo, de sua carreira. Os homens que se tornaram conhecidos por terem abalado o mundo de forma decisiva no passado tinham começado como reis, como Alexandre, ou patrícios, como Júlio César, mas Napoleão foi o "pequeno cabo" que galgou ao comando de um continente pelo seu puro talento pessoal. Todo homem de negócios daí em diante tinha um nome para sua ambição: ser – os próprios clichês o denunciam – um "Napoleão das finanças" ou "da indústria". Todos os homens comuns ficavam excitados pela visão, então sem paralelo, de um homem comum maior do que aqueles que tinham nascido para usar coroas. Em síntese, foi a figura com que todo homem que partisse os laços com a tradição podia se identificar em seus sonhos.

Para os franceses ele foi também algo bem mais simples: o mais bem-sucedido governante de sua longa história. Triunfou gloriosamente no exterior, mas, em termos nacionais, também estabeleceu ou restabeleceu o mecanismo das instituições francesas como existem hoje. Ele trouxe estabilidade e prosperidade a todos, exceto para os 250 mil franceses que não retornaram de suas guerras, embora até mesmo para os parentes deles tivesse trazido a glória. Sem dúvida, os britânicos se viam como lutadores pela causa da liberdade contra a tirania; mas em 1815 a maioria dos ingleses era mais pobre do que o fora em 1800, enquanto a maioria dos franceses era quase certamente mais rica.

Ele destruíra apenas uma coisa: a Revolução de 1789, o sonho de igualdade, liberdade e fraternidade, do povo se erguendo na sua grandiosidade para derrubar a opressão. Este foi um mito mais poderoso do que o dele, pois, após a sua queda, foi isto e não a sua memória que inspirou as revoluções do século XIX, inclusive em seu próprio país.

(Adaptado de Eric. J. Hobsbawm. **A era das revoluções** – **1789-1848.** 7ª ed. Trad. de Maria Tereza Lopes Teixeira e Marcos Penchel. Rio de Janeiro: Paz e Terra, 1989, p.93-4)

(Técnico – TRT9 – 2012 – FCC) *Todos os homens comuns ficavam excitados pela visão* [...] *de um homem comum maior do que aqueles que tinham nascido para usar coroas.*

Uma nova redação para a frase acima, em que se preservam a correção e a clareza, está em:

(A) Os homens comuns, quando viam que um homem comum como eles era maior do que os nascidos para usar coroas, não tendo como não ficar excitados.

(B) Ver os homens comuns que um homem também comum era maior do que os nascidos para usar coroas eram o que os deixavam excitados.

(C) A visão de um homem comum maior do que aqueles nascidos para usar coroas, deixavam excitados todos os homens que eram tão comuns como ele.

(D) Não havia homem comum que não ficasse excitado pela visão de um homem também comum que se tornara maior do que os nascidos para usar coroas.

(E) À medida em que via um homem comum maior do que aqueles nascidos para usar coroas, todo homem comum ficava excitado com a visão que tivesse.

A: incorreta. A redação, além de apresentar repetições desnecessárias de termos, está incorreta no último trecho. Deveria constar "tinham" em vez de "tenham"; **B:** incorreta. A redação está confusa. Além disso, deveria constar "era" em vez de "eram"; **C:** incorreta. Não deveria haver vírgula após "coroas" e o verbo deveria estar no singular ("deixava"); **D:** correta. A redação está clara, mantém o sentido original do texto e respeita todos os preceitos gramaticais; **E:** incorreta. A redação está repleta de repetições desnecessárias, tornando-a prolixa e um tanto confusa.

Gabarito "D"

Em outubro de 1967, quando Gilberto Gil e Caetano Veloso apresentaram as canções Domingo no parque e Alegria, Alegria, no Festival da TV Record, logo houve quem percebesse que as duas canções eram influenciadas pela narrativa cinematográfica: repletas de cortes, justaposições e flashbacks. Tal suposição seria confirmada pelo próprio Caetano quando declarou que fora "mais influenciado por Godard e Glauber do que pelos Beatles ou Dylan". Em 1967, no Brasil, o cinema era o que havia de mais intenso e revolucionário, superando o próprio teatro, cuja inquietação tinha incentivado os cineastas a iniciar o movimento que ficou conhecido como Cinema Novo.

O Cinema Novo nasceu na virada da década de 1950 para a de 1960, sobre as cinzas dos estúdios Vera Cruz (empresa paulista que faliu em 1957 depois de produzir dezoito filmes). *"Nossa geração sabe o que quer"*, dizia o baiano Glauber Rocha já em 1963. Inspirado por Rio 40 graus *e por* Vidas secas, *que Nelson Pereira dos Santos lançara em 1954 e 1963, Glauber Rocha transformaria, com* Deus e o diabo na terra do sol, *a história do cinema no Brasil. Dois anos depois, o cineasta lançou* Terra em Transe, *que talvez tenha marcado o auge do* Cinema Novo, *além de ter sido uma das fontes de inspiração do* Tropicalismo.

A ponte entre Cinema Novo e Tropicalismo ficaria mais evidente com o lançamento, em 1969, de Macunaíma, de Joaquim Pedro de Andrade. Ao fazer o filme, Joaquim Pedro esforçou-se por torná-lo um produto afinado com a cultura de massa. "A proposição de consumo de massa no Brasil é algo novo. A grande audiência de TV entre nós é um fenômeno novo. É uma posição avançada para o cineasta tentar ocupar um lugar dentro dessa situação", disse ele.

Incapaz de satisfazer plenamente as exigências do mercado, o Cinema Novo deu os seus últimos suspiros em fins da década de 1970 – período que marcou o auge das potencialidades comerciais do cinema feito no Brasil.

(Adaptado de Eduardo Bueno. **Brasil: uma história**. Ed. Leya, 2010. p. 408)

(Técnico – TRT9 – 2012 – FCC) *Incapaz de satisfazer plenamente as exigências do mercado, o* Cinema Novo *deu os seus últimos suspiros em fins da década de 1970 – período que marcou o auge das potencialidades comerciais do cinema feito no Brasil.*

Uma redação alternativa para a frase acima, em que se mantêm a correção, a lógica e, em linhas gerais, o sentido original, é:

466   MAGALLY DATO E HENRIQUE SUBI

(A) Como não fosse capaz de satisfazer plenamente as exigências do mercado, o *Cinema Novo* acabou no final da década de 1970: período que se destaca, as potencialidades comerciais, do cinema feito no Brasil.

(B) Conquanto não pudesse satisfazer plenamente as exigências do mercado, o *Cinema Novo* terminou no final da década de 1970, período que, marcou o auge das potencialidades comerciais do cinema feito no Brasil.

(C) Como não pôde satisfazer plenamente as exigências do mercado, o *Cinema Novo* acabou em fins da década de 1970, período em que as potencialidades comerciais do cinema feito no Brasil atingiram o seu apogeu.

(D) O *Cinema Novo*, incapaz de satisfazer plenamente as exigências do mercado não resistiu e terminou no final da década de 1970, onde as potencialidades comerciais do cinema feito no Brasil atingiria o seu apogeu.

(E) O cinema feito no Brasil, atinge o seu potencial comercial máximo no final da década de 1970, quando, não podendo satisfazer plenamente as exigências do mercado terminava o *Cinema Novo*.

A: incorreta. O erro está no último trecho, onde deveria constar: "período em que se destacam as potencialidades comerciais do cinema feito no Brasil"; **B:** incorreta. "Conquanto" é sinônimo de "embora", "não obstante", ou seja, tem valor concessivo. Seu uso indica que, após a enunciação de um fato, falaremos de outro que lhe é contrário, que aconteceu apesar dos obstáculos impostos pelo primeiro. No caso, o fim do Cinema Novo é consequência de sua incapacidade de satisfazer as exigências do mercado; **C:** correta. A redação está clara, coerente e correta, mantendo o sentido original do texto; **D:** incorreta. Aqui, os erros são gramaticais. Deveria haver vírgula após "mercado", deveria constar "quando" em vez de "onde" e o verbo "atingir" deveria estar conjugado no plural; **E:** incorreta. Há também diversos erros gramaticais. Não deveria haver vírgula depois de "Brasil" e faltou o mesmo sinal de pontuação após "mercado".

Gabarito "C".

Fotografias

Toda fotografia é um portal aberto para outra dimensão: o passado. A câmara fotográfica é uma verdadeira máquina do tempo, transformando o que é naquilo que já não é mais, porque o que temos diante dos olhos é transmudado imediatamente em passado no momento do clique. Costumamos dizer que a fotografia congela o tempo, preservando um momento passageiro para toda a eternidade, e isso não deixa de ser verdade. Todavia, existe algo que descongela essa imagem: nosso olhar. Em francês, imagem e magia contêm as mesmas cinco letras: image e magie. Toda imagem é magia, e nosso olhar é a varinha de condão que descongela o instante aprisionado nas geleiras eternas do tempo fotográfico.

Toda fotografia é uma espécie de espelho da Alice do País das Maravilhas, e cada pessoa que mergulha nesse espelho de papel sai numa dimensão diferente e vivencia experiências diversas, pois o lado de lá é como o albergue espanhol do ditado: cada um só encontra nele o que trouxe consigo. Além disso, o significado de uma imagem muda com o passar do tempo, até para o mesmo observador.

Variam, também, os níveis de percepção de uma fotografia. Isso ocorre, na verdade, com todas as artes: um músico, por exemplo, é capaz de perceber dimensões sonoras inteiramente insuspeitas para os leigos. Da mesma forma, um fotógrafo profissional lê as imagens fotográficas de modo diferente daqueles que desconhecem a sintaxe da fotografia, a "escrita da luz". Mas é difícil imaginar alguém que seja insensível à magia de uma foto.

(Adaptado de Pedro Vasquez, em **Por trás daquela foto.** São Paulo: Companhia das Letras, 2010)

(**Técnico – TRT/11ª – 2012 – FCC**) No contexto do primeiro parágrafo, o segmento *Todavia, existe algo que descongela essa imagem* pode ser substituído, sem prejuízo para a correção e a coerência do texto, por:

(A) Tendo isso em vista, há que se descongelar essa imagem.

(B) Ainda assim, há mais que uma imagem descongelada.

(C) Apesar de tudo, essa imagem descongela algo.

(D) Há, não obstante, o que faz essa imagem descongelar.

(E) Há algo, outrossim, que essa imagem descongelará.

"Todavia" é sinônimo de "mas", "porém", "contudo", "não obstante". Essa informação é suficiente para identificar a alternativa "D" como correta, porque todas

as outras trazem conjunções que transmitem ideias diferentes. Além disso, nas demais alternativas, a alteração dos tempos verbais e da colocação dos termos da oração promoveu mudanças de sentido.

Gabarito "D".

(**Técnico – TRT/11ª – 2012 – FCC**) Está clara e correta a redação deste livre comentário sobre o texto:

(A) Apesar de se ombrearem com outras artes plásticas, a fotografia nos faz desfrutar e viver experiências de natureza igualmente temporal.

(B) Na superfície espacial de uma fotografia, nem se imagine os tempos a que suscitarão essa imagem aparentemente congelada...

(C) Conquanto seja o registro de um determinado espaço, uma foto leva-nos a viver profundas experiências de caráter temporal.

(D) Tal como ocorrem nos espelhos da Alice, as experiências físicas de uma fotografia podem se inocular em planos temporais.

(E) Nenhuma imagem fotográfica é congelada suficientemente para abrir mão de implicâncias semânticas no plano temporal.

A: incorreta, pois o vocabulário excessivamente rebuscado e o uso das palavras em sentido conotativo comprometem a clareza do texto; **B:** incorreta. A prolixidade do trecho compromete sua clareza; **C:** correta. A redação está clara e respeita todos os preceitos gramaticais; **D:** incorreta. Há erro de concordância no trecho. Deveria constar "ocorre" em vez de "ocorrem"; **E:** incorreta. O trecho chega a ser incoerente de tão confuso. Não é possível discernir a mensagem que está sendo transmitida.

Gabarito "C".

(**Técnico – TRT/11ª – 2012 – FCC**) É preciso **reelaborar**, para sanar falha estrutural, a redação da seguinte frase:

(A) O autor do texto chama a atenção para o fato de que o desejo de promover a igualdade corre o risco de obter um efeito contrário.

(B) Embora haja quem aposte no critério único de julgamento, para se promover a igualdade, visto que desconsideram o risco do contrário.

(C) Quem vê como justa a aplicação de um mesmo critério para julgar casos diferentes não crê que isso reafirme uma situação de injustiça.

(D) Muitas vezes é preciso corrigir certas distorções aplicando- se medidas que, à primeira vista, parecem em si mesmas distorcidas.

(E) Em nossa época, há desequilíbrios sociais tão graves que tornam necessários os desequilíbrios compensatórios de uma ação corretiva.

Todas as alternativas apresentam redações corretas e claras, com exceção da letra "B", que deve ser assinalada. Há falha na escolha das conjunções, as quais tornam o texto incoerente, no uso da vírgula e na obscuridade do fecho. Melhor seria redigir: "Aqueles que apostam no critério único de julgamento para se promover a igualdade entendem que não se pode desconsiderar o risco de prejuízo com o uso de parâmetros diferenciados".

Gabarito "B".

Atenção: para responder a próxima questão, considere o texto abaixo.

O cenário é o luxuoso resort Four Seasons. Sua decoração sofisticada, com colunas de mármore, lustres monumentais de cristal e detalhes das escadarias em ouro, atiça os olhos do turista. Câmera em punho, o ímpeto de registrar o ambiente logo é interrompido por um dos funcionários. "É proibido fotografar os homens vestindo roupas brancas e as mulheres em trajes pretos", exclamou. Restrições desse tipo dentro de um hotel internacional são, no mínimo, estranhas aos olhos ocidentais. No entanto, quando o resort em questão está localizado em Doha, capital do Catar, ter cuidado com as fotos é apenas uma das milhares de regras e imposições a serem respeitadas na cidade.

Nas ruas, nos museus ou nos shoppings de Doha, sempre existe alguém para impedir os retratos. E se você conseguir tirar uma foto escondido vai perceber as pessoas cuidadosamente tampando o rosto. Isso porque o Catar, país que acaba de ser eleito sede da Copa do Mundo de 2022, vive sob os preceitos da religião muçulmana. Lá, as mulheres não podem exibir seus rostos fora de suas residências e adotam as burcas como traje. As menos tradicionais se escondem apenas com lenços e véus.

(Natália Mestre, "A cidade dos contrastes". **ISTOÉ PLATINUM**, n. 22, Dezembro/Janeiro 2011, p. 72)

1. LÍNGUA PORTUGUESA — 467

(Técnico Judiciário – TRT/4ª – 2011 – FCC) Nas ruas, nos museus ou nos shoppings de Doha, sempre existe *alguém* para impedir os retratos. E se você conseguir tirar uma foto escondido vai perceber as pessoas cuidadosamente tampando o rosto. *Isso porque* o Catar, país que acaba de ser eleito sede da Copa do Mundo de 2022, vive sob os preceitos da religião muçulmana.

Considerando o trecho acima, é correto afirmar:

(A) Em Isso **porque**, o elemento destacado, não remetendo a nenhuma palavra, expressão ou segmento do texto, foi empregado apenas como forma de realce.

(B) Substituindo *Isso porque o Catar [...] vive sob os preceitos da religião muçulmana* por "Isso acontece em função de o Catar [...] viver sob os preceitos da religião muçulmana", a correção da frase é mantida.

(C) A substituição de *alguém* por "pessoas" mantém a correção da frase.

(D) O segmento *para impedir os retratos* expressa uma **causa**.

(E) Substituindo *para impedir os retratos* por "afim de que os retratos sejam impedidos", preservam-se o sentido e a correção originais.

A: incorreta, pois "Isso porque" remete à questão das restrições quanto às fotografias naquele país; **B:** correta, as duas redações apresentam o mesmo significado; **C:** incorreta, pois no trecho "sempre existe alguém para impedir os retratos", se houver a substituição da palavra "alguém" por "pessoas" será necessária a adequação à concordância ("sempre existirão pessoas"); **D:** incorreta, pois o seguimento expressa uma finalidade; **E:** incorreta, pois a substituição que preservaria o sentido e correção deve iniciar com a conjunção "a fim de que" e não com o termo "afim".
Gabarito "B".

(Técnico Judiciário – TRT/4ª – 2011 – FCC) A frase clara e correta é:

(A) Participou do grupo que fez o relatório, que estava sempre próximo devido aos horários de reunião coincidirem com suas folgas, que, aliás, não estão nada esparças.

(B) O meio de transporte que usavam era com canoas sobre o riacho barrento, às quais eles mesmos fabricavam, ou à cavalo ou de carro de bois.

(C) Não deixa de ser estranha, a meu ver, a trajetória desses artesãos que, desde o início da minha pesquisa, já mostravam de modo flagrante seu desprezo por regras e instituições.

(D) O público alvo para o qual o programa se direciona admite em entrevistas que não dispõe dos recursos financeiros suficientes para o desenvolvimento das suas atividades.

(E) Trabalhava com muitos imigrantes ilegais franco-canadenses, onde a maioria não se aceitava ou se via como tal, rejeitando fosse qual fossem as formas de discriminação.

Questões como essa exigem atenção principalmente à concordância e à regência. Os enganos ortográficos são facilmente identificados, mas a con-cordância e a regência precisam de um cuidado especial. A dica é marcar o verbo e descobrir o sujeito e predicado. Verifique se o sujeito e o verbo estão concordando em número e pessoa e se o verbo exige preposição (regência). **A:** incorreta, pois Participou do grupo que fez o relatório, que estava sempre próximo, [vírgula] devido aos horários de reunião coincidirem com suas folgas, que, aliás, não estão nada esparsas [ortografia]; **B:** incorreta, pois O meio de transporte que usavam era canoas sobre o riacho barrento, canoas que eles mesmos fabricavam; **C:** correta; **D:** incorreta, pois O público alvo *ao qual* o programa se direciona [o verbo direcionar-se é transitivo indireto, daí o uso da preposição "a" em "ao qual"] admite em entrevistas que não dispõe dos recursos financeiros suficientes [concordância no plural]; **E:** incorreta, pois a redação desse período é truncada e confusa. Uma alternativa é acertar as concordâncias: Trabalhava com muitos imigrantes ilegais franco-canadenses, que, em sua maioria, não se aceitavam ou se viam como tais, rejeitando fossem quais fossem as formas de discriminação.
Gabarito "C".

5. CONCORDÂNCIA

(Analista Judiciário – TRT/24 – FCC – 2017) Observam-se plenamente as normas de concordância verbal e a adequada articulação entre os tempos e os modos na frase:

(A) Caso atinássemos com o fato de que é pela perspectiva autoral que se produz as notícias, não seremos tentados a confundir uma reportagem com a realidade mesma.

(B) Quando passarmos a analisar não apenas os fatos noticiados, mas o ponto de vista que neles se incutiram, estamos interpretando também a perspectiva pela qual se enunciaram.

(C) Fará parte do processo de leitura das notícias de um jornal, se não quisermos ser manipulados pela interpretação já inclusa, o reconhecimento do ponto de vista de quem as redigiu.

(D) Se houvéssemos acreditado que a responsabilidade dos fatos noticiados cabiam aos indivíduos nomeados, teremos de inculpar os inocentes e inocentar os culpados.

(E) O que costumamos chamar de "compreensão do mundo" não seria senão confundir o que se traduzem nas palavras com os fatos que efetivamente ocorreriam.

A: incorreta. Deveria constar "se produzem", para concordar com "notícias", e o verbo "ser" deveria estar conjugado no futuro do pretérito do indicativo - "seríamos"; **B:** incorreta. Deveria constar "incutiu", para concordar com "ponto de vista", e o verbo "estar" deveria estar conjugado no futuro do presente do indicativo - "estaremos"; **C:** correta. Todas as normas de concordância e conjuga-ção verbal foram atendidas; **D:** incorreta. Deveria constar "cabia", para concordar com "responsabilidade", e o verbo "ter" deveria estar conjugado no futuro do pretérito do indicativo – "teríamos"; **E:** incorreta. Os verbos "ser" e "ocorrer" deveriam estar conjugados, respectivamente, no presente e no pretérito perfeito do indicativo – "é" e "ocorreram". Além disso, deveria constar "traduz" por se tratar de sujeito indeterminado.
Gabarito "C".

---

1   Há um traço fundamental na história indígena do rio Amazonas, cuja percepção é necessária ao entendimento do
    passado e do presente da região. É um fenômeno demográfico e cultural de longa duração que acompanha os primeiros
    duzentos anos da ocupação europeia e que irá resultar, em meados do século XVIII, numa realidade etnográfica
    substancialmente distinta da que havia sido observada pelos primeiros exploradores quinhentistas.
5   Trata-se do desaparecimento das nações que viviam ao longo do rio Amazonas e da sua substituição por novos contin-
    gentes indígenas que foram sendo descidos dos afluentes para a calha amazônica pelos agentes da colonização. Desapareci-
    mento, em sentido étnico, é o termo adequado, e ver-se-á mais adiante de que forma ele se deu. Neste processo de despo-
    voamento maciço e repovoamento parcial, dois aspectos devem ser assinalados: a) *o desaparecimento dos padrões adaptati-*
    vos (demográficos, organizacionais e ergológicos) *da população original, que não chegam a se reconstituir, a não ser parcial-*
10 mente, quando do povoamento induzido pelo colonizador; neste segundo momento ocorre b) *a formação de um estrato que*
    chamaremos neo-indígena, inserido na sociedade colonial e marcado pelo desenraizamento e pela aculturação intertribal e
    interétnica.
Obs.: ergológico: relativo à ergologia, ramo da etnologia que estuda a cultura material.

(PORRO, Antônio. História indígena do alto e médio Amazonas: séculos XVI a XVIII. In: CUNHA, Manuela C. (org.). História dos índios no Brasil. 2. ed. São Paulo, Companhia das Letras; Secretaria Municipal de Cultura; FAPESP,1998, p. 175)

(Analista Judiciário – TRT/11 – FCC – 2017) Palavras utilizadas no texto motivaram as frases que seguem, que, entretanto, devem ser analisadas independentemente dele. A que se apresenta em conformidade com as normas de concordância é:

(A) Certamente podem ter havido entre os leitores-pesquisadores muitas dúvidas sobre a magnitude do citado desaparecimento de nações indígenas que viviam ao longo do rio Amazonas.

(B) Fenômenos demográficos e culturais, em qualquer época da história da humanidade, sempre pôde produzir efeitos insuspeitados, e muitas vezes o fez.

(C) O capítulo evidencia que vários aspectos da história indígena amazonense devem merecer ainda cuidadosa reflexão, porque, apesar da curiosidade que suscita, muito dela ainda permanece obscuro.

(D) Grupos indígenas, principalmente inserido no contexto do rio Amazonas, vem chamando a atenção de pesquisadores de distintas áreas do saber, estudiosos que os julgam detentores de muitos segredos.

(E) Adepto ou não desse entendimento sobre a formação de um estrato neo-indígena, especialistas em etnografia muito se dedicam a interpretar os dados apresentados na pesquisa recém-publicada.

A: incorreta. O verbo "haver", com sentido de "existir", é impessoal, valendo a mesma regra para os seus auxiliares – "pode ter havido"; **B:** incorreta. O verbo "poder" deveria estar conjugado na terceira pessoa do plural para concordar com "fenômenos" - "puderam". No mesmo sentido, o verbo "fazer" – "fizeram"; **C:** correta. Todas as normas de concordância foram respeitadas no período; **D:** incorreta. O particípio do verbo "inserir" deveria estar no plural para concordar com "grupos" - "inseridos". Além disso, o verbo "vir" conjugado na terceira pessoa do plural do presente do indicativo se grafa com acento circunflexo – "vêm"; **E:** incorreta. Deveria constar "Adeptos", para concordar com "especialistas". Além disso, conforme o Novo Acordo Ortográfico, "neoindígena" deve ser grafada sem hífen.
Gabarito "C".

(Analista Judiciário – TRT/11 – FCC – 2017) *Visível a olho nu. Mas não só, uma vez que se trata de um processo que tem sido há décadas acompanhado atentamente, e comprovado a frio reiteradamente, pelas estatísticas censitárias.*

A única alternativa INCORRETA sobre o trecho acima transcrito, em seu contexto, é:

(A) A expressão *Visível a olho nu,* que constitui caracterização da palavra que a antecede, dá oportunidade para que se introduza outro argumento a favor da ideia expressa por *notório.*

(B) Se o assunto fosse não *um processo,* mas "processos", a correção exigiria a forma "se tratam de processos".

(C) O verbo "haver", na frase, está empregado como indica o seguinte verbete do Dicionário eletrônico Houaiss: *transitivo direto* [impessoal] *ter transcorrido ou ser decorrido (tempo).*

(D) Transpondo a voz passiva presente na frase para a voz ativa, a forma correta a ser grafada é "têm acompanhado".

(E) A retirada da vírgula após a palavra *reiteradamente* prejudica o sentido original da frase.

A única alternativa incorreta é a letra "B", que deve ser assinalada. E expressão "trata-se de" não está na voz passiva sintética, mas sim é oração com sujeito indeterminado. Logo, não se flexiona o verbo em número, justamente porque "processo" não é sujeito da oração.
Gabarito "B".

(Técnico – TRT/1ª – 2012 – FCC) As normas de concordância verbal estão plenamente observadas na frase:

(A) Cabem a cada um dos usuários de uma língua escolher as palavras que mais lhes parecem convenientes.

(B) D. Glorinha valeu-se de um palavrório pelo qual, segundo lhe parecia certo, viessem a impressionar os ouvidos de meu pai.

(C) As palavras que usamos não valem apenas pelo que significam no dicionário, mas também segundo o contexto em que se emprega.

(D) Muita gente se valem da prática de utilizar termos, para intimidar o oponente, numa polêmica, que demandem uma consulta ao dicionário.

(E) Não convém policiar as palavras que se pronuncia numa conversa informal, quando impera a espontaneidade da fala.

A: incorreta. Deveria constar "cabe" e "parece", no singular, para concordar com "cada um"; **B:** incorreta. Deveria constar "viesse", no singular, para concordar com "palavrório"; **C:** correta. As normas de concordância verbal foram integralmente respeitadas no trecho; **D:** incorreta. Deveria constar "vale", no singular, para concordar com "muita gente"; **E:** incorreta. Deveria constar "pronunciam", no plural, para concordar com "palavras".
Gabarito "C".

(Técnico – TRT/6ª – 2012 – FCC) A concordância verbal está plenamente observada na frase:

(A) Provocam muitas polêmicas, entre crentes e materialistas, o posicionamento de alguns religiosos e parlamentares acerca da educação religiosa nas escolas públicas.

(B) Sempre deverão haver bons motivos, junto àqueles que são contra a obrigatoriedade do ensino religioso, para se reservar essa prática a setores da iniciativa privada.

(C) Um dos argumentos trazidos pelo autor do texto, contra os que votam a favor do ensino religioso na escola pública, consistem nos altos custos econômicos que acarretarão tal medida.

(D) O número de templos em atividade na cidade de São Paulo vêm gradativamente aumentando, em proporção maior do que ocorrem com o número de escolas públicas.

(E) Tanto a Lei de Diretrizes e Bases da Educação como a regulação natural do mercado sinalizam para as inconveniências que adviriam da adoção do ensino religioso nas escolas públicas.

A: incorreta. O verbo "provocar" deveria estar no singular ("provoca") para concordar com o sujeito "o posicionamento"; **B:** incorreta. "Haver", com sentido de existir, é impessoal e não se flexiona mesmo quando acompanhado de verbo auxiliar. Com isso, o correto é "deve haver"; **C:** incorreta. "Consistir" deveria permanecer no singular ("consiste"), para concordar com a expressão "um dos (...)"; **D:** incorreta. O verbo "vir" deve permanecer no singular ("vem") para concordar com "o número"; **E:** assertiva correta. Todos os verbos atendem aos preceitos da concordância determinados pela gramática.
Gabarito "E".

(Técnico – TRT/6ª – 2012 – FCC) O verbo indicado entre parênteses deve flexionar-se no **plural** para preencher corretamente a lacuna da seguinte frase:

(A) Nenhuma das concepções de dignidade, postuladas por diferentes crenças, ... (**alcançar**) uma validade efetivamente universal.

(B) Não se ...... (**atribuir**) às burocracias, nesse texto, o mérito de tomar a iniciativa de atender aos interesses públicos.

(C) A terceirização e a comercialização da saúde, para dom Odilo Scherer, ... (**constituir**) um profundo desrespeito aos mais pobres.

(D) Raramente se ...... (**dispensar**) aos mais pobres o mesmo cuidado médico das clínicas particulares.

(E) Quantas vezes já se ...... (**aplicar**) aos burocratas dos serviços essenciais alguma sanção por sua negligente abulia?

A: incorreta. O verbo "alcançar" deve ser flexionado no singular para concordar com "nenhuma"; **B:** incorreta. O verbo "atribuir" deve ser conjugado no singular porque se trata de sujeito indeterminado; **C:** correta. Com efeito, o verbo "constituir" vai para o plural para concordar com "a terceirização e a comercialização", sujeito composto; **D:** incorreta. A oração está na voz passiva sintética, cujo sujeito é "o mesmo cuidado médico" – singular, portanto; **E:** incorreta. "Aplicar" deve concordar com "alguma sanção", ou seja, fica no singular.
Gabarito "C".

(Técnico – TRT9 – 2012 – FCC) A frase em que todos os verbos estão corretamente flexionados é:

(A) Quem se dispor a ler a obra seminal de Hobsbawm sobre as revoluções do final do século XVIII à primeira metade do XIX jamais protestará contra o tempo gasto e o esforço despendido.

(B) As reflexões sobre a Revolução Francesa de 1789 requerem muito cuidado para que não se perca de vista a complexidade que as afirmações categóricas tendem a desconsiderar.

(C) Os revolucionários de 1789 talvez não previssem, ou sequer imaginassem, o impacto que o movimento iniciado na França teria na história de praticamente toda a humanidade.

(D) Se as pessoas não se desfazerem da imagem que cultivam de Napoleão, nunca deixarão de acreditar que o talento pessoal é o principal ou mesmo a único requisito para a obtenção do sucesso.

(E) Quando se pensa na história universal, nada parece tão disseminado no imaginário popular, sobretudo no ocidente, do que as imagens que adviram da Revolução Francesa de 1789.

A: incorreta. A conjugação da terceira pessoa do singular do verbo "dispor" no futuro do subjuntivo é "dispuser"; **B:** correta. Todos os verbos estão conjugados corretamente nesse período; **C:** incorreta. A conjugação da terceira pessoa do plural do verbo "prever" no pretérito imperfeito do subjuntivo é "previssem"; **D:** incorreta. A conjugação da terceira pessoa do plural do verbo "desfazer" do futuro do subjuntivo é "desfizerem"; **E:** incorreta. A conjugação da terceira pessoa do plural do verbo "advir" no pretérito perfeito do indicativo é "advieram".
Gabarito "B".

(Técnico – TRT9 – 2012 – FCC) As normas de concordância estão plenamente respeitadas na frase:

(A) Cada um dos filmes dirigidos por Glauber Rocha apresentavam um caráter revolucionário único.

(B) A maioria dos integrantes do movimento conhecido como Cinema Novo estava profundamente interessada nos problemas sociais do país.

(C) Muitas expressões artísticas, como o neorrealismo italiano, contribuiu para o desenvolvimento do Cinema Novo.

(D) A maior parte dos cineastas envolvidos com o Cinema Novo integravam um grupo que tentavam novos caminhos para o cinema nacional.

(E) O Tropicalismo, em que Caetano Veloso e Gilberto Gil se projetou, e o Cinema Novo, cujo principal expoente foi Glauber Rocha, se configura como movimentos artísticos expressivos no século XX.

A: incorreta. O certo seria "apresentava", para rimar com "cada um"; **B:** correta. Todas as normas de concordância foram respeitadas no período; **C:** incorreta. O certo seria "contribuíram", para concordar com "muitas expressões artísticas"; **D:** incorreta. O certo seria "tentava", para concordar com "a maior parte"; **E:** incorreta. O certo seria "configuram", para concordar com "O Tropicalismo (...) e o Cinema Novo" (sujeito composto).

Gabarito "B".

(Técnico – TRT/11ª – 2012 – FCC) As normas de concordância verbal encontram-se plenamente observadas em:

(A) A utilidade dos dicionários, mormente quando se trata de palavras polissêmicas, manifestam-se nas argumentações ideológicas.

(B) Não se notam, entre os preconceituosos, qualquer disposição para discutir o sentido de um juízo e as consequências de sua difusão.

(C) Não convém aos injustiçados reclamar por igualdade de tratamento quando esta pode levá-los a permanecer na situação de desigualdade.

(D) Como discernimento e preconceito são duas acepções de discriminação, hão que se esclarecer o sentido pretendido.

(E) Uma das maneiras mais odiosas de refutar os argumentos de alguém surgem na utilização de preconceitos já cristalizados.

A: incorreta. Deveria constar "manifesta-se", no singular, para concordar com "a utilidade"; **B:** incorreta. Deveria constar "nota", no singular, para concordar com "qualquer disposição"; **C:** correta. Todas as normas de concordância verbal foram respeitadas no período; **D:** incorreta. Deveria constar "há", no singular, para concordar com "o sentido"; **E:** incorreta. Deveria constar "surge", no singular, para concordar com o numeral "uma".

Gabarito "C".

> O conhecimento da concordância verbal e nominal é sempre exigida em concursos públicos. Observe sempre que concordar é harmonizar. Então, por exemplo, se o substantivo estiver no feminino plural, o adjetivo ligado a esse substantivo também estará no feminino plural. Se o sujeito for singular, o verbo deverá ser conjugado no singular.
>
> Pense que uma combinação deve ser feita. As questões verificam se o concursando consegue fazer esses ajustes – a concordância – para harmonizar a oração.

(Técnico – TRT/6ª – 2012 – FCC) Uma vez ...... as limitações fundamentais da condição humana, é possível dominar a fantasia e ...... as possibilidades concretas que se ...... para todos nós.

Preenchem corretamente as lacunas da frase acima, na ordem dada:

(A) aceita – testar – abrem

(B) aceitas – testar – abrem

(C) aceita – testarem – abre

(D) aceitas – testar – abre

(E) aceita – testarem – abrem

Na primeira lacuna os vocábulos, "aceita" e "limitações", que estão no plural, devem concordar em gênero e número. Desse modo: "aceitas as limitações". Na segunda lacuna, o verbo testar deve ser usado no infinitivo, sem flexão. No período, não há termo que exija alguma flexão desse verbo no infinitivo. Na terceira lacuna, que será preenchida pelo verbo abrir, precisaremos verificar se o verbo precisa ser flexionado. Para isso, é necessário identificar o sujeito: "as possi-

bilidades concretas". Identificado o sujeito, que tem como núcleo um nome no plural ("possibilidades"), é possível afirmar que o verbo deverá também estar no plural. O verbo sempre concorda com o sujeito: "as possibilidades concretas que se abrem". Não se perca com o fato de haver um pronome relativo – que – entre o sujeito e o verbo. Lembre que o pronome relativo retoma os termos anteriores.

Gabarito "B".

(Técnico – TRT/11ª – 2012 – FCC) O verbo que se mantém corretamente **no singular**, apesar das alterações propostas entre parênteses para o segmento grifado, está na frase:

(A) É o desafio do nosso tempo. (**os desafios**)

(B) E isso quando a própria FAO alerta ... (**os especialistas da própria FAO**)

(C) E que a produção precisará crescer 70% até 2050 ... (**a produção de alimentos**)

(D) Tudo acontece num cenário paradoxal. (**Todos os problemas**)

(E) Um relatório da própria FAO assegura ... (**Os dados de um relatório**)

O verbo sempre concorda com o núcleo do sujeito. **A:** incorreta, "São os desafios do nosso tempo."; **B:** incorreta, "E isso quando os especialistas da própria FAO alertam"; **C:** correta, pois, nessa oração, após a substituição, o núcleo do sujeito continua no singular ("E que a produção de alimentos precisará"); **D:** incorreta, "Todos os problemas acontecem"; **E:** incorreta, "Os dados de um relatório (...) asseguram".

Gabarito "C".

(Técnico Judiciário – TRT/20ª – 2011 – FCC) As normas de concordância verbal e nominal estão inteiramente respeitadas na frase:

(A) O emprego de recursos tecnológicos no setor agropecuário, com vistas à produção de carne e à colheita recorde de grãos, deverão ser objetivos prioritários dos investidores.

(B) Deverá ser utilizado, como metas a ser atingidas pelo setor, os investimentos em infraestrutura para facilitar o escoamento da produção de grãos.

(C) Buscam-se, atualmente, soluções eficazes, por meio da tecnologia disponível, que venham propiciar melhor rendimento ao setor pecuário brasileiro.

(D) A determinação das atividades se concentrarão na ampliação de recursos aos pecuaristas, visando à obtenção de margens de lucro maiores.

(E) Ainda que os interesses de um investidor seja as possibilidades de lucro em determinado prazo, eles resultam em benefícios para o setor escolhido.

Sempre que houver questões acerca de concordância verbal e nominal, a dica mais importante é: verificar a que os nomes se referem: qual é o sujeito do verbo? Sujeito plural, verbo no plural. Sujeito singular, verbo no singular. O adjetivo está qualificando qual substantivo? Substantivo no plural, adjetivo no plural. Substantivo no singular, adjetivo no singular. **A:** incorreta, pois em "O emprego de recursos tecnológicos (...) deverá ser objetivo prioritário dos investidores.", o núcleo do sujeito do verbo dever é emprego. Sujeito singular, verbo no singular. O adjetivo prioritário qualifica o nome objetivo que por sua vez se refere ao termo emprego, no singular. Importante notar: o nome referido e os seus referentes: todos no plural ou todos no singular; **B:** incorreta, pois o sujeito da locução verbal "Deverá ser utilizado" é "os investimentos". Sendo assim, a concordância verbal deve ser corrigida: "Deverão ser utilizados os investimentos". **C:** correta: "soluções eficazes" é o sujeito passivo de "buscam-se" e sujeito ativo do verbo vir ("venham"). Essa alternativa está correta; **D:** incorreta, pois o núcleo do sujeito do verbo concentrar é "determinação". O verbo se mantém no singular: "A determinação das atividades se concentrará"; **E:** incorreta, pois o sujeito do verbo ser é "os interesses de um investidor". O núcleo do sujeito é plural. Núcleo no plural, verbo no plural: "Ainda que os interesses de um investidor sejam".

Gabarito "C".

(Técnico Judiciário – TRT/23ª – 2011 – FCC) A concordância verbal e nominal está inteiramente: correta em:

(A) O interesse pelos acontecimentos que envolveram os cangaceiros e seus hábitos peculiares levam sempre a novas interpretações desse fenômeno do sertão brasileiro.

(B) A roupa com proteção de couro e o chapéu de abas viradas, que facilitavam a visão de emboscadas, traziam adereços que buscava resguardar os integrantes do bando.

(C) Consta que os cangaceiros, num gesto de grandeza, quando pretendia invadir uma determinada fazenda, informava ao dono o dia e a hora desse ataque.

MAGALLY DATO E HENRIQUE SUBI

1. Língua Portuguesa

(D) A vestimenta adotada pelos cangaceiros eram uma adaptação da roupa dos vaqueiros sertanejos, adequado ao ambiente, com o calor do dia e o frio da noite.

(E) Para esses guerreiros surgidos com o cangaço, os elementos que compunham seu traje criavam uma espécie de blindagem contra os perigos que corriam.

A: incorreta, pois "O interesse (...) leva [sujeito singular, verbo no singular] sempre a novas interpretações"; **B:** incorreta, pois "adereços que buscavam [o verbo *buscar* concorda com 'adereços'] resguardar"; **C:** incorreta, pois "os cangaceiros (...) quando pretendiam ['os cangaceiros pretendiam' – verbo concorda com o sujeito]"; **D:** incorreta, pois "A vestimenta era [verbo *ser* concorda com o sujeito no singular] uma adaptação adequada [vocábulo no feminino, concorda com a palavra 'vestimenta']; **E:** correta:"Para esses guerreiros surgidos com o cangaço, os elementos que compunham [o verbo *compor* concorda com 'elementos'] seu traje criavam [sujeito do verbo *criar* é 'elementos'] uma espécie de blindagem contra os perigos que corriam [o sujeito do verbo correr é a palavra *que*. Essa palavra remete a 'guerreiros', no plural].

Gabarito "E".

(Técnico Judiciário – TRT/24ª – 2011 – FCC) A frase em que **há desrespeito** às normas de concordância verbal e nominal é:

(A) Desenvolvem-se atualmente projetos de produção de diesel, a ser obtido a partir do caldo da cana, que não contém enxofre, como o mineral.

(B) Uma das mais efetivas conquistas decorrentes do avanço tecnológico está na obtenção de safras recordes em áreas reduzidas de plantio.

(C) Já estão sendo levados a efeito a aplicação dos recursos tecnológicos no setor de serviços, garantindo-lhes enorme importância na economia.

(D) Um feito considerável, resultante das inovações tecnológicas, foi a introdução do uso do etanol em veículos, o que possibilitou o sucesso dos carros *flex*.

(E) A produção de bioplásticos degradáveis constitui um projeto de alto impacto, que vai permitir uma forte expansão da indústria química.

Na alternativa C, o sujeito da locução "está sendo levada" é "a aplicação". O verbo concorda com o sujeito: "Já está sendo levada a efeito a aplicação".

Gabarito "C".

Atenção: para responder a próxima questão, considere o texto abaixo.

1 O que há de paradoxal a respeito da economia
   de hoje é a sua força. É certo que há paralelos com a
   Grande Depressão norte-americana. As pessoas temem
4 aquilo que não compreendem ou não esperam. No
   início da década de 30, ninguém sabia por que, afinal,
   a economia havia se deteriorado com tanta rapidez. Da
7 mesma maneira, boa parte das más notícias eram, em
   geral, inesperadas.
   As pessoas temem o que virá a seguir. Elas
10 se preocupam com a estabilidade dos mercados
   financeiros e da economia globalizada. Essas
   ansiedades são legítimas. Os prazeres da prosperidade
13 geram complacência e inspiram equívocos que, algum
   tempo depois, incidem sobre os mercados financeiros,
   sobre a geração de empregos e a produção. Assim como
16 as expansões levam, afinal, à autodestruição, da
   mesma maneira, os declínios tendem a criar forças de
   autocorreção.

O Estado de S. Paulo, 25/7/ 2008 (com adaptações).

(Técnico Judiciário – TRT/22ª – 2010 – FCC) A concordância verbal e nominal está inteiramente correta em:

(A) A ameaça de crise alimentar, ainda que os estoques mundiais consigam suprir as necessidades do mercado, conduz à alta de preços.

(B) Os países mais pobres, que dependem da importação de produtos agrícolas para alimentar sua população,é que sai mais prejudicada.

(C) Vários países que são grandes produtores de trigo, como a Rússia e seus vizinhos, para evitar a escassez desse alimento, suspendeu as exportações.

(D) A importação de alimentos, principalmente em algumas regiões castigadas pelos fenômenos climáticos,são essenciais para evitar escassez prolongada.

(E) A instabilidade política gerada por conflitos decorrentes da falta de alimentos básicos, levam governos a manter grandes estoques de produtos agrícolas.

B: incorreta, "Os países mais pobres (...) é que saem (plural) mais prejudicados (concorda com "países", substantivo masculino plural); **C:** incorreta, "Vários países que são grandes produtores de trigo (...) suspenderam (verbo no plural, concordando com o sujeito "vários países"); **D:** incorreta, "A importação de alimentos (...) é (verbo concorda com o sujeito singular) essencial (concorda com o substantivo singular "importação"); **E:** incorreta, "A instabilidade política (...) leva (o verbo concorda com o sujeito "instabilidade política")."

Gabarito "A".

6. CONJUNÇÃO

(Técnico Judiciário – TRT11 – FCC – 2017) Atenção: Considere o texto abaixo para responder às questões seguintes.

Muito antes das discussões atuais sobre as mudanças climáticas, os cataclismos naturais despertam interesse no homem. Os desastres são um capítulo trágico da história da humanidade desde tempos longínquos. Supostas inundações catastróficas aparecem em relatos de várias culturas ao longo dos tempos, desde os antigos mesopotâmicos e gregos até os maias e os vikings.

Fora da rota dos grandes furacões, sem vulcões ativos e desprovido de zonas habitadas sujeitas a terremotos, o Brasil não figura entre os países mais suscetíveis a desastres naturais. Contudo, a aparência de lugar protegido dos humores do clima e dos solavancos da geologia deve ser relativizada. Aqui, cerca de 85% dos desastres são causados por três tipos de ocorrências: inundações bruscas, deslizamentos de terra e secas prolongadas. Esses fenômenos são relativamente recorrentes em zonas tropicais, e seus efeitos podem ser atenuados por políticas públicas de redução de danos.

Dois estudos feitos por pesquisadores brasileiros indicam que o risco de ocorrência desses três tipos de desastre deverá aumentar até o final do século. Eles também sinalizam que novos pontos do território nacional deverão se transformar em áreas de risco significativo para esses mesmos problemas. "Os impactos tendem a ser maiores no futuro, com as mudanças climáticas, o crescimento das cidades e a ocupação de mais áreas de risco", comenta o pesquisador José A. Marengo.

Além da suscetibilidade natural a secas, enchentes, deslizamentos e outros desastres, a ação do homem tem um peso considerável em transformar o que poderia ser um problema de menor monta em uma catástrofe. Os pesquisadores estimam que um terço do impacto dos deslizamentos de terra e metade dos estragos de inundações poderiam ser evitados com alterações de práticas humanas ligadas à ocupação do solo e a melhorias nas condições socioeconômicas da população em áreas de risco.

Moradias precárias em lugares inadequados, perto de encostas ou em pontos de alagamento, cidades superpopulosas e impermeabilizadas, que não escoam a água da chuva; esses fatores da cultura humana podem influenciar o desfecho de uma situação de risco. "Até hábitos cotidianos, como não jogar lixo na rua, e o nível de solidariedade de uma população podem ao menos mitigar os impactos de um desastre", pondera a geógrafa Lucí Hidalgo Nunes.

(Adaptado de PIVETTA, Marcos. Disponível em: http://revistapesquisa.fapesp.br)

(Técnico Judiciário – TRT11 – FCC – 2017) *Contudo,* a aparência de lugar protegido dos humores do clima e dos solavancos da geologia deve ser relativizada. (2º parágrafo). Considerado o contexto, o elemento sublinhado na frase acima introduz uma

(A) ressalva.
(B) consequência.
(C) causa.
(D) explicação.

(E) condição.

"Contudo" é conjunção adversativa, sinônimo de "mas", "porém", "todavia". Todas elas expressam a ideia de ressalva, de que se dirá a seguir algo oposto àquilo que foi dito antes. **HS**

Gabarito "A".

Atenção: Considere o texto abaixo para responder às questões abaixo.

Freud uma vez recebeu carta de um conhecido pedindo conselhos diante de uma escolha importante da vida. A resposta é surpreendente: para as decisões pouco importantes, disse ele, vale a pena pensar bem. Quanto às grandes escolhas da vida, você terá menos chance de errar se escolher por impulso.

A sugestão parece imprudente, mas Freud sabia que as razões que mais pesam nas grandes escolhas são inconscientes, e o impulso obedece a essas razões. Claro que Freud não se referia às vontades impulsivas proibidas. Falava das decisões tomadas de "cabeça fria", mas que determinam o rumo de nossas vidas. No caso das escolhas profissionais, as motivações inconscientes são decisivas. Elas determinam não só a escolha mais "acertada", do ponto de vista da compatibilidade com a profissão, como são também responsáveis por aquilo que chamamos de talento. Isso se decide na infância, por mecanismos que chamamos de identificações. Toda criança leva na bagagem alguns traços da personalidade dos pais. Parece um processo de imitação, mas não é: os caminhos das identificações acompanham muito mais os desejos não realizados dos pais do que aqueles que eles seguiram na vida.

Junto com as identificações formam-se os ideais. A escolha profissional tem muito a ver com o campo de ideais que a pessoa valoriza. Dificilmente alguém consegue se entregar profissionalmente a uma prática que não represente os valores em que ela acredita.

Tudo isso está relacionado, é claro, com a almejada satisfação na vida profissional. Mas não vamos nos iludir. Satisfação no trabalho não significa necessariamente prazer em trabalhar. Grande parte das pessoas não trabalharia se não fosse necessário. O trabalho não é fonte de prazer, é fonte de sentido. Ele nos ajuda a dar sentido à vida. Só que o sentido da vida profissional não vem pronto: ele é o efeito, e não a premissa, dos anos de prática de uma profissão. Na contemporaneidade, em que se acredita em prazeres instantâneos, resultados imediatos e felicidade instantânea, é bom lembrar que a construção de sentido requer tempo e persistência. Por outro lado, quando uma escolha não faz sentido o sujeito percebe rapidamente.

(Adaptado de KEHL, Maria Rita. Disponível em: rae.fgv.br /sites/rae.fgv.br/files/ artigos)

(Técnico Judiciário – TRT11 – FCC – 2017) *Só que o sentido da vida profissional não vem pronto...* (4º parágrafo)

Considerado o contexto e fazendo-se as devidas alterações na pontuação da frase acima, o segmento sublinhado pode ser substituído por:

(A) Porém

(B) Embora

(C) Porquanto

(D) Já que

(E) Mesmo que

A locução conjuntiva "só que" tem valor adversativo, ou seja, é sinônima de "mas", "porém", "contudo", "todavia", "entretanto". **HS**

Gabarito "A".

(Técnico Judiciário – TRT11 – FCC – 2017) *A escolha profissional tem muito a ver com o campo de ideais que a pessoa valoriza. Dificilmente alguém consegue se entregar profissionalmente a uma prática que não represente os valores em que ela acredita.* (3º parágrafo)

Consideradas as relações de sentido, as duas frases acima podem ser articuladas em um único período, fazendo-se as devidas alterações na pontuação e entre minúscula e maiúscula, com o uso, no início, de:

(A) Apesar de

(B) Na medida em que

(C) Em contrapartida

(D) Conquanto

(E) Em detrimento de

Os períodos se articulam como uma relação de causa e consequência, de forma que a conjunção deve transmitir esse mesmo valor (causal). Dentre as opções, a única que tem essa função é "na medida em que", sinônima de "porque", "tendo em vista que". **HS**

Gabarito "B".

Quando a guerra acabar...

1   *Abre parêntese: há momentos – felizmente raros – em que a história pessoal se impõe às percepções conjunturais e o relato na primeira pessoa, embora singular, parcial, às vezes suspeito, sobrepõe-se à narrativa impessoal, ampla, genérica. Fecha parêntese.*
       O descaso e os indícios de esquecimento que, na sexta-feira (8/5), rodearam os setenta anos do fim da fase europeia da
5   *Segunda Guerra Mundial sobressaltaram. O ano de 1945 pegou-me com 13 anos e a data de 8 de maio incorporou-se ao meu calendário íntimo e o cimentou definitivamente às efemérides históricas que éramos obrigados a decorar no ginásio. Seis anos antes (1939), a invasão da Polônia pela Alemanha hitlerista – e logo depois pela Rússia soviética – empurrou a guerra para dentro da minha casa através dos jornais e do rádio: as vidas da minha avó paterna, tios, tias, primos e primas dos dois lados corriam perigo. Em 1941, quando a Alemanha rompeu o pacto com a URSS e a invadiu com fulminantes*
10   *ataques, inclusive à Ucrânia, instalou-se a certeza: foram todos exterminados.*
       A capitulação da Alemanha tornara-se inevitável, não foi surpresa, sabíamos que seria esmagada pelos Aliados. Nova era a sensação de paz, a certeza que começava uma nova página da história e perceptível mesmo para crianças e adolescentes. A prometida quimera embutida na frase "quando a guerra acabar" tornara-se desnecessária, desatualizada. A guerra acabara para sempre. Enquanto o retorno dos combatentes brasileiros vindos da Itália era saudado
15   *delirantemente, matutinos e vespertinos – mais calejados do que a mídia atual – nos alertavam que a guerra continuava feroz não apenas no Extremo Oriente, mas também na antiquíssima Grécia, onde guerrilheiros de direita e de esquerda, esquecidos do inimigo comum – o nazifascismo – se enfrentavam para ocupar o vácuo de poder deixado pela derrotada barbárie. Sete décadas depois – porção ínfima da história da humanidade –, aquele que foi chamado Dia da Vitória e comemorado loucamente nas ruas do mundo metamorfoseou-se em Dia das Esperanças Perdidas: a guerra não acabou. Os Aliados*
20   *desvincularam-se, tornaram-se adversários. A guerra continua, está aí, espalhada pelo mundo, camuflada por diferentes nomenclaturas, inconfundível, salvo em breves hiatos sem hostilidades, porém com intensos ressentimentos.*
       (Reproduzido da **Gazeta do Povo** (Curitiba, PR) e do **Correio Popular** (Campinas, SP), 9/5/2015; intertítulo do *Observatório da Imprensa*, edição 849)

(TRT/3ª – 2015 – FCC) *Abre parêntese: há momentos – felizmente raros – em que a história pessoal se impõe às percepções conjunturais e o relato na primeira pessoa, embora singular, parcial, às vezes suspeito, sobrepõe-se à narrativa impessoal, ampla, genérica. Fecha parêntese.*

Sem que haja prejuízo do sentido e correção originais, a conjunção acima destacada pode ser substituída por:

(A) contudo.

(B) apesar de.

(C) quando.

(D) porque.

(E) já que.

"Embora" é conjunção concessiva, sinônima de "apesar de", "ainda que", "conquanto".

Gabarito "B".

1　A áspera controvérsia sobre a importância da liberdade
　　política é bem capaz de ocultar o essencial nessa
　　matéria, ou seja, a liberdade existe como um valor ético
　　em si mesmo, independentemente dos benefícios con-
5　　cretos que a sua fruição pode trazer aos homens. [...]
　　A liberdade tem sido, em todos os tempos, a causa
　　das maiores conquistas do ser humano. E, efetivamente,
　　que valor teriam a descoberta da verdade, a criação
　　da beleza, a invenção das utilidades ou a realização da
10　　justiça, se os homens não tivessem a possibilidade de
　　escolher livremente o contrário de tudo isso?
　　Heródoto foi um dos primeiros a sublinhar que o estado
　　de liberdade torna os povos fortes, na guerra e na
　　paz. Ao relatar a estupenda vitória que os atenienses,
15　　sob o comando de Cleômenes, conquistaram contra os
　　calcídeos e os beócios, ele comenta: "Aliás, verifica-se,
　　sempre e em todo lugar, que a igualdade entre os cidadãos
　　é uma vantagem preciosa: submetidos aos tiranos,
　　os atenienses não tinham mais valor na guerra que
20　　seus vizinhos; livres, porém, da tirania, sua superioridade
　　foi manifesta. Por aí se vê que na servidão eles se
　　recusavam a manifestar seu valor, pois labutavam para
　　um senhor; ao passo que, uma vez livres, cada um no
　　seu próprio interesse colaborava, por todas as maneiras,
25　　para o triunfo do empreendimento coletivo".
　　O mesmo fenômeno de súbita libertação de energias
　　e de multiplicação surpreendente de forças humanas
　　voltou a repetir-se vinte e quatro séculos depois, com a
　　Revolução Francesa. Pela primeira vez na história mo-
30　　derna, as forças armadas de um país não eram compostas
　　de mercenários, nem combatiam por um príncipe,
　　sob o comando de nobres, mas eram formadas de
　　homens livres e iguais, comandados por generais plebeus,
　　sendo todos movidos tão só pelo amor à pátria.

(COMPARATO, Fábio Konder. *A liberdade como valor ético. Ética*: direito, moral e religião no mundo moderno. São Paulo: Companhia das Letras, 2006, p. 546-547)

(TRT/2ª – 2014 – FCC) Análise da correlação entre frases do texto evidencia que,

(A) (linhas 23 a 25) em ao passo que, *uma vez livres, cada um no seu próprio interesse colaborava [...] para o triunfo do empreendimento coletivo*, a locução destacada equivale a "enquanto", exprimindo oposição.

(B) (linhas 30 a 32) em *as forças armadas de um país não eram compostas de mercenários*, nem *combatiam por um príncipe*, a inserção da conjunção "e" antes da conjunção destacada determinaria que as ideias expostas tivessem o mesmo peso na argumentação, o que não ocorre com a formulação original.

(C) (linha 32 e 33) em mas *eram formadas de homens livres e iguais*, a conjunção destacada tem valor consecutivo.

(D) (linhas 20 e 21) em *livres, porém, da tirania, sua superioridade foi manifesta*, o deslocamento da conjunção para o início da frase altera significativamente o sentido original.

(E) (linhas 22 e 23) em *pois labutavam para um senhor*, a conjunção equivale a "quando".

A: correta. Substituindo a expressão destacada por "enquanto", fica claro que ambas são sinônimas e que expressam uma comparação entre as duas situações; **B:** incorreta. A inserção da conjunção aditiva "e" não mudaria a ênfase na segunda ideia exposta – sua supressão ou colocação é mera questão de estilo; **C:** incorreta. "Mas" é conjunção adversativa, exprime ideias contrárias; **D:** incorreta. Não há qualquer alteração de sentido ao se deslocar a conjunção adversativa "porém" para o início da oração – novamente, é mera questão estilística; **E:** incorreta. "Pois" é conjunção explicativa, equivale a "porque".

Gabarito "A".

(Técnico – TRT/1ª – 2012 – FCC) Por falta de preparo linguístico não sabia como atender a seu pedido.

Caso se dê uma nova redação à frase acima, iniciando-se por Não sabia como atender a seu pedido, a complementação que não traz prejuízo para o sentido e a correção é:

(A) mesmo porque não teria preparo linguístico.

(B) haja visto minha despreparação linguística.

(C) tendo em mira minha despreparação linguística.

(D) em razão de meu despreparo linguístico.

(E) não obstante meu despreparo na linguística.

A preposição "por" no trecho original expõe a relação de explicação entre as orações (a falta de preparo linguístico é a razão de não saber como agir). Dentre todas as locuções conjuntivas apresentadas nas alternativas, a única que introduz o mesmo valor é "em razão de". As locuções "mesmo porque" e "não obstante" têm valor concessivo; já "haja visto" tem valor causal e "tendo em mira", final.

Gabarito "D".

O mito napoleônico baseia-se menos nos méritos de Napoleão do que nos fatos, então sem paralelo, de sua carreira. Os homens que se tornaram conhecidos por terem abalado o mundo de forma decisiva no passado tinham começado como reis, como Alexandre, ou patrícios, como Júlio César, mas Napoleão foi o "pequeno cabo" que galgou ao comando de um continente pelo seu puro talento pessoal. Todo homem de negócios daí em diante tinha um nome para sua ambição: ser – os próprios clichês o denunciam – um "Napoleão das finanças" ou "da indústria". Todos os homens comuns ficavam excitados pela visão, então sem paralelo, de um homem comum maior do que aqueles que tinham nascido para usar coroas. Em síntese, foi a figura com que todo homem que partisse os laços com a tradição podia se identificar em seus sonhos.

Para os franceses ele foi também algo bem mais simples: o mais bem-sucedido governante de sua longa história. Triunfou gloriosamente no exterior, mas, em termos nacionais, também estabeleceu ou restabeleceu o mecanismo das instituições francesas como existem hoje. Ele trouxe estabilidade e prosperidade a todos, exceto para os 250 mil franceses que não retornaram de suas guerras, embora até mesmo para os parentes deles tivesse trazido a glória. Sem dúvida, os britânicos se viam como lutadores pela causa da liberdade contra a tirania; mas em 1815 a maioria dos ingleses era mais pobre do que o fora em 1800, enquanto a maioria dos franceses era quase certamente mais rica.

Ele destruíra apenas uma coisa: a Revolução de 1789, o sonho de igualdade, liberdade e fraternidade, do povo se erguendo na sua grandiosidade para derrubar a opressão. Este foi um mito mais poderoso do que o dele, pois, após a sua queda, foi isto e não a sua memória que inspirou as revoluções do século XIX, inclusive em seu próprio país.

(Adaptado de Eric. J. Hobsbawm. **A era das revoluções – 1789-1848.** 7ª ed. Trad. de Maria Tereza Lopes Teixeira e Marcos Penchel. Rio de Janeiro: Paz e Terra, 1989, p.93-4)

(Técnico – TRT9 – 2012 – FCC) *Ele trouxe estabilidade e prosperidade a todos, exceto para os 250 mil franceses que não retornaram de suas guerras, embora até mesmo para os parentes deles tivesse trazido a glória.*

Sem prejuízo para o sentido e a correção, os elementos em destaque na frase acima podem ser substituídos, respectivamente, por:

(A) se não – apesar de

(B) a não ser – conquanto

(C) aparte – não obstante

(D) à exceção – porém

(E) afora – contanto que

O advérbio "exceto", que no trecho exerce função de conjunção, indica ressalva, exclusão. Têm a mesma natureza as expressões "senão" (junto), "a não ser", "à exceção" e "fora" (não "afora"). "Embora" tem valor concessivo e é sinônimo de "apesar de", "conquanto", "não obstante". A alternativa "B" é a única que apresenta, portanto, ambas as correlações corretas.

Gabarito "B".

1. LÍNGUA PORTUGUESA 473

Atenção: para responder a próxima questão, considere o texto abaixo.

Após a década de 1950, as palavras que dominavam as sociedades de consumo ocidentais não eram mais as de escritores seculares, mas as marcas comerciais de produtos ou do que se podia comprar. As imagens que se tornaram ícones de tais sociedades eram as das diversões e consumo de massA:astros e latas. Não surpreende que na década de 1950, no coração da democracia de consumo, a principal escola de pintores abdicasse diante de fabricantes de imagens tão mais poderosas que a arte anacrônica. A arte pop passava o tempo reproduzindo, com tanta exatidão e insensibilidade quanto possível, os badulaques do comercialismo americano: latas de sopa, bandeiras, Marilyn Monroe.

Insignificante como arte (no sentido que o século XIX deu à palavra), essa corrente, apesar disso, reconhecia que o triunfo do mercado de massa se baseava, de modo bastante profundo, na satisfação das necessidades tanto espirituais quanto materiais dos consumidores, fato do qual as agências de publicidade há muito tinham consciência quando destinavam suas campanhas a vender não o sabonete, mas o sonho de beleza, não as latas de sopa, mas a felicidade familiar. O que se tornou cada vez mais claro foi que isso tinha o que se podia chamar de uma dimensão estética, uma criatividade de base, ocasionalmente ativa mas sobretudo passiva, que os produtores tinham de competir para oferecer. Como dizia o populismo partilhado pelo mercado, o importante não era distinguir entre bom e ruim, elaborado e simples, mas no máximo entre o que atraía mais ou menos pessoas. Isso não deixava muito espaço para o clássico conceito das artes.

(Adaptado de Eric Hobsbawm. **Era dos Extremos**. Trad. Marcos Santarrita. São Paulo, Cia. das Letras, 2006, p. 496)

(Técnico Judiciário – TRT/23ª – 2011 – FCC) ...essa corrente, apesar disso, reconhecia que... (2º parágrafo)

O termo grifado na frase acima poderia ser substituído, sem prejuízo para o sentido e a correção da frase, por:

(A) consequentemente.
(B) desse modo.
(C) no entanto.
(D) embora.
(E) portanto.

A conjunção adversativa "apesar disso" pode ser substituída por outra correspondente, como "no entanto". **A:** incorreta, pois "consequentemente" um advérbio e corresponde a "por conseguinte"; **B:** incorreta, pois "desse modo" é uma conjunção coordenada conclusiva; **C:** correta, "no entanto" é um conjunção coordenada adversativa; **D:** incorreta : "embora" é um conjunção subordinativa concessiva; **E:** incorreta, pois "portanto" é uma conjunção coordenativa conclusiva.

Gabarito "C".

7. PRONOMES

(Técnico Judiciário – TRT24 – FCC – 2017) Atenção: Considere o texto abaixo para responder às questões que se seguem.

Instituições financeiras reconhecem que é cada vez mais difícil detectar se uma transação é fraudulenta ou verdadeira

Os bancos e as empresas que efetuam pagamentos têm dificuldades de controlar as fraudes financeiras on-line no atual cenário tecnológico conectado e complexo. Mais de um terço (38%) *das organizações reconhece que é cada vez mais difícil detectar se uma transação é fraudulenta ou verdadeira, revela pesquisa realizada por instituições renomadas.*

O estudo revela que o índice de fraudes on-line acompanha o aumento do número de transações on-line, e 50% das organizações de serviços financeiros pesquisadas acreditam que há um crescimento das fraudes financeiras eletrônicas. Esse avanço, juntamente com o crescimento massivo dos pagamentos eletrônicos combinado aos novos avanços tecnológicos e às mudanças nas demandas corporativas, tem forçado, nos últimos anos, muitas delas a melhorar a eficiência de seus processos de negócios.

De acordo com os resultados, cerca de metade das organizações que atuam no campo de pagamentos eletrônicos usa soluções não especializadas que, segundo as estatísticas, não são confiáveis

contra fraude e apresentam uma grande porcentagem de falsos positivos. O uso incorreto dos sistemas de segurança também pode acarretar o bloqueio de transações. Também vale notar que o desvio de pagamentos pode causar perda de clientes e, em última instância, uma redução nos lucros.

Conclui-se que a fraude não é o único obstáculo a ser superado: as instituições financeiras precisam também reduzir o número de alarmes falsos em seus sistemas a fim de fornecer o melhor atendimento possível ao cliente.

(Adaptado de: computerworld.com.br. Disponível em: http://computerworld.com.br/quase-40-dos-bancos-nao-sao-capazes-de-diferenciar-um-ataque-de-atividades-normais-de-clientes)

(Técnico Judiciário – TRT24 – FCC – 2017) No trecho *Os bancos e as empresas que efetuam pagamentos,* no início do primeiro parágrafo, o *"que"* exerce função pronominal. Outro trecho do texto em que essa palavra exerce a mesma função é:

(A) *De acordo com os resultados, cerca de metade das organizações **que** atuam no campo de pagamentos eletrônicos...* (3º parágrafo)
(B) *Mais de um terço (38%) das organizações reconhece **que** é cada vez mais difícil detectar se uma transação é fraudulenta ou verdadeira...* (1º parágrafo)
(C) *O estudo revela **que** o índice de fraudes* on-line *acompanha o aumento do número de transações* on-line... (2º parágrafo)
(D) *Também vale notar **que** o desvio de pagamentos pode causar perda de clientes...* (3º parágrafo)
(E) *Conclui-se **que** a fraude não é o único obstáculo a ser superado...* (4º parágrafo)

A: correta. Aqui também a palavra "que" exerce a função de pronome relativo; **B, C, D e E:** incorretas. O "que" destacado é conjunção integrante: une a oração principal à oração subordinada. HS

Gabarito "A".

(Técnico Judiciário – TRT24 – FCC – 2017) No segundo parágrafo do texto, o termo "delas" refere-se a

(A) *fraudes financeiras eletrônicas.*
(B) *organizações de serviços financeiros.*
(C) *demandas corporativas.*
(D) *transações* on-line.
(E) *mudanças.*

O pronome "delas" foi usado como elemento de coesão que remete a "organizações de serviços financeiros". HS

Gabarito "B".

(Analista Judiciário – TRT/20 – FCC – 2016) Criamos a nossa civilização e atribuímos à nossa civilização o papel de dirimir nossos sofrimentos, fazendo da nossa civilização uma espécie de escudo contra o furor dos nossos instintos, para que não reconheçamos os nossos instintos como forças que não podem ser controladas.

Evitam-se as viciosas repetições da frase acima, substituindo-se os elementos sublinhados, na ordem dada, por:

(A) lhe atribuímos – fazendo dela – os reconheçamos
(B) a atribuímos – fazendo com ela – reconheçamos-lhes
(C) atribuímo-la – fazendo dela – lhes reconheçamos
(D) a ela atribuímos – fazendo-a – reconheçamo-los
(E) lhe atribuímos – fazendo-lhe – os reconheçamos

Na primeira passagem, o termo a ser substituído é objeto indireto do verbo, portanto deve ser usado o pronome oblíquo "lhe". Após, veja que o verbo "fazer" rege a preposição "de", logo ela também deve estar presente antes do pronome substituto – "fazendo dela". Por fim, "instintos" é objeto direto do verbo "reconhecer" e, como tal, deve ser substituído pelo pronome oblíquo "o" proclítico ao verbo em face da presença do advérbio de negação "não" – "os reconheçamos".

Gabarito "A".

O mito napoleônico baseia-se menos nos méritos de Napoleão do que nos fatos, então sem paralelo, de sua carreira. Os homens que se tornaram conhecidos por terem abalado o mundo de forma decisiva no passado tinham começado como reis, como Alexandre, ou patrícios, como Júlio César, mas Napoleão foi o "pequeno cabo" que galgou ao comando de um continente pelo seu puro talento pessoal.

474 MAGALLY DATO E HENRIQUE SUBI

Todo homem de negócios daí em diante tinha um nome para sua ambição: ser – os próprios clichês o denunciam – um "Napoleão das finanças" ou "da indústria". Todos os homens comuns ficavam excitados pela visão, então sem paralelo, de um homem comum maior do que aqueles que tinham nascido para usar coroas. Em síntese, foi a figura com que todo homem que partisse os laços com a tradição podia se identificar em seus sonhos.

Para os franceses ele foi também algo bem mais simples: o mais bem-sucedido governante de sua longa história. Triunfou gloriosamente no exterior, mas, em termos nacionais, também estabeleceu ou restabeleceu o mecanismo das instituições francesas como existem hoje. Ele trouxe estabilidade e prosperidade a todos, exceto para os 250 mil franceses que não retornaram de suas guerras, embora até mesmo para os parentes deles tivesse trazido a glória. Sem dúvida, os britânicos se viam como lutadores pela causa da liberdade contra a tirania; mas em 1815 a maioria dos ingleses era mais pobre do que o fora em 1800, enquanto a maioria dos franceses era quase certamente mais rica.

Ele destruíra apenas uma coisa: a Revolução de 1789, o sonho de igualdade, liberdade e fraternidade, do povo se erguendo na sua grandiosidade para derrubar a opressão. Este foi um mito mais poderoso do que o dele, pois, após a sua queda, foi isto e não a sua memória que inspirou as revoluções do século XIX, inclusive em seu próprio país.

(Adaptado de Eric. J. Hobsbawm. **A era das revoluções** – **1789-1848.** 7ª ed. Trad. de Maria Tereza Lopes Teixeira e Marcos Penchel. Rio de Janeiro: Paz e Terra, 1989, p.93-4)

(Técnico – TRT9 – 2012 – FCC)

... tinham nascido para usar coroas.

Ele trouxe estabilidade e prosperidade a todos ...

... que inspirou as revoluções do século XIX ...

A substituição dos elementos sublinhados pelo pronome correspondente, com os necessários ajustes, tem como resultado correto, na ordem dada:

(A) tinham nascido para as usar – Ele lhes trouxe estabilidade e prosperidade – que lhes inspirou

(B) tinham nascido para lhes usar – Ele trouxe-os estabilidade e prosperidade – que inspirou-as

(C) tinham nascido para usá-las – Ele lhes trouxe estabilidade e prosperidade – que as inspirou

(D) tinham nascido para usá-las – Ele os trouxe estabilidade e prosperidade – que lhes inspirou

(E) tinham nascido para as usar – Ele trouxe-os estabilidade e prosperidade – que as inspirou

No primeiro trecho, a substituição deve ser feita pelo pronome oblíquo "as", porque "coroas" é objeto direto, posposto ao verbo (ênclise), considerando que não ocorre nenhum caso de próclise obrigatória. No segundo trecho, a substituição deve ser feita pelo pronome "lhes", porque "a todos" é objeto indireto, anteposto ao verbo (próclise), que se recomenda diante do pronome reto "eles". No terceiro trecho, a substituição deve ser feita pelo pronome oblíquo "as", porque "as revoluções..." é objeto direto, anteposto ao verbo (próclise), obrigatória diante do pronome relativo "que".

Gabarito: C.

(Técnico – TRT/6ª – 2012 – FCC) Levando-se em conta as alterações necessárias, o termo grifado foi substituído corretamente por um pronome em:

(A) *A Inveja habita o* fundo de um vale = habitá-lo

(B) *jamais se acende o* fogo = lhe acende

(C) *serviu de modelo a todos* = serviu-os

(D) *infectar a jovem Aglauros* = infectá-la

(E) *ao dilacerar os outros* = dilacerar-lhes

Os objetos podem ser substituídos por pronomes. Os objetos diretos podem ser substituídos por *o/os*; *a/as* (ou lo/los; la/las – quando associados a terminações verbais -r, -s, -z e no/nos; na/nas – quando associados a terminações -m, -ão, -õe) e o objeto indireto por *lhe/lhes*. Veja, na tabela, como resolver a questão:

Alternativas	Passo 1: procure o verbo	Passo 2: classifique o verbo	Passo 3: identifique o objeto	Passo 4: substitua o objeto pelo pronome
A: A Inveja habita o fundo de um vale = habitá-lo	habitar	verbo transitivo direto ("quem *habita, habita* alguma coisa" – o complemento "alguma coisa" não exige preposição. Podemos entender que esse complemento é objeto direto)	"o fundo de um vale" (objeto direto)	pronome: o ("A Inveja o habita)
B: jamais se acende o fogo = lhe acende	acender	verbo transitivo direto	*O se é pronome apassivador; "o fogo" é o sujeito da oração na voz passiva analítica ("O fogo é aceso")	--
C: serviu de modelo a todos = serviu-os	servir	verbo transitivo direto e indireto (quem serve, serve alguma coisa (o objeto direto) a alguém" (ao objeto indireto). Se há preposição na resposta, o verbo que exige complemento é transitivo indireto)	"a todos" (objeto indireto – note que há a preposição a)	o pronome que substitui o objeto indireto é o *lhes*: "serviu-lhes"
D: infectar a jovem Aglauros = infectá-la	infectar	verbo transitivo direto	"a jovem Aglauros" (objeto direto)	pronome: a infectar a jovem infectá-la
E: ao dilacerar os outros = dilacerar-lhes	dilacerar	verbo transitivo direto	"os outros" (objeto direto)	pronome: os dilacerar os outros dilacerá-los

Gabarito: D.

1. LÍNGUA PORTUGUESA 475

(Técnico – TRT/11ª – 2012 – FCC) A substituição do elemento grifado pelo pronome correspondente, com os necessários ajustes, foi corretamente realizada em:

(A) *Duas figuras merecem* atenção = Duas figuras merecem-na

(B) *poderá atingir* a purgação = poderá lhe atingir

(C) *dissecando* a estrutura = dissecando-la

(D) *provocar* compaixão e terror = provocá-las

(E) *mandou organizar* as festas = mandou organizar-lhes

Veja, na tabela, como resolver a questão:

Alternativas	Passo 1: procure o verbo	Passo 2: classifique o verbo	Passo 3: identifique o objeto	Passo 4: substitua o objeto pelo pronome
A: Duas figuras merecem aten-ção	merecer	verbo transitivo direto ("quem merece, merece alguma coisa" – o complemento "alguma coisa" não exige preposição. Podemos entender que esse complemento é objeto direto)	"atenção" (objeto direto)	pronome: a merecem + a ("merecem-na")
B: poderá atin-gir a purgação	atingir	verbo transitivo direto	"a purgação"	pronome: a atingir + a "atingi-la"
C: dissecando a estrutura	dissecar	verbo transitivo direto	"a estrutura"	pronome: a dissecando + a "dissecando-a"
D: provocar compaixão e terror	provocar	verbo transitivo direto	"compaixão e terror"	pronome: os provocar + paixão e terror provocá-los
E: mandou orga-nizar as festas	organizar	verbo transitivo direto	"as festas"	pronome: as organizar + as organizá-las

Gabarito "A".

(Técnico Judiciário – TRT/23ª – 2011 – FCC) A tecnologia surgida no século XX beneficiou, em especial, os amantes da música, tornando possível ouvir música individualmente com fones de ouvido e transportar a música com facilidade por meio de aparelhos portáteis, o que transformou a música em uma diversão de fácil acesso. Evitam-se as desnecessárias repetições da frase acima substituindo-se os elementos grifados, respectivamente, por:

(A) a ouvir - transportar-lhe - lhe transformou

(B) a ouvir - lhe transportar - transformou-na

(C) ouvi-la - transportar-lhe - transformou-a

(D) lhe ouvir - a transportar - transformou-lhe

(E) ouvi-la - transportá-la - a transformou

O verbos ouvir, transportar e transformar são transitivos diretos. Na colocação pronominal, o objeto direto deve ser substituído por o, a, os, as. Sabemos que os objetos diretos do verbos citados são femininos singulares, então, usaremos o pronome feminino singular **a**. Teremos "ouvi-la", "transportá-la" e "a transformou" (uma vez que há a partícula atrativa "que" – "**que** a transformou").

Gabarito "E".

(Técnico Judiciário – TRT/24ª – 2011 – FCC) O emprego dos pronomes de tratamento está inteiramente correto na frase:

(A) É para vós, Vossa Senhoria, que dirigimos nossa solicitação, no sentido de nossa equipe ser recebida em vosso escritório.

(B) A Vossa Excelência, como Membro deste Tribunal, será encaminhado o processo em que devereis anexar vosso Parecer.

(C) Esperamos que V. Sa, aceiteis o convite que ora lhe fazemos, e que nos honrará com vossa presença nesse evento.

(D) V. Excia., Senhor Conselheiro deste Tribunal, deverá emitir a orientação a ser seguida por sua equipe de auxiliares.

(E) Solicitamos a vós todos, nobres senhores Deputados, que vos unis a nós em defesa dos direitos estabelecidos pela Constituição.

O pronomes de tratamento concordam na 3ª pessoa. **A:** incorreta, pois "É a Vossa Senhoria, que dirigimos nossa solicitação, no sentido de nossa equipe ser recebida em **seu** escritório"; **B:** incorreta, pois "em que **deverá** anexar **seu** Parecer"; **C:** incorreta, pois "aceite o convite que ora lhe fazemos, e que nos honrará com **sua** presença"; **E:** incorreta, pois "Solicitamos a todos, nobres senhores Deputados, que **se unam**".

Gabarito "D".

Atenção: para responder a próxima questão, considere o texto abaixo.

Preocupada com a ameaça de repetição da crise alimentar que provocou conflitos em várias partes do mundo em 2008, a Organização das Nações Unidas para Alimentação e Agricultura (FAO) convocou uma reunião de emergência, em Roma. As causas dos problemas atuais são bem diferentes das que, há dois anos, levaram o mundo a enfrentar uma séria crise de alimentos. Neste ano, o mundo deverá colher a terceira maior safra de grãos da história e os estoques mundiais estão em nível bem mais alto do que em 2008. Mesmo assim, as cotações de alguns dos principais produtos, de grande consumo pelas populações mais pobres do planeta, subiram muito nos últimos meses e algumas, como as do trigo, mantêm tendência de alta.

Protestos contra a alta exagerada de alguns produtos, como o pão, e a escassez de outros, já ocorreram em Moçambique, no Egito e na Índia. Na Rússia, a falta de trigo preocupa a população, e a história recente do país mostra que a escassez de produtos essenciais – como salsicha, sal e vodca, além de farinha de trigo – pode resultar em instabilidade política.

Uma combinação de pânico de escassez prolongada e um grande fluxo de investimentos que não encontram atrativos no mercado financeiro para a especulação com estoques e preços de produtos agrícolas está provocando, há alguns meses, uma alta contínua das cotações de alimentos. O índice geral de preços está no seu nível mais alto desde setembro de 2008.

Um conjunto de más notícias assustou os consumidores, que foram às compras, o que está pressionando os preços ainda mais para cima. A Rússia transformou-se na principal fonte de notícias ruins para o mercado mundial de alimentos.

Assolada pela seca, que deu origem a muitos incêndios nas plantações, estima que este ano sua produção de grãos será 38% menor do que a de 2009. As inundações na Ásia destruíram plantações e dificultaram a distribuição de produtos, especialmente para a população mais pobre.

Nesse quadro, alguns produtores preferiram manter o produto estocado a vendê-lo pelos preços oferecidos, o que estimulou a alta. Além disso, com os juros baixos na maioria dos países, como parte das medidas de estímulo para as economias afetadas pela crise mundial, investidores estão buscando outras opções de aplicação, e as encontram no mercado de produtos agrícolas, cujos preços, por isso, sobem mais. São notícias preocupantes, mas as reservas mundiais em grãos, suficientes para cobrir a quebra de produção provocada pelos fenômenos climáticos, deveriam conter seus efeitos. Infelizmente, esse dado não está sendo levado na devida conta.

(Adaptado de **O Estado de S. Paulo**, *Notas e Informações*, A3, 12 de setembro de 2010)

(Técnico Judiciário – TRT/22ª – 2010 – FCC) Considere as substituições dos pronomes grifados nas frases abaixo pelos segmentos em negrito no final de cada uma delas:

I. e algumas, como as do trigo, mantêm tendência de alta. – **as cotações do trigo** (final do 1º parágrafo)

II. alguns produtores preferiram manter o produto estocado a vendê-lo pelos preços oferecidos – **a vender o produto estocado** (início do 5º parágrafo)

III. e as encontram no mercado de produtos agrícolas – **as medidas de estímulo** (5º parágrafo)

IV. cujos preços, por isso, sobem mais – **os preços de produtos agrícolas** (5º parágrafo)

Estão corretas as substituições feitas SOMENTE em:

(A) I e II.
(B) II e III.
(C) III e IV.
(D) I, II e III.
(E) I, II e IV.

III: o pronome "as" corresponde a "outras opções de aplicações".

Gabarito: C.

Atenção: para responder a próxima questão, considere o texto abaixo.

O Brasil é dono de um dos mais extensos e diversificados conjuntos de arte rupestre do mundo. Dele, conhece-se apenas uma pequena parte. O Instituto do Patrimônio Histórico e Artístico Nacional (Iphan) registra a existência de 2.000 sítios arqueológicos com pinturas e inscrições pré-históricas, mas estima-se que esse número possa ser dez vezes maior. São sítios muitas vezes em locais de difícil acesso, e pinturas isoladas, que ficam a centenas de quilômetros umas das outras.

Esses registros gravados em rochas datam de até 40.000 anos atrás e constituem um patrimônio precioso e frágil por natureza, exposto que é à ação do tempo e das mudanças climáticas. No Brasil, a essa agressão inevitável soma-se uma praga vergonhosa. Aqui, o grande inimigo da conservação é o vandalismo. Pinturas milenares têm sido depredadas por pichações, fogueiras, gado – e até por cartazes de propaganda eleitoral.

Nos levantamentos do Iphan a depredação atinge 3% do patrimônio nacional. O patrimônio rupestre até agora conhecido no Brasil não tem a mesma beleza dos desenhos de locais célebres como as grutas de Lascaux, na França e de Altamira, na Espanha. Mas os sítios formam uma das maiores concentrações do mundo de pinturas ainda não estudadas. Eles estão espalhados pelo país e guardam desenhos de diferentes períodos.

Alguns são inscrições geométricas, outros sugerem animais, rituais, cenas de luta. São uma ferramenta importante para os estudos sobre o processo de ocupação do continente americano,além de seu valor como registro artístico. Sua destruição é preocupante, porque recai sobre material que ainda não foi sequer cadastrado e examinado.

Hoje, o Parque Nacional da Serra da Capivara, no Piauí, reconhecido como Patrimônio Cultural da Humanidade, só permite visitação com acompanhamento de um guia devidamente treinado, o que praticamente acabou com o vandalismo.

(Marcelo Bortoloti. **Veja**, 5 de agosto de 2009, pp. 72-74, com adaptações)

(Técnico Judiciário – TRT/22ª – 2010 – FCC) Eles estão espalhados pelo país e guardam desenhos de diferentes períodos. Alguns são inscrições geométricas, outros sugerem animais, rituais, cenas de luta. (3º parágrafo)

Os pronomes grifados acima evitam a repetição no texto, respectivamente, de

(A) os sítios, os desenhos, os desenhos.
(B) os locais célebres, os sítios, os desenhos.
(C) os desenhos, os sítios, os registros.
(D) os registros, os desenhos, os sítios.
(E) os estudos, os registros, os locais célebres.

Segue a transcrição de parte do 3º parágrafo: "O patrimônio rupestre até agora conhecido no Brasil não tem a mesma beleza dos desenhos de locais célebres (...). Mas **os sítios** formam uma das maiores concentrações do mundo de pinturas ainda não estudadas. **Eles** estão espalhados pelo país e guardam desenhos de diferentes períodos. Alguns são inscrições geométricas, outros sugerem animais, rituais, cenas de luta."

Gabarito: A.

8. CRASE

A crase ocorre quando há a fusão do artigo a e da preposição a. De modo geral, só poderá ocorrer a crase diante de palavras que aceitam o artigo a – vocábulos femininos – e que estejam regidas pela preposição a.

(Técnico Judiciário – TRT11 – FCC – 2017) Atente para as frases abaixo, redigidas a partir de frases do texto modificadas.

I. O Brasil não figura entre os países mais suscetíveis à catástrofes naturais.

II. Em alguns locais, existe uma suscetibilidade natural à ocorrência de desastres, como secas, enchentes e deslizamentos.

III. Certas atitudes relacionadas à cultura humana podem impactar o desfecho final de uma situação de risco.

O sinal de crase está empregado corretamente APENAS em

(A) II e III.
(B) I e III.
(C) I e II.
(D) II.
(E) III.

I: incorreta. Como o termo seguinte está no plural, "catástrofes naturais", a falta de concordância denota que o "a" é preposição isolada, sem o artigo definido feminino. Portanto, não ocorre crase; II: correta. O termo "suscetibilidade" rege a preposição "a", que seguida de palavra feminina implica a ocorrência da crase pela aglutinação com o artigo; III: correta. O verbo "relacionar", aqui usado no particípio, rege a preposição "a", levando à crase nos mesmos termos da oração anterior.

Gabarito: A.

(Técnico – TRT/6ª – 2012 – FCC) Apesar de comumente confundidas, a admiração e a inveja não pertencem ...... mesma categoria de afetos, pois a última causa prejuízo ...... autoestima e leva, constantemente, ... sensações de insatisfação e angústia.

Preenchem corretamente as lacunas da frase acima, na ordem dada:

(A) a – a – à
(B) a – à – a
(C) à – à – a
(D) à – a – à
(E) à – à – à

1ª lacuna: o verbo pertencer exige a preposição a; a palavra regida categoria é feminina. Ocorre a crase ("a admiração e a inveja não pertencem à mesma categoria"); 2ª lacuna: o vocábulo prejuízo exige, em sua regência, a preposição a. A palavra autoestima aceita o artigo feminino. Ocorre a crase ("prejuízo à autoestima"); 3ª lacuna: o verbo levar exige a preposição a. A palavra sensações aceita o artigo feminino plural, porém não há alternativa com o artigo no plural. Não ocorre a crase ("leva, constantemente, a sensações").

Gabarito: C.

(Técnico – TRT/11ª – 2012 – FCC) *É a atividade de construção de que o artista dispõe, o seu poder de imprimir ...... um trabalho sentimentos e sensações, e a qualidade de pensamento que conferem humanidade ...... arte; e essa humanidade pode ser realizada com uma série ilimitada de temas ou elementos formais.*

Tudo isso já foi repetido...... exaustão.

(Fragmento de Meyer Schapiro, *A dimensão humana da pintura abstrata*, p. 9)

1. LÍNGUA PORTUGUESA 477

Preenchem corretamente as lacunas da frase acima, na ordem dada

(A) à – à – a
(B) a – à – à
(C) a – à – a
(D) à – a – à
(E) à – a – a

1ª lacuna: o verbo imprimir no sentido de "conferir; dar certa feição a" é bitransitivo. Sendo bitransitivo deverá ter dois complementos, um objeto direto ("sentimentos e sensações") e um objeto indireto ("a um trabalho"); 2ª lacuna:o verbo conferir no sentido de "conceder; transmitir" é bitransitivo. Sendo bitransitivo deverá ter dois complementos, um objeto direto ("humanidade") e um objeto indireto ("à arte"); 3ª lacuna: ocorre a crase na locução ("à exaustão").

Gabarito "B".

(Técnico Judiciário – TRT/14ª – 2011 – FCC) É difícil ficar indiferente ...... causa defendida por algumas organizações não governamentais que ajudam ...... captar recursos para preservar ...... cultura de tribos da floresta amazônica. Preenchem corretamente as lacunas da frase acima, na ordem dada

(A) à – à – a
(B) a – à – a
(C) a – à – à
(D) à – a – a
(E) à – a – à

É difícil ficar indiferente **à** causa defendida por algumas organizações não governamentais que ajudam **a** [preposição – nunca ocorre a crase antes de verbo, pois não se coloca artigo antes de verbo] captar recursos para preservar **a** [o verbo preservar não exige preposição] cultura de tribos da floresta amazônica.

Gabarito "D".

(Técnico Judiciário – TRT/23ª – 2011 – FCC) Gabriel García Marquez cresceu em meio ... plantações de banana de Arataca, situada ... poucos quilômetros do vilarejo de Macondo, que ele se dedicou ... retratar na obra *Cem anos de solidão*.

Preenchem corretamente as lacunas da frase acima, na ordem dada

(A) as - à - a
(B) as - à - à
(C) às - a - a
(D) às - à - à
(E) as - a - à

"(...) cresceu em meio **a** (preposição. Também poderia ser **às**, porém não existe essa opção nas alternativas. Não ocorre a crase. A palavra "plantações" está no plural e não há o artigo definido feminino) plantações (...), situada **a** (preposição) poucos quilômetros do vilarejo de Macondo, que ele se dedicou **a** (preposição. Antes de verbo nunca há artigo, logo, nunca ocorre a crase) retratar na obra *Cem anos de solidão*.

Gabarito "C".

(Técnico Judiciário – TRT/24ª – 2011 – FCC) Considere as frases seguintes:

I. As inovações no ramo da estética permitem ...... um grande número de pessoas se sentirem mais belas.
II. Sempre existiu preocupação com a beleza, embora mudem os critérios ...... que ela obedece.
III. A beleza, ... parte alguns exageros, deve ser buscada até mesmo com intervenções cirúrgicas.

As lacunas das frases acima estarão corretamente preenchidas, respectivamente, por:

(A) a – a – à
(B) à – a – à
(C) a – a – a
(D) a – à – à
(E) à – a – a

I: o verbo permitir é transitivo direto e indireto. No período "permitem **a** um grande número de pessoas", o verbo exige a preposição a antes o objeto indireto; II: em "embora mudem os critérios **a** que ela obedece", o verbo obedecer exige a preposição **a**. Não cabe um artigo. Não ocorre a crase; III: na locução "à parte", convencionou-se o uso da crase.

Gabarito "A".

(Técnico Judiciário – TRT/8ª – 2010 – FCC) A paisagem do Norte do país já fascinou ...... muitos, como o fotógrafo Marcel Gautherot, que por décadas voltou repetidamente ...... Região, disposto ...... captar parte de sua essência. Preenchem corretamente as lacunas da frase acima, na ordem dada:

(A) a - a - à
(B) à - a - a
(C) a - à - a
(D) à - à - à
(E) à - a - à

A paisagem do Norte do país já fascinou **a** [preposição] muitos, como o fotógrafo Marcel Gautherot, que por décadas voltou repetidamente **à** [o verbo voltar exige a preposição a e o substantivo Região aceita o artigo, ocorre a crase] Região, disposto **a** [preposição – nunca ocorre a crase antes de verbo, pois não se coloca artigo antes de verbo] captar parte de sua essência.

Gabarito "C".

(Técnico Judiciário – TRT/9º – 2010 – FCC) A erupção de um vulcão provocou perdas ...... economia europeia bem superiores ...... trazidas pelos atentados terroristas de 2001, fato que obrigou a ONU ...... criar um plano internacional de redução dos riscos de acidentes.As lacunas da frase acima estarão corretamente preenchidas, respectivamente, por:

(A) a - aquelas - a
(B) a - àquelas - à
(C) à - aquelas - a
(D) à - aquelas - à
(E) à - àquelas - a

A erupção de um vulcão provocou perdas **à** [o verbo regente provocar exige a preposição **a**, a palavra regida aceita o artigo feminino. Ocorre a crase.] economia europeia bem superiores **àquelas** [regência nominal do verbete *superior*] trazidas pelos atentados terroristas de 2001, fato que obrigou a ONU **a** [preposição – não há artigo antes de verbo, não ocorre a crase] criar um plano internacional de redução dos riscos de acidentes.

Gabarito "E".

9. SEMÂNTICA

(Técnico Judiciário – TRT11 – FCC – 2017) <u>Atenção</u>: Considere o texto abaixo para responder às questões seguintes.

Muito antes das discussões atuais sobre as mudanças climáticas, os cataclismos naturais despertam interesse no homem. Os desastres são um capítulo trágico da história da humanidade desde tempos longínquos. Supostas inundações catastróficas aparecem em relatos de várias culturas ao longo dos tempos, desde os antigos mesopotâmicos e gregos até os maias e os vikings.

Fora da rota dos grandes furacões, sem vulcões ativos e desprovido de zonas habitadas sujeitas a terremotos, o Brasil não figura entre os países mais suscetíveis a desastres naturais. Contudo, a aparência de lugar protegido dos humores do clima e dos solavancos da geologia deve ser relativizada. Aqui, cerca de 85% dos desastres são causados por três tipos de ocorrências: inundações bruscas, deslizamentos de terra e secas prolongadas. Esses fenômenos são relativamente recorrentes em zonas tropicais, e seus efeitos podem ser atenuados por políticas públicas de redução de danos.

Dois estudos feitos por pesquisadores brasileiros indicam que o risco de ocorrência desses três tipos de desastre deverá aumentar até o final do século. Eles também sinalizam que novos pontos do território nacional deverão se transformar em áreas de risco significativo para esses mesmos problemas. "Os impactos tendem a ser maiores no futuro, com as mudanças climáticas, o crescimento das cidades e a ocupação de mais áreas de risco", comenta o pesquisador José A. Marengo.

Além da suscetibilidade natural a secas, enchentes, deslizamentos e outros desastres, a ação do homem tem um peso considerável em transformar o que poderia ser um problema de menor monta em uma catástrofe. Os pesquisadores estimam que um terço do impacto dos deslizamentos de terra e metade dos estragos de inundações poderiam ser evitados com alterações de práticas humanas ligadas à ocupação do solo e a melhorias nas condições socioeconômicas da população em áreas de risco.

Moradias precárias em lugares inadequados, perto de encostas ou em pontos de alagamento, cidades superpopulosas e impermeabilizadas, que não escoam a água da chuva; esses fatores da cultura humana podem influenciar o desfecho de uma situação de risco. "Até hábitos cotidianos, como não jogar lixo na rua, e o nível de solidariedade de uma população podem ao menos mitigar os impactos de um desastre", pondera a geógrafa Lucí Hidalgo Nunes.

(Adaptado de PIVETTA, Marcos. Disponível em: http://revistapesquisa.fapesp.br)

(Técnico Judiciário – TRT11 – FCC – 2017) No contexto, as palavras *longínquos* (1º parágrafo) e *mitigar* (5º parágrafo) adquirem, respectivamente, sentidos de:

(A) contíguos - atenuar
(B) adjacentes - aplacar
(C) antigos - exasperar
(D) imemoráveis - impedir
(E) remotos - abrandar

"Longínquo" é sinônimo de "remoto", "distante". Já "mitigar" é o mesmo que "abrandar", "aliviar", "reduzir", "atenuar".

A representação da "realidade" na imprensa

Parece ser um fato assentado, para muitos, que um jornal ou um telejornal expresse a "realidade". Folhear os cadernos de papel de ponta a ponta ou seguir pacientemente todas as imagens do grande noticiário televisivo seriam operações que atualizariam a cada dia nossa "compreensão do mundo". Mas esse pensamento, tão disseminado quanto ingênuo, não leva em conta a questão da perspectiva pela qual se interpretam todas e quaisquer situações focalizadas. Submetermo-nos à visada do jornalista que compôs a notícia, ou mesmo à do câmera que flagra uma situação (e que, aliás, tem suas tomadas sob o controle de um editor de imagens), *é desfazermo-nos da nossa própria capacidade de análise, é renunciarmos à perspectiva de sujeitos da nossa interpretação.*

Tanto quanto os propalados e indiscutíveis "fatos", as notícias em si mesmas, com a forma acabada pela qual se veiculam, são parte do mundo: convém averiguar a quem interessa o contorno de uma análise política, o perfil criado de uma personalidade, o sentido de um levante popular ou o alcance de uma medida econômica. O leitor e o espectador atentos ao que leem ou veem não têm o direito de colocar de lado seu senso crítico e tomar a notícia como espelho fiel da "realidade". Antes de julgarmos "real" o "fato" que já está interpretado diante de nossos olhos, convém reconhecermos o ângulo pelo qual o fato se apresenta como indiscutível e como se compõe, por palavras ou imagens, a perspectiva pela qual uma bem particular "realidade" quer se impor para nós, dispensando-nos de discutir o ponto de vista pelo qual se construiu uma informação.

(Tibério Gaspar, inédito)

(Analista Judiciário – TRT/24 – FCC – 2017) Têm sentido próximo ou equivalente, no contexto da argumentação desenvolvida, os segmentos

(A) *a questão da perspectiva pela qual se interpretam todas e quaisquer situações / o ângulo pelo qual o fato se apresenta*
(B) *desfazermo-nos da nossa própria capacidade de análise / reconhecermos o ângulo pelo qual o fato se apresenta*
(C) *Submetermo-nos à visada do jornalista / averiguar a quem interessa o contorno de uma análise política*
(D) *tomar a notícia como espelho fiel da "realidade" / O leitor e o espectador atentos ao que leem ou veem*
(E) *os propalados e indiscutíveis "fatos" / como se compõe, por palavras ou imagens, a perspectiva*

Apenas a alternativa "A" apresenta trechos que se equivalem em sentido. Com efeito, falar em "perspectiva de interpretação" ou "ângulo de apresentação" dos fatos transmite a mesma ideia: a partir do ponto de vista de quem expõe a notícia, a percepção da realidade pode mudar.

1   Há um traço fundamental na história indígena do rio Amazonas, cuja percepção é necessária ao entendimento do passado e do presente da região. É um fenômeno demográfico e cultural de longa duração que acompanha os primeiros duzentos anos da ocupação europeia e que irá resultar, em meados do século XVIII, numa realidade etnográfica substancialmente distinta da que havia sido observada pelos primeiros exploradores quinhentistas.

5   Trata-se do desaparecimento das nações que viviam ao longo do rio Amazonas e da sua substituição por novos contingentes indígenas que foram sendo descidos dos afluentes para a calha amazônica pelos agentes da colonização. Desaparecimento, em sentido étnico, é o termo adequado, e ver-se-á mais adiante de que forma ele se deu. Neste processo de despovoamento maciço e repovoamento parcial, dois aspectos devem ser assinalados: a) *o desaparecimento dos padrões adaptativos* (demográficos, organizacionais e ergológicos) *da população original, que não chegam a se reconstituir, a não ser parcial-*

10   mente, quando do povoamento induzido pelo colonizador; neste segundo momento ocorre b) *a formação de um estrato que* chamaremos neo-indígena, inserido na sociedade colonial e marcado pelo desenraizamento e pela aculturação intertribal e interétnica.

Obs.: ergológico: relativo à ergologia, ramo da etnologia que estuda a cultura material.

(PORRO, Antônio. História indígena do alto e médio Amazonas: séculos XVI a XVIII. In: CUNHA, Manuela C. (org.). **História dos índios no Brasil**. 2. ed. São Paulo, Companhia das Letras; Secretaria Municipal de Cultura; FAPESP,1998, p. 175)

(Analista Judiciário – TRT/11 – FCC – 2017) O segmento do texto que está traduzido de maneira a não prejudicar o sentido original é:

(A) *Esse lento vir a ser* / Esse fugaz começar a ser o que não era antes.
(B) *ao mesmo tempo matemático e falastrão* / simultaneamente preciso e de superlativa eficiência.
(C) *vai pouco a pouco desfigurando nosso velho semblante cultural* / vai paulatinamente atualizando nosso antiquado perfil cultural.
(D) *no batido ramerrão do imaginário religioso nacional*/na surrada e monótona repetição do imaginário religioso nacional.
(E) *introdução gradual, mas nem por isso menos corrosiva* / inserção pontual, mas nem por isso menos avassaladora.

A: incorreta. "Fugaz" é aquilo que é rápido, passageiro. Não é sinônimo de "lento"; **B**: incorreta. "Falastrão" é quem "fala muito e faz pouco", exagerado. Não é sinônimo de "eficiente"; **C**: incorreta. "Desfigurar" significa "alterar substancialmente". Não é sinônimo de "atualizar"; **D**: correta. Todos os termos da nova redação são sinônimos dos usados na anterior; **E**: incorreta. "Gradual" é aquilo que se faz pouco a pouco, continuamente. Não é sinônimo de "pontual".

Amizade

A amizade é um exercício de limites afetivos em permanente desejo de expansão. Por mais completa que pareça ser uma relação de amizade, ela vive também do que lhe falta e da esperança de que um dia nada venha a faltar. Com o tempo, aprendemos a esperar menos e a nos satisfazer com a finitude dos sentimentos nossos e alheios, embora no fundo de nós ainda esperemos a súbita novidade que o amigo saberá revelar. Sendo um exercício bem-sucedido de tolerância e paciência – amplamente recompensadas, diga-se – a amizade é também a ansiedade e a expectativa de descobrirmos em nós, por intermédio do amigo, uma dimensão desconhecida do nosso ser.

Há quem julgue que cabe ao amigo reconhecer e estimular nossas melhores qualidades. Mas por que não esperar que o valor maior da amizade está em ser ela um necessário e fiel espelho de nossos defeitos? Não é preciso contar com o amigo para conhecermos melhor nossas mais agudas imperfeições? Não cabe ao amigo a sinceridade de quem aponta nossa falha, pela esperança de que venhamos a

1. LÍNGUA PORTUGUESA

corrigi-la? Se o nosso adversário aponta nossas faltas no tom destrutivo de uma acusação, o amigo as identifica com lealdade, para que nos compreendamos melhor.

Quando um amigo verdadeiro, por contingência da vida ou imposição da morte, é afastado de nós, ficam dele, em nossa consciência, seus valores, seus juízos, suas percepções. Perguntas como "O que diria ele sobre isso?" ou "O que faria ele com isso?" passam a nos ocorrer: são perspectivas dele que se fixaram e continuam a agir como um parâmetro vivo e importante. As marcas da amizade não desaparecem com a ausência do amigo, nem se enfraquecem como memórias pálidas: continuam a ser referências para o que fazemos e pensamos.

(CALÓGERAS, Bruno, inédito)

(Analista Judiciário – TRE/SP – FCC – 2017) Considerando-se o contexto, traduz-se adequadamente o sentido de um segmento em:

(A) *exercício de limites afetivos* (1º parágrafo) = frequência dos traços amistosos

(B) *amplamente recompensadas* (1º parágrafo) = resgatadas a contento

(C) *mais agudas imperfeições* (2º parágrafo) = mais intensas irrelevâncias

(D) *aponta nossas faltas* (2º parágrafo) = indica nossas máculas

(E) *por contingência da vida* (3º parágrafo) = na ocasião premeditada

A: incorreta. "Exercício" não é sinônimo de "frequência", nem "limites" é sinônimo de "traços"; **B:** incorreta. "Amplamente" não é sinônimo de "contento", nem "recompensadas" é sinônimo de "resgatadas"; **C:** incorreta. "Imperfeições" são defeitos, erros. Não é sinônimo de "irrelevância", que indica aquilo que não é importante; **D:** correta. A nova redação apresenta termos sinônimos aos usados na anterior, de modo que podem ser substituídos sem alteração de sentido; **E:** incorreta. "Contingência" é um fato de acontece de forma abrupta, sem planejamento. Não é sinônimo de "premeditado", que indica algo que foi calculado, previsto.
Gabarito "D".

Atenção: para responder a próxima questão, considere o texto abaixo.

Após a década de 1950, as palavras que dominavam as sociedades de consumo ocidentais não eram mais as de escritores seculares, mas as marcas comerciais de produtos ou do que se podia comprar. As imagens que se tornaram ícones de tais sociedades eram as das diversões e consumo de massa: astros e latas. Não surpreende que na década de 1950, no coração da democracia de consumo, a principal escola de pintores abdicasse diante de fabricantes de imagens tão mais poderosas que a arte anacrônica. A arte pop passava o tempo reproduzindo, com tanta exatidão e insensibilidade quanto possível, os badulaques do comercialismo americano: latas de sopa, bandeiras, Marilyn Monroe.

Insignificante como arte (no sentido que o século XIX deu à palavra), essa corrente, apesar disso, reconhecia que o triunfo do mercado de massa se baseava, de modo bastante profundo, na satisfação das necessidades tanto espirituais quanto materiais dos consumidores, fato do qual as agências de publicidade há muito tinham consciência quando destinavam suas campanhas a vender não o sabonete, mas o sonho de beleza, não as latas de sopa, mas a felicidade familiar. O que se tornou cada vez mais claro foi que isso tinha o que se podia chamar de uma dimensão estética, uma criatividade de base, ocasionalmente ativa mas sobretudo passiva, que os produtores tinham de competir para oferecer. Como dizia o populismo partilhado pelo mercado, o importante não era distinguir entre bom e ruim, elaborado e simples, mas no máximo entre o que atraía mais ou menos pessoas. Isso não deixava muito espaço para o clássico conceito das artes.

(Adaptado de Eric Hobsbawm. *Era dos Extremos*. Trad. Marcos Santarrita. São Paulo, Cia. das Letras, 2006, p. 496)

(Técnico Judiciário – TRT/23ª – 2011 – FCC) ... fato do qual as agências de publicidade há muito tinham consciência ... (2º parágrafo)

Mantendo-se a correção e a lógica, o segmento grifado na frase acima poderia ser substituído, sem que nenhuma outra alteração fosse feita, por:

(A) estavam cientes.

(B) estavam familiarizadas.

(C) dominavam.

(D) davam como certo.

(E) reconheciam.

A palavra *ciência* tem a acepção de ideia consciente a respeito de algo. Pelo contexto, é possível a substituição sem que haja prejuízo semântico. De acordo com o texto, as agências de publicidade estavam cientes de que "*o triunfo do mercado de massa se baseava, de modo bastante profundo, na satisfação das necessidades tanto espirituais quanto materiais dos consumidores*".
Gabarito "A".

10. PREPOSIÇÃO

(Técnico Judiciário – VUNESP – 2017) Leia o texto, para responder às questões de números abaixo.

Há quatro anos, Chris Nagele fez o que muitos executivos no setor de tecnologia já tinham feito – ele transferiu sua equipe para um chamado escritório aberto, sem paredes e divisórias.

Os funcionários, até então, trabalhavam de casa, mas ele queria que todos estivessem juntos, para se conectarem e colaborarem mais facilmente. Mas em pouco tempo ficou claro que Nagele tinha cometido um grande erro. Todos estavam distraídos, a produtividade caiu, e os nove empregados estavam insatisfeitos, sem falar do próprio chefe.

Em abril de 2015, quase três anos após a mudança para o escritório aberto, Nagele transferiu a empresa para um espaço de 900 m2 onde hoje todos têm seu próprio espaço, com portas e tudo.

Inúmeras empresas adotaram o conceito de escritório aberto – cerca de 70% dos escritórios nos Estados Unidos são assim – e até onde se sabe poucos retornaram ao modelo de espaços tradicionais com salas e portas.

Pesquisas, contudo, mostram que podemos perder até 15% da produtividade, desenvolver problemas graves de concentração e até ter o dobro de chances de ficar doentes em espaços de trabalho abertos – fatores que estão contribuindo para uma reação contra esse tipo de organização.

Desde que se mudou para o formato tradicional, Nagele já ouviu colegas do setor de tecnologia dizerem sentir falta do estilo de trabalho do escritório fechado. "Muita gente concorda – simplesmente não aguentam o escritório aberto. Nunca se consegue terminar as coisas e é preciso levar mais trabalho para casa", diz ele.

É improvável que o conceito de escritório aberto caia em desuso, mas algumas firmas estão seguindo o exemplo de Nagele e voltando aos espaços privados.

Há uma boa razão que explica por que todos adoram um espaço com quatro paredes e uma porta: foco. A verdade é que não conseguimos cumprir várias tarefas ao mesmo tempo, e pequenas distrações podem desviar nosso foco por até 20 minutos.

Retemos mais informações quando nos sentamos em um local fixo, afirma Sally Augustin, psicóloga ambiental e de design de interiores.

(Bryan Borzykowski, "Por que escritórios abertos podem ser ruins para funcionários." Disponível em:<www1.folha.uol.com.br>. Acesso em: 04.04.2017. Adaptado)

(Técnico Judiciário – VUNESP – 2017) É correto afirmar que a expressão – **até então** –, em destaque no início do segundo parágrafo, expressa um limite, com referência

(A) temporal ao dia em que Nagele decidiu seguir o exemplo de outros executivos, e espacial ao tipo de escritório que adotou.

(B) espacial ao novo tipo de ambiente de trabalho, e temporal às mudanças favoráveis à integração.

(C) espacial aos escritórios fechados onde trabalhava a equipe de Nagele antes da mudança para locais abertos.

(D) temporal ao momento em que se deu a transferência da equipe de Nagele para o escritório aberto.

(E) espacial ao caso de sucesso de outros executivos do setor de tecnologia que aboliram paredes e divisórias.

A expressão destacada demarca um limite de tempo, o momento em que os funcionários deixaram de trabalhar em casa para irem ao escritório aberto.
Gabarito "D".

Internet e as novas mídias: contribuições para a proteção do meio ambiente no ciberespaço

A sociedade passou por profundas transformações em que a realidade socioeconômica modificou-se com rapidez junto ao desenvolvimento incessante das economias de massas. Os mecanismos de produção desenvolveram-se de tal forma a adequarem-se às necessidades e vontades humanas. Contudo, o homem não mediu as possíveis consequências que tal desenvolvimento pudesse causar de modo a provocar o desequilíbrio ao meio ambiente e a própria ameaça à vida humana.

Desse modo, a preocupação com o meio ambiente é questionada, sendo centro de tomada de decisões, diante da grave problemática que ameaça romper com o equilíbrio ecológico do Planeta. E não apenas nos tradicionais meios de comunicação, tais como jornais impressos, rádio, televisão, revistas, dentre outros, como também nos espaços virtuais de interatividade, por meio das novas mídias, as quais representam novos meios de comunicação, tem-se o debate sobre a problemática ambiental.

O capitalismo foi reestruturado e a partir das transformações científicas e tecnológicas deu-se origem a um novo estabelecimento social, em que por meio de redes e da cultura da virtualidade, configura-se a chamada sociedade informacional, na qual a comunicação e a informação constituem-se ferramentas essenciais da Era Digital.

As novas mídias, por meio da utilização da Internet, estão sendo consideradas como novos instrumentos de proteção do meio ambiente, na medida em que proporcionam a expansão da informação ambiental, de práticas sustentáveis, de reivindicações e ensejo de decisões em prol do meio ambiente.

No ciberespaço, devido à conectividade em tempo real, é possível promover debates de inúmeras questões como a construção da hidrelétrica de Belo Monte, o Novo Código Florestal, Barra Grande, dentre outras, as quais ensejam por tomada de decisões políticas, jurídicas e sociais. [...]

Vislumbra-se que a Internet é um meio que aproxima pessoas e distâncias, sendo utilizada por um número ilimitado de pessoas, a custo razoável e em tempo real. De fato, a Internet proporciona benefícios, pois, além de promover a circulação de informações, a curto espaço de tempo, muitos debates virtuais produzem manifestações sociais. Assim sendo, tem-se a democratização das informações através dos espaços virtuais, como blogs, websites, redes sociais, jornais virtuais, sites especializados, sites oficiais, dentre outros, de modo a expandir conhecimentos, promover discussões e, por vezes, influenciando nas tomadas de decisões dos governantes e na proliferação de movimentos sociais. Desse modo, os cidadãos acabam participando e exercendo a cidadania de forma democrática no ciberespaço. [...]

Faz-se necessária a execução de ações concretas em prol do meio ambiente, com adaptação e intermédio do novo padrão de democracia participativa fomentado pelas novas mídias, a fim de enfrentar a gestão dos riscos ambientais, dentre outras questões socioambientais. Ainda, são necessárias discussões aprofundadas sobre a complexidade ambiental, agregando a interdisciplinaridade para escolhas sustentáveis e na difusão do conhecimento. E, embora haja inúmeros desafios a percorrer com a utilização das tecnologias de comunicação e informação (novas TIC's), entende-se que a atuação das novas mídias é de suma importância, pois possibilita a expansão da informação, a práxis ambiental, o debate e as aspirações dos cidadãos, contribuindo, dessa forma, para a proteção do meio ambiente.

(SILVA NUNES, Denise. Internet e as novas mídias: contribuições para a proteção do meio ambiente no ciberespaço. In: Âmbito Jurídico, Rio Grande, XVI, n. 115, ago. 2013. Disponível em: http://ambito-juridico.com.br/site/?n_link=revista_artigos_leitura&artigo_id=13051& revista_caderno=17. Acesso em: jan. 2017. Adaptado.)

(Técnico Judiciário – Consulplan – 2017) Acerca dos elementos linguísticos empregados em *"Os mecanismos de produção desenvolveram-se de tal forma a adequarem-se às necessidades e vontades humanas."* (1º§), assinale o comentário cujas informações estão corretas de acordo com a norma padrão da língua.

(A) A forma verbal *"adequarem"* é responsável pela exigência da preposição *"a"* que lhe antecede e que lhe sucede.

(B) A ausência de preposição diante do complemento *"vontades humanas"* demonstra que tal termo não mantém uma relação com o elemento regente.

(C) A regência da forma verbal *"adequarem"* inclui os termos coordenados *"necessidades"* e *"vontades humanas"*.

(D) A forma verbal *"desenvolveram"* constitui termo regente exigindo o emprego da preposição *"de"* e *"a"* conforme pode ser indicado no período em análise.

A: incorreta. A preposição "a" que antecede o verbo é regida pela expressão "de forma"; **B:** incorreta. Trata-se de zeugma, figura de linguagem que autoriza a supressão de um elemento utilizado anteriormente na oração e que pode ser deduzido pelo contexto (no caso, a contração "às"); **C:** correta. Ambos são objetos indiretos do verbo "adequar"; **D:** incorreta, nos termos do comentário à alternativa "A".

Atenção: para responder a próxima questão, considere o texto abaixo.

1   Tirar um cochilo depois do almoço melhora o
    desempenho do cérebro, especialmente no que diz respeito às
    funções de aprendizagem e memória. Segundo uma pesquisa
4   realizada na Universidade da Califórnia, Berkeley, jovens que
    cochilaram à tarde tiveram um desempenho 10% melhor nesses
    quesitos. O mesmo estudo revela que aqueles que perderam
7   uma noite de sono tiveram a capacidade de armazenar novas
    informações diminuída em até 40%. A explicação residiria no
    fato de que, durante o sono, o cérebro faz uma espécie de
10 faxina na memória de curto prazo para facilitar o
    armazenamento de novas informações. "Medidas como essa
    não só melhoram a capacidade cognitiva como são
13 extremamente importantes para compensar a restrição ao sono,
    cada vez mais comum na vida moderna", diz o neurologista
    Sergio Tufik, diretor do Instituto do Sono da Universidade
16 Federal de São Paulo.

Anna Paula Buchalla. **Aquela sonequinha**...
*In:***Veja**, 1.º/12/2010 (com adaptações).

(Técnico Judiciário – 2011 – CESPE) Julgue os itens abaixo, referentes aos aspectos estruturais e interpretativos do texto acima.

(1) A preposição para, em ambas as ocorrências, nas linhas 10 e 13, estabelece uma relação de consequência entre a oração de que faz parte e a oração que a antecede.

1: incorreta, pois em "faxina na memória de curto prazo para facilitar" e "extremamente importantes para compensar", a preposição transmite a ideia de "com o objetivo de". Não estabelece uma relação de consequência entre orações.

11. VOZES VERBAIS

(Técnico Judiciário – TRT24 – FCC – 2017) Atenção: Considere o texto abaixo para responder às questões abaixo.

Aspectos Culturais de Mato Grosso do Sul

A cultura de Mato Grosso do Sul é o conjunto de manifestações artístico-culturais desenvolvidas pela população sul-mato-grossense muito influenciada pela cultura paraguaia. Essa cultura estadual retrata, também, uma mistura de várias outras contribuições das muitas migrações ocorridas em seu território.

O artesanato, uma das mais ricas expressões culturais de um povo, no Mato Grosso do Sul, evidencia crenças, hábitos, tradições e demais referências culturais do Estado. É produzido com matérias primas da própria região e manifesta a criatividade e a identidade do povo sul-mato-grossense por meio de trabalhos em madeira, cerâmica, fibras, osso, chifre, sementes, etc.

As peças em geral trazem à tona temas referentes ao Pantanal e às populações indígenas, são feitas nas cores da paisagem regional e, além da fauna e da flora, podem retratar tipos humanos e costumes da região.

(Adaptado de: CANTU, Gilberto. Disponível em: http://profgMbertocantu.blogspot.com.br/2013/08/aspectos-culturais-de-mato-grosso-do- sul.html)

1. LÍNGUA PORTUGUESA · 481

(Técnico Judiciário – TRT24 – FCC – 2017) Está na voz passiva o verbo do seguinte fragmento do texto:

(A) *É produzido com matérias primas da própria região...* (2° parágrafo)
(B) *Essa cultura estadual retrata, também, uma mistura de várias outras contribuições das muitas migrações...* (1° parágrafo)
(C) *A cultura de Mato Grosso do Sul é o conjunto de manifestações artístico-culturais...* (1° parágrafo)
(D) *O artesanato, uma das mais ricas expressões culturais de um povo, no Mato Grosso do Sul, evidencia crenças, hábitos, tradições e demais referências culturais do Estado.* (2° parágrafo)
(E) As *peças em geral trazem à tona temas referentes ao Pantanal e às populações indígenas...* (3° parágrafo)

Todas as alternativas trazem o verbo na voz ativa, com exceção da letra "A", que deve ser assinalada. Com efeito, ali se encontra o verbo auxiliar "ser" com o participío do verbo principal "produzir", formando a voz passiva. HS
Gabarito "A".

(Técnico – TRT/1ª – 2012 – FCC) É exemplo de construção na voz **passiva** o segmento sublinhado na seguinte frase:

(A) Ainda ontem fui tomado de risos ao ler um trechinho de crônica.
(B) A Solange toma especial cuidado com a escolha dos vocábulos.
(C) D. Glorinha e sua filha não partilham do mesmo gosto pelo requinte verbal.
(D) O enrubescimento da mãe revelou seu desconforto diante da observação da filha.
(E) Lembro-me de uma visita que recebemos em casa, há muito tempo.

Chama-se **voz passiva** a construção na qual o sujeito, ao invés de agir, *recebe a ação verbal*. Ela está presente somente na alternativa "A", que deve ser assinalada. Note que o sujeito oculto "eu" não diz que "riu" (praticando, assim, a ação verbal), mas que "foi tomado de risos", ou seja, recebeu a ação do verbo "tomar". Em todas as demais, temos **voz ativa**, isto é, o próprio sujeito praticando a ação (tomar cuidado, partilhar, revelar). A letra "E" merece atenção, porque é voz ativa. O sujeito da oração sublinhada está oculto ("nós") e ele pratica a ação verbal de "receber".
Gabarito "A".

(Técnico – TRT/6ª – 2012 – FCC) Transpondo-se para a voz passiva a frase **Sempre haverá quem rejeite a interferência do Estado nas questões religiosas**, mantendo-se a correta correlação entre tempos e modos verbais, ela ficará:

(A) Terá havido sempre quem tem rejeitado que o Estado interferisse nas questões religiosas.
(B) A interferência do Estado nas questões religiosas sempre haverá de ser rejeitada por alguém.
(C) Sempre haverá de ter quem rejeite que o Estado interferisse nas questões religiosas.
(D) A interferência do Estado nas questões religiosas sempre tem encontrado quem a rejeita.
(E) As questões religiosas sempre haverão de rejeitar que o Estado venha a interferir nelas.

A transposição para a voz passiva é feita deslocando o sujeito da voz ativa como agente da passiva; o complemento verbal da voz ativa se torna o sujeito paciente; e o verbo na voz ativa é conjugado em seu participío composto ao lado de um verbo auxiliar. No nosso caso, como a oração na voz ativa não tem sujeito, ao realizar a transposição ela pode ser facultativamente complementada por "alguém": "A interferência do Estado nas questões religiosas sempre haverá de ser rejeitada (por alguém)".
Gabarito "B".

Em outubro de 1967, quando Gilberto Gil e Caetano Veloso apresentaram as canções Domingo no parque e Alegria, Alegria, no Festival da TV Record, logo houve quem percebesse que as duas canções eram influenciadas pela narrativa cinematográfica: repletas de cortes, justaposições e flashbacks. Tal suposição seria confirmada pelo próprio Caetano quando declarou que fora "mais influenciado por Godard e Glauber do que pelos Beatles ou Dylan". Em 1967, no Brasil, o cinema era o que havia de mais intenso e revolucionário, superando o próprio teatro, cuja inquietação tinha incentivado os cineastas a iniciar o movimento que ficou conhecido como Cinema Novo.

O Cinema Novo nasceu na virada da década de 1950 para a de 1960, sobre as cinzas dos estúdios Vera Cruz (empresa paulista que faliu

em 1957 depois de produzir dezoito filmes). *"Nossa geração sabe o que quer"*, dizia o baiano Glauber Rocha já em 1963. Inspirado por Rio 40 graus e por Vidas secas, *que Nelson Pereira dos Santos lançara em 1954 e 1963, Glauber Rocha transformaria, com* Deus e o diabo na terra do sol, *a história do cinema no Brasil. Dois anos depois, o* cineasta lançou Terra em Transe, *que talvez tenha marcado o auge do* Cinema Novo, *além de ter sido uma das fontes de inspiração do* Tropicalismo.

A ponte entre Cinema Novo e Tropicalismo ficaria mais evidente com o lançamento, em 1969, de Macunaíma, de Joaquim Pedro de Andrade. Ao fazer o filme, Joaquim Pedro esforçou-se por torná-lo um produto afinado com a cultura de massa. "A proposição de consumo de massa no Brasil é algo novo. A grande audiência de TV entre nós é um fenômeno novo. É uma posição avançada para o cineasta tentar ocupar um lugar dentro dessa situação", disse ele.

Incapaz de satisfazer plenamente as exigências do mercado, o Cinema Novo deu os seus últimos suspiros em fins da década de 1970 – período que marcou o auge das potencialidades comerciais do cinema feito no Brasil.

(Adaptado de Eduardo Bueno. **Brasil: uma história**. Ed. Leya, 2010. p. 408)

(Técnico – TRT9 – 2012 – FCC) *Em outubro de 1967, quando* Gilberto Gil e Caetano Veloso apresentaram as canções Domingo no parque e Alegria, Alegria, *no Festival da TV Record, logo houve quem percebesse* que as duas canções eram influenciadas pela narrativa cinematográfica ...

Transpondo-se a primeira das frases grifadas acima para a voz passiva e a segunda para a voz ativa, as formas verbais resultantes serão, respectivamente:

(A) se apresentaram – influencia
(B) foi apresentado – se influenciaram
(C) eram apresentadas – influenciou
(D) foram apresentadas – influenciava
(E) são apresentadas – influenciou

Com a primeira oração na voz passiva, teremos: "As canções 'Domingo no parque' e 'Alegria, alegria' foram apresentadas por Gilberto Gil e Caetano Veloso no Festival da TV Record". Com a segunda oração na voz ativa, teremos: "A narrativa cinematográfica influenciava as duas canções".
Gabarito "D".

(Técnico – TRT/11ª – 2012 – FCC) Existe transposição de uma voz verbal para outra em:

(A) Variam os níveis de percepção de uma fotografia = São vários os níveis de percepção de uma fotografia.
(B) As fotografias são uma espécie de espelhos = As fotografias tornam-se uma espécie de espelhos.
(C) A percepção de uma imagem muda com o passar do tempo = O passar do tempo muda a percepção de uma imagem.
(D) Os olhares hão de descongelar cada imagem = Cada imagem há de ser descongelada pelos olhares.
(E) Certas fotos se assemelham a espelhos = Há espelhos aos quais certas fotos se tornam semelhantes.

A, B e **E**: incorretas. Os verbos permaneceram na voz ativa. As alterações apenas substituíram verbos de ação por verbos de ligação, transformando os predicados verbais e nominais; **C**: incorreta. Houve apenas inversão dos elementos da oração; **D**: correta. No segundo trecho, o verbo foi transposto para a voz passiva analítica.
Gabarito "D".

(Técnico – TRT/6ª – 2012 – FCC) *...mas exige em troca um punhado de moedas de ouro.*

Transpondo-se a frase acima para a voz passiva, a forma verbal resultante será:

(A) são exigidos.
(B) é exigida.
(C) é exigido.
(D) foi exigido.
(E) foram exigidas.

Para resolver questões como essa, procure identificar o sujeito e o objeto da oração. Em *"mas exige em troca um punhado de moedas de ouro"*, temos o

MAGALLY DATO E HENRIQUE SUBI

verbo transitivo direto *exigir*. A oração está na voz ativa, o sujeito – embora não explícito nesse excerto do texto – é quem pratica a ação. Nas transposições de vozes verbais, o sujeito da ativa será o agente da passiva; o objeto da ativa será o sujeito da voz passiva. Note, no esquema abaixo, que o verbo auxiliar da voz passiva estará no mesmo tempo e modo que o verbo principal da voz ativa.

VOZ VERBAL	SUJEITO	VERBO TRANSITIVO DIRETO	OBJETO DIRETO	AGENTE DA PASSIVA
Ativa		exige (verbo no presente do indicativo)	um punhado de moedas de outro	
Passiva	um punhado de moedas de ouro	é exigido (verbo ser no presente do indicativo + verbo principal no particípio)		

(Gabarito "C")

(Técnico – TRT/11ª – 2012 – FCC) *...uma cena da vida cotidiana, uma paisagem ou natureza morta poderiam constituir uma grande pintura tanto quanto uma imagem da história ou do mito.*

Transpondo-se a frase acima para a voz passiva, a forma verbal resultante será:

(A) poderiam serem constituídas.
(B) poderia vir a ser constituída.
(C) teria podido constituir.
(D) poderia ser constituída.
(E) poderiam ter sido constituídas.

Na transposição da voz ativa para a passiva, o sujeito da ativa ("*uma cena da vida cotidiana, uma paisagem ou natureza morta*") será o agente da passiva ("por *uma cena da vida cotidiana, uma paisagem ou natureza morta*") e o objeto direto da ativa ("*uma grande pintura tanto quanto uma imagem da história ou do mito*") será o sujeito da passiva. O verbo auxiliar da passiva estará no mesmo tempo e modo que o "poderiam constituir" na ativa (futuro do pretérito do indicativo + infinitivo): "*uma grande pintura tanto quanto uma imagem da história ou do mito poderia ser constituída* por *uma cena da vida cotidiana, uma paisagem ou natureza morta*.".

(Gabarito "D")

Atenção: para responder a próxima questão, considere o texto abaixo.

A internet produziu transformações espetaculares na sociedade na última década, mas a mais profunda só agora começa a ser estudada pela ciência. A facilidade e a rapidez com que se encontram informações na rede, sobre qualquer assunto e a qualquer hora, podem provocar alterações nos processos de cognição do cérebro.

Até a popularização da web, as principais fontes de conhecimento com que todos contavam eram os livros e, evidentemente, a própria memória do que se aprende ao longo da vida. A internet mudou esse panorama: a leitura em profundidade foi substituída pela massa de informações, em sua maioria superficiais, oferecidas pelos sites de buscas, blogs e redes de relacionamento. A memória, por sua vez, perdeu relevância - para que puxar pela cabeça para se lembrar de um fato ou do nome de uma pessoa se essas informações estão disponíveis no Google, a dois toques do mouse? Quanto mais dependemos dos sites de busca para adquirir ou relembrar acontecimentos, mais nosso cérebro se parece com um computador obsoleto que necessita de uma memória mais potente.

Na frase genial do cientista brasileiro Miguel Nicolelis, "o cérebro é uma orquestra sinfônica em que os instrumentos vão se modificando à medida que são tocados". Dificilmente alguém conseguirá explicar essa plasticidade com uma imagem mais exata e intrigante. Imagine-se um violino cerebral que, tocado de forma medíocre por anos a fio, vai se transformando aos poucos em um berimbau. Ou um piano martelado por um músico de uma nota só que, ao fim e ao cabo, vira um bumbo.

Pode, com o passar do tempo, a facilidade de estocagem e recuperação de virtualmente qualquer tipo de informação atrofiar os instrumentos da orquestra cerebral humana especializados na busca e seleção de informações? É uma nova linha de investigação científica, que tem um grande futuro pela frente.

(Alexandre Salvador e Filipe Vilicic. **Veja**, 20 de julho, 2011, pp. 87-88, com adaptações)

(Técnico Judiciário – TRT/20ª – 2011 – FCC) ... a leitura em profundidade foi substituída pela massa de informações, em sua maioria superficiais ... (2º parágrafo)

Com a transposição da frase acima para a voz ativa, o verbo passará a ser

(A) substituíram.
(B) substituiu.
(C) substituíra.
(D) tinham substituído.
(E) substituiriam.

Na transposição da voz passiva para a ativa, o agente da passiva ("pela massa de informações") será o sujeito da ativa. O sujeito da passiva ("a leitura em profundidade") será o objeto da ativa. O verbo da ativa estará no mesmo tempo e modo que o auxiliar da passiva ("foi substituída"/"substituiu" – pretérito perfeito do indicativo): "A massa de informações substituiu a leitura em profundidade".

(Gabarito "B")

12. REGÊNCIAS VERBAL E NOMINAL

(Técnico Judiciário – TRT11 – FCC – 2017) Uma criança pode revelar grande interesse por uma profissão ___ os pais sonharam, mas nunca exerceram.

Preenche corretamente a lacuna da frase acima o que está em:

(A) por que
(B) de que
(C) à qual
(D) na qual
(E) com que

"Sonhar" é verbo transitivo indireto que rege a preposição "com". Logo, a lacuna deve ser preenchida com "com que".

(Gabarito "E")

(Técnico – TRT/6ª – 2012 – FCC) *O Estado deve ficar fora das atividades de que o setor privado já dá conta.*

A nova redação da frase acima estará correta caso se substitua o elemento sublinhado por

(A) a que o setor privado já vem colaborando.
(B) com as quais o setor privado já vem cuidando.
(C) nas quais o setor privado já vem interferindo.
(D) em cujas o setor privado já vem demonstrando interesse.
(E) pelas quais o setor privado já vem administrando.

A: incorreta. "Colaborar" rege a preposição "com", não "a"; **B:** incorreta. "Cuidar" rege a preposição "de", não "com"; **C:** correta. "Interferir" rege, realmente, a preposição "em"; **D:** incorreta. "Cujas" é pronome relativo que indica posse, o que não faz sentido nessa construção. Além disso, "interesse" rege a preposição "por"; **E:** incorreta. "Administrar" é verbo transitivo direto, ou seja, não rege preposição.

(Gabarito "C")

(Técnico – TRT9 – 2012 – FCC) *Em 1992, a indústria cinematográfica do país entrou numa crise ...... só começou a se recuperar na segunda metade da década de 1990.* (Adaptado de Eduardo Bueno, *op.cit.*)

Preenche corretamente a lacuna da frase acima:

(A) *a qual*
(B) *a que*
(C) *na qual*
(D) *onde*
(E) *da qual*

O verbo "recuperar" rege a preposição "de" (quem se recupera, recupera-se de alguma coisa). Portanto, tal preposição deve aparecer junto com o pronome relativo feminino para concordar com "crise" – daí temos "da qual".

(Gabarito "E")

1. LÍNGUA PORTUGUESA 483

(Técnico – TRT9 – 2012 – FCC) Costuma-se atribuir ...... originalidade da obra de Glauber Rocha o êxito do movimento denominado *Cinema Novo*, cujos filmes ajudaram ...... alavancar temporariamente ...... indústria cinematográfica nacional.

Preenchem corretamente as lacunas da frase acima, na ordem dada:

(A) à – à – a

(B) a – à – a

(C) a – a – à

(D) a – à – à

(E) à – a – a

Ocorre crase no primeiro caso, porque o verbo "atribuir" rege a preposição "a" e seu complemento é palavra feminina singular antecedida do artigo definido "a". No segundo caso, não há acento grave, porque não ocorre crase antes de verbo. No terceiro caso, não ocorre crase porque "alavancar" é verbo transitivo direto, ou seja, seu complemento (no caso, "indústria") não vem antecedido de preposição.
Gabarito "E".

(Técnico – TRT/11ª – 2012 – FCC) Está correto o emprego da expressão sublinhada em:

(A) Os dicionários são muito úteis, sobretudo para bem discriminarmos o sentido das palavras em cujas resida alguma ambiguidade.

(B) O texto faz menção ao famoso caso das *cotas*, pelas quais muitos se contrapuseram por considerá-las discriminatórias.

(C) Por ocasião da defesa de *políticas afirmativas*, com as quais tantos aderiram, instaurou-se um caloroso debate público.

(D) Um dicionário pode oferecer muitas surpresas, dessas em que não conta quem vê cada palavra como a expressão de um único sentido.

(E) Esclarece-nos o texto as acepções da palavra *discriminação*, pela qual se expressam ações inteiramente divergentes.

A: incorreta. "Cujo" remete a posse, propriedade. No caso, deveria ter sido usado "nas quais"; **B:** incorreta. O verbo "contrapor" rege a preposição "a", portanto o correto seria "às quais"; **C:** incorreta. O verbo "aderir" rege a preposição "a", portanto o correto seria "às quais"; **D:** incorreta. Não há nenhum verbo a reger a preposição em". Deveria constar apenas "que" ou "quais"; **E:** correta, pois o uso do pronome relativo e da preposição atendem aos preceitos gramaticais.
Gabarito "E".

Atenção: para responder a próxima questão, considere o texto abaixo.

A internet produziu transformações espetaculares na sociedade na última década, mas a mais profunda só agora começa a ser estudada pela ciência. A facilidade e a rapidez com que se encontram informações na rede, sobre qualquer assunto e a qualquer hora, podem provocar alterações nos processos de cognição do cérebro.

Até a popularização da web, as principais fontes de conhecimento com que todos contavam eram os livros e, evidentemente, a própria memória do que se aprende ao longo da vida. A internet mudou esse panorama: a leitura em profundidade foi substituída pela massa de informações, em sua maioria superficiais, oferecidas pelos sites de buscas, blogs e redes de relacionamento. A memória, por sua vez, perdeu relevância - para que puxar pela cabeça para se lembrar de um fato ou do nome de uma pessoa se essas informações estão disponíveis no Google, a dois toques do mouse? Quanto mais dependemos dos sites de busca para adquirir ou relembrar acontecimentos, mais nosso cérebro se parece com um computador obsoleto que necessita de uma memória mais potente.

Na frase genial do cientista brasileiro Miguel Nicolelis, "o cérebro é uma orquestra sinfônica em que os instrumentos vão se modificando à medida que são tocados". Dificilmente alguém conseguirá explicar essa plasticidade com uma imagem mais exata e intrigante. Imagine-se um violino cerebral que, tocado de forma medíocre por anos a fio, vai se transformando aos poucos em um berimbau. Ou um piano martelado por um músico de uma nota só que, ao fim e ao cabo, vira um bumbo.

Pode, com o passar do tempo, a facilidade de estocagem e recuperação de virtualmente qualquer tipo de informação atrofiar os instrumentos da orquestra cerebral humana especializados na busca e seleção de informações? É uma nova linha de investigação científica, que tem um grande futuro pela frente.

(Alexandre Salvador e Filipe Vilicic. **Veja**, 20 de julho, 2011, pp. 87-88, com adaptações)

(Técnico Judiciário – TRT/20ª – 2011 – FCC) "o cérebro é uma orquestra sinfônica em que os instrumentos vão se modificando à medida que são tocados". (3º parágrafo)

A expressão pronominal em que, grifada acima, preenche corretamente a lacuna da frase:

(A) As questões ...... se preocupam os cientistas dizem respeito às alterações cerebrais devidas ao uso indiscriminado da internet.

(B) É incalculável o número de informações, sobre os mais diversos temas, ... o cérebro humano é capaz de processar.

(C) As hipóteses aventadas, ... se baseiam os especialistas, devem ainda ser comprovadas por exames acurados.

(D) As implicações causadas pela onipresença da internet, ... está sujeito o cérebro humano, são objeto de preocupação de cientistas.

(E) As informações ...... dispõem os usuários da comunicação eletrônica são múltiplas, embora sejam superficiais.

Para responder a essa questão, verificar a regência do verbo ou do nome em todos os períodos. Procure lembrar qual preposição o verbo ou o nome exige. Veja a seguir a resolução com o verbo ou nome regente em negrito. **A:** incorreta, pois As questões **com que** se **preocupam**; **B:** incorreta, pois É incalculável o número de informações (...) **que** o cérebro humano é capaz de **processar**; **C:** correta, as hipóteses aventadas, **em que** se **baseiam** os especialistas; **D:** incorreta, pois As implicações causadas pela onipresença da internet, **a que está sujeito** o cérebro humano; **E:** incorreta : As informações **de que dispõem** os usuários.
Gabarito "C".

Atenção: para responder a próxima questão, considere o texto abaixo.

Aclamado por crítica e público, "Bom Dia, Babilônia" é um belíssimo filme sobre os bastidores do mundo do cinema, com direção dos consagrados irmãos Taviani. Em busca de uma vida melhor, os irmãos Nicola e Andrea imigram para os Estados Unidos e, logo após chegarem, acabam trabalhando em Hollywood na construção dos cenários de D. W. Griffith, o genial criador da linguagem cinematográfica. Quando tudo parece correr tranquilamente, vem o início da Primeira Guerra e, com ela, uma tragédia que marcará para sempre o destino dos irmãos, que lutam em lados opostos. Um filme sensacional, que nos mostra até onde podemos chegar para conquistar nossos objetivos.

(Adaptado do texto de apresentação do filme "Bom Dia, Babilônia" constante do invólucro do DVD.)

(Técnico Judiciário – TRT/8ª – 2010 – FCC) Dos verbos utilizados ao longo do texto, é correto afirmar que possuem a mesma regência:

(A) imigram e lutam.

(B) lutam e mostra.

(C) marcará e conquistar.

(D) é e conquistar.

(E) imigram e mostra.

Questiona-se acerca da regência dos verbos imigrar, lutar, mostrar, marcar, conquistar e ser. *Imigrar* é verbo intransitivo, rege-se pela preposição "para" ("os irmãos Nicola e Andrea imigram para os Estados Unidos"); *lutar* pode funcionar como verbo transitivo indireto ou como intransitivo ("*lutam em lados opostos*"); o verbo *mostrar* é transitivo direto e indireto ("que nos mostra até onde podemos chegar"). Exige a preposição *a* ("mostra a nós" = "nos mostra"). O verbo *marcar* é transitivo direto ("marcará para sempre o destino"). *Conquistar* também é transitivo direto ("para conquistar nossos objetivos"). O verbo *ser* é de ligação ("'Bom Dia, Babilônia' é um belíssimo filme").
Gabarito "C".

13. ADVÉRBIO

(Técnico Judiciário – VUNESP – 2017) Leia o texto, para responder às questões abaixo.

O ônibus da excursão subia lentamente a serra. Ele, um dos garotos no meio da garotada em algazarra, deixava a brisa fresca bater-lhe no rosto e entrar-lhe pelos cabelos com dedos longos, finos e sem peso como os de uma mãe. Ficar às vezes quieto, sem quase pensar, e apenas sentir – era tão bom. A concentração no sentir era difícil no meio da balbúrdia dos companheiros.

E mesmo a sede começara: brincar com a turma, falar bem alto, mais alto que o barulho do motor, rir, gritar, pensar, sentir, puxa vida! Como deixava a garganta seca.

A brisa fina, antes tão boa, agora ao sol do meio-dia tornara-se quente e árida e ao penetrar pelo nariz secava ainda mais a pouca saliva que pacientemente juntava.

Não sabia como e por que mas agora se sentia mais perto da água, pressentia-a mais próxima, e seus olhos saltavam para fora da janela procurando a estrada, penetrando entre os arbustos, espreitando, farejando.

O instinto animal dentro dele não errara: na curva inesperada da estrada, entre arbustos estava... o chafariz de pedra, de onde brotava num filete a água sonhada.

O ônibus parou, todos estavam com sede mas ele conseguiu ser o primeiro a chegar ao chafariz de pedra, antes de todos.

De olhos fechados entreabriu os lábios e colou-os ferozmente no orifício de onde jorrava a água. O primeiro gole fresco desceu, escorrendo pelo peito até a barriga.

Era a vida voltando, e com esta encharcou todo o seu interior arenoso até se saciar. Agora podia abrir os olhos.

Abriu-os e viu bem junto de sua cara dois olhos de estátua fitando-o e viu que era a estátua de uma mulher e que era da boca da mulher que saía a água.

E soube então que havia colado sua boca na boca da estátua da mulher de pedra. A vida havia jorrado dessa boca, de uma boca para outra.

Intuitivamente, confuso na sua inocência, sentia-se intrigado. Olhou a estátua nua.

Ele a havia beijado.

Sofreu um tremor que não se via por fora e que se iniciou bem dentro dele e tomou-lhe o corpo todo estourando pelo rosto em brasa viva.

(Clarice Lispector, "O primeiro beijo". Felicidade clandestina. Adaptado)

(Técnico Judiciário – VUNESP – 2017) Na passagem do 4º parágrafo – Não sabia **como** e **por que** mas agora se sentia mais perto da água, pressentia-a **mais** próxima – as expressões destacadas trazem ao contexto, correta e respectivamente, as ideias de

(A) comparação, dúvida e tempo.

(B) modo, causa e lugar.

(C) modo, causa e intensidade.

(D) modo, dúvida e lugar.

(E) comparação, causa e tempo.

"Como" é advérbio de modo, indica a forma que fazemos algo; "por que" introduz a ideia de causa, a razão daquilo que se expõe (equivale a "por qual razão"); por fim, "mais" é advérbio de intensidade, aumenta o volume, a quantidade, daquilo a que se refere.

Gabarito "C".

Atenção: para responder a próxima questão, considere o texto abaixo.

```
1   Tirar um cochilo depois do almoço melhora o
    desempenho do cérebro, especialmente no que diz respeito às
    funções de aprendizagem e memória. Segundo uma pesquisa
4   realizada na Universidade da Califórnia, Berkeley, jovens que
    cochilaram à tarde tiveram um desempenho 10% melhor nesses
    quesitos. O mesmo estudo revela que aqueles que perderam
7   uma noite de sono tiveram a capacidade de armazenar novas
    informações diminuída em até 40%. A explicação residiria no
    fato de que, durante o sono, o cérebro faz uma espécie de
10  faxina na memória de curto prazo para facilitar o
    armazenamento de novas informações. "Medidas como essa
    não só melhoram a capacidade cognitiva como são
13  extremamente importantes para compensar a restrição ao sono,
    cada vez mais comum na vida moderna", diz o neurologista
    Sergio Tufik, diretor do Instituto do Sono da Universidade
16  Federal de São Paulo.
```

Anna Paula Buchalla. Aquela sonequinha...
In:Veja, 1.º/12/2010 (com adaptações).

(Técnico Judiciário – 2011 – CESPE) Julgue o item abaixo, referente aos aspectos estruturais e interpretativos do texto acima.

(1) O termo "especialmente" (l.2) poderia ser substituído por sobretudo, sem acarretar alteração de sentido na oração ou prejuízo para a sua correção gramatical.

1: correta, pois é possível a substituição de um advérbio por outro em "especialmente no que diz respeito". Os advérbios *especialmente* e *sobretudo* têm a acepção de "acima de tudo", "principalmente", nesse contexto.
Gabarito 1C.

14. ORAÇÃO SUBORDINADA

(Técnico Judiciário – TRT24 – FCC – 2017) Atenção: Considere o texto abaixo para responder às questões abaixo.

Aspectos Culturais de Mato Grosso do Sul

A cultura de Mato Grosso do Sul é o conjunto de manifestações artístico-culturais desenvolvidas pela população sul-mato-grossense muito influenciada pela cultura paraguaia. Essa cultura estadual retrata, também, uma mistura de várias outras contribuições das muitas migrações ocorridas em seu território.

O artesanato, uma das mais ricas expressões culturais de um povo, no Mato Grosso do Sul, evidencia crenças, hábitos, tradições e demais referências culturais do Estado. É produzido com matérias primas da própria região e manifesta a criatividade e a identidade do povo sul-mato-grossense por meio de trabalhos em madeira, cerâmica, fibras, osso, chifre, sementes, etc.

As peças em geral trazem à tona temas referentes ao Pantanal e às populações indígenas, são feitas nas cores da paisagem regional e, além da fauna e da flora, podem retratar tipos humanos e costumes da região.

(Adaptado de: CANTU, Gilberto. Disponível em: http://profgMbertocantu.blogspot.
com.br/2013/08/aspectos-culturais-de-mato-grosso-do-sul.html)

(Técnico Judiciário – TRT24 – FCC – 2017) *O artesanato,* **uma das mais ricas expressões culturais de um povo***, no Mato Grosso do Sul, evidencia crenças, hábitos, tradições e demais referências culturais do Estado.* (2º parágrafo)

No contexto, o trecho destacado veicula a ideia de

(A) explicação.

(B) proporção.

(C) concessão.

(D) finalidade.

(E) conclusão.

O trecho destacado exerce função sintática de aposto, elemento que explica outro anterior.
Gabarito "A".

Atenção: Considere o texto abaixo para responder às questões abaixo.

Freud uma vez recebeu carta de um conhecido pedindo conselhos diante de uma escolha importante da vida. A resposta é surpreendente: para as decisões pouco importantes, disse ele, vale a pena pensar bem. Quanto às grandes escolhas da vida, você terá menos chance de errar se escolher por impulso.

A sugestão parece imprudente, mas Freud sabia que as razões que mais pesam nas grandes escolhas são inconscientes, e o impulso obedece a essas razões. Claro que Freud não se referia às vontades impulsivas proibidas. Falava das decisões tomadas de "cabeça fria", mas que determinam o rumo de nossas vidas. No caso das escolhas profissionais, as motivações inconscientes são decisivas. Elas determinam não só a escolha mais "acertada", do ponto de vista da compatibilidade com a profissão, como são também responsáveis por aquilo que chamamos de talento. Isso se decide na infância, por mecanismos que chamamos de identificações. Toda criança leva na bagagem alguns traços da personalidade dos pais. Parece um processo de imitação, mas não é: os caminhos das identificações acompanham muito mais os desejos não realizados dos pais do que aqueles que eles seguiram na vida.

Junto com as identificações formam-se os ideais. A escolha profissional tem muito a ver com o campo de ideais que a pessoa valoriza. Dificilmente alguém consegue se entregar profissionalmente a uma

1. LÍNGUA PORTUGUESA

prática que não represente os valores em que ela acredita.

Tudo isso está relacionado, é claro, com a almejada satisfação na vida profissional. Mas não vamos nos iludir. Satisfação no trabalho não significa necessariamente prazer em trabalhar. Grande parte das pessoas não trabalharia se não fosse necessário. O trabalho não é fonte de prazer, é fonte de sentido. Ele nos ajuda a dar sentido à vida. Só que o sentido da vida profissional não vem pronto: ele é o efeito, e não a premissa, dos anos de prática de uma profissão. Na contemporaneidade, em que se acredita em prazeres instantâneos, resultados imediatos e felicidade instantânea, é bom lembrar que a construção de sentido requer tempo e persistência. Por outro lado, quando uma escolha não faz sentido o sujeito percebe rapidamente.

(Adaptado de KEHL, Maria Rita. Disponível em: rae.fgv.br /sites/rae.fgv.br/files/artigos)

(Técnico Judiciário – TRT11 – FCC – 2017) *Freud uma vez recebeu carta de um conhecido pedindo conselhos...*

Sem prejuízo da correção e do sentido, o elemento sublinhado acima pode ser substituído por:

(A) através de que se pedia

(B) que lhe pedia

(C) da qual pedia-lhe

(D) onde pedia-se

(E) em que se pedia

A oração destacada classifica-se como oração reduzida de gerúndio e pode ser estendida como "que lhe pedia" – note que a conjunção "que" é a única que não altera o sentido original do texto e respeita as normas gramaticais. **HS**

Gabarito "B".

(Técnico Judiciário – TRT/22ª – 2010 – FCC) Preocupada com a ameaça de repetição da crise alimentar que provocou conflitos em várias partes do mundo em 2008, a Organização das Nações Unidas para Alimentação e Agricultura (FAO) convocou uma reunião de emergência,em Roma.

Entre as informações presentes na afirmativa inicial do texto há relação, respectivamente, de

(A) finalidade e conclusão.

(B) tempo e consequência.

(C) explicação e finalidade.

(D) causa e consequência.

(E) tempo e conclusão.

Em "Preocupada com a ameaça de repetição da crise" temos um oração subordinada adverbial causal reduzida de particípio ("preocupada"). Se desenvolvermos essa oração, teríamos "A FAO convocou uma reunião de emergência, em Roma, **porque** estava preocupada com a ameaça". O pronome "que" em "crise alimentar que provocou conflitos", indica consequência. "Primeiro veio a crise alimentar, depois, por consequência, os conflitos surgiram. Foram provocados pela crise."

Gabarito "D".

15. ACENTUAÇÃO GRÁFICA

(Técnico Judiciário – TRT/14ª – 2011 – FCC) Das frases abaixo só NÃO há erros de ortografia em:

(A) O consumo de proteínas e gorduras em exceço pode ser nossivo para o processo digestivo.

(B) Manter o organismo mau hidratado pode prejudicar a eliminação de toxinas e provocar sérios problemas de saúde.

(C) Carbohidratos ricos em fibras são importantes aliados para manter estável o nível de energia do organismo.

(D) Sabe-se que uma substancia encontrada no guaraná pode estimular a função cerebral e auxiliar na concentrasão.

(E) Consumir alimentos ricos em vitaminas e minerais pode ajudar a reduzir os efeitos negativos do estresse.

A: incorreta, pois excesso, nocivo; **B:** incorreta, pois mal (mal hidratado), toxinas (paroxítona não leva acento quando terminada em **a**); **C:** incorreta, pois carboidratos, nível (paroxítona terminada em **l** é acentuada); **D:** incorreta, pois substância (paroxítona terminada em ditongo crescente é acentuada), concentração.

Gabarito "E".

(Técnico Judiciário – TRT24 – FCC – 2017) A frase que está escrita em conformidade com a norma-padrão da língua é:

(A) A cultura e os costumes de um povo representam aspectos sócio--culturais que tendem a ser reproduzidas pelos seus membros em geral e passadas a seus descendentes, geração a geração.

(B) A cultura e os costumes de um povo representa aspectos sócio--culturais que tendem a ser reproduzidas pelos seus membros em geral e passadas a seus decendentes, geração à geração.

(C) A cultura e os costumes de um povo representa aspectos socio-culturais que tendem à ser reproduzido pelos seus membros em geral e passados a seus descendentes, geração a geração.

(D) A cultura e os costumes de um povo representam aspectos socio-culturais que tendem a ser reproduzidos pelos seus membros em geral e passados a seus descendentes, geração a geração.

(E) A cultura e os costumes de um povo representam aspectos socioculturais que tendem a serem reproduzidos pelos seus membros em geral e passados à seus decendentes, geração a geração.

A: incorreta. O verbo particípio do verbo "reproduzir" deveria estar no masculino para concordar com "aspectos". Além disso, nos termos do Novo Acordo Ortográfico, grafa-se "socioculturais"; **B:** incorreta. O verbo "representar" deveria estar no plural para concordar com "a cultura e os costumes". "Reproduzidas" deveria estar no masculino, como já destacado, além da nova redação de "socioculturais". A grafia correta é "descendentes" e a expressão "geração a geração" não leva o acento grave indicativo da crase; **C:** incorreta. Além dos erros já destacados nas alternativas anteriores, não ocorre crase antes de verbo – "a ser"; **D:** correta. A alternativa respeita todas as normas do padrão culto da língua; **E:** incorreta. Além do erro de ortografia em "descendentes", também não ocorre crase antes de pronome possessivo masculino – "a seus". **HS**

Gabarito "D".

Atenção: Considere o texto abaixo para responder às questões abaixo.

Freud uma vez recebeu carta de um conhecido pedindo conselhos diante de uma escolha importante da vida. A resposta é surpreendente: para as decisões pouco importantes, disse ele, vale a pena pensar bem. Quanto às grandes escolhas da vida, você terá menos chance de errar se escolher por impulso.

A sugestão parece imprudente, mas Freud sabia que as razões que mais pesam nas grandes escolhas são inconscientes, e o impulso obedece a essas razões. Claro que Freud não se referia às vontades impulsivas proibidas. Falava das decisões tomadas de "cabeça fria", mas que determinam o rumo de nossas vidas. No caso das escolhas profissionais, as motivações inconscientes são decisivas. Elas determinam não só a escolha mais "acertada", do ponto de vista da compatibilidade com a profissão, como são também responsáveis por aquilo que chamamos de talento. Isso se decide na infância, por mecanismos que chamamos de identificações. Toda criança leva na bagagem alguns traços da personalidade dos pais. Parece um processo de imitação, mas não é: os caminhos das identificações acompanham muito mais os desejos não realizados dos pais do que aqueles que eles seguiram na vida.

Junto com as identificações formam-se os ideais. A escolha profissional tem muito a ver com o campo de ideais que a pessoa valoriza. Dificilmente alguém consegue se entregar profissionalmente a uma prática que não represente os valores em que ela acredita.

Tudo isso está relacionado, é claro, com a almejada satisfação na vida profissional. Mas não vamos nos iludir. Satisfação no trabalho não significa necessariamente prazer em trabalhar. Grande parte das pessoas não trabalharia se não fosse necessário. O trabalho não é fonte de prazer, é fonte de sentido. Ele nos ajuda a dar sentido à vida. Só que o sentido da vida profissional não vem pronto: ele é o efeito, e não a premissa, dos anos de prática de uma profissão. Na contemporaneidade, em que se acredita em prazeres instantâneos, resultados imediatos e felicidade instantânea, é bom lembrar que a construção de sentido requer tempo e persistência. Por outro lado, quando uma escolha não faz sentido o sujeito percebe rapidamente.

(Adaptado de KEHL, Maria Rita. Disponível em: rae.fgv.br /sites/rae.fgv.br/files/artigos)

(Técnico Judiciário – TRT11 – FCC – 2017) Está correto o que se afirma em:

(A) O segmento sublinhado em ... *que não represente os valores em que ela acredita...* (3º parágrafo) pode ser substituído por "no qual".

(B) Ambos os elementos sublinhados em ... *Freud sabia que as razões que mais pesam...* (2º parágrafo) são pronomes.

(C) A frase ... *você terá menos chance de errar se escolher por impulso...* (1º parágrafo) pode ser redigida do seguinte modo: "devem haver menos chances na escolha impulsiva".

(D) O elemento sublinhado em ... *aqueles que eles seguiram na vida...* (2º parágrafo) refere-se a "ideais".

(E) Na frase *Parece um processo de imitação, mas não é:...* (2º parágrafo), o sinal de dois-pontos pode ser substituído por "pois", precedido de vírgula.

A: incorreta. O elemento pode ser substituído por "nos quais", para concordar com o plural "valores"; **B:** incorreta. O primeiro "que" é conjunção integrante, porque une as orações do período. O segundo "que" é pronome relativo, porque se refere a "razões"; **C:** incorreta. O verbo "haver", no sentido de "existir", é impessoal, ou seja, não sofre flexão de número. Consequentemente, quando integrar uma locução verbal, a mesma regra se aplica ao verbo auxiliar: "deve haver menos chances"; **D:** incorreta. Refere-se a "desejos"; **E:** correta. Como o aposto tem valor explicativo, pode ser introduzido pela conjunção "pois", que transmite o mesmo valor.

(TRT/3ª – 2015 – FCC) O texto e a norma-padrão legitimam a seguinte afirmação:

(A) (linha 1) Em *há momentos*, se o verbo viesse acompanhado de auxiliar, a forma a ser empregada seria "devem haver".

(B) (linhas 15 e 16) Em *a guerra continuava feroz não apenas* no *Extremo Oriente*, mas também *na antiquíssima Grécia*, a correlação estabelecida entre as regiões se dá por meio dos segmentos destacados.

(C) (linha 17) Em *se enfrentavam* para *ocupar o vácuo de poder*, a substituição da palavra grifada por "afim de" mantém o sentido e a correção originais.

(D) (linhas 16 e 17) Em onde *guerrilheiros de direita e de esquerda [...] se enfrentavam*, a palavra destacada pode ser substituída por "pela qual", sem prejuízo do sentido e da correção originais.

(E) (linhas 14 e 15) Transpondo a frase *o retorno dos combatentes brasileiros vindos da Itália era saudado delirantemente* para a voz ativa, pode-se ter a forma verbal "saudava" ou "saudavam", na dependência de se considerar como agente da ação, por exemplo, "o povo" ou "as pessoas".

A: incorreta. Quando utilizado no sentido de "existir", o verbo "haver" é impessoal mesmo que acompanhado de verbo auxiliar, permanecendo sempre na terceira pessoa do singular; **B:** incorreta. A correlação é feita pelas expressões "não apenas" e "mas também"; **C:** incorreta. "Para" é sinônimo de "a fim de", separado, com o sentido de "com o fim de", "com a finalidade de"; **D:** incorreta. O pronome "onde" transmite ideia de lugar, ao passo que "pela qual" indica finalidade, objetivo; **E:** correta. Como o agente da passiva não está expresso na oração, é possível utilizar qualquer dos exemplos dados como sujeito, o que pode alterar a conjugação do verbo.

(TRT/3ª – 2015 – FCC) *Perguntando-me a mim mesmo por que processo de associação ela me viera à memória, não atinei com o porquê. Pensei, então, no motivo de eu lastimar sua ausência e não obtive de imediato a resposta. Passaram-se muitos meses quando, de repente, percebi o sentido disso tudo: ela era, sempre fora e sempre seria a concretização da fantasia primeira da minha adolescência.*

Considere o trecho acima e as afirmações que seguem:

I. Em *Perguntando-me a mim mesmo*, há duas formas – *me* e *a mim mesmo* – que expressam reflexividade da ação, motivo pelo qual uma delas pode ser elidida sem prejuízo do sentido.

II. Em *por que processo de associação ela me viera à memória*, o segmento destacado está grafado segundo as normas gramaticais.

III. Em *não atinei com o porquê*, a palavra destacada apresenta erro de grafia: o acento gráfico não é justificável.

IV. Em *percebi o sentido disso tudo*, a palavra destacada resume as razões citadas após os dois-pontos.

Está correto o que se afirma APENAS em

(A) I.

(B) I e II.

(C) II e III.

(D) III e IV.

(E) II e IV.

I: correta. Trata-se de pleonasmo literário, figura de estilo que pretende dar ênfase ao que se fala usando elementos redundantes, de forma que qualquer deles pode ser suprimido sem alterar o sentido do texto; **II:** correta. Nessa passagem, temos a preposição "por" associada ao pronome relativo "que", sinônimo de "qual" ("por qual razão..."); **III:** incorreta. A grafia está certa: "porquê", junto e com acento, é substantivo – sinônimo de "motivo", "razão"; **IV:** incorreta. O advérbio "tudo" refere-se aos fatos descritos **antes** dos dois-pontos.

Instruções: Para responder às questões seguintes, considere o texto a seguir.

1   Desde *A democracia na América* (1835), de Alexis
    de Tocqueville, tornou-se corrente comparar os
    Estados Unidos com a América ibérica, constituindo
    este exercício uma fonte de inspiração da imaginação
5   social no continente. Nessa obra, a América do Sul é
    descrita como lugar em que a pujança da natureza
    debilitaria o homem, enquanto, na América do Norte, a
    natureza se revestiria de outro aspecto, onde tudo "era
    grave, sério, solene; dissera-se que fora criada para se
10   tornar província da inteligência, enquanto a outra era a
    morada dos sentidos".
    O caso bem-sucedido da América do Norte apontaria
    para um processo em que o atraso ibérico, sob o impacto
    das diferentes influências exercidas pelo seu vizinho
15   anglo-americano, modernizar-se-ia, rompendo
    com os fundamentos da sua própria história.
    A reflexão social latino-americana no século XIX, já
    testemunha dos sucessos econômicos e políticos dos
    Estados Unidos, tomou-os como um paradigma em sua
20   luta orientada contra o que seria o seu atraso constitutivo,
    resultante do caudilhismo e do patrimonialismo vigentes
    em seus espaços nacionais. Entre tantos outros,
    os argentinos Sarmiento e Alberdi desenvolveram uma
    publicística centrada na comparação entre as duas
25   Américas e o que nos cumpriria fazer para, livrando-nos
    dos nossos males históricos, lograrmos sucesso no ingresso
    ao mundo moderno. [...]
    No caso do Brasil, a comparação com os Estados
    Unidos também esteve presente ao longo de nossa história,
30   influenciando diretamente os embates sobre o processo
    da modernização brasileira. Nossa herança ibérica,
    marcada por um Estado forte e pela valorização do
    público, seria compatível com os valores do mundo moderno
    então emergente? Ou, de forma alternativa, ela
35   teria nos legado uma carga tão excessiva, cuja
    superação em direção à modernidade exigiria uma
    ruptura com esse passado? Desde já, é importante
    ressaltar que, ainda que os conceitos iberismo e
    americanismo tenham sido formulados a posteriori, não
40   estando presentes no vocabulário dos autores consagrados
    como fundadores da tradição de interpretar o
    Brasil, eles fornecem uma chave interpretativa para o
    estudo do processo de nossa formação histórica.

*(VIANNA, Luis Werneck; PERLATTO, Fernando. Iberismo e americanismo. In: BOTELHO, André; SCHWARCZ, Lilia Moritz (orgs.). **Agenda brasileira:** temas de uma sociedade em mudança. São Paulo: Companhia das Letras, 2011, p. 248-249)*

(TRT/2ª – 2014 – FCC) Afirma-se com correção:

(A) (linhas 23 e 24) Transpondo para a voz passiva o segmento *os argentinos Sarmiento e Alberdi desenvolveram uma publicística*, a forma correta obtida é "tinha sido desenvolvida".

(B) (linhas 15 e 16) *Em rompendo com os fundamentos da* sua *própria história*, o pronome destacado indica que a história é a da América

1. LÍNGUA PORTUGUESA — 487

ibérica.

(C) (linhas 2 e 3) Desenvolvendo a forma destacada em tornou-se corrente comparar *os Estados Unidos com a América ibérica*, estaria em concordância com as normas gramaticais a formulação "comparando".

(D) (linha 28) O emprego da expressão *No caso do Brasil* pode ser considerado redundância, pois o conteúdo anterior já está organizado sob essa perspectiva, como o comprova o uso de (linha 25) *nos cumpriria [...], livrando-nos.*

(E) (linha 9) Em dissera-se que fora criada, a substituição das formas verbais preserva o sentido original se forem trocadas, respectivamente, por "haviam dito" e "teria sido criada".

A: incorreta. O correto seria "foi desenvolvida"; B: correta. O pronome possessivo "sua" foi utilizado como ferramenta de coesão para resgatar a ideia da América Ibérica representada no trecho "atraso ibérico"; C: incorreta. A substituição correta seria "compara-se"; D: incorreta. Até então, o texto trata da América Ibérica como um todo, para só depois especificar o caso brasileiro. Não há, pois, redundância; E: incorreta. A primeira substituição estão correta, porque ambas as construções representam o sujeito indeterminado. A segunda, porém, altera o sentido da oração, porque "fora criada" exprime ideia de certeza, enquanto "teria sido criada" traz ínsita a ideia de dúvida sobre o que se está afirmando.
Gabarito "B".

1   A áspera controvérsia sobre a importância da liberdade
     política é bem capaz de ocultar o essencial nessa
     matéria, ou seja, a liberdade existe como um valor ético
     em si mesmo, independentemente dos benefícios con-
5   cretos que a sua fruição pode trazer aos homens. *[...]*
     A liberdade tem sido, em todos os tempos, a causa
     das maiores conquistas do ser humano. E, efetivamente,
     que valor teriam a descoberta da verdade, a criação
     da beleza, a invenção das utilidades ou a realização da
10   justiça, se os homens não tivessem a possibilidade de
     escolher livremente o contrário de tudo isso?
     Heródoto foi um dos primeiros a sublinhar que o estado
     de liberdade torna os povos fortes, na guerra e na
     paz. Ao relatar a estupenda vitória que os atenienses,
15   sob o comando de Cleômenes, conquistaram contra os
     calcídeos e os beócios, ele comenta: "Aliás, verifica-se,
     sempre e em todo lugar, que a igualdade entre os cidadãos
     é uma vantagem preciosa: submetidos aos tiranos,
     os atenienses não tinham mais valor na guerra que
20   seus vizinhos; livres, porém, da tirania, sua superioridade
     foi manifesta. Por aí se vê que na servidão eles se
     recusavam a manifestar seu valor, pois labutavam para
     um senhor; ao passo que, uma vez livres, cada um no
     seu próprio interesse colaborava, por todas as maneiras,
25   para o triunfo do empreendimento coletivo".
     O mesmo fenômeno de súbita libertação de energias
     e de multiplicação surpreendente de forças humanas
     voltou a repetir-se vinte e quatro séculos depois, com a
     Revolução Francesa. Pela primeira vez na história mo-
30   derna, as forças armadas de um país não eram compostas
     de mercenários, nem combatiam por um príncipe,
     sob o comando de nobres, mas eram formadas de
     homens livres e iguais, comandados por generais plebeus,
     sendo todos movidos tão só pelo amor à pátria.

(COMPARATO, Fábio Konder. A liberdade como valor ético. *Ética*: direito, moral e religião no mundo moderno. São Paulo: Companhia das Letras, 2006, p. 546-547)

(TRT/2ª – 2014 – FCC) Observadas as orientações da gramática normativa, é pertinente o seguinte comentário:

(A) (linha 18) No segmento *submetidos aos tiranos*, tem-se exemplo de emprego de particípio atribuindo à frase valor temporal.

(B) (linhas 16 a 21) Tanto em *ele comenta*, quanto em *Por aí se vê*,

---

observa-se o emprego do tempo presente pelo pretérito (presente histórico), para dar vivacidade a fatos ocorridos no passado.

(C) (linhas 4 e 5) Outra redação para *independentemente dos benefícios concretos que a sua fruição pode trazer aos homens* estará clara e correta se tiver a formulação "em nada dependendo dos benefícios concretos que podem advirem da sua fruição aos homens".

(D) (linhas 7 a 9) Em *E, efetivamente, que valor teriam a descoberta da verdade (...) ou a realização da justiça,* o valor da sequência implica uma vírgula obrigatória depois da conjunção "ou".

(E) (linha 8) Se as normas preveem a possibilidade de ocorrer o verbo no singular no caso de haver uma sucessão de substantivos que indicam gradação de um mesmo fato, seria correto empregar "teria", em vez de *teriam*.

A: correta. O uso do particípio do verbo "submeter" transmite a ideia de que o fato ocorreu no passado; B: incorreta. O tempo presente foi utilizado por ser o gramaticalmente adequado, não por recurso de estilo; C: incorreta. A redação clara e correta seria: "em nada dependendo dos benefícios concretos que podem advir da sua fruição pelos homens"; D: incorreta. A vírgula é facultativa nesse caso; E: incorreta. A regra enunciada está certa, mas o trecho indicado não é uma gradação, e sim uma enumeração.
Gabarito "A".

Atenção: As questões de abaixo referem-se ao texto que segue.

A matéria abaixo, que recebeu adaptações, é do jornalista Alberto Dines, e foi veiculada em 09.05.2015, um dia após as comemorações pelos 70 anos do fim da Segunda Guerra Mundial.

(TRT/16ª – 2014 – FCC) *Há, além disso, uma dificuldade relativa à ciência. Algumas das terapias disponíveis já têm quatro ou cinco décadas de existência. Investimentos em pesquisa poderiam levar a estratégias de prevenção e cura mais efetivas. Como essas doenças não são rentáveis, porém, os grandes laboratórios raras vezes se interessam por esse nicho.*

Considerado o trecho acima, é adequado o seguinte comentário:

(A) A supressão da vírgula após a palavra *Há* preserva a correção da frase.

(B) A correlação entre as formas verbais *Há* e *poderiam levar* evidencia a relação estabelecida entre o que efetivamente existe e a hipótese considerada bastante improvável.

(C) Formulação alternativa ao uso de *têm* está correta assim – "existe a".

(D) A expressão *mais efetivas,* em virtude do segmento que caracteriza, pode ser deslocada para depois da palavra *estratégias,* sem prejudicar o sentido original.

(E) No contexto, o emprego de *já* contribui para a construção da ideia de que certas terapias têm longevidade que comprova sua eficiência.

A: incorreta. A expressão "além disso", por estar deslocada da ordem direta, deve vir entre vírgulas; B: incorreta. Dada a correlação entre as duas formas verbais, evidencia-se que a possibilidade aventada pelo autor é bastante provável de acontecer; C: incorreta. "Têm", com acento circunflexo, é conjugação da terceira pessoa do **plural** do presente do indicativo do verbo "ter". Logo, a substituição deveria ser por "existem a"; D: correta. A alteração da colocação como proposta não altera o sentido ou a clareza do texto; E: incorreta. Ao contrário, "já" foi utilizada para evidenciar o longo tempo transcorrido desde o desenvolvimento das terapias e, consequentemente, sua menor efetividade quando comparadas com as possibilidades atuais da medicina e da farmácia.
Gabarito "D".

(TRT/16ª – 2014 – FCC) *Seria sem dúvida ingenuidade esperar que a indústria farmacêutica se entregasse de corpo e alma à resolução do problema. Seu compromisso primordial é com seus acionistas – e essa é a regra do jogo. Isso não significa, contudo, que não possam fazer parte do esforço.*

Afirma-se com correção sobre aspecto do trecho acima:

(A) Se, em vez de *resolução do problema,* houvesse "resolver o problema", seria correto manter o acento indicativo da crase – "se entregasse [...] à resolver o problema".

(B) A palavra *primordial* está corretamente empregada, assim como está em "É primordial para o setor, sem dúvida alguma, as mudanças relativas à área de recursos humanos".

(C) Justifica-se o uso do sinal de pontuação, na linha 2 do trecho acima, assim: "Não é raro o emprego de um só travessão para indicar que a parte final de um enunciado constitui um comentário marginal, de reduzida força para o desenvolvimento do raciocínio".

(D) A substituição da conjunção *contudo* por "ainda que" não altera a relação que originalmente está estabelecida entre as frases do texto.

(E) A substituição da forma verbal *possam fazer* por "possa fazer" estaria correta e adequada ao contexto.

A: incorreta. Não ocorre crase antes de verbo; **B:** incorreta. Na oração proposta, "primordial" deveria estar no plural para concordar com "mudanças"; **C:** incorreta. Essa não é a razão para o uso do travessão. Ele substitui os dois-pontos na introdução do aposto; **D:** incorreta. "Ainda que" tem valor concessivo; já "contudo" é conjunção adversativa que pode ser substituída por "mas", "porém", "todavia"; **E:** correta. A alteração faria com que o verbo se referisse à "indústria farmacêutica" em vez de "acionistas", mas de qualquer forma correta.

Gabarito "E".

(TRT/16ª – 2014 – FCC) *Mais de 1 bilhão de humanos ainda sofrem, em pleno século 21, com doenças cujo controle é não só possível, mas também relativamente barato – eis um fato que depõe contra o atual estágio de nossa organização global.*

Na frase acima,

(A) a correlação estabelecida por *não só... mas também* pode ser igualmente estabelecida por "tanto ... quanto também".

(B) *cujo* pode ser substituído, sem prejuízo da correção e do sentido, por "de que seu".

(C) o emprego de *sofrem*, no plural, é a única forma aceitável de concordância, segundo a norma-padrão.

(D) a expressão *com doenças* exprime ideia de "conformidade".

(E) o emprego de *depõe* é que infunde o sentido de negatividade ao segmento final.

A: correta. As expressões são realmente sinônimas e estabelecem relação de comparação; **B:** incorreta. A alteração proposta não se coaduna com as regras de regência da gramática normativa; **C:** incorreta. É aceita a concordância com "um bilhão", no singular; **D:** incorreta. A ideia é de união, ligação; **E:** incorreta. O sentimento de negatividade vem da preposição "contra".

Gabarito "A".

(TRT/16ª – 2014 – FCC) A alternativa que apresenta frase redigida de modo claro e condizente com a norma-padrão é:

(A) Assim que ele viu-os sair apressados e com semblante sério, indagou-se sobre o que teria acontecido durante aqueles tensos minutos que estiveram na sala da diretoria.

(B) Exequibilidade à parte, o projeto do coordenador dos eventos exibia tanta riqueza de informação, a prenunciar sucesso, que não havia quem não os quisesse custear.

(C) Não se tratava de excrescências a serem relegadas mas, de ítens absolutamente imprescindíveis ao bom encaminhamento das secções em que se fosse debater tantos e tão controversos temas.

(D) Levantada a hipótese de os assessores se contrapuserem à decisão intempestiva do diretor, ninguém hesitaria em lhes apoiar, pois sabiam que ele determinava, depois ponderava sobre o assunto decidido.

(E) Primeiramente em prioridade absoluta, tornar-se-ia necessário que se revisasse as últimas determinações do ministro, mas nada parecia indicar que o fizessem à tempo.

A: incorreta. A conjunção integrante "que" determina a próclise em "assim que ele os viu sair"; **B:** correta. O período está redigido de forma clara e atende a todas as prescrições da gramática; **C:** incorreta. A vírgula deveria estar antes, e não depois, de "mas". Além disso, não há acento na palavra "itens". Mais ainda, "seção" é sinônimo de "reunião"; "secção" é sinônimo de "corte"; **D:** incorreta. A conjugação correta do verbo "contrapor-se" à terceira pessoa do plural do presente do subjuntivo: "contraponham". O maior problema, porém, é a falta de clareza da redação; **E:** incorreta. Há grave pleonasmo logo no início do período e o verbo "revisar" deveria estar no plural ("revisassem"), para concordar com "determinações".

Gabarito "B".

(TRT/16ª – 2014 – FCC) Não faltam clareza e correção, segundo a norma-padrão, à seguinte frase:

(A) Eu estou entre aqueles que foi mau tratado pelo adjunto do secretário geral, por isso pretendo envidar todos os esforços para que ele responda pelos seus atos na medida exata da justiça.

(B) Estando emerso em decisões a tomar, não previu a possibilidade de, tempo findo, ser chamado a prestar contas e enumerar os impecilhos que o tornaram vulnerável a uma suspensão.

(C) Crêa você, ou não, o fato é que dissensões existem até na hora de organizar as homenagens decididas por consenso, pois os mais expontâneos, a rigor, são sempre os mais influentes nas deliberações finais.

(D) A homogenização dos ingredientes no tacho de cobre, é determinante de um bom ou medíocre resultado da receita, motivo porque muitos cozinheiros reservam toda a atenção e tempo a esse quesito.

(E) Acometido de forte disenteria, de que a palidez era sinal inequívoco, viu-se na iminência de ser internado, o que o impediu de comparecer ao julgamento como a testemunha mais importante da defesa.

A: incorreta. Deveria constar "mal", antônimo de "bem", e não "mau", contrário de "bom". O período é também bastante prolixo, o que causa prejuízo à clareza; **B:** incorreta. Deveria constar "imerso", sinônimo de "afundado", "submerso", e não "emerso", equivalente a "na superfície". Há também erro de grafia em "empecilhos"; **C:** incorreta. A conjugação da terceira pessoa do singular do presente do subjuntivo do verbo "crer" se escreve "creia". A grafia correta é "espontâneos". E o texto peca pela total falta de clareza – não se pode compreender a mensagem que quer transmitir; **D:** incorreta. Faltou uma letra em "homogeneização". Não há vírgula depois de "cobre"; **E:** correta. Todas as palavras estão grafadas corretamente e há clareza na redação.

Gabarito "E".

Cada um fala como quer, ou como pode, ou como acha que pode. Ainda ontem me divertiu este trechinho de crônica do escritor mineiro Humberto Werneck, de seu livro Esse inferno vai acabar:

"- Meu cabelo está pendoando – anuncia a prima, apalpando as melenas.

Tenho anos, décadas de Solange, mas confesso que ela, com o seu solangês, às vezes me pega desprevenido.

- Seu cabelo está o quê?

- Pendoando – insiste ela, e, com a paciência de quem explica algo elementar a um total ignorante, traduz:

- Bifurcando nas extremidades.

É assim a Solange, criatura para a qual ninguém morre, mas falece, e, quando sobrevém esse infausto acontecimento, tem seu corpo acondicionado num ataúde, num esquife, num féretro, para ser inumado em alguma necrópole, ou, mais recentemente, incinerado em crematório. Cabelo de gente assim não se torna vulgarmente quebradiço: pendoa."

Isso me fez lembrar uma visita que recebemos em casa, eu ainda menino. Amigas da família, mãe e filha adolescente vieram tomar um lanche conosco. D. Glorinha, a mãe, achava meu pai um homem intelectualizado e caprichava no vocabulário. A certa altura pediu ela a mim, que estava sentado numa extremidade da mesa:

- Querido, pode alcançar-me uma côdea desse pão?

Por falta de preparo linguístico não sabia como atender a seu pedido. Socorreu-me a filha adolescente:

- Ela quer uma casquinha do pão. Ela fala sempre assim na casa dos outros.

A mãe ficou vermelha, isto é, ruborizou, enrubesceu, rubificou, e olhou a filha com reprovação, isto é, dardejou-a com olhos censórios.

Veja-se, para concluir, mais um trechinho do Werneck:

"Você pode achar que estou sendo implicante, metido a policiar a linguagem alheia. Brasileiro é assim mesmo, adora embonitar a conversa para impressionar os outros. Sei disso. Eu próprio já andei escrevendo sobre o que chamei de ruibarbosismo: o uso de palavreado rebarbativo como forma de, numa discussão, reduzir ao silêncio o interlocutor ignaro. Uma espécie de gás paralisante verbal."

(Cândido Barbosa Filho, inédito)

(Técnico – TRT/1ª – 2012 – FCC) Atente para as seguintes afirmações:

I. Na frase "Isso me fez lembrar uma visita que recebemos em casa, eu ainda menino", o segmento sublinhado pode ser corretamente substituído por **aonde eu ainda era menino**.

1. LÍNGUA PORTUGUESA   489

II. Transpondo-se para a voz **passiva** a frase "Socorreu-me a filha adolescente", a forma verbal resultante será **tendo-me socorrido**.

III. No contexto, a expressão "Brasileiro é assim mesmo" é um caso típico de generalização abusiva, como a que também ocorre em **os alemães são pragmáticos.**

Está correto o que se afirma APENAS em

(A) I.

(B) II.

(C) III.

(D) I e II.

(E) II e III.

I: incorreta. A justaposição da preposição "a" com o advérbio "onde" (a+onde) indica o movimento de um lugar para outro. A expressão sublinhada no texto exerce função de adjunto adverbial de **tempo**, ou seja, refere-se ao momento em que o fato aconteceu, não onde ele aconteceu; **II:** incorreta. A voz passiva analítica ficaria: "Eu fui socorrido pela filha adolescente"; **III:** correta. A generalização excessiva, desprovida de fundamentos, é uma falha na argumentação.

Gabarito "C".

(Técnico – TRT/1ª – 2012 – FCC) "Ruibarbosismo" é um neologismo do qual se valeu o autor do texto para lembrar o estilo retórico pelo qual se notabilizou o escritor baiano.

Não haverá prejuízo para a correção da frase acima ao se substituírem os segmentos sublinhados, na ordem dada, por:

(A) a que recorreu - que fez notável.

(B) do qual incorreu - com que se afamou.

(C) a cujo recorreu - o qual celebrizou.

(D) em que fez uso - em cujo deu notabilidade.

(E) em cujo incorreu - com o qual se propagou.

A: correta. Os pronomes relativos referem-se ao mesmo termo da oração, respeitam as normas de regência verbal e as palavras substituídas são efetivamente sinônimas; **B:** incorreta. "Incorrer" significa "cometer", "incidir", "ficar compreendido"; **C:** incorreta. "Cujo" é pronome relativo que indica posse, relação que não se estabelece no trecho destacado; **D:** incorreta. Há erro de regência na alternativa na primeira substituição (deveria constar "de que") e, na segunda, "cujo" remete a posse, propriedade, ideia que não está contida no texto original; **E:** incorreta. Os mesmos erros relativos a regência, "cujo" e "incorrer" já analisados nas alternativas anteriores aparecem aqui.

Gabarito "A".

Economia religiosa

Concordo plenamente com Dom Tarcísio Scaramussa, da CNBB, quando ele afirma que não faz sentido nem obrigar uma pessoa a rezar nem proibi-la de fazê-lo. A declaração do prelado vem como crítica à professora de uma escola pública de Minas Gerais que hostilizou um aluno ateu que se recusara a rezar o pai-nosso em sua aula.

É uma boa ocasião para discutir o ensino religioso na rede pública, do qual a CNBB é entusiasta. Como ateu, não abraço nenhuma religião, mas, como liberal, não pretendo que todos pensem do mesmo modo. Admitamos, para efeitos de argumentação, que seja do interesse do Estado que os jovens sejam desde cedo expostos ao ensino religioso. Deve-se então perguntar se essa é uma tarefa que cabe à escola pública ou se as próprias organizações são capazes de supri-la, com seus programas de catequese, escolas dominicais etc.

A minha impressão é a de que não faltam oportunidades para conhecer as mais diversas mensagens religiosas, onipresentes em rádios, TVs e também nas ruas. Na cidade de São Paulo, por exemplo, existem mais templos (algo em torno de 4.000) *do que escolas públicas (cerca de 1.700). Creio que aqui vale a regra econômica, segundo a qual o Estado deve ficar fora das atividades de que o setor privado já dá conta. Outro ponto importante é o dos custos. Não me parece que faça muito sentido gastar recursos com professores de religião, quando faltam os de matemática, português etc. Ao contrário do que se dá com a religião, é difícil aprender física na esquina.*

Até 1997, a Lei de Diretrizes e Bases da Educação acertadamente estabelecia que o ensino religioso nas escolas oficiais não poderia representar ônus para os cofres públicos. A bancada religiosa emendou a lei para empurrar essa conta para o Estado. Não deixa de ser um caso de esmola com o chapéu alheio.

(Hélio Schwartsman. **Folha de S. Paulo**, 06/04/2012)

(Técnico – TRT/6ª – 2012 – FCC) (...) *ele afirma que não faz sentido* nem obrigar uma pessoa a rezar nem proibi-la de fazê-lo.

Mantém-se, corretamente, o sentido da frase acima substituindo- se o segmento sublinhado por:

(A) nem impor a alguém que reze, nem impedi-la de fazer o mesmo.

(B) deixar de obrigar uma pessoa a rezar, ou lhe proibir de o fazer.

(C) seja obrigar que uma pessoa reze, ou mesmo que o deixe de o praticar.

(D) coagir alguém a que reze, ou impedi-lo de o fazer.

(E) forçar uma pessoa para que reze, ou não fazê-la de modo algum.

A: incorreta. A maioria dos gramáticos condena o uso do advérbio "mesmo" como um pronome. Melhor seria, segundo eles, "fazê-lo". Além disso, o pronome "alguém" é masculino, o que determina o uso do pronome oblíquo "o" em "impedi-lo"; **B:** incorreta. "Proibir" é verbo transitivo direto, portanto determina o uso do pronome oblíquo "a", não "lhe". Mais ainda, "deixar de obrigar" não tem o mesmo sentido exposto no trecho transcrito no enunciado; **C:** incorreta. O pronome oblíquo "o" está desnecessária e erroneamente repetido. Bastaria dizer: "ou mesmo que deixe de fazê-lo"; **D:** correta. Os sinônimos empregados e a colocação pronominal estão perfeitos; **E:** incorreta. O advérbio de negação "não" determina a próclise, além de o pronome oblíquo estar errado, porque ele não se refere a "pessoas", mas ao verbo "fazer". O correto seria: "ou não o fazer de modo algum".

Gabarito "D".

16. TEMAS COMBINADOS E OUTROS TEMAS

A representação da "realidade" na imprensa

Parece ser um fato assentado, para muitos, que um jornal ou um telejornal expresse a "realidade". Folhear os cadernos de papel de ponta a ponta ou seguir pacientemente todas as imagens do grande noticiário televisivo seriam operações que atualizariam a cada dia nossa "compreensão do mundo". Mas esse pensamento, tão disseminado quanto ingênuo, não leva em conta a questão da perspectiva pela qual se interpretam todas e quaisquer situações focalizadas. Submetermo-nos à visada do jornalista que compôs a notícia, ou mesmo à do câmera que flagra uma situação (e que, aliás, tem suas tomadas sob o controle de um editor de imagens), *é desfazermo-nos da nossa própria capacidade de análise, é renunciarmos à perspectiva de sujeitos da nossa interpretação.*

Tanto quanto os propalados e indiscutíveis "fatos", as notícias em si mesmas, com a forma acabada pela qual se veiculam, são parte do mundo: convém averiguar a quem interessa o contorno de uma análise política, o perfil criado de uma personalidade, o sentido de um levante popular ou o alcance de uma medida econômica. O leitor e o espectador atentos ao que leem ou veem não têm o direito de colocar de lado seu senso crítico e tomar a notícia como espelho fiel da "realidade". Antes de julgarmos "real" o "fato" que já está interpretado diante de nossos olhos, convém reconhecermos o ângulo pelo qual o fato se apresenta como indiscutível e como se compõe, por palavras ou imagens, a perspectiva pela qual uma bem particular "realidade" quer se impor para nós, dispensando-nos de discutir o ponto de vista pelo qual se construiu uma informação.

(Tibério Gaspar, inédito)

(Analista Judiciário – TRT/24 – FCC – 2017) Na frase *Parece ser um fato assentado que um jornal expresse a "realidade",* os termos sublinhados

(A) prendem-se ao mesmo verbo, do qual constituem adjuntos.

(B) são sujeitos de uma mesma forma verbal.

(C) integram duas orações distintas.

(D) exercem, respectivamente, a função de complemento nominal e a de complemento verbal.

(E) estão empregados como predicativos do sujeito.

"Um fato" é predicativo do sujeito "que um jornal expresse a realidade", enquanto "um jornal" é sujeito do verbo "expressar". Logo, fica claro que integram orações distintas: "um fato" compõe a oração subordinada substantiva predicativa e "um jornal" integra a oração principal do período composto por subordinação.

Gabarito "C".

490 MAGALLY DATO E HENRIQUE SUBI

1 Três em cada quatro brasileiros se consideram católicos. Pelas contas do Censo 2000, para uma população total em torno de 170 milhões de habitantes, o Brasil entra no século XXI aproximadamente com 125 milhões de católicos declarados, praticamente três quartos da população residente total.

Quer dizer que no início do terceiro milênio ainda é possível a esse país, o maior e mais populoso da "América católica", continuar ostentando com fundamento em dados estatísticos cientificamente controlados e religiosamente isentos sua histórica posição de nação com hegemonia católica, que um dia lhe valeu o desgastado título que o aclama como "o maior país católico do mundo". Tradicionalmente autoaplicado por seus habitantes em conotações que, a bem da verdade, sofrem polarizações e inflexões de toda espécie e grau, que vão do contentamento envaidecido sem ressalvas ao lamento aborrecido sem reservas, a plausibilidade desse superlativo identitário pode estar com os dias contados.

10 Não obstante a permanência ininterrupta da enorme desigualdade em tamanho e estatura das religiões no Brasil, não é mais possível, nos dias que correm, desconhecer que a sociedade brasileira está passando por um processo de transição religiosa que é notório. Visível a olho nu. Mas não só, uma vez que se trata de um processo que tem sido há décadas acompanhado atentamente, e comprovado a frio reiteradamente, pelas estatísticas censitárias. Esse lento vir a ser, ao mesmo tempo matemático e falastrão, vai pouco a pouco desfigurando nosso velho semblante cultural com a introdução

15 gradual, mas nem por isso menos corrosiva, de estranhamentos e distâncias, descontinuidades e respiros no batido ramerrão do imaginário religioso nacional. Com efeito, hoje se assiste em nosso país a um vigoroso movimento de transição demográfico-religiosa que já assumiu a forma de progressiva migração de contingentes católicos para outras religiões. Ou mesmo para nenhuma.

(Adaptado dE: PIERUCCI, Antonio Flávio. Religiões no Brasil. In: BOTELHO, André e SCHWARCZ, Lilia Moritz (orgs.). Agenda BrasileirA: temas de uma sociedade em mudança. Companhia das Letras, 2011, p. 472-473)

(Analista Judiciário – TRT/11 – FCC – 2017) (3º parágrafo) *Não obstante a permanência ininterrupta da enorme desigualdade em tamanho e estatura das religiões no Brasil, não é mais possível, nos dias que correm, desconhecer que a sociedade brasileira está passando por um processo de transição religiosa que é notório. Visível a olho nu.*

Considerado o trecho acima, no contexto em que está inserido, é apropriado afirmar:

(A) As incontestes desigualdades estruturais do Brasil impossibilitam leituras mais pontuais e consistentes acerca da vida dos brasileiros, principalmente no que se refere a seus hábitos religiosos.

(B) A inclusão de uma vírgula depois de *Não obstante* mantém a correção e a clareza da frase, visto que o emprego desse sinal de pontuação, nessa específica formulação, é facultativo.

(C) Em *a permanência ininterrupta da enorme desigualdade em tamanho e estatura das religiões no Brasil,* a substituição de *ininterrupta* por "intermitente" mantém o sentido original da frase.

(D) A expressão *nos dias que correm* expressa um fator condicionante.

(E) A locução verbal em que está presente o gerúndio indica uma ação durativa em tempo não marcado.

A: incorreta. Não se pode inferir do texto qualquer crítica a questões sociais e desigualdades estruturais; **B:** incorreta. Não há vírgula depois de conjunção; **C:** incorreta. "Intermitente" é antônimo de "ininterrupto", ou seja, remete a algo que apresenta pausas, interrupções, ao longo de seu curso; **D:** correta. A expressão destaca que o argumento vale somente para a condição posta, ou seja, é uma análise válida para os dias de hoje; **E:** incorreta. O momento está determinado pela expressão "nos dias que correm".

Gabarito "D"

(Analista Judiciário – TRT/11 – FCC – 2017) Considerada a norma-padrão da língua, a frase que se apresenta correta é:

(A) Sua averção a novidades da tecnologia poderá fazer com que ele pleitee uma transferência para outro setor, em que não precise ser tão desafiado por elas.

(B) Eles reouveram todos os documentos que haviam sido extraviados e espontaneamente ofereceram indenização ao rapaz que os achou e se empenhou em devolvê-los.

(C) Os mais jovens se absteram de votar a favor da mudança de horário, em flagrante oposição ao coordenador da sessão que não conseguiu disfarçar sua decepção.

(D) Com tal quantidade de produtos perecível, ninguém entendeu o porquê de a carga ter sido despachada, em caminhões convencionais, sem refrigeração.

(E) As segunda-feiras, impreterivelmente, o encarregado envia ao grupo de analistas todo o material recebido, cabendo-lhes então, a tarefa de avaliar o quê deverá ser encaminhado ao conselho gestor.

A: incorreta. Grafa-se "aversão" e o verbo "pleitear" se conjuga, na terceira pessoa do singular do presente do subjuntivo, "pleiteie"; **B:** correta. A ortografia e as conjugações verbais respeitam integralmente a norma-padrão; **C:** incorreta. O verbo "abster" na terceira pessoa do plural do pretérito imperfeito do indicativo se conjuga "abstiveram"; **D:** incorreta. O adjetivo deveria estar no plural para concordar com "produtos" - "perecíveis"; **E:** incorreta. O plural de "segunda-feira" é "segundas-feiras". Além disso, ocorre crase em "Às segundas-feiras".

Gabarito "B"

2. INFORMÁTICA

Helder Satin

1. HARDWARE

(Técnico Judiciário – TRT/4ª – 2011 – FCC) Barramento é um conjunto de linhas de comunicação que permitem a interligação entre os componentes do computador. O barramento USB (*Universal Serial Bus*) é classificado como um barramento de

(A) cache.
(B) memória.
(C) entrada e saída.
(D) dados.
(E) endereço.

A: errada, barramento de cache é o barramento dedicado para acesso à memória cache do computador, memória estática de alto desempenho localizada próximo ao processador. **B:** errada, barramento de memória é o barramento responsável pela conexão da memória principal ao processador. **C:** correta, o USB é considerado um barramento de entrada e saída, permitindo a ligação de diversos periféricos. **D:** errada, o barramento de dados é responsável por transportar informação da instrução, variável do processamento ou informação de um periférico de E/S. **E:** errada, o barramento de endereço é usado para informar os endereços físicos/locações de memória de um computador.
Gabarito "C".

(Técnico Judiciário – TRT/4ª – 2011 – FCC) Numa rede LAN (*Local Area Network*), o recurso de *hardware* mínimo que deverá estar instalado no computador para permitir a comunicação com os demais elementos da rede é

(A) o switch.
(B) a placa de rede.
(C) o teclado.
(D) o *hub*.
(E) o cartão de memória.

A: errada, o *switch* é um elemento de rede que permite o encaminhamento de pacotes na rede e realiza a segmentação de redes. **B:** correta, a placa de rede é o periférico que permite ao computador se conectar a uma rede. **C:** errada, o teclado é um dispositivo de entrada do computador. **D:** errada, o HUB é um equipamento que permite conectar diversos dispositivos e apenas retransmite os pacotes recebidos para todos os nós sem distinção. **E:** errada, o cartão de memória tem como única função armazenamento de dados.
Gabarito "B".

2. OFFICE

(Técnico Judiciário – TRT/14ª – 2011 – FCC) O *Mozilla Thunderbird* 2.0 conta com todos os recursos abaixo, EXCETO

(A) visualização de pastas.
(B) *pop-ups* com resumo das pastas.
(C) agenda colaborativa.
(D) marcadores de mensagens.
(E) histórico de navegação.

A: errada, a visualização de pastas é um dos recursos presentes no *Thunderbird* 2.0. **B:** errada, no *Thunderbird* 2.0 existem os pop-ups com resumo das pastas. **C:** correta, a agenda colaborativa ainda não está presente na versão 2.0 do *Thunderbird*. **D:** errada, é possível utilizar marcadores de mensagens no *Thunderbird* 2.0. **E:** errada, o histórico de navegação está presente no *Thunderbird* 2.0.
Gabarito "C".

(Técnico Judiciário – TRT11 – FCC – 2017) Ao se fazer uma comparação entre o ambiente Microsoft Office 2010 e o LibreOffice versão 5, é correto afirmar:

(A) O pacote da Microsoft tem a desvantagem de não ser compatível e não funcionar em nenhum celular e *tablet* que não tenha instalado o sistema operacional Windows.
(B) O LibreOffice está disponível para todos os sistemas operacionais e sua interface é muito amigável, sendo totalmente compatível com as ferramentas similares do pacote Microsoft Office.
(C) O Microsoft Office pode ser usado a partir de um pen drive e sem exigir instalação, através da versão denominada VLC Portable.
(D) Ambos os pacotes trabalham com diversos tipos de arquivos como .doc, .ppt, .xls, .docx, .pptx, .xlsx, .odt e PDF.
(E) O LibreOffice tem uma ferramenta de desenho, denominada *Impress,* que não tem concorrente na suíte Microsoft, sendo mais vantajoso em relação ao Microsoft Office por ser gratuito e oferecer mais programas.

A: Errada, existem versões mobile dos aplicativos do pacote Office para outros sistemas operacionais como o iOS e o Android. **B:** Errada, o LibreOffice não é suportado por todos os sistemas operacionais, não tendo versões para Android ou iOS. **C:** Errada, o VLC Portable é um programa que pode ser executado a partir de um pendrive, porém tem como função a exibição de arquivos de vídeo. **D:** Correta, o LibreOffice consegue trabalhar com os formatos padrão do MS Office mencionados na alternativa. **E:** Errada, o Impress é uma ferramenta que permite a criação de apresentações de slides, que possui como equivalente no MS Office o PowerPoint.
Gabarito "D".

(Técnico Judiciário – TRT20 – FCC – 2016) Em aplicativos do pacote Office 2007 para Windows, um Técnico deseja colocar senha em um arquivo para garantir confidencialidade. A senha deve ser informada

(A) no momento de salvar o arquivo, em opção adequada de Ferramentas, na janela aberta a partir de Salvar Como.
(B) após concluir o arquivo, clicando-se no menu Ferramentas, em Criptografia e, em seguida, na opção Segurança.
(C) no momento da criação do arquivo, após se clicar no menu Arquivo e na opção Novo.
(D) após o arquivo ser concluído e salvo, utilizando os recursos do Painel de Controle do Windows.
(E) após concluir e salvar o arquivo, utilizando a ferramenta Microsoft Security integrada ao Office.

No MS Word é possível inserir uma senha para que o arquivo possa ser lido por terceiros, garantindo assim que apenas aqueles em poder da senha tenham acesso ao conteúdo do documento. Para isso é necessário, durante o momento de salvar o arquivo, selecionar a opção Ferramentas e então o item "Opções Gerais" e informar a senha desejada no campo Senha de Proteção, portanto, apenas a alternativa A está correta.
Gabarito "A".

2.1. Excel

(Analista Judiciário – TRT/24 – FCC – 2017) A planilha abaixo, criada no Microsoft Excel 2007, em português, mostra hipoteticamente os encargos trabalhistas sobre o salário de um funcionário de uma empresa optante pelo Simples Nacional.

492 HELDER SATIN

	A	B	C
1	**Encargos Sociais**	**(%)**	**(%)**
2	13º Salário		8,33%
3	Férias		11,11%
4	INSS	20,00%	
5	SAT até	3,00%	
6	Salário Educação	2,50%	
7	INCRA/SENAI/SESI/SEBRAE	3,30%	
8	FGTS (a partir de 01.01.2007)	8,00%	
9	FGTS/Provisão de Multa para Rescisão	4,00%	
10	Total Previdenciário		40,80%
11	Previdenciário sobre 13º / Férias / DSR		7,93%
12	Total		68,17%
13			
14	Funcionário	João Pedro	
15	Salário	2100,00	
16	Encargos	1431,57	

Na célula C12 foram somados os valores percentuais de C2 a C11 e na célula B16 foram calculados os encargos com base no percentual contido na célula C12 sobre o salário contido na célula B15. As fórmulas digitadas nas células C12 e B16 são, respectivamente,

(A) =SOMA(C2:C11) e=B15*C12/100

(B) =SOMA(C2;C11) e=MULTIPLICA(B15;C12)

(C) =CALCULAR(SOMA(C2:C11)) e=CALCULAR(B15*C12)

(D) =SOMA(C2:C11) e=MULTIPLICA(B15*C12)

(E) =SOMA(C2:C11) e=B15*C12

Para calcular a soma dos valores do intervalo de C2 a C11 podemos utilizar a fórmula =SOMA(C2:C11) onde o símbolo de dois pontos indica todo o intervalo entre as células informadas. Para o cálculo da célula B16, devemos aplicar o percentual obtido sobre o valor do salário (localizado em B15), para isso basta multiplicar ambos os valores, o que pode ser feito através da equação =B15*C12. Portanto, apenas a alternativa E está correta.

Gabarito "E".

(Analista Judiciário – TRT/11 – FCC – 2017) Considere a planilha abaixo, digitada no Microsoft Excel 2010 em português, ou no LibreOffice Calc versão 5, em português. Os dados da planilha são, hipoteticamente, de despesas com diárias pagas a magistrados, em Outubro de 2016.

	A	B	C
1	Favorecido	Mauro da Silva	André Alves
2	CPF	469.725.804-03	430.882.465-70
3	Cargo	Desembargador	Juiz
4	Origem	Manaus	Manaus
5	Destino	Brasília	Brasília
6	Data Partida	19/10/2016	19/10/2016
7	Data retorno	23/10/2016	22/10/2016
8	Motivo	Seminário	Seminário
9	Meio de Transporte	Avião	Avião
10	Processo	79/2016	780/2016
11	Portaria	794/2016/SGP	797/2016/SGP
12	Número de diárias	3,5	2
13	Valor por diária	R$ 321,00	R$ 250,00
14	**Despesas totais**		
15	R$ 1.623,50		

Na célula A15, deseja-se calcular as despesas totais geradas pelos dois favorecidos das colunas B e C. A fórmula que deverá ser digitada nessa célula é:

(A) =[B12*B13]+[C12*C13]

2. INFORMÁTICA

(B) =B13+C12
(C) =(B12*B13)+(C12*C13)
(D) =(B12+C12)*(B13+C13)
(E) =B12*B13+C12*C13

Para realizar o cálculo das despesas totais dos dois favorecidos é necessário multiplicar o valor da diária de cada um (células B13 e C13) pelo número de diárias (células B12 e C12) e após isso somar ambos os resultados. Lembrando que o Excel respeita a ordem matemática de realização de operações. Assim o resultado pode ser alcançado através da fórmula =B12*B13+C12*C13, portanto, apenas a alternativa E está correta.

Gabarito "E".

(Analista Judiciário – TRT/20 – FCC – 2016) Considere a planilha abaixo editada no Microsoft Excel 2007 em português.

	A	B
1	Percentual gasto com Recursos Humanos por tipo de Justiça	
2	Poder Judiciário	89,50%
3	Tribunais Superiores	83,80%
4	Justiça Eleitoral	84,10%
5	Justiça Militar Estadual	87,80%
6	Justiça Estadual	89,00%
7	Justiça Federal	89,80%
8	Justiça do Trabalho	93,50%
9		
10	Maior percentual	93,50%
11	Menor percentual	83,80%
12	Média dos percentuais	88,21%

(Disponível em: http://www.cnj.jus.br/programas-e-acoes/ pj-justica-em-numeros)

Para a apresentação dos valores das células B10, B11 e B12 foram digitadas, correta e respectivamente, as fórmulas:

(A) =MAIOR(B2:B8) =MENOR(B2:B8) =MÉDIA(B2:B8)
(B) =MAIOR(B2:B8;1) =MENOR(B2:B8;1) =MÉDIA(B2:B8)
(C) =MAIOR(B2:B8;0) =MENOR(B2:B8;0) =MED(B2:B8; 7)
(D) =MAIORVAL(B2:B8) =MENORVAL(B2:B8) =MÉDIAVAL(B2:B8)
(E) =MÁXIMO(B2:B8;1) =MÍNIMO(B2:B8;1) =MED(B2:B8)

A fórmula que permite encontrar o maior número em um conjunto de células é a função =MAIOR() que recebe um parâmetro com o conjunto de células e outro, separado por ponto e vírgula, indicando qual a posição maior número a ser retornado, logo, o correto neste caso seria =MAIOR(B2:B8;1), onde B2:B8 indica o intervalo de células entre B2 e B8 e 1 indica o primeiro maior número do conjunto. A mesma sintaxe se aplica a função =MENOR() para obtenção do menor número, logo, o correto seria =MENOR(B2:B8;1). Por fim o cálculo da média é feito pela função =MÉDIA() que também recebe o mesmo intervalo de células, neste caso =MÉDIA(B2:B8). Portanto apenas a alternativa B está correta.

Gabarito "B".

(Técnico Judiciário – TRT24 – FCC – 2017) Considere que um Técnico de Informática está utilizando o Microsoft Excel 2007, em português, e deseja utilizar uma função para procurar um item em um intervalo de células e, então, retornar a posição relativa desse item no intervalo. Por exemplo, se o intervalo A1:A3 contiver os valores 5, 7 e 38, a fórmula

(A) =interv(7,a1:A3) retorna o número 2, pois 7 é o segundo item no intervalo.
(B) =corresp(7,a1:A3) retorna *true*, pois 7 é um item no intervalo.
(C) =intervalo(7,a1:A3,3) retorna o número 2, pois 7 é o segundo item no intervalo de 3 valores.
(D) =corresp(7;A1:A3;0) retorna o número 2, pois 7 é o segundo item no intervalo.
(E) =intervalo(7;A1:A3;0) retorna *true*, pois 7 é um item no intervalo.

A: Errada, não existe uma função chamada =INTERV no MS Excel. **B:** Errada, a função =CORRESP retorna a posição relativa de um item em uma matriz e não um valor booleano do tipo verdadeiro ou falso. **C:** Errada, não existe uma função chamada =INTERVALO no MS Excel. **D:** Correta, a função =CORRESP(7;A1:A3;0) retorna a posição do primeiro argumento, que neste caso é 7, em uma matriz

representada pelo segunda argumento, que neste caso é A1:A3 e recebe como terceiro argumento um valor que pode representar uma correspondência exata (0), maior que (-1) ou menor que (1), neste caso, como o primeiro argumento 7 está presente na matriz A1:A3 na segunda posição, o valor retornado será 2. **E:** Errada, não existe uma função chamada =INTERVALO no MS Excel.

Gabarito "D".

(Técnico Judiciário – TRT20 – FCC – 2016) Considere a planilha abaixo, criada no Microsoft Excel 2007 em português.

	A	B	C	D
1	Matrícula	Cargo	Nome	Salário
2	12901	Analista	Ana Maria	R$ 5.000,00
3	12900	Assistente	João Paulo	R$ 3.900,00
4	12905	Assistente	Marcela Moreira	R$ 3.900,00
5	12904	Juiz	Marcos Figueira	R$ 18.000,00
6	12903	Perito	Fernando Andrade	R$ 7.300,00
7	12902	Técnico	Marcos Paulo	R$ 3.500,00
8				
9	R$ 23.400,00			

Na célula A9 foi utilizada uma fórmula que, a partir de uma busca no intervalo de células de A2 até D7, retorna o salário do funcionário com matrícula 12904 e calcula um aumento de 30% sobre este salário. A fórmula utilizada foi

(A) =PROCV(12904;A2:D7;4;FALSO)*1,3
(B) =D5+D5*30/100
(C) =PROCV(12904;A2:D7;4;FALSO)*30%
(D) =PROCH(12904;A2:D7;4;FALSO)+30%
(E) =LOCALIZE(A2:D7;12904;4)*1,3

A função que permite a busca de um elemento em um intervalo e retorna um valor correspondente em outra coluna é a =PROCV, que recebe como primeiro argumento o valor a ser buscado, neste caso 12904, o intervalo onde o valor será buscado como segundo argumento, neste caso de A2:D7, a coluna de onde o resultado deverá ser retornado, neste caso a quarta coluna do intervalo e um indicador de VERDADEIRO ou FALSO onde FALSO indica uma busca para o valor idêntico ao pedido, portanto, a escrita correta seria =PROCV(12904;A2:"D7;4;FALSO) e para calcular um aumento de 30% basta adicionar ao final *1.3, assim apenas a alternativa A está correta.

Gabarito "A".

2.2. Word

(Técnico Judiciário – TRT/20ª – 2011 – FCC) Pedro e Tarcisa trabalham em escritórios da mesma empresa situados em cidades diferentes. Pedro criou um documento utilizando o *Microsoft Word* e deseja compartilhá-lo de forma que Tarcisa possa consultá-lo e editá-lo diretamente na *web*. Para isso Pedro pode utilizar a ferramenta

(A) Google Docs.
(B) *Microsoft Web Document Edition*.
(C) *Google Android*.
(D) *Yahoo WebOffice*.
(E) *Microsoft WebOffice*.

A: correta, o Google Docs é uma ferramenta online onde a edição de textos e outros documentos pode ser compartilhada entre usuários. **B:** errada, tal ferramenta não existe. **C:** errada, o Android é um sistema operacional para dispositivos móveis. **D:** errada, não existe tal ferramenta. **E:** errada, a ferramenta online do Microsoft Office se chama Office Web Apps.

Gabarito "A".

(Técnico – TRT/11ª – 2012 – FCC) À esquerda do Controle de Zoom, localizado no lado direito do rodapé da tela de um documento *Word 2010*, encontram-se cinco botões em miniatura cujas funções podem também ser acessadas em botões na guia

(A) Início.
(B) Inserir.
(C) Exibição.
(D) Revisão.
(E) *Layout* da Página.

HELDER SATIN

No MS Word 2010, as opções de alteração do modo de visualização podem ser acessadas ao lado do ícone do *zoom* no canto inferior direito ou pela guia Exibição, portanto apenas a alternativa C está correta.

3. BR OFFICE

(Técnico Judiciário – TRT/14ª – 2011 – FCC) São programas com funções idênticas, tanto no *Microsoft Office* quanto no *BrOffice.org* 3.1:

(A) Access e Base.
(B) *Publisher* e *Math*.
(C) *Word* e *Impress*.
(D) *Excel* e *Writer*.
(E) *PowerPoint* e *Draw*.

A: correta, o Microsoft Access e o Base do BrOffice tem como função o gerenciamento de bancos de dados. **B:** errada o Publisher tem como função criar, personalizar e compartilhar publicações e materiais de marketing, o Math é usado para criar equações matemáticas. **C:** errada, o Word é um editor de texto enquanto o Impress é usado para criação de apresentações multimídia. **D:** errada, o Excel é um programa de planilha eletrônico e o Writer um editor de texto. **E:** errada, o PowerPoint é um aplicativo de criação de apresentações multimídia e o Draw é uma ferramenta de desenho.

3.1. Writer

(Técnico – 2012 – FCC) No *BrOffice.org Writer*, versão 3.2, o botão que mostra ou oculta os caracteres não imprimíveis no texto é exibido normalmente na barra de ferramentas

(A) padrão.
(B) de formatação.
(C) de objeto de texto.
(D) de controles de formulários.
(E) de marcadores e numeração.

No Writer o botão que exibe ou oculta caracteres não imprimíveis se encontra na barra de ferramentas padrão, portanto apenas a alternativa A está correta.

(Técnico – 2012 – FCC) Sobre o utilitário *Writer* do pacote *BR Office*, considere:

I. É possível definir o idioma para a verificação ortográfica individualmente do texto selecionado, do parágrafo ou de todo o texto.

II. Uma das opções do menu Ferramentas permite ao usuário exibir rapidamente o número de palavras e caracteres presentes no texto, tanto do texto selecionado para o parágrafo ou de todo o texto.

III. Uma opção do menu Tabela permite que o texto selecionado seja convertido em tabelas, utilizando tabulações como possíveis separadores entre as colunas.

Está correto o que se afirma em

(A) I e II, apenas.
(B) I, II e III.
(C) II e III, apenas.
(D) I e III, apenas.
(E) III, apenas.

Todas as afirmativas estão corretas, portanto apenas a alternativa B está correta.

3.2. Calc

(Técnico Judiciário – TRT/2ª – 2008 – FCC) O campo SOMA da barra de *status* da planilha BrOffice.org Calc, por padrão,

(A) exibe a soma dos conteúdos numéricos das células selecionadas.
(B) exibe a soma dos conteúdos numéricos de todas as células da planilha.
(C) insere a função SOMA na célula selecionada.
(D) insere a função SOMA imediatamente após a última linha da coluna selecionada.
(E) insere a função SOMA em todas as colunas, imediatamente após a última linha da planilha.

O campo SOMA da barra de status exibe a soma dos conteúdos numéricos das células selecionadas, portanto apenas a alternativa A está correta.

(Técnico – TRT/11ª – 2012 – FCC) Ao abrir o BrOffice.org Apresentação (*Impress*) será aberta a tela do Assistente com as opções: Apresentação vazia,

(A) Usar meus *templates* e Abrir uma apresentação existente, apenas.
(B) A partir do modelo e Abrir uma apresentação existente, apenas.
(C) A partir do modelo, Abrir uma apresentação existente e Acessar o construtor on-line, apenas.
(D) Usar meus *templates* Abrir uma apresentação existente e Acessar o construtor on-line, apenas.
(E) A partir do modelo, Usar meus *templates* Abrir uma apresentação existente e Acessar o construtor on-line.

As outras opções são A partir do modelo e Abrir uma apresentação existente, portanto apenas a alternativa B está correta.

(Técnico Judiciário – TRT/20ª – 2011 – FCC) Muitas vezes o conteúdo que está sendo digitado não cabe na célula da planilha. Nesse caso, é necessário inserir uma quebra de linha na célula. Para realizar esse procedimento utiliza-se no *Calc* do *BrOffice 3.1* e no *Excel 2010*, respectivamente,

(A) Alt+Enter e Ctrl+Enter
(B) Alt+Tab e Shift+Tab
(C) Shift+Enter e Alt+Enter
(D) Ctrl+Enter e Ctrl+Tab
(E) Ctrl+Enter e Alt+Enter

A: errada, os atalhos estão invertidos, Alt + Enter é o atalho para o Excel e Ctrl + Enter para o Calc. **B:** errada, o atalho Alt + Tab pertence ao Windows e permite a trocar a janela ativa. **C:** errada, Shift + Enter apenas encerrará a edição daquela célula. **D:** errada, o atalho Ctrl + Tab não tem fução específica no Excel. **E:** correta, o atalho Shift + Enter funciona para o Calc assim como o Alt + Enter para o Excel, fazendo uma quebra de linha na célula em que se está editando.

4. INTERNET

4.1. Rede e Internet

(Técnico – TRT/16ª – 2015 – FCC) As empresas estão cada vez mais necessitando centralizar suas informações e melhorar os métodos de comunicação interna para reduzir custos. A **I** pode possibilitar isso, além de tudo o que a própria **II** dispõe. Porém, a principal diferença entre ambas é que a **III** é restrita a um certo público, por exemplo, os colaboradores de uma empresa. Neste caso, os colaboradores podem acessá-la com um nome de usuário e senha devidamente validados. Geralmente este acesso é feito em um servidor da **IV** da empresa.

(http://www.oficinadanet.com.br/artigo/1276/)

As lacunas do texto acima são, correta e respectivamente, preenchidas por

(A) rede social - internet -rede social - rede virtual
(B) intranet - extranet -extranet - rede virtual
(C) rede virtual - rede global - rede virtual - intranet
(D) rede virtual - intranet - intranet - extranet
(E) intranet - internet -intranet - rede local

As intranets são redes privadas de computadores com acesso restrito que se baseiam nos protocolos da Internet e podem prover os mesmos tipos de serviço. Por ter seu acesso restrito a certos ambientes, diferentemente da internet que é publica, para que entes externos possam se conectar a estas redes é necessário o uso de redes virtuais privadas, ou VPNs. Já os colaboradores que fazem parte desta rede podem acessar através da rede local por meio de credenciais de usuário e senha. Portanto apenas a alternativa E está correta.

(Técnico Judiciário – TRT/4ª – 2011 – FCC) A principal finalidade dos navegadores de Internet é comunicar-se com servidores *Web* para efetuar pedidos de arquivos e processar as respostas recebidas. O principal protocolo utilizado para transferência dos hipertextos é o

(A) SMTP.

2. INFORMÁTICA

(B) HTTP.
(C) HTML.
(D) XML.
(E) IMAP.

A: errada, o SMTP é um protocolo utilizado para o envio de correios eletrônicos. **B:** correta, o HTTP é o protocolo de transferência de páginas de hypertexto. **C:** errada, o HTML é uma linguagem de marcação utilizada para exibição de documentos *web*. **D:** errada, o XML é uma linguagem de marcação utilizada para troca de informações. **E:** errada, o IMAP é um protocolo utilizado em correios eletrônicos.
Gabarito "B".

(Técnico Judiciário – TRT/14ª – 2011 – FCC) Em relação à Internet, é INCORRETO afirmar:

(A) *Chat* é um fórum eletrônico no qual os internautas conversam em tempo real.
(B) *Upload* é o processo de transferência de arquivos do computador do usuário para um computador remoto.
(C) *Download* é o processo de transferência de arquivos de um computador remoto para o computador do usuário.
(D) *URL* é a página de abertura de um *site*, pela qual se chega às demais.
(E) *Html* é a linguagem padrão de criação das páginas da *Web*.

A: errada, a definição está correta, em um *chat* pessoas podem conversar em tempo real, estando organizadas de maneira semelhante a um fórum. **B:** errada, a definição está correta, em um *upload* se envia um arquivo de um computador para outro. **C:** errada, a definição está correta, em um *download* um arquivo é transferido de outro computador para o do usuário. **D:** correta, a página de abertura de um *site* se chama *index*, o URL é o endereço de um documento *web*. **E:** errada, a definição está correta, o HTML é uma linguagem de marcação utilizada na criação de páginas *web*.
Gabarito "D".

(Técnico Judiciário – TRT/14ª – 2011 – FCC) O sítio do Tribunal Regional do Trabalho da 14ª Região disponibiliza, entre outros, o *link* para o *twitter* TRT. *Twitter* é:

(A) um cliente de *e-mails* e notícias que permite a troca de opiniões sobre o assunto em pauta entre usuários previamente cadastrados.
(B) uma rede social na qual os usuários fazem atualizações de textos curtos, que podem ser vistos publicamente ou apenas por um grupo restrito escolhido pelo usuário.
(C) um *site* em que é possível enviar recados, arquivos, *links* e itens de calendário criados diretamente no programa.
(D) um mensageiro instantâneo que permite a troca de mensagens entre usuários previamente cadastrados.
(E) um *site* cuja estrutura permite a atualização rápida a partir de acréscimos de artigos, *posts* e diários *on-line*.

A: errada, o twitter é uma rede social e não um cliente de *e-mails*. **B:** correta, o twitter é uma rede social que consiste o envio de mensagens curtas de até 140 caracteres. **C:** errada, não é possível enviar arquivos ou itens de calendário pelo twitter, apenas *links* podem ser compartilhados. **D:** errada, o twitter é uma rede social e não um mensageiro instantâneo. **E:** errada, o twitter permite apenas o compartilhamento de mensagens curtas, não sendo possível a utilização mencionada.
Gabarito "B".

(Técnico Judiciário – TRT/20ª – 2011 – FCC) Angela recebeu um *e-mail* de Ana Luiza, direcionado a vários destinatários. Após fazer a leitura do *e-mail,* Angela resolve enviá-lo a Pedro, seu colega de trabalho. Considerando que Pedro não estava na lista de destinatários do *e-mail* enviado por Ana Luiza, para executar essa tarefa Angela deverá selecionar a opção

(A) Responder.
(B) Encaminhar.
(C) Adicionar destinatário.
(D) Localizar destinatário.
(E) Responder a todos.

A: errada, a opção Responder é utilizada para enviar uma resposta a pessoa que lhe enviou o *e-mail*. **B:** correta, a opção encaminhar envia a mensagem para alguém que não estava na lista. **C:** errada, a opção adicionar destinatário não realiza o envio de mensagens. **D:** errada, a opção localizar destinatário não realiza o envio de mensagens. **E:** errada, a opção responder a todos envia a resposta a todas as pessoas para as quais foi endereçado o *e-mail*.
Gabarito "B".

(Técnico Judiciário – TRT/20ª – 2011 – FCC) É INCORRETO afirmar que o modo de navegação privativo no *Firefox 3*

(A) permite navegar na Internet sem guardar informações sobre os *sites* e páginas que foram visitadas.
(B) não adiciona páginas visitadas à lista de endereços.
(C) não guarda arquivos temporários da Internet ou arquivos de *cache*.
(D) torna o internauta anônimo na Internet. Dessa forma o fornecedor de serviços de internet, entidade patronal, ou os próprios *sites* não poderão saber as páginas que foram visitadas.
(E) não salva o que foi digitado em caixas de texto, formulários, ou nos campos de pesquisa.

A: errada, a afirmação está correta, na navegação privativa não são armazenadas informações sobre os *sites* visitados. **B:** errada, a afirmação está correta, a páginas visitadas não são registradas. **C:** errada, a afirmação está correta, os arquivos temporários não são armazenados ou qualquer arquivo de cache. **D:** correta, a navegação privativa torna a navegação do usuário anônima. **E:** errada, esses são apenas alguns dos efeitos da navegação privativa.
Gabarito "D".

(Técnico – TRT/11ª – 2012 – FCC) Em relação à tecnologia e aplicativos associados à internet, é correto afirmar:

(A) Na internet, o protocolo HTTP (Hypertext Transfer Protocol) é usado para transmitir documentos formatados em HTML (*Hypertext Mark-up Language*).
(B) No *Internet Explorer 8* é possível excluir o histórico de navegação apenas pelo menu Ferramentas.
(C) Intranet pode ser definida como um ambiente corporativo que importa uma coleção de páginas de internet e as exibe internamente, sem necessidade do uso de senha.
(D) Serviços de *webmail* consistem no uso compartilhado de *software* de grupo de discussão instalado em computador.
(E) No *Thunderbird 2*, a agenda permite configurar vários tipos de alarmes de compromissos.

A: correta, o HTTP é usado na navegação em páginas de *hyperlink*. **B:** errada, também é possível excluir o histórico através do Painel de Controle. **C:** errada, a intranet não importa páginas da internet por definição. **D:** errada, o *webmail* é uma ferramenta que permite visualizar os *e-mails* através do navegador. **E:** errada, o Thunderbird não possui função própria de agenda.
Gabarito "A".

(Técnico – TRT/11ª – 2012 – FCC) Quando um navegador de Internet apresenta em sua barra de status um ícone de cadeado fechado, significa que

(A) somente *spams* de *sites* confiáveis serão aceitos pelo navegador.
(B) o navegador está protegido por um programa de antivírus.
(C) a comunicação está sendo monitorada por um *firewall*.
(D) o *site* exige senha para acesso às suas páginas.
(E) a comunicação entre o navegador e o *site* está sendo feita de forma criptografada.

O ícone de um cadeado fechado indica que a comunicação entre seu navegador e o servidor no qual a página está hospedada está sendo feita utilizando criptografia, em geral a página também usará o protocolo HTTPS ao invés do HTTP, portanto apenas a alternativa E está correta.
Gabarito "E".

4.2. Ferramentas e Aplicativos de Navegação

(Técnico Judiciário – TRT24 – FCC – 2017) O Internet Explorer 11, em português, tem uma opção no menu Ferramentas que oferece diversas funcionalidades, dentre as quais encontram-se:

– Excluir histórico de navegação

– Navegação InPrivate

– Habilitar proteção contra rastreamento

– Desativar filtro SmartScreen

– Relatar site não seguro

A opção do menu Ferramentas que oferece estas funcionalidades é:

(A) Gerenciar complementos.
(B) Segurança.
(C) Configurações do modo de exibição de compatibilidade.
(D) Relatar problemas do site.

(E) Gerenciar opções de navegação na internet.

Os itens mencionados são todos relacionados à segurança de navegação do usuário e podem ser acessados a partir da opção Segurança do menu Ferramentas, portanto, apenas a alternativa B está correta.

(Técnico Judiciário – TRT11 – FCC – 2017) Um usuário está utilizando o navegador Google Chrome em português, em condições ideais, e deseja desativar o mecanismo de salvar senhas da *web* automaticamente. Para acessar este serviço, o usuário deve digitar na barra de endereços do navegador:

(A) chrome://system/
(B) chrome: //inspect/#devices
(C) chrome:// configurações/
(D) chrome:// components/
(E) chrome://settings/

Para desativar o mecanismo de salvar senhas da web o usuário deve acessar o item Gerenciar Senhas presente no grupo Senhas e formulários nas opções avançadas de configuração do Chrome que podem ser acessadas através do endereço chrome://settings/. Portanto, apenas a alterativa E está correta.

4.3. Correio Eletrônico

(Técnico Judiciário – TRT11 – FCC – 2017) No computador de uma empresa, um usuário pode ter acesso à internet, à intranet, ao serviço de *webmail* e a uma ferramenta de gerenciamento de *e-mails* (como o Microsoft Outlook), ambos para o seu *e-mail* corporativo. Neste cenário,

(A) sempre que o usuário acessar a intranet e a internet ao mesmo tempo, a intranet ficará vulnerável, deixando as informações corporativas em risco.

(B) o usuário deve configurar a ferramenta de gerenciamento de *e-mails* para que não esteja habilitada a opção de apagar o *e-mail* do *site* assim que ele for recebido, senão não poderá acessá-lo mais pelo *webmail*.

(C) a senha do *e-mail* corporativo deve ser diferente quando este for acessado pelo *webmail* e quando for acessado pelo Microsoft Outlook.

(D) devem ser instalados no computador um navegador *web* para acesso à internet e outro navegador *web* para acesso à intranet, para evitar conflitos de *software*.

(E) o acesso ao *webmail* somente poderá ser feito através da intranet.

A: Errada, a intranet e a internet funcionam de forma semelhante, ambas são redes baseadas nos mesmo protocolos com a diferença estando no fato da intranet ter seu acesso limitado a um grupo de pessoas, o uso de uma não interfere no uso da outra. **B:** Correta, caso a ferramenta gerenciadora de correio eletrônico tiver habilitada a opção de apagar a mensagem do servidor de e-mails ao baixá-los para o computador do usuário, a mensagem não estará disponível para acesso via webmail, que permite através do navegador do usuário visualizar as mensagens presentes na conta do usuário que estão no servidor de e-mail. **C:** Errada, a senha é a mesma, uma vez que o Microsoft Outlook e Webmail são apenas formas diferentes de acessar e gerenciar as mensagens de correio eletrônico de um usuário. **D:** Errada, internet e intranet funcionam sob os mesmos protocolos e não há qualquer tipo de interferência no uso entre ambas, um mesmo navegador pode acessar sites de ambas as redes sem qualquer problema. **E:** Errada, não há menção sobre o fato da conta de e-mail ser interna ou funcionar apenas na intranet, portanto, o acesso pode ser feito através da internet.

4.4. Segurança

(Técnico – TRT/16ª – 2015 – FCC) Considere a seguinte situação hipotética:

A equipe que administra a rede de computadores do Tribunal Regional do Trabalho da 16ª Região utiliza um programa projetado para monitorar as atividades de um sistema e enviar as informações coletadas. Este programa é usado de forma legítima, pois é instalado nos computadores com o objetivo de verificar se outras pessoas estão utilizando os computadores do Tribunal de modo abusivo ou não autorizado.

Mas, recentemente, o Tribunal foi vítima de um programa de monitoramento deste tipo. Neste caso, foi instalado de forma maliciosa e o *malware* estava projetado para executar ações que podiam comprometer a privacidade dos funcionários e a segurança dos seus computadores, monitorando e capturando informações referentes à navegação dos usuários.

O tipo de *malware* instalado de forma ilegítima nos computadores do Tribunal é conhecido como

(A) *Webware*.
(B) *Trojan*.
(C) *Spyware*.
(D) *Rootdoor*.
(E) *Worm*.

A: Errada, Webware descreve uma nova gama de aplicativos acessados de forma online através do navegador do usuário. **B:** Errada, o Trojan é um tipo de malware que se disfarça como um software legítimo, porém abre uma porta de conexão para o invasor. **C:** Correta, os Spywares são malwares que monitoram a atividade do usuário, registrando sites acessados, informações digitadas e outros costumes do usuário, enviando essa informação para o cracker. **D:** Errada, Rootdoor não é um termo que designa um tipo de malware. **E:** Errada, o Worm é um software que espalha cópias de si mesmo pela rede de forma autônoma, sem a necessidade de um software hospedeiro.

(Técnico – TRT/16ª – 2015 – FCC) O sistema operacional Linux, em todas as suas distribuições (versões), utiliza uma estrutura de diretórios (pastas) padronizada, na qual diferentes tipos de arquivos são armazenados em diferentes diretórios. O diretório para a instalação de programas não oficiais da distribuição é o:

(A) /etc
(B) /bin/tmp
(C) /dev
(D) /usr/local
(E) /sbin

A: Errada, o diretório /etc é usado para arquivos de configuração do sistema e de programas instalados. **B:** Errada, não existe diretório /tmp dentro do diretório / bin, que armazena programas usados frequentemente pelos usuários. **C:** Errada, o diretório /dev armazena dispositivos de hardware, sendo um arquivo para cada dispositivo. **D:** Correta, o diretório /usr/local atualmente é usado para armazenar programas de terceiros ou programas auto compilados. **E:** Errada, o diretório /sbin armazena programas utilizados pelo usuário root para administração e controle do funcionamento do sistema.

(Técnico – TRT/16ª – 2015 – FCC) O recurso de criptografia é amplamente utilizado nos serviços de comunicação da internet para assegurar a confidencialidade da informação transmitida. O acesso às páginas Web que requerem a identificação por usuário e senha, é feito por meio do protocolo HTTPS, que utiliza o esquema de criptografia de chaves

(A) elípticas.
(B) compartilhadas.
(C) híbridas.
(D) ortogonais.
(E) públicas.

O protocolo HTTPS utiliza uma camada de proteção para garantir a segurança das comunicações entre o servidor e o computador que está requisitando a página. Para isso, o servidor deve estar configurado com um certificado de chave pública que é então assinado por uma autoridade de certificação. Este método é conhecido como criptografia assimétrica ou de chave pública. Portanto, apenas a alternativa E está correta.

(Técnico Judiciário – TRT24 – FCC – 2017) Um Técnico de Informática, ao acessar o *site* da organização para a qual trabalha, encontrou-o totalmente desfigurado, com o conteúdo das páginas alterado. Ao buscar razões para este tipo de ataque que viola a segurança das informações, verificou que um atacante, para desfigurar uma página *web*, pode:

– explorar erros da aplicação web;

– explorar vulnerabilidades do servidor de aplicação web;

– explorar vulnerabilidades da linguagem de programação ou dos pacotes utilizados no desenvolvimento da aplicação web;

– invadir o servidor onde a aplicação web está hospedada e alterar diretamente os arquivos que compõem o site;

– furtar senhas de acesso à interface web usada para administração remota.

O Técnico concluiu, corretamente, que este tipo de ataque é conhecido como

(A) inundação UDP.
(B) engenharia social
(C) *wardriving*.
(D) IP *spoofing*.
(E) *Defacement*.

A: Errada, os ataques deste tipo consistem no envio de uma enorme quantidade de requisição de um servidor visando sobrecarregar seus recursos, indisponibilizando-os. **B:** Errada, os ataques de engenharia social são feitos por indivíduos que se aproveitam de pessoas para obter informações as quais normalmente não teriam acesso. **C:** Errada, *wardriving* corresponde à prática de procurar redes sem fio enquanto se dirige um automóvel. **D:** Errada, ataques de IP *spoofing* consistem em mascarar pacotes IP utilizando-se endereços de remetentes falsificados. **E:** Correta, ataques de *defacement* visam modificar páginas da internet e alterar seu conteúdo.
Gabarito "E".

(Técnico Judiciário – TRT11 – FCC – 2017) Considere que um usuário, embora tenha procurado seguir regras de proteção e segurança da informação, teve seu computador infectado por um *malware*. Dentre as razões abaixo, a que pode ter contribuído para este fato é o

(A) programa *antimalware* ter sido atualizado, incluindo o arquivo de assinaturas.
(B) computador ter um *firewall* pessoal instalado e ativo.
(C) programa leitor de *e-mails* ter a autoexecução de arquivos anexados a mensagens habilitadas.
(D) sistema operacional do computador ter como configuração padrão não ocultar a extensão de tipos de arquivos.
(E) computador estar configurado para solicitar senha na tela inicial.

A: Errada, a atualização de um programa *antimalware* é uma medida que auxilia na proteção e prevenção de infecção por este tipo de ameaça. **B:** Errada, ter um firewall instalado no computador ajuda na proteção contra infecção de ameaças, uma vez que este monitora as portas de comunicação mantendo abertas apenas aquelas confiáveis. **C:** Correta, a autoexecução de arquivos anexos é altamente perigosa uma vez que o envio de ameaças eletrônicas via correio eletrônico na forma de anexos é muito comum. **D:** Errada, a não ocultação da extensão de arquivos e programas ajuda a identificar arquivos executáveis que podem estar disfarçados tentando enganar o usuário. **E:** Errada, a solicitação de senha ao iniciar o Windows é uma medida de segurança que não contribui negativamente, de forma alguma, na infecção de vírus ao computador.
Gabarito "C".

5. WINDOWS

Atenção: Figura para as duas questões seguintes.

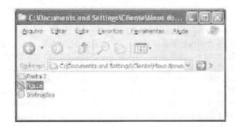

(Técnico Judiciário – TRT/4ª – 2011 – FCC) No Windows XP, a janela Meu Computador pode ser configurada para exibir seus elementos de diversas formas, EXCETO

(A) Conteúdo.
(B) Detalhes.
(C) Listas.
(D) Lado a Lado.
(E) Ícones.

A: correta, esta opção só está disponível para ser utiliza no Meu Computador em versões mais novas que o Windows XP. **B:** errada, detalhes é uma dar formas que se pode utilizar para organizar os elementos no Meu Computador. **C:** errada, listas é uma dar formas que se pode utilizar para organizar os elementos no Meu Computador. **D:** errada, lado a lado é uma dar formas que se pode utilizar para organizar os elementos no Meu Computador. **E:** errada, ícones é uma dar formas que se pode utilizar para organizar os elementos no Meu Computador.
Gabarito "A".

(Técnico – TRT/11ª – 2012 – FCC) No *Windows Explorer do Windows XP*, teclas e *mouse* podem ser usados para copiar ou mover arquivos entre pastas, na mesma unidade (*drive*) de disco. Dessa forma, é INCORRETO afirmar que

(A) ao se manter pressionada a tecla *Shift* e arrastar e soltar o arquivo com o botão esquerdo do *mouse*, o arquivo é movido.
(B) ao se manter pressionada a tecla *Ctrl* e arrastar e soltar o arquivo com o botão esquerdo do *mouse*, o arquivo é copiado.
(C) ao se manter pressionada a tecla *Alt* e arrastar e soltar o arquivo com o botão esquerdo do *mouse*, apenas o atalho para o arquivo é copiado.
(D) simplesmente arrastar e soltar o arquivo com o botão esquerdo do *mouse* faz com que o arquivo seja copiado.
(E) simplesmente arrastar e soltar o arquivo com o botão direito do *mouse* faz com que seja exibido um menu *pop-up* para escolha da ação a ser tomada.

Todas as afirmativas estão corretas menos o texto da letra D, pois simplesmente arrastar e soltar o arquivo com o botão esquerdo apenas o muda de lugar, portanto a alternativa correta para esta questão é a D.
Gabarito "D".

(Técnico Judiciário – TRT/14ª – 2011 – FCC) No *Windows XP*, o *Windows Explorer* permite o gerenciamento da árvore de diretórios e tem como uma de suas funções organizar

(A) apenas pastas, no painel direito da janela.
(B) apenas arquivos, no painel direito da janela.
(C) arquivos e pastas no painel esquerdo da janela.
(D) apenas arquivos, no painel esquerdo da janela.
(E) arquivos e pastas no painel direito da janela.

O Windows Explorer organiza pastas e arquivos e permite a manipulação destes a partir do painel da direita, este programa esta presente em todas as versões do Microsoft Windows, portanto apenas a alternativa E está correta.
Gabarito "E".

(Técnico Judiciário – TRT/20ª – 2011 – FCC) No *Windows XP* é possível configurar números, unidades monetárias, horários e datas acessando-se o painel de controle e dando 2 cliques em

(A) Sistema.
(B) Ferramentas administrativas.
(C) Opções regionais e de idioma.
(D) Opções de acessibilidade.
(E) Gerenciador de configurações.

A: errada, em Sistema estão localizadas opções de configuração do Windows XP. **B:** errada, em Ferramentas administrativas estão localizadas várias opções de configuração avançada do Windows. **C:** correta, em opções regionais e de idioma é possível definir os formatos padrão de exibição de várias informações, entre elas números, unidades monetários, datas e horários. **D:** errada, as opções de acessibilidade são um conjunto de configurações voltadas para usuários com necessidades especiais. **E:** errada, não há tal opção no Painel de controle do Windows XP.
Gabarito "C".

(Técnico Judiciário – TRT24 – FCC – 2017) Quando uma pasta ou um arquivo é criado, o Windows 7 em português atribui permissões padrão a esse objeto. Modificar é a permissão mínima necessária para concluir esse procedimento. Para um usuário definir, exibir, alterar ou remover permissões de arquivos e pastas deve-se, inicialmente:

– Clicar com o botão direito do mouse no arquivo ou na pasta para o qual deseja definir permissões, clicar em Propriedades e clicar na guia ....I.....

– Clicar em ...II... para abrir a caixa de diálogo Permissões para <objeto>.

As lacunas I e II são, correta e respectivamente, preenchidas com

(A) Compartilhamento – Compartilhar
(B) Geral – Escolher Arquivo
(C) Segurança – Editar
(D) Geral – Atributos
(E) Compartilhamento – Adicionar

HELDER SATIN

Na janela de propriedades de uma pasta ou arquivo, as opções de permissão podem ser gerenciadas a partir da aba Segurança, que contém a lista de Nomes de grupo ou de usuários e tela de Permissões para <grupo> onde é possível permitir ou negar uma série de ações por parte do grupo em edição, portanto, apenas a alternativa C está correta.
Gabarito "C".

(Técnico Judiciário – TRT20 – FCC – 2016) Um Técnico precisa enviar 80 arquivos que estão na pasta relatórios de um computador com Windows 7 Professional em português, pelo *webmail*. Antes de compactar o conteúdo da pasta, para verificar o tamanho em disco ocupado pelos arquivos, o Técnico deve clicar

(A) no menu Propriedades e selecionar a opção Tamanho.
(B) com o botão direito do *mouse* sobre o nome da pasta e selecionar a opção Propriedades.
(C) no menu Arquivo e na opção Propriedades.
(D) com o botão direito do *mouse* sobre o nome da pasta e selecionar a opção Resumo.
(E) no menu Opções e na opção Propriedades.

Para visualizar o tamanho ocupado em disco pelos arquivos contidos em uma pasta é necessário clicar com o botão direito no mouse sobre o ícone da pasta e selecionar a opção Propriedades, que irá exibir essa informação como Tamanho em disco, portanto, apenas a alternativa B está correta.
Gabarito "B".

(Técnico Judiciário – TRT20 – FCC – 2016) Um usuário está navegando na intranet da organização onde trabalha utilizando um computador com o Windows 7, quando ocorre um erro. Ao entrar em contato com o suporte técnico, foi solicitado a tirar um *print* da tela e enviar por *e-mail* para que o problema seja analisado e resolvido. Para tirar o *print* da tela, o usuário deve

(A) pressionar Ctrl + P e, em seguida, selecionar a opção Enviar por *e-mail*.
(B) clicar no botão Iniciar e, em seguida, na opção Print Screen do menu Acessórios.
(C) pressionar a tecla Print Screen, que pode estar abreviada, dependendo do teclado.
(D) pressionar a tecla Windows, a opção Tela e, em seguida, a opção Fotografar.
(E) clicar no botão Iniciar, na opção Acessórios e, em seguida, na opção Quadro Instantâneo.

O ato de capturar a tela do computador em forma de imagem chamamos de Print Screen. No Windows há algumas formas de realizar essa ação, entre elas temos a Ferramenta de Captura, um programa nativo do Windows que permite selecionar a área da tela que deseja capturar e também o botão do teclado chamado Print Screen, que também pode ser apresentado como "Prt Sc" dependendo do teclado utilizado, que armazena na área de transferência uma imagem da tela sendo exibida. Portanto, apenas a alternativa C está correta.
Gabarito "C".

6. OUTRAS QUESTÕES DE INFORMÁTICA

(Técnico – TRT/16ª – 2015 – FCC) O sistema operacional Linux, em todas as suas distribuições (versões), utiliza uma estrutura de diretórios (pastas) padronizada, na qual diferentes tipos de arquivos são armazenados em diferentes diretórios. O diretório para a instalação de programas não oficiais da distribuição é o:

(A) /etc
(B) /bin/tmp
(C) /dev
(D) /usr/local

(E) /sbin

A: Errada, o diretório /etc é usado para arquivos de configuração do sistema e de programas instalados. **B:** Errada, não existe diretório /tmp dentro do diretório /bin, que armazena programas usados frequentemente pelos usuários. **C:** Errada, o diretório /dev armazena dispositivos de hardware, sendo um arquivo para cada dispositivo. **D:** Correta, o diretório /usr/local atualmente é usado para armazenar programas de terceiros ou programas auto compilados. **E:** Errada, o diretório /sbin armazena programas utilizados pelo usuário root para administração e controle do funcionamento do sistema.
Gabarito "D".

(Técnico Judiciário – TRT20 – FCC – 2016) Uma das funções da lógica de programação é definir os passos para se resolver problemas do mundo real através de programas de computador criados nas linguagens de programação. Considere, nesse contexto, a estrutura de passos em pseudolinguagem abaixo.

var salary: real

início

leia(salary)

se(salary<1000)

então salary ^ salary + 100

senão se (salary<2000)

    então salary ^ salary + 200

    senão se (salary<3000){

       então salary ^ salary + 300

       senão se (salary<4000){

          então salary ^ salary + 400

          senão salary ^ salary + 1000

        fim_se

      fim_se

    fim_se

fim_se

exiba(salary)

fim

Se for informado o valor 4000 para a variável salary será exibido o valor

(A) 4400
(B) 4300
(C) 5000
(D) 4200
(E) 9000

O código escrito em pseudolinguagem se inicia pela declaração de uma variável que deve armazenar um valor real, em seguida é recebido um valor que neste caso foi definido como 4000. Após isso, começam a ser feitas verificações lógicas encadeadas na forma de verificações do tipo "se .. senão" onde caso a condição seja atingida é realizada uma função, caso não seja é feita outra verificação. Seguindo a lógica do código apresentado e considerando um valor inicial de 4000, a primeira validação lógica seria a comparação salary < 1000, que resultaria em falso, passando então para a clausula "senão se" que faria a comparação salary<2000, que também resultaria em falso, passando então para próxima clausula "senão se" que realiza a comparação salary<3000, que novamente resulta em falso e leva para uma nova verificação "senão se" que compara salary<4000 que novamente retornaria falso levando então à última clausula "senão se" que faria o cálculo salary = salary + 1000 e exibindo então o valor final que resultaria em 5000. Portanto apenas a alternativa C está correta.
Gabarito "C".

3. Matemática e Raciocínio Lógico

Enildo Garcia e André Nader Justo*

1. RACIOCÍNIO LÓGICO

1.1. Introdução e Estruturas Lógicas

(Técnico Judiciário – TRT/24ª – 2011 – FCC) São dados cinco conjuntos, cada qual com quatro palavras, três das quais têm uma relação entre si e uma única que nada tem a ver com as outras:

X = {cão, gato, galo, cavalo}

Y = {Argentina, Bolívia, Brasil, Canadá}

Z = {abacaxi, limão, chocolate, morango}

T = {violino, flauta, harpa, guitarra}

U = {Aline, Maria, Alfredo, Denise}

Em X, Y, Z, T e U, as palavras que nada têm a ver com as demais são, respectivamente:

(A) gato, Canadá, limão, guitarra e Maria.
(B) galo, Canadá, chocolate, flauta e Alfredo.
(C) galo, Bolívia, abacaxi, guitarra e Alfredo.
(D) cão, Canadá, morango, flauta e Denise.
(E) cavalo, Argentina, chocolate, harpa e Aline.

No conjunto X temos animais de quatro patas, exceto o galo.
Em Y, países da América do Sul, com exceção do Canadá.
O conjunto Z traz uma relação de frutas, exceto o chocolate.
Fora a flauta, todos os outros elementos do conjunto T são instrumentos de corda.
Exceto Alfredo, os elementos de U são nomes de pessoas do sexo feminino.
Gabarito "B".

1.2. Lógica de Argumentação

(Analista Judiciário – TRT/24 – FCC – 2017) Uma afirmação que corresponda à negação lógica da afirmação: todos os programas foram limpos e nenhum vírus permaneceu é:

(A) Se pelo menos um programa não foi limpo, então algum vírus não permaneceu.
(B) Existe um programa que não foi limpo ou pelo menos um vírus permaneceu.
(C) Nenhum programa foi limpo e todos os vírus permaneceram.
(D) Alguns programas foram limpos ou algum vírus não permaneceu
(E) Se algum vírus permaneceu, então nenhum programa foi limpos.
Resolução

Seja a afirmação correspondente ao enunciado

p: $\forall$(programa (programa foi limpo $\wedge$ nenhum vírus foi encontrado).

A negação do quantificador universal $\forall$ é o quantificador existencial $\exists$, e a negação de (programa foi limpo $\wedge$ nenhum vírus foi encontrado), pela Lei de de Morgan, é

pelo menos um programa não foi limpo **ou** pelo menos um vírus foi encontrado.
Logo, a negação de p, ~p, é equivalente à afirmação de que,
(existe pelo menos um programa não foi limpo **ou** pelo menos um vírus foi encontrado) => Letra B
Ou, em termos de Lógica Formal,

q: programa foi limpo

r: vírus foi encontrado

p: $\forall$(programa $(q \wedge r)$,

E a negação de $(q \wedge r)$ é

$\sim(q \wedge r) = \sim q \vee \sim r$ (de Morgan).
Temos, então,

~p = $\exists$ programa $(\sim q \vee \sim r)$, isto é,

(existe pelo menos um programa não foi limpo **ou** pelo menos um vírus foi encontrado) => Letra B
Gabarito "B".

(TRT/22ª – 2010 – FCC) Considere um argumento composto pelas seguintes premissas:

– Se a inflação não é controlada, então não há projetos de desenvolvimento.
– Se a inflação é controlada, então o povo vive melhor.
– O povo não vive melhor.

Considerando que todas as três premissas são verdadeiras, então, uma conclusão que tornaria o argumento válido é:

(A) A inflação é controlada.
(B) Não há projetos de desenvolvimento.
(C) A inflação é controlada ou há projetos de desenvolvimento.
(D) O povo vive melhor e a inflação não é controlada.
(E) Se a inflação não é controlada e não há projetos de desenvolvimento, então o povo vive melhor.

A 2ª premissa diz que "se a inflação é controlada, o povo vive melhor". Mas como a 3ª premissa afirma que "o povo não vive melhor", então concluímos que a inflação não é controlada. Cruzando essa informação com a 1ª premissa, sabemos que "então não há projetos de desenvolvimento".
Gabarito "B".

(TRT/21ª – 2010 – CESPE) Uma empresa incentiva o viver saudável de seus funcionários. Para isso, dispensa mais cedo, duas vezes por semana, aqueles envolvidos em alguma prática esportiva. Aproveitando a oportunidade, Ana, Bia, Clara e Diana decidiram se associar a uma academia de ginástica, sendo que escolheram atividades diferentes, quais sejam, musculação, ioga, natação e ginástica aeróbica. O intuito é manter a forma e, se possível, perder peso. No momento, o peso de cada funcionária assume um dos seguintes valores: 50 kg, 54 kg, 56 kg ou 60 kg. O que também se sabe é que:

(A) Ana não faz musculação e não pesa 54 kg.
(B) Bia faz ioga e não tem 50 kg.
(C) A jovem que faz musculação pesa 56 kg e não é a Clara.
(D) A jovem com 54 kg faz natação.

Com base nessas informações, é correto afirmar que

(1) Bia é mais pesada que Clara.
(2) o peso de Ana é 56 kg.
(3) Diana faz musculação.

1: Certo. A 2ª informação nos diz que Bia não tem 50 kg. E como ela faz ioga, nós concluímos pela 4ª informação que ela também não tem 54 kg (pois essa pessoa faz natação). Pela 3ª informação, concluímos que Bia também não pesa 56 kg (pois essa pessoa faz musculação, e não ioga). Logo, por exclusão, Bia pesa 60 kg e, portanto, é a mais pesada de todas, inclusive que Clara. 2: Errado. Ana não pesa 60 kg (peso de Bia) e nem 54 kg, como afirma a 1ª informação. Como a 3ª informação nos diz que quem faz musculação pesa 56 kg, e a 1ª informação afirma que Ana não faz musculação, sabemos, portanto, que ela não tem 56 kg. Portanto, Ana pesa 50 kg. 3: Certo. A jovem que faz musculação pesa 56 kg e, portanto, não é a Bia (60 kg), nem Ana (50 kg) e nem Clara (como afirma a 3ª informação). Logo, por exclusão, Diana faz musculação.
Gabarito 1C, 2E, 3C.

(Técnico Judiciário – TRT/24ª – 2011 – FCC) Parte do material de limpeza usado em certa Unidade do Tribunal Regional do Trabalho é armazenada em uma estante que tem cinco prateleiras, sucessivamente numeradas de 1 a 5, no sentido de cima para baixo. Sabe-se que:

---

*   **Enildo Garcia** comentou as questões dos concursos de Técnico – TRT/16ª – 2015 – FCC, Técnico – TRT/19ª – 2015 – FCC, Escrevente Técnico – TJSP – 2015 – VUNESP, e os concursos de 2016 e 2017. **André Nader Justo** comentou as demais questões.

500 ENILDO GARCIA E ANDRÉ NADER JUSTO

– cada prateleira destina-se a um único tipo dos seguintes produtos: álcool, detergente, sabão, cera e removedor;

– o sabão fica em uma prateleira acima da do removedor e imediatamente abaixo da prateleira onde é guardada a cera;

– o detergente fica em uma prateleira acima da do álcool, mas não naquela colada à dele;

– o álcool fica na prateleira imediatamente abaixo da do sabão.

Com base nas informações dadas, é correto afirmar que

(A) o sabão é guardado na prateleira 2.
(B) o detergente é guardado na prateleira 1.
(C) a cera é guardada na prateleira 5.
(D) o álcool é guardado na prateleira 3.
(E) o removedor é guardado na prateleira 4.

Sejam a álcool, d detergente, s sabão, c cera e r removedor.
A partir das primeira e quarta informações temos as possibilidades para c,s,a

Material de limpeza			
	Opção		
Prateleira	#1	#2	#3
1	c		
2	s	c	
3	a	s	c
4		a	s
5			a

Como a opção #1 não é possível porque não tem lugar para o detergente e a #3 não é possível pois tem lugar para o removedor, concluímos que a única possibilidade é a opção #2:
d/c/s/a/r → Letra B.
E a prateleira fica assim

Prateleira	Material de limpeza
1	detergente
2	cera
3	sabão
4	álcool
5	removedor

Gabarito "B".

1.3. Compreensão e Elaboração da Lógica das Situações por Meio de Raciocínio Matemático

(Analista Judiciário – TRT/24 – FCC – 2017) Francisco verificou que havia x pastas em um diretório. Ele abriu 1/3 dessas pastas, deixou as restantes fechadas e foi embora. Geraldo encontra as pastas como Francisco havia deixado, abre 5/7 das pastas que ainda estavam fechadas e foi embora. Humberto observa a situação das pastas após a intervenção de Geraldo, fecha 7/34 das pastas que encontrou abertas e abre metade das pastas que encontrou fechadas. Após a intervenção de Humberto, a fração, das x pastas, que ficaram abertas é igual a

(A) 31/42
(B) 5/34
(C) 13/21
(D) 15/34
(E) 9/21

1ª solução
Suponha que o número x de pastas do diretório seja 714, que é o produto dos denominadores das frações do enunciado:
3x7x34 = 714.
Assim,

i) Francisco abriu $\dfrac{714}{3}$ = 238 pastas e permaneceram fechadas 714 – 238 = 476,

ii) Geraldo abre $\left(\dfrac{5}{7}\right)$476 = 340 pastas e permanecem 238 + 340 = 578 pastas abertas e 714 – 578 = 136 fechadas.

iii) Humberto:

– fecha $\left(\dfrac{7}{34}\right)$578 = 119 pastas,

– abre $\left(\dfrac{1}{2}\right)$136 = 68 pastas e deixa outras 68 fechadas.

Neste momento, têm-se
119 + 68 = 187 pastas fechadas e
714 – 187 = 527 pastas abertas.
Então,
A fração, das x pastas, que ficaram abertas é igual a
$\dfrac{527}{714}$ que, simplificada dividindo-se por 17, resulta em $\dfrac{31}{42}$ => Letra A

Ou

2ª solução
Em termos algébricos s t 2x se, com a pastas abertas e f, fechadas:
i) $a = \dfrac{x}{3}$ e, $f = 1 - \dfrac{x}{3} = \dfrac{2x}{3}$

ii) $a = \dfrac{x}{3} + \left(\dfrac{5}{7}\right)\left(\dfrac{2x}{3}\right) = \dfrac{x}{3} + \dfrac{10x}{21} = \dfrac{17x}{21}$

$f = x - \dfrac{17x}{21} = \dfrac{4x}{21}$

iii) Humberto:

– fecha $\left(\dfrac{7}{34}\right)\dfrac{17x}{21} = \dfrac{x}{6}$ pastas,

– abre $\left(\dfrac{1}{2}\right)\dfrac{4x}{21} = \dfrac{2x}{21}$ pastas e deixa outras $\dfrac{2x}{21}$ fechadas.

Neste momento, têm-se
$\dfrac{x}{6} + \dfrac{2x}{21} = \dfrac{7x+4x}{42} = \dfrac{11x}{42}$ pastas fechadas e
$x - \dfrac{11x}{42} = \dfrac{42x-11x}{42} = \dfrac{31x}{42}$ pastas abertas.
Então,
A fração, das x pastas, que ficaram abertas é igual a
$\dfrac{\frac{31x}{42}}{x} = \dfrac{31}{42}$ => Letra A

Gabarito "A".

(Analista Judiciário – TRT/24 – FCC – 2017) Em determinada semana o preço do tomate é 80% do preço da batata. Na semana seguinte o preço da batata cai 48% e o preço do tomate sobe 30%. Nessa segunda situação, para que o preço da batata se iguale ao preço do tomate, ele deverá subir

(A) 80%.
(B) 100%
(C) 90%.
(D) 75%.
(E) 50%.

1ª Solução
Seja ti o preço do tomate e bi o da batata na semana i.
Tem-se t1 = 0,8b1 na primeira semana.
Na segunda semana,

b2 = 0,52b1 , ou b1 = $\dfrac{b2}{0,52}$, pois o preço da batata caiu 48% e
t2 = 1,3t1 uma vez que o preço do tomate subiu 30%.
Temos
t2 = 1,3x0,8b1 = 1,04b1

t2 = $1,04\left(\dfrac{b2}{0,52}\right)$ = 2b2.
Então, para que o preço da batata se iguale ao preço do tomate, ele deverá subir 100%, isto é, t2 passa a 2t2 e, então,
t2 fica igual a b2. => Letra B
Ou
2ª Solução
Suponha que a batata, na primeira semana, custe b1 = R$ 10,00.
E o tomate, t1 = R$ 8,00.
Na segunda semana, temos
b2 = 0,52b1 = 0,52x10 = 5,20, pois o preço da batata caiu 48% e
t2 = 1,3t1 = 1,3x8 = 10,40 (o preço do tomate subiu 30%).

Logo,
Para que o preço da batata se iguale ao preço do tomate ele deverá subir 100%, isto é, 5,20 passa a 10,40. => Letra B

(Analista Judiciário – TRT/24 – FCC – 2017) Um veículo trafegando a uma velocidade média de 75 km/h percorre determinada distância em 4 horas e 20 minutos. Se a sua velocidade média cair para 45 km/h, o tempo necessário para percorrer a mesma distância será acrescido de um valor que é

(A) menor do que uma hora.
(B) maior que uma hora e menor que duas horas.
(C) maior que quatro horas.
(D) maior que três horas e menor que quatro horas.
(E) maior que duas horas e menor que três horas.

Resolução
Tem-se
e = v1t1 (distância é igual a velocidade vezes tempo)
t1 = 4h20min = 260min
$v_1 = 75$ km/h = $\frac{75}{60}$ km/min
Daí
$e = \left(\frac{75}{60}\right) \times 260$
Se sua velocidade média cair para 45 km/h, tem-se
$e = \left(\frac{75}{60}\right) \times 260 = \left(\frac{45}{60}\right) t_2$ ou
$t_2 = \frac{\left(\frac{75}{60}\right) \times 260}{\left(\frac{45}{60}\right)} = \frac{\left(\frac{75 \times 260}{60}\right)}{\left(\frac{45}{60}\right)} = \frac{75 \times 260}{45}$
Então,
$t_2 - t_1 = \frac{75 \times 260}{45} - 260 =$
$= 260(\frac{75}{45} - 1) = 260(\frac{30}{45}) = 260(\frac{2}{3})$ min =
$= (\frac{520}{3})(\frac{1}{60}) = \frac{26}{9}$ h ≈ 2,9 h => Letra E

(Analista Judiciário – TRT/11 – FCC – 2017) Alexandre, Breno, Cleide e Débora saíram vestindo camisas do seu time de futebol. Sabe-se que cada pessoa torce por um time diferente, e que os times são: Flamengo, Corinthians, São Paulo, Vasco, não necessariamente nessa ordem. Cleide é corintiana, Breno não torce pelo Flamengo nem pelo São Paulo, Débora é são-paulina. Sendo assim, conclui-se que Alexandre e Breno, respectivamente, torcem para

(A) Flamengo e Corinthians.
(B) Vasco e Flamengo.
(C) São Paulo e Vasco.
(D) Flamengo e Vasco.
(E) Vasco e Corinthians.

Solução
Breno torce então, pelo Corinthians ou pelo Vasco,
Uma vez que Cleide já é corintiana, resta, assim, o Vasco para o Breno torcer.
E, para Alexandre, só resta um time diferente, o Flamengo.
Conclui-se, então, que Alexandre e Breno, respectivamente, torcem para Flamengo e Vasco. => Letra D

(Analista Judiciário – TRT/11 – FCC – 2017) Marlene, Jair, Renata, Alexandre e Patrícia fizeram uma prova de um concurso obtendo cinco pontuações diferentes. Sabe-se ainda que, nessa prova:

– Marlene obteve mais pontos do que Alexandre, mas menos pontos do que Patrícia;

– Jair obteve mais pontos do que Renata, que por sua vez obteve mais pontos do que Marlene.

Sendo assim, é necessariamente correto que

(A) Marlene obteve mais pontos do que Renata.
(B) Jair obteve menos pontos do que Patrícia.
(C) Renata obteve menos pontos do que Patrícia.
(D) Alexandre foi o que obteve menos pontos.
(E) Patrícia foi a que obteve mais pontos.

Resolução
Sejam J, R, A e P os pontos obtidos por Jair, Renata, Alexandre e Patrícia, respectivamente.
– Marlene obteve mais pontos do que Alexandre, mas menos pontos do que Patrícia: P > M > A (i)
– Jair obteve mais pontos do que Renata, que por sua vez obteve mais pontos do que Marlene: J > R e R > M
Ou seja,
J > R > M (ii).
No entanto, M > A, pela relação (ii), o que resulta
J > R > M > A (iii).
As relações (i) e (iii) mostram que Alexandre foi o que obteve menos pontos.
=> Letra D

(Analista Judiciário – TRT/11 – FCC – 2017) Para um concurso foram entrevistados 970 candidatos, dos quais 527 falam inglês, 251 falam francês, 321 não falam inglês nem francês. Dos candidatos entrevistados, falam inglês e francês, aproximadamente,

(A) 13%.
(B) 18%.
(C) 9%.
(D) 11%.
(E) 6%.

Resolução
Colocamos os dados em diagrama de Venn:

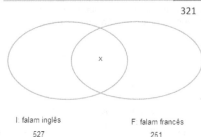

I: falam inglês   F: falam francês
527   251

Sendo # a cardinalidade de um conjunto, ié, o número de seus elementos, temos
x = #(I∩F): falam inglês e francês, e
#(I∪F) = #I + #F - #(I∩F)
527 + 251 - #(I∩F) + 321 = 970
1099 - #(I∩F) = 970
#(I∩F) = 1099 - 970
Falam inglês e francês:
#(I∩F) = 129
Seja, agora, a regra de três
970 -- 129
100 -- p
=> Tem-se, então,
$p = \frac{100 \times 129}{970} = \frac{1290}{97} \approx 13,3$ => Letra A

(TRT9 – 2012 – FCC) Em nosso calendário, há dois tipos de anos em relação à sua duração: os bissextos, que duram 366 dias, e os não bissextos, que duram 365 dias. O texto abaixo descreve as duas únicas situações em que um ano é bissexto.

502 ENILDO GARCIA E ANDRÉ NADER JUSTO

– Todos os anos múltiplos de 400 são bissextos – exemplos: 1600, 2000, 2400, 2800;

– Todos os anos múltiplos de 4, mas não múltiplos de 100, também são bissextos – exemplos: 1996, 2004, 2008, 2012.

> Disponível em: <http://www.tecmundo.com.br/mega-curioso/
> 20049-como-funciona-o-ano-bissexto-.htm>.
> Acesso em 16.12.12)

Sendo n o total de dias transcorridos no período que vai de 01 de janeiro de 1898 até 31 de dezembro de 2012, uma expressão numérica cujo valor é igual a n é

(A) 29 + 365 x (2012 – 1898 + 1).

(B) 28 + 365 x (2012 – 1898).

(C) 28 + 365 x (2012 – 1898 + 1).

(D) 29 + 365 x (2012 – 1898).

(E) 30 + 365 x (2012 – 1898).

Solução
Observe que o período vai de 01/01/1898 a 31/12/2012, ou seja, 2012 – 1898 +1.
Uma vez que temos 28 anos bissextos no período:
1904,08,12,16,20,24,28,
32,36,40,44.48.52,56,
60,64,68,72,76,80.84,
88,92,96,2000,04,08 e 2012 e
os não bissextos são em número de (2012 – 1898 + 1), o valor de n
é 28 + 365 x (2012 – 1898 + 1).   => Letra C

(TRT/9ª – 2010 – FCC) A tabela abaixo apresenta as frequências das pessoas que participaram de um programa de recuperação de pacientes, realizado ao longo de cinco dias sucessivos.

Quantidade de pessoas presentes	1º dia	2º dia	3º dia	4º dia	5º dia
	79	72	75	64	70

Considerando que cada um dos participantes faltou ao programa em exatamente 2 dias, então, relativamente ao total de participantes, a porcentagem de pessoas que faltaram no terceiro dia foi

(A) 40%.

(B) 38,25%.

(C) 37,5%.

(D) 35,25%.

(E) 32,5%.

A média do número de participantes nos 5 dias do programa é igual a:
= = 72
Como cada um dos X participantes faltou 2 dias, então o total de faltas foi (2X).
Como foram 5 dias de programa, a média de ausentes por dia foi: (2X÷5) = 0,4.X. Portanto,
(total de participantes) = (média de presentes)+(média de ausentes)
X = 72 + 0,4X
X – (0,4X) = 72
0,6X = 72
X =
X = 120 (total de participantes)
Como no terceiro dia tivemos 75 presentes, o número de pessoas que faltaram foi (120-75) = 45. Isso equivale a: = 0,375 = 37,5%.

(TRT/9ª – 2010 – FCC) Em um ambulatório há um armário fechado com um cadeado cujo segredo é um número composto de 6 dígitos. Necessitando abrir tal armário, um funcionário não conseguia lembrar a sequência de dígitos que o abriria; lembrava apenas que a soma dos dígitos que ocupavam as posições pares era igual à soma dos dígitos nas posições ímpares. As alternativas que seguem apresentam sequências de seis dígitos, em cada uma das quais estão faltando dois dígitos. A única dessas sequências que pode ser completada de modo a resultar em um possível segredo para o cadeado é:

(A) 9 2 _ _ 6 2.

(B) 7 _ 7 _ 7 1.

(C) 6 _ 9 0 _ 5.

(D) 4 8 _ 9 _ 7.

(E) 2 6 4 _ 8 _.

Essa questão deve ser resolvida por eliminação. O candidato deve analisar cada alternativa e somar os dígitos das posições ímpares (1, 3 e 5) e, em

seguida, comparar com a soma dos dígitos das posições pares (posições 2, 4 e 6). Na alternativa A, por exemplo, a soma dos dígitos das posições ímpares é 9 + x + 6 = 15 + x; enquanto que das posições pares é 2 + y + 2 = 4 + y. Como a soma dos dígitos pares não alcançará a soma dos ímpares nem se y for 9, concluímos que a sequência de números da alternativa A não é uma sequência possível.
Repetindo a mesma análise para as demais alternativas, concluímos que a única possível é a alternativa E:
Soma dos dígitos pares = 6 + x + 8 = 14 + x
Soma dos dígitos ímpares = 2 + 4 + 8 = 14
Portanto, se x = 0 as duas somas terão o mesmo valor.

(TRT/15ª – 2009 – FCC) Três lotes de documentos possuíam respectivamente 245, 359 e 128 folhas. Essas folhas foram redistribuídas para que os três ficassem com a mesma quantidade de folhas. Dessa forma,

(A) o primeiro lote ficou com 243 folhas.

(B) o segundo lote ficou com 118 folhas a menos do que tinha.

(C) o terceiro lote ficou com 116 folhas a mais do que tinha.

(D) o número final de folhas de cada lote era 250.

(E) do primeiro e do segundo lotes foi retirado um total de 120 folhas.

Para distribuir as folhas em três lotes iguais, temos primeiro de juntá-las e depois dividir por três: (245 + 359 + 128) / 3 = (732) / 3 = 244. Sendo assim, a alternativa A é incorreta, pois todos os lotes ficaram com 244 folhas. A alternativa B é incorreta, pois o 2º lote ficou com 115 folhas a menos (e não 118). As alternativas D e E são incorretas por razões análogas. A alternativa C é correta, pois o terceiro lote ficou com 116 folhas a mais do que tinha (128 + 116 = 244).

(TRT/22ª – 2010 – FCC) Dois funcionários de uma Unidade do Tribunal Regional do Trabalho – Moisés e Nuno – foram incumbidos da manutenção de n equipamentos de informática. Sabe-se que Moisés é capaz de executar essa tarefa sozinho em 4 horas de trabalho ininterrupto e que Nuno tem 80% da capacidade operacional de Moisés. Assim sendo, se, num mesmo instante, ambos iniciarem simultaneamente a manutenção dos n equipamentos, então, após um período de duas horas,

(A) o trabalho estará concluído.

(B) ainda deverá ser feita a manutenção de 20% dos n equipamentos.

(C) ainda deverá ser feita a manutenção de 10% dos n equipamentos.

(D) terá sido executada a manutenção de 83 dos n equipamentos.

(E) terá sido executada a manutenção de 54 dos n equipamentos.

Em 4h, Nuno consegue fazer 100% do trabalho sozinho, enquanto que Moisés consegue fazer apenas 80%. Sendo assim, em 2h Nuno conseguirá fazer 50% do trabalho e Moisés 40%, totalizando 90%. Portanto, em 2h ainda deverá ser feita a manutenção de 10% dos n equipamentos.

(Técnico Judiciário – TRT/9º – 2010 – FCC) Certo mês, três Técnicos Judiciários – Ivanildo, Lindolfo e Otimar – fizeram 10 viagens transportando equipamentos destinados a diferentes unidades do Tribunal Regional do Trabalho. Sabe-se que:

– os três fizeram quantidades diferentes de viagens e cada um deles fez pelo menos duas;

– Ivanildo fez o maior número de viagens e Lindolfo o menor.

Sobre o número de viagens que Otimar fez a serviço do Tribunal nesse mês,

(A) nada se pode concluir.

(B) foram 4.

(C) foram 3.

(D) excedeu em 2 unidades a quantidade de viagens feitas por Lindolfo.

(E) era igual a 30% da quantidade de viagens feitas por Ivanildo.

Sejam I, L e O os números de viagens dos Técnicos.
Temos I + L + O = 10; I ≠ L ≠ O e I,L,O ≥ 2.
Ainda, Ivanildo fez o maior número de viagens e Lindolfo o menor, o que implica I > O > L.
O número mínimo de viagens é 2, caso de Lindolfo, que fez o menor número.
Logo, L = 2.
Daí, temos os casos
1) L = 2; O = 3; I = 4 ⇒ opção não serve pois a soma das viagens (2 + 3 + 4 = 9) é menor que 10.

3. MATEMÁTICA E RACIOCÍNIO LÓGICO 503

2) L = 2; O = 3; I = 5 ⇒ Solução pois 2 + 3 + 5 = 10. (O = 3) Letra C.
3) L = 2; O = 4; I = 5 ⇒ opção não serve pois a soma das viagens (2 + 4 + 5 = 11) é maior que 10.

Gabarito "C".

(Técnico Judiciário – TRT/14ª – 2011 – FCC) Sabe-se que, em outubro de 2007, os dias x e 3x ocorreram em um domingo. Lembrando que anos bissextos são números múltiplos de 4, então o próximo ano que os dias x e 3x de outubro ocorrerão novamente em um domingo será:

(A) 2012.
(B) 2013.
(C) 2014.
(D) 2015.
(E) 2016.

Sabe-se que, para os anos que não são bissextos, se um certo dia ocorre num domingo, no ano seguinte, ocorrerá na segunda-feira.
Em dois anos, cairá na terça-feira, depois na quarta-feira. Se algum ano for bissexto, esse dia ocorrerá em um dia a mais da semana.
Então, os dias x e 3x de outubro de 2007, ocorridos em domingos, terão a sequência, notando-se que 2008 e 2012 são anos bissextos:

2007   2008   2009   2010   2011   2012
domingo → terça-feira → quarta-feira → quinta-feira → sexta-feira → domingo →

Gabarito "A".

(Técnico Judiciário – TRT/14ª – 2011 – FCC) Seja N um número inteiro e positivo que multiplicado por 7 resulta em número composto apenas por algarismos iguais a 2. Assim sendo, a soma de todos os algarismos que compõem N é igual a

(A) 27.
(B) 24.
(C) 21.
(D) 15.
(E) 12.

Vamos procurar um número N formado só por algarismos 2 e que seja divisível por 7:
22 não é divisível por 7;
222 não é divisível por 7;
2222 não é divisível por 7;
22222 não é divisível por 7;
222222 = 7 x 3 1746 ⇒ N = 31 746 cuja soma dos algarismos vale 3 + 1 + 7 + 4 + 6 = 21.

Gabarito "C".

(Técnico Judiciário – TRT/24ª – 2011 – FCC) Sabe-se que Vitor e Valentina trabalham como Auxiliares de Enfermagem em uma empresa e, sistematicamente, seus respectivos plantões ocorrem a cada 8 dias e a cada 6 dias. Assim sendo, se no último dia de Natal – 25/12/2010 – ambos estiveram de plantão, então, mantido o padrão de regularidade, uma nova coincidência de datas de seus plantões em 2011, com certeza, NÃO ocorrerá em

(A) 18 de maio.
(B) 24 de abril.
(C) 31 de março.
(D) 10 de fevereiro.
(E) 18 de janeiro.

1ª Solução
O plantão simultâneo deles ocorre de 6.8 = 48 dias em 48 dias.
Logo, os próximos plantões ocorrerão em 25/12/2010 + 48 dias = 25/01/2012 + 8 dias = 12/02/2012; 2/04/2012 etc. ⇒ Letra D.
2ª Solução
6 dias em dez./2011
31 dias em jan./2012
11 dias em fev./2012 ⇒ próximo plantão em 12/02/2012

Gabarito "D".

(Técnico Judiciário – TRT/24ª – 2011 – FCC) O esquema abaixo apresenta o algoritmo da subtração de dois números naturais, em que alguns algarismos foram substituídos pelas letras A, B, C, D e E.

```
  A 9 0 B 2
– 7 8 C 9 D
───────────
  2 E 1 7 8
```

Os correspondentes algarismos representados por A, B, C, D e E, que tornam a diferença correta, devem ser tais que (A ? B + C ? D + E)2 é igual a

(A) 49.
(B) 36.
(C) 25.
(D) 16.
(E) 9.

Temos que

```
  A 9 0 B 2        2 E 1 7 8
– 7 8 C 9 D   →  + 7 8 C 9 D
───────────      ───────────
  2 E 1 7 8        A 9 0 B 2
```

Daí,
D = 4 ⇒ B = 7 ⇒ C = 8, E = 0 e A = 9.
Então,
$(A - B + C - D + E)^2$ é igual a $(9 - 7 + 8 - 4 + 0)^2 = 6^2 = 36$.

Gabarito "B".

(Técnico – TRT/16ª – 2015 – FCC) A sequência de números a seguir foi criada com um padrão lógico.

1; 2; 2; 3; 3; 3; 4; 4; 4; 4; 5; 5; 5; 5; 5; 6; 6; 6; 6; 6; 6; 7; 7; ...

A soma de uma adição cujas parcelas são o 7º, 11º, 27º e o 29º termos dessa sequência é igual a

(A) 31.
(B) 42.
(C) 24.
(D) 32.
(E) 17.

Resolução:
Para mais bem observada, a sequência pode ser assim disposta:
1
2 2
3 3 3
4 4 4 4
5 5 5 5 5
6 6 6 6 6 6
7 7 7 7 7 7 7
8 8 8 8 8 8 8 8
9 9 9 9 9 9 9 9 9   cuja estrutura é, agora, facilmente identificada.
...
Logo, os 7º, 11º, 27º e o 29º termos, assinalados, somam 4 + 5 + 7 + 8 = 24.

Gabarito "C".

(Técnico Judiciário – TRT24 – FCC – 2017) Uma avenida que possui 7 km de extensão teve o seu limite máximo de velocidade alterado de 50 km/h para 60 km/h. Levando-se em consideração apenas a extensão da avenida e veículos trafegando nas velocidades máximas permitidas, com a alteração do limite máximo permitido de velocidade, o tempo para percorrer a extensão total da avenida diminuiu em

(A) 2 minutos e 45 segundos.
(B) 1 minuto e 8 segundos.
(C) 1 minuto e 40 segundos.
(D) 2 minutos e 40 segundos.
(E) 1 minuto e 24 segundos.

Solução
Sabe-se que e = vt, espaço igual a velocidade vezes tempo.
Temos, então,
$7 = 50t_1$ => $7 = t_1 = 7/50$
$7 = 60t_2$ => $7 = t_2 = 7/60$
Logo, o tempo diminuiu em
$t_1 - t_2 = 7/50 - 7/60$
$t_1 - t_2 = 7(1/50 - 1/60)$
$t_1 - t_2 = (7/10)(1/5 - 1/6)$
$t_1 - t_2 = (7/10)(1/30)$
$t_1 - t_2 = 7/300$ hora = (7/300)60min
$t_1 - t_2 = 7/5$ min
$t_1 - t_2 = 1,4$ min
$t_1 - t_2 = 1$ min (4/10)s
$t_1 - t_2 = 1$min 24s => Letra E
Ou
7/5 min = (7/5)60) s = 84 s = 1 min e 24 s.

Gabarito "E".

(Técnico Judiciário – TRT24 – FCC – 2017) Um funcionário arquivou certo número de processos ao longo dos cinco dias úteis de trabalho de uma semana. Na terça-feira ele arquivou 2/3 do número de processos que havia arquivado na segunda-feira. Na quarta-feira ele arquivou o dobro do que havia arquivado na terça-feira. Tanto na quinta-feira quanto na sexta-feira ele arquivou 5 processos a mais do que havia arquivado na terça-feira. Sabendo-se que esse funcionário arquivou 49 processos de segunda a sexta-feira dessa semana, a soma do número de processos arquivados por ele nos três dias da semana em que arquivou mais processos foi igual a

(A) 32

(B) 41

(C) 31

(D) 34

(E) 38

Resolução
Tem-se
terça = (2/3) seg
quarta = 2(2/3) seg = (4/3)seg
quinta = terça + 5
sexta = terça + 5
Mas
seg + terça + quarta + quinta + sexta = 49
seg + (2/3) seg + (4/3) seg + (2/3) seg + 5 + (2/3) seg + 5 = 49
seg(1 +(2/3 + 4/3 + 2/3 +2/3) + 10 = 49
seg(13/3) = 39
seg = 3x39/13
seg = 9
Daí
Terça = (2/3)x9 = 6
Quarta (4/3)x9 = 12
Quinta seta = 6+ 5 = 11
Arquivou mais processos na quarta, quinta e sexta:12 +11 + 11 = 34. => Letra D.

Gabarito "D".

(Técnico Judiciário – TRT24 – FCC – 2017) O cadastro de veículos de uma pequena cidade registra 40 veículos de carga e 245 veículos de passeio. Desses 285 veículos cadastrados, 32 são movidos a diesel. Utilizando apenas essas informações, a respeito desses veículos cadastrados, é correto afirmar que,

(A) no máximo, 213 são de passeio movidos a diesel.

(B) no mínimo, 32 são de carga movidos a diesel.

(C) algum veículo de carga é movido a diesel.

(D) no mínimo, 20% dos veículos de carga não são movidos a diesel.

(E) pelo menos, 8 veículos de passeio são movidos a diesel.

Solução
Com os dados do enunciado, construímos a tabela

		veículo		
		de carga	de passeio	total
Combustível	diesel	a	b	32
	outro	c	d	253
	total	40	245	285

Tem-se a regra de três
Carga diesel
40 -- 32
100 -- x
x = 100x32/40
x = 80%
Ou seja, 80% os veículos de carga, no máximo, são movidos a diesel.
Logo, no mínimo, no mínimo, 20% dos veículos de carga não são movidos a diesel. => Letra D.

Gabarito "D".

(Técnico Judiciário – TRT11 – FCC – 2017) A frase que corresponde à negação lógica da afirmação: *Se o número de docinhos encomendados não foi o suficiente, então a festa não acabou bem,* é

(A) Se o número de docinhos encomendados foi o suficiente, então a festa acabou bem.

(B) O número de docinhos encomendados não foi o suficiente e a festa acabou bem.

(C) Se a festa não acabou bem, então o número de docinhos encomendados não foi o suficiente.

(D) Se a festa acabou bem, então o número de docinhos encomendados foi o suficiente.

(E) O número de docinhos encomendados foi o suficiente e a festa não acabou bem.

Solução
Sejam as proposições
p: o número de docinhos foi o suficiente
q: a festa acabou bem
Pede-se a negação da condicional ~p $\longrightarrow$ ~q.
1ª Solução
Seja a tabela-verdade

p	~p	q	~q	~p $\longrightarrow$~q	~p ^ q
V	F	V	F	V	F
V	F	F	V	V	F
F	V	V	F	F	V
F	V	F	V	V	F

Nota-se que a negação de (~p $\longrightarrow$~q) só é verdadeira se –p e q são verdadeiros.
2ª Solução
Sabe-se que a negação de (~p $\longrightarrow$~q) é ~p ^ q, isto é,
o número de docinhos não foi o suficiente **e** a festa acabou bem. => Letra B.

Gabarito "B".

(Técnico Judiciário – TRT11 – FCC – 2017) O início de uma corrida de percurso longo é realizado com 125 atletas. Após uma hora de prova, o atleta João Carlos ocupa a 39ª posição dentre os 83 atletas que ainda participam da prova. Na segunda e última hora dessa corrida, aconteceram apenas quatro fatos, que são relatados a seguir na mesma ordem em que ocorreram:

1º) 18 atletas que estão à frente de João Carlos, desistem da prova;

2º) 7 atletas que até então estavam atrás de João Carlos, o ultrapassam;

3º) 13 atletas que estavam atrás de João Carlos desistem de prova;

4º) perto da chegada João Carlos ultrapassa 3 atletas.

O número de atletas que chegaram depois de João Carlos nessa prova superou o número daqueles que chegaram antes de João Carlos em

(A) 4

(B) 7

(C) 2

(D) 3

(E) 8

Resolução
Dados
JC: João Carlos
X: número de atletas atrás de JC
Y: número de atletas à frente de JC
Início da corrida: 125 atletas
Temos
1ª hora
Pictoricamente podemos representar:

  X JC Y $\longrightarrow$
|||||....||| 39 |||||...||| .chegada
Y = 38
X = (83 – 1- 38 = 44 (sendo esse 1 o JC)
2ª hora
Fato 1)
Y - 18 => Y = 38 – 18 = 20
Fato 2)
X-7 => X=37
Esses 7 atletas ultrapassam JC => Y + 7 => **Y = 27**
Fato 3)
X -13 => **X = 37 – 7 = 30**
Fato 4)
JC ultrapassa 3 => Y = 27 – 3 = 24
Temos, então, X – Y = 30 – 27 = 3 atletas. => Letra D.

Gabarito "D".

(Técnico Judiciário – TRT11 – FCC – 2017) Uma construtora convoca interessados em vagas de pedreiros e de carpinteiros. No dia de apresentação, das 191 pessoas que se interessaram, 113 disseram serem aptas para a função pedreiro e 144 disseram serem aptas para a função carpinteiro. A construtora contratou apenas as pessoas que se declararam aptas em apenas uma dessas funções. Agindo dessa maneira, o número de carpinteiros que a construtora contratou a mais do que o número de pedreiros foi igual a

(A) 65.
(B) 47.
(C) 31.
(D) 19.
(E) 12.

Solução

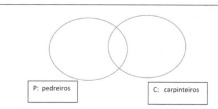

Sendo #C a cardinalidade, ié, o número de elemento do conjunto C, temos
P+ # C – #P ∩C = 191
113 + 144 -# P∩C = 191
257 - #P∩C = 191
#P∩C = 257 - 191
#P∩C = 66 exercem as 2 profissões
Só carpinteiro: 144 - 66 = 78
Só pedreiro: 113 - 66 = 47
Número de carpinteiro – número pedreiros = 78 - 47 = 31. => Letra C.

(Técnico Judiciário – TRT20 – FCC – 2016) Juliana consegue arquivar 16 pastas de documentos em uma hora e vinte minutos. Mantendo esse mesmo padrão, em duas horas e quarenta e cinco minutos Juliana conseguirá arquivar um número de pastas de documentos igual a

(A) 32.
(B) 40.
(C) 35.
(D) 38.
(E) 33.

Resolução
Juliana arquiva 16 pastas em 1 h 20 mi, ou seja, em 80 min.
Para 2 h 45 min ou 165 min, arquivará?
Utilizamos a regra de três
16 -- 80
x -- 165
x = 16x165/80
x = 33 pastas => Letra E.

Manoel e Dolores precisavam classificar um grande número de processos. Manoel começou antes do que Dolores e ao final do dia havia classificado 3/8 do total de processos. Dolores trabalhou mais rápido do que Manoel e ao final do dia havia classificado 1/3 de processos a mais do que aqueles que Manoel havia classificado. Após esse dia de trabalho de Manoel e Dolores, é correto afirmar que

(A) ainda faltam 1/4 dos processos para serem classificados.
(B) eles terminaram a tarefa.
(C) ainda faltam 1/8 dos processos para serem classificados.
(D) eles classificaram 17/24 dos processos.
(E) eles classificaram apenas metade dos processos.

Solução
Seja D o número de processos que Dolores processou e M os de Manoel, com P sendo o total e processos..
Temos
M = (3/8)P
D = (3/8)P + (1/3) (3/8)P = (4/8)P
Faltam, então, para classificar
P - (3/8)P - (4/8)P
P - (7/8)P (18)P => Letra C.

(Técnico Judiciário – TRT20 – FCC – 2016) Em um dia de atendimento externo, João atendeu 56 pessoas. No dia seguinte, João atendeu 25% a mais do número de pessoas que havia atendido no dia anterior. No terceiro dia, João novamente aumentou o número de atendimentos em 30% do número de atendimentos do dia anterior. O número de atendimentos realizados por João, nesses três dias, foi igual a

(A) 195.
(B) 217.
(C) 161.
(D) 184.
(E) 111.

Resolução
João atendeu:
1º dia: 56 pessoas
2º dia: 56 + 56/4 = 56 + 14 = 70
3º dia: 70 + 30% de 70 = 70 + 21 = 91
O total de atendimento nesses três dias foi de
56 + 70 + 91 = 217 pessoas. => Letra B.

(Técnico Judiciário – TRT20 – FCC – 2016) Considere que todo técnico sabe digitar. Alguns desses técnicos sabem atender ao público externo e outros desses técnicos não sabem atender ao público externo. A partir dessas afirmações é correto concluir que

(A) os técnicos que sabem atender ao público externo não sabem digitar.
(B) os técnicos que não sabem atender ao público externo não sabem digitar.
(C) qualquer pessoa que sabe digitar também sabe atender ao público externo.
(D) os técnicos que não sabem atender ao público externo sabem digitar.
(E) os técnicos que sabem digitar não atendem ao público externo.

Solução
Analisando as opções:
A: Errado pois todos os técnicos sabem digitar, segundo o enunciado da questão;
B: Errado porque todos os técnicos sabem digitar, segundo o enunciado da questão;
C: Errado pois somente técnicos podem atender ao público externo, segundo o enunciado da questão;
D: Correto;
E: Errado porque os técnicos sabem digitar, e podem atender ao público externo.

(Técnico Judiciário – TRT20 – FCC – 2016) A sequência de números 1; 13; 1; 2; 13; 1; 2; 3; 13; 1; 2; . . ., foi criada com um padrão e possui vinte termos. A soma dos termos: 20º, 15º e 13º é um número

(A) múltiplo de 5.
(B) múltiplo de 9.
(C) divisor de 2.
(D) múltiplo de 8.
(E) divisor de 6.

Resolução
Escrevendo a sequência de outra maneira para visualização dos termos:
1; 13;
1; 2; 13
1;2;3;13;
1; 2;3;4; 13;
1; 2;3;4;5; 13;
20º: 13
15º: 1
13º:4
Soma: 13 + 1 + 4 = 18 é múltiplo de 9. => Letra B.

1.4. Conceitos Básicos de Raciocínio Lógico

(Analista Judiciário – TRT/11 – FCC – 2017) Em 2015 as vendas de uma empresa foram 60% superiores as de 2014. Em 2016 as vendas foram 40% inferiores as de 2015. A expectativa para 2017 é de que as vendas sejam 10% inferiores as de 2014. Se for confirmada essa expectativa, de 2016 para 2017 as vendas da empresa vão

(A) diminuir em 6,25%.
(B) aumentar em 4%.
(C) diminuir em 4%.
(D) diminuir em 4,75%

506 ENILDO GARCIA E ANDRÉ NADER JUSTO

(E) diminuir em 5,5%.

Resolução
Seja v14 as vendas em 2014.
Tem-se
v15 = 1,6 v14
v16 = 0,6v15
v17 = 0,9v14
Então
V16 = 0,6x1,6 v14 = 0,96v14
E

$$\frac{v_{17}}{v_{16}} = \frac{0,9v_{14}}{0,96v_{14}} = \frac{90}{96} = 0,9375 \text{ ou}$$

v17 = 0,9375v16
As vendas de 2017 serão de 0,9375 das vendas de 2016.
Ou seja, haverá um decréscimo de 6,25%. => Letra A
Ou v17 - V16 = 0,9375v16 - V16 = -0,0625v16.

Gabarito "A".

(Técnico – TRT/16ª – 2015 – FCC) Não gosto de ficar em casa e vou ao cinema todos os dias.

Do ponto de vista lógico, uma afirmação que corresponde a uma negação dessa afirmação é:

(A) Não gosto de sair de casa e não vou ao cinema todos os dias.
(B) Vou ao cinema todos os dias e gosto de ficar em casa.
(C) Não vou ao cinema todos os dias ou não gosto de ficar em casa.
(D) Se não gosto de ficar em casa, então vou ao cinema todos os dias.
(E) Gosto de ficar em casa ou não vou ao cinema todos os dias.

Solução:
Sejam as afirmações
p: ficar em casa
q: ir ao cinema todos os dias
No caso temos ¬p ∧ q.
Então, a negação dessa afirmação é
¬(¬p ∧ q) = ¬(¬p ∨ q) = ¬(¬p)∨ ¬q=p ∨ ¬q.
Ou seja,
Gosto de ficar em casa ou não vou ao cinema todos os dias.

Gabarito "E".

(Técnico – TRT/16ª – 2015 – FCC) Ou como macarronada ou como arroz e feijão. Se estou com muita fome, então como arroz e feijão. Se não estou com muita fome, então como saladas. Hoje, na hora do almoço, não comi saladas.

A partir dessas informações, pode-se concluir corretamente, que hoje, na hora do almoço,

(A) não estava com muita fome.
(B) não comi arroz e feijão.
(C) comi saladas no jantar.
(D) comi arroz e feijão.
(E) comi macarronada.

Resolução:
Sejam as afirmações
p: estou com muita fome
q: como macarronada
r: como arroz e feijão
s:como saladas
E as condicionais
$$p \Rightarrow r$$
$$\neg p \Rightarrow s$$
No caso ocorreu ¬s
Logo ocorreu p e, consequentemente, ocorreu r: comi arroz e feijão.

Gabarito "D".

(Técnico – TRT/19ª – 2014 – FCC) Considere verdadeiras as afirmações:

I. Se Ana for nomeada para um novo cargo, então Marina permanecerá em seu posto.
II. Marina não permanecerá em seu posto ou Juliana será promovida.
III. Se Juliana for promovida então Beatriz fará o concurso.
IV. Beatriz não fez o concurso.

A partir dessas informações, pode-se concluir corretamente que

(A) Beatriz foi nomeada para um novo cargo.
(B) Marina permanecerá em seu posto.
(C) Beatriz não será promovida.
(D) Ana não foi nomeada para um novo cargo.
(E) Juliana foi promovida.

Solução:
Sejam as afirmações
p: Ana é nomeada para um novo cargo
q:Marina permanece em seu posto
r:Juliana é promovida
s: Beatriz faz o concurso
e as condicionais

I. $p \Rightarrow q$

II. $\neg q \vee r$

III. $r \Rightarrow s$

IV. $\neg s$

Como aconteceu IV, isto é, a negação de s, temos que $\neg s \Rightarrow \neg r$
E, de II, tem-se que q →r é Falsa e ocorre ~q o que implica em ~p.

Gabarito "D".

(TRT/1ª – 2012 – FCC) Um vereador afirmou que, no último ano, compareceu a todas as sessões da Câmara Municipal e não empregou parentes em seu gabinete. Para que essa afirmação seja falsa, é necessário que, no último ano, esse vereador

(A) tenha faltado em todas as sessões da Câmara Municipal ou tenha empregado todos os seus parentes em seu gabinete.
(B) tenha faltado em pelo menos uma sessão da Câmara Municipal e tenha empregado todos os seus parentes em seu gabinete.
(C) tenha faltado em pelo menos uma sessão da Câmara Municipal ou tenha empregado um parente em seu gabinete.
(D) tenha faltado em todas as sessões da Câmara Municipal e tenha empregado um parente em seu gabinete.
(E) tenha faltado em mais da metade das sessões da Câmara Municipal ou tenha empregado pelo menos um parente em seu gabinete.

Solução
Seja **p** a afirmação de que compareceu a todas as sessões da Câmara e **q** a de que não empregou parentes em seu gabinete.
A conjunção (p ∧ q) é verdadeira se p **e** q forem verdadeiras, caso contrário, será falsa. Isto é, segundo a lógica proposicional:
Se (p^p), então, a negação é ~(p^q), onde:
~(p^q) = (~p v ~q). Logo, a negação é
Faltar em pelo menos uma sessão
OU
Empregar pelo menos um parente.
Então,
~p implica faltar em pelo menos a uma sessão ou
~q empregar pelo menos um parente.

Gabarito "C".

(TRT/8ª – 2010 – FCC) Se Ana diz a verdade, Beto também fala a verdade, caso contrário Beto pode dizer a verdade ou mentir. Se Cléo mentir, David dirá a verdade, caso contrário ele mentirá. Beto e Cléo dizem ambos a verdade, ou ambos mentem. Ana, Beto, Cléo e David responderam, nessa ordem, se há ou não um cachorro em uma sala. Se há um cachorro nessa sala, uma possibilidade de resposta de Ana, Beto, Cléo e David, nessa ordem, é

(A) N, N, S, N.
(B) N, S, N, N.
(C) S, N, S, N.
(D) S, S, S, N.
(E) N, N, S, S.

Em questões de raciocínio lógico, o candidato deve tomar cuidado para não se perder no labirinto do enunciado, pois o tempo é precioso. Leia o enunciado rapidamente até chegar à pergunta no final, pois ela guiará o seu raciocínio. Essa questão é fácil de resolver se começarmos nos guiando pela informação da última frase: há um cachorro na sala (Sim). Se Ana disser a verdade (Sim), então Beto também dirá a verdade (Sim), como foi postulado na primeira frase. A terceira frase do enunciado afirma que, se Beto diz a verdade, então Cléo também diz a verdade (Sim). A segunda frase nos diz que, se disser a verdade, David mentirá (Não). Portanto, uma possibilidade de resposta é S,S,S,N. (alternativa D)

Gabarito "D".

(TRT/8ª – 2010 – FCC) Se Alceu tira férias, então Brenda fica trabalhando. Se Brenda fica trabalhando, então Clóvis chega mais tarde ao trabalho. Se Clóvis chega mais tarde ao trabalho, então Dalva falta ao trabalho. Sabendo-se que Dalva não faltou ao trabalho, é correto concluir que

(A) Alceu não tira férias e Clóvis chega mais tarde ao trabalho.
(B) Brenda não fica trabalhando e Clóvis chega mais tarde ao trabalho.
(C) Clóvis não chega mais tarde ao trabalho e Alceu não tira férias.
(D) Brenda fica trabalhando e Clóvis chega mais tarde ao trabalho.
(E) Alceu tira férias e Brenda fica trabalhando.

O enunciado nos diz que Dalva falta ao trabalho se Clóvis chega mais tarde. Como Dalva não faltou ao trabalho, concluímos que Clóvis não chegou mais tarde. O enunciado também nos diz que, se Clóvis chega mais tarde, Brenda fica trabalhando. Mas, como Clóvis não chega mais tarde, concluímos que Brenda não fica trabalhando. Logo, pela primeira frase do enunciado, concluímos que Alceu não tira férias.
Gabarito "C".

(Técnico Judiciário – TRT/8ª – 2010 – FCC) Tenho 3 camisas (A, B e C) e 1 calça (X). Das afirmações a seguir, apenas uma é falsa:
I. A e C são da mesma cor.
II. B e X são da mesma cor.
III. A e B são de cores diferentes.
IV. C e X são de cores diferentes.
Somente com essas informações, é correto deduzir que

(A) A, B, C e X podem ter a mesma cor.
(B) A, B, C e X podem ser todas de cores diferentes.
(C) A e B podem ser de mesma cor.
(D) A e C são necessariamente de mesma cor.
(E) B e X podem ser de mesma cor.

Afirmações (uma é falsa)
I. cor(A) = cor(C)
II. cor(B) = cor(X)
III. cor(A) = cor(B)
IV. cor(C) = cor(X)
1ª Solução
Em resumo, temos
De I, II e III,
cor(A) – cor(X) e cor(B) – cor(C)
Então a única resposta coerente é a E. Letra E.
2ª Solução
Ao analisar as respostas, verificamos
(A) Errado porque, contradiz a afirmação III ou ou a IV (uma das duas é verdadeira).
(B) Errado pois contradiz a afirmação III ou ou a IV (uma das duas é verdadeira.
(C) Certo se III for falsa.
(D) Correto sse afirmação I verdadeira.
(E) certo se II for verdadeira.
Gabarito "E".

1.5. Implicações Lógicas

(Técnico – TRT/16ª – 2015 – FCC) Em uma oficina de automóveis há mecânicos, eletricistas e lanterneiros. São 7 os mecânicos que podem atuar como eletricistas, mas não como lanterneiros. São 4 os mecânicos que podem atuar também nas outras duas funções. Aqueles que atuam apenas como eletricistas e apenas lanterneiros são, respectivamente, 3 e 1 funcionários. Nessa oficina são ao todo 20 pessoas que exercem uma, duas ou três dessas funções. Dessas 20 pessoas, aquelas que não foram descritas anteriormente atuam apenas como mecânicos. Desse modo, o número de funcionários que podem exercer a função de mecânico supera o número daqueles que podem exercer a função de lanterneiro em

(A) 4.
(B) 9.
(C) 2.
(D) 11.
(E) 0.

Solução:
Colocando os dados no diagrama de Venn, temos

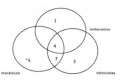

* 5= 20 - (1+4+7+3)
Número de funcionários que podem exercer a função de mecânico: 5+7+4 = 16 e a de lanterneiro, 4+1 = 5.
Assim, o número de funcionários que podem exercer a função de mecânico supera o número daqueles que podem exercer a função de lanterneiro em
16 – 5 = 11.
Gabarito "D".

(Técnico – TRT/19ª – 2015 – FCC) Dos 46 técnicos que estão aptos para arquivar documentos 15 deles também estão aptos para classificar processos e os demais estão aptos para atender ao público. Há outros 11 técnicos que estão aptos para atender ao público, mas não são capazes de arquivar documentos. Dentre esses últimos técnicos mencionados, 4 deles também são capazes de classificar processos. Sabe-se que aqueles que classificam processos são, ao todo, 27 técnicos. Considerando que todos os técnicos que executam essas três tarefas foram citados anteriormente, eles somam um total de

(A) 58.
(B) 65.
(C) 76.
(D) 53.
(E) 95.

Resolução:
Colocando-se os dados no diagrama de Venn

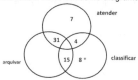

* 8= 27 -(15+4)
Com, isso, temos 7 + 31 + 4 +15 + 8 = 65 técnicos
Gabarito "B".

(Técnico – TRT/19ª – 2015 – FCC) Considere a seguinte afirmação:
Se José estuda com persistência, então ele faz uma boa prova e fica satisfeito.

Uma afirmação que é a negação da afirmação acima é

(A) José estuda com persistência e ele não faz uma boa prova e ele não fica satisfeito.
(B) José não estuda com persistência e ele não faz uma boa prova ou fica satisfeito.
(C) José estuda com persistência ou ele faz uma boa prova ou ele não fica satisfeito.
(D) José estuda com persistência e ele não faz uma boa prova ou ele não fica satisfeito.
(E) Se José fica satisfeito então ele fez uma boa prova e estudou com persistência.

Solução:
p: José estuda com persistência
q: José faz uma boa prova
r: José fica satisfeito

s: $p \Rightarrow q \wedge r$
Pede-se a negação de **s**, isto é, **p** Verdadeiro e conclusão Falsa, ou seja,
$\neg s: p \Rightarrow \neg q \wedge r$

Mas $\neg q \wedge r \equiv \neg q \vee \neg r$
Então, José estuda com persistência e ele não faz uma boa prova **ou** ele não fica satisfeito.
Gabarito "D".

(Técnico – TRT/19ª – 2015 – FCC) Em uma sala um grupo de 21 pessoas criou um jogo no qual, após um apito, uma das pessoas da sala coloca um chapéu e conta um segredo para outras duas pessoas e sai da sala. Após o segundo apito, cada um daqueles que ouviram o segredo coloca um chapéu e conta o segredo para duas pessoas que estão sem chapéu, e saem da sala. O terceiro apito soa e cada um daqueles que ouviram o segredo coloca um chapéu, conta para duas pessoas e sai da sala. Após o quarto apito o mesmo procedimento acontece. Após o quinto e último apito, o mesmo procedimento acontece e todos haviam ouvido o segredo pelo menos uma vez e, no máximo, duas vezes, exceto a primeira pessoa. O número daqueles que ouviram o segredo duas vezes é igual a

(A) 8.
(B) 10.
(C) 11.
(D) 12.
(E) 9.

Resolução:
Tem-se um grupo de 21 pessoas. e
1º apito: 1ª pessoa →2ª ,3ª ; 1ª sai
2º apito: 2ª → 2 outras → 2ª sai
  3ª →2 outras → 3ª sai
3º apito: 4ª → 6ª e 7ª → 4ª sai
  5ª → 8ª e 9ª → 5ª sai
4º apito: 6ª → 10ª e 11ª → 6ª sai
  7ª → 12ª e 13ª → 7ª sai
5º apito: 8ª → 10ª e 11ª → 8ª sai
  9ª → 12ª e 13ª → 9ª sai
Então saíram 9 e ficaram 12 pessoas.
E dessas 12, as duas últimas ouviram o segredo só uma vez.
Portanto, o número daqueles que ouviram o segredo duas vezes é igual a 10.
Gabarito "B".

(Técnico Judiciário – TRT/8ª – 2010 – FCC) Em certo planeta, todos os Aleves são Bleves, todos os Cleves são Bleves, todos os Dleves são Aleves, e todos os Cleves são Dleves. Sobre os habitantes desse planeta, é correto afirmar que

(A) Todos os Dleves são Bleves e são Cleves.
(B) Todos os Bleves são Cleves e são Dleves.
(C) Todos os Aleves são Cleves e são Dleves.
(D) Todos os Cleves são Aleves e são Bleves.
(E) Todos os Aleves são Dleves e alguns Aleves podem não ser Cleves.

Temos
A ⇒ B   C ⇒ B   D ⇒ A e C ⇒ D.
Ou D ⇒ A ⇒ B e também C ⇒ D ⇒ A ⇒ B, isto é, todos os Cleves são Dleves, Aleves e Bleves
Gabarito "D".

(Técnico – TRT/16ª – 2015 – FCC) Considere as figuras abaixo:

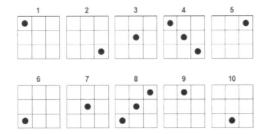

Seguindo o mesmo padrão de formação das dez primeiras figuras dessa sequência, a décima primeira figura é

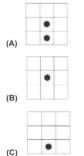

(D)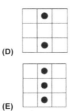

(E)

Resolução:
Observando as figuras da sequência, nota-se:
i) uma bola no canto superior esquerdo, uma no canto oposto, uma no centro e três na diagonal correspondente – figuras1 a 4;
ii) nas figuras 5 a 8, parte-se do superior direito;
iii) nas figuras 9 e 10, tem-se a coluna do meio.
Conclui-se que, seguindo o mesmo padrão de formação das dez primeiras figuras dessa sequência, na décima primeira figura a bola ficará no centro.
Gabarito "B".

(Técnico – TRT/19ª – 2015 – FCC) Gabriel descobriu pastas antigas arquivadas cronologicamente, organizadas e etiquetadas na seguinte sequência:

07_55A; 07_55B; 08_55A; 09_55A; 09_55B; 09_55C; 09_55D; 09_55E; 10_55A; 10_55B; 11_55A; 12_55A; 12_55B; 12_55C; 01_56A; 01_56B; 02_56A; 02_56B; 03_56A; xx_xxx; yy_yyy; zz_zzz; 04_56B.

Sabendo-se que as etiquetas xx_xxx; yy_yyy; zz_zzz representam que o código foi encoberto, a etiqueta com as letras yy_yyy deveria, para manter o mesmo padrão das demais, conter o código

(A) 03_56C.
(B) 04_57C.
(C) 04_56C.
(D) 03_56B.
(E) 04_56A.

Solução:
Temos a sequência
07_55A; 07_55B
08_55A
09_55A; 09_55B; 09_55C; 09_55D; 09_55E
10_55A; 10_55B
11_55A
12_55A; 12_55B; 12_55C
01_56A; 01_56B
02_56A; 02_56B;
03_56A; xx_xxx; yy_yyy; ⇒   03_56A;03_56B; 03_56**C**
zz_zzz; 04_56B
Nota-se que yy_yyy corresponde a 03_56C.
Gabarito "A".

1.6. Raciocínio sequencial

(Técnico Judiciário – TRT/24ª – 2011 – FCC) Certo escritório anunciou uma vaga para escriturários e uma das formas de seleção dos candidatos era testar sua habilidade em digitar textos, em que cada um recebia uma lista com uma sucessão de códigos, que deveria ser copiada. Embora não fosse um bom digitador, Salomão concorreu a essa vaga e o resultado de seu teste é mostrado abaixo.

Lista original da empresa

Lista digitada por Salomão

O número de erros cometidos por Salomão foi igual a

(A) 11.
(B) 10.
(C) 9.
(D) 8.
(E) 7.

Ao verificar o teste de Salomão notamos que errou 9 vezes
na linha 1, trocou 1 por I, Q por O, O por Q
na linha 2 , trocou O por O,
na linha 3, trocou V por U
na linha 5, trocou E por F
na linha 6, trocou M por N, 6 por 9, N por M.
Gabarito "C".

2. MATEMÁTICA BÁSICA

2.1. Álgebra e geometria analítica

(TRT/22ª – 2010 – FCC) Serena fez um saque em um caixa eletrônico que emitia apenas cédulas de 10, 20 e 50 reais e, em seguida, foi a três lojas nas quais gastou toda a quantia que acabara de retirar. Sabe-se que, para fazer os pagamentos de suas compras, em uma das lojas ela usou todas (e apenas) cédulas de 10 reais, em outra usou todas (e apenas) cédulas de 20 reais e, na última loja todas as cédulas restantes, de 50 reais. Considerando que, ao fazer o saque, Serena recebeu 51 cédulas e que gastou quantias iguais nas três lojas, o valor total do saque que ela fez foi de

(A) R$ 900,00.
(B) R$ 750,00.
(C) R$ 600,00.
(D) R$ 450,00.
(E) R$ 300,00.

Seja x, y e z o número de notas de 10, 20 e 50 reais, respectivamente. Como em cada uma das lojas Serena gastou apenas um tipo de nota (e gastou todas as notas), e os valores gastos em cada loja foram iguais, temos: $10x = 20y = 50z$. E como o número total de células é 51, chegamos às seguintes equações:
$x + y + z = 51$ (I)
$10x = 20y$ (II)
$10x = 50z$ (III)
Reorganizando a (II) e (III), temos: y = e z = (IV)
Substituindo esses valores em (I):
$x + y + z = 51$
$x + + = 51$
$= 51$ (aqui, calculamos o m.m.c)
$17x = 510$
$X = 30$ (V)
Substituindo (V) em (IV):
$y = = = 15$ e $z = = = 6$
Portanto, Serena tinha 30 notas de R$ 10, 15 notas de R$ 20 e 6 notas de R$ 50, totalizando: $(30 \times R\$ 10) + (15 \times R\$ 20) + (6 \times R\$ 50) = R\$ 300 + R\$ 300 + R\$ 300 = R\$ 900$.
Gabarito "A".

(Técnico Judiciário – TRT/4ª – 2011 – FCC) Relativamente aos 75 funcionários de uma Unidade do Tribunal Regional do Trabalho, que participaram certo dia de um seminário sobre *Primeiros Socorros*, sabe-se que:

– no período da manhã, 48% do total de participantes eram do sexo feminino;
– todas as mulheres participaram do início ao fim do seminário;
– no período da tarde foi notada a ausência de alguns funcionários do sexo masculino e, assim, a quantidade destes passou a ser igual a 3/7 do total de participantes na ocasião.

Nessas condições, o número de homens que se ausentaram no período da tarde é:

(A) 6. (B) 7. (C) 9. (D) 10. (E) 12.

Temos:
i) de manhã: total de participantes = H + M = 75
Sabe-se que o número de mulheres M é igual a 48% dos participantes, M = 48% de 75 ⇒ M = 36.
Então, H = 75 – 36 ? H= 39.
ii) à tarde, X homens faltaram, o número M de mulheres permaneceu o mesmo e a quantidade dos homens passou a ser igual a 3/7 do total de participantes na ocasião, isto é,
H – X= 3/7(75 – X) ou
$H - X = \dfrac{3(75-X)}{7} \Rightarrow 7H - 7X = 3(75-X)$
⇒ 7H – 7X = 225 – 3 X ⇒ 7H – 7X + 3X = 225 ⇒ 7H – 4X = 225
Mas, H= 39.
Então,
$7.39 - 4X = 225 \Rightarrow 273 - 4X = 225 \Rightarrow 4X = 273 - 225 = 48 \Rightarrow X = 12$ então, letra E.
Resumo para verificação

Período	Homens (H)	Faltaram (X)	Mulheres (M)	Total
manhã	39	-	36	75
tarde	27	10	36	63

Gabarito "E".

(Técnico Judiciário – TRT/4ª – 2011 – FCC) Curiosamente, após uma madrugada chuvosa, observou-se que no período das 9 às 18 horas a variação da temperatura em uma cidade decresceu linearmente. Se, nesse dia, às 9 horas os termômetros marcavam 32°C e, às 18 horas, 20°C, então às 12 horas a temperatura era de

(A) 25°C.
(B) 26,5°C.
(C) 27°C.
(D) 27,5°C.
(E) 28°C.

1ª) Se a variação foi linear, temos a função f(t) = at + b, onde f é a temperatura e t o tempo.
Temos:
Logo, 32=9a+b e 20=18a+b
f (9) = 32 = 9a + b (I)
f (18) = 20 = 18a + b (II)
Ao subtrair (II) de (I), obtemos
$12 = -9a \Rightarrow a = -12/9 = -4/3$.
Para calcular b, em (I), encontramos $32 = 9(-4/3) + b \Rightarrow 32 = -12+b \Rightarrow b = 44$.
E a função fica f(t) = -4t/3 + 44.
Logo, a temperatura para t = 12 será de $f(12) = -4 (12/3) +44 \Rightarrow f(12) = -16+44) \Rightarrow 28°C$. Então, letra E.
2ª) Devido a linearidade observada, pode-se dizer que a cada 9h a temperatura cai 12°C, ou seja, a cada três horas decresce 4 °C.
Assim, às 12 horas, a temperatura cairá 4 °C e passará a 28°C.
Gabarito "E".

(Técnico Judiciário – TRT/14ª – 2011 – FCC) Ao receber um pagamento, Samuel contou: x moedas de 50 centavos, y moedas de 25 centavos, z moedas de 10 centavos e t moedas de 5 centavos. Logo depois, ele percebeu que havia se enganado, pois contara 8 das moedas de 10 centavos como moedas de 5 centavos e 8 das moedas de 25 centavos como de 50 centavos. Assim sendo, a diferença entre a quantia que Samuel contou de forma errada e a quantia correta é de

(A) R$ 2,50.
(B) R$ 2,20.
(C) R$ 1,80.
(D) R$ 1,60.
(E) R$ 1,50.

Quantia que Samuel pensou que recebera
Q=0,50x + 0,25y + 0,10z + 0,05t
Quantia efetivamente recebida z-8 t+8 y-8 x+8
R=(x+8).0,500 + (y-8).0,25 + (z-8).0,10 + (t+8).0,05
Deseja-se saber R-Q, ou seja,
R-Q = (x+8).0,50 + (y-8).0,25 + (z-8).0,10 + (t+8). 0,05 – 0,50x – 0,25y – 0,10z – 0,05t
R-Q = 0,50.8 -0,25.8 – 0,10.8 + 0,05.8
R-Q = 4,00 – 2,00 – 0,80 + 0,40 =1,60 = R$1,60.
Gabarito "D".

(Técnico Judiciário – TRT/24ª – 2011 – FCC) Indagado sobre o número de processos que havia arquivado certo dia, um Técnico Judiciário, que gostava muito de Matemática, respondeu:

– O número de processos que arquivei é igual a $12,25^2 – 10,25^2$. Chamando X o total de processos que ele arquivou, então é correto afirmar que:

(A) X > 42.
(B) X < 20.
(C) 20 < X < 30.
(D) 30 < X < 38.
(E) 38 < X < 42.

1ª Solução
$X = 12,25^2 – 10,25^2$
$X = (12,25 + 10,25) (12,25 – 10,25) = 22,50.2 = 45$ então letra A
2ª Solução
$X = 12,25^2 – 10,25^2 = 150,06 – 105,06 = 45$
Gabarito "A".

(Técnico Judiciário – TRT/24ª – 2011 – FCC) Do total de pessoas que visitaram uma Unidade do Tribunal Regional do Trabalho de segunda a sexta-feira de certa semana, sabe-se que: 1/5 o fizeram na terça-feira e 1/6 na sexta-feira. Considerando que o número de visitantes da segunda-feira correspondia a 3/4 do de terça-feira e que a quarta-

510 ENILDO GARCIA E ANDRÉ NADER JUSTO

-feira e a quinta-feira receberam, cada uma, 58 pessoas, então o total de visitantes recebidos nessa Unidade ao longo de tal semana é um número

(A) maior que 250.
(B) menor que 150.
(C) múltiplo de 7.
(D) quadrado perfeito.
(E) divisível por 48.

Seja t o total de visitantes.
Na citada semana tivemos, na terça-feira t/5 pessoas e na segunda-feira, 3/4 de t/5=3t/20, ou seja

| seg | ter | qua | qui | sex | total da semana |
| 3t/20 | t/5 | 58 | 58 | 1/6 | t |

Numa tabela fica assim:

2ª feira	3ª feira	4ª feira	5ª feira	6ª feira	Total
3t/20	t/5	58	58	t/6	t

Temos. então,
$3t/20 + t/5 + 58 + 58 + t/6 = t.$ Ou
ou
$$\frac{3t}{20} + \frac{t}{5} + 58 + 58 + \frac{t}{6} = t \Rightarrow 116 = t - \frac{3t}{20} + \frac{t}{5} + \frac{t}{6} \quad ou$$
$$t - \frac{9t + 12t + 10t}{60} = 116 \Rightarrow t - \frac{31t}{60} = 116 \Rightarrow \frac{29^1 t}{60} = 116^4 \Rightarrow$$
$t = 4.60 \Rightarrow t = 240$
daí, $t = 5.48$

Gabarito "E".

(Técnico Judiciário – TRT/24ª – 2011 – FCC) Para pagar os R$ 7,90 que gastou em uma lanchonete, Solimar usou apenas três tipos de moedas: de 5 centavos, de 25 centavos e de 50 centavos. Sabendo que ela usou 8 moedas de 50 centavos e 13 de 25 centavos, então, quantas moedas de 5 centavos foram necessárias para que fosse completada a quantia devida?

(A) 13.
(B) 11.
(C) 10.
(D) 7.
(E) 6.

Sendo x o número de moedas de 5 centavos, temos
$7,90 = 8.0,50 + 13.0,25 + 0,05x$
$7,90 = 4,00 + 3,25 + 0,05x \Rightarrow 0,05x = 7,90 - 7,25 = 0,65 \Rightarrow x = 13$

Gabarito "A".

2.2. Geometria Básica

(Técnico Judiciário – TRT9 – 2012 – FCC) Em um terreno plano, uma formiga encontra-se, inicialmente, no centro de um quadrado cujos lados medem 2 metros. Ela caminha, em linha reta, até um dos vértices (cantos) do quadrado. Em seguida, a formiga gira 90 graus e recomeça a caminhar, também em linha reta, até percorrer o dobro da distância que havia percorrido no primeiro movimento, parando no ponto P. Se V é o vértice do quadrado que se encontra mais próximo do ponto P, então a distância, em metros, entre os pontos P e V é

(A) igual a 1.
(B) um número entre 1 e 2.
(C) igual a 2.
(D) um número entre 2 e 4.
(E) igual a 4.

Resolução
Temos que PA = 2AC e AC é a metade da diagonal do quadrado.
Como a diagonal **d** do quadrado vale $d^2 = 2(AV)^2 \Rightarrow d = AV\sqrt{2} = 2\sqrt{2}$, temos
$AC = \sqrt{2}$ e $PA = 2AC = 2\sqrt{2}$.
Donde $PV^2 = PA^2 - AV^2 = 8 - 4 = 4. \Rightarrow PV = 2$ m. $\Rightarrow$ Letra C
Outra solução
Na figura nota-se que PD = 2AV e PA = AD = d.
Daí, no triângulo retângulo **PAD**, temos:
$PD^2 = (2PV)^2 = d^2 + PA^2 = d^2 + d^2 = 2d^2 = 2(2\sqrt{2})^2 = 2.8 = 16.$
$4PV^2 = 16$
$PV^2 = 4 \Rightarrow PV = 2$ m.

Gabarito "C".

2.3. Contagens, Combinações, Arranjos e Permutação

(Técnico Judiciário – TRT9 – 2012 – FCC) Uma senha formada por três letras distintas de nosso alfabeto possui exatamente duas letras em comum com cada uma das seguintes palavras: ARI, RIO e RUA. Em nenhum dos três casos, porém, uma das letras em comum ocupa a mesma posição na palavra e na senha. A primeira letra dessa senha é

(A) R
(B) O
(C) L
(D) I
(E) A

Solução
Nota-se que a letra R deve pertencer à senha.
Restam AI, IO e UA e, dessas, o A e o O também fazem parte da senha porque o I não pode pois teria três letras em comum e não duas.
Tem-se, até agora, senha = RAO ou RAU e permutações.
RAU também não pode ser senão haveria três letras em comum.
A senha seria RAO, ROA, AOR, ARO, OAR ou ORU.
Uma vez que nenhuma das letras em comum ocupa a mesma posição na palavra e na senha, eliminam-se
RAO, **R**OA,**A**OR, **A**RO: ocupam a mesma letra na mesma posição e
ORU que não possui duas letras em comum com a palavra ARI.
Ficamos com a senha OAR.

Gabarito "B".

(TRT/6ª – 2012 – FCC) Para fazer um trabalho, um professor vai dividir os seus 86 alunos em 15 grupos, alguns formados por cinco, outros formados por seis alunos. Dessa forma, sendo C o número de grupos formados por cinco e S o número de grupos formados por seis alunos, o produto C.S será igual a

(A) 56.
(B) 54.
(C) 50.
(D) 44.
(E) 36.

Solução
Como C é o número de grupos de cinco pessoas, 5C é o total de pessoas nesses grupos, e 6S, o total de pessoas nos de 6. logo temos
$15 = C + S$
$86 = 5C + 6S$
Ao substituir C = 15 – S, que é a quantidade total de grupos menos a quantidade de grupos de 6 pessoas, na segunda equação, obtemos
$86 = 5(15 - S) + 6S$
$86 = 75 - 5S + 6S \Rightarrow 11 = S$ e $C = 4.$ Logo, $C.S = 4.11 = 44.$

Gabarito "D".

(TRT/6ª – 2012 – FCC) Em um torneio de futebol, as equipes ganham 3 pontos por vitória, 1 ponto por empate e nenhum ponto em caso de derrota. Na 1ª fase desse torneio, as equipes são divididas em grupos de quatro, realizando um total de seis jogos (dois contra cada um dos outros três times do grupo). Classificam-se para a 2ª fase as duas equipes com o maior número de pontos. Em caso de empate no número de pontos entre duas equipes, prevalece aquela com o maior número de vitórias.

A tabela resume o desempenho dos times de um dos grupos do torneio, após cada um ter disputado cinco jogos.

Equipe	Jogos realizados	Vitórias	Empates	Derrotas
Arranca Toco	5	3	1	1
Bola Murcha	5	2	0	3
Canela Fina	5	1	3	1
Espanta Sapo	5	1	2	2

Sabendo que, na última rodada desse grupo, serão realizados os jogos Arranca Toco X Espanta Sapo e Bola Murcha X Canela Fina, avalie as afirmações a seguir.

3. MATEMÁTICA E RACIOCÍNIO LÓGICO   511

I. A equipe Arranca Toco já está classificada para a 2ª fase, independentemente dos resultados da última rodada.

II. Para que a equipe Canela Fina se classifique para a 2ª fase, é necessário que ela vença sua partida, mas pode não ser suficiente.

III. Para que a equipe Espanta Sapo se classifique para a 2ª fase, é necessário que ela vença sua partida, mas pode não ser suficiente.

Está correto o que se afirma em

(A) I, II e III.

(B) I, apenas.

(C) I e II, apenas.

(D) II e III, apenas.

(E) I e III, apenas.

Resolução

Tem-se na 1ª fase:

AT: $3x3 + 1x1 + 1x0 = 10$ pts
BM: $2x3 + 0x1 + 3x0 = 6$ pts
CF: $1x3 + 3x1 + 1x0 = 6$ pts
ES: $1x3 + 2x1 + 2x0 = 5$ pts

I: correto, pois o AT já está classificado para a 2ª fase pois os outros times não passarão de 10 pontos;

II: incorreto, pois se a equipe Canela Fina vencer, irá para 9 pontos e 2 vitórias passando a equipe Bola Murcha que continuará com 6 pontos. Isto é suficiente, ao contrário do que afirma a sentença.

III: correto – Espanta Sapo precisa vencer e o outro jogo tem de empatar. para que Espanta Sapo fique com 8 pontos e as equipes Bola Murcha e Canela Fina fiquem com 7 pontos.

Gabarito "E".

(TRT9 – 2012 – FCC) Em uma loja de bijuterias, todos os produtos são vendidos por um dentre os seguintes preços: R\$ 5,00, R\$ 7,00 ou R\$ 10,00. Márcia gastou R\$ 65,00 nessa loja, tendo adquirido pelo menos um produto de cada preço. Considerando apenas essas informações, o número mínimo e o número máximo de produtos que Márcia pode ter comprado são, respectivamente, iguais a

(A) 9 e 10.

(B) 8 e 11.

(C) 8 e 10.

(D) 9 e 13.

(E) 7 e 13.

Sejam a,b e c as quantidades de cada produto comprado por ela.
Temos, então, $5a + 7b + 10c = 65$ (*).

1ª solução

Procuram-se valores possíveis, variando c:

tentativa	c	a equação fica	certo?	a+ b + c
1	6	$5a + 7b = 5$	não	-
2	5	$5a + 7b = 15$	não	-
3	4	$5a + 7b = 25$	não	-
4	3	$5a + 7b = 35$	não	-
5	2	$5a + 7b = 45$	Sim a=2 e b=5	9
6	1	$5a + 7b = 55$	Sim a=4 e b=5	10

=> Letra A

2ª solução

Ao verificar as alternativas, constata-se que

A) i) número mínimo
$a + b + c = 9$ (x5)
$5a + 5b + 5c = 45$ que, subtraído de (*), dá
$2b + 5c = 20$
Onde b não pode ser 1, 2, 3, 4. Com b = 5, temos c =2 e a solução (2,5,2).

ii) número máximo
$a + b + c = 10$ (x5)
$5a + 5b + 5c = 50$ que, subtraído de (*), dá
$2b + 5c = 15$
Onde b não pode ser 1, 2, 3, 4. Com b = 5, temos c =1 e a solução (4,5,1).
Opção correta. => Letra A

3ª solução

Ao agrupar os múltiplos de 5 na equação (*) temos
$7b = 65 - 5a - 10c = 5(13 -a -2c)$

Donde 5 divide b => b =5 e a equação fica $5a + 10c = 30$ => $a + 2c = 6$.
E, para c=1, a = 4 e, para c=2, a = 2.
Com as soluções (2,5,2) e (4,5,2). => Letra A

Gabarito "A".

(TRT9 – 2012 – FCC) Em um campeonato de futebol, as equipes ganham 5 pontos sempre que vencem um jogo, 2 pontos em caso de empate e 0 ponto nas derrotas. Faltando apenas ser realizada a última rodada do campeonato, as equipes Bota, Fogo e Mengo totalizam, respectivamente, 68, 67 e 66 pontos, enquanto que a quarta colocada possui menos de 60 pontos. Na última rodada, ocorrerão os jogos:

Fogo x Fla e Bota x Mengo

Sobre a situação descrita, considere as afirmações abaixo, feitas por três torcedores

I. Se houver uma equipe vencedora na partida Bota x Mengo, ela será, necessariamente, a campeã.

II. Para que a equipe Fogo seja a campeã, basta que ela vença a sua partida.

III. A equipe Bota é a única que, mesmo empatando, ainda poderá ser a campeã.

Está correto o que se afirma em

(A) I e II, apenas.

(B) I, apenas.

(C) III, apenas.

(D) II, apenas.

(E) I, II e III.

Resolução

I: errado, pois se o time Mengo ganhar e o time Fogo também ganhar, Mengo não será campeão pois ficará com 71 pontos e Fogo com 72.

II: incorreto porque, para que o time Fogo seja campeão, é necessário que ele ganhe, passando para 72 pontos e a equipe Bota perca ou empate, ficando com no máximo 70 pontos.

III: está correto: se Bota empata, vai a 70 pontos, sendo vitoriosa se Fogo também empatar, pois irá a 69 pontos. No caso de Fogo empatar e ficar com 69 pontos, ela não poderá ser campeão, já que se Bota empata fica com 70, se bota ganhar fica com 73 pontos e se Bota perde, Mengo fica com 71 pontos. => Letra C

Gabarito "C".

(TRT/1ª – 2012 – FCC) A rede de supermercados "Mais Barato" possui lojas em 10 estados brasileiros, havendo 20 lojas em cada um desses estados. Em cada loja, há 5.000 clientes cadastrados, sendo que um mesmo cliente não pode ser cadastrado em duas lojas diferentes. Os clientes cadastrados recebem um cartão com seu nome, o nome da loja onde se cadastraram e o número "Cliente Mais Barato", que é uma sequência de quatro algarismos. Apenas com essas informações, é correto concluir que, necessariamente,

(A) existe pelo menos um número "Cliente Mais Barato" que está associado a 100 ou mais clientes cadastrados.

(B) os números "Cliente Mais Barato" dos clientes cadastrados em uma mesma loja variam de 0001 a 5000.

(C) não há dois clientes cadastrados em um mesmo estado que possuam o mesmo número "Cliente Mais Barato".

(D) existem 200 clientes cadastrados no Brasil que possuem 0001 como número "Cliente Mais Barato".

(E) não existe um número "Cliente Mais Barato" que esteja associado a apenas um cliente cadastrado nessa rede de supermercados.

Resolução

Ao analisar as alternativas, observa-se que

A: Correto – como existem 200 lojas com 5.000 clientes cadastrados em cada uma, num total de 1.000.000 clientes cadastrados e há 10.000 números possíveis, então existe pelo menos um número "Cliente Mais Barato" que está associado a 100 ou mais clientes cadastrados pois \1 milhão/10.000 = 100 clientes com o mesmo número, no mínimo.

B: Incorreto porque, em uma loja, os números podem variam de 0000 à 9999, não sendo cadastrados necessariamente em ordem ou iniciando em 0001, isto é, pode haver outra sequência, como 0000 a 4999 ou outras;

C: Também incorreto, pois pode ocorrer em duas lojas diferentes;

D: Incorreto – nada confirma tal afirmação;

E: Incorreto – pode existir tal número e Isso ocorre quando apenas uma das lojas da rede o utiliza, não sendo utilizado pelas outras lojas da rede.

Gabarito "A".

ENILDO GARCIA E ANDRÉ NADER JUSTO

(Técnico Judiciário – TRT/8ª – 2010 – FCC) Sabe-se que em 1 000 lâminas há um total de 350 registros de células do tipo X, e que em nenhuma das lâminas há mais do que 4 células do tipo X. O número de lâminas em que não há registros de células do tipo X é, no máximo,

(A) 913.

(B) 912.

(C) 400.

(D) 125.

(E) 120.

Seja L o número máximo de lâminas com registros de célula X.
Como temos 350 registros e, no máximo 4 registros em uma lâmina, então, para 350 registros, ié, 87x4 + 2, encontramos 87 laminas com 4 registros mais 1 lâmina com 2 registros.
Portanto, o total L vale L = 87 + 1 = 88 lâminas com registros de célula X.
Daí,
há 1 000 – L = 1 000 – 88 = 912 lâminas SEM o registro da célula X. Então, letra B.
Visualização

lâmina	registros de células do tipo X	subtotal
1	4	4
2	4	8
3	4	16
.	4	.
87	4	348
88	2	350
89	0	.
90	0	.
.	0	.
1000	0	.
total	350	350

2.4. Operações, propriedades, problemas envolvendo as quatro operações nas formas fracionária e decimal

(TRT/1ª – 2012 – FCC) Somando-se um mesmo número ao numerador e ao denominador da fração 3/5, obtém-se uma nova fração, cujo valor é 50% maior do que o valor da fração original. Esse número está entre

(A) 1 e 4.

(B) 5 e 8.

(C) 9 e 12.

(D) 13 e 16.

(E) 17 e 20.

Resolução
Seja **x** o número procurado.
Temos, então, a nova fração
que é 50% maior que a original 3/5, isto é, a/b = 3/5 + 50% de 3/5.
Ou seja,
Daí,
=> 30 + 10x = 45 + 9x => x = 15.

2.5. Conjuntos numéricos complexos. números e grandezas proporcionais. razão e proporção. divisão proporcional. regra de três simples e composta. porcentagem

(Analista Judiciário – TRT/11 – FCC – 2017) A altura máxima, em metros, que um guindaste é capaz de içar uma carga é inversamente proporcional ao peso dessa carga, em toneladas. Sabe-se que esse guindaste iça uma carga de 2,4 toneladas a uma altura máxima de 8,5 metros. Sendo assim, se a altura máxima que o guindaste consegue içar uma carga é de 12 metros, o peso máximo da carga, que pode ser içada a essa altura, é igual a 1 tonelada e

(A) 500 kg

(B) 800 kg

(C) 600 kg

(D) 900 kg

(E) 700 kg

Solução
Temos

Carga(ton.)	Altura máxima(m)
2,4	8,5
p	12

Uma vez que a altura é inversamente proporcional à carga, deve-se inverter a proporção:

Carga(ton.)	Altura máxima(m)
2,4	12
p	8,5

Logo,
$$p = \frac{2,4 \times 8,5}{12} = \frac{20,4}{12} = 1,7 \text{ ton.}$$
Então,
o peso máximo da carga, que pode ser içada a essa altura, é igual a 1 tonelada e 700 kg. => Letra E

(Analista Judiciário – TRT/11 – FCC – 2017) José Souza, Paulo Almeida e Claudio Prinot são três funcionários que têm que realizar, no total para os três, 72 tarefas diariamente. Cada dia eles escolhem um critério diferente para repartir as tarefas. Por exemplo, no dia de ontem eles decidiram que as 72 tarefas seriam divididas entre eles diretamente proporcional às consoantes do sobrenome de cada um. Sendo assim, ontem Paulo Almeida teve que realizar o total de tarefas igual a

(A) 15.

(B) 12.

(C) 18.

(D) 9.

(E) 24.

Solução
Sejam **a, b e c** os números de tarefas deles de acordo com as consoantes do sobrenome de cada um:
José Souza: 2 consoantes
Paulo Almeida: 3 e
Claudio Prinot: 4.
Temos as tarefas diretamente proporcionais:

$$\frac{a}{2} \quad \frac{b}{3} \quad \frac{c}{4}$$

Então,
$$\begin{cases} 3a = 2b & (1) \\ 4a = 2c & (2) \\ 4b = 3c & (3) \end{cases}$$

Tem-se a+ b+ c = 72 (4).
E pede-se o valor de b:

De (1), a = $\dfrac{2b}{3}$

De (3), c = $\dfrac{4b}{3}$.

Logo, em (4), resulta

$$\frac{2b}{3} + b + \frac{4b}{3} = 72$$
3b = 72
b = 24 => Letra E

(Técnico Judiciário – TRT9 – 2012 – FCC) Em uma repartição pública em que 64% dos funcionários têm salário superior a R$ 7.000,00, 60% dos funcionários têm curso superior e 40% possuem apenas formação de ensino médio. Dentre os servidores com nível superior, 80% ganham mais do que R$ 7.000,00. Dessa forma, dentre os funcionários que têm somente formação de Ensino Médio, aqueles que recebem salário maior do que R$ 7.000,00 correspondem a

(A) 48%

(B) 44%

(C) 40%

(D) 50%

(E) 56%

3. MATEMÁTICA E RACIOCÍNIO LÓGICO 513

Resolução
Suponha que são em número de 100 os funcionários.
Então 64 têm salário superior a R$ 7.000,00 e 60 têm curso superior.
80% desses 60, isto é, 48 ganham mais do que R$ 7.000,00.
Temos, com isso, 64 – 48 = 16 com Ensino Médio com salário > 7.000.
Uma vez que são 40 com Ensino Médio, no total, temos a regra de três
40 – 16
100 – x => x =40%.
Gabarito "C".

(Técnico Judiciário – TRT9 – 2012 – FCC) Em um tribunal, trabalham 17 juízes, divididos em três níveis, de acordo com sua experiência: dois são do nível I, cinco do nível II e os demais do nível III. Trabalhando individualmente, os juízes dos níveis I, II e III conseguem analisar integralmente um processo em 1 hora, 2 horas e 4 horas, respectivamente. Se os 17 juízes desse tribunal trabalharem individualmente por 8 horas, então o total de processos que será analisado integralmente pelo grupo é igual a

(A) 28
(B) 34
(C) 51
(D) 56
(E) 68

Solução
Temos, portanto, 17 juízes assim divididos:
2 do nível I que analisam 1 processo em 1 h => em 8h, os 2 analisarão 8x2 = 16 processos;
5 do nível II que analisam 1 processo em 2 h => em 8h, os 5 analisarão 4x5 = 20 processos;
10 do nível III que analisam 1 processo em 4 h => em 8h, os 10 analisarão 2x10 = 20 processos.
Tem-se o total de 16+20+20 = 56 processos que será analisado integralmente pelo grupo.
Gabarito "D".

(TRT9 – 2012 – FCC) Atendendo ao pedido de um cliente, um perfumista preparou 200 mL da fragrância X. Para isso, ele misturou 20% da essência A, 25% da essência B e 55% de veículo. Ao conferir a fórmula da fragrância X que fora encomendada, porém, o perfumista verificou que havia se enganado, pois ela deveria conter 36% da essência A, 20% da essência B e 44% de veículo. A quantidade de essência A, em mL, que o perfumista deve acrescentar aos 200 mL já preparados, para que o perfume fique conforme a especificação da fórmula é igual a

(A) 32.
(B) 36.
(C) 40.
(D) 45.
(E) 50.

Resolução
Da essência A, ele colocou 20% de 200 mL = 40 mL.
Deve, então, acrescentar **x** mL dela para acertar a fórmula que ficará com a nova quantidade 200 + x.
Portanto, 40 + x = 36%(200 + x) para o perfume se adequar ao desejado.
40 + x = 0,36(200 + x)
40 + x = 72 + 0,36x
0,64x = 32 => x = 50 mL. => Letra E
Gabarito "E".

(TRT/1ª – 2012 – FCC) Em uma escola privada, 22% dos alunos têm bolsa de estudo, sendo os demais pagantes. Se 2 em cada 13 alunos pagantes ganharem bolsa de estudo, a escola passará a contar com 2.210 alunos bolsistas. Dessa forma, o número atual de alunos bolsistas é igual a

(A) 1.430.
(B) 340.
(C) 910.
(D) 1.210.
(E) 315.

1ª solução
Seja **N** o número total de alunos.
Então, os alunos bolsistas são **B** = 22% de N = (22/100)N = 22N/100 e os pagantes, N – 22N/100 = 78N/100.
No caso de 2 em cada 13 alunos pagantes ganharem bolsa de estudo, teremos a regra de três

2 – 13
x – 78N/100 => 13x = 2.78N/100 = 78N/50 => 650x = 78N => x = 78N/650
Ou x = 6N/50, isto é, (6N/50) novos alunos bolsistas.
Logo, ficaremos com o total de bolsistas, anteriores e novos:
22N/100 + 6N/50 = 22N/100 + 12N/100 = (34N/100) alunos bolsistas.
Ou seja
34N/100 = 2.210 => N = 221000/34 = 6.500 alunos.
O número atual de alunos bolsistas é igual a 22% de 6500 =1.430. Letra A
2ª solução
Suponha que o número de alunos seja igual a 100.
Então, 22 são bolsistas e 78, pagantes.
Se 2 em cada 13 alunos pagantes ganharem bolsa de estudo, teremos
13 – 2
78 – x => x = 12 novos bolsistas, perfazendo o total de
22(anteriores) + 12(novos bolsistas) = 34 alunos bolsistas.
Assim temos
34 – 2210
A – 100 => A = 6.500 alunos no total, e o número atual de bolsistas é de 22 % de 6500 = 1.430.
Gabarito "A".

(TRT9 – 2012 – FCC) Em uma disciplina de um curso superior, dos alunos matriculados foram aprovados em novembro, logo após as provas finais.

Todos os demais alunos fizeram em dezembro uma prova de recuperação. Como desses alunos conseguiram aprovação após a prova de recuperação, o total de aprovados na disciplina ficou igual a 123. O total de alunos matriculados nessa disciplina é igual a

(A) 136.
(B) 127.
(C) 130.
(D) 135.
(E) 126.

Resolução
Seja **n** o número total de alunos.
Então, 7n/9 foram aprovados em novembro, e 2n/9 não o foram.
E 3/5 desses obtiveram aprovação na prova de recuperação, isto é,
3/5 de 2n/9 = 6n/45.
Com isso, o total de aprovados ficou 7n/9 + 6n/45 =123, ou
35n/45 + 6n/45 =41n/45 = 123 => n = 135 alunos. => Letra D
Gabarito "D".

(TRT/1ª – 2012 – FCC) Em um planeta fictício X, um ano possui 133 dias de 24 horas cada, dividido em 7 meses de mesma duração. No mesmo período em que um ano terrestre não bissexto é completado, terão sido transcorridos no planeta X, exatamente,

(A) 1 ano, 6 meses e 4 dias.
(B) 2 anos e 4 dias.
(C) 2 anos e 14 dias.
(D) 2 anos, 5 meses e 14 dias.
(E) 2 anos, 5 meses e 4 dias.

Resolução
O mês no planeta X tem 133/7 = 19 dias.
Como esse ano terrestre possui 365 dias, ou seja
365 = 2x133 + 99 dias, no planeta X, e os 99 dias são, pelo padrão do cálculo do ano em X, 5x19 dias + 4 dias = 5 meses e 4 dias.
Gabarito "E".

(TRT/9ª – 2010 – FCC) Certo dia, Zelda e Gandi, funcionários de certa unidade do Tribunal Regional do Trabalho, receberam alguns processos para emitir pareceres e os dividiram entre si na razão inversa de suas respectivas idades: 28 e 42 anos. Considerando que, na execução dessa tarefa, a capacidade operacional de Gandi foi 80% da de Zelda e que ambos a iniciaram em um mesmo horário, trabalhando ininterruptamente até completá-la, então, se Gandi levou 2 horas e 10 minutos para terminar a sua parte, o tempo que Zelda levou para completar a dela foi de

(A) 1 hora e 24 minutos.
(B) 1 hora e 38 minutos.
(C) 1 hora e 52 minutos.
(D) 2 horas e 36 minutos.
(E) 2 horas e 42 minutos.

Razão inversa de idades significa que quem é mais velho vai pegar menos processos, e quem é mais novo vai pegar mais processos. Por exemplo, se tivermos dois funcio-

514 ENILDO GARCIA E ANDRÉ NADER JUSTO

nários, sendo um de 25 anos e outro de 50, a razão de idades é = 2, e a razão inversa é = (isso significa que o funcionário de 50 anos vai pegar metade do número de processos que o funcionário de 25). Portanto, o funcionário de 25 anos vai pegar X processos, e o de 50 anos vai pegar (0,5.X).

Para as idades de 28 anos (Zelda) e 42 anos (Gandi), a razão inversa é = 0,666. Isso significa que Zelda levaria X minutos para terminar o trabalho com os processos e Gandi levaria (0,666.X) se tivessem a mesma velocidade. Entretanto, o enunciado nos diz também que Gandi tem apenas 80% da velocidade ("capacidade operacional") de Zelda, o que contribui para que Zelda seja mais rápida. Portanto, sabendo que o tempo de Gandi foi 2h10min, então o tempo X de Zelda foi:

(tempo de Zelda) =

X = =

x= 156 min = 2h36min

Gabarito "D".

(TRT/15ª – 2009 – FCC) Um recipiente vazio pesa 0,8 kg. Se esse recipiente contiver 2,8 litros de um certo líquido, o peso total será 6 400 g. Retirando-se do recipiente o correspondente a 360 cm^3 do líquido, o peso total passa a ser X% do peso total inicial. O valor de X é

(A) 88,75.

(B) 87,5.

(C) 85.

(D) 82,5.

(E) 80.

O recipiente com 2,8 litros do líquido pesa 6 400g = 6,4 Kg. Como o recipiente vazio pesa 0,8 Kg, temos que 2,8 litros do líquido pesam: (6,4Kg) − (0,8Kg) = 5,6Kg.

Sabemos que 1 000 cm^3 = 1 m^3 = 1 litro. Logo, para saber quantos litros foram retirados do recipiente, fazemos uma regra de três:

1 000 cm^3 -------------------- 1 litro
360 cm^3 ---------------------- x
Então, x = (360 litros)/1 000 = 0,36 litros
Sendo assim, sobraram (2,8 L)-(0,36 L) = 2,44 L.

Para saber o novo peso do líquido, novamente resolvemos uma regra de três:

2,8 litros ---------------------- 5,6 Kg
2,44 litros --------------------- x
X= ((5,6).(2,44)) /(2,8) = (13,664) /(2,8) = 4,88 kg.

Como a embalagem pesa 0,8 Kg, o peso final será: (4,88 kg)+(0,8 Kg) = 5,68 Kg. Finalmente, para descobrir qual a porcentagem desse valor em relação ao valor inicial, resolvemos mais uma regra de três:

6,4 Kg ------------------------ 100%
5,68 Kg ----------------------- x
X = ((5,66).(100))/ (6,4) = 88,75%.

Gabarito "A".

(TRT/15ª – 2009 – FCC) Os funcionários A, B e C, igualmente eficientes, digitaram um total de 260 páginas de alguns processos, trabalhando o mesmo número de horas por dia. Entretanto, devido a problemas de saúde, B faltou alguns dias ao serviço, tendo trabalhado o correspondente à metade dos dias trabalhados por A; C não faltou ao serviço, mas seu rendimento diminuiu e o número de páginas digitadas por ele correspondeu a das digitadas por B. O número de páginas digitadas por

(A) A foi 122.

(B) A foi 118.

(C) B foi 54.

(D) B foi 42.

(E) C foi 26.

Aparentemente a proporção entre C e B foi de 1 / 3 e não 3 / 1, ainda mais considerando que foi dito que o rendimento de C diminuiu.
O total de páginas digitadas por A, B e C foi: A+B+C = 260
Para descobrir quantas páginas cada um digitou, vamos analisar o problema:
Como B tem a mesma eficiência de A, mas trabalhou metade dos dias, ele digitou metade do volume de A: B= (A/2)
Como C digitou 1 / 3 de folhas que B, temos que: C = B / 3 = A / (3 x 2)
Portanto, C= (A / 6)
A+(A/2)+(A/6)=260 (6A + 3A + A) = 6 x 260 ou 10 A= 1 560 A = 156
B = 156 / 2 = 78 e C = 260 − 156 − 78 = 26

Gabarito "E".

(Técnico Judiciário – TRT/4ª – 2011 – FCC) Dividir certo número por 0,00125 equivale a multiplicá-lo por um número inteiro

(A) compreendido entre 1 000 e 5 000.

(B) maior que 5 000.

(C) menor que 100.

(D) compreendido entre 100 e 400.

(E) compreendido entre 400 e 1 000.

Temos que

$$N/0,00125 = \frac{N}{0,00125} = \frac{N \times \cancel{100\,000}_{25}}{\cancel{125}_{25}} = \frac{N \times 4\,000}{5} = N \times 800$$

(com as devidas simplificações)   Então letra E

Gabarito "E".

Atenção: Para responder as próximas questões, use os dados do texto seguinte.

Sabe-se que Julião tem 30 anos de idade e Cosme tem 45 e que ambos são Técnicos Judiciários de uma mesma Unidade do Tribunal Regional do Trabalho da 4ª Região há 6 e 15 anos, respectivamente.

(Técnico Judiciário – TRT/4ª – 2011 – FCC) Suponha que as quantidades de horas extras cumpridas por Julião e Cosme ao longo de certo mês eram diretamente proporcionais aos seus respectivos tempos de serviço no Tribunal. Assim sendo, se, juntos, eles cumpriram o total de 28 horas extras, é correto afirmar que

(A) o número de horas extras cumpridas por Cosme era 62% do de Julião.

(B) Cosme cumpriu 4/7 do total de horas extras.

(C) Julião cumpriu 12 horas extras a menos que Cosme.

(D) Julião cumpriu 8 horas extras a mais do que Cosme.

(E) o número de horas extras cumpridas por Julião era 30% do de Cosme.

Sejam j e c o número de horas extras de Julião e Cosme, respectivamente.
Temos que j+c=48 e Julião tem 6 anos de serviço e Cosme tem 15 anos de serviço.
Como as quantidades de horas extras cumpridas por eles eram diretamente proporcionais aos seus respectivos tempos de serviço,
Podemos fazer regra de três (diretamente proporcionais aos tempos de serviço)
j -- 6
c -- 15   ⇒   15j = 6c ⇒ j = 6c/15 = 2c/5
E
c = 48 − j ⇒ c = 48 − 2c/5 ⇒ c + 2c/5 = 48 ⇒ (10c+2c)/5 = 48 ⇒ 12c/5 = 48
⇒ c/5 = 4 ⇒ c = 20 horas
e j = 2c/5 = 2.20/5 = 8 horas.
Então, Julião tem 12 horas a menos que Cosme.   → Letra C.

Gabarito "C".

(Técnico Judiciário – TRT/4ª – 2011 – FCC) Certo dia, Julião e Cosme foram incumbidos de arquivar alguns documentos e dividiram o total entre si na razão inversa de suas respectivas idades. Considerando que os dois executaram a sua parte da tarefa com a mesma capacidade operacional, então, se Julião levou 2 horas e 30 minutos para arquivar a sua parte, Cosme arquivou a sua em

(A) 2 horas e 40 minutos.

(B) 2 horas e 10 minutos.

(C) 1 hora e 50 minutos.

(D) 1 hora e 40 minutos.

(E) 1 hora e 30 minutos.

Sejam J e C o número de horas das tarefas de Julião e Cosme, respectivamente.
Podemos fazer regra de três (inversamente proporcionais as idades)
J -- 1/30
C -- 1/45   ⇒   J/45 = C/30 ⇒ J = 45C/30 = 3C/2
Mas Julião gastou 2h30min ⇒ J=2,5h.
Daí,
2,5=3C/2 ⇒ C = 5/3 horas = 5x60/3 min = 100min = 1h40min.   → Letra D.

Gabarito "D".

(Técnico Judiciário – TRT/9º – 2010 – FCC) Às 8 horas e 45 minutos de certo dia foi aberta uma torneira, com a finalidade de encher de água um tanque vazio. Sabe-se que:

– o volume interno do tanque é 2,5 m3;

– a torneira despejou água no tanque a uma vazão constante de 2ℓ/min e só foi fechada quando o tanque estava completamente cheio.

Nessas condições, a torneira foi fechada às

(A) 5 horas e 35 minutos do dia seguinte.

(B) 4 horas e 50 minutos do dia seguinte.

(C) 2 horas e 45 minutos do dia seguinte.

3. MATEMÁTICA E RACIOCÍNIO LÓGICO — 515

(D) 21 horas e 35 minutos do mesmo dia.

(E) 19 horas e 50 minutos do mesmo dia.

1ª Solução.

Volume do tanque é $V = 2,5$ m³.

Como 1 m³ = 1 000dm³ = 1 000l, temos V=2,5x1 000l= 2 500l.

Temos a vazão de 2l/min.

Então, para encher o tanque gastam-se (2 500/2) min = 1 250min, isto é, 20h50min.

Daí, a torneira foi fechada às

8:45 + 20:50 = 28:95=29:35 =24h + 5:35, ou seja, às 5:35h do dia seguinte.

Então, letra A

2ª Solução.

Para 2l/min, temos

2l   –   1min

2 500l   –   x min   ⇒ x= 2 500/2 = 1 250min

Para 1 250min, temos

60min   –   1h

1 250min   –   y h   ⇒ y = 1 250/60 = 20h50min

Daí, a torneira foi fechada às

8:45 + 20:50 = 28:95=29:35 = 24h + 5:35, ou seja, às 5:35h do dia seguinte.

Gabarito "A".

(Técnico Judiciário – TRT/14ª – 2011 – FCC) Ao serem contabilizados os dias de certo mês, em que três Técnicos Judiciários de uma Unidade do Tribunal Regional do Trabalho prestaram atendimento ao público, constatou-se o seguinte:

– a razão entre os números de pessoas atendidas por Jasão e Moisés, nesta ordem, era 3/5

– o número de pessoas atendidas por Tadeu era 120% do número das atendidas por Jasão;

– o total de pessoas atendidas pelos três era 348.

Nessas condições, é correto afirmar que, nesse mês

(A) Moisés atendeu 40 pessoas a menos que Tadeu.

(B) Tadeu atendeu menos que 110 pessoas.

(C) Tadeu atendeu a menor quantidade de pessoas.

(D) Moisés atendeu 50 pessoas a mais que Jasão.

(E) Jasão atendeu 8 pessoas a mais que Tadeu.

Sejam j,m t os números de pessoas atendidas por Jasão e Moisés e Tadeu, respectivamente.

Temos

j/m=3/5 ou 5j=3m ou m=5j/3

t= 120% ou t =1,2j

j+m+t=348

Então,

j + 5j/3 1,2j = 348 ⇒ j +5j/3 +6j/5 = 348

O MMC é 15.

Logo,

(15j + 25j +18j)/15 = 348

58j/15 = 348

j= 348x15/58

j=90 ⇒ m=5x90/3=150 e t=1,2j=1,2x90=108

Tadeu atendeu 108 pessoas.

Gabarito "B".

(Técnico Judiciário – TRT/14ª – 2011 – FCC) Trabalhando em conjunto, dois Técnicos Judiciários – Gaspar e Heraldo – gastaram 3 horas e 20 minutos para arquivar certa quantidade de processos. Sabendo que, sozinho, Gaspar teria arquivado todos os processos em 5 horas de trabalho ininterrupto, o esperado é que, sozinho, Heraldo seria capaz de realizar tal tarefa se trabalhasse por um período de

(A) 9 horas.

(B) 9 horas e 20 minutos.

(C) 9 horas e 40 minutos.

(D) 10 horas.

(E) 10 horas e 20 minutos.

Temos 3h e 20min= 200 min.

Como o tempo gasto é inversamente proporcional á quantidade de trabalho, temos, sendo g o tempo gasto por Gaspar e h o tempo de Heraldo, temos

1/g + 1/h = 1/200 com g =5h = 300min

daí,

1/g + 1/300 = 1/200

1/g = 1/200 – 1/300 = (300-200)/60000=100/60000 ⇒ 1/g = 1/ 600 ⇒

g=600min = 10h. Então letra D.

Ou

$\frac{1}{g} + \frac{1}{h} = \frac{1}{200}$, com g = 5h = 300min

$\frac{1}{g} + \frac{1}{300} = \frac{1}{200} \Rightarrow \frac{1}{g} = \frac{1}{200} - \frac{1}{300} \Rightarrow \frac{1}{g} = \frac{3-2}{600} = \frac{1}{600} \Rightarrow$

g = 600 min = 10h

Gabarito "D".

(Técnico Judiciário – TRT/24ª – 2011 – FCC) Uma Unidade do Tribunal Regional do Trabalho tem 125 funcionários, 40% dos quais são do sexo feminino. Suponha que, certo dia, todos os funcionários dessa Unidade foram vacinados e que coube apenas a dois enfermeiros – Josué e Maura – a execução dessa tarefa. Sabe-se que:

– todos os funcionários do sexo feminino foram vacinados por Maura e os demais por Josué;

– durante a execução da tarefa a capacidade operacional de Josué foi 90% da de Maura.

Nessas condições, se Maura levou 3 horas para completar a sua parte da tarefa, quanto tempo Josué levou para completar a sua?

(A) 4 horas.

(B) 4 horas e 30 minutos.

(C) 5 horas.

(D) 5 horas e 45 minutos.

(E) 6 horas.

Temos o total de 40% de 125 = 50 mulheres e 125 – 50 = 75 homens e Maura vacinou 50 e Josué, 75.

Como Maura vacinou 50 funcionários em 3h, sua capacidade operacional é de 50/3 funcionários/h.

A capacidade operacional de Josué é de 90% da capacidade operacional de Maura, isto é, 90% de 50/3 funcionários/h=90%x50/3 funcionários/h = 30%de 50 funcionários/h = 15 funcionários/h.

Ou seja, Josué vacina 15 funcionários em 1 hora.

Portanto, para vacinar 75 funcionários, ele levou 5 horas para completar a tarefa.

Gabarito "C".

(Técnico Judiciário – TRT24 – FCC – 2017) Uma corda será dividida em três pedaços de comprimentos diretamente proporcionais a 3, 5 e 7. Feita a divisão, verificou-se que o maior pedaço ficou com 1 metro a mais do que deveria ser o correto para a medida do maior pedaço, e que o menor pedaço ficou com 1 metro a menos do que deveria ser o correto para a medida do menor pedaço. Se o único pedaço que saiu na medida correta ficou com 12 metros de comprimento, o menor dos três pedaços saiu com comprimento, em metros, igual a

(A) 8,6

(B) 7,5

(C) 6,2

(D) 4,8

(E) 5,6

Solução

Sejam a, b e c os três pedaços, com c > b >a.

Temos a divisão diretamente proporcional doa pedaços:

$$\frac{a}{3} = \frac{b}{5} = \frac{c}{7}$$

Para b = 12, ou seja, não ser o menor nem o maior pedaço:

$$\frac{a}{3} = \frac{12}{5}$$

a= 36/5

a = 7,2

$$\frac{c}{7} = \frac{12}{5}$$

c= 84/5

c= 16,8

Uma vez que o menor pedaço ficou com 1 metro a menos, saiu, então com 7,2 – 1 = 6,2 m. => Letra C.

Gabarito "C".

(Técnico Judiciário – TRT11 – FCC – 2017) O valor que corresponde ao resultado correto da expressão numérica $(13^2 - 11^2) \div (12^2 \div 3) + (10^2 - 9^2 - 4^2)$ é

(A) 3/4

(B) 1/5

ENILDO GARCIA E ANDRÉ NADER JUSTO

(C) 1/3

(D) 2/5

(E) ¼

Resolução

Temos

$$\frac{\dfrac{13^2-11^2}{12^2}}{10^2-9^2-4^2} = \frac{\dfrac{169-121}{144}}{100-81-16}$$

Para calcular fração sobre fração inverte-se o denominador e o multiplica-se pelo numerador.

$$\frac{48}{144x} \quad \frac{100-81-16}{3} = \frac{48}{144} \times \frac{3}{3} =$$

$= \dfrac{1}{3}$ => Letra C. EG

Gabarito "C".

2.6. Progressões Aritmética e Geométrica e sequências numéricas

(Técnico Judiciário – TRT/24ª – 2011 – FCC) Na sequência de operações seguinte, os produtos obtidos obedecem a determinado padrão.

Assim sendo, é correto afirmar que, ao se efetuar
111 111 111 . 111 111 111, obtém-se um número cuja soma dos algarismos está compreendida entre:

(A) 25 e 40.

(B) 40 e 55.

(C) 55 e 70.

(D) 70 e 85.

(E) 85 e 100.

1ª Solução

Temos

Nota-se que a lei empírica de formação do produto de dois números, cada um deles formado de n 1s, parece dizer que o produto terá a soma S de seus algarismos igual a n^2. (Tem que ser provado – veja a 2ª Solução)

A questão pede o valor de S para o produto com nove 1s. Então S = 9^2 =81. Então, letra D.

2ª Solução.

O número formado pelo produto tem a estrutura "1,2,3,...,(n-1), n,(n+1),...3,2,1". Logo, a soma S de seus algarismos será a soma de duas PAs(progressões aritméticas de razão 1, último termo n-1 e primeiro termo 1 =n(n-1)/2) e mais o número n, ié,

S=2[n(n-1)/2]+n

S = n(n-1) + n

S=n².

Para n= 9, temos S = 9^2 =81.

Gabarito "D".

2.7. Questões de conteúdo variado de matemática básica

(TRT/6ª – 2012 – FCC) Uma faculdade possui cinco salas equipadas para a projeção de filmes (I, II, III, IV e V). As salas I e II têm capacidade para 200 pessoas e as salas III, IV e V, para 100 pessoas. Durante um festival de cinema, as cinco salas serão usadas para a projeção do mesmo filme. Os alunos serão distribuídos entre elas conforme a ordem de chegada, seguindo o padrão descrito abaixo:

1ª pessoa: sala I

2ª pessoa: sala III

3ª pessoa: sala II

4ª pessoa: sala IV

5ª pessoa: sala I

6ª pessoa: sala V

7ª pessoa: sala II

A partir da 8ª pessoa, o padrão se repete (I, III, II, IV, I, V, II...). Nessas condições, a 496ª pessoa a chegar assistirá ao filme na sala

(A) V.

(B) IV.

(C) III.

(D) II.

(E) I.

Solução

Com a repetição do padrão, temos 496 =7(70 repetições) + 6 posições, isto é, a 496ª pessoa estará na 6ª posição do padrão, na V sala.

Gabarito "A".

(TRT/6ª – 2012 – FCC) Em um determinado ano, o mês de abril, que possui um total de 30 dias, teve mais domingos do que sábados. Nesse ano, o feriado de 1º de maio ocorreu numa

(A) segunda-feira.

(B) terça-feira.

(C) quarta-feira.

(D) quinta-feira.

(E) sexta-feira.

Solução

Para que existam mais domingos que sábados num mesmo mês, é necessário que o mês inicie num domingo. Como 30 não é múltiplo de 7, começando num domingo, nunca vai terminar num sábado, tendo assim mais domingos que sábados.

Suponha que o dia 1º de abril caiu num domingo.

Teremos domingos em 1-8-15-22 e 29 de abril.

E sábados em 7-14-21-28 de abril.

Logo, 30 foi na segunda-feira e 1º de maio ocorreu numa terça-feira.

Gabarito "B".

(Técnico Judiciário – TRT11 – FCC – 2017) Um ciclista cumpriu seu trajeto de treinamento com uma velocidade média de 20 km/h e um tempo de 6 horas e 24 minutos. No dia seguinte, ao voltar, o ciclista cumpriu o mesmo trajeto em exatamente 8 horas. Nesse dia sua velocidade média caiu, em relação ao treinamento do dia anterior, um valor igual a

(A) 7 km/h.

(B) 4 km/h.

(C) 6 km/h.

(D) 1,5 km/h

(E) 3 km/h.

Solução

Sendo e =vt (distância é igual a velocidade vezes o tempo),temos

e = 20 x (6h 24min)

e =20 x (6 $\frac{24}{60}$)

e = 20 x(6 $\frac{2}{5}$)

e = 20x 6,4

e = 128 km

Então, no dia seguinte, ele fez a velocidade de

v = e/t

v = 128/8

v = 16 km/h

Logo, sua velocidade média caiu de 20 para 16, isto é, 4 km/h. => Letra B. EG

Gabarito "B".

(Técnico Judiciário – TRT11 – FCC – 2017) O preço de um sapato, após um aumento de 15%, é R$ 109,25. Se o preço do sapato não tivesse sofrido esse aumento de 15%, mas um aumento de 8%, a diferença, em reais, entre os preços do sapato com cada aumento seria de

(A) R$ 7,65.

(B) R$ 5,80.

(C) R$ 14,25.

(D) R$ 7,60.

(E) R$ 6,65.

Resolução

Seja p o preço do sapato.

Então

p x1 ,15 = 109,25 (aumento de 15%)

p= 109,25/ 1,15

p == 95

p x 1,08 = 95 x 1.08 = 102,60 (aumento de 8%)

Logo, a diferença, em reais, entre os preços do sapato com cada aumento seria de 109,25 – 102,60 = 6,65. => Letra E. EG

Gabarito "E".

3. MATEMÁTICA E RACIOCÍNIO LÓGICO

(Técnico Judiciário – TRT11 – FCC – 2017) Na festa de fim de ano de uma empresa estavam presentes X pessoas. Para agradar os participantes foram encomendados docinhos especiais. A ideia era dar 7 docinhos para cada pessoa presente, mas verificou-se que faltariam 19 docinhos. Se fossem dados 6 docinhos para cada pessoa, sobrariam 98 docinhos. O número de docinhos que haviam sido encomendados para essa festa era igual a

(A) 800.

(B) 750.

(C) 600.

(D) 950.

(E) 100.

Solução
Seja Total o número de docinhos.
Dando-se 7 para cada pessoa faltariam 19, isto é
Total = 7X -19
Dando-se 6 para cada pessoa sobrariam 98, isto é
Total 6X + 98
Então
7X -19 = 6X + 98
7X - 6X 98 + 19
X = 117 pessoas
e Total = 7x117 - 19
Total = 819 - 19
Total = 800 docinhos. => Letra A.
Gabarito "A".

(Técnico Judiciário – TRT11 – FCC – 2017) Do seu salário líquido Raimundo separa 1/3 para pagar os gastos com moradia. Para alimentação Raimundo separa 2/5 do restante do dinheiro. Exatamente 1/3 do que restou, após os gastos com moradia e alimentação, Raimundo deposita em uma conta de investimento que, nesse mês, recebeu como depósito a quantia de R$ 780,00. Nesse mês, a quantia do salário que Raimundo separou para moradia e alimentação, somadas, foi igual a

(A) R$3.820,00

(B) R$3.240,00

(C) R$3.730,00

(D) R$3.510,00

(E) R$3.190,00

Resolução
Seja s o salário líquido, m o gasto com moradia e a despesa com alimentação.
Temos
m = s/3
a = (2/5)(s − m)
a = (2/5)(s − s/3)
a = (2/5)(2s/3)
a = 4s/15
Investimento:
(s − m − a)/3 = 780
s − s/3 − 4s/15 = 780x3 = 2340
s(1 -1/3 − 4/15) = 2340
s(15 -5 -4)/15 = 2340
6s/15 = 2340
s = 5.850
m= s/3 = 5850/3 = 1950
a= 4x5850/15
a = 1560
Logo,
m + a = 1.950 + 1,560 = 3.510=> Letra D.
Gabarito "D".

3. MATEMÁTICA FINANCEIRA

3.1. Juros simples. Montante e juros. Taxa real e taxa efetiva.Taxas equivalentes. Capitais equivalentes

(Técnico Judiciário – TRT9 – 2012 – FCC) No mês de dezembro de certo ano, cada funcionário de uma certa empresa recebeu um prêmio de R$ 320,00 para cada mês do ano em que tivesse acumulado mais de uma função, além de um abono de Natal no valor de R$ 1.250,00. Sobre o valor do prêmio e do abono, foram descontados 15% referentes a impostos. Paula, funcionária dessa empresa, acumulou, durante 4 meses daquele ano, as funções de secretária e telefonista.

Nos demais meses, ela não acumulou funções. Dessa forma, uma expressão numérica que representa corretamente o valor, em reais, que Paula recebeu naquele mês de dezembro, referente ao prêmio e ao abono, é

(A) $0{,}85 \times [(1250 + 4) \times 320]$

(B) $(0{,}85 \times 1250) + (4 \times 320)$

(C) $(4 \times 320 + 1250) − 0{,}15$

(D) $(0{,}15 \times 1250) + (4 \times 320)$

(E) $0{,}85 \times (1250 + 4 \times 320)$

Solução
Ela receberia, sem desconto, 1.250 do abono mais 4x320 dos meses com dupla função.
No entanto, há o desconto de 15% desse total, ou seja, ela recebeu 85% = 0,85 desse valor, isto é, 0,85(1.250 + 4x320).
Gabarito "E".

(TRT/15ª – 2009 – FCC) Um analista tomou emprestado R$ 2.000,00 por um ano, a juros simples, à taxa de 6% ao mês. Após alguns meses, encontrou uma pessoa que lhe emprestaria a mesma quantia com juros simples à taxa de 4% ao mês. Tomou então R$ 2.000,00 emprestados do segundo credor pelo resto do prazo de um ano e no mesmo dia acertou as contas com o credor, entregando-lhe os R$ 2.000,00 e desembolsando os juros devidos. No final, o total de juros pagos aos dois credores foi de R$ 1.080,00. Qual foi o prazo do segundo empréstimo, em meses?

(A) 7.

(B) 8.

(C) 9.

(D) 10.

(E) 11.

Entendendo o problema: a dívida com o 1º credor foi feita por um prazo de 1 ano. Mas, antes de terminar esse prazo, ele fez outro empréstimo com juros menores. A duração deste novo empréstimo foi exatamente o número de meses que faltava para o 1º empréstimo completar 1 ano. Como na fórmula para o cálculo de juros as variáveis são "Dívida" (D), "Tempo" (T) e "juros" (i), basta substituir os valores dados para encontrar o tempo.
A fórmula para cálculo de juros simples é: Juros = D x i x T
Sendo "T1" e "T2" os tempos do 1º e 2º empréstimos, respectivamente, temos que:
T1 + T2 = 12 meses. Então, T2 = T1 − 12.
Os juros totais dos dois empréstimos são, portanto:
Juros = J1 + J2 = (D x i x T)1 + (D x i x T)2 =
(2 000 x 0,06 x T) + (2 000 x 0,04 x (12 − T))
Como o total de juros pagos foi R$ 1.080,00 temos que:
R$ 1.080 = (2 000 x 0,06 x T) + (2 000 x 0,04 x (12 − T))
R$ 1.080 = 120T + 80(12 −T)
R$ 1.080 = 120T + 960 − 80T
Logo, T = 3 meses
Como o prazo T1 do 1º empréstimo foi de 3 meses, o prazo T2 do 2º empréstimo foi:
T2 = 12 - T1 = 12 − 3 = 9 meses.
Gabarito "C".

(Técnico Judiciário – TRT/4ª – 2011 – FCC) Na compra de um par de sapatos, Lucimara pode optar por duas formas de pagamento:

– à vista, por R$ 225,00;
– R$ 125,00 no ato da compra mais uma parcela de R$ 125,00, um mês após a compra.

Se Lucimara optar por fazer o pagamento parcelado, a taxa mensal de juros simples cobrada nesse financiamento é de

(A) 10%.

(B) 20%.

(C) 25%.

(D) 27%.

(E) 30%.

O valor total da compra parcelada será de 2xR$ 125,00 = 250 e os juros serão de 250-225 = 25 para um mês, para uma compra de 225-125 = R$ 100,00, já que pagará a primeira parcela no ato da compra.
Então, a taxa mensal de juros valerá
100 – 25
100 – x ⇒ x = 25x100/100 = 25/100 = 25%.
Gabarito "C".

4. ESTATÍSTICA

4.1. Probabilidades: conceito, axiomas e distribuições (binominal, normal, Poisson, qui-quadrado etc.)

(TRT/17ª – 2009 – CESPE) Julgue os itens seguintes, acerca de contagem e probabilidades.

(1) Se, em um concurso público com o total de 145 vagas, 4.140 inscritos concorrerem a 46 vagas para o cargo de técnico e 7.920 inscritos concorrerem para o cargo de analista, com provas para esses cargos em horários distintos, de forma que um indivíduo possa se inscrever para os dois cargos, então a probabilidade de que um candidato inscrito para os dois cargos obtenha uma vaga de técnico ou de analista será inferior a 0,025.

(2) Considere que a corregedoria-geral da justiça do trabalho de determinado estado tenha constatado, em 2007, que, no resíduo de processos em fase de execução nas varas do trabalho desse estado, apenas 23% tiveram solução, e que esse índice não tem diminuído. Nessa situação, caso um cidadão tivesse, em 2007, um processo em fase de execução, então a probabilidade de seu processo não ser resolvido era superior a 4/5.

(3) Se, de um grupo de pessoas formado por 15 graduados em direito, 12 graduados em arquitetura e 11 graduados em estatística, 5 forem graduados em direito e estatística; 8, em direito e arquitetura; 4, em arquitetura e estatística; e 3, em direito, arquitetura e estatística, então, nesse grupo, haverá mais de 5 pessoas graduadas somente em direito.

1: Certo. A probabilidade de um dos 4.140 candidatos ser aprovado para uma das 46 vagas de técnico é: 46/4140 = 0,0111. Como das 145 vagas, 46 são para o cargo de técnico, concluímos que as 99 restantes são para o cargo de analista. Portanto, a probabilidade de um dos 7.920 candidatos passar para o cargo de analista é: 99/7920 = 0,0125. Sendo assim, a probabilidade de um candidato passar em ao menos um dos concursos é (0,0111)+(0,0125) = 0,0236<0,025.

2: Errado. (4/5) = 0,8 = 80%. A probabilidade de o processo não ser resolvido em 2007 era: (100-23)% = 77%<80%. Logo, a afirmação do enunciado está incorreta.

3: Errado. Como temos 15 pessoas formadas em Direito, para encontrar o número de pessoas graduadas APENAS em Direito, basta subtrair aquelas pessoas que são formadas em uma segunda faculdade:

Formadas apenas em Direito = 15 – 5 (Direito e Estatística) – 8 (Direito e Arquitetura) – 3 (Direito, Arquitetura e Estatística) = -1.

Ou seja, este anunciado é uma falácia, pois ele afirma que 16 pessoas cursaram Direito e mais uma faculdade, sendo que ao todo apenas 15 pessoas cursaram Direito.

(TRT/21ª – 2010 – CESPE) O sustentáculo da democracia é que todos têm o direito de votar e de apresentar a sua candidatura. Mas, enganoso é o coração do homem. Falhas administrativas e maior tempo no poder andam de mãos dadas. Por isso, todos precisam ser fiscalizados. E a alternância no poder é imprescindível. Considerando o argumento citado, julgue os itens subsequentes.

(1) Esse é um argumento válido.

(2) A sentença "Falhas administrativas e maior tempo no poder andam de mãos dadas" é uma premissa desse argumento.

(3) A afirmação "E a alternância no poder é imprescindível" é uma premissa desse argumento.

1: Errado! Esse argumento é uma falácia, uma vez que a conclusão "por isso, todos precisam ser fiscalizados" não pode ser logicamente derivada das premissas apresentadas na 1ª e na 3ª frase. O candidato deve tomar muito cuidado na análise da veracidade de um argumento lógico, pois a simpatia com as premissas ou com as conclusões pode induzi-lo a acreditar que o argumento é verdadeiro. A falácia é uma técnica de manipulação muito utilizada por políticos e marqueteiros. Atenção! 2: Certo! O argumento é formado por premissas e conclusões. As premissas são peças que constroem a conclusão. A frase acima é uma premissa. 3: Errado! Na verdade, essa frase está jogada no final do argumento, ocupando o papel de conclusão. Entretanto, é uma conclusão falaciosa.

4. Administração Pública

Robinson Barreirinhas

1. PRINCÍPIOS E TEORIAS

(Técnico Judiciário – TRT11 – FCC – 2017) A atuação da Administração é pautada por determinados princípios, alguns positivados em âmbito constitucional ou legal e outros consolidados por construções doutrinárias. Exemplo de tais princípios são a tutela ou controle e a autotutela, que diferem entre si nos seguintes aspectos:

(A) a autotutela é espontânea e se opera de ofício, enquanto a tutela é exercida sempre mediante provocação do interessado ou de terceiros prejudicados.

(B) a autotutela se dá no âmbito administrativo, de ofício pela Administração direta ou mediante representação, e a tutela é exercida pelo Poder Judiciário.

(C) ambas são exercidas pela própria Administração, sendo a tutela expressão do poder disciplinar e a autotutela do poder hierárquico.

(D) a tutela decorre do poder hierárquico e a autotutela é expressão da supremacia do interesse público fundamentando o poder de polícia.

(E) é através da tutela que a Administração direta exerce o controle finalístico sobre entidades da Administração indireta, enquanto pela autotutela exerce controle sobre seus próprios atos.

A: incorreta, pois a tutela, exercida pela administração direta sobre entidades da administração indireta, pode ser por representação, reclamação, mas também de ofício; B: incorreta, pois a tutela é controle finalístico exercido pela administração direta sobre entidades da administração indireta; C: incorreta, pois a tutela é controle finalístico, conforme comentários anteriores, não disciplinar; D: incorreta, pois o poder hierárquico se refere especialmente à autotutela, exercido internamente pela administração direta; E: correta, conforme comentários anteriores. **RB**
Gabarito "E".

(Técnico – TRT/11ª – 2012 – FCC) De acordo com o princípio da legalidade o administrador público pode fazer

(A) tudo o que a lei não proibir expressamente.

(B) tudo aquilo que julgar compatível com o interesse público.

(C) apenas aquilo que as normas sociais considerarem moralmente adequado.

(D) apenas aquilo que as leis expressamente autorizarem ou determinarem.

(E) aquilo que o bom senso e a ética aprovarem.

No âmbito privado, pode-se fazer tudo que não for proibido por lei (autonomia da vontade – art. 5º, II, da CF). No âmbito público, entretanto, a Administração somente pode fazer aquilo que é permitido por lei (estrita legalidade – art. 37, caput, da CF). Por essa razão, a alternativa "D" é a correta.
Gabarito "D".

(Técnico – TRT/6ª – 2012 – FCC) Para a consecução de fins organizacionais é preciso organizar a atividade humana de modo estável. Trata-se do objetivo da

(A) cultura organizacional.

(B) produtividade.

(C) dependência de recursos.

(D) burocracia.

(E) relacionalidade.

A: incorreta. Cultura organizacional é o conjunto de valores em uma organização, seus princípios, crenças políticas, clima organizacional, relações e hierarquia, definindo os padrões de comportamento e de atitudes que governam as ações e decisões mais importantes da administração; B: incorreta, pois produtividade refere-se à eficiência, eficácia e efetividade da organização; C: incorreta, pois dependência de recursos não tem relação com a organização da atividade humana na organização; D: essa é a correta, pois a burocracia remete à ideia de organização com estruturas profissionais e estáveis; E: incorreta, pois essa palavra não indica organização da atividade humana.
Gabarito "D".

(Técnico – TRT/6ª – 2012 – FCC) O controle administrativo é o poder de fiscalização e correção que a Administração pública exerce sobre

(A) seus próprios atos.

(B) os atos da sociedade.

(C) a intenção entre a comunidade e os tribunais.

(D) o número de atos aprovados e os de interesse dos tribunais de Justiça.

(E) a contabilidade e as finanças das entidades privadas.

A assertiva refere-se ao controle feito no âmbito da própria administração que exerce esse controle em relação aos seus próprios atos (distinto do controle legislativo ou judicial, que é externo em relação ao Executivo) – ver as Súmulas 346 e 473/STF.
Gabarito "A".

(Técnico Judiciário – TRT/9º – 2010 – FCC) A administração pública brasileira, conforme o artigo 37 da Constituição Federal, obedece aos princípios da

(A) legalidade, impessoalidade, moralidade, publicidade e eficiência.

(B) legalidade, impessoalidade, continuidade, indisponibilidade e finalidade.

(C) subsidiariedade, flexibilidade, participação cidadã, publicidade e eficiência.

(D) moralidade, flexibilidade, participação cidadã, legalidade e impessoalidade.

(E) transparência administrativa, moralidade, participação cidadã, eficiência e impessoalidade.

Nos termos do art. 37, caput, da CF, a administração pública direta e indireta de qualquer dos Poderes da União, dos Estados, do Distrito Federal e dos Municípios obedecerá aos princípios de legalidade, impessoalidade, moralidade, publicidade e eficiência. Por essa razão, a alternativa "A" é a correta.
Gabarito "A".

(Técnico Judiciário – TRT/22ª – 2010 – FCC) O princípio da administração pública que tem por fundamento que qualquer atividade de gestão pública deve ser dirigida a todos os cidadãos, sem a determinação de pessoa ou discriminação de qualquer natureza, denomina-se

(A) Eficiência.

(B) Moralidade.

(C) Legalidade.

(D) Finalidade.

(E) Impessoalidade.

A: incorreta, pois o princípio da eficiência refere-se à adequada prestação dos serviços com boa aplicação dos recursos disponíveis (é um dos aspectos da economicidade, ao lado da eficácia e da efetividade (Lucas Furtado); B: incorreta, pois o princípio da moralidade refere-se ao conjunto de regras de conduta da Administração que são consideradas padrão de comportamento desejado e esperado pela sociedade (Lúcia Valle Figueiredo); C: incorreta, pois o princípio da legalidade indica que o agente público somente pode fazer o que a lei autoriza (ou deve fazer o que a lei impõe); D: incorreta, pois a finalidade é requisito do ato administrativo, que indica o objetivo de interesse público a ser atingido. É interessante notar, entretanto, que Hely Lopes Meirelles entende a impessoalidade em conjunto com a finalidade, que "impõe ao administrador público que só pratique o ato para o seu fim legal"; E: essa é a alternativa correta, pois a assertiva indica o princípio da impessoalidade.
Gabarito "E".

(Técnico Judiciário – TRT/23ª – 2011 – FCC) No cumprimento estrito do princípio da legalidade, o agente público só pode agir

(A) quando não houver custo elevado para a administração pública.

(B) se tiver certeza de não ferir interesses privados.

(C) de acordo com a consciência do cumprimento do dever.

(D) depois de consultados seus superiores hierárquicos.

(E) nos termos estabelecidos explicitamente pela lei.

No âmbito privado, o princípio da legalidade significa que as pessoas podem fazer qualquer coisa que não seja proibida por lei – art. 5º, II, da CF. Já no âmbito público, o princípio da legalidade indica que o agente público somente pode fazer o que a lei autoriza (ou deve fazer o que a lei impõe) – art. 37, caput, da CF. A: incorreta, pois o custo elevado não afasta, em princípio, o dever de o agente público agir, quando assim determinado por lei; B: incorreta, pois a atuação do agente público pode, muitas vezes, ferir interesses privados, o que é admitido pelo princípio da supremacia do interesse público; C: incorreta, pois o agente público deve cumprir a lei, ainda que, eventualmente, contra os ditames de sua consciência; D: incorreta, pois a legalidade impõe a atuação do agente público independentemente de consulta a superiores hierárquicos, especialmente no caso de atos vinculados; E: assertiva correta, conforme comentário inicial.

Gabarito "E".

2. ESTRUTURAS ORGANIZACIONAIS

(Técnico Judiciário – TRT/4ª – 2011 – FCC) A característica básica da departamentalização funcional é

(A) o desenvolvimento do foco nas variáveis do ambiente externo.

(B) a maior formalização da estrutura administrativa levando a uma hierarquia de autoridade com maior número de níveis.

(C) o agrupamento das atividades e tarefas de acordo com as funções principais desenvolvidas dentro da empresa.

(D) a diferenciação lógica de acordo com as funções, seguindo o princípio da especialização ocupacional.

(E) a estabilização de organizações que requerem desempenho constante e repetitivo de tarefas rotineiras.

A estrutura funcional indica divisão em unidades pelo critério da especialização em cada função (como diz o nome). Por exemplo, departamentos comercial, financeiro, jurídico etc. A e E: incorretas, pois a departamentalização refere-se à organização interna, não ao foco nas variáveis internas ou externas, ou à sua estabilização; B: incorreta, pois a assertiva refere-se à estrutura linear, hierarquizada; C e D: a distinção entre as assertivas é sutil. "D" é a melhor alternativa, pois se refere à especialização, que é característica essencial da departamentalização por funções.

Gabarito "D".

3. RECURSOS HUMANOS

(Analista Judiciário – TRT/11 – FCC – 2017) Considere que determinado órgão integrante da Administração pública pretenda implementar uma política de valorização de pessoal baseada na meritocracia, utilizando, como ferramenta, a avaliação de desempenho. Para tanto, pretende privilegiar, entre as metodologias disponíveis, a que contemple a auto-avaliação e também permita que o avaliado receba feedbacks (retornos) de todas as pessoas com as quais se relaciona. A metodologia mais adequada para o escopo pretendido seria a

(A) APPO – Avaliação Participativa por Objetivos.

(B) Comparação Binária.

(C) Pesquisa de Campo.

(D) Avaliação 360°.

(E) Lista de Verificação.

Trata-se da avaliação 360 graus, em que há troca de impressões entre superiores, subordinados, colegas, clientes internos etc. (*stakeholders*). Somente o avaliado recebe as informações a seu respeito e não fica sabendo quem o avaliou. Por essa razão, a alternativa "D" é a correta.

Gabarito "D".

(Técnico Judiciário – TRT/24ª – 2011 – FCC) Na competência interpessoal grupal, são fatores trabalhados:

(A) a interdependência de subsistemas e o trabalho em equipe, para o desempenho organizacional como um todo.

(B) a busca do autoconhecimento e conscientização, as habilidades de percepção, diagnose e comunicação para expressão verbal e emocional, para dar e receber feedback.

(C) as motivações, os objetivos pessoais, a problemática de inter-relação, de afetividade e intimidade.

(D) as motivações e objetivos individuais, grupais e organizacionais, e a problemática de diferenciação e integração de subsistemas.

(E) as motivações e objetivos comuns ao conjunto e a vários subconjuntos, bem como questões sobre poder, autoridade, controle e influência social.

A: incorreta, pois a interdependência de subsistemas e o desempenho organizacional global indicam a competência interpessoal organizacional; B e C: incorretas, pois as assertivas referem-se à competência interpessoal individual;

D: incorreta, pois a assertiva indica a competência interpessoal em seus três aspectos (individual, grupal e organizacional); E: essa é a assertiva correta, pois se refere adequadamente à competência interpessoal no nível grupal.

Gabarito "E".

4. GESTÃO E LIDERANÇA

(Técnico Judiciário – TRT11 – FCC – 2017) Nas últimas décadas, a Administração pública vem buscando a excelência nos serviços públicos, fazendo uso de conceitos, metodologias e ferramentas consagradas, com vistas a atingir o grau ótimo de prestação de serviços ao cidadão. Nesse contexto, o modelo criado pela Fundação Nacional da Qualidade – FNQ desenvolveu critérios de excelência

(A) correspondentes às melhores práticas importadas de organizações modelo, entre as quais o aprendizado organizacional.

(B) que representam o grau de maturidade dos colaboradores, entre os quais se inclui o pensamento sistêmico.

(C) que permitem medir o grau de excelência da organização, entre os quais se incluem estratégias e planos.

(D) utilizados exclusivamente para obtenção de certificação de acordo com a pontuação atribuída a cada um de seus itens.

(E) consistentes em insumos para aplicação de métodos de gerenciamento de processos, objetivando a otimização dos recursos materiais e humanos disponíveis na organização.

A: incorreta, pois o modelo de excelência da gestão – MEG, da FNQ, não é baseado ou orientado a determinada organização, sendo modelo de referência e aprendizagem, aplicável a qualquer tipo de organização – ver na página www.fnq.org.br; B: incorreta, pois, embora o pensamento sistêmico seja um dos fundamentos da excelência, não se refere ao grau de maturidade dos colaboradores, mas sim à inter-relação e interdependência entre os diversos componentes da organização; C: correta, pois os sistemas de medição são essenciais no MEG; D: incorreta, pois a obtenção de certificação pode ser um reflexo da aplicação do MEG, não seu objetivo; E: incorreta, pois não se reduz à metodologia para gerenciamento de processos, focando diversos outros aspectos da organização, incluindo pensamento sistêmico, aprendizado organizacional, liderança transformadora, adaptabilidade etc.

Gabarito "C".

(Técnico Judiciário – TRT11 – FCC – 2017) No que diz respeito à gestão por projetos, é importante ter em mente que nem todas as atividades desenvolvidas por uma organização correspondem a um projeto. Para que possam ser assim enquadradas devem ostentar algumas características, entre as quais:

I. Singularidade, na medida em que todo o produto ou serviço gerado por um projeto se distingue de outros.

II. Prioridade, eis que o projeto é sempre ligado aos indicadores de planejamento estratégico.

III. Temporalidade, pois todo projeto possui início e fim definidos.

Está correto o que se afirma APENAS em

(A) I e III.

(B) I e II.

(C) II e III.

(D) III.

(E) II.

Projeto é sempre um esforço temporário (com prazo definido) e distinto das atividades regulares da organização, desenvolvido por etapas, e do qual resulta um produto, serviço ou outro resultado singular, distinto de outros realizados anteriormente. Por essa razão, apenas as assertivas I e III são corretas.

Gabarito "A".

(Analista Judiciário – TRT/11 – FCC – 2017) A tomada de decisão é uma das atividades mais típicas do administrador. Existem diferentes tipos de decisão, sendo que algumas delas se realizam por meio de um conjunto de normas preestabelecidas, com base em um acervo de soluções da organização. Tais decisões são as denominadas

(A) Programadas.

(B) Padronizadas

(C) Recorrentes.

(D) Impróprias.

(E) Consultivas.

As decisões rotineiras, para questões reiteradas, como descritas na assertiva, são as programadas, de modo que a alternativa "A" é a correta. Decisões não

4. ADMINISTRAÇÃO PÚBLICA — 521

programadas são aquelas para demandas específicas, que não seguem procedimento estruturado. [RB]

Gabarito "A".

(Analista Judiciário – TRT/11 – FCC – 2017) Uma das etapas relevantes para implementação da gestão por competências consiste no mapeamento de competências. Entre o rol de instrumentos preconizados pela literatura para a realização desse mapeamento se inclui o grupo focal, utilizado

(A) como sucedâneo das entrevistas individuais, na forma de uma entrevista coletiva onde o entrevistador atua como moderador.

(B) para substituir a análise documental, tornando mais dinâmico o processo de identificação dos objetivos institucionais.

(C) como técnica de pesquisa, voltada à identificação das competências relevantes dentro de determinado contexto.

(D) para identificação das atribuições de cada cargo ou função, constituindo insumo fundamental para identificação das competências propriamente ditas.

(E) na forma de questionário, para segregar as competências técnicas, apartando-as das comportamentais e situacionais.

Gestão por competência é a gestão da capacitação orientada para o desenvolvimento do conjunto de conhecimentos, habilidades e atitudes necessárias ao desempenho das funções dos servidores, visando ao alcance dos objetivos da instituição – art. 2º, II, do Decreto 5.707/2006.

O mapeamento de competências serve para detectar as necessidades da organização, as competências essenciais que faltam para que ela realize adequadamente seus objetivos.

Esse mapeamento se dá de diversas maneiras, por métodos e técnicas complementares e não excludentes, como (a) pesquisa documental, (b) entrevistas, (c) grupos focais, que são entrevistas coletivas com moderador e (d) questionários estruturados com escalas de avaliação.

A: correta, descrevendo adequadamente os grupos focais, normalmente realizados após as entrevistas individuais e a pesquisa documental; B: incorreta, pois não há substituição da análise documental, normalmente realizada no início do mapeamento; C: não é a melhor alternativa, já que a "A" descreve exatamente os grupos focais; D: incorreta, pois as atribuições de cada cargo ou função são mais facilmente detectadas pela pesquisa documental ou pelas entrevistas individuais; E: incorreta, pois os grupos focais não se confundem com os questionários, conforme comentários iniciais. (RB)

Gabarito "A".

(Analista Judiciário – TRT/11 – FCC – 2017) Os estudos sobre liderança desenvolvidos pela Universidade de Ohio nos anos de 1940, buscaram identificar dimensões independentes do comportamento do líder, descrevendo duas categorias de liderança, que são:

(A) diretiva e colaborativa.

(B) democrática e autocrática.

(C) autocentrada e cooperativa.

(D) ênfase nas pessoas e ênfase na produção.

(E) estrutura de iniciação e consideração.

É importante que o estudante saiba que há inúmeras classificações de líderes e estilos de liderança, conforme comentários a outras questões.

No caso especificamente da classificação da Universidade de Ohio, dos anos 1940, há (a) estrutura de iniciação, referente à capacidade de o líder definir seu papel e de seus subordinados para atingimento dos resultados e (b) consideração, relativa à capacidade de manter a confiança dos colaboradores.

Por essas razões, a alternativa "E" é a correta. [RB]

Gabarito "E".

(Técnico – TRT/11ª – 2012 – FCC) Uma gestão pública voltada para a excelência deve

(A) estar focada em resultados e orientada para o cidadão.

(B) concentrar seus recursos nos serviços mais rentáveis.

(C) priorizar, acima de tudo, a racionalização dos gastos.

(D) se pautar apenas no cumprimento das regras formais.

(E) enfatizar as demandas dos setores mais necessitados.

A: essa é a alternativa correta. A moderna administração pública gerencial, orientada pela excelência e pela qualidade, foca os resultados e é orientada para o cidadão (não há foco nos procedimentos e orientação para ela própria, situação tipicamente relacionada à administração burocrática); B e C: incorretas, pois a gestão pública, embora deva ser eficiente, não tem por objetivo a rentabilidade, mas o pleno e adequado atendimento do interesse público. Embora a racionalização de gastos seja essencial, é incorreto afirmar que essa deve ser a prioridade "acima de tudo";

D: incorreta, pois, o foco deve ser nos resultados, não no procedimento, conforme comentário à alternativa "A"; E: incorreta, pois, embora as demandas dos setores mais necessitados sejam realmente prioritários, isso não tem relação direta com a gestão voltada para a excelência, expressão que remete à ideia de foco nos resultados com ação eficiente, eficaz e efetiva.

Gabarito "A".

(Técnico Judiciário – TRT/4ª – 2011 – FCC) Com relação às melhores práticas de gestão de projetos, considere as afirmativas abaixo:

I. Para realizar os projetos é necessário concentrar esforços em projetos menores, que tenham entregas alcançáveis e cujos prazos possam ser cumpridos.

II. O gerente de projeto deve se posicionar de forma a que todas as áreas diretamente envolvidas no sucesso do projeto estejam comprometidas e disponíveis na medida da necessidade.

III. Não existe um tamanho ideal para a equipe, mas uma boa regra é ter sempre mais de uma pessoa para cada papel ou mais de um papel para cada pessoa.

IV. O planejamento deve garantir que as pessoas não estejam envolvidas em mais projetos do que seria racional, o que geraria disputa de recursos entre os projetos.

V. Equipes de projeto que já estejam se esforçando para cumprir seus escopos e prazos devem se dedicar às atividades essenciais que agregam valor ao projeto, e a estrutura deve se esforçar para adaptar-se a estas condições.

Estão corretas SOMENTE:

(A) I, II, IV e V.

(B) I, II, III e IV.

(C) II e IV.

(D) I, II e IV.

(E) III, IV e V.

Todas as assertivas indicam boas práticas de gestão de projetos, com exceção da "III". Isso porque mais de uma pessoa para o mesmo papel pode gerar conflito ou ineficiência, por ausência de quem seja efetivamente responsável por ele. Ademais, o ideal é que cada pessoa tenha um papel específico no projeto, e não vários.

Gabarito "A".

(Técnico Judiciário – TRT/4ª – 2011 – FCC) Uma gestão adequada do desempenho em uma organização pressupõe que

(A) todos os que estão envolvidos no processo estejam bem treinados para alcançar as metas propostas.

(B) a organização estabeleça previamente remunerações adequadas ao melhor desempenho esperado.

(C) os funcionários aceitem punições de acordo com o desempenho de cada um, caso necessário.

(D) os funcionários já tenham as competências correspondentes aos desafios que lhes serão propostos.

(E) o gestor deixe clara a razão da sua implantação e determine quais são os resultados esperados.

A e D: assertivas imprecisas, pois, embora o adequado treinamento seja essencial na gestão de pessoas, a gestão de desempenho foca a avaliação dos resultados; B e C: incorretas, pois a gestão de desempenho não pressupõe promessas de remuneração ou punição, embora seus resultados sejam importantes para a avaliação dos gestores; E: essa é a alternativa correta, pois a transparência e a prévia fixação de critérios objetivos são essenciais para a adequada gestão de desempenho.

Gabarito "E".

(Técnico Judiciário – TRT/23ª – 2011 – FCC) Entre as funções administrativas no processo organizacional, o controle compreende a

(A) emissão de ordens, instruções, comunicação, motivação, liderança e coordenação.

(B) definição de objetivos, o diagnóstico da situação e um prognóstico a partir das informações diagnosticadas.

(C) definição de missão, visão, metas estratégicas e cenários prospectivos.

(D) definição de padrões, avaliação do desempenho, comparação do desempenho com o padrão estabelecido e ação corretiva.

(E) definição de metas, controle de processos, correção de procedimentos e feedback do processo.

A: incorreta, pois a assertiva indica atos de execução ou direção do projeto (o "Do" do ciclo PDCA); B e C: incorretas, pois indicam atos de planejamento (o "Plan" do

PDCA); D: essa é a assertiva correta, pois indica atos de controle (o "Check" do ciclo PDCA; E: incorreta, pois a definição de metas indica a fase de planejamento ("Plan" do PDCA) e as correções e o feedback do processo referem-se à ação após o controle (o "Act" do PDCA).

Veja uma representação simplificada do ciclo PDCA, com indicação de quatro passos, correspondendo a cada quadrante do círculo: Planejar (Plan), Executar (Do), Verificar (Check) e Agir (Act):

(Técnico Judiciário – TRT/24ª – 2011 – FCC) Em relação à Gestão Estratégica, analise:

I. Estratégia é o conjunto de decisões fixadas em consonância com a missão.

II. Estratégia é a razão de ser de uma organização.

III. Estratégia é processo contínuo e sistemático que direciona a organização para atingir sua missão.

Está correto o que consta APENAS em

(A) I e II.
(B) I e III.
(C) II.
(D) II e III.
(E) III.

I e II: assertivas corretas, pois caracterizam adequadamente a estratégia; III: incorreta, pois a estratégia é uma ferramenta da gestão, para que a organização atinja seus objetivos (prestação adequada de serviços públicos, lucro etc.), mas com eles não se confunde.

(Técnico Judiciário – TRT/23ª – 2011 – FCC) Por administração gerencial entende-se um modelo de gestão que

(A) privilegia a descentralização, a autonomia dos níveis gerenciais na aplicação da lei aos casos concretos e a desburocratização de toda a estrutura administrativa.

(B) enfatiza a aplicação rigorosa das leis contra corrupção e centralização dos processos de controle formal para garantir a eficiência do governo.

(C) procura alcançar resultados financeiros crescentes com base na privatização e nomeação por critérios políticos de indicação dos níveis gerenciais.

(D) incentiva a profissionalização do corpo operacional da administração descentralizada e a elevação horizontal dos níveis médios de remuneração dos gerentes.

(E) pressupõe a transferência das funções de planejamento e controle para os níveis operacionais, mas preserva o controle centralizado das funções finalísticas.

A: a assertiva indica adequadamente características da administração gerencial – ver o Capítulo 2 do Plano Diretor da Reforma do Aparelho do Estado – PDRAE/1995; B: incorreta, pois a assertiva aproxima-se da administração burocrática, especificamente no que se refere à centralização dos processos de controle formal; C: incorreta, pois a administração pública gerencial aceita a profissionalização e a impessoalidade como paradigmas, o que vai contra a nomeação por critérios políticos; D: incorreta, pois o objetivo não é a elevação do nível médio de remuneração, mas sim sua adequação às exigências dos cargos, sua complexidade, observando-se a realidade do mercado – ver item 4.4 do PDRAE/1995; E: incorreta, pois, embora a administração pública gerencial privilegie a autonomia dos gestores, inclusive dos níveis operacionais, estes observam e se submetem ao planejamento e ao controle superior dos resultados.

5. FERRAMENTAS E TÉCNICAS DE GESTÃO

Veja uma representação simplificada do ciclo PDCA, com indicação de quatro passos, correspondendo a cada quadrante do círculo: Planejar (Plan), Executar (Do), Verificar (Check) e Agir (Act):

(Técnico Judiciário – TRT/4ª – 2011 – FCC) O Ciclo PDCA tem como objetivo

(A) o aceleramento da qualificação do quadro funcional.
(B) o aperfeiçoamento do benchmarking da organização.
(C) a melhoria do ambiente concorrencial da organização.

(D) a melhoria contínua de processos de gestão.
(E) a definição dos objetivos estratégicos da organização.

O ciclo PDCA, de Shewhart ou de Deming é uma ferramenta de gestão (de processos, de qualidade etc.), que parte do planejamento, passa pela execução, pelo controle do que foi executado e, por fim, pelas ações corretivas e realimentação do círculo, para que as próximas ações sejam aprimoradas. Por essas razões, a alternativa "D" é a correta.

(Técnico Judiciário – TRT/23ª – 2011 – FCC) Com relação ao método PDCA, considere as afirmativas abaixo.

I. A primeira etapa do PDCA exige o estabelecimento de metas e procedimentos técnicos aptos a alcançar os resultados propostos.

II. A fase C do ciclo PDCA exige a punição severa dos erros cometidos na fase de execução.

III. A terceira etapa do ciclo PDCA compreende a correção dos processos que não alcançaram os resultados desejados.

IV. A fase de execução do planejado também implica a formação e o treinamento dos funcionários para a correta realização das metas estipuladas.

V. O ciclo PDCA visa a melhoria contínua dos processos e a normalização dos procedimentos mais eficientes.

Está correto o que se afirma APENAS em

(A) I, IV e V.
(B) II, III e IV.
(C) I e V.
(D) II, IV e V.
(E) I, III, IV e V.

I: correta, pois se refere ao planejamento ("Plan" do PDCA); II: incorreta, pois o PDCA indica a necessidade de controle, e não de punição; III: incorreta, pois a terceira etapa é a de controle ("Check" do PDCA). A quarta etapa refere-se às ações corretivas ("Act" do PDCA); IV: correta, referindo-se à execução ("Do" do PDCA); V: correta, pois descreve os objetivos básicos do PDCA.

(Técnico Judiciário – TRT/24ª – 2011 – FCC) O ciclo de controle de Deming é identificado pela sigla

(A) PADC.
(B) ACDP.
(C) PCAD.
(D) PDCA.
(E) DAPC.

Ciclo de Deming ou Ciclo de Shewhart são expressões sinônimas, que se referem ao Ciclo PDCA.

Veja um modelo de matriz Swot:

Pontos fortes (Streghts)	Ambiente interno	
		Pontos fracos (Weaknesses)
Ambiente externo / Oportunidades (Opportunities)	– a organização deve capitalizar as oportunidades; – Estratégias de Desenvolvimento: de mercado, de produtos e serviços, financeiro, de capacidades, de estabilidade, de diversificação;	– a organização deve melhorar, corrigir seus pontos fracos e identificar as oportunidades que podem ser aproveitadas; – Estratégias de Crescimento: inovação, internacionalização, parceria, expansão;
Ameaças (Threats)	– a organização deve monitorar as ameaças; – Estratégias de Manutenção: estabilidade, nicho, especialização;	– a organização deve eliminar os pontos fracos; – Estratégias de Sobrevivência: redução de custos, desinvestimento, liquidação.

4. ADMINISTRAÇÃO PÚBLICA

(Técnico Judiciário – TRT/22ª – 2010 – FCC) Na gestão da qualidade da administração pública a pesquisa, a avaliação e a apropriação dos melhores modelos de serviços e processos de trabalho de organizações reconhecidas como representantes das melhores práticas, denomina-se

(A) Reengenharia.
(B) Benchmarking.
(C) Matriz GUT.
(D) Método Ishikawa.
(E) Método de Pareto.

A: incorreta, pois a reengenharia é um mecanismo de inovação dos processos empresariais, de reformulação profunda da organização; B: essa é a assertiva correta, pois a questão descreve o benchmarking, em que se comparam os indicadores da organização com os modelos, ou seja, com os melhores indicadores encontrados em outras organizações; C: incorreta, pois a Matriz GUT (Gravidade, Urgência e Tendência) é uma ferramenta pela qual o gestor prioriza estratégias, decisões e soluções de problemas na organização; D: incorreta, pois o Diagrama Ishikawa, Diagrama de Causa e Efeito, Diagrama 6M ou Diagrama Espinha de Peixe é uma ferramenta gráfica que indica as causas e os efeitos de determinado evento. As causas podem ser classificadas em 6 tipos, no caso da indústria (método, matéria-prima, mão de obra, máquinas, medição e meio-ambiente); E: incorreta, pois o Gráfico ou Diagrama de Pareto apresenta barras verticais indicando determinadas ocorrências, das quantidades maiores para as menores, e uma linha representando o percentual acumulado, permitindo fácil visualização dos problemas a serem priorizados.
Gabarito "B".

(Técnico Judiciário – TRT/22ª – 2010 – FCC) Na gestão da qualidade dos serviços públicos, a representação gráfica que permite a visualização dos passos do processo do serviço ofertado ao cidadão, denomina-se

(A) Organograma.
(B) Ciclo PDCA.
(C) Histograma.
(D) Fluxograma.
(E) Gráfico de Pareto.

A assertiva se refere ao fluxograma, que permite identificar e analisar as fases de execução do processo e as relações entre elas. Por essa razão, a alternativa "D" é a correta.
Gabarito "D".

6. PLANEJAMENTO

(Técnico – TRT/11ª – 2012 – FCC) O principal desafio do gestor envolvido com o planejamento estratégico no nível tático é

(A) definir claramente os objetivos gerais a serem alcançados.
(B) articular os níveis estratégico e operacional do planejamento.
(C) tomar decisões quanto às questões de longo prazo da empresa.
(D) aplicar os planos específicos definidos no planejamento operacional.
(E) adaptar as decisões do planejamento geral às tendências do mercado.

Aceita-se que os três níveis organizacionais, administrativos ou de responsabilidade são (a) institucional ou estratégico (nível mais elevado, em que se realiza o planejamento estratégico), (b) intermediário, gerencial ou tático (recebe as decisões estratégicas e permite sua implementação pelo nível operacional, realizando o planejamento tático) e (c) operacional ou técnico (administra a execução da operação, realiza o planejamento operacional). A e C: incorreta, pois referem-se ao nível estratégico ou institucional; B: essa é a correta, conforme comentários iniciais; D: incorreta, pois indica a aplicação do plano operacional nesse nível (operacional ou técnico); E: incorreta, pois a adaptação do planejamento geral (gestão situacional, flexibilidade em face das influências do ambiente externo) é feita pelos próprios gestores do nível estratégico, com intensa participação dos níveis tático e operacional.
Gabarito "B".

(Técnico Judiciário – TRT/23ª – 2011 – FCC) A criação de diversos cenários no processo de planejamento estratégico é fundamental para que a organização possa

(A) compensar a falta de cultura cooperativa dos funcionários.
(B) combater os efeitos sinérgicos derivados de uma visão estratégica crítica.
(C) eliminar a indefinição quanto a sua missão secundária.
(D) lidar com a incerteza ambiental que a envolve.
(E) reduzir o conhecimento tácito necessário ao planejamento estratégico.

A criação de diversos cenários permite que a organização se prepare para qualquer um deles que possa efetivamente ocorrer. Ou seja, está relacionado com a incerteza quanto ao futuro, especialmente por conta de fatores externos à organização, e a previdência da organização, de modo que a alternativa "D" é a correta.
Gabarito "D".

(Técnico Judiciário – TRT/23ª – 2011 – FCC) Uma característica específica do Plano Plurianual como instrumento de planejamento é

(A) definir as metas quantitativas que devem ser incorporadas ao orçamento do mesmo ano.
(B) incentivar a continuidade das metas de médio e longo prazos na administração pública.
(C) aumentar a liberdade do Presidente da República para demitir funcionários públicos.
(D) obrigar os governantes a aumentar seus gastos com o custeio da máquina.
(E) reduzir a competição entre os partidos que disputam o poder no nível federal.

A: incorreta, pois essa é função da Lei de Diretrizes Orçamentárias – LDO – art. 165, § 2º, da CF; B: essa é a assertiva correta, pois o Plano Plurianual – PPA, relativo a 4 exercícios financeiros, estabelece, de forma regionalizada, as diretrizes, objetivos e metas da administração pública federal para as despesas de capital e outras delas decorrentes e para as relativas aos programas de duração continuada; C e D: incorretas, até porque o PPA refere-se a despesas de capital (investimentos, por exemplo), e não a despesas correntes (relativa a pessoal e a custeio, por exemplo); E: incorreta, pois, ainda que o PPA favoreça a continuidade nas políticas de investimento, isso não reduz a disputa inerente à democracia representativa partidária.
Gabarito "B".

(Técnico Judiciário – TRT/23ª – 2011 – FCC) Como recurso para a implantação do planejamento estratégico, o Balanced Scorecard

(A) procura subordinar as missões de cada funcionário aos objetivos estratégicos dos membros da direção da organização.
(B) foca o equilíbrio entre objetivos estratégicos pessoais e as metas gerais da organização.
(C) implica a criação de uma série de indicadores de desempenho voltados para a realização dos objetivos estratégicos da organização.
(D) define os objetivos táticos da organização com base na avaliação mútua de todos os funcionários, os parceiros e os clientes.
(E) desenvolve o equilíbrio entre as habilidades e os comportamentos dos funcionários necessários a um bom clima organizacional.

O Balanced Scorecard (BSC) é uma ferramenta de gestão de desempenho, que permite alinhar as ações da organização com sua missão e visão, e quatro perspectivas – (i) financeira, (ii) clientes, (iii) processos internos e (iv) de aprendizado e crescimento. Toda gestão de desempenho exige adoção de indicadores, que permitam mensurar e avaliar a atividade dos colaboradores em relação aos objetivos da organização, de modo que a alternativa "C" é a correta. Interessante notar que os tribunais têm utilizado essa ferramenta para a elaboração de seus Planos Estratégicos, com base no modelo de excelência do Programa Nacional de Gestão Pública e Desburocratização – Gespública (ver em www.gespublica.gov.br) e na normatização do Conselho Nacional de Justiça (Resolução 70/2009 do CNJ) [revogada pela Resolução 198/2014].
Gabarito "C".

(Técnico Judiciário – TRT/24ª – 2011 – FCC) Sobre o Planejamento Estratégico, analise:

I. É o mesmo que planejamento, mas com ênfase no aspecto de longo prazo dos objetivos.
II. É o mesmo que planejamento, porém com ênfase no aspecto de curto prazo dos objetivos.
III. É o mesmo que planejamento, mas com ênfase na análise global do cenário.

Está correto o que consta APENAS em

(A) I e II.
(B) I e III.
(C) II.
(D) II e III.
(E) III.

I: assertiva correta, pois o planejamento estratégico busca definir ou reconhecer a missão, a visão, os valores e os objetivos da organização, com análise global da situação interna e externa e formulação de estratégias, voltando-se ao longo prazo; II: incorreta, conforme comentário anterior; III: assertiva correta, conforme comentário à primeira assertiva.

Gabarito "B".

(Técnico Judiciário – TRT/22ª – 2010 – FCC) A ação do gestor público na definição dos objetivos e os meios para alcançá-los de forma não aleatória, denomina-se

(A) Organização funcional.

(B) Controle ad hoc.

(C) Coordenação dos recursos.

(D) Função distributiva.

(E) Planejamento governamental.

A assertiva descreve a atividade de planejamento, de modo que a alternativa "E" é a correta.

Gabarito "E".

(Técnico Judiciário – TRT/24ª – 2011 – FCC) O nível de planejamento que tem como objetivo otimizar determinada área, e não a organização como um todo, é o

(A) tático.

(B) setorial.

(C) operacional.

(D) estratégico.

(E) departamental.

O planejamento pode ser classificado em estratégico, tático ou operacional, pelo critério de abrangência. O planejamento estratégico é o mais amplo, relativo aos objetivos e estratégias de longo prazo para toda a organização. O planejamento tático refere-se a cada área funcional da organização. O planejamento operacional corresponde ao nível básico da organização, à suas atividades rotineiras. A assertiva se refere, portanto, ao planejamento tático, de modo que a alternativa "A" é a correta.

Gabarito "A".

7. ADMINISTRAÇÃO PÚBLICA FEDERAL

(Técnico – TRT/6ª – 2012 – FCC) A Resolução 49 do CNJ em seu artigo 1.º, § 2.º, estabelece que o núcleo de estatística e gestão estratégica deve auxiliar o tribunal na racionalização do processo de modernização institucional, e tem caráter

(A) provisório.

(B) permanente.

(C) de força tarefa.

(D) de ação emergencial.

(E) operacional transitório.

O art. 1°, § 2°, da Resolução 49/2007 do CNJ dispõe que o núcleo de estatística e gestão estratégica tem caráter permanente e deve auxiliar o Tribunal na racionalização do processo de modernização institucional. Por essa razão, a alternativa "B" é a correta.

Gabarito "B".

(Técnico Judiciário – TRT/14ª – 2011 – FCC) O núcleo de estatística e gestão estratégica, subordinado ao Presidente ou Corregedor do Tribunal, deve subsidiar o processo decisório dos magistrados conforme princípios estritamente

(A) discricionários e análogos.

(B) profissionais, científicos e éticos.

(C) objetivos e profissionais.

(D) absolutos e objetivos.

(E) objetivos e mistos.

Nos termos do art. 2°, caput, da Resolução 49/2007 do CNJ, o núcleo de estatística e gestão estratégica, subordinado ao Presidente ou Corregedor do Tribunal, deve subsidiar o processo decisório dos magistrados conforme princípios estritamente profissionais, científicos e éticos. Por essa razão, a alternativa "B" é a correta.

Gabarito "B".

(Técnico Judiciário – TRT/14ª – 2011 – FCC) Para auxiliá-lo na coordenação de assuntos afins ou interdependentes, que interessem a mais de um Ministério, o Presidente da República poderá incumbir de missão coordenadora um dos Ministros de Estado, cabendo essa missão, na ausência de designação específica ao Ministro de Estado Chefe

(A) da Secretaria de Planejamento.

(B) do Departamento Administrativo do Serviço Público.

(C) do Serviço Nacional de Informações.

(D) do Conselho de Segurança Nacional.

(E) do Conselho de Desenvolvimento Econômico.

Nos termos do art. 36 do DL 200/1967, o Presidente da República poderá incumbir de missão coordenadora um dos Ministros de Estado para auxiliá-lo na coordenação de assuntos afins ou interdependentes, que interessem a mais de um Ministério, cabendo essa missão, na ausência de designação específica, ao Ministro de Estado Chefe da Secretaria de Planejamento. Por essa razão, a alternativa "A" é a correta. Importante notar, entretanto, que, atualmente, não se trata de secretaria com estatura de Ministério, mas do próprio Ministério do Planejamento, Orçamento e Gestão.

Gabarito "A".

(Técnico Judiciário – TRT/14ª – 2011 – FCC) Os Tribunais promoverão Reuniões de Análise da Estratégia – RAE, para acompanhamento dos resultados das metas fixadas,

(A) semestralmente.

(B) anualmente.

(C) mensalmente.

(D) bimestralmente.

(E) trimestralmente.

Nos termos do art. 5° da Resolução 70/2009 do CNJ [revogada pela Resolução 198/2014], os tribunais promoverão Reuniões de Análise da Estratégia – RAE trimestrais para acompanhamento dos resultados das metas fixadas, oportunidade em que poderão promover ajustes e outras medidas necessárias à melhoria do desempenho. Por essa razão, a alternativa "E" é a correta.

Gabarito "E".

(Técnico Judiciário – TRT/23ª – 2011 – FCC) Segundo o artigo 1° da Resolução 49 do Conselho Nacional de Justiça, a organização de unidade administrativa para elaboração de estatística e plano de gestão estratégica é obrigatória

(A) apenas para o Superior Tribunal de Justiça.

(B) preferencialmente para os Tribunais Regionais do Trabalho.

(C) para todos os órgãos que compõem o Poder Judiciário.

(D) exclusivamente para o Conselho Nacional de Justiça.

(E) para os Tribunais Regionais Federais.

Nos termos do art. 1°, caput, da Resolução 49/2007 do CNJ, os órgãos do Poder Judiciário relacionados no art. 92 incisos II ao VII da CF (ou seja, todos os órgãos do Judiciário) devem organizar em sua estrutura unidade administrativa competente para elaboração de estatística e plano de gestão estratégica do Tribunal.

Gabarito "C".

(Técnico Judiciário – TRT/23ª – 2011 – FCC) O Decreto-Lei n° 200/1967 baseou-se no diagnóstico de que a administração federal, na época, caracterizava-se

(A) pela informalidade na tramitação dos processos governamentais.

(B) pelo excesso de nepotismo nos níveis operacionais.

(C) por excesso de focalização nas atividades-fim.

(D) por funcionar de modo excessivamente autoritário.

(E) por excessiva concentração de atribuições nos órgãos de cúpula.

A reforma administrativa operada pelo DL 200/1967 é marco na tentativa de superação da rigidez burocrática, em que se buscou combater a excessiva concentração funcional, transferindo-se atividades para entidades da administração indireta (autarquias, fundações, empresas públicas e entidades de economia mista). Instituíram-se como princípios de racionalidade administrativa o planejamento e o orçamento, o descongestionamento das chefias executivas superiores (desconcentração/descentralização), a tentativa de reunir competência e informação no processo decisório, a sistematização, a coordenação e o controle – item 3.2 do Plano Diretor da Reforma do Aparelho do Estado – PDRAE/1995. A alternativa "E" é a correta, portanto.

Gabarito "E".

8. OUTROS TEMAS E MATÉRIAS COMBINADAS

(Técnico Judiciário – TRT/14ª – 2011 – FCC) A Administração Federal compreende, dentre outra, a Administração Direta, que se constitui dos serviços integrados na estrutura administrativa da Presidência da República e

(A) das Sociedades de Economia Mista.

(B) das Fundações Públicas.

(C) das Autarquias.

(D) dos Ministérios.

(E) das Empresas Públicas.

4. ADMINISTRAÇÃO PÚBLICA 525

Nos termos do art. 4º, I, do DL 200/1967, que dispõe sobre a organização da Administração Federal, ela compreende a administração direta, constituída pelos serviços integrados na estrutura administrativa da Presidência da República e dos Ministérios. A alternativa "D" é, portanto, a correta. Interessante lembrar que a administração indireta compreende as autarquias, empresas públicas, sociedades de economia mista e fundações públicas (art. 4º, II, do DL 200/1967).

Gabarito "D".

(Técnico Judiciário – TRT/24ª – 2011 – FCC) Considerando as fases do ciclo de vida genérico de um projeto, o estudo da viabilidade do projeto, até a sua aprovação, refere-se à fase

(A) inicial.
(B) conceitual.
(C) de planejamento e organização.
(D) de implementação.
(E) de encerramento.

As fases comum do ciclo de vida de um projeto são a conceitual, a de planejamento, a fase de implementação e a fase de finalização. Na fase conceitual, avalia-se a ideia de projeto, sua viabilidade, seus custos, riscos, requisitos etc. A fase de planejamento é de organização, previsão das ações a serem desenvolvidas no projeto, sua preparação, a divisão de tarefas e responsabilidades etc. A fase de implementação é a da efetiva realização das ações que compõem o projeto, sua execução. Na fase de finalização, avalia-se e entrega-se o resultado, realocam-se os recursos etc. A assertiva refere-se à fase conceitual, de modo que a alternativa "B" é a correta.

Gabarito "B".

(Técnico Judiciário – TRT/24ª – 2011 – FCC) Segundo Schaffer Prochonw, projeto é um empreendimento planejado que consiste em um conjunto de atividades inter-relacionadas e coordenadas, sendo uma de suas características a

(A) imperatividade.
(B) integralidade.
(C) continuidade.
(D) generalidade.
(E) exclusividade.

O projeto é um esforço temporário para criação de um produto ou serviço exclusivo. Por essa razão, a alternativa "E" é a única correta.

Gabarito "E".

(Técnico Judiciário – TRT/24ª – 2011 – FCC) Na Administração Pública, uma das influências externas sofridas por um projeto é de ordem

(A) ecológica, com enfoque em gestão ambiental e sustentabilidade.
(B) psicoestrutural, envolvendo técnicas de empreendedorismo.
(C) psicoestrutural, envolvendo a gestão integrada da qualidade do projeto.
(D) psicoestrutural, envolvendo a gestão econômico-financeira do projeto.
(E) psicoestrutural, abrangendo a administração de conflitos entre os membros da equipe do projeto.

A: essa é a assertiva correta, pois as exigências de sustentabilidade e respeito às normas ambientais é influência externa sobre o projeto na administração pública; B, C, D e E: incorretas, pois essas assertivas referem-se a influências internas da organização, ligadas à atuação das pessoas (da própria organização) envolvidas no projeto.

Gabarito "A".

(Técnico Judiciário – TRT/9º – 2010 – FCC) O contrato administrativo pelo qual o Estado transfere ao particular a exploração de um serviço público é denominado

(A) permissão.
(B) agenciamento.
(C) autorização.
(D) licitação.
(E) concessão.

A: inadequada, pois a permissão é simples delegação, a título precário (ou seja, pode ser, em princípio, revogada a qualquer momento, sem a bilateralidade típica dos contratos), mediante licitação, da prestação de serviços públicos, feita pelo poder concedente à pessoa física ou jurídica que demonstre capacidade para seu desempenho, por sua conta e risco – art. 2º, IV, da Lei 8.987/1995. É importante ressaltar, entretanto, que o art. 40 da Lei 8.987/1995 exige a formalização da permissão por contrato, ainda que de adesão; B:

incorreta, pois agenciamento não tem relação direta com a realização de serviços públicos; C: incorreta, pois autorização é também ato discricionário e precário da administração, podendo ser, em princípio, revogado a qualquer momento, sem a bilateralidade típica dos contratos (não se exige, nesse caso, a formalização contratual, bastando o ato administrativo); D: incorreta, pois licitação é meio pelo qual a administração seleciona a proposta mais vantajosa, não se confundindo com o contrato dela resultante; E: essa é a melhor alternativa, pois concessão de serviço público é a delegação de sua prestação, feita pelo poder concedente, mediante licitação, na modalidade de concorrência, à pessoa jurídica ou consórcio de empresas que demonstre capacidade para seu desempenho, por sua conta e risco e por prazo determinado – art. 2º, II, da Lei 8.987/1995. Nesse caso, não há precariedade, sendo possível falar em transferência da exploração do serviço.

Gabarito "E".

(Técnico Judiciário – TRT/9º – 2010 – FCC) Autarquia e fundação governamental ou pública são entidades da administração pública

(A) mista.
(B) direta.
(C) centralizada.
(D) indireta.
(E) licitante.

A administração indireta compreende as autarquias, empresas públicas, sociedades de economia mista e fundações públicas (art. 4º, II, do DL 200/1967), razão pela qual a alternativa "D" é a correta.

Gabarito "D".

(Técnico Judiciário – TRT/22ª – 2010 – FCC) A Administração Pública brasileira é classificada em administração direta e indireta. É correto afirmar que

(A) a administração direta não é exercida pelos órgãos centrais diretamente integrados à estrutura do Poder Público.
(B) empresa pública é a entidade dotada de personalidade jurídica de Direito Privado, com criação autorizada por lei para a prestação de serviço público ou a exploração de atividade econômica e pertence à administração indireta.
(C) a administração indireta é exercida por entidades centralizadas que mantêm vínculos com o Poder Público, e estão diretamente integradas na sua estrutura.
(D) autarquia é um ente autônomo, com personalidade jurídica de Direito Público, patrimônio e recursos próprios e pertence à administração direta.
(E) fundação governamental ou pública é um patrimônio total ou parcialmente público, instituído pelo Estado e cuja função é a realização de determinados fins, pertence à administração direta.

A e C: incorretas, pois as assertivas descrevem a administração direta – ver art. 4º, I, do DL 200/1967; B: assertiva correta, conforme a definição de empresa pública – art. 5º, II, do DL 200/1967; D e E: incorretas, pois as autarquias e as fundações públicas integram a administração indireta – art. 4º, II, a e d, do DL 200/1967.

Gabarito "B".

(Técnico Judiciário – TRT/22ª – 2010 – FCC) Na organização da Administração Pública, a concessão de um serviço alinha-se com o modelo de estrutura organizacional, denominado

(A) Estruturação matricial.
(B) Desconcentração administrativa.
(C) Descentralização administrativa.
(D) Departamentalização por programas e serviços.
(E) Desconcentração funcional.

A descentralização administrativa indica atribuição de funções da administração direta para outras entidades. A desconcentração refere-se à distribuição de funções no âmbito da própria entidade. A concessão de serviço público refere-se à descentralização, pois é a delegação de sua prestação, feita pelo poder concedente, mediante licitação, na modalidade de concorrência, à pessoa jurídica ou consórcio de empresas que demonstre capacidade para seu desempenho, por sua conta e risco e por prazo determinado – art. 2º, II, da Lei 8.987/1995.

Gabarito "C".

(Técnico Judiciário – TRT/22ª – 2010 – FCC) Arquivos constituídos de documentos em curso ou frequentemente consultados para orientações de trabalho, controles ou tomada de decisões, conservados nos escritórios ou em dependências próximas de fácil acesso, são denominados

(A) Correntes ou de primeira idade.

(B) Intermediários.

(C) Permanentes.

(D) Intermediários de primeira idade.

(E) Permanentes setoriais.

Arquivo corrente ou de primeira idade refere-se aos documentos estritamente vinculados aos objetivos imediatos para os quais foram produzidos e recebidos no cumprimento de atividades-fim e meio e que se conservam junto aos órgãos produtores em razão de sua vigência e da frequência com que são por eles consultados. Arquivo intermediário ou de segunda idade refere-se aos documentos originários de arquivo corrente, com uso pouco frequente, que aguardam, em depósito de armazenamento temporário, sua destinação final. Arquivo permanente ou de terceira idade refere-se a documentos custodiados em caráter definitivo, em função do seu valor. A assertiva refere-se aos arquivos correntes ou de primeira idade, de modo que a alternativa "A" é a correta.

Gabarito "A".

5. Administração Financeira e Orçamentária

Robinson Barreirinhas

1. PRINCÍPIOS E NORMAS GERAIS

(Técnico – TRT/11ª – 2012 – FCC) O princípio orçamentário que determina que a lei orçamentária anual não conterá dispositivo estranho à previsão de receita e à fixação de receita, não se incluindo nessa proibição a autorização para abertura de créditos suplementares e a contratação de operações de crédito é denominado princípio da

(A) especificação.
(B) isonomia.
(C) exclusividade.
(D) anualidade.
(E) não afetação de receitas.

A: incorreta, pois o princípio da especificação indica que a Lei Orçamentária Anual – LOA deve indicar pormenorizadamente receitas e despesas, não cabendo dotações globais ou ilimitadas, nos termos do art. 167, VII, da CF e do art. 5º da Lei 4.320/1964, que estatui Normas Gerais de Direito Financeiro para elaboração e controle dos orçamentos e balanços da União, dos Estados, do Distrito Federal e dos Municípios; **B:** incorreta, pois a isonomia refere-se a princípio geral do direito, segundo o qual as pessoas na mesma situação devem ser tratadas igualmente, assim como as pessoas em situações diferentes, desigualmente, na medida de sua desigualdade – art. 5º, *caput*, da CF; **C:** correta, pois a questão refere-se exatamente ao princípio da exclusividade, conforme dispõe o art. 165, § 8º, da CF: "A lei orçamentária anual não conterá dispositivo estranho à previsão da receita e à fixação da despesa, não se incluindo na proibição a autorização para abertura de créditos suplementares e contratação de operações de crédito, ainda que por antecipação de receita, nos termos da lei"; **D:** incorreta. O princípio da anualidade indica que a LOA é anual, de modo que suas dotações orçamentárias referem-se a um único exercício financeiro – art. 165, III e § 5º, da CF; **E:** incorreta, pois a não afetação refere-se à proibição de vinculação de receita de impostos a órgão, fundo ou despesa, com as exceções previstas no art. 167, IV, da CF (ademais, os arts. 80 e 82 do ADCT preveem outras hipóteses de vinculação de receitas de impostos específicas).

Gabarito "C".

Veja a seguinte tabela com os mais importantes princípios orçamentários, para estudo e memorização:

Princípios orçamentários	
Anualidade	A lei orçamentária é anual (LOA), de modo que suas dotações orçamentárias referem-se a um único exercício financeiro – art. 165, § 5º, da CF
Universalidade	A LOA inclui todas as despesas e receitas do exercício – arts. 3º e 4º da Lei 4.320/1964
Unidade	A LOA refere-se a um único ato normativo, compreendendo os orçamentos fiscal, de investimento e da seguridade social – art. 165, § 5º, da CF e art. 1º da Lei 4.320/1964. Ademais, cada esfera de governo (União, Estados, Distrito Federal e Municípios) terá uma única LOA para cada exercício, o que também é indicado como princípio da unidade
Exclusividade	A LOA não conterá dispositivo estranho à previsão da receita e à fixação da despesa, admitindo-se a autorização para abertura de créditos suplementares e para contratação de operações de crédito – art. 165, § 8º, da CF
Equilíbrio	Deve haver equilíbrio entre a previsão de receitas e a autorização de despesas, o que deve também ser observado na execução orçamentária. Isso não impede a realização de superávits – ver art. 48, *b*, da Lei 4.320/1964 e arts. 4º, I, *a*, e 31, § 1º, II, da LC 101/2000 (a chamada Lei da Responsabilidade Fiscal – LRF)
Especificação, especialização ou discriminação	Deve haver previsão pormenorizada de receitas e despesas, não cabendo dotações globais ou ilimitadas – art. 167, VII, da CF e art. 5º da Lei 4.320/1964
Unidade de tesouraria	As receitas devem ser recolhidas em caixa único, sendo vedada qualquer fragmentação para criação de caixas especiais – art. 56 da Lei 4.320/1964
Não afetação ou não vinculação da receita dos impostos	É vedada a vinculação de receita de impostos a órgão, fundo ou despesa, com as exceções previstas no art. 167, IV, da CF

(Técnico Judiciário – TRT/23ª – 2011 – FCC) O princípio orçamentário que estabelece que a lei orçamentária anual não conterá dispositivo estranho à previsão da receita e à fixação da despesa, ressalvadas as exceções mencionadas no art. 165, § 8º, da Constituição Federal, é denominado princípio da

(A) não afetação das receitas.
(B) unidade.
(C) exclusividade.
(D) legalidade.
(E) universalidade.

A: incorreta, pois o princípio da não afetação das receitas normalmente é relacionado à vedação prevista no art. 167, IV, da CF, aplicável aos impostos; **B:** incorreta, pois o princípio da unidade indica que a Lei Orçamentária Anual – LOA refere-se a um único ato normativo, compreendendo os orçamentos fiscal, de investimento e da seguridade social – art. 165, § 5º, da CF e art. 1º da Lei 4.320/1964. Ademais, cada esfera de governo (União, Estados, Distrito Federal e Municípios) terá uma única LOA para cada exercício, o que também é indicado como princípio da unidade; **C:** essa é a alternativa correta, pois a questão refere-se ao princípio da exclusividade; **D:** incorreta, pois o princípio da legalidade refere-se à exigência de lei para veiculação de determinadas matérias, especificamente as leis orçamentárias (art. 165, I, II e III, da CF), e não à limitação de conteúdo da LOA; **E:** incorreta, pois o princípio da universalidade indica que todas as despesas e receitas do exercício devem constar da LOA – arts. 3º e 4º da Lei 4.320/1964.

Gabarito "C".

(Técnico Judiciário – TRT/22ª – 2010 – FCC) A exclusividade concedida ao Poder Executivo para propor a Lei do Plano Plurianual, Lei de Diretrizes Orçamentárias e a Lei Orçamentária Anual é garantida pelo princípio da

(A) legalidade.
(B) exclusividade.
(C) não afetação e quantificação dos créditos orçamentários.
(D) reserva legal.
(E) discriminação ou da especificação.

A, B, C e E: assertivas incorretas, conforme comentários às questões anteriores; **D:** essa é a melhor alternativa, por exclusão das demais. Entendemos, entretanto, que a expressão "reserva legal" é melhor empregada para se referir à necessidade de lei para veicular as leis orçamentárias (PPA, LDO e LOA), conforme o art. 165, I, II e III, da CF, e não, especificamente, à exclusividade de iniciativa em favor do Poder Executivo.

Gabarito "D".

(Técnico Judiciário – TRT/23ª – 2007 – FCC) Para explicar a atividade financeira do Estado foram propostas diversas teorias, a exemplo daquela em que o Estado fundamenta essa atividade financeira no princípio da necessidade, ou seja, a necessidade do indivíduo é igual à necessidade do Estado. Nesse caso, é conhecida como teoria

(A) da produção.
(B) do consumo.
(C) da troca.

(D) da utilidade relativa.

(E) do sistema de preços.

A: incorreta, pois essa teoria enfoca a produção de valor pelo Estado; **B**: incorreta, pois o foco dessa teoria é no Estado como consumidor de riquezas; **C**: incorreta, uma vez que relaciona o serviço público prestado como retribuição pelos tributos pagos pelos cidadãos, e vice-versa; **D**: correta, pois a questão se refere à teoria da utilidade relativa, na qual o Estado baseia sua atividade financeira no princípio da necessidade, e a necessidade do indivíduo corresponde à necessidade do Estado; **E**: incorreta, pois esta teoria vê o Estado como agente econômico prestador de serviço, que cobra preço por essa atividade executada.

Gabarito "D".

2. LOA, LDO E PPA

(Técnico Judiciário – TRT11 – FCC – 2017) O gestor de uma entidade do Poder Judiciário Federal

(A) pode propor emendas à Lei Orçamentária Anual, desde que indique que os recursos necessários serão provenientes de operações de crédito.

(B) pode encaminhar a Lei Orçamentária Anual referente ao Poder Judiciário destacadamente da Lei Orçamentária Anual do Poder Executivo para aprovação pelo Poder Legislativo.

(C) pode realizar a despesa orçamentária com construção de um prédio, cujo prazo de execução é superior a dois anos, desde que compatível com o Plano Plurianual e a Lei de Diretrizes Orçamentárias.

(D) deve inserir um dispositivo com a autorização para a abertura de créditos adicionais especiais e para a contratação de operação de crédito por antecipação da receita orçamentária na Lei Orçamentária Anual.

(E) deve abrir créditos adicionais extraordinários para reforçar uma dotação já existente para despesas com Outros Serviços de Terceiros – Pessoa Jurídica.

A: incorreta, pois compete ao chefe do Executivo propor modificações no projeto da lei orçamentária anual, no prazo fixado no art. 166, § 5º, da CF; **B**: incorreta, pois os Tribunais elaboram suas propostas orçamentárias, dentro dos limites estipulados conjuntamente com os demais Poderes na LDO e encaminham para a consolidação pelo Executivo (art. 99, § 1º, da CF). É sempre o chefe do Executivo que envia o projeto de lei ao Legislativo (o Judiciário, o MP e a Defensoria jamais enviam a proposta diretamente ao Legislativo); **C**: correta, considerando que o gestor é ordenador da despesa, tendo competência para executar a correspondente rubrica orçamentária, lembrando que os investimentos (caso de obras) cuja execução ultrapasse um exercício financeiro devem estar incluídos no PPA, ou em lei que autorize a inclusão, sob pena de crime de responsabilidade – art. 167, § 1º, da CF; **D**: incorreta, até porque a LOA não pode conter autorização para abertura de crédito adicional especial, mas apenas de créditos adicionais suplementares – art. 165, § 8º, da CF; **E**: incorreta, pois os créditos extraordinários somente podem ser abertos por decreto do Executivo – art. 44 da Lei 4.320/1964, lembrando que o art. 167, § 3º, da CF refere-se a medida provisória e, efetivamente, é esse o instrumento utilizado pela União. (RB)

Gabarito "C".

(Técnico Judiciário – TRT/4ª – 2011 – FCC) Em relação a conceito de Orçamento Público, considere as afirmativas abaixo:

I. O Orçamento Público é uma lei formal, isto é, ela obriga o Poder Público a realizar uma despesa autorizada pelo Legislativo.

II. O Orçamento Público é uma lei temporária, pois tem vigência limitada a quatro anos.

III. O conceito tradicional ou clássico de Orçamento Público compreende apenas a fixação da despesa e a previsão da receita, sem nenhuma espécie de planejamento das ações do governo.

IV. O Orçamento Público é uma lei especial que possui processo legislativo diferenciado e trata de matéria específica.

V. O orçamento-programa é um plano de trabalho que estabelece objetivos e metas a serem implementados, bem como a previsão dos custos a ele relacionados.

Estão corretas, SOMENTE:

(A) I, II, III e IV.

(B) II, III, IV e V.

(C) II e IV.

(D) I, II e IV.

(E) III, IV e V.

I: incorreta, pois a Lei Orçamentária Anual – LOA é autorizativa, e não impositiva. Significa dizer que as despesas são autorizadas, mas não impostas ao executor do orçamento (ele pode ou não realizá-las) – art. 167, I, II e III, da CF; **II**: incorreta, pois a LOA é anual. O Plano Plurianual – PPA é que se refere ao período de quatro exercícios financeiros, correspondentes a quatro anos civis; **III**: correta. O orçamento tradicional era focado nas necessidades das unidades governamentais (não nos objetivos a serem atingidos), dissociado das ideias de planejamento, programação e avaliação. Atualmente, adota-se o orçamento-programa (arts. 7º, c, e 16 a 18 do Decreto-lei 200/1967), em que o planejamento é conceito central, focando-se os objetivos a serem atingidos – art. 2º da Lei 4.320/1964; **IV**: correta. Trata-se de lei que se refere especificamente a um único exercício financeiro, cujo projeto é proposto pelo Poder Executivo (art. 165, III, da CF) e tramita no Poder Legislativo na forma prevista no art. 166 da CF; **V**: correta, conforme comentários à assertiva "III".

Gabarito "E".

(Técnico Judiciário – TRT/4ª – 2011 – FCC) Com relação às características do Orçamento Público de acordo com a Constituição Federal, considere as afirmativas abaixo:

I. A Lei Orçamentária Anual é composta de três orçamentos diferentes: fiscal, da seguridade social e de investimentos das estatais.

II. O orçamento da seguridade social corresponde à ação do governo em três setores: saúde, previdência e assistência social.

III. A Lei de Diretrizes Orçamentárias (LDO) prioriza as metas do PPA e orienta a elaboração do Orçamento Geral da União que terá validade para o ano seguinte.

IV. A finalidade do PPA é a de estabelecer objetivos e metas que comprometam o Poder Executivo e o Poder Legislativo a dar continuidade aos programas na distribuição dos recursos.

V. Com base na LDO, o Poder Executivo elabora o Plano Plurianual (PPA) para os quatro anos seguintes, com a participação dos Ministérios (órgãos setoriais) e das unidades orçamentárias dos Poderes Legislativo e Judiciário.

Estão corretas SOMENTE:

(A) II, IV e V.

(B) I, II, III, IV.

(C) I, II, III e V.

(D) II, III e V.

(E) I, III e IV.

I: correta, nos termos do art. 165, § 5º, da CF; **II**: correta, pois são as três vertentes da seguridade social – arts. 165, § 5º, III, e 194 da CF; **III**: correta, nos termos do art. 165, § 2º, da CF; **IV**: correta, em conformidade com o art. 165, § 1º, da CF; **V**: incorreta, pois a LDO baseia-se no PPA previamente aprovado – art. 165, §§ 1º e 2º, da CF.

Gabarito "B".

(Técnico Judiciário – TRT/23ª – 2011 – FCC) A Lei das Diretrizes Orçamentárias (LDO) deve

(A) ser compatível com o Plano Plurianual e orientar a elaboração da lei orçamentária anual.

(B) fixar o montante de despesas de capital destinados às empresas públicas no exercício corrente.

(C) prever a concessão de créditos ilimitados para algumas das unidades orçamentárias julgadas mais importantes para se alcançarem as metas do Plano Plurianual.

(D) fixar o montante das operações de crédito que podem exceder o valor das despesas de capital.

(E) estimar receitas e fixar despesas para o exercício financeiro seguinte.

A: correta, conforme dispõem o art. 165, § 2º, da CF e os arts. 4º e 5º da Lei de Responsabilidade Fiscal – LRF (LC 101/2000); **B**: incorreta, pois o orçamento de investimento das empresas públicas consta da LOA – art. 165, § 5º, II, da CF. Perceba que investimento é espécie de despesa de capital – art. 12 da Lei 4.320/1964; **C**: incorreta, até porque a Constituição veda expressamente a concessão ou a utilização de créditos ilimitados – art. 167, VII, da CF; **D**: incorreta, considerando, inclusive, que o montante das operações de crédito não pode exceder o valor das despesas de capital, nos termos e com a exceção prevista no art. 167, III, da CF ("regra de ouro") – ver também o art. 12, § 2º, da LRF; **E**: incorreta, pois a estimativa de receitas e a fixação de despesas constam da LOA, e não da LDO – art. 165, § 8º, da CF.

Gabarito "A".

5. ADMINISTRAÇÃO FINANCEIRA E ORÇAMENTÁRIA

(Técnico Judiciário – TRT/24ª – 2011 – FCC) Analise:

I. O orçamento-programa é o elo entre o planejamento e as funções executivas da organização.

II. O controle do orçamento-programa visa avaliar a honestidade dos agentes governamentais e a legalidade do seu cumprimento.

III. No orçamento-programa, as decisões orçamentárias são tomadas com base em avaliações e análises técnicas das alternativas possíveis.

Está correto o que consta APENAS em

(A) I.

(B) I e II.

(C) I e III.

(D) II e III.

(E) III.

I: correta, pois o orçamento-programa indica os objetivos e metas planejadas e a serem atingidas pelo executor, nos termos do que dispõe o art. 16 do Decreto-Lei 200/1967; II: incorreta, pois o controle refere-se à observância da lei e dos objetivos e das metas estabelecidos para o orçamento, e não, imediatamente, a honestidade dos agentes governamentais; III: correta, tendo-se em vista que a concepção de orçamento-programa está associada à ideia de planejamento. *Gabarito "C".*

(Técnico Judiciário – TRT/24ª – 2011 – FCC) Por força do disposto na Constituição Federal, a lei orçamentária anual

(A) compreenderá e estabelecerá a política de aplicação das agências financeiras oficiais de fomento.

(B) compreenderá metas e prioridades da Administração Pública Federal, incluindo as despesas de capital para o exercício financeiro.

(C) compreenderá o orçamento fiscal, apenas.

(D) compreenderá o orçamento fiscal, o de investimentos das empresas estatais e o da seguridade social.

(E) disporá sobre as alterações na legislação tributária.

Nos termos do art. 165, § 5º, da CF, a lei orçamentária anual compreenderá: (I) o orçamento fiscal referente aos Poderes da União, seus fundos, órgãos e entidades da administração direta e indireta, inclusive fundações instituídas e mantidas pelo Poder Público; (II) o orçamento de investimento das empresas em que a União, direta ou indiretamente, detenha a maioria do capital social com direito a voto; e (III) o orçamento da seguridade social, abrangendo todas as entidades e órgãos a ela vinculados, da administração direta ou indireta, bem como os fundos e fundações instituídos e mantidos pelo Poder Público. **A**: incorreta, pois a política de aplicação das agências financeiras oficiais de fomento é estabelecida pela LDO – art. 165, § 2º, da CF; **B**: incorreta, pois as diretrizes, objetivos e metas da Administração Pública para as despesas de capital e outras delas decorrentes são estabelecidas pelo PPA – art. 165, § 1º, da CF; **C**: incorreta, conforme comentário inicial, compreendendo, ainda, o orçamento de investimento das empresas estatais e o orçamento da seguridade social (art. 165, II e III, da CF); **D**: essa é a alternativa correta, conforme o comentário inicial; **E**: incorreta, pois cabe à LDO dispor sobre as alterações na legislação tributária, conforme a parte final do art. 165, § 2º, da CF. *Gabarito "D".*

(Técnico Judiciário – TRT/9º – 2010 – FCC) No planejamento da Administração Pública brasileira, o PPA (Plano Plurianual)

(A) tem a função de estabelecer, de forma regionalizada, as diretrizes, objetivos e metas da administração para as despesas de capital e outras delas decorrentes, abrangendo um período de quatro anos.

(B) estabelece os parâmetros necessários à alocação dos recursos no orçamento anual, de forma a garantir a realização das metas e objetivos contemplados na LDO – Lei de Diretrizes Orçamentárias.

(C) indica os rumos a serem seguidos e priorizados no decorrer do exercício financeiro.

(D) é o instrumento de gerenciamento orçamentário e financeiro, cuja principal finalidade é gerenciar o equilíbrio entre receitas e despesas públicas.

(E) compreende o ingresso de recursos que se integram ao patrimônio público sem quaisquer reservas, condições ou correspondências no passivo.

A: correta, conforme os exatos termos do art. 165, § 1º, da CF, bem como da legislação especial dos entes políticos; **B**: incorreta, pois cabe ao PPA estabelecer as diretrizes, objetivos e metas da Administração Pública Federal para as despesas de capital e outras delas decorrentes e para as relativas aos programas de duração continuada – art. 165, § 1º, da CF, e não parâmetros para alocação

dos recursos no orçamento anual; **C**: incorreta, pois isso é feito, em princípio, pela LDO – art. 165, § 2º, da CF; **D**: incorreta, pois administrar o equilíbrio entre receitas e despesas públicas é objeto essencial da LOA, prevista no art. 165, § 5º, da CF e no art. 4º, I, *a*, da Lei de Responsabilidade Fiscal – LRF (LC 101/2000), e perseguido na execução orçamentária; **E**: incorreta, pois a assertiva descreve as receitas que constam da LOA, e não, em princípio, do PPA. Receita pública, conforme a doutrina clássica, é a entrada de recursos que, integrando-se ao patrimônio público sem quaisquer reservas, condições ou correspondência no passivo, vem acrescer o seu vulto, como elemento novo e positivo. *Gabarito "A".*

(Técnico Judiciário – TRT/22ª – 2010 – FCC) O plano plurianual, as diretrizes orçamentárias e os orçamentos anuais são estabelecidos por leis de iniciativa do Poder

(A) Executivo.

(B) Legislativo.

(C) Judiciário.

(D) Executivo e do Legislativo.

(E) Executivo, do Legislativo e do Judiciário.

A iniciativa das leis relativas ao plano plurianual (PPA), diretrizes orçamentárias (LDO) e orçamentos anuais (LOA) é exclusiva do Poder Executivo, nos termos do art. 165 da CF, razão pela qual a alternativa "A" é a correta. *Gabarito "A".*

(Técnico Judiciário – TRT/22ª – 2010 – FCC) O instrumento que compreende as metas e prioridades da administração pública federal, incluindo as despesas de capital para o exercício financeiro subsequente, orienta a elaboração da lei orçamentária anual, dispõe sobre as alterações na legislação tributária e estabelece a política de aplicação das agências financeiras oficiais de fomento, denomina-se

(A) Parceria Público-Privada.

(B) Plano Plurianual.

(C) Lei de Diretrizes Orçamentárias.

(D) Lei de Responsabilidade Fiscal.

(E) Fundo de Participação.

A assertiva reproduz a definição da lei de diretrizes orçamentárias (LDO), trazida no art. 165, § 2º, da CF, razão pela qual a alternativa "C" é a correta. *Gabarito "C".*

(Técnico Judiciário – TRT/22ª – 2010 – FCC) A Lei Orçamentária Anual compreende o

(A) orçamento fiscal, as diretrizes orçamentárias e o orçamento de investimento das empresas.

(B) plano plurianual, o orçamento fiscal e o orçamento de investimento das empresas.

(C) plano plurianual, as diretrizes orçamentárias e o orçamento fiscal.

(D) orçamento fiscal, o orçamento da seguridade social e as diretrizes orçamentárias.

(E) orçamento fiscal, o orçamento de investimento das empresas e o orçamento da seguridade social.

Nos termos do art. 165, § 5º, da CF, a lei orçamentária anual compreenderá: (I) o orçamento fiscal referente aos Poderes do ente político federal, seus fundos, órgãos e entidades da administração direta e indireta, inclusive fundações instituídas e mantidas pelo Poder Público; (II) o orçamento de investimento das empresas em que o ente político federal, direta ou indiretamente, detenha a maioria do capital social com direito a voto; e (III) o orçamento da seguridade social, abrangendo todas as entidades e órgãos a ela vinculados, da administração direta ou indireta, bem como os fundos e fundações instituídos e mantidos pelo Poder Público. Por essa razão, a alternativa "E" é a única correta. *Gabarito "E".*

3. RECEITAS E DESPESAS

(Técnico Judiciário – TRT11 – FCC – 2017) Em um Tribunal Regional do Trabalho, as

(A) despesas com telefone e material de expediente são despesas de capital.

(B) despesas com a aquisição de um terreno para a construção de um prédio são classificadas como investimentos.

(C) despesas com passagens e diárias são classificadas como inversões financeiras.

(D) receitas com a alienação de bens móveis são classificadas como receitas correntes.

530 ROBINSON BARREIRINHAS

(E) receitas de prestação de serviços são classificadas como receitas de capital.

A: incorreta, pois as despesas do dia a dia das repartições, necessárias para o funcionamento do serviço público, são despesas de custeio, espécie de despesa corrente, não de capital – art. 12, § 1º, da Lei 4.320/1964; **B:** correta – art. 12, § 4º, da Lei 4.320/1964; **C:** incorreta, pois são despesas correntes. Inversões financeiras são relativas a (i) aquisição de imóveis, ou de bens de capital já em utilização, (ii) aquisição de títulos representativos do capital de empresas ou entidades de qualquer espécie, já constituídas, quando a operação não importe aumento do capital ou (iii) constituição ou aumento do capital de entidades ou empresas que visem a objetivos comerciais ou financeiros, inclusive operações bancárias ou de seguros – art. 12, § 5º, da Lei 4.320/1964; **D:** incorreta, pois a receita decorrente de alienação de imóvel é receita de capital – art. 11, § 2º, da Lei 4.320/1964; **E:** incorreta, pois são receitas correntes – art. 11, § 1º, da Lei 4.320/1964. (RB)

(Técnico Judiciário – TRT/23ª – 2011 – FCC) Segundo a Lei nº 4.320/1964, pertencem ao exercício financeiro as receitas

(A) nele arrecadadas e as despesas nele efetivamente liquidadas.
(B) previstas na lei de orçamento e as despesas nele efetivamente desembolsadas.
(C) nele arrecadadas e as despesas nele legalmente empenhadas.
(D) previstas na lei de orçamento e as despesas nele efetivamente liquidadas.
(E) nele arrecadas e as despesas nele pagas após sua liquidação.

Na Administração Pública, a despesa é contabilizada pelo regime de competência e a receita é contabilizada pelo regime de caixa. Significa que as receitas pertencem ao exercício em que são arrecadadas e as despesas pertencem ao exercício em que são empenhadas – art. 35, I e II, da Lei 4.320/1964. Por essa razão, a alternativa "C" é a correta.

(Técnico Judiciário – TRT/24ª – 2011 – FCC) Configuram apenas receitas extraorçamentárias:

(A) imposto de renda retido na fonte e convênios recebidos.
(B) alienação de bens e depósito de terceiros.
(C) cauções e consignações.
(D) ICMS e ARO.
(E) ganhos com aplicação financeira e cauções.

Receita orçamentária é aquela prevista na LOA, ou que deveria estar prevista na LOA, objeto da execução orçamentária. Receita extraorçamentária é aquela à margem do orçamento público, que ingressa apenas temporariamente aos cofres públicos, caso dos depósitos, cauções, consignações, fianças etc., cuja restituição não onera dotação orçamentária (independe de autorização legal). Trata-se de classificação bastante usual na prática orçamentária. É interessante notar que essa classificação não se identifica exatamente com a distinção feita pela doutrina clássica entre (i) receitas públicas e (ii) simples ingressos ou entradas. Para Aliomar Baleeiro, receita pública é a entrada que, integrando-se ao patrimônio público sem quaisquer reservas, condições ou correspondência no passivo, vem acrescer o seu vulto, como elemento novo e positivo. Simples entradas ou ingressos ou movimentos de fundos, sempre de acordo com Aliomar Baleeiro, não implicam incremento ao patrimônio governamental, desde que estejam condicionados à restituição posterior ou representam mera recuperação de valores emprestados ou cedidos pelo governo. Essa definição doutrinária de receita pública exclui os empréstimos recebidos e as amortizações daqueles concedidos (seriam meros ingressos ou entradas, já que os empréstimos devem ser devolvidos e as amortizações são restituição do que foi emprestado). Ocorre que, nos termos do art. 11, § 2º, da Lei 4.320/1964, os empréstimos e as amortizações correspondem a receitas de capital (são receitas orçamentárias, portanto).
A: incorreta, pois os impostos são receitas correntes e os valores recebidos por conta de convênios podem ser classificados como receitas correntes ou de capital, a depender da destinação – art. 11, §§ 1º e 2º, da Lei 4.320/1964; **B:** incorreta, pois os valores decorrentes da alienação de bens são receitas de capital – art. 11, § 2º, da Lei 4.320/1964; **C:** essa é a alternativa que indica, apenas, receitas extraorçamentárias ou, segundo a classificação doutrinária clássica, simples entradas ou ingressos (não são, sequer, receitas públicas); **D:** incorreta, pois o imposto é receita corrente. Os valores decorrentes de operação de crédito por antecipação de receitas orçamentárias – ARO são, excepcionalmente, considerados extraorçamentárias, conforme o art. 3º, parágrafo único, da Lei 4.320/1964 (as receitas relativas às demais operações de crédito são receitas de capital – art. 11, § 2º, da Lei 4.320/1964); **E:** incorreta, pois os ganhos com aplicações financeiras são receitas correntes (art. 11, § 1º, da Lei 4.320/1964).

(Técnico Judiciário – TRT/24ª – 2011 – FCC) As seguintes informações referentes à "Prefeitura XYZ" foram extraídas no final do exercício financeiro de 2010

Despesas Orçamentárias e Extraorçamentárias	Valores (R$)
Pessoal Ativo	10.000
Consignações em folha de pagamento repassadas ao ente destinatário	3.000
Encargos trabalhistas (patronal)	2.000
Depósitos de terceiros restituídos	5.000
Aquisição de computadores	4.000
TOTAL	31.000

O valor das despesas extraorçamentárias, em R$, é igual a

(A) 4.000.
(B) 5.000.
(C) 7.000.
(D) 8.000.
(E) 12.000.

As despesas com pessoal, encargos trabalhistas e para aquisição de computadores oneram o orçamento público, ou seja, são realizadas dentro da execução orçamentária. Receitas extraorçamentárias são aquelas que não oneram a dotação orçamentária, ou seja, são realizadas à margem do orçamento público, como as consignações em folha e a restituição de depósitos (repare que essas saídas não reduzem o patrimônio público). No exercício, a soma dos valores relativos a essas receitas extraorçamentárias é R$ 8.000,00 (= R$ 3.000,00 + R$ 5.000,00), de modo que a alternativa "D" é a correta.

(Técnico Judiciário – TRT/9º – 2010 – FCC) Tratando-se da Lei nº 4.320/1964, as dotações para despesas as quais não corresponda contraprestação direta em bens ou serviços, inclusive para contribuições e subvenções destinadas a atender à manifestação de outras entidades de direito público ou privado, classificam-se como

(A) despesas de custeio.
(B) transferências correntes.
(C) subvenções econômicas.
(D) transferências de capital.
(E) inversões financeiras.

A: incorreta, pois despesas de custeio são as dotações para manutenção de serviços anteriormente criados, inclusive as destinadas a atender a obras de conservação e adaptação de bens imóveis (art. 12, § 1º, da Lei 4.320/1964), ou seja, aquelas despesas com pessoal (civil ou militar), material de consumo, serviços de terceiros e encargos diversos – art. 13 da Lei 4.320/1964; **B:** essa é a correta, conforme a exata definição de transferências correntes do art. 12, § 2º, da Lei 4.320/1964; **C:** incorreta, pois subvenções econômicas são as transferências que se destinam a empresas públicas ou privadas de caráter industrial, comercial, agrícola ou pastoril – art. 12, § 3º, II, da Lei 4.320/1964; **D:** incorreta, pois transferências de capital referem-se às dotações para investimentos ou inversões financeiras que outras pessoas de direito público ou privado devem realizar, independentemente de contraprestação direta em bens ou serviços, constituindo essas transferências auxílios ou contribuições, segundo derivem diretamente da Lei de Orçamento ou de lei especialmente anterior, bem como as dotações para amortização da dívida pública – art. 12, § 6º, da Lei 4.320/1964; **E:** incorreta, já que inversões financeiras referem-se às dotações destinadas a (i) aquisição de imóveis, ou de bens de capital já em utilização, (ii) aquisição de títulos representativos do capital de empresas ou entidades de qualquer espécie, já constituídas, quando a operação não importe aumento do capital e (iii) constituição ou aumento do capital de entidades ou empresas que visem a objetivos comerciais ou financeiros, inclusive operações bancárias ou de seguros (art. 12, § 5º, da Lei 4.320/1964).

(Técnico Judiciário – TRT/11ª – 2005 – FCC) A receita classifica-se nas seguintes categorias econômicas:

(A) de capital e de investimentos.
(B) inversões financeiras e de investimentos.
(C) correntes e de transferências correntes.
(D) correntes e de capital.
(E) de investimentos e correntes.

Há diversas classificações, a depender do critério adotado. As receitas podem ser classificadas como ordinárias ou extraordinárias, segundo a regularidade.

Pelo critério da origem, é possível distinguir receitas originárias e derivadas. Em razão da previsão orçamentária, fala-se em receitas orçamentárias ou extraorçamentárias. A Lei 4.320/1964, em seu art. 11, refere-se às categorias econômicas, distinguindo-as em receitas correntes e receitas de capital.

Gabarito "D".

Veja a seguinte tabela, para estudo e memorização da classificação das receitas por categorias econômicas – art. 11, § 4º, da Lei 4.320/1964:

RECEITAS	Correntes	Receita tributária (Impostos, Taxas, Contribuições de melhoria) Receita de contribuições Receita patrimonial Receita agropecuária Receita industrial Receita de serviços Transferências correntes Outras receitas correntes
	de Capital	Operações de crédito Alienação de bens móveis e imóveis Amortização de empréstimos concedidos Transferências de capital Outras receitas de capital

(Técnico Judiciário – TRT/23ª – 2007 – FCC) No que se refere à classificação de despesa pública, quanto à sua duração, considere:

I. Aquela que pode ocorrer, mas que o Estado não sabe quando ocorrerá, por isso deixa de constar do orçamento, a exemplo de uma desapropriação, denomina-se despesa especial.

II. Aquela considerada comum, ou seja, a constante do orçamento, a exemplo do pagamento de servidores aposentados, denomina-se despesa ordinária.

III. Aquela de natureza excepcional, decorrentes de situações imprevisíveis, mas constante do orçamento, a exemplo da situação de guerra, denomina-se despesa de custeio.

Nesses casos, está correto o que se afirma APENAS em

(A) I.
(B) I e II.
(C) I e III.
(D) II.
(E) II e III.

I e II: assertivas corretas, pois as assertivas descrevem adequadamente as despesas especial e ordinária; III: incorreta, pois a despesa extraordinária não conta, em regra, com previsão no orçamento, podendo ser suportada por crédito adicional extraordinário aberto diretamente pelo Executivo – art. 167, § 3º da CF, arts. 41, III e 44 da Lei 4.320/1964. Ademais, não se confunde com despesa de custeio, que é aquela relacionada à manutenção de serviços anteriormente criados (salários, material de consumo, limpeza etc. – art. 12, § 1º, da Lei 4.320/1964).

Gabarito "B".

4. CRÉDITOS ADICIONAIS E EXECUÇÃO ORÇAMENTÁRIA

(Técnico – TRT/11ª – 2012 – FCC) Os créditos especiais, um dos tipos possíveis de créditos adicionais,

(A) prescindem, para sua abertura, de indicação dos recursos para financiá-los.
(B) não podem ser financiados por operações de crédito de antecipação de receitas, em nenhuma hipótese.
(C) são autorizados pelo Poder Legislativo atender despesas imprevisíveis e urgentes como as decorrentes de guerra ou calamidade pública.
(D) têm por objetivo reforçar dotação já existente no orçamento em vigor.
(E) são destinados ao financiamento de despesas para as quais não haja dotação orçamentária específica.

A: incorreta, pois a abertura de créditos adicionais especiais não prescinde da indicação de recursos (ou seja, é necessário indicar tais recursos) – art. 43 da Lei 4.320/1964; **B**: discutível. As operações de crédito por antecipação de receita orçamentária (ARO) não implicam nova receita orçamentária (como diz o nome, apenas antecipa-se a receita orçamentária durante o exercício, que já estava prevista no orçamento), de modo que não podem,

em princípio, suportar abertura de crédito adicional. A própria Banca Examinadora da FCC já apresentou gabarito no sentido de que "as operações de crédito por antecipação de receita (ARO) [não] podem também amparar créditos adicionais" (Técnico – TER-PB – 2007 – a assertiva era afirmativa e foi considerada errada). Provavelmente a FCC considerou a incorreta nesta questão porque afirma peremptoriamente "em nenhuma hipótese", podendo-se imaginar a hipótese excepcional de ARO realizada concomitantemente com reestimativa ampliativa da receita (excesso da arrecadação prevista), embora questionável. De qualquer forma, a alternativa "E" deve ser indicada, como veremos, pois claramente correta; **C**: incorreta, pois a assertiva se refere aos créditos extraordinários, previstos no art. 167, § 3º da CF e no art. 41, III, da Lei 4.320/1964; **D**: incorreta, pois a assertiva indica os créditos adicionais suplementares, previstos no art. 41, I, da Lei 4.320/64; **E**: essa é a correta. Os créditos adicionais especiais são os destinados a despesas para as quais não haja dotação orçamentária específica. São autorizados por lei, abertos por decreto executivo e dependem da existência de recursos disponíveis para suportar a despesa, nos termos dos arts. 40 e seguintes da Lei 4.320/1964.

Gabarito "E".

Veja a seguinte tabela com os créditos adicionais, para estudo e memorização:

Créditos Adicionais		
Suplementares	Destinados a reforço de dotação orçamentária já existente	- autorizados por lei e abertos por decreto executivo, conforme art. 42 da Lei nº 4.320/1964 - dependem da existência de recursos disponíveis para suportar a despesa, conforme art. 43, caput, da Lei nº 4.320/1964
Especiais	Destinados a despesas para as quais não haja dotação orçamentária específica	
Extraordinários	Para atender a despesas imprevisíveis e urgentes, como as decorrentes de guerra, comoção interna ou calamidade pública	- abertos por decreto do Executivo, que dele dará imediato conhecimento ao Legislativo, conforme art. 44 da Lei nº 4.320/1964 (o art. 167, § 3º, da CF refere-se à medida provisória – art. 62 da CF)

(Técnico Judiciário – TRT/23ª – 2011 – FCC) Os créditos adicionais que se destinam a prover recursos para financiar despesas para as quais não haja dotação orçamentária suficiente são denominados créditos

(A) suplementares.
(B) extraordinários.
(C) complementares.
(D) específicos.
(E) especiais.

Classificam-se como suplementares os créditos adicionais destinados a reforço de dotação orçamentária já existente – art. 41, I, da Lei 4.320/1964.

Gabarito "A".

5. LEI DE RESPONSABILIDADE FISCAL

(Técnico – TRT/11ª – 2012 – FCC) Analise as afirmações a seguir, cotejando-as com as disposições da Lei de Responsabilidade Fiscal.

I. Os atos que aumentarem ou criarem despesa obrigatória de caráter continuado para um ente da federação deverão demonstrar a origem de recursos para seu custeio.

II. As despesas de pessoal dos Estados da Federação não podem ultrapassar 60% da sua receita corrente líquida.

III. É expressamente vedada a destinação de recursos para, direta ou indiretamente, cobrir necessidades de pessoas físicas ou *déficits* de pessoas jurídicas.

IV. Considera-se aumento permanente da receita o proveniente de elevação de alíquotas, ampliação da base de cálculo e majoração ou criação de tributo ou contribuição.

Está em consonância com a referida Lei o que consta APENAS em

(A) I e II.
(B) I e III.
(C) II e III.
(D) I, II e IV.

532 ROBINSON BARREIRINHAS

(E) I, III e IV.

I: correta, conforme o art. 17, § 1°, da Lei de Responsabilidade Fiscal – LRF (LC 101/2000); II: correta, conforme o art. 19, II, da LRF; III: incorreta, pois essa destinação é possível, desde que autorizada por lei específica, atenda às condições estabelecidas na lei de diretrizes orçamentárias e esteja prevista no orçamento ou em seus créditos adicionais, conforme preceitua o art. 26 da LRF; IV: correta, nos termos do art. 17, § 3°, da LRF.

Gabarito "D".

(Técnico Judiciário – TRT/23ª – 2011 – FCC) De acordo com a Lei da Responsabilidade Fiscal,

(A) os entes públicos não podem utilizar a limitação de empenho quando sua dívida pública exceder os limites para ela fixados.

(B) o limite para as despesas de pessoal da União é maior que os respectivos limites para os Estados, o Distrito Federal e os Municípios.

(C) o projeto de lei orçamentária anual conterá Anexo de Metas Fiscais, em que serão estabelecidas metas anuais, em valores correntes e constantes, relativas a receitas, despesas, resultado nominal e primário e montante da dívida pública para o exercício a que se referirem.

(D) a lei de diretrizes orçamentárias conterá Anexo de Riscos Fiscais, onde serão avaliados os passivos contingentes e outros riscos capazes de afetar as contas públicas.

(E) é permitida a operação de crédito entre uma instituição financeira estatal e o ente da Federação que a controla na qualidade de beneficiário do empréstimo, desde que seja aprovada pelo Senado Federal.

A: incorreta, pois, caso a dívida consolidada ultrapasse o respectivo limite ao final de um quadrimestre, o ente federado deverá promover, entre outras medidas, a limitação de empenho para obtenção de resultado primário necessário para a recondução ao limite – art. 31, § 1°, II, da Lei de Responsabilidade Fiscal – LRF (LC 101/2000); B: incorreta, pois o limite para despesas com pessoal da União (50% da receita corrente líquida) é menor que aquele fixado para Estados e Municípios (60%) – art. 19 da LRF; C: incorreta, pois o Anexo de Metas Fiscais refere-se à Lei de Diretrizes Orçamentárias – LDO, e não à Lei Orçamentária Anual – LOA. Ademais, o Anexo trata do exercício financeiro a que se refere à LDO e aos dois exercícios seguintes – art. 4°, § 1°, da LRF; D: essa é a correta, nos exatos termos do art. 4°, § 3°, da LRF; E: incorreta, pois o art. 36, *caput*, da LRF veda a operação de crédito entre uma instituição financeira estatal e o ente da Federação que a controle, na qualidade de beneficiário do empréstimo, com a ressalva prevista em seu parágrafo único, de que a instituição financeira controlada pode adquirir, no mercado, títulos da dívida pública para atender investimento de seus clientes, ou títulos da dívida de emissão da União para aplicação de recursos próprios.

Gabarito "D".

Para estudo e memorização, veja a seguinte tabela com os limites para despesas com pessoal em relação à receita corrente líquida de cada ente político, com a repartição entre Executivo, Legislativo e Judiciário (arts. 19 e 20 da LRF):

Limites para despesas com pessoal % sobre a receita corrente líquida		
União	50%	2,5% para o Legislativo, incluindo o Tribunal de Contas da União
		6% para o Judiciário
		40,9% para o Executivo
		0,6% para o Ministério Público da União
Estados	60%	3% para o Legislativo, incluindo o Tribunal de Contas Estadual
		6% para o Judiciário
		49% para o Executivo
		2% para o Ministério Público Estadual
Municípios	60%	6% para o Legislativo, incluindo o Tribunal de Contas Municipal, quando houver
		54% para o Executivo.

(Técnico Judiciário – TRT/22ª – 2010 – FCC) De acordo com a Lei Complementar n° 101/2000, que estabelece normas de finanças públicas voltadas para a responsabilidade na gestão fiscal e dá outras providências, é correto afirmar:

(A) O Anexo de Metas Fiscais integrará o projeto de Lei de Diretrizes Orçamentárias.

(B) Os ativos contingentes serão avaliados por meio do Anexo de Riscos Fiscais.

(C) A despesa total com pessoal dos Estados e Municípios, em cada período de apuração, não poderá exceder a 50% da receita corrente líquida.

(D) A Lei de Diretrizes Orçamentárias e o relatório resumido da execução orçamentária não são instrumentos de transparência da gestão fiscal.

(E) A despesa e a assunção de compromisso serão registrados segundo o regime de competência, não se apurando, em caráter permanente, o resultado dos fluxos financeiros pelo regime de caixa.

A: correta, conforme o art. 4°, § 1°, da LRF; B: incorreta, pois os passivos contingentes (e não os ativos, como indica a assertiva) serão avaliados no Anexo de Riscos Fiscais – art. 4°, § 3°, da LRF; C: incorreta, pois o limite de despesas com pessoal aplicável aos Estados e aos Municípios é de 60% da receita corrente líquida – art. 19, II e III, da LRF; D: incorreta, pois os planos, orçamentos e leis de diretrizes orçamentárias, as prestações de contas e o respectivo parecer prévio, o Relatório Resumido da Execução Orçamentária e o Relatório de Gestão Fiscal, e as versões simplificadas desses documentos são considerados instrumentos de transparência da gestão fiscal, aos quais será dada ampla divulgação, inclusive em meios eletrônicos de acesso público, nos termos do art. 48 da LRF; E: incorreta, pois os resultados dos fluxos financeiros são apurados, em caráter suplementar, pelo regime de caixa – art. 50, II, da LRF.

Gabarito "A".

(Técnico Judiciário – TRT/23ª – 2007 – FCC) No que diz respeito aos limites da dívida pública, é correto afirmar que

(A) as propostas que estabelecem limites para o montante da dívida pública mobiliária federal dispensam a metodologia de apuração dos resultados primário e nominal.

(B) a alteração dos fundamentos das propostas dos limites globais para o montante da dívida consolidada, em razão de instabilidade econômica, impede a solicitação de revisão dos limites.

(C) os precatórios judiciais não pagos durante a execução do orçamento em que houverem sido incluídos integram a dívida consolidada, para fins de aplicação dos limites.

(D) para os fins de verificação do atendimento do limite constante das propostas encaminhadas ao Poder Legislativo, a apuração do montante da dívida consolidada será efetivada ao final de cada ano.

(E) na proposta de limite global para o montante da dívida consolidada do Poder Público, é possível a aplicação de limites diferenciados a todos os entes da Federação, constituindo, para cada um deles, limites mínimos.

A: incorreta, pois compete ao Congresso Nacional legislar sobre o montante da dívida mobiliária federal – art. 48, XIV, da CF. Ao Senado Federal compete estabelecer limites globais e condições para o montante da dívida mobiliária dos Estados, do Distrito Federal e dos Municípios, mas não da União, embora fixe limites globais da dívida consolidada para todos os entes (inclusive União) – art. 52, VI e IX, da CF. A lei, de competência do Congresso Nacional (art. 48, XIV, da CF), atenderá ao disposto no art. 30, § 1°, da LRF, o que inclui a metodologia de apuração dos resultados primário e nominal (inciso IV); B: incorreta, pois a alteração dos fundamentos, conforme descrito na assertiva, permite o encaminhamento, pelo Presidente da República ao Senado Federal ou ao Congresso Nacional, de solicitação de revisão dos limites – art. 30, § 6°, da LRF; C: correta, nos exatos termos do art. 30, § 7°, da LRF; D: incorreta, pois a apuração do montante da dívida consolidada, para verificação do atendimento do limite, será efetuada ao final de cada quadrimestre – art. 30, § 4°, da LRF; E: incorreta, pois os limites serão fixados em percentual da receita corrente líquida para cada esfera de governo e aplicados igualmente a todos os entes da Federação que a integrem, constituindo, para cada um deles, limites máximos – art. 30, § 3°, da LRF.

Gabarito "C".

6. OUTRAS MATÉRIAS

(Técnico Judiciário – TRT/24ª – 2011 – FCC) O Conselho Nacional de Justiça coordena a realização de Encontros Anuais do Poder Judiciário, preferencialmente no mês de fevereiro, com o objetivo de

(A) estruturar as atividades dos Núcleos de Gestão Estratégica.

(B) implementar a gestão do planejamento estratégico.

(C) regulamentar o Comitê Gestor Nacional.

(D) auxiliar as atividades de planejamento e gestão estratégica do Poder Judiciário, a serem coordenadas pelo Presidente da Comissão de Estatística e Gestão Estratégica.

5. ADMINISTRAÇÃO FINANCEIRA E ORÇAMENTÁRIA

(E) divulgar o desempenho dos tribunais no cumprimento das ações, projetos e metas nacionais no ano findo.

Nos termos do art. 6º-A da Res. 70/2009 do CNJ [revogada pela Resolução 198/2014], o Conselho Nacional de Justiça coordenará a realização de Encontros Anuais do Poder Judiciário, preferencialmente no mês de fevereiro, com os seguintes objetivos, entre outros: (i) avaliar a Estratégia Nacional, (ii) divulgar o desempenho dos tribunais no cumprimento das ações, projetos e metas nacionais no ano findo e (iii) definir as novas ações, projetos e metas nacionais prioritárias. Por essa razão, a alternativa "E" é a correta.

Gabarito "E".

(**Técnico Judiciário – TRT/24ª – 2011 – FCC**) A fase preparatória do pregão observará que a autoridade competente

(A) justificará a necessidade de contratação e definirá o objeto do certame, juntamente com as exigências de habilitação, e apenas definirá as cláusulas do contrato, sem necessidade de expressa fixação dos prazos para fornecimento.

(B) justificará a necessidade de contratação e definirá o objeto do certame, as exigências de habilitação, os critérios de aceitação das propostas, as sanções por inadimplemento e as cláusulas do contrato, inclusive com fixação dos prazos para fornecimento.

(C) justificará apenas a necessidade de contratação e definirá as cláusulas do contrato, excluindo-se fixação dos prazos para fornecimento.

(D) definirá o objeto do certame e aceitará as fixações dos prazos para fornecimento definidas pelo contratado.

(E) delegará total competência para ajustar as sanções por inadimplemento e as cláusulas do contrato, inclusive com fixação dos prazos para fornecimento que favoreça ao terceiro.

A: incorreta, pois, na fase preparatória do pregão, a autoridade competente justificará a necessidade de contratação e definirá as cláusulas do contrato, inclusive com fixação dos prazos para fornecimento – art. 3º, I, da Lei 10.520/2002; **B**: correta, pois reflete exatamente o disposto no art. 3º, I, da Lei 10.520/2002; **C**, **D** e **E**: assertivas incorretas, conforme comentários anteriores.

Gabarito "B".

(**Técnico Judiciário – TRT/22ª – 2010 – FCC**) De acordo com a Lei nº 4.320/1964, que dispõe sobre normas gerais de Direito Financeiro para elaboração e controle dos orçamentos e balanços, é correto afirmar:

(A) O sumário geral da receita por fontes e da despesa por funções de governo, não integrarão a Lei de Orçamento.

(B) As receitas tributária, patrimonial e industrial classificam-se na categoria econômica receitas correntes.

(C) O quadro de cotas trimestrais da despesa que cada unidade orçamentária fica autorizada a utilizar será aprovado pelo Poder Legislativo, após a promulgação da Lei de Orçamento.

(D) Créditos adicionais são as autorizações de despesas computadas ou suficientemente dotadas na Lei do Orçamento.

(E) Os créditos adicionais não terão vigência adstrita ao exercício financeiro em que forem abertos, salvo expressa disposição legal em contrário, quanto aos créditos especiais e extraordinários.

A: incorreta, pois o sumário geral da receita por fontes e das despesas por funções de governo integra a Lei Orçamentária Anual – LOA – art. 2º, § 1º, I, da Lei 4.320/1964; **B**: essa é a correta, pois são receitas correntes as receitas tributária, de contribuições, patrimonial, agropecuária, industrial, de serviços e outras e, ainda, as provenientes de recursos financeiros recebidos de outras pessoas de direito público ou privado, quando destinadas a atender despesas classificáveis em Despesas Correntes – art. 11, § 1º, da Lei 4.320/1964; **C**: incorreta, pois cabe ao Poder Executivo (e não ao Poder Legislativo) aprovar o quadro de cotas trimestrais, imediatamente após a promulgação da LOA – art.

47 da Lei 4.320/1964; **D**: incorreta, pois, ao contrário do trazido na referida assertiva, constituem créditos adicionais as autorizações de despesa não computadas ou insuficientemente dotadas na Lei de Orçamento – art. 40 da Lei 4.320/1964; **E**: incorreta, pois os créditos adicionais terão vigência adstrita ao exercício financeiro em que forem abertos, salvo expressa disposição legal em contrário, quanto aos especiais e extraordinários – art. 45 da Lei 4.320/1964. Interessante lembrar que, nos temos do art. 167, § 2º, da CF, os créditos especiais e extraordinários terão vigência no exercício financeiro em que forem autorizados, salvo se o ato de autorização for promulgado nos últimos quatro meses daquele exercício, caso em que, reabertos nos limites de seus saldos, serão incorporados ao orçamento do exercício financeiro subsequente.

Gabarito "B".

(**Técnico Judiciário – TRT/23ª – 2007 – FCC**) Em matéria de crédito público é correto afirmar:

(A) O Estado utiliza o empréstimo sempre com o objetivo de atender certas atividades, sem necessidade de assumir a dívida pública.

(B) A captação de empréstimo, decorrente do uso do crédito público, só será possível ao Estado quando o investidor for nacional.

(C) Sua natureza é contratual quando o Estado utilizando-se de sua soberania arrecada empréstimo unilateralmente.

(D) A captação de empréstimo pelo Estado é um ato excepcional e independe da confiança do investidor.

(E) Na captação de empréstimo o Estado pode procurar tanto o investidor nacional como o estrangeiro.

A: incorreta; o empréstimo público é tomado para financiar despesas de capital (art. 167, III, da CF) e atender insuficiências de caixa durante o exercício financeiro (operação de crédito por antecipação de receita orçamentária – art. 38 da LRF), hipóteses em que implica aumento da dívida pública. Há o caso do empréstimo compulsório, que é tributo e não se refere à dívida pública em sentido estrito; **B** e **E**: admite-se a captação de empréstimo internacional, desde que autorizada pelo Senado Federal – art. 52, V, da CF; **C** e **D**: assertivas incorretas, pois o empréstimo contratual não é tomado com base na soberania estatal, mas depende da confiança e da concordância do investidor.

Gabarito "E".

(**Técnico Judiciário – TRT/10ª – 2004 – CESPE**) Com relação aos diferentes conceitos de capital, julgue o item a seguir.

(1) O capital não subscrito corresponde à parcela do capital autorizado que ainda não foi colocada em circulação. Capital a integralizar corresponde à parcela da obrigação subscrita pelos sócios e ainda não realizada.

1: correta. A subscrição é o ato pelo qual o interessado concorda em pagar pelas ações emitidas (ou a serem emitidas) nos termos e nas condições estabelecidas. Capital autorizado é previsão estatutária que permite o aumento de capital, pela emissão de novas ações, sem necessidade de alteração dos estatutos – art. 168 da Lei 6.404/1976. Integralização do capital significa realizar a prestação correspondente à ação (em regra, é o pagamento do preço de emissão da ação, em dinheiro ou por entrega de bens) – art. 106 da Lei 6.404/1976.

Gabarito 1C

(**Técnico Judiciário – TRT/10ª – 2004 – CESPE**) A respeito dos critérios de registro e avaliação dos bens e direitos e obrigações, julgue o item abaixo.

(1) O fundo de comércio, por ser um bem intangível ou incorpóreo, independentemente do valor pelo qual possa ter sido adquirido, não é passível de registro no ativo de seu detentor, não integrando o patrimônio contábil.

1: incorreta, pois fundo de comércio, ou estabelecimento empresarial, é um complexo organizado de bens **corpóreos e incorpóreos**, para exercício da empresa – art. 1.142 do CC. Trata-se de ativo e como tal deve ser contabilizado.

Gabarito 1E

6. ÉTICA

Robinson Barreirinhas

(Técnico Judiciário – TST – 2008 – CESPE) O servidor público deve ter consciência de que seu trabalho é regido por princípios éticos que se materializam na adequada prestação dos serviços públicos. Em cada item a seguir é apresentada uma situação hipotética, seguida de uma assertiva que deve ser julgada considerando os princípios éticos do serviço público.

(1) Cláudio é servidor público e, para aumentar a sua renda, comercializa, em seu ambiente de trabalho, mas fora do horário normal de expediente, cópias de CDs e DVDs. Nessa situação, a conduta de Cláudio não pode ser considerada imprópria ao serviço público, pois envolve uma atividade que não guarda relação direta com as atribuições de seu cargo.

(2) Marcos é servidor público e, todos os dias, sai para bares com amigos e ingere grande quantidade de bebida alcoólica. Por conta disso, Marcos é conhecido por embriagar-se habitualmente, e, ainda que isso não interfira na sua assiduidade ao serviço, tem afetado reiteradamente a sua pontualidade, situação que Marcos busca compensar trabalhando além do horário de expediente. Nesse caso, o comportamento de Marcos não pode ser considerado incompatível com o serviço público.

(3) Há algum tempo, Bruno, servidor público responsável pelo controle do material de expediente do setor em que trabalha, observa que Joana, servidora pública lotada nesse mesmo setor, utiliza recursos materiais da repartição em atividades particulares. Em razão de seu espírito de solidariedade e da amizade que nutre por Joana, Bruno se abstém de levar ao conhecimento do chefe do setor os atos praticados por sua colega de trabalho. Nessa situação, Bruno age de forma correta, pois compete ao chefe detectar, por si mesmo, quaisquer irregularidades no setor, caracterizando ofensa à ética o servidor público denunciar colega de trabalho.

(4) Ricardo, servidor público, enquanto participava da preparação de um edital de licitação para contratação de fornecimento de refeições para o órgão em que trabalha, antecipou algumas das regras que iriam fazer parte do edital para Carlos, dono de uma empresa de fornecimento de marmitas, famosa pela boa qualidade e ótimos preços dos seus produtos, a fim de que esse pudesse adequar alguns procedimentos de sua empresa ao edital. A iniciativa de Ricardo deveu-se somente ao fato de ele conhecer bem os produtos da empresa de Carlos, não lhe trazendo qualquer vantagem pecuniária. Nessa situação, é correto afirmar que Ricardo agiu em prol do interesse coletivo e que a sua atitude não fere a ética no serviço público.

1: incorreta. Cláudio exerce o comércio no ambiente de trabalho, o que é eticamente condenável, com o enorme agravante de se tratar de bens ilícitos, violando direitos autorais (CD e DVD piratas). Ver, a propósito, o art. 117, XVIII, da Lei 8.112/1990; **2**: incorreta, pois a embriaguez habitual e notória é desvio ético, na medida em que prejudica a assiduidade e a pontualidade de Marcos e configura conduta que, em princípio, ofende a dignidade do serviço público. Ver, a propósito, o art. 116, IX e X, da Lei 8.112/1990, o item XV, *n*, do CE-Executivo e os arts. 3° e

7°, X, do CE-STF; **3**: incorreta. Joana comete ilícito contra a Administração Pública (art. 117, XVI, da Lei 8.112/1990) e Bruno tem o dever de denunciá-la, ainda mais em se tratando do responsável pelo controle de materiais de expediente. Ver, a propósito, o art. 6°, IX, do CE-STF e o item XIV, *m*, do CE-Executivo; **4**: incorreta; a atitude de Ricardo é eticamente condenável, pois não poderia prestigiar determinado particular em detrimento dos demais licitantes, violando o princípio da impessoalidade – art. 37, *caput*, da CF. Ver também o art. 7°, IX, do CE-STF, o art. 8° do CC-STJ e o item XV, *m*, do CE-Executivo.

Gabarito 1E, 2E, 3E, 4E

(Técnico Judiciário – TRT/10ª – 2004 – CESPE) Em cada um dos itens a seguir, é apresentada uma situação hipotética acerca da ética e qualidade de atendimento no serviço público, seguida de uma assertiva a ser julgada.

(1) Hélio é servidor público do setor de atendimento de um tribunal judiciário. Ele tem muitos afazeres e, por isso, deixa os clientes à espera de atendimento enquanto resolve os problemas internos do setor. Nessa situação, o comportamento de Hélio caracteriza atitude contrária à ética no serviço público.

(2) Gabriel é um servidor público exemplar, cortês, disponível e atencioso no trabalho. Ele resiste a todas as pressões de seus superiores hierárquicos e não aceita nenhum presente de clientes em troca de suas ações no trabalho. Nessa situação, Gabriel está cumprindo com ética o desempenho de seu cargo público.

(3) Marilena é servidora pública de um tribunal judiciário. Ela zela pelo material sob sua guarda, é assídua e pontual, respeita os colegas e privilegia o atendimento de seus superiores hierárquicos, demonstrando total prontidão às requisições deles em detrimento das solicitações de seus colegas e dos usuários do setor. Nessa situação, Marilena apresenta comportamento profissional ético e compatível com a função pública.

(4) Rodrigo é servidor público e trabalha no setor de assistência social de um tribunal judiciário. Ele atende dezenas de pessoas por dia, é sempre cortês, justo e prestativo no atendimento, e mesmo quando não detém a informação solicitada pelo usuário, ele inova, sugerindo alguma alternativa conforme sua opinião. Nessa situação, o atendimento prestado por Rodrigo é de muita qualidade, pois atende às expectativas dos usuários.

1: correta, considerando, inclusive, que Hélio é do setor de atendimento, a demora em relação aos clientes implica desvio incompatível com o serviço público. Ver, a propósito, os itens X e XIV, *b* e *e*, do CE-Executivo e art. 7°, XII, do CE-STF; **2**: correta. Ver o art. 117, XII, da Lei 8.112/1990, os itens IX, XIV, *e*, *g*, *h* e *i*, e XV, *g*, do CE-Executivo e o arts. 6°, IV, VI e 7°, VI, do CE-STF; **3**: incorreta, pois o respeito de Marilena aos superiores hierárquicos não justifica o descuido com solicitações lícitas dos colegas e, principalmente, dos usuários do serviço público. Ver, a propósito, o item XIV, *h*, do CE-Executivo; **4**: incorreta, pois se Rodrigo não detém a informação solicitada pelo usuário, deve estudar o assunto e instruir-se a respeito, inclusive com seus colegas e superiores. Caso não consiga a informação, deve avisar o usuário, sem nunca faltar com a verdade. Ver, a propósito, o art. 5° do CE-STF e o item VIII do CE-Executivo.

Gabarito 1C, 2C, 3E, 4E

7. REGIMENTO INTERNO E LEGISLAÇÃO LOCAL

Leni Mouzinho Soares

(Analista Judiciário – TRT/11 – FCC – 2017) Considere os seguintes atos:

I. Prestar informações sobre os assentamentos funcionais dos juízes e servidores para fins de promoção por merecimento ou aplicação de penalidades.

II. Julgar mandados de segurança contra atos das Turmas.

III. Julgar ações rescisórias.

IV. Homologar desistências e acordos nos dissídios individuais, apresentados antes da distribuição e após o julgamento do feito.

V. Presidir a Comissão de Uniformização da Jurisprudência.

Nos termos do Regimento Interno do TRT da 11a Região, a competência para a prática desses atos, respectivamente, é do

(A) Presidente do Tribunal, Tribunal Pleno, Presidente do Tribunal, Presidente da Turma e Corregedor.

(B) Corregedor, Presidente do Tribunal, Tribunal Pleno, Presidente do Tribunal e Vice-Presidente.

(C) Corregedor, Tribunal Pleno, Tribunal Pleno, Presidente da Turma e Vice-Presidente.

(D) Presidente do Tribunal, Tribunal Pleno, Presidente da Turma, Tribunal Pleno e Presidente do Tribunal

(E) Presidente do Tribunal, Tribunal Pleno, Tribunal Pleno, Vice-Presidente e Corregedor.

O item I descreve uma das competências do Corregedor (art. 38, VI, do RI); II: Compete ao Tribunal Pleno julgar os mandados de segurança contra atos das Turmas, assim como mandados de segurança e *habeas data* contra atos do Tribunal, dos juízes do Trabalho, ou de quaisquer de seus desembargadores ou juízes convocados, inclusive aqueles provenientes das Comissões de Concursos para provimento de cargos do Quadro de juízes e servidores do Tribunal (art. 24, I, "c", do RI); III: Neste caso, a competência também é do Tribunal Pleno (art. 24, I, "e"); IV: Ao Presidente de Turma compete tais homologações (art. 33, XIV); V: A Presidência da Comissão de Uniformização da Jurisprudência compete ao Vice-Presidente do Tribunal (art. 36, III). Assim, portanto, a alternativa correta é a C. **LM**

Gabarito "C."

(Analista Judiciário – TRT/11 – FCC – 2017) Um Desembargador e um Juiz de Primeira Instância sofreram pena de advertência em processos iniciados por membros do Tribunal, após deliberação do Pleno. O Juiz de Primeira Instância deixou de figurar em lista de promoção por merecimento pelo prazo de um ano, contado da imposição da pena. A forma como foi conduzida a sessão contrariou o Regimento Interno do TRT da 11ª Região em

(A) dois aspectos, uma vez que a pena de advertência somente é aplicável a Juízes de Primeira Instância e a exclusão da lista de promoção por merecimento é prevista para o caso da pena de censura.

(B) dois aspectos, uma vez que a pena de advertência somente é aplicável a Desembargadores e não depende da deliberação do Pleno se o processo for iniciado por membros do Tribunal.

(C) um aspecto, uma vez que não há previsão legal para a exclusão da lista de promoção por merecimento.

(D) três aspectos, uma vez que a pena de advertência somente é aplicável a Juízes de Primeira Instância, a exclusão da lista de promoção por merecimento é prevista para o caso da pena de censura e não depende da deliberação do Pleno se o processo for iniciado por membros do Tribunal.

(E) um aspecto, uma vez que não depende da deliberação do Pleno se o processo for iniciado por membros do Tribunal.

De acordo com disposição constante do art. 56 do RI-TRT11, "as penas de advertência e de censura somente são aplicáveis aos juízes de primeira instância e nos casos previstos na Lei Orgânica da Magistratura Nacional"; enquanto

que o juiz que houver sofrido a pena de censura não poderá figurar em lista de promoção por merecimento, pelo prazo de 1 (um) ano, contado da imposição da pena (art. 238, § 1º, do RI-TRT11). Por fim, consta do art. 57 que "o processo respectivo terá início pelo Presidente do Tribunal, por provocação de qualquer de seus membros, seguida de deliberação do Pleno, pelo Ministério Público, ou ainda, mediante representação fundamentada, do Conselho Federal ou Seccional da Ordem dos Advogados do Brasil". **LM**

Gabarito "A".

(Analista Judiciário – TRT/11 – FCC – 2017) No que se refere à ordem dos serviços no TRT da 11ª Região, seu Regimento Interno estabelece que:

(A) recurso mandado subir em agravo de instrumento não gera distribuição mediante compensação ao relator do acórdão.

(B) serão encaminhados ao Ministério Público do Trabalho somente os processos em que figurar como parte a Fazenda Pública, o próprio Órgão Ministerial ou, ainda, se versar sobre interesse de incapaz sem assistência ou representação.

(C) os processos de competência originária terão como revisor nato o Desembargador Vice-Presidente.

(D) conflito de competência ou de atribuições depende de publicação e pauta.

(E) haverá revisor nos processos de competência recursal.

A: incorreta – Será distribuído, mediante compensação, ao relator do acórdão, o recurso mandado subir em agravo de instrumento (art. 64 do RI-TRT11); **B:** correta – Art. 61 do RI-TRT11; **C:** incorreta – O Vice-Presidente será o Relator nato de todos os processos de competência originária do Tribunal, exceto de Ação Rescisória quando tiver sido o relator da decisão rescindenda (art. 37, I); **D:** incorreta – Os conflitos de competência ou de atribuições independem de publicação e pauta (art. 80, IV); **E:** incorreta – Não haverá revisor nos processos de competência recursal (art. 68). **LM**

Gabarito "B".

(Analista Judiciário – TRT/8ª – 2016 – CESPE) Assinale a opção correta de acordo com o Código de Ética do Tribunal Regional do Trabalho (TRT) da 8.ª Região.

(A) A Comissão de Ética compõe-se por cinco membros e respectivos suplentes, designados pelo corregedor-geral do tribunal, entre os servidores efetivos e estáveis, que não tiverem sofrido, nos últimos cinco anos, punição penal ou administrativa.

(B) As disposições constantes do Código de Ética aplicam-se a todos os servidores do tribunal e ainda àqueles que, mesmo sendo de outra instituição, prestem serviços de natureza permanente ao tribunal, mas não aos vinculados indiretamente e em caráter excepcional que estarão submetidos à regulação específica de seu órgão de origem.

(C) A prática de ações com visibilidade plena integra a gestão democrática que deve ser observada pelo servidor no cumprimento de suas atribuições.

(D) Os servidores nomeados ou designados para o exercício dos cargos em comissão, de direção ou chefia, dada a natureza das atribuições, obedecerão a regras específicas, além das demais normas constantes do Código de Ética.

(E) É vedado ao servidor manter sob sua subordinação hierárquica cônjuge, companheiro ou parente em linha reta, colateral ou por afinidade, até o quarto grau, inclusive.

A: incorreta, a Comissão de Ética será composta por três membros, e respectivos suplentes, designados pelo Presidente do Tribunal dentre os servidores efetivos e estáveis que não sofreram, nos últimos cinco anos, punição penal ou administrativa, de acordo com o art. 18 do Código de Ética dos Servidores do Tribunal Regional do Trabalho da 8ª Região (Resolução 088/2012); **B:** incorreta, pois as disposições do Código de Ética do TRT-8 aplicam-se a todos os servidores que, por força de lei ou qualquer outro ato jurídico, mesmo pertencendo a outra instituição, presta serviço de natureza permanente, temporária ou excepcional, vinculados direta ou indiretamente ao Tribunal (art. 3º do Código de Ética); **C:** incorreta, a prática destas ações não está elencada no rol de deveres dos servidores contido no Código de Ética, além de que o art. 6º, I, do Código de Ética faz menção à gestão estratégica do Tribunal e não gestão democrática, como constou da questão; **D:** correta, art. 8º do Código de Ética; **E:** incorreta, a vedação de subordinação de parentes alcança até o terceiro grau (art. 7º, XIII, do Código de Ética).

Gabarito "D".

(Analista Judiciário – TRT/8ª – 2016 – CESPE) Acerca dos dispositivos constantes do Regimento Interno do TRT da 8.ª Região, assinale a opção correta.

(A) É de competência exclusiva da Seção Especializada II do TRT da 8.ª Região processar e julgar, originariamente, os dissídios coletivos de natureza econômica ou jurídica, bem como homologar os acordos neles celebrados.

(B) É da competência originária do vice-presidente do TRT da 8.ª Região a concessão de licença para servidor acompanhar cônjuge ou de licença capacitação, bem como a concessão de dispensa do ponto.

(C) Compete originalmente ao presidente do TRT da 8.ª Região, a coordenação da escala de férias dos juízes de primeiro grau e a direção do foro trabalhista.

(D) O depósito público é órgão externo auxiliar do Foro de Belém, não o integrando, portanto.

(E) A Escola da Magistratura, o Conselho da Ordem do Mérito Jus et Labor e a Corregedoria Regional são órgãos do TRT da 8.ª Região.

A: incorreta, de acordo com o art. 30, I, "a" do Regimento Interno do Egrégio Tribunal Regional do Trabalho da Oitava Região, a competência para processar e julgar, originariamente, os dissídios coletivos de natureza econômica ou jurídica, bem como a homologação dos acordos neles celebrados é da Seção Especializada I e não da Seção II; **B:** incorreta, pois a competência é do Presidente do Tribunal (art. 37, LXVII, "c", "a" e "i", do RI do TRT-8); **C:** ao presidente do TRT compete a submissão da escala de concessão de férias das autoridades judiciárias da Região ao Tribunal Pleno para aprovação, antes do início do ano forense (art. 37, XXVIII do RI); **D:** incorreta, o depósito público integra o Foro de Belém (art. 58, III, do RI); **E:** correta, os órgãos do Tribunal Regional do Trabalho da Oitava Região estão elencados no art. 3º do RI.

Gabarito "E".

(Analista Judiciário – TRT/8ª – 2016 – CESPE) No que concerne aos trâmites processuais descritos no Regimento Interno do TRT da 8.ª Região, assinale a opção correta.

(A) Nas sessões de julgamento da pauta judiciária, o pronunciamento do desembargador relator precede a manifestação do Ministério Público do Trabalho.

(B) A pauta de julgamento será organizada pela ordem cronológica de entrada do processo na distribuição local.

(C) Os julgamentos acerca de dissídios coletivos, embargos de declaração, *habeas corpus* e mandados de segurança preferem aos demais julgamentos, independentemente de requerimento da parte.

(D) As partes serão notificadas dos julgamentos mediante publicação da pauta no órgão oficial, com antecedência mínima de setenta e duas horas.

(E) Independem de publicação e inclusão em pauta de julgamento: *habeas corpus*, conflito de competência e processo administrativo disciplinar.

A: incorreta, porque nos julgamentos da pauta judiciária a sequência a ser observada é a seguinte: relatório; defesa oral; manifestação do Ministério Público do Trabalho; pronunciamento do Desembargador Relator; (alínea alterada por meio da Emenda Regimental nº 001, de 13.02.2017); discussão; votação e proclamação do resultado do julgamento (art. 132 do RI); **B:** a pauta de julgamento observará a ordem cronológica de entrada do processo na Secretaria e não na distribuição local (art. 120, § 1º, do RI); **D:** incorreta, na medida em que as partes serão notificadas dos julgamentos mediante publicação da pauta no órgão oficial, com antecedência mínima de 48 (quarenta e oito) horas (art. 121 do RI); **E:** incorreta, os processos que independem de publicação para inclusão em pauta de julgamento encontram-se elencados no art. 122 do RI.

Gabarito "C".

Atenção: Responda às cinco questões de acordo com o Regimento Interno do Tribunal Regional do Trabalho da 3ª Região.

(Técnico – TRT/3ª – 2015 – FCC) Um Técnico do Tribunal Regional do Trabalho da 3ª Região ficou incumbido de estabelecer a lista de Magistrados conforme o critério da antiguidade. Dessa forma, o primeiro critério de classificação é

(A) o tempo de serviço público.

(B) a classificação no concurso.

(C) o tempo de serviço na Magistratura do Trabalho na 3ª Região.

(D) a data da publicação do ato de nomeação ou de promoção.

(E) a data da posse.

E: correta – A data da posse é o primeiro dos critérios previstos para classificação de antiguidade (art. 9º, I, do RITRT/3ª).

Gabarito "E".

(Técnico – TRT/3ª – 2015 – FCC) É competente para aprovar a remoção de Juiz mais antigo para a Vara de Trabalho e antecipar ou prorrogar o expediente do Tribunal o

(A) Órgão Especial e o Presidente do Tribunal, respectivamente.

(B) Órgão Especial.

(C) Presidente do Tribunal.

(D) Presidente de Turma.

(E) Presidente de Turma e o Presidente do Tribunal, respectivamente.

A: correta – A competência para aprovar a remoção de Juiz mais antigo para a Vara de Trabalho é do Órgão Especial (art. 23, X, do RITRT/3ª) e, para prorrogar o expediente do Tribunal, é do Presidente (art. 25, XV, do RITRT/3ª).

Gabarito "A".

(Técnico – TRT/3ª – 2015 – FCC) Considere os seguintes tipos de processo, todos de competência do Tribunal Pleno, do Órgão Especial, das Sessões Especializadas ou das Turmas:

I. Ação rescisória.

II. Dissídio coletivo.

III. Mandado de segurança.

IV. Arguição de inconstitucionalidade.

Haverá a figura do Revisor no caso dos itens

(A) I, II e III, apenas.

(B) I, III e IV, apenas.

(C) II, III e IV, apenas.

(D) III e IV, apenas.

(E) I, II, III e IV.

E: correta – Em todos os processos referidos nos itens I, II, III e IV, de competência do Tribunal Pleno, do Órgão Especial, das Sessões Especializadas ou Turmas, haverá a figura do revisor (art. 89 do RITRT/3ª).

Gabarito "E".

(Técnico – TRT/3ª – 2015 – FCC) Ficou constatado que houve quebra da ordem cronológica na quitação dos precatórios. Esse fato deve ser comunicado ao

(A) Tribunal Pleno.

(B) Presidente do Tribunal.

(C) Presidente de Turma.

(D) Desembargador.

(E) Órgão Especial.

B: correta – A comunicação da quebra da ordem cronológica deve ser feita ao Presidente do Tribunal (art. 130 do RITRT/3ª).

Gabarito "B".

(Técnico – TRT/3ª – 2015 – FCC) Na estrutura do Tribunal Regional do Trabalho da 3ª Região existem as comissões de Regimento Interno, Jurisprudência, Informática e de Planejamento Estratégico denominadas

(A) jurídicas.

(B) de estudo.

(C) permanentes.

(D) temporárias.

(E) auxiliares.

C: correta – As comissões são chamadas de permanentes, conforme disposição expressa do art. 183 do RITRT/3ª).

Gabarito "C".

(Técnico – TRT/3ª – 2015 – FCC) Flávio, após passar em concurso público de âmbito federal, foi nomeado e tomou posse no respectivo cargo público. No entanto, Flávio não satisfez as condições do estágio probatório. Nos termos da Lei 8.112/1990, Flávio será

7. REGIMENTO INTERNO E LEGISLAÇÃO LOCAL · 539

(A) punido com suspensão de quinze dias.

(B) exonerado de ofício.

(C) demitido.

(D) punido com advertência.

(E) punido com suspensão de noventa dias.

Flávio será exonerado de ofício, de acordo com o art. 34, parágrafo único, I e art. 20, § 2°, da Lei 8.112/1990.
Gabarito "B".

(Técnico – TRT/3ª – 2015 – FCC) Márcia, servidora do Tribunal Regional do Trabalho da 3ª Região, foi chamada pelo setor competente do referido Tribunal para atualizar seus dados cadastrais, recusando-se a assim o fazer. Nos termos da Lei 8.112/1990, a ação disciplinar para a penalidade a que está sujeita Márcia prescreverá em

(A) 180 dias.

(B) 2 anos.

(C) 5 anos.

(D) 3 anos.

(E) 120 dias.

A penalidade disciplinar é a de advertência e a ação prescreverá em 180 dias (art. 117, XIX, c. c. o art. 129 e art. 142, III, todos da Lei 8.112/1990).
Gabarito "A".

(Técnico – TRT/3ª – 2015 – FCC) Justina, técnica do Tribunal Regional do Trabalho da 3ª Região, saiu antecipadamente do serviço em dois dias no mês de maio de 2015. Ambas as saídas antecipadas ocorreram para levar suas filhas, Amanda e Larissa, ao médico, em consultas de rotina. Seu horário de saída é 17 h, porém, em ambas as oportunidades, saiu às 16 h do serviço. Justina não perderá a parcela de remuneração diária, proporcional às saídas antecipadas, se houver compensação de horário, a ser estabelecida pela chefia imediata. Nos termos da Lei 8.112/1990, deverá compensar as duas horas até o

(A) mês de julho de 2015.

(B) último dia útil de maio de 2015.

(C) mês de junho de 2015.

(D) último dia útil do ano de 2015.

(E) mês de agosto de 2015.

Justina deverá compensar as duas horas até o mês subsequente ao da ocorrência (art. 44, II, da Lei 8.112/1990).
Gabarito "C".

(Técnico – TRT/3ª – 2015 – FCC) Marlon, chefe de determinada repartição pública, ao aplicar penalidade ao servidor Milton, equivocou-se, e aplicou pena de advertência, ao invés da pena de suspensão. No caso narrado, há

(A) mera irregularidade, inexistindo qualquer vício no ato administrativo.

(B) vício relativo ao objeto do ato administrativo.

(C) vício de finalidade do ato administrativo.

(D) vício de motivo do ato administrativo.

(E) vício relativo à forma do ato administrativo.

As penalidades de advertência e suspensão têm fundamentos distintos para sua aplicação (art. 129 e art. 130 da Lei 8.112/1990) e a imposição da penalidade deve sempre conter o fundamento legal e a causa da sanção disciplinar (parágrafo único do art.128 da Lei 8.112/1990), há vício relativo ao objeto do ato administrativo, que implica o resultado imediato do ato.
Gabarito "B".

(Técnico – TRT/3ª – 2015 – FCC) José, servidor público federal e chefe de determinado setor, emitiu ofício aos seus subordinados, em caráter oficial, contendo matéria administrativa pertinente à organização dos trabalhos. O ato administrativo em questão classifica-se como

(A) ordinatório.

(B) enunciativo.

(C) normativo.

(D) negocial.

(E) punitivo.

O ato administrativo é ordinatório e tem como finalidade disciplinar o funcionamento da Administração e a conduta de seus agentes.
Gabarito "A".

(Técnico – TRT/3ª – 2015 – FCC) O Supremo Tribunal Federal, em importante julgamento, ocorrido no ano de 2001, entendeu não caber ao Banco "X" negar, ao Ministério Público, informações sobre nomes de beneficiários de empréstimos concedidos pela instituição, com recursos subsidiados pelo erário federal, sob invocação do sigilo bancário, em se tratando de requisição de informações e documentos para instruir procedimento administrativo instaurado em defesa do patrimônio público. Trata-se de observância ao princípio da

(A) impessoalidade.

(B) proporcionalidade.

(C) publicidade.

(D) motivação.

(E) supremacia do interesse privado.

O único princípio que se enquadra na questão é o princípio da publicidade, contemplado pelo art. 37 do texto constitucional e, neste caso, em atendimento à requisição do Ministério Público para apuração da lisura do ato público praticado pelo servidor.
Gabarito "C".

(Técnico – TRT/3ª – 2015 – FCC) Considere a seguinte situação hipotética: o Tribunal Regional do Trabalho da 3ª Região instaurou processo disciplinar contra dois servidores públicos do Tribunal, Mauricio e Rafael, para apurar responsabilidade por prática de conduta grave, passível da penalidade de demissão. Após iniciada a fase do inquérito e tipificada a infração disciplinar com a indiciação dos servidores, ambos foram citados para apresentar defesa escrita. O prazo para a apresentação das defesas será

(A) individual, sendo de quinze dias para cada servidor.

(B) individual, sendo de dez dias para cada servidor.

(C) comum e de trinta dias.

(D) comum e de vinte dias.

(E) comum e de quinze dias.

O prazo para apresentação da defesa será comum e de vinte dias, conforme determinação expressa contida no § 2° do art. 161 da Lei 8.112/1990.
Gabarito "D".

(Técnico Judiciário – Área Administrativa – TRT12 – 2013 – FCC) Compete ao Tribunal, em sua composição plena, dentre outras atribuições,

(A) nomear os Juízes do Trabalho Substitutos aprovados em concurso.

(B) dirigir e representar o Tribunal.

(C) julgar os conflitos de competência.

(D) conceder e autorizar o pagamento de diárias aos Magistrados e servidores da região.

(E) conceder e autorizar o pagamento de ajudas de custo aos Magistrados e servidores da Região.

A: incorreta – A nomeação dos Juízes do Trabalho é atribuição da Presidência (art. 31, III, do RITRT-12); **B:** incorreta – A atribuição de direção e representação do Tribunal é da Presidência (art. 31, I do RITRT-12); **C:** correta – Os conflitos de competência devem ser julgados pelo Tribunal em sua composição plena (art. 15, II, "f", do RITRT-12); **D:** incorreta – A atribuição para conceder e autorizar o pagamento de diárias aos Magistrados é da Presidência (art. 31, XII do RITRT-12ª); **E:** incorreta – Também é da Presidência, a atribuição para conceder e autorizar o pagamento de ajudas de custo (art. 31, XII do RITRT-12).
Gabarito "C".

(Técnico Judiciário – Área Administrativa – TRT12 – 2013 – FCC) A respeito do procedimento para apuração das faltas puníveis com advertência e censura,

(A) o Presidente e o Vice-Presidente não terão direito a voto.

(B) só poderá ser aberto por ordem do Presidente do Tribunal.

(C) serão ordenadas diligências para o perfeito esclarecimento dos fatos, mas não será realizada audiência de instrução.

(D) encerrada a instrução começará a votação, iniciando-se pelo Desembargador mais novo na ordem de antiguidade.

(E) será assegurado ao acusado o prazo de 15 dias para defesa.

O único item correto que se aplica ao procedimento para apuração das faltas puníveis com advertência e censura é o item E (art. 68, II, do RITRT-12).
Gabarito "E".

(Técnico Judiciário – Área Administrativa – TRT18 – 2013 – FCC) Sobre o Procedimento Disciplinar relativo aos Magistrados de Primeiro Grau é INCORRETO afirmar:

(A) Instaurado, o processo será autuado como matéria administrativa de natureza reservada e sigilosa, e remetido ao Corregedor-Geral, relator nato, na forma regimental.

(B) O processo disciplinar correrá na Secretaria-Geral da Presidência, em segredo de justiça.

(C) Recebido o processo, o relator, entendendo não se tratar de caso que justifique representação, proporá o seu indeferimento ou, caso contrário, abrirá vista ao magistrado para defesa, pelo prazo de quinze dias.

(D) O Regimento Interno do Tribunal Regional do Trabalho da 18ª Região permite a instauração de Processo Disciplinar contra Magistrado de Primeiro Grau por iniciativa do Corregedor, de ofício.

(E) Instaurado o processo disciplinar, havendo necessidade, serão determinadas as diligências necessárias para o devido esclarecimento dos fatos, inclusive realização de audiência de instrução, que será feita em sessão secreta, no prazo máximo de dez dias, após o término do prazo para defesa.

Neste caso, o relator nato é o Vice-Presidente, a quem deve ser remetido o processo, na forma regimental (art. 98, I, do RITRT-18);

Gabarito "A".

(Técnico Judiciário – Área Administrativa – TRT18 – 2013 – FCC) O mandato do Presidente e do Vice-Presidente do Tribunal será de

(A) dois anos, iniciando-se no dia 30 de janeiro dos anos pares ou, caso seja domingo ou feriado, no primeiro dia útil subsequente, e a eleição dos Desembargadores que ocuparão os referidos cargos será feita no mês de novembro dos anos ímpares.

(B) dois anos, iniciando-se no dia 30 de janeiro dos anos ímpares ou, caso seja domingo ou feriado, no primeiro dia útil subsequente, e a eleição dos Desembargadores que ocuparão os referidos cargos será feita no mês de novembro dos anos pares.

(C) dois anos, iniciando-se no dia 1º de fevereiro dos anos ímpares ou, caso seja domingo ou feriado, no primeiro dia útil subsequente, e a eleição dos Desembargadores que ocuparão os referidos cargos será feita no mês de dezembro dos anos pares.

(D) dois anos, iniciando-se no dia 1º de fevereiro dos anos pares ou, caso seja domingo ou feriado, no primeiro dia útil subsequente, e a eleição dos Desembargadores que ocuparão os referidos cargos será feita no mês de dezembro dos anos ímpares.

(E) três anos, iniciando-se no dia 1º de fevereiro dos anos ímpares ou, caso seja domingo ou feriado, no primeiro dia útil subsequente, e a eleição dos Desembargadores que ocuparão os referidos cargos será feita no mês de dezembro dos anos pares.

B: correta – Artigos 9º e 10, § 1º, ambos do RITRT-18.

Gabarito "B".

(Técnico Judiciário – Área Administrativa – TRT18 – 2013 – FCC) Considere:

I.   Mandados de Segurança.
II. Conflitos de Competência.
III. Agravos Regimentais.
IV. Processos e Recursos Administrativos.

De acordo com o Regimento Interno do TRT 18ª Região, não terão revisor, dentre outros, os feitos indicados em

(A) I, II, III e IV.
(B) II, III e IV, apenas.
(C) I, II e IV, apenas.
(D) I, III e IV, apenas.
(E) I, II e III, apenas.

A: correta – Não terão revisor, de acordo com o art. 26 do RITRT-18: I: Mandados de Segurança (art. 26, II); II: Conflitos de Competência (art. 26, III); III: Agravos Regimentais (art. 26, V); IV: Processos e Recursos Administrativos (art. 26, VI).

Gabarito "A".

(Técnico Judiciário – Área Administrativa – TRT18 – 2013 – FCC) Sobre a Ordem do Serviço no Tribunal Regional do Trabalho da 18ª Região, especificamente em relação às pautas, independe de inclusão em pauta, dentre outros casos,

(A) as medidas cautelares nos autos dos processos de competência do Tribunal.
(B) o agravo de petição.
(C) os recursos ordinários previstos na CLT.
(D) o agravo regimental.
(E) a homologação de acordo em dissídio coletivo ou conflito de competência.

E: correta – Independem de inclusão na pauta, entre outros, a homologação de acordo em dissídio coletivo ou conflito de competência (art. 39, III, do RITRT-18).

Gabarito "E".

(Técnico Judiciário – TRT/8ª – 2010 – FCC) Não poderão ter assento na mesma Turma ou Seção Especializada, cônjuges e parentes consanguíneos ou afins, em linha reta, bem como em linha colateral até o:

(A) 3º grau.
(B) 4º grau.
(C) 5º grau.
(D) 6º grau.
(E) 7º grau.

Art. 5º do RITRT da 8ª Região.

Gabarito "B".

(Técnico Judiciário – TRT/8ª – 2010 – FCC) No tocante à eleição do Presidente do Tribunal, o Desembargador que tiver exercido qualquer cargo de direção por quatro anos, não figurará mais entre os elegíveis, até que se esgotem todos os nomes, na ordem de:

(A) renome.
(B) mérito.
(C) idoneidade.
(D) parentesco.
(E) antiguidade.

Art. 14, § 4º, do RITRT da 8ª Região.

Gabarito "E".

(Técnico Judiciário – TRT/8ª – 2010 – FCC). O Tribunal Regional do Trabalho da Oitava Região compõe-se de:

(A) vinte e dois Desembargadores vitalícios nomeados pelo Presidente do Tribunal Superior do Trabalho.
(B) vinte e três Desembargadores vitalícios nomeados pelo Presidente da República.
(C) vinte e dois Desembargadores vitalícios nomeados pelo Conselho Superior da Justiça do Trabalho.
(D) trinta Desembargadores vitalícios nomeados pelo Presidente do Tribunal Superior do Trabalho.
(E) vinte e sete Desembargadores vitalícios nomeados pelo Presidente da República.

Art. 2º do RITRT da 8ª Região.

Gabarito "B".

(Técnico Judiciário – TRT/8ª – 2010 – FCC) O exercício da vigilância sobre o funcionamento dos órgãos de primeiro grau, quanto à omissão de deveres e prática de abusos e, especialmente, no que se refere à permanência dos Juízes em suas respectivas sedes, e aos prazos para prolação de sentença é de competência do

(A) Presidente da Terceira Turma do Tribunal.
(B) Presidente do Tribunal.
(C) Vice-Presidente do Tribunal.
(D) Corregedor Regional.
(E) Presidente da Segunda Turma do Tribunal.

Art. 43, IX, do RITRT da 8ª Região.

Gabarito "D".

(Técnico Judiciário – TRT/8ª – 2010 – FCC) Sobre a Direção do Foro de Belém,

(A) o exercício do cargo de Diretor do Foro constitui *múnus*, só podendo ser recusado por motivo ponderável, a critério do Presidente da Quarta Turma do Tribunal.

(B) é exercida por um Juiz Titular de uma das Varas do Trabalho da Capital, por dois anos, vedada a recondução.

(C) o Juiz Corregedor de primeira instância acumulará, obrigatoriamente, este encargo com as atribuições das Varas do Trabalho que estiver presidindo e será substituído, nos afastamentos tem-

7. REGIMENTO INTERNO E LEGISLAÇÃO LOCAL

porários e nos impedimentos, pelo Juiz Substituto mais antigo na localidade e, na ausência deste, pelo segundo Juiz mais antigo, observado o mesmo critério.

(D) poderá ser designado como Diretor do Foro o Juiz que estiver exercendo a direção de Central de Mandados, devendo optar por um dos cargos a sua livre escolha.

(E) o Diretor de Foro de Belém indicará ao Corregedor-Geral do Tribunal Regional do Trabalho servidor do quadro da Oitava Região para exercer a Função Comissionada de Assistente.

A: incorreta. A recusa fica a critério do Presidente do Tribunal (art. 54, § 1º, do RITRT da 8ª Região); **B:** correta, art. 54, *caput*, do RITRT da 8ª Região; **C:** incorreta, a substituição será realizada pelo Juiz Titular de Vara mais antigo na localidade e, na ausência de Juízes Titulares de Vara, por Juiz do Trabalho Substituto (art. 54, § 2º, do RITRT da 8ª Região); **D:** incorreta. O juiz que estiver no cargo de diretor da Central de Mandados não poderá ser designado como Diretor do Foro (art. 55, parágrafo único, do RITRT da 8ª Região); **E:** incorreta, a indicação será dirigida ao Presidente do TRT (art. 56 do RITRT da 8ª Região).
Gabarito "B".

(Técnico Judiciário – TRT/8ª – 2010 – FCC) Os processos da competência do Tribunal são distribuídos por classes, sendo que, conforme relação do artigo 102 do Regimento Interno, o Conflito de Competência é classificado como:

(A) Exceção (Processo Cível e do Trabalho).
(B) Procedimento Administrativo.
(C) Ato e expediente (Processo Cível e do Trabalho).
(D) Incidente (Processo Cível e do Trabalho).
(E) Processo de Conhecimento (Processo Cível e do Trabalho).

Art. 102 do RITRT da 8ª Região.
Gabarito "D".

(Técnico Judiciário – TRT/14ª – 2011 – FCC) Serão concedidas aos Desembargadores do Tribunal e aos Juízes de primeira instância, sem prejuízo do subsídio ou de qualquer direito ou vantagem legal, a seguinte licença:

(A) à adotante, por cento e vinte dias consecutivos, em caso de adoção ou guarda judicial de criança até dois anos de idade, e por sessenta dias, se for criança com mais de dois anos de idade.
(B) à paternidade, por trinta dias consecutivos, pelo nascimento ou adoção de filhos.
(C) à gestante, por duzentos dias consecutivos ou intercalados.
(D) para tratamento de saúde, até três anos.
(E) por motivo de doença do cônjuge, companheiro, pais, filhos, padrasto, madrasta, enteado ou dependente que viva às suas expensas e conste do assentamento funcional, exigindo-se laudo de médico do Tribunal ou por ele aprovado.

A: incorreta – A licença à adotante é pelo prazo de 90 dias consecutivos, por adoção ou guarda judicial de criança até um ano de idade ou, pelo prazo de 30 dias consecutivos, no caso de a criança ter mais de um ano e menos de 12 anos de idade (art. 62, IV do RITRT/14ª); **B:** incorreta – A licença-paternidade é de cinco dias (art. 62, V, do RITRT/14); **C:** incorreta – A licença à gestante tem duração de 120 dias, com a possibilidade de prorrogação, nos termos da Lei 11.770/2008 (art. 62, III, do RITRT da 14ª Região); **D:** incorreta – Para tratamento de saúde, a licença será de até 02 (dois) anos (art. 62, I, do RITRT da 14ª Região); **E:** correta – Art. 62, II e § 1º, do RITRT da 14ª Região.
Gabarito "E".

(Técnico Judiciário – TRT/14ª – 2011 – FCC) Em relação ao TRT da 14ª Região, é correto que:

(A) compõe-se de onze Desembargadores, nomeados pelo Presidente da República dentre brasileiros natos com mais de trinta e cinco e menos de setenta anos.
(B) os Desembargadores do Tribunal e os Juízes de primeira instância usarão, nas sessões e audiências, vestes talares, conforme regulamento.

(C) para as deliberações do Tribunal Pleno, exigir-se-á quórum de metade do número de seus membros, inclusive para as questões de ordem administrativa.
(D) o Desembargador mais antigo exercerá a função de Corregedor Regional.
(E) a Presidência e a Vice-Presidência do Tribunal serão exercidas pelos Juízes mais antigos respectivamente, desde que já tenham ocupado os aludidos cargos.

A: incorreta – O TRT da 14ª Região compõe-se de 08 (oito) Desembargadores, nomeados pelo Presidente da República, dentre brasileiros com mais de 30 (trinta) anos e menos de 65 (sessenta e cinco) anos (art. 2º do RITRT/14ª); **B:** correta – Art. 6º, § 1º, do RITRT/ 14ª; **C:** incorreta – O quórum mínimo para as deliberações é de metade mais um do número de seus membros (art. 14 do RITRT/14ª); **D:** incorreta – A Corregedoria Regional compete ao Presidente do Tribunal, que pode delegá-la ao Vice-Presidente (art. 27, XLVI, do RITRT/ 14ª); **E:** incorreta – A exigência é a de que os Desembargadores não tenham ocupado os aludidos cargos (art. 16 do RITRT/14ª).
Gabarito "B".

(Técnico Judiciário – TRT/14ª – 2011 – FCC) O Ouvidor Geral do Tribunal:

(A) exercerá suas funções, sem prejuízo das atribuições jurisdicionais do Magistrado.
(B) é subordinado hierarquicamente ao Tribunal Pleno, que poderá, após procedimento específico, cancelar os registros eventualmente anotados contra órgãos internos.
(C) apresentará à Corregedoria do Tribunal relatório mensal de atividades, com dados estatísticos sobre as manifestações recebidas, excluindo-se as arquivadas e os motivos do arquivamento.
(D) será substituído, em seus impedimentos e afastamentos, pelo Corregedor-Geral até o máximo de trinta dias.
(E) é escolhido pela maioria absoluta do Tribunal Pleno, com mandato mínimo de dois anos, vedada a recondução.

A: correta – Art. 31, § 2º do RITRT/14ª; **B: incorreta – A Ouvidoria é subordinada à Presidência e coordenada pelo Ouvidor-Geral, que será escolhido pela maioria do Tribunal Pleno (art. 31 do RITRT/14);** **C:** incorreta – A Ouvidoria deverá apresentar relatório trimestral de atividades à Presidência do Tribunal, com dados estatísticos sobre as manifestações recebidas, incluindo as arquivadas e os motivos do arquivamento (art. 32, IX, do RITRT/ 14ª); **D:** incorreta – O Ouvidor-Geral será substituído, em seus impedimentos e afastamentos, por magistrado indicado também pelo Juiz-Presidente (art. 31, § 1º, do RITRT/ 14ª); **E:** incorreta – O Ouvidor-Geral será um magistrado indicado pelo Tribunal Pleno, com mandato mínimo de um ano, permitida a recondução (art. 31 do RITRT/ 14ª).
Gabarito "A".

(Técnico Judiciário – TRT/22ª – 2010 – FCC) Em relação à distribuição dos processos, estabelece o Regimento, dentre outras hipóteses, que:

(A) o Presidente do Tribunal não poderá designar outro Desembargador Federal do Trabalho para presidir a audiência de distribuição dos feitos.
(B) os processos que se relacionem por conexão ou continência com outro já ajuizado, serão distribuídos livremente.
(C) concorrerão à distribuição todos os membros do Tribunal, ainda que impedidos, nos termos da lei e do Regimento, bem como o Presidente do Tribunal.
(D) em se tratando de recurso contra ato do Presidente do Tribunal em matéria administrativa deverá ser distribuído ao Relator.
(E) nos casos de suspeição ou impedimento não será processada nova distribuição, mediante compensação.

A: incorreta, a distribuição dos feitos poderá ser delegada pelo Presidente do Tribunal a outro Desembargador Federal do Trabalho (art. 25, § 5º, do RITRT/22ª); **B:** incorreta, a distribuição dos feitos que se relacionem por conexão ou continência se dará por dependência (art. 26, § 1º, do RITRT/22ª); **C:** incorreta, os membros do Tribunal, que estiverem impedidos, não concorrerão à distribuição (art. 24, parágrafo único, do RITRT/22ª); **D:** correta, art. 25, § 7º, do RITRT/22ª; **E:** incorreta, art. 27, § 2º, do RITRT/ 22ª.
Gabarito "D".

8. Lei 8.112/1990
(Regime Jurídico dos Servidores Públicos Civis Federais)

Wander Garcia, Ana Paula Garcia, Georgia Dias e Ivo Tomita

1. PROVIMENTO, VACÂNCIA, REMOÇÃO, DISTRIBUIÇÃO E SUBSTITUIÇÃO

1.1. Provimento

(Técnico Judiciário – TRT11 – FCC – 2017) Flora é servidora pública federal e, por preencher os requisitos legais, foi recentemente, promovida. Sua promoção foi concedida em 10 de outubro de 2016 e, um mês depois, ou seja, em 10 de novembro de 2016, ocorreu a publicação do ato de promoção. Nos termos da Lei 8.112/1990, a promoção

(A) não interrompe o tempo de exercício, que será contado no novo posicionamento na carreira a partir de 10 de novembro de 2016.

(B) interrompe o tempo de exercício, sendo contado no novo posicionamento na carreira a partir de 10 de outubro de 2016.

(C) não interrompe o tempo de exercício, que será contado no novo posicionamento na carreira a partir de 10 de outubro de 2016.

(D) interrompe o tempo de exercício, sendo contado no novo posicionamento na carreira a partir de 10 de novembro de 2016.

(E) interrompe o tempo de exercício, sendo contado no novo posicionamento na carreira a partir de 01 de novembro de 2016, ou seja, no primeiro dia do mês seguinte à promoção.

Dispõe o art. 17 da Lei 8.112/1990 que: "a promoção não interrompe o tempo de exercício, que é contado no novo posicionamento na carreira a partir da data de publicação do ato que promover o servidor". **Gabarito "A".**

(Analista Judiciário – TRT/8ª – 2016 – CESPE) De acordo com a Lei 8.112/1990, que trata do regime jurídico dos servidores públicos federais, a reversão

(A) não se aplica ao servidor aposentado que já tiver completado setenta anos de idade.

(B) ocorrerá quando a demissão do servidor for anulada por decisão administrativa ou judicial.

(C) ocorre quando o servidor estável retorna ao cargo anterior, em decorrência de inabilitação em estágio probatório relativo a outro cargo.

(D) pode ocorrer no interesse do requerente aposentado, desde que haja solicitação nos últimos cinco anos.

(E) poderá ser aplicada quando o servidor aposentado por invalidez ou por tempo de contribuição tiver a sua aposentadoria anulada por decisão judicial.

A: correta (art. 27 da Lei 8.112/1990); **B:** incorreta, pois nesse caso tem-se a *reintegração* (art. 28, *caput*, da Lei 8.112/1990), e não a *reversão*; **C:** incorreta, pois nesse caso tem-se a *recondução* (art. 29, I, da Lei 8.112/1990), e não a *reversão*; **D:** incorreta, pois, mesmo que o aposentado tenha solicitado a reversão, está no interesse da Administração (art. 25, II, da Lei 8.112/1990); **E:** incorreta, pois esse caso não está previsto no art. 25 da Lei 8.112/1990. **Gabarito "A".**

(Técnico Judiciário – Área Administrativa – TRT8 – 2013 – CESPE) A respeito da Lei n.º 11.416/2006, que dispõe sobre as carreiras dos servidores do Poder Judiciário da União, assinale a opção correta.

(A) Para fins de identificação funcional, aos ocupantes do cargo da carreira de técnico judiciário – área administrativa cujas atribuições estejam relacionadas às funções de segurança é conferida a denominação de inspetor de segurança judiciária.

(B) As funções comissionadas de natureza gerencial em que haja poder de decisão devem ser exercidas por servidores com formação superior.

(C) As carreiras de analista judiciário, técnico judiciário e auxiliar técnico integram os quadros de pessoal efetivo do Poder Judiciário da União.

(D) O adicional de qualificação não será considerado no cálculo dos proventos e das pensões.

(E) É possível o recebimento do adicional de qualificação por técnico judiciário que tenha apresentado certificado de curso de especialização em área de interesse do órgão do Poder Judiciário da União em que esteja lotado.

A: Incorreta. Para fins de identificação funcional, aos ocupantes de cargo da carreira de *Técnico Judiciário* – área administrativa cujas atribuições estejam relacionadas às funções de segurança são conferidas a denominação de *Agente de Segurança Judiciária*. Por outro lado, a denominação de *Inspetor de Segurança Judiciária*, mencionada na alternativa, é atribuída aos ocupantes da carreira de *Analista Judiciário – área administrativa* (art. 4º, § 2º, da Lei 11.416/2006); **B:** Incorreta. As funções comissionadas de natureza gerencial serão exercidas *preferencialmente* por servidores com formação superior (art. 5º, § 2º, da Lei 11.416/2006); **C:** Incorreta. Conforme dispõe o art. 2º da Lei 11.416/2006, os Quadros de Pessoal efetivo do Poder Judiciário são compostos pelas carreiras de Analista Judiciário, Técnico Judiciário e *Auxiliar Judiciário*, constituídas pelos respectivos cargos de provimento efetivo, diferentemente do que afirma a alternativa "C" (auxiliar técnico); **D:** Incorreta. O Adicional de Qualificação, destinados aos servidores mencionados no art. 2º da Lei 11.416/2006, será considerado no cálculo dos proventos e das pensões (art. 14, § 5º, da Lei 11.416/2006); **E:** Correta, pois o adicional de qualificação é destinado aos servidores das Carreiras de Analista Judiciário, Técnico Judiciário e Auxiliar Judiciário (art. 14 da Lei 11.416/2006). **Gabarito "E".**

(Técnico Judiciário – Área Administrativa – TRT8 – 2013 – CESPE) Ainda sobre a Lei n.º 11.416/2006, assinale a opção correta.

(A) A remuneração dos cargos em comissão é composta pelo vencimento básico do cargo e pela gratificação judiciária.

(B) Devem ser enquadrados na especialidade de oficial de justiça avaliador federal os ocupantes do cargo de analista judiciário – área administrativa cujas atribuições estejam relacionadas com a execução de mandados e atos processuais de natureza externa, na forma estabelecida pela legislação processual civil, penal, trabalhista e demais leis especiais.

(C) A progressão funcional é a movimentação do servidor do último padrão de uma classe para o primeiro padrão da classe seguinte.

(D) O TRT da 8.ª Região, órgão integrante do Poder Judiciário da União, é autorizado a transformar, sem aumento de despesa, no âmbito de suas competências, as funções comissionadas de seu quadro de pessoal, vedada a transformação de função em cargo.

(E) Na elaboração dos regulamentos de que trata a lei em questão, não é possível contar com a participação de entidades sindicais.

A: Incorreta. "A remuneração dos **cargos de provimento efetivo** das Carreiras dos Quadros de Pessoal do Poder Judiciário é composta pelo Vencimento Básico do cargo e pela Gratificação Judiciária (GAJ), acrescida das vantagens pecuniárias permanentes estabelecidas em lei" (art. 11, *caput*, da Lei 11.416/2006); B: Incorreta. Serão enquadrados na especialidade de Oficial de Justiça Avaliador Federal os ocupantes do cargo de Analista Judiciário – **área judiciária** cujas atribuições estejam relacionadas com a execução de mandados e atos processuais de natureza externa, na forma estabelecida pela legislação processual civil, penal, trabalhista e demais leis especiais (art. 4º, § 1º, da Lei 11.416/2006); **C:** Incorreta. A progressão funcional é a movimentação do servidor de um padrão para o seguinte **dentro de uma mesma classe**, observado o interstício de um ano, sob os critérios fixados em regulamento e de acordo com o resultado de avaliação formal de desempenho (art. 9º, § 1º, da Lei 11.416/2006); **D:** Correta. Não somente o TRT da 8ª Região, como todos os órgãos do Poder Judiciário da União estão autorizados a transformar, sem aumento de despesa, no âmbito de suas competências, as funções comissionadas e os cargos em comissão de seu quadro de pessoal, vedada a transformação de função em cargo ou vice-versa (art. 24, parágrafo único, da Lei 11.416/2006); **E:** Incorreta. É possível, conforme dispõe o art. 27 da Lei 11.416/2006, a participação de entidades sindicais na elaboração dos regulamentos de que trata a Lei recentemente mencionada. **Gabarito "D".**

(**Técnico Judiciário – Área Administrativa – TRT/12ª – 2013 – FCC**) Segundo a Lei 8.112/1990, especificamente no que concerne ao regime jurídico dos servidores públicos da União, é INCORRETO:

(A) A posse, em regra, ocorrerá no prazo de trinta dias contados da publicação do ato de provimento.

(B) Não se abrirá novo concurso enquanto houver candidato aprovado em concurso anterior com prazo de validade não expirado.

(C) As universidades e instituições de pesquisa científica e tecnológica federais poderão prover seus cargos com professores, técnicos e cientistas estrangeiros, de acordo com as normas e os procedimentos previstos em lei.

(D) Para as pessoas portadoras de deficiência serão reservadas até 10% (dez por cento) das vagas oferecidas no concurso público para provimento de cargo com atribuições compatíveis com a deficiência de que são portadoras.

(E) Só haverá posse nos casos de provimento de cargo por nomeação.

A: Correta (art. 13, § 1º, da Lei 8.112/1990); **B**: Correta (art. 12, § 2º, da Lei 8.112/1990); **C**: Correta (art. 5º, § 3º, da Lei 8.112/1990); **D**: Incorreta, devendo ser assinalada, pois, nos termos do § 2º do art. 5º da Lei 8.112/1990, às pessoas com deficiência serão reservadas até 20% (vinte por cento) das vagas oferecidas no concurso público; **E**: Correta (art. 13, § 4º, da Lei 8.112/1990).

(**Técnico Judiciário – TRT/20ª – 2011 – FCC**) No que se refere ao provimento de cargo público, a posse e o exercício do cargo público, deverão observar, respectivamente, os prazos de

(A) 15 dias contados da publicação do ato de provimento e 05 dias contados da data da posse.

(B) 15 dias contados da publicação do ato de provimento e 15 dias contados da data da posse.

(C) 30 dias contados da publicação do ato de provimento e 30 dias contados da data da posse.

(D) 30 dias contados da publicação do ato de provimento e 15 dias contados da data da posse.

(E) 60 dias contados da publicação do ato de provimento e 30 dias contados da data da posse.

Art. 13, § 1º e art. 15, § 1º, da Lei 8.112/1990.

(**Técnico Judiciário – TRT/16ª – 2009 – FCC**) Victor foi nomeado técnico judiciário junto ao Tribunal Regional do Trabalho. Entretanto na data de publicação do ato de provimento Victor encontrava-se afastado servindo no júri, na qualidade de jurado. Nesse caso, o prazo legal para sua posse

(A) continuará de dez dias, permitida a procuração com poderes gerais.

(B) não sofrerá qualquer alteração quanto ao seu início e término.

(C) será prorrogado por mais trinta dias, sendo vedada a procuração.

(D) será contado do término do impedimento.

(E) será alterado para quinze dias contados da data do julgamento.

Art. 13, § 2º, da Lei 8.112/1990.

(**Técnico Judiciário – TRT/7ª – 2009 – FCC**) Quanto à posse e ao exercício do servidor público, é correto que

(A) é vedada a posse em cargo ou função pública, mediante procuração.

(B) é de quinze dias o prazo para o servidor em cargo público efetivo e trinta para o comissionado entrarem em exercício, contados da data da nomeação.

(C) a posse no cargo público ocorrerá no prazo de até trinta dias contados da publicação do resultado do concurso público de provimento.

(D) a promoção não interrompe o tempo de exercício, que é contado no novo posicionamento na carreira a partir da data de publicação do ato que promover o servidor.

(E) a posse em cargo público independerá de prévia inspeção médica, exigida perícia oficial, apenas para o início do exercício na função.

A: incorreta, pois a posse poderá ser mediante procuração (art. 13, § 3º, da Lei 8.112/1990); **B**: incorreta, pois o prazo é de 15 (quinze) dias em qualquer caso, **contado da data da posse** (art. 15, § 1º, da Lei 8.112/1990); **C**: incorreta, pois o prazo é de 30 (trinta) dias (art. 13, § 1º, da Lei 8.112/1990); **D**: correta

(art. 17 da Lei 8.112/1990); **E**: incorreta, pois a posse depende de prévia inspeção médica (art. 14, *caput*, da Lei 8.112/1990).

1.2. Vacância

(**TRT/16ª – 2014 – FCC**) Poliana, após tomar posse em determinado cargo público, não entrou em exercício no prazo estabelecido. Nos termos da Lei nº 8.112/90, a conduta de Poliana acarretará sua

(A) demissão.

(B) exoneração de ofício.

(C) cassação de disponibilidade.

(D) suspensão por noventa dias, até que regularize a falta cometida.

(E) advertência, compelindo-a a regularizar a falta cometida.

A, C, D e E: incorretas, pois se o servidor não entrar em exercício no prazo legal, será exonerado do cargo (art. 15, § 2º, da Lei 8.112/90); **B**: correta (art. 15, § 2º, da Lei 8.112/90).

1.3. Remoção, redistribuição e substituição

(**Analista Judiciário – TRT/24 – FCC – 2017**) Adriana, servidora pública federal, deverá ter exercício em outro Município em razão de ter sido removida. Nos termos da Lei nº 8.112/1990, o prazo para Adriana retomar efetivamente o desempenho das atribuições de seu cargo, considerando que não pretende declinar de tal prazo, e que não está de licença ou gozando de afastamento será, contado da publicação do ato, de, no mínimo,

(A) dez e, no máximo, trinta dias, incluído nesse prazo o tempo necessário para o deslocamento para a nova sede.

(B) cinco e, no máximo, sessenta dias, excluído desse prazo o tempo necessário para o deslocamento para a nova sede.

(C) cinco e, no máximo, trinta dias, excluído desse prazo o tempo necessário para o deslocamento para a nova sede.

(D) dez e, no máximo, sessenta dias, incluído nesse prazo o tempo necessário para o deslocamento para a nova sede.

(E) dez e, no máximo, noventa dias, incluído nesse prazo o tempo necessário para o deslocamento para a nova sede.

Dispõe o art. 18 da Lei 8.112/1990: "O servidor que deva ter exercício em outro município em razão de ter sido removido, redistribuído, requisitado, cedido ou posto em exercício provisório terá, no mínimo, dez e, no máximo, trinta dias de prazo, contados da publicação do ato, para a retomada do efetivo desempenho das atribuições do cargo, incluído nesse prazo o tempo necessário para o deslocamento para a nova sede".

(**Analista Judiciário – TRT/11 – FCC – 2017**) Joana, servidora pública federal, detentora de cargo efetivo em determinado órgão do Poder Judiciário, será redistribuída para outro órgão, de acordo com as disposições previstas na Lei nº 8.112/1990. Nesse caso, a redistribuição

(A) seria admissível ainda que Joana não fosse detentora de cargo efetivo, mas sim de cargo em comissão, dada a paridade aplicável às modalidades de cargos.

(B) não exige a manutenção da essência das atribuições do cargo.

(C) exige apreciação do órgão central do SIPEC, que será prévia à redistribuição ou posterior, dependendo da urgência.

(D) deverá ocorrer obrigatoriamente para outro órgão do Poder Judiciário.

(E) dar-se-á no interesse da Administração ou do servidor, conforme os demais requisitos aplicáveis ao caso concreto.

A: incorreta, "redistribuição é o deslocamento de *cargo de provimento efetivo*" (art. 37 da Lei 8.112/1990); **B**: incorreta, pois exige a manutenção da essência das atribuições dos cargos (art. 37, III, da Lei 8.112/1990); **C**: incorreta, a apreciação será prévia (art. 37, *caput*, parte final, da Lei 8.112/1990), **D**: correta, conforme previsto no *caput* do art. 37 da Lei 8.112/1990; **E**: incorreta, dar-se-á no interesse da Administração (art. 37, I, da Lei 8.112/1990).

(**Técnico Judiciário – TRT9 – 2012 – FCC**) Carlos, servidor público federal ocupante de cargo efetivo, estável, é casado com Ana, também servidora pública, e ambos possuem a mesma localidade de exercício funcional. Ocorre que Ana foi deslocada para outra cidade, no interesse da Administração. De acordo com as disposições da Lei nº 8.112/1990, Carlos

(A) pode ser removido a pedido, no interesse da Administração, desde que Ana tenha ingressado no serviço público antes dele.

(B) possui direito à remoção a pedido, a critério da Administração, desde que Ana seja servidora federal.

(C) pode ser removido de ofício, independentemente do interesse da Administração.

(D) possui direito à remoção a pedido, mesmo que Ana seja servidora estadual ou municipal.

(E) não pode ser removido a pedido, mas apenas de ofício e desde que conte com mais de cinco anos de serviço público.

Nos termos do art. 36, parágrafo único, III, "a", da Lei 8.112/1990, cabe remoção a pedido, para outra localidade, independentemente do interesse da Administração Pública, para acompanhar cônjuge (ou companheiro), desde que este seja servidor de qualquer dos Poderes de todos os entes federativos, que tenha sido deslocado no interesse da Administração Pública. Dessa forma, apenas a alternativa "D" é correta. AG

Gabarito "D".

(Técnico Judiciário – TRT/4ª – 2011 – FCC) NÃO é considerado preceito para o deslocamento de cargo de provimento efetivo, ocupado ou vago, no âmbito do quadro geral de pessoal, para outro órgão ou entidade do mesmo Poder,

(A) a manutenção da essência das atribuições do cargo.

(B) a vinculação entre os graus de responsabilidade e complexidade das atividades.

(C) o mesmo nível de especialidade, escolaridade ou habilitação profissional.

(D) a compatibilidade entre as atribuições do cargo e as finalidades institucionais do órgão.

(E) o interesse do servidor público e a diferença de vencimentos.

A: correta, pois a manutenção da essência das atribuições do cargo é um dos preceitos para o deslocamento de cargo de provimento efetivo (art. 37, III, da Lei 8.112/1990); **B:** correta, pois a vinculação entre os graus de responsabilidade e complexidade das atividades é um dos preceitos para o deslocamento de cargo de provimento efetivo (art. 37, IV, da Lei 8.112/1990); **C:** correta, pois o mesmo nível de especialidade, escolaridade ou habilitação profissional é um dos preceitos para o deslocamento de cargo de provimento efetivo (art. 37, V, da Lei 8.112/1990); **D:** correta, pois a compatibilidade entre as atribuições do cargo e as finalidades institucionais do órgão é um dos preceitos para o deslocamento de cargo de provimento efetivo (art. 37, VI, da Lei 8.112/1990); **E:** incorreta, devendo ser assinalada, pois o interesse do servidor público e a diferença de vencimentos *não* é um dos preceitos para o deslocamento de cargo de provimento efetivo (art. 37 da Lei 8.112/1990). AG

Gabarito "E".

2. DIREITOS E VANTAGENS

2.1. Vencimentos e remuneração

(Técnico Judiciário – Área Administrativa – TRT8 – 2013 – CESPE) A propósito das vantagens previstas na Lei n.º 8.112/1990 que podem ser pagas ao servidor, assinale a opção correta.

(A) Ao servidor ocupante de cargo efetivo investido em função de chefia é devido o pagamento de adicional pelo seu exercício.

(B) A gratificação por encargo de curso ou concurso será devida ao servidor que, em caráter eventual, participar de banca examinadora para exames orais e somente será paga se a referida atividade for exercida sem prejuízo das atribuições de seu cargo, ou mediante compensação de carga horária, quando desempenhada durante a jornada de trabalho.

(C) As gratificações, os adicionais e as indenizações incorporam-se ao vencimento, nos casos e condições indicados em lei.

(D) É possível a concessão de auxílio-moradia para o servidor cujo deslocamento tenha ocorrido por força de alteração de lotação resultante de concurso de remoção a pedido.

(E) A ajuda de custo consiste em vantagem indenizatória que se destina a compensar as despesas de instalação do servidor que, no interesse do serviço, passar a ter exercício em nova sede, com mudança de domicílio em caráter transitório ou permanente.

A: Incorreta. Ao servidor ocupante de cargo efetivo investido em função de chefia é devida retribuição pelo seu exercício (art. 62 da Lei 8.112/1990); **B:** Correta, conforme art. 76-A, II, e § 2º, da Lei 8.112/1990; **C:** Incorreta. Apenas as gratifi-

cações e os adicionais incorporam-se ao vencimento ou provento, diferentemente das indenizações (art. 49, §§ 1º e 2º, da Lei 8.112/1990); **D:** Incorreta. O auxílio-moradia não será concedido se o deslocamento decorrer por força de alteração de lotação ou nomeação para cargo efetivo (art. 60-A, VIII, da Lei 8.112/1990); **E:** Incorreta. A ajuda de custo consiste em vantagem indenizatória que se destina a compensar as despesas de instalação do servidor que, *no interesse do serviço*, passar a ter exercício em nova sede, com mudança de domicílio em caráter permanente (art. 53, *caput*, da Lei 8.112/1990). TI

Gabarito "B".

(Técnico Judiciário – Área Administrativa – TRT/12ª – 2013 – FCC) De acordo com a Lei 8.112/1990, considere:

I. Amarildo é servidor público nomeado para um cargo em cidade que conta com imóvel funcional disponível para o servidor.

II. Marilda, companheira do servidor Naldo, ocupa um imóvel funcional na cidade onde trabalha.

III. Plínio, servidor público federal, é casado e tem dois filhos. Sua filha mais velha reside com ele e recebe auxílio-moradia.

IV. Pafúncio é nomeado para um cargo em determinada cidade onde já foi proprietário de um imóvel, vendido cinco anos antes de sua nomeação.

NÃO terão direito ao auxílio-moradia, os servidores indicados

APENAS nas hipóteses

(A) I, II e III.

(B) I, II e IV.

(C) III e IV.

(D) I e III.

(E) II e IV.

I: Correta (art. 60-B, I, da Lei 8.112/1990); **II:** Correta (art. 60-B, II, da Lei 8.112/1990); **III:** Correta (Art. 60-B, IV, da Lei 8.112/1990); **IV:** Incorreta. "O servidor que não tenha sido domiciliado ou tenha residido no Município, nos últimos doze meses, aonde for exercer o cargo em comissão ou função de confiança, desconsiderando-se prazo inferior a sessenta dias dentro desse período" terá direito ao auxílio-moradia (art. 60-B, VII, da Lei 8.112/1990). TI

Gabarito "A".

(Técnico Judiciário – TRT/2ª – 2008 – FCC) Sobre o vencimento e a remuneração do servidor público da União, é correto afirmar:

(A) Remuneração é o vencimento do cargo efetivo, descontado das vantagens pecuniárias permanentes estabelecidas em lei.

(B) Vencimento é a retribuição pecuniária pelo exercício de cargo público, com valor fixado em lei.

(C) Cargos de Poderes diferentes, mesmo tendo atribuições iguais ou assemelhadas, podem ter vencimentos diferentes.

(D) O servidor não perderá a remuneração do dia em que faltar ao serviço, mesmo sem motivo justificado, desde que seja compensada a falta.

(E) O servidor em débito com o erário que for demitido terá o prazo de três meses para quitar o débito.

A: incorreta (art. 41, *caput*, da Lei 8.112/1990); **B:** correta (art. 40 da Lei 8.112/1990); **C:** incorreta (art. 41, § 4º, da Lei 8.112/1990); **D:** incorreta (art. 44, I, da Lei 8.112/1990); **E:** incorreta (art. 47, *caput*, da Lei 8.112/1990). AG

Gabarito "B".

(Técnico Judiciário – TRT/4ª – 2011 – FCC) No que diz respeito ao vencimento e à remuneração, é certo que,

(A) não poderá haver, em qualquer hipótese, a consignação em folha de pagamento a favor de terceiros.

(B) não será passível de qualquer atualização os valores recebidos pelo servidor público em cumprimento de tutela antecipada.

(C) todas as reposições e indenizações ao erário, em qualquer situação, deverão ser parceladas de ofício, para pagamento até noventa dias.

(D) o desconto incidente sobre remuneração ou provento restringir-se-á aos casos de imposição legal de natureza administrativa.

(E) quando o pagamento indevido houver ocorrido no mês anterior ao do processamento da folha, a reposição será feita imediatamente, em uma única parcela.

A: incorreta, pois mediante autorização do servidor, poderá haver consignação em folha de pagamento a favor de terceiros, a critério da Administração Pública e com reposição de custos, na forma definida em regulamento (art. 45, § 1º, da Lei 8.112/1990); **B:** incorreta, pois na hipótese de valores recebidos em decorrência de cumprimento a decisão liminar, a tutela antecipada ou a sentença que venha a ser revogada ou rescindida, **serão eles atualizados até a data da reposição** (art. 46, § 3º, da Lei 8.112/1990); **C:** incorreta, pois as reposições e indenizações ao erário, atualizadas até 30 de junho de 1994, serão previamente comunicadas ao servidor ativo, aposentado ou ao pensionista, para pagamento, no prazo máximo de trinta dias, podendo ser parceladas, a pedido do interessado (art. 46 da Lei 8.112/1990); **D:** incorreta, pois pode haver desconto por mandado judicial e mediante autorização do servidor, também poderá haver consignação em folha de pagamento a favor de terceiros, a critério da Administração Pública e com reposição de custos, na forma definida em regulamento (art. 45 da Lei 8.112/1990); **E:** correta (art. 46, § 2º, da Lei 8.112/1990).

(**Técnico Judiciário – TRT/15ª – 2009 – FCC**) Sobre o vencimento e a remuneração disciplinados na Lei nº 8.112/1990, é correto afirmar que

(A) remuneração é a retribuição pecuniária pelo exercício de cargo público, com valor fixado em lei.

(B) o vencimento do cargo efetivo, acrescido das vantagens de caráter permanente, é irredutível.

(C) o servidor poderá receber remuneração inferior ao salário mínimo.

(D) o servidor perderá a remuneração do dia em que faltar ao serviço, mesmo por motivo justificado.

(E) é vedada consignação em folha de pagamento a favor de terceiros, em qualquer hipótese.

A: incorreta (art. 41, *caput*, da Lei 8.112/1990); **B:** correta (art. 41, § 3º, da Lei 8.112/1990); **C:** incorreta (art. 41, § 5º, da Lei 8.112/1990); **D:** incorreta (art. 44, I, da Lei 8.112/1990); **E:** incorreta (art. 45, § 1º, da Lei 8.112/1990).

(**Técnico Judiciário – TRT/1ª – 2008 – CESPE**) Em relação à remuneração dos servidores públicos, assinale a opção correta de acordo com a Lei nº 8.112/1990.

(A) O servidor tem direito a adicional de tempo de serviço, devido à razão de 5% para cada período de 5 anos de serviço público efetivo.

(B) A realização de trabalhos, com habitualidade, em locais em contato permanente com substâncias tóxicas autoriza a percepção cumulativa dos adicionais de insalubridade e de periculosidade.

(C) A realização de serviço noturno autoriza a majoração em 50% do valor-hora de trabalho, incidente sobre os vencimentos.

(D) O adicional de serviço extraordinário está limitado a duas horas semanais.

(E) O pagamento da remuneração de férias será efetuado até dois dias antes do início do respectivo período.

A: incorreta, pois o art. 67 da Lei 8.112/1990, que previa o adicional de tempo de serviço foi revogado pela Medida Provisória 2.225-45/2001; **B:** incorreta, pois a percepção dos adicionais não pode ser cumulativa (art. 68, § 1º, da Lei 8.112/1990); **C:** incorreta, pois a majoração é de 25% do valor-hora de trabalho (art. 75, *caput*, da Lei 8.112/1990); **D:** incorreta, pois o limite é de duas horas por jornada (art. 74 da Lei 8.112/1990); **E:** correta (art. 78, *caput*, da Lei 8.112/1990).

2.2. Vantagens (indenização, ajuda de custo, diária, indenização de transporte, auxílio-moradia, gratificações e adicionais, redistribuição, gratificação natalina, gratificação por encargo de cursos ou concurso) e férias

(**Técnico Judiciário – TRT/2ª – 2008 – FCC**) As férias do servidor público da União NÃO podem ser interrompidas

(A) por motivo de convocação para o serviço eleitoral.

(B) por motivo de calamidade pública.

(C) a pedido do servidor, por motivos pessoais.

(D) por necessidade de serviço, ainda que declarada pela autoridade máxima do órgão a que pertence o servidor.

(E) no caso de convocação para júri.

Art. 80, *caput*, da Lei 8.112/1990.

(**Técnico Judiciário – TRT/7ª – 2009 – FCC**) No que se refere às férias do servidor público civil, previstas na Lei nº 8.112/1990, é INCORRETO que

(A) para o primeiro período aquisitivo de férias não serão exigidos, em qualquer hipótese, 12 meses de exercício.

(B) é vedado levar à conta de férias qualquer falta ao serviço.

(C) as férias poderão ser acumuladas, até o máximo de dois períodos, no caso de necessidade do serviço, ressalvadas as exceções legais e específicas.

(D) as férias poderão ser parceladas em até três etapas, desde que assim requeridas pelo servidor, e no interesse da administração pública.

(E) a indenização por férias do servidor exonerado do cargo efetivo, ou em comissão, será calculada com base na remuneração do mês em que for publicado o ato exoneratório.

A: incorreta, devendo ser assinalada (art. 77, § 1º, da Lei 8.112/1990); **B:** correta (art. 77, § 2º, da Lei 8.112/1990); **C:** correta (art. 77, *caput*, da Lei 8.112/1990); **D:** correta (art. 77, § 3º, da Lei 8.112/1990); **E:** correta (art. 78, § 4º, da Lei 8.112/1990).

(**Técnico Judiciário – TRT/18ª – 2008 – FCC**) Sobre as férias a que faz jus o servidor público, nos termos da Lei que dispõe sobre o Regime Jurídico dos Servidores Públicos Civis da União, é INCORRETO afirmar:

(A) O pagamento da remuneração das férias será efetuado até dois dias antes do início do respectivo período.

(B) O servidor que opera direta e permanentemente com Raios X ou substâncias radioativas gozará 20 dias consecutivos de férias por semestre de atividade profissional, proibida a acumulação.

(C) Para o primeiro período aquisitivo de férias serão exigidos 12 meses de exercício.

(D) Em caso de parcelamento das férias, o servidor receberá o adicional de férias quando da utilização do primeiro período.

(E) É permitido descontar do período de férias as faltas ao serviço que o servidor teve durante o período aquisitivo.

A: correta (art. 78, *caput*, da Lei 8.112/1990); **B:** correta (art. 79 da Lei 8.112/1990); **C:** correta (art. 77, § 1º, da Lei 8.112/1990); **D:** correta (art. 78, § 5º, da Lei 8.112/1990); **E:** incorreta, devendo ser assinalada (art. 77, § 2º, da Lei 8.112/1990).

(**Técnico Judiciário – TRT/23ª – 2011 – FCC**) Sobre as férias dos servidores públicos civis federais, prevista na Lei nº 8.112/1990, é correto afirmar que:

(A) O servidor fará jus a trinta dias de férias, que não podem, em qualquer hipótese, ser acumuladas com outro período.

(B) As férias poderão ser parceladas em até três etapas, desde que assim requeridas pelo servidor, e no interesse da Administração Pública.

(C) O pagamento da remuneração das férias será efetuado até um dia antes do início do respectivo período, observando-se os demais preceitos estabelecidos em lei.

(D) É facultado ao servidor público levar à conta de férias qualquer falta ao serviço.

(E) A indenização relativa ao período de férias do servidor exonerado será calculada com base na remuneração do mês posterior àquele em que for publicado o ato exoneratório.

A: incorreta, pois o servidor fará jus a trinta dias de férias, que podem ser acumuladas, até o máximo de dois períodos, no caso de necessidade do serviço, ressalvadas as hipóteses em que haja legislação específica (art. 77, *caput*, da Lei 8.112/1990); **B:** correta (art. 77, § 3º, da Lei 8.112/1990); **C:** incorreta, pois o pagamento da remuneração das férias será efetuado até 2 (dois) dias antes do início do respectivo período (art. 78, *caput*, da Lei 8.112/1990); **D:** incorreta, pois é vedado levar à conta de férias qualquer falta ao serviço (art. 77, § 2º, da Lei 8.112/1990); **E:** incorreta, pois a indenização será calculada com base na remuneração do mês em que for publicado o ato exoneratório (art. 78, § 4º, da Lei 8.112/1990).

2.3. Licenças E AFASTAMENTOS

(**Técnico Judiciário – TRT20 – FCC – 2016**) Aristides, servidor público do Tribunal Regional do Trabalho da 20ª Região, usufruiu de afastamento para estudar no exterior, tendo o mencionado período perdurado por quatro anos, ou seja, até 2014. Aristides pretende novo afastamento para estudo em Paris. Nos termos da Lei 8.112/1990, além da autorização do Presidente

(A) do Tribunal Regional do Trabalho da 20ª Região, deverá aguardar até 2017, ou seja, é necessário aguardar o transcurso de três anos para que tenha direito a nova ausência.

(B) da República, não necessitará aguardar qualquer lapso temporal, pois já faz jus ao novo afastamento.

(C) do Supremo Tribunal Federal, deverá aguardar até 2018, ou seja, é necessário aguardar o transcurso de quatro anos para que tenha direito a nova ausência.

(D) do Tribunal Regional do Trabalho da 20ª Região, não necessitará aguardar qualquer lapso temporal, pois já faz jus ao novo afastamento.

(E) do Supremo Tribunal Federal, deverá aguardar até 2017, ou seja, é necessário aguardar o transcurso de três anos para que tenha direito a nova ausência.

Dispõe o art. 95, *caput* e § 1º da Lei 8.112/1990: "art. 95. O servidor não poderá ausentar-se do País para estudo ou missão oficial, sem autorização do Presidente da República, Presidente dos Órgãos do Poder Legislativo e Presidente do Supremo Tribunal Federal. § 1º A ausência não excederá a 4 (quatro) anos, e finda a missão ou estudo, somente decorrido igual período, será permitida nova ausência".
Gabarito "C".

(Técnico Judiciário – Área Administrativa – TRT8 – 2013 – CESPE) No que tange às licenças e aos afastamentos disciplinados pela Lei n.º 8.112/1990, assinale a opção correta.

(A) Um dos requisitos necessários para a autorização de afastamento de servidor público, para estudo no exterior, destinado à realização de programa de doutorado, consiste na exigência de que o servidor titular de cargo efetivo esteja no respectivo órgão há pelo menos quatro anos, incluído o período de estágio probatório.

(B) O servidor público federal investido em mandato de deputado federal será afastado do cargo, sendo-lhe facultado optar pela sua remuneração.

(C) A licença para capacitação concedida dentro de noventa dias do término de outra da mesma espécie será considerada como prorrogação.

(D) O estágio probatório deve ser interrompido durante a licença para atividade política e será reiniciado a partir do término do impedimento.

(E) É assegurado ao servidor o direito a licença, sem prejuízo da remuneração, para o desempenho de mandato classista.

A: Correta, nos termos do art. 96-A, § 2º, da Lei 8.112/1990. **B:** Incorreta. Ao servidor investido em mandato eletivo federal, estadual ou distrital, a Lei menciona tão somente o afastamento do cargo. A possibilidade de optar pela remuneração decorrente do exercício do mandato eletivo ocorrerá apenas na hipótese de investidura no mandato de vereador, desde que não haja compatibilidade de horário, ocasião em que será afastado do cargo (art. 94, III, *b*, da Lei 8.112/1990); **C:** Incorreta. As licenças do art. 81 da Lei 8.112/1990 concedidas dentro do prazo de 60 (sessenta) dias do término da outra da mesma espécie serão consideradas como prorrogação (art. 82 da Lei 8.112/1990); **D:** Incorreta. O estágio probatório ficará **suspenso** durante a licença para atividade política e será retomado a partir do término do impedimento (art. 20, § 5º, da Lei 8.112/1990); E: Incorreta. À luz do art. 92, *caput*, é assegurado ao servidor o direito à licença **sem remuneração** para o desempenho de mandato classista. Sobre o tema, é importante analisar o art. 92 em sua integralidade, após a recente alteração pela Lei 12.998, de 18 de junho de 2014.
Gabarito "A".

(Técnico – TRT/6ª – 2012 – FCC) Determinado servidor em estágio probatório requereu que lhe fosse concedido afastamento para exercício de mandato eletivo. O pedido foi indeferido pela Administração. A decisão, nos termos da Lei nº 8.112/1990, deve ser

(A) revista, somente se o pedido de afastamento for para exercício de mandato eletivo na esfera federal.

(B) revista, na medida em que o servidor em estágio probatório tem direito a todos os afastamentos previstos para o servidor estável.

(C) mantida, na medida em que o servidor somente adquire direito a pleitear afastamento do serviço público, após o término do estágio probatório.

(D) mantida, se o pedido de afastamento for para exercício de mandato eletivo em esfera diversa da federal.

(E) revista, na medida em que o afastamento para exercício de mandato eletivo estende-se ao servidor em estágio probatório.

De acordo com o disposto no art. 20, § 4º, da Lei 8.112/1990, ao servidor em estágio probatório poderá ser concedido o afastamento previsto no art. 94 da citada Lei, que trata do afastamento para exercício de mandato eletivo.
Gabarito "E".

(Técnico Judiciário – TRT/15ª – 2009 – FCC) A licença para desempenho de mandato classista, prevista na Lei nº 8.112/1990, está condicionada, dentre outras, à seguinte regra:

(A) Durante a licença o servidor receberá metade da sua remuneração.

(B) A licença terá duração igual à do mandato, podendo ser prorrogada, no caso de reeleição, e por duas vezes.

(C) Para entidades com até 5.000 associados, o limite é de dois servidores.

(D) Para entidades com mais de 30.000 associados, o limite é de seis servidores.

(E) Somente poderão ser licenciados servidores eleitos para cargos de direção ou representação nas entidades, desde que cadastradas no Ministério da Administração Federal e Reforma do Estado.

Art. 92, § 1º, da Lei 8.112/1990. A Lei 12.998/2014 alterou a redação do citado § 1º, que substituiu "desde que cadastradas no Ministério da Administração Federal e Reforma do Estado" por "desde que cadastradas no órgão competente".
Gabarito "E".

(Técnico Judiciário – TRT/24ª – 2011 – FCC) No que diz respeito às licenças, previstas na Lei nº 8.112/1990, é correto afirmar:

(A) A partir do registro da candidatura e até o décimo dia seguinte ao da eleição, o servidor fará jus à licença para atividade política, assegurados os vencimentos do cargo efetivo, somente pelo período de dois meses.

(B) Na licença para o serviço militar, concluído tal serviço, o servidor terá até quarenta dias sem remuneração para reassumir o exercício do cargo.

(C) É possível o exercício de atividade remunerada durante o período da licença por motivo de doença em pessoa da família.

(D) A licença ao servidor para acompanhar cônjuge que foi deslocado para o exterior será pelo prazo máximo de dois anos.

(E) A licença concedida dentro de sessenta dias do término de outra da mesma espécie será considerada como prorrogação.

A: incorreta, pois a partir do registro da candidatura e até o décimo dia seguinte ao da eleição, o servidor fará jus à licença, assegurados os vencimentos do cargo efetivo, somente pelo período de três meses (art. 86, § 2º, da Lei 8.112/1990); **B:** incorreta, pois o servidor terá até 30 (trinta) dias sem remuneração para reassumir o exercício do cargo (art. 85, parágrafo único, da Lei 8.112/1990); **C:** incorreta (art. 81, § 3º, da Lei 8.112/1990); **D:** incorreta, pois a licença nesse caso será por prazo indeterminado (art. 84, § 1º, da Lei 8.112/1990); **E:** correta (art. 82 da Lei 8.112/1990).
Gabarito "E".

2.4. Direito de Petição

(Técnico – TRT/2ª Região – 2014 – FCC) No que concerne ao direito de petição, previsto constitucionalmente, e sua aplicação aos servidores públicos, é correto afirmar que

(A) embora haja regramento constitucional, inexistindo previsão na Lei n. 8.112/1990, não se pode considerar aplicável o direito nas relações travadas na esfera administrativa.

(B) é assegurado ao servidor público na Lei n. 8.112/1990, inclusive com previsão de cabimento de pedido de reconsideração e recurso administrativo.

(C) não se aplica diretamente aos servidores, que podem, no entanto, fazê-lo por intermédio de sua chefia imediata.

(D) é aplicável ao servidor público na esfera administrativa, com possibilidade de apresentação de pedido de reconsideração, vedada, no entanto, a interposição de recurso em razão daquela decisão.

(E) é garantido aos servidores, do qual decorre o direito de recorrer, uma única vez, às autoridades superiores, vedada interposição de recursos sucessivos

---

A: Incorreta. O direito de petição, constitucionalmente prescrito no art. 5º, XXXIV, *a*, é previsto também na Lei 8.112/1990, nos arts. 104 e seguintes, sendo, portanto, aplicável nas relações travadas na esfera administrativa; **B:** Correta. O *pedido de reconsideração* deverá ser encaminhado à autoridade competente que houver expedido o ato ou proferido a primeira decisão, não podendo ser renovado (art. 106 da Lei 8.112/1990). É importante dizer que o recurso administrativo será cabível nas hipóteses do art. 107 da Lei 8.112/1990; **C:** Incorreta. O art. 104 da Lei 8.112/1990 assegura ao servidor o direito de requerer aos Poderes Públicos, em defesa de direito ou interesse legítimo. Note-se que a lei não faz alusão ao intermédio de sua chefia imediata. Por fim, a Constituição Federal prevê que "a *todos* são assegurados, independentemente do pagamento de taxas, o direito de petição aos poderes públicos e, defesa de direitos ou contra ilegalidade ou abuso de poder" (art. 5º, XXXIV, *a*); **D:** Incorreta, pois a Lei 8.112/1990 possibilita a interposição de recursos, conforme art. 107 da Lei 8.112/1990; **E:** Incorreta. É cabível recurso das decisões sobre os recursos sucessivamente impostos (art. 107, II, da Lei 8.112/1990).

Gabarito "B".

(Técnico Judiciário – TRT/4ª – 2011 – FCC) Paulo, ao exercer o direito de petição deve saber que,

(A) o recurso, salvo a revisão, será cabível nas hipóteses de indeferimento ou deferimento do pedido de reconsideração.

(B) caberá recurso das decisões sobre os recursos sucessivamente interpostos.

(C) o prazo da prescrição será sempre contado da data do fato ou do ato impugnado, independentemente de publicação, por ser de ordem pública.

(D) para o exercício desse direito é assegurada vista do processo em qualquer local, desde que ao servidor pessoalmente.

(E) o pedido de reconsideração e o recurso, em qualquer situação, por terem efeito suspensivo não interrompem a prescrição.

A: incorreta, pois o recurso será cabível somente nos casos de indeferimento do pedido de reconsideração (art. 107, I, da Lei 8.112/1990); **B:** correta (art. 107, II, da Lei 8.112/1990); **C:** incorreta, pois o prazo de prescrição será contado da data da publicação do ato impugnado ou da data da ciência pelo interessado, quando o ato não for publicado (art. 110, parágrafo único, da Lei 8.112/1990); **D:** incorreta, pois para o exercício do direito de petição, é assegurada vista do processo ou documento, na repartição, ao servidor ou a procurador por ele constituído (art. 113 da Lei 8.112/1990); **E:** incorreta, pois o pedido de reconsideração e o recurso, quando cabíveis, interrompem a prescrição (art. 111 da Lei 8.112/1990).

Gabarito "B".

(Técnico Judiciário – TRT/2ª – 2008 – FCC) Servidor público da União teve um interesse prejudicado pelo superior hierárquico e, para fazer prova, necessita de uma certidão do órgão onde trabalha. Ao fazer o requerimento pela via administrativa, ele exerce o direito

(A) de petição.

(B) a *habeas corpus*.

(C) a *habeas data*.

(D) de reclamação.

(E) de representação.

Art. 104 da Lei 8.112/1990.

Gabarito "A".

(Técnico Judiciário – TRT/18ª – 2008 – FCC) Nos termos da Lei que dispõe sobre o Regime Jurídico dos Servidores Públicos Civis da União, da decisão que indefere requerimento do servidor cabe

(A) recurso para a mesma autoridade que proferiu a primeira decisão.

(B) pedido de reconsideração para o superior da autoridade que proferiu a primeira decisão.

(C) pedido de reconsideração para a autoridade que proferiu a primeira decisão.

(D) recurso para o superior imediato da autoridade que proferiu a primeira decisão.

(E) recurso para o Presidente da República.

Art. 106, *caput*, da Lei 8.112/1990.

Gabarito "C".

3. REGIME DISCIPLINAR

3.1. Deveres

(CESPE– 2013) Com base no regime disciplinar do servidor público, assinale a opção correta.

(A) A penalidade de demissão não poderá ser aplicada ao servidor caso não haja registro, em sua vida funcional, de imposição prévia de qualquer outra sanção disciplinar.

(B) Constitui penalidade administrativa a decisão que conclui pela inabilitação do servidor em razão do não preenchimento dos requisitos do estágio probatório.

(C) A conduta do servidor que se vale do cargo para lograr proveito pessoal em detrimento da função pública não enseja a aplicação da penalidade de demissão.

(D) Em decorrência do princípio da legalidade, é vedada a conversão da penalidade de suspensão em multa.

(E) Na hipótese de acumulação ilegal de cargos, a infração será apurada mediante processo administrativo disciplinar sumário conduzido por comissão disciplinar composta por apenas dois servidores estáveis.

A: incorreta, a demissão independe de imposição prévia de outra sanção disciplinar. Vide trecho de jurisprudência do STJ, MS 14.856/DF, 3ª Seção, j. 12.09.2009, rel. Min. Marco Aurélio Bellizze, *DJe* 25.09.2012: "(...)Servidor cuja vida funcional pregressa não registra imposição de nenhuma sanção disciplinar; Fato que, por si só, não impede a aplicação da pena de demissão, mormente em razão da gravidade da sanção (...)". Os casos em que será aplicada a penalidade de demissão estão previstos no art. 132 da Lei 8.112/1990; **B:** incorreta, não constitui penalidade administrativa, tanto que não está elencada nas penalidades disciplinares do art. 127 da Lei 8.112/1990. O servidor é "desligado" (exonerado ou, se estável, reconduzido ao cargo anteriormente ocupado) do serviço público por não ter preenchido os requisitos do art. 20, I a V, da Lei 8.112/1990; **C:** incorreta, pois enseja a aplicação da penalidade de demissão (art. 132, XIII, c/c o art. 117, IX, da Lei 8.112/1990); **D:** incorreta, se houver conveniência para o serviço, é possível tal conversão (§ 2º do art. 130 da Lei 8.112/1990); **E:** correta, de acordo com o inc. I do art. 133 da Lei 8.112/1990.

Gabarito "E".

3.2. Proibições

(Técnico Judiciário – TRT/4ª – 2011 – FCC) Dentre outras proibições previstas ao servidor público federal, consta a de

(A) atuar, como procurador, junto a repartições públicas, salvo quando se tratar de benefícios assistenciais de parentes até segundo grau.

(B) manter sob sua chefia imediata, em função de confiança, primos.

(C) aceitar pensão, emprego ou comissão da União Federal, seja na Administração direta ou indireta.

(D) utilizar recursos materiais da repartição ou pessoal no serviço público.

(E) recusar-se a atualizar os seus dados cadastrais quando solicitado por terceiros, que não a Administração.

A: correta. A MP 792/2017 deu nova redação ao inc. XI: "atuar, como procurador ou intermediário, *junto ao órgão ou à entidade pública em que estiver lotado ou em exercício*, exceto quando se tratar de benefícios previdenciários ou assistenciais de parentes até o segundo grau e de cônjuge ou companheiro"; (art. 117, XI, da Lei 8.112/1990); **B:** incorreta, pois é proibido manter sob sua chefia imediata, em cargo ou função de confiança, cônjuge, companheiro ou parente até segundo grau civil (art. 117, VIII, da Lei 8.112/1990), não incluindo primos, que são parentes de quarto grau; **C:** incorreta, pois é proibido aceitar comissão, emprego ou pensão de estado estrangeiro (art. 117, XIII, da Lei 8.112/1990); **D:** incorreta, pois é proibido utilizar pessoal ou recursos materiais da repartição em serviços ou atividades particulares (art. 117, XVI, da Lei 8.112/1990); **E:** incorreta, pois é proibido recusar-se a atualizar os seus dados cadastrais quando solicitado (art. 117, XIX, da Lei 8.112/1990).

Gabarito "A".

(Técnico Judiciário – TRT/2ª – 2008 – FCC) O servidor público da União NÃO é proibido de

(A) atuar, em qualquer caso, como procurador junto a repartições públicas.

(B) recusar fé a documento público.

(C) promover manifestação de apreço ou desapreço no recinto da repartição.

(D) aliciar subordinados no sentido de se filiarem a sindicato da categoria.

(E) exercer o comércio na qualidade de acionista ou cotista.

A: incorreta. Art. 117, XI, da Lei 8.112/1990; **B:** incorreta. Art. 117, III, da Lei 8.112/1990; **C:** incorreta. Art. 117, V, da Lei 8.112/1990; **D:** incorreta. Art. 117, VII, da Lei 8.112/1990; **E:** correta. Art. 117, X, da Lei 8.112/1990.

Gabarito "E".

3.3. Acumulação

(Técnico Judiciário – TRT/9º – 2010 – FCC) Sobre a acumulação prevista na Lei nº 8.112/1990, é correto afirmar:

(A) Considera-se acumulação proibida a percepção de vencimento de cargo ou emprego público efetivo com proventos da inatividade, salvo quando os cargos de que decorram essas remunerações forem acumuláveis na atividade.

(B) A proibição de acumular não se estende a cargos, empregos e funções em autarquias, fundações públicas, sociedades de economia mista e empresas públicas da União, dos Estados, dos Territórios e dos Municípios.

(C) É permitida a acumulação de cargo em comissão com dois cargos efetivos cumuláveis, desde que haja compatibilidade de horários e autorização dos superiores hierárquicos do servidor.

(D) A acumulação de cargos, sendo lícita, não fica condicionada à comprovação da compatibilidade de horários.

(E) É proibida a acumulação de dois cargos em comissão, mesmo que um deles seja cargo de confiança interino.

A: correta (art. 118, § 3º, da Lei 8.112/1990); **B:** incorreta, pois a proibição de acumular estende-se a cargos, empregos e funções em autarquias, fundações públicas, empresas públicas, sociedades de economia mista da União, do Distrito Federal, dos Estados, dos Territórios e dos Municípios (art. 118, § 1º, da Lei 8.112/1990); **C:** incorreta, pois não há necessidade de autorização dos superiores hierárquicos do servidor (art. 118, § 2º, da Lei 8.112/1990); **D:** incorreta, pois há necessidade de comprovação de compatibilidade de horários (art. 118, § 2º, da Lei 8.112/1990); **E:** incorreta, pois o servidor não poderá exercer mais de um cargo em comissão, exceto no caso previsto no parágrafo único do art. 9º da Lei 8.112/1990, nem ser remunerado pela participação em órgão de deliberação coletiva (art. 119, *caput*, da Lei 8.112/1990). Gabarito "A".

(Técnico Judiciário – TRT/20ª – 2011 – FCC) Detectada a qualquer tempo a acumulação ilegal de cargos, empregos ou funções públicas, a autoridade notificará o servidor para apresentar opção, e, na hipótese de omissão, adotará procedimento sumário para a sua apuração e regularização imediata, cujo processo administrativo disciplinar se desenvolverá de acordo com a Lei nº 8.112/1990 que dispõe sobre o Regime Jurídico dos Servidores Públicos Civis da União, das autarquias e das fundações públicas federais. Desta forma, podemos afirmar que

(A) o prazo para a conclusão do processo administrativo disciplinar submetido ao rito sumário não excederá trinta dias, admitida sua prorrogação por igual período, quando as circunstâncias o exigirem.

(B) a primeira fase do processo administrativo disciplinar corresponde à instauração, com a publicação do ato que constituir a comissão, a ser composta por cinco servidores estáveis.

(C) o prazo para o servidor apresentar a opção é improrrogável.

(D) o prazo para o servidor apresentar a opção é de quinze dias.

(E) a opção pelo servidor até o último dia de prazo para defesa configurará sua boa-fé, hipótese em que se converterá automaticamente em demissão do outro cargo.

Art. 133, *caput*, da Lei 8.112/1990. Gabarito "C".

(Técnico Judiciário – TRT/23ª – 2011 – FCC) Considere as assertivas abaixo sobre o Regime Disciplinar dos servidores públicos civis federais, nos termos da Lei nº 8.112/1990.

I. Ao servidor público é permitido atuar, como procurador ou intermediário, junto a repartições públicas, para tratar de benefícios previdenciários ou assistenciais de cônjuge ou companheiro.

II. O servidor que acumular licitamente dois cargos efetivos, quando investido em cargo de provimento em comissão, ficará afastado de ambos os cargos efetivos, ainda que houver compatibilidade de horário e local com o exercício de um deles.

III. A penalidade administrativa de suspensão será aplicada em caso de reincidência das faltas punidas com advertência e de violação das demais proibições que não tipifiquem infração sujeita a penalidade de demissão, não podendo exceder sessenta dias.

Está correto o que se afirma APENAS em:

(A) III.

(B) I e III.

(C) II e III.

(D) I.

(E) I e II.

I: correta. A MP 792/2017 deu nova redação ao inc. XI: "atuar, como procurador ou intermediário, junto ao órgão ou à entidade pública em que estiver lotado ou em exercício, exceto quando se tratar de benefícios previdenciários ou assistenciais de parentes até o segundo grau e de cônjuge ou companheiro" (art. 117, XI, da Lei 8.112/1990); **II:** incorreta, pois o servidor vinculado ao regime desta Lei que acumular licitamente dois cargos efetivos, quando investido em cargo de provimento em comissão, ficará afastado de ambos os cargos efetivos, **salvo na hipótese em que houver compatibilidade de horário e local com o exercício de um deles, declarada pelas autoridades máximas dos órgãos ou entidades envolvidos** (art. 120 da Lei 8.112/1990); **III:** incorreta, pois a suspensão será aplicada em caso de reincidência das faltas punidas com advertência e de violação das demais proibições que não tipifiquem infração sujeita a penalidade de demissão, **não podendo exceder de 90 (noventa) dias** (art. 130, *caput*, da Lei 8.112/1990). Gabarito "D".

3.4. Responsabilidades

(Técnico Judiciário – TRT/2ª – 2008 – FCC) A respeito das responsabilidades do servidor público civil da União, em conformidade com a Lei nº 8.112/1990, é correto afirmar:

(A) A responsabilidade penal do servidor abrange tão só os crimes contra a Administração Pública.

(B) A obrigação de reparar o dano não se estende aos sucessores.

(C) A responsabilidade civil do servidor decorre de ato omissivo ou comissivo, doloso ou culposo, que resulte em prejuízo ao erário ou a terceiros.

(D) Sendo independentes as instâncias, a responsabilidade administrativa do servidor não será afastada, mesmo no caso de absolvição criminal que negue a existência do fato.

(E) Tratando-se de dano causado a terceiros, a responsabilidade será da União, respondendo o servidor apenas no âmbito administrativo.

A: incorreta (art. 123 da Lei 8.112/1990); **B:** incorreta (art. 122, § 3º, da Lei 8.112/1990); **C:** correta (art. 122, *caput*, da Lei 8.112/1990); **D:** incorreta (art. 126 da Lei 8.112/1990); **E:** incorreta (art. 122, § 2º, da Lei 8.112/1990). Gabarito "C".

(Técnico Judiciário – TRT/18ª – 2008 – FCC) Com referência à responsabilidade do servidor, de acordo com a Lei que dispõe sobre o Regime Jurídico dos Servidores Públicos Civis da União, é correto afirmar:

(A) Mesmo que o servidor seja absolvido em processo criminal por decisão que negue a existência do fato, o servidor responderá administrativamente.

(B) O servidor demitido em processo administrativo pela prática de ato irregular no exercício do cargo, não responderá civilmente pelo mesmo ato.

(C) A responsabilidade penal abrange apenas os crimes imputados ao servidor, nessa qualidade.

(D) A obrigação de reparar o dano causado ao erário ou a terceiros estende-se aos sucessores e contra eles será executada, até o limite do valor da herança recebida.

(E) Se o terceiro prejudicado for ressarcido pelo Poder Público em regular ação judicial, o servidor não responderá pelo dano a ele causado.

A: incorreta (art. 126 da Lei 8.112/1990); **B:** incorreta (art. 125 da Lei 8.112/1990); **C:** incorreta (art. 123 da Lei 8.112/1990); **D:** correta (art. 122, § 3º, da Lei 8.112/1990); **E:** incorreta (art. 122, § 2º, da Lei 8.112/1990). Gabarito "D".

3.5. Penalidades

(Técnico Judiciário – TRT24 – FCC – 2017) Claudia e Joana são servidoras públicas federais, tendo praticado faltas disciplinares no exercício de suas atribuições. Claudia faltou ao serviço, sem causa justificada, por sessenta dias, interpoladamente, durante o período de doze meses. Joana, de histórico exemplar vez que nunca sofrera qualquer penalidade administrativa, opôs resistência injustificada à execução de determinado serviço. Cumpre salientar que ambas as servidoras ainda não foram processadas administrativamente embora a Administração já tenha conhecimento dos fatos praticados. Nos termos da Lei 8.112/1990, as ações disciplinares relativas às infrações praticadas pelas servidoras prescreverão em

(A) 5 anos e 2 anos, respectivamente, contados tais prazos a partir da data em que os fatos se tornaram conhecidos pela Administração.

(B) 2 anos e 180 dias, respectivamente, contados tais prazos a partir da data em que os fatos se tornaram conhecidos pela Administração.

(C) 5 anos e 180 dias, respectivamente, contados tais prazos a partir da data em que os fatos se tornaram conhecidos pela Administração.

(D) 2 anos, contado tal prazo da data em que praticadas as condutas.

(E) 5 anos, contado tal prazo da data em que praticadas as condutas.

Cláudia praticou inassiduidade pontual, descrita no art. 139 da Lei 8.112/1990. O art. 132, III, da mesma lei dispõe que tal conduta é punida com demissão, cuja ação disciplinar prescreve em 5 anos, conforme determina o art. 142, I, dessa lei. Joana praticou resistência injustificada (art. 117, IV), cuja pena é a advertência (art. 127, I), e a ação disciplinar prescreve em 180 dias (art. 142, III).

(Técnico Judiciário – TRT24 – FCC – 2017) Luciana, servidora pública federal, faltou justificadamente ao serviço em razão de forte enchente que atingiu local próximo à sua residência, impedindo-a de se deslocar até seu local de seu trabalho. Nos termos da Lei 8.112/1990, a falta de Luciana

(A) poderá ser compensada a critério da chefia imediata, mas não será considerada como efetivo exercício.

(B) poderá ser compensada a critério da chefia imediata, sendo assim considerada como efetivo exercício.

(C) não poderá ser compensada, haja vista a natureza da falta.

(D) poderá ser compensada a critério da chefia mediata e não será considerada como efetivo exercício.

(E) poderá ser compensada a critério da chefia mediata, sendo assim considerada como efetivo exercício.

A letra B corresponde ao disposto no art. 44, parágrafo único, da Lei 8.112/1990.

(Técnico Judiciário – TRT20 – FCC – 2016) Luciana é técnica administrativa do Tribunal Regional do Trabalho da 20ª Região há quinze anos, tendo, dentre outras atribuições, a de classificar e autuar os processos. Cumpre salientar que Luciana detém um histórico funcional exemplar, haja vista nunca ter sofrido qualquer penalidade administrativa. Em 2015, opôs resistência injustificada à autuação de determinados processos, retardando propositadamente os seus andamentos. Nos termos da Lei 8.112/1990, a ação disciplinar quanto à infração praticada por Luciana prescreverá em

(A) 5 anos.

(B) 2 anos.

(C) 180 dias.

(D) 1 ano.

(E) 90 dias.

Luciana praticou resistência injustificada capitulada no art. 117, IV, da Lei 8.112/1990, cuja pena é a advertência, e a ação disciplinar prescreve em 180 dias.

(Técnico Judiciário – Área Administrativa – TRT12 – 2013 – FCC) Gertrudes é servidora pública do Tribunal Regional do Trabalho da 12ª Região e, no exercício de seu cargo, opõe resistência injustificada ao andamento de um processo. Após regular processo administrativo, Gertrudes é punida no ano de 2012 com pena de advertência. Neste ano de 2012, a referida funcionária pratica nova falta funcional e novamente opõe resistência injustificada ao andamento de alguns processos. Neste caso, de acordo com a Lei 8.112/1990, Gertrudes, após regular processo administrativo, será apenada com

(A) repreensão.

(B) advertência, pela última vez.

(C) demissão.

(D) suspensão, que não poderá exceder 60 dias.

(E) suspensão, que não poderá exceder 90 dias.

Nos termos do art. 130, *caput*, da Lei 8.112/1990, "a suspensão será aplicada em caso de reincidência das faltas punidas com advertência e de violação das demais proibições que não tipifiquem infração sujeita a penalidade de demissão, não podendo exceder de 90 (noventa) dias". Portanto, correta é a opção "E".

(Técnico – TRT/19ª Região – 2014 – FCC) Alice, servidora pública do Tribunal Regional do Trabalho da 19ª Região, encontrava-se em seu local de trabalho, exercendo normalmente suas atribuições, quando foi surpreendida por um particular que lhe dirigiu graves xingamentos, ofensivos à sua moral. Alice, abalada emocionalmente, ofendeu fisicamente o particular. Nos termos da Lei 8.112/1990, Alice

(A) está sujeita à pena de repreensão.

(B) não sofrerá punição, haja vista ter agido em legítima defesa.

(C) cometeu ato de improbidade e pode sofrer a suspensão dos seus direitos políticos por 8 (oito) anos.

(D) está sujeita à pena de demissão.

(E) não sofrerá punição, mas terá o episódio registrado em seu prontuário, para fins de antecedentes funcionais.

A: Incorreta, pois não há previsão da penalidade disciplinar no art. 127 da Lei 8.112/1990; **B**: Incorreta, pois a legítima defesa somente é admitida em resposta a agressão física; **C**: Incorreta, pois não houve enriquecimento ilícito previsto na Lei 8.429/1992, não cabendo, portanto, a sanção mencionada na alternativa; **D**: Correta, nos termos do art. 132, VII, da Lei 8.112/1990; **E**: Incorreta, pois a servidora estará sujeita à pena de demissão prevista no art. 132 da Lei 8.112/1990.

(Técnico Judiciário – TRT/7ª – 2009 – FCC) Quanto às penalidades aplicadas aos servidores públicos conforme previsto na Lei nº 8.112/1990, considere:

I. Será cassada a aposentadoria do inativo que houver praticado, na atividade, falta punível com a suspensão.

II. A destituição de cargo em comissão exercido por não ocupante de cargo efetivo será aplicada nos casos de infração sujeita às penalidades de suspensão e de demissão.

III. Configura abandono de função a ausência culposa do servidor ao serviço por mais de quinze dias consecutivos.

IV. Entende-se por inassiduidade habitual a falta ao serviço, sem causa justificada, por sessenta dias, interpoladamente, durante o período de doze meses.

V. O prazo para a conclusão do processo administrativo disciplinar submetido ao rito sumário não excederá trinta dias, contados da data de publicação do ato que constituir a comissão, admitida a sua prorrogação por até quinze dias, quando as circunstâncias o exigirem.

É correto o que se afirma APENAS em

(A) II, III e V.

(B) I, II e IV.

(C) II, IV e V.

(D) I e IV.

(E) III e IV.

I: incorreta (art. 134 da Lei 8.112/1990); **II:** correta (art. 135, *caput*, da Lei 8.112/1990); **III:** incorreta (art. 138 da Lei 8.112/1990); **IV:** correta (art. 139 da Lei 8.112/1990); **V:** correta (art. 133, § 7º, da Lei 8.112/1990).

(Técnico – TRT/11ª – 2012 – FCC) Manoel, servidor público federal, foi punido com a penalidade de suspensão por sessenta dias. Nos termos da Lei nº 8.112/1990, após o decurso de determinado período de efetivo exercício, Manoel terá a sanção cancelada de seus registros, desde que, nesse período, não tenha praticado nova infração disciplinar. O lapso temporal a que se refere o enunciado é de

(A) 2 anos.

(B) 4 anos.

(C) 3 anos.

(D) 5 anos.

(E) 1 ano.

Art. 131, *caput*, da Lei 8.112/1990.

(Técnico Judiciário – TRT/14ª – 2011 – FCC) De acordo com a Lei nº 8.112/1990, que dispõe sobre o Regimento Jurídico dos servidores públicos civis da União, das autarquias e das Fundações Públicas Federais, a ausência intencional do servidor ao serviço por mais de trinta dias consecutivos acarretará a penalidade de

(A) censura.
(B) repreensão.
(C) suspensão de até 30 dias.
(D) demissão.
(E) advertência.

Arts. 132, II e 138, da Lei 8.112/1990. Gabarito "D".

(Técnico Judiciário – TRT/1ª – 2008 – CESPE) As penalidades administrativas previstas na Lei nº 8.112/1990 incluem a

I. demissão.
II. exoneração.
III. advertência.
IV. dispensa de função comissionada.
V. expulsão.

A quantidade de itens certos é igual a

(A) 1. (B) 2. (C) 3. (D) 4. (E) 5.

I: correta (art. 127, III, da Lei 8.112/1990); II: incorreta, exoneração não é forma de penalidade (art. 34 da Lei 8.112/1990); III: correta (art. 127, I, da Lei 8.112/1990); IV e V: incorretas, não há previsão dessas espécies de penalidade. Gabarito "B".

4. PROCESSO DISCIPLINAR

4.1. Disposições gerais

(Técnico Judiciário – Área Administrativa – TRT8 – 2013 – CESPE) Acerca das disposições da Lei n.º 8.112/1990 relacionadas ao processo administrativo disciplinar, assinale a opção correta.

(A) O processo disciplinar poderá ser revisto quando se aduzirem fatos novos suscetíveis de justificar a inadequação da penalidade aplicada, devendo o requerimento de revisão do processo ser dirigido ao ministro de Estado competente ou a autoridade equivalente.
(B) O processo disciplinar deve ser conduzido por comissão composta de três servidores estáveis e ocupantes de cargo efetivo de mesmo nível ou de nível superior ao do indiciado.
(C) Concluído o interrogatório do acusado, a comissão deverá promover a inquirição das testemunhas.
(D) Na hipótese de sugestão, pela comissão processante, em um mesmo processo administrativo disciplinar, de aplicação da penalidade de cassação de aposentadoria a um indiciado e da aplicação da penalidade de suspensão de vinte dias a outro indiciado, o julgamento, em cada caso, caberá ao chefe da repartição em que estiver lotado o indiciado.
(E) Da sindicância poderá resultar a aplicação de penalidade de suspensão de até sessenta dias.

A: Correta, nos termos dos arts. 174 e 176 da Lei 8.112/1990; B: Incorreta, pois o presidente da comissão deverá ser ocupante de cargo efetivo superior ou de mesmo nível, ou ter nível de escolaridade igual ou superior ao do indiciado. A referida comissão será composta de três servidores estáveis designados pela autoridade competente prevista no art. 143, § 3º, da Lei 8.112/1990 (art. 149 da Lei 8.112/1990); C: Incorreta. A ordem é inversa, pois, uma vez concluída a inquirição das testemunhas, a comissão promoverá o interrogatório do acusado (art. 159 da Lei 8.112/1990); D: Incorreta, pois apenas as penalidades disciplinares de advertência ou de suspensão até 30 dias serão aplicadas pelo chefe da repartição (art. 141, III, da Lei 8.112/1990). Já a pena de cassação de aposentadoria será aplicada pelo Presidente da República, pelos Presidentes das Casas do Poder Legislativo e dos Tribunais Federais e pelo Procurador-Geral da República, quando se tratar de demissão e cassação de aposentadoria ou disponibilidade de servidor vinculado ao respectivo Poder, órgão, ou entidade (art. 141, I, da Lei 8.112/1990); E: Incorreta, pois da sindicância poderá resultar aplicação de suspensão até 30 dias (art. 145, II, da Lei 8.112/1990). É importante salientar que se o ilícito praticado pelo servidor ensejar a imposição da penalidade de suspensão por mais de 30 dias, será obrigatória a instauração de processo disciplinar (art. 146 da Lei 8.112/1990). Gabarito "A".

(Técnico Judiciário – TRT/22ª – 2010 – FCC) Estabelece a Lei nº 8.112/1990, que a ação disciplinar prescreverá, quanto às infrações punidas com advertência, cassação de aposentadoria, suspensão e destituição de cargo em comissão, respectivamente, em:

(A) 180 dias; 02 anos; 05 anos e 02 anos.
(B) 180 dias; 05 anos; 02 anos e 05 anos.
(C) 02 anos; 180 dias; 05 anos e 02 anos.
(D) 02 anos; 05 anos; 180 dias e 05 anos.
(E) 05 anos; 02 anos; 02 anos e 180 dias.

Art. 142, III (advertência), I (cassação de aposentadoria), II (suspensão), I (destituição de cargo em comissão), da Lei 8.112/1990. Gabarito "B".

4.2. Processo disciplinar (em geral, inquérito, julgamento e revisão)

(Técnico Judiciário – TRT/1ª – 2008 – CESPE) José é servidor da administração pública direta e regido pela Lei nº 8.112/1990. Nos meses de janeiro e fevereiro de 2008, ele faltou deliberadamente ao serviço por 35 dias ininterruptos, razão por que foi instaurado processo administrativo para julgamento de sua conduta. A partir da situação hipotética acima, assinale a opção correta.

(A) No processo administrativo disciplinar, será apurado o abandono do cargo com indicação da materialidade da ilegalidade praticada pela comprovação do período de ausência intencional ao serviço.
(B) A penalidade aplicável ao servidor é a de advertência ou demissão, a critério da autoridade julgadora.
(C) A critério da comissão disciplinar, José poderá ser removido para outra localidade para não interferir na apuração de sua falta.
(D) Na hipótese de demissão, José não mais poderá voltar ao serviço público.
(E) Na hipótese de a autoridade julgadora ser também o superior hierárquico imediato de José, em razão da aplicação do princípio da verdade sabida, o processo disciplinar poderá ser simplificado, excluindo-se a formação de comissão disciplinar.

Art. 140, I, *a*, da Lei 8.112/1990. Gabarito "A".

9. Lei 8.666/1993
(Licitações e Contratos Administrativos)

Wander Garcia, Ana Paula Garcia, Georgia Dias e Ivo Tomita

1. LICITAÇÃO

1.1. Princípios

(Técnico Judiciário – TRT/19ª – 2015 – FCC) O Governo Federal, ao instituir a Política Nacional de Resíduos Sólidos, incluiu, entre seus objetivos, a prioridade nas aquisições e contratações governamentais, para: (a) produtos reciclados e recicláveis; (b) bens, serviços e obras que considerem critérios compatíveis com padrões de consumo social e ambientalmente sustentáveis. O tema em questão está associado ao seguinte princípio relativo às licitações públicas:

(A) adjudicação compulsória.
(B) licitação sustentável.
(C) julgamento objetivo.
(D) ampla defesa.
(E) vinculação ao instrumento convocatório.

A: incorreta, pois a adjudicação compulsória quer dizer que o vencedor do certame deve ter atribuído a sim o objeto da contratação; **B:** correta, pois a prioridade em questão de fato colabora com a sustentabilidade do meio ambiente; **C:** incorreta, pois o julgamento objetivo é regra que determina que na licitação se busque não só estabelecer critérios objetivos de julgamento, como também julgar da forma mais objetiva possível as propostas; **D:** incorreta, pois o enunciado não faz referência alguma à ampla defesa; **E:** incorreta, pois o enunciado não faz referência alguma a esse princípio, que significa que tanto a Administração como o licitante deve obedecer à risca ao que dispõe o edital de licitação. 🔲
Gabarito "B".

(Técnico Judiciário – TRT/9ª – 2010 – FCC) Analise as seguintes assertivas acerca dos princípios que regem as licitações:

I. Se a Administração levar o procedimento licitatório a seu termo, a adjudicação só pode ser feita ao vencedor; entretanto, há direito subjetivo à adjudicação ainda que a Administração opte, com justa causa, pela revogação do procedimento.

II. A publicidade é a mais ampla possível na concorrência, em que o interesse maior da Administração é o de atrair maior número de licitantes, e se reduz ao mínimo no convite, em que o valor do contrato dispensa maior divulgação.

III. É princípio de toda licitação que seu julgamento se apoie em fatores concretos pedidos pela Administração, em confronto com o ofertado pelos proponentes dentro do permitido no edital ou convite.

IV. A vinculação ao instrumento convocatório significa que a Administração não pode descumprir normas e condições por ela estabelecidas no edital da licitação, sendo, portanto, dirigida apenas ao ente público.

Está correto o que consta APENAS em

(A) I, II e IV.
(B) II e III.
(C) I e IV.
(D) I, II e III.
(E) II, III e IV.

I: incorreta, pois o princípio da adjudicação compulsória apenas impede que a Administração, concluído o procedimento licitatório, atribua seu objeto a outrem que não o vencedor do certame. A Administração Pública não fica obrigada a contratar se não for anulada ou revogada a licitação, assim como, caso não seja homologada por ilegalidade ou ausência de interesse público, não fica obrigada a adjudicar; **II:** correta, pois a modalidade convite tem limite menor de valor de contrato e não necessita publicação de edital (art. 22, § 3º e 23, I e II, da Lei 8.666/1993); **III:** correta (art. 3º da Lei 8.666/1993); **IV:** incorreta, pois a vinculação ao instrumento convocatório obriga todas as partes contratantes (arts. 3º e 55, XI, da Lei 8.666/1993). 🔲
Gabarito "B".

1.2. Contratação direta (licitação dispensada, dispensa e inexigibilidade)

(Técnico Judiciário – TRT24 – FCC – 2017) A União Federal pretende contratar diretamente, por dispensa de licitação, serviço para o abastecimento de navios, por tratar-se de estada eventual de curta duração em portos, por motivo de movimentação operacional. Nos termos da Lei 8.666/1993, será dispensável a licitação, desde que a exiguidade dos prazos legais possa comprometer a normalidade e os propósitos da operação e desde que o valor contratual não exceda, em reais, a

(A) 90.000,00
(B) 80.000,00
(C) 100.000,00
(D) 200.000,00
(E) 150.000,00

A alternativa correta é a B, conforme o disposto nos arts. 24, XVIII e 23, II, *a*, da Lei 8.666/1996. 🔲
Gabarito "B".

(Técnico Judiciário – TRT/19ª – 2015 – FCC) Em procedimento licitatório promovido pelo Estado de Alagoas, não acudiram interessados no certame. Se o mencionado procedimento licitatório, justificadamente, não puder ser repetido sem prejuízo para o Estado, e desde que mantidas, neste caso, todas as condições preestabelecidas,

(A) deve, obrigatoriamente, ser realizado outro certame licitatório com modalidade idêntica à do anterior.
(B) deve, obrigatoriamente, ser realizado outro certame licitatório com modalidade diversa do anterior.
(C) é dispensável a licitação.
(D) deve, necessariamente, ser prorrogado o certame.
(E) é inexigível a licitação.

A, B, D e E: incorretas, pois nesse caso a licitação é dispensável (art. 24, V, da Lei 8.666/93); **C:** correta (art. 24, V, da Lei 8.666/93). 🔲
Gabarito "C".

(Técnico – TRT/2ª Região – 2014 – FCC) Determinada empresa estatal fabrica aeronaves de diversos tipos, tendo reconhecimento internacional quanto à qualidade de seus modelos. O ente federado que autorizou a criação a referida empresa precisa adquirir uma aeronave para servir ao deslocamento de autoridades em missões oficiais. Para o ente federado adquirir a aeronave da empresa estatal

(A) poderá fazê-lo diretamente, tendo em vista que entre entes públicos não incide a lei de licitações.
(B) poderá fazê-lo diretamente, tendo em vista que incide hipótese de dispensa de licitação em face da natureza do bem.
(C) deverá fazê-lo diretamente com a empresa estatal que a fabrica, diante de hipótese de inexigibilidade de licitação, visto que não se instaura competição entre entes da mesma esfera de governo.
(D) poderá fazê-lo diretamente, desde que a empresa já existisse por ocasião da promulgação da lei de licitações e que o preço da aquisição seja comprovadamente compatível com os valores praticados no mercado.
(E) deverá fazê-lo por meio de licitação, tendo em vista que a aquisição de bens pela Administração pública somente pode ser feita pelo critério do menor preço, mesmo nas hipóteses de dispensa do certame.

É dispensável a licitação para a aquisição, por pessoa jurídica de direito público interno, de bens produzidos ou serviços prestados por órgão ou entidade que integre a Administração Pública e que tenha sido criado para esse fim específico em data anterior à vigência desta Lei, desde que o preço contratado seja compatível com o praticado no mercado (art. 24, VII, da Lei 8.666/1993).

(Técnico Judiciário – TRT/9ª – 2012 – FCC) De acordo com a Lei nº 8.666/1993, é dispensável a licitação

(A) para aquisição de bens para necessidade contínua, pelo sistema de registro de preços.

(B) para alienação de imóvel, desde que desafetado do serviço público.

(C) para compra de produto de marca preferencial da Administração.

(D) para contratação de serviços comuns, de natureza contínua.

(E) nos casos de guerra ou grave perturbação da ordem.

A: incorreta, pois não há tal previsão no art. 24 da Lei 8.666/1993; **B:** incorreta, pois, como regra, é necessário fazer licitação para a alienação de imóvel público (art. 17, I, da Lei 8.666/1993), que, diga-se de passagem, sempre deve estar desafetado para que a alienação possa ser feita; **C:** incorreta, pois a compra de produto de marca preferencial sequer é permitida (art. 25, I, da Lei 8.666/1993), quanto mais sem licitação; **D:** incorreta, pois esse caso não dispensa licitação, ensejando, inclusive, licitação na modalidade comum (art. 1º da Lei 10.520/2002); **E:** correta (art. 24, III, da Lei 8.666/1993).

(Técnico Judiciário – TRT/9ª – 2012 – FCC) Como traço de semelhança ou de distinção entre a dispensa e a inexigibilidade de licitação pode-se indicar, dentre outras, a característica

(A) da licitação, nas hipóteses de inexigibilidade, ser, em tese, possível, mas diante da vontade do legislador, para agilizar algumas situações, torna-se prescindível.

(B) da dispensa de licitação incidir nas hipóteses em que a licitação é inviável, por impossibilidade de competição.

(C) da licitação, nas hipóteses de dispensa, ser, em tese, possível, mas diante da vontade do legislador, torna-se prescindível nas situações indicadas.

(D) do rol de hipóteses de dispensa de licitação ser exemplificativo, na medida em que se trata de norma de exceção à regra legal que obriga o certame como observância do princípio da isonomia.

(E) do rol de hipóteses de inexigibilidade de licitação ser taxativo, na medida em que se trata de norma de exceção à regra legal que obriga o certame como observância do princípio da isonomia, não admitindo flexibilização.

A: incorreta, pois, na inexigibilidade, a licitação não é possível ("é inviável"), não havendo discricionariedade do administrador entre realizá-la ou não, só cabendo não fazer a licitação, caso queira contratar numa hipótese que enseja inexigibilidade; **B:** incorreta, pois em caso de inviabilidade da licitação tem-se inexigibilidade (art. 25, *caput*, da Lei 8.666/1993) e não dispensa de licitação (art. 24 da Lei 8.666/1993); **C:** correta, pois, de fato, na dispensa de licitação, o administrador pode ou não fazer licitação, havendo discricionariedade nessa escolha; **D:** incorreta, pois o rol das hipóteses de dispensa de licitação é taxativo, ou seja, só há dispensa nos casos expressamente previstos na lei; **E:** incorreta, pois o rol das hipóteses de inexigibilidade de licitação é exemplificativo, ou seja, qualquer outra situação em que houver inviabilidade de competição, mesmo que não prevista nas três hipóteses casuísticas do art. 25 da Lei 8.666/1993, ensejará a inexigibilidade da licitação.

(Técnico Judiciário – TRT/8ª – 2010 – FCC) Licitações com objetos similares e com realização prevista para intervalos NÃO superiores a trinta dias, segundo a Lei n. 8.666/1993, é conceito de licitações

(A) simultâneas.

(B) sucessivas.

(C) continuadas.

(D) fracionadas.

(E) paralelas.

A questão descreveu o conceito de licitações simultâneas, conforme dispõe a primeira parte do parágrafo único do art. 39 da Lei 8.666/1993.

(Técnico Judiciário – TRT/9ª – 2010 – FCC) No que concerne ao tema dispensa e inexigibilidade de licitação, é correto afirmar que

(A) é inexigível licitação na contratação de instituição brasileira incumbida regimental ou estatutariamente da pesquisa, do ensino ou do

desenvolvimento institucional, desde que detenha inquestionável reputação ético-profissional e não tenha fins lucrativos.

(B) é inexigível a licitação quando houver inviabilidade de competição, sendo admitida tal modalidade de contratação direta para serviços de publicidade e divulgação.

(C) é inexigível licitação para contratação de profissional do setor artístico, não sendo necessário que seja consagrado pela crítica especializada ou pela opinião pública.

(D) as situações de inexigibilidade devem ser justificadas e comunicadas, dentro de cinco dias, à autoridade superior para a respectiva ratificação e publicação na imprensa oficial.

(E) se comprovado superfaturamento, tanto na dispensa como na inexigibilidade, a responsabilidade pelo dano causado à Fazenda Pública será solidária entre o fornecedor ou o prestador do serviço e o agente público.

A: incorreta, pois se trata de hipótese de dispensa (art. 24, XIII, da Lei 8.666/1993); **B:** incorreta, pois é vedada a inexigibilidade para serviços de publicidade e divulgação (art. 25, II, da Lei 8.666/1993); **C:** incorreta, pois é inexigível a licitação para contratação de profissional de qualquer setor artístico, diretamente ou através de empresário exclusivo, desde que consagrado pela crítica especializada ou pela opinião pública (art. 25, III, da Lei 8.666/1993); **D:** incorreta, pois a comunicação deverá ser feita dentro de três dias (art. 26, *caput*, da Lei 8.666/1993); **E:** correta (art. 25, § 2º, da Lei 8.666/1993).

(Técnico Judiciário – TRT/22ª – 2010 – FCC) De acordo com a Lei n. 8.666/1993 é inexigível a licitação, dentre outras hipóteses, quando

(A) houver inviabilidade de competição.

(B) houver grave perturbação da ordem.

(C) houver possibilidade de comprometimento da segurança nacional.

(D) a União tiver que intervir no domínio econômico para regular preços.

(E) não acudirem interessados na licitação anterior e esta não puder ser repetida sem prejuízo para a Administração.

A: correta (art. 25 da Lei 8.666/1993); **B:** incorreta, pois se trata de hipótese de dispensa de licitação (art. 24, III, da Lei 8.666/1993); **C:** incorreta, pois se trata de hipótese de dispensa de licitação (art. 24, IX, da Lei 8.666/1993); **D:** incorreta, pois se trata de hipótese de dispensa de licitação (art. 24, VI, da Lei 8.666/1993); **E:** incorreta, pois se trata de hipótese de dispensa de licitação (art. 24, V, da Lei 8.666/1993).

(Técnico Judiciário – TRT/17ª – 2009 – CESPE) Acerca de licitações públicas, julgue o próximo item.

(1) A contratação de famoso cantor para se apresentar em praça pública no aniversário de determinada cidade caracteriza um dos casos de dispensa licitação.

1: errada, trata-se de hipótese de inexigibilidade de licitação (art. 25, III, da Lei 8.666/1993).

1.3. Modalidades

(Analista Judiciário – TRT/24 – FCC – 2017) Considere as assertivas abaixo concernentes à licitação para registro de preços.

I. O edital poderá admitir, como critério de julgamento, o menor preço aferido pela oferta de desconto sobre tabela de preços praticados no mercado, desde que tecnicamente justificado.

II. Quando o edital previr o fornecimento de bens ou prestação de serviços em locais diferentes, é facultada a exigência de apresentação de proposta diferenciada por região, de modo que aos preços sejam acrescidos custos variáveis por região.

III. O exame e a aprovação das minutas do instrumento convocatório e do contrato serão efetuados exclusivamente pela assessoria jurídica do órgão gerenciador.

IV. Após o encerramento da etapa competitiva, os licitantes não poderão reduzir seus preços ao valor da proposta do licitante mais bem classificado.

Nos termos do Decreto n. 7.892/2013, está correto o que se afirma APENAS em

(A) III e IV.

(B) II.

9. LEI 8.666/1993 · 555

(C) I, II e III.
(D) IV.
(E) I, II e IV.

I: correto, art. 9º, § 1º, do Decreto 7.892/2013; **II:** correto, art. 9º, § 2º, do Decreto 7.892/2013, **III:** correta, art. 9º, § 4º, do Decreto 7.892/2013, **IV:** incorreta, pois poderão reduzir seus preços (art. 10 do Decreto 7.892/2013). [GD]
Gabarito "C".

(Analista Judiciário – TRT/24 – FCC – 2017) Em determinada licitação, na modalidade concorrência, umas das empresas licitantes impugnou, tempestivamente, cláusula do edital, alegando a existência de ilegalidade no instrumento convocatório. Nos termos da Lei n. 8.666/1993, a impugnação tempestiva da empresa

(A) constitui impeditivo para a participação nas próximas fases do certame, independentemente do momento em que ocorrerá o julgamento da impugnação.
(B) não a impedirá de participar do processo licitatório até o trânsito em julgado da decisão a ela pertinente.
(C) não a impedirá de participar do processo licitatório até ser proferida a primeira decisão acerca da impugnação.
(D) não a impedirá de participar do processo licitatório em nenhum momento da licitação, independentemente da decisão acerca da impugnação.
(E) não a impedirá de participar do processo licitatório até a última decisão a ela pertinente, não se exigindo o trânsito em julgado, mas que seja a última decisão proferida.

Determina o art. 41, § 3º, da Lei 8.666/1993 que: "A impugnação feita tempestivamente pelo licitante não o impedirá de participar do processo licitatório até o trânsito em julgado da decisão a ela pertinente". [GD]
Gabarito "B".

(Técnico Judiciário – TRT8 – CESPE – 2016) Considerando que determinado órgão da União deseje contratar, por meio de pregão, serviços de reprografia e digitalização de documentos, acrescido da manutenção de todo o maquinário necessário, assinale a opção correta com base na legislação relativa ao pregão.

(A) O parâmetro de julgamento e classificação das propostas do pregão deve ser o de melhor técnica.
(B) Nesse caso, o órgão está obrigado a realizar a modalidade eletrônica do pregão.
(C) O órgão só poderá optar pelo pregão se os serviços forem considerados comuns.
(D) Somente servidores ocupantes de cargo efetivo do quadro permanente do órgão poderão integrar a equipe de apoio na realização do pregão.
(E) Não se admitirá a utilização do pregão caso a administração opte por realizar a contratação dos serviços pelo sistema de registro de preços.

A: incorreta, será adotado o critério do menor preço (art. 4º, X, da Lei 10.520/2002); **B:** incorreta, é uma faculdade (art. 2º, § 1º, da Lei 10.520/2002); **C:** correta (art. 1º da Lei 10.520/2002); **D:** incorreta, a maioria dos servidores poderá integrar a equipe de apoio (art. 3º, § 1º, da Lei 10.520/2002); **E:** incorreta, pode se admitir a utilização do pregão nesse caso (art. 11 da Lei 10.520/2002). [GD]
Gabarito "C".

(Técnico Judiciário – TRT20 – FCC – 2016) A empresa vencedora de determinada licitação, na modalidade pregão, ao longo da execução contratual, cometeu fraude fiscal. Em razão do ocorrido, ficará, dentre outras sanções, impedida de contratar com a União, Estados, Distrito Federal ou Municípios pelo prazo de até

(A) 5 anos.
(B) 10 anos.
(C) 8 anos.
(D) 7 anos.
(E) 15 anos.

O prazo é de até 5 anos sem prejuízo das multas previstas em edital e no contrato e das demais cominações legais, conforme determina o art. 7º da Lei 10.520/2002. Na Lei 8.666.1993 esse prazo é de 2 anos (art. 87, III). [GD]
Gabarito "A".

(Técnico Judiciário – TRT20 – FCC – 2016) A Prefeitura de determinado Município do Estado de Sergipe pretende vender bens móveis que lhe são inservíveis como, por exemplo, cadeiras, mesas e estantes,

bens estes muito antigos e sem serventia à Administração municipal. Nos termos da Lei 8.666/1993, a modalidade licitatória apropriada ao caso narrado é

(A) concorrência.
(B) leilão.
(C) tomada de preços
(D) convite.
(E) pregão.

A alternativa correta é a que trata do leilão, conforme disposto no art. 22, § 5º, da Lei 8.666/1993. [GD]
Gabarito "B".

(Técnico – TRT/2ª Região – 2014 – FCC) Difere o pregão das modalidades de licitação previstas na Lei n. 8.666/1993, dentre outras características,

(A) porque essa modalidade de licitação não admite a interposição de recurso por parte dos competidores, com vista as dar maior celeridade à contratação.
(B) porque permite a alteração do valor da aquisição após a celebração do contrato, em razão da mutabilidade ínsita à natureza da avença.
(C) pela possibilidade de apresentação de novos lances verbais pelo autor da oferta de valor mais baixo, além dos outros licitantes que tiver em proposto valores até 10% superiores àquele.
(D) pela oralidade da instrução, que prescinde da formalização escrita em suas diversas fases.
(E) pela fase de lances verbais, da qual participam todos os qualificados na fase de habilitação, inclusive com possibilidade de apresentação de novos lances.

A: Incorreta, pois, conforme o inciso XVIII do art. 4º da Lei 10.520/2002, declarado o vencedor, qualquer licitante poderá manifestar imediata e motivadamente a intenção de recorrer, quando lhe será concedido o prazo de 3 (três) dias para apresentação das razões do recurso, ficando os demais licitantes desde logo intimados para apresentar contrarrazões em igual número de dias, que começarão a correr do término do prazo do recorrente, sendo-lhes assegurada vista imediata dos autos; **B:** Incorreta, pois não é possível a alteração do contrato após sua celebração; **C:** Correta, conforme art. 4º, VIII, da Lei 10.520/2002; **D:** Incorreta, pois aberta a sessão, os interessados ou seus representantes, apresentarão declaração dando ciência de que cumprem plenamente os requisitos de habilitação e entregarão os envelopes contendo a indicação do objeto e do preço oferecidos, procedendo-se à sua imediata abertura e à verificação da conformidade das propostas com os requisitos estabelecidos no instrumento convocatório e, posteriormente, se necessário for, haverá oferecimento de lances verbais (art. 4º, VII a IX da Lei 10.520/2002); **E:** Incorreta, pois a participação é restrita aos autores da oferta de valor mais baixo e os das ofertas com preços até 10% (dez por cento) superiores àquela poderão fazer novos lances verbais e sucessivos, até a proclamação do vencedor. [II]
Gabarito "C".

(Técnico Judiciário – TRT/9ª – 2012 – FCC) Considerando as disposições da Lei nº 8.666/1993, modalidade licitatória aplicável para

I. venda de produtos legalmente apreendidos ou penhorados.
II. aquisição de bens de natureza comum.
III. obras com valor da contratação estimado em até R$ 150.000,00.
correspondem, respectivamente, a

(A) pregão, leilão e tomada de preços.
(B) leilão, pregão e convite.
(C) leilão, convite e tomada de preços.
(D) concorrência, pregão e convite.
(E) convite, tomada de preços e concorrência.

I: leilão (art. 22, § 5º, da Lei 8.666/1993); **II:** pregão (art. 1º da Lei 10.520/2002); **III:** convite (art. 23, I, *a*, da Lei 8.666/1993). [AG]
Gabarito "B".

(Técnico Judiciário – TRT/8ª – 2010 – FCC) A modalidade de licitação entre interessados previamente cadastrados ou que atenderem a todas as condições exigidas para cadastramento até o terceiro dia anterior à data do recebimento das propostas, observada a necessária qualificação, é denominada

(A) concorrência.
(B) convite.
(C) tomada de preços.
(D) leilão.
(E) concurso.

Art. 22, § 2º, da Lei 8.666/1993.

(Técnico Judiciário – TRT/8ª – 2010 – FCC) Para a contratação de obras e serviços de engenharia com valor acima de R$ 1.500.000,00 (um milhão e quinhentos mil reais), ressalvadas as hipóteses de dispensa e de inexigibilidade, deve ser feita licitação na modalidade

(A) pregão.
(B) tomada de preços.
(C) convite.
(D) leilão.
(E) concorrência.

Art. 23, I, *c*, da Lei 8.666/1993 (de acordo com a redação dada pela Lei 9.648/1998).

(Técnico Judiciário – TRT/15ª – 2009 – FCC) Sobre as modalidades de licitação, considere:

I. Modalidade de licitação entre interessados devidamente cadastrados ou que atenderem a todas as condições exigidas para cadastramento até o terceiro dia anterior à data do recebimento das propostas, observada a necessária qualificação.
II. Modalidade de licitação entre quaisquer interessados que, na fase inicial de habilitação preliminar, comprovem possuir os requisitos mínimos de qualificação exigidos no edital para execução de seu objeto.
III. Modalidade de licitação entre quaisquer interessados para escolha de trabalho técnico, científico ou artístico, mediante a instituição de prêmios ou remuneração aos vencedores, conforme critérios constantes de edital publicado na imprensa oficial com antecedência mínima de 45 (quarenta e cinco) dias.
IV. Modalidade de licitação entre quaisquer interessados para a venda de bens móveis inservíveis para a administração ou de produtos legalmente apreendidos ou penhorados, ou para a alienação de bens imóveis prevista no art. 19, a quem oferecer o maior lance, igual ou superior ao valor da avaliação.

Os conceitos acima se referem, respectivamente, a

(A) concorrência, concurso, tomada de preços e leilão.
(B) tomada de preços, concorrência, concurso e leilão.
(C) leilão, tomada de preços, concorrência e concurso.
(D) concurso, concorrência, leilão e tomada de preços.
(E) tomada de preços, concorrência, leilão e concurso.

I: art. 22, § 2º, da Lei 8.666/1993; **II:** art. 22, § 1º, da Lei 8.666/1993; **III:** art. 22, § 4º, da Lei 8.666/1993; **IV:** art. 22, § 5º, da Lei 8.666/1993.

(Técnico Judiciário – TRT/20ª – 2011 – FCC) Sobre licitação, considere as seguintes características:

I. Destina-se à escolha de trabalho técnico, científico ou artístico.
II. A contraprestação pode ser através remuneração.
III. Destina-se a interessados previamente cadastrados.
IV. O edital é publicado na imprensa oficial com antecedência mínima de trinta dias.

São características da modalidade de licitação concurso o que consta nos itens

(A) I e II, apenas.
(B) I, II e III, apenas.
(C) I, III e IV, apenas.
(D) III e IV, apenas.
(E) I, II, III e IV.

I e II: corretas (art. 22, § 4º, da Lei 8.666/1993); **III:** incorreta, pois o cadastro prévio não é exigido na modalidade concurso, apenas na tomada de preços (art. 22, § 2º, da Lei 8.666/1993); **IV:** incorreta, pois o edital é publicado na imprensa oficial com antecedência mínima de quarenta e cinco dias (art. 22, § 4º, da Lei 8.666/1993).

(Técnico Judiciário – TRT/23ª – 2011 – FCC) No que concerne à modalidade de licitação concurso, é correto afirmar:

(A) Destina-se à escolha de trabalho apenas técnico ou científico, não sendo admitido para qualquer outra natureza de trabalho.

(B) É possível, como forma contraprestação ao vencedor do certame, remuneração a ser paga pelo Poder Público.
(C) O edital deve ser publicado com antecedência mínima de quarenta dias.
(D) Não é cabível, como forma de contraprestação ao vencedor do certame, a instituição de prêmios.
(E) Apenas interessados previamente cadastrados podem participar do certame, não se admitindo a participação de quaisquer interessados.

A: incorreta, pois concurso também se destina a escolha de trabalho artístico (art. 22, § 4º, da Lei 8.666/1993); **B:** correta (art. 22, § 4º, da Lei 8.666/1993); **C:** incorreta, pois o edital é publicado com antecedência mínima de quarenta e cinco dias (art. 22, § 4º, da Lei 8.666/1993); **D:** incorreta, pois é possível a instituição de prêmios (art. 22, § 4º, da Lei 8.666/1993); **E:** incorreta, pois admite-se a participação de quaisquer interessados (art. 22, § 4º, da Lei 8.666/1993).

(Técnico Judiciário – Área Administrativa – TRT8 – 2013 – CESPE) A respeito do conceito de licitação e das modalidades concorrência e tomada de preços, assinale a opção correta.

(A) Na hipótese de venda de um bem imóvel da administração pública a outro órgão público, a alienação, além de ter de ser subordinada à existência de interesse público devidamente justificado, deve ser precedida de avaliação e de licitação na modalidade concorrência.
(B) Licitação é o procedimento prévio à celebração dos contratos administrativos que tem por objetivo selecionar a proposta mais vantajosa para ambas as partes do contrato, promover o desenvolvimento nacional e garantir a isonomia entre os licitantes.
(C) Concorrência é a modalidade de licitação entre quaisquer interessados que, na fase inicial de habilitação preliminar, ou até o terceiro dia anterior à data do recebimento das propostas, comprovem possuir os requisitos mínimos de qualificação exigidos no edital para execução de seu objeto.
(D) Na hipótese de licitação feita por entidade da administração pública federal na modalidade tomada de preços, o aviso contendo o resumo do edital da tomada de preços deve ser publicado com antecedência, no mínimo por uma vez, no Diário Oficial da União.
(E) A seleção de licitantes, no sistema de registro de preços, deve ser feita por meio da modalidade tomada de preços.

A: Incorreta, pois a licitação, na modalidade concorrência, será dispensada nesses casos (art. 17, I, *e*, da Lei 8.666/1993); **B:** Incorreta, pois, conforme o art. 3º, *caput*, da Lei 8.666/1993, a licitação destina-se a garantir a seleção da proposta mais vantajosa para a administração e não para ambas as partes do contrato; **C:** Incorreta, pois a comprovação dos requisitos mínimos de qualificação ocorrerão apenas na fase inicial da habilitação preliminar (art. 22, § 1º, da Lei 8.666/1993); **D:** Correta, conforme art. 21, I, da Lei 8.666/1993; **E:** Incorreta, pois a seleção de licitantes deverá ser feita mediante concorrência (art. 15, § 3º, I, da Lei 8.666/1993). É importante mencionar que o art. 7º, *caput*, do Dec. 7.892/2013, prevê que a licitação para registro de preços será realizada na modalidade de concorrência, do tipo menor preço, nos termos da Lei 8.666, de 1993, ou na modalidade de pregão, nos termos da Lei nº 10.520, de 2002, e será precedida de ampla pesquisa de mercado.

(Técnico Judiciário – Área Administrativa – TRT8 – 2013 – CESPE) A propósito das modalidades de licitação convite, concurso e leilão, assinale a opção correta.

O leilão pode ser cometido a leiloeiro indicado pelos interessados ou a servidor designado pela administração, procedendo-se na forma da legislação pertinente.

(B) O prazo mínimo até o recebimento das propostas é de dez dias úteis para a modalidade convite, contados a partir da expedição do convite.
(C) Quando, por manifesto desinteresse dos convidados, for impossível a obtenção de três licitantes e tal circunstância for devidamente justificada no processo, não será necessária a repetição do convite.
(D) Concurso é a modalidade de licitação realizada entre quaisquer interessados para escolha de trabalho técnico, científico ou artístico, mediante a instituição exclusiva de remuneração aos vencedores, conforme critérios constantes no edital.

(E) Deve ser adotada a modalidade de licitação leilão para a alienação de bens imóveis da administração pública cuja aquisição haja derivado de procedimentos administrativos ou de dação em pagamento.

A: Incorreta, pois o leilão pode ser cometido a **leiloeiro oficial** ou a servidor designado pela Administração, procedendo-se na forma da legislação pertinente (art. 53, *caput*, da Lei 8.666/1993); **B:** Incorreta, pois o prazo mínimo para recebimento das propostas para a modalidade convite é de cinco dias úteis (art. 21, § 2º, IV, da Lei 8.666/1993); **C:** Correta, conforme art. 22, § 7º, da Lei 8.666/1993); **D:** Incorreta, pois concurso é a modalidade de licitação entre quaisquer interessados para escolha de trabalho técnico, científico ou artístico, **mediante a instituição de prêmios** ou remuneração aos vencedores, conforme critérios constantes de edital publicado na imprensa oficial (...) (art. 22, § 4º, da Lei 8.666/1993); **E:** Incorreta, pois Os bens imóveis da Administração Pública, cuja aquisição haja derivado de procedimentos judiciais ou de dação em pagamento, poderão ser alienados por ato da autoridade competente, observada a adoção do procedimento licitatório, sob a modalidade de **concorrência ou leilão** (art. 19, *caput*, e inciso III, da Lei 8.666/1993). 🔲
Gabarito "C".

1.4. Fases/Procedimento (edital, habilitação, julgamento, adjudicação e homologação)

(Técnico Judiciário – TRT/17ª – 2009 – CESPE) Acerca de licitações públicas, julgue o próximo item.

(1) Após empate em todos os critérios definidos em edital, uma empresa brasileira terá preferência em relação a uma empresa suíça, na celebração de contrato administrativo com o município de São Paulo.

1: certa, conforme dispõe o art. 3º, § 2º, da Lei 8.666/1993. 🔲
Gabarito 1C.

2. CONTRATOS

2.1. Disposições preliminares

(Técnico Judiciário – TRT24 – FCC – 2017) Considere a seguinte situação hipotética: em determinado contrato administrativo celebrado entre o Estado do Mato Grosso e a empresa vencedora do certame, decide o ente contratante aplicar multa de mora à contratada em razão de atraso injustificado na execução contratual. A multa aplicada no caso narrado, considerando as disposições da Lei 8.666/1993,

(A) não impede a rescisão unilateral do contrato, e não inviabiliza a aplicação de outras sanções previstas na referida Lei.
(B) impede a rescisão unilateral do contrato, bem como a aplicação de outras sanções previstas na referida Lei.
(C) não impede a rescisão unilateral do contrato, mas inviabiliza a aplicação de outras sanções previstas na referida Lei.
(D) impede a rescisão unilateral do contrato, mas não inviabiliza a aplicação de outras sanções previstas na referida Lei.
(E) será válida e regular, independentemente de seu valor, ainda que não esteja expressamente prevista no instrumento convocatório ou no contrato administrativo.

A letra "A" está correta, pois corresponde ao disposto no art. 86, § 1º, da Lei 8.666/1993. 🔲
Gabarito "A".

(Técnico Judiciário – TRT20 – FCC – 2016) O Estado de Sergipe celebrou contrato administrativo com empresa vencedora do certame para a construção de vultosa obra pública. No curso da execução contratual, constatou-se a necessidade de modificação do regime de execução da obra, em face da verificação técnica de inaplicabilidade dos termos contratuais originários. Nos termos da Lei 8.666/1993,

(A) trata-se de típica hipótese de necessidade de restabelecimento do equilíbrio econômico-financeiro do contrato, independentemente do tipo de alteração contratual e da existência ou não de aumento de encargos à empresa contratada.
(B) trata-se de hipótese típica de alteração unilateral do contrato por parte da Administração pública, não comportando outra modalidade de alteração contratual.
(C) o contrato pode ser alterado unilateralmente pela empresa contratada.

(D) o contrato pode ser alterado por acordo entre as partes.
(E) o contrato não enseja alteração, tendo em vista que eventual necessidade de modificação do regime de execução já deve estar contemplada pelas cláusulas originais do contrato.

A alteração unilateral se dá nos casos de modificação do projeto ou das especificações ou quando necessitar de alteração do valor contratual. Ocorre a alteração por acordo entre as partes quando conveniente a substituição da garantia da execução, quando necessária a modificação do regime de execução da obra ou serviço, bem como do modo de fornecimento, em face de verificação técnica da inaplicabilidade dos termos contratuais originários ou quando necessária a modificação da forma de pagamento, por imposição de circunstâncias supervenientes (art. 65, I e II, da Lei 8.666/1993). Portanto, a letra "D" é a correta. 🔲
Gabarito "D".

(Técnico Judiciário – TRT/8ª – 2010 – FCC) Os contratos administrativos típicos diferenciam-se dos contratos privados, dentre outras características, pela

(A) finalidade pública como seu pressuposto.
(B) presença de pessoas jurídicas como contratantes.
(C) natureza do objeto.
(D) imposição de cláusulas exorbitantes.
(E) presença do Poder Público como parte contratante.

Os contratos administrativos são contratos que se particularizam por ser uma das partes a Administração Pública, agindo nessa qualidade, o que faz com que eles sejam regidos por normas de direito público. O regime de direto público tem como uma de suas principais características a existência de prerrogativas em favor da Administração Pública, que são as chamadas "cláusulas exorbitantes". São a principal diferença entre os contratos e os contratos administrativos, e são assim chamadas porque extrapolam as cláusulas comuns do direito privado. Existem também os chamados "contratos administrativos atípicos" ou "contratos da administração" que, embora uma das partes seja a Administração Pública, são regidos pelo direito privado, casos em que a Administração Pública fica em posição de igualdade com o particular e que não tem a finalidade pública como seu pressuposto (ex: contratos de locação). 🔲
Gabarito "D".

(Técnico Judiciário – TRT/20ª – 2011 – FCC) Analise a seguinte característica concernente ao contrato administrativo: "prerrogativa especial conferida à Administração Pública na relação do contrato administrativo em virtude de sua posição de supremacia em relação à parte contratada". Trata-se

(A) do direito ao equilíbrio econômico-financeiro do contrato administrativo.
(B) da cláusula exorbitante.
(C) da exigência legal de formalização por escrito e com requisitos especiais do contrato administrativo.
(D) da comutatividade do contrato administrativo.
(E) da consensualidade do contrato administrativo, exigindo o acordo entre as partes para a formalização da avença.

A questão traz o conceito correto de cláusula exorbitante. 🔲
Gabarito "B".

2.2. Formalização dos contratos

(Técnico Judiciário – Área Administrativa – TRT8 – 2013 – CESPE) Assinale a opção correta com referência à formalização dos contratos administrativos.

(A) Para que o contrato administrativo tenha eficácia, é indispensável a publicação resumida do instrumento de contrato na imprensa oficial, sendo dispensável a adoção da mesma formalidade para os aditamentos contratuais.
(B) O instrumento de contrato não será obrigatório nas hipóteses em que a administração puder substituí-lo pela ordem de execução de serviço.
(C) É permitido a quaisquer licitantes ou interessados obter cópia autenticada gratuita do contrato administrativo.
(D) A administração deve convocar regularmente o interessado para assinar o termo de contrato, dentro do prazo e das condições estabelecidos, sem direito a prorrogação.
(E) A formalização adequada para os contratos administrativos relativos a direitos reais sobre imóveis se dá mediante a lavratura de instrumento na repartição interessada.

A: Incorreta, pois a condição de eficácia também se aplica aos aditamentos do instrumento de contrato, que deverão ser publicados na imprensa oficial (art. 61, parágrafo único, da Lei 8.666/1993); **B:** Correta, conforme a parte final do *caput* do art. 62 da Lei 8.666/1993; **C:** Incorreta, pois a obtenção de cópia autenticada está condicionada ao pagamento dos emolumentos devidos (art. 63 da Lei 8.666/1993); **D:** Incorreta, pois o prazo de convocação poderá ser prorrogado uma vez, por igual período, quando solicitado pela parte durante o seu transcurso e desde que ocorra motivo justificado aceito pela administração (art. 64, § 1º, da Lei 8.666/1993); **E:** Incorreta, pois a formalização dos contratos administrativos relativos a direitos reais sobre imóveis será lavrada em cartório de notas.

2.3. Execução dos contratos

(Técnico Judiciário – Área Administrativa – TRT8 – 2013 – CESPE) Sobre a execução dos contratos administrativos, assinale a opção correta.

(A) A administração é solidariamente responsável pelos encargos comerciais resultantes da execução do contrato.

(B) Executado o contrato de locação de equipamentos, o objeto deverá ser recebido provisoriamente, após a verificação da qualidade e quantidade do material.

(C) Em regra, os testes exigidos por normas técnicas oficiais para a boa execução do objeto do contrato correm por conta da administração.

(D) Na hipótese de dano causado diretamente pelo contratado a terceiros, de corrente de sua culpa na execução do contrato, o contratado será responsável pelo dano, ainda que tenha ocorrido a fiscalização pelo órgão interessado.

(E) Não é permitida a contratação de terceiros para assistir o representante da administração designado para acompanhar e fiscalizar a execução do contrato.

A: Incorreta, pois a Administração Pública apenas responde solidariamente com o contratado pelos encargos previdenciários resultantes da execução do contrato, nos termos do art. 31 da Lei 8.212/1991 (art. 71, § 2º, da Lei 8.666/1993); **B:** incorreta, pois o objeto será recebido, em se tratando de locação de equipamentos, **definitivamente**, após a verificação da qualidade e quantidade do material e consequente aceitação (art. 73, II, *b*, da Lei 8.666/1993); **C:** Incorreta, pois os testes e demais provas exigidos por normas técnicas oficiais para a boa execução do objeto do contrato correm por conta do **contratado** (art. 75 da Lei 8.666/1993); D: Correta, conforme art. 70 da Lei 8.666/1993; **E:** Incorreta, pois é permitida a contratação de terceiros para assisti-lo e subsidiá-lo de informações pertinentes a essa atribuição (art. 67, *caput,* parte final, da Lei 8.666/1993).

2.4. Inexecução e rescisão dos contratos

(Analista Judiciário – TRT/11 – FCC – 2017) A União Federal celebrou contrato administrativo com a empresa vencedora de determinado procedimento licitatório para a construção de importante obra pública. No entanto, no curso da execução contratual, houve a paralisação da obra, sem justa causa e sem prévia comunicação à Administração, razão pela qual foi determinada a rescisão do contrato administrativo por ato unilateral e escrito da Administração. Uma das consequências da rescisão contratual será a retenção dos créditos decorrentes do contrato até

(A) 100% do valor contratual, isto é, serão retidos todos os créditos ainda existentes, sem qualquer limitação de valor.

(B) metade do valor contratual, independentemente de prejuízos eventualmente causados à Administração.

(C) o limite dos prejuízos causados à Administração.

(D) 90% do valor contratual, pois destinam-se ao pagamento de todos os valores devidos à Administração.

(E) um terço do valor contratual, independentemente de prejuízos eventualmente causados à Administração.

A letra C corresponde ao disposto no art. 80, IV, da Lei 8.666/1993.

(Técnico Judiciário – Área Administrativa – TRT18 – 2013 – FCC) Determinada empresa foi contratada mediante regular licitação para prestação de serviços de fornecimento de medicamentos para um estabelecimento hospitalar. No decorrer da execução do contrato, diante da má execução da prestação dos serviços, a Administração

(A) poderá impor sanções à contratada, sendo vedada rescisão do contrato antes do advento do termo final.

(B) poderá rescindir o contrato administrativo antes do advento final, em razão da prerrogativa que dispõe a Administração para tanto.

(C) deverá assumir a prestação dos serviços diretamente, suspendendo a execução do contrato em curso.

(D) deverá suspender o contrato e convocar o segundo colocado na licitação para continuidade da execução do fornecimento.

(E) poderá suspender os pagamentos e a execução do contrato e promover licitação para contratação emergencial do mesmo objeto, qual seja, o fornecimento de medicamentos.

A: Incorreta, pois o cumprimento irregular de cláusulas contratuais, especificações, projetos e prazos constituem motivo para rescisão do contrato (art. 78, II, da Lei 8.666/1993); **B:** Correta, conforme art. 79, I, da Lei 8.666/1993; **C:** Incorreta, pois conforme o § 1º do art. 80 da Lei 8.666/1993, a aplicação das medidas previstas nos incisos I e II desse mesmo artigo fica a critério da Administração, que **poderá** dar continuidade à obra ou ao serviço por execução direta ou indireta; **D:** Incorreta, pois não há suspensão do fornecimento, uma vez que a Administração já rescindiu o contrato e, conforme o inciso XI do art. 24, será dispensável a licitação na contratação de remanescente de obra, serviço ou fornecimento, em consequência de rescisão contratual, desde que atendida a ordem de classificação da licitação anterior e aceitas as mesmas condições oferecidas pelo licitante vencedor, inclusive quanto ao preço, devidamente corrigido; **E:** Incorreta, conforme comentário anterior.

3. PREGÃO

(Técnico Judiciário – TRT/15ª – 2009 – FCC) A respeito do pregão presencial (Lei n. 10.520/2002), é INCORRETO afirmar que

(A) é permitida a garantia de proposta.

(B) o prazo de validade das propostas será de 60 (sessenta) dias, se outro não for fixado no edital.

(C) quem, convocado dentro do prazo de validade da sua proposta, não celebrar o contrato, ficará impedido de licitar e contratar com a União, Estados, Distrito Federal ou Municípios, sem prejuízo de outras cominações legais e contratuais.

(D) as compras e contratações de bens e serviços comuns, no âmbito da União, dos Estados, do Distrito Federal e dos Municípios, quando efetuadas pelo sistema de registro de preços, poderão adotar a modalidade de pregão.

(E) o licitante que, convocado dentro do prazo de validade da sua proposta, não a mantiver, ficará impedido de licitar e contratar com a União, Estados, Distrito Federal ou Municípios, sem prejuízo de outras sanções legais e contratuais.

A: incorreta (devendo ser assinalada), pois não é permitida a garantia de proposta (art. 5º, I, da Lei 10.520/2002); **B:** correta (art. 6º da Lei 10.520/2002); **C:** correta (art. 7º da Lei 10.520/2002); **D:** correta (art. 11 da Lei 10.520/2002); **E:** correta (art. 7º da Lei 10.520/2002).

4. QUESTÕES COMBINADAS

(Técnico Judiciário – TRT20 – FCC – 2016) A empresa vencedora de determinada licitação, na modalidade pregão, ao longo da execução contratual, cometeu fraude fiscal. Em razão do ocorrido, ficará, dentre outras sanções, impedida de contratar com a União, Estados, Distrito Federal ou Municípios pelo prazo de até

(A) 5 anos.

(B) 10 anos.

(C) 8 anos.

(D) 7 anos.

(E) 15 anos.

O prazo é de até 5 anos sem prejuízo das multas previstas em edital e no contrato e das demais cominações legais, conforme determina o art. 7º da Lei 10.520/2002. Na Lei 8.666.1993 esse prazo é de 2 anos (art. 87, III).

(Técnico Judiciário – TRT20 – FCC – 2016) A Prefeitura de determinado Município do Estado de Sergipe pretende vender bens móveis que lhe são inserviveis como, por exemplo, cadeiras, mesas e estantes, bens estes muito antigos e sem serventia à Administração municipal. Nos termos da Lei 8.666/1993, a modalidade licitatória apropriada ao caso narrado é

(A) concorrência.
(B) leilão.
(C) tomada de preços
(D) convite.
(E) pregão.

A alternativa correta é a que trata do leilão, conforme disposto no art. 22, § 5º, da Lei 8.666/1993.

Gabarito "B".

(Técnico – TRT/19ª Região – 2014 – FCC) O Governo Federal, ao instituir a Política Nacional de Resíduos Sólidos, incluiu, entre seus objetivos, a prioridade nas aquisições e contratações governamentais, para: (a) produtos reciclados e recicláveis; (b) bens, serviços e obras que considerem critérios compatíveis com padrões de consumo social e ambientalmente sustentáveis. O tema em questão está associado ao seguinte princípio relativo às licitações públicas:

(A) adjudicação compulsória.
(B) licitação sustentável.
(C) julgamento objetivo.
(D) ampla defesa.
(E) vinculação ao instrumento convocatório.

O tema descrito no enunciado faz menção ao princípio da licitação dispensável, previsto no art. 3º da Lei 8.666/1993, regulamentado pelo Dec. 7.746/2012. Dispõe o caput do art. 3º: "A licitação destina-se a garantir a observância do princípio constitucional da isonomia, a seleção da proposta mais vantajosa para a administração e a **promoção do desenvolvimento nacional sustentável** e será processada e julgada em estrita conformidade com os princípios básicos

da legalidade, da impessoalidade, da moralidade, da igualdade, da publicidade, da probidade administrativa, da vinculação ao instrumento convocatório, do julgamento objetivo e dos que lhes são correlatos."

Gabarito "B".

(Técnico Judiciário – Área Administrativa – TRT18 – 2013 – FCC) Determinado órgão da Administração precisa adquirir uma grande quantidade de cartuchos de impressora. Considerando que é possível especificar precisamente os cartuchos necessários, a Administração pública

(A) poderá realizar compra direta dos cartuchos, mediante dispensa ou inexigibilidade de licitação.
(B) deverá realizar concorrência pública, em razão da natureza dos bens a serem adquiridos.
(C) poderá realizar a aquisição por meio de pregão, em razão da natureza dos bens que serão adquiridos.
(D) poderá realizar licitação, por qualquer das modalidades previstas na legislação vigente.
(E) deverá realizar licitação sob a modalidade de leilão, eletrônico ou presencial.

A: Incorreta, pois não é hipótese de licitação dispensável ou inexigível (arts. 24 e 25 da Lei 8.666/1993); **B:** Incorreta, pois, conforme o art. 3º, § 3º da Lei 8.248/1991, a aquisição de bens e serviços de informática e automação, considerados como bens e serviços comuns nos termos do parágrafo único do art. 1º da Lei 10.520, de 17 de julho de 2002, **poderá ser realizada na modalidade pregão**, restrita às empresas que cumpram o Processo Produtivo Básico nos termos desta Lei e da Lei 8.387, de 30 de dezembro de 1991; **C:** Correta, conforme comentário à alternativa anterior; D e **E:** Incorretas, conforme o art. 3º, § 3º, da Lei 8.248/1991.

Gabarito "C".

10. DIREITO ADMINISTRATIVO

Wander Garcia, Flávia Barros, Ariane Wady e Ivo Tomita

1. REGIME JURÍDICO ADMINISTRATIVO E PRINCÍPIOS DO DIREITO ADMINISTRATIVO

(Técnico Judiciário – TRT24 – FCC – 2017) Em importante julgamento proferido pelo Superior Tribunal de Justiça, reconheceu a Corte Superior a impossibilidade de acumulação de cargos públicos de profissionais da área da saúde quando a jornada de trabalho superar sessenta horas semanais. Assim, foi considerada a legalidade da limitação da jornada de trabalho do profissional de saúde para sessenta horas semanais, na medida em que o profissional da área da saúde precisa estar em boas condições físicas e mentais para bem exercer as suas atribuições, o que certamente depende de adequado descanso no intervalo entre o final de uma jornada de trabalho e o início da outra, o que é impossível em condições de sobrecarga de trabalho. Tal entendimento está em consonância com um dos princípios básicos que regem a atuação administrativa, qual seja, o princípio da

(A) publicidade.
(B) motivação.
(C) eficiência.
(D) moralidade.
(E) impessoalidade.

A: incorreta. O princípio da publicidade previsto no artigo 37, *caput*, da CF/1988, estabelece o dever de divulgação oficial dos atos administrativos. Se apõe como medida a demonstrar a vontade da Administração Pública e sua consonância com o interesse da coletividade. Dá transparência a seus atos. **B:** incorreta. O princípio da motivação – artigo 37, *caput*, da CF/1988 – determina que a administração deverá justificar seus atos, apresentando as razões de direito que o fizeram decidir sobre os fatos. A motivação dos atos administrativos deve ser demonstrada de forma clara, precisa e completa, estando a ela vinculados os atos decorrentes. **C:** correta. O princípio da eficiência – artigo 37, *caput*, da CF/1988 – incluído no ordenamento jurídico pela emenda constitucional n. 19/1998, impôs ao agente público, o exercício de sua atuação de forma imparcial, neutra, transparente, participativa, eficaz, sem burocracia, primando pela rentabilidade social. Com isso, a atuação do agente está condicionada também a capacidade de exercício de suas funções seja com base em sua capacitação técnica, bem como física e emocional, condicionantes ao bom exercício das atividades que lhe são confiadas, tornando, portanto, indisponível seu horário de descanso mínimo. **D:** incorreta. O princípio da moralidade – artigo 37, *caput*, da CF/1988 – Hely Lopes Meirelles declara que "o agente administrativo, como ser humano dotado de capacidade de atuar, deve, necessariamente, distinguir o Bem do Mal, o Honesto do Desonesto. E ao atuar, não poderá desprezar o elemento ético da sua conduta. Assim, não terá que decidir somente entre o legal e o ilegal, o justo do injusto, o conveniente e o inconveniente, o oportuno e o inoportuno, mas também entre o honesto e o desonesto." (MEIRELLES, 2012, pág. 90). Condiz com as razoes que guiarão o ato do administrador. **E:** incorreta. Princípio da impessoalidade – artigo 37, *caput*, da CF/1988 – "consiste na vedação aos tratamentos discriminatórios" (Celso Ribeiro Bastos, Curso de direito constitucional, São Paulo, Saraiva, 1992, p. 287). **FMB**
Gabarito "C".

(Técnico Judiciário – TRT8 – CESPE – 2016) A respeito dos princípios da administração pública, assinale a opção correta.

(A) Em decorrência do princípio da autotutela, apenas o Poder Judiciário pode revogar atos administrativos.
(B) O princípio da indisponibilidade do interesse público e o princípio da supremacia do interesse público equivalem-se.
(C) Estão expressamente previstos na CF o princípio da moralidade e o da eficiência.
(D) O princípio da legalidade visa garantir a satisfação do interesse público.
(E) A exigência da transparência dos atos administrativos decorre do princípio da eficiência.

A: incorreta. O princípio da autotutela estabelece que TODA a Administração Pública tem poder de rever seus atos, anulando-os quando ilegais ou revogando-os quando inconvenientes e inoportunos. Todos os poderes que a compõem são dotados do poder-dever de manutenção de seus próprios atos. **B:** incorreta.

Nominados como supraprincípios da Administração Pública, tratam cada um deles de condições distintas da atuação da Administração Pública, sendo o primeiro o limitador de toda a atuação da Administração Pública, funcionando como limitador da atuação de seus gestores, sendo vedado a este qualquer ato que implique em renúncia destes interesses. Já a supremacia deste mesmo interesse impõe que: "toda atuação do Estado seja pautada pelo interesse público, cuja determinação deve ser extraída da Constituição e das leis, manifestações da 'vontade geral'" Direito Administrativo Descomplicado / Marcelo Alexandrino, Vicente Paulo. **C:** correta. Art. 37, *caput*, da Constituição Federal. **D:** incorreta. O princípio da legalidade, impõe a Administração Pública a condição de fazer somente aquilo que está expressamente autorizado por Lei. Contrariamente ao particular, que é regido pelo Princípio da Autonomia da Vontade, estando autorizado a fazer tudo que a Lei não proíbe. O princípio da legalidade administrativa, como leciona Hely Lopes Meirelles: "a legalidade, como princípio de administração, significa que o administrador público está, em toda sua atividade funcional, sujeito aos mandamentos da lei, e às exigências do bem comum, e deles não se pode afastar ou desviar, sob pena de praticar ato inválido e expor-se à responsabilidade disciplinar, civil e criminal, conforme o caso". **E:** incorreta. A transparência dos atos administrativos decorre do princípio da publicidade, à medida que este e condicionante de eficácia do ato administrativo. **FMB**
Gabarito "C".

(Técnico Judiciário – TRT/19ª – 2014 – CESPE) Roberto, empresário, ingressou com representação dirigida ao órgão competente da Administração pública, requerendo a apuração e posterior adoção de providências cabíveis, tendo em vista ilicitudes praticadas por determinado servidor público, causadoras de graves danos não só ao erário como ao próprio autor da representação. A Administração pública recebeu a representação, instaurou o respectivo processo administrativo, porém, impediu que Roberto tivesse acesso aos autos, privando-o de ter ciência das medidas adotadas, sendo que o caso não se enquadra em nenhuma das hipóteses de sigilo previstas em lei. O princípio da Administração pública afrontado é a

(A) publicidade.
(B) eficiência.
(C) isonomia.
(D) razoabilidade.
(E) improbidade.

Trata-se do princípio da publicidade, prevista no art. 37, *caput*, da CF, art. 2º, parágrafo único, V, da Lei 9.784/1999. Ver, também, a Lei 12.527/2011, que regulamentou o acesso à informação do art. 5º, XXXIII, da CF. **IT**
Gabarito "A".

(Técnico Judiciário – TRT/18ª – 2013 – CESPE) A Administração pública sujeita-se a princípios previstos na Constituição Federal de 1988. Dentre eles, o princípio da

(A) legalidade, que exige a prática de atos expressamente previstos em lei, não se aplicando quando se trata de atos discricionários.
(B) moralidade, que se sobrepõe aos demais princípios, inclusive ao da legalidade.
(C) impessoalidade, que impede a identificação do nome dos servidores nos atos praticados pela administração.
(D) publicidade, que exige, inclusive por meio da publicação em impressos e periódicos, seja dado conhecimento da atuação da Administração aos interessados e aos administrados em geral.
(E) isonomia, que impede a edição de decisões distintas a respeito de determinado pedido, independentemente da situação individual de cada requerente.

A: Incorreta. A Administração Pública sujeita-se ao princípio da legalidade na prática de todos os atos, inclusive os discricionários; **B:** Incorreta. Não há que se falar em hierarquia entre os princípios constitucionais do art. 37, *caput*, da CF; **C:** Incorreto. O princípio da impessoalidade consiste na ideia de que os atos dos agentes públicos devem ser imputados à Administração Pública e não à pessoa do agente (GARCIA, Wander. **Manual Completo de Direito Administrativo para Concursos**. Indaiatuba: Editora FOCO, 2014, p. 53); **D:** Correta, conforme previsão do art. 37, caput, e art. 5º, XXXIII, da CF; **E:** Incorreta. Para que a isonomia seja plenamente eficaz, as decisões administrativas deverão sempre considerar a situação individual de cada requerente.

(Técnico Judiciário – TRT9 – 2012 – FCC) Diante de uma situação de irregularidade, decorrente da prática de ato pela própria Administração pública brasileira, é possível a esta restaurar a legalidade, quando for o caso, lançando mão de seu poder

(A) de tutela, expressão de limitação de seu poder discricionário e corolário do princípio da legalidade.

(B) de autotutela, que permite a revisão, de ofício, de seus atos para, sanar ilegalidade.

(C) de autotutela, expressão do princípio da supremacia do interesse público, que possibilita a alteração de atos por razões de conveniência e oportunidade, sempre que o interesse público assim recomendar.

(D) disciplinar, que se expressa, nesse caso, por meio de medidas corretivas de atuação inadequada do servidor público que emitiu o ato.

(E) de tutela disciplinar, em razão da atuação ilegal do servidor público, que faz surgir o dever da Administração de corrigir seus próprios atos.

Nesses casos, a administração deve ser valer do princípio da autotutela, previsto no art. 53 da Lei 9.784/1999, pelo qual "A Administração deve anular seus próprios atos, quando eivados de vício de legalidade, e pode revogá-los por motivo de conveniência ou oportunidade, respeitados os direitos adquiridos".

(Técnico – TRT/6ª – 2012 – FCC) Pode-se, sem pretender esgotar o conceito, definir o princípio da eficiência como princípio

(A) constitucional que rege a Administração Pública, do qual se retira especificamente a presunção absoluta de legalidade de seus atos.

(B) infralegal dirigido à Administração Pública para que ela seja gerida de modo impessoal e transparente, dando publicidade a todos os seus atos.

(C) infralegal que positivou a supremacia do interesse público, permitindo que a decisão da Administração sempre se sobreponha ao interesse do particular.

(D) constitucional que se presta a exigir a atuação da Administração Pública condizente com a moralidade, na medida em que esta não encontra guarida expressa no texto constitucional.

(E) constitucional dirigido à Administração Pública para que seja organizada e dirigida de modo a alcançar os melhores resultados no desempenho de suas funções.

A: incorreta, pois, apesar de ser princípio constitucional (art. 37, *caput*, da CF/1988), a presunção de legalidade dos atos administrativos decorre do princípio da legalidade (e não da eficiência) e é uma presunção relativa (e não absoluta); **B:** incorreta, pois o princípio está previsto na Constituição (art. 37, *caput*, da CF/1988), ou seja, não é meramente infralegal; ademais, o princípio da eficiência diz respeito ao dever de alcançar os melhores resultados no desempenho de suas funções e não às questões da impessoalidade (que diz respeito ao princípio da impessoalidade) e da transparência (que diz respeito ao princípio da publicidade); **C:** incorreta, pois é princípio constitucional (art. 37, *caput*, da CF/1988) e não infralegal; ademais, as informações subsequentes dizem respeito ao princípio da supremacia do interesse público sobre o privado e não ao princípio da eficiência; **D:** incorreta, pois o princípio da moralidade é independente do princípio da eficiência e também está previsto expressamente no art. 37, *caput*, da Constituição; **E:** correta, pois o princípio realmente está na Constituição e, no que diz respeito aos deveres que impõe à Administração, a alternativa traz adequada descrição do princípio.

(Técnico Judiciário – TRT/23ª – 2011 – FCC) O Jurista Celso Antônio Bandeira de Mello apresenta o seguinte conceito para um dos princípios básicos da Administração Pública: *De acordo com ele, a Administração e seus agentes têm de atuar na conformidade de princípios éticos. (...) Compreendem-se em seu âmbito, como é evidente, os chamados princípios da lealdade e boa-fé.* Trata-se do princípio da

(A) motivação.

(B) eficiência.

(C) legalidade.

(D) razoabilidade.

(E) moralidade.

De fato, o princípio da moralidade administrativa (art. 37, *caput*, da CF/1988) impõe que a Administração e seus agentes atuem de conformidade com a ética, a boa-fé, a lealdade. Em acréscimo, o art. 2º, parágrafo único, IV, da Lei 9.784/1999 impõe atuação segundo os padrões éticos de probidade, decoro e boa-fé.

2. PODERES DA ADMINISTRAÇÃO PÚBLICA

(Técnico Judiciário – TRT20 – FCC – 2016) Considere as seguintes assertivas concernentes ao poder disciplinar:

I. A Administração pública, ao tomar conhecimento de infração praticada por servidor, deve instaurar o procedimento adequado para sua apuração.

II. A Administração pública pode levar em consideração, na aplicação da pena, a natureza e a gravidade da infração e os danos que dela provierem para o serviço público.

III. No procedimento administrativo destinado a apurar eventual infração praticada por servidor, devem ser assegurados o contraditório e a ampla defesa com os meios e recursos a ela inerentes.

IV. A falta grave é punível com a pena de suspensão e caberá à Administração pública enquadrar ou não um caso concreto em tal infração.

O poder disciplinar, em algumas circunstâncias, é considerado discricionário. Há discricionariedade APENAS nos itens

(A) I e IV.

(B) I e II.

(C) I e III.

(D) III e IV.

(E) II e IV.

I: incorreta. Não há discricionariedade na apuração de infração cometida pelo servidor que é levada ao conhecimento da Administração. **II:** correta. Dentro dos limites estabelecidos em norma própria, está delimitada a discricionariedade na aplicação da pena, considerando suas caraterísticas específicas. **III:** Incorreta. Também não há discricionariedade com relação aos direitos de defesa. **IV:** correta. Novamente caberá ao administrador, dentro dos limites legais, considerar as condições de análise da infração, enquadrando-a nos pressupostos legais.

(Técnico Judiciário – TRT8 – CESPE – 2016) Assinale a opção correta, a respeito dos poderes da administração.

(A) A autoexecutoriedade inclui-se entre os poderes da administração.

(B) A existência de níveis de subordinação entre órgãos e agentes públicos é expressão do poder discricionário.

(C) Poder disciplinar da administração pública e poder punitivo do Estado referem-se à repressão de crimes e contravenções tipificados nas leis penais.

(D) O poder regulamentar refere-se às competências do chefe do Poder Executivo para editar atos administrativos normativos.

(E) O poder de polícia não se inclui entre as atividades estatais administrativas.

A: incorreta, trata-se de atributo da Administração para assim poder exercer seus próprios atos. **B:** incorreta, trata-se do poder hierárquico. **C:** incorreta, faculdade de punir internamente as infrações funcionais dos servidores, o poder disciplinar é exercido no âmbito dos órgãos e serviços da Administração. **D:** correta. O poder regulamentar ou, como prefere parte da doutrina, poder normativo é uma das formas de expressão da função normativa do Poder Executivo, cabendo a este editar normas complementares à lei para a sua fiel execução (DI PIETRO, 2011:91). **E:** incorreta, MEIRELLES conceitua: "Poder de polícia é a faculdade de que dispõe a Administração Pública para condicionar e restringir o uso e gozo de bens, atividades e direitos individuais, em benefício da coletividade ou do próprio Estado". Explica o autor que poder de polícia é o mecanismo de frenagem de que dispõe a Administração Pública para conter os abusos do direito individual.

(Técnico Judiciário – TRT8 – CESPE – 2016) A respeito do poder de polícia, assinale a opção correta.

(A) A competência, a finalidade, a forma, a proporcionalidade e a legalidade dos meios empregados pela administração são atributos do poder de polícia.

(B) O poder de polícia, quanto aos fins, pode ser exercido para atender a interesse público ou particular.

10. DIREITO ADMINISTRATIVO — 563

(C) O exercício do poder de polícia pode ser delegado a entidades privadas.

(D) A atuação do poder de polícia restringe-se aos atos repressivos.

(E) Prescreve em cinco anos a pretensão punitiva da administração pública federal, direta e indireta, no exercício do poder de polícia.

A: incorreta. São elementos do ato administrativo. **B:** incorreta. Todos ao atos administrativos e exercício de seus poderes estão vinculados aos princípios da supremacia do interesse público e a indisponibilidade deste. **C:** Incorreta. O exercício do poder de polícia e indelegável, sendo partes de seu ciclo delegáveis a saber: Consentimento e fiscalização. **D:** incorreta. Os atos repressivos são apenas um de seus ciclos. **E:** correta. Lei 9873/99, art. 1º Prescreve em cinco anos a ação punitiva da Administração Pública Federal, direta e indireta, no exercício do poder de polícia, objetivando apurar infração à legislação em vigor, contados da data da prática do ato ou, no caso de infração permanente ou continuada, do dia em que tiver cessado. FMB

Gabarito "E".

(Técnico Judiciário – TRT/19ª – 2014 – FCC) O poder hierárquico encontra-se presente

(A) nas relações entre a Administração pública e as empresas regularmente contratadas por meio de licitação.

(B) na relação funcional entre servidores estatutários e seus superiores.

(C) nas relações de limitação de direitos que se trava entre administrados e autoridades públicas.

(D) entre servidores estatutários de mesmo nível funcional.

(E) somente entre servidores e superiores militares.

Poder Hierárquico é aquele conferido ao agente público para organizar a estrutura da Administração e fiscalizar a atuação de seus subordinados, expressando-se na distribuição e orientação das funções, na expedição de ordens e na revisão dos atos dos demais agentes, numa relação de ampla subordinação. **A:** Incorreta, pois a alternativa descreve manifestação do poder disciplinar; **B:** correta, conforme anteriormente demonstrado; **C:** Incorreta, pois a alternativa apresenta manifestação do poder normativo da administração; **D:** Incorreta. Não é possível aplicação do poder hierárquico entre servidores do mesmo nível funcional; **E:** Incorreta, pois os servidores públicos civis também possuem poder hierárquico. II

Gabarito "B".

(Técnico Judiciário – TRT/19ª – 2014 – FCC) Carlos Eduardo, servidor público estadual e chefe de determinada repartição pública, adoeceu e, em razão de tal fato, ficou impossibilitado de comparecer ao serviço público. No entanto, justamente no dia em que o mencionado servidor faltou ao serviço, fazia-se necessária a prática de importante ato administrativo. Em razão do episódio, Joaquim, servidor público subordinado de Carlos Eduardo, praticou o ato, vez que a lei autorizava a delegação. O fato narrado corresponde a típico exemplo do poder

(A) disciplinar.

(B) de polícia.

(C) regulamentar.

(D) hierárquico.

(E) normativo-disjuntivo.

Hierarquia pode ser definida como o vínculo de autoridade que une órgãos e agentes, através de escalões sucessivos, numa relação de autoridade, de superior a inferior, de hierarca a subalterno. Os poderes do hierarca conferem-lhe uma *contínua e permanente* autoridade sobre toda a atividade administrativa dos subordinados. Tais poderes consistem no (a) poder de comando, que o autoriza a expedir determinações gerais (instruções) ou específicas a um dado subalterno (ordens), sobre o modo de efetuar os serviços; (b) poder de fiscalização, graças ao qual inspeciona as atividades dos órgãos e agentes que lhe estão subordinados; (c) poder de revisão, que lhe permite, dentro dos limites legais, alterar ou suprimir as decisões dos inferiores, mediante revogação, quando inconveniente ou inoportuno o ato praticado, ou mediante anulação, quando se ressentir de vício jurídico; (d) poder de punir, isto é, de aplicar as sanções estabelecidas em lei aos subalternos faltosos; (e) poder de dirimir controvérsias de competência, solvendo os conflitos positivos (quando mais de um órgão se reputa competente) ou negativos (quando nenhum deles se reconhece competente), e (f) **poder de delegar competências ou de avocar, exercitáveis nos termos da lei** (g.n) **(Curso de Direito Administrativo**. 26. ed. São Paulo: Malheiros Editores, p. 73). II

Gabarito "D".

(Técnico – TRT/6ª – 2012 – FCC) O conceito moderno de poder de polícia o define como a atividade do Estado que limita o exercício dos direitos individuais em benefício do interesse público. Em relação ao poder de polícia administrativa, é correto afirmar que

(A) é exclusivo da autoridade superior do ente público competente para a fiscalização.

(B) compreende a adoção de medidas repressivas para aplicação da lei ao caso concreto.

(C) incide subsidiariamente à polícia judiciária, inclusive para coibir a prática de ilícito penal.

(D) cria obrigações e limitações aos direitos individuais quando a lei não tiver disposto a respeito.

(E) impõe apenas obrigações de fazer, na medida em que não pode impor abstenções e proibições aos administrados.

A: incorreta, pois qualquer pessoa, desde que se trate de um servidor público e tenha recebido a competência para tanto, pode exercer o poder de polícia, não sendo necessário que se trate de uma autoridade superior; aliás, na prática, as autoridades superiores não vão a campo exercer o poder de polícia, que acaba sendo exercido pelos servidores subordinados com competência para tanto; **B:** correta; o poder de polícia ora atua preventivamente (ex: quando alguém quer construir, deve pedir uma licença para construir para a Administração, que, ao analisar o pedido, está exercendo o poder de polícia preventivo), ora atua repressivamente (ex: uma fiscal chega numa obra em curso que não tem licença para construir; nesse caso, o fiscal aplicará uma multa e interditará a obra, ocasião em que a Administração estará exercendo poder de polícia repressivo); **C:** incorreta, pois o poder de polícia não se confunde com a polícia judiciária; apenas esta pode exercer a atividade policial de investigar ilícitos penais; **D:** incorreta, pois somente a lei pode criar obrigações e limitações aos direitos individuais; quando a lei nada dispõe a respeito, não pode um ato administrativo de polícia criar tais obrigações ou limitações; **E:** incorreta, pois o poder de polícia é, em essência, negativo, ou seja, impor obrigações de "não fazer" e não de "fazer". WG

Gabarito "B".

(Técnico Judiciário – TRT/20ª – 2011 – FCC) Dispõe o Poder Executivo de poder para distribuir e escalonar as funções de seus órgãos, ordenar e rever a atuação de seus agentes, estabelecendo a relação de subordinação entre os servidores do seu quadro de pessoal. Trata-se do poder

(A) disciplinar.

(B) discricionário.

(C) regulamentar.

(D) de polícia.

(E) hierárquico.

O enunciado da questão traz justamente a definição de poder hierárquico. WG

Gabarito "E".

(Técnico Judiciário – TRT/22ª – 2010 – FCC) No que diz respeito ao poder disciplinar da Administração Pública, é correto afirmar:

(A) O poder disciplinar é discricionário; isto significa que a Administração, tendo conhecimento de falta praticada por determinado servidor, não está obrigada a instaurar procedimento administrativo para sua apuração.

(B) O poder disciplinar é correlato com o poder hierárquico, mas com ele não se confunde; no uso do poder disciplinar, a Administração Pública controla o desempenho das funções executivas e a conduta interna de seus agentes, responsabilizando-os pelas faltas cometidas.

(C) Algumas penalidades administrativas podem ser aplicadas ao infrator, sem prévia apuração por meio de procedimento legal.

(D) Poder disciplinar é o que cabe à Administração Pública para apurar infrações e aplicar penalidades aos servidores públicos, não abrangendo particulares, ainda que sujeitos à disciplina administrativa.

(E) Uma mesma infração pode dar ensejo a punição administrativa e a punição criminal; no entanto, a aplicação de ambas as penalidades, nas respectivas searas, caracteriza evidente *bis in idem*.

A: incorreta, pois, uma vez ocorrida uma falta disciplinar, esta deve ser apurada; o princípio da legalidade impõe que a Administração atue de ofício quando verificada uma violação da lei; **B:** correta, pois o poder disciplinar tem em mira justamente esse controle quanto ao cometimento ou não de faltas funcionais por parte dos agentes públicos, ao passo que o poder hierárquico tem em mira um controle mais amplo do agente público, no sentido de distribuir e escalonar funções, ordenar condutas e rever os atos praticados pelo agente público subordinado; **C:** incorreta, pois ninguém pode ser punido sem o devido processo legal, que impõe, inclusive, respeito ao contraditório e à ampla defesa (art. 5º, LIV e LV, da CF/1988); **D:** incorreta, pois o conceito doutrinário de poder disciplinar abrange essa possibilidade – "é a faculdade de punir internamente as infrações funcionais dos servidores *e demais pessoas sujeitas à disciplina dos órgãos e serviços da*

Administração". Exemplo: o poder disciplinar desempenhado por diretoria de escolas para punir eventual vandalismo promovido por alunos matriculados na rede pública de ensino; **E**: incorreta, pois, segundo o art. 125 da Lei 8.112/1990, as sanções civis, penais e administrativas poderão cumular-se, sendo independentes entre si.

(Técnico Judiciário – TRT/17ª – 2009 – CESPE) Quanto ao poder hierárquico e ao poder disciplinar, julgue os itens a seguir.

(1) A remoção de servidor ocupante de cargo efetivo para localidade muito distante da que originalmente ocupava, com intuito de puni--lo, decorre do exercício do poder hierárquico.

(2) A aplicação de penalidade criminal exclui a sanção administrativa pelo mesmo fato objeto de apuração.

1: errada, pois a afirmativa revela *poder disciplinar*, e não *poder hierárquico*; no entanto, é bom consignar que a situação narrada importa numa ilegalidade (*desvio de poder* ou *desvio de finalidade*), pois usou-se da *remoção* para punir e esse instituto não tem essa finalidade; **2**: errada, pois as punições criminais são independentes das punições administrativas.

3. DEVERES DOS AGENTES PÚBLICOS

(Técnico Judiciário – TRT/8ª – 2010 – FCC) O servidor público que deixa de acatar as ordens legais de seus superiores e a sua fiel execução, infringe o dever de

(A) conduta ética.
(B) eficiência.
(C) obediência.
(D) lealdade.
(E) fidelidade.

São deveres dos servidores públicos, dentre outros, os seguintes: a) de agir; b) de eficiência; c) de probidade; d) de obediência; e) de prestar contas. No caso em tela, houve violação ao dever de obediência.

4. ATO ADMINISTRATIVO

4.1. Conceito de ato administrativo

(Técnico Judiciário – TRT/19ª – 2014 – FCC) Lúcio, servidor público federal, praticou ato administrativo desrespeitando a forma do mesmo, essencial à sua validade. O ato em questão

(A) admite convalidação.
(B) não comporta anulação.
(C) é necessariamente legal.
(D) comporta revogação.
(E) é ilegal.

A: Incorreta, pois não se admite convalidação de atos administrativos com vício de validade; **B**: Incorreta, pois as formas essenciais à validade do ato podem ser anuladas (art. 54, § 2º, da Lei 9.784/1999. Comportam anulação apenas os vícios de menor gravidade; **C**: Incorreta, pois será ilegal o ato com vício de validade; **D**: Incorreta, pois comporta anulação. **E**: Correta. São os que a lei assim declare ou aqueles sobre os quais a convalidação seja racionalmente impossível, pois, se o conteúdo fosse repetido, seria repetida a ilegalidade (GARCIA, Wander. **Manual Completo de Direito Administrativo para Concursos**. Indaiatuba: Editora FOCO, 2014, p. 149).

(Técnico Judiciário – TRT/9ª – 2012 – FCC) A Administração pública celebrou contrato de locação de um imóvel comercial para instalação de uma repartição pública. Dentre as características desse contrato firmado com a Administração pública, destaca-se a

(A) submissão a regime de direito público, na medida em que os contratos administrativos são regidos exclusivamente por normas de direito público.

(B) submissão a regime jurídico de direito privado, como contrato privado da Administração pública, sem prejuízo de derrogações operadas por normas de direito público aplicáveis.

(C) aplicação integral das normas de direito público destinadas aos contratos administrativos, em especial a possibilidade de invocar cláusulas exorbitantes implícitas.

(D) regência pelo regime jurídico de direito privado, afastando-se, assim, a observância de leis específicas destinadas a contratos administrativos, tal como a lei de licitações, salvo disposição expressa no contrato.

(E) submissão a regime jurídico híbrido, estabelecido pelas partes no texto do contrato, observado o poder discricionário do administrador e a liberdade de contratar do administrado.

A, C, D e **E**: incorretas, pois os contratos de locação em que o Poder Público é locatário são regidos pelo direito privado (e não pelo direito público ou por um regime híbrido), no caso, pela Lei de Locações de Imóveis Urbanos; **B**: correta, conforme comentário anterior.

(Técnico Judiciário – TRT/2ª – 2008 – FCC) Sobre o conceito de ato administrativo, é correto afirmar:

(A) O ato administrativo não produz efeitos jurídicos imediatos.

(B) Ato praticado por concessionário de serviço público, mesmo no exercício de prerrogativas públicas, não caracteriza ato administrativo.

(C) Qualquer manifestação de vontade ou declaração da Administração configura ato administrativo.

(D) Todo ato administrativo retrata manifestação bilateral de vontades.

(E) Quando o Estado pratica atos jurídicos regulados pelo Direito Civil ou Comercial, coloca-se no plano dos particulares.

A: errada, pois os atos administrativos produzem efeitos imediatos, vez que os atos dessa natureza estão sempre determinando alguma coisa e repercutindo no mundo jurídico; **B**: errada, pois se o ato foi praticado no exercício de prerrogativas pública é porque se trata de ato administrativo; **C**: errada, pois muitas vezes a Administração manifesta sua vontade sem a utilização de prerrogativas pública, como quando faz um contrato de locação de imóvel, na qualidade de locatária; nesse caso temos um *ato da Administração*, mas que não é *ato administrativo*; **D**: errada, pois há atos administrativos unilaterais (exs: uma multa, uma demissão) e atos administrativos bilaterais (ex: contrato administrativo); **E**: correta, pois nesses casos o Estado não age com prerrogativas, de modo que não se têm atos administrativos, mas atos da Administração regidos pelo Direito Privado, em que as partes estão em pé de igualdade.

(Técnico Judiciário – TRT/18ª – 2008 – FCC) Sobre o conceito de ato administrativo, é correto afirmar:

(A) Mesmo quando o Estado pratica ato jurídico regulado pelo direito Civil ou Comercial, ele pratica ato administrativo.

(B) Ato administrativo é a realização material da Administração em cumprimento de alguma decisão administrativa.

(C) O ato administrativo é sempre bilateral.

(D) O ato administrativo pode pertencer ao direito público ou ao direito privado.

(E) É considerado ato administrativo aquele praticado por entidade de direito privado no exercício de função delegada do Poder Público e em razão dela.

A: incorreta. Não são atos administrativos os *atos regidos pelo Direito Privado*, pois tais atos não vêm dotados de prerrogativas públicas, elemento marcante num ato administrativo; **B**: incorreta. Não são atos administrativos os *fatos administrativos* ou meros *atos materiais* da Administração, pois tais atos não importam numa declaração estatal, num comando administrativo; **C**: incorreta. Há atos administrativos unilaterais (ex: uma multa) e bilaterais (ex: um contrato administrativo); **D**: incorreta. Todo ato administrativo é regulado pelo direito público; se algum ato da Administração for regulado pelo direito privado, não se está diante de ato administrativo, mas de mero ato da Administração; **E**: correta, desde que a entidade esteja praticando uma função administrativa.

(Técnico Judiciário – TRT/8ª – 2013 – CESPE) No que diz respeito ao conceito e à classificação dos atos administrativos, assinale a opção correta.

(A) Ato administrativo imperfeito é aquele que já completou o seu ciclo de formação, mas está sujeito a condição o ou termo para que comece a produzir efeitos.

(B) O ato administrativo declaratório consiste naquele em que a administração apenas reconhece um direito que já existia antes do ato, como é o caso da revogação.

(C) Os atos de direito privado da administração são considerados atos administrativos.

10. DIREITO ADMINISTRATIVO — 565

(D) Quanto às prerrogativas com que atua a administração, os atos administrativos podem ser classificados como simples, complexos e compostos.

(E) Pelo critério formal, ato administrativo é o que ditam os órgãos administrativos, ficando excluídos dessa conceituação os atos provenientes dos órgãos legislativo e judicial, ainda que tenham a mesma natureza daqueles.

A: Incorreta. Ato administrativo imperfeito é aquele que não completou o ciclo de formação, portanto, é um ato ineficaz; **B:** Incorreta. O conceito de ato administrativo declaratório está correto. Entretanto, o exemplo demonstrado não. São exemplos de atos declaratórios a emissão de certidão, de atestados, declarações etc. A revogação é um instrumento jurídico pelo qual a Administração retira, por discricionariedade, um ato administrativo; **C:** Incorreta. Os atos regidos pelo direito privado são atos da administração e não atos administrativos. São exemplos de atos da administração: locação de prédio para uso do poder público, escritura de compra e venda; emissão de cheque. Wander Garcia entende que "tais atos não têm os atributos (as qualidades e forças) do ato administrativo; vale ressaltar que os atos antecedentes dos citados devem obedecer ao Direito Público" (**Manual Completo de Direito Administrativo para Concursos**. Indaiatuba: Editora FOCO, 2014, p. 131). Atos administrativos são emanados por agentes da administração pública ou por quem tenha suas prerrogativas; o conteúdo deve propiciar a produção de efeitos jurídicos com fim público e, por fim, deve ser regida basicamente pelo direito público (CARVALHO FILHO, José dos Santos. **Manual de Direito Administrativo**. 27. ed. São Paulo: Atlas, 2014, p. 101); **D:** Incorreta. Quanto às prerrogativas, os atos administrativos são classificados em: atos de império, atos de gestão e atos de expediente; **E:** Correta. Segundo Maria Sylvia Zanella Di Pietro, pelo critério subjetivo, orgânico ou forma, ato administrativo é o que ditam os órgãos administrativos; ficam excluídos os atos provenientes dos órgãos legislativo e judicial, ainda que tenham a mesma natureza daqueles (DI PIETRO, Maria Sylvia Zanella. **Direito Administrativo**. 25. ed. São Paulo: Atlas, 2012. p. 200). Gabarito "E".

4.2. Atributos do ato administrativo

(Técnico Judiciário – TRT/2ª – 2008 – FCC) No que concerne aos atributos do ato administrativo, é INCORRETO afirmar que a

(A) presunção de legitimidade depende de previsão legal.

(B) presunção de legitimidade do ato administrativo é relativa.

(C) imperatividade implica que a imposição do ato independe da anuência do administrado.

(D) autoexecutoriedade consiste na possibilidade que certos atos administrativos ensejam de imediata e direta execução pela própria Administração.

(E) presunção de legitimidade não impede o questionamento do ato administrativo perante o Poder Judiciário.

A: incorreta (devendo ser assinalada), pois todo ato administrativo já nasce com a presunção de legitimidade, sendo desnecessária uma lei prevendo isso; **B:** correta, pois essas presunção admite que se faça prova em contrário, demonstrando que o ato é ilegal; assim, a presunção de legitimidade é relativa, e não absoluta; **C:** correta, pois ser imperativo é, justamente, impor obrigações independentemente da concordância do outro; **D:** correta, pois a autoexecutoriedade é justamente o atributo do ato que permite que a Administração o imponha diretamente, com a possibilidade de usar a força para ver cumpri-lo; **E:** correta, pois a presunção é relativa, admitindo prova em contrário. Gabarito "A".

(Técnico Judiciário – TRT/20ª – 2006 – FCC) Em relação aos atributos do ato administrativo considere:

I. Uma das consequências da presunção de legitimidade e veracidade é a transferência do ônus da prova de invalidade do ato administrativo para quem a invoca.

II. A eficácia do ato administrativo é a disponibilidade do ato para produzir imediatamente seus efeitos finais, ao passo que a exequibilidade do ato administrativo é, tão somente, aptidão para atuar.

III. O atributo da imperatividade do ato administrativo, como sendo aquele que impõe a coercibilidade para seu cumprimento ou execução, não está presente em todos os atos, a exemplo dos atos enunciativos.

Está correto APENAS o que se afirma em:

(A) I.

(B) I e II.

(C) I e III.

(D) II e III.

(E) III.

I: correta, pois a presunção de legitimidade faz com que a outra parte tenha o ônus de demonstrar a ausência da legitimidade; **II:** incorreta, pois houve inversão entre os conceitos; **III:** correta, pois os atos meramente enunciativos (ou seja, que enunciam, declaram uma dada situação) não são comandos que impõem obrigações às pessoas, de modo que não se pode falar no atributo imperatividade. Gabarito "C".

(Técnico Judiciário – TRT/22ª – 2010 – FCC) Acerca dos atributos dos atos administrativos, analise as seguintes assertivas:

I. A imperatividade é um atributo que não existe em todos os atos administrativos.

II. A autoexecutoriedade consiste em atributo existente em todos os atos administrativos.

III. O atributo da tipicidade existe tanto em relação aos atos administrativos unilaterais, quanto em relação aos contratos.

IV. Os atos administrativos, qualquer que seja sua categoria ou espécie, nascem com presunção de legitimidade.

Está correto o que se afirma APENAS em

(A) I e II.

(B) I, III e IV.

(C) I e IV.

(D) II e III.

(E) III e IV.

I: correto, pois nem todo ato administrativo traz uma imposição ao particular independentemente da concordância deste; **II:** incorreto; para quem entende que autoexecutoriedade é simplesmente a possibilidade de a Administração praticar atos sem buscar o Judiciário, a afirmativa é falsa, pois há atos que a Administração não pode fazer por si só, como a execução fiscal; para quem entende que a autoexecutoriedade é a possibilidade de a Administração usar a força contra o particular, independentemente da concordância deste, a afirmativa também é falsa, pois a doutrina entende que isso só pode acontecer (uso da força) quando a lei expressamente autorizar ou quando não houver tempo de buscar a prestação jurisdicional; **III:** incorreto, pois, pela tipicidade, que também é considerada um atributo do ato administrativo para parte da doutrina, os atos administrativos devem corresponder aos tipos previstos em lei; no caso, somente se pode falar em tipicidade quanto a atos unilaterais da Administração, ou seja, quanto a atos praticados exclusivamente por esta; **IV:** correta, pois todo ato administrativo nasce com essa presunção; todavia, é bom lembrar que essa presunção pode ser desfeita pelo particular, caso este venha a demonstrar que a Administração apresentou motivo falso para a prática do ato ou praticou ato contrário à lei. Gabarito "C".

4.3. Requisitos ou elementos do ato administrativo

(Técnico Judiciário – TRT24 – FCC – 2017) O Prefeito de determinado Município concedeu licença por motivo de doença em pessoa da família a servidor público municipal já falecido. Nesse caso, o ato administrativo citado apresenta vício de

(A) objeto.

(B) motivo.

(C) forma.

(D) sujeito.

(E) finalidade.

A letra A está correta. O ato administrativo tem por elementos: competência, forma, finalidade, objeto e conteúdo. O objeto é justamente a alteração no mundo jurídico que se pretende produzir através do ato. Assim, se o servidor e falecido, não há alteração a ser proposta, sendo o ato nulo em seu objeto. Gabarito "A".

(Técnico Judiciário – TRT11 – FCC – 2017) Rodrigo é servidor público federal e chefe de determinada repartição pública. Rodrigo indeferiu as férias pleiteadas por um de seus subordinados, o servidor José, alegando escassez de pessoal na repartição. No entanto, José comprovou, que há excesso de servidores na repartição pública. No caso narrado,

(A) há vício de motivo no ato administrativo.

(B) o ato deve, obrigatoriamente, permanecer no mundo jurídico, vez que sequer exigia fundamentação.

(C) inexiste vício no ato administrativo, no entanto, o ato comporta revogação.

(D) o ato praticado por Rodrigo encontra-se viciado, no entanto, não admite anulação, haja vista a discricionariedade administrativa na hipótese.

(E) o objeto do ato administrativo encontra-se viciado.

A: correta. Motivo é a situação de fato e de direito que gera a necessidade do ato administrativo. Se o motivo apresentado não condizer com a realidade o ato será nulo. **B:** incorreta. O indeferimento de direitos pleiteados, deve ser motivo, sendo medida de exceção. **C:** incorreta. Há vício de motivação. Em que pese ser ato discricionário, uma vez apresentada, a motivação, deverá ser verdadeira. **D:** incorreta. Lei 8112/90, art. 77. O servidor fará jus a trinta dias de férias, que podem ser acumuladas, até o máximo de dois períodos, no caso de necessidade do serviço, ressalvadas as hipóteses em que haja legislação específica. Indeferir o direito as férias é exceção legal, mas exige motivação, sem a qual, se torna nulo. **E:** incorreta. O vicio apresentado está na motivação do ato.

Gabarito "A"

(Analista Judiciário – TRE/PE – CESPE – 2017) Um servidor público praticou um ato administrativo para cuja prática ele é incompetente. Tal ato não era de competência exclusiva.

Nessa situação, o ato praticado será

(A) inexistente.

(B) irregular.

(C) válido.

(D) nulo.

(E) anulável.

A: Incorreta. Se há um vício de competência o ato existe, mas foi realizado em desconformidade com a lei, sendo nulo, portanto. **B:** Incorreta. O ato é anulável, porque realizado contrariamente à lei, não sendo utilizada essa expressão "irregular" quanto aos vícios do ato jurídico administrativo. **C:** Incorreta. O ato é inválido, porque viola a lei quanto às regras de competência por ela definidas. **D:** Incorreta. O ato é anulável, porque o vício de competência admite convalidação. **E:** Correta. Como dito acima, o ato é anulável, porque o vício de competência e forma são considerados relativos e admitem convalidação (art. 55, da Lei 9.784/1999).

Gabarito "E"

(Analista Judiciário – TRT/11 – FCC – 2017) Melinda, servidora pública, praticou ato administrativo com vício de competência. Cumpre salientar que a hipótese não trata de competência outorgada com exclusividade pela lei, mas o ato administrativo competia a servidor público diverso. Em razão do ocorrido, determinado particular impugnou expressamente o ato em razão do vício de competência. Nesse caso, o ato

(A) não comporta convalidação, pois o vício narrado não admite tal instituto.

(B) comporta convalidação que, na hipótese, dar-se-á com efeitos *ex tunc.*

(C) não comporta convalidação, em razão da impugnação feita pelo particular.

(D) comporta convalidação que, na hipótese, dar-se-á com efeitos *ex nunc.*

(E) comporta exclusivamente a aplicação do instituto da revogação, com efeitos *ex tunc.*

A: Incorreta. O vício de competência admite convalidação ou saneamento (art. 55 da Lei 9.784/1999), sendo esse o entendimento da doutrina dominante, conforme Maria Sylvia Zanella de Pietro, Direito Administrativo. 28ª Ed.pp. 229-230. **B:** Incorreta. Realmente, o vicio de competência pode ser convalidado, mas a convalidação só produz efeitos "ex nunc". **C:** Correta. Se o ato foi impugnado, logicamente perde-se o interesse de ser convalidado, sendo esse o entendimento da doutrina, conforme MELLO, Celso Antônio Bandeira. Curso de Direito Administrativo. 30ª edição. Malheiros: São Paulo, 2012, p. 482. **D:** Incorreta. O ato com vicio de competência admite convalidação, mas como foi impugnado, não há interesse nessa, enquanto não se decide o recurso. **E:** Incorreta. O enunciado fala em vicio, por isso pode ser anulado, e não revogado. A anulação tem eficácia "ex tunc", sendo que a revogação tem eficácia "ex nunc".

Gabarito "C"

(Técnico Judiciário – TRT8 – CESPE – 2016) A respeito dos atos administrativos, assinale a opção correta.

(A) São elementos dos atos administrativos a competência, a finalidade, a forma, o motivo e o objeto.

(B) Apenas o Poder Executivo, no exercício de suas funções, pode praticar atos administrativos.

(C) Mesmo quando atua no âmbito do domínio econômico, a administração pública reveste-se da qualidade de poder público.

(D) Para a formação do ato administrativo simples, é necessária a manifestação de dois ou mais diferentes órgãos ou autoridades.

(E) Define-se ato nulo como ato em desconformidade com a lei ou com os princípios jurídicos, passível de convalidação.

A: Correta. **B:** Incorreta. Todos os Poderes praticam atos administrativos. **C:** incorreta. A intervenção no domínio econômico e regulamentada pela Constituição Federal nos termos do artigo 173. Art. 173. Ressalvados os casos previstos nesta Constituição, a exploração direta de atividade econômica pelo Estado só será permitida quando necessária aos imperativos da segurança nacional ou a relevante interesse coletivo, conforme definidos em lei. § 1º, II: A empresa pública, a sociedade de economia mista e outras entidades que explorem atividade econômica sujeitam-se ao regime jurídico próprio das empresas privadas, inclusive quanto às obrigações trabalhistas e tributárias. **D:** incorreta. O ato administrativo simples decorre da vontade de um único órgão. Existem ainda os atos complexos: que decorre da manifestação de vontade de dois ou mais órgãos ou autoridades e o composto: que resulta manifestação de um único órgão mas demanda aprovação por outro. **E:** incorreta. O ato nulo não e passível de convalidação.

Gabarito "A"

(Técnico Judiciário – TRT/8ª – 2013 – CESPE) Com referência aos requisitos dos atos administrativos, assinale a opção correta.

(A) A finalidade, em sentido estrito, corresponde à consecução de um resultado de interesse público.

(B) Motivo é o pressuposto de direito que serve de fundamento ao ato administrativo, sendo possível a invalidação do ato na hipótese de ter ele sido indicado um motivo falso.

(C) O silêncio da administração pública pode significar forma de manifestação de vontade, quando a lei assim o prevê.

(D) A competência é indelegável e se exerce pelos órgãos administrativos a que foi atribuída como própria.

(E) O objeto é o efeito jurídico mediato que o ato produz.

A: Incorreta. A finalidade, em sentido amplo, corresponde à consecução de um resultado de interesse público. Em sentido estrito, a finalidade é aquela que tem previsão legal para o ato administrativo específico; **B:** Incorreta. Wander Garcia conclui que *motivo* é tão somente o *fato* autorizador, enquanto que o fundamento de direito é o pressuposto de validade que veremos a seguir, que está dentro da *formalização* (**Manual Completo de Direito Administrativo para Concursos**. Indaiatuba: Editora FOCO, 2014, p. 136); **C:** Correta. Caso um particular faça um pedido para a Administração e a lei dispuser expressamente que a inexistência de resposta num certo prazo (silêncio) importa em aprovação do pedido, aí sim o silêncio terá efeito jurídico, no caso o de se considerar aprovada a solicitação feita (Idem, p. 132); **D:** Incorreta. A competência é **delegável**. Sobre o tema, conferir os arts. 12 a 14 da Lei 9.784/1999; **E:** Incorreta. O objeto é o efeito jurídico **imediato** que o ato produz.

Gabarito "C".

(Técnico Judiciário – TRT/2ª – 2008 – FCC) Sendo um dos requisitos do ato administrativo, a competência é

(A) modificável por vontade do agente.

(B) transferível.

(C) irrenunciável.

(D) prescritível.

(E) de exercício não obrigatório.

Art. 11 da Lei 9.784/1999.

Gabarito "C".

(Técnico Judiciário – TRT/7ª – 2009 – FCC) Pressuposto de fato e de direito que serve de fundamento ao ato administrativo é o conceito do requisito do ato administrativo denominado

(A) objeto.

(B) finalidade.

(C) sujeito.

(D) motivo.

(E) forma.

Trata-se exatamente do conceito de motivo, conforme se verifica dos textos que trouxemos no início deste item, quanto aos *requisitos* do ato administrativo.

Gabarito "D".

(Técnico Judiciário – TRT/7ª – 2009 – FCC) Imperatividade é o atributo pelo qual o ato administrativo

(A) está de conformidade com a lei.

(B) pode ser posto em execução pela própria Administração, sem necessidade de intervenção do Poder Judiciário.

(C) se impõe a terceiros, independentemente de sua concordância.

(D) goza da presunção quanto à veracidade dos fatos alegados pela Administração.

(E) deve corresponder a figuras definidas previamente pela lei.

A: incorreta, pois estar em conformidade com a lei é um *pressuposto* de validade do ato, e não um *atributo* deste; **B:** incorreta, pois a situação narrada caracteriza o atributo *autoexecutoriedade*; **C:** correta, pois a definição dada na afirmativa é a própria definição do atributo *imperatividade*; **D:** incorreta, pois a situação narrada caracteriza o atributo *presunção de legitimidade*; **E:** incorreta, pois a situação narrada caracteriza o atributo *tipicidade*. 🖊 WG

Gabarito "C".

(Técnico Judiciário – TRT/8ª – 2010 – FCC) A competência administrativa, em regra, enquanto requisito do ato administrativo,

(A) decorre da lei.

(B) é prorrogável, pela vontade dos interessados.

(C) não pode ser avocada.

(D) é indelegável.

(E) é transferível.

A: correta, pois, de acordo com o princípio da legalidade, somente a lei pode conferir a um agente público, a um órgão público ou a uma pessoa jurídica, uma competência; **B:** incorreta, pois a competência, em Direito Administrativo, é matéria de ordem pública, não podendo ser prorrogada por vontade das partes; assim, um agente público não pode praticar um ato para o qual não tenha competência, ainda que a outra parte concorde com isso; **C:** incorreta, pois a lei permite a avocação da competência (art. 15 da Lei 9.784/1999); **D:** incorreta, pois a lei permite que um órgão e seu titular deleguem, temporariamente, parte de sua competência (arts. 12 a 14 da Lei 9.784/1999); **E:** incorreta, pois a lei poderá transferir a competência de um órgão para outro. WG

Gabarito "A".

(Técnico Judiciário – TRT/8ª – 2010 – FCC) O revestimento exterior do ato administrativo, necessário à sua perfeição, é requisito conhecido como

(A) objeto.

(B) forma.

(C) finalidade.

(D) motivo.

(E) mérito.

A forma é o revestimento exterior do ato administrativo. Para que um ato administrativo exista (ato perfeito) é necessário que seja veiculado por alguma forma (qualquer forma). Porém, vale lembrar que, para que o ato administrativo seja válido (ato válido), é necessário que se trate da forma prescrita em lei. WG

Gabarito "B".

4.4. Classificações e espécies de ato administrativo

(Técnico Judiciário – TRT8 – CESPE – 2016) No que diz respeito às espécies de ato administrativo, assinale a opção correta.

(A) A homologação é ato unilateral e vinculado pelo qual a administração pública reconhece a legalidade de um ato jurídico.

(B) Decreto é ato exclusivamente geral emanado do chefe do Poder Executivo.

(C) Licença é o ato administrativo bilateral e vinculado por meio do qual a administração pública faculta ao particular o exercício de determinada atividade.

(D) A admissão é o ato discricionário e unilateral pelo qual a administração reconhece ao particular que preencha os requisitos legais o direito à prestação de um serviço público.

(E) Parecer é ato opinativo e vinculante pelo qual os órgãos consultivos da administração pública emitem opinião sobre assuntos técnicos ou jurídicos de sua competência.

B: incorreta. Decretos são atos normativos. **C:** incorreta. Licença é ato vinculado e unilateral que faculta o exercício de determinada atividade desde que demonstrado o atendimento ao interesse público. **D:** incorreta. Ato unilateral e vinculado que reconhece ao particular desde que preencha os requisitos legais, o direito a prestação de um serviço público. **E:** incorreta. Ato opinativo emitido pelos órgãos consultivos da administração. Eles podem ser facultativos, obrigatórios e vinculantes. FMB

Gabarito "A".

(Técnico Judiciário – TRT/8ª – 2010 – FCC) Considerada a classificação dos atos administrativos

(A) perfeitos são aqueles que já produziram todos seus efeitos, tornando-se definitivos e irretratáveis.

(B) de expediente são os que a Administração pratica sem usar da sua supremacia.

(C) de gestão são aqueles que se destinam a dar andamento aos processos e papéis dentro da repartição pública.

(D) consumados são os que estão em condições de produzir efeitos jurídicos, porque já completou todo o seu ciclo de formação.

(E) de império são aqueles praticados pela Administração usando dos seus poderes e prerrogativas de autoridade.

A: incorreta, pois os *atos perfeitos* são aqueles que cumpriram o ciclo necessário à sua formação, o que não quer dizer que já estão produzindo efeitos ou que já produziram todos os seus efeitos; por exemplo, um contrato administrativo que acabou de ser assinado é considerado perfeito, mas ainda não produziu os seus efeitos; a definição dada na alternativa foi, na verdade, de *atos consumados*; **B** e **C:** incorretas, pois houve inversão dos conceitos; a alternativa "B" trouxe o conceito de atos de gestão, e a alternativa "C" trouxe o conceito de atos de expediente; **D:** incorreta, pois a definição dada na alternativa foi de *atos perfeitos*; *atos consumados* são aqueles que se enquadram na definição dada na alternativa "A"; **E:** correta, pois trouxe a exata definição de *atos de império*. WG

Gabarito "E".

(Técnico Judiciário – TRT/8ª – 2010 – FCC) Dentre os atos administrativos, aquele que traz em si o requisito da imperatividade é

(A) a licença.

(B) o atestado.

(C) a autorização.

(D) o decreto.

(E) o parecer.

A: incorreta, pois a licença é um ato solicitado pelo próprio particular, não havendo que se falar em imperatividade, que consiste na imposição de obrigações ao particular, independentemente da concordância deste; **B:** incorreta, pois o atestado é uma mera declaração, não havendo imposição de obrigações; **C:** incorreta, pois a autorização é um ato solicitado pelo próprio particular, não havendo que se falar em imperatividade, que consiste na imposição de obrigações ao particular, independentemente da concordância deste; **D:** correta, pois o decreto é ato do Chefe do Executivo que costuma trazer imposições aos particulares, explicando os comandos trazidos na lei; **E:** incorreta, pois o parecer é uma mera opinião técnica sobre um dado assunto, não se tratando de uma imposição de obrigações ao particular. WG

Gabarito "D".

(Técnico Judiciário – TRT/20ª – 2006 – FCC) Em matéria de espécies de atos administrativos considere:

I. Atos administrativos ordinatórios internos contendo determinações e instruções que a Corregedoria ou tribunais expedem para regularização e uniformização dos serviços, especialmente os de Justiça, com o objetivo de evitar erros e omissões na observância da lei.

II. Atos administrativos normativos expedidos pelas altas autoridades do Executivo (mas não pelo Chefe do Executivo) ou pelos presidentes dos tribunais, órgãos legislativos e colegiados administrativos, para disciplinar matéria de sua competência específica.

Esses atos administrativos dizem respeito, técnica e respectivamente,

(A) às circulares e às deliberações.

(B) às ordens de serviço e aos regimentos.

(C) aos provimentos e às resoluções.

(D) às portarias e aos regulamentos.

(E) às resoluções e às instruções normativas.

De fato, os institutos previstos na alternativa "c" correspondem aos atos conceitos nos itens I e II. WG

Gabarito "C".

(Técnico Judiciário – TRT/23ª – 2007 – FCC) No que se refere a atos administrativos é INCORRETO afirmar que

(A) a expedição de uma certidão pela Administração Pública pode ser caracterizada como um ato administrativo declaratório.

(B) o ato administrativo complexo resulta da vontade de um único órgão, mas depende da verificação por parte de outro, para se tornar exigível.

(C) a licença e a admissão são espécies de ato vinculado.

(D) presunção de legitimidade e presunção de veracidade dos atos administrativos não possuem caráter absoluto.

(E) denomina-se ato regulamentar ou geral aquele que alcança a todos que se encontrem na mesma situação abstrata prevista na sua edição e, portanto, não há destinatário determinado.

A: correta, pois a certidão não deixa de ser um ato que declara uma situação preexistente; todavia, a certidão também pode ser considerada um ato *enunciativo*; **B:** incorreta (devendo ser assinalada), pois ato complexo é aquele que emana de dois ou mais órgãos; **C:** correta, valendo conferir os conceitos trazidos no começo deste item; **D:** correta, pois o caráter dessas presunções é relativo, ou seja, elas admitem prova em contrário; **E:** correta, pois o regulamento tem caráter geral, atingindo a todos que estão na situação regulamentada.

(Técnico Judiciário – TRT/5ª – 2008 – CESPE) A respeito de atos administrativos, julgue os itens seguintes.

(1) O Poder Judiciário pode revogar seus próprios atos administrativos e anular os atos administrativos praticados pelo Poder Legislativo.

(2) O ato administrativo de remoção de servidor público ocupante de cargo efetivo com o intuito de puni-lo caracteriza desvio de poder.

(3) A administração tem o ônus de provar a legalidade do ato administrativo sempre que ela for questionada judicialmente.

(4) A aposentadoria de cargo de provimento efetivo, por implemento de idade, é um ato administrativo discricionário.

1: correta, pois o Judiciário pode *anular* atos próprios e de outros poderes, mas, quanto à revogação, só pode *revogar* atos próprios; **2:** correta, pois a remoção não tem por finalidade a punição, e, havendo remoção com caráter punitivo, tem-se o chamado desvio de poder ou desvio de finalidade; **3:** errada, pois os atos administrativos já nascem com uma presunção de legalidade; **4:** errada, pois a aposentadoria, para ser concedida, depende do preenchimento de requisitos bem claros e objetivos, encerrando verdadeiro ato vinculado, e não ato discricionário, no qual há subjetividades e margem de liberdade para o agente público praticar ou não o ato.

4.5. Discricionariedade e vinculação

Texto para os itens seguintes.

Uma autoridade administrativa do TST, no exercício de sua competência, editou ato administrativo que determinava a instalação de detectores de metais nas entradas da sede do Tribunal e estabelecia que todas as pessoas deveriam submeter-se ao detector e que somente poderiam ingressar no edifício ou sair dele caso apresentassem aos agentes da segurança todos os pertences de metal. Porém, seis meses depois da instalação dos detectores, as reclamações dirigidas à administração do TST fizeram com que a autoridade editasse ato anulando a referida determinação, por considerar que ela não alcançou devidamente os seus objetivos.

(Técnico Judiciário – TST – 2008 – CESPE) Acerca da situação hipotética descrita no texto, julgue os itens a seguir.

(1) Nessa situação, o dever de submeter-se aos detectores de metais não poderia ser imposto a juízes do trabalho, pois tal exigência violaria as garantias constitucionais da magistratura.

(2) O ato que determinou a instalação dos detectores de metais é um ato administrativo discricionário.

(3) Os motivos alegados pela referida autoridade para invalidar o ato deveriam conduzir à sua revogação, e não, à sua anulação.

1: errada, pois não existe garantia constitucional dos juízes que os exime de se submeter a detectores de metais; **2:** correta, pois trata-se de ato inserido na conveniência e oportunidade do TST quanto às regras de segurança que entende pertinente; **C:** correta, pois os motivos revelam que o ato foi extinto por motivo de conveniência e oportunidade (revogação), e não por motivo de ilegalidade (anulação).

(Técnico Judiciário – TRT9 – 2012 – FCC) A respeito dos atos administrativos, é correto afirmar que

(A) o mérito do ato administrativo corresponde ao juízo de conveniência e oportunidade presente nos atos discricionários.

(B) os atos vinculados comportam juízo de conveniência e oportunidade pela Administração, que pode revogá-los a qualquer tempo.

(C) os atos discricionários não são passíveis de revogação pela Administração, salvo por vício de legalidade.

(D) a discricionariedade corresponde ao juízo de conveniência e oportunidade presente nos atos vinculados.

(E) os atos vinculados são passíveis de anulação pela Administração, de acordo com juízo de conveniência e oportunidade.

A: correta, pois mérito administrativo é justamente a margem de liberdade que tem o administrador público para, diante de critérios de conveniência e oportunidade, decidir qual é a melhor providência diante das opções que a lei lhe traz; **B:** incorreta, pois ato vinculado é aquele em que a lei, de forma clara e objetiva, define sem margem a opções, qual é a única conduta que a administração pode tomar num determinado caso concreto bem definido, não havendo, assim, espaço para juízo de conveniência e oportunidade; **C:** incorreta, pois, em caso de ilegalidade, não se fala em revogação, mas em anulação; **D:** incorreta, pois nos atos vinculados, como seu viu, não há margem de liberdade; **E:** incorreta, pois a anulação se dá por motivo de ilegalidade, e não por motivo de conveniência e oportunidade, motivo este que só enseja revogação.

(Técnico Judiciário – TRT/15ª – 2009 – FCC) Quanto à discricionariedade e vinculação do ato administrativo, é correto que

(A) ato discricionário é aquele em que o administrador tem certa liberdade de escolha, especialmente quanto à conveniência e oportunidade.

(B) discricionariedade e arbitrariedade são expressões sinônimas.

(C) no ato vinculado a lei estabelece quase todos os requisitos e condições de sua realização, deixando pouca margem de liberdade ao administrador.

(D) quanto aos elementos competência e finalidade do ato administrativo a lei pode deixar à livre apreciação da autoridade tanto no ato discricionário quanto no ato vinculado.

(E) o Poder Judiciário pode apreciar o ato administrativo quanto aos aspectos da conveniência e oportunidade.

A: correta, pois o conceito de ato administrativo está adequado; **B:** incorreta, pois a discricionariedade é uma *margem de liberdade*, ao passo que a arbitrariedade importa numa *liberdade total*; **C:** incorreta, pois no ato vinculado não há liberdade alguma para o administrador; **D:** incorreta, pois a competência é sempre vinculada; **E:** incorreta, pois o Judiciário só pode apreciar os atos de ilegalidade, incluindo a falta de razoabilidade e de moralidade.

(Técnico Judiciário – TRT/16ª – 2009 – FCC) Determinada Prefeitura Municipal pretende realizar obras de urbanização no entorno da área onde está localizado o imóvel do Tribunal Regional do Trabalho. Nesse caso, é correto afirmar que

(A) não caberá ao Judiciário dizer se tais obras são ou não prioritárias ou urgentes, podendo apenas invalidar os atos manifestamente ilegais, resultantes de abuso de poder ou desvio de finalidade.

(B) o ato tem natureza de vinculação, visto que a oportunidade à conveniência dessas obras estão sempre atreladas à lei, cabendo ao administrador proceder de forma estrita, ainda que presente o interesse coletivo.

(C) a discricionariedade do administrador municipal é plena, afastando-se quaisquer limites quanto à legalidade ou ao interesse público, por ser uma prerrogativa própria e imprescindível do cargo.

(D) o administrador municipal não poderá praticar os atos relacionados a essa obra com liberdade de escolha de seu conteúdo e do modo de sua realização sem a prévia autorização do Presidente do Tribunal Regional do Trabalho.

(E) sendo um ato de natureza discricionária por parte do Município, não terá o administrador municipal qualquer margem de liberdade para escolher essa ou aquela conduta, salvo instaurar o processo de urbanização.

A: correta, pois a opção pela realização das obras é discricionária, de modo que o Judiciário não pode ingressar nesse mérito, mas apenas nos aspectos de legalidade que disserem respeito aos atos; **B:** incorreta, pois o ato é discricionário, e não vinculado; **C:** incorreta. A discricionariedade não é liberdade total, podendo ser controlada quanto aos aspectos já citados; **D:** incorreta. A Prefeitura tem discricionariedade, como se viu, não podendo o Tribunal interferir nesse tipo de ato do Poder Executivo; **E:** incorreta. Se o ato é discricionário, por óbvio temos um ato com margem de liberdade.

(Técnico Judiciário – TRT/18ª – 2008 – FCC) Quanto à liberdade que o administrador tem na prática dos atos administrativos, considere:

I. Ato em que a lei estabelece todos os requisitos e as condições de sua realização, sem deixar qualquer margem de liberdade para o administrador.

10. DIREITO ADMINISTRATIVO 569

II. Ato que o administrador pode praticar com certa liberdade de escolha quanto à conveniência e oportunidade.

Esses conceitos referem-se, respectivamente, ao ato administrativo

(A) vinculado e de império.

(B) de império e de gestão.

(C) discricionário e de gestão.

(D) vinculado e discricionário.

(E) de gestão e de expediente.

O item I traz a definição de ato vinculado, ao passo que o item II, de ato discricionário. **Gabarito "D".** WG

4.6. Extinção

(Analista Judiciário – TRT/24 – FCC – 2017) Fabio, servidor público federal e chefe de determinada repartição, concedeu licença a seu subordinado Gilmar, pelo período de um mês, para tratar de interesses particulares. No último dia da licença em curso, Fabio decide revogá-la por razões de conveniência e oportunidade. A propósito dos fatos, é correto afirmar que a revogação

(A) não é possível, pois o ato já exauriu seus efeitos.

(B) não é possível, pois apenas o superior de Fabio poderia assim o fazer.

(C) é possível, em razão da discricionariedade administrativa e da possibilidade de ocorrer com efeitos *ex tunc*.

(D) não é possível, pois somente caberia o instituto da revogação se houvesse algum vício no ato administrativo.

(E) é possível, desde que haja a concordância expressa de Gilmar.

A: Correta. Considerando que a licença já foi usufruída e que a revogação opera efeitos " ex nunc", ou seja, não retroativos, ela será inviável, por isso considerada pelo examinador como impossível. **B:** Incorreta. Fábio seria competente para revogar a licença, sendo que o problema é que a revogação é inócua, pois o servidor já cumpriu o período todo dessa licença, sendo um ato jurídico perfeito, exaurido, não podendo ser revogado. Poderia, outrossim, ser anulado. **C:** Incorreta. A revogação sempre opera efeitos " ex nunc" (não retroativos), não havendo a possibilidade de ser alterada essa característica intrínseca desse ato jurídico administrativo. **D:** Incorreta. A revogação tem por fundamento razões de inconveniência e inoportunidade, sendo esse o erro da assertiva. No caso de vício, teremos hipótese de anulação. **E:** Incorreta. Não há necessidade de concordância do destinatário do ato. A concessão da licença é um ato unilateral, independe, portanto, de manifestação de vontade do seu destinatário. AW **Gabarito "A".**

(Técnico Judiciário – TRT/2ª – 2008 – FCC) A revogação do ato administrativo praticado pelo Poder Executivo insere-se na competência

(A) do Tribunal de Contas.

(B) do Poder Judiciário.

(C) do Poder Legislativo.

(D) da própria Administração Pública.

(E) do Ministério Público.

A *revogação* do ato, que é a sua extinção por motivo de *conveniência e oportunidade*, deve ser feita pela *própria Administração Pública* que editou aquele ato, pois somente a esta cabe a manutenção do ato na ordem jurídica. WG **Gabarito "D".**

(Técnico Judiciário – TRT/7ª – 2009 – FCC) A anulação de ato administrativo emanado do Poder Executivo pode ser feita

(A) pela própria Administração e pelo Poder Judiciário.

(B) pela própria Administração e pelo Poder Legislativo.

(C) pelo Poder Legislativo e pelo Poder Judiciário.

(D) pela Administração, apenas.

(E) pelo Poder Judiciário, apenas.

A *anulação* do ato, que é a sua extinção por motivo de *ilegalidade*, pode ser feita tanto pela Administração, que é quem expediu o ato e tem o controle sobre ele, como pelo Poder Judiciário, que é o Poder que controla todo e qualquer tipo de ilegalidade para o qual seja chamado a se manifestar. WG **Gabarito "A".**

(Técnico Judiciário – TRT/7ª – 2009 – FCC) A revogação do ato administrativo ocorre quando

(A) foi praticado com desvio de finalidade ou abuso de poder.

(B) contiver vício relativo ao sujeito.

(C) o ato alcançou plenamente a sua finalidade.

(D) o ato é praticado de forma diversa da prevista em lei.

(E) a Administração extingue um ato válido, por razões de conveniência e oportunidade.

A, B e **D:** incorretas, pois, nesses casos, tem-se *ilegalidade*, devendo o ato ser *anulado*, e não revogado; **C:** incorreta, pois nesse caso o ato é plenamente válido e legítimo, não se falando em anulação e revogação; **E:** nesse caso, apesar de válido, o ato não é mais conveniente, cabendo, então, a revogação. WG **Gabarito "E".**

(Técnico – TRT/11ª – 2012 – FCC) Determinado administrador público desapropriou certo imóvel residencial com o propósito de perseguir o expropriado, seu inimigo político. Não obstante o vício narrado, a Administração Pública decide convalidar o ato administrativo praticado (desapropriação) com efeitos retroativos. Sobre o fato, é correto afirmar que:

(A) Será possível a convalidação, a fim de ser aproveitado o ato administrativo praticado, sanando-se, assim, o vício existente.

(B) Não será possível a convalidação, sendo ilegal o ato praticado, por conter vício de finalidade.

(C) Não será possível a convalidação, sendo ilegal o ato praticado, por conter vício de forma.

(D) Será possível a convalidação, no entanto, ela deverá ter efeitos *ex nunc* e, não, *ex tunc*.

(E) Não será possível a convalidação, sendo ilegal o ato praticado, por conter vício de objeto.

A: incorreta, pois a convalidação só incide sobre atos com defeitos sanáveis (que não é o caso do desvio de finalidade, que gera a nulidade absoluta do ato) e que não causem prejuízos a terceiros ou ao interesse público (art. 55 da Lei 9.784/1999); no caso, o ato prejudicou o interesse público, que não admite violação ao princípio da moralidade, e terceiros, pois atingiu o inimigo político do administrador, de maneira que não poderá ser convalidado; **B:** correta, pois, havendo defeito insanável (desvio de finalidade) e prejuízo ao interesse público e a terceiro, não cabe convalidação (art. 55 da Lei 9.784/1999); **C:** incorreta, pois o vício não é no requisito *forma*, mas no requisito *finalidade*; **D:** incorreta, pois, se não é possível convalidação, não há que se falar em efeitos dessa; de qualquer forma, quando a convalidação é possível o efeito é *ex tunc* (retroage) e não *ex nunc*; **E:** incorreta, pois o vício não é no requisito *objeto*, mas no requisito *finalidade*. WG **Gabarito "B".**

(Técnico Judiciário – TRT/20ª – 2011 – FCC) Sobre os atos administrativos analise as seguintes assertivas:

I. Convalidação é o ato jurídico que sana vício de ato administrativo antecedente de tal modo que este passa a ser considerado como válido desde o seu nascimento.

II. A Administração pode anular seus próprios atos, quando eivados de vícios que os tornem ilegais, porque deles não se originam direitos; ou revogá-los por motivos de conveniência e oportunidade, respeitados os direitos adquiridos e ressalvadas em todos os casos, a apreciação judicial.

III. Revogação é o ato administrativo discricionário pelo qual a Administração extingue um ato válido, por razões de oportunidade e conveniência, e terá efeitos *ex tunc*.

Está correto o que se afirma APENAS em

(A) I e II.

(B) I e III.

(C) II.

(D) II e III.

(E) III.

I: correta, pois traz a exata definição de convalidação; **II:** correta, pois está de acordo com a Súmula 473 do STF e com o art. 53 da Lei 9.784/1999; **III:** incorreta, pois a revogação terá efeitos *ex nunc*. WG **Gabarito "A".**

(Técnico Judiciário – TRT/23ª – 2007 – FCC) Sobre o controle dos atos administrativos, pode-se afirmar que o ato editado com vício de legalidade

(A) só pode ser anulado por decisão judicial em ação autônoma.

(B) só pode ser anulado ou invalidado pela própria Administração Pública, pois só ela detém o poder de autotutela.

(C) pode ser anulado ou invalidado pela própria Administração Pública, assim como pelo Poder Judiciário.

(D) pode ser anulado pela própria Administração, desde que ocorra ratificação pelo Poder Judiciário.

(E) não pode ser anulado pela Administração Pública, na hipótese de ter ele produzido efeito.

A: incorreta, pois a Administração Pública que expediu o ato também pode anulá-lo; **B:** incorreta, pois o Poder Judiciário também pode anular os atos administrativos, pois nenhuma ilegalidade pode ser subtraída da sua apreciação; **C:** correta, pois tanto a Administração, como o Judiciário podem *anular* os atos administrativos; **D:** incorreta, pois a Administração, pelo princípio da autotutela, pode anular seus atos administrativos, independentemente de qualquer apreciação pelo Judiciário; **E:** incorreta, pois o princípio da autotutela autoriza que a Administração anule seus atos mesmo que estes já estejam produzindo efeitos.

5. ORGANIZAÇÃO ADMINISTRATIVA

5.1. Temas gerais (Administração Pública, órgãos e entidades, desconcentração e descentralização, controle e hierarquia, teoria do órgão)

(Técnico – TRT/6ª – 2012 – FCC) Sobre a descentralização e a desconcentração é correto afirmar que a

(A) descentralização compreende a distribuição de competências para outra pessoa jurídica, enquanto a desconcentração constitui distribuição de competências dentro da mesma pessoa jurídica.

(B) desconcentração compreende a distribuição de competências para outra pessoa jurídica, desde que de natureza jurídica de direito público.

(C) descentralização constitui distribuição de competências dentro da mesma pessoa jurídica, admitindo, excepcionalmente, a delegação de serviço público a terceiros.

(D) descentralização compreende a distribuição de competências para outra pessoa jurídica, vedada a delegação de serviço público à pessoa jurídica de direito privado.

(E) desconcentração constitui a delegação de serviço público à pessoa jurídica de direito privado por meio de permissão ou concessão.

A: correta; de fato, a descentralização se dá de *pessoa jurídica* para *pessoa jurídica* (ex: da União para uma Agência Reguladora), ao passo que a desconcentração se dá internamente a uma pessoa jurídica, ou seja, dá-se de órgão para órgão (ex: da Presidência da República para um Ministério; a palavra que tem a letra "o" no meio dela (desconcentração) vai lhe ajudar a lembrar que esta se dá de órgão para órgão; **B:** incorreta, pois a desconcentração se dá internamente a uma mesma pessoa jurídica; **C:** incorreta, pois a descentralização se dá para fora de uma pessoa jurídica; **D:** incorreta, pois o conceito de descentralização está correto, mas é falso dizer que é vedada a delegação de serviço público à pessoa jurídica de direito privado; isso porque há dois tipos de descentralização, a por serviço (feita por lei para uma pessoa jurídica de direito público, que recebe a titularidade do serviço público) e a por colaboração (feita por contrato para uma pessoa jurídica de direito privado, a fim de que esta preste um serviço público); **E:** incorreta, pois o conceito trazido na alternativa é de descentralização por colaboração e não de desconcentração.

5.2. Administração indireta e suas entidades

(Técnico Judiciário – TRT8 – CESPE – 2016) Com base nas disposições constitucionais e no regime jurídico referentes à administração indireta, assinale a opção correta.

(A) Os conselhos profissionais são considerados autarquias profissionais ou corporativas.

(B) Conforme a Constituição Federal de 1988 (CF), a nomeação dos presidentes das entidades da administração pública indireta independe de aprovação prévia do Senado Federal.

(C) As sociedades de economia mista que exploram atividade econômica não estão sujeitas à fiscalização do Tribunal de Contas da União.

(D) O consórcio público integra a administração direta de todos os entes da Federação consorciados, ainda que detenha personalidade jurídica de direito público.

(E) Existe relação de hierarquia entre a autarquia e o ministério que a supervisiona.

A: correta. Conforme sua natureza jurídica e características definidas em Lei. Art. 58 da Lei 9.649/1998: Os serviços de fiscalização de profissões regulamentadas serão exercidos em caráter privado, por delegação do poder público, mediante autorização legislativa. (...) § 2º Os conselhos de fiscalização de profissões regulamentadas, dotados de personalidade jurídica de direito privado, não manterão com os órgãos da Administração Pública qualquer vínculo funcional ou hierárquico. **B:** incorreta. CF, art. 52. Compete privativamente ao Senado Federal: III – aprovar previamente, por voto secreto, após arguição pública, a escolha de: f) titulares de outros cargos que a lei determinar; **C:** incorreta. Todas o estão. **D:** incorreta. O consorcio publico não integra a administração direta e sim o contratado por ela. Lei 11107/05, Art. 1 º § 1º O consórcio público constituirá associação pública ou pessoa jurídica de direito privado. **E:** incorreta. As autarquias são anônimas em sua gestão, não há hierarquia com os ministérios. A supervisão segue o pactuado.

(Técnico Judiciário – TRT8 – CESPE – 2016) A autarquia

(A) é pessoa jurídica de direito público.

(B) inicia-se com a inscrição de seu ato constitutivo em registro público.

(C) subordina-se ao ente estatal que a instituir.

(D) é uma entidade de competência política, desprovida de caráter administrativo.

(E) integra a administração pública direta.

A: correta. Conceitua-se autarquia como a pessoa jurídica de direito público, integrante da administração indireta, criada por lei para desempenhar funções que, despidas de caráter econômico, sejam próprias e típicas do Estado. **B:** incorreta. Esta hipótese legal se aplica às fundações públicas, conforme Decreto 200/1967, art. 5º, § 3º As entidades de que trata o inciso IV deste artigo adquirem personalidade jurídica com a inscrição da escritura pública de sua constituição no Registro Civil de Pessoas Jurídicas. **C:** incorreta. A lei não prevê tais exceções. **D:** incorreta. As autarquias possuem competência administrativa. **E:** incorreta. Decreto 200/1967, art. 4º, II, a.

6. AGENTES PÚBLICOS

6.1. Conceito, classificação, vínculos, provimento e vacância

(Técnico Judiciário – TRT8 – CESPE – 2016) No que diz respeito aos agentes públicos, assinale a opção correta.

(A) Permite-se que os gestores locais do Sistema Único de Saúde admitam agentes comunitários de saúde e agentes de combate às endemias por meio de contratação direta.

(B) Não se permite o acesso de estrangeiros não naturalizados a cargos, empregos e funções públicas.

(C) O prazo de validade de qualquer concurso público é de dois anos, prorrogável por igual período.

(D) As funções de confiança somente podem ser exercidas pelos servidores ocupantes de cargo efetivo.

(E) Como os cargos em comissão destinam-se à atribuição de confiança, não há previsão de percentual mínimo de preenchimento desses cargos por servidores efetivos.

A: incorreta. Lei 11350/2006, art.9º: A contratação de Agentes Comunitários de Saúde e de Agentes de Combate às Endemias deverá ser precedida de processo seletivo público de provas ou de provas e títulos, de acordo com a natureza e a complexidade de suas atribuições e requisitos específicos para o exercício das atividades, que atenda aos princípios de legalidade, impessoalidade, moralidade, publicidade e eficiência. § 1º Caberá aos órgãos ou entes da administração direta dos Estados, do Distrito Federal ou dos Municípios certificar, em cada caso, a existência de anterior processo de seleção pública, para efeito da dispensa referida no parágrafo único do art. 2º da Emenda Constitucional 51, de 14 de fevereiro de 2006, considerando-se como tal aquele que tenha sido realizado com observância dos princípios referidos no *caput*. **B:** incorreta. A proibição se refere a contratação para cargos públicos. Lei 8.112/1990, art. 5º: São requisitos básicos para investidura em cargo público: I – a nacionalidade brasileira. **C:** incorreta. A validade dos concursos será determinada no edital. A assertiva se refere ao limite máximo. Lei 8.112/1990, art. 11, § 1º O prazo de validade do concurso e as condições de sua realização serão fixados em edital, que será publicado no Diário Oficial da União e em jornal diário de grande circulação. **D:** correta. Lei 8.112/1990, art. 9º, parágrafo único: O servidor ocupante de cargo em comissão ou de natureza especial poderá ser nomeado para ter exercício, interinamente, em outro cargo de confiança, sem prejuízo das atribuições do que atualmente ocupa, hipótese em que deverá optar pela remuneração de um deles durante o período

10. DIREITO ADMINISTRATIVO

da interinidade. **E:** incorreta. A Lei 8.168/1991 Art. 1º As funções de confiança integrantes do Plano Único de Classificação e Retribuição de Cargos e Empregos a que se refere o art. 3º da Lei 7.596, de 10 de abril de 1987, são transformados em Cargos de Direção (CD) e em Funções Gratificadas (FG). Neste sentido ainda prevê a Constituição Federal os percentuais mínimos, a saber, – Art. 37, **V** - as funções de confiança, exercidas exclusivamente por servidores ocupantes de cargo efetivo, e os cargos em comissão, a serem preenchidos por servidores de carreira nos casos, condições e percentuais mínimos previstos em lei, destinam-se apenas às atribuições de direção, chefia e assessoramento; **FMB**

Gabarito "D".

(Técnico – TRT/6ª – 2012 – FCC) A Constituição Federal previu, em seu artigo 37, inciso IX, a possibilidade de contratação por tempo determinado, para atender a necessidade temporária de excepcional interesse público, nos termos da lei. Partindo-se do pressuposto de que não foi realizado concurso público para a contratação de servidores temporários, é correto afirmar que os admitidos

(A) ocupam cargo efetivo.

(B) ocupam emprego.

(C) ocupam emprego temporário.

(D) desempenham função.

(E) desempenham função estatutária.

A a **C:** incorretas, pois a admissão para cargos efetivos e empregos públicos dependem de concurso público (art. 37, II, da CF/1988); **D:** correta, pois o vínculo daquele contratado para atender a necessidade temporária de excepcional interesse público não é de cargo, nem de emprego, mas de função pública; **E:** incorreta; os vínculos existentes são de cargo, emprego e função pública, sendo que, em sentido amplo, as funções públicas abrangem as funções em confiança (estatutárias), os estágios, as contratações de agentes de saúde e de combate a endemias, e as *contratações temporárias*; dessa forma, as contratações temporárias são função pública temporária e não função pública estatutária. **WG**

Gabarito "D".

(Técnico Judiciário – TRT/8ª – 2010 – FCC) Sobre cargo público é correto afirmar:

(A) Cargo público e emprego público são expressões sinônimas.

(B) Os cargos públicos são acessíveis aos brasileiros que preencham os requisitos estabelecidos em lei e aos estrangeiros, na forma da lei.

(C) Cargo em Comissão pode ser provido em caráter permanente.

(D) Nem todo cargo tem função, mas a toda função corresponde um cargo.

(E) A criação de cargo pode se feita por decreto do Chefe do Poder Executivo.

A: incorreta, pois o cargo público é regido por um Estatuto de Funcionário Público, ao passo que o emprego público é regido pela CLT; **B:** correta (art. 37, I, da CF/1988); **C:** incorreta, pois somente a nomeação para cargo efetivo se dá nessas condições; o nomeado para cargo em comissão pode ser exonerado a qualquer tempo, independentemente de motivação (livre nomeação e livre exoneração – art. 37, II, da CF/1988), de modo que não se pode falar em nomeação em caráter permanente; **D:** incorreta, pois todos os cargos têm função; além disso, há funções que não correspondem a um cargo público, como a função exercida por um particular em colaboração com o poder público; **E:** incorreta, pois a criação de um cargo se dá por ato legislativo. **WG**

Gabarito "B".

(Técnico Judiciário – TRT/9ª – 2010 – FCC) No tocante aos cargos, empregos e funções públicas, é INCORRETO afirmar:

(A) Cargo em comissão é o que somente admite provimento em caráter provisório, sendo declarados em lei de livre nomeação e exoneração, destinando-se apenas às atribuições de direção, chefia e assessoramento.

(B) Todo cargo tem função, mas pode haver função sem cargo.

(C) Cargo isolado é aquele que não se escalona em classes, por ser o único na sua categoria.

(D) Classe consiste no agrupamento de carreiras de mesma profissão, com idênticas atribuições, responsabilidades e vencimentos.

(E) O cargo de chefia pode ser de carreira ou isolado, de provimento efetivo ou em comissão, tudo dependendo da lei que o instituiu.

A: correta (art. 37, II e V, da CF/1988); **B:** correta, pois todos os cargos têm função; além disso, há funções que não correspondem a um cargo público, como a função exercida por um particular em colaboração com o poder público; **C:** correta, pois cargo isolado, como o próprio nome diz, é aquele que não está contido numa carreira com diversos cargos; assim, temos o *cargo*

isolado e o *cargo em carreira*; os cargos de delegado, por exemplo, costumam ser em carreira, pois há várias classes (ex: Delegado Nível I, Delegado Nível II e Delegado Nível III); **D:** incorreta (devendo ser assinalada), pois é o contrário, ou seja, carreira é o agrupamento de classes; para que fique mais claro, vamos a um exemplo: uma Prefeitura tem um *quadro* de funcionários; dentro desse quadro há várias *carreiras* (exs.: de médico, de professor); dentro de cada carreira há várias *classes* (exs.: médico nível I, médico nível II etc.); e dentro de cada classe há vários *cargos* com idênticas atribuições; **E:** correta, pois atribuições de chefia podem estar tanto numa função pública (que pressupõe um cargo efetivo), como num cargo em comissão, nos termos do art. 37, V, da CF/1988. **WG**

Gabarito "D".

6.2. Concurso público

(Técnico Judiciário – FCC – 2017) A publicação de edital para realização de concurso público de provas e títulos para provimento de cargos em órgão público municipal motivou número de inscritos muito superior ao dimensionado pela Administração pública. Considerando a ausência de planejamento da Administração para aplicação das provas para número tão grande de candidatos, bem como que a recente divulgação da arrecadação municipal mostrou sensível decréscimo diante da estimativa de receitas, colocando em dúvida a concretude das nomeações dos eventuais aprovados, a Administração municipal

(A) pode anular o certame, em razão dos vícios de legalidade identificados.

(B) deve republicar o edital do concurso público para reduzir os cargos disponíveis, sob pena de nulidade do certame.

(C) pode revogar o certame, em razão das supervenientes razões de interesse público demonstradas para tanto.

(D) pode revogar o certame municipal somente se tiver restado demonstrada a inexistência de recursos para fazer frente às novas despesas com as aprovações decorrentes do concurso.

(E) deve prosseguir com o certame, republicando o edital para adiamento da realização da primeira prova, a fim de reorganizar a aplicação para o novo número de candidatos, sendo vedado revogar o certame em razão da redução de receitas.

A: incorreta. Pelas informações da assertiva não há vicio de legalidade demonstrado. **B:** incorreta. Não sanaria a questão já que o problema se ateve ao número de inscritos. **C:** correta. A medida a ser adotada é a revogação do certame, haja vista a possível impossibilidade de contratação diante da baixa arrecadação, fato superveniente a publicação, bem como a imprevisibilidade do fato impeditivo. **D:** incorreto. Não há a necessidade da demonstração da inexistência de recursos, sendo a previsão desta, fato constatado após a publicação. **E:** incorreta. Não é vedada a revogação por fato superveniente quando de interesse público. **FMB**

Gabarito "C".

(Técnico Judiciário – 2008 – CESPE) Quanto aos atos administrativos e aos servidores públicos, cada um dos itens subsequentes apresenta uma situação hipotética, seguida de uma assertiva a ser julgada.

(1) Uma autarquia federal realizou concurso público para alguns cargos e fixou seu prazo de validade em apenas um ano, improrrogável. Nessa situação, nada há de irregular na conduta do mencionado ente público, pois se trata de ato discricionário.

(2) Dalton exerceu, por dois anos, o cargo comissionado de assessor especial de ministro de Estado. Nessa situação, embora não tenha feito concurso público, durante o citado período Dalton atuou na condição de agente público.

(3) Maria Lúcia conseguiu aprovação em concurso público, e, depois de cinco anos de efetivo exercício no cargo, este foi extinto, e ela, posta em disponibilidade com remuneração proporcional ao tempo que trabalhara. Nessa situação, Maria Lúcia nada poderá fazer para reverter a situação, pois o ato praticado atende aos princípios que informam a administração pública, cujo interesse prevalece no caso.

1: correta, pois a Constituição admite que o prazo concurso seja de *até* 2 anos, de modo que o prazo de 1 ano está dentro dessa possibilidade; ademais a Constituição dispõe que esse prazo é *prorrogável*, e não que deve ser prorrogado necessariamente (art. 37, III, da CF/1988); **2:** correta, pois é possível o ingresso no serviço público sem concurso, quando se trata de cargo em comissão (art. 37, II, da CF/1988); **3:** correta (art. 41, § 3º, da CF/1988). **WG**

Gabarito 1C, 2C, 3C.

(Técnico – 2012 – FCC) Cargos públicos, segundo a Constituição Federal,

(A) são preenchidos apenas por candidatos aprovados em concurso público de provas e títulos.

(B) podem ser acumulados, inclusive de forma remunerada, na hipótese de serem dois cargos de professor com outro, técnico ou científico, desde que haja compatibilidade de horários.

(C) impedem que o servidor público civil exerça o direito à livre associação sindical.

(D) em nenhuma hipótese são acessíveis a estrangeiros.

(E) proporcionam estabilidade ao servidor nomeado em caráter efetivo, após três anos de efetivo exercício e mediante avaliação especial de desempenho por comissão instituída para essa finalidade.

A: incorreta – segundo o que estabelece a Constituição Federal, a investidura em cargo ou emprego público depende de aprovação prévia em concurso público de provas ou de provas e títulos, de acordo com a natureza e a complexidade do cargo ou emprego, na forma prevista em lei, ressalvadas as nomeações para cargo em comissão declarado em lei de livre nomeação e exoneração – art. 37, II da CF/1988; **B:** incorreta – a assertiva dá a entender que é possível a cumulação de dois cargos de professor com mais um técnico ou científico, ao passo que a Constituição Federal só autoriza a cumulação de dois cargos de professor ou um de professor com um técnico ou um científico – art. 37, XVI da CF/1988; **C:** incorreta – art. 37, VI da CF/1988; **D:** incorreta – art. 37, I da CF/1988; **E:** correta – art. 41 da CF/1988.

6.3. Efetividade, estabilidade e vitaliciedade

(Técnico Judiciário – TRT/16ª – 2009 – FCC) A estabilidade dos servidores públicos nomeados para cargo de provimento efetivo em virtude de concurso público se dará após três anos

(A) da proclamação do resultado do concurso.

(B) de efetivo exercício.

(C) da sua posse.

(D) da sua nomeação.

(E) da publicação da sua nomeação em diário oficial.

Art. 41, *caput*, da CF/1988.

6.4. Acumulação remunerada e afastamento

(Técnico Judiciário – 2008 – CESPE) Acerca do direito de greve e da acumulação de cargos no serviço público, assinale a opção correta.

(A) De acordo com entendimento do STF, a competência para processar e julgar as ações que envolvam o exercício do direito de greve de servidores públicos federais é sempre da Justiça do Trabalho.

(B) A CF admite que um servidor aposentado possa acumular os proventos que percebe com a remuneração de um cargo em comissão de livre nomeação e exoneração.

(C) A norma constitucional que proíbe a greve aos militares federais não se estende aos militares dos estados e do Distrito Federal, devendo as constituições e a Lei Orgânica respectivas dispor sobre o tema.

(D) A proibição de acumular remuneradamente cargos públicos estende-se a empregos e funções nas autarquias e fundações, mas não nas empresas públicas e sociedades de economia mista, pois estas se regem, quanto às obrigações trabalhistas, pelas normas aplicáveis às empresas privadas.

A: incorreta, pois se os servidores são estatutários, a Justiça Federal é a competente; **B:** correta (art. 37, X, da CF/1988); **C:** incorreta, pois não há essa distinção no art. 142, § 3º, IV, da CF/1988; **D:** incorreta (art. 37, XVII, da CF/1988).

(Técnico Judiciário – 2008 – CESPE) Em relação ao afastamento para exercício de mandato eletivo e aos direitos sociais dos servidores públicos, assinale a opção correta.

(A) O servidor público da administração direta, autárquica ou fundacional em exercício de mandato eletivo tem o direito de ficar afastado do cargo, computando esse tempo para todos os efeitos legais, exceto para promoção por merecimento.

(B) Ao servidor ocupante de cargo público estendem-se os direitos sociais previstos para os trabalhadores urbanos e rurais, como o

direito ao seguro-desemprego e ao aviso prévio proporcional ao tempo de serviço.

(C) Quando o servidor ocupa o cargo de vereador ou de prefeito municipal, poderá optar pela remuneração de seu cargo efetivo, embora tenha de obrigatoriamente se afastar dele, abdicando da remuneração do cargo eletivo.

(D) O servidor tem direito a férias anuais de trinta dias, podendo voluntariamente acumulá-las, até o máximo de três períodos, desde que o requeira com pelo menos sessenta dias de antecedência.

A: correta (art. 38, IV, da CF/1988; **B:** incorreta, pois apenas nos direitos previstos no art. 39, § 3º, da CF/1988 são estendidos aos servidores ocupantes de cargos públicos; **C:** incorreta (art. 38, II e III, da CF/1988); **D:** incorreta (art. 77 da Lei 8.112/1990).

6.5. Remuneração e subsídio

(Técnico Judiciário – 2008 – CESPE) Com relação ao sistema remuneratório dos servidores públicos, assinale a opção correta.

(A) Vencimento é o somatório das várias parcelas indenizatórias a que o servidor faz jus em decorrência de sua situação funcional, aí incluídas as vantagens pecuniárias, como os adicionais e as gratificações.

(B) A remuneração dos servidores públicos somente poderá ser fixada por lei específica, e sua alteração só se dará por decreto de iniciativa do chefe do Executivo da respectiva unidade da Federação, assegurada revisão geral anual, sempre na mesma data e sem distinção de índices.

(C) A CF/1988 determina que os ministros de Estado, os membros do Ministério Público, os integrantes da Defensoria Pública e da Advocacia Pública, assim como os servidores públicos policiais, entre outras categorias, serão obrigatoriamente remunerados por subsídios, a serem pagos em parcela única.

(D) O teto remuneratório dos servidores públicos, nas esferas federal, estadual e municipal, é o mesmo para todos os servidores e corresponde ao subsídio dos ministros do STF, estando vedado o estabelecimento de tetos específicos.

A: incorreta (art. 40 da Lei 8.112/1990); **B:** incorreta (art. 37, X, da CF/1988); **C:** correta (art. 39, § 4º, da CF/1988); **D:** incorreta (art. 37, XI, da CF/1988).

(Técnico Judiciário – 2008 – CONSULPLAN) Marque a alternativa INCORRETA:

(A) A fixação de vencimentos dos servidores públicos não pode ser objeto de convenção coletiva.

(B) O estágio probatório não atinge o servidor público contra a extinção do cargo.

(C) Pela falta residual não compreendida na absolvição pelo juízo criminal, é admissível a punição administrativa do servidor público.

(D) Servidor vitalício está sujeito à aposentadoria compulsória em razão da idade.

(E) Ofende à Constituição, a correção monetária no pagamento com atraso dos vencimentos de servidores públicos.

A: correta (Súmula 679 do STF); **B:** correta (Súmula 22 do STF); **C:** correta (Súmula 19 do STF); **D:** correta (Súmula 36 do STF); **E:** incorreta, devendo ser assinalada (Súmula 682 do STF).

(Técnico Judiciário – 2008 – CONSULPLAN) Sobre os servidores públicos, marque a alternativa INCORRETA:

(A) Aplica-se aos servidores ocupantes de cargo público a garantia de salário, nunca inferior ao mínimo, para os que percebem remuneração variável.

(B) Extinto o cargo ou declarada a sua desnecessidade, o servidor estável ficará em disponibilidade, com remuneração proporcional ao tempo de serviço, até seu adequado aproveitamento em outro cargo.

(C) Como condição para a aquisição da estabilidade, é obrigatória a avaliação especial de desempenho por comissão instituída para essa finalidade.

(D) O servidor público não tem direito a remuneração do trabalho noturno superior à do diurno.

10. DIREITO ADMINISTRATIVO   573

(E) Invalidada por sentença judicial a demissão do servidor estável, será ele reintegrado e o eventual ocupante da vaga, se estável, reconduzido ao cargo de origem, sem direito à indenização, aproveitado em outro cargo ou posto em disponibilidade com remuneração proporcional ao tempo de serviço.

A: correta (art. 41, § 5°, da Lei 8.112/1990); **B:** correta (art. 41, § 3°, da CF/1988); **C:** correta (art. 41, § 4°, da CF/1988); **D:** incorreta, devendo ser assinalada (art. 39, § 3°, c/c 7°, IX, ambos da CF/1988); **E:** correta (art. 41, § 2°, da CF/1988). [WG]

Gabarito "D".

6.6. Processo disciplinar

(FGV – 2015) Fernando, servidor público de uma autarquia federal há nove anos, foi acusado de participar de um esquema para favorecer determinada empresa em uma dispensa de licitação, razão pela qual foi instaurado processo administrativo disciplinar, que resultou na aplicação da penalidade de demissão. Sobre a situação apresentada, considerando que Fernando é ocupante de cargo efetivo, por investidura após prévia aprovação em concurso, assinale a afirmativa correta.

(A) Fernando não pode ser demitido do serviço público federal, uma vez que é servidor público estável.

(B) Fernando somente pode ser demitido mediante sentença judicial transitada em julgado, uma vez que a vitaliciedade é garantida aos servidores públicos.

(C) É possível a aplicação de penalidade de demissão a Fernando, servidor estável, mediante processo administrativo em que lhe seja assegurada ampla defesa.

(D) A aplicação de penalidade de demissão ao servidor público que pratica ato de improbidade independe de processo administrativo ou de sentença judicial.

A: incorreta, pois é garantia de permanência no cargo que tem exceções, permitindo o desligamento do servidor por decisão judicial transitada em julgado, por processo administrativo com ampla defesa (que é o processo necessário para demitir alguém por infração disciplinar) ou em caso de avaliação insuficiente de desempenho (art. 41, § 1°, da CF); **B:** incorreta, pois a vitaliciedade, que dá a garantia de perda do cargo apenas por meio de sentença transitada em julgado só existe em relação a magistrados e membros do Ministério Público e Tribunal de Contas; quanto ao servidor ocupante de cargo efetivo, a garantia é só de estabilidade, que admite desligamento do cargo também em função de processo administrativo com ampla defesa e avaliação insatisfatória de desempeno; **C:** correta (art. 41, § 1°, II, da CF); **D:** incorreta, pois a aplicação da penalidade de demissão (por infração disciplinar) requer processo administrativo com ampla defesa e da penalidade de perda do cargo (por condenação criminal ou por condenação por improbidade administrativa) impõe sentença judicial transitada em julgado. [WG]

Gabarito "C".

(FGV – 2015) Carlos, servidor público federal, utilizou dois servidores do departamento que chefia para o pagamento de contas em agência bancária e para outras atividades particulares. Por essa razão, foi aberto processo administrativo disciplinar, que culminou na aplicação de penalidade de suspensão de 5 (cinco) dias.

Sobre o caso apresentado, assinale a afirmativa correta.

(A) Carlos procedeu de forma desidiosa e, por essa razão, a penalidade aplicável seria a de advertência, não a de suspensão.

(B) A infração praticada por Carlos dá ensejo à penalidade de demissão, razão pela qual se torna insubsistente a penalidade aplicada.

(C) Caso haja conveniência para o serviço, a penalidade de suspensão poderá ser convertida em multa, ficando o servidor obrigado a permanecer em serviço.

(D) A penalidade aplicada a Carlos terá seu registro cancelado após 3 (três) anos de efetivo exercício, caso ele não cometa, nesse período, nova infração disciplinar.

A: incorreta, pois cabe demissão nos termos do art. 117, XVI, c/c 132, XIII, ambos da Lei 8.112/1990; **B:** correta; o art. 117, XVI, da Lei 8.112/1990 estabelece que ao servidor é proibido "utilizar **pessoal** ou recursos materiais da repartição em serviços ou atividades particulares" (g.n.); em seguida, o art. 132, XIII, da mesma lei dispõe que a penalidade de *demissão* será aplicada quando houver transgressão aos incisos IX a XVI do art. 117; assim, o caso em tela enseja a aplicação da penalidade de *demissão* e não de *suspensão,* lembrando que a penalidade de suspensão é aplicável nos casos de reinci-

dência de faltas punidas com advertência, nos casos de violação de outras proibições que não tipifiquem infração sujeita a penalidade de demissão e nos casos em que o servidor injustificadamente recusar-se a ser submetido a inspeção médica (art. 130 da Lei 8.112/1990). **C:** incorreta; primeiro por que o caso é de demissão, e não de suspensão (art. 117, XVI c/c 132, XIII, ambos da Lei 8.112/1990); **D:** incorreta, pois o instituto do cancelamento está previsto para as penalidades de advertência e de suspensão (art. 131 da Lei 8.112/1990), e não para o caso de demissão, que é a penalidade aplicável no caso concreto. [WG]

Gabarito "B".

6.7. Previdência do servidor: aposentadoria, pensão e outros benefícios

(Técnico Judiciário – 2008 – FCC) O servidor público abrangido pelo regime de previdência previsto na Constituição Federal, será aposentado compulsoriamente aos

(A) sessenta e cinco anos de idade, com proventos integrais.

(B) setenta anos de idade, com proventos proporcionais ao tempo de contribuição.

(C) sessenta e cinco anos de idade, com proventos proporcionais ao tempo de serviço.

(D) setenta anos de idade, com proventos proporcionais ao tempo de serviço.

(E) sessenta anos de idade, com proventos integrais.

Art. 40, § 1°, II, da CF/1988. A EC 88/2015 alterou referido inc. II, dispondo que a aposentadoria compulsória se dará aos 70 ou 75 anos de idade, neste último caso para os ministros do STF, Tribunais Superiores e do TCU. [WG]

Gabarito "B".

(Técnico Judiciário – 2007 – FUNDEP) Sobre aposentadoria, é CORRETO afirmar que

(A) a aposentadoria compulsória ocorrerá aos 70 anos de idade, independentemente de qualquer outro requisito, e será com proventos integrais.

(B) a aposentadoria por acidente em serviço ou por moléstia grave ou incurável especificada em lei será com proventos proporcionais ao tempo de serviço.

(C) a aposentadoria por invalidez que não seja oriunda de acidente em serviço ou por moléstia grave ou incurável especificada em lei será com proventos proporcionais ao tempo de serviço.

(D) a aposentadoria voluntária para os que contem 10 anos de serviço público e cinco no cargo em que se aposentarão, tendo 60 anos de idade e 35 de contribuição se homens, ou, 55 de idade e 30 de contribuição, se mulheres, será com proventos integrais, equivalente aos vencimentos que o servidor recebia na ativa.

A: incorreta (art. 40, § 1°, II, da CF/1988); **B** e **C:** art. 40, § 1°, I, da CF/1988; **D:** incorreta (art. 40, § 1°, III, da CF/1988). [WG]

Gabarito "C".

7. IMPROBIDADE ADMINISTRATIVA (LEI 8.429/1992)

7.1. Disposições gerais

(Técnico Judiciário – TRT/2ª – 2014 – FCC) A prática de ato de improbidade suscita determinadas consequências desfavoráveis aos envolvidos, ainda que não sejam servidores públicos em sentido estrito. As sanções previstas na Lei de Improbidade convivem com a possibilidade de tramitação de processos e apenamento nas esferas civil, administrativa e penal. Quando resta evidenciado o enriquecimento ilícito, a Lei de Improbidade

(A) é mais rigorosa para o enquadramento do acusado no conceito de agente público constante da lei, exigindo, seja ele, ocupante de cargo ou emprego públicos.

(B) permite que a autoridade administrativa apresente representação ao Ministério Público para solicitar as medidas necessárias à indisponibilidade dos bens do indiciado.

(C) abranda o conceito de agente público, para somente assim considerar aqueles que tenham praticado conduta dolosa e gerado prejuízo ao erário.

(D) é mais branda que nas hipóteses de lesão ao erário, pois excluído alcance das disposições legais os sucessores do agente público.

(E) abranda seus efeitos, exigindo prévia condenação criminal que tenha analisado os fatos objeto da conduta ímproba.

Prevê o art. 7º, *caput*, da Lei 8.429/1992 que "Quando o ato de improbidade causar lesão ao patrimônio público ou ensejar enriquecimento ilícito, caberá a autoridade administrativa responsável pelo inquérito representar ao Ministério Público, para a indisponibilidade dos bens do indiciado". Correta, portanto, a alternativa "B".

(Técnico Judiciário – TRT/19ª – 2014 – FCC) Mateus, agente público, recebeu vantagem econômica, diretamente de Bruno, para tolerar a exploração de jogo de azar por parte deste último. Nos termos da Lei n.º 8.429/92, a conduta de Mateus

(A) constitui ato ímprobo causador de prejuízo ao erário.

(B) constitui ato ímprobo que importa enriquecimento ilícito.

(C) não constitui ato ímprobo, embora seja conduta criminosa.

(D) constitui ato ímprobo, na modalidade atentatória aos princípios da Administração pública.

(E) não constitui ato ímprobo, mas caracteriza falta funcional passível de punição na seara administrativa.

Dispõe o art. 9º, I, da Lei 8.429/1992: Constitui ato de improbidade administrativa **importando enriquecimento ilícito** auferir qualquer tipo de vantagem patrimonial indevida em razão do exercício de cargo, mandato, função, emprego ou atividade nas entidades mencionadas no art. 1º desta lei, e notadamente receber, para si ou para outrem, dinheiro, bem móvel ou imóvel, ou qualquer outra vantagem econômica, direta ou indireta, a título de comissão, percentagem, gratificação ou presente de quem tenha interesse, direto ou indireto, que possa ser atingido ou amparado por ação ou omissão decorrente das atribuições do agente público. Correta, portanto, a alternativa "B".

(Técnico Judiciário – TRT/9ª – 2010 – FCC) De acordo com a Lei 8.429/1992, os atos de improbidade praticados contra o patrimônio de entidade, para cujo custeio o erário haja concorrido ou concorra com menos de cinquenta por cento do patrimônio ou da receita anual,

(A) estão sujeitos apenas à penalidade de natureza patrimonial, limitada à repercussão do ilícito sobre a contribuição dos cofres públicos.

(B) não estão sujeitos às penalidades da Lei de Improbidade Administrativa.

(C) estão sujeitos às penalidades da Lei de Improbidade Administrativa, sem limites quanto à sanção patrimonial.

(D) estão sujeitos às penalidades da Lei de Improbidade Administrativa, exceto à de conteúdo patrimonial.

(E) estão sujeitos às penalidades da Lei de Improbidade Administrativa, limitada, porém, a sanção patrimonial à repercussão do ilícito sobre a contribuição dos cofres públicos.

A alternativa "E" completa perfeitamente o enunciado, segundo o disposto no parágrafo único do art. 1º da Lei 8.429/1992.

(Técnico Judiciário – TRT/15ª – 2009 – FCC) Dentre as regras estabelecidas pela Lei de Improbidade Administrativa (Lei 8.429/1992), inclui-se:

(A) As disposições da lei são aplicáveis, no que couber, àquele que, mesmo não sendo agente público, induza ou concorra para a prática do ato de improbidade ou dele se beneficie sob qualquer forma direta ou indireta.

(B) Para os efeitos da lei é considerado agente público apenas o ocupante de cargo efetivo ou em comissão.

(C) Se a lesão ao patrimônio público ocorrer por ação ou omissão culposa, e não dolosa, do agente ou de terceiro, estes não estarão obrigados a ressarcimento do dano.

(D) No caso de enriquecimento ilícito, o agente público ou terceiro beneficiário perderá metade dos bens ou valores acrescidos ao seu patrimônio.

(E) O sucessor daquele que causar lesão ao patrimônio público ou se enriquecer ilicitamente não está sujeito às cominações da lei.

A: correta (art. 3º da Lei 8.429/1992); **B:** incorreta, pois é agente público quem tem qualquer outro vínculo com a Administração Pública e certas entidades (art. 1º da Lei 8.429/1992), seja esse vínculo de cargo efetivo ou em comissão, seja esse vínculo de *mandato*, *emprego* ou *função pública*; **C:** incorreta, pois o *caput* do art.

10 da Lei 8.429/1992 deixa claro que condutas dolosas ou *culposas* configuram improbidade administrativa; já as modalidades de improbidade previstas nos arts. 9º e 11, só se configuram mediante conduta dolosa, segundo a jurisprudência; **D:** incorreta, pois, obviamente, os responsáveis perderão todos os bens ou valores acrescidos ao seu patrimônio (art. 6º da Lei 8.429/1992); **E:** incorreta, pois está sujeito às sanções, até o limite do valor da herança.

(Técnico Judiciário – TRT/20ª – 2011 – FCC) De acordo com a Lei 8.429/1992, que dispõe sobre as sanções aplicáveis aos agentes públicos nos casos de enriquecimento ilícito no exercício de mandato, cargo, emprego ou função na administração pública direta, indireta ou fundacional e dá outras providências, considere as seguintes assertivas:

I. Celebrar contrato de rateio de consórcio público sem suficiente e prévia dotação orçamentária, ou sem observar as formalidades previstas na lei constitui ato de improbidade administrativa que importa enriquecimento ilícito.

II. Estão sujeitos às penalidades da lei os atos de improbidade praticados contra o patrimônio de entidade que receba subvenção, benefício ou incentivo, fiscal ou creditício, de órgão público, limitando-se, nestes casos, a sanção patrimonial à repercussão do ilícito sobre a contribuição dos cofres públicos.

III. As disposições da lei são aplicáveis, no que couber, àquele que, mesmo não sendo agente público, se beneficie do ato de improbidade sob qualquer forma direta ou indireta.

Está correto o que se afirma APENAS em

(A) I.

(B) I e II.

(C) I e III.

(D) II.

(E) II e III.

I: incorreta, pois nesse caso tem-se a modalidade de prejuízo ao erário, conforme art. 10, XV, da Lei 8.429/1992; **II:** correta (art. 1º, parágrafo único, da Lei 8.429/1992); **III:** correta (art. 3º da Lei 8.429/1992).

(Técnico Judiciário – TRT/23ª – 2011 – FCC) Os atos de improbidade administrativa praticados contra o patrimônio de entidade para cuja criação ou custeio o erário haja concorrido ou concorra com menos de cinquenta por cento do patrimônio ou da receita anual

(A) estão sujeitos às penalidades estabelecidas na Lei de Improbidade Administrativa, com exceção da sanção patrimonial, não aplicada na espécie.

(B) não estão sujeitos às penalidades estabelecidas na Lei de Improbidade Administrativa, ensejando a aplicação de sanções penais, civis e administrativas previstas na legislação específica.

(C) estão sujeitos às penalidades estabelecidas na Lei de Improbidade Administrativa, ensejando a aplicação da sanção patrimonial integral, independentemente da repercussão do ilícito sobre a contribuição dos cofres públicos.

(D) só estarão sujeitos às penalidades estabelecidas na Lei de Improbidade Administrativa se forem praticados por agente público que exerça cargo efetivo e com remuneração.

(E) estão sujeitos às penalidades estabelecidas na Lei de Improbidade Administrativa, limitando-se, nestes casos, a sanção patrimonial à repercussão do ilícito sobre a contribuição dos cofres públicos.

A alternativa "E" completa perfeitamente o enunciado, segundo o disposto no parágrafo único do art. 1º da Lei 8.429/1992.

(Técnico Judiciário – TRT/24ª – 2011 – FCC) Sobre as disposições gerais previstas na Lei de Improbidade Administrativa (Lei 8.429/1992), é correto afirmar:

(A) A medida de indisponibilidade de bens sempre atingirá o patrimônio integral do agente ímprobo, ainda que ultrapasse o valor do dano, já que tem finalidade assecuratória.

(B) Não é sujeito passivo de ato de improbidade a entidade para cuja criação ou custeio o erário haja concorrido ou concorra com menos de cinquenta por cento do patrimônio ou da receita anual.

(C) Ocorrendo lesão ao patrimônio público por ação ou omissão, dolosa ou culposa, do agente ou de terceiro, dar-se-á o integral ressarcimento do dano.

10. DIREITO ADMINISTRATIVO 575

(D) O beneficiário do ato ímprobo não está sujeito às sanções previstas na Lei de Improbidade Administrativa, porém responderá, no âmbito cível, pelo ressarcimento do dano causado.

(E) O sucessor daquele que praticou o ato ímprobo somente será responsável quando se tratar de ato de improbidade administrativa que importe enriquecimento ilícito.

A: incorreta, pois, justamente porque tem finalidade assecuratória dos futuros valores que eventualmente o agente ímprobo terá de pagar, a indisponibilidade de bens somente atingirá o patrimônio necessário ao integral ressarcimento do dano, ou sobre o acréscimo patrimonial resultante do enriquecimento ilícito (art. 7º, parágrafo único, da Lei 8.429/1992); **B:** incorreta (art. 1º, parágrafo único, da Lei 8.429/1992); **C:** correta (art. 5º da Lei 8.429/1992); **D:** incorreta, pois o beneficiário do ato está sujeito às sanções previstas na Lei de Improbidade Administrativa (art. 3º da Lei 8.429/1992); **E:** incorreta, pois o sucessor daquele que causar lesão ao patrimônio público também está sujeito às cominações da Lei de Improbidade, valendo lembrar que isso tem por limite o valor da herança (art. 8º da Lei 8.429/1992). **WG**

Gabarito "C".

(Técnico Judiciário – TRT/9ª – 2007 – CESPE) Julgue o item subsequente acerca da improbidade.

(1) As penalidades previstas na lei de improbidade (Lei 8.429/1992) se aplicam, no que couber, àquele que, mesmo não sendo agente público, induza ou concorra para a prática do ato de improbidade ou dele se beneficie sob qualquer forma, direta ou indiretamente.

1: correta, art. 3º da Lei 8.429/1992. **WG**

Gabarito 1C

7.2. Atos de improbidade administrativa

(Analista Judiciário – TRT/11 – FCC – 2017) Maurício, Diretor de autarquia federal, doou à pessoa jurídica que presta serviços assistenciais, bens do patrimônio da autarquia, sem observância das formalidades legais e regulamentares aplicáveis à espécie, razão pela qual foi processado por improbidade administrativa, haja vista que a conduta enquadra-se em dispositivo expresso previsto na Lei 8.429/1992. Para que reste afastado o ato ímprobo, Maurício deverá comprovar, dentre outros requisitos, a ausência de

(A) conduta comissiva.
(B) prejuízo ao erário.
(C) dolo.
(D) beneficiamento de terceiros.
(E) enriquecimento ilícito.

A: Incorreta. A conduta descrita pode ser tipificada no art. 10, III, da Lei 8.429/1992, sendo ato de improbidade que causa prejuízo ao erário, punido na forma comissiva ou omissiva, por isso não é suficiente afastar a conduta comissiva. **B:** Correta. Como o ato causa prejuízo ao erário, caso comprovada a sua ausência, o ato ímprobo poderá ser afastado, eis que não haverá elemento suficiente para sua tipificação. **C:** Incorreta. O ato é punido a título de dolo ou culpa, por isso não é suficiente o afastamento do dolo. **D:** Incorreta. Essa conduta independe de beneficiamento ou não de terceiro, por isso não pode afastar o ato ímprobo. **E:** Incorreta. O ato ímprobo descrito é o que causa prejuízo ao erário, independentemente e enriquecimento ilícito. **AW**

Gabarito "B".

(Técnico Judiciário – TRT9 – 2012 – FCC) Felipe, servidor público ocupante de cargo em comissão no âmbito do Ministério da Fazenda, revelou a empresários com os quais mantinha relações profissionais anteriormente ao ingresso no serviço público, teor de medida econômica prestes a ser divulgada pelo Ministério, tendo em vista que a mesma impactaria diretamente os preços das mercadorias comercializadas pelos referidos empresários. A conduta de Felipe

(A) somente é passível de caracterização como ato de improbidade administrativa se comprovado que recebeu vantagem econômica direta ou indireta em decorrência da revelação.

(B) não é passível de caracterização como ato de improbidade administrativa, tendo em vista o agente não ser ocupante de cargo efetivo.

(C) é passível de caracterização como ato de improbidade administrativa que atenta contra os princípios da Administração, independentemente de eventual enriquecimento ilícito.

(D) é passível de caracterização como ato de improbidade administrativa, desde que comprovado efetivo prejuízo ao erário.

(E) não é passível de caracterização como ato de improbidade administrativa, podendo, contudo, ensejar a responsabilização administrativa do servidor por violação do dever de sigilo funcional.

A, D e E: incorretas, pois há uma modalidade de improbidade que consiste na simples violação dolosa de princípios da administrativa, que ocorreu no caso, mesmo que não haja prejuízo ao erário ou enriquecimento ilícito do agente (art. 11 da Lei 8.429/1992); **B:** incorreta, pois o ocupante de cargo em comissão também é sujeito ativo do ato de improbidade (art. 2º da Lei 8.429/1992); **C:** correta (art.11, VII, da Lei 8.429/1992). **WG**

Gabarito "C".

(Técnico – TRT/11ª – 2012 – FCC) Nos termos da Lei 8.429/1992, praticar ato visando fim proibido em lei ou regulamento ou diverso daquele previsto na regra de competência constitui

(A) ato de improbidade administrativa que atenta contra os princípios da Administração Pública.
(B) mero ilícito administrativo.
(C) ato de improbidade administrativa que importa enriquecimento ilícito.
(D) conduta lícita, não caracterizando qualquer irregularidade.
(E) ato de improbidade administrativa que causa prejuízo ao erário.

A: correta (art. 11, I, da Lei 8.429/1992), valendo salientar que todos os tipos previstos no art. 11 da Lei 8.429/1992 se referem à modalidade de improbidade que *atenta contra os princípios da Administração*; **B:** incorreta, pois o caso se enquadra no tipo de improbidade previsto no art. 11, I, da Lei 8.429/1992; **C:** incorreta, pois se refere à modalidade de improbidade que *atenta contra os princípios da Administração* (art. 11, I, da Lei 8.429/1992), sendo que a modalidade que importa enriquecimento ilícito se encontra no art. 10 da Lei 8.429/1992; **D:** incorreta, pois o caso é de improbidade administrativa, de maneira que não se tem conduta lícita; **E:** incorreta, pois se refere à modalidade de improbidade que *atenta contra os princípios da Administração* (art. 11, I, da Lei 8.429/1992), sendo que a modalidade que causa prejuízo ao erário se encontra no art. 10 da Lei 8.429/1992. **WG**

Gabarito "A".

(Técnico Judiciário – TRT/14ª – 2011 – FCC) Márcio, servidor público federal, aceitou promessa de receber vantagem econômica para tolerar a prática de jogo de azar. Cumpre esclarecer que Márcio tinha ciência da ilicitude praticada. Nos termos da Lei 8.429/1992, que dispõe sobre as sanções aplicáveis aos agentes públicos nos casos de enriquecimento ilícito no exercício de mandato, cargo, emprego ou função na administração pública direta, indireta ou fundacional, o fato narrado constitui

(A) conduta legal, atentatória tão somente à moral e aos bons costumes.
(B) ato ímprobo atentatório aos princípios da Administração Pública, por não caracterizar quaisquer das demais modalidades de ato ímprobo.
(C) mero ilícito administrativo.
(D) ato ímprobo causador de prejuízo ao erário.
(E) ato ímprobo que importa enriquecimento ilícito.

A Lei 8.429/1992 estabelece três modalidades de improbidade administrativa. A primeira, prevista no art. 9º, consistente no *enriquecimento ilícito* do agente. A segunda, prevista no art. 10, consistente no *prejuízo ao erário*. E a terceira, prevista no art. 11, consistente na *violação a princípios da Administração*. A modalidade do art. 9º é a mais grave e absorve as outras, assim como a modalidade do art. 10 absorve a do art. 11. No caso em tela, Márcio aceitou se enriquecer ilicitamente, de modo que incidiu na modalidade do art. 9º da Lei 8.429/1992, mais especificamente, quanto ao seu inciso I. **WG**

Gabarito "E".

(Técnico Judiciário – TRT/22ª – 2010 – FCC) Constitui ato de improbidade administrativa, previsto na Lei 8.429/1992, como atentatório aos princípios da Administração Pública:

(A) Retardar ou deixar de praticar, indevidamente, ato de ofício.
(B) Conceder benefício administrativo ou fiscal sem a observância das formalidades legais ou regulamentares aplicáveis à espécie.
(C) Frustrar a licitude de processo licitatório.
(D) Agir negligentemente no que diz respeito à conservação do patrimônio público.
(E) Celebrar contrato que tenha por objeto a prestação de serviços públicos por meio da gestão associada sem observar as formalidades previstas na lei.

A: correta (art. 11, II, da Lei 8.429/1992); B: incorreta, pois nesse caso tem-se a modalidade prejuízo ao erário (art. 10, VII, da Lei 8.429/1992); C: incorreta, pois nesse caso tem-se a modalidade prejuízo ao erário (art. 10, VIII, da Lei 8.429/1992); D: incorreta, pois nesse caso tem-se a modalidade prejuízo ao erário (art. 10, X, da Lei 8.429/1992); E: incorreta, pois nesse caso tem-se a modalidade prejuízo ao erário (art. 10, XIV, da Lei 8.429/1992).

7.3. Penas

(Analista Judiciário – TRT/24 – FCC – 2017) Wagner é Analista Judiciário de determinado Tribunal Regional do Trabalho, sendo uma de suas atribuições inserir e atualizar informações processuais em base de dados. Ocorre que um dos processos sob sua responsabilidade para proceder a respectiva atualização processual pertence a um desafeto seu, razão pela qual retardou, indevidamente, a prática do ato de ofício. Nos termos da Lei 8.429/1992, caso preenchidos os demais requisitos legais para a configuração do ato ímprobo, Wagner estará sujeito, dentre outras, à cominação de

(A) proibição de contratar com o Poder Público pelo prazo máximo de 5 anos.

(B) suspensão dos direitos políticos de 8 a 10 anos.

(C) multa civil de até duzentas vezes o valor da remuneração percebida por Wagner.

(D) proibição de contratar com o Poder Público pelo prazo máximo de 3 anos.

(E) suspensão dos direitos políticos de 5 a 8 anos.

A: Incorreta. Trata-se se ato de improbidade violador dos princípios, tipificado no art. 11, II, da Lei 8.429/1992, sendo a penalidade máxima de contratar com o Poder Público pelo prazo de 3 anos, conforme disposto no art. 12, III, do referido diploma legal. B: Incorreta. Sendo o caso de ato de improbidade previsto no art. 11, II, da Lei 8.429/1992, a penalidade de suspensão de direitos políticos será de 3 a 5 nos, conforme disposto no art. 12, III, do mesmo diploma legal. C: Incorreta. O valor da multa civil para esse ato de improbidade violador de princípios (art. 11, II, da Lei 8.429/1992) é de até 100 vezes o valor da remuneração. D: Correta. Conforme explicado acima, o prazo máximo para a penalidade de proibição de contratação com o Poder Público é de 3 anos, sendo o expressamente previsto no art. 12, III, da Lei 8.429/1992. E: Incorreta. A penalidade de suspensão dos direitos políticos prevista no art. 12, III, da Lei 8.429/1992 é de 3 a 5 anos, estando incorreta essa assertiva, portanto.

(Técnico Judiciário – TRT/3ª – 2005 – FCC) Os atos de improbidade administrativa praticados por servidor público da administração direta e indireta de qualquer dos Poderes da União, dos Estados, do Distrito Federal e dos Municípios importarão a

(A) indisponibilidade dos bens e o ressarcimento ao erário pelo servidor, que será suspenso temporariamente de sua função pública.

(B) cassação de direitos políticos e a consequente perda da função pública do servidor, independentemente do ressarcimento ao erário pelos danos causados ao patrimônio público.

(C) suspensão dos direitos políticos, a perda da respectiva função pública e a indisponibilidade dos bens e o ressarcimento ao erário, na forma e gradação previstas em lei.

(D) perda temporária da função pública enquanto durarem os efeitos da condenação e a consequente cassação dos direitos políticos.

(E) perda temporária dos direitos políticos, a indisponibilidade dos bens do servidor mas não acarretarão a perda da função pública.

Vide arts. 37, § 4º, da CF/1988 e 12 da Lei 8.429/1992.

7.4. Declaração de bens

(Técnico Judiciário – 2013 – VUNESP) No tocante à Declaração de Bens, prevista na Lei de Improbidade Administrativa (Lei 8.429/1992), é correto afirmar que

(A) não supre a exigência contida na Lei de Improbidade Administrativa a entrega, em substituição à Declaração de Bens, da cópia da declaração anual de bens apresentada à Delegacia da Receita Federal.

(B) a posse e o exercício de agente público ficam condicionados à apresentação de declaração dos bens e valores que compõem

o seu patrimônio privado, a fim de ser arquivada no serviço de pessoal competente.

(C) a declaração de bens será quinquenalmente atualizada e na data em que o agente público deixar o exercício do mandato.

(D) somente será punido com a pena de demissão a bem do serviço público, sem prejuízo de outras sanções cabíveis, o agente público que prestar falsa declaração de bens.

(E) será punido com a pena de repreensão escrita o agente público que se recusar a prestar declaração dos bens.

A: incorreta, pois a entrega de cópia da declaração anual de bens supre a exigência contida na Lei de Improbidade (art. 13, § 4º, da Lei 8.429/1992); B: correta (art. 13, caput, da Lei 8.429/1992); C: incorreta, pois a declaração deve ser atualizada anualmente e na data em que o agente público deixar o vínculo (art. 13, § 2º, da Lei 8.429/1992); D: incorreta, pois também sofrerá a demissão a bem do serviço público o agente que se recusar a apresentar a declaração dos bens (art. 13, § 3º, da Lei 8.429/1992); E: incorreta, pois a pena é de demissão a bem do serviço público (art. 13, § 3º, da Lei 8.429/1992).

(Técnico Judiciário – 2010 – FCC) Nos termos da Lei de Improbidade Administrativa todo agente público deve apresentar declaração de bens, observada a seguinte regra, dentre outras:

(A) A declaração deverá ser atualizada apenas na data em que o agente deixar o exercício do mandato, cargo, emprego ou função.

(B) Da declaração não precisam constar os bens móveis nem aqueles pertencentes ao cônjuge e filhos.

(C) A posse e o exercício no cargo ficam condicionados à apresentação da declaração de bens e valores.

(D) A recusa à apresentação da declaração sujeita o agente à pena de suspensão até que seja apresentada.

(E) A declaração deverá ser feita de próprio punho, não bastando a entrega de cópia da declaração prestada à Receita Federal, ainda que atualizada.

A: incorreta, pois a declaração há de ser apresentada por ocasião da posse e do exercício do agente público, devendo ser atualizada não só quando o agente deixar o cargo, como também anualmente (art. 13, § 2º, da Lei 8.429/1992); B: incorreta, pois da declaração deve constar os bens móveis e, quando for o caso, abrangerá os bens e valores patrimoniais do cônjuge ou companheiro, dos filhos e de outras pessoas que vivam sob a dependência econômica do declarante, excluídos apenas os objetos e utensílios de uso doméstico (art. 13, § 1º, da Lei 8.429/1992); C: correta (art. 13, caput, da Lei 8.429/1992); D: incorreta, pois a recusa à apresentação sujeita o agente à pena de demissão a bem do serviço público (art. 13, § 3º, da Lei 8.429/1992); E: incorreta, pois o declarante poderá entregar cópia da declaração anual de bens apresentada à Receita Federal (art. 13, § 4º, da Lei 8.429/1992).

7.5. Processo administrativo, judicial e disposições penais

(Técnico Judiciário – TRT24 – FCC – 2017) Considere as seguintes assertivas concernentes à Lei 9.784/1999, que regula o processo administrativo no âmbito da Administração pública federal:

I. As disposições da Lei 9.784/1999 também se aplicam ao Poder Judiciário, quando no exercício de função administrativa.

II. A Lei 9.784/1999 traz o conceito de "entidade", definindo-a como a unidade de atuação que pode ou não ter personalidade jurídica.

III. O administrado poderá optar por não prestar informações que lhes são solicitadas, tratando-se tal postura de um de seus direitos, expressamente previsto na Lei 9.784/1999.

IV. Um dos critérios a serem observados nos processos administrativos regidos pela Lei 9.784/1999 é a indicação dos pressupostos fáticos que tenham determinado a decisão, não se exigindo a indicação de pressupostos de direito, justamente pela informalidade e objetividade que vigora em tais processos administrativos.

Está correto o que se afirma APENAS em

(A) III e IV.

(B) II e III.

(C) I e IV.

10. DIREITO ADMINISTRATIVO

(D) I, II e III.

(E) I.

I: correta, Lei 9.784/1999, art. 1º, § 1º: Os preceitos desta Lei também se aplicam aos órgãos dos Poderes Legislativo e Judiciário da União, quando no desempenho de função administrativa. **II:** incorreta, Lei 9.784/1999, art. 1º, § 2º, II: entidade – a unidade de atuação **dotada de** personalidade jurídica; **III:** incorreta, art. 4º, IV – prestar as informações que lhe forem solicitadas e colaborar para o esclarecimento dos fatos. **IV:** incorreta, – art. 2º, VII – indicação dos pressupostos de fato e de direito que determinarem a decisão. 𝐅𝐌𝐁

Gabarito "E".

(Analista Judiciário – TRT/11 – FCC – 2017) Mauro, servidor público federal, responsável por determinado processo administrativo de âmbito federal, deve, de acordo com a Lei 9.784/1999, praticar ato no prazo de cinco dias, quando inexistir disposição legal específica, bem como quando inexistir motivo de força maior que justifiquem prazo diverso. De acordo com a mesma Lei, o referido prazo

(A) pode ser dilatado até o dobro, mediante comprovada justificação.

(B) não comporta dilatação.

(C) pode ser dilatado até o triplo, não sendo necessária justificação para tanto.

(D) pode ser dilatado até o dobro, não sendo necessária justificação para tanto.

(E) pode ser dilatado para o prazo máximo de trinta dias, mediante comprovada justificação.

A: Correta. Trata-se do disposto no art. 24, parágrafo único, da Lei 9.784/1999, que assim dispõe: "Art. 24. Inexistindo disposição específica, os atos do órgão ou autoridade responsável pelo processo e dos administrados que dele participem devem ser praticados no prazo de cinco dias, salvo motivo de força maior. Parágrafo único. O prazo previsto neste artigo pode ser dilatado até o dobro, mediante comprovada justificação". **B:** Incorreta. O art. 24, parágrafo único, da Lei 9.784/1999 é expresso quanto à possibilidade de dilação desse prazo geral de 5 dias, estando incorreta a assertiva, portanto. **C:** Incorreta. Conforme explicado nas alternativas anteriores, o prazo é de 5 dias, quando não expressamente previsto, podendo ser prorrogado até o dobro. **C:** Incorreta. O art. 24, parágrafo único, da Lei 9.784/1999 é expresso quanto à necessidade de justificativa para a prorrogação ou dilação desse prazo. **D:** Incorreta. O prazo máximo de prorrogação é até o dobro dos 5 dias inicialmente previstos, conforme disposto no parágrafo único, art. 24, da Lei 9.784/1999. 𝐀𝐖

Gabarito "A".

(Técnico Judiciário – TRT20 – FCC – 2016) Considere:

I. Aplicação retroativa de nova interpretação.

II. Sigilo nos processos administrativos.

III. Promoção pessoal de agentes ou autoridades.

IV. Renúncia total de poderes ou competências.

Nos termos da Lei 9.784/1999, que regula o processo administrativo no âmbito da Administração pública federal, constitui vedação absoluta e que, portanto, não admite exceção, o que consta APENAS em

(A) III e IV.

(B) I e II.

(C) I, II e III.

(D) IV.

(E) I e III.

I: correta, como desdobramento do próprio princípio da segurança jurídica, citado no caput do art. 2º da Lei 9.784/1999, há também a expressa previsão no parágrafo único, inciso XIII – interpretação da norma administrativa da forma que melhor garanta o atendimento do fim público a que se dirige, vedada aplicação retroativa de nova interpretação. Assim, temos como verdadeira a hipótese, já que há vedação absoluta de aplicar a nova interpretação de forma retroativa. **II:** incorreta, o sigilo nos processos administrativos é tratado como exceção à regra, não podendo ser considerado como vedação absoluta, e neste sentido, art. 2º, parágrafo único, V, da Lei 9.784/1999: divulgação oficial dos atos administrativos, ressalvadas as hipóteses de sigilo previstas na Constituição; **III:** correta, desdobramento do princípio da impessoalidade que vem expresso no *caput* do art. 2º da Lei 9.784/1999, o legislador ainda previu, parágrafo único, III: objetividade no atendimento do interesse público, vedada a promoção pessoal de agentes ou autoridades; **IV:** incorreta, o próprio inciso que trata do assunto, o coloca como vedação porem não absoluta, admitindo as exceções previstas na Lei 9.784/1999, art. 2º, parágrafo único, II: atendimento a fins de interesse geral, vedada a renúncia total ou parcial de poderes ou competências, salvo autorização em lei. 𝐅𝐌𝐁

Gabarito "E".

(Técnico Judiciário – TRT20 – FCC – 2016) Sergio, servidor público federal e chefe de determinada repartição pública, demitiu Antônio sob o fundamento de que o mesmo havia cometido falta grave. Cumpre salientar que Antônio não era servidor concursado, mas sim ocupante de cargo em comissão. Transcorridos quinze dias após a demissão, descobriu-se que Antônio não havia praticado falta grave e que Sergio pretendia colocar um colega seu no cargo anteriormente ocupado por Antônio. Neste caso, é correto afirmar:

(A) Por ser falso o motivo do ato administrativo, o ato de demissão é nulo.

(B) O ato de demissão é válido, haja vista tratar-se de cargo demissível *ad nutum* e que, portanto, sequer exigia motivação.

(C) Não incide a teoria dos motivos determinantes, haja vista que o vício é na forma e na finalidade do ato administrativo de demissão.

(D) Aplica-se, na hipótese, a convalidação do ato administrativo; portanto, Antônio, injustamente demitido, poderá retornar ao seu cargo.

(E) O ato é válido porque a finalidade pública foi mantida, sendo admissível a substituição de um servidor por outro, desde que o cargo seja adequadamente preenchido, de modo a não trazer prejuízo ao interesse público.

O caso em tela comporta importante instituto do direito administrativo, à medida que reconhece de um lado, um ato de natureza discricionária, livre nomeação e exoneração em cargo comissionado, Art. 37, V, CF, e de outro, a aplicação da Teoria dos Motivos determinantes. O ato administrativo discricionário, desde que realizado pelo agente competente, prescinde de motivação, porém à medida que esta for apresentada no ato, ela deve ser verdadeira, haja vista que a falsidade na motivação vicia o ato, anulando-o. Neste sentido: *Função de Assessoramento Superior-FAS. Por ser de provimento em confiança, não fazem jus, os seus ocupantes, ao benefício da estabilidade extraordinária outorgada pelo art. 19 do A.D.C.T., em face da restrição expressa no § 2º do mesmo dispositivo. Estando, porém, vinculado, o ato de dispensa do impetrante, a motivo inexistente (norma de medida provisória não inserta na lei de conversão), deve o decreto ser anulado e reintegrado o agente na função, conservada a característica da possibilidade de exoneração, ao nuto da autoridade. Mandado de segurança, para essa finalidade concedido.* (STF. MS 21.170/DF. Rel. Min. Octávio Gallotti. Tribunal Pleno. DJ: 21/02/1997). 𝐅𝐌𝐁

Gabarito "A".

(Técnico Judiciário – TRT/8ª – 2013 – CESPE) A propósito da Lei n.º 9.784/1999, que regula o processo administrativo no âmbito da administração pública federal, assinale a opção correta.

(A) O administrado tem, perante a administração, o direito de ter ciência da tramitação dos processos administrativos.

(B) A lei em questão pode também ser aplicada aos órgãos do Poder Judiciário da União quando estes estiverem no desempenho de função administrativa.

(C) Para os fins da lei em questão, o Ministério do Trabalho e Emprego é considerado entidade, por ser unidade de atuação integrante da estruturada administração direta.

(D) O princípio da razoabilidade é classificado como um princípio implícito da administração pública, pois não se encontra previsto explicitamente na CF nem na lei em apreço.

(E) Em todos os processos administrativos, são garantidos aos interessados os direitos à comunicação, à apresentação de alegações finais, à produção de provas e à interposição de recursos.

A: Incorreta. O Administrado tem direito a ter ciência da tramitação dos processos administrativos em que tenha a condição de interessado, ter vista dos autos, obter cópias de documentos neles contidos e conhecer as decisões proferidas (art. 3º, II, da Lei 9.784/1999); **B:** Correta, conforme art. 1º, § 1º, da Lei 9.784/1999; **D:** Incorreta. Em que pese não esteja previsto na Constituição, a razoabilidade, juntamente com a proporcionalidade, está prevista no art. 2º da Lei 9.784/1999; **E:** Incorreta, pois as garantias do art. 2º, X, da Lei 9.784/1999 serão aplicadas apenas aos processos de que possam resultar sanções e nas situações de litígio. 𝐖𝐆

Gabarito "B".

(Técnico Judiciário – TRT/8ª – 2013 – CESPE) A propósito das disposições gerais da Lei n.º 8.429/1992, assinale a opção correta.

(A) Não será considerado agente público, para os efeitos da lei em pauta, aquele que exerça, sem remuneração, função em autarquia federal.

(B) O dano deve ser ressarcido integralmente caso ocorra lesão ao patrimônio público por ação ou omissão dolosa do agente público, sendo dispensável o ressarcimento na hipótese de omissão culposa.

(C) Estará sujeito às cominações da lei em questão o sucessor daquele que se enriquecer ilicitamente, até o limite do valor das vantagens patrimoniais recebidas indevidamente.

(D) Na hipótese em que o ato de improbidade ensejar enriquecimento ilícito, caberá à autoridade administrativa responsável pelo inquérito representar ao TCU, visando a indisponibilidade dos bens do indiciado.

(E) Deve ser punido, na forma da lei em apreço, o ato de improbidade administrativa praticado por agente público contra entidade para cuja criação o erário tenha concorrido com mais de 50% do patrimônio.

A: Incorreta. Nos termos do art. 2º reputa-se agente público, para os efeitos desta lei, todo aquele que exerce, ainda que transitoriamente ou sem remuneração, por eleição, nomeação, designação, contratação ou qualquer outra forma de investidura ou vínculo, mandato, cargo, emprego ou função nas entidades mencionadas no art. 1º da Lei 8.429/1992; **B:** Incorreta, pois o ressarcimento integral do dano ocorrerá havendo ação ou omissão dolosa ou culposa (arts. 12 c.c 10 da Lei 8.429/1992); **C:** Incorreta. O sucessor daquele que causar lesão ao patrimônio público ou se enriquecer ilicitamente está sujeito às cominações da Lei 8.429/1992 **até o limite do valor da herança** (art. 8º da Lei 8.429/1992); **D:** Incorreta, pois caberá a autoridade administrativa responsável pelo inquérito representar ao **Ministério Público e não ao TCU**, para a indisponibilidade dos bens do indiciado (art. 7º, *caput*, da Lei 8.429/1992); **E:** Correta, conforme art. 1º da Lei 8.429/1992.

(Técnico Judiciário – TRT/8ª – 2013 – CESPE) A respeito dos atos de improbidade administrativa previstos na Lei n.º 8.429/1992, assinale a opção correta.

(A) Os atos de improbidade administrativa que atentam contra os princípios da administração pública estão disciplinados na lei em apreço, em um rol taxativo de condutas.

(B) Não constitui ato de improbidade administrativa causador de lesão ao erário a doação, a pessoa jurídica de fins assistenciais, de bens integrantes do patrimônio de fundação pública de direito público, ainda que não haja a observância das formalidades regulamentares aplicáveis.

(C) A ação dolosa que enseje malbaratamento dos haveres de entidade que receba incentivo fiscal de órgão público constitui ato de improbidade administrativa que causa lesão ao erário.

(D) Constitui ato de improbidade administrativa que importa enriquecimento ilícito a facilitação da incorporação, ao patrimônio particular de pessoa física, de renda integrante do acervo patrimonial de órgão pertencente ao Poder Judiciário da União.

(E) A conduta consistente no recebimento, por técnico judiciário, de bem móvel, a título de presente destinado a terceiro, dado por pessoa que tenha interesse indireto, que possa ser amparado por ação decorrente das atribuições do referido agente público, não constitui ato de improbidade administrativa que importa enriquecimento ilícito.

A: Incorreta, pois o rol do art. 11 da Lei 8.429/1992 não é taxativo. Nos termos do mencionado *caput*: "Constitui ato de improbidade administrativa que atenta contra os princípios da administração pública qualquer ação ou omissão que viole os deveres de honestidade, imparcialidade, legalidade e lealdade às instituições, e notadamente". Ou seja, além dos atos descritos nos incisos, será considerado ato de improbidade administrativa aqueles que violares os deveres do mencionado art. 11; **B:** Incorreta, pois a conduta está descrita no art. 10, III, da Lei 8.429/1992; **C:** Correta, nos termos do art. 10 da Lei 8.429/1992; **D:** Incorreta, pois a modalidade descrita consiste em ato de improbidade administrativa **que causa prejuízo ao erário** diferentemente do que afirma a alternativa; **E:** Incorreta, nos temos do art. 9, I, da Lei 8.429/1992.

(Técnico Judiciário – TRT/12ª – 2013 – FCC) A Lei n. 9.784/99, que trata dos processos administrativos no âmbito da Administração Pública Federal, traz princípios a serem obedecidos pela Administração Pública. A mesma lei também prevê os critérios que serão observados nos processos administrativos, entre eles, a adequação entre meios e fins, vedada a imposição de obrigações, restrições e sanções em medida superior àquelas estritamente necessárias ao atendimento do interesse público. Referido critério refere-se ao princípio da

(A) Motivação.
(B) Ampla defesa.
(C) Eficiência.
(D) Segurança Jurídica.
(E) Proporcionalidade.

A alternativa descreve o princípio da proporcionalidade, prevista no art. 2º, *caput*, e parágrafo único, VI, da Lei 9.784/1999.

(Técnico Judiciário – TRT9 – 2012 – FCC) Dentre as possíveis providências expressamente constantes da Lei 8.429/1992, que cabem à autoridade administrativa responsável diante de ato de improbidade que cause lesão ao patrimônio público está

(A) a obrigação de promover arrolamento cautelar de bens do indiciado para a recomposição do dano causado.

(B) a faculdade de providenciar diretamente a indisponibilidade dos bens do indiciado no inquérito, mediante comunicação aos órgãos públicos oficiais.

(C) a faculdade de providenciar o sequestro de bens suficientes a garantir o prejuízo apurado.

(D) o dever de representar ao Ministério Púbico para viabilizar a indisponibilidade dos bens do indiciado.

(E) o dever de, em se tratando de indiciado servidor público, colocá-lo em disponibilidade não remunerada, contingenciando-se os vencimentos para eventual ressarcimento dos danos.

A a C: incorretas, pois essas providência compete à autoridade judicial, não sendo possível que a autoridade administrativa promova tal arrolamento; **D:** correta (art. 7º, *caput*, da Lei 8.429/1992); **E:** incorreta, pois não se trata de um dever, mas de uma faculdade, e não se trata de colocar em disponibilidade, mas em afastar o servidor público de seu trabalho, mantida remuneração (art. 20, parágrafo único, da Lei 8.429/1992).

7.6. Prescrição

(Técnico Judiciário – TRT/1ª – 2008 – CESPE) Em relação à improbidade administrativa, assinale a opção correta.

(A) Uma vez proposta ação de improbidade administrativa, o juiz, verificada a observância dos requisitos da petição inicial, determinará como primeiro ato judicial a citação dos réus, para o fim de interromper a prescrição.

(B) Empresa que agir em conluio com agente público na prática de ato ímprobo poderá responder pelas condutas descritas na Lei 8.429/1992, e o prazo prescricional terá início após o término do contrato administrativo firmado.

(C) A aprovação das contas do agente público pelo TCU afasta a aplicação de penalidade por improbidade.

(D) A fluência do prazo prescricional de cinco anos para condenação por ato de improbidade administrativa praticado por governador de Estado somente é iniciada após o término do exercício do mandato.

(E) A aplicação das penalidades por ato de improbidade depende da demonstração de dano financeiro ao patrimônio público.

A: incorreta, pois o juiz notificará os réus para oferecerem uma defesa preliminar (art. 17, § 7º, da Lei 8.429/1992); em seguida, o juiz receberá ou não a petição inicial, e, se receber, determinará a citação destes para apresentação de contestação (art. 17, § 9º, da Lei 8.429/1992); **B:** incorreta, pois o prazo prescricional seguirá uma das regras do art. 23 da Lei 8.429/1992, de acordo com o agente público envolvido, e nenhum dos casos traz a data do término dos contratos como data do início do prazo prescricional; **C:** incorreta (art. 21, II, da Lei 8.429/1992); **D:** correta (art. 23, I, da Lei 8.429/1992); **E:** incorreta (art. 21, I, da Lei 8.429/1992).

(Técnico Judiciário – TRT/17ª – 2009 – CESPE) Com relação à improbidade administrativa, julgue os itens que se seguem.

(1) Considere a seguinte situação hipotética. José foi secretário de saúde do município Alfa e celebrou contrato com a empresa Gama S.A., na data de 12/03/2004, para manutenção dos equipamentos hospitalares da rede pública de saúde de Alfa. Após investigação, constatou-se a existência de esquema de corrupção com a percepção de ilegais vantagens financeiras para assinatura da avença, o

10. DIREITO ADMINISTRATIVO | 579

que implicou seu afastamento definitivo do cargo em 20/10/2004. Nessa situação hipotética, a ação de improbidade estará prescrita a partir de 19/04/2009.

(2) A posse e o exercício de agente público em seu cargo ficam condicionados à apresentação de declaração de bens e valores que componham seu patrimônio, a fim de ser arquivada no setor de pessoal do órgão.

(3) O indivíduo que for condenado por improbidade administrativa à perda de direitos políticos não pode, enquanto perdurarem os efeitos da decisão judicial, propor ação popular.

1: errada, pois, como João tem um cargo em comissão, aplica-se o disposto no art. 23, I, da Lei 8.429/1992, de maneira que o prazo prescricional é de 5 anos, contados da data do afastamento do cargo; no caso, esse prazo vence no dia 20/10/2010, não se podendo dizer, portanto, que a prescrição se deu a partir de 19/04/2009; **2:** correta (art. 13, *caput*, da Lei 8.429/1992); **3:** correta, pois somente o cidadão, ou seja, aquele que está com os direitos políticos em dia, pode propor a ação popular; de qualquer maneira, é bom ressaltar que a questão deveria ser mais técnica e usar a expressão "*suspensão* dos direitos políticos", e não perda. **WG**

Gabarito 1E, 2C, 3C

8. BENS PÚBLICOS

(Técnico Judiciário – TRT/11ª – 2005 – FCC) De acordo com a classificação dos bens públicos, o imóvel que abriga e pertence à Prefeitura de Manaus é considerado

(A) de uso especial.
(B) de uso comum do povo.
(C) dominial.
(D) regular de serviço.
(E) de uso disponível.

Os bens públicos podem ser de *uso comum do povo* ("destinado ao uso indistinto de todos" – ex: ruas, praças, mares, rios etc.), de *uso especial* ("destinado a servir de estabelecimento público ou à prestação de serviço público" – ex: prédio da prefeitura, prédio do fórum, hospital público etc.) e *dominical* ("sem destinação, tratando apenas de patrimônio estatal" – ex: terras devolutas, terrenos vazios etc.). Portanto, a alternativa "A" está correta. **WG**

Gabarito "A".

(Técnico Judiciário – 2008 – VUNESP) Sobre os bens públicos, assinale a afirmativa correta.

(A) Consideram-se bens públicos apenas aqueles que podem ser utilizados livremente pelo público em geral.
(B) Os bens dominicais são todos aqueles que têm uma destinação pública definida.
(C) Os bens públicos de uso especial são inalienáveis enquanto conservarem essa característica e não podem ser adquiridos por usucapião.
(D) Todos os bens públicos são inalienáveis.
(E) A alienação de bens imóveis de uso especial depende de autorização passada por decreto executivo.

A: incorreta, pois esses são os bens públicos de *uso comum do povo*; há ainda os bens públicos de *uso especial* e os *dominicais*; **B:** incorreta, pois tais bens são justamente os que não têm destinação definida, como visto no conceito trazido na questão anterior; **C** a **E:** todos bens públicos de uso especial e de uso comum do povo são *inalienáveis* (não podem ser vendidos enquanto permanecerem com essas características, sendo necessário, para a alienação, motivação, desafetação, lei autorizativa, avaliação e licitação), *impenhoráveis* (não podem ser penhorados) e *imprescritíveis* (não estão sujeitos a usucapião, por parte de terceiros ocupantes do imóvel); já os bens dominicais, podem ser vendidos (são alienáveis), preenchidos os requisitos legais, mas são impenhoráveis e imprescritíveis, assim com os outros dois. **WG**

Gabarito "C".

9. RESPONSABILIDADE DO ESTADO

(Técnico Judiciário – TRT8 – CESPE – 2016) A respeito da responsabilidade civil do Estado, assinale a opção correta.

(A) A responsabilidade civil objetiva das concessionárias e permissionárias de serviços públicos abrange somente as relações jurídicas entre elas e os usuários dos serviços públicos.
(B) A responsabilidade civil objetiva aplica-se a todas as pessoas jurídicas de direito público.
(C) O princípio da pessoalidade é o que orienta a responsabilidade civil do Estado.

(D) As pessoas jurídicas de direito público não se responsabilizam pelos danos causados por seus agentes.
(E) A responsabilidade da administração pública será sempre objetiva.

A: incorreta, entendimento mais atual do STF aponta para a análise da letra constitucional, sem nenhuma exceção, a saber: o entendimento de que apenas os terceiros usuários do serviço gozariam de proteção constitucional decorrente da responsabilidade objetiva do Estado, por terem o direito subjetivo de receber um serviço adequado, contrapor-se-ia à própria natureza do serviço público, que, por definição, tem caráter geral, estendendo-se, indistintamente, a todos os cidadãos, beneficiários diretos ou indiretos da ação estatal. (STF. RE 591874/MS, rel. Min. Ricardo Lewandowski, 26.8.2009. Disponível em: <www.stf.jus.br>. Acesso em 18 dez 2012). **B:** correta, Constituição Federal – art. 37, § 6º, dispõe que: "as pessoas jurídicas de direito público e as de direito privado, prestadoras de serviços públicos, responderão pelos danos que seus agentes, nessa qualidade, causarem a terceiros, assegurado o direito de regresso contra o responsável nos casos de dolo ou culpa". **C:** incorreta. Não há que se falar em princípio da pessoalidade, já que o Estado é responsável pelos atos praticados por seus agentes. **D:** incorreta. Em sendo a responsabilidade do Estado objetiva, a assertiva está na contramão da legislação. **E:** incorreta. A caracterização da responsabilidade objetiva se condiciona ao preenchimento de três requisitos: conduta estatal, dano e nexo de causalidade entre a conduta e o dano, podendo ser afastada se presente uma das excludentes, a saber: culpa exclusiva da vítima ou de terceiros, caso fortuito ou de força maior. Há que se considerar ainda que diante de conduta omissiva, a responsabilidade passa a ser subjetiva, devendo ser comprovada por quem a alega. **FMB**

Gabarito "B".

(Técnico – TRT/6ª – 2012 – FCC) Durante a execução de serviços de reparo e manutenção nas instalações de gás, por empresa pública responsável pela prestação do serviço público de fornecimento, houve pequena explosão, ocasionando o arremesso de peças e materiais pesados a distância significativa, causando danos materiais a particulares que estavam próximos ao local. Nesse caso, a empresa

(A) responde subjetivamente pelos danos causados, cabendo aos particulares a prova de culpa dos agentes que executavam o serviço para fazer jus à indenização.
(B) responde objetivamente pelos danos materiais causados aos particulares, desde que demonstrado o nexo de causalidade, não sendo necessária a comprovação de culpa dos agentes.
(C) responde subjetivamente pelos danos causados, independentemente de prova de culpa dos agentes que executavam o serviço no momento da explosão.
(D) não responde pelos danos causados, devendo os danos serem cobrados diretamente dos agentes responsáveis pela execução dos serviços.
(E) responde objetivamente pelos danos materiais causados aos particulares, desde que demonstrada a culpa dos agentes responsáveis pela execução do serviço, não sendo necessária demonstração do nexo de causalidade.

A, C e **E:** incorretas, pois as empresas concessionárias de serviço público respondem objetivamente (art. 37, § 6º, da CF/1988), ou seja, independentemente de a vítima ter de comprovar que houve conduta culposa ou dolosa (responsabilidade subjetiva); **B:** correta, conforme mencionado no comentário anterior; **D:** incorreta, pois a empresa pública, no caso, não só responde pelos danos causados, como responde objetivamente, ou seja, independentemente de comprovação de culpa ou dolo. **WG**

Gabarito "B".

10. SERVIÇOS PÚBLICOS

10.1. Conceito, classificação e características

(Técnico Judiciário – TRT/14ª – 2011 – FCC) NÃO constitui princípio inerente ao regime jurídico dos serviços públicos:

(A) generalidade.
(B) continuidade.
(C) imutabilidade.
(D) modicidade.
(E) cortesia.

Somente o princípio da imutabilidade não está previsto no art. 6º, § 1º, da Lei 8.987/1995. **WG**

Gabarito "C".

(Técnico Judiciário – TRT/20ª – 2011 – FCC) O serviço público não é passível de interrupção ou suspensão afetando o direito de seus usuários, pela própria importância que ele se apresenta, devendo ser colocado à disposição do usuário com qualidade e regularidade, assim como com eficiência e oportunidade. Trata-se do princípio fundamental dos serviços públicos denominado

(A) impessoalidade.

(B) mutabilidade.

(C) continuidade.

(D) igualdade.

(E) universalidade.

Trata da definição do princípio da continuidade, previsto no art. 6º, § 1º, da Lei 8.987/1995.

(Técnico Judiciário – TRT/9ª – 2007 – CESPE) Considerando-se os serviços públicos, julgue o item seguinte.

(1) Em regra, não viola o princípio da continuidade do serviço público a suspensão de um serviço, após aviso prévio, decorrente de falta ou atraso de pagamento.

1: correta, pois a jurisprudência do Superior Tribunal de Justiça autoriza a suspensão do serviço (ex: água, energia elétrica) por falta de pagamento, desde que haja atraso no pagamento; vale também registrar que a interrupção do serviço só não é admitida quanto a unidades consumidoras que prestem serviços essenciais (ex: hospitais, creches), quanto a débitos antigos e quanto a valores apurados unilateralmente pela concessionária de serviço público em caso de alegação de fraude no medidor.

10.2. Concessão de serviço público

(Técnico – TRT/6ª – 2012 – FCC) A concessão de serviço público, disciplinada pela Lei Federal 8.987/1995, constitui

(A) ato do Poder Público que transfere à pessoa jurídica distinta a titularidade de determinado serviço público, que passará a executá-lo em seu próprio nome.

(B) contrato administrativo por meio do qual a Administração Pública, mantendo-se titular de determinado serviço público, delega ao concessionário a execução do mesmo, compreendendo a remuneração paga diretamente pelo usuário, por meio da cobrança de tarifa.

(C) contrato administrativo do Poder Público que transfere a pessoa jurídica de direito público ou privado a titularidade de determinado serviço público, que passará a executá-lo em seu próprio nome.

(D) ato administrativo de delegação de titularidade e execução de serviço público, compreendendo a remuneração paga diretamente pelo usuário, por meio da cobrança de tarifa.

(E) contrato administrativo que transfere à pessoa jurídica de direito público distinta a titularidade de determinado serviço público, que passará a executá-lo remunerando-se diretamente da tarifa paga pelo usuário.

A: incorreta, pois o Poder Público (o poder concedente) mantém a titularidade do serviço público (ou seja, o poder de regulamentar e fiscalizar o serviço); a pessoa jurídica que recebe a concessão (a concessionária) recebe o mero dever de executar o serviço público; **B:** correta, pois, de fato, o poder concedente (a Administração) mantém-se titular do serviço (poder de regulamentar e fiscalizar este), ao passo que o concessionário recebe apenas o dever de executar o serviço, fazendo-o mediante remuneração paga diretamente pelos usuários (art. 9º da Lei 8.987/1995); **C** a **E:** incorretas, pois, pelo contrato de concessão, não se transfere a titularidade do serviço, mas apenas o dever de executar o serviço.

11. CONTROLE DA ADMINISTRAÇÃO

(Técnico Judiciário – CESPE – 2017) Assinale a opção correta a respeito do controle da administração pública.

(A) As ações judiciais que tenham por objeto atos administrativos praticados por órgãos do Poder Judiciário constituem exemplos de controle externo.

(B) Dada a presunção de legitimidade dos atos administrativos, não se pode falar em controle preventivo desses atos.

(C) Por força do princípio da eficiência, não cabe falar em controle concomitante de um ato administrativo, sob risco de entraves desnecessários à consecução do interesse público.

(D) O recurso administrativo ilustra o chamado controle provocado, que se opõe ao controle de ofício, por ser deflagrado por terceiro.

(E) O controle de legalidade é prerrogativa do controle judicial.

A: incorreta. Tratam de atuação no âmbito do mesmo órgão. **B:** incorreta. A presunção de legitimidade não obsta o controle preventivo dos atos que ocorre antes de se consumar a conduta administrativa. **C:** incorreta. Trata-se exatamente do contrário, visando a eficiência de seu resultado. Ocorre por exemplo da fiscalização da execução de um contrato em andamento. Art. 6º, V, do Decreto Lei-200/1967: As atividades da Administração Federal obedecerão aos seguintes princípios fundamentais: I – planejamento; II – coordenação; III – descentralização; IV – delegação de competência; V – controle. **E:** incorreta. O controle de legalidade deve ser realizado interna ou externamente.

(Técnico Judiciário – FCC – 2017) O controle exercido pela Administração direta sobre a Administração indireta denomina-se

(A) poder de tutela e permite a substituição de atos praticados pelos entes que integram a Administração indireta que não estejam condizentes com o ordenamento jurídico.

(B) poder de revisão dos atos, decorrente da análise de mérito do resultado, bem como em relação aos estatutos ou legislação que criaram os entes que integram a Administração indireta.

(C) controle finalístico, pois a Administração direta constitui a instância final de apreciação, para fins de aprovação ou homologação, dos atos e recursos praticados e interpostos no âmbito da Administração indireta.

(D) poder de tutela, que não pressupõe hierarquia, mas apenas controle finalístico, que analisa a aderência da atuação dos entes que integram a Administração indireta aos atos ou leis que os constituíram.

(E) poder de autotutela, tendo em vista que a Administração indireta integra a Administração direta e, como tal, compreende a revisão dos atos praticados pelos entes que a compõem quando não guardarem fundamento com o escopo institucional previsto em seus atos constitutivos.

Na administração direta há o controle que decorre do poder hierárquico, sendo consequência escalonamento vertical dos órgãos e cargos. Já o controle finalístico consiste no controle de legalidade, da verificação do cumprimento do programa de governo, não tendo hierarquia entre estes.

(Técnico Judiciário – TRT8 – CESPE – 2016) Assinale a opção correta acerca do controle legislativo dos atos administrativos.

(A) A celebração de convênio entre estado e município exige autorização prévia do Poder Legislativo estadual e municipal.

(B) Exige-se autorização legislativa para a desapropriação, pelos estados, dos bens de domínio da União.

(C) Compete privativamente ao Senado Federal apreciar atos de concessão de emissoras de televisão.

(D) Depende de autorização legislativa apenas a alienação de bens imóveis das pessoas jurídicas da administração direta.

(E) Encampação refere-se à retomada do serviço pelo poder concedente durante o prazo da concessão.

A: incorreta. Trata-se de ato próprio do executivo. Neste sentido: TJRS, Ação Direta de Inconstitucionalidade ADI 70022342679 RS (TJ-RS), Data de publicação: 25/08/2008. Ação direta de inconstitucionalidade. Município de Guaporé. Lei municipal 14/2007. Inconstitucionalidade formal e material. **Autorização para o executivo celebrar convênios**. Educação e trabalho para jovens. Despesas decorrentes da lei. Orçamento do município. Prerrogativas do **executivo**. Restrição pelo legislativo. Ofensa aos artigos 8º e 10 da Constituição Estadual. Inconstitucionalidade da Lei municipal. A Lei impugnada apresenta inconstitucionalidade formal, por vício de iniciativa, e inconstitucionalidade material, por violação ao princípio da separação dos Poderes. Ainda que as questões relativas a **convênios para** educação e trabalho **para** jovens e a dotação orçamentária correspondente devam ser definidas pelo **Executivo**, a deliberação sobre a **autorização** ao **Executivo**, **para** celebração de tais **convênios** e a determinação sobre a matéria orçamentária àquele respeito, significam que a Câmara está, na verdade, determinando que o **Executivo** deverá tomar determinadas providências, em matérias cuja iniciativa legislativa é do **Executivo** (...). **B:** incorreta. A autorização legislativa se refere a possibilidade de desapropriação pela União dos bens

10. DIREITO ADMINISTRATIVO   581

pertencentes aos estados e municípios e ao Distrito Federal e não o contrário. **Possibilidade de desapropriação pelo Estado de imóvel de sociedade de economia mista federal exploradora de serviço público reservado à União**. 1. A União pode desapropriar bens dos Estados, do Distrito Federal, dos Municípios e dos territórios e os Estados, dos Municípios, sempre com autorização legislativa específica. A lei estabeleceu uma gradação de poder entre os sujeitos ativos da desapropriação, de modo a prevalecer o ato da pessoa jurídica de mais alta categoria, segundo o interesse de que cuida: o interesse nacional, representado pela União, prevalece sobre o regional, interpretado pelo Estado, e este sobre o local, ligado ao Município, não havendo reversão ascendente; os Estados e o Distrito Federal não podem desapropriar bens da União, nem os Municípios, bens dos Estados ou da União, Decreto-lei 3.365/1941, art. 2º, § 2º. 2. Pelo mesmo princípio, em relação a bens particulares, a desapropriação pelo Estado prevalece sobre a do Município, e da União sobre a deste e daquele, em se tratando do mesmo bem. 3. Doutrina e jurisprudência antigas e coerentes. Precedentes do STF: RE 20.149, MS 11.075, RE 115.665, RE 111.079. 4. Competindo a União, e só a ela, explorar diretamente ou mediante autorização, concessão ou permissão, os portos marítimos, fluviais e lacustres, art. 21, XII, *f*, da CF, está caracterizada a natureza pública do serviço de docas. 5. A Companhia Docas do Rio de Janeiro, sociedade de economia mista federal, incumbida de explorar o serviço portuário em regime de exclusividade, não pode ter bem desapropriado pelo Estado. 6. Inexistência, no caso, de autorização legislativa. 7. A norma do art. 173, § 1º, da Constituição aplica-se às entidades públicas que exercem atividade econômica em regime de concorrência, não tendo aplicação às sociedades de economia mista ou empresas públicas que, embora exercendo atividade econômica, gozam de exclusividade. 8. O dispositivo constitucional não alcança, com maior razão, sociedade de economia mista federal que explora serviço público, reservado a União. 9. O artigo 173, § 1º, nada tem a ver com a desapropriabilidade ou indesapropriabilidade de bens de empresas públicas ou sociedades de economia mista; seu endereço é outro; visa a assegurar a livre concorrência, de modo que as entidades públicas que exercem ou venham a exercer atividade econômica não se beneficiem de tratamento privilegiado em relação a entidades privadas que se dediquem a atividade econômica na mesma área ou em área semelhante. 10. O disposto no § 2º, do mesmo art. 173, completa o disposto no § 1º, ao prescrever que 'as empresas públicas e as sociedades de economia mista não poderão gozar de privilégios fiscais não extensivos as do setor privado'. 11. Se o serviço de docas fosse confiado, por concessão, a uma empresa privada, seus bens não poderiam ser desapropriados por Estado sem autorização do Presidente da República, Súmula 157 e Decreto-lei 856/69; não seria razoável que imóvel de sociedade de economia mista federal, incumbida de executar serviço público da União, em regime de exclusividade, não merecesse tratamento legal semelhante. 12. Não se questiona se o Estado pode desapropriar bem de sociedade de economia mista federal que não esteja afeto ao serviço. Imóvel situado no cais do Rio de Janeiro se presume integrado no serviço portuário que, de resto, não é estático, e a serviço da sociedade, cuja duração é indeterminada, como o próprio serviço de que está investido." (RE 172816, Relator Ministro Paulo Brossard, Tribunal Pleno, julgamento em 9.2.1994, *DJ* de 13.5.1994). **C:** incorreta. Competência exclusiva do Congresso Nacional. CF, Art. 49, **XII**: apreciar os atos de concessão e renovação de concessão de emissoras de rádio e televisão. **D:** incorreta. Depende de autorização legislativa e prévia licitação a alienação de qualquer bem imóvel da Administração Pública. **E:** correta. Lei 8.987/1995, Art. 37. Considera-se encampação a retomada do serviço pelo poder concedente durante o prazo da concessão, por motivo de interesse público, mediante lei autorizativa específica e após prévio pagamento da indenização, na forma do artigo anterior. **FMB**
Gabarito "E".

12. PROCESSO ADMINISTRATIVO (LEI 9.784/1999)

12.1. Disposições gerais

(Técnico Judiciário – TRT9 – 2012 – FCC) De acordo com a Lei 9.784/1999, que regula o processo administrativo no âmbito da Administração Pública Federal,

(A) os atos administrativos são sigilosos no decorrer da fase probatória.

(B) é vedada a cobrança de despesas processuais, salvo as previstas em lei.

(C) os interessados deverão ser representados por advogado, salvo se hipossuficientes.

(D) aplica-se o princípio do formalismo, dispensada a indicação dos pressupostos de fato da decisão.

(E) é vedada a impulsão de ofício, cabendo ao interessado indicar os fundamentos de direito da decisão.

A: incorreta, pois não há previsão nesse sentido na Lei 8.429/1992, prevalecendo, assim, o princípio da publicidade, que impõe ampla divulgação dos atos administrativos; **B:** correta (art. 2º, parágrafo único, XI, da Lei 9.784/1999); **C:**

incorreta, pois não tal previsão na Lei 9.784/1999; **D:** incorreta, pois a lei valoriza a "forma simples" (art. 2º, parágrafo único, IX, da Lei 9.784/1999), e a indicação dos pressupostos de fato (e de direito) é obrigatória (art. 2º, parágrafo único, VII, da Lei 9.784/1999); **E:** incorreta, pois o princípio é da "impulsão de ofício, do processo administrativo, sem prejuízo da atuação dos interessados" (art. 2º, parágrafo único, XII, da Lei 9.784/1999). **WG**
Gabarito "B".

(Técnico Judiciário – TRT9 – 2012 – FCC) As normas sobre processo administrativo postas na Lei 9.784/1999 aplicam-se aos

(A) órgãos do Poder Legislativo e do Poder Judiciário da União, no que se referir ao desempenho de funções administrativas atípicas.

(B) órgãos do Poder Executivo e aos servidores integrantes do quadro da Administração direta, excluídos os afastados e os órgãos dos demais Poderes.

(C) órgãos dos Poderes Executivo, Legislativo e Judiciário, no exercício de suas funções típicas.

(D) servidores dos Poderes Executivo e Legislativo, na realização de suas funções típicas, excluído o Poder Judiciário em razão de sua competência judicante.

(E) órgãos do Poder Executivo integrantes da Administração direta ou indireta, excluídos os órgãos do Poder Legislativo e do Poder Judiciário quando se tratar de realização de função administrativa.

A: correta (art. 1º, § 1º, da Lei 9.784/1999); **B:** incorreta, pois a lei se aplica aos órgãos dos demais Poderes, quando estes atuarem em atividades administrativas (art. 1º, *caput* e § 1º, da Lei 9.784/1999); **C:** incorreta, pois a lei só se aplica ao Legislativo e ao Judiciário quando estes desempenharem uma função administrativa, não se aplicando quanto às funções típicas desses poderes, no caso, quanto às funções legislativas e jurisdicionais; **D:** incorreta, pois não se aplica a lei também quanto às funções típicas do Legislativo, e não só quanto às funções típicas do Judiciário; **E:** incorreta, pois a lei se aplica sim aos órgãos do Legislativo e do Judiciário, quando estes exercem funções administrativas (art. 1º, § 1º, da Lei 9.784/1999). **WG**
Gabarito "A".

(Técnico Judiciário – TRT/9ª – 2010 – FCC) Dentre os critérios a serem observados nos processos administrativos, expressamente previstos na Lei 9.784/1999, NÃO se inclui:

(A) Interpretação da norma administrativa da forma que melhor garanta o atendimento do fim público a que se dirige, vedada aplicação retroativa de nova interpretação.

(B) Garantia dos direitos à comunicação e à apresentação de alegações finais nos processos de que possam resultar sanções e nas situações de litígio.

(C) A vedação de impulsão de ofício do processo administrativo.

(D) Objetividade no atendimento do interesse público, vedada a promoção pessoal de agentes ou autoridades.

(E) Atendimento a fins de interesse geral, vedada a renúncia total ou parcial de poderes ou competências, salvo autorização em lei.

A: correta. Inclui-se na lei (art. 2º, parágrafo único, XIII, da Lei 9.784/1999); **B:** correta. Inclui-se na lei (art. 2º, parágrafo único, X, da Lei 9.784/1999); **C:** incorreta, pois esse critério não se inclui na lei, pois o art. 2º, parágrafo único, XII, da Lei 9.784/1999 estabelece justamente o contrário, ou seja, o dever da Administração de impulsão de ofício do processo administrativo; **D:** correta. Inclui-se na lei (art. 2º, parágrafo único, III, da Lei 9.784/1999); **E:** correta. Inclui-se na lei (art. 2º, parágrafo único, II, da Lei 9.784/1999). **WG**
Gabarito "C".

(Técnico Judiciário – TRT/23ª – 2011 – FCC) Nos processos administrativos, na forma preconizada pela Lei 9.784/1999, serão observados, entre outros, os critérios de

(A) atendimento a fins de interesse geral, com possibilidade de renúncia parcial de poderes ou competências, ainda que sem autorização legal.

(B) interpretação da norma administrativa da forma que melhor garanta o atendimento do fim público a que se dirige, vedada aplicação retroativa de nova interpretação.

(C) objetividade no atendimento do interesse público, sendo possível a promoção pessoal de agentes ou autoridades.

(D) adequação entre meios e fins, com possibilidade de imposição de obrigações em medida superior àquelas estritamente necessárias ao atendimento do interesse público.

(E) proibição de cobrança, em qualquer hipótese, de despesas processuais.

A: incorreta. Esse critério não se inclui na lei, pois é vedada tal renúncia sem autorização legal (art. 2°, parágrafo único, II, da Lei 9.784/1999); **B:** correta. Esse critério inclui-se na lei (art. 2°, parágrafo único, XIII, da Lei 9.784/1999), de modo que a alternativa deve ser assinalada; **C:** incorreta. Esse critério não se inclui na lei, pois não é possível a promoção pessoal de agente ou autoridades (art. 2°, parágrafo único, III, da Lei 9.784/1999); **D:** incorreta. Esse critério não se inclui na lei, pois não é possível a imposição de obrigações em medida superior às estritamente necessárias (art. 2°, parágrafo único, VI, da Lei 9.784/1999); **E:** incorreta. Esse critério não se inclui na lei, pois é possível a cobrança de despesas processuais nos casos previstos em lei (art. 2°, parágrafo único, XI, da Lei 9.784/1999).

12.2. Direitos e deveres do administrado

(Técnico Judiciário – TRT/14ª – 2011 – FCC) Nos termos da Lei 9.784/1999, que regula o processo administrativo no âmbito da Administração Pública Federal, NÃO consiste em dever do administrado:

(A) expor os fatos conforme a verdade.
(B) fazer-se assistir, obrigatoriamente, por advogado, salvo hipóteses excepcionais em que não se exige tal obrigação.
(C) proceder com lealdade.
(D) proceder com urbanidade.
(E) colaborar para o esclarecimento dos fatos.

A: correta. Constitui dever do administrado (art. 4°, I, da Lei 9.784/1999); **B:** incorreta. Não constitui dever do administrado, de modo que a alternativa deve ser assinalada; aliás, é um direito do administrativo fazer-se assistir, *facultativamente*, por um advogado, salvo quando obrigatória a representação, por força de lei (art. 3°, IV, da Lei 9.784/1999); **C:** correta. Constitui dever do administrado (art. 4°, II, da Lei 9.784/1999); **D:** correta. Constitui dever do administrado (art. 4°, II, da Lei 9.784/1999); **E:** correta. Constitui dever do administrado (art. 4°, IV, da Lei 9.784/1999).

(Técnico Judiciário – TRT/20ª – 2011 – FCC) Segundo a Lei 9.784/1999, que regula o processo administrativo no âmbito da Administração Pública Federal, é direito dos administrados:

(A) não agir de modo temerário.
(B) prestar as informações que lhe forem solicitadas e colaborar para o esclarecimento dos fatos.
(C) expor os fatos conforme a verdade.
(D) proceder com lealdade, urbanidade e boa-fé.
(E) fazer-se assistir, facultativamente, por advogado, salvo quando obrigatória a representação, por força de lei.

A: incorreta. Trata-se de *dever* do administrativo (art. 4°, III, da Lei 8.429/1992); **B:** incorreta. Trata-se de *dever* do administrado (art. 4°, IV, da Lei 8.429/1992); **C:** incorreta. Trata-se de *dever* do administrado (art. 4°, I, da Lei 8.429/1992); **D:** incorreta. Trata-se de *dever* do administrado (art. 4°, II, da Lei 8.429/1992); **E:** correta. Trata-se de *direito* do administrado (art. 3°, IV, da Lei 8.429/1992), de modo que a alternativa deve ser assinalada.

(Técnico Judiciário – TRT/22ª – 2010 – FCC) Quanto aos deveres do administrado perante a Administração no âmbito da Lei 9.784/1999, é INCORRETO afirmar que o administrado deve

(A) expor os fatos conforme a verdade.
(B) proceder com urbanidade.
(C) prestar as informações que lhe forem solicitadas.
(D) colaborar para o esclarecimento dos fatos.
(E) agir de modo temerário.

A: é correto dizer que o administrado tem esse dever (art. 4°, I, da Lei 8.429/1992); **B:** é correto dizer que o administrado tem esse dever (art. 4°, II, da Lei 8.429/1992); **C:** é correto dizer que o administrado tem esse dever (art. 4°, IV, da Lei 8.429/1992); **D:** é correto dizer que o administrado tem esse dever (art. 4°, IV, da Lei 8.429/1992); **E:** é incorreto dizer que o administrado tem esse dever, já que o dever é justamente o contrário, ou seja, o administrado NÃO deve agir de modo temerário (art. 4°, III, da Lei 8.429/1992).

12.3. Início do processo e interessados

(TRT/18ª – 2008 – FCC) De acordo com a Lei que regula o processo administrativo no âmbito da Administração Pública Federal, NÃO se incluem, dentre os legitimados como interessados no processo administrativo,

(A) as organizações e associações representativas, no tocante a direitos e interesses coletivos.
(B) as pessoas físicas ou jurídicas que o iniciem como titulares de direitos ou interesses individuais ou no exercício do direito de representação.
(C) aqueles que, sem terem iniciado o processo, têm direitos ou interesses que possam ser afetados pela decisão a ser adotada.
(D) quaisquer pessoas do povo, mesmo que não possam ser atingidas pela decisão a ser adotada.
(E) as pessoas ou as associações legalmente constituídas quanto a direitos ou interesses difusos.

A: correta (art. 9°, III, da Lei 9.784/1999); **B:** correta (art. 9°, I, da Lei 9.784/1999); **C:** correta (art. 9°, II, da Lei 9.784/1999); **D:** incorreta, devendo ser assinalada, já que não existe essa previsão legal; **E:** correta (art. 9°, IV, da Lei 9.784/1999).

12.4. Competência

(Técnico Judiciário – TRT/1ª – 2008 – CESPE) Em relação ao exercício da competência administrativa e ao regramento que lhe dá a Lei 9.784/1999, assinale a opção correta.

(A) A decisão de recurso administrativo pode ser delegada pelo agente público competente a servidor que tenha curso de capacitação específico para a matéria objeto de julgamento, nos termos do regimento interno de autarquia federal.
(B) A delegação não extingue a possibilidade de o delegante a revogar e, em assim fazendo, poder praticar o ato administrativo.
(C) O ato de delegação deve ser publicado no meio oficial, mas a sua revogação, por restaurar competência legal, dispensa a publicização.
(D) A avocação administrativa viola o princípio do juiz natural e é vedada pela Lei 9.784/1999.
(E) Circunstâncias de índole social não autorizam a delegação de competência administrativa.

A: incorreta (art. 13, II, da Lei 9.784/1999); **B:** correta (art. 14, § 2°, da Lei 9.784/1999); **C:** incorreta (art. 14, *caput*, da Lei 9.784/1999); **D:** incorreta (art. 15 da Lei 9.784/1999); **E:** incorreta (art. 12, parte final, da Lei 9.784/1999).

12.5. Impedimentos e suspeição

(Técnico Judiciário – TRT/15ª – 2009 – FCC) De acordo com a Lei 9.784/1999, NÃO é impedido de atuar em processo administrativo o servidor ou autoridade

(A) que esteja litigando judicial ou administrativamente com o interessado ou respectivo cônjuge ou companheiro.
(B) que venha a participar como testemunha.
(C) cujo parente de quarto grau tenha participado como testemunha.
(D) cujo cônjuge tenha participado como perito.
(E) que tenha interesse direto ou indireto na matéria.

Art. 18 da Lei 9.784/1999.

12.6. Forma, tempo, lugar dos atos do processo e prazos

(Técnico Judiciário – TRT/23ª – 2007 – FCC) No que tange às normas relativas ao processo administrativo disciplinadas pela Lei 9.784/1999, considere:

I. Em regra, os atos do órgão ou autoridade responsável pelo processo e dos administrados que dele participem devem ser praticados no prazo de dois dias, salvo motivo de força maior.
II. Pode ser arguida a suspeição de autoridade que tenha amizade íntima notória com algum dos interessados ou com os respectivos parentes e afins até o terceiro grau.
III. O interessado poderá, mediante manifestação escrita, desistir total ou parcialmente do pedido formulado ou, ainda, renunciar a direitos disponíveis.
IV. O administrado tem o direito de prestar as informações que lhe forem solicitadas e colaborar para o esclarecimento dos fatos.

10. DIREITO ADMINISTRATIVO — 583

Está correto o que se afirma APENAS em

(A) I e II.
(B) I, II e III.
(C) I, III e IV.
(D) II e III.
(E) II e IV.

I: incorreta (art. 24 da Lei 9.784/1999); II: correta (art. 20 da Lei 9.784/1999); III: correta (art. 51 da Lei 9.784/1999); IV: incorreta, pois não se trata de um *direito*, mas de um *dever* (art. 4º, IV, da Lei 9.784/1999). WG

Gabarito "D".

(Técnico Judiciário – 2010 – FCC) Dentre as regras a serem observadas no processo administrativo previsto na Lei 9.784/1999, NÃO consta que

(A) os atos do processo devem realizar-se preferencialmente na sede do órgão, cientificando-se o interessado se outro for o local de realização.

(B) os atos do processo devem ser produzidos por escrito, em vernáculo, com a data e o local de sua realização e a assinatura da autoridade responsável.

(C) o processo deverá ter suas páginas numeradas sequencialmente e rubricadas.

(D) os documentos exigidos em cópia devem ser necessariamente autenticados por Ofício de Notas.

(E) os atos do processo devem realizar-se em dias úteis, no horário normal de funcionamento da repartição na qual tramitar o processo.

A: correta. Essa regra consta da lei (art. 25 da Lei 9.784/1999); B: correta. Essa regra consta da lei (art. 22, § 1º, da Lei 9.784/1999); C: correta. Essa regra consta da lei (art. 22, § 4º, da Lei 9.784/1999); D: incorreta, devendo ser assinalada. De fato, essa regra não consta da lei, que dispõe que a autenticação de documentos exigidos em cópia poderá ser feita pelo próprio órgão administrativo (art. 22, § 3º, da Lei 9.784/1999); E: correta. Essa regra consta da lei (art. 23 da Lei 9.784/1999). WG

Gabarito "D".

12.7. Comunicação dos atos

(Técnico Judiciário – 2010 – FCC) Nos termos da Lei 9.784/1999, o órgão competente perante o qual tramita o processo administrativo determinará a intimação do interessado para ciência de decisão ou a efetivação de diligências. Assim,

(A) a intimação será sempre pessoal e observará a antecedência mínima de quinze dias úteis quanto à data de comparecimento.

(B) o desatendimento da intimação importa o reconhecimento da verdade dos fatos, e a renúncia a direito pelo administrado.

(C) no caso de interessados indeterminados, desconhecidos ou com domicílio indefinido, a intimação deve ser efetuada por meio de publicação oficial.

(D) a intimação não poderá, em qualquer caso ser efetuada por ciência no processo ou por via postal com aviso de recebimento.

(E) as intimações serão anuláveis quando feitas sem observância das prescrições legais, porém o comparecimento do administrado não supre sua falta ou irregularidade.

A: incorreta, pois a intimação pode se dar por ciência no processo, por via postal ou aviso de recebimento, por telegrama ou outro meio que assegure a certeza da ciência do interessado; além disso, a intimação observará a antecedência mínima de 3 dias úteis quanto à data de comparecimento (art. 26, § 2º, da Lei 9.784/1999); B: incorreta, pois o desatendimento da intimação não importa o reconhecimento da verdade dos fatos, nem a renúncia a direito pelo administrado (art. 27 da Lei 9.784/1999); C: correta (art. 26, § 4º, da Lei 9.784/1999); D: incorreta, pois a intimação também pode ser feita por telegrama ou por outro meio que assegure a certeza da ciência do interessado (art. 26, § 2º, da Lei 9.784/1999); E: incorreta, pois as intimações serão *nulas* (e não *anuláveis*) nesse caso; ademais, o comparecimento do administrado supre, sim, a falta ou irregularidade da intimação (art. 26, § 5º, da Lei 9.784/1999). WG

Gabarito "C".

(Técnico Judiciário – 2010 – FCC) De acordo com a Lei 9.784/1999, a intimação do interessado para ciência de decisão ou a efetivação de diligências

(A) observará a antecedência mínima de dois dias úteis quanto à data de comparecimento.

(B) deve conter, dentre outros dados, informação da continuidade do processo independentemente do seu comparecimento.

(C) pode ser efetuada por ciência no processo ou por via postal com aviso de recebimento, vedada a intimação por telegrama.

(D) não precisa conter informação se o intimado deve comparecer pessoalmente, ou fazer-se representar, porque isso é opção que cabe a ele.

(E) é dispensada no caso de interessados indeterminados, desconhecidos ou com domicílio indefinido.

A: incorreta, pois observará a antecedência mínima de 3 dias úteis quanto à data de comparecimento (art. 26, § 2º, da Lei 9.784/1999); B: correta (art. 26, § 1º, V, da Lei 9.784/1999); C: incorreta, pois é possível a utilização do telegrama (art. 26, § 3º, da Lei 9.784/1999); D: incorreta, pois essa informação é necessária (art. 26, § 1º, IV, da Lei 9.784/1999); E: incorreta, pois, nesse caso, a intimação deve se dar por meio de publicação oficial (art. 26, § 4º, da Lei 9.784/1999). WG

Gabarito "B".

12.8. Instrução, decisão, motivação, desistência, extinção

(Técnico Judiciário – 2008 – CESPE) Em relação ao processo administrativo, regulado pela Lei 9.784/1999, julgue os itens que se seguem.

(1) Como regra geral os atos administrativos devem ser motivados, com a clara indicação dos fatos e fundamentos, sendo, por esse motivo, vedadas as decisões orais.

(2) Ainda que um ato praticado pela administração tenha observado todas as formalidades legais, ela poderá revogá-lo se julgar conveniente, desde que respeite os direitos adquiridos por ele gerados.

1: errada (art. 50, § 3º, da Lei 9.784/1999); 2: correta (art. 53 da Lei 9.784/1999). WG

Gabarito 1E, 2C.

(Técnico Judiciário – 2005 – FCC) Segundo a Lei 9.784/1999, que regula o processo administrativo no âmbito da administração pública federal,

(A) o órgão competente perante o qual tramita o processo administrativo deve determinar a intimação do interessado para ciência de decisão ou efetivação de diligência. Nesse sentido, é nula a intimação feita sem a observância das prescrições legais, não havendo a possibilidade de ser suprida sua falta ou irregularidade.

(B) o interessado poderá, mediante manifestação escrita, desistir total ou parcialmente do pedido formulado, ou renunciar a direitos disponíveis, o que não impede que a administração pública dê prosseguimento ao processo, se considerar que o interesse público assim o exige.

(C) o direito da administração pública de anular os atos administrativos de que decorram efeitos favoráveis para os destinatários decai em dez anos, contados da data em que foram praticados.

(D) o processo administrativo é iniciado apenas por meio de requerimento da parte interessada.

(E) o agravamento da sanção pode decorrer da revisão do processo.

A: incorreta (art. 26, *caput* e § 5º, da Lei 9.784/1999); B: correta (art. 51, *caput* e § 2º, da Lei 9.784/1999); C: incorreta (art. 54 da Lei 9.784/1999); D: incorreta (art. 5º da Lei 9.784/1999); E: incorreta (art. 65, parágrafo único, da Lei 9.784/1999). WG

Gabarito "B".

(Técnico Judiciário – 2009 – FCC) A respeito da instrução no processo administrativo considere:

I. Quando documentos solicitados ao interessado forem necessários à apreciação de pedido formulado, o não atendimento no prazo fixado pela Administração para a respectiva apresentação implicará a sua improcedência.

II. Os interessados serão intimados de prova ou diligência ordenada, com antecedência mínima de três dias úteis, mencionando-se data, hora e local de realização.

III. Quando deva ser obrigatoriamente ouvido um órgão consultivo, o parecer deverá ser emitido no prazo máximo de quinze dias, salvo norma especial ou comprovada necessidade de maior prazo.

IV. Em regra, encerrada a instrução, o interessado terá o direito de manifestar-se no prazo máximo de dez dias.

De acordo com a Lei 9.784/1999, está correto o que se afirma APENAS em

(A) I e II.
(B) I, II e III.
(C) II e III.
(D) II, III e IV.
(E) III e IV.

I: incorreta (art. 40 da Lei 9.784/1999); **II:** correta (art. 41 da Lei 9.784/1999); **III:** correta (art. 42 da Lei 9.784/1999); **IV:** correta (art. 44 da Lei 9.784/1999).

12.9. Recurso administrativo e Revisão

(Técnico Judiciário – 2010 – FCC) A revisão do processo administrativo

(A) tem cabimento em qualquer tipo de processo, tenha sido aplicada sanção ou não.

(B) só tem cabimento a pedido do interessado.

(C) não pode ser pedida se já tiver ocorrido a coisa julgada administrativa.

(D) subordina-se à existência de fatos novos ou circunstâncias relevantes suscetíveis de justificar a inadequação da sanção aplicada.

(E) pode implicar o agravamento da sanção imposta.

A: incorreta, pois somente processos administrativos de que resultem sanções podem ser revistos (art. 65, *caput*, da Lei 9.784/1999); **B:** incorreta, pois a revisão pode se dar a pedido ou de ofício (art. 65, *caput*, da Lei 9.784/1999); **C:** incorreta, pois é justamente o contrário que ocorre, ou seja, a revisão é pedida quando já tiver ocorrido a coisa julgada administrativa; a Lei 9.784/1999 dispõe que a revisão pode se dar a qualquer tempo (art. 65, *caput*); **D:** correta (art. 65, *caput*, da Lei 9.784/1999); **E:** incorreta, pois a revisão não pode implicar o agravamento da sanção imposta (art. 65, parágrafo único, da Lei 9.784/1999); não se deve confundir a *revisão* do processo com o *recurso*, pois neste caso cabe agravação da sanção imposta ao recorrente, atendido o disposto no art. 64, parágrafo único, da Lei 9.784/1999).

(Técnico Judiciário – 2010 – FCC) Míriam, na qualidade de parte e como titular de direitos, em processo administrativo que tramita junto ao Tribunal Regional Eleitoral, interpôs recurso cabível. Nesse caso, o recurso deve ser conhecido, ainda que,

(A) tenha ocorrido o exaurimento da esfera administrativa.

(B) seus interesses sejam indiretamente afetados pela decisão recorrida.

(C) não seja detentora de legitimidade recursal.

(D) o recurso tenha sido interposto fora do prazo legal.

(E) o recurso tenha sido interposto perante órgão incompetente.

A: incorreta, pois, exaurida a esfera administrativa, não cabe mais recurso (art. 63, IV, da Lei 9.784/1999); **B:** correta, pois cabe recurso quando a decisão recorrida afeta direta ou indiretamente os interesses de alguém (art. 58, II, da Lei 9.784/1999); **C:** incorreta, pois somente se pode conhecer de recurso de quem tem legitimidade recursal (art. 63, III, da Lei 9.784/1999); **D:** incorreta, pois o recurso não poderá ser conhecido se interposto fora do prazo legal (art. 63, I, da Lei 9.784/1999); **E:** incorreta, pois o recurso interposto perante órgão incompetente não pode ser conhecido (art. 63, II, da Lei 9.784/1999).

(Técnico – 2012 – FCC) Claudio é parte em determinado processo administrativo, sendo seus direitos atingidos por decisão administrativa proferida pela Administração Pública Federal. Contra a referida decisão, Claudio interpôs recurso administrativo, sem, no entanto, prestar caução. Nos termos da Lei 9.784/1999,

(A) Claudio não é legitimado para interpor o recurso administrativo, sendo assim, pouco importa a discussão atinente à caução.

(B) a caução é sempre necessária à interposição do recurso administrativo, motivo pelo qual o recurso será considerado deserto.

(C) a interposição de recurso administrativo independe de caução, salvo exigência legal nesse sentido.

(D) a caução jamais será necessária à interposição do recurso administrativo, pois, do contrário, caracterizaria exigência contrária aos princípios do processo administrativo.

(E) a exigência de caução é ato discricionário da Administração Pública; logo, é ela quem decidirá acerca da necessidade ou não de sua prestação.

A: incorreta, pois Claudio é legitimado para interposição do recurso administrativo (art. 58, I, da Lei 9.784/1999); **B:** incorreta, pois, salvo exigência legal,

a interposição de recurso administrativo independe de caução (art. 56, § 2º, da Lei 9.784/1999); **C:** correta (art. 56, § 2º, da Lei 9.784/1999); **D:** incorreta, pois nos casos previstos em lei ela pode ser exigida (art. 56, § 2º, da Lei 9.784/1999); **E:** incorreta, pois a Administração não tem margem de liberdade para exigir caução, podendo exigi-la apenas nos casos expressos em lei (art. 56, § 2º, da Lei 9.784/1999).

13. OUTROS TEMAS

(Técnico Judiciário – TRT24 – FCC – 2017) No pregão, conforme preceitua a Lei 10.520/2002, a equipe de apoio deverá ser integrada

(A) em sua maioria por servidores de cargo efetivo ou emprego da Administração pública, preferencialmente pertencentes ao quadro permanente do órgão ou entidade promotora do evento.

(B) em sua minoria por servidores de cargo efetivo ou emprego da Administração pública, não sendo necessário que pertençam ao quadro permanente do órgão ou entidade promotora do evento, e, em sua maioria, deve ser composta por particulares de notório saber jurídico no tocante objeto da licitação.

(C) exclusivamente por servidores de cargo efetivo da Administração pública, pertencentes ao quadro permanente do órgão ou entidade promotora do evento.

(D) em sua maioria por servidores de cargo efetivo da Administração pública, devendo, necessariamente, todos os integrantes pertencer ao quadro permanente do órgão ou entidade promotora do evento.

(E) obrigatoriamente por metade de servidores de cargo efetivo da Administração pública, não sendo necessário que pertençam ao quadro permanente do órgão ou entidade promotora do evento, e, a outra metade, deve ser composta de particulares de notório saber jurídico acerca do objeto licitado.

A: correta, Lei 10.520/2002, art. 3º, § 1º: A equipe de apoio deverá ser integrada em sua maioria por servidores ocupantes de cargo efetivo ou emprego da administração, preferencialmente pertencentes ao quadro permanente do órgão ou entidade promotora do evento. **B:** incorreta. Na contramão da letra legal já citada, a assertiva é falsa; **C:** incorreta. Conforme demonstrado, a indicação propõe a maioria e não a exclusividade; **D:** incorreta. Não indica a legislação a obrigatoriedade de os integrantes pertencerem ao quadro permanente do órgão, sendo condição preferencial. **E:** incorreta. não há previsão legal nesse sentido.

(Técnico Judiciário – TRT24 – FCC – 2017) Determinado órgão da administração publica federal, que não participou do certame licitatório para o registro de preços, pretende utilizar a ata de registro de preços, durante sua vigência. Cumpre salientar que o órgão justificou devidamente a vantagem, razão pela qual houve a anuência do órgão gerenciador. Nos termos do Decreto 7.892/2013, após a autorização do órgão gerenciador, o órgão não participante, desde que observado o prazo de vigência da ata, deverá efetivar a aquisição ou contratação solicitada em até

(A) 120 dias
(B) 180 dias
(C) 150 dias
(D) 90 dias
(E) 100 dias

Art. 22, Decreto 7.892/2013, § 6º: após a autorização do órgão gerenciador, o órgão não participante deverá efetivar a aquisição ou contratação solicitada em até noventa dias, observado o prazo de vigência da ata.

(Técnico Judiciário – TRT11 – FCC – 2017) Considere abaixo o que concerne aos contratos administrativos.

I. A inadimplência do contratado, com referência a encargos fiscais, poderá, em algumas hipóteses, onerar o objeto do contrato.

II. A subcontratação de partes da obra, serviço ou fornecimento não exime o contratado de suas responsabilidades, tanto legais, quanto contratuais.

III. Na fiscalização da execução contratual, admite-se a contratação de terceiros para assistir e subsidiar o representante da Administração de informações pertinentes a essa atribuição.

10. DIREITO ADMINISTRATIVO 585

IV. O fato do príncipe não se preordena diretamente ao particular contratado, pois tem cunho de generalidade e apenas reflexamente incide sobre o contrato, ocasionando oneração excessiva ao particular independentemente da vontade deste.

Está correto o que se afirma APENAS em

(A) I, II e III.

(B) II, III e IV.

(C) I e III.

(D) II e IV.

(E) I e IV.

I: incorreto. Não poderá e neste sentido: art. 71, Lei 8.666/93, **§ 1º** A inadimplência do contratado, com referência aos encargos estabelecidos neste artigo, não transfere à Administração Pública a responsabilidade por seu pagamento, nem poderá onerar o objeto do contrato ou restringir a regularização e o uso das obras e edificações, inclusive perante o Registro de Imóveis. **II:** correto. Lei 8.666/1993, **art. 72.** O contratado, na execução do contrato, sem prejuízo das responsabilidades contratuais e legais, poderá subcontratar partes da obra, serviço ou fornecimento, até o limite admitido, em cada caso, pela Administração. **III:** correto. Art. 67 da Lei 8.666/1993. A execução do contrato deverá ser acompanhada e fiscalizada por um representante da Administração especialmente designado, permitida a contratação de terceiros para assisti-lo e subsidiá-lo de informações pertinentes a essa atribuição. **IV:** correto, trata-se de conceito doutrinário, haja vista ser o fato do príncipe um ato da administração que deve atingir a todos, a coletividade. **FMB**

Gabarito "B".

11. Direito Constitucional

Bruna Vieira, Licínia Rossi, Teresa Melo e Tony Chalita*

1. TEORIA GERAL DA CONSTITUIÇÃO, NORMAS CONSTITUCIONAIS E PODER CONSTITUINTE

(Analista Judiciário – TRT/8ª – 2016 – CESPE) Acerca do poder constituinte e dos princípios fundamentais da CF, assinale a opção correta.

(A) Nas relações internacionais, o Brasil rege-se, entre outros princípios, pela soberania, pela dignidade da pessoa humana e pelo pluralismo político.

(B) O preâmbulo da CF constitui vetor interpretativo para a compreensão do significado de suas prescrições normativas, de modo que também tem natureza normativa e obrigatória.

(C) O titular do poder constituinte é aquele que, em nome do povo, promove a instituição de um novo regime constitucional ou promove a sua alteração.

(D) Embora seja, em regra, ilimitado, o poder constituinte originário pode sofrer limitações em decorrência de ordem supranacional, sendo inadmissível, por exemplo, uma nova Constituição que desrespeite as normas internacionais de direitos humanos.

(E) O poder constituinte derivado reformador efetiva-se por emenda constitucional, de acordo com os procedimentos e limitações previstos na CF, sendo passível de controle de constitucionalidade pelo Supremo Tribunal Federal (STF).

A: incorreta. De acordo com o art. 4º da CF, o Brasil é regido nas suas relações internacionais pelos seguintes princípios: I – independência nacional; II – prevalência dos direitos humanos; III – autodeterminação dos povos; IV – não-intervenção; V – igualdade entre os Estados; VI – defesa da paz; VII – solução pacífica dos conflitos; VIII – repúdio ao terrorismo e ao racismo; IX – cooperação entre os povos para o progresso da humanidade; e X – concessão de asilo político. Por outro lado, a soberania, a dignidade da pessoa humana e o pluralismo político são considerados **fundamentos** da República Federativa do Brasil, conforme determina o art. 1º, I, III e V, da CF; **B:** incorreta. O preâmbulo, de fato, deve ser utilizado como vetor interpretativo para a busca do significado e compreensão de todo o texto constitucional. Todavia, embora o preâmbulo tenha de ser utilizado como alicerce, segundo o Supremo, ele não tem força normativa, não cria direitos e obrigações e não pode ser utilizado como parâmetro para eventual declaração de inconstitucionalidade. Por exemplo: uma lei que fira tão somente o preâmbulo não pode ser objeto de ação direta de inconstitucionalidade no STF, nem de outro mecanismo de controle de constitucionalidade; **C:** incorreta. O titular do poder constituinte é o povo. O fundamento é encontrado no parágrafo único do art. 1º da CF. Por outro lado, a manifestação e o exercício desse poder são delegados aos governantes que, em nome do povo, promovem a instituição de um novo regime constitucional e as suas alterações; **D:** incorreta. Alternativa polêmica, pois parte da doutrina entende dessa forma, embora não seja a doutrina majoritária. Enfim, como a questão não foi anulada, é bom lembrar que o poder constituinte originário é ilimitado juridicamente, pois no Brasil adota-se a teoria positivista; **E:** correta. De fato, o poder de reformar a Constituição se manifesta por meio do processo legislativo das emendas constitucionais, previsto no art. 60 da CF, e as normas advindas desse poder estão sujeitas ao controle de constitucionalidade. TM
Gabarito "E"

(Analista Judiciário – TRT/8ª – 2016 – CESPE) Acerca do conceito de Constituição, da classificação das Constituições, da classificação das normas constitucionais e dos princípios estabelecidos na Constituição Federal de 1988 (CF), assinale a opção correta.

(A) Normas constitucionais de eficácia plena são autoaplicáveis ou autoexecutáveis, como, por exemplo, as normas que estabelecem o mandado de segurança, o *habeas corpus*, o mandado de injunção e o *habeas data*.

(B) Quanto à estabilidade, a CF classifica-se como super-rígida, porque, em regra, pode ser alterada por processo legislativo ordinário diferenciado, sendo, excepcionalmente, imutável em alguns pontos (cláusulas pétreas).

(C) A repristinação ocorre quando uma norma infraconstitucional revogada pela anterior ordem jurídica é restaurada tacitamente pela nova ordem constitucional.

(D) A CF, compreendida como norma jurídica fundamental e suprema, foi originalmente concebida como um manifesto político com fins essencialmente assistencialistas, tendo a atuação do constituinte derivado positivado direitos políticos e princípios de participação democrática no texto constitucional.

(E) Decorrem do princípio da supremacia das normas constitucionais tanto a exigência de que os estados-membros se organizam obedecendo ao modelo adotado pela União quanto a de que as unidades federativas estruturem seus governos de acordo com o princípio da separação de poderes.

A: correta. De fato, as normas de eficácia plena são autoaplicáveis ou autoexecutáveis. São aquelas que, por si só, produzem todos os seus efeitos no mundo jurídico e de forma imediata. Não dependem da interposição do legislador para que possam efetivamente produzir efeitos e não admitem que uma norma infraconstitucional limite ou reduza seu conteúdo. Além dos exemplos citados, podemos mencionar os previstos nos seguintes dispositivos constitucionais: o 1º – que trata dos fundamentos da República Federativa do Brasil, o 2º – que trata da independência e harmonia que deve existir entre os poderes Legislativo, Executivo e Judiciário, o 13 – que diz que a língua portuguesa é o idioma oficial do Brasil, o 18, § 1º, que menciona que Brasília é a capital do Brasil, dentre outros; **B:** incorreta. Há quem entenda dessa forma, mas não é o que prevalece. Segundo a doutrina majoritária, a CF/88 é classificada como rígida, pois o seu processo de alteração depende de um procedimento mais solene, mais dificultoso que o processo de alteração das demais normas, ditas infraconstitucionais. O mecanismo hábil para essa alteração, processo legislativo das emendas constitucionais, vem previsto no art. 60 da CF; **C:** incorreta. A repristinação é o fenômeno jurídico pelo qual se restabelece a vigência de uma lei que foi revogada pelo fato de a lei revogadora ter sido posteriormente revogada. No Brasil não existe repristinação automática ou tácita. Se o legislador, porventura, quiser restabelecer a vigência de uma lei anteriormente revogada por outra, terá de fazê-lo expressamente, conforme dispõe o § 3º do art. 2º da Lei de Introdução às Normas do Direito Brasileiro (Decreto-Lei 4657/1942); **D:** incorreta. Os direitos políticos e os princípios de participação democrática foram colocados no Texto Constitucional pelo constituinte originário; **E:** incorreta. Tais regras decorrem do princípio da simetria constitucional. Os princípios e as normas trazidas pela Constituição Federal devem servir de diretrizes para os Estados quando da elaboração de suas Constituições, ou seja, deve haver um paralelismo entre a Constituição Federal e as Constituições Estaduais. TM
Gabarito "A"

(Técnico Judiciário – TRT/17ª – 2009 – CESPE) Quanto à aplicabilidade das normas constitucionais, julgue os seguintes itens.

(1) A disposição constitucional que prevê o direito dos empregados à participação nos lucros ou resultados da empresa constitui norma de eficácia limitada.

(2) A norma constitucional que estabelece a liberdade quanto ao exercício de qualquer trabalho, ofício ou profissão constitui norma de eficácia plena.

1: correta, pois o art. 7º, XI, da CF/1988 condiciona a eficácia da norma ao que for "definido em lei", ou seja, a produção de efeitos dessa norma depende da intermediação do legislador; **2:** incorreta, pois o art. 5º, XIII, da CF/1988, dispõe que a prestação de trabalho é livre, mas devem ser "atendidas as qualificações profissionais que a lei estabelecer". Assim, a norma é de eficácia contida.
Gabarito 1C, 2E

(Técnico Judiciário – 2010 – FCC) Em matéria de Poder Constituinte analise:

I. O poder que a Constituição da República Federativa do Brasil vigente atribui aos estados-membros para se auto-organizarem, por meio da elaboração de suas próprias Constituições.

II. O poder que tem como característica, dentre outras, a de ser ilimitado, autônomo e incondicionado.

Esses poderes dizem respeito, respectivamente, às espécies de poder constituinte

(A) decorrente e originário.

(B) derivado e reformador.

---

* TM – Teresa Melo; TC – Tony Chalita; **Bruna Vieira, Licínia Rossi e Teresa Melo** comentaram as demais questões.

(C) reformador e revisor.

(D) originário e revisor.

(E) decorrente e derivado.

I: o poder que a Constituição da República Federativa do Brasil vigente atribui aos estados-membros para se auto-organizarem, por meio da elaboração de suas próprias Constituições, é denominado pela doutrina de poder **decorrente**; **II:** O poder que tem como características, dentre outras, a de ser ilimitado, autônomo e incondicionado é denominado de poder **originário**. Sobre o tema poder constituinte, vale algumas observações. O poder originário, aquele que cria a primeira constituição de um Estado ou a nova constituição de um Estado, é inicial, autônomo, ilimitado e incondicional. Já o poder derivado é secundário, subordinado, limitado, condicionado e, portanto, encontra limites nas regras previstas pelo constituinte originário. Tal poder se manifesta de três maneiras: a) por meio da reforma da Constituição Federal ou da Constituição Estadual (poder reformador); b) pela revisão da Constituição Federal (poder revisor). Previsto no art. 3º do ADCT, pôde e foi exercido uma única vez, hoje não é mais possível sua utilização; c) por meio da elaboração das constituições estaduais e da lei orgânica do Distrito Federal (poder decorrente).

Gabarito "A".

2. PRINCÍPIOS FUNDAMENTAIS E DIREITOS E GARANTIAS FUNDAMENTAIS

(Técnico Judiciário – TRT24 – FCC – 2017) Framboesa pretende criar a associação "X" e Ludmila pretende criar a cooperativa "S". Consultando a Constituição Federal, elas verificaram que

(A) a criação de associações e, na forma da lei, a de cooperativas, independem de autorização, sendo vedada a interferência estatal em seu funcionamento.

(B) a criação de associações e, na forma da lei, a de cooperativas, dependem de autorização, mas é vedada a interferência estatal em seu funcionamento.

(C) somente a criação de associações depende de autorização, sendo, inclusive, permitida a interferência estatal em seu funcionamento.

(D) somente a criação de associações depende de autorização, sendo, porém, vedada a interferência estatal em seu funcionamento.

(E) somente a criação de cooperativa depende de autorização, sendo, porém, vedada a interferência estatal em seu funcionamento.

Art. 5º, inc. XVIII, da CF.

Gabarito "A".

(Técnico Judiciário – TRT24 – FCC – 2017) A Constituição Federal prevê, expressamente, dentre os direitos sociais, que é direito dos trabalhadores urbanos e rurais, a

(A) redução do salário proporcional a diminuição do trabalho limitada em 10%.

(B) redução do salário proporcional a diminuição do trabalho limitada em 30%.

(C) redução do salário proporcional a diminuição do trabalho limitada em 15%.

(D) irredutibilidade do salário, salvo o disposto em acordo coletivo, sendo vedada a convenção coletiva estipular qualquer tipo de redução salarial.

(E) irredutibilidade do salário, salvo o disposto em convenção ou acordo coletivo.

A Constituição prevê como direito do trabalhador urbano e rural a irredutibilidade do salário, salvo quando houver convenção ou acordo coletivo (art. 7º, inc. VI, da CF).

Gabarito "E".

(Técnico Judiciário – TRT8 – CESPE – 2016) Assinale a opção correta com relação aos direitos e deveres individuais e coletivos assegurados e garantidos pela CF.

(A) É absolutamente proibida a aplicação de pena de morte ou de prisão perpétua em todo o território nacional e a qualquer tempo.

(B) Diferentemente do direito de propriedade, o direito de herança não é garantido pelas normas constitucionais.

(C) É dever do Estado promover a defesa dos direitos do consumidor na forma da lei.

(D) O *habeas data* é o instituto adequado para a garantia da liberdade de acusados de prática criminal se não configurado flagrante delito.

(E) É vedada a concessão de asilo político para nacionais de Estados com os quais o Brasil tenha relação diplomática.

A: Errada. A CF prevê exceção à pena de morte, como no caso de guerra declarada (art. 5º, inc. XLVII, alínea "a" da CF). **B:** Errada. O direito à herança é garantido pelo Texto Constitucional (art. 5º, inc. XXX, da CF). **C:** Correta. O art. 5º, inc. XXXII estabelece que o Estado promoverá, na forma da lei, a defesa do consumidor. **D:** Errada. O enunciado trata de situação em que o remédio constitucional adequado de utilização seria o *habeas corpus* e não o *habeas data*. O *habeas data* é remédio que visa garantir à pessoa do impetrante o conhecimento de informações relativas a si e para retificação de dados. **E:** Errada. O Texto Constitucional não estabelece exceção na concessão de asilo político aos Estados que possuam relação diplomática com o Brasil (art. 4º, inc. X da CF).

Gabarito "C".

(Técnico Judiciário – TRT8 – CESPE – 2016) Constitui objetivo fundamental da República Federativa do Brasil

(A) a independência nacional.

(B) a solução pacífica de conflitos.

(C) a autodeterminação dos povos.

(D) a construção de uma sociedade livre, justa e solidária.

(E) a cooperação entre os povos para o progresso da humanidade.

A, B, C e **E:** erradas. Os preceitos elencados nas alternativas cuidam de princípios da República e não objetivo da República. **D:** Correta. Art. 3º, inc. I, da CF.

Gabarito "D".

(Técnico Judiciário – TRT20 – FCC – 2016) O reconhecimento das convenções e acordos coletivos de trabalho

(A) está previsto na Constituição Federal de forma implícita.

(B) não está previsto na Constituição Federal, expressa ou implicitamente.

(C) está previsto expressamente na Constituição Federal no capítulo dos direitos e deveres individuais e coletivos.

(D) está previsto expressamente na Constituição Federal no capítulo dos direitos sociais.

(E) está previsto expressamente na Constituição Federal no capítulo pertinente ao Supremo Tribunal Federal.

Art. 7º, inc. XXVI, da CF.

Gabarito "D".

(Técnico Judiciário – TRT20 – FCC – 2016) Considere a seguinte situação hipotética: Raquel, Regina e Henriqueta são irmãs. Regina está sendo acusada pela prática no ano de 2015 de crime de furto qualificado, encontrando-se foragida. A polícia local, suspeitando que as irmãs estão escondendo Regina, decide fazer uma busca minuciosa da acusada. Neste caso, observando-se que Raquel reside em um barco e que Henriqueta reside em um hotel, a busca de Regina

(A) poderá ser feita tanto no barco, como no hotel, durante o dia ou à noite, desde que haja determinação judicial.

(B) poderá ser feita tanto no barco, como no hotel, em qualquer dia e em qualquer horário, uma vez que não são considerados domicílio e, sendo assim, não são invioláveis, fazendo-se necessária a determinação judicial.

(C) não poderá ser feita no hotel, uma vez que se trata de propriedade privada de terceiros, mas poderá ser feita no barco, desde que durante o dia e por determinação judicial.

(D) poderá ser feita tanto no barco, como no hotel, durante o dia ou à noite, independentemente de determinação judicial.

(E) poderá ser feita tanto no barco, como no hotel, desde que durante o dia e por determinação judicial.

O art. 70 do Código Civil estabelece que o domicílio é o lugar onde a pessoa natural estabelece sua residência com ânimo definitivo, dessa forma, havendo ânimo definitivo no barco ou no hotel, serão eles considerados domicílio. Quanto à possibilidade de se fazer buscas nesses locais, a Constituição prevê a inviolabilidade do domicílio e suas exceções, de modo que a polícia poderá realizar suas buscas desde que o faça durante o dia e por determinação judicial (art. 5º, inc. XI, da CF).

Gabarito "E".

(Analista Judiciário – TRT/24 – FCC – 2017) Felício é proprietário da empresa "ABC" Ltda. que possui, atualmente, 233 empregados em razão da fusão com a empresa "DEF" Ltda. Preocupado com o aumento de empregados, uma vez que antes da fusão a empresa "ABC" Ltda. possuía 102 empregados, Felício consultou sua advogada, Carolina, a respeito. Com relação à Constituição Federal, Carolina informou que no tocante aos direitos sociais,

11. DIREITO CONSTITUCIONAL   589

(A) o aumento do número de empregados não acarreta nenhuma consequência, uma vez que já era assegurada a eleição de um representante destes com a finalidade exclusiva de promover-lhes o entendimento direto com os empregadores.

(B) nas empresas com mais de duzentos empregados, é assegurada a eleição de um representante destes com a finalidade exclusiva de promover-lhes o entendimento direto com os empregadores.

(C) o aumento do número de empregados não acarreta nenhuma consequência, uma vez que somente nas empresas com mais de trezentos empregados, é assegurada a eleição de um representante destes com a finalidade exclusiva de promover-lhes o entendimento direto com os empregadores.

(D) nas empresas com mais de cento e oitenta empregados, é assegurada a eleição de um representante destes com a finalidade exclusiva de promover-lhes o entendimento direto com os empregadores.

(E) o aumento do número de empregados não acarreta nenhuma consequência, uma vez que somente nas empresas com mais de duzentos e cinquenta empregados, é assegurada a eleição de um representante destes com a finalidade exclusiva de promover-lhes o entendimento direto com os empregadores.

A questão exigiu o conhecimento da norma prevista no art. 11 da CF: "Nas empresas de mais de duzentos empregados, é assegurada a eleição de um representante destes com a finalidade exclusiva de promover-lhes o entendimento direto com os empregadores". TM

Gabarito "B".

(Analista Judiciário – TRT/11 – FCC – 2017) O pai de Almir, Adalberto, faleceu deixando dívida referente à reparação de danos decorrente de condenação criminal que lhe foi imposta. Almir, preocupado com seu patrimônio, consultou a Constituição Federal para saber se seus bens respondem pela dívida deixada pelo seu pai e descobriu que

(A) nenhuma pena passará da pessoa do condenado, não podendo a obrigação de reparar o dano ser estendida aos sucessores e contra eles executadas, salvo nos casos que envolvam credores menores de idade, situação na qual responderão o patrimônio particular e o transferido, ilimitadamente.

(B) nenhuma pena passará da pessoa do condenado, não podendo a obrigação de reparar o dano ser estendida aos sucessores e contra eles executada, pois deixa de existir com a morte do condenado.

(C) a pena poderá passar da pessoa do condenado, podendo a obrigação de reparar o dano ser estendida aos sucessores e contra eles executada, ilimitadamente, respondendo o seu patrimônio particular e o patrimônio transferido.

(D) a pena poderá passar da pessoa do condenado, podendo, a obrigação de reparar o dano por ele causado, ser estendida não apenas aos sucessores, mas a todos os parentes, ilimitadamente.

(E) nenhuma pena passará da pessoa do condenado, podendo a obrigação de reparar o dano ser, nos termos da lei, estendida aos sucessores e contra eles executadas, até o limite do valor do patrimônio transferido.

A questão exigiu conhecimento da norma do art. 5º, XLV, da CF: "XLV – nenhuma pena passará da pessoa do condenado, podendo a obrigação de reparar o dano e a decretação do perdimento de bens ser, nos termos da lei, estendidas aos sucessores e contra eles executadas, até o limite do valor do patrimônio transferido". TM

Gabarito "E".

(Técnico Judiciário – TRT/9ª – 2012 – FCC) Manoel, autor de importante obra literária, veio a falecer no ano de 2012. Nos termos da Constituição Federal, ao autor, pertence o direito exclusivo de utilização, publicação ou reprodução de sua obra. Com o falecimento do autor, no caso, Manoel, tal direito

(A) transmite-se aos herdeiros pelo tempo que a lei fixar.

(B) transmite-se aos herdeiros eternamente.

(C) não se transmite, isto é, extingue-se com o falecimento do autor.

(D) transmite-se aos herdeiros pelo tempo fixado na legislação vigente.

(E) transmite-se apenas ao cônjuge sobrevivente.

De acordo com o art. 5º, XXVII, da CF/1988 o direito exclusivo de utilização, publicação ou reprodução de suas obras pertence aos autores e é transmissível aos herdeiros **pelo tempo que a lei fixar**.

Gabarito "A".

(Técnico Judiciário – TRT/9ª – 2012 – FCC) A respeito dos Direitos e Garantias Fundamentais, considere as seguintes assertivas:

I. As normas definidoras dos direitos e garantias fundamentais têm aplicação imediata.

II. São gratuitas as ações de *habeas corpus* e *habeas data*, e, na forma da lei, os atos necessários ao exercício da cidadania.

III. A pequena propriedade rural, assim definida em lei, trabalhada pela família, será, excepcionalmente, objeto de penhora para pagamento de débitos decorrentes de sua atividade produtiva.

IV. O Brasil se submete à jurisdição de Tribunal Penal Internacional a cuja criação tenha manifestado adesão.

Nos termos da Constituição Federal, está correto o que consta em

(A) I, II, III e IV.

(B) II e III, apenas.

(C) I e III, apenas.

(D) I, II e IV, apenas.

(E) II e IV, apenas.

I: correta. É o que determina o art. 5º, § 1º, da CF/1988; II: correta. De fato, de acordo com o art. 5º, LXXVII, da CF/1988, as ações de *habeas corpus* e *habeas data* são gratuitas e, na forma da lei, os atos necessários ao exercício da cidadania; III: incorreta. Ao contrário, a pequena propriedade rural, assim definida em lei, desde que trabalhada pela família, **não** será objeto de penhora para pagamento de débitos decorrentes de sua atividade produtiva, dispondo a lei sobre os meios de financiar o seu desenvolvimento. É o que dispõe o art. 5º, XXVI, da CF/1988; IV: correta. De acordo com o § 4º do art. 5º da CF/1988, de fato, o Brasil se submete à jurisdição de Tribunal Penal Internacional a cuja criação tenha manifestado adesão. O Estatuto de Roma, tratado que dispõe sobre o Tribunal Penal Internacional, foi incorporado ao nosso ordenamento jurídico pelo Decreto 4.388/2002.

Gabarito "D".

(Técnico Judiciário – TRT/9ª – 2012 – FCC) Considere as assertivas:

I. A lei não poderá exigir autorização do Estado para a fundação de sindicato, ressalvado o registro no órgão competente, vedadas ao Poder Público a interferência e a intervenção na organização sindical.

II. É vedada a criação de mais de uma organização sindical, em qualquer grau, representativa de categoria profissional ou econômica, na mesma base territorial, que será definida pelos trabalhadores ou empregadores interessados, não podendo ser inferior à área de um Município.

III. Ao sindicato cabe a defesa dos direitos e interesses coletivos ou individuais da categoria, exceto em questões judiciais ou administrativas.

IV. É vedada a dispensa do empregado sindicalizado a partir do registro da candidatura a cargo de direção ou representação sindical e, se eleito, ainda que suplente, até um ano após o final do mandato, salvo se cometer falta grave nos termos da lei.

Está correto o que se afirma em

(A) I, II e IV, apenas.

(B) III e IV, apenas.

(C) I, II e III, apenas.

(D) I e IV, apenas.

(E) I, II, III e IV.

I: correta. É o que determina o art. 8º, I, da CF/1988; II: correta. De fato, o art. 8º, II, da CF/1988 dispõe sobre essa vedação; III: incorreta. O art. 8º, III, da CF/1988 determina que ao sindicato cabe a defesa dos direitos e interesses coletivos ou individuais da categoria, **inclusive** em questões judiciais ou administrativas; IV: correta. É o que determina o art. 8º, VIII, da CF/1988.

Gabarito "A".

(Técnico – TRT/6ª – 2012 – FCC) Em relação à liberdade de associação, determina a Constituição Federal que as associações

(A) dependem de autorização judicial para serem criadas, embora seja vedada a interferência estatal em seu funcionamento.

(B) podem ter natureza paramilitar, em casos excepcionais, para a proteção da segurança pública.

(C) dependem do registro de seu estatuto em cartório, com a indicação de, no mínimo, três integrantes, para serem formalmente reconhecidas.

11. Direito Constitucional

(D) só podem ser compulsoriamente dissolvidas por decisão judicial transitada em julgado.

(E) podem representar seus filiados apenas extrajudicialmente, pois, mesmo que autorizadas, não têm legitimidade para representá-los judicialmente.

A: incorreta. A primeira parte da alternativa está errada, pois as associações não dependem de autorização para ser criadas. A segunda parte está correta porque realmente é vedada a interferência estatal em seu funcionamento (art. 5º, XVIII, da CF/1988); **B:** incorreta. As associações devem ter fins lícitos e é vedada as de caráter paramilitar (art. 5º, XVII, da CF/1988); **C:** incorreta. Não há número mínimo de pessoas para a criação de uma associação, basta a união de pessoas. **D:** correta. De fato, a CF/1988 assegura que a dissolução da associação seja determinada apenas por decisão judicial transitada em julgado (art. 5º, XIX, da CF/1988); **E:** incorreta. A associação tem legitimidade para representar seus filiados judicial e extrajudicialmente, desde que autorizadas (art. 5º, XXI, da CF/1988).

(Técnico Judiciário – TRT/24ª – 2011 – FCC) A respeito dos direitos e deveres individuais e coletivos, é INCORRETO afirmar:

(A) O mandado de segurança coletivo pode ser impetrado por partido político com representação no Congresso Nacional.

(B) A Lei considerará crimes inafiançáveis e imprescritíveis a prática da tortura, o tráfico ilícito de entorpecentes e drogas afins, por eles respondendo os mandantes, os executores e os que, podendo evitá-los, se omitirem.

(C) Constitui crime inafiançável e imprescritível a ação de grupos armados, civis ou militares, contra a ordem constitucional e o Estado Democrático.

(D) Será admitida ação privada nos crimes de ação pública, se esta não for intentada no prazo legal.

(E) A prisão de qualquer pessoa e o local onde se encontre serão comunicados imediatamente ao juiz competente e à família do preso ou à pessoa por ele indicada.

A: correta (art. 5º, LXX, a, da CF/1988); **B:** incorreta, devendo ser assinalada. O inciso XLIII do art. 5º da CF/1988 determina que a lei considere crimes inafiançáveis e **insuscetíveis de graça ou anistia** a prática da tortura, o tráfico ilícito de entorpecentes e drogas afins, o terrorismo e os definidos como crimes hediondos, por eles respondendo os mandantes, os executores e os que, podendo evitá-los, se omitirem; **C:** correta (art. 5º, XLIV, da CF/1988); **D:** correta (art. 5º, LIX, da CF/1988); **E:** correta (art. 5º, LXII, da CF/1988)

(Técnico Judiciário – TRT/23ª – 2011 – FCC) Segundo o disposto no artigo 5º, § 3º, da Constituição Federal, os tratados e convenções internacionais sobre direitos humanos que forem aprovados, em cada Casa do Congresso Nacional, em dois turnos, por três quintos dos votos dos respectivos membros, serão equivalentes

(A) às emendas constitucionais.

(B) às leis complementares.

(C) às leis ordinárias.

(D) às leis delegadas.

(E) aos decretos legislativos.

A questão traz a disposição prevista no § 3º do art. 5º da CF/1988 de que os tratados e convenções internacionais sobre direitos humanos que forem aprovados, em cada Casa do Congresso Nacional, em dois turnos, por três quintos dos votos dos respectivos membros, serão equivalentes às **emendas constitucionais**. Vale lembrar que tal regra foi acrescentada ao texto pela EC 45/2004.

(Técnico Judiciário – TRT/20ª – 2011 – FCC) Sobre os direitos e deveres individuais e coletivos, conforme disposto na Constituição Federal, é INCORRETO afirmar que

(A) são a todos assegurados, independentemente do pagamento de taxas, o direito de petição aos Poderes Públicos em defesa de direitos ou contra ilegalidade ou abuso de poder e a obtenção de certidões em repartições públicas, para defesa de direitos e esclarecimento de situações de interesse pessoal.

(B) todos têm direito a receber dos órgãos públicos informações de seu interesse particular, ou de interesse coletivo ou geral, que serão prestadas no prazo da lei, sob pena de responsabilidade, ressalvadas aquelas cujo sigilo seja imprescindível à segurança da sociedade e do Estado.

(C) a lei assegurará aos autores de inventos industriais privilégio temporário para sua utilização, bem como proteção às criações industriais, à propriedade das marcas, aos nomes de empresas e a outros signos distintivos, tendo em vista o interesse social e o desenvolvimento tecnológico e econômico do País.

(D) a sucessão de bens de estrangeiros situados no País será regulada pela lei brasileira em benefício do cônjuge ou dos filhos brasileiros, sempre que não lhes seja mais favorável a lei pessoal do de cujus.

(E) é assegurado, nos termos da Resolução do Presidente da República, o direito de fiscalização do aproveitamento econômico das obras que criarem ou de que participarem aos criadores, aos intérpretes e às respectivas representações sindicais e associativas.

A: correta (art. 5º, XXXIV, a e b, da CF/1988); **B:** correta (art. 5º, XXXIII, da CF/1988); **C:** correta (art. 5º, XXIX, da CF/1988); **D:** correta (art. 5º, XXXI, da CF/1988); **E:** incorreta, devendo ser assinalado. É a lei que assegura o direito de fiscalização e o aproveitamento econômico das obras (art. 5º, XXVIII, b, da CF/1988).

(Técnico Judiciário – TRT/14ª – 2011 – FCC) NÃO constitui objetivo fundamental da República Federativa do Brasil, previsto expressamente na Constituição Federal,

(A) captar tributos mediante fiscalização da Receita Federal.

(B) promover o bem de todos, sem preconceitos de origem, raça, sexo, cor, idade e quaisquer outras formas de discriminação.

(C) construir uma sociedade livre, justa e solidária.

(D) garantir o desenvolvimento nacional.

(E) erradicar a pobreza e a marginalização e reduzir as desigualdades sociais e regionais.

A questão encontra respaldo no art. 3º da CF/1988 que enumera os objetivos fundamentais da República Federativa do Brasil, quais sejam: I – construir uma sociedade livre, justa e solidária, II – garantir o desenvolvimento nacional, III – erradicar a pobreza e a marginalização e reduzir as desigualdades sociais e regionais e IV – promover o bem de todos, sem preconceitos de origem, raça, sexo, cor, idade e quaisquer outras formas de discriminação. Desse modo, **não constitui objetivo fundamental a captação de tributos mediante fiscalização da Receita Federal**.

(Técnico Judiciário – TRT/14ª – 2011 – FCC) No tocante aos Direitos e Deveres Individuais e Coletivos:

(A) Todos têm direito a receber dos órgãos públicos informações de seu interesse particular, ou de interesse coletivo ou geral, que serão prestadas no prazo da lei, sob pena de responsabilidade, mesmo em caso de afronta à segurança da sociedade e do Estado, pois o direito individual deve prevalecer.

(B) A pena passará da pessoa do condenado, podendo a obrigação de reparar o dano e a decretação do perdimento de bens ser, nos termos da lei, estendidas aos sucessores e contra eles executadas, independentemente do valor do patrimônio transferido.

(C) É assegurado, nos termos da lei, o direito de fiscalização do aproveitamento econômico das obras que criarem ou de que participarem aos criadores, aos intérpretes e às respectivas representações sindicais e associativas.

(D) É assegurado, nos termos da lei, a proteção às participações individuais em obras coletivas e à reprodução da imagem e voz humanas, exceto nas atividades desportivas ligadas ao futebol, tendo em vista ser este um esporte do povo.

(E) A sucessão de bens de estrangeiros situados no País sempre será regulada pela lei brasileira em benefício do cônjuge ou dos filhos brasileiros, ainda que lhes seja mais favorável a lei pessoal do país de origem do "de cujus".

A: incorreta. O inciso XXXIII do art. 5º da CF/1988 determina que todos têm direito a receber dos órgãos públicos informações de seu interesse particular, ou de interesse coletivo ou geral, que serão prestadas no prazo da lei, sob pena de responsabilidade, **ressalvadas aquelas cujo sigilo seja imprescindível à segurança da sociedade e do Estado**; **B:** incorreta. O inciso XLV do art. 5º determina que **nenhuma pena passará da pessoa do condenado**, podendo a obrigação de reparar o dano e a decretação do perdimento de bens ser, nos termos da lei, estendidas aos sucessores e contra eles executadas, **até o limite do valor do patrimônio transferido**; **C:** correta (art. 5º, XXVIII, b, da CF/1988); **D:** incorreta. A alínea a do inciso XXVIII do art. 5º da CF/1988 garante a participação, inclusive, nas atividades desportivas; **E:** incorreta. Se a lei pessoal do país de origem do de cujus for mais favorável aos herdeiros é ela que será aplicada, conforme o inciso XXXI do art. 5º da CF/1988.

11. DIREITO CONSTITUCIONAL 591

(Técnico Judiciário – TRT/14ª – 2011 – FCC) É direito do trabalhador urbano e rural, além de outros que visem à melhoria de sua condição social, a remuneração do serviço extraordinário superior, no mínimo, em

(A) trinta por cento à do excepcional.

(B) cinquenta por cento à do normal.

(C) quarenta por cento à do normal.

(D) trinta por cento à do normal.

(E) quarenta por cento à do excepcional.

O art. 6º, XVI, da CF/1988 determina que a remuneração do serviço extraordinário deve ser superior, no mínimo, em **cinquenta por cento** à do normal.
Gabarito "B".

(Técnico Judiciário – TRT/9ª– 2010 – FCC) No tocante aos Direitos e Deveres Individuais e Coletivos, é correto afirmar que

(A) é livre o exercício de qualquer trabalho, ofício ou profissão, independentemente de serem atendidas as qualificações profissionais que a lei estabelecer.

(B) é assegurada, nos termos da lei, a prestação de assistência religiosa nas entidades civis e militares de internação coletiva.

(C) a criação de associações e, na forma da lei, a de cooperativas, depende de autorização, sendo permitida a interferência estatal em seu funcionamento.

(D) a lei assegurará aos autores de inventos industriais privilégio permanente para sua utilização, independentemente do desenvolvimento tecnológico e econômico do País.

(E) a prática do racismo constitui crime inafiançável e prescritível, sujeito à pena de reclusão, nos termos da lei.

A: incorreta. O inciso XIII do art. 5º da CF/1988 trata da liberdade de profissão, dispondo que é livre o exercício de qualquer trabalho, ofício ou profissão, **atendidas as qualificações profissionais que a lei estabelecer**; **B:** correta (art. 5º, VII, da CF/1988); **C:** incorreta. A criação e de cooperativas de associação **não depende** de autorização (art. 5º, XVIII, da CF/1988); **D:** incorreta. O privilégio é temporário e leva em conta o interesse social e o desenvolvimento tecnológico e econômico do país (art. 5º, XXIX, da CF/1988); **E:** incorreta. A prática de racismo constitui crime inafiançável e **imprescritível**, sujeito a pena de reclusão, nos termos da lei (art. 5º, XLII, da CF/1988).
Gabarito "B".

(Técnico Judiciário – TRT/9ª – 2010 – FCC) Sobre os direitos sociais, é correto afirmar:

(A) Compete ao sindicato definir os serviços ou atividades essenciais e dispor sobre o atendimento das necessidades inadiáveis da comunidade.

(B) A Constituição Federal estabelece distinção entre trabalho manual, técnico e intelectual e entre os profissionais respectivos.

(C) Há proibição de qualquer trabalho a menores de dezesseis anos, salvo na condição de aprendiz, a partir de treze anos.

(D) É vedada a criação de mais de uma organização sindical, em qualquer grau, representativa de categoria profissional ou econômica, na mesma base territorial, que será definida pelos trabalhadores ou empregadores interessados, não podendo ser inferior à área de um Estado.

(E) O aposentado filiado tem direito a votar e ser votado nas organizações sindicais.

A: incorreta. O § 1º do art. 9º da CF/1988 determina que **a lei** e não o sindicato defina os serviços ou atividades essenciais e disponha sobre o atendimento das necessidades inadiáveis da comunidade; **B:** incorreta. Ao contrário, a CF/1988, em seu art. 7º, XXXII, **proíbe** que seja feita **distinção** entre trabalho manual, técnico e intelectual e entre os profissionais respectivos; **C:** incorreta. O trabalho na condição de aprendiz, conforme art. 7º, XXXIII, da CF/1988, se dá a partir dos **quatorze anos** e não treze, como mencionado; **D:** incorreta. A parte final da alternativa é que padece de erro, pois art. 8º, II, da CF/1988, determina que não pode ser inferior à área de um **Município** e não de um Estado; **E:** correta, pois trata-se de hipótese prevista no inciso VII do art. 8º da CF/1988.
Gabarito "E".

(Técnico Judiciário – TRT/8ª – 2010 – FCC) Sobre os direitos e deveres individuais e coletivos,

(A) no caso de iminente perigo público, a autoridade competente poderá usar de propriedade particular, sem que o proprietário tenha direito a indenização ulterior se houver dano.

(B) todos podem reunir-se pacificamente, sem armas, em locais abertos ao público, dependentemente de autorização, desde que não

frustrem outra reunião anteriormente convocada para o mesmo local, sendo apenas exigido prévio aviso à autoridade competente.

(C) a criação de associações e, na forma da lei, a de cooperativas dependem de autorização, sendo permitida a interferência estatal em seu funcionamento.

(D) as entidades associativas, independentemente de expressa autorização, têm legitimidade para representar seus filiados judicial ou extrajudicialmente.

(E) ninguém será privado de direitos por motivo de crença religiosa ou de convicção filosófica ou política, salvo se as invocar para eximir-se de obrigação legal a todos imposta e recusar-se a cumprir prestação alternativa, fixada em lei.

A: incorreta. O inciso XXV do art. 5º da CF/1988 determina que seja assegurada indenização ulterior ao proprietário, na hipótese de dano; **B** e **C:** erradas. A liberdade de associação **não depende** de autorização (art. 5º, XVI e XVIII, da CF/1988); **D:** incorreta. Conforme o inciso XXI do art. 5º, as entidades associativas, **quando expressamente autorizadas**, têm **legitimidade** para representar seus filiados judicial ou extrajudicialmente; **E:** correta. É o que dispõe o inciso VIII do art. 5º da CF/1988.
Gabarito "E".

(Técnico Judiciário – TRT/8ª – 2010 – FCC) É direito do trabalhador urbano e rural

(A) assistência gratuita aos filhos e dependentes desde o nascimento até cinco anos de idade em creches e pré-escolas.

(B) seguro contra acidentes de trabalho, a cargo do empregador, com exclusão da indenização a que este está obrigado, quando incorrer em dolo ou culpa.

(C) ação, quanto aos créditos resultantes das relações de trabalho, com prazo prescricional de dois anos para os trabalhadores urbanos e rurais, até o limite de cinco anos após a extinção do contrato de trabalho.

(D) proibição de trabalho noturno, perigoso ou insalubre a menores de dezoito anos e de qualquer trabalho a menores de quinze anos, salvo na condição de aprendiz, a partir de quatorze anos.

(E) ação, quanto aos créditos resultantes das relações de trabalho, com prazo prescricional de três anos para os trabalhadores urbanos e rurais, até o limite de cinco anos após a extinção do contrato de trabalho.

A: correta. É o que determina o inciso XXV do art. 7º da CF/1988, conforme redação dada pela EC 53/2006; **B:** incorreta. O inciso XXVIII do art. 7º da CF/1988 não exclui eventual indenização na hipótese de dolo ou culpa; **C:** incorreta. Conforme o inciso XXIX do art. 7º da CF/1988 o prazo **prescricional** é de **cinco** anos para os trabalhadores urbanos e rurais, até o limite de **dois** anos **após a extinção do contrato** de trabalho; **D:** incorreta. A proibição de qualquer trabalho, ressalvada a condição de aprendiz, a partir dos quatorze anos, é aplicada aos menores de **dezesseis anos** e não aos menores de quinze, como mencionado. Tal regra está prevista no inciso XXXIII do art. 7º da CF/1988; **E:** incorreta. De acordo com o art. 7º, XXIX, da CF, é direito do trabalhador urbano e rural a ação, quanto aos créditos resultantes das relações de trabalho, com **prazo prescricional de cinco anos** para os trabalhadores urbanos e rurais, **até o limite de dois anos** após a extinção do contrato de trabalho.
Gabarito "A".

(Técnico Judiciário – TRT/8ª – 2010 – FCC) Segundo a Constituição Federal, constitui crime imprescritível a prática de

(A) tráfico ilícito de entorpecentes e drogas afins.

(B) tortura.

(C) racismo.

(D) latrocínio.

(E) terrorismo.

Dentre os crimes listados, o único que é tido como imprescritível é a prática do racismo, conforme art. 5º, XLII, da CF/1988.
Gabarito "C".

(Técnico Judiciário – TRT/7ª – 2009 – FCC) São direitos dos trabalhadores urbanos e rurais, previstos na Constituição Federal, dentre outros,

(A) assistência gratuita aos filhos e dependentes desde o nascimento até cinco anos de idade em creches e pré-escolas.

(B) licença à gestante, sem prejuízo do emprego e do salário, com a duração de cento e trinta dias.

(C) proibição de trabalho noturno a menores de dezesseis anos e de qualquer trabalho a menores de quatorze anos.

11. Direito Constitucional

(D) remuneração do trabalho com vínculo permanente superior à do trabalho avulso.

(E) remuneração do serviço extraordinário superior, no mínimo, em vinte e cinco por cento à do normal.

A: correta (art. 7º, XXV, da CF/1988); **B:** incorreta. Não reflete o disposto no art. 7º, XVIII, da CF/1988; **C:** incorreta. Não reflete o disposto no art. 7º, XXXIII, da CF/1988; **D:** incorreta. Não reflete o disposto no art. 7º, XXXIV, da CF/1988; **E:** incorreta. Não reflete o disposto no art. 7º, XVI, da CF/1988.

Gabarito "A".

(Técnico Judiciário – TRT/7ª – 2009 – FCC) Nos termos da Constituição Federal, não haverá pena de

(A) banimento.

(B) perda de bens.

(C) suspensão de direitos.

(D) prestação social alternativa.

(E) multa.

De acordo com o art. 5º, XLVII, da CF/1988, não haverá penas: a) de morte, salvo em caso de guerra declarada, nos termos do art. 84, XIX, b) de caráter perpétuo, c) de trabalhos forçados, d) **de banimento** e e) cruéis. O inciso XLVI, também do art. 5º da CF, determina que a lei regule a individualização da pena e adote, entre outras, as seguintes: a) privação ou restrição da liberdade, b) **perda de bens**, c) **multa**, d) **prestação social alternativa** e e) suspensão ou interdição de direitos.

Gabarito "A".

(Técnico Judiciário – TRT/7ª – 2009 – FCC) O artigo 5º da Constituição Federal prevê, dentre outros direitos, que

(A) a liberdade de associação é absoluta, sendo necessária, porém, a prévia comunicação à autoridade competente.

(B) as entidades associativas somente têm legitimidade para representar seus filiados extrajudicialmente.

(C) a liberdade de associação para fins lícitos é plena, vedada a de caráter paramilitar.

(D) a criação de associações e, na forma da lei, a de cooperativas, dependem de autorização do Estado.

(E) as associações só poderão ser compelidas a suspender as suas atividades, após decisão tomada por seus filiados.

A e C: art. 5º, XVII, da CF/1988. A prévia comunicação à autoridade competente refere-se ao direito de reunião (art. 5º, XVI, da CF/1988); **B:** incorreta. Não reflete o disposto no art. 5º, XXI, da CF/1988; **D:** incorreta. Não reflete o disposto no art. 5º, XVIII, da CF/1988; **E:** incorreta. Não reflete o disposto no art. 5º, XIX, da CF/1988.

Gabarito "C".

(Técnico Judiciário – TRT/15ª – 2009 – FCC) Sobre os princípios fundamentais da República Federativa do Brasil, é correto afirmar que

(A) foi acolhido, além de outros, o princípio da intervenção para os conscritos.

(B) dentre seus objetivos está o de reduzir as desigualdades regionais.

(C) um dos seus fundamentos é a vedação ao pluralismo político.

(D) o Brasil rege-se nas suas relações internacionais, pela dependência nacional.

(E) a política internacional brasileira veda a integração política que vise à formação de uma comunidade latino-americana de nações.

A: incorreta. A única norma da CF/1988 referente aos conscritos é o art. 14, § 2º, da CF/1988. Os conscritos são os convocados para a prestação de serviço militar obrigatório, aí incluídos os médicos, dentistas, farmacêuticos e veterinários (MDFV) que, nos termos da Lei 5.292/1967, prestarão o serviço após o término do curso de graduação; **B:** correta (art. 3º, III, da CF/1988); **C:** incorreta. Contraria o art. 1º, V, da CF/1988; **D:** incorreta. Contraria o art. 4º, I, da CF/1988; **E:** incorreta. Contraria o art. 4º, parágrafo único, da CF/1988.

Gabarito "B".

(Técnico Judiciário – TRT/15ª – 2009 – FCC) Quanto aos Direitos Sociais dos trabalhadores urbanos e rurais, é INCORRETO afirmar que

(A) o repouso semanal remunerado será preferencialmente aos domingos.

(B) o salário é irredutível, salvo o disposto em convenção ou acordo coletivo.

(C) é proibido qualquer trabalho a menores de dezoito, salvo na condição de aprendiz, a partir de quatorze anos.

(D) a remuneração do serviço extraordinário deverá ser superior, no mínimo, em cinquenta por cento à do normal.

(E) o aviso prévio é proporcional ao tempo de serviço, sendo no mínimo de trinta dias, nos termos da lei.

A: correta (art. 7º, XV, da CF/1988); **B:** correta (art. 7º, VI, da CF/1988); **C:** incorreta, devendo ser assinalada. Não reflete o disposto no art. 7º, XXXIII, da CF/1988; **D:** correta (art. 7º, XVI, da CF/1988); **E:** correta (art. 7º, XXI, da CF/1988).

Gabarito "C".

(Técnico Judiciário – TRT/15ª – 2009 – FCC) Quanto aos Direitos e Garantias Fundamentais elencados na Constituição Federal, considera-se correto que

(A) a prática do racismo constitui crime inafiançável e prescritível.

(B) é vedada a assistência religiosa nas entidades militares de internação coletiva.

(C) é assegurado, em qualquer hipótese, o acesso à informação e a sua fonte.

(D) será concedida extradição de estrangeiro por crime político e de opinião.

(E) a lei não prejudicará o direito adquirido, o ato jurídico perfeito e a coisa julgada.

A: incorreta. Não reflete o disposto no art. 5º, XLII, da CF/1988; **B:** incorreta. Não reflete o disposto no art. 5º, VII, da CF/1988; **C:** incorreta. Não reflete o disposto no art. 5º, XIV, da CF/1988; **D:** incorreta. Não reflete o disposto no art. 5º, LII, da CF/1988; **E:** correta (art. 5º, XXXVI, da CF/1988).

Gabarito "E".

(Técnico Judiciário – TRT/16ª – 2009 – FCC) Nos termos da Constituição Federal é garantido a aquele que se achar ameaçado de sofrer coação em sua liberdade de locomoção, por ilegalidade ou abuso de poder e a qualquer cidadão que vise anular ato lesivo ao patrimônio público, à moralidade, entre outros, respectivamente, o

(A) descumprimento de preceito fundamental e da ação penal pública.

(B) mandado de segurança e da ação civil pública.

(C) *habeas corpus* e da ação popular.

(D) mandado de injunção e do *habeas data*.

(E) *habeas data* e da ação de improbidade.

A: incorreta. A arguição de descumprimento de preceito fundamental (ADPF) é instrumento de controle de constitucionalidade (art. 102, § 1º, da CF/1988) e a ação penal pública é privativa do Ministério Público (art. 129, I, da CF/1988); **B:** incorreta. O mandado de segurança visa proteger direito líquido e certo não amparável por *habeas corpus* ou por *habeas data* (art. 5º, LXIX, da CF/1988), e a ação civil pública, os bens listados no art. 129, III, da CF/1988; **C:** correta (art. 5º, LXVIII e LXXIII, da CF/1988); **D:** O mandado de injunção tem por objetivo impedir que a falta de norma regulamentadora torne inviável o exercício de direitos relativos à nacionalidade, à soberania e à cidadania (art. 5º, LXXI, da CF/1988). O *habeas data* deve ser impetrado para assegurar o conhecimento de informações relativas à pessoa do impetrante, constantes de registros ou bancos de dados de entidades governamentais ou de caráter público; ou para a retificação de dados (art. 5º, LXXII, a e b, da CF/1988); **E:** incorreta. A ação de improbidade administrativa visa combater os atos praticados por qualquer agente público, servidor ou não, contra a administração direta, indireta ou fundacional de qualquer dos Poderes da União, dos Estados, do Distrito Federal, dos Municípios, de Território, de empresa incorporada ao patrimônio público ou de entidade para cuja criação ou custeio o erário haja concorrido ou concorra com mais de cinquenta por cento do patrimônio ou da receita anual (art. 1º da Lei 8.429/1992). Vale lembrar que o parágrafo único do mesmo dispositivo determina que também estão às penalidades desta lei os atos de improbidade praticados contra o patrimônio de entidade que receba subvenção, benefício ou incentivo, fiscal ou creditício, de órgão público bem como daquelas para cuja criação ou custeio o erário haja concorrido ou concorra com menos de cinquenta por cento do patrimônio ou da receita anual, limitando-se, nestes casos, a sanção patrimonial à repercussão do ilícito sobre a contribuição dos cofres públicos.

Gabarito "C".

(Técnico Judiciário – TRT/16ª – 2009 – FCC) Em relação aos direitos e deveres individuais e coletivos, pode-se afirmar que

(A) é livre a manifestação do pensamento, sendo permitido, em qualquer caso, o anonimato.

(B) a expressão da atividade científica depende de censura ou licença.

(C) é assegurada, nos termos da lei, a prestação de assistência religiosa nas entidades civis de internação coletiva, vedada nas militares.

(D) homens e mulheres são iguais em direitos e obrigações.

(E) é plena a liberdade de associação, inclusive a de caráter paramilitar.

11. DIREITO CONSTITUCIONAL

A: incorreta. Não reflete o disposto no art. 5º, IV, da CF/1988; **B:** incorreta. Não reflete o disposto no art. 5º, IX, da CF/1988; **C:** incorreta. Não reflete o disposto no art. 5º, VII, da CF/1988; **D:** correta (art. 5º, I, da CF/1988); **E:** incorreta. Não reflete o disposto no art. 5º, XVII, da CF/1988.

Gabarito "D".

(Técnico Judiciário – TRT/16ª – 2009 – FCC) São direitos dos trabalhadores urbanos e rurais, além de outros que visem à melhoria de sua condição social,

(A) o seguro contra acidentes de trabalho, a cargo do empregado.

(B) o repouso mensal remunerado, preferencialmente aos sábados e domingos.

(C) a remuneração do trabalho noturno inferior, no máximo em vinte por cento à do diurno.

(D) a proteção do salário na forma da lei, constituindo crime sua retenção dolosa.

(E) o aviso-prévio proporcional ao tempo de serviço, sendo no máximo de trinta dias, nos termos da lei.

A: incorreta. Não reflete o disposto no art. 7º, XXVIII, da CF/1988; **B:** incorreta. Não reflete o disposto no art. 7º, XV, da CF/1988; **C:** incorreta. Não reflete o disposto no art. 7º, IX, da CF/1988; **D:** correta (art. 7º, X, da CF/1988); **E:** incorreta. Não reflete o disposto no art. 7º, XXI, da CF/1988.

Gabarito "D".

(Técnico Judiciário – TRT/17ª – 2009 – CESPE) A respeito dos princípios fundamentais que regem a atuação da República Federativa do Brasil, julgue os itens a seguir.

(1) De acordo com a Constituição Federal de 1988 (CF/1988), todo o poder emana do povo, que o exerce exclusivamente por meio de representantes eleitos diretamente.

(2) Constitui princípio que rege a República Federativa do Brasil em suas relações internacionais a concessão de asilo político, vedada a extradição.

(3) A República Federativa do Brasil é formada pela união indissolúvel dos estados, dos municípios, do Distrito Federal e dos territórios.

1: incorreto. Não reflete o disposto no art. 1º, parágrafo único, da CF/1988; **2:** incorreto. O art. 4º, X, da CF/1988 garante o asilo político, mas não há vedação da extradição (v. art. 5º, LI e LII, da CF/1988); **3:** incorreto. Os territórios não integram a federação brasileira (art. 1º da CF/1988). Vale lembrar que, conforme o art. 18 da CF/1988, os territórios federais integram a União.

Gabarito 1E, 2E, 3E.

(Técnico Judiciário – TRT/17ª – 2009 – CESPE) De acordo com os direitos e garantias fundamentais, julgue os itens que se seguem.

(1) O Brasil se submeterá à jurisdição de Tribunal Penal Internacional a cuja criação manifestar adesão.

(2) A CF/1988 assegura a todos o direito de reunião pacífica em locais abertos ao público, desde que mediante autorização prévia da autoridade competente e que não se frustre outra reunião prevista para o mesmo local.

(3) A CF/1988 veda a interferência do Estado no funcionamento das associações e cooperativas.

1: correto (art. 5º, § 4º, da CF/1988); **2:** incorreto. Não reflete o disposto no art. 5º, XVI, da CF/1988; **3:** correto (art. 5º, XVIII, da CF/1988).

Gabarito 1C, 2E, 3C.

3. NACIONALIDADE, DIREITOS POLÍTICOS E PARTIDOS POLÍTICOS

(Técnico Judiciário – TRT24 – FCC – 2017) Silmara, brasileira naturalizada, verificou a Constituição Federal brasileira a respeito de possível extradição de brasileiro naturalizado. Assim, constatou que, dentre os direitos e deveres individuais e coletivos, está previsto que

(A) nenhum brasileiro será extraditado, salvo o naturalizado, em caso de crime comum, praticado antes ou depois da naturalização, ou de comprovado envolvimento em milícia armada e grupos guerrilheiros.

(B) a extradição de qualquer brasileiro, seja ele naturalizado ou não, consta em diversas hipóteses taxativas do artigo 5º da Carta Magna.

(C) a extradição de qualquer brasileiro, seja ele naturalizado ou não, somente poderá ocorrer em caso de comprovado envolvimento em tráfico ilícito de entorpecentes e drogas afins.

(D) nenhum brasileiro será extraditado, salvo o naturalizado, em caso de crime comum, praticado antes da naturalização, ou de comprovado envolvimento em tráfico ilícito de entorpecentes e drogas afins, na forma da lei.

(E) a extradição de qualquer brasileiro, seja ele naturalizado ou não, somente poderá ocorrer em caso de comprovado envolvimento em tráfico ilícito de entorpecentes e drogas afins, envolvimento em milícia armada e grupos guerrilheiros e prática de ato de terrorismo.

O art. 5º, inc. LI da CF estabelece que nenhum brasileiro será extraditado, salvo o naturalizado, em caso de crime comum, praticado antes da naturalização, ou de comprovado envolvimento em tráfico ilícito de entorpecentes e drogas afins, na forma da lei. Dessa forma, a alternativa que apresenta similaridade com o texto da Lei é a "d". TC

Gabarito "D".

(Técnico Judiciário – TRT24 – FCC – 2017) A Constituição Federal assegura aos Partidos Políticos

(A) recursos do fundo partidário limitado a cinco vezes a participação do partido político no Congresso Nacional, bem como o acesso oneroso ao rádio e à televisão.

(B) autonomia para definir sua estrutura interna, organização e funcionamento e para adotar os critérios de escolha e o regime de suas coligações eleitorais, com obrigatoriedade de vinculação entre as candidaturas em âmbito nacional, estadual, distrital ou municipal.

(C) autonomia para criação de partidos políticos, sendo que após adquirirem personalidade jurídica, na forma da lei civil, registrarão seus estatutos no Supremo Tribunal Federal.

(D) autonomia para criação de partidos políticos, sendo que após adquirirem personalidade jurídica, na forma da lei civil, registrarão seus estatutos no Congresso Nacional.

(E) a livre criação, fusão, incorporação e extinção de partidos políticos, resguardados a soberania nacional, o regime democrático, o pluripartidarismo, os direitos fundamentais da pessoa humana, observados preceitos constitucionais, devendo seus estatutos estabelecer normas de disciplina e fidelidade partidária.

A: Errada. O direito a receber o fundo partidário é garantido a todos os partidos políticos registrados no TSE, independentemente de representação no Congresso Nacional e o acesso à rádio e TV é gratuito (art. 17, § 3º). As condições quanto ao recebimento do fundo relacionadas à representatividade existe quanto aos critérios de distribuição e não ao direito de receber, que está previsto no art. 41 e ss. da Lei 9096/95 (Lei dos Partidos Políticos). **B:** Errada. Não há obrigatoriedade de vinculação entre as candidaturas em âmbito nacional, estadual, distrital ou municipal (art. 17, §1º da CF). Esse dispositivo foi incluído na EC 52/2006 que ficou conhecido como "Fim da Verticalização das Coligações", tendo como única restrição a candidatura de governo do estado e senado federal. **C:** Errada. O registro dos Estatutos ocorrerá no Tribunal Superior Eleitoral e não no Supremo Tribunal Federal (art. 17 § 2º, da CF). **D:** Errada. O registro dos Estatutos ocorrerá no Tribunal Superior Eleitoral e não no Congresso Nacional (art. 17, § 2º da CF). **E:** Correta, nos termos do *caput* do art. 17 da CF. TC

Gabarito "E".

(Técnico Judiciário – TRT11 – FCC – 2017) Péricles candidatou-se ao cargo de Governador de determinado Estado e ganhou as eleições em primeiro turno. No dia seguinte à sua diplomação, descobriu-se que foi eleito mediante corrupção. De acordo com a Constituição Federal, o mandato eletivo de Péricles

(A) poderá ser impugnado ante a Justiça Federal, no prazo de 15 dias contados da diplomação, instruída a ação com provas da corrupção.

(B) não poderá ser impugnado, tendo em vista que já houve a diplomação, mas poderá sofrer as sanções criminais cabíveis.

(C) poderá ser impugnado ante a Justiça Eleitoral, no prazo de 30 dias contados da diplomação, instruída a ação com provas da corrupção.

(D) poderá ser impugnado ante a Justiça Eleitoral, apenas no prazo de 20 dias após a sua posse, instruída a ação com provas da corrupção, pois antes dela não há mandato a ser impugnado.

(E) poderá ser impugnado ante a Justiça Eleitoral, no prazo de 15 dias contados da diplomação, instruída a ação com provas da corrupção.

Art. 14, § 10, da CF. TC

Gabarito "E".

(Técnico Judiciário – TRT11 – FCC – 2017) Sérgio é servidor público da Administração direta e candidatar-se-á, nas próximas eleições municipais, para o cargo de Prefeito. Investido no mandato de Prefeito, Sérgio

(A) será afastado do seu cargo, emprego ou função, sendo-lhe facultado optar pela sua remuneração, e seu tempo de serviço será contado para todos os efeitos legais, inclusive para promoção por merecimento.

(B) perceberá as vantagens de seu cargo, emprego ou função, havendo compatibilidade de horários, sem prejuízo da remuneração do cargo eletivo e, não havendo compatibilidade, não poderá perceber sua remuneração.

(C) não será afastado do seu cargo, emprego ou função, mas não receberá sua remuneração, sendo que seu tempo de serviço será contado para todos os efeitos legais, inclusive para promoção por merecimento.

(D) será afastado do seu cargo, emprego ou função, sendo-lhe facultado optar pela sua remuneração, e seu tempo de serviço será contado para todos os efeitos legais, exceto para promoção por merecimento.

(E) será afastado do seu cargo, emprego ou função, sendo-lhe vedado optar pela sua remuneração, e seu tempo de serviço não será contado durante o período do afastamento para nenhum efeito.

A CF estabelece que o servidor público da Administração (direta, autárquica e fundacional) que for investido no cargo de prefeito, será afastado do seu cargo, emprego ou função, podendo optar por sua remuneração (art. 38, inc. II da CF), e seu tempo de serviço será contado para todos os efeitos legais, exceto promoção por merecimento (art. 38, inc. IV, da CF).

(Analista Judiciário – TRT/11 – FCC – 2017) Caio, brasileiro nato, é jogador de futebol profissional e foi contratado para jogar por um grande clube estrangeiro, cuja legislação o país impõe a naturalização de Caio como condição para a permanência em seu território, e, como queria continuar jogando nesse time, procedeu à naturalização. Caio

(A) perderá a nacionalidade brasileira enquanto permanecer em território estrangeiro, podendo readquiri-la assim que retornar ao Brasil.

(B) perderá a nacionalidade brasileira, tendo em vista que adquiriu outra nacionalidade.

(C) tornar-se-á brasileiro naturalizado automaticamente, em razão de ter adquirido outra nacionalidade.

(D) não perderá a nacionalidade brasileira apenas se comprovar que mantém vínculos com o Brasil, visitando-o periodicamente.

(E) não perderá a nacionalidade brasileira.

Art. 12, § 4°, II, "b", CF: Caio não perde a nacionalidade brasileira, pois a naturalização foi imposta como condição para a permanência no território.

(Analista Judiciário – TRT/11 – FCC – 2017) Considere a seguinte situação hipotética: Jaime em seu segundo mandato como Governador de determinado Estado, está em dúvida se, nas próximas eleições, irá se candidatar novamente a Governador ou a Presidente da República. Com base apenas nas informações fornecidas, de acordo com a Constituição Federal, Jaime

(A) não poderá se candidatar à reeleição para Governador e, para concorrer ao cargo de Presidente da República, deverá renunciar ao seu atual mandato até quatro meses antes do pleito.

(B) não poderá se candidatar à reeleição para Governador e, para concorrer ao cargo de Presidente da República, deverá renunciar ao seu atual mandato até seis meses antes do pleito.

(C) poderá se candidatar à reeleição para Governador e, para concorrer ao cargo de Presidente da República, deverá renunciar ao seu atual mandato até seis meses antes do pleito.

(D) poderá se candidatar à reeleição para Governador e não há necessidade de renunciar ao seu atual mandato para concorrer ao cargo de Presidente da República.

(E) poderá se candidatar à reeleição para Governador e, para concorrer ao cargo de Presidente da República, deverá renunciar ao seu atual mandato até quatro meses antes do pleito.

Jaime está em seu segundo mandato como Governador, então não poderá se candidatar novamente ao cargo de governador porque a Constituição só permite uma reeleição sucessiva. Para concorrer para outro cargo, deve se desincompatibilizar seis meses antes do pleito. Ver art. 14, §§ 5° e 6°, CF.

(Técnico Judiciário – TRT8 – CESPE – 2016) Acerca do tratamento da nacionalidade brasileira na Constituição Federal de 1988 (CF), assinale a opção correta.

(A) Brasileiros natos e naturalizados são equiparados para todos os efeitos, dado o princípio da isonomia, conforme o qual todos são iguais perante a lei.

(B) Filhos de brasileiros nascidos no estrangeiro podem optar pela naturalização, desde que o façam antes da maioridade civil.

(C) É permitida a extradição de brasileiros naturalizados, respeitadas as condições previstas na CF.

(D) São considerados brasileiros natos apenas os nascidos em solo nacional.

(E) A naturalização é concedida exclusivamente a portugueses tutelados pelo Estatuto da Igualdade, caso haja reciprocidade em favor dos brasileiros.

A: Errada. O art. 12, § 2°, da CF estabelece que a Constituição poderá estabelecer distinção entre brasileiros e naturalizados, como é o caso do exercício de cargos privativos por brasileiros natos (art. 1,2 § 3°, da CF e art. 89, inc. VII da CF). **B:** Errada, filhos de brasileiros nascidos no estrangeiro desde que sejam registrados em repartição brasileira competente ou venham a residir na República Federativa do Brasil e optem, em qualquer tempo, depois de atingida a maioridade, pela nacionalidade brasileira serão natos e não naturalizados (art. 12, inc. I, alínea "c" da CF). **C:** Correta, nos termos do art. 5°, inc. LI da CF, que prevê a possibilidade do naturalizado ser extraditado na hipótese de ter cometido crime comum, antes da naturalização, ou de comprovado envolvimento em tráfico ilícito de entorpecentes e drogas afins, na forma da lei; **D:** Errada. O art. 12 da Constituição estabelece em seu inciso I que são considerados natos, além dos nascidos em solo nacional, ainda que de pais estrangeiros (exceto os que estejam à serviço de seu país), os nascidos no estrangeiro de pai ou mãe brasileira, desde que qualquer deles esteja a serviço da República Federativa do Brasil e ainda os nascidos no estrangeiro de pai brasileiro ou de mãe brasileira, desde que sejam registrados em repartição brasileira competente ou venham a residir na República Federativa do Brasil e optem, em qualquer tempo, depois de atingida a maioridade, pela nacionalidade brasileira; **E:** Errado. Quanto aos portugueses, não se trata de naturalização, mas de garantia de direitos inerentes aos brasileiros na hipótese de reciprocidade entre os países (art. 12, § 1°, da CF). Já a naturalização, será concedida aos estrangeiros residentes no Brasil há mais de quinze anos ininterruptos e sem condenação penal, desde que a requeiram (art. 12, inc. II,e § 1° da CF).

(Técnico Judiciário – TRT8 – CESPE – 2016) Acerca dos direitos políticos, assinale a opção correta.

(A) Brasileiros naturalizados podem votar e concorrer a quaisquer cargos políticos.

(B) Senadores e governadores de estado e do Distrito Federal se equiparam no que se refere à idade mínima exigida como condição de elegibilidade.

(C) O voto, obrigatório para maiores de dezoito anos de idade, é facultativo para aqueles cujos direitos políticos tenham sido suspensos em decorrência de condenação criminal transitada em julgado.

(D) O voto é obrigatório para analfabetos maiores de dezoito anos de idade.

(E) Embora possam exercer o direito ao voto, os analfabetos são impedidos de concorrer nas eleições.

A: Errada. A Constituição estabelece que a lei não poderá estabelecer distinção entre natos e naturalizados, entretanto, elenca algumas exceções ao exercício de cargos políticos. São privativos de brasileiros natos os cargos de Presidente e Vice-Presidente da República, Presidente da Câmara de Deputados e do Senado Federal (Presidentes das Casas Legislativas são eleitos de maneira indireta pelos seus pares). Não há proibição de estrangeiro naturalizado ser candidato ao Senado ou a Câmara, a vedação se limita ao exercício de cargos que estejam na linha sucessória do cargo de Presidente da República, nos termos do art. 12, §§ 2° e 3°. **B:** Errada. A idade mínima para candidatos ao senado é 35 (trinta e cinco anos), semelhante à idade mínima para os cargos de Presidente e Vice-Presidente da República, enquanto que a idade mínima para o cargo de governador e vice-governador de estado é de 30 (trinta) anos, nos termos do art. 14, § 3°, inc. VI, alíneas "a" e "b". **C:** Errada. Enquanto perdurarem os efeitos da condenação criminal transitada em julgado, o cidadão ficará com os direitos políticos suspensos, de modo que não poderá votar neste período, não se tratando de uma faculdade, mas de uma proibição. **D:** Errada. Os analfabetos possuem a faculdade de votar e não a obrigatoriedade. (art. 14, § 1º, inc. II, alínea "a"). **E:** Correta. Ainda que os analfabetos (enquanto perdurarem esta situação) possam exercer os direitos políticos ativos (votar), o direito de ser votado é vedado a quem se encontrar nesta situação, nos termos do art. 14, §4º,*d*, Constituição.

Gabarito "E".

(Técnico Judiciário – TRT9 – 2012 – FCC) NÃO é privativo de brasileiro nato o cargo de

(A) Ministro do Supremo Tribunal Federal.

(B) Ministro do Superior Tribunal de Justiça.

(C) Oficial das Forças Armadas.

(D) Presidente da Câmara dos Deputados.

(E) Carreira diplomática.

O cargo de Ministro do Superior Tribunal de Justiça **não** é privativo de brasileiro nato. De acordo com o art. 12, § 3º, da CF/1988, são privativos de nato os cargos de: I – de Presidente e Vice-Presidente da República; II – de Presidente da Câmara dos Deputados; III – de Presidente do Senado Federal; IV – de Ministro do Supremo Tribunal Federal; V – da carreira diplomática; VI – de oficial das Forças Armadas; VII – de Ministro de Estado da Defesa. Vale lembrar que o art. 89, VII, da CF/1988 trata da composição do Conselho da República e determina que seis membros sejam cidadãos brasileiros natos, com mais de trinta e cinco anos de idade, sendo dois nomeados pelo Presidente da República, dois eleitos pelo Senado Federal e dois eleitos pela Câmara dos Deputados, todos com mandato de três anos, vedada a recondução. Desse modo, esses cargos também são privativos de nato.

Gabarito "B".

(Técnico – TRT/11ª – 2012 – FCC) Sebastião é governador de um determinado Estado brasileiro e pretende se candidatar à reeleição nas próximas eleições. Neste caso, de acordo com a Constituição Federal de 1988, Sebastião

(A) deverá se afastar do cargo até três meses antes do pleito, mas continuará recebendo a respectiva remuneração.

(B) deverá renunciar ao seu mandato até seis meses antes do pleito.

(C) deverá se afastar do cargo até seis meses antes do pleito, mas continuará recebendo a respectiva remuneração.

(D) deverá renunciar ao seu mandato até três meses antes do pleito.

(E) poderá permanecer no cargo, inexistindo obrigatoriedade de renúncia ao mandato.

Sebastião poderá permanecer no cargo, pois a CF/1988, em seu art. 14, § 6º, determina a renúncia ao mandado, em até seis meses antes do pleito, apenas quando o Chefe do Executivo (Federal, Estadual, Distrital ou Municipal) for **concorrer a outro cargo.**

Gabarito "E".

(Técnico – TRT/6ª – 2012 – FCC) Nos termos da Constituição Federal, são condições de elegibilidade para Senador, quanto à idade e à nacionalidade, respectivamente, ter, no mínimo,

(A) trinta e cinco anos e ser brasileiro nato.

(B) trinta anos e ser brasileiro nato.

(C) dezoito anos e ser brasileiro nato ou naturalizado.

(D) trinta anos e ser brasileiro nato ou naturalizado.

(E) trinta e cinco anos e ser brasileiro nato ou naturalizado.

De acordo com o art. 14, § 3º, da CF, a idade mínima para os cargos políticos estão dentre as condições de elegibilidade. Para Senador a idade é 35 anos (art. 14, § 3º, VI, *a*, da CF/1988) e o cargo não é privativo de brasileiro nato (art. 12, § 3º, da CF), portanto, tanto o nato como o naturalizado podem ocupá-lo.

Gabarito "E".

(Técnico Judiciário – TRT/20ª – 2011 – FCC) No tocante aos direitos políticos, o atributo de quem preenche as condições do direito de ser votado é classificado como capacidade eleitoral

(A) passiva.

(B) ativa.

(C) plena.

(D) genérica.

(E) originária.

A capacidade eleitoral pode ser ativa ou passiva. A primeira diz respeito ao direito de votar e a segunda ao direito de ser votado ou elegibilidade. Desse modo, o atributo de quem preenche as condições do direito de ser votado é classificado como capacidade eleitoral passiva.

Gabarito "A".

(Técnico Judiciário – TRT/14ª – 2011 – FCC) Sobre os Direitos Políticos, é correto afirmar:

(A) O militar alistável é elegível, sendo que, se contar menos de dez anos de serviço, será agregado pela autoridade superior e, se eleito, passará automaticamente, no ato da diplomação, para a inatividade, e, se contar mais de dez anos de serviço, deverá afastar- se da atividade.

(B) A emenda à Constituição estabelecerá outros casos de inelegibilidade e os prazos de sua cessação, a fim de proteger a probidade administrativa, a moralidade para exercício de mandato, considerada a vida pregressa do candidato, e a normalidade e legitimidade das eleições contra a influência do poder econômico ou o abuso do exercício de função, cargo ou emprego na administração direta ou indireta.

(C) O mandato eletivo poderá ser impugnado ante a Justiça Eleitoral no prazo de quinze dias contados da diplomação, instruída a ação com provas de abuso do poder econômico, corrupção ou fraude.

(D) A ação de impugnação de mandato não tramitará em segredo de justiça, respondendo o autor, na forma da lei, se temerária ou de manifesta má-fé.

(E) São inelegíveis, no território de jurisdição do titular, o cônjuge e os parentes consanguíneos ou afins, até o segundo grau ou por adoção, do Presidente da República, de Governador de Estado ou Território, do Distrito Federal, de Prefeito ou de quem os haja substituído dentro de um ano anterior ao pleito, salvo se já titular de mandato eletivo e candidato à reeleição.

A: incorreta. O art. 14, § 8º, I e II, da CF/1988 trata do assunto dispondo que se o militar contar com menos de dez anos de serviço, deverá afastar-se da atividade e se contar com mais de dez anos de serviço é que será agregado pela autoridade superior e, se eleito, passará automaticamente, no ato da diplomação, para a inatividade; **B:** incorreta. O § 9º do art. 14 da CF/1988 determina que a lei complementar estabeleça outros casos de inelegibilidade; **C:** correta, pois é cópia do § 10 do art. 14 da CF/1988; **D:** incorreta. A ação de impugnação tramitará em segredo de justiça, conforme o § 11 do art. 14 da CF/1988; **E:** incorreta. A inelegibilidade reflexa, prevista no art. 14, § 7º, da CF/1988 menciona que são inelegíveis, no território de jurisdição do titular, o cônjuge e os parentes consanguíneos ou afins, até o segundo grau ou por adoção, do Presidente da República, de Governador de Estado ou Território, do Distrito Federal, de Prefeito ou de quem os haja substituído dentro dos seis meses anteriores ao pleito, salvo se já titular de mandato eletivo e candidato à reeleição.

Gabarito "C".

(Técnico Judiciário – TRT/9º – 2010 – FCC) No tocante aos Direitos Políticos, considere as seguintes assertivas:

I. O alistamento eleitoral é obrigatório para o analfabeto.

II. O voto é obrigatório para o analfabeto.

III. Os conscritos não podem alistar-se como eleitores durante o período do serviço militar obrigatório.

IV. Os analfabetos são inelegíveis.

V. É condição de elegibilidade, na forma da lei, a idade mínima de dezoito anos para vereador.

Está INCORRETO o que consta APENAS em

(A) I e II.

(B) I, III e IV.

(C) II, IV e V.

(D) III, IV e V.

(E) I, II, III e V.

I e II: incorretos. Para o analfabeto, o alistamento eleitoral e o voto são facultativos (art. 14, § 1º, II, a, da CF/1988; **III:** correto (art. 14, § 2º, da CF/1988); **IV:** correto (art. 14, § 4º, da CF/1988); **V:** correto (art. 14, § 3º, VI, *d*, da CF/1988).

Gabarito "A".

4. ORGANIZAÇÃO DO ESTADO

(Técnico Judiciário – TRT24 – FCC – 2017) O Prefeito da pequena metrópole "Y" está com dúvidas a respeito da competência para estabelecer e implantar política de educação para a segurança do trânsito. Assim, consultando a Constituição Federal, verificou que se trata de competência

(A) concorrente entre a União, os Estados, o Distrito Federal e os Municípios.

(B) privativa da União.

(C) comum da União, dos Estados, do Distrito Federal e dos Municípios.

(D) privativa de cada Município.

(E) privativa dos Estados e do Distrito Federal.

A Constituição Federal estabelece que a competência para estabelecer e implantar política de educação para a segurança do trânsito é comum à União, Estados, Distrito Federal e Municípios (art. 23 inc. XII, da CF).
Gabarito "C".

(Técnico Judiciário – TRT20 – FCC – 2016) Monica e Camila estão estudando para realizar a prova do concurso público para provimento do cargo de técnico judiciário área administrativa do Tribunal Regional do Trabalho da 20ª Região. Ao estudarem a Constituição Federal, verificam que a competência para legislar sobre águas, energia, informática, telecomunicações e radiodifusão é

(A) comum da União, dos Estados, do Distrito Federal e dos Municípios.

(B) privativa da União.

(C) comum da União, dos Estados e do Distrito Federal, apenas.

(D) concorrente entre a União, os Estados e o Distrito Federal, apenas.

(E) concorrente entre a União, os Estados, o Distrito Federal e os Municípios.

Art. 22, inc. IV, da CF.
Gabarito "B".

(Técnico Judiciário – TRT/9ª – 2012 – FCC) De acordo com a Carta Magna, no âmbito da competência legislativa concorrente, a competência da União limitar-se-á a estabelecer normas gerais. Inexistindo lei federal sobre normas gerais, os Estados exercerão a competência legislativa plena, para atender a suas peculiaridades. Nesse contexto, é correto afirmar que a superveniência de lei federal sobre normas gerais

(A) suspenderá, na íntegra, a eficácia da lei estadual.

(B) suspenderá a eficácia da lei estadual apenas no que lhe for contrário.

(C) manterá a eficácia da lei estadual, ainda que esta contrarie dispositivos da lei federal, tendo em vista a independência entre os entes federativos.

(D) revogará, na íntegra, a lei estadual.

(E) revogará a lei estadual apenas no que não lhe for contrário.

De acordo com o art. 24, § 4º, da CF/1988 a superveniência de lei federal sobre normas gerais **suspende a eficácia da lei estadual, no que lhe for contrário.**
Gabarito "B".

(Técnico Judiciário – TRT/9ª – 2012 – FCC) Extinto o cargo ou declarada a sua desnecessidade, o servidor estável

(A) será exonerado *ad nutum*, sem direito a remuneração.

(B) será obrigatoriamente exonerado, sendo-lhe garantido os direitos inerentes ao cargo.

(C) será obrigatoriamente demitido, sendo-lhe garantido os direitos inerentes ao cargo.

(D) ficará em disponibilidade, com remuneração proporcional ao tempo de serviço, sendo vedado seu aproveitamento em outro cargo público.

(E) ficará em disponibilidade, com remuneração proporcional ao tempo de serviço, até seu adequado aproveitamento em outro cargo público.

De acordo com o § 3º do art. 41 da CF/1988, extinto o cargo ou declarada a sua desnecessidade, o servidor estável ficará em disponibilidade, com remuneração proporcional ao tempo de serviço, até seu adequado aproveitamento em outro cargo.
Gabarito "E".

(Técnico Judiciário – TRT/9ª – 2012 – FCC) Joaquim, servidor público federal, é médico, ocupa cargo privativo de profissional de saúde, com profissão regulamentada, tendo ingressado no serviço público por concurso há dez anos. Joaquim pretende prestar novo concurso público com o objetivo de cumular, de forma remunerada, dois cargos públicos. A Constituição Federal admite, em situações excepcionais, a acumulação remunerada de cargos públicos, desde que haja compatibilidade de horários. No caso narrado, Joaquim somente poderá cumular se o segundo cargo público for

(A) artístico.

(B) professor.

(C) técnico.

(D) científico.

(E) privativo de profissional de saúde, com profissão regulamentada.

De acordo com o art. 37, XVI, da CF/1988, é proibida a acumulação remunerada de cargos públicos, exceto, quando houver compatibilidade de horários, observado em qualquer caso o disposto no inciso XI: (a) a de dois cargos de professor; b) a de um cargo de professor com outro técnico ou científico; c) a de **dois cargos ou empregos privativos de profissionais de saúde, com profissões regulamentadas.**
Gabarito "E".

(Técnico Judiciário – TRT/9ª – 2012 – FCC) Clara é servidora pública da Administração direta, tendo sido investida no mandato de Vereadora. Havendo compatibilidade de horários, Clara perceberá as vantagens de seu cargo, sem prejuízo da remuneração do cargo eletivo. No entanto, NÃO havendo compatibilidade de horários, Clara

(A) será afastada do cargo que detém na Administração direta, ficando obrigatoriamente com a remuneração do cargo eletivo.

(B) será afastada do cargo que detém na Administração direta, sendo-lhe facultado optar pela sua remuneração.

(C) será exonerada do cargo que detém na Administração direta.

(D) não poderá exercer o mandato eletivo.

(E) será afastada do cargo que detém na Administração direta, ficando obrigatoriamente com a remuneração deste cargo.

Conforme dispõe o art. 38, II e III, da CF/1988, o servidor público da administração direta, autárquica e fundacional, que for investido no mandato de Vereador, havendo compatibilidade de horários, perceberá as vantagens de seu cargo, emprego ou função, sem prejuízo da remuneração do cargo eletivo. Não havendo compatibilidade, **será afastado do cargo, emprego ou função, sendo-lhe facultado optar pela sua remuneração.**
Gabarito "B".

(Técnico Judiciário – TRT/14ª – 2011 – FCC) Sobre a competência dos Municípios, é correto afirmar que poderão

(A) manter programas de educação infantil, sendo vedada a cooperação técnica e financeira da União.

(B) promover, no que couber, adequado ordenamento territorial, dispensável prévio planejamento e controle do uso, do parcelamento e da ocupação de solo urbano.

(C) organizar distritos, observada a legislação estadual, sendo que a criação e supressão de distritos deve ser realizada por Lei Federal.

(D) instituir e arrecadar os tributos de sua competência, bem como aplicar suas rendas, sem prejuízo da obrigatoriedade de prestar contas e publicar balancetes nos prazos fixados em lei.

(E) prestar diretamente, sendo vedado o regime de concessão ou permissão, o serviço público de transporte coletivo, pois tem caráter essencial.

A: incorreta. O art. 30, VI, da CF/1988, determina que é da competência municipal a manutenção de programas de educação infantil e de ensino fundamental, mas que isso é feito com a cooperação técnica e financeira da União e do Estado; **B:** incorreta. O planejamento e o controle do uso, do parcelamento e da ocupação do solo urbano não são dispensáveis (art. 30, VIII, da CF/1988); **C:** incorreta. Há exigência apenas de lei estadual para tanto (art. 30, IV, da CF/1988); **D:** correta (art. 30, III, da CF/1988); **E:** incorreta. É admitido o regime de concessão e permissão na organização e prestação dos serviços públicos de interesse local, incluído o de transporte coletivo, que tem caráter essencial.
Gabarito "D".

(Técnico Judiciário – TRT/20ª – 2011 – FCC) Para efeitos administrativos, a União poderá articular sua ação em um mesmo complexo geoeconômico e social, visando a seu desenvolvimento e à redução das desigualdades regionais. As condições para integração de regiões em desenvolvimento serão estabelecidos em

(A) Lei Ordinária.

(B) Lei Complementar.

(C) Lei Delegada.

(D) Medida Provisória.

(E) Decreto Legislativo.

A Constituição, em seu art. 43, § 1º, I, exige lei complementar para tratar das condições para a integração de regiões em desenvolvimento.
Gabarito "B".

11. DIREITO CONSTITUCIONAL

(Técnico Judiciário – TRT/20ª – 2011 – FCC) Segundo expressamente disposto na Constituição Federal, o Estado não intervirá em seus Municípios, nem a União nos Municípios localizados em Território Federal, EXCETO quando deixar de ser paga por dois anos consecutivos a dívida fundada, sem que haja

(A) dilação de prazo prevista em Decreto Municipal.

(B) dilação de prazo prevista em Lei Municipal que esteja no mínimo em vigor a um ano da sua publicação.

(C) dilação de prazo prevista em Lei Municipal que esteja no mínimo em vigor a dois anos da sua publicação.

(D) motivo de força maior.

(E) determinação do Prefeito Municipal previamente aprovada pelo Governador do Estado e pelo Presidente da República.

Essa modalidade excepcional de intervenção está prevista no art. 35, I, da CF/1988 e só será decretada se a falta de pagamento não estiver fundamentada em motivo de força maior.
Gabarito "D".

(Técnico Judiciário – TRT/22ª – 2010 – FCC) Nos termos da Constituição Federal,

(A) os Territórios Federais integram a União, e sua criação, transformação em Estado ou reintegração ao Estado de origem serão reguladas em lei complementar.

(B) os Estados não podem incorporar-se entre si, subdividir-se ou desmembrar-se para se anexarem a outros.

(C) a criação, a incorporação, a fusão e o desmembramento de Municípios, em outros Municípios ou Estado far-se-ão por lei federal, dentro do período determinado pelo Chefe do Executivo Estadual.

(D) à União não é vedado recusar fé a documentos públicos, bem como estabelecer diferença entre brasileiros.

(E) compete aos Municípios, dentre outras, organizar, manter e executar a inspeção do trabalho.

A: correta (art. 18, § 2º, da CF/1988); **B:** incorreta. A incorporação, a subdivisão e o desmembramento de Estados são admitidos pela Constituição (art. 18, § 3º, da CF/1988); **C:** incorreta. O período é determinado por lei complementar federal e não pelo Chefe do Executivo Estadual (art. 18, § 4º, da CF/1988); **D:** incorreta. Ao contrário, é vedado aos entes federativos (União, Estados, Distrito Federal e Municípios), recusar fé a documentos públicos, bem como estabelecer diferença entre brasileiros (art. 19, II e III, da CF/1988); **E:** incorreta. Compete à União e não aos Municípios, manter e executar a inspeção do trabalho (art. 21, XXIV, da CF/1988).
Gabarito "A".

(Técnico Judiciário – TRT/22ª – 2010 – FCC) É INCORRETO afirmar que compete aos Municípios

(A) criar, organizar e suprimir distritos, observada a legislação estadual.

(B) organizar e prestar, diretamente ou sob regime de concessão ou permissão, os serviços públicos de interesse local, excluído o de transporte coletivo, que tem caráter essencial.

(C) instituir e arrecadar os tributos de sua competência, bem como aplicar suas rendas, sem prejuízo da obrigatoriedade de prestar contas e publicar balancetes nos prazos fixados em lei.

(D) promover, no que couber, adequado ordenamento territorial, mediante planejamento e controle do uso, do parcelamento e da ocupação do solo urbano.

(E) promover a proteção do patrimônio histórico-cultural local, observada a legislação e a ação fiscalizadora federal e estadual.

O art. 30 da CF/1988 cuida da competência dos Municípios e lista, em seus incisos, as temas pertinentes. O inciso III trata da instituição e arrecadação de tributos, o IV da criação, organização e supressão de distritos, o V da organização e prestação e serviços públicos de interesse local, o VIII do adequado ordenamento territorial e o IX da proteção do patrimônio histórico-cultural local. A alternativa que deveria ter sido assinalada era "B", pois a Constituição, art. 30, V, ao tratar da organização e prestação dos serviços públicos municipais, literalmente, inclui o de transporte coletivo, que tem caráter essencial.
Gabarito "B".

(Técnico Judiciário – TRT/8ª – 2010 – FCC) Compete à União, aos Estados e ao Distrito Federal legislar concorrentemente sobre

(A) propaganda comercial.

(B) comércio interestadual.

(C) trânsito.

(D) transporte.

(E) procedimentos em matéria processual.

O art. 24 da CF/1988 enumera os temas que são da competência legislativa concorrente da União, dos Estados e do Distrito Federal. Dentre os assuntos listados, o único que encontra fundamento nesse dispositivo é o relativo aos procedimentos em matéria processual (art. 24, XI, da CF/1988).
Gabarito "E".

(Técnico Judiciário – TRT/8ª – 2010 – FCC) Com relação a Organização Político Administrativa,

(A) o desmembramento de Município far-se-á por lei municipal, dentro do período determinado por Lei Complementar Federal, e dependerá de consulta prévia, mediante plebiscito, às populações dos Municípios envolvidos, sem necessidade de divulgação prévia dos Estudos de Viabilidade Municipal na imprensa oficial.

(B) a fusão de Municípios far-se-á por lei municipal, dentro do período determinado por Lei Ordinária Federal, e dependerá de consulta prévia, mediante plebiscito, às populações dos Municípios envolvidos, após divulgação dos Estudos de Viabilidade Municipal, apresentados e publicados na forma da lei.

(C) os Estados podem desmembrar-se para se anexarem a outros Estados, mediante aprovação da população diretamente interessada, através de plebiscito, e do Congresso Nacional, por lei complementar.

(D) os Estados podem incorporar-se entre si para formarem novos Estados, mediante emenda constitucional, dependente de plebiscito nacional e da aprovação do Senado Federal.

(E) os Estados podem incorporar-se entre si para formarem novos Estados, mediante emenda constitucional, dependente de plebiscito nacional e da aprovação da Câmara dos Deputados.

A e B: incorretas. As regras sobre criação e extinção de Municípios, estão previstas no § 4º do art. 18 da CF/1988. Conforme tal dispositivo, a criação, a incorporação, a fusão e o desmembramento de Municípios, far-se-ão por lei estadual, dentro do período determinado por Lei Complementar Federal, e dependerão de consulta prévia, mediante plebiscito, às populações dos Municípios envolvidos, após divulgação dos Estudos de Viabilidade Municipal, apresentados e publicados na forma da lei. **C:** correta. É exatamente o que dispõe o art. 18, § 3º, da CF/1988; **D e E:** erradas. A incorporação de Estados não exige emenda constitucional e sim lei complementar.
Gabarito "C".

(Técnico Judiciário – TRT/22ª – 2010 – FCC) No tocante aos servidores públicos, é correto afirmar que

(A) a Lei da União, dos Estados, do Distrito Federal e dos Municípios disciplinará a aplicação de recursos orçamentários provenientes da economia com despesas correntes em cada órgão, autarquia e fundação, para aplicação no desenvolvimento de programas de qualidade e produtividade, treinamento e desenvolvimento, modernização, reaparelhamento e racionalização do serviço público, excluído sob a forma de adicional ou prêmio de produtividade.

(B) a União, os Estados e o Distrito Federal manterão escolas de governo para a formação e o aperfeiçoamento dos servidores públicos, constituindo-se a participação nos cursos um dos requisitos para a promoção na carreira, sendo obrigatória, para isso, a celebração de convênios ou contratos entre os entes federados, que deverão promovê-los anualmente.

(C) o membro de Poder, o detentor de mandato eletivo, os Ministros de Estado e os Secretários Estaduais e Municipais serão remunerados exclusivamente por subsídio em quatro parcelas, trimestrais, vedado o acréscimo de qualquer gratificação, adicional, abono, prêmio, verba de representação ou outra espécie remuneratória.

(D) a fixação dos padrões de vencimento e dos demais componentes do sistema remuneratório observará a natureza, o grau de responsabilidade e a complexidade dos cargos componentes de cada carreira; os requisitos para a investidura; e as peculiaridades dos cargos.

(E) os titulares de cargos efetivos da União, dos Estados, do Distrito Federal e dos Municípios, excluídas suas autarquias e fundações, é assegurado regime de previdência de caráter contributivo e solidário, mediante contribuição do respectivo ente público, dos servidores ativos e inativos e dos pensionistas, observados critérios que preservem o equilíbrio financeiro e atuarial.

A: incorreta. A parte final da alternativa está errada, pois o art. 39, § 7°, da CF/1988 determina que esses recursos sirvam para aplicação no desenvolvimento de programas de qualidade e produtividade, treinamento e desenvolvimento, modernização, reaparelhamento e racionalização do serviço público, inclusive sob a forma de adicional ou prêmio de produtividade; **B:** incorreta. A celebração de convênios ou contratos entre os entes federados é feita de forma facultativa (art. 39, § 2°, da CF/1988); **C:** incorreta. O subsídio é fixado em parcela única (art. 39, § 4°, da CF/1988); **D:** correta (art. 39, §1°, da CF/1988); **E:** incorreta. São incluídas as autarquias e fundações art. 40, *caput*, da CF/1988).

(Técnico Judiciário – TRT/7ª – 2009 – FCC) De acordo com a Constituição Federal, o servidor público estável

(A) se invalidada por sentença judicial a sua demissão, não terá direito à reintegração.

(B) adquire a estabilidade após dois anos de exercício em cargo de provimento efetivo em virtude de concurso público.

(C) só perderá o cargo após sentença proferida por juiz competente, independentemente do trânsito em julgado.

(D) ficará em disponibilidade se a sua vaga estiver ocupada por outro servidor, porém terá direito à indenização.

(E) ficará em disponibilidade com remuneração proporcional ao tempo de serviço, se extinto o cargo ou declarada a sua desnecessidade, até seu adequado aproveitamento em outro cargo.

De acordo com o art. 41, § 3°, da CF, **extinto o cargo ou declarada a sua desnecessidade, o servidor estável ficará em disponibilidade, com remuneração proporcional ao tempo de serviço, até seu adequado aproveitamento em outro** cargo. Além disso, o art. 41, I a III, da CF, determina que o servidor público estável só perderá o cargo: I – em virtude de sentença judicial transitada em julgado; II – mediante processo administrativo em que lhe seja assegurada ampla defesa; ou III – mediante procedimento de avaliação periódica de desempenho, na forma de lei complementar, assegurada ampla defesa.

(Técnico Judiciário – TRT/1ª – 2008 – CESPE) Em relação à federação brasileira, assinale a opção correta.

(A) A indissolubilidade da federação brasileira pode ser afastada por meio de plebiscito autorizativo da cisão.

(B) Compete à União editar normas gerais sobre o serviço postal, podendo os estados suplementá-las para atendimento de especificidades locais.

(C) Os estados-membros, na hipótese de medida provisória delegando poderes para legislar sobre propaganda comercial, podem disciplinar o tema no seu território.

(D) Pela teoria dos poderes remanescentes, a competência legislativa da União decorre da exclusão dos assuntos taxativamente descritos na CF/1988 para os estados, o DF e os municípios.

(E) A ação entre empresa pública brasileira e o estado do Rio de Janeiro que discuta imunidade tributária, por envolver conflito federativo, será julgada no STF.

A: incorreta. A forma federativa de estado é cláusula pétrea (art. 60, § 4°, I, da CF/1988), razão pela qual não pode suprimida. Apesar de o tema não ser pacífico em doutrina, nem mesmo a convocação de referendo ou plebiscito seria capaz de atribuir legitimidade à proposta, já que esse instrumento não é capaz de transmudar a natureza do poder constituinte, que não deixará de ser derivado. Vale dizer, ainda que o povo seja titular do poder constituinte originário, uma vez esgotado esse poder inicial, autônomo, ilimitado e incondicionado, qualquer outra manifestação de alteração da Constituição será exercício do Poder Constituinte Derivado e, por isso, deverá observar os limites ao poder de reforma. Em outras palavras, as normas que limitam o poder de reforma da Constituição vinculam a todos os poderes, inclusive ao povo; **B:** incorreta, porque competência é privativa da União (art. 22, V, da CF/1988); **C:** incorreta, porque a competência é privativa da União (art. 22, XXIX, da CF/1988); **D:** incorreta. A competência legislativa remanescente é dos Estados (art. 25, § 1°, da CF/1988). A União possui competências legislativas expressas (art. 22 da CF/1988); **E:** correta (art. 102, I, *f*, da CF/1988).

(Técnico Judiciário – TRT/9ª – 2007 – CESPE) Julgue os itens a seguir, acerca da organização político-administrativa da República Federativa do Brasil.

(1) A instituição das diretrizes para o desenvolvimento urbano, inclusive habitação, saneamento básico e transporte urbano, é de competência dos municípios.

(2) No âmbito da legislação concorrente e diante da inexistência de normas gerais, a competência legislativa dos estados e do Distrito Federal é plena.

1: incorreto. A competência é da União (art. 21, XX, da CF/1988); **2:** correto. O exercício da competência concorrente encontra-se disciplinado no art. 24 da CF/1988. Em relação às matérias listadas nos incisos I a XVI do art. 24 da CF/1988, cabe à União editar as normas gerais (art. 24, § 1°). Tendo a União exercido essa competência, os Estados/DF podem complementar a legislação federal para atender seus interesses particulares, em exercício de competência suplementar (art. 24, § 2°). Omitindo-se a União em estabelecer as normas gerais, os Estados/DF ficam autorizados a exercerem a competência *plena* (art. 24, § 3°), ou seja, podem firmar as normas gerais e as particulares. Nesse último caso, porém, a superveniência de lei federal estabelecendo normas gerais *suspende a eficácia* dos dispositivos da lei estadual que lhe forem contrários (art. 24, § 4°). Se não forem colidentes, as duas leis sobre normas gerais permanecem válidas e eficazes.

(Técnico Judiciário – TRT/17ª – 2009 – CESPE) No tocante à organização do Estado brasileiro, a CF/1988:

(1) Determinou que compete ao Supremo Tribunal Federal processar e julgar originariamente o presidente da República e os governadores dos estados e do Distrito Federal nos crimes comuns.

(2) Estabeleceu que o Ministério Público é instituição permanente, essencial à justiça, à qual compete representar a União, judicial e extrajudicialmente.

(3) Atribuiu à União a competência privativa para legislar sobre consórcios e sorteios, razão pela qual é inconstitucional a lei ou ato normativo estadual que institua loteria no âmbito do estado.

(4) Considerou os cargos, empregos e funções públicas de acesso exclusivo dos brasileiros natos e naturalizados.

(5) Estabeleceu a possibilidade de o presidente da República delegar, ao advogado-geral da União, sua competência para dispor, mediante decreto, sobre a organização e o funcionamento da administração federal, quando isso não implicar aumento de despesa nem criação ou extinção de órgãos públicos.

(6) Conferiu ao Tribunal de Contas da União a tarefa de julgar as contas dos administradores e demais responsáveis por dinheiros, bens e valores públicos da administração direta e indireta da União, sem, contudo, atribuir-lhe a competência para aplicar sanções aos responsáveis, nos casos de ilegalidade de despesa ou irregularidade de contas, por ser a referida competência exclusiva do Poder Judiciário, observado o devido processo legal.

1: incorreto. Os governadores dos estados e do DF são julgados no STJ por crimes comuns (art. 105, I, *a*, da CF/1988). O Presidente da República é julgado pelo STF (art. 102, I, *b*, da CF/1988); **2:** incorreto. O MP é instituição permanente e essencial à justiça (art. 127 da CF/1988), mas a representação judicial e extrajudicial da União, suas autarquias e fundações é feita exclusivamente pela Advocacia-Geral da União (art. 131 da CF/1988); **3:** correto (art. 22, XX, da CF/1988); **4:** incorreto. Não reflete o disposto no art. 37, I, da CF/1988; **5:** correto (art. 84, VI, *a* c/c parágrafo único, da CF/1988); **6:** incorreto. Não reflete o disposto no art. 71, II e VIII, da CF/1988.

(Técnico Judiciário – TRT20 – FCC – 2016) Considere

I.   Ministro de Estado.

II. Secretário Estadual.

III. Vereador.

IV. Prefeito.

De acordo com a Constituição Federal, serão remunerados, exclusivamente, por subsídio fixado em parcela única, vedado o acréscimo de qualquer gratificação, adicional, abono, prêmio, verba de representação ou outra espécie remuneratória, obedecidas as normas constitucionais pertinentes, os cargos indicados em

(A) II, III e IV, apenas.

(B) I, II e III, apenas.

(C) I, II, III e IV.

(D) I, III e IV, apenas.

(E) I e II, apenas.

Os cargos públicos mencionados no enunciado (I a IV), como se vê, são alçados por meio do voto direto, para o exercício de mandato, denominado pela Constituição como cargo de "detentor de mandato eletivo". A estas funções públicas haverá remuneração exclusivamente por subsídio fixada em parcela

11. DIREITO CONSTITUCIONAL — 599

única, vedado o acréscimo de qualquer gratificação, adicional, abono, prêmio, verba de representação ou outra espécie remuneratória, obedecidas as normas constitucionais pertinentes, nos termos do art. 39, § 4º, da CF.

5. ORGANIZAÇÃO DOS PODERES

5.1. Temas gerais

(Técnico Judiciário – TST – 2008 – CESPE) Acerca do Direito Constitucional, julgue os itens a seguir.

(1) Os ministros do TST são julgados pelo Superior Tribunal de Justiça, no caso de crimes comuns, e pelo Supremo Tribunal Federal, no caso de crimes de responsabilidade.

(2) Não existe Poder Judiciário municipal.

(3) O presidente da República, mediante decreto, pode criar um novo órgão público, mas a extinção de órgãos que integram a administração federal somente pode ser realizada por meio de lei.

(4) A Defensoria Pública da União é o órgão do Ministério Público da União responsável por oferecer assistência judiciária gratuita à população.

1: incorreto. A competência é originária do STF para os dois casos (art. 102, I, *c*, da CF/1988); **2**: correto. Não há referência a órgãos judiciários municipais no rol do art. 92, I a VII, da CF/1988. Assim, só existem os poderes executivo e legislativo municipais; **3**: incorreto. Não reflete o disposto no art. 84, VI, *a*, da CF/1988; **4**: incorreto. O Ministério Público da União é composto apenas pelos órgãos listados no art. 128, I, *"a"* a *"d"*, da CF/1988. A Defensoria Pública é função essencial à função jurisdicional do Estado (art. 134 da CF/1988).
Gabarito 1E, 2C, 3E, 4E

(Técnico – TRT/6ª – 2012 – FCC) A Constituição Federal reconhece que são Poderes da União, independentes e harmônicos entre si, APENAS o

(A) Legislativo e o Executivo.

(B) Judiciário e o Legislativo.

(C) Executivo, o Legislativo e o Judiciário.

(D) Legislativo, o Executivo, o Judiciário e o Ministério Público.

(E) Executivo, o Legislativo, o Judiciário, o Ministério Público e a Defensoria Pública.

O art. 2º da CF/1988 determina que o Legislativo, o Executivo e o Judiciário são Poderes da União, independentes e harmônicos entre si. O Ministério Público e a Defensoria Pública não fazem parte dos Poderes, pois integram as chamadas funções essenciais à justiça.
Gabarito C.

5.2. Poder Legislativo

(Analista Judiciário – TRT/8ª – 2016 – CESPE) Acerca da organização dos poderes, assinale a opção correta.

(A) O Senado Federal é composto de representantes dos estados e do Distrito Federal, eleitos pelo princípio proporcional para mandato de oito anos.

(B) As comissões parlamentares de inquérito possuem poderes de investigação próprios das autoridades judiciais e só podem ser criadas pela Câmara dos Deputados e pelo Senado Federal, em conjunto.

(C) Compete ao Senado Federal fiscalizar as contas das empresas supranacionais de cujo capital social a União participe de forma direta, nos termos do tratado constitutivo.

(D) Apenas o vice-presidente da República e o ministro da Justiça devem obrigatoriamente compor tanto o Conselho da República quanto o Conselho de Defesa Nacional, devendo os presidentes da Câmara dos Deputados e do Senado Federal participar da composição de apenas um dos dois.

(E) A CF adota o sistema de freios e contrapesos ou de controle do poder pelo poder ao dispor que, embora independentes, os poderes são harmônicos entre si. O princípio da separação dos poderes é cláusula pétrea.

A: incorreta. Determina o art. Art. 46, *caput* e § 1º, da CF que o Senado Federal compõe-se de representantes dos Estados e do Distrito Federal, eleitos segundo o **princípio majoritário**. Cada Estado e o Distrito Federal elegerão três Senadores, com mandato de oito anos; **B:** incorreta. As CPIs podem ser criadas separada-

mente também. O § 3º do art. 58 da CF determina que as comissões parlamentares de inquérito, que terão poderes de investigação próprios das autoridades judiciais, além de outros previstos nos regimentos das respectivas Casas, **serão criadas pela Câmara dos Deputados e pelo Senado Federal, em conjunto ou separadamente**, mediante requerimento de um terço de seus membros, para a apuração de fato determinado e por prazo certo, sendo suas conclusões, se for o caso, encaminhadas ao Ministério Público, para que promova a responsabilidade civil ou criminal dos infratores; **C:** incorreta. Tal atribuição é do Congresso Nacional, não do Senado Federal. De acordo com o art. 71, V, da CF, o controle externo, a cargo do Congresso Nacional, será exercido com o auxílio do Tribunal de Contas da União, ao qual compete, dentre outras atribuições, fiscalizar as contas nacionais das empresas supranacionais de cujo capital social a União participe, de forma direta ou indireta, nos termos do tratado constitutivo; **D:** incorreta. Os presidentes da Câmara dos Deputados e do Senado Federal, ao contrário do mencionado, participam da composição dos dois conselhos. É o que determina os arts. 89, II e III, e 91, II e III, ambos da CF; **E:** correta. Determina o art. 2º da CF que são Poderes da União, independentes e harmônicos entre si, o Legislativo, o Executivo e o Judiciário. Além disso, o § 4º do art. 60 da CF, ao tratar das cláusulas pétreas, faz menção, no inciso III, à **separação dos Poderes.**
Gabarito E.

(Técnico – TRT/11ª – 2012 – FCC) José, Deputado Federal, é investido no cargo de Secretário de um determinado Estado da Federação. Nesse caso, de acordo com a Constituição Federal de 1988, José

(A) perderá o mandato de Deputado Federal se permanecer no cargo de Secretário de Estado por mais de seis meses.

(B) perderá o mandato de Deputado Federal independentemente do prazo que permanecer no cargo de Secretário de Estado.

(C) não perderá o mandato de Deputado Federal e poderá optar pela remuneração do mandato.

(D) não perderá o mandato de Deputado Federal e receberá a remuneração de Secretário de Estado.

(E) poderá cumular os cargos de Deputado Federal e Secretário de Estado, optando-se por uma das remunerações estabelecidas.

O art. 56, I, da CF/1988 determina que o **Deputado** ou Senador investido no cargo de Ministro de Estado, Governador de Território, **Secretário de Estado**, do Distrito Federal, de Território, de Prefeitura de Capital ou chefe de missão diplomática temporária, não perde **o seu mandato. Além disso, o** § 3º do mesmo dispositivo indica que nesse caso o Deputado ou Senador **poderá optar pela remuneração** do mandato.
Gabarito C.

(Técnico Judiciário – TRT/20ª – 2011 – FCC) A competência exclusiva de sustar os atos normativos do Poder Executivo que exorbitem do poder regulamentar ou dos limites de delegação legislativa é do

(A) Superior Tribunal de Justiça.

(B) Supremo Tribunal Federal.

(C) Congresso Nacional.

(D) Presidente da República.

(E) Presidente do Conselho Nacional de Justiça.

O art. 49, V, da CF/1988 determina que é da competência exclusiva do Congresso Nacional sustar os atos normativos do Poder Executivo que exorbitem do poder regulamentar ou dos limites da delegação legislativa.
Gabarito C.

(Técnico Judiciário – TRT8 – CESPE – 2016) Acerca das atribuições do Senado Federal e da Câmara dos Deputados, assinale a opção correta.

(A) Incumbe privativamente à Câmara dos Deputados a indicação dos membros representativos do Poder Legislativo no CNJ.

(B) Cabe ao Senado Federal, independentemente de manifestação da Câmara dos Deputados, a aprovação dos tratados firmados pelo Poder Executivo.

(C) Compete privativamente ao Senado Federal a apreciação do nome indicado pelo presidente da República para procurador-geral da República.

(D) A abertura de processo de *impeachment* contra o presidente da República é de competência exclusiva do Senado Federal.

(E) Cabe exclusivamente ao Senado Federal a indicação de ministros do Tribunal de Contas da União, que deve ser referendada pelo presidente da República.

A: Errado. Haverá uma indicação da Câmara e uma indicação do Senado, nas duas vagas de cidadãos (art. 103-B, inc. XIII, da CF). **B:** Errado. A competência é do Congresso Nacional (Câmara Federal e Senado conjuntamente), nos termos do art. 49, inc. I, da CF. **C:** Correto. Cabe ao Senado aprovar previamente, por voto secreto, após arguição pública a escolha do Procurador-Geral **D:** Errado. A abertura do processo de *impeachment* tem como casa iniciadora a Câmara dos Deputados. O Senado Federal terá a competência de julgar. **E:** Errado. O art. 73, § 2º, da CF estabelece que: "Os Ministros do Tribunal de Contas da União serão escolhidos: I – um terço pelo Presidente da República, com aprovação do Senado Federal, sendo dois alternadamente dentre auditores e membros do Ministério Público junto ao Tribunal, indicados em lista tríplice pelo Tribunal, segundo os critérios de antiguidade e merecimento; II – dois terços pelo Congresso Nacional".

(Técnico Judiciário – TRT8 – CESPE – 2016) A respeito da composição e das finalidades do Conselho Nacional de Justiça (CNJ), assinale a opção correta.

(A) O CNJ é presidido pelo presidente do STF e, na sua ausência e(ou) impedimento, pelo presidente do Tribunal Superior do Trabalho.

(B) O ministro-corregedor do CNJ é eleito pelos seus pares entre os ministros do Superior Tribunal de Justiça para mandato fixo de três anos.

(C) Compete ao CNJ o controle da atuação administrativa e financeira do Poder Judiciário e do cumprimento dos deveres funcionais dos juízes.

(D) O número de membros do CNJ não pode ser superior ao número de ministros do STF.

(E) Embora sejam vitalícios, os membros do CNJ devem aposentar-se compulsoriamente aos setenta e cinco anos de idade.

A: Errada. Na ausência do presidente do STF o CNJ será presidido pelo vice-presidente do STF e não pelo Presidente do TST (art. 103-B, § 1º, da CF). **B:** Errada. O mandato do ministro-corregedor será de 2 anos, admitida uma recondução, assim como os demais membros do Conselho (art. 103-B *caput* da CF). **C:** Correta. (art. 103-B, § 4º, da CF). **D:** Errado. O CNJ é composto por 15 membros. **E:** Errado. Os membros do CNJ não possuirão mandato vitalício. O mandato será de 2 anos, admitida uma recondução.

(Técnico Judiciário – TRT20 – FCC – 2016) Prevê a Constituição Federal que, nas ausências e impedimentos do Presidente do Conselho Nacional de Justiça, o referido Conselho será presidido pelo

(A) Presidente do Superior Tribunal de Justiça.

(B) Vice-Presidente da República.

(C) Presidente do Congresso Nacional.

(D) Vice-Presidente do Supremo Tribunal Federal.

(E) Presidente do Tribunal Superior do Trabalho.

Na ausência do Presidente do Supremo Tribunal Federal, que é o presidente do Conselho Nacional de Justiça, o cargo máximo do Conselho será exercido pelo vice-presidente do Supremo Tribunal Federal (art. 103-B, §1º, da CF).

(Técnico Judiciário – TRT/2ª – 2008 – FCC) Compete privativamente à Câmara dos Deputados

(A) proceder à tomada de contas do Presidente da República, quando não apresentadas ao Congresso Nacional dentro de sessenta dias após a abertura da sessão legislativa.

(B) aprovar previamente, por voto secreto, após arguição pública, a escolha de Ministros do Tribunal de Contas da União indicados pelo Presidente da República.

(C) aprovar previamente, por voto secreto, após arguição em sessão secreta, a escolha dos chefes de missão diplomática de caráter permanente.

(D) autorizar operações externas de natureza financeira, de interesse da União, dos Estados, do Distrito Federal, dos Territórios e dos Municípios.

(E) fixar, por proposta do Presidente da República, limites globais para o montante da dívida consolidada da União, dos Estados, do Distrito Federal e dos Municípios.

A: correta (art. 51, II, da CF/1988). **B:** incorreta. Competência do Senado Federal (art. 52, III, *b*, da CF/1988). **C:** incorreta. Competência do Senado Federal (art. 52, IV, da CF/1988). **D:** incorreta. Competência do Senado Federal (art. 52, V, da CF/1988). **E:** incorreta. Competência do Senado Federal (art. 52, VI, da CF/1988).

(Técnico Judiciário – TRT/2ª – 2008 – FCC) Quanto ao Congresso Nacional, considere:

I. O número total de Deputados, bem como a representação por Estado e pelo Distrito Federal, será estabelecido por lei

complementar, proporcionalmente à população, procedendo-se aos ajustes necessários, no ano anterior às eleições, para que nenhuma daquelas unidades da Federação tenha menos de oito ou mais de setenta Deputados.

II. O Senado Federal compõe-se de representantes dos Estados e do Distrito Federal, eleitos segundo o princípio majoritário.

III. Cada Estado e o Distrito Federal elegerão quatro Senadores, com mandato de oito anos.

IV. Cada Senador será eleito com três suplentes.

É correto o que consta APENAS em

(A) I, II e III.

(B) II e III.

(C) I e II.

(D) I, III e IV.

(E) III e IV.

I: correto (art. 45, § 1º, da CF/1988); **II:** correto (art. 46, *caput*, da CF/1988); **III:** incorreto. Não reflete o disposto no art. 46, § 1º, da CF/1988.

(Técnico – TRT/6ª – 2012 – FCC) Em relação ao Poder Legislativo, é correto afirmar:

(A) Os Senadores representam os Estados e o Distrito Federal e possuem mandato de oito anos, embora a legislatura do Congresso Nacional dure, apenas, quatro anos.

(B) O Congresso Nacional reúne-se, anualmente, na Capital Federal, de 2 de janeiro a 30 de junho e de 1º de agosto a 22 de dezembro.

(C) Os Deputados Federais representam o povo e possuem mandato de quatro anos, embora a legislatura do Congresso Nacional dure oito anos.

(D) A convocação extraordinária do Congresso Nacional será feita pelo Presidente da Câmara dos Deputados em caso de decretação de estado de defesa ou de intervenção federal.

(E) As comissões parlamentares de inquérito são permanentes e possuem poderes para apurar fatos de relevância política, bem como para aplicar sanções.

A: correta. De fato, o Senado Federal representa os Estados e o Distrito Federal. O mandato dos Senadores é de 8 (oito anos), e a representação será renovada de quatro em quatro anos, alternadamente, por um e dois terços (art. 46, §§ 1º e 2º, da CF/1988). Já a legislatura dura apenas 4 (quatro) anos, conforme dispõe o parágrafo único do art. 44 da CF/1988; **B:** incorreta. De acordo com o art. 57 da CF/1988 o Congresso Nacional se reúne, anualmente, na Capital Federal, de **2 de fevereiro a 17 de julho** e de 1º de agosto a 22 de dezembro; **C:** incorreta. De fato os Deputados Federais representam o provo e possuem mandato de 4 (quatro) anos (art. 45 e 46, § 2º, ambos da CF/1988), mas a legislatura, como já explicado, corresponde ao período de 4 (quatro) anos e não 8 (oito) como mencionado (art. 44, parágrafo único da CF/1988; **D:** incorreta. Nessas hipóteses a convocação extraordinária é feita pelo Presidente do Senado Federal (art. 57, § 6º, I, da CF/1988). **E:** incorreta. As comissões parlamentares de inquérito são criadas no âmbito do Poder Legislativo e possuem natureza de comissão provisória ou temporária, pois, após ter sido apurado o fato, a comissão é desfeita. Sua função é a apurar um **fato determinado**, por um **prazo certo** (art. 58, § 3º, da CF/1988). Além disso, tais comissões **não** possuem poder para aplicar sanções. Devem, ao final das investigações, encaminhar relatório ao Ministério Público e às demais autoridades judiciais e administrativas para que elas promovam a responsabilidade dos infratores e aplicação de penalidades.

(Técnico Judiciário – TRT/15ª – 2009 – FCC) A Câmara dos Deputados compõe-se de representantes do povo eleitos, pelo sistema proporcional, em cada Estado, em cada Território e no Distrito Federal, sendo certo que o número total de Deputados, bem como a representação por Estado e pelo Distrito Federal, será estabelecido por

(A) lei complementar, proporcionalmente à população, procedendo-se aos ajustes necessários, no ano anterior às eleições, para que nenhuma daquelas unidades da Federação tenha menos de oito ou mais de setenta Deputados.

(B) lei delegada, proporcionalmente à população, procedendo- se aos ajustes necessários, até seis meses das eleições, para que nenhuma daquelas unidades da Federação tenha menos de cinco ou mais de sessenta Deputados.

(C) emenda constitucional, proporcionalmente à população, procedendo-se aos ajustes necessários, até três meses das eleições,

11. DIREITO CONSTITUCIONAL — 601

para que nenhuma daquelas unidades da Federação tenha menos de três ou mais de oitenta e oito Deputados.

(D) lei ordinária, proporcionalmente à população, procedendo-se aos ajustes necessários, no ano anterior às eleições, para que nenhuma daquelas unidades da Federação tenha menos de sete ou mais de setenta e cinco Deputados.

(E) decreto legislativo, proporcionalmente à população, procedendo-se aos ajustes necessários, no ano anterior às eleições, para que nenhuma daquelas unidades da Federação tenha menos de seis ou mais de sessenta e cinco Deputados.

Conforme dispõe o art. 45, § 1º, da CF, o número total de Deputados, bem como a representação por Estado e pelo Distrito Federal, será estabelecido por lei complementar, proporcionalmente à população, procedendo-se aos ajustes necessários, no ano anterior às eleições, para que nenhuma daquelas unidades da Federação tenha menos de oito ou mais de setenta Deputados.
Gabarito "A".

(Técnico Judiciário – TRT/16ª – 2009 – FCC) Em relação ao Poder Legislativo, é INCORRETO afirmar:

(A) A Câmara dos Deputados compõe-se de representantes do povo, eleitos, pelo sistema proporcional, em cada Estado, em cada Território e no Distrito Federal.

(B) A representação de cada Estado e do Distrito Federal no Senado será renovada de quatro em quatro anos, alternadamente, por um e dois terços.

(C) O Senado Federal compõe-se de representantes dos Estados e Territórios, eleitos segundo o princípio proporcional.

(D) Cada Senador será eleito com dois suplentes.

(E) No Congresso Nacional, cada legislatura terá a duração de quatro anos.

A: correta (art. 45, *caput*, da CF/1988); **B:** correta (art. 46, § 2º, da CF/1988); **C:** incorreta, devendo ser assinalada. A eleição para o Senado segue o princípio majoritário (art. 46, *caput*, da CF/1988); **D:** correta (art. 46, § 3º, da CF/1988); **E:** correta (art. 44, parágrafo único, da CF/1988).
Gabarito "C".

(Técnico Judiciário – TRT/18ª – 2008 – FCC) No que diz respeito ao Poder Legislativo, NÃO perderá o mandato Deputado ou Senador que

(A) deixar de comparecer, em cada sessão legislativa, à terça parte das sessões ordinárias da Casa a que pertencer, salvo licença ou missão por esta autorizada.

(B) for licenciado pela respectiva Casa por motivo de doença, ou para tratar, sem remuneração, de interesse particular, desde que, neste caso, o afastamento não ultrapasse cento e vinte dias por sessão legislativa.

(C) for proprietário, controlador ou diretor de empresa, desde a posse, que goze de favor decorrente de contrato com pessoa jurídica de direito público, ou nela exercer função remunerada.

(D) firmar ou manter, desde a expedição do diploma, contrato com pessoa jurídica de direito público, autarquia, empresa pública, sociedade de economia mista ou empresa concessionária de serviço público, salvo quando o contrato obedecer às cláusulas uniformes.

(E) abusar das prerrogativas asseguradas a membro do Congresso Nacional ou auferir vantagem indevida.

A: incorreta. Hipótese de perda do mandato (art. 55, III, da CF/1988); **B:** correta (art. 56, II, da CF/1988); **C:** incorreta. Vedação constante do art. 54, II, *a*, da CF/1988; **D:** incorreta. Vedação constante do art. 54, I, *a*, da CF/1988; **E:** incorreta. Falta de decoro parlamentar (art. 55, § 1º, da CF/1988).
Gabarito "B".

(Técnico Judiciário – TRT/1ª – 2008 – CESPE) Em relação ao Poder Legislativo, assinale a opção correta.

(A) Compete ao Congresso Nacional fixar os subsídios dos ministros de Estado, não havendo necessidade de que a norma seja sancionada pelo presidente da República.

(B) Os decretos legislativos são hierarquicamente inferiores às leis ordinárias.

(C) As emendas à CF/1988 devem ser sancionadas pelo presidente da República em até 15 dias úteis, sob pena de concordância tácita.

(D) Para a participação popular no processo legislativo, quando relativa à apresentação de propostas de emenda à CF/1988, exige-se que 3% do eleitorado subscrevam a proposta.

(E) A tramitação de projetos de lei de iniciativa do STF, dentro do modelo bicameral, será iniciada no Senado Federal.

A: correta (art. 49, VIII, da CF/1988); **B:** incorreta. Não há hierarquia propriamente dita, mas matérias sujeitas à edição por decreto legislativo e matérias reservadas às leis ordinárias; **C:** incorreta. As emendas à Constituição não se submetem a sanção/veto do Presidente da República, pois são manifestação do Poder Constituinte (art. 60, §§ 2º e 3º, da CF/1988); **D:** incorreta. Não reflete o disposto no art. 61, § 2º, da CF/1988; **E:** incorreta. Não reflete o disposto no art. 64 da CF/1988.
Gabarito "A".

(Técnico Judiciário – TRT/1ª – 2008 – CESPE) Em relação ao Poder Legislativo, assinale a opção correta.

(A) A autorização da Câmara dos Deputados é condição necessária ao início de processo criminal no STF, em razão de crime contra a administração praticado por deputado federal.

(B) Os deputados e senadores não são obrigados a testemunhar quanto a informações recebidas ou prestadas em razão do exercício do mandato, nem acerca das pessoas que lhes confiaram ou deles receberam informações.

(C) Enquanto não tomar posse, a pessoa eleita para o Senado pode exercer cargo comissionado em empresa pública federal.

(D) O deputado federal passa a ter foro privilegiado perante o STF a partir da posse.

(E) A escolha de chefes de missão diplomática é aprovada pela Câmara dos Deputados, por maioria de votos, em escrutínio secreto.

A: incorreta. Não há necessidade de licença prévia, mas há possibilidade de sustação do processo, na forma do art. 53, § 3º, da CF/1988; **B:** correta (art. 53, § 6º, da CF/1988); **C:** incorreta. Não reflete o disposto no art. 54, I, *b*, da CF/1988, que veda o exercício desses cargos desde a expedição do diploma; **D:** incorreta. Não a partir da posse, mas desde a expedição do diploma (art. 53, § 1º, da CF/1988); **E:** incorreta. Competência do Senado Federal (art. 52, IV, da CF/1988).
Gabarito "B".

5.2.1 Processo Legislativo

(Técnico Judiciário – TRT8 – CESPE – 2016) No que se refere às emendas à CF, assinale a opção correta.

(A) É vedada a proposta de emenda à Constituição que trate de matéria referente à ordem tributária.

(B) A CF pode ser emendada na vigência de intervenção federal, mas não na vigência de estado de defesa ou de estado de sítio.

(C) A iniciativa das emendas à Constituição compete somente ao presidente da República ou à maioria qualificada de qualquer das Casas do Congresso.

(D) Emenda à Constituição pode versar sobre a abolição da forma federativa de Estado.

(E) A proposta de emenda à Constituição deve ser examinada, em dois turnos, em ambas as Casas do Congresso Nacional, sendo necessários, para sua aprovação, três quintos de votos de seus respectivos membros.

A: Errada. Não há vedação no rol de cláusulas pétreas (art. 60 § 4º, da CF) à matéria tributária. **B:** Errada. A CF não poderá ser emendada na vigência de intervenção federal, estado de defesa ou estado de sítio (art. 60, §1º, da CF). **C:** Errada. A iniciativa poderá ser: i) de um terço, no mínimo, dos membros da Câmara dos Deputados ou do Senado Federal; ii) Presidente da República; iii) mais da metade das Assembleias Legislativas, manifestada cada uma delas pela maioria de seus membros (art. 60, inc. I a III, da CF). **D:** Errada. A CF institui a forma federativa de Estado como uma cláusula pétrea que não será objeto de deliberação (art. 60, § 4º, inc. I da CF). **E:** Correta, nos termos do § 2º do art. 60 da CF.
Gabarito "E".

(Técnico Judiciário – TRT/8ª – 2010 – FCC) As Leis complementares e ordinárias que versem sobre servidores públicos da União, seu regime jurídico, provimento de cargos, estabilidade e aposentadoria são de iniciativa privativa

(A) do Congresso Nacional.

(B) da Comissão da Câmara dos Deputados.

(C) do Senado Federal.

(D) do Presidente da República.

(E) do Procurador-Geral da República.

As leis complementares e ordinárias que versem sobre servidores públicos da União, seu regime jurídico, provimento de cargos, estabilidade e aposentadoria, conforme o art. 61, § 1º, II, c, da CF/1988, são de iniciativa do Presidente da República.

(Técnico Judiciário – TRT8 – CESPE – 2016) Acerca da medida provisória, espécie de norma jurídica prevista na CF, assinale a opção correta.

(A) É permitida a edição de medida provisória para a instituição ou a majoração de tributos de pessoa física.

(B) A apreciação das medidas provisórias inicia-se no Senado Federal.

(C) Permite-se a edição de medidas provisórias concernentes a matéria de direito eleitoral.

(D) A medida provisória constitui forma de elaboração legislativa excepcional, admitida somente para tratar de matérias consideradas de urgência e de relevância.

(E) É permitida a edição de medidas provisórias que tratem dos direitos do acusado em matéria penal e processual penal.

A: Correta. É legítima a disciplina de matéria de natureza tributária por meio de medida provisória, salvo nas hipóteses reservadas à lei complementar. **B:** Errada. A apreciação de medida provisória terá sua votação iniciada na Câmara dos Deputados (art. 62, § 8º, da CF). **C:** Errada. Há vedação expressa a respeito da edição de medida provisória em matéria de direito eleitoral (art. 62, § 1º, inc. I, alínea "a"). **D:** Correta. (art. 62 *caput* da CF). **E:** Errada. Há vedação expressa a respeito da edição de medida provisória em matéria penal e processual penal (art. 62, §1º, inc. I, alínea "b", da CF).

(Técnico Judiciário – TRT/5ª – 2008 – CESPE) Quanto ao processo legislativo, julgue os itens subsequentes.

(1) Os estados podem editar medidas provisórias na respectiva esfera de competência legislativa, desde que haja previsão para tanto na respectiva constituição estadual.

(2) Medida provisória não constitui instrumento adequado a ser editado em janeiro de 2008 para criar tributo que só será cobrado em 2009.

(3) É constitucional lei de iniciativa de deputado estadual criadora de gratificação na secretaria de saúde do estado.

(4) As assembleias legislativas estaduais podem propor emendas à Constituição Federal, desde que a proposta seja feita por mais da metade do total das assembleias legislativas e por maioria relativa dos membros de cada uma delas.

1: correto. O STF admite a adoção de medida provisória pelo governador de estado ou do Distrito Federal desde que haja previsão na constituição estadual (ou na lei orgânica do DF) e sejam observados os princípios e limitações impostos pelo modelo estabelecido no art. 62 da CF/1988. Vale lembrar que o princípio da simetria (ou paralelismo) de competências deve ser aplicado entre os entes federativos; **2:** correto (art. 62, § 2º, da CF/1988); **3:** incorreto. Viola a norma do art. 61, § 1º, II, a, da CF/1988, que deve ser observada pelos estados pelo princípio da simetria; **4:** correto (art. 60, III, da CF/1988).

5.2.2 Fiscalização Contábil, Financeira e Orçamentária

(Técnico Judiciário – TRT24 – FCC – 2017) No tocante à fiscalização contábil, financeira e orçamentária, segundo a Constituição Federal, o controle externo, a cargo do Congresso Nacional, será exercido com o auxílio do Tribunal de Contas da União. O Tribunal encaminhará relatório de suas atividades ao

(A) Congresso Nacional, semestralmente.

(B) Supremo Tribunal Federal, semestralmente.

(C) Supremo Tribunal Federal, trimestral e anualmente.

(D) Congresso Nacional, trimestral e anualmente.

(E) Superior Tribunal de Justiça, semestralmente.

Art. 71 § 4º, da CF.

(Técnico Judiciário – TRT/9ª – 2012 – FCC) Nos termos da Constituição Federal, os Ministros do Tribunal de Contas da União

(A) terão as mesmas garantias, prerrogativas, impedimentos, vencimentos e vantagens dos Ministros do Superior Tribunal de Justiça.

(B) serão nomeados dentre brasileiros que satisfaçam, entre outros requisitos, no mínimo 15 anos de exercício de função ou de efetiva atividade profissional.

(C) serão escolhidos um terço pelo Presidente da República, com aprovação do Senado Federal e, dois terços, pelo Senado Federal.

(D) não podem ser substituídos por auditor, uma vez que este não poderá ter as mesmas garantias e impedimentos dos Ministros.

(E) serão nomeados entre brasileiros que tenham, dentre outros requisitos, mais de 30 e menos de 65 anos de idade.

A: correta. De acordo com o art. 73, § 3º, da CF/1988, os Ministros do Tribunal de Contas da União terão as mesmas garantias, prerrogativas, impedimentos, vencimentos e vantagens dos Ministros do Superior Tribunal de Justiça; **B:** incorreta. Os requisitos para o cargo de Ministro do Tribunal de Contas da União, de acordo com o art. 73, § 1º, da CF/1988, são os seguintes: I – ser brasileiro e contar com mais de 35 (trinta e cinco) e menos de 65 (sessenta e cinco anos de idade), II – idoneidade moral e reputação ilibada, III – notórios conhecimentos jurídicos, contábeis, econômicos e financeiros ou de administração pública, IV – mais de **dez anos** de exercício de função ou de efetiva atividade profissional que exija os conhecimentos mencionados no inciso anterior; **C:** incorreta. Conforme dispõe o § 2º do art. 73 da CF/1988, os Ministros do Tribunal de Contas da União serão escolhidos: I – um terço pelo Presidente da República, com aprovação do Senado Federal, sendo dois alternadamente dentre auditores e membros do Ministério Público junto ao Tribunal, indicados em lista tríplice pelo Tribunal, segundo os critérios de antiguidade e merecimento e II – **dois terços pelo Congresso Nacional**; **D:** incorreta. Ao contrário, o art. 73, § 4º, da CF/1988 determina que os Ministros possam ser substituídos por auditor e, nesse caso, o auditor terá as mesmas garantias e impedimentos do titular e, quando no exercício das demais atribuições da judicatura, as de juiz de Tribunal Regional Federal; **E:** incorreta. A idade exigida para o cargo, como mencionado, é de **mais de 35 (trinta e cinco) e menos de 65 (sessenta e cinco) anos de idade.**

(Técnico Judiciário – TRT/1ª – 2008 – CESPE) Em denúncia ao TCU, que manteve o sigilo da fonte reveladora das irregularidades administrativas, foi delatada a malversação de verbas públicas por membros da direção de tribunal federal. Após apuração, foi imputada multa ao ordenador de despesas. Com base nessa situação hipotética, assinale a opção correta.

(A) Em razão da natureza judicial da decisão do TCU, contra ela cabe recurso ao STF.

(B) É inconstitucional que o TCU mantenha no anonimato o autor das denúncias.

(C) A referida multa tem eficácia de título judicial e deve ser executada em uma das varas da justiça federal.

(D) Não cabe ao TCU investigar os tribunais superiores, cujos atos administrativos somente podem ser apreciados pelo órgão controle do Conselho Nacional de Justiça.

(E) Compete ao Ministério Público junto ao TCU o oferecimento de denúncia relativa a crime cometido contra a administração pública, assim como a ação de improbidade administrativa.

A: incorreta. O TCU não integra a estrutura do Poder Judiciário (art. 92, I a VII, da CF/1988), mas sim a do Poder Legislativo (art. 70 e 71 da CF/1988). Por isso, sua decisão não tem "natureza judicial", dela não cabendo recurso ao STF (mas pode ser impugnada judicialmente, pela ação própria); **B:** correta. Ao apreciar o MS 24.405, o STF declarou a inconstitucionalidade do artigo do Regimento Interno do TCU que permitia o sigilo do autor de denúncias contra servidores públicos; **C:** incorreta. Não tem natureza de título *judicial*, mas de título executivo extrajudicial (art. 71, § 3º, da CF/1988); **D:** incorreta. Não reflete o disposto no art. 71, II, da CF/1988, que tem caráter genérico e dirige-se a todo o Poder Público; **E:** incorreta. Não reflete o disposto nos arts. 128, I e II, e 130 da CF/1988. A ação de improbidade pode ser proposta pela Advocacia-Geral da União, que inclusive tem escritório próprio no TCU.

5.3. Poder Executivo

(Técnico Judiciário – TRT24 – FCC – 2017) Considere os seguintes atos do Presidente da República praticados contra

I. a existência da União.

II. o cumprimento das leis e das decisões judiciais.

III. a probidade na Administração.

IV. o exercício dos direitos políticos, individuais e sociais.

De acordo com a Constituição Federal, são crimes de responsabilidade os atos do Presidente da República indicados em

(A) I, II e III, apenas.

(B) I, II, III e IV.

11. DIREITO CONSTITUCIONAL · 603

(C) II, III e IV, apenas

(D) I e IV, apenas.

(E) II e IV, apenas.

I: art. 85, inc. I, da CF; **II:** art. 85, inc. VII, da CF; **III:** art. 85, inc. V, da CF e **IV:** art. 85, inc. III, da CF.

Gabarito "B".

(Técnico Judiciário – TRT8 – CESPE – 2016) Acerca das competências do presidente da República, assinale a opção correta.

(A) A nomeação dos ministros do Tribunal Superior do Trabalho realizada pelo presidente da República depende da aprovação da Câmara dos Deputados.

(B) Compete ao presidente da República exercer o comando supremo das Forças Armadas.

(C) A celebração de tratados, convenções e atos internacionais pelo presidente da República está sujeita a referendo do Senado Federal.

(D) Cabe ao presidente da República, de forma discricionária, nomear embaixadores.

(E) A nomeação e a exoneração de ministros de Estado pelo presidente da República dependem da aprovação do Congresso Nacional.

A:Errado. A nomeação dos ministros do Tribunal Superior do Trabalho será realizada pelo Presidente da República após a aprovação do Senado Federal por maioria absoluta de seus membros e não pela Câmara dos Deputados (art. 111-A da CF). **B:** Correto. Competirá privativamente ao Presidente da República o exercício do comando supremo das Forças Armadas (art. 84, inc. XIII, da CF). **C:**Errado. A celebração de tratados, convenções e atos internacionais pelo Presidente da República está sujeita a referendo do Congresso Nacional (art. 84, inc. VIII, da CF). **D:** Errado. A Constituição estabelece no art. 52, inc. IV, que competirá ao Senado a escolha dos chefes de missão diplomática (incluindo os embaixadores). **E:**Errado. A nomeação e exoneração de ministros de Estado, são traduzidas no texto constitucional como cargo em comissão, de modo que não dependerão de aprovação do Congresso, sendo de livre nomeação e exoneração (demissível *ad nutum*) (art. 37, inc. II da CF).

Gabarito "B".

(Técnico Judiciário – TRT8 – CESPE – 2016) Assinale a opção correta a respeito dos princípios da administração pública.

(A) Em decorrência do princípio da hierarquia, nega-se o direito de greve e de livre associação sindical para funcionários do Poder Judiciário.

(B) Em decorrência do princípio da legalidade, é permitido ao agente público praticar atos administrativos que não sejam expressamente proibidos pela lei.

(C) A observância dos princípios da eficiência e da legalidade é obrigatória apenas à administração pública direta.

(D) A proibição de nomear parentes para ocupar cargos comissionados na administração pública é expressão da aplicação do princípio da moralidade.

(E) O princípio da publicidade não está expressamente previsto na CF.

A: Errado. O direito à greve é previsto no texto constitucional (art. 37, inc. VII, da CF) **B:** Errado. Em decorrência do princípio da legalidade, ao agente público é permitido praticar atos que estejam expressamente previstos em lei, somente. A faculdade da prática de atos que não estejam expressamente proibidas é garantido somente ao particular. **C:**Errado. A todos os órgãos da Administração. **D:**Correto. A proibição do nepotismo visa coibir atos atentatórios à moralidade, mas não apenas. Também à impessoalidade. **E:** Errado. Publicidade está prevista no caput do art. 37 como princípio norteador da Administração pública.

Gabarito "D".

(Técnico Judiciário – TST – 2008 – CESPE) O presidente da República apresentou projeto de lei que amplia para 10% o percentual de vagas destinadas a pessoas portadoras de deficiência nos concursos públicos para a administração federal. Com relação a essa situação hipotética, julgue os itens que se seguem.

(1) Esse projeto é de iniciativa privativa do presidente da República, em virtude da matéria que ele regula.

(2) Se esse projeto for rejeitado pela Câmara dos Deputados, o presidente da República poderá recorrer ao Senado Federal contra essa decisão.

1: correto (art. 61, § 1º, II, *a*, da CF/1988); **2:** incorreto. O projeto de lei rejeitado deve ser arquivado, sem previsão de nenhum tipo de recurso (art. 65 da CF/1988, parte final).

Gabarito 1C, 2E.

(Técnico – TRT/6ª – 2012 – FCC) Em relação ao tema responsabilidade do Presidente da República, considere:

I. Compete privativamente ao Senado Federal processar e julgar o Presidente da República nos crimes de responsabilidade, podendo sancioná-lo com pena de privação de liberdade e inabilitação, por oito anos, para o exercício de função pública.

II. O Presidente da República, na vigência de seu mandato, não pode ser responsabilizado por atos estranhos ao exercício de suas funções.

III. Enquanto não sobrevier sentença condenatória, nas infrações comuns, o Presidente da República não estará sujeito à prisão.

Está correto o que se afirma em

(A) I, apenas.

(B) II, apenas.

(C) I e II, apenas.

(D) II e III, apenas.

(E) I, II e III.

I: incorreto. Cabe ao Senado Federal julgar o Presidente da República no caso de crime de responsabilidade, mas a condenação **está limitada à perda do cargo, com inabilitação, por oito anos, para o exercício de função pública**, sem prejuízo das demais sanções judiciais cabíveis (art. 52, parágrafo único, da CF/1988). Desse modo, a aplicação da pena privativa de liberdade não é da competência do Senado; **II:** correta (art. 86, § 4º, da CF/1988); **III:** correta (art. 86, § 3º, da CF/1988).

Gabarito "D".

(Técnico Judiciário – TRT/20ª – 2011 – FCC) O Conselho de Defesa Nacional é órgão de consulta do Presidente da República nos assuntos relacionados com a soberania nacional e a defesa do Estado democrático, e dele NÃO participa como membro nato o

(A) Procurador-Geral da República.

(B) Presidente da Câmara dos Deputados.

(C) Presidente do Senado Federal.

(D) Ministro das Relações Exteriores.

(E) Ministro do Planejamento.

O art. 91 da CF/1988 indica as pessoas consideradas membros natos do Conselho de Defesa Nacional dentre as quais não se encontra o Procurador-Geral da República.

Gabarito "A".

(Técnico Judiciário – TRT/22ª – 2010 – FCC) O Presidente da República poderá delegar ao Procurador-Geral da República a competência de

(A) enviar ao Congresso Nacional o plano plurianual, o projeto de lei de diretrizes orçamentárias e as propostas de orçamento previstos na Constituição Federal.

(B) remeter mensagem e plano de governo ao Congresso Nacional por ocasião da abertura da sessão legislativa, expondo a situação do País e solicitando as providências que julgar necessárias.

(C) exercer o comando supremo das Forças Armadas, nomear os Comandantes da Marinha, do Exército e da Aeronáutica, promover seus oficiais-generais e nomeá-los para os cargos que lhes são privativos.

(D) permitir, nos casos previstos em lei complementar, que forças estrangeiras transitem pelo território nacional ou nele permaneçam temporariamente.

(E) dispor, mediante decreto, sobre organização e funcionamento da administração federal, quando não implicar aumento de despesa nem criação ou extinção de órgãos públicos.

A: incorreta (art. 84, XXIII, da CF/1988); **B:** incorreta (art. 84, XI, da CF/1988); **C:** incorreta (art. 84, XIII, da CF/1988); **D:** incorreta (art. 84, XXII, da CF/1988); **E:** correta. O art. 84 da CF/1988, em vinte e sete incisos, trata das competências privativas do Presidente da República. O parágrafo único do mesmo dispositivo admite a delegação das atribuições previstas nos incisos VI, XII e XXV. A disposição, mediante decreto, sobre organização e funcionamento da administração federal, quando não implicar aumento de despesa nem criação ou extinção de órgãos públicos, é um exemplo, pois vem prevista no inciso VI.

Gabarito "E".

(Técnico Judiciário – TRT/8ª – 2010 – FCC) No tocante à responsabilidade do Presidente da República,

(A) admitida a acusação contra ele, por um terço da Câmara dos Deputados, será ele submetido a julgamento perante o Supremo Tribunal Federal nos crimes de responsabilidade.

(B) os crimes de responsabilidade serão definidos em lei especial, que estabelecerá as normas de processo e julgamento.

(C) são crimes de responsabilidade os atos que atentarem contra a Constituição Federal e, especialmente, contra a probidade na administração.

(D) ficará suspenso de suas funções nas infrações penais comuns, se recebida a denúncia ou queixa-crime pelo Senado Federal.

(E) ficará suspenso de suas funções nos crimes de responsabilidade, após a instauração do processo pelo Supremo Tribunal Federal.

A: incorreta. Há duas afirmações erradas nessa alternativa. A primeira é relativa ao quórum, pois é de **dois terços** e não de um terço, como mencionado. O segundo erro diz respeito à competência para julgamento do Presidente no caso de crimes de **responsabilidade** que é do **Senado Federal** e não do Supremo Tribunal Federal, como afirmado (art. 86, *caput*, da CF/1988); **B:** incorreta. A CF/1988, em seu art. 85, lista, de forma exemplificativa, hipóteses de crimes de responsabilidade. O parágrafo único do mesmo dispositivo determina que esses crimes sejam definidos em lei especial e que tal lei estabelecerá as normas de processo e julgamento. Desse modo, é possível concluir que **há crimes de responsabilidade na Constituição e em lei especial** como é o caso da Lei 1.079/1950, alterada pela Lei 10.028/2000. O processo e julgamento dos crimes de responsabilidade se dão de acordo com as normas previstas na Lei 8.038/1990; **C:** correta, conforme dispõe o art. 85, V, da CF/1988; **D e E:** incorretas. Conforme o art. 86, § 1º, I, da CF/1988, o Presidente ficará suspenso de suas funções, nas infrações penais comuns, se recebida a denúncia ou queixa-crime pelo **Supremo Tribunal Federal** e, nos crimes de responsabilidade, após a instauração do processo pelo **Senado Federal**.

Gabarito "C".

(Técnico Judiciário – TRT/9º – 2010 – FCC) Nas infrações penais comuns e nos crimes de responsabilidade, a acusação feita contra o Presidente da República deverá ocorrer por parte de

(A) dois terços do Senado Federal, em ambos os casos.

(B) metade da Câmara dos Deputados e metade do Senado Federal, respectivamente.

(C) um terço do Supremo Tribunal Federal e um terço do Congresso Nacional, respectivamente.

(D) dois terços da Câmara dos Deputados, em ambos os casos.

(E) metade do Congresso Nacional e metade do Supremo Tribunal Federal, respectivamente.

Conforme dispõe o *caput* do art. 86 da CF/1988, a acusação feita contra o Presidente da República, tanto pela prática de crime comum, quanto pela prática de crime de responsabilidade, deve ocorrer por parte de **dois terços** da Câmara dos Deputados. É o chamado juízo de admissibilidade da Câmara.

Gabarito "D".

(Técnico Judiciário – TRT/2ª – 2008 – FCC) O Conselho da República é órgão superior de consulta do Presidente da República, e dele NÃO participa o

(A) Vice-Presidente da República.

(B) Presidente da Câmara dos Deputados.

(C) Presidente do Senado Federal.

(D) Presidente do Supremo Tribunal Federal.

(E) Ministro da Justiça.

De acordo com o art. 89, I a VII, da CF, o Conselho da República é órgão superior de consulta do Presidente da República, e dele participam: I – o Vice-Presidente da República; II – o Presidente da Câmara dos Deputados; III – o Presidente do Senado Federal; IV – os líderes da maioria e da minoria na Câmara dos Deputados; V – os líderes da maioria e da minoria no Senado Federal; VI – o Ministro da Justiça; VII – seis cidadãos brasileiros natos, com mais de trinta e cinco anos de idade, sendo dois nomeados pelo Presidente da República, dois eleitos pelo Senado Federal e dois eleitos pela Câmara dos Deputados, todos com mandato de três anos, vedada a recondução. Portanto, o **Presidente do STF** não participa do mencionado Conselho.

Gabarito "D".

(Técnico Judiciário – TRT/7ª – 2009 – FCC) Sobre o Presidente da República, é correto afirmar que

(A) no caso de impedimento, será substituído pelo Procurador-Geral da República.

(B) exerce o Poder Executivo, auxiliado pelos Ministros de Estado.

(C) o mandato é de cinco anos, vedada a reeleição para o período subsequente.

(D) não poderá, sem licença do Congresso Nacional, ausentar-se do País por período superior a dez dias, sob pena de perda do cargo.

(E) lhe compete, privativamente, nomear e exonerar o Vice-Presidente da República.

A: incorreta. Não reflete o disposto no art. 80 da CF/1988; **B:** correta (art. 76 da CF/1988); **C:** incorreta. Não reflete o disposto no art. 82 da CF/1988; **D:** incorreta. Não reflete o disposto no art. 83 da CF/1988; **E:** incorreta. O Vice-Presidente é eleito pelos eleitores juntamente com o Presidente (art. 77 da CF/1988). O Presidente da República pode exonerar, por exemplo, os Ministros de Estado, mas não o Vice-Presidente.

Gabarito "B".

(Técnico Judiciário – TRT/16ª – 2009 – FCC) Assinale a assertiva INCORRETA.

(A) O Presidente da República tomará posse em sessão do Senado Federal e o Vice-Presidente perante a Câmara dos Deputados.

(B) Se, antes de realizado o segundo turno, ocorrer impedimento legal de candidato, convocar-se-á, dentre os remanescentes, o de maior votação.

(C) O mandato do Presidente da República é de quatro anos e terá início em primeiro de janeiro do ano seguinte ao da sua eleição.

(D) O Vice-Presidente da República não poderá, sem licença do Congresso Nacional, ausentar-se do País por período superior a quinze dias, sob pena de perda do cargo.

(E) Substituirá o Presidente, no caso de impedimento, e suceder-lhe-á, no de vaga, o Vice-Presidente.

A: incorreta, devendo ser assinalada. Não reflete o disposto no art. 78 da CF/1988; **B:** correta (art. 77, § 4º, da CF/1988); **C:** correta (art. 82 da CF/1988); **D:** correta (art. 83 da CF/1988); **E:** correta (art. 79 da CF/1988).

Gabarito "A".

(Técnico Judiciário – TRT/18ª – 2008 – FCC) No que tange ao Poder Executivo, é correto afirmar que compete ao Ministro de Estado

(A) decretar e executar a intervenção federal.

(B) decretar o estado de defesa e o estado de sítio.

(C) expedir instruções para a execução das leis, decretos e regulamentos.

(D) conferir condecorações e distinções honoríficas.

(E) nomear o Advogado-Geral da União.

A, B, D e E: Competências privativas do Presidente da República (art. 84, IX, X, XVI e XXI, da CF/1988); **C:** art. 87, parágrafo único, II, da CF/1988.

Gabarito "C".

(Técnico Judiciário – TRT/5ª – 2008 – CESPE) Acerca do Poder Executivo, julgue os itens que se seguem.

(1) É crime de responsabilidade o ato que atente contra o exercício de direitos sociais cometido pelo presidente da República.

(2) O decreto presidencial é o instrumento adequado para a criação de novos cargos públicos.

(3) Caso haja recebimento, pelo Supremo Tribunal Federal, de queixa-crime contra o presidente da República pela prática de infração penal, este terá suspensas as suas funções.

1: correto (art. 85, III, da CF/1988); **2:** incorreto. O art. 61, § 1º, II, a, da CF/1988 refere-se a *lei* de criação de cargos; **3:** correto (art. 86, § 1º, I, da CF/1988).

Gabarito 1C, 2E, 3C.

5.4. Poder Judiciário

(Técnico Judiciário – TRT24 – FCC – 2017) De acordo com a Constituição Federal, as ações contra o Conselho Nacional de Justiça são processadas e julgadas, originariamente, pelo

(A) Superior Tribunal de Justiça.

(B) Supremo Tribunal Federal.

(C) Congresso Nacional.

(D) Senado Federal.

(E) Conselho da Justiça Federal.

Art. 102, inc. I, alínea "r" da CF.

Gabarito "B".

(Técnico Judiciário – TRT24 – FCC – 2017) Compete ao Supremo Tribunal Federal julgar, em recurso ordinário,

(A) o *habeas corpus* decidido em última instância pelos Tribunais Regionais Federais.

(B) o *habeas corpus* decidido em única instância pelos Tribunais Regionais Federais.

(C) o crime político.

(D) as causas em que forem partes Estado estrangeiro ou organismo internacional, de um lado, e, do outro, Município.

(E) as causas decididas, em única instância, pelos Tribunais dos Estados e do Distrito Federal quando a decisão recorrida contrariar tratado ou lei federal.

A: Errada. A assertiva apresenta dois equívocos. I) Compete ao Supremo Tribunal Federal julgar, em recurso ordinário, o *habeas corpus* decidido em única instância e não em última instância; II) a partir de decisão emanada pelos Tribunais Superiores e não pelos Tribunais Regionais Federais (art. 102, inc. II, alínea "a" da CF). **B:** Errada. A assertiva apresenta um equívoco. A competência do Supremo Tribunal Federal para julgar o *habeas corpus* será a partir de decisão emanada pelos Tribunais Superiores e não pelos Tribunais Regionais Federais (art. 102, inc. II, alínea "a" da CF). **C:** Correta. Art. 102, inc. II, alínea "b" da CF. **D:** Errada. Trata-se de competência do Superior Tribunal de Justiça (art. 105, inc. II, alínea "C"). **E:** Errada. Trata-se de competência do Superior Tribunal de Justiça (art. 105, inc. III, alínea "a"). **TC**
Gabarito "C".

(Técnico Judiciário – TRT11 – FCC – 2017) Considere os seguintes membros do Supremo Tribunal Federal:

I. Mauro é Ministro.

II. Verônica é Presidente.

III. Lúcio é Vice-Presidente.

O Conselho Nacional de Justiça será composto por

(A) Mauro, Verônica e Lúcio, sendo seu presidente aquele que for nomeado pelo Presidente da República, depois de aprovada a escolha pela maioria absoluta do Congresso Nacional.

(B) Mauro e Verônica, sendo que esta o presidirá, e nas ausências e impedimentos, o Conselho será presidido por Lúcio.

(C) Mauro, que o presidirá, e nas suas ausências e impedimentos, o Conselho será presidido por um Ministro do Superior Tribunal de Justiça nomeado pelo Presidente da República, depois de aprovada a escolha pela maioria absoluta do Senado Federal.

(D) Verônica, sendo presidente um Ministro do Superior Tribunal de Justiça nomeado pelo Presidente da República, depois de aprovada a escolha pela maioria absoluta do Congresso Nacional.

(E) Verônica, que o presidirá, e nas suas ausências e impedimentos, o Conselho será presidido por Lúcio.

O Conselho Nacional de Justiça é composto por 15 (quinze) membros com mandato de 2 (dois) anos, serão eles: i) O Presidente do Supremo Tribunal Federal; ii) um Ministro do Superior Tribunal de Justiça; iii) um Ministro do Tribunal Superior do Trabalho; iv) um desembargador de Tribunal de Justiça; v) um juiz estadual; vi) Um juiz de Tribunal Regional Federal; vii) um juiz federal; viii) um juiz de Tribunal Regional do Trabalho; ix) um juiz do trabalho; x) um membro do Ministério Público da União; xi) um membro do Ministério Público Estadual; xii) dois advogados; e xiii) dois cidadãos (art. 103-B da CF). Na ausência do Presidente do Supremo Tribunal Federal, que é o presidente do Conselho Nacional de Justiça, o cargo máximo do Conselho será exercido pelo vice-presidente do Supremo Tribunal Federal (art. 103-B, § 1º, da CF). **TC**
Gabarito "E".

(Analista Judiciário – TRT/24 – FCC – 2017) De acordo com a Constituição Federal, ao Poder Judiciário é assegurada autonomia administrativa e financeira, sendo que os tribunais elaborarão suas propostas orçamentárias dentro dos limites estipulados conjuntamente com os demais Poderes na lei de diretrizes orçamentárias. Se essas propostas orçamentárias forem encaminhadas em desacordo com os limites estipulados pela Constituição Federal, o Poder Executivo

(A) devolverá a proposta para o Poder Judiciário para revisão e adequação no prazo máximo de sessenta dias.

(B) devolverá a proposta para o Poder Judiciário para revisão e adequação no prazo máximo de trinta dias.

(C) procederá aos ajustes necessários para fins de consolidação da proposta orçamentária anual.

(D) encaminhará a proposta para o Tribunal de Contas da União que deverá tomar as medidas corretivas e proceder aos ajustes

necessários para fins de consolidação da proposta orçamentária anual no prazo máximo de noventa dias.

(E) devolverá a proposta para o Poder Judiciário para revisão e adequação no prazo máximo de noventa dias.

Art. 99, *caput* e §§ 1º e 3º, CF. **TM**
Gabarito "C".

(Analista Judiciário – TRT/24 – FCC – 2017) De acordo com a Constituição Federal, o Supremo Tribunal Federal poderá, de ofício ou por provocação, mediante decisão de dois terços dos seus membros, após reiteradas decisões sobre matéria constitucional, aprovar súmula que, a partir de sua publicação na imprensa oficial, terá efeito vinculante em relação aos demais órgãos do Poder Judiciário e à Administração pública direta e indireta, nas esferas federal, estadual e municipal. Sem prejuízo do que vier a ser estabelecido em lei, a aprovação

(A) de súmula poderá ser provocada por qualquer cidadão, sendo vedado a provocação para revisão ou cancelamento que são atos exclusivos de ofício do Supremo Tribunal Federal.

(B) ou revisão de súmula poderá ser provocada por aqueles que podem propor a ação direta de inconstitucionalidade, sendo vedado a provocação para cancelamento que é ato exclusivo de ofício do Supremo Tribunal Federal.

(C) ou revisão de súmula poderá ser provocada por qualquer cidadão, sendo vedado a provocação para cancelamento que é ato exclusivo de ofício do Supremo Tribunal Federal.

(D) revisão ou cancelamento de súmula poderá ser provocada por aqueles que podem propor a ação direta de inconstitucionalidade.

(E) de súmula poderá ser provocada por aqueles que podem propor a ação direta de inconstitucionalidade, sendo vedado a provocação para revisão ou cancelamento que são atos exclusivos de ofício do Supremo Tribunal Federal.

Art. 103-A, § 2º, CF. **TM**
Gabarito "D".

(Analista Judiciário – TRT/24 – FCC – 2017) Sandoval, estudante de direito, está preparando um seminário sobre os Tribunais Superiores e a Constituição Federal brasileira. Assim, verificando a Carta Magna, no tocante ao Superior Tribunal de Justiça, constatou que é composto por

(A) no mínimo trinta e três Ministros, sendo dois terços dentre Desembargadores dos Tribunais de Justiça, indicados em lista tríplice elaborada pelo próprio Tribunal.

(B) Ministros que serão nomeados pelo Presidente da República, dentre brasileiros com mais de trinta anos e menos de sessenta e cinco anos, de notável saber jurídico e reputação ilibada, depois de aprovada a escolha pela maioria absoluta do Senado Federal.

(C) Ministros que serão nomeados pelo Presidente da República, dentre brasileiros com mais de trinta anos e menos de sessenta e cinco anos, de notável saber jurídico e reputação ilibada, depois de aprovada a escolha por dois terços do Congresso Nacional.

(D) no mínimo trinta e três Ministros, sendo um terço dentre Desembargadores dos Tribunais de Justiça, indicados em lista tríplice elaborada pelo próprio Tribunal.

(E) no mínimo onze Ministros, sendo um terço dentre Juízes dos Tribunais Regionais Federais e um terço dentre Desembargadores dos Tribunais de Justiça, indicados em lista tríplice elaborada pelo próprio Tribunal.

Art. 104, *caput* e parágrafo único, CF. Notem que para o STJ não há quinto, mas terço constitucional (art. 104, parágrafo único, II, CF). **TM**
Gabarito "D".

(Analista Judiciário – TRT/11 – FCC – 2017) Considere as situações abaixo.

I. Propositura, pelo Procurador-Geral da República, de ação com a finalidade de que determinada lei federal seja declarada inconstitucional (ação direta de inconstitucionalidade).

II. Impetração de mandado de segurança contra ato de Ministro de Estado.

III. Impetração de *habeas data* contra ato do Comandante da Marinha.

Compete ao Supremo Tribunal Federal processar e julgar, originariamente, o que consta em

(A) II e III, apenas

(B) I e II, apenas.

(C) I e III, apenas.

(D) I, apenas.

(E) I, II e III.

I: correta. Art. 102, I, "a" e art. 103, VI, ambos da CF; **II:** errada. A competência para julgar MS contra ato de Ministro de Estado é do STJ, não do STF (art. 105, I, "b", CF); **III:** errada. A competência é do STJ, não do STF (art. 105, I, "b", CF).

(Analista Judiciário – TRT/11 – FCC – 2017) Considere as situações abaixo.

I. Samuel é Governador de determinado Estado e deve ser processado por crime comum.

II. Demétrio impetrou mandado de segurança contra ato de Frederico, que é juiz federal.

III. Tadeu é desembargador do Tribunal de Justiça de determinado Estado e deve ser processado por crime de responsabilidade.

A competência para processar e julgar, originariamente, as ações acima apontadas, cabe ao

(A) Superior Tribunal de Justiça; ao Tribunal Regional Federal da Região correspondente; e ao Superior Tribunal de Justiça, respectivamente.

(B) Supremo Tribunal Federal; ao Tribunal Regional Federal da Região correspondente; e ao Tribunal de Justiça que Tadeu integra, respectivamente.

(C) Supremo Tribunal Federal; ao Tribunal Regional Federal da Região correspondente; e ao Supremo Tribunal Federal, respectivamente.

(D) Superior Tribunal de Justiça nas três situações.

(E) Supremo Tribunal Federal; ao Superior Tribunal de Justiça; e ao Tribunal Regional Federal da Região correspondente, respectivamente.

A competência para julgar governadores de estado por crimes comuns é do STJ (art. 105, I, "a", CF); a competência para julgar mandado de segurança contra juiz federal é do TRF correspondente (art. 108, I, "c", CF); a competência para julgar desembargadores por crimes de responsabilidade é do STJ (art. 105, I, "a", CF).

(Técnico Judiciário – TRT8 – CESPE – 2016) Com referência à estrutura e ao funcionamento do Poder Judiciário, assinale a opção correta.

(A) Os ministros do Supremo Tribunal Federal (STF) são nomeados pelo presidente da República após aprovação do Congresso Nacional.

(B) É permitido aos servidores do Poder Judiciário cumprir atos de expediente, sendo-lhes vedado realizar atos administrativos.

(C) O Conselho Nacional de Justiça (CNJ) é órgão do Poder Executivo, embora atue como instância correcional do Poder Judiciário.

(D) São garantias da magistratura a inamovibilidade, a irredutibilidade de subsídios e a vitaliciedade.

(E) O Tribunal de Contas da União é órgão superior do Poder Judiciário.

A: Errada. A nomeação do Ministro dependerá de aprovação do Senado Federal e não do Congresso Nacional (art. 84, inc. XIV, da CF). **B:** Errada. A Constituição estabelece que os servidores receberão delegação para a prática de atos de mero expediente sem caráter decisório e também atos administrativos (art. 93, inc. XIV, da CF). **C:** Errada. O CNJ é órgão do Poder Judiciário. (art. 92, inc. I-A, da CF). **D:** Correta (art. 95, inc. I, II e III, da CF). **E:** Errada. O Tribunal de Contas da União é órgão de apoio do Poder Legislativo que possui suas competências definidas no art. 71 da CF.

(Técnico Judiciário – TRT/9ª – 2012 – FCC) A Constituição Federal traz a competência do Superior Tribunal de Justiça para o julgamento de Recurso Especial. Nesse sentido, NÃO enseja Recurso Especial a decisão que

(A) contrariar tratado.

(B) der à lei federal interpretação divergente da que lhe haja atribuído outro Tribunal.

(C) julgar válido ato de governo local contestado em face da Constituição Federal.

(D) negar vigência à lei federal.

(E) julgar válido ato de governo local contestado em face de lei federal.

A: incorreta. A decisão que contraria tratado internacional é passível de recurso especial (art. 105, III, *a*, da CF/1988); **B:** incorreta. A decisão que der à lei federal interpretação divergente da que lhe haja atribuído outro Tribunal também está sujeita a interposição de recurso especial (art. 105, III, *c*, da CF/1988); **C:** correta. De fato, contra a decisão que julga válido ato de governo local contestado em face da Constituição Federal não cabe recurso especial, mas sim recurso extraordinário (art. 102, III, *c*, da CF/1988); **D:** incorreta. A decisão que nega vigência à lei federal é passível de recurso especial (art. 105, III, *a*, 2ª parte, da CF/1988); **E:** incorreta. Por fim, a decisão que julga válido ato de governo local contestado em face de lei federal também é passível de recurso especial (art. 105, III, *b*, da CF/1988).

(Técnico Judiciário – TRT/9ª – 2012 – FCC) De acordo com a Constituição Federal, NÃO se inclui na competência dos juízes federais o processamento e julgamento de

(A) disputas sobre direitos indígenas.

(B) crimes cometidos a bordo de navios ou aeronaves, ressalvada a competência da Justiça Militar.

(C) crimes previstos em tratado ou convenção internacional, quando, iniciada a execução no país, o resultado tenha ou devesse ter ocorrido no estrangeiro, ou reciprocamente.

(D) conflitos de competência entre juízes federais vinculados ao respectivo Tribunal Regional Federal.

(E) causas fundadas em tratado ou contrato da União com Estado estrangeiro ou organismo internacional.

A: incorreta. As disputas sobre os direitos indígenas são processadas e julgadas pelos juízes federais (art. 109, XI, da CF/1988); **B:** incorreta. Os crimes cometidos a bordo de navios ou aeronaves, ressalvada a competência da Justiça Militar são julgados pelos juízes federais (art. 109, IX, da CF/1988); **C:** incorreta. Tais crimes também são julgados pelos juízes federais (art. 109, V, da CF/1988); **D:** correta. Os conflitos de competência entre juízes federais vinculados ao respectivo Tribunal Regional Federal são julgados pelo próprio Tribunal Regional Federal (art. 108, I, *e*, da CF/1988); E: incorreta. Tais causas são da competência da União (art. 109, III, da CF) .

(Técnico – TRT/11ª – 2012 – FCC) Paulo é Juiz do Trabalho em certa comarca. Xisto é Juiz de um Tribunal Regional do Trabalho de determinada região. Para Paulo e Xisto comporem o Conselho Nacional de Justiça, nomeados pelo Presidente da República depois de aprovada a escolha pela maioria absoluta do Senado Federal, eles deverão ser indicados

(A) pelo Presidente do Senado Federal.

(B) pela maioria absoluta de todos os Presidentes dos Tribunais Regionais do Trabalho do Brasil.

(C) pelo Supremo Tribunal Federal.

(D) pelo Tribunal Superior do Trabalho.

(E) pelo Congresso Nacional.

O art. 103-B da CF/1988, ao tratar da composição do Conselho Nacional de Justiça, determina em seus incisos VIII e IX que farão parte do Conselho, além de outros membros, um juiz de Tribunal Regional do Trabalho e um juiz do trabalho, ambos indicados **pelo Tribunal Superior do Trabalho**.

(Técnico – TRT/6ª – 2012 – FCC) Sobre a Justiça do Trabalho, de acordo com a Constituição Federal, é correto afirmar que

(A) os Ministros do Tribunal Superior do Trabalho devem ser brasileiros natos, nomeados pelo Presidente da República, após aprovação pela maioria absoluta do Congresso Nacional.

(B) os Tribunais Regionais do Trabalho compõem-se de, no máximo, sete juízes, recrutados, quando possível, na respectiva região, e nomeados pelo Presidente da República dentre brasileiros com mais de trinta e menos de sessenta e cinco anos.

(C) a maior parte dos Ministros do Tribunal Superior do Trabalho é escolhida dentre juízes dos Tribunais Regionais do Trabalho, oriundos da magistratura da carreira, indicados pelo próprio Tribunal Superior.

(D) os Tribunais Regionais do Trabalho não podem funcionar de forma descentralizada, a fim de assegurar o pleno acesso do jurisdicionado à justiça em todas as fases do processo.

(E) as Juntas de Conciliação e Julgamento são órgãos da Justiça do Trabalho vinculados aos Tribunais Regionais do Trabalho.

A: incorreta. Não é necessário que os Ministros do Tribunal Superior do Trabalho sejam brasileiros natos. De acordo com o art. 111-A da CF/1988, o TST é composto

11. DIREITO CONSTITUCIONAL

de 27 (vinte e sete) Ministros, escolhidos dentre brasileiros com mais de trinta e cinco e menos de sessenta e cinco anos, nomeados pelo Presidente da República após aprovação pela maioria absoluta do Senado Federal; **B:** incorreta. Conforme o art. 115 da CF/1988, os TRT compõem-se de, **no mínimo**, sete juízes, recrutados, quando possível, na respectiva região, e nomeados pelo Presidente da República dentre brasileiros com mais de trinta e menos de sessenta e cinco anos; **C:** correta. De fato a maioria é escolhida dentre magistrados de carreira. Apenas um quinto dos lugares é destinado aos advogados com mais de 10 (dez) anos de efetiva atividade profissional e membros do Ministério Público do Trabalho com mais de dez anos de efetivo exercício (art. 111-A, I e II, da CF/1988); **D:** incorreta. Ao contrário, os TRTs **poderão** funcionar de forma descentralizada, buscando assegurar o pleno acesso do jurisdicionado à Justiça em todas as fases do processo (art. 115, § 2º, da CF/1988); **E:** incorreta. De acordo com a CF/1988, são órgãos da Justiça do Trabalho apenas o Tribunal Superior do Trabalho, os Tribunais Regionais do Trabalho e os Juízes do Trabalho (art. 111, I, II e II, da CF/1988).

Gabarito "C".

(Técnico Judiciário – TRT11 – FCC – 2017) Adalberto tem 55 anos, reputação ilibada e é advogado bastante conceituado na área de Direito do Trabalho há quinze anos. Porém, sempre desejou fazer parte do Tribunal Superior do Trabalho, mas sem a intenção de prestar concurso para a magistratura. Adalberto descobriu, ao consultar a Constituição Federal, que há a possibilidade de realizar seu sonho, pois, além dos membros oriundos da magistratura de carreira, o Tribunal Superior do Trabalho, observado o disposto na Constituição Federal, é composto por

(A) um terço dentre advogados com mais de dez anos de efetiva atividade profissional e membros do Ministério Público do Trabalho com mais de dez anos de efetivo exercício.

(B) um quinto dentre advogados com mais de dez anos de efetiva atividade profissional e membros do Ministério Público do Trabalho com mais de dez anos de efetivo exercício.

(C) um quinto dentre advogados com mais de oito anos de efetiva atividade profissional e membros do Ministério Público do Trabalho com mais de oito anos de efetivo exercício.

(D) um terço dentre advogados com mais de oito anos de efetiva atividade profissional e membros do Ministério Público do Trabalho com mais de oito anos de efetivo exercício.

(E) um terço dentre advogados com mais de dez anos de efetiva atividade profissional, não fazendo parte, dessa fração de um terço, os membros do Ministério Público do Trabalho.

Art. 111-A, inc. I, da CF.

Gabarito "B".

(Técnico Judiciário – TRT24 – FCC – 2017) De acordo com a Constituição Federal, para os juízes que farão parte da composição dos Tribunais Regionais do Trabalho, a idade

(A) é requisito limitador, uma vez que deverão ter mais de trinta e menos de sessenta e cinco anos.

(B) é requisito limitador, uma vez que deverão ter mais de trinta e cinco anos e menos de sessenta anos.

(C) é requisito limitador, uma vez que deverão ter mais de trinta e cinco e menos de setenta anos.

(D) não é requisito limitador, uma vez que não há qualquer limite de idade para fazer parte da composição dos referidos Tribunais.

(E) não é requisito limitador apenas no que concerne à idade máxima, mas deverão possuir, no mínimo, trinta e cinco anos para fazer parte da composição dos referidos Tribunais.

Art. 115 *caput*, da CF.

Gabarito "A".

(Técnico Judiciário – TRT20 – FCC – 2016) O Tribunal Superior do Trabalho é composto por Ministros sendo

(A) um quinto dentre advogados com mais de dez anos de efetiva atividade profissional e membros do Ministério Público do Trabalho com mais de dez anos de efetivo exercício; e os demais dentre juízes dos Tribunais Regionais do Trabalho, oriundos da magistratura da carreira.

(B) dois quintos dentre advogados com mais de dez anos de efetiva atividade profissional e membros do Ministério Público do Trabalho com mais de dez anos de efetivo exercício; e os demais dentre juízes dos Tribunais Regionais do Trabalho, oriundos da magistratura da carreira.

(C) um terço dentre advogados com mais de dez anos de efetiva atividade profissional e membros do Ministério Público do Trabalho com mais de dez anos de efetivo exercício; e dois terços dentre juízes dos Tribunais Regionais do Trabalho, oriundos da magistratura da carreira.

(D) um terço dentre advogados com mais de dez anos de efetiva atividade profissional; um terço dentre membros do Ministério Público do Trabalho com mais de dez anos de efetivo exercício; e um terço dentre juízes dos Tribunais Regionais do Trabalho, oriundos da magistratura da carreira.

(E) todos juízes dos Tribunais Regionais do Trabalho, oriundos da magistratura da carreira, ante a vedação constituição expressa da participação de advogados e membros do Ministério Público em sua composição.

Art. 111-A, inc. I e II da CF.

Gabarito "A".

(Técnico Judiciário – TRT/24ª – 2011 – FCC) No tocante ao Poder Judiciário, o Estatuto da Magistratura é disposto por Lei

(A) complementar, de iniciativa da Câmara dos Deputados.

(B) ordinária, de iniciativa do Senado Federal.

(C) ordinária, de iniciativa da Câmara dos Deputados.

(D) complementar, de iniciativa do Supremo Tribunal Federal.

(E) ordinária, de iniciativa do Conselho Nacional de Justiça.

Conforme dispõe o *caput* do art. 93 da CF/1988, a espécie legislativa que dispõe sobre o Estatuto da Magistratura é a **lei complementar**. A iniciativa de tal lei é dada ao Supremo Tribunal Federal.

Gabarito "D".

(Técnico Judiciário – TRT/23ª – 2011 – FCC) Compete ao Supremo Tribunal Federal julgar, mediante recurso extraordinário,

(A) as causas decididas em única ou última instância, quando a decisão recorrida julgar válida lei local contestada em face de lei federal.

(B) ação direta de inconstitucionalidade de lei ou ato normativo federal ou estadual e a ação declaratória de constitucionalidade de lei ou ato normativo federal.

(C) nas infrações penais comuns, o Presidente da República, o Vice--Presidente, os membros do Congresso Nacional, seus próprios Ministros e o Procurador- Geral da República.

(D) nas infrações penais comuns e nos crimes de responsabilidade, os Ministros de Estado.

(E) o litígio entre Estado estrangeiro ou organismo internacional e a União, o Estado, o Distrito Federal ou o Território.

A: correta (art. 102, III, *d*, da CF/1988; **B, C, D** e **E:** erradas. Nesses casos o julgamento é feito pelo Supremo Tribunal Federal, mas de forma **originária** (art. 102, I, *a*, *b*, *c* e *e*, da CF/1988).

Gabarito "A".

(Técnico Judiciário – TRT/23ª – 2011 – FCC) Sobre os Tribunais Regionais do Trabalho,

(A) compõem-se de, no máximo, seis juízes, recrutados, quando possível, na respectiva região, e nomeados pelo Senado Federal dentre brasileiros com mais de trinta e cinco anos e menos de sessenta anos.

(B) instalarão a justiça itinerante, com a realização de audiências e demais funções de atividade jurisdicional, além dos limites territoriais da respectiva jurisdição, servindo-se de equipamentos públicos e comunitários.

(C) funcionarão apenas centralizadamente, sendo vedada a constituição de Câmaras regionais, com o fim de assegurar o pleno acesso do jurisdicionado à justiça em todas as fases do processo de forma igualitária para, assim, não haver disparidades entre casos de regiões distintas.

(D) compõem-se de, no mínimo, sete juízes, recrutados, quando possível, na respectiva região, e nomeados pelo Presidente da República dentre brasileiros com mais de trinta e menos de sessenta e cinco anos.

(E) compõem-se de, no máximo, seis juízes, recrutados, quando possível, na respectiva região, e nomeados pelo Presidente do Tribunal Superior do Trabalho dentre brasileiros com mais de trinta e cinco anos e menos de sessenta anos.

A: incorreta, pois quem nomeia é o **Presidente da República** e não o Senado Federal (art. 107, *caput*, da CF/1988); **B:** incorreta. A justiça itinerante é estalada **dentro dos limites** territoriais da respectiva jurisdição (art.107, § 2º, da CF/1988); **C:** incorreta. O § 3º do art. 107 da CF/1988 admite o funcionamento de forma **descentralizada** para que seja assegurado o pleno acesso do jurisdicionado à justiça, em todas as fases do processo (art.107, § 3º, da CF/1988); **D:** correta (art. 107, *caput*, da CF/1988); **E:** incorreta. A composição por seis juízes é **mínima** e não máxima. Além disso, quem faz a nomeação é o Presidente da República e não o do Tribunal Superior do Trabalho (art. 107, *caput*, da CF/1988).

(Técnico Judiciário – TRT/22ª – 2010 – FCC) Quanto ao Conselho Nacional de Justiça, estabelece a Constituição Federal, dentre outras hipóteses que compõe-se de

(A) sete membros com mandato de um ano, admitida uma recondução.

(B) onze membros com mandato de três anos, vedada a recondução.

(C) quinze membros com mandato de dois anos, admitida uma recondução.

(D) vinte e sete membros com mandato de um ano, admitida a recondução.

(E) trinta e três membros com mandato de dois anos, vedada a recondução.

Segundo o art. 103-B da CF/1988, o Conselho Nacional de Justiça O Conselho Nacional de Justiça compõe-se de **15 (quinze)** membros com **mandato de 2 (dois) anos**, admitida **1 (uma)** recondução.

(Técnico Judiciário – TRT/8ª – 2010 – FCC) O Supremo Tribunal Federal é composto por

(A) onze Ministros.

(B) treze Ministros.

(C) quinze Ministros.

(D) trinta e cinco Ministros.

(E) trinta e três Ministros.

O art. 101, *caput*, da CF/1988 trata da composição do STF e menciona que esse Tribunal possui **onze Ministros**, escolhidos dentre cidadãos com mais de trinta e cinco anos e menos de sessenta e cinco anos de idade, de notável saber jurídico e reputação ilibada.

(Técnico Judiciário – TRT/8ª – 2010 – FCC) Compete ao Superior Tribunal de Justiça processar e julgar originariamente

(A) os *habeas corpus decididos em única ou última instância pelos Tribunais Regionais Federais ou pelos tribunais dos Estados, do Distrito Federal e Territórios, quando a decisão for denegatória.*

(B) a reclamação para a preservação de sua competência e garantia da autoridade de suas decisões.

(C) os mandados de segurança decididos em única instância pelos Tribunais Regionais Federais ou pelos tribunais dos Estados, do Distrito Federal e Territórios, quando denegatória a decisão.

(D) as causas em que forem partes Estado estrangeiro ou organismo internacional, de um lado, e, do outro, Município ou pessoa residente ou domiciliada no País.

(E) em recurso especial, as causas decididas, em única ou última instância, pelos Tribunais Regionais Federais ou pelos tribunais dos Estados, do Distrito Federal e Territórios, quando a decisão recorrida contrariar tratado ou lei federal, ou negar-lhes vigência.

A, C e D: erradas. Nesses casos o Superior Tribunal de Justiça julga em sede de recurso ordinário e não de forma originária, como mencionado (art. 105, II, *a, b e c* da CF/1988); **B:** correta (art. 105, I, *f*, da CF/1988); **E:** incorreta. Como a própria alternativa determina, nessa situação não há competência originária e sim competência recursal (art. 105, III, *a*, da CF/1988).

(Técnico Judiciário – TRT/8ª – 2010 – FCC) O Conselho Nacional de Justiça é composto, além de outros membros, por

(A) dois juízes federais, indicados pelo Superior Tribunal de Justiça.

(B) um juiz de Tribunal Regional Federal, indicado pelo Superior Tribunal de Justiça.

(C) dois juízes de Tribunais Regionais do Trabalho, indicados pelo Tribunal Superior do Trabalho.

(D) dois juízes do trabalho, indicados pelo Tribunal Superior do Trabalho.

(E) três advogados, indicados pelo Conselho Federal da Ordem dos Advogados do Brasil.

A composição do Conselho Nacional de Justiça – CNJ está prevista no art. 103-B da CF/1988 e dentre os quinze membros lá mencionados, há um juiz de Tribunal Regional Federal, indicado pelo Superior Tribunal de Justiça (art. 103-B, VI, da CF/1988).

(Técnico Judiciário – TRT/7ª – 2009 – FCC) O controle da atuação administrativa e financeira do Poder Judiciário e do cumprimento dos deveres funcionais dos juízes compete

(A) ao Supremo Tribunal Federal.

(B) ao Conselho Nacional de Justiça.

(C) aos desembargadores do Tribunal de Justiça.

(D) ao Procurador-Geral da República.

(E) ao Superior Tribunal de Justiça.

De acordo com o art. 103-B, § 4º, da CF, compete ao **Conselho Nacional de Justiça o controle da atuação administrativa e financeira do Poder Judiciário e do cumprimento dos deveres funcionais dos juízes**, cabendo-lhe, além de outras atribuições que lhe forem conferidas pelo Estatuto da Magistratura.

(Técnico Judiciário – TRT/7ª – 2009 – FCC) Sobre os Tribunais Regionais do Trabalho, é INCORRETO afirmar que se compõem de

(A) juízes que serão recrutados, quando possível, na respectiva região, e nomeados pelo Presidente da República.

(B) no mínimo, sete juízes.

(C) juízes nomeados pelo Presidente da República dentre brasileiros com mais de trinta e menos de sessenta e cinco anos.

(D) juízes dos quais um quinto são recrutados dentre advogados e membros do Ministério Público do Trabalho.

(E) juízes nomeados pelo Presidente da República, sendo dois terços de juízes togados vitalícios e um terço de juízes classistas temporários.

Conforme determina o art. 115, *caput*, I e II, da CF, os Tribunais Regionais do Trabalho compõem-se de, no mínimo, sete juízes, recrutados, quando possível, na respectiva região, e nomeados pelo Presidente da República dentre brasileiros com mais de trinta e menos de sessenta e cinco anos, sendo: I- um quinto dentre advogados com mais de dez anos de efetiva atividade profissional e membros do Ministério Público do Trabalho com mais de dez anos de efetivo exercício, observado o disposto no art. 94 e II- os demais, mediante promoção de juízes do trabalho por antiguidade e merecimento, alternadamente.

(Técnico Judiciário – TRT/1ª – 2008 – CESPE) Em relação às competências do STF e do STJ, assinale a opção correta.

(A) O *habeas corpus* contra ato de desembargador de TRT, em regra, é julgado pelo STF.

(B) O litígio entre pessoa física e organismo internacional será originalmente processado no STF.

(C) A homologação de sentença estrangeira pode ser decidida por ato apenas do presidente do STF.

(D) Ainda que haja interesse dos ministros do STF no resultado de causa relativa à magistratura no controle concentrado de normas, os integrantes da corte não podem alegar suspeição no julgamento de ação direta de inconstitucionalidade.

(E) O julgamento de ação contra o Conselho Nacional de Justiça é da competência do STF, enquanto o de mandado de segurança contra o Conselho Nacional do Ministério Público cabe ao STJ.

A: incorreta. Não reflete o disposto no art. 105, I, *c*, da CF/1988; **B:** incorreta. Não reflete o disposto no art. 105, II, *c*, da CF/1988; **C:** incorreta. Não reflete o disposto no art. 105, I, *i*, da CF/1988; **D:** correta. As ações de controle de constitucionalidade têm caráter objetivo, não se lhes aplicando as regras de suspeição ou impedimento, que têm índole subjetiva (com exceção para o Ministro que, na qualidade de Procurador-Geral da República, se manifestou nos autos); **E:** incorreta. Não reflete o disposto no art. 102, I, *r*, da CF/1988.

6. CONTROLE DE CONSTITUCIONALIDADE

(Analista Judiciário – TRT/24 – FCC – 2017) De acordo com a Constituição Federal, o Procurador-Geral da República deverá ser previamente ouvido nas ações

(A) diretas de inconstitucionalidade e nas causas que envolvam conflitos entre a União e os Estados, a União e o Distrito Federal, ou

11. DIREITO CONSTITUCIONAL   609

entre uns e outros, sendo desnecessária a sua oitiva nos demais processos de competência do Supremo Tribunal Federal.

(B) diretas de inconstitucionalidade e nas ações contra o Conselho Nacional de Justiça e contra o Conselho Nacional do Ministério Público, sendo desnecessária a sua oitiva nos demais processos de competência do Supremo Tribunal Federal.

(C) declaratórias de inconstitucionalidade e nas ações contra o Conselho Nacional de Justiça e contra o Conselho Nacional do Ministério Público, sendo desnecessária a sua oitiva nos demais processos de competência do Supremo Tribunal Federal.

(D) declaratórias de inconstitucionalidade e nas causas que envolvam conflitos entre a União e os Estados, a União e o Distrito Federal, ou entre uns e outros, sendo desnecessária a sua oitiva nos demais processos de competência do Supremo Tribunal Federal.

(E) de inconstitucionalidade e em todos os processos de competência do Supremo Tribunal Federal.

Art. 103, § 1º, CF: "O Procurador-Geral da República deverá ser previamente ouvido nas ações de inconstitucionalidade e em todos os processos de competência do Supremo Tribunal Federal". **TM**
Gabarito "E".

(Técnico Judiciário – 2010 – FCC) São legitimados, dentre outros, para propor a ação direta de inconstitucionalidade e a ação declaratória de constitucionalidade

(A) as Mesas do Senado Federal, da Câmara Legislativa do Distrito Federal e das Câmaras Municipais.

(B) os Presidentes do Congresso Nacional, da Câmara dos Deputados e o Procurador-Geral da República e dos Estados.

(C) o Presidente da Ordem dos Advogados do Brasil, o presidente de partido político com representação no Congresso Nacional e a confederação sindical.

(D) o Presidente da República, o Governador de Estado ou do Distrito Federal e a confederação sindical ou entidade de classe de âmbito nacional.

(E) os Presidentes das autarquias, das fundações públicas, empresas publicas e das sociedades de economia mista.

A: incorreta. Às Câmaras Municipais não é dada tal legitimidade (art. 103 da CF/1988); **B:** incorreta. Nessa alternativa, apenas o Procurador-Geral da República é legitimado ativo (art. 103, VI, da CF/1988); **C:** incorreta. Não são legitimados os Presidentes da Ordem dos Advogados do Brasil e de partido político quem são legitimados e sim o Conselho Federal da Ordem dos Advogados do Brasil e o partido político com representação no Congresso Nacional (art. 103, VII e VIII, da CF/1988); **D:** correta (art. 103, I, V e IX, da CF/1988); **E:** incorreta. Tais Presidentes não são legitimados.
Gabarito "D".

(Técnico Judiciário – 2010 – UFG) A competência originária para julgamento de inconstitucionalidade de lei ou de atos normativos municipais em face da Constituição Estadual é do

(A) Supremo Tribunal Federal.

(B) Superior Tribunal de Justiça.

(C) Tribunais de Justiça e Juízes dos Estados.

(D) Tribunais Regionais e Juízes Federais.

A ação direta de inconstitucionalidade de lei ou ato normativo estadual ou municipal que violam a Constituição Estadual é de competência do Tribunal de Justiça do respectivo Estado (art. 125, § 2º, da CF/1988). O controle difuso de constitucionalidade nesse caso é feito tanto pelos juízes estaduais como pelos Tribunais de Justiça dos Estados.
Gabarito "C".

7. FUNÇÕES ESSENCIAIS À JUSTIÇA

(Técnico Judiciário – TRT8 – CESPE – 2016) Acerca das funções essenciais à justiça, assinale a opção correta.

(A) Incumbe ao Ministério Público, entre outras importantes delegações constitucionais, a defesa do regime democrático e dos interesses sociais indisponíveis.

(B) O advogado-geral da União, chefe da AGU, é eleito pelos seus pares para mandato de dois anos não renováveis.

(C) Incumbe ao Ministério Público, por delegação constitucional, representar a União, judicial e extrajudicialmente, defendendo o Estado e a sociedade.

(D) Em execução de dívida ativa de natureza tributária, a União é representada pela Advocacia Geral da União (AGU) ou pelo Ministério Público, nos estados em que não esteja instalada a AGU.

(E) Embora elabore sua própria proposta orçamentária, o Ministério Público não goza de autonomia funcional e administrativa, estando vinculado às instâncias formais do Poder Judiciário.

A: Correta, nos termos do art. 127 *caput* da CF. Por oportuno afirmar que, além da defesa do regime democrático e dos interesses sociais indisponíveis, a defesa da ordem jurídica e dos interesses sociais. **B:** Errada. A escolha do chefe da AGU é de livre escolha do Presidente da República, e não através de eleição (art. 131 § 1º, da CF). **C:** Errada. Cabe à Advocacia-Geral da União a representação da União judicial e extrajudicialmente (art. 131, *caput*, da CF). **D:** Errada. Na execução de dívida ativa de natureza tributária, a representação cabe à Procuradoria-Geral da Fazenda Nacional (art. 131, § 3º, da CF). **E:** Errada. O Ministério Público goza de autonomia funcional e administrativa (art. 127, § 2º, da CF). **TC**
Gabarito "A".

(Técnico Judiciário – TRT20 – FCC – 2016) A Advocacia-Geral da União tem por chefe o Advogado-Geral da União,

(A) de livre nomeação pelo Presidente da República dentre cidadãos maiores de trinta e cinco anos, de notável saber jurídico e reputação ilibada.

(B) indicado pelo Supremo Tribunal Federal dentre cidadãos maiores de trinta anos, de notável saber jurídico e reputação ilibada e nomeado pelo Presidente da República.

(C) de livre nomeação pelo Presidente da República dentre cidadãos maiores de trinta e cinco anos, de notável saber jurídico e reputação ilibada.

(D) indicado pelo Supremo Tribunal Federal dentre cidadãos maiores de trinta anos, de notável saber jurídico e reputação ilibada e nomeado pelo Presidente da República.

(E) nomeado pelo Presidente da República, dentre cidadãos maiores de trinta e cinco anos, de notável saber jurídico e reputação ilibada, após aprovação pelo Senado Federal de indicação do Supremo Tribunal Federal.

Art. 131, § 1º, da CF. **TC**
Gabarito "A".

(Técnico Judiciário – TRT20 – FCC – 2016) A Constituição Federal veda ao membro do Ministério Público exercer

(A) qualquer outra função pública, ainda quando estiver em disponibilidade, com exceção de exercer uma função de magistério.

(B) qualquer outra função pública, ainda quando estiver em disponibilidade, sem qualquer exceção.

(C) qualquer outra função pública, com exceção de exercer a função de defensor público quando estiver em disponibilidade.

(D) algumas funções públicas predeterminadas taxativamente no texto constitucional.

(E) qualquer outra função pública, exceto quando estiver em disponibilidade, sem qualquer exceção.

A: Correta. Nos termos do art. 128, inc. II, alínea "d" da CF. **B:** Há exceção ao exercício do magistério (art. 128, inc. II, alínea "d" da CF.) **C:** A exceção prevista na Constituição é a exceção do magistério (art. 128, inc. II, alínea "d" da CF). **D:** A Constituição veda o exercício de qualquer outra função pública. A única exceção é o exercício do magistério, nenhuma outra. **E:** O fato do servidor estar em disponibilidade não lhe retira as vedações constitucionais. Continua proibido de exercer qualquer outra função pública. **TC**
Gabarito "A".

(Técnico Judiciário – TRT/9ª – 2012 – FCC) Considere as assertivas concernentes ao Ministério Público:

I. São princípios institucionais do Ministério Público a unidade, a indivisibilidade e a independência funcional.

II. O Ministério Público da União tem por chefe o Procurador-Geral da República, nomeado após a aprovação de seu nome pela maioria absoluta dos membros do Senado Federal, para mandato de dois anos, vedada a recondução.

III. Constitui vedação ao membro do Ministério Público, dentre outras, exercer a advocacia.

IV. O Conselho Nacional do Ministério Público compõe-se de quatorze membros nomeados pelo Presidente da República.

Nos termos da Constituição Federal, está correto o que se afirma APENAS em

(A) I, III e IV.
(B) I e II.
(C) III e IV.
(D) I, II e IV.
(E) II e III.

I: correta. De fato, conforme determina o § 1º do art. 127 da CF/1988, os princípios institucionais do Ministério são: a unidade, a indivisibilidade e a independência funcional; **II:** incorreta. De acordo com o art. 128, § 1º, da CF/1988, o Ministério Público da União tem por chefe o Procurador-Geral da República, nomeado pelo Presidente da República dentre integrantes da carreira, maiores de trinta e cinco anos, após a aprovação de seu nome pela maioria absoluta dos membros do Senado Federal, para mandato de dois anos, **permitida a recondução; III:** correta. É o que determina o art. 128, § 5º, II, *b*, da CF/1988; **IV:** correta. De fato, o Conselho Nacional do Ministério Público é composto de quatorze membros nomeados pelo Presidente da República, depois de aprovada a escolha pela maioria absoluta do Senado Federal, para um mandato de dois anos, admitida uma recondução.

Gabarito "A".

(Técnico Judiciário – TRT/24ª – 2011 – FCC) O Conselho Nacional do Ministério Público compõe-se de

(A) quatorze membros, nomeados pelo Presidente da República.
(B) oito membros, nomeados pelo Presidente do Supremo Tribunal Federal.
(C) trinta e três membros, nomeados pelo Procurador-Geral da República.
(D) quinze membros, nomeados pelo Procurador-Geral da República.
(E) oito membros, nomeados pelo Presidente do Superior Tribunal de Justiça.

O Conselho Nacional do Ministério Público, órgão criado pela EC 45/2004, está previsto no art. 130-A da CF/1988. Dispõe o *caput* desse dispositivo que quatorze membros, nomeados pelo Presidente da República, depois de aprovada a escolha pela maioria absoluta do Senado Federal, compõem esse órgão.

Gabarito "A".

(Técnico Judiciário – TRT/23ª – 2011 – FCC) A destituição do Procurador-Geral da República, por iniciativa do Presidente da República, deverá ser precedida de autorização

(A) da maioria absoluta da Câmara dos Deputados.
(B) da maioria absoluta do Senado Federal.
(C) do Supremo Tribunal Federal.
(D) do Superior Tribunal de Justiça.
(E) do Conselho Nacional do Ministério Público.

Determina o § 2º do art. 128 da CF/1988 que a destituição do Procurador-Geral da República se dê por iniciativa do Presidente da República, após autorização da maioria absoluta do Senado Federal.

Gabarito "B".

(Técnico Judiciário – TRT/9º – 2010 – FCC) O Ministro do Tribunal Superior do Trabalho e os membros do Ministério Público da União que integram o Conselho Nacional de Justiça, serão indicados, respectivamente,

(A) pelo Tribunal Superior do Trabalho e pelo Procurador-Geral da República.
(B) pelos Tribunais Regionais do Trabalho e pelo Procurador-Geral do Trabalho.
(C) pelo Supremo Tribunal Federal e pelos Procuradores-Gerais dos Estados.
(D) pelo Superior Tribunal de Justiça e pelo Procurador-Geral da República.
(E) pelo Tribunal Superior do Trabalho e pelo Procurador-Geral do Trabalho.

Segundo o art. 103-B, II e X, da CF/1988, o Conselho Nacional de Justiça tem como membros, além de outros, um Ministro do Tribunal Superior do trabalho, indicado pelo Tribunal Superior do Trabalho e um Membro do Ministério Público da União, indicado pelo Procurador-Geral da República.

Gabarito "A".

(Técnico Judiciário – TRT/7ª – 2009 – FCC) A instituição incumbida, diretamente ou através de órgão vinculado, de representar a União, judicial e extrajudicialmente, é

(A) o Ministério Público Federal.

(B) a Procuradoria-Geral da República.
(C) a Advocacia-Geral da União.
(D) a Defensoria Pública da União.
(E) o Tribunal de Contas da União.

De acordo com o art. 131 da CF, a **Advocacia-Geral da União** é a instituição que, diretamente ou através de órgão vinculado, **representa a União**, judicial e extrajudicialmente, cabendo-lhe, nos termos da lei complementar que dispuser sobre sua organização e funcionamento, as atividades de consultoria e assessoramento jurídico do Poder Executivo.

Gabarito "C".

8. TRIBUTAÇÃO E ORÇAMENTO

(Técnico Judiciário – TRT/23ª – 2011 – FCC) Em relação aos indícios de despesas não autorizadas e entendendo o Tribunal de Contas da União irregular a despesa, a Comissão, se julgar que o gasto possa causar dano irreparável ou grave lesão à economia pública, proporá sua sustação ao

(A) Presidente do Tribunal de Contas da União.
(B) Presidente da República.
(C) Congresso Nacional.
(D) Superior Tribunal de Justiça.
(E) Supremo Tribunal Federal.

O art. 72 da CF/1988 trata da hipótese de indícios de despesas não autorizadas e eventuais providências a serem tomadas. O § 2º do mesmo dispositivo determina que se o Tribunal de Contas da União entender irregular a despesa, uma Comissão Mista (art. 166, § 1º, da CF/1988), julgando que o gasto possa causar dano irreparável ou grave lesão à economia pública, proporá ao Congresso Nacional sua sustação.

Gabarito "C".

(Técnico Judiciário – TRT/22ª – 2010 – FCC) Em tema de fiscalização contábil, financeira, orçamentária, operacional e patrimonial da União e das entidades da administração direta e indireta, quanto à legalidade, legitimidade, economicidade, aplicação das subvenções e renúncia de receitas, estabelece a Constituição Federal, dentre outras hipóteses, que

(A) as decisões do Tribunal de Contas da União, de que resulte cancelamento de débito ou multa terão eficácia de título executivo judicial.
(B) será exercido pelo Tribunal de Contas da União, integrado por onze Ministros nomeados pelo Presidente da República, aprovada a escolha pela Câmara dos Deputados.
(C) os Ministros do Tribunal de Contas da União serão nomeados dentre brasileiros natos ou naturalizados, com mais de trinta e menos de sessenta anos de idade e mais de cinco anos de atividade profissional.
(D) o auditor, quando em substituição a Ministro do Tribunal de Contas da União, terá as mesmas garantias e impedimentos do titular e, quando no exercício das demais atribuições da judicatura, as de juiz de Tribunal Regional Federal.
(E) será exercida pela Câmara dos Deputados, mediante controle interno, e pelo sistema de controle externo de cada Poder, devendo encaminhar ao Chefe do Executivo, trimestral e anualmente, relatório de suas atividades.

A: incorreta (art. 71, § 3º, da CF/1988) **B:** incorreta. O Tribunal de Contas da União é composto por nove ministros e não onze, como mencionado (art. 73, *caput*, da CF/1988); **C:** incorreta. O art. 73, § 1º, IV, exige mais de dez anos de exercício de função ou de efetiva atividade profissional; **D:** correta (art. 73, § 4º, da CF/1988); **E:** incorreta. O *caput* do art. 70 determina que a fiscalização contábil, financeira, orçamentária, operacional e patrimonial da União e das entidades da administração direta e indireta, quanto à legalidade, legitimidade, economicidade, aplicação das subvenções e renúncia de receitas, será exercida pelo Congresso Nacional, mediante controle externo, e pelo sistema de controle interno de cada Poder.

Gabarito "D".

(Técnico Judiciário – TRT/9ª – 2010 – FCC) A fiscalização contábil, financeira, orçamentária, operacional e patrimonial da União e de suas entidades, exercida pelo Congresso Nacional e por parte de cada Poder NÃO abrange aspectos de

(A) economicidade.
(B) aplicação de subvenções.
(C) instituição de tributos.

11. DIREITO CONSTITUCIONAL   611

(D) legitimidade.

(E) renúncia de receitas.

Todas as alternativas encontram fundamento no *caput* do art. 70 da CF/1988. Dentre os aspectos mencionados, o único que está fora é o que diz respeito à instituição de tributos.

Gabarito "C".

9. ORDEM ECONÔMICA E ORDEM SOCIAL

(Técnico Judiciário – 2008 – CONSULPLAN) Compete ao Poder Público, nos termos da lei, organizar a seguridade social, com base nos seguintes objetivos, EXCETO:

(A) Unidade da base de financiamento.

(B) Uniformidade e equivalência dos benefícios e serviços às populações urbanas e rurais.

(C) Seletividade e distributividade na prestações dos benefícios e serviços.

(D) Irredutibilidade do valor dos benefícios.

(E) Universalidade da cobertura e do atendimento.

De acordo com o art. 194, parágrafo único, I a VII, da CF, compete ao Poder Público, nos termos da lei, organizar a seguridade social, com base nos seguintes objetivos: I – universalidade da cobertura e do atendimento; II – uniformidade e equivalência dos benefícios e serviços às populações urbanas e rurais; III – seletividade e distributividade na prestação dos benefícios e serviços; IV – irredutibilidade do valor dos benefícios; V – equidade na forma de participação no custeio e VI – diversidade da base de financiamento.

Gabarito "A".

10. QUESTÕES COMBINADAS

(Técnico – TRT/11ª – 2012 – FCC) Considere as seguintes normas constitucionais:

I. A República Federativa do Brasil buscará a integração econômica, política, social e cultural dos povos da América Latina, visando à formação de uma comunidade latino-americana de nações.

II. A casa é asilo inviolável do indivíduo, ninguém nela podendo penetrar sem consentimento do morador, salvo em caso de flagrante delito ou desastre, ou para prestar socorro, ou, durante o dia, por determinação judicial.

III. É direito dos trabalhadores urbanos e rurais, além de outros que visem à melhoria de sua condição social, o piso salarial proporcional à extensão e à complexidade do trabalho.

IV. É livre o exercício de qualquer trabalho, ofício ou profissão, atendidas as qualificações profissionais que a lei estabelecer.

São normas de eficácia limitada os preceitos indicados SOMENTE em

(A) I, II e III.

(B) I e III.

(C) I e IV.

(D) II e IV.

(E) III e IV.

Segundo a teoria clássica (José Afonso da Silva), as normas constitucionais, quanto à eficácia, podem ser classificadas em: plena, contida e limitada. As de eficácia plena são aquelas que, por si só, produzem todos os seus efeitos no mundo jurídico e de forma imediata. As de eficácia contida são aquelas que produzem efeitos e tem aplicabilidade imediata, mas que deixam em aberto a possibilidade de outra norma restringir esses efeitos. Por fim, as de eficácia limitada são as que para produzirem a plenitude de seus efeitos, dependem da atuação do legislador infraconstitucional, necessitam de regulamentação. Tais normas possuem aplicabilidade postergada, diferida ou mediata. O item I é tido como norma de eficácia limitada. O art. 4º, parágrafo único, da CF/1988 traz um comando no sentido de que o Brasil deve buscar a integração da comunidade latino-america de nações. Um exemplo de concretização do tal norma é a criação do MERCOSUL; O item II é considerado norma de eficácia plena (art. 5º, II, da CF/1988); O item III, previsto no art. 6º, V, da CF/1988, é tido como norma limitada, pois depende da interposição do legislador. De acordo com a LC 103/2000, é dada autorização aos Estados e ao Distrito Federal para instituírem o piso salarial mencionado; O item IV trata da do direito à liberdade de profissão. O Supremo, ao decidir pela constitucionalidade do exame de ordem (RE 603.583), reafirmou a natureza contida da norma prevista no art. 5º, XIII, da CF/1988.

Gabarito "B".

12. DIREITO CIVIL

Wander Garcia, Gustavo Nicolau e Márcio Alexandre Pereira

1. LEI DE INTRODUÇÃO ÀS NORMAS DO DIREITO BRASILEIRO

(Analista Judiciário–TRT/20–FCC– 2016) Maria trabalhou durante o tempo previsto, em legislação pertinente, para pedir sua aposentação. Não obstante, optou por continuar trabalhando, deixando de formular pedido de concessão do benefício. Caso lei nova altere as regras para a aposentação, Maria

(A) poderá alegar direito adquirido ao benefício, mas este se regerá pela lei nova, a qual tem efeito imediato.

(B) poderá alegar direito adquirido ao benefício, que será regido pela lei revogada.

(C) será atingida pela lei nova, pois possui mera expectativa de direito ao benefício.

(D) será atingida pela lei nova, pois possui mera faculdade jurídica de requerer o benefício.

(E) poderá alegar direito adquirido ao benefício, mas este se regerá pela lei nova, a qual tem efeito retroativo.

Maria preencheu todos os requisitos necessários para exercer plenamente o seu direito, o que a coloca no status de direito adquirido (Lei de Introdução, art. 6º, §2º) protegida, portanto, de eventual nova lei. Nesse caso, quando vier a solicitar a aposentadoria, a aposentadoria de Maria deverá seguir as regras da lei revogada. **GN**
Gabarito "B".

(Analista Judiciário – TRT/8ª – 2016 – CESPE) Assinale a opção correta, em relação à classificação e à eficácia das leis no tempo e no espaço.

(A) Quanto à eficácia da lei no espaço, no Brasil se adota o princípio da territorialidade moderada, que permite, em alguns casos, que lei estrangeira seja aplicada dentro de território brasileiro.

(B) De acordo com a Lei de Introdução às Normas do Direito Brasileiro (LINDB), em regra, a lei revogada é restaurada quando a lei revogadora perde a vigência.

(C) Por ser o direito civil ramo do direito privado, impera o princípio da autonomia de vontade, de forma que as partes podem, de comum acordo, afastar a imperatividade das leis denominadas cogentes.

(D) A lei entra em vigor somente depois de transcorrido o prazo da *vacatio legis*, e não com sua publicação em órgão oficial.

(E) Dado o princípio da continuidade, a lei terá vigência enquanto outra não a modificar ou revogar, podendo a revogação ocorrer pela derrogação, que é a supressão integral da lei, ou pela ab-rogação, quando a supressão é apenas parcial.

A: correta, pois a lei estrangeira pode ser aplicada no Brasil em casos específicos. É o que ocorre, por exemplo, com pessoa que deixa bens no Brasil, mas que tinha domicílio no exterior. Para tais casos, o juiz deverá aplicar a lei do domicílio do *de cujus* (LI, art. 10, e CF, art. 5º, XXXI). O próprio CPC (art. 376) prevê a hipótese de aplicação de lei estrangeira; **B:** incorreta, pois a chamada repristinação depende de expressa previsão da lei que revogou a lei revogada (LI, art. 2º, § 3º); **C:** incorreta, pois as leis cogentes não podem ser afastadas por acordo entre as partes. É o caso, por exemplo, dos deveres conjugais (CC, art. 1.566) ou das obrigações decorrentes do poder familiar (CC, art. 1.630); **D:**incorreta, pois pode haver leis que não tenham *vacatio legis*. Nesse caso, entram em vigor no dia de sua publicação no Diário Oficial (LI, art. 1º); **E:** incorreta, pois a derrogação é a revogação parcial, ao passo que a ab-rogação é a revogação integral da lei. **GN**
Gabarito "A".

(Técnico – TRT/6ª – 2012 – FCC) Dispõe a Lei de Introdução às Normas do Direito Brasileiro que *a obrigação resultante do contrato reputa-se constituída no lugar em que residir o proponente* (art. 9º, § 2º) e o Código Civil que *reputar-se-á celebrado o contrato no lugar em que for proposto* (art. 435). Neste caso,

(A) ambas as disposições legais se acham em vigor e não se contradizem;

(B) o Código Civil foi revogado nessa disposição pela Lei de Introdução às Normas do Direito Brasileiro;

(C) aquela regra estabelecida na Lei de Introdução às Normas do Direito Brasileiro foi revogada pelo Código Civil;

(D) ambas as disposições se revogam reciprocamente;

(E) tendo o juiz dúvida sobre qual das normas legais deve aplicar, possui a faculdade de considerar revogada qualquer das duas regras, aplicando a outra.

A: correta, pois a primeira disposição legal diz respeito ao Direito Internacional Privado, incidente quando se tem um elemento estrangeiro num contrato, ocasião em que será necessário verificar qual lei é aplicável ao caso concreto; já a segunda disposição legal diz respeito à definição do local onde se reputa celebrado o contrato, para o fim de reger certos efeitos deste, como a sua interpretação (art. 113 do CC); **B** a **E**: incorretas, pois, como se viu, cada norma tem o seu campo de incidência. **WG**
Gabarito "A".

(Técnico Judiciário – TRT/20ª – 2011 – FCC) De acordo com a Lei de Introdução ao Código Civil brasileiro (Dec.-Lei nº 4.657, de 04.09.1942 e modificações posteriores):

(A) o penhor regula-se pela lei do domicílio que tiver a pessoa em cuja posse se encontre a coisa apenhada.

(B) o conhecimento da lei estrangeira é dever do magistrado sendo defeso ao juiz exigir de quem a invoca prova do texto e da vigência.

(C) reputa-se ato jurídico perfeito o ato que estiver de acordo com as regras, costumes e princípios gerais de direito vigentes em uma comunidade.

(D) chama-se coisa julgada a pretensão constante de ação judicial já julgada por sentença passível de recurso.

(E) a lei do país em que a pessoa tiver nascido determina as regras sobre os direitos de família.

A: correta (art. 8º, § 2º, da Lei de Introdução às Normas do Direito Brasileiro – LINDB, novo nome da Lei de Introdução ao Código Civil); **B:** incorreta, pois o art. 14 da LINDB dispõe que o magistrado poderá exigir de quem invoca a lei estrangeira a prova de seu texto e de sua vigência; **C:** incorreta, pois o ato jurídico perfeito é o ato consumado segundo a lei vigente ao tempo em que se efetuou (art. 6º, § 1º, da LINDB); **D:** incorreta, pois a coisa julgada não é uma pretensão; ademais, fala-se em coisa julgada quando não há mais possibilidade de recurso; segundo o art. 6º, § 3º, da LINDB, chama-se coisa julgada (ou caso julgado) a decisão judicial de que já não caiba recurso; **E:** incorreta, pois é a lei do país em que a pessoa é *domiciliada* que determina as regras sobre os direitos de família (art. 7º, *caput*, da LINDB). **WG**
Gabarito "A".

(Técnico Judiciário – TRT/17ª – 2009 – CESPE) A respeito da vigência e aplicação das normas jurídicas, julgue os itens a seguir.

(1) Com a publicação, ocorre a executoriedade da lei.

(2) Caso o juiz não encontre nenhuma norma aplicável a determinado caso concreto, deverá proceder à integração normativa.

1: incorreta, pois a publicação não significa, necessariamente, que a lei está em execução; **2:** correta, pois, em caso de lacuna, o juiz deve *preencher* esse vazio (*colmatar* o vazio, proceder à *integração normativa*), pelo procedimento previsto no art. 4º da LINDB. **WG**
Gabarito 1E, 2C.

2. PARTE GERAL

2.1. Pessoa natural

(Técnico – TRT/11ª – 2012 – FCC) Joana possui dezesseis anos e cinco meses de idade. Seu pai é falecido e sua mãe, Jaqueline, pretende torná-la capaz para exercício dos atos da vida civil. De acordo com o Código Civil brasileiro, cessará a incapacidade de Joana:

(A) quando ela completar dezoito anos de idade, tendo em vista que Jaqueline não poderá fazer esta concessão;

(B) pela concessão de Jaqueline mediante instrumento público dependente de homologação judicial;

(C) pela concessão de Jaqueline mediante instrumento público independentemente de homologação judicial;

(D) pela concessão de Jaqueline mediante instrumento particular dependente de homologação judicial;

(E) apenas por sentença do juiz, ouvindo-se o tutor, tendo em vista que Jaqueline não poderá fazer esta concessão.

A: incorreta, pois, na falta de um dos pais e, tendo o menor ao menos 16 anos, o pai ou mãe que estiver vivo poderá emancipar o filho (art. 5º, parágrafo único, I, do CC/2002); **B:** incorreta, pois basta instrumento público, não sendo necessária a homologação judicial (art. 5º, parágrafo único, I, do CC/2002); **C:** correta (art. 5º, parágrafo único, I, do CC/2002); **D:** incorreta, pois há de ser instrumento público (e não particular) e não é necessária a homologação judicial; **E:** incorreta, pois a emancipação, nesse caso, não se dá pelo juiz, mas pelos pais, ou, na falta de um deles, pelo que estiver presente (art. 5º, parágrafo único, I, do CC/2002).

(Técnico Judiciário – TRT/15ª – 2009 – FCC) Paulo, Pedro e José, num automóvel, levavam João a um hospital, pois estava muito doente. Paulo, o mais velho, dirigia o veículo. Pedro, seu filho, estava no banco da frente. José, uma criança de 8 anos, e João ocupavam o banco traseiro. No percurso, o veículo colidiu com um poste e todos morreram, não se podendo verificar quem morreu primeiro. Nesse caso, presume-se que

(A) todos morreram simultaneamente.

(B) Paulo morreu primeiro, por ser o mais velho.

(C) Pedro morreu primeiro, por viajar no banco da frente.

(D) José morreu primeiro, por ser o mais jovem.

(E) João morreu primeiro, porque estava muito doente.

Art. 8º do CC/2002.

(Técnico Judiciário – TRT/17ª – 2009 – CESPE) Julgue os itens que se seguem, acerca da personalidade e da capacidade.

(1) Considere a seguinte situação hipotética. Carla está no sétimo mês de gestação e, tendo conhecimento de que o bebê será do sexo feminino, escolheu o nome de Isadora para a criança. Nessa situação, Isadora é dotada de personalidade, podendo receber em doação um imóvel.

(2) As pessoas jurídicas têm personalidade distinta da dos seus membros. No entanto, em caso de abuso da personalidade jurídica, caracterizado pelo desvio de finalidade, ou pela confusão patrimonial, pode o juiz extinguir a pessoa jurídica e atingir o patrimônio dos sócios.

(3) A capacidade é a medida da personalidade, sendo que para uns a capacidade é plena e para outros, limitada.

1: incorreta, pois a personalidade só começa com o nascimento com vida; antes disso, temos apenas um ente chamado nascituro; assim, Isadora, para fins legais, não é uma pessoa, mas sim um nascituro, porém, com certos direitos protegidos pela lei (v. art. 2º do CC/2002); **2:** incorreta, pois a *desconsideração da personalidade*, prevista no art. 50 do CC/2002, não significa que a pessoa jurídica ficará *extinta* ou *dissolvida*, mas que, por um *momento*, ficará sem sua capa protetora (ficará desconsiderada a personalidade), podendo atingir-se o patrimônio de seus sócios ou administradores por dívidas da pessoa jurídica; **3:** correta, pois todas as pessoas têm personalidade, mas cada pessoa tem um tamanho de capacidade; algumas têm capacidade plena (os maiores de 18 anos, por exemplo); outros têm total incapacidade (os menores de 16, por exemplo); e outros têm capacidade relativa (os que têm entre 16 e 18 anos, por exemplo).

2.2. Pessoa jurídica

(Técnico Judiciário – TRT11 – FCC – 2017) A respeito das pessoas jurídicas, é correto afirmar que

(A) as associações públicas são pessoas jurídicas de direito privado.

(B) velará pelas fundações o Ministério Público Federal, quando estenderem a atividade por mais de um Estado da Federação.

(C) as associações não podem ter finalidade econômica, mesmo com expressa previsão estatutária.

(D) os partidos políticos são pessoas jurídicas de direito público.

(E) o registro dos atos constitutivos das organizações religiosas depende de autorização do poder público.

Alternativa **A** está errada, pois as associações públicas surgiram em razão da Lei 11.107/2005, que introduziu o consórcio público em nosso ordenamento jurídico. Referida lei regula a celebração de consórcio público entre os entes da federação, para a realização de objetivos de interesse comum. O consórcio público pode adquirir personalidade jurídica de direito público, nesse caso assume a forma de Associação Pública e integrará a Administração Indireta, tratando-se de Autarquia Interfederativa ou Intersubjetiva; ou pode assumir personalidade jurídica de direito privado, nos termos dos artigos 1º, § 1º, 4º, IV e 6º, todos da Lei 11.107/2005. Alternativa **B** errada, pois vai de encontro ao disposto do § 2º do artigo 66 da Lei Civil, diz que o Ministério Público Estadual velará pelas fundações e se estas se estenderem por mais de um Estado, a supervisão caberá ao Ministério Público do respectivo Estado. Alternativa **C** está correta, pois de acordo com o artigo 53 do Código Civil, associações são formadas por um grupo de pessoas que se organizam para atingir um determinado fim não econômico. O estatuto social das associações deverá observar, para a sua validade, os requisitos indicados no art. 54 do mesmo diploma legal. Alternativa **D** errada, nos termos do artigo 44 do Código Civil, partidos políticos encontram-se no rol das pessoas jurídicas de direito privado. Alternativa **E** errada, uma vez que as organizações religiosas têm liberdade de criação, organização, estruturação interna, sendo vedado ao poder público negar-lhes reconhecimento ou registro dos atos constitutivos, nos moldes do § 1º do artigo 44 do Código Civil.

(Técnico – TRT/11ª – 2012 – FCC) No Município AMOR existem duas instituições religiosas: igreja "HARMONIA" e paróquia "SANTA LUZIA". Há, também, uma fundação privada denominada "MÃES DA LUZ", que recebe ajuda das duas instituições religiosas referidas e da autarquia federal "SAÚDE". De acordo com o Código Civil brasileiro, no caso hipotético apresentado, são pessoas jurídicas de Direito Público Interno:

(A) a autarquia federal SAÚDE, a igreja HARMONIA e a paróquia SANTA LUZIA;

(B) o Município AMOR, a autarquia federal SAÚDE, a igreja HARMONIA e a paróquia SANTA LUZIA;

(C) o Município AMOR, a igreja HARMONIA, a paróquia SANTA LUZIA e a fundação MÃES DA LUZ;

(D) o Município AMOR, a autarquia federal SAÚDE e a paróquia SANTA LUZIA, apenas;

(E) o Município AMOR e a autarquia federal SAÚDE, apenas.

A: incorreta, pois a autarquia é pessoa de direito público interno (art. 41, IV, do CC/2002), mas a igreja e a paróquia, não. São pessoas de direito privado (art. 44, IV, do CC/2002); **B:** incorreta, pois o Município e a autarquia são pessoas de direito público interno (art. 41, III e IV, do CC/2002), mas a igreja e a paróquia, não (art. 44, IV, do CC/2002); **C:** incorreta, pois o Município é pessoa de direito público interno (art. 41, III, do CC/2002), mas a igreja, a paróquia e a fundação, não (art. 44, III e IV, do CC/2002); **D:** incorreta, pois o Município e a autarquia são pessoas de direito público interno (art. 41, III e IV, do CC/2002), mas a paróquia não (art. 44, IV, do CC/2002); **E:** correta, pois o Município e a autarquia são as únicas pessoas de direito público interno presentes no enunciado.

(Técnico Judiciário – TRT/14ª – 2011 – FCC) A respeito das pessoas jurídicas, considere:

I.   A União.

II. Os Estados.

III. O Distrito Federal.

IV. Os Municípios.

V.   As Autarquias.

VI. Os Partidos Políticos.

VII. As Sociedades

São pessoas jurídicas de direito público interno as indicadas APENAS em

(A) I, II, III, IV e VI.

(B) IV, V, VI e VII.

(C) I, II, III, IV e V.

(D) II, III, IV e V.

(E) II, III, VI e VII.

São pessoas jurídicas de direito público interno a União, os Estados, o Distrito Federal, os Municípios, as Autarquias e as demais pessoas citadas no art. 41 do CC/2002 (territórios, associações públicas e demais entidades de caráter público criadas por lei). São pessoas de direito privado os partidos políticos, as sociedades e as demais pessoas citadas no art. 44 do CC/2002 (associações, sociedades, fundações, organizações religiosas, partidos políticos e empresas individuais de responsabilidade limitada). Assim, apenas a alternativa "C" está correta.

2.3. Domicílio

(Técnico Judiciário – TRT/15ª – 2009 – FCC) Pedro é militar da Marinha e está servindo na cidade de Foz do Iguaçu. A sede do comando a que se encontra imediatamente subordinado situa-se em Santos. Sua esposa mora em Registro. Seu filho é domiciliado em Guarujá. Seus pais residem em Curitiba. O domicílio civil de Pedro é em

(A) Registro.

(B) Foz de Iguaçu.

(C) Santos.

(D) Guarujá.

(E) Curitiba.

Como Pedro é militar, seu domicílio é *necessário* ou *legal*. No caso, o domicílio é a *sede do comando a que se encontrar imediatamente subordinado* (art. 76, parágrafo único, do CC/2002), consistente na cidade de Santos. 🔲

Gabarito "C".

(Técnico Judiciário – TRT/17ª – 2009 – CESPE) Com relação à disciplina do domicílio, julgue o item abaixo.

(1) No Brasil, não se admite a pluralidade de domicílios.

1: incorreta, pois existe mais de uma possibilidade de domicílio, como se pode verificar dos arts. 70 a 74 do CC/2002. 🔲

Gabarito 1E.

2.4. Direitos da personalidade

(Técnico Judiciário – TRT/14ª – 2011 – FCC) Paulo, maior e capaz, é vítima de tumor maligno no cérebro. Os médicos recomendaram cirurgia para extirpar o tumor, apesar do risco de vida a ela inerente. Paulo negou-se a ser operado. Nesse caso, Paulo

(A) só poderá ser operado se houver parecer favorável de toda a equipe médica.

(B) não poderá ser constrangido a submeter-se à intervenção cirúrgica.

(C) poderá ser dopado e operado a critério da equipe médica.

(D) poderá ser obrigado pelos médicos a submeter-se à intervenção cirúrgica.

(E) só poderá ser operado se houver parecer favorável do Ministério Público.

De acordo com o art. 15 do CC/2002, ninguém pode ser constrangido a submeter--se, com risco de vida, a tratamento médico ou intervenção cirúrgica. Assim, apenas a alternativa "B" está correta. 🔲

Gabarito "B".

(Técnico Judiciário – TRT/20ª – 2011 – FCC) No que concerne aos direitos da personalidade, é INCORRETO afirmar:

(A) O nome da pessoa não pode ser empregado por outrem em publicações ou representações que a exponham ao desprezo público, ainda quando não haja intenção difamatória.

(B) O pseudônimo adotado para atividades lícitas goza da proteção que se dá ao nome.

(C) Sem autorização, não se pode usar o nome alheio em propaganda comercial.

(D) Se houver risco de vida, qualquer pessoa pode ser constrangida a submeter-se a intervenção cirúrgica.

(E) O ato de disposição do próprio corpo, no todo ou em parte, para depois da morte pode ser livremente revogado a qualquer tempo.

A: correta (art. 17 do CC/2002); **B:** correta (art. 19 do CC/2002); **C:** correta (art. 18 do CC/2002); **D:** incorreta, devendo ser assinalada, pois, havendo risco de vida, não é possível constranger a pessoa à intervenção cirúrgica ou tratamento médico; **E:** correta (art. 14, parágrafo único do CC/2002). 🔲

Gabarito "D".

2.5. Bens

(Técnico – TRT/11ª – 2012 – FCC) Considere as seguintes hipóteses:

I. Na reforma da residência de Otávio, foi retirada toda a lareira da sala para pintura das paredes e teto para posterior recolocação.

II. Márcia comprou sementes e as plantou para fins de cultivo.

Nestes casos, a lareira:

(A) é considerada bem móvel e as sementes bens imóveis;

(B) e as sementes são consideradas bens imóveis;

(C) e as sementes são consideradas bens móveis;

(D) é considerada bem imóvel e as sementes bens móveis;

(E) e as sementes são consideradas bens insuscetíveis de classificação momentânea.

A: incorreta, pois a lareira é bem imóvel, já que foi separada da residência, mas será reempregada (art. 81, II, do CC/2002); quanto às sementes, de fato, são bens imóveis, pois foram incorporadas ao solo (art. 79 do CC/2002); **B:** correta, pois as sementes, de fato, são bens imóveis, uma vez que foram incorporadas ao solo (art. 79 do CC/2002); **C:** incorreta, pois as sementes, no caso, foram incorporadas ao solo e, assim, serão bens imóveis; **D:** incorreta, pois as sementes, no caso, são imóveis (art. 79 do CC/2002) e não móveis; **E:** incorreta, pois, como se viu é possível, diante da lei, classificar, no caso em tela, as sementes e a lareira como bens imóveis (arts. 79 e 81, II, do CC/2002). 🔲

Gabarito "B".

(Técnico Judiciário – TRT/14ª – 2011 – FCC) José adquiriu uma área de terras e nela construiu uma pequena casa. Adquiriu cinquenta cabeças de gado, um trator, madeira para construção de um curral e diversas ferramentas para agricultura. Consideram-se bens móveis

(A) as ferramentas para agricultura, somente.

(B) o trator, a madeira para construção do curral e as ferramentas para agricultura, somente.

(C) as cabeças de gado e a madeira para construção do curral, somente.

(D) o trator e as ferramentas para agricultura, somente.

(E) as cabeças de gado, o trator, a madeira para construção do curral e as ferramentas para agricultura.

São bens móveis as cabeças de gado (art. 82 do CC/2002), o trator (art. 82 do CC/2002), a madeira ainda não empregada no curral (art. 84/2002) e as ferramentas (art. 82 do CC/2002). São bens imóveis a área de terras (art. 79 do CC/2002 – "solo") e a casa (art. 79 do CC/2002 – acessão artificial). 🔲

Gabarito "E".

(Técnico Judiciário – TRT/20ª – 2011 – FCC) Considere:

I. A hipoteca de um terreno.

II. Os direitos autorais.

III. Uma floresta.

São bens imóveis os indicados APENAS em

(A) I.

(B) I e II.

(C) I e III.

(D) II.

(E) II e III.

I: correta, pois a hipoteca é um direito real sobre imóveis; portanto, é um imóvel (art. 80, I, do CC/2002); **II:** incorreta, pois os direitos autorais são considerados pela lei bens móveis (art. 3º da Lei 9.610/1998); **III:** correta, pois a floresta é uma acessão sobre o solo; portanto é um imóvel (art. 79 do CC/2002). 🔲

Gabarito "C".

2.6. Fatos jurídicos

(Técnico Judiciário – TRT11 – FCC – 2017) A respeito dos defeitos dos negócios jurídicos, considere:

I. O erro de cálculo autoriza a parte prejudicada a obter o desfazimento do negócio.

II. Se ambas as partes tiverem procedido com dolo, qualquer delas pode alegá-lo para anular o negócio, ou reclamar indenização.

III. Presumem-se fraudatórios dos direitos de outros credores às garantias reais de dívidas que o credor insolvente tiver dado a algum credor.

Está correto o que se afirma APENAS em

(A) III.

(B) I e II.

(C) I e III.

(D) II e III.

(E) I.

São vícios ou defeitos do negócio jurídico: erro, dolo, coação, estado de perigo, lesão e fraude contra credores. Alternativa A, (III) correta, nos termos do artigo 163 do Código Civil "presumem-se fraudatórias dos direitos dos outros credores as garantias de dívidas que o devedor insolvente tiver dado a algum credor", portanto, enquanto não insolvente, todos os bens que integram o patrimônio do devedor podem ser oferecidos como garantia real, porém, se insolvente, o devedor não pode oferecer seu bem como garantia real a um determinado credor, em detrimento de todos os outros. Tais negócios jurídicos presumem-se suscetíveis de fraude. (I) errada, de acordo com o artigo 143 do Código Civil "o erro de cálculo apenas autoriza a retificação da declaração de vontade" vale dizer, não há vício capaz de anular o negócio jurídico, eis que o erro de cálculo é um erro material, que não atinge a vontade das partes. (II) errada, pois viola o preceito do artigo 150 do Código Civil que diz "se ambas as partes procederem com dolo, nenhuma pode alegá-lo para anular o negócio, ou reclamar indenização". Dessa forma, se ambas as partes agem com dolo, pois cada uma tem a intenção de prejudicar a outra, não há que falar em indenização, uma vez que ninguém pode se beneficiar da própria torpeza.

(Técnico Judiciário – TRT11 – FCC – 2017) Rafael vendeu uma fazenda para Valdir, estabelecendo que o comprador só entrará na posse do imóvel quando tiver construído uma igreja para os colonos. Tal negócio está sujeito

(A) a termo final.

(B) a termo inicial.

(C) à condição resolutiva.

(D) à condição suspensiva.

(E) a encargo.

Condição, termo e encargo constituem elementos acidentais do negócio jurídico, introduzidos pela vontade das partes. Alternativa **A** está errada, pois termo é o acontecimento futuro e certo em que começa ou extingue a eficácia do negócio jurídico. Termo pode ser classificado em: (i) inicial ou suspensivo, ou (ii) final ou resolutivo. O termo final extingue o direito. Alternativa **B** está errada, nos moldes do artigo 131 do Código Civil, "o termo inicial suspende o exercício, mas não a aquisição do direito", vale dizer, o direito sob termo inicial suspende o exercício, mas é considerado direito adquirido. Alternativa **C** errada, condição, de acordo com o artigo 121 do Código Civil "considera-se condição a cláusula que, derivando exclusivamente da vontade das partes, subordina o efeito do negócio jurídico a evento futuro e incerto", portanto, condição é o evento futuro e incerto que subordina a eficácia do negócio jurídico. A condição pode ser classificada em: (i) casual, potestativa ou mista, ou (ii) resolutiva ou suspensiva. No que diz respeito à condição resolutiva, ocorrendo o evento futuro e incerto extingue o direito. Alternativa **D** correta, pois a condição suspensiva impede a eficácia do negócio jurídico e a realização do evento futuro e incerto, vale dizer, não há direito adquirido enquanto não se verificar a condição suspensiva, nos termos do artigo 125 do Código Civil "subordinando-se à eficácia do negócio jurídico à condição suspensiva, enquanto esta se não verificar, não se terá adquirido o direito, a que ele visa". Alternativa **E** incorreta, pois encargo é a cláusula imposta nos negócio gratuitos, pela qual se restringe a liberalidade que foi concedida. Conforme o artigo 136 do Código Civil, o encargo não suspende a aquisição nem exercício do direito e nos termos do artigo 137 do mesmo diploma legal, sendo ilícito ou impossível considera-se não escrito.

(Analista Judiciário–TRT/24–FCC–2017) À luz do Código Civil, NÃO é nulo o negócio jurídico celebrado entre duas partes quando

(A) for preterida alguma solenidade que a lei considere essencial para a sua validade.

(B) o motivo determinante, comum a ambas as partes, for ilícito.

(C) tiver por objetivo fraudar lei imperativa.

(D) for indeterminável o seu objeto.

(E) houver vício resultante de coação.

A: incorreta, pois para tal ausência de solenidade, há previsão expressa de nulidade absoluta no art.166, V, do Código Civil; **B:** incorreta, pois tal previsão de nulidade absoluta encontra respaldo no art.166, III, do CC; **C:** incorreta, pois a intenção de fraudar lei imperativa gera nulidade absoluta do negócio jurídico (CC,art.166,VI); **D:** incorreta, pois o art.166,II estabelece tal hipótese como causa de nulidade absoluta; **E:** correta, pois a coação – assim como os demais vícios do consentimento – gera apenas anulabilidade do negócio jurídico (CC,art.171,II).

(Técnico Judiciário – 2008 – CESPE) A respeito dos negócios jurídicos, julgue os itens a seguir.

(1) Quando há uma manifestação de vontade submetida a uma condição suspensiva, essa vontade só produz os seus efeitos com o implemento da condição suspensiva. Todavia, legítimos são apenas os atos que não se revelarem incompatíveis com a realização da condição suspensiva.

(2) Se, no negócio jurídico, o dolo tiver sido praticado pelo representante legal de uma das partes, a responsabilidade pelas perdas

e danos será solidária do representante e do representado, e o negócio será anulado independentemente de o representado ter conhecimento do dolo.

1: correta, de acordo com os arts. 125 e 126 do CC/2002; **2:** incorreta. Art. 149 do CC.

(TRT/8ª – 2010 – FCC) A cláusula que subordina o efeito do negócio jurídico, oneroso ou gratuito, a um evento futuro e incerto denomina-se

(A) condição.

(B) encargo.

(C) termo inicial.

(D) termo final.

(E) modo.

Art. 121 do CC.

(TRT/8ª – 2010 – FCC) A respeito dos defeitos do negócio jurídico, considere:

I. Erro sobre a natureza do negócio.

II. Erro sobre o objeto principal da declaração.

III. Erro sobre alguma das qualidades essenciais do objeto.

IV. Erro de cálculo.

Consideram-se substanciais os indicados APENAS em:

(A) I, II e III.

(B) I e III.

(C) I e IV.

(D) II e III.

(E) II, III e IV.

I: correta (art. 139, I, do CC/2002); **II:** correta (art. 139, I, do CC/2002); **III:** correta (art. 139, I, do CC/2002); **IV:** incorreta (art. 143 do CC/2002).

(Técnico Judiciário – TRT/17ª – 2009 – CESPE) O negócio concluído pelo representante em conflito de interesses com o representado é anulável, se tal fato era ou devia ser do conhecimento de quem com aquele tratou. No entanto, a lei estabelece o prazo de 180 dias a contar da conclusão do negócio ou da cessação da incapacidade, para pleitear-se a anulação. Acerca desse assunto, julgue o item abaixo.

(1) O prazo referido é um prazo decadencial, cujo objeto são os direitos potestativos.

1: correta, pois os prazos para pedir em juízo a *desconstituição* de negócios jurídicos são decadenciais; já prazos para pedir em juízo a *condenação* de alguém são prescricionais; no caso, como se trata de pedir a anulação (desconstituição) de um negócio jurídico, está-se diante de prazo decadencial.

(Técnico Judiciário – TRT/17ª – 2009 – CESPE) Quanto à nulidade e à anulabilidade dos atos jurídicos, julgue os seguintes itens.

(1) A simulação, considerada pela doutrina um vício social, é causa de nulidade do negócio jurídico; no entanto, é possível que subsista o negócio que se dissimulou.

(2) Poderá haver anulação do negócio jurídico se o devedor insolvente doar imóvel do seu patrimônio a um irmão seu.

(3) A nulidade absoluta, embora envolva evidente interesse social, somente será decretada pelo juiz, de ofício, para favorecer pessoa absolutamente incapaz.

1: correta (art. 167 do CC/2002); **2:** correta, pois a doação é uma *transmissão gratuita de bens* e, sendo o devedor insolvente o vendedor, configura-se a fraude contra credores (art. 158 do CC/2002); **3:** incorreta, pois o juiz pode decretar a nulidade absoluta sempre que estiver diante dela, independentemente de se tratar ou não de absolutamente incapaz (art. 168, parágrafo único, do CC/2002).

2.7. Prescrição e decadência

(Técnico – TRT/6ª – 2012 – FCC) Interrompe-se a prescrição

(A) na pendência de ação de evicção;

(B) pelo protesto cambial;

(C) somente por despacho de Juiz competente que ordenar a citação, se o interessado a promover no prazo e na forma da lei processual;

12. DIREITO CIVIL

(D) pelo casamento do devedor com a credora;

(E) sobrevindo incapacidade absoluta ou relativa do credor.

A: incorreta, pois essa é causa suspensiva ou impeditiva da prescrição, e não causa interruptiva desta (art. 199, III, do CC/2002); **B:** correta (art. 202, III, do CC/2002); **C:** incorreta, pois o despacho de juiz, ainda que incompetente, nesse caso, é hábil à interrupção da prescrição (art. 202, I, do CC/2002); **D:** incorreta, pois durante a constância do casamento há suspensão (art. 197, I, do CC/2002) e não interrupção da prescrição; **E:** incorreta, pois, havendo incapacidade absoluta (só absoluta!) não corre prescrição, ou seja, há impedimento ou suspensão desta (art. 198, I, do CC/2002) e não interrupção. Gabarito "B".

(Técnico Judiciário – TRT/15ª – 2009 – FCC) A interrupção da prescrição não

(A) ocorrerá pela apresentação do título de crédito em juízo de inventário.

(B) ocorrerá pela apresentação do título de crédito em concurso de credores.

(C) ocorrerá por protesto cambial.

(D) poderá ocorrer mais de uma vez.

(E) poderá ser provocada por qualquer interessado.

Art. 202 do CC/2002. Gabarito "D".

(TRT/22ª – 2010 – FCC) Contra os menores de dezesseis anos

(A) não correm os prazos de decadência, mas correm os prazos prescricionais.

(B) não correm os prazos de decadência e de prescrição.

(C) não correm os prazos de prescrição, mas correm os prazos decadenciais.

(D) correm normalmente os prazos de decadência e de prescrição.

(E) os prazos prescricionais e decadenciais são computados em dobro.

Arts. 198, I, e 208 do CC/2002. Gabarito "B".

3. OBRIGAÇÕES

(Técnico – TRT/6ª – 2012 – FCC) Efetuar-se-á o pagamento

(A) em qualquer lugar, à escolha do devedor;

(B) no domicílio do credor, salvo se as partes convencionarem diversamente, ou se o contrário resultar de disposição expressa de lei;

(C) no domicílio do devedor, salvo se as partes convencionarem diversamente, ou se o contrário resultar da lei, da natureza da obrigação ou das circunstâncias;

(D) onde for determinado pelo credor, antes do vencimento da dívida;

(E) facultativamente, no domicílio do credor ou do devedor, salvo disposição de lei expressa em sentido contrário.

A: incorreta, pois a regra é que o pagamento se dê no domicílio do devedor (art. 327 do CC/2002); **B e D:** incorretas, pois a regra é que o pagamento se dê no domicílio do devedor e não do credor ou onde este determinar; **C:** correta (art. 327 do CC/2002); **E:** incorreta, pois, como se viu, a regra é que o pagamento se dê no domicílio do devedor (art. 327 do CC/2002). Gabarito "C".

(TRT/15ª – 2009 – FCC) Nas obrigações

(A) divisíveis, havendo dois ou mais devedores, cada um será obrigado pela dívida toda.

(B) alternativas, pode o devedor obrigar o credor a receber parte em uma prestação e parte em outra.

(C) solidárias, o credor pode renunciar a solidariedade em favor de um ou de alguns dos devedores.

(D) de dar coisa incerta, indicada pelo gênero e pela quantidade, a escolha pertence ao credor, se o contrário não resultar do título da obrigação.

(E) de fazer, se a prestação do fato tornar-se impossível sem culpa do devedor, responderá este por perdas e danos.

A: incorreta (art. 259 do CC/2002); **B:** incorreta (art. 252, § 1º, do CC/2002); **C:** correta (art. 282 do CC/2002); **D:** incorreta (art. 244 do CC/2002); **E:** incorreta (art. 248 do CC/2002). Gabarito "C".

4. CONTRATOS

(Técnico Judiciário – TRT/14ª – 2011 – FCC) A respeito da compra e venda, é correto afirmar:

(A) Na venda à vista, o devedor é obrigado a entregar a coisa antes de receber o preço.

(B) Os tutores só podem comprar os bens confiados à sua guarda ou administração em hasta pública.

(C) É vedada a compra entre cônjuges de bens excluídos da comunhão.

(D) Prevalece a amostra, o protótipo ou o modelo, se houver contradição ou diferença com a maneira pela qual se descreveu a coisa no contrato.

(E) Os leiloeiros e seus prepostos podem adquirir os bens de cuja venda estejam encarregados por valor compatível com as propostas recebidas.

A: incorreta, pois o preço deve ser pago primeiro (art. 491 do CC/2002), salvo na venda a crédito ou se houver convenção em contrário; **B:** incorreta, pois é sempre nula a compra, pelos tutores, de bens confiados à sua guarda ou administração, ainda que o negócio seja feito em hasta pública (art. 497, I, do CC/2002); **C:** incorreta, pois, com relação a bens excluídos da comunhão, é lícita a compra e venda entre cônjuges (art. 499 do CC/2002); **D:** correta (art. 484, parágrafo único, do CC/2002); **E:** incorreta, pois é nula a compra, pelos leiloeiros e seus prepostos, de bens cuja venda estejam encarregados, pouco importando se o fazem ou não por valor compatível com as propostas recebidas (art. 497, IV, do CC/2002). Gabarito "D".

(Técnico Judiciário – TRT/20ª – 2011 – FCC) Considere:

I. João vendeu automóveis a José, deixando ao arbítrio exclusivo deste a fixação do preço.

II. Paulo vendeu ações de uma empresa a Pedro, deixando a fixação do preço à cotação em Bolsa em certo e determinado dia e lugar.

Tais contratos de compra e venda são

(A) válido e nulo, respectivamente.

(B) nulo e válido, respectivamente.

(C) nulo e anulável, respectivamente.

(D) nulos.

(E) válidos.

I: esse contrato é nulo, nos termos do art. 489 do CC/2002; **II:** esse contrato é válido, nos termos do art. 486 do CC. Gabarito "B".

(Técnico Judiciário – TRT/20ª – 2011 – FCC) No contrato de prestação de serviços regido pelo Código Civil brasileiro, não havendo prazo estipulado, nem se podendo inferir da natureza do contrato, ou do costume do lugar, qualquer das partes, a seu arbítrio, mediante prévio aviso, pode resolver o contrato. Dar-se-á o aviso com antecedência de 8 (oito) dias, se o salário se houver fixado por tempo de

(A) uma hora.

(B) um dia.

(C) uma semana.

(D) uma quinzena.

(E) um mês, ou mais.

Art. 599, parágrafo único, I, do CC/2002. Gabarito "E".

(Técnico Judiciário – 2007 – FCC) De acordo com o Código Civil brasileiro, a coisa recebida em virtude de contrato comutativo pode ser enjeitada por vícios ou defeitos ocultos, que a tornem imprópria ao uso a que é destinada, ou lhe diminuam o valor. Em regra, o adquirente decai do direito de obter a redibição ou abatimento no preço no prazo de

(A) trinta dias se a coisa for móvel, e de um ano se for imóvel, contado da entrega efetiva.

(B) sessenta dias se a coisa for móvel, e de seis meses se for imóvel, contado da entrega efetiva.

(C) trinta dias se a coisa for móvel, e de um ano se for imóvel, contado da celebração do contrato, independentemente da entrega efetiva.

(D) sessenta dias se a coisa for móvel, e de seis meses se for imóvel, contado da celebração do contrato, independentemente da entrega efetiva.

12. Direito Civil

(E) noventa dias se a coisa for móvel, e de um ano se for imóvel, contado da entrega efetiva.

Art. 445 do CC/2002.

5. RESPONSABILIDADE CIVIL

(Técnico – TRT/6ª – 2012 – FCC) Sendo o patrão responsável pela reparação civil dos danos causados culposamente por seus empregados no exercício do trabalho que lhes competir, ou em razão dele,

(A) é obrigado a indenizar ainda que o patrão não tenha culpa;

(B) só será obrigado a indenizar se o patrão também tiver culpa;

(C) não será obrigado a indenizar, se o empregado for absolvido pelo mesmo ato, em processo criminal, por insuficiência de prova;

(D) só será obrigado a indenizar se o ato também constituir crime e se o empregado for condenado no processo criminal;

(E) a obrigação de indenizar é subsidiária à do empregado que causou o dano.

A: correta, pois, uma vez caracterizada a responsabilidade do empregado, o empregador responde objetivamente, ou seja, ainda que não tenha culpa (arts. 932, III, e 933, ambos do CC/2002); **B:** incorreta, pois conforme se viu a responsabilidade do patrão é independente de culpa (arts. 932, III, e 933, ambos do CC/2002); **C:** incorreta, a absolvição por falta de provas na esfera penal não gera efeito algum na esfera civil; apenas as absolvições penais por negativa de autoria ou por inexistência material do fato é que repercutem na esfera civil; **D:** incorreta, não há esse requisito nos arts. 932, III e 933 do CC/2002; **E:** incorreta, pois a responsabilidade pelo fato de terceiro é direta e imediata (art. 933 do CC/2002) e não subsidiária.

(Técnico Judiciário – TRT/15ª – 2009 – FCC) São responsáveis pela reparação civil, apenas se houver culpa de sua parte,

(A) os que gratuitamente houverem participado nos produtos do crime até a concorrente quantia.

(B) os pais, pelos atos praticados pelos filhos menores que estiverem sob a sua autoridade e em sua companhia.

(C) o empregador ou comitente pelos atos praticados por seus empregados, serviçais e prepostos, no exercício do trabalho que a eles competir, ou em razão dele.

(D) o autor do dano, quando a atividade por este normalmente desenvolvida implicar, por sua natureza, risco para os direitos de outrem.

(E) os motoristas de veículos automóveis que se envolverem em colisão em via pública ou particular.

A: incorreta, pois a responsabilidade nesse caso é objetiva, ou seja, independe de culpa (art. 932, V, c/c art. 933 do CC/2002); **B:** incorreta, pois a responsabilidade nesse caso é objetiva, ou seja, independe de culpa (art. 932, I, c/c art. 933 do CC/2002); **C:** incorreta, pois a responsabilidade nesse caso é objetiva, ou seja, independe de culpa (art. 932, III, c/c art. 933 do CC/2002); **D:** incorreta, pois a responsabilidade nesse caso é objetiva, ou seja, independe de culpa (art. 927, parágrafo único, do CC/2002); **E:** correta, pois a responsabilidade nesse caso depende de culpa ou dolo (art. 186 do CC/2002).

(Técnico Judiciário – 2007 – FCC) Considere as afirmativas abaixo sobre responsabilidade civil.

I. É responsável pela reparação civil, desde que comprovada a culpa de sua parte, o empregador pelos atos praticados pelos seus empregados, no exercício do trabalho que lhes competir, ou em razão dele.

II. O incapaz responde pelos prejuízos que causar, se as pessoas por ele responsáveis não tiverem obrigação de fazê-lo ou não dispuserem de meios suficientes.

III. O dono ou detentor do animal ressarcirá o dano por ele causado, se não comprovar culpa da vítima ou força maior.

IV. Aquele que ressarcir o dano causado por seu descendente relativamente incapaz poderá reaver o que houver pago daquele por quem pagou.

É correto o que se afirma APENAS em:

(A) I, II e III.

(B) I, II e IV.

(C) I, III e IV.

(D) II e III.

(E) III e IV.

I: incorreta, pois não é necessária a culpa (art. 932, III, c/c art. 933 do CC/2002); **II:** correta (art. 928 do CC/2002); **III:** correta (art. 936 do CC/2002); **IV:** incorreta (art. 934 do CC/2002).

6. COISAS

(FCC – 2014) Após pagar um terço de empréstimo garantido por hipoteca de seu imóvel, Bento Francisco procura aliená-lo a Kelly Joyce, mas ao notificar o credor hipotecário – o banco que lhe emprestou o dinheiro – este não consente com a venda, alegando haver no contrato cláusula que a proíbe expressamente. O posicionamento do banco credor é

(A) juridicamente equivocado, já que a lei civil prevê ser nula a cláusula que proíbe ao proprietário alienar imóvel hipotecado.

(B) juridicamente equivocado, pois, embora não se possa alienar a coisa antes de pago um determinado montante, a partir de um terço do pagamento do empréstimo já é possível vender o imóvel dado em garantia hipotecária.

(C) válido juridicamente, pois a alienação do imóvel só é possível pelo tomador do empréstimo após o pagamento de dois terços da dívida.

(D) válido juridicamente, já que o contrato faz lei entre as partes e Bento Francisco o celebrou livre e espontaneamente.

(E) juridicamente equivocado, por ser anulável o contrato, dada a abusividade da cláusula proibitiva de alienação.

Viola o art. 1.475 do CC, "É nula a cláusula que proíbe ao proprietário alienar o imóvel hipotecado". Hipoteca é o direito real de garantia que tem por objeto bens imóveis, navio ou avião pertencentes ao devedor ou a terceiro e que, embora não entregues ao credor, asseguram-lhe, preferencialmente, o recebimento de seu crédito. Não é possível estabelecer cláusula que proíba o proprietário de alienar o imóvel hipotecado, porém, é permitido convencionar o vencimento do crédito hipotecário, se o imóvel for alienado (parágrafo único do art. 1.475 do CC). Lembre-se, por ser direito real, a hipoteca deve ser registrada no cartório do lugar do imóvel, conforme prevê o art. 1.492 do CC.

(FCC – 2014) Considere as seguintes hipóteses:

I. Mariana, por onze anos, sem interrupção e nem oposição, possui, como sua, uma casa de 300 metros quadrados, tendo estabelecido no referido imóvel sua moradia habitual, realizando obras de conservação e ampliação da casa.

II. Gleison não é proprietário de imóvel urbano ou rural, mas possui, como sua, uma casa de 150 metros quadrados por sete anos ininterruptos e sem oposição utilizando-a como sua moradia.

III. Benício, proprietário de um terreno rural de 10 hectares, possui, como sua, uma casa de 70 metros quadrados, por oito anos ininterruptamente e sem oposição, utilizando-a como sua moradia.

De acordo com o Código Civil brasileiro, em razão da posse, poderá adquirir a propriedade dos imóveis acima mencionados

(A) Mariana, apenas.

(B) Mariana e Gleison, apenas.

(C) Gleison, apenas.

(D) Mariana, Gleison e Benício.

(E) Gleison e Benício, apenas.

I: correta, pois trata-se de caso de usucapião extraordinária previsto no art. 1.238 parágrafo único do CC, em que a aquisição se dá após 10 anos de posse mansa, pacífica e ininterrupta, haja vista Mariana ter utilizado o local para moradia habitual e ter realizado obras de caráter produtivo; **II:** correta, pois trata-se de caso de usucapião especial urbana, em que adquire-se a propriedade aquele que, não sendo possuidor de outro imóvel urbano ou rural, ocupa área urbana de até duzentos e cinquenta metros quadrados, por cinco anos ininterruptamente e sem oposição, utilizando-a para sua moradia ou de sua família (art. 1.240, *caput*, do CC); **III:** incorreta, pois Benício não poderá usucapir a casa pela modalidade de usucapião especial urbana, pois é proprietário de outro imóvel rural (art. 1.239 do CC). Ademais, não é possível a aplicação de nenhuma outra modalidade de usucapião.

12. DIREITO CIVIL

(FGV – 2014) Com a ajuda de homens armados, Francisco invade determinada fazenda e expulsa dali os funcionários de Gabriel, dono da propriedade. Uma vez na posse do imóvel, Francisco decide dar continuidade às atividades agrícolas que vinham sendo ali desenvolvidas (plantio de soja e de feijão). Três anos após a invasão, Gabriel consegue, pela via judicial, ser reintegrado na posse da fazenda.

Quanto aos frutos colhidos por Francisco durante o período em que permaneceu na posse da fazenda, assinale a afirmativa correta.

(A) Francisco deve restituir a Gabriel todos os frutos colhidos e percebidos, mas tem direito de ser ressarcido pelas despesas de produção e custeio.

(B) Francisco tem direito aos frutos percebidos durante o período em que permaneceu na fazenda.

(C) Francisco tem direito à metade dos frutos colhidos, devendo restituir a outra metade a Gabriel.

(D) Francisco deve restituir a Gabriel todos os frutos colhidos e percebidos, e não tem direito de ser ressarcido pelas despesas de produção e custeio.

A: correta; de acordo com o art. 1.216 do CC, o possuidor de má-fé (que é o que temos no caso presente, pois era alguém que sabia que não tinha direitos sobre a coisa) responde por todos os frutos colhidos e percebidos, bem como pelos que, por culpa sua, deixou de perceber, desde o momento em que se constituiu de má-fé; todavia, esse possuidor, ainda que de má-fé, tem, segundo a lei, direito às despesas da produção e custeio, de modo a não haver enriquecimento sem causa do legítimo possuidor da coisa; assim, a alternativa em questão está correta; **B** e **C:** incorretas, pois, de acordo com o art. 1.216 do CC o possuidor de má-fé não tem direito qualquer sobre os frutos percebidos e colhidos no período; **D:** incorreta, pois, de acordo com o art. 1.216 do CC, o possuidor de má-fé tem direito às despesas da produção e custeio, de modo a não haver enriquecimento sem causa do legítimo possuidor da coisa. Gabarito "A".

(FGV – 2015) Mediante o emprego de violência, Mélvio esbulhou a posse da Fazenda Vila Feliz. A vítima do esbulho, Cassandra, ajuizou ação de reintegração de posse em face de Mélvio após um ano e meio, o que impediu a concessão de medida liminar em seu favor. Passados dois anos desde a invasão, Mélvio teve que trocar o telhado da casa situada na fazenda, pois estava danificado. Passados cinco anos desde a referida obra, a ação de reintegração de posse transitou em julgado e, na ocasião, o telhado colocado por Mélvio já se encontrava severamente danificado. Diante de sua derrota, Mélvio argumentou que faria jus ao direito de retenção pelas benfeitorias erigidas, exigindo que Cassandra o reembolsasse. A respeito do pleito de Mélvio, assinale a afirmativa correta.

(A) Mélvio não faz jus ao direito de retenção por benfeitorias, pois sua posse é de má-fé e as benfeitorias, ainda que necessárias, não devem ser indenizadas, porque não mais existiam quando a ação de reintegração de posse transitou em julgado.

(B) Mélvio é possuidor de boa-fé, fazendo jus ao direito de retenção por benfeitorias e devendo ser indenizado por Cassandra com base no valor delas.

(C) Mélvio é possuidor de má-fé, não fazendo jus ao direito de retenção por benfeitorias, mas deve ser indenizado por Cassandra com base no valor delas.

(D) Mélvio é possuidor de má-fé, fazendo jus ao direito de retenção por benfeitorias e devendo ser indenizado pelo valor atual delas.

A: correta; Mélvio e possuidor de má-fé, e, assim, não tem direito à indenização por benfeitorias, salvo as necessárias, mas sem direito a retenção neste caso (art. 1.220 do CC); na hipótese narrada, tem-se benfeitoria necessária, porém, seja porque não existem mais, seja porque ainda que existissem não dão direito de retenção da coisa enquanto não paga a indenização, não há que se falar em direito de retenção no caso presente; **B:** incorreta; Melvio é possuidor de má-fé, pois sabia que não tinha direitos sobre a coisa quando a invadiu; **C** e **D:** incorretas; pois, como se viu, Melvio não terá direito direito a qualquer indenização no caso concreto. Gabarito "A".

(FGV – 2015) Mateus é proprietário de um terreno situado em área rural do estado de Minas Gerais. Por meio de escritura pública levada ao cartório do registro de imóveis, Mateus concede, pelo prazo de vinte anos, em favor de Francisco, direito real de superfície sobre o aludido terreno. A escritura prevê que Francisco deverá ali construir um edifício que servirá de escola para a população local. A escritura ainda prevê

que, em contrapartida à concessão da superfície, Francisco deverá pagar a Mateus a quantia de R$ 30.000,00 (trinta mil reais). A escritura também prevê que, em caso de alienação do direito de superfície por Francisco, Mateus terá direito a receber quantia equivalente a 3% do valor da transação. Nesse caso, é correto afirmar que

(A) é nula a concessão de direito de superfície por prazo determinado, haja vista só se admitir, no direito brasileiro, a concessão perpétua.

(B) é nula a cláusula que prevê o pagamento de remuneração em contrapartida à concessão do direito de superfície, haja vista ser a concessão ato essencialmente gratuito.

(C) é nula a cláusula que estipula em favor de Mateus o pagamento de determinada quantia em caso de alienação do direito de superfície.

(D) é nula a cláusula que obriga Francisco a construir um edifício no terreno.

A: incorreta, pois o instituto do direito de superfície reclama, inclusive, que haja fixação de prazo determinado para a fruição (art. 1.369, *caput*, do CC); **B:** incorreta, pois a concessão de superfície pode ser gratuita ou onerosa, nos termos do art. 1.370 do CC; **C:** correta, nos termos do art. 1.372, parágrafo único, do CC; **D:** incorreta, pois o objetivo da concessão de superfície é justamente para a construção em um terreno, podendo ser também para a plantação neste (art. 1.369, *caput*, do CC). Gabarito "C".

7. FAMÍLIA E SUCESSÕES

(Técnico Judiciário – 2010 – CESPE) Julgue os itens seguintes, referentes às relações de parentesco do direito de família.

(1) O pai é parente em linha reta do trisavô.

(2) O sobrinho-neto é parente em linha colateral do tio-avô.

(3) Se João for primo de Roberto, o parentesco entre eles será colateral em terceiro grau.

1: correta, pois são parentes em linha reta as pessoas que estão umas para com as outras na relação de ascendentes e descendentes (art. 1.591 do CC/2002), sendo certo que o pai é descendente de seu trisavô, assim como este é ascendente daquele; **2:** correta, pois são parentes em linha colateral (ou transversal), até o 4º grau, as pessoas provenientes de um só tronco, sem descenderem uma da outra (art. 1.592 do CC/2002); como o sobrinho-neto não é descendente do tio-avô, apesar de serem provenientes de um mesmo tronco, eles são parentes em linha colateral; há de se lembrar que os dois estão em 4º grau, de modo que são parentes legítimos; **3:** incorreta, pois primos são parentes em 4º grau; isso porque, até chegar aos seus avós, há dois graus (seu pai e seus avós), e do seus avós até chegar ao seu primo são mais dois graus (seu tio e seu primo). Gabarito 1C, 2C, 3E.

(FGV – 2015) Ester, viúva, tinha duas filhas muito ricas, Marina e Carina. Como as filhas não necessitam de seus bens, Ester deseja beneficiar sua irmã, Ruth, por ocasião de sua morte, destinando-lhe toda a sua herança, bens que vieram de seus pais, também pais de Ruth. Ester o(a) procura como advogado(a), indagando se é possível deixar todos os seus bens para sua irmã. Deseja fazê-lo por meio de testamento público, devidamente lavrado em Cartório de Notas, porque suas filhas estão de acordo com esse seu desejo. Assinale a opção que indica a orientação correta a ser transmitida a Ester.

(A) Em virtude de ter descendentes, Ester não pode dispor de seus bens por testamento.

(B) Ester só pode dispor de 1/3 de seu patrimônio em favor de Ruth, cabendo o restante de sua herança às suas filhas Marina e Carina, dividindo-se igualmente o patrimônio.

(C) Ester pode dispor de todo o seu patrimônio em favor de Ruth, já que as filhas estão de acordo.

(D) Ester pode dispor de 50% de seu patrimônio em favor de Ruth, cabendo os outros 50% necessariamente às suas filhas, Marina e Carina, na proporção de 25% para cada uma.

A: incorreta, pois Ester pode dispor de apenas metade de seus bens (parte disponível da herança) nas hipóteses em que há herdeiros necessários (art. 1.846 do CC), como é o caso, já que Marina e Carina, por serem filhas de Ester, são herdeiras necessárias desta; de acordo com o art. 1.845 do CC são herdeiros necessários os descendentes, os ascendentes e o cônjuge; **B** e **C:** incorretas, pois é possível dispor de até metade do patrimônio quando há herdeiros necessários (art. 1.846 do CC); **D:** correta, nos termos do art. 1.846 do CC, que só admite disposição de metade dos bens quando há herdeiros necessários, sendo que, entre as filhas de Ester, que são herdeiras necessárias (art. 1.845 do CC), caberá metade para cada uma. Gabarito "D".

(FGV – 2015) Márcia era viúva e tinha três filhos: Hugo, Aurora e Fiona. Aurora, divorciada, vivia sozinha e tinha dois filhos, Rui e Júlia. Márcia faleceu e Aurora renunciou à herança da mãe. Sobre a divisão da herança de Márcia, assinale a afirmativa correta.

(A) Diante da renúncia de Aurora, a herança de Márcia deve ser dividida entre Hugo e Fiona, cabendo a cada um metade da herança.

(B) Diante da renúncia de Aurora, a herança de Márcia deve ser dividida entre Hugo, Fiona, Rui e Júlia, em partes iguais, cabendo a cada um 1/4 da herança.

(C) Diante da renúncia de Aurora, a herança de Márcia deve ser dividida entre Hugo, Fiona, Rui e Júlia, cabendo a Hugo e Fiona 1/3 da herança, e a Rui e Júlia 1/6 da herança para cada um.

(D) Aurora não pode renunciar à herança de sua mãe, uma vez que tal faculdade não é admitida quando se tem descendentes de primeiro grau.

Os herdeiros de quem renuncia a uma herança não podem representar o renunciante, na forma dos artigos 1.810 e 1.811 do CC; assim, somente os dois irmãos não renunciantes terão direito à herança, que será dividida igualmente entre eles, estando correta a alternativa "A" e incorretas as demais alternativas, lembrando que não há regra alguma no Código Civil que impeça um herdeiro que tenha herdeiros, que renuncie a herança a que tenha direito.

Gabarito "A".

13. DIREITO PROCESSUAL CIVIL

Luiz Dellore

1.PRINCÍPIOS DO PROCESSO CIVIL

(Técnico Judiciário – Consulplan – 2017) O Poder Judiciário deve se nortear pela atividade satisfativa dos direitos discutidos em juízo. Nessa vertente, o Código de Processo Civil de 2015 (Lei Federal 13.105/2015) tutela, entre suas normas fundamentais, o princípio da primazia da resolução do mérito. Com base nas normas processuais em vigor que tratam do instituto da coisa julgada e dos seus efeitos, assinale a alternativa correta.

(A) Não se considera fundamentada qualquer decisão judicial, seja ela interlocutória, sentença ou acórdão, que não enfrentar todos os argumentos deduzidos no processo capazes de, em tese, infirmar a conclusão adotada pelo julgador.

(B) Haverá resolução de mérito na sentença que homologar a desistência da ação por parte do autor da demanda.

(C) Em regra, além da parte dispositiva, também fazem coisa julgada os motivos e a verdade dos fatos estabelecida como fundamento da sentença.

(D) O Código de Processo Civil de 2015 (Lei Federal 13.105/2015), prestigiando o princípio da igualdade material entre as partes, não mais prevê a sistemática da remessa necessária ou do duplo grau de jurisdição obrigatório às sentenças proferidas contra a União, os Estados, o Distrito Federal, os Municípios e suas respectivas autarquias e fundações de direito público.

A: Correta (NCPC, art. 489, § 1°, IV); **B:** Incorreta, pois a desistência é hipótese de extinção sem resolução do mérito (art. 485, VIII); **C:** Incorreta, pois motivos e verdade dos fatos não são cobertos pela coisa julgada (art. 504, I e II); **D:** Incorreta, pois segue existindo a remessa necessária (art. 496). Gabarito "A".

(Técnico Judiciário – Consulplan – 2017) O Código de Processo Civil de 2015 (Lei Federal 13.105/2015) buscou combater o excesso de formalismo que existia nos diplomas processuais que o precederam, corroborando a máxima doutrinária de que "o processo não é um fim em si mesmo". Sobre o tema, assinale a alternativa correta.

(A) Podem as partes, independentemente da aquiescência do juiz da causa, fixar calendário para a prática de atos processuais.

(B) Antes de considerar inadmissível o recurso, o relator concederá o prazo de 5 (cinco) dias ao recorrente para que seja sanado vício ou complementada a documentação exigível.

(C) Caso verifique a ocorrência de vícios sanáveis ou de irregularidades no processo, o juiz determinará sua correção em prazo nunca superior a dez dias.

(D) Verificando que a petição inicial não preenche os requisitos legais ou que apresenta defeitos e irregularidades capazes de dificultar o julgamento de mérito, o juiz deverá indeferi-la e extinguir o processo sem resolução do mérito.

A: Incorreta, pois apesar de haver a possibilidade de calendarização, isso depende de concordância do juiz (NCPC, art. 191); **B:** Correta, sendo essa uma das inovações relevantes no tocante aos recursos no NCPC (art. 932, parágrafo único); **C:** Incorreta apenas em relação ao prazo, pois o NCPC aponta que não será em prazo superior a 30 dias (art. 352); **D:** Incorreta, pois sendo vícios sanáveis, o juiz determinará a emenda (art. 321). Gabarito "B".

(Técnico Judiciário – Consulplan – 2017) Um dos principais paradigmas que nortearam a elaboração do Código de Processo Civil de 2015 (Lei Federal 13.105/2015) foi a busca por um processo mais célere e eficiente, capaz de tutelar, em menor tempo e com o maior grau de abrangência possível, os interesses dos jurisdicionados. Sobre o tema proposto, assinale a alternativa correta.

(A) Independentemente de autorização judicial, as citações, intimações e penhoras poderão ser realizadas no período de férias forenses, onde as houver, e nos feriados ou dias úteis fora do horário estabelecido, observadas as regras constitucionais atinentes à inviolabilidade do domicílio.

(B) Os litisconsortes que tiverem diferentes procuradores, ainda que associados ao mesmo escritório de advocacia, terão prazos contados em dobro para todas as suas manifestações, em qualquer juízo ou tribunal, independentemente de requerimento.

(C) A União, os Estados, o Distrito Federal, os Municípios e suas respectivas autarquias, fundações públicas e empresas estatais gozarão de prazo em dobro para todas as suas manifestações processuais, cuja contagem terá início a partir da publicação na imprensa oficial.

(D) Os atos processuais pela via eletrônica podem ser praticados até as 24 (vinte e quatro) horas do último dia do prazo, não sendo este passível de prorrogação caso seu término se dê em um sábado, considerado dia útil pela nova sistemática processual para efeitos forenses.

A: Correta, por expressa previsão legal nesse sentido (NCPC, art. 212, § 2°); **B:** Incorreta, pois se forem advogados do *mesmo* escritório, não há prazo em dobro (art. 229); **C:** Incorreta, pois o prazo para a Fazenda Pública tem início após intimação pessoal do procurador (art. 183); **D:** Incorreta, porque sábado não é dia útil (art. 216). Gabarito "A".

2. JURISDIÇÃO E COMPETÊNCIA

(Técnico Judiciário – Consulplan – 2017) A Constituição da República Federativa do Brasil de 1988 disciplina o princípio do juiz natural. Este princípio possui desdobramentos no Código de Processo Civil de 2015 (Lei Federal 13.105/2015) voltados à concepção que deve existir um determinado juízo, previamente criado e estabelecido, para julgar a causa submetida à sua apreciação. Sobre as regras processuais que disciplinam a distribuição e o registro dos procedimentos em âmbito judicial, analise as afirmativas a seguir.

I. Todos os processos estão sujeitos a registro e, onde houver mais de um juiz, devem ser distribuídos. Tal distribuição que poderá ser eletrônica, será alternada e aleatória, obedecendo-se rigorosa igualdade.

II. Serão distribuídas por dependência as causas de qualquer natureza quando, tendo sido extinto o processo sem resolução de mérito, for reiterado o pedido, ainda que em litisconsórcio com outros autores ou que sejam parcialmente alterados os réus da demanda.

III. A citação válida, quando ordenada por juízo incompetente, não produz quaisquer efeitos.

Está(ão) correta(s) apenas a(s) afirmativa(s)

(A) I.

(B) I e III.

(C) II e III.

(D) I e II.

I: Correta, pois se trata da previsão legal (NCPC, arts. 284 e 285); **II:** Correta, pois se trata da previsão legal (art. 286, II); **III:** Incorreta, pois a citação válida, *mesmo* quando ordenada por juízo incompetente, acarreta os efeitos do art. 240. Gabarito "D".

(Analista Judiciário – TRT/24 – FCC – 2017) Sobre a competência interna, de acordo com o Código de Processo Civil, é correto afirmar:

(A) Prorrogar-se-á a competência relativa se o réu não alegar a incompetência em preliminar de contestação.

(B) A ação possessória imobiliária será proposta no foro de situação da coisa, podendo o autor, contudo, optar pelo foro do domicílio do réu ou de eleição.

(C) Tramitando processo de recuperação judicial na Justiça Estadual, os autos serão remetidos ao juízo federal competente no caso de intervenção de uma determinada empresa pública federal.

(D) O foro da Capital do Estado é competente para as causas em que seja autora a União.

(E) A citação válida torna prevento o juízo e, ainda quando ordenada por juiz incompetente, constitui em mora o devedor e interrompe a prescrição.

A: Correta, pois se não houver alegação de incompetência relativa em preliminar de contestação, há a preclusão – e, portanto, o juiz relativamente incompetente passa a ser relativamente competente (NCPC, art. 65); **B:** Incorreta, pois nesse caso não há possibilidade de opção por foro (NCPC, art. 47, § 1º); **C:** Incorreta, porque recuperação judicial sempre tramita na Justiça Estadual, mesmo que haja crédito de empresa pública federal – trata-se de exceção prevista no art. 109, I, parte final, da CF; **D:** incorreta, pois nesse caso competente é o foro do domicílio do réu (NCPC, art. 51); **E:** Incorreta, pois apenas a interrupção da prescrição é que se verifica quando a citação for determinada por juiz incompetente (NCPC, art. 240, § 1º).

3. PARTES, PROCURADORES, SUCUMBÊNCIA, MINISTÉRIO PÚBLICO E JUIZ

(Técnico Judiciário – TRT11 – FCC – 2017) Se ocorrer o falecimento do único advogado do réu, o juiz determinará que este constitua novo mandatário no prazo de 15 dias. Decorrido esse prazo sem a constituição de novo mandatário, o juiz

(A) suspenderá o processo pelo prazo de 1 ano.

(B) extinguirá o processo sem resolução de mérito.

(C) suspenderá o processo pelo prazo de 3 meses.

(D) ordenará o prosseguimento do processo à revelia do réu.

(E) nomeará outro advogado para o réu, apesar de não ser beneficiário da Justiça Gratuita.

A questão é expressamente regulada pelo Código (Art. 76. Verificada a incapacidade processual ou a irregularidade da representação da parte, o juiz suspenderá o processo e designará prazo razoável para que seja sanado o vício. § 1o Descumprida a determinação, caso o processo esteja na instância originária: (...) II – o réu será considerado revel, se a providência lhe couber). Assim, a alternativa correta é a D.

(Analista Judiciário – TRT/11 – FCC – 2017) A respeito dos honorários advocatícios, é correto afirmar que

(A) os honorários advocatícios não podem exceder 5% do valor da condenação, nas causas em que a Fazenda Pública for parte.

(B) os honorários fixados na sentença não podem ser cumulados com os honorários arbitrados na fase recursal.

(C) não são devidos honorários no cumprimento de sentença contra a Fazenda Pública que enseje a expedição de precatório, desde que não tenha sido impugnada.

(D) não são devidos honorários advocatícios no cumprimento provisório de sentença.

(E) não são devidos honorários advocatícios nos casos de perda de objeto.

A: Incorreta, pois o teto contra a Fazenda é de 20%, tal qual em relação aos particulares – mas há um escalonamento (NCPC, art. 85, § 3º, I); **B:** Incorreta, pois uma das novidades do NCPC é, exatamente, a previsão de sucumbência recursal (NCPC, art. 85, § 11); **C:** Correta, sendo essa a expressa previsão legal (NCPC, art. 85, § 7º); **D:** Incorreta, pois o NCPC prevê honorários exatamente nessa hipótese (NCPC, art. 85, § 1º). **E:** Incorreta (NCPC, art. 85, § 10).

(Técnico Judiciário – TRT/9º – 2010 – FCC) Em uma ação ordinária movida contra pessoa jurídica de direito privado, o Juiz verificou que a procuração outorgada ao advogado que apresentou a contestação foi assinada por pessoa alheia ao quadro social da empresa e sem poderes para representá-la. Em vista disso, suspendeu o processo e determinou a intimação da ré pelo correio para sanar o defeito de representação no prazo de 30 dias. Não tendo sido cumprido esse despacho dentro do prazo fixado, o juiz deverá:

(A) decretar a nulidade do processo.

(B) extinguir o processo sem exame do mérito.

(C) declarar a ré revel.

(D) fixar novo prazo para a regularização da representação.

(E) determinar o prosseguimento do processo.

Estabelece o art. 76, §1º, II, do NCPC que se descumprida a obrigação que caberia ao réu, este será considerado revel.

(Técnico Judiciário – TRT/5ª – 2008 – CESPE) Acerca da jurisdição, da ação, das partes e procuradores, do litisconsórcio e da assistência, julgue o item seguinte.

(1) Supre-se a incapacidade processual relativa da parte por meio da intervenção do representante legal do incapaz.

1: incorreta. Supre-se a incapacidade *relativa* por meio da intervenção do *assistente* do relativamente incapaz. O *absolutamente* incapaz é que é *representado* (art.71 do NCPC e arts. 3º e 4º do CC).

(Técnico Judiciário – TRT/5ª – 2008 – CESPE) Quanto à competência, ao juiz e aos atos processuais, julgue o item a seguir.

(1) Reputa-se fundada a suspeição de parcialidade do juiz quando, no processo, o seu cônjuge estiver postulando como advogado da parte.

1: incorreta. Trata-se de caso de hipótese de impedimento e não de suspeição do juiz (art. 144, III do NCPC).

(Técnico Judiciário – TRT/6ª – 2006 – FCC) É certo que o juiz:

(A) apreciará a prova, atendendo aos fatos e às circunstâncias constantes dos autos, somente se forem alegadas pelas partes.

(B) pode se eximir de sentenciar ou de despachar, alegando lacuna ou obscuridade da lei.

(C) não precisa indicar na sentença os motivos que lhe formaram o convencimento.

(D) responderá por perdas e danos quando, no exercício de suas funções, proceder com dolo.

(E) não poderá, de ofício, determinar as provas necessárias à instrução do processo.

A: incorreta, pois no processo brasileiro vigora o princípio da *livre apreciação das provas* (art. 371, do NCPC– convencimento motivado do juiz); **B:** incorreta, já que o juiz, ante a ausência de norma incidente sobre a hipótese, deverá integrar o sistema por meio da analogia, costumes ou princípios gerais de direito, respectivamente, sendo-lhe vedado o *non liquet*, ou seja, não decidir (arts. 140 do NCPC e 4º da LINDB); **C:** incorreta, pois o juiz deve apontar na sentença, sob pena de nulidade, os fundamentos que lhe formaram o convencimento. Trata-se do princípio do *livre convencimento motivado*, (arts. 371, do NCPC – no Novo Código, há quem diga que é o princípio do *convencimento motivado*, sem ser livre, considerando a nova redação); **D:** correta (art. 143, I, do NCPC); **E:** incorreta, pois cabe ao juiz determinar, de ofício ou a requerimento, as provas necessárias ao julgamento do mérito, logo, as provas necessárias à instrução do processo (art. 370 do NCPC).

(Técnico Judiciário – TRT/10ª – 2004 – CESPE) Em relação a partes, processo e procedimento, julgue o item a seguir.

(1) Em processo no qual litiga pessoa jurídica em um dos polos, parte é a pessoa jurídica e não o seu representante, que simplesmente age em nome dela.

1: correta, nos termos do art. 75, VIII, do NCPC.

4. PRAZOS PROCESSUAIS E ATOS PROCESSUAIS

(Técnico Judiciário – Consulplan – 2017) O Código de Processo Civil de 2015 (Lei Federal 13.105/2015) traz diversas regras dispondo sobre a forma como serão praticados os atos processuais. Acerca do tema proposto, assinale a alternativa correta.

(A) Embora o Código de Processo Civil de 2015 (Lei Federal 13.105/2015) contemple a figura do "processo judicial eletrônico", não se admite a prática de atos processuais por meio de videoconferência ou outro recurso tecnológico de transmissão de sons e imagens em tempo real.

(B) Se um ato relativo a processo em curso na justiça federal ou em tribunal superior houver de ser praticado em local onde não haja vara federal, a carta poderá ser dirigida ao juízo estadual da respectiva comarca.

(C) Será expedida carta de ordem para que órgão do Poder Judiciário pratique ou determine o cumprimento, na área de sua competên-

13. DIREITO PROCESSUAL CIVIL   623

cia territorial, de ato objeto de pedido de cooperação judiciária formulado por juízo arbitral, inclusive os que importem efetivação de tutela provisória.

(D) Quando, por três vezes, o oficial de justiça houver procurado o citando em seu domicílio ou residência sem o encontrar, deverá, havendo suspeita de ocultação, intimar qualquer pessoa da família ou, em sua falta, qualquer vizinho de que, no dia útil imediato, voltará a fim de efetuar a citação, na hora que designar.

A: Incorreta, pois há previsão expressa permitindo videoconferência (por exemplo, NCPC, art. 236, § 3º); B: Correta, por expressa previsão legal (art. 237, parágrafo único); C: Incorreta, pois a carta de ordem é utilizada quando o Tribunal requer algo ao juízo de 1º grau (art. 265); D: Incorreta, pois a citação por hora certa ocorrerá após duas vezes de suspeita de ocultação (art. 252). 🔲
Gabarito "B".

(Técnico Judiciário – Consulplan – 2017) Com os avanços tecnológicos e a utilização cada vez mais acentuada dos meios informáticos e telemáticos, a adoção do processo eletrônico revelou-se como a única alternativa viável ao operador do Direito. Assim, o legislador brasileiro fez a opção correta ao regulamentá-lo no Código de Processo Civil de 2015 (Lei Federal 13.105/2015). Sobre o tema, assinale a alternativa INCORRETA.

(A) É vedada a gravação da audiência de instrução e julgamento realizada diretamente por qualquer das partes, salvo quando houver autorização judicial para fazê-lo.

(B) Quando o advogado que postular em causa própria não comunicar sua mudança de endereço ao juízo, poderá ser intimado por meio eletrônico.

(C) Admite-se a prática de atos processuais por meio de videoconferência ou outro recurso tecnológico de transmissão de sons e imagens em tempo real.

(D) Com exceção das microempresas e das empresas de pequeno porte, as empresas públicas e privadas são obrigadas a manter cadastro nos sistemas de processo em autos eletrônicos, para efeito de recebimento de citações e intimações, as quais serão efetuadas preferencialmente por esse meio.

A: Incorreta, devendo esta ser assinalada. O NCPC permite expressamente a gravação da audiência, mesmo sem autorização judicial (art. 367, § 6º); B: Correta (art. 106, § 2º); C: Correta (art. 236, § 3º); D: Correta (art. 246, § 1º). 🔲
Gabarito "A".

(Analista Judiciário – TRT/24 – FCC – 2017) À luz do Código de Processo Civil, sobre os prazos, é correto afirmar:

(A) Nos processos em autos eletrônicos, a juntada de petições não ocorrerá de forma automática e dependerá de ato de serventuário da justiça.

(B) O prazo para o juiz prolatar sentença é de 15 dias, prorrogáveis por mais dez dias havendo motivo justificável.

(C) Em regra, considera-se o dia do começo do prazo o dia útil seguinte à consulta ao teor da citação ou da intimação ou ao término do prazo para que a consulta se dê, quando a citação ou a intimação for eletrônica.

(D) Nos processos físicos, os litisconsortes que tiverem diferentes procuradores, ainda que do mesmo escritório de advocacia, terão prazos contados em dobro para todas as suas manifestações, em qualquer juízo ou tribunal, independentemente de requerimento.

(E) É lícito ao juiz reduzir em caráter excepcional algum prazo peremptório independentemente de anuência das partes.

A: Incorreta, porque em processos eletrônicos as petições devem ser juntadas automaticamente (NCPC, art. 228, § 2º); B: Incorreta, pois o prazo para proferir sentença é de 30 dias (NCPC, art. 226, III), prorrogável por igual período se houver motivo justificável (NCPC, art. 227); C: Correta, conforme previsão legal (NCPC, art. 231, V); D: Incorreta, pois só há prazo em dobro, no processo físico, se os litisconsortes tiverem advogados distintos de escritórios distintos (NCPC, art. 229); E: Incorreto, pois é lícito ao juiz aumentar os prazos, não reduzir (NCPC, art. 139,VI). 🔲
Gabarito "C".

(Técnico Judiciário – TRT/17ª – 2009 – CESPE) A respeito dos atos processuais, julgue os itens que se seguem.

(1) Ao contrário do que ocorre com os prazos estabelecidos pelo juiz, o prazo estabelecido pela lei é contínuo e não se interrompe nos feriados.

(2) Em que pese a citação válida ser essencial para o desenvolvimento regular do processo, é possível que seja suprida a sua falta ou nulidade.

(3) Caso o escrivão receba a petição inicial de uma ação de indenização por perdas e danos, a primeira providência que ele deverá adotar é entregar a petição ao juiz para despachá-la.

1: incorreta, pois seja o prazo estabelecido pelo juiz, seja o prazo previsto em lei, no NCPC somente se conta em dias úteis (art. 219 do NCPC); 2: correta. O comparecimento espontâneo do réu supre a falta de citação (art. 239, § 1º, do NCPC); 3: incorreta, visto que "ao receber a petição inicial de processo, o escrivão ou chefe de secretaria a autuará, mencionando o juízo, a natureza do processo, o número de seu registro, os nomes das partes e a data de seu início; e procederá do mesmo modo em relação aos volumes em formação" (art. 206 do NCPC). 🔲
Gabarito 1E, 2C, 3E

(Técnico Judiciário – TRT/3ª – 2005 – FCC) Denominam-se prazos legais os que são:

(A) relativos ao processo em geral.

(B) determinados pelo juiz.

(C) convencionados pelas partes.

(D) comuns a ambas as partes.

(E) estabelecidos em lei.

Os prazos podem ser legais, quando fixados diretamente pela lei, ou judiciais, se determinados pelo juiz (art. 218 do NCPC). 🔲
Gabarito "E".

(Técnico Judiciário – TRT/10ª – 2004 – CESPE) Em relação a partes, processo e procedimento, julgue os itens a seguir.

(1) Quando o ato tiver de ser praticado em determinado prazo, por meio de petição, esta deverá ser apresentada no protocolo, dentro do horário de expediente, nos termos da lei de organização judiciária local.

(2) Se o réu não for citado, mas comparecer espontaneamente no processo para se defender, o processo ainda assim será nulo, pois a citação é ato indispensável à validade do processo.

1: correta, nos exatos termos do art. 212, § 3º, do NCPC – em relação a processo não eletrônico; 2: incorreta, o comparecimento espontâneo do réu supre a falta de citação (art. 239, § 1º, do NCPC). 🔲
Gabarito 1C, 2E

5. LITISCONSÓRCIO E INTERVENÇÃO DE TERCEIROS

(Analista Judiciário – TRT/24 – FCC – 2017) Sobre a intervenção de terceiros, nos termos preconizados pelo Código de Processo Civil,

(A) na denunciação da lide, se o denunciante for vencedor, a ação de denunciação não terá o seu pedido examinado, sem prejuízo da condenação do denunciante ao pagamento das verbas de sucumbência em favor do denunciado.

(B) a assistência do terceiro juridicamente interessado é admitida em qualquer procedimento até a prolação da sentença de primeiro grau.

(C) na denunciação da lide, feita a denunciação pelo réu, se o denunciado for revel, o denunciante não pode deixar de prosseguir com sua defesa, eventualmente oferecida.

(D) a assistência simples obsta que a parte principal transija sobre direitos controvertidos.

(E) a decisão do juiz que solicita ou admite a participação de pessoa jurídica como amicus curiae em demanda com repercussão social da controvérsia pode ser impugnada por meio de agravo de instrumento.

A: Correta, existindo previsão, no NCPC, exatamente nesse sentido (art. 129, p.u.); B: Incorreta, pois a assistência é admitida mesmo em grau recursal (NCPC, art. 119, p.u.); C: Incorreta, pois o NCPC permite exatamente essa conduta do denunciante (art. 128, II); D: Incorreta, pois a assistência simples não permite ingerência do assistente quanto aos atos do assistido (NCPC, art. 122); E: Incorreta, porque a legislação afirma que a decisão relativa à admissão do amicus curiae é irrecorrível (art. 138). 🔲
Gabarito "A".

(Técnico Judiciário – TRT/9º – 2010 – FCC) Em um procedimento ordinário em que figuram no polo passivo da demanda o réu como parte principal e um assistente não litisconsorcial regularmente admitido, o réu reconheceu a procedência do pedido, sem a concordância do assistente. Nesse caso,

(A) o processo prosseguirá normalmente contra o assistente.
(B) cessará a intervenção do assistente.
(C) o reconhecimento da procedência do pedido será considerado nulo pela falta de concordância do assistente.
(D) o juiz designará audiência de conciliação entre a parte principal e o assistente.
(E) o juiz condicionará o prosseguimento do processo contra o assistente à manifestação do autor nesse sentido.

A assistência, que possui natureza jurídica de intervenção espontânea de terceiros, só pode ser admitida quando demonstrado *interesse jurídico* pelo assistente, tendo cabimento em qualquer tipo de procedimento e em todos os graus de jurisdição (art. 119 do NCPC). Cumpre esclarecer que a assistência simples ou adesiva não impede que o assistido, dentre outros, reconheça a procedência do pedido do autor; aliás, o assistente simples, enquanto *mero auxiliar*, não pode promover atividade processual incompatível com a vontade da parte assistida (art. 122 do NCPC). No caso trazido pela questão, diante do reconhecimento da procedência do pedido pelo réu, a intervenção do assistente cessará tão logo o juiz sentencie o processo com resolução de mérito, na forma do art. 487, III, "a", do NCPC. * **Atenção:** no NCPC, não há mais o rito sumário, de modo que não há sentido se falar em ordinário. Assim, somente existe o procedimento comum.

(**Técnico Judiciário – TRT/17ª – 2009 – CESPE**) A respeito da disciplina do litisconsórcio, julgue o item seguinte.

(1) No litisconsórcio unitário, existem atos que, praticados por apenas um dos litisconsortes, aproveitarão a todos.

1: correta. NCPC, art. 117. "Os litisconsortes serão considerados, em suas relações com a parte adversa, como litigantes distintos, exceto no litisconsórcio unitário, caso em que os atos e as omissões de um não prejudicarão os outros, *mas os poderão beneficiar*".

6. PRESSUPOSTOS PROCESSUAIS, ELEMENTOS DA AÇÃO E CONDIÇÕES DA AÇÃO

(**Técnico – TRT/6ª – 2012 – FCC**) São condições da ação:

(A) citação do réu, possibilidade jurídica do pedido e interesse de agir.
(B) competência do juiz, interesse de agir e legitimidade das partes.
(C) interesse de agir, legitimidade das partes e possibilidade jurídica do pedido.
(D) pagamento das custas iniciais do processo, achar-se a parte representada por advogado e competência do juiz.
(E) não achar-se prescrita a pretensão, existência do direito pleiteado e legitimidade das partes.

No antigo CPC, eram condições da ação a legitimidade de parte, interesse de agir e possibilidade jurídica do pedido (alternativa "C"). No NCPC, a possibilidade jurídica deixou de ser condição da ação (art. 485, VI), de modo que atualmente somente são condições da ação legitimidade e interesse.

(**Técnico Judiciário – TRT/17ª – 2009 – CESPE**) Luzia ajuizou ação em face de Pedro, requerendo que o juiz fixasse pensão alimentícia para o filho dos dois, hoje com cinco anos de idade. Regularmente citado, Pedro apresentou contestação. Com base nessa situação hipotética, julgue o item subsequente.

(1) O juiz deverá extinguir o processo sem resolução de mérito por ausência de uma das condições da ação.

1: correta. O filho tem capacidade de ser parte e, para suprir sua incapacidade processual, deve ser representado pela mãe. Mas a legitimidade é do filho. Sendo assim, a mãe é parte ilegítima, o que acarreta a extinção sem mérito (art. 485, VI, do NCPC).

7. FORMAÇÃO, SUSPENSÃO E EXTINÇÃO DO PROCESSO. NULIDADES

(**Técnico Judiciário – TRT/20ª – 2006 – FCC**) NÃO é causa de suspensão do processo a:

(A) convenção de arbitragem.
(B) morte do procurador de uma parte.
(C) oposição de exceção de suspeição do juiz.

(D) morte de quaisquer das partes.
(E) oposição de exceção de impedimento do juiz.

A: correta. A convenção de arbitragem não está contemplada no rol do art. 313 do NCPC. O que suspende o processo é a *convenção* das partes (acordo das partes), conforme art. 313, II, do NCPC. **B, C, D** e **E:** incorretas. As hipóteses estão previstas no rol do art. 313 do NCPC (incisos I e III). * **Atenção:** no NCPC não há mais *exceção*, mas petição apontando o impedimento do juiz.

(**Técnico Judiciário – TRT/6ª – 2006 – FCC**) Dentre outros casos, extingue-se o processo, sem resolução de mérito, quando o juiz:

(A) acolher a alegação de litispendência.
(B) acolher o pedido do autor.
(C) pronunciar a decadência.
(D) rejeitar o pedido do autor.
(E) pronunciar a prescrição.

Extingue-se o processo, sem resolução do mérito, quando o juiz acolher a alegação de peremção, litispendência ou de coisa julgada (art. 485, V, do NCPC). As demais hipóteses, de mérito, estão previstas no art. 487.

8. TEMAS COMBINADOS DA PARTE GERAL

(**Analista Judiciário – TRT/11 – FCC – 2017**) A tutela de urgência, presentes os demais requisitos legais,

(A) só pode ser concedida após justificação prévia e sempre com caução.
(B) pode ser concedida quando houver perigo de dano, ou o risco ao resultado útil do processo.
(C) será concedida quando houver perigo de irreversibilidade dos efeitos da decisão.
(D) não pode ser efetivada através de arrolamento de bens, quando for de natureza cautelar.
(E) só pode ser concedida se o requerente oferecer caução real ou fidejussória idônea.

A: Incorreta, pois a caução e audiência de justificação prévia ficam a critério do juiz, de modo que não são obrigatórias (NCPC, art. 300, §§ 1º e 2º); **B:** Correta, sendo essa a nomenclatura prevista em lei para a urgência (NCPC, art. 300, *caput*); **C:** Incorreta, porque a previsão legal é exatamente a vedação de concessão quando há perigo de irreversibilidade (NCPC, art. 300, § 3º); **D:** Incorreta, pois uma das 4 cautelares mencionadas é exatamente o arrolamento de bens (NCPC, art. 301); **E:** Incorreta, considerando o exposto na alternativa "A".

(**Técnico Judiciário – TRT/5ª – 2008 – CESPE**) Acerca da jurisdição, da ação, das partes e procuradores, do litisconsórcio e da assistência, julgue o item seguinte.

(1) Constituem princípios da jurisdição contenciosa o juiz natural, a improrrogabilidade e a indeclinabilidade.

1: correta. O princípio do juiz natural dispõe que as partes serão processadas e julgadas por um juízo ou tribunal independente, imparcial e previamente previsto na legislação (ou seja, previsto de forma abstrata, antes de surgir a lide). Assim, é vedada a criação de tribunais de exceção (CF, art. 5º, XXXVII e LIII) – isso com o objetivo de se atingir a imparcialidade do juiz (que também é comprometida se existem situações de impedimento ou suspeição – NCPC, art. 144 e ss.). A *improrrogabilidade* ou *princípio da aderência ao território* diz respeito à impossibilidade de o juiz estender a atuação a parcela da jurisdição que lhe compete para além dos limites impostos pela lei (NCPC, art. 13). Já a *indeclinabilidade* ou *inafastabilidade*, expresso no art. 5º, XXXV, da CF, tem a ver com a garantia individual de acesso à justiça, sendo assegurado a todos a proteção contra lesão ou ameaça de lesão a direito.

9. PETIÇÃO INICIAL

(**Técnico Judiciário – TRT/6ª – 2006 – FCC**) Caso o juiz verifique que a petição inicial apresenta defeitos e irregularidades capazes de dificultar o julgamento de mérito,

(A) declarará a ação perempta e extinguirá o processo sem julgamento de mérito.
(B) determinará que o autor a emende, ou a complete, no prazo de 10 (dez) dias.
(C) extinguirá o processo com julgamento do mérito.

13. DIREITO PROCESSUAL CIVIL | 625

(D) a indeferirá desde logo, condenando o autor nas custas e honorários advocatícios.

(E) suspenderá o processo por 60 dias, após o que fará ele próprio as correções cabíveis.

De acordo com o art. 321, *caput*, do NCPC, o juiz determinará que o autor a emende, ou a complete, no prazo de 15 (quinze) dias. No CPC/1973, o prazo era de 10 dias. 🔲

Gabarito Sem alternativa correta à luz do NCPC.

(Técnico Judiciário – TRT/20ª – 2006 – FCC) De acordo com o Código de Processo Civil, NÃO constitui requisito essencial da petição inicial a indicação:

(A) do domicílio e residência do autor e do réu.

(B) do valor da causa.

(C) dos fatos e fundamentos jurídicos do pedido.

(D) do requerimento para citação do réu.

(E) da denominação adequada da ação.

A indicação da denominação adequada da ação não é requisito essencial da petição inicial e não consta no rol do art. 319 do NCPC. Além disso, no NCPC deixa de ser requisito da inicial o requerimento de citação. 🔲

Gabarito "E" e "D", à luz do NCPC.

10 CONTESTAÇÃO E REVELIA

(Técnico Judiciário – TRT/5ª – 2008 – CESPE) A respeito da formação do processo, da resposta do réu, dos recursos cíveis e do processo de execução, julgue o item que se segue.

(1) Reconvenção é a ação proposta pelo réu reconvinte contra o autor reconvindo no mesmo processo.

1: correta, nos termos do art. 343, *caput*, do NCPC. **Atenção:** no NCPC, a reconvenção é um tópico da contestação, não mais sendo apresentada em peça apartada. 🔲

Gabarito 1C

11. PROVAS

(Técnico – TRT/6ª – 2012 – FCC) A falta do instrumento público, quando a lei o exigir, como da substância do ato,

(A) nenhuma outra prova, por mais especial que seja, pode suprir-lhe.

(B) poderá ser suprida por qualquer meio de prova que o juiz reputar conveniente.

(C) só poderá ser suprida pela confissão da parte.

(D) será suprida se, no curso do processo, as testemunhas forem absolutamente concordes a respeito do direito da parte.

(E) poderá ser suprida por instrumento particular com firma reconhecida e registrado em Cartório de Títulos e Documentos.

Prescreve o art. 406 do NCPC, que "quando a lei exigir instrumento público como da substância do ato, nenhuma outra prova, por mais especial que seja, pode suprir-lhe a falta". 🔲

Gabarito "A".

12. SENTENÇA, COISA JULGADA E AÇÃO RESCISÓRIA

(Técnico – TRT/6ª – 2012 – FCC) Denomina-se coisa julgada:

(A) a decisão que determina o arquivamento definitivo dos autos.

(B) formal a eficácia que torna imutável e indiscutível a sentença não mais sujeita a recurso ordinário ou extraordinário.

(C) qualquer decisão no curso do processo acerca da qual tiver ocorrido preclusão.

(D) material a eficácia que torna imutável e indiscutível a sentença, não mais sujeita a recurso ordinário ou extraordinário.

(E) material a sentença não mais sujeita a recurso e a ação rescisória, em razão do decurso de prazo superior a 2 anos, desde sua publicação.

De acordo com o art. 502 do NCPC, "denomina-se coisa julgada material a autoridade que torna imutável e indiscutível a decisão de mérito não mais sujeita a recurso". **Atenção:** o enunciado reproduz os termos que constavam do Código anterior (eficácia – ainda assim, é a única alternativa correta). 🔲

Gabarito "D".

13. PROCESSO DE EXECUÇÃO E EXPROPRIAÇÃO DE BENS

(Técnico Judiciário – TRT11 – FCC – 2017) A respeito da execução fiscal, considere:

I. Quando a garantia real da execução tiver sido prestada por terceiro, este será intimado para, no prazo de 15 dias, remir o bem.

II. Em qualquer fase do processo, será deferida pelo Juiz a substituição da penhora por dinheiro ou fiança bancária ou seguro garantia.

III. A Fazenda Pública não poderá adjudicar os bens penhorados, mesmo se não houver licitantes pelo preço da avaliação. Está correto o que se afirma APENAS em

(A) II.

(B) I e III.

(C) II e III.

(D) I e II.

(E) III.

I: Correta (NCPC, art. 799, I); **II:** Correta (art. 848, parágrafo único); **III:** Incorreta, por não haver previsão legal nesse sentido (vide art. 876 e ss.). 🔲

Gabarito "D".

(Técnico Judiciário – TRT/20ª – 2011 – FCC) NÃO é título executivo extrajudicial:

(A) o instrumento de transação referendado pelo Ministério Público.

(B) a debênture.

(C) documento particular assinado somente pelo devedor.

(D) os contratos de seguro de vida.

(E) o crédito decorrente de foro e laudêmio.

A: correta, com fulcro no art. 784, IV, do NCPC; **B:** correta, conforme disposto no art. 784, I, do NCPC; **C:** incorreta, devendo esta ser assinalada, já que o documento particular deverá ser assinado pelo devedor e por duas testemunhas (art. 784, III, do NCPC); **D:** correta, segundo estabelece o art. 784, V, do NCPC; **E:** correta, de acordo com o art. 784, VII, do NCPC. 🔲

Gabarito "C".

(Técnico Judiciário – TRT/23ª – 2011 – FCC) Quando a liquidação da sentença depender apenas de cálculo aritmético, o credor requererá:

(A) a prévia remessa dos autos ao contador do juízo, para elaboração do cálculo.

(B) a liquidação da sentença por arbitramento.

(C) o cumprimento da sentença, instruindo o pedido com a memória discriminada e atualizada do cálculo.

(D) a liquidação da sentença por artigos.

(E) a nomeação de perito contábil, às expensas do executado, para elaboração do cálculo.

Nos termos do art. 509, § 2º, do NCPC, o credor requererá o cumprimento da sentença, na forma do art. 523 do NCPC, instruindo o pedido com a memória discriminada e atualizada do cálculo. **Atenção:** no NCPC essa forma de liquidar deixa de ser tratada como "liquidação por cálculo", mas mero início da fase de conhecimento. 🔲

Gabarito "C".

(Técnico Judiciário – TRT/20ª – 2006 – FCC) Considere os seguintes documentos:

I. Sentença penal condenatória transitada em julgado.

II. Sentença estrangeira definitiva traduzida, mas não homologada pela Justiça brasileira.

III. Sentença homologatória de transação, ainda que verse sobre matéria não posta em juízo.

IV. Documento particular assinado pelo devedor, mas não subscrito por testemunhas.

São títulos executivos judiciais APENAS os indicados em:

(A) I, II e III.

(B) I e III.

(C) II e III.

(D) II, III e IV.

(E) II e IV.

I: correta, conforme determina o art. 515, VI, do NCPC; **II:** incorreta, pois a sentença estrangeira deve ser homologada pelo STJ (art. 515, VIII, do NCPC);

III: correta, segundo disposto no art. 515, II, do NCPC; **IV:** incorreta, pois, ainda que assinado por duas testemunhas, corresponderia a hipótese de título executivo extrajudicial (art. 784, III do NCPC).

(Técnico Judiciário – TRT/6ª – 2006 – FCC) A impenhorabilidade do bem de família NÃO compreende:

(A) as benfeitorias.

(B) as plantações.

(C) os veículos de transporte.

(D) os móveis quitados que guarnecem a casa.

(E) os equipamentos de uso profissional.

A, B, D e E: incorretas, pois são bens de família impenhoráveis, nos termos do art. 1º, parágrafo único, da Lei 8.009/1990 (e, quanto aos móveis, art. 833, II, do NCPC; **C:** correta, pois se exclui da impenhorabilidade o veículo de transporte (art. 2º da Lei 8.009/1990).

(Técnico – TRT/11ª – 2012 – FCC) Xisto é processado e condenado ao pagamento de indenização por danos morais e materiais em favor de Tomé, na quantia total de R$ 100.000,00. Iniciada a fase de cumprimento de sentença para pagamento do débito, Xisto tem um apartamento de sua propriedade na praia penhorado e devidamente avaliado por perito judicial. Maria, José e Paulo, cônjuge, filho e genitor de Xisto, respectivamente, pretendem exercer o direito de remição e, para tanto, poderão requerer a adjudicação do bem penhorado, oferecendo preço não inferior ao da avaliação e, havendo divergência entre os pretendentes, com igualdade de oferta após uma licitação entre eles, terá preferência na adjudicação,

(A) Maria, Paulo e José, nessa ordem.

(B) José, Paulo e Maria, nessa ordem.

(C) Maria, José e Paulo, nessa ordem.

(D) Paulo, Maria e José, nessa ordem.

(E) José, Maria e Paulo, nessa ordem.

De acordo com o art. 876, § 6º, do NCPC, terá preferência o cônjuge, descendente ou ascendente, nessa ordem.

14. RECURSOS

(Analista Judiciário – TRT/11 – FCC – 2017) A respeito dos recursos, é correto afirmar:

(A) os embargos de declaração têm efeito suspensivo e, em alguns casos, têm efeito interrupto dos prazos recursais.

(B) a renúncia do direito de recorrer depende a anuência da outra parte.

(C) cabe agravo de instrumento dos despachos.

(D) o recorrente só poderá desistir do recurso com a anuência do recorrido e dos litisconsortes.

(E) cabe agravo de instrumento da decisão que julgar o incidente de desconsideração da personalidade jurídica.

A: Incorreta, pois o correto é o inverso: sempre interrompe e, excepcionalmente, podem ter efeito suspensivo (NCPC, art. 1.026, *caput* e § 1º); **B:** Incorreta, pois renúncia independe de anuência (NCPC, art. 999); **C:** Incorreta, pois despachos são irrecorríveis (NCPC, art. 1.001); **D:** Incorreta, pois desistência independe de anuência (NCPC, art. 998); **E:** Correta, sendo esse um dos casos previstos no rol de cabimento do agravo (NCPC, art. 1.015, IV).

(Analista Judiciário – TRT/24 – FCC – 2017) Renato ajuizou ação indenizatória contra Moisés que tramitou por meio eletrônico em uma das varas cíveis da comarca de São Paulo. Após o regular processamento a ação é julgada improcedente pelo Magistrado competente. Inconformado, Renato apresenta recurso de apelação sem, contudo, recolher qualquer valor a título de preparo. Neste caso, de acordo com o Código de Processo Civil, o juiz deverá

(A) intimar Renato, na pessoa de seu advogado, para realizar o recolhimento do valor do preparo e do porte de remessa e de retorno, sob pena de deserção.

(B) aplicar imediatamente a pena de deserção a Renato.

(C) intimar Renato, na pessoa de seu advogado, para realizar o recolhimento em dobro do valor do preparo e do porte de remessa e de retorno, sob pena de deserção.

(D) intimar Renato, na pessoa de seu advogado, para realizar o recolhimento em dobro do valor do preparo, exclusivamente, sob pena de deserção.

(E) intimar Renato, na pessoa de seu advogado, para realizar o recolhimento do valor do preparo, exclusivamente, sob pena de deserção.

No âmbito do NCPC, a apelação não é mais objeto de admissibilidade na origem (art. 1.010, § 3º), mas somente no destino. Além disso, no NCPC, se não houver recolhimento de preparo, antes da deserção a parte deverá ser intimada a recolher as custas, em dobro (art. 1.007, § 4º). **A:** Incorreta, pois o juiz não faz mais a admissibilidade da apelação; **B:** Incorreta, pois o juiz não faz a admissibilidade e descabe a deserção de plano; **C:** Incorreta, pois o juiz não faz mais a admissibilidade da apelação; **D:** Correta para a banca, considerando a previsão de recolhimento em dobro – porém, não está correta a previsão de que isso seria feito pelo juiz, como aponta o enunciado (assim, a pergunta deveria ter sido anulada); **E:** Incorreta, pois deveria haver o recolhimento em dobro.

(Técnico Judiciário – TRT/9º – 2010 – FCC) A respeito dos recursos, é correto afirmar:

(A) A insuficiência do valor do preparo implicará deserção, não sendo admitido em nenhuma hipótese que ocorra complementação.

(B) A parte poderá recorrer, mesmo se tiver aceitado expressa ou tacitamente a sentença ou decisão.

(C) Nos embargos infringentes e nos embargos de divergência, o prazo para interpor e para responder é de 10 dias.

(D) O recorrente poderá, a qualquer tempo, sem a anuência do recorrido ou dos litisconsortes, desistir do recurso.

(E) A sentença só pode ser impugnada em sua totalidade, sendo inadmissível a impugnação parcial.

A: incorreta, o art. 1.007, § 2º, do NCPC admite complementação pelo recorrente, intimado na pessoa de seu advogado, no prazo de 5 (cinco) dias; **B:** incorreta, pois nesse caso terá ocorrido a preclusão lógica, a qual impede o conhecimento do recurso, em razão da prática de ato anterior incompatível com a vontade de recorrer (art. 1.000 do NCPC); **C:** incorreta, visto que o prazo para interposição dos embargos de divergência é de quinze dias (art. 1.003, § 5º, do NCPC) – cabendo destacar que o NCPC extinguiu os embargos infringentes; **D:** correta, segundo disposto no art. 998 do NCPC; **E:** incorreta, pois a sentença poderá ser impugnada apenas parcialmente (art. 1.002 do NCPC).

(Técnico Judiciário – TRT/6ª – 2006 – FCC) A respeito dos recursos, é correto afirmar que:

(A) dos despachos de mero expediente cabe agravo retido ou de instrumento.

(B) a renúncia ao direito de recorrer independe da aceitação da outra parte.

(C) a sentença só pode ser impugnada no todo, nunca em parte.

(D) a desistência do recurso depende da anuência do recorrido.

(E) o prazo para interpor e para responder, no agravo retido, é de 15 dias.

A: incorreta. O art. 1.001 do NCPC preconiza que dos despachos não cabe recurso; **B:** correta, de acordo com disposição do art. 999 do NCPC; **C:** incorreta, pois qualquer decisão pode ser impugnada no todo ou em parte (art. 1.002 do NCPC); **D:** incorreta, visto que a desistência do recurso não depende da anuência do recorrido ou dos litisconsortes (art. 998 do NCPC); **E:** incorreta, na verdade, o NCPC não prevê mais a figura do agravo retido (art. 994). Mas de toda forma, o prazo para interposição de todos os recursos, com exceção dos embargos de declaração, no NCPC é de 15 (quinze) dias.

(Técnico Judiciário – TRT/5ª – 2008 – CESPE) A respeito da formação do processo, da resposta do réu, dos recursos cíveis e do processo de execução, julgue os itens que se seguem.

(1) Da decisão interlocutória cabe agravo sob a forma retida ou por instrumento.

(2) A ação rescisória, proposta contra sentença transitada em julgado, jamais é proposta originariamente em juízo de primeiro grau, mas sempre em tribunal.

13. DIREITO PROCESSUAL CIVIL

1: incorreta, pois à luz do NCPC não há mais o agravo de forma retida, mas apenas o agravo de instrumento para impugnar decisão de 1º grau, conforme art. 1.015, do NCPC; **2:** correta. A ação rescisória será sempre intentada junto ao Tribunal de onde emanou o julgado que se pretende rescindir (arts. 973 e 974 do NCPC).

Gabarito 1E, à luz do NCPC, 2C

(Técnico Judiciário – TRT/20ª – 2006 – FCC) A apelação interposta de sentença que condenar à prestação de alimentos será recebida:

(A) no efeito que o juiz considerar mais adequado ao caso concreto.

(B) só no efeito suspensivo.

(C) no efeito suspensivo e devolutivo.

(D) no efeito suspensivo, se houver pedido expresso do recorrido.

(E) só no efeito devolutivo.

De acordo com o art. 1.012, § 1º, II, do NCPC, a apelação interposta de sentença condenatória de prestação de alimentos será recebida apenas no efeito devolutivo.

Gabarito "E".

15. PROCEDIMENTOS ESPECIAIS

(Técnico Judiciário – TRT11 – FCC – 2017) Na ação de desapropriação,

(A) a transmissão da propriedade, decorrente de desapropriação amigável ou judicial, ficará sujeita ao imposto de lucro imobiliário.

(B) é incabível a imissão provisória na posse dos bens.

(C) a instância interrompe-se no caso de falecimento do réu.

(D) não serão atendidas, no valor da desapropriação, o valor das benfeitorias necessárias feitas após a desapropriação.

(E) a contestação só poderá versar sobre vício do processo judicial ou impugnação do preço.

A: Incorreta, pois a legislação prevê o contrário (DL 3.365/1941, art. 27, § 2º A transmissão da propriedade, decorrente de desapropriação amigável ou judicial, não ficará sujeita ao imposto de lucro imobiliário); **B:** Incorreta, existindo previsão na lei de imissão provisória (dentre outras previsões do DL 3.365/1941, o art. 15, § 1º); **C:** Incorreta, pois a lei prevê o contrário (DL 3.365/1941, art. 21. A instância *não se interrompe*. No caso de falecimento do réu, ou perda de sua capacidade civil, o juiz, logo que disso tenha conhecimento, nomeará curador à lide, até que se lhe habilite o interessado); **D:** Incorreta, pois as benfeitorias serão consideradas (DL 3.365/1941, art. 26, § 1º); **E:** Correta, sendo essa a previsão legal (DL 3365/41, art. 20).

Gabarito "E".

(Analista Judiciário – TRT/11 – FCC – 2017) Na execução fiscal, o executado poderá oferecer embargos

(A) no prazo de 15 dias, contados da data do oferecimento da garantia da execução.

(B) independentemente de seguro o juízo através da garantia da execução.

(C) no prazo de 15 dias, contados da citação para pagamento do débito.

(D) no prazo de 30 dias, contados do depósito, da juntada da prova da fiança bancária ou do seguro garantia ou da intimação da penhora.

(E) no prazo de 15 dias, contados da juntadas aos autos do comprovante do depósito.

A: Incorreta, pois o prazo é de 30 dias (Lei 6.830/1980, art. 16); **B:** Incorreta, pois os embargos dependem da garantia do juízo (Lei 6.830/1980, art. 16, incisos); **C:** Incorreta, pois o prazo é a partir da garantia do juízo; **D:** Correta (Lei 6.830/1980, art. 16, incisos); **E:** Incorreta, considerando o exposto nas alternativas anteriores.

Gabarito "D".

(Analista Judiciário – TRT/11 – FCC – 2017) A respeito da ação popular, considere:

I. Pode ser proposta por pessoa jurídica.

II. Na defesa do patrimônio público caberá a suspensão liminar do ato lesivo impugnado.

III. O prazo prescricional é de 5 anos.

Está correto o que se afirma APENAS em

(A) II e III.

(B) I e II.

(C) I e III.

(D) I.

(E) II.

I: Incorreta, pois somente o cidadão é legitimidade ativo (Lei 4.717/1965, art. 1º, *caput* e § 3º); **II:** Correta (Lei 4.717/1965, art. 5º, § 4º); **III:** Correta (Lei 4.717/1965, art. 21).

Gabarito "A".

16. TEMAS COMBINADOS

(Analista Judiciário – TRT/24 – FCC – 2017) No que concerne à Reclamação, na sistemática do Código de Processo Civil, e consoante entendimento jurisprudencial do Supremo Tribunal Federal e do Superior Tribunal de Justiça, é correto afirmar:

(A) O cabimento da reclamação proposta perante o Supremo Tribunal Federal para garantir a autoridade de decisão proferida sob a sistemática da repercussão geral está condicionado ao esgotamento da instância ordinária.

(B) É admissível a reclamação proposta após o trânsito em julgado da decisão reclamada.

(C) A inadmissibilidade ou o julgamento interposto contra a decisão proferida pelo órgão reclamado prejudica a reclamação.

(D) Ao despachar a reclamação, o relator, dentre outras providências, determinará a citação do beneficiário da decisão impugnada, que terá prazo de 10 dias para apresentar sua contestação.

(E) Não é permitido a qualquer interessado impugnar o pedido do reclamante.

A: Correta. Apesar de não existir exatamente essa previsão na legislação, a jurisprudência do STF está mais restritiva quanto ao uso da reclamação (Rcl 24686, rel. Min. Teori Zavascki, julgamento em 28.10.2016, informativo 845/STF), ao interpretar o art. 988, § 5º, II do NCPC; **B:** Incorreta, por expressa previsão legal que veda a reclamação após o trânsito (NCPC, art. 988, § 5º, I); **C:** Incorreta, por expressa previsão legal em sentido inverso (NCPC, art. 988, § 6º); **D:** Incorreta, pois o prazo de contestação é de 15 dias (NCPC, art. 989, III); **E:** Incorreta, pois há expressa previsão legal em sentido inverso (NCPC, art. 990).

Gabarito "A".

(Analista Judiciário – TRT/8ª – 2016 – CESPE) De acordo com as normas previstas no Código de Processo Civil (CPC), assinale a opção correta acerca do processo e do procedimento.

(A) A pessoa casada necessita do consentimento de seu cônjuge para propor ação de consignação em pagamento referente a contrato de alienação fiduciária de automóvel.

(B) A procuração geral para o foro pode ser outorgada por instrumento particular, independentemente de reconhecimento de firma pela parte, e habilita o advogado a interpor recurso de apelação.

(C) O magistrado somente pode condenar o réu por litigância de má-fé se houver expresso requerimento da parte autora nesse sentido, sob pena de violação ao princípio da demanda.

(D) A questão preliminar é aquela cuja decisão influencia o teor da decisão do mérito como, por exemplo, a questão jurídica incidental referente à existência de relação de paternidade em uma ação de alimentos.

(E) Em decorrência do princípio da razoável duração do processo, o juiz possui a faculdade de prolatar sentença ilíquida, mesmo que o autor tenha formulado pedido certo e determinado.

A: incorreta, pois o consentimento só é necessário em ações que versem sobre direito real imobiliário (art. 73 do NCPC), o que não é o caso; **B:** correta, nos termos do art. 104 do NCPC; **C:** incorreta, pois a condenação em litigância de má-fé pode ser imposta de ofício pelo magistrado (art. 142 do NCPC); **D:** incorreto, pois a questão *preliminar*, de ordem processual, não influencia o mérito, mas eventualmente acarreta a própria extinção do processo, sem resolução de mérito (arts. 337 e 485 do NCPC). O exemplo narrado na alternativa se refere a questão *prejudicial* (§ 1ª do art. 503 do NCPC); **E:** no CPC/1973 havia vedação expressa a essa possibilidade (art. 459, parágrafo único). No NCPC, não houve a repetição expressa desse artigo. Mas a alternativa é incorreta considerando (i) a necessidade de congruência entre pedido e sentença (art. 492 do NCPC) e (ii) a Súmula 318/STJ ("Formulado pedido certo e determinado, somente o autor tem interesse recursal em arguir o vício da sentença ilíquida"), até o momento não revogada. A observar se haverá alguma mudança jurisprudencial.

Gabarito "B".

(Analista Judiciário – TRT/8ª – 2016 – CESPE) No que se refere à atuação dos sujeitos processuais e ao procedimento ordinário previsto no CPC, assinale a opção correta.

(A) Somente mediante expresso requerimento das partes é permitido ao juiz realizar o julgamento antecipado da lide, sob pena de violação ao princípio constitucional do devido processo legal.

(B) O réu revel, ainda que compareça extemporaneamente ao processo, não receberá intimações e ficará impedido de praticar atos processuais, inclusive, interpor recurso.

(C) De acordo com o CPC, a petição inicial será considerada inepta se a parte for manifestamente ilegítima ou se faltar ao autor o interesse em agir.

(D) O Ministério Público, atuando como parte ou como fiscal da lei, deve ser intimado de todos os atos do processo, além de poder produzir provas e ter legitimidade para interpor recurso.

(E) A decisão do juiz pelo indeferimento total da petição inicial possui natureza interlocutória e deve ser impugnada por intermédio do recurso de agravo de instrumento.

Atenção: no NCPC não mais existe um rito ordinário ou sumário, mas somente procedimento comum. **A**: incorreta, pois o julgamento antecipado independe de requerimento das partes, sendo possível quando o juiz verificar uma das hipóteses do art. 355 do NCPC; **B**: incorreta. A consequência da revelia é a presunção de veracidade em relação aos fatos alegados pelo autor (art. 344 do NCPC), mas o revel poderá intervir no processo em qualquer fase, recebendo-o no estado em que se encontrar (parágrafo único do art. 346 do NCPC); **C**: incorreta. Nos termos do § 1º do art. 330 do NCPC, a inépcia da inicial ocorre quando: (i) há ausência de pedido ou causa de pedir; (ii) o pedido é indeterminado, com ressalva quanto às hipóteses legais em que se permite a realização de pedido genérico; (iii) os fatos narrados não permitem conclusão lógica; e (iv) houver pedidos incompatíveis entre si; **D**: correta (art. 179 do NCPC); **E**: incorreta, pois a decisão de indeferimento da petição inicial possui natureza de sentença (art. 203, § 1º, c.c. art. 485, I, do NCPC) e deve ser impugnada por meio de apelação (art. 331 do NCPC).

Gabarito "D".

(Analista Judiciário – TRT/8ª – 2016 – CESPE) Pedro e Caio, domiciliados em Macapá – AP, foram vítimas de acidente automobilístico em uma rodovia. Supostamente, o acidente foi provocado por Rafael, domiciliado em Belém – PA. As vítimas propuseram, separadamente, ações de indenização contra Rafael na justiça comum de Macapá.

A respeito dessa situação hipotética, assinale a opção correta de acordo com disposições do CPC.

(A) Pedro e Caio poderiam ter optado por ingressar em litisconsórcio ativo, caso em que seriam considerados como litigantes distintos em suas relações com a parte adversa, por força do princípio da autonomia dos litisconsortes.

(B) Como a demanda indenizatória foi proposta na justiça comum, o processo deverá seguir necessariamente o procedimento ordinário, rito que viabiliza o contraditório e a ampla defesa ao réu nessa situação.

(C) A citação do réu deve ser feita necessariamente por oficial de justiça: o CPC veda a citação por via postal nas ações de ressarcimento por danos causados em acidente de veículo de via terrestre.

(D) Caso Rafael interponha oportunamente exceção de incompetência relativa, o juiz deve declinar de sua competência.

(E) Caso as ações sejam distribuídas para órgãos judicias distintos, os processos poderão ser posteriormente reunidos em razão da existência de continência.

Atenção: no NCPC não mais existe um rito ordinário ou sumário, mas somente procedimento comum; **A**: correta, porquanto a hipótese revela situação que permite a formação de litisconsórcio ativo, pois há afinidade de questões por ponto comum de fato (art. 113, III, do NCPC); **B**: incorreta, pois não há mais o rito ordinário, mas apenas o procedimento comum (art. 318). De qualquer forma, no CPC/1973 a hipótese era de utilização do rito sumário (art. 275, II, "d", CPC/73); **C**: incorreto, pois a regra é a citação por via postal (art. 246 do NCPC), sendo certo que a hipótese não se encontra em nenhuma das exceções previstas no art. 247 do NCPC; **D**: incorreto, pois a ação foi ajuizada no foro correto, conforme regra do art. 53, V, do NCPC. Ademais, incompetência relativa, no NCPC, é alegada em preliminar de contestação, não mais existindo exceção (art. 337, II); **E**: incorreta. Embora se possa aventar a possibilidade de reunião dos processos neste caso, o fundamento não seria de continência, mas de conexão. Há continência quando se tem identidade entre partes e causa de pedir, sendo que o pedido de uma das causas, por ser mais amplo, abrange o das demais (art. 56, NCPC); não é esse o caso.

Gabarito "A".

14. Direito do Trabalho

*Hermes Cramacon e Luiz Fabre**

1. PRINCÍPIOS E FONTES DO DIREITO DO TRABALHO

(Analista Judiciário – TRT/24 – FCC – 2017) O advogado Hércules pretende fundamentar uma tese na petição inicial de reclamatória trabalhista utilizando o ditame segundo o qual, ainda que haja mudanças vertiginosas no aspecto de propriedade ou de alteração da estrutura jurídica da empresa, não pode haver afetação quanto ao contrato de trabalho já estabelecido. Tal valor está previsto no princípio de Direito do Trabalho denominado

(A) razoabilidade.
(B) disponibilidade subjetiva.
(C) responsabilidade solidária do empregador.
(D) asserção empresarial negativa.
(E) continuidade da relação de emprego.

"E" é a opção correta. Isso porque, o princípio da continuidade da relação de emprego tem por objetivo preservar o contrato de trabalho, presumindo a contratação por prazo indeterminado, sendo a exceção o contrato com prazo determinado. Nos termos do art. 448 da CLT, qualquer mudança na propriedade ou na estrutura jurídica da empresa não afetará os contratos de trabalho dos respectivos empregados. Da mesma forma, qualquer alteração na estrutura jurídica da empresa não afetará os direitos adquiridos por seus empregados (art. 10 da CLT). HC

Gabarito "E".

(Analista Judiciário – TRT/20 – FCC – 2016) A restrição à autonomia da vontade inerente ao contrato de trabalho, em contraponto à soberania da vontade contratual das partes que prevalece no Direito Civil, é tida como instrumento que assegura as garantias fundamentais do trabalhador, em face do desequilíbrio de poderes inerentes ao contrato de emprego, é expressão do princípio da

(A) autonomia privada coletiva.
(B) condição mais benéfica.
(C) primazia da realidade.
(D) imperatividade das normas trabalhistas.
(E) prevalência do negociado em face do legislado.

"D" é a opção correta. As normas trabalhistas são imperativas, ou seja, normas de ordem pública que não podem, em regra, ser afastadas pela simples vontade das partes. No contrato de trabalho há pouco espaço para a autonomia de vontade, diferente do direito civil. HC

Gabarito "D".

(Técnico Judiciário – TRT8 – CESPE – 2016) Acerca dos princípios e das fontes do direito do trabalho, assinale a opção correta.

(A) A aplicação do *in dubio pro operario* decorre do princípio da proteção.
(B) As fontes formais correspondem aos fatores sociais que levam o legislador a codificar expressamente as normas jurídicas.
(C) Dado o princípio da realidade expressa, deve-se reconhecer apenas o que está demonstrado documentalmente nos autos processuais.
(D) Em decorrência do princípio da irrenunciabilidade dos direitos trabalhistas, o empregador não pode interferir nos direitos dos seus empregados, salvo se expressamente acordado entre as partes.
(E) O princípio da razoabilidade não se aplica ao direito do trabalho.

A: opção correta, pois o princípio protetor tem por escopo atribuir uma proteção maior ao empregado, parte hipossuficiente da relação jurídica laboral. O princípio protetor incorpora outros 3 subprincípios: in *dubio pro operario*, aplicação da norma mais favorável e condição mais benéfica. **B:** opção incorreta,

pois a assertiva traz a correspondência das fontes materiais. As fontes formais correspondem à norma jurídica já constituída, já positivada. As fontes formais se subdividem em: fontes formais autônomas e fontes formais heterônomas. **C:** opção incorreta, pois o princípio da realidade expressa ou *Princípio da primazia da realidade sobre a forma ensina que* deverá prevalecer a efetiva realidade dos fatos e não eventual forma construída em desacordo com a verdade. **D:** opção incorreta, pois o princípio da irrenunciabilidade ensina que os direitos trabalhistas são irrenunciáveis. As normas trabalhistas, em geral, possuem caráter imperioso ou cogente, na medida em que são normas de ordem pública e, por sua vez, não podem ser modificadas pelo empregador. **E:** opção incorreta, pois o princípio da razoabilidade, disposto no art. 944 do CC, nos termos do art. 8º da CLT será aplicável ao direito do trabalho. HC

Gabarito "A".

(Técnico – TRT/16ª – 2015 – FCC) A Consolidação das Leis do Trabalho e a Constituição Federal são fontes

(A) autônomas.
(B) heterônimas.
(C) heterônima e autônoma, respectivamente.
(D) autônoma e heterônima, respectivamente.
(E) extraestatais.

A: incorreta, pois as fontes autônomas são elaboradas pelas próprias partes destinatárias da norma, como por exemplo, a convenção coletiva de trabalho. **B:** correta, pois as fontes heterônomas têm como característica serem elaboradas com a participação do Estado, como por exemplos a CLT e a CF. **C:** incorreta, pois embora a CF seja considerada fonte heterônoma a CLT não é fonte autônoma. Veja comentários anteriores. **D:** incorreta, pois embora a CLT seja fonte heterônoma a CF não é fonte autônoma. Vide comentários anteriores. **E:** incorreta, pois fontes extraestatais são oriundas das próprias partes, como por exemplo, o regulamento de empresa. HC

Gabarito "B".

(Técnico – TRT/6ª – 2012 – FCC) O Regulamento da empresa "BOA" revogou vantagens deferidas a trabalhadores em Regulamento anterior. Neste caso, segundo a Súmula 51 do TST, *"as cláusulas regulamentares, que revoguem ou alterem vantagens deferidas anteriormente, só atingirão os trabalhadores admitidos após a revogação ou alteração do regulamento"*. Em matéria de Direito do Trabalho, esta Súmula trata, especificamente, do Princípio da

(A) Razoabilidade.
(B) Indisponibilidade dos Direitos Trabalhistas.
(C) Imperatividade das Normas Trabalhistas.
(D) Dignidade da Pessoa Humana.
(E) Condição mais benéfica.

A: incorreta, o princípio da razoabilidade é sobreprincípio geral de direito. O direito é concebido como a razão escrita (*rule of reasonableness*), sendo-lhe condição implícita a vedação a excessos (parte-se do pressuposto de que o homem aja razoavelmente, com bom senso, e não arbitrariamente). Conquanto a rigor não se trate de um princípio específico do Direito do Trabalho, mas de um princípio que acompanha todo o Direito, o jurista uruguaio Américo Plá Rodriguez o arrola entre os princípios do Direito do Trabalho; **B:** incorreta, o princípio da indisponibilidade dos direitos trabalhistas é uma projeção do princípio da imperatividade e traduz-se na inviabilidade de poder o empregado despojar-se, por sua simples manifestação de vontade, das vantagens e proteções asseguradas pela ordem jurídica e pelo contrato de trabalho; **C:** incorreta, segundo o princípio da imperatividade, prevalece no Direito do Trabalho as normas jurídicas obrigatórias, avultando-se sobre as normas meramente dispositivas, suscetíveis de livre pactuação pelas partes. Destarte, como regra, as normas justrabalhistas são imperativas, não podendo ser afastadas pela simples manifestação de vontade das partes; **D:** incorreta, a dignidade da pessoa humana não é, propriamente, um princípio específico de Direito do Trabalho, mas um princípio fundamental da própria ordem jurídica (CF, art. 1º, IV). A noção de dignidade impregna todos os ordenamentos modernos e possui substrato filosófico em Kant: *trate sempre o ser humano como um fim, jamais como um meio*. A dignidade é um valor objetivo, decorrente da simples humanidade, razão pela qual até mesmo os incapazes devem ter sua dignidade tutelada, ainda que não possuam noção de que ela esteja sendo violada; **E:** correta, o princípio da proteção é o princípio matricial do Direito do Trabalho e decorre

---

*. HC – **Hermes Cramacon. Hermes Cramacon e Luiz Carlos Fabre** comentaram as questões dos demais concursos.

da tão só existência deste ramo jurídico: se existe um direito comum (direito civil) que tutela as relações intersubjetivas em geral e se existe um Direito do Trabalho, então a razão deste existir só pode ser a tutela diferenciada a um bem jurídico merecedor de especial proteção, no caso, o trabalhador. Plá Rodriguez aponta três subprincípios decorrentes do princípio da proteção: o princípio da norma mais favorável (havendo confronto entre duas normas na aplicação do Direito do Trabalho, o operador do direito deve aplicar a norma mais favorável ao trabalhador); princípio da condição mais benéfica (garantia de preservação, ao longo do contrato de trabalho, das condições de trabalho mais vantajosas ao empregado, sendo uma expressão do direito adquirido); e princípio do *in dubio pro operario* (trata-se de princípio inaplicável em matéria probatória, em relação a que prevalecem as regras do ônus da prova; todavia, em sede de direito material do trabalho, vem-se entendendo cabível a invocação de tal subprincípio para orientar o operador do direito quando uma mesma norma gerar múltiplas interpretações).

(Técnico Judiciário – TRT/7ª – 2009 – FCC) Acerca dos princípios que informam o Direito do Trabalho, pode-se afirmar que:

(A) A irredutibilidade do salário é um princípio absoluto.

(B) É lícita a redução dos salários dos empregados da empresa, desde que disposta em Convenção ou Acordo Coletivo.

(C) O empregador pode, livremente, em qualquer hipótese, reduzir o salário do empregado.

(D) O empregador pode reduzir o salário do empregado, se este firmar por escrito sua concordância.

(E) O empregador pode reduzir o salário de seus empregados, desde que 75% deles concordem com tal redução, independentemente de negociação com a entidade sindical da categoria.

Art. 7º, VI, da CF.

(Técnico Judiciário – TRT/8ª – 2010 – FCC) O Princípio que importa especificamente na garantia de preservação, ao longo do contrato, da cláusula contratual mais vantajosa ao trabalhador, que se reveste de caráter de direito adquirido, é o Princípio da

(A) Indisponibilidade dos Direitos Trabalhistas.

(B) Continuidade da Relação de Emprego.

(C) Intangibilidade Contratual Objetiva.

(D) Imperatividade das Normas Trabalhistas.

(E) Condição Mais Benéfica.

A: incorreta, pelo princípio da indisponibilidade, predomina, no Direito do Trabalho, normas cogentes, em relação às quais o trabalhador não detém a disponibilidade. Perceba-se que isto é mais que irrenunciabilidade, pois significa que não só é vedado ao trabalhador, em linha de princípio, renunciar a direitos trabalhistas (renúncia é ato de despojamento unilateral de direitos), como transacioná-los (transação é ato de despojamento bilateral de direitos, mediante concessões recíprocas), salvo em determinadas circunstâncias (por exemplo, tratando-se de ex-empregado transacionando perante o Juiz, o risco de coação da vontade do trabalhador, que é o mote do princípio da indisponibilidade, é mitigado); **B**: incorreta, o princípio da continuidade visa à sucessividade das relações de trabalho. Estas tendem a ser relações jurídicas de trato sucessivo, princípio este que beneficia o empregado diante do desemprego involuntário, favorece o equilíbrio financeiro-atuarial do sistema previdenciário e também estimula o empregador a investir na capacitação de empregados; **C**: incorreta, o princípio da intangibilidade contratual explica que o contrato não pode ser alterado em prejuízo ao trabalhador, salvo hipóteses excepcionalíssimas. Doutrinadores agregam ao princípio da intangibilidade contratual a expressão *objetiva*, a fim de enfatizar que, por outro lado, o contrato de trabalho pode ser alterado subjetivamente sem que isso altere o seu conteúdo (como é o caso das hipóteses de sucessão de empresas, previstas no art. 10 e 448 da CLT); **D**: incorreta, a imperatividade subsidia o princípio da indisponibilidade, já examinado, informando que as normas trabalhistas, em regra, são normas de ordem pública, imperativas, cogentes; **E**: correta, por definição, tratando-se de princípio inspirado na ideia de direito adquirido, por exemplo, art. 468 da CLT.

(Técnico Judiciário – TRT/16ª – 2009 – FCC) Considere:

I. Lei ordinária.

II. Medida provisória.

III. sentenças normativas.

IV. Convenção Coletiva de Trabalho.

V. Acordo Coletivo de Trabalho.

São Fontes de origem estatal as indicadas APENAS em

(A) IV e V.

(B) I, II e V.

(C) I e II.

(D) I, II, IV e V.

(E) I, II e III.

I: correta, enunciação heterônoma pelo Poder Legislativo e Executivo; **II**: correta, enunciação heterônoma pelo Executivo; **III**: correta, enunciação heterônoma pelo Judiciário; **IV**: incorreta, enunciação autônoma entre sindicato patronal (ou da categoria econômica) e sindicato obreiro (ou da categoria profissional); **V**: incorreta, enunciação autônoma entre sindicato obreiro e empresa ou grupo de empresas.

2. PRESCRIÇÃO E DECADÊNCIA

(Técnico Judiciário – TRT8 – CESPE – 2016) A respeito da prescrição e da decadência no direito do trabalho, assinale a opção correta.

(A) Não se aplica a prescrição contra os menores de dezoito anos de idade.

(B) Prescrição refere-se ao prazo quinquenal para a propositura da ação trabalhista.

(C) O prazo de decadência refere-se à reclamação das verbas rescisórias, sendo de dois anos.

(D) Os prazos de prescrição e decadência não podem ser suspensos ou interrompidos.

(E) Inicia-se a contagem da prescrição na data da assinatura do contrato de trabalho.

A: opção correta, pois reflete a disposição do art. 440 da CLT. **B**: opção incorreta, pois nos termos do art. 7º, XXIX, da CF e art. 11 da CLT o prazo para ingressar com reclamação trabalhista é de 2 anos. **C**: opção incorreta, pois o prazo decadencial é aplicado somente em ação rescisória, cujo prazo é de 2 anos, art. 975 CPC/2015; Mandado de Segurança, cujo prazo decadencial é de 120 dias, art. 23 da Lei 12.016/2009 e o inquérito judicial para apuração de falta grave, cujo prazo decadencial é de 30 dias contados da suspensão do empregado, art. 853 da CLT. **D**: opção incorreta, pois embora o prazo decadencial não possa ser suspenso ou interrompido, o prazo prescricional pode ser interrompido, veja arts. 202 a 204 do CC e súmula 268 TST e suspenso, art. 625-G da CLT. **E**: opção incorreta, pois inicia-se o prazo de prescrição com a extinção do contrato de trabalho, após o aviso-prévio, veja OJ 83 da SDI 1 do TST.

(Técnico Judiciário – TRT20 – FCC – 2016) Athenas trabalhou por oito anos na empresa Netuno Produções como secretária. Em razão de crise econômica, o contrato foi extinto após o aviso-prévio trabalhado até 10/10/2015, sem receber as verbas da rescisão contratual, incluindo diferenças de depósitos do FGTS com a multa rescisória de 40%. Nesse caso, o prazo prescricional para ajuizar reclamação trabalhista termina em 10 de outubro de

(A) 2017, exceto quanto às diferenças de FGTS com 40%, cuja prescrição é trintenária.

(B) 2020 para todos os direitos trabalhistas.

(C) 2020, exceto quanto às diferenças de FGTS com 40%, cuja prescrição é decenal.

(D) 2018 para todos os direitos trabalhistas.

(E) 2017 para todos os direitos trabalhistas.

"E" é a opção correta. Embora o enunciado não tenha levado em consideração a data de projeção do aviso-prévio (OJ 83 da SDI 1 do TST), o empregado terá 2 anos para ingressar com a reclamação trabalhista, nos termos do art. 7º, XXIX, da CF e art. 11 da CLT. Ademais, a súmula 362 do TST dispõe nesse sentido.

(Técnico Judiciário – TRT9 – 2012 – FCC) O prazo prescricional para ajuizamento de ação judicial, após a extinção do contrato de trabalho, para pleitear créditos resultantes das relações de trabalho para os trabalhadores urbanos e rurais, respectivamente, é de

(A) dois anos e cinco anos, até o limite de cinco anos.

(B) cinco anos e dois anos, até o limite de cinco anos.

(C) dois anos e dois anos, até o limite de cinco anos.

(D) cinco anos e cinco anos, até o limite de dois anos.

(E) cinco anos e dois anos, até o limite de dois anos.

"C" é a opção correta, pois reflete o disposto no art. 7º, XXXIX, da CF e art. 11 da CLT. Veja súmula 308, I, do TST.

14. DIREITO DO TRABALHO — 631

(Técnico Judiciário – TRT/2ª – 2008 – FCC) No que tange à prescrição, analise:

I. A ação trabalhista, ainda que arquivada, interrompe a prescrição somente em relação aos pedidos idênticos.

II. Tratando-se de pedido de diferença de gratificação semestral que teve seu valor congelado, a prescrição aplicável é a parcial.

III. Nas prestações de pagamento sucessivo, a prescrição será parcial e contada do vencimento de cada uma delas.

IV. É vintenária a prescrição do direito de reclamar contra o não recolhimento da contribuição para o FGTS, observado o prazo de dois anos após o término do contrato de trabalho.

Está correto o que consta APENAS em

(A) I, II e III.

(B) II, III e IV.

(C) I e II.

(D) II e III.

(E) I e IV.

I: súmula 268 do TST; **II**: súmula 373 do TST; **III**: a assertiva está mal colocada, pois embora esta seja a regra, haverá hipóteses de prestações sucessivas com aplicação da prescrição total (Ex: OJ 175 da SDI-1 do TST). Conferir as extintas súmulas 168 e 198 do TST, bem como as súmulas 274 e 275 do TST; **IV**: súmula 362 do TST.
Gabarito "C".

(Técnico Judiciário – TRT/16ª – 2009 – FCC) Douglas laborava na empresa X desde Janeiro de 2002 sendo que em Janeiro de 2008 foi dispensado com justa causa. Em Janeiro de 2009, Douglas ajuizou reclamação trabalhista em face de sua ex-empregadora. Neste caso, em regra, não estarão prescritos direitos trabalhistas do ano de

(A) 2004 em diante.

(B) 2006 em diante.

(C) 2003 em diante.

(D) 2002 em diante.

(E) 2007 em diante.

Art. 7º, XXIX, da CF e art. 11 da CLT que ensinam que a pretensão quanto a créditos resultantes das relações de trabalho prescreve em cinco anos para os trabalhadores urbanos e rurais, até o limite de dois anos após a extinção do contrato de trabalho.
Gabarito "A".

(Técnico Judiciário – TRT/9ª – 2007 – CESPE) Acerca dos direitos dos trabalhadores, sobretudo os considerados na Constituição Federal de 1988, julgue os seguinte item.

(1) O trabalhador pode propor ação referente a créditos decorrentes da relação de trabalho até o prazo de dois anos após o fato que enseja o pedido.

1: Art. 7º, XXIX da CF e art. 11 da CLT que ensinam que a pretensão quanto a créditos resultantes das relações de trabalho prescreve em cinco anos para os trabalhadores urbanos e rurais, até o limite de dois anos após a extinção do contrato de trabalho.
Gabarito 1E

3. CONTRATO DE TRABALHO

(Técnico Judiciário – TRT24 – FCC – 2017) Relativamente ao contrato de trabalho, segundo a legislação,

(A) considera-se como de prazo determinado o contrato de trabalho cuja vigência dependa de termo prefixado ou da execução de serviços especificados ou ainda da realização de certo acontecimento suscetível de previsão aproximada.

(B) não se admite que o contrato individual de trabalho seja acordado de maneira tácita, mas apenas de maneira expressa, verbalmente ou por escrito e por prazo determinado ou indeterminado.

(C) considera-se por prazo indeterminado todo contrato que suceder, dentro de 8 meses, a outro contrato por prazo determinado, inclusive se a expiração deste dependeu da execução de serviços especializados ou da realização de certos acontecimentos.

(D) para fins de contratação, o empregador não exigirá do candidato a emprego comprovação de experiência prévia por tempo superior a 1 ano no mesmo tipo de atividade.

(E) o contrato de experiência não poderá exceder de 3 meses.

A: opção correta, pois reflete o disposto no art. 443, § 1º, da CLT. **B**: opção incorreta, pois nos termos do art. 442 da CLT o contrato de trabalho pode ser tácito. **C**: opção incorreta, pois nos termos do art. 452 da CLT considera-se por prazo indeterminado todo contrato que suceder, dentro de 6 (seis) meses, a outro contrato por prazo determinado, salvo se a expiração deste dependeu da execução de serviços especializados ou da realização de certos acontecimentos. **D**: opção incorreta, pois nos termos do art. 442-A da CLT para fins de contratação, o empregador não exigirá do candidato a emprego comprovação de experiência prévia por tempo superior a 6 (seis) meses no mesmo tipo de atividade. **E**: opção incorreta, pois o contrato de experiência não pode ultrapassar 90 dias, art. 445, parágrafo único, da CLT.
Gabarito "A".

(Técnico Judiciário – TRT24 – FCC – 2017) A Constituição Federal de 1988 prevê expressamente uma série de disposições normativas trabalhistas que, segundo a doutrina, pode ser considerada como patamar mínimo civilizatório do trabalhador. Entre outros direitos trabalhistas, a Constituição Federal de 1988 prevê, expressamente, o direito

(A) ao adicional de sobreaviso e de prontidão e a redução dos riscos inerentes ao trabalho, por meio de normas de saúde, higiene e segurança.

(B) ao adicional de horas extras e observância da proporcionalidade para contratação de empregado estrangeiro.

(C) ao seguro-desemprego, em caso de desemprego voluntário ou não, e gozo de intervalo para refeição e descanso na forma da lei.

(D) à proteção do mercado de trabalho da mulher, mediante incentivos específicos, nos termos da lei, e ao aviso-prévio proporcional ao tempo de serviço, sendo no mínimo de trinta dias, conforme previsão legal.

(E) ao intervalo intrajornada e interjornada.

A: opção incorreta, pois embora haja previsão no art. 7º, XXII, da CF quanto a redução dos riscos inerentes ao trabalho, por meio de normas de saúde, higiene e segurança, o adicional de sobreaviso e prontidão estão previstos expressamente para o serviço ferroviário, art. 244 e parágrafos, da CLT. **B**: opção incorreta, pois embora o adicional de horas extras esteja previsto no art. 7º, XVI, da CF a observância da proporcionalidade na contratação de estrangeiro está prevista nos arts. 352 a 358 da CLT, tidos como inconstitucionais, a teor do art. 5º, caput e inciso XIII, CF. **C**: opção incorreta, pois nos termos do art. 7º, II, CF é direito de todo trabalhador seguro-desemprego, em caso de desemprego involuntário. **D**: opção correta, pois reflete as disposições contidas nos incisos XX, XXI do art. 7º da CF. **E**: opção incorreta, pois o intervalo intrajornada está previsto no art. 71, caput e § 1º, da CLT.
Gabarito "D".

(Técnico Judiciário – TRT24 – FCC – 2017) Dentro do universo das relações jurídicas, encontram-se as relações de trabalho e as relações de emprego. No tocante a essas relações, seus sujeitos e requisitos, segundo a legislação vigente,

(A) considera-se empregado toda pessoa física ou jurídica que prestar serviços de natureza exclusiva e não eventual a empregador, sob a dependência deste e mediante salário.

(B) considera-se empregador a empresa, individual ou coletiva, que, mesmo sem assumir os riscos da atividade econômica, admite, assalaria e dirige a prestação pessoal de serviço.

(C) são distintos o trabalho realizado no estabelecimento do empregador, o executado no domicílio do empregado e o realizado a distância, mesmo que estejam caracterizados os pressupostos da relação de emprego.

(D) os meios telemáticos e informatizados de comando, controle e supervisão não se equiparam, para fins de subordinação jurídica, aos meios pessoais e diretos de comando, controle e supervisão do trabalho alheio.

(E) se equiparam ao empregador, para os efeitos exclusivos da relação de emprego, os profissionais liberais, as instituições de beneficência, as associações recreativas ou outras instituições sem fins lucrativos, que admitirem trabalhadores como empregados.

A: opção incorreta, pois nos termos do art. 3º da CLT a exclusividade não é um requisito da figura do empregado, que nos termos do citado dispositivo legal é toda pessoa física que prestar serviços de natureza não eventual a empregador, sob a dependência deste e mediante salário. **B**: opção incorreta, pois nos termos do art. 2º da CLT considera-se empregador a empresa, individual ou coletiva, que, assumindo os riscos da atividade econômica, admite, assalaria e dirige a prestação pessoal de serviço. **C**: opção incorreta, pois nos termos do art. 6º da CLT não se distingue entre o trabalho realizado no estabelecimento do empregador, o executado no domicílio do empregado e o realizado a distância, desde que estejam caracterizados os pressupostos da relação de emprego. **D**:

opção incorreta, pois nos termos do art. 6º, parágrafo único, da CLT os meios telemáticos e informatizados de comando, controle e supervisão se equiparam, para fins de subordinação jurídica, aos meios pessoais e diretos de comando, controle e supervisão do trabalho alheio. **E:** opção correta, pois nos termos do art. 2º, § 1º, da CLT equiparam-se ao empregador, para os efeitos exclusivos da relação de emprego, os profissionais liberais, as instituições de beneficência, as associações recreativas ou outras instituições sem fins lucrativos, que admitirem trabalhadores como empregados.

Gabarito "E".

(Analista Judiciário – TRT/24 – FCC – 2017) Atenas foi empregada da empresa Delta Operadora Cambial que é dirigida, administrada e controlada pela empresa Delta Empreendimentos S/A, situação esta que caracteriza a existência de grupo econômico para fins trabalhistas. Após dois anos de contrato de trabalho Atenas foi dispensada sem justa causa, mas não recebeu as verbas rescisórias devidas. Nessa situação, conforme previsão contida na Consolidação das Leis do Trabalho, a responsabilidade pelo pagamento será

(A) das empresas Delta Operadora Cambial e Delta Empreendimentos S/A de forma solidária.

(B) da empresa empregadora Delta Operadora Cambial e subsidiariamente da empresa controladora Delta Empreendimentos S/A.

(C) da empresa controladora Delta Empreendimentos S/A e subsidiariamente da empresa empregadora Delta Operadora Cambial.

(D) apenas da empresa Delta Operadora Cambial porque era a efetiva empregadora.

(E) apenas a empresa Delta Empreendimentos S/A porque é a principal, que dirige, administra e controla.

"A" é a opção correta. Isso porque, nos termos do art. 2º, § 2º, da CLT sempre que uma ou mais empresas, tendo, embora, cada uma delas, personalidade jurídica própria, estiverem sob a direção, controle ou administração de outra, ou ainda quando, mesmo guardando cada uma sua autonomia, integrem grupo econômico, serão responsáveis solidariamente pelas obrigações decorrentes da relação de emprego. Vale lembrar que, nos termos do § 3º do mesmo dispositivo legal não caracteriza grupo econômico a mera identidade de sócios, sendo necessárias, para a configuração do grupo, a demonstração do interesse integrado, a efetiva comunhão de interesses e a atuação conjunta das empresas dele integrantes.

Gabarito "A".

(Analista Judiciário – TRT/20 – FCC – 2016) A Consolidação das Leis do Trabalho elenca na combinação dos artigos 2º e 3º os requisitos fáticos e jurídicos da relação de emprego. Nesse sentido,

(A) tornando-se inviável a prestação pessoal do trabalho, no curso do contrato, por certo período, o empregado poderá se fazer substituir por outro trabalhador.

(B) um trabalhador urbano que preste serviço ao tomador com finalidade lucrativa, mesmo que por diversos meses seguidos, mas apenas em domingos ou finais de semana, configura-se como trabalhador eventual.

(C) considerando que nem todo trabalho é passível de mensuração econômica, não se pode estabelecer que a onerosidade constitui-se em um elemento fático-jurídico da relação de emprego.

(D) somente o empregador é que, indistintamente, pode ser pessoa física ou jurídica, com ou sem finalidade lucrativa, jamais o empregado.

(E) na hipótese de trabalhador intelectual, a subordinação está relacionada ao poder de direção do empregador, mantendo o empregado a autonomia da vontade sobre a atividade desempenhada, sem se reportar ao empregador.

A: opção incorreta, pois o requisito da pessoalidade indica que o empregado não pode ser substituído. **B:** opção incorreta, pois eventual é o trabalhador admitido numa empresa para determinado evento. Em outras palavras, é o trabalho realizado de maneira eventual, de curta duração, cujos serviços não coincidem com os fins normais da empresa. **C:** opção incorreta, pois a remuneração é um dos requisitos da relação de emprego. **D:** opção correta, pois o empregador pode ser pessoa jurídica (art. 2º da CLT) ou física (art. 2º, § 1º, da CLT) **E:** opção incorreta, pois o empregado não terá autonomia da vontade.

Gabarito "D".

(Analista Judiciário – TRT/8ª – 2016 – CESPE) Assinale a opção correta de acordo com a legislação vigente e a jurisprudência do TST.

(A) O conceito de grupo econômico, por pressupor a existência de duas ou mais empresas, é incompatível com a atividade e o meio rural.

(B) A prestação de serviços a mais de uma empresa do mesmo grupo econômico, durante a mesma jornada de trabalho, não caracteriza a coexistência de mais de um contrato de trabalho, salvo ajuste em contrário.

(C) Quando uma ou mais empresas com personalidades jurídicas próprias estiverem sob a direção, o controle ou a administração de outra, constituindo grupo industrial, comercial ou de qualquer outra atividade econômica, serão, para os efeitos da relação de emprego, subsidiariamente responsáveis a empresa principal e cada uma das subordinadas.

(D) Em qualquer caso de aquisição de empresa pertencente a grupo econômico, o sucessor sempre responde solidariamente por débitos trabalhistas de empresa não adquirida que pertença ao mesmo grupo de empresas.

(E) Na análise da existência de grupo econômico entre empresas, não se aplica a teoria da desconsideração da personalidade jurídica.

A: opção incorreta, pois nos termos do art. 2º, § 2º, da CLT sempre que uma ou mais empresas, tendo, embora, cada uma delas, personalidade jurídica própria, estiverem sob a direção, controle ou administração de outra, ou ainda quando, mesmo guardando cada uma sua autonomia, integrem grupo econômico, serão responsáveis solidariamente pelas obrigações decorrentes da relação de emprego. Vale lembrar que, em conformidade com o § 3º do mesmo dispositivo legal, não caracteriza grupo econômico a mera identidade de sócios, sendo necessárias, para a configuração do grupo, a demonstração do interesse integrado, a efetiva comunhão de interesses e a atuação conjunta das empresas dele integrantes."; **B:** opção correta, pois a prestação de serviços a mais de uma empresa do mesmo grupo econômico, durante a mesma jornada de trabalho, não caracteriza a coexistência de mais de um contrato de trabalho, salvo ajuste em contrário, em conformidade com a Súmula 129 do TST; **C:** opção incorreta, pois, nos termos do art. 2º, § 2º, da CLT, que dá amparo à teoria do empregador único, a empresa principal e cada uma das subordinadas serão solidariamente responsáveis para os efeitos da relação de emprego; **D:** opção incorreta, pois, havendo aquisição de uma empresa pertencente ao mesmo grupo econômico, nos termos da Orientação Jurisprudencial 411 da SDI 1 do TST, o sucessor não responde solidariamente por débitos trabalhistas de empresa não adquirida, integrante do mesmo grupo econômico da empresa sucedida, quando, à época, a empresa devedora direta era solvente ou idônea economicamente, ressalvada a hipótese de má-fé ou fraude na sucessão; **E:** opção incorreta, pois, uma vez reconhecido o grupo econômico, não há óbice algum para não incidir a desconsideração da personalidade jurídica, que deverá ser aplicada, nos termos do art. 855-A da CLT, arts. 133 a 137 do CPC/2015 e art. 6º da IN 39 TST.

Gabarito "B".

(Técnico Judiciário – TRT8 – CESPE – 2016) Com base no disposto na CF, assinale a opção correta em relação aos direitos trabalhistas.

(A) Admite-se o trabalho formal de menores de dezesseis anos de idade na condição de aprendiz.

(B) Depende de previsão em convenção ou acordo coletivo de trabalho a remuneração do trabalho noturno superior ao diurno.

(C) É assegurado ao empregado o repouso semanal remunerado, obrigatoriamente aos domingos.

(D) O período do aviso-prévio é sempre de trinta dias, cessando-se no dia do comparecimento do empregado ao seu respectivo sindicato.

(E) O trabalhador rural não pode ser beneficiário do seguro-desemprego.

A: opção correta, pois o art. 7º, XXXIII, da CF prevê a proibição de trabalho noturno, perigoso ou insalubre a menores de dezoito e de qualquer trabalho a menores de dezesseis anos, salvo na condição de aprendiz, a partir de quatorze anos. **B:** opção incorreta, pois o art. 7º, IX, da CF prevê q remuneração do trabalho noturno superior à do diurno. **C:** opção incorreta, pois nos termos do art. 7º XXI, da CF o período de aviso-prévio será de no mínimo 30 dias. A Lei 12.506/2011 prevê a proporcionalidade do período de aviso-prévio. **E:** opção incorreta, pois nos termos do art. 7º, II, da CF o seguro-desemprego é um direito assegurado a todo trabalhador urbano e rural.

Gabarito "A".

(Técnico Judiciário – TRT8 – CESPE – 2016) No que concerne à relação de emprego, aos poderes do empregador e ao contrato individual de trabalho, assinale a opção correta.

(A) Na relação trabalhista, o poder de direção do empregador é ilimitado.

(B) A prestação de serviços é o bem jurídico tutelado e, por isso, o objeto mediato do contrato individual de trabalho.

(C) O termo "contrato de atividade" vincula-se ao fato de as prestações serem equivalentes.

14. DIREITO DO TRABALHO

(D) Não se reconhece relação de emprego fundamentada em acordo tácito.

(E) A continuidade e a subordinação são requisitos da relação empregatícia.

A: opção incorreta, pois os limites impostos pela lei, resguardando, sempre, os direitos e garantias dos empregados. **B:** opção incorreta, pois no contrato de trabalho o objeto mediato é o trabalho e o objeto imediato é a prestação de serviços. **C:** opção incorreta, pois de acordo com o Professor Maurício Godinho Delgado (Curso de Direito do Trabalho, 8ª edição – LTr 2009, pág. 466) o contrato de trabalho é de atividade, por constituir seu objeto em uma obrigação de fazer do empregado (prestação do serviço). **D:** opção incorreta, pois o contrato de trabalho, que corresponde à relação de emprego, pode ser acordado tácita ou expressamente, art. 442 da CLT. **E:** opção correta, pois entendendo que a continuidade é sinônimo de habitualidade ou não eventualidade, assim como a subordinação são requisitos da relação de emprego. Veja arts. 2º e 3º da CLT. HC
Gabarito "E".

(Técnico Judiciário – TRT8 – CESPE – 2016) Acerca das comissões de conciliação prévia, assinale a opção correta.

(A) Membro suplente dos empregados de comissão de conciliação prévia não possui estabilidade.

(B) Qualquer demanda trabalhista pode ser objeto de discussão em comissão de conciliação prévia.

(C) Será descontado da sua folha de pagamento o valor equivalente ao período em que empregado designado a atuar como conciliador em data de expediente esteve ausente do trabalho.

(D) As comissões de conciliação prévia são necessariamente compostas pelo sindicato dos empregados e pelo sindicato dos empregadores.

(E) O mandato dos membros das comissões de conciliação prévia é de dois anos, vedada a recondução.

A: opção incorreta, pois nos termos do art. 625-B, § 1º, da CL é vedada a dispensa dos representantes dos empregados membros da Comissão de Conciliação Prévia, titulares e suplentes, até um ano após o final do mandato, salvo se cometerem falta grave. **B:** opção correta, pois nos termos do art. 625-D da CLT Qualquer demanda de natureza trabalhista será submetida à Comissão de Conciliação Prévia se, na localidade da prestação de serviços, houver sido instituída a Comissão no âmbito da empresa ou do sindicato da categoria. **C:** opção incorreta, pois nos termos do art. 625-B, § 2º, da CLT o representante dos empregados desenvolverá seu trabalho normal na empresa afastando-se de suas atividades apenas quando convocado para atuar como conciliador, sendo computado como tempo de trabalho efetivo o despendido nessa atividade. **D:** opção incorreta, pois nos termos do art. 625-B, I, da CLT a metade de seus membros será indicada pelo empregador e outra metade eleita pelos empregados, em escrutínio secreto, fiscalizado pelo sindicato de categoria profissional. **E:** opção incorreta, pois nos termos do art. 625-B, III, da CLT o mandato dos seus membros, titulares e suplentes, é de um ano, permitida uma recondução. HC
Gabarito "B".

(Técnico Judiciário – TRT20 – FCC – 2016) Em relação à figura jurídica do empregado, conforme definição legal,

(A) pode ser pessoa física ou jurídica, desde que preste seus serviços com natureza eventual, sob a subordinação jurídica do empregador e mediante remuneração.

(B) é obrigatório que o empregado exerça seus serviços no estabelecimento do empregador para que possa ser verificado o requisito da subordinação.

(C) um dos requisitos essenciais para caracterização da relação de emprego é a exclusividade na prestação dos serviços para determinado empregador.

(D) o estagiário que recebe bolsa de estudos em dinheiro do contratante será considerado empregado.

(E) o elemento fundamental que distingue o empregado em relação ao trabalhador autônomo é a subordinação jurídica.

A: opção incorreta, pois nos termos do art. 3º da CLT empregado deve ser pessoa física. **B:** opção incorreta, pois nos termos do art. 6º da CLT não se distingue entre o trabalho realizado no estabelecimento do empregador, o executado no domicílio do empregado e o realizado a distância, desde que estejam caracterizados os pressupostos da relação de emprego. **C:** opção incorreta, pois a exclusividade não é requisito da relação de emprego. Veja arts. 2º e 3º da CLT. **D:** opção incorreta, pois desde que o contrato de estágio seja prestado regularmente nos termos da Lei 11.788/2008, o fato de o estagiário receber bolsa de estudo não descaracteriza o contrato de estágio.

Veja art. 12 da Lei 11.788/2008. **E:** opção correta, pois o empregado autônomo não possui subordinação, na medida em que ele próprio quem faz as regras da prestação de serviços. Caso ele seja subordinado estaremos diante de uma típica relação de emprego. HC
Gabarito "E".

(Técnico Judiciário – TRT20 – FCC – 2016) Hera, com formação em enfermagem, prestou serviços de cuidadora e enfermeira particular para a idosa Isis em sua residência a partir de 01/10/2015. Comparecia na casa de Isis em dois plantões por semana de 12 horas cada um, das 10 às 22 horas, com uma hora de intervalo para refeições e descanso. Recebia, no início de cada jornada, diária o valor de R$ 120,00 por plantão. O pagamento era feito por Apolo, filho de Isis que morava na mesma residência. Após um ano de prestação de serviços, Hera foi dispensada por Apolo, recebendo apenas pelo último dia de plantão. Insatisfeita com a situação, Hera ingressou com ação trabalhista em face de Isis. Neste caso, Hera será considerada

(A) empregada urbana comum porque exerceu funções de enfermagem e tinha todos os requisitos legais previstos na CLT e na norma coletiva da categoria dos enfermeiros, não se enquadrando a hipótese de trabalho doméstico.

(B) empregada doméstica, com direito às horas extras além da oitava diária, férias com 1/3, 13º salário, aviso-prévio e FGTS com multa rescisória de 40%.

(C) trabalhadora autônoma porque trabalhou para Isis, mas não recebeu pagamento desta pessoa, mas sim de seu filho que a contratou e remunerou.

(D) trabalhadora autônoma e eventual sem vínculo de emprego doméstico e sem direitos trabalhistas por ausência do requisito de continuidade previsto em lei específica.

(E) empregada doméstica, com direito apenas às férias com 1/3, 13º salário e aviso prévio, visto que o FGTS é facultativo e as horas extras não estão previstas para a categoria dos domésticos.

"D" é a resposta correta. Isso porque, será considerado empregado doméstico nos termos do art. 1º da LC 150/2015 aquele que presta serviços de forma contínua, subordinada, onerosa e pessoal e de finalidade não lucrativa à pessoa ou à família, no âmbito residencial destas, por mais de 2 (dois) dias por semana. Note que hera laborava somente 2 dias na semana, o que lhe afasta a qualidade de empregado doméstico. HC
Gabarito "D".

(Técnico – TRT/19ª – 2015 – FCC) Contrato de experiência celebrado por 29 dias, que foi prorrogado por mais 29 dias,

(A) pode ser prorrogado por até mais 32 dias, para completar 90 dias.

(B) pode ser prorrogado por mais 31 dias, para completar 3 meses.

(C) é nulo, pois o sistema legal não ampara a prorrogação do contrato de experiência.

(D) não pode mais ser prorrogado.

(E) pode ser prorrogado, desde que não ultrapasse o limite máximo de duração de dois anos.

A: incorreta, pois como já houve uma prorrogação do contrato, embora não tenha alcançado o prazo máximo de 90 dias, não poderá haver a segunda prorrogação, sob pena do contrato ser considerado como de prazo indeterminado. Veja arts. 445, parágrafo único e 451 da CLT. **B:** incorreta, pois como vimos no comentário anterior não poderá ser prorrogado mais de uma vez. Ademais, não poderá ser superior a 90 dias e não 3 meses. **C:** incorreta, pois o contrato de experiência poderá ser prorrogado desde que seja uma única vez e não ultrapasse o período máximo de 90 dias. **D:** correta, pois nos termos dos arts. 445, parágrafo único 451 da CLT esse tipo de contrato só admite uma única prorrogação. **E:** incorreta, pois nos termos do art. 445, parágrafo único, da CLT não poderá ser superior a 90 dias. HC
Gabarito "D".

(Técnico – TRT/19ª – 2015 – FCC) O contrato de trabalho pode ser celebrado

(A) apenas por escrito e expressamente.

(B) apenas por escrito e verbalmente.

(C) expressamente, de forma escrita ou verbal, ou tacitamente.

(D) apenas com a assistência do sindicato da categoria profissional.

(E) por escrito e deve ser registrado no órgão competente.

A: incorreta, pois nos termos do arts. 442 e 443 da CLT o contrato de trabalho além de escrito e expresso, pode ser tácito e verbal. **B:** incorreta, pois além de poder ser celebrado por escrito e verbalmente, poderá ser celebrado expresso e tacitamente, art. 443 da CLT. **C:** correta, pois reflete o disposto no art. 443 da CLT que ensina que o contrato individual de trabalho poderá ser acordado tácita ou expressamente, verbalmente ou por escrito e por prazo determinado ou indeterminado. **D**: incorreta, pois não há necessidade da assistência do sindicato da categoria profissional para celebração do contrato. **E**: incorreta, pois para celebração do contrato de trabalho não se exige registro no órgão competente. Veja arts. 442 e 443 da CLT.

(Técnico – TRT/3ª – 2015 – FCC) De acordo com a Constituição Federal de 1988, dentre os direitos sociais assegurados ao trabalhador, NÃO está a

(A) introdução do terço constitucional sobre as férias.

(B) proteção em face de automação, na forma da lei.

(C) criação dos turnos ininterruptos de revezamento com jornada especial de 6 horas diárias.

(D) criação de licença paternidade, de cinco dias.

(E) irredutibilidade do salário, independentemente de disposição em convenção ou acordo coletivo, salvo em caso de força maior ou prejuízos devidamente comprovados.

A: incorreta, pois o pagamento das férias acrescido do terço constitucional está previsto no art. 7º, XVII, da CF. **B**: incorreta, pois a proteção em face da automação está disposta no art. 7º, XXVII, da CF. **C**: incorreta, pois a criação dos turnos ininterruptos de revezamento com jornada especial de 6 horas diárias está previsto no art. 7º, XIV, da CF. **D**: incorreta, pois a licença paternidade de 5 dias está prevista no art. 7º, XIX, da CF e 10, § 1º, do ADCT. De acordo com a redação dada pela Lei 13.257/2016, o art. 1º, II, da Lei 11.770/2008, prorroga em 15 dias a duração da licença-paternidade para o empregado das empresas que aderirem ao programa "Empresa Cidadã". **E**: correta, pois nos termos do art. 7º, VI, da CF o salário é irredutível, salvo disposto em acordo ou convenção coletiva de trabalho.

(Técnico – TRT/3ª – 2015 – FCC) Maria da Glória foi dispensada por justa causa por não atender aos ditames inseridos no regulamento da empresa em que trabalhava, devidamente depositado no Ministério do Trabalho, que limitava o uso do banheiro em, no máximo, cinco minutos, no período da manhã e no período da tarde. A mesma já tinha sido advertida por escrito duas vezes anteriormente pela falta cometida. No caso exposto,

(A) está correto o uso do poder de direção do empregador, porque o regulamento de empresa estava devidamente depositado no Ministério do Trabalho, produzindo efeitos jurídicos nos contratos de trabalho.

(B) está correto o uso do direito de controle do empregador, uma vez que ao assumir os riscos do empreendimento, pode exigir ao máximo a prestação dos serviços de seus colaboradores dentro do horário de serviço.

(C) há abuso do poder de direção do empregador, uma vez que inserir no regulamento de empresa tal proibição fere o direito à dignidade da trabalhadora.

(D) há abuso do poder de direção do empregador, uma vez que a limitação ao uso do banheiro deveria ter sido estipulada na contratação da colaboradora, em suas cláusulas do contrato individual de trabalho, e não em regulamento interno.

(E) é errônea a forma de rescisão do contrato de trabalho, pois a dispensa por justa causa somente ocorre após a aplicação de três advertências e não duas, como no caso.

O simples depósito do regulamento da empresa no Ministério do Trabalho e Emprego não confere por si só, validade à norma, pois ela deve respeitar as normas inerentes ao trabalho, inclusive os princípios constitucionais, dentre eles o da dignidade da pessoa humana, art. 1º, CF. Ademais, ensina o art. 444 da CLT que as relações contratuais de trabalho podem ser objeto de livre estipulação das partes interessadas em tudo quanto não contravenha às disposições de proteção ao trabalho, aos contratos coletivos que lhes sejam aplicáveis e às decisões das autoridades competentes. Vale dizer que, nos termos do parágrafo único do art. 444 da CLT essa livre estipulação aplica-se às hipóteses previstas no art. 611-A desta Consolidação, com a mesma eficácia legal e preponderância sobre os instrumentos coletivos, no caso de empregado portador de diploma de nível superior e que perceba salário mensal igual ou superior a duas vezes o limite máximo dos benefícios do Regime Geral de Previdência Social.

(Técnico Judiciário – TRT9 – 2012 – FCC) Considera-se empregado toda pessoa física que prestar serviços a empregador com as características de

(A) pessoalidade, continuidade, exclusividade e subordinação.

(B) pessoalidade, continuidade, onerosidade e subordinação.

(C) pessoalidade, continuidade, confidencialidade e subordinação.

(D) pessoalidade, continuidade, onerosidade e independência jurídica.

(E) impessoalidade, continuidade, onerosidade e independência jurídica.

A: errada, pois a exclusividade não é requisito da relação de emprego. **B**: correta, pois aponta os requisitos da relação de emprego, que estão dispostos nos arts. 2º e 3º da CLT. **C**: incorreta, pois a confidencialidade não é um requisito da relação de emprego. **D**: incorreta, pois a independência jurídica não é requisito da relação de emprego. A independência jurídica indica autonomia, o que afasta a configuração da relação de emprego. **E**: incorreta, pois para que se caracterize a relação de emprego é necessário que os serviços prestados sejam pessoais. Ademais, a independência jurídica não é um requisito da relação de emprego, como tratado acima.

(Técnico Judiciário – TST – 2008 – CESPE) Quanto ao contrato de trabalho e aos requisitos da relação de emprego, julgue os itens subsequentes.

(1) Considera-se empregador a empresa, individual ou coletiva, que, assumindo os riscos da atividade econômica, admite, assalaria e dirige a prestação pessoal do serviço.

(2) Sempre que uma ou mais empresas, com personalidades jurídicas próprias, estiverem sob a direção, controle ou administração de outra, constituindo grupo econômico, a empresa principal e cada uma das empresas subordinadas serão, para os efeitos da relação de emprego, solidariamente responsáveis em relação aos contratos de emprego.

(3) Considera-se empregado todo trabalhador que, ainda quando autônomo, prestar serviços remunerados a outrem em troca de sua mão de obra.

(4) Para que se configure o contrato individual de trabalho, é necessário que a relação de emprego tenha sido ajustada em acordo expresso.

(5) Só é lícita a alteração de condições estabelecidas em contratos individuais de trabalho por mútuo consentimento e desde que não resulte, direta ou indiretamente, em prejuízos ao empregado, sob pena de nulidade da referida alteração.

1: correta, art. 2º, *caput*, da CLT; **2**: correta, art. 2º, § 2º, da CLT que determina que sempre que uma ou mais empresas, tendo, embora, cada uma delas, personalidade jurídica própria, estiverem sob a direção, controle ou administração de outra, ou ainda quando, mesmo guardando cada uma sua autonomia, integrem grupo econômico, serão responsáveis solidariamente pelas obrigações decorrentes da relação de emprego; **3**: incorreta, um dos requisitos para a caracterização da figura do empregado é a subordinação, antítese da autonomia (art. 3º da CLT); **4**: incorreta, o contrato de trabalho pode ser tácito (art. 442 da CLT); **5**: correta, art. 468 da CLT.

(Técnico Judiciário – TRT/7ª – 2009 – FCC) Jair trabalha como estivador no Porto de Santos; Patrícia foi contratada para trabalhar em uma loja de shopping na época do Natal, pois nessa época há excesso extraordinário de serviços; e Ana presta serviços de natureza contínua e de finalidade não lucrativa na residência de Lúcia. É correto afirmar que Jair é

(A) trabalhador avulso, Patrícia é empregada avulsa e Ana é trabalhadora temporária.

(B) trabalhador temporário, Patrícia é trabalhadora avulsa e Ana é empregada doméstica.

(C) empregado doméstico, Patrícia é trabalhadora avulsa e Ana é trabalhadora temporária.

(D) trabalhador avulso, Patrícia é trabalhadora temporária e Ana é empregada doméstica.

(E) empregado temporário, Patrícia é trabalhadora temporária e Ana é trabalhadora doméstica.

Jair é empregado avulso regulado pela Lei 12.815/2013, Patrícia é empregada temporária, art. 2º da Lei 6.019/74, Ana é empregada, art. 1º da LC 150/2015.

(Técnico Judiciário – TRT/8ª – 2010 – FCC) Em determinada cidade funciona a Associação Recreativa Águas Marinhas; o Asilo Sol Nascente; a creche Maria da Penha e a casa de repouso Vida e Saúde. Considerando que todas as instituições não possuem fins lucrativos, de acordo com a Consolidação das Leis do Trabalho, equiparam-se ao empregador para os efeitos exclusivos da relação de emprego a

14. DIREITO DO TRABALHO   635

(A) Associação Recreativa Águas Marinhas; o Asilo Sol Nascente; a creche Maria da Penha e a casa de repouso Vida e Saúde.

(B) Associação Recreativa Águas Marinhas e a casa de repouso Vida e Saúde, apenas.

(C) Associação Recreativa Águas Marinhas, apenas.

(D) Asilo Sol Nascente; a creche Maria da Penha e a casa de repouso Vida e Saúde, apenas.

(E) Associação Recreativa Águas Marinhas e a creche Maria da Penha, apenas.

Nos termos do art. 2°, § 1°, da CLT equiparam-se ao empregador, para os efeitos exclusivos da relação de emprego, os profissionais liberais, as instituições de beneficência, as associações recreativas ou outras instituições sem fins lucrativos, que admitirem trabalhadores como empregados.
Gabarito "A".

(Técnico Judiciário – TRT/8ª – 2010 – FCC) Considerando que ocorreu a fusão da empresa A com a empresa B formando-se a empresa AB e que a empresa C foi adquirida pela empresa D, os empregados

(A) apenas da empresa D preservam com os novos empregadores os antigos contratos de trabalho, com todos os seus efeitos passados, presentes e futuros.

(B) apenas da empresa AB preservam com os novos empregadores os antigos contratos de trabalho, com todos os seus efeitos passados, presentes e futuros.

(C) da empresa AB e da empresa D preservam com os novos empregadores os antigos contratos de trabalho, com todos os seus efeitos passados, presentes e futuros.

(D) da empresa AB e da empresa D não preservam com os novos empregadores os antigos contratos de trabalho, devendo ser elaborado obrigatoriamente novos contratos, dispensada a experiência.

(E) apenas da empresa D preservam com os novos empregadores os antigos contratos de trabalho, exclusivamente para efeitos presentes e futuros.

Arts. 10 e 448 da CLT.
Gabarito "C".

(Técnico – TRT/11ª – 2012 – FCC) São requisitos legais da relação de emprego e do contrato de trabalho:

(A) pessoalidade do empregado; subordinação jurídica do empregado; exclusividade na prestação dos serviços.

(B) exclusividade na prestação dos serviços; eventualidade do trabalho; pessoalidade do empregador.

(C) eventualidade do trabalho; alteridade; onerosidade.

(D) onerosidade; não eventualidade do trabalho; pessoalidade do empregado.

(E) alteridade; habitualidade; impessoalidade do empregado.

Arts. 2° e 3° da CLT.
Gabarito "D".

(Técnico Judiciário – TRT/14ª – 2011 – FCC) Classifica-se o contrato de trabalho em comum e especial quanto

(A) à duração.

(B) à regulamentação.

(C) à qualidade do trabalho.

(D) à forma de celebração.

(E) ao consentimento.

A: incorreta, quanto à duração, o contrato é classificado em a prazo indeterminado ou a prazo determinado; **B**: correta, enfim, quanto à regulamentação, pode se tratar de um contrato comum de trabalho, regido pelas regras comuns do direito do trabalho, ou em contrato especial de trabalho, regido por normas específicas (ex: aeronautas, atletas, artistas, professores, bancários, aprendizes, menores etc.); **C**: incorreta, quanto à qualidade, pode ser manual ou intelectual; **D**: incorreta, quanto à forma, pode ser verbal ou escrito; **E**: incorreta, quanto ao consentimento, pode ser expresso ou tácito.
Gabarito "B".

(Técnico Judiciário – TRT/16ª – 2009 – FCC) Mário é analista de sistemas e labora com habitualidade para duas empresas. Em ambas as empresas possui dia e horário de trabalho pré-estipulado, recebe salário, bem como recebe ordens de superiores hierárquicos, porém labora apenas duas horas por dia na empresa Y. Considerando que Mário

não possui dependência econômica com a empresa Y, uma vez que seu salário representa 10% de seus rendimentos, mas possui dependência econômica com a empresa X em que seu salário representa 90% de seus rendimentos, é certo que Mário

(A) poderia ser considerado empregado de ambas as empresas desde que seu salário na empresa Y representasse mais de 50% de seus rendimentos.

(B) pode ser considerado empregado de ambas as empresas tendo em vista que a dependência econômica não é requisito específico do contrato de emprego.

(C) não pode ser considerado empregado da empresa Y, uma vez que se considera empregado toda pessoa física que prestar serviços de natureza não eventual a empregador, sob a dependência deste.

(D) poderia ser considerado empregado de ambas as empresas desde que laborasse mais que cinco horas de trabalho na empresa Y.

(E) só pode ser considerado empregado de uma das empresas, tendo em vista que há expressa proibição legal de pessoa física possuir dois contratos de trabalho.

A dependência econômica não se confunde com a subordinação, esta sim (que se refere à forma como a atividade é desempenhada) é requisito para o vínculo empregatício, conforme arts. 2° e 3° da CLT.
Gabarito "B".

(Técnico Judiciário – TRT/18ª – 2008 – FCC) Os "turmeiros" ou "gatos" que agenciam o trabalho do "boia-fria"

(A) não estabelecem com ele vínculo empregatício, não sendo equiparados a empregador.

(B) estabelecem com ele vínculo empregatício em razão da subordinação jurídica existente.

(C) estabelecem com ele vínculo empregatício em razão da subordinação econômica existente.

(D) estabelecem com ele vínculo empregatício, sendo equiparados a empregador na forma da Consolidação das Leis do Trabalho.

(E) estabelecem com ele vínculo empregatício uma vez que suportam o risco do negócio em razão da capacidade econômico-financeira existente.

Os turmeiros ou gatos são meros intermediários entre o empregador rural e o trabalhador, agindo como prepostos, sendo inadmissível a invocação do art. 4° da Lei 5.889/1973 para equipará-los ao empregador rural.
Gabarito "A".

(Técnico Judiciário – TRT/18ª – 2008 – FCC) A empresa SOL necessita contratar empregado para a execução de serviço específico, ou seja, técnico especializado na implantação de equipamento altamente sofisticado. Nesse caso, a empresa

(A) poderá elaborar um contrato individual de trabalho com prazo determinado, desde que pelo prazo máximo de dois anos, sendo vedada qualquer prorrogação contratual dentro deste período.

(B) poderá elaborar um contrato individual de trabalho com prazo determinado, desde que pelo prazo máximo de um ano, permitida uma única prorrogação contratual dentro deste período.

(C) poderá elaborar um contrato individual de trabalho com prazo determinado, desde que pelo prazo máximo de dois anos, permitida uma única prorrogação contratual dentro deste período.

(D) poderá elaborar um contrato individual de trabalho com prazo determinado, desde que pelo prazo máximo de um ano, permitida no máximo duas prorrogações contratuais dentro deste período.

(E) não poderá elaborar um contrato individual de trabalho com prazo determinado por expressa vedação legal, caracterizando típica contratação de empregado por prazo indeterminado.

Art. 443, § 1° e 2°, "a", c/c arts. 445 e 451 da CLT.
Gabarito "C".

(Técnico Judiciário – TRT/20ª – 2011 – FCC) Os contratos de trabalho se classificam quanto ao consentimento em

(A) comuns ou especiais.

(B) escritos ou verbais.

(C) expressos ou tácitos.

(D) técnico ou intelectual.

(E) determinado ou indeterminado.

HERMES CRAMACON E LUIZ FABRE

A: incorreta, classificação segundo a circunstância do contrato ser regido ou não por legislação específica para determinado tipo de função; **B**: incorreta, classificação conforme a forma; **C**: correta, por definição; **D**: incorreta, classificação conforme o modo, tipo ou qualidade de trabalho; **E**: incorreta, classificação segundo a duração do contrato.

(Técnico Judiciário – TRT/23ª – 2007 – FCC) Considere as assertivas a respeito de empregado e empregador.

I. Empregado é toda pessoa física ou jurídica que prestar serviços de natureza não eventual a empregador, sob a dependência deste e mediante salário.

II. Não haverá distinções relativas à espécie de emprego e à condição de trabalhador, nem entre o trabalho intelectual, técnico e manual.

III. Equiparam-se ao empregador para efeitos exclusivos da relação de emprego, os profissionais liberais, as instituições de beneficência e as associações recreativas.

IV. Considera-se empregador a empresa, individual ou coletiva, que assumindo os riscos da atividade econômica, admite, assalaria e dirige a prestação pessoal de serviços.

De acordo com a Consolidação das Leis do Trabalho, está correto o que se afirma APENAS em

(A) I, II e III.
(B) I e III.
(C) I e IV.
(D) II, III e IV.
(E) II e IV.

I: incorreta, art. 3º da CLT (pessoalidade física como requisito para a caracterização da figura do empregado); **II**: correta, art. 3º, parágrafo único, da CLT; **III**: correta, art. 2º, § 1º, da CLT; **IV**: correta, art. 2º, *caput*, da CLT. 4

(Técnico Judiciário – TRT/23ª – 2007 – FCC) Maria celebrou contrato de trabalho por prazo determinado com a empresa X uma vez que a natureza do serviço justificava a predeterminação do prazo e João celebrou contrato de experiência com a empresa Y. Neste caso, o contrato de trabalho de Maria

(A) e de João não poderão ser estipulados por mais de 90 dias.
(B) não poderá ser estipulado por mais de 1 ano e o de João por mais de 90 dias.
(C) não poderá ser estipulado por mais de 2 anos e o de João por mais de 60 dias.
(D) não poderá ser estipulado por mais de 2 anos e o de João por mais de 90 dias.
(E) e de João não poderão ser estipulados por mais de 1 ano.

Art. 445 da CLT.

(Técnico Judiciário – TRT/24ª – 2011 – FCC) Para a configuração da relação de emprego

(A) é necessária a existência de prestação de trabalho intelectual, técnico ou manual, de natureza não eventual, por pessoa física, jurídica ou grupo de empresas, sem alteridade e com subordinação jurídica.
(B) não é necessário o recebimento de salário, uma vez que há relação de emprego configurada mediante trabalho voluntário.
(C) é necessária a existência de prestação de contas, requisito inerente à subordinação existente.
(D) é preciso que o empregado seja uma pessoa física ou jurídica que preste serviços com habitualidade, onerosidade, subordinação e pessoalidade.
(E) não é necessária a exclusividade da prestação de serviços pelo empregado.

Arts. 2º e 3º da CLT.

(Técnico Judiciário – TRT/1ª – 2008 – CESPE) Artur desenvolveu atividade de pedreiro em obra residencial ao longo de três meses ininterruptos, segundo avençado pelas partes e mediante paga, sem, contudo, ter sido feito registro em sua CTPS. De acordo com a CLT e os princípios do direito do trabalho, na situação descrita,

(A) houve vínculo laboral e, portanto, Artur faz jus ao registro do pacto em sua CTPS e às verbas não pagas.
(B) o labor desenvolvido por Artur equipara-se ao do trabalhador doméstico.
(C) houve uma relação de trabalho.
(D) houve contrato de trabalho de experiência, visto que o período de execução do trabalho não ultrapassou o limite de noventa dias.
(E) qualquer questionamento judicial acerca do pacto deverá, segundo emenda constitucional, ser realizado na esfera cível, dado que não houve registro na CTPS.

O enunciado não traz informações suficientes que permitam o enquadramento da relação de trabalho na *fattispecie* relação de emprego, pois não evidencia se o trabalho foi prestado com subordinação (contrato de emprego) ou não (contrato de empreitada, contrato de prestação de serviços autônomos etc.).

(Técnico Judiciário – TRT/5ª – 2008 – CESPE) Acerca da relação de trabalho e de emprego, julgue o item que se segue.

(1) Não é possível a realização de um contrato de trabalho de apontador de jogo do bicho, em face do objeto ilícito da atividade.

1: trata-se de hipótese de contrato nulo, na medida que é requisito da configuração do contrato de trabalho, bem como dos contratos em geral, a licitude de seu objeto. OJ 199 SDI 1 do TST.

(Técnico Judiciário – TRT/9ª – 2007 – CESPE) Acerca da relação de emprego, julgue os itens subsequentes.

(1) Considera-se empregador a empresa, individual ou coletiva, que, assumindo os riscos da atividade econômica, admite, assalaria e dirige a prestação pessoal do serviço.
(2) Considera-se empregado toda pessoa física que prestar serviços de natureza não eventual a empregador, sob subordinação e mediante salário.

1: correta, art. 2º, *caput*, da CLT; **2**: correta, art. 3º, *caput*, da CLT.

4. AVULSOS

(Técnico Judiciário – TRT/4ª – 2011 – FCC) As atividades de capatazia, estiva, conferência de carga, conserto de carga, vigilância de embarcações e bloco são executadas especificamente pelo trabalhador

(A) avulso.
(B) celetista estrangeiro.
(C) eventual.
(D) temporário.
(E) autônomo.

Art. 40, § 2º, da Lei 12.815/2013.

5. DOMÉSTICOS

(Técnico Judiciário – TRT/16ª – 2009 – FCC) Joana é viúva e cria cinco filhos. Em sua residência possui quatro empregados: Cida, Maria, Débora e Osvaldo. Cida é a cozinheira; Débora é a auxiliar do lar com as funções de lavar louças, lavar e passar roupas, bem como arrumar toda a casa; Maria é a baba de seus filhos e Osvaldo foi contratado como motorista da família com a função principal de levar e buscar seus cinco filhos na escola.

Considerando que a comida feita por Cida possui grande qualidade, Joana faz da sua residência um restaurante no horário do almoço. Nesse caso, NÃO é(são) considerado(s) empregado(s) domésticos

(A) Osvaldo, apenas.
(B) Cida e Débora, apenas.
(C) Cida, Débora, Osvaldo e Maria.
(D) Cida, apenas.
(E) Cida, Débora e Maria, apenas.

Nos termos do art. 1º da LC 150/2015 é considerado empregado doméstico aquele que presta serviços de forma contínua, subordinada, onerosa e pessoal e de finalidade não lucrativa à pessoa ou à família, no âmbito residencial destas, por mais de 2 (dois) dias por semana.

6. TRABALHO DA MULHER

(Técnico – TRT/19ª – 2015 – FCC) Com relação às regras de proteção ao trabalho da mulher:

(A) Em caso de parto antecipado, a mulher terá direito aos 60 (sessenta) dias de licença.

(B) Para amamentar o próprio filho, até que este complete 6 (seis) meses de idade, a mulher terá direito, durante a jornada de trabalho, de um descanso especial de meia hora.

(C) À empregada que adotar ou obtiver guarda judicial para fins de adoção de criança será concedida licença-maternidade, com duração variável de acordo com a idade da criança adotada.

(D) É garantido à empregada, durante a gravidez, sem prejuízo do salário e demais direitos, dispensa do horário de trabalho pelo tempo necessário para a realização de, no mínimo, quatro consultas médicas e demais exames complementares.

(E) A confirmação do estado de gravidez advindo no curso do contrato de trabalho, ainda que durante o prazo do aviso-prévio trabalhado ou indenizado, garante à empregada gestante a estabilidade provisória.

A: incorreta, pois nos termos do art. 392, § 3º, da CLT em caso de parto antecipado, a mulher terá direito aos 120 (cento e vinte) dias de licença. **B**: incorreta, pois nos termos do art. 396 da CLT para amamentar o próprio filho, até que este complete 6 (seis) meses de idade, a mulher terá direito, durante a jornada de trabalho, a 2 (dois) descansos especiais, de meia hora cada um. Nos termos do § 2º do mesmo dispositivo, os horários dos descansos deverão ser definidos em acordo individual entre a mulher e o empregador. **C**: incorreta, pois nos termos do art. 392-A da CLT à empregada que adotar ou obtiver guarda judicial para fins de adoção de criança será concedida licença-maternidade. **D**: incorreta, pois nos termos do art. 392, § 4º, II, da CLT é garantido à empregada dispensa do horário de trabalho pelo tempo necessário para a realização de, no mínimo, seis consultas médicas e demais exames complementares. **E**: correta, pois nos termos do art. 391-A da CLT a confirmação do estado de gravidez advindo no curso do contrato de trabalho, ainda que durante o prazo do aviso-prévio trabalhado ou indenizado, garante à empregada gestante a estabilidade provisória. 🅷🅲
Gabarito "E".

7. TRABALHO INFANTIL E DE JOVENS

(Técnico Judiciário – TRT/7ª – 2009 – FCC) Considere as assertivas abaixo a respeito do contrato de aprendizagem.

I. Não poderá ser estipulado por mais de dois anos.

II. Independe da forma escrita, podendo ser ajustado verbalmente pelas partes.

III. É contrato no qual o empregador se compromete a assegurar ao maior de dezesseis anos e menor de dezoito anos, inscrito em programa de aprendizagem, formação técnico-profissional metódica, compatível com o seu desenvolvimento físico, moral e psicológico.

IV. Extinguir-se-á no seu termo ou quando o aprendiz completar dezoito anos, ou ainda antecipadamente quando houver desempenho insuficiente ou inadaptação do aprendiz.

É correto o que se afirma APENAS em:

(A) I.

(B) II e III.

(C) I, II e III.

(D) II, III e IV.

(E) III e IV.

I: correta, art. 428, § 3º, da CLT; **II**: incorreta, o art. 428, *caput*, da CLT exige a forma escrita; **III**: incorreta, o limite etário, cuja idade máxima não se aplica ao aprendiz com deficiência (art. 428, § 5º, da CLT), está estabelecido entre 14 e 24 anos de idade (art. 428, *caput*, da CLT); **IV**: incorreta, além do art. 433 da CLT veicular outras hipóteses, a limitação etária é de 24 anos (ressalvado o caso do aprendiz com deficiência).
Gabarito "A".

(Técnico Judiciário – TRT/23ª – 2011 – FCC) Luan completa 18 anos no próximo ano e gostaria de, na data de seu aniversário, realizar uma grande viagem com seus amigos. Porém, como não possui recursos financeiros suficientes para pagá-la, resolve procurar um emprego na cidade de São Paulo. Pode-se afirmar que Luan, antes de seu aniversário,

(A) não poderá laborar em locais e serviços perigosos ou insalubres e também não poderá realizar trabalho noturno, ou seja, aquele compreendido entre as 22 horas de um dia até às 5 horas do dia seguinte, por ser vedado o trabalho noturno, insalubre e perigoso aos menores de 18 anos.

(B) não poderá exercer qualquer tipo de atividade laboral tendo em vista que é proibido o trabalho do menor de 18 anos, salvo na condição de aprendiz, a partir dos 14 anos.

(C) poderá realizar trabalho noturno, ou seja, aquele compreendido entre as 22 horas de um dia até às 5 horas do dia seguinte, tendo em vista que a legislação trabalhista proíbe o trabalho noturno apenas para trabalhadores que possuam idade inferior a 16 anos, mas não poderá realizar trabalho insalubre ou perigoso.

(D) não poderá realizar trabalho noturno, ou seja, aquele compreendido entre as 22 horas de um dia até às 5 horas do dia seguinte, mas poderá realizar trabalho insalubre desde que utilize equipamentos de proteção individual – EPI. (E) poderá realizar trabalho insalubre e perigoso, desde que utilize equipamentos de proteção adequados e também laborar no período noturno, ou seja, aquele compreendido entre as 22 horas de um dia até às 5 horas do dia seguinte, desde que o local de trabalho não seja prejudicial à sua moralidade.

Art. 7º, XXXIII, da Constituição Federal, e arts. 403, 404 e 405, I, da CLT.
Gabarito "A".

(Técnico Judiciário – TRT/1ª – 2008 – CESPE) Com relação ao caso de um adolescente que complete quinze anos e comece a laborar, assinale a opção correta.

(A) O limite diário de labor do adolescente não poderá superar quatro horas.

(B) O menor, se quiser vindicar, perante a justiça do trabalho, direitos desrespeitados, só poderá fazê-lo dois anos após a extinção do seu contrato de trabalho.

(C) O adolescente poderá, independentemente de seus responsáveis legais, firmar recibo de pagamento dos salários.

(D) O adolescente poderá desenvolver trabalho no turno noturno, o qual não está vedado a menor de dezoito anos.

(E) O trabalho do menor somente poderá ser considerado como de aprendizagem até que o adolescente complete dezoito anos de idade.

A premissa para esta questão é admitir que o trabalho em apreço concerne à aprendizagem ou ao trabalho educativo previsto no ECA, pois, do contrário, será trabalho nulo (art. 7º, XXXIII, da CF, e art. 403 da CLT). Assim, temos que: **A**: incorreta, inexiste tal limitação ao trabalho do jovem (CLT, art. 411); **B**: incorreta, inexiste tal limitação legal; **C**: correta, art. 439 da CLT; **D**: incorreta, art. 7º, XXXIII, da CF; **E**: incorreta, art. 428, *caput*, e 433, *caput*, da CLT.
Gabarito "C".

(Técnico Judiciário – TRT/17ª – 2009 – CESPE) No que se refere ao direito do trabalho, julgue o item seguinte.

(1) Considera-se menor, para os efeitos da Consolidação das Leis do Trabalho (CLT), o trabalhador com idade entre 14 e 18 anos.

1: art. 402, *caput*, da CLT.
Gabarito 1C.

8. TERCEIRIZAÇÃO E TRABALHO TEMPORÁRIO

(Analista Judiciário – TRT/24 – FCC – 2017) A empresa Ajax Produções contratou os serviços de dois operadores de som para atender à necessidade transitória de substituição de seu pessoal regular e permanente, optando pelo regime de trabalho temporário. Conforme legislação que regula o trabalho temporário,

(A) o contrato entre a empresa de trabalho temporário e a empresa tomadora ou cliente, com relação a um mesmo empregado, não poderá exceder de um ano, sujeito a apenas uma prorrogação por igual período.

(B) fica assegurada ao trabalhador temporário remuneração equivalente à percebida pelos empregados de mesma categoria da empresa tomadora ou cliente, calculada à base horária, garantida, em qualquer hipótese, a percepção do salário mínimo regional.

(C) entre a empresa de trabalho temporário e a empresa tomadora ou cliente deverá haver obrigatoriamente contrato escrito, mas entre a empresa de trabalho temporário e cada um dos assalariados colocados à disposição de uma empresa tomadora o contrato poderá ser verbal.

(D) no caso de falência da empresa de trabalho temporário, a empresa tomadora ou cliente é subsidiariamente responsável pela remuneração, indenização trabalhista e recolhimento das contribuições previdenciárias, no tocante ao tempo em que o trabalhador esteve sob suas ordens.

(E) a empresa de trabalho temporário poderá cobrar do trabalhador a importância máxima de 2% sobre o valor do primeiro salário a título de mediação, bem como efetuar os descontos previstos em Lei.

A: opção incorreta, pois nos termos do art. 10, § 1º, da Lei 6.019/1974 o contrato de trabalho temporário, com relação ao mesmo empregador, não poderá exceder ao prazo de cento e oitenta dias, consecutivos ou não. **B:** opção correta, pois reflete o disposto no art. 12, *a*, da Lei 6.019/1974. **C:** opção incorreta, pois nos termos do art. 11 da Lei 6.019/1974 o contrato de trabalho celebrado entre empresa de trabalho temporário e cada um dos assalariados colocados à disposição de uma empresa tomadora ou cliente será, obrigatoriamente, escrito e dele deverão constar, expressamente, os direitos conferidos aos trabalhadores. **D:** opção incorreta, pois nos termos do art. 16 da Lei 6.019/1974 no caso de falência da empresa de trabalho temporário, a empresa tomadora ou cliente é solidariamente responsável pelo recolhimento das contribuições previdenciárias, no tocante ao tempo em que o trabalhador esteve sob suas ordens, assim como em referência ao mesmo período, pela remuneração e indenização. **E:** opção incorreta, pois nos termos do art. 18 da Lei 6.019/1974 é vedado à empresa do trabalho temporário cobrar do trabalhador qualquer importância, mesmo a título de mediação, podendo apenas efetuar os descontos previstos em Lei.

(Analista Judiciário – TRT/20 – FCC – 2016) A empresa Olimpos Metalúrgica decidiu terceirizar o setor de limpeza contratando os serviços de Atlas Limpadora que forneceu três faxineiras por um período de 10 meses. Após o término do contrato entre as empresas, as três faxineiras foram dispensadas pela empresa Atlas Limpadora, sem receber qualquer indenização rescisória, com 2 meses de salários em atraso e ausência do recolhimento do FGTS do período. Nessa situação, conforme entendimento sumulado pelo TST, sobre a responsabilidade da empresa Olimpos em relação aos direitos das faxineiras, pode-se afirmar que

(A) não haverá qualquer responsabilidade porque não eram empregadas da empresa Olimpos e a terceirização foi regular porque não era objeto de atividade-fim da tomadora.

(B) a responsabilidade será direta e exclusiva, com a formação do vínculo de emprego com a empresa Olimpos, porque a terceirização foi irregular.

(C) a responsabilidade será subsidiária em razão de terceirização regular, alcançando todos os direitos não cumpridos pela empresa empregadora no período.

(D) a responsabilidade será solidária em razão de terceirização irregular, alcançando todos os direitos não cumpridos pela empresa empregadora no período.

(E) a empresa Olimpos responderá de forma subsidiária porque a terceirização foi regular, mas fica restrita apenas a indenização rescisória em razão do rompimento contratual, porque os salários e o FGTS são de responsabilidade exclusiva da empregadora.

"C" é a opção correta. Nos termos do art. 5-A, § 5º, da Lei 6.019/1974, empresa contratante é subsidiariamente responsável pelas obrigações trabalhistas referentes ao período em que ocorrer a prestação de serviços, e o recolhimento das contribuições previdenciárias.

(Técnico Judiciário – TRT/18ª – 2008 – FCC) Após a edição da Constituição de Federal de 1988, a contratação irregular de trabalhador, por meio de empresa interposta,

(A) gera vínculo de emprego apenas com os órgãos da Administração Pública indireta ou fundacional.

(B) gera vínculo de emprego com os órgãos da Administração Pública direta, indireta ou fundacional.

(C) gera vínculo de emprego apenas com os órgãos da Administração Pública direta.

(D) gera vínculo de emprego apenas com os órgãos da Administração Pública indireta.

(E) não gera vínculo de emprego com os órgãos da Administração Pública direta, indireta ou fundacional.

Súmula 331, II, do TST, art. 37, II da CF.

9. PODER DIRETIVO

(Técnico Judiciário – TRT/14ª – 2011 – FCC) A reversão, ou seja, o retorno do empregado que ocupava cargo de confiança ao cargo de origem, é

(A) vedada pela Consolidação das Leis do Trabalho sujeitando o empregador a multa administrativa de cinco salários mínimos vigentes.

(B) permitida pela Consolidação das Leis do Trabalho.

(C) vedada pela Consolidação das Leis do Trabalho, fazendo jus o empregado a uma indenização de seis salários contratados com os acréscimos legais.

(D) vedada pela Consolidação das Leis do Trabalho em razão do princípio da imutabilidade contratual.

(E) vedada pela Consolidação das Leis do Trabalho em razão do princípio da proteção.

Art. 468, § 1º, da CLT. Vale dizer que, nos termos do § 2º do mesmo dispositivo legal a alteração com ou sem justo motivo, não assegura ao empregado o direito à manutenção do pagamento da gratificação correspondente, que não será incorporada, independentemente do tempo de exercício da respectiva função.

(Técnico Judiciário – TRT/22ª – 2010 – FCC) Com relação à alteração do contrato de trabalho, considere:

I. Mudança do local de trabalho, sem anuência do empregado, com a alteração de seu domicílio.

II. Transferência quando ocorrer extinção do estabelecimento em que trabalhar o empregado.

III. Transferência do empregado para localidade diversa da qual resultar do contrato quando desta decorra necessidade do serviço, sob pagamento suplementar, nunca inferior a 25% do salário, enquanto durar esta situação.

É lícita a alteração do contrato de trabalho o que consta APENAS em

(A) I.

(B) II.

(C) III.

(D) I e II.

(E) II e III.

I: incorreta, art. 469, *caput*, da CLT; **II:** correta, art. 469, § 2º, da CLT; **III:** correta, art. 469, § 3º, da CLT.

(Técnico Judiciário – TRT/1ª – 2008 – CESPE) Um vendedor, após determinado tempo, foi promovido a gerente de vendas, cargo de confiança que lhe assegurou aumento na remuneração. Após ele ocupar a nova função por seis meses, o empregador concluiu que as expectativas de desempenho no cargo não tinham sido atendidas e determinou-lhe o retorno à função anterior, a de vendedor. Acerca dessa situação, assinale a opção correta.

(A) Irregularidade inexiste na mencionada reversão ao cargo anteriormente ocupado.

(B) A referida alteração atende ao prescrito no art. 468 da CLT, desde que tenha sido assegurado ao trabalhador o pagamento da gratificação de gerente.

(C) Com base no princípio da continuidade do contrato de trabalho, não há que se falar em retorno ao cargo anteriormente ocupado.

(D) Trata-se de situação que configura rescisão indireta, segundo o prescrito no art. 483 da CLT.

(E) A situação descrita constituiu alteração unilateral do contrato de trabalho e, portanto, foi nula, nos termos do art. 468 da CLT.

Art. 468, § 1º, da CLT. Vale dizer que, nos termos do § 2º do mesmo dispositivo legal a alteração com ou sem justo motivo, não assegura ao empregado o direito à manutenção do pagamento da gratificação correspondente, que não será incorporada, independentemente do tempo de exercício da respectiva função.

10. REMUNERAÇÃO, SALÁRIO-FAMÍLIA E RESSARCIMENTOS

(Técnico Judiciário – TRT11 – FCC – 2017) Considere:

I. Habitação não excedendo a 35% do salário contratual.
II. Educação, em estabelecimento de ensino próprio.
III. Educação, em estabelecimento de ensino de terceiros.
IV. Previdência privada.

De acordo com a Consolidação das Leis do Trabalho, NÃO serão consideradas como salário as utilidades concedidas pelo empregador indicadas APENAS em

(A) I, II e III.
(B) II, III e IV.
(C) I, III e IV.
(D) I e III.
(E) II e IV.

I: opção incorreta, pois nos termos do art. 458, § 3º, da CLT habitação não poderá exceder 25% do salário-contratual. **II:** opção correta, pois reflete a disposição do art. 458, § 2º, II, da CLT. **III:** opção correta, pois reflete a disposição no art. 458, § 2º, II, da CLT. **IV;** opção correta, pois reflete a disposição do art. 458, § 2º, VI, da CLT. Gabarito "B".

(Técnico Judiciário – TRT8 – CESPE – 2016) Considerando o disposto na Consolidação das Leis do Trabalho acerca do salário mínimo, assinale a opção correta.

(A) O empregado doméstico pode receber remuneração trabalhista inferior ao salário-mínimo quando lhe forem supridas diretamente pelo empregador necessidades normais de alimentação, habitação, higiene e transporte.
(B) Presume-se válido o contrato de trabalho que estipule remuneração inferior a um salário mínimo.
(C) Embora o pagamento de salário inferior ao mínimo estipulado em lei não resulte aplicação de sanções ao empregador, estará ele sujeito à reclamação trabalhista pelo empregado.
(D) Dada a definição de salário-mínimo em contrato de trabalho, afasta-se a possibilidade de distinção de remuneração em razão do sexo.
(E) Em se tratando de ajustamento de salário por empreitada, pode a remuneração diária do trabalhador, ao final do serviço, ser proporcionalmente inferior à do salário-mínimo diário.

A: opção incorreta, pois nos termos do art. 18 da LC 150/2015 é vedado ao empregador doméstico efetuar descontos no salário do empregado por fornecimento de alimentação, vestuário, higiene ou moradia, bem como por despesas com transporte, hospedagem e alimentação em caso de acompanhamento em viagem. **B:** opção incorreta, pois nos termos do art. 117 da CLT será nulo de pleno direito, sujeitando o empregador às sanções do art. 120, qualquer contrato ou convenção que estipule remuneração inferior ao salário-mínimo estabelecido na região, zona ou subzona, em que tiver de ser cumprido. **C:** opção incorreta, pois nos termos do art. 118 da CLT o empregado poderá reclamar do empregador o complemento de seu salário mínimo. Ademais, o art. 120 da CLT prevê o pagamento de multa. **D:** opção correta, pois a assertiva está de acordo com a determinação imposta pelo art. 7º, XXX, da CF e art. 76 da CLT. **E:** opção incorreta, pois nos termos do art. 78 da CLT quando o salário for ajustado por empreitada, ou convencionado por tarefa ou peça, será garantida ao trabalhador uma remuneração diária nunca inferior à do salário-mínimo por dia normal. Gabarito "D".

(Técnico Judiciário – TRT8 – CESPE – 2016) No que se refere ao 13º salário, assinale a opção correta.

(A) Havendo rescisão do contrato de trabalho, independentemente da causa, caberá ao empregado percepção do 13º salário, em valor proporcional ao tempo total de serviço do trabalhador.
(B) O 13º salário deve ser pago até o último dia útil do mês de dezembro de cada ano.
(C) Caso resolva adiantar o pagamento do 13º salário, o empregador deve realizar o pagamento a todos os empregados no mesmo vencimento.
(D) O 13º salário deve ser pago em única parcela.
(E) Para a apuração do 13º salário, utiliza-se como base o mês de serviço, sendo a fração de quinze dias ou mais considerada mês integral.

A: opção incorreta, pois nos termos do art. 3º da Lei 4.090/1962 ocorrendo rescisão, sem justa causa, do contrato de trabalho, o empregado receberá a gratificação devida nos termos dos §§ 1º e 2º do art. 1º desta Lei, calculada sobre a remuneração do mês da rescisão. **B:** opção incorreta, pois nos termos do art. 1º do Decreto 57.155/1965 o pagamento da gratificação natalina será efetuado pelo empregador até o dia 20 de dezembro de cada ano, tomando-se por base a remuneração devida nesse mês de acordo com o tempo de serviço do empregado no ano em curso. **C:** opção incorreta, pois nos termos do art. 3º, § 2º, do Decreto 57.155/1965 o empregador não estará obrigado a pagar o adiantamento no mesmo mês a todos os seus empregados. **D:** opção incorreta, pois poderá ser pago em duas parcelas, veja art. 3º do Decreto 57.155/1965. **E:** opção correta, pois reflete a disposição do art. 1º, parágrafo único, do Decreto 57.155/65. Gabarito "E".

(Técnico – TRT/19ª – 2015 – FCC) A segunda parcela do 13º salário (gratificação de Natal) será efetuada até o dia

(A) 15 de dezembro de cada ano.
(B) 10 de janeiro do ano subsequente.
(C) 20 de dezembro de cada ano.
(D) 30 de novembro.
(E) que for mais conveniente para o empregador, pois é ele quem assume os riscos da atividade.

A gratificação natalina encontra previsão constitucional no art. 7º, VIII, da CF. A Lei 4.749/65 determina em seu art. 1º que deverá ser paga pelo empregador até o dia 20 de dezembro de cada ano, compensada a importância que, a título de adiantamento, o empregado houver recebido. Gabarito "C".

(Técnico – TRT/16ª – 2015 – FCC) De acordo com a Consolidação das Leis do Trabalho *"poderá ser dispensado o acréscimo de salário se, por força de acordo ou convenção coletiva de trabalho, o excesso de horas em um dia for compensado pela correspondente diminuição em outro dia, de maneira que não exceda, no período máximo de um ano, à soma das jornadas semanais de trabalho previstas, nem seja ultrapassado o limite máximo de dez horas diárias"*. Na hipótese de rescisão do contrato de trabalho sem que tenha havido a compensação integral da jornada extraordinária, fará o trabalhador jus ao pagamento

(A) das horas extras não compensadas, calculadas sobre o valor da remuneração na data da sua efetiva realização.
(B) das horas extras não compensadas, calculadas sobre o valor da remuneração na data da rescisão.
(C) de uma indenização relativa à média das horas extras prestadas acrescidas de 50%.
(D) de uma indenização relativa à média das horas extras prestadas acrescidas de 25%.
(E) de uma indenização apenas relativa à média das horas extras prestadas.

"Nos termos do art. 59, § 3º, da CLT na hipótese de rescisão do contrato de trabalho sem que tenha havido a compensação integral da jornada extraordinária, o trabalhador terá direito ao pagamento das horas extras não compensadas, calculadas sobre o valor da remuneração na data da rescisão. Gabarito "B".

(Técnico Judiciário – TRT9 – 2012 – FCC) Com fundamento na CLT – Consolidação das Leis do Trabalho e na CF – Constituição Federal, as horas extraordinárias NÃO podem exceder de

(A) três e devem ser pagas com adicional de, no mínimo, 50% superior à hora normal.
(B) duas e devem ser pagas com adicional de, no mínimo, 25% superior à hora normal.
(C) três e devem ser pagas com adicional de, no mínimo, 25% superior à hora normal.
(D) duas e devem ser pagas com adicional de, no mínimo, 50% superior à hora normal.
(E) seis e devem ser pagas com adicional de, no mínimo, 50% superior à hora normal.

"D" é a opção correta, pois nos termos do art. 59 da CLT a duração diária do trabalho poderá ser acrescida de horas extras, em número não excedente de duas, por acordo individual, convenção coletiva ou acordo coletivo de trabalho. Gabarito "D".

640 HERMES CRAMACON E LUIZ FABRE

(Técnico Judiciário – TST – 2008 – CESPE) Com base na Constituição Federal de 1988 e na Consolidação das Leis do Trabalho (CLT), julgue os itens seguintes acerca dos direitos dos trabalhadores urbanos e rurais.

(1) O salário mínimo é fixado por lei federal, variando segundo as peculiaridades de cada região do país, de modo a preservar as necessidades vitais do trabalhador e de sua família, conforme o local onde resida.

(2) O salário pode ser reduzido por ajuste em convenção ou acordo coletivo de trabalho.

(3) O trabalho extraordinário e o noturno serão remunerados com o adicional pertinente de 50% sobre o valor da hora normal de trabalho.

1: incorreta, art. 7º, IV, da CF; 2: correta, art. 7º, VI, da CF; 3: incorreta, art. 73 da CLT, art. 7º, IX e XVI da CF.

(Técnico Judiciário – TRT/4ª – 2011 – FCC) Considere as seguintes assertivas a respeito do 13º salário:

I. O 13º salário proporcional incide nas rescisões indiretas do contrato de trabalho, bem como nos pedidos de demissão.

II. Entre os meses de fevereiro e novembro de cada ano, o empregador pagará, como adiantamento do 13º salário, de uma só vez, metade do salário recebido pelo respectivo empregado no mês anterior.

III. O empregador estará obrigado a pagar o adiantamento referente ao 13º salário, no mesmo mês, a todos os seus empregados.

IV. O adiantamento será pago ao ensejo das férias do empregado, sempre que este o requerer no mês de janeiro do correspondente ano.

Está correto o que se afirma SOMENTE em:

(A) I e II.
(B) I, III e IV.
(C) II, III e IV.
(D) I, II e IV.
(E) I e IV.

I: correta, art. 7º do Decreto n. 57.155/1965; II: correta, art. 2º, *caput*, da Lei n. 4.749/1965; III: incorreta, art. 2º, § 1º, da Lei 4.749/1965; IV: correta, art. 2º, § 2º, da Lei n. 4.749/1965.

(Técnico Judiciário – TRT/4ª – 2011 – FCC) Camila labora no supermercado X, a quem a sua empregadora pretende pagar parte do salário contratual através de produtos alimentícios. De acordo com a Consolidação das Leis do Trabalho, em se tratando de salário *in natura*, o percentual legal permitido para alimentação fornecida como salário-utilidade não poderá exceder

(A) 10% do salário contratual.
(B) 15% do salário contratual.
(C) 20% do salário contratual.
(D) 25% do salário contratual.
(E) 35% do salário contratual.

Art. 458, § 3º, da CLT.

(Técnico – TRT/6ª – 2012 – FCC) O pagamento dos salários até o 5º dia útil do mês subsequente ao vencido não está sujeito à correção monetária. Se essa data limite for ultrapassada, incidirá o índice da correção monetária do mês

(A) da prestação dos serviços, a partir do 1º dia útil.
(B) da prestação dos serviços, a partir do dia 1º.
(C) da prestação dos serviços, a partir do 5º dia útil.
(D) subsequente ao da prestação dos serviços, a partir do 5º dia útil.
(E) subsequente ao da prestação dos serviços, a partir do dia 1º.

Súmula 381 do TST.

(Técnico Judiciário – TRT/8ª – 2010 – FCC) Segundo as normas preconizadas na Consolidação das Leis do Trabalho, o pagamento do salário,

(A) na modalidade de contrato individual de trabalho por prazo indeterminado, não deve ser estipulado por período superior a um

mês, inclusive no que concerne a comissões, percentagens e gratificações.

(B) qualquer que seja a modalidade do trabalho, não deve ser estipulado por período superior a um mês, inclusive no que concerne a comissões, percentagens e gratificações.

(C) qualquer que seja a modalidade do trabalho, não deve ser estipulado por período superior a um mês, salvo no que concerne a comissões, percentagens e gratificações.

(D) na modalidade de contrato individual de trabalho por prazo determinado, pode ser estipulado por período superior a um mês, exceto no que concerne a comissões e percentagens.

(E) na modalidade de contrato individual de trabalho por prazo indeterminado, pode ser estipulado por período superior a um mês, exceto no que concerne as gratificações.

Art. 459 da CLT.

(Técnico Judiciário – TRT/8ª – 2010 – FCC) Por força de contrato de trabalho, Mário recebe vale refeição, Mirela recebe vale transporte e Lindalva recebe assistência médica mediante seguro-saúde. Nestes casos, possui caráter salarial o benefício recebido por

(A) Mário, Mirela e Lindalva.
(B) Mário e Mirela, apenas.
(C) Lindalva, apenas.
(D) Mirela, apenas.
(E) Mário, apenas.

Art. 458, *caput* e § 2º, da CLT.

(Técnico Judiciário – TRT/18ª – 2008 – FCC) Considere as assertivas abaixo a respeito do salário-família:

I. O salário família não é devido aos trabalhadores avulsos por não se enquadrarem na condição de empregados.

II. O salário-família é devido por quotas de modo que o empregado receba tantas quotas quantas sejam os filhos, enteados ou tutelados.

III. Para ter direito ao salário-família é necessário que o filho do empregado seja menor de 16 anos ou inválido de qualquer idade.

IV. Na hipótese de marido e mulher serem empregados e possuírem mais de um contrato de trabalho, ser-lhe-ão devidas tantas quotas quantos forem os contratos.

Está correto o que consta APENAS em

(A) I e II.
(B) II e IV.
(C) I e III.
(D) II, III e IV.
(E) I e IV.

I: correta, art. 65, *caput*, da Lei 8.213/1991; II e III: incorretas, art. 66 da Lei 8.213/1991; IV: correta, art. 82, § 3º, do Decreto 3.048/1999 (observação: o salário-família não é "salário", mas benefício previdenciário).

(Técnico Judiciário – TRT/18ª – 2008 – FCC) Considere:

I. Veículo fornecido ao empregado pelo serviço desenvolvido, utilizado inclusive nos fins de semana e período de férias, como economia salarial do laborista.

II. Vestuários fornecidos aos empregados e utilizados no local de trabalho, para a prestação do serviço.

III. Educação, em estabelecimento de ensino de terceiros, compreendendo os valores relativos a matrícula, mensalidade, anuidade, livros e material didático.

IV. Assistência médica e hospitalar, prestada diretamente ou mediante seguro-saúde.

NÃO são considerados salário in natura as utilidades fornecidas pelo empregador indicadas APENAS em

(A) II e IV.
(B) I e III.
(C) I, II e III.
(D) II, III e IV.
(E) I e IV.

14. DIREITO DO TRABALHO 641

I: correta, art. 458 da CLT (cotejar com a súmula 367, I, do TST); **II**: incorreta, art. 458, § 2º, I, da CLT; **III**: incorreta, art. 458, § 2º, II, da CLT; **IV**: incorreta, art. 458, § 2º, IV, da CLT.

Gabarito "D".

(Técnico Judiciário – TRT/20ª – 2011 – FCC) Considere:

I. Aviso-prévio.

II. Repouso semanal remunerado.

III. Horas extras.

De acordo com entendimento Sumulado do Tribunal Superior do Trabalho, as gorjetas, cobradas pelo empregador na nota de serviço ou oferecidas espontaneamente pelos clientes, integram a remuneração do empregado, não servindo de base de cálculo para os itens

(A) I e II, apenas.

(B) I e III, apenas.

(C) II e III, apenas.

(D) III, apenas.

(E) I, II e III.

Súmula 354 do TST.

Gabarito "E".

(Técnico Judiciário – TRT/22ª – 2010 – FCC) O 13º salário é parte obrigatória a ser paga

(A) a todos os empregados em uma única parcela até o dia 20 de dezembro. O empregado também tem direito a perceber a primeira parcela juntamente com as férias, se assim o requerer no mês de janeiro.

(B) somente aos empregados que estiverem trabalhando no período mínimo de doze meses, em uma única parcela até o dia 20 de dezembro. O empregado pode receber a primeira parcela juntamente com as férias, se assim o requerer no mês de fevereiro.

(C) a todos os empregados em duas parcelas. A primeira até o dia 30 de novembro, e a segunda até o dia 20 de dezembro. O empregado também tem direito a perceber a primeira parcela juntamente com as férias, se assim o requerer no mês de janeiro.

(D) somente aos empregados que estiverem trabalhando no período mínimo de doze meses, em duas parcelas, sendo a primeira até o dia 30 de novembro, e a segunda até o dia 20 de dezembro. O empregado pode perceber a primeira parcela juntamente com as férias, se assim o requerer no mês de janeiro.

(E) a todos os empregados em duas parcelas. A primeira até o dia 30 de novembro, e a segunda até o dia 20 de dezembro. O empregado não pode perceber nenhuma das parcelas juntamente com as férias, mesmo se assim o requerer.

Arts. 1º e 2º da Lei n. 4.749/1965.

Gabarito "C".

(Técnico Judiciário – TRT/23ª – 2007 – FCC) Ao empregador é vedado efetuar qualquer desconto nos salários do empregado, salvo quando este resultar de adiantamentos, de dispositivos de lei ou de contrato coletivo. Em caso de dano causado pelo empregado, o desconto será lícito

(A) desde que esta possibilidade tenha sido acordada ou na ocorrência de dolo do empregado.

(B) independentemente dessa possibilidade ter sido acordada, desde que haja ocorrência de culpa ou dolo do empregado e desde que o desconto não ultrapasse 15% do salário do obreiro.

(C) desde que essa possibilidade tenha sido acordada ou na ocorrência de culpa ou dolo do empregado, sendo o desconto permitido de no máximo 10% do salário do obreiro.

(D) independentemente dessa possibilidade ter sido acordada, desde que haja ocorrência de dolo ou culpa do empregado, não havendo limite para o desconto.

(E) independentemente dessa possibilidade ter sido acordada, desde que haja ocorrência de culpa ou dolo do empregado e desde que o desconto não ultrapasse 10% do salário do obreiro.

Art. 462, § 1º, da CLT.

Gabarito "A".

(Técnico Judiciário – TRT/23ª – 2007 – FCC) De acordo com a Consolidação das Leis do Trabalho, quando o salário mínimo mensal do empregado a comissão for integrado por parte fixa e parte variável, ser-lhe-á

(A) garantido, somente em algumas hipóteses especificadas em lei, o salário mínimo, vedado qualquer desconto em mês subsequente a título de compensação.

(B) sempre garantido o salário mínimo, permitido, porém, o desconto em mês subsequente a título de compensação.

(C) sempre garantido o salário mínimo, vedado qualquer desconto em mês subsequente a título de compensação.

(D) garantido, somente em algumas hipóteses especificadas em lei, o salário mínimo, permitido, porém, o desconto em mês subsequente a título de compensação.

(E) garantido, em algumas hipóteses especificadas em lei, o salário mínimo, permitido, porém, o desconto a partir do segundo mês subsequente a título de compensação.

Art. 78, parágrafo único, da CLT.

Gabarito "C".

(Técnico Judiciário – TRT/24ª – 2011 – FCC) Joana labora na empresa Cerveja e Cia. Tendo em vista que tal empresa é responsável pela produção, armazenamento e venda de cervejas, entrega mensalmente aos seus funcionários dez engradados de latas da cerveja escolhida pelo empregado. Estes engradados fornecidos mensalmente

(A) só podem ser considerados como salários-utilidade se previstos em Norma Coletiva da categoria do empregado.

(B) podem ser considerados como salários-utilidade, desde que isto esteja previsto contratualmente e não ultrapassem a 10% da remuneração total do empregado.

(C) não podem ser considerados como salários-utilidade, uma vez que se trata de bebidas alcoólicas.

(D) podem ser considerados como salários-utilidade, desde que isto esteja previsto contratualmente e não ultrapassem a 30% da remuneração total do empregado.

(E) podem ser considerados como salários-utilidade, independentemente de previsão contratual, desde que não ultrapassem a 10% da remuneração total do empregado.

Art. 458, *caput*, da CLT.

Gabarito "C".

(Técnico Judiciário – TRT/1ª – 2008 – CESPE) Assinale a opção correta com referência à situação de trabalhador que recebe mensalmente uma quantia fixa e outra variável, sendo esta resultante de gorjetas.

(A) Para efeitos legais, como remuneração será considerada somente a quantia fixa.

(B) Como há uma quantia fixa e outra variável, a remuneração corresponde ao somatório de ambas.

(C) Legalmente, a quantia variável nunca poderá ser inferior ao salário mínimo.

(D) A quantia variável paga mensalmente é considerada prestação in natura.

(E) O pagamento mensal do trabalhador deverá ocorrer até o quinto dia do mês subsequente ao vencido.

Art. 457 da CLT.

Gabarito "B".

(Técnico Judiciário – TRT/9ª – 2007 – CESPE) Acerca dos direitos dos trabalhadores, sobretudo os considerados na Constituição Federal de 1988, julgue os seguintes itens.

(1) O salário mínimo é fixado por lei federal, consoante as peculiaridades de cada região do País, e deve observar valor capaz de atender às necessidades vitais básicas do trabalhador e de sua família com moradia, alimentação, educação, saúde, lazer, vestuário, higiene, transporte e previdência social, com reajustamentos periódicos que preservem seu poder aquisitivo, sendo vedada a vinculação para fins de correção de preços.

(2) O salário é irredutível, exceto quando assim estipulado em acordo entre as partes, considerada alguma compensação com outro direito.

(3) A indenização por danos morais ou materiais, decorrentes de acidente de trabalho, devida pelo empregador ao empregado, depende, necessariamente, da demonstração do dolo patronal para sua ocorrência.

642 HERMES CRAMACON E LUIZ FABRE

1: incorreta, art. 7º, IV, da CF; 2: incorreta, art. 7º, VI, da CF; 3: incorreta, Art. 7º, XXVIII, da CF.

(Técnico Judiciário – TRT/17ª – 2009 – CESPE) No que se refere ao direito do trabalho, julgue o item seguinte.

(1) As gorjetas pagas por clientes a um garçom em um restaurante integram o seu salário para todos os efeitos legais.

1: as gorjetas compõem a remuneração, mas não o salário (art. 457 da CLT).

11. JORNADA DE TRABALHO

(Técnico Judiciário – TRT24 – FCC – 2017) Os intervalos intrajornadas são períodos de descanso regularmente concedidos durante a jornada de trabalho, em que o empregado deixa de trabalhar e de estar à disposição do empregador. Com relação aos períodos de descanso, a legislação vigente estabelece:

(A) Em qualquer trabalho contínuo, cuja duração exceda de 6 horas, é obrigatória a concessão de um intervalo para repouso ou alimentação, o qual será, no mínimo, de uma hora e, em qualquer caso, não poderá exceder de duas horas.

(B) Todos os intervalos de descanso serão computados na duração do trabalho.

(C) Nos serviços permanentes de mecanografia (datilografia, escrituração ou cálculo), a cada período de 90 minutos de trabalho consecutivo corresponderá um repouso de 10 minutos deduzidos da duração normal de trabalho.

(D) Será considerado como trabalho efetivo o tempo em que o motorista empregado estiver à disposição do empregador, incluídos os intervalos para refeição, repouso e descanso, e o tempo de espera.

(E) Para os empregados que trabalham no interior das câmaras frigoríficas e para os que movimentam mercadorias do ambiente quente ou normal para o frio e vice-versa, depois de uma hora e 20 minutos de trabalho contínuo, será assegurado um período de 40 minutos de repouso, computado esse intervalo como de trabalho efetivo.

A: opção incorreta, pois nos termos do art. 71 da CLT havendo acordo escrito ou contrato coletivo em contrário, não poderá exceder de 2 (duas) horas. B: opção incorreta, pois nos termos do art. 71, § 2º, da CLT os intervalos de descanso não serão computados na duração do trabalho. C: opção correta, pois nos termos do art. 72 da CLT, nos serviços permanentes de mecanografia (datilografia, escrituração ou cálculo), a cada período de 90 (noventa) minutos de trabalho consecutivo corresponderá um repouso de 10 (dez) minutos não deduzidos da duração normal de trabalho. D: opção incorreta, pois nos termos do art. 235-C, § 1º, da CLT será considerado como trabalho efetivo o tempo em que o motorista empregado estiver à disposição do empregador, excluídos os intervalos para refeição, repouso e descanso e o tempo de espera. E: opção incorreta, pois nos termos do art. 253 da CLT para os empregados que trabalham no interior das câmaras frigoríficas e para os que movimentam mercadorias do ambiente quente ou normal para o frio e vice-versa, depois de 1 (uma) hora e 40 (quarenta) minutos de trabalho contínuo, será assegurado um período de 20 (vinte) minutos de repouso, computado esse intervalo como de trabalho efetivo.

(Analista Judiciário – TRT/11 – FCC – 2017) Mário presta serviços como entregador de carnes no Frigorífico "ABC" Ltda e, numa sexta-feira no final do dia, teve que estender sua jornada de trabalho para descarregar a mercadoria do caminhão e colocá-la na câmara fria, sob pena de perda irreparável do produto, sendo considerado um serviço inadiável. Neste caso, de acordo com a Consolidação das Leis do Trabalho, a prestação de horas extras

(A) poderá ocorrer independentemente da existência de acordo ou contrato coletivo e deverá ser comunicado, dentro de dez dias, à autoridade competente em matéria de trabalho, ou, antes desse prazo, justificado no momento da fiscalização sem prejuízo dessa comunicação.

(B) não poderá ocorrer sem a existência de acordo ou contrato coletivo, devendo o empregador contratar prestadores de serviços para fazê-lo.

(C) poderá ocorrer independentemente da existência de acordo ou contrato coletivo, entretanto o adicional a ser pago é de no mínimo 100% sobre a hora normal de trabalho.

(D) não poderá ocorrer sem a existência de acordo ou contrato coletivo, podendo o empregador solicitar os serviços de Mário, que poderá ou não aceitar a prestação dos serviços, já que não é obrigada pelo contrato de trabalho a fazê-lo.

(E) poderá ocorrer independentemente da existência de acordo ou contrato coletivo e deverá ser comunicado, dentro de noventa dias, à autoridade competente em matéria de trabalho, ou, antes desse prazo, justificado no momento da fiscalização sem prejuízo dessa comunicação.

"A" é a opção correta. Nos termos do art. 61, § 1º, da CLT o excesso, nos casos deste artigo, pode ser exigido independentemente de convenção coletiva ou acordo coletivo de trabalho.

(Técnico – TRT/16ª – 2015 – FCC) Por meio de acordo escrito, a empresa X acordou com seus empregados, cuja jornada é de 8 horas diárias, que o intervalo para repouso e alimentação será de 1 hora e cinquenta minutos. Carmelita, sócia da empresa, indagou ao departamento jurídico da empresa, afirmando que o horário de intervalo intrajornada não poderia ultrapassar 1 hora por dia. Neste caso, de acordo com a Consolidação das Leis do Trabalho, Carmelita está

(A) correta, uma vez que, o acordo celebrado pelos funcionários não possui validade porque não foi estabelecido em Convenção Coletiva de Trabalho.

(B) incorreta, uma vez que o intervalo para refeição e descanso não poderá ultrapassar uma hora e trinta minutos.

(C) incorreta, uma vez que o referido diploma legal está sendo respeitado.

(D) correta, uma vez que, em qualquer hipótese, o intervalo para repouso e alimentação não poderá ultrapassar uma hora.

(E) correta, uma vez que o intervalo para repouso e alimentação somente poderá ser negociado para redução e não para o aumento dos sessenta minutos diários.

Carmelita está equivocada, pois de acordo com o art. 71 da CLT em qualquer trabalho contínuo, cuja duração exceda 6 (seis) horas, é obrigatória a concessão de um intervalo para repouso ou alimentação, o qual será, no mínimo, de 1 (uma) hora e, salvo acordo escrito ou contrato coletivo em contrário, não poderá exceder de 2 (duas) horas.

(Técnico – TRT/3ª – 2015 – FCC) Considerando que um empregado trabalhe sob o regime normal de jornada de trabalho de 8 horas diárias e 44 horas semanais, com 1 hora de intervalo para refeição, tendo ele laborado das 13 h até às 22 h de sábado, o primeiro horário em que ele deverá retornar ao local de trabalho será às

(A) 6 h da manhã de domingo.

(B) 10 h da manhã de segunda-feira.

(C) 7 h da manhã de domingo.

(D) 8 h da manhã de segunda-feira.

(E) 9 h da manhã de segunda-feira.

"E" é a resposta correta. Isso porque devemos somar o período de intervalo interjornada de 11 horas esculpido no art. 66 da CLT e, também, o período de 24 horas referente ao descanso semanal remunerado, que ocorrerá, preferencialmente no domingo, direitos estes devidos a todos os trabalhadores. Assim, tendo terminado sua jornada às 22 horas de sábado, deverá retornar ao local de trabalho às 9h da manhã de segunda-feira.

(Técnico Judiciário – TST – 2008 – CESPE) Com base na Constituição Federal de 1988 e na Consolidação das Leis do Trabalho (CLT), julgue o item seguinte acerca dos direitos dos trabalhadores urbanos e rurais.

(1) A jornada de trabalho não pode ser majorada além de oito horas diárias, dado o limite rígido estabelecido na Constituição Federal.

(2) Quando não for concedido o intervalo mínimo de quinze minutos para as jornadas entre quatro e seis horas de trabalho, ou de uma hora, para a jornada excedente a seis horas de trabalho contínuo, o empregador ficará obrigado a remunerar o período correspondente com um acréscimo de, no mínimo, 20% sobre o valor da remuneração da hora normal de trabalho.

1: incorreta, art. 7º, XIII, da CF e art. 59 da CLT; 2: incorreta, art. 7º, XVI, da CF e Súmula 437, I, do TST.

14. DIREITO DO TRABALHO

(Técnico Judiciário – TRT/4ª – 2011 – FCC) Nerva, empregada da empresa A, celebrou acordo de compensação de horas com sua empregadora, amparada pela Convenção Coletiva de Trabalho da Categoria. Três meses após, Nerva foi dispensada sem justa causa, sem que tenha ocorrido a compensação integral da jornada extraordinária que laborou. Neste caso, Nerva

(A) terá direito a uma indenização pré-fixada na Consolidação das Leis do Trabalho em 5 salários a serem recebidos na data da rescisão.

(B) terá direito a uma indenização pré-fixada na Consolidação das Leis do Trabalho em 12 salários mínimos a serem recebidos na data da rescisão.

(C) terá direito ao pagamento das horas extras não compensadas que será calculado sobre a remuneração na data da rescisão.

(D) não terá direito ao pagamento das horas extras não compensadas em razão da rescisão do contrato de trabalho.

(E) terá direito a uma indenização pré-fixada na Consolidação das Leis do Trabalho em 5 salários mínimos.

Art. 59, § 3º, da CLT.

Gabarito "C".

(Técnico – TRT/6ª – 2012 – FCC) Atena é empregada da empresa "AFA", possuindo jornada diária de trabalho de 6 horas. Ela cumpre regularmente a sua jornada, não ultrapassando estas 6 horas diárias. Neste caso, prevê a Consolidação das Leis do Trabalho que Atena terá intervalo para repouso e alimentação de

(A) no mínimo trinta minutos.

(B) trinta minutos.

(C) no mínimo sessenta minutos.

(D) no máximo sessenta minutos.

(E) quinze minutos.

CLT, art. 71, § 1º.

Gabarito "E".

(Técnico – TRT/6ª – 2012 – FCC) Na hipótese de se estabelecer jornada de oito horas, por meio de regular negociação coletiva, os empregados submetidos a turnos ininterruptos de revezamento

(A) têm direito ao pagamento da 7ª e 8ª horas com acréscimo de, no mínimo, 60% sobre a hora normal.

(B) têm direito ao pagamento da 7ª e 8ª horas com acréscimo de 50% sobre a hora normal.

(C) não têm direito ao pagamento da 7ª e 8ª horas como horas extras.

(D) têm direito ao pagamento da 8ª hora com acréscimo de 30% sobre a hora normal.

(E) têm direito ao pagamento da 8ª hora com acréscimo de, no mínimo, 50% sobre a hora normal.

Súmula 423 do TST.

Gabarito "C".

(Técnico Judiciário – TRT/7ª – 2009 – FCC) Considere as assertivas a respeito do intervalo intrajornada.

I. Pessoa que trabalha cinco horas, obrigatoriamente terá um intervalo para repouso ou alimentação de, no mínimo, meia hora.

II. Pessoa que trabalha, continuamente, oito horas diárias, obrigatoriamente terá um intervalo para repouso ou alimentação de, no mínimo, uma hora, não podendo exceder duas horas, salvo acordo escrito, ou convenção ou acordo coletivo em contrário.

III. Os intervalos de descanso serão computados na duração do trabalho.

IV. Quando o intervalo para o repouso e alimentação não for concedido pelo empregador, este ficará obrigado a remunerar o período correspondente com um acréscimo de, no mínimo, 50% sobre o valor da remuneração da hora normal de trabalho.

É correto o que se afirma APENAS em:

(A) I e III.

(B) II e IV.

(C) I e IV.

(D) II e III.

(E) III e IV.

I: incorreta, nos termos do art. 71, § 1º, da CLT não excedendo de 6 (seis) horas o trabalho, será, obrigatório um intervalo de 15 (quinze) minutos quando a duração ultrapassar 4 (quatro) horas; II: correta, nos termos do art. 71, *caput*, da CLT em qualquer trabalho contínuo, cuja duração exceda de 6 (seis) horas, é obrigatória a concessão de um intervalo para repouso ou alimentação, o qual será, no mínimo, de 1 (uma) hora e, salvo acordo escrito ou contrato coletivo em contrário, não poderá exceder de 2 (duas) horas; III: incorreta, nos termos do art. 71, § 2º, da CLT os intervalos de descanso não serão computados na duração do trabalho; IV: correta, nos termos do art. 71, § 4º, da CLT a não concessão ou a concessão parcial do intervalo intrajornada mínimo, para repouso e alimentação, a empregados urbanos e rurais, implica o pagamento, de natureza indenizatória, apenas do período suprimido, com acréscimo de 50% (cinquenta por cento) sobre o valor da remuneração da hora normal de trabalho.

Gabarito "B".

(Técnico Judiciário – TRT/8ª – 2010 – FCC) Hércules trabalha na empresa H com jornada de trabalho de cinco horas diárias; César trabalha na empresa C com jornada de trabalho de oito horas diárias. Nestes casos, em regra, para Hércules será obrigatório a concessão de intervalo intrajornada de

(A) trinta minutos e para César de no mínimo uma hora, sendo computados estes intervalos na duração do trabalho.

(B) trinta minutos e para César de no mínimo uma hora, não sendo computados estes intervalos na duração do trabalho.

(C) quinze minutos e para César de no mínimo uma hora, não sendo computados estes intervalos na duração do trabalho.

(D) dez minutos e para César de no mínimo trinta minutos, sendo computados estes intervalos na duração do trabalho.

(E) sessenta minutos, assim como para César, não sendo computados estes intervalos na duração do trabalho.

Art. 71 da CLT.

Gabarito "C".

(Técnico Judiciário – TRT/8ª – 2010 – FCC) Mário, empregado da empresa M desde 2000, celebrou com ela, neste ano, acordo escrito de compensação de horas. A empresa M rescindiu o contrato de trabalho de Mário sem que houvesse ocorrido a compensação de todas as horas extras laboradas. Neste caso, Mário

(A) fará jus a 50% do pagamento das horas extras não compensadas, calculadas sobre o valor da remuneração na data da rescisão.

(B) fará jus ao pagamento das horas extras não compensadas, calculadas sobre o valor da remuneração na data em que foram trabalhadas.

(C) não fará jus ao pagamento das horas extras não compensadas.

(D) fará jus a 50% do pagamento das horas extras não compensadas, calculadas sobre o valor da remuneração na data em que foram trabalhadas.

(E) fará jus ao pagamento das horas extras não compensadas, calculadas sobre o valor da remuneração na data da rescisão.

Art. 59, § 3º, da CLT.

Gabarito "E".

(Técnico Judiciário – TRT/9ª – 2010 – FCC) De acordo com a Consolidação das Leis do Trabalho, havendo concordância da autoridade administrativa do trabalho, quando ocorrer interrupção do trabalho resultante de causas acidentais, ou de força maior, que determinem a impossibilidade de sua realização, a duração do trabalho poderá ser prorrogada pelo tempo necessário até o máximo de

(A) 2 horas, durante o número de dias indispensáveis à recuperação do tempo perdido, desde que não exceda de 10 horas diárias, em período não superior a 60 dias por ano.

(B) 2 horas, durante o número de dias indispensáveis à recuperação do tempo perdido, desde que não exceda de 10 horas diárias, em período não superior a 30 dias por ano.

(C) 2 horas, durante o número de dias indispensáveis à recuperação do tempo perdido, desde que não exceda de 10 horas diárias, em período não superior a 45 dias por ano.

(D) 4 horas, durante o número de dias indispensáveis à recuperação do tempo perdido, desde que não exceda de 12 horas diárias, em período não superior a 30 dias por ano.

(E) 4 horas, durante o número de dias indispensáveis à recuperação do tempo perdido, desde que não exceda de 12 horas diárias, em período não superior a 60 dias por ano.

Art. 61, § 3º, da CLT.

Gabarito "C".

(Técnico – TRT/11ª – 2012 – FCC) De acordo com previsão da Constituição Federal brasileira e da CLT, em relação à duração do trabalho é correto afirmar que

(A) a duração do trabalho normal não poderá ser superior a 8 horas diárias e 40 horas semanais, não sendo facultada a compensação de horários.

(B) a duração do trabalho normal não poderá ser superior a 8 horas diárias e 48 horas semanais, sendo facultada a compensação de horários.

(C) será considerado trabalho noturno para o trabalhador urbano aquele executado entre às 22 horas de um dia e às 5 horas do dia seguinte.

(D) será considerado horário noturno para o trabalhador urbano aquele executado entre às 21 horas de um dia e às 4 horas do dia seguinte.

(E) para a jornada diária de trabalho contínuo superior a 4 horas e não excedente a 6 horas o intervalo obrigatório será de, no mínimo, uma hora e, salvo acordo escrito ou contrato coletivo em contrário, não poderá exceder de duas horas.

A e **B**: incorretas, CF, art. 7º, XIII; **C**: correta, art. 73, § 2º, da CLT; **D**: incorreta, art. 73, § 2º, da CLT; **E**: incorreta, art. 71, § 1º, da CLT.

Gabarito "C".

(Técnico Judiciário – TRT/14ª – 2011 – FCC) É obrigatória a concessão de um intervalo de 15 minutos para descanso ou alimentação quando o trabalho contínuo ultrapassar

(A) quatro horas e não exceder seis horas.
(B) quatro horas e não exceder oito horas.
(C) seis horas e não exceder oito horas.
(D) duas horas e não exceder quatro horas.
(E) duas horas e não exceder seis horas.

Art. 71, § 1º, da CLT.

Gabarito "A".

(Técnico Judiciário – TRT/15ª – 2009 – FCC) Maria é empregada da empresa KILO e Moisés é empregado da empresa LITRO. Ambos receberam um comunicado de suas empregadoras avisando que a partir do mês seguinte haverá, além do intervalo intrajornada para alimentação e repouso, um intervalo de quinze minutos para café da manhã e um intervalo de quinze minutos para o lanche da tarde.

Considerando que a empresa KILO fornecerá gratuitamente a alimentação de todas as refeições e que a empresa LITRO cobrará R$ 50,00 pelas refeições, que Maria e Moisés terão um acréscimo de trinta minutos em sua jornada de trabalho, e que Moisés possui jornada de trabalho diária de seis horas, é correto afirmar que

(A) somente Moisés terá direito ao recebimento de trinta minutos remunerados como serviço extraordinário, porque a empresa LITRO está efetuando cobrança monetária das refeições fornecidas.

(B) nenhum dos empregados terá direito ao recebimento de trinta minutos remunerados como serviço extraordinário, porque a alimentação regular é considerada benéfica à saúde dos obreiros.

(C) Maria e Moisés terão direito ao recebimento de trinta minutos remunerados como serviço extraordinário, porque representarão tempo à disposição da empresa.

(D) somente Moisés terá direito ao recebimento de trinta minutos remunerados como serviço extraordinário, porque possui jornada de trabalho reduzida.

(E) somente Moisés terá direito ao recebimento de trinta minutos remunerados como serviço extraordinário, mas a remuneração do serviço extraordinário será reduzida pela metade em razão dos benefícios trazidos com a alimentação.

Súmula 118 do TST.

Gabarito "C".

(Técnico Judiciário – TRT/16ª – 2009 – FCC) Marta labora para a empresa Z, possuindo jornada de trabalho diária de cinco horas. De acordo com a Consolidação das Leis do Trabalho, ela terá obrigatoriamente um intervalo intrajornada de, no mínimo,

(A) 30 minutos.
(B) 10 minutos.

(C) 15 minutos.
(D) 60 minutos.
(E) 45 minutos.

Art. 71, § 1º, da CLT.

Gabarito "C".

(Técnico Judiciário – TRT/18ª – 2008 – FCC) No trabalho com produtos perecíveis que devem ser acondicionados em refrigeradores e não podem ser interrompidos sob pena da deterioração do produto, a empresa

(A) só poderá prorrogar a jornada de trabalho do empregado com expressa autorização do Ministério Público do Trabalho, devendo remunerar o adicional devido.

(B) poderá prorrogar a jornada de trabalho do empregado desde que conste em acordo individual, acordo ou convenção coletiva, devendo remunerar o adicional devido.

(C) poderá prorrogar a jornada de trabalho do empregado desde que conste em acordo individual, acordo ou convenção coletiva, sendo dispensada a remuneração do adicional devido.

(D) não poderá prorrogar a jornada de trabalho do empregado por expressa vedação legal em razão da natureza da atividade desenvolvida e da preservação da saúde do obreiro.

(E) poderá prorrogar a jornada de trabalho do empregado independentemente de acordo individual, acordo ou convenção coletiva, devendo remunerar o adicional devido.

Nos termos do art. 61, *caput*, da CLT ocorrendo necessidade imperiosa, poderá a duração do trabalho exceder do limite legal ou convencionado, seja para fazer face a motivo de força maior, seja para atender à realização ou conclusão de serviços inadiáveis ou cuja inexecução possa acarretar prejuízo manifesto. Nessa linha, o § 1º do mesmo dispositivo determina que o excesso de horas, pode ser exigido independentemente de convenção coletiva ou acordo coletivo de trabalho.

Gabarito "E".

(Técnico Judiciário – TRT/20ª – 2011 – FCC) Mário, João e Adalberto são empregados da empresa CRÉDITO. Mário exerce a função externa de motorista; João é chefe do departamento de contas a pagar; e Adalberto é diretor jurídico. Neste casos, de acordo com a Consolidação das Leis do Trabalho, em regra, não estão sujeitos a jornada de trabalho regular prevista em lei, bem como ao pagamento de horas extraordinárias

(A) Mário e João, apenas.
(B) Mário, João e Adalberto.
(C) João e Adalberto apenas.
(D) Mário e Adalberto, apenas.
(E) Adalberto, apenas.

Art. 62, incisos I e II, da CLT.

Gabarito "B".

(Técnico Judiciário – TRT/22ª – 2010 – FCC) Com relação aos períodos de descanso, considere as assertivas abaixo.

I. Entre duas jornadas de trabalho haverá um período mínimo de doze horas consecutivas para descanso.

II. Para o trabalho contínuo que não exceda seis horas, mas cuja duração seja superior a quatro horas, será obrigatório um intervalo de, no mínimo, dez minutos.

III. Nos serviços permanentes de mecanografia, a cada período de noventa minutos de trabalho consecutivo corresponderá um repouso de dez minutos não deduzidos da duração normal de trabalho.

IV. Não sendo concedido o intervalo para repouso e alimentação, o empregador ficará obrigado a remunerar o período correspondente com um acréscimo de, no mínimo, 50% sobre o valor da remuneração da hora normal de trabalho.

Está correto o que se afirma APENAS em

(A) I e II.
(B) I e III.
(C) II e III.
(D) II e IV.
(E) III e IV.

I: incorreta, art. 66 da CLT; II: incorreta, art. 71, § 1º, da CLT; III: correta, art. 72 da CLT; IV: correta, art. 71, § 4º, da CLT.

Gabarito "E".

14. DIREITO DO TRABALHO

(Técnico Judiciário – TRT/23ª – 2011 – FCC) Observe as assertivas abaixo.

I. Entre duas jornadas de trabalho haverá um período mínimo de onze horas consecutivas para descanso.

II. Em qualquer trabalho contínuo, cuja duração exceda de seis horas, é obrigatória a concessão de um intervalo para repouso ou alimentação, o qual será, no mínimo, de uma hora e, salvo acordo escrito ou contrato coletivo em contrário, não poderá exceder de duas horas.

III. Não excedendo de seis horas o trabalho, será, entretanto, obrigatório um intervalo de quinze minutos quando a duração ultrapassar quatro horas.

Está correto o que se afirma em:

(A) I, apenas.

(B) I e II, apenas.

(C) II, apenas.

(D) I, II e III.

(E) II e III, apenas.

I: correto, nos termos do art. 66 da CLT entre 2 (duas) jornadas de trabalho haverá um período mínimo de 11 (onze) horas consecutivas para descanso; II: correto, nos termos do art. 71, caput, da CLT em qualquer trabalho contínuo, cuja duração exceda de 6 (seis) horas, é obrigatória a concessão de um intervalo para repouso ou alimentação, o qual será, no mínimo, de 1 (uma) hora e, salvo acordo escrito ou contrato coletivo em contrário, não poderá exceder de 2 (duas) horas.III: correto, nos termos do art. 71, § 1º, da CLTnão excedendo de 6 (seis) horas o trabalho, será, entretanto, obrigatório um intervalo de 15 (quinze) minutos quando a duração ultrapassar 4 (quatro) horas.
Gabarito "D".

(Técnico Judiciário – TRT/23ª – 2007 – FCC) De acordo com a Consolidação das Leis do Trabalho, em regra, não excedendo de seis horas o trabalho contínuo, será obrigatório um intervalo de

(A) 25 minutos quando a duração do trabalho ultrapassar 4 horas.

(B) 20 minutos quando a duração do trabalho ultrapassar 4 horas.

(C) 20 minutos quando a duração do trabalho ultrapassar 2 horas.

(D) 15 minutos quando a duração do trabalho ultrapassar 2 horas.

(E) 15 minutos quando a duração do trabalho ultrapassar 4 horas.

Nos termos do art. 71, § 1º, da CLTnão excedendo de 6 (seis) horas o trabalho, será, entretanto, obrigatório um intervalo de 15 (quinze) minutos quando a duração ultrapassar 4 (quatro) horas.
Gabarito "E".

(Técnico Judiciário – TRT/24ª – 2011 – FCC) Mario, professor da universidade X, leciona no período matutino e noturno de segunda-feira a sexta--feira. Assim, ministra aulas das 7:40 às 13:00 horas e das 18:00 às 23:30 horas. Neste caso, a legislação trabalhista, especificamente a Consolidação das Leis do Trabalho,

(A) não está sendo respeitada, tendo em vista que não há um período mínimo de 15 horas consecutivas para descanso entre as jornadas de trabalho.

(B) não está sendo respeitada, tendo em vista que não há um período mínimo de 11 horas consecutivas para descanso entre as jornadas de trabalho.

(C) está sendo respeitada, tendo em vista que Mario não leciona no final de semana, não sendo a Universidade obrigada a conceder descanso entre as jornadas de trabalho.

(D) não está sendo respeitada, tendo em vista que não há um período mínimo de 10 horas consecutivas para descanso entre as jornadas de trabalho.

(E) não está sendo respeitada, tendo em vista que não há um período mínimo de 9 horas consecutivas para descanso entre as jornadas de trabalho.

Nos termos do art. . 66 da CLT entre 2 (duas) jornadas de trabalho haverá um período mínimo de 11 (onze) horas consecutivas para descanso.
Gabarito "B".

(Técnico Judiciário – TRT/9ª – 2007 – CESPE) Acerca dos direitos dos trabalhadores, sobretudo os considerados na Constituição Federal de 1988, julgue o seguinte item.

(1) A jornada de trabalho não poderá exceder a oito horas diárias nem a quarenta e quatro horas semanais, devendo a remuneração das horas extras ser de, no mínimo, 50% do valor da hora normal,

exceto quando se tratar de hora extra laborada à noite, quando será remunerada em, pelo menos, 100% do valor da hora normal.

1: incorreta Inexiste tal distinção para o adicional de hora extra noturna; quanto à primeira assertiva, está de acordo com o art. 7º, XIII, da CF.
Gabarito 1E

12. TRABALHO NOTURNO

(Técnico – TRT/19ª – 2015 – FCC) A remuneração do trabalho noturno é superior em 20% à do diurno, em decorrência

(A) de Convenção Coletiva de Trabalho.

(B) de Sentença Normativa.

(C) de previsão legal.

(D) do plano de cargos e salários da empresa.

(E) de negociação direta entre empregado e empregador.

A CF prevê em seu art. 7º, IX remuneração do trabalho noturno superior à do diurno. A CLT, todavia, leciona em seu art. 73 que o trabalho noturno terá remuneração superior a do diurno e, para esse efeito, sua remuneração terá um acréscimo de 20 % (vinte por cento), pelo menos, sobre a hora diurna.
Gabarito "C".

(Técnico Judiciário – TRT/2ª – 2008 – FCC) Considere:

I. Ana Clara labora no período noturno na empresa privada S, sendo que sua empregadora, não considerando a hora noturna reduzida, paga o adicional noturno com acréscimo de 50% sobre a hora diurna.

II. Douglas é empregado rural e labora na agricultura das 21:00 de um dia às 5:00 horas do outro, recebendo o adicional noturno em razão desse labor.

III. Daniela laborava no período noturno de trabalho na empresa privada Z, tendo sido transferida para o período diurno de trabalho, o que implicou perda do direito ao adicional noturno.

IV. Joana, empregada urbana, labora em horário misto, abrangendo período diurno e noturno, recebendo o adicional noturno por todo o período laborado.

Está correto o que consta APENAS em

(A) II, III e IV.

(B) I, II e III.

(C) II e III.

(D) III e IV.

(E) I e II.

I: incorreta, art. 73, § 1º, da CLT, súmula 60 do TST e OJ 127 da SDI-1 do TST; II: correta, art. 7º da Lei 5.889/1973; III: correta, súmula 265 do TST; IV: incorreta, súmula 60, II, do TST.
Gabarito "C".

(Técnico Judiciário – TRT/4ª – 2011 – FCC) Gislene é empregada da empresa V. Ontem, ela laborou das 22:00hs às 06:00hs. Neste caso, em regra, de acordo com a Consolidação das Leis do Trabalho

(A) não será devido o adicional noturno quanto às horas extras feitas por Gislene após às 05:00hs, tendo em vista o término do horário noturno legalmente previsto.

(B) não será devido o adicional noturno quanto às horas extras feitas por Gislene após às 04:00hs tendo em vista o término do horário noturno legalmente previsto.

(C) será devido o adicional noturno de 30% também quanto às horas extras feitas por Gislene, após às 04:00hs, em razão da prorrogação de sua jornada.

(D) será devido o adicional noturno de 30% também quanto à hora extra feita por Gislene, após às 05:00hs em razão da prorrogação de sua jornada.

(E) será devido o adicional noturno de 20%, também quanto à hora extra feita por Gislene, após às 05:00hs, em razão da prorrogação de sua jornada.

Art. 73 da CLT.
Gabarito "E".

(Técnico – TRT/6ª – 2012 – FCC) Héstia é empregada da Lanchonete "ABA" e trabalha como balconista, possuindo horário de trabalho no período noturno, das 22 às 5 horas. A Lanchonete "ABA" é frequentada por consumidores que normalmente voltam de outras programações noturnas, tendo em vista que a lanchonete possui horário de funcionamento até às 5 horas. Porém, a Lanchonete só encerra suas atividades após o atendimento do último cliente. Assim, Héstia frequentemente estende seu horário de trabalho até às 6 horas. Neste caso,

(A) será devido o adicional noturno também sobre a hora prorrogada uma vez que Héstia cumpre seu horário de trabalho integralmente no horário noturno.

(B) não será devido o adicional noturno sobre a hora prorrogada uma vez que, de acordo com a CLT, a hora noturna é das 22 às 5 horas, sendo considerada a hora como 52 minutos e 30 segundos.

(C) não será devido o adicional noturno sobre a hora prorrogada uma vez que, de acordo com a CLT, a hora noturna é das 22 às 5 horas, sendo considerada a hora como 55 minutos e 50 segundos.

(D) só será devido o adicional noturno também sobre a hora prorrogada, se houver expressa previsão contratual neste sentido e previsão em norma coletiva.

(E) não será devido o adicional noturno sobre a hora prorrogada, uma vez que é expressamente proibido o trabalho extraordinário para empregado que possui jornada de trabalho integral em horário noturno.

Súmula 60, II, do TST.

Gabarito 'A'.

(Técnico Judiciário – TRT/7ª – 2009 – FCC) Quanto à jornada de trabalho noturna, considere as assertivas abaixo.

I. Considera-se noturna, para os empregados urbanos, a jornada que compreende o período entre às 22:00 horas de um dia e às 05:00 horas do dia seguinte, acrescidas do adicional de, no mínimo, 20% sobre o valor da hora trabalhada em jornada diurna.

II. O horário noturno para os empregados rurais que trabalham na agricultura é aquele compreendido entre às 22:00 horas de um dia e às 05:00 horas do dia seguinte, com, no mínimo, o adicional de 25% sobre o valor da hora trabalhada em jornada diurna.

III. O horário noturno para os empregados rurais que trabalham na pecuária é aquele compreendido entre às 21:00 horas de um dia e às 04:00 horas do dia seguinte, com, no mínimo, o adicional de 25% sobre o valor da hora trabalhada em jornada diurna.

É correto o que se afirma em:

(A) I e II, apenas.

(B) I, II e III.

(C) I, apenas.

(D) II e III, apenas.

(E) I e III, apenas.

I: correta, art. 73 da CLT; II: incorreta, art. 7º, primeira parte, da Lei 5.889/1973 e III: incorreta, art. 7º, segunda parte, da Lei 5.889/1973.
Gabarito 'C'.

(Técnico Judiciário – TRT/22ª – 2010 – FCC) Considera-se noturna, para os empregados urbanos, a jornada que compreende o período entre as

(A) 21 horas de um dia e 5 horas do dia seguinte, com adicional de 20%.

(B) 22 horas de um dia e 5 horas do dia seguinte, com adicional de, no mínimo, 15%.

(C) 20 horas de um dia e 4 horas do dia seguinte, com adicional de 15%.

(D) 22 horas de um dia e 5 horas do dia seguinte, com adicional de, no mínimo, 20%.

(E) 21 horas de um dia e 4 horas do dia seguinte, com adicional de, no mínimo, 20%.

Art. 73, § 2º, da CLT.
Gabarito 'D'.

(Técnico Judiciário – TRT/23ª – 2011 – FCC) Com relação ao trabalho noturno:

I. Salvo nos casos de revezamento semanal ou quinzenal, o trabalho noturno terá remuneração superior a do diurno e, para esse efeito, sua remuneração terá um acréscimo de 30% pelo menos, sobre a hora diurna.

II. A hora do trabalho noturno será computada como de cinquenta e dois minutos e trinta segundos.

III. Considera-se noturno o trabalho executado entre as vinte e uma horas de um dia e as quatro horas do dia seguinte.

Está correto o que se afirma em:

(A) II, apenas.

(B) I e II, apenas.

(C) II e III, apenas.

(D) I e III, apenas.

(E) I, II e III.

I: incorreta, art. 7º, IX, da CF e 73 da CLT; II: correta, art. 73, § 1º, da CLT; III: incorreta, art. 73, § 2º, da CLT.
Gabarito 'A'.

(Técnico Judiciário – TRT/1ª – 2008 – CESPE) Segundo o art. 73 da CLT, cumpre jornada de trabalho noturno o trabalhador urbano que labora no período

(A) de 20 h às 5 h.

(B) de 22 h às 6 h.

(C) de 21 h às 5 h.

(D) de 22 h às 5 h.

(E) de 23 h às 5 h.

Art. 73, § 2º, da CLT.
Gabarito 'D'.

13. REPOUSO SEMANAL REMUNERADO

(Técnico Judiciário – TRT9 – 2012 – FCC) De acordo com previsão constitucional, o descanso semanal remunerado deve ser concedido

(A) alternativamente aos sábados e aos domingos.

(B) exclusivamente aos domingos.

(C) preferencialmente aos domingos.

(D) preferencialmente aos sábados.

(E) preferencialmente aos domingos, salvo em semana

Nos termos do art. 7º, XV, da CF o repouso semanal remunerado será preferencialmente aos domingos. Nesse mesmo sentido, dispõe o art. 1º da Lei 605/1949. Vale lembrar, contudo, que nos termos do parágrafo único do art. 6º da Lei 11.603/2007, nas atividades do comércio em geral, observada a legislação municipal, o repouso semanal remunerado deverá coincidir, pelo menos uma vez no período máximo de três semanas, com o domingo, respeitadas as demais normas de proteção ao trabalho e outras a serem estipuladas em negociação coletiva.
Gabarito 'C'.

(Técnico Judiciário – TST – 2008 – CESPE) Com base na Constituição Federal de 1988 e na Consolidação das Leis do Trabalho (CLT), julgue o item seguinte acerca dos direitos dos trabalhadores urbanos e rurais.

(1) O repouso semanal remunerado deve necessariamente recair em domingos, sendo facultado ao trabalhador, por razão de crença religiosa, optar pela folga em sábados.

1: O art. 7º, XV, da CF, prescreve o repouso semanal remunerado preferencialmente aos domingos.
Gabarito 'E'.

(Técnico Judiciário – TRT/24ª – 2011 – FCC) A respeito do repouso semanal remunerado, considere:

I. É assegurado aos empregados um descanso semanal de 24 horas consecutivas, obrigatoriamente aos domingos.

II. A gratificação por tempo de serviço, paga mensalmente, não repercute no cálculo do repouso semanal remunerado.

III. As gorjetas cobradas pelo empregador na nota de serviço integram a remuneração do empregado, servindo de base de cálculo para o repouso semanal remunerado.

IV. A gratificação de produtividade paga mensalmente não repercute no cálculo do repouso semanal remunerado.

Está correto o que consta APENAS em

(A) I, II e III.

(B) I e IV.

(C) II, III e IV.

(D) II e IV.

(E) III e IV.

I: incorreta, art. 7º, XV, da Constituição e art. 1º da Lei 605/1949; **II**: correta, súmula 225 do TST; **III**: incorreta, súmula 354 do TST; **IV**: correta, súmula 225 do TST.
Gabarito "D".

14. FÉRIAS

(Técnico Judiciário – TRT24 – FCC – 2017) As férias têm por objetivo a preservação da saúde e da integridade física do empregado, na medida em que o repouso a ser usufruído nesse período visa a recuperar as energias gastas e permitir que o trabalhador retorne ao serviço em melhores condições físicas e psíquicas. Segundo a legislação,

(A) na dispensa por justa causa, o empregado perde o direito de receber as férias vencidas, acrescidas de 1/3.

(B) o empregado que, no período aquisitivo, deixar o emprego e não for readmitido dentro de 60 dias subsequentes à sua saída não terá direito às férias.

(C) o tempo de trabalho anterior à apresentação do empregado para serviço militar obrigatório será computado no período aquisitivo, desde que ele compareça ao estabelecimento dentro de 60 dias da data em que se verificar a respectiva baixa.

(D) a concessão das férias será participada, por escrito, ao empregado, com antecedência de, no mínimo, 15 dias. Dessa participação o interessado dará recibo.

(E) os membros de uma família, que trabalharem no mesmo estabelecimento ou empresa, terão direito a gozar férias no mesmo período, se assim o desejarem e mesmo que isto resulte prejuízo para o serviço, vez que o empregador deve assumir os riscos do seu próprio negócio.

A: opção incorreta, pois nos termos da súmula 171 do TST em caso de demissão por justa causa o empregador perderá o direito às férias proporcionais. **B**: opção correta, pois reflete a disposição do art. 133, I, da CLT. **C**: opção incorreta, pois nos termos do art. 132 da CLT o tempo de trabalho anterior à apresentação do empregado para serviço militar obrigatório será computado no período aquisitivo, desde que ele compareça ao estabelecimento dentro de 90 (noventa) dias da data em que se verificar a respectiva baixa. **D**: opção incorreta, pois nos termos do art. 135 da CLT a comunicação será de no mínimo 30 dias. **E**: opção incorreta, pois nos termos do art. 136, § 1º, da CLT os membros de uma família, que trabalharem no mesmo estabelecimento ou empresa, terão direito a gozar férias no mesmo período, se assim o desejarem e se disto não resultar prejuízo para o serviço.
Gabarito "B".

(Técnico Judiciário – TRT8 – CESPE – 2016) Em relação ao direito às férias do empregado de empresa privada, assinale a opção correta.

(A) A escolha do período concessivo das férias é ato discricionário do empregado.

(B) Ao empregado é facultado o direito de converter parte do período de férias em abono pecuniário.

(C) Não se admitem, completado o período aquisitivo, férias proporcionais.

(D) O período de trabalho apurado antes da apresentação do empregado ao serviço militar não pode ser considerado período aquisitivo de férias.

(E) Não há relação entre a percepção de benefícios da previdência social pelo empregado e seu direito às férias.

A: opção incorreta, pois nos termos do art. 136 da CLT A época da concessão das férias será a que melhor consulte os interesses do empregador. **B**: opção correta, pois reflete a disposição do art. 143 da CLT que faculta ao empregado converter 1/3 (um terço) do período de férias a que tiver direito em abono pecuniário, no valor da remuneração que lhe seria devida nos dias correspondentes. **C**: opção incorreta, pois nos termos do art. 140 da CLT os empregados contratados há menos de 12 (doze) meses gozarão, na oportunidade, férias proporcionais, iniciando-se, então, novo período aquisitivo. **D**: opção incorreta, pois nos termos do art. 132 da CLT O tempo de trabalho anterior à apresentação do empregado para serviço militar obrigatório será computado no período aquisitivo, desde que ele compareça ao estabelecimento dentro de 90 (noventa) dias da data em que se verificar a respectiva baixa. **E**: opção incorreta, pois nos termos do art. 133, IV, da CLT o empregado perderá o direito às férias se tiver percebido da Previdência Social prestações de acidente de trabalho ou de auxílio-doença por mais de 6 (seis) meses, embora descontínuos.
Gabarito "B".

(Analista Judiciário – TRT/24 – FCC – 2017) Durante o período aquisitivo das férias 2016/2017, Perseu ausentou-se do serviço por 1 dia para acompanhar filho de cinco anos em consulta médica, por 2 dias consecutivos em razão de falecimento do seu irmão e 2 dias realizando exame vestibular para ingresso em estabelecimento de ensino superior. Nessa situação hipotética, em relação ao referido período Perseu terá direito ao gozo de férias na seguinte proporção:

(A) 18 dias corridos.

(B) 20 dias corridos

(C) 30 dias corridos

(D) 24 dias corridos

(E) 25 dias corridos.

"C" é a opção correta. Isso porque, nos termos do art. 473, XI (por 1 (um) dia por ano para acompanhar filho de até 6 (seis) anos em consulta médica), I (até 2 (dois) dias consecutivos, em caso de falecimento do irmão e VII (nos dias em que estiver comprovadamente realizando provas de exame vestibular para ingresso em estabelecimento de ensino superior) constituem motivos justificáveis de falta, o que não interferirá em seu período de férias disposto no art. 130 da CLT.
Gabarito "C".

(Analista Judiciário – TRT/11 – FCC – 2017) De acordo com o entendimento Sumulado do TST, as faltas ou ausências decorrentes de acidente do trabalho

(A) são consideradas para os efeitos de duração de férias e cálculo da gratificação natalina.

(B) não são consideradas para os efeitos de duração de férias, mas são consideradas para o cálculo da gratificação natalina.

(C) não são consideradas para os efeitos de duração de férias e cálculo da gratificação natalina.

(D) são consideradas para os efeitos de duração de férias, mas não são consideradas para o cálculo da gratificação natalina.

(E) são consideradas para os efeitos de duração de férias e cálculo da gratificação natalina de forma reduzida, limitando-se a quinze dias.

"C" é a opção correta. Nos termos da súmula 46 do TST as faltas ou ausências decorrentes de acidente do trabalho não são consideradas para os efeitos de duração de férias e cálculo da gratificação natalina.
Gabarito "C".

(Técnico – TRT/3ª – 2015 – FCC) É parcela que repercute no cálculo das férias acrescidas de 1/3 do empregado:

(A) abono e rendimento do PIS/PASEP.

(B) salário-família pago no valor previsto em lei.

(C) adicional de horas extras recebidas habitualmente.

(D) participação nos lucros ou resultados.

(E) diárias para viagem que não excedam de 50% do salário percebido pelo empregado e não se sujeitam à prestação de contas.

A: opção incorreta, pois o abono e rendimento do PIS/PASEP por não ser pelo empregador como contraprestação ao serviços prestados, não possui natureza salarial, mas sim de verba de direito público, na medida em que provém de um fundo de natureza pública. Ademais, o abono e rendimento do PIS/PASEP não integram o salário de contribuição do empregado, art. 28, § 9º, alínea "l", da Lei 8.212/91. **B**: opção incorreta, pois o salário-família possui natureza jurídica de benefício previdenciário, art. 7º, XII, CF. Veja arts. 65 a 70 da Lei 8.213/91. **C**: opção correta, pois as horas extras são pagas pelo empregador como contraprestação pelos serviços prestados. Ademais, de acordo com o entendimento disposto nas súmulas 347 e 376, II, do TST as horas extras habituais repercutirão em todas as verbas trabalhistas, dentre elas as férias. **D**: opção incorreta, pois a participação nos lucros e resultados não possui natureza salarial, nos termos do art. 3º da Lei 10.101/2000. **E**: opção incorreta, pois as diárias para viagem que não excedam de 50% do salário percebido pelo empregado, para que não integrem o salário do obreiro devem se sujeitar à prestação de contas.
Gabarito "C".

(Técnico – TRT/19ª – 2015 – FCC) Sobre férias:

(A) Poderão ser gozadas em até 3 períodos, desde que nenhum deles seja inferior a uma semana.

(B) O empregado estudante tem direito a fazer coincidir suas férias com as escolares, independentemente da sua idade.

(C) O empregado pode trocá-la, integralmente, por dinheiro.

(D) A concessão deve ser avisada pelo empregador ao Ministério do Trabalho e aos empregados envolvidos.

(E) É do empregador o direito de escolher o período de concessão, desde que o faça no período concessivo correto, sob pena de ter que remunerá-las em dobro.

A: incorreta, pois nos termos do art. 134, § 1º, da CLT desde que haja concordância do empregado, as férias poderão ser usufruídas em até três períodos, sendo que um deles não poderá ser inferior a quatorze dias corridos e os demais não poderão ser inferiores a cinco dias corridos, cada um.. **B:** incorreta, pois nos termos do art. 136, § 2º, da CLT o empregado estudante, menor de 18 (dezoito) anos, terá direito a fazer coincidir suas férias com as férias escolares. **C:** incorreta, pois nos termos do art. 143 da CLT é facultado ao empregado converter, somente, 1/3 (um terço) do período de férias a que tiver direito em abono pecuniário. **D:** incorreta, pois nos termos do art. 135 da CLT a concessão das férias será participada, por escrito, ao empregado, com antecedência de, no mínimo, 30 (trinta) dias. **E:** correta, pois de acordo com o art. 136 da CLT A época da concessão das férias será a que melhor consulte os interesses do empregador.

(Técnico Judiciário – TRT9 – 2012 – FCC) O empregado tem direito ao gozo de férias

(A) anuais remuneradas com, pelo menos, dois terços a mais do que o salário normal.

(B) semestrais remuneradas com, pelo menos, dois terços a mais do que o salário normal.

(C) anuais remuneradas com, pelo menos, um terço a mais do que o salário normal.

(D) anuais remuneradas com, pelo menos, metade a mais do que o salário normal.

(E) semestrais remuneradas com, pelo menos, um terço a mais do que o salário normal.

"C" é a resposta correta, pois nos termos do art. 7º, XVII, da CF é assegurado a todo empregado o gozo de férias anuais remuneradas com, pelo menos, 1/3 (um terço) a mais do que o salário normal.

(Técnico Judiciário – TST – 2008 – CESPE) Com base na Constituição Federal de 1988 e na Consolidação das Leis do Trabalho (CLT), julgue os itens seguintes acerca dos direitos dos trabalhadores urbanos e rurais.

(1) As férias devem ser usufruídas com a percepção de adicional correspondente, no mínimo, à terça parte do salário normal.

(2) As férias serão concedidas, por ato do empregador, nos doze meses subsequentes à data em que o empregado tiver adquirido o direito.

(3) A prescrição do direito de reclamar a concessão das férias ou o pagamento da respectiva remuneração é contada a partir do término do período concessivo ou, se for o caso, da cessação do contrato de trabalho.

1: correta, art. 7º, XVII, da CF; **2:** correta, art. 134 da CLT; **3:** correta, trata-se do princípio da *actio nata* (art. 149 da CLT).

(Técnico Judiciário – TRT/7ª – 2009 – FCC) Quanto às férias, é correto afirmar que

(A) serão sempre concedidas no período determinado pelo empregado.

(B) aos menores de dezesseis anos e aos maiores de quarenta e cinco, serão sempre concedidas por ato do empregador, em um só período, nos doze meses subsequentes à data em que o empregado tiver adquirido o direito.

(C) todo empregado terá direito anualmente ao gozo de um período de férias, sendo esse período descontado de sua remuneração, proporcionalmente aos dias de férias gozados.

(D) é facultado ao empregado converter dois terços do período de férias a que tiver direito em abono pecuniário, no valor da remuneração que lhe seria devida nos dias correspondentes.

(E) os membros de uma família que trabalharem no mesmo estabelecimento ou empresa terão direito à gozar férias no mesmo período, se assim o desejarem e se disto não resultar prejuízo para o serviço.

A: incorreta, art. 136 da CLT; **B:** incorreta, o art. 134, § 2º, da CLT que determinava que aos menores de 18 (dezoito) anos e aos maiores de 50 (cinquenta) anos de idade, as férias serão sempre concedidas de uma só vez, foi revogado pela Lei 13.467/2017 (reforma trabalhista); **C:** incorreta, art. 7º, XVII, da CF; **D:** incorreta, art. 143 da CLT; **E:** correta, art. 136, § 1º, da CLT.

(Técnico Judiciário – TRT/15ª – 2009 – FCC) Maria iniciou o gozo de suas férias ainda no período concessivo, mas terminou após o referido período. Neste caso,

(A) Marta terá direito a uma indenização equivalente ao valor do seu último salário, em razão da infração administrativa cometida pela empresa.

(B) como Marta iniciou o gozo de suas férias no período concessivo, todos os dias serão remunerados de forma simples.

(C) como Marta terminou o gozo de suas férias após o período concessivo, todos os dias serão remunerados em dobro.

(D) os dias de férias gozadas após o período concessivo deverão ser remunerados em dobro.

(E) Marta terá direito a uma indenização equivalente ao valor do seu último salário, em razão da infração legal cometida pela empresa.

Art. 137 da CLT.

(Técnico Judiciário – TRT/20ª – 2011 – FCC) A empresa **A** pretende conceder férias coletivas a todos os seus empregados em dois períodos anuais, sendo um de dez dias corridos e outro de vinte dias corridos; A empresa **B** pretende conceder férias coletivas apenas para um setor da empresa em dois períodos anuais de quinze dias corridos cada; A empresa **C** pretende conceder férias coletivas para todos os seus empregados em dois períodos anuais, sendo um de doze dias corridos e outro de dezoito dias corridos cada. Nestes casos,

(A) apenas as empresas **B** e **C** estão agindo de acordo com a Consolidação das Leis do Trabalho.

(B) apenas as empresas **A** e **C** estão agindo de acordo com a Consolidação das Leis do Trabalho.

(C) todas as empresas estão agindo de acordo com a Consolidação das Leis do Trabalho.

(D) todas as empresas não estão agindo de acordo com a Consolidação das Leis do Trabalho, tendo em vista que as férias coletivas não poderão ser fracionadas.

(E) apenas a empresa **A** está agindo de acordo com a Consolidação das Leis do Trabalho.

Art. 139 da CLT.

(Técnico Judiciário – TRT/22ª – 2010 – FCC) Quanto ao direito às férias, é correto afirmar:

(A) Após cada período de dez meses de vigência do contrato de trabalho, o empregado terá direito a férias de trinta dias corridos, quando não houver faltado ao serviço mais de cinco vezes.

(B) Todo empregado terá direito anualmente ao gozo de um período de férias, sem prejuízo da remuneração.

(C) Após cada período de doze meses de vigência do contrato de trabalho, o empregado terá direito a férias de 18 dias corridos quando houver tido sete faltas injustificadas.

(D) Após cada período de doze meses de vigência do contrato de trabalho, o empregado terá direito a férias de vinte dias corridos, quando não houver faltado ao serviço mais de cinco vezes.

(E) Após cada período de dez meses de vigência do contrato de trabalho, o empregado terá direito a férias de trinta dias úteis, quando não houver faltado ao serviço mais de cinco vezes.

Art. 129 da CLT (v. art. 130).

(Técnico Judiciário – TRT/23ª – 2007 – FCC) Após cada período de 12 meses de vigência do contrato de trabalho, o empregado terá direito a férias de

(A) 28 dias corridos, quando houver tido de 6 a 14 faltas injustificadas.

(B) 24 dias corridos, quando houver tido de 6 a 14 faltas injustificadas.

(C) 18 dias corridos quando houver tido de 6 a 14 faltas injustificadas.

(D) 18 dias corridos quando houver tido de 24 a 32 faltas injustificadas.

(E) 15 dias corridos quando houver tido de 24 a 32 faltas injustificadas.

14. DIREITO DO TRABALHO 649

Art. 130, II, da CLT.

Gabarito "B".

(Técnico Judiciário – TRT/23ª – 2007 – FCC) Considere as assertivas a respeito das férias coletivas.

I. Em regra, as férias coletivas poderão ser concedidas em dois períodos anuais, desde que nenhum deles seja inferior a 10 dias corridos.

II. Os empregados contratados há menos de 12 meses gozarão, na oportunidade, férias proporcionais, iniciando-se, então, novo período aquisitivo.

III. O empregador comunicará ao órgão local do Ministério do Trabalho, com antecedência mínima de 10 dias, datas de início e fim das férias coletivas.

IV. Quando o número de empregados contemplados com as férias coletivas for superior a 200, a empresa poderá promover, mediante carimbo, a anotação da concessão das férias.

Está correto o que se afirma APENAS em

(A) I e IV.

(B) I, II e III.

(C) I e II.

(D) II, III e IV.

(E) II e III.

I: correta, art. 139, § 1º; **II**, da CLT; **II**: correta, art. 140 da CLT; **III**: incorreta, art. 139, § 2º, da CLT; **IV**: incorreta, art. 141 da CLT.

Gabarito "C".

(Técnico Judiciário – TRT/9ª – 2007 – CESPE) Acerca dos direitos dos trabalhadores, sobretudo os considerados na Constituição Federal de 1988, julgue o seguinte item.

(1) O trabalhador terá direito a férias anuais remuneradas com adicional de, pelo menos, um terço do valor do salário normal.

1: correta. Art. 7º, XVII, da CF.

Gabarito 1C

(Técnico Judiciário – TRT/17ª – 2009 – CESPE) No que se refere ao direito do trabalho, julgue os itens seguintes.

(1) O período de gozo de férias pode ser fracionado, mas o fracionamento não pode ser inferior a 15 dias corridos.

(2) Para que uma empresa possa conceder aos seus empregados férias coletivas, deve solicitar a autorização prévia do sindicato dos trabalhadores e da Superintendência Regional do Trabalho.

1: Incorreto. Nos termos do art. 134, § 1º, da CLT desde que haja concordância do empregado, as férias poderão ser usufruídas em até três períodos, sendo que um deles não poderá ser inferior a quatorze dias corridos e os demais não poderão ser inferiores a cinco dias corridos, cada um.; **2**: incorreto, art. 139, §§ 2º e 3º da CLT.

Gabarito 1E, 2E

15. ACIDENTE, SUSPENSÃO E INTERRUPÇÃO DO CONTRATO DE TRABALHO

(Técnico Judiciário – TRT24 – FCC – 2017) As alterações do contrato de trabalho são disciplinadas na Consolidação das Leis do Trabalho e a preocupação do legislador centrou-se nos aspectos das vontades das partes, da natureza da alteração e dos efeitos que esta gerará para determinar se será válida ou não. Em razão disso, excluem-se naturalmente da análise da legalidade as alterações obrigatórias, que são imperativamente impostas por lei ou por normas coletivas. No tocante às alterações do contrato de trabalho, estabelece a legislação vigente:

(A) Nos contratos individuais de trabalho só é lícita a alteração das respectivas condições por mútuo consentimento, mesmo que resultem, direta ou indiretamente, prejuízos ao empregado.

(B) Não se considera alteração unilateral a determinação do empregador para que o respectivo empregado reverta ao cargo efetivo, anteriormente ocupado, deixando o exercício de função de confiança.

(C) É ilícita a transferência quando ocorrer extinção do estabelecimento em que trabalhar o empregado.

(D) Mesmo que não haja necessidade de serviço o empregador poderá transferir o empregado para localidade diversa da que resultar

do contrato, mas, nesse caso, ficará obrigado a um pagamento suplementar, sempre superior a 25% dos salários que o empregado percebia naquela localidade, enquanto durar essa situação.

(E) É vedada, em qualquer hipótese, a transferência de empregados que exerçam cargo de confiança.

A: opção incorreta, pois nos termos do art. 468 da CLT a alteração não será válida se resultar prejuízos diretos ou indiretos. **B**: opção correta, pois reflete a disposição do art. 468, parágrafo único, da CLT. **C**: opção incorreta, pois nos termos do art. 469, § 2º, da CLT é lícita a transferência quando ocorrer extinção do estabelecimento em que trabalhar o empregado. **D**: opção incorreta, pois somente em caso de necessidade de serviço o empregador poderá transferir o empregado para localidade diversa da que resultar do contrato, não obstante as restrições do artigo anterior, mas, nesse caso, ficará obrigado a um pagamento suplementar, nunca inferior a 25% (vinte e cinco por cento) dos salários que o empregado percebia naquela localidade, enquanto durar essa situação. **E**: opção incorreta, pois nos termos do art. 469, § 1º, da CLT permite-se a transferência de empregados que exerçam cargo de confiança.

Gabarito "B".

(Técnico Judiciário – TRT11 – FCC – 2017) Lucila, em razão da abertura involuntária do colo do útero, de forma prematura, comprovada por atestado médico oficial, sofreu um aborto na segunda semana de gestação. Neste caso, o contrato de trabalho de Lucila será

(A) interrompido e ela terá direito a dez dias de repouso.

(B) suspenso e ela terá direito a duas semanas de repouso.

(C) interrompido e ela terá direito a duas semanas de repouso.

(D) suspenso e ela terá direito a quinze dias de repouso.

(E) suspenso e ela terá direito a uma semana de repouso.

"C" é a opção correta. Isso porque, nos termos do art. 395 da CLT em caso de aborto não criminoso, comprovado por atestado médico oficial, a mulher terá um repouso remunerado de 2 (duas) semanas, ficando-lhe assegurado o direito de retornar à função que ocupava antes de seu afastamento. Tendo em vista o repouso ser remunerado, fala-se em interrupção do contrato de trabalho.

Gabarito "C".

(Técnico Judiciário – TRT20 – FCC – 2016) A empresa onde Orpheu trabalha pretende incrementar sua linha de produção, oferecendo a ele a participação em curso de qualificação profissional, com duração de quatro meses, conforme previsão contida em convenção coletiva de trabalho. Orpheu assinou documento concordando com a oferta de seu empregador. Nessa situação, preenchidos os requisitos legais previstos na Consolidação das Leis do Trabalho, o contrato de trabalho ficará

(A) suspenso, não fazendo jus ao pagamento de salários durante o período de afastamento.

(B) interrompido, fazendo jus ao pagamento de salários durante o período de afastamento.

(C) suspenso, sem o pagamento de salários durante o período de afastamento, mas com uma ajuda de custo de 50% do valor do salário, conforme previsão legal.

(D) interrompido, tendo direito legal a ajuda compensatória mensal no valor das refeições, despesas com transporte e 50% do valor do salário durante o afastamento.

(E) rescindido, sem caracterizar suspensão ou interrupção e sem qualquer consequência de ordem financeira para as partes durante o afastamento, com novação do contrato a partir do retorno ao serviço normal.

"A" é a resposta correta. Isso porque, nos termos do art. 476-A da CLT o contrato de trabalho poderá ser suspenso, por um período de dois a cinco meses, para participação do empregado em curso ou programa de qualificação profissional oferecido pelo empregador, com duração equivalente à suspensão contratual, mediante previsão em convenção ou acordo coletivo de trabalho e aquiescência formal do empregado.

Gabarito "A".

(Técnico Judiciário – TRT20 – FCC – 2016) A empresa Mitos S/A contratou Perseu para trabalhar como auditor fiscal na filial do município de São Paulo. Decorridos oito meses, esta filial foi extinta e Perseu foi transferido para a matriz da empresa em Brasília, mesmo sem sua anuência. Nessa situação, a transferência será considerada

(A) ilegal porque não houve anuência do empregado, sendo de plano rescindido o contrato de trabalho.

(B) lícita quando ocorrer a extinção do estabelecimento em que trabalha o empregado.

(C) regular porque não há previsão legal para esta situação, podendo assim ser exercido o poder diretivo do empregador com base no *jus variandi*.

(D) irregular porque a alteração das respectivas condições de trabalho só é possível por mútuo consentimento.

(E) legal desde que ocorra um pagamento suplementar, nunca inferior a 25% do salário do empregado.

"B" é a resposta correta. Isso porque, nos termos do art. 469, § 2º, da CLT é lícita a transferência quando ocorrer extinção do estabelecimento em que trabalhar o empregado.

(Técnico Judiciário – TRT20 – FCC – 2016) São consideradas hipóteses de suspensão e interrupção do contrato de trabalho, respectivamente,

(A) férias anuais remuneradas; descansos semanais remunerados.

(B) aviso-prévio trabalhado; aposentadoria por invalidez.

(C) licença nojo de 2 dias por luto de familiar; dia de feriado religioso.

(D) aposentadoria por invalidez; doação voluntária de sangue por um dia durante o ano.

(E) férias coletivas; participação em curso ou programa de qualificação.

A: opção incorreta, pois ambas são consideradas interrupção do contrato de trabalho, na medida em que embora não estejam trabalhando, os empregados receberão seus salários. **B:** opção incorreta, pois no aviso-prévio trabalhado não há suspensão nem interrupção do contrato de trabalho. Já a aposentadoria por invalidez será considerada suspensão do contrato de trabalho, na forma do art. 475 da CLT. **C:** opção incorreta, pois a licença luto, art. 473, I, da CLT será considerada interrupção do contrato de trabalho, assim como o dia de feriado religioso, art. 8º da Lei 605/1949. **D:** opção correta, pois a aposentadoria por invalidez será considerada suspensão do contrato de trabalho, art. 475 da CLT ao passo que a doação voluntária de sangue por um dia durante o ano será causa de interrupção do contrato de trabalho, art. 473, IV, da CLT. **E:** opção incorreta, pois as férias coletivas representam interrupção do contrato de trabalho, arts. 139 a 141 da CLT ao passo que a participação em curso ou programa de qualificação representa hipótese de suspensão do contrato, na forma do art. 476-A da CLT.

(Técnico Judiciário – TRT20 – FCC – 2016) Plutão, empregado da Construtora Piramidal Olímpica S/A, foi convocado e prestou o serviço militar compulsório. Nesse caso, sobre a suspensão do período aquisitivo de férias durante o período correspondente à prestação de serviço militar obrigatório, é correto afirmar:

(A) Haverá suspensão, desde que ele retorne ao emprego nos 90 dias seguintes à cessação do serviço militar obrigatório.

(B) Haverá suspensão, desde que ele compareça ao estabelecimento no prazo de 60 dias, contados da data em que se verificar sua baixa.

(C) Não haverá suspensão, porque não há previsão legal para suspensão de período aquisitivo de férias, mas apenas de interrupção.

(D) A suspensão depende de haver previsão em norma coletiva da categoria, porque não há previsão legal para esta suspensão.

(E) Haverá suspensão, desde que ele se apresente dentro do período aquisitivo de gozo relativo ao período concessivo que se pretende a suspensão.

"A" é a alternativa correta. Isso porque, nos termos do art. 132 da CLT o tempo de trabalho anterior à apresentação do empregado para serviço militar obrigatório será computado no período aquisitivo, desde que ele compareça ao estabelecimento dentro de 90 (noventa) dias da data em que se verificar a respectiva baixa.

(Técnico – TRT/19ª – 2015 – FCC) O afastamento do empregado do serviço por quinze dias, em consequência de doença, configura

(A) suspensão do contrato de trabalho.

(B) interrupção do contrato de trabalho.

(C) ausência injustificada.

(D) rescisão do contrato de trabalho.

(E) alteração do contrato de trabalho.

O empregado que estiver sem condições de exercer suas funções, em razão de doença e ficar afastado por até 15 dias tem seu contrato interrompido e não suspenso, na medida em que nesse período caberá à empresa pagar a remuneração do empregado, art. 60, § 3º, da Lei 8.213/1991, o que representa típica hipótese de interrupção do contrato de trabalho. No entanto, caso persista a incapacidade, a partir do 16º dia do afastamento, o empregado passa a usufruir de auxílio-doença, em conformidade com os arts. 59 e 60, *caput*, da Lei 8.213/1991, caracterizando, nessa última hipótese, a suspensão do contrato de trabalho.

(Técnico – TRT/16ª – 2015 – FCC) Considere as seguintes hipóteses:

I. Falta ao serviço não justificada por cinco dias corridos em razão do matrimônio.

II. Falta ao serviço não justificada por até três dias consecutivos em razão do falecimento de irmão.

III. Gozo de férias.

IV. Licença de empregado para atuação como conciliador em Comissão de Conciliação Prévia.

Caracterizam hipóteses de interrupção do contrato de trabalho, as indicadas APENAS em

(A) I e II.

(B) I, III e IV.

(C) III e IV.

(D) II e IV.

(E) I, II e III.

I: As faltas injustificadas constituem hipótese de suspensão do contrato de trabalho. Como faltas justificadas, veja o art. 473, II, da CLT. **II:** As faltas injustificadas constituem hipótese de suspensão do contrato de trabalho. Como faltas justificadas, veja o art. 473, I, da CLT. **III:** As férias representam hipótese de interrupção do contrato de trabalho, na medida em que são remuneradas pelo empregador, art. 129 da CLT. **IV:** o período de licença do empregado para atuação como conciliador em Comissão de Conciliação Prévia será computado como tempo de trabalho, devendo ser pago pelo empregador, art. 625-B, § 2º, da CLT.

(Técnico – TRT/3ª – 2015 – FCC) Mário ausentou-se do trabalho por três dias por ter se casado, tirando suas férias vencidas em seguida, e, finalmente, deixando de retornar ao trabalho por ter acompanhado sua esposa que foi, voluntariamente, doar sangue, sem previsão de abono de falta em norma coletiva. Nos casos expostos, tem-se, respectivamente, a caracterização no contrato de trabalho de:

(A) interrupção, interrupção e suspensão, respectivamente.

(B) interrupção, suspensão e suspensão, respectivamente.

(C) suspensão, interrupção e interrupção, respectivamente.

(D) suspensão, em todos os casos.

(E) interrupção, em todos os casos.

"A" é a opção correta. Isso porque, a ausência do trabalho por 3 dias por motivo de casamento, também chamada de "licença-gala" caracteriza-se interrupção do contrato de trabalho, art. 473, II, da CLT. As férias do empregado também representam hipótese de interrupção do contrato de trabalho, art. 129 da CLT. A doação de sangue seria hipótese de interrupção do contrato de trabalho, caso fosse para o próprio empregado, art. 473, IV, da CLT. O dia que acompanhou a esposa para doação de sangue será considerada falta injustificada, o que representa hipótese de suspensão do contrato de trabalho do empregado.

(Técnico Judiciário – TRT/8ª – 2010 – FCC) Lúcia, empregada da empresa X, recebeu hoje a notícia de que seu irmão faleceu. Mara, também empregada da empresa X, irá se casar com o seu colega de trabalho, Mário, na próxima terça-feira. Nestes casos, Lúcia e Mara, respectivamente, poderão deixar de comparecer ao serviço sem prejuízo do salário, até

(A) três e cinco dias consecutivos.

(B) dois e três dias consecutivos.

(C) dois dias consecutivos.

(D) três dias consecutivos.

(E) cinco dias consecutivos.

Art. 473 da CLT.

(Técnico Judiciário – TRT/9ª – 2010 – FCC) Considere:

I. O dia de descanso aos domingos, tendo em vista o labor regular durante a semana.

II. Férias.

III. Duas semanas de licença médica de empregada em razão de aborto espontâneo.

IV. Suspensão disciplinar.

Trata-se de hipóteses de interrupção de contrato de trabalho as indicadas APENAS em

(A) I, II e IV.
(B) II, III e IV.
(C) I e II.
(D) I e III.
(E) I, II e III.

Considera-se suspensão contratual a sustação temporária (sem ruptura do vínculo) e recíproca dos principais efeitos do contrato de trabalho (prestação do labor, sob o ponto de vista das obrigações do empregado, e pagamento de remuneração, sob o ponto de vista das obrigações do empregador). Já na interrupção contratual, ocorre a sustação temporária da prestação de labor, mas a principal obrigação do empregador continua vigentes (pagamento da remuneração ou contagem do tempo de afastamento no período aquisitivo de férias, por exemplo). Há alguma controvérsia doutrinária quanto a se tratar de suspensão ou interrupção contratual as hipóteses em que ocorre o afastamento do empregado sem remuneração arcada pelo empregador, mas sendo o tempo de afastamento computado como tempo de efetivo serviço para fins de férias, indenizações etc. (entendemos que, também neste caso, estamos diante de hipóteses de interrupção contratual). Isto posto, no descanso aos domingos e nas férias, temos a hipótese de interrupção, pois trata-se de uma "falta" "abonada", de uma sustação da prestação de serviços com a subsistência da remuneração regular do empregado. O mesmo ocorre na licença decorrente de aborto, eis que o período é remunerado (CLT, art. 395) e computado como tempo de serviço para todos os fins. Durante uma suspensão disciplinar, contudo, há, simultaneamente, o não pagamento dos salários e a cessação da remuneração, tratando-se, como o próprio nome nos informa, de uma espécie de suspensão contratual.

Gabarito 'E'.

(Técnico Judiciário – TRT/14ª – 2011 – FCC) Considere as seguintes assertivas a respeito da suspensão e da interrupção do contrato de trabalho:

I. A natureza jurídica da remuneração paga na interrupção contratual é salário.

II. Durante a interrupção do contrato de trabalho o tempo de afastamento do trabalhador é considerado na contagem de tempo de serviço para os efeitos legais.

III. Na suspensão do contrato de trabalho ocorrerá a cessação temporária da prestação de serviço, mas ocorrerá o pagamento do salário.

Está correto o que se afirma APENAS em

(A) II e III.
(B) III.
(C) I.
(D) I e II.
(E) II.

I: correta, como dissemos anteriormente, considera-se suspensão contratual a sustação temporária (sem ruptura do vínculo) e recíproca dos principais efeitos do contrato de trabalho (prestação do labor, sob o ponto de vista das obrigações do empregado, e pagamento de remuneração, sob o ponto de vista das obrigações do empregador). Já na interrupção contratual, ocorre a sustação temporária da prestação de labor, mas a principal obrigação do empregador continua vigentes (pagamento da remuneração ou contagem do tempo de afastamento no período aquisitivo de férias, por exemplo). Há alguma controvérsia doutrinária quanto a se tratar de suspensão ou interrupção contratual as hipóteses em que ocorre o afastamento do empregado sem remuneração arcada pelo empregador, mas sendo o tempo de afastamento computado como tempo de efetivo serviço para fins de férias, indenizações etc. (entendemos que, também neste caso, estamos diante de hipóteses de interrupção contratual). Deste modo, durante a interrupção, como regra possuirá natureza salarial a remuneração paga ao empregado (observe-se, contudo, que entendemos que no afastamento por licença-maternidade, a hipótese será de interrupção contratual, a despeito de não haver remuneração paga pelo empregador à empregada, mas, sim, o recebimento do benefício previdenciário da licença-maternidade por esta; o tempo de afastamento, não obstante, é computado como tempo de efetivo serviço para os fins legais, daí reputarmos uma hipótese de interrupção); II: correta, por definição (entenda-se: em nossa opinião, é possível haver interrupção contratual sem o recebimento de salário, como no caso da licença-maternidade, mas não há interrupção contratual sem a contagem do tempo de afastamento como tempo de efetivo serviço); III: incorreta, pois havendo pagamento de salário durante a cessação temporária do trabalho, a hipótese será de interrupção contratual, embora não seja necessariamente verdadeiro que em não havendo o pagamento do salário a hipótese seria de suspensão).

Gabarito 'D'.

(Técnico Judiciário – TRT/15ª – 2009 – FCC) Marta, Mario e Miguel são empregados da empresa TEBAS. Marta teve um aborto espontâneo permanecendo duas semanas em descanso, conforme determinação legal; Mario afastou-se de seu emprego para exercer o encargo público de senador; Miguel faltou ao serviço dois dias consecutivos para realizar seu alistamento eleitoral.

Constitui(em) hipótese(s) de interrupção do contrato de trabalho a(s) falta(s) de

(A) Marta e Miguel.
(B) Marta, Miguel e Mario.
(C) Mario e Miguel.
(D) Mário.
(E) Marta e Mario.

A concessão de licença decorrente de aborto é causa de interrupção do contrato de trabalho, eis que o tempo de afastamento é remunerado e computado para fins de aquisição de férias; já o cumprimento de encargo público (art. 472 da CLT) é causa meramente suspensiva, eis que ausente o direito à percepção de salários ou à contagem como tempo de serviço. Quanto ao alistamento eleitoral, v. art. 473, V, da CLT.

Gabarito 'A'.

(Técnico Judiciário – TRT/20ª – 2011 – FCC) Madalena é empregada da empresa V e pretende voluntariamente doar sangue na sexta-feira. De acordo com a Consolidação das Leis do Trabalho, em caso de doação voluntária de sangue devidamente comprovada, Madalena poderá deixar de comparecer ao serviço sem prejuízo do salário, por

(A) dois dias, em cada doze meses de trabalho, ocorrendo a interrupção de seu contrato.
(B) um dia, em cada doze meses de trabalho, ocorrendo a suspensão de seu contrato.
(C) um dia, em cada dez meses de trabalho, ocorrendo a suspensão de seu contrato.
(D) um dia, em cada doze meses de trabalho, ocorrendo a interrupção de seu contrato.
(E) um dia, em cada dez meses de trabalho, ocorrendo a interrupção de seu contrato.

Art. 473, IV, da CLT.

Gabarito 'D'.

(Técnico Judiciário – TRT/23ª – 2011 – FCC) João está em seu emprego há mais de 12 meses. Na qualidade de representante de uma entidade sindical, deixou de comparecer ao trabalho por oito dias consecutivos durante o mês de agosto por ter participado de reunião oficial de organismo internacional do qual o Brasil é membro. João terá direito a

(A) trinta dias corridos de férias.
(B) vinte e quatro dias corridos de férias.
(C) dezoito dias corridos de férias.
(D) doze dias corridos de férias.
(E) dez dias corridos de férias.

A alternativa A é a correta, pois a hipótese é de interrupção do contrato de trabalho (a despeito de se tratar de um período de licença não remunerada, conforme art. 543, § 2º, da CLT) V. comentários anteriores, art. 473, IX da CLT.

Gabarito 'A'.

(Técnico Judiciário – TRT/24ª – 2011 – FCC) De acordo com a Consolidação das Leis do Trabalho, o tempo de trabalho anterior à apresentação do empregado para serviço militar obrigatório

(A) será computado no período aquisitivo das férias, desde que ele compareça ao estabelecimento dentro de 15 dias da data em que se verificar a respectiva baixa.
(B) será computado no período aquisitivo das férias, desde que ele compareça ao estabelecimento dentro de 30 dias da data em que se verificar a respectiva baixa.
(C) será computado no período aquisitivo das férias, desde que ele compareça ao estabelecimento dentro de 90 dias da data em que se verificar a respectiva baixa.
(D) será sempre computado no período aquisitivo das férias, independentemente de prazo para o comparecimento ao estabelecimento, tratando-se de direito previsto em lei e na Carta Magna.
(E) não será computado no período aquisitivo de férias, havendo dispositivo constitucional expresso neste sentido.

Art. 132 da CLT.

(Técnico Judiciário – TRT/1ª – 2008 – CESPE) No decorrer de determinado contrato de trabalho, o empregado sofreu acidente de trabalho e ficou afastado de suas funções por mais de oito meses, percebendo, mensalmente, o benefício correspondente.

Na situação acima descrita,

(A) tem-se um caso de interrupção do contrato de trabalho porque haverá, no tempo de serviço, cômputo do período do afastamento.

(B) ocorre a suspensão do contrato de trabalho porque não haverá, no tempo de serviço, cômputo do período do afastamento.

(C) o período aquisitivo de férias não será alterado porque houve acidente de trabalho.

(D) o contrato de trabalho é considerado suspenso e há cômputo, no tempo de serviço, do período do afastamento.

(E) verifica-se interrupção do contrato de trabalho e não há cômputo, no tempo de serviço, do período do afastamento.

Durante os quinze primeiros dias, a hipótese é de interrupção do contrato de trabalho, eis que o pagamento dos salários fica a cargo do empregador (art. 60, § 3º, da Lei 8.213/1991); após o 16º dia, resta configurada a suspensão, eis que o empregador deixa de arcar com os salários (cumprindo ao INSS arcar com o benefício previdenciário devido).

16. RESCISÃO DO CONTRATO DE TRABALHO, AVISO-PRÉVIO E FGTS

(Analista Judiciário – TRT/24 – FCC – 2017) Diana frequentemente chegava atrasada no início de sua jornada de trabalho, atingia produção bem inferior àquela realizada pelos colegas de sua equipe, além de apresentar um número elevado de faltas injustificadas. Por tais razões, a empregada foi advertida, verbalmente e por escrito, além de receber suspensão disciplinar por 2 dias. Na situação apresentada, Diana cometeu falta grave que ensejaria a dispensa por justa causa na modalidade de

(A) incontinência de conduta.

(B) ato de insubordinação.

(C) atitude de indisciplina.

(D) ato de improbidade.

(E) desídia no desempenho das funções.

A: opção incorreta, pois *Incontinência de conduta:* comportamento desregrado ligado à vida sexual do obreiro, comportamento este que traz perturbações ao ambiente de trabalho, como, por exemplo, visitas a *sites* pornográficos na *internet*. **B:** opção incorreta, pois insubordinação consiste no descumprimento de ordens pessoais de serviço. **C:** opção incorreta, pois indisciplina consiste no descumprimento de ordens gerais de serviço. **D:** opção incorreta, pois improbidade revela mau caráter, maldade, desonestidade, má-fé, que cause prejuízo ou até risco à integridade do patrimônio do empregador, como, por exemplo, furto ou roubo de bens da empresa. **E:** opção correta, pois desídia no desempenho das funções: hipótese em que o empregado deixa de prestar o serviço com zelo, interesse, empenho, passando a laborar com negligência.

(Analista Judiciário – TRT/24 – FCC – 2017) Em relação ao instituto jurídico do aviso-prévio, nos termos das normas contidas na Consolidação das Leis do Trabalho e da jurisprudência sumulada do Tribunal Superior do Trabalho,

(A) havendo aplicação da dispensa do empregado por justa causa em razão de desídia no desempenho de suas funções deverá ser concedido aviso-prévio.

(B) em caso de despedida indireta e rescisão por culpa recíproca não é devido o aviso-prévio.

(C) o pagamento relativo ao período de aviso-prévio trabalhado está sujeito à contribuição para o FGTS, o que não ocorre quando o mesmo for indenizado.

(D) o horário normal de trabalho do empregado, durante o prazo do aviso, será reduzido em duas horas diárias, sem prejuízo do salário integral, independentemente de quem tenha promovido a rescisão.

(E) é incorreto substituir o período que se reduz da jornada de trabalho, no aviso-prévio, pelo pagamento das horas correspondentes.

A: Opção incorreta, pois não há concessão de aviso-prévio em justa causa, nos termos do art. 487 da CLT. **B:** opção incorreta, pois é devido aviso-prévio na rescisão indireta, art. 487, § 4º, da CLT. **C:** opção incorreta, pois nos termos da súmula 305 do TST o pagamento relativo ao período de aviso-prévio, trabalhado ou não, está sujeito a contribuição para o FGTS. **D:** opção incorreta, pois nos termos do art. 488 da CLT o horário normal de trabalho do empregado, durante o prazo do aviso, e se a rescisão tiver sido promovida pelo empregador, será reduzido de 2 (duas) horas diárias, sem prejuízo do salário integral. **E:** opção correta, pois é ilegal substituir o período que se reduz da jornada de trabalho, no aviso-prévio, pelo pagamento das horas correspondentes.

(Analista Judiciário – TRT/11 – FCC – 2017) A empresa de calçados Chão Azul Ltda. rescindiu o contrato de trabalho com justa causa da empregada Lívia que estava afastada do emprego gozando de auxílio doença previdenciário. Na última perícia médica Lívia teve alta do INSS, mas transcorridos cinquenta e cinco dias, ela não retornou ao trabalho e não justificou o motivo de não retornar. Neste caso, de acordo com entendimento sumulado do TST, a empresa

(A) agiu corretamente, uma vez que Lívia possuía o prazo de quinze dias após a cessação do benefício previdenciário para retornar ao trabalho ou justificar o motivo de não o fazer.

(B) agiu corretamente, uma vez que Lívia possuía o prazo de trinta dias após a cessação do benefício previdenciário para retornar ao trabalho ou justificar o motivo de não o fazer.

(C) não agiu corretamente, uma vez que Lívia possui o prazo de sessenta dias após a cessação do benefício previdenciário para retornar ao trabalho ou justificar o motivo de não o fazer, não havendo transcorrido, ainda este lapso temporal.

(D) não agiu corretamente, uma vez que Lívia possui o prazo de noventa dias após a cessação do benefício previdenciário para retornar ao trabalho ou justificar o motivo de não o fazer, não havendo transcorrido, ainda este lapso temporal.

(E) não agiu corretamente, neste caso, em razão do gozo do benefício previdenciário, independentemente do lapso temporal, não se configura a hipótese de abandono de emprego, sendo vedada a dispensa com justa causa.

"B" é a opção correta. Isso porque, nos termos da súmula 32 do TST entende presumir-se o abandono de emprego se o trabalhador não retornar ao serviço no prazo de 30 (trinta) dias após a cessação do benefício previdenciário nem justificar o motivo de não o fazer. O abandono de emprego é uma justa causa tipificada no art. 482, *i*, da CLT.

(Analista Judiciário – TRT/20 – FCC – 2016) A notificação ou comunicação antecipada que uma das partes faz à outra manifestando a sua intenção em romper o contrato de trabalho é conceituada como aviso-prévio. Conforme previsão legal e sumulada pelo Tribunal Superior do Trabalho,

(A) é permitido por lei substituir o período que se reduz da jornada de trabalho, no aviso-prévio, pelo pagamento das horas correspondentes, desde que acrescida do adicional de horas extras em dobro.

(B) após a comunicação do aviso-prévio, a rescisão torna-se efetiva depois de expirado o respectivo prazo, mas, se a parte notificante reconsiderar o ato, antes de seu termo, a outra parte fica obrigada a aceitar a reconsideração.

(C) o empregado que, durante o prazo do aviso-prévio, cometer quaisquer das faltas consideradas pela lei como justa causa para a rescisão, perde o direito ao restante do respectivo prazo.

(D) a ocorrência de qualquer motivo de justa causa no decurso do prazo do aviso-prévio dado pelo empregador, retira do empregado qualquer direito às verbas rescisórias de natureza indenizatória.

(E) é devido o aviso-prévio na despedida indireta, mas nesse caso o valor das horas extraordinárias habituais não integrará o aviso-prévio indenizado.

A: opção incorreta, pois nos termos da súmula 230 do TST é ilegal substituir o período que se reduz da jornada de trabalho, no aviso-prévio, pelo pagamento das horas correspondentes. **B:** opção incorreta, pois nos termos do art. 489 da CLT dado o aviso-prévio, a rescisão torna-se efetiva depois de expirado o respectivo prazo, mas, se a parte notificante reconsiderar o ato, antes de seu termo, à outra parte é facultado aceitar ou não a reconsideração. **C:** opção correta, pois nos termos do art. 491 da CLT o empregado que, durante o prazo do aviso-prévio, cometer qualquer das faltas consideradas pela lei como justas para a rescisão, perde o direito ao restante do respectivo prazo. **D:** opção incorreta, pois nos termos da súmula 73 do TST a ocorrência de justa causa, salvo a de abandono de emprego, no decurso do prazo do aviso-prévio dado pelo empregador, retira do empregado qualquer direito às verbas rescisórias de natureza indenizatória. **E:** opção incorreta, pois nos termos do § 4º do art. 487 da CLT é devido o aviso-prévio na despedida indireta. Ademais, o § 5º do mesmo dispositivo ensina que O valor das horas extraordinárias habituais integra o aviso-prévio indenizado.

(Analista Judiciário – TRT/24 – FCC – 2017) Quanto ao Fundo de Garantia por Tempo de Serviço – FGTS, segundo ordenamento jurídico e jurisprudência sumulada do Tribunal Superior do Trabalho:

(A) A contribuição para o Fundo de Garantia do Tempo de Serviço incide sobre a remuneração mensal devida ao empregado, inclusive horas extras e adicionais, desde que habituais.

(B) É trintenária a prescrição do direito de reclamar contra a falta de recolhimento de contribuição para o FGTS, observado o prazo de cinco anos após o término do contrato.

(C) Quando ocorrer despedida por culpa recíproca ou força maior, reconhecida pela Justiça do Trabalho, o percentual da multa rescisória será reduzido para dez por cento.

(D) A prescrição da pretensão relativa às parcelas remuneratórias alcança o respectivo recolhimento da contribuição para o FGTS.

(E) A conta vinculada do trabalhador no FGTS poderá ser movimentada quando houver suspensão total do trabalho avulso por período igual ou superior a sessenta dias, comprovada por declaração do sindicato representativo da categoria profissional.

A: opção incorreta, pois nos termos da súmula 63 do TST a contribuição para o Fundo de Garantia do Tempo de Serviço incide sobre a remuneração mensal devida ao empregado, inclusive horas extras e adicionais eventuais, ainda que não habituais. **B:** opção incorreta, pois nos termos da súmula 362 a prescrição será quinquenal. **C:** opção incorreta, pois nos termos do art. 18, § 2º, da Lei 8.036/1990 quando ocorrer despedida por culpa recíproca ou força maior, reconhecida pela Justiça do Trabalho, o percentual da multa rescisória será de 20 (vinte) por cento. **D:** opção correta, pois a prescrição da pretensão relativa às parcelas remuneratórias alcança o respectivo recolhimento da contribuição para o FGTS. **E:** opção incorreta, pois nos termos do art. 20, X, da Lei 8.036/1990 a conta poderá ser movimentada em caso de suspensão total do trabalho avulso por período igual ou superior a 90 (noventa) dias, comprovada por declaração do sindicato representativo da categoria profissional.

(Analista Judiciário – TRT/11 – FCC – 2017) Com relação ao FGTS, considere:

I. A equivalência entre os regimes do Fundo de Garantia do Tempo de Serviço e da estabilidade prevista na CLT é meramente jurídica e não econômica, sendo indevidos valores a título de reposição de diferenças.

II. O pagamento relativo ao período de aviso-prévio, trabalhado ou não, está sujeito à contribuição para o FGTS.

III. Caberá ao Conselho Curador do FGTS, na qualidade de agente operador, emitir Certificado de Regularidade do FGTS.

IV. Quando ocorrer rescisão do contrato de trabalho por culpa recíproca ou força maior reconhecida pela Justiça do Trabalho, o percentual devido relativo à multa pela rescisão será de 20%.

Está correto o que se afirma APENAS em

(A) I e II.
(B) I, II e III.
(C) II, III e IV.
(D) I, II e IV.
(E) III e IV.

I: correto. Nos termos da súmula 98, I, do TST A equivalência entre os regimes do Fundo de Garantia do Tempo de Serviço e da estabilidade prevista na CLT é meramente jurídica e não econômica, sendo indevidos valores a título de reposição de diferenças. **II:** correto. Nos termos da súmula 305 do TST O pagamento relativo ao período de aviso-prévio, trabalhado ou não, está sujeito a contribuição para o FGTS. **III:** incorreto. Nos termos do art. 7º, V, da Lei 8.036/1990 cabe à caixa Econômica Federal emitir Certificado de Regularidade do FGTS. **IV:** correto. Nos termos do art. 18, § 2º, da Lei 8.036/1990 quando ocorrer despedida por culpa recíproca ou força maior, reconhecida pela Justiça do Trabalho, o percentual relativo à multa pela rescisão será de 20 (vinte) por cento.

(Técnico – TRT/16ª – 2015 – FCC) Vera, empregada da empresa "A", estando atolada em dívidas, informou levianamente a seu superior hierárquico que havia mudado de residência, apresentando novo comprovante falso, visando receber maiores vantagens a título de vale-transporte. A empresa "A" descobriu a atitude de sua empregada e rescindiu o seu contrato de trabalho por justa causa, em razão da prática de falta grave caracterizada por

(A) desídia.
(B) ato de incontinência de conduta.
(C) desídia e insubordinação.
(D) ato de improbidade.
(E) ato de indisciplina.

A: incorreta, tendo em vista que desídia trata da hipótese em que o empregado deixa de prestar o serviço com zelo, interesse, empenho, passando a laborar com negligência. **B:** incorreta, tendo em vista que *incontinência de conduta mostra* comportamento desregrado ligado à vida sexual do obreiro, comportamento este que traz perturbações ao ambiente de trabalho, como, por exemplo, visitas a sites pornográficos na *internet*. **C:** incorreta, pois a insubordinação consiste no descumprimento de ordens pessoais de serviço expedidas pelo empregador. Quanto à desídia remetemos aos comentários da alternativa "A". **D:** correta, pois o ato de improbidade revela mau caráter, maldade, desonestidade, má-fé, por parte do empregado, capaz de causar prejuízo ou até risco à integridade do patrimônio do empregador. **E:** incorreta, pois a indisciplina consiste no descumprimento de ordens gerais de serviço, como por exemplo, o descumprimento de uma norma prevista no regulamento da empresa.

(Técnico – TRT/3ª – 2015 – FCC) Quanto ao instituto do aviso-prévio:

(A) é a comunicação que uma parte da relação de emprego faz a outra, informando que não tem a intenção de manter o contrato de trabalho, previsto apenas para os contratos por prazo indeterminado.

(B) a falta de aviso-prévio pelo empregador dá ao empregado o direito aos salários correspondentes ao prazo respectivo, garantida sempre a integração desse período no seu tempo de serviço.

(C) seu prazo será proporcional ao tempo de serviço do empregado, desde que este receba por mês e esteja empregado há, pelo menos, um ano na empresa, acrescendo-se 3 dias a mais por ano trabalhado no seu cálculo.

(D) com o advento da lei que estipulou o aviso-prévio proporcional ao tempo de serviço, foram revogadas todas as cláusulas previstas em acordos ou convenções coletivas de trabalho, bem como em dissídios coletivos, que previam o instituto com proporcionalidade mais benéfica ao trabalhador.

(E) a falta de cumprimento pelo empregado, sem a respectiva justificativa, retira-lhe o direito ao recebimento não só do salário do prazo respectivo, como também das demais verbas rescisórias a que teria direito.

A: incorreta, pois embora o aviso-prévio seja a comunicação que uma parte da relação de emprego faz a outra, informando que não tem a intenção de manter o contrato de trabalho, pode ser previsto no contrato de trabalho com prazo determinado que contenha a cláusula assecuratória do direito recíproco de rescisão, art. 481 da CLT. **B:** correta, pois reflete o disposto no art. 487, § 1º, da CLT. **C:** incorreta, pois o aviso-prévio será proporcional ao tempo de serviço, independente da forma de remuneração do empregado, art. 1º da Lei 12.506/2011. **D:** incorreta, pois havendo cláusula estipulada em acordo ou convenção coletiva que seja mais benéfica ao trabalhador deverá ela prevalecer, em obediência ao princípio da aplicação da norma mais favorável. **E:** incorreta, pois nos termos do art. 487, § 2º, da CLT falta de aviso-prévio por parte do empregado dá ao empregador o direito de descontar os salários correspondentes ao prazo respectivo, mas não retira o direito à percepção de todas as verbas rescisórias.

(Técnico Judiciário – TST – 2008 – CESPE) Com base na Constituição Federal de 1988 e na Consolidação das Leis do Trabalho (CLT), julgue o item seguinte acerca dos direitos dos trabalhadores urbanos e rurais.

(1) O aviso-prévio será proporcional ao tempo de serviço, observado, sempre, o mínimo de trinta dias, nos termos da lei.

1: Art. 7º, XXI, da CF.

(Técnico Judiciário – TRT/4ª – 2011 – FCC) As irmãs Simone, Sinara e Soraya tiveram seus contratos de trabalho rescindidos. A dissolução do contrato de trabalho de Simone decorreu de culpa recíproca de ambas as partes; a rescisão do contrato de trabalho de Sinara foi indireta, tendo em vista que a sua empregadora praticou uma das faltas graves passíveis de rescisão contratual; e Soraya foi dispensada com justa causa. Nestes casos, o aviso-prévio

(A) será devido apenas a Simone e Sinara, sendo o seu valor integral para Sinara e de 50% para Simone.
(B) será devido apenas a Simone e Sinara, sendo para ambas em valor integral.
(C) não será devido a Simone, Sinara e Soraya, por expressa disposição legal.
(D) será devido apenas a Simone, em 50% do seu valor.
(E) será devido a Simone, Sinara e Soraya, sendo o seu valor integral para Simone e Sinara e de 50% para Soraya.

Art. 487 da CLT e súmula 14 do TST.

(Técnico – TRT/6ª – 2012 – FCC) Considere as seguintes verbas:

I. Saldo de Salário.
II. Décimo terceiro salário proporcional.
III. Aviso-Prévio.

Na rescisão de contrato individual de trabalho por prazo indeterminado em razão da prática de falta grave, falta esta configuradora de justa causa, dentre outras verbas, o empregado NÃO terá direito a indicada APENAS em

(A) II e III.
(B) I e II.
(C) I e III.
(D) II.
(E) I.

O saldo de salários, assim como as férias vencidas (quando já transcorrido o prazo do período concessivo) e as férias simples (quando já transcorrido o período aquisitivo, mas ainda em curso o período concessivo), constituem direito adquirido e tais verbas sempre serão devidas, qualquer que seja a hipótese de extinção do contrato de trabalho. Na extinção do contrato por justa causa do emprego, não há direito a décimo terceiro salário proporcional (art. 3º da Lei 4.090/1962), férias proporcionais (CLT, art. 146. Parágrafo único), multa sobre o FGTS (por não se tratar de desligamento involuntário), nem a aviso-prévio (na medida em que este se presta a resguardar o trabalhador em face da subida extinção involuntária de seu vínculo empregatício). Ademais, o empregado não fará jus ao saque do FGTS nem do Seguro-Desemprego.

(Técnico Judiciário – TRT/7ª – 2009 – FCC) Com relação ao aviso-prévio, considere as assertivas abaixo.

I. Não havendo prazo estipulado, a parte que, sem justo motivo, quiser rescindir o contrato de trabalho, deverá avisar a outra parte da sua resolução com a antecedência mínima de quinze dias, se o pagamento for efetuado por semana ou tempo inferior.
II. A falta de aviso-prévio por parte do empregado dá ao empregador o direito de descontar os salários correspondentes ao prazo respectivo.
III. O empregado que, durante o prazo do aviso-prévio, cometer qualquer das faltas consideradas pela lei como justas para a rescisão do contrato de trabalho, perde o direito ao restante do respectivo prazo.
IV. O aviso-prévio não é devido na despedida indireta.

É correto o que se afirma APENAS em:

(A) III e IV.
(B) I e IV.
(C) II e IV.
(D) II e III.
(E) I e II.

I: incorreta, art. 487, I, da CLT e art. 7º, XXI, da CF; II: correta, art. 487, § 2º, da CLT; III: correta, art. 491 da CLT; IV: incorreta, art. 487, § 4º, da CLT.

(Técnico Judiciário – TRT/8ª – 2010 – FCC) Não é permitido fumar nas dependências da empresa "Saúde Corporal", havendo circular interna proibitiva, bem como quadros proibitivos anexados em determinados locais. Neste caso, o empregado que descumpre reiteradamente esta ordem está sujeito a rescisão do seu contrato de trabalho por justa causa em razão da prática específica de ato de

(A) desídia.
(B) insubordinação.
(C) improbidade.
(D) indisciplina.
(E) incontinência de conduta.

A desídia é o desleixo, a negligência na realização de um serviço. A insubordinação é o descumprimento de ordem direcionada diretamente ao insubordinado. A improbidade é a desonestidade. A indisciplina é o descumprimento de uma ordem geral. Finalmente, a incontinência de conduta é o mau procedimento de cunho sexual (assédio sexual, piadas obscenas).

(Técnico Judiciário – TRT/8ª – 2010 – FCC) Joaquim cometeu delito tipificado pelo Código Penal brasileiro e sofreu condenação em primeira instância.

Seu advogado apresentou recurso cabível tempestivamente, porém, ainda não houve julgamento.

Diante desta situação, seu contrato individual de trabalho por prazo determinado

(A) não sofrerá qualquer alteração.
(B) poderá ser rescindido por justa causa obreira.
(C) será suspenso.
(D) será interrompido.
(E) será automaticamente rescindido por força maior.

Art. 482, "d", da CLT.

(Técnico Judiciário – TRT/9ª – 2010 – FCC) De acordo com a Consolidação das Leis do Trabalho, em regra, a suspensão disciplinar do empregado por mais de trinta dias consecutivos

(A) não importa rescisão do contrato de trabalho, tendo em vista o Princípio da Proteção.
(B) importa rescisão injusta do contrato de trabalho.
(C) importa rescisão de contrato de trabalho com reconhecimento imediato de culpa recíproca entre as partes tipificada pela norma legal.
(D) importa rescisão do contrato de trabalho com justa causa.
(E) não importa rescisão do contrato de trabalho, tendo em vista o princípio da continuidade da relação de emprego.

Art. 474 da CLT.

(Técnico Judiciário – TRT/14ª – 2011 – FCC) Tales, empregado da empresa Bom Garfo, falsificou atestado médico para justificar suas faltas e consequentemente não ter desconto em sua remuneração. Neste caso, Tales cometeu falta grave passível de demissão por justa causa, uma vez que praticou ato de

(A) indisciplina.
(B) insubordinação.
(C) desídia.
(D) incontinência de conduta.
(E) improbidade.

A indisciplina é o descumprimento de uma ordem ou orientações gerais, passada pelo empregador a seus empregados coletivamente considerados. A insubordinação é o descumprimento de ordem ou orientação direcionada pessoalmente ao insubordinado. A incontinência de conduta é o mau procedimento de cunho sexual (assédio sexual, piadas obscenas). A desídia é o desleixo, a negligência na realização de um serviço. A improbidade é a desonestidade.

(Técnico Judiciário – TRT/15ª – 2009 – FCC) Com relação ao aviso-prévio é INCORRETO afirmar:

(A) A data de saída a ser anotada na CTPS deve corresponder à do término do prazo do aviso-prévio, ainda que indenizado.
(B) Não é devido o aviso-prévio na despedida indireta.
(C) A falta de aviso-prévio por parte do empregado dá ao empregador o direito de descontar os salários correspondentes ao prazo respectivo.

14. DIREITO DO TRABALHO   655

(D) O valor das horas extras habituais integra o aviso-prévio indenizado.

(E) A falta do aviso-prévio do empregador dá ao empregado o direito aos salários do período correspondente.

A: correta, OJ 82 da SDI-1 do TST; B: incorreta, art. 487, § 4º, da CLT; C: correta, art. 487, § 2º, da CLT; D: correta, art. 487, § 5º, da CLT e súmula 376, II, do TST; E: correta, art. 487, § 1º, da CLT.

Gabarito "B".

(Técnico Judiciário – TRT/16ª – 2009 – FCC) Com relação ao Aviso-Prévio é certo que

(A) em regra, é válida a concessão do aviso-prévio na fluência da garantia de emprego.

(B) o pagamento relativo ao período do aviso-prévio indenizado não está sujeito à contribuição para o FGTS.

(C) o pagamento relativo ao período do aviso-prévio trabalhado não está sujeito à contribuição para o FGTS.

(D) a gratificação semestral não repercute no cálculo do aviso-prévio, ainda que indenizado.

(E) no cálculo do aviso-prévio estão incluídas as gorjetas, havendo expressa disposição legal neste sentido.

A: incorreta, súmula 348 do TST; B e C: incorretas, súmula 305 do TST; D: correta, súmula 253 do TST; E: incorreta, súmula 354 do TST.

Gabarito "D".

(Técnico Judiciário – TRT/16ª – 2009 – FCC) Com relação à extinção do contrato individual de trabalho por justa causa praticado pelo empregado, é correto afirmar:

(A) A gravidade do ato praticado pelo empregado é um elemento objetivo da justa causa.

(B) O empregado que descumpre norma contida em circular interna da empresa pratica ato de insubordinação.

(C) O ônus da prova da existência de justa causa para a dispensa do empregado é do próprio empregado.

(D) Em regra, o empregador poderá aplicar dupla punição pelo mesmo ato praticado pelo empregado.

(E) Para haver justa causa é necessário que o empregado seja condenado criminalmente com sentença proferida em primeira instância.

A: correta, segundo a doutrina, a despedida por justa causa demanda proporcionalidade e, por consequência, gravidade do ato faltoso, haja vista a pujança do princípio da continuidade nas relações de trabalho; B: incorreta, a circular interna veicula normas gerais, cuja inobservância caracteriza a indisciplina, ao passo que a insubordinação diz com a inobservância de ordens pessoais e diretas do empregador pelo empregado; C: incorreta, forte no princípio da continuidade, é do empregador o ônus da prova da justa causa; D: incorreta, pelo princípio da singularidade, que norteia o *jus puniendi* do empregador, é vedado o *bis in idem* nas punições; E: incorreta, inexiste previsão legal neste sentido, conquanto o art. 482, *d*, da CLT trate da condenação criminal transitada em julgado.

Gabarito "A".

(Técnico Judiciário – TRT/16ª – 2009 – FCC) O empregado que se demite sem antes completar doze meses de serviço

(A) só tem direito a férias proporcionais se houver dispositivo contratual específico.

(B) só tem direito a férias proporcionais se houver previsão em convenção coletiva da categoria ou acordo normativo.

(C) tem direito a férias proporcionais.

(D) não tem direito a férias proporcionais em nenhuma hipótese.

(E) tem direito a férias proporcionais reduzida da metade.

Súmula 171 do TST e Convenção 132 da OIT.

Gabarito "C".

(Técnico Judiciário – TRT/18ª – 2008 – FCC) Mariana, Janaina e Dora são empregadas da empresa MAR, exercendo, ambas, a função de auxiliar administrativo. Ontem Mariana contrariou ordens gerais da empresa constantes no regulamento interno e fumou cigarros no ambiente de trabalho; Janaina contrariou ordem específica de seu superior hierárquico, deixando de elaborar os relatórios administrativos que lhe foram solicitados, e Dora utilizou o telefone da empresa para efetuar ligações para o "disque sexo".

Nestes casos, Mariana, Janaina e Dora praticaram, respectivamente, atos de

(A) indisciplina, insubordinação e incontinência de conduta.

(B) insubordinação, insubordinação e incontinência de conduta.

(C) indisciplina, indisciplina e incontinência de conduta.

(D) desídia, insubordinação e indisciplina.

(E) desídia, indisciplina e incontinência de conduta.

Indisciplina é a falta caracterizada pela inobservância de regras e ordens gerais da empresa, enquanto que a insubordinação se caracteriza pela inobservância de ordens diretas e pessoais. A incontinência de conduta, por sua vez, consiste na prática de atos de cunho sexual contrários à moral.

Gabarito "A".

(Técnico Judiciário – TRT/18ª – 2008 – FCC) O aviso-prévio

(A) somente indenizado integrará o tempo de serviço do empregado.

(B) somente trabalhado integrará o tempo de serviço do empregado.

(C) trabalhado ou indenizado integrará sempre o tempo de serviço do empregado.

(D) trabalhado ou indenizado integrará em determinadas hipóteses previamente previstas em lei o tempo de serviço do empregado.

(E) não integrará, em qualquer hipótese, o tempo de serviço do empregado, por expressa determinação legal.

Art. 487, § 6º, da CLT.

Gabarito "C".

(Técnico Judiciário – TRT/22ª – 2010 – FCC) Marcelo, empregado da empresa WX do Brasil Ltda., foi agredido fisicamente por seu empregador Fernando, em razão de chegar atrasado constantemente no trabalho. Inconformado, Marcelo revidou a agressão e atingiu Fernando com seu capacete, ferindo-o. Como não resolveram a questão amigavelmente, foi proposta Reclamação Trabalhista na Justiça do Trabalho. O Tribunal Regional do Trabalho da respectiva região, confirmando o entendimento de primeiro grau, concluiu que ficou demonstrada a reciprocidade no tratamento desrespeitoso e agressivo de ambas as partes, que contribuíram para a impossibilidade da continuidade do pacto laboral. O juiz foi enfático ao afirmar que a tese de legítima defesa não se aplicaria ao caso, já que houve revide imediato por parte do reclamante, que bastaria se valer da via judicial para solucionar a questão. Dessa forma, reconhecida judicialmente a culpa recíproca no incidente, é correto afirmar que Marcelo

(A) terá direito a receber 15% das verbas rescisórias referentes ao aviso-prévio, ao 13º salário e às férias proporcionais que seriam devidas em caso de culpa exclusiva do empregador.

(B) terá direito a receber 25% das verbas rescisórias referentes ao aviso-prévio, ao 13º salário e às férias proporcionais que seriam devidas em caso de culpa exclusiva do empregador.

(C) terá direito a receber 50% das verbas rescisórias referentes ao aviso-prévio, ao 13º salário e às férias proporcionais que seriam devidas em caso de culpa exclusiva do empregador.

(D) terá direito a receber 100% das verbas rescisórias em razão da culpa do empregador, tendo em vista o princípio vigente no Direito do Trabalho do *in dubio pro operário*.

(E) não terá direito a receber qualquer verba rescisória, tendo em vista tratar-se de hipótese de despedida por justa causa.

Súmula 14 do TST, culpa recíproca.

Gabarito "C".

(Técnico Judiciário – TRT/23ª – 2011 – FCC) O aviso prévio

(A) é devido na despedida indireta e o valor das horas extraordinárias habituais não integra o aviso prévio indenizado.

(B) não é devido na despedida indireta e o valor das horas extraordinárias habituais integra o aviso prévio trabalhado.

(C) é devido na despedida indireta e o valor das horas extraordinárias habituais integra o aviso prévio indenizado.

(D) é devido na despedida indireta e o valor das horas extraordinárias habituais não integra o aviso prévio indenizado.

(E) não é devido despedida indireta e o valor das horas extraordinárias habituais integra apenas o aviso prévio trabalhado.

Art. 487, §§ 4º e 5º, CLT. Veja também a súmula 376, II, TST.

Gabarito "C".

(Técnico Judiciário – TRT/24ª – 2011 – FCC) Laís, empregada da empresa G, após quatro meses de contrato de trabalho, sem ter tido nenhuma falta, pediu demissão, uma vez que estava insatisfeita com o seu emprego. Neste caso, de acordo com o entendimento sumulado do Tribunal Superior do Trabalho, Laís

(A) terá direito de receber suas férias proporcionais (quatro meses) acrescidas de um terço.
(B) não terá direito de receber suas férias proporcionais e nem o décimo terceiro salário, tendo em vista que a legislação pertinente prevê o prazo mínimo de seis meses de contrato de trabalho.
(C) não terá direito de receber suas férias proporcionais, tendo em vista que não completou doze meses de serviço.
(D) terá direito de receber suas férias proporcionais (quatro meses) de forma simples, ou seja, sem o acréscimo de um terço.
(E) terá direito ao aviso-prévio de trinta dias, podendo optar em reduzir sua jornada diária em duas horas ou faltar ao serviço por sete dias corridos.

Súmula 171 do TST.

Gabarito 'A'.

(Técnico Judiciário – TRT/24ª – 2011 – FCC) Simone, empregada da empresa Z, para justificar sua falta ao serviço, apresentou um atestado médico falso obtido em Campo Grande-MS. Neste caso, Simone praticou ato de

(A) desídia indireta.
(B) insubordinação.
(C) desídia direta.
(D) improbidade.
(E) incontinência de conduta.

A desídia é o desleixo, a negligência na realização de um serviço. A insubordinação é o descumprimento de ordem direcionada diretamente ao insubordinado. A indisciplina é o descumprimento de uma ordem geral. A improbidade é a desonestidade. Finalmente, a incontinência de conduta é o mau procedimento de cunho sexual (assédio sexual, piadas obscenas).

Gabarito 'D'.

(Técnico Judiciário – TRT/24ª – 2011 – FCC) O aviso-prévio, quando for reconhecida a culpa recíproca na rescisão do contrato de trabalho,

(A) será devido pela metade somente se comprovada reação imediata à agressão.
(B) será devido pela metade.
(C) será devido pela sua integralidade.
(D) não será devido.
(E) será devido pela sua integralidade somente se comprovada reação imediata à agressão.

Súmula 14 do TST.

Gabarito 'B'.

(Técnico Judiciário – TRT/1ª – 2008 – CESPE) Considerando que, no decorrer de um contrato de trabalho, o empregador esteja descumprindo suas obrigações contratuais, assinale a opção correta.

(A) A rescisão cabível, nesse caso, é a justa causa, consoante estipulado no art. 482 da CLT.
(B) Deverá o trabalhador permanecer no serviço até que seja rescindido o contrato.
(C) A situação considerada caracteriza culpa recíproca para a rescisão contratual, assegurando indenização por metade ao obreiro.
(D) Independentemente da forma de rompimento contratual, será devido o aviso-prévio.
(E) Findo o contrato de trabalho por despedida indireta, será devido o aviso-prévio.

O caso enquadra-se em hipótese de despedida indireta (CLT, art. 483, *d*), assegurando-se o aviso-prévio (art. 487, § 4º, da CLT).

Gabarito 'E'.

(Técnico Judiciário – TRT/9ª – 2007 – CESPE) Acerca dos direitos dos trabalhadores, sobretudo os considerados na Constituição Federal de 1988, julgue o seguinte item.

(1) O aviso-prévio será concedido ao empregado para busca de nova colocação de trabalho, com antecedência de pelo menos sete dias da dispensa, ou indenização correspondente ao período devido de redução da jornada.

1: CF, art. 7º, XXI.

Gabarito 1E.

(Técnico Judiciário – TRT/9ª – 2007 – CESPE) Acerca da rescisão do contrato de trabalho, julgue os itens subsequentes.

(1) Quando houver prática, pela outra parte, de ato lesivo à honra, tanto o empregador quanto o empregado podem considerar rescindido o contrato de trabalho.
(2) Nos casos em que o juiz ou tribunal considerar que tanto empregado quanto empregador agiram com culpa para a rescisão do contrato de trabalho, a indenização deve ser reduzida pela metade em relação àquela que seria devida no caso de culpa exclusivamente patronal.

1: correta, arts. 482, "k", e 483, "e", da CLT; **2:** correta, art. 484 da CLT.

Gabarito 1C, 2C.

(Técnico Judiciário – TRT/17ª – 2009 – CESPE) No que se refere ao direito do trabalho, julgue os itens seguintes.

(1) A condenação criminal do empregado configura justa causa para sua dispensa, ainda que exista recurso pendente da condenação.
(2) Na despedida por justa causa, o empregado recebe apenas as férias vencidas, se houver, e o saldo de salários.
(3) Entende-se como rescisão indireta a cessação do contrato de trabalho por iniciativa do empregado, tendo por base alguma ação considerada justa causa praticada pelo empregador.
(4) A concessão do aviso-prévio somente é cabível nos contratos a prazo indeterminado.
(5) A comunicação do aviso-prévio pode ser feita verbalmente.
(6) Havendo culpa recíproca na rescisão do contrato de trabalho, o 13º salário é devido pela metade.

1: incorreta, art. 482, "d", da CLT; **2:** correta, art. 484 e súmula 14 do TST, *a contrario sensu* (observação: a questão poderia ter sido anulada, pois se reconhece o direito às parcelas que se consubstanciarem em direito adquirido, como o décimo terceiro vencido); **3:** correta, art. 483 da CLT; **4:** incorreta, súmula 163 do TST; **5:** correta, a lei não exige formalidade; **6:** correta, súmula 14 do TST.

Gabarito 1E, 2C, 3C, 4E, 5C, 6C.

17. ESTABILIDADE E GARANTIA NO EMPREGO

(Técnico Judiciário – TRT/7ª – 2009 – FCC) Fica vedada a dispensa arbitrária ou sem justa causa da empregada gestante desde

(A) o conhecimento da gravidez pelo empregador até cinco meses após a data do parto.
(B) a confirmação da gravidez até sessenta dias após o parto.
(C) a confirmação da gravidez até cento e vinte dias após o parto.
(D) o conhecimento da gravidez pelo empregador até sessenta dias após o parto.
(E) a confirmação da gravidez até cinco meses após o parto.

Art. 10, II, *b*, do ADCT.

Gabarito 'E'.

(Técnico Judiciário – TRT/17ª – 2009 – CESPE) No que se refere ao direito do trabalho, julgue o item seguinte.

(1) A mulher gestante adquire estabilidade a partir do momento em que comunicar ao seu empregador o estado gravídico.

1: Incorreta. Nos termos da Súmula 244, I, do TST o desconhecimento do estado gravídico pelo empregador não afasta o direito ao pagamento da indenização decorrente da estabilidade (art. 10, II, "b" do ADCT).

Gabarito 1E.

18. SAÚDE E SEGURANÇA NO TRABALHO

(Técnico Judiciário – TRT24 – FCC – 2017) A Comissão Interna de Prevenção de Acidentes – CIPA – tem como objetivo a prevenção de acidentes e doenças decorrentes do trabalho, de modo a tornar compatível permanentemente o trabalho com a preservação da vida e a promoção da saúde do trabalhador. Em relação à CIPA, segundo a legislação,

(A) os representantes dos empregadores, titulares e suplentes, serão eleitos, entre todos os empregados, em escrutínio secreto.
(B) os representantes dos empregados, titulares e suplentes, serão designados pelo sindicato.

14. DIREITO DO TRABALHO   657

(C) o empregador designará, anualmente, dentre os seus represen-tantes eleitos, o Vice-Presidente da CIPA.

(D) o mandato dos membros eleitos da CIPA terá a duração de 1 ano, permitida uma reeleição.

(E) os empregados elegerão, dentre os empregados designados pelo sindicato, o Presidente da CIPA.

A: opção incorreta, pois nos termos do art. 164, § 2°, da CLT os representantes dos empregados, titulares e suplentes, serão eleitos em escrutínio secreto, do qual participem, independentemente de filiação sindical, exclusivamente os empregados interessados. **B:** opção incorreta, pois nos termos do art. 164, § 1°, da CLT os representantes dos empregadores, titulares e suplentes, serão por eles designados. **C:** opção incorreta, pois nos termos do art. 164, § 5°, da CLT o empregador designará, anualmente, dentre os seus representantes, o Presidente da CIPA e os empregados elegerão, dentre eles, o Vice-Presidente. **D:** opção correta, pois reflete a disposição do art. 164, § 3°, da CLT. **E:** opção incorreta, pois os empregados elegerão o Vice-Presidente, art. 164, § 5°, da CLT. HC

Gabarito "D".

(Técnico Judiciário – TRT24 – FCC – 2017) A constatação de que o exercício de qualquer atividade profissional gera riscos à saúde e à integridade física do trabalhador fez com que, gradativamente fosse sendo construída uma estrutura de proteção ao trabalhador, passando a questão relativa à segurança e medicina do trabalho ser vista a partir de uma concepção profundamente humana. Com relação às normas de medicina e segurança do trabalho, em especial às atividades insalubres e perigosas, a legislação estabelece que

(A) o exercício de trabalho em condições insalubres, acima dos limites de tolerância, assegura a percepção de adicional respectivamente de 40% ou 20% do salário-base do empregado, segundo se clas-sifiquem nos graus máximo e mínimo.

(B) o trabalho em condições de periculosidade assegura ao empregado um adicional de 30% sobre o salário sem os acréscimos resultantes de gratificações, prêmios ou participações nos lucros da empresa.

(C) são consideradas atividades ou operações perigosas aquelas que, por sua natureza ou métodos de trabalho, impliquem risco acentuado em virtude de exposição permanente ou eventual do trabalhador a roubos ou outras espécies de violência, física ou moral, nas atividades profissionais de bancários e de segurança pessoal ou patrimonial.

(D) não serão descontados ou compensados do adicional de insalu-bridade outros da mesma natureza eventualmente já concedidos ao vigilante por meio de acordo coletivo.

(E) o Ministério do Trabalho aprovará o quadro das atividades e ope-rações insalubres e adotará normas sobre os critérios de caracte-rização da insalubridade, cabendo à Justiça do Trabalho fixar os limites de tolerância aos agentes agressivos, meios de proteção e o tempo máximo de exposição do empregado a esses agentes.

A: opção incorreta, pois nos termos do art. 192 da CLT o exercício de trabalho em condições insalubres, acima dos limites de tolerância estabelecidos pelo Ministério do Trabalho, assegura a percepção de adicional respectivamente de 40% (quarenta por cento), 20% (vinte por cento) e 10% (dez por cento) do salário-mínimo da região, segundo se classifiquem nos graus máximo, médio e mínimo. **B:** opção correta, pois reflete a disposição do art. 193, § 1°, da CLT. **C:** opção incorreta, pois nos termos do art. 193, II, da CLT são consideradas perigosas aquelas que, por sua natureza ou métodos de trabalho, impliquem risco acentuado em virtude de exposição permanente do trabalhador a roubos ou outras espécies de violência física nas atividades profis-sionais de segurança pessoal ou patrimonial. **D:** opção incorreta, pois nos termos do art. 193, § 3°, da CLT serão descontados ou compensados do adicional outros da mesma natureza eventualmente já concedidos ao vigilante por meio de acordo coletivo. **E:** opção incorreta, pois nos termos do art. 190 da CLT não compete à Justiça do Trabalho fixar os limites de tolerância aos agentes agressivos, meios de proteção e o tempo máximo de exposição do empregado a esses agentes. Determina referido dispositivo legal que o Ministério do Trabalho aprovará o quadro das atividades e operações insalubres e adotará normas sobre os critérios de caracterização da insalubridade, os limites de tolerância aos agentes agressivos, meios de proteção e o tempo máximo de exposição do empregado a esses agentes. HC

Gabarito "B".

(Técnico Judiciário – TRT11 – FCC – 2017) Segundo a Consolidação das Leis do Trabalho, o mandato dos membros eleitos da Comissão Interna de Prevenção de Acidentes – CIPA terá a duração de

(A) um ano, permitida uma reeleição, exceto ao membro suplente que, durante o seu mandato, tenha participado de menos da metade do número de reuniões da CIPA.

(B) um ano, vedado a reeleição, em qualquer hipótese, havendo dispositivo legal expresso neste sentido.

(C) dois anos, vedada a reeleição, em qualquer hipótese, havendo dispositivo legal expresso neste sentido.

(D) um ano, permitida uma reeleição, exceto ao membro suplente que, durante o seu mandato, tenha participado de menos de 1/3 do número de reuniões da CIPA.

(E) dois anos, permitida uma reeleição, exceto ao membro suplente que, durante o seu mandato, tenha participado de menos de 1/3 do número de reuniões da CIPA.

"A" é a resposta correta. Isso porque, nos termos do art. 164, § 3°, da CLT o mandato dos membros eleitos da CIPA terá a duração de 1 (um) ano, permitida uma reeleição. HC

Gabarito "A".

(Técnico Judiciário – TRT8 – CESPE – 2016) No que se refere a segurança e medicina do trabalho, atividades perigosas ou insalubres, assinale a opção correta.

(A) A função de motociclista não é considerada atividade perigosa, por falta de previsão legal.

(B) Matérias relativas à insalubridade e à periculosidade não podem ser objeto de ação trabalhista.

(C) Recebida a classificação pelo órgão competente, é vedada a rea-lização de atos que visem eliminar ou neutralizar a insalubridade do ambiente de trabalho.

(D) A Associação Nacional de Engenharia de Segurança do Trabalho é o órgão responsável pela notificação de empresas em que seja constatado o exercício de atividades insalubres.

(E) A exposição e o manuseio contínuos de artigos inflamáveis pelo empregado podem ser considerados atividades perigosas.

A: opção incorreta, pois nos termos do art. 193, § 4°, da CLT a função de motociclista é considerada perigosa. **B:** opção incorreta, pois nada obsta que as reclamações trabalhistas tragam em seu objeto matérias relativas à periculosidade e insalubridade, art. 5°, XXXV, da CF. **C:** opção incorreta, pois o art. 191 da CLT aponta hipóteses que tratam da eliminação ou neutralização do agente. **D:** opção incorreta, pois o Ministério do Trabalho e Emprego é o órgão responsável, veja arts. 190 e 195 da CLT. **E:** opção correta, pois reflete a disposição contida no art. 193, I, da CLT. HC

Gabarito "E".

(Analista Judiciário – TRT/11 – FCC – 2017) Carlos é empregado da empresa DCD Ltda. Ele recebe adicional de periculosidade em razão da atividade desenvolvida na empresa. Exatamente em razão desta atividade Carlos também é remunerado pelas horas que permanece de sobreaviso em sua residência, porém, na remuneração destas horas de sobreaviso a empresa paga sem a integração do adicional de periculosidade. Neste caso, de acordo com o entendimento Sumulado do TST, a empresa empregadora efetua o pagamento de forma

(A) incorreta se as horas de sobreaviso ultrapassam dez horas durante um mês, uma vez que, somente neste caso, haverá integração do adicional de periculosidade sobre as horas de sobreaviso.

(B) incorreta uma vez que a integração do adicional de periculosidade sobre as horas de sobreaviso é sempre devido, em razão da atividade desenvolvida pelo empregado.

(C) incorreta se as horas de sobreaviso ultrapassam quinze horas durante um mês, uma vez que, somente neste caso, haverá integração do adicional de periculosidade sobre as horas de sobreaviso.

(D) correta uma vez que Carlos não se encontra em condições de risco, razão pela qual é incabível a integração do adicional de periculosidade sobre as horas de sobreaviso.

(E) incorreta se as horas de sobreaviso ultrapassam vinte horas durante um mês, uma vez que, somente neste caso, haverá integração do adicional de periculosidade sobre as horas de sobreaviso.

"D" é a opção correta. Nos termos da súmula 132 do TST durante as horas de sobreaviso, o empregado não se encontra em condições de risco, razão pela qual é incabível a integração do adicional de periculosidade sobre as mencionadas horas. HC

Gabarito "D".

(Analista Judiciário – TRT/20 – FCC – 2016) Juno trabalhou por oito meses como vigilante bancário, exercendo atividades que, por sua natureza ou métodos de trabalho, implicavam risco acentuado pela exposição permanente a roubos ou outras espécies de violência física nas atividades profissionais de segurança patrimonial. Nessa situação, Juno fará jus a adicional de

(A) insalubridade no valor de 30% da remuneração global, incluindo os acréscimos decorrentes de gratificações e prêmios.

(B) periculosidade no importe de 10%, 20% ou 40% do salário mínimo, conforme o grau de risco da exposição verificado em perícia de engenheiro ou médico do trabalho.

(C) penosidade no importe de 10%, 20% ou 40% do salário básico, conforme o grau de risco da exposição verificado em perícia de engenheiro ou médico do trabalho.

(D) periculosidade no importe de 30% sobre o salário básico, mas sem descontar ou compensar deste adicional outros da mesma natureza eventualmente já concedidos ao vigilante por meio de acordo coletivo.

(E) periculosidade no valor de 30% sobre o salário sem os acréscimos resultantes de gratificações, prêmios ou participações nos lucros da empresa.

"E" é a opção correta. Nos termos do art. 193, II, da CLT são consideradas atividades ou operações perigosas, aquelas que, por sua natureza ou métodos de trabalho, impliquem risco acentuado em virtude de exposição permanente do trabalhador a roubos ou outras espécies de violência física nas atividades profissionais de segurança pessoal ou patrimonial. Assim, em conformidade com o § 1º do citado dispositivo, o trabalho em condições de periculosidade assegura ao empregado um adicional de 30% (trinta por cento) sobre o salário sem os acréscimos resultantes de gratificações, prêmios ou participações nos lucros da empresa.

(Técnico Judiciário – TRT20 – FCC – 2016) Medusa foi contratada como caixa do posto de combustíveis Abasteça S/A. O caixa fica localizado ao lado das bombas de abastecimento dos veículos, razão pela qual ela atua em atividade que implica risco acentuado por exposição permanente da trabalhadora a produtos inflamáveis e explosivos. Medusa ajuizou ação trabalhista postulando o pagamento de adicional, sendo verificadas as condições de risco por perícia judicial. Assim, conforme legislação aplicável, Medusa fará jus ao adicional de

(A) penosidade, no valor de 10%, 20% ou 40% do salário mínimo regional, conforme classificação de risco mínimo, médio e máximo.

(B) periculosidade, no valor de 25% sobre o valor da hora normal para cada hora trabalhada com exposição ao risco.

(C) insalubridade, no importe de 30% sobre toda a sua remuneração, incluindo prêmios e gratificações.

(D) periculosidade, no valor de 30% sobre o salário sem os acréscimos resultantes de gratificações, prêmios ou participações nos lucros da empresa.

(E) insalubridade, no importe de 10%, 20% ou 40% do salário mínimo nacional, conforme classificação de risco mínimo, médio e máximo.

"D" é a opção correta. Isso porque, nos termos do art. 193, I, da CLT são consideradas atividades ou operações perigosas, na forma da regulamentação aprovada pelo Ministério do Trabalho e Emprego, aquelas que, por sua natureza ou métodos de trabalho, impliquem risco acentuado em virtude de exposição permanente do trabalhador a inflamáveis. Nessa linha, determina o § 1º do mesmo dispositivo legal que o trabalho em condições de periculosidade assegura ao empregado um adicional de 30% (trinta por cento) sobre o salário sem os acréscimos resultantes de gratificações, prêmios ou participações nos lucros da empresa. Vale dizer que, embora nossa Constituição Federal assegure no art. 7º, XXIII, o adicional na remuneração para o trabalho penoso, não há em nosso ordenamento jurídico regulamentação sobre o tema.

(Técnico – TRT/19ª – 2015 – FCC) Se a atividade do empregado é, simultaneamente, insalubre e perigosa, o adicional devido será o

(A) de maior valor.

(B) escolhido pelo empregado.

(C) escolhido pelo empregador.

(D) da atividade preponderante.

(E) de periculosidade, sempre.

"B" é a resposta correta. Nos termos do art. 193, § 2º, da CLT, dispositivo que regula o adicional de periculosidade, ensina que o empregado poderá optar pelo adicional de insalubridade que porventura lhe seja devido.

(Técnico – TRT/16ª – 2015 – FCC) O posto de gasolina "C" possui empregados que recebem adicional de periculosidade. Este adicional é pago na proporção de 30% (trinta por cento) sobre o salário sem os acréscimos resultantes de gratificações, prêmios ou participações nos lucros do posto. De acordo com a Consolidação das Leis do Trabalho, o adicional de periculosidade

(A) está sendo pago corretamente.

(B) deveria ser pago na base de 35% sobre o salário sem acréscimos.

(C) deveria incidir com os acréscimos resultantes de gratificações.

(D) deveria incidir com os acréscimos resultantes de prêmios.

(E) deveria incidir na base de 35% sobre o salário mínimo.

"A" é a resposta correta. Nos termos do art. 193, § 1º, da CLT o trabalho em condições de periculosidade assegura ao empregado um adicional de 30% (trinta por cento) sobre o salário sem os acréscimos resultantes de gratificações, prêmios ou participações nos lucros da empresa.

(Técnico – TRT/3ª – 2015 – FCC) A respeito das normas que tratam de segurança e medicina do trabalho, é INCORRETO afirmar que

(A) é obrigação e por conta do empregador, conforme atividades desenvolvidas e instruções do Ministério do Trabalho, a exigência de exames médicos admissional, periódicos e demissional.

(B) os equipamentos de proteção individual, adequados ao risco e em perfeito estado de conservação, serão fornecidos pelo empregador, com o devido desconto em folha do empregado, uma vez que se trata de ferramenta de trabalho.

(C) no tocante às edificações, para que garantam perfeita segurança aos trabalhadores deverão ter, no mínimo, três metros de pé-direito, assim considerada a altura livre do piso ao teto.

(D) o trabalho em condições insalubres, acima dos limites de tolerância do trabalhador, conforme normas do Ministério do Trabalho e Laudo Técnico, assegura a percepção do respectivo adicional de acordo com sua classificação em grau mínimo, médio ou máximo.

(E) o adicional de periculosidade será devido aos trabalhadores expostos na forma da regulamentação em vigor sobre a matéria a agentes inflamáveis, explosivos, energia elétrica e o uso de motocicleta, sendo necessária, nesta última, a sua inclusão nos quadros das atividades do Ministério do Trabalho para percepção do respectivo adicional.

A: correta, pois reflete o disposto no art. 168 da CLT. **B:** incorreta, pois nos termos do art. 166 da CLT os equipamentos de proteção individual deverão ser fornecidos gratuitamente pelo empregador. **C:** correta, pois reflete o disposto no art. 171 da CLT. **D:** correta, pois nos termos do art. 192 da CLT o exercício de trabalho em condições insalubres, acima dos limites de tolerância estabelecidos pelo Ministério do Trabalho, assegura a percepção de adicional respectivamente de 40% (quarenta por cento), 20% (vinte por cento) e 10% (dez por cento) do salário mínimo da região, segundo se classifiquem nos graus máximo, médio e mínimo **E:** correta, pois reflete o disposto no art. 193 e seu § 4º, da CLT. Veja anexo 5 da NR 16 do MTE.

(Técnico Judiciário – TRT9 – 2012 – FCC) O trabalho em condições de periculosidade assegura ao empregado um adicional sobre o salário sem os acréscimos resultantes de gratificações, prêmios ou participações nos lucros da empresa. O percentual do adicional de periculosidade é de

(A) 10%.

(B) 50%.

(C) 20%.

(D) 40%.

(E) 30%.

"E" é a opção correta, pois nos termos do art. 193, § 1º, da CLT o trabalho em condições de periculosidade assegura ao empregado um adicional de 30% (trinta por cento) sobre o salário sem os acréscimos resultantes de gratificações, prêmios ou participações nos lucros da empresa.

(Técnico Judiciário – TRT/8ª – 2010 – FCC) Com relação a CIPA – Comissão Interna de Prevenção de Acidentes, de acordo com a Consolidação das Leis do Trabalho, considere:

I. Os representantes dos empregados, titulares e suplentes, serão eleitos em escrutínio secreto, do qual participem, independentemente de filiação sindical, exclusivamente os empregados interessados.

14. DIREITO DO TRABALHO — 659

II. Em regra, o mandato dos membros eleitos da CIPA terá a duração de um ano, vedada a reeleição.

III. O empregador designará, semestralmente, dentre os seus representantes, o Presidente da CIPA e os empregados elegerão, dentre eles, o Vice-Presidente.

Está correto o que se afirma APENAS em

(A) I.

(B) II.

(C) III.

(D) I e II.

(E) II e III.

I: correta, art. 164, § 2º, da CLT; **II:** incorreta, art. 164, § 3º, da CLT; **III:** art. 164, § 5º, da CLT.

Gabarito "A".

(Técnico – TRT/11ª – 2012 – FCC) Sobre segurança e medicina no trabalho, nos termos da legislação trabalhista pertinente, é correto afirmar:

(A) São consideradas atividades insalubres aquelas, por sua natureza ou métodos de trabalho, impliquem o contato permanente com inflamáveis ou explosivos em condição de risco acentuado.

(B) O direito do empregado ao adicional de insalubridade ou de periculosidade cessará com a eliminação do risco à sua saúde ou integridade física, nos termos da CLT e das normas expedidas pelo Ministério do Trabalho.

(C) Será obrigatória a constituição da Comissão Interna de Prevenção de Acidentes, conforme instruções do Ministério do Trabalho nos estabelecimentos nelas especificadas, sendo composta por representantes dos empregados cujo mandato dos membros titulares será de um ano, sem direito à reeleição.

(D) O trabalho em condições insalubres, acima dos limites de tolerância estabelecidos por norma, assegura ao empregado o adicional de 30% sobre o salário contratual.

(E) Caso o empregado exerça suas atividades em condições insalubres ou de periculosidade, ele não poderá optar pelo pagamento de um dos adicionais, por falta de previsão legal.

A: incorreta, art. 189 da CLT; **B:** correta, art. 194 da CLT; **C:** incorreta, art. 164, § 3º, da CLT; **D:** incorreta, art. 192 da CLT; **E:** incorreta, art. 193, § 2º, da CLT.

Gabarito "B".

(Técnico Judiciário – TRT/20ª – 2011 – FCC) Considere as seguintes assertivas a respeito da Comissão Interna de Prevenção de Acidentes:

I. Em regra, o mandato dos membros eleitos da CIPA terá a duração de um ano, permitida uma reeleição.

II. O empregador designará, anualmente, dentre os seus representantes, o Presidente da CIPA e os empregados elegerão, dentre eles, o Vice-Presidente.

III. Os representantes dos empregados, titulares e suplentes, serão eleitos em escrutínio secreto, do qual participem, independentemente de filiação sindical, exclusivamente os empregados interessados.

IV. Os representantes dos empregadores, titulares e suplentes, serão eleitos em escrutínio secreto, mediante voto obrigatório de, no mínimo, um terço dos presentes em Assembleia Extraordinária.

De acordo com a Consolidação das Leis do Trabalho, está correto o que se afirma em

(A) I e II, apenas.

(B) I, II e III, apenas.

(C) II e III, apenas.

(D) I, III e IV, apenas.

(E) I, II, III e IV.

I: correta, art. 164, § 3º, da CLT; **II:** correta, art. 164, § 5º, da CLT; **III:** correta, art. 164, § 2º, da CLT; **IV:** incorreta, art. 164, § 1º, da CLT.

Gabarito "B".

19. LIBERDADE SINDICAL

(Técnico – TRT/3ª – 2015 – FCC) No tocante ao Direito Coletivo do Trabalho, considere:

I. São consideradas relações coletivas de trabalho tanto aquelas que abrangem o sindicato dos empregados (categoria profissional) e o sindicato de empresas (categoria econômica), como

também aquelas estabelecidas diretamente entre o sindicato dos empregados e uma ou mais empresas, sem a representação da entidade sindical patronal.

II. No Brasil vigora o princípio da liberdade sindical, onde trabalhadores e empregadores têm o direito de se agruparem e constituírem de forma livre entidades sindicais representativas, sem a interferência do Poder Público, ressalvado a necessidade do registro em órgão competente, para fins de publicidade para os outros sindicatos, para impugnação quando se tratar de mesma categoria ou mesma base territorial.

III. É vedada a dispensa do empregado sindicalizado a partir do registro da candidatura a cargo de direção ou representação sindical e, se eleito, ainda que suplente, até um ano e meio após o final do mandato, salvo se cometer falta grave nos termos da lei.

Está correto o que consta em

(A) I, II e III.

(B) I e III, apenas.

(C) II, apenas.

(D) I e II, apenas.

(E) III, apenas.

I: correta, pois as relações que abrangem o sindicato dos empregados e o sindicato das empresas constituem convenção coletiva de trabalho, art. 611 da CLT e as relações estabelecidas diretamente entre o sindicato dos empregados e uma ou mais empresas, sem a representação da entidade sindical patronal, constituem acordo coletivo de trabalho, art. 611, § 1º, da CLT ambas representam instrumentos de relações coletivas de trabalho. **II:** correta, art. 8º da CF. **III:** incorreta, pois nos termos do art. 8º, VIII, da CF e art. 543, § 3º, da CLT é vedada a dispensa do empregado sindicalizado a partir do registro da candidatura a cargo de direção ou representação sindical e, se eleito, ainda que suplente, até um ano (não um ano e meio) após o final do mandato, salvo se cometer falta grave nos termos da lei.

Gabarito "D".

20. CONVENÇÕES E ACORDOS COLETIVOS DE TRABALHO

(Técnico – TRT/16ª – 2015 – FCC) No tocante às Convenções Coletivas de Trabalho, considere:

I. Os Sindicatos só poderão celebrar Convenções Coletivas de Trabalho por deliberação de Assembleia Geral especialmente convocada para esse fim, consoante o disposto nos respectivos Estatutos, dependendo a validade desta do comparecimento e votação, em primeira convocação, de um terço dos associados da entidade.

II. As Convenções e os Acordos entrarão em vigor dez dias após a data da entrega da documentação exigida para tal fim no órgão competente.

III. O prazo máximo para estipular duração de Convenção Coletiva é de três anos, permitida uma única renovação dentro deste período.

IV. O processo de prorrogação, revisão, denúncia ou revogação total ou parcial de Convenção ficará subordinado à aprovação de Assembleia Geral dos Sindicatos convenentes.

De acordo com a Consolidação das Leis do Trabalho, está correto o que se afirma APENAS em

(A) II e III.

(B) III.

(C) I, II e III.

(D) I e IV.

(E) IV.

I: incorreta, pois nos termos do art. 612 da CLT a validade das convenções dependerá do comparecimento e votação de 2/3 dos associados. **II:** incorreta, pois nos termos do art. 614, § 1º da CLT entrarão em vigor 3 dias após a data da entrega da documentação exigida para tal fim no Ministério do Trabalho e Emprego. **III:** incorreta, pois nos termos do art. 614, § 3º, da CLT não será permitido estipular duração de convenção coletiva ou acordo coletivo de trabalho superior a 2 anos, sendo vedada a ultratividade.. **IV:** correta, pois reflete o disposto o art. 615 da CLT.

Gabarito "E".

(Técnico Judiciário – TRT/15ª – 2009 – FCC) Os Sindicatos só poderão celebrar Convenções Coletivas de Trabalho, por deliberação de Assembleia Geral especialmente convocada para esse fim, consoante o disposto nos respectivos Estatutos, dependendo a validade desta do comparecimento e votação, em

(A) primeira convocação, de dois terços dos associados da entidade e, em segunda, de metade dos membros.

(B) primeira convocação, de dois terços dos associados da entidade e, em segunda, de um terço dos membros.

(C) convocação única, de dois terços dos associados da entidade.

(D) convocação única, da maioria absoluta dos associados da entidade.

(E) primeira convocação, de dois terços dos associados da entidade e, em segunda, de metade dos membros, além do Presidente, Vice-Presidente e Diretor Administrativo.

Art. 612 da CLT.

Gabarito 'B'.

(Técnico Judiciário – TRT/1ª – 2008 – CESPE) Considerando que determinada categoria profissional tem assegurada à gestante, por força de convenção coletiva, estabilidade no emprego por mais um mês além do período fixado na CF, assinale a opção correta.

(A) Dada a mencionada extensão da estabilidade no emprego, o período assegurado à gestante passou a ser de cinco meses a partir do parto.

(B) Diante do benefício atribuído, a licença-maternidade assegurada às gestantes da referida categoria profissional restou fixada em cinco meses.

(C) De fato, a categoria profissional não obteve nenhum benefício, uma vez que a convenção coletiva não tem o poder de prorrogar benefício constitucional.

(D) A convenção coletiva, por ser firmada entre sindicato e empresa, pode assegurar a extensão do benefício.

(E) A convenção coletiva é considerada uma fonte autônoma do direito do trabalho.

A e **B**: incorretas, pois a estabilidade desde a concepção até cinco meses após o parto já é garantida pelo art. 10, II, *b*, do ADCT; **C**: incorreta, pois a norma coletiva tem o condão de aprimorar o padrão heterônomo de direitos (CF, art. 7º, XXVI); **D**: incorreta, pois o instrumento firmado entre sindicato e empresa recebe o nome de acordo coletivo de trabalho, ao passo que a convenção coletiva de trabalho é instrumento intersindical (CLT, art. 611, *caput* e § 1º); **E**: correta, trata-se de fonte jurídica que retira fundamento de validade diretamente da Constituição (art. 7º, XXVI), sendo considerada autônoma porquanto enunciada diretamente pelas partes destinatárias, e não pelo Estado (o que, se fosse o caso, a caracterizaria como fonte heterônoma).

Gabarito 'E'.

21. COMISSÃO DE CONCILIAÇÃO PRÉVIA

(Técnico – TRT/16ª – 2015 – FCC) Considere a seguinte hipótese: a Comissão de Conciliação Prévia instituída no âmbito da empresa Z é composta por seis membros, possuindo mais seis suplentes. Dentre seus membros, metade foi indicada pelo empregador e a outra metade foi eleita pelos empregados, em escrutínio secreto. O mandato de seus membros é de um ano, permitida uma recondução. Neste caso, a Comissão de Conciliação Prévia instituída no âmbito da empresa Z é

(A) regular porque respeita as normas previstas na Consolidação das Leis do Trabalho.

(B) irregular porque possui um número de membros maior que o permitido pela Consolidação das Leis do Trabalho.

(C) irregular porque possui um número de membros menor que o limite mínimo previsto pela Consolidação das Leis do Trabalho.

(D) irregular porque apenas dois membros poderão ser indicados pelo empregador.

(E) irregular porque, no tocante ao mandato de seus membros, a Consolidação das Leis do Trabalho veda a recondução.

Nos termos do *caput* do art. 625-B da CLT a Comissão de Conciliação Prévia instituída no âmbito da empresa será composta de, no mínimo, dois e, no máximo, dez membros. O inciso II do citado dispositivo legal dispõe que na comissão haverá tantos suplentes quantos forem os representantes titulares. Tais requisitos foram respeitados pela Comissão instituída no caso em tela, na medida em que prevê a composição

de 6 titulares e 6 suplentes. Dispõe o inciso I do mesmo art. 625-B da CLT que a metade dos membros da comissão será indicada pelo empregador e outra metade eleita pelos empregados, em escrutínio, secreto, fiscalizado pelo sindicato de categoria profissional. Ainda, determina o inciso III que o mandato dos seus membros, titulares e suplentes, será de um ano, permitida uma recondução. Uma vez cumpridas todas as exigências dispostas nos incisos do art. 625-B da CLT podemos afirmar que a Comissão de Conciliação Prévia instituída no âmbito da empresa Z é regular porque respeita as normas previstas na Consolidação das Leis do Trabalho.

Gabarito 'A'.

(Técnico Judiciário – TRT9 – 2012 – FCC) Com fundamento nas regras instituídas pela CLT sobre as Comissões de Conciliação Prévia, é INCORRETO afirmar:

(A) O prazo prescricional será suspenso a partir da provocação da Comissão de Conciliação Prévia, recomeçando a fluir, pelo que lhe resta, a partir da tentativa frustrada de conciliação ou do esgotamento do prazo para a realização da sessão de tentativa de conciliação.

(B) É vedada a dispensa dos representantes dos empregados membros da Comissão de Conciliação Prévia, titulares e suplentes, até um ano após o final do mandato, salvo se cometerem falta grave, nos termos da lei.

(C) O termo de conciliação é título executivo extrajudicial e terá eficácia liberatória geral, exceto quanto às parcelas expressamente ressalvadas.

(D) As Comissões de Conciliação Prévia têm prazo de 10 dias para a realização da sessão de tentativa de conciliação a partir da provocação do interessado.

(E) A Comissão instituída no âmbito da empresa será composta de no mínimo cinco e no máximo quinze membros.

A: correta, pois reflete o disposto no art. 625-G da CLT. **B**: correta, pois reflete o disposto no art. 625-B, § 1º, da CLT. **C**: correta, pois reflete o disposto no art. 625-E, parágrafo único, da CLT. **D**: correta, pois reflete o disposto no art. 625-F da CLT. **E**: incorreta, pois nos termos do art. 625-B da CLT a Comissão instituída no âmbito da empresa será composta de, no mínimo, dois e, no máximo, dez membros.

Gabarito 'E'.

(Técnico Judiciário – TRT/9ª – 2007 – CESPE) As comissões de conciliação prévia estão reguladas pela Lei n.º 9.958/2000, que inseriu artigos à CLT. Com relação a esse assunto, julgue os itens que se seguem.

(1) As comissões de conciliação prévia apenas podem ser instituídas com a intervenção do sindicato da categoria profissional.

(2) O prazo prescricional será interrompido a partir da provocação da comissão de conciliação prévia pelo trabalhador interessado, recomeçando a fluir, pelo que sobejar, a partir da tentativa frustrada de conciliação ou do esgotamento do prazo de dez dias para a realização da sessão de tentativa de conciliação.

1: incorreta, a possibilidade de constituição de CCP em nível de empresa, sem a participação do sindicato patronal, é concebida pelo art. 625-A da CLT; **2**: incorreta, a hipótese é de suspensão do prazo prescricional (art. 625-G da CLT).

Gabarito 1E, 2E.

22. COMBINADAS

(Analista Judiciário – TRT/24 – FCC – 2017) Sócrates foi aposentado por invalidez pelo INSS após ter trabalhado por dez anos na empresa Deuses Imortais. Em razão desse fato o plano de saúde do trabalhador foi cancelado pela empregadora uma vez que ela arcava integralmente com os respectivos custos. Nesta situação, conforme legislação aplicável e entendimento sumulado pelo Tribunal Superior do Trabalho,

(A) a opção pela manutenção do plano de saúde constitui uma faculdade da empregadora, mas não há obrigação legal neste sentido.

(B) há determinação legal para que a empregadora mantenha o plano de saúde pelo prazo mínimo de 12 meses, quando então ocorreria o término da estabilidade do trabalhador.

(C) o plano de saúde deve ser mantido pela empregadora porque o contrato de trabalho está suspenso diante da aposentadoria por invalidez.

(D) a empregadora atuou de forma correta uma vez que com a aposentadoria por invalidez houve a ruptura do contrato de trabalho, não ensejando mais nenhuma obrigação contratual.

14. DIREITO DO TRABALHO   661

(E) a aposentadoria por invalidez interrompe o contrato de trabalho pelo prazo de 24 meses, razão pela qual o plano de saúde deve ser mantido até o término deste prazo.

"C" é a opção correta. Nos termos da súmula 440 do TST Assegura-se o direito à manutenção de plano de saúde ou de assistência médica oferecido pela empresa ao empregado, não obstante suspenso o contrato de trabalho em virtude de auxílio-doença acidentário ou de aposentadoria por invalidez. HC
Gabarito "C".

(Analista Judiciário – TRT/11 – FCC – 2017) Considere as seguintes situações hipotéticas: Marta é empregada vendedora comissionista da loja X situada no interior do Shopping Y. Sua irmã, Gabriela, é vendedora comissionista pracista da fábrica de remédios Z. Nestes casos, de acordo com o entendimento Sumulado do TST, é devida a remuneração do repouso semanal

(A) e dos dias feriados apenas para Marta.

(B) e dos dias feriados apenas para Gabriela.

(C) para Marta e Gabriela e dos dias feriados apenas para Marta.

(D) para Marta e Gabriela, sendo que os feriados não são remunerados, tendo em vista que já recebem comissões pelas vendas efetuadas nestes dias.

(E) e dos dias feriados para Marta e Gabriela.

"E" é a opção correta. Isso porque, em conformidade com a súmula 27 do TST é devida a remuneração do repouso semanal e dos dias feriados ao empregado comissionista, ainda que pracista. HC
Gabarito "E".

(Analista Judiciário – TRT/20 – FCC – 2016) Considere:

I. Ulisses presta serviços por três meses para a empresa Ajax Estruturas S/A para suprir necessidade transitória de substituição do seu pessoal regular e permanente, por intermédio da empresa Delta Mão de Obra Ltda.

II. Isis trabalha na produção de uma peça teatral durante a temporada de oito meses no teatro municipal, com ajuste de pagamento por obra certa.

III. Hermes é psicoterapeuta e faz palestras e consultas em centro de apoio à criança com deficiência motora, realizando dois plantões semanais de doze horas cada um, com ajuste apenas do ressarcimento das despesas que comprovadamente realizou no desempenho de suas atividades.

A relação de trabalho apresentada no item I, II e III corresponde, respectivamente, a

(A) autônomo; eventual; avulso.

(B) terceirizado; avulso; autônomo.

(C) avulso; eventual; terceirizado.

(D) voluntário; aprendiz; autônomo.

(E) temporário; eventual; voluntário.

I: empregado temporário, entendido como aquele prestado por pessoa física contratada por uma empresa de trabalho temporário que o coloca à disposição de uma empresa tomadora de serviços, para atender à necessidade de substituição transitória de pessoal permanente ou à demanda complementar de serviços, art. 2º da Lei 6.019/1974. II: Eventual, entendido como o trabalhador admitido numa empresa para determinado evento. Em outras palavras, é o trabalho realizado de maneira eventual, de curta duração, cujos serviços não coincidem com os fins normais da empresa. O trabalhador eventual é vulgarmente chamado de "bico" ou "*freelancer*", laborando de maneira precária, na medida em que não se encontra presente o elemento habitualidade. III: Trabalho voluntário é aquele que exerce atividade não remunerada prestada por pessoa física a entidade pública de qualquer natureza ou a instituição privada de fins não lucrativos que tenha objetivos cívicos, culturais, educacionais, científicos, recreativos ou de assistência à pessoa, art. 1º da Lei 9.608/1998. HC
Gabarito "E".

(Técnico Judiciário – TRT8 – CESPE – 2016) Acerca da alteração e da rescisão do contrato de trabalho, assinale a opção correta.

(A) No caso de ofensa, pelo empregador, da integridade física do empregado, a rescisão indireta do contrato de trabalho está condicionada ao registro de ocorrência policial.

(B) A transferência do local de trabalho é ato discricionário do empregador e, portanto, independe de consentimento do empregado.

(C) A transferência do endereço laboral não se vincula ao consentimento ou domicílio do empregado.

(D) A extinção do estabelecimento em que o empregado tiver sido inicialmente alocado enseja a aplicação de demissão por justa causa.

(E) É lícito ao empregador reverter o empregado investido em função de confiança ao cargo por ele anteriormente ocupado.

A: opção incorreta, pois nos termos do art. 483, *f*, da CLT não exige registro de Boletim de Ocorrência. **B:** opção incorreta, pois a transferência do local de trabalho está prevista no art. 469 da CLT que ensina ser vedado ao empregador transferir o empregado, sem a sua anuência, para localidade diversa da que resultar do contrato, não se considerando transferência a que não acarretar necessariamente a mudança do seu domicílio. **C:** opção incorreta, pois nos termos da art. 469 da CLT a transferência do local de trabalho requer a anuência do empregado. **D:** opção incorreta, pois nos termos do art. 469, § 2º, da CLT É lícita a transferência quando ocorrer extinção do estabelecimento em que trabalhar o empregado. **E:** opção correta, pois condiz com a disposição do art. 468, parágrafo único, da CLT. HC
Gabarito "E".

(Técnico Judiciário – TRT8 – CESPE – 2016) Em relação à rescisão, suspensão e interrupção do contrato de trabalho, assinale a opção correta.

(A) É permitido ao empregado deixar de comparecer ao trabalho para fins de alistamento eleitoral.

(B) A doação voluntária de sangue não pode ser utilizada pelo empregado como justificativa para a ausência no trabalho.

(C) O empregado representante de entidade sindical pode se ausentar do serviço para os fins que julgar necessários, sem prejuízo de sua remuneração trabalhista.

(D) Ao empregado afastado que retornar ao trabalho é vedada a aplicação de vantagens e benefícios concedidos a sua categoria durante sua ausência.

(E) O afastamento do empregado em decorrência de convocação para o serviço militar autoriza o empregador a rescindir o contrato de trabalho.

A: opção correta, pois reflete a disposição do art. 473, V, da CLT. **B:** opção incorreta, pois nos termos do art. 473, IV, da CLT o empregado poderá deixar de comparecer ao serviço sem prejuízo do salário, por um dia, em cada 12 (doze) meses de trabalho, em caso de doação voluntária de sangue devidamente comprovada. **C:** opção incorreta, pois nos termos do art. 473, IX, da CLT o empregado poderá deixar de comparecer ao serviço sem prejuízo do salário, pelo tempo que se fizer necessário, quando, na qualidade de representante de entidade sindical, estiver participando de reunião oficial de organismo internacional do qual o Brasil seja membro. **D:** opção incorreta, pois nos termos do art. 471 da CLT ao empregado afastado do emprego, são asseguradas, por ocasião de sua volta, todas as vantagens que, em sua ausência, tenham sido atribuídas à categoria a que pertencia na empresa. **E:** opção incorreta, pois nos termos do art. 472 da CLT o afastamento do empregado em virtude das exigências do serviço militar, ou de outro encargo público, não constituirá motivo para alteração ou rescisão do contrato de trabalho por parte do empregador. HC
Gabarito "A".

(Técnico Judiciário – TRT20 – FCC – 2016) Dentre os direitos dos trabalhadores urbanos e rurais inseridos no artigo 7º da Constituição Federal do Brasil de 1988, com objetivo de garantir e aprimorar a sua condição social, está

(A) a assistência gratuita aos filhos e dependentes desde o nascimento até sete anos de idade em creches e pré-escolas.

(B) o salário-família pago em razão do dependente do trabalhador de baixa renda, nos termos da lei.

(C) o repouso semanal remunerado, obrigatoriamente aos domingos, salvo determinação diversa ajustada em convenção coletiva de trabalho em razão da especificidade da atividade.

(D) a participação nos lucros, ou resultados, vinculada a remuneração e, obrigatoriamente, na gestão das empresas com mais de duzentos empregados.

(E) a proibição de trabalho noturno, perigoso ou insalubre a menores de dezesseis e de qualquer trabalho a menores de quatorze anos, salvo na condição de aprendiz, a partir de doze anos.

A: opção incorreta, pois nos termos do art. 7º, XXV, da CF assegura-se assistência gratuita aos filhos e dependentes desde o nascimento até 5 (cinco) anos de idade em creches e pré-escolas. **B:** opção correta, pois reflete a disposição do art. 7º, XII, da CF. **C:** opção incorreta, pois o repouso semanal será preferencialmente aos domingos, art. 7º, XV, da CF. **D:** opção incorreta, pois nos termos do art. 7º, XI, da CF é assegurada a participação nos lucros, ou resultados, desvinculada da remuneração, e, excepcionalmente, participação na gestão da empresa. **E:** opção incorreta, pois nos termos do art. 7º, XXXIII, da CF é direito de todo trabalhador

14. Direito do Trabalho

662 HERMES CRAMACON E LUIZ FABRE

proibição de trabalho noturno, perigoso ou insalubre a menores de dezoito e de qualquer trabalho a menores de dezesseis anos, salvo na condição de aprendiz, a partir de quatorze anos.

(Técnico Judiciário – TRT20 – FCC – 2016) Considere:

I. A obrigação de comprovar o término do contrato de trabalho quando negado o despedimento é do empregador.

II. A descaracterização de um contrato de prestação de serviços de trabalhador sob sistema de cooperativa, desde que presentes os requisitos fático-jurídicos da relação empregatícia.

III. As cláusulas regulamentares que alterem vantagens deferidas anteriormente, só atingirão os trabalhadores admitidos após a alteração do regulamento.

Os itens I, II e III correspondem, respectivamente, aos princípios do Direito do Trabalho:

(A) continuidade da relação de emprego; irrenunciabilidade; razoabilidade.

(B) razoabilidade; primazia da realidade; intangibilidade salarial.

(C) continuidade da relação de emprego; primazia da realidade; condição mais benéfica.

(D) primazia da realidade; condição mais benéfica; instrumentalidade das formas.

(E) irrenunciabilidade; continuidade da relação de emprego; prevalência do negociado sobre o legislado.

I: Princípio da continuidade da relação de emprego. Previsão da súmula 212 do TST, que assim dispõe: "O ônus de prova o término do contrato de trabalho, quando negados a prestação de serviço e o despedimento, é do empregador, pois o princípio da continuidade da relação de emprego constitui presunção favorável ao empregado." **II:** primazia da realidade. Por meio desse princípio, deve prevalecer a efetiva realidade dos fatos e não eventual forma construída em desacordo com a verdade. Havendo desacordo entre o que na verdade acontece com o que consta dos documentos, deverá prevalecer a realidade dos fatos. **III:** Princípio da condição mais benéfica. Esse princípio consagra a aplicação da teoria do direito adquirido. Tal princípio informa ao operador do direito que as vantagens adquiridas não podem ser retiradas, tampouco modificadas para pior. O TST editou a súmula 51, I, que assim dispõe: "as cláusulas regulamentares que revoguem ou alterem vantagens deferidas anteriormente, só atingirão os trabalhadores admitidos após a revogação ou alteração do regulamento".

(Técnico – TRT/3ª – 2015 – FCC) Afonso, nascido em 16/01/1998, trabalhou como empregado, exercendo a função de Ajudante Geral de 31/01/2014 a 18/11/2014, tendo pedido demissão, cumprido o prazo do aviso-prévio trabalhando. Deseja ingressar com Reclamação Trabalhista logo após a sua saída contra sua ex-empregadora para requerer o registro em Carteira de Trabalho e Previdência Social – CTPS para comprovação de seu tempo de serviço, além do pagamento de diferenças de horas extras. Neste caso,

(A) não se aplica o prazo prescricional final previsto na Constituição Federal para ambos os direitos.

(B) o prazo final para Afonso ajuizar a referida ação é 18/11/2016, tendo em vista a prescrição do direito de ação, para ambos os pedidos.

(C) não se aplica o prazo prescricional final previsto na Constituição Federal para o pedido de registro em CTPS, aplicando-se somente para o pedido de diferenças de horas extras.

(D) não se aplica o prazo prescricional final previsto na Constituição Federal para as diferenças de horas extras, aplicando-se para o pedido de registro em CTPS.

(E) Afonso não poderá ingressar com Reclamação Trabalhista, pois a sua contratação é nula.

Note que a prova foi aplicada em 2015 e Afonso nasceu em 1998, portanto possui 17 anos de idade. A CLT em seu art. 402 considera menor o trabalhador de 14 até os dezoito anos. Por sua vez, o art. 440 da CLT ensina que contra os menores de 18 (dezoito) anos não corre nenhum prazo de prescrição, ou seja, os prazos de prescrição, bienal e quinquenal (art. 7º, XXIX, CF e art. 11 da CLT) ficam suspensos até que ele complete 18 anos de idade. Completados os 18 anos de idade, o prazo prescricional suspenso voltará a fluir. Vale dizer, ainda, que o fato de Afonso não ter sua CTPS assinada, não torna o contrato nulo, na medida em que o contrato de trabalho é informal, não se exigindo formalidades para sua validade, desde que seu objeto seja lícito.

(Técnico Judiciário – TRT/16ª – 2009 – FCC) Considere as seguintes assertivas:

I. É garantido o seguro-desemprego em caso de desemprego voluntário ou involuntário.

II. O décimo terceiro salário deve ser calculado com base na remuneração integral ou no valor da aposentadoria.

III. Para o trabalho realizado em turnos ininterruptos de revezamento, a jornada é de seis horas, salvo negociação coletiva.

IV. O aposentado tem o direito de votar nas organizações sindicais, salvo o de ser votado.

V. É assegurada a igualdade de direitos entre o trabalhador com vínculo empregatício permanente e o trabalhador avulso.

Está correto o que se afirma APENAS em

(A) III e IV.

(B) II, III e V.

(C) I, II e IV.

(D) I, IV e V.

(E) I e III.

I: incorreta, art. 3º da Lei 7.998/1990 e art. 7º, II, da CF; **II:** correta, art. 7º, VIII, da CF; **III:** correta, art. 7º, XIV, da CF; **IV:** incorreta, art. 8º, VII, da CF; **V:** correta, art. 7º, XXXIV, da CF.

(Técnico Judiciário – TRT/5ª – 2008 – CESPE) Considerando aspectos relativos à jornada de trabalho, ao salário, à remuneração e à segurança e medicina no trabalho, julgue os itens que se seguem.

(1) A utilização, pelo empregado, também em atividades particulares, de automóvel fornecido pela empresa não tem natureza salarial.

(2) Entre duas jornadas de trabalho, deve haver um intervalo de, no mínimo, onze horas consecutivas para o repouso.

(3) Os frentistas que operam as bombas de gasolina não possuem o direito de receber o adicional de periculosidade, pois o contato com o combustível inflamável não é direto.

(4) O adicional de periculosidade incide apenas sobre o salário-base, e não, sobre este acrescido de outros adicionais.

1: correta, súmula 367 do TST; **2:** correta, art. 66 da CLT; **3:** incorreta, súmula 39 do TST; **4:** correta, súmula 191 do TST.

15. Direito Processual do Trabalho

*Hermes Cramacon e Luiz Fabre**

1. JUSTIÇA DO TRABALHO E MINISTÉRIO PÚBLICO DO TRABALHO

(Técnico Judiciário – TRT24 – FCC – 2017) Com a Constituição Federal de 1988, o Poder Judiciário passa a ser o guardião da Constituição, cuja finalidade repousa, basicamente, na preservação dos valores e princípios que fundamentam o novo Estado Democrático de Direito. A Constituição Federal prevê, expressamente, que são órgãos que integram a organização da Justiça do Trabalho:

(A) Supremo Tribunal Federal, Tribunal Superior do Trabalho, Tribunais Regionais do Trabalho e Varas do Trabalho.

(B) Supremo Tribunal Federal, Tribunal Superior do Trabalho e Juízes do Trabalho.

(C) Tribunal Superior do Trabalho, Tribunais Regionais do Trabalho e Juízes do Trabalho.

(D) Tribunal Superior do Trabalho, Tribunais Regionais do Trabalho, Varas do Trabalho e Conselho Superior da Justiça do Trabalho.

(E) Tribunal Superior do Trabalho, Tribunais Estaduais do Trabalho, Varas do Trabalho, Conselho Superior da Justiça do Trabalho e Escola Nacional de Formação e Aperfeiçoamento de Magistrados do Trabalho.

"C" é a opção correta, pois nos termos do art. 111 da CF são órgãos da Justiça do Trabalho: Tribunal Superior do Trabalho; Tribunais Regionais do Trabalho e os Juízes do Trabalho. **HC**

Gabarito "C".

(Técnico Judiciário – TRT9 – 2012 – FCC) Conforme previsão constitucional, as vagas destinadas à advocacia e ao Ministério Público do Trabalho nos Tribunais Regionais do Trabalho, observado o disposto no artigo 94 da CF, serão de:

(A) um terço dentre os advogados com mais de cinco anos de efetiva atividade profissional e membros do Ministério Público do Trabalho com mais de cinco anos de efetivo exercício.

(B) um quinto dentre os advogados com mais de dez anos de efetiva atividade profissional e membros do Ministério Público do Trabalho com mais de dez anos de efetivo exercício.

(C) um quinto dentre os advogados com mais de cinco anos de efetiva atividade profissional e membros do Ministério Público do Trabalho com mais de cinco anos de efetivo exercício.

(D) um terço dentre os advogados com mais de três anos de efetiva atividade profissional e membros do Ministério Público do Trabalho com mais de três anos de efetivo exercício.

(E) um quinto dentre os advogados com mais de três anos de efetiva atividade profissional e membros do Ministério Público do Trabalho com mais de três anos de efetivo exercício.

"B" é a opção correta, pois nos termos do art. 115, I, da CF um quinto dentre advogados com mais de dez anos de efetiva atividade profissional e membros do Ministério Público do Trabalho com mais de dez anos de efetivo exercício. Os demais, mediante promoção de juízes do trabalho por antiguidade e merecimento, alternadamente.

Gabarito "B".

(Técnico Judiciário – TRT/2ª – 2008 – FCC) Paulo é advogado, tem 29 anos de idade e 5 anos de efetiva atividade profissional; Pedro é bacharel em Direito, mas não exerce a profissão, tem 40 anos de idade e é professor há 7 anos; João é membro do Ministério Público do Trabalho, tem 31 anos de idade e 11 anos de efetivo exercício; José é advogado, tem 30 anos de idade e 10 anos de atividade profissional; Luiz é advogado, tem 66 anos de idade e 40 anos de efetiva atividade profissional.

Preenchidos os demais requisitos legais, podem ser nomeados juízes do Tribunal Regional do Trabalho

(A) Luiz e Pedro.

(B) Paulo e José.

(C) Pedro e Luiz.

(D) João, Luiz e José.

(E) João e José.

Arts. 94 e 115, I, da CF.

Gabarito "E".

(Técnico – TRT/11ª – 2012 – FCC) Quanto à organização, jurisdição e competência da Justiça do Trabalho, é INCORRETO afirmar que:

(A) a Justiça do Trabalho é competente, para processar e julgar as ações entre trabalhadores portuários e os operadores portuários ou o Órgão Gestor de Mão de Obra decorrentes da relação de trabalho.

(B) a competência das Varas do Trabalho, em regra, é determinada pelo local da contratação ou domicílio do empregado, ainda que tenha sido diversa a localidade onde o empregado, reclamante ou reclamado, prestar serviços ao empregador.

(C) conforme previsão constitucional compete à Justiça do Trabalho processar e julgar as ações sobre representação sindical, entre sindicatos, entre sindicatos e trabalhadores, e entre sindicatos e empregadores.

(D) os Tribunais Regionais do Trabalho serão compostos de, no mínimo, sete juízes, sendo um quinto dentre advogados e membros do Ministério Público do Trabalho e os demais mediante promoção de Juízes do Trabalho por antiguidade e merecimento, alternadamente.

(E) nas localidades em que existir mais de uma Vara do Trabalho haverá um distribuidor, cuja principal competência é a distribuição, pela ordem rigorosa de entrada, e sucessivamente a cada Vara, dos feitos que, para esse fim, lhe forem apresentados pelos interessados.

A: correta, arts. 643, § 3º, e 652, *a*, V, da CLT; **B:** incorreta (devendo ser assinalada), pois dispõe o art. 651 da CLT que a competência será determinada pela localidade onde o empregado, reclamante ou reclamado, prestar serviços ao empregador, ainda que tenha sido contratado noutro local ou no estrangeiro; **C:** correta, art. 114, III, da CF; **D:** art. 115 da CF; **E:** correta, arts. 713 e 714, a, da CLT.

Gabarito "B".

(Técnico Judiciário – TRT/20ª – 2011 – FCC) A competência para eleger, por escrutínio secreto, o Corregedor-Geral da Justiça do Trabalho é:

(A) do Tribunal Superior do Trabalho através da Secção Especializada em Dissídios Individuais (SDI-I e SDI-II).

(B) dos Tribunais Regionais do Trabalho através de ato conjunto.

(C) dos Tribunais Regionais do Trabalho através de ato separado em data predeterminada.

(D) do Tribunal Superior do Trabalho através de seu Pleno.

(E) do Tribunal Superior do Trabalho através de suas Turmas, em ato conjunto com o seu Presidente.

Art. 30 do Regimento Interno do TST.

Gabarito "D".

(Técnico Judiciário – TRT/16ª – 2009 – FCC) Os Tribunais Regionais do Trabalho terão um quinto de sua composição de advogados e membros do Ministério Público do Trabalho com mais de:

(A) cinco anos de efetiva atividade profissional ou efetivo exercício, nomeados pelo Presidente do Tribunal Superior do Trabalho.

(B) cinco anos de efetiva atividade profissional ou efetivo exercício, nomeados pelo Presidente da República.

(C) dez anos de efetiva atividade profissional ou efetivo exercício, nomeados pelo Presidente do Tribunal Superior do Trabalho.

(D) dez anos de efetiva atividade profissional ou efetivo exercício, nomeados pelo Presidente do Supremo Tribunal Federal.

---

* **HC – Hermes Cramacon. Hermes Cramacon e Luiz Carlos Fabre** comentaram as questões dos demais concursos.

(E) dez anos de efetiva atividade profissional ou efetivo exercício, nomeados pelo Presidente da República.

Art. 115, I, da CF.

(Técnico Judiciário – TRT/18ª – 2008 – FCC) Os Tribunais Regionais do Trabalho compõem-se de, no mínimo, sete juízes, recrutados, quando possível, na respectiva região, e nomeados pelo Presidente:

(A) do respectivo Tribunal Regional do Trabalho.

(B) da República.

(C) do Tribunal Superior do Trabalho.

(D) do Supremo Tribunal Federal.

(E) do Senado Federal.

Art. 115, *caput*, da CF.

(Técnico Judiciário – TRT/18ª – 2008 – FCC) Dentre integrantes do Ministério Público do Trabalho, com mais de trinta e cinco anos de idade e de cinco anos na carreira, o Procurador-Geral do Trabalho será nomeado pelo:

(A) Procurador-Geral da República, para um mandato de dois anos, permitida uma recondução.

(B) Presidente da República, para um mandato de dois anos, permitida uma recondução.

(C) Procurador-Geral da República, para um mandato de três anos, vedada a recondução.

(D) Presidente da República, para um mandato de três anos, vedada a recondução.

(E) Presidente do Supremo Tribunal Federal, para um mandato de três anos, permitida uma recondução.

Art. 88, *caput*, da LC 75/1993.

(Técnico Judiciário – TRT/24ª – 2006 – FCC) De acordo com o Decreto Lei n° 5.452/43, compete ao distribuidor:

(A) a autuação, o andamento, a guarda e a conservação dos processos e outros papéis que lhe forem encaminhados.

(B) o registro das decisões, bem como a realização das penhoras e demais diligências processuais.

(C) o fornecimento a qualquer pessoa que o solicite, verbalmente ou por certidão, de informações sobre os feitos distribuídos.

(D) a informação, às partes interessadas e seus procuradores, do andamento dos respectivos processos, cuja consulta lhes facilitará.

(E) proceder com a contagem das custas devidas pelas partes, nos respectivos processos.

Art. 714, *d*, da CLT.

(Técnico Judiciário – TRT/24ª – 2006 – FCC) De acordo com o Decreto Lei n° 5.452/43, os serventuários que, sem motivo justificado, não realizarem os atos, dentro dos prazos fixados, serão descontados em seus vencimentos:

(A) em um dia de serviço contado em dobro.

(B) em dez dias de serviço simples.

(C) em dez dias de serviço contados em dobro.

(D) de 5 a 10 dias de serviço simples.

(E) em tantos dias quantos os do excesso.

Art. 712, parágrafo único, da CLT.

(Técnico Judiciário – TRT/1ª – 2008 – CESPE) Sempre que uma ação for proposta na justiça do trabalho,

(A) ela só será admitida se firmada por advogado.

(B) os serventuários que, injustificadamente, não realizarem os atos nos prazos fixados serão descontados em seus vencimentos.

(C) competirá aos chefes de secretaria tomar por termo as reclamações verbais, nos casos de dissídios coletivos.

(D) fugirá à competência da secretaria das varas do trabalho a contagem das custas devidas pelas partes, nos respectivos processos.

(E) ao oficial de justiça e oficiais avaliadores competirá o fornecimento de informações sobre os feitos individuais.

A: incorreta, pois a reclamação poderá ser proposta pessoalmente pelos empregados e empregadores (arts. 791 e 839, *a*, da CLT); **B:** correta, art. 712, parágrafo único, da CLT; **C:** incorreta, pois compete especialmente aos secretários tomar por termo as reclamações verbais nos casos de dissídios individuais (art. 712, *e*, da CLT); **D:** incorreta, pois é competência da secretaria das Varas a contagem das custas devidas pelas partes, nos respectivos processos (art. 711, *f*, da CLT); **E:** incorreta, pois a competência, nesse caso, será da secretaria das Varas de Trabalho (art. 711, *d*, da CLT).

(Técnico Judiciário – TRT/9ª – 2007 – CESPE) Julgue os itens a seguir.

(1) São órgãos da justiça do trabalho: o Supremo Tribunal Federal (STF), o Tribunal Superior do Trabalho (TST), os tribunais regionais do trabalho e as varas do trabalho.

(2) O TST compõe-se de 27 ministros.

(3) Cada estado e o Distrito Federal possuem um Tribunal Regional do Trabalho (TRT).

(4) Os TRTs são compostos por, no mínimo, 7 juízes, garantida a representação de um quinto a procuradores do trabalho e a advogados; os demais são juízes do trabalho de primeiro grau, promovidos, alternadamente, por antiguidade e por merecimento.

(5) Os juízes do trabalho exercem jurisdição, singularmente, nas varas do trabalho criadas por lei.

(6) As varas do trabalho podem funcionar em caráter itinerante, situação em que podem ultrapassar os limites territoriais da respectiva jurisdição.

(7) Ao Conselho Superior da Justiça do Trabalho, que funciona junto ao TST, cabe a supervisão administrativa, orçamentária, financeira e patrimonial da Justiça do Trabalho de primeiro e de segundo graus.

(8) Às secretarias das varas do trabalho, sob a supervisão do respectivo diretor, são atribuídas, entre outras funções, a guarda e a movimentação dos processos judiciais, a secretaria das audiências, a expedição de certidões, mandados e alvarás e a subscrição dos atos não decisórios, conforme as ordens do respectivo juiz.

1: incorreta, pois, nos termos do art. 111 da CF, são órgãos da Justiça do Trabalho o TST, os TRT's e os Juízes do Trabalho; **2:** correta, art. 111-A, *caput*, da CF; **3:** incorreta, para fins de jurisdição trabalhista, o território nacional é dividido em regiões e, atualmente, existem 24 Tribunais Regionais do Trabalho distribuídos pelo país. Vide art. 674 da CLT; **4:** correta, art. 115 da CF; **5:** correta, arts. 112 e 116 da CF; **6:** incorreta, pois a justiça itinerante funcionará nos limites territoriais da respectiva jurisdição (art. 115, § 1°, da CF); **7:** correta, art. 111-A, § 2°, II, da CF; **8:** correta, arts. 711 e 712 da CLT.

(Técnico Judiciário – TRT/17ª – 2009 – CESPE) A respeito da organização da justiça do trabalho, julgue o item seguinte.

(1) Um quinto dos lugares no Tribunal Superior do Trabalho e nos tribunais regionais do trabalho será composto de membros do Ministério Público com mais de cinco anos de carreira e de advogados, também com mais de cinco anos de carreira, indicados em lista tríplice pelos órgãos de representação das respectivas classes.

1: incorreta, pois o requisito de tempo de carreira/advocacia é de dez anos (arts. 94, 111-A, I, e 115, I, da CF).

(Técnico Judiciário – TRT/17ª – 2009 – CESPE) Julgue os itens que se seguem, relativos aos serviços auxiliares da justiça do trabalho.

(1) Os distribuidores são designados pelo titular da vara do trabalho.

(2) Os serventuários que, sem motivo justificado, não realizarem os atos dentro dos prazos fixados serão descontados em seus vencimentos, em tantos dias quantos os do excesso.

(3) No caso de avaliação, o oficial de justiça avaliador tem, para cumprimento do ato, o prazo de cinco dias. Concluída a avaliação no aludido prazo, contados da data da nomeação do avaliador, deve seguir-se a arrematação, que é anunciada por edital afixado na sede do juízo ou tribunal e publicado no jornal local, se houver, com a antecedência de vinte dias.

15. DIREITO PROCESSUAL DO TRABALHO

1: incorreta, pois os distribuidores são designados pelo Presidente do Tribunal Regional (art. 715 da CLT); **2:** correta, art. 712, parágrafo único, da CLT; **3:** incorreta, pois a avaliação será em dez dias (arts. 721, § 3°, e 888 da CLT).

Gabarito 1E, 2C, 3E

2. TEORIA GERAL DO PROCESSO DO TRABALHO

(Técnico Judiciário – TRT8 – CESPE – 2016) Assinale a opção correta a respeito dos princípios gerais do processo trabalhista.

(A) Dado o princípio da oralidade aplicável ao processo laboral, o juiz deverá propor a conciliação antes da abertura da audiência.

(B) O devido processo legal é princípio aplicável ao processo traba-lhista e garante a celeridade no andamento do processo.

(C) Configura hipótese de aplicação do princípio da proteção no processo do trabalho a regra de que o não comparecimento do reclamante à audiência importa no arquivamento da recla-mação.

(D) Caracteriza o princípio da simplificação de procedimentos a norma que permite aos empregadores reclamar pessoalmente perante a justiça do trabalho e acompanhar as suas reclamações durante todo o processo, inclusive interpor recursos no Tribunal Superior do Trabalho (TST), independentemente de advogado.

(E) Decorre do princípio da adstrição ou congruência, aplicável ao processo do trabalho, o fato de o juiz poder determinar o paga-mento de indenização a empregado estável que tiver pedido apenas reintegração, se houver incompatibilidade de retorno ao serviço.

A: opção incorreta, pois a conciliação deverá ser proposta após a abertura da audiência, antes da apresentação da defesa, art. 846 da CLT. **B:** opção incorreta, pois o princípio que garante a celeridade no andamento do processo é o princípio da celeridade processual. Como exemplo podemos lembrar da regra da irrecorribilidade imediata da decisão interlocutória. O princípio do devido processo legal ensina que para que o ato praticado por autoridade seja considerado válido, eficaz e completo, deverá seguir os ditames da lei. **C:** opção correta, pois a regra prevista no art. 844 da CLT protege o empre-gado arquivando os autos caso ele não compareça à audiência inaugural. Vale lembrar que nos termos do § 2° do art. 844 da CLT (inserido pela Lei 13.467/2017) na hipótese de ausência do reclamante, este será condenado ao pagamento das custas calculadas na forma do art. 789 da CLT, ainda que beneficiário da justiça gratuita, salvo se comprovar, no prazo de quinze dias, que a ausência ocorreu por motivo legalmente justificável. Ademais, o § 3° determina que o pagamento das custas a que se refere o § 2° é condição para a propositura de nova demanda. Em se tratando de não comparecimento da reclamada a consequência será a revelia e confissão. **D:** opção incorreta, pois a regra diz respeito ao princípio do *jus postulandi* da parte, art. 791 da CLT. Contudo, vale lembrar que as partes não poderão fazer uso dessa prerrogativa para interpor recursos de competência do TST, súmula 425 do TST. **E:** opção incorreta, pois o princípio da adstrição ensina que o juiz deve julgar a lide nos limites do pedido. Veja súmula 396 TST. HC

Gabarito "C".

(Técnico – TRT/19ª – 2015 – FCC) O artigo 39 da Consolidação das Leis do Trabalho permite que a Delegacia Regional do Trabalho – DRT encaminhe processo administrativo à Justiça do Trabalho, onde conste reclamação de trabalhador no tocante a recusa de anotação da CTPS pela empresa. Este é um exemplo de exceção ao princípio

(A) da eventualidade.

(B) inquisitivo.

(C) da imediação.

(D) dispositivo.

(E) da extrapetição.

A: incorreta, pois o princípio da eventualidade, art. 336 do CPC/2015, é próprio da contestação e ensina que compete ao réu alegar toda a matéria de defesa, expondo as razões de fato e de direito, com que impugna o pedido do autor e especificando as provas que pretende produzir. **B:** incorreta, pois o princípio inquisitivo consiste na iniciativa conferida ao magistrado na investigação dos fatos e determinação das provas que entende pertinentes, em busca da verdade real para formação de seu livre convencimento. **C:** incorreta, pois o princípio da imediação está disciplinado no art. 446, II, do CPC (regra não adotada pelo CPC/2015) pelo qual o juiz deve proceder direta e pessoalmente à colheita das provas na audiência. **D:** correta, pois o princípio do dispositivo ensina que a iniciativa para a propositura da ação é das partes, em regra. Portanto, a regra contida do art. 39 da CLT representa exceção ao princípio dispositivo. **E:** incorreta, pois o princípio da extrapetição ensina que o juiz

pode condenar a reclamada em pedidos não contidos na petição inicial, nos casos previstos em lei, como por exemplo, a regra contida no art. 137, §2°, da CLT e, ainda, o pedido de juros e correção monetária, hipótese prevista na súmula 211 do TST. HC

Gabarito "D".

(Técnico – TRT/3ª – 2015 – FCC) De acordo com a Súmula 422 do Tribunal Superior do Trabalho *"Não se conhece de recurso para o TST, pela ausência do requisito de admissibilidade inscrito no art. 514, II, do CPC (art. 1.010, II, CPC/2015), quando as razões do recorrente não impugnam os fundamentos da decisão recorrida, nos termos em que fora proposta"*. Neste caso, está sendo aplicado o princípio

(A) da estabilidade da lide.

(B) da lealdade processual.

(C) da delimitação recursal.

(D) do dispositivo.

(E) da dialeticidade.

A: incorreta, pois o princípio da estabilidade da lide, ensina que o pedido e a causa de pedir é que traçam e demarcam os limites objetivos da lide, o que permite à parte contrária o pleno exercício do direito do contraditório. No processo do trabalho, caso haja o aditamento da petição inicial deverá o Juiz designar nova audiência. **B:** incorreta, pois o princípio da lealdade processual tem como fim impor aos litigantes uma conduta moral, ética e de respeito mútuo para que o processo alcance seu objetivo final, qual seja a prestação jurisdicional. **C:** incorreta, pois o princípio da delimitação recursal indica que as matérias delimitadas pelo recorrente é que poderão ser apreciadas pelo órgão julgador. **D:** incorreta, pois o princípio do dispositivo ensina que pertence às partes a iniciativa das alegações e pedidos e assim limitando a atuação investigativa do juiz aos fatos narrados nos autos. **E:** correta, pois o princípio da dialeticidade ensina que deve a parte recorrente impugnar todos os fundamentos suficientes para manter o acórdão recorrido, de maneira a demonstrar que o julgamento proferido pelo Tribunal de origem merece ser modificado, ou seja, não basta que faça alegações genéricas em sentido contrário às afirmações do julgado contra o qual se insurge. HC

Gabarito "E".

(Técnico Judiciário – TRT9 – 2012 – FCC) Quanto ao processo judiciário do trabalho, é correto afirmar:

(A) Havendo omissão da CLT sempre serão aplicadas as regras do direito processual comum como fonte subsidiária.

(B) Aplicam-se apenas as regras contidas na CLT, não podendo ser aplicada norma prevista no direito processual comum.

(C) A CLT não possui regras processuais próprias, razão pela qual são aplicadas normas do direito processual comum.

(D) Nos casos omissos, o direito processual comum será fonte sub-sidiária do direito processual do trabalho, exceto naquilo em que for incompatível com as regras da CLT.

(E) O direito processual comum é fonte primária, sendo aplicadas as normas processuais contidas na CLT de forma subsidiária.

A: incorreta, pois para a aplicação subsidiária do direito processual comum, deverá haver compatibilidade com as regras celetistas, nos termos do art. 769 da CLT e art. 15 CPC/2015; **B:** incorreta, pois havendo a omissão na norma consolidada, aplicar-se-á o direito processual comum, nos termos do art. 769 da CLT e art. 15 CPC/2015; **C:** incorreta, pois a CLT prevê regras próprias, vide arts. 643 e seguintes da CLT; **D:** correta, pois reflete o disposto no art. 769 da CLT e art. 15 CPC/2015; **E:** incorreta, pois o direito processual comum é fonte subsidiária e sua aplicação se dá nos termos do art. 769 da CLT e art. 15 CPC/2015.

Gabarito "D".

(Técnico Judiciário – TRT/9° – 2010 – FCC) Mario ajuizou reclamação traba-lhista em face da empresa W. A reclamação foi julgada totalmente procedente e a empresa W ainda foi condenada nas penalidades inerentes à litigância de má-fé. Neste caso, com relação à condenação por litigância de má-fé, está presente especificamente o princípio da

(A) Concentração.

(B) Lealdade Processual.

(C) Proteção.

(D) Estabilidade da Lide.

(E) Demanda ou Dispositivo.

A: o princípio da concentração diz com a vocação do processo do trabalho para que seus atos sejam realizados de forma concentrada em audiência (apresentação de defesa, produção de provas, prolação da sentença, etc.) e em um menor número possível de audiências; **B:** o princípio da lealdade processual proíbe a má fé e os atos atentatórios à dignidade da justiça; **C:** o princípio da proteção, também chamado de protetivo, tuitivo ou tutelar, refere-se à predisposição do ordenamento jurídico trabalhista em proteger o trabalhador, que é o polo hipossuficiente da relação jurídico-trabalhista (trata-se de princípio presente no direito material do trabalho, mas cuja existência no direito processual do trabalho é controvertida, uma vez que o processo seria ditado pelo princípio da isonomia das partes); **D**: o princípio da estabilidade da lide concerne à proibição de inovação de pedido ou causa de pedir após determinado momento processual. No processo cível, após a citação do réu só é permitida a mudança do pedido ou causa de pedir com a concordância deste, sendo que em nenhuma hipótese será possível a mudança do pedido ou causa de pedir após o saneamento da lide art. 329, II, CPC/2015. No processo do trabalho, uma vez que a citação do Réu decorre de ato automático do Juízo e uma vez que inexiste expressa previsão de despacho saneador, doutrinadores debatem quanto ao momento da estabilização da demanda, prevalecendo que até o momento de apresentação da defesa o autor poderá aditar a inicial para alterar pedidos e causa de pedir; **E**: o princípio da demanda ou dispositivo, também conhecido como princípio da congruência entre a decisão e o pedido, informa que a lide deve ser julgada nos limites da ação proposta, vedando-se ao Juiz, em linha de princípio, emitir julgamentos *extra petita* (fora do pedido), *ultra petita* (além do pedido) ou *citra petita* (aquém do pedido). Observe-se, no entanto, que esta regra possui diversas exceções.

(Técnico Judiciário – TRT/14ª – 2011 – FCC) De acordo com a Consolidação das Leis do Trabalho, o Direito Processual Comum é fonte do Direito Processual do Trabalho. Neste caso, está sendo aplicado especificamente o princípio:

(A) da subsidiariedade.

(B) do protecionismo ao trabalhador.

(C) da informalidade.

(D) da celeridade.

(E) da simplicidade.

O Direito Processual Comum é fonte supletiva ou subsidiária do Direito Processual do Trabalho, aplicando-se naquilo que a legislação processual trabalhista for omissa e desde que o dispositivo subsidiariamente invocado se mostrar compatível com os princípios regentes do processo trabalhista (CLT, art. 769). Cuidado: esta regra não pode ser generalizada. Quanto ao processo de execução, de acordo com o art. 889 da CLT, a Lei de Execução Fiscal (Lei 6.830/1980) é que será a fonte subsidiária (exceto quanto à ordem de bens a serem nomeados à penhora, quando se observará o Código de Processo Civil, conforme art. 882 da CLT).

(Técnico Judiciário – TRT/24ª – 2011 – FCC) De acordo com a Consolidação das Leis do Trabalho, os Juízos e Tribunais do Trabalho terão ampla liberdade na direção do processo e velarão pelo andamento rápido das causas, podendo determinar qualquer diligência necessária ao esclarecimento delas. Este dispositivo retrata especificamente o princípio

(A) da perpetuatio jurisdictionis.

(B) da instrumentalidade.

(C) dispositivo.

(D) da estabilidade da lide.

(E) inquisitivo.

A: pelo princípio da *perpetuation jurisdictionis*, a competência para o julgamento da lide é definida no momento do ajuizamento da ação, sendo que alterações fáticas posteriores que não sejam relevantes não implicarão em deslocamento de competência. É assim que, por exemplo, se determinado empregado laborando em Campo Grande ajuíza uma ação perante uma das varas do trabalho da capital sulmatogrossense, o fato de do local de sua prestação de serviços ser alterado para Três Lagoas no curso do processo não possui o condão de deslocar a competência territorial; **B**: o princípio da instrumentalidade está afeto às nulidades trabalhistas e informa que a nulidade do ato processual não será declarada se, a despeito de alguma irregularidade, o ato atingir sua finalidade; **C**: o princípio do dispositivo, também conhecido como princípio da demanda ou da congruência entre a decisão e o pedido, informa que a lide deve ser julgada nos limites da ação proposta, vedando-se ao Juiz, em linha de princípio, emitir julgamentos *extra petita* (fora do pedido), *ultra petita* (além do pedido) ou *citra petita* (aquém do pedido). Observe-se, no entanto, que esta regra possui diversas exceções; **D**: o princípio da estabilidade da lide concerne à proibição de inovação de pedido ou causa de pedir após determinado momento processual. No processo cível, após a citação do réu só é permitida a mudança do pedido ou causa de pedir com a concordância deste, sendo que em nenhuma hipótese será possível a mudança do pedido ou causa de pedir após o saneamento da lide, art. 329, II, CPC/2015. No processo do trabalho, uma vez que a citação do Réu decorre de ato automático do Juízo e uma vez que inexiste expressa previsão de despacho saneador, doutrinadores debatem quanto ao momento da estabilização da demanda, prevalecendo que até o momento de herpresentação da defesa o autor poderá aditar a inicial para alterar pedidos e causa de pedir; **E**: de fato, o preceito legal estampado no enunciado (CLT, art. 765) é uma faceta do princípio inquisitivo, embora não se deva dizer

que o processo trabalhista seja, em si, um processo inquisitivo. Ao contrário, com o advento do Estado de Direito e do princípio do devido processo legal, os processos estão submetidos ao princípio do contraditório e as decisões devem ser motivadas. Atualmente, apenas procedimentos (e não processos) possuem natureza inquisitiva ou inquisitorial, como o inquérito policial ou o inquérito civil.

3. COMPETÊNCIA

(Técnico Judiciário – TRT24 – FCC – 2017) A Constituição Federal de 1988 dispõe expressamente sobre a competência material da Justiça do Trabalho e, entre essas disposições, NÃO prevê a competência da Justiça do Trabalho para processar e julgar

(A) as ações sobre representação sindical, entre sindicatos, entre sindicatos e trabalhadores, e entre sindicatos e empregadores.

(B) os mandados de segurança, *habeas corpus* e *habeas data*, quando o ato questionado envolver matéria sujeita à sua jurisdição.

(C) as ações de indenização por dano moral ou patrimonial, decorrentes da relação de trabalho.

(D) as ações relativas às penalidades administrativas impostas aos empregadores pelos órgãos de fiscalização das relações de trabalho.

(E) os crimes contra a organização do trabalho e as causas acidentárias em face do Instituto Nacional do Seguro Social.

A: opção incorreta, pois reflete a disposição do art. 114, III, CF. **B**: opção incorreta, pois reflete o disposto no art. 114, IV, CF. **C**: opção incorreta, pois reflete o disposto no art. 114, VI, CF. **D**: opção incorreta, pois VII, CF. **E**: opção correta, pois no julgamento da ADI 3684-0 o STF determina a incompetência da Justiça do Trabalho para processar e julgar ações penais. As ações penais são de competência da Justiça Comum Estadual ou Federal. As ações acidentárias em face do INSS são de competência da Justiça Comum Estadual, exceção disposta no art. 109, I, CF.

(Analista Judiciário – TRT/24 – FCC – 2017) Asclépio, residente e domiciliado em Manaus, participou de processo seletivo e foi contratado na cidade de Brasília, onde se localiza a sede da empresa Orfheu Informática S/A, para trabalhar como programador, na filial da empresa no Município de Campo Grande. No contrato de trabalho as partes convencionaram como foro de eleição a comarca de São Paulo. Após dois anos de contrato, Asclépio foi dispensado por justa causa sem receber nenhuma verba rescisória, retornando para Manaus. Não concordando com o motivo da sua rescisão, o trabalhador resolveu ajuizar reclamação trabalhista em face da sua ex-empregadora. Conforme a regra de competência territorial prevista na lei trabalhista a ação deverá ser proposta na Vara do Trabalho de

(A) Brasília, por ser a sede da empresa reclamada.

(B) Brasília, por ser o local da contratação.

(C) Manaus, local de seu domicílio.

(D) Campo Grande, local da prestação dos serviços.

(E) São Paulo, foro de eleição contratual.

"D" é a opção correta. Nos termos do art. 651 da CLT é competente o foro do local da prestação dos serviços. No entanto, de acordo com o art. 507-A da CLT nos contratos individuais de trabalho cuja remuneração seja superior a duas vezes o limite máximo estabelecido para os benefícios do Regime Geral de Previdência Social, poderá ser pactuada cláusula compromissória de arbitragem, desde que por iniciativa do empregado ou mediante a sua concordância expressa, nos termos previstos na Lei 9.307, de 23 de setembro de 199.

(Analista Judiciário – TRT/20 – FCC – 2016) Hera participou de processo seletivo e foi contratada como música instrumentista da Orquestra do Banco Ultra S/A, no Município de Itabaiana/SE, onde tem o seu domicílio. No contrato de trabalho foi estipulado como foro de eleição para propositura de demanda trabalhista o Município de Aracaju/SE. O banco possui agências em todos estados do Brasil e a sua sede está localizada em Brasília/DF. Durante os oito meses em que foi empregada do Banco, Hera exerceu suas funções apenas no Município de Aracaju/SE. Caso decida ajuizar reclamação trabalhista em face de seu ex-empregador, deverá propor em

(A) Aracaju, porque foi o local da prestação dos serviços.

(B) Aracaju, por ser o foro de eleição previsto em contrato de trabalho.

(C) Itabaiana, porque é o foro do seu domicílio.

15. DIREITO PROCESSUAL DO TRABALHO

(D) Brasília, por estar situada a sede do Banco reclamado.

(E) Aracaju, Itabaiana ou Brasília, dependendo da sua própria conveniência como reclamante.

"A" é a opção correta. Nos termos do art. 651 da CLT a competência será do local de prestação de serviços. Vale dizer que, o art. 507-A da CLT nos contratos individuais de trabalho cuja remuneração seja superior a duas vezes o limite máximo estabelecido para os benefícios do Regime Geral de Previdência Social, poderá ser pactuada cláusula compromissória de arbitragem, desde que por iniciativa do empregado ou mediante a sua concordância expressa. **HC**
Gabarito "A".

(Analista Judiciário – TRT/8ª – 2016 – CESPE) Carlo, cidadão brasileiro domiciliado em Minas Gerais, veterinário e advogado, ex-empregado público de autarquia federal sediada unicamente em Brasília – DF, foi demitido sem justa causa em 27/1/2015, na capital federal, local onde os serviços foram prestados. Em 28/1/2016, Carlo propôs em juízo pedido de indenização no valor total de R$ 20.000, por entender que diversos de seus direitos trabalhistas haviam sido violados.

Nessa situação hipotética,

(A) ambas as partes estão imunes do pagamento de custas processuais.

(B) é obrigatória a adoção do rito processual sumaríssimo.

(C) a propositura da ação trabalhista foi extemporânea, em virtude do instituto da prescrição.

(D) caso não haja conciliação prévia, deve-se adotar a forma verbal para a reclamação trabalhista.

(E) o foro competente para apreciação da lide, em primeira instância, seria o Distrito Federal.

A: opção incorreta, pois a entidade autárquica está isenta do pagamento de custas, nos termos do art. 790-A, I, CLT. Já o reclamante Carlo não está isento do recolhimento de custas, se for o caso. A justiça gratuita será concedida à pessoa com insuficiência de recursos, nos termos do art. 98 do CPC/2015; **B:** opção incorreta, pois, nos termos do art. 852-A, parágrafo único, da CLT, estão excluídas do procedimento sumaríssimo as demandas em que é parte a Administração Pública direta, autárquica e fundacional; **C:** opção incorreta, pois o prazo prescricional de 2 anos disposto no art. 7°, XXIX, da CF e art. 11 da CLT foi respeitado; **D:** opção incorreta, pois a petição inicial poderá ser apresentada de forma escrita ou verbal, nos termos do art. 840 da CLT; **E:** opção correta, pois, nos termos do art. 651 da CLT, a competência para ajuizamento da reclamação trabalhista, em regra, é determinada pela localidade onde o empregado, reclamante ou reclamado prestar serviços ao empregador. **HC**
Gabarito "E".

(Técnico Judiciário – TRT8 – CESPE – 2016) Com relação à organização e à competência da justiça do trabalho, assinale a opção correta.

(A) Compete à justiça do trabalho julgar demandas relacionadas à contratação de pessoal temporário para atender à necessidade temporária de excepcional interesse público.

(B) A competência da vara trabalhista é determinada pela localidade onde o empregado foi contratado, não importando se este prestou serviços ao empregador em outro local.

(C) Nas varas do trabalho, exercem a jurisdição um juiz presidente e um juiz auxiliar.

(D) Assim como ocorre na justiça comum, na justiça do trabalho há varas especializadas.

(E) Os oficiais de justiça desempenham atos determinados pelo juiz da vara, devendo os mandados judiciais ser cumpridos em até nove dias.

A: opção incorreta, pois o servidor público temporário é contratado sob o regime jurídico-administrativo, cuja competência será da justiça comum estadual ou federal, ADI 3395-6. **B:** opção incorreta, pois nos termos do art. 651 da CLT a competência é determinada pelo local da prestação de serviços pelo empregado. **C:** opção incorreta, pois nos termos do art. 116 da CF nas Varas do Trabalho, a jurisdição será exercida por um juiz singular. **D:** opção incorreta, pois não há na Justiça do Trabalho varas especializadas. **E:** opção correta, pois reflete o entendimento disposto no art. 721, § 2°, da CLT. **HC**
Gabarito "E".

(Técnico Judiciário – TRT20 – FCC – 2016) Poseidon prestou concurso público e foi aprovado tomando posse como agente de fiscalização sanitária no combate ao "mosquito da dengue", vinculado à Secretaria de Saúde do Estado de Sergipe, pelo regime jurídico estatutário. Decorridos dezoito meses de serviço, houve atraso no pagamento de

salários e a inadimplência da verba denominada adicional de insalubridade. Inconformado com a situação, Poseidon pretende ajuizar ação cobrando seus direitos, sendo competente para processar e julgar a

(A) Justiça Federal, porque embora o servidor seja estadual, a matéria envolve questão de natureza sanitária de repercussão nacional, relacionada à epidemia do "mosquito da dengue".

(B) Justiça Comum Estadual, porque envolve todo servidor público estadual, independente do seu regime jurídico de contratação.

(C) Justiça do Trabalho, porque se trata de ação oriunda da relação de trabalho, abrangido ente de direito público da Administração pública direta estadual.

(D) Justiça do Trabalho, porque independente do ente envolvido, a matéria discutida relaciona-se com salários e adicional de insalubridade, portanto direitos de natureza trabalhista.

(E) Justiça Comum Estadual, porque a relação de trabalho prevista no artigo 114, I da CF, não abrange as causas entre o Poder Público e servidor regido por relação jurídica estatutária.

"E" é a opção correta. Isso porque, a ação do servidor público aprovado em concurso público contra a administração, por possuir típica relação de ordem estatutária, será de competência da justiça comum estadual, conforme julgamento da ADI 3395-6. **HC**
Gabarito "E".

(Técnico Judiciário – TRT20 – FCC – 2016) Conforme normas relativas à jurisdição e competência das Varas do Trabalho e dos Tribunais Regionais do Trabalho:

(A) A EC 45/2004 previu a obrigatoriedade da criação de apenas um Tribunal Regional do Trabalho em cada Estado membro da Federação, bem como no Distrito Federal.

(B) Os Tribunais Regionais do Trabalho serão compostos de juízes nomeados pelo Presidente do Tribunal Superior do Trabalho e serão compostos, no mínimo, de oito juízes recrutados, necessariamente, dentro da própria região.

(C) Os Tribunais Regionais do Trabalho poderão funcionar descentralizadamente, constituindo Câmaras regionais, a fim de assegurar o pleno acesso dos jurisdicionados à justiça em todas as fases do processo.

(D) Nas Varas do Trabalho, a jurisdição será, necessariamente, exercida por um juiz singular titular e outro substituto, além de um membro do Ministério Público do Trabalho que atuará junto à Vara.

(E) As ações entre trabalhadores portuários e os operadores portuários ou o Órgão Gestor de Mão de Obra – OGMO decorrentes da relação de trabalho são de competência originária dos Tribunais Regionais do Trabalho.

A: opção incorreta, pois não há a obrigatoriedade. Veja art. 115 da CF. O estado de São Paulo possui dois TRTs: o da 2ª Região, sediado na capital do estado, com jurisdição sobre a Região Metropolitana de São Paulo, parte de Região Metropolitana da Baixada Santista e o município interiorano de Ibiúna, e o da 15ª Região, com sede em Campinas e jurisdição sobre os demais municípios paulistas. Não foram criados TRTs nos Estados de Tocantins, Acre, Roraima e Amapá. **B:** opção incorreta, pois nos termos do art. 115 da CF os Tribunais Regionais do Trabalho compõem-se de, no mínimo, sete juízes, recrutados, quando possível, na respectiva região, e nomeados pelo Presidente da República dentre brasileiros com mais de trinta e menos de sessenta e cinco anos. **C:** opção correta, pois reflete a disposição do art. 115, § 2°, CF. **D:** opção incorreta, pois nos termos do art. 116 da CF nas Varas do Trabalho, a jurisdição será exercida por um juiz singular. **E:** opção incorreta, pois a ação será de competência da Vara do Trabalho. As hipóteses de competência dos TRTs estão reguladas no art. 678 da CLT. **HC**
Gabarito "C".

(Técnico Judiciário – TRT20 – FCC – 2016) Péricles pretende ingressar com reclamação trabalhista para receber indenização por danos morais em face do Banco Horizonte S/A em razão da alegação de assédio moral. Conforme previsão legal contida na Consolidação das Leis do Trabalho, a ação deverá ser proposta na Vara do Trabalho do local

(A) da sua contratação.

(B) do seu domicílio.

(C) da matriz do Banco empregador.

(D) da prestação dos serviços.

(E) escolhido pelas partes na celebração do contrato.

"D" é a opção correta. Isso porque nos termos do art. 651 da CLT a competência será determinada pela localidade onde o empregado, reclamante ou reclamado, prestar serviços ao empregador, ainda que tenha sido contratado noutro local ou no estrangeiro. Sobre a competência de ações por danos morais, vale lembrar da redação da súmula vinculante 22 do STF: "A Justiça do Trabalho é competente para processar e julgar as ações de indenização por danos morais e patrimoniais decorrentes de acidente de trabalho propostas por empregado contra empregador, inclusive aquelas que ainda não possuíam sentença de mérito em primeiro grau quando da promulgação da emenda constitucional 45/2004.

(Técnico – TRT/19ª – 2015 – FCC) Ricardo foi contratado pela empresa "Fazenda Ltda.", para exercer a função de montador de estande em feiras agropecuárias. Considerando que Ricardo reside em Marechal Deodoro e que a sede da empresa é em Maceió, local da celebração do contrato, bem como que as feiras agropecuárias não ocorrem na referida capital e sim em diversas cidades interioranas, segundo a Consolidação das Leis do Trabalho, eventual reclamação trabalhista, no tocante à competência territorial deverá ser ajuizada

(A) obrigatoriamente em Marechal Deodoro.

(B) obrigatoriamente em Maceió.

(C) obrigatoriamente no local em que prestou serviços em último lugar.

(D) em Maceió ou Marechal Deodoro.

(E) em Maceió ou no local da prestação dos respectivos serviços.

Ensina o art. 651, § 3º, da CLT em se tratando de empregador que promova realização de atividades fora do lugar do contrato de trabalho, como no caso em estudo, é assegurado ao empregado apresentar reclamação na localidade da celebração do contrato ou no da prestação dos respectivos serviços. Assim, Ricardo poderá optar em apresentar a reclamação trabalhista em Maceió, localidade em que foi celebrado o contrato de trabalho ou então na localidade das diversas cidades interioranas.

(Técnico – TRT/16ª – 2015 – FCC) A empregada "A" ajuizou reclamação trabalhista em Salvador, local em que se mudou após sua dispensa. Entretanto, o local em que prestou serviços foi em São Luís. A empresa, regularmente notificada, não compareceu à audiência, tendo sido decretada sua revelia e confissão quanto à matéria de fato. No tocante à alegação de incompetência em razão do lugar, é correto afirmar que:

(A) tendo em vista se tratar de matéria de ordem, deverá ser declarada *ex officio* pelo juiz, que se declarará incompetente para conhecer e julgar a reclamação.

(B) tendo em vista que a incompetência é relativa, poderá ser alegada em qualquer fase do processo, mesmo após a prolação da sentença, até a interposição de recurso ordinário.

(C) tendo em vista que a incompetência é relativa e não alegada no momento oportuno, ou seja, com a defesa, prorroga-se a competência do juízo de Salvador, tornando-se competente para conhecer e julgar o feito, havendo preclusão da matéria.

(D) a empresa somente poderá alegar a exceção de incompetência em razão do lugar em preliminar de recurso ordinário.

(E) deverá a empresa interpor agravo de instrumento para conhecimento imediato da exceção.

A: incorreta, pois a incompetência relativa não é matéria de ordem pública e, portanto, não pode ser declarada de ofício pelo Juiz. **B**: incorreta, pois a incompetência relativa/territorial deve ser alegada como matéria prelinar de contestação, art. 337, II, CPC/2015, sob pena de prorrogar-se a competência do juízo. Em outras palavras, a incompetência territorial se convalidará caso a parte interessada não oponha exceção de incompetência no prazo legal. Vide art. 795 da CLT. **C**: correta, pois de fato, como exposto no comentário anterior, caso a incompetência relativa não seja alegada na apresentação de sua defesa, ocorrerá a prorrogação de competência, passando a ser competente o juízo de Salvador. **D**: incorreta, pois a incompetência relativa/territorial deve ser alegada como matéria prelinar de contestação, art. 337, II, CPC/2015. **E**: incorreta, pois o agravo de instrumento é o recurso interposto contra decisão que denegar a interposição de recurso, ou seja, a decisão que não admitiu recurso no 1º juízo de admissibilidade, art. 897, *b*, da CLT.

(Técnico Judiciário – TRT/2ª – 2008 – FCC) As competências em razão da pessoa, da função e da matéria são de natureza

(A) absoluta, absoluta e relativa, respectivamente.

(B) relativa.

(C) relativa, absoluta e absoluta, respectivamente.

(D) absoluta, relativa e absoluta, respectivamente.

(E) absoluta.

Competência é a medida da jurisdição (José Frederico Marques). Entende-se, a partir dos arts. 62 e 63 CPC/2015, que a competência em razão da matéria, da pessoa e funcional são absolutas, dela podendo o Juiz conhecer de ofício, não havendo preclusão para a parte ou para o Juiz.

(Técnico Judiciário – TRT/16ª – 2009 – FCC) A competência em razão da matéria, da função e do território, na Justiça do Trabalho, são consideradas, respectivamente,

(A) absoluta, absoluta e relativa.

(B) relativa, absoluta e absoluta.

(C) absoluta, relativa e absoluta.

(D) relativa, relativa e absoluta.

(E) relativa, absoluta e relativa.

Competência é a medida da jurisdição (José Frederico Marques). Entende-se, a partir dos arts. 62 e 63 CPC/2015, que a competência em razão da matéria, da pessoa e funcional são absolutas, dela podendo o Juiz conhecer de ofício, não havendo preclusão para a parte ou para o Juiz. Já a competência territorial é relativa, devendo a parte invoca-la em preliminar de contestação, art. 337, II, CPC, sob pena de prorrogação.

(Técnico Judiciário – TRT/20ª – 2006 – FCC) De acordo com a Consolidação das Leis do Trabalho, em regra, a competência das Varas do Trabalho é determinada pela localidade onde

(A) o empregado, reclamante ou reclamado, foi contratado para prestar serviços, exceto se foi contratado no estrangeiro.

(B) está sediada a empresa empregadora ou o domicílio do empregador quando este for pessoa física.

(C) o empregado, reclamante ou reclamado, prestar serviços ao empregador, ainda que tenha sido contratado noutro local ou no estrangeiro.

(D) o empregado, reclamante ou reclamado, foi contratado para prestar serviços, inclusive se foi contratado no estrangeiro.

(E) está a filial mais próxima da empresa empregadora ou o domicílio do empregador quando este for pessoa física.

"C" é a opção correta, pois nos termos do art.. 651 da CLT a competência será determinada pelo local da prestação de serviços ainda que tenha sido contratado noutro local ou no estrangeiro.

(Técnico Judiciário – TRT/5ª – 2008 – CESPE) Acerca da organização e da competência da justiça do trabalho, julgue os itens a seguir.

(1) As ações que envolvem o exercício do direito de greve devem ser julgadas na justiça do trabalho.

(2) Nas comarcas que não sejam abrangidas pela jurisdição da justiça do trabalho, as demandas trabalhistas podem ser julgadas por um juiz de direito.

(3) O TRT da 5 .ª Região possui jurisdição nos estados da Bahia e de Sergipe.

1: correta, art. 114, II, da CF; **2**: correta, art. 112 da CF; **3**: incorreta, conforme o art. 674 da CLT, Sergipe constitui região autônoma (20ª Região).

(Técnico Judiciário – TRT/9ª – 2007 – CESPE) Em relação a jurisdição e a competência, sob o enfoque do processo civil, julgue os itens a seguir.

(1) O poder jurisdicional é exercido em sua plenitude pelos órgãos dele investidos. Entretanto, o exercício válido e regular desse poder por esses órgãos é limitado legalmente pelo que se denomina competência. Assim, a competência legitima o exercício do poder pelo órgão jurisdicional, em um processo concretamente considerado.

(2) É ilegítima a atuação de juízo territorialmente incompetente em processo decorrente de ação ajuizada perante ele. Nesse caso, por se tratar de incompetência absoluta, os atos decisórios emanados desse juízo padecem de nulidade insanável.

(3) A jurisdição voluntária, visando à composição de conflitos de interesses, tem por finalidade resguardar a segurança jurídica e a decisão nela proferida, aplicando, dessa forma, o direito no caso concreto, de acordo com a pretensão ou a resistência das partes.

(4) Foro é a delimitação territorial para o exercício do poder jurisdi-

15. DIREITO PROCESSUAL DO TRABALHO   669

cional, sendo que, nos limites do mesmo foro, podem exercer jurisdição um ou mais órgãos jurisdicionais.

1: de fato, considera-se a competência como a medida da jurisdição (José Frederico Marques)**; 2**: a competência territorial é relativa, devendo a parte invocá-la como preliminar de contestação, art. 337, II, CPC/2015, sob pena de prorrogação; **3**: a jurisdição voluntária diz com a administração judicial dos interesses particulares, não havendo que se falar em lide, assim caracterizado o conflito decorrente de uma pretensão resistida; **4**: conceito doutrinariamente correto, havendo a figura da distribuição de feitos para garantir-se o princípio do juiz natural nas localidades em que mais de um órgão jurisdicional encontra-se revestido da mesma competência.

Gabarito 1C, 2E, 3E, 4C

(Técnico Judiciário – TRT/17ª – 2009 – CESPE) A respeito da organização e da competência da justiça do trabalho, julgue os itens seguintes.

(1) A incompetência em razão da matéria é de natureza absoluta e, em assim sendo, deve ser declarada de ofício pelo juiz, independentemente de provocação das partes do processo.

(2) A justiça do trabalho tem competência para processar e julgar as ações acerca de representação sindical, entre sindicatos, entre sindicatos e trabalhadores e entre sindicatos e empregadores.

1: Correto, art. 795, § 1º, CLT e arts. 62 e 63 CPC/2015; **2**: art. 114, III, da CF.

Gabarito 1C, 2C

4. CUSTAS E EMOLUMENTOS

(Técnico Judiciário – TRT24 – FCC – 2017) No tocante às custas processuais, a Consolidação das Leis do Trabalho estabelece que

(A) o pagamento das custas, sempre que houver acordo, caberá à Reclamada, pois deu causa ao processo.

(B) as custas serão, em qualquer caso, pagas pelo vencido, antes do trânsito em julgado da decisão.

(C) no processo de execução são devidas custas, de responsabilidade do executado ou do exequente, conforme o caso, sendo pagas após a liquidação de sentença.

(D) não sendo líquida a condenação, o juízo arbitrar-lhe-á o valor e fixará o montante das custas processuais.

(E) apenas nos dissídios individuais, no exercício da jurisdição trabalhista, as custas relativas ao processo de conhecimento incidirão à base de 1%, sem observância de importância mínima.

A: opção incorreta, pois nos termos do art. 789, § 3º, CLT sempre que houver acordo, se de outra forma não for convencionado, o pagamento das custas caberá em partes iguais aos litigantes. **B**: opção incorreta, pois nos termos do art. 789, § 1º, CLT as custas serão pagas pelo vencido, após o trânsito em julgado da decisão. No caso de recurso, as custas serão pagas e comprovado o recolhimento dentro do prazo recursal. **C**: opção incorreta, pois nos termos do art. 789-A da CLT no processo de execução são devidas custas, sempre de responsabilidade do executado e pagas ao final. **D**: opção correta, pois nos termos do art. 789, § 2º, CLT não sendo líquida a condenação, o juízo arbitrar-lhe-á o valor e fixará o montante das custas processuais. **E**: opção incorreta, pois nos termos do art. 789 da CLT nos dissídios individuais e nos dissídios coletivos do trabalho, nas ações e procedimentos de competência da Justiça do Trabalho, bem como nas demandas propostas perante a Justiça Estadual, no exercício da jurisdição trabalhista, as custas relativas ao processo de conhecimento incidirão à base de 2% (dois por cento), observado o mínimo de R$ 10,64 e o máximo de 4 vezes o limite máximo dos benefícios do Regime Geral de Previdência social.

Gabarito "D"

(Analista Judiciário – TRT/24 – FCC – 2017) Em audiência realizada no curso da ação trabalhista movida por Perseu em face da empresa Cavalo de Troia Empreendimentos, após terem sido ouvidas as partes, o Juiz apresentou proposta conciliatória que foi aceita pelas partes. Entretanto, nada foi ajustado sobre custas. Conforme normas contidas na Consolidação das Leis do Trabalho, as custas processuais

(A) ficarão a cargo da reclamada, em razão do princípio da hipossuficiência do trabalhador.

(B) serão de responsabilidade do reclamante que irá se beneficiar com proveito econômico do acordo.

(C) serão dispensadas pela União nos casos de conciliação em processo trabalhista.

(D) caberão em partes iguais aos litigantes, sempre que houver acordo, se de outra forma não for convencionado.

(E) serão atribuídas sempre à reclamada, uma vez que o acordo implica em confissão de dívida.

"D" é a opção correta. Nos termos do art. 789, § 3º, da CLT sempre que houver acordo, se de outra forma não for convencionado, o pagamento das custas caberá em partes iguais aos litigantes. HC

Gabarito "D".

(Analista Judiciário – TRT/11 – FCC – 2017) No tocante às custas, considere:

I. A parte vencedora na primeira instância, se vencida na segunda, está obrigada, independentemente de intimação, a pagar as custas fixadas na sentença originária, das quais ficará isenta a parte então vencida.

II. No caso de inversão do ônus da sucumbência em segundo grau, sem acréscimo ou atualização do valor das custas e se estas já foram devidamente recolhidas, caberá um novo pagamento pela parte vencida, ao recorrer.

III. Não caracteriza deserção a hipótese em que, acrescido o valor da condenação, não houve fixação ou cálculo do valor devido a título de custas e tampouco intimação da parte para o preparo do recurso, devendo ser as custas pagas ao final.

IV. Não há reembolso das custas à parte vencedora mesmo na hipótese em que a parte vencida for pessoa isenta do seu pagamento, nos termos previstos na Consolidação das Leis do Trabalho.

Está correto o que se afirma APENAS em

(A) II e III.

(B) I e III.

(C) I, II e IV.

(D) II, III e IV.

(E) I e IV.

I: opção correta. Nos termos da súmula 25, I, do TST a parte vencedora na primeira instância, se vencida na segunda, está obrigada, independentemente de intimação, a pagar as custas fixadas na sentença originária, das quais ficará isenta a parte então vencida. **II**: incorreta. Em conformidade com a súmula 25, II, do TST no caso de inversão do ônus da sucumbência em segundo grau, sem acréscimo ou atualização do valor das custas e se estas já foram devidamente recolhidas, descabe um novo pagamento pela parte vencida, ao recorrer. Deverá ao final, se sucumbente, reembolsar a quantia. **III**: correto. A súmula 25, III, do TST ensina que não caracteriza deserção a hipótese em que, acrescido o valor da condenação, não houve fixação ou cálculo do valor devido a título de custas e tampouco intimação da parte para o preparo do recurso, devendo ser as custas pagas ao final. **IV**: opção incorreta. O item IV da súmula 25 do TST ensina que o reembolso das custas à parte vencedora faz-se necessário mesmo na hipótese em que a parte vencida for pessoa isenta do seu pagamento, nos termos do art. 790-A, parágrafo único, da CLT. HC

Gabarito "B".

(Técnico Judiciário – TRT20 – FCC – 2016) Afrodite, empregada doméstica, ajuizou ação reclamatória trabalhista em face de sua ex-empregadora Minerva, postulando o pagamento de horas extras, férias e 13º salários não adimplidos. A ação foi julgada procedente em parte, uma vez que foram acolhidos apenas os pedidos de férias e 13º salários, sendo rejeitado o pedido de horas extras. No caso proposto, o valor, bem como a responsabilidade pelo pagamento das custas processuais, será de

(A) 2% sobre o valor da condenação a cargo da parte vencida, ou seja, da reclamada.

(B) 1% sobre o valor de cada pedido acolhido sob a responsabilidade da reclamada e 1% sobre o pedido não acolhido sob a responsabilidade da reclamante.

(C) 2% sobre o valor dos pedidos acolhidos, com redução proporcional ao pedido não acolhido, sob a responsabilidade da reclamada.

(D) 2% sobre o valor da causa, pagas pela reclamante, porque não houve procedência total dos pedidos requeridos.

(E) 1% sobre o valor da causa, a cargo da reclamada, visto que houve procedência apenas parcial.

"A" é a opção correta, pois nos termos do art. 789, I, da CLT as custas serão calculadas na base de 2% sobre o valor da condenação. Ademais, nos termos do § 1º do mesmo dispositivo legal serão pagas pelo vencido, após o trânsito em julgado da decisão. No caso de recurso, as custas serão pagas e comprovado o recolhimento dentro do prazo recursal. HC

Gabarito "A".

(Técnico – TRT/3ª – 2015 – FCC) Gilda ajuizou reclamação trabalhista em face da empresa "G" tendo sido a referida reclamação julgada totalmente improcedente. Sabendo-se que o valor atribuído à causa foi de R$ 200.000,00, e que Gilda não é beneficiária da justiça gratuita, para ajuizar Recurso Ordinário, Gilda

(A) terá que pagar o valor de R$ 2.000,00 dentro do prazo recursal sob pena de deserção.

(B) terá que pagar o valor de R$ 4.000,00 dentro do prazo recursal sob pena de deserção.

(C) terá que pagar o valor de R$ 1.000,00 dentro do prazo recursal sob pena de deserção.

(D) está isenta do pagamento das custas, uma vez que estas não são devidas ao reclamante quando da interposição de recurso, sendo devidas apenas com o trânsito em julgado.

(E) está isenta do pagamento das custas, uma vez que estas não são devidas ao reclamante na Justiça do Trabalho.

A alternativa "B" é a correta, tendo em vista que nos termos do art. 789, *caput* e inciso I, da CLT o reclamante pagará as custas sempre que os pedidos forem julgados totalmente improcedentes ou o processo for extinto sem resolução do mérito e serão calculadas a base de 2% do valor da causa. Ademais, ensina o § 1º do art. 789 da CLT, bem como a súmula 245 do TST que ensinam que as custas deverão ser pagas no prazo alusivo ao recurso. As hipóteses de isenção de custas estão elencadas no art. 790-A da CLT, as quais Gilda não se enquadra.

(Técnico Judiciário – TRT/4ª – 2011 – FCC) Determinada reclamação trabalhista foi julgada parcialmente procedente e a empresa Leão condenada ao pagamento de R$ 400.000,00 ao reclamante. Neste caso, com relação às custas processuais, em regra, de acordo com a Consolidação das Leis do Trabalho, a empresa reclamada:

(A) não está obrigada a recolher qualquer valor a título de custas, tendo em vista que a reclamação trabalhista foi julgada parcialmente procedente.

(B) deverá efetuar o recolhimento de R$ 8.000,00 dentro do prazo recursal a título de custas.

(C) deverá efetuar o recolhimento de R$ 4.000,00 dentro do prazo recursal a título de custas.

(D) não está obrigada a recolher qualquer valor a título de custas, tendo em vista que estas são pagas pelo vencido após o trânsito em julgado da condenação.

(E) não está obrigada a recolher qualquer valor a título de custas, tendo em vista que estas são pagas pelo reclamante no momento da propositura da ação.

Art. 789 da CLT.

(Técnico – TRT/6ª – 2012 – FCC) Com relação às custas no processo trabalhista, é INCORRETO afirmar:

(A) São isentos do pagamento de custas, a União, os Estados, o Distrito Federal, os Municípios e respectivas autarquias e as fundações públicas federais, estaduais ou municipais que não explorem atividade econômica.

(B) No caso de recurso, as custas serão pagas e comprovado o recolhimento dentro do prazo recursal.

(C) Não sendo líquida a condenação, o juízo arbitrar-lhe-á o valor e fixará o montante das custas processuais.

(D) Sempre que houver acordo, se de outra forma não for convencionado, o pagamento das custas caberá em partes iguais aos litigantes.

(E) Nos dissídios coletivos do trabalho, as custas relativas ao processo de conhecimento incidirão à base de 1% e serão calculadas, quando houver acordo ou condenação, sobre o respectivo valor.

A: correta, art. 790-A, I, da CLT; **B:** correta, art. 789, § 1º, da CLT; **C:** correta, art. 789, § 2º, da CLT; **D:** correta, art. 789, § 3º, da CLT; **E:** incorreta (devendo ser assinalada), pois, de acordo com o art. 789, *caput*, da CLT, as custas relativas ao processo de conhecimento incidirão à base de 2% (dois por cento).

(Técnico Judiciário – TRT/7ª – 2009 – FCC) Nos dissídios individuais e nos dissídios coletivos do trabalho, nas ações e procedimentos de competência da Justiça do Trabalho, as custas serão pagas pelo:

(A) vencido, no dia em que o juiz proferir a sentença, antes do trânsito em julgado da mesma, sendo que, se houver recurso, as custas serão pagas dentro do prazo recursal.

(B) Reclamante, no momento da propositura da ação, salvo se for beneficiário da justiça gratuita.

(C) vencido, após o trânsito em julgado da decisão, sendo que, se houver recurso, as custas serão pagas dentro do prazo recursal.

(D) Reclamado, devido à hipossuficiência do Reclamante.

(E) vencedor, após o trânsito em julgado da decisão, sendo que, se houver recurso, as custas serão pagas dentro do prazo recursal.

Art. 789, § 1º, da CLT.

(Técnico Judiciário – TRT/9º – 2010 – FCC) Marta, empregada da empresa X, ajuizou reclamação trabalhista tendo em vista a sua demissão sem justa causa. A mencionada demanda foi julgada totalmente improcedente em primeiro grau. Marta pretende ingressar com recurso ordinário. Considerando que Marta ocupava cargo de direção, bem como que o valor da causa fornecido na reclamação trabalhista foi de R$ 100.000,00, para interpor tal recurso ela:

(A) terá que efetuar o recolhimento das custas judiciais no importe de R$ 1.000,00.

(B) terá que efetuar o recolhimento das custas judiciais no importe de R$ 2.000,00.

(C) terá que efetuar o recolhimento das custas judiciais no importe de R$ 500,00.

(D) está desobrigada a efetuar o pagamento das custas judiciais, tendo em vista que a reclamação trabalhista foi julgada totalmente improcedente.

(E) está desobrigada a efetuar o pagamento das custas judiciais, tendo em vista que exercia na empresa cargo de direção.

Art. 789 da CLT.

(Técnico Judiciário – TRT/14ª – 2011 – FCC) Fernanda ajuizou reclamação trabalhista em face da empresa "Amiga" que foi julgada parcialmente procedente. Neste caso, em regra, as custas processuais caberão à:

(A) empresa Amiga, no importe de 1% sobre o valor da condenação.

(B) Fernanda no importe de 1% sobre o valor da condenação.

(C) empresa Amiga e a Fernanda, em 0,5% para cada uma.

(D) empresa Amiga e a Fernanda, em 1% para cada uma.

(E) empresa Amiga, no importe de 2% sobre o valor da condenação.

Art. 789, I, da CLT.

(Técnico Judiciário – TRT/14ª – 2011 – FCC) Emolumento é:

(A) a despesa relativa ao expediente e movimentação das causas, contada de acordo com o seu respectivo regimento.

(B) a denominação dos honorários advocatícios arbitrados para sindicato de categoria que representa judicialmente hipossuficiente.

(C) uma espécie de tributo, que se paga compulsoriamente em razão de um serviço público específico que é o serviço jurisdicional.

(D) o ressarcimento de despesas provocadas ao órgão jurisdicional para obtenção, por exemplo, de certidões do interesse do requerente.

(E) uma espécie de tributo, que se paga facultativamente em razão de um serviço público específico que é o serviço jurisdicional.

Despesa processual é todo o gasto que as partes realizam dentro ou fora do processo para prover-lhe o andamento ou atender a seus interesses na demanda. Trata-se de gênero que engloba as custas, os honorários periciais, do assistente técnico ou do advogado, os emolumentos, e outros gastos decorrentes da demanda. As custas têm natureza jurídica de taxa (espécie de tributo afeto a uma finalidade específica, decorrendo da efetiva prestação de um serviço público e que só podem ser instituídas por lei em sentido estrito). Já os emolumentos são ressarcimentos de despesas efetuadas pelos órgãos da Justiça do Trabalho pelo fornecimento de traslados, certidões, cartas etc. Também podem ser considerados taxa, pois não deixam de ser um valor pago pelo usuário como contraprestação de um serviço público jurisdicional. V. art. 789-B da CLT.

(Técnico Judiciário – TRT/16ª – 2009 – FCC) De acordo com a Consolidação das Leis do Trabalho, com relação às custas, é correto afirmar:

(A) A Ordem dos Advogados do Brasil é isenta do pagamento de custas.

15. DIREITO PROCESSUAL DO TRABALHO   671

(B) Sempre que houver acordo, se de outra forma não for convencionado, o pagamento das custas caberá em partes iguais aos litigantes.

(C) Nos dissídios individuais julgados extintos sem resolução do mérito as custas incidirão a base de 1% sobre o valor da causa.

(D) Nos dissídios individuais julgados totalmente improcedentes as custas incidirão a base de 1% sobre o valor da causa ou sobre o valor que o juiz fixar.

(E) As fundações públicas federais não são isentas do pagamento das custas.

A: incorreta, pois a isenção não alcança as entidades fiscalizadoras do exercício profissional, conforme dispõe o art. 790-A, parágrafo único, da CLT; **B:** correta, art. 789, § 3º, da CLT; C e **D:** incorretas, de acordo com o art. 789, *caput* e II, da CLT, as custas relativas ao processo de conhecimento incidirão à base de 2%; **E:** incorreta, pois as fundações públicas federais são isentas do pagamento das custas (art. 790-A, I, da CLT).

Gabarito "B".

(Técnico Judiciário – TRT/18ª – 2008 – FCC) Marta ingressou com reclamação trabalhista em face da empresa G, fornecendo à causa o valor de R$ 30.000,00. Em audiência, as partes se compuseram amigavelmente e a empresa G se obrigou a efetuar o pagamento de R$ 15.000,00 à vista para Marta. Neste caso, de acordo com a Consolidação das Leis do Trabalho, considerando que a totalidade do acordo refere-se a verbas com natureza salariais, as custas processuais incidirão à base de 2% sobre:

(A) R$ 15.000,00, sendo que, se de outra forma não for convencionado, o pagamento das custas caberá em partes iguais aos litigantes.

(B) R$ 15.000,00, sendo que, se de outra forma não for convencionado, o pagamento das custas caberá à empresa reclamada.

(C) R$ 15.000,00, sendo que, se de outra forma não for convencionado, o pagamento das custas caberá à empregada reclamante.

(D) R$ 30.000,00, sendo que, se de outra forma não for convencionado, o pagamento das custas caberá em partes iguais aos litigantes.

(E) R$ 30.000,00, sendo que, se de outra forma não for convencionado, o pagamento das custas caberá à empresa reclamada.

Art. 789, I, da CLT.

Gabarito "A".

(Técnico Judiciário – TRT/22ª – 2010 – FCC) Na Justiça do Trabalho as custas serão pagas pelo:

(A) reclamante quando da propositura da Reclamação Trabalhista.

(B) vencido, após o trânsito em julgado da decisão. No caso de recurso, as custas serão pagas dentro do prazo recursal.

(C) reclamante, cinco dias após a audiência inicial ou UNA, caso não haja acordo entre as partes.

(D) reclamado quando da apresentação da Contestação.

(E) vencido, em até cinco dias após a prolação da sentença pelo juiz de primeiro grau.

Art. 789, § 1º, da CLT.

Gabarito "B".

(Técnico Judiciário – TRT/24ª – 2011 – FCC) Manoela, alta executiva, ajuizou reclamação trabalhista em face de sua ex-empregadora. A mencionada reclamação foi julgada totalmente improcedente. Neste caso, com relação ao processo de conhecimento, em regra,

(A) as custas processuais incidiram na base de 1% sobre o valor total dos pedidos, deduzidas as parcelas que não possuam natureza trabalhista direta.

(B) as custas processuais incidiram na base de 0,5% sobre o valor total dos pedidos, deduzidas as parcelas que não possuam natureza trabalhista direta.

(C) as custas processuais incidiram na base de 1% sobre o valor da causa e serão devidas por Manoela.

(D) as custas processuais incidiram na base de 2% sobre o valor da causa e serão devidas por Manoela.

(E) não haverá condenação ao pagamento de custas tendo em vista que a ação foi julgada improcedente.

Art. 789 da CLT.

Gabarito "D".

(Técnico Judiciário – TRT/24ª – 2011 – FCC) Para a Consolidação das Leis do Trabalho, NÃO há isenção do pagamento de custas para:

(A) o Ministério Público do Trabalho.

(B) o sindicato dos empregados.

(C) os Municípios.

(D) as fundações públicas federais que não explorem atividade econômica.

(E) as fundações públicas municipais que não explorem atividade econômica.

Art. 790-A da CLT.

Gabarito "B".

(Técnico Judiciário – TRT/5ª – 2008 – CESPE) A respeito das custas e emolumentos, julgue o seguinte item.

(1) Na justiça do trabalho, não são cobradas custas processuais.

1: incorreta, arts. 789 e 789-A da CLT.

Gabarito 1E

5. PARTES E ADVOGADOS

(Técnico Judiciário – TRT24 – FCC – 2017) Quanto às partes e procuradores que figuram no Processo do Trabalho, a Consolidação das Leis do Trabalho estabelece:

(A) A constituição de procurador com poderes para o foro em geral poderá ser efetivada, mediante simples registro em ata de audiência, a requerimento verbal do advogado interessado, com anuência da parte representada.

(B) Nos dissídios coletivos, é obrigatória aos interessados a assistência por advogado.

(C) No processo do trabalho não é admitida a acumulação de várias reclamações em um mesmo processo, ainda que haja identidade de matéria e se tratem de empregados da mesma empresa ou estabelecimento.

(D) Os empregadores não poderão reclamar pessoalmente perante a Justiça do Trabalho e acompanhar as suas reclamações até o final.

(E) A reclamação trabalhista do menor de 21 anos será feita por seus representantes legais e, na falta destes, apenas pelo sindicato ou curador nomeado em juízo.

A: opção correta, pois trata-se do mandato tácito (*apud acta*) disposto no art. 791, § 3º, CLT. **B:** opção incorreta, pois na Justiça do Trabalho, ainda que em dissídios coletivos, a assistência por advogado não é obrigatória. Ademais, nos termos do art. 857 da CLT a representação para instaurar a instância em dissídio coletivo constitui prerrogativa das associações sindicais. **C:** opção incorreta, pois admite-se a reclamação trabalhista plúrima. Ademais, o art. 842 da CLT ensina que sendo várias as reclamações e havendo identidade de matéria, poderão ser acumuladas num só processo, se tratar de empregados da mesma empresa ou estabelecimento. **D:** opção incorreta, pois nos termos do art. 791 da CLT que prevê o *jus postulandi* das partes, tanto os empregados quanto os empregadores poderão reclamar pessoalmente perante a Justiça do Trabalho e acompanhar as suas reclamações até o final. O *jus postulandi* encontra seus limites nas orientações da súmula 425 do TST. **E:** opção incorreta, pois nos termos do art. 793 da CLT a reclamação trabalhista do menor de 18 anos será feita por seus representantes legais e, na falta destes, pela Procuradoria da Justiça do Trabalho, pelo sindicato, pelo Ministério Público estadual ou curador nomeado em juízo.

Gabarito "A".

(Analista Judiciário – TRT/24 – FCC – 2017) Analisando o normativo previsto na Consolidação das Leis do Trabalho quanto à nomeação de advogado com poderes para o foro em geral na Justiça do Trabalho,

(A) dá-se pela juntada prévia de instrumento de procuração, com firma devidamente reconhecida.

(B) a nomeação poderá ser efetivada mediante simples registro em ata de audiência, a requerimento verbal do advogado interessado, com anuência da parte representada.

(C) apenas o trabalhador poderá reclamar sem a presença de advogado, uma vez que o princípio do *jus postulandi* somente se aplica à parte hipossuficiente.

(D) o advogado pode atuar sem que lhe sejam exigidos poderes outorgados pela parte, em razão da previsão legal do *jus postulandi*.

(E) nos dissídios coletivos é obrigatória aos interessados a assistência por advogado constituído necessariamente por instrumento de mandato, com firma devidamente reconhecida.

A: opção incorreta, pois a CLT não prevê regra específica para a juntada prévia de procuração aos autos da reclamação trabalhista. Sobre o tema veja súmula 383 do TST. **B:** opção correta, pois nos termos do art. 791, § 3º, da CLT a constituição de procurador com poderes para o foro em geral poderá ser efetivada, mediante simples registro em ata de audiência, a requerimento verbal do advogado interessado, com anuência da parte representada. **C:** opção incorreta, pois nos termos do art. 791 da CLT empregado e empregador poderão fazer uso do *jus postulandi*. **D:** opção incorreta, pois somente as partes podem fazer uso do *jus postulandi*. Para o que o advogado possa atuar em nome da parte, é necessária a procuração, art. 104 do CPC/2015. **E:** opção incorreta, pois nos termos do art. 791, § 2º, da CLT nos dissídios coletivos é facultada aos interessados a assistência por advogado.

(Analista Judiciário – TRT/20 – FCC – 2016) Vênus atuou durante 6 anos como preposta da Cia de Bebidas Fonte de Amor. Por força da crise econômica foi dispensada sem receber alguns direitos trabalhistas. Em razão de sua experiência, ingressou com reclamação trabalhista de forma verbal, sem constituir advogado. Conforme súmula do Tribunal Superior do Trabalho e dispositivo processual trabalhista, a capacidade postulatória de Vênus em relação a essa reclamatória

(A) está restrita a fase de conhecimento na Vara do Trabalho.

(B) limita-se às Varas do Trabalho e aos Tribunais Regionais do Trabalho, não alcançando a fase executória.

(C) limita-se às Varas do Trabalho e aos Tribunais Regionais do Trabalho, não alcançando os recursos de competência do Tribunal Superior do Trabalho.

(D) é ilimitada quanto a fase processual, bem como em relação à instância, alcançando inclusive o Tribunal Superior do Trabalho, porque a lei permite o acompanhamento das reclamações até o final.

(E) está restrita à fase de conhecimento, incluindo recursos em todas as instâncias trabalhistas, Varas do Trabalho, Tribunais Regionais do Trabalho e Tribunal Superior do Trabalho, mas não envolve a fase de execução.

"C" é a opção correta, pois nos termos da súmula 425 do TST o *jus postulandi* das partes, estabelecido no art. 791 da CLT, limita-se às Varas do Trabalho e aos Tribunais Regionais do Trabalho, não alcançando a ação rescisória, a ação cautelar, o mandado de segurança e os recursos de competência do Tribunal Superior do Trabalho.

(Técnico Judiciário – TRT20 – FCC – 2016) Em relação às capacidades de postular e de estar em juízo, conforme normas contidas na Consolidação das Leis do Trabalho,

(A) nos dissídios individuais os empregados e empregadores somente poderão estar em juízo se estiverem representados por advogado particular ou de entidade sindical.

(B) nos dissídios coletivos trabalhistas, as partes representadas pelos entes sindicais, deverão ter a necessária assistência por advogado.

(C) a constituição de procurador com poderes para o foro em geral poderá ser efetivada, mediante simples registro em ata de audiência, a requerimento verbal do advogado interessado, com anuência da parte representada.

(D) a reclamação trabalhista do menor de 18 anos somente será acolhida se feita por órgão do Ministério Público do Trabalho.

(E) os maiores de 18 e menores de 21 anos poderão pleitear perante a Justiça do Trabalho sem a assistência de seus pais ou tutores, desde que assistidos por advogado.

A: opção incorreta, pois o advogado é dispensável na Justiça do Trabalho, na medida em que as partes poderão fazer uso do *jus postulandi* – capacidade de acompanhar pessoalmente seus processos, art. 791 da CLT. **B:** opção incorreta, pois nos dissídios coletivos não há necessidade da presença de advogado. Nos termos do art. 857 da CLT a representação para instaurar a instância em dissídio coletivo constitui prerrogativa das associações sindicais. **C:** opção correta, pois reflete a disposição do art. 791, § 3º, da CLT. **D:** opção incorreta, pois nos termos do art. 793 da CLT a reclamação trabalhista do menor de 18 anos será feita por seus representantes legais e, na falta destes, pela Procuradoria da Justiça do Trabalho, pelo sindicato, pelo Ministério Público estadual ou curador nomeado em juízo. **E:** opção incorreta, pois não é necessária a assistência por advogado, art. 791 CLT.

(Técnico – TRT/3ª – 2015 – FCC) Considere:

I. Interposição de Recurso Ordinário para Tribunal Regional do Trabalho.

II. Interposição de Recurso de Revista para o Tribunal Superior do Trabalho.

III. Agravo de Petição contra decisão em Embargos à Execução proferida por juiz de Vara do Trabalho.

IV. Agravo de Instrumento proposto em face de decisão reconhecendo a deserção de Recurso Ordinário proferida por juiz de Vara do Trabalho.

O jus postulandi das partes, estabelecido no artigo 791 da Consolidação das Leis do Trabalho abrange as hipóteses indicadas APENAS em

(A) I e III.

(B) I, III e IV.

(C) II, III e IV.

(D) I, II e IV.

(E) I, II e III.

I: correta, pois nos termos do art. 791 da CLT e súmula 425 do TST o recurso ordinário para o TRT pode ser interposto pela parte fazendo uso do *jus postulandi*. **II:** incorreta, pois a competência para apreciação do recurso de revista é de uma das Turmas do TST e por essa razão, tendo em vista o entendimento disposto na súmula 425 do TST, não é permitido à parte fazer uso do *jus postulandi* nos recursos de competência do TST. **III:** correta, pois como a competência para a apreciação do agravo de petição é do TRT, nos termos do art. 791 da CLT e súmula 425 do TST pode ser interposto pela parte fazendo uso do *jus postulandi*. **IV**; correta, pois como a competência para a apreciação do agravo de instrumento em tela será do TRT, nos termos do art. 791 da CLT e súmula 425 do TST poderá ser interposto pela parte fazendo uso do *jus postulandi*.

(Técnico Judiciário – TRT/2ª – 2008 – FCC) Quanto às partes e aos procuradores, é correto afirmar:

(A) O empregador que não puder comparecer à audiência de instrução e julgamento poderá fazer-se representar por seu advogado, desde que este esteja munido de procuração com poderes para tanto.

(B) O empregado que não puder comparecer à audiência de instrução e julgamento por motivo de doença poderá fazer-se representar por sua esposa ou pessoa da família.

(C) Em se tratando de reclamação plúrima, os empregados poderão fazer-se representar na audiência de instrução e julgamento pelo sindicato de sua categoria.

(D) A reclamação trabalhista do menor de 16 anos, na falta de seus representantes legais, poderá ser feita por outro empregado maior que pertença à mesma profissão.

(E) Sendo o reclamante empregado doméstico, a representação do empregador só pode ser feita pelo proprietário do imóvel onde exerça suas funções.

A: incorreta, dispõe o art. 843 da CLT que "na audiência de julgamento deverão estar presentes o reclamante e o reclamado, independentemente do comparecimento de seus representantes". Também nesse sentido prevê a Súmula 122 do TST que "a reclamada, ausente à audiência em que deveria apresentar defesa, é revel, ainda que presente seu advogado munido de procuração, podendo ser ilidida a revelia mediante a apresentação de atestado médico, que deverá declarar, expressamente, a impossibilidade de locomoção do empregador ou do seu preposto no dia da audiência"; **B:** incorreta, o empregado poderá fazer-se representar por outro empregado que pertença à mesma profissão, ou pelo seu sindicato (art. 843, § 2º, da CLT); **C:** correta, art. 843, *caput*, da CLT; **D:** incorreta, estabelece o art. 793 da CLT que "a reclamação trabalhista do menor de 18 anos será feita por seus representantes legais e, na falta destes, pela Procuradoria da Justiça do Trabalho, pelo sindicato, pelo Ministério Público estadual ou curador nomeado em juízo"; **E:** incorreta, pois basta ter conhecimentos dos fatos..

(Técnico Judiciário – TRT/4ª – 2011 – FCC) Maria, 17 anos de idade, laborava registrada para a empresa Z, quando foi dispensada sem justa causa. Maria pretende ajuizar reclamação trabalhista. Neste caso, em regra, Maria:

(A) poderá ajuizar a reclamação independentemente de assistência ou representação, não sendo obrigatória a constituição de advogado em razão do princípio do *jus postulandi*.

(B) não poderá ajuizar a reclamação, tendo em vista que ela não poderia ter celebrado contrato de trabalho por ter 17 anos de idade.

15. DIREITO PROCESSUAL DO TRABALHO   673

(C) poderá ajuizar a reclamação, mas deverá ser assistida pelos seus representantes legais.

(D) poderá ajuizar a reclamação, mas deverá ser assistida obrigatoriamente pela Procuradoria da Justiça do Trabalho.

(E) poderá ajuizar a reclamação independentemente de assistência ou representação, necessitando apenas de um advogado constituído em razão da sua idade.

Art. 793 da CLT.
Gabarito "C".

(Técnico Judiciário – TRT/16ª – 2009 – FCC) Considere as seguintes assertivas relativas ao processo do trabalho:

I. Válido é o instrumento de mandato com prazo determinado que contém cláusula estabelecendo a prevalência dos poderes para atuar até o final da demanda.

II. Diante da existência de previsão, no mandato, fixando termo para sua juntada, o instrumento de mandato só tem validade se anexado ao processo dentro do aludido prazo.

III. São inválidos os atos praticados pelo substabelecido, se no mandato, não houver poderes expressos para substabelecer.

Está correto o que se afirma APENAS em

(A) I e II.
(B) III.
(C) I e III.
(D) II e III.
(E) I.

I: correto, art. 105 CPC/2015; II: correto, art. 682, IV, do CC; III: incorreto, art. 667, §4º, do CC e súmula 395, III, TST.
Gabarito "A".

(Técnico Judiciário – TRT/23ª – 2007 – FCC) De acordo com a Consolidação das Leis do Trabalho, nos dissídios individuais, a reclamação poderá ser apresentada pelos empregados:

(A) somente através de advogado ou do sindicato da classe.
(B) somente através de advogado.
(C) apenas por escrito.
(D) pessoalmente.
(E) através de qualquer colega de trabalho.

Arts. 791 da CLT e 839, a, da CLT.
Gabarito "D".

(Técnico Judiciário – TRT/24ª – 2011 – FCC) A União, Estados, Municípios e Distrito Federal, suas autarquias e fundações públicas, quando representados em juízo, ativa e passivamente, por seus procuradores,

(A) devem juntar aos autos instrumento de mandato, sendo, porém, concedido pela legislação prazo de quinze dias a contar da intimação pessoal.

(B) devem juntar aos autos instrumento de mandato, sendo, porém, concedido pela legislação prazo de quinze dias a contar da prática do primeiro ato processual.

(C) devem juntar aos autos instrumento de mandato, sendo, porém, concedido pela legislação prazo de trinta dias a contar da prática do primeiro ato processual.

(D) estão dispensados da juntada de instrumento de mandato.

(E) estão dispensados da juntada de instrumento de mandato, se juntarem obrigatoriamente documento público oficial de comprovação do exercício do cargo público.

Súmula 436, I, do TST que assim dispõe: "A União, Estados, Municípios e Distrito Federal, suas autarquias e fundações públicas, quando representadas em juízo, ativa e passivamente, por seus procuradores, estão dispensadas da juntada de instrumento de mandato e de comprovação do ato de nomeação." Para isso, , é essencial que o signatário ao menos declare-se exercente do cargo de procurador, não bastando a indicação do número de inscrição na Ordem dos Advogados do Brasil, súmula 436, II, TST.
Gabarito "D".

(Técnico Judiciário – TRT/5ª – 2008 – CESPE) Considere a seguinte situação hipotética.

João atuava como advogado de Manoel em um processo trabalhista. O mandato concedido por Manoel a João ocorreu de forma tácita.

(1) Nessa situação, é permitido a João substabelecer o mandato a outro profissional para que este continue atuando no processo de Manoel.

1: O mandato tácito está disposto no art. 791, § 3º, da CLT. Todavia, ensina a OJ 200 da SDI-1 do TST ser inválido o substabelecimento de advogado investido de mandato tácito.
Gabarito 1E.

(Técnico Judiciário – TRT/9ª – 2007 – CESPE) A respeito das partes e dos procuradores, julgue os itens seguintes.

(1) Quando outra pessoa atua em juízo no lugar do litigante, ocorre a substituição processual. Como, nessa situação, há mudança na titularidade da ação, o substituto defende o direito que se tornou próprio, mas em nome do substituído.

(2) A legitimidade para a causa consiste em conferir o direito de ação ao possível titular ativo e contra o passivo da relação jurídica material. É possível que uma das partes, apesar de ser legítima para figurar em um dos polos do processo, falta a capacidade de estar em juízo, evidenciando a falta de um dos pressupostos processuais para o regular desenvolvimento do processo.

1: incorreto, a substituição processual, também chamada de legitimidade extraordinária ou anômala, consiste na possibilidade de alguém postular judicialmente em nome próprio direito alheio, nos termos do art. 18 CPC/2015; 2: correto, enquanto a legitimidade (legitimatio ad causam) diz com a pertinência subjetiva da lide (legitimatio ad processum), a capacidade de estar em juízo (legitimatio ad processum), ou capacidade de fato ou capacidade processual, diz com a aptidão para se estar em juízo sem a necessidade de representação ou de assistência, estando prevista no art. 70 CPC/2015.
Gabarito 1E, 2C.

(Técnico Judiciário – TRT/9ª – 2007 – CESPE) Quanto ao litisconsórcio, julgue os itens subsequentes.

(1) O litisconsórcio necessário é aquele em que a pluralidade de partes não pode ser recusada, exceto se comprometer a rápida solução do litígio ou dificultar a defesa dos réus.

(2) O litisconsórcio caracteriza-se como uma das hipóteses da intervenção de terceiros, podendo se estabelecer no início da ação ou incidentalmente a ela, inclusive na fase recursal. Tratando-se de litisconsórcio simples, a ação deve ser decidida de maneira uniforme para todos os litisconsortes.

1: incorreto, litisconsórcio é a autorização legal para que mais de uma pessoa figure em um ou em ambos os polos da relação jurídica processual. No litisconsórcio necessário, a lei exige a presença de mais de um litigante em um ou em ambos os polos do processo, nos termos do arts. 114 e 115 CPC/2015; 2: incorreto, a primeira assertiva está correta; a segunda, porém, afigura-se incorreta, na medida em que descreve hipótese de litisconsórcio unitário, ao passo que no litisconsórcio simples a decisão poderá ser diferente para cada litisconsorte.
Gabarito 1E, 2E.

6. NULIDADES

(Analista Judiciário – TRT/24 – FCC – 2017) Urano ingressou com reclamatória trabalhista pretendendo receber adicional de periculosidade e horas extras em face da empresa que trabalha. Na audiência UNA designada foi requerida a prova técnica pericial e a oitiva de testemunhas por carta precatória. O juiz deferiu apenas a realização da prova pericial, encerrando a instrução processual e designando julgamento. Inconformado, o patrono de Urano pode alegar nulidade processual

(A) em qualquer fase do processo, por se tratar de nulidade fundada em incompetência de foro.

(B) apenas em grau de recurso, por se tratar de nulidade fundada em incompetência de prerrogativa.

(C) em qualquer momento do processo, quando arguida por quem lhe tiver dado causa.

(D) no prazo de cinco dias após a realização da audiência, por meio de agravo de instrumento.

(E) à primeira vez em que tiver de falar em audiência ou nos autos, em razão do princípio da preclusão.

"E" é a opção correta. Isso porque, por conta da irrecorribilidade imediata das decisões interlocutórias, prevista no art. 893, § 1º, da CLT a decisão no caso em análise é irrecorrível de imediato, razão pela qual, nos termos do art. 795 da CLT, a parte deverá fazer o protesto antipreclusivo devendo arguir a nulidade à primeira vez em que tiverem de falar em audiência ou nos autos.

(Analista Judiciário – TRT/20 – FCC – 2016) Na reclamação trabalhista movida pelo empregado Záfiro em face da empresa Olimpo S/A houve procedência parcial em sentença. A reclamada interpôs recurso, mas por equívoco do Juízo não houve intimação do reclamante para apresentar contrarrazões. O recurso teve seu provimento negado. No caso, quanto à teoria das nulidades processuais, conforme previsão contida no texto consolidado,

(A) caberia arguição pela reclamada da nulidade processual visto que não foi cumprido ato processual essencial.

(B) deveria ser declarada a nulidade de ofício, que alcançaria todos os atos decisórios.

(C) não poderia ser declarada nulidade de ofício por não ser absoluta, mas caso fosse arguida por quaisquer das partes seria acolhida com anulação dos atos decisórios.

(D) a nulidade não seria declarada porque não houve prejuízo à parte que não foi intimada para apresentar contrarrazões do recurso.

(E) deveria ser declarada a nulidade por provocação da reclamada apenas em eventual ação rescisória a ser movida.

"D" é a opção correta, pois nos termos do art. 794 da CLT nos processos sujeitos à apreciação da Justiça do Trabalho só haverá nulidade quando resultar dos atos inquinados manifesto prejuízo às partes litigantes.

(Analista Judiciário – TRT/8ª – 2016 – CESPE) Acerca das nulidades e exceções aplicáveis ao processo do trabalho, assinale a opção correta.

(A) O pronunciamento da nulidade depende do consentimento da parte que lhe tiver dado causa.

(B) Pronunciada determinada nulidade, deverá ser declarada, consequentemente, a nulidade de todos os demais atos processuais.

(C) Na justiça do trabalho, admitem-se exceções apenas em matéria de defesa quanto ao mérito.

(D) O juiz da causa é obrigado a dar-se por suspeito nas situações em que o autor da ação for de sua íntima relação pessoal.

(E) A nulidade do processo judicial deve ser declarada em juízo de admissibilidade pela secretaria judicial à qual a ação trabalhista for distribuída.

A: opção incorreta, pois, nos termos do art. 795 da CLT, as nulidades não serão declaradas senão mediante provocação de quaisquer das partes, as quais deverão argui-las na primeira oportunidade em que tiverem de falar em audiência ou nos autos; **B:** opção incorreta, pois, nos termos do art. 281 do CPC/2015, anulado o ato, consideram-se de nenhum efeito todos os subsequentes que dele dependam, todavia, a nulidade de uma parte do ato não prejudicará as outras que dela sejam independentes. Nesse mesmo sentido, determina o art. 797 da CLT que o juiz ou Tribunal que pronunciar a nulidade declarará os atos a que ela se estende; **C:** opção incorreta, pois, nos termos do art. 799 da CLT, as exceções de incompetência territorial, suspeição e impedimento serão opostas com suspensão do feito; **D:** opção correta, pois reflete o disposto no art. 801, *b*, da CLT; **E:** opção incorreta, pois a nulidade será declarada por um juiz ou pelo Tribunal, nunca pela secretaria.

(Técnico – TRT/19ª – 2015 – FCC) Marta ajuizou reclamação trabalhista em face de sua empregadora doméstica Tatiana. A referida reclamação foi distribuída para a primeira Vara Trabalhista de Maceió. Marta descobriu que, Mônica, esposa do Magistrado da referida Vara, é credora de Tatiana, já que esta deve valores locatícios de imóvel de propriedade de Mônica. Neste caso,

(A) não há suspeição e nem impedimento do Magistrado.

(B) há impedimento do Magistrado, podendo ser arguida mediante exceção.

(C) há suspeição e impedimento do Magistrado, podendo ser arguida mediante exceção.

(D) há suspeição do Magistrado, podendo ser arguida mediante exceção.

(E) há incompetência funcional absoluta, que deve ser arguida em preliminar de contestação.

A: incorreta, pois embora não exista impedimento do magistrado (art. 144 CPC/2015) há sua suspeição, art. 145, II, CPC/2015 **B**: incorreta, pois não se trata de hipótese de impedimento do magistrado. As hipóteses de impedimento estão elencadas no art. 144 CPC/2015. **C**: incorreta, pois há apenas suspeição do magistrado, art. 145, II, CPC/2015. **D**: correta, pois nos termos do art. 145, II, CPC/2015 há suspeição do magistrado sempre que alguma das partes for credor ou devedor do juiz, de seu cônjuge ou de parentes destes, em linha reta ou na colateral até o terceiro grau, que deve ser alegada em exceção de suspeição **E**: incorreta, pois não há incompetência funcional absoluta, ou seja, incompetência do juiz de 1º grau para apreciar a demanda.

(Técnico Judiciário – TRT/15ª – 2009 – FCC) Com relação às nulidades, a Consolidação das Leis do Trabalho, ao dispor que *nos processos sujeitos à apreciação da Justiça do Trabalho só haverá nulidade quando resultar dos atos inquinados manifesto prejuízo às partes litigantes*, está aplicando, especificamente, o princípio

(A) do interesse.

(B) da preclusão.

(C) da utilidade.

(D) da transcendência.

(E) da finalidade.

A: incorreto, o princípio do interesse prescreve que a nulidade não será pronunciada quando arguida por quem lhe tiver dado causa (CLT, art. 796, *b*); **B**: incorreto, pelo princípio da preclusão, a irresignação quanto à nulidade no processo deve ser manifestada de imediato (art. 795 da CLT); **C**: incorreto, o princípio da utilidade, ou do aproveitamento dos atos processuais praticados, prevê que a declaração de nulidade não prejudicará senão os atos posteriores que dependam ou decorram do ato nulo (CLT, art. 798); **D**: correto, o princípio da transcendência ou do prejuízo (*pás de nullité sans grief*) constitui o eixo central da teoria das nulidades trabalhistas, estando previsto no art. 794 da CLT; **E**: incorreto, o princípio da finalidade, ou da instrumentalidade das formas, dita que os atos praticados de modo diverso da forma prescrita em lei serão válidos quando atingirem sua finalidade(arts. 188 e 277 CPC/2015, respectivamente).

7. PROVAS

(Técnico Judiciário – TRT24 – FCC – 2017) O ônus da prova pode ser assim problematizado: quem deve provar. Em princípio, as partes têm o ônus de provar os fatos jurídicos narrados na petição inicial ou na peça de resistência, bem como os que se sucederem no envolver da relação processual. Quanto às provas no Processo do Trabalho, a Consolidação das Leis do Trabalho estabelece:

(A) Qualquer que seja o procedimento, não é permitida a arguição dos peritos compromissados ou dos técnicos, uma vez que o laudo que apresentam já é suficiente como prova.

(B) As testemunhas devem, necessariamente, ser previamente intimadas para depor.

(C) Toda testemunha, antes de prestar o compromisso legal, será qualificada, indicando o nome, nacionalidade, profissão, idade, residência, e, quando empregada, o tempo de serviço prestado ao empregador, ficando sujeita, em caso de falsidade, às leis penais.

(D) Cada uma das partes, no procedimento ordinário e também quando se tratar de inquérito para apuração de falta grave, não poderá indicar mais de 3 testemunhas.

(E) A testemunha que for parente até o segundo grau civil, amigo íntimo ou inimigo de qualquer das partes, prestará compromisso, mas o seu depoimento valerá como simples informação.

A: Opção incorreta, pois nos termos do art. 827 da CLT o juiz ou presidente poderá arguir os peritos compromissados ou os técnicos, e rubricará, para ser junto ao processo, o laudo que os primeiros tiverem apresentado. **B:** opção incorreta, pois nos termos do art. 825 da CLT as testemunhas comparecerão a audiência independentemente de notificação ou intimação. **C:** opção correta, pois reflete a disposição do art. 828 da CLT. **D:** opção incorreta, pois nos termos do art. 821 da CLT no procedimento ordinário, cada uma das partes não poderá indicar mais de 3 (três) testemunhas, salvo quando se tratar de inquérito, caso em que esse número poderá ser elevado a 6 (seis). Vale dizer que no procedimento sumaríssimo esse número é de 2 testemunhas para cada parte, art. 852-H, § 2º, CLT. **E:** opção incorreta, pois nos termos do art. 829 da CLT a testemunha que for parente até o **terceiro grau** civil, amigo íntimo ou inimigo de qualquer das partes, não prestará compromisso, e seu depoimento valerá como simples informação.

15. DIREITO PROCESSUAL DO TRABALHO 675

(Técnico Judiciário – TRT20 – FCC – 2016) Hercules ajuizou reclamação trabalhista em face da empresa Deuses da Paixão S/A, pretendendo o pagamento de indenização por dano moral e adicional de insalubridade. O valor da somatória dos dois pedidos não ultrapassa 40 vezes o salário-mínimo na data do ajuizamento. Para tentar provar suas alegações, o reclamante pretende ouvir cinco testemunhas, bem como requerer a prova pericial. Nessa situação, em relação à matéria de provas,

(A) poderá ouvir somente duas testemunhas e deve ser realizada a prova pericial.

(B) poderá ouvir três testemunhas e a prova pericial não pode ser realizada em razão do rito processual.

(C) todas as cinco testemunhas podem ser ouvidas e deve ser realizada a prova pericial.

(D) somente poderá ouvir duas testemunhas e a prova pericial não pode ser realizada em razão do rito processual.

(E) poderá ouvir três testemunhas desde que a reclamada também traga três testemunhas e deve ser realizada a prova pericial.

"A" é a resposta correta. Isso porque a demanda cujo valor não ultrapasse 40 salários-mínios serão submetidas ao procedimento sumaríssimo. Nesse procedimento determina o art. 852-H, § 2º, da CLT dispõe que cada parte poderá levar somente 2 testemunhas. Já com relação à prova pericial, determina o art. 852-H, § 4º, da CLT que somente quando a prova do fato o exigir, ou for legalmente imposta, será deferida prova técnica, incumbindo ao juiz, desde logo, fixar o prazo, o objeto da perícia e nomear perito. 🅷🅲
Gabarito "A".

(Técnico – TRT/16ª – 2015 – FCC) No tocante à produção de provas no processo do trabalho, é correto afirmar que:

(A) Somente no rito ordinário, e não no sumaríssimo, existe a possibilidade de requerimento pelas partes, se for o caso, de condução coercitiva de suas testemunhas.

(B) Com a revelia da reclamada e aplicação da confissão quanto à matéria de fato, o pedido de insalubridade requerido na inicial será julgado procedente, dispensando obrigatoriamente o Juiz a realização de prova pericial para sua apuração.

(C) No rito ordinário é facultado a cada uma das partes a indicação de até três testemunhas; já no inquérito para apuração de falta grave, o número de testemunhas será de seis para cada parte.

(D) As testemunhas, que forem depor em Juízo e apresentarem o devido Atestado de Comparecimento à empresa em que trabalham, poderão sofrer desconto do dia.

(E) No rito sumaríssimo, tendo em vista a celeridade processual, é proibida a produção de prova técnica, sendo que a parte deverá escolher o rito ordinário se tiver intenção de produzi-la para embasar seus pedidos.

A: incorreta, pois assim como no rito ordinário, art. 840, § 1º, da CLT e art. 319, IV, CPC/2015, no procedimento sumaríssimo também se admite o requerimento pelas partes de condução coercitiva das testemunhas, nos termos do art. 852-H, § 3º, da CLT sempre que a testemunha convidada, comprovadamente, deixar de comparecer à audiência. **B:** incorreta, pois o pedido de insalubridade ou periculosidade exige a produção de prova pericial/técnica, nos termos do art. 195 da CLT. Por ser uma matéria exclusivamente de direito não se aplicam os efeitos da revelia, ou seja, confissão quanto a matéria de fato. **C:** correta, pois nos termos do art. 821 da CLT cada uma das partes não poderá indicar mais de 3 (três) testemunhas, salvo quando se tratar de inquérito, caso em que esse número poderá ser elevado a 6 (seis). **D:** incorreta, pois nos termos do art. 822 da CLT, as testemunhas não poderão sofrer qualquer desconto pelas faltas ao serviço, ocasionadas pelo seu comparecimento para depor, quando devidamente arroladas ou convocadas. **E:** incorreta, pois nos termos do art. 852-H, § 4º, da CLT no procedimento sumaríssimo sempre que a prova do fato o exigir, ou for legalmente imposta, será deferida prova técnica, incumbindo ao juiz, desde logo, fixar o prazo, o objeto da perícia e nomear perito. 🅷🅲
Gabarito "C".

(Técnico Judiciário – TRT/7ª – 2009 – FCC) Observe as assertivas abaixo a respeito da prova testemunhal.

I. As testemunhas comparecerão à audiência independentemente de notificação ou intimação, e as que não comparecerem serão intimadas *ex oficio* ou a requerimento da parte, ficando sujeitas à condução coercitiva se não atenderem a intimação sem justo motivo.

II. As testemunhas não poderão sofrer qualquer desconto pelas faltas ao serviço ocasionadas pelo seu comparecimento para depor, quando devidamente arroladas ou convocadas.

III. A testemunha que for parente até o terceiro grau civil, amigo íntimo ou inimigo de qualquer das partes não prestará compromisso, e seu depoimento valerá como simples informação.

IV. Cada uma das partes não poderá indicar mais de duas testemunhas, salvo quando se tratar de inquérito, fase em que esse número poderá ser elevado a três.

De acordo com a Consolidação das Leis do Trabalho, é correto o que se afirma APENAS em:

(A) II e III.

(B) I e IV.

(C) II e IV.

(D) II, III e IV.

(E) I, II e III.

I: correta, art. 825 da CLT; **II:** correta, art. 822 da CLT; **III:** correta, art. 829 da CLT; **IV:** incorreta, pois cada uma das partes não poderá indicar mais de três testemunhas (art. 821 da CLT).
Gabarito "E".

(Técnico Judiciário – TRT/9º – 2010 – FCC) Considere as seguintes assertivas a respeito das provas:

I. A indicação do perito assistente é faculdade da parte, a qual deve responder pelos respectivos honorários, ainda que vencedora do objeto da perícia.

II. Se a testemunha for funcionário civil ou militar e tiver que depor em hora de serviço, será requisitado o seu comparecimento ao Governador do Estado ou ao Prefeito Municipal, conforme o caso concreto.

III. A testemunha que for parente até o terceiro grau civil não prestará compromisso e seu depoimento valerá como simples informação.

IV. O documento em cópia oferecido para prova deverá conter declaração de autenticidade do cartório responsável, vedada a declaração de autenticidade feita por advogado.

Está correto o que consta APENAS em:

(A) I e III.

(B) I e II.

(C) I, II e III.

(D) III e IV.

(E) II, III e IV.

I: correta, Súmula 341 do TST; **II:** incorreta, pois se a testemunha for funcionário civil ou militar, e tiver de depor em hora de serviço, será requisitada ao chefe da repartição para comparecer à audiência marcada (art. 823 da CLT); **III:** correta, art. 829 da CLT; **IV:** incorreta, dispõe o art. 830 da CLT que "o documento em cópia oferecido para prova poderá ser declarado autêntico pelo próprio advogado, sob sua responsabilidade pessoal" (redação dada pela Lei 11.925/2009).
Gabarito "A".

(Técnico Judiciário – TRT/16ª – 2009 – FCC) João ajuizou reclamação trabalhista em face de sua ex-empregadora, a empresa X. Considerando que Manoela é parente consanguíneo de João de terceiro grau; que Marcela é parente por afinidade de segundo grau de João e que Mirela é parente por afinidade de terceiro grau de João. Está (ão) impedida (s) de depor

(A) Marcela, apenas.

(B) Manoela, apenas.

(C) Marcela e Mirela, apenas.

(D) Manoela e Marcela, apenas.

(E) Manoela, Marcela e Mirela.

Arts. 829 da CLT e art. 447, § 2º, I, CPC/2015.
Gabarito "E".

(Técnico Judiciário – TRT/20ª – 2011 – FCC) Considere as seguintes assertivas a respeito das provas:

I. As anotações apostas pelo empregador na carteira profissional do empregado não geram presunção *juris et de jure*, mas apenas *juris tantum*.

15. Direito Processual do Trabalho

II. Presume-se recebida a notificação quarenta e oito horas depois de sua postagem. O seu não recebimento ou a entrega após o decurso desse prazo constitui ônus de prova do destinatário.

III. Não torna suspeita a testemunha o simples fato de estar litigando ou de ter litigado contra o mesmo empregador.

IV. A prova documental poderá, em regra, ser produzida em qualquer oportunidade, inclusive na fase recursal. A juntada de documentos com o recurso é perfeitamente possível não importando se referente a fato anterior ou posterior à sentença.

Está correto o que se afirma APENAS em:

(A) I e II.
(B) I, II e III.
(C) I e III.
(D) II, III e IV.
(E) II e IV.

I: correta, Súmula 12 do TST; II: correta, Súmula 16 do TST; III: correta, Súmula 357 do TST; IV: incorreta, de acordo com a Súmula 8 do TST "a juntada de documentos na fase recursal só se justifica quando provado o justo impedimento para sua oportuna apresentação ou se referir a fato posterior à sentença".

Gabarito "B".

(Técnico Judiciário – TRT/23ª – 2007 – FCC) A respeito da prova testemunhal, considere:

I. As testemunhas sofrerão desconto pelas faltas ao serviço ocasionadas pelo seu comparecimento para depor quando tiverem sido arroladas para a audiência, mas forem dispensadas em razão de acordo.

II. O juiz providenciará para que o depoimento de uma testemunha não seja ouvido pelas demais que tenham de depor no processo.

III. Em regra, cada uma das partes poderá indicar até três testemunhas, salvo quando se tratar de inquérito, caso em que esse número poderá ser elevado para seis.

IV. A testemunha que for parente em terceiro grau civil de qualquer das partes, não prestará compromisso, e seu depoimento valerá como simples informação.

Está correto o que se afirma APENAS em:

(A) II e III.
(B) II, III e IV.
(C) II e IV.
(D) I, II e IV.
(E) I e III.

I: incorreta, pois, nesse caso, as testemunhas não poderão sofrer qualquer desconto (art. 822 da CLT); II: correta, art. 824 da CLT; III: correta, art. 821 da CLT; IV: correta, art. 829 da CLT.

Gabarito "B".

(Técnico Judiciário – TRT/1ª – 2008 – CESPE) Se, em uma reclamação trabalhista, antes de encerrada a instrução, a reclamada solicitar, por meio de seu procurador ou preposto, a reinquirição do reclamante, o juiz:

(A) deverá atender o requerimento, sob pena de ofensa ao direito à ampla defesa.
(B) poderá deferir essa pretensão, caso a entenda pertinente.
(C) não poderá deferir o requerimento.
(D) só poderá deferir o requerimento após ouvir novamente as testemunhas.
(E) só poderá atender o requerimento mediante julgamento de recurso, a ser aviado.

Arts. 765, 820 e 848 da CLT.

Gabarito "B".

(Técnico Judiciário – TRT/9ª – 2007 – CESPE) Julgue o item a seguir.

(1) No processo do trabalho é admitida, em geral, a indicação de três testemunhas para cada uma das partes, exceto nas reclamações sob rito sumaríssimo, quando o número de testemunhas é limitado a duas por parte, ou nos inquéritos para apuração de falta grave, quando poderá chegar a seis testemunhas para cada parte.

1: correta, arts. 821 e 852-H, § 2º, da CLT.

Gabarito "C".

8. PROCEDIMENTOS E ATOS PROCESSUAIS

(Técnico Judiciário – TRT24 – FCC – 2017) Em relação às audiências no Processo do Trabalho, a Consolidação das Leis do Trabalho estabelece:

(A) Terminada a instrução, poderão as partes aduzir razões finais, em prazo não excedente de 10 minutos para cada uma. Em seguida, o juiz ou presidente renovará a proposta de conciliação e, não se realizando esta, será proferida a decisão.
(B) Se, até 30 minutos após a hora marcada, o juiz ou presidente não houver comparecido, os presentes poderão retirar-se, devendo o ocorrido constar do livro de registro das audiências.
(C) O juiz do trabalho deve manter a ordem nas audiências, mas não poderá mandar retirar do recinto os assistentes que a perturbarem, pois a sala de audiência é local público.
(D) A audiência de julgamento será contínua, não se admitindo, em nenhum caso, concluí-la em outro dia.
(E) As audiências dos órgãos da Justiça do Trabalho serão públicas e realizar-se-ão apenas na sede do Juízo, em dias úteis previamente fixados, entre 8 e 17 horas, não podendo ultrapassar 5 horas seguidas, salvo quando houver matéria urgente.

A: opção correta, pois reflete o disposto no art. 850 da CLT. **B:** opção incorreta, pois nos termos do art. 815, parágrafo único, CLT se, até 15 (quinze) minutos após a hora marcada, o juiz ou presidente não houver comparecido, os presentes poderão retirar-se, devendo o ocorrido constar do livro de registro das audiências. **C:** opção incorreta, pois nos termos do art. 816 da CLT o juiz ou presidente manterá a ordem nas audiências, podendo mandar retirar do recinto os assistentes que a perturbarem. **D:** opção incorreta, pois nos termos do art. 849 da CLT a audiência de julgamento será contínua; mas, se não for possível, por motivo de força maior, concluí-la no mesmo dia, o juiz ou presidente marcará a sua continuação para a primeira desimpedida, independentemente de nova notificação. **E:** opção incorreta, pois nos termos do art. 813 da CLT as audiências dos órgãos da Justiça do Trabalho serão públicas e realizar-se-ão na sede do Juízo ou Tribunal em dias úteis previamente fixados, entre 8 (oito) e 18 (dezoito) horas, não podendo ultrapassar 5 (cinco) horas seguidas, salvo quando houver matéria urgente.

Gabarito "A".

(Técnico Judiciário – TRT24 – FCC – 2017) A sentença é um dos atos processuais praticados pelo juiz, por meio do qual entrega às partes a tutela jurisdicional. Uma vez não sujeita a recurso, opera-se a denominada coisa julgada. Com relação à sentença e à coisa julgada, a Consolidação das Leis do Trabalho estabelece:

(A) As decisões cognitivas ou homologatórias não precisam indicar a natureza jurídica das parcelas constantes da condenação ou do acordo homologado, nem mesmo o limite de responsabilidade de cada parte pelo recolhimento da contribuição previdenciária, se for o caso.
(B) Existindo na decisão evidentes erros ou equívocos de escrita, de datilografia ou de cálculo, não poderão os mesmos, em nenhuma hipótese, ser corrigidos.
(C) No caso de conciliação, o termo que for lavrado valerá como decisão irrecorrível, salvo para a Previdência Social quanto às contribuições que lhe forem devidas.
(D) O acordo celebrado após o trânsito em julgado da sentença ou após a execução da mesma prejudicará os créditos da União.
(E) Na decisão não será necessário mencionar as custas que devam ser pagas pela parte vencida, uma vez que se tratam de taxas automaticamente impostas pelo Poder Judiciário.

A: opção incorreta, pois nos termos do art. 832, § 3º, da CLT as decisões cognitivas ou homologatórias deverão sempre indicar a natureza jurídica das parcelas constantes da condenação ou do acordo homologado, inclusive o limite de responsabilidade de cada parte pelo recolhimento da contribuição previdenciária, se for o caso. **B:** opção incorreta, pois nos termos do art. 833 da CLT existindo na decisão evidentes erros ou enganos de escrita, de datilografia ou de cálculo, poderão os mesmos, antes da execução, ser corrigidos, *ex officio*, ou a requerimento dos interessados ou da Procuradoria da Justiça do Trabalho. **C:** opção correta, pois reflete o disposto no art. 831, parágrafo único, CLT. **D:** opção incorreta, pois nos termos do art. 832, § 6º, CLT acordo celebrado após o trânsito em julgado da sentença ou após a elaboração dos cálculos de liquidação de sentença não prejudicará os créditos da União. **E:** opção incorreta, pois nos termos do art. 832, § 2º, da CLT a decisão mencionará sempre as custas que devam ser pagas pela parte vencida.

Gabarito "C".

15. DIREITO PROCESSUAL DO TRABALHO — 677

(Analista Judiciário – TRT/24 – FCC – 2017) A empresa Minerva & Atena Cia do Saber foi acionada em reclamatória trabalhista e recebeu a notificação da sentença por oficial de justiça em um sábado. Segundo as regras da Consolidação das Leis do Trabalho e a jurisprudência sumulada do Tribunal Superior de Trabalho, para recurso, considerando não haver feriado naquele mês, o início do prazo e o início da contagem, serão, respectivamente,

(A) na segunda-feira.

(B) segunda-feira e terça-feira

(C) no sábado.

(D) sábado e segunda-feira.

(E) sábado e terça-feira.

"B" é a resposta correta. Nos termos da súmula 262 do TST intimada ou notificada a parte no sábado, o início do prazo se dará no primeiro dia útil imediato e a contagem, no subsequente. [HC]

Gabarito "B".

(Analista Judiciário – TRT/24 – FCC – 2017) A empresa Mutilados Produtos Hospitalares foi acionada em reclamação trabalhista movida por seu ex-empregado Thor. Em audiência inaugural, não havendo possibilidade de acordo, o Juiz recebeu a defesa da reclamada e adiou a audiência para instrução em razão da ausência de uma testemunha convidada pelo reclamante. Na audiência de instrução em prosseguimento, compareceram apenas o reclamante com seu advogado e o advogado da reclamada, visto que o seu cliente se esqueceu da audiência e não enviou preposto. Nessa situação,

(A) aplica-se a confissão à parte que, expressamente intimada com aquela cominação, não comparecer à audiência em prosseguimento, na qual deveria depor.

(B) deve ser designada outra audiência porque o adiamento da primeira audiência decorreu de interesse do reclamante, em observância aos princípios do contraditório e da ampla defesa.

(C) o não comparecimento do reclamado importa revelia, além de confissão quanto à matéria de fato, devendo ser marcado o julgamento.

(D) não se aplica a confissão à parte que não comparecer à audiência em prosseguimento, na qual deveria depor, caso seu advogado compareça e, tendo conhecimento dos fatos, atue como preposto da empresa, cujas declarações obrigarão o proponente.

(E) se o juiz entender que não é necessário o interrogatório da reclamada não será aplicada a confissão ficta requerida pela parte contrária, ainda que a reclamada tenha sido expressamente intimada com aquela cominação.

"A" é a opção correta. Em conformidade com a súmula 74, I, do TST aplica-se a confissão à parte que, expressamente intimada com aquela cominação, não comparecer à audiência em prosseguimento, na qual deveria depor. [HC]

Gabarito "A".

(Analista Judiciário – TRT/11 – FCC – 2017) No tocante à Ação Rescisória, considere:

I. Havendo recurso ordinário em sede de rescisória, o depósito recursal só é exigível quando for julgado procedente o pedido e imposta condenação em pecúnia, devendo este ser efetuado no prazo recursal, no limite e nos termos da legislação vigente, sob pena de deserção.

II. Não procede pedido formulado na ação rescisória por violação literal de lei se a decisão rescindenda estiver baseada em texto legal infraconstitucional de interpretação controvertida nos Tribunais.

III. O marco divisor quanto a ser, ou não, controvertida, nos Tribunais, a interpretação dos dispositivos legais citados na ação rescisória é a data da inclusão, na Orientação Jurisprudencial do TST, da matéria discutida.

IV. É absoluta a exigência de pronunciamento explícito na ação rescisória, ainda que esta tenha por fundamento violação de dispositivo de lei. Assim, não é prescindível o pronunciamento explícito quando o vício nasce no próprio julgamento, como se dá com a sentença "extra, cita e ultra petita".

De acordo com o entendimento Sumulado do TST, está correto o que se afirma APENAS em

(A) II e III.

(B) I, II e IV.

(C) I, III e IV.

(D) I e II.

(E) I, II e III.

I: correta. A súmula 99 do TST ensina que havendo recurso ordinário em sede de rescisória, o depósito recursal só é exigível quando for julgado procedente o pedido e imposta condenação em pecúnia, devendo este ser efetuado no prazo recursal, no limite e nos termos da legislação vigente, sob pena de deserção. **II:** correta. A súmula 83, I, do TST determina que não procede pedido formulado na ação rescisória por violação literal de lei se a decisão rescindenda estiver baseada em texto legal infraconstitucional de interpretação controvertida nos Tribunais. **III:** correta. O item II da súmula 83 do TST determina que o marco divisor quanto a ser, ou não, controvertida, nos Tribunais, a interpretação dos dispositivos legais citados na ação rescisória é a data da inclusão, na Orientação Jurisprudencial do TST, da matéria discutida. **IV:** incorreta. A súmula 298, V, do TST determina que não é absoluta a exigência de pronunciamento explícito na ação rescisória, ainda que esta tenha por fundamento violação de dispositivo de lei. Assim, prescindível o pronunciamento explícito quando o vício nasce no próprio julgamento, como se dá com a sentença "extra, citra e ultra petita". [HC]

Gabarito "E".

(Analista Judiciário – TRT/20 – FCC – 2016) Considerando que o processo pode ser entendido como uma sequência ordenada de atos que devem seguir procedimentos e prazos previstos em lei, no Processo Judiciário do Trabalho, segundo normas contidas na Consolidação das Leis do Trabalho e entendimentos sumulados do Tribunal Superior do Trabalho,

(A) intimada ou notificada a parte no sábado, o início do prazo se dará no primeiro dia útil imediato e, a contagem, no subsequente, e os prazos que se vencerem em sábado, domingo ou feriado, terminarão no primeiro dia útil seguinte.

(B) em qualquer situação a penhora poderá realizar-se em domingo ou dia de feriado, não havendo necessidade de urgência ou determinação legal expressa.

(C) quando a intimação tiver lugar na sexta-feira, ou a publicação com efeito de intimação for feita nesse dia, o prazo judicial será contado, a partir deste dia porque se trata de dia útil forense.

(D) presume-se recebida a notificação vinte e quatro horas depois de sua postagem; o seu não recebimento ou a entrega após o decurso desse prazo constitui ônus de prova do destinatário.

(E) o prazo decadencial para ajuizamento de ação rescisória quando expira em feriado, final de semana ou em dia em que não houver expediente forense, não se prorroga até o primeiro dia útil, imediatamente subsequente.

A: opção correta, pois a súmula 262, I, do TST determina que intimada ou notificada a parte no sábado, o início do prazo se dará no primeiro dia útil imediato e a contagem, no subsequente. **B:** opção incorreta, pois nos termos do art. 770, parágrafo único, da CLT a penhora poderá realizar-se em domingo ou dia feriado, mediante autorização expressa do juiz. **C:** opção incorreta, pois nos termos da súmula 1 do TST quando a intimação tiver lugar na sexta-feira, ou a publicação com efeito de intimação for feita nesse dia, o prazo judicial será contado da segunda-feira imediata, inclusive, salvo se não houver expediente, caso em que fluirá no dia útil que se seguir. **D:** opção incorreta, pois nos termos da súmula 16 do TST presume-se recebida a notificação 48 (quarenta e oito) horas depois de sua postagem. O seu não recebimento ou a entrega após o decurso desse prazo constitui ônus de prova do destinatário. **E:** opção incorreta, pois nos termos do item IX da súmula 100 do TST prorroga-se até o primeiro dia útil, imediatamente subsequente, o prazo decadencial para ajuizamento de ação rescisória quando expira em férias forenses, feriados, finais de semana ou em dia em que não houver expediente forense. Aplicação do art. 775 da CLT. [HC]

Gabarito "A".

(Analista Judiciário – TRT/8ª – 2016 – CESPE) O advogado público Arnaldo, representando João, ex-empregado da instituição X, propôs ação trabalhista contra tal instituição mediante processo judicial eletrônico. A petição inicial foi distribuída diretamente, em formato digital, sem a intervenção da respectiva secretaria ou cartório judicial. O representante legal da referida instituição recebeu a citação válida no prazo legal.

A respeito dessa situação hipotética, assinale a opção correta.

(A) É obrigação da instituição exigir o recebimento da citação em mídia impressa.

678 HERMES CRAMACON E LUIZ FABRE

(B) O patrono da causa não consta no rol daqueles que se podem valer da utilização do processo eletrônico judicial.

(C) O representante legal da instituição deve apresentar contrarrazões no prazo de expediente do respectivo órgão judiciário.

(D) Não há óbice à utilização do processo judicial eletrônico nessa situação.

(E) O advogado da instituição poderá alegar, em contestação, a nulidade da citação por vício na distribuição.

A: opção incorreta, pois, nos termos do art. 9º da Lei 11.419/2006, no processo eletrônico, todas as citações, intimações e notificações, inclusive da Fazenda Pública, serão feitas por meio eletrônico; **B:** opção incorreta, pois, nos termos do art. 10 da Lei 11.419/2006, a distribuição da petição inicial e a juntada da contestação, dos recursos e das petições em geral, todos em formato digital, nos autos de processo eletrônico, podem ser feitas diretamente pelos advogados públicos e privados; **C:** opção incorreta, pois, nos termos do art. 10, § 1º, CLT, sempre que o ato processual tiver de ser praticado em determinado prazo, por meio de petição eletrônica, serão considerados tempestivos os efetivados até as 24 (vinte e quatro) horas do último dia; **D:** opção correta, pois, de fato, não há óbice à utilização de processo eletrônico. Veja art.10 da Lei 11.419/2006; **E:** opção incorreta, pois não há vício na distribuição, tendo em vista que foi observada a regra disposta no art. 10 da Lei 11.419/2006.

Gabarito "D".

(Técnico Judiciário – TRT8 – CESPE – 2016) No que concerne aos atos, termos e prazos processuais na justiça do trabalho, assinale a opção correta.

(A) As certidões dos processos que correrem em segredo de justiça deverão ser lavradas pelos escrivães ou chefes de secretaria, independentemente de despacho do juiz da vara.

(B) A comunicação processual dirigida à autoridade judiciária de outro tribunal no território nacional é feita mediante carta rogatória.

(C) A justiça do trabalho prevê a intimação como forma de comunicação dos atos processuais.

(D) As empresas públicas e as sociedades de economia mista têm o prazo de vinte dias, contados a partir da data da intimação inicial, para comparecer à audiência inicial de conciliação para apresentação da defesa.

(E) Caso o interessado seja notificado no sábado, o início do prazo dar-se-á no primeiro dia útil imediato, devendo a contagem do prazo iniciar-se no dia subsequente.

A: opção incorreta, pois nos termos do art. 781, parágrafo único, da CLT as certidões dos processos que correrem em segredo de justiça dependerão de despacho do juiz ou presidente. **B:** opção incorreta, pois a comunicação será feita por carta precatória, art. 237, III, CPC/2015. **C:** opção incorreta, pois a comunicação na justiça do trabalho se dá por notificação. Veja, por exemplo, art. 841 CLT. **D:** opção incorreta, pois nos termos do art. 1º, II, do Decreto-Lei 779/1969 constituem privilégio da União, dos Estados, do Distrito Federal, dos Municípios e das autarquias ou fundações de direito público federais, estaduais ou municipais que não explorem atividade econômica a contagem em quádruplo do prazo de 5 dias estabelecido no art. 841 da CLT, regra que não se estende às empresas públicas e sociedades de economia mista. **E:** opção correta, pois reflete a disposição da súmula 262, I, TST.

Gabarito "E".

(Técnico Judiciário – TRT8 – CESPE – 2016) Acerca de partes, proteção do trabalho do menor, procuradores, representação processual e assistência judiciária no processo do trabalho, assinale a opção correta.

(A) Aos dezesseis anos de idade, o menor não assistido por seus pais pode firmar contrato de trabalho, receber salário e dar quitação ao empregador na rescisão do contrato de trabalho.

(B) Para regular representação da União em juízo, o advogado da União precisa juntar instrumento de mandato.

(C) É vedado aos juízes do trabalho conceder, de ofício, o benefício da justiça gratuita àqueles que percebem salário inferior ao dobro do mínimo legal.

(D) A capacidade postulatória diz respeito à possibilidade de a pessoa se apresentar em juízo como autor e réu, ocupando um dos polos do processo.

(E) No processo do trabalho, é facultado à parte se fazer representar em juízo; o empregador pode se fazer representar por preposto, tanto no dissídio individual quanto no coletivo.

A: opção incorreta, pois nos termos do art. 439 da CLT é lícito ao menor firmar recibo pelo pagamento dos salários. Tratando-se, porém, de rescisão do contrato de trabalho, é vedado ao menor de 18 (dezoito) anos dar, sem assistência

dos seus responsáveis legais, quitação ao empregador pelo recebimento da indenização que lhe for devida. **B:** opção incorreta, pois nos termos da súmula 436, I, do TST a União, Estados, Municípios e Distrito Federal, suas autarquias e fundações públicas, quando representadas em juízo, ativa e passivamente, por seus procuradores, estão dispensadas da juntada de instrumento de mandato e de comprovação do ato de nomeação. **C:** opção incorreta, pois nos termos do art. 790, § 3º, da CLT (de acordo com a Lei 13.467/2017) é facultado aos juízes, órgãos julgadores e presidentes dos tribunais do trabalho de qualquer instância conceder, a requerimento ou de ofício, o benefício da justiça gratuita, inclusive quanto a traslados e instrumentos, àqueles que perceberem salário igual ou inferior a 40% (quarenta por cento) do limite máximo dos benefícios do Regime Geral de Previdência Social. **D:** opção incorreta, pois a capacidade postulatória diz respeito a capacidade de poder defender suas próprias pretensões ou pretensões de outrem em juízo. **E:** opção correta, pois nos termos do art. 843, § 1º, da CLT é facultado ao empregador fazer-se substituir pelo gerente, ou qualquer outro preposto que tenha conhecimento do fato, e cujas declarações obrigarão o proponente. Vale dizer que, nos termos do § 3º do mesmo art. 843 da CLT (de acordo com a Lei 13.467/2017) o preposto não precisa ser empregado da parte reclamada.

Gabarito "E".

(Técnico Judiciário – TRT8 – CESPE – 2016) Com relação a exceções e audiências no processo do trabalho, assinale a opção correta.

(A) As audiências devem ser realizadas em dias úteis previamente fixados, não podendo ultrapassar cinco horas seguidas, salvo quando houver matéria urgente.

(B) Exceção é defesa contra vícios do processo que impedem seu desenvolvimento normal e, portanto, discute o mérito da questão.

(C) Em decorrência do objetivo da celeridade processual, é vedada a realização de audiência em processos que sigam o procedimento sumaríssimo.

(D) O juiz, as partes e as testemunhas deverão comparecer à audiência designada pelo juízo, havendo tolerância de quinze minutos para que as partes e testemunhas compareçam.

(E) O não comparecimento do reclamado a audiência de conciliação resultará em extinção do processo sem resolução de mérito.

A: opção correta, pois reflete o disposto no art. 813 da CLT. **B:** opção incorreta, pois nas exceções as defesas são dirigidas contra o processo e não contra o mérito da causa. Elas não visam a improcedência dos pedidos. **C:** opção incorreta, pois nos termos do art. 764 da CLT os dissídios individuais ou coletivos submetidos à apreciação da Justiça do Trabalho serão sempre sujeitos à conciliação. **D:** opção incorreta, pois não há tolerância para comparecimento das partes ou testemunhas, que deverão chegar no dia e horários designados. Contudo, informa o art. 815, parágrafo único, da CLT que se, até 15 (quinze) minutos após a hora marcada, o juiz ou presidente não houver comparecido, os presentes poderão retirar-se, devendo o ocorrido constar do livro de registro das audiências. **E:** opção incorreta, pois nos termos do art. 844 da CLT o não comparecimento do reclamado importa revelia, além de confissão quanto à matéria de fato.

Gabarito "A".

(Técnico Judiciário – TRT8 – CESPE – 2016) A respeito do procedimento sumaríssimo aplicado à justiça trabalhista, assinale a opção correta.

(A) Depois de intimadas, as testemunhas de cada parte, no máximo três, deverão comparecer à audiência de instrução e julgamento.

(B) Dado o princípio da celeridade, não se admite prova técnica pericial no procedimento sumaríssimo.

(C) Em procedimento sumaríssimo, não se admite recurso de revista que invoque contrariedade a orientação jurisprudencial do TST.

(D) Submetem-se ao procedimento sumaríssimo os dissídios individuais e coletivos cujo valor não exceda a quarenta vezes o salário-mínimo vigente na data do ajuizamento da reclamação.

(E) Empresa pública não pode ser parte em demanda submetida a procedimento sumaríssimo perante a justiça do trabalho.

A: opção incorreta, pois nos termos do art. 852-H, § 2º, da CLT as testemunhas, até o máximo de duas para cada parte, comparecerão à audiência de instrução e julgamento independentemente de intimação. **B:** opção incorreta, pois nos termos do art. 852-H, § 4º, da CLT quando a prova do fato o exigir, ou for legalmente imposta, será deferida prova técnica, incumbindo ao juiz, desde logo, fixar o prazo, o objeto da perícia e nomear perito. **C:** opção correta, pois nos termos da súmula 442 do TST nas causas sujeitas ao procedimento sumaríssimo, a admissibilidade de recurso de revista está limitada à demonstração de violação direta a dispositivo da Constituição Federal ou contrariedade a Súmula do Tribunal Superior do Trabalho, não se admitindo o recurso por contrariedade a Orientação Jurisprudencial deste Tribunal (Livro II, Título II, Capítulo III, do RITST), ante a

15. DIREITO PROCESSUAL DO TRABALHO — 679

ausência de previsão no art. 896,§ 9º da CLT. **D:** opção incorreta, pois a regra se aplica somente aos dissídios individuais e não aos coletivos, art. 852-A da CLT. **E:** opção incorreta, pois a restrição ao procedimento sumaríssimo é somente em relação as demandas em que é parte a Administração Pública direta, autárquica e fundacional, art. 852-A, parágrafo único, da CLT.

Gabarito "C".

(Técnico Judiciário – TRT8 – CESPE – 2016) No que diz respeito ao dissídio individual trabalhista, assinale a opção correta.

(A) É inadmissível que o juiz indefira pleito liminar contido na petição inicial antes da expedição da notificação do reclamado pela secretaria da vara.

(B) Na petição inicial da reclamação trabalhista, é necessário que o reclamante requeira a citação do reclamado.

(C) Após a distribuição da reclamação verbal, o reclamante que desejar reduzi-la a termo deverá apresentar-se, no prazo de cinco dias, ao cartório ou à secretaria, sob pena de perda, pelo prazo de seis meses, do direito de reclamar perante a justiça do trabalho.

(D) Nas causas submetidas ao procedimento sumaríssimo, é facultado ao reclamante não indicar o valor da causa.

(E) É inadmissível o aditamento da petição inicial antes da apresentação da defesa do reclamado.

A: opção correta, pois o primeiro contato que o Juiz do Trabalho tem com a reclamação trabalhista é em audiência, ou seja, após a notificação da reclamada. **B:** opção incorreta, pois a citação/notificação é ato da secretaria. Ademais, a citação não consta na lista de requisitos exigidos para a reclamação trabalhista disposta no art. 840, § 1º, da CLT. **C:** opção incorreta, pois nos termos do art. 731 da CLT aquele que apresentou reclamação trabalhista verbal, deverá comparecer no prazo de 5 dias para reduzi-la a termo, sob pena de perder por 6 meses o direito de reclamar perante à Justiça do Trabalho. **D:** opção incorreta, pois nos termos do art. 852-B da CLT o pedido deverá ser certo e determinado e indicará o valor correspondente. **E:** opção incorreta, pois admite-se que o aditamento da petição inicial seja feito até a audiência, antes da apresentação de resposta do réu. Veja art. 329, I, CPC/2015. No entanto, apresentada resposta pelo réu, não será possível o aditamento, salvo com o consentimento daquele, em conformidade com o art. 329, II, do CPC/2015.

Gabarito "A".

(Técnico Judiciário – TRT20 – FCC – 2016) Na reclamatória movida por Hércules em face da empresa Delírios Artísticos e Produções Culturais, o Juiz designou audiência trabalhista UNA para sexta-feira às 18h30min, intimando as partes para o comparecimento, sob as penalidades legais cabíveis em caso de ausência. Conforme previsão contida na Consolidação das Leis do Trabalho, o horário para realização do referido ato processual e o tempo máximo de duração será, respectivamente, das

(A) 8 às 20 horas, com cinco horas seguidas, exceto quando houver matéria urgente.

(B) 8 às 18 horas, com cinco horas seguidas, salvo quando houver matéria urgente.

(C) 6 às 18 horas, com três horas seguidas, mesmo quando houver matéria urgente.

(D) 9 às 18 horas, com três horas seguidas, independente da urgência da matéria.

(E) 11 às 19 horas, com duas horas seguidas, ainda quando houver matéria urgente.

"B" é a opção correta. Isso porque, nos termos do art. 813 da CLT As audiências dos órgãos da Justiça do Trabalho serão públicas e realizar-se-ão na sede do Juízo ou Tribunal em dias úteis previamente fixados, entre 8 (oito) e 18 (dezoito) horas, não podendo ultrapassar 5 (cinco) horas seguidas, salvo quando houver matéria urgente.

Gabarito "B".

(Técnico Judiciário – TRT20 – FCC – 2016) O reclamante Perseu e seu advogado compareceram na audiência designada em reclamação trabalhista para às 13h00min. Naquele dia, o juiz iniciou a pauta de audiências pontualmente, mas, em razão da complexidade das audiências anteriores, a audiência de Perseu somente foi apregoada às 13h20min. Adentraram à sala de audiência a reclamada e o advogado do reclamante, informando ao Juiz que seu cliente Perseu já tinha ido embora, em razão do atraso no pregão. Nessa situação,

(A) será decretada a revelia na própria audiência, porque o atraso não foi superior a 30 minutos e o reclamante deveria ter esperado.

(B) independente do tempo do atraso não haverá consequência processual ao reclamante porque o seu advogado estava presente e o representará, sendo realizada normalmente a audiência.

(C) a audiência não deve ser adiada e o processo será arquivado diante da ausência do reclamante.

(D) o juiz deverá designar outra audiência porque seu atraso foi superior a 15 minutos, saindo intimados sobre a data da nova audiência a reclamada e o reclamante, este por seu advogado presente.

(E) se o atraso fosse superior a 30 minutos a audiência deveria ser adiada, mas como foi de apenas 20 minutos o processo deverá ser arquivado.

"C" é a resposta correta. Isso porque, nos termos do art. 815, parágrafo único, da CLT as partes presentes poderão somente se, até 15 (quinze) minutos após a hora marcada, o juiz ou presidente não houver comparecido, devendo o ocorrido constar do livro de registro das audiências. Atraso na pauta de audiência não autoriza as partes se retirarem. Tendo em vista a ausência do autor na audiência, deverá ser aplicada a regra do art. 844 da CLT que ensina que o não comparecimento do reclamante à audiência importa o arquivamento da reclamação.

Gabarito "C".

(Técnico – TRT/19ª – 2015 – FCC) Viviane compareceu ao distribuidor da Justiça Trabalhista objetivando a propositura de uma reclamação trabalhista verbal. Após a sua distribuição, Viviane foi advertida de que deveria comparecer na secretaria da Vara competente no prazo de cinco dias para que a reclamação trabalhista fosse reduzida a termo. De acordo com a Consolidação das Leis do Trabalho, se Viviane não comparecer na referida secretaria, sem justo motivo, dentro do respectivo prazo,

(A) incorrerá na pena de perda, pelo prazo de 6 (seis) meses, do direito de reclamar perante a Justiça do Trabalho.

(B) incorrerá na pena de perda, pelo prazo de 12 (doze) meses, do direito de reclamar perante a Justiça do Trabalho.

(C) não ocorrerá a redução a termo da reclamação verbal e Viviane somente poderá ajuizar ação escrita através de advogado ou do sindicato da categoria.

(D) não ocorrerá a redução a termo da reclamação verbal e Viviane poderá ajuizar novamente reclamação verbal após dez dias do arquivamento da distribuição anterior.

(E) não ocorrerá a redução a termo da reclamação verbal e Viviane poderá ajuizar novamente reclamação verbal após trinta dias do arquivamento da distribuição anterior.

Nos termos do art. 731 da CLT aquele que, tendo apresentado ao distribuidor reclamação verbal, não se apresentar, no prazo de 5 dias estabelecido no parágrafo único do art. 786 da CLT, comparecer na secretaria da Vara competente para que a reclamação trabalhista seja reduzida a termo, incorrerá na pena de perda, pelo prazo de 6 (seis) meses, do direito de reclamar perante a Justiça do Trabalho, fenômeno processual conhecido como "perempção provisória".

Gabarito "A".

(Técnico – TRT/19ª – 2015 – FCC) No tocante aos prazos processuais, considere:

I. Quanto à origem da fixação, o prazo estabelecido na Consolidação das Leis do Trabalho para o executado pagar ou garantir a execução em 48 horas classifica-se como um prazo judicial.

II. Os prazos dilatórios não admitem a prorrogação pelo juiz, inclusive quando solicitado pela parte.

III. Os prazos fixados pelo ordenamento jurídico e destinados aos juízes e servidores do Poder Judiciário, não sujeitos a preclusão, classificam-se, quanto aos destinatários, em impróprios.

Está correto o que consta APENAS em

(A) I e III.

(B) I.

(C) I e II.

(D) II e III.

(E) III.

I: incorreta, pois por ser fixado em lei, especificamente no art. 880 da CLT, possui natureza de prazo legal. **II:** incorreta, pois nos termos do art. 190 CPC/2015 podem as partes, de comum acordo, reduzir ou prorrogar o prazo dilatório; a convenção, porém, só tem eficácia se, requerida antes do vencimento do prazo, se fundar em motivo legítimo. **III:** correta, pois os prazos impróprios não acarretam preclusão e são estabelecidos para o juiz, auxiliares e o MP quando atua como fiscal da lei.

Gabarito "E".

(Técnico – TRT/19ª – 2015 – FCC) Considere hipoteticamente as seguintes reclamações trabalhistas:

I. Reclamação trabalhista A: partes: Maria das Graças e Empresa Casa Ltda.; valor da causa: R$ 26.000,00.

II. Reclamação trabalhista B: partes: Simone Silva e Empresa Flores Ltda.; valor da causa: R$ 13.560,00.

III. Reclamação trabalhista C: partes: Gabriela Sousa e Fundação Pública S; valor da causa: R$ 11.000,00.

IV. Reclamação trabalhista D: partes: Felícia Campos e Autarquia Estadual Z; valor da causa: R$ 19.000,00.

De acordo com a Consolidação das Leis do Trabalho, obedecerão o procedimento sumaríssimo, as demandas que constam em

(A) I e II, apenas.

(B) I, II, III e IV.

(C) III e IV, apenas.

(D) II e IV, apenas.

(E) I e III, apenas.

Inicialmente cumpre salientar que em 2015 o salário mínimo nacional era de R$ 788,00 (setecentos e oitenta e oito reais). **I**: correta, a reclamação tramitará pelo procedimento sumaríssimo, tendo em vista que o valor da causa é inferior a 40 vezes o valor do salário mínimo, ou seja, abaixo de R$ 31.520,00 Trinta e um mil, quinhentos e vinte reais). **II**: correta, a reclamação tramitará pelo procedimento sumaríssimo, tendo em vista que o valor da causa é inferior a 40 vezes o valor do salário mínimo, ou seja, abaixo de R$ 31.520,00 Trinta e um mil, quinhentos e vinte reais).**III**: incorreta, embora a reclamação trabalhista tenha valor da causa inferior a 40 salários-mínimos, a ação foi proposta contra Fundação Pública, o que nos termos do art. 852-A, parágrafo único, da CLT impede que a reclamação trabalhista tramite pelo procedimento sumaríssimo. **IV**: incorreta, embora a reclamação trabalhista tenha valor da causa inferior a 40 salários-mínimos, a ação foi proposta contra Autarquia Estadual, o que nos termos do art. 852-A, parágrafo único, da CLT impede que a reclamação trabalhista tramite pelo procedimento sumaríssimo.

Gabarito 'A'.

(Técnico – TRT/16ª – 2015 – FCC) Determinado trabalhador ajuizou reclamação trabalhista, mas deixou de comparecer à audiência designada, injustificadamente, tendo o processo sido arquivado. Seu advogado solicitou o desentranhamento dos documentos e, após três meses, ingressou com nova ação. Novamente, deixou o reclamante de comparecer à audiência, sem motivo justificado, tendo o processo sido novamente arquivado. Seu advogado, de igual forma, requereu o desentranhamento dos documentos. Caso queira ajuizar uma nova ação, o trabalhador

(A) terá que aguardar o prazo de um ano.

(B) terá que aguardar o prazo de seis meses.

(C) poderá ajuizar a nova ação de imediato, contanto que pague o valor de uma multa que será arbitrada pelo juiz.

(D) poderá ajuizar a nova ação de imediato, desde que autorizado pelo juiz.

(E) perderá seu direito de ajuizar nova ação, tendo em vista suas faltas injustificadas às audiências, como penalidade por desrespeito ao Poder Judiciário.

Determina o art. 732 da CLT que o reclamante que, por 2 (duas) vezes seguidas, der causa ao arquivamento por não comparecimento à audiência inaugural, perderá o direito de apresentar nova reclamação trabalhista por 6 (seis) meses. Esse fenômeno processual é denominado "perempção provisória". Após o transcurso desse período e respeitado o prazo prescricional, o reclamante poderá apresentar nova reclamação trabalhista.

Gabarito 'B'.

(Técnico – TRT/3ª – 2015 – FCC) Nas causas sujeitas ao procedimento sumaríssimo, somente será admitido Recurso de Revista

(A) quando derem ao mesmo dispositivo de Convenção Coletiva de Trabalho, Acordo Coletivo e sentença normativa interpretação divergente, da que lhe houver dado outro Tribunal Regional do Trabalho, no seu Pleno ou Turma.

(B) na hipótese exclusiva de contrariedade à súmula de jurisprudência uniforme do Tribunal Superior do Trabalho ou à súmula vinculante do Supremo Tribunal Federal.

(C) quando derem ao mesmo dispositivo de Lei Federal interpretação diversa da que lhe houver dado outro Tribunal Regional do Trabalho, no seu Pleno ou Turma.

(D) por contrariedade à súmula de jurisprudência uniforme do Tribunal Superior do Trabalho ou à súmula vinculante do Supremo Tribunal Federal e por violação direta da Constituição Federal.

(E) quando derem ao mesmo dispositivo de Lei Federal interpretação diversa da que lhe houver dado a Seção de Dissídios Individuais do Tribunal Superior do Trabalho.

"D" é a opção correta. Isso porque, nos termos do art. 896, § 9º, da CLT nas causas sujeitas ao procedimento sumaríssimo, somente será admitido recurso de revista por contrariedade a súmula de jurisprudência uniforme do Tribunal Superior do Trabalho ou a súmula vinculante do Supremo Tribunal Federal e por violação direta da Constituição Federal.

Gabarito 'D'.

(Técnico – TRT/3ª – 2015 – FCC) Gabriela ajuizou reclamação trabalhista em face de sua ex-empregadora a empresa "S" dando à causa o valor de R$ 27.800,00. Gabriela convidou Bruna, Soraya e Janine para prestarem depoimento testemunhal. Neste caso,

(A) as três testemunhas poderão prestar depoimento testemunhal, sendo que comparecerão à audiência de instrução e julgamento mediante prévia intimação pessoal.

(B) as três testemunhas poderão prestar depoimento testemunhal, sendo que comparecerão à audiência de instrução e julgamento independentemente de intimação.

(C) Gabriela terá que escolher duas das três testemunhas, que comparecerão à audiência de instrução e julgamento mediante prévia intimação pessoal.

(D) Gabriela terá que escolher duas das três testemunhas, que comparecerão à audiência de instrução e julgamento independentemente de intimação.

(E) o magistrado escolherá apenas duas das três testemunhas de Gabriela, desde que todas estejam presentes na audiência de instrução e julgamento.

Inicialmente cumpre salientar que o valor do salário mínimo em 2015 era de R$ 788,00 (setecentos e oitenta e oito reais). Como Gabriela atribuiu à causa o valor de R$ 27.800,00, ou seja, valor abaixo de 40 salários mínimos, a ação tramitará pelo procedimento sumaríssimo, art. 852-A a 852-I da CLT. Nesse tipo de procedimento explica o art. 852-H, § 2º, da CLT que cada parte poderá levar, no máximo, 2 testemunhas que comparecerão à audiência de instrução e julgamento independentemente de intimação, ou seja, a testemunha será convidada a comparecer na audiência. Somente será deferida intimação de testemunha que, comprovadamente convidada, deixar de comparecer. Não comparecendo a testemunha intimada, o juiz poderá determinar sua imediata condução coercitiva.

Gabarito 'D'.

(Técnico – TRT/3ª – 2015 – FCC) Joana ajuizou reclamação trabalhista em face de sua ex-empregadora a empresa "Z". O processo foi devidamente contestado pela reclamada, tendo sido realizada perícia para apuração de insalubridade no local de trabalho. Após entrega do laudo pericial e manifestação das partes, foi designada audiência de instrução e julgamento. Na data da referida audiência não compareceram a reclamante e nem o seu advogado, mas compareceram a reclamada e seu patrono. Neste caso, considerando que as partes estavam devidamente intimadas da referida audiência, inclusive, para prestarem depoimento pessoal, sob pena de confissão,

(A) a audiência se realizará sem a presença de Joana e para ela será aplicada a pena de confissão no tocante às questões de fatos nas quais lhe cabia o ônus da prova.

(B) o processo será arquivado, e Joana será condenada às custas e despesas processuais, havendo expresso dispositivo legal neste sentido.

(C) será marcada nova audiência, com a intimação pessoal de Joana, em razão da ausência também de seu advogado.

(D) será marcada nova audiência, com intimação de Joana através de seu advogado, uma vez que regularmente constituído nos autos.

(E) a audiência se realizará sem a presença de Joana sendo que para ela não será aplicada a pena de confissão, uma vez que esta é aplicada exclusivamente à parte reclamada.

A: correta, pois reflete o entendimento disposto na súmula 74 do TST. **B**: incorreta, pois em conformidade com o entendimento disposto na súmula 9 do TST A ausência do reclamante, quando adiada a instrução após contestada a ação em audiência, não importa arquivamento do processo. **C**: incorreta, pois como as partes saíram intimadas da audiência de instrução, será aplicada a pena

15. DIREITO PROCESSUAL DO TRABALHO

de confissão, não havendo nova designação de audiência. **D**: incorreta, pelas mesmas razões expostas no comentário anterior. **E**: incorreta, pois contraria o entendimento disposto na súmula 74 do TST. 🔲
Gabarito "A".

(Técnico Judiciário – TRT9 – 2012 – FCC) Os dissídios individuais trabalhistas podem seguir o procedimento ordinário e sumaríssimo. Sobre esse último (sumaríssimo) é INCORRETO:

(A) Estão excluídas desse procedimento as demandas em que é parte a Administração pública direta, autárquica e fundacional.

(B) Esse procedimento é determinado pelo valor dos dissídios individuais, que não exceda a 20 (vinte) vezes o salário mínimo vigente na data do ajuizamento da reclamação.

(C) Nas reclamações enquadradas nesse procedimento, o pedido deverá ser certo ou determinado e indicará o valor correspondente, sob pena de arquivamento da reclamação.

(D) As testemunhas, até o máximo de duas para cada parte, comparecerão à audiência de instrução e julgamento independentemente de intimação.

(E) Todas as provas serão produzidas em audiência única, sendo que sobre os documentos apresentados por uma das partes manifestar-se-á imediatamente a parte contrária, sem interrupção da audiência, salvo absoluta impossibilidade, a critério do juiz.

A: correta, pois reflete o disposto no art. 852-A, parágrafo único, da CLT. **B**: incorreta, pois nos termos do art. 852-A da CLT o procedimento sumaríssimo é determinado pelo valor dos dissídios individuais, que não exceda a 40 (quarenta) vezes o salário mínimo vigente na data do ajuizamento da reclamação. **C**: correta, pois reflete o disposto no art. 852-B, I e § 1º, da CLT. **D**: correta, pois reflete o disposto no art. 852-H, § 2º, da CLT. **E**: correta, pois reflete o disposto no art. 852-H, *caput* e § 1º, da CLT.
Gabarito "B".

(Técnico Judiciário – TRT/2ª – 2008 – FCC) Numa reclamação trabalhista, o crédito do reclamado é superior ao do reclamante. Nesse caso,

(A) o reclamado só poderá apresentar reconvenção se a diferença for superior a um mês de salário do empregado e se tiver ocorrido rescisão do contrato de trabalho.

(B) o juiz pode determinar ao reclamante que devolva a diferença ao reclamado, independentemente de reconvenção.

(C) o reclamado só poderá pleitear seu crédito em ação própria, pois, no processo trabalhista, não há reconvenção.

(D) o reclamado pode apresentar reconvenção, se o crédito for oriundo da relação de emprego e houver conexão.

(E) o reclamado pode, em contestação, pedir a compensação dos créditos e a devolução do que entende devido, sendo que o reclamante pode apresentar reconvenção.

A compensação no processo do trabalho, conforme o art. 767 da CLT, deve ser arguida em contestação, mas se o crédito do reclamado superar o do reclamante, este poderá propor reconvenção. De acordo com o art. 343 do CPC/2015 a reconvenção será apresentada no corpo da contestação.
Gabarito "D".

(Técnico Judiciário – TRT/4ª – 2011 – FCC) Em determinada reclamação trabalhista a empresa reclamada apresentou defesa em audiência. Após a apresentação da defesa, o advogado do reclamante pretende aditar seu pedido. Neste caso, o aditamento

(A) será possível se a parte reclamada for novamente intimada em obediência ao princípio do contraditório.

(B) será possível independentemente de nova intimação da parte reclamada, em obediência ao princípio da verdade real.

(C) não será mais possível, em atenção ao princípio da *perpetuatio jurisdictionis*.

(D) não será mais possível, em decorrência do princípio da estabilidade da lide.

(E) não será mais possível, obedecendo-se ao princípio da instrumentalidade.

O princípio da estabilidade da lide informa a proibição de inovação de pedido ou causa de pedir após determinado momento processual. No processo cível, após a citação do réu só é permitida a mudança do pedido ou causa de pedir com a concordância deste, sendo que em nenhuma hipótese será possível a mudança do pedido ou causa de pedir após o saneamento da lide (art. 329, II, CPC/2015). No processo do trabalho, uma vez que a citação do Réu decorre de ato automático do Juízo e uma vez que inexiste expressa previsão de despacho saneador, doutri-

nadores debatem quanto ao momento da estabilização da demanda, prevalecendo que até o momento de apresentação da defesa o autor poderá aditar a inicial para alterar pedidos e causa de pedir.
Gabarito "D".

(Técnico Judiciário – TRT/4ª – 2011 – FCC) Em novembro de 2010, Gustavo ajuizou reclamação trabalhista em face de sua ex-empregadora, a empresa GUGA, com valor da causa de R$ 15.000,00. Marcada a audiência, Gustavo enviou telegrama para as suas três testemunhas, com aviso de recebimento, convidando-as para depor na referida audiência, mas nenhuma delas compareceu espontaneamente. Neste caso, o M.M. juiz deverá:

(A) suspender o processo por quinze dias, marcar audiência necessariamente dentro de sessenta dias e determinar a condução coercitiva das testemunhas através de força policial.

(B) suspender o processo por trinta dias, marcar audiência necessariamente dentro desse prazo, e determinar a condução coercitiva das testemunhas através de força policial.

(C) dar andamento à audiência, tendo em vista que Gustavo possuía a obrigação legal de levar as suas testemunhas independentemente de intimação, tendo ocorrido a preclusão.

(D) marcar nova audiência e deferir a intimação das três testemunhas comprovadamente convidadas a depor.

(E) marcar nova audiência e deferir a intimação de apenas duas das três testemunhas.

Art. 852-H, §§ 2º e 3º, da CLT.
Gabarito "E".

(Técnico Judiciário – TRT/4ª – 2011 – FCC) Considere as seguintes assertivas a respeito do arquivamento do processo na Justiça do Trabalho:

I. A ausência do reclamante, quando adiada a instrução após contestada a ação em audiência, não importa arquivamento do processo.

II. Se por doença, devidamente comprovada, não for possível ao empregado comparecer pessoalmente à audiência UNA, não poderá fazer-se representar por outro empregado que pertença à mesma profissão.

III. Aquele que por duas vezes seguidas der causa ao arquivamento de reclamação trabalhista pelo não comparecimento na audiência UNA ficará impossibilitado de ajuizar reclamação trabalhista pelo período de três meses contados do último arquivamento.

Está correto o que se afirma SOMENTE em:

(A) II e III.
(B) I e III.
(C) I.
(D) III.
(E) I e II.

I: correta, Súmula 9 do TST; **II**: incorreta, pois "se por doença ou qualquer outro motivo poderoso, devidamente comprovado, não for possível ao empregado comparecer pessoalmente, poderá fazer-se representar por outro empregado que pertença à mesma profissão, ou pelo seu sindicato" (art. 843, § 2º, da CLT); **III**: incorreta, pois o período estipulado pelos arts. 731 e 732 da CLT é de 6 (seis) meses.
Gabarito "C".

(Técnico Judiciário – TRT/4ª – 2011 – FCC) Termo Processual é a:

(A) assinatura digital do magistrado em determinados atos processuais.

(B) assinatura dos serventuários e magistrados nos atos processuais.

(C) documentação jurídica que acompanha as iniciais, defesas e recursos.

(D) publicação em diário oficial dos atos processuais.

(E) reprodução gráfica dos atos processuais.

E: correta, por definição.
Gabarito "E".

(Técnico – TRT/6ª – 2012 – FCC) Hefesta ajuizou reclamação em face da Fundação Pública "Zeus", possuindo a causa o valor de R$ 7.000,00. Perséfone ajuizou reclamação trabalhista em face da Autarquia municipal "LL", possuindo a causa o valor de R$ 24.800,00. Héstia ajuizou reclamação trabalhista em face da empresa "CD Ltda.", possuindo a causa o valor de R$ 23.257,00. Nestes casos, o procedimento Sumaríssimo será aplicado na reclamação trabalhista proposta APENAS por:

(A) Perséfone e por Héstia.

(B) Héstia.

(C) Zeus e por Perséfone.

(D) Zeus.

(E) Zeus e por Héstia.

Art. 852-A da CLT (observe-se que, segundo o parágrafo único do dispositivo citado, estão excluídas do procedimento sumaríssimo as demandas em que é parte a Administração Pública direta, autárquica e fundacional).

(Técnico Judiciário – TRT/6ª – 2006 – FCC) Os atos processuais poderão correr em segredo de justiça:

(A) quando assim determinar o interesse social.

(B) quando houver parte menor.

(C) se assim requererem as partes.

(D) por determinação do Presidente do Tribunal.

(E) se assim o requerer o Ministério Público do Trabalho.

Art. 770 da CLT.

(Técnico Judiciário – TRT/6ª – 2006 – FCC) Os dissídios individuais, cujo valor não ultrapasse 40 (quarenta) vezes o salário mínimo vigente na data de seu ajuizamento, observarão o procedimento:

(A) geral.

(B) sumário.

(C) ordinário.

(D) especial.

(E) sumaríssimo.

Art. 852-A da CLT.

(Técnico Judiciário – TRT/6ª – 2006 – FCC) O NÃO comparecimento do reclamante à audiência importa em:

(A) redesignação da audiência.

(B) revelia.

(C) confissão quanto à matéria de fato.

(D) arquivamento da reclamação.

(E) imposição de multa.

Art. 844 da CLT.

(Técnico Judiciário – TRT/7ª – 2009 – FCC) Quanto ao procedimento sumaríssimo, é correto afirmar que:

(A) é permitida a citação por edital.

(B) ficam submetidos ao procedimento sumaríssimo os dissídios individuais cujo valor não exceda a sessenta vezes o salário mínimo vigente na data do ajuizamento da Reclamação.

(C) a Administração Pública direta, autárquica e fundacional poderá atuar como parte quando se tratar de procedimento sumaríssimo.

(D) as demandas sujeitas ao rito sumaríssimo serão instruídas e julgadas em audiência única.

(E) os pedidos podem ser ilíquidos ou indeterminados.

A: incorreta, pois dispõe o art. 852-B, II, da CLT que "não se fará citação por edital, incumbindo ao autor a correta indicação do nome e endereço do reclamado"; **B:** incorreta, pois o valor não excederá 40 (quarenta) vezes o salário mínimo vigente (art. 852-A); **C:** incorreta, pois "estão excluídas do procedimento sumaríssimo as demandas em que é parte a Administração Pública direta, autárquica e fundacional" (art. 852-A, parágrafo único); **D:** correta, art. 852-C; **E:** incorreta, de acordo com o art. 852-B, I, da CLT, o pedido deverá ser certo ou determinado e indicará o valor correspondente.

(Técnico Judiciário – TRT/7ª – 2009 – FCC) Considere as assertivas abaixo a respeito do termo lavrado na audiência de conciliação.

I. É decisão irrecorrível, salvo para a Previdência Social.

II. Deverá sempre indicar a natureza jurídica das parcelas, inclusive o limite de responsabilidade de cada parte pelo recolhimento da contribuição previdenciária, se for o caso.

III. Passa a ser título executivo judicial.

É correto o que se afirma em:

(A) I, II e III.

(B) I, apenas.

(C) II, apenas.

(D) III, apenas.

(E) I e II, apenas.

I: correta, art. 831, parágrafo único, da CLT; **II:** correta, art. 832, § 3º, da CLT; **III:** correta, art. 876 da CLT.

(Técnico Judiciário – TRT/9º – 2010 – FCC) De acordo com a Consolidação das Leis do Trabalho, com relação às demandas sujeitas ao procedimento sumaríssimo, é INCORRETO afirmar:

(A) Os dissídios individuais, cujos valores não excedam a quarenta vezes o salário mínimo vigente na data do ajuizamento da reclamação, ficam submetidos ao procedimento sumaríssimo.

(B) Estão excluídas do procedimento sumaríssimo as demandas em que é parte a Administração Pública direta, autárquica e fundacional.

(C) O recurso ordinário, uma vez recebido no Tribunal, deve ser liberado pelo relator no prazo máximo de quinze dias, e a Secretaria do Tribunal ou Turma deve colocá-lo imediatamente em pauta para julgamento, após apreciação do revisor.

(D) Deferida a prova técnica, incumbirá ao juiz, desde logo, fixar o prazo, o objeto da perícia e nomear perito, sendo que as partes serão intimadas a manifestar-se sobre o laudo, no prazo comum de cinco dias.

(E) Em regra, as testemunhas, até o máximo de duas para cada parte, comparecerão à audiência de instrução e julgamento, independentemente de intimação.

A: correta, art. 852-A, da CLT; **B:** correta, art. 852-A, parágrafo único da CLT; **C:** incorreta (devendo ser assinalada), pois o recurso ordinário será imediatamente distribuído, uma vez recebido no Tribunal, devendo o relator liberá-lo no prazo máximo de dez dias, e a Secretaria do Tribunal ou Turma colocá-lo imediatamente em pauta para julgamento, sem revisor (art. 895, § 1º, da CLT); **D:** correta, art. 852-H, §§ 4º e 6º, da CLT; **E:** correta, art. 852-H, § 2º, da CLT.

(Técnico – TRT/11ª – 2012 – FCC) De acordo com a CLT, em regra, os atos processuais praticados no Processo Trabalhista serão:

(A) sempre públicos e realizar-se-ão nos dias úteis das 8 às 18 horas.

(B) públicos salvo quando as partes estabelecerem o contrário e realizar-se-ão nos dias úteis das 6 às 20 horas.

(C) públicos salvo quando o contrário determinar o juiz e realizar-se-ão nos dias úteis das 6 às 18 horas.

(D) públicos salvo quando envolver pessoa pública de notoriedade social e a penhora poderá realizar-se em domingo ou dia de feriado, independente de autorização expressa do juiz.

(E) públicos salvo quando o contrário determinar o interesse social e realizar-se-ão nos dias úteis das 6 às 20 horas.

Art. 770 da CLT.

(Técnico – TRT/11ª – 2012 – FCC) Nas audiências realizadas nos processos trabalhistas pelos órgãos da Justiça do Trabalho é INCORRETO afirmar que:

(A) é facultado ao empregador fazer-se substituir pelo gerente, ou qualquer outro preposto que tenha conhecimento do fato, e cujas declarações obrigarão o proponente.

(B) se por doença ou qualquer outro motivo poderoso, devidamente comprovado, não for possível ao empregado comparecer pessoalmente, poderá fazer-se representar por outro empregado que pertença à mesma profissão, ou pelo seu sindicato.

(C) o não comparecimento do reclamante à audiência importa em revelia, além de confissão quanto à matéria de fato.

(D) as testemunhas, em regra, comparecerão à audiência independentemente de notificação ou intimação.

(E) as testemunhas que forem intimadas para comparecimento em audiência e, sem motivo justificado, não atendam à intimação, estarão sujeitas a condução coercitiva, além do pagamento de multa.

15. DIREITO PROCESSUAL DO TRABALHO   683

A: correta, art. 843, § 1º, da CLT; **B:** correta, art. 843, § 2º, da CLT; **C:** incorreta (devendo ser assinalada), estabelece o art. 844 da CLT que "o não comparecimento do reclamante à audiência importa o arquivamento da reclamação, e o não comparecimento do reclamado importa revelia, além de confissão quanto à matéria de fato"; **D:** correta, art. 825 da CLT; **E:** correta, art. 825, parágrafo único, da CLT.

Gabarito "C".

(Técnico Judiciário – TRT/14ª – 2011 – FCC) Considere as seguintes assertivas a respeito dos atos e termos processuais:

I. Os atos processuais serão públicos, salvo quando o contrário determinar o interesse social, e realizar-se-ão nos dias úteis das seis às vinte horas.

II. O vencimento dos prazos será certificado nos processos pelos escrivães ou diretores de secretaria.

III. Os documentos juntos aos autos poderão ser desentranhados a qualquer momento, desde que antes do trânsito em julgado da sentença.

De acordo com a Consolidação das Leis do Trabalho está correto o que se afirma APENAS em:

(A) II.

(B) II e III.

(C) I.

(D) I e II.

(E) I e III.

I: correta, art. 770 da CLT; **II:** correta, art. 776 da CLT; **III:** incorreta, pois "os documentos juntos aos autos poderão ser desentranhados somente depois de findo o processo, ficando traslado" (art. 780 da CLT).

Gabarito "D".

(Técnico Judiciário – TRT/15ª – 2009 – FCC) Jonas laborava na empresa TE na função de auxiliar administrativo quando foi dispensado sem justa causa. Não tendo recebido corretamente os seus direitos, Jonas ajuizou uma reclamação trabalhista contra sua ex-empregadora. Na data designada para a audiência, Jonas estava com intoxicação alimentar ocasionada pelo rotavírus e sendo assim, enviou em seu lugar seu colega de trabalho, Joaquim. Considerando que Joaquim também é auxiliar administrativo da empresa TE e que o mesmo compareceu no horário previamente designado com atestado médico e sem advogado, o M.M. Juiz deverá:

(A) designar nova data para a audiência, sendo que Joaquim sairá regularmente intimado da nova data, devendo assinar o respectivo termo de audiência.

(B) arquivar o processo, porque o reclamante não estava regularmente representado e tendo em vista que Joaquim não é membro de sua família.

(C) arquivar o processo, uma vez que o reclamante não estava regularmente representado, tendo em vista que sua representação não foi feita por advogado com procuração devidamente outorgada.

(D) designar nova data para a audiência, devendo Jonas ser intimado pelo correio dessa designação.

(E) arquivar o processo, porque na situação descrita o reclamante só poderia estar representado pelo sindicato de sua categoria.

Art. 843, § 2º, da CLT e doutrina de Valentin Carrion; em sentido contrário, entendendo que a eficácia da representação em questão não se limita ao requerimento de adiamento da audiência, Mauro Schiavi.

Gabarito "D".

(Técnico Judiciário – TRT/16ª – 2009 – FCC) A compensação

(A) pode ser determinada pelo juiz de ofício se a dívida for constatada na fase da execução da sentença.

(B) pode ser alegada pelo reclamante na inicial, quando tratar-se de dívida de natureza comercial.

(C) pode ocorrer com dívida de natureza civil, desde que entre as mesmas partes.

(D) só pode ser arguida na contestação, jamais no curso do processo ou na fase recursal.

(E) consiste no direito do reclamado reter alguma quantia do reclamante, até que a dívida deste seja quitada.

Art. 767 da CLT e súmulas 48 e 18 do TST.

Gabarito "D".

(Técnico Judiciário – TRT/16ª – 2009 – FCC) No processo do trabalho, intimada ou notificada a parte no sábado, o início do prazo

(A) dar-se-á no domingo e a contagem no primeiro dia útil subsequente.

(B) e a contagem dar-se-ão no próprio sábado.

(C) dar-se-á no próprio sábado e a contagem no primeiro dia útil subsequente.

(D) dar-se-á no primeiro dia útil imediato e a contagem no subsequente.

(E) e a contagem dar-se-ão no primeiro dia útil subsequente.

Art. 222, § 1º, CPC/2015 e súmula 262, I, TST..

Gabarito "D".

(Técnico Judiciário – TRT/16ª – 2009 – FCC) Considere as seguintes assertivas a respeito do procedimento sumaríssimo:

I. Havendo perícia, o prazo para a manifestação sobre o laudo será comum e de cinco dias.

II. Os dissídios individuais cujo valor não exceda a sessenta vezes o salário mínimo vigente na data do ajuizamento da reclamação trabalhista ficam submetidos ao procedimento sumaríssimo.

III. As testemunhas, até no máximo duas para cada parte, comparecerão à audiência independentemente de intimação.

IV. Em regra, se a parte apresentar documentos em audiência, esta será interrompida, devendo a parte contrária se manifestar no prazo improrrogável de cinco dias.

De acordo com a Consolidação das Leis do Trabalho, está correto o que se afirma APENAS em:

(A) I e IV.

(B) I, II e III.

(C) I e III.

(D) II, III e IV.

(E) III e IV.

I: correta, art. 852-H, § 6º, da CLT; **II:** incorreta, pois o valor não excederá a 40 (quarenta) vezes o salário mínimo vigente (art. 852-A da CLT); **III:** correta, art. 852-H, § 2º; **IV:** incorreta, pois não haverá interrupção da audiência, salvo absoluta impossibilidade, a critério do juiz (art. 852-H, § 1º, da CLT).

Gabarito "C".

(Técnico Judiciário – TRT/18ª – 2008 – FCC) Considere as assertivas abaixo a respeito do procedimento sumaríssimo no processo do trabalho:

I. Os dissídios individuais, cujo valor não exceda a sessenta vezes o salário mínimo vigente na data do ajuizamento da reclamação, ficam submetidos ao procedimento sumaríssimo.

II. Todas as provas serão produzidas na audiência de instrução e julgamento, ainda que não requeridas previamente.

III. Sobre os documentos apresentados por uma das partes manifestar-se-á imediatamente a parte contrária, com a interrupção obrigatória da audiência por no máximo dez minutos.

IV. Nas reclamações enquadradas no procedimento sumaríssimo não se fará citação por edital, incumbindo ao autor a correta indicação do nome e endereço do reclamado.

De acordo com a Consolidação das Leis do Trabalho, é correto o que consta APENAS em:

(A) I, II e IV.

(B) I e III.

(C) II e IV.

(D) III e IV.

(E) I e II.

I: incorreta, pois o valor não excederá a 40 (quarenta) vezes o salário mínimo vigente (art. 852-A da CLT); **II:** correta, art. 852-H, *caput*, da CLT; **III:** incorreta, dispõe o art. 852-H, § 1º, da CLT que não haverá interrupção da audiência; **IV:** correta, art. 852-B, II, da CLT.

Gabarito "C".

(Técnico Judiciário – TRT/20ª – 2011 – FCC) Carol ajuizou no início do ano de 2011 reclamação trabalhista em face de sua ex-empregadora a empresa EFGH. A presente reclamação possui o valor da causa de R$ 19.739,00. Tendo em vista que a audiência UNA foi marcada para o dia 10 de Agosto de 2011, Carol enviou telegrama com aviso de recebimento para suas três testemunhas convidando-as para depor no dia e hora em que a audiência foi designada porém, nenhuma das três testemunhas compareceu. Neste caso, de acordo com a Consolidação das Leis do Trabalho, o M.M. juiz deverá:

(A) suspender o processo por vinte dias e marcar nova audiência para no máximo 90 dias, porém Carol deverá levar as testemunhas nesta nova audiência independentemente de intimação.

(B) suspender o processo por quinze dias e marcar nova audiência para no máximo 60 dias, porém Carol deverá levar as testemunhas nesta nova audiência independentemente de intimação.

(C) marcar nova data para a realização da audiência e deferir a intimação das três testemunhas.

(D) marcar nova data para a realização da audiência e deferir a intimação de duas das três testemunhas, devendo Carol desistir do depoimento de uma delas.

(E) proferir sentença na mesma audiência uma vez que Carol possuía a obrigação de levar as testemunhas independentemente de intimação.

Art. 852-H, §§ 2º e 3º, da CLT.

Gabarito "D".

(Técnico Judiciário – TRT/20ª – 2006 – FCC) De acordo com a Consolidação das Leis do Trabalho, em relação ao Procedimento Sumaríssimo é correto afirmar que:

(A) nas reclamações enquadradas no procedimento sumaríssimo o pedido poderá ser incerto ou indeterminado, podendo indicar valor aproximado.

(B) os dissídios individuais cujo valor não exceda a sessenta vezes o salário mínimo vigente na data do ajuizamento da reclamação ficam submetidos ao procedimento sumaríssimo.

(C) a sentença mencionará os elementos de convicção do juízo, com resumo dos fatos relevantes ocorridos em audiência, sendo indispensável o relatório.

(D) as testemunhas, até o máximo de três para cada parte, comparecerão à audiência de instrução e julgamento independentemente de intimação.

(E) nas reclamações enquadradas no procedimento sumaríssimo, não se fará citação por edital, incumbindo ao autor a correta indicação do nome e endereço do reclamado.

A: incorreta, prevê o art. 852-B, I, da CLT que o pedido deverá ser certo ou determinado e indicará o valor correspondente; B: incorreta, pois "os dissídios individuais cujo valor não exceda a quarenta vezes o salário mínimo vigente na data do ajuizamento da reclamação ficam submetidos ao procedimento sumaríssimo" (art. 852-A, da CLT); C: incorreta, estabelece o art. 852-I da CLT que "a sentença mencionará os elementos de convicção do juízo, com resumo dos fatos relevantes ocorridos em audiência, dispensado o relatório"; D: incorreta, pois o número de testemunhas será de, no máximo, duas para cada parte (art. 852-H, § 2º, da CLT); E: correta, art. 852-B, II, da CLT.

Gabarito "E".

(Técnico Judiciário – TRT/20ª – 2006 – FCC) De acordo com a Consolidação das Leis do Trabalho, em relação à audiência é correto afirmar que:

(A) o não comparecimento do reclamado à audiência importa em execução direta dos valores requeridos pelo reclamante, ocorrendo a confissão quanto à matéria de direito.

(B) é facultado ao empregador fazer-se substituir pelo gerente, ou qualquer outro preposto que tenha conhecimento do fato, mas as declarações deste não obrigarão o proponente.

(C) o não comparecimento do reclamante à audiência importa em confissão quanto à matéria de fato.

(D) terminada a instrução, poderão as partes aduzir razões finais, em prazo não excedente de 10 minutos para cada uma.

(E) se não for possível, por motivo de força maior, concluir a audiência no mesmo dia, o juiz marcará a sua continuação para a primeira desimpedida, sendo obrigatória nova notificação.

A: incorreta, pois "o não comparecimento do reclamado importa revelia, além de confissão quanto à matéria de fato" (art. 844 da CLT); B: incorreta, de acordo com o art. 843, § 1º, da CLT, é facultado ao empregador fazer-se

substituir pelo gerente, ou qualquer outro preposto que tenha conhecimento do fato, e cujas declarações obrigarão o proponente. Vale dizer que, nos termos do art. 843, § 3º, da CLT o preposto a que se refere o § 1º deste artigo não precisa ser empregado da parte reclamada; C: incorreta, pois "o não comparecimento do reclamante à audiência importa o arquivamento da reclamação (art. 844 da CLT); D: correta, art. 850 da CLT; E: incorreta, pois "o juiz ou presidente marcará a sua continuação para a primeira desimpedida, independentemente de nova notificação" (art. 849 da CLT).

Gabarito "D".

(Técnico Judiciário – TRT/22ª – 2010 – FCC) A respeito do prazo para contestação no Processo do Trabalho, é correto afirmar que:

(A) Inexiste prazo para apresentar contestação na Secretaria da Vara na Reclamação Trabalhista, devendo ser a ação contestada na audiência inicial ou UNA.

(B) O prazo para apresentar contestação na Secretaria da Vara na Reclamação Trabalhista é de dez dias a contar da citação do reclamado.

(C) O prazo para apresentar contestação na Secretaria da Vara na Reclamação Trabalhista é de vinte dias a contar da citação do reclamado quando este se tratar de órgão da Administração Pública.

(D) O prazo para apresentar contestação na Secretaria da Vara na Reclamação Trabalhista é de dez dias a contar da audiência inicial ou UNA.

(E) O prazo para apresentar contestação na Secretaria da Vara na Reclamação Trabalhista é de vinte dias a contar da audiência inicial ou UNA, quando se tratar o reclamado de órgão da Administração Pública.

Art. 847 da CLT.

Gabarito "A".

(Técnico Judiciário – TRT/22ª – 2010 – FCC) Sobre a revelia, considere:

I.   A ausência do reclamado em audiência, apesar de regularmente intimado, configura revelia.

II. A revelia importa na confissão do reclamado quanto à matéria de fato.

III. Havendo revelia, mas ocorrendo, entretanto, motivo relevante, poderá o juiz suspender o julgamento, designando nova audiência.

IV. A revelia pode ser aplicada tanto ao reclamante quanto ao reclamado.

Está correto o que se afirma APENAS em:

(A) I e IV.

(B) II e III.

(C) III e IV.

(D) I, II e III.

(E) I, III e IV.

I, II, III: corretas, art. 844 da CLT; IV: incorreta, pois a revelia aplica-se apenas ao reclamado (art. 844 da CLT).

Gabarito "D".

(Técnico Judiciário – TRT/23ª – 2011 – FCC) Estão submetidos ao procedimento sumaríssimo os dissídios individuais cujo valor NÃO exceda a:

(A) sessenta vezes o salário-mínimo vigente na data do ajuizamento da reclamação, estando excluídas desse procedimento as demandas em que é parte a Administração Pública direta, autárquica e fundacional.

(B) quarenta vezes o salário-mínimo vigente na data do ajuizamento da reclamação, estando excluídas desse procedimento as demandas em que é parte a Administração Pública direta, autárquica e fundacional.

(C) quarenta vezes o salário-mínimo vigente na data do ajuizamento da reclamação, sendo, inclusive, submetidas a esse procedimento as demandas em que é parte a Administração Pública direta, autárquica e fundacional.

(D) sessenta vezes o salário-mínimo vigente na data do ajuizamento da reclamação, sendo, inclusive, submetidas a esse procedimento as demandas em que é parte a Administração Pública direta, autárquica e fundacional. (E) setenta vezes o salário-mínimo

15. DIREITO PROCESSUAL DO TRABALHO   685

vigente na data do ajuizamento da reclamação, estando excluídas desse procedimento somente as demandas em que é parte a Administração Pública autárquica.

Art. 852-A da CLT.

Gabarito "B".

(Técnico Judiciário – TRT/23ª – 2007 – FCC) O NÃO comparecimento do reclamante à audiência, sem motivo relevante, implica:

- **(A)** no arquivamento da reclamação.
- **(B)** no prosseguimento da reclamação, com a presença de seu advogado.
- **(C)** na designação de nova audiência, sem qualquer sanção.
- **(D)** na designação de nova audiência, com imposição de multa.
- **(E)** no julgamento imediato em favor do reclamado.

Art. 844 da CLT.

Gabarito "A".

(Técnico Judiciário – TRT/23ª – 2007 – FCC) O procedimento sumaríssimo no processo trabalhista, previsto pela Lei nº 9.957/2000, será adotado nos dissídios:

- **(A)** coletivos, cujo valor não exceda a trinta vezes o salário mínimo vigente na data do ajuizamento.
- **(B)** individuais em que for parte a Administração Pública direta.
- **(C)** individuais cujo valor não exceda a quarenta vezes o salário mínimo vigente na data do ajuizamento da reclamação.
- **(D)** individuais ajuizados contra autarquia ou fundação mantida pelo poder público.
- **(E)** individuais que, independentemente de valor, tenham pedido certo ou determinado.

Art. 852-A da CLT.

Gabarito "C".

(Técnico Judiciário – TRT/24ª – 2011 – FCC) Margarida ajuizou reclamação trabalhista em face de sua ex-empregadora, a empresa X. Na audiência inaugural, apesar de regularmente intimada, não compareceu nenhum representante legal da reclamada, tendo sido declarada a sua revelia. Neste caso, de acordo com a Consolidação das Leis do Trabalho, a empresa X:

- **(A)** será penalizada com multa administrativa de 20% sobre o valor da causa, revertida para o Fundo de Assistência ao Trabalhador gerido pelo Governo Federal.
- **(B)** deverá ser intimada da sentença apenas se tiver advogado constituído nos autos.
- **(C)** deverá ser intimada da sentença, ainda que não tenha advogado constituído nos autos.
- **(D)** não será intimada da sentença, uma vez que está legalmente declarada revel, podendo ingressar no processo até a publicação da sentença.
- **(E)** não será intimada da sentença, uma vez que está legalmente declarada revel, bem como não poderá ingressar no processo para interpor recursos.

Art. 852 da CLT.

Gabarito "C".

(Técnico Judiciário – TRT/24ª – 2011 – FCC) De acordo com a Consolidação das Leis do Trabalho, ficam submetidos ao procedimento sumaríssimo os dissídios individuais cujo valor NÃO exceda a:

- **(A)** sessenta vezes o salário mínimo vigente na data do ajuizamento da reclamação.
- **(B)** quarenta vezes o salário mínimo vigente na data do ajuizamento da reclamação.
- **(C)** quarenta vezes o salário mínimo vigente na data da extinção do contrato de trabalho.
- **(D)** vinte vezes o salário mínimo vigente na data do ajuizamento da reclamação.
- **(E)** vinte vezes o salário mínimo vigente na data da extinção do contrato de trabalho.

Art. 852-A da CLT.

Gabarito "B".

(Técnico Judiciário – TRT/24ª – 2011 – FCC) De acordo com a Consolidação das Leis do Trabalho, a reclamação trabalhista verbal será distribuída:

- **(A)** dentro do prazo de cinco dias após a sua redução a termo.
- **(B)** em vinte e quatro horas após a sua redução a termo.
- **(C)** em quarenta e oito horas após a sua redução a termo.
- **(D)** dentro do prazo de quinze dias após a sua redução a termo.
- **(E)** antes de sua redução a termo.

Art. 786 da CLT.

Gabarito "E".

(Técnico Judiciário – TRT/24ª – 2006 – FCC) Considere as seguintes assertivas a respeito dos atos e termos processuais.

- **I.** A penhora poderá realizar-se em domingo ou dia feriado, mediante autorização expressa do juiz.
- **II.** Os termos relativos ao movimento dos processos constarão de simples notas, datadas e rubricadas pelos chefes de secretarias ou escrivães.
- **III.** Os atos e termos processuais não poderão ser escritos à tinta ou a carimbo, devendo ser datilografados.

De acordo com o Decreto Lei nº 5.452/43, está correto o que se afirma APENAS em:

- **(A)** I e II.
- **(B)** I e III.
- **(C)** III.
- **(D)** II e III.
- **(E)** II.

I: correta, art. 770, parágrafo único, da CLT; **II:** correta, art. 773 da CLT; **III:** incorreta, pois, segundo previsão do art. 771 da CLT, "os atos e termos processuais poderão ser escritos a tinta, datilografados ou a carimbo".

Gabarito "A".

(Técnico Judiciário – TRT/24ª – 2006 – FCC) Os prazos processuais:

- **(A)** contam-se, em regra, com a inclusão do dia do começo e exclusão do dia do vencimento.
- **(B)** podem, excepcionalmente, serem prorrogados em virtude de força maior, devidamente comprovada.
- **(C)** não são contínuos mas são releváveis, em regra, por expressa determinação legal.
- **(D)** que vencerem em sábado, domingo ou dia feriado, terminarão no segundo dia útil subsequente.
- **(E)** não terão, necessariamente, o seu vencimento certificado nos processos pelos escrivães ou secretários.

Art. 775, § 1º, II, da CLT.

Gabarito "B".

(Técnico Judiciário – TRT/24ª – 2006 – FCC) De acordo com o Decreto-lei nº 5.452/1943, com relação às audiências é correto afirmar:

- **(A)** Do registro das audiências poderão ser fornecidas certidões às pessoas que as requererem.
- **(B)** As audiências dos órgãos da Justiça do Trabalho, em regra, não serão públicas, não havendo, também, limite de horário para a sua realização.
- **(C)** Não poderão, em nenhuma hipótese, serem convocadas audiências extraordinárias, por expressa vedação legal.
- **(D)** O comparecimento dos escrivães ou secretários às audiências dos órgãos da Justiça do Trabalho é facultativo.
- **(E)** Se, na hora marcada, as partes não houverem comparecido à audiência, o juiz deverá aguardá-las, obrigatoriamente, por mais 15 minutos.

A: correta, art. 817, parágrafo único da CLT; **B:** incorreta, nos termos do art. 813, *caput*, da CLT, "as audiências dos órgãos da Justiça do Trabalho serão públicas e realizar-se-ão na sede do Juízo ou Tribunal em dias úteis previamente fixados, entre 8 (oito) e 18 (dezoito) horas, não podendo ultrapassar 5 (cinco) horas seguidas, salvo quando houver matéria urgente"; **C:** incorreta. Sempre que for necessário, poderão ser convocadas audiências extraordinárias, observado o prazo do § 1º do art. 813 da CLT; **D:** incorreta, pois o comparecimento dos escrivães ou secretários será obrigatório (art. 814 da CLT); **E:** incorreta, pois não há limite de tolerâncias para as partes, mas somente para o juiz (art. 815, parágrafo único, da CLT).

Gabarito "A".

(Técnico Judiciário – TRT/24ª – 2006 – FCC) Sendo várias as reclamações:

(A) poderão ser acumuladas num só processo, desde que trate de empregados da mesma empresa ou estabelecimento, independentemente de ter identidade de matéria.

(B) poderão ser acumuladas num só processo, desde que haja identidade de matéria e trate de empregados da mesma empresa ou estabelecimento.

(C) poderão ser acumuladas num só processo, desde que haja identidade de matéria, independentemente de tratar de empregados da mesma empresa ou estabelecimento.

(D) poderão ser acumuladas num só processo, independentemente de ter identidade de matéria ou de tratar de empregados da mesma empresa ou estabelecimento.

(E) não poderão ser acumuladas num só processo, em razão de expressa vedação legal a qualquer tipo de acumulação de processos.

Art. 842 da CLT.

(Técnico Judiciário – TRT/24ª – 2006 – FCC) De acordo com o Decreto Lei nº 5452/43, com relação aos processos na Justiça do Trabalho é correto afirmar que:

(A) as partes poderão requerer certidões somente dos processos em curso, as quais serão lavradas pelos escrivães.

(B) os autos dos processos da Justiça do Trabalho não poderão, em nenhuma hipótese, sair dos cartórios ou secretarias.

(C) as partes ou seus procuradores não poderão consultar, com ampla liberdade, os processos nos cartórios ou secretarias.

(D) os documentos juntos aos autos poderão ser desentranhados somente depois de findo o processo, ficando traslado.

(E) as certidões dos processos não dependem de despacho do juiz, inclusive dos processos que correrem em segredo de justiça.

A: incorreta, dispõe o art. 781 da CLT que "as partes poderão requerer certidões dos processos em curso ou arquivados, as quais serão lavradas pelos escrivães ou secretários"; **B:** incorreta. Os autos dos processos da Justiça do Trabalho, não poderão sair dos cartórios ou secretarias, salvo se solicitados por advogados regularmente constituído por qualquer das partes, ou quando tiverem de ser remetidos aos órgãos competentes, em caso de recurso ou requisição (art. 778 da CLT); **C:** incorreta, de acordo com o art. 779 da CLT, "as partes, ou seus procuradores, poderão consultar, com ampla liberdade, os processos nos cartórios ou secretarias"; **D:** correta, art. 780 da CLT; **E:** incorreta. A CLT determina que "as certidões dos processos que correrem em segredo de justiça dependerão de despacho do juiz ou presidente" (art. 781, parágrafo único, da CLT).

(Técnico Judiciário – TRT/1ª – 2008 – CESPE) A empresa Alfa foi acionada na justiça do trabalho, e o rito a ser observado será o sumaríssimo, podendo a empresa apresentar defesa. Nessa situação, o prazo mínimo fixado, a partir da notificação, caso a empresa deseje apresentar defesa, é de:

(A) 15 dias.
(B) 10 dias.
(C) 8 dias.
(D) 5 dias.
(E) 48 horas.

Art. 841 da CLT.

(Técnico Judiciário – TRT/1ª – 2008 – CESPE) Em causa sob o procedimento sumaríssimo, o juiz do trabalho deve arquivar o processo quando:

(A) o autor requerer citação editalícia do reclamado.

(B) o autor tiver submetido sua causa à comissão de conciliação prévia.

(C) o autor declinar na inicial valor da causa abaixo de quarenta salários mínimos.

(D) a reclamada não tiver comparecido à audiência inicial designada, apesar de regularmente notificada.

(E) o autor tiver apresentado liquidação do pedido.

Art. 852-B, II e § 1º, da CLT.

(Técnico Judiciário – TRT/1ª – 2008 – CESPE) No caso de demanda submetida ao judiciário trabalhista e que tramite pelo rito sumaríssimo,

(A) as partes, caso haja perícia, terão vista do laudo no prazo sucessivo de cinco dias.

(B) será aberta a vista dos autos caso seja apresentada exceção de incompetência.

(C) as custas devidas serão fixadas no importe de 1% sobre o valor da causa.

(D) será admitida a oitiva de, no máximo, três testemunhas para cada uma das partes.

(E) o reclamado terá vinte minutos para aduzir sua defesa, caso não ocorra acordo.

A: incorreta. As partes serão intimadas a manifestar-se sobre o laudo, no prazo comum de cinco dias (art. 852-H, § 6º, da CLT); **B:** incorreta, nos termos do art. 852-G, da CLT, "serão decididos, de plano, todos os incidentes e exceções que possam interferir no prosseguimento da audiência e do processo"; **C:** incorreta. As custas relativas ao processo de conhecimento incidirão à base de 2% (dois por cento), observado o mínimo de R$ 10,64 (dez reais e sessenta e quatro centavos) (art. 789 da CLT); **D:** incorreta, pois admite-se a oitiva de até duas para cada parte (art. 852-H, § 2º, da CLT); **E:** correta, art. 847 da CLT.

(Técnico Judiciário – TRT/1ª – 2008 – CESPE) Terminada a instrução do feito, a última tentativa conciliatória do julgador deve ocorrer:

(A) ao término do interrogatório das partes.
(B) antes das razões finais.
(C) depois das razões finais.
(D) logo após a oitiva da última testemunha apresentada.
(E) durante o tempo assegurado às partes para as razões finais.

Art. 850 da CLT.

(Técnico Judiciário – TRT/5ª – 2008 – CESPE) Augusto moveu reclamação trabalhista contra determinada empresa. No dia designado para a audiência inaugural, Augusto chegou 15 minutos atrasado. Quanto à situação hipotética acima e às audiências, julgue o próximo item.

(1) Na situação considerada, não haverá nenhum prejuízo para Augusto, já que existe previsão legal de tolerância de 15 minutos para as partes.

1: incorreta, pois não há limite de tolerâncias para as partes, mas somente para o juiz (art. 815 da CLT).

(Técnico Judiciário – TRT/9ª – 2007 – CESPE) Julgue os itens a seguir.

(1) No processo do trabalho, apenas se admite a reclamação trabalhista oral, dado o princípio da oralidade.

(2) Quando o reclamante não comparecer à audiência inaugural, o juiz deve determinar o arquivamento do processo, mas se quem não comparecer, sem justificativa, for o reclamado, a pena aplicável é a de revelia e confissão.

(3) Se o valor dado à causa não exceder a 60 salários mínimos, as reclamações trabalhistas deverão seguir o rito sumaríssimo previsto na Consolidação das Leis do Trabalho (CLT).

1: incorreta, pois "a reclamação poderá ser escrita ou verbal" (art. 840 da CLT); **2:** correta, art. 844 da CLT; **3:** incorreta, no procedimento sumaríssimo o valor da causa não excederá 40 (quarenta) vezes o salário mínimo (art. 852-A da CLT).

(Técnico Judiciário – TRT/9ª – 2007 – CESPE) No que concerne aos atos processuais, julgue o item que se segue.

(1) Em regra, na contagem dos prazos processuais, exclui-se o dia de começo e inclui-se o do vencimento. Se a citação ou intimação for feita por oficial de justiça, o prazo para a prática do ato processual terá início a partir da juntada aos autos do mandado cumprido.

1: correta, arts. 774 e 775 da CLT.

15. DIREITO PROCESSUAL DO TRABALHO

(Técnico Judiciário – TRT/17ª – 2009 – CESPE) Com relação a audiências no processo do trabalho, julgue os itens a seguir.

(1) Caso não seja bem-sucedida a proposta conciliatória, a audiência destinada à tentativa de conciliação e entrega da defesa deve ocorrer no prazo mínimo de 10 dias após o recebimento da contrafé pelo reclamado.

(2) Após as razões finais, no procedimento ordinário, deve ser procedida a segunda proposta de conciliação.

(3) Quando o reclamante não comparece à audiência una, o arquivamento do processo pode ser determinado pelo juízo.

1: incorreta, pois "o reclamado terá vinte minutos para aduzir sua defesa, após a leitura da reclamação, quando esta não for dispensada por ambas as partes" art. 847 da CLT; **2:** correta, art. 850 da CLT; **3:** correta, art. 844 da CLT.

Gabarito 1E, 2C, 3C

(Técnico Judiciário – TRT/17ª – 2009 – CESPE) Quanto ao processo judiciário do trabalho, julgue os itens subsequentes.

(1) Nos dissídios individuais ou coletivos submetidos à apreciação da justiça do trabalho, são, na medida do possível, formuladas pelo juízo propostas de conciliação.

(2) Inexistindo acordo, o juízo conciliatório converte-se obrigatoriamente em arbitral e profere decisão na forma prescrita no título Do Processo Judiciário do Trabalho, da CLT.

(3) A fim de evitar o enriquecimento indevido da parte autora, a compensação ou a retenção pode ser arguida desde que não tenha sido proferida sentença monocrática.

1: incorreta, pois serão sempre sujeitos à conciliação (art. 764 da CLT); **2:** correta, art. 764, § 2º, da CLT; **3:** incorreta, pois "a compensação, ou retenção, só poderá ser arguida como matéria de defesa" (art. 767 da CLT).

Gabarito 1E, 2C, 3E

9. LIQUIDAÇÃO E EXECUÇÃO

(Técnico Judiciário – TRT24 – FCC – 2017) Em relação à liquidação da sentença e à execução no Processo do Trabalho, a Consolidação das Leis do Trabalho estabelece:

(A) Na liquidação, não se poderá modificar, ou inovar, a sentença liquidanda nem discutir matéria pertinente à causa principal.

(B) Somente as decisões passadas em julgado e os acordos, quando não cumpridos, poderão ser executados na Justiça do Trabalho.

(C) Elaborada a conta pela parte ou pelos órgãos auxiliares da Justiça do Trabalho, o juiz procederá à intimação da União para manifestação, no prazo de 8 dias, sob pena de preclusão.

(D) Requerida a execução, o juiz ou Presidente do Tribunal mandará expedir mandado de citação do executado, a fim de que cumpra a decisão ou o acordo, ou, quando se tratar de pagamento em dinheiro, exceto de contribuições sociais devidas à União, para que o faça em 72 horas ou garanta a execução.

(E) Não pagando o executado, nem garantindo a execução, seguir-se-á a penhora dos bens, tantos quantos bastem ao pagamento da condenação, sem os acréscimos de custas e juros de mora.

A: opção correta, pois reflete o disposto no art. 879, § 1º, da CLT. **B:** opção incorreta, pois nos termos do art. 876 da CLT as decisões passadas em julgado ou das quais não tenha havido recurso com efeito suspensivo; os acordos, quando não cumpridos; os termos de ajuste de conduta firmados perante o Ministério Público do Trabalho e os termos de conciliação firmados perante as Comissões de Conciliação Prévia serão executados na Justiça do Trabalho. Ademais, nos termos do art. 13 da IN 39 do TST por aplicação supletiva do art. 784, I (art. 15 do CPC), o cheque e a nota promissória emitidos em reconhecimento de dívida inequivocamente de natureza trabalhista também são títulos extrajudiciais para efeito de execução perante a Justiça do Trabalho, na forma do art. 876 e seguintes da CLT. **C:** opção incorreta, pois nos termos do art. 879, § 3º, da CLT elaborada a conta pela parte ou pelos órgãos auxiliares da Justiça do Trabalho, o juiz procederá à intimação da União para manifestação, no prazo de 10 (dez) dias, sob pena de preclusão. **D:** opção incorreta, pois nos termos do art. 880 da CLT o prazo será de 48 horas. **E:** opção incorreta, pois nos termos do art. 883 da CLT não pagando o executado, nem garantindo a execução, seguir-se-á penhora dos bens, tantos quantos bastem ao pagamento da importância da condenação, acrescida de custas e juros de mora, sendo estes, em qualquer caso, devidos a partir da data em que for ajuizada a reclamação inicial.

Gabarito "A"

(Técnico Judiciário – TRT11 – FCC – 2017) De acordo com entendimento Sumulado do TST, em face de decisão homologatória de adjudicação ou arrematação

(A) só caberá ação rescisória se fundamentada em nulidade absoluta relacionada ao vício de consentimento e se alegada no prazo decadencial de cinco anos contados da decisão homologatória.

(B) caberá ação rescisória no prazo decadencial de dois anos, a contar do trânsito em julgado da decisão.

(C) caberá ação rescisória no prazo prescricional de um ano, a contar do trânsito em julgado da decisão.

(D) só caberá ação rescisória se fundamentada em nulidade absoluta relacionada ao vício de consentimento e se alegada no prazo decadencial de três anos contados da decisão homologatória.

(E) é incabível ação rescisória.

"E" é a opção correta. Isso porque o TST firmou entendimento consubstanciado na súmula 399, item I em que é incabível ação rescisória para impugnar decisão homologatória de adjudicação ou arrematação.

Gabarito "E".

(Técnico Judiciário – TRT11 – FCC – 2017) Considere os seguintes créditos:

I. Crédito trabalhista decorrente de reclamação trabalhista ajuizada por empregado doméstico relativo ao trabalho exercido para a família empregadora.

II. Crédito trabalhista decorrente de reclamação trabalhista ajuizada pelo Rito Sumaríssimo em face da empresa AA Ltda.

III. Crédito relativo a contribuição previdenciária decorrente de empregado doméstico.

De acordo com a Lei 8.009/1990, a impenhorabilidade do bem de família é oponível em processo de execução relativo ao crédito indicado em

(A) I, II e III.

(B) I e II, apenas.

(C) II e III, apenas.

(D) I, apenas.

(E) III, apenas.

Todas as assertivas estão corretas. Isso porque, nos termos do art. 1º da Lei 8.009/1990 o imóvel residencial próprio do casal, ou da entidade familiar, é impenhorável e não responderá por qualquer tipo de dívida civil, comercial, fiscal, previdenciária ou de outra natureza, contraída pelos cônjuges ou pelos pais ou filhos que sejam seus proprietários e nele residam. A impenhorabilidade compreende o imóvel sobre o qual se assentam a construção, as plantações, as benfeitorias de qualquer natureza e todos os equipamentos, inclusive os de uso profissional, ou móveis que guarneçam a casa, desde que quitados. Vale lembrar que o art. 3º da mesma lei determina as hipóteses em que a impenhorabilidade retratada não poderá ser oponível.

Gabarito "A".

(Técnico Judiciário – TRT8 – CESPE – 2016) Acerca de execução trabalhista, assinale a opção correta.

(A) É possível a penhora de salário, desde que não ultrapasse quarenta por cento do seu valor bruto.

(B) O mandado de citação do executado, a ser cumprido pelo oficial de justiça, deverá conter a decisão exequenda ou o termo de acordo não cumprido.

(C) Se, depois de procurado por duas vezes, o executado não for encontrado, o curso da execução deverá ser suspenso e, decorrido o prazo máximo de um ano, sem que seja localizado o devedor, o juiz deverá ordenar o arquivamento dos autos.

(D) O executado que não pagar a importância reclamada poderá garantir a execução mediante prestação de serviços à comunidade.

(E) Realizada a penhora de determinado bem para satisfazer a execução, não cabe à parte executada requerer a substituição da penhora.

A: opção incorreta, pois nos termos do art. 833, IV, do CPC/2015 o salário é impenhorável. No entanto, nos termos do § 2º do mesmo dispositivo legal a regra da impenhorabilidade não se aplica à hipótese de penhora para pagamento de prestação alimentícia, independentemente de sua origem, bem como às importâncias excedentes a 50 (cinquenta) salários-mínimos mensais. **B:** opção correta, pois reflete a disposição contida nos §§ 1º e 2º do art. 880 da CLT. **C:** opção incorreta, pois nos termos do art. 880, § 3º, da CLT se o executado, procurado por 2 (duas) vezes no espaço de 48 (quarenta e oito) horas, não for encontrado, far-se-á citação por edital, publicado no jornal oficial ou, na falta deste, afixado na sede da Junta ou Juízo, durante 5 (cinco) dias. **D:** opção incorreta, pois a execução não pode ser garantida com prestação de serviços à comunidade. A execução poderá ser garantida mediante depósito do valor cobrado em execução, atualizado e acrescido das despesas processuais, ou nomeando bens à penhora, observada a ordem preferencial estabelecida no art. 840 do CPC/2015. **E:** opção incorreta, pois nos termos do art. 847 do CPC/2015 o executado pode, no prazo de 10 (dez) dias contado da intimação da penhora, requerer a substituição do bem penhorado, desde que comprove que lhe será menos onerosa e não trará prejuízo ao exequente.

(Técnico Judiciário – TRT8 – CESPE – 2016) Acerca dos embargos à execução no processo do trabalho, assinale a opção correta.

(A) Não se admite prova testemunhal nos embargos à execução.

(B) O oferecimento dos embargos por um dos devedores suspende a execução contra os que não embargaram, mesmo que o fato e o fundamento refiram-se exclusivamente ao embargante.

(C) Os embargos à execução têm natureza jurídica de defesa do devedor contra a constrição de seus bens.

(D) Não se admite alegação de compensação nos embargos à execução.

(E) A admissão dos embargos à execução está condicionada à garantia do juízo pelo embargante, seja este pessoa jurídica de direito público ou privado.

A: opção incorreta, pois admite-se a prova testemunhal nos embargos à execução. Veja art. 884, § 2º, da CLT. **B:** opção incorreta, pois a norma que previa a possibilidade tratada na assertiva foi revogada pela Lei 11.382/2006. **C:** opção incorreta, pois os embargos à execução possuem natureza jurídica de ação e não de defesa. Nesse sentido, Humberto Theodoro Junior. Curso de Direito processual Civil **D:** opção correta, pois compensação deverá ser alegada em matéria de defesa, em contestação, art. 767 da CLT e súmula 48 do TST. Veja também súmula 18 do TST. **E:** opção incorreta, pois as pessoas de direito público estão dispensadas da garantia do juízo para apresentação de embargos à execução. Veja art. 910 CPC/2015.

(Técnico Judiciário – TRT20 – FCC – 2016) O reclamado Netuno foi condenado a pagar horas extras e indenização por dano moral e material em razão de agressões verbais e físicas a seu empregado, que exercia as funções de motorista particular. Não recorreu da sentença e se iniciou a execução. Nessa hipótese, conforme regras contidas na Consolidação das Leis do Trabalho,

(A) elaborada a conta e tornada líquida a sentença exequenda, o juiz deverá abrir às partes prazo comum de 5 dias para impugnação fundamentada com a indicação dos itens e valores objeto da discordância, sob pena de preclusão.

(B) requerida a execução, o juiz mandará expedir mandado de citação do executado, a fim de que pague o valor da condenação, acrescido de contribuições sociais devidas à União, em 5 dias, ou garanta a execução nesse prazo, sob pena de penhora.

(C) garantida a execução ou penhorados os bens, terá o executado 15 dias para apresentar embargos, cabendo o prazo de 5 dias ao exequente para impugnação.

(D) a matéria de defesa dos embargos à execução será restrita às alegações de cumprimento da decisão ou do acordo, quitação, não cabendo, nesta fase, arguição de prescrição da dívida e prova testemunhal.

(E) julgada subsistente a penhora, o juiz mandará proceder à avaliação dos bens penhorados e, concluída esta, ocorrerá a arrematação que será que fará em dia, hora e lugar anunciados e os bens serão vendidos pelo maior lance, tendo o exequente a preferência para a adjudicação.

A: opção incorreta, pois nos termos do art. 879, § 2º, da CLT (de acordo com a Lei 13.467/2017) o prazo será de 8 dias. **B:** opção incorreta, pois nos termos do art. 880 da CLT o prazo é de 48 horas. **C:** opção incorreta, pois nos termos do art. 884 da CLT terá o executado 5 (cinco) dias para apresentar embargos, cabendo igual prazo ao exequente para impugnação. **D:** opção incorreta, pois nos termos do art. 884, §§ 1º e 2º, da CLT é permitida a alegação de prescrição e a prova testemunhal. **E:** opção correta, pois reflete as disposições do art. 886, § 2º, e art. 888, *caput* e § 1º, da CLT.

(Técnico – TRT/16ª – 2015 – FCC) Tendo em vista a execução trabalhista, segundo a Consolidação das Leis do Trabalho, é INCORRETO afirmar:

(A) Não há citação para execução, uma vez que a fase executiva pode ser iniciada de ofício pelo juiz.

(B) A citação na execução será realizada por mandado, mas, se o executado não for encontrado após duas tentativas, caberá a citação por edital.

(C) A citação na execução poderá ser feita pelos oficiais de justiça.

(D) A citação na execução será realizada por mandado, determinando o cumprimento da decisão ou do acordo no prazo e com as cominações ali estabelecidas.

(E) No mandado de citação na execução, quando se tratar de pagamento em dinheiro, constarão igualmente as contribuições previdenciárias devidas.

A: incorreta, pois embora a fase executiva possa ser iniciada de ofício pelo juiz, nos termos do art. 878 da CLT, deve haver a citação do executado para que cumpra a decisão, nos moldes do art. 880 da CLT. **B:** correta, pois reflete o disposto nos §§ 1º, 2º e 3º do art. 880 da CLT. **C:** correta, pois reflete o disposto no § 2º do art. 880 da CLT. **D:** correta, pois reflete o disposto no art. 880, *caput*, da CLT. **E:** correta, pois reflete a disposição contida no art. 880 *caput*, da CLT.

(Técnico – TRT/3ª – 2015 – FCC) Simon arrematou uma casa em leilão judicial no qual os bens da empresa "X" foram leiloados para pagamento de diversas reclamações trabalhistas. O lance de Simon foi de R$ 500.000,00. Neste caso, de acordo com a Consolidação das Leis do Trabalho, Simon deverá garantir o lance com

(A) sinal de R$ 100.000,00 e pagar o preço da arrematação dentro de 24 horas.

(B) o seu preço integral no ato da arrematação no leilão judicial.

(C) sinal de R$ 50.000,00 e pagar o preço da arrematação dentro de 24 horas.

(D) sinal de R$ 100.000,00 e pagar o preço da arrematação dentro de 48 horas.

(E) sinal de R$ 50.000,00 e pagar o preço da arrematação dentro de cinco dias.

"A" é a opção correta, pois nos termos do art. 888, § 2º, da CLT o arrematante deverá garantir o lance com o sinal correspondente a 20% (vinte por cento) do seu valor. Ademais, ensina o § 4º do mesmo dispositivo legal que se o arrematante, ou seu fiador, não pagar dentro de 24 (vinte e quatro) horas o preço da arrematação, perderá, em benefício da execução, o sinal de que trata o § 2º deste artigo, voltando à praça os bens executados.

(Técnico Judiciário – TRT/2ª – 2008 – FCC – adaptada) Considere:

I. Termo de compromisso de ajustamento de conduta com conteúdo obrigacional firmado perante o Ministério Público do Trabalho.

II. Acordo celebrado entre empregador e empregado não homologado e sem testemunhas instrumentárias.

III. Cheque sem suficiente provisão de fundos emitido pelo empregador para pagamento de salário.

IV. Termo de conciliação com conteúdo obrigacional celebrado perante a Comissão de Conciliação Prévia competente.

São títulos exequíveis na Justiça do Trabalho os indicados APENAS em:

(A) I e IV.

(B) II e IV.

(C) I, III e IV.

(D) II e III.

(E) I, II e III.

Nos termos do art. 876 da CLT são títulos executivos extrajudiciais as decisões passadas em julgado ou das quais não tenha havido recurso com efeito suspensivo; os acordos, quando não cumpridos; os termos de ajuste de conduta firmados perante o Ministério Público do Trabalho e os termos de conciliação firmados perante as Comissões de Conciliação Prévia. Ademais, nos termos do art. 13 da IN 39 TST o cheque e a nota promissória emitidos em reconhecimento de dívida inequivocamente de natureza trabalhista também são títulos extrajudiciais para efeito de execução perante a Justiça do Trabalho, na forma do art. 876 e segs. da CLT.

(Técnico Judiciário – TRT/2ª – 2008 – FCC) Os embargos à execução NÃO poderão versar, dentre outras hipóteses, sobre:

(A) inexigibilidade do título.

(B) quitação anterior à sentença do processo de conhecimento.

(C) incompetência do juízo da execução.

15. DIREITO PROCESSUAL DO TRABALHO — 689

(D) excesso de execução até a penhora.

(E) prescrição posterior à sentença do processo de conhecimento.

Art. 884, § 1º, da CLT.

Gabarito "B".

(Técnico – TRT/6ª – 2012 – FCC) Em determinada execução trabalhista por carta precatória, foi penhorado bem imóvel de Samuel, irmão gêmeo de Davi, proprietário da empresa executada. Samuel pretende ajuizar Embargos de Terceiro. Neste caso, como regra geral, Samuel:

(A) deverá oferecer os referidos embargos no juízo deprecado, sob pena de não conhecimento.

(B) poderá oferecer os referidos embargos no juízo deprecante ou no juízo deprecado, sendo que a competência para julgá-los é do juízo deprecado.

(C) deverá oferecer os referidos embargos no juízo deprecante, sob pena de não conhecimento.

(D) poderá oferecer os referidos embargos no juízo deprecante ou no juízo deprecado, sendo que a competência para julgá-los é do juízo deprecante.

(E) não poderá oferecer Embargos de Terceiros, uma vez que não há tipificação legal para o ajuizamento destes embargos na hipótese mencionada.

Nos termos da Súmula 419 do TST na execução por carta precatória, os embargos de terceiro serão oferecidos no juízo deprecado, salvo se indicado pelo juízo deprecante o bem constrito ou se já devolvida a carta (art. 676, parágrafo único, do CPC de 2015).

Gabarito "A".

(Técnico – TRT/6ª – 2012 – FCC) Na reclamação Trabalhista "M", em fase de execução de sentença, o Juiz da "W" Vara do Trabalho de Recife não homologou acordo celebrado entre as partes em razão do valor acordado tratar-se de apenas 5% do débito que estava sendo executado. Neste caso,

(A) a homologação do acordo constitui faculdade do juiz, inexistindo direito líquido e certo tutelável pela via do mandado de segurança.

(B) as partes poderão impetrar mandado de segurança no prazo de 120 dias da não homologação judicial.

(C) as partes poderão impetrar mandado de segurança no prazo de 90 dias da não homologação judicial.

(D) as partes deverão interpor agravo de petição no prazo de 8 dias da não homologação judicial.

(E) as partes poderão impetrar mandado de segurança no prazo de 60 dias da não homologação judicial.

Nos termos da Súmula 418 do TST a homologação de acordo constitui faculdade do juiz, inexistindo direito líquido e certo tutelável pela via do mandado de segurança.

Gabarito "A".

(Técnico – TRT/6ª – 2012 – FCC) Salomão e David são irmãos e pretendem arrematar um imóvel no leilão judicial de bens penhorados em reclamações trabalhistas para moradia de sua mãe. Em determinado leilão judicial, Salomão conseguiu arrematar uma casa pelo valor de R$ 100.000,00. Neste caso, Salomão deverá garantir o seu lance com um sinal correspondente a:

(A) R$ 10.000,00 e efetuar o pagamento do restante em 48 horas da arrematação.

(B) R$ 10.000,00 e efetuar o pagamento do restante em 24 horas da arrematação.

(C) R$ 20.000,00 e efetuar o pagamento do restante em 48 horas da arrematação.

(D) R$ 20.000,00 e efetuar o pagamento do restante em 24 horas da arrematação.

(E) R$ 15.000,00 e efetuar o pagamento do restante em 24 horas da arrematação.

Art. 888, §§ 2º e 4º, da CLT.

Gabarito "D".

(Técnico Judiciário – TRT/7ª – 2009 – FCC) Em regra, de acordo com a Consolidação das Leis de Trabalho, são títulos exequíveis na Justiça do Trabalho as decisões:

(A) transitadas em julgado, decisões das quais não tenha havido recurso com efeito suspensivo, os acordos quando não cumpridos

e os termos de conciliação firmados perante as Comissões de Conciliação Prévia.

(B) não transitadas em julgado, decisões das quais não tenha havido recurso com efeito suspensivo, os acordos cumpridos e os termos de conciliação firmados perante as Comissões de Conciliação Prévia.

(C) transitadas em julgado, decisões das quais tenha havido recurso com efeito suspensivo, os acordos quando não cumpridos e os termos de conciliação firmados perante as Comissões de Conciliação Prévia.

(D) transitadas em julgado, decisões das quais não tenha havido recurso com efeito suspensivo, os acordos cumpridos e os termos de conciliação firmados perante as Comissões de Conciliação Prévia.

(E) não transitadas em julgado, decisões das quais tenha havido recurso com efeito suspensivo, os acordos cumpridos e os termos de conciliação firmados perante as Comissões de Conciliação Prévia.

Art. 876 da CLT.

Gabarito "A".

(Técnico Judiciário – TRT/22ª – 2010 – FCC) Considere:

I. Sentenças transitadas em julgado.

II. Acordos cumpridos na sua integralidade.

III. Custas.

IV. Multas.

A execução compreende APENAS os itens:

(A) I e III.

(B) II e III.

(C) I e IV.

(D) III e IV.

(E) I, III e IV.

Art. 876 da CLT.

Gabarito "E".

(Técnico Judiciário – TRT/23ª – 2011 – FCC) A respeito da execução na Justiça do Trabalho, considere:

I. O juiz ou presidente do tribunal, requerida a execução, mandará expedir mandado de citação ao executado, para que pague em até 30 dias, ou garanta a execução, sob pena de penhora, quando se tratar de pagamento em dinheiro, incluídas as contribuições sociais devidas ao INSS.

II. Se o executado, procurado por 3 vezes no espaço de 72 horas, não for encontrado, far-se-á a citação por edital.

III. O mandado de citação deverá conter a decisão exequenda ou o termo de acordo não cumprido.

De acordo com a Consolidação das Leis de Trabalho (CLT), está correto o que se afirma APENAS em:

(A) III.

(B) II e III.

(C) I e III.

(D) I. (E) I e II.

I: incorreta, estabelece o art. 880, *caput*, da CLT que "requerida a execução, o juiz ou presidente do tribunal mandará expedir mandado de citação do executado, a fim de que cumpra a decisão ou o acordo no prazo, pelo modo e sob as cominações estabelecidas ou, quando se tratar de pagamento em dinheiro, inclusive de contribuições sociais devidas à União, para que o faça em 48 (quarenta e oito) horas ou garanta a execução, sob pena de penhora"; II: incorreta, pois o executado será procurado por 2 (duas) vezes no espaço de 48 (quarenta e oito) horas (art. 880, § 3º, da CLT); III: correta, art. 880, § 1º, da CLT.

Gabarito "A".

(Técnico Judiciário – TRT/23ª – 2011 – FCC) A respeito da arrematação é correto afirmar que os bens serão vendidos pelo maior lance,

(A) não possuindo o exequente preferência para a adjudicação. O arrematante deverá garantir o lance com um sinal correspondente a 10% do seu valor.

(B) tendo o exequente preferência para a adjudicação. O arrematante deverá garantir o lance com um sinal correspondente a 15% do seu valor.

(C) tendo o exequente preferência para a adjudicação. O arrematante deverá garantir o lance com um sinal correspondente a 20% do seu valor.

690 HERMES CRAMACON E LUIZ FABRE

(D) tendo o exequente preferência para a adjudicação. O arrematante deverá garantir o lance com um sinal correspondente a 5% do seu valor. (E) não possuindo o exequente preferência para a adjudicação. O arrematante deverá garantir o lance com um sinal correspondente a 15% do seu valor.

Art. 888, § 2º, da CLT.

(Técnico Judiciário – TRT/1ª – 2008 – CESPE) Submetida uma demanda trabalhista à comissão de conciliação prévia, celebrou-se acordo. Entretanto, a reclamada não o cumpriu. Nessa situação,

(A) o acordo celebrado é um título executivo, como o são os termos de ajuste de conduta firmados perante o Ministério Público do Trabalho.
(B) em face do não cumprimento de acordo, o trabalhador está de posse de um título executivo judicial.
(C) como foi celebrado em comissão de conciliação prévia, o acordo não é considerado título executivo.
(D) deverá ser fornecida ao trabalhador declaração de conciliação frustrada.
(E) somente o acordo realizado perante a justiça do trabalho é considerado um título executivo.

Art. 876 da CLT.

(Técnico Judiciário – TRT/9ª – 2007 – CESPE) Julgue os itens a seguir.

(1) A execução trabalhista pode ser promovida pelo interessado ou de ofício pelo juiz.
(2) Garantida a execução ou penhorados os bens, o executado, exceto quando se tratar da Fazenda Pública, terá o prazo de 10 dias para apresentar embargos.

1: correta, nos termos do art. 878 da CLT a execução será promovida pelas partes, permitida a execução de ofício pelo juiz ou pelo Presidente do Tribunal apenas nos casos em que as partes não estiverem representadas por advogado.; **2:** incorreta, pois garantida a execução ou penhorados os bens, terá o executado 5 (cinco) dias para apresentar embargos, cabendo igual prazo ao exequente para impugnação (art. 884 da CLT).

10. RECURSOS

(Técnico Judiciário – TRT11 – FCC – 2017) De acordo com a Consolidação das Leis do Trabalho, no tocante ao Recurso Ordinário, considere:

I. Nas reclamações trabalhistas sujeitas ao procedimento sumaríssimo, o recurso ordinário terá parecer oral do representante do Ministério Público presente à sessão de julgamento, se este entender necessário o parecer, com registro na certidão.
II. Os Tribunais Regionais, divididos em Turmas, não poderão designar Turma para o julgamento dos recursos ordinários interpostos das sentenças prolatadas nas demandas sujeitas ao procedimento sumaríssimo, devendo o julgamento ocorrer simultâneo com os demais Recursos.
III. Terá acórdão consistente unicamente na certidão de julgamento, com a indicação suficiente do processo e parte dispositiva, e das razões de decidir do voto prevalente.
IV. Se a sentença for confirmada pelos próprios fundamentos, a certidão de julgamento, registrando tal circunstância, servirá de acórdão.

Está correto o que se afirma APENAS em

(A) II e III.
(B) I, II e IV.
(C) III e IV.
(D) I e II.
(E) I, III e IV.

I: opção correta, pois reflete o disposto no art. 895, § 1º, III, da CLT. **II:** opção incorreta, pois nos termos do art. 895, § 2º, da CLT os Tribunais Regionais, divididos em Turmas, poderão designar Turma para o julgamento dos recursos ordinários interpostos das sentenças prolatadas nas demandas sujeitas ao procedimento sumaríssimo. **III:** opção correta, pois reflete o disposto no art. 895, § 1º, IV, da CLT. **IV:** opção correta, pois nos termos do art. 895, § 1º, IV, parte final se a sentença for confirmada pelos próprios fundamentos, a certidão de julgamento, registrando tal circunstância, servirá de acórdão.

(Técnico Judiciário – TRT11 – FCC – 2017) De acordo com a Consolidação das Leis do Trabalho e entendimento Sumulado do TST, no ato de interposição do agravo de instrumento, em regra, e desde que não atingido o valor da condenação,

(A) não é exigido depósito recursal.
(B) o depósito recursal corresponderá a 50% do valor do depósito do recurso ao qual se pretende destrancar.
(C) o depósito recursal corresponderá a 30% do valor do depósito do recurso ao qual se pretende destrancar.
(D) o depósito recursal corresponderá a 60% do valor do depósito do recurso ao qual se pretende destrancar.
(E) somente será devido o depósito recursal se tratar de procedimento ordinário, sendo este correspondente a 25% do valor do depósito do recurso ao qual se pretende destrancar.

"B" é a opção correta. Isso porque, nos termos do art. 899, § 7º, da CLT no ato de interposição do agravo de instrumento, o depósito recursal corresponderá a 50% (cinquenta por cento) do valor do depósito do recurso ao qual se pretende destrancar. No entanto, quando o agravo de instrumento tem a finalidade de destrancar recurso de revista que se insurge contra decisão que contraria a jurisprudência uniforme do Tribunal Superior do Trabalho, consubstanciada nas suas súmulas ou em orientação jurisprudencial, não haverá obrigatoriedade de se efetuar o referido depósito.

(Analista Judiciário – TRT/24 – FCC – 2017) Adonis ingressou com reclamação trabalhista no Município de Campo Grande, sendo distribuída para a 2ª Vara do Trabalho. Na audiência UNA a reclamada apresentou exceção de incompetência em razão do lugar, que foi acolhida com a remessa dos autos a uma das Varas do Trabalho de Cuiabá. Em relação à referida decisão,

(A) caberá agravo de instrumento.
(B) não caberá recurso, por se tratar de decisão interlocutória.
(C) caberá mandado de segurança.
(D) caberá reclamação correcional.
(E) caberá recurso ordinário.

A: opção incorreta, pois nos termos do art. 897, *b*, da CLT o agravo de instrumento é o recurso apto a destrancar recurso que teve seu seguimento negado. **B:** opção incorreta, pois embora seja uma decisão interlocutória, a decisão se classifica como decisão interlocutória terminativa de feito, o que nos termos da súmula 214, *c*, do TST desafia a interposição de recurso ordinário. **C:** opção incorreta, pois mandado de segurança será cabível para defesa de violação de direito liquido e certo da parte. Veja Lei 12.016/2009. **D:** opção incorreta, pois reclamação correicional disposta no art. 682, XI, segunda parte e art. 709, I, da CLT objetiva atacar atos judiciais atentatórios ao bom andamento processual. **E:** opção correta. A decisão que acata a exceção de incompetência territorial de Campo Grande – Mato Grosso do Sul, pertencente ao TRT da 24ª Região e remete os autos a TRT de Cuiabá – Mato Grasso, pertencente ao TRT da 23ª Região é recorrível por meio de recurso ordinário, em conformidade com o entendimento disposto na súmula 214, *c*, do TST. sobre o procedimento a ser adotado pela exceção de incompetência relativa, ver art. 800 e seus parágrafos, da CLT.

(Analista Judiciário – TRT/11 – FCC – 2017) Em determinado processo trabalhista a ata da audiência de julgamento (art. 851, § 2º, da CLT) foi juntada ao processo após 24 horas da referida audiência. Neste caso, o prazo para recurso será contado

(A) da data da juntada aos autos da sentença.
(B) da data em que a parte receber a intimação da sentença via Diário Oficial Eletrônico.
(C) da data da audiência.
(D) da data em que a parte receber pessoalmente a intimação da sentença.
(E) após transcorridas 48 horas da data da audiência.

"C" é a opção correta. O art. 852 da CLT ensina que da decisão serão os litigantes notificados, pessoalmente, ou por seu representante, na própria audiência.

(Analista Judiciário – TRT/11 – FCC – 2017) Em face da decisão X proferida pelo Tribunal Regional do Trabalho da 11ª Região, em execução de sentença nos autos da reclamação trabalhista movida por Maria contra a empresa Z Ltda, cujo pedido seria o reconhecimento de vínculo de emprego

(A) caberá Embargos de Declaração no prazo de oito dias.

15. DIREITO PROCESSUAL DO TRABALHO 691

(B) caberá Recurso de Revista, no prazo de oito dias, em qualquer hipótese.

(C) não caberá Recurso de Revista, salvo na hipótese de ofensa direta e literal de norma da Constituição Federal.

(D) não caberá Recurso de Revista, com exceção somente da hipótese de ofensa a súmula de jurisprudência uniforme do Tribunal Superior do Trabalho.

(E) não caberá Recurso de Revista, exceto na hipótese de ofensa a súmula vinculante do Supremo Tribunal Federal.

"C" é a opção correta. Contra a decisão proferida pelo TRT (acórdão) na fase de execução de sentença somente será admitido recurso de revista na hipótese de ofensa direta e literal de norma da Constituição Federal.

Gabarito "C".

(Analista Judiciário – TRT/11 – FCC – 2017) As empresas A e B foram condenadas solidariamente na reclamação trabalhista Z pretendendo ambas as empresas interpor Recurso Ordinário. A empresa A interpôs Recurso Ordinário no quinto dia do prazo recursal e depositou o valor do depósito recursal de forma integral. Neste caso, o depósito recursal

(A) efetuado pela empresa A não aproveita a empresa B, em nenhuma hipótese, uma vez que o depósito recursal possui caráter personalíssimo.

(B) efetuado pela empresa A aproveita a empresa B, exceto se aquela pleiteia sua exclusão da lide.

(C) efetuado pela empresa A aproveita a empresa B, exceto se as empresas possuírem procuradores distintos.

(D) é devido na proporção de 50% para cada empresa, sendo que o depósito integral da empresa A, não exime a empresa B de efetuar o depósito da sua parte, podendo a empresa A requerer o levantamento da parte que depositou a maior.

(E) é devido na proporção de 50% para cada empresa, sendo que o depósito integral da empresa A, exime a empresa B de efetuar o depósito da sua parte.

"B" é a opção correta. Nos termos da súmula 128, III, do TST havendo condenação solidária de duas ou mais empresas, o depósito recursal efetuado por uma delas aproveita as demais, quando a empresa que efetuou o depósito não pleiteia sua exclusão da lide.

Gabarito "B".

(Analista Judiciário – TRT/20 – FCC – 2016) Em matéria recursal no Processo Judiciário do Trabalho, conforme normas da Consolidação das Leis do Trabalho,

(A) a interposição de recurso para o Supremo Tribunal Federal de decisão da Justiça do Trabalho que contrarie a Constituição Federal prejudicará a execução do julgado, que deverá ficar suspensa.

(B) no Tribunal Superior do Trabalho cabem embargos, no prazo de cinco dias de decisão unânime de julgamento que homologar conciliação em dissídios coletivos que excedam a competência territorial dos Tribunais Regionais do Trabalho.

(C) o Ministro Relator denegará seguimento aos embargos no Tribunal Superior do Trabalho nas hipóteses de intempestividade e deserção, não cabendo recurso de tal decisão.

(D) o agravo de instrumento interposto contra o despacho que não receber agravo de petição suspenderá a execução da sentença até o seu julgamento final, diante do princípio da segurança jurídica.

(E) quando o recurso de revista tempestivo contiver defeito formal que não se repute grave, o Tribunal Superior do Trabalho poderá desconsiderar o vício ou mandar saná-lo, julgando o mérito.

A: opção incorreta, pois o recurso extraordinário não tem efeito suspensivo. O art. 893, § 2º, da CLT ensina que A interposição de recurso para o Supremo Tribunal Federal não prejudicará a execução do julgado. **B:** opção incorreta, pois nos termos do art. 894 da CLT o prazo é de 8 dias. **C:** opção incorreta, pois nos termos do art. 894, § 4º a decisão poderá ser recorrida via agravo. **D:** opção incorreta, pois nos termos do art. 897, § 2º, da CLT o agravo de instrumento interposto contra o despacho que não receber agravo de petição não suspende a execução da sentença. **E:** opção correta, pois nos termos do art. 896, § 11, da CLT Quando o recurso tempestivo contiver defeito formal que não se repute grave, o Tribunal Superior do Trabalho poderá desconsiderar o vício ou mandar saná-lo, julgando o mérito.

Gabarito "E".

(Analista Judiciário – TRT/8ª – 2016 – CESPE) No que se refere aos recursos no processo trabalhista, aos seus respectivos prazos e ao Ministério Público do Trabalho (MPT), assinale a opção correta.

(A) O chefe do MPT deve ser nomeado pelo presidente da República entre os nomes constantes de lista tríplice encaminhada pelo Congresso Nacional.

(B) O procurador-geral do trabalho subordina-se ao chefe do MPT.

(C) Os recursos aos tribunais superiores são uniformes e devem ser interpostos no prazo de até cinco dias úteis, a contar do recebimento da intimação da parte.

(D) O agravo de instrumento, instrumento cabível para recorrer das decisões do juiz monocrático adotadas nos procedimentos de execução, deve ser interposto no prazo de até quinze dias.

(E) Em se tratando de recurso ordinário em procedimento sumaríssimo, é admissível parecer oral do representante do MPT durante a sessão de julgamento.

A: opção incorreta, pois, nos termos do art. 88 da LC 75/93, o Procurador-Geral do Trabalho será nomeado pelo Procurador-Geral da República, dentre integrantes da instituição com mais de trinta e cinco anos de idade e cinco anos na carreira, integrante de lista tríplice escolhida mediante voto plurinominal, facultativo e secreto, pelo Colégio de Procuradores para um mandato de dois anos, permitida uma recondução, observado o mesmo processo. Caso não haja número suficiente de candidatos com mais de cinco anos na carreira, poderá concorrer à lista tríplice quem contar mais de dois anos na carreira; **B:** opção incorreta, pois, nos termos do art. 87 da LC 75/93, o Procurador-Geral do Trabalho é o chefe do Ministério Público do Trabalho; **C:** opção incorreta, pois, em regra, os prazos serão de 8 dias, nos termos do art. 6º da Lei 5.584/70. São exceções à regra: embargos de declaração (5 dias), nos termos do art. 1.023 do CPC/2015; e recurso extraordinário (15 dias), nos termos do art. 1.003, § 5º, CPC/2015; **D:** opção incorreta, pois o agravo de instrumento será interposto contra as decisões que denegarem a interposição de recursos, feito no 1º juízo de admissibilidade (art. 897, *b*, CLT), devendo ser interposto no prazo de 8 dias; **E:** opção correta, pois, nos termos do art. 895, § 1º, III, CLT, nas ações sujeitas ao procedimento sumaríssimo, o recurso ordinário terá parecer oral do representante do Ministério Público presente à sessão de julgamento, se este entender que assim é necessário, com registro na certidão.

Gabarito "E".

(Técnico – TRT/19ª – 2015 – FCC) Constitui pressuposto intrínseco do recurso de revista

(A) a tempestividade.

(B) a sucumbência.

(C) a divergência jurisprudencial.

(D) a regularidade de representação.

(E) o preparo.

A: incorreta, pois a tempestividade é um pressuposto extrínseco do recurso. **B:** incorreta, pois a sucumbência não é pressuposto recursal O que constitui, também, verdadeiro pressuposto intrínseco do recurso é o interesse recursal. **C:** correta, pois por pressuposto intrínseco podemos entender como aquele próprio do recurso de revista. Assim, a divergência jurisprudencial é um pressuposto intrínseco do recurso de revista pautado nas alíneas "*a*" e "*b*", do art. 896 da CLT. **D:** incorreta, pois a regularidade de representação é um pressuposto extrínseco do recurso. **E:** incorreta, pois o preparo (recolhimento de custas e depósito recursal, este último apenas em se tratando de empregador) constitui pressuposto extrínseco do recurso.

Gabarito "C".

(Técnico – TRT/16ª – 2015 – FCC) Considere a seguinte hipótese: Reclamação trabalhista ajuizada perante o Juiz de Direito, tendo em vista que aquela localidade não estava abrangida por jurisdição de Vara do Trabalho, sendo pelo mesmo processada e julgada. Inconformadas as partes com o teor da sentença, devem interpor recurso

(A) de apelação para o Tribunal de Justiça do Estado.

(B) de apelação para o Tribunal Regional do Trabalho.

(C) ordinário para o Tribunal de Justiça do Estado.

(D) ordinário para o Tribunal Regional do Trabalho.

(E) especial para o Superior Tribunal de Justiça.

Nos termos do art. 112 da CF nas localidades não abrangidas por jurisdição de Vara do Trabalho, ou seja, nas localidades onde não haja Vara do Trabalho, a competência para apreciação das demandas de natureza trabalhista será atribuída aos juízes de direito, com recurso para o respectivo Tribunal Regional do Trabalho.

Gabarito "D".

(Técnico – TRT/3ª – 2015 – FCC) Considere as seguintes hipóteses:

I. Indeferimento da petição inicial.
II. Indeferimento do requerimento da realização de perícia para apuração de periculosidade.
III. Juiz acolhe alegação de litispendência.
IV. Juiz acolhe alegação de coisa julgada.

Caberá Recurso Ordinário nas hipóteses indicadas APENAS em

(A) I e III.
(B) I e II.
(C) I, III e IV.
(D) II, III e IV.
(E) II e IV.

I: correta, pois decisão que indefere a petição inicial extingue o processo sem resolução do mérito (485 CPC/2015) e por isso possui natureza jurídica de sentença, nos termos do art. 203, § 1º CPC/2015. II: incorreta, pois a decisão que indefere o requerimento de perícia possui natureza de decisão interlocutória, em conformidade com o art. 203, § 2º, CPC/2015, não desafiando a interposição de recurso ordinário, art. 893, § 1º, da CLT. III: correta, pois em conformidade com o art. 203, § 1º, CPC/2015 a decisão que acata a litispendência possui natureza de sentença e extingue o processo sem resolução de mérito (485 CPC/2015). IV: correta, pois em conformidade com o art. 203, § 1º, CPC/2015 a decisão que acolhe a alegação de coisa julgada possui natureza de sentença e extingue o processo sem resolução de mérito (art. 485 CPC/2015).

(Técnico – TRT/3ª – 2015 – FCC) Na execução de sentença proferida em reclamação trabalhista, contra as decisões dos Tribunais Regionais do Trabalho

(A) não caberá Recurso de Revista, salvo na hipótese de ofensa direta e literal de norma estadual ou federal.
(B) caberá, em qualquer hipótese, Recurso de Revista, no prazo de oito dias.
(C) não caberá Recurso de Revista, salvo na hipótese de ofensa à súmula ou jurisprudência consolidada do Tribunal Superior do Trabalho.
(D) caberá, em qualquer hipótese, Recurso de Revista, no prazo de quinze dias.
(E) não caberá Recurso de Revista, exceto quando ocorrer ofensa direta e literal de norma da Constituição Federal.

A: incorreta, pois na fase de execução não caberá recurso de revista por ofensa direta e literal de norma estadual ou federal. Veja art. 896, § 2º, da CLT. **B**: incorreta, pois na fase de execução o recurso de revista está restrito a hipótese de ofensa direta e literal de norma da Constituição Federal. Ademais, caberá recurso de revista por violação a lei federal, por divergência jurisprudencial e por ofensa à Constituição Federal nas execuções fiscais e nas controvérsias da fase de execução que envolvam a Certidão Negativa de Débitos Trabalhistas (CNDT). **C**: incorreta, pois o recurso de revista na hipótese de ofensa à súmula ou jurisprudência consolidada do TST é prevista para a fase de conhecimento no procedimento ordinário. **D**: incorreta, pois as hipóteses de cabimento de recurso de revista estão previstas no § 2º do art. 896 da CLT e seu prazo será de 8 dias, art. 6º da Lei 5.584/1970 **E**: opção correta, pois reflete o disposto no art. 896, § 2º, da CLT.

(Técnico Judiciário – TRT9 – 2012 – FCC) Vênus foi dispensada da empresa Néctar dos Deuses S/A por justa causa. Ajuizou reclamação trabalhista para questionar o motivo da rescisão e postular indenização por dispensa imotivada. Ocorre que a ação foi julgada improcedente pelo Juiz da Vara do Trabalho. Inconformada, Vênus resolveu recorrer da sentença. Nessa situação, é cabível interpor:

(A) recurso ordinário, no prazo de 05 dias.
(B) embargos de declaração, no prazo de 05 dias.
(C) recurso de revista, no prazo de 08 dias.
(D) apelação, no prazo de 15 dias.
(E) recurso ordinário, no prazo de 08 dias.

A: incorreta, pois o prazo para o recurso ordinário é de 8 dias, nos termos do art. 895, I, da CLT; **B**: incorreta, pois os embargos de declaração são cabíveis das sentenças que contenham omissão, contradição ou obscuridade, nos termos do art. 897-A da CLT; **C**: incorreta, pois o recurso de revista é o recurso cabível das decisões proferidas pelo TRT, nos termos do art. 896 da CLT; **D**: incorreta, pois no processo do trabalho não existe o recurso de apelação. Nesse caso, tendo em vista a existência de recursos próprios, não se aplica o CPC de forma subsidiária (art. 769 da CLT.); **E**: correta, pois reflete o disposto no art. 895, I, da CLT.

(Técnico Judiciário – TRT/2ª – 2008 – FCC) A respeito dos recursos em matéria trabalhista, é INCORRETO afirmar:

(A) Cabe agravo de instrumento contra decisão que negar seguimento a recurso ordinário.
(B) Cabe agravo de petição contra a sentença que homologa o cálculo em execução de sentença, desacolhendo parcialmente impugnação do reclamado.
(C) Cabe agravo regimental para o Tribunal Pleno do TST das decisões proferidas pelo Corregedor do TST.
(D) Pode o reclamante interpor recurso ordinário contra a decisão que homologa acordo entre as partes.
(E) Os embargos de declaração são cabíveis para impugnar sentença ou acórdão quando ocorrer omissão, obscuridade ou contradição.

A: correto, art. 897, *b*, da CLT; **B**: correto, art. 897, *a*, da CLT; **C**: correto, art. 709, §1º da CLT; **D**: incorreta, pois a decisão que homologa o acordo é irrecorrível para as partes, que somente poderão impugná-la via ação rescisória, súmula 259 do TST (todavia, poderá o INSS recorrer); **E**: correta, art. 897-A, caput, da CLT.

(Técnico – TRT/6ª – 2012 – FCC) Considere:

I. Recurso Ordinário.
II. Embargos de Declaração em Recurso Ordinário.
III. Ação Rescisória.
IV. Recurso de Revista.
V. Agravo de Petição de decisão proferida por Vara do Trabalho.

O jus postulandi das partes NÃO alcança as hipóteses indicadas APENAS em:

(A) I, II e V.
(B) III, IV e V.
(C) III e IV.
(D) II, III e IV.
(E) I, II e IV.

Nos termos da Súmula 425 do TST o jus postulandi das partes, estabelecido no art. 791 da CLT, limita-se às Varas do Trabalho e aos Tribunais Regionais do Trabalho, não alcançando a ação rescisória, a ação cautelar, o mandado de segurança e os recursos de competência do Tribunal Superior do Trabalho.

(Técnico – TRT/6ª – 2012 – FCC) De decisão não unânime do Tribunal Superior do Trabalho que estender sentença normativa e das decisões definitivas dos Tribunais Regionais do Trabalho em processos de sua competência originária, ainda não transitados em julgados, caberá:

(A) Embargos e Agravo de Petição, respectivamente.
(B) Embargos e Recurso Ordinário, respectivamente.
(C) Recurso de Revista e Recurso Ordinário, respectivamente.
(D) Embargos.
(E) Recurso de Revista.

Arts. 894, I, *a*, e 895, II, da CLT.

(Técnico Judiciário – TRT/7ª – 2009 – FCC) Observe as assertivas abaixo a respeito dos Embargos de Declaração.

I. Os Embargos de Declaração serão opostos quando existir contradição ou omissão na sentença ou acórdão.
II. O prazo para interposição dos Embargos de Declaração da sentença é de dez dias.
III. A interposição dos Embargos de Declaração interrompe o prazo para qualquer recurso.
IV. Os Embargos de Declaração são processados e julgados pelo próprio juízo prolator da decisão embargada e, quando opostos em face de acórdão de TRT, devem ser dirigidos ao juiz relator.
V. O prazo para a interposição para Embargos de Declaração de acórdão é de três dias.

É correto o que se afirma APENAS em:

(A) I, III e IV.
(B) II e V.
(C) I, II e III.
(D) I, II, III e V.
(E) III e IV.

15. DIREITO PROCESSUAL DO TRABALHO — 693

I: correta, pois reflete o disposto no art. 897-A, *caput*, da CLT. **II**: incorreta, pois nos termos do art.897-A, *caput*, da CLT deverão ser opostos no prazo de 5 dias. **III**: correta, pois reflete o disposto no art. 897-A, § 3º, da CLT. **IV**: correta, pois reflete o disposto nos arts. 1023 e 1024, § 1º, CPC/2015. **V**: incorreta, pois nos termos do *caput* do art. 897-A da CLT o prazo é de 5 dias.
Gabarito "A".

(Técnico Judiciário – TRT/7ª – 2009 – FCC) Das decisões definitivas dos Tribunais Regionais de Trabalho em processos de sua competência originária, é cabível:

(A) Agravo Regimental, no prazo de dez dias.
(B) Agravo Regimental, no prazo de oito dias.
(C) Agravo de Instrumento, no prazo de oito dias.
(D) Recurso Ordinário, no prazo de oito dias.
(E) Recurso Ordinário, no prazo de dez dias.

Art. 895,II, da CLT.
Gabarito "D".

(Técnico Judiciário – TRT/7ª – 2009 – FCC) Considere as assertivas abaixo a respeito do Agravo de Instrumento.

I. Caberá Agravo de Instrumento, dentre outras hipóteses, contra decisão que denegar seguimento a Recurso Ordinário.
II. O Agravo de Instrumento será julgado pelo Tribunal que seria competente para conhecer o recurso cuja interposição foi denegada.
III. O Agravo de Instrumento interposto contra o despacho que não receber Agravo de Petição, suspende a execução da sentença.
IV. O prazo para interposição de Agravo de Instrumento é de oito dias.

É correto o que se afirma em:

(A) III e IV, apenas.
(B) I, II e IV, apenas.
(C) I, II e III, apenas.
(D) I, II, III e IV.
(E) I e III, apenas.

I: correta, art. 897, *b*, da CLT; **II**: correta, art. 897, § 4º, da CLT; **III**: incorreta, dispõe o art. 897, § 2º, da CLT que "o agravo de instrumento interposto contra o despacho que não receber agravo de petição não suspende a execução da sentença"; **IV**: correta, art. 897, *b*, da CLT.
Gabarito "B".

(Técnico Judiciário – TRT/7ª – 2009 – FCC) As hipóteses de cabimento de Agravo Regimental vêm sempre previstas:

(A) no Regimento Interno dos Tribunais, e o prazo para sua interposição no Tribunal Superior do Trabalho é de dez dias.
(B) na Constituição Federal, e o prazo para sua interposição no Tribunal Superior do Trabalho é de dez dias.
(C) no Regimento Interno dos Tribunais, e o prazo para sua interposição no Tribunal Superior do Trabalho é de oito dias.
(D) na Consolidação das Leis do Trabalho, e o prazo para sua interposição no Tribunal Superior do Trabalho é de cinco dias.
(E) na Constituição Federal, e o prazo para sua interposição no Tribunal Superior do Trabalho é de oito dias.

A expressão "sempre" torna o enunciado controvertido, eis que conquanto se trate o agravo regimental de recurso previsto nos regimentos internos dos tribunais, o art. 709, § 1º, da CLT e a Lei 7.701/1988 também veiculam hipóteses de agravo regimental. Quanto ao prazo, segue a regra geral dos recursos trabalhistas prescrita pelo art. 6º da Lei 5.584/1970 de oito dias, excepcionada na hipótese de embargos de declaração (neste sentido prevê o art. 241 do Regimento Interno do TST).
Gabarito "C".

(Técnico Judiciário – TRT/7ª – 2009 – FCC) Da decisão proferida na fase de execução caberá, ao Tribunal Regional do Trabalho, desde que o recorrente delimite, justificadamente, as matérias e os valores impugnados, Agravo:

(A) de Petição, no prazo de dez dias.
(B) de Petição, no prazo de oito dias.
(C) Regimental, no prazo de oito dias.
(D) de Instrumento, no prazo de oito dias.
(E) de Instrumento, no prazo de dez dias.

Art. 897, *a*, da CLT.
Gabarito "B".

(Técnico Judiciário – TRT/9º – 2010 – FCC) Joana e Gabriela, empregadas da empresa Z, ajuizaram reclamações trabalhistas distintas tendo em vista a demissão sem justa causa de ambas as empregadas. A petição inicial da reclamação trabalhista de Joana foi indeferida em razão da sua inépcia e a reclamação trabalhista de Gabriela foi arquivada em razão do seu não comparecimento à audiência. Ambas pretendem recorrer destas decisões. Nestes casos,

(A) não caberá recurso em ambas as reclamações.
(B) caberá agravo de petição em ambas as reclamações.
(C) caberá agravo de instrumento em ambas as reclamações.
(D) caberá recurso ordinário em ambas as reclamações.
(E) caberá recurso ordinário somente na reclamação trabalhista de Joana.

Art. 895, I, da CLT.
Gabarito "D".

(Técnico Judiciário – TRT/9º – 2010 – FCC) Em uma execução de reclamação trabalhista, foi proferida decisão em agravo de petição por Turma de Tribunal Regional do Trabalho, que ofendeu direta e literalmente norma da Constituição Federal. Neste caso,

(A) caberá Embargos de divergência para o Tribunal Superior do Trabalho.
(B) não caberá recurso por expressa disposição legal.
(C) caberá agravo de instrumento.
(D) caberá recurso de revista.
(E) caberá Embargos de divergência para o próprio Tribunal que proferiu a decisão.

Art. 896, § 2º, da CLT.
Gabarito "D".

(Técnico Judiciário – TRT/18ª – 2008 – FCC) De acordo com a Consolidação das Leis do Trabalho, em regra, nas reclamações sujeitas ao procedimento sumaríssimo, o recurso ordinário:

(A) será distribuído de imediato ao Procurador do Trabalho designado, que terá o prazo de dez dias para encaminhá-lo ao relator, com a emissão de parecer escrito.
(B) será distribuído de imediato ao relator designado, que deverá encaminhá-lo para o revisor no prazo máximo de 15 dias contados da distribuição.
(C) terá parecer escrito do representante do Ministério Público, que deverá apresentá-lo no prazo máximo de dez dias contados do recebimento do processo.
(D) será distribuído de imediato ao relator designado, que deverá liberá-lo para pauta de julgamento no máximo em 30 dias contados da distribuição.
(E) terá acórdão consistente unicamente na certidão de julgamento, com a indicação suficiente do processo e parte dispositiva, e das razões de decidir do voto prevalente.

A, B e D: incorretas, estipula o art. 895, § 1º, II, da CLT que o recurso ordinário "será imediatamente distribuído, uma vez recebido no Tribunal, devendo o relator liberá-lo no prazo máximo de dez dias, e a Secretaria do Tribunal ou Turma colocá-lo imediatamente em pauta para julgamento, sem revisor"; **C**: incorreta, pois o recurso ordinário "terá parecer oral do representante do Ministério Público presente à sessão de julgamento, se este entender necessário o parecer, com registro na certidão" (art. 895, § 1º, III, da CLT); **E**: correta, art. 895, § 1º, IV, da CLT.
Gabarito "E".

(Técnico Judiciário – TRT/18ª – 2008 – FCC) A empresa W foi intimada de decisão de magistrado na execução de sentença proferida na reclamação trabalhista promovida por José, seu ex-empregado. Neste caso, a empresa W terá:

(A) dez dias para interpor Agravo de Instrumento, sendo que os prazos processuais contam-se com inclusão do dia do começo e exclusão do dia do vencimento.
(B) oito dias para interpor Agravo de Petição, sendo que os prazos processuais contam-se com inclusão do dia do começo e exclusão do dia do vencimento.
(C) oito dias para interpor Recurso Ordinário, sendo que os prazos processuais contam-se com inclusão do dia do começo e exclusão do dia do vencimento.

15. Direito Processual do Trabalho

(D) dez dias para interpor Agravo de Instrumento, sendo que os prazos processuais contam-se com exclusão do dia do começo e inclusão do dia do vencimento.

(E) oito dias para interpor Agravo de Petição, sendo que os prazos processuais contam-se com exclusão do dia do começo e inclusão do dia do vencimento.

Art. 897, *b*, da CLT.

(Técnico Judiciário – TRT/18ª – 2008 – FCC) De acordo com a Consolidação das Leis do Trabalho, em regra, da decisão interlocutória proferida por magistrado em exceção de suspeição:

(A) caberá recurso ordinário para o Tribunal Regional do Trabalho competente no prazo de oito dias.

(B) não caberá recurso, cabendo exame apenas no recurso que couber da decisão final.

(C) caberá recurso ordinário para o Tribunal Superior do Trabalho no prazo de oito dias.

(D) caberá agravo de instrumento para o Tribunal Regional do Trabalho competente no prazo de dez dias.

(E) caberá recurso ordinário para o Tribunal Regional do Trabalho competente no prazo de dez dias.

Art. 893, § 1º, da CLT.

(Técnico Judiciário – TRT/20ª – 2011 – FCC) Joana ajuizou reclamação trabalhista em face da sua ex-empregadora, a empresa ABCD. A reclamação trabalhista foi julgada procedente e a empresa interpôs recurso ordinário. O referido recurso foi considerado intempestivo pelo juiz *a quo* que lhe negou seguimento. A empresa interpôs agravo de instrumento demonstrando que o recurso era tempestivo em razão da ocorrência de um feriado local. No agravo de Instrumento, o juiz *a quo*, verificando a existência real do feriado, reconsiderou a sua decisão e conheceu do recurso principal. Neste caso,

(A) ocorreu o efeito regressivo do recurso de Agravo de Instrumento.

(B) o juiz *a quo* não agiu corretamente porque só o Tribunal competente é que poderia reformar a decisão, não havendo juízo de retratação em Agravo de Instrumento.

(C) Joana deverá interpor agravo de instrumento no prazo de oito dias em face desta decisão que admitiu o recurso ordinário através de reconsideração.

(D) ocorreu o efeito extensivo do recurso de Agravo de Instrumento.

(E) Joana deverá interpor Agravo de Petição no prazo de oito dias em face desta decisão que admitiu o recurso ordinário através de reconsideração.

Efeito regressivo dos recursos é aquele que permite ao juiz prolator da decisão atacada revê sua decisão (trata-se do chamado juízo de retratação). O efeito regressivo está sempre presente no recurso de Agravo de Instrumento. No Recurso Ordinário, em regra inexiste tal efeito. Excepcionalmente, no entanto, em hipóteses de sentença liminar de improcedência da demanda ou de indeferimento da inicial, é defensável a tese da possibilidade do juiz cassar a própria sentença diante de um Recurso Ordinário, com fundamento nos arts. 332, § 3º e 331 CPC/2015.

(Técnico Judiciário – TRT/20ª – 2011 – FCC) Na Justiça do Trabalho, os Embargos de Declaração são cabíveis no prazo de

(A) três dias, havendo omissão, contradição ou obscuridade no julgado.

(B) cinco dias, havendo omissão, contradição ou obscuridade no julgado.

(C) 48 horas em atenção ao princípio da celeridade processual.

(D) oito dias, havendo omissão, contradição ou obscuridade no julgado.

(E) 24 horas em atenção ao princípio da celeridade processual.

Art. 897-A, *caput*, da CLT.

(Técnico Judiciário – TRT/22ª – 2010 – FCC) Com relação aos recursos na Justiça do Trabalho:

(A) Cabe agravo de instrumento, no prazo de dez dias, dos despachos que denegarem a interposição de recursos.

(B) Cabe recurso ordinário para a instância superior das decisões definitivas ou terminativas das Varas e Juízos, no prazo de dez dias.

(C) Cabe recurso ordinário para a instância superior das decisões definitivas ou terminativas das Varas e Juízos, no prazo de oito dias.

(D) O agravo de instrumento interposto contra o despacho que não receber agravo de petição suspende a execução da sentença.

(E) Caberão embargos de declaração da sentença ou acórdão, no prazo de oito dias, devendo seu julgamento ocorrer na primeira audiência ou sessão subsequente a sua apresentação.

Art. 895, I, da CLT.

(Técnico Judiciário – TRT/23ª – 2007 – FCC) Das decisões definitivas das Varas do Trabalho, pode ser interposto para a instância superior:

(A) recurso extraordinário e de revista.

(B) recurso ordinário.

(C) recurso de revista.

(D) agravo de petição.

(E) agravo de instrumento.

Art. 895, I, da CLT.

(Técnico Judiciário – TRT/23ª – 2007 – FCC) Proferida a decisão, os evidentes erros de cálculo dela constantes, antes da execução, poderão ser corrigidos

(A) somente pela Procuradoria da Justiça do Trabalho.

(B) somente a requerimento das partes.

(C) apenas pela superior instância, se houver recurso.

(D) pela secretaria do juízo.

(E) pelo juiz *ex officio*.

Art. 897-A, § 1º,, da CLT.

(Técnico Judiciário – TRT/5ª – 2008 – CESPE) Julgue os itens subsequentes, relativos aos recursos no processo do trabalho.

(1) O Código de Processo Civil (CPC) estabelece prazo em dobro para litisconsortes com procuradores distintos. Tal regra não se aplica ao processo do trabalho, pois é incompatível com o princípio da celeridade inerente ao processo trabalhista.

(2) O recurso cabível contra as decisões proferidas pelo juiz do trabalho em execuções é o agravo de petição.

(3) É admissível a interposição de recursos por fax, desde que os originais sejam juntados ao processo em cinco dias, contados a partir do dia subsequente ao término do prazo recursal.

(4) O depósito recursal é requisito de conhecimento do recurso ordinário.

(5) A apresentação das contrarrazões de um recurso é obrigatória.

1: opção correta, pois nos termos da OJ 310 da SDI-1 do TST a regra contida no art. 229 CPC/2015 é inaplicável ao processo do trabalho, em decorrência da sua incompatibilidade com o princípio da celeridade inerente ao processo trabalhista; **2**: opção correta, pois reflete o disposto no art. 897, *a*, da CLT; **3**: opção correta, pois reflete o disposto no art. 2º da Lei 9.800/99 e Súmula 387 do TST; **4**: opção correta, pois reflete o entendimento disposto no art. 899, §1º, da CLT, Lei 8.177/91, IN 03/93 do TST e súmula 128 do TST; **5**: opção incorreta, pois trata-se de um ônus processual previsto no art. 900 da CLT, mas não de um dever, pois a não apresentação, embora possa acarretar uma desvantagem no processo, não acarreta sanção.

(Técnico Judiciário – TRT/9ª – 2007 – CESPE) Julgue os itens a seguir.

(1) Quando as partes são intimadas na data da audiência de publicação da sentença, o prazo para recurso inicia-se no dia do julgamento.

(2) Ao sentenciar, o juiz deve arbitrar o valor da condenação, quando não for possível desde logo liquidá-la, mas o valor assim fixado provisoriamente apenas tem efeito para fins de custas ou de depósito no caso de recurso, eis que necessária a apuração do

15. DIREITO PROCESSUAL DO TRABALHO

efetivamente devido por meio de cálculo, arbitramento ou artigos, em sendo a sentença ilíquida.

(3) Contra as decisões proferidas pelos juízes do trabalho apenas cabe a interposição para o TRT do recurso ordinário ou do agravo de instrumento.

1: incorreta, o prazo inicia-se no dia seguinte ao da audiência (art. 775 da CLT); **2:** correta, arts. 789, § 2°, e 879 da CLT; **3:** incorreta, há, outrossim, o recurso de agravo de petição.

Gabarito 1E, 2C, 3E

(Técnico Judiciário – TRT/9ª – 2007 – CESPE) Com relação aos recursos, julgue os itens que se seguem.

(1) O princípio da proibição de reforma para pior consiste na vedação de que, no julgamento de um recurso, se possa retirar do único recorrente, no todo ou em parte, vantagem obtida no julgamento do grau inferior, em benefício do recorrido.

(2) O prazo recursal é peremptório; por isso, quando ocorrer a sua interrupção, o prazo já transcorrido antes da paralisação será computado na verificação da tempestividade do recurso, isto é, se reinicia a contagem pelo restante do prazo e não por inteiro.

1: correta, o princípio da *non reformatio in pejus* decorre do princípio dispositivo e do princípio da inércia, sendo corolário, outrossim, do efeito devolutivo (*tantum devolutum quantum apellatum*), e é excepcionado, segundo a doutrina, nas hipóteses do recurso produzir efeito translativo, assim denominada a possibilidade de conhecimento *ex officio* de matérias de ordem pública em sede recursal, ainda que implique em julgamento prejudicial ao recorrente; **2:** incorreta, pois a interrupção de prazos, como ocorre na hipótese de interposição de embargos de declaração, é conceito que se distingue da mera suspensão: no primeiro caso, a prática do ato interruptor acarreta, na forma que a lei determinar, o reinício do prazo, ao passo que no segundo, como é o caso dos embargos de declaração intempestivos (segundo entende Carlos Henrique Bezerra Leite), é aproveitado o prazo anterior.

Gabarito 1C, 2E

11. QUESTÕES COMBINADAS

(Analista Judiciário – TRT/24 – FCC – 2017) A empresa Gregos e Troianos Ltda. possui nos seus quadros um empregado que exerce o cargo de dirigente sindical no sindicato que representa a categoria profissional dos empregados. Referido empregado foi surpreendido embriagado no ambiente de trabalho e a empresa o suspendeu, pretendendo dispensar o mesmo por justa causa. Nessa hipótese, a empresa deverá

(A) comunicar o sindicato da categoria no prazo de 5 dias para o mesmo instaurar inquérito para apuração dos fatos.

(B) marcar a homologação da rescisão do empregado perante o Ministério do Trabalho, o qual deverá notificar o sindicato da categoria para tomar ciência da rescisão contratual de seu dirigente.

(C) propor inquérito para apuração de falta grave perante a Vara do Trabalho competente, no prazo de 30 dias da suspensão do empregado.

(D) ajuizar inquérito civil perante o Ministério Público do Trabalho para apuração dos fatos, para que a dispensa possa ter legitimidade.

(E) ajuizar inquérito para apuração de falta grave perante o Tribunal Regional do Trabalho no prazo de 60 dias da suspensão do empregado.

"C" é a opção correta. Nos termos do art. 8°, VIII, da CF e art. 543, § 3°, da CLT o dirigente sindical possui garantia de emprego a partir do registro de sua candidatura a cargo de dirigente sindical e, se eleito, ainda como suplente, até 1 (um) ano após o fim do mandato, salvo se cometer falta grave, devidamente apurada por inquérito judicial para apuração de falta grave. Nessa linha, no prazo decadencial de 30 dias deverá o empregador ajuizar inquérito judicial para apuração de falta grave, nos termos do art. 853 da CLT, a contar da suspensão do empregado.

Gabarito "C".

(Analista Judiciário – TRT/8ª – 2016 – CESPE) Considerando o disposto na legislação trabalhista sobre embargos à execução, revelia e confissão, dissídios coletivos e competência do Tribunal Superior do Trabalho (TST), assinale a opção correta.

(A) O TST é competente para julgar originariamente os dissídios coletivos de categorias profissionais representadas por entidades de classe.

(B) A oposição de embargos à execução independe da garantia ou penhora de bens.

(C) No processo do trabalho, torna-se inexigível o título judicial declarado inconstitucional em decorrência de lei ou ato normativo.

(D) Nos casos em que o reclamado não comparecer à audiência, o processo deverá ficar suspenso até o reclamante demonstrar não haver concorrido para a ausência da parte requerida.

(E) Na audiência designada para a prolação de decisão, deverão comparecer as partes pessoalmente, não se admitindo outorga de poderes; no caso de revelia, poderá a parte presente requerer a nulidade do processo.

A: opção incorreta, pois a competência será do TRT para os dissídios coletivos de âmbito regional, ligados ao território sobre o qual o TRT possui jurisdição, nos termos do art. 678, I, *a*, da CLT e art. 6° da Lei 7.701/88. No entanto, serão de competência do TST os dissídios coletivos de âmbito suprarregional, ou seja, que abranjam mais de um Estado ou se forem de âmbito nacional, isto é, na hipótese de se tratar de uma categoria representativa de todo País; **B:** opção incorreta, pois, nos termos do art. 884 da CLT, é necessária a garantia do juízo para apresentação de embargos à execução. Não se aplica a regra disposta no art. 914 do CPC/2015; **C:** opção correta, pois reflete o disposto no art. 884, § 5°, CLT; **D:** opção incorreta, pois, nos termos do art. 844 da CLT, o não comparecimento do reclamado importa revelia, além de confissão quanto à matéria de fato; **E:** opção incorreta, pois, na audiência em prosseguimento de prolação de sentença, as partes não precisam estar presentes. Nesse sentido, veja Súmula 9, do TST.

Gabarito "C".

(Analista Judiciário – TRT/20 – FCC – 2016) Zeus ajuizou reclamação trabalhista em face de seu empregador que tramita pelo rito sumaríssimo, convidando verbalmente as suas testemunhas. Ocorre que, na audiência designada, as testemunhas não compareceram e não houve nenhuma comprovação sobre o convite feito às mesmas. No caso,

(A) as testemunhas deverão ser intimadas em razão do princípio da busca da verdade real, impondo-se o adiamento da audiência.

(B) a audiência prosseguirá porque somente será deferida intimação de testemunha que, comprovadamente convidada, deixar de comparecer.

(C) a audiência será adiada para outra data e as testemunhas deverão comparecer espontaneamente, sob pena de pagamento de multa, além da preclusão da prova.

(D) no rito sumaríssimo não cabe condução coercitiva de testemunhas ou adiamento de audiência por tal motivo, mas para garantir a paridade de tratamento, deverá o juiz encerrar a instrução processual sem ouvir testemunhas da reclamada.

(E) as testemunhas deverão ser conduzidas coercitivamente uma vez que não se pode tolerar o descumprimento do dever cívico de colaboração com a Justiça.

"B" é a opção correta. Nos termos do art. 852-H, § 2°, da CLT as testemunhas, até o máximo de duas para cada parte, comparecerão à audiência de instrução e julgamento independentemente de intimação. Contudo, em conformidade com o § 3° do mesmo dispositivo legal, somente será deferida intimação de testemunha que, comprovadamente convidada, deixar de comparecer. Não comparecendo a testemunha intimada, o juiz poderá determinar sua imediata condução coercitiva.

Gabarito "B".

16. Direitos das Pessoas com Deficiência

Ana Paula Garcia e Savio Chalita

(Técnico Judiciário – TRT24 – FCC – 2017) Em 2015 foi aprovada lei que prevê diversos direitos para pessoas que tenham "impedimento de longo prazo de natureza física, mental, intelectual ou sensorial, o qual, em interação com uma ou mais barreiras, pode obstruir sua participação plena e efetiva na sociedade em igualdade de condições com as demais pessoas". O enunciado se refere à

(A) Lei 10.048, que dá prioridade de atendimento às pessoas com deficiência.

(B) Lei 11.126, que dispõe sobre o direito do portador de deficiência visual de ingressar e permanecer em ambientes de uso coletivo acompanhado de cão-guia.

(C) Lei 10.098, que estabelece normas gerais e critérios básicos para a promoção da acessibilidade das pessoas com deficiência ou com mobilidade reduzida.

(D) Constituição da República Federativa do Brasil.

(E) Lei 13.146, que institui o Estatuto da Pessoa com Deficiência.

O enunciado refere-se à Lei 13.146, de 06 de julho de 2015, que dispõe em seu art. 2º: "Art. 2º Considera-se pessoa com deficiência aquela que tem impedimento de longo prazo de natureza física, mental, intelectual ou sensorial, o qual, em interação com uma ou mais barreiras, pode obstruir sua participação plena e efetiva na sociedade em igualdade de condições com as demais pessoas." AG
Gabarito "E".

(Técnico Judiciário – TRT24 – FCC – 2017) Sobre o "Símbolo Internacional de Surdez", a legislação brasileira determina que

(A) é permitido modificar ou adicionar ao símbolo outros elementos além do desenho reproduzido pela lei, a depender de seu local de fixação.

(B) o símbolo deverá ser colocado, obrigatoriamente, em todos os locais que possibilitem acesso, circulação e utilização por pessoas com deficiência auditiva.

(C) é lícita a utilização do símbolo para outras finalidades para além dos interesses do deficiente auditivo.

(D) é vedado o uso do símbolo para identificar veículos conduzidos por deficiente auditivo, pois tal conduta é discriminatória.

(E) é proibida a reprodução do símbolo em publicações e outros meios de comunicação relevantes para os interesses do deficiente auditivo.

A: incorreta, pois NÃO é permitida a modificação ou adição ao desenho, nos termos do art. 2º da Lei 8.160/1991; B: correta, pois a assertiva descreve o disposto no art. 1º da Lei 8.160/1991; C: incorreta, pois é proibida a utilização do símbolo para outras finalidades (art. 3º da Lei 8.160/1991); D: incorreta, pois a utilização de adesivos no carro com o símbolo internacional de surdez não é proibida, nos termos do art. 3º, parágrafo único, da Lei 8.160/1991; E: incorreta, pois não é proibida a reprodução do símbolo para o interesse do deficiente auditivo, nos termos da legislação já mencionada. AG
Gabarito "B".

(Técnico Judiciário – TRT24 – FCC – 2017) Contempla todas as pessoas que têm assegurado por lei o direito ao atendimento prioritário em uma repartição pública:

(A) pessoas com deficiência, idosos com idade igual ou superior a 60 anos, as gestantes, as lactantes, as pessoas com crianças de colo e os obesos.

(B) pessoas com deficiência, idosos com idade igual ou superior a 70 anos, as gestantes, as lactantes, as pessoas com crianças de colo e os obesos.

(C) pessoas com deficiência, idosos com idade igual ou superior a 60 anos, as gestantes, as lactantes e as pessoas com crianças de colo.

(D) pessoas com deficiência e idosos com idade igual ou superior a 70 anos.

(E) pessoas com deficiência, idosos com idade igual ou superior a 60 anos e as gestantes.

De acordo com o art. 1º da Lei 10.048/2000, "as pessoas com deficiência, os idosos com idade igual ou superior a 60 (sessenta) anos, as gestantes, as lactantes, as pessoas com crianças de colo e os obesos terão atendimento prioritário", que traduz o disposto na assertiva A, e por isso deve ser assinalada como correta. AG
Gabarito "A".

(Técnico Judiciário – TRT11 – FCC – 2017) Ao estabelecer as categorias de deficiência, o Decreto 5.296/2004 dispõe que

(A) paraparesia e monoparesia são formas de deficiência mental.

(B) lazer não é considerado área de habilidade adaptativa para fins de caracterização da deficiência mental.

(C) a pessoa pode ser considerada portadora de mobilidade reduzida desde que causada por fatores temporários apenas.

(D) a pessoa é considerada deficiente mental se possuir limitações associadas a todas as áreas de habilidades adaptativas.

(E) o funcionamento intelectual significativamente inferior à média deve se manifestar até os 18 anos para que seja caracterizada a deficiência mental.

A: incorreta, pois a paraparesia e a monoparesia são formas de deficiência física (art. 5º, § 1º, I, a, do Decreto 5.296/2004); B: incorreta, pois lazer é considerado área de habilidade adaptativa para fins de caracterização de deficiência mental (art. 5º, § 1º, I, d, 7, do Decreto 5.296/2004); C: incorreta, pois a mobilidade reduzida pode ser também permanente (art. 5º, § 1º, II, do Decreto 5.296/2004); D: incorreta, pois basta que seja associada a duas ou mais áreas de habilidades adaptativas (art. 5º, § 1º, I, d, do Decreto 5.296/2004); E: correta, nos termos do art. 5º, § 1º, I, d, do Decreto 5.296/2004. AG
Gabarito "E".

(Técnico Judiciário – TRT11 – FCC – 2017) O Decreto 3.298/1999, que regulamenta normas relativas à Política Nacional para a Integração da Pessoa Portadora de Deficiência, no que se refere ao acesso ao trabalho, estabelece que

(A) a inserção da pessoa portadora de deficiência no mercado de trabalho ou sua incorporação ao sistema produtivo através de regime especial de trabalho protegido não pode ser feita através da contratação das cooperativas sociais.

(B) as entidades beneficentes de assistência social, na forma da lei, poderão intermediar a colocação competitiva.

(C) a oficina protegida de produção é caracterizada pela relação de dependência com entidade pública ou beneficente de assistência social.

(D) a inserção laboral da pessoa portadora de deficiência por meio do processo de contratação regular, nos termos da legislação trabalhista e previdenciária, que independe da adoção de procedimentos especiais para sua concretização, não sendo excluída a possibilidade de utilização de apoios especiais, é denominada colocação seletiva.

(E) a inserção laboral da pessoa portadora de deficiência não pode ser feita por meio de promoção do trabalho por conta própria.

A: incorreta, pois a inserção, nos casos de deficiência grave ou severa, pode ser efetivada mediante a contratação das cooperativas sociais (art. 34, parágrafo único, do Decreto 3.298/1999); B: incorreta, pois as entidades beneficentes de assistência social só poderão intermediar a modalidade de inserção laboral pela colocação seletiva ou por promoção do trabalho por conta própria (art. 35, § 1º, do Decreto 3.298/1999); C: correta, pois reflete o disposto no art. 35, § 4º, do Decreto 3.298/1999: "considera-se oficina protegida de produção a unidade que funciona em relação de dependência com entidade pública ou beneficente de assistência social, que tem por objetivo desenvolver programa de habilitação profissional para adolescente e adulto portador de deficiência, provendo-o com trabalho remunerado, com vista à emancipação econômica e pessoal relativa.";

D: incorreta, pois a colocação seletiva depende da adoção de procedimentos e apoios especiais para sua concretização (art. 35, II, do Decreto 3.298/1999); **E:** incorreta, pois a inserção pode ser feita pela promoção do trabalho por conta própria (art. 35, III, do Decreto 3.298/1999).

(Analista Judiciário – TRT/24 – FCC – 2017) Na tomada de decisão apoiada, instituída pela Lei n. 13.146/2015 – Estatuto da Pessoa com Deficiência,

(A) a decisão tomada por pessoa apoiada terá validade e efeitos sobre terceiros, sem restrições, desde que esteja inserida nos limites do apoio acordado.

(B) é feita a indicação de um curador para prestar apoio à pessoa com deficiência no que diz respeito às decisões e atos da vida civil.

(C) o terceiro com quem a pessoa apoiada mantenha relação negocial não pode solicitar que os apoiadores contra-assinem o contrato ou acordo.

(D) a lei estabelece quais são os atos que são abrangidos e qual é o prazo mínimo a que deve se submeter a pessoa apoiada.

(E) o apoiador pode requerer a exclusão de sua participação do processo de tomada de decisão apoiada, independente de autorização judicial.

A: Correta, na exata redação do art. 116, § 4º, LBI. **B:** Incorreta, uma vez que a pessoa com deficiência elegerá pelo menos duas pessoas idôneas, e não apenas uma como indica a assertiva. Vide o art. 116, LBI, que inseriu o art. 1.783-A ao Código Civil. **C:** Incorreta, já que o terceiro com quem a pessoa apoiada mantenha relação negocial pode sim solicitar que os apoiadores contra-assinem o contrato ou acordo. Redação esta contida no § 5º, art. 116, LBI, que inseriu o art. 1.783-A, § 5º, Código Civil. **D:** Incorreta, uma vez os limites serão delimitados em termo apresentado pela pessoa com deficiência e os apoiadores. Vide art. 116, § 1º, LBI, que inseriu o art. 1.783-A, § 1º, Código Civil. **E:** Incorreta. Para que o apoiador seja excluído do processo de tomada de decisão apoiada dependerá de manifestação do juiz. Vide art. 116, § 10, LBI, que inseriu o art. 1.783-A, § 10, Código Civil.

(Analista Judiciário – TRT/24 – FCC – 2017) O direito de ser acompanhado de cão-guia em transportes públicos é assegurado por lei

I. tanto para pessoas que sejam cegas, como para aquelas que apresentam baixa visão.

II. tanto para transporte terrestre, como aéreo.

III. em viagens internas ou internacionais, desde que tenham origem no território brasileiro.

IV. somente para viagens com destino ao território brasileiro.

Está correto o que se afirma APENAS em

(A) I e III.

(B) I e IV.

(C) II e III.

(D) I, II e III.

(E) II e IV.

As únicas assertivas corretas estão indicadas nos incisos I, II e III (alternativa D). Perceba, caro leitor, a necessidade de estar atento ao fato de que aqui o examinador exigiu tanto conhecimento do art. 117, LBI e Lei 11.126/2005, especificamente em seu art. 1º. O enunciado I, II e III estão corretos, já que a leitura conjunta desse dispositivo traz disposição de que é assegurado à pessoa com deficiência ser acompanhada por cão guia, podendo ingressar e permanecer com o animal em todos os meios de transporte, estabelecimentos abertos ao público, de uso público e privados de uso coletivo. Importa mencionar que este direito aplica-se tanto às modalidades de transporte coletivo de passageiros, inclusive quando internacional com origem no território brasileiro, devendo-se considerar que a deficiência visual restringe-se à cegueira e baixa visão.

(Analista Judiciário – TRT/24 – FCC – 2017) Gilberto tem mobilidade reduzida em razão de um acidente automobilístico que o vitimou, e pretende realizar uma viagem em transporte coletivo interestadual. Neste caso, Gilberto, segundo a Lei n. 8.899/1994 e o Decreto n. 3.691/2000:

(A) não tem direito ao passe livre, uma vez que esse direito não se estende para o transporte coletivo interestadual, mas somente em meios de transporte local.

(B) não tem direito ao passe livre, uma vez que a existência de mobilidade reduzida não caracteriza deficiência, razão pela qual ele não se enquadra nas hipóteses legais.

(C) pode ter direito ao passe livre, independente de prova de que seja carente, mas as empresas de transporte somente têm o dever de reservar dois assentos a cada veículo destinado a serviço convencional.

(D) pode ter direito ao passe livre, independente de prova de que seja carente ou do número de assentos reservados pela empresa de transporte em veículo destinado a serviço convencional.

(E) pode ter direito ao passe livre, desde que comprove ser carente, mas as empresas de transporte somente têm o dever de reservar dois assentos a cada veículo destinado a serviço convencional.

A única alternativa correta está indicada na assertiva B. Como há a situação de uma alternativa anula a outra, cabe uma explicação geral para que o leitor possa indicar. Trata-se da disposição tratada na Lei 8.899/1994 (concede passe livre às pessoas portadoras de deficiência no Sistema de transporte coletivo interestadual), especificamente em seu art. 1º: "É concedido passe livre às pessoas portadoras de deficiência, COMPROVADAMENTE carentes, no sistema de transporte coletivo INTERESTADUAL". Também, o Decreto 3.691, que estabelece em seu art. 1º "As empresas permissionárias e autorizatárias de transporte interestadual de passageiros reservarão DOIS assentos de cada veículo, destinado a serviço convencional, para ocupação das pessoas beneficiadas pelo art. 1º da Lei 8.899, de 29 de junho de 1994 (DEFICIENTES), observado o que dispõem as Leis 7.853, de 24 de outubro de 1989, 8.742, de 7 de dezembro de 1993, 10.048, de 8 de novembro de 2000, e os Decretos nos 1.744, de 8 de dezembro de 1995, e 3.298, de 20 de dezembro de 1999".

(Analista Judiciário – TRT/11 – FCC – 2017) A proteção de interesses coletivos, difusos, individuais homogêneos e individuais indisponíveis da pessoa com deficiência encontra guarida no Poder Judiciário, conforme regula a Lei n. 7.853/1989, e estabelece que

(A) as ações judiciais para esse fim podem ser propostas por associação constituída há mais de seis meses, nos termos da lei civil.

(B) todas as ações judiciais para esse fim correm em segredo de justiça.

(C) uma vez proposta a ação judicial para esse fim, o interesse público impede a desistência ou abandono da ação.

(D) autarquia, empresa pública, fundação ou sociedade de economia mista que inclua, entre suas finalidades institucionais, a proteção dos interesses e a promoção de direitos da pessoa com deficiência podem propor as medidas judiciais destinadas a esse fim.

(E) a sentença proferida em ação judicial para esse fim terá, em todos os casos, eficácia de coisa julgada oponível *erga omnes*.

A: Incorreta, já que a associação deverá ser constituída há mais de 1 (um) ano, e não seis meses. Vide art. 3º, Lei 7.853/1989. **B:** Incorreta, pois o art. 3º, § 4º, Lei 7.853/1989, o próprio dispositivo indica que o processo correrá em segredo de justiça (que cessará com o trânsito em julgado) quando se tratar de razões de segurança nacional. **C:** Incorreta, já que o art. 3º, § 6º, Lei 7.853/1989, trata justamente do caso de desistência ou abandono da ação, situação em que qualquer dos colegitimados poderá assumir a titularidade ativa. **D:** Correta, em conformidade com o art. 3º, Lei 7.853/1989. **E:** Incorreta, já que o art. 4º, Lei 7.853/1989, dispõe que a sentença terá eficácia de coisa julgada oponível erga omnes, EXCETO no caso de haver sido a ação julgada improcedente por deficiência de prova, hipótese em que qualquer legitimado poderá intentar outra ação com idêntico fundamento, valendo-se de nova prova.

(Analista Judiciário – TRT/11 – FCC – 2017) Alunos de um curso de Direito participaram de um evento organizado pelo Governo do Estado do Amazonas sobre os direitos das pessoas com deficiência. A primeira discussão tratou dos seguintes temas relacionados à Política Nacional para a Integração da Pessoa Portadora de Deficiência

I. O desenvolvimento de ação conjunta do Estado e da sociedade civil, de modo a assegurar a plena integração da pessoa portadora de deficiência no contexto socioeconômico e cultural.

II. A adoção de estratégias de articulação com órgãos e entidades públicos e privados, bem assim com organismos internacionais e estrangeiros para a implantação da Política Nacional para a Integração da Pessoa Portadora de Deficiência.

III. O desenvolvimento de programas setoriais destinados ao atendimento das necessidades especiais da pessoa portadora de deficiência.

IV. O fomento da tecnologia de bioengenharia voltada para a pessoa portadora de deficiência, bem como a facilitação da importação de equipamentos.

16. DIREITOS DAS PESSOAS COM DEFICIÊNCIA   699

v. A fiscalização do cumprimento da legislação pertinente à pessoa portadora de deficiência.
Para a Política Nacional para a Integração da Pessoa Portadora de Deficiência e nos termos do Decreto n. 3.298/1999, esses temas são conceituados, respectivamente, como:

(A) instrumento, princípio, diretriz, objetivo e instrumento.
(B) princípio, diretriz, objetivo, instrumento e instrumento.
(C) princípio, princípio, diretriz, instrumento e objetivo.
(D) diretriz, princípio, instrumento, princípio e objetivo.
(E) objetivo, princípio, princípio, diretriz e diretriz.

Caro leitor, essa questão cobrava do candidato a memorização de dispositivos "chave" da Política Nacional para Integração da Pessoa Portadora de Deficiência (Decreto 3.298/1999). Os princípios são tratados no art. 5º. As diretrizes, art. 6º. Os objetivos, no art. 7º. Os instrumentos, no art. 8º. Vejamos:

PRINCÍPIOS	DIRETRIZES	OBJETIVOS
I – desenvolvimento de ação conjunta do Estado e da sociedade civil, de modo a assegurar a plena integração da pessoa portadora de deficiência no contexto socioeconômico e cultural; II – estabelecimento de mecanismos e instrumentos legais e operacionais que assegurem às pessoas portadoras de deficiência o pleno exercício de seus direitos básicos que, decorrentes da Constituição e das leis, propiciam o seu bem-estar pessoal, social e econômico; e III – respeito às pessoas portadoras de deficiência, que devem receber igualdade de oportunidades na sociedade por reconhecimento dos direitos que lhes são assegurados, sem privilégios ou paternalismos.	I – estabelecer mecanismos que acelerem e favoreçam a inclusão social da pessoa portadora de deficiência; II – adotar estratégias de articulação com órgãos e entidades públicos e privados, bem assim com organismos internacionais e estrangeiros para a implantação desta Política; III – incluir a pessoa portadora de deficiência, respeitadas as suas peculiaridades, em todas as iniciativas governamentais relacionadas à educação, à saúde, ao trabalho, à edificação pública, à previdência social, à assistência social, ao transporte, à habitação, à cultura, ao esporte e ao lazer; IV – viabilizar a participação da pessoa portadora de deficiência em todas as fases de implementação dessa Política, por intermédio de suas entidades representativas; V – ampliar as alternativas de inserção econômica da pessoa portadora de deficiência, proporcionando a ela qualificação profissional e incorporação no mercado de trabalho; e VI – garantir o efetivo atendimento das necessidades da pessoa portadora de deficiência, sem o cunho assistencialista.	I – o acesso, o ingresso e a permanência da pessoa portadora de deficiência em todos os serviços oferecidos à comunidade; II – integração das ações dos órgãos e das entidades públicos e privados nas áreas de saúde, educação, trabalho, transporte, assistência social, edificação pública, previdência social, habitação, cultura, desporto e lazer, visando à prevenção das deficiências, à eliminação de suas múltiplas causas e à inclusão social; III – desenvolvimento de programas setoriais destinados ao atendimento das necessidades especiais da pessoa portadora de deficiência; IV – formação de recursos humanos para atendimento da pessoa portadora de deficiência; e V – garantia da efetividade dos programas de prevenção, de atendimento especializado e de inclusão social.

Dica pra guardar:
Princípios: São apenas 3. Não custa decorar (pensemos no benefício prático de não errar uma questão como essa).
Diretrizes: Os verbos apresentados estão no infinitivo. Perceba.
Instrumentos: Articulação, aplicação, fiscalização e fomento.
Objetivos: em caráter residual, tudo o que não se aplicar às regras acima.

Gabarito "B".

(Analista Judiciário – TRT/11 – FCC – 2017) No que diz respeito ao reconhecimento igual perante a lei, a Lei n. 13.146/2015 estabelece que

(A) a pessoa com deficiência sempre será submetida à curatela.
(B) a curatela de pessoa com deficiência constitui medida protetiva ordinária.
(C) a curatela é proporcional às necessidades e às circunstâncias de cada caso e persiste obrigatoriamente até que sejam completados os 21 anos de idade.
(D) é facultado à pessoa com deficiência a adoção de processo de tomada de decisão apoiada.
(E) a curatela não afeta os atos relacionados aos direitos de natureza patrimonial e negocial.

A: Incorreta, uma vez que a pessoa com deficiência apenas será submetida à curatela quando necessário, conforme a lei. Vide art. 84, § 1º, LBI. **B:** Incorreta, já que constitui medida protetiva extraordinária, sendo proporcional às circunstâncias de cada caso, e durará o menor tempo possível (Art. 84, § 3º e art. 85, § 2º, LBI). **C:** Incorreta, conforme explicação anterior, a duração será o de menor tempo possível (Art. 84, § 3º, LBI). **D:** Correta, nos exatos termos do que dispõe o art. 84, § 2º " Art. 84, § 2º É **facultado** à pessoa com deficiência **a adoção de processo de tomada de decisão apoiada.**". **E:** Incorreta, já que a curatela afetará exatamente apenas os atos envolvendo a natureza patrimonial e negocial do indivíduo, conforme art. 85, LBI.

Gabarito "D".

(Técnico Judiciário – TRT20 – FCC – 2016) De acordo com os conceitos previstos no Estatuto da Pessoa com Deficiência – Lei13.146/2015, é correto afirmar:

(A) Considera-se pessoa com deficiência aquela que tem impedimento de longo prazo de natureza física, mental ou sensorial, excluídos os impedimentos de ordem intelectual.
(B) Acompanhante é aquele que acompanha a pessoa com deficiência, podendo ou não desempenhar as funções de atendente pessoal.
(C) Tecnologia assistiva ou ajuda técnica são aquelas que dificultam ou impedem o acesso da pessoa com deficiência às tecnologias.
(D) Residências inclusivas são moradias com estruturas adequadas capazes de proporcionar serviços de apoio coletivos e individualizados que respeitem e ampliem o grau de autonomia de jovens e adultos com deficiência.
(E) Barreiras arquitetônicas são aquelas existentes nas vias e nos espaços públicos e privados abertos ao público ou de uso coletivo.

A: incorreta, pois de acordo com o disposto no art. 2º da Lei 13.146/2015: "Considera-se pessoa com deficiência aquela que tem impedimento de longo prazo de natureza física, mental, intelectual ou sensorial, o qual, em interação com uma ou mais barreiras, pode obstruir sua participação plena e efetiva na sociedade em igualdade de condições com as demais pessoas."; **B:** correta, pois a assertiva descreve literalmente o art. 3º, inciso XIV, da Lei 13.146/2015, que dispõe que acompanhante é aquele que acompanha a pessoa com deficiência, podendo ou não desempenhar as funções de atendente pessoal; **C:** incorreta, pois dispõe o art. 3º, inciso III, da Lei 13.146/2015, que "tecnologia assistiva ou ajuda técnica: produtos, equipamentos, dispositivos, recursos, metodologias, estratégias, práticas e serviços que objetivem promover a funcionalidade, relacionada à atividade e à participação da pessoa com deficiência ou com mobilidade reduzida, visando à sua autonomia, independência, qualidade de vida e inclusão social; **D:** incorreta, pois dispõe o art. 3º, inciso X, da Lei 11.146/2015, que "residências inclusivas: unidades de oferta do Serviço de Acolhimento do Sistema Único de Assistência Social (Suas) localizadas em áreas residenciais da comunidade, com estruturas adequadas, que possam contar com apoio psicossocial para o atendimento das necessidades da pessoa acolhida, destinadas a jovens e adultos com deficiência, em situação de dependência, que não dispõem de condições de autossustentabilidade e com vínculos familiares fragilizados ou rompidos; **E:** incorreta, pois as barreiras arquitetônicas são aquelas existentes nos edifícios públicos e **privados** (art. 3º, IV, *b*, da Lei 11.146/2015).

Gabarito "B".

(Técnico Judiciário – TRT20 – FCC – 2016) De acordo com a Lei 10.098/2000 que estabelece normas gerais e critérios básicos para a promoção da acessibilidade das pessoas portadoras de deficiência ou com mobilidade reduzida, e dá outras providências, é correto afirmar:

(A) Todos os sanitários e lavatórios de uso público existentes ou a construir em parques, jardins e espaços livres públicos, deverão ser acessíveis e atender às especificações das normas técnicas da ABNT.

(B) Os centros comerciais e estabelecimentos congêneres devem fornecer carros e cadeiras de rodas, necessariamente motorizados, para o atendimento da pessoa com deficiência ou com mobilidade reduzida.

(C) Não cabe ao Poder Público implementar a formação de profissionais intérpretes em escrita braile, linguagem de sinais e guias-intérpretes para facilitar a comunicação direta à pessoa com deficiência sensorial e com dificuldade de comunicação.

(D) Em edifícios públicos, todos os acessos ao interior da edificação devem estar livres de barreiras arquitetônicas e de obstáculos que impeçam ou dificultem a acessibilidade de pessoa portadora de deficiência ou com mobilidade reduzida.

(E) As regras de acessibilidade se aplicam aos edifícios públicos e de uso coletivo, mas também existem regras impostas aos edifícios de uso privado em que seja obrigatória a instalação de elevadores ou edifícios com mais de um pavimento.

A: incorreta, pois a Lei não exige que todos os sanitários e lavatórios sejam acessíveis, mas exige pelo menos **UM** sanitário e lavatório acessíveis (art. 6º da Lei 10.098/2000); **B:** incorreta, pois os carros e cadeiras de rodas exigíveis **podem ou não ser motorizados** (art. 12-A da Lei 10.098/2000); **C:** incorreta, pois essa providência CABE ao Poder Público, nos termos do art. 18 da Lei 10.098/2000; **D:** incorreta, pois há necessidade de apenas UM acesso ao interior estar livre, nos termos do art. 11, parágrafo único, II, da Lei 10.098/2000; **E:** correta, nos termos do art. 13 da Lei 10.098/2000.

Gabarito "E".

(Técnico Judiciário – TRT20 – FCC – 2016) Carlos Eduardo tem deficiência mental e deseja se deslocar de Aracaju-SE para João Pessoa-PB. De acordo com a Lei 8.899/1994, Carlos Eduardo

(A) não tem assegurado o passe livre previsto pela lei mencionada, pois este se limita à pessoa com deficiência física.

(B) tem assegurado o passe livre no sistema de transporte coletivo interestadual, independente de comprovação de sua carência.

(C) tem assegurado o passe livre no sistema de transporte coletivo interestadual, desde que comprove a sua carência.

(D) não tem assegurado o passe livre previsto pela lei mencionada, pois este se limita ao sistema de transporte coletivo intermunicipal.

(E) tem assegurado o passe livre no sistema de transporte individual privado ou coletivo interestadual, desde que comprove a sua carência.

A alternativa C está correta pois o art. 1º da Lei 8.899/1994 dispões que: "É concedido passe livre às pessoas portadoras de deficiência, comprovadamente carentes, no sistema de transporte coletivo interestadual".

Gabarito "C".

(Analista Judiciário – TRT/20 – FCC – 2016) De acordo com a legislação em vigor, uma pessoa que tenha mais de 18 anos e que tenha deficiência mental

(A) deve se submeter à esterilização forçada.

(B) pode ser considerada plenamente capaz na esfera civil e, inclusive, contrair validamente casamento.

(C) deve ser interditada mediante processo judicial e, assim, será considerada absolutamente incapaz para todos os atos da vida civil.

(D) não pode exercer a guarda, a tutela ou adotar uma criança, salvo se assistida ou representada por seu curador.

(E) será considerada absolutamente ou relativamente incapaz, conforme o grau de comprometimento do discernimento da pessoa ocasionado pela enfermidade mental.

A única alternativa correta encontra-se na letra B. Vejamos: **A:** Incorreta, já que o art. 6º, IV, LBI, dispõe sobre o direito de "conservar sua fertilidade, sendo vedada a esterilização compulsória". **B:** Correta, conforme art. 6º, V, LBI. **C:** Incorreta, uma vez que não se vislumbra tal possibilidade após entrada em vigor da LBI. As restrições que poderão ocorrer são apenas de caráter patrimonial e negocial, e por manifestação expressa de vontade do próprio indivíduo (tomada de decisão apoiada). **D:** Incorreta, pois contrário ao direito estabelecido no art. 6º, VI, LBI. **E:** Incorreta, sendo que entrada em vigor da LBI, extirpou a possibilidade de incapacidade civil absoluta, superveniente a aquisição da capacidade de fato. Ou seja, apenas os menores de 16 anos serão considerados absolutamente incapazes. "Art. 6º A deficiência não afeta a plena capacidade civil da pessoa, inclusive para: I – casar-se e constituir união estável; II – exercer direitos sexuais e reprodutivos; III – exercer o direito de decidir sobre o número de filhos e de ter acesso a informações adequadas sobre reprodução e planejamento familiar; IV – conservar sua fertilidade, sendo vedada a esterilização compulsória; V – exercer o direito à família e à convivência familiar e comunitária; e VI – exercer o direito à guarda, à tutela, à curatela e à adoção, como adotante ou adotando, em igualdade de oportunidades com as demais pessoas".

Gabarito "B".

(Analista Judiciário – TRT/20 – FCC – 2016) De acordo com a Constituição Federal,

(A) é assegurada a garantia de um salário mínimo de benefício mensal a toda pessoa com deficiência.

(B) é permitido critério discriminatório no tocante a salário e critérios de admissão do trabalhador com deficiência.

(C) é vedada a adoção de requisitos e critérios diferenciados para a concessão de aposentadoria aos beneficiários do regime geral de previdência social quanto aos segurados com deficiência.

(D) é permitida, por lei complementar, a adoção de requisitos e critérios diferenciados para a concessão de aposentadoria de servidores públicos com deficiência.

(E) o Estado tem o dever de prestar a educação às pessoas com deficiência, preferencialmente em unidade especializada e distinta da rede regular de ensino.

A: Incorreta. O art. 203, V, CF, garante um salário mínimo de benefício mensal à pessoa portadora de deficiência e ao idoso que **comprovem não possuir meios de prover à própria manutenção ou de tê-la provida por sua família, conforme dispuser a lei**. **B:** Incorreta, já que é proibido critério discriminatório no tocante ao salário e critério de admissão do trabalhador com deficiência, a considerar o que dispõe o art. 7º, XXXI, CF: **"proibição de qualquer discriminação** no tocante a salário e critérios de admissão do trabalhador portador de deficiência". **C:** Incorreta, pois o art. 201, § 1º, CF, dispõe que é vedada a adoção de requisitos e critérios diferenciados para a concessão de aposentadoria aos beneficiários do regime geral de previdência social, **ressalvados os casos de atividades exercidas sob condições especiais que prejudiquem a saúde ou a integridade física e quando se tratar de segurados portadores de deficiência**, nos termos definidos em lei complementar. **D:** Correta, pois o art. 40, **§ 4º, CF, dispõe ser vedada a adoção de requisitos e critérios diferenciados para a concessão de aposentadoria aos abrangidos pelo regime de que trata este artigo, ressalvados, nos termos definidos em leis complementares, os casos de** servidores (Redação dada pela Emenda Constitucional 47, de 2005): **I – portadores de deficiência; E:** incorreta, o Estado tem o dever de prestar a educação às pessoas com deficiência, preferencialmente em unidade especializada e distinta da rede regular de ensino. Em complemento, o art. 208, III, CF, que dispõe: "Art. 208 (...) III – atendimento educacional especializado aos portadores de deficiência, **preferencialmente na rede regular de ensino"**.

Gabarito "D".

16. DIREITOS DAS PESSOAS COM DEFICIÊNCIA

(Analista Judiciário – TRT/20 – FCC – 2016) De acordo com o Decreto n· 3.298/1999, que regulamenta a Lei n· 7.853/1989, que dispõe sobre a Política Nacional para a Integração da Pessoa Portadora de Deficiência, consolida as normas de proteção, e dá outras providências, é correto afirmar que

(A) a participação de pessoa com deficiência em concurso lhe assegura condições diferenciadas dos demais candidatos no que se refere à avaliação e aos critérios de aprovação.

(B) o período de adaptação e capacitação para o trabalho de adolescente e adulto com deficiência em oficina protegida terapêutica caracteriza vínculo empregatício para todos os fins.

(C) a dispensa por justa causa de empregado com deficiência habilitada, contratado por prazo indeterminado, somente poderá ocorrer após a contratação de substituto em condições semelhantes.

(D) caso um concurso público preveja 102 vagas para provimento, serão reservadas a candidatos com deficiência, 5 vagas.

(E) a empresa com mais de mil empregados está obrigada a preencher 5% de seus cargos com beneficiários da Previdência Social reabilitados ou com pessoa com deficiência habilitada.

A: Incorreta. Pois o art. 37, do Decreto 3.298/1999, dispõe que "fica assegurado à pessoa portadora de deficiência o direito de se inscrever em concurso público, em **igualdade de condições** com os demais candidatos, para provimento de cargo cujas atribuições sejam compatíveis com a deficiência de que é portador. § 1º O candidato portador de deficiência, em razão da necessária igualdade de condições, concorrerá a todas as vagas, sendo reservado no mínimo o percentual de cinco por cento em face da classificação obtida". **B:** Incorreta. Pois o art. 35, § 6º, Decreto 3.298/1999 dispõe que " O período de adaptação e capacitação para o trabalho de adolescente e adulto portador de deficiência em oficina protegida terapêutica **não caracteriza vínculo empregatício** e está condicionado a processo de avaliação individual que considere o desenvolvimento biopsicosocial da pessoa". **C:** Incorreta, pois o art. 36, § 1º, Decreto 3.289/1999, dispõe que "A dispensa de empregado na condição estabelecida neste artigo, quando se tratar de contrato por prazo determinado, superior a noventa dias, e a **dispensa imotivada, no contrato por prazo indeterminado,** somente poderá ocorrer após a contratação de substituto em condições semelhantes.". **D:** Incorreta, pois o art. 37, § 2º, dispõe que " Caso a aplicação do percentual de que trata o parágrafo anterior resulte em número fracionado, este deverá ser elevado até o primeiro número inteiro subsequente". **E:** Correta. Plena conformidade com o que estabelece o art. 36, Decreto 3.298/99, que dispõe que " A empresa com cem ou mais empregados está obrigada a preencher de dois a cinco por cento de seus cargos com beneficiários da Previdência Social reabilitados ou com pessoa portadora de deficiência habilitada, na seguinte proporção: **IV – mais de mil empregados, cinco por cento**". SC

Gabarito "E".